LE GUIDE
MICHELIN

FRANCE

MICHELIN

SOMMAIRE

Introduction

Chère lectrice, cher lecteur 4

- L'Etoile Verte MICHELIN :
  promouvoir une gastronomie durable
- Une sélection hôtelière qui évolue pour le plaisir
  des voyageuses et voyageurs
- L'application du Guide MICHELIN fait peau neuve !

Passion dessert 8

2021... Le palmarès ! 12

Les cartes des tables étoilées 2021 14

Les engagements du Guide MICHELIN 18

Les symboles du Guide MICHELIN 20
  Restaurants • Hôtels

Légende des plans de ville 24

Index

Cartes régionales 1268

Localités 1270

Restaurants 1286

Hôtels 1319

Restaurants & hôtels :
La sélection du Guide MICHELIN
par région 44

Auvergne • Rhône-Alpes **48**
Auvergne 62
Rhône-Alpes 94
Lyon 206

Bourgogne • Franche-Comté **238**
Bourgogne 248
Franche-Comté 290

Bretagne **304**

Centre • Val de Loire **366**

Corse **418**

Grand Est **440**
Alsace 452
Champagne-Ardenne 510
Lorraine 530

Hauts-de-France **552**
Nord-Pas-de-Calais 560
Picardie 586

Île-de-France **598**
Paris 644

Normandie **768**

Nouvelle Aquitaine **824**
Aquitaine 836
Limousin 910
Poitou-Charentes 922

Occitanie **948**
Languedoc-Roussillon 958
Midi-Pyrénées 1012

Pays de la Loire **1060**

Provence • Alpes • Côte d'Azur **1112**

CHÈRE LECTRICE, CHER LECTEUR,

É*preuve inédite, ô combien difficile, que cette crise sanitaire qui nous a obligés à mettre de côté notre passion commune : celle de la convivialité et du partage autour des bonnes tables. Pourtant, malgré les contraintes que chacune et chacun a eu à subir, il demeure une indéfectible volonté, collective, de résister, d'investir, voire de nous réinventer. Au premier rang, les cheffes et les chefs ont fait preuve d'une opiniâtreté sans pareil pour préserver leurs maisons, et avec eux le tissu de leurs fournisseurs. Vous, chères lectrices, chers lecteurs, vous avez été nombreux à repenser vos habitudes de consommation, vous saisissant de toutes les bonnes idées pour soutenir vos établissements favoris.*

Comme toujours, nous avons apporté le plus grand soin à la précision des informations que nous publions. Toutefois, compte tenu du contexte, il se peut que celles-ci aient évolué depuis leur parution. Aussi, nous vous invitons à consulter nos interfaces numériques : notre site internet ainsi que notre toute nouvelle application mettent à portée de clic et en temps réel l'intégralité des adresses que nous vous recommandons.

Quant à nous, au Guide MICHELIN, nous nous sommes attachés à maintenir le lien entre les chefs et vous, en mettant en valeur le dynamisme et les actualités de la profession. Ainsi, dès la réouverture des restaurants en juin dernier, nous sommes retournés sur les routes de France pour être, cette année encore, au rendez-vous. Avec les mêmes engagements de qualité, nos inspectrices et inspecteurs ont adaptés leurs méthodes pour sillonner l'ensemble du territoire à la recherche des plus belles tables.

● Et ils ont été impressionnés par l'incroyable vivacité de la scène gastronomique française. De nouveaux talents ont ainsi rejoint leurs consœurs et confrères au sein du guide, pour dessiner ensemble un millésime 2021 d'une excellente qualité.

Quoi de mieux, pour les découvrir, que de vous les présenter région par région : c'est notre façon de mieux valoriser toutes ces initiatives locales tournées vers une gastronomie nouvelle, qui se veut plus "durable", plus respectueuse de la nature environnante et des saisons.

● Nos inspectrices et inspecteurs se sont régalés à faire ce Guide ; à votre tour d'apprécier leur récolte ! Et si vos moments de partage au restaurant, en plus du plaisir qu'ils vous donneront à vivre, peuvent être un geste solidaire envers tous ceux qui s'activent en cuisine, alors le plaisir sera d'autant plus fort. Tous ensemble il nous appartient de faire rayonner nos territoires et de soutenir ces milliers de professionnels, artisans, productrices et producteurs, cheffes et chefs, équipes de cuisine et de salle, qui donnent collectivement vie à notre belle gastronomie.

Gwendal Poullennec,
Directeur international des Guides MICHELIN,
et toutes les équipes du Guide MICHELIN ● ● ● ● ● ● ● ●

Portra/iStock

L'Etoile Verte MICHELIN : promouvoir une gastronomie durable

Présentée pour la première fois avec le Guide MICHELIN France 2020, l'Etoile Verte a été imaginée pour vous indiquer les établissements les plus engagés en matière de gastronomie durable. Cette distinction signale donc les adresses dont les démarches vertueuses et respectueuses de l'environnement font figure d'exemples à suivre.

Cette année, ce ne sont pas moins de 33 nouveaux restaurants modèles qui rejoignent les 50 distingués de l'an dernier. Toutes ensembles, ces tables incarnent donc un puissant message d'avenir et sont autant d'invitations à venir déguster des assiettes qui conjuguent plaisir des sens et durabilité.

Tablet. PLUS Une sélection hôtelière qui évolue pour le plaisir des voyageurs

Nouveauté de l'année 2021, la sélection hôtelière du Guide MICHELIN évolue grâce aux recommandations expertes de Tablet. Adresses de charme et hôtels d'exception viennent ainsi compléter la liste des hébergements préférés de nos inspectrices et inspecteurs. Ensemble, ils concoctent une sélection à l'image de celle de nos restaurants, conduite par le même critère de qualité qui promet à chacune et chacun de vivre une expérience hôtelière mémorable.

Avec ces adresses "coup de cœur", à découvrir également sur notre nouvelle application, laissez-donc votre instinct d'aventurière et d'aventurier en quête de découvertes reprendre le dessus !

Le Petit Nice, Marseille
© Richard Haughton/Tablet

L'application du Guide MICHELIN fait peau neuve !

Nous sommes très heureux de vous présenter la nouvelle application mobile du Guide MICHELIN ! Pour la première fois, une seule et même application, disponible gratuitement, rassemble l'intégralité des sélections de restaurants du Guide MICHELIN et d'hôtels d'exception de Tablet, sélectionnés partout dans le monde par nos inspecteurs, afin de vous offrir une expérience unique.

Rendez-vous sur l'AppStore pour télécharger gratuitement la nouvelle application du Guide MICHELIN (application Android prévue au printemps 2021).

Du bistrot traditionnel gourmand au grand palace historique en passant par l'hôtel boutique "tendance" et les tables gastronomiques les plus prisées, vous pourrez retrouver toutes les informations pratiques de ces établissements et les réserver en quelques clics.

Grâce à votre compte personnel, vous pouvez créer, sauvegarder et partager les listes de vos adresses favorites. Sur l'App ou le site internet, découvrez également l'envers du décor en consultant articles et vidéos qui vous plongeront immédiatement dans l'univers des restaurants proposés : portraits des meilleurs ambassadeurs de la gastronomie, tendances culinaires, recettes et techniques pour apprendre à cuisiner comme un grand chef...

LE DESSERT À L'ÂGE DU DÉVELOPPEMENT DURABLE

LE MONDE DU DESSERT CONNAÎT AUJOURD'HUI UN VÉRITABLE ÂGE D'OR. IL VIT AUSSI UNE VÉRITABLE MÉTAMORPHOSE...

● Diversifiant et "sourçant" toujours plus ses ingrédients et ses produits, renouvelant ses techniques, le dessert entre progressivement dans l'ère de la pâtisserie « naturelle » et de la "gourmandise raisonnée" – expression forgée par le pâtissier et chocolatier Frédéric Bau. Entre santé et bien-être, sans jamais cesser d'être appétissant, le dessert se désucre, se dégraisse, se cuit à la vapeur, renonce au gluten et parfois même aux produits animaux pour se déclarer fièrement vegan.

De la nouvelle cuisine à Pierre Hermé

● Il n'en a pas toujours été ainsi. C'est Michel Guérard, "l'inventeur" de la nouvelle cuisine, qui pose les bases de la pâtisserie moderne de restauration en concevant le premier un dessert à l'assiette, monté à la minute : une feuillantine aux poires caramélisées. De nombreux chefs suivent ses brisées. Des avant-gardistes comme Pierre Gagnaire et Alain Passard travailleront le poivron, la betterave et même le topinambour en dessert. Christophe Felder, qui a occupé le poste de pâtissier au Crillon pendant 15 ans, remise le chariot à desserts au rayon des antiquités. L'homme ne jure que par le dessert à l'assiette et la fraîcheur des produits. Deux hommes achèvent de bousculer le monde du sucré en le débarrassant de ses (mauvaises) habitudes, les matières premières médiocres, l'excès de sucre et les décors inutiles : Philippe Conticini et Pierre Hermé, avec des associations de saveurs et de textures jamais goûtées, et un art révolutionnaire de l'assaisonnement. Aujourd'hui, Pierre Hermé est en train de devenir l'un des promoteurs les plus talentueux de la pâtisserie vegan et sans gluten.

Une nouvelle génération de pâtissiers, libre et proche de ses producteurs

● À l'aube des années 2000, une nouvelle génération de pâtissiers et de pâtissières de restaurants et de palaces a digéré cet héritage. Souvent dotés d'une forte conscience écologique, ils appartiennent à leur époque, marquée par la peur du réchauffement climatique, la perte de la biodiversité et les maladies chroniques liées à la sédentarité et à la

mauvaise hygiène alimentaire. À l'instar des chefs, ils respectent la saisonnalité, ne jurent que par les produits frais issus des petits producteurs, sont souvent locavores, préfèrent le miel naturel au sucre raffiné, le fruit frais à la pulpe congelée, les épices naturelles aux arômes artificiels...

● Au restaurant Christophe Bacquié, Loïc Colliau sert "une pâtisserie de saison cuisinée", travaille avec les mêmes techniques qu'un chef (de la cuisson sous vide au rôtissage) pour cuire certains fruits – exclusivement des fruits méditerranéens de saison, apprêtés au meilleur de leur saveur (et pour certains durant une saison très courte). Tous ses desserts ou presque comportent de l'huile d'olive, du sel et du poivre qui relèvent le goût, sans sucrer.

bhofack2/iStock

● Avec la désormais fameuse "desserealité", Jessica Préalpato, la cheffe pâtissière du Plaza Athénée (Paris), met en avant une pâtisserie "new age" à la frontière de la cuisine. Une telle démarche se révèle indissociable des saisons et des producteurs, à l'image de son kaki, physalis et fruits blets, sapin épicéa et miel de bruyère. Cette recherche de naturalité et de goût n'exclut pas la plus grande technicité. Le travail du pâtissier Aurélien Rivoire en témoigne, qui applique à ses desserts la méthode des extractions mise au point par son chef Yannick Alléno au Pavillon Ledoyen.

● Au Four Seasons George V, à Paris, le pâtissier Michaël Bartocetti choisit un à un ses producteurs et ses produits, respecte scrupuleusement les saisons, traque le gras et le sucre partout comme l'exige notre époque soucieuse de bien-être.

Le Sarkara, un restaurant de desserts

●Les limites, Sébastien Vauxion, quant à lui, ne semble pas en avoir au sein de son Sarkara (à Courchevel), un restaurant de desserts. Il radicalise cette pâtisserie cuisinée apprise chez Pierre Gagnaire en mariant un sorbet aux champignons de Paris avec du lait de noix de coco sur un sablé de râpé torréfié ; il sert des ravioles à la carotte blanche, avec des poires pochées et des airelles dans un bouillon au chignin ; il travaille l'asperge en crème brûlée, le céleri-rave en sorbet.

Ode aux fruits et légumes

● D'une manière générale, le légume, devenu l'alpha et l'oméga des régimes de santé, surgit régulièrement sur toutes les tables, petites et grandes : millefeuille à l'artichaut camus, glace à l'artichaut (Les Jardins sauvages, La Gacilly), tomate fourrée à la chair de figue confite et quenelle de sorbet à la figue (Sergent Recruteur, Paris), conjugaison de betterave et de framboises (Blue Bay, Monaco), soupe de fraises aux tomates confites et tagète citron (Petit Hôtel du Grand Large, Portivy). On ne peut que s'en réjouir !

2021...
LE PALMARÈS

3 ÉTOILES... ✿ ✿ ✿

Annecy (74)	Le Clos des Sens
Les Baux-de-Provence (13)	L'Oustau de Baumanière
Le Castellet (83)	Christophe Bacquié
Chagny (71)	Maison Lameloise
Courchevel 1850 (73)	Le 1947 au Cheval Blanc
Eugénie-les-Bains (40)	Les Prés d'Eugénie-Michel Guérard
Fontjoncouse (11)	Auberge du Vieux Puits
Marseille (13)	Le Petit Nice
Marseille (13)	AM par Alexandre Mazzia N
Megève (74)	Flocons de Sel
Menton (06)	Mirazur
Monaco (MC)	Le Louis XV-Alain Ducasse
Ouches (42)	Le Bois sans Feuilles - Troisgros
Paris 1e	Kei
Paris 4e	L'Ambroisie
Paris 6e	Guy Savoy
Paris 7e	Arpège
Paris 8e	Alain Ducasse au Plaza Athénée
Paris 8e	Le Cinq
Paris 8e	Épicure au Bristol
Paris 8e	Alléno Paris au Pavillon Ledoyen
Paris 8e	Pierre Gagnaire
Paris 16e	Le Pré Catelan
Reims (51)	L'Assiette Champenoise
La Rochelle (17)	Christopher Coutanceau
Saint-Bonnet-le-Froid (43)	Régis et Jacques Marcon
Saint -Martin-de-Belleville (73)	René et Maxime Meilleur
Saint-Tropez (83)	La Vague d'Or-Cheval Blanc St-Tropez
Valence (26)	Pic
Vonnas (01)	Georges Blanc

Alexandre Mazzia,
L'essence
du voyage

● Voilà plusieurs années qu'Alexandre Mazzia éblouit Marseille au AM, sa table installée dans un plaisant quartier résidentiel, non loin du stade Vélodrome. Cette patte culinaire atypique, ces créations qui n'appartiennent qu'à lui, sont aujourd'hui récompensées d'une troisième étoile dans le Guide MICHELIN 2021. Une distinction qui vient saluer la progression d'un chef-artiste en mouvement permanent (d'ailleurs, ne fut-il pas basketteur dans une autre vie ?). Irriguées de ses souvenirs d'enfance au Congo, où il est né et a vécu jusqu'à l'âge de quatorze ans, ses assiettes portent la petite portion au rang d'art, jouant avec virtuosité des épices, du torréfié et du fumé. Entre ses mains tout explose, tout questionne, tout déborde du cadre gastronomique tel qu'on le connaît, mais, plus important encore, tout a un sens ! Comme ces œufs de truites et saumon sauvage, lait fumé aux noisettes torréfiées, un plat d'une intensité rare, ou ces langoustines panées aux graines de sésame et bonite, condiment citron-géranium et popcorn d'algues – on en tremble encore...

● Tout cela est d'autant plus remarquable que le chef, malgré l'attention portée sur lui, trace son sillon avec calme et assurance. Ceux qui sont passés chez lui peuvent en témoigner : il y a un monde entre l'effervescence dont il est l'objet et le calme, la concentration qui règnent dans sa cuisine. Les quelques veinards du jour sont embarqués dans une aventure gustative d'un genre unique – n'étaient ces temps confinés, on parlerait volontiers d'un voyage... –, rehaussée par un service parfait. Un grand est né.

Michelin - Michelin

13

Les Tables étoilées 2021

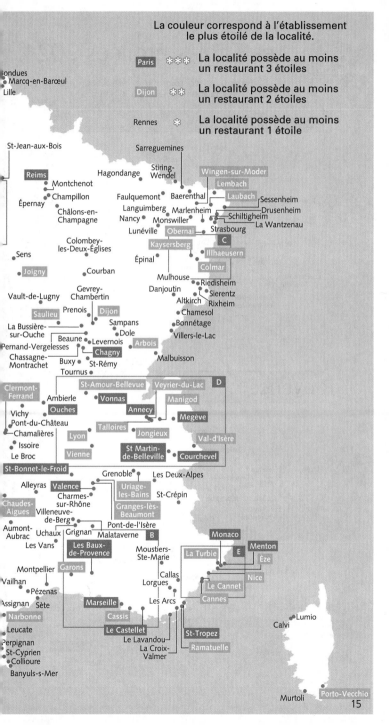

La couleur correspond à l'établissement le plus étoilé de la localité.

Paris ✳✳✳ La localité possède au moins un restaurant 3 étoiles

Dijon ✳✳ La localité possède au moins un restaurant 2 étoiles

Rennes ✳ La localité possède au moins un restaurant 1 étoile

15

Les Tables étoilées 2021

La couleur correspond à l'établissement
le plus étoilé de la localité.

Île-de-France

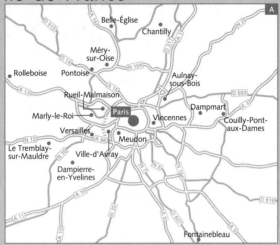

Provence

Alsace

Rhône-Alpes

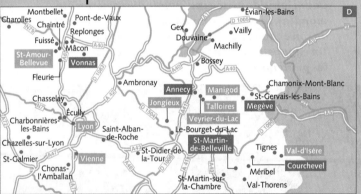

Côte-d'Azur

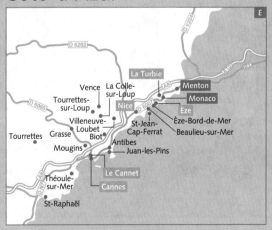

17

LES ENGAGEMENTS DU GUIDE MICHELIN

L'EXPÉRIENCE AU SERVICE DE LA QUALITÉ

Qu'il soit au Japon, aux Etats-Unis, en Chine ou en Europe, l'inspecteur du Guide MICHELIN respecte exactement les mêmes critères pour évaluer la qualité d'une table ou d'un établissement hôtelier. Car si le guide peut se prévaloir d'une notoriété mondiale, c'est notamment grâce à la constance de son engagement vis-à-vis de ses lecteurs. Un engagement dont nous voulons réaffirmer ici les principes :

Kritchanut/iStock

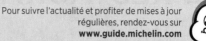

Pour suivre l'actualité et profiter de mises à jour régulières, rendez-vous sur
www.guide.michelin.com

La visite anonyme

Première règle d'or, les inspecteurs testent de façon anonyme et régulière les tables et les chambres, afin d'apprécier pleinement le niveau des prestations offertes à tout client, et ils s'acquittent toujours de leurs additions. Les avis de nos lecteurs nous fournissent par ailleurs de précieux témoignages, autant d'informations qui sont prises en compte lors de l'élaboration de nos itinéraires gastronomiques.

L'indépendance

Pour garder un point de vue parfaitement objectif – dans le seul intérêt du lecteur –, la sélection des établissements s'effectue en toute indépendance, et l'inscription des établissements dans le Guide est totalement gratuite. Les décisions sont discutées collégialement par les inspecteurs et le rédacteur en chef, et les plus hautes distinctions font l'objet d'un débat au niveau européen.

Le choix du meilleur

Loin de l'annuaire d'adresses, le Guide se concentre sur une sélection des meilleurs hôtels et restaurants, dans toutes les catégories de confort et de prix. Un choix qui résulte de l'application rigoureuse d'une même méthode par tous les inspecteurs, quel que soit le pays où ils œuvrent.

Une mise à jour annuelle

Les informations pratiques, les classements et distinctions sont tous revus et mis à jour chaque année, afin d'offrir l'information la plus fiable.

L'homogénéité de la sélection

Les critères de classification sont identiques pour tous les pays couverts par le Guide MICHELIN. À chaque culture sa cuisine, mais la qualité se doit de rester un principe universel...

L'aide à la mobilité : telle est la mission de Michelin.

LES RESTAURANTS

LES SYMBOLES
DU GUIDE MICHELIN . . . .

Les distinctions : la qualité de la cuisine

Les restaurants sont classés par qualité de cuisine. Nos étoiles – une ✿, deux ✿✿ ou trois ✿✿✿ – distinguent les cuisines les plus remarquables, quel que soit leur style. Le choix des produits, la maîtrise des techniques culinaires et des cuissons, l'harmonie et l'équilibre des saveurs, la personnalité de la cuisine et la constance de la prestation : voilà les critères qui, au-delà des genres et des types de cuisine, définissent les plus belles tables.

✿✿✿ **TROIS ÉTOILES MICHELIN**
Une cuisine unique. Vaut le voyage !
La signature d'un très grand chef ! Produits d'exception, pureté et puissance des saveurs, équilibre des compositions : la cuisine est ici portée au rang d'art. Les assiettes, parfaitement abouties, se révèlent souvent mémorables.

✿✿ **DEUX ÉTOILES MICHELIN**
Une cuisine d'exception. Vaut le détour !
Les meilleurs produits magnifiés par le savoir-faire et l'inspiration d'un chef de talent, qui signe, avec son équipe, des assiettes subtiles et percutantes.

✿ **UNE ÉTOILE MICHELIN**
Une cuisine d'une grande finesse. Vaut l'étape !
Des produits de première qualité, une finesse d'exécution évidente, des saveurs marquées, une constance dans la réalisation des plats.

😊 **BIB GOURMAND**
Nos meilleurs rapports qualité-prix.
Un moment de gourmandise pour 35 € (39 € à Paris) maximum : de bons produits bien mis en valeur, une addition mesurée, une cuisine d'un excellent rapport qualité-prix.

🍽 **L'ASSIETTE MICHELIN**
Une cuisine de qualité.
Qualité des produits et tour de main du chef : un bon repas tout simplement !

Équipements & services

🍷	Carte des vins particulièrement intéressante
🛏	Restaurant avec chambres
≤ 🌳	Belle vue • Parc ou jardin
♿	Aménagements pour personnes handicapées
AC	Air conditionné
🌿	Repas servi au jardin ou en terrasse
♧	Salons pour repas privés
🚗	Service voiturier (pourboire d'usage)
🅿	Parking
🚘	Garage dans l'hôtel
🚫	Cartes de paiement non acceptées
🆕	Nouvel établissement dans le guide

Mots-clés

Deux mots-clés pour identifier en un coup d'œil le type de cuisine et le style de décor de l'établissement.

CUISINE CRÉATIVE · DESIGN

Standing

Dans chaque catégorie de qualité de cuisine, les établissements sont classés par standing (de 🏠🏠🏠🏠 à 🏠).

En rouge ? Nos plus belles adresses : du charme, du caractère, un supplément d'âme...

L'ÉTOILE VERTE MICHELIN

Gastronomie et durabilité

Repérez l'étoile verte MICHELIN dans notre sélection de restaurants : elle identifie les établissements particulièrement engagés pour une gastronomie durable. Une citation du chef illustre la démarche de ces restaurants modèles.

LES HÔTELS
LES SYMBOLES
DU GUIDE MICHELIN

Les hôtels sont classés par catégories de confort, de 🏨 à 🏠.
Le symbole en rouge ? Nos plus belles adresses : du charme, du caractère, un supplément d'âme...

Équipements & services

🏠	Hôtel avec restaurant
⌂	Au calme
≼	Belle vue
🛏	Parc ou jardin
⊡	Ascenseur
🦽	Aménagements pour personnes handicapées
AC	Air conditionné
🏊 🏊	Piscine de plein air / couverte
🕸	Spa
🌀	Sauna
🏋	Salle de remise en forme
🔦	Salles de conférences
🚗	Service voiturier (pourboire d'usage)
🅿	Parking
🚘	Garage dans l'hôtel
🚫	Cartes de paiement non acceptées

Mots-clés

Deux mots-clés pour identifier en un coup d'œil le style de décor et l'ambiance de l'établissement...
ROMANTIQUE · COSY

Tablet. PLUS

Les hôtels accompagnés de ce logo sont membres du Club Tablet Plus. Ils vous feront bénéficier de nombreux privilèges. Plus de confort (une meilleure chambre), plus d'attentions (accueil personnalisé)... pour vivre une expérience sous le signe de l'excellence !

Tablet®Hotels

LES EXPERTS HÔTELS DU GUIDE MICHELIN

Le guide MICHELIN est une référence en matière de gastronomie. Avec Tablet, il applique les mêmes exigences aux établissements hôteliers.

Tablet et Michelin se sont associés pour proposer une passionnante sélection d'hôtels triés sur le volet. Pionnier de la curation de contenus en ligne, Tablet, qui a intégré le groupe MICHELIN en 2018, est votre source pour réserver les hôtels les plus extraordinaires, partout dans le monde. Des endroits invitant à une expérience inoubliable, qui ne se limite pas à une chambre pour la nuit.

Tablet présente des milliers d'hôtels dans plus de 100 pays, grâce à son équipe de spécialistes prêts à vous aider à chaque étape de votre voyage.

Réservez votre prochain séjour à l'hôtel sur TabletHotels.com.

La Maison d'Ulysse | Uzès, France

LÉGENDE DES PLANS

● Hôtels
● Restaurants

Curiosités

    Bâtiment intéressant
⊕ ⌂ ▣ ✿   Édifice religieux intéressant

Voirie

═══ ═══   Autoroute • Double chaussée de type autoroutier
❶   ❶   Echangeurs numérotés: complet, partiels
═══   Grande voie de circulation
x═x═x═x   Rue réglementée ou impraticable
═══   Rue piétonne
P   Parking
┄┄┄┄   Tunnel
─⊸─   Gare et voie ferrée
○┼┼┼┼○   Funiculaire
○■●■○   Téléphérique

Signes divers

🛈   Office de tourisme
⊕ ⌂ ▣ ✿   Édifice religieux
● ⋆ ⚐   Tour • Ruines • Moulin à vent
▢ ᵗᵗᵗ   Jardin, parc, bois • Cimetière
⬭ ⚑ ⚐   Stade • Golf • Hippodrome
⚐ ⚐   Piscine de plein air, couverte
◂ ⚜   Vue • Panorama
■ ◎   Monument • Fontaine
⚓   Port de plaisance
⚐   Phare
✈   Aéroport
⬙   Station de métro
🚌   Gare routière
○   Tramway
⛴ ⛴   Transport par bateau : passagers et voitures, passagers seulement
✉   Bureau principal de poste restante
🏛 ⌂   Hôtel de ville • Université, grande école

CONTENTS

Introduction

Dear reader 28
- The MICHELIN Green Star to promote sustainable gastronomy
- A hotel selection evolving for the pleasure of travellers
- The MICHELIN Guide app gets a new look!

Passion dessert 32
2021... New awards 12
Maps of locations with stars 2021 34
The MICHELIN Guide's commitments 36
The MICHELIN Guide's symbols 38
    Restaurants • Hotels
Town plan key 42

Index

Regional maps 1268
Towns 1270
Restaurants 1286
Hotels 1319

Restaurants & hotels : The MICHELIN Guide's selection by region 44

● **Auvergne • Rhône-Alpes** **48**
Auvergne 62
Rhône-Alpes 94
Lyon 206

● **Bourgogne • Franche-Comté** **238**
Bourgogne 248
Franche-Comté 290

● **Bretagne** **304**

● **Centre • Val de Loire** **366**

● **Corse** **418**

● **Grand Est** **440**
Alsace 452
Champagne-Ardenne 510
Lorraine 530

● **Hauts-de-France** **552**
Nord-Pas-de-Calais 560
Picardie 586

● **Île-de-France** **598**
Paris 644

● **Normandie** **768**

● **Nouvelle Aquitaine** **824**
Aquitaine 836
Limousin 910
Poitou-Charentes 922

● **Occitanie** **948**
Languedoc-Roussillon 958
Midi-Pyrénées 1012

● **Pays de la Loire** **1060**

● **Provence • Alpes • Côte d'Azur** **1112**

DEAR READER,

This health crisis has been an unprecedented and mightily difficult test, forcing us to put aside our common passion for the convivial experience of breaking bread together in good restaurants. Yet, despite the constraints that each and every one of us has had to endure, there remains an unwavering collective will to resist, invest and even reinvent ourselves. On the front line, chefs have shown unparalleled determination to safeguard their restaurants, and with them their networks of suppliers. Many of you, dear readers, have rethought your consumption habits, seizing on every idea to support your favourite places.

Meanwhile, we at the MICHELIN Guide have endeavoured to maintain the link between you and the chefs, by highlighting the vigour of the profession as well as its latest news. And as soon as restaurants reopened in June, we hit the roads of France again to resume our work this year, as every year. With the same commitment to quality, our inspectors adapted their methods in order to travel the length and breadth of the country in search of the finest eateries.

And they were impressed by the incredible vitality of France's restaurant scene. New talents have joined the ranks of their colleagues in the guide, together making for a 2021 vintage of excellent quality.

What better way to introduce them than to present them to you region by region: this is our way of better promoting all these local initiatives aimed at a new brand of gastronomy – increasingly sustainable and respectful of the surrounding nature and the seasons.

As always, we have taken great care to ensure the accuracy of the information we publish. However, given the current situation, it is possible that some information may have changed since we went to press. We therefore invite you to consult our digital interfaces: our website and our brand new application make all the places we recommend available to you in real time and at the click of a button.

Our inspectors have relished making this guide; now it's up to you to try out their selection! And if, in addition to the enjoyment they bring you, those lunches or dinners are accompanied by the wish to show solidarity with all those who work in restaurant kitchens, then the pleasure will be all the greater. It is up to us, all together, to get behind our local restaurants and support the thousands of professionals, artisans, producers, chefs, kitchen teams and waitstaff who collectively bring life to French dining.

Gwendal Poullennec,
International director of MICHELIN Guides,
and all the MICHELIN Guide teams

JazzIRT/iStock

The MICHELIN Green Star to promote sustainable gastronomy

Presented for the first time with the MICHELIN Guide France 2020, the Green Star was devised to flag the establishments that are the most committed to sustainable gastronomy. As such, it

is a distinction that singles out those restaurants whose principled and environmentally friendly approaches to dining provide an example to follow. This year, no fewer than 33 new model restaurants joined last year's 50-strong pick. Taken together, they constitute a powerful message for the future and are as many invitations to come and taste dishes that combine culinary pleasure with sustainability.

Tablet. PLUS A hotel selection evolving for the pleasure of travellers

New for 2021, the MICHELIN Guide's hotel selection is evolving thanks to Tablet's expert recommendations. Charming locales and exceptional hotels complete the list of our inspectors' favourite accommodations. Together, they form a selection that mirrors our restaurants: a quality selection that promises to provide everyone with a memorable hotel experience. With these favourite places, also to be explored on our new app, let your spirit of adventure prevail!

Manoir de Lan Kerellec, Trébeurden
© Manoir de Lan Kerellec / Tablet

The MICHELIN Guide app gets a new look!

We are delighted to present the new MICHELIN Guide mobile application. For the first time, all the MICHELIN Guide restaurant selections and exceptional Tablet hotels, selected from around the world by our inspectors, have been compiled in a single app, available free of charge. From the traditional gourmet bistro to the grand historical luxury hotel, from the trendy boutique hotel to the most sought-after fine dining restaurants, you can find all the practical information you need about these establishments and book your table in just a few clicks.

Go to the AppStore to download the new MICHELIN Guide app free of charge. (Android app planned for spring 2021.)

We offer you a unique experience, thanks to a personal account that will allow you to create, save and share lists of your favourite restaurants. On the app or the website, take a peek behind the curtain by consulting articles and videos that will immediately immerse you in the universe of the restaurants on offer: portraits of the best ambassadors of gastronomy, culinary trends, recipes and techniques to help you learn how to cook like a great chef.

DESSERT IN THE AGE OF SUSTAINABLE DEVELOPMENT

THE WORLD OF DESSERTS IS CURRENTLY EXPERIENCING A REAL GOLDEN AGE. IT HAS ALSO BEEN UNDERGOING A METAMORPHOSIS OVER THE LAST TWENTY YEARS OR SO.

● Courtesy of increasingly diverse and carefully sourced ingredients and produce, as well as revamped techniques, desserts are gradually entering the era of "natural" patisserie and "gourmandise raisonnée" – an expression coined by the pastry chef and chocolate-maker Frédéric Bau to signify a more virtuous approach to the sweet course.
Navigating health and wellbeing while remaining appetising, desserts are shedding their sugar and fat, being steamed, and renouncing gluten or sometimes even animal products to proudly declare themselves vegan.

From nouvelle cuisine to Pierre Hermé

● This was not always the case. It was Michel Guérard, the "inventor" of nouvelle cuisine, who laid the foundations of modern restaurant pastry-making by being the first to design a dessert on the plate, assembled to order: a feuillantine pastry with caramelised pears. Numerous chefs followed his lead. Avant-garde chefs such as Pierre Gagnaire and Alain Passard went on to introduce pepper, beetroot and even Jerusalem artichoke into their desserts.

● Christophe Felder, pastry chef at Le Crillon for 15 years, consigned the dessert trolley to the ranks of an antique. He swears solely by individually plated desserts and the freshness of the ingredients. Two men completed the shake-up of the realm of desserts by ridding it of its (bad) habits, mediocre raw materials, excess sugar and redundant decoration: Philippe Conticini and Pierre Hermé, with their unprecedented combinations of flavours and textures, and a revolutionary art of seasoning.

Today, Pierre Hermé is proving to be one of the most talented promoters of vegan and gluten-free pastries.

A new generation of pastry chefs, free and working closely with their suppliers

Passion dessert

Dessert is an indispensable part of any French gourmet meal. That's why, for the third year in a row, the MICHELIN Guide and Valrhona have decided to showcase this unique, sweet experience by bringing the pastry-making profession to the fore. Picked by MICHELIN Guide inspectors, the 2021 Passion Dessert line-up spotlights some of the best pastry chefs, from across the generations. Find the prize-winners on the MICHELIN Guide website (guide.michelin.com).

● At the start of the 2000s, a new generation of pastry chefs in restaurants and luxury hotels assimilated this heritage. Often endowed with a strong ecological conscience, they are very much of their era, one marked by the fear of global heating, the loss of biodiversity and chronic diseases linked to sedentary lifestyles and poor diet. Like chefs, these patissiers respect seasonality, are staunch believers in fresh produce sourced from small producers, are often locavore, prefer natural honey to refined sugar, fresh fruit to frozen pulp, natural spices to artificial flavourings...

● At the Restaurant Christophe Bacquié, Loïc Colliau serves "seasonal cooked pastries", working with the same techniques as a chef (from vacuum cooking to roasting) to cook certain fruits – exclusively seasonal Mediterranean fruits – so as to make the most of their flavour (in some cases for only a very short season). Almost all of his desserts contain olive oil, salt and pepper, to enhance the taste without adding sugar.

● With her now famous "desseralité" concept (dessert and naturalité), Jessica Préalpato, head pastry chef at the Plaza Athénée (Paris), is creating a new age patisserie at the cutting edge of cooking. Such an approach is inseparable from the seasons and producers, as is the case of her persimmon, physalis and overripe fruits, spruce fir and heather honey. This quest for naturalness and taste does not preclude great technicality: pastry chef Aurélien Rivoire is proof of that, applying in his desserts the extraction method developed by his boss Yannick Alléno at Pavillon Ledoyen.

• The pastry chef Michaël Bartocetti (Four Seasons George V, in Paris) handpicks his suppliers and ingredients, scrupulously adhering to the seasons, eliminating fat and sugar wherever they are to be found, in keeping with today's concern with health and wellbeing. His vegan afternoon tea, during his time at L'Abeille, made a lasting impression.

Sarkara, a dessert restaurant

• Sébastien Vauxion, meanwhile, seems to know no bounds at Sarkara (in Courchevel), his gourmet dessert restaurant. He radicalises the "cooked pastry-making" learned at Pierre Gagnaire, by marrying a button mushroom sorbet with coconut milk on a roasted coconut shortbread; he serves white carrot ravioli with poached pears and cranberries in a Chignin wine broth; he uses asparagus in crème brûlée, celeriac in sorbet.

Nadia Sammut and gluten-free food

• Chef Nadia Sammut (Auberge la Fenière in Cadenet) has not only banished gluten outright, but also shuns refined white sugar and milk in favour of the impressive flours she creates herself (chickpeas, split peas and rice, in particular) and fruit sugars. Her desserts, for instance the Paris-Lourmarin with chickpea flour and Piedmont hazelnut, are no less mouth-watering for it.

An ode to fruit and vegetables

• Generally speaking, vegetables, which have become the pillars of health regimes, make regular appearances in all restaurants, large and small: millefeuille with camus artichoke, artichoke ice cream (Les Jardins Sauvages, in La Gacilly), tomato stuffed with candied fig flesh and fig sorbet scoop (Sergent Recruteur, Paris), duo of beetroot and raspberry (Blue Bay, Monaco), strawberry soup with candied tomatoes and lemon marigold (Petit Hôtel du Grand Large, Portivy). What's not to love?

THE MICHELIN GUIDE'S COMMITMENTS

EXPERIENCED IN QUALITY!

Whether they are in Japan, the USA, China or Europe, our inspectors apply the same criteria to judge the quality of each and every hotel and restaurant. The Michelin guide commands a worldwide reputation thanks to the commitments we make to our readers – and we reiterate these below:

ShotShare/iStock

For updated information visit
www.guide.michelin.com/en

Anonymous inspections

Our inspectors visit restaurants and hotels regularly and anonymously in order to fully assess the level of service offered to any customer – and they always pay their own bills. Comments from our readers also provide us with valuable feedback and information, and these too are taken into consideration when making our recommendations.

Independence

To remain totally objective for our readers, the selection is made with complete independence. Entry into the guide is free. All decisions are discussed with the Editor and our highest awards are considered at a European level.

Selection and choice

The guide offers a selection of the best hotels and restaurants in every category of comfort and price. This is only possible because all the inspectors rigorously apply the same methods.

Annual updates

All the practical information, classifications and awards are revised and updated every year to give the most reliable information possible.

Consistency

The criteria for the classifications are the same in every country covered by the MICHELIN guide.

The sole intention of Michelin is to make your travels safe and enjoyable.

RESTAURANTS
THE MICHELIN GUIDE'S SYMBOLS . . . .

The distinctions: the quality of the cuisine

Our famous one ❀, two ❀❀ and three ❀❀❀ stars identify establishments serving the highest quality cuisine – taking into account the quality of ingredients, the mastery of techniques and flavours, the levels of creativity and, of course, consistency.

❀❀❀ **THREE MICHELIN STARS**
Exceptional cuisine, worth a special journey!
Our highest award is given for the superlative cooking of chefs at the peak of their profession. The ingredients are exemplary, the cooking is elevated to an art form and their dishes are often memorable.

❀❀ **TWO MICHELIN STARS**
Excellent cooking, worth a detour!
The personality and talent of the chef and their team is evident in the expertly crafted dishes, which are refined and inspired.

❀ **ONE MICHELIN STAR**
High quality cooking, worth a stop!
Using top quality ingredients, dishes with distinct flavours are carefully prepared to a consistently high standard.

🅑 **BIB GOURMAND**
Good quality, good value cooking.
'Bibs' are awarded for simple yet skilful cooking for 35 € (39 € in Paris).

🍽 **L'ASSIETTE MICHELIN**
Good cooking
Fresh ingredients, carefully prepared: simply a good meal.

Facilities & services

88	Particularly interesting wine list
	Restaurant with bedrooms
⋜	Great view
	Garden or park
⅙	Wheelchair access
AC	Air conditioning
	Outside dining available
⟷	Private dining room
	Valet parking
P	Car park
	Garage
	Credit cards not accepted
N	New establishment in the guide

Key words

Each entry now comes with two keywords, making it quick and easy to identify the type of establishment and/or the food that it serves.

CUISINE CRÉATIVE · DESIGN

Standing

Within each cuisine category, restaurantsare listed by comfort, from XxXxX to X.

Red: Our most delightful places.

THE MICHELIN GREEN STAR:

Gastronomy and sustainability

Look out for the MICHELIN green star in our restaurant selection: the green star highlights role-model establishments actively committed to sustainable gastronomy. A quote by the chef outlines the vision of these trail-blazing establishments.

PeopleImages./iStock

HOTELS

THE MICHELIN GUIDE'S SYMBOLS

Hotels are classified by categories of comfort, from 🏨 to 🏠.

Red: our most delightful places.

Facilities & services

🍇 Particularly interesting wine list
🍽 Hotel with a restaurant
🕊 Peaceful establishment
≤ Great view
🏡 Garden or park
🛗 Lift (elevator)
♿ Wheelchair access
🆎 Air conditioning
🏊 🏊 Swimming pool: outdoor or indoor
🅢 Wellness centre
🦶 Sauna
🏋 Exercise room
🏛 Conference room
🍴 Private dining room
🚙 Valet parking
🅿 Car park
🚗 Garage
🚫💳 Credit cards not accepted

Key words

Two key words that depict the interior and vibe of an establishment in an instant...

ROMANTIQUE · COSY

Tablet. PLUS

Hotels bearing this logo are members of the Tablet Plus Club.
They will treat you to numerous privileges. More comfort (a better room), more service (personalised welcome) for an experience depicte by excellence!

TOWN PLAN KEY

● Hotels
● Restaurants

Sights

■	Place of interest
✚ 🏠 ◪ ✿	Interesting place of worship

Road

═══ ═══	Motorway, dual carriageway
❶ ❶	Junction: complete, limited
═══	Main traffic artery
∷∷∷∷	Unsuitable for traffic; street subject to restrictions
═══	Pedestrian street
P	Car park
∷∷∷	Tunnel
─⊸─	Station and railway
◻+++++◻	Funicular
◻•●•◻	Cable car, cable way

Various signs

🅓	Tourist Information Centre
✚ 🏠 ◪ ✿	Place of worship
● ⁂ ✸	Tower or mast • Ruins • Windmill
▓ ᵗᵗᵗ	Garden, park, wood • Cemetery
▭ ▶ ⚇	Stadium • Golf course • Racecourse
≜ 🏞	Outdoor or indoor swimming pool
◀ ☇	View • Panorama
■ ⊙	Monument • Fountain
⚓	Pleasure boat harbour
⚑	Lighthouse
✈	Airport
▣	Underground station
🚌	Coach station
○	Tramway
⛴	Ferry services:
⛴	passengers and cars, passengers only
✉	Main post office with poste restante
🏛 ⌂	Town Hall • University, College

La sélection du Guide MICHELIN par région

The MICHELIN Guide selection by region

- **Note à nos lecteurs :**
  Dans de rares cas, les inspectrices et inspecteurs n'ont pas pu se rendre dans certains établissements - pour la plupart saisonniers - demeurés fermés pendant pratiquement toute l'année 2020. Ces tables étoilées conservent la distinction qui leur avait été attribuée l'an dernier, mais nous vous l'indiquons par une petite mention au niveau de leur présentation.

- *Note to ours readers:*
  In a few cases, the inspectors were unable to visit certain establishments that remained closed for most of 2020 (mostly seasonal). These Michelin-starred restaurants retain the distinctions awarded to them last year, and where this is the case we have mentioned it in their write-up.

LES CARTES RÉGIONALES
de 1 à 25

GREAT BRITAIN

MANCHE

NORMANDIE
17
Rouen •
Caen •

BRETAGNE
7
Rennes •

PAYS DE LA LOIRE
23

CENTRE-VAL DE LOIRE
8

Nantes •

ATLANTIQUE OCÉAN

Poitiers •

Poitou-Charentes
20

Limousin
19
Limoges •

NOUVELLE-AQUITAINE

Bordeaux •

Aquitaine
18

Midi -
22

Toulouse •

ESPAÑA

AUVERGNE..62

RHÔNE-ALPES...94

LYON..206

Ch. Guy/hemis.fr

AUVERGNE-RHÔNE-ALPES

LA SÉLECTION DU GUIDE MICHELIN

LES TABLES ÉTOILÉES

Une cuisine unique. Vaut le voyage !

Le Clos des Sens (Annecy) ⌘ 100
Flocons de Sel (Megève) 155
Georges Blanc (Vonnas).. 204
Le 1947 (Courchevel)... 128
Pic (Valence) 193
Régis et Jacques Marcon (Saint-Bonnet-le-Froid) ⌘ 86
René et Maxime Meilleur (Saint-Martin-de-Belleville) 178
Troisgros - Le Bois sans Feuilles (Ouches) ⌘ 166

Une cuisine d'exception. Vaut le détour !

L'Atelier d'Edmond (Val-d'Isère) 190
Les Cèdres (Granges-les-Beaumont) 142
Le Chabichou by Stéphane Buron (Courchevel) 131
Jean Sulpice (Talloires) ⌘ 182
Le Kintessence (Courchevel).. 129
Maison Aribert (Uriage-les-Bains) ⌘.. 188
La Maison des Bois - Marc Veyrat (Manigod) 152
Mère Brazier (Lyon).. 218
Le Montgomerie (Courchevel) 129
Les Morainières (Jongieux) 149
Le Neuvième Art (Lyon)... 226
Paul Bocuse (Collonges-au-Mont-d'Or) 235
Le Pré - Xavier Beaudiment (Clermont-Ferrand)................................ 70
La Pyramide - Patrick Henriroux (Vienne)..................................... 200
Sarkara (Courchevel)... 129
Serge Vieira (Chaudes-Aigues) ⌘ 69
La Table de l'Alpaga (Megève) 156
Takao Takano (Lyon).. 226
Yoann Conte (Veyrier-du-Lac) ⌘ 200

© O. Decker/Michelin

✿

Une cuisine d'une grande finesse. Vaut l'étape !

Albert 1er (Chamonix-Mont-Blanc) 117
Ambroisie (Saint-Didier-de-la-Tour) 172
Apicius (Clermont-Ferrand) 71
Les Apothicaires (Lyon) 227
L'Atelier Yssoirien (Issoire) 79
Atmosphères (Le Bourget-du-Lac) ✿ 112
Au 14 Février (Lyon) 216
Auberge de l'Île Barbe (Lyon) 214
Auberge de l'Abbaye (Ambronay) 99
Auberge de la Tour (Marcolès) 81
Auberge de Montfleury (Saint-Germain) 202
L'Auberge de Montmin (Talloires-Montmin) ✿ 183
Auberge du Cep (Fleurie) **N** 139
Auberge du Pont (Pont-du-Château) **N** 84
Azimut (Courchevel) 131
Baumanière 1850 (Courchevel) 131
La Cachette (Valence) 195
Le Carré d'Alethius (Charmes-sur-Rhône) 122
La Chapelle (Montluçon) 81
Château Blanchard (Chazelles-sur-Lyon) 124
Le Clair de la Plume (Grignan) ✿ 146
Le Clocher des Pères (St-Martin-sur-la-Chambre) 179
Le Domaine du Colombier (Malataverne) **N** 152

L'Ekrin by Laurent Azoulay (Méribel) 161
L'Émulsion (Saint-Alban-de-Roche) 171
L'Esquisse (Annecy) 101
Les Explorateurs (Val-Thorens). 197
Le Fantin Latour - Stéphane Froidevaux (Grenoble) N 143
Le Farçon (Courchevel). 132
La Ferme de l'Hospital (Bossey) 110
Flaveurs (Valence) 194
Frédéric Molina au Moulin de Léré (Vailly) ❀ 189
Les Fresques (Évian-les-Bains) 138
Le Gourmet de Sèze (Lyon) 226
Guy Lassausaie (Chasselay). 122
Le Haut-Allier (Alleyras) 64
La Huchette (Replonges) 169
Jean-Claude Leclerc (Clermont-Ferrand) 71
Jérémy Galvan (Lyon). 216
Lamartine (Le Bourget-du-Lac) 112
Likoké (Les Vans) 199
Les Loges (Lyon) 215
Maison Decoret (Vichy) 90
Maison Chabran - La Grande Table (Pont-de-l'Isère) 167
Miraflores (Lyon) N 227
Ô Flaveurs (Douvaine). 137
Origines (Le Broc) 67
L'Ostal (Clermont-Ferrand) ❀. 71
Le Panoramic (Tignes) N 186
Le Passe Temps (Lyon) 227
Prairial (Lyon) ❀ 219
Le Prieuré (Ambierle) 98
Prima (Megève). 157
Le P'tit Polyte (Les Deux-Alpes). 136
Radio (Chamalières) 68
Le Raisin (Pont-de-Vaux) 168
Le Refuge des Gourmets (Machilly) 151
Restaurant Vincent Favre-Félix (Annecy) N. 101
La Rotonde (Charbonnières-les-Bains). 234
La Rotonde des Trésoms (Annecy) N 101
Rustique (Lyon) N 219
Saisons (Écully). 235
Le Sérac (Saint-Gervais-les-Bains). 176
La Sommelière (Lyon). 216
La Source (Saint-Galmier) 173
La Table de la Mainaz (Gex) N 141
La Table de l'Ours (Val-d'Isère). 190
La Table de Philippe Girardon (Chonas-l'Amballan) 124
Les Terrasses de Lyon (Lyon) 215
Têtedoie (Lyon) ❀ 215
Les Trois Dômes (Lyon) 218
Ursus (Tignes) ❀. 185

LES BIB GOURMAND 🙂

Nos meilleurs rapports qualité-prix

Agastache (Lyon) **N**. 228
Akashon (Chamonix-Mont-Blanc) 119
L'Alambic (Vichy) 91
Arkadia (Vallon-Pont-d'Arc) **N** 196
L'As des Neiges (Les Gets) 140
Atmosphère (Chamonix-Mont-Blanc) 118
L'Aubépine (Aubenas) 107
Auberge de la Baraque (Orcines) 84
Auberge des Granges (Bessas) 110
L'Auberge des Montagnes (Pailherols) 84
Auberge du Pont (Billy) 66
L'Auberge du Pont des Pierres (Montanges) 163
Auberge Lentaise (Lent) 150
Au Colombier (Anse) 106
Au Coq en Velours (Aoste) 106
Au Petit Relais (Coligny) 126
Le Bac à Traille (Valence) **N** 196
B2K6 (Lempdes) 80
Le Beaujolais (Belleville) 109
Le Bistro Chapouton (Grignan) 146
Le Bistrot (Chambéry) **N** 114
Le Bistrot 270 (Malataverne) 152
Le Bistrot d'à Côté (Clermont-Ferrand) 76
Le Bistrot de Guillaume (Moulins) 83
Bistrot Gourmand (Val-d'Isère) 191
Bistrot la Coulemelle (Saint-Bonnet-le-Froid) 87
Bistrot Louise (L'Albenc) **N** 97

Le Bois des Mûres (Lans-en-Vercors) 150
Le Boudes La Vigne (Boudes) 66
Le Bourbon (Yssingeaux) 92
Café A (Saint-Martin-d'Uriage) 188
Le Canut et les Gones (Lyon) 219
La Capitelle (Mirmande) 163
Le Capucin Gourmand (Vougy) 205
Le Central (Roanne) 169
Le Cèpe (Méribel) 161
Le Cerisier (Tournon-sur-Rhône) 187
Le Chardonnay (Clermont-Ferrand) 76
Chez Mon Jules (Vesc) 199
Le Clos Perché (Montarcher) 163
Les Coloquintes (Aubenas) 107
Le Confidentiel (Menthon-Saint-Bernard) 160
Côté Toqués (Néris-les-Bains) 83
Le Cottage (Chonas-l'Amballan) 124
Cozna (Annecy) 101
Le Denti (Annecy) 102
L'Écureuil (Clermont-Ferrand) 76
L'Émotion (Le Puy-en-Velay) **N** 85
La Ferme de Cupelin (Saint-Gervais-les-Bains) 176
La Ferme de Victorine (Notre-Dame-de-Bellecombe) 165

Piotr Chalimoniuk/iStock

La Ferme du Poulet (Villefranche-sur-Saône) 202
La Flèche d'Argent (Royat) 86
La Fleur de Sel (Cevins) 114
Un Grain de Saveur (Clermont-Ferrand) 76
Hostellerie Saint-Clément (Saint-Clément) 92
Hôtel de France (Montmarault) 82
Insens (Saint-Étienne) 173
Les Jardins du Léman (Yvoire) 205
Le Jean Moulin (Lyon) 228
Le Kitchen Café (Lyon) 228
Lou Pinatou (Solignac-sous-Roche) 89
La Maison Carrier (Chamonix-Mont-Blanc) 117
Maison Gambert (Tain-l'Hermitage) 181
Mets et Vins (Bourg-en-Bresse) 111
Maison Chabran - Espace Gourmand (Pont-de-l'Isère) 168
Minami (Annecy) 102
M Restaurant (Lyon) 228
Le Muratore (Évian-les-Bains) 138
L'Oxygène (Valmorel) 197
1er Mets (Annecy) 103
PY (Lyon) N 228
Le Quai (Tain-l'Hermitage) 182
Quatre Saisons (Aurillac) 65
Racine (Lyon) 216
La Récré (Vaudevant) 199
Relais de l'Abbaye (Charlieu) 121
Le Rochetoirin (Rochetoirin) 170
Le Rousseau (Grenoble) 143
La Ruche (Saint-Péray) 180
Le Saint-Eutrope (Clermont-Ferrand) 76
Saku Restaurant (Lyon) 229
Sauf Imprévu (Lyon) 229
Simple et Meilleur (Saint-Martin-de-Belleville) 179
Smørrebrød (Clermont-Ferrand) 77
Sodade (Chaudes-Aigues) 69
Le 62 (Clermont-Ferrand) N 77
Substrat (Lyon) 220
La Table Bâgésienne (Bâgé-le-Châtel) 108
La Table 101 (Lyon) 229
La Table d'Antoine (Vichy) 91
La Table des Armaillis (Les Saisies) 181
La Télécabine (Chamonix-Mont-Blanc) 118
Téjérina-Hôtel de la Place (Polliat) 167
Le Tiroir (Lyon) N 217
Le Toi du Monde (Flumet) N ✿ 140
Vidal (Saint-Julien-Chapteuil) 87
Voyages des sens (Treffort) 187
55

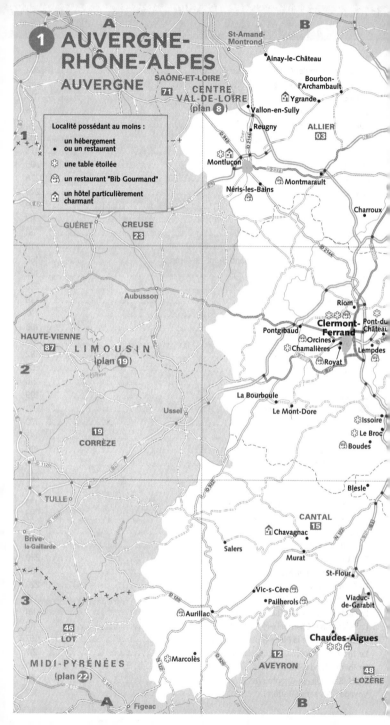

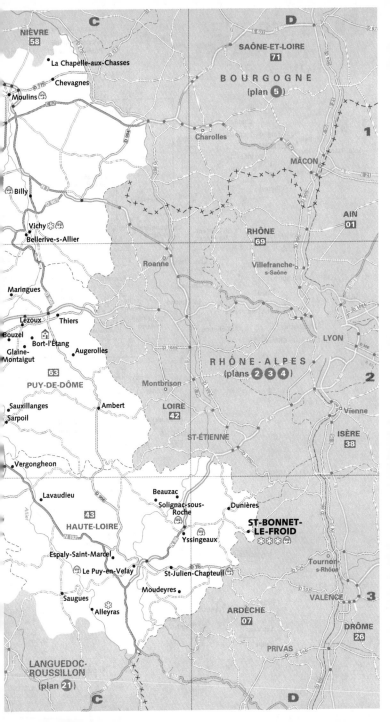

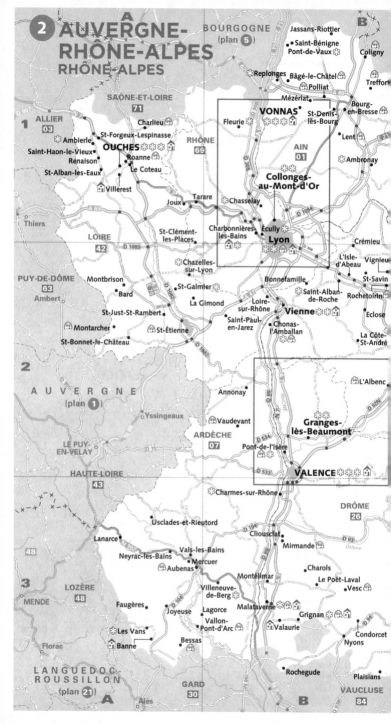

③ AUVERGNE-RHÔNE-ALPES
RHÔNE-ALPES

Localité possédant au moins :

● un hébergement ou un restaurant

❀ une table étoilée

🍴 un restaurant "Bib Gourmand"

🏠 un hôtel particulièrement charmant

E

● Juliénas

VONNAS ❀❀❀🏠

Buellas ●

❀ Fleurie

Villié-Morgon

L'Abergement-Clémenciat

Châtillon-s-Chalaronne

Pizay 🏠

Cercié ●

🍴 Belleville

● Montmerle-s-Saône

AIN
01

Vaux-en-Beaujolais ●

St-Georges-de-Reneins

● Villefranche-s-Saône 🍴

1

🍴 Anse

Bagnols 🏠

❀ Chasselay

Collonges-au-Mont-d'Or ❀❀

Saint-Cyr-au-Mont-d'Or 🏠

❀ 🏠
Charbonnières-les-Bains

Dardilly ●

Écully ❀

Lyon
❀❀❀🏠

RHÔNE
69

Saint-Priest ●

E

● Bressieux

ISÈRE
38 🍴 L'Albenc ●

St-Marcellin ●

St-Donat-s-l'Herbasse ●

2

❀❀
Granges-lès-Beaumont

St-Romans ●

🍴 Tain-l'Hermitage

Tournon-s-Rhône
🍴 🏠

ARDÈCHE
07

Pont-de-l'Isère ❀ 🍴

DRÔME
26

🍴 St-Péray

VALENCE ❀❀❀🍴🏠

E

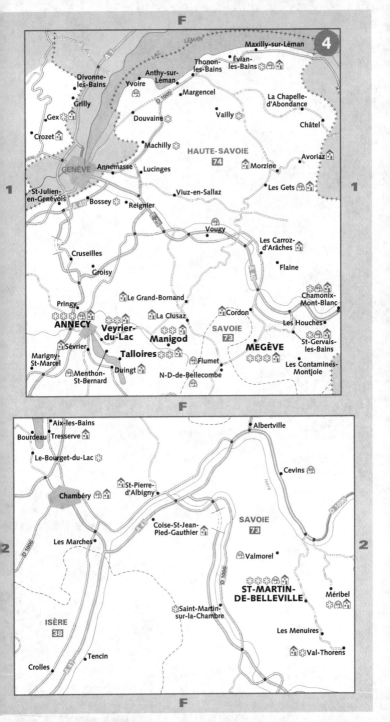

AUVERGNE

L'Auvergne, le pays des fromages et des volcans, de la potée et de la truffade, de la truite et du lard fermier : un vrai pays de cocagne et de prairies grasses où les produits du terroir bénéficient d'une flore et d'une faune exceptionnelles et du savoir-faire des producteurs et des chefs. La table auvergnate fait feu de tout bois, et de nombreux chefs, de Serge Vieira (Chaudes-Aigues) à Xavier Beaudiment (Le Pré, Clermont-Ferrand) en passant par Emmanuel Hébrard (l'Ostal, Clermont-Ferrand) et Jacques Decoret (Vichy) revendiquent avec fierté leur identité auvergnate et même une certaine rusticité. Grandes et petites tables multiplient les clins d'œil savoureux aux plats traditionnels – truffade, pounti, aligot... Grasses prairies nourries de sédiments volcaniques et torrents d'eau pure échappés des flancs du Plomb du Cantal (le plus grand volcan d'Europe) profitent aux élevages de bovins (salers, aubrac, ferrandaise) et aux poissons (truite, omble chevalier, goujon...).

Les forêts, quant à elles, et notamment celle du Tronçais, regorgent de champignons en saison, que les chefs Régis et Jacques Marcon subliment à leur façon. L'Auvergne est peut-être aussi la plus belle région fromagère de France, avec pas moins de cinq AOP comme le fameux saint-nectaire et le salers. Comme dirait notre inspecteur :
"Il y a une telle variété qu'on pourrait passer ses journées à manger du fromage !" Et on trouve même du vin en Auvergne. Longtemps oubliés, voire décriés, les vignobles auvergnats (implanté pourtant par les Romains), notamment ceux de Saint-Pourçain et des côtes d'Auvergne, revivent dans une optique délibérément bio et nature.

J. Boulay/hemis.fr

• Carte régionale n° 1

AINAY-LE-CHÂTEAU

✉ 03360 – Allier – Carte régionale n° **1**–B1 – Carte Michelin 326-D2

🍴○ DORANGEVILLE ⓝ

MODERNE · **CONTEMPORAIN** 🕸🕸 Au cœur d'un charmant village médiéval, une table au cadre cosy et élégant, avec une terrasse ouverte sur le jardin – appréciable pour prendre l'apéritif ou le café. Quentin Dorangeville, chef trentenaire originaire de la Sarthe, propose une cuisine rythmée par les saisons, aussi soignée qu'ambitieuse : on passe un agréable moment.

🍽 & – Menu 33 € (déjeuner), 45/90 €

3 rue du Vieux-Château – ✆ 04 70 64 18 48 – www.dorangeville.fr – Fermé lundi, mardi, dimanche soir

ALLEYRAS

✉ 43580 – Haute-Loire – Carte régionale n° **1**–C3 – Carte Michelin 331-E4

❀ LE HAUT-ALLIER

Chef: Philippe Brun

MODERNE · **TENDANCE** 🕸🕸 Au cœur des Gorges de l'Allier, cet hôtel-restaurant familial regarde le pont et la rivière depuis ses fenêtres. Bien ancrée dans son terroir, la famille Brun – Philippe et Odile, les parents, épaulés par leur fils et sa compagne – magnifie ces rudes contrées. Ils célèbrent ainsi les nombreux produits qu'ils trouvent dans ce coin de nature : champignons, viandes et fromages auvergnats, omble d'élevage, mais aussi plantes et fleurs sauvages. On se régale d'un pigeonneau au crumble de cèpes, gnocchis de maïs et sauce au foie gras et Xérès, ou encore d'un cappuccino de truffes de Lozère, œuf cocotte et nuage de pommes rattes truffées...

Spécialités : Cappuccino de truffe de Lozère. Saumon des eaux vives de Chanteuges confit, petits pois et pousses de moutarde, sauce mousseuse à l'aspérule. Île flottante en deux textures.

🕸 ⇦ 🅰🅲 – Menu 58/110 € – Carte 74/92 €

le Pont d'Alleyras – ✆ 04 71 57 57 63 – www.hotel-lehautallier.com – Fermé 29 novembre-18 mars, lundi, mardi

AMBERT

✉ 63600 – Puy-de-Dôme – Carte régionale n° **1**–C2 – Carte Michelin 326-J9

🍴○ LE M

MODERNE · **CONVIVIAL** 🕸 On « M » ce bistrot contemporain branché, pour son accueil charmant, comme pour sa cuisine actuelle et goûteuse, proposée à l'ardoise et rythmée par les saisons. De plus les tarifs restent sages, plus encore le midi en semaine.

& 🅰🅲 – Menu 26 € (déjeuner)/34 €

1 place du Livradois – ✆ 04 73 82 28 91 – restaurantlemambert.com – Fermé lundi, dimanche soir

AUGEROLLES

✉ 63930 – Puy-de-Dôme – Carte régionale n° **1**–C2 – Carte Michelin 326-I8

🍴○ LES CHÊNES

TRADITIONNELLE · **AUBERGE** 🕸 Les Chênes, c'est l'histoire d'une famille. Celle du chef qui, comme ses parents et grands-parents, défend les produits de sa région (viande label Rouge, miel, myrtilles, etc.). Les années passent, la tradition se perpétue... avec la certitude qu'il ne pouvait en être autrement !

🍽 & ♿ 🅿 – Menu 28 € (déjeuner)/43 €

Route de Courpière – ✆ 04 73 53 50 34 – www.restaurant-les-chenes.com – Fermé 4-17 janvier, 23-29 août, le soir

AURILLAC

✉ 15000 – Cantal – Carte régionale n° **1**–B3 – Carte Michelin 330-C5

QUATRE SAISONS

MODERNE · TRADITIONNEL X Sincère et bien tournée : telle est la cuisine de Didier Guibert, installé dans une petite rue calme du centre-ville, qui ne travaille qu'avec des produits frais – et notamment la viande de ses deux frères, bouchers de leur état. Une maison bien tenue.

Spécialités : Maquereau à l'huile d'olive et tomates confites. Viande de Salers, truffade inversée. Fine galette feuilletée à la vanille et rhubarbe.

🎫 – Menu 34/70 € – Carte 55/75 €

10 rue Jean-Baptiste-Champeil – ℰ 04 71 64 85 38 – www.quatresaisons.onlc.fr – Fermé lundi, mardi midi, dimanche soir

LE CROMESQUIS

MODERNE · CONVIVIAL X Après un joli parcours dans des tables étoilées en Suisse, le chef est revenu aux sources : son épouse est originaire de la région. Dans ce lieu atypique – une ancienne forge réaménagée à grand renfort de bois, béton et baies vitrées –, il propose des recettes modernes et goûteuses... avec, bien entendu, un cromesquis proposé chaque jour parmi les entrées !

🏠 – Menu 20 € (déjeuner), 33/62 € – Carte 20/62 €

1 rue du Salut – ℰ 04 71 62 34 80 – www.restaurant-cromesquis.fr – Fermé 14-22 février, 18-26 avril, 15-31 août, 24 octobre-1ᵉʳ novembre, lundi, mardi soir, mercredi soir, jeudi soir, dimanche

HÔTEL DES CARMES

URBAIN · CONTEMPORAIN Dans le centre-ville, cet hôtel propose des chambres contemporaines et personnalisées, ainsi que de nombreux services de qualité : piscine couverte avec sauna, bar, salle de réunion... Un ensemble confortable et chaleureux. Cuisine bistrotière au restaurant.

🏊 ⬜ 🛋 ⅙ 🧖 🅿 – 23 chambres

20 rue des Carmes – ℰ 04 71 48 01 69 – www.hoteldescarmes.fr

BEAUZAC

✉ 43590 – Haute-Loire – Carte régionale n° 1–C3 – Carte Michelin 331-G2

L'AIR DU TEMPS

TRADITIONNELLE · CONVIVIAL XX Dans ce petit hameau de la vallée de la Loire, une accueillante maison de pays, très lumineuse. La chef y concocte une copieuse cuisine régionale ; une étape généreuse que l'on peut prolonger grâce aux chambres, coquettes et confortables.

🛏 ⅙ 🎫 ↔ – Menu 14 € (déjeuner), 30/62 € – Carte 42/60 € (à Confolent)

ℰ 04 71 61 49 05 – www.airdutemps-restaurant.fr – Fermé 1ᵉʳ janvier-3 février, 10-25 avril, 16 octobre-4 novembre, lundi, dimanche soir

BELLERIVE-SUR-ALLIER

✉ 03700 – Allier – Carte régionale n° 1–C1 – Carte Michelin 326-H6

CHÂTEAU DU BOST

MODERNE · CONTEMPORAIN XX À quelques minutes de Vichy, dans un parc très paisible, ce château avec tours et douves en eau (15e-19e s.) décline un décor contemporain et cosy, complété d'une belle terrasse, et de quelques chambres confortables. Le restaurant au cadre épuré sert une goûteuse cuisine de saison allant à l'essentiel.

🛏 🏠 🎫 ⅙ 🎫 ↔ 🅿 – Menu 23 € (déjeuner), 37/90 € – Carte 54/90 €

27 rue de Beauséjour – ℰ 04 70 59 59 59 – www.chateau-du-bost.com – Fermé lundi, dimanche soir

BILLY

✉ 03260 – Allier – Carte régionale n° **1**–C1 – Carte Michelin 326-H5

AUBERGE DU PONT

MODERNE · AUBERGE 𝕏 Les fidèles de cette auberge se pressent toujours à ses portes, en quête d'une cuisine du marché goûteuse, réalisée par un chef plein d'entrain. Si le temps le permet, installez-vous sur la terrasse ombragée, qui surplombe l'Allier... Une certaine définition du bonheur.

Spécialités: Oeuf mollet croustillant, crème parmentière et jus de volaille. Dos d'églefin, marinière au beurre de sarrasin. Blanc d'œuf vapeur, fine meringue, réduction de cassis et crème glacée brioche.

🗔 ✿ 🅿 – Menu 21 € (déjeuner), 34/64 €

1 route de Marcenat – ℰ 04 70 43 50 09 – www.auberge-du-pont-billy.fr – Fermé 1ᵉʳ-10 janvier, 17-25 mai, 6-31 août, lundi, dimanche

BLESLE

✉ 43450 – Haute-Loire – Carte régionale n° **1**–B3 – Carte Michelin 331-B2

LA BOUGNATE

CLASSIQUE · AUBERGE 𝕏 Elle a du charme cette Bougnate, paisible petite auberge de village aux volets bleus. En terrasse au pied de sa façade parcourue de vigne vierge, ou dans le décor rustique de sa salle, on apprécie une jolie cuisine locavore, concoctée dans le souci de la qualité. Et pour la nuit, les chambres ont le charme de la simplicité...

⇦ 🗔 ⴲ – Menu 15 € (déjeuner), 33/38 €

Place du Vallat – ℰ 04 71 76 29 30 – www.labougnate.fr – Fermé 1ᵉʳ décembre-31 mars, lundi, mardi

BORT-L'ÉTANG

✉ 63190 – Puy-de-Dôme – Carte régionale n° **1**–C2 – Carte Michelin 326-H8

LA TOUR DU CHÂTEAU - CHÂTEAU DE CODIGNAT

MODERNE · ROMANTIQUE 𝕏𝕏𝕏 Installez-vous dans ce décor élégant, rehaussé d'une pointe de faste qui rappelle l'atmosphère des buffets châtelains d'antan, pour goûter une cuisine inspirée par le marché et les saisons.

⇱ 🗔 🅿 – Menu 58 € (déjeuner), 60/80 €

Château de Codignat – ℰ 04 73 68 43 03 – www.codignat.com – Fermé 19 octobre-26 mars

CHÂTEAU DE CODIGNAT

DEMEURE HISTORIQUE · ROMANTIQUE Les chambres évoquent Barbe-Bleue, Louis XI, Jacques Cœur, etc. Dans toutes, on a l'impression d'être plongé au cœur d'un conte médiéval. Imprimés soyeux, balustres dorées, dais sculptés : ce château du 15ᵉ s. n'a rien d'un ogre, mais d'une fée !

🕭 ⇦ ⵿ 🖩 ⴲ 🅿 – 14 chambres – 4 suites

Château de Codignat – ℰ 04 73 68 43 03 – www.codignat.com

⇥○ La Tour du Château - Château de Codignat – Voir la sélection des restaurants

BOUDES

✉ 63340 – Puy-de-Dôme – Carte régionale n° **1**–B2 – Carte Michelin 326-G10

LE BOUDES LA VIGNE

MODERNE · AUBERGE 𝕏 Cette sympathique auberge, bâtie sur d'anciennes fortifications, se trouve au cœur de ce village de vignerons où l'on produit... le boudes, l'un des cinq crus des côtes d'Auvergne. Derrière les fourneaux, le chef réalise une cuisine généreuse et parfumée, bien en prise avec son époque.

Spécialités: Gravlax de truite. Rosace de filet de canette, cœur de foie gras. Baba, émulsion au miel du village, huile d'olive et citron vert.

⇦ 🗔 ⵿ 🖩 ✿ – Menu 34/60 €

Place de la Mairie – ℰ 04 73 96 55 66 – www.leboudeslavigne.franceserv.com – Fermé lundi, mardi, dimanche soir

BOURBON-L'ARCHAMBAULT

✉ 03160 – Allier – Carte régionale n° **1**–B1 – Carte Michelin 326-F3

🏠 LE TALLEYRAND

TRADITIONNELLE · HISTORIQUE ✗✗ À la table de la Montespan et de Talley-rand, le classicisme français et la tradition bourbonnaise sont à l'honneur, dans un cadre raffiné mêlant poutres et pierres. Et pour prolonger la parenthèse gastronomique, l'hôtel propose une halte confortable. Du caractère !

🍴 ⏻ 🛏 – Menu 22 € (déjeuner), 33/45 € – Carte 40/60 €

Grand Hôtel Montespan-Talleyrand, Place des Thermes – ✆ *04 70 67 00 24 –*
www.hotel-montespan-talleyrand.com –
Fermé 2 novembre-31 mars

LA BOURBOULE

✉ 63150 – Puy-de-Dôme – Carte régionale n° **1**–B2 – Carte Michelin 326-D9

🏠 L'AMUSE BOUCHE

MODERNE · BISTRO ✗ Il est des couples qui se forment en cuisine... Elle a raccroché le tablier pour s'occuper de la salle, lui est resté derrière les fourneaux pour travailler des produits frais et servir bien plus qu'un amuse-bouche. Beaucoup de goût en cette adresse !

Menu 29/45 €

15 rue des Frères-Rozier – ✆ *04 73 21 68 85 – www.restaurant-lamusebouche.fr –*
Fermé lundi midi, mardi, mercredi

BOUZEL

✉ 63910 – Puy-de-Dôme – Carte régionale n° **1**–C2 – Carte Michelin 326-G8

🏠 L'AUBERGE DU VER LUISANT

TRADITIONNELLE · AUBERGE ✗✗ Voilà un ver luisant qui brille derrière les fourneaux ! Dans cette jolie maison de pays, on savoure une goûteuse cuisine traditionnelle, où transparaît tout l'amour du chef pour la gastronomie. Service attentionné et petits prix à la clé.

🛏 🅰️ ♿ – Menu 19 € (déjeuner), 35/55 €

2 rue du Breuil – ✆ *04 73 62 93 83 – Fermé lundi, mardi, mercredi soir, jeudi soir,*
dimanche soir

LE BROC

✉ 63500 – Puy-de-Dôme – Carte régionale n° **1**–B2 – Carte Michelin 326-G10

❀ ORIGINES

Chef : Adrien Descouls

MODERNE · CONTEMPORAIN ✗✗ Est-ce l'Auvergne, sa région natale, qui inspire à Adrien Descouls cette cuisine pleine de fraîcheur ? Tout près d'Issoire, dans ce bâtiment moderne perché juste à côté du château du 14ᵉ s, il affirme ses qualités sans jamais en rajouter : choix du produit, capacité à mettre en valeur le terroir local, et cette jeunesse, qui permet parfois de déplacer des volcans. Pour l'étape, de belles chambres confortables avec jolie vue sur les environs.

Spécialités : Tarte feuilletée aux escargots, sabayon aux cèpes. Monolithe de lièvre à la bière noire. Praliné maison, poire confite et fraîcheur verveine.

🍴 🔸 ♿ 🅰️ 🅿️ – Menu 35 € (déjeuner), 58/98 €

Rue du Clos-de-la-Chaux – ✆ *04 73 71 71 71 – www.restaurant-origines.fr –*
Fermé 4-26 janvier, 30 août-14 septembre, lundi, mardi, dimanche soir

❀❀❀, ❀❀, ❀, 🍴 & 🏠

CHAMALIÈRES

✉ 63400 – Puy-de-Dôme – Carte régionale n° **1**–B2 – Carte Michelin 326-F8

Voir plan de Clermont-Ferrand

ॐ **RADIO**

MODERNE · **ÉLÉGANT** XXX Depuis les hauteurs de la ville, ce bel hôtel des années 1930 diffuse non-stop un hommage vibrant aux ondes hertziennes et à la lampe triode qui permit l'invention du cinéma parlant et de la TSF. Branché Art déco, son décor sonne comme au premier jour, avec ses mosaïques au sol, ses ferronneries d'art et son alliance du verre et du miroir. En studio, le chef Wilfrid Chaplain mixe les fréquences de sa région natale, la Normandie, et celles de son terroir d'adoption, l'Auvergne, dont il chante les douces harmonies méconnues. Technicien solide, il compose une cuisine ambitieuse, fine et délicate, qui charme le palais : bœuf charolais, raviole de joue confite, jus aromatique au vin rouge ; lotte et jus au cresson ; maquereau mariné au citron vert, céleri à la cendre. Quant au plateau de fromages d'Auvergne, il fait le buzz à lui tout seul.

Spécialités: Foie gras de canard de Limagne, seigle torréfié et condiment. Turbot des côtes bretonnes doré au beurre, raviole de couteaux au jus de coquillages. Le "grand dessert".

⅏ 🕿 �& 🎟 🅿 – Menu 32 € (déjeuner), 70/102 € – Carte 95/109 €

Plan : Clermont-Ferrand B2-a – *43 avenue Pierre-et-Marie-Curie –*
☎ 04 73 30 87 83 – www.hotel-radio.fr – Fermé 24 octobre-4 novembre,
1er-13 janvier, lundi midi, samedi midi, dimanche

🏠 **RADIO**

TRADITIONNEL · **ART DÉCO** Héritage des années 1930, cet hôtel des hauteurs de Chamalières offre un beau témoignage du style Art déco – celui des années radio ! À l'exception des chambres, spacieuses, décorées de manière contemporaine.

🕾 🕿 ⇐ 🕿 🖻 �& ᴬ 🅿 – 24 chambres

Plan : Clermont-Ferrand B2-a – *43 avenue Pierre-et-Marie-Curie –*
☎ 04 73 30 87 83 – www.hotel-radio.fr

ॐ **Radio** – Voir la sélection des restaurants

LA CHAPELLE-AUX-CHASSES

✉ 03230 – Allier – Carte régionale n° **1**–C1 – Carte Michelin 326-I2

🍴 **AUBERGE DE LA CHAPELLE AUX CHASSES**

MODERNE · **AUBERGE** XX De cet ancien presbytère, les gourmands ont fait leur repaire ! Dans un cadre rustique, on déguste une appétissante cuisine du moment, qui évolue au gré des saisons : escalope de foie gras poêlée aux cerises ; filet de bœuf charolais, morilles farcies et risotto aux éclats de lard séché.... L'été, on profite de la terrasse ouverte sur le jardin.

⅏ ⇐ 🕱 �& – Menu 24 € (déjeuner), 33/86 € – Carte 45/55 €

Le Bourg – ☎ 04 70 43 44 71 – www.aubergedelachapelleauxchasses.com –
Fermé 19-30 octobre, mardi, mercredi, dimanche soir

CHARROUX

✉ 03140 – Allier – Carte régionale n° **1**–B1 – Carte Michelin 326-F5

🍴 **LA FERME SAINT-SÉBASTIEN**

MODERNE · **AUBERGE** XX Dans cette authentique ferme bourbonnaise du milieu du 19 e s. jouxtant la cité fortifiée de Charroux, il fait bon s'attabler autour des petits plats concoctés par la maîtresse des lieux, notamment aux beaux jours sur la terrasse... On y apprécie une cuisine d'aujourd'hui fleurant bon le terroir, à l'instar de ces beignets de courgette et sauce ciboulette. Une bonne adresse.

🕱 �& ✿ 🅿 – Menu 28/69 €

Chemin de Bourion – ☎ 04 70 56 88 83 – www.fermesaintsebastien.fr –
Fermé 28 juin-8 juillet, 20 décembre-3 février, lundi, mardi, dimanche soir

CHAUDES-AIGUES

✉ 15110 – Cantal – Carte régionale n° **1**–B3 – Carte Michelin 330-G5

✿✿ SERGE VIEIRA

Chef: Serge Vieira

CRÉATIVE · DESIGN ✗✗✗ Deux étoiles pour un chef dont le père était ouvrier Michelin : voilà un beau pied-de-nez au destin ! Natif de Clermont-Ferrand, Serge Vieira se destinait à une carrière de dessinateur industriel, avant de se réorienter vers la cuisine. Bonne pioche : après avoir observé et appris dans des maisons de renom (Dominique Robert, Régis Marcon), il remporte le Bocuse d'Or en 2005. Dans son vaisseau contemporain – pierre, fer et verre – niché dans une forteresse médiévale, avec une vue à 360° sur les alentours, il joue dans la cour des grands. Ses assiettes, élaborées au quart de poil, sont savamment composées, et sa technique ne prend jamais le pas sur le goût. Ah, une dernière chose : les plus fatigués d'entre vous pourront même réserver une chambre, avec vue imprenable sur les monts du Cantal.

Spécialités : Oignons du jardin en papillote, chanterelles massues au beurre citronné et jus verveine. Veau rôti aux mousserons, gnocchis au salers, jus de veau au serpolet. Myrtilles des monts du Cantal, vaporeux de yaourt fermier au citron vert et glace au foin torréfié.

✿ **L'engagement du chef :** "Les produits qui figurent sur notre carte sont pour l'extrême majorité le reflet de notre terroir auvergnat et issus de circuits courts, du maraîchage ainsi que de l'élevage biologique. Notre logique se poursuit au-delà de l'assiette puisque nous n'employons que des produits d'entretien écologiques et que nous sensibilisons nos équipes au tri et au compostage."

🕸 ⇐ ⇐ ᘀ 🅰 ⊟ 🅿 – Menu 95/165 €

Le Couffour – 𝄖 *04 71 20 73 85 – www.sergevieira.com –*
Fermé 28 novembre-1ᵉʳ avril, mardi, mercredi

SODADE

MODERNE · DESIGN ✗ Sodade, c'est une chanson de Cesária Évora, et un clin d'œil aux origines portugaises de Serge Vieira, propriétaire des lieux. Le chef, Aurélien Gransagne, signe une cuisine impeccable, simple et savoureuse, à déguster dans une grande salle à manger design ou sur la terrasse qui donne sur le ruisseau... Réjouissant.

Spécialités : Velouté de petit-pois, royale de laitue au lard paysan. Travers de cochon confit à la sarriette, purée de pomme de terre et ragoût de fèves. Gaufre croustillante à la farine de lentilles, compotée de reine-claude.

⇐ ᘀ & 🅰 ⊟ – Menu 33/40 € – Carte 45/50 €

21 avenue du Président-Georges-Pompidou – 𝄖 *04 71 60 10 23 –*
www.sergevieira.com – Fermé 19 décembre-15 mars, lundi

CHAVAGNAC

✉ 15300 – Cantal – Carte régionale n° **1**-B3 – Carte Michelin 330-F4

🏠 INSTANTS D'ABSOLU

TRADITIONNEL · PERSONNALISÉ Cet hôtel-restaurant, "écolodge" du bout du monde, cultive une vraie façon de vivre : ici, pas de téléphone ni de télévision, mais un observatoire ornithologique et un jacuzzi extérieur, face au lac. Les chambres n'utilisent que des matériaux bruts (bois, cuir, pierre). Espace bien-être, sauna et hammam.

🏠 🕭 ⇐ ᘀ 🍃 & ᘀ 🅿 – 11 chambres – 1 suite

Le Lac du Pêcher – 𝄖 *04 71 20 83 09 – www.ecolodge-france.com*

CHEVAGNES

✉ 03230 – Allier – Carte régionale n° **1**-C1 – Carte Michelin 326-I3

○ LE GOÛT DES CHOSES

TRADITIONNELLE · FAMILIAL ✗✗ Bienvenue dans cette maison traditionnelle et familiale, située dans la traversée du bourg. Elle est tenue depuis plus de 20 ans désormais par le chef Francis Chevalliez et son épouse Caroline. Cuisine traditionnelle gourmande, sans esbroufe, réalisée à partir de produits locaux. On se régale ainsi d'un croquant de queue de bœuf sauce au vin rouge...

🗐 & – Menu 18 € (déjeuner), 34/65 € – Carte 48/52 €

12 route Nationale – 𝄖 *04 70 43 11 12 – www.legoutdeschoses-03.com –*
Fermé lundi, mardi, dimanche soir

✉ 63000 – Puy-de-Dôme
Carte régionale n° 1-B2
Carte Michelin 326-F8

CLERMONT-FERRAND

Juchée sur les restes d'un ancien volcan, la capitale historique de l'Auvergne règne sur la plus grande prairie de France. Qui dit pâture dit élevage, viande et fromage ! Pas étonnant que cette ville soit l'un des ventres gourmands de la France – d'ailleurs, son sous-sol de tuf est un véritable gruyère où l'on fit longtemps mûrir vin et fromage. Arpentez les rues commerçantes de la vieille ville, comme la rue de la Boucherie, qui convergent vers la place Saint-Pierre et ses halles. Des artisans bouchers-charcutiers y vantent le porc fermier d'Auvergne, le bœuf du Mézenc, l'agneau du Puy-de-Dôme et le veau de Corrèze. Des sorciers de l'affinage subliment les cantals, les salers, les saint-nectaires et autres bleus d'Auvergne descendus des montagnes alentours. Les amateurs de poisson chercheront la truite et l'omble chevalier, qui se plaisent encore dans les rivières. D'ailleurs, à côté des crus auvergnats dont la cote ne cesse de grimper, les eaux de table auvergnates étincèlent de pureté...

Restaurants

✿✿ LE PRÉ - XAVIER BEAUDIMENT

Chef: Xavier Beaudiment

CRÉATIVE · ÉLÉGANT XxX "L'Auvergne que je veux vous présenter est celle que nous allons cueillir chaque matin sur nos montagnes, dans nos prés et nos forêts". Ce qui est plaisant chez Xavier Beaudiment, originaire de la région, c'est que ses professions de foi ne sont pas boniments. Le Pré, à Clermont-Ferrand, c'est la quintessence de la simplicité – on y dîne de cochon, d'œuf ou de petits pois. Pas forcément des produits qui en mettent plein la bouche ! Mais ils sont sculptés avec une technicité époustouflante : oubliez carte et saisons, et laissez-vous bercer par une cuisine de l'instinct, au gré de menus poétiques – "Parfums des prés", "Printemps dans nos montagnes". Sans oublier la complicité, mesdames et messieurs, des 200 plantes ou herbes sauvages qui grandissent à l'abri des volcans, et d'escargots des murailles, servis dans un jus au tilleul de cueillette. Xavier Beaudiment ? Une raison suffisante pour visiter Clermont-Ferrand.

Spécialités : Escargots, jus au tilleul de cueillette. Truite, sous-bois et lierre terrestre. Fraises et fleur de sureau.

🐌 ⇆ & 🅰🅒 ⊡ ↬ 🅿 – Menu 39 € (déjeuner), 95/155 €

Plan : A2-f – *Route de la Baraque – ℰ 04 73 19 25 00 – www.restaurant-lepre.com – Fermé lundi, mardi, dimanche soir*

✤ APICIUS

Chef: Arkadiusz Zuchmanski

MODERNE · ÉPURÉ XX Au cœur de la ville, à l'étage du marché Saint-Pierre, ce restaurant chic a choisi de prendre de la hauteur. Le lieu offre une succession de salles à manger à la décoration contemporaine très réussie, et les arts de la table y sont bien mis en valeur. Le chef Arkadiusz Zuchmanski, d'origine polonaise, s'est rapproché de la France pour fortifier une vocation née dans les cuisines de ses aïeux. Il voue une passion gourmande aux produits nobles et à l'Auvergne, qui lui rappelle les paysages de sa ville natale de Drzewica. Dans l'assiette, les produits sont toujours rendus dans leur vérité, à l'image de ce velouté de cèpes parfumé à la truffe blanche, ou de ce ris de veau et oignon confit des Cévennes.

Spécialités: Saint-Jacques en marinade de citron vert, huile d'olive et poivre timut. Lièvre à la royale, gnocchis parfumés à la truffe noire. Confidentiel pour chocophiles à la fève tonka.

🕸 🛆 & AC 🖼 ➩ – Menu 39 € (déjeuner), 70/120 € – Carte 80/120 €

Plan: F2-b – *Place du Marché-Saint-Pierre (à l'étage)* – ☎ 04 73 91 13 61 – *www.apicius-clermont.com* – *Fermé lundi, mardi midi, dimanche*

✤ JEAN-CLAUDE LECLERC

Chef: Jean-Claude Leclerc

MODERNE · ÉLÉGANT XX Dans cet établissement proche du palais de justice, point de convocation à une audience, mais une invitation à l'épicurisme! Voilà plus de vingt ans que Jean-Claude Leclerc tient cette table clermontoise appréciée. Le chef y pratique une cuisine classique revisitée et de saison, à partir des produits fermiers venus aussi bien d'Auvergne que de Provence, voire de Bretagne lorsqu'il s'agit du turbot et de la sole. Tout en équilibre et maîtrisées, les assiettes ne manquent pas de saveurs, comme ce risotto crémeux parfumé aux champignons, coquillages et crustacés, ce turbot sauvage rôti, pommes de terre aux truffes braisées au jus de viande et crème parfumée, ou salade en fricassée de ris de veau et champignons des bois.

Spécialités: Brochette d'escargots au beurre vert, ravioli de pomme de terre et salade à la truffe d'été. Pigeon rôti entier, girolles sautées et foie gras chaud. Fraîcheur de pamplemousse en rosace de chocolat noir, crémeux chocolat blanc, sorbet pomélo-Campari.

🕸 🛆 AC ➩ – Menu 36 € (déjeuner), 65/115 € – Carte 89/110 €

Plan: F2-k – *12 rue Saint-Adjutor* – ☎ 04 73 36 46 30 – *www.restaurant-jcl.com* – *Fermé 15-22 février, 18-26 avril, 1er-24 août, lundi, dimanche*

✤ L'OSTAL

Chef: Emmanuel Hebrard

MODERNE · ÉPURÉ XX Chef ou volcanologue? La question se pose au sujet du chef clermontois Emmanuel Hébrard qui a baptisé ses menus à coup de noms de volcans, comme "Le puy de Chanat" ou "le Pariou". Et ne disons rien de ces sièges orange qui évoquent la lave et de ces tables au cœur de pierre noire volcanique, sculptée par un artiste local. Parlons-en du local! Ce chef, formé par des pointures (Anne-Sophie Pic à Valence et Stéphane Raimbault, à Mandelieu) ne jure que par son terroir natal (l'oustal signifie d'ailleurs « maison » en occitan auvergnat). Viandes du boucher du coin, légumes des maraîchers, fromages et œufs fermiers renaissent sous forme de recettes à l'identité forte. Une éruption gourmande, pleine de finesse et de saveurs... explosives!

Spécialités: Cuisine du marché.

❀ **L'engagement du chef:** *"Nous travaillons exclusivement avec des producteurs locaux, le plus souvent en bio - maraîchage, poissons de rivière, légumineuses d'Auvergne, viande de race et d'élevage local... Depuis l'ouverture, nous avons procédé à une réduction drastique de nos déchets plastiques. Les déchets organiques sont réintroduits dans le cycle naturel grâce à notre parcelle gérée en permaculture."*

& AC – Menu 35 € (déjeuner)/89 €

Plan: G2-b – *16 rue Claussmann* – ☎ 04 73 27 77 86 – *www.lostal-restaurant.fr* – *Fermé 25 juillet-15 août, lundi, samedi midi, dimanche*

LIMOGES, BORDEAUX,
PUY-DE-DÔME, TULLE

LA BOURBOULE,
LE MONT-DORE

CIRCUIT AUTOMOBILE DE
CHARADE, ST-GENÈS-CHAMPANELLE

A ↑ VOLVIC ← CÉBAZAT **B**

1

Rte. de Durtol

Rte. de Clermont à Aubusson

↑ VOLVIC

← CÉBAZAT

Rte. de Clermont à Aubusson

Rte. de Blanzat

Côtes de Clermont

△

Plateau Chanturg

△

Rte. de Durtol

Rte. d'Orcines

Rte. de Bournazel

Rte. de la Baraque

Rte. des Dômes

Rte.

DURTOL

Rte. de Mont-Chany

TREMONTEIX

Av. de la Paix

R. de l'Abbé Prévost

LES BUGHES

CHAMPFLEU

f

Av. du Limousin

Parc de Montjuzet

Rte. de Chanat

Rte. de la Baraque

Avenue Thermale

R. de Beausoleil

R. Poincaré

Bd. R. du Clos N.-D.

R. Lavoisier

N. -D. DU PORT

2

Bois de Villars

R. de l'Écorchade

Av. de Fontmaure

Notre-Dame

CHAMALIÈRES

a

R. Blatin

Av. Pasteur

Cathédrale N.-D. de-l'Assomption

Bd. Aristide Briand

Bd. Pasteur

Bd. Desaix

Bd. Côte-Blatin

ROYAT

St-Léger

Av. du Puy-de-Dôme

Bd. du Dr Barrieu

Parc Bargoin

Bd. Gambetta

R. Aristide Briand

R. André Theuriet

Bd. Jean Jaurès

ST-JACQU

R. Poncillon

Bd. Claude Bernard

Bd. Étienne Clém

Bd. Lo Loui

△

3

△

Rte. de Royat

St-Pierre

R. du Mâturet

Av. du Mont-Dore

R. Nationale

R. du Masage

BEAUMONT

R. d'Au

R. Jau

Av. de Charade

Av. du Mont-Dore

BOISSE JOUR

Av. du Mont-Dore

Av. de Beaumont

CEYRAT

R. Jean-Baptiste Marrou

Av. de Beaumont

Av. Wilson

FONTIMBERT

Rte. de Ceyrat

Rte. de Berzat

D 2089

Bd. Cha

CLERMONT-FERRAND

0 ⊢——⊣ 550 m

A LE MONT-DORE, LA BOURBOULE ↓ TULLE, BORDEAUX **B**

AUVERGNE · RHÔNE-ALPES · AUVERGNE

C   D

R. Robert Lemoy
Rte. de la Plaine
GERZAT
Bd Charles de Gaulle
A 710 / E 70
THIERS

P CHAMPRATEL
CROIX NEYRAT
R. du Solayer
R. de la Charme
MICHELIN
CLERMONT NORD 15
PALPORT A 710 w
LES RONZIÈRES

R. Vetraine
R. Victorien Sardou
R. Vivaldi
Rouvier
Bd Edgar Quinet

LA PLAINE
MICHELIN
LES GRAVANCHES
A 71 / E 11

P
MONTFERRAND
a
Musée d'art Roger-Quilliot
Bd Louis Chartoire
ARSENAL
R. de Bourdon
R. Louis Blériot
AULNAT
Av. Jean Jaurès

Usine Michelin Cataroux
N.-D. de Prospérité
R. Youri Gagarine
Av. du 8 Mai

L'Aventure Michelin
f
R. du Ressort
Jean Eugène Réclus
R. Mermoz
R. Newton
LE BRÉZET EST

LEMPDES

QUARTIER DESAIX (E RÉGIMENT D'INFANTERIE)
LE BRÉZET
R. Georges Besse 16
CLERMONT-FERRAND AUVERGNE

Anatole France
R. de l'Agriculture
Av. de l'Agriculture
Av. du Brézet
Av. du Brézet
Av. du Brezet
TTHIERS, ST-ÉTIENNE, LYON

R. de la Cartoucherie
R. Henri Simonet
R. de la Pailette
R. Claude Guichard
R. des Ronzières
CLERMONT EST

la R. Pradelle
R. Clovis Hugues
Bingen
R. Élisée Réclus

Bd Jacques
L'Oradou
A 75 / E 11
A 711

PARC DU CREUX DE L'ENFER
LA PARDIEU-SECTEUR ARTISANAL
P
Ch. de Beaulieu

d Paul net Lagaye
R. des Landais
LA PARDIEU-PARC TECHNOLOGIQUE

LES ZEAUX
Av. de la Margeride
P
R. Roche-Genès
R. Roger Maze
R. des Sauzes
i
BILLOM-COURNON

R. Jean Noëllet
Av. Roger Mazet
LES VARENNES - CAP SUD
Av. de Cournon
Av. de Cournon
Av. de Clermont

AUBIÈRE
P.A. DE SARLIÈVE
Bd Charles de Gaulle

R. de Gergovie
R. de prat
D 2089
2
CLERMONT SUD
A 75 / E 11
COURNON

Av. Jean Moulin
R. des Vignes
rest
Av. de la République
CLERMONT SUD
LA CENDRE

ROMAGNAT
Plateau de Gergovie
PÉRIGNAT-LÈS-SARLIÈVE
3

LE PUY-EN-VELAY, ISSOIRE, MONTPELLIER, AURILLAC

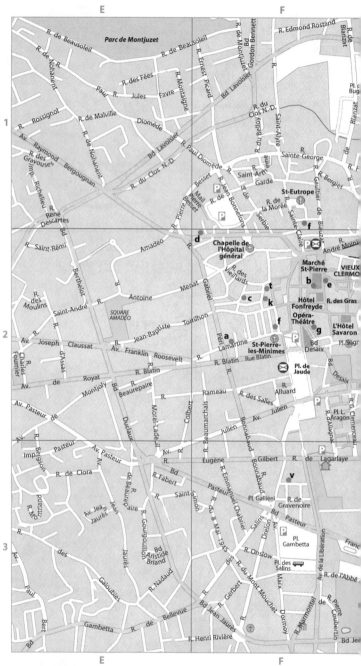

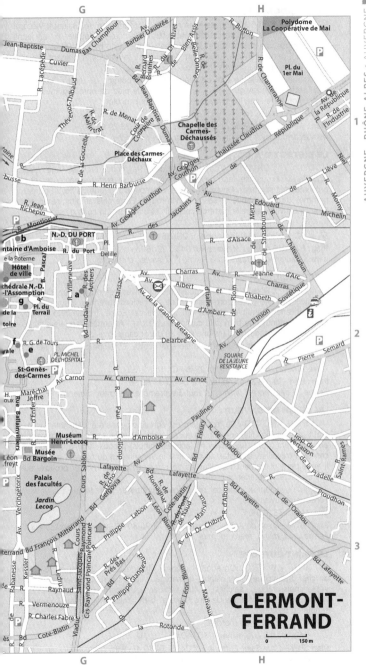

CLERMONT-FERRAND

0   150 m

LE CHARDONNAY

MODERNE · BISTRO ✗ Hugues Maisonneuve – propriétaire de l'italien Il Visconti – est aux commandes de cet élégant bistrot. Derrière les fourneaux, un jeune chef propose une courte carte de saison et un menu du marché (petit menu au déjeuner), particulièrement alléchant. Tout ici est savoureux et plaisant visuellement. Cadre épuré, lumières tamisées.

Spécialités: Effeuillé de tête de veau, écume de pomme de terre à l'ail noir et vinaigrette façon ravigote. Bar de ligne, cubes de pied de porc, légumes étuvés et bouillon terre-mer. Infini praliné-café, glaçage chocolat.

🛋 🅰🄲 – Menu 18 € (déjeuner)/33 €

Plan : G2-c – *1 place Philippe-Marcombes* – ℰ *04 73 26 79 95* – *www.lechardonnay.fr* – *Fermé lundi, mardi midi, dimanche*

LE BISTROT D'À CÔTÉ

MODERNE · CONVIVIAL ✗ Le chef Ludovic Raymond propose une cuisine actuelle et savoureuse, faite de bons produits, aux saveurs harmonieuses et aux présentations soignées. On se régale par exemple d'une joue de bœuf, purée de pommes de terre fumée et sauce au vin rouge. Carte plus ambitieuse au dîner. Service convivial et belle carte de cocktails et d'alcools. Un coup de cœur.

Spécialités: Cuisine du marché.

🛋 🅰🄲 ✧ – Menu 18 € (déjeuner), 28/35 € – Carte 34/55 €

Plan : F2-f – *16 rue des Minimes* – ℰ *04 73 29 16 16* – *www.restaurant-bistrotdacote.fr* – *Fermé 1er-7 janvier, dimanche*

L'ÉCUREUIL

MODERNE · CONVIVIAL ✗ Lui voulait renouer avec ses origines en s'installant en Auvergne, elle y a apporté l'entrain de ses racines italiennes, assurant un service pétillant... Benoît et Monika ont imaginé cet Écureuil chaleureux et gourmand. Au menu : une bien jolie cuisine du marché ! Attention, formule simplifiée au déjeuner. À déguster dans une salle au décor campagne chic.

Spécialités: Fleur de courgette farcie à la ricotta. Escalope de ris de veau aux morilles. Paris-brest.

♿ 🅰🄲 – Menu 16 € (déjeuner)/29 € – Carte 32/52 €

Plan : F2-t – *18 rue Saint-Adjutor* – ℰ *04 73 37 83 86* – *Fermé 20 décembre-3 janvier, 21 août-5 septembre, mercredi, dimanche*

UN GRAIN DE SAVEUR

MODERNE · BISTRO ✗ Ce restaurant est agréablement situé, dans une ruelle du cœur de la vieille ville, non loin de la cathédrale. Damien Marie, chef normand au bon parcours (dont Guy Savoy et Jacques Chibois) propose une cuisine du marché bien travaillée, à l'instar du pigeon à la verveine ou du fondant au chocolat. Il aime particulièrement travailler les poissons et fruits de mer, et propose aussi des assiettes végétariennes.

Spécialités: Saumon fumé par nos soins. Suprême de pintade, jus à la verveine. Forêt-noire revisitée.

🅰🄲 – Menu 33/60 €

Plan : G2-e – *8 rue de l'Abbé-Girard* – ℰ *04 73 90 30 59* – *www.ungraindesaveur.fr* – *Fermé lundi, mardi, mercredi midi*

LE SAINT-EUTROPE

MODERNE · BISTRO ✗ On adore l'intérieur vintage de ce bistrot, où la cuisine du chef britannique Harry célèbre le marché avec des plats bien sentis (betteraves-anchois-orange, seiches à la vénitienne, canard-aubergines), et l'on accompagne ces créations de vins "nature" bien choisis. Réjouissant ! Menu plus simple au déjeuner.

Spécialités: Cuisine du marché.

🍴 – Menu 24 € (déjeuner), 30/40 €

Plan : F1-f – *4 rue Saint-Eutrope* – ℰ *04 73 34 30 41* – *www.sainteutrope.com* – *Fermé lundi, mardi, mercredi, samedi soir, dimanche*

SMØRREBRØD

MODERNE · ÉPURÉ ✗ Modernité, voici le maître mot, de la déco scandinave à l'assiette, qui met en avant de bons produits de saison et s'accompagne d'une belle sélection de vins. Jérôme Bru, le chef, secoue la vie gastronomique clermontoise et sa cuisine s'affine de jour en jour. Petite terrasse dans la rue.

Spécialités : Tatin d'oignon, copeaux de cantal et émulsion à l'huile de noisette. Poitrine de pintade fermière, textures de betterave et jus de volaille. Tarte soufflée citron-sarrasin.

🕸 🕆 ⅊ 🅰🅲 – Menu 20 € (déjeuner), 34/54 € – Carte 43/60 €

Plan : G2-a – *10-12 rue des Archers* – ☎ *04 73 90 44 02* – *www.restaurant-smorrebrod.com* – *Fermé 17-23 mai, 9-31 août, lundi soir, samedi midi, dimanche*

LE 62 🅽

MODERNE · CONVIVIAL ✗ Pour un coup d'essai, c'est un coup d'éclat ! Ce tout nouveau restaurant sait tenir nos papilles en alerte, grâce notamment à l'équilibre des assaisonnements et l'harmonie des saveurs, véritables points forts du jeune chef d'origine vietnamienne, qui propose une élégante cuisine bistronomique française. L'excellent rapport qualité/prix et la petite cour terrasse achèvent de rendre le lieu parfaitement irrésistible.

Spécialités : Cuisine du marché.

🕆 – Menu 17 € (déjeuner), 22/32 €

Plan : F2-d – *62 rue Fontgiève* – ☎ *04 73 36 18 49* – *www.restaurantle62.com* – *Fermé lundi, mardi midi, samedi midi, dimanche midi*

🍴○ PAVILLON LAMARTINE

MODERNE · CHIC ✗✗ Près de la place de Jaude, poussez la grille de ce Pavillon et découvrez un restaurant à l'élégance toute contemporaine. La cuisine, savoureuse et gourmande, s'inscrit dans l'air du temps. Et qui sait ? Peut-être aurait-elle inspiré le poète Alphonse de Lamartine !

🕆 🕆 – Menu 29 € (déjeuner) – Carte 40/58 €

Plan : F2-a – *17 rue Lamartine* – ☎ *04 73 93 52 25* – *www.pavillonlamartine.com* – *Fermé lundi soir, samedi soir, dimanche*

🍴○ ALFRED

MODERNE · BISTRO ✗ Un espace ouvert sur deux niveaux façon loft, un escalier de fer en colimaçon et de beaux parquets : l'endroit a du style. Dans l'assiette, dos de cabillaud confit à l'huile d'olive, tagliatelles de courgettes crues et cuites, concassé de noisettes et son huile vierge : une cuisine originale, fraîche et maison, à prix raisonnable. Alfred gagne à être connu.

🕆 – Menu 19 € (déjeuner), 28/37 €

Plan : F3-v – *5 rue du Puits-Artésien* – ☎ *04 73 35 32 06* – *www.restaurant-alfred.fr* – *Fermé 1ᵉʳ-11 mai, lundi, dimanche*

🍴○ BATH'S

MODERNE · BRASSERIE ✗ Dans une zone piétonne au pied du marché Saint-Pierre, il fait bon s'installer en terrasse... À l'intérieur, la cuisine au goût du jour est servie dans une ambiance de brasserie contemporaine. L'Espagne est à l'honneur avec un menu et des vins ibériques. Un lieu très vivant !

🕆 🅰🅲 – Menu 32/45 € – Carte 30/70 €

Plan : F2-e – *Place du Marché-Saint-Pierre* – ☎ *04 73 31 23 22* – *www.baths.fr* – *Fermé 3-10 janvier, 15-30 août, lundi, dimanche*

LE DUGUESCLIN

MODERNE • INTIME X Face aux vestiges de la maison d'octroi, ce restaurant familial au cadre intime et coquet propose une bonne cuisine de saison, privilégiant au maximum les produits de la région. Menu le midi en semaine adapté à la clientèle d'affaire pressée, au dîner la carte se veut plus ambitieuse. Terrasse d'été sur l'arrière pour les beaux jours.

🌤 ✿ – Menu 23 € (déjeuner), 46/63 € – Carte 47/60 €

Plan : C1-a – 3 place des Cordeliers – ✆ 04 73 25 76 69 – www.le-duguesclin.fr – Fermé 11-18 avril, 8-28 août, lundi soir, mardi soir, mercredi soir, dimanche

L'EN-BUT

MODERNE • CONVIVIAL X Ce restaurant, situé dans l'enceinte du stade de rugby Marcel Michelin, décline bien naturellement les valeurs du rugby, au travers des menus "En Avant", "Grand Chelem" ou "Chistera", autour d'une cuisine actuelle, mettant en valeur les produits du Massif central. Imaginée dans l'esprit d'une brasserie contemporaine, la salle à manger offre une vue imprenable sur le stade et, depuis la terrasse, sur la chaine des Puys.

⟨ 🌤 ⅃ 🖭 ⊡ 🅿 – Menu 22 € (déjeuner), 27/60 € – Carte 50/71 €

Plan : C1-f – 107 avenue de la République (accès par la porte A, puis par ascenseur porte 20) – ✆ 04 73 90 68 15 – www.lenbut.com – Fermé 1er-22 août, samedi, dimanche

EN/VIE 🆕

MODERNE • CONVIVIAL X Le bistrot qu'on aimerait avoir en bas de chez soi. Tout est nature chez Audrey et Stéphane, les vins, les produits... et le sourire ! On sert des assiettes simples et justes, parfaitement calibrées et assaisonnées, avec l'accord vins naturels qui va avec, où votre goût personnel n'est pas négligé. C'est à la fois pointu, convivial et pas cher. L'adresse qui décoiffe à Clermont, et ça fait du bien !

🖭 – Menu 18 € (déjeuner) – Carte 26/40 €

Plan : F2-g – 18 rue du Cheval-Blanc – ✆ 04 73 31 11 52 – Fermé 24 décembre-3 janvier, mardi soir, mercredi, dimanche

IL VISCONTI

ITALIENNE • CONVIVIAL X Situé dans la vieille ville, ce bistrot moderne et confortable, propose une carte italienne, courte et alléchante. Les produits sont frais, sélectionnés, et le service efficace. La terrasse fleurie, aux accents méditerranéens, ajoute un charme indéniable, dès les beaux jours. La dolce vita au cœur de l'Auvergne !

🌤 – Menu 18 € (déjeuner)/33 € – Carte 36/50 €

Plan : G2-g – 9 rue du Terrail – ✆ 04 73 74 35 26 – www.ilvisconti.com – Fermé lundi, mardi midi, dimanche

L'INSTANTANÉ

MODERNE • BISTRO X Ce bistrot contemporain situé dans le quartier des galeristes propose quelques instantanés de pure gourmandise, imaginés par un chef au beau parcours (Ritz, Lasserre, Plaza). Filet de maquereau et vinaigrette à la moutarde de Charroux, fondant de bœuf cuit 12 heures, ballotine de cabillaud, poire croustillante choco-praliné... Un régal jusqu'au dessert !

Menu 16 € (déjeuner)/32 €

Plan : G2-f – 2 rue de l'Abbé-Girard – ✆ 04 73 91 97 19 – Fermé samedi, dimanche

POLYPODE

MODERNE • CONTEMPORAIN X Le bouche-à-oreille bat son plein à Clermont au sujet de ce Polypode, qui n'a rien de commun. Autour d'un menu-carte renouvelé tous les mois, le chef régale avec une cuisine fine et lisible, où le végétal fait de discrètes (et fructueuses !) apparitions. Accueil chaleureux.

🌤 ⅃ 🖭 – Menu 34/58 € – Carte 41/51 €

Plan : F2-c – 6 place du Champgil – ✆ 04 73 19 37 82 – https://polypode.eatbu.com – Fermé 1er-11 janvier, 6-12 avril, 29 août-20 septembre, lundi, mardi soir, mercredi soir, dimanche

DUNIÈRES

✉ 43220 – Haute-Loire – Carte régionale n° **1**–D3 – Carte Michelin 331-I2

ⅼ○ **LA TOUR**

CUISINE DU TERROIR · **FAMILIAL** ✕✕ Les produits locaux (lentilles vertes du Puy, escargots de Grazac, pintade fermière, etc.) se transforment en mets alléchants sous l'impulsion du chef. C'est bon, soigné, généreux, avec en prime, un beau chariot de fromages auvergnats. Tout est sympathique, y compris les chambres, bien pratiques.

⇦ 斧 ⅼ ⇔ **P** – Menu 19 € (déjeuner), 36/48 € – Carte 34/45 €

7 ter route du Fraisse – ℰ 04 71 66 86 66 – www.hotelrestaurantlatour.com – Fermé 6 février-8 mars, 30 août-6 septembre, 15-21 novembre, lundi, vendredi soir, dimanche soir

ESPALY-ST-MARCEL

✉ 43000 – Haute-Loire – Carte régionale n° **1**–C3 – Carte Michelin 331-F3

ⅼ○ **L'ERMITAGE**

TRADITIONNELLE · **ÉLÉGANT** ✕✕ Cette ancienne grange a conservé son charme rustique et le côté naturel de ses origines. On y apprécie une cuisine de tradition fine et bien réalisée, avec notamment la découpe en salle de certains poissons et pièces de bœuf. N'oublions pas la cheminée, en hiver, et la sympathique terrasse aux beaux jours. Un vrai plaisir.

斧 **P** – Menu 21 € (déjeuner), 28/60 € – Carte 40/60 €

73 avenue de l'Ermitage – ℰ 04 71 04 08 99 – www.restaurantermitage.fr – Fermé 22 février-8 mars, lundi, mercredi soir, dimanche soir

GLAINE-MONTAIGUT

✉ 63160 – Puy-de-Dôme – Carte régionale n° **1**–C2 – Carte Michelin 326-H8

ⅼ○ **AUBERGE DE LA FORGE**

MODERNE · **AUBERGE** ✕ Face à l'église romane, cette sympathique auberge est l'exacte reproduction de l'ancienne forge du village : murs en pisé, poutres apparentes, soufflet pour attiser le feu de la cheminée ! Le chef régale avec de belles assiettes entre tradition et modernité : tarte tatin au boudin noir ; caille en deux cuissons à l'ail noir de Billom ; parfait glacé à la verveine du Velay.

斧 ⅼ ⇔ – Menu 18 € (déjeuner), 24/43 €

Place de l'Église – ℰ 04 73 73 41 80 – www.aubergedelaforgeglaine.com – Fermé lundi soir, mardi soir, mercredi, jeudi soir, dimanche soir

ISSOIRE

✉ 63500 – Puy-de-Dôme – Carte régionale n° **1**–B2 – Carte Michelin 326-G9

⊛ **L'ATELIER YSSOIRIEN**

Chef : Dorian Van Bronkhorst

MODERNE · **BRANCHÉ** ✕✕ Un jeune chef propriétaire, né en Auvergne de parents hollandais, a transformé l'ancien garage en atelier gourmand moderne. Tout le monde en convient : on se sent bien dans cette maison ! Est-ce la déco "nature" composée de tables en bois brut, d'un sol en béton ciré et d'un zeste de lumière naturelle ? Est-ce la gentillesse de l'accueil et l'excellence du service ? Ou encore cette cuisine du marché, gentiment créative (un peu de kimchi par ici, un peu de soja par-là) et axée sur le produit ? Formé dans les maisons étoilées, le chef avoue un faible pour les légumes, évidemment, mais aussi les champignons (notamment la morille), sans oublier la viande de Salers, la pintade d'Auvergne ou le pigeon de l'Allier.

Spécialités : Cuisine du marché.

斧 ⅼ 🅰🅲 ⇔ – Menu 38 € (déjeuner), 68/98 € – Carte 74/96 €

23 boulevard Triozon-Bayle – ℰ 04 73 89 44 47 – www.atelier-yssoirien.com – Fermé lundi, dimanche

🍴 **AGASTACHE** ⬤

MODERNE · TENDANCE 🍽 Une adresse bistrotière, ouverte par le chef de l'Atelier Yssoirien. Le menu avec choix propose une cuisine actuelle et de saison, bien tournée et joliment présentée, dans une déco tendance à la mode scandinave.

🌤 ⅋ 🅰️ – Menu 17 € (déjeuner)/33 € – Carte 40/56 €

95 rue de Brioude – ℰ 04 73 55 84 59 – www.agastache-restaurant.com –
Fermé 1ᵉʳ-4 janvier, 15-31 août, 17 octobre-2 novembre, lundi, dimanche

🍴 **LE P'TIT ROSEAU**

MODERNE · CONVIVIAL 🍽 L'emplacement face à la gare n'est pas le plus glamour qui soit... mais il est largement compensé par la cuisine enthousiasmante de Jérémy Bonhivers. Préparations fines et goûteuses, utilisation judicieuse de fleurs, herbes aromatiques et jeunes pousses : de quoi passer un moment de qualité. A déguster dans une salle flambant neuve ou, aux beaux jours, sur la terrasse et son extension, accolée au joli square René Cassin.

🌤 – Menu 19 € (déjeuner), 34/39 €

2 avenue de la Gare – ℰ 04 73 89 09 17 – www.lepetitroseau.fr – Fermé lundi, mardi, dimanche soir

LAVAUDIEU

✉ 43100 – Haute-Loire – Carte régionale n° **1**-C3 – Carte Michelin 331-C2

🍴 **COURT LA VIGNE**

TRADITIONNELLE · RUSTIQUE 🍽 Cherchez le cloître médiéval, cette charmante bergerie du 15ᵉ s. est juste à deux pas. Tout y est plaisant, le bar, la cheminée, la cour... Des vins bio locaux accompagnent une cuisine du terroir tout en simplicité.

Menu 28 €

Court La Vigne – ℰ 04 71 76 45 79 – Fermé 15 décembre-15 mars, mardi, mercredi

LEMPDES

✉ 63370 – Puy-de-Dôme – Carte régionale n° **1**-B2 – Carte Michelin 326-G8

😋 **B2K6**

MODERNE · CONVIVIAL 🍽 Ce sympathique bistrot est né de la rencontre de deux jeunes passionnés : Jérôme Bru, ancien second d'Anne-Sophie Pic, et Romain Billard, sommelier, passé également par de fameuses maisons. Au menu : une belle cuisine, rythmée par les saisons et les produits locaux, accompagnée des vins adéquats. Une belle complicité !

Spécialités : Cuisine du marché.

🍸 🅰️ – Menu 22 € (déjeuner), 36/58 €

6 rue du Caire – ℰ 04 73 61 74 71 – www.b2k6.fr – Fermé 28 décembre-4 janvier, 9-18 mai, 1ᵉʳ-23 août, lundi, dimanche

LEZOUX

✉ 63190 – Puy-de-Dôme – Carte régionale n° **1**-C2 – Carte Michelin 326-H8

🍴 **CHANTE BISE**

TRADITIONNELLE · RUSTIQUE 🍽 "La cigale, ayant chanté tout l'été, se trouva fort dépourvue quand la bise fut venue..." Contrairement à la fable de La Fontaine, ici, point de pénurie ! Toute l'année, les gourmands apprécient une agréable cuisine traditionnelle. Accueil chaleureux et menu déjeuner au tarif imbattable.

🌤 ⅋ 🅿️ – Menu 14 € (déjeuner), 25/33 € – Carte 27/42 €

Lieu-dit Courcourt – ℰ 04 73 62 91 41 – www.restaurant-chantebise63.com – Fermé 17 février-6 mars, 23 août-6 septembre, lundi, mardi, dimanche soir

MARCOLÈS

✉ 15220 – Cantal – Carte régionale n° **1**-A3 – Carte Michelin 330-C6

❀ **AUBERGE DE LA TOUR**

Chef: Renaud Darmanin

MODERNE · RUSTIQUE XxX Au cœur du village médiéval, cette bâtisse en pierre, avec sa tour d'angle et son escalier à vis, déborde de charme. Tous deux auvergnats, Lorraine et Renaud Darmanin ont modernisé et transformé cet ancien café en halte gastronomique. Après ses études à Chamalières, Renaud a fait ses classes dans de belles maisons, à Lyon chez Paul Bocuse, à Paris chez Frédéric Anton au Pré Catelan, à Genève au Parc des Eaux Vives. Le chef ne travaille que de très beaux produits frais et locaux (et notamment la châtaigne). Il réalise une cuisine fine et goûteuse, mariant avec talent le terroir à des épices d'ici et d'ailleurs.

Spécialités: Foie gras mi-cuit, miel en brèche et pollen de fleurs. Truite des étangs de Marfon, myrtilles du puy Mary et joue de bœuf. Eden de châtaigne, ananas et coriandre.

❀ ⇦ 🛥 ⅙ ⇧ 🅿 – Menu 79/109 €

Place de la Fontaine – ☏ 04 71 46 99 15 – www.aubergedela-tour.com –
Fermé 4 janvier-17 mars, 17 octobre-30 novembre, mardi, mercredi

MARINGUES

✉ 63350 – Puy-de-Dôme – Carte régionale n° **1**-C2 – Carte Michelin 326-G7

🍴 **LE CARROUSEL**

MODERNE · BOURGEOIS XX Le chef-patron, originaire de Béziers, réalise une bonne cuisine moderne, avec de franches inspirations sudistes. Produits de qualité, service professionnel et terrasse sur l'arrière... les raisons ne manquent pas de grimper dans ce Carrousel.

🛥 🅿 – Menu 28 € (déjeuner), 35/83 €

14 rue du Pont-de-Morge – ☏ 04 73 68 70 24 – www.restaurant-lecarrousel.com –
Fermé lundi soir, mardi, mercredi, dimanche soir

LE MONT-DORE

✉ 63240 – Puy-de-Dôme – Carte régionale n° **1**-B2 – Carte Michelin 326-D9

🍴 **LA GOLMOTTE**

TRADITIONNELLE · AUBERGE X Authenticité garantie dans cette auberge postée sur la route de Clermont-Ferrand ! Et pour cause : la salle est une ancienne étable. Au menu : des produits frais, bien cuisinés, et des assiettes copieuses. Le tout à petits prix...

🛥 ⅙ 🅿 – Menu 25/42 € – Carte 36/51 €

Le Barbier – ☏ 04 73 65 05 77 – www.aubergelagolmotte.com – Fermé mardi soir,
mercredi, dimanche soir

🍴 **LE 1050**

CUISINE DU TERROIR · BISTRO X La cuisine est à l'image du décor : chaleureuse, généreuse, montagnarde. Les spécialités régionales, parfois servies dans leur récipient de cuisson, sont à l'honneur : chou farci, potée auvergnate, viande de Salers...

⇦ – Menu 24/35 € – Carte 27/42 €

Hôtel de Russie, 3 rue Favart – ☏ 04 73 65 05 97 – www.lerussie.com

MONTLUÇON

✉ 03100 – Allier – Carte régionale n° **1**-B1 – Carte Michelin 326-C4

❀ **LA CHAPELLE**

MODERNE · ÉLÉGANT XxX La table du Château Saint-Jean se distingue d'abord par son cadre exceptionnel, une ancienne chapelle dont la partie supérieure a été habillée d'une cage en cuivre ajouré, qui la recouvre comme un dôme. Un étonnant (et très heureux) mariage des styles et des époques ! Dans l'assiette, même engouement : le chef Olivier Valade montre que son beau parcours (Loiseau, Darroze) ne doit rien au hasard. Sa cuisine, exécutée avec une grande précision, met en valeur de beaux produits de saison, et se révèle pleine de personnalité. Pour le reste, service efficace, rapport qualité-prix réaliste : un sans-faute.

Spécialités: Truite du Cézallier, velours coloré de choux-fleurs, œufs de saumon de fontaine, citron caviar. Pigeonneau, courgette fleur farcie, aubergine longue laquée et jus réduit. Finger de mûres en mousse et coulis acidulé, siphon au fromage blanc fermier, glace infusée au tilleul.

🍴 ♿ 🚗 **P** – Menu 140/175 €

Hôtel Château Saint-Jean, Avenue Henri-de-la-Tourfondue (au parc Saint-Jean) – ☎ 04 70 03 26 57 – www.chateau-saint-jean.com – Fermé 1ᵉʳ octobre-30 avril, lundi, mardi, dimanche soir, le midi du mercredi au vendredi

🍴 **GRENIER À SEL**

MODERNE · ÉLÉGANT XxX Au cœur de Montluçon, voilà bien une charmante demeure : murs du 15ᵉs. recouverts de lierre, décor raffiné (parquet, moulures...). Les beaux produits sont travaillés avec soin. L'été, profitez de la terrasse, c'est un petit coin de paradis !

👓 🍴 🌳 🌀 ↔ **P** – Menu 25/39 €

10 rue Sainte-Anne – ☎ 04 70 05 53 79 – www.legrenierasel.com – Fermé lundi, samedi midi, dimanche soir

🍴 **BISTROT SAINT-JEAN**

MODERNE · BISTRO X Cette table bistrotière, seconde adresse du Château Saint-Jean, ouvre sur une terrasse extérieure et un parc. C'est dans ce cadre plaisant que le chef Olivier Valade (qui gère en parallèle la table gastronomique) propose une cuisine goûteuse, pleine d'entrain, à l'image de cette épaule d'agneau confite 30 h, jus réduit, caviar d'aubergine et bohémienne de courgettes. Bingo !

🍴 🌳 ♿ 🌀 **P** – Menu 34 € (déjeuner)/42 €

Hôtel Château Saint-Jean, Avenue Henri-de-la-Tourfondue (au parc Saint-Jean) – ☎ 04 70 03 26 57 – www.chateau-saint-jean.com – Fermé mercredi, jeudi

🏰 **CHÂTEAU SAINT-JEAN**

LUXE · ÉLÉGANT A quelques pas du centre-ville, dans un secteur résidentiel calme et verdoyant, cet ancien château et sa chapelle du douzième siècle ont retrouvé leur splendeur d'antan. Caractère, style et confort caractérisent ce bel établissement. Agréable espace de détente avec piscine couverte.

🍴 🏊 🍴 🖨 📶 🛁 🔲 ♿ 🌀 🛎 **P** – 15 chambres – 4 suites

Avenue Henri-de-la-Tourfondue (au parc Saint-Jean) – ☎ 04 70 03 26 57 – www.chateau-saint-jean.com

❀ **La Chapelle** • 🍴 **Bistrot Saint-Jean** – Voir la sélection des restaurants

MONTMARAULT

✉ 03390 – Allier – Carte régionale n° **1**–B1 – Carte Michelin 326-E5

🍴 **HÔTEL DE FRANCE**

MODERNE · CONTEMPORAIN XX Cet établissement, situé sur la rue principale du village, invite à la pause gourmande. Le chef, Matthieu Omont, y compose une partition maîtrisée, volontiers créative, à déguster dans un décor moderne et soigné. Chambres confortables, idéales pour l'étape.

Spécialités: Langoustines croûtées au thym, mousse d'artichaut et artichaut poivrade, jus à l'huile de noisette. Carré de veau cuit en croûte de sel, légumes du momentet jus de veau infusé aux herbes. La verrine de saison.

👓 ♿ 🌀 ↔ **P** – Menu 34/80 € – Carte 35/70 €

1 rue Marx-Dormoy – ☎ 04 70 07 60 26 – www.hoteldefrance-montmarault.com – Fermé 1ᵉʳ-9 février, 12-20 avril, 15 novembre-7 décembre, lundi, mardi

MOUDEYRES

✉ 43150 – Haute-Loire – Carte régionale n° **1**–C3 – Carte Michelin 331-G4

🍴 **LE PRÉ BOSSU**

TRADITIONNELLE · AUBERGE XX Cette chaumière aux volets rouges, de pierre vêtue, et agrémentée d'un jardin, propose de déguster une cuisine traditionnelle à base de produits de la région, dans une salle à manger aux poutres apparentes. Quelques chambres spacieuses à l'étage.

👓 🍴 **P** – Menu 22 € (déjeuner), 30/34 €

Le Pré-Bossu – ☎ 04 71 05 10 70 – www.leprebossu.com – Fermé lundi

MOULINS

✉ 03000 – Allier – Carte régionale n° **1**–C1 – Carte Michelin 326-H3

🕭 LE BISTROT DE GUILLAUME

MODERNE • CONVIVIAL 🍴 En plein cœur de Moulins, la petite salle claire et intimiste donne déjà le "la", et l'on s'y attable sans se faire prier. Mais le meilleur est encore à venir : dans sa petite cuisine, le chef-patron compose des préparations à la fois fines et bien pensées, qui sont un ravissement pour les papilles.

Spécialités : Cannelloni au saumon fumé et salade de chou rouge. Aïoli provençal. Baba au mojito.

🏡 ⇄ – Menu 23 € (déjeuner), 33/38 € – Carte 50/60 €

13 rue de Pont – ℰ 04 43 51 23 82 – Fermé 15 février-2 mars, 5 juin-1ᵉʳ juillet, 12 septembre-1ᵉʳ octobre, lundi, mardi soir, mercredi soir, dimanche

🍴 LA BULLE D'AIR

CRÉATIVE • CONTEMPORAIN 🍴🍴 Depuis sa cuisine ouverte, sans jamais être prisonnier de sa bulle créative, le chef Vincent Hoareau propose une cuisine fraîche et savoureuse, à l'image de ce compressé de volaille, purée de pomme de terre et ciboulette. Menu sans choix au déjeuner en semaine pour clientèle pressée. Le tout est à déguster dans un cadre contemporain, ou sur la charmante terrasse pavée en été.

🏡 🅰🅲 – Menu 23 € (déjeuner), 35/55 €

22 place d'Allier – ℰ 04 70 34 24 61 – Fermé lundi, dimanche

🍴 LE CLOS DE BOURGOGNE

MODERNE • CONTEMPORAIN 🍴🍴 On revient avec plaisir dans cet hôtel particulier du 18e s. légèrement excentré du centre-ville, au cœur d'un petit écrin de verdure. Dans un cadre cosy et feutré, on profite d'une cuisine traditionnelle esprit « brasserie chic » en début de semaine, et d'une cuisine actuelle plus ambitieuse à partir du jeudi. Chambres coquettes pour prolonger l'étape.

🖙 🏡 🕭 ⇄ 🅿 – Carte 51/67 €

83 rue de Bourgogne – ℰ 04 70 44 03 00 – www.clos-de-bourgogne.com – Fermé 20 décembre-31 janvier, le midi

MURAT

✉ 15300 – Cantal – Carte régionale n° **1**–B3 – Carte Michelin 330-F4

🍴 LE JARROUSSET

MODERNE • CONVIVIAL 🍴🍴 Dans un environnement verdoyant, cette auberge traditionnelle cultive le goût des produits locaux : le chef s'approvisionne auprès d'un réseau de fermes sélectionnées avec soin. Quant à l'ambiance, chapeau : le décor est épuré et moderne, et le mobilier et la vaisselle ont été réalisés par des artisans locaux.

🍽 🏡 🅿 – Menu 15 € (déjeuner), 29/80 €

RN 122 (4 km à l'Est) – ℰ 04 71 20 10 69 – www.restaurant-le-jarrousset.com – Fermé 3-20 janvier, lundi, mardi, mercredi soir, dimanche midi

NÉRIS-LES-BAINS

✉ 03310 – Allier – Carte régionale n° **1**–B1 – Carte Michelin 326-C5

🕭 CÔTÉ TOQUÉS

MODERNE • CONVIVIAL 🍴 Dans cette petite ville thermale, Marie et Julien Chabozy tiennent une table très attachante. Les assiettes de Julien, goûteuses et parfumées, révèlent les meilleurs produits locaux. Côté vins, c'est aussi du solide, et pour cause : ces deux-là ont longtemps travaillé en tant que cavistes et tiennent toujours "La Cave des Toqués", à 100 m de là… Un vrai coup de cœur.

Spécialités : Bœuf confit façon gravlax, betterave et raifort. Suprême de pintade, beurre au savagnin, céleri, morilles et amandes. Abricots marinés, crème diplomate au poivre timut.

🕸 🏡 🕭 🅰🅲 – Menu 23 € (déjeuner), 34/60 €

21 rue Hoche – ℰ 04 70 03 06 97 – Fermé lundi, mardi soir, mercredi soir, jeudi soir, dimanche

ORCINES

✉ 63870 – Puy-de-Dôme – Carte régionale n° **1**–B2 – Carte Michelin 326-F8

🍃 AUBERGE DE LA BARAQUE

MODERNE • COSY XX Cette Baraque-là, tout comme les plats qu'on y prépare, n'est pas faite de bric et de broc ! Dans le cadre cosy et feutré à souhait (cheminée, moulures et lustres à pampilles) de ce relais de diligence (1800), on apprécie une cuisine actuelle de qualité, savoureuse et bien présentée. Service agréable, prix raisonnables et jolie carte des vins.

Spécialités : Saint-Jacques poêlées, polenta crémeuse et jus de cresson. Pavé de bœuf fin-gras du Mézenc aux échalotes confites. Soufflé à la pêche, sorbet verveine.

🕭 ᴄ ✿ 🅿 – Menu 26 € (déjeuner), 34/63 €

2 route de Bordeaux – ☎ 04 73 62 26 24 – www.laubrieres.com – Fermé 12-21 avril, 28 juin-21 juillet, 18-27 octobre, lundi, mardi, mercredi

🕪 AUBERGE DE LA FONTAINE DU BERGER

TRADITIONNELLE • AUBERGE X Cette maison de pays aux volets rouges regarde le puy de Dôme et le Pariou. On y apprécie une cuisine où les produits frais ont la part belle, avec par exemple ces poissons en arrivage direct de Bretagne. Ne manquez pas, en dessert, le délicieux paris-brest maison.

🕭 ᴄ 🅿 – Menu 34 € – Carte 34/66 €

167 route de Limoges – ☎ 04 73 62 10 52 – www.auberge.fr –
Fermé 1er-14 janvier, lundi soir, mardi soir, mercredi, dimanche soir

PAILHEROLS

✉ 15800 – Cantal – Carte régionale n° **1**–B3 – Carte Michelin 330-E5

🍃 L'AUBERGE DES MONTAGNES

TRADITIONNELLE • AUBERGE XX Dans cette ferme située au cœur de ce village isolé, le chef cuisine exclusivement des produits locaux finement choisis. Le terroir est à l'honneur, revisité avec grand soin ! En hiver, le paysage est féerique et invite à la promenade ; cela tombe bien, car la cuisine est très généreuse. Un véritable concentré de Cantal...

Spécialités : Crumble de patate douce, œuf poché, espuma de lard fumé. Côte veau de Pierrefort, jus à l'échalote. Crémeux au chocolat.

🕭 ✿ 🅿 – Menu 30/39 € – Carte 30/43 €

Le Bourg – ☎ 04 71 47 57 01 – www.auberge-des-montagnes.com –
Fermé 21 mars-3 avril, 1er novembre-11 décembre, lundi, mardi

PONT-DU-CHÂTEAU

✉ 63430 – Puy-de-Dôme – Carte régionale n° **1**–B2 – Carte Michelin 326-G8

⁂ AUBERGE DU PONT

Chef : Rodolphe Regnauld

MODERNE • COSY XX Rodolphe Regnauld possède la fougue du vent breton (il a grandi dans la péninsule) et la passion des produits de sa région d'adoption qu'il marie dans des assiettes terre-mer : langoustine du Guilvinec en deux façons, framboises, petits pois, caviar d'Aquitaine Sturia ; filet de bœuf de Salers et foie gras des plaines de Limagne façon Rossini, jus de viande corsé. Quant au cadre, chaleureux et contemporain, entre auberge et loft, il séduit pour son côté intime et cosy.

Spécialités : Grosse langoustine panée au panko, cèpe cru et cuit en velouté, caviar d'Aquitaine. Saint-pierre confit au beurre demi-sel, jus de coquillage émulsionné au beurre de sarrasin. L'esprit d'un vacherin aux fruits rouges.

🕭 ᴄ ᴋ ✿ – Menu 32 € (déjeuner), 43/155 € – Carte 75/102 €

70 avenue du Docteur-Besserve – ☎ 04 73 83 00 36 – www.auberge-du-pont.com –
Fermé 4-18 janvier, 12-21 avril, 15 août-7 septembre, lundi, mercredi, dimanche soir

PONTGIBAUD

✉ 63230 – Puy-de-Dôme – Carte régionale n° **1**–B2 – Carte Michelin 326-E8

⅃○ **L'OURS DES ROCHES**

TRADITIONNELLE · **ÉLÉGANT** ✕✕ Non loin de Vulcania, sous les voûtes d'une ancienne bergerie : un cadre de pierre pour une cuisine de douceur, signée par un chef amoureux du produit. Dans l'assiette, le terroir n'est jamais très loin et le rythme des saisons respecté. Une éruption de saveurs !

🕸 🛋 ⅃ **▯** – Menu 41/69 €

Lieu-dit La Courteix – ℰ 04 73 88 92 80 – www.oursdesroches.com –
Fermé 2-24 janvier, 20 septembre-6 octobre, lundi, mardi, dimanche soir

⅃○ **POSTE**

TRADITIONNELLE · **FAMILIAL** ✕✕ Les gourmands, au régime par exemple, pourront toujours cacher leur forfait en disant qu'ils vont à La Poste.... Dans cette maison de pays, au cœur d'un bourg tranquille, on se régale de recettes régionales à l'abri des regards. Chambres pour l'étape.

⇦ ⅃ 🅰 – Menu 20 € (déjeuner), 32/45 € – Carte 37/58 €

Place de la République – ℰ 04 73 88 70 02 – www.hoteldelaposte-pontgibaud.com –
Fermé 1er-26 janvier, 1er-4 mai, 4-13 octobre, lundi, mardi, dimanche soir

LE PUY-EN-VELAY

✉ 43000 – Haute-Loire – Carte régionale n° **1**–C3 – Carte Michelin 331-F3

🏵 **L'ÉMOTION** ℕ

MODERNE · **DESIGN** ✕ Il y a effectivement de l'émotion à retrouver Mickaël Ruat dans sa nouvelle adresse dont la déco fait la part belle aux matériaux naturels dans un esprit design. Fidèle à lui-même et à son terroir de Haute-Loire (lentille verte, bœuf Fin Gras du Mézenc), il régale avec sa cuisine toute en fraîcheur à l'image de sa tartelette de truite fumée de Vourzac...

Spécialités: Escargots sur un nuage de persil et cromesquis d'herbes. Lièvre à la royale, mousseline de topinambour, écrasé de pommes de terre à l'huile de truffe. Variation de perles rouges du Velay, sorbet chocolat et mélisse.

🛋 ⅃ 🅰 – Menu 17 € (déjeuner), 32/58 € – Carte 48/56 €

15 place Cadelade – ℰ 04 71 09 74 23 – www.restaurant-lemotion.fr –
Fermé lundi, dimanche

⅃○ **REGINA**

TRADITIONNELLE · **FAMILIAL** ✕✕ Dans cet hôtel, le restaurant est en plein dans la tradition : sol en pierre ou bois, œuvres d'art au mur... sans oublier, au milieu de la pièce, un imposant jambon de San Daniele prêt à la découpe. Les bons produits sont au rendez-vous dans l'assiette, servie par une équipe efficace.

⇦ 🅰 🔲 – Menu 24 € (déjeuner), 32/35 € – Carte 40/50 €

34 boulevard Maréchal-Fayolle –
ℰ 04 71 09 14 71 – www.hotelrestregina.com

⅃○ **TOURNAYRE**

TRADITIONNELLE · **RUSTIQUE** ✕✕ Croisées d'ogives, boiseries, fresques... Le cadre rare et charmant d'une ancienne chapelle du 16e s. ! La cuisine y est gardienne d'une certaine tradition, pour le meilleur (lentilles, veau du Velay, jambon cru d'Auvergne, fromages, etc.).

🅰 – Menu 31/65 €

12 rue Chenebouterie – ℰ 04 71 09 58 94 – www.restaurant-tournayre.com –
Fermé 1er-17 janvier, 28 juin-4 juillet, lundi, mardi, dimanche soir

REUGNY

✉ 03190 – Allier – Carte régionale n° **1**–B1 – Carte Michelin 326-C4

⍟○ LA TABLE DE REUGNY

MODERNE · **COSY** ✖✖ Sur la route de Montluçon, cette maison vient d'être reprise par un jeune chef, Arnaud Paulus, ancien ingénieur reconverti qui a fait ses classes dans la région. Il s'inscrit dans la lignée de son prédécesseur, tout en imprimant sa marque : carte courte et de saison, cuisine aux bases classiques parsemée de touches plus modernes.

🛱 ⍓ ⌷ – Menu 23 € (déjeuner), 34/56 €

25 route de Paris – ☏ 04 70 06 70 06 – www.latabledereugny.fr – Fermé 4-17 janvier, lundi, mardi, mercredi, dimanche soir

RIOM

✉ 63200 – Puy-de-Dôme – Carte régionale n° **1**–B2 – Carte Michelin 326-F7

⍟○ LE MOULIN DE VILLEROZE

MODERNE · **ÉLÉGANT** ✖✖ Dans la salle élégante de ce moulin bâti à la fin du 19ᵉ s, près de la cheminée ou sur la terrasse, les gourmands apprécient des recettes dans l'air du temps. La carte est saisonnière. Une maison sérieuse dont la régularité ne se dément pas.

🛱 ⍓ **P** – Menu 29 € (déjeuner), 42/74 € – Carte 60/80 €

144 route de Marsat – ☏ 04 73 38 62 23 – www.le-moulin-de-villeroze.fr – Fermé 26 avril-4 mai, 23 août-9 septembre, lundi, mercredi soir, dimanche soir

ROYAT

✉ 63130 – Puy-de-Dôme – Carte régionale n° **1**–B2 – Carte Michelin 326-F8

⍟ LA FLÈCHE D'ARGENT

MODERNE · **COSY** ✖✖ La Flèche d'argent, surnom des Mercedes-Benz en Formule 1, évoque le circuit automobile de Charade. C'est dans un décor moderne et épuré que le chef Clément Lorente signe une cuisine du marché, mâtinée de quelques touches méditerranéennes et créatives, à l'instar de cet omble chevalier, courgettes, citron jaune et noisettes, crème de curry "Kerala". Clément privilégie toujours la qualité des produits. On se régale.

Spécialités: Finger croustillant de pied de cochon, poireau et câpres. Omble chevalier, courgette, citron jaune et crème de curry. Mirabelle en deux façons et basilic.

↩ 🛱 ⌷ ⍓ ⍓ – Menu 25 € (déjeuner), 34/88 € – Carte 58/78 €

Hôtel Princesse Flore, 5 place Allard – ☏ 04 73 35 63 63 – www.princesse-flore-hotel.com – Fermé 11-17 janvier, dimanche soir

ST-BONNET-LE-FROID

✉ 43290 – Haute-Loire – Carte régionale n° **1**–D3 – Carte Michelin 331-I3

❀❀❀ RÉGIS ET JACQUES MARCON

Chef: Régis et Jacques Marcon

CRÉATIVE · **DESIGN** ✖✖✖ Chez les Marcon, je demande le père, Régis, auvergnat-transalpin autoproclamé, cuisinier d'exception, entrepreneur et sommité gastronomique... et le fils, Jacques, qui assure la relève avec aplomb et occupe une place grandissante dans la conception des assiettes. Ici, les choses sont claires : c'est le marché et la cueillette qui dictent la carte. Il y en a pour tous les goûts : viandes du plateau, lentilles vertes du Puy, asperges, fèves, agrumes... et surtout champignons, la grande spécialité de la famille, qu'ils vont cueillir en automne dans l'intimité des sous-bois rougissants. Une cuisine enracinée, à l'image de ces grenouilles poêlées à l'ail des ours, de ce duo asperges et pleurotes : net et sans bavure. Sans oublier le beau plateau de fromages où salers, fourme et saint-nectaire nous font les yeux doux !

Spécialités: Brochette Margaridou de ris de veau et morilles. Cassoulet de homard grillé sur la braise et lentilles vertes du Puy. Soufflé chaud à la verveine.

🍃 *L'engagement du chef:* "*Entre Haute-Loire et Ardèche, notre cuisine reflète les liens forts que nous avons noués avec cette terre et cette culture. Mise en avant des meilleurs produits locaux, réécriture hebdomadaire de notre carte, réduction maximale des déchets, économies en électricité et en eau : le respect et la promotion de notre terroir passent par la mise en place de tout un système vertueux.*"

🕸 🛏 ✦ & 🖼 🐕 🍷 – Menu 170/230 € – Carte 200/220 €

Larsiallas – 𝒞 04 71 59 93 72 – www.lesmaisonsmarcon.fr – Fermé 3 janvier-3 avril, 23 août-2 septembre, mardi, mercredi

😊 BISTROT LA COULEMELLE

TRADITIONNELLE · RUSTIQUE ✕✕ Au cœur du village, voici la délicieuse "annexe bistrotière" du grand restaurant de Régis Marcon. Terrine de volaille aux pépites de foie gras, filet de daurade royale au basilic, fromages d'Ardèche et d'Auvergne : rien à dire, tout est généreux et diablement bon. Et les cuisines ouvertes ajoutent un côté chaleureux à l'ensemble...

Spécialités : Pâté en croûte de canard aux figues. Suprême de poularde, jus façon piperade et purée de maïs. Tarte soufflée aux châtaignes.

🛏 🚲 🖼 🅿 – Menu 32/50 €

Hôtel Clos des Cimes-Découverte & Spa, 2 rue du Fanget – 𝒞 04 71 65 63 62 – www.lesmaisonsmarcon.fr – Fermé 3 janvier-6 février, 23 août-2 septembre, mardi, mercredi

🕸 LE FORT DU PRÉ

MODERNE · ÉLÉGANT ✕✕ St-Bonnet-le-Froid peut bien se targuer du titre de "village gourmand" si l'on en juge par l'existence de ce Fort du Pré ! On y propose une savoureuse cuisine d'aujourd'hui, mettant admirablement en valeur le travail des producteurs de la région. Le tout dans un environnement verdoyant... Une valeur sûre.

🛏 🚲 🍴 & 🅿 – Menu 22 € (déjeuner), 32/72 € – Carte 48/58 €

100 rue du Velay – 𝒞 04 71 59 91 83 – www.le-fort-du-pre.fr – Fermé 1er janvier-11 mars, 5-31 décembre, lundi, dimanche soir

ST-FLOUR

✉ 15100 – Cantal – Carte régionale n° **1**-B3 – Carte Michelin 330-G4

🕸 L'ANDER

TRADITIONNELLE · CONVIVIAL ✕✕ Pourquoi ne pas faire un tour dans la ville basse ? Ce sera l'occasion de découvrir une cuisine du terroir repensée, volontiers originale, imaginée par un chef qui se fournit auprès des producteurs des environs. Une adresse solide.

🛏 & 🅿 – Menu 21/55 € – Carte 30/45 €

6 avenue du Commandant-Delorme – 𝒞 04 71 60 21 63 – www.hotel-ander.com – Fermé dimanche soir

ST-JULIEN-CHAPTEUIL

✉ 43260 – Haute-Loire – Carte régionale n° **1**-C3 – Carte Michelin 331-G3

😊 VIDAL

CUISINE DU TERROIR · ÉLÉGANT ✕✕✕ Après un beau parcours (Guérard, Roth, Ducasse à Londres, Boulud à New York), le fils Vidal a rejoint son père aux fourneaux de la maison familiale. Le résultat est enthousiasmant : dressages soignés, recettes pleines de fraîcheur et de peps. L'accueil, assuré en famille lui aussi, se révèle charmant.

Spécialités : Pâté en croûte d'Aurélien. Volaille fermière, ravioles aux légumes et émulsion de thym. Cueillette gourmande fraises, reine-des-prés et petits pois.

Menu 31/80 € – Carte 60/95 €

Place du Marché – 𝒞 04 71 08 70 50 – www.restaurant-vidal.com – Fermé 10 janvier-21 février, lundi, mardi soir, dimanche soir

SALERS

✉ 15140 – Cantal – Carte régionale n° **1**–B3 – Carte Michelin 330-C4

LE BAILLIAGE

TRADITIONNELLE · TENDANCE ✗✗ Dans la région, tout le monde connaît ce Bailliage gourmand ! Les meilleurs éleveurs fournissent le restaurant en viande... de salers, et l'on se presse pour goûter ris de veau aux morilles, truite de Romanange fumée etc., et de délicieux fromages auvergnats, dont... le salers. Une cuisine du terroir généreuse et débordante de saveurs !

🔲 – Menu 20 € (déjeuner), 28/57 € – Carte 32/57 €

Rue Notre-Dame – ☏ 04 71 40 71 95 – www.salers-hotel-bailliage.com – Fermé 15 novembre-7 février, lundi, dimanche soir

L'ÉVASION

MODERNE · AUBERGE ✗ Au cœur de ce village, une adresse où la simplicité règne. Les deux associés alternent entre cuisine et salle, travaillant le terroir régional de belle manière mais aussi le poisson ; il en résulte des assiettes bien ficelées, avec une touche de modernité.

🔲 – Menu 17 € (déjeuner), 34/66 €

11 rue Notre-Dame – ☏ 04 71 40 74 56 – Fermé 1er décembre-1er avril, mercredi, jeudi

SARPOIL

✉ 63490 – Puy-de-Dôme – Carte régionale n° **1**-C2 – Carte Michelin 326-G9

LA BERGERIE DE SARPOIL

MODERNE · CLASSIQUE ✗✗✗ À dix minutes d'Issoire, Marie et Marc-Antoine Ichambe proposent une cuisine moderne à base de beaux produits, le tout dans un cadre rénové et pimpant. Le chef réalise des assiettes soignées, où les herbes ont toute leur place ; mention spéciale au saumon Bömlo, fenouil, ail des ours et coquillages, superbement traité. Une adresse qui s'impose comme une référence de la région.

🔲 – Menu 25 € (déjeuner), 39/79 € – Carte 45/65 €

☏ 04 73 71 02 54 – www.labergeriedesarpoil.com – Fermé mardi, mercredi, dimanche soir

SAUGUES

✉ 43170 – Haute-Loire – Carte régionale n° **1**-C3 – Carte Michelin 331-D4

LA TERRASSE

MODERNE · CLASSIQUE ✗✗ Le chef Benoît Fromager est bien installé aux fourneaux de cette Terrasse du centre du village, et ses intentions sont très claires : proposer une cuisine bien dans son temps, célébrant le terroir sans chercher à coller aux modes. Quant à l'intérieur, il est rustique et confortable...

🔲 – Menu 20 € (déjeuner), 28/36 €

Cours du Docteur-Gervais – ☏ 04 71 77 83 10 – www.hotellaterrasse-saugues.com – Fermé 1er janvier-15 mars, lundi, dimanche soir

SAUXILLANGES

✉ 63490 – Puy-de-Dôme – Carte régionale n° **1**-C2 – Carte Michelin 326-H9

LA TABLE ST-MARTIN

MODERNE · COSY ✗✗ Anciennement "Restaurant de la Mairie", cette Table Saint-Martin propose une goûteuse cuisine au goût du jour, rythmée par les saisons. Produits de qualité, préparations maîtrisées, et saveurs marquées : on passe ici un fort agréable moment. Espace terrasse dans la cour intérieure.

🔲 – Menu 24 € (déjeuner), 38/64 € – Carte 33/60 €

17 place Saint-Martin – ☏ 04 73 96 80 32 – www.latable-stmartin.com – Fermé 2-13 janvier, lundi soir, mardi soir, mercredi, dimanche soir

SOLIGNAC-SOUS-ROCHE

✉ 43130 – Haute-Loire – Carte régionale n° **1**-C3 – Carte Michelin 331-F2

⊛ LOU PINATOU

MODERNE · **RUSTIQUE** X Lui est né au Puy, elle est de Marseille. Il aime les beaux produits et les saveurs franches, elle a un penchant pour la pâtisserie. Ils tiennent ici un double repaire gourmand : dans les anciennes pierres de l'auberge, un bistrot attaché à la tradition ; dans une structure flambant neuve, un restaurant gastronomique avec vue sur la vallée.

Spécialités: Terrine de foie gras, jambon cru et perles du Velay. Selle d'agneau, croûte de cistre, jus corsé et crémeux de cèpes. Chocolat croustillant, framboises, poivron.

🛱 – Menu 30/47 €

Le Bourg – ℰ 04 71 65 21 54 – www.auberge-loupinatou.fr –
Fermé 1ᵉʳ janvier-13 février, 1ᵉʳ-11 juin, 31 août-10 septembre, lundi, dimanche

THIERS

✉ 63300 – Puy-de-Dôme – Carte régionale n° **1**-C2 – Carte Michelin 326-I7

ⅈⓄ LA TABLE DU CLOS

MODERNE · **CONTEMPORAIN** XX Jolie surprise que cette Table du Clos, qui propose une cuisine fine et soignée, réalisée à base de bons produits, toujours en phase avec les saisons : langoustines de nos côtes simplement poêlées, légumes crus et cuits. A déguster, aux beaux jours, sur l'agréable terrasse.

⇦ 🖼 🛱 ♿ 🄺 ✿ 🄿 – Menu 24 € (déjeuner), 42/69 € – Carte 54/66 €

Le Clos St-Eloi, 49 avenue du Général-de-Gaulle – ℰ 04 73 53 80 80 –
www.clos-st-eloi.fr – Fermé dimanche soir

VALLON-EN-SULLY

✉ 03190 – Allier – Carte régionale n° **1**-B1 – Carte Michelin 326-C3

ⅈⓄ AUBERGE DES RIS

MODERNE · **AUBERGE** XX Ici, tonneaux et pressoir font partie du décor. Derrière les fourneaux, le chef concocte une bonne cuisine, mêlant tradition et recettes dans l'air du temps, à base de produits choisis.

🛱 🄺 🄿 – Menu 32/48 € – Carte 43/63 €

Lieu-dit Les Ris – ℰ 04 70 06 51 12 – www.aubergedesris.com – Fermé 1ᵉʳ-3 janvier,
12-18 avril, 12-18 juillet, lundi, mardi

VERGONGHEON

✉ 43360 – Haute-Loire – Carte régionale n° **1**-C2 – Carte Michelin 331-B1

ⅈⓄ LA PETITE ÉCOLE

MODERNE · **VINTAGE** X Ce restaurant a remplacé l'ancienne école du village voilà quelques années. La cuisine, fine et savoureuse, mérite un A sans hésitation. Copie parfaite pour ces créations précises et savoureuses, que l'on doit à un chef amoureux du bon produit. Une cantine de choix, sans fausse note, doublée d'un excellent rapport qualité-prix.

🛱 ♿ – Menu 34/49 €

À Rilhac – ℰ 04 71 76 97 43 – www.restaurant-lapetiteecole.com –
Fermé 21 juin-3 juillet, 8 septembre-8 octobre, lundi, mardi, samedi midi, dimanche
soir

VIADUC DE GARABIT

✉ 15100 – Cantal – Carte régionale n° **1**-B3 – Carte Michelin 330-H5

ⅈⓄ BEAU SITE

TRADITIONNELLE · **FAMILIAL** XX Au pied du célèbre viaduc – la salle panoramique offre une vue imprenable sur l'édifice –, le chef compose une bonne cuisine revisitant la tradition : suprême de volaille en croûte de moutarde de Charroux, filet de sandre en écaille de pomme de terre et sauce au saint-pourçain blanc...

⇦ ≼ 🖼 🛱 ♿ 🄺 🄿 🛋 – Menu 19 € (déjeuner), 22/40 € – Carte 25/50 €

N 9 – ℰ 04 71 23 41 46 – www.beau-site-hotel.com – Fermé 1ᵉʳ janvier-20 mars

VICHY

 03200 – Allier – Carte régionale n° **1**–C1 – Carte Michelin 326-H6

AUVERGNE • RHÔNE-ALPES • AUVERGNE

✿ **MAISON DECORET**

Chef: Jacques Decoret

CRÉATIVE · ÉLÉGANT XxX Une bâtisse du 19ᵉs., une grande véranda cubique jouant sur la transparence : tel est le décor voulu par Jacques Decoret. Recherche esthétique et finesse sont au rendez-vous dans l'assiette, autour de très beaux produits : le chef maîtrise son sujet, sans faire montre d'ostentation (ainsi le foie gras de canard des Landes, potimarron et orange). On apprécie aussi la personnalité qui se dégage des amuses bouches et de la sauce à la reine des prés. Pour ceux qui souhaitent prolonger le séjour, quelques chambres style maison d'hôtes rappellent agréablement l'esprit contemporain du lieu.

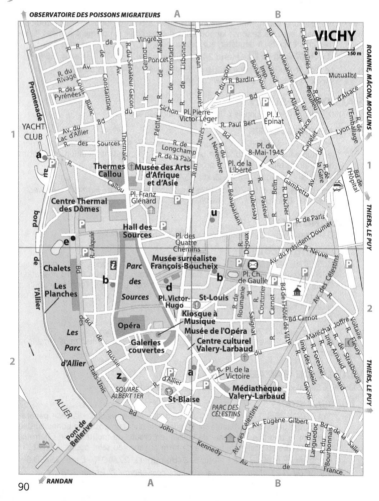

Spécialités : Fines tranches de veau crues et cuites, aubergine brûlée, poutargue et huile de thon. Truite de la montagne bourbonnaise étuvée, noix fraîche et pimprenelle. Les monts de la Madeleine, clin d'œil à notre territoire en version sucrée.

ﷺ ⇆ & ꭱꭲꭲ ⇔ – Menu 45€ (déjeuner), 78/130€

Plan : A2-b – *15 rue du Parc* – ✆ *04 70 97 65 06* – *www.maisondecoret.com* – *Fermé 4-25 février, 16 août-9 septembre, 25-30 décembre, mardi, mercredi*

🕸 LA TABLE D'ANTOINE

MODERNE · CONTEMPORAIN XX Voyageur invétéré, le chef aime manier les épices et livre une cuisine gourmande et parfumée. On sent la générosité du passionné... Quant au décor, entre pierre de Volvic, verrière incrustée de motifs végétaux et cuir de Salers, il joue sur une évocation contemporaine de l'Auvergne. Original !

Spécialités : Vacherin glacé à la tomate, vodka et chèvre frais. Filet de maigre à l'estragon et sabayon aux agrumes. Tarte café et réglisse, parfait au moka.

ꭱꭲꭲ & ꭱꭲꭲ – Menu 34/78€

Plan : A2-d – *8 rue Burnol* – ✆ *04 70 98 99 71* – *www.latabledantoine.com* – *Fermé 4-25 février, lundi, dimanche soir*

🕸 L'ALAMBIC

TRADITIONNELLE · CLASSIQUE X Jean-Jacques et Marie-Ange se l'étaient promis : dans leur restaurant, il y aurait peu de couverts, pour pouvoir mieux régaler les clients. Pari réussi ! Sur une base traditionnelle, le chef marie les produits de saison avec gourmandise. C'est goûteux, parfumé et généreux... sans être alambiqué.

Spécialités : Terrine d'aubergine fumée, vierge au fenouil confit. Langue d'agneau, jus tomaté au vinaigre de sureau. Soufflé glacé à la figue.

Menu 32/52€

Plan : B1-u – *8 rue Nicolas-Larbaud* – ✆ *04 70 59 12 71* – *Fermé 15 février-4 mars, 8 août-1ᵉʳ septembre, lundi, mardi, dimanche soir*

🍴 LES CAUDALIES

TRADITIONNELLE · CONTEMPORAIN XX Ces Caudalies vichyssoises ont tout pour plaire : une salle d'esprit Napoléon III rehaussée de notes plus contemporaines, une jolie carte des vins de près de 700 références sélectionnées par le chef Emmanuel Basset et son épouse Lucie... et dans l'assiette une cuisine goûteuse et généreuse, naviguant entre tradition et modernité.

ﷺ ꭱꭲꭲ – Menu 30€ (déjeuner), 36/65€ – Carte 45/65€

Plan : B2-a – *7 rue Besse* – ✆ *04 70 32 13 22* – *www.les-caudalies-vichy.fr* – *Fermé 13-29 avril, 21 août-9 septembre, lundi, mercredi soir, dimanche soir*

🍴 L'HIPPOCAMPE

POISSONS ET FRUITS DE MER · CONTEMPORAIN XX Près du parc des Sources, cet Hippocampe-là a été repris en 2020 par le Breton Gilles Ruyet, épaulé de sa fille Marianne en cuisine. Ce chef est un digne représentant de la mer : homard breton, sole meunière, lieu jaune de ligne doré aux cocos de Paimpol... Tout est frais et bien préparé. Joli décor contemporain avec vue directe sur les cuisines.

ꭱꭲꭲ – Menu 23€ (déjeuner), 32/45€ – Carte 36/68€

Plan : A2-z – *3 boulevard de Russie* – ✆ *04 70 97 68 37* – *www.hippocampe-vichy.fr* – *Fermé lundi, mardi midi, dimanche soir*

🍴 LA TABLE DE MARLÈNE

MODERNE · CONTEMPORAIN XX Une soucoupe posée sur un lac, voilà qui n'est pas banal ! À fleur d'eau, dans un décor de verre et d'acier, les bons produits sont préparés avec justesse et les saveurs sont au rendez-vous. L'été, le bistrot permet même de profiter de la terrasse. La vérité n'est pas ailleurs : elle est dans l'assiette.

⇆ & ꭱꭲꭲ ⇔ – Menu 39/69€

Plan : A1-a – *Boulevard de Lattre-de-Tassigny (La Rotonde)* – ✆ *04 70 97 85 42* – *www.restaurantlarotonde-vichy.com* – *Fermé 1ᵉʳ-7 novembre, lundi, mardi*

LA TRUFFADE

MODERNE · BISTRO Malgré son nom, pas de spécialités auvergnates dans cette adresse appréciée du centre-ville, mais une cuisine du marché savoureuse et efficace, réglée sur les saisons. L'épouse du chef assure en salle un service convivial et efficace. Réservation indispensable.

Menu 15 € (déjeuner), 28/31 €

Plan : B2-b – *16 rue Ravy-Breton* – ℰ *04 70 98 28 57* – *www.restaurant-la-truffade.fr* – *Fermé 1er-20 juin, 20 octobre-1er novembre, 20 décembre-5 janvier, le soir*

VIC-SUR-CÈRE

✉ 15800 – Cantal – Carte régionale n° **1**-B3 – Carte Michelin 330-D5

HOSTELLERIE SAINT-CLÉMENT

TRADITIONNELLE · CHAMPÊTRE Aucun bandit de grand chemin ne rôde autour de cet établissement posé sur le col de Curebourse. Pressé de porc et lentilles, marmite du pêcheur (rouget, lotte, daurade, crevettes) : père et fils concoctent une cuisine pleine de goût et de saveurs, précise et gourmande, où les cuissons sont toujours justes.

Spécialités : Terrine de cochon des montagnes. Marmite du pêcheur. Millefeuille au citron.

– Menu 33/92 € – Carte 45/80 €

Col de Curebourse – ℰ *04 71 47 51 71* – *www.hotelstclementcantal.com* – *Fermé 1er novembre-3 avril, lundi, dimanche soir*

YGRANDE

✉ 03160 – Allier – Carte régionale n° **1**-B1 – Carte Michelin 326-E3

L & LUY ⓝ

CRÉATIVE · ÉLÉGANT L'élégant château Directoire (1835) domine le bocage bourbonnais... et le chef, Cédric Denaux, domine son sujet ! Sa cuisine, éminemment végétale, se révèle créative et bien en phase avec les saisons ; il y met en valeur les herbes aromatiques, plantes et légumes du jardin du château.

– Menu 28 € (déjeuner), 40/70 € – Carte 45/80 €

Château d'Ygrande, Le Mont – ℰ *04 70 66 33 11* – *www.chateauygrande.fr* – *Fermé 1er janvier-12 février, lundi midi, mardi midi*

CHÂTEAU D'YGRANDE

DEMEURE HISTORIQUE · ÉLÉGANT Charme et élégance règnent dans ce château de 1835. Des séjours à thème sont proposés (équitation, par exemple) et le panorama sur la campagne est exquis. Les poètes apprécieront les belles hauteurs sous plafond, propices aux pensées en apesanteur...

– 19 chambres

Le Mont – ℰ *04 70 66 33 11* – *www.chateauygrande.fr*

L & Luy – Voir la sélection des restaurants

YSSINGEAUX

✉ 43200 – Haute-Loire – Carte régionale n° **1**-C3 – Carte Michelin 331-G3

LE BOURBON

CUISINE DU TERROIR · TRADITIONNEL Passé par de belles maisons – dont celle de Michel Chabran à Pont-de-l'Isère –, Rémy Michelas propose ici une carte alléchante, qui fait la part belle aux producteurs auvergnats et célèbre le gibier en saison. Deux univers au choix (gastronomique, ou bistrot le midi) et un seul mot d'ordre : le plaisir !

Spécialités : Salade de ratte, haddock fumé. Filet de veau en croûte de chorizo. Châtaigne en gourmandise.

– Menu 19 € (déjeuner), 29/65 €

5 place de la Victoire – ℰ *04 71 59 06 54* – *www.le-bourbon.com* – *Fermé 1er-8 avril, lundi midi, dimanche*

RHÔNE-ALPES

Le Rhône et les Alpes, le fleuve et la montagne, un yin-yang synonyme de paradis du gastronome ! Dans la vallée du Rhône, dont le vignoble est protégé du mildiou par le mistral venu de la Méditerranée, on produit certains des vins les plus fameux de France, crozes-hermitage, saint-joseph, châteauneuf-du-pape... Plus bas, entre Vienne et Valence, se déploie une production fruitière abondante, abricots, pêches, brugnons, fruits rouges. Certaines spécialités de la région ont acquis une notoriété nationale, sinon mondiale : raviole du Dauphiné, pogne de Romans, et bien évidemment la chartreuse, cette liqueur iséroise "bénie des dieux" dont la recette reste à ce jour un secret bien gardé...

Dans le sillon alpin, l'attachement à la terre est viscéral, sincère, millénaire, et se retrouve à table. Pour trouver de bons produits, les chefs n'ont qu'à se baisser : bleu de Termignon, produit à 2 300 m d'altitude, framboises de Machilly, truite de rivière, escargots, mais aussi herbes (aspérule, ail des ours et tant d'autres) dont ils n'ont pas fini d'explorer les ressorts gustatifs.

Sur les bords du lac d'Annecy, des chefs qu'on ne présente plus (Yoann Conte, Laurent Petit, Jean Sulpice) et d'autres nouveaux venus (Frédéric Molina, à Talloires) font entendre une musique entêtante, locale et environnementale, allant dans le sens d'une philosophie de vie repensée. À Uriage, Christophe Aribert a fait de la durabilité l'alpha et l'oméga de sa table, tandis que Stéphane Froidevaux, à Grenoble, a la passion de la montagne chevillée au corps et utilise, été comme hiver, le fruit de sa cueillette dans ses recettes...

• Cartes régionales n° 2 - 3 et 4

L'ABERGEMENT-CLÉMENCIAT

✉ 01400 – Ain – Carte régionale n° **3**–E1 – Carte Michelin 328-C4

🍴○ **ST-LAZARE**

MODERNE · **ÉLÉGANT** 🕸🕸 Cette maison est dans la famille depuis 1899 ! Aujourd'hui, père et fils cuisinent à quatre mains : ils déclinent un menu "carte blanche" inventif, à base de bons produits frais, avec plusieurs sortes de pain maison pour accompagner chaque plat. À apprécier dans la lumineuse salle à manger.

🏵 ৬ ♢ – Menu 36/89 €

19 route de la Fontaine – ℰ 04 74 24 00 23 – www.lesaintlazare.fr –
Fermé lundi, mardi, mercredi, jeudi, dimanche soir

AIME

✉ 73210 – Savoie – Carte régionale n° **2**–D2 – Carte Michelin 333-M4

🍴○ **UNION**

MODERNE · **BISTRO** 🕸 Union, c'est celle du britannique Phil Howard (chef de The Square, puis Elystan Street, à Londres) avec Martin Cuchet, un ami français fondu de montagne. De décembre à avril, ils régalent dans une veine simple et généreuse, en plein dans les saisons : à titre d'exemple, brandade de cabillaud, œuf et truffe, ou encore *fool* à la rhubarbe, une spécialité anglaise... Réjouissant.

Carte 34/75 €

Vieux Village de Montalbert – ℰ 04 79 55 51 07 – www.unionmontalbert.com –
Fermé lundi, dimanche

AIX-LES-BAINS

✉ 73100 – Savoie – Carte régionale n° **4**–F2 – Carte Michelin 333-I3

🍴○ **L'ESTRADE** 🔘

MODERNE · **CONVIVIAL** 🕸🕸 Situé à deux pas du centre-ville, ce restaurant propose une cuisine oscillant avec gourmandise entre tradition et modernisme, sans s'interdire aucun détour créatif. Produits locaux et de saison à l'image de ce ceviche de lavaret, lait de coco et courgette violon. C'est très bon.

৬ 🕮 ♢ – Menu 23 € (déjeuner), 42/49 €

1 avenue de Marlioz – ℰ 04 79 34 20 20 – www.restaurant-aix-les-bains.com –
Fermé 1ᵉʳ-11 janvier, 8-22 juillet, lundi, jeudi soir, dimanche soir

🍴○ **LE 59 RESTAURANT**

MODERNE · **TENDANCE** 🕸 Dans la famille Campanella, je demande... le frère ! Cédric a succédé à Boris aux fourneaux de cette ancienne épicerie transformée en restaurant. Dans l'assiette, on retrouve le goût de la précision, et une cuisine actuelle, volontiers inventive. Une adresse incontournable de la ville.

🏵 🕮 – Menu 30 € (déjeuner), 49/59 € – Carte 60/85 €

59 rue du Casino – ℰ 04 56 57 11 96 – www.restaurant-le59.fr –
Fermé 28 juin-18 juillet, lundi, mardi, dimanche soir

🏨 **GOLDEN TULIP**

BUSINESS · **FONCTIONNEL** À deux pas du casino où se produisirent jadis Sarah Bernhardt et Luis Mariano, Ce bel hôtel contemporain propose des chambres fonctionnelles et très confortables. De quoi faire des rêves de paillettes... À moins que vous ne préfériez vous détendre dans le jardin japonais, ou au spa !

🍸 🛏 🖥 🌐 🛗 🔲 ৬ 🕮 🔤 🅿 🚗 – 101 chambres – 10 suites

Avenue Charles-de-Gaulle – ℰ 04 79 34 19 19 – www.hotelgoldentulipaixlesbains.com

L'ALBENC

✉ 38470 – Isère – Carte régionale n° **2**–C2 – Carte Michelin 333-F6

BISTROT LOUISE ⓝ

MODERNE · SIMPLE ✗ La petite terrasse face à l'église ressemble à un séchoir à noix traditionnel... Bienvenue dans ce village de nuciculteurs où Yann Tanneau (ex-MadaM à Grenoble, formé chez Ducasse) a planté ses couteaux. Fou de bons produits, il mitonne une cuisine savoureuse à travers des menus qui changent toutes les semaines. Bon plan assuré, excellent rapport qualité/prix au déjeuner et ambiance décontractée.

Spécialités : Tomates anciennes, saint-marcellin et coppa. Carré de cochon, jus à la manzana et riz vénéré. Crémeux chocolat, glace au caramel au beurre salé et sablé breton au cacao.

🏠 🅰🅒 – Menu 34/65 €

80 place Jean-Vinay – ℰ 06 34 20 16 91 – Fermé 1ᵉʳ-15 janvier, lundi, mardi, mercredi

ALBERTVILLE

✉ 73200 – Savoie – Carte régionale n° **4**-F2 – Carte Michelin 333-L3

MILLION

CLASSIQUE · TRADITIONNEL ✗✗✗ Une hostellerie familiale qui cultive la tradition, aussi bien à sa table, autour de recettes classiques, que dans ses chambres au cadre gentiment suranné.

🐾 ⇆ 🏠 🅰🅒 🅿 🚗 – Menu 55/105 € – Carte 92/110 €

8 place de la Liberté – ℰ 04 79 32 25 15 – www.hotelmillion.fr –
Fermé 26 avril-16 mai, lundi, dimanche soir

ALPE-D'HUEZ

✉ 38750 – Isère – Carte régionale n° **2**-C2 – Carte Michelin 333-J7

AU CHAMOIS D'OR

CLASSIQUE · ÉLÉGANT ✗✗✗ Cette jolie table n'est pas le moindre atout de l'hôtel Chamois d'Or : dans le décor chaleureux et feutré d'une salle tout en bois, on apprécie une cuisine classique et généreuse. L'atmosphère de l'endroit se fait même romantique le soir venu...

⋜ 🏠 🅿 🚗 – Menu 60 € – Carte 41/70 €

169 rue Fontbelle (rond-point des pistes) – ℰ 04 76 80 31 32 –
www.chamoisdor-alpedhuez.com – Fermé 18 avril-25 juin, 15 août-10 décembre

L'ESPÉRANCE

MODERNE · TENDANCE ✗✗ L'Espérance : le nom du restaurant évoque celui de l'établissement originel, qui appartenait à l'arrière-grand-père de l'actuelle propriétaire. La carte privilégie les circuits courts, et des plats gourmands travaillés dans une veine bistronomique. Les poissons arrivent directement de Concarneau, et les homards de leur vivier !

⋜ 🏠 ⇄ – Menu 50/70 €

Les Grandes Rousses, 425 route du Signal – ℰ 04 76 80 33 11 –
www.hotelgrandesrousses.com – Fermé 25 avril-28 mai

L'AMÉTHYSTE

CRÉATIVE · COSY ✗ La table du Daria-I Nor accueille aux fourneaux un jeune chef originaire de Marseille, qui réalise une cuisine actuelle de bonne facture. Les produits sont bien sélectionnés (à titre d'exemple, asperges, écrevisse, veau de lait fermier) et le plaisir est au rendez-vous.

🅰 – Menu 58/90 € – Carte 59/71 €

Daria-I Nor, 80 rue du 93ème-R.A.M., L'Éclose – ℰ 04 79 31 18 65 –
www.hotel-dariainor.com – Fermé 18 avril-3 décembre, lundi midi, mardi, mercredi midi, jeudi midi, vendredi midi, samedi midi, dimanche midi

DARIA-I NOR

LUXE · CONTEMPORAIN Le Daria-I Nor est l'un des plus grands diamants au monde... et l'hôtel du même nom s'est imposé, dès sa création, comme l'un des joyaux du tourisme alpin ! Chambres et suites spacieuses et épurées, spa de 800 m², espace piano-bar à l'ambiance feutrée et "select" : exceptionnel en tous points.

✿ ⌁ ⪡ ▨ ⬙ ⌂ ⌨ ⊟ ⅋ 𝓜 ⛷ 🅿 – 39 chambres – 7 suites

80 rue du 93ème-R.A.M., L'Eclose – ℘ 04 79 31 18 65 – www.hotel-dariainor.com

⍩ **L'Améthyste** – Voir la sélection des restaurants

AU CHAMOIS D'OR

LUXE · PERSONNALISÉ Un grand chalet en bois aux balcons ciselés : sous la neige, une véritable image d'Épinal... Des feux crépitent, le décor évoque une demeure particulière, les enfants peuvent s'amuser dans "leur" salon (jeux, TV, etc.) et leurs parents profiter du spa : un vrai havre au cœur des Alpes...

✿ ⌁ ⪡ ▨ ⬙ ⌂ ⊟ ⛷ 🅿 🚗 – 40 chambres – 2 suites

169 rue Fontbelle (rond-point des Pistes) – ℘ 04 76 80 31 32 –
www.chamoisdor-alpedhuez.com

⍩ **Au Chamois d'Or** – Voir la sélection des restaurants

LES GRANDES ROUSSES

LUXE · MONTAGNARD Cet établissement est le fruit d'une histoire familiale, démarrée à Huez au début du 20ᵉ s. Le cuivre et le rouge sont le fil conducteur de cet intérieur montagnard d'une grande élégance ; les chambres, confortables, se parent de parquet et de pierre. Et pour les amateurs, un beau spa.

✿ ⌁ ⪡ ▨ ⬙ ⌨ ⊟ ⅋ – 75 chambres – 30 suites

425 route du Signal – ℘ 04 76 80 33 11 – www.hotelgrandesrousses.com

⍩ **L'Espérance** – Voir la sélection des restaurants

LE PIC BLANC

FAMILIAL · MONTAGNARD Grande construction moderne d'esprit chalet campée dans le quartier des Bergers, sur les hauteurs de la station. Les chambres spacieuses, de style anglais, sont dotées d'un balcon ; la salle à manger fait face aux montagnes... Solarium, piscine, sauna.

✿ ⌁ ⪡ ▨ ⬙ ⊟ ⅋ ⛷ – 90 chambres – 2 suites

Avenue du Rif-Nel – ℘ 04 76 11 42 42 – www.hotel-picblanc-alpes.com

ROYAL OURS BLANC

TRADITIONNEL · DESIGN À 100 m des pistes, cet imposant hôtel tout en hauteur dévoile une déco moderne et design, qui multiplie les clins d'œil aux ursidés (pattes d'ours sur la moquette, imitations de nids d'abeilles)... Original et très accueillant !

✿ ▨ ⬙ ⊟ ⅋ 𝓜 – 44 chambres – 2 suites

Avenue des Jeux – ℘ 04 76 80 35 50 – www.hotelroyaloursblanc.com

AMBIERLE

✉ 42820 – Loire – Carte régionale n° **2**-A1 – Carte Michelin 327-C3

✿ LE PRIEURÉ

Chef: Thierry Fernandes

MODERNE · CONTEMPORAIN ✕✕✕ Au centre de ce village de vignerons de la Côte roannaise, ce restaurant jouxte un magnifique prieuré bénédictin du 15ᵉ s. à la toiture de tuiles polychromes vernissées de style bourguignon. Une partie contemporaine en bois est venue moderniser la belle bâtisse traditionnelle en granit qui accueille le restaurant. Enfant du pays comme son épouse qui l'épaule en salle, le chef Thierry Fernandes surprend avec sa cuisine créative et inspirée. Technique et saveurs sont au rendez-vous dans chaque assiette.

Spécialités: Homard français poché, arc-en-ciel de légumes croquants aux saveurs acidulées. Ris de veau rôti et caramélisé, jus au gamay de la côte roannaise. Sphère au chocolat noir, lait et praliné.

&. 🄰🄲 – Menu 49/99€ – Carte 75/95€

11 rue de la Mairie – 𝒞 04 77 65 63 24 – www.leprieureambierle.fr – Fermé mardi, mercredi, dimanche soir

AMBRONAY

✉ 01500 – Ain – Carte régionale n° **2**-B1 – Carte Michelin 328-F4

🕸 **AUBERGE DE L'ABBAYE**

Chef: Ivan Lavaux

MODERNE · **TENDANCE** ✕✕ Au pied de l'abbaye bénédictine d'Ambronay, cette auberge lumineuse se pare d'une agréable décoration, bien dans l'air du temps. Natif de Nantua, formé à l'école hôtelière de Thonon-les-Bains, le chef Yvan Lavaux a commencé par travailler en salle dans de belles maisons, à Paris comme sur la Côte d'Azur. Dans sa nouvelle peau de cuisinier, il se montre excellent artisan, appliqué à suivre, comme il l'explique, la "logique des produits". Ils sont ici sélectionnés avec minutie et sont souvent locaux – sans toutefois faire l'impasse sur de très beaux poissons, comme avec ce skrei au céleri rémoulade et pomme gingembre.

Spécialités: Cuisine du marché.

🐝 &. – Menu 70/100€

Place des Anciens-Combattants – 𝒞 04 74 46 42 54 – www.aubergedelabbaye-ambronay.com – Fermé dimanche soir

✉ 74000 – Haute-Savoie
Carte régionale n° **4**–F1
Carte Michelin 328-J5

ANNECY

En quelques années, Annecy et son lac sont devenus un foyer gastronomique incontournable. Serti dans un grandiose décor de montagnes, le lac est un joyau naturel dont les eaux pures recèlent bien des délices, tandis que la vieille ville mérite bien son surnom de "Venise savoyarde". Tout ici met les sens en émoi, des produits traditionnels jusqu'aux délicats poissons du lac, tels la féra ou l'omble chevalier.

Des pêcheurs artisanaux veillent sur cette manne et font la joie des grandes tables étoilées... Les boutiques et les marchés de la vieille ville regorgent de produits des alpages ô combien emblématiques, tels le beaufort, le reblochon, la tomme de Savoie ou la tome des Bauges. De nombreux petits producteurs et maraîchers proposent aussi leurs herbes, leurs morilles et autres charcuteries artisanales.

Restaurants

✿✿✿ LE CLOS DES SENS

Chef: Laurent Petit

CRÉATIVE · DESIGN ☆☆ Fils de boucher-charcutier, Laurent Petit a été familiarisé avec les produits dans la boutique familiale, dès sa plus tendre enfance. Après être passé au Pied de Cochon, brasserie du cœur des Halles, il découvre chez Michel Guérard la gastronomie dans ce qu'elle a de plus noble. Pour lui, c'est un électrochoc : il sera chef ou rien. Au Clos des Sens, à Annecy-le-Vieux, il a peaufiné son art et franchi les échelons de la reconnaissance critique. Il s'épanouit aujourd'hui autour d'une "cuisine lacustre" de très haut niveau : exit les viandes ; place au bio, au poisson des lacs – notamment l'omble chevalier, la féra ou les écrevisses du lac Léman –, qu'il emmène dans les plus hautes sphères du goût. La patience et le travail quotidien ont fait leur œuvre : n'en déplaise à son patronyme, Laurent Petit est un grand chef.

Spécialités: L'envolée de champignons de Savoie. Écrevisse du lac d'Annecy et fleurs d'aromates du jardin. Chicorée maison évanescente.

✿ *L'engagement du chef: "Notre cuisine lacustre et végétale met en saveurs les produits de nos 1500 m2 de jardins potagers, aromatiques et fruitiers tous gérés selon la philosophie de la permaculture ainsi que les richesses des producteurs de saveurs locaux et engagés avec lesquels nous travaillons. Qu'il s'agisse de la mise en place d'un recyclage intelligent des déchets ou de la collecte et réutilisation de l'eau de pluie, nous nous efforçons d'amener du bons sens dans toute la vie du restaurant."*

𝄜 ⌂ AK ⇄ – Menu 138 € (déjeuner), 178/220 €

Hors plan – *Clos des Sens, 13 rue Jean-Mermoz - à Annecy-le-Vieux –
📞 04 50 23 07 90 – www.closdessens.com – Fermé 5-21 septembre,
24 décembre-3 janvier, lundi, mardi midi, jeudi midi, dimanche*

J.-D. Sudres/hemis.fr

⊛ LA ROTONDE DES TRÉSOMS

MODERNE • CONTEMPORAIN XXX La grande verrière de cette Rotonde est un véritable belvédère surplombant le lac d'Annecy : avant même le début du repas, nous voilà déjà en lévitation. Originaire d'Arcachon, le chef saupoudre de Sud-Ouest ses assiettes, qui mettent en avant des produits locaux issus de l'agriculture raisonnée. Excellent technicien, il déroule une partition légère et flatteuse, où la créativité n'empiète jamais sur le plaisir, savoureux "dialogue" entre sa terre d'adoption et sa région d'origine. Tout cela dans une salle rénovée, épurée au maximum, mariage subtil de matériaux chaleureux comme le cuir et le chêne.

Spécialités : Mousseline de pomme de terre, senteur de sous-bois et jus de poulet réduit. Brochet aux algues marines, salicornes et coques. Riz au lait évanescent, agrumes et safran.

⅏ ⊰ ⌂ ⅊ ⊡ ⟳ 🅿 – Menu 37 € (déjeuner), 59/129 €

Hors plan – *Les Trésoms, 15 boulevard de la Corniche* – ⏃ *04 50 51 43 84* – *www.lestresoms.com* – *Fermé lundi, samedi midi, dimanche soir*

⊛ RESTAURANT VINCENT FAVRE-FÉLIX

Chef : Vincent Favre-Félix

MODERNE • BRANCHÉ XX Après sept ans passés à L'Auberge du Lac (Veyrier-du-Lac), Vincent Favre-Félix s'est résolu à voler de ses propres ailes : il a réhabilité ce pavillon moderne, adossé à un bâtiment historique d'Annecy-le-Vieux. Le chef, carrure de rugbyman et beau CV régional (le Père Bise à Talloires, l'Auberge de l'Éridan époque Marc Veyrat), ne manque ni de finesse, ni de subtilité avec une appétence certaine pour l'amertume. Sa cuisine créative et affirmée s'exprime avec talent au gré d'une carte courte et appétissante - ainsi ce pigeon, citron vert et petit pois ou framboise, bière Veyrat et noisettes du Piémont. À l'été, on profite de la ravissante terrasse sur jardin fleuri : tout est réuni pour passer un moment savoureux.

Spécialités : Œuf de plein air cuit à 64°, beaufort et arabica. Omble chevalier au foin. Olives de Nyons, citron de Menton et amandes de Provence.

⌂ ⅙ 🆔 🅿 – Menu 31 € (déjeuner), 58/89 € – Carte 65/90 €

Hors plan – *15 chemin de l'Abbaye - à Annecy-le-Vieux (La Cour de l'Abbaye)* – ⏃ *04 50 01 08 88* – *www.restaurant-vff.com* – *Fermé lundi, dimanche*

⊛ L'ESQUISSE

Chef : Stéphane Dattrino

MODERNE • INTIME XX Ancien second de Laurent Petit au Clos des Sens, à Annecy-le-Vieux, Stéphane Dattrino s'est dessiné pour lui tout seul une jolie pochade de restaurant. Derrière une façade discrète, les tables pour deux dominent et le service, volontairement décontracté, ne prend pas la pose. Le coup de crayon du chef se révèle très sûr. Riche en goûts et en couleurs, sa palette de saison marie des produits de belle qualité, comme les plantes et les aromates locaux (ail des ours, asperges sauvages). Crevettes rôties, avocat, mangue et citronnelle ; œuf poché basse température et polenta crémeuse ; truite du lac Léman, citron vert et amandes fraîches... Ses préparations pleines de goût et de finesse méritent les honneurs du Salon.

Spécialités : Légumes d'une ratatouille, granité basilic et eau de tomate. Féra du lac Léman, jaune d'œuf crémeux à l'agastache. Abricot à l'étuvée, livèche.

🆔 – Menu 42 € (déjeuner), 65/95 €

Plan : A2-f – *21 rue Royale* – ⏃ *04 50 44 80 59* – *www.esquisse-annecy.fr* – *Fermé 21 août-7 septembre, 19 décembre-3 janvier, lundi, dimanche*

⊛ COZNA

MODERNE • CONTEMPORAIN X Après un parcours dans plusieurs belles tables en France et aux États-Unis, Sandra et Léo ont posé leurs valises dans une rue piétonne du vieil Annecy. La tradition est leur credo ("cozna" signifie "cuisine" en patois savoyard) et on ne va pas s'en plaindre : dans l'assiette, c'est délicieux, et le service est tout sourire. Un super bon plan.

Spécialités: Cuisine du marché.

🛱 – Menu 24 € (déjeuner), 32/48 € – Carte 42/56 €

Plan: A2-a – *22 faubourg Sainte-Claire* – ☎ *04 50 65 00 25* – *www.restaurantcozna.com* – *Fermé lundi, dimanche*

LE DENTI

MODERNE · TRADITIONNEL ※ Ce restaurant, devenu la coqueluche des Annéciens, est tenu par un jeune couple d'amateurs de denti (poisson méditerranéen), deux fins cuisiniers tout-terrain; ils proposent une savoureuse cuisine du marché, valorisant le poisson, suivant le rythme des saisons, loin de l'agitation touristique de la ville… Courez-y!

Spécialités: Maquereau breton, courgettes, pignons de pin. Merlu de ligne, cocos, tomates, basilic. Mirabelles, spéculos, verveine.

🚠 🖂 🅿 – Menu 24 € (déjeuner), 34/50 € – Carte 43/56 €

Hors plan – *25 bis avenue de Loverchy* – ☎ *04 50 64 21 17* – *Fermé mardi, mercredi, dimanche soir*

MINAMI

JAPONAISE · ÉPURÉ ※ Ce petit restaurant japonais fait le bonheur des habitués! Le cadre est tout en épure et la cuisine, japonaise, se permet quelques incursions françaises. Un exemple: ces croustillants de lotte panée aux biscuits japonais, agrémentés d'une délicieuse sauce pimentée… Quelques tables en terrasse aux beaux jours.

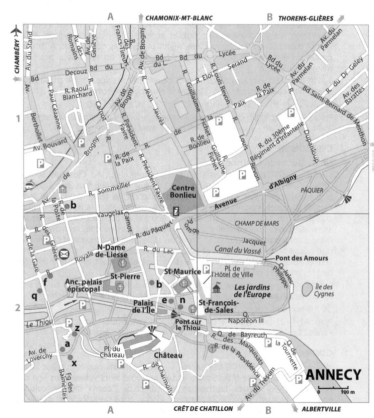

Spécialités : Sashimi retour du marché, sauce soja parfumée au shiso. Tempura de gambas. Fondant au chocolat, cœur azuki.

🍴 – Menu 20 € (déjeuner), 29/34 € – Carte 28/35 €

Plan : A2-x – *19 faubourg Sainte-Claire* – ☎ *04 50 45 75 42* – *Fermé lundi, dimanche*

🏵️ 1ER METS

MODERNE · **CONTEMPORAIN** 𝕏 Tout près de l'hôtel de ville, ce restaurant de poche est le repaire d'un jeune couple plein d'allant. Le chef imagine des assiettes pile dans la saison, modernes, savoureuses, à l'image de cette féra crue et fumée façon maki, condiment jaune d'œuf, Savora et estragon... Une jolie surprise, d'autant que le service est tout sourire.

Spécialités : Poulpe au citron, coriandre, condiment tomates. Poulet jaune fermier farci aux figues, sauce au savagnin. Comme un potager, crumble fraises-pistache.

Menu 27 € (déjeuner), 34/55 €

Plan : A2-e – *Place Saint-Maurice* – ☎ *04 57 09 10 54* – *www.restaurant-1ermets.fr* – *Fermé 1er-3 janvier, 13-16 mai, 14 août-2 septembre, samedi, dimanche*

🍴○ LA VOILE

MODERNE · **ÉLÉGANT** 𝕏𝕏𝕏 Un cadre feutré et cossu (18 tables dont une en salon privé) et une cuisine d'aujourd'hui, rythmée par les saisons et dressée avec soin – Adrien Tupin Bron, le chef, est pâtissier de formation, ceci expliquant sûrement cela. Le tout à déguster en profitant de la jolie vue sur le lac...

≼ 🍴 ⅙ 🅼 🔄 🅿 – Menu 45 € (déjeuner), 65/115 € – Carte 96/108 €

Hors plan – *L'Impérial Palace, Allée de l'Impérial* – ☎ *04 50 09 31 08* – *www.hotel-imperial-palace.com/fr/la-voile-149* – *Fermé 3-28 janvier, lundi, mardi, dimanche soir*

🍴○ AUBERGE DE SAVOIE

MODERNE · **ÉLÉGANT** 𝕏𝕏 Cadre chaleureux et élégant pour cette auberge aux murs blanc et bleu pâle, adossée à l'église Saint-François. La carte fait la part belle au poisson, parfois entier, préparé devant le client... A l'été, on s'installe sur la terrasse, devant le restaurant.

🍴 – Menu 27 € (déjeuner), 35/69 € – Carte 54/80 €

Plan : A2-n – *1 place Saint-François-de-Sales* – ☎ *04 50 45 03 05* – *www.auberge-de-savoie.com* – *Fermé 2-16 janvier, mercredi, jeudi*

🍴○ L'AUBERGE SUR-LES-BOIS

MODERNE · **CHIC** 𝕏𝕏 Daniel Baratier (anciennement aux Déserteurs, à Paris) réinvente sa maison. Sa belle auberge entourée de verdure, séduisant lieu de vie, propose désormais une carte unique côté gastronomique, et toujours une cave à manger pour l'apéro où les bouteilles en biodynamie s'accompagnent de bonnes choses à grignoter. La cuisine de cet artisan, qui fait tout lui-même, se révèle saine et goûteuse.

🍴 ⅙ 🅼 🅿 – Carte 27/80 €

Hors plan – *79 route de Thônes - à Annecy-le-Vieux* – ☎ *04 50 64 00 08* – *www.laubergesurlesbois.fr* – *Fermé 1er-3 janvier, lundi, mercredi soir, dimanche*

🍴○ BRASSERIE IRMA 🆕

TRADITIONNELLE · **CONTEMPORAIN** 𝕏𝕏 Cette nouvelle brasserie du groupe Bocuse rend hommage à Irma Paule Camille Roulier Bocuse, la maman de Monsieur Paul. La carte décline des plats traditionnels de la cuisine française (filet de bœuf rôti et sauce ravigote ; volaille de Bresse cuite en cocotte au vinaigre ; baba au rhum) et quelques incontournables de brasserie (salade césar ; tartare de bœuf). La grande salle contemporaine ouvre sur de larges baies vitrées tournées vers la grande terrasse. Jolie vue sur le lac et les montagnes environnantes.

≼ 🍴 ⅙ 🅼 – Menu 28 € (déjeuner) – Carte 45/90 €

Hors plan – *Avenue du Petit-Port - à Annecy-le-Vieux* – ☎ *04 50 27 62 05* – *www.brasseries-bocuse.com*

❍ **ARÔMATIK'**

MODERNE · **CONVIVIAL** ⅔ Produits locaux en flux tendu, carte courte : ainsi se résume la philosophie du chef de l'Arômatik', désormais installé dans cette maison du dix-septième siècle, située en cœur de vieille ville et habilement restaurée. Ce jour-là, on se régale d'un délicieux carré d'agneau au légumes confit et jus à l'estragon.

🛋 ♿ – Menu 23 € (déjeuner), 33/50 € – Carte 47/55 €

Plan : A2-z – *5 rue du Collège-Chapuisien* – ℰ *04 50 51 87 68* – *www.restaurant-aromatik.com* – *Fermé lundi, dimanche*

❍ **LE BINÔME**

MODERNE · **BISTRO** ⅔ Mathilde et Rémi forment un binôme bien rôdé, en cuisine comme en salle : lui au salé, elle au sucré, tous les deux assurant le service avec le sourire. On se régale d'assiettes de retour du marché, simples et bien exécutées, avec même... un petit kouign amann en accompagnement du café, clin d'œil aux origines bretonnes de Mathilde.

🛋 🅰🅲 – Menu 24 € (déjeuner), 35/45 € – Carte 35/53 €

Hors plan – *32 a avenue des Carrés - à Annecy-le-Vieux* – ℰ *04 50 51 91 09* – *Fermé 21 décembre-4 janvier, 12-25 avril, 9-22 août, mercredi, samedi midi, dimanche soir*

❍ **BON PAIN BON VIN**

TRADITIONNELLE · **BAR À VIN** ⅔ Au cœur de la vieille ville, un bistrot conçu dans l'esprit des années 1950. Nappe à carreaux, cocottes en fonte... Au bar à vins, en bas, ou à l'étage, autour d'un poireau vinaigrette ou d'une blanquette, on refait le monde dans une ambiance de copains, sans prétention aucune : rien de tel ! Une vingtaine de vins au verre.

🛋 🅰🅲 – Menu 19 € (déjeuner), 25/45 €

Plan : A2-b – *17 rue Filaterie* – ℰ *04 50 45 25 62* - *www.bonpainbonvin.fr* – *Fermé lundi midi, mardi midi, mercredi midi, jeudi midi, vendredi midi*

❍ **LE BOUILLON**

TRADITIONNELLE · **BISTRO** ⅔ Le bouillon n'est pas uniquement de poule, c'est aussi l'appellation des premiers restaurants créés au 18ᵉ s. à Paris, et désormais le petit nom de ce bistrot au cadre moderne, qui réalise une sympathique cuisine du marché, comme ce quasi de veau poêlé, jus au thym et tombée d'épinards... Carte courte et produits frais.

🅰🅲 – Menu 21 € (déjeuner), 33/46 €

Plan : A2-q – *9 rue de la Gare* – ℰ *04 50 77 31 02* – *Fermé lundi, dimanche*

❍ **BRASSERIE BRUNET**

TRADITIONNELLE · **COSY** ⅔ Pâté en croûte "Brunet", tête de cochon caramélisée, bouillabaisse du lac... Avalanche de bonnes recettes dans une ambiance décontractée, à deux pas de la gare SNCF. Points importants : l'ouverture permanente (midi et soir, 7j/7), et l'agréable terrasse pour les beaux jours.

🛋 🅰🅲 – Menu 25 € (déjeuner)/38 € – Carte 38/52 €

Plan : A1-b – *10 rue de la Poste* – ℰ *04 50 51 22 10* – *www.brasseriebrunet.com* – *Fermé dimanche soir*

❍ **CAFÉ BRUNET**

TRADITIONNELLE · **BISTRO** ⅔ Un vrai havre de paix que ce café de 1875 qui a su conserver son âme de bistrot authentique et convivial. Sur la terrasse ombragée, on laisse le temps filer en savourant une sympathique cuisine canaille et de bons petits plats mijotés servis en cocotte... Bonne sélection de vins au verre.

🐌 🛋 ♿ – Menu 36 € – Carte 36/59 €

Hors plan – *18 place Gabriel-Fauré - à Annecy-le-Vieux* – ℰ *04 50 27 65 65* – *www.cafebrunet.com* – *Fermé 30 août-13 septembre, 24 décembre-3 janvier, lundi, dimanche*

Hôtels

🏨🏨 L'IMPÉRIAL PALACE

LUXE · ART DÉCO 1913 : l'année de naissance de ce grand hôtel qui trône majestueusement dans un vaste parc, au bord du lac. L'Art déco et la sobriété contemporaine se mêlent harmonieusement ; les chambres, spacieuses, donnent pour la plupart sur les flots et tout est pensé pour votre agrément : spa et piscine pour le jour, casino pour le reste de la nuit...

🍴 ⌔ ≼ 📶 🛗 ⊡ ⅋ 🅰🅲 ⚶ 🅿 – 90 chambres – 14 suites

Hors plan – *Allée de l'Impérial* – ℰ *04 50 09 30 00* – *www.hotel-imperial-palace.com*

⌁🅾 **La Voile** – Voir la sélection des restaurants

🏨🏨 LE CLOS DES SENS

LUXE · PERSONNALISÉ Beaux matériaux, équipements dernier cri, vue sur le lac ou la ville d'Annecy : on se sent comme chez soi dans les chambres de ce Clos des Sens. Le petit coin salon, avec sa cheminée et ses fauteuils clubs, ravira les lecteurs ; quant au beau couloir de piscine, il fera la joie de tous !

🍴 ⌔ ⌁ ⊡ ⅋ 🅰🅲 – 11 chambres

Hors plan – *13 rue Jean-Mermoz* – *à Annecy-le-Vieux* – ℰ *04 50 23 07 90* – *www.closdessens.com*

❀❀❀ **Le Clos des Sens** – Voir la sélection des restaurants

🏨🏨 LES TRÉSOMS

TRADITIONNEL · ART DÉCO Au-dessus du lac, dans un environnement boisé, cette demeure des années 1930 se modernise sans rien perdre de son charme Art déco ! Spa et piscines sont propices à la détente. Capteurs solaires ou places pour recharger sa voiture électrique : ici, la responsabilité écologique n'est pas un vain mot.

🍴 ⌔ ≼ 🛏 ⌁ 📶 ⊡ ⅋ 🅰🅲 ⚶ 🅿 – 52 chambres

Hors plan – *15 boulevard de la Corniche* – ℰ *04 50 51 43 84* – *www.lestresoms.com*

❀ **La Rotonde des Trésoms** – Voir la sélection des restaurants

ANNEMASSE

✉ 74100 – Haute-Savoie – Carte régionale n° **4**-F1 – Carte Michelin 328-K3

⌁🅾 L'AMARYLLIS

MODERNE · TENDANCE 🍴 Un restaurant en plein centre-ville, c'est déjà un atout ; et si en prime, on y mange bien, que dire ? Derrière les fourneaux, le chef réalise une cuisine créative, bien dans son temps, et respectueuse des saisons. Menu surprise tous les soirs, formule plus rapide à midi.

🅰🅲 – Menu 22 € (déjeuner)/27 € – Carte 54/73 €

5 rue Marc-Courriard – ℰ *04 50 87 17 27* – *www.restaurant-lamaryllis.com* – *Fermé 1er-3 janvier, 16-30 août, lundi, samedi midi, dimanche*

ANNONAY

✉ 07100 – Ardèche – Carte régionale n° **2**-B2 – Carte Michelin 331-K2

⌁🅾 RADICELLES

MODERNE · CONVIVIAL 🍴 Au cœur de la ville, ce bistrot au goût du jour, avec sa cuisine ouverte, fait son maximum pour s'approvisionner auprès des producteurs et agriculteurs ardéchois, très souvent bio, toujours respectueux de l'environnement. Les deux menus proposés dépendent tout entier des arrivages et de la cueillette du moment. Une bonne pousse que ces radicelles !

⅋ – Menu 27 € (déjeuner), 43/60 €

21 rue Montgolfier – ℰ *09 54 78 12 41* – *www.radicelles.fr* – *Fermé lundi, mardi soir, mercredi soir, jeudi soir, dimanche*

ANSE

✉ 69480 – Rhône – Carte régionale n° **3**–E1 – Carte Michelin 327-H4

🕙 AU COLOMBIER

MODERNE · CONVIVIAL ✗ En bord de Saône, une belle bâtisse du 18ᵉ s., entre guinguette branchée et maison de pays. La cuisine est résolument dans l'air du temps mais n'oublie pas les grands classiques, telles ces belles cuisses de grenouille poêlées. Du goût et du caractère, à déguster sur une terrasse paisible et cosy...

Spécialités: Salade de haricots verts et cœur, sucrine, tomates, saumon mariné, sauce caesar. Lapin farci à la basquaise, nouilles aux pleurotes, crème au romarin. Cappuccino de riz au lait à la vanille, chocolat blanc.

≪ 🏵 ⇧ ❖ 🅿 – Menu 26 € (déjeuner), 34/72 € – Carte 50/65 €

126 allée Colombier (Pont Saint-Bernard) – 𝒞 04 74 67 04 68 –
www.aucolombier.com – Fermé 24 décembre-20 janvier, lundi, mardi midi, dimanche soir

ANTHY-SUR-LÉMAN

✉ 74200 – Haute-Savoie – Carte régionale n° **4**–F1 – Carte Michelin 328-L2

🍴 L'AUBERGE D'ANTHY

TRADITIONNELLE · AUBERGE ✗ Ce petit hôtel-restaurant-café traditionnel mise tout sur des joies simples ! L'adresse est idéale pour apprécier le poisson du lac Léman (féra et omble), fourni par des pêcheurs locaux. Et le chef aime aussi mettre en valeur les charcuteries et fromages du terroir chablaisien.

⇦ 🍽 🏵 ❖ 🖃 – Menu 20 € (déjeuner)/47 € – Carte 30/60 €

2 rue des Écoles – 𝒞 04 50 70 35 00 – www.auberge-anthy.com –
Fermé lundi, dimanche soir

AOSTE

✉ 38490 – Isère – Carte régionale n° **2**–C2 – Carte Michelin 333-G4

🕙 AU COQ EN VELOURS

TRADITIONNELLE · ÉLÉGANT ✗✗ Entre Bresse et Dauphiné, cette bonne auberge de village est tenue par la même famille depuis 1900. Ne passez pas à côté de la spécialité de la maison, le "coq en velours", un délicieux coq au vin servi dans une sauce crémeuse, au grain de... velours. Quelques chambres pour la nuit, bien au calme face au jardin.

Spécialités: Truite fumée, condiments et crème aigrelette. Quenelle de brochet, sauce Nantua. Baba au rhum.

⇦ 🍽 🏵 ❖ 🅿 – Menu 34/74 € – Carte 48/61 €

1800 route de Saint-Genix – 𝒞 04 76 31 60 04 – www.au-coq-en-velours.com –
Fermé lundi, jeudi soir, dimanche soir

LES ARCS

✉ 73700 – Savoie – Carte régionale n° **2**–D2 – Carte Michelin 333-N4

🏨 TAJ-I MAH

BOUTIQUE HÔTEL · COSY Derrière ce nom d'origine indienne signifiant "couronne de lune" se dissimule un bel ensemble hôtelier, aux clins d'œil ethniques. Les chambres, confortables, bénéficient toutes de balcons avec vue sur le massif. Espace bien-être ; table gastro et bistrot.

≪ 🖵 🌐 🦌 🛁 🖃 ⅙ 🛎 🅿 – 43 chambres – 5 suites

Front-de-Neige, Arc 2000 – 𝒞 04 79 10 34 10 – www.hotel-tajimah.com

🏨 AIGUILLE GRIVE CHALETS HÔTEL

LUXE · CONTEMPORAIN Directement sur les pistes et à quelques minutes de la station d'Arc 1800, ce vaisseau de bois et de verre offre des vues spectaculaires sur le Mont Blanc. Beaux tissus, mobilier chic, terrasse ensoleillée : là, tout n'est qu'ordre et sportivité, luxe, calme et sommets enneigés.

🎿 ⅋ ≪ 🖃 ⅙ – 18 chambres

Charmettoger – 𝒞 04 79 40 20 30 – www.hotelaiguillegrive.com

AUBENAS

✉ 07200 – Ardèche – Carte régionale n° **2**-A3 – Carte Michelin 331-I6

ⓐ LES COLOQUINTES

MODERNE · **CLASSIQUE** ⅩⅩ Ce restaurant, installé dans un ancien moulinage, et géré par un jeune couple – lui en cuisine, elle en salle – propose une cuisine respectueuse des saisons, des circuits courts et des produits locaux, truite, châtaignes, fruits, etc. À l'été, profitez des tables à l'ombre des tilleuls, pour un dîner empreint de sérénité.

Spécialités : Cromesquis de chèvre frais, variation autour de la courgette. Truite d'Ardèche mi-fumée, mi-pochée, pot-au-feu de légumes. Tartelette aux myrtilles, sorbet citron-basilic.

😋 🍽 – Menu 20 € (déjeuner), 30/44 € – Carte 37/51 €

Quai de l'Ardèche – ℰ 04 75 93 58 33 – www.les-coloquintes.com – Fermé mardi soir, mercredi, samedi midi

ⓐ L'AUBÉPINE

MODERNE · **TRADITIONNEL** Ⅹ L'Aubépine s'épanouit grâce à un jeune chercheur reconverti dans les saveurs... Pour Manuel, le chef, les choses sont claires : le circuit court est la règle, tout est fait maison, le jeu consistant à respecter à la fois les textures mais aussi les qualités nutritives des produits. Carte renouvelée toutes les semaines au gré du marché.

Spécialités : Cuisine du marché.

�& 🅰 – Menu 24 € (déjeuner), 33/50 €

13 boulevard Jean-Mathon – ℰ 04 75 35 01 28 – www.restaurant-aubepine.fr – Fermé lundi, mardi soir, mercredi soir, jeudi soir, dimanche

ⅠⓄ NOTES DE SAVEURS

MODERNE · **TRADITIONNEL** Ⅹ Assis dans la salle voûtée en pierre, face aux ruines de l'ancien couvent bénédictin, on savoure une cuisine où les produits de qualité ont la part belle : dans l'assiette, c'est généreux, gourmand, parfumé et original. Une adresse conviviale et agréable, qui mérite amplement son succès !

🍽 �& – Menu 33/48 €

16 rue Nationale – ℰ 04 75 93 94 46 – Fermé 1ᵉʳ-5 janvier, 17-27 avril, 14-31 août, lundi, mardi soir, mercredi soir, dimanche

ⅠⓄ LA VILLA TARTARY

MODERNE · **BRANCHÉ** Ⅹ De belles voûtes en pierres de taille, un mobilier design, une terrasse délicieuse... Cet ancien moulin à eau – qui intervenait dans la fabrication de la soie – ne manque pas de charme ! Belles saveurs à la carte.

🍽 �& 🅿 – Menu 25 € (déjeuner), 38/64 € – Carte 60/70 €

64 rue de Tartary – ℰ 04 75 35 23 11 – www.restaurant-ardeche.com – Fermé lundi, dimanche

AUTRANS

✉ 38880 – Isère – Carte régionale n° **2**-C2 – Carte Michelin 333-G6

ⅠⓄ LES TILLEULS

MODERNE · **AUBERGE** ⅩⅩ Le patron et son gendre forment un duo efficace : ils concoctent à quatre mains une sympathique cuisine au goût du jour en utilisant de bons produits du terroir – avec une spécialité maison, la caillette ! On apprécie ces petits plats dans une grande salle où l'esprit montagnard se fait contemporain et lumineux...

🍽 �& 🅿 – Menu 24 € (déjeuner), 29/39 € – Carte 13/23 €

111 rue de Puilboreau (La Côte) – ℰ 04 76 95 32 34 – www.hotel-tilleuls.com – Fermé 6 avril-6 mai, 25 octobre-25 novembre, mercredi soir, jeudi

AVORIAZ

✉ 74110 – Haute-Savoie – Carte régionale n° **4**–F1 – Carte Michelin 328-N3

LES ENFANTS TERRIBLES

CLASSIQUE · COSY ⅄ Contre toute attente, ces Enfants Terribles se révèlent plutôt... chaleureux et intimistes ! Ceviche de daurade royale, citron vert et gingembre, ou encore pavé de bœuf Salers et sauce au poivre vert : on se régale de bons produits cuisinés avec précision dans un esprit bistronomique.

⊞ – Carte 48/96 €

Les Dromonts, 40 place des Dromonts (accès piétonnier) – ℰ 04 56 44 57 00 – www.hoteldesdromonts.com – Fermé 14 avril-13 décembre, le midi

LA RÉSERVE

TRADITIONNELLE · MONTAGNARD ⅄ A mi-chemin entre le cœur de la station et le quartier de la "falaise", cet établissement est devenu un incontournable. Un succès à mettre sur le compte d'une gastronomie appétissante à dominante savoyarde, et d'une belle terrasse tournée vers le domaine skiable.

⪡ 🏠 ✿ – Carte 45/75 €

Immeuble Epicéa – ℰ 04 50 74 02 01 – www.la-reserve-avoriaz.com – Fermé 14 avril-13 décembre

LES DROMONTS

BOUTIQUE HÔTEL · VINTAGE Cet hôtel mythique d'Avoriaz a réhabilité avec brio le style des années 1960 : son architecture singulière épouse harmonieusement le décor environnant. Cette station skis aux pieds et sans voiture ne tolère que les traîneaux, à la plus grande joie des amoureux de la nature. Les petites chambres tout confort et astucieusement aménagées dévoilent de superbes vues sur les monts enneigés. Petit spa.

🐾 🛁 ⪡ 🌐 🏠 𝟤♨ ⊞ – 29 chambres – 6 suites

40 place des Dromonts (accès piétonnier) – ℰ 04 56 44 57 00 – www.hoteldesdromonts.com

🍴 **Les Enfants Terribles** – Voir la sélection des restaurants

BÂGÉ-LE-CHÂTEL

✉ 01380 – Ain – Carte régionale n° **2**–B1 – Carte Michelin 328-C3

LA TABLE BÂGÉSIENNE

MODERNE · COSY ⅄⅄ La façade de cet ancien relais de poste est bien engageante ! Une fois passée la porte, on découvre une déco contemporaine (tons gris, lin et cacao) et une généreuse cuisine bressane que le chef n'hésite pas à interpréter à sa façon.

Spécialités : Grenouilles sautées, crème de beurre d'ail. Volaille de Bresse au vin jaune et morilles. Tarte fine renversée aux fruits rouges, sorbet verveine-citron.

🏠 ⛛ – Menu 34/82 € – Carte 58/75 €

19 Grande-Rue – ℰ 03 85 30 54 22 – www.latablebagesienne.com – Fermé 2-9 août, 20-28 décembre, lundi, mardi, mercredi

BAGNOLS

✉ 69620 – Rhône – Carte régionale n° **3**–E1 – Carte Michelin 327-G4

1217

MODERNE · CLASSIQUE ⅄⅄⅄ Un cadre d'exception que ce superbe château médiéval, qui semble cultiver des fastes immémoriaux... Sous le patronage d'une immense cheminée gothique délicatement sculptée, le repas se fait festin d'une belle finesse, et la tradition s'en trouve renouvelée.

❀ ⪡ 🍴 🏠 ⊞ ✿ 🅿 – Menu 28 € (déjeuner), 65/95 € – Carte 45/95 €

Château de Bagnols, Le Bourg – ℰ 04 74 71 40 00 – www.chateaudebagnols.com – Fermé 1ᵉʳ janvier-31 mars

CHÂTEAU DE BAGNOLS

GRAND LUXE · HISTORIQUE Les mots manqueraient presque pour décrire la magnificence de ce château du 13e s. dominant le vignoble beaujolais. L'accès par le pont-levis au-dessus des douves, les décors historiques (mobilier d'art, cheminées monumentales...), le superbe parc et son verger : tout est unique... jusqu'au spa, agencé à la manière d'une cuverie.

🏊 ⬅ 🛁 🌲 💻 📶 ♨ 🎏 ⬆ ♿ 🎿 🅿 – 27 chambres

Le Bourg – ☎ 04 74 71 40 00 – www.chateaudebagnols.com

🍴 **1217** – Voir la sélection des restaurants

BANNE

✉ 07460 – Ardèche – Carte régionale n° **2**-A3 – Carte Michelin 331-G7

AUBERGE DE BANNE

AUBERGE · ÉLÉGANT Sur sa colline à la frontière de l'Ardèche et du Gard, le village de Banne a tout d'une carte postale : un panorama superbe, un climat délicieux et... une ravissante auberge. Tombés amoureux de l'endroit, ses propriétaires ont tout repensé dans un bel esprit à la fois contemporain et rétro. Une réussite, à découvrir !

🍽 🏊 🌲 ♿ 🎧 – 11 chambres

Place du Fort – ☎ 04 75 89 07 78 – www.aubergedebanne.fr

BARD

✉ 42600 – Loire – Carte régionale n° **2**-A2 – Carte Michelin 327-D6

🍴 AUBERGE DE LA GRAND'FONT

MODERNE · AUBERGE 🕸🕸 Jolie surprise que cette auberge rustique nichée à côté d'une belle église du 12e s. que l'on peut admirer depuis la véranda. Aux commandes, un chef passionné et exigeant – il a été finaliste au concours du Meilleur Ouvrier de France – signe une cuisine appétissante, à la fois simple et originale...

🍽 ♿ 🅿 – Menu 23€ (déjeuner), 30/77€ – Carte 48/62€

1 rue de la Grand'Font – ☎ 04 77 76 21 40 – www.auberge-lagrandfont.com – Fermé 8-16 février, 12 juillet-3 août, lundi, mardi, dimanche soir

BELLEVILLE

✉ 69220 – Rhône – Carte régionale n° **3**-E1 – Carte Michelin 327-H3

🍸 LE BEAUJOLAIS

TRADITIONNELLE · VINTAGE 🕸 Ce Beaujolais se devait de faire honneur à cette région riche en saveurs et en bons vins ! Le sympathique couple à la tête de cette maison relève le défi avec une bonne cuisine traditionnelle. Un exemple ? L'andouillette beaujolaise pur porc cuite en cocotte, avec pommes de terre rissolées au thym.

Spécialités : Cuisine du marché.

🎧 🅿 – Menu 20€ (déjeuner), 30/41€

40 rue du Maréchal-Foch (près de la gare) – ☎ 04 74 66 05 31 – www.restaurant-le-beaujolais.com – Fermé 1er-22 août, lundi soir, mardi soir, mercredi, dimanche soir

BELLEY

✉ 01300 – Ain – Carte régionale n° **2**-C1 – Carte Michelin 328-H6

🍴 LA FINE FOURCHETTE 🅝

MODERNE · ÉLÉGANT 🕸🕸 Un jeune couple du métier a su apporter un souffle nouveau à cette adresse bugiste bien connue. Si la vue sur le canal du Rhône est toujours superbe, la salle a été revue dans un esprit contemporain et élégant et les assiettes font la part belle aux produits de l'Ain, servis avec générosité dans un style actuel bien maîtrisé par le chef Mickaël Brinioli. Le service n'est pas en reste grâce à Maëva. Longue vie !

⬅ 🍽 🌲 🅿 – Menu 28/76€ – Carte 52/61€

2500 avenue du Bugey, à Virignin – ☎ 04 79 81 59 33 – www.restaurantlafinefourchette.fr – Fermé 13 janvier-2 février, mardi, mercredi

BESSAS

✉ 07150 – Ardèche – Carte régionale n° **2**–A3 – Carte Michelin 331-H7

AUBERGE DES GRANGES

MODERNE · **CONVIVIAL** X Le jeune chef régale ses clients avec une cuisine liée aux produits du terroir, mais ne s'interdit pas des voyages à la mer, à partir du homard jusqu'aux Saint-Jacques. Autant de délices à déguster dans l'ambiance feutrée d'une ancienne grange. En été, profitez de la belle terrasse avec vue sur la campagne ardéchoise.

Spécialités : Médaillon de truite saumonée de notre région. Filet de dorade de Méditerranée, fleurs de courgette. Lingot à la châtaigne et chocolat.

🛜 🔣 – Menu 34/100 €

213 avenue des Granges – ☎ 04 75 38 02 01 – www.aubergedesgranges.com – Fermé 2 janvier-11 février, lundi

BONNEFAMILLE

✉ 38090 – Isère – Carte régionale n° **2**–B2 – Carte Michelin 333-E4

L'ALOUETTE

TRADITIONNELLE · **TENDANCE** XX Voilà un restaurant contemporain fort agréable avec son sol en béton ciré, ses œuvres d'art (à vendre !), son piano à queue et son joli jardin. Le chef concocte une cuisine de saison, pleine de gourmandise, à l'instar de ce cannelloni de joue de bœuf, panais, et jus de viande. Pour accompagner cela, la cave offre un choix de plus de 450 références. Belles chambres contemporaines pour l'étape.

🛏 ⇆ 🛜 ⚙ 🏆 🅿 – Menu 28 € (déjeuner), 44/61 €

475 route de Crémieu – ☎ 04 78 40 06 08 – www.restaurant-alouette.com – Fermé 26 juillet-23 août, 24-31 décembre, lundi, samedi midi, dimanche soir

BOSSEY

✉ 74160 – Haute-Savoie – Carte régionale n° **4**–F1 – Carte Michelin 328-J4

LA FERME DE L'HOSPITAL

Chef : Jean-Jacques Noguier

MODERNE · **ÉLÉGANT** XXX Un livre de compte du 17ᵉ s. mentionne déjà la production de cette ancienne ferme de l'hôpital du canton de Genève. La bâtisse impressionne par ses dimensions : rassurez-vous, entre ces murs de caractère où le bois domine, une convivialité gourmande se diffuse sous la houlette d'un chef... méditerranéen. Natif du Vaucluse, Jean-Jacques Noguier a aiguisé très jeune son appétit dans les grandes tables étoilées du Sud. Il est resté fidèle au Midi mythique pour le choix de ses asperges des Alpilles et autres truffes du Vaucluse, mais il puise aussi dans le lac Léman ses perches, féras, ombles chevaliers et autres brochets. Quelques viandes d'exception nourrissent cette cuisine aux solides bases classiques.

Spécialités : Ravioli de poularde, foie gras, morille et cappuccino des bois. Cœur de filet de bœuf Simmental en croûte de moelle, jus de mondeuse et croustillant de charlotte. Soufflé chaud au Grand Marnier.

🛏 🛜 🔣 🏆 🅿 – Menu 38 € (déjeuner), 68/92 € – Carte 100/120 €

Route du Golf – ☎ 04 50 43 61 43 – www.ferme-hospital.com – Fermé 7-24 février, 1ᵉʳ-18 août, lundi, dimanche

BOURDEAU

✉ 73370 – Savoie – Carte régionale n° **4**–F2 – Carte Michelin 333-I3

LE CHÂTEAU DE BOURDEAU

DEMEURE HISTORIQUE · **PERSONNALISÉ** Installé sur la côte sauvage du lac du Bourget, ce superbe château du 11ᵉ s abrite des chambres amples, décorées par thèmes (Trappeur, Belle Époque, Lamartine, etc.), qui ont toutes une terrasse avec vue sur le lac. Cuisine voyageuse au restaurant.

🍽 🌊 ⇆ 🛗 ⚙ 🔣 🛁 🅿 – 7 chambres – 1 suite

Route du Port – ☎ 04 79 62 12 83 – www.chateau-bourdeau.fr

BOURG-EN-BRESSE

✉ 01000 – Ain – Carte régionale n° **2**-B1 – Carte Michelin 328-E3

🍴 METS ET VINS

MODERNE · **CONTEMPORAIN** XX Ici œuvre Stéphane Prévalet, un chef adepte des produits du terroir local et du "fait maison", habile à s'extraire des sentiers battus de la tradition. On se régale ainsi d'une canette des Dombes en deux façons : le filet cuit rosé, servi avec sa cuisse en pastilla aux fruits secs... le tout dans une salle épurée, décorée de troncs de bouleaux. Une adresse comme on les aime.

Spécialités : Escargots aux petits légumes, émulsion à l'ail doux. Poulet de Bresse, sauce au vin jaune et morilles. Tarte au citron et aux noisettes.

も ᴀᴄ – Menu 27/53€ – Carte 40/58€

11 rue de la République – 𝘗 *04 74 45 20 78 – www.restaurant-metsetvins.com – Fermé 5-20 juillet, 23-30 décembre, lundi, mardi, dimanche soir*

🍴○ L'AUBERGE BRESSANE

CLASSIQUE · **TRADITIONNEL** XxX Une table incontournable : la cuisine fait la part belle aux spécialités régionales (volaille de Bresse, cuisses de grenouille, écrevisses et des... quenelles de brochet incontournables) et les vieux millésimes abondent sur la carte des vins. Terrasse avec vue sur l'église du monastère royal de Brou.

𝕒𝕓 ≼ 🍽 ᴀᴄ 🅿 – Menu 39/89€ – Carte 60/110€

166 boulevard de Brou – 𝘗 *04 74 22 22 68 – www.aubergebressane.fr – Fermé mardi*

🍴○ PLACE BERNARD

TRADITIONNELLE · **BRASSERIE** XX Une maison 1900 placée sous la houlette du chef étoilé Georges Blanc. Cette jolie brasserie sous véranda, rehaussée d'une fresque à la gloire de la dynastie Blanc, donne sur le cours de Verdun. Dans l'assiette, le répertoire régional domine, dont la fameuse volaille de Bresse AOP à la crème selon la mère Blanc.

🍽 も – Menu 22€ (déjeuner), 25/57€ – Carte 42/70€

19 place Bernard – 𝘗 *04 74 45 29 11 – www.lespritblanc.com*

🍴○ LA COQ'HOTE

TRADITIONNELLE · **BISTRO** X La cuisine du terroir de ce sympathique chef bourguignon, adepte de l'agriculture raisonnée, met en avant spécialités régionales, plats inspirés des saisons et des produits locaux. Le pâté en croûte de volaille est savoureux. Convivial et chaleureux.

Menu 15€ (déjeuner), 25/30€

15 rue Paul-Pioda – 𝘗 *04 74 47 10 66 – www.lacoqhote.fr – Fermé lundi, dimanche*

🍴○ SCRATCH RESTAURANT 🆕

MODERNE · **CONVIVIAL** X Adhérents au mouvement Slowfood, Estelle et Andréas Baehr sont des passionnés qui mettent en avant de beaux produits frais, bio et locaux, à travers un menu déjeuner unique sans choix, rudement bien ficelé ! Même philosophie naturelle côté vins avec les choix experts de la patronne. Menus "découverte" plus ambitieux au dîner. Réservation indispensable.

🌱 *L'engagement du chef : "Nous avons une volonté de travailler dans une philosophie globale et durable et nous informons la clientèle de ces démarches. Nous proposons des menus uniques pour optimiser chaque produit en limitant les pertes. Nos produits locaux sont issus directement de petits producteurs dans leur quasi-totalité. Ces partenaires-artisans et nous-mêmes partageons un bon sens paysan, avec ou sans label. Les produits de la mer sont issus de la pêche durable française."*

も ᴀᴄ – Menu 22€ (déjeuner), 38/49€

2 rue des Fontanettes – 𝘗 *04 27 53 49 86 – www.scratchrestaurant.fr – Fermé 13-24 janvier, 14-18 avril, 30 juin-9 juillet, 6-15 octobre, lundi, mardi, mercredi soir, samedi midi, dimanche soir*

LE BOURGET-DU-LAC

✉ 73370 – Savoie – Carte régionale n° **4**-F2 – Carte Michelin 333-I4

🏵 **LAMARTINE**

Chef : Pierre Marin

MODERNE · **COSY** XXX Entre Aix-les-Bains et Chambéry, face au lac cher à Lamartine – il lui dédiera l'un de ses plus célèbres poèmes en souvenir de ses amours passées ("Ô temps, suspends ton vol...") –, cette table est une valeur sûre de la région. Et une institution qui ne désemplit pas : les parents du chef Pierre Marin ont écrit la première page de cette auberge en... 1964. Lui-même, formé notamment chez Pierre Orsi à Lyon, a rejoint son père en 1987. Membre de l'académie culinaire de France, il défend une cuisine traditionnelle revisitée, toujours inspirée et savoureuse. Les poissons d'eau douce et de lac sont traités avec le respect qu'il convient à une table savoyarde. Un service très agréable dans un cadre chic et élégant.

Spécialités : Champignon brun de Savoie, cru et cuit, crème d'ail, gel persil, achillée et bleuet. Lavaret du lac du Bourget, chou-fleur rôti, chou kale, sauce verveine et aspérule odorante. Déclinaison de pêches de la coopérative du Tremblay, sorbet reine-des-prés et granola maison.

�_< 👬 🛜 ⚓ 🅼 🅿_ – Menu 45 € (déjeuner), 66/110 € – Carte 79/121 €

Route du Tunnel – ☎ 04 79 25 01 03 – www.lamartine-marin.com –
Fermé 26 avril-4 mai, 4-12 octobre, 20 décembre-12 janvier, lundi, mardi, dimanche soir

🏵 **ATMOSPHÈRES**

Chef : Alain Périllat-Mercerot

CRÉATIVE · **DESIGN** XXX De Lamartine à Stendhal en passant par Maupassant, les écrivains sont nombreux à avoir célébré l'atmosphère du lac du Bourget et la vue sur le massif des Bauges. Le chef Alain Perrillat-Mercerot en a fait, lui, un splendide écrin pour sa cuisine lacustre et créative. Ancien second de Laurent Petit, également marqué par Ferran Adrià, il défend avec ferveur le terroir savoyard. Fort de solides bases classiques, il travaille avec une précision redoutable les poissons d'eau douce, les fromages locaux ou les myrtilles sauvages. Son foie gras de canard, jus de citron vert et gentiane ou son aubergine confite, sorbet framboise et poivrons doux sont devenus des classiques. Belle carte des vins, célébrant (entre autres) la Savoie.

Spécialités : Biscuit de chevesne, œufs de brochet et fenouil cru. Lavaret du lac du Bourget, blette et pormonier, jus au vermouth de Chambéry. Blanc d'œuf en neige, myrtilles et sorbet à la tomme blanche.

🏵 _**L'engagement du chef :**_ _"Le chef a toujours travaillé les produits locaux de saison - coopérative de fruits et légumes à La Motte-Servolex, maraîchers à Aix-les-Bains et Vimines, volailles de Bresse... Un jardin de simples permet à la cuisine de prélever des pousses d'herbes fraîches. Nous limitons nos emballages et nos déchets sont valorisés via notre communauté de communes, qui recycle les biodéchets. Le linge est lavé sur place avec des lessives à faible impact environnemental."_

🏵 ⇦ _< 👬 🛜 ⚓ 🅿_ – Menu 52 € (déjeuner), 88/130 €

618 route des Tournelles – ☎ 04 79 25 01 29 – www.atmospheres-hotel.com –
Fermé 25 avril-10 mai, 17 octobre-2 novembre, lundi, mardi midi, dimanche

BRESSIEUX

✉ 38870 – Isère – Carte régionale n° **3**-E2 – Carte Michelin 333-E6

🍽️ **AUBERGE DU CHÂTEAU**

MODERNE · **CONVIVIAL** XX Christèle et Xavier Vanheule, passionnés de cuisine et de bons vins, donnent le meilleur d'eux-mêmes pour faire de leur auberge une belle maison. Les produits viennent des fermes environnantes et débordent de fraîcheur. Tout en contemplant les monts du Lyonnais, on se régale de plats savoureux aux parfums méridionaux...

🏵 _< 🛜 🅿_ – Menu 28 € (déjeuner), 56/76 €

67 montée du Château – ☎ 04 74 20 91 01 – www.aubergedebressieux.fr –
Fermé mardi, mercredi, dimanche soir

BRESSON

✉ 38320 – Isère – Carte régionale n° **2**-C2 – Carte Michelin 333-H7

░⃝ **CHAVANT**

CLASSIQUE · **ÉLÉGANT** 𝕏𝕏𝕏 Qu'il est doux de venir profiter des beaux jours, dans cette auberge tenue par la famille Chavant depuis 1852 ! La cuisine donne le sourire ; pour le reste, les atouts ne manquent pas – fumoir, cave à vins, piscine, chambres spacieuses...

※ ⇌ 🛋 🏠 🎬 🔄 **P** – Menu 47 € (déjeuner), 55/130 € – Carte 75/90 €

2 rue Émile-Chavant – ℰ *04 76 25 25 38 – www.chavanthotel.com – Fermé lundi, samedi midi, dimanche soir*

BUELLAS

✉ 01310 – Ain – Carte régionale n° **3**-E1 – Carte Michelin 328-D3

░⃝ **L'INTIMISTE** ⓝ

MODERNE · **INTIME** 𝕏𝕏 L'Intimiste est en quelque sorte la salle à manger "haut de gamme" de l'Auberge Bressane de Buellas. On y déguste une cuisine soignée et élaborée, avec un menu unique mettant en avant un produit différent selon la saison : homard, volaille de Bresse, céleri, etc. Une franche réussite.

& 🎬 **P** – Menu 55/65 €

L'Auberge Bressane de Buellas, 10 route de Buesle – ℰ *04 74 24 20 20 – www.auberge-buellas.com – Fermé 4-13 janvier, 18-29 octobre, lundi, mardi, mercredi, jeudi midi, dimanche soir*

░⃝ **L'AUBERGE BRESSANE DE BUELLAS**

TRADITIONNELLE · **AUBERGE** 𝕏 Dans cette auberge (une ex-boulangerie), on se régale de belles recettes du terroir avec un zeste de saveurs du Sud et une dose d'inventivité. On peut opter pour le restaurant traditionnel, d'un côté, ou pour l'Intimiste, de l'autre, où la proposition est plus ambitieuse, et le décor élégant et cosy. Dans les deux cas, le service est attentionné et les prix raisonnables.

⇌ 🏠 & 🎬 **P** – Carte 23/42 €

10 route de Buesle (place du Prieuré) – ℰ *04 74 24 20 20 – www.auberge-buellas.com – Fermé 4-13 janvier, 18-28 octobre, mercredi, dimanche soir*

░⃝ **L'Intimiste** – Voir la sélection des restaurants

LES CARROZ-D'ARÂCHES

✉ 74300 – Haute-Savoie – Carte régionale n° **4**-F1 – Carte Michelin 328-M4

░⃝ **LES SERVAGES**

MODERNE · **ÉLÉGANT** 𝕏𝕏𝕏 Une chose est sûre : le chef aime son métier, et cette passion est communicative. Il réalise une cuisine actuelle, soignée et généreuse, avec des produits de superbe qualité : poissons frais, crustacés, etc. Son pageot de ligne et calamars, comme son cabillaud côtier, en sont de délicieux exemples... parmi une carte qui évolue régulièrement.

※ ≤ 🛋 🏠 **P** – Menu 28/70 € – Carte 45/88 €

Les Servages d'Armelle, 841 route des Servages – ℰ *04 50 90 01 62 – www.servages.com – Fermé 19 avril-26 juin, lundi*

▦ **LES SERVAGES D'ARMELLE**

LUXE · **MONTAGNARD** Sur les hauteurs de la station, ce superbe chalet ancien a été transformé en un hôtel de grand charme. Une dizaine de chambres et de suites spacieuses, toutes en matériaux de prestige : vieux planchers, poutres, meubles polis par les ans... et vraies cheminées !

🏔 🌿 ≤ 🛋 **P** – 8 chambres – 2 suites

841 route des Servages – ℰ *04 50 90 01 62 – www.servages.com*

░⃝ **Les Servages** – Voir la sélection des restaurants

CERCIÉ

✉ 69220 – Rhône – Carte régionale n° **3**–E1 – Carte Michelin 327-H3

ⓘ L'ÉCUME GOURMANDE

MODERNE · **CONTEMPORAIN** XX Cette adresse est emmenée par un jeune chef passé par la maison de Paul Bocuse. Il mitonne une cuisine aux bases classiques, sagement inventive : de vraies sauces, des cuissons impeccables, un dessert très gourmand... et une belle cave vitrée, abritant près de 250 références à prix raisonnables.

⚜ 🅐🅒 – Menu 20 € (déjeuner), 32/55 €

35 Grande-Rue – 𝒞 04 37 55 23 06 – www.ecume-gourmande.fr –
Fermé 15-23 février, lundi, mardi, dimanche soir

CEVINS

✉ 73730 – Savoie – Carte régionale n° **4**–F2 – Carte Michelin 333-L4

🙂 LA FLEUR DE SEL

MODERNE · **CONVIVIAL** XX Sur la route des stations, cette maison récente met en avant une appétissante cuisine de saison, servie par des produits de qualité. Côté décor, une salle moderne et cosy, centrée autour de la belle cheminée qui crépite au milieu de la pièce... Délicieux.

Spécialités : Cuisine du marché.

🏡 ✿ 🅿 – Menu 35/72 € – Carte 63/82 €

15 route du Portelin – 𝒞 04 79 37 49 98 –
www.restaurant-fleurdesel.fr –
Fermé lundi, mardi soir, dimanche soir

CHAMBÉRY

✉ 73000 – Savoie – Carte régionale n° **4**–F2 – Carte Michelin 333-I4

🙂 LE BISTROT

CUISINE DU MARCHÉ · **TRADITIONNEL** X Au menu de ce bistrot tout proche du théâtre et de la cathédrale, on trouve une cuisine du marché canaille et gourmande, basée sur de jolis produits, rendus dans toute leur vérité par un chef savoyard ayant travaillé longtemps dans la galaxie Ducasse. Le tout, aux beaux jours, se déguste sur une terrasse ombragée. Un vrai plaisir.

Spécialités : Carpaccio de haddock, pommes de terre au yaourt grec et fines herbes. Joues de cochon confites, légumes d'un pot-au-feu. Brioche façon pain perdu, crème glacée caramel, croustillant chouchou.

🏡 – Menu 19 € (déjeuner), 33/48 € – Carte 36/55 €

Plan : B2-d – *1 place du Théâtre – 𝒞 09 82 32 10 78 –*
www.restaurant-lebistrot.com –
Fermé lundi, dimanche

ⓘ L'ORANGERIE DU CHÂTEAU DE CANDIE

MODERNE · **ÉLÉGANT** XXX Originaire de Bretagne, le chef David Loisel, fort d'une belle carrière et ancien second de Sylvestre Wahid, concocte une cuisine moderne en s'appuyant sur les richesses du terroir savoyard, qu'il mâtine de clins d'œil à sa Bretagne natale au travers d'un menu unique en 5 ou 7 services. La Cantine propose une agréable offre bistrotière (tartare de saumon, gigot d'agneau...). Savoureux.

🛏 🛋 🏡 ✿ 🅿 – Menu 78/98 €

Hors plan – *Château de Candie, 533 rue du Bois-de-Candie, Chambéry-le-Vieux –*
𝒞 04 79 96 63 00 –
http://www.chateaudecandie.com/fr/restaurants/lorangerie –
Fermé lundi, mardi, mercredi midi, jeudi midi, vendredi midi

LE CARRÉ DES SENS

MODERNE · BISTRO X Joliment située sur l'une des places centrales de la ville, cette maison est le fief d'un chef trentenaire, qui revisite les classiques de la tradition française – tartiflette ou soufflé au Grand Marnier, par exemple – avec passion et précision. Aux beaux jours, la terrasse est prise d'assaut.

🌳 ᴄ – Menu 20 € (déjeuner), 36/55 € – Carte 47/53 €

Plan : B2-a – *32 place Monge* – ℰ *04 79 65 98 07* – *www.carredessens-chambery.com* – *Fermé 1ᵉʳ-15 mars, 15 août-1ᵉʳ septembre, lundi, dimanche*

PINSON

MODERNE · COSY X Cette jolie adresse de centre-ville bénéficie de l'enthousiasme communicatif de ses jeunes propriétaires, qui comme le pinson, aiment voyager... et nous convier avec eux. Lui en cuisine, passé par de belles maisons (Londres, Paris), propose une cuisine soignée aux influences métissées ; madame en salle apporte son savoir-faire du milieu du luxe. L'accueil est charmant, le cadre chaleureux.

🌳 ᴄ – Carte 45/65 €

Plan : B2-b – *22 place Monge* – ℰ *04 79 70 96 40* – *www.restaurant-pinson.fr* – *Fermé lundi, mardi soir, mercredi soir, jeudi soir, dimanche*

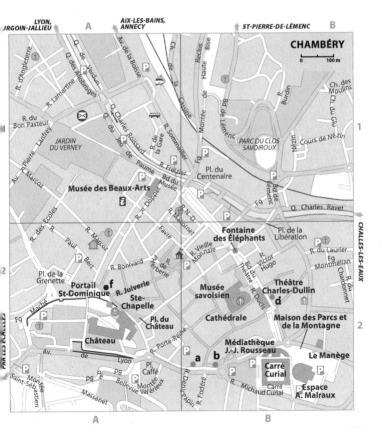

PETIT HÔTEL CONFIDENTIEL

HÔTEL PARTICULIER · ÉLÉGANT Ce joli hôtel de charme du centre-ville de Chambéry, installé dans un bâtiment du 15ᵉ s., diffuse l'atmosphère feutrée que seuls les siècles savent patiner : la vitre rencontre le parquet massif dans un esprit loft. C'est à la fois chaleureux et racé : les habitués espèrent qu'il restera confidentiel...

🚗 – 17 chambres

Plan : A2-f – *10 rue de la Trésorerie* – ☎ *04 79 26 24 17* – *www.petithotelconfidentiel.com*

✉ 74400 – Haute-Savoie
Carte régionale n° **2**-D1
Carte Michelin 328-O5

CHAMONIX-MONT-BLANC

Située au pied du mythique massif du Mont-Blanc, Chamonix jouit d'un statut unique dans les Alpes du Nord. Si sa vocation touristique est née avec les débuts de l'alpinisme, elle a su préserver et cultiver un esprit de village et une gastronomie de terroir, sur laquelle le reblochon règne en maître (on en fait même des sucettes !) – mais pas seulement. Ce serait oublier le persillé des Aravis, la tome de Savoie, le beaufort et l'abondance, le chevrotin, la tome des Bauges...

Et nous ne parlons ici que de fromages ! Citons, au hasard de nos souvenirs gourmands, la longeole, cette variété locale de saucisson à cuire avec de petits morceaux de couenne, du fenouil et du vin rouge et l'inévitable tartiflette (une création récente puisque le plat date des années 1980 seulement), fille naturelle de Sa Majesté le reblochon. Arrosez le tout de Roussette de Savoie, ou d'un verre de genépi, et les sommets sont à vous.

Restaurants

🏵 **ALBERT 1ER**

CLASSIQUE · **ÉLÉGANT** XxxX Pierre, Marcel, Joseph, Clothilde... depuis sa fondation en 1903, quatre générations ont porté cette maison, désormais entre les mains de Perrine Carrier. La cuisine, aux influences savoyardes, enchante les produits de la région (omble chevalier et féra du Léman, escargots du pays du Mont-Blanc, cochons et agneaux des fermes alentour...), rehaussés par tout ce qui pousse dans le jardin aromatique : oxalis, ache des montagnes, thym citronné, sarriette, mélisse ou sauge. À arroser de l'une des... 19 000 bouteilles de la cave.

Spécialités : Tomate cœur de bœuf, sérac fumé et herbes du jardin. Lièvre à la royale. Soufflé à la Chartreuse verte et glace Chartreuse.

⅋ 🍴🏡 🎫 🅿 🚗 – Menu 85/176 €

Plan : B1-f – *Hôtel Hameau Albert 1er, 38 route du Bouchet* –
℘ 04 50 53 05 09 – *www.hameaualbert.fr* –
Fermé 12-29 avril, 20 septembre-9 décembre, mercredi, jeudi

🏵 **LA MAISON CARRIER**

RÉGIONALE · **RUSTIQUE** XX Une ferme typique et conviviale, au sein du luxueux Hameau Albert 1er. Goûtez aux petits plats mitonnés, quenelle de brochet, élaborés avec de superbes produits du terroir, boudin noir. Généreux, nobles et savoureux, comme l'étaient les recettes de nos grands-mères...

Spécialités: Boudin noir, poire, lard et oignons. Quenelles de brochet aux écrevisses, risotto piémontais. Le "Vré" de toutes les tartes de grand-mère.

🕸 🖼 & 🅿 – Menu 35/46 € – Carte 46/75 €

Plan : B1-r – *Hôtel Hameau Albert 1er, 44 route du Bouchet –* 𝒫 *04 50 53 00 03 – www.hameaualbert.fr – Fermé 17-31 mai, 1ᵉʳ novembre-9 décembre, lundi, mardi*

☺ ATMOSPHÈRE

TRADITIONNELLE · **TENDANCE** XX Dans le centre-ville, cette adresse qui surplombe l'Arve ne manque pas d'atmosphère : une salle claire et des produits travaillés avec justesse, entre tradition savoyarde et fine cuisine d'aujourd'hui. Belle sélection de vins. On est conquis.

Spécialités: Tarte fine aux champignons. Filet de féra à la plancha. Pain perdu.

🕸 🅰🅲 – Menu 25 € (déjeuner), 34/45 € – Carte 45/80 €

Plan : A1-n – *123 place Balmat –* 𝒫 *04 50 55 97 97 – www.restaurant-atmosphere.com*

☺ LA TÉLÉCABINE

TRADITIONNELLE · **MONTAGNARD** XX Au-dessus de l'entrée, une télécabine (un "œuf", devrait-on plutôt dire) est suspendue : le décor est planté ! L'intérieur est résolument montagnard et la grande terrasse donne sur le massif du Mont-Blanc, en adéquation parfaite avec la cuisine proposée, goûteuse et généreuse.

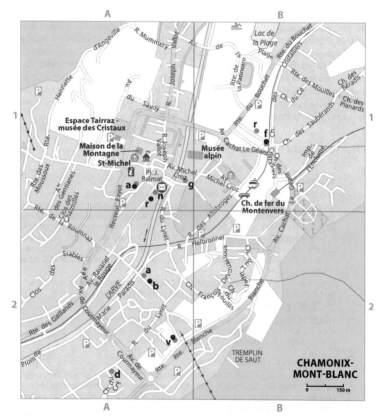

Spécialités : Escargots au beurre persillé. Paleron de bœuf braisé à la mondeuse. Tarte kalamansi meringuée.

 ← 🌿 ᕇ – Menu 28 € (déjeuner), 34/44 € – Carte 42/75 €

Plan : A1-g – *27 rue de la Tour* –
📞 *04 50 47 04 66 – www.restaurant-latelecabine.fr*

😊 AKASHON

MODERNE · ÉPURÉ Ⅹ Au sein du complexe hôtelier L'Heliopic, on dîne d'une cuisine fine et savoureuse, oscillant entre clins d'œils à la gastronomie locale et partition plus actuelle, le tout dans un cadre épuré aux matériaux bruts- métal et granit.

Spécialités : Omble chevalier mariné comme un gravelax. Filet de bœuf, pomme dauphine au comté, jus à la mondeuse. Pavlova aux framboises, crème fermière battue, glace vanille.

 🌿 ᕇ – Menu 34/55 € – Carte 42/69 €

Plan : A2-v – *Hôtel L'Héliopic, 50 place de l'Aiguille-du-Midi* –
📞 *04 50 54 55 56 – www.restaurant-akashon.com* –
Fermé 31 octobre-26 novembre, le midi

ᐧᕆ◯ AUBERGE DU BOIS PRIN 😊

TRADITIONNELLE ⅩⅩ L'hôtel et le restaurant, situés sur les hauteurs de "Cham", ont été repris par Emmanuel Renaut à la grande satisfaction des habitués de la station alpine. Le chef privilégie les produits locaux de qualité au travers de recettes traditionnelles, mâtinées de modernité. Certaines pièces nobles (comme la délicieuse épaule d'agneau confite au serpolet) bénéficient d'un service au guéridon. Et tout au long du repas, le Mont-Blanc nous en met plein la vue. Chambres confortables dans un esprit montagnard.

 ⇆ ← 🌿 🅿 – Menu 40 € (déjeuner), 65/90 € – Carte 58/90 €

Hors plan – *69 chemin de l'Hermine* – 📞 *04 50 53 33 51 – www.boisprin.com* –
Fermé 26 avril-4 juin, 1ᵉʳ novembre-3 décembre, lundi, mardi, mercredi midi

ᐧᕆ◯ LES CHALETS DE PHILIPPE

MODERNE · ÉLÉGANT ⅩⅩ On découvre avec grand intérêt ces deux belles tables d'hôtes joliment décorées et fleuries. Le chef régale les convives avec des créations dans l'air du temps : le menu unique évolue quotidiennement. Un endroit atypique, lové dans un environnement splendide.

 ⇆ 🍴 🅿 – Menu 60 € (déjeuner), 85/170 €

Hors plan – *700-718 route du Chapeau, Le Lavancher* – 📞 *06 07 23 17 26* –
www.chaletsphilippe.com

ᐧᕆ◯ L'IMPOSSIBLE

ITALIENNE · RUSTIQUE ⅩⅩ En artisan-cuisinier passionné, le chef d'origine toscane Auro Bucci (qui a longtemps officié dans le Piémont puis dans la vallée d'Aoste) cuisine des produits en majorité bio (ravioli et cannelloni maison), des desserts sans gluten, ainsi qu'un appétissant menu végétarien, attentif aux saisons, à déguster dans cette jolie ferme, située à l'écart de la ville.

Menu 38/72 € – Carte 38/72 €

Plan : A2-d – *9 chemin du Cry* –
📞 *04 50 53 20 36 – www.restaurant-impossible.com* –
Fermé 3-19 mai, 1ᵉʳ-30 novembre, mardi et le midi

ᐧᕆ◯ LE MATAFAN

MODERNE · ÉLÉGANT ⅩⅩ Que ce soit dans la salle à manger chaleureuse (belle cheminée centrale) ou les pieds dans l'herbe, face à la grande piscine, on se régale ! La carte, assez courte, évolue au gré des saisons et profite de quelques influences italiennes ; le service est convivial.

 🌿 ᕇ 🅿 – Menu 46/48 €

Plan : A1-a – *Mont-Blanc, 62 allée du Majestic* – 📞 *04 50 53 35 46* –
www.lematafan.com

AUVERGNE · RHÔNE-ALPES · RHÔNE-ALPES

🍽️ LE COMPTOIR DES ALPES

MODERNE · CONTEMPORAIN ⅹ Niché dans un hôtel moderne, ce restaurant cultive l'esprit franco-italien du chef Daniele Raimondi qui mâtine ses assiettes d'influences savoyardes. Des saveurs franches pour une cuisine moderne qui refuse toute concession sur la qualité des ingrédients. Le menu «ascension » permet de choisir les plats de la carte. Une terrasse côté rue et une autre plus calme sur une placette. Une jolie surprise.

🚪 🛋️ ⅛ ⓀⒹ ✣ – Menu 23 € (déjeuner)/43 € – Carte 33/57 €

Plan : A2-a – *151 avenue de l'Aiguille du Midi – ℘ 04 50 53 57 64 – https://comptoir-des-alpes.com – Fermé 7-26 novembre*

Hôtels

🏨 HAMEAU ALBERT 1ER

LUXE · PERSONNALISÉ Ce véritable hameau associant plusieurs chalets constitue un délicieux havre montagnard, sous un beau tapis de neige l'hiver, tout en vert tendre aux beaux jours... Noblesse des matériaux (dont des boiseries de vieux chalets d'alpage) et chic contemporain, confort extrême et spa d'exception : un sommet de luxe !

🍴 🌿 🚪 ⏚ 🔲 🌐 🐌 🛁 ⬛ ⅛ Ⓚ 🛋️ 🏊 🚗 – 32 chambres – 5 suites

Plan : B1-f – *38 route du Bouchet – ℘ 04 50 53 05 09 – www.hameaualbert.fr*

❄️ **Albert 1er** • 🍽️ **La Maison Carrier** – Voir la sélection des restaurants

🏨 MONT-BLANC

LUXE · ÉLÉGANT Renaissance de cet hôtel historique, après une rénovation de pied en cap. La décoratrice Sybille de Margerie a su mettre en valeur tous ses charmes, révélant la beauté des moulures anciennes et du grand escalier, et jouant partout la carte d'un chic à la fois contemporain et intemporel... À redécouvrir !

🍴 🌿 🚪 ⏚ 🌐 🐌 ⬛ ⅛ 🛋️ ⬛ – 41 chambres

Plan : A1-a – *62 allée du Majestic – ℘ 04 50 53 05 64 – www.hotelmontblancchamonix.com*

🍽️ **Le Matafan** – Voir la sélection des restaurants

🏨 GRAND HÔTEL DES ALPES

HISTORIQUE · ÉLÉGANT Ce "grand hôtel" mythique, bâti en 1840, a été merveilleusement restauré. Le résultat est à la fois intime et raffiné : hall cossu, bar feutré, élégants salons, chambres raffinées et des suites tout en bois rustique. Le tout au cœur de la station.

🔲 🐌 ⬛ ⅛ 🚗 – 30 chambres – 3 suites

Plan : A1-r – *89 rue Docteur-Paccard – ℘ 04 50 55 37 80 – www.grandhoteldesalpes.com*

🏨 L'HÉLIOPIC

TRADITIONNEL · DESIGN Au départ du téléphérique de l'aiguille du Midi, ces deux grands chalets de pierre et de bois nous plongent dans un décor contemporain, parsemé de clins d'œil à l'alpinisme des années 1950. Plaids, coussins et rideaux donnent aux chambres une délicieuse touche vintage ; on passe de longs moments dans le superbe spa...

🍴 🔲 🌐 ⬛ ⅛ 🏊 🚗 – 102 chambres

Plan : A2-v – *50 place de l'Aiguille-du-Midi – ℘ 04 50 54 55 56 – www.heliopic-hotel-spa.com*

🍽️ **Akashon** – Voir la sélection des restaurants

🏨 LE MORGANE

TRADITIONNEL · DESIGN La nature est ici pleinement respectée : engagement environnemental (zéro carbone), cadre épuré et beaux matériaux (bois brut, pierre, coton bio)... L'hôtel de montagne du 21e s. en quelque sorte ! En sous-sol, on trouve spa, hammam, sauna, et bassin de relaxation.

🍴 🌿 🌐 🐌 ⬛ ⅛ ⬛ 🚗 – 56 chambres

Plan : A2-b – *145 avenue de l'Aiguille du Midi – ℘ 04 50 53 57 15 – www.morgane-hotel-chamonix.com*

REFUGE DU MONTENVERS

AUBERGE · CONTEMPORAIN Cette bâtisse en granite, perchée à 1913 mètres, et édifiée en 1880 pour héberger les premiers alpinistes est devenu un hôtel au calme, rénové avec goût dans l'esprit refuge. Le restaurant panoramique dévoile une vue splendide sur la mer de glace. Accessible uniquement par train, ou à pied pour les plus courageux ! Authentique.

⚡ ♨ ⬉ – 18 chambres – 2 suites

Hors plan – *Le Montenvers à la Mer de Glace (accès par le train de la Mer de Glace)* – ☏ 04 50 53 87 70 – www.refugedumontenvers.com

LA CHAPELLE-D'ABONDANCE

✉ 74360 – Haute-Savoie – Carte régionale n° **4**-F1 – Carte Michelin 328-N3

LES CORNETTES

TRADITIONNELLE · RÉGIONAL XX Ce restaurant, cité au guide Michelin depuis 1933, est une véritable institution dans tout le Chablais. Au menu : tourte au gibier, filet de féra à l'ail des ours et morilles, pintade rôtie sur l'os. Les charcuteries sont affinées et fumées sur place dans une atmosphère typiquement montagnarde. C'est simple, bon, et rustique à souhait.

⇦ 🍴 🛏 ▣ 🅿 – Menu 26/48€ – Carte 37/140€

43 route des Frasses – ☏ 04 50 73 50 24 – www.lescornettes.com –
Fermé 5 avril-15 mai, 15 octobre-15 décembre

L'ENSOLEILLÉ

TRADITIONNELLE · MONTAGNARD XX Cet imposant chalet n'a pas volé son nom : il jouit de l'ensoleillement exceptionnel de la vallée. On y apprécie une bonne cuisine du terroir alpin, revisitée au fil des inspirations du chef. Pour se faire une idée : opéra de foie gras de canard et chutney de fruits d'automne, ou encore pavé de bœuf grillé aux girolles. Formule brasserie le midi.

⇦ 🍴 🛏 ⅼ ▣ 🅿 – Menu 18€ (déjeuner), 29/45€ – Carte 30/63€

109 route des Frasses – ☏ 04 50 73 50 42 – www.hotel-ensoleille.com –
Fermé 5-21 avril, 19 septembre-18 décembre, mardi

LES GENTIANETTES

MODERNE · CONVIVIAL XX La neige, la montagne, l'envie de paresser près de la cheminée autour de jolis plats... Ici, pas d'esbroufe, mais une cuisine traditionnelle pleine de finesse. Et côté carnotzet, honneur aux spécialités savoyardes (pierrade, raclette, fondue, etc.).

⇦ 🛏 ⅼ ▣ 🅿 – Menu 26€ (déjeuner), 39/69€ – Carte 46/85€

Route de Chevenne – ☏ 04 50 73 56 46 – www.gentianettes.fr –
Fermé 31 mars-27 juin, 10 septembre-17 décembre, lundi midi, mardi midi, mercredi midi

CHARBONNIÈRES-LES-BAINS – Rhône (69) ➜ Voir Lyon et ses environs

CHARLIEU

✉ 42190 – Loire – Carte régionale n° **2**-A1 – Carte Michelin 327-E3

RELAIS DE L'ABBAYE

MODERNE · CONTEMPORAIN XX Ce Relais de facture moderne, ouvert sur les prés environnants, est bien ancré dans son terroir. Aux fourneaux, on trouve un chef passionné de beaux produits, qui célèbre la production régionale (andouille de Charlieu, viande charolaise, fromage, etc.) dans des assiettes généreuses et soignées.

Spécialités : Cuisine du marché.

⇦ 🍴 🛏 ⅼ ↻ 🅿 – Menu 24€ (déjeuner), 29/85€ – Carte 42/85€

415 route du Beaujolais – ☏ 04 77 60 00 88 – www.relais-abbaye.fr

Texte latéral : AUVERGNE · RHÔNE-ALPES · RHÔNE-ALPES

ⓘⓄ **L'ATELIER RONGEFER**

MODERNE · **CONTEMPORAIN** ✗✗ Carine et Fabien Gauthier ont su marier l'esprit industriel de cette ancienne usine textile – poutrelles métalliques, verrière zénithale – et le confort d'un intérieur très contemporain : une vraie réussite. On y apprécie toujours une cuisine gastronomique vive et colorée, réglée sur les saisons, avec deux menus par mois.

🌡 ⅋ Ⓜ 🅿 – Menu 19€ (déjeuner), 34/41€

22 rue Jean-Jaurès – 𝒞 04 77 60 01 57 – www.atelierrongefer.fr – Fermé mardi, mercredi, dimanche soir

CHARMES-SUR-RHÔNE

✉ 07800 – Ardèche – Carte régionale n° **2**-B3 – Carte Michelin 331-K4

✾ **LE CARRÉ D'ALETHIUS**

Chef: Olivier Samin

MODERNE · **TENDANCE** ✗✗ Entre Drôme et Ardèche, il souffle comme un parfum de Provence dans cette "maison romaine" dédiée au sénateur Aléthius. La villa est organisée autour de sa cour carrée, délicieux patio verdoyant où l'on s'attable aux beaux jours. Jeune légionnaire chez Jean-Michel Lorain à la Côte Saint-Jacques, Olivier Samin est devenu centurion chez Anne-Sophie Pic, l'emblématique chef trois étoiles de Valence où il a longtemps exercé le poste de second. Il compose une cuisine fraîche et sensible, au gré du marché (fruits et légumes régionaux, escargots de l'Eyrieux, fromages locaux) et des saisons (un menu est dédié à la truffe l'hiver, un autre au homard l'été), avec un sacré sens de l'équilibre : cuissons précises, veloutés et crèmes d'une légèreté aérienne. Carrément délicieux.

Spécialités: Thon rouge, escabèche d'oignon nouveau et estragon. Sphère de foie gras et chou vert, consommé de canard ambré et noisettes torréfiées. Poire, cacahouètes et sirop d'érable.

❀ ⇆ 🌡 ⅋ Ⓜ 🅿 – Menu 32€ (déjeuner), 54/110€

4 rue Paul-Bertois – 𝒞 04 75 78 30 52 – www.lecarredalethius.com – Fermé 1ᵉʳ-14 janvier, 15-22 février, 16-30 août, lundi, mardi midi, mercredi midi, dimanche soir

CHAROLS

✉ 26450 – Drôme – Carte régionale n° **2**-B3 – Carte Michelin 332-C6

🏠 **CHÂTEAU LES OLIVIERS DE SALETTES**

DEMEURE HISTORIQUE · **COSY** Situé en pleine campagne, ce beau château du 16ᵉ s. entouré d'un agréable parc arboré, est le lieu idéal pour se ressourcer. Chambres élégantes, accueil charmant et superbe piscine à débordement. Difficile d'en partir...

✿ ⓢ ⇐ 🛏 ⅃ ⅋ Ⓜ 🅰 🅿 – 26 chambres – 6 suites

1205 route du Château – 𝒞 04 75 00 19 30 – www.chateau-lesoliviers.com

CHASSELAY

✉ 69380 – Rhône – Carte régionale n° **3**-E1 – Carte Michelin 327-H4

✾ **GUY LASSAUSAIE**

Chef: Guy Lassausaie

MODERNE · **ÉLÉGANT** ✗✗✗ C'est en 1984 que Guy Lassausaie a pris place aux fourneaux de cette maison familiale, fondée quatre générations plus tôt – en 1906 – dans cette périphérie lyonnaise aujourd'hui constellée d'étoiles (le Pont de Collonges du regretté Paul Bocuse n'est qu'à une poignée de kilomètres).

Là, le Meilleur Ouvrier de France trace un sillon rudement efficace : il célèbre la tradition locale (et, plus largement, française) avec enthousiasme et de jolies inspirations. Citons par exemple ce filet de bar de ligne, galette de seigle, caviar et fine purée d'artichaut, ou encore ce carré de cochon de lait et mangue acidulée... Une cuisine étonnante et souvent attachante.

Spécialités : Langoustines rôties à l'huile d'olive et safran, chutney de tomates acidulées et tomates cerises marinées au safran. Poitrine de volaille de Bresse farcie de la cuisse aux morilles et escalope de foie gras chaud. Sablé pamplemousse rose, crémeux pomélo au basilic et sorbet pamplemousse.

🐾 ⬚ & 🅰 ⬚ 🅿 – Menu 76/120 € – Carte 79/92 €

35 rue de Belle-Size – 𝒞 04 78 47 62 59 – www.guy-lassausaie.com –
Fermé 8-18 février, 2-26 août, mardi, mercredi

CHÂTEL

✉ 74390 – Haute-Savoie – Carte régionale n° **4**-F1 – Carte Michelin 328-O3

ⅈ◯ **FLEUR DE NEIGE**

TRADITIONNELLE · MONTAGNARD ⅩⅩ Pâté en croûte de canard au foie gras, tête de veau sauce ravigote, pavlova aux myrtilles : cette cuisine de tradition, bonne et généreuse, se déguste dans une ambiance familiale, et à l'été sur la belle terrasse panoramique, avec vue sur les massifs du Chablais.

🔁 ⬚ & ⬚ – Menu 21 € (déjeuner), 34/51 € – Carte 32/45 €

564 route de Vonnes – 𝒞 04 50 73 20 10 – www.hotel-fleurdeneige.fr –
Fermé 12 avril-18 juin, 18 octobre-16 décembre, mercredi

ⅈ◯ **LE VIEUX FOUR**

TRADITIONNELLE · RUSTIQUE ⅩⅩ Rustique et chaleureuse, cette vieille ferme (1852) joue la carte de l'authenticité et ravit ses hôtes. On admire les figurines nichées dans les mangeoires de l'étable, tout en se régalant de petits plats savoyards ou d'une cuisine plus actuelle.

🍴 ⬚ – Menu 17 € (déjeuner), 29/54 € – Carte 29/73 €

55 route du Boude – 𝒞 04 50 73 30 56 – Fermé 11 avril-18 juin,
12 septembre-3 décembre, lundi

ⅈ◯ **LA POYA**

TRADITIONNELLE · MONTAGNARD Ⅹ La Poya ? C'est le nom de ces peintures locales représentant la montée des troupeaux aux alpages. Situé au cœur de la station, ce restaurant propose de savoureuses recettes traditionnelles où les produits du terroir jouent les stars. Une bonne adresse pour reprendre des forces après quelques descentes !

🍴 – Menu 18 € (déjeuner), 36/58 € – Carte 48/75 €

196 route de Vonnes – 𝒞 04 50 81 19 34 – www.lapoya.fr –
Fermé 20 septembre-20 octobre, mercredi, jeudi midi

CHÂTILLON-SUR-CHALARONNE

✉ 01400 – Ain – Carte régionale n° **3**-E1 – Carte Michelin 328-C4

ⅈ◯ **LA TOUR**

TRADITIONNELLE · CONTEMPORAIN ⅩⅩ Derrière une belle façade à colombages, on s'installe dans un décor baroque, où les bibelots abondent. Dans l'assiette, les plaisirs défilent : fondant crémeux de brochet et écrevisse, volaille de la Dombes à la crème, poêlée de grenouilles sautées...

🔁 & 🅰 ⬚ 🍴 – Menu 27/52 € – Carte 39/79 €

Place de la République – 𝒞 04 74 55 05 12 – www.hotel-latour.com –
Fermé 2-21 janvier, lundi, mardi midi, dimanche soir

CHAZELLES-SUR-LYON

✉ 42140 – Loire – Carte régionale n° **2**-A2 – Carte Michelin 327-F6

❀ CHÂTEAU BLANCHARD

Chef: Sylvain Roux

MODERNE • ÉLÉGANT XxX Séduisante au milieu de son parc, cette grande maison des années 1920 s'inspire de la Renaissance italienne : peintures mythologiques en façade, marbre, mosaïques... Puis, dans l'élégante salle à manger à colonnes, la décoration fleure bon le contemporain avec son éclairage encastré, ses fauteuils profonds et son art de la table raffiné. Deux frères veillent sur cette affaire de famille : le sommelier Frédéric Roux, aux choix judicieux, et le chef Sylvain Roux dont les réjouissantes assiettes mettent en valeur les produits du terroir. Moelleuse caille et foie gras, fondant suprême de volaille fermière à la châtaigne, délicat ananas confit : chapeau.

Spécialités : Cuisine du marché.

❀ ⇆ ⌂ ⅙ 🅐 ⟷ 🅿 – Menu 48 € (déjeuner), 70/115 € – Carte 60/90 €

36 route de St-Galmier – ℰ 04 77 54 28 88 – www.hotel-chateau-blanchard.com – Fermé 7-23 février, 7-31 août, lundi, dimanche

CHONAS-L'AMBALLAN

✉ 38121 – Isère – Carte régionale n° **2**-B2 – Carte Michelin 333-B5

❀ LA TABLE DE PHILIPPE GIRARDON

Chef: Philippe Girardon

MODERNE • ÉLÉGANT XxX Plus de 25 ans d'étoile pour cette maison, et pourtant nulle trace de routine ni d'ennui dans les assiettes. Le terroir gonfle le torse, les produits sont impeccables, les assiettes finement travaillées dans une veine classique. Il faut dire que cette élégante demeure du 18ᵉ s., nichée dans un parc de trois hectares, fut jadis une villégiature pour les évêques de Lyon. C'est dans ce cadre chaleureux que l'on déguste le foie gras de canard mi-cuit macéré au saké ou un filet de veau du Limousin et son jus à la sarriette... Une adresse agréable, un bon rapport qualité/prix.

Spécialités : Truite de l'Isère confite aux agrumes et caviar d'Aquitaine. Ris de veau du Limousin, tortellinis de champignons au gingembre, mûres, girolles et livèche. Le jardin des Hespérides et sa déclinaison de citron.

❀ ⇆ ⌂ 🏠 🅐 🅿 – Menu 35 € (déjeuner), 75/135 €

Les Jardins de Clairefontaine, Chemin des Fontanettes – ℰ 04 74 58 81 52 – www.domaine-de-clairefontaine.fr – Fermé lundi, mardi

☺ LE COTTAGE

TRADITIONNELLE • BRANCHÉ X Le restaurant du Cottage est emmené par Philippe Girardon, chef dont la passion et l'expérience sont incontestables ; il réalise ici une cuisine bistrotière à base de beaux produits frais, que l'on dévore dans la grande salle à manger ou en terrasse, à l'ombre des platanes...

Spécialités : Carpaccio de bœuf au parmesan, anchois et câpres. Volaille fermière aux morilles, gratin dauphinois. Baba au rhum, chantilly vanillée.

⌂ 🏠 ⅙ 🅐 🅿 – Menu 30 € – Carte 35/55 €

Le Cottage de Clairefontaine, 616 chemin du Marais – ℰ 04 74 58 83 28 – www.domaine-de-clairefontaine.fr – Fermé 16 février-4 mars

CLIOUSCLAT

✉ 26270 – Drôme – Carte régionale n° **2**-B3 – Carte Michelin 332-C5

ⅈО LA TREILLE MUSCATE

MODERNE • COSY X La terrasse, au cœur du village, dégage le charme de l'authenticité ; la salle voûtée est très cosy... Produits frais, saveurs régionales revisitées par le chef : l'assiette est au diapason. Tout est fait maison et cela se sent !

🏠 ⟷ 🅿 – Menu 25 € (déjeuner)/33 €

Le village – ℰ 04 75 63 13 10 – www.latreillemuscate.com – Fermé 20 décembre-20 janvier, lundi midi

⑪○ LA FONTAINE

TRADITIONNELLE · BISTRO X Un bistrot de village sympathique. On aperçoit depuis la salle le chef s'activer en cuisine autour de produits du cru... Ici, on concocte une bonne cuisine régionale. Jolie terrasse sur la rue.

🛝 – Menu 22 € (déjeuner)/31 € – Carte 29/44 €

Le village – ℰ 04 75 63 07 38 – www.lafontaine-clioublat.fr – Fermé 3-17 février, 17 octobre-3 novembre, 23 décembre-5 janvier, mardi soir, mercredi, dimanche soir

LA CLUSAZ

✉ 74220 – Haute-Savoie – Carte régionale n° **4**-F1 – Carte Michelin 328-L5

⑪○ LE CINQ

MODERNE · CONTEMPORAIN XXX Cette table est emmenée par un duo de passionnés, l'un chef de cuisine et l'autre pâtissier. Leur menu dégustation témoigne d'une attention particulière à l'esthétique des plats et à l'originalité des associations ; tout cela se déguste dans une salle luxueuse, à l'atmosphère "alpin chic".

🛝 க் 🔲 🍴 – Menu 85 €

Au Cœur du Village, 26 montée du Château – ℰ 04 50 01 50 01 – www.hotel-aucoeurduvillage.fr – Fermé lundi, dimanche, et le midi

⑪○ L'OURSON

MODERNE · CONVIVIAL XX Accueillants, motivés et travailleurs ; trois qualités de ce couple (monsieur en cuisine, madame en salle), qui donne âme à ce sympathique établissement, au gré d'une cuisine au goût du jour inspirée du terroir, servie dans une salle boisée. Le chef se plaît à travailler le gibier en automne, épices et agrumes en hiver et les plantes alpines en été. Un endroit fort recommandable.

Menu 23 € (déjeuner), 32/48 € – Carte 19/70 €

27 passage du Mont-Blanc – ℰ 04 50 68 64 89 – www.resto-ourson-laclusaz.fr – Fermé 16 avril-30 juin, mercredi, jeudi midi

🏠 AU CŒUR DU VILLAGE

LUXE · ÉLÉGANT Une harmonieuse variation sur les matières – bois, métal, grès – et les styles – design, alpestre : voici la principale réussite de cet hôtel, peut-être le meilleur de la station. Chambres chaleureuses, imposant spa avec piscine couverte, hammam, et sauna... une étape de choix.

🏋 🔲 ⑳ 🏠 🖃 க் 🏛 🍴 – 32 chambres – 28 suites

26 montée du Château – ℰ 04 50 01 50 01 – www.hotel-aucoeurduvillage.fr
⑪○ **Le Cinq** – Voir la sélection des restaurants

🏠 ST-ALBAN

BOUTIQUE HÔTEL · TENDANCE Cet hôtel, c'est l'élégance même : des matières nobles dans la décoration (cuir, bois, laiton), d'agréables chambres au style épuré... et un spa avec grotte de glace, sauna et piscine intérieure. Restauration légère pour les résidents.

🔲 ⑳ 🏠 🖃 க் 🔲 🏛 🍴 – 48 chambres

195 route de la Piscine – ℰ 04 58 10 10 18 – www.hotel-st-alban.com

COISE-ST-JEAN-PIED-GAUTHIER

✉ 73800 – Savoie – Carte régionale n° **4**-F2 – Carte Michelin 333-J4

🏠 CHÂTEAU DE LA TOUR DU PUITS

DEMEURE HISTORIQUE · CLASSIQUE Ce gracieux château rebâti au 18ᵉs. dresse sa tour en poivrière au milieu d'un superbe parc arboré. Chambres décorées avec soin (boutis, mobilier chiné...). Héliport. Fine cuisine actuelle réalisée avec de bons produits ; jolie terrasse sous une tonnelle.

🏋 ⑳ ⩔ 🍴 ⟁ 🏠 🏛 🅿 – 13 chambres

61 impasse du Château – ℰ 04 79 28 88 00 – www.chateaupuit.fr

COLIGNY

✉ 01270 – Ain – Carte régionale n° **2**–B1 – Carte Michelin 328-F2

AU PETIT RELAIS

TRADITIONNELLE · COSY 🍴🍴 Ce Petit Relais propose une cuisine particulièrement goûteuse, assez sophistiquée, où se côtoient homard, poissons nobles, spécialités de la Bresse et vins choisis. La salle à manger est chaleureuse.
Spécialités : Escargots sauvages de Bourgogne. Poularde de Bresse, crème aux morilles. Mousse paris-brest, feuillantine pralinée, chocolat-noisettes.
🍴 🆔 🅿 – Menu 23 € (déjeuner), 33/110 € – Carte 50/110 €
Grande-Rue – ℰ 04 74 30 10 07 – www.aupetitrelais.fr – Fermé 13-23 septembre, 6-9 décembre, mercredi soir, jeudi soir, dimanche soir

COLLONGES-AU-MONT-D'OR – Rhône (69) → Voir Lyon et ses environs

CONDORCET

✉ 26110 – Drôme – Carte régionale n° **2**–B3 – Carte Michelin 332-E7

LA CHARRETTE BLEUE

TRADITIONNELLE · RUSTIQUE 🍴 Impossible de manquer ce relais de poste du 18e s. avec sa charrette bleue sur le toit ! Joli hommage à René Barjavel, dont l'œuvre du même nom racontait son enfance au pays. L'esprit de la région habite le décor (terrasse sous les canisses) comme cette cuisine généreuse à l'instar de cet effiloché de raie, chou frisé, beurre blanc au citron, gingembre.
🍴 🆔 🅿 – Menu 27 € (déjeuner), 34/56 € – Carte 37/62 €
5 chemin Barjavel (La Bonté) – ℰ 04 75 27 72 33 – www.lacharrettebleue.net – Fermé 4 janvier-11 février, mardi, mercredi

LES CONTAMINES-MONTJOIE

✉ 74170 – Haute-Savoie – Carte régionale n° **4**–F1 – Carte Michelin 328-N6

L'Ô À LA BOUCHE

MODERNE · CONTEMPORAIN 🍴🍴 Un lieu, deux atmosphères, mais toujours l'eau à la bouche... Au rez-de-chaussée, cadre contemporain autour d'une cuisine gastronomique fraîche et goûteuse, concoctée par un chef qui affectionne les produits frais et le poisson ; au sous-sol (et seulement l'hiver), raclettes, fondues, grillades. Ne manquez pas non plus l'excellente charcuterie maison. Suggestions orales suivant le retour du marché. Une convivialité toute montagnarde.
🍴 ⅃ – Menu 24 € (déjeuner), 35/49 €
510 route Notre-Dame-de-la-Gorge – ℰ 04 50 47 81 67 – www.lo-contamines.com – Fermé 23 mai-17 juin, 8 novembre-16 décembre, lundi

CORDON

✉ 74700 – Haute-Savoie – Carte régionale n° **4**–F1 – Carte Michelin 328-M5

LES ROCHES SWEET HÔTEL & SPA

TRADITIONNEL · PERSONNALISÉ Perché sur les hauteurs de Cordon, ce chalet est ravissant et la vue y est superbe ! Décor alpin chic et design, restaurant feutré, chambres douillettes et jolie piscine, idéale après une journée sur les pistes... Une certaine idée du luxe made in Savoie !
🍴 ⅃ 🅿 – 20 chambres – 4 suites
90 route de la Scie – ℰ 04 50 58 06 71 – www.les-roches-hotel.com

LE CERF AMOUREUX

LUXE · COSY Un beau chalet - tout de pierre et de bois vêtu - raffiné et très cosy. Les chambres, délicieuses, avec balcon, donnent sur les Aravis ou le mont Blanc... On peut aussi profiter de l'espace bien-être et de la "cuisine familiale améliorée" proposée (dixit le propriétaire). Est-ce l'amour qui rend ce Cerf si charmant ?
🍴 ⅃ – 9 chambres – 2 suites
118 route de Barthoud, à Nant-Cruy – ℰ 04 50 21 30 60 – www.lecerfamoureux.com

CORENC

✉ 38700 – Isère – Carte régionale n° **2**–C2 – Carte Michelin 333-H6

⊪◯ **LE PROVENCE**

POISSONS ET FRUITS DE MER · CONVIVIAL ✗✗ Ici, le chef fait lui-même son marché, d'où les suggestions à l'ardoise ; on peut aussi le voir travailler en cuisine via un écran. Sa spécialité : de grosses pièces de poissons cuites entières (pageot, pagre, denti, bar...). Et côté Comptoir 28, petits plats à partager et prix doux.

🛋 🕭 🎇 ⇆ – Menu 29€ (déjeuner)/49€ – Carte 50/80€

28 avenue du Grésivaudan – ℰ 04 76 90 03 38 – www.leprovence.fr – Fermé lundi, mercredi soir, samedi midi, dimanche

CORRENÇON-EN-VERCORS

✉ 38250 – Isère – Carte régionale n° **2**-C2 – Carte Michelin 333-G7

⊪◯ **PALÉGRIÉ**

MODERNE · MONTAGNARD ✗✗ Superbes produits régionaux, plantes, herbes et légumes des environs... C'est avec tout cela que le chef, Guillaume Monjuré, réalise des assiettes à la fois fines et goûteuses, s'autorisant des pointes de créativité bien maîtrisée. Le tout est accompagné des bons vins sélectionnés par Chrystel Barnier, son associée.

🕸 ≼ 🍴 🛋 🕭 ℙ – Menu 68€ (déjeuner), 45/138€

Hôtel du Golf, Les Ritons – ℰ 04 76 95 84 84 – www.hotel-du-golf-vercors.fr – Fermé 29 mars-14 mai, 18 octobre-11 décembre, lundi midi, mardi midi, mercredi midi, jeudi midi, vendredi midi

🏯 **HÔTEL DU GOLF**

FAMILIAL · PERSONNALISÉ Quelle métamorphose pour ce qui n'était il y a cinquante ans qu'une minuscule auberge... L'œuvre de trois générations successives, qui ont créé un bel établissement sans perdre l'esprit de famille (aujourd'hui, le benjamin de la fratrie, menuisier, assure le travail du bois !). Espace, calme, grand confort, prestations variées : on quitte les lieux à regret...

🍴 ⅍ ≼ 🍴 🛎 🐾 🕭 ℙ – 17 chambres – 5 suites

Les Ritons – ℰ 04 76 95 84 84 – www.hotel-du-golf-vercors.fr

⊪◯ **Palégrié** – Voir la sélection des restaurants

LE COTEAU

✉ 42120 – Loire – Carte régionale n° **2**-A1 – Carte Michelin 327-D3

⊪◯ **L'ATELIER LOCAVORE**

MODERNE · CONTEMPORAIN ✗ L'ancienne Auberge Costelloise a été reprise par un jeune chef du coin, et c'est une bonne nouvelle. La table propose une cuisine du marché goûteuse, riche d'un menu déjeuner à petit prix (ce jour-là, soupe glacée de tomates, burger maison et ses frites fraîches, crumble aux fruits rouges) ainsi qu'un menu-carte plus élaboré, dont on profite dans une salle à la "décoration industrielle" (pierres apparentes, briques rouges, ampoules nues...). A noter : des produits "sourcés" pour la plupart dans un rayon de deux-cent kilomètres.

Menu 18€ (déjeuner), 32/46€

2 avenue de la Libération – ℰ 04 77 68 12 71 – www.atelier-locavore.fr – Fermé lundi, dimanche

LA CÔTE-ST-ANDRÉ

✉ 38260 – Isère – Carte régionale n° **2**-B2 – Carte Michelin 333-E5

⊪◯ **HÔTEL DE FRANCE**

MODERNE · ÉLÉGANT ✗✗ Ce restaurant du cœur de la cité natale de Berlioz se révèle une table de qualité, où le chef compose de belles assiettes modernes en s'appuyant sur les meilleurs produits du terroir local. On se régale d'un homard en nage d'agrumes au sauternes et citrus, ou d'un pigeonneau en croûte d'herbes... Une bonne adresse.

⇆ 🕭 🎇 ⇆ – Menu 25/75€ – Carte 48/72€

16 place de l'Église – ℰ 04 74 20 25 99 – www.hoteldefrance-csa.fr – Fermé lundi, mardi midi, dimanche soir

✉ 73120 – Savoie
Carte régionale n° **2**–D2
Carte Michelin 333-M5

COURCHEVEL

À proximité du Parc national de la Vanoise, Courchevel est l'une des stations de sports d'hiver les plus prestigieuses au monde. Sa vocation originelle, dédiée au tourisme social, a été oubliée, au profit de l'image jet-set véhiculée par Courchevel 1850, la plus huppée des quatre stations. Un conseil avant de vous lancer vers la vallée, où aiguilles et masses glacées du mont Blanc affichent leur splendeur : prenez des forces ! Fromages, fruits croquants, vin de Savoie, jus de fruits, charcuteries, miel, bières,

crozets, eau minérale : Courchevel n'est pas qu'une station de villégiature huppée, c'est un lieu de gourmandise, ouvert à tous les appétits. Et si vous n'avez guère le goût pour un civet de marmotte (que l'on chasse d'octobre aux premières neiges), recette traditionnelle des Hautes-Alpes, préférez la traditionnelle tartiflette, ce plat conçu comme un gratin et cuisiné avec des tranches de pommes de terre, des lardons fumés et du reblochon fermier, le tout copieusement arrosé d'un vin blanc de Savoie.

Restaurants

✿✿✿ LE 1947

CRÉATIVE · **CONTEMPORAIN** XxxX Remarquable parcours que celui de Yannick Alléno ! Au fil de sa progression régulière au sein des plus grands restaurants, le chef francilien a toujours su mettre sa passion au service de son ambition. Au cœur de l'Hôtel Cheval Blanc, il délivre pour une poignée de chanceux (cinq tables à peine) une saisissante partition de cuisine contemporaine, où la créativité et l'audace sont tout entières guidées par la recherche des saveurs. La Savoie est magnifiée à travers des produits superbes : chacun de ces trésors est travaillé avec le plus grand soin. Véritable marotte du chef, les sauces sont inoubliables – résultat d'un travail de longue haleine sur l'extraction et la fermentation –, et la maîtrise technique est totale : une leçon de haute cuisine.

Spécialités : Une ballade en sous-bois. Bœuf Wagyu cuit au feu de bois, pommes de terre au barbot à la moelle et condimentées au cumin. Fuseau croustillant à la truffe noire et fleur de sel.

🍽 ⇐ & 🖨 🎏 – Menu 395 € – Carte 270/420 €

Plan : A3-m – *Cheval Blanc, Le Jardin Alpin, Courchevel 1850 –* ☎ *04 79 00 50 50 – www.chevalblanc.com/courchevel –* *Fermé lundi et le midi*

J.-C. Amiel/hemis.fr

✿✿ LE KINTESSENCE

MODERNE · INTIME XxxX Ah, Courchevel... À la fois jet-set et écolo, le plus grand domaine skiable au monde est aussi une petite capitale du goût. Dans ce domaine, le Kintessence tire son épingle du jeu. On doit la réussite de cette table à Jean-Rémi Caillon, son chef exécutif, formé dans de belles maisons étoilées (La Chèvre d'Or à Eze et l'Abeille au Shangri-La). Laissez vos idées préconçues à la porte : le lieu, chaleureux et intime, donne l'impression d'être à la maison. Grands fauteuils moelleux, cheminée de pierre et service détendu achèvent de rendre l'expérience presque naturelle. Là, tout n'est qu'ordre et beauté... Les créations du chef sont aussi abouties que séduisantes : il magnifie le produit (notamment savoyard) sans artifice, avec talent et précision. Et n'oublions pas les superbes desserts, réalisés par le chef-pâtissier du Sarkara.

Spécialités : Racines des rives du Bourget, potager d'hiver à la truffe noire et jus aux noix de Grenoble. Perches du Léman, chou-fleur au foin des alpages et oseille sauvage. Safran des Bauges, eau liée aux écorces d'agrumes confits et sorbet pamplemousse.

ℹ ⟨⟩ & ⛤ – Menu 199/315 € – Carte 190/283 €

Plan : B2-b – *Le K2 Palace, 238 rue des Clarines, Courchevel 1850 –*
☎ *04 79 40 08 80 – www.lek2palace.com – Fermé 28 mars-10 décembre, lundi et le midi*

✿✿ LE MONTGOMERIE

CRÉATIVE · INTIME XxxX Alors, ça se passe comment, un dîner au Montgomerie ? Le plus naturellement du monde. Un voiturier vient vous quérir à votre hôtel. Le personnel, très accueillant, s'occupe du vestiaire, tout en vous proposant un verre au bar, avant de vous accompagner dans la petite salle feutrée, sous charpente. Vous pouvez vous laisser porter par le travail de Pieter Riedijk, toque hollandaise de talent, et, côté dessert, par les géniales intuitions de Sébastien Vauxion, par ailleurs chef du Sarkara. Vous repartez avec un cadeau, au cas où vous auriez un petit creux sur le chemin du retour. Ces gens-là pensent décidément à tout.

Spécialités : Salsifis braisés, champignons des bois, jus d'oignon caramélisé au café. Truite du Vercors pochée, farce aux œufs de truite, blette et beurre blanc à l'aneth. Poire pochée au jus d'airelles, granité de crémant de Savoie et sorbet poire.

ℹ ⟨⟩ 🍸 & 🖥 ⛤ – Menu 199/315 € – Carte 190/283 €

Hors plan – *Le K2 Altitude, 356 route de l'Altiport, Courchevel 1850 –*
☎ *04 79 01 46 46 – www.lek2altitude.com – Fermé 28 mars-10 décembre, samedi et le midi*

✿✿ SARKARA

CRÉATIVE · COSY XxxX À partir du début d'après-midi, une divine surprise vous attend dans la salle du Kintessence, au sein de l'hôtel K2... Sébastien Vauxion, chef-pâtissier de grand talent, vous emmène dans un périple sucré d'un nouveau genre. Du jamais vu, ou presque ! Ses créations autour des fruits et légumes (mais aussi du chocolat) sont tout bonnement renversantes ; citons par exemple le céleri-clémentine, le pamplemousse-betterave, le cerfeuil-tubéreux et la poire. Et si la tonalité d'ensemble est sucrée, qu'on se rassure : c'est toujours de façon inventive et délicate, avec de brillants jeux de textures et de saveurs, et même en prime des accords ultra-précis avec des thés et cafés de grande qualité. On sort de là ravi par autant d'audace, et l'on se prend même à rêver d'un tel niveau de dessert dans tous les grands restaurants de France.

Spécialités : Crème d'herbes maraîchères, sorbet citron-vinaigre balsamique blanc aux écorces confites. Ravioles caramélisées de cerfeuil tubéreux, airelles de Savoie, poire pochée et bouillon au chignin. Asperge verte, pâte d'olives de Nyons caramélisées, citrons crus et confits.

⟨⟩ & ⛤ – Menu 110 € (déjeuner) – Carte 107/135 €

Plan : B2-a – *Le K2 Palace, 238 rue des Clarines, Courchevel 1850 –*
☎ *04 79 40 08 80 – www.lek2palace.com – Fermé 4 avril-10 décembre, lundi, mardi et le soir*

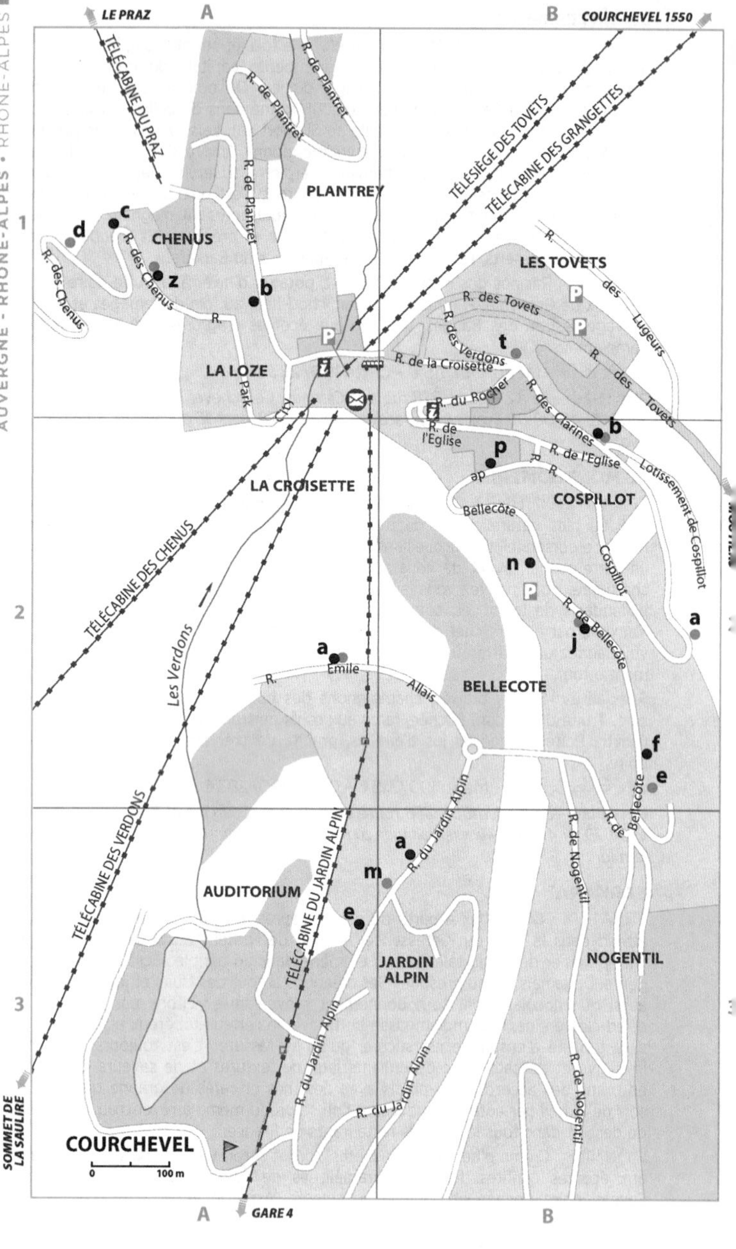
LE PRAZ
COURCHEVEL 1550
SOMMET DE LA SAULIRE
GARE 4
A
B
1
2
3
TÉLÉCABINE DU PRAZ
TÉLÉSIÈGE DES TOVETS
TÉLÉCABINE DES GRANGETTES
TÉLÉCABINE DES CHENUS
TÉLÉCABINE DES VERDONS
TÉLÉCABINE DU JARDIN ALPIN
PLANTREY
CHENUS
LA LOZE
LES TOVETS
LA CROISETTE
COSPILLOT
BELLECOTE
AUDITORIUM
JARDIN ALPIN
NOGENTIL
R. de Plantret
R. des Chenus
R. Park City
R. de la Croisette
R. des Tovets
R. des Verdons
R. du Rocher
R. des Clarines
R. de l'Eglise
R. des Lugeurs
R. des Tovets
Lotissement de Cospillot
R. de Bellecôte
R. Emile Allais
R. du Jardin Alpin
R. de Nogentil
Les Verdons
COURCHEVEL
0
100 m

✿✿ LE CHABICHOU BY STÉPHANE BURON

CLASSIQUE · ÉLÉGANT ✕✕✕ Une page se tourne dans cette institution des hauteurs de Courchevel : Michel et Maryse Rochedy, fondateurs du Chabichou dans les années 1960, en ont laissé les rênes à Stéphane Buron. Ce chef solide, Meilleur ouvrier de France 2004, connaît la maison comme sa poche et en perpétue fidèlement l'héritage : produits nobles travaillés dans les règles de l'art, partition tout en finesse, classicisme parsemé de variations bienvenues... de la belle ouvrage ! Côté décor, on trouve un intérieur d'une élégance toute feutrée : moquette, plafond à caissons, chaises à médaillons, etc.

Spécialités : Pomme de foie gras laquée d'un jus, anguille fumée et sorbet aux herbes. Cochon de la tête aux pieds. Lait en différentes textures.

🕸 ≼ 🕰 – Menu 175/285 € – Carte 255/320 €

Plan : A1-z – *Le Chabichou, Rue des Chenus, Courchevel 1850 – ℰ 04 79 08 00 55 – www.chabichou-courchevel.com –*
Fermé 15 avril-15 décembre, mardi et le midi

✿ BAUMANIÈRE 1850

MODERNE · ÉLÉGANT ✕✕✕ Nous voici à Courchevel, synonyme depuis 1947 de luxe alpin, station huppée où rien n'est trop beau ni trop bon... Dans ce cossu chalet façon pension de famille (très) chic, Jean-André Charial, chef et propriétaire du mythique Oustau de Baumanière, a promu aux fourneaux le jeune chef Thomas Prod'Homme. Formé dans la maison mère aux Baux-de-Provence, il a glissé ensuite tout schuss entre les tables de la Méditerranée, d'Antibes à Marseille, avant de faire l'ascension du K2 (ici même à Courchevel). Il slalome aujourd'hui avec précision et élégance entre produits locaux, influences hivernales et inspirations provençales : craquante gambas carabineros confite et acidulée, tête croustillante et raviole d'oseille ; pimpant pigeon des Costières, ravioles d'abats, moût de raisin ; poire de Savoie cuite au miel et noix de Grenoble... Le plaisir est au rendez-vous. Formule plus simple à midi.

Spécialités : Blette de Savoie, truffe noire, crème double. Ris de veau, salsifis braisés, yaourt de Savoie, jus au mélilot. Poire de Savoie cuite au miel, noix de Grenoble, texture de lait des alpages.

🕸 ≼ 🕰 ⅗ 🠛 – Menu 150/195 € – Carte 89/160 €

Plan : B2-e – *Le Strato, Route de Bellecôte, Courchevel 1850 – ℰ 04 79 41 51 80 – www.hotelstrato.com –*
Fermé 31 mars-19 décembre, lundi soir, dimanche soir

✿ AZIMUT

Chef : François Moureaux

MODERNE · TRADITIONNEL ✕✕ Ce petit restaurant propose une cuisine plutôt traditionnelle, qui ne cherche pas à surfer sur la mode du jour. Les produits sont choisis avec soin et mis en valeur avec simplicité : sauces goûteuses, cuissons justes, gourmandise promise et assurée. Lors d'un de nos passages, escargots en persillade et crémeux de Reblochon, filet de pintade braisée et sauce à la reine-des-prés. On accompagne le tout de bons vins du Jura – région où l'établissement prend ses quartiers d'été à Bonlieu – mais aussi en vins de bourgogne, bien représentés. Les prix mesurés (pour Courchevel) et l'accueil aimable ajoutent au plaisir du moment.

Spécialités : Royale de beaufort, crème de curry au vin jaune et duxelles de champignons. Pièce de gigot d'agneau de Savoie cuit à basse température, polenta à la cazette. Parfait glacé au génépi, crème pâtissière au café et mousse caramel.

🕸 – Menu 40 € (déjeuner), 58/108 € – Carte 82/105 €

Hors plan – *273 rue de la Madelon, Immeuble l'Or Blanc, centre station 1300, Le Praz – ℰ 04 79 06 25 90 – www.restaurantazimut.com –*
Fermé 25 avril-10 décembre, lundi, mercredi midi

AUVERGNE · RHÔNE-ALPES · RHÔNE-ALPES

⊛ LE FARÇON

Chef: Julien Machet

MODERNE · **COSY** ✗✗ Nichée au cœur d'une forêt d'épicéas, la station de La Tania, toute proche de Courchevel, en est pourtant si différente ! Une superbe surprise vous y attend : le restaurant de Julien Machet régale ses convives de préparations minutieuses et soignées. Le chef compose une balade gustative qui plonge dans l'histoire du Duché de Savoie : les meilleurs produits de la Savoie, du Val d'Aoste, du Valais, du Piémont et jusqu'aux bords de la Méditerranée (sans oublier les légumes de saison, réminiscences du potager de sa grand-mère Mado) sont convoqués pour écrire une histoire délicieuse, juchée à 1400 mètres d'altitude. On se régale, la tête dans les nuages.

Spécialités : Des pâtes et des œufs "en hommage au seul plat que savait faire mon grand-père". Omble chevalier en croustillant de tête de veau, jus de poisson de roche. Intensément chocolat.

❀ 🍴 – Menu 42 € (déjeuner), 68/130 €

Hors plan – *Immeuble Kalinka, La Tania –* 𝒞 *04 79 08 80 34 – www.lefarcon.fr –* *Fermé 24 avril-12 juin, 21 septembre-13 novembre*

⅃○ BFIRE

MODERNE · **TENDANCE** ✗✗ Sur les hauteurs de la station, c'est ici le rendez-vous des saveurs italo-argentines et des belles viandes cuites au four à bois Josper, le tout supervisé par Mauro Colagreco (le Mirazur, à Menton)... Autant dire que vous êtes entre de bonnes mains ! C'est goûteux et généreux, et les saveurs sont au rendez-vous. Un mot enfin sur le service, élégant et efficace.

🍴 ♿ 🈳 🅿 – Carte 80/160 €

Plan : B2-j – *Les Neiges, 422 rue de Bellecôte –* 𝒞 *04 57 55 22 00 –* *Fermé 5 avril-11 décembre, le midi*

⅃○ KOORI

JAPONAISE · **ÉLÉGANT** ✗✗ En complément de Comptoir de l'Apogée (fréquenté essentiellement par la clientèle de l'hôtel), le chef Jean-Luc Lefrançois partage ici sa passion du Japon et de sa culture – "koori", c'est la glace, en japonais. Les plats proposés, tout en épure et en délicatesse, doivent beaucoup à la tradition nippone, sans oublier les rolls et sashimis réalisés dans les règles de l'art. Les amateurs seront ravis, les autres aussi !

❀ ⬱ ♿ 🍽 🍸 – Menu 175 € – Carte 79/200 €

Plan : A2-a – *L'Apogée, 5 rue Émile-Allais, Courchevel 1850 (au Jardin Alpin) –* 𝒞 *04 79 04 01 04 – www.lapogeecourchevel.com – Fermé 28 mars-18 décembre, le midi*

⅃○ 1850

TRADITIONNELLE · **ÉLÉGANT** ✗✗ En haut de la station, ce chalet de bois et de pierre a l'art de séduire en toute discrétion. Le chef Nicolas Vambre rend hommage à une cuisine française réconfortante. Produits de saison, frais et locaux, plats iconiques de notre patrimoine culinaire : voici ce qui attend les hôtes de La Sivolière.

♿ 🈳 🍸 – Menu 95/400 € – Carte 80/115 €

Plan : A1-d – *La Sivolière, 444 rue des Chenus, Courchevel 1850 –* 𝒞 *04 79 08 08 33 – www.hotel-la-sivoliere.com – Fermé 11 avril-10 décembre, le midi*

⅃○ LA SAULIRE

TRADITIONNELLE · **MONTAGNARD** ✗✗ Un décor tout de bois blond, rehaussé de vieux objets montagnards... C'est dans ce cadre authentique et chaleureux que le chef Benoît Redondo propose une cuisine soignée, où la fameuse fondue savoyarde côtoie sans rougir la truffe du Périgord. A noter - délicate attention - que l'on ferme le midi par beau temps, pour laisser les skieurs profiter des pistes enneigées de la station.

❀ – Carte 80/150 €

Plan : B1-t – *16 place du Rocher, Courchevel 1850 –* 𝒞 *04 79 08 07 52 – www.lasaulire.com – Fermé 25 avril-3 juillet, 1ᵉʳ septembre-14 novembre*

⅋○ LE BISTROT DU PRAZ

MODERNE · MONTAGNARD ⅀ Un ancien second du Cheval Blanc (à Courchevel) dirige cette maison sympathique, située légèrement en retrait de la route. Dans l'assiette, on trouve une cuisine gourmande et soignée, qui oscille entre plats savoyards et créations plus exotiques ; le chef maîtrise bien son sujet et cela se sent !

🍴 – Carte 40/80 €

Hors plan – *Rue de la Chapelle, Le Praz* – ✆ 04 79 08 41 33 – *www.bistrotdupraz.fr* – *Fermé 30 avril-15 juin, 1ᵉʳ octobre-11 novembre, lundi, dimanche soir*

Hôtels

🏨 LES AIRELLES

PALACE · MONTAGNARD Le palace des neiges par excellence. Derrière le ballet des voituriers en tenue de chasseur alpin et la magnifique façade de style austro-hongrois, tout n'est que luxe et raffinement : un superbe univers à la tyrolienne, ouaté comme un tapis de neige et... infiniment chaleureux. Quant au service, il est bien digne d'un tel établissement. Cuisine italienne et savoyarde.

🏔 🦢 ⬅ 🖥 📶 🐕 ♨ 🖨 ♿ 🅿 🚗 – 32 chambres – 16 suites

Plan : A3-e – *Jardin Alpin* – ✆ 04 79 00 38 38 – *www.airelles.fr*

🏨 L'APOGÉE

LUXE · COSY La décoration de cet établissement est signée par les fameux Joseph Dirand et India Mahdavi, au style inimitable : lignes rétro tout en rondeurs et notes colorées ! Après une journée sur les pistes – dont l'accès est direct –, le refuge se révèle aussi raffiné que cosy.

🏔 🦢 ⬅ 🖥 📶 🐕 ♨ 🖨 ♿ 🎬 🚗 – 40 chambres – 13 suites

Plan : A2-a – *5 rue Émile-Allais, Courchevel 1850 (au Jardin Alpin)* – ✆ 04 79 04 01 04 – *www.lapogeecourchevel.com*

⅋○ **Koori** – Voir la sélection des restaurants

🏨 CHEVAL BLANC

PALACE · CONTEMPORAIN Du nom du célèbre château bordelais, un hôtel très "grand cru" ! Au sortir des pistes, on se réfugie avec plaisir dans ce chalet aménagé dans un superbe esprit contemporain, qui investit et réinvente tout l'imaginaire de l'hiver... Luxe et confort dans les moindres détails, avec un spa délicieux et deux restaurants pour toutes les envies.

🦢 ⬅ 🖥 📶 🐕 ♨ 🖨 ♿ 🚗 – 32 chambres – 4 suites

Plan : B3-a – *Le Jardin Alpin, Courchevel 1850* – ✆ 04 79 00 50 50 – *www.chevalblanc.com/courchevel*

✿✿✿ **Le 1947** – Voir la sélection des restaurants

🏨 LE K2 PALACE

PALACE · ÉLÉGANT C'est l'un des joyaux de la station ! Personnel d'un grand professionnalisme et prestations d'excellence attendent les clients de ce vaste établissement, qui s'enorgueillit d'un superbe spa, d'une salle de cinéma, et de belles chambres au luxe sans ostentation. Un vrai paradis montagnard... Avec, l'après-midi, dégustation de pâtisseries de haut-vol au Sarkara.

🏔 🦢 ⬅ 🖥 📶 🐕 ♨ 🖨 ♿ 🏋 🚗 – 37 chambres – 11 suites

Plan : B2-b – *238 rue des Clarines, Courchevel 1850* – ✆ 04 79 40 08 80 – *www.lek2palace.com*

✿✿ **Sarkara** · ✿✿ **Le Kintessence** – Voir la sélection des restaurants

LE K2 ALTITUDE

GRAND LUXE · PERSONNALISÉ Bois vieillis, tissus chauds, cheminées... Tout le charme des Alpes est ici rendu avec un grand raffinement : ainsi culmine ce K2 Altitude, véritable hameau de montagne constitué d'une collection de chalets au confort absolu. Cuisine péruvienne à l'honneur au restaurant L'Altiplano.

– 32 chambres – 18 suites

Hors plan – *356 route de l'Altiport, Courchevel 1850* – *℘ 04 79 01 46 46* – *www.lek2altitude.com*

❀❀ **Le Montgomerie** – Voir la sélection des restaurants

LE STRATO

GRAND LUXE · PERSONNALISÉ À quelques pas du centre de la station, ce chalet associe luxe, grand confort et esprit sportif : spa de 800 m^2, mobilier design, pièces anciennes, décor mélangeant contemporain et baroque, vue sur la vallée et... accès direct aux pistes. Pour les rois de la glisse !

– 16 chambres – 10 suites

Plan : B2-f – *Route de Bellecôte, Courchevel 1850* – *℘ 04 79 41 51 60* – *www.hotelstrato.com*

❀ **Baumanière 1850** – Voir la sélection des restaurants

AMAN LE MÉLÉZIN

`Tablet.PLUS`

GRAND LUXE · ÉLÉGANT Au pied des pistes, cet hôtel se révèle très intime et propice à la détente : spa complet, grandes chambres lumineuses et zen, certaines avec espace "day bed" (dédié au repos en journée)... Le tout décoré avec un goût très sûr. À noter aussi, le service de conciergerie performant.

– 23 chambres – 8 suites

Plan : B2-n – *310 rue de Bellecôte, Courchevel 1850* – *℘ 04 79 08 01 33* – *www.amanlemelezin.com*

ANNAPURNA

LUXE · CONTEMPORAIN Cet Annapurna-là n'a presque rien à envier à celui de l'Himalaya ! L'hôtel – le plus haut de la station – tutoie les cimes, dans un environnement immaculé. Décor d'esprit montagnard dans les chambres, qui dominent les pistes côté sud. Depuis la grande salle du restaurant ou sa terrasse, on admire la Saulire tout en reprenant des forces (cuisine traditionnelle).

– 63 chambres – 8 suites

Hors plan – *Route de l'Altiport* – *℘ 04 79 08 04 60* – *www.annapurna-courchevel.com*

LE CHABICHOU

LUXE · MONTAGNARD Telle une hermine qui se pare de blanc l'hiver venu, un grand chalet immaculé comme la neige... Cet hôtel cossu et familial, au décor savoyard, propose de belles chambres où priment le bois et le confort. Et après une journée de ski, rien de tel pour se délasser qu'un passage au spa de 1100 m^2 ! Mais aussi : ski-shop, coiffeur etc.

– 41 chambres – 18 suites

Plan : A1-z – *Les Chenus, Courchevel 1850* – *℘ 04 79 08 00 55* – *www.chabichou-courchevel.com*

❀❀ **Le Chabichou by Stéphane Buron** – Voir la sélection des restaurants

LES NEIGES

LUXE · MONTAGNARD Cet hôtel, situé sur la piste de Bellecôte, diffuse l'élégance authentique d'un chalet de montagne. La plupart des chambres, chaleureuses et contemporaines, s'ouvrent sur un balcon. On s'y repose (spa, piscine), on s'y distrait (plaisante salle de cinéma), on y dîne enfin, à la brasserie Fouquet's. Idéal pour des séjours en famille.

– 36 chambres – 6 suites

Plan : B2-j – *422 rue de Bellecôte* – *℘ 04 57 55 21 55* – *www.lesneiges-courchevel.com*

🍽○ **BFire** – Voir la sélection des restaurants

LE K2 DJOLA

LUXE • MONTAGNARD Tout le charme et l'élégance des établissements K2 sont déclinés ici en version "city hotel". Le résultat se révèle bluffant : chambres spacieuses décorées avec goût, service aux petits soins, espace bien-être au sous-sol... On est conquis.

- 22 chambres - 2 suites

Plan : A1-b - *79 rue de Plantret - ✆ 04 79 22 11 99 - www.lek2djola.com*

LA SIVOLIÈRE

GRAND LUXE • MONTAGNARD Sur les hauteurs de la station, au grand calme, ce chalet de caractère distille un charme sûr. Décor contemporain et raffiné dans les espaces communs ; montagnard et cosy dans les chambres. Les must : le spa et la piscine face à la forêt.

- 27 chambres - 8 suites

Plan : A1-c - *Rue des Chenus, Courchevel 1850 - ✆ 04 79 08 08 33 - www.hotel-la-sivoliere.com*

1850 - Voir la sélection des restaurants

CRÉMIEU

38460 - Isère - Carte régionale n° **2**-B2 - Carte Michelin 333-E3

AU PRÉ D'CHEZ VOUS

MODERNE • CONVIVIAL XX Désormais installé à quelques encablures de son ancienne adresse, François-Xavier Bouvet réalise une cuisine franche et précise qui doit sans doute beaucoup à un parcours scintillant : il fut notamment chef-pâtissier de la Pyramide, à Vienne. Les assiettes sont bien construites, lisibles et soignées, avec (logique !) des desserts à tomber.

- Menu 32 € (déjeuner), 38/69 € - Carte 70 €

21 rue Porcherie - ✆ 09 83 99 23 28 - Fermé lundi, mardi, mercredi, dimanche soir

CROLLES

38920 - Isère - Carte régionale n° **4**-F2 - Carte Michelin 333-I6

LA MAISON HAUTE

MODERNE • CONVIVIAL X Thomas Chegaray (en basque, "maison haute" se dit "etchegaray"), chef au beau parcours, concocte une cuisine actuelle à base de produits de saison, au gré d'une carte courte. Les plats, frais et colorés, jouent sur les textures et les goûts, ainsi cette grosse côte de cochon fermière, cuisson sur l'os, juteuse à souhait. Terrasse aux beaux jours et service très sympathique. Miam !

- Menu 23 € (déjeuner), 33/45 € - Carte 35/50 €

Place de l'Église - ✆ 04 76 08 07 68 - www.la-maison-haute.eatbu.com - Fermé 2-23 août, lundi, dimanche

CROZET

01170 - Ain - Carte régionale n° **4**-F1 - Carte Michelin 328-J3

JIVA

MODERNE • BRANCHÉ XXX En sanskrit, "jiva" signifie la vie : un nom engageant, voire même apaisant, pour ce resort au luxe discret. Au restaurant, on sert une cuisine française bien calibrée, fraîche et bonne, qui suit les saisons ; la clientèle profite dès que possible de la terrasse panoramique avec sa vue imprenable sur le mont Blanc.

- Menu 42 € (déjeuner) - Carte 60/90 €

Jiva Hill Resort, Route d'Harée - ✆ 04 50 28 48 14 - www.jivahill.com - Fermé lundi, dimanche soir

JIVA HILL RESORT

LUXE · DESIGN Raffinement, luxe et lignes claires vous attendent dans un domaine privé de 40 hectares, à dix minutes de l'aéroport de Genève. Les chambres sont placées sous le signe du chic contemporain, en toute discrétion : un délicieux séjour.

⛷ ⛵ ⇆ 🛏 📺 🌐 🐾 ♨ 🅿 ⛷ 🛗 Ⓜ 🎿 🅿 – 51 chambres

Route d'Harée – 𝒞 04 50 28 48 48 – www.jivahill.com

🍽 **Jiva** – Voir la sélection des restaurants

CRUSEILLES

✉ 74350 – Haute-Savoie – Carte régionale n° **4**-F1 – Carte Michelin 328-J4

🍽 LE M DES AVENIÈRES

TRADITIONNELLE · CONTEMPORAIN ✗ Très joli cadre que celui de ce restaurant d'esprit 1920, avec boiseries, lampes d'époque et banquettes en velours... On s'y régale au fil d'une carte courte et de saison, qui utilise au mieux les produits locaux (dont la production du château). Même philosophie avec la carte des vins, volontiers nature ou bio.

⇆ 🏯 ♿ ✿ 🅿 – Menu 47/61 € – Carte 59 €

Château des Avenières- La Maison des Écureuils, Les Avenières, lieu-dit Chenaz –
𝒞 04 50 44 02 23 – www.chateau-des-avenieres.com –
Fermé 4-17 janvier, 25 octobre-11 novembre, lundi midi, mardi midi, mercredi, jeudi

DARDILLY – Rhône (69) → Voir Lyon

LES DEUX-ALPES

✉ 38860 – Isère – Carte régionale n° **2**-C2 – Carte Michelin 333-J7

🌼 LE P'TIT POLYTE

MODERNE · RUSTIQUE ✗✗ Le Chalet Mounier, c'est une histoire de famille : celle de Marie et Hippolyte Mounier, qui ouvrent cet hôtel, le premier de la station, en 1933. Vient ensuite le fils Robert, dès 1971, puis aujourd'hui Alban et sa compagne Angélique, qui perpétuent l'héritage. La salle, petite et cosy, est propice aux confidences. En cuisine, on trouve désormais le chef Tanguy Rattier, assisté de la cheffe pâtissière Émilie Paris. Trois menus dégustation sont proposés, dont l'un 100% végétal. L'équipe en cuisine réalise un beau travail sur la présentation des plats et le choix des produits : on se régale de préparations aussi légères que pétillantes... Idem du côté de la belle carte des vins, avec des suggestions pertinentes. Décidément, ce P'tit Polyte a tout d'un grand.

Spécialités : Truite de la région, nuage de pommes de terre à la Chartreuse, girolles et lard d'Arnad. Agneau en charbon, pâte de tomate et poivron, datte et ail confit. Cerise façon jubilé, crème double citronnée et réduction de porto.

🐾 ⇆ 🛏 🏯 – Menu 73/115 €

Chalet Mounier, 2 rue de la Chapelle – 𝒞 04 76 80 56 90 –
www.chalet-mounier.com –
Fermé 17 avril-2 juillet, 29 août-18 décembre, lundi, dimanche et le midi

🍽 LE DIABLE AU CŒUR

TRADITIONNELLE · CONVIVIAL ✗ Direction les cimes ! Empruntez le télésiège pour aller déjeuner dans ce diable de restaurant, perché à 2 400 m d'altitude. Dans le cadre agréable d'un chalet en bois clair, face à la Muzelle, on profite d'une cuisine fine et soignée, y compris dans la présentation des plats.

⇆ 🏯 – Menu 36 € (déjeuner) – Carte 40/75 €

7 rue des Gorges (au sommet du télésiège du Diable) – 𝒞 04 76 79 99 50 –
www.lediableaucoeur.com –
Fermé 30 avril-15 juin, le soir

CHALET MOUNIER

TRADITIONNEL · ÉLÉGANT Tout en haut des Deux-Alpes, sur le site d'une ferme d'alpage, l'aîné des hôtels de la station, né dans les années 1930 : les lieux ont la tradition de l'accueil chevillée au corps – des chevilles en bois, évidemment ! Tout pour un beau séjour à la montagne : grand confort, piscines, sauna, fitness...

⇗ 🐾 ⇐ 🛏 🏊 ▦ 🔞 🕭 🛗 ⚐ ⛴ – 43 chambres

2 rue de la Chapelle – ℰ *04 76 80 56 90* – *www.chalet-mounier.com*

❀ **Le P'tit Polyte** – Voir la sélection des restaurants

DIVONNE-LES-BAINS

✉ 01220 – Ain – Carte régionale n° **4**-F1 – Carte Michelin 328-J2

⃝ LE RECTILIGNE

MODERNE · CONTEMPORAIN ✕✕ Au bord du lac, cette bâtisse blanche abrite un restaurant résolument contemporain. Côté déco, mur d'eau, cave vitrée et, dans l'assiette, le même esprit moderne : cuissons à basse température et touches "d'ailleurs". Jolie sélection de vins au verre.

⇐ 🏵 ⚐ 🅿 – Menu 38 € (déjeuner), 55/100 € – Carte 82/96 €

2981 route du Lac – ℰ *04 50 20 06 13* – *www.lerectiligne.fr* – *Fermé lundi, dimanche*

DOUVAINE

✉ 74140 – Haute-Savoie – Carte régionale n° **4**-F1 – Carte Michelin 328-K3

❀ Ô FLAVEURS

Chef: Jérôme Mamet

MODERNE · ROMANTIQUE ✕✕✕ Ô saisons, ô châteaux, ô saveurs... comme dit le gourmet ! Avec ses pierres apparentes, ses poutres, son plancher et sa cheminée pour les rudes soirées d'hiver, cet authentique petit château du 15ᵉ s. ravira les âmes romantiques. Sur la terrasse, une clientèle majoritairement suisse se délecte de la cuisine pleine de saveurs et de fraîcheur de Jérôme Mamet, très soucieux de l'esthétisme de ses assiettes. Ce chef inventif et talentueux ne travaille que des produits de qualité, souvent bio, sélectionnés avec soin : féra, brochet, perche et écrevisse du lac Léman, poissons de mer sauvages pêchés à la ligne...

Spécialités : Cuisine du marché.

🏵 🅿 – Menu 75 € (déjeuner), 99/135 €

Château de Chilly – ℰ *04 50 35 46 55* – *www.oflaveurs.com* – *Fermé mardi, mercredi, dimanche soir*

DUINGT

✉ 74410 – Haute-Savoie – Carte régionale n° **4**-F1 – Carte Michelin 328-K6

⃝ COMPTOIR DU LAC

MODERNE · DESIGN ✕ Un restaurant aux airs de grande verrière indus' et contemporaine, cerné par la verdure, la montagne et le lac... Un endroit vraiment sympathique, pour une cuisine actuelle qui l'est elle aussi !

⇐ 🛏 🏵 🅿 – Menu 25 € (déjeuner), 34/48 € – Carte 46/56 €

Clos Marcel, 410 allée de la Plage – ℰ *04 50 68 14 10* – *www.closmarcel.com* – *Fermé 31 octobre-16 décembre*

CLOS MARCEL

TRADITIONNEL · DESIGN Sur un site privilégié au bord du lac d'Annecy (ponton privé), une architecture repensée dans un esprit écologique, des chambres design et confortables : un Clos Marcel résolument 21ᵉ s.

⇐ 🛏 🎐 ⚐ 🅿 – 14 chambres – 1 suite

410 allée de la Plage – ℰ *04 50 68 67 47* – *www.closmarcel.fr*

⃝ **Comptoir du Lac** – Voir la sélection des restaurants

ÉCULLY – Rhône (69) ➜ Voir Lyon et ses environs

ÉVIAN-LES-BAINS

✉ 74500 – Haute-Savoie – Carte régionale n° **4**-F1 – Carte Michelin 328-M2

⚜ LES FRESQUES

MODERNE · LUXE XxX Installez-vous dans la majestueuse salle à manger de ce luxueux palace pour profiter des fresques Art Nouveau de Gustave Jaulmes. Le spectacle se déroule aussi dans l'assiette. Ici se déguste le meilleur du terroir Rhône-alpin, travaillé avec finesse et précision : poularde de Bresse au vin jaune, pêche du Léman selon arrivage (omble chevalier, perche etc.), filet de bœuf d'abondance fumé au foin d'alpage... Humble et passionné, le chef Patrice Vander ne propose que des produits nobles. L'atmosphère, exclusive et raffinée, comme le service, très attentif, contribue à ancrer cette expérience dans les mémoires.

Spécialités : Écrevisses du lac Léman, royale de foie gras et écume à la verveine. Suprême de poularde de Bresse clouté au foie gras, fines herbes et vin jaune. Soufflé chaud à la griotte et liqueur de kirsch.

🕸 ⟨ 🍴 ᴋ 🅿 – Menu 80/140 € – Carte 90/110 €

Royal, 13 avenue des Mateirons – ℰ 04 50 26 85 00 – www.evianresort.com – Fermé lundi, dimanche et le midi

㋡ LE MURATORE

TRADITIONNELLE · HISTORIQUE X M. Muratore, liquoriste et confiseur, a donné son nom à cette maison lors de sa fondation en 1870. Dans un décor Belle Époque, on trouve aujourd'hui le sympathique Marc Serres, qui propose une cuisine réjouissante avec une bonne place faite aux poissons du lac (féra et perche, entre autres). Enfin, n'oublions pas la ravissante terrasse sous un vieux tilleul...

Spécialités : Croustillant d'abondance fermier, mesclun, légumes croquants. Matelote de poissons d'eau douce au savagnin, quenelle de brochet. Chariot de pâtisseries.

🍴 ᴋ – Menu 29 € (déjeuner)/34 € – Carte 43/57 €

8 place du Docteur-Jean-Bernex – ℰ 04 50 92 82 49 – www.muratore-restaurant-evian.com – Fermé 19-30 avril, lundi, dimanche soir

㆒○ LA VERNIAZ

TRADITIONNELLE · CLASSIQUE XxX Située sur les hauts d'Evian, cette hostellerie centenaire à l'atmosphère authentique a bénéficié de l'enthousiasme du chef Stéphane Coffy, qui propose une cuisine classique à l'esthétisme raffiné, rehaussé d'une touche créative. Ainsi la poularde de Bresse contisée à la truffe, sauce albufera et crozets ou le ris de veau coloré et croustillant, éclaté de polenta et onctueux de céleri. Savoureux.

⟨ 🍴 ⟡ 🅿 – Menu 40 € (déjeuner), 48/80 € – Carte 73/98 €

1417 avenue du Léman, à Neuvecelle – ℰ 04 50 75 04 90 – www.verniaz.com – Fermé 15 novembre-10 décembre, lundi, mardi, dimanche soir

㆒○ AU JARDIN D'EDEN

TRADITIONNELLE · BISTRO X À l'entrée de la ville, cette table réunit bien des qualités : un chef-patron au beau parcours – dont 15 ans passés au Grand Véfour –, un retour aux sources à Évian (sans jeu de mots), une cuisine généreuse et attentive aux saisons. Fricassée de ris de veau aux champignons, onglet de veau poêlé aux aromates et citron confit...

🍴 – Menu 20 € (déjeuner), 35/57 € – Carte 47/62 €

1 avenue Général-Dupas – ℰ 04 50 38 62 26 – www.jardin-eden-evian.com – Fermé 12-20 avril, 14 juin-6 juillet, 16-22 novembre, lundi, mardi midi, dimanche soir

🏨 ROYAL

PALACE · HISTORIQUE Ce luxueux palace né en 1909, véritable mythe, a fait peau neuve pour retrouver l'esprit villégiature des années 1930, cet art de vivre à la française, entre fresques et coupole. Son splendide parc, sa vue imparable sur le lac et les montagnes, ont un goût d'éternité.

⛲ ⟨ 🏊 🔲 💿 ᴋ 🔲 ᴋ 🎰 🅿 – 118 chambres – 32 suites

13 avenue des Mateirons – ℰ 04 50 26 85 00 – www.evianresort.com

⚜ **Les Fresques** – Voir la sélection des restaurants

ERMITAGE

LUXE · ÉLÉGANT C'est une belle et grande maison, blottie dans un écrin de verdure sur les hauteurs du lac Léman. À l'intérieur, le style épuré joue des matériaux naturels (bois précieux, ardoise, galets, etc.) dans un esprit chic décontracté. Côté papilles, La Table propose une cuisine aux influences méditerranéennes.

🏔 🐾 ⟨ 🛏 ⛼ 🔲 ⏳ ♨ ⬙ 占 🎿 🅿 – 80 chambres – 6 suites

1230 avenue du Léman – ✆ 04 50 26 85 00 – www.hotel-ermitage-evian.com

EYBENS

✉ 38320 – Isère – Carte régionale n° **2**-C2 – Carte Michelin 333-H7

🍽 LA TABLE DU 20

TRADITIONNELLE · CONVIVIAL Situé au rez-de-chaussée d'un hôtel des années 1980, ce bistrot convivial fait le plein sans difficulté. Deux compères sont à l'origine de ce succès : Franck, au piano, propose une belle cuisine canaille, pleine de peps et de saveurs, tandis que Luc, sommelier, a toujours le vin qu'il vous faut... Plaisir garanti !

🐾 🈺 占 🎵 🅿 – Menu 30 € (déjeuner)/48 € – Carte 38/54 €

20 avenue Jean-Jaurès – ✆ 04 76 24 76 93 – www.latabledu20.fr – Fermé samedi, dimanche

FAUGÈRES

✉ 07230 – Ardèche – Carte régionale n° **2**-A3 – Carte Michelin 331-G7

DOMAINE DE CHALVÊCHES

LUXE · PERSONNALISÉ Ceux qui recherchent le silence et la nature adoreront cet hôtel moderne dont les chambres, disséminées dans le jardin, allient luxe et personnalisation. L'un des atouts de l'établissement est son exceptionnelle piscine, avec une superbe vue sur les bois et les collines alentours...

🏔 🐾 ⟨ 🛏 ⛼ ♨ 占 🈺 🅿 – 8 chambres – 5 suites

Domaine de Chalvêche – ✆ 04 75 35 76 16 – www.domaine-chalveches.fr

FLAINE

✉ 74300 – Haute-Savoie – Carte régionale n° **4**-F1 – Carte Michelin 328-N4

TERMINAL NEIGE TOTEM

BOUTIQUE HÔTEL · DESIGN Cet hôtel tendance, imaginé dans une veine industrielle (mur en béton mis à nu), et qui s'affranchit avec gourmandise des codes de l'hôtellerie (ainsi ces jeux d'arcade vintage dans la réception) offre un hébergement très confortable, augmenté d'un spa, avec massage et fitness.

♨ ♨ ⬙ ⛼ 占 – 96 chambres

Flaine Forum – ✆ 04 30 05 03 40 – www.terminal-neige.com

FLEURIE

✉ 69820 – Rhône – Carte régionale n° **3**-E1 – Carte Michelin 327-H2

AUBERGE DU CEP

Chef : Aurélien Merot

MODERNE · COSY Inutile de présenter cette maison emblématique du Beaujolais, devenue fameuse grâce au talent de la cheffe Chantal Chagny – 44 ans aux fourneaux, tout de même ! Son successeur, Aurélien Merot, s'inscrit dans une veine similaire, alliance de finesse et de générosité. Il fait chanter le terroir régional (poulet fermier de l'Ain cuisiné au vin de Fleurie, suprême farci au foie gras, la cuisse comme un coq au vin en pâte) avec un travail particulier sur les jus et les sauces. Le rapport qualité-prix se révèle excellent (le menu de midi est une affaire !) et l'on arrose le repas d'une belle sélection de vins de la région.

Spécialités: Traditionnel pâté en croûte au ris de veau et au foie gras, moutarde de pistache. Poulet fermier de l'Ain cuisiné au vin de Fleurie. Soufflé à la vanille Bourbon et Grand Marnier.

袋 – Menu 23 € (déjeuner), 35/60 € – Carte 78/84 €

Place de l'Église – ℰ 04 74 04 10 77 – www.aubergeducep.com – Fermé 2-24 janvier, 5-11 juillet, lundi, dimanche soir

FLUMET

✉ 73590 – Savoie – Carte régionale n° **4**-F1 – Carte Michelin 333-M3

LE TOI DU MONDE 🔟

MODERNE · MONTAGNARD 🗶 Située sur les hauteurs de Flumet, cette grange rénovée propose une cuisine moderne et savoureuse, aux visuels léchés. Les produits, dont certains issus de l'immense potager maison (un demi-hectare !) sont de saison et de qualité. Ce jour-là, délicieux tartare de saumon fumé maison et cabillaud rôti au beurre d'ail. Chambres confortables et concerts le samedi soir, tous les quinze jours. C'est très bon, convivial et dépaysant.

Spécialités: Œuf parfait, caviar d'aubergine, petits légumes du jardin. Poitrine de cochon confite, fricassée de haricots verts du jardin. Pannacotta parfumée au thé, fruits frais de saison, espuma à la myrtille.

🍃 *L'engagement du chef:* "Depuis le début, le Toi du Monde est pleinement engagé dans une démarche durable. Nous disposons d'un potager qui nous permet de produire nos pommes de terre, ainsi que nos légumes d'été et d'automne. Nous nous approvisionnons en viande et fromages auprès d'agriculteurs voisins. Le site est autonome en énergie thermique par système solaire/bois et nous sommes neutres en carbone avec nos contrats d'électricité verte. Des bornes de recharge sont proposées aux clients pour la mobilité douce."

↩ 🕃 🕭 🕭 🄿 – Menu 33 € – Carte 36/53 €

Chemin des Zorgières – ℰ 04 79 10 63 53 – www.letoidumonde.com – Fermé 26 octobre-17 novembre, lundi, mardi, mercredi midi, jeudi midi, vendredi midi, dimanche soir

LES GETS

✉ 74260 – Haute-Savoie – Carte régionale n° **4**-F1 – Carte Michelin 328-N4

L'AS DES NEIGES

MODERNE · CONVIVIAL 🗶🗶 As de cœur pour cet As des Neiges ! Un couple à la formation solide, apprise dans des maisons étoilées, propose une cuisine précise et goûteuse, inspirée du marché et des saisons (omble chevalier, fromages de petits producteurs locaux etc.), à déguster dans un décor de chalet contemporain, de pierre et bois. Une très plaisante surprise.

Spécialités: Mousse légère d'abondance fermier, pickles de légumes. Cochon du Chablais façon saltimbocca, légumes de saison. Tarte soufflée au chocolat, fruits de saison.

🕭 🕃 – Menu 33/46 € – Carte 38/55 €

624 rue du Centre – ℰ 04 50 80 62 53 – www.asdesneiges-lesgets.com – Fermé 18 avril-17 mai, 23 septembre-17 octobre, mardi, mercredi

LES SOUPERS DU CRYCHAR

TRADITIONNELLE · CONVIVIAL 🗶 Installez-vous dans l'une des deux salles en bois blond pour déguster une poularde au vin jaune et morilles, un foie gras poêlé ou un baba au vieux rhum, à accompagner d'un verre de vin (plus de 250 références). Magnifique buffet de fromages, vue imprenable sur la montagne et les pistes.

袋 🕃 🚗 🄿 – Menu 48 €

Crychar, 136 impasse de la Grange-Neuve – ℰ 04 50 75 80 50 – www.crychar.com – Fermé 15 avril-15 juin, 15 septembre-15 décembre, Fermé le midi

ALPINA

FAMILIAL · MONTAGNARD Non loin du téléphérique, ce beau chalet à l'ambiance familiale domine le bourg... Les chambres, au cadre alpin épuré, proposent de jolies vues sur la vallée. Le restaurant se révèle sympathique : cadre cosy et bonne cuisine aux accents du pays.

🍴 🐾 ⫯ ⛤ 🖥 🕉 ⊞ 🅿 🚗 – 39 chambres

55 impasse Grange-Neuve – 𝒞 04 50 75 80 22 – www.hotelalpina.fr

CRYCHAR

BOUTIQUE HÔTEL · MONTAGNARD Un petit chalet au pied des pistes, chaleureux et confortable. Le feu crépite dans le salon ; les chambres, tout en bois clair, sont pimpantes et jouissent d'un balcon, et le beau spa se révèle idéal pour la relaxation. Un concentré de Savoie !

🐾 ⫯ ⛤ 🖥 💮 🕉 🅿 – 18 chambres – 2 suites

136 impasse de la Grange-Neuve – 𝒞 04 50 75 80 50 – www.crychar.com

🍴 **Les Soupers du Crychar** – Voir la sélection des restaurants

GEX

✉ 01170 – Ain – Carte régionale n° **4**-F1 – Carte Michelin 328-J3

🍃 LA TABLE DE LA MAINAZ 🅝

MODERNE · CONTEMPORAIN ✕✕ Au col de la Faucille, sur les hauteurs de Genève dans le Haut-Jura, cet hôtel de luxe offre une bien jolie vue sur le Mont-Blanc et le lac Léman depuis sa salle à manger contemporaine. Aux fourneaux, on reconnaît la patte talentueuse du chef Julien Thomasson (ancien propriétaire étoilé des Ambassadeurs à Saint-Chamond dans la Loire). Il signe une agréable cuisine dans l'air du temps et maîtrise les jus et les sauces comme sur cet agneau de Mijoux, le rognon rosé, le filet rôti et l'épaule confite, gnocchis, artichaut et purée de pois chiche ou sur le rouget barbet, fondant de pommes de terre et jus végétal...

Spécialités : Soupe de tomate et homard aux lentilles vertes, quinoa blond, estragon et beurre de roquette. Pigeonneau rôti, pomme de terre caramélisée et jus au épices douces. Millefeuille de disques de noisettes caramélisés, framboise et mousse au chocolat ivoire, sorbet fromage blanc.

⫯ 🍴 ♿ 🅿 – Menu 89/129 €

La Mainaz, Route du Col de la Faucille, lieu-dit La Mainaz – 𝒞 04 50 41 31 10 – www.la-mainaz.com – Fermé lundi, mardi

LA MAINAZ

LUXE · CONTEMPORAIN Atout incontestable de ce grand chalet en bois : la vue exceptionnelle sur le Léman et les Alpes ! L'hôtel a été rénové de la tête aux pieds : le style montagnard a cédé la place à un esprit alpin chic, jusque dans les chambres, très bien équipées. Au petit-déjeuner, priorité aux fromages de la région.

🍴 🐾 ⫯ ⊞ ♿ 🏋 🅿 – 21 chambres – 2 suites

Route du Col-de-la-Faucille, lieu-dit La Mainaz – 𝒞 04 50 41 31 10 – www.la-mainaz.com

🍃 **La Table de la Mainaz** – Voir la sélection des restaurants

LA GIMOND

✉ 42140 – Loire – Carte régionale n° **2**-A2 – Carte Michelin 327-F6

🍴 LE VALLON DU MOULIN

TRADITIONNELLE · FAMILIAL ✕✕ Au cœur du village, ce sympathique restaurant contemporain propose une cuisine goûteuse – saumon fumé au bois de hêtre ; rôti de pintade aux champignons – qui suit le rythme des saisons. Preuve d'authenticité : le pain est fait maison avec la farine du moulin voisin !

🍴 ♿ ♻ 🅿 – Menu 38/58 €

Le Bourg – 𝒞 04 77 30 97 06 – www.le-vallon-du-moulin.com – Fermé 2-7 janvier, 17-24 février, 18-30 août, lundi, mardi soir, mercredi, dimanche soir

LE GRAND-BORNAND

✉ 74450 – Haute-Savoie – Carte régionale n° **4**-F1 – Carte Michelin 328-L5

🍴○ CONFINS DES SENS

MODERNE · **INTIME** ✕✕ La spécialité de la maison ? La délicieuse soupe de foie gras au muscat, avec une compotée d'oignons rouges et ses cromesquis. Un bel hommage au terroir, avec la touche de créativité qui fait la différence ; le tout est mis en scène par deux chefs en cuisine. Terrasse orientée plein Sud.

�️ 🅿 – Menu 26 € (déjeuner), 49/70 € – Carte 64/70 €

Le Villavit – ℰ 04 50 69 94 25 – www.confins-des-sens.com –
Fermé 12-18 octobre, mercredi, dimanche soir

🍴○ L'HÉLIANTIS

MODERNE · **CONTEMPORAIN** ✕✕ Prenez un jeune couple, monsieur aux pianos, madame aux desserts, ajoutez une cuisine moderne, matinée de touches japonaises, saupoudrez de sourire et de motivation, et vous obtiendrez cette charmante adresse, où l'on ne s'ennuie jamais. Terrasse en été, et carte de saison.

🌍 & 🅿 – Menu 42/62 € – Carte 59/69 €

431 route de la Vallée-du-Bouchet – ℰ 04 50 02 29 87 – www.restaurant-heliantis.fr –
Fermé lundi, mardi midi, dimanche soir

🏠 LES CIMES

FAMILIAL · **PERSONNALISÉ** Au cœur de la station du Chinaillon, ce chalet entièrement rénové cultive un esprit atypique, proche d'une maison d'hôtes. Les chambres sont élégantes avec leurs murs entièrement tapissés de bois et ornés de motifs peints à la main. De véritables cocons de montagne ! Spa et bar lounge.

 ⩽ 🐾 🅿 – 5 chambres – 3 suites

16 Rouet de la Floria, le Chinaillon – ℰ 04 50 27 00 38 – www.hotel-les-cimes.com

GRANGES-LES-BEAUMONT

✉ 26600 – Drôme – Carte régionale n° **3**-E2 – Carte Michelin 332-C3

🌼🌼 LES CÈDRES

Chef: Jacques Bertrand

CLASSIQUE · **ÉLÉGANT** ✕✕✕ Il est des tables discrètes, qui cultivent l'excellence à l'abri du tumulte médiatique : les Cèdres font partie de cette catégorie-là. Entre Romans et Tain-l'Hermitage, dans la Drôme, on pénètre dans cette maison toute de vert vêtue, installée à l'ombre des... cèdres, donc, pour y découvrir le travail des frères Bertrand : Jacques en cuisine et Jean-Paul en salle. Depuis 1988, ils ont développé leur restaurant à force de travail, d'humilité, avec un talent pour se remettre toujours en question. Le résultat ? Une cuisine noble, volontiers classique : on se souviendra de cette pomme de ris de veau dorée et cuite avec justesse, moelleuse en bouche, piquée d'un bâton de citronnelle et accompagnée de carottes fondantes et de petits oignons glacés... un plat de haute volée. Cerise sur le gâteau, l'accueil n'est pas en reste, chaleureux et efficace d'un bout à l'autre du repas.

Spécialités : Daurade royale, arlequin de tomate au balsamique blanc et allumette à la tapenade. Queue de lotte, lard de Colonnata, purée d'ail noir et cannelloni d'aubergine. Cigare croustillant au Baileys, glace moka.

🐾 ⛲ 🌍 🎦 ⇆ 🅿 – Menu 55 € (déjeuner), 105/170 €

25 rue Henri-Machon – ℰ 04 75 71 50 67 – www.restaurantlescedres.fr –
Fermé 12-22 avril, 23 août-8 septembre, 20 décembre-5 janvier, lundi, mardi,
dimanche soir

GRENOBLE

✉ 38000 – Isère – Carte régionale n° **2**-C2 – Carte Michelin 333-H6

LE FANTIN LATOUR - STÉPHANE FROIDEVAUX

Chef: Stéphane Froidevaux

CRÉATIVE · **TENDANCE** 🕸🕸 D'année en année, Stéphane Froidevaux étoffe sa palette de chef et affine son style, armé d'une sincérité à tout épreuve. Avec le temps il a trouvé un bel équilibre, et ses assiettes en témoignent ! Tomates colorées dans une nage de thé blanc glacé parfumé, citronnelle et bergamote ; fleur de courgette farcie, jus crémé à la verveine, chou-rave et petits pois... Un travail soigné, goûteux, créatif sans être débridé, et qui porte toujours la marque de la proximité avec la nature – à l'image de ces herbes et fleurs qu'il ramène lui-même de la cueillette. Carte "brasserie" proposée tous les jours au déjeuner.

Spécialités: Velouté de potimarron, écume de thé noir fumé et chutney d'abricot sec. Rouget de roche, jus corsé parfumé au jasmin et fève tonka. Galets de chocolat noir, mousseline d'abricot.

🕸 🕸 & 🕸 🕸 – Menu 55/85 €

Plan : C2-a – *1 rue Général-de-Beylie* – 𝒞 *04 76 24 38 18* – *www.fantin-latour.fr* –
Fermé lundi, mardi midi, mercredi midi, jeudi midi, vendredi midi, samedi midi, dimanche

LE ROUSSEAU

CRÉATIVE · **TENDANCE** 🕸 Le Rousseau, c'est un jeune chef, Élie Michel-Villaz, qui a fait de la simplicité son mantra et sa principale qualité. La partition est fraîche, travaillée avec beaucoup de soin, mariée à des flacons choisis avec amour (250 références, beaucoup de nature et biodynamie)... et servie en toute convivialité. Une affaire qui roule.

Spécialités: Cuisine du marché.

🕸 🕸 – Menu 26 € (déjeuner), 34/49 €

Plan : B2-e – *3 rue Jean-Jacques-Rousseau* – 𝒞 *04 76 14 86 75* –
www.lerousseaugrenoble.fr – *Fermé samedi, dimanche*

LESDIGUIÈRES

TRADITIONNELLE · **CLASSIQUE** 🕸🕸 À la table de l'école hôtelière, professeurs et élèves révisent leurs classiques par le biais d'un menu réglé sur les saisons. Côté décor, la tradition est aussi de mise : nappage blanc, couverts en argent, etc.

🕸 🕸 🕸 **P** – Menu 20 € (déjeuner), 29/41 €

Hors plan – *122 cours de la Libération et du Général-de-Gaulle* –
𝒞 *04 38 70 19 50* – *www.hotellesdiguieres.com* –
Fermé vendredi, samedi, dimanche

BRASSERIE CHAVANT

TRADITIONNELLE · **BRASSERIE** 🕸 En plein centre-ville, cette adresse en impose avec son décor chic et baroque ! Au menu, les bons classiques du genre, comme cette poêlée de calamar et jus de langoustine... Pour l'anecdote : Chavant était le nom des ancêtres du maître des lieux, restaurateurs depuis 1852.

🕸 & 🕸 – Carte 38/60 €

Plan : B2-g – *2 cours Lafontaine* – 𝒞 *04 76 87 61 83* – *www.brasserie-chavant.fr* –
Fermé 24-25 décembre

L'AMÉLYSS

MODERNE · **ÉPURÉ** 🕸 Un jeune couple a fait de cette adresse un restaurant attachant, qui bouleverse un peu les codes. Les plats sont pleins de fraîcheur et d'envie, les assaisonnements sont millimétrés et les associations de saveurs subtiles... Au top !

🕸 – Menu 25 € (déjeuner), 38/43 €

Plan : B2-d – *3 boulevard Gambetta* – 𝒞 *04 76 42 35 84* –
Fermé 2-26 août, lundi soir, samedi, dimanche

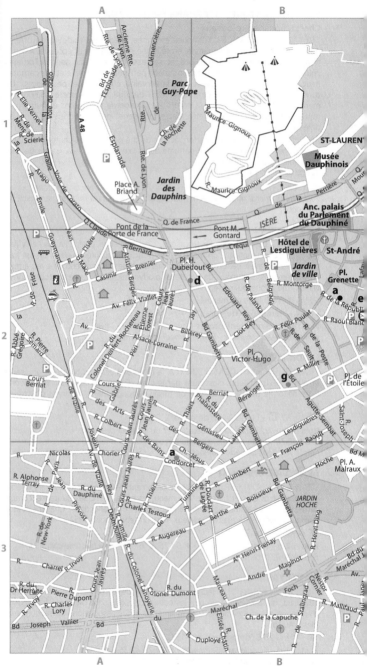

C D

R. Tarillon
Av. du Maréchal Randon
Ch. Fortuné Ferrini
R. de la Chartreuse
R. Duport-Lavilette
R. Lachmann
R. des Fleurs
R. de Mortillet
Bd de la Chantourne

Porte St-Laurent
R. Masséna
R. de Mortillet
R. Linné
Bizanet
de Halage

usée archéologique renoble St-Laurent
R. de Bizanet
R. Ernest Calvat
Blanche
Monier

nt de la tadelle
SQUARE A. MICHALON
R. Aimon de Chisse
PARC

MUSÉE DE GRENOBLE
Bd du DE
ST-ROCH
ISÈRE

SABLONS

N.-Dame
Musée de l'Ancien Évêché
L'ÎLE
Ch. de Halage

Barnave
N.-Dame
Ch. de Ronde
VERTE
Av. Saint-Roch
du Souvenir
Ch. Fortuné Ferrini

J.-J.-Rousseau
Av. Maréchal Leclerc
Pont du Sablon
Verdun

Halles Ste-Claire
Musée de la Résistance et de la Déportation
R. du 19 Mars 1962
Ch.
de

a
Hébert
Bd des Adieux
Place Jean Moulin
R. du 19 Mars 1962
Contre
Halage

ondillac
Pl. de Verdun
R. de Malakoff
Av. de Valmy
Jules R. Jacques Thibaud
Flandrin

Muséum d'histoire naturelle
JARDIN DES PLANTES
Bd Jean Pain
Av. de Valmy

R. Fantin-Latour
R. de Strasbourg
Haxo
Hôtel de Ville
Ch. de Villebois

al Lyautey
Bd Jean Pain
Parc Paul-Mistral
Bd Clemenceau
Parc

Pl. P. Mistral
Tour Perret
Ch. des Arts
Ch. Barral

R. Jean Bistési
Ch. de la Madeleine
Villebois
Ch. de la Blanchisserie

Paul Janet
Bd des Diables Bleus
Bd du Colonel Driant
Imp. de l'Abbaye
R. du Commandant Perreau
Genin

ert Av. du Champion
R. Pierre Loti
Bd Clemenceau
Ferry
Jules
R. Roger Auguste Xavier R. Louis Lachat
R. Pégoud
Léon
Bargonia
Nicolet
Av. Jeanne
Claude

du de Belgique
Jean
R. Colonel Bougault
R. des Gourmets
R. Edison

R. Monge
R. Mallifaud
R. Lavoisier
R. de la Bajatière
Maurice Barrès
Moyrand

Av. Marcelin Berthelot

GRENOBLE

0   300 m

C D

🍽 **GILLIO**

TRADITIONNELLE · SIMPLE ⅹ Dans un quartier commerçant du centre-ville, Gillio abrite en cuisine un jeune chef discret, originaire de la vallée du Grésivaudan. Sa cuisine, basée sur des produits frais directement issus du marché, séduit surtout par sa simplicité. Originalité de la carte : une savoureuse purée aux pommes de terre brûlées... Miam !

🄰🄲 – Carte 37/48 €

Plan : A3-a – *16 rue Condorcet* – ☏ *09 52 15 42 32* – *Fermé 20 décembre-3 janvier, samedi midi, dimanche*

 LE GRAND HÔTEL

URBAIN · DESIGN À deux pas de la maison natale de Stendhal, ce "grand hôtel" marie à merveille luxe et design. Pour accéder aux chambres, sobres et contemporaines, on emprunte le magnifique escalier d'époque. Un conseil : ne manquez pas le petit-déjeuner, les fromages sont délicieux !

🄴 🄰🄲 ⚙ – 66 chambres – 1 suite

Plan : B2-a – *5 rue de la République* – ☏ *04 76 51 22 59* – *www.grand-hotel-grenoble.fr*

GRESSE-EN-VERCORS

✉ 38650 – Isère – Carte régionale n° **2**–C2 – Carte Michelin 333-G8

🍽 **LE CHALET**

TRADITIONNELLE · RUSTIQUE ⅹⅹ Maison forte durant le Moyen Âge, couvent jusqu'en 1905, ce "chalet" est devenu un hôtel-restaurant sous l'impulsion de la famille Prayer, autour de deux valeurs primordiales : tradition et générosité. En témoignent les assiettes goûteuses, tels ce saumon fumé maison ou le gigot d'agneau cuit sept heures, et son gratin du Vercors...

🍴 ⚙ 🄿 – Menu 15 € (déjeuner), 20/48 € – Carte 48/67 €

Le village – ☏ *04 76 34 32 08* – *www.hotellechalet.fr* – *Fermé 7 mars-8 mai, mercredi*

GRIGNAN

✉ 26230 – Drôme – Carte régionale n° **2**–B3 – Carte Michelin 332-C7

❀ **LE CLAIR DE LA PLUME**

MODERNE · ÉLÉGANT ⅹⅹⅹ Niché au pied du château de Madame de Sévigné, le Clair de la Plume incarne à merveille l'hospitalité et la gourmandise provençales. Authentique gourmand aux yeux rieurs, le chef avignonnais Julien Allano ne connaît pas l'angoisse de la page blanche. Tout commence chez lui par une correspondance assidue avec un producteur : huile d'olive de Nyons, pintades et petits légumes de la Drôme, poissons de la criée du Grau du Roi, asperges et fraises de l'Isère, etc. Il connaît le registre des beaux produits méditerranéens sur le bout des doigts... y compris la truffe, dit-il, qu'il a "réussi à apprivoiser". Son couscous d'agneau de Provence rôti, pané, confit et accompagné d'une purée d'abricots et d'une semoule de brocoli, ne laisse pas indifférent...

Spécialités : Tomate ancienne à la flamme, chèvre frais et basilic. Pintade sur l'idée d'un barbecue du dimanche. Framboises dans leur jus....

❀ *L'engagement du chef :* "95 % des produits que nous cuisinons sont issus d'exploitations situées à moins de 70 km. Les poissons sont pêchés durablement en Méditerranée, l'agneau et les volailles proviennent de fermes de proximité situées dans un rayon de 50 km et les fruits et légumes bio sont cultivés dans la Drôme."

🕸 🍴 ⚙ 🄰🄲 🄿 – Menu 115/135 €

Hôtel Le Clair de la Plume, 2 place du Mail – ☏ *04 75 91 81 30* – *www.clairplume.com* – *Fermé 4-21 janvier, 1ᵉʳ-25 novembre, lundi, mardi, mercredi midi, jeudi midi, vendredi midi*

❀ **LE BISTRO CHAPOUTON**

TRADITIONNELLE · BISTRO ⅹ Le "côté bistro", à 400 m du Clair de la Plume. On se régale ici d'une cuisine franche et bien pensée. Pour le confort, neuf chambres à la décoration contemporaine, et une agréable piscine.

Spécialités: Œuf mollet, velours de cresson, lard de Colonnata, noisette. Thon rôti, caviar d'aubergine, vinaigrette méridionale. Plume, citron et thé Earl Grey.

🍴 🛋 ⚙ 🏧 🅿 – Menu 34 € – Carte 40/70 €

Hôtel Le Clair de la Plume, 200 route de Montélimar – ℰ 04 75 00 01 01 – www.chapouton.com – Fermé 25 janvier-21 février

🍴 **LA TABLE DES DÉLICES**

PROVENÇALE · **ÉLÉGANT** ✕✕ La maison, des années 1980, est sur la route de la grotte où Mme de Sévigné aimait se retirer. Le chef concocte une goûteuse cuisine régionale, dans un esprit gastronomique. Belle carte des vins.

🕸 🛋 🏧 🅿 – Menu 26 € (déjeuner)/45 € – Carte 52/62 €

Chemin de Bessas – ℰ 04 75 46 57 22 – www.latabledesdelices.com – Fermé 2-9 janvier, 15-31 mars, 1er-7 octobre, lundi, mardi soir, mercredi soir, jeudi soir, dimanche soir

🍴 **LE POÈME DE GRIGNAN**

MODERNE · **INTIME** ✕ Tout un poème, cette maison de village avec ses porcelaines anciennes et ses fleurs ! Ici, tout est soigné, goûteux, fait sur place... et sent bon la Provence. Une invitation aux plaisirs de la région.

🏧 🏧 – Menu 30 € (déjeuner), 50/70 €

Rue Saint-Louis – ℰ 04 75 91 10 90 – Fermé 15 novembre-1er décembre, mardi, mercredi

🏠 **LE CLAIR DE LA PLUME**

HISTORIQUE · **CLASSIQUE** Le nom de cet hôtel aurait plu à Mme de Sévigné, qui résida à Grignan ! Cette demeure provençale du 18e s. propose des chambres ravissantes avec leur mobilier chiné – et plus encore lorsqu'elles donnent sur le joli jardin de curé.

🛋 🏧 🏧 🅿 – 12 chambres – 4 suites

2 Place du Mail – ℰ 04 75 91 81 30 – www.clairplume.com

🌸 **Le Clair de la Plume** · 🍴 **Le Bistro Chapouton** – Voir la sélection des restaurants

GRILLY

✉ 01220 – Ain – Carte régionale n° **4**-F1 – Carte Michelin 328-J3

🍴 **AUBERGE DE GRILLY**

MODERNE · **AUBERGE** ✕ À trois kilomètres de Divonne-les-Bains, dans un charmant village, l'auberge est installée tout près de l'église : ô saints de la gourmandise, priez pour nous ! Si le décor est plutôt rustique, la cuisine, elle, fait dans le moderne et le beau produit. Attention : la réservation est impérative, le week-end surtout.

🏧 🛋 – Menu 29/54 €

34 ruelle de l'Église – ℰ 04 50 20 25 14 – www.aubergedegrilly.com – Fermé 9 août-3 septembre, lundi soir, mardi, mercredi, dimanche soir

GROISY

✉ 74570 – Haute-Savoie – Carte régionale n° **4**-F1 – Carte Michelin 328-K4

🍴 **AUBERGE DE GROISY**

CLASSIQUE · **COSY** ✕✕ Une jolie ferme du 19e s. revue à la mode d'aujourd'hui : pierres apparentes et poutres pour le cachet. Un endroit charmant pour déguster une cuisine bien dans son temps, gourmande à souhait, qui valorise les produits de la région. Enfin, un vrai artisan cuisinier ! Coup de cœur assuré.

🏧 🌸 – Menu 25 € (déjeuner), 34/81 € – Carte 44/72 €

34 route du Chef-Lieu – ℰ 04 50 68 09 54 – www.auberge-groisy.com – Fermé 27 juin-19 juillet, lundi, mardi, dimanche soir

HAUTELUCE

✉ 73620 – Savoie – Carte régionale n° **2**-D1 – Carte Michelin 333-M3

LA FERME DU CHOZAL

MODERNE · CONVIVIAL X Ce restaurant cultive un style montagnard typique ; la cuisine n'en n'est pas moins actuelle et appétissante, réalisée avec de beaux produits du terroir, et de jolies associations terre-mer : en témoigne ce croustillant d'omble, crozets, saucisse fumée et glace au reblochon... Sans oublier une remarquable carte de vins alpins.

🍴 ⬉ 👪 🏠 🅿 – Menu 35/95€ – Carte 66/78€

361 route des Combes – ℰ 04 79 38 18 18 – www.lafermeduchozal.com – Fermé 11 avril-4 juin, 27 septembre-17 décembre, lundi, dimanche soir

MONT BLANC RESTAURANT & GOÛTER

MODERNE · MONTAGNARD X Cette hostellerie centenaire, située à l'entrée du village et joliment rénovée, accueille l'enthousiasme d'un jeune chef, ancien pâtissier d'une maison étoilée. Aux jours d'été, on s'installe sur la terrasse ensoleillée, face aux massifs du Beaufortain. L'après-midi, les goûters sucrés du chef sont fort recommandables. Le menu change chaque semaine. Réservation très conseillée.

🏠 ♿ – Menu 39/72€

16 rue de la Voûte – ℰ 04 79 37 01 61 – www.montblanc-restaurant.com – Fermé 25 avril-11 juin, lundi, mardi, mercredi midi, samedi midi

LA FERME DU CHOZAL

FAMILIAL · COSY Voilà comment une ancienne ferme – un beau chalet – devient un hôtel très agréable avec sa piscine extérieure chauffée, ses chambres douillettes habillées de bois blond et son espace bien-être complet... et, cerise sur le gâteau, des propriétaires d'une gentillesse rare. Une bonne adresse.

🛁 ⬉ 👪 🏊 🛋 ♿ 🅿 – 10 chambres – 2 suites

361 route des Combes – ℰ 04 79 38 18 18 – www.lafermeduchozal.com

🍴 **La Ferme du Chozal** – Voir la sélection des restaurants

LES HOUCHES

✉ 74310 – Haute-Savoie – Carte régionale n° **4**-F1 – Carte Michelin 328-N5

ROCKY POP

URBAIN · TENDANCE Atypique et convivial, cet hôtel branché sur le thème des mangas et des jeux vidéos vintage, propose des chambres récentes et bien tenues. Espace guinguette, terrain de boule, solarium, et amusante idée de corner sous forme de Food truck. They will "Rocky Pop" you.

⬉ 🖥 ♿ 🏋 🅿 – 148 chambres

1476 avenue des Alpages – ℰ 04 85 30 00 00 – www.rockypop-chamonix.com

L'ISLE-D'ABEAU

✉ 38080 – Isère – Carte régionale n° **2**-B2 – Carte Michelin 333-E4

LE RELAIS DU ÇATEY

CLASSIQUE · TENDANCE XX Décor et éclairage contemporains soulignent le cachet préservé de cette maison dauphinoise de 1774. Rognon de veau juste poêlé et beurre mousseux au poivre de Sarawak ; mirabelles en tarte fine... Plats classiques et pointes d'inventivité.

🍴 🍽 👪 🏠 ♿ 🔄 🅿 – Menu 30€ (déjeuner), 45/70€

10 rue du Didier – ℰ 04 74 18 26 50 – www.le-relais-du-catey.com – Fermé 1ᵉʳ-4 janvier, 1ᵉʳ-9 mai, 31 juillet-23 août, lundi, dimanche

JASSANS-RIOTTIER

✉ 01480 – Ain – Carte régionale n° **2**-B1

⅏◯ **L'EMBARCADÈRE**

TRADITIONNELLE · **BRASSERIE** ⅀ "Cuisine de campagne au bord de l'eau" : voilà le credo de cette adresse griffée Georges Blanc, au bord de la Saône, entre guinguette chic et brasserie contemporaine. Quand la tradition se fait tendance... Embarquement immédiat !

🛋 ⅋ 🅼 ⇄ – Menu 22 € (déjeuner), 25/57 € – Carte 37/69 €

15 avenue de la Plage – ℰ 04 74 07 07 07 – www.lespritblanc.com

JONGIEUX

✉ 73170 – Savoie – Carte régionale n° **2**-C1 – Carte Michelin 333-H3

✿✿ **LES MORAINIÈRES**

Chef: Michaël Arnoult

CRÉATIVE · **CONTEMPORAIN** ⅀⅀⅀ Michaël Arnoult, formé chez Emmanuel Renaut, a transformé l'auberge des Morainières en un véritable petit paradis, dominant le coteau planté de vignes et la vallée du Rhône. Son credo : la fraîcheur du produit et le respect de celui ou celle qui l'a fait grandir. Choisir les producteurs locaux, les connaître, travailler de concert avec eux : une priorité. Pièce de gibier, asperges vertes, agneau de lait, truite ou féra... cette exigence se lit dans l'assiette, que l'on déguste dans une salle épurée, ouvrant sur la vallée. Pour l'étape, six chambres confortables vous attendent à quelques kilomètres de là, avec service voiturier. Plus que jamais, les Morainières valent le détour.

Spécialités : Tartare d'écrevisses du Rhône, tagète signata et coriandre. Lavaret du lac du Bourget, carotte, citron et cumin des prés. Lait bio de nos fermes environnantes, vanille et épeautre soufflé.

🛏 ⅀ 🛋 ⅋ 🅼 🅿 – Menu 70 € (déjeuner), 130/180 €

*Route de Marétel – ℰ 04 79 44 09 39 – www.les-morainieres.com –
Fermé 26 décembre-15 janvier, lundi, mardi*

JOUX

✉ 69170 – Rhône – Carte régionale n° **2**-A1 – Carte Michelin 327-F4

⅏◯ **LE TILIA**

MODERNE · **AUBERGE** ⅀⅀ Tilia ? C'est le nom latin du tilleul, dont un spécimen quadri-centenaire trône en face du restaurant. Le chef, qui a notamment travaillé aux Etats-Unis et en Australie, mitonne une cuisine traditionnelle, qui s'offre parfois des escapades plus modernes - filets de rougets, beignet de calamars et sauce vierge ; cassolette de veau et ris, pommes nouvelles et légumes de Saint-Romain... Et pour le repos du gourmet, cinq jolies chambres contemporaines rendent hommage aux chefs illustres pour lesquels le patron a travaillé (Bocuse, Haeberlin, Lorrain...).

🛏 🛋 ⅋ ⇄ 🅿 – Menu 20 € (déjeuner), 32/85 € – Carte 52/73 €

*Place du Plaisir – ℰ 04 74 05 19 46 – www.letilia.com –
Fermé lundi, mardi, dimanche soir*

JOYEUSE

✉ 07260 – Ardèche – Carte régionale n° **2**-A3 – Carte Michelin 331-H7

⅏◯ **LA MAISON DE NANY**

MODERNE · **COSY** ⅀ On franchit une volée de marches pavées, dans ce petit centre-ville joliment préservé, pour rejoindre le repaire de Nany : une trentaine de places assises, quelques objets chinés... et bien sûr la cuisine de la cheffe, simple et maîtrisée, renouvelée chaque semaine. On aurait tort de se priver.

Carte 40/50 €

*6 rue de la Recluse – ℰ 06 26 59 53 37 –
Fermé 20 décembre-13 février, lundi, mardi*

LAGORCE

✉ 07150 – Ardèche – Carte régionale n° **2**–A3 – Carte Michelin 331-I7

‖○ LES TILLEULS

TRADITIONNELLE · **CONVIVIAL** Ⅹ Dans cette belle demeure en pierre dans un village pittoresque de l'Ardèche, une cuisine "tradi" axée sur la région et les saisons. C'est généreux, et bien accompagné de vins locaux. Agréable terrasse avec vue sur les massifs environnants.

🛱 ⅙ 🅼 – Menu 24/45 € – Carte 39/53 €

240 rue de la Traverse – ℰ 04 75 37 72 12 – www.restaurant-lestilleuls.com –
Fermé 1ᵉʳ janvier-18 mars, lundi, dimanche soir

LANARCE

✉ 07660 – Ardèche – Carte régionale n° **2**–A3 – Carte Michelin 331-G5

‖○ LE PROVENCE

TRADITIONNELLE · **FAMILIAL** ⅩⅩ À mi-chemin entre Aubenas et Le Puy-en-Velay, faites étape dans ce sympathique restaurant ! On y apprécie une cuisine gourmande et généreuse axée sur les produits du terroir : agneau provenant de l'élevage familial, charcuteries, cèpes, myrtilles, etc. Une bonne adresse.

🖚 🖝 🛱 🅼 ⊞ 🅿 🚗 – Menu 23/31 €

N 102 – ℰ 04 66 69 46 06 – www.hotel-le-provence.com –
Fermé 8 novembre-10 mars, lundi, mardi midi, dimanche soir

LANS-EN-VERCORS

✉ 38250 – Isère – Carte régionale n° **2**–C2 – Carte Michelin 333-G7

🐸 LE BOIS DES MÛRES

TRADITIONNELLE · **CONTEMPORAIN** Ⅹ Lovée au cœur de la verdure, cette adresse séduit par le soin apporté aux préparations goûteuses, à l'instar du suprême de poulet jaune fermier, farci aux grenouilles persillées. Agréable terrasse pour l'été et menu déjeuner à prix imbattable !

Spécialités : Gambas panées aux noisettes, coulis de petits pois. Filet de truite à la mousse de cèpes, boulgour au colombo. Parfait glacé à la Chartreuse, salade de fruits rouges.

🛱 – Menu 18 € (déjeuner)/32 € – Carte 45/50 €

815 avenue Léopold-Fabre – ℰ 04 76 95 48 99 – Fermé 28 mars-28 avril,
21 novembre-17 décembre, lundi, mardi, mercredi soir, jeudi soir

LENT

✉ 01240 – Ain – Carte régionale n° **2**–B1 – Carte Michelin 328-E4

🐸 AUBERGE LENTAISE

MODERNE · **AUBERGE** ⅩⅩ Au centre du village, où trône une petite tour de l'horloge, cette ancienne maison de cocher reconvertie en auberge est sans conteste la bonne adresse du coin : le jeune couple qui dirige (seul) l'endroit propose une cuisine de qualité, au goût du jour, préparée avec des produits frais et locaux, et servis à l'intérieur ou en terrasse. Menus plus ambitieux le soir.

Spécialités : Maquereau en gravelax au chou rouge. Cochon de la tête au pied. Cheesecake à la rhubarbe.

🛱 ⅙ – Menu 28 € (déjeuner), 34/74 €

Grande-Rue – ℰ 04 74 21 55 05 – www.auberge-lentaise.fr – Fermé 4-14 janvier,
2-5 août, 24-28 décembre, lundi, mardi, mercredi soir, dimanche soir

LOIRE-SUR-RHÔNE

✉ 69700 – Rhône – Carte régionale n° **2**–B2 – Carte Michelin 327-H6

⫩◯ **MOUTON-BENOÎT**

MODERNE · **CONTEMPORAIN** XX Au bord de la route, cet établissement fondé en 1822 abritait autrefois les fourneaux des "mères" Dumas. En hiver, on y déguste la spécialité du chef : le lièvre à la royale selon la recette immortalisée par le sénateur Couteaux... il y a plus d'un siècle ! Enfin, de délicieux desserts viennent conclure ce repas.

🍴 🍸 – Menu 32 € (déjeuner), 45/60 €

1167 route de Beaucaire – ☎ 04 78 07 96 36 – www.restaurant-moutonbenoit.co – Fermé lundi, mardi, dimanche soir

LUCINGES

✉ 74380 – Haute-Savoie – Carte régionale n° **4**–F1 – Carte Michelin 328-k3

⫩◯ **LE BONHEUR DANS LE PRÉ**

MODERNE · **BISTRO** X Dans cette vieille ferme en pleine nature, on joue à fond la carte de l'authenticité ! En cuisine, le chef compose un menu unique à partir de beaux produits locaux. Le tout bien accompagné d'un vin du coin. Dès lors, comment ne pas être convaincu que... le Bonheur est dans Le Pré ! Belle carte des vins.

🍴 ⫫ 🍸 🍸 ♿ 🅿 – Menu 35/40 €

2011 route de Bellevue – ☎ 04 50 43 37 77 – www.lebonheurdanslepre.com – Fermé 2-17 janvier, lundi, mardi midi, mercredi midi, jeudi midi, vendredi midi, samedi midi, dimanche soir

LYON – Rhône (69) ➜ Voir Lyon et Environs

MACHILLY

✉ 74140 – Haute-Savoie – Carte régionale n° **4**–F1 – Carte Michelin 328-K3

🕸 **LE REFUGE DES GOURMETS**

Chef: Jean-Marie et Hubert Chanove

MODERNE · **ÉLÉGANT** XXX Dans ce petit village de Haute-Savoie qui fut long-temps un haut-lieu de la culture de la framboise, le gourmet trouvera refuge dans cette auberge discrète. Ce restaurant cossu, d'inspiration Belle Époque, affiche désormais plus de trois décennies de longévité. À la suite de son père Jean-Marie, le chef Hubert Chanove (passé par de belles maisons étoilées comme celles des frères Raimbault, d'Arnaud Donckele, de Jean Sulpice ou de Michel Troisgros) compose une cuisine moderne aux touches créatives, inspirée des produits locaux et de la cueillette des fleurs et des herbes sauvages. Ses préparations s'articulent en général autour d'une saison ou d'un produit (écrevisses et poissons du Léman, chasse, homard, morilles, truffe noire...).

Spécialités : Omble chevalier du Léman mi-cuit, framboises de Machilly et marjo-laine. Volaille de Bresse rôtie, écrevisse du lac et cèpes en écailles d'amandes. Myrtilles sauvages, crémeux de noisette du Piémont et crème glacée au foin.

🍸 ♿ 🎦 ⇔ 🅿 – Menu 67/98 €

90 route des Framboises – ☎ 04 50 43 53 87 – www.refugedesgourmets.com – Fermé 22 février-2 mars, 16 août-2 septembre, lundi, mardi, dimanche soir

⫩◯ Le **Refuge des Gourmets - Côté Bistro** - Voir la sélection des restaurants

⫩◯ **LE REFUGE DES GOURMETS - CÔTÉ BISTRO** ⓝ

TRADITIONNELLE · **BISTRO** X Le talentueux chef Hubert Chanove a ouvert ce bistrot en complément de son restaurant étoilé. Carte courte, jolis produits, saveurs marquées et cuissons maîtrisées : une alternative sympathique dans cette maison familiale. Le chef propose une cuisine inspirée du terroir ; ainsi le beau carré de veau fermier, girolles et sauge. Ouvert uniquement le midi, quatre jours par semaine et sur réservation. Terrasse bienvenue en été.

🍸 ♿ 🅿 – Carte 40/52 €

Le Refuge des Gourmets, 90 route des Framboises – ☎ 04 50 43 53 87 – www.refugedesgourmets.com – Fermé 22 février-2 mars, 16 août-2 septembre, lundi, mardi, dimanche et le soir

MALATAVERNE

✉ 26780 – Drôme – Carte régionale n° **2**-B3 – Carte Michelin 332-B7

❀ LE DOMAINE DU COLOMBIER

CRÉATIVE · **ÉLÉGANT** XxX Sur les ruines d'un ermitage monastique, en pleine Drôme provençale, ce restaurant séduit d'abord l'œil avec sa pierre apparente, ses plafonds voûtés, son mobilier vintage et son apaisante terrasse. Aux fourneaux, on trouve le chef Jean-Michel Bardet, ancien second d'Emmanuel Renaut à Londres puis à Megève, et ancien chef du Moulin de L'Abbaye à Brantôme. Comme on l'imaginait, il maîtrise très bien son sujet, et peut compter sur le soutien d'une équipe solide. Les assiettes, légères et bien présentées, célèbrent la région avec à-propos : gambero de Méditerranée "plancha", condiment de fenouil sauvage et pâte de cacahuètes ; pigeon fermier de la Drôme cuit sur carcasse, onctueux petit épeautre aux amandes...

Spécialités : Gigolettes de grenouilles cuites au beurre, girolles d'Ardèche et émulsion de persil. Pigeon fermier cuit sur carcasse, petit épeautre aux amandes. L'amande et l'olive noire, glace au lait de chèvre de la Drôme.

꿈 ⌂🍴🅐🅒 ⇄ 🅿 – Menu 48 € (déjeuner), 74/92 €

Hôtel Le Domaine du Colombier, 270 chemin de Malombre – ℰ 04 75 90 86 86 – www.domaine-colombier.com – Fermé 4-29 janvier, 20-29 avril, 26 octobre-4 novembre, mardi, mercredi

🌸 **Le Bistrot 270** – Voir la sélection des restaurants

🌸 LE BISTROT 270

TRADITIONNELLE · **BISTRO** X Le second restaurant du Domaine du Colombier propose une cuisine de bistrot bien ficelée, inspirée par des produits d'une qualité irréprochable. Les recettes simples et goûteuses, aux saveurs franches, font honneur aux classiques - foie gras de canard mi-cuit ; quasi de veau ; parmentier. Aux beaux jours, on profite de la terrasse, située à proximité de la piscine et du bar du pool house, avec vue sur les champs et la bastide.

Spécialités : Velouté de courge, espuma de lard, graines torréfiées. Poulet fermier cuit à la rôtissoire, jus à l'estragon. Feuilleté chocolat praliné, sorbet cacao.

⌂🍴🅐 🅿 – Menu 32/42 €

Hôtel Le Domaine du Colombier, 270 chemin de Malombre – ℰ 04 75 90 86 86 – www.domaine-colombier.com – Fermé dimanche

⌂⌂⌂ LE DOMAINE DU COLOMBIER

LUXE · **ÉLÉGANT** Imaginez une bastide du 15ᵉ s. au cœur de la Drôme provençale. Une adresse de charme où les chambres rivalisent de douceur et d'authenticité. À cela s'ajoutent un parc arboré, une belle piscine et un accueil aux petits soins. Tout est si paisible, propice à une agréable échappée !

🛁 ⟨ ⌂ 🔒 🅐 🏊 🅿 – 22 chambres – 2 suites

270 chemin de Malombre – ℰ 04 75 90 86 86 – www.domaine-colombier.com

❀ **Le Domaine du Colombier** · 🌸 **Le Bistrot 270** – Voir la sélection des restaurants

MANIGOD

✉ 74230 – Haute-Savoie – Carte régionale n° **4**-F1 – Carte Michelin 328-L5

❀❀ LA MAISON DES BOIS - MARC VEYRAT

Chef : Marc Veyrat

CRÉATIVE · **MONTAGNARD** XxxX Marc Veyrat reçoit à Manigod, le village de son enfance. Dans un cadre montagnard élégant et chaleureux (assiettes en grès, argenterie ancienne, objets paysans), armé d'un précieux Opinel, on prend part à la symphonie pastorale organisée par le chef. Un cueilleur-botaniste, en tenue savoyarde traditionnelle, nous fournit des explications sur les plantes sauvages présentes dans l'assiette ; tout au long du repas, c'est un défilé de senteurs de sous-bois – sève de sapin, champignons –, de notes herbacées, avec l'utilisation d'outils et techniques variés... À noter : l'expérience se paie au prix fort.

Spécialités: Foie gras à la myrrhe odorante. Saumon cuit dans l'écorce d'épicéa, émulsion de sève. L'avalanche de desserts.

🏵 ⪕ 🍴 ⅙ 🅿 – Menu 295 € (déjeuner)/395 €

Au Col de la Croix-Fry – 𝒞 04 50 60 00 00 – www.marc-veyrat.fr – Fermé lundi, mardi, mercredi, jeudi midi

🍴○ LA TABLE DE MARIE-ANGE

TRADITIONNELLE · **INTIME** XX La terrasse face aux Aravis est tout simplement magique, et il est difficile de quitter la Table de Marie-Ange... On se régale d'une jolie cuisine pétrie d'authenticité, comme avec cette rissole aux cèpes ou cette tourte au reblochon. Joli décor mêlant vieux bois et outils de paysans, accueil souriant.

⪕ 🍴 🍽 🅿 – Menu 74/92 € – Carte 80/100 €

Chalet Hôtel Croix-Fry, Route du Col – 𝒞 04 50 44 90 16 – www.hotelchaletcroixfry.com – Fermé 10 avril-27 juin, 5 septembre-18 décembre, lundi, mardi midi, mercredi midi

🏨 LA MAISON DES BOIS - MARC VEYRAT

LUXE · **MONTAGNARD** Prolonger l'expérience gastronomique unique par une nuit en altitude, c'est possible... Ce petit hameau savoyard aux chambres luxueuses offre une vue fastueuse sur les massifs alpins. Marc Veyrat a réalisé la maison de ses rêves, sur les terres de son enfance.

🧖 ⪕ 🍴 🕸 🅿 – 8 chambres – 2 suites

Au Col de la Croix-Fry – 𝒞 04 50 60 00 00 – www.marc-veyrat.fr

🏵🏵 **La Maison des Bois - Marc Veyrat** – Voir la sélection des restaurants

LES MARCHES

✉ 73800 – Savoie – Carte régionale n° **4**-F2 – Carte Michelin 333-I5

🍴○ LE K'OZZIE

MODERNE · **COSY** X Ce restaurant accueillant – et cosy ! – est le repaire de Maude et Sébastien, qui se sont rencontrés en Australie, pays des "Aussies" ou... "Ozzies". Vous n'aurez d'autre choix que de vous laisser guider par l'inspiration du chef ; seule vous sera présentée une liste (non exhaustive) de produits du moment. Enigmatique et savoureux.

🍽 🅿 – Menu 24/63 €

20 route de Francin, Porte-de-Savoie – 𝒞 04 79 36 91 76 – www.lekozzie.com – Fermé 22 juin-12 juillet, 21 décembre-4 janvier, lundi, mardi midi, dimanche

MARGENCEL

✉ 74200 – Haute-Savoie – Carte Michelin 328-L2

🍴○ LE CLOS DU LAC

MODERNE · **TRADITIONNEL** XX Dans cette vieille ferme restaurée, on a certes conservé les mangeoires en pierre, mais tout est feutré et élégant. Le chef réalise une cuisine soignée et bien sentie, mettant en avant ses trouvailles du marché et les beaux produits régionaux. Quant aux chambres, colorées et contemporaines, elles sont bien agréables.

⪕ 🍽 ⅙ 🅿 – Menu 36/70 € – Carte 49/85 €

2 route des Meules, port de Séchex – 𝒞 04 50 72 48 81 – www.restaurant-leclosdulac.com – Fermé 31 mai-10 juin, 4-14 octobre, 3-20 janvier, lundi, mardi, dimanche soir

MARIGNY-ST-MARCEL

⌾ 74150 – Haute-Savoie – Carte régionale n° **4**–F1 – Carte Michelin 328-I6

⫶○ BLANC

TRADITIONNELLE · **CONTEMPORAIN** XX Cette auberge familiale propose deux options alléchantes : un restaurant contemporain et élégant, bénéficiant d'une carte travaillée, avec de beaux produits, ou la brasserie boisée au décor de chalet, où priment les spécialités fromagères savoyardes (tout comme les grenouilles et la perche). Chambres confortables, pour ceux qui souhaitent profiter de la région.

⇦ 🏠 ♿ 🅰 ⇄ 🅿 – Menu 17 € (déjeuner), 34/120 € – Carte 34/120 €

90 avenue Sindeldorf – ℰ 04 50 01 09 50 – www.blanc-hotel-restaurant.fr –
Fermé 1ᵉʳ-11 janvier, samedi, dimanche soir

MAXILLY-SUR-LÉMAN

⌾ 74500 – Haute-Savoie – Carte régionale n° **4**–F1

⫶○ CHEZ MATHILDE

MODERNE · **CONVIVIAL** X Mathilde est la fille du célèbre pêcheur du Léman, Eric Jacquier. La voilà installée dans ce lumineux petit restaurant de centre du village avec comptoir en béton, luminaires décalés et mobilier bistrot en bois clair. Elle propose une petite ardoise à son image : spontanée, ludique et intuitive. Fort sympathique.

🏠 🅰 – Carte 45/55 €

97 route de Lugrin – ℰ 04 50 74 36 31 – www.restaurant-chez-mathilde.com –
Fermé lundi, mardi

HandmadePictures/Fotolia.com

✉ 74120 - Haute-Savoie
Carte régionale n° **4**-F1
Carte Michelin 328-M5

MEGÈVE

Megève l'élégante, ses chalets rustiques chics, ses hôtels de luxe, ses routes chauffées, ses boutiques de créateurs... et sa tartiflette. Il suffit de se promener dans la région au printemps, quand les praires sont redevenues verdoyantes et que les belles tarines aux longs cils vous adressent de tendres clins d'œil pour prendre conscience de l'insolente richesse de son terroir. Agneau, poulardes, légumes, fruits, fleurs, et herbes ! Le plus beau, c'est que tout cela se mange. Serpolet, genévrier commun, crocus printanier, ail des ours, reine-des-prés... Grimpez au mont d'Arbois, fermez les yeux, le vent caresse votre visage. Cet air pur, vivifiant, qui pique vos paupières, n'est-ce pas le parfum du bonheur ? Et cette délicieuse odeur qui titille votre estomac crapahuteur, n'est-ce pas le fumet d'un chausson savoyard, cette spécialité préparée à base de pâte feuilletée, composée d'une farce aux lardons, de crème fraîche et de pommes de terre ? Décidément, aux pays des alpages, la gastronomie française est chez elle.

Restaurants

✿✿✿ FLOCONS DE SEL

Chef: Emmanuel Renaut

CRÉATIVE • **ÉLÉGANT** XXX Perdu dans les montagnes de Megève, l'hôtel-restaurant d'Emmanuel Renaut est une victoire de la simplicité. Meilleur Ouvrier de France, le chef entame sa carrière aux Ambassadeurs (Hôtel de Crillon), époque bénie où Constant, Camdeborde, Frechon et Rouquette s'agitaient ensemble aux fourneaux. Il rejoint ensuite Marc Veyrat à l'Auberge de l'Éridan, qu'il seconde en cuisine durant un septennat. Bien que très attaché aux produits savoyards (ses ombles et féras proviennent du lac Léman), il ne s'interdit rien : son plaisir suprême consiste à prendre le contre-pied d'une cuisine de région parfois attendue - comme avec ses deux millimètres de polenta, devenus sa signature. Une cuisine d'altitude pour un chef au sommet.

Spécialités : Filet de féra du lac Léman cuite au sel servie froide, jus à la berce. Filet de chevreuil, sauce mondeuse et genièvre. Glace au lait du Val d'Arly, compotée d'abricot et fine lamelle de meringue.

P - Menu 180 € (déjeuner), 220/350 € - Carte 150/250 €

Hors plan - *1775 route du Leutaz, Le Leutaz - ✆ 04 50 21 49 99 - www.floconsdesel.com - Fermé 11 avril-4 juin, 2 novembre-4 décembre, lundi midi, mardi, mercredi, jeudi midi*

❀❀ LA TABLE DE L'ALPAGA

MODERNE · ÉLÉGANT XX Qu'il est doux de s'attabler dans ce nid douillet et chic où les matériaux bruts et nobles (marbre, chêne) composent un décor intemporel. Trentenaire intense et passionné, ancien second aux Sources de Caudalie et chez Christopher Coutanceau, le Bordelais Anthony Bisquerra raconte ici une histoire de la cuisine savoyarde : noble ambition ! Avec beaucoup d'intensité aromatique, il conte avec brio les saveurs oubliées et subjugue les produits régionaux. Son traitement des légumes, notamment, révèle une grande finesse. Comme on peut s'y attendre en Savoie, le plateau de fromages tutoie les cimes et met en valeur le travail des petits fromagers et affineurs locaux.

Spécialités : Champignons, sarrasin et jaune d'œuf confit. Farcement savoyard à ma façon. Chocolat et Chartreuse.

⇐ 🍴 ⼺ 🍽 🚗 – Menu 130/160 € – Carte 110/130 €

Hors plan – *Alpaga, 66 allée des Marmoussets, route du Prariand –*
☏ *04 50 91 48 70 – www.alpaga.com –*
Fermé 1ᵉʳ avril-29 juin, 6 septembre-7 décembre, lundi, mardi

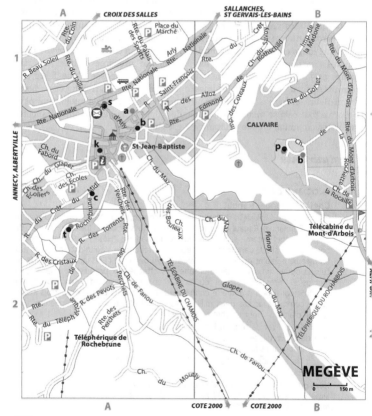

❀ PRIMA

CLASSIQUE · BOURGEOIS 🕸🕸🕸 *(Restaurant fermé temporairement en raison de la crise sanitaire)* Seul aux fourneaux de ce chalet "historique" de la famille Rothschild, Nicolas Hensinger a carte blanche et s'en donne à cœur joie. L'Alsacien a su tirer le meilleur de ses expériences aux côtés d'Olivier Nasti à Kaysersberg puis de Yannick Alléno à Paris, sans oublier son séjour au mythique restaurant de l'Hôtel de Ville de Crissier. Ache des montagnes, ortie, oxalis, foin (pour la cuisson) et safran de la Maurienne, herbes et fleurs des prairies alpines : ce cuisinier est aussi un cueilleur dont les réalisations, fines et inspirées, assument de jolis clins d'œil aux terroirs voisins (Savoie, Dauphiné). Le tout s'arrose de beaux vins du monde entier.

Spécialités : Jaune d'œuf au rampon, truffe noire et mouillette fumée au sarment de vigne. Omble chevalier de nos eaux douces cuit à l'étuvée. Soufflé à la verveine.

🕸 ⇔🕸🕸 🅿 – Menu 150 € – Carte 120/180 €

Plan : B1-b – *Chalet du Mont d'Arbois, 447 chemin de la Rocaille –* ☏ 04 50 21 25 03 – www.fourseasons.com/megevechalets – *Fermé 1er avril-1er novembre, mardi, mercredi et le midi*

🍽 LA DAME DE PIC - LE 1920

MODERNE · ÉLÉGANT 🕸🕸🕸 Une nouvelle page gastronomique s'ouvre au sein du Four Seasons Hotel Megève : le 1920 continue de célébrer les plaisirs de la table sous la houlette de Anne-Sophie Pic, qui signe une carte de belle tenue.

🕸 ⇔🕸🕸🅐🕸 – Menu 105 (déjeuner)/250 € – Carte 170 €

Plan : B1-p – *Four Seasons Megève, 373 chemin des Follières –* ☏ 04 50 78 62 65 – www.fourseasons.com/fr/megeve/dining/restaurants/le-1920 – *Fermé 1er avril-31 mai, 1er octobre-30 novembre, lundi,dimanche*

🍽 BEEF LODGE

VIANDES · ÉLÉGANT 🕸🕸 Un vrai repaire de carnivores, au décor très "animal" : trophées, peaux de bête, cuir... Dans la lignée des steakhouses américains, on y propose des viandes de grande qualité, sélectionnées – et maturées – avec soin : bœuf Black Angus ou Simmental, premium du Texas...

🕸 🅿 – Menu 43 € (déjeuner)/53 € – Carte 50/110 €

Plan : A1-s – *Lodge Park, 100 rue d'Arly –* ☏ 04 50 93 05 03 – www.lodgepark.com – *Fermé 5 avril-21 décembre, lundi midi, mardi midi, mercredi midi, jeudi midi, vendredi midi*

🍽 FLOCONS VILLAGE

TRADITIONNELLE · AUBERGE 🕸🕸 La deuxième adresse d'Emmanuel Renaut, le chef bien connu des Flocons de Sel. Ces Flocons-ci jouent la carte de la simplicité et de la franchise, avec une cuisine actuelle soignée et des bons plats du terroir.

🕸 – Menu 41 €

Plan : A1-a – *75 rue Saint-François –* ☏ 04 50 78 35 01 – www.floconsdesel.com – *Fermé 12 avril-4 juin, 1er novembre-3 décembre, lundi*

🍽 KAITO

JAPONAISE · ÉPURÉ 🕸🕸 Quand Megève rencontre le Japon, ça fait des étincelles ! Sashimis, tataki et sushis de belle fraîcheur côtoient, à la carte, des produits montagnards délicatement travaillés... comme ce gâteau de Savoie, glace aubépine. Une cuisine fine et créative, dont on peut profiter sur la terrasse avec une jolie vue sur les pistes.

⇔🕸🕸🅿 – Menu 70 € (déjeuner)/140 € – Carte 60/210 €

Hors plan – *Four Seasons Megève, 373 chemin des Follières –* ☏ 04 50 78 62 64 – www.fourseasons.com/megeve – *Fermé 1er avril-31 mai, 1er octobre-30 novembre, lundi midi, mardi midi, mercredi midi, jeudi midi*

LE REFUGE

TRADITIONNELLE · AUBERGE XX Un charmant Refuge, typique et convivial, sur les hauteurs de la station. On y sert une vraie cuisine de chef, fine et goûteuse, mais aussi les incontournables savoyards. Parmi les spécialités : volaille rôtie au jus de truffe, tartelette de légumes bio... Avec, en prime, une sélection de grands crus servis au verre.

≤ 🏠 🅿 – Menu 30 € (déjeuner) – Carte 55/75 €

Hors plan – *Hameau de Leutaz* – ℰ 04 50 21 23 04 – www.refuge-megeve.com – *Fermé 15 avril-15 juin, 2-26 novembre, lundi*

LE ST-NICOLAS

MODERNE · RUSTIQUE XX On entre (le soir uniquement) dans cette taverne joliment réhabilitée, pour déguster de bonnes assiettes à la gloire de la tradition et du terroir : escargots au beurre persillé, noix de quasi de veau rôti, filet de truite de Savoie et beurre blanc... le tout à prix d'ami ! Ce St-Nicolas est clairement la bonne affaire de la station.

🏠 – Menu 48/65 € – Carte 35/65 €

Plan : A2-t – *Au Coin du Feu, 252 route de Rochebrune* – ℰ 04 50 21 04 94 – www.coindufeu.com – *Fermé le midi*

Hôtels

FOUR SEASONS MEGÈVE

RESORT · GRAND LUXE Trois ans de travaux, 55 chambres dont 14 suites (allant jusqu'à 150 m^2), où le bois prédomine, dans un esprit chalet. Le superbe spa de 900 m^2 propose coiffeur, barbier, salles de massage et fitness, piscine extérieure et intérieure. Profitez aussi des activités exclusives : balade en chien de traîneaux, motoneige, et golf en été. Le grand luxe à deux pas de l'héliport.

⟆ ≤ 🛏 🛋 🖥 ☺ 🐾 🎵 🛗 ♿ 🅰🅲 🛋 🚗 – 41 chambres – 14 suites

Hors plan – *373 chemin des Follières* – ℰ 04 50 21 12 11 – www.fourseasons.com/megeve

🟤 **Kaito** · 🟤 **La Dame de Pic - Le 1920** – Voir la sélection des restaurants

LES FERMES DE MARIE

LUXE · PERSONNALISÉ On se verrait bien vivre dans ce hameau de fermes savoyardes reconstituées. Les chambres sont délicieusement montagnardes, boisées, décorées avec goût dans le style de la famille Sibuet, reconnaissable entre mille... Et le spa est superbe. Un véritable paradis des neiges !

🏠 ⟆ ≤ 🛏 🖥 ☺ 🐾 🎵 🛗 ♿ 🅿 🚗 – 69 chambres – 8 suites

Hors plan – *163 chemin de la Riante-Colline* – ℰ 04 50 93 03 10 – www.fermesdemarie.com

LODGE PARK

RESORT · PERSONNALISÉ Atypique, chic et hors du temps : ce Lodge Park est tout cela à la fois. L'ambiance ? Celle d'une maison de trappeur dans le Grand Nord. Trophées de chasse, peaux de bêtes aux murs, cornes et bustes bovins... depuis les chambres, élégantes et chaleureuses, jusqu'au superbe spa "Pure Altitude" !

🛋 🖥 ☺ 🎵 🛗 ♿ 🅿 🚗 – 39 chambres – 10 suites

Plan : A1-s – *100 rue d'Arly* – ℰ 04 50 93 05 03 – www.lodgepark.com

🟤 **Beef Lodge** – Voir la sélection des restaurants

M DE MEGÈVE

LUXE · MONTAGNARD L'esprit savoyard et le grand confort se sont donné rendez-vous dans cet imposant chalet du cœur de Megève ! Le bois y est omniprésent, notamment dans les chambres, chic et chaleureuses ; on profite également d'un superbe spa, d'un hammam et d'une piscine avec jacuzzi.

🏠 🖥 ☺ 🎵 🛗 ♿ 🔥 🅿 🚗 – 22 suites – 20 chambres

Plan : A1-c – *15 route de Rochebrune* – ℰ 04 50 21 41 09 – www.mdemegeve.com

ALPAGA

LUXE · MONTAGNARD Ce hameau de chalets très chic cultive sa différence à l'écart de la station : les chambres sont superbes dans leur esprit épuré – et néanmoins chaleureux –, loin des chalets les plus traditionnels. Mention spéciale pour le délicieux spa et son bain suédois avec vue sur le massif du Mont-Blanc...

🛁 ⋖ 🌐 🛜 📶 ☷ 🅿 🚗 – 22 chambres – 5 suites

Hors plan – *66 allée des Marmoussets, route du Prariand* – ☏ 04 50 91 48 70 – www.alpaga.com

❀❀ **La Table de l'Alpaga** – Voir la sélection des restaurants

CHALET DU MONT D'ARBOIS

LUXE · MONTAGNARD Sous l'égide de la famille Rothschild, trois grands chalets très chic, chaleureux et raffinés, avec une vue sublime sur les sommets : toute la féerie de Megève. Ou l'art d'apprécier le luxe d'une piscine intérieure-extérieure chauffée à 30° C.

🍽 🛁 ⋖ 🛏 🏊 🌐 📶 ☷ 🅿 – 41 chambres – 6 suites

Plan : B1-p – *447 chemin de la Rocaille* – ☏ 04 50 21 25 03 – www.fourseasons.com/megevechalets

❀ **Prima** – Voir la sélection des restaurants

LE CHALET ZANNIER

LUXE · MONTAGNARD Un ensemble de trois superbes chalets savoyards, possédant un joli centre de détente avec piscine, hammam et sauna. L'esprit de luxe montagnard règne dans les chambres, sobres et chic, jamais tape-à-l'œil, et dans les nombreux services (navette privée vers la station).

🍽 🛁 ⋖ 🏊 🌐 🛜 ☷ 🅿 🚗 – 8 chambres – 4 suites

Hors plan – *367 route du Crêt* – ☏ 04 50 21 01 01 – www.zannierhotels.com

FLOCONS DE SEL

LUXE · DESIGN Les Flocons de Sel sont aussi un hôtel charmant ! Les chambres, réparties dans trois chalets, dévoilent le meilleur du chic montagnard : bois omniprésent, grands lits, salles de bains design... Le spa (avec sauna et hammam), la piscine couverte et le bain suédois achèvent d'en faire un lieu à part.

🛁 ⋖ 🛏 🏊 🌐 🛜 ☷ 🅿 🚗 – 6 chambres – 4 suites

Hors plan – *1775 route du Leutaz, Le Leutaz* – ☏ 04 50 21 49 99 – www.floconsdesel.com

❀❀❀ **Flocons de Sel** – Voir la sélection des restaurants

MONT-BLANC

HISTORIQUE · COSY Le mythique doyen des hôtels mégevans, magnifiquement illuminé le soir venu : le "21e arrondissement de Paris" selon Cocteau, qui y a laissé son empreinte. Du faste, un bar à champagne, le charme des sports d'hiver... la belle vie, très mondaine, en plein cœur de la station !

🍽 🏊 🌐 🛜 ☷ – 27 chambres – 11 suites

Plan : A1-k – *29 rue Ambroise-Martin (place de l'Église)* – ☏ 04 50 21 20 02 – www.hotelmontblanc.com

AU COIN DU FEU

FAMILIAL · COSY Boiseries anciennes, murs chaulés, salles de bains modernes en granit et salon d'accueil au coin du feu... Atmosphère authentique, familiale et chic, pour cet hôtel entièrement rénové. Petit espace bien-être avec salle de massage.

⋖ 🛜 ☷ 📶 – 22 chambres

Plan : A2-t – *252 route de Rochebrune* – ☏ 04 50 21 04 94 – www.coindufeu.com

🍴 **Le St-Nicolas** – Voir la sélection des restaurants

CŒUR DE MEGÈVE

FAMILIAL · COSY Un hôtel idéalement situé sur l'artère principale de la station, entièrement réhabilité dans un esprit alpin contemporain, et riche de nobles matériaux (bois de noyer brossé, laine, pierre du Hainaut). Déclinaison de couleurs brique, anis et bleu acier dans les chambres, avec vue sur les pistes, sur le village ou le torrent. Et pour se restaurer, la Muse, brasserie chic et conviviale.

分 ⊕ 🖥 – 39 chambres

Plan : A1-b – *44 rue Charles-Feige* – ☏ *04 50 21 25 30* – *www.coeurdemegeve.com*

MENTHON-ST-BERNARD

✉ 74290 – Haute-Savoie – Carte régionale n° **4**–F1 – Carte Michelin 328-K5

LE CONFIDENTIEL

MODERNE · COSY ⅹ Parmi tous les restaurants (dont de grosses cylindrées !) qui entourent le lac, cette maison fait office de petit poucet... au grand talent. Dans une mini-salle se succèdent des plats d'une efficacité incontestable, où la franchise des saveurs va de pair avec une ambiance conviviale et détendue. Maintenant que vous êtes dans la confidence, courez-y. Un coup de cœur.

Spécialités : Cru et cuit de légumes verts. Féra du Léman, spaghetti de courgettes. Tout chocolat.

Menu 34/43 €

24 route des Moulins – ☏ *04 50 44 00 68* – *www.restaurant-leconfidentiel.fr* – *Fermé 8-20 janvier, 5-20 avril, 15 août-5 septembre, lundi, dimanche*

ⅢO LE VIÙ

MODERNE · TENDANCE ⅩⅩ De la couleur, une vue imprenable sur le lac... Un restaurant chic, trendy et cosy, au service d'une cuisine fine et goûteuse : rafraîchi de tourteau d'Atlantique, jus de livèche et pain de maïs ; barbue aux coquillages, agnolotti et coulis de cresson...

≼ 🖙 🅰 🅿 🚗 – Carte 70/85 €

Palace de Menthon, 665 route des Bains – ☏ *04 50 64 83 01* – *www.palacedementhon.com* – *Fermé lundi midi, mardi midi, mercredi midi, jeudi midi, vendredi midi, samedi midi*

PALACE DE MENTHON

DEMEURE HISTORIQUE · ÉLÉGANT Entre lac et montagne, cet imposant hôtel de 1906 a un vrai cachet et cultive avec élégance l'art de recevoir... Le parc verdoyant et délicieux, les chambres confortables (préférez celles situées côté lac, plus récentes), les restaurants, la belle piscine couverte creusée dans la roche, le sauna, le hammam : tout invite à la détente !

分 ⅀ ≼ 🖙 🔲 ⌂ 🖥 ⅓ 🔬 🅿 🚗 – 65 chambres – 6 suites

665 route des Bains – ☏ *04 50 64 83 00* – *www.palacedementhon.com*

ⅢO **Le Viù** – Voir la sélection des restaurants

LES MENUIRES

✉ 73440 – Savoie – Carte régionale n° **4**–F2 – Carte Michelin 333-M6

CHALET HÔTEL KAYA

LUXE · DESIGN À 2 000 m d'altitude, cet hôtel donne directement sur les pistes. Les chambres déclinent un style épuré et contemporain, rehaussé par la chaleur du bois. Le spa et la piscine sont bien agréables, tout comme le restaurant, qui joue dans la tendance.

分 ⅀ ≼ 🔲 ⊕ ⌂ 🖥 ⅓ 🔬 🅿 🚗 – 50 chambres – 4 suites

Village de Reberty – ☏ *04 79 41 42 00* – *www.hotel-kaya.com*

MERCUER

✉ 07200 – Ardèche – Carte régionale n° **2**–A3 – Carte Michelin 331-I6

🍴○ AUX VIEUX ARCEAUX

TRADITIONNELLE · **CONVIVIAL** ⅩⅩ Benoit Court a grandi dans cette auberge, créée par ses parents. Aujourd'hui, cet ardent défenseur de la gastronomie régionale porte le terroir avec passion, et puise dans le vaste potager de la maison. Au menu, cuisses de grenouilles en persillade, soufflé de truite aux amandes, filet de bœuf aux pommes dauphine... Un régal. Chambres avec terrasse pour l'étape.

🛏 🅰 ⇔ 🅿 – Menu 30/54 €

9 route des Arceaux, quartier Farges – ℰ 04 75 93 70 21 –
www.auxvieuxarceaux.com – Fermé dimanche soir

MÉRIBEL

✉ 73550 – Savoie – Carte régionale n° **4**–F2 – Carte Michelin 333-M5

🌼 L'EKRIN BY LAURENT AZOULAY

MODERNE · **LUXE** ⅩⅩⅩ Dans ce chalet feutré où le luxe le dispute à l'élégance, cet Ekrin trouve parfaitement sa place : on y prend l'apéritif au coin du feu, avec en fond de jolies notes échappées du piano. Aux fourneaux, on trouve le chef Laurent Azoulay, fils de restaurateurs passé à l'Oustau de Baumanière et chez Pierre Gagnaire. Jouant habilement avec les terroirs et les climats, le chef propose une promenade entre la Provence (sa terre natale) et la Savoie (sa terre d'adoption) : on trouve aussi bien à sa carte les plus beaux poissons de la Méditerranée que du miel de bourgeon de sapin, du safran ou des escargots savoyards, sans oublier les légumes d'Éric Roy à Tours. Une cuisine créative et colorée, fine et délicate, qui ose des associations audacieuses.

Spécialités: Polenta méribelloise à l'ancienne, jambon de Savoie, vieux beaufort et dés de truffe noire. Truite de Savoie à la vauclusienne, champignon blanc et truffe noire, écrevisses des lacs alpins. Miel de nos ruches, croustillant de gavotte aux agrumes et olives de Provence confites.

🕸 & ▣ 🚗 – Menu 95/305 € – Carte 135/155 €

Le Kaïla, 124 rue des Jeux-Olympiques – ℰ 04 79 41 69 35 – www.lekaila.com –
Fermé 4 avril-23 décembre, le midi

🙂 LE CÈPE

TRADITIONNELLE · **COSY** Ⅹ Tout commence par de beaux produits du terroir, cèpes de la montagne ou poissons des lacs voisins, que le chef vient présenter fièrement à ses clients... Il en tire ensuite des recettes réjouissantes, fraîches et d'autant plus savoureuses que les tarifs sont imbattables. Une adresse bien dans sa peau, tout simplement !

Spécialités: Cappuccino de cèpes. Truite fario aux noisettes du moulin de Chanaz. Mont-blanc glacé aux cèpes.

🕋 – Menu 34 € – Carte 45/90 €

Immeuble Les Merisiers (Le Plateau) – ℰ 04 79 22 46 08 –
Fermé 30 avril-1ᵉʳ juillet, 31 août-3 décembre

🍴○ LA COURSIVE DES ALPES ⓝ

MODERNE · **CONTEMPORAIN** ⅩⅩ Cet établissement vous accueille dans l'ancien cinéma de la station - au rez-de-chaussée, le lounge bar pour un apéritif dînatoire et en mezzanine, le restaurant lui-même, disposé en coursives. Le chef propose une cuisine moderne, bien ficelée et goûteuse, à l'instar de l'effiloché de queue de bœuf, pomme rattes et truffes ou, en saison, des Saint-Jacques poêlées et risotto d'épeautre au Beaufort. Accueil des plus charmants.

🅰 – Menu 45/90 € – Carte 60/90 €

Galerie des Cîmes – ℰ 04 79 06 44 97 –
Fermé 25 avril-5 décembre, le midi

LE 80

TRADITIONNELLE · COSY XX Au 80, attablé sous quelques montgolfières, on cultive fièrement un esprit classique et traditionnel, autour d'une cuisine gourmande et bien tournée, à l'instar de ce ceviche de thon rouge, citron vert, yuzu ponzu et huile de sésame ou de la côte de cochon fermier fumée au foin. Le soir, au second service, ambiance plus festive. Partez donc sur les traces de Jules Verne !

Carte 45/110 €

La Chaudanne, rue des Jeux Olympiques – ℰ 04 79 41 69 79 – www.chaudanne.com – Fermé 18 avril-25 juin, 5 septembre-11 décembre

LE COUCOU

LUXE · ÉLÉGANT Dernier né des 5 étoiles de la station, ce superbe chalet traditionnel, parfaitement intégré à l'environnement, bénéficie d'une situation idéale en bordure des pistes (skis aux pieds), à flanc de montagne. Dix étages de lignes épurées, où le bois et la pierre contrastent avec la laine et le métal, le verre et le cuir. Chambres élégantes, deux restaurants (beefbar et italien), spa luxueux, deux piscines chauffées, salle de fitness etc. La vue est époustouflante, le dépaysement total.

♤ ⅏ ≤ ⏞ ⬚ 🕙 🅟 ⅃⅍ ⊡ ⅃ 🚗 – 42 chambres – 13 suites

Route du Belvédère – ℰ 04 57 58 37 37 – www.lecoucoumeribel.com

LE KAÏLA

LUXE · MONTAGNARD S'il fallait illustrer l'expression "luxe montagnard" à l'aide d'un exemple, on pourrait allégrement choisir ce grand chalet, situé au cœur du village de Méribel. On ronronne de plaisir à la découverte de ses chambres chaleureuses, aux matériaux nobles (bois alpin, lauze), et du superbe petit-déjeuner... Un must !

♤ ⬚ 🕙 ⅃⅍ ⊡ ⅃ 🚗 – 24 chambres – 16 suites

124 rue des Jeux-Olympiques – ℰ 04 79 41 69 20 – www.lekaila.com

❀ **L'Ekrin by Laurent Azoulay** – Voir la sélection des restaurants

ALLODIS

LUXE · COSY Au bout de la route conduisant au belvédère, ce joli chalet domine la station et donne directement sur les pistes. Les chambres, à la décoration alpestre ou contemporaine, permettent de se reposer au grand calme. Restauration traditionnelle.

♤ ⅏ ≤ ⬚ 🕙 ⅃⅍ ⊡ ⅃ 🅿 🚗 – 29 chambres – 13 suites

Le Belvédère – ℰ 04 79 00 56 00 – www.hotelallodis.com

L'HÉLIOS

LUXE · ÉPURÉ Sur les hauteurs de Méribel, ce chalet – en pierre et mélèze de Sibérie – met le plus grand domaine skiable du monde à vos pieds ! Dans les chambres règne une atmosphère contemporaine, nordique ou savoyarde des plus raffinées. Quant au spa, c'est l'endroit rêvé pour se détendre. Que demander de plus ?

♤ ⅏ 🕙 ⊡ ⅃ 🚗 – 14 suites – 4 chambres

Route de la Renarde – ℰ 04 79 24 22 42 – www.lhelios.com

LE REFUGE DE LA TRAYE

TRADITIONNEL · MONTAGNARD Ce hameau perdu en pleine nature, accessible uniquement en chenillette, à partir du village des Allues (à vingt minutes de route) se compose de deux bâtiments (le grand Refuge et le Chalet), deux mazots typiquement savoyards, avec chalet privatif, bergerie, spa, salle de fitness, fumoir etc. Chambres élégantes habillées de panneaux de vieux bois. Au restaurant (ouvert uniquement le midi aux non-résidents), cuisine savoyarde et italienne du chef Marco Meloni. Une expérience unique.

♤ ⅏ ≤ 🕙 ⅃⅍ 🛷 – 6 chambres – 1 suite

61 chemin Sainte-Appolonnie, les Allues (5 km au Nord) – ℰ 04 58 24 04 04 – www.refugedelatraye.com

MÉZÉRIAT

✉ 01660 – Ain – Carte régionale n° **3**–E1 – Carte Michelin 328-D3

ⅼ|○ LE PETIT MÉZÉRIAT

MODERNE · CONTEMPORAIN ✗ Dans un petit village, proche de Vonnas, un jeune couple a donné un coup de jeune à cet ancien restaurant, qui séduit autant pour ses formules déjeuner, autour de plats traditionnels, que par sa composition du soir, ambitieuse et actuelle, privilégiant toujours les circuits courts.

Menu 16 € (déjeuner), 33/67 € – Carte 42/67 €

204 Grande-Rue – ℰ 04 74 25 26 08 – Fermé 1ᵉʳ-11 janvier, 11-18 mai, 15-31 août, lundi, mardi midi, mercredi midi, jeudi midi, dimanche midi

MIRMANDE

✉ 26270 – Drôme – Carte régionale n° **2**–B3 – Carte Michelin 332-C5

🐌 LA CAPITELLE

MODERNE · AUBERGE ✗ Cette Capitelle ne manque pas d'atouts : une courte ardoise changée tous les deux ou trois jours, garnie de produits de qualité (locaux, autant que possible) ; des recettes traditionnelles remises au goût du jour ; des cuissons maîtrisées ; une jolie salle à manger voûtée, où trône une imposante cheminée...

Spécialités : Abricot, fromage de chèvre et romarin. Jambonnette de pintade farcie à la caillette, royale d'asperge. Pavlova fraise-rhubarbe.

🌣 – Menu 20/32 € – Carte 37/44 €

1 rue du Boulanger – ℰ 04 75 63 02 72 – www.lacapitelle.com – Fermé 1ᵉʳ janvier-2 février, 31 octobre-1ᵉʳ décembre, lundi, dimanche soir

MONTANGES

✉ 01200 – Ain – Carte régionale n° **2**–C1 – Carte Michelin 328-H4

🐌 L'AUBERGE DU PONT DES PIERRES

MODERNE · CONVIVIAL ✗ Cette auberge, créée par un enfant du pays, ne désemplit pas ! Le jeune chef ne manque pas de talent pour cuisiner les produits de saison, souvent locaux, selon ses envies. Tout est fait maison (pain et glace compris) et l'on se régale... à petits prix. Jolie carte de vignerons indépendants.

Spécialités : Carpaccio de langue de bœuf et pickles de sapin. Epaule de cochon confite. Tartelette chocolat au foin.

⪦ 🌣 ♿ 🅿 – Menu 34/55 €

754 rue Paul-de-Vanssay – ℰ 04 50 56 36 35 – www.pontdespierres.fr – Fermé 1ᵉʳ-14 janvier, 11-25 mars, 24 août-2 septembre, mardi, mercredi, jeudi midi

MONTARCHER

✉ 42380 – Loire – Carte régionale n° **2**–A2 – Carte Michelin 327-C7

🐌 LE CLOS PERCHÉ

CRÉATIVE · AUBERGE ✗✗ Il était une fois une auberge qui jouait à chat perché sur les hauts plateaux du Forez, à 1150 mètres d'altitude. C'est ici, à l'entrée de ce minuscule village, que Julien Magne a posé ses valises. Derrière les fourneaux, ce jeune chef réalise une cuisine colorée, inventive et ludique, pour laquelle on se fait volontiers souris !

Spécialités : Cuisine du marché.

⪦ 🌣 ♿ – Menu 34/47 € – Carte 45/55 €

Le bourg – ℰ 04 77 50 00 08 – www.leclosperche.fr – Fermé lundi soir, mardi, mercredi

MONTBRISON

✉ 42600 – Loire – Carte régionale n° **2**–A2 – Carte Michelin 327-D6

🍴○ **APICIUS**

MODERNE • **CONTEMPORAIN** ℁ Cadre contemporain et épuré pour cette adresse du centre-ville, tenue par un jeune couple passé par de belles maisons. Cuisine du marché le midi en semaine, mais plus élaborée (riche en produits du terroir, fleurs et plantes sauvages) le soir. En un mot : généreux !

& – Menu 21 € (déjeuner), 39/53 €

29 rue Martin-Bernard – ℘ 09 82 38 34 65 –
www.apicius-restaurant-montbrison.eatbu.com – Fermé 5-9 avril, 2-22 août,
25 décembre-2 janvier, lundi soir, mardi soir, mercredi soir, jeudi soir, samedi,
dimanche

MONTÉLIMAR

✉ 26200 – Drôme – Carte régionale n° **2**–B3 – Carte Michelin 332-B6

🍴○ **LE MODERNE**

MODERNE • **BISTRO** ℁ Ce sympathique jeune couple, coincé entre un restaurant marocain et un japonais, ne démérite pas pour proposer une cuisine au goût du jour : en témoignent la côte de cochon, généreuse et servie rosée, mais aussi la tatin d'abricot, à déguster en terrasse dès les beaux jours.

🍴 ⒶⒸ – Menu 24 € (déjeuner), 33/45 € – Carte 30/55 €

25 boulevard Aristide-Briand – ℘ 04 75 01 31 90 – www.restaurant-lemoderne.fr –
Fermé 22 février-7 mars, 23 août-5 septembre, lundi, mardi, mercredi soir, jeudi
soir, dimanche soir

🍴○ **PETITE FRANCE**

TRADITIONNELLE • **CLASSIQUE** ℁ À moins d'être initié, ce restaurant ne se trouve pas facilement : il faut aller le dénicher dans une impasse de la vieille ville. Dans la salle voûtée et chaleureuse, on déguste une cuisine traditionnelle... made in Petite France. Ambiance familiale.

ⒶⒸ – Menu 29/42 € – Carte 38/55 €

34 impasse Raymond-Daujat – ℘ 04 75 46 07 94 – Fermé 11 juillet-16 août,
25 décembre-10 janvier, lundi, dimanche

MONTMERLE-SUR-SAÔNE

✉ 01090 – Ain – Carte régionale n° **3**–E1 – Carte Michelin 328-B4

🍴○ **ÉMILE JOB**

CLASSIQUE • **TRADITIONNEL** ℁℁℁ Il y a fort à parier que vous apprécierez les grands classiques qui valorisent le terroir : grenouilles, poissons de lac, poulette de Bresse, etc. Le tout à savourer dans un agréable cadre bourgeois. Aux beaux jours, on s'installe sur la terrasse qui donne sur la Saône.

⇦ 🍴 & ✿ – Menu 40/55 € – Carte 35/70 €

12 rue du Pont – ℘ 04 74 69 33 92 – www.hotelemilejob.com – Fermé lundi, mardi
midi, dimanche soir

MORZINE

✉ 74110 – Haute-Savoie – Carte régionale n° **4**–F1 – Carte Michelin 328-N3

🍴○ **L'ATELIER**

MODERNE • **TRADITIONNEL** ℁℁ Au sein de l'hôtel Samoyède, un cadre montagnard chic, pour une cuisine inspirée directement par les produits du marché, rehaussée de jolies influences exotiques et déclinée à travers une courte carte et un menu dégustation.

❀ ⇦ 🍴 🅿 – Menu 41/72 € – Carte 41/72 €

Le Samoyède, 9 place de l'Office-du-Tourisme –
℘ 04 50 79 00 79 – www.hotel-lesamoyede.com –
Fermé 11 avril-19 juillet, 28 août-18 décembre, mardi et le midi

‖○ **LA FERME DE LA FRUITIÈRE**

FROMAGES, FONDUES ET RACLETTES · **CONVIVIAL** X Dans cette salle boisée, une belle cheminée crépite sous vos yeux ; vous attendez l'arrivée de votre Berthoud, entre autres spécialités fromagères. Tournez la tête : à travers la vitre, la cave d'affinage de la fruitière voisine affiche ses meules d'Abondance, tommes et reblochons... Au cœur de la tradition !

⇔ 🛋 & ⇔ 🅿 – Menu 48/70 € – Carte 48/70 €

337 route de La Plagne – ℰ 04 50 79 77 70 – www.alpage-morzine.com –
Fermé 11 avril-18 juin, mardi midi, mercredi midi

🏠 **LA BERGERIE**

TRADITIONNEL · **MONTAGNARD** Un chalet sympathique où règne une ambiance familiale : chambres cosy et presque toutes équipées d'une kitchenette, jeux pour les enfants et piscine chauffée. À l'intérieur ou en terrasse, bon choix de fromages savoyards pour le petit-déjeuner.

∢ ⇔ 🛏 🎬 🚗 – 27 chambres – 2 suites

103 route du Téléphérique – ℰ 04 50 79 13 69 – www.hotel-bergerie.com

NANTUA

✉ 01130 – Ain – Carte régionale n° **2**-C1 – Carte Michelin 328-G4

‖○ **L'EMBARCADÈRE**

CLASSIQUE · **CONTEMPORAIN** XX Les atouts de cet Embarcadère gourmand ? Sa situation près du lac bien entendu, sans oublier sa vue panoramique, mais surtout sa cuisine ! Entre spécialités du terroir bressan et quenelles de brochet de Nantua, on apprécie le travail propre et méticuleux du chef, ainsi que la fraîcheur des produits utilisés.

⇦ ∢ ⇔ & 🎬 🅿 – Menu 27/78 € – Carte 47/80 €

13 avenue du Lac – ℰ 04 74 75 22 88 – www.hotelembarcadere.com –
Fermé 19 décembre-4 janvier

NEYRAC-LES-BAINS

✉ 07380 – Ardèche – Carte régionale n° **2**-A3 – Carte Michelin 331-H5

‖○ **BRIOUDE**

MODERNE · **TRADITIONNEL** X Près des thermes, cette auberge familiale vous régale depuis 1887 d'une cuisine soignée et locavore : les deux frères, Claude en cuisine et Alain en salle, mettent à l'honneur les producteurs des alentours. À midi, la partie bistrot permet de se régaler à prix plus doux – ne manquez pas la tarte à la myrtille de Papy Jeannot ! Terrasse sous les platanes.

∢ 🛋 & 🅿 – Menu 50/65 €

4 rue Mazade – ℰ 04 75 36 41 07 – www.claudebrioude.fr – Fermé lundi, mardi soir,
dimanche soir

NOTRE-DAME-DE-BELLECOMBE

✉ 73590 – Savoie – Carte régionale n° **4**-F1 – Carte Michelin 333-M3

🐸 **LA FERME DE VICTORINE**

TRADITIONNELLE · **CONVIVIAL** X Une ferme plus vraie que nature ; l'hiver, depuis la jolie salle rustique, on aperçoit même les vaches dans l'étable... Le chef est un passionné du terroir savoyard, toujours à la recherche des meilleurs fromages et charcuteries. Une table éminemment sympathique et très gourmande !

Spécialités : Terrine de la ferme, confiture d'oignons aux figues. Noix de veau grillée, légumes braisés, jus de viande. Variation autour du citron.

🛋 🅿 – Menu 33/63 € – Carte 45/69 €

Le Planay – ℰ 04 79 31 63 46 – www.la-ferme-de-victorine.com –
Fermé 1er juin-5 juillet, 11 novembre-15 décembre, mercredi, jeudi

NYONS

✉ 26110 – Drôme – Carte régionale n° **2**–B3 – Carte Michelin 332-D7

ⅠⓄ **LE VERRE À SOIE**

FUSION · CONVIVIAL ⅹ Après une carrière chez Christian Têtedoie (Lyon), Fei-Hsiu et Jérome Lamy ont décidé de reprendre ce Verre à Soie. Lui œuvre toujours comme sommelier, proposant de séduisants accords mets et vins, mettant en valeur la jolie cuisine de son épouse, inspirée par ses origines taïwanaises. Un beau mariage franco-asiatique.

⅋ 🏠 – Menu 26 € (déjeuner) – Carte 30/45 €

12 place des Arcades – 𝒞 04 75 26 15 18 – Fermé mardi, mercredi, jeudi

OUCHES

✉ 42155 – Loire – Carte régionale n° **2**–A1 – Carte Michelin 327-C3

✿✿✿ **TROISGROS - LE BOIS SANS FEUILLES**

Chefs : Michel et César Troisgros

CRÉATIVE · ÉLÉGANT ⅩⅹⅹⅩ En 2017, s'est jouée à Roanne une petite révolution de palais : les Troisgros quittent la maison historique pour investir un charmant domaine à Ouches, à quelques kilomètres de la cité fondatrice. C'est désormais au sein d'un décor naturaliste, imaginé par l'architecte Patrick Bouchain, où les salles à manger vitrées s'articulent autour d'un grand chêne centenaire, que Michel et César perpétuent l'héritage familial de superbe manière, avec une cuisine qui porte plus que jamais la "patte" Troisgros - ainsi la cervelle d'agneau pour ne pas oublier, ou l'oreiller de lotte belle anette. Les assiettes, originales, s'autorisent de pertinentes audaces végétales, assorties de subtiles pointes d'acidité et d'amertume. Produits sublimés, préparations fines et aventureuses, potager en permaculture et étang : plus que jamais, un restaurant d'exception, dans un cadre à couper le souffle.

Spécialités : Tartelette de girolles et de crabe. Noisettes d'agneau grillées. Soleil safran.

✿ *L'engagement du chef :* "*Attachés à notre terre et aux hommes qui la cultivent, notre devoir est de la promouvoir et de la mettre en avant. Nous cuisinons avec joie les légumes de notre jardin. Inspirée par la permaculture, la biodiversité est merveilleuse : nous n'utilisons aucun intrant, la tonte des espaces verts est réduite au minimum, ruches, nichoirs à oiseaux, prairies, chevaux et animaux sauvages y cohabitent paisiblement.*"

⅋ 🕭 ♿ 🅼 ♻ 🅿 – Menu 130 € (déjeuner), 260/310 € – Carte 200/300 €

Troisgros, 728 route de Villerest – 𝒞 04 77 71 66 97 – www.troisgros.com –
Fermé 1er-28 janvier, 3-10 août, lundi, mardi

🏨 **TROISGROS**

LUXE · PERSONNALISÉ Bienvenue dans le nouvel univers de la maison Troisgros ! Dans un vaste domaine (17 hectares) de la campagne roannaise, le manoir de 1860 accueille des chambres élégantes et personnalisées, avec une jolie vue sur la campagne environnante... Délicieux et exclusif.

🛁 ← 🕭 ⅃ 🖭 ♿ 🅼 ⛐ 🅿 – 15 chambres

728 route de Villerest – 𝒞 04 77 71 66 97 – www.troisgros.com

✿✿✿ **Troisgros - Le Bois sans Feuilles** – Voir la sélection des restaurants

LA PLAGNE

✉ 73210 – Savoie – Carte régionale n° **2**–D2 – Carte Michelin 333-N4

🏨 **CARLINA**

FAMILIAL · MONTAGNARD Ce grand chalet se niche sur les hauteurs, à Belle-Plagne. La vue depuis la terrasse n'en est que plus belle, sans parler de l'accès direct aux pistes... Les chambres se déclinent dans un esprit montagnard ou dans un style plus épuré. Une adresse fort sympathique.

🍴 ← 🖥 📶 ♨ 🖭 ♿ 🅿 🚗 – 46 chambres

à Belle-Plagne – 𝒞 04 79 09 78 46 – www.carlina-belleplagne.com

ARAUCARIA

SPA ET BIEN-ÊTRE · COSY Au pied des pistes, cet établissement se révèle moderne et cosy, adapté à une clientèle jeune et connectée. Agréable spa, espace bien-être et piscine, complétée d'un bassin pour les enfants en bas âge. Sans oublier la table de jeux, le baby-foot, l'espace pour concerts... Un hôtel qui ne manque pas d'arguments !

⚡ ⟨ 🖥 ⑨ 🈺 ☷ ♿ 🏋 🅿 – 84 chambres

Plagne Centre - D221 - ℰ 04 58 24 11 11 - www.araucaria-hotel.com

PLAISIANS

✉ 26170 – Drôme – Carte régionale n° **2**-B3 – Carte Michelin 332-E8

AUBERGE DE LA CLUE

TRADITIONNELLE · AUBERGE 🍴 En montant vers ce village montagnard, arrêtez-vous devant la jolie Clue, goulet d'étranglement où les cours d'eau s'emballent. On vient de loin pour savourer cette cuisine du terroir face au mont Ventoux : caillette aux herbes, pieds et paquets, terrine de fromage de tête... Attention : de novembre à mars, l'auberge n'ouvre que les weekends.

⟨ 🈺 🅰🅲 🅿 ⊟ – Menu 31/38 € – Carte 38/60 €

Place de l'Église - ℰ 04 75 28 01 17 - Fermé lundi, dimanche soir

LE POËT-LAVAL

✉ 26160 – Drôme – Carte régionale n° **2**-B3 – Carte Michelin 332-D6

LES HOSPITALIERS

MODERNE · CLASSIQUE 🍴🍴 Envie de déguster des ravioles du Dauphiné au beurre blanc ou un carré d'agneau laqué à la confiture d'olives de Nyons, le tout au pied de la Commanderie de l'ordre de Malte ? Direction les Hospitaliers ! L'immense terrasse, sur les toits, offre une vue à 360 degrés. L'assiette a du goût et de l'allure : une adresse charmante.

↩ ⟨ 🈺 🈺 – Menu 28 € (déjeuner), 43/68 € – Carte 65/77 €

Vieux village - ℰ 04 75 46 22 32 - www.hotel-les-hospitaliers.com - Fermé 1er novembre-31 mars, lundi, mardi

POLLIAT

✉ 01310 – Ain – Carte régionale n° **2**-B1 – Carte Michelin 328-D3

TÉJÉRINA-HÔTEL DE LA PLACE

TRADITIONNELLE · CONTEMPORAIN 🍴🍴 L'auberge familiale par excellence, où l'on vous sert avec le sourire une goûteuse et généreuse cuisine du terroir. Tête de veau, poulet à la crème, soufflé aux foies de volaille et grenouilles sont à l'honneur ! Chambres bien tenues pour prolonger l'étape.

Spécialités : Ballottine fermière aux cranberries et amandes. Cuisse de canard confite, jus d'agrumes et grenailles. Fondant au chocolat, coulis à l'orange.

↩ 🈺 ♿ 🅰🅲 – Menu 24/58 € – Carte 32/56 €

51 place de la Mairie - ℰ 04 74 30 40 19 - www.restaurant-tejerina-logis.fr - Fermé 25 décembre-7 janvier, lundi, dimanche soir

PONT-DE-L'ISÈRE

✉ 26600 – Drôme – Carte régionale n° **3**-E2 – Carte Michelin 332-C3

MAISON CHABRAN - LA GRANDE TABLE

Chefs : Louis et Michel Chabran

CLASSIQUE · ÉLÉGANT 🍴🍴 *(Restaurant fermé temporairement en 2020 en raison de la crise sanitaire)* Il en a fait du chemin, le petit bistrot des années 1930, installé au bord de la mythique N7 ! Michel Chabran, petit-fils des premiers propriétaires, en a fait une étape gastronomique entre Dauphiné et Provence. Lui qui a appris son métier dans les jupons de sa grand-mère et de sa mère, en regardant par la fenêtre pousser les vignes sur la colline de l'Hermitage... Aujourd'hui, il passe doucement le témoin à son fils Louis en cuisine. Bien connue dans la région, la table défend avec talent le classicisme : cuisses de grenouilles sautées au beurre, dos d'agneau rôti sur l'os et croûte aux herbes, rattes écrasées à la truffe, filet de bœuf au vieil hermitage...

Spécialités : Homard sauté à cru, nage aux agrumes et Beaumes-de-Venise, petits légumes. Pigeonneau fermier rôti en cocotte, jus aux épices et duo de petits pois. Croustillant aux fraises des bois, crème glacée à la fraise.

🍴 ⇦ 🅰🅲 ⇨ 🅿 – Menu 69/159 €

Michel Chabran, 26 avenue du 45ème-Parallèle – ℰ 04 75 84 60 09 – www.maisonchabran.com – Fermé lundi, mardi, mercredi, jeudi midi, dimanche soir

⊛ MAISON CHABRAN - ESPACE GOURMAND

MODERNE · CONVIVIAL X Un "espace gourmand" au sein de la maison Chabran, véritable institution de la gastronomie régionale. Une sympathique alternative à la table gastronomique, autour de formules volontairement festives et décontractées, à l'image des petites portions à partager...

Spécialités : Saumon mariné façon gravlax, houmous de pois chiche. Suprême de pintade, jus aux olives, déclinaison de brocolis. Lingot chocolat guanaja, cœur framboise.

🍴 🅰🅲 – Menu 34/79 € – Carte 42/61 €

Michel Chabran, 26 avenue du 45ème-Parallèle – ℰ 04 75 84 60 09 – www.maisonchabran.com

PONT-DE-VAUX

✉ 01190 – Ain – Carte régionale n° **2**-B1 – Carte Michelin 328-C2

⸙ LE RAISIN

Chef : Frédéric Michel

MODERNE · CLASSIQUE XxX Dans cette maison cossue et élégante, en plein cœur de Pont-de-Vaux, la tradition est entre de bonnes mains. Noix de Saint-Jacques au chou-fleur ; cuisses de grenouilles en persillade ; poulet de Bresse en deux façons... Les classiques sont revisités subtilement par un chef au métier solide, qui cultive autant la finesse que l'originalité, et qui renouvelle chaque mois son menu au fil de son inspiration et du marché. À noter que la carte des vins aussi vaut le coup d'œil, avec notamment un bon choix de bourgognes. Service attentif et souriant.

Spécialités : Cuisine du marché.

🍴 ⇦ ♿ 🅰🅲 🅿 – Menu 36/95 € – Carte 57/82 €

2 place Michel-Poisat – ℰ 03 85 30 30 97 – www.leraisin.com – Fermé 3 janvier-4 février, lundi, mardi midi, dimanche

⃝ LES PLATANES

TRADITIONNELLE · AUBERGE XX L'enseigne de cette auberge régionale ne ment pas : elle jouit d'une terrasse... sous les platanes ! La cuisine est bressane, évidemment, mais le chef propose aussi quelques plats dans l'air du temps. Dans un cas comme dans l'autre, la générosité est là. Quelques chambres confortables pour l'étape.

⇦ 🛏 🏠 ♿ 🅰🅲 🅿 – Menu 23/68 € – Carte 32/79 €

93 route de Mâcon – ℰ 03 85 30 32 84 – www.hotelplatanes.com – Fermé 10 février-15 mars, lundi, vendredi midi, dimanche soir

PRINGY

✉ 74370 – Haute-Savoie – Carte régionale n° **4**-F1 – Carte Michelin 328-J5

⃝ LE CLOS DU CHÂTEAU

MODERNE · TENDANCE XX Comme son nom l'indique, le Clos du Château jouxte le château local, au cœur du village de Pringy. Côté papilles, une carte courte et alléchante, concoctée par un chef doué, un menu du marché à prix très doux... A déguster sur l'agréable terrasse, à l'ombre des platanes.

🏠 ♿ ⇨ 🅿 – Menu 28 € (déjeuner), 39/65 € – Carte 48/67 €

70 route de Cuvat – ℰ 04 50 66 82 23 – www.le-clos-du-chateau.com – Fermé 20 décembre-3 janvier, 1ᵉʳ-24 août, lundi, dimanche

REIGNIER

✉ 74930 – Haute-Savoie – Carte régionale n° **4**-F1 – Carte Michelin 328-k4

⫯○ **LA TABLE D'ANGÈLE**

TRADITIONNELLE · **BISTRO** ⫯ Ce restaurant avec véranda propose une appétissante cuisine de bistrot dans un cadre contemporain. Au hasard de la carte : grosse raviole de chèvre frais, miel et bouillon d'oignons ; filet de lotte, mousse de chorizo et risotto... Agréable terrasse couverte.

🛋 ઘ – Menu 18 € (déjeuner) – Carte 29/35 €

273 Grande-Rue – ℘ 04 50 31 16 16 – www.tabledangele.com –
Fermé 1er-5 janvier, 9-24 août, lundi, mardi midi, dimanche

RENAISON

✉ 42370 – Loire – Carte régionale n° **2**-A1 – Carte Michelin 327-C3

⫯○ **JACQUES CŒUR**

TRADITIONNELLE · **COLORÉ** ⫯⫯ "À cœur vaillant, rien d'impossible !" La devise de Jacques Cœur accompagne le chef, qui ne manque pas d'allant lorsqu'il s'agit de mitonner de bons petits plats de tradition : tête de veau sauce gribiche, terrine de langoustines, etc.

🛋 ઘ 🅰 – Menu 27/60 € – Carte 46/51 €

15 rue Robert Barathon – ℘ 04 77 64 25 34 – www.restaurant-jacques-coeur.fr –
Fermé 15-30 mars, 15-23 novembre, lundi, mardi, dimanche soir

REPLONGES

✉ 01750 – Ain – Carte régionale n° **2**-B1 – Carte Michelin 328-C3

❀ **LA HUCHETTE**

Chef : Didier Goiffon

MODERNE · **CONTEMPORAIN** ⫯⫯ Après 19 ans passés à La Marelle, dans les environs de Bourg-en-Bresse, Sandra et Didier Goiffon ont pris leurs quartiers aux portes de Mâcon. L'auberge, datant des années 1950, a été joliment restaurée tout en conservant son cachet historique, et notamment ces fresques de chasse de la maison alsacienne Zuber. Là, le chef propose la cuisine qui lui ressemble : récréative et spontanée, basée sur des produits de choix (maraîchers du val de Saône, par exemple), avec juste ce qu'il faut de créativité. Bref, c'est un plaisir, que l'on peut même prolonger en réservant l'une des confortables chambres.

Spécialités : Œuf fermier en pickles. La "bouillabresse". Poire tapée au savagnin.

⇦ 🕌 🛋 ઘ ⇧ 🅿 – Menu 42/110 € – Carte 65/110 €

1089 route de Bourg – ℘ 03 85 31 03 55 – www.la-huchette.fr –
Fermé 4-20 janvier, 16 novembre-1er décembre, lundi, mardi, mercredi midi, jeudi midi, vendredi midi, dimanche soir

ROANNE

✉ 42300 – Loire – Carte régionale n° **2**-A1 – Carte Michelin 327-D3

☺ **LE CENTRAL**

MODERNE · **BRASSERIE** ⫯ L'adresse bis gourmande de la famille Troisgros. Michel et Marie-Pierre ont imaginé ce "bistrot-épicerie" dans un hôtel des années 1920. Original et chaleureux : tel est son décor, inspiré d'une échoppe d'autrefois. On se délecte d'un court menu assorti de quelques suggestions à la carte, aux influences qui varient selon les jours (traditionnelles, indiennes, asiatiques etc). L'affaire ne désemplit pas : un succès amplement mérité.

Spécialités : Tartare de la gare. Grenouilles "brûle-doigts". Omelette norvégienne aux framboises.

ઘ 🅰 ⇧ – Menu 24/32 € – Carte 49/65 €

20 cours de la République (face à la gare) – ℘ 04 77 67 72 72 – www.troisgros.com –
Fermé 1er-23 août, 24 décembre-3 janvier, lundi, dimanche

🟡 **LE TOURDION**

MODERNE · **CONTEMPORAIN** XX Une déco contemporaine et épurée, bien en phase avec une cuisine qui fait la part belle aux produits, aux saveurs, aux couleurs... Les assiettes sont aussi jolies que bonnes, avec une pointe de raffinement qui achève de séduire. Très recommandable !

& 🅰🄲 – Menu 29/54 € – Carte 43/63 €

17 rue de Sully – ℰ 04 77 70 84 58 – www.restaurant-letourdion.fr – Fermé mercredi soir, dimanche

ROCHEGUDE

✉ 26790 – Drôme – Carte régionale n° **2**–B3 – Carte Michelin 332-B8

🟡 **CHÂTEAU DE ROCHEGUDE**

CLASSIQUE · **ÉLÉGANT** XXX Châtelain, classique, élégant... Un cadre plaisant, au service d'une cuisine gastronomique de bon aloi, tenante d'un certain classicisme : tourte de gibier, vinaigrette au jus de viande ; filet de rouget doré sur la peau, purée de pois chiche, sauce au citron confit et curcuma...

🍽 🏠 🅰🄲 🄳 🅿 – Menu 35 € (déjeuner), 49/95 € – Carte 81/106 €

Place du Colombier – ℰ 04 75 97 21 10 – www.chateauderochegude.com – Fermé lundi, mardi midi, dimanche

ROCHETOIRIN

✉ 38110 – Isère – Carte régionale n° **2**–B2 – Carte Michelin 333-F4

🟢 **LE ROCHETOIRIN**

CRÉATIVE · **TENDANCE** XX Dans une grande salle avec pergola, on se laisse emporter par le travail d'une équipe ambitieuse ! Quasi de veau, salsifis rôtis et coquillettes aux trompettes ; spéculoos, chocolat noir, effluves de whisky... Fraîcheur, couleur et mouvement.

Spécialités : Tartare de saumon, tomates et crémeux de petits pois-menthe. Lieu jaune, tomates confites, taboulé et sauce coco-persil. La cerise c'est maintenant !.

🍃 🏠 & 🅿 – Menu 29/36 € – Carte 29/50 €

Route du Village – ℰ 04 74 97 60 38 – www.lerochetoirin.fr – Fermé 16 août-2 septembre, 18 décembre-18 janvier, lundi, mercredi soir, samedi midi, dimanche soir

ROMANS-SUR-ISÈRE

✉ 26100 – Drôme – Carte régionale n° **3**–E2 – Carte Michelin 332-D3

🟡 **L'INSTANT**

MODERNE · **ÉLÉGANT** XX Excentrée dans un quartier résidentiel proche de la gare, cette belle maison bourgeoise – datant des années 1930 – vous accueille dans un joli décor contemporain ; on vous sert une délicieuse cuisine du marché, réalisée à partir de bons produits frais. Des assiettes qui s'avalent... en un Instant !

🏠 & 🅰🄲 ❖ – Menu 28 € (déjeuner), 44/54 €

10 rue de Delay – ℰ 04 75 45 40 72 – www.restaurant-instant.com – Fermé 20 décembre-3 janvier, 15-24 août, lundi, mardi soir, mercredi soir, dimanche

🟡 **NATURE GOURMANDE**

MODERNE · **INTIME** X Entrez donc dans ce restaurant de poche et faites preuve d'une Nature Gourmande ! Madame reçoit avant de rejoindre monsieur, en cuisine, pour préparer les pâtisseries. Dans l'assiette, les bons produits du marché sont à l'honneur. Un régal...

🅰🄲 – Menu 37/63 €

37 place Jacquemart – ℰ 04 75 05 30 46 – www.restaurant-naturegourmande.com – Fermé 26 juillet-18 août, lundi, mardi midi, mercredi midi, jeudi midi, vendredi midi, dimanche

LA ROSIÈRE 1850

✉ 73700 – Savoie – Carte régionale n° **2**–D2 – Carte Michelin 333-O4

🏨 HYATT CENTRIC LA ROSIÈRE

LUXE · CONTEMPORAIN Cet hôtel haut de gamme, mariant harmonieusement contemporain et montagne chic, propose chambres confortables et suites d'exception, bénéficiant d'une superbe vue sur la vallée de la Tarentaise, digne d'une carte postale! Agréable Spa de 420 m², piscine, jacuzzi (in et out), hammam et sauna. Deux restaurants, une brasserie, et la Tavola (spécialités italiennes).

🏔 ⟨ 🔲 ⑨ 🌀 ⊡ 🚽 ⚒ 🅿 🍽 – 47 chambres – 22 suites

Les Eucherts – ☏ 04 79 04 12 34 – www.hotellarosiere.com

ST-ALBAN-DE-ROCHE

✉ 38080 – Isère – Carte régionale n° **2**–B2 – Carte Michelin 333-E4

☸ L'ÉMULSION

Chef: Romain Hubert

MODERNE · ÉLÉGANT ✕✕ Installé depuis 2011, le jeune chef produit des assiettes de grande qualité: fondamentaux solides, dressages soignés, jeux étonnants (et pertinents) sur les textures... Une cuisine qui doit également beaucoup à des produits triés sur le volet, à 99% locaux et en direct, d'ailleurs la carte ne manque pas de citer les producteurs et éleveurs partenaires du restaurant. Une attention louable! Quant au cadre, moderne et plutôt chic, il sied à merveille à cette partition, sans parler de la petite terrasse-patio à l'arrière, idéale pour les beaux jours. Une émulsion comme aimerait en goûter plus souvent.

Spécialités: Foie gras et hibiscus. Pigeonneau de St-Alban. Cube glacé, Antésite et menthe.

🍷 🌂 🅿 – Menu 30€ (déjeuner), 56/80€

57 route de Lyon, lieu-dit La Grive – ☏ 04 74 28 19 12 –
www.lemulsion-restaurant.com –
Fermé 2-23 août, lundi, mercredi midi, dimanche

ST-ALBAN-LES-EAUX

✉ 42370 – Loire – Carte régionale n° **2**–A1 – Carte Michelin 327-C3

🍴 LE PETIT PRINCE

MODERNE · COSY ✕✕ Ce charmant restaurant n'est pas tombé d'un astéroïde: il a été fondé en 1805 par les arrière-grand-tantes de l'actuel patron! Sa cuisine, fraîche, colorée et inventive, combine légèreté et gourmandise. Ce Petit Prince saura vous apprivoiser... Belle cave à visiter.

🍷 🌂 🚽 🅰 ⟷ – Menu 39/95€

Le Bourg – ☏ 04 77 65 87 13 – www.restaurant-lepetitprince.fr –
Fermé 2 janvier-1er février, lundi, dimanche soir

ST-BÉNIGNE

✉ 01190 – Ain – Carte régionale n° **2**–B1 – Carte Michelin 328-C2

🍴 ST-BÉNIGNE

TRADITIONNELLE · RUSTIQUE ✕ Un vrai restaurant de campagne! On vient ici pour les grenouilles au beurre et à la persillade, la spécialité de la maison, mais pas seulement: le chef, en bon artisan, travaille les produits locaux et maîtrise de nombreuses recettes de la région...

🅰 ⟷ 🅿 – Menu 15€ (déjeuner), 25/46€ – Carte 34/53€

995 route de Saint-Trivier – ☏ 03 85 30 96 48 – www.restaurant-le-saint-benigne.fr –
Fermé 15-24 mars, 21-30 juin, 27 septembre-6 octobre, 25 décembre-12 janvier,
lundi, mardi, mercredi soir, jeudi soir, vendredi soir, dimanche soir

ST-BONNET-LE-CHÂTEAU

✉ 42380 – Loire – Carte régionale n° **2**-A2 – Carte Michelin 327-D7

🍴○ **LA CALÈCHE**

MODERNE · **HISTORIQUE** ⅩⅩ Cet hôtel particulier du 17ᵉ s., au décor coloré, abrite une table généreuse et habile à secouer les saveurs (truite fumée et andouille, carré de veau du Haut Forez et gnocchis aux écrevisses), avec juste ce qu'il faut de sophistication et d'audace. Cette Calèche augure d'une jolie promenade en gourmandise !

&. ✿ – Menu 21€ (déjeuner), 33/66€ – Carte 42/55€

2 place du Commandant-Marey – ℰ 04 77 50 15 58 – www.restaurantlacaleche.fr – Fermé 2-20 janvier, lundi, mardi, mercredi soir, jeudi soir, dimanche soir

ST-CLÉMENT-LES-PLACES

✉ 69930 – Rhône – Carte régionale n° **2**-A1 – Carte Michelin 327-F5

🍴○ **L'AUBERGE DE SAINT-CLÉMENT**

TRADITIONNELLE · **AUBERGE** Ⅹ Dans les monts du Lyonnais, cette paisible auberge offre, depuis la terrasse, une jolie vue sur la campagne. Les propriétaires, sympathiques et bons vivants, y servent une cuisine de bistrot préparée en toute simplicité. Ne manquez pas leur spécialité : la tarte aux pommes bien beurrée !

≼ 斎 🅿 – Menu 25€ (déjeuner)

Le Bourg – ℰ 04 74 26 03 83 – Fermé 31 juillet-27 août, lundi soir, mardi soir, mercredi, jeudi soir, vendredi soir, samedi soir, dimanche soir

ST-CYR-AU-MONT-D'OR – Rhône (69) → Voir Lyon et ses environs

ST-DENIS-LÈS-BOURG

✉ 01000 – Ain – Carte régionale n° **2**-B1 – Carte Michelin 328-E3

🍴○ **RACINES**

MODERNE · **VINTAGE** Ⅹ La maison familiale a gardé tout son charme (belles tables fabriquées par le grand-père, poêle à bois, caisse enregistreuse), mais le temps de la modernité est venu ! Rentré au bercail, le chef a relancé l'affaire avec une cuisine goûteuse et lisible, au plus près des producteurs locaux. Un coup de cœur.

🍴 斎 &. 🅿 – Menu 24€ (déjeuner), 34/68€

1981 avenue de Trévoux – ℰ 04 74 52 40 63 – domainedulac-racines.fr – Fermé lundi, mardi, mercredi soir, jeudi soir, vendredi midi, dimanche soir

ST-DIDIER-DE-LA-TOUR

✉ 38110 – Isère – Carte régionale n° **2**-C2 – Carte Michelin 333-F4

✿ **AMBROISIE**

Chef: André Taormina

MODERNE · **ÉLÉGANT** ⅩⅩ D'abord, il y a ce lac, juste devant nous, qui nous saute aux yeux avec ses rives arborées : rien que l'emplacement vaut déjà le coup d'œil. Mais il y a surtout le remarquable travail du chef, puisqu'on est tout de même venu pour ça... Bases classiques affirmées, pour ne pas dire claironnées (risotto de truffes au parfum entêtant, superbe dans sa simplicité), exécution soignée, avec en dessert des créations plus modernes (on se souviendra d'un abricot en trompe-l'œil beau et bon, entre autres). À noter, pour les amateurs, que le chef propose un menu truffes toute l'année : on aurait tort de se priver.

Spécialités : Éclats de ris de veau et artichaut barigoule. Pigeonneau, truffe et foie gras servis en croûte. Citron en trompe-l'œil.

ॐ ≼ 🅺 🅿 – Menu 35€ (déjeuner), 70/110€ – Carte 76/116€

64 route du Lac – ℰ 04 74 97 25 53 – www.restaurant-ambroisie.fr – Fermé 19 avril-4 mai, 16-31 août, lundi, mardi, dimanche soir

ST-DONAT-SUR-L'HERBASSE

✉ 26260 – Drôme – Carte régionale n° **3**-E2 – Carte Michelin 332-C3

⅋⊙ **CHARTRON**

MODERNE • ÉLÉGANT ☆☆ Une institution locale au sein de ce village célèbre pour son festival Jean-Sébastien-Bach (en juillet). Les préparations, basées sur de bons produits, révèlent un savoir-faire certain ; on profite notamment de préparations de truffes en saison.

෯ ⇦ ⇔ & 🅐🅒 – Menu 40/98 € – Carte 60/80 €

1 avenue Gambetta – ℰ 04 75 45 11 82 – www.restaurant-chartron.com –
Fermé 2-8 janvier, 26 avril-7 mai, 6-23 septembre, mardi, mercredi

ST-ÉTIENNE

✉ 42000 – Loire – Carte régionale n° **2**-A2 – Carte Michelin 327-F7

㊉ **INSENS**

MODERNE • CONTEMPORAIN ☆ Un joli restaurant, simple et convivial, dont le nom évoque à la fois les cinq sens et le goût de l'insensé. Consommé de bœuf et raviole sur l'idée d'une soupe à l'oignon ; tarte fine d'escargots persillés etc. : son chef signe une cuisine pétillante, colorée et ludique, fondée sur un vrai tour de main. Sans doute le meilleur rapport plaisir-prix de Saint-Étienne. Ne vous en privez pas !

Spécialités : Foie gras poêlé, crémeux et chips de maïs. Tournedos de sandre, déclinaison de légumes. Sablé caramel au beurre salé, fondant chocolat au lait.

Menu 22 € (déjeuner), 30/58 €

Plan : B2-t – *10 rue de Lodi – ℰ 04 77 32 34 34 – www.insens-restaurant.fr –*
Fermé 1ᵉʳ-31 août, 22 décembre-2 janvier, lundi, dimanche

⅋⊙ **À LA TABLE DES LYS**

MODERNE • ÉLÉGANT ☆☆ Dans une bâtisse ultra contemporaine et lumineuse avec vue sur le green, le chef Marc Lecroisey garde son attachement à une cuisine éprise de fraîcheur, de légèreté et de finesse, attentive aux saisons et au choix des producteurs. Des Lys en délices.

෯ & 🅐🅒 ⇔ – Menu 35 € (déjeuner), 50/105 € – Carte 44/113 €

Plan : C3-q – *58 rue Saint-Simon – ℰ 04 77 25 48 55 – www.latabledeslys.fr –*
Fermé 13-26 mai, 7-31 août, samedi, dimanche

ST-FORGEUX-LESPINASSE

✉ 42640 – Loire – Carte régionale n° **2**-A1 – Carte Michelin 327-C3

⅋⊙ **L'ASSIETTE ROANNAISE**

MODERNE • CONTEMPORAIN ☆☆ Voilà une table qui joue la carte de l'originalité ! À l'unisson de la déco, contemporaine, le chef est à l'affût des nouvelles tendances et techniques : ses assiettes se révèlent très esthétiques, privilégiant créativité et fraîcheur.

🍴 🅐🅒 – Menu 19 € (déjeuner), 31/75 € – Carte 35/60 €

Place de Verdun – ℰ 04 77 65 65 99 – www.restaurant-assiette-roannaise.fr –
Fermé mardi, mercredi

ST-GALMIER

✉ 42330 – Loire – Carte régionale n° **2**-A2 – Carte Michelin 327-E6

❀ **LA SOURCE**

MODERNE • CONTEMPORAIN ☆☆☆ Originaire de Cuzieu, à... deux kilomètres de là, Antoine Bergeron est la définition même d'un enfant du pays. Ambitieux et passionné par son métier, il compose une partition fine et délicate, généreuse et créative. Bien installé dans une salle lumineuse et contemporaine, on profite de cette balade dans le terroir et les marchés locaux. Ce jour-là, caille et carabineros ; dos de biche, sauce grand-veneur et crosnes ; poire conférence et amande. Une Source de plaisir, rien de moins, avec une mention spéciale aux jus, harmonies et précision des cuissons. De la belle ouvrage.

Spécialités : Cuisine du marché.

⇦ & 🅐🅒 ⇔ 🅿 – Menu 35 € (déjeuner), 59/90 €

La Charpinière, 8 allée de La Charpinière – ℰ 04 77 52 75 00 –
www.lacharpiniere.com – Fermé 2-17 janvier, 12-27 juillet, lundi, mardi, dimanche soir

ST-ÉTIENNE

0   300 m

ROANNE

CITÉ DU DESIGN,
MUSÉE D'ART MODERNE

PORTE
CARNOT

PORTE
MONTAUD

Bd Augustin Thierry

PORTE
JACQUARD

Pl. J.
Jaurès

PORTE
ALMA

Pl. J.
Ploton

Puits Couriot
Musée de
la Mine

GARE DU
CLAPIER

PORTE
CLAPIER

Pl.
Boivin

Grand' Église

Place du
Peuple

PORTE
BEAUBRUN

Pl. J.
Merlat

Pl. des
Ursules

Pl. W.
Rousseau

Pl.
des Pères

BEAUBRUN

Musée d'Art
et d'Industrie

TARDY

ANNONAY, LE PUY-EN-VELAY, FIRMINY

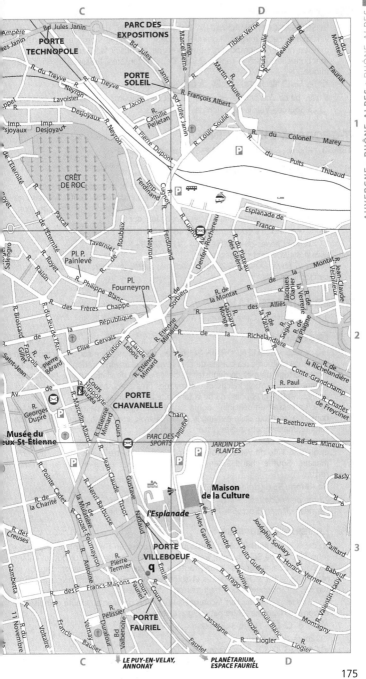

PARC DES EXPOSITIONS

PORTE TECHNOPOLE

PORTE SOLEIL

Bd Jules Janin

Ampère

Jules Janin

R. du Treyve

R. du Treyve

Neyron

Lavoisier

R. Jacob

Desjoyaux

R. Neyron

Imp. Desjoyaux

Imp. Desjoyaux

R. Camille Pelletan

Bd Jules Janin

Imp. Marcel Berne

Tiblier-Verne

Martin d'Auriol

R. François Albert

R. Louis Soulié

Beaunier

Fauriat

R. du Monteil

Bd Monteil

R. du Colonel Marey

du Puits

Thibaud

R. Pierre Dupont

Imp. Ferdinand

Cugnot

CRÊT DE ROC

R. de l'Éternité

R. de Pascal

R. de l'Éternité

R. des Tilleuls

Tavernier

Roubaix

R. Neyron

Ferdinand

Cugnot

R. Denfert-Rochereau

Esplanade de France

Pl. P. Painlevé

R. Royer

R. Raisin

R. Philippe Blanc

Pl. Fourneyron

R. des Frères Chappe

R. du Jeu de l'Arc

R. de

Saint-Jean

François Gillet

Pierre Bérard

Élise Gervais

République

Libération

R. Claude Lebois

R. Étienne Mimard

R. de sorbiers

R. de la Montat

Gaschard Monge

R. des Alliés

R. de la Valse

Richelandière

R. du plateau des Gillets

Montat

R. Jacques Olanier

la Verrerie

R. de

R. Seguin

R. de La Plagne

R. Jean-Claude Verpilleux

R. de la Richelandière

Conte-Grandchamp

R. Charles de Freycinet

Brossard

Aée

de la

R. Paul

pl.

PORTE CHAVANELLE

Av. de

R. Georges Dupré

la Hippolyte Sauzéa

R. Marcelin Allard

Cours

R. Étienne Mimard

R. Beethoven

Bd des Mineurs

Basly

Musée du ...eux St-Étienne

Chan...

PARC DES SPORTS

JARDIN DES PLANTES

R. Pointe Cadet

la Charité

R. Jean-Claude Tissot

R. Henri Barbusse

R. de la Mulatière

R. Clozet-Fourneyron

Gustave Nadaud

Aée

Jules Garnier

Maison de la Culture

R. des Creuses

l'Esplanade

Ch. du Puits Guérin

Josephin Soulary

R. Horace Vernet

Paillard

Babeuf

R. Valentin Haüy

PORTE VILLEBOEUF

q

R. Pierre Termier

R. Antoine

des Francs-Maçons

R. Delorme

R. Arago

du

R. Louis Blanc

Rozier

Montagny

Gambetta

R. Pélissier

Bd Valbenoite

Durafour

Émile

Cours Fauriel

Cours

PORTE FAURIEL

Lassaigne

Fauriel

R. Liogier

Liogier

R. du 11 Novembre

Voltaire

Francis

vernal

Baulier

LE PUY-EN-VELAY, ANNONAY

PLANÉTARIUM, ESPACE FAURIEL

LA CHARPINIÈRE

BUSINESS · CONTEMPORAIN À l'entrée de la ville, dans un environnement verdoyant, cette ex-gentilhommière tapissée de vigne vierge a été transformée en hôtel contemporain, pour tourisme ou business. Chambres sobres et fonctionnelles, piscine, tennis et spa. Deux restaurants, brasserie et gastronomique.

🕊 🐾 🛎 🛗 📶 🐾 ⅓ 🖨 ♿ 🅰🅺 🧖 🅿 – 56 chambres – 1 suite

8 allée de La Charpinière – ☏ 04 77 52 75 00 – www.lacharpiniere.com

❁ **La Source** – Voir la sélection des restaurants

ST-GEORGES-DE-RENEINS

✉ 69830 – Rhône – Carte régionale n° **2**–B1 – Carte Michelin 327-H3

🍴 HOSTELLERIE DE SAINT-GEORGES

MODERNE · RUSTIQUE ⅄ Entre cuisine du marché et plats du terroir, cette maison trace son sillon sous la houlette d'un chef d'expérience. Toutes les recettes s'appuient sur de bons produits frais, et même les glaces sont faites maison! Gibier en saison. Terrasse appréciée aux beaux jours.

🌿 ✿ – Menu 18€ (déjeuner), 28/45€ – Carte 40/50€

27 Avenue Charles-de-Gaulle – ☏ 04 74 67 62 78 –
www.hostellerie-saint-georges.com –
Fermé 27 février-7 mars, 3-25 août, lundi soir, mardi soir, mercredi, jeudi soir, dimanche soir

ST-GERVAIS-LES-BAINS

✉ 74170 – Haute-Savoie – Carte régionale n° **4**–F1 – Carte Michelin 328-N5

❁ LE SÉRAC

MODERNE · CONTEMPORAIN ⅄⅄ L'entrée, discrète, s'ouvre sur une grande salle lumineuse et épurée. La cuisine du chef revendique une inspiration saisonnière. Le menu partage permet de déguster de belles pièces de viande, ou de poisson. En somme, une partition fraîche et colorée, des dressages soignés, à l'instar de tête de veau et foie gras poêlé ou de la tartelette aux légumes de saison, crus et cuits, avec en dessert un délicieux soufflé chaud aux fruits de la passion. On en profite dans une agréable salle-à-manger moderne avec vue sur la montagne. Service soigné. Une sympathique adresse.

Spécialités: Poêlée d'escargots aux noisettes du Piémont, soupe de petits pois et ail noir. Tête de veau et foie gras poêlé, ravigote truffée et pomme de terre macaire. Soufflé chaud à l'amande, cerises fraîches et cake punché à l'amaretto.

🍷 – Menu 35€ (déjeuner), 55/68€

22 rue de la Comtesse – ☏ 04 50 93 80 50 – www.3serac.fr –
Fermé 1er-31 mai, 15 octobre-15 novembre, lundi, dimanche

🏡 LA FERME DE CUPELIN

RÉGIONALE · AUBERGE ⅄⅄ Non content d'arborer un CV en or massif (Senderens, Flocons de Sel, Murtoli), Romain Desgranges, le chef, est surtout un enfant du pays de Saint-Gervais : ça fait toute la différence. Il célèbre les produits de sa région dans des assiettes nettes et soignées, avec gibier en saison (cerf, faisan), terrines à l'ancienne et bon pain maison... Un bonheur.

Spécialités: Pressé de cerf façon pot-au-feu. Noix de veau en croûte de noisettes et pomme dauphine. Entremets et glace café.

🍷 🌿 ♿ ✿ 🅿 – Menu 34/59€

198 route du Château –
☏ 04 50 93 47 30 – www.lafermedecupelin.com –
Fermé 11 avril-21 mai, 19 septembre-10 décembre, mardi, mercredi

ⅎ○ LA TABLE D'ARMANTE

MODERNE · **CHIC** ※※ Au sein d'un hôtel au luxe discret, ce bistrot de montagne chic et contemporain (bois, pierre, velours, cuisines ouvertes) propose une carte actuelle, signée Antoine Westermann, très axée terroir (mais pas seulement), dont le fameux pâté en croûte de veau, volaille et foie gras. Plat du jour à prix doux, à déguster sur la jolie terrasse avec vue sur les Dômes de Miage.

⅌ � ₺ – Menu 39 € (déjeuner), 49/85 € – Carte 50/91 €

L'Armancette, 4088 route de Saint-Nicolas (au village de Saint-Nicolas-de-Véroce) – ℰ 04 50 78 66 00 – www.armancette.com –
Fermé 6 avril-6 mai

ⅎ○ ROND DE CAROTTE

MODERNE · **ÉPURÉ** ※ Elle, sommelière, vient de Nantes, tandis que lui, cuisinier, est originaire des Alpes. Ils emmènent en duo ce restaurant à la façade façon chalet, et à l'intérieur chaleureux. Carte courte réglée sur les saisons, assiettes savoureuses, fines et bien maîtrisées : une table qui ne manque pas d'atouts.

� – Menu 30 € (déjeuner), 60/80 € – Carte 59/70 €

50 rue de la Vignette – ℰ 04 50 47 76 39 –
www.ronddecarotte.fr – Fermé 27 avril-14 mai, 19 octobre-9 novembre, mercredi, jeudi

L'ARMANCETTE

LUXE · **MONTAGNARD** Un village charmant, une église baroque, un hôtel de montagne intimiste et luxueux aux matériaux choisis (pierre, bois, tissus précieux). Voilà pour la carte postale. On apprécie les chambres confortables, dont beaucoup sont adaptées à des familles (de 3 à 6 personnes), mais aussi le spa avec piscine intérieure et extérieure, le fitness dernier cri, ainsi que le bar à cocktails et le salon de thé.

🌀🗔 ⑨ ⅓ 🍴 ₺ ⅍ 🚗 – 17 chambres

4088 route de Saint-Nicolas (au village de Saint-Nicolas-de-Véroce) –
ℰ 04 50 78 66 00

ⅎ○ **La Table d'Armante** – Voir la sélection des restaurants

🏠 LA FERME DE CUPELIN

TRADITIONNEL · **MONTAGNARD** Sur les hauteurs de Saint-Gervais, avec vue sur le massif du Mont-Blanc, cette ferme datant de 1870 porte haut le flambeau de l'esprit montagnard : le feu crépite dans la cheminée, les tableaux de gibier et autres peaux de bêtes habillent l'espace... et l'accueil est charmant.

🌀 ⋖ 🅿 – 7 chambres

198 route du Château – ℰ 04 50 93 47 30 –
www.lafermedecupelin.com

🍴 **La Ferme de Cupelin** – Voir la sélection des restaurants

ST-HAON-LE-VIEUX

✉ 42370 – Loire – Carte régionale n° **2**-A1 – Carte Michelin 331-E4

ⅎ○ AUBERGE DU BON ACCUEIL

TRADITIONNELLE · **FAMILIAL** ※※ Dans le vignoble de la côte roannaise, en face des caves d'affinage d'un fromager Meilleur Ouvrier de France, cette agréable auberge, prolongée d'un petit jardin et d'une terrasse ombragée, propose une cuisine dans l'air du temps où priment les saisons.

� ₺ – Menu 29/60 €

1301 route de Renaison (La Croix-Lucas) – ℰ 04 77 64 40 72 –
www.restaurant-lebonaccueil.fr –
Fermé 4-19 janvier, 6-14 avril, lundi, mardi, dimanche soir

ST-JULIEN-EN-GENEVOIS

⊠ 74160 – Haute-Savoie – Carte régionale n° **4**-F1 – Carte Michelin 328-J4

🍴○ **LES COCOTTES PORTE DE GENÈVE**

TRADITIONNELLE · BISTRO ⅹ Ce restaurant (situé dans un casino) propose une cuisine traditionnelle gourmande, servie dans une décoration de style bistrot, sur le modèle des autres "Cocottes" (œuf mimosa de "Mamie Constant", tarte au chocolat etc.).

🍴 ⅼ 📺 ⇆ – Menu 24 € (déjeuner) – Carte 34/58 €

Route d'Annecy (au casino) – ℰ 04 50 49 61 07 – www.maisonconstant.com

ST-JULIEN-EN-VERCORS

⊠ 26420 – Drôme – Carte régionale n° **2**-C2 – Carte Michelin 332-F3

🍴○ **CAFÉ BROCHIER**

TRADITIONNELLE · VINTAGE ⅹ Une institution dans le village du Vercors que cette belle bâtisse de 1867 qui abrite un café historique, orné de fresques de 1912. Pour notre plus grand plaisir, le chef Didier Rein délaissa l'événementiel pour l'essentiel, la gastronomie ! Tête de veau sauce gribiche, omble chevalier au beurre blanc : sa cuisine traditionnelle, fondée sur le produit frais, est généreuse et bonne – tout simplement !

⇆ 🍴 – Menu 31 €

Place du Village – ℰ 04 75 48 20 84 – www.cafebrochier.com – Fermé 5-30 avril, 26 octobre-4 décembre, mardi, mercredi

ST-JUST-ST-RAMBERT

⊠ 42170 – Loire – Carte régionale n° **2**-A2 – Carte Michelin 327-E7

🍴○ **GARE & GAMEL**

TRADITIONNELLE · BISTRO ⅹ Ce bistrot contemporain et convivial décline une carte courte et une cuisine traditionnelle, à l'instar de la tête de veau sauce gribiche, ou l'île flottante aux pralines. Les produits locaux ont aussi la part belle : en saison, on se régale d'un faux-filet de bœuf fin-gras du Mézenc.

🍴 ⅼ 📺 🅿 – Menu 19 € (déjeuner)/33 €

Place du 19-mars-1962 – ℰ 04 77 06 51 05 – www.gare-gamel.fr – Fermé lundi, mardi soir, dimanche

ST-MARCELLIN

⊠ 38160 – Isère – Carte régionale n° **3**-E2 – Carte Michelin 333-E7

🍴○ **LA TIVOLLIÈRE**

MODERNE · COSY ⅩⅩ Aménagé dans un château du 15e s. dominant la ville, ce restaurant dispose d'une belle terrasse donnant sur le Vercors. Au menu, une sympathique cuisine au goût du jour : foie gras de canard cuit au torchon, pain d'épices maison ; suprême de volaille rôti, crémeux de Saint Marcellin... C'est fin, goûteux et servi avec attention !

⇱ 🍴 ⇆ 🅿 – Menu 26 € (déjeuner), 39/47 € – Carte 37/51 €

Château du Mollard – ℰ 04 76 38 21 17 – www.lativolliere.com – Fermé 2-11 janvier, 5-12 avril, 26 juillet-8 août, 25-31 octobre, lundi, mardi soir, mercredi soir, jeudi soir, dimanche soir

ST-MARTIN-DE-BELLEVILLE

⊠ 73440 – Savoie – Carte régionale n° **4**-F2 – Carte Michelin 333-M5

✿✿✿ **RENÉ ET MAXIME MEILLEUR**

Chef: René et Maxime Meilleur

CRÉATIVE · RÉGIONAL ⅩⅩⅩ René, le père, et Maxime, le fils. Meilleurs en duo, Meilleur tout court. Une combinaison d'exception, un yin et yang montagnard qui exprime l'âme d'un terroir et la quintessence d'une passion. Côté yin, une attention scrupuleuse au produit, comme les herbes et baies que René va cueillir au quotidien. Côté yang, la fougue et les inspirations de Maxime. Le résultat, une cuisine "intelligente mais compréhensible". Cuisinier d'origine lui-même, Anthony

Fresnay cisèle une pâtisserie éprise de naturalité, à l'unisson des créations du duo des Meilleur. Ici, tout est imaginé en famille, puisque mère, fille, belle-fille et gendre travaillent ensemble en salle et à l'intendance. Sachez enfin que l'on vous accueille aussi pour la nuit : dans un chalet mitoyen, six chambres et suites du dernier chic montagnard vous tendent les bras.

Spécialités : Filet de lavaret du Bourget pané au pain croustillant, beurre blanc mousseux à la roussette de Savoie. Ris de veau glacé, chiffonnade de pomme de terre agria, cigarette russe au raifort et fumée de hêtre. Le lait dans tous ses états.

🦞 ⩽ 🍽 ⇄ **P** – Menu 179/345 € – Carte 232/299 €

La Bouitte, Hameau de Saint-Marcel – ℰ 04 79 08 96 77 – www.la-bouitte.com – Fermé 26 avril-11 juin, 6 septembre-3 décembre

🅜 SIMPLE ET MEILLEUR

SAVOYARDE · RÉGIONAL 🍴 Truite au four, fondue de reblochon, charcuteries et fromages de la région, tarte aux myrtilles... les produits savoyards sont à l'honneur dans cette chaleureuse adresse, imaginée par René et Maxime Meilleur, triplement étoilés à la Bouitte. La carte est une ode au terroir, à déguster dans une jolie salle habillée de bois clair, dont les grandes baies vitrées ouvrent sur les massifs. L'hiver, on y accède ski aux pieds... Tapas au rez de chaussée.

Spécialités : Cassolette d'escargots. Côte de cochon fumée, grenailles, sauce cochon. Île flottante, caramel beurre salé.

♿ 🍴 ⇄ – Carte 34/90 €

La Bouitte, Place Notre-Dame, quartier de Caseblanche – ℰ 04 86 80 02 91 – www.simple-meilleur.com

LA BOUITTE

LUXE · MONTAGNARD Si vous avez fait la route pour profiter de l'excellence culinaire de la Bouitte, sachez que l'on vous y accueille aussi pour la nuit. Plusieurs chalets, huit chambres et sept suites du dernier chic montagnard vous attendent. Un véritable cocon !

🍴 ⅃ ⩽ 📺 🌐 ⊡ ♿ **P** – 8 chambres – 7 suites

Hameau de Saint-Marcel – ℰ 04 79 08 96 77 – www.la-bouitte.com

✿✿✿ **René et Maxime Meilleur** · 🅜 **Simple et Meilleur** – Voir la sélection des restaurants

🏠 SAINT-MARTIN

TRADITIONNEL · CONTEMPORAIN Sur les hauteurs de ce village de montagne, un plaisant chalet au toit de lauzes, à deux pas des pistes. Les chambres, d'esprit contemporain, jouissent pour la plupart d'un balcon. Restauration traditionnelle.

🍴 ⅃ ⩽ 🛁 ⊡ ♿ 🏋 🚗 – 20 chambres – 7 suites

Rue des Grangeraies – ℰ 04 79 00 88 00 – www.hotel-stmartin.com

ST-MARTIN-SUR-LA-CHAMBRE

✉ 73130 – Savoie – Carte régionale n° **2**-C2 – Carte Michelin 333-K5

✿ LE CLOCHER DES PÈRES

Chef : Pierre Troccaz

CRÉATIVE · CONVIVIAL 🍴🍴 Perchée à 600 m d'altitude, cette maison logée dans une ancienne tour de guet toise la chaîne de Belledonne, dont le Clocher des Pères. Au cœur du village, c'est un lieu plein de cachet pour une cuisine séduisante, œuvre d'un couple discret et passionné, Éloïse et Pierre Troccaz. Ce chef, qui s'est construit patiemment à l'écart des voies toutes tracées, signe une cuisine fine et créative, ennemie de la routine et en partie improvisée grâce au retour du marché. Il multiplie aussi les clins d'œil à la tradition et aux produits savoyards – millefeuille de truite, homard et diot (saucisse), omble et crème de beaufort, biscuit de Savoie et myrtilles. Accueil charmant proche du client, jolies chambres pour la nuit.

Spécialités : Cuisine du marché.

🍽 🆎 **P** – Menu 200/240 €

Le Mollard – ℰ 04 79 59 98 06 – Fermé lundi midi, mardi, mercredi, jeudi midi, vendredi midi

ST-PAUL-EN-JAREZ

✉ 42740 – Loire – Carte régionale n° **2**-B2 – Carte Michelin 327-G7

ⅈ○ ÉCLOSION

CRÉATIVE • **CONTEMPORAIN** 🕱🕱 Ayant fait son nid dans ce beau château 1905, le jeune chef Pierre Carducci propose une cuisine, aussi créative qu'audacieuse, où les produits bio, notamment les légumes de son père maraîcher, rayonnent particulièrement. On apprécie également cette carte des vins éclectique, à dominante bio. Chambres épurées portant des noms de plantes poussant dans le parc.

🛋 🍴 🛋 ✿ 🅿 – Menu 32 € (déjeuner), 59/105 €

40 avenue du Château – ℰ 04 77 61 99 09 – www.restauranteclosion.fr – Fermé lundi, mardi, dimanche soir

ST-PERAY

✉ 07130 – Ardèche – Carte régionale n° **3**-E2 – Carte Michelin 331-L4

🏵 LA RUCHE

MODERNE • **TENDANCE** 🕱 Au pays de la Marsanne et de la Roussanne (les deux cépages du Saint-Péray blanc), un bistrot contemporain comme on les aime ! Au menu, on découvre une cuisine bistronomique goûteuse et soignée, rythmée par les saisons, avec une belle carte des vins de côtes-du-Rhône septentrionaux. Réservation indispensable.

Spécialités: Terrine de veau, volaille et cochon, mayonnaise fumée. Poitrine de cochon, délicatesses, girolles et aubergines grillées. Fraises, meringue, thé matcha.

🍸 🍴 ᚛ 🎦 – Menu 26 € (déjeuner)/36 € – Carte 41/50 €

13 quai du Docteur-Jules-Bouvat – ℰ 09 82 40 44 38 – www.laruche-saintperay.com – Fermé lundi, dimanche

ⅈ○ AUBERGE DE CRUSSOL

GRILLADES • **AUBERGE** 🕱 Située sur les hauteurs de Saint-Péray, à deux minutes des ruines du château de Crussol, cette ancienne bergerie propose désormais une cuisine de terroir ardéchoise. Viandes, poissons et légumes sont cuits au feu de bois, ou dans une grande rôtissoire. Amateurs de burgers, réjouissez-vous : l'un des employés a été élu champion de France du burger en 2019. Une adresse chaleureuse.

🍴 🅿 – Menu 19 € (déjeuner)/29 €

Chemin de Beauregard (quartier de Crussol) – ℰ 04 75 40 47 65 – www.aubergedecrussol.com

ST-PRIEST – Rhône (69) ➜ Voir Lyon et ses environs

ST-ROMANS

✉ 38160 – Isère – Carte régionale n° **3**-E2 – Carte Michelin 333-E7

ⅈ○ AU ROMANS DU VERCORS

MODERNE • **SIMPLE** 🕱 Le cadre, simple, met en valeur les recettes de saison, goûteuses et travaillées – en témoignant l'intrusion d'herbes, de fleurs, d'épices lointaines ou de légumes (vraiment) oubliés tels l'héliantis, lointain cousin du topinambour, artisan d'une judicieuse association, autour d'un filet de canette et noix.

᚛ – Menu 25 € (déjeuner), 35/80 € – Carte 55/73 €

321 Grande-Rue – ℰ 04 76 64 75 95 – www.restaurant-roman-du-vercors.com – Fermé lundi soir, mardi, mercredi, dimanche soir

ST-SAVIN

✉ 38300 – Isère – Carte régionale n° **2**-B2 – Carte Michelin 333-E4

⅃○ LES 3 FAISANS

MODERNE · CONVIVIAL 𝕏 Madame en cuisine, Monsieur en pâtisserie : après un passage dans de belles maisons, ce couple passionné a posé ses valises dans ce restaurant, situé aux pieds des vignes. On sert ici une belle cuisine de saison, savoureuse et mijotée - selle d'agneau cuite à basse température, déclinaison de choux et jus court ; choux gourmands, banane compotée et crémeux chocolat 64 %, glace à la banane rôtie. À déguster à l'été dans l'une des deux salles agréables ou sur la terrasse ombragée. Après le repas, une promenade digestive sur les coteaux aura fière allure, en chantonnant peut-être une chanson de Brel, "et quand vers minuit passaient les notaires,

qui sortaient de l'hôtel des Trois Faisans..."

🏡 🅰🅲 🅿 – Menu 28€ (déjeuner), 34/68€ – Carte 45/68€

100 rue des Auberges – ☏ 04 74 28 92 57 – www.les3faisans.fr – Fermé mardi, mercredi, dimanche soir

LES SAISIES

✉ 73620 – Savoie – Carte régionale n° **2**–D1 – Carte Michelin 333-M3

🕸 LA TABLE DES ARMAILLIS

MODERNE · CONTEMPORAIN 𝕏𝕏 Excellent rapport qualité/prix dans ce restaurant qui propose de savoureux plats, inspirés du terroir savoyard (omble chevalier au sel, gaufre et crème à l'ail des ours; suprême de volaille fermière, pommes de terre, pruneaux ; pomme façon tatin, biscuit noix, sorbet faisselle-miel). On se régale dans un cadre contemporain, parsemé de touches montagnardes. Indéniablement la bonne adresse des environs.

Spécialités : Cuisine du marché.

🕸 ♿ ♻ 🍽 – Menu 34€ – Carte 49/69€

*97 rue des Prés – ☏ 04 79 89 26 15 – www.latabledesarmaillis.fr –
Fermé 24 avril-26 juin, 15 septembre-15 décembre, lundi midi, mardi midi, mercredi midi, jeudi midi*

SÉVRIER

✉ 74320 – Haute-Savoie – Carte régionale n° **4**–F1 – Carte Michelin 328-J5

⅃○ BLACK BASS

MODERNE · TENDANCE 𝕏𝕏 Ambiance chic et branchée, décor minimaliste (béton ciré, murs bleu canard) les pieds dans l'eau du lac d'Annecy... et cuisine réjouissante supervisée par Stéphane Buron, chef du Chabichou à Courchevel : soupe de poissons du lac comme une bouillabaisse, bar rôti sur la peau, ou encore tarte au citron meringuée.

⪅ 🍴 🏡 ♿ 🍽 🅿 – Menu 35€ (déjeuner)/45€ – Carte 50/65€

921 route d'Albertville – ☏ 04 50 52 40 36 – www.blackbasshotel-annecy.com

🏨 BLACK BASS

BOUTIQUE HÔTEL · CONTEMPORAIN Tout, dans cet hôtel, évoque le lac voisin : chambres bleutées, têtes de lits et placards en forme d'écaille de poisson... L'ensemble est élégant et confortable, et l'on profite aussi de beaux équipements : piscine, spa, fitness, service voiturier, etc.

🏊 ⪅ 🍴 ⛱ 🕸 ♨ 🍽 ♿ 🅿 – 25 chambres

921 route d'Albertville – ☏ 04 50 52 40 36 – www.blackbasshotel-annecy.com

⅃○ **Black Bass** – Voir la sélection des restaurants

TAIN-L'HERMITAGE

✉ 26600 – Drôme – Carte régionale n° **3**–E2 – Carte Michelin 332-C3

🕸 MAISON GAMBERT

MODERNE · CONVIVIAL 𝕏 Cette ancienne ferme rénovée, prolongée d'une jolie terrasse ombragée et entourée de vignes, a été reprise par Mathieu Chartron, chef au joli parcours. Résultat : des préparations goûteuses et soignées, des cuissons justes – au four à bois pour les viandes et certains poissons... On passe un bon moment.

Spécialités: Velouté de carotte à la citronnelle et crabe mariné. Suprême de pintadeau, grenailles et sauce porto. Tarte au chocolat, caramel beurre salé.

🍴 ᴦ 🅰🄲 ⇔ 🅿 – Menu 33/68 € – Carte 40/60 €

2 rue de la Petite-Pirelle –
𝄢 04 75 09 19 85 – www.maisongambert.com – Fermé lundi, mardi

🏵 LE QUAI

TRADITIONNELLE · BRASSERIE ℵ On pourrait rester à quai pendant des heures, à admirer le Rhône et les vignobles... En terrasse ou dans la salle, très lumineuse, on se croirait presque sur un paquebot! Et dans ce bistrot des temps modernes, les assiettes sont généreuses. Une bonne adresse.

Spécialités: Légumes grillés, burrata, huile d'olive basilic. Épaule de porcelet rôtie 12 heures, jus caramélisé et caviar d'aubergine. Pain perdu à la pogne de Romans, confiture d'orange et glace au chocolat.

≼ 🍴 🅰🄲 – Menu 24/42 € – Carte 40/60 €

17 rue Joseph-Peala –
𝄢 04 75 07 05 90 – www.maisonchabran.com

⅂○ LE MANGEVINS

MODERNE · BISTRO ℵ Ici, la déco mêle habilement esprit de bistrot et modernité. Quant à la cuisine, réalisée par un jeune couple d'autodidactes, elle célèbre le marché et se révèle soignée. On nous explique les plats dans une ambiance conviviale; comme il se doit dans un tel lieu, la carte s'accompagne d'une belle sélection de crus de la région. Une adresse coup de cœur.

&& 🍴 ᴦ 🅰🄲 – Menu 34 € (déjeuner)/39 €

7 rue des Herbes – 𝄢 04 75 08 00 76 – www.lemangevins.fr – Fermé 1er-6 janvier,
7-22 avril, 1er-20 août, samedi, dimanche

⅂○ LA PÉNICHE BY EDWARD CRISTAUDO

MODERNE · CONTEMPORAIN ℵ C'est bercé par le Rhône et l'imagination culinaire d'Edward Cristaudo, ancien collaborateur de Frédéric Anton, qu'on se laisse embarquer sur cette péniche amarrée à Tain l'Hermitage. On navigue en douceur à travers une carte qui mélange plats de bistrot et préparations plus ambitieuses, avec une attention particulière accordée au végétal, et (évidemment) aux produits de l'Ardèche et de la Drôme.

Menu 24 € (déjeuner) – Carte 30/65 €

Promenade Robert-Schuman –
𝄢 04 75 08 34 50 – www.lapeniche.biz –
Fermé lundi, mardi, dimanche

⅂○ VINEUM

TRADITIONNELLE · BAR À VIN ℵ La cave à vins du Domaine Paul Jaboulet Aîné abrite ce restaurant/bar à vins au cadre traditionnel fort cosy, où le joli plafond boisé évoque la chaleur d'antan, quand les hommes, au coin du feu, racontaient des fables de vie. En soirée, vous grignoterez charcuterie et fromages. Sachez que le vin servi au restaurant est vendu au prix de la cave, avis aux amateurs!

🍴 ᴦ 🅰🄲 ⇔ – Menu 27 € (déjeuner)/34 €

25 place du Taurobole – 𝄢 04 75 09 26 20 – www.vineum.blogspot.com –
Fermé 1er-20 janvier, lundi, mardi, mercredi soir, jeudi soir, vendredi soir, samedi
soir, dimanche soir

TALLOIRES

✉ 74290 – Haute-Savoie – Carte régionale n° **4**–F1 – Carte Michelin 328-K5

✿ ✿ JEAN SULPICE

Chef: Jean Sulpice

CRÉATIVE · CONTEMPORAIN ℵℵℵℵ Quelle belle renaissance que celle de L'Auberge du Père Bise, sous l'impulsion de Jean Sulpice et de son épouse Magali, désormais en salle! En sportif affûté, le chef propose une cuisine fine, saine et légère. Les herbes, fleurs et plantes sauvages apportent contraste et couleurs à des assiettes subtiles, qui dessinent une promenade pleine de gourmandise autour des poissons du lac. Ainsi la féra cuite dans son eau de cresson, ou l'écrevisse et ortie, toutes en fraîcheur et en précision. Cette mise en scène, sobre et poétique, se déguste dans une salle lumineuse, ouverte sur la terrasse et les rives argentées du lac d'Annecy, le plus pur d'Europe. Un écrin de choix pour une gastronomie épurée et audacieuse.

Spécialités: Cueillaison de saison. Matelote du lac d'Annecy infusée à la tanaisie. Chocolat et safran.

❀ *L'engagement du chef:* *"Faire déguster la Savoie, celle des lacs et de la montagne, est au cœur de notre ambition culinaire. Nous mettons ainsi en saveurs les produits issus de la pêche sur le lac d'Annecy, de la cueillette sauvage ou du maraîchage et de l'élevage local. C'est ce lien intime à la nature savoyarde qui nous entoure que nous souhaitons exprimer."*

🕸 ≤ 🛌 🍴 ♿ 🅼 🅿 – Menu 200/240 €

Auberge du Père Bise, 303 route du Port – ℰ 04 50 60 72 01 – www.perebise.com – Fermé 17 octobre-4 novembre, 19 décembre-28 janvier, mardi, mercredi

❀ L'AUBERGE DE MONTMIN

Chef: Florian Favario

TRADITIONNELLE · **CHAMPÊTRE** ╳ Le col de la Forclaz (1147 m) était déjà connu pour sa magnifique vue en belvédère sur le lac d'Annecy, et pour être le paradis des parapentistes. Il sera désormais aussi pour cette belle table, ouverte en 2019 par Sandrine Deley et son compagnon Florian Favario. Dans ce chalet à l'intérieur bardé de bois clair, le chef a installé des cuisines toute neuves ; il travaille dans un style simple et gourmand, avec le meilleur des produits locaux (agneaux et porcelets, légumes potagers, fruits de saison), et un coup de main sans faille. Un vrai régal, à plus forte raison sur la terrasse avec vue sur les alpages...

Spécialités: Cuisine du marché.

❀ *L'engagement du chef:* *"Tous nos produits sont achetés chez nos producteurs locaux et sur les marchés des villages environnants, à moins de 30 km, ou encore issus de notre propre cueillette. Nous n'avons aucune livraison, nous nous déplaçons - zéro emballage. Nous faisons une cuisine « zéro déchets » : tout est produit en fonction du nombre de réservations et surtout en fonction des produits disponibles avec nos producteurs. C'est pourquoi nous proposons un menu unique. Nos déchets sont triés, réutilisés ou compostés."*

≤ 🍴 🅿 – Menu 90 €

1199 route du Col-de-la-Forclaz (au Col de la Forclaz) – ℰ 04 50 63 85 40 – Fermé 13 avril-4 mai, 19 octobre-10 novembre, 22 décembre-6 janvier, lundi midi, mardi, mercredi, jeudi midi, vendredi midi

⁕○ LE COTTAGE

CLASSIQUE · **ÉLÉGANT** ╳╳ Un restaurant cossu et bourgeois, une terrasse avec le lac pour horizon et de belles saveurs classiques, avec des touches actuelles : par exemple, gambas au cresson, mangue, fleurs et bulbes... On passe ici un moment gastronomique bien sympathique.

≤ 🛌 🍴 ♿ 🖥 ✿ 🅿 – Menu 38 € (déjeuner), 50/90 € – Carte 60/95 €

Le Port – ℰ 04 50 60 71 10 – www.cottagebise.com – Fermé 1ᵉʳ octobre-25 avril

⁕○ L'ABBAYE DE TALLOIRES

MODERNE · **ROMANTIQUE** ╳╳ Le lieu, splendide, ravira les âmes romantiques. On découvre ici des recettes dans l'air du temps avec quelques clins d'œil à la région. L'été, il fait bon savourer ces douceurs en terrasse, face au lac, en les arrosant d'un bon vin (800 références).

🕸 ≤ 🛌 🍴 ✿ 🅿 – Menu 49/99 € – Carte 67/106 €

Chemin des Moines – ℰ 04 50 60 77 33 – www.abbaye-talloires.com – Fermé 14 novembre-11 février, lundi soir, mardi soir, mercredi midi, jeudi midi, vendredi midi

ⓘ 1903

TRADITIONNELLE · CONVIVIAL X Un environnement privilégié, au pied du lac, et c'est peu dire. Le bistrot 1903, dont le nom rend hommage à l'année de création de la maison, propose une carte bistrotière revisitée, signée Jean Sulpice : quenelle de brochet, crème à la livèche et citron confit ; gratin de queue d'écrevisses "autrement " ; tarte verveine framboise... Une halte pleine de gourmandise.

🖨 🏠 ♿ 🎫 🅿 – Menu 43/53 €

Auberge du Père Bise, 303 route du Port – ℰ 04 50 60 72 01 – www.perebise.com – Fermé 19 décembre-28 janvier

🏠 AUBERGE DU PÈRE BISE

LUXE · CONTEMPORAIN Un environnement féerique, au pied du lac. L'âme de l'auberge est toujours présente, même si l'ensemble a été réaménagé avec goût. Tout y est feutré, et les chambres sont d'un luxe sobre, équipées pour la plupart de terrasses et balcons. Le tout bénéficiant de l'enthousiasme d'un jeune couple motivé, et ravi d'être là !

🐾 ← 🖨 🖥 📶 🖃 ♿ 🎫 🅿 – 16 chambres – 7 suites

303 route du Port – ℰ 04 50 60 72 01 – www.perebise.com

❀❀ **Jean Sulpice** · ⓘ **1903** – Voir la sélection des restaurants

🏠 L'ABBAYE DE TALLOIRES

HISTORIQUE · CLASSIQUE Cette abbaye a traversé l'histoire, au point fêter ses mille ans d'existence en 2018 ! Le calme et la vue sur le lac en sont les principaux atouts, sans oublier les chambres d'un classicisme raffiné, le jardin face aux flots avec ponton privé... Un dépaysement total.

🐾 ← 🖨 🏠 🧖 🅿 – 36 chambres – 4 suites

Chemin des Moines – ℰ 04 50 60 77 33 – www.abbaye-talloires.com

ⓘ **L'Abbaye de Talloires** – Voir la sélection des restaurants

🏠 LE COTTAGE

TRADITIONNEL · CLASSIQUE Face à l'embarcadère, ces maisons des années 1930 ont des airs de... cottage chic. Vue sur le lac, le jardin ou la montagne ; décor soigné et frais : les chambres, cosy et dans l'air du temps, ont toutes ce petit quelque chose qu'on nomme le charme !

🐾 ← 🖨 🏊 🏠 🖃 🎫 🧖 🅿 – 29 chambres – 7 suites

Le Port – ℰ 04 50 60 71 10 – www.cottagebise.com

ⓘ **Le Cottage** – Voir la sélection des restaurants

🏠 BEAU SITE

HÔTEL PARTICULIER · CONTEMPORAIN En plus d'une situation idéale – au bord de l'eau, avec plage privée et parc –, cet hôtel a bénéficié d'une rénovation d'ampleur : on y loge dans des chambres chaleureuses et naturelles, décorées avec goût, dont certaines donnent sur le lac.

🏌 🐾 ← 🖨 🖃 ♿ 🎫 🧖 🅿 – 32 chambres

118 rue André-Theuriet –
ℰ 04 50 27 00 65 – www.beausite-talloires.com

TARARE

✉ 69170 – Rhône – Carte régionale n° **2**-A1 – Carte Michelin 327-F4

ⓘ JEAN BROUILLY

CLASSIQUE · ÉLÉGANT XXX Dans un grand parc arboré bordant la route de Roanne, une belle maison bourgeoise datant de 1906 : un décor tout indiqué pour honorer la tradition. Le classicisme culinaire est ici de mise, comme la générosité et la gentillesse. Une valeur sûre.

🖨 ♿ 🎫 ❖ 🅿 – Menu 30/82 € – Carte 50/80 €

3ter rue de Paris – ℰ 04 74 63 24 56 – www.restaurant-brouilly.com –
Fermé lundi, mardi, dimanche soir

TENCIN

✉ 38570 – Isère – Carte régionale n° **4**-F2 – Carte Michelin 333-I6

LA TOUR DES SENS

CRÉATIVE · CONTEMPORAIN X Sur les hauteurs de Tencin, cette Tour saura combler vos cinq sens ! Jérémie Izarn (vainqueur Top Chef 2017) se fend d'une cuisine créative et inspirée, proche de la nature, qui s'épanouit sous forme de menus (Inspiration, Tour d'Horizon, Diapason, Sensation). Et s'il fait beau, direction la terrasse avec sa vue superbe sur le massif de la Chartreuse...

⟨🛋 🏠 ⟨ 🅰🅲 🅿 – Menu 54/94 € – Carte 41/66 €

Route de Theys – ☏ 04 76 04 79 67 – www.latourdessens.fr –
Fermé 16 août-16 septembre, 20-29 décembre, lundi, mardi, mercredi, jeudi midi, dimanche soir

THOIRY

✉ 01710 – Ain – Carte régionale n° **2**-C1 – Carte Michelin 328-I3

LES CÉPAGES

CLASSIQUE · ÉLÉGANT XxX Dans cette maison à l'ambiance intimiste et feutrée, on profite d'une cuisine de facture classique, en accord avec des crus choisis – 1 200 références en cave ! Une cuisine généreuse, avec en complément un bar à vins et de petites assiettes façon tapas.

ॐ ⟨🛋 🏠 ⟨ – Menu 32 € (déjeuner), 59/159 € – Carte 90/120 €

Rue Briand-Stresemann – ☏ 04 50 20 83 85 – www.lescepages.com – Fermé lundi, mardi

THONON-LES-BAINS

✉ 74200 – Haute-Savoie – Carte régionale n° **4**-F1 – Carte Michelin 328-L2

RAPHAËL VIONNET

MODERNE · CONTEMPORAIN XX À quelques mètres du port de Thonon, ce restaurant offre une belle vue sur le lac Léman. La cuisine, résolument moderne, s'appuie sur les circuits courts et les poissons et crustacés du lac comme les écrevisses, la perche ou la féra.

ॐ ⟨ 🏠 ⟨ 🅰🅲 – Menu 34 € (déjeuner), 60/125 € – Carte 71/128 €

43 avenue du Général-Leclerc – ☏ 04 50 72 24 61 – www.raphaelvionnet.fr –
Fermé 1ᵉʳ-28 janvier, 15 novembre-3 décembre, lundi, mardi

SAVOIE LÉMAN

CLASSIQUE · ÉLÉGANT XX Une agréable cuisine traditionnelle à déguster dans un cadre cossu (et centenaire !), celui de l'École hôtelière de Thonon. Avec même quelques confortables chambres – à préférer côté lac Léman.

⟨ 🖼 – Menu 24 € (déjeuner), 28/48 € – Carte 24/48 €

40 boulevard Carnot – ☏ 04 50 81 13 50 –
www.ecole-hoteliere-thonon.com/hotel-restaurants – Fermé 16 décembre-4 janvier, 5-22 février, 7-26 avril, 16 octobre-2 novembre, lundi, samedi, dimanche

TIGNES

✉ 73320 – Savoie – Carte régionale n° **2**-D2 – Carte Michelin 333-O5

☃ URSUS

Chef: Clément Bouvier

CRÉATIVE · CHIC XxX Niché dans un bel hôtel de la station, ce restaurant aime la nature ! Déjà, son nom rend hommage à la dernière race d'ours de Savoie. Ensuite, la salle s'est muée en forêt avec ses troncs d'arbres séparant chaque table dans un bosquet, son plafond tendu d'une toile qui simule des feuillages, ses magnifiques tables en noyer... Enfin, son chef adore herboriser sur les chemins de montagne. Cet ancien second de Jean-François Piège signe ici une belle cuisine alpestre dans l'air du temps, à la fois généreuse, goûteuse et techniquement maîtrisée. Le tout dans le respect scrupuleux des saisons et la recherche permanente des meilleurs produits du terroir. Chariot de fromages tout Savoie, assorti d'une belle carte des vins.

Spécialités: Soupe de pomme de terre de mon grand-père. Poularde cuite en croûte de foin et carotte. Yaourt à la clémentine.

185

❀ *L'engagement du chef:* *"Se connecter complètement avec la riche nature de la Haute-Tarentaise, c'est l'ambition que nous nous fixons. Cela passe par le choix des produits que nous cuisinons dont 80% proviennent de notre département, par le respect de la saisonnalité mais aussi par l'architecture de notre restaurant qui reproduit, grâce à 380 arbres, les sensations d'une promenade forestière."*

❀ ♿ ⛄ – Menu 98/148 €

Maison Bouvier - Les Suites, Rue du Val-Claret, au Val-Claret – ℰ 04 79 01 11 43 – www.maison-bouvier.com – Fermé 2 mai-2 juillet, 27 août-2 décembre, dimanche et le midi

❀ LE PANORAMIC

Chef: Clément Bouvier

TRADITIONNELLE · COSY ⤬ Une étoile brille au fronton de ce restaurant alpin d'altitude qui tutoie le ciel (3032 m !) et auquel on accède en funiculaire pour un bol d'air et de gourmandise. Dans un intérieur douillet, tout de bois vêtu, émaillé de peaux de moutons sur les chaises et de têtes de cervidés empaillés aux murs, une équipe en costume traditionnel sert une authentique cuisine au feu de bois, typique du terroir savoyard. Les cuissons sont réglées aux petits oignons, qu'il s'agisse de cette côte de bœuf Noire de la Baltique fumée au bois de hêtre ou de ce pigeon royal en crapaudine ; les garnitures sont loin d'être en reste, à l'image de cette mousseline de pommes de terre des plus onctueuses servie dans sa petite casserole en fonte. Dépaysement et cocooning garantis : difficile de quitter les lieux…

Spécialités : Pâté en croûte, pickles de légumes. Côte de bœuf Noire de Baltique maturée sur bois de hêtre. Buffet de pâtisseries.

❀ ⬳ 🏠 ✿ – Carte 50/110 €

Glacier de la Grande-Motte (accès piétonnier par le funiculaire de Tignes-Val-Claret) – ℰ 04 79 06 47 21 – www.jeanmichelbouvier.com – Fermé 2 mai-30 juin, 28 août-26 novembre, le soir

⫯○ LA TABLE DE JEANNE

RÉGIONALE · MONTAGNARD ⤬⤬ Cette agréable table montagnarde imaginée par la famille Bouvier (Les Suites, Ursus, Panoramic) propose une cuisine généreuse, mettant en valeur les produits du terroir, le tout dans une ambiance chaleureuse. Jolis vins et prix raisonnables.

Menu 33 € – Carte 33/59 €

14 avenue de la Grande-Motte, au Val-Claret –
ℰ 04 79 06 99 90 – www.maison-bouvier.com –
Fermé 3 mai-30 juin, 28 août-27 novembre, lundi midi, mardi midi, mercredi midi, jeudi midi, vendredi midi

⌂ MAISON BOUVIER - LES SUITES

LUXE · CONTEMPORAIN Original, cet hôtel donne à voir l'univers montagnard dans le plus pur style contemporain : tronçons de bois massif, blocs de pierre, béton, tons sombres, etc. Le luxe à l'état brut, pour amateurs avertis : chambres et suites de 25 à 75m 2, bar élégant, spa… et même un salon de coiffure !

⌖ 🗔 ⓦ 🐾 🛗 ♿ 🚗 – 24 chambres

Rue du Val-Claret, au Val-Claret – ℰ 04 79 41 68 30 – www.maison-bouvier.com
❀ Ursus – Voir la sélection des restaurants

⌂ LES SUITES DU MONTANA

LUXE · ÉLÉGANT Sur les hauteurs de la station, ce "hameau" de cinq chalets allie tranquillité et proximité des pistes du fameux Espace Killy. De grandes suites – de style savoyard, tyrolien ou provençal – vous y attendent, avec balcon et même sauna ou jacuzzi ! Le plus bel hôtel de Tignes.

⌖ ⛵ ⬳ 🗔 ⓦ 🐾 🛗 ♿ ⛷ 🚗 – 27 suites – 1 chambre

Les Almes – ℰ 04 79 40 01 44 – www.village-montana.com

🏠 LE TAOS

LUXE · ÉPURÉ Sur les hauteurs de Tignes, cet hôtel à la façade de bois clair et de pierres propose des chambres et appartements dans un style montagnard (table basse en tronc, peau de vache au sol...) – et quelle vue ! Espace bien-être, accès direct aux pistes. Possibilité de restauration sur place.

⚡ 🌊 ⬅ 🖥 🏮 🎒 🛗 ⚙ **P** – 52 chambres

Route du Rosset – ℰ *04 79 06 27 81 – www.hotel-le-taos.com*

TOURNON-SUR-RHÔNE

✉ 07300 – Ardèche – Carte régionale n° **3**-E2 – Carte Michelin 332-B3

🍽 LE CERISIER

MODERNE · CONVIVIAL XX À l'intérieur de ce petit restaurant, un cadre élégant et chaleureux où le rouge domine. Une cuisine à quatre mains, elle signe les entrées et les desserts, lui, le chaud. Résultat : la carte est aussi alléchante que les plats sont réussis, à l'image de la spécialité maison, le pâté en croûte. Belle carte des vins de la vallée du Rhône et de Bourgogne.

Spécialités: Pâté en croûte à la volaille. Filet de sandre, patate douce croustillante, coulis d'écrevisse. Paris-tournon, crème pralinée et marrons.

🐌 🍴 ⛵ – Menu 32/70€ – Carte 39/65€

1 rue Saint-Joseph – ℰ *04 75 08 91 02 – www.lecerisier-restaurant.fr –*
Fermé 27 juin-11 juillet, lundi, mercredi midi, dimanche soir

🏠 HÔTEL DE LA VILLEON

DEMEURE HISTORIQUE · ÉLÉGANT Au cœur du village, ce palais du 18e s. abrite un luxe sobre et discret, d'une élégance rare. On est particulièrement séduit par le jardin suspendu, sa glycine centenaire et ses terrasses avec vue sur le clocher de l'église de St-Julien et les collines de l'Hermitage... Superbe !

🛗 ⚙ ⛵ 🏧 – 16 chambres

2 rue Davity – ℰ *04 75 06 97 50 – www.hoteldelavilleon.com*

TREFFORT-CUISIAT

✉ 01370 – Ain – Carte régionale n° **2**-B1 – Carte Michelin 328-F3

🍽 VOYAGES DES SENS

MODERNE · AUBERGE XX Après avoir côtoyé plusieurs grands chefs (dont Michel Guérard), Nicolas Morelle s'est installé dans ce village charmant pour faire la cuisine qu'il aime. On se régale par exemple d'escargots de Bresse, mousse et chips de topinambour, dans une ambiance familiale, animée et chaleureuse : bons vivants, soyez les bienvenus.

Spécialités: Tartelette d'avocat, filet de carpe marinée. Perdreau retour de chasse. Soufflé chaud à l'abricot.

🍴 – Menu 21€ (déjeuner), 33/65€ – Carte 54/65€

33 rue Principale – ℰ *04 74 51 39 94 – www.voyagesdessens.com –*
Fermé 28 février-24 mars, 27 septembre-14 octobre, lundi, mardi, dimanche soir

TRESSERVE

✉ 73100 – Savoie – Carte régionale n° **4**-F2 – Carte Michelin 333-I3

🍽 L'INCOMPARABLE ⓝ

MODERNE · CONTEMPORAIN XX L'emplacement, face au lac du Bourget, est idéal, et l'assiette est à la hauteur du cadre. Le chef travaille produits locaux, herbes, fleurs et plantes du parc au gré d'un menu mystère (une promenade, une randonnée ou une ascension en 5 services). La cuisine, moderne, se pique parfois d'originalité à l'image de ce bœuf fumé travaillé façon gravelax.

⛵ 🍴 ⛵ **P** – Menu 55/115€

68 chemin de Belledonne – ℰ *04 58 01 74 23 – Fermé mardi, mercredi*

L'INCOMPARABLE

LUXE · CONTEMPORAIN L'Incomparable, c'est tout simplement le nom d'un des plus gros diamants au monde. Le message est clair ! À Tresserve, cette demeure élégante surplombe le lac du Bourget. Les chambres séduisent, avec leurs matériaux nobles – marbre de Carrare, pierre de Bourgogne –, en particulier celles qui offrent une vue panoramique sur le lac.

🕊 🐾 ⟨ ⌂ 🏊 ▦ 🌐 ⎙ 🔲 ⟐ 🏊 ♿ **P** – 15 chambres

68 chemin de Belledonne – ☏ *04 58 01 74 23 – https://hotel-lincomparable.com*

🍽 **L'Incomparable** – Voir la sélection des restaurants

LA TRONCHE

✉ 38700 – Isère – Carte régionale n° **2**–C1 – Carte Michelin 333-H6

🍽 LA MAISON BADINE

CRÉATIVE · CONTEMPORAIN ⅩⅩ Dans cette table moderne et accueillante, on n'a rien à cacher. La cuisine est ouverte, tous les plats sont dressés sur un petit îlot à la vue de tous. Aux fourneaux, le jeune chef Florian Poyet compose une cuisine actuelle et lisible, aux visuels alléchants et aux tarifs mesurés : une belle petite adresse.

🍴 ♿ **AC** – Menu 24 € (déjeuner), 40/65 € – Carte 45/65 €

2 rue du Pont-Prouiller – ☏ *04 76 01 03 33 – www.maison-badine.com –*
Fermé 15-25 août, lundi, samedi midi, dimanche

URIAGE-LES-BAINS

✉ 38410 – Isère – Carte régionale n° **2**–C2 – Carte Michelin 333-H7

✿✿ MAISON ARIBERT

Chef: Christophe Aribert

CRÉATIVE · DESIGN ⅩⅩⅩ Christophe Aribert s'est installé dans une belle maison du 19ᵉ s. adossée à la colline, au cœur du parc d'Uriage. Cet amoureux fou de la nature a fait de l'éco-responsabilité l'alpha et l'oméga de son établissement : traitement des déchets, chauffage à granulés, tissus en coton bio... Tout ici est pensé en fonction du respect de l'environnement. Le chef affirme plus que jamais son attachement aux herbes et racines des montagnes environnantes, qui accompagnent dans l'assiette les fruits, légumes et fleurs du potager maison... C'est bien simple, ici le (bon) produit fait la loi. Exemple parfait, ce plat autour de la carotte, une véritable démonstration culinaire ! Enfin, n'oublions pas les confortables chambres, idéales pour prolonger le séjour.

Spécialités : Truite du Vercors, persil et haricot vert. Omble chevalier d'Archiane, oseille, livèche et concombre. Glace sapin, praliné noisette et oxalis.

✿ *L'engagement du chef: "La Maison Aribert s'inscrit dans une volonté de soutenir un territoire en tissant des liens forts avec ses artisans, ses ressources et ses acteurs locaux. Nous voulons être une vitrine des savoir-faire isérois qui répondent à des engagements responsables. Notre cuisine est le reflet de la richesse de la nature qui nous entoure et fait notamment la part belle au végétal et herbes de montagne."*

🐝 ⟨ ♿ **AC** **P** – Menu 99 € (déjeuner), 150/200 €

280 allée du Jeune-Bayard – ☏ *04 58 17 48 30 – www.maisonaribert.com –*
Fermé 20 décembre-18 janvier, lundi, mardi, mercredi midi, jeudi midi, dimanche soir

🌱 **Café A** – Voir la sélection des restaurants

🌱 CAFÉ A

MODERNE · BISTRO Ⅹ Le café À, véritable lieu de vie de la maison Aribert, demeure fidèle à sa thématique "café de village", qui revisite les recettes inspirées des mères et grand-mères, autour d'une belle cuisine bistronomique à prix doux, simple et réalisée à partir de produits sélectionnés avec soin. Excellent rapport qualité/gourmandise : une valeur sûre. Brunch le dimanche.

Spécialités: Cuisine du marché.

🛎 🎋 ᕦ 🅰 🅿 – Menu 33 €

Maison Aribert, 280 allée du Jeune-Bayard – 𝒞 04 58 17 48 30 –
www.maisonaribert.com

🍽️ LA TABLE D'URIAGE

CUISINE DU MARCHÉ · **ÉLÉGANT** ✕✕ La jeune cheffe Carmen Thelen délivre une cuisine simple et franche, bien maîtrisée, avec un soin particulier apporté au visuel. Cette jolie partition de saison se déguste dans un intérieur moderne et lumineux, ouvert sur la terrasse et le parc.

≼ 🎋 🅰 🅿 – Menu 37/70 € – Carte 44/70 €

Grand Hôtel & Spa, 60 place Déesse-Hygie – 𝒞 04 76 89 10 80 –
www.grand-hotel-uriage.com – Fermé 1ᵉʳ-11 janvier, lundi, mardi

🏨 GRAND HÔTEL & SPA

TRADITIONNEL · **PERSONNALISÉ** Véritable institution d'Uriage, ce bel hôtel Napoléon III, relié au centre thermal, invite à un voyage au pays des arts... D'un grand raffinement, les chambres répondent aux noms de Coco Chanel, Colette, Mistinguett, Pierre Bonnard, etc., autant d'hôtes illustres dont elles perpétuent le souvenir.

🤸 ≼ 🔲 🔛 🛁 🎏 🅰 🏊 🅿 – 35 chambres – 3 suites

60 place Déesse-Hygie – 𝒞 04 76 89 10 80 – www.grand-hotel-uriage.com

🍽️ **La Table d'Uriage** – Voir la sélection des restaurants

USCLADES-ET-RIEUTORD

✉ 07510 – Ardèche – Carte régionale n° **2**-A3 – Carte Michelin 331-G5

🍽️ FERME DE LA BESSE

TRADITIONNELLE · **RUSTIQUE** ✕ Les volailles, veaux et brebis de la ferme familiale sont la matière première d'un jeune chef sympathique et bosseur, qui ne ménage pas ses efforts. Des recettes pleines de fraîcheur et de peps, une ambiance naturelle et conviviale : un vrai plaisir.

🅿 – Menu 27 € (déjeuner), 37/40 €

La Besse (à Rieutord) – 𝒞 04 75 38 80 64 – www.aubergedelabesse.com –
Fermé 1ᵉʳ janvier-15 mars, lundi, dimanche midi

VAILLY

✉ 74470 – Haute-Savoie – Carte régionale n° **4**-F1 – Carte Michelin 328-M3

✤ FRÉDÉRIC MOLINA AU MOULIN DE LÉRÉ

Chef: Frédéric Molina

MODERNE · **RUSTIQUE** ✕ Au cœur de la vallée du Brevon, cet ancien moulin du 17ᵉ s. tourne grâce à deux passionnés : le chef Frédéric Molina, fils de viticulteur ayant promené ses couteaux dans toute l'Europe, et sa compagne Irene Gordejuela, originaire d'un petit village entre Pays basque et Rioja. Cette dernière accueille avec un délicieux accent et veille sur la carte des vins qui met en valeur les crus locaux et... espagnols. Leur philosophie commune, c'est l'éco-responsabilité : ils mettent en avant l'agriculture raisonnée locale, avec des producteurs triés sur le volet, et vont jusqu'à utiliser des contenants biodégradables. Le menu surprise en 4 ou 8 plats est un vrai régal ; on profite aussi d'un excellent pain local, au levain naturel bio.

Spécialités: Cuisine du marché.

✤ *L'engagement du chef:* "Soucieux de l'impact environnemental de notre cuisine, 90% des produits que nous utilisons sont issus d'exploitations artisanales et biologiques qui se situent dans un rayon de 30 km. En cuisine, nous nous efforçons également de réduire au maximum le gaspillage alimentaire en utilisant les produits dans leur intégralité."

🍷 🛎 🎋 ᕦ ♻ 🅿 – Menu 60/90 €

270 route de Léré, Sous la Côte – 𝒞 04 50 73 61 83 – www.moulindelere.com –
Fermé 31 mai-16 juin, 19 octobre-11 novembre, lundi, mardi, mercredi midi, jeudi midi, dimanche soir

VALAURIE

✉ 26230 – Drôme – Carte régionale n° **2**-B3 – Carte Michelin 332-B7

🍽️ **LE MOULIN DE VALAURIE**

MODERNE · **CONTEMPORAIN** XX Moderne et inspirée, la cuisine de Julien Martin ne sort pas de nulle part : il pioche dans un vaste potager maison les tomates anciennes, aubergines de Florence, herbes aromatiques, fleurs comestibles ou encore topinambours et artichauts qui peuplent ses assiettes. Un repas délicieux dans un cadre paisible... On est conquis.

 – Menu 30 € (déjeuner), 60/90 €

Le Foulon – 𝒞 *04 75 97 21 90 – www.lemoulindevalaurie.com –*
Fermé lundi, mardi midi

🏠 **LE MOULIN DE VALAURIE**

MAISON DE CAMPAGNE · **À LA CAMPAGNE** À l'extérieur du village, prenez un chemin bordé de vignes pour accéder à ce beau moulin du 19ᵉ s. Les chambres, décorées dans un esprit provençal (objets et meubles chinés), sont des plus charmantes. Restaurant traditionnel.

🐾 🍴 ⌁ & 🅺 ♨ 🅿 – 19 chambres

Le Foulon – 𝒞 *04 75 97 21 90 – www.lemoulindevalaurie.com*
🍽️ **Le Moulin de Valaurie** – Voir la sélection des restaurants

VAL-D'ISÈRE

✉ 73150 – Savoie – Carte régionale n° **2**-D2 – Carte Michelin 333-O5

✿✿ **L'ATELIER D'EDMOND**

Chef : Benoît Vidal

CRÉATIVE · **MONTAGNARD** XXX La vue des lieux laisse rêveur : un beau chalet au toit en lauze, tout droit sorti d'une gravure. Le restaurant dévoile un cadre rustique, boisé, organisé autour de la majestueuse cheminée centrale. Pas de doute, nous sommes à la montagne ! Le chef Benoît Vidal, natif de Perpignan, formé auprès de Michel Guérard (Eugénie-les-Bains) et Michel Trama (Puymirol), concocte une cuisine savoureuse pleinement ancrée dans le présent : par exemple, ces rissoles d'escargots et cochon fermier, crémeux de racine de persil relevé au raifort... suivies d'un digestif en mezzanine, dans le petit salon cosy. Délicieux.

Spécialités : Écrevisses et mousseline de brochet au citron confit, extraction des têtes infusées à l'aspérule odorante. Suprême de pigeon mi-fumé et rôti, jus des abats aux fèves de cacao et sarrasin. Feuille à feuille de pain craquant, fève tonka et crème glacée au lait fermier et foin.

🐾 ≤ & – Menu 58 € (déjeuner), 165/210 € – Carte 115/140 €

Le Fornet – 𝒞 *04 79 00 00 82 – www.atelier-edmond.com –*
Fermé 3 mai-9 décembre, lundi, mardi midi
🍽️ **Bistrot Gourmand** – Voir la sélection des restaurants

✿ **LA TABLE DE L'OURS**

MODERNE · **ÉLÉGANT** XXX Sur les hauteurs de Val-d'Isère, un luxueux hôtel aux airs de chalet cossu héberge cette table gastronomique, désormais parée d'un nouvel écrin, entre bois, pierres et miroirs. Antoine Gras, jeune Auvergnat qui a exercé chez Arnaud Donckele et chez René et Maxime Meilleur à Saint-Martin-de-Belleville, est un fidèle de cette maison où il a fait ses preuves à différents postes. Passionné et consciencieux, il travaille dans le strict respect du produit, mis en avant dans des recettes savoureuses et sans chichis. Les accords de saveurs tombent juste, à l'image de cette féra, orange sanguine, noix et sauce maltaise. En salle, une jeune équipe déploie un enthousiasme contagieux et notamment la sommelière, porte-parole des vins de Savoie.

Spécialités : Gratiné de crozets au beaufort, champignons acidulés et truffe d'hiver. Tronçon de turbot braisé au chou, huître rôtie et ragoût iodé de sommités. Chocolat grand cru de Jamaïque, sabayon gourmand au chocolat et amertume de grué en cappuccino.

🐾 & 🔲 🛎️ – Menu 95/160 € – Carte 125/145 €

Les Barmes de l'Ours, Chemin des Carats – 𝒞 *04 79 41 37 00 –*
www.hotellesbarmes.com – Fermé 11 avril-10 décembre, lundi, dimanche, le midi

BISTROT GOURMAND

TRADITIONNELLE · MONTAGNARD ✗ Le bistrot est situé au rez-de-chaussée du restaurant gastronomique, mais notre gourmandise, elle, atteint des sommets ! Le jeune chef, originaire de Perpignan, mijote une cuisine de grand-mère savoureuse (délicieuse soupe de potimarron), volontiers canaille. Et pour en profiter, une terrasse plein sud.

Spécialités : Salade de tête de veau. Échine de cochon, pommes de terre et champignons. Crème brûlée aux bourgeons de sapin.

≼ 🍴 – Menu 33 €

L'Atelier d'Edmond, Le Fornet – ℰ 04 79 00 21 42 – www.atelier-edmond.com –
Fermé 1ᵉʳ mai-3 juillet, 31 août-7 décembre, lundi

LES BARMES DE L'OURS

GRAND LUXE · ÉLÉGANT Différentes ambiances dans cet hôtel idéalement situé au pied des pistes... une véritable invitation au voyage. Les aménagements sont luxueux et le confort à son apogée, depuis le bar au coin du feu jusqu'au restaurant gastronomique et à la rôtisserie. Hibernation en vue !

✿ 🛝 ≼ 🗔 🕸 𝄫 ⊡ 🕭 ♨ 🏊 – 56 chambres – 20 suites

Chemin des Carats – ℰ 04 79 41 37 00 – www.hotellesbarmes.com

✿ **La Table de l'Ours** – Voir la sélection des restaurants

MADEMOISELLE

GRAND LUXE · HISTORIQUE Voilà un nouvel hôtel estampillé "Les Airelles" dont le parti pris Haute Epoque et l'architecture inspirée du patrimoine savoyard dérouteront certains mais en réjouiront d'autres ; volontiers austère, mais élégant et confortable, l'établissement propose salon à ski et départ ski aux pieds sur le front de neige. Le soir, on se retrouve dans la salle de cinéma privée.

✿ 🛝 ≼ 🗔 🕸 𝄫 𝄫 ⊡ 🕭 🏊 – 18 chambres – 18 suites

Rue des Téléphériques –
ℰ 04 79 22 22 22 – www.airelles.com

LE SAVOIE

LUXE · ÉLÉGANT Ce chalet joue la carte du luxe discret, presque familial : salons intimes, chambres au style montagnard épuré – dont une suite "royale" sous une superbe charpente – et très beau spa. Un bel endroit pour des moments d'exception.

✿ ≼ 🗔 🕸 𝄫 ⊡ 🕭 🏊 – 14 chambres – 11 suites

Avenue Olympique – ℰ 04 79 00 01 15 – www.inghams.co.uk

AVENUE LODGE

BOUTIQUE HÔTEL · MONTAGNARD "Noir, c'est noir" : tel pourrait être le nom de ce chalet où dominent les couleurs sombres. Dans les chambres, tissus "peau de bête", bois wengé et petit coin salon semblent réinventer l'imaginaire de l'hiver... Bistrot, agréable bar et spa complet.

✿ 🗔 🕸 𝄫 ⊡ 🕭 – 51 chambres – 3 suites

Avenue Olympique – ℰ 04 79 00 67 67 – www.hotelavenuelodge.com

LE REFUGE DE SOLAISE

TRADITIONNEL · MONTAGNARD L'hôtel le plus haut de France, perché à 2551 mètres d'altitude et accessible uniquement en télécabine l'hiver, a été construit en partie dans l'ancienne gare du téléphérique datant de 1941. Matériaux nobles (pierre, bois et chaux), piscine de 25 mètres de long avec baies vitrées et vue superbe sur la vallée et le lac de Tignes. Pour un nuit ou un séjour un peu plus près des étoiles. Un refuge, une expérience précieuse.

✿ 🛝 ≼ 🗔 🕸 𝄫 𝄫 🕭 ♨ – 16 chambres

Chemin de la Vanoise (Par télécabine de Solaise) – ℰ 04 58 83 00 90 –
www.lerefuge-valdisere.com

LE TSANTELEINA

LUXE · MONTAGNARD Du nom du plus haut sommet au-dessus de Val-d'Isère, un agréable hôtel, au cœur de l'animation de la mythique station. Les chambres sont spacieuses et chaleureuses, avec, côté sud, vue sur la piste olympique de Bellevarde ! Superbe espace bien-être.

🏔 ← 🖼 ⑨ 🛎 🎛 🎛 🚗 – 35 chambres – 19 suites

Avenue Olympique – ℰ 04 79 06 12 13 – www.tsanteleina.com

 LE YULE

TRADITIONNEL · MONTAGNARD Yule, c'est la fête du solstice d'hiver, dans les pays scandinaves. C'est aussi le nom de cet hôtel de luxe de Val-d'Isère, situé au pied des pistes, face aux pics de la Solaise et de Bellevarde. Matériaux bruts (avec une prédominance du bois), suites avec vue sur les pistes, spa, et piscine intérieure.

🏔 🌊 ← 🖼 ⑨ 🛎 🎛 🎛 ♿ 🅰🅲 🏊 – 28 chambres – 13 suites

Front de Neige – ℰ 04 79 06 11 73 – www.leyule.fr

🏠 **LES 5 FRÈRES**

FAMILIAL · COSY Les deux jeunes femmes propriétaires des lieux ont su offrir une âme à cet hôtel, au décor contemporain et soigné, et aux chambres spacieuses. Ici, on ne renie pas boiseries ni héritage montagnard. Repos assuré... Une vraie maison de famille !

🏔 🎛 ♿ – 17 chambres

Rue Nicolas-Bazile – ℰ 04 79 06 00 03 – www.les5freres.com

andresr/iStock

✉ 26000 – Drôme
Carte régionale n° **3**-E2
Carte Michelin 332-C4

VALENCE

Le jeudi et le samedi matin, les terrasses de la place des Clercs se replient pour permettre au marché de prendre ses aises. Les producteurs de la région viennent vendre le meilleur de leur ouvrage dans une ambiance conviviale. Les becs sucrés se régaleront de nougat de Montélimar, de pogne (une brioche aromatisée à la fleur d'oranger) et, en saison, de noix de Grenoble, de myrtilles et de marrons d'Ardèche.

Côté salé, faites le plein de ravioles, ces petites pâtes fraîches farcies de comté, de fromage blanc frais et de persil. Ajoutez une caillette, un petit pâté de porc aromatisé aux herbes et quelques fromages de chèvre comme le picodon et le saint-félicien. En saison, la truffe noire, dont la Drôme est le premier producteur, s'accorde à merveille avec les crus de la vallée du Rhône, saint-joseph ou crozes-hermitage...

Restaurants

✿✿✿ PIC

Cheffe : Anne-Sophie Pic

CRÉATIVE • LUXE 𝕏𝕏𝕏𝕏 La Maison Pic, dans la Drôme, c'est d'abord une atmosphère particulière. Salle tamisée, où la lumière n'éclaire que l'assiette ; créations florales ; moquette épaisse qui suspend le pas de la brigade, mixte, en tenue classique. Ici, on sert à l'ancienne, à l'assiette clochée en porcelaine... On retrouve dans l'assiette les sublimes obsessions – culte du Japon, souci de l'assemblage inédit – de celle que l'on a surnommé "la funambule des saveurs". Le baba aux agrumes et sa mousse de safran, signé Eric Verbauwhede, poursuit la délicieuse harmonie voulue par l'inspiratrice en chef. Membre du club très fermé des femmes trois étoiles, très engagée, Anne-Sophie Pic dirige aujourd'hui la fondation "Donnons du goût à l'enfance". Au-delà de son talent débordant, un indispensable symbole.

Spécialités : Oursin, crémeux au whisky, pomme et capucine. Ris de veau en coque de cire. Millefeuille blanc, crème légère à la vanille de Tahiti.

🐝 ⇦🕭🔲 ⇕ 🅿 🚘 – Menu 320 €

Plan : A2-f – *285 avenue Victor-Hugo* –
℘ 04 75 44 15 32 –
www.anne-sophie-pic.com –
Fermé 1ᵉʳ -13 janvier, lundi, mardi midi, dimanche soir

193

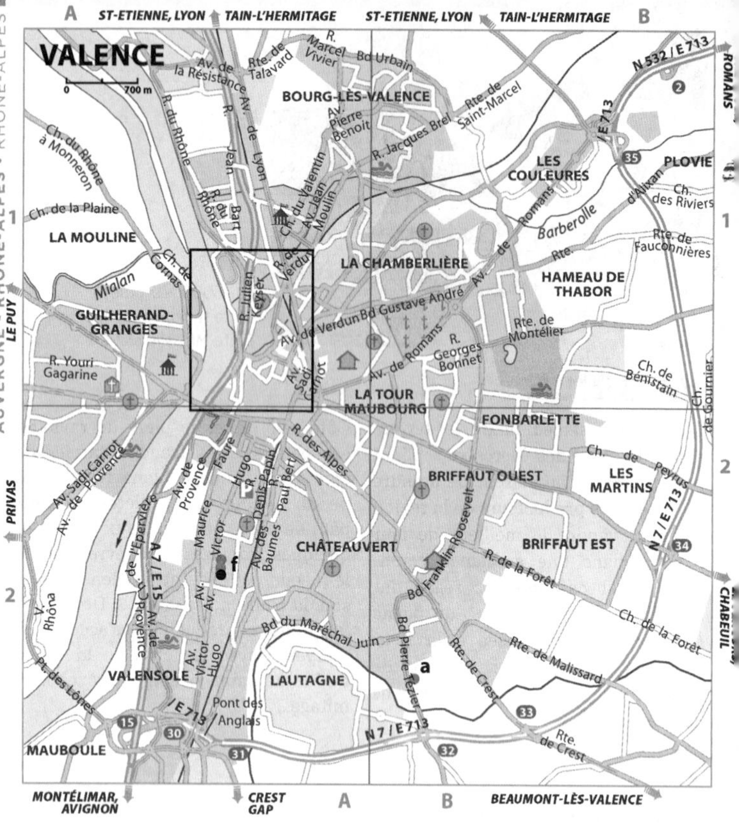

FLAVEURS

Chef: Baptiste Poinot

MODERNE • INTIME ✗✗✗ C'est au cœur de la vieille ville de Valence qu'on découvre cette belle table gastronomique lovée dans un décor coloré, avec sa moquette et ses tables en châtaignier... Un grand-père traiteur a peut-être décidé de la carrière du jeune chef Baptiste Poinot, qui a étudié à l'école hôtelière de Vienne, a reçu les leçons de Michel Chabran à Pont-de-l'Isère, d'Anne-Sophie Pic, ou encore de Joël Robuchon. Ce cuisinier sensible, qui cherche avant tout à transmettre une émotion, délivre des assiettes qui attestent une réflexion mûrie, avec des produits excellents et une technique soignée. Ces flaveurs – sensation provoquée conjointement par le goût et l'odeur d'un aliment – sont flatteuses.

Spécialités: Cuisine du marché.

A/C – Menu 38 € (déjeuner), 58/98 €

Plan : C1-b – *32 Grande-Rue –*
04 75 56 08 40 – www.flaveurs-restaurant.com –
Fermé samedi, dimanche

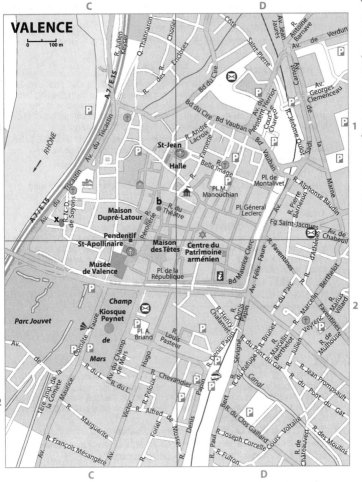

VALENCE

✿ LA CACHETTE

Chef: Masashi Ijichi

CRÉATIVE · **CONTEMPORAIN** XX Dans la partie basse de Valence, cette Cachette très discrète est désormais encore mieux cachée depuis son déménagement dans l'impasse située derrière l'adresse d'origine. Le restaurant gagne toujours à être découvert ! Vous y ferez la connaissance d'un chef précis et inspiré, Masashi Ijichi, d'origine japonaise. Ses préparations fines et délicates organisent la rencontre irrésistible entre le terroir drômois et les fulgurances asiatiques dans un cadre moderne flambant neuf. Noix de Saint-Jacques snackées et quartier d'artichauts rôtis ; côte de veau d'Yssingeaux, lentilles vertes du Puy, jeunes carottes et champignons japonais... On passe un excellent moment, notamment grâce à un service efficace et une belle carte des vins (superbe sélection de côtes-du-rhône septentrionaux).

Spécialités: Tourteau, petits pois et framboises. Pigeon de la Drôme rôti, sauce aux épices douces. Chocolat, jasmin et céréales.

❀ ⅏ 🄰🄲 – Menu 50 € (déjeuner), 85/120 €

Plan : C1-x – *20 rue Notre-Dame de Soyons* – ☎ *04 75 55 24 13* – *Fermé lundi, mardi midi, dimanche*

😊 **LE BAC À TRAILLE** ⓝ

MODERNE · DÉCONTRACTÉ ⅄ Le chef japonais étoilé de la Cachette a réalisé son rêve : ouvrir un bistrot (le nom rend hommage à l'ancien bac qui franchissait le Rhône sur la "traille" juste à côté). Cette cuisine du marché, fraîche et très soignée, ne manque jamais de punch et de relief. Menu tapas au comptoir à côté de la cuisine, sélection de vins régionaux. Excellent rapport qualité/prix.

Spécialités: Escabèche de maquereau, tomate cerise et purée de roquette. Cabillaud, caviar d'aubergine, haricots verts, quinoa, sauce poisson et pistou. Tiramisu et glace café.

🕾 – Menu 23 € (déjeuner), 33/43 €

Plan : C1-x – *16 rue des Cévennes* – ☎ *04 75 55 24 13* – *Fermé lundi, mardi midi, dimanche*

⅃○ **ANDRÉ**

TRADITIONNELLE · CONVIVIAL ⅄ Ce bistrot chargé d'histoire célèbre dans l'assiette les recettes-phares de chaque génération de la famille Pic. Du gratin de queues d'écrevisses d'André, le grand-père, jusqu'au pigeon de la Drôme en croûte de noix, l'un des (déjà !) classiques d'Anne-Sophie... Un savoureux voyage autour de la planète Pic.

❀ 🕾 ⅏ 🄰🄲 🅿 – Menu 39/72 € – Carte 45/87 €

Plan : A2-f – *Pic, 285 avenue Victor-Hugo* – ☎ *04 75 44 15 32* – *www.anne-sophie-pic.com*

Hôtels

🏨 **PIC**

GRAND LUXE · CONTEMPORAIN L'une des grandes maisons nées avec la N 7 et qui accueille aujourd'hui... une clientèle internationale, entre New York et Tokyo ! Aura d'une cuisine d'exception et d'un art de l'accueil sans cesse renouvelé : les lieux sont d'un chic extrême, valant un précis de styles contemporains, tel le jardin, véritable îlot zen en ville.

🍃 ⇆ ⌇ 🕾 ⅏ 🄰🄲 🛁 🅿 🚗 – 16 chambres – 2 suites

Plan : A2-f – *285 avenue Victor-Hugo* – ☎ *04 75 44 15 32* – *www.anne-sophie-pic.com*

✾✾✾ **Pic** • ⅃○ **André** – Voir la sélection des restaurants

VALLON-PONT-D'ARC

✉ 07150 – Ardèche – Carte régionale n° **2**-A3 – Carte Michelin 331-I7

😊 **ARKADIA** ⓝ

CRÉATIVE · CONTEMPORAIN ⅄ Le long des gorges de l'Ardèche, divine surprise : Marvin, chef d'origine bretonne, régale sans complexe avec les produits glanés dans les parages (légumes et fromages, notamment). Les assiettes sont limpides, ultra-gourmandes, le menu est renouvelé tous les quinze jours ; on profite aussi de la joie de vivre de Philippine, qui assure le service en salle. Irrésistible.

Spécialités: Tataki de bœuf, anguille fumée, mayonnaise coriandre-wasabi. Veau, courgette, livèche. Mûres du plateau, crémeux ivoire, bergamote et croustillant de pain.

🕾 – Menu 21 € (déjeuner), 35/47 €

9 rue du Barry – ☎ *06 20 77 01 59* – *arkadia-restaurant.business.site* – *Fermé 21 décembre-13 février, lundi midi, mardi midi, mercredi*

⑪ **RESTAURANT DE CHAMES**

CRÉATIVE · **MAISON DE CAMPAGNE** X Au cœur des gorges de l'Ardèche, cette table met en avant le terroir et les produits de saison issus du jardin. Présentations soignées, couleurs et parfums : le plaisir est au rendez-vous dans l'assiette. Et n'oublions pas la terrasse, qui offre une vue de carte postale sur les falaises...

⇐ 🦽 🛋 🅿 – Menu 34 € (déjeuner), 40/88 €

Route des Gorges – ☎ 06 07 66 17 09 – www.restaurantdechames.com – Fermé 1er janvier-8 février, lundi, mardi midi

VALMOREL

✉ 73260 – Savoie – Carte régionale n° **4**–F2 – Carte Michelin 333-L5

⑧ **L'OXYGÈNE**

MODERNE · **MONTAGNARD** XX Léo en cuisine et Cyril en salle ont converti ce restaurant d'hôtel en adresse tout à fait attachante. Assiettes soignées et savoureuses, ambiance de chalet cosy, judicieux conseils dans le choix des vins : à découvrir au plus vite.

Spécialités : Foie gras mi-cuit, pomme, gelée de clémentine et pain toasté. Carré d'agneau basse température, galette de polenta aux herbes. Crémeux châtaigne, meringue et sablé au miel.

⇐ 🛋 ♿ 🅿 – Menu 32/80 €

La Charmette – ☎ 04 79 09 81 80 – www.oxygene-hotel.fr – Fermé 19 avril-17 juin, 13 septembre-17 décembre, lundi midi, mardi midi, mercredi midi, jeudi midi

VALS-LES-BAINS

✉ 07600 – Ardèche – Carte régionale n° **2**–A3 – Carte Michelin 331-I6

⑪ **LE VIVARAIS**

MODERNE · **ÉLÉGANT** XxX La table du chef Stéphane Polly, artisan solide, scrupuleux dans le choix de ses produits et entier dans son envie de satisfaire les clients. Tartare de tourteau et langoustine au caviar, crémeux combava, pickles de concombre et condiment passion ; filet de saint-pierre juste poêlé, déclinaison de fenouil et gelée d'agrumes...

🕸 🛋 🔲 🅿 – Menu 31 € (déjeuner), 49/109 € – Carte 65/141 €

Helvie, 5 avenue Claude-Expilly – ☎ 04 75 94 65 85 – www.hotel-helvie.com – Fermé 15 février-12 mars, 7-27 novembre, lundi, samedi midi, dimanche soir

VAL-THORENS

✉ 73440 – Savoie – Carte régionale n° **4**–F2 – Carte Michelin 333-M6

⑧ **LES EXPLORATEURS**

MODERNE · **COSY** XX Au cœur d'un sublime hôtel posé à 2 345 m d'altitude, cette table de haute volée vaut l'ascension. Le jurassien Josselin Jeanblanc a troqué ses montagnes natales pour jouer ici le sherpa inspiré. Il sait faire monter un repas crescendo au fil de créations simples et inspirées, basées évidemment sur des produits de haute qualité "sourcés" dans toute la France. Dès leur arrivée en salle, les dressages soignés annoncent la couleur (et le goût !). Le pâté en croûte, le ris de veau et gratin dauphinois, la pièce d'agneau en cocotte de foin ou la volaille et morilles montrent une évidente maîtrise technique et la volonté forte de n'être pas qu'un "énième" restaurant d'hôtel de luxe... Pari réussi, notamment grâce à un service attentionné et souriant.

Spécialités : Pâté en croûte de gibier, foie gras et ris de veau. Suprême de volaille de Bresse truffée, sauce Albufera, céleri confit et bonbon d'abattis. Textures chocolatées, sablé de gaudes et vinaigre de miel.

🔝 🍽 – Menu 89/150 € – Carte 90/120 €

Pashmina, Place du Slalom – ☎ 04 79 00 09 99 – www.hotelpashmina.com – Fermé 30 avril-19 décembre, lundi et le midi

𝕀○ LE DIAMANT NOIR

MODERNE · ÉLÉGANT XX Dans ce récent hôtel perché au sommet de la station (2 400m), un Bistrot baigné de lumière, avec sa charpente en bois et ses hauts plafonds. Une carte actuelle, pas forcément régionale. Le diamant noir rend hommage à la truffe noire proposée sur de nombreux plats, à la carte toute la saison.

Menu 59/110 €

Koh-I Nor, Rue Gébroulaz – ☏ 04 79 31 00 00 – www.hotel-kohinor.com –
Fermé 26 avril-26 novembre, mardi, mercredi et le midi

𝕀○ FITZ ROY

MODERNE · CONTEMPORAIN XX Des produits sélectionnés et bien travaillés, avec une inclination pour le terroir savoyard et les petits producteurs locaux : voilà, en quelques traits, le travail du chef dans cet hôtel de Val-Thorens. Les plats sont frais, inventifs, et à midi, on cuisine au feu de bois. Service décontracté.

🍽 – Menu 35 € (déjeuner)/55 €

Place de l'Église – ☏ 04 79 00 04 78 – www.hotelfitzroy.com

ALTAPURA

LUXE · DESIGN Né au début des années 2010, l'établissement rivalise de luxe et d'élégance. Dans les chambres, le charme montagnard côtoie l'épure contemporaine. Le must : un spa de 1 000 m², où une salle igloo permet de goûter aux bienfaits des soins nordiques. Pour une délicieuse parenthèse au pays des neiges...

🍸 🏊 ⟜ 🗔 🆓 📶 ⅃♨ 🔆 🔥 🐠 🚗 – 72 chambres – 16 suites

Route du Soleil (à l'entrée de la station) – ☏ 04 80 36 80 36 – www.altapura.fr

PASHMINA

LUXE · TENDANCE C'est un projet fou et insolite pour ceux qui associent la montagne au luxe. Les chambres, très spacieuses, offrent un confort absolu. Hammam privé dans certaines suites, superbe spa de 450m², piscine intérieure... et même la possiblité de passer une nuit à la belle étoile dans un igloo refuge !

🍸 ⟜ 🗔 🆓 ⅃♨ 🔆 🔥 🐠 🚗 – 36 chambres – 18 suites

Place du Slalom – ☏ 04 79 00 09 99 – www.hotelpashmina.com

❀ **Les Explorateurs** – Voir la sélection des restaurants

KOH-I NOR

LUXE · ÉLÉGANT Cet hôtel des 3-Vallées a été baptisé d'après un célèbre diamant, et l'on comprend pourquoi : tout en haut de la station, l'imposant bâtiment, de bois et de verre, resplendit ! Intérieur moderne et lumineux, service attentionné et convivial... et vue sur les sommets.

🍸 🏊 ⟜ 🗔 🆓 📶 ⅃♨ 🔆 🔥 🏧 🔥 🐠 🚗 – 60 chambres – 3 suites

Rue Gebroulaz – ☏ 04 79 31 00 00 – www.hotel-kohinor.com

𝕀○ **Le Diamant Noir** – Voir la sélection des restaurants

FITZ ROY

LUXE · FONCTIONNEL Cette paisible institution, installée à 2 300 m d'altitude, a bénéficié d'un lifting complet ! Décoration en pierre et chêne dans les parties communes, style montagnard contemporain dans les chambres ; certaines d'entre elles donnent directement sur les pistes.

🍸 🏊 ⟜ 🗔 🆓 📶 🔆 🔥 – 53 chambres – 5 suites

Place de l'Église – ☏ 04 79 00 04 78 – www.hotelfitzroy.com

𝕀○ **Fitz Roy** – Voir la sélection des restaurants

LE VAL THORENS

TRADITIONNEL · MONTAGNARD Au cœur de la station, cet établissement abrite des chambres spacieuses, toutes avec balcon, où l'esprit de la montagne se décline à travers de belles lignes contemporaines. L'espace bien-être ajoute à l'esprit chic et sport des lieux.

🍸 🏊 ⟜ 🗔 🆓 📶 🔆 🔥 – 82 chambres – 1 suite

Place de l'Église – ☏ 04 79 00 04 33 – www.levalthorens.com

LES VANS

✉ 07140 – Ardèche – Carte régionale n° **2**–A3 – Carte Michelin 331-G7

🕸 **LIKOKÉ**

CRÉATIVE · CONVIVIAL XX Piet Huysentruyt, le fondateur de Likoké, a passé le flambeau à son fils Cyriel (salle et sommellerie) et à son ancien second, le chef colombien Guido Niño Torres. L'ADN de la maison demeure : des assiettes ludiques et colorées, comme des invitations au voyage, basées sur les trésors du coin – légumes de producteurs locaux, truite bio du mont Lozère, bœuf du Mézenc, etc.

Spécialités : Cuisine du marché.

& 🅺 – Menu 54 € (déjeuner), 105/155 €

7 route de Païolive – ℰ 04 75 88 09 74 – www.likoke.com –
Fermé 13 novembre-26 mars, lundi, mardi midi, mercredi midi, jeudi midi, dimanche

VAUDEVANT

✉ 07410 – Ardèche – Carte régionale n° **2**–B2 – Carte Michelin 331-J3

🕸 **LA RÉCRÉ**

MODERNE · CONVIVIAL X Installé dans l'ancienne école de garçons du village, dont il a conservé les vestiges – tableau noir, cartes de géographie –, ce restaurant ne pouvait mieux porter son nom. On y découvre des créations pétillantes, qui piochent allègrement dans les produits du terroir ; et c'est encore meilleur lorsqu'on est attablé dans la cour ombragée...

Spécialités : Foie gras de canard, tatin aux pommes caramélisées. Gambas à la plancha, sauce surprise. Tarte au chocolat.

🍽 🅿 – Menu 29/47 €

70 route de Satillieu – ℰ 04 75 06 08 99 – www.restaurant-la-recre.com –
Fermé 15 novembre-11 février, lundi, mardi, dimanche soir

VAUX-EN-BEAUJOLAIS

✉ 69460 – Rhône – Carte régionale n° **3**–E1 – Carte Michelin 327-G3

🕸 **AUBERGE DE CLOCHEMERLE**

MODERNE · CONTEMPORAIN XX On se sent bien, dans la salle à manger tout en sobriété de l'auberge de Clochemerle. Le menu surprise fait la part belle aux produits de saison, avec des assiettes élaborées avec soin. De quoi régaler les (nombreux) habitués, mais aussi les clients de passage. Quelques chambres confortables pour l'étape.

🛏 🍽 & – Menu 48/96 €

173 rue Gabriel-Chevallier – ℰ 04 74 03 20 16 – www.aubergedeclochemerle.fr –
Fermé lundi midi, mardi, mercredi

VESC

✉ 26220 – Drôme – Carte régionale n° **2**–B3 – Carte Michelin 332-D6

🕸 **CHEZ MON JULES**

CUISINE DU TERROIR · BISTRO X Dans une salle où objets chinés, tables et chaises en bois font bon ménage, on se régale d'une savoureuse cuisine du terroir, tels la caillette maison au foie gras, ou cette poitrine de cochon de Dieulefit, laquée, légumes du coin. Aux beaux jours, profitez de la terrasse à l'ombre des canisses : le panorama vaut le coup d'œil...

Spécialités : Caillette au foie gras, bouillon aux herbes. Risotto de petit épeautre, légumes et œuf 64°. Soupe de nectarine, agastache et sorbet.

🍽 & – Menu 34/57 €

5 rue Étienne-de-Vesc – ℰ 04 75 04 20 74 – www.chezmonjules.com –
Fermé 4 janvier-3 février, lundi, mardi, mercredi

VEYRIER-DU-LAC

✉ 74290 – Haute-Savoie – Carte régionale n° **4**–F1 – Carte Michelin 328-K5

✿✿ YOANN CONTE

Chef: Yoann Conte

CRÉATIVE · ÉLÉGANT XxX C'est en mer que le Breton Yoann Conte a découvert le sens de la fraternité et l'importance du "manger". Il porte comme un étendard la volonté de mettre la gastronomie au service de recettes "brutes" et sincères. Adepte de randonnées extrêmes, il cultive son jardin au bord du lac en herboriste avisé. Sa cuisine lui ressemble : physique, terrienne, avec un soupçon d'aventure et un sourire en coin. Il suffit de goûter à son menu "Conte Vents et Marées" pour prendre la mesure de son talent, où la montagne charme l'océan, comme ce homard bleu de Bretagne fumé aux écorces de sapin, et bouillon de sarriette...

Spécialités: La carotte dans tous ses états. Homard entier de mes origines. "Mano a mano" , chocolat et porto.

✿ *L'engagement du chef:* "Bon sens paysan, curiosité et simplicité sont les maîtres mots de ma cuisine : à la montagne, assis sur un rocher, face à la nature, c'est cette simplicité que j'essaie d'insuffler à mes compositions, imaginées en fonction de ce que m'offre la nature au jour le jour et que je transmets ensuite à mon équipage."

⊗ ≤ ✿ & 🅰 ⊡ ⇄ ⊗ 🅿 – Menu 240/280 €

13 Vieille-Route-des-Pensières – ℰ 04 50 09 97 49 – www.yoann-conte.com – Fermé mardi, mercredi

🏛 YOANN CONTE

LUXE · MONTAGNARD Cette superbe maison couleur lavande, accoudée à la montagne, se mire dans le lac d'Annecy. Les chambres et les suites, d'un style montagnard chic, possèdent toutes balcon et vue sur le lac. Terrasse somptueuse, sauna extérieur, bain norvégien, ponton avec transat, bateaux pour le ski nautique ou les navettes vers Annecy : l'élégance absolue, sans fausse note.

✿ ⊗ ≤ ✿ ⊡ 🅰 ⇄ 🅿 – 6 chambres – 2 suites

13 Vieille-Route-des-Pensières – ℰ 04 50 09 97 49 – www.yoann-conte.com

✿✿ **Yoann Conte** – Voir la sélection des restaurants

VIENNE

✉ 38200 – Isère – Carte régionale n° **2**–B2 – Carte Michelin 333-C4

✿✿ LA PYRAMIDE - PATRICK HENRIROUX

Chef: Patrick Henriroux

MODERNE · ÉLÉGANT XxX L'institution viennoise a été rendue célèbre par le mythique Fernand Point, formateur d'une foule de toques d'élite : Bocuse, frères Troisgros et frères Haeberlin, Chapel... C'est en 1989 que la famille Henriroux a repris la maison. Entre autres qualités, la cuisine de Patrick Henriroux se distingue par sa précision et sa sobriété. Homard en trois façons (pinces en salpicon, bisque en raviole, queue rôtie aux douces épices et cassis), soufflé à la vieille chartreuse réalisé dans les règles de l'art : les preuves d'un savoir-faire aussi discret qu'imparable. Le tout dans un décor très design, d'une élégance extrême : on ne peut qu'applaudir.

Spécialités: Couteaux, coques et vernis en rémoulade de chou-fleur au curry vert et granny smith. Veau du Limousin, crémeux de pomme de terre, champignons aux amandes et jus à l'amaretto. Piano au chocolat, sorbet noir et or, sauce au café grillé.

⊗ ✿ 🎘 🅰 ⇄ 🅿 – Menu 71 € (déjeuner), 149/180 € – Carte 153/175 €

14 boulevard Fernand-Point – ℰ 04 74 53 01 96 – www.lapyramide.com – Fermé 1er février-4 mars, 12-18 août, mardi, mercredi

⫻○ L'ESPACE PH3

MODERNE · COSY XX Au sein de la Pyramide, voici la seconde table de la famille Henriroux. Décor sobre et chic, dans un esprit végétal, cuisine santé et bien-être... On l'aura compris, le lieu fait peau neuve. Et tout est mené tambour battant par une équipe dont la motivation est communicative. Que d'énergie, que de saveurs !

🕸 🛖 🔣 – Carte 45/50 €

La Pyramide - Patrick Henriroux, 14 boulevard Fernand-Point –
𝒞 04 74 53 01 96 – www.lapyramide.com –
Fermé 1er février-4 mars, 2-8 août

⫻○ L'ESTANCOT

TRADITIONNELLE · BISTRO X Une valeur sûre en ville que ce bistrot contemporain sympathique et généreux ! Les habitués apprécient les criques – des galettes de pommes de terre –, spécialités de la maison, garnies par exemple de foie gras poêlé ou de noix de Saint-Jacques et gambas.

🕭 – Menu 27/53 € – Carte 27/53 €

4 rue de la Table-Ronde – 𝒞 04 74 85 12 09 –
Fermé lundi, mardi midi, dimanche

⫻○ LES SAVEURS DU MARCHÉ

TRADITIONNELLE · BISTRO X Un bistrot joliment moderne et très vivant... tout au service des saveurs du marché, bien entendu ! On aurait tort de se priver de cette cuisine très fraîche, soignée et savoureuse, rehaussée par une belle carte de vins de la vallée du Rhône. Et le couple de propriétaires est charmant...

🕸 🛖 🕭 🔣 – Menu 17 € (déjeuner), 28/47 € – Carte 20/62 €

34 cours de Verdun –
𝒞 04 74 31 65 65 – www.lessaveursdumarche.fr –
Fermé 3 juillet-3 août, 19 décembre-4 janvier, samedi, dimanche

🏚🏚 LA PYRAMIDE - PATRICK HENRIROUX

LUXE · PERSONNALISÉ Sur la N7, une adresse historique rénovée dans un style contemporain et une dynamique écolo-responsable. L'ensemble est élégant, avec ses parties communes, ses confortables chambres et ses matériaux choisis avec soin. Une belle adresse pour l'étape.

🏡 🍴 🕭 🔣 🎿 🅿 – 19 chambres – 4 suites

14 boulevard Fernand-Point – 𝒞 04 74 53 01 96 – www.lapyramide.com

⫻○ **L'Espace PH3** • ✿✿ **La Pyramide - Patrick Henriroux** – Voir la sélection des restaurants

VIGNIEU

✉ 38890 – Isère – Carte régionale n° **2**-B2 – Carte Michelin 333-F4

⫻○ LE CAPELLA

MODERNE · CLASSIQUE XX Présentations soignées, jeux sur les textures, utilisation de bons produits : voici les savoureux arguments de ce Capella. Le cadre n'est pas en reste : deux salles voûtées en pierre, et une terrasse face à la piscine et au jardin. Carte des vins pointue, avec 450 références (surtout de la vallée du Rhône). Le château de Chapeau Cornu et ses dépendances offrent également des chambres délicieusement romantiques.

🕸 🍴 🛖 🌺 🅿 – Menu 35 € (déjeuner), 49/89 €

Château de Chapeau Cornu, 312 rue de la Garenne –
𝒞 04 74 27 79 00 – www.lecapella.com –
Fermé lundi midi, mardi midi, mercredi, dimanche soir

VILLARD-DE-LANS

✉ 38250 – Isère – Carte régionale n° **2**-C2 – Carte Michelin 333-G7

🍴○ **LA DOLINE**

TRADITIONNELLE · CONVIVIAL 🗶 Sous l'égide d'un jeune chef autodidacte, dans un décor associant montagne et modernité, cette petite table propose une cuisine traditionnelle – ainsi ce filet de truite fumée, le confit de canard maison ou les cèpes du Vercors.

≼ 🖰 🏠 **P** – Menu 35€ – Carte 40/55€

La Roseraie, 297 avenue du Professeur-Nobécourt – ℰ 04 76 95 11 99 –
www.ladoline.com – Fermé 6 avril-12 mai, 26 septembre-15 décembre, lundi midi,
mardi midi, mercredi midi, jeudi midi, vendredi midi, samedi midi, dimanche midi

🍴○ **LA FERME DU BOIS BARBU**

TRADITIONNELLE · FAMILIAL 🗶 Non loin des pistes de ski de fond et des chemins de randonnée, dans un environnement préservé – que la région est pittoresque ! –, une adresse sympathique, montagnarde mais nullement rude : au cœur de l'hiver, par exemple, le bon feu de cheminée va si bien à la cuisine du terroir...

🖘 ≼ 🏠 **P** – Menu 16/29€

À Bois-Barbu – ℰ 04 76 95 13 09 – www.fermeboisbarbu.com – Fermé 1er-22 avril,
8 novembre-10 décembre, mardi midi, mercredi, dimanche soir

🍴○ **LES TRENTE PAS**

MODERNE · COLORÉ 🗶 À une trentaine de pas de l'église de Villard, un restaurant de poche au décor soigné. Dans une jolie salle à manger, l'œil s'attarde sur les tableaux d'un artiste local... Derrière ses fourneaux, le chef honore les produits (notamment du Vercors) au gré du marché et de son inspiration. Un travail soigné.

Menu 21€ (déjeuner), 31/54€ – Carte 36/52€

16 avenue des Francs-Tireurs – ℰ 04 76 94 06 75 – www.lestrentepas.fr –
Fermé 20-27 avril, 15-22 juin, lundi, mardi soir, mercredi soir

VILLEFRANCHE-SUR-SAÔNE

✉ 69400 – Rhône – Carte régionale n° **3**-E1 – Carte Michelin 327-H4

🏵 **LA FERME DU POULET**

TRADITIONNELLE · CONVIVIAL 🗶🗶 Joli endroit que cet ancien monastère, avec sa jolie terrasse sous la glycine. L'établissement est le repaire d'un couple de bons professionnels (le chef est champion du monde 2016 de pâté en croûte !), qui servent une cuisine réjouissante, axée sur les produits de la région.

Spécialités : Escargots revus aux temps des saisons. Quenelle de brochet. Praline de la région.

🖘 🏠 ♿ ▣ ♻ **P** – Menu 20€ (déjeuner), 33/67€ – Carte 46/90€

180 rue Georges-Mangin – ℰ 04 74 62 19 07 – www.lafermedupoulet.com –
Fermé lundi, dimanche

VILLENEUVE-DE-BERG

✉ 07170 – Ardèche – Carte régionale n° **2**-B3 – Carte Michelin 331-J6

🏵 **AUBERGE DE MONTFLEURY**

Chef : Richard Rocle

MODERNE · ÉLÉGANT 🗶🗶 Arrêtez-vous dans cette discrète auberge, presque anonyme, située en bord de route et face à la gare. C'est la maison d'un couple de professionnels passionnés, Angèle Faure et Richard Rocle. Elle assure un service à la fois efficace et chaleureux dans l'élégant cadre contemporain de la salle ; lui, aux fourneaux, mitonne une cuisine actuelle entre terroir et modernité, qui fait la part belle aux petits producteurs. Porcs fermiers élevés en plein air, escargots, safran, fromages de chèvre, herbes sauvages ramassées par un cueilleur : tout est produit aux alentours.

Spécialités : Poulpe de Méditerranée, petits pois, tandoori et jus de cuisson comme une bouillabaisse. Pigeon en deux services, potimarron, champignons et jus infusé au genièvre. Poivron, chocolat et ras-el-hanout.

舘 品 & ⇔ **P** – Menu 25 € (déjeuner), 55/90 € – Carte 60/90 €

200 route des Cépages – ✆ 04 75 94 74 13 – www.auberge-de-montfleury.fr –
Fermé 2-14 janvier, 21-30 juin, 18 octobre-3 novembre, mardi, mercredi, dimanche soir

🍴○ **LA TABLE DE LÉA**

MODERNE · **CLASSIQUE** XX Dans cette ancienne grange, la chef élabore une cuisine du marché assez personnelle. Pendant ce temps-là, on profite de la belle terrasse sous les marronniers...

品 品 & 🅼 **P** – Menu 30/67 € – Carte 58/62 €

Le Petit Tournon – ✆ 04 75 94 70 36 – www.restaurant-table-lea.com –
Fermé 15-25 mars, 1er-30 novembre, lundi midi, mardi midi, mercredi, jeudi midi

VILLEREST

✉ 42300 – Loire – Carte régionale n° **2**-A1 – Carte Michelin 327-D4

🍴○ **CHÂTEAU DE CHAMPLONG**

MODERNE · **ÉLÉGANT** XXX Moments aussi gourmands que charmants dans cette demeure du 18ᵉs. nichée dans la verdure ; on dîne d'une cuisine actuelle dans la "salle des peintures", sous les tableaux d'époque. Appétissante formule déjeuner et belle carte des vins.

舘 品 品 & 🅼 ⇔ **P** – Menu 30 € (déjeuner), 48/100 €

100 chemin de la Chapelle (près du golf) – ✆ 04 77 69 69 69 –
www.chateau-de-champlong.com – Fermé lundi, mardi midi, dimanche soir

🏠 **CHÂTEAU DE CHAMPLONG**

DEMEURE HISTORIQUE · **ÉLÉGANT** Cette belle demeure du 18ᵉ s. est une respiration au cœur de la verdure. C'est élégant et feutré, original aussi, comme cette chambre au sol en verre transparent. Très beau spa et piscine extérieure chauffée.

⌚ 品 🎇 🕘 🖃 & 🅼 **P** – 12 chambres

100 chemin de la Chapelle (près du golf) – ✆ 04 77 69 69 69 –
www.chateau-de-champlong.com

🍴○ **Château de Champlong** – Voir la sélection des restaurants

VILLIÉ-MORGON

✉ 69910 – Rhône – Carte Michelin 327-H3

🍴○ **LE MORGON**

RÉGIONALE · **RUSTIQUE** X Escargots de Bourgogne au beurre d'ail, escalope de ris de veau au jus de raisin, île flottante aux pralines... Un repas ancré dans le terroir et la tradition : voilà ce que propose cette sympathique auberge à l'intérieur rustique, située au cœur de ce village viticole du Beaujolais. L'hiver, réservez donc une table au coin du feu !

品 – Menu 21/45 € – Carte 32/46 €

Morgon – ✆ 04 74 69 16 03 – www.restaurantlemorgon.fr – Fermé mardi soir,
mercredi, dimanche soir

VIUZ-EN-SALLAZ

✉ 74250 – Haute-Savoie – Carte régionale n° **4**-F1 – Carte Michelin 328-L4

🍴○ **LA TABLE D'EMILIE**

CRÉATIVE · **SIMPLE** X À la barre de ce sympathique restaurant, on trouve un jeune couple bien décidé à mettre en valeur de beaux produits. À déguster dans la nouvelle salle, et par beau temps, sur l'agréable jardin-terrasse, également rénovée ! Belle sélection de vins.

舘 品 🅼 – Menu 25 € (déjeuner), 40/65 €

1069 avenue de Savoie – ✆ 04 50 36 67 84 – www.latabledemilie.fr – Fermé lundi
soir, mercredi, dimanche soir

VOIRON

✉ 38500 – Isère – Carte régionale n° **2**-C2 – Carte Michelin 333-G5

⑪○ BRASSERIE CHAVANT ⑩

TRADITIONNELLE · HISTORIQUE XX Sise dans une belle maison de maître, non loin des caves de Chartreuse, cette brasserie redécorée avec goût autour d'un bel escalier en bois (qui conduit aux chambres situées à l'étage) propose une bonne cuisine traditionnelle où les spécialités font honneur aux produits du Voironnais - ainsi le foie gras mi-cuit « maison » à la Chartreuse ou le parfait glacé à l'Antésite. Accueil et service très sympathiques.

⇦ 🛋 & 🅰🅲 ⇄ – Menu 29 € (déjeuner) – Carte 35/58 €

72 avenue Léon-et-Joanny-Tardy – ℰ 04 76 93 19 11 – www.hotel-millepas.fr

VONNAS

✉ 01540 – Ain – Carte régionale n° **3**-E1 – Carte Michelin 328-C3

✿✿✿ GEORGES BLANC

Chef: Georges Blanc

CLASSIQUE · ÉLÉGANT XxxX Quel destin pour l'enfant de Bourg-en-Bresse, dont les ancêtres étaient limonadiers et marchands de charbon ! Il est vrai que sa propre grand-mère avait été sacrée meilleure cuisinière du monde par Curnonsky. Georges Blanc est aujourd'hui à la tête d'un petit empire à Vonnas. D'une demeure de 100 mètres carrés, il a bâti un domaine de plusieurs hectares : la mise en scène lumineuse des jardins et maisons du village le soir est magique. Mais le spectacle se trouve aussi dans l'assiette : on y retrouve la Bresse et son emblématique poularde AOP, les sauces aux goûts profonds et les cuissons savantes. La maison Georges Blanc est l'établissement le plus anciennement étoilé au monde, avec la première étoile acquise en 1929. Elle ravira aussi les amateurs de jolis crus, une carte des vins à damner Dionysos.

Spécialités : Multicolore de homard bleu au savagnin et trilogie de ravioles végétales à l'ail noir. Poularde de Bresse "Élisa Blanc", crêpes vonnassienne. L'idéal vonnassien, fin sablé de gaudes et chocolat lacté infusé à la vanille.

⅊ ⇪ 🅰🅲 🅿 – Menu 195/295 € – Carte 255/295 €

Place du Marché – ℰ 04 74 50 90 90 – www.georgesblanc.com –
Fermé 2 janvier-5 février, lundi, mardi, mercredi midi, jeudi midi

⑪○ L'ANCIENNE AUBERGE

TRADITIONNELLE · AUBERGE X Un décor rétro à la mémoire de l'auberge – ex-fabrique de limonade – ouverte par la famille Blanc à la fin du 19ᵉ s. Photos d'époque, affiches anciennes, etc. Ici, on cultive une certaine nostalgie... qui sied à merveille aux spécialités bressannes proposées par le chef.

🛋 ⇄ – Menu 26 € (déjeuner), 39/66 € – Carte 45/70 €

Place du Marché – ℰ 04 74 50 90 50 – www.georgesblanc.com –
Fermé 2 janvier-8 février

🏨 GEORGES BLANC

GRAND LUXE · ÉLÉGANT D'une génération à l'autre, Vonnas est devenu... Blanc. Cette hôtellerie de grande tradition cultive l'art de recevoir à la bressane ! Luxe sans ostentation, bois, pierre, superbe parc : une image du terroir qui sait vivre avec son temps.

🏕 🦢 ⇪ 🎿 🖥 🆗 🛠 🖃 & 🅰🅲 🏋 🅿 🛋 – 28 chambres – 14 suites

Place du Marché – ℰ 04 74 50 90 90 – www.georgesblanc.com

✿✿✿ Georges Blanc – Voir la sélection des restaurants

🏨 HÔTEL DU BOIS BLANC

HISTORIQUE · CONTEMPORAIN Au sein du domaine d'Epeyssoles, sur un parc de 16 ha, ce château du 13ᵉ s. aux allures toscanes abrite des chambres spacieuses avec terrasses privatives, réparties dans trois villas autour de la piscine chauffée. Joli restaurant (fresques et plafonds à la française) et terrasse. La nuit, le château s'illumine !

🦢 ⇪ 🎿 & 🅰🅲 🛠 🅿 – 18 chambres

Route de Mezeriat – ℰ 04 74 42 42 42 – www.georgesblanc.com

VOUGY

✉ 74130 – Haute-Savoie – Carte régionale n° **4**–F1 – Carte Michelin 328-L4

LE CAPUCIN GOURMAND

CLASSIQUE • CONVIVIAL XX Ici, deux salles pour deux atmosphères différentes, mais complémentaires : conviviale et vintage pour le bistrot (décor rétro, grands miroirs, banquettes en cuir), feutrée et élégante pour le restaurant. La cuisine, de son côté, poursuit la même ambition de qualité et de tradition : tête de veau, cassolette d'escargots de Magland, carré d'agneau rôti...

Spécialités : Gambas, artichauts, condiment aubergine. Joue de bœuf braisée, carotte et chorizo. Crémeux citron.

🏵 ♿ 🅰🅲 ⇔ 🅿 – Menu 34/60 € – Carte 44/65 €

1520 route de Genève – ℰ 04 50 34 03 50 – www.lecapucingourmand.com –
Fermé 1er janvier, 8-31 août, lundi, samedi midi, dimanche

YVOIRE

✉ 74140 – Haute-Savoie – Carte régionale n° **4**–F1 – Carte Michelin 328-K2

LES JARDINS DU LÉMAN

MODERNE • ÉLÉGANT XX Au cœur de la cité médiévale, cette vénérable auberge propose des plats gourmands, joliment travaillés, et un sympathique menu gibier à l'automne. Le plus ? Une somptueuse terrasse panoramique sur le lac Léman, où vous vous attablerez les soirs d'été.

Spécialités : Foie gras de canard, chutney de pomme. Féra du Léman, sauce grenobloise. Sablé, aneth et sorbet citron.

🥓 🏵 ⇔ – Menu 34/60 € – Carte 40/80 €

Grande-Rue – ℰ 04 50 72 80 32 – www.lesjardinsduleman.com –
Fermé 20 novembre-5 février, mercredi

LE PRÉ DE LA CURE

TRADITIONNELLE • CONVIVIAL XX Une plongée dans le Léman ! Évidemment, il y a la vue, superbe, mais pas seulement... Le chef réalise une cuisine axée sur les produits de la pêche : selon l'arrivage, brochets, truites ou encore perches peuvent être de la fête. Pour l'étape, chambres spacieuses et grande piscine couverte.

≼ 🥓 🏵 ♿ 🖃 🅿 – Menu 20/57 € – Carte 41/64 €

Place de la Mairie – ℰ 04 50 72 83 58 – www.pre-delacure.com – Fermé 1er
novembre-18 mars

VIEILLE PORTE

TRADITIONNELLE • RUSTIQUE XX Maison du 14e s. appartenant à la même famille depuis 1587. Tomettes, poutres et pierres, terrasse à l'ombre des remparts : rien ne manque, et tout cela accompagne à merveille la sympathique cuisine traditionnelle et régionale du chef. Belle sélection de bordeaux à prix raisonnable.

🥓 🏵 – Menu 30/45 € – Carte 45/65 €

2 place de la Mairie – ℰ 04 50 72 80 14 – www.la-vieille-porte.com –
Fermé 12 novembre-9 février, mercredi

LYON
ET SES ENVIRONS

Lyon est-elle, comme le claironna un critique gastronomique en 1935, la "capitale mondiale de la gastronomie" ? Une chose est sûre : ici, l'art de bien manger est une affaire sérieuse. C'est une histoire multi-centenaire, celle des bouchons, avec leurs spécialités passées à la postérité – saucisson truffé ou pistaché, cervelle de canut, quenelles de brochet, bugnes et cardons à la moelle –, celle des Mères Lyonnaises, ces cuisinières d'exception qui ont enchanté les palais rhodaniens jusqu'à l'entre-deux-guerres, c'est aussi celle des vins de la région, beaujolais ou crozes-hermitage... ou ces coteaux-du-lyonnais, longtemps restés dans l'ombre, qui reprennent des couleurs dans une veine bio et nature.

De fait, Lyon ne se repose pas sur ses glorieux lauriers. Dans le 6e, sur la rive gauche, fleurissent les bistrots sans prise de tête (Agastache, Bistrot B, Binôme), à la mode parisienne, tandis que la naturalité poursuit sa percée (Rustique, Apothicaires). Tradition et créativité se partagent la vedette d'un quartier à l'autre ; la cuisine ethnique fait même son apparition çà et là dans la cité, à l'image de l'étonnante partition latino-américaine d'Andres Sandoval, le chef vénézuélien de Canaima.

1

PARIS A MÂCON, VILLEFRANCHE-S-SAÔNE B TRÉVOUX, NEUVILLE-S-S., COLLONGES

CHAMPAGNE-AU-MONT-D'OR
ST-RAMBERT L'ÎLE-BARBE
CALU...

R. du Tronchon
Ch. du Pétollier
Av. du Sermes d'Or
Ch. d'Ecully
Ch. du Moulin Carron
Av. David
Jean Marie Vianney
Bel Gourron
Av. Louis Pradel

R. de Saint-Cyr
Tunnel de Caluire
Q. Clemenceau
Tunnel de Ca...
R. Coste
R. de Margnolles

Av. Guy de Collongue
Av. Édouard Aynard
Ch. des Mouilles
Rte de Paris

Curis
R. d'Ypres
Hénon
Ateliers de Soierie vivante
Parc de la Tête

Av. Pasteur
R. de Bourdon
Gare de Vaise
Tunnel de la Duchère
Bd Péricentre

ÉCULLY
Av. du Dr Tel...
Bretelle Tassin Voie
Av. Barthélemy Buyer
Av. de la République

Valmy
a
VAISE
n
Gorge de loup
Gorge de loup

Croix Rousse
Croix Paquet
Foch
H. de Ville
L. Pradel
R.
Cordeliers
MUSÉE DES BEAUX-ARTS
Vieux Lyon
Cath. St-Jean

TASSIN-LA-DEMI-LUNE

R. Joliot-Curie
R. Joliot-Curie
R. de Tourvielle

Musée de l'Institut franco-chinois

Minimes
Saint-Just
Bellecour
Ampère Victor Hugo
Pl. Guich...
Saxe Gambe...
Guill...

Ch. Fine
D'Oclos
Av. Charles de Gaulle
R. du Chater
Ch. des Près

FORT STE-FOY

Q. Jules Courmont
Perrache

Jean M...
Av...

R. du Bochu
Rte du Bruissin
Montée des Roches
R. de la Gare
R. Grande
Rte de Limburg
Av. de la Libération
Dally

STE-FOY-LÈS-LYON
Ch. de Montray
Chatelain

Centre d'histoire de la Résistance et de la déportation
Q. Jacques Rousseau
Q. Claude Bernard
Q. P. Scize
Q. Perrache
Pl. des Jacobins
Delbourg

Av. Debourg

LA MULATIÈRE
Halle T. Garnier
Stade de Gerland
GERLAND

BEAUNANT
Aquarium de Lyon

Av. de Verdun
Arches de Chaponost

Yzeron
Ch. de Montvois
Bd Émile Zola
Bd Louis Bagnac

PTE DE GERLAND
PORT E. HERRIOT
RHÔNE

CHAPONOST
Francisque
Jomard
Grande Rue
R. du perron
Bd de l'Europe
OULLINS
Av. Jean Jaurès
R. Henri Moiss...
A7 E15
Pont Pierre Semard

Rte de la Gare
FORT DE CÔTE LORETTE
Ch. de Beauversant
Av. Charles André
R. des Martyrs
Clemenceau
Ch. de Montvois
Av. Jean Moulin
Bd de l'Europe
Ch. de la Mouche

Rte de Brignais
Rte de Charly
Rte d'Irigny
ST-GENIS-LAVAL
A 450

ST-ETIENNE, GIVORS A ST-ETIENNE, GIVORS B ST-ETIENNE, MARSEILLE

LYON

2

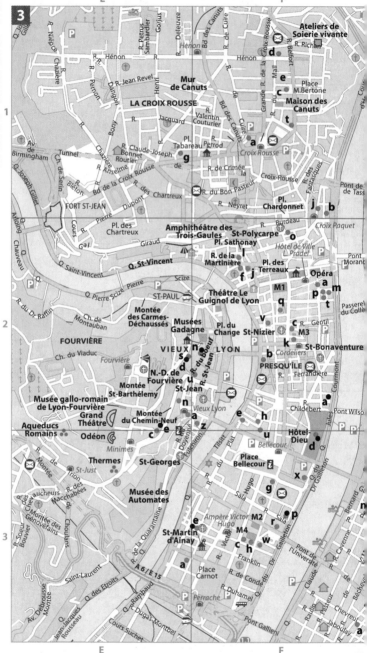

Musée des Beaux-Arts M1
Musée des Arts Décoratifs M2
Musée de l'Imprimerie et
de la Communication graphique . . M3
Musée des Tissus M4

LYON

0   200 m

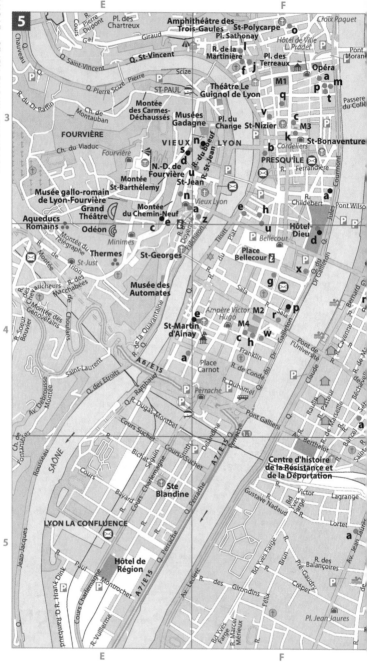

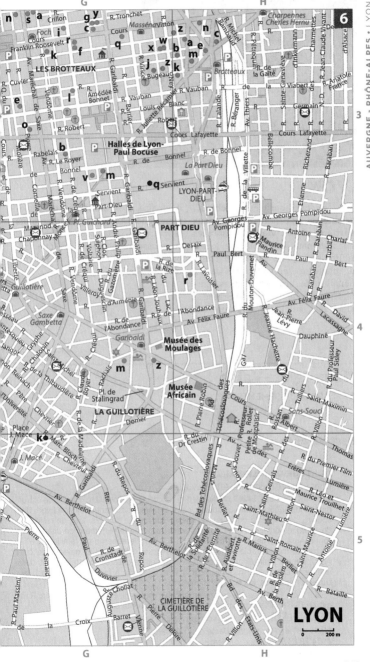

LYON

0   200 m

☒ 69001 – Rhône
Carte régionale n° **3**–E1
Carte Michelin 327-I5

LYON

Lyon, ce sont d'abord les "bouchons", ces chaleureux estaminets des vieux quartiers, où l'on vient déguster les vins régionaux et la cuisine locale (tablier de sapeur, saucisson truffé ou pistaché, cervelle de canut, quenelles de brochet, bugnes, cardons à la moelle, volaille de Bresse...) dans une ambiance typiquement lyonnaise. C'est aussi, plus généralement, une offre pléthorique de bons restaurants, qui fait dire aux connaisseurs qu'il est presque impossible de mal manger dans la capitale des Gaules.

Vieux-Lyon-Vaise

5ᵉ - 9ᵉ ARRONDISSEMENTS

Restaurants

✾ **AUBERGE DE L'ÎLE BARBE**

Chef: Jean-Christophe Ansanay-Alex

CLASSIQUE · **ÉLÉGANT** ✗✗✗ Au pied de la colline de Fourvière, l'île Barbe est un monde idyllique situé à quelques minutes seulement du centre-ville de Lyon. Une abbaye, dont il reste quelques vestiges, y fut fondée au... 5ᵉs. Lieu de résidence de quelques privilégiés, cet oasis champêtre abrite le restaurant de Jean-Christophe Ansanay-Alex. Sitôt franchi le seuil, la vieille auberge de famille du 17ᵉ s. se transforme en table contemporaine avec ses tables ovales gainées de cuir. Admirateur d'Alain Chapel, disciple d'Escoffier, le chef célèbre le produit dans une veine classique... mais pas nostalgique. Le feuille à feuille de Saint-Jacques, truffes et épinards, est son plat signature.

Spécialités : Foie gras de canard en brioche, mousseline mi-figue, mi-raisin. Rouget de l'île, bouillabaisse moderne. Entre la poire et le cassis.

✾ 🅺 ⇔ 🅿 – Menu 65 € (déjeuner), 105/165 €

Plan : 1-B1-e – *Place Notre-Dame (sur l'Île Barbe)* – ✆ 04 78 83 99 49 – www.aubergedelile.com – *Fermé lundi, mardi midi, dimanche soir*

LES LOGES

MODERNE · **ROMANTIQUE** XXX Attirés par les foires commerciales, les Italiens vinrent nombreux s'installer à Lyon à la Renaissance. Ces banquiers, imprimeurs et autres marchands firent construire de somptueux édifices, comme en témoignent Les Loges. Sous une verrière moderne, vous serez attablés au cœur d'une cour florentine cernée par trois étages de galeries. On y dîne à la lueur des bougies et le temps semble s'arrêter ! Petit-fils de maraîchers des Monts du Lyonnais, Anthony Bonnet est un vrai passionné du produit – notamment du légume. Il s'appuie sur un réseau de producteurs dont il est très proche, et place la saison et le goût au cœur de sa créativité. Le restaurant bénéficie même de son propre potager ! Quant à ses plats, ils aspirent à émouvoir le gourmet grâce à de savants contrastes de saveurs. Voilà qui ne mérite que des éloges...

Spécialités: Escalope de foie gras de canard confite au bouillon de canard. Pigeonneau, pain croustillant aux champignons et fruits épicés. Grands crus de cacao, chocolat Chuao glacé et ceylan légèrement fumé.

🅐🅚 ✿ – Menu 105/145 € – Carte 95/115 €

Plan : 5-F3-n – *Cour des Loges, 6 rue du Bœuf* – Ⓜ *Vieux Lyon* – ℰ *04 72 77 44 44 – www.courdesloges.com – Fermé 25 juillet-25 août, lundi, mardi midi, mercredi midi, jeudi midi, vendredi midi, samedi midi, dimanche soir*

LES TERRASSES DE LYON

CLASSIQUE · **ÉLÉGANT** XXX Juché sur la colline de Fourvière, ce couvent Renaissance abrite désormais un hôtel et un restaurant charmants, avec une verrière panoramique qui offre aux convives un panorama splendide sur les toits du vieux Lyon, en toute saison : on croirait presque toucher du doigt la cathédrale Saint-Jean. Il fallait ici un chef qui ne manque pas de vue, ni de perspectives ! C'est le cas de David Delsart, qui maîtrise les classiques de la cuisine française. Il donne souvent une tournure régionale à ses plats, fumant son pigeon (ou son homard) sur des sarments de vigne du Beaujolais, cuisinant la féra du Léman, la truite saumonée d'Isère et les escargots du Lyonnais.

Spécialités: Pomme de terre à la crème de Bresse et caviar. Quenelle de langoustines, jus des têtes en émulsion. Entremets de la Villa Florentine.

🕸 ⩻ 🏠 🖿 🅐🅚 🔲 🅿 – Menu 49 € (déjeuner), 77/120 € – Carte 96/131 €

Plan : 5-E3-s – *Villa Florentine, 25 montée Saint-Barthélémy* – Ⓜ *Fourvière* – ℰ *04 72 56 56 56 – www.villaflorentine.com – Fermé dimanche*

TÊTEDOIE

Chef: Christian Têtedoie

MODERNE · **DESIGN** XXX À l'instar de son mentor Paul Bocuse, Christian Têtedoie a bâti un petit empire gourmand. Juché sur la colline de Fourvière, véritable balcon sur la ville, son restaurant Têtedoie en est la vitrine gastronomique. Défenseur des traditions culinaires françaises, ce fan d'art contemporain ne cesse de les explorer avec talent, voire de les moderniser. Foie gras et coques ; Saint-Jacques, lentilles et lard paysan ; pigeon, choux et céréales : ces noms de plats ne ressemblent-ils pas à une exposition de peinture abstraite ? Enfin, impossible de ne pas mentionner son plat signature, ce homard en cocotte et cromesquis de tête de veau, désormais rebaptisé HTV. Générosité, sensibilité, jeux intelligents sur les textures et les saveurs : tout y est.

Spécialités: Comme une soupe à l'oignon. Homard et tête de veau. Chocolat jamaya, fleur de sel, mascarpone et caramel.

🕸 *L'engagement du chef:* "Produits de saison, issus de nos deux potagers et de la collaboration avec des producteurs locaux. Création de recettes utilisant en totalité le produit, dans le plat et à travers les trois cuisines de la maison. Retraitement des déchets organiques en compost en limitant la production de méthane. Tri et recyclage des cartons, plastiques, papier, aluminium, verre. Consigne pour cagettes et canadiennes d'œufs. Retraitement des graisses usagées. Lumières LED."

🕸 ⩻ 🖿 🅐🅚 ✿ 🍽 🅿 – Menu 48 € (déjeuner), 70/125 € – Carte 80/120 €

Plan : 5-E4-c – *4 rue Professeur-Pierre-Marion (montée du Chemin-Neuf)* – Ⓜ *Minimes* – ℰ *04 78 29 40 10 – www.tetedoie.com*

✿ AU 14 FÉVRIER

Chef: Tsuyoshi Arai

CRÉATIVE · ÉLÉGANT XX Le 14 février est désormais installé rue du Bœuf, au cœur du vieux Lyon, parmi les hôtels particuliers Renaissance, les ruelles pavées et autres galeries à arcades... De quoi se mettre en appétit pour déguster le menu surprise du chef Tsuyoshi Arai dont le talent et l'imagination, eux, n'ont pas changé ! Natif de Kyoto, il appartient à la grande famille des chefs japonais tombés amoureux du patrimoine culinaire gaulois. Il magnifie des produits d'une fraîcheur exceptionnelle (pigeonneau de la maison Masse, bœuf wagyu) en jouant sur les textures et l'amertume : bluffant carpaccio de homard bleu, velouté de cèpes de velours, douce mousse de foie gras... À chaque repas, il enchante son auditoire avec sa symphonie saisonnière. Quant au service, il est d'une extrême gentillesse.

Spécialités: Tatin de betterave et crème glacée au foie gras, noisette et livèche. Entrecôte de bœuf Wagyu grillée, ponzu et wasabi frais. Mojito japonais, sorbet sudachi, espuma à la menthe et au gin.

🅰🅲 ✿ – Menu 98 €

Plan : 5-F3-d – *36 rue du Bœuf* – Ⓜ *Vieux Lyon* – ☏ *04 78 92 91 39* – *www.ly-au14fevrier.com* – *Fermé 27 décembre-10 janvier, 1ᵉʳ-15 août, lundi, mardi midi, mercredi midi, jeudi midi, vendredi midi, dimanche*

✿ JÉRÉMY GALVAN

Chef: Jérémy Galvan

CRÉATIVE · COSY X Au cœur du Vieux-Lyon, Jérémy Galvan s'est fait une place dans l'une des rues les plus étoilées de France, la rue du Bœuf. Savoyard, il a roulé sa bosse jusqu'au Québec. Comme beaucoup de chefs de sa génération, ce locavore prend très au sérieux la défense de la planète et de ceux qui en vivent – les producteurs, qu'il préfère appeler "partenaires" sur son site. Il aspire à une "cuisine d'instincts", et pioche allègrement dans son potager, installé sur la colline de Fourvière – rien d'incroyable, pour un petit-fils de maraîchers ! La décoration de sa salle et ses créations culinaires s'inspirent des quatre éléments : terre et feu, eau et air.

Spécialités: Ballade dans la Limagne. Nuage sur le Léman. Parfum de sous-bois.

🅰🅲 – Menu 40 € (déjeuner), 69/109 €

Plan : 5-F3-u – *29 rue du Bœuf* – Ⓜ *Vieux-Lyon* – ☏ *04 72 40 91 47* – *www.jeremygalvanrestaurant.com* – *Fermé 11-27 avril, 1ᵉʳ-25 août, 20-28 décembre, lundi, mercredi midi, samedi midi, dimanche*

✿ LA SOMMELIÈRE

MODERNE · INTIME X La propriétaire sommelière, Shoko Hasegawa, et le chef Takafumi Kikuchi, originaire de Tokyo, ont tous les deux fourbi leurs armes au fameux restaurant Saint-Valentin, dans le village du même nom. La jeune femme, qui assure en salle un service plein d'attentions, a jeté son dévolu sur ce micro-restaurant d'une dizaine de couverts au cœur du vieux Lyon. Pensez absolument à réserver : ces places sont chères ! Le chef met son implacable rigueur au service d'une cuisine française classique, à travers un menu unique. Les assiettes se révèlent d'une grande élégance, à l'instar de ce homard et crème de crustacés, ou du filet de bar sauvage sur peau – une expérience rehaussée par des accords mets et vins millimétrés. Excellent rapport qualité-prix.

Spécialités: Cuisine du marché.

🅰🅲 – Menu 72 €

Plan : 5-E3-a – *6 rue Mourguet* – Ⓜ *Vieux Lyon* – ☏ *04 78 79 86 45* – *www.la-sommeliere.net* – *Fermé 31 janvier-15 février, lundi, mardi midi, mercredi midi, jeudi midi, vendredi midi, dimanche*

✿ RACINE

MODERNE · CONVIVIAL X Non pas une seule Racine, mais plusieurs. Celles, bourguignonnes, du chef, qui les revendique fièrement ; celles des produits qu'il utilise (dont 90% sont produits dans un rayon de 100 km). Quant à ses assiettes, savoureuses et équilibrées, elles font le reste ! Petit coin épicerie et bar à vins les jeudi et vendredi.

PASSION DESSERT, LES TALENTS DE DEMAIN...

‹‹ Valrhona tisse un lien très fort unissant chefs cuisiniers, chefs pâtissiers et producteurs de cacaos. Si fort et robuste qu'il est devenu une tresse, entremêlant compétences et expériences partagées autour du goût dans le monde entier. Cette tresse trace la voie d'une gastronomie responsable au service de l'expérience unique que les artisans du goût font vivre à leurs clients. Ces liens tissés avec passion sont aujourd'hui devenus un réseau d'échanges d'excellence, une communauté de savoir-faire d'exception, reconnu par les plus grands de la profession. Pour imaginer le meilleur du chocolat, il faut bien le connaître, savoir le travailler, le réinventer, le sublimer. Valrhona a toujours eu pour vocation de favoriser la transmission avec un objectif en tête : que chaque professionnel puisse développer ses performances et son inspiration, qu'il puisse exprimer sa singularité et son identité pour aller à la rencontre du succès et transmettre à son tour. En créant Passion Dessert avec le Guide MICHELIN, nous sommes fiers de pouvoir mettre à l'honneur de remarquables talents de la gastronomie sucrée. ››

Clémentine ALZIAL, Directrice Générale Valrhona

VALRHONA

Imaginons le meilleur du chocolat®

Spécialités : Gravlax de bœuf, chantilly de lard fumé, estragon. Bœuf fondant, jus corsé, légumes de saison. Sphère chocolat, noisettes, confiture de lait.

🍽 🅰 – Menu 24€ (déjeuner), 29/45€

Plan : 1-B1-a – *1 rue du Chapeau-Rouge, impasse Charavay* – Ⓜ *Valmy* – ℰ *04 26 18 57 15* – *www.racinerestaurant-lyon.com* – *Fermé 1ᵉʳ-3 janvier, lundi soir, mardi soir, mercredi soir, samedi, dimanche*

😊 **LE TIROIR**

MODERNE · TENDANCE 🗲 Dans ce quartier populaire de Vaise, un Tiroir ouvert par un chef... qui ne veut pas être mis dans une case. Slalomant hardiment entre tartiflette revisitée, dessert chocolat betterave ou préparations plus classiques, il assume les influences diverses de sa cuisine, qui évolue au fil du marché et de ses envies du moment. Les produits sont bien travaillés, dressés avec soin, servis avec le sourire : on passe un excellent moment.

Spécialités : Cuisine du marché.

🅰 – Menu 25€ (déjeuner), 32/46€ – Carte 29/39€

Plan : 1-B1-n – *20 grande-Rue-de-Vaise* – Ⓜ *Valmy* – ℰ *04 78 64 75 96* – *Fermé lundi soir, mardi soir, samedi, dimanche*

🍽 **CINQ MAINS**

MODERNE · BISTRO 🗲 Dans ce quartier très touristique en bord de Saône, cette maison en pierre apparente est désormais le fief de Grégory Cuilleron, entouré de son frère et d'un ami. La cuisine penche nettement du côté bistronomique et moderne, et s'accompagne d'une sélection de petits vins bien choisis – la passion des trois associés.

🍽 – Menu 22€ (déjeuner), 35/46€ – Carte 20/57€

Plan : 5-F3-z – *12 rue Monseigneur-Lavarenne* – Ⓜ *Vieux Lyon* – ℰ *04 37 57 30 52* – *www.cinqmains.fr* – *Fermé 14 août-3 septembre, lundi, dimanche*

🍽 **DANIEL ET DENISE SAINT-JEAN**

LYONNAISE · BOUCHON LYONNAIS 🗲 À deux pas de la cathédrale St-Jean, ce bouchon emblématique du Vieux Lyon est tenu par le chef Joseph Viola (Meilleur Ouvrier de France en 2004), déjà connu pour son Daniel et Denise du 3e arrondissement. Au menu de cet opus, une cuisine lyonnaise traditionnelle, qui ravira les amateurs.

🅰 ♧ – Menu 37€ (déjeuner)/60€ – Carte 39/58€

Plan : 5-E3-n – *32 rue Tramassac* – Ⓜ *Vieux Lyon* – ℰ *04 78 42 24 62* – *www.daniel-et-denise.fr* – *Fermé lundi, mardi midi, dimanche soir*

Hôtels

🏨 **COUR DES LOGES**

LUXE · COSY Voûtes, galeries, passages... tout le charme de la Renaissance au cœur du vieux Lyon, l'élégance contemporaine en prime. Ces cinq bâtiments anciens, reliés entre eux par des traboules, forment un ensemble cossu, sans même parler de la convivialité du bistrot (le Café-Épicerie) et des douceurs du restaurant Les Loges.

🌊 ♨ 🔒 🅰 🏋 – 56 chambres – 4 suites

Plan : 3-F3-n – *6 rue du Bœuf* – Ⓜ *Vieux Lyon* – ℰ *04 72 77 44 44* – *www.courdesloges.com*

✿ **Les Loges** – Voir la sélection des restaurants

VILLA FLORENTINE

HISTORIQUE · PERSONNALISÉ Sur la colline de Fourvière, ce beau bâtiment Renaissance, devenu couvent et agrandi aux 18e-19e s., jouit d'une vue incomparable sur la ville. Les chambres dévoilent un raffinement rare. Voilà bien l'un des établissements les plus agréables de la ville...

⌂ ⫟ 🛏 🎋 🐟 🎞 ⚙ ⚙ 🅰🅲 🛗 🅿 🚗 – 29 chambres

Plan : 5-E3-s – *25 montée Saint-Barthélémy* – Ⓜ *Fourvière* – ☏ *04 72 56 56 56* – *www.villaflorentine.com*

❀ **Les Terrasses de Lyon** – Voir la sélection des restaurants

VILLA MAÏA

LUXE · CONTEMPORAIN Imposant bâtiment de béton aux lignes épurées, perché sur la colline de Fourvière, Villa Maïa, dessiné par Jean-Michel Wilmotte, est l'hôtel de tous les superlatifs : sol en marbre, bar bibliothèque, et somptueuses chambres d'esprit zen, ouvertes sur les toits de Lyon... jusqu'aux Alpes ! Piscine couverte, fitness etc. Le luxe absolu.

⌂ ⫟ 🛏 🎞 🐟 ⚙ ⚙ 🅰🅲 🛗 🚗 – 35 chambres – 2 suites

Plan : 5-E3-e – *8 rue du Professeur-Pierre-Marion* – Ⓜ *Minimes* – ☏ *04 78 16 01 01* – *www.villa-maia.com*

Presqu'Île-Croix-Rousse

1er - 2e - 4e ARRONDISSEMENTS

Restaurants

✿✿ MÈRE BRAZIER

Chef : Mathieu Viannay

CLASSIQUE · **ÉLÉGANT** 𝕏𝕏𝕏 Eugénie Brazier (1895-1977), cheffe d'exception et inspiratrice de tout un pan de la cuisine française, obtint trois étoiles dans deux établissements différents. C'est dans son adresse lyonnaise, rue Royale, que Mathieu Viannay donne sa propre lecture du "mythe" Brazier. Dans un magnifique décor hybride, où les vitraux et moulures 1930 rencontrent des fauteuils Tulipe Saarinen (il fallait oser !), le chef rend un vibrant hommage aux incontournables des lieux (volaille de Bresse demi-deuil aux truffes, pain de brochet croustillant, renversant soufflé au Grand Marnier) en y insufflant son talent et son inspiration. Ne manquez pas le menu déjeuner, sans doute le meilleur rapport qualité-prix de la maison. Au dessert, le pâtissier Rodolphe Tronc, passé notamment chez Pierre Gagnaire, séduit par sa technique remarquable et son sens du détail, notamment sur son omelette norvégienne, délicieusement rétro.

Spécialités : Artichaut et foie gras. Pain de brochet aux écrevisses, sauce Nantua. Paris-brest.

⅋ 🅰🅲 ⇄ ⫸ – Menu 75 € (déjeuner), 115/190 €

Plan : 3-F2-j – *12 rue Royale* – Ⓜ *Hôtel de Ville* – ☏ *04 78 23 17 20* – *www.lamerebrazier.fr* – *Fermé samedi, dimanche*

✿ LES TROIS DÔMES

MODERNE · **CONTEMPORAIN** 𝕏𝕏𝕏 Au dernier étage de l'hôtel, une salle à la blancheur épurée qui offre une vue tout bonnement magique sur Lyon, ses toits, ses clochers et ses dômes – et tout particulièrement la nuit... Solide professionnel, le chef Christian Lherm aime revisiter les classiques avec des produits de belle facture : tourte de homard, pomme de terre Roseval ; aiguillette de saint-pierre juste snackée ; turbot sauvage, fleurs de courgette, farcies à la ricotta et asperge verte. Une cuisine pleine de hauteur qui joue aussi sur de somptueux accords mets et vins : la carte, qui comporte les plus belles étiquettes de France, y invite fortement.

Spécialités : Salade de homard et tomates multicolores en tartare, en gaspacho et en gelée. Filet de bœuf de Salers à la truffe d'été. Cigare au chocolat, crémeux Baileys et glace au safran.

🕸 ⪕ & 🅰 ➕ 🚗 – Menu 48 € (déjeuner), 83/125 € – Carte 86/168 €

Plan : 5-F4-p – *Sofitel Lyon Bellecour, 20 quai du Docteur-Gailleton –* 🟢 *Bellecour –* 𝒞 *04 72 41 20 97 - www.les-3-domes.com – Fermé 19-26 avril, 1ᵉʳ-31 août, lundi, dimanche*

🏵 **RUSTIQUE** 🟢

Chef : Maxime Laurenson

CRÉATIVE · **TENDANCE** 𝕏𝕏 Un vent d'audace souffle sur le nouveau restaurant de Maxime Laurenson, venu de Loiseau Rive Gauche. Les assiettes, précises et lisibles, donnent à voir les produits dans leur simplicité, avec toujours une importance accordée au végétal et une démarche locavore poussée. Dans l'assiette, le menu unique sans choix se décline en une dizaine de séquences, composé avec le meilleur de la grande région, de l'Auvergne aux Alpes. On déguste le tout dans un décor inspiré de la nature, et une ambiance conviviale. Une adresse "naturalité" qui fait fureur à Lyon.

Spécialités : Biscuit de brochet et anguille fumée. Omble chevalier, artichaut et sapin. Chocolat et géranium.

& – Menu 68 €

Plan : 5-E4-a – *14 rue d'Enghien –* 🟢 *Ampère –* 𝒞 *04 72 13 80 81 - www.rustiquelyon.fr – Fermé le midi*

🏵 **PRAIRIAL**

Chef : Gaëtan Gentil

MODERNE · **ÉPURÉ** 𝕏 Prairial : relatif aux prairies, selon le dictionnaire. Tout un programme, décoratif et culinaire, pour ce restaurant de la Presqu'île, entre la place Bellecour et les Terreaux. Le décor, tout d'abord : ambiance scandinave avec bois blond, pierres brutes, murs végétalisés... Gaëtan Gentil, ancien de l'Agapé Substance (Paris), célèbre toutes les dimensions de la prairie : fruits, herbes et légumes, bien sûr, mais aussi bétail et poissons issus des lacs et rivières des régions françaises. En témoigne ce veau de lait fumé au genévrier et sa purée panais-citron... Une cuisine de l'instant, résolument créative, tout en légèreté et en saveurs.

Spécialités : Tomate de 36 heures, tagète et pamplemousse. Cristivomer, carotte fermentée et épicéa. Chocolat, framboise et mélilot.

🏵 *L'engagement du chef :* "En plus des légumes que nous cultivons en permaculture, nous employons des produits locaux issus de petites exploitations responsables. Nous ne cuisinons plus que des poissons sauvages, pêchés durablement, et notre carte des vins est exclusivement composée de vins naturels. Enfin, nous limitons au maximum l'emploi de plastique."

🅰 – Menu 35 € (déjeuner), 65/98 €

Plan : 5-F3-v – *11 rue Chavanne –* 🟢 *Cordeliers –* 𝒞 *04 78 27 86 93 - www.prairial-restaurant.com – Fermé lundi, mardi midi, mercredi midi, jeudi midi*

🏵 **LE CANUT ET LES GONES**

MODERNE · **BISTRO** 𝕏 Une ambiance unique, entre bistrot et brocante – bar en formica, parquet au sol, tapisserie vintage, collection d'horloges anciennes aux murs –, une cuisine moderne et bien rythmée par les saisons, une carte des vins garnie de plus de 300 références... Dans un coin peu fréquenté de la Croix-Rousse, une adresse à découvrir absolument.

Spécialités : Ris d'agneau de lait, sauce gribiche aux anchois, betterave et ail noir. Ballottine de lieu jaune aux crevettes, chou pointu, fenouil, petits pois et fèves. Choux à la crème de thé vert, espuma au sésame noir, fraise confite.

🕸 – Menu 22 € (déjeuner)/34 €

Plan : 3-F2-e – *29 rue Belfort –* 🟢 *Croix-Rousse –* 𝒞 *04 78 29 17 23 - www.lecanutetlesgones.com – Fermé lundi, dimanche*

SUBSTRAT

MODERNE · BISTRO X "Produits de la cueillette et vins à boire" : voici la promesse de cette table entre maison de campagne et atelier d'artisan... La promesse est tenue : ail des ours, airelles, cèpes, bolets et autres myrtilles accompagnent des assiettes savoureuses et débordantes de nature, accompagnées de beaux cépages. On se régale !

Spécialités : Cuisine du marché.

& AC – Menu 25 € (déjeuner), 35/46 €

Plan : 3-F2-d – *7 rue Pailleron* – Hénon –
04 78 29 14 93 – www.substrat-restaurant.com –
Fermé 10-16 mai, 9-22 août, lundi, dimanche

LÉON DE LYON

TRADITIONNELLE · ÉLÉGANT XX Cette institution lyonnaise, fondée en 1904, a été reprise par un trio d'associés dont l'humoriste (et bon vivant) Laurent Gerra. Joli cadre restauré (papier peints, tableaux), cuisine classique revisitée (cochon fermier et foie gras en terrine ; soufflé à la Chartreuse verte), carte des vins de 950 références... Du solide.

⊛ ଲ & AC ⇔ – Menu 55 € – Carte 47/97 €

Plan : 5-F3-q – *1 rue Pleney* – Hôtel de Ville –
04 72 10 11 12 – www.leondelyon.com

MONSIEUR P

MODERNE · COSY XX Nouvelle adresse pour Monsieur P, qui a eu l'audace de prendre ses quartiers dans un lieu mythique de la place des Célestins (jadis hôtel de passe, puis au vingtième siècle, le célèbre Francotte, triplement étoilé en 1936). Installé sur deux étages, l'établissement vous accueille dans plusieurs petites salles à manger bourgeoises, cosy et confortables. Côté assiette, une cuisine de produits franche et goûteuse. Service impeccable. Un coup de cœur renouvelé !

⇔ – Menu 32 € (déjeuner), 58/98 € – Carte 54/64 €

Plan : 3-F3-h – *8 place des Célestins* – Bellecour –
04 81 18 70 24 – www.monsieurp.fr –
Fermé 2-22 août, samedi, dimanche

BURGUNDY BY MATHIEU

MODERNE · CONTEMPORAIN XX Les meilleurs crus bourguignons sont ici chez eux dans cette maison ancienne des quais de Saône au décor contemporain. Leur porte-parole s'appelle Mathieu Girardon, ancien second à la Bouitte. Il se fournit auprès des meilleurs producteurs et sert une jolie cuisine moderne à l'image de cet omble chevalier juste nacré, sabayon au Noilly Prat. Accords mets et vins.

⊛ AC – Menu 32 € (déjeuner), 50/92 € – Carte 62/80 €

Plan : 5-F3-b – *24 quai Saint-Antoine* – Cordeliers –
04 72 04 04 51 – www.burgundybym.fr –
Fermé mardi, mercredi

EPONA

MODERNE · CHIC XX Hôpital pendant huit siècles, l'ancien Hôtel-Dieu est aujourd'hui un hôtel de standing qui a conservé le caractère du bâtiment. Dans une salle élégante, largement ouverte sur les quais, le restaurant Epona y propose des spécialités régionales, piquées de modernité, à déguster dans un beau cadre, façon brasserie de luxe.

ଲ & AC – Menu 29 € (déjeuner)/34 € – Carte 49/78 €

Plan : 5-F4-d – *Intercontinental Lyon-Hôtel Dieu, 20 quai Jules-Courmont* –
Bellecour –
04 26 99 24 24 – www.lyon.intercontinental.com

⅃○ L'INSTITUT

MODERNE · CONTEMPORAIN XX Place Bellecour, le restaurant d'application de l'Institut Paul-Bocuse n'a rien d'une école ! Dans un décor très contemporain signé Pierre-Yves Rochon, avec des cuisines ouvertes sur la salle, les élèves délivrent une prestation exigeante. Les assiettes, fort bien maîtrisées, méritent une bonne note. Pourquoi ne pas prolonger votre séjour lyonnais dans l'hôtel d'application lui-même, le Royal ?

& 🅰 🖥 ↔ – Menu 39 € (déjeuner) – Carte 51/55 €

Plan : 5-F4-g – Le Royal, 20 place Bellecour – ⓜ Bellecour –
☏ 04 78 37 23 02 – www.l.institut-restaurant.fr –
Fermé 2-22 août, 20 décembre-3 janvier, lundi, dimanche

⅃○ RESTAURANT FOND ROSE

TRADITIONNELLE · BRASSERIE XX Une maison bourgeoise des années 1920 transformée en brasserie chic par le groupe Bocuse, avec sa terrasse entourée d'arbres centenaires : une certaine idée de la quiétude. La cuisine se révèle généreuse et savoureuse, dans la tradition des bords de Saône : grenouilles, quenelles, etc. Une certaine idée du goût !

🚕 🛋 & 🅰 ↔ 🅿 – Menu 32/35 € – Carte 40/70 €

Plan : 3-F1-v – 23 chemin de Fond-Rose - à Caluire-et-Cuire –
☏ 04 78 29 34 61 – www.brasseries-bocuse.fr

⅃○ L'ARTICHAUT

CLASSIQUE · ÉLÉGANT X Nichée dans un ancien presbytère transformé en charmant hôtel, cette table au délicieux cadre cosy propose une goûteuse cuisine plutôt classique (pâté en croûte, ravioles de homard, poulet de Bresse rôti, blanquette de veau, etc.), réalisée avec technicité et justesse par le chef Jérémy Revel, au joli parcours rhônalpin.

& 🅰 – Menu 24 € (déjeuner), 38/54 € – Carte 48/75 €

Plan : F4-e – L'Abbaye, 20 rue de l'Abbaye-d'Ainay – ⓜ Ampère-Victor-Hugo –
☏ 04 78 05 60 40 – www.hotelabbayelyon.com/restaurant-cafe –
Fermé lundi, dimanche soir

⅃○ CULINA HORTUS

VÉGÉTARIENNE · ÉLÉGANT X Ce restaurant végétarien propose une cuisine travaillée, volontiers créative, au gré d'un menu dégustation (sans choix) composé au fil des saisons. On accompagne le tout d'une courte carte de vins bio et biodynamiques, dont on profite dans un décor cosy et contemporain - bois, béton, pisé.

& 🅰 – Menu 30 € (déjeuner)/60 €

Plan : 5-F3-p – 38 rue de l'Arbre-Sec – ⓜ Hôtel de Ville –
☏ 04 69 84 71 08 – www.culinahortus.com –
Fermé 20 décembre-4 janvier, lundi, dimanche

⅃○ L'ÉTABLI

MODERNE · TENDANCE X Un vrai coup de cœur que ce restaurant emmené par un ancien de chez Christian Têtedoie. Menu déjeuner au bon rapport qualité-prix, plats dans l'air du temps et de saison (rouget, rhubarbe, navet et vinaigre de coing), toujours bien maîtrisés : on se régale d'un bout à l'autre du repas. Pour ne rien gâcher, le service est attentionné.

🅰 – Menu 30 € (déjeuner), 58/71 €

Plan : 5-F4-c – 22 rue des Remparts-d'Ainay – ⓜ Ampère Victor Hugo –
☏ 04 78 37 49 83 – www.letabli-restaurant.fr –
Fermé 1ᵉʳ-11 janvier, 7-30 août, samedi, dimanche

ⅱ○ LE GRAND RÉFECTOIRE

MODERNE · BRASSERIE ✗ Sous les voûtes séculaires de l'ancienne réfectoire des sœurs au sein de l'Hôtel-Dieu, classé Monument historique, cette immense brasserie propose une carte signée Marcel Ravin (1* Blue Bay à Monaco). On déguste une cuisine actuelle aux touches exotiques (avec des influences antillaises). Délicieux bar feutré à l'étage (L'Officine) et quelques places privilégiées au passe pour un menu dégustation.

🍽 ⅏ – Menu 25 € (déjeuner), 29/39 €

Plan : 5-F3-k – *26 rue Henri-Germain (Grand Hôtel-Dieu)* – ⓜ *Bellecour* –
𝒸 *04 72 41 84 96 – https://legrandrefectoire.com – Fermé lundi soir, dimanche soir*

ⅱ○ AROMATIC

MODERNE · TENDANCE ✗ Attention, pépite dans le quartier de la Croix-Rousse ! Frédéric Taghavi et Pierre Julien Gay, complices, proposent de savoureuses recettes modernes, à base de produits top fraîcheur – dont de beaux poissons sauvages. Tout met l'eau à la bouche, à l'image de ce cabillaud sauvage et de son jus de bouillabaisse...

⅏ ⒶⒸ ✿ – Menu 37/47 € – Carte 44/52 €

Plan : 3-F2-c – *15 rue du Chariot-d'Or* – ⓜ *Croix-Rousse* – 𝒸 *04 78 23 73 61* –
www.aromaticrestaurant.fr – Fermé 14-23 mars, 1ᵉʳ-17 août, lundi, dimanche

ⅱ○ ARVINE ⓝ

MODERNE · TENDANCE ✗ Ça bouge à la Martinière ! Dans une rue bien dotée en adresses tendance proche de la place Sathonay, Benjamin Capelier (ex-Curnonsky) a choisi d'ouvrir son nouveau repaire bistronomique, dont le nom de baptême est un clin d'œil au fameux cépage valaisan qu'il affectionne. Il réalise une cuisine de saison contemporaine et tonique, assortie d'une jolie carte de vins en bio et biodynamie.

🐝 – Menu 24 € (déjeuner), 38/48 €

Plan : 5-F3-l – *6 rue Hippolyte-Flandrin* – ⓜ *Hôtel de Ville* – 𝒸 *04 78 28 32 26* –
www.arvine-restaurant.fr/ – Fermé lundi, dimanche

ⅱ○ L'ATELIER DES AUGUSTINS

MODERNE · CONTEMPORAIN ✗ Passé par de belles maisons et ancien chef des ambassades de France à Londres et à Bamako, Nicolas Guilloton a quitté les ors protocolaires pour créer cet Atelier, aménagé façon mini-loft avec beau plafond à la française et pierres apparentes. Ici, la cuisine reste une affaire capitale : le chef signe de jolies recettes, colorées et pleines de parfum, d'une modernité assumée.

ⒶⒸ – Menu 25 € (déjeuner), 48/62 €

Plan : 5-F3-j – *11 rue des Augustins* – ⓜ *Hôtel de Ville* – 𝒸 *04 72 00 88 01* –
www.latelierdesaugustins.com – Fermé lundi, samedi midi, dimanche

ⅱ○ LA BIJOUTERIE

CRÉATIVE · BRANCHÉ ✗ Véritable repaire de la branchitude lyonnaise, cette Bijouterie ne désemplit pas. C'est bien logique : le jeune chef se fend d'une cuisine inventive et métissée (Asie, Amérique du Sud, notamment), regorgeant de bonnes idées. Menu unique le soir, "petits bijoux" à midi (dim sum, gyoza), belle carte des vins : succès garanti.

🍽 – Menu 21 € (déjeuner), 45/120 €

Plan : 5-F3-f – *16 rue Hippolyte-Flandrin* – ⓜ *Hôtel de Ville* – 𝒸 *04 78 08 14 03* –
www.labijouterierestaurant.fr – Fermé 16-29 août, lundi, dimanche

ⅱ○ LE BISTROT DES VORACES

TRADITIONNELLE · BISTRO ✗ Êtes-vous simplement gourmand... ou franchement vorace ? Dans tous les cas, ce bistrot de quartier de la Croix-Rousse saura vous combler : son patron, Cédric Blin, s'est lancé ici en solo après avoir notamment fait ses classes aux Crayères, à Reims. Menu-carte à prix raisonnable.

🍽 – Menu 25 €

Plan : 3-F2-t – *13 rue d'Austerlitz* – ⓜ *Croix-Rousse* – 𝒸 *04 72 07 71 86* –
www.bistrotdesvoraces.fr – Fermé 28 décembre-1ᵉʳ janvier, samedi, dimanche

🍴 LES BOULISTES

TRADITIONNELLE · BISTRO 🍴 Sur le plateau de la Croix-Rousse, ce restaurant situé sur une place (haut lieu de la pétanque... d'où le nom !) propose une cuisine traditionnelle et authentique à prix doux, dont de nombreuses cocottes (casse-lette d'escargots). A déguster dans un cadre bistrot, ou sur la terrasse, installée dès les beaux jours et prise d'assaut, l'été venu !

🍴 – Menu 28 €

Plan : 3-E2-g – *9 place Tabareau –* Ⓜ *Croix-Rousse –* 𝒞 *04 78 28 44 13 –* *www.lesboulistes.fr – Fermé lundi, dimanche*

🍴 CAFÉ TERROIR

CUISINE DU TERROIR · CONVIVIAL 🍴 Dénicher les bons produits de la région et en faire des assiettes gourmandes : tel est le credo des deux patrons de ce Café Terroir, installé près du théâtre des Célestins. Les classiques maison : terrine de maman, saucisson pistaché rôti et sauce vin rouge, gâteau lyonnais. Belle sélection de vins, du Rhône mais pas que...

🍴 🍴 🆎 – Menu 23 € (déjeuner)/32 € – Carte 30/62 €

Plan : 5-F3-u – *14 rue d'Amboise –* Ⓜ *Bellecour –* 𝒞 *09 53 36 08 11 –* *www.cafeterroir.fr – Fermé lundi, dimanche*

🍴 CANAIMA Ⓝ

LATINO-AMÉRICAINE · TENDANCE 🍴 Ce petit restaurant au cadre tendance, ouvert seulement le soir et tenu par un couple charmant, propose une cuisine latino-américaine tournée vers la mer et mâtinée d'influences françaises. Le chef vénézuélien, ancien de l'Institut Paul Bocuse, réalise des assiettes pétillantes, pleines de couleurs et de saveurs. Service tout sourire, vins chilien et argentin. Une nouvelle adresse "ethnique" bienvenue à Lyon.

🆎 – Carte 36/45 €

Plan : 5-F3-o – *24 rue René-Leynaud –* Ⓜ *Croix-Paquet –* 𝒞 *09 87 05 87 25 –* *https://restaurant-canaima-lyon.eatbu.com – Fermé 4-28 août, 25 décembre-2 janvier, lundi, mardi, dimanche et le midi*

🍴 CERCLE ROUGE

FUSION · BISTRO 🍴 Cette petite façade vitrée, sise dans une rue animée proche de l'Opéra, dissimule un jeune bistrot, proposant une cuisine fusion aux influences asiatiques, sud-américaines, britanniques... à la belle maîtrise technique. Atmosphère très conviviale.

Menu 22 € (déjeuner), 36/43 € – Carte 35/50 €

Plan : 5-F3-t – *36 rue de l'Arbre-Sec –* Ⓜ *Hôtel de Ville –* 𝒞 *04 78 28 41 98 –* *cercle-rouge.fr – Fermé lundi, dimanche*

🍴 LE COCHON QUI BOIT Ⓝ

MODERNE · BISTRO 🍴 Deux anciens collègues du restaurant étoilé Christian Têtedoie ont troqué l'ourson contre le cochon (bête qu'ils travaillent d'ailleurs avec gourmandise à l'image de ce pressé d'effiloché de porc fermier des monts Lagast, gnocchis à la sauge et blettes sautées). On l'aura compris, dans ce bistrot convivial, on fait la part belle aux produits locaux bien sourcés et cuisinés avec justesse, arrosé de crus locaux (mais pas seulement).

🆎 – Menu 39 €

Plan : 3-F2-b – *23 rue Royale –* Ⓜ *Opéra –* 𝒞 *04 78 27 23 37 –* *www.lecochonquiboit.fr – Fermé lundi, dimanche*

🍴 DANIEL ET DENISE CROIX-ROUSSE

LYONNAISE · BOUCHON LYONNAIS 🍴 Ce Daniel et Denise Croix-Rousse – le troisième du genre, après la rue de Créqui et le quartier St-Jean – rencontre le même succès que ses grands frères. Pour se rassasier d'une cuisine lyonnaise roborative, dans un décor de bouchon à l'ancienne.

🍴 ♿ 🆎 – Menu 28 € – Carte 41/56 €

Plan : 3-F2-a – *8 rue de Cuire –* Ⓜ *Croix-Rousse –* 𝒞 *04 78 28 27 44 –* *www.daniel-et-denise.fr*

ⅡO LE GARET

LYONNAISE · BOUCHON LYONNAIS ⅩⅩ Une véritable institution bien connue des amateurs de cuisine lyonnaise : tête de veau, tripes, quenelles ou andouillettes se dégustent en toute convivialité dans un cadre exemplaire du genre. Le tout est complété par une ardoise du jour avec des plats du marché, aux prix raisonnables.

🆎 ⇔ – Menu 22 € (déjeuner)/30 € – Carte 25/43 €

Plan : 5-F3-a – *7 rue du Garet* – Ⓜ *Hôtel de Ville* – 𝒞 *04 78 28 16 94* – *Fermé 23 juillet-23 août, samedi, dimanche*

ⅡO LA MÈRE LÉA

LYONNAISE · BOUCHON LYONNAIS Ⅹ Nouveau départ pour la Mère Léa, véritable institution locale, qui s'est agrandie sur les quais et bénéficie désormais de plus d'espace et d'une jolie vue sur Fourvière et St-Jean. Les spécialités lyonnaises sont toujours en bonne place, avec deux menus au bon rapport qualité-prix et une carte bien ficelée.

🆎 ⇔ – Menu 21 € (déjeuner), 31/45 € – Carte 31/69 €

Plan : 5-F3-e – *11 place Antonin-Gourju* – Ⓜ *Bellecour* – 𝒞 *04 78 42 01 33* – *www.lavoutechezlea.com* – *Fermé dimanche soir*

ⅡO LE MUSÉE

LYONNAISE · BOUCHON LYONNAIS Ⅹ Un bouchon sincère et authentique ! Nappes à carreaux, tables au coude-à-coude, et une sacrée ambiance : le décor est planté. En cuisine, le jeune chef réalise les classiques avec un vrai savoir-faire : saucisson pistaché brioché fait maison, langue d'agneau sauce ravigote... Que du bon.

Menu 27 € (déjeuner)/31 €

Plan : 5-F3-c – *2 rue des Forces* – Ⓜ *Cordeliers* – 𝒞 *04 78 37 71 54* – *Fermé lundi, samedi soir, dimanche*

ⅡO LE POÊLON D'OR

LYONNAISE · BOUCHON LYONNAIS Ⅹ On ne sait si le chef utilise effectivement un poêlon d'or ; en tout cas, il doit avoir un secret pour si bien revisiter le terroir lyonnais, et proposer une cuisine aussi goûteuse et parfaitement ficelée. Du gâteau de foie de volaille et coulis de tomate, à la quenelle de brochet en gratin et sauce béchamel... À découvrir !

🆎 ⇔ – Menu 22 € (déjeuner), 27/35 € – Carte 27/51 €

Plan : 5-F4-h – *29 rue des Remparts-d'Ainay* – Ⓜ *Ampère* – 𝒞 *04 78 37 65 60* – *www.lepoelondor-restaurant.fr* – *Fermé mercredi midi, samedi midi, dimanche*

ⅡO BRASSERIE LE SUD

MÉDITERRANÉENNE · BRASSERIE Ⅹ Il y a quelque chose de l'élégance grecque dans le décor blanc et bleu de cette brasserie Bocuse située à deux pas de la place Bellecour. Ce n'est pas un hasard : ici, c'est le Sud – pastilla de volaille cannelle et coriandre ; souris d'agneau en couscous ; morue fraîche en aïoli... Et ça l'est plus encore en été, en terrasse.

� & 🆎 ⇔ – Menu 28 € (déjeuner)/43 € – Carte 42/68 €

Plan : 5-F4-x – *11 place Antonin-Poncet* – Ⓜ *Bellecour* – 𝒞 *04 72 77 80 00* – *www.brasseries-bocuse.com*

ⅡO THOMAS

TRADITIONNELLE · BISTRO Ⅹ Dans ce bistrot contemporain, le chef-patron Thomas Ponson (qui possède aussi le Bistrot et le Bouchon, situés en face) concocte de sympathiques menus midi, et une offre plus élaborée le soir, aux produits nobles (maquereau Breton, canard de Challans au sang etc.). Une adresse sérieuse.

🥢 🆎 ⇔ – Menu 22 € (déjeuner), 47/60 €

Plan : 5-F4-w – *6 rue Laurencin* – Ⓜ *Bellecour* – 𝒞 *04 72 56 04 76* – *www.restaurant-thomas.com* – *Fermé dimanche soir*

🍴 **VICTOIRE & THOMAS**

MODERNE · CONTEMPORAIN Le concept imaginé par Victoire et Thomas : une "cuisine de partage" fusion et créative, sous forme de plats et de planches, accompagnée de vins prestigieux sélectionnés par leurs soins. Au déjeuner, on profite d'un menu à prix doux ; tout cela est servi dans le cadre étonnant d'un ancien atelier de soierie. Accueil charmant.

🕸 🅰 ⇩ – Menu 22 € (déjeuner)/31 € – Carte 35/46 €

Plan : 5-F3-m – *27 rue de l'Arbre-Sec* – Ⓜ *Hôtel de Ville* –
☎ *04 81 11 86 19* – *www.victoire-thomas.com* –
Fermé lundi, dimanche

Hôtels

🏨 **INTERCONTINENTAL LYON-HÔTEL DIEU**

LUXE · CONTEMPORAIN Sur les quais du Rhône, l'ancien Hôtel-Dieu, hôpital jusqu'en 2010, s'est mué en un hôtel de stature internationale, sans que cela nuise au caractère du bâtiment. Chambres et suites (dont une partie tournée vers le Rhône) offrent le plus grand confort. A voir absolument : le majestueux bar sous le dôme Soufflot, les plafonds à la française, les cloîtres, cours et escaliers du dix-huitième. Une décoration contemporaine et de bon goût signée Jean-Philippe Nuel.

⊡ 🅰 🅰 🚗 – 110 chambres – 34 suites

Plan : 5-F4-d – *20 quai Jules-Courmont* – Ⓜ *Bellecour* –
☎ *04 26 99 23 23* – *www.ihg.com*

🍴 **Epona** – Voir la sélection des restaurants

🏨 **SOFITEL LYON BELLECOUR**

HÔTEL DE CHAÎNE · CONTEMPORAIN Un Sofitel luxueux et élégant, de facture contemporaine, où la soie – fierté des célèbres canuts lyonnais – est à l'honneur ! Pour l'anecdote, Bill Clinton a séjourné dans la suite présidentielle. Deux options à l'heure des repas : les Trois Dômes ou le Silk (carte internationale, cadre zen).

🏋 ⇆ 🛁 ⊡ 🅰 🅰 🚗 – 135 chambres – 29 suites

Plan : 5-F4-p – *20 quai Gailleton* – Ⓜ *Bellecour* –
☎ *04 72 41 20 20* – *www.sofitel.com*

✦ **Les Trois Dômes** – Voir la sélection des restaurants

🏨 **BOSCOLO EXEDRA LYON** `Tablet. PLUS`

HISTORIQUE · CLASSIQUE Situé sur la presqu'île et à deux pas de la place Bellecour, cet hôtel de luxe, entièrement rénové, illustre l'architecture haussmannienne de bien charmante manière. À l'intérieur, c'est un luxe discret et italianisant qui s'exprime en douceur dans les chambres et les suites. Au sous-sol, piscine intérieure et espace bien-être.

🅢 ⊡ 🅰 – 133 chambres

Plan : 5-F3-a – *11 quai Jules-Courmont* – Ⓜ *Bellecour* –
☎ *04 87 25 72 00* – *boscolocollection.com*

🏠 **L'ABBAYE**

BOUTIQUE HÔTEL · COSY Dans le quartier d'Ainay (l'un des plus anciens de Lyon), face à la basilique Saint-Martin d'Ainay datant du douzième siècle, l'Hôtel de l'Abbaye occupe un ancien presbytère, charmant petit palais de florentin à la façade joliment ouvragée. Les chambres, aux tons chaleureux, sont douillettes et parfaitement équipées.

⊡ 🅰 🅰 – 21 chambres

Plan : F4-e – *20 rue de l'Abbaye-d'Ainay* – ☎ *04 78 05 60 40* –
www.hotelabbayelyon.com

🍴 **L'Artichaut** – Voir la sélection des restaurants?

Les Brotteaux-La Part-Dieu-La Guillotière-Gerland

3e - 6e - 7e - 8e ARRONDISSEMENTS

Restaurants

✿✿ LE NEUVIÈME ART

Chef: Christophe Roure

CRÉATIVE · DESIGN XxX C'est notamment dans les cuisines de Paul Bocuse ou de Régis Marcon que Christophe Roure, titulaire de trois CAP (cuisine, charcuterie, pâtisserie, qui dit mieux !) a fait son apprentissage. Meilleur Ouvrier de France en 2007, installé à Lyon depuis 2014, il fait jour après jour l'étalage de ses qualités : une subtile inventivité, une précision dans les mariages de saveurs, sans oublier un choix de produits irréprochable. À titre d'exemple, son tortello d'herbes à l'œuf et escargots persillés est un vrai tour de force : splendide travail sur l'amertume et les textures, déambulation au cœur de la verdure, jardin ou sous-bois... Un plat cohérent et exigeant, adulte si l'on peut dire, où rien n'est placé de manière anodine : à savourer tous les sens en éveil, comme on écoute un opéra de Wagner...

Spécialités : Poulpe de roche rôti, haricots verts et pamplemousse brûlé, terrine de tomate et de pastèque. Lieu jaune de ligne, navet nouveau aillé et bouillon de lait de coco. Grosse truffe de chocolat noir kacinkoa, sacristain et sorbet cassis.

🏵 ⚹ 𝕄 – Menu 105/175 € – Carte 135/167 €

Plan : 6-H3-b – *173 rue Cuvier* – ⓂBrotteaux – ℰ 04 72 74 12 74 – *www.leneuviemeart.com* – Fermé 7-23 février, 8-30 août, lundi, dimanche

✿✿ TAKAO TAKANO

Chef: Takao Takano

CRÉATIVE · DESIGN XxX Comment ne pas admirer le parcours de Takao Takano ? Originaire de la préfecture de Yamanashi, au Japon, il a rapidement abandonné des études de droit pour se consacrer à sa véritable passion : la cuisine. Depuis 2013, il est installé dans le 6e arrondissement de Lyon, dans un intérieur tout en élégance et en sobriété.

Si le restaurant, depuis son ouverture, fait presque toujours salle comble, c'est grâce à ses assiettes tout en originalité et en finesse, qui régalent et surprennent dans le même mouvement. Et remplissent à merveille l'objectif que s'est fixé le chef : "Faire simple et bon."

Attardons-nous un moment sur cette féra du lac Léman de grande fraîcheur, parfaitement cuite, portée par une légère sauce crémée au lait fumé et cardamome, accompagnée de quelques œufs de poisson et d'une mirepoix de côtes de blettes citronnée – une touche acidulée très agréable... Équilibre gustatif, intelligence de la composition : tout Takao Takano est là.

Spécialités : Cèpes rôtis et pied de cochon, café crème. Homard breton, bouillon à la thaïlandaise. Soufflé à la châtaigne et clémentine.

🏵 ⚹ 𝕄 – Menu 50 € (déjeuner), 110/150 €

Plan : 6-G3-n – *33 rue Malesherbes* – ⓂFoch – ℰ 04 82 31 43 39 – *www.takaotakano.com* – Fermé 24 décembre-3 janvier, 31 juillet-22 août, samedi, dimanche

✿ LE GOURMET DE SÈZE

Chef: Bernard Mariller

CLASSIQUE · ÉLÉGANT XxX Dans une salle contemporaine aux tons noir et blanc, venez profiter de l'inventivité et du sens du détail du chef Bernard Mariller : il rend un bel hommage à ses maîtres, parmi lesquels le regretté Joël Robuchon, mais aussi Jacques Lameloise ou Michel Troigros. Fils et petit-fils d'agriculteurs de Saône-et-Loire, cet ancien chef de l'Auberge des Templiers (Loiret) réalise une cuisine moderne et goûteuse. Sa rigueur et son sérieux – sans compter des produits de saison aux petits oignons – font mouche, tout comme ses redoutables talents de saucier sur une fricassée de homard ou un médaillon de chevreuil. Savoureux !

Spécialités : Coquilles Saint-Jacques. Saint-pierre de petit bateau. Fraises en folie, rhubarbe tendance.

🕸 ⅙ 🆐 ⇄ – Menu 65/120 €

Plan : 6-G3-z – *125 rue de Sèze* – Ⓜ *Masséna* –
☎ *04 78 24 23 42* – *www.legourmetdeseze.com* –
Fermé 23 juillet-19 août, lundi, mardi midi, mercredi midi, jeudi midi, vendredi midi, dimanche

✿ MIRAFLORES Ⓝ

Chef : Carlos Camino

PÉRUVIENNE • ÉLÉGANT XX Le chef Carlos Camino, natif du Pérou, vous entraîne dans un réjouissant voyage culinaire franco-péruvien au cœur d'un nouvel espace contemporain, avec sa cuisine ouverte. Le lieu, chic et raffiné, accueille la cuisine sincère et personnelle d'un chef, dont la maturité et l'engagement magnifient des produits de grande qualité. Saveurs percutantes et jeux sur les textures : une cuisine intelligente et poétique, à l'image de cette raspadilla d'Amazonie Cocona Acai, plage volcanique quinoa et noix de cajou, ou du Ponderacio aux fruits d'été et Vinicunca la montagne aux sept couleurs. Tous les produits péruviens sont bio. Trois menus sont proposés le soir, que l'on doit choisir à la réservation. Une adresse savoureuse et voyageuse.

Spécialités : Ceviche. Caille "a la brasa". Pur et dur de cacao noir et de cacao blanc 100% en textures.

⅙ 🆐 – Menu 45 € (déjeuner), 85/180 €

Plan : 6-H3-e – *112 boulevard des Belges* – Ⓜ *Brotteaux* –
☎ *04 78 24 49 71* – *www.restaurant-miraflores.com* –
Fermé 1ᵉʳ-11 janvier, lundi, dimanche

✿ LE PASSE TEMPS

Chef : Younghoon Lee

CRÉATIVE • ÉPURÉ XX La cuisine française ne séduit pas seulement les Japonais : le jeune chef coréen Younghoon Lee s'est pris de passion pour notre gastronomie dans un restaurant français de Séoul. Après avoir parfait son métier à l'Institut Paul Bocuse et chez Lasserre, il a ouvert son propre restaurant dans le quartier des Brotteaux avec son épouse. Épuré, l'espace est résolument contemporain avec son parquet en bois clair et sa cave à vin centrale vitrée. Doté un sens aigu de l'esthétisme et des saveurs, il réinterprète la cuisine française en l'habillant de subtiles touches coréennes... Son foie gras aux racines et légumes dans un bouillon de soja est devenu un classique. La cuisine de Lee : plus qu'un passe-temps, une passion.

Spécialités : Cuisine du marché.

🕸 ⅙ 🆐 – Menu 39 € (déjeuner), 68/105 €

Plan : 6-G3-y – *52 rue Tronchet* – Ⓜ *Masséna* – ☎ *04 72 82 90 14* –
www.lepassetemps-restaurant.com –
Fermé lundi, dimanche

✿ LES APOTHICAIRES

Chefs : Tabata et Ludovic Mey

CRÉATIVE • INTIME X Voici une table tendance et qui régale ! Tabata, jeune cheffe d'origine brésilienne, a rencontré Ludovic dans l'une des brasseries lyonnaises de Paul Bocuse : l'histoire commençait sous de bons auspices... Dans une ambiance joyeuse et confortable de bistrot (bibliothèque, banquettes), ces deux-là proposent une cuisine créative avec quelques touches de Scandinavie et d'Amérique du Sud. Petit plus notable : la possibilité de réserver, dès 11h du matin, l'une des deux places au passe pour le soir-même. Parfait si le restaurant affiche complet – ce qui, vu son succès, est plutôt fréquent...

Spécialités : Cuisine du marché.

⅙ 🆐 – Menu 37 € (déjeuner), 69/79 €

Plan : 6-G3-k – *23 rue de Sèze* – Ⓜ *Foch* – ☎ *04 26 02 25 09* –
www.lesapothicairesrestaurant.com –
Fermé 1ᵉʳ-22 août, samedi, dimanche

PY

MODERNE • CONTEMPORAIN XX Dans cette petite brasserie des quartiers chics, Pierre (en cuisine) et Yuko (en salle) font des merveilles. On s'attable dans un décor contemporain pour déguster des assiettes travaillées, généreuses et volontiers inventives, à l'instar de ces noix de Saint-Jacques en blanquette au jus d'huîtres. Le soir, les produits nobles sont plus nombreux.

Spécialités : Cuisine du marché.

AC – Menu 23 € (déjeuner), 35/55 €

Plan : 6-G3-q – *16 cours Vitton* – ⓜ *Masséna* – ℰ *04 78 52 71 30* – *www.pyrestaurant.fr* – *Fermé 1ᵉʳ-31 août, lundi, dimanche*

AGASTACHE ⓝ

CRÉATIVE • CONVIVIAL X Voici un tout nouveau bistrot créé par deux jeunes associés talentueux au bon parcours lyonnais. Dans un décor simple mais actuel, on se régale d'une cuisine "d'instinct" contemporaine et fort travaillée. Produits, saisons, inspiration végétale : le résultat est bluffant d'élégance formelle et de cohérence gustative. Ajoutons à cela une générosité non feinte, une atmosphère conviviale et vous obtenez l'une des plus belles découvertes de la rive gauche.

Spécialités : Fenouil, figue et noix. Dorade, céleri et oseille. Chocolat, basilic et citron.

& AC – Menu 24 € (déjeuner), 35/42 €

Plan : 6-G3-l – *134 rue Duguesclin* – ⓜ *Foch* – ℰ *04 78 52 30 31* – *www.agastache-restaurant-lyon.fr* – *Fermé samedi, dimanche*

LE JEAN MOULIN

MODERNE • CONTEMPORAIN X Le menu change tous les jours ou presque, mais citons-en deux exemples pour se faire une idée : cassolette de homard, sauce homardine, légumes d'hiver ; filet de cabillaud, lentilles vertes du Berry à la noisette, palourdes, émulsion lait fumé... Une cuisine fraîche et bien réalisée, à déguster dans un intérieur design et "indus".

Spécialités : Cuisine du marché.

& AC – Menu 25 € (déjeuner), 33/51 €

Plan : 6-G3-f – *45 rue de Sèze* – ⓜ *Masséna* – ℰ *04 78 37 37 97* – *www.lejeanmoulin-lyon.com* – *Fermé 1ᵉʳ-24 août, lundi, dimanche*

LE KITCHEN CAFÉ

MODERNE • BRANCHÉ X Dans le quartier des facultés Louis Lumière et Jean Moulin, ce Kitchen Café est une affaire qui roule. Le cadre est minimaliste, avec huit petites tables carrées ; on savoure des assiettes faisant la part belle aux produits bio – notamment légumes – de la région... et de délicieux desserts !

Spécialités : Hareng fumé, pommes de terres ratte, crème aigre et sarrasin. Truite des Alpes, crème de chou-fleur et beurre noisette. Chocolat en différentes textures.

🕯 – Menu 24 € (déjeuner)/33 €

Plan : 5-F4-a – *34 rue Chevreul* – ⓜ *Jean Macé* – ℰ *06 03 36 42 75* – *www.lekitchencafe.com* – *Fermé mardi, mercredi et le soir*

M RESTAURANT

CUISINE DU MARCHÉ • BRANCHÉ X Voilà un lieu qui met de bonne humeur : pan de mur orangé, fauteuils design, tables en chêne brut, on s'y sent bien... En cuisine, la partition est dirigée par un ancien de Léon de Lyon, qui a su adapter son savoir-faire et son sérieux à l'air du temps, et proposer notamment un appétissant menu du marché : on M !

Spécialités : Cuisine du marché.

🕯 AC – Menu 29 € (déjeuner), 33/39 €

Plan : 6-G3-s – *47 avenue Foch* – ⓜ *Foch* – ℰ *04 78 89 55 19* – *www.mrestaurant.fr* – *Fermé samedi, dimanche*

SAKU RESTAURANT

MODERNE • SIMPLE ✗ Saku, c'est le surnom du chef de cette adresse abritée derrière une devanture discrète. Lui et son épouse, japonais tous deux, proposent une réjouissante cuisine française bien dans l'air du temps, parsemée de touches nipponnes. Les produits frais, toujours de saison, mais surtout le soin apporté aux assiettes : on passe un très bon moment.

Spécialités : Guimauve de tomate et fricassée de fruits de mer. Noix de veau fumé au foin, émulsion de maïs. Parfait glacé basilic, coulis de shiso.

🅰️🅲️ – Menu 22 € (déjeuner), 34/43 € – Carte 40/50 €

Plan : 6-G4-m – *27 rue Rachais* – Ⓜ *Garibaldi* – 𝒞 *04 78 69 45 31* – *Fermé 27 juillet-30 août, mercredi midi, dimanche*

SAUF IMPRÉVU

TRADITIONNELLE • SIMPLE ✗ Félix Gagnaire mène cet accueillant bistrot dont l'œil est rivé sur la tradition.

Pâté en croûte ; suprême de volaille de la Dombes, caviar d'aubergine et pesto ; soupe de pêches blanches, tuile aux amandes, glace vanille : la clientèle se régale de ces plats gourmands et copieux. Tout est frais et fait maison, tout tombe juste... et les prix sont raisonnables !

Spécialités : Cuisine du marché.

✿ – Menu 26 € (déjeuner)/31 €

Plan : 6-G3-e – *40 rue Pierre-Corneille* – Ⓜ *Foch* – 𝒞 *04 78 52 16 35* – *Fermé lundi soir, mardi soir, mercredi soir, vendredi soir, samedi, dimanche soir*

LA TABLE 101

MODERNE • CONTEMPORAIN ✗ À côté des halles Paul-Bocuse, une table où les bons produits sont à la fête ! Dans l'assiette, une cuisine goûteuse, avec une touche créative maîtrisée. On se prend au jeu jusqu'au dernier coup de fourchette, et l'addition, légère, achève de nous convaincre. Belle carte des vins.

Spécialités : Langoustines rôties, sablé aux cèpes, andouille et poutargue. Noix de Saint-Jacques, tête de veau grillée, girolles et bisque de langoustines. Autour de la framboise et des petit pois.

🍴🅰️🅲️ ✿ – Menu 27 € (déjeuner), 34/50 €

Plan : 6-G3-m – *101 rue Moncey* – Ⓜ *Place Guichard* – 𝒞 *04 78 60 90 23* – *www.latable101.fr – Fermé 22 février-1ᵉʳ mars, 2-22 août, samedi, dimanche*

🍽️ PIERRE ORSI

CLASSIQUE • BOURGEOIS ✗✗✗ Venez profiter de l'élégance et du confort cossu d'une opulente maison bourgeoise. La tradition française est à l'honneur dans l'assiette. Le vin n'est pas en reste : la carte des vins affiche 1 000 références.

🕸️ 🍴 ♿ 🅰️🅲️ ✿ 🍷 – Menu 60 € (déjeuner), 130/140 € – Carte 91/173 €

Plan : 6-G3-c – *3 place Kléber* – Ⓜ *Masséna* – 𝒞 *04 78 89 57 68* – *www.pierreorsi.com – Fermé lundi, dimanche*

🍽️ CAZENOVE

TRADITIONNELLE • COSY ✗✗ Un décor "so British", avec une ronde de sculptures en bronze et fauteuils Chesterfield... Dans cette atmosphère très chaleureuse, le jeune chef, d'origine chinoise, propose une cuisine de bistrot chic, classique et maîtrisée. L'adresse fait régulièrement salle comble !

🅰️🅲️ – Menu 38/48 € – Carte 52/120 €

Plan : 6-G3-g – *75 rue Boileau* – Ⓜ *Masséna* – 𝒞 *04 78 89 82 92* – *www.le-cazenove.com – Fermé 1ᵉʳ-30 août, 24 décembre-2 janvier, samedi, dimanche*

🍽️ MAISON CLOVIS

MODERNE • CONTEMPORAIN ✗✗ L'endroit est design et élégant, sans être guindé. Le chef Clovis Khoury signe des créations de saison originales, à base de beaux produits. À deux pas, le Clos Bis sert vin et tapas, dans une atmosphère conviviale.

🅰️🅲️ – Menu 28 € (déjeuner), 59/95 € – Carte 81/138 €

Plan : 6-H3-m – *19 boulevard des Brotteaux* – Ⓜ *Brotteaux* – 𝒞 *04 72 74 44 61* – *www.maisonclovis.com – Fermé 1ᵉʳ-10 janvier, 1ᵉʳ-9 mai, 14 août-5 septembre, lundi, dimanche*

LE PRÉSIDENT

MODERNE · CONTEMPORAIN XX Cette institution lyonnaise reprise par Christophe Marguin propose une cuisine moderne, sans jamais oublier les grands classiques ; grenouilles à la crème, volaille de Bresse à la crème d'Etrez. Le "Président" Edouard Herriot, alors maire de Lyon, avait l'habitude de venir y prendre son café...

🌤 & 🅰🅲 ✿ – Menu 28 € (déjeuner) – Carte 51/65 €

Plan : 4-G2-a – *11 avenue de Grande-Bretagne – ℰ 04 78 94 51 17 – www.restaurantlepresident.com – Fermé 15-21 février, 7-30 août, samedi, dimanche*

LE ZESTE GOURMAND

MODERNE · ÉPURÉ XX Une déco épurée, bien dans l'air du temps (dalles anthracite, murs blancs et jaunes, tableaux abstraits grand format...) et une cuisine au diapason : maîtrisée et savoureuse, basée sur des produits de qualité.

& 🅰🅲 – Menu 20 € (déjeuner), 35/50 €

Plan : 6-G3-x – *93 rue Bossuet – Ⓜ Masséna – ℰ 04 78 26 07 97 – www.lezestegourmand.fr – Fermé 1ᵉʳ-11 janvier, 1ᵉʳ-23 août, lundi, samedi midi, dimanche*

L'ÂME SŒUR

CUISINE DU MARCHÉ · CONTEMPORAIN X On aime l'animation de ce repaire "bistronomique", qui emprunte son nom à un vin de Côte-Rôtie, produit par un ami du chef. La cuisine, au goût du jour, justifie le succès de l'endroit ; des menus à thèmes sont proposés selon les saisons : truffe, gibier, asperges... C'est savoureux et servi avec le sourire !

& – Menu 27/54 € – Carte 32/54 €

Plan : 6-G3-v – *209 rue Duguesclin – Ⓜ Place Guichard – ℰ 04 78 42 47 78 – www.restaurantlamesoeur.fr – Fermé 16-30 août, lundi soir, samedi, dimanche*

L'ARGOT

VIANDES · DE QUARTIER X Belle idée que celle de Philippe et Audrey, les propriétaires des lieux : le client choisit sa pièce de viande dans l'armoire vitrée – bœuf limousin, de Galice, d'Aubrac, agneau de l'Aveyron, charcuteries basques... – et le chef l'accompagne de la garniture du jour. Simple et savoureux : une véritable boucherie !

🅰🅲 ✿ – Carte 45/70 €

Plan : 6-H3-k – *132 rue Bugeaud – Ⓜ Brotteaux – ℰ 04 78 24 57 88 – Fermé lundi, mardi soir, mercredi soir, samedi soir, dimanche*

BERNACHON PASSION

TRADITIONNELLE · SIMPLE X On ne présente plus la célèbre chocolaterie lyonnaise Bernachon, dont le fils du fondateur a épousé l'aînée de Paul Bocuse. Les petits-enfants du grand chef sont aux commandes ! Au menu, de bonnes recettes traditionnelles (telles les quenelles de brochet et le pâté en croûte) et des pâtisseries... Bernachon, évidemment.

🅰🅲 – Menu 30 € (déjeuner) – Carte 40/54 €

Plan : 6-G3-r – *42 cours Franklin-Roosevelt – Ⓜ Foch – ℰ 04 78 52 23 65 – www.bernachon.com – Fermé lundi, mardi soir, mercredi soir, jeudi soir, vendredi soir, samedi soir, dimanche*

BINÔME ⓝ

CUISINE DU MARCHÉ · BISTRO X Esprit contemporain mais parquet ancien, luminaires design, sièges modernes en cuir noir, caisses de vin en guise d'étagères, tables bistrot : c'est la bonne affaire, pour le palais et la bourse, d'un binôme de pros. Préparations au goût du jour pleines de fraîcheur, qui lorgnent de temps à autre vers les épices et les produits nobles.

Menu 19 € (déjeuner)/25 €

Plan : 6-G3-o – *71 rue Pierre-Corneille – Ⓜ Foch – ℰ 09 83 85 45 21 – https://restaurant-binome.fr – Fermé lundi, mardi soir, dimanche*

BISTRO B ⓝ

MODERNE · BISTRO ✗ Le petit monde des bistrots se porte bien dans le sixième arrondissement de Lyon ! Encore une jolie petite adresse bistronomique emmenée par un duo de passionnés. Ils proposent un menu de saison bien tourné qui change toutes les semaines, à un prix fort intéressant.

🅰️🅲 – Menu 25 € (déjeuner), 29/43 €

Plan : 6-G3-i – 90 rue Duguesclin – ⓜ Masséna – ℰ 04 78 89 12 21 – www.bistrob-lyon.fr – Fermé lundi soir, mardi soir, samedi, dimanche

LE BOUCHON SULLY

LYONNAISE · BISTRO ✗ Un petit bistrot ouvert par Julien Gautier (propriétaire du M Restaurant voisin) dans un esprit de bouchon modernisé : gâteau de foies de volaille, foie de veau en persillade et tête de veau sauce ravigote sont à l'ardoise, pour notre plus grand plaisir. C'est gourmand et bien exécuté : on en redemande.

🅰️🅲 – Menu 22 € (déjeuner)/27 € – Carte 32/41 €

Plan : 6-G3-a – 20 rue Sully – ⓜ Foch – ℰ 04 78 89 07 09 – www.lebouchonsully.com – Fermé 10-21 août, samedi, dimanche

DANIEL ET DENISE CRÉQUI

LYONNAISE · BOUCHON LYONNAIS ✗ Joseph Viola – Meilleur Ouvrier de France – règne sur ce petit bouchon pur jus, au décor patiné par le temps. Il propose des recettes traditionnelles parfaitement réalisées, à base de superbes produits, avec quelques suggestions de saison. Son plat fétiche ? Le pâté en croûte au ris de veau et foie gras...

🍽️🅰️🅲 – Menu 37/60 € – Carte 39/57 €

Plan : 6-G3-b – 156 rue de Créqui – ⓜ Place Guichard – ℰ 04 78 60 66 53 – www.daniel-et-denise.fr – Fermé samedi, dimanche

DANTON

MODERNE · CONVIVIAL ✗ Dans ce néobistrot convivial, pas de tergiversations : les recettes vont à l'essentiel, dans une veine aussi canaille que gourmande (avec une carte des vins faisant honneur à la région, mais pas seulement). Le petit plus qui fait la différence ? Les cuissons à basse température. En cas d'affluence, allez sonner à l'annexe mitoyenne "L'Escapade Danton".

🅰️🅲 – Menu 39/59 €

Plan : 6-H4-r – 8 rue Danton – ⓜ Part Dieu – ℰ 04 37 48 00 10 – Fermé samedi, dimanche

L'ÉCUME

MODERNE · CONVIVIAL ✗ Après avoir peaufiné leurs talents à la Maison Clovis, Laurent et Xavier ont ouvert cette Écume qui porte bien son nom. Bouillonnante, toujours en mouvement, elle fait œuvre de bistronomie avec un menu du marché renouvelé tous les jours. Jeux de textures et de saveurs dans l'assiette, carte des vins aux petits oignons : du travail bien fait.

♿ 🅰️🅲 – Menu 24 € (déjeuner), 35/42 €

Plan : 5-F5-a – 119 avenue Jean-Jaurès – ⓜ Jean Macé – ℰ 04 78 58 70 48 – www.lecume-lyon.com – Fermé 15-21 février, 12-18 avril, 9-29 août, mercredi soir, samedi, dimanche

IMOUTO

FUSION · DESIGN ✗ Originaire du Vietnam, Gaby Didonna a ouvert son Imouto ("petite sœur", en japonais) dans un quartier populaire de Lyon. Le chef australien Guy Kendell imagine de savoureuses recettes fusion, entre tradition française et influences nippones. Goûteux et toujours bluffant !

🅰️🅲 – Menu 25 € (déjeuner)/45 €

Plan : 5-F4-n – 21 rue Pasteur – ⓜ Guillotière – ℰ 04 72 76 99 53 – imouto.fr – Fermé lundi, dimanche

L'INATTENDU

MODERNE · TENDANCE X Cet ancien infirmier, reconverti après avoir gagné l'émission Masterchef, concocte une cuisine moderne et généreuse, à l'image de cette entrée "inaTTendue" – devenue signature –, le tataki de bœuf et cervelle de canut. En salle, son épouse, ancienne aide soignante, s'occupe désormais de nos papilles. Une adresse décidément sympathique.

AC – Menu 21 € (déjeuner), 35/50 €

Plan : 6-G3-w – *95 rue Bossuet –* **M** *Masséna – ℰ 04 37 24 13 44 – www.linattendulyon.fr – Fermé 7-30 août, lundi soir, samedi, dimanche*

LA MUTINERIE

CRÉATIVE · TENDANCE X Un jeune chef passé par de (très) belles maisons (Le Negresco, La Dame de Pic, Ledoyen et Têtedoie) propose un menu mystère au déjeuner (excellent rapport qualité/prix) comme au dîner. Une cuisine créative à déguster dans un décor vintage de briques, bois et béton ciré. La Mutinerie, ou la passion de la cuisine chevillée au corps.

🍴 ⚹ AC – Menu 30 € (déjeuner), 60/86 €

Plan : 6-G3-j – *123 rue Bugeaud –* **M** *Masséna – ℰ 04 72 74 91 51 – http://la-mutinerie.fr – Fermé lundi, dimanche*

SÉMANTÈME

MODERNE · CONTEMPORAIN X Sémantème : forme littéraire du mot racine. Ici, le chef aime travailler les racines, les herbes aromatiques, et s'approvisionne lui-même sur les marchés de Lyon (dont celui de la Tête d'or). Jolis dressages, cuissons justes et plats savoureux. Une très bonne adresse.

AC – Menu 34 € (déjeuner), 39/60 €

Plan : 6-G3-z – *73 rue Masséna –* **M** *Masséna – ℰ 06 46 58 36 90 – www.restaurant-semanteme-lyon.fr – Fermé lundi, dimanche*

LE SIMPLE GOÛT DES CHOSES

MODERNE · CONTEMPORAIN X Une petite adresse sympathique, où l'on propose toutes sortes de douceurs à prix très doux : c'est simple, bien fait et plein de saveurs. Idéal pour apprécier, en toute quiétude, le simple goût des choses...

AC – Menu 26/33 €

Plan : 6-H3-n – *84 cours Vitton –* **M** *Masséna – ℰ 04 78 52 47 28 – www.lesimplegoutdeschoses.fr – Fermé 1ᵉʳ-3 janvier, 30 juillet-22 août, samedi, dimanche*

SINABRO ⓝ

CORÉENNE · CONTEMPORAIN X Une envie de bibimbap et d'authentique cuisine coréenne ? Bienvenue dans ce bistrot, seconde adresse du chef étoilé Younghoon Lee (le Passe-Temps). On goûte volontiers ce cadre contemporain (tables et chaises en bois clair), cette carte resserrée, ce service pro et souriant et, enfin, une cuisine saine et savoureuse – jusqu'au dessert.

AC – Carte 30/41 €

Plan : 6-H3-a – *126 rue de Sèze –* **M** *Masséna – ℰ 04 78 52 74 34 – Fermé lundi soir, samedi midi, dimanche*

LE SUPRÊME

CLASSIQUE · TRADITIONNEL X Cette adresse va enchanter les Lyonnais. Un couple franco-coréen ayant travaillé chez Daniel Boulud, à New York, se trouve aux commandes de ce bistrot éloigné des quartiers touristiques. On y sert une excellente cuisine bourgeoise, dont le gallinacé est l'invité d'honneur : gâteau de foie blond, suprême de volaille de Bresse..., et en saison, menu tout gibier !

🍴 ⚹ AC – Menu 30 € (déjeuner), 42/62 €

Plan : 6-G4-z – *106 cours Gambetta –* **M** *Garibaldi – ℰ 04 78 72 32 68 – www.lesupremelyon.fr – Fermé 1ᵉʳ-8 mars, 1ᵉʳ-23 août, lundi, samedi midi, dimanche*

33 CITÉ

TRADITIONNELLE · BRASSERIE ⅓ Trois chefs de talent – Mathieu Viannay (MOF en 2004), Christophe Marguin et Frédéric Berthod (passé par la "case" Bocuse) – se sont associés pour créer cette brasserie sympathique et gourmande, ouvrant sur le parc de la Tête-d'Or. Au menu : les belles spécialités du genre !

🕸 🛖 ⅙ 🅐🅒 ✪ – Menu 28€ – Carte 35/59€

Plan : 4-H1-t – *33 quai Charles-de-Gaulle* – ℰ *04 37 45 45 45* – *www.33cite.com* – *Fermé lundi, mardi soir, dimanche soir*

YKA BAR & CEVICHE ⓝ

PÉRUVIENNE · CONTEMPORAIN ⅓ C'est la partie informelle du restaurant franco-péruvien gastronomique Miraflores. Dans un décor chaleureux et contemporain (belle fresque murale colorée représentant des Péruviens de la région de Cusco), la carte des mets présente deux entrées, un choix de cinq ceviches, un plat traditionnel péruvien à base de poisson cru, et trois desserts. A l'été, on se détend en terrasse (sur rue).

🛖 🅐🅒 – Carte 29/37€

Plan : H3-c – *112 boulevard des Belges* – Ⓜ *Brotteaux* – ℰ *04 78 24 49 71* – *www.restaurant-miraflores.com/yka* – *Fermé lundi soir, dimanche*

Hôtels

MAMA SHELTER

BUSINESS · ÉPURÉ Comme ses cousines de Paris et Marseille, cette Mama Shelter met en avant une déco branchée (béton brut, objets design, détails décalés...) et des chambres résolument contemporaines, tendance minimaliste. Quant au brunch, le dimanche, il ravira les amateurs !

🕿 🖥 ⅙ 🅐🅒 ⅍ 🚗 – 156 chambres

Plan : 6-G5-k – *13 rue Domer* – Ⓜ *Jean Macé* – ℰ *04 78 02 58 58* – *www.mamashelter.com*

AUTOUR DE LYON

Il est possible (et même recommandé) de s'éloigner du charme urbain irrésistible de Lyon, notamment vers l'ouest. Les alentours de la cité des gones réservent aussi de belles surprises ! Vous vous retrouverez par exemple au cœur du Mont-d'Or, où se tient la table historique de Paul Bocuse, à qui la gastronomie française doit tant – c'est un euphémisme. Dans cette grande banlieue chic et cossue, il est possible de s'attabler dans de belles maisons de tradition, conviviales ou bourgeoises, maisons de maître ou châteaux du 19e s... Des chefs de talent (Jean-François Malle à la Rotonde, David Tissot chez Saisons) y régalent les gourmets en quête de verdure.

CHARBONNIÈRES-LES-BAINS

✉ 69260 – Rhône – Carte régionale n° **3**-E1 – Carte Michelin 327-H5

✵ LA ROTONDE

MODERNE · ÉLÉGANT XxxX Un agréable moment de gastronomie dans le domaine Le Lyon Vert, havre de calme et de verdure aux portes de la ville. Sous la houlette du chef, Jean-François Malle, on profite de menus de saison à base de produits de grande qualité (lotte petit bateau et coquillages, agneau des prés salés du Mont-Saint-Michel, homard bleu de Bretagne...), pâté en croûte "champion du monde" (qui fait son petit tour de salle), fricassée de coquillages à l'oseille, premiers haricots verts, couteaux, coques et salicorne et... service à la cloche. Une parenthèse délicieuse.

Spécialités : Mulet de pleine mer mariné aux aromates, chou-rave acidulé et iodé, sabayon à la livèche. Pigeonneau, figue, betterave au gingembre et girolles. Tarte soufflée au chocolat guanaja, baba au café, caramel au beurre salé et glace vanille.

碌 ᨪ ᵫ Ṁ 🖁 ⇄ 🕭 🅿 – Menu 49 € (déjeuner), 79/151 €

Le Pavillon de la Rotonde, 3 avenue Georges-Bassinet (Domaine du Lyon-Vert) – ℰ 04 78 87 79 70 – www.pavillon-rotonde.com – Fermé lundi, dimanche

🏨 LE PAVILLON DE LA ROTONDE

LUXE · ÉLÉGANT À deux pas du casino et dans un beau parc arboré, cet hôtel luxueux mêle contemporain et discrètes touches Art déco. Certaines chambres disposent d'un hammam et d'une terrasse... et l'on sert un copieux brunch le dimanche ! Une très belle adresse en périphérie de Lyon.

⅏ ᨪ 🖵 🕙 ᵫ 🖁 ᵫ Ṁ ⚄ 🅿 – 22 chambres

3 avenue Georges Bassinet – ℰ 04 78 87 79 79 – www.pavillon-rotonde.com

✵ **La Rotonde** – Voir la sélection des restaurants

COLLONGES-AU-MONT-D'OR

✉ 69660 – Rhône – Carte régionale n° **3**–E1 – Carte Michelin 327-I5

✿✿ **PAUL BOCUSE**

CLASSIQUE · ÉLÉGANT XxXX Tous les surnoms – primat des gueules, pape de la gastronomie – ne suffisent pas à résumer Paul Bocuse, chef hors pair, aussi fort aux fourneaux qu'en affaires, dont le décès en 2018 a laissé le monde des toques sans voix. Il est celui par qui les brigades et leurs chefs sont passés de l'obscurité à la lumière : il est, en quelque sorte, le premier des modernes. Depuis sa disparition, la brigade (les trois chefs de cuisine sont MOF) perpétue les plats signés par le grand chef (gratin de queues d'écrevisses ; soupe VGE au poulet, bœuf et truffes ; fricassée de volaille de Bresse) et propose aussi des classiques réinventés. L'histoire continue à Collonges-au-Mont-d'Or dans un élégant décor rajeuni. La légende n'est pas prête de s'éteindre.

Spécialités : Soupe aux truffes "V.G.E.". Loup en croûte feuilletée. Chariot de desserts.

⅋ ₰ ᴁ ⇔ 🐖 🅿 – Menu 180/280 € – Carte 200/250 €

40 quai de la Plage – ℘ 04 72 42 90 90 – www.bocuse.fr

DARDILLY

✉ 69570 – Rhône – Carte régionale n° **3**–E1 – Carte Michelin 327-I5

✿ **BOL D'AIR**

TRADITIONNELLE · CONVIVIAL X Dans cette maison de tradition, le chef travaille de beaux produits frais en fonction du marché, déclinant sans complexe une cuisine goûteuse et généreuse. Et l'hiver, c'est le cassoulet de Castelnaudary qui est à la carte – le patron est un Chaurien ! N'oublions pas enfin la "carte du boire" composée avec soin...

⅋ ₰ ⇔ – Menu 17 € (déjeuner), 26/40 € – Carte 32/45 €

77 avenue de Verdun – ℘ 04 78 66 14 55 – www.restoboldair.com – Fermé 1ᵉʳ-4 janvier, 2-24 août, lundi soir, samedi, dimanche

ÉCULLY

✉ 69130 – Rhône – Carte régionale n° **3**–E1 – Carte Michelin 327-H5

✿ **SAISONS**

MODERNE · BOURGEOIS XxX Ce château du 19ᵉ s., qui abrite l'école hôtelière internationale (autrefois placée sous l'égide de Paul Bocuse), propose une partition culinaire de haute volée. Elle est signée Davy Tissot, entouré d'une belle équipe tant en cuisine qu'en salle. On apprécie la finesse, la sensibilité, les dressages millimétrées, les assiettes colorées. Le tout à base de produits d'excellence. Souvenirs émus d'une aiguillette de saint-pierre en sashimi acidulé, de la queue de lotte rôtie ou d'une selle d'agneau du Limousin d'une irrésistible tendreté. Ajoutons à cela des cuissons justes, assorties de petites notes de créativité. En somme : une vraie et goûteuse cuisine de saison !

Spécialités : Saint-pierre en sashimi acidulé et perle d'huître d'Isigny. Pigeon rôti, mousseline de betterave et patate douce, jus au miel d'eucalyptus. Biscuit imbibé, mûres sauvages et soupe de mûres au vinaigre de xérès.

⇔ ₰ ᴁ ⇔ 🅿 – Menu 50 € (déjeuner), 72/84 €

1 A chemin de Calabert – ℘ 04 26 20 97 57 – www.saisons-restaurant.fr – Fermé 7 août-2 septembre, 19 décembre-4 janvier, samedi, dimanche

🏠 **MAISON D'ANTHOUARD**

MAISON DE MAÎTRE · COSY Pratique par sa proximité de l'autoroute, cette belle maison nichée dans un parc aurait appartenu au général d'Anthouard, de l'armée napoléonienne. Cela explique peut-être les dimensions "impériales" de l'escalier, qui distribue fièrement des chambres élégantes et feutrées.

🏠 ⇔ ₰ ᴁ 🛁 🅿 – 16 chambres

2 route de Champagne – ℘ 04 78 36 56 89 – www.ma-hotel.com

ST-CYR-AU-MONT-D'OR

✉ 69450 – Rhône – Carte régionale n° **3**–E1 – Carte Michelin 327-I5

 L'ERMITAGE

BOUTIQUE HÔTEL · DESIGN Cet hôtel ne manque pas d'atouts : vue extraordinaire sur Lyon et les Monts-d'Or, cadre design et épuré pour une sérénité à son zénith. Dans la "cuisine à manger", on savoure des recettes actuelles de bonne facture... Et la terrasse suspendue est superbe.

✿ 🐾 ⪕ ☐ 🏠 ☐ 🕭 🗚 🏊 🅿 – 26 chambres

Mont-Cindre – 𝒞 04 72 19 69 69 – www.ermitage-college-hotel.com

ST-PRIEST

✉ 69800 – Rhône – Carte régionale n° **3**–E1 – Carte Michelin 327-I5

🍴 **LE RESTAURANT**

TRADITIONNELLE · CONTEMPORAIN 𝕏 Ce restaurant-bistrot au cadre simple et contemporain est situé à deux minutes chrono de la rocade Est de l'agglomération lyonnaise. Habitués et voyageurs de passage y dégustent une cuisine traditionnelle bien ficelée, assortie de clins d'œil exotiques, à l'instar de cette tartine de guacamole et tartare de saumon, crevettes roses ou des Saint-Jacques fraîches d'Irlande juste snackées, à la thaï.

🗚 – Menu 28/36 €

9bis avenue de la Gare – 𝒞 04 78 21 14 43 – www.le-restaurant69.fr –
Fermé 2-22 août, lundi soir, mardi soir, mercredi soir, samedi, dimanche

BOURGOGNE **248**

FRANCHE-COMTÉ **290**

BOURGOGNE FRANCHE-COMTÉ

LA SÉLECTION DU GUIDE MICHELIN

LES TABLES ÉTOILÉES

Une cuisine unique. Vaut le voyage !

Maison Lameloise (Chagny)   258

Une cuisine d'exception. Vaut le détour !

Au 14 Février (Saint-Amour-Bellevue)   280
La Côte d'Or (Saulieu).   283
La Côte Saint-Jacques (Joigny)   272
Maison Jeunet (Arbois).   292
William Frachot (Dijon)   264

Une cuisine d'une grande finesse. Vaut l'étape !

L'Amaryllis (Saint-Rémy)   282
L'Aspérule (Dijon).   265
Auberge de la Charme (Prenois)   279
Aux Terrasses (Tournus)   285
Le Bénaton (Beaune).   252

robynmac/iStock

RapidEye/iStock

Le Bon Accueil (Malbuisson) 298
Le Carmin (Beaune) 253
Le Charlemagne (Pernand-Vergelesses) 278
Château de Courban (Courban) 262
Château de Vault de Lugny (Vault-de-Lugny) 286
Château du Mont Joly (Sampans) 301
La Chaumière (Dole) 296
Cibo (Dijon) 265
L'Écrin de Yohann Chapuis (Tournus) 285
Ed.Em (Chassagne-Montrachet) 261
L'Empreinte (Buxy) 257
L'Étang du Moulin (Bonnétage) ✿ 294
Le France (Villers-le-Lac) 303
Frédéric Doucet (Charolles) 260
Hostellerie de Levernois (Levernois) 273
Loiseau des Ducs (Dijon) 265
La Madeleine (Sens) 284
La Marande (Montbellet) 275
1131 (La Bussière-sur-Ouche) 256
Mon Plaisir (Chamesol) 295
L'O des Vignes (Fuissé) 270
Pierre (Mâcon) 274
Le Pot d'Étain (Danjoutin) 296
La Table d'Hôte (Gevrey-Chambertin) ✿ 270
La Table de Chaintré (Chaintré) 259
241

LES BIB GOURMAND
Nos meilleurs rapports qualité-prix

Auberge des Chenets (Valloux) 286

Auberge des Tilleuls (Messigny-et-Vantoux) 275

Auberge du Pot d'Étain (L'Isle-sur-Serein) N 272

Au Fil des Saisons (Étupes) 297

Le Balcon (Combeaufontaine) 295

Le Bistrot des Moines (La Bussière-sur-Ouche) 257

Le Bistrot (Bonnétage) 294

Bistrot de Valentin (École-Valentin) N 297

Bistrot Lucien (Gevrey-Chambertin) 271

Le Bistrot Pontarlier (Port-Lesney) 300

Le Bouchon Bourguignon (Tournus) 285

Chez Guy (Gevrey-Chambertin) 271

DZ'envies (Dijon) 265

L'Embellie (Sainte-Cécile) 282

L'Évidence (Dijon) N 268

Grain de Sel (Dole) 297

Le Grapiot (Pupillin) 300

La Griotte (Saules) 302

Hostellerie d'Héloïse (Cluny) 261

Iida-Ya (Dole) 297

Le Montcenis (Montcenis) 276

Pierre & Jean (Chagny) 258

La Poutre (Bonlieu) 294

So (Dijon) 268

Les Trois Bourgeons (Chablis) N 257

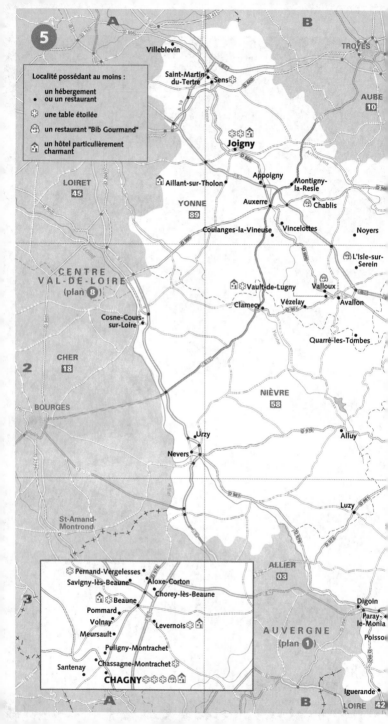

5

Localité possédant au moins :

- un hébergement
  ou un restaurant
- ✿ une table étoilée
- 😊 un restaurant "Bib Gourmand"
- 🏠 un hôtel particulièrement charmant

Villeblevin

TROYES

Saint-Martin-
du-Tertre • Sens ✿

AUBE
10

✿✿ 🏠
Joigny

LOIRET
45

🏠 Aillant-sur-Tholon •

Appoigny

Montigny-
la-Resle

YONNE
89

Auxerre

😊 Chablis

Coulanges-la-Vineuse •

Vincelottes

Noyers •

🏠 L'Isle-sur-
Serein

CENTRE
VAL-DE-LOIRE
(plan **8**)

🏠✿ Vault-de-Lugny •

Valloux

Clamecy •

Vézelay

Avallon

Cosne-Cours-
sur-Loire •

Quarré-les-Tombes

CHER
18

2

BOURGES

NIÈVRE
58

Urzy •

Alluy •

Nevers •

St-Amand-
Montrond

Luzy •

ALLIER
03

Digoin •

Paray-
le-Monia

Poisso

✿ Pernand-Vergelesses •

Savigny-lès-Beaune •
Aloxe-Corton •

🏠 ✿ Beaune •
Chorey-lès-Beaune •

Pommard •

Volnay •
Levernois ✿ 🏠

Meursault •

AUVERGNE
(plan **1**)

Puligny-Montrachet •

Santenay •
Chassagne-Montrachet ✿

CHAGNY ✿✿✿ 😊 🏠

3

Iguerande •

LOIRE **42**

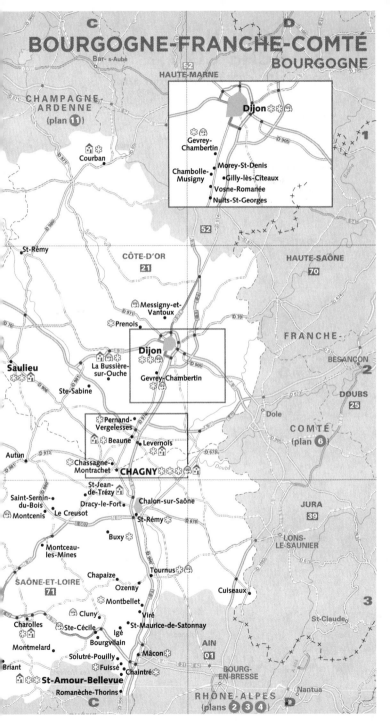

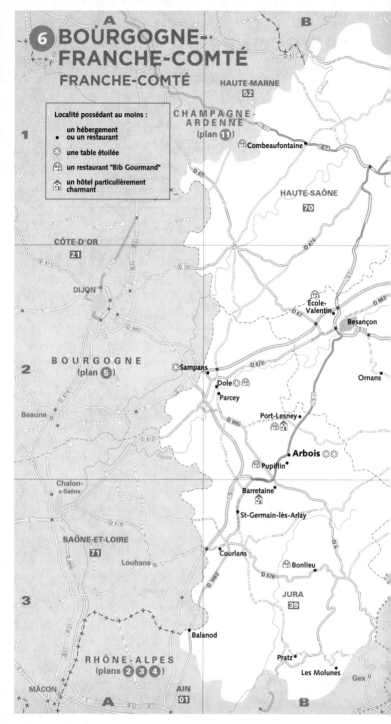

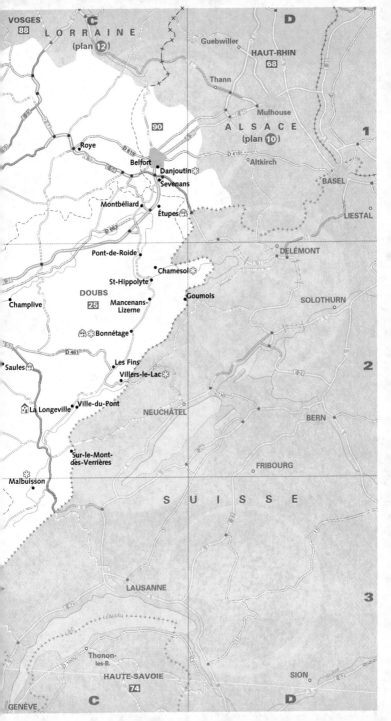

BOURGOGNE

Ici, tout commence et finit avec la vigne. Deux cépages se disputent la quasi-totalité de la production dans l'Yonne, la Saône-et-Loire et la Côte d'Or : chardonnay pour les blancs et pinot noir pour les rouges. Chablis, meursault, montrachet, corton-charlemagne...

Ces terroirs mythiques, peuplés de domaines centenaires souvent gérés en famille, ont fait la renommée de la Bourgogne, et continuent d'attirer des amateurs du monde entier. Assez logiquement, le caractère de ces vins a imprimé sa marque dans la gastronomie locale : jambon persillé, gougères ou escargots en persillade ne s'envisagent qu'avec un bon blanc bourguignon, tout comme la pôchouse, qui met en valeur les poissons de la Saône et du Doubs. D'autres recettes mythiques, comme le bœuf bourguignon – de race charolaise –, le coq au vin ou les œufs en meurette, font du vin rouge un ingrédient à part entière.

Dans les tables renommées de la région (Lameloise à Chagny, Relais Bernard Loiseau à Saulieu, William Frachot à Dijon...), la grande créativité n'oublie jamais l'histoire ; un message reçu aussi cinq sur cinq par tous les jeunes talents, Japonais en particulier, qui viennent déployer leur talent dans les parages : Château de Courban, Trois Bourgeons, So, Masami, Origine...

• Carte régionale n° 5

AILLANT-SUR-THOLON

✉ 89110 – Yonne – Carte régionale n° **5**–B1 – Carte Michelin 319-D4

DOMAINE DU RONCEMAY

MAISON DE CAMPAGNE · PERSONNALISÉ Idéal pour les golfeurs, au cœur d'un 18-trous, cet élégant château dispose de dépendances assez pittoresques. Les chambres sont d'un grand confort, certaines avec des salles de bains en pierre de Bourgogne. Le hammam est superbe. Buffets au déjeuner, et carte plus élaborée le soir.

🍴 🐾 ⇐ 📶 ⏚ 🛁 ⅙ 🅼 🅂 🅿 – 16 chambres – 3 suites

Boisserelle (à 7 km) – ☎ *03 86 73 50 50 – www.roncemay.com*

ALLUY

✉ 58110 – Nièvre – Carte régionale n° **5**–B2 – Carte Michelin 319-E9

⅋○ LA GRANGÉE

MODERNE · AUBERGE ✗ Originaire (et amoureux !) de la région, le chef Jean-Baptiste Girard a transformé cette auberge communale à sa main, épaulé par son épouse japonaise Maiko. Il y met en avant la production locale (Charolais du Bourbonnais, légumes bio de Rouy, pintades de Vandenesse) et la cueillette, qu'il pratique lui-même le weekend : baies sauvages, herbes... Une réussite.

🍴 – Menu 43/49 €

Le bourg – ☎ *03 86 76 11 56 – www.restaurantlagrangee.com – Fermé lundi, mardi, dimanche soir*

ALOXE-CORTON

✉ 21420 – Côte-d'Or – Carte régionale n° **5**–A3 – Carte Michelin 320-J7

VILLA LOUISE

MAISON DE CAMPAGNE · COSY Une belle demeure vigneronne du 17ᵉ s. avec son espace bien-être et son beau jardin se perdant dans les parcelles de Corton... L'ambiance est cosy à souhait et les chambres, toutes différentes, dégagent un vrai charme. Produits locaux au petit-déjeuner.

🐾 🛗 📶 ⅙ 🅂 🅿 – 14 chambres

9 rue Franche – ☎ *03 80 26 46 70 – www.hotel-villa-louise.fr*

AUTUN

✉ 71400 – Saône-et-Loire – Carte régionale n° **5**–C2 – Carte Michelin 320-F8

⅋○ COMPTOIR CUISINE

MODERNE · CONTEMPORAIN ✗ Situé au pied de la cathédrale, ce Comptoir Cuisine propose une cuisine au goût du jour goûteuse et soignée – y compris visuellement ! –, qu'il renouvelle chaque semaine selon son inspiration et les retours du marché.

⅙ – Menu 26 € (déjeuner)/32 €

13 place du Terreau – ☎ *03 85 54 30 60 – Fermé 17-31 juillet, lundi, dimanche*

AUXERRE

✉ 89000 – Yonne – Carte régionale n° **5**–B1 – Carte Michelin 319-E5

⅋○ LE JARDIN GOURMAND

MODERNE · ÉLÉGANT ✗✗ Cette ancienne maison de vigneron ressemble désormais à une élégante maison bourgeoise. La salle à manger cossue distille un charme intime... On y savoure une cuisine créative, inspirée par les produits du jardin, les voyages du chef, les saisons. Voyageuse aussi la belle carte des vins qui cultive les cépages locaux mais aussi ceux du bassin méditerranéen.

🕸 🛗 🍴 ⅙ – Menu 60 € (déjeuner), 74/138 € – Carte 105/130 €

56 boulevard Vauban – ☎ *03 86 51 53 52 – www.lejardingourmand.com –*
Fermé 15-23 février, 21 juin-6 juillet, 30 août-8 septembre, 15-30 novembre, lundi, mardi, dimanche soir

¶○ L'ASPÉRULE

CUISINE DU MARCHÉ · ÉPURÉ X Dans une vieille maison de ville, voici une salle à la déco épurée, avec son sol en béton ciré et ses murs beige. Le chef japonais signe une cuisine qui associe les produits d'ici et la précision technique de là-bas, comme dans ce filet de canette servi parfaitement rosé, duxelles de champignons shiitaké, sauce balsamique. Menu du marché à prix doux le midi, menu dégustation (5 plats) le soir.

🅰🅲 – Menu 27€ (déjeuner)/38€

*34 rue du Pont – ☏ 03 86 33 24 32 – www.restaurant-asperule.fr –
Fermé 27 décembre-19 janvier, lundi, dimanche*

AVALLON

✉ 89200 – Yonne – Carte régionale n° **5**–B2 – Carte Michelin 319-G7

¶○ LES CORDOIS AUTREMENT

TRADITIONNELLE · CONTEMPORAIN X Tenue par la même famille depuis 1910, cette maison est désormais adossée à une église du 12e s. ; on s'installe au choix à l'intérieur, lumineux et coloré, ou sur la terrasse ombragée, pour se régaler d'une cuisine régionale remise au goût du jour : escargots de Bourgogne, œufs en meurette, rognon de veau à la graine de moutarde...

🍴 ♿ 🅰🅲 – Menu 22€ (déjeuner) – Carte 29/52€

15 rue Bocquillot – ☏ 03 86 33 11 79 – www.lescordois.fr – Fermé 2-29 janvier, mardi, mercredi

✉ 21200 – Côte-d'Or
Carte régionale n° **5**–A3
Carte Michelin 320-I7

BEAUNE

Difficile de trouver une ville dont le destin dépende à ce point du vin. Et quelle beauté ! Au cœur du vignoble bourguignon, Beaune est à la fois la capitale viticole de la Bourgogne et une incomparable ville d'art. L'Hôtel-Dieu, la basilique-collégiale Notre-Dame, les remparts, dont les bastions abritent des caves fameuses, constituent l'un des plus beaux ensembles de la région. Les Hospices de Beaune possèdent notamment un extraordinaire vignoble situé sur la côte de Nuits et la côte de Beaune. Chaque année, sous la halle médiévale, a lieu une célébrissime vente aux enchères de ces vins. Dans les ruelles, restées très pittoresques, on trouve bars à vin, restos tendance et boutiques de bouche où les produits du terroir – pain d'épice ou moutarde, et recettes emblématiques telles que jambon persillé et escargots de Bourgogne – figurent en bonne place.

Restaurants

⊛ LE BÉNATON

Chef: Keishi Sugimura

CRÉATIVE · **CONTEMPORAIN** ✗✗ Au cœur de la Bourgogne, Beaune est fameuse pour ses ventes aux enchères annuelles de vins, qui se tiennent entre les murs de ses Hospices aux toits de tuiles vernissées. C'est dire si le chef japonais Keishi Sugimura, passionné par la gastronomie et le vin français, est à sa place dans cette ville gourmande. Formé au Japon, le cuisinier voue une passion au pâté en croûte, qui lui valut le titre de vice-champion du monde en 2013. Il régale de beaux produits de saison avec une pointe de créativité, à travers des recettes classiques aux saveurs harmonieuses et aux cuissons millimétrées : sole meunière et vapeur, foie gras de canard, tête de veau rôtie et langoustines, Saint-Jacques en deux façons, meringue moelleuse aux agrumes. Cuisinière elle-même, l'épouse du chef assure le service, qui se déroule l'été sur une terrasse face à un petit jardin.

Spécialités : Pâté en croûte, pickles, kumquat et aubergine brûlée. Faux-filet de bœuf Wagyu grillé, légumes de saison, jus au vin rouge et cassis. Ananas cru et cuit, crème de son de moutarde et sorbet coco.

🕬 – Menu 36 € (déjeuner), 65/120 € – Carte 105/145 €

Plan : A2-b – *25 rue du Faubourg-Bretonnière –*
✆ *03 80 22 00 26 – www.lebenaton.com –*
Fermé 1er-21 janvier, 16-22 août, mercredi, jeudi midi, samedi midi

✿ LE CARMIN

Chef: Christophe Quéant

MODERNE · CONTEMPORAIN XX Au bord de la place Carnot, tout proche de l'Hôtel-Dieu, ce restaurant à la façade moderne occupe le rez-de-chaussée d'une vieille maison charmante. Passé dans les établissements de Robuchon et Ducasse, le chef Christophe Quéant y propose une cuisine au goût du jour et de saison, s'appuyant sur de solides bases traditionnelles. Ses produits au top sont tranquillement magnifiés par des cuissons au cordeau et des préparations lisibles et sans chichis. Avant ou après une visite à l'Hôtel-Dieu, on s'assied sur de belles chaises de style Louis XV, au milieu des vieilles pierres... Il y a pire ! On se régale alors d'un pâté en croûte au canard colvert, d'un blanc de volaille fermière, gnocchis et poireaux nains et d'un bouchon bourguignon, flambé au marc de Bourgogne en dessert.

Spécialités: Ventrèche de thon en superposition, fondue d'aubergine et tomate. Suprême et cuisse de pigeon caramélisés, mousseline de pomme de terre. Plaisir au chocolat-cassis.

🛱 ♿ Ⓜ – Menu 38 € (déjeuner), 58/128 €

Plan : A2-c – *4B place Carnot* – ☎ *03 80 24 22 42* – *www.restaurant-lecarmin.com* – *Fermé lundi, dimanche*

⇑○ HOSTELLERIE CÈDRE & SPA

MODERNE · ÉLÉGANT XXX Une élégante maison de maître vigneron, cossue et pleine de cachet, dans un jardin verdoyant où l'on installe quelques tables l'été venu... Un cadre parfait pour déguster une cuisine à la fois bien dans l'air du temps et solidement ancrée dans la tradition française. Menu plus simple au déjeuner. Dans cet établissement rénové de frais, on apprécie aussi le charme intemporel des chambres classiques et élégantes de l'Hostellerie du Cèdre & Spa.

✿ 🚗 🛏 🛱 Ⓜ ✿ 🛁 – Menu 50/90 €

Plan : A1-t – *12 boulevard du Maréchal-Foch* – ☎ *03 80 24 01 01* – *www.cedrebeaune.com* – *Fermé 5-27 janvier, lundi midi, mardi, mercredi, jeudi midi, vendredi midi*

⇑○ LOISEAU DES VIGNES

MODERNE · ÉLÉGANT XX Situé au centre-ville de Beaune, dans un cadre classique, cette cuisine griffée Loiseau propose une carte actuelle, agrémentée de touches exotiques et de clins d'œil au terroir bourguignon. A noter, une belle carte des vins, avec un choix rare de 70 vins au verre.

✿ 🛱 ♿ Ⓜ – Menu 28 € (déjeuner), 59/119 €

Plan : A2-z – *31 rue Maufoux* – ☎ *03 80 24 12 06* – *www.bernard-loiseau.com* – *Fermé 1er février-7 mars, lundi, dimanche*

⇑○ L'ÉCUSSON

MODERNE · CONTEMPORAIN XX Un Écusson aux couleurs de la gourmandise ! Le chef, passé par des maisons de renom, concocte une cuisine du marché fraîche, goûteuse et inspirée, à l'image des asperges vertes de Provence et tourteau ou du filet d'omble chevalier, pousses de brocoli et ail des ours... à apprécier dans une salle lumineuse et contemporaine.

🛱 ♿ Ⓜ – Menu 28 € (déjeuner), 39/95 € – Carte 69/102 €

Plan : B2-f – *2 rue du Lieutenant-Dupuis* – ☎ *03 80 24 03 82* – *www.ecusson.fr* – *Fermé 15-25 février, 11-19 avril, lundi, dimanche*

⇑○ BISTRO DE L'HÔTEL

TRADITIONNELLE · CHIC X Une élégante salle de style bistrot chic, au service d'une cuisine qui honore la tradition et les très beaux produits. La spécialité de la maison ? La volaille de Bresse rôtie ! Quant à la carte des vins, elle est tout simplement impressionnante...

✿ 🛱 ♿ ✿ – Menu 105 € – Carte 65/130 €

Plan : B2-p – *L'Hôtel, 5 rue Samuel-Legay* – ☎ *03 80 25 94 10* – *www.lhoteldebeaune.com* – *Fermé 20 décembre-3 janvier, dimanche et le midi*

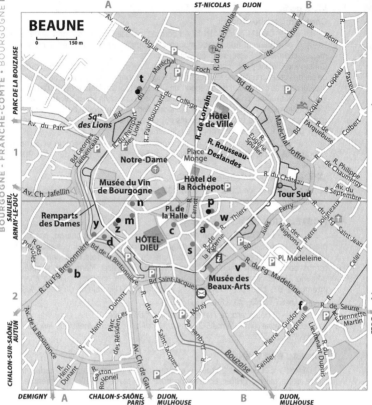

BISSOH

JAPONAISE · ÉPURÉ X Dans sa cuisine ouverte, entourée d'un comptoir avec une dizaine de couverts, le chef japonais Mikihiko Sawahata s'affaire avec maestria. Couteaux, chou chinois, huîtres ou encore bœuf Ozaki : avec ces produits remarquables, il réalise de superbes assiettes, inventives et parfumées. Réservation indispensable !

🛋 & 🅺 – Menu 49 € – Carte 45/62 €

Plan : A2-y – *42 rue Maufoux* – ✆ *03 80 24 01 02* – *www.bissoh.com* – *Fermé lundi, mardi*

CAVES MADELEINE

MODERNE · BISTRO X À deux pas du centre-ville, cette cave à manger est un petit bijou. Martial, le chef, s'est acoquiné avec les meilleurs producteurs du coin – y compris les meilleurs vignerons ! – et compose une cuisine saine, savoureuse et pleine de peps. Service décontracté et sans chichi : la vérité est dans le verre et dans l'assiette.

🌸 *L'engagement du chef:* *"La proximité est le mot d'ordre de notre établissement. La cuisine que nous proposons se veut proche des producteurs responsables et locaux avec lesquels nous travaillons, proche des produits biologiques que nous sublimons, proche des artisans bourguignons engagés avec lesquels nous coopérons."*

🍴 – Menu 23 € (déjeuner)/55 € – Carte 40/60 €

Plan : B2-v – *8 rue du Faubourg-Madeleine* – ✆ *03 80 22 93 30* – *Fermé mercredi, dimanche*

⊫○ L'EXPRESSION

MODERNE · **CONTEMPORAIN** ⅹ Cette adresse du centre-ville au cadre contemporain (cuisines ouvertes, cave vitrée) propose de jolis produits de saison et de belles pièces à partager (poisson du marché entier, côte de bœuf de Galice). Ici, les cuissons se font à haute température dans un four à charbon du bois et dans une ambiance conviviale. Vins triés sur le volet.

🏵 ㅊ 🗚 – Menu 65 €

Plan : A2-n – 11 rue Maufoux – 𝒞 03 80 80 05 89 – Fermé mardi, mercredi, jeudi midi, samedi midi

⊫○ 8 CLOS ❶

TRADITIONNELLE · **BISTRO** ⅹ Dans une salle tout en longueur, associant banquettes en skaï noir et pierres apparentes, le chef Stéphane Léger, ancien étoilé, nous fait plaisir avec sa cuisine bourguignonne et ses plats traditionnels à l'accent méditerranéen. Au menu : œuf en meurette, joue de bœuf braisée, jambon persillé, escargots mais aussi un rouget barbet façon bouillabaisse.

🗚 ⇔ – Menu 23 € (déjeuner)/29 € – Carte 45/60 €

Plan : B2-a – 8 rue d'Alsace – 𝒞 03 80 21 04 19 – Fermé mardi, mercredi

⊫○ MA CUISINE

TRADITIONNELLE · **BISTRO** ⅹ Un bistrot convivial, où tout tourne autour du vin, avec un choix hors pair de quelque 800 crus (le patron est fin connaisseur de breuvages). Le chef régale sa clientèle d'une cuisine traditionnelle sans fioriture, qui va droit au but - escargots, foie gras, côte de veau, crème caramel - dans une ambiance qui est l'antithèse du bling-bling. Revigorant.

🏵 🗚 – Menu 28 € – Carte 36/80 €

Plan : A2-s – Passage Sainte-Hélène – 𝒞 03 80 22 30 22 – Fermé 1er-31 août, mercredi, samedi, dimanche

⊫○ LE MAUFOUX

CUISINE DU MARCHÉ · **BISTRO** ⅹ Ce sympathique bistrot au cadre contemporain, tenu par l'équipe du Soufflot à Meursault propose une cuisine simple mais goûteuse et généreuse ; escargots en persillade, saumon fumé maison, cassoulet "allégé" (les plats chauds souvent servis en cocotte), cheesecake etc. Belle sélection de vins à prix d'ami.

🏵 – Menu 32 €

Plan : A2-d – 45 rue Maufoux – 𝒞 03 80 80 02 40 – www.lemaufoux.fr – Fermé samedi, dimanche

⊫○ LE RELAIS DE SAULX

MODERNE · **RUSTIQUE** ⅹ Olivier Streiff a repris avec sa compagne cette maison de caractère (1673) du centre de Beaune, non loin des Hospices. Il y sert une cuisine bistronomique goûteuse et sans esbroufe, parfois même canaille, qui régalera les amateurs de beaux produits bio... avec presque toujours un risotto à la carte, son dada !

ㅊ 🗚 – Menu 37 €

Plan : A2-m – 6 rue Louis-Véry – 𝒞 03 80 22 01 35 – Fermé lundi midi, samedi, dimanche

⊫○ LA SUPERB

MODERNE · **CONVIVIAL** ⅹ Sis dans une petite rue commerçante proche de la place Carnot, au cœur de la vieille ville, ce "bar à manger" contemporain propose une cuisine du marché, rythmée par les saisons, habile à valoriser de beaux produits. Sans oublier le sympathique menu déjeuner ! Goûteux et sans superflu.

ㅊ 🗚 – Menu 28 € (déjeuner)/35 € – Carte 40/75 €

Plan : B2-w – 15 rue d'Alsace – 𝒞 03 80 22 68 53 – Fermé 3-15 janvier, 20-31 août, lundi, dimanche

BOURGOGNE · FRANCHE-COMTÉ · BOURGOGNE

Hôtels

LE CEP

LUXE · HISTORIQUE Le Cep ? Une myriade d'hôtels particuliers et de maisons anciennes (16ᵉ et 18ᵉ s.) dont les chambres, très personnalisées prennent des airs de musée – tissus d'éditeurs, lustres à pampilles, plafonds à la française, mobilier choisi... Avec, avantages non négligeables, un service conciergerie, un spa complet, et pour les noctambules ou les insomniaques, un bar chic ouvert 24h/24.

🕙 ⛵ 🔄 ♿ 🅰 🛁 🅿 🚗 – 38 chambres – 24 suites

Plan : A2-z – *27 rue Maufoux* – 𝒞 *03 80 22 35 48* – *www.hotel-cep-beaune.com*

HOSTELLERIE CÈDRE & SPA

LUXE · ÉLÉGANT Dans le jardin, un cèdre majestueux et... cette belle demeure bourgeoise (début 20ᵉ s.) empreinte de classicisme. Boiseries, moulures, mobilier de style et sens du confort : rien ne manque.

🔄 ♿ 🅰 🛁 🚗 – 40 chambres

Plan : A1-t – *12 boulevard du Maréchal-Foch* – 𝒞 *03 80 24 01 01* – *www.cedrebeaune.com*

🍴 **Hostellerie Cèdre & Spa** – Voir la sélection des restaurants

BOURGVILAIN

✉ 71520 – Saône-et-Loire – Carte régionale n° **5**-C3 – Carte Michelin 320-H11

🍴 AUBERGE LAROCHETTE

MODERNE · AUBERGE 🕸🕸 Cette sympathique auberge, située au cœur d'un village à quelques kilomètres de Cluny, dévoile une cuisine fraîche et maîtrisée. La cheminée crépite en hiver, la terrasse ombragée permet de profiter de l'été. Accueil attentionné.

🌅 – Menu 18€ (déjeuner), 29/41€ – Carte 29/48€

Le Bourg – 𝒞 *03 85 50 81 73* – *www.aubergelarochette.com* – *Fermé 8-23 février, lundi, mardi midi, dimanche soir*

BRIANT

✉ 71110 – Saône-et-Loire – Carte régionale n° **5**-C3 – Carte Michelin 320-E12

🍴 AUBERGE DE BRIANT

TRADITIONNELLE · AUBERGE 🕸🕸 La salle à manger, contemporaine et lumineuse, surplombe la campagne environnante. On profite des bons plats du chef, Filipe, mettant notamment en avant le bœuf de race charolaise... et des bons desserts d'Angélique, son épouse, qui assure aussi un accueil charmant !

🌅 ♿ 🅿 – Menu 28/60€ – Carte 50/60€

Au Bourg – 𝒞 *03 85 25 98 69* – *www.aubergedebriant.com* – *Fermé 4-21 janvier, 5-22 juillet, mardi, mercredi, dimanche soir*

LA BUSSIÈRE-SUR-OUCHE

✉ 21360 – Côte-d'Or – Carte régionale n° **5**-C2 – Carte Michelin 320-I6

1131

MODERNE · HISTORIQUE 🕸🕸🕸 Meilleur ouvrier de France, Guillaume Royer a fait ses armes auprès de Christophe Bacquié au Castellet. Autant dire qu'il n'est pas le premier venu ! De retour dans son pays natal, il met tout son talent au service des bons produits régionaux : escargots, grenouilles, poissons de lac et de rivière, cassis et miel des fleurs du parc... Circuits courts de rigueur, assiettes savoureuses et techniquement irréprochables : décidément, une table d'excellente tenue. Y compris côté liquide, avec une carte des vins recelant bien des trésors. Un mot enfin sur le cadre : une ancienne abbaye superbement restaurée, qui vous laissera sans voix...

Spécialités : Légumes de nos maraîchers en salade, crumble et magret de canard séché. Silure de Saône, mogettes, mijoté de cocos, cèpes et salicornes. Miel des ruchers en nougat glacé, coulis de fruits rouges.

⅋⅋ ⅋⅋ ⅋ 𝗣 – Menu 98/145 €

Abbaye de la Bussière, Route Départementale 33 –
𝄞 03 80 49 02 29 – www.abbayedelabussiere.fr –
Fermé 4 janvier-11 février, lundi, mardi et le midi

🙂 LE BISTROT DES MOINES

TRADITIONNELLE · HISTORIQUE 🍴 Un bistrot sympathique, où l'on retrouve les créations inspirées de Guillaume Royer, M.O.F. 2015, qui met en valeur le marché du jour et l'envie du moment. Une cuisine de terroir généreuse à souhait ; à plus forte raison lorsqu'il fait beau que l'on est installé en terrasse, face au parc...
Spécialités : Œuf de poule bio poché, velouté de potimarron, truite fumée. Effiloché de coq au vin, comme un parmentier. Île flottante, crème anglaise, noisettes caramélisées.

⅋⅋ ⅋ ⅋ 𝗣 – Menu 33/39 €

Abbaye de la Bussière, Route Départementale 33 –
𝄞 03 80 49 02 29 – www.abbayedelabussiere.fr – Fermé 4 janvier-11 février, dimanche et le soir du mercredi au samedi

🏨 ABBAYE DE LA BUSSIÈRE

DEMEURE HISTORIQUE · GRAND LUXE Une abbaye cistercienne du 12ᵉ s. noyée dans la verdure. Si le cloître des moines a disparu, la quiétude reste entière : architectures gothiques, pièce d'eau, chambres luxueuses et... gourmandises !

⅋ ⅋⅋ ⅋ 🖩 ⅋⅋ 𝗣 – 17 chambres – 3 suites

Route Départementale 33 – 𝄞 03 80 49 02 29 – www.abbayedelabussiere.fr
❀ 1131 • 🙂 **Le Bistrot des Moines** – Voir la sélection des restaurants

BUXY

✉ 71390 – Saône-et-Loire – Carte régionale n° **5**-C3 – Carte Michelin 320-I9

❀ L'EMPREINTE

Chef : Maxime Kowalczyk
MODERNE · ÉLÉGANT 🍴🍴 L'ancien restaurant "Les Années Vins" a été repris par un jeune couple dynamique et sympathique, passé par de belles maisons de la région (Lameloise notamment pour Maxime, en cuisine). Ils proposent des assiettes qui fleurent bon l'air du temps avec des produits (viandes, volailles, plantes sauvages) souvent locaux, des menus au bon rapport qualité-prix et un chariot de fromages riche d'une cinquantaine de variétés, véritable passion de madame, auvergnate. Service attentionné et tables espacées : une agréable expérience.
Spécialités : Strate de foie gras de canard et anguille fumée. Carrelet de petit bateau confit à l'huile de mélisse. Citron en trompe-l'œil.

⅋⅋ 🖩 – Menu 31 € (déjeuner), 51/80 € – Carte 70/90 €

2 Grande-Rue – 𝄞 03 85 92 15 76 – www.lempreinte-restaurant.fr –
Fermé 1ᵉʳ-10 janvier, lundi, mardi midi, dimanche soir

CHABLIS

✉ 89800 – Yonne – Carte régionale n° **5**-B1 – Carte Michelin 319-F5

🙂 LES TROIS BOURGEONS

MODERNE · SIMPLE 🍴 Ce bistrot contemporain, au décor tout simple, a fleuri entre les murs d'une ancienne cave du Domaine Laroche, fameux producteur de chablis. Une équipe asiatique, formée dans de belles maisons françaises, y soigne ses clients avec une fine cuisine, inspirée du répertoire régional, et revisitée avec goût et imagination. Très bon rapport qualité/prix.

Spécialités: Truite marinée, rillettes de crevettes, chou rouge, vinaigrette vanille. Faux filet rôti, confit d'oignon, génoise carotte, sabayon au cacao. Agrumes, granité de ratafia et glace à l'estragon.

&. 🅼 – Menu 31/41€ – Carte 34/50€

10 rue Auxerroise – ☎ 03 86 46 63 23 – www.les-trois-bourgeons.restaurant-chablis.fr – Fermé lundi, dimanche

🍽️ ## AU FIL DU ZINC

MODERNE · CONTEMPORAIN 𝕏 Mathieu Sagardoytho, nouveau chef-patron de la maison, signe un menu-carte créatif, à la gloire de produits bien choisis (maquereau de la Trinité-sur-Mer mariné au mirin, agneau de la ferme de Clavisy, mirabelles de l'Yonne...), en harmonie avec une belle sélection de chablis et autres crus bourguignons.

🕸 &. 🅼 – Menu 34€ (déjeuner), 38/64€

18 rue des Moulins – ☎ 03 86 33 96 39 – www.aufilduzinc.fr – Fermé mardi, mercredi

CHAGNY

✉ 71150 – Saône-et-Loire – Carte régionale n° **5**-A3 – Carte Michelin 320-I8

❀❀❀ ## MAISON LAMELOISE

Chef: Eric Pras

MODERNE · ÉLÉGANT 𝕏𝕏𝕏 Ah, Lameloise ! Le simple énoncé de ce nom fait déjà frémir d'aise les fins palais de Bourgogne et d'ailleurs. Impossible de résumer en quelques lignes l'histoire de cette institution qui entama son parcours étoilé, tenez-vous bien, en... 1926. Mais qu'on se rassure : en dépit de son grand âge, Lameloise n'a pas l'âme nostalgique. Eric Pras, devenu chef de la maison en 2009, le résume en une phrase, presque un mantra : "La tradition, c'est l'avenir." Autant dire qu'il n'a pas l'intention de se reposer sur ses lauriers. Fidèle à l'esprit des lieux, aussi inspiré que pointilleux, il assène avec sérénité de véritables coups de massue gustatifs, rendant hommage au terroir (escargots, volaille de Bresse, bœuf charolais, cazette du Morvan) tout en restant en phase avec l'époque. Très belle sélection de vins, au verre notamment. Du grand art.

Spécialités: Langoustines marinées croustillantes au riz soufflé, céleri et pomme verte. Homard bleu dans l'esprit d'un bourguignon, queue rôtie au beurre de crustacés. Onctueux chocolat Équateur, crème glacée à la fève de cacao.

🕸 🅼 ✿ – Menu 85€ (déjeuner), 180/245€

36 place d'Armes – ☎ 03 85 87 65 65 – www.lameloise.fr – Fermé 16-24 février, 24 août-1er septembre, 20 décembre-20 janvier, mardi, mercredi

🏵 ## PIERRE & JEAN

MODERNE · CONVIVIAL 𝕏 Il ne s'agit pas du roman de Maupassant, mais de "la maison d'en face" du prestigieux Lameloise, du nom de ses fondateurs. Une "annexe" un rien canaille qui explore avec finesse la cuisine du moment et revisite les recettes des ancêtres. Les classiques de la maison : pâté en croûte tradition, entremets tout chocolat...

Spécialités: Pâté en croûte tradition. Cabillaud rôti, courgettes, haricots blancs et émulsion poivron. Chocolat blanc mousseux, sarrasin caramélisé et tuile au cacao.

🏮 &. 🅼 – Menu 34/40€ – Carte 46/52€

2 rue de la Poste – ☎ 03 85 87 08 67 – www.pierrejean-restaurant.fr – Fermé 1er-8 septembre, 22 décembre-18 janvier, lundi, mardi

🏨 ## MAISON LAMELOISE

TRADITIONNEL · ÉLÉGANT Cette haute maison bourguignonne – un ancien relais de poste datant du 15e s. – incarne la grande hôtellerie de tradition ! Les chambres à l'élégance toute classique, le restaurant qui vaut le voyage, le service dévoué aux clients : tout honore l'art de recevoir.

✿ 🔁 🅼 🚗 – 16 chambres

36 place d'Armes – ☎ 03 85 87 65 65 – www.lameloise.fr

❀❀❀ **Maison Lameloise** – Voir la sélection des restaurants

CHAINTRÉ

✉ 71570 – Saône-et-Loire – Carte régionale n° **5**–C3 – Carte Michelin 320-I12

☖ **LA TABLE DE CHAINTRÉ**

Chef: Sébastien Grospellier

MODERNE · INTIME ✗✗ La maison régionale dans toute sa splendeur ! Dans ce village typique niché au milieu du vignoble de Pouilly-Fuissé, on trouve un jeune couple sympathique et travailleur. Lui, en cuisine, pioche de beaux produits au marché et les magnifie avec des assiettes bien troussées. À titre d'exemple, citons ces asperges vertes et sardines bretonnes, ce homard normand au beurre mousseux, ou encore cette tranche de veau fermier avec radis multicolores et brocolis violets... Le tout accompagné de beaux nectars de Bourgogne et du Beaujolais. Envie d'y retourner ? Aucun souci, le menu unique est renouvelé chaque semaine. On aurait tort de se priver.

Spécialités: Langoustine bretonne comme un carpaccio, fine tartelette de petits pois à la menthe. Lièvre à la royale. Tartelette aux figues, sorbet au thé.

❀ ⚅ 🅰🅒 – Menu 42 € (déjeuner)/65 €

72 place du Luminaire – ℰ 03 85 32 90 95 – www.latabledechaintre.com –
Fermé 2-12 janvier, 16 août-3 septembre, 21-30 décembre, lundi, mardi, dimanche soir

CHALON-SUR-SAÔNE

✉ 71100 – Saône-et-Loire – Carte régionale n° **5**–C3 – Carte Michelin 320-J9

🍴○ **AROMATIQUE**

CRÉATIVE · ÉPURÉ ✗ Ici, c'est en couple que l'on Aromatise ! Lui, en cuisine, compose une cuisine créative et inspirée avec de bons produits frais... et une petite touche d'épices ; elle, en salle, accueille chaleureusement la clientèle. Aucun risque de déjà-vu : le menu est renouvelé chaque mois. Probablement la meilleure table du centre-ville.

🍴 🅰🅒 – Menu 24 € (déjeuner), 38/55 €

14 rue de Strasbourg – ℰ 03 58 09 62 25 – www.aromatique-restaurant.com –
Fermé lundi, jeudi soir, dimanche

🍴○ **LE BISTROT**

MODERNE · BISTRO ✗ Sur l'île St-Laurent, une adresse conviviale où le chef propose un menu à prix tendre le midi (saumon fumé maison, cuisse et magret de canard rôtis etc.) et une partition plus élaborée le soir (tartare de Saint-Jacques, mangue et céleri ; pluma de cochon, risotto crémeux au comté). A noter que légumes et fruits proviennent en partie du potager ; fraîcheur garantie.

⚅ 🅰🅒 ⇄ – Menu 24 € (déjeuner), 28/39 €

31 rue de Strasbourg – ℰ 03 85 93 22 01 – www.restaurant-le-bistrot.fr – Fermé lundi, mercredi soir, dimanche

🍴○ **LES GOURMANDS DISENT**

MODERNE · INTIME ✗ Dans la "rue des restaurants" de l'île St-Laurent, un duo de passionnés – lui est du Nord, elle de Saône-et-Loire – fait battre le cœur de cette petite adresse sympathique. Ils nous gratifient de préparations goûteuses, sans esbroufe, renouvelées régulièrement. Attention, amis gourmands : il y a peu de couverts, mieux vaut donc réserver... Qu'on se le dise !

🍴 – Menu 23 € (déjeuner)/38 €

59 rue de Strasbourg – ℰ 03 85 48 75 21 – Fermé lundi, mardi, dimanche soir

🍴○ **PARCOURS**

MODERNE · CONVIVIAL ✗ Dans une rue piétonne, tout près des quais de Saône, une agréable adresse. Le chef, sérieux et appliqué, maîtrise bien son sujet ; ses assiettes, bien dans l'air du temps, mettent en valeur de beaux produits de saison.

Menu 22 € (déjeuner), 32/55 € – Carte 43/54 €

32 rue de Strasbourg – ℰ 03 85 93 91 38 – www.restaurantparcours.com –
Fermé 19-25 juillet, 25-31 octobre, mercredi, dimanche

CHAMBOLLE-MUSIGNY

21220 – Côte-d'Or – Carte régionale n° **5**-D1 – Carte Michelin 320-J6

⑪○ LE MILLÉSIME

MODERNE · **CONTEMPORAIN** XX Un restaurant contemporain dans ce village de vignerons. Cuisine actuelle (foie gras poché, bouillon rhubarbe et hibiscus ; pluma de cochon ibérique, tartare de bulots) tout comme le cadre, cave vitrée qui met en valeur la magnifique sélection de bourgognes, et boutique de vins où patientent quelques étiquettes prestigieuses...

⅌ 🅐 ⇔ – Menu 23 € (déjeuner), 33/75 € – Carte 53/83 €

1 rue Traversière – ✆ 03 80 62 80 37 – www.restaurant-le-millesime.com – Fermé 1er-15 janvier, 1er-15 août, lundi, dimanche

CHAPAIZE

71460 – Saône-et-Loire – Carte régionale n° **5**-C3 – Carte Michelin 320-I10

⑪○ LA TABLE DE CHAPAIZE

MODERNE · **CONTEMPORAIN** X L'église romane, bâtie vers l'an mil, est l'une des plus vieilles d'Europe et fait la réputation de ce village... mais elle a de la concurrence. Cette charmante maison met les produits locaux à l'honneur ; tout est fait maison, y compris les glaces, et le menu change tous les mois.

🈁 ⅋ – Menu 22 € (déjeuner), 28/41 € – Carte 37/49 €

Le Bourg – ✆ 03 85 38 07 18 – www.latabledechapaize.fr – Fermé 4 janvier-4 février, lundi, jeudi

CHAROLLES

71120 – Saône-et-Loire – Carte régionale n° **5**-C3 – Carte Michelin 320-F11

⏣ FRÉDÉRIC DOUCET

Chef: Frédéric Doucet

MODERNE · **ÉLÉGANT** XXX La table de Frédéric Doucet, c'est une certaine idée du terroir et de la tradition, réinventés avec passion et créativité. Fils de bistrotiers, cet enfant de la balle a roulé sa bosse chez les plus grands, de Pierre Orsi à Paul Bocuse en passant par l'illustre maison Troisgros. Blotti au cœur d'un village aux tours pointues et aux toits patinés, le chef administre une solide leçon de choses : rien que de beaux produits de Saône-et-Loire, bœuf, fromage de chèvre ou escargots, servis par une technique classique rigoureuse qui n'exclut jamais l'inspiration. Tourte de pigeon au foie gras et épinards d'anthologie, ou encore sandre rôti, crème de parmesan, poêlée de cèpes et de pleurotes légendaire : difficile de résister aux douceurs de Frédéric Doucet.

Spécialités : Œuf du poulailler de mon papa, réduction de pinot noir. Cœur d'entrecôte charolaise maturée, navet farci à la soubise et condiment herbacé. Soufflé chaud à la luzerne, velours au miel.

⅌ 🈁 ⅋ 🅐 ⇔ – Menu 45 € (déjeuner), 60/125 € – Carte 94/123 €

Maison Doucet, 2 avenue de la Libération (près de l'église) – ✆ 03 85 24 11 32 – www.maison-doucet.com –
Fermé 11-26 janvier, lundi, mardi midi, dimanche soir

⑪○ LE BISTROT DU QUAI

TRADITIONNELLE · **BISTRO** X Dans cette adresse située face à la maison mère, le chef propose une cuisine traditionnelle et des viandes cuites à la broche. Menu du jour rythmé par les saisons, et menu charolais, mettant en avant les produits du terroir bourguignon. Terrasse surplombant le cours d'eau.

🈁 ⅋ 🅐 – Menu 29/49 € – Carte 30/56 €

Maison Doucet, 1 avenue de la Libération (près de l'église) –
✆ 03 85 25 51 75 – www.maison-doucet.com –
Fermé 2-10 janvier

MAISON DOUCET

LUXE · ÉLÉGANT Cet hôtel-restaurant jouit d'une réputation solide – et méritée – dans la région. Les chambres, réparties dans plusieurs maisons, sont spacieuses et contemporaines ; on profite d'une piscine et d'un petit-déjeuner copieux, qui permet de découvrir les fromages et charcuteries locales.

⌂ ⥌ 🛁 ⛇ 🅰🅲 🛋 – 16 chambres

2 avenue de la Libération (près de l'église) – ✆ 03 85 24 11 32 – www.maison-doucet.com

✿ **Frédéric Doucet** · ⭘ **Le Bistrot du Quai** – Voir la sélection des restaurants

CHASSAGNE-MONTRACHET

✉ 21190 – Côte-d'Or – Carte régionale n° **5**–A3 – Carte Michelin 320-I8

✿ **ED.EM**

Chef : Edouard Mignot

MODERNE · CLASSIQUE ✗✗ Ed.Em ? La contraction d'Édouard et Émilie, qui ont investi les locaux de l'ancien restaurant Chassagne au cœur du célèbre vignoble bourguignon. Édouard est un jeune chef au solide parcours, commencé au Quai d'Orsay, poursuivi chez Philippe Rochat, Lameloise et Régis Marcon où il a rencontré sa moitié, Émilie – une pâtissière talentueuse qui garantit des fins de repas délicieuses. Avant, on aura goûté aux plats du chef, qui réalise une cuisine à la fois personnelle et subtile à base de bons produits. Qu'on en juge : raie bouclée et foie gras, rémoulade de céleri rave et curcuma ; sandre de Saône, gnocchis de pomme de terre, chou rouge en texture...

Spécialités : Cuisine du marché.

🅰🅲 ✛ – Menu 40/90 €

4 impasse Chenevottes – ✆ 03 80 21 94 94 – www.restaurant-edem.com – Fermé 4-19 février, mardi, mercredi

CHOREY-LÈS-BEAUNE

✉ 21200 – Côte-d'Or – Carte régionale n° **5**–A3 – Carte Michelin 320-I7

⭘ **ERMITAGE DE CORTON**

MODERNE · CHIC ✗✗✗ Actuelle et soignée : telle est la cuisine de ce doux Ermitage, qui n'oublie pas de célébrer aussi les indémodables de la Bourgogne – œufs en meurette, escargots... Décor élégant, terrasse devant les vignes, chambres spacieuses pour l'étape.

🕸 ⥌ ⛳ 🛋 🅰🅲 🅿 – Menu 30 € (déjeuner), 49/79 € – Carte 60/88 €

D 974 – ✆ 03 80 22 05 28 – www.ermitagecorton.com – Fermé 1er-26 février, 22-29 décembre, mercredi

CLAMECY

✉ 58500 – Nièvre – Carte régionale n° **5**–B2 – Carte Michelin 319-E7

⭘ **L'ANGÉLUS**

RÉGIONALE · TRADITIONNEL ✗ Une maison à colombages au pied de l'église. On y profite d'une cuisine régionale très goûteuse, à l'image de ces œufs en meurette ou de cette tarte fine à l'andouillette de Clamecy et graines de moutarde. Aux beaux jours, on profite de la jolie terrasse tournée vers la collégiale St-Martin.

⛳ ✛ – Menu 25/42 €

11 place Saint-Jean – ✆ 03 86 27 33 98 – www.restaurantlangelus.com – Fermé 15 février-2 mars, lundi, mercredi soir, dimanche soir

CLUNY

✉ 71250 – Saône-et-Loire – Carte régionale n° **5**–C3 – Carte Michelin 320-H11

☺ **HOSTELLERIE D'HÉLOÏSE**

TRADITIONNELLE · COSY ✗✗ Les savoureuses recettes de la région – escargots de Bourgogne, jambon persillé, bœuf charolais et réduction au vin rouge du Mâconnais... – font la réputation de cette hostellerie, qui propose aussi quelques plats plus actuels et une jolie sélection de vins au verre. Tout simplement !

Spécialités: Pâté en croûte de volaille et foie gras. Croustillant de ris de veau, légumes de saison. Riz au lait vanillé, coings confits, noisettes torréfiées.

&. – Menu 35/53 €

7 route de Mâcon – ℰ 03 85 59 05 65 – www.hostelleriedheloise.com – Fermé 27 juin-8 juillet, 22 décembre-20 janvier, mercredi, jeudi midi, dimanche soir

COSNE-COURS-SUR-LOIRE

✉ 58200 – Nièvre – Carte régionale n° **5**–A2 – Carte Michelin 319-A7

Ⅰ○ **AU BISTROT D'ANATOLE**

TRADITIONNELLE · **CONVIVIAL** Ⅹ Un bistrot contemporain dans une petite rue du centre-ville. On y savoure des classiques du genre comme ce pressé de bœuf et tête de veau, pommes de terre tièdes et sauce ravigote, cette côte de cochon rôtie, jus court et carottes à l'étuvée ou cette tarte amandine au chocolat, croquant riz soufflé et glace vanille. L'accueil souriant et l'ambiance conviviale achèvent de nous convaincre de la sympathie de l'adresse !

🏠 🖾 – Menu 19 € (déjeuner), 31/35 €

6 rue Anatole-France – ℰ 03 86 27 12 95 – www.chez-anatole.com – Fermé lundi, mardi soir, mercredi soir, dimanche soir

Ⅰ○ **LE CHAT**

MODERNE · **BISTRO** Ⅹ Comment un ancien bar de village – baptisé Le Chat depuis 1856, tout de même – se mue-t-il en bonne table ? Demandez donc au chef, aussi sympathique que travailleur, qui sait faire rimer créativité et convivialité. On en ronronne de plaisir.

※ 🏠 &. ⇔ – Menu 26 € (déjeuner), 29/47 €

42 rue des Guérins, à Villechaud – ℰ 03 86 28 49 03 – www.restaurant-lechat.fr – Fermé lundi, mardi, dimanche soir

COULANGES-LA-VINEUSE

✉ 89580 – Yonne – Carte régionale n° **5**–B1 – Carte Michelin 319-E5

Ⅰ○ **J'MCA**

MODERNE · **ÉLÉGANT** ⅩⅩ Une cuisine du marché, actuelle et soignée, goûteuse et bien ficelée, qui laisse s'épanouir de bons produits et un accueil souriant : voilà ce qui vous attend dans cette maison en pierre, installée à deux pas de l'église et de la place du village. Quant au décor, avec tableaux contemporains et plantes vertes, il ne manque pas non plus de charme et de confort.

&. 🖾 – Menu 27/43 € – Carte 32/48 €

12 rue André-Vildieu – ℰ 03 86 34 33 41 – www.jmca-restaurant.fr – Fermé lundi soir, mardi soir, mercredi, jeudi soir, dimanche soir

COURBAN

✉ 21520 – Côte-d'Or – Carte régionale n° **5**–C1 – Carte Michelin 320-I2

🕸 **CHÂTEAU DE COURBAN**

MODERNE · **ÉLÉGANT** ⅩⅩⅩ De Tokyo au pays châtillonnais, au nord de la Bourgogne : voici le beau parcours du chef japonais Takashi Kinoshita. Aux fourneaux du château de Courban, il se révèle un véritable amoureux de la gastronomie française et du patrimoine culinaire bourguignon en particulier, qu'il travaille avec tout le raffinement propre aux cuisiniers nippons. Dans le potager attenant, il acclimate à la Bourgogne les herbes japonaises qu'il intègre dans sa cuisine... française. Un répertoire qu'il maîtrise sur le bout des baguettes. On en veut pour preuve ce beau pigeonneau fermier, en terrine au poivre de Sichuan rouge, frisée fine, vinaigrette à l'huile de cazette, la chair de cuisse hachée finement, le suprême cuit rosé, de texture de velours. De la poésie.

Spécialités : Foie gras de canard laqué à la japonaise, riz vénéré, salade de concombre et wakamé. Filet mignon de veau rôti, haricots fins, cazette et pomme de terre paillasson. Café grand cru et vanille bio en kakigōri, sabayon et riz soufflé chocolaté.

🍴🛋 ♿ ⇔ 🅿 – Menu 69/129 €

7 rue du Lavoir – 𝒞 03 80 93 78 69 – www.chateaudecourban.com – Fermé le midi sauf dimanche

CHÂTEAU DE COURBAN

MAISON DE MAÎTRE · ÉLÉGANT Charmante, champêtre, authentique et confortable : telle est cette belle gentilhommière de 1837. Les jardins, la piscine à débordement et le spa ajoutent encore au cachet du lieu. Et l'on est reçu comme dans une maison de famille... Sympathique !

🎋 🐾 🍴 ⌇ 📶 ♿ 🅰🅺 🅰 🅿 – 24 chambres

7 rue du Lavoir – 𝒞 03 80 93 78 69 – www.chateaudecourban.com

❀ **Château de Courban** – Voir la sélection des restaurants

LE CREUSOT

✉ 71200 – Saône-et-Loire – Carte régionale n° **5**-C3 – Carte Michelin 320-G9

🍴⃝ AU COCHON VENTRU

TRADITIONNELLE · BISTRO 🗙 Cet ancien café de quartier, transformé en bistrot convivial (le décor s'inspire du patrimoine industriel de la ville), propose une carte au goût du jour : préparations traditionnelles et priorité au marché et aux saisons. Canaille à souhait.

🍴 ♿ 🅰🅺 – Menu 21 € (déjeuner), 28/39 € – Carte 47/60 €

2 rue du Maréchal-Foch – 𝒞 03 85 78 17 66 – www.aucochonventru.fr – Fermé lundi, dimanche

CUISEAUX

✉ 71480 – Saône-et-Loire – Carte régionale n° **5**-D3 – Carte Michelin 320-M11

🍴⃝ LE BISTROT GOURMAND

RÉGIONALE · BISTRO 🗙 "Plaisir et tradition", telle est la devise de cette ancienne boucherie, reconvertie en "Bistrot Gourmand". Dans cette affaire familiale, père et fille se partagent désormais la cuisine, tandis que la maman s'occupe du service en salle. Dans l'assiette, produits des terroirs bressan et jurassien, mais aussi terrines, glaces, petits pains pour le "lobster roll" - ne manquez pas la corniotte, délicieuse pâtisserie de Louhans ! Jolie petite carte de vins. Une bonne table.

🍴 ♿ – Menu 18 € (déjeuner), 33/54 € – Carte 35/65 €

8 place Puvis-de-Chavannes – 𝒞 03 85 72 71 57 –
www.lebistrotgourmand-cuiseaux.fr – Fermé lundi, mardi soir, mercredi soir, dimanche soir

DIGOIN

✉ 71160 – Saône-et-Loire – Carte régionale n° **5**-B3 – Carte Michelin 320-D11

🍴⃝ AUBERGE DE VIGNY

MODERNE · CHAMPÊTRE 🗙🗙 Dans cette ancienne salle de classe décorée avec soin, on sert une cuisine qui joue habilement de la tradition et du passage des saisons. La carte est changée régulièrement ; la jolie terrasse donne sur le jardin et le potager... pour une douce étape champêtre.

🍴🍴 ♿ 🅰🅺 🅿 – Menu 28/47 € – Carte 39/52 €

Lieu-dit Vigny – 𝒞 03 85 81 10 13 – www.aubergedevigny.fr –
Fermé 4 octobre-1ᵉʳ novembre, 24 décembre-15 janvier, lundi, mardi, dimanche soir

✉ 21000 – Côte-d'Or
Carte régionale n° **5**–D1
Carte Michelin 320-K6

DIJON

La capitale de la Bourgogne réussit le tour de force d'être une grande cité culturelle doublée d'une destination culinaire et viticole légendaire – n'eut-elle pas pour maire le chanoine Kir, ambassadeur d'un apéritif fameux ? Son centre-ville élégant et son musée des Beaux-Arts côtoient restaurants, bistrots, cavistes, vendeurs de moutarde et de pains d'épice. Au bout de la rue de la Musette, vous trouverez des halles métalliques (1875) qui abritent un marché animé. C'est une parfaite introduction aux produits de la gastronomie dijonnaise et bourguignonne. Les spécialités sont toutes un régal, notamment le jambon persillé (les morceaux maigres sont pris dans une gelée très persillée) ou, côté fromage, le soumaintrain et l'époisses. En ville, faites le plein de pain d'épice chez Mulot et Petitjean et de chocolats chez Fabrice Gillotte.

Restaurants

✿✿ WILLIAM FRACHOT

Chef: William Frachot

CRÉATIVE · CONTEMPORAIN XXX Ce natif de Bourgogne et baroudeur émérite (Angleterre, Québec), primo étoilé à l'Hostellerie du Chapeau Rouge en 2003, concocte des assiettes à son image : sérieuses et appliquées, jonglant entre les saveurs d'ailleurs et le terroir bourguignon, avec ce qu'il faut d'inventivité et d'énergie. Le tout à déguster dans un décor de caractère aux boiseries claires, motifs de vignes - et chaises "shark" pivotantes jaune moutarde - autant de clins d'œil au patrimoine régional. Une cuisine inspirée, voyageuse et aboutie, à l'instar de sa tête de veau et langoustines ou du gigot d'agneau de l'Aveyron rôti, plats emblématiques de la maison.

Spécialités: Escargots, laitue et rhubarbe. Pochouse dans l'air du temps. Soufflé au pain d'épice et figues.

🐌 ♿ Ⓜ 🛗 ⇄ – Menu 59 € (déjeuner), 98/165 € – Carte 135/162 €

Plan : B2-a – *Hostellerie du Chapeau Rouge, 5 rue Michelet –*
✆ *03 80 50 88 88 – www.chapeau-rouge.fr –*
Fermé 1ᵉʳ-21 janvier, 1ᵉʳ-19 août, lundi, dimanche

✿✿✿ , ✿✿ , ✿ , 🐷 & ⅈ◯

🕸 LOISEAU DES DUCS

MODERNE · CHIC XX Près du palais ducal, l'hôtel de Talmay – un bâtiment datant du 16ᵉ s. – accueille un jeune chef formé au sein du vaisseau amiral Bernard Loiseau, aux côtés du chef Patrick Bertron. Originaire des Antilles, Louis-Philippe Vigilant associe racines bourguignonnes, classiques de Bernard Loiseau (comme les œufs en meurette revisités sauce vin rouge et compotée d'oignons) et touches créatives : aérienne salade de langoustines et de coquillages, consommé iodé au combawa, gargantuesques coquilles Saint-Jacques de plongée et poireaux, purée d'héliantis, jus au Noilly Prat. Quant à la pâtissière Lucile Darosey, Franc-comtoise issue d'une famille d'agriculteurs, elle régale avec ses compositions sucrées. Le tout s'accompagne évidemment d'une très belle sélection de grands crus servis au verre.

Spécialités : Tomates anciennes, gelée d'eau de tomate à la citronnelle et au gingembre, crémeux de burrata. Cabillaud laqué à l'orange sanguine, carottes et sésame torréfié, émulsion curry. Myrtilles sauvages, mousse au fromage frais et miel de forêt.

⅋ & 🅰 ⟷ – Menu 38 € (déjeuner), 59/105 €

Plan : B2-u – *3 rue Vauban* – ℰ *03 80 30 28 09* – *www.bernard-loiseau.com* – *Fermé lundi, dimanche*

🕸 L'ASPÉRULE

Chef : Keigo Kimura

MODERNE · CONTEMPORAIN XX Installé depuis une vingtaine d'années en France, à Auxerre notamment, Keigo Kimura a ouvert cette Aspérule à Dijon, capitale historique du duché de Bourgogne et cité gastronomique s'il en est. Non loin de la place de la République, il propose cette cuisine française mâtinée de Japon dont il a le secret. Comme tout bon chef japonais qui se respecte, il se montre inattaquable sur la précision et l'équilibre (dressage, cuissons, saveurs). Il parsème même ses assiettes de clins d'œil appréciables à la région, comme l'utilisation du vin jaune ou de pousses de moutarde. Dernier atout : sous le restaurant, la cave à vins renferme près de 600 références...

Spécialités : Pomme de terre et consommé de bœuf. Ris de veau du "Dr Kellogg's". Chocolat au marc de Bourgogne.

⅋ & 🅰 – Menu 38 € (déjeuner), 80/120 €

Plan : C1-a – *43 rue Jean-Jacques-Rousseau* – ℰ *03 80 19 12 84* – *www.restaurant-asperule.fr* – *Fermé 27 décembre-20 janvier, lundi, dimanche*

🕸 CIBO 🆕

MODERNE · CONTEMPORAIN XX Retour gagnant sur la scène gastronomique dijonnaise pour Angelo Ferrigno, ancien chef de la Maison des Cariatides. Il s'approvisionne exclusivement dans un rayon de 200 kilomètres – pas de turbot ici, priorité à la truite ou au silure ! Il compose une cuisine tendance aux influences brute, naturelle et nordique, sous forme de menu unique, où l'acidité, l'amertume et l'umami sont plus importantes que la prouesse technique et les montages. Sans oublier de belles assiettes légumières. Une réussite pour une adresse prise d'assaut..

Spécialités : Cuisine du marché.

& 🅰 – Menu 28 € (déjeuner)/70 €

Plan : C2-b – *24 rue Jeannin* – ℰ *03 80 28 80 76* – *www.cibo.restaurant* – *Fermé samedi, dimanche*

😊 DZ'ENVIES

MODERNE · BRANCHÉ X Des envies ? Faites confiance à David Zuddas et à ses initiales ! Dans son restaurant aux airs de cantine branchée, le chef laisse s'exprimer son amour du métier et des beaux produits. On se souviendra des légumes bio du moment ; de la truite du Jura, carotte de plein champ et orange et gomasio et, versant sucré, de la tartelette de coing, miel et pollen... On se régale.

Spécialités : Fenouil, verveine, filet de maquereau à l'aligoté. Pigeon, citron, potimarron et thé fumé. Figues de Soliès, ratafia et poivre noir.

🏠 & 🅰 – Menu 21 € (déjeuner), 32/40 € – Carte 35/54 €

Plan : B1-a – *12 rue Odebert* – ℰ *03 80 50 09 26* – *www.dzenvies.com* – *Fermé dimanche*

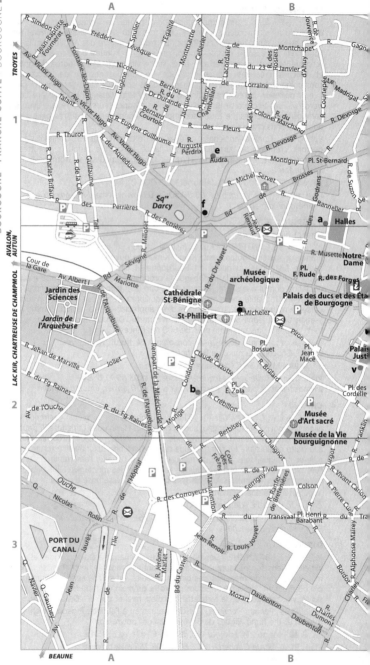

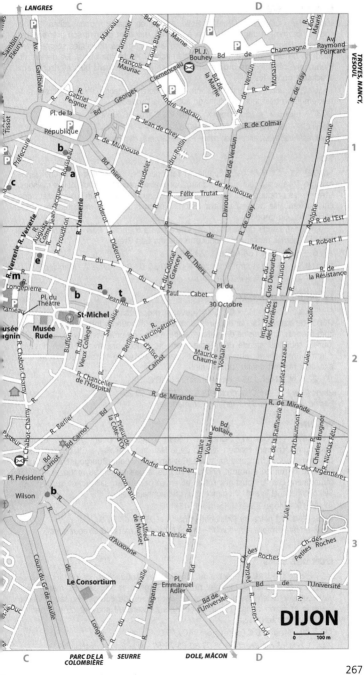

L'ÉVIDENCE

MODERNE · CONTEMPORAIN X Belle entrée en matière pour Julien Burdin (passé notamment par la Pyramide, à Vienne), qui vient d'ouvrir son premier restaurant à Dijon. Un menu carte à un prix alléchant, des dressages soignés, des produits de belle qualité, des saveurs franches : le charme opère. En dehors du menu, jolie sélection de produits nobles - ce jour-là, homard bleu et risotto aux artichauts poivrades.

Spécialités : Jambon persillé maison, moutarde à l'ancienne. Pièce de bœuf sautée, émulsion béarnaise. Déclinaison autour de l'abricot.

🅰️🅲️ ⇔ – Menu 27 € (déjeuner), 34/48 € – Carte 48/68 €

Plan : C2-a – *53 rue Jeannin – ℰ 03 80 67 69 37 – www.restaurant-levidence-dijon.com – Fermé samedi, dimanche*

SO

MODERNE · CONVIVIAL X Épaulé en salle par Rié, sa compagne, le chef japonais, So Takahashi, seul aux fourneaux après avoir œuvré dans de belles maisons, travaille les produits qu'il achète directement au marché voisin. Le résultat : une cuisine française traversée d'inspirations nippones, finement exécutée, légère et parfumée... So good !

Spécialités : Salade de bœuf tataki, sauce soja aux épices. Poisson du jour façon kadaïf, légumes de saison. Pannacotta aux thé Earl Grey.

🅰️ ⅄ – Menu 18 € (déjeuner), 29/38 €

Plan : B2-v – *15 rue Amiral-Roussin – ℰ 03 80 30 03 85 – Fermé 1er-4 janvier, 22 août-5 septembre, lundi, dimanche*

LA MAISON DES CARIATIDES

CUISINE DU MARCHÉ · CHIC XX Nouveaux propriétaires dans cette belle maison (1603) du quartier des antiquaires, dont la salle évoque un loft contemporain. Le chef propose une cuisine du marché, saine, à base de produits souvent locaux. Ce jour-là, cabillaud, salade de fregola, mangue, concombre, avocat et en dessert, comme un vacherin, abricot, miel et romarin. Agréable terrasse sur l'arrière et excellent rapport qualité/prix, à midi.

🅰️ 🍽️ ⅄ 🅰️🅲️ – Menu 25 € (déjeuner), 41/48 €

Plan : C2-e – *28 rue Chaudronnerie – ℰ 03 80 45 59 25 – Fermé 18 décembre-3 janvier, lundi, dimanche*

ORIGINE

MODERNE · ÉLÉGANT XX Origine : départ concluant pour le chef japonais Tomofumi Uchimura (ancien second de la Maison Lameloise, à Chagny), qui propose une cuisine française maîtrisée. Cet amoureux de la Bourgogne et des produits du terroir ne s'interdit rien pourvu que la qualité soit au rendez-vous - en témoignent ces langoustines rôties et en carpaccio. En salle, c'est son épouse Seiko qui accueille avec élégance et professionnalisme.

🅰️ 🅰️🅲️ ⇔ – Menu 33 € (déjeuner), 45/120 €

Plan : C3-b – *10 place du Président-Wilson – ℰ 03 80 67 74 64 – www.restaurantstephanederbord.fr – Fermé 17 février-3 mars, 10-25 août, lundi, dimanche*

L'UN DES SENS

MODERNE · ÉPURÉ XX Proche du quartier des Antiquaires, ce restaurant propose une goûteuse cuisine, aux dressages soignés et aux saveurs marquées - ainsi cette lotte en basse température, déclinaison de courgettes, sauce vierge mangue et citron caviar. Légumes et fruits proviennent souvent du potager du chef. Agréable terrasse.

🍽️ ⅄ 🅰️🅲️ – Menu 26 € (déjeuner), 40/75 €

Plan : C2-m – *3 rue Jeannin – ℰ 03 80 65 75 58 – www.lundesens-dijon.fr – Fermé 18-26 avril, 8-31 août, lundi, dimanche*

🍽️ L'ARÔME ⓝ

MODERNE · SIMPLE 🍴 L'équipe de L'Aspérule a repris en 2020 cette adresse voisine pour en faire un repaire de gourmandise. Assiettes soignées et travaillées, avec quelques touches japonisantes (beurre au shiso, poulet frit karaage...), sélection pointue de bourgognes et côtes-du-rhône, service professionnel et bon rapport qualité-prix : on aime.

🅰🅒 – Menu 21€ (déjeuner), 38/48€

Plan : C1-b – *2 rue Jean-Jacques Rousseau* – *℘ 03 80 31 12 46* – *www.restaurant-aromedijon.com* – *Fermé 1er-8 janvier, lundi, dimanche*

🍽️ L'ESSENTIEL

MODERNE · COLORÉ 🍴 Le jeune chef-patron aux commandes de ce restaurant situé en léger retrait du centre touristique de la ville, concocte un menu carte rythmé par les saisons, aux saveurs marquées et harmonieuses. Les pressés préféreront le menu déjeuner attractif. Le tout, à déguster dans le patio, fort prisé aux beaux jours.

🍴 ♿ 🅰🅒 – Menu 25€ (déjeuner), 42/68€ – Carte 54/65€

Plan : B1-e – *12 rue Audra* – *℘ 03 80 30 14 52* – *www.lessentiel-dijon.com* – *Fermé 9-22 février, 3-23 août, 25 décembre-4 janvier, lundi, dimanche*

🍽️ MASAMI

JAPONAISE · INTIME 🍴 Un petit restaurant japonais au cadre épuré, où l'on savoure une cuisine authentique. Filet de bœuf charolais et foie gras, karaage de crabe mou... Voici les belles spécialités mises en avant par le chef ! Et pour ne rien gâcher, l'accueil est très sympathique et les tarifs mesurés.

Menu 19€ (déjeuner), 26/54€ – Carte 30/56€

Plan : C2-t – *79 rue Jeannin* – *℘ 03 80 65 21 80* – *www.restaurantmasami.com* – *Fermé 2-16 août, 25 décembre-1er janvier, dimanche*

🍽️ PARAPLUIE

MODERNE · SIMPLE 🍴 Ce restaurant de poche propose une cuisine actuelle et voyageuse, à base de produits de saison, locaux pour la plupart. On la décline sous forme d'un menu à trois services au déjeuner (avec choix), et d'un menu unique à cinq services le soir. Prix doux et jolie petite sélection de vins, bières et autres alcools (whiskys, eaux-de-vie, etc).

Menu 25€ (déjeuner)/43€

Plan : A2-b – *74 rue Monge* – *℘ 03 80 28 79 94* – *www.parapluie-dijon.com* – *Fermé 8-14 février, 31 juillet-29 août, samedi, dimanche*

🍽️ SPICA ⓝ

CUISINE DU MARCHÉ · BISTRO 🍴 L'ancien "Café de la Préfecture" est emmené par un jeune chef japonais passé notamment à la Maison des Cariatides, aidé par sa compagne pâtissière. Façade repeinte, nouveau mobilier de récup', fond sonore jazzy, sans oublier la cuisine du marché soignée avec vins de Bourgogne à petits prix : le tour est joué.

♿ – Menu 22€ (déjeuner)/34€

Plan : C1-c – *48 rue de la Préfecture* – *℘ 09 81 04 87 08* – *Fermé lundi, dimanche*

Hôtels

🏨 GRAND HÔTEL LA CLOCHE

LUXE · ÉLÉGANT Il fait bon vivre dans cette bâtisse Belle Époque (1884), entièrement rénovée. Les chambres, aménagées dans un style contemporain chic, sont spacieuses et confortables. Cuisine actuelle au restaurant logé sous une lumineuse verrière, donnant sur une plaisante terrasse. Le brunch du dimanche est très couru !

🍴 🛎️ 🆂🅿️ ♨️ 🧖 🔆 ♿ 🅰🅒 🏋️ 🚗 – 88 chambres – 5 suites

Plan : B1-f – *14 place Darcy* – *℘ 03 80 30 12 32* – *www.hotel-lacloche.fr*

🏠 HOSTELLERIE DU CHAPEAU ROUGE

TRADITIONNEL · CONTEMPORAIN Une élégante "hostellerie" créée en 1863, mais toujours pleine de fraîcheur avec ses chambres au décor soigné, certaines très contemporaines. Le must : profiter de l'espace bien-être – massage, sauna, hammam – avant un bon dîner.

🍴 🖥 ᠔ 🅰 🆚 – 25 chambres – 3 suites

Plan : B2-a – *5 rue Michelet* – *𝒸 03 80 50 88 88* – *www.chapeau-rouge.fr*

❀❀ **William Frachot** – Voir la sélection des restaurants

DRACY-LE-FORT

✉ 71640 – Saône-et-Loire – Carte régionale n° **5**–C3 – Carte Michelin 320-J9

🍴 LA GARENNE

TRADITIONNELLE · CONTEMPORAIN ✗✗ Une bien jolie Garenne, où l'on se régale par exemple d'un foie gras à l'anguille fumée, pain au gros sel et tronçon de lotte, choux braisé, verts de légumes. Pour ne rien gâcher, le décor est sobre et élégant, avec quelques jolies reproductions des œuvres d'Alain Thomas.

🍴 🍸 ᠔ 🎴 ⇔ 🅿 – Menu 25 € (déjeuner), 38/46 €

Le Dracy, 4 rue du Pressoir – *𝒸 03 85 87 81 81* – *www.ledracy.com* –
Fermé 21 décembre-3 janvier, dimanche

FUISSÉ

✉ 71960 – Saône-et-Loire – Carte régionale n° **5**–C3 – Carte Michelin 320-I12

❀ L'O DES VIGNES

Chef : Sébastien Chambru

MODERNE · CONTEMPORAIN ✗✗ Cette bâtisse en pierre du Mâconnais embrasse un paysage de vignes, qui court jusqu'à la Roche de Solutré. Elle accueille un Bourguignon du cru, Sébastien Chambru, qui a fait un passage remarqué au Moulin de Mougins, avant de s'envoler pour le Japon : à Tokyo, il est subjugué par le respect que les chefs nippons témoignent au produit. Auteur de plusieurs livres de cuisine, il cisèle aujourd'hui à Fuissé une cuisine légèrement créative, tout en finesse et en précision. On retiendra son poulpe rôti et ravioli grillé façon nippon, ou encore son saint-pierre snacké aux petits pois, carottes et jus de racine. Dans le petit bar à vins adjacent, plats canailles et crus canons sont à l'ardoise.

Spécialités : Cuisine du marché.

❀ ⇦ 🍸 ᠔ – Menu 34 € (déjeuner), 50/100 €

Rue du Bourg – *𝒸 03 85 38 33 40* – *www.lodesvignes.fr* –
Fermé 26 février-2 mars, mardi, mercredi

GEVREY-CHAMBERTIN

✉ 21220 – Côte-d'Or – Carte régionale n° **5**–D1 – Carte Michelin 320-J6

❀ LA TABLE D'HÔTE

Chef : Thomas Collomb

MODERNE · RUSTIQUE ✗ À Gevrey-Chambertin, Thomas Collomb tient une remarquable Table d'Hôtes ! Il faut dire qu'il met toutes les chances de son côté : produits irréprochables, bio pour la plupart et issus de fournisseurs triés sur le volet, assiettes lisibles et soignées déclinées au fil d'un menu dégustation plein de surprises, cadre rustique-chic du plus bel effet... Mais ce n'est pas tout : la carte des vins vaut aussi son pesant de raisin (la région s'y prête, il faut dire !) et le service se révèle pro et prévenant, sans être envahissant. Une réussite sur toute la ligne.

Spécialités : Carpaccio de maigre de ligne, vinaigrette gingembre et parmesan. Pigeon, purée de ratte fouettée au beurre. Tarte soufflée au chocolat manjari.

🍃 *L'engagement du chef:* *"Notre cuisine est dictée par les saisons et la localité des produits que nous utilisons. Nous mettons ainsi un point d'honneur à privilégier les circuits courts et à sublimer des produits à première vue modestes. Nous luttons contre le gaspillage en achetant des bêtes entières, détaillées avec soin par la suite sur place."*

🍷 ♿ 🅿 – Menu 32 € (déjeuner), 68/90 €

La Rôtisserie du Chambertin, 6 rue du Chambertin – ☎ 03 80 34 33 20 – www.thomascollomb.fr – Fermé 8-14 février, 2-15 août, lundi, mardi, mercredi, dimanche

CHEZ GUY

TRADITIONNELLE · CONTEMPORAIN XX On peut être moderne en apparence et fidèle à la tradition sur le fond ! La preuve avec ce restaurant au cadre contemporain... dont la cuisine est enracinée dans le terroir : asperges blanches de Savouges, croustillant de lard, pesto d'estragon... Sans oublier la remarquable cave qui met toute la Bourgogne à l'honneur.

Spécialités: Œuf parfait façon meurette. Joue de bœuf cuite douze heures au pinot noir, carottes fondantes. Millefeuille de pain d'épice, sorbet cassis.

🍷 🌳 ♿ Ⓜ ↔ – Menu 24 € (déjeuner), 32/41 €

3 place de la Mairie – ☎ 03 80 58 51 51 – www.chez-guy.fr – Fermé 24 décembre-4 janvier, 15-30 août, lundi, dimanche

BISTROT LUCIEN

TRADITIONNELLE · BISTRO X Avec ses pierres apparentes, ses banquettes et son superbe bar en bois, ce bistrot est le complément idéal de l'hôtel qui l'accueille. Au programme, une belle cuisine bourguignonne : jambon persillé maison, escargots en cassolette, tartes aux fruits maison... Superbe carte des vins.

Spécialités: Œuf poché au vin rouge. Joue de bœuf et tagliatelle. Tarte du jour.

🍷 🌳 ♿ ↔ 🅿 – Menu 28/38 € – Carte 42/65 €

La Rôtisserie du Chambertin, 6 rue du Chambertin – ☎ 03 80 34 33 20 – www.thomascollomb.fr

🏨 LA RÔTISSERIE DU CHAMBERTIN

HISTORIQUE · CONTEMPORAIN Cette accueillante bâtisse en pierre située au sud de la ville propose de belles chambres élégantes et joliment décorées, dont un duplex, et un beau salon avec sa cheminée monumentale pour les longues soirées d'hiver... Des soirées dégustations de vins sont proposées aux hôtes, dans la cave.

📶 ♿ 🛗 🅿 – 9 chambres

6 rue du Chambertin – ☎ 03 80 34 33 20 – www.thomascollomb.fr

🍴 **Bistrot Lucien** • 🍃 **La Table d'Hôte** – Voir la sélection des restaurants

GILLY-LÈS-CÎTEAUX

✉ 21640 – Côte-d'Or – Carte régionale n° **5**-D1 – Carte Michelin 320-J6

🍽 LE CLOS PRIEUR

TRADITIONNELLE · ÉLÉGANT XXX Dans cette belle salle voûtée d'ogives – jadis cellier des moines (14e s.) –, on savoure une agréable cuisine gastronomique – tendance bourguignonne – et l'on se sent vite d'humeur romantique et châtelaine.

↩ 🌳 ↔ 🅿 – Menu 36 € (déjeuner)/58 € – Carte 55/80 €

Château de Gilly, 2 place du Château – ☎ 03 80 62 89 98 – www.restaurant-closprieur.fr

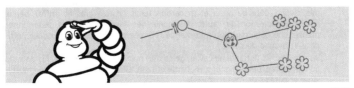

IGÉ

✉ 71960 – Saône-et-Loire – Carte régionale n° **5**–C3 – Carte Michelin 320-I11

⊪○ LA TABLE D'IGÉ

TRADITIONNELLE · HISTORIQUE XxX Les équipes de Georges Blanc ont su conserver le style médiéval et châtelain des lieux (tentures murales, belle et imposante cheminée, pierres et poutres), tout en rafraîchissant l'ensemble. Côté cuisine, c'est à la page et de saison, avec célébration de belles viandes charolaises et bourguignonnes et spécialités bressanes chères au grand chef...

🚗 🛋 ₺ ✿ **P** – Menu 32/70 € – Carte 49/67 €

Château d'Igé, 252 rue du Château – ✆ 03 85 33 33 99 – www.chateaudige.com – Fermé lundi midi, mardi midi, mercredi midi, jeudi midi, vendredi midi

IGUERANDE

✉ 71340 – Saône-et-Loire – Carte régionale n° **5**–B3 – Carte Michelin 320-E12

⊪○ LA COLLINE DU COLOMBIER

MODERNE · CHIC X En pleine campagne, dominant la Loire, une ferme restaurée dans un style certes champêtre... mais chic et épuré ! Un lieu nature et design, pour déguster une cuisine du terroir raffinée. Et pour prolonger l'étape, on s'installe dans les fameuses "cadoles" sur pilotis !

🛏 ⬩ 🚗 🛋 ₺ ✿ **P** – Menu 46 € – Carte 60/90 €

Lieu-dit le Colombier – ✆ 03 85 84 07 24 – www.troisgros.com – Fermé 29 novembre-30 mars, mardi, mercredi

L'ISLE-SUR-SEREIN

✉ 89440 – Yonne – Carte régionale n° **5**–B2 – Carte Michelin 319-H6

(🕸) AUBERGE DU POT D'ÉTAIN

TRADITIONNELLE · AUBERGE XX Bonne cuisine aux accents régionaux, exceptionnelle sélection de bourgognes (2 500 références, 40 000 bouteilles), chambres coquettes et colorées : une auberge sympathique dans la bucolique vallée du Serein... à deux tours de roue de l'A6 !

Spécialités : Œufs en meurette dans la tradition. Filet de truite, beurre blanc au chablis. Baba au rhum.

🏦 🛏 🛋 🅰 ✿ – Menu 29/50 € – Carte 40/65 €

22 rue Bouchardat – ✆ 03 86 33 88 10 – www.potdetain.com – Fermé 1ᵉʳ-31 janvier, 17 octobre-2 novembre, lundi, mardi midi, dimanche soir

JOIGNY

✉ 89300 – Yonne – Carte régionale n° **5**–B1 – Carte Michelin 319-D4

🕸🕸 LA CÔTE SAINT-JACQUES

Chef : Jean-Michel Lorain

CLASSIQUE · ÉLÉGANT XxXX Qu'elle est belle, cette bâtisse postée sur les bords de l'Yonne ! Fondé par Marie Lorain en 1945, l'hôtel-restaurant a gagné ses lettres de noblesse sous l'impulsion de son fils, Michel, puis de son petit-fils, Jean-Michel. C'est à ce chef humble et travailleur qu'on doit l'équilibre parfait qui règne ici : tradition d'un côté (boudin noir aux pommes et sa purée mousseline, côte de bœuf et macaronis farcis de foie gras et truffe), beaux éclairs d'inspiration de l'autre. Harmonie des saveurs, cuissons, assaisonnements : une belle partition gourmande rythmée par un service de qualité, efficace et proche du client.

Spécialités : Île flottante au caviar, gelée d'ail noir et crème au raifort. Ris de veau au gingembre, petits oignons, rhubarbe et radis. Glace à la rose en tulipe croustillante et pétales de rose cristallisée.

🌿 *L'engagement du chef:* "*Nous avons créé un jardin potager, nous privilégions les producteurs locaux et nous mettons en avant les vins nature et bio. Les déchets alimentaires sont recyclés à plus de 80% et nous limitons l'usage du plastique dans l'établissement.*"

🕸 🖨 🖩 🅿 – Menu 85€ (déjeuner), 175/238€ – Carte 135/220€

14 faubourg de Paris – ℰ 03 86 62 09 70 – www.cotesaintjacques.com – *Fermé lundi, mardi midi*

🏯 LA CÔTE SAINT-JACQUES

LUXE · PERSONNALISÉ Au bord de l'Yonne, cet hôtel luxueux offre de nombreux agréments : moments de détente à la piscine et au spa avec piscine couverte, hammam, sauna et jacuzzi ; sommeil réparateur dans des chambres raffinées, et beaux plaisirs gastronomiques...

🏖 🌊 ⬱ 🖨 🖥 ⭐ 🛁 🍽 ♿ 🛎 🅿 🚗 – 21 chambres – 1 suite

14 Faubourg de Paris – ℰ 03 86 62 09 70 – www.cotesaintjacques.com

⭐⭐ **La Côte Saint-Jacques** – Voir la sélection des restaurants

LEVERNOIS

✉ 21200 – Côte-d'Or – Carte régionale n° **5**-A3 – Carte Michelin 320-I7

🌿 HOSTELLERIE DE LEVERNOIS

MODERNE · ÉLÉGANT XxxX Au cœur d'un grand parc traversé par une rivière, cette belle bâtisse s'enorgueillit de quelques vieilles pierres datant du 18e s. Le restaurant, lui, est installé tout dans une maison élégante (19e s.) dont la salle à manger donne sur un jardin à la française. Un cadre bucolique à souhait. Le chef Philippe Augé y cisèle une cuisine de saison bien exécutée, réalisée sur de belles bases classiques – langoustine au poivre de Timut, poireaux crayons, artichauts, tomates confites et chorizo ; blanquette de turbot, légumes primeur, champignons et sauce au chablis. Gardez une petite place en fin de repas pour le plateau de fromages qui compte plus d'une quarantaine de variétés ! Boutique et cave de dégustation.

Spécialités: Risotto au vert, cuisses de grenouilles et escargots de Bourgogne, crème d'ail doux. Pigeonneau, carottes fanes aux épices grillées, caillette d'abattis en robe d'épinards et cuisses confites. Soufflé au Grand Marnier, sorbet orange sanguine.

🕸 🖨 ♿ 🖩 ⬦ 🅿 – Menu 75/125€ – Carte 110/150€

Rue du Golf – ℰ 03 80 24 73 58 – www.levernois.com – *Fermé le midi sauf dimanche*

🍽 LE BISTROT DU BORD DE L'EAU

TRADITIONNELLE · CONVIVIAL X Une belle âme rustique – des pierres, des poutres, une cheminée – pour une cuisine traditionnelle et des plats du terroir. Œufs façon meurette, poitrine de cochon, blanquette de veau, à déguster au coin du feu ou sur la terrasse, au bord de la rivière... Gourmand et appétissant !

🖨 🛋 ♿ 🖩 🅿 – Menu 30€ (déjeuner), 42/47€ – Carte 42/63€

Hostellerie de Levernois, Rue du Golf – ℰ 03 80 24 89 58 – www.levernois.com – *Fermé mardi soir, mercredi soir*

🏯 HOSTELLERIE DE LEVERNOIS

LUXE · ÉLÉGANT Le chant de la rivière qui traverse le parc, une élégante gentilhommière du 19e s. et ses dépendances, un bistrot au bord de l'eau et un très bon "gastro"... Quant aux chambres, elles mêlent avec beaucoup de finesse le contemporain et l'ancien. Tenue parfaite, fonctionnement excellent, avec du style et du caractère !

🏖 🌊 🖨 ♿ 🖩 🛎 🅿 – 22 chambres – 4 suites

Rue du Golf – ℰ 03 80 24 73 58 – www.levernois.com

🌿 **Hostellerie de Levernois** · 🍽 **Le Bistrot du Bord de l'Eau** – Voir la sélection des restaurants

LUZY

✉ 58170 – Nièvre – Carte régionale n° **5**-B3 – Carte Michelin 319-G11

ⅢО **LA TABLE DE JÉRÔME**

MODERNE · **CONTEMPORAIN** XX Dans les murs de l'ancien Hôtel du Centre, le chef Jérôme Raymond propose une cuisine moderne et inventive autour d'un menu dégustation en 6 services le soir et le dimanche midi, et, au déjeuner en semaine, une formule à bon rapport qualité/prix, le tout complété d'une petite carte de spécialités bourguignonnes. Belle carte des vins (500 références) faisant la part belle à la Bourgogne et confortables chambres pour prolonger l'étape.

⅍ ⇔ ঙ – Menu 28 € (déjeuner)/55 € – Carte 33/52 €

Hôtel du Morvan, 26 rue de la République – ℰ 03 86 30 00 66 –
www.hotelrestaurantdumorvan.fr – Fermé 21-29 juin, 30 août-7 septembre, lundi,
mardi midi, dimanche soir

MÂCON

✉ 71000 – Saône-et-Loire – Carte régionale n° **5**-C3 – Carte Michelin 320-I12

⸛ **PIERRE**

Chef: Christian Gaulin

CLASSIQUE · **ÉLÉGANT** XXX Dans la plus méridionale des villes de Bourgogne, cette maison discrète d'une rue piétonne héberge une valeur sûre de la gastronomie locale. L'architecture traditionnelle – poutres apparentes, vieilles pierres chaleureuses, cheminée – s'y marie avec des touches contemporaines. Depuis 1991, Christian Gaulin y célèbre les noces classiques du terroir et de la modernité. Dès qu'il le peut, ce solide technicien rend un hommage subtil à la Bresse et à la Bourgogne. Dans l'assiette, le gourmet en goguette retrouve avec bonheur une savoureuse volaille de Bresse, un moelleux foie gras, des quenelles de brochet exemplaires, un tournedos charolais tendre à souhait et un soufflé au Grand Marnier réalisé dans les règles. Adepte des bons produits, le chef cuisine ce qu'il aime... et nous le fait aimer aussi.

Spécialités: Turbot rôti aux zestes d'agrumes, blanquette de légumes et marinière de coquillages. Tournedos charolais au foie gras poêlé, sauce périgourdine et variation de légumes. Soufflé chaud aux griottines confites, sorbet et sauce griotte.

⅍ ঙ 🅰 – Menu 34 € (déjeuner), 58/110 € – Carte 95/102 €

7 rue Dufour – ℰ 03 85 38 14 23 – www.restaurant-pierre.com – Fermé 14-23 mars,
27 juin-20 juillet, lundi, mardi, dimanche soir

ⅢО **CASSIS**

MODERNE · **CONTEMPORAIN** X Ce restaurant repris par un jeune couple propose une cuisine soignée, goûteuse, sans chichis, dont un mémorable pâté en croûte, qui a obtenu la troisième place au Championnat du Monde, en 2016. Le chef, qui est passé chez Mathieu Viannay à La Mère Brazier, ne propose que des produits de bonne qualité (viande de Haute Loire, légumes d'un maraîcher de la région etc.), à savourer dans un cadre contemporain, avec table d'hôte et cave vitrée.

ঙ – Menu 21 € (déjeuner)/35 € – Carte 47/55 €

74 rue Joseph-Dufour – ℰ 03 85 38 24 53 – www.cassisrestaurant-macon.fr –
Fermé 2-15 janvier, mercredi soir, samedi, dimanche

ⅢО **MA TABLE EN VILLE**

CUISINE DU MARCHÉ · **COLORÉ** X Voilà peut-être l'archétype du bistrot du XXIᵉ s. Un intérieur contemporain et coloré, avec son éclairage composé d'ampoules suspendues à une ancienne tuyauterie... Le chef, épaulé par son épouse, a le souci du bon produit et réalise une cuisine saine et lisible, renouvelée chaque semaine. Bon choix de vins de la région et accueil tout sourire.

⅍ 🅰 – Menu 26 € (déjeuner), 52/59 € – Carte 45/57 €

50 rue de Strasbourg – ℰ 03 85 30 99 91 – www.matableenville.fr –
Fermé 24 décembre-3 janvier, 13-21 mars, 26 juin-4 juillet, mercredi soir, jeudi soir,
vendredi soir, samedi, dimanche

MESSIGNY-ET-VANTOUX

✉ 21380 – Côte-d'Or – Carte régionale n° **5**–C2 – Carte Michelin 320-K6

🕲 AUBERGE DES TILLEULS

TRADITIONNELLE · **BISTRO** ⅹ Au programme de cette auberge, bonne cuisine traditionnelle et prix serrés. Le chef remet au goût du jour les bons plats bistrotiers qui ont fait l'histoire de la maison : escargots en persillade, fricassée de volaille au chou, tarte aux pommes alsacienne... Attention, c'est souvent complet.
Spécialités : Œufs pochés en meurette. Ris de veau rôti à l'armagnac. Baba au rhum.

🌣 ❧ ♻ – Menu 24 € (déjeuner), 34/43 €

8 place de l'Église – ℰ 03 80 35 45 22 – www.restaurant-tilleuls.fr – Fermé 9-30 août, 24 décembre-2 janvier, lundi, dimanche et le soir sauf vendredi et samedi

MEURSAULT

✉ 21190 – Côte-d'Or – Carte régionale n° **5**–A3 – Carte Michelin 320-I8

ⅡО LE CHEVREUIL

MODERNE · **TRADITIONNEL** ⅩⅩ Au centre du village, en face de l'église, cette maison historique est tenue par un jeune couple, lui en cuisine et elle en salle. On se régale avec la fameuse "terrine chaude de la mère Daugier", spécialité du lieu depuis 1870, mais aussi avec des plats au goût du jour. Côté décor, pierre de Bourgogne et touches contemporaines.

❧ 🌣 ❧ 🔟 🏠 – Menu 22 € (déjeuner), 26/65 € – Carte 50/70 €

*Place de l'Hôtel-de-Ville – ℰ 03 80 21 23 25 – www.lechevreuil.fr –
Fermé 7-28 février, 23 décembre-2 janvier, mercredi, jeudi midi, dimanche*

ⅡО LE SOUFFLOT

MODERNE · **CONTEMPORAIN** ⅹ Le jeune chef Jérémy Pèze réalise une cuisine gourmande, fine et délicate dans ce restaurant situé à l'intérieur d'une ancienne maison de vigneron. Sans oublier la remarquable carte de vins, et le bon rapport qualité/prix, à midi (menu unique le soir).

🕸 🔟 🅿 – Menu 32 € (déjeuner), 55/61 €

*8 route Nationale 74 – ℰ 03 80 22 83 65 – www.restaurant-meursault.fr –
Fermé 19 décembre-3 janvier, 6-21 février, 14-29 août, samedi, dimanche*

MONTBELLET

✉ 71260 – Saône-et-Loire – Carte régionale n° **5**–C3 – Carte Michelin 320-J10

✿ LA MARANDE

Chef : Philippe Michel

MODERNE · **ÉLÉGANT** ⅩⅩ "Marander" en patois local signifie... aller manger. Sur la route de Tournus, cette belle maison bourgeoise en pierre de Bourgogne, entourée d'un beau jardin paysager, mérite assurément une halte gourmande avant un sommeil paisible. Dans ce cadre familial à l'élégance toute contemporaine, on sent la volonté des propriétaires, Élisabeth et Philippe Michel, de transmettre les gestes de l'hospitalité et la culture des produits d'exception à leurs jeunes collaborateurs. Derrière ses fourneaux, Philippe Michel fait montre de maîtrise et de délicatesse à travers des assiettes particulièrement graphiques et généreuses. Cerise(s) sur le gâteau : le beau choix de bourgognes et la superbe terrasse.
Spécialités : Gaufrette de patate douce, crème à la moutarde et croustillant de bœuf charolais. Pigeon rôti, pomme au thym. Feuille croustillante, compotée de mirabelles à la vanille, crème de Bresse et sorbet kalamansi-estragon.

🕸 ❧ 🍴 🌣 🔟 ♻ 🅿 – Menu 35 € (déjeuner), 47/95 € – Carte 75/85 €

*Route de Lugny, hameau de Mirande – ℰ 03 85 33 10 24 –
www.hotel-restaurant-la-marande.com – Fermé 1ᵉʳ-14 novembre, 3-20 janvier, lundi, mardi*

MONTCEAU-LES-MINES

✉ 71300 – Saône-et-Loire – Carte régionale n° **5**-C3 – Carte Michelin 320-G9

⭑○ **JÉRÔME BROCHOT**

MODERNE · **ÉLÉGANT** XXX Le chef Jérôme Brochot concocte une cuisine du marché, où l'ancrage régional est à l'honneur, à choisir entre le menu bistrot ou signature, plus ambitieux.

⅋ ⅋ 🅼 – Menu 28/95 €

7 place Beaubernard – 𝒞 03 85 67 95 30 – www.jeromebrochot.com –
Fermé 4-10 janvier, lundi, mardi, samedi midi, dimanche soir

MONTCENIS

✉ 71710 – Saône-et-Loire – Carte régionale n° **5**-C3 – Carte Michelin 320-G9

🌀 **LE MONTCENIS**

MODERNE · **COSY** XX Du cachet dans le décor (cave voûtée, pierres et poutres) comme dans l'assiette. Le chef, Laurent Dufour, propose une cuisine généreuse et sincère, réalisée avec de beaux produits ; il change sa carte cinq fois par an, histoire de titiller les gourmands. Et l'hiver, il rend hommage à la truffe, sa passion !

Spécialités : Foie gras de canard poêlé, potimarron, coulis de maïs aux noisettes. Mignon de porc pané au pain d'épice. Biscuit aux pommes, crème glacée au pain d'épice et cidre.

⅋ 🍴 ⇄ – Menu 26 € (déjeuner), 35/65 €

2 place du Champ-de-Foire – 𝒞 03 85 55 44 36 –
Fermé 21-27 juin, lundi, mardi, dimanche soir

MONTIGNY-LA-RESLE

✉ 89230 – Yonne – Carte régionale n° **5**-B1 – Carte Michelin 319-F4

🏠 **CHÂTEAU DE LA RESLE** `Tablet.PLUS`

BOUTIQUE HÔTEL · **MODERNE** Au nord de la Bourgogne, non loin de Chablis, le château de la Resle, entouré de vignobles, incarne parfaitement l'art de vivre classique à la française du 19e s. Deux esthètes néerlandais, amoureux de design et d'art contemporain, ont parsemé leur demeure d'œuvres d'art. Deux chambres prestiges et quatre suites grand luxe offrent un calme absolu.

🏊 🛎 ⅏ 🎐 ⅋ 🅿 – 4 suites – 2 chambres

lieu-dit La Resle – 𝒞 06 86 11 29 22 – www.chateaudelaresle.com

MONTMÉLARD

✉ 71520 – Saône-et-Loire – Carte régionale n° **5**-C3 – Carte Michelin 320-G12

⭑○ **LE SAINT-CYR**

TRADITIONNELLE · **AUBERGE** XX Des plats traditionnels avec une pointe de modernité, voici ce que l'on trouve dans son assiette ici : rumsteck charolais et jus corsé au pinot noir ; ravioles d'escargots de Bourgogne... C'est tout simplement bon, et le tout se déguste avec vue sur la campagne bourdonnaise. Chambres chaleureuses et reposantes.

⇦ ⩿ 🍴 ⅋ 🅼 🅿 – Menu 19 € (déjeuner), 26/46 € – Carte 30/45 €

Le Bourg – 𝒞 03 85 50 20 76 – www.lesaintcyr.fr –
Fermé 2-14 janvier, 15-28 février, lundi midi, mardi midi

MOREY-ST-DENIS

✉ 21220 – Côte-d'Or – Carte régionale n° **5**-D1 – Carte Michelin 320-J6

🍴○ **CASTEL DE TRÈS GIRARD**

TRADITIONNELLE · **CONTEMPORAIN** ✕✕ Dans cet ancien pressoir, où règne une douce atmosphère contemporaine, le chef réalise une cuisine franche, de produit, et n'hésite pas à proposer de grosses pièces (pintade de la ferme de la Ruchotte rôtie, côte de bœuf de Galice, maturée 50 jours) qu'on accompagne d'un cru de la remarquable carte des vins. Belle terrasse.

🕸 ⇦🏠 ₺ 🅿 – Menu 28/38 € – Carte 40/80 €

7 rue de Très-Girard – 𝒞 03 80 34 33 09 – www.castel-tres-girard.com – Fermé 27 décembre-3 janvier

NEVERS

✉ 58000 – Nièvre – Carte régionale n° **5**-A2 – Carte Michelin 319-B10

🍴○ **LE BENGY**

MODERNE · **CONVIVIAL** ✕✕ Au nord de Nevers, cet ancien relais routier a su évoluer avec son temps ! On s'y rend toujours avec plaisir : le chef et son équipe concoctent une cuisine plaisante, avec des produits de qualité, et font évoluer la carte chaque mois. Une bonne adresse.

🕸 🏠 ₺ 🅰 ⇔ 🅿 – Menu 25/33 € – Carte 31/48 €

25 route de Paris – 𝒞 03 86 38 02 84 – www.le-bengy-restaurant.com – Fermé 7-23 février, 25 juillet-17 août, lundi, dimanche

🍴○ **JEAN-MICHEL COURON**

MODERNE · **COSY** ✕✕ Une valeur sûre de la gastronomie nivernaise, menée depuis de longues années par le chef Jean-Michel Couron, dont la cuisine associe bons produits, jolis visuels et notes d'invention. L'intérieur a été entièrement repensé dans une veine contemporaine, et l'on peut dîner sous les voûtes du 14e s. d'un ancien cloître !

🕸 – Menu 25 € (déjeuner), 38/60 € – Carte 54/64 €

21 rue Saint-Étienne – 𝒞 03 86 61 19 28 – www.jm-couron.com – Fermé 8-23 février, 19 juillet-10 août, lundi, mardi, dimanche soir

NOYERS

✉ 89310 – Yonne – Carte régionale n° **5**-B1 – Carte Michelin 319-G5

🍴○ **LES MILLÉSIMES**

TRADITIONNELLE · **RUSTIQUE** ✕ Ce restaurant champêtre et élégant se tient derrière la boucherie-charcuterie familiale. Le terroir et les vins bourguignons sont à l'honneur, ainsi que les produits maison ! Jambon persillé, tourte à l'époisses et pommes de terre, filet de canard et sa sauce au vin rouge...

🏠 🅰 ⇔ – Menu 33/38 €

14 place de l'Hôtel-de-Ville – 𝒞 03 86 82 82 16 – www.maison-paillot.com – Fermé 4-11 janvier, 15 février-23 mars, lundi, mardi, dimanche soir

NUITS-ST-GEORGES

✉ 21700 – Côte-d'Or – Carte régionale n° **5**-D1 – Carte Michelin 320-J7

🍴○ **LA CABOTTE**

MODERNE · **CONVIVIAL** ✕ Au centre de Nuits-Saint-Georges, on déguste une cuisine basée sur de bons produits (asperges de Cabannes, cochon de la ferme de Clavisy), dans un cadre rustique avec pierres apparentes et plafond à la française. Sans oublier une carte de vins étoffée et judicieuse : cette Cabotte en a dans la caboche !

🕸 🏠 🅰 ⇔ – Menu 40/65 € – Carte 43/93 €

24 Grande-Rue – 𝒞 03 80 61 20 77 – www.lacabotte.fr – Fermé lundi, dimanche

OZENAY

✉ 71700 – Saône-et-Loire – Carte régionale n° **5**–C3 – Carte Michelin 320-J10

ⅈ○ LE RELAIS D'OZENAY

MODERNE · CONTEMPORAIN ✕✕ Dans un village pittoresque, ne manquez pas ce restaurant au décor moderne et élégant. Le chef, passé par de belles maisons dont celle de Bernard Loiseau, travaille des produits de qualité, souvent bio et locaux. Le tout s'accompagne de bons vins du Mâconnais.

🖤 ᵴ – Menu 24 € (déjeuner), 35/75 € – Carte 61/79 €

Le Bourg – ℰ 03 85 32 17 93 – www.le-relais-dozenay.com – Fermé 1ᵉʳ-23 janvier, 21-29 octobre, mardi, mercredi

PARAY-LE-MONIAL

✉ 71600 – Saône-et-Loire – Carte régionale n° **5**–B3 – Carte Michelin 320-E11

ⅈ○ L'APOSTROPHE

MODERNE · CONTEMPORAIN ✕✕ Le couple Garrivier décline une cuisine moderne et enlevée, en phase avec les saisons (dont la mise en avant des légumes, souvent bio ou issus de l'exploitation familiale). Qu'on se rassure, le chef a toujours une belle pièce de bœuf charolais en réserve, à savourer sur la terrasse côté jardin aux beaux jours… Quelques chambres pour l'étape.

🛏 🖤 ᵴ 🖭 🅿 🍴 – Menu 26 € (déjeuner), 39/75 € – Carte 51/72 €

27 avenue de la Gare – ℰ 03 85 25 45 07 – www.hotel-restaurant-lapostrophe.com

PERNAND-VERGELESSES

✉ 21420 – Côte-d'Or – Carte régionale n° **5**–A3 – Carte Michelin 320-I7

✿✿ LE CHARLEMAGNE

Chef: Laurent Peugeot

CRÉATIVE · CONTEMPORAIN ✕✕✕ Au cœur de ce vignoble dédié au corton-charlemagne, Laurent Peugeot et son équipe régalent leurs convives dans un intérieur zen et contemporain, propice à la gourmandise. La cuisine, entre France et Japon (jusqu'à la carte, présentée sous forme de manga !), est parcourue d'associations surprenantes mais qui fonctionnent toujours. Des créations atypiques, éminemment personnelles, basées sur des produits issus des circuits courts et sélectionnés avec soin. Le tout s'accompagne d'une carte des vins magnifique – ce n'est pas un hasard, notre hôte est lui-même un connaisseur… et un producteur de vin.

Spécialités : Agneau, couteaux, aubergine et wasabi. Pigeon de pays, bourgeons de cassis et carotte de neuf heures. Framboise et verveine.

🕸 ᶄ 🖤 ᵴ 🖭 ⇔ 🅿 – Menu 68/98 €

1 route des Vergelesses – ℰ 03 80 21 51 45 – www.lecharlemagne.fr – Fermé lundi midi, mardi, mercredi, jeudi midi, vendredi midi

POISSON

✉ 71600 – Saône-et-Loire – Carte régionale n° **5**–B3

ⅈ○ LA POSTE ET HÔTEL LA RECONCE

MODERNE · CONTEMPORAIN ✕✕ Le Restaurant de la Poste est aujourd'hui emmené par un jeune chef originaire du village, avec l'aide de sa compagne. Son ambition est claire : régaler ses convives avec une cuisine dans l'air du temps, et célébrer les bons produits locaux – cette entrecôte charolaise, avec ses légumes de saison, en témoigne ! Chambres coquettes et bien tenues pour l'étape.

🛏 🖤 🖭 🅿 – Menu 16 € (déjeuner), 28/54 € – Carte 42/60 €

*Le Bourg (face à l'église) – ℰ 03 85 81 10 72 – www.hotelreconce.com –
Fermé 15 février-3 mars, 23 août-7 septembre, lundi, mardi, dimanche soir*

POMMARD

✉ 21630 – Côte-d'Or – Carte régionale n° **5**–A3 – Carte Michelin 320-I7

ᖇᗝ AUPRÈS DU CLOCHER

MODERNE · CONTEMPORAIN XX Au cœur du village, ce restaurant contemporain donne sur... l'église ; c'est charmant, bien sûr, mais on vient et revient surtout pour la cuisine locavore (légumes bio, notamment) et la carte des vins de la région – le patron est sommelier de formation. Simple et agréable !

ᗷᗷ 𝖠𝖢 – Menu 36/44 €

1 rue de Nackenheim (près de l'église) – ℰ 03 80 22 21 79 –
www.aupresduclocher.com – Fermé mardi, mercredi

🏠 LE CLOS DU COLOMBIER

MAISON DE CAMPAGNE · PERSONNALISÉ Une belle demeure de maître (1835) raffinée – beaux parquets et moulures, trumeaux, mobilier ancien – et pleine de personnalité. L'espace bien-être (jacuzzi, sauna) donne directement sur les vignes qui entourent la maison... Nota bene : pas de télé ! Restauration sur réservation pour les hôtes.

ᗷ ≤ 🛋 ⌚ 🔥 🟣 ⧉ 🅿 – 10 chambres

1 rue du Colombier – ℰ 03 80 22 00 27 – www.closducolombier.com

PRENOIS

✉ 21370 – Côte-d'Or – Carte régionale n° **5**-C2

⣎ AUBERGE DE LA CHARME

Chefs : Nicolas Isnard et David Le Comte

CRÉATIVE · AUBERGE XXX Dans un petit village bourguignon, proche du circuit automobile, une auberge à la fois rustique et épurée : murs aux pierres apparentes, plafond à la française, sol en dalles de pierre et vieux four à pain inséré dans un mur. Elle est emmenée par deux cuisiniers complices, Nicolas Isnard et David Le Comte, qui se sont rencontrés dans le restaurant de Gilles Goujon, à Fontjoncouse. Ils partagent la même passion pour la gastronomie et l'Asie, qu'ils sillonnent régulièrement. Ils proposent un concept de menu à l'aveugle susceptible de déconcerter, mais qui fonctionne à merveille : on se laisse emporter par une cuisine créative, généreuse et aux influences multiples, nourrie par les voyages de ces deux globe-trotters.

Spécialités : Cuisine du marché.

ᗷᗷ ⌚ ⧉ – Menu 75/95 €

12 rue de la Charme – ℰ 03 80 35 32 84 – www.aubergedelacharme.com –
Fermé lundi, mardi, mercredi, jeudi, vendredi midi, dimanche soir

PULIGNY-MONTRACHET

✉ 21190 – Côte-d'Or – Carte régionale n° **5**-A3 – Carte Michelin 320-I8

ᖇᗝ LE MONTRACHET

MODERNE · ÉLÉGANT XXX Classique et élégant : voilà qui qualifie à merveille ce restaurant – tout en poutres et pierres apparentes – et la cuisine de saison que l'on y sert... À noter également, la très belle cave de 1000 références dont plus de 200 grands crus.

ᗷᗷ 🛋 🛎 ⌚ 𝖠𝖢 ⧉ 🅿 – Menu 34 € (déjeuner), 66/96 € – Carte 80/100 €

10 place du Pasquier-de-la-Fontaine (ex place des Marronniers) –
ℰ 03 80 21 30 06 – www.le-montrachet.com – Fermé 1ᵉʳ-8 janvier,
28 novembre-31 décembre

QUARRÉ-LES-TOMBES

✉ 89630 – Yonne – Carte régionale n° **5**-B2 – Carte Michelin 319-G7

ᖇᗝ AUBERGE DE L'ÂTRE

CLASSIQUE · TRADITIONNEL XXX Cette auberge de campagne installée dans un joli cadre arboré distille un charme rustique. Pour ne rien gâter, la carte célèbre les bons vins et le terroir (spécialité de champignons), et les desserts sont particulièrement soignés. Chambres très bien tenues, agréables pour un séjour.

ᗷᗷ 🛋 🛎 🛎 ⌚ 🅿 – Menu 30 € (déjeuner), 35/70 € – Carte 30/70 €

Les Lavaults – ℰ 03 86 32 20 79 – www.auberge-de-latre.com –
Fermé 22 février-20 mars, 20 juin-5 juillet, lundi, mardi

🍴⃝ **LE MORVAN**

MODERNE · FAMILIAL XX Une vraie ambiance de dimanche à la campagne... et une cuisine traditionnelle soignée, au plus près des saisons. L'été, attablez-vous dans le jardin fleuri et musardez au soleil! Une bonne étape à l'entrée du Parc naturel régional du Morvan.

⟵ 🖤 🏠 Ⓜ Ⓟ – Menu 19 € (déjeuner), 30/58 €

6 rue des Écoles – ℰ 03 86 32 29 29 – www.le-morvan.fr – Fermé 14 décembre-20 mars, lundi, mardi, mercredi midi

ROMANÈCHE-THORINS

✉ 71570 – Saône-et-Loire – Carte régionale n° **5**-C3 – Carte Michelin 320-I12

🍴⃝ **ROUGE & BLANC**

TRADITIONNELLE · CONTEMPORAIN XX Rouge et (Georges) Blanc : le célèbre chef bressan est propriétaire de cet établissement où la tradition régionale est évidemment reine, de même que les vins locaux et le célèbre cru du village, le moulin-à-vent. Ne manquez pas la volaille à la crème de la Mère Blanc, spécialité de la maison. Au cœur de la bonne chère bourguignonne !

⟵ 🖤 🏠 ⅋ Ⓜ ⌖ Ⓟ – Menu 24 € (déjeuner), 26/57 € – Carte 40/80 €

Les Maritonnes Parc & Vignoble, 513 route de Fleurie (près de la gare) – ℰ 03 85 35 51 70 – www.lesmaritonnes.com

ST-AMOUR-BELLEVUE

✉ 71570 – Saône-et-Loire – Carte régionale n° **5**-C3 – Carte Michelin 320-I12

❀❀ **AU 14 FÉVRIER**

Chef: Masafumi Hamano

CRÉATIVE · CHIC XX Il est évidemment question d'amour au 14 Février : l'amour du produit, l'amour du geste, l'amour de la chose bien faite. Le chef japonais Masafumi Hamano cisèle des assiettes comme de véritables œuvres d'art : il trouve toujours l'ingrédient supplémentaire qui booste l'ensemble et fait la différence. Le voici maître de cérémonie d'un mariage en grande pompe entre la France et le Japon (encore une histoire d'amour !), mariage auquel nous assistons avec une gourmandise non dissimulée. Darne de saumon mariné relevé d'une crème d'ail aux anchois et purée de céleri-rave ; foie de canard poêlé avec quartiers de mangue et feuilles d'endives croquantes ; ou encore cette lotte en piccata servie sur une carbonara de citron et pois chiche... Vous laisserez-vous séduire ?

Spécialités : Foie gras de canard poêlé. Homard bleu rôti. Dôme de chocolat blanc.

⅋ Ⓜ – Menu 87/125 €

Le Plâtre-Durand – ℰ 03 85 37 11 45 – www.sa-au14fevrier.com – Fermé 2-18 janvier, mardi, mercredi, jeudi, dimanche soir

🍴⃝ **JOSÉPHINE À TABLE**

TRADITIONNELLE · BISTRO X Le bistrot de l'Auberge du Paradis, accolé à la maison mère, propose de bons petits plats à l'ardoise - terrine maison, planche de charcuterie, poulet fermier au citron et estragon, souris d'agneau au curcuma. On en profite dans un cadre contemporain et convivial façon industriel chic, avec cuisines ouvertes, torchons de cuisine en guise de serviettes, caves vitrées en self-service (beaujolais et bourgogne blanc) et tire-bouchons attachés au bord des tables. Tandis que du côté de Lucienne fait des siennes, on pioche de petites portions (à partager ou pas) dans une carte courte qui est renouvelée en permanence.

🏠 ⅋ – Menu 25/35 € – Carte 26/42 €

Auberge du Paradis, 50 rue des Crus-du-Beaujolais, Le Plâtre-Durand – ℰ 03 85 37 10 26 – www.josephineatable.fr – Fermé 1ᵉʳ-12 janvier, 10-20 avril, lundi, dimanche

AUBERGE DU PARADIS

BOUTIQUE HÔTEL · PERSONNALISÉ Un petit paradis en effet, aux chambres originales et contemporaines, décorées avec goût comme l'ensemble de l'établissement. Autres atouts : le couloir de nage, le salon de lecture, l'exceptionnel petit-déjeuner, et la restauration traditionnelle au Bistrot Joséphine à Table (pâté en croûte etc.).

⊐ & Ⓐ – 13 chambres

Le Plâtre-Durand – ℰ 03 85 37 10 26 – www.aubergeduparadis.fr

🍴 **Joséphine à Table** – Voir la sélection des restaurants

ST-JEAN-DE-TRÉZY

✉ 71490 – Saône-et-Loire – Carte régionale n° **5**–C3 – Carte Michelin 320-H8

🍴 DOMAINE DE RYMSKA

MODERNE · COSY XX Le concept mêlant agriculture et hôtellerie fonctionne ici du tonnerre : à table, on se régale d'un menu unique ultra-local, où les produits de l'exploitation sont bien mis en valeur. Une cuisine de qualité, maîtrisée, sincère : on se régale en toute simplicité.

🕸 🖣 🏠 ⇔ 🅿 – Menu 32 € (déjeuner), 55/96 €

1 rue du Château-de-la-Fosse – ℰ 03 85 90 01 01 – www.domaine-rymska.com – Fermé 20 décembre-1ᵉʳ février, lundi, dimanche

DOMAINE DE RYMSKA

LUXE · CONTEMPORAIN Sur la route des vins, au cœur d'un domaine agricole de 80 hectares, ce bel établissement a trouvé l'équilibre du luxe (vastes chambres décorées avec goût, chacune portant le nom d'un cheval né sur l'exploitation) et du naturel. Service attentionné, piscine extérieure chauffée.

🏇 🐾 🖣 Ⓐ 🅿 – 10 chambres

1 rue du Château-de-la-Fosse – ℰ 03 85 90 01 01 – www.domaine-rymska.com

🍴 **Domaine de Rymska** – Voir la sélection des restaurants

ST-MARTIN-DU-TERTRE

✉ 89100 – Yonne – Carte régionale n° **5**–B1 – Carte Michelin 320-H10

🍴 LE MARTIN BEL AIR

MODERNE · COLORÉ X Pour la petite (et la grande) histoire, Martin-Bel-Air est le nom donné à la commune de Saint-Martin-du-Tertre pendant la Révolution française. Ce bistrot de campagne est la première affaire d'un jeune chef passé par de bonnes maisons de la région : il compose une cuisine du marché moderne et enlevée, au bon rapport qualité-prix.

🏡 🅿 – Menu 19 € (déjeuner), 31/50 €

3 place du 19-Mars-1962 – ℰ 03 86 66 47 95 – www.lemartinbelair.com – Fermé 18 janvier-2 février, 26 avril-4 mai, 22 août-7 septembre, lundi, mardi, dimanche soir

ST-MAURICE-DE-SATONNAY

✉ 71260 – Saône-et-Loire – Carte régionale n° **5**–C3 – Carte Michelin 320-I11

🍴 AUBERGE DES GRENOUILLATS

TRADITIONNELLE · BISTRO X Face à l'église, une jolie bâtisse en pierre apparente, avec sa terrasse à l'ombre des platanes... voici comment se présente ce bistrot centenaire, tenu aujourd'hui par un couple sympathique et travailleur. Au menu : une cuisine généreuse et sans fioritures.

🏡 & – Menu 24/27 €

Le Bourg – ℰ 03 85 33 40 50 – les-grenouillats-bourgogne.fr – Fermé mardi, mercredi

ST-RÉMY

✉ 21500 – Côte-d'Or – Carte régionale n° **5**–C2

🍴〇 **LA MIRABELLE**

TRADITIONNELLE · **RUSTIQUE** 🕱 Sur une petite place en face de la Brenne, cette ancienne grange à sel est aujourd'hui un restaurant au cadre rustique et convivial. Gilles Muzel, le chef, élabore des recettes tout en finesse : ragoût d'escargots à la crème d'herbes, poitrine de porc cuite à basse température... Le plus difficile sera de choisir.

Menu 21/40 € – Carte 55/65 €

1 rue de la Brenne – ☎ 03 80 92 40 69 – www.restaurant-la-mirabelle.business.site – Fermé 1ᵉʳ-6 janvier, mardi soir, mercredi, dimanche soir

ST-RÉMY

✉ 71100 – Saône-et-Loire – Carte régionale n° **5**–C3

🕸 **L'AMARYLLIS**

Chef: Cédric Burtin

CRÉATIVE · **ÉLÉGANT** 🕱🕱🕱 Bienvenue dans ce paisible moulin du 19ᵉ s., une ancienne minoterie, baigné par son bief. Un potager créé de toutes pièces est venu alimenter les cuisines du restaurant. Né dans les pâturages du Charolais, le chef Cédric Burtin a peaufiné sa formation auprès de restaurants lyonnais comme ceux de Paul Bocuse et de Pierre Orsi. Aujourd'hui, cette table bien connue dans la région rallie les suffrages de nombreux locaux et autant de fidèles. Il faut dire que ce cuisinier délicat n'a pas son pareil pour laisser s'épanouir une cuisine empreinte d'inventivité, de fraîcheur, toujours maîtrisée et magnifiée par un dressage très travaillé.

Spécialités: Truite confite et laquée, déclinaison de fenouil du jardin. Bœuf de Charolles, déclinaison d'oignons et émulsion de pomme de terre fumée. Jeune betterave du jardin et mûres sauvages.

🕸 🏠 & 🆔 ⇆ 🅿 – Menu 40 € (déjeuner), 75/130 € – Carte 85/150 €

Chemin de Martorez – ☎ 03 85 48 12 98 – www.lamaryllis.com – Fermé 16-30 août, 18 octobre-1ᵉʳ novembre, 2-5 janvier, lundi, mardi midi, dimanche soir

ST-SERNIN-DU-BOIS

✉ 71200 – Saône-et-Loire – Carte régionale n° **5**–C3

🍴〇 **LE RESTAURANT DU CHÂTEAU**

MODERNE · **TRADITIONNEL** 🕱 Au pied du château (11ᵉ s.) et face au lac, ce restaurant accueille dans un intérieur joliment réinventé, avec deux ambiances : voûtes historiques d'un côté ; style industriel et vue sur le plan d'eau de l'autre. Même contraste dans l'assiette, qui oscille entre tradition et modernité. Un vrai plaisir.

& 🆔 – Menu 20 € (déjeuner), 30/60 €

2120 route de Saint-Sernin – ☎ 03 85 78 28 42 – www.lerestaurantduchateau71.com – Fermé mardi, mercredi

STE-CÉCILE

✉ 71250 – Saône-et-Loire – Carte régionale n° **5**–C3 – Carte Michelin 320-H11

🕸 **L'EMBELLIE**

MODERNE · **AUBERGE** 🕱🕱 Un jeune couple motivé est aux commandes de ce restaurant installé dans une ancienne étable au cachet rustique – poutres, meubles en frêne, cheminée. La cuisine, actuelle, revisite certains plats du terroir : ravioles ouvertes d'escargots à l'ail des ours ; ris de veau au jus, pleurotes et émulsion au vin jaune... Glaces et pain maison. Agréable terrasse d'été.

Spécialités: Pressé de pot au feu, mayonnaise aux herbes et raifort. Joues de porc fondantes aux légumes de saison. Déclinaison autour du citron kalamansi.

🏠 & 🅿 – Menu 33/42 € – Carte 39/51 €

le Bourg – ☎ 03 85 50 81 81 – www.restaurant-lembellie.com – Fermé 5-24 février, 24-31 août, 16-27 octobre, 2-11 janvier, mardi, mercredi, dimanche soir

STE-SABINE

✉ 21320 – Côte-d'Or – Carte régionale n° **5**–C2 – Carte Michelin 320-H6

🍴○ LE LASSEY

MODERNE · ÉLÉGANT 🅇🅇🅇 Dans le cadre historique du château Sainte-Sabine, né à la Renaissance, une table élégante et raffinée. Marbré de foie gras de canard en gelée de volaille, marmelade citron ; selle d'agneau rôtie, aubergine confite et poireaux crayons. Formule plus simple au déjeuner : voici les belles spécialités du jeune chef passé par des tables renommées. Les chambres invitent à un repos bucolique face au parc et à son plan d'eau...

⪕ 🏠 🏡 ⅋ 🅰🅒 🔲 🅿 – Menu 28 € (déjeuner), 45/80 € – Carte 60/80 €

Château Sainte-Sabine, 8 route de Semur – ☎ 03 80 49 22 01 – www.saintesabine.com – Fermé 3-31 janvier, mercredi midi

SANTENAY

✉ 21590 – Côte-d'Or – Carte régionale n° **5**–A3 – Carte Michelin 320-I8

🍴○ L'OUILLETTE

MODERNE · COSY 🅇🅇 Un jeune couple motivé est aux commandes de cette auberge familiale, installée sur la place centrale du village. En cuisine, Simon navigue entre bonne tradition (œufs en meurette, jambon persillé, coq au vin) et recettes plus actuelles ; Maude, en salle, assure un service attentif et efficace. On passe un excellent moment : longue vie à cette Ouillette !

🏡 ⅋ 🅰🅒 ⇔ – Menu 23 € (déjeuner), 31/58 € – Carte 45/70 €

Place du Jet-d'Eau – ☎ 03 80 20 62 34 – www.ouillette.fr – Fermé 3 février-3 mars, 22-30 juin, 22 novembre-1er décembre, mardi, mercredi

🍴○ LE TERROIR

TRADITIONNELLE · COLORÉ 🅇🅇 Au cœur du village, une maison pimpante et chaleureuse au service d'une cuisine régionale appétissante : escargots de Bourgogne, beurre, ail, persil et amandes ; coq au vin rouge ; ou encore crème brûlée au pain d'épices... Joli choix de vins au verre.

🐿 🏡 🅰🅒 ⇔ – Menu 29/60 € – Carte 45/65 €

19 place du Jet-d'Eau – ☎ 03 80 20 63 47 – www.restaurantleterroir.com – Fermé 2-8 septembre, 10 décembre-19 janvier, mercredi soir, jeudi, dimanche soir

SAULIEU

✉ 21210 – Côte-d'Or – Carte régionale n° **5**–C2 – Carte Michelin 320-F6

✿✿ LA CÔTE D'OR

MODERNE · ÉLÉGANT 🅇🅇🅇🅇 Cela fera bientôt 40 ans que Patrick Bertron aura posé ses valises au Relais Bernard Loiseau. C'est lui, en 2003, qui a repris les rênes en cuisine après la brutale disparition du maître. Il aura su rester fidèle à la philosophie de la maison, tout en enrichissant la carte des plats de son invention. Il trouve son inspiration dans sa Bretagne natale, avec ses merveilleux produits de la mer (homard, langoustine, turbot), mais aussi en Bourgogne, dont il a appris à apprivoiser les trésors. Les nostalgiques iront se régaler de quelques grands "classiques" de l'époque de Bernard Loiseau - jambonnettes de grenouilles à la purée d'ail et de persil ; sandre à la peau croustillante et sauce au vin rouge ; Saint-Honoré cuit minute à la crème chiboust etc. Magnifique sélection de vins.

Spécialités : Jambonnettes de grenouilles à la purée d'ail et au jus de persil. Bœuf de Charolles, maïs frais et jus au regain. Rose des sables à la glace chocolat, coulis d'orange confite.

🐿 🏠 ⅋ 🅰🅒 – Menu 75 € (déjeuner), 165/245 € – Carte 165/265 €

Le Relais Bernard Loiseau, 2 rue d'Argentine – ☎ 03 80 90 53 53 – www.bernard-loiseau.com – Fermé 25 janvier-10 février, mardi, mercredi

ⅠⅠ○ LOISEAU DES SENS

MODERNE · COSY Ⅹ Dans un cadre zen et épuré, on déguste une "cuisine santé" fine et goûteuse, avec de nombreuses préparations bio ou sans gluten. Les cuissons sont maîtrisées, l'ensemble ne manque pas de subtilité ; on passe un bon moment.

🖧 ♿ 🅰 – Menu 35/69 €

Le Relais Bernard Loiseau, 4 avenue de la Gare – 𝒞 03 45 44 70 00 –
www.bernard-loiseau.com – Fermé 25 janvier-12 février, jeudi

🏨 LE RELAIS BERNARD LOISEAU

LUXE · ÉLÉGANT Un Relais dans la grande tradition française, qui fait honneur à l'hospitalité bourguignonne. Murs du 18ᵉ s., poutres et colombages patinés par les ans, sols en terre cuite, mobilier ancien... mais aussi spa imposant et piscine idyllique. Intemporel et furieusement chic !

🍽 🐾 🖧 ⛲ 🖥 📶 ♨ 🄿 ♿ 🅰 ♨ 🚗 – 33 chambres – 12 suites

2 rue d'Argentine – 𝒞 03 80 90 53 53 – www.bernard-loiseau.com

❀❀ **La Côte d'Or** · ⅠⅠ○ **Loiseau des Sens** – Voir la sélection des restaurants

SAVIGNY-LÈS-BEAUNE

✉ 21420 – Côte-d'Or – Carte régionale n° **5**–A3

ⅠⅠ○ LE 428

MODERNE · CONTEMPORAIN ⅩⅩ L'ancien restaurant l'Ouvrée est devenu le 428. L'Ouvrée est la mesure de surface viticole en Bourgogne. Une ouvrée équivaut à 428 m², soit la surface de vigne qui pouvait être bêchée par un vigneron en une journée, et d'où le nom du restaurant... le 428. Aux fourneaux de ce 428, Christophe Ledru, chef talentueux, vu dernièrement au Cèdre à Beaune, passé notamment chez Ducasse. Dans une salle contemporaine et épurée, il propose une cuisine actuelle et soignée, accompagnée d'une jolie sélection de vins du village (entre autres).

♿ 🅰 ♻ 🄿 – Menu 27 € (déjeuner), 33/85 €

54 rue de Bourgogne – 𝒞 03 80 21 51 52 – www.louvree.fr – Fermé 4-26 janvier,
mardi, mercredi

SENS

✉ 89100 – Yonne – Carte régionale n° **5**–B1 – Carte Michelin 319-C2

❀ LA MADELEINE

Chef: Patrick Gauthier

MODERNE · CONTEMPORAIN ⅩⅩⅩ Patrick Gauthier, l'enfant du pays, a posé son restaurant dans une ancienne école de voile, au bord de la rivière. Le design intérieur s'inspire de ses innombrables voyages en Scandinavie et en Asie. "Cuisinier avant tout", comme il se définit, ce chef passionné continue de présenter lui-même son menu du jour. Amoureux des marchés locaux, il signe une cuisine authentique, à base de beaux produits (les légumes paradent en vedette), très enlevée et pleine de saveurs : craquantes asperges vertes de Provence, œuf vapeur, comté et truffe ; filet de féra du Léman à la cuisson millimétrée ; agneau de lait des Pyrénées, jus corsé et gousses d'ail confites. Et il y a non pas un mais bien quatre chariots de fromages, ainsi qu'une belle cave pour sublimer ce bon moment.

Spécialités : Cuisine du marché.

❀ 🍽 ♿ 🅰 🄿 – Menu 50 € (déjeuner), 69/125 €

35 quai Boffrand – 𝒞 03 86 65 09 31 – www.restaurant-lamadeleine.fr –
Fermé 7-23 juin, 8-22 août, 19 décembre-4 janvier, lundi, mardi midi, dimanche

SOLUTRÉ-POUILLY

✉ 71960 – Saône-et-Loire – Carte régionale n° **5**–C3 – Carte Michelin 320-I12

ⅢO LA COURTILLE DE SOLUTRÉ

MODERNE · BISTRO Ⅹ Une jolie maison de pays, sa charmante terrasse à l'ombre d'un vieux marronnier... et ce jeune chef basque dynamique, qui travaille avec passion de fort bons produits, à accompagner d'une belle sélection de pouilly-fuissé ! Quelques chambres pour l'étape.

&& ⇐ 🛜 ㅊ – Menu 24 € (déjeuner), 39/43 €

Route de la Roche – 𝒞 03 85 35 80 73 – www.lacourtilledesolutre.fr –
Fermé 16-31 août, lundi, mardi, dimanche soir

TOURNUS

✉ 71700 – Saône-et-Loire – Carte régionale n° **5**–C3 – Carte Michelin 320-J10

⛤ L'ÉCRIN DE YOHANN CHAPUIS

Chef: Yohann Chapuis

CRÉATIVE · CONTEMPORAIN ⅩⅩⅩ Sis entre les murs de cet ancien orphelinat rendu fameux par Jean Ducloux, ce restaurant offre un écrin de choix pour la cuisine de Yohann Chapuis, chef formé notamment chez Lameloise. Fini les "plats cultes" d'autrefois (pâté en croûte, quenelle de sandre... mais qui retrouvent leur place au Bouchon Bourguignon, à côté), place à une cuisine "de goûts et d'émotions", réalisée à partir de beaux produits de saison : asperges vertes de Mallemort, couteaux, coques, bigorneaux et poivre Sansho ; poisson "ikejime", raviole petits pois, pamplemousse et oignons nouveaux. Très belle carte des vins et sommelier de bon conseil.

Spécialités: Tartelette végétale et escargots. Volaille de Bresse aux écrevisses. Soufflé chaud.

&& ㅊ 🆒 ⇔ – Menu 70/160 € – Carte 123/140 €

1 rue Albert-Thibaudet – 𝒞 03 85 51 13 52 – www.restaurant-greuze.fr – Fermé mardi, mercredi

🍴 **Le Bouchon Bourguignon** – Voir la sélection des restaurants

⛤ AUX TERRASSES

Chef: Jean-Michel Carrette

MODERNE · CONTEMPORAIN ⅩⅩ Après la visite de l'abbaye Saint-Philibert, une étape s'impose sur ces terrasses de charme ! De grandes baies vitrées inondent de lumière ce décor de matériaux bruts (pierre et bois), ces grandes tables en chêne massif sans nappage. Sans oublier le jardin paisible et l'accueil attentionné de l'épouse du chef... Son mari, Jean-Michel, est un passionné capable de changer ses propositions gourmandes d'une table à l'autre au cours d'une même soirée. Seul lui importe le moment présent et l'émotion. Et d'émotion, sa cuisine n'en manque pas, entretenant une délicieuse complicité avec le terroir, notamment végétal, ne cédant rien sur la qualité des produits et la précision des cuissons.

Spécialités: Cuisine du marché.

🌿 ***L'engagement du chef:*** *"La majorité des produits biologiques ou issus de l'agriculture raisonnée que nous employons proviennent d'exploitations situées dans un rayon de 50 km autour de Tournus. Les vins que nous mettons à l'honneur sur notre carte sont en majorité confectionnés selon les règles de la biodynamie."*

&& 🛜 ㅊ 🆒 🅿 – Menu 35 € (déjeuner), 70/105 €

18 avenue du 23-Janvier – 𝒞 03 85 51 01 74 – www.aux-terrasses.com –
Fermé 27 juin-7 juillet, 17 octobre-4 novembre, 2-20 janvier, lundi, dimanche

🍴 LE BOUCHON BOURGUIGNON

RÉGIONALE · CONTEMPORAIN Ⅹ L'annexe du restaurant gastronomique de Yohann Chapuis (situé juste à côté) propose une cuisine régionale, généreuse et soignée, avec chariot d'entrées (pâté en croûte, jambon persillé, ballottine de volaille), plats emblématiques (volaille de Bresse aux morilles et vin jaune, grenouilles, escargots, viande charolaise) et un chariot de douceurs (tarte aux pralines, île flottante), à savourer dans un cadre contemporain, pour des prix raisonnables.

Spécialités: Pâté en croute. Cuisses de grenouilles. Ile flottante aux pralines roses.

ㅊ 🆒 – Menu 27/39 € – Carte 46/62 €

L'Écrin de Yohann Chapuis, 1 rue Albert-Thibaudet – 𝒞 03 85 51 13 52 –
www.restaurant-greuze.fr – Fermé lundi, dimanche soir

ⅠⅠ◯ LE TERMINUS

MODERNE · CONTEMPORAIN ⅩⅩ À la carte de cet ancien buffet de gare 1900, une cuisine au goût du jour qui place la fraîcheur au-dessus de toutes les vertus ! On déjeune ou on dîne côté brasserie, dans une salle intime et cosy. À l'étage, quelques chambres.

🛏 ⌂ 🅰 ⇔ 🅿 – Menu 23 € (déjeuner)/33 € – Carte 40/70 €

21 avenue Gambetta – ℰ 03 85 51 05 54 – www.hotel-terminus-tournus.com – Fermé mercredi, dimanche

🏠 AUX TERRASSES

BOUTIQUE HÔTEL · CONTEMPORAIN Un hôtel familial aux chambres spacieuses, confortable, fort bien tenues, et aux tarifs raisonnables. Pour un confort supérieur, on peut dormir "sous les toits", dans de magnifiques chambres contemporaines.

🕴 🖶 & 🅰 🅿 – 20 chambres

18 avenue du 23-Janvier – ℰ 03 85 51 01 74 – www.aux-terrasses.com

❀ **Aux Terrasses** – Voir la sélection des restaurants

URZY

✉ 58130 – Nièvre – Carte régionale n° **5**-A2

ⅠⅠ◯ LA FONTAINE CAVALIER

MODERNE · CONTEMPORAIN Ⅹ Au menu de cet ancien corps de ferme transformé en restaurant, une savoureuse cuisine de produits : ballotine de foie gras de canard roulé au magret fumé et purée de betterave ; carré de cochon au miel et au romarin ; île flottante aux pralines roses... Le tout à prix raisonnables. Belle terrasse ouverte sur la nature.

⌂ & ⇔ 🅿 – Menu 21 € (déjeuner), 29/35 €

Chemin des Cavaliers (Domaine Jeunot) – ℰ 03 86 57 41 71 – www.fontaine-cavalier.com – Fermé lundi soir, mardi soir, mercredi

VALLOUX

✉ 89200 – Yonne – Carte régionale n° **5**-B2

🕸 AUBERGE DES CHENETS

TRADITIONNELLE · AUBERGE ⅩⅩ On oublie vite la route toute proche, lorsque l'on s'attable près de la cheminée de cette agréable auberge ! Au menu : de bons petits plats d'inspiration bourguignonne, joliment tournés et parfumés. La belle carte des vins fait honneur à la région.

Spécialités: Cuisine du marché.

🍷 🅰 – Menu 31/70 €

10 route Nationale 6 – ℰ 03 86 34 23 34 – Fermé 1er-11 mars, 21 juin-7 juillet, 8 novembre-1er décembre, lundi, mardi, dimanche soir

VAULT-DE-LUGNY

✉ 89200 – Yonne – Carte régionale n° **5**-B2

❀ CHÂTEAU DE VAULT DE LUGNY

MODERNE · HISTORIQUE ⅩⅩ Dans l'un de ses romans, Michel Houellebecq met en scène la terrasse de ce château qui s'ouvre face à un vaste parc et un platane du 17e s. Le chef mauricien Franco Bowanee a créé à cette occasion un pressé de homard dédié à l'écrivain. Pour le reste, ce cuisinier cisèle une fine cuisine actuelle qu'il émaille de petites touches d'exotisme. Ses assiettes franches et pleines de saveur mettent en valeur non seulement les produits nobles, mais aussi les légumes du magnifique potager du domaine. On s'attable dans un cadre majestueux – dont une salle dans les anciennes cuisines du château – et l'on se plonge dans la lecture de l'imposante carte de bourgognes.

Spécialités: Silure façon jambon persillé. Truite bio de Crisenon, pomme, fenouil, citronnelle et lait de coco. Couronne de fruits rouges, sablé au curcuma, sorbet yaourt.

❀ ⌂ 🏠 **P** – Menu 59 € (déjeuner), 79/139 €

11 rue du Château – ☎ 03 86 34 07 86 – www.lugny.fr –
Fermé 15 novembre-25 mars, lundi midi, mardi midi, mercredi midi

🏰 CHÂTEAU DE VAULT DE LUGNY

DEMEURE HISTORIQUE · GRAND LUXE Dans son immense parc aux arbres centenaires, à l'abri derrière ses douves en eau et ses tours crénelées, ce château du 16ᵉ s. n'est que raffinement : tentures, lits à baldaquin, objets d'art... sans oublier la piscine logée sous des voûtes de pierre séculaires. Mémorable !

⌂ ⤢ ⟨ ⌂ ◻ ⛳ **P** – 15 chambres – 2 suites

11 rue du Château – ☎ 03 86 34 07 86 – www.lugny.fr

❀ **Château de Vault de Lugny** – Voir la sélection des restaurants

VÉZELAY

✉ 89450 – Yonne – Carte régionale n° **5**–B2 – Carte Michelin 319-F7

🍽 L'ETERNEL ⓝ

MODERNE · CLASSIQUE XX Au pied de la colline qui mène à la basilique de Vézelay, haut lieu de pèlerinage spirituel, on sait aussi cultiver des nourritures bien terrestres. La modernité est de mise dans l'assiette (foie gras de canard à la fève tonka, gelée de fraise), le cadre est lumineux : parfait prélude avant de visiter, dans la foulée, l'étonnant musée Zervos.

⌂ 🏠 🆔 **P** – Menu 46/85 €

Place du Champ-de-Foire – ☎ 03 73 53 03 20 – www.hplv-vezelay.com –
Fermé 2 janvier-28 février, lundi, mardi, mercredi midi, jeudi midi, vendredi midi

VILLEBLEVIN

✉ 89340 – Yonne – Carte régionale n° **5**–A1 – Carte Michelin 319-B2

🍽 AUBERGE L'ESCALE 87

TRADITIONNELLE · COSY X Une bien chaleureuse auberge au bord de l'ancienne N6, dont l'intérieur coquet se pare de divers objets agrestes et de mobilier rustique. La tradition est de mise dans les assiettes, goûteuses, colorées, et servies avec le sourire par-dessus le marché : on passe un moment très agréable. Plaisante terrasse sur l'arrière.

🏠 🆔 – Menu 23 € (déjeuner), 33/55 € – Carte 39/64 €

Le Petit-Villeblevin – ☎ 03 86 66 42 56 – www.lescale87.fr –
Fermé 5-24 août, 23-31 décembre, lundi soir, mardi, mercredi, jeudi soir, dimanche soir

VINCELOTTES

✉ 89290 – Yonne – Carte régionale n° **5**–B1

🍽 AUBERGE LES TILLEULS

TRADITIONNELLE · AUBERGE XX Pause bucolique au bord de l'Yonne. Ici, le chef mise sur les bons produits et concocte une savoureuse cuisine traditionnelle ou des recettes plus actuelles. Terrasse à fleur d'eau et bon choix de bourgognes. Chambres pour l'étape.

❀ ⟵ 🏠 🆔 ⟐ – Menu 22 € (déjeuner), 38/75 € – Carte 58/100 €

12 quai de l'Yonne – ☎ 03 86 42 22 13 – www.auberge-les-tilleuls.com –
Fermé 13 décembre-14 février, mardi, mercredi

VIRÉ

✉ 71260 – Saône-et-Loire – Carte régionale n° **5**–C3 – Carte Michelin 320-J11

⭑○ FRÉDÉRIC CARRION CUISINE HÔTEL

MODERNE · COSY XX L'élégante salle à manger associe le cachet de cet ancien relais de poste (parquet, cheminée) à des notes plus cosy et feutrées. Le chef travaille les beaux produits régionaux dans des préparations volontiers créatives. On accompagne le tout d'une jolie sélection de vins, en particulier de viré-clessés. Jolies chambres et espace bien-être pour agrémenter un séjour d'oenotourisme.

🕭 ⇔ ᘘ ⚖ ⒶⒸ – Menu 79/99€ – Carte 102/136€

Place André-Lagrange – 𝒞 03 85 33 10 72 – www.hotel-restaurant-carrion.fr –
Fermé 9-20 janvier, 14-24 mars, 14-26 novembre, lundi, mardi, mercredi midi, jeudi midi, vendredi midi, samedi midi

VOLNAY

✉ 21190 – Côte-d'Or – Carte régionale n° **5**–A3

⭑○ L'AGASTACHE

MODERNE · COLORÉ X Le bouche-à-oreille a imposé progressivement cette table dans la région, et c'est mérité : le chef est très attentif à la qualité de ses produits (veau de l'Aveyron, pigeonneau de Pornic, produits des fermes aux alentours) et sa cuisine se révèle aussi gourmande que bien équilibrée.

🖼 ⚖ ⒶⒸ – Menu 26€ (déjeuner), 42/48€

1 rue de la Cave – 𝒞 03 80 21 12 30 – www.lagastache-restaurant.com –
Fermé lundi, dimanche

VALRHONA

Imaginons le meilleur du chocolat®

VALRHONA EST FIÈRE D'ÊTRE

B Corp

NOUS SOMMES HEUREUX DE REJOINDRE LA COMMUNAUTÉ DES ENTREPRISES LES PLUS ENGAGÉES AU MONDE. Avec Valrhona, vous faites le choix d'un chocolat à impact positif pour les Hommes et

Entreprise

FRANCHE-COMTÉ

Des fromages longuement mûris en fruitières, des viandes fumées, des salaisons fameuses comme la saucisse de Morteau, des champignons en abondance à l'image de la célèbre morille, des poissons et des écrevisses : destination nature et gourmande, la Franche-Comté est un terroir généreux. Nature, cette région située entre les Vosges et les Alpes, couverte de montagnes et de forêts de résineux, de rivières et de lacs, l'est assurément ; gourmande, elle l'est aussi grâce à une cuisine rustique. Basée sur des produits d'excellence, elle tient chaud au corps au cœur de l'hiver : velouté d'oignon au comté fruité, terrine de campagne, lapin à la moutarde, poulet au vin du Jura, truite au bleu, morilles à la crème...

Pays d'élevage riche en pâturages à la flore unique, la Franche-Comté est un grand pays de fromages : morbier, mont-d'or, bleu de Gex, cancoillote et bien évidemment le divin comté ! Ce dernier, fleuron de la gastronomie franc-comtoise, est fabriqué uniquement avec le lait de montbéliardes ou de vaches de race pie rouge de l'Est. Enfin, laissez-vous surprendre par les vins francs-comtois. Le plus fameux demeure le vin jaune aux arômes complexes et uniques...

• Carte régionale n° 6

ARBOIS

✉ 39600 – Jura – Carte régionale n° **6**–B2 – Carte Michelin 321-E5

❀❀ MAISON JEUNET

Chef: Steven Naessens

CRÉATIVE · ÉLÉGANT 🟦🟦 Steven Naessens, originaire de Bruges, a longtemps secondé Jean-Paul Jeunet avant de lui succéder à la tête de son restaurant en 2016. Tout en assumant l'héritage de son prédécesseur, il affirme sans hésitation son identité de chef, en s'appuyant largement sur les trésors de la nature environnante : oseille des montagnes, ortie, badiane, pimprenelle... sans oublier le gibier : le lièvre à la royale est l'une de ses spécialités. Notons que cette (salutaire) révolution de palais a épargné certains grands classiques de la maison : on est ravis, par exemple, que la fameuse poularde de Bresse aux morilles et vin jaune soit toujours à la carte.

Spécialités: Escargot, chou de Bruxelles et radis bleu. Volaille de Bresse aux morilles et vin jaune. Figues en pressé de poivre de Jamaïque.

🕸 ⇆ 🅰 ⬆ – Menu 65 € (déjeuner), 125/155 € – Carte 110/140 €

9 rue de l'Hôtel-de-Ville – ℰ 03 84 66 05 67 – www.maison-jeunet.com – Fermé mardi, mercredi, jeudi

🍽 LES CAUDALIES

MODERNE · ÉLÉGANT 🟦🟦 A la tête de cette maison bourgeoise sise au cœur des vignobles, œuvre un savant sommelier, Meilleur Ouvrier de France : Philippe Troussard. Son grand talent et la richesse de sa carte (800 références) lui permettent d'accompagner à merveille les assiettes, soignées et généreuses : l'accord mets et vin porté au rang d'art. Ambiance feutrée.

🕸 ⇆ 🪑 ᴋ 🅰 ⟷ 🅿 – Menu 20 € (déjeuner), 45/65 € – Carte 59/72 €

20 avenue Pasteur – ℰ 03 84 73 06 54 – www.lescaudalies.fr – Fermé 15-28 février, 18 octobre-3 novembre, lundi, mardi

🍽 LE BISTRONOME

TRADITIONNELLE · BISTRO 🟩 Après cinq ans passés à la Maison Jeunet, Lisa et Jérôme ont repris cette sympathique adresse. Au programme : salle d'été en terrasse donnant sur la rivière, intérieur de bistrot chaleureux, et surtout menu très attractif ! Plat phare de la maison, la ballottine de truites farcie aux morilles et sauce au vin jaune n'attend que vous...

🌿 ᴋ ⟷ – Menu 20 € (déjeuner)/28 € – Carte 46/59 €

62 rue de Faramand – ℰ 03 84 53 08 51 – www.le-bistronome-arbois.com – Fermé lundi, dimanche soir

BALANOD

✉ 39160 – Jura – Carte régionale n° **6**–A3 – Carte Michelin 321-C8

🍽 PHILIPPE BOUVARD

TRADITIONNELLE · RUSTIQUE 🟦🟦 Une petite auberge chaleureuse et conviviale, portée par le chef Philippe Bouvard, passionné et généreux... et qui n'a pas la grosse tête. Parmi ses spécialités, le soufflé au comté, la côte de veau ou le poulet de Bresse au vin jaune. Une adresse où l'on se sent bien.

🌿 ᴋ 🅿 – Menu 14 € (déjeuner), 32/75 € – Carte 15/35 €

111 Grand-Rue – ℰ 03 84 48 73 65 – www.restaurantphilippebouvard.eatbu.com – Fermé lundi, mardi soir, mercredi soir, jeudi soir, dimanche soir

BARRETAINE

✉ 39800 – Jura – Carte régionale n° **6**–B3 – Carte Michelin 321-E6

🏠 MAISON ZUGNO

DEMEURE HISTORIQUE · PERSONNALISÉ Cette maison du 17ᵉ s. au cachet bourgeois abrite des chambres confortables et personnalisées. Une adresse de renom emportée par l'enthousiasme d'un jeune couple, qui a redonné vie à cette bâtisse perdue dans la nature. Produits franc-comtois à l'honneur au restaurant.

🏔 ⚘ 🪑 🅿 🚗 – 8 chambres

Route Nationale 5, Les Monts-de-Vaux – ℰ 03 84 53 10 31 – www.maison-zugno.com

BELFORT

✉ 90000 – Territoire de Belfort – Carte régionale n° **6**–C1 – Carte Michelin 315-F11

⅋○ **LE DIX'VINS**

MODERNE · **BISTRO** ⅋ Cuisine dans l'air du temps, bien tournée, aux cuissons justes, pour ce nouveau bistrot de Belfort. A noter quelques audaces sur les choix de produits ; poulpe, omble, médaillon de pied de porc et jus corsé. L'atmosphère est sympathique et le service avenant.

Menu 18 € (déjeuner)/25 € – Carte 44/52 €

3 bis rue du Comte-de-la-Suze – ℰ 09 67 58 39 50 –
Fermé lundi, dimanche

BESANÇON

✉ 25000 – Doubs – Carte régionale n° **6**–B2 – Carte Michelin 321-G3

⅋○ **LE MANÈGE**

MODERNE · **TENDANCE** ⅋⅋⅋ Une vraie bonne table que cet ancien manège militaire (au pied de la citadelle) entièrement redécoré en 2013 ; on y déguste une cuisine délicate et savoureuse, signée par un chef autodidacte et amoureux du travail bien fait. Une valeur sûre.

🏠 🅰🅒 ⇆ – Menu 32/43 € – Carte 32/43 €

2 faubourg Rivotte – ℰ 03 81 48 01 48 – www.restaurantlemanege.com –
Fermé 2-26 janvier, 22 août-7 septembre, lundi, samedi midi, dimanche soir

⅋○ **LE ST-PIERRE**

TRADITIONNELLE · **ÉLÉGANT** ⅋⅋⅋ Une cuisine gastronomique mettant le poisson et les bons produits à l'honneur ; beaucoup de finesse relevée d'une pointe d'originalité ; un cadre élégant et cosy (pierres apparentes) : ce Saint-Pierre est un petit paradis des saveurs !

🅰🅒 ⇆ – Menu 45 € – Carte 28/48 €

104 rue Battant – ℰ 03 81 81 20 99 – www.restaurant-saintpierre.com –
Fermé 1er-4 janvier, 17-26 avril, 24 juillet-16 août, samedi midi, dimanche

⅋○ **LE POKER D'AS**

TRADITIONNELLE · **RUSTIQUE** ⅋⅋ Dans cette sympathique maison familiale, le respect de la tradition n'empêche pas l'évolution : si les tables sculptées sont toujours de mise, le décor se fait désormais plus moderne. Et dans l'assiette, on trouve toujours de bons produits du terroir régional, travaillés avec soin...

🅰🅒 – Menu 26/48 € – Carte 38/71 €

14 square Saint-Amour – ℰ 03 81 81 42 49 –
www.lesmeilleursrestos.fr/accueil/56-restaurant-le-poker-d-as.html – Fermé 1er-4 janvier,
11 juillet-9 août, lundi, dimanche

⅋○ **LE SAINT CERF**

MODERNE · **CONTEMPORAIN** ⅋ Ce bistrot contemporain au cadre agréable propose une cuisine mâtinée d'influences diverses, dont des touches asiatiques, maîtrisée de bout en bout, sans ostentation, et goûteuse. Ajoutez à cela une tendance affichée au "nature" (saisonnalité, produits), saupoudrez de plats végétariens et vous obtenez une valeur sûre du renouveau bisontin.

❀ *L'engagement du chef:* "Nous travaillons uniquement des produits de saison issus de partenaires régionaux. Légumes bio et herbes sauvages, pêche française, viandes de qualité - bœuf Black Angus et Hereford principalement. Notre compost est récupéré chaque semaine par un jeune créateur d'entreprise de maraîchage bio. Nous servons une eau micro-filtrée à chaque table."

🅰🅒 – Menu 26 € (déjeuner), 35/45 €

1 rue Megevand – ℰ 03 81 50 10 20 – Fermé 1er-3 janvier, 17-24 avril, 7-29 août,
lundi soir, samedi, dimanche

LE SAUVAGE

HISTORIQUE · ÉLÉGANT Dans la vieille ville, le bâtiment est chargé d'histoire : couvent des minimes depuis le Moyen-Âge, saisi à la Révolution, il a été investi par les sœurs clarisses à partir de 1854... Salons intimes, belles boiseries et mobilier chiné, vues sur le Doubs et les remparts : les lieux ne sont qu'élégance et quiétude.

🛏 🖭 ⚘ 🏋 🅿 – 24 chambres

6 rue du Chapître – 𝓒 03 81 82 00 21 – www.hotel-lesauvage.com

BONLIEU

✉ 39130 – Jura – Carte régionale n° **6**–B3 – Carte Michelin 321-F7

 LA POUTRE

MODERNE · RUSTIQUE 🕱🕱 Au cœur du bourg, cette auberge familiale de 1740 cultive son charme rustique. Pour la petite histoire, sachez que la poutre qui soutient le plafond mesure 17 m et provient d'une grume de sapin de 3 m³ ! Quant au chef, il vous régale d'une jolie cuisine d'aujourd'hui, savoureuse et raffinée.

Spécialités : Truite marinée, salade de quinoa et crème ciboulette. Poitrine de porc confite, pot de pommes de terre, sauce raifort. Verrine de prunes et mousse allégée au thé.

🍽 ⚘ ✿ 🅿 – Menu 34/98 € – Carte 62/95 €

25 Grande-Rue – 𝓒 03 84 25 57 77 – www.aubergedelapoutre.com – Fermé 1er janvier-7 mai, mardi, mercredi

BONNÉTAGE

✉ 25210 – Doubs – Carte régionale n° **6**–C2 – Carte Michelin 321-K3

❀ **L'ÉTANG DU MOULIN**

Chef : Jacques Barnachon

MODERNE · FAMILIAL 🕱🕱🕱 En été, on atterrit ici après une longue marche par les belles forêts jurassiennes, l'appétit en bandoulière. Et en hiver, c'est raquettes au pied qu'on s'installe dans ce décor de conte de Noël, avec l'envie de se réchauffer avec un crémeux de potiron... Ce chalet contemporain, situé au pied des montagnes et au bord d'un étang, tient toutes ses promesses. Dans un registre plutôt traditionnel, la cuisine de Jacques Barnachon fait la part belle au terroir, de l'entrée (où le foie gras est souvent à l'honneur) jusqu'au dessert, en passant par les gibiers d'automne. La maison célèbre les morilles printanières au vin jaune avec une gourmandise incomparable. On se laisse séduire par des produits de qualité et des combinaisons de saveurs harmonieuses... et par une carte des vins pleine de bonnes surprises.

Spécialités : Morilles cuites en ragoût à la crème et au vin jaune. Ris de veau caramélisé au miel de sapin et vinaigre balsamique, pomme elstar. Fraîcheur de gentiane, parfait glacé aux bourgeons de sapin.

❀ *L'engagement du chef :* "Notre carte témoigne de notre engagement à proposer des produits durables et saisonniers, dont les ressources ne sont pas menacées. Nous nous attelons également à gérer nos déchets de la manière la plus réfléchie possible."

🐝 ⧀ 🛏 ⚘ 🅿 – Menu 65/149 € – Carte 71/96 €

5 chemin de l'Étang-du-Moulin – 𝓒 03 81 68 92 78 – www.etang-du-moulin.com – Fermé 2 novembre-15 mars, lundi, mardi, mercredi, jeudi midi

☺ **LE BISTROT**

TRADITIONNELLE · BISTRO 🕱 Croûte forestière, entrecôte de veau, filet de truite, saucisse de Morteau : les produits et recettes de tradition sont au menu de cet agréable Bistrot, qui complète idéalement l'offre de restauration de l'Étang du Moulin. Une cuisine simple et bien réalisée : on en redemande !

Spécialités : Croûte forestière. Tagliatelles à la saucisse de Morteau, émulsion de cancoillotte au savagnin. Glace à la gentiane et bourgeons de sapin.

🍽 ⚘ – Menu 24/38 € – Carte 33/54 €

L'Étang du Moulin, 5 chemin de l'Étang-du-Moulin – 𝓒 03 81 68 92 78 – www.etang-du-moulin.com – Fermé lundi, mardi midi

L'ÉTANG DU MOULIN

FAMILIAL · FONCTIONNEL La nature pour écrin ! Ce grand chalet se dresse au bord d'un étang dont seul le léger clapotis vient troubler le calme des environs... Les chambres ouvrent grand sur la nature (certaines avec balcon) et leur décor contemporain rend zen. Agréable espace bien-être.

న ⊗ ≼ ⌂ ⊕ ⋔ ⌔ ⊡ ౬ ⚲ **P** – 19 chambres

5 chemin de l'Étang-du-Moulin – ℰ *03 81 68 92 78 – www.etang-du-moulin.com*

⊛ **Le Bistrot** · ⊛ **L'Étang du Moulin** – Voir la sélection des restaurants

CHAMESOL

✉ 25190 – Doubs – Carte régionale n° **6**-C2 – Carte Michelin 321-K2

⊛ MON PLAISIR

Chef : Christian Pilloud

MODERNE · COSY ✗✗ Sur le plateau de Lomont qui domine la vallée du Doubs, cette accueillante maison de pays fait de l'œil dès l'entrée du village. L'ambiance cosy, avec son salon confortable et sa salle à manger bourgeoise élégante, est tout entière dédiée aux plaisirs généreux de la table. Admirateur de Paul Bocuse et du grand chef suisse Freddy Girardet, le chef Christian Pilloud est un classique ouvert à la modernité. Professionnel rigoureux, il magnifie les beaux produits du terroir, escargots, volailles fermières, fromages de Bourgogne et de Franche-Comté. Au rythme des saisons, on se régale de pressé de foie gras avec ses ris de veau à la truffe, de tourteau au combawa, de boudin blanc d'escargots ou d'un carré de cochon en croûte de pomme de terre.

Spécialités : Cuisine du marché.

⊛ 🅺 **P** – Menu 49/99 €

22 lieu-dit Journal – ℰ *03 81 92 56 17 – www.restaurant-mon-plaisir.com – Fermé 8-16 mars, 30 août-14 septembre, 21 décembre-1ᵉʳ janvier, lundi, mardi, dimanche soir*

CHAMPLIVE

✉ 25360 – Doubs – Carte régionale n° **6**-C1 – Carte Michelin 321-H3

⊩◯ AUBERGE DU CHÂTEAU DE VAITE

RÉGIONALE · CONTEMPORAIN ✗✗ Désormais géré par la jeune génération de la famille, ce restaurant moderne décline une cuisine traditionnelle bien tournée (truites, grenouilles, etc.). Thèmes décalés dans les chambres (blanc, nature) et, toujours, ce mur végétal qui fait de l'établissement une curiosité dans la région.

⇦ ⌂ 🏠 **P** – Menu 29/45 € – Carte 28/64 €

17 Grande-Rue – ℰ *03 81 55 20 66 – www.auberge-chateau-vaite.com – Fermé lundi, mercredi soir, dimanche soir*

COMBEAUFONTAINE

✉ 70120 – Haute-Saône – Carte régionale n° **6**-B1 – Carte Michelin 314-D6

⊛ LE BALCON

TRADITIONNELLE · AUBERGE ✗✗ Digne héritier de son père, le chef, Jean-Philippe Gauthier, perpétue la tradition de cette belle maison, avec ses incontournables – terrine de caille aux pruneaux et à l'armagnac et splendide chariot de fromages affinés –, que l'on savoure dans une salle alliant caractère et authenticité. Délicieux.

Spécialités : Terrine de filet de caille à l'armagnac et aux pruneaux. Poulet au vin jaune et aux morilles. Tarte sablée, crème brûlée et griottines de Fougerolles.

⇦ ఉ 🏠 – Menu 33/70 € – Carte 45/75 €

2 Grande-Rue – ℰ *03 84 92 11 13 – www.le-balcon-70.fr – Fermé 21 juin-4 juillet, 5-7 octobre, 26-31 décembre, lundi, mardi midi, dimanche soir*

BOURGOGNE - FRANCHE-COMTÉ · FRANCHE-COMTÉ

COURLANS

✉ 39570 – Jura – Carte régionale n° **6**-B3 – Carte Michelin 321-C6

⏣ AUBERGE DE CHAVANNES

MODERNE · ÉLÉGANT ✗✗ Une auberge contemporaine et chaleureuse ! L'assiette est joliment créative ; le chef se révèle aussi à l'aise avec la bouillabaisse (il a vécu à Marseille pendant 25 ans) qu'avec un poulet au vin jaune et morilles, clin d'œil à ses origines jurassiennes. Chambres spacieuses pour l'étape.

⟵ 🛏 ⅙ 🅰🅲 🅿 – Menu 28 € (déjeuner), 46/88 € – Carte 56/70 €

1890 avenue de Châlon – ℰ 03 84 43 24 34 – www.auberge-de-chavannes.com –
Fermé lundi, mardi midi, samedi midi, dimanche soir

DANJOUTIN

✉ 90400 – Territoire de Belfort – Carte régionale n° **6**-C1

✿ LE POT D'ÉTAIN

Chef : Philippe Zeiger

MODERNE · CONTEMPORAIN ✗✗ À quelques minutes du Lion de Belfort, ce Pot d'Étain brille de gourmandise grâce à un argentier de talent, le chef Philippe Zeiger. Il a relooké cette adresse incontournable qui se décline en trois salles, dont une table d'hôtes et un salon privatif. Il propose une cuisine précise et équilibrée, sans fausse note, appuyée sur des produits d'une fraîcheur irréprochable et, de temps à autre, des mariages de saveurs inédits. Voyez ces pétales de noix de Saint-Jacques marinées minute, caviar Kristal, gel de pomme verte et céleri-rave ou encore cette fregola sarda comme un risotto. Une gourmandise qui file droit à l'essentiel ! À noter aussi, le service du vin au verre au magnum (aussi rare que bon) et le rapport qualité-prix bluffant.

Spécialités : Velouté de châtaignes caramélisées, copeaux de foie gras et truffe noire. Homard bleu décortiqué cuit meunière, sauce coraline. Soufflé chaud aux noisettes torréfiées, sorbet quetsche.

🕸 ⅙ 🅰🅲 ⇦⇨ 🅿 – Menu 35 € (déjeuner), 58/98 € – Carte 98/121 €

4 avenue de la République – ℰ 03 84 28 31 95 – www.restaurant-potdetain.fr –
Fermé lundi, samedi midi, dimanche soir

DOLE

✉ 39100 – Jura – Carte régionale n° **6**-B2 – Carte Michelin 321-C4

✿ LA CHAUMIÈRE

Chef : Joël Césari

CRÉATIVE · ÉLÉGANT ✗✗✗ Cachet des pierres apparentes et style contemporain pour cette élégante auberge du 21ᵉ s. située aux portes de Dole. Le jeune Joël Césari a forgé sa vocation comme apprenti auprès d'André Jeunet, mentor de la cuisine jurassienne, avant de poursuivre sa route à Paris (Pavillon Ledoyen) ou encore à Chagny (Maison Lameloise). Amoureux de la nature, il trouve son inspiration dans les produits locaux, légumes, fruits, herbes, champignons et de nombreux poissons de rivière. Sa cuisine inventive se renouvelle au gré du marché et de la pêche : sandre, céleri, morilles ; filets de perches, coco de Paimpol, hareng fumé, citron ; ou encore brochet, risotto d'épeautre et oseille. Ces mets s'accompagnent de beaux crus du Jura ou de vins naturels, choisis par un sommelier ravi de prodiguer ses conseils avisés. Le restaurant gastronomique n'est désormais ouvert que du vendredi soir au samedi soir. En semaine, le restaurant La Bagatelle prend le relais avec une offre bistronomique axée sur une cuisine moderne.

Spécialités : Escargots au fil des saisons. Poularde de Bresse et morilles au vin jaune. Crème brûlée au vin jaune, morilles confites, glace baies de genièvre, absinthe, curry.

🕸 ⟵ 🛏 🛏 ⇦⇨ 🅿 – Menu 34 € (déjeuner), 75/140 € – Carte 50/110 €

346 avenue du Maréchal-Juin – ℰ 03 84 70 72 40 – www.lachaumiere-dole.fr –
Fermé 1ᵉʳ-15 janvier, 27 avril-4 mai, 26 octobre-4 novembre, lundi, dimanche

🏵 GRAIN DE SEL

MODERNE · SIMPLE ✗ Un cadre plaisant, une terrasse ombragée et des recettes originales, soignées et savoureuses : le jeune chef fait des merveilles, et l'on a beau être au Grain de Sel, la note n'est pas salée ! Carte renouvelée régulièrement.

Spécialités : Foie gras au fil des saisons. Filet de canette rôtie au miel. Douceur chocolatée.

🍽 – Menu 22 € (déjeuner), 30/55 €

67 rue Pasteur – ℰ 03 84 71 97 36 – www.restaurant-graindesel.fr – Fermé mardi soir, mercredi, dimanche soir

🏵 IIDA-YA

JAPONAISE · CONTEMPORAIN ✗ Confit de poitrine de porc sauce gingembre, sushis, makis ou tempura... Dans son restaurant zen et chic – et sous vos yeux –, le chef nippon concocte des mets raffinés, autour desquels se rencontrent (et s'apprécient) les cuisines française et japonaise. Belle carte de sakés. Adulé à Dole !

Spécialités : Ravioli japonais gyoza. Confit de poitrine de porc au gingembre. Gâteau japonais, génoise matcha et haricots rouges sucrés.

🕸 🍽 ♿ 🅰🅲 – Menu 23 € (déjeuner), 32/95 € – Carte 30/60 €

18 rue Arney – ℰ 03 84 70 98 73 – www.iida-ya.fr – Fermé 1er-5 janvier, 1er-15 septembre, lundi, mardi, dimanche soir

🍽 LA ROMANÉE

POISSONS ET FRUITS DE MER · INTIME ✗✗ À la recherche d'un restaurant de poisson à Dole ? Cette ancienne boucherie pleine de charme – deux salles voûtées avec pierre apparente – est l'adresse qu'il vous faut. Le chef, originaire de Guérande, fait la part belle au... poisson, sans pour autant laisser les fous de viande au port. Service cordial.

🍽 ♻ – Menu 20 € (déjeuner), 30/36 € – Carte 30/45 €

13 rue des Vieilles-Boucheries – ℰ 03 84 79 19 05 – www.restaurant-laromanee.fr – Fermé 5-25 juillet, 19 décembre-2 janvier, mardi soir, mercredi, dimanche soir

ÉCOLE-VALENTIN

✉ 25480 – Doubs – Carte régionale n° **6**–B2 – Carte Michelin 321-F3

🏵 BISTROT DE VALENTIN

TRADITIONNELLE · BISTRO ✗ Produits locaux de bonne qualité, assaisonnements et cuissons maîtrisés, assiettes aussi précises que gourmandes... L'esprit est gastronomique – le chef Jean-François Maire fut étoilé – mais sans prétention, au gré d'une carte courte renouvelée au fil des saisons : salade paysanne, darne de truite, ris de veau, finger croustillant noisette.

Spécialités : Terrine paysanne, salade verte. Darne de truite, sauce chorizo, petit chou farci aux légumes. Finger croustillant à la noisette.

🍽 🅿 – Menu 31/51 € – Carte 39/50 €

34 rue du Vallon – ℰ 03 81 80 03 90 – www.bistrotdevalentin.fr – Fermé 1er-23 août, 24 décembre-3 janvier, lundi soir, mardi soir, mercredi soir, dimanche

ÉTUPES

✉ 25460 – Doubs – Carte régionale n° **6**–C1 – Carte Michelin 321-L1

🏵 AU FIL DES SAISONS

MODERNE · DESIGN ✗ Dans la jolie maison de Stéphane et Fabienne Robinne, le fil des saisons est bien sûr un leitmotiv, mais pas seulement : les beaux produits sont à l'honneur, mis en valeur à travers de judicieuses harmonies de saveurs et une certaine recherche esthétique. Respect de la tradition et sensibilité d'aujourd'hui !

Spécialités : Rillettes de lapin aux aromates. Paleron de veau cuit à basse température, légumes verts. Pavlova aux fruits frais.

🍽 ♿ ♻ – Menu 32/44 € – Carte 58/69 €

3 rue de la Libération – ℰ 03 81 94 17 12 – www.aufildessaisons.eu – Fermé 1er-8 janvier, 1er-15 août, lundi, samedi midi, dimanche

LES FINS

✉ 25500 – Doubs – Carte régionale n° **6**-C2 – Carte Michelin 321-J4

🍴○ **CROQUE SAISON**

CUISINE DU MARCHÉ · **CONTEMPORAIN** ✕ Originaire du Mans, le chef a créé de toutes pièces cette maison en bois et verre, dont la terrasse offre une vue imprenable sur le val de Morteau. Les assiettes sont soignées, mettant en valeur des produits de superbe qualité (poissons, notamment), et le service est efficace. Venez croquer les saisons, vous ne le regretterez pas.

 ⪡ 🌼 ♿ **P** – Menu 45/65 € – Carte 30/45 €

Sous Les Sangles – ℰ 03 81 64 32 20 – Fermé 15 juillet-5 août, mardi soir, mercredi, dimanche soir

GOUMOIS

✉ 25470 – Doubs – Carte régionale n° **6**-C2 – Carte Michelin 321-L3

🍴○ **TAILLARD**

CLASSIQUE · **VINTAGE** ✕✕ La vue sur la vallée est très agréable et la cuisine du terroir concoctée par le chef – savoureuse et très raffinée – n'a rien à lui envier ! Une maison familiale et de tradition.

 🏩 ⪬ ⪡ 🍴 🌼 **P** – Menu 33/89 € – Carte 57/89 €

3 route de la Corniche – ℰ 03 81 44 20 75 – www.hotel-taillard.fr – Fermé 1ᵉʳ janvier-13 mars, lundi midi, mercredi midi

MALBUISSON

✉ 25160 – Doubs – Carte régionale n° **6**-C3 – Carte Michelin 321-H6

❀ **LE BON ACCUEIL**

Chef: Marc Faivre

MODERNE · **COSY** ✕✕ Une solide adresse qui ne fait pas mentir son nom : depuis quatre générations, ce chalet régional, chaleureux et confortable, pratique l'art jurassien de l'hospitalité au cœur du Haut-Doubs. Il y a le lac de Saint-Point juste de l'autre côté de la route, le Suchet et la Suisse, juste derrière. Ici, on met du cœur pour assurer un bon accueil... et une bonne chère ! Le chef Marc Faivre a travaillé chez Georges Blanc, Pierre Gagnaire et à la Maison Lameloise avant de revenir sur ses terres pour y faire chanter le terroir franc-comtois. Sa cuisine fine et savoureuse nous transporte : la truite au bleu ou à l'absinthe, le poulet fermier, morilles et sauce au vin jaune du Jura (évidemment !) ou encore le pigeon rôti, foie gras de canard et artichaut...

Spécialités : Tarte fine à la saucisse de Morteau, étuvée de poireau et œuf poché. Pigeon rôti au foie gras de canard. Cannelloni croustillant au macvin, poêlée de fruits.

 🏩 ⪬ 🍴 ♿ **P** 🚗 – Menu 48/92 € – Carte 85/100 €

1 chemin de la Grande-Source – ℰ 03 81 69 30 58 – www.le-bon-accueil.fr – Fermé 28 juin-8 juillet, 1ᵉʳ-11 novembre, 13 décembre-13 janvier, lundi, mardi, dimanche soir

MANCENANS-LIZERNE

✉ 25120 – Doubs – Carte régionale n° **6**-C2 – Carte Michelin 321-K3

🍴○ **AU COIN DU BOIS**

TRADITIONNELLE · **ÉLÉGANT** ✕✕ Une maison à la fois simple et soignée, entourée de sapins et avec une agréable terrasse. Le chef signe une cuisine soignée, réalisée avec de bons produits frais.

 🍴 🌼 **P** – Menu 18 € (déjeuner), 33/56 € – Carte 25/64 €

Rue Sous-le-Rang – ℰ 03 81 64 00 55 – www.restaurant-aucoindubois.com – Fermé 25 janvier-10 février, 26 avril-5 mai, 27 septembre-6 octobre, lundi soir, mardi soir, mercredi, dimanche soir

LES MOLUNES

✉ 39310 – Jura – Carte régionale n° **6**-B3 – Carte Michelin 321-F8

LE PRÉ FILLET

TRADITIONNELLE · VINTAGE XX Au beau milieu des champs et des bois, un restaurant simple et authentique. Derrière les fourneaux, le chef concocte de bonnes recettes copieuses, dans lesquelles le terroir se taille la part du lion ; on les déguste dans une salle ouverte sur la nature. Et l'accueil est aux petits oignons !

⇄ ⋖ ⊡ 🅿 🛋 – Menu 14 € (déjeuner), 26/50 €

Route des Moussières – ℰ 03 84 41 62 89 – www.hotel-leprefillet.com –
Fermé 22 avril-4 mai, 20-29 juin, 29 octobre-7 décembre, lundi, dimanche soir

MONTBÉLIARD

✉ 25200 – Doubs – Carte régionale n° **6**–C1 – Carte Michelin 321-K1

LE ST-MARTIN

MODERNE · INTIME XxX Olivier Prévôt-Carme signe une cuisine riche de parfums, où le produit est roi. Pas de superflu, mais une justesse des recettes, cuissons et assaisonnements qui rehausse la saveur de chaque ingrédient. Rien de prétentieux, rien de compliqué... que du plaisir !

⇄ – Menu 29 € (déjeuner)/85 € – Carte 73/94 €

1 rue du Général-Leclerc – ℰ 03 81 91 18 37 – www.le-saint-martin.fr –
Fermé 16-23 mai, 1ᵉʳ-22 août, lundi, samedi midi, dimanche

ORNANS

✉ 25290 – Doubs – Carte régionale n° **6**–B2 – Carte Michelin 321-G4

LA TABLE DE GUSTAVE

RÉGIONALE · BRASSERIE X Une carte courte avec de grands classiques de la région (salade comtoise, croûte aux morilles, fondue au comté, ou encore cette truite "belle lodoise" farcie aux morilles), le tout dans un décor contemporain agréable : une bonne adresse.

⇄ 🛋 & – Menu 15 € (déjeuner), 21/28 € – Carte 21/46 €

11 rue Jacques-Gervais – ℰ 03 81 62 16 79 – www.latabledegustave.fr

PARCEY

✉ 39100 – Jura – Carte régionale n° **6**–B2 – Carte Michelin 321-C4

LES JARDINS FLEURIS

TRADITIONNELLE · CLASSIQUE XX Bar à la plancha ; caille désossée, galette de pommes de terre et morteau, soufflé glacé au Marc d'Arbois : ici les sens sont à la fête, les compliments fleurissent, et l'accueil est charmant. Terrasse sur l'arrière. Familial.

🛋 & ✿ – Menu 20/56 €

35 route Nationale 5 – ℰ 03 84 71 04 84 – www.restaurant-jardins-fleuris.com –
Fermé lundi, mardi, dimanche soir

PONT-DE-ROIDE

✉ 25150 – Doubs – Carte régionale n° **6**–C2 – Carte Michelin 321-K2

LA TANNERIE

TRADITIONNELLE · FAMILIAL X Au menu de cette maison toute simple qui borde le Doubs, une cuisine traditionnelle bien tournée, où les produits locaux sont privilégiés. Aux beaux jours, profitez de la terrasse au-dessus de la rivière.

🛋 – Carte 22/40 €

1 place du Général-de-Gaulle – ℰ 03 81 92 48 21 –
Fermé mercredi , samedi midi et le soir sauf samedi

PORT-LESNEY

✉ 39330 – Jura – Carte régionale n° **6**–B2 – Carte Michelin 321-E4

LE BISTROT PONTARLIER

TRADITIONNELLE · BISTRO ⅹ Au bord de la Loue, un grand bistrot foisonnant de bibelots chinés, une terrasse digne d'une guinguette et... une ode au terroir : comté, truite de rivière, etc. Évidemment, c'est sur une nappe à carreaux que l'on savoure le repas, généreux et canaille à souhait !

Spécialités : Œuf poché sauce meurette, écrasé de pommes de terre et fondue de poireaux. Suprême de volaille, champignons des bois. Paris-brest à notre façon.

🏠 🅿 – Menu 32 €

Place du 8-Mai-1945 – ☎ 03 84 37 83 27 – www.bistrotdeportlesney.com – Fermé 4 janvier-4 février, mercredi, jeudi

CHÂTEAU DE GERMIGNEY

MODERNE · COSY ⅹⅹⅹ Dans cet élégant Château, cossu et chic comme il se doit, la Provence et le Jura se sont unis pour le meilleur... Dans la salle voûtée, à l'orangerie ou sur la terrasse, on sert une cuisine centrée autour de produits régionaux et méditerranéens.

🏠 🅿 – Menu 45 € (déjeuner), 85/120 € – Carte 65/95 €

31 rue Edgar-Faure – ☎ 03 84 73 85 85 – www.chateaudegermigney.com – Fermé 3 janvier-3 février, lundi, mardi

CHÂTEAU DE GERMIGNEY

DEMEURE HISTORIQUE · ÉLÉGANT Bucolique ! Un parc superbe, une piscine écologique (l'eau d'un étang filtrée naturellement) et ce joli manoir, avec ses grandes chambres élégantes et pleines de charme. Tissus choisis, raffinement romantique, fumoir avec une cheminée monumentale... Tout cela pour vous donner une petite idée de la vie de château.

🅿 – 19 chambres – 1 suite

31 rue Edgar-Faure – ☎ 03 84 73 85 85 – www.chateaudegermigney.com

ⅺ◯ **Château de Germigney** – Voir la sélection des restaurants

PRATZ

✉ 39170 – Jura – Carte régionale n° **6**–B3 – Carte Michelin 321-E8

LES LOUVIÈRES

MODERNE · ÉPURÉ ⅹ C'est au bout d'une petite route qu'apparaît cette ferme de pays, à l'environnement paisible, rénovée dans un esprit chic et contemporain, sans renier son cachet montagnard. Un endroit attachant, où l'on savoure une cuisine alléchante, tel ce ris de veau au Madère.

🏠 🅿 – Menu 49 €

Les Louvières – ☎ 03 84 42 09 24 – www.leslouvieres.com – Fermé 18 février-31 mars, lundi, mardi, dimanche soir

PUPILLIN

✉ 39600 – Jura – Carte régionale n° **6**–B2 – Carte Michelin 321-E5

LE GRAPIOT

MODERNE · DESIGN ⅹⅹ Installé dans un village de vignerons renommé, ce restaurant chaleureux est le fief d'un passionné de saveurs et de beaux produits. Sa cuisine se prête idéalement aux accords avec les vins locaux – ça tombe bien, sa carte des vins du Jura est l'une des plus imposante du département. Bon rapport qualité-prix.

Spécialités : Taboulé comme un petit jardin, gelée de pomme au vin jaune. Palette et jambonneau de cochon confit , pomme dauphine à la Morteau. Poire pochée au vin d'épices , glace cannelle.

🏠 🅿 – Menu 34/60 € – Carte 38/62 €

3 rue Bagier – ☎ 03 84 37 49 44 – www.legrapiot.com – Fermé 2-9 juillet, 22 décembre-24 janvier, mardi, mercredi

ROYE

✉ 70200 – Haute-Saône – Carte régionale n° **6**-C1

🍴○ **LE SAISONNIER**

MODERNE · **MAISON DE CAMPAGNE** Dans la traversée du village, cette ancienne ferme n'attire pas particulièrement l'attention, et pourtant. Désormais menée par un jeune chef au beau parcours, elle propose une réjouissante cuisine du marché ; on prend son repas dans une salle moderne, ou sur l'agréable terrasse à l'arrière... Sympathique.

🛋️ 🌿 🅿️ – Menu 20 € (déjeuner), 34/78 € – Carte 44/74 €

56 rue de la Verrerie – 𝒞 03 84 30 46 00 – www.restaurant-lesaisonnier.fr – Fermé 1ᵉʳ-12 janvier, lundi, mardi

ST-GERMAIN-LÈS-ARLAY

✉ 39210 – Jura – Carte régionale n° **6**-B3 – Carte Michelin 321-D6

🍴○ **HOSTELLERIE ST-GERMAIN**

TRADITIONNELLE · **ÉLÉGANT** Face à l'église, ce sympathique relais de poste du 17ᵉ s. a été entièrement rénové avec élégance dans un style sobre et lumineux. Le chef travaille des produits du terroir – souvent bio – et concocte une cuisine gourmande, accompagnée de bons vins du Jura. Pour l'étape, des chambres confortables, plus calmes côté terrasse.

🛋️ 🌿 ♿ 🅰️ ♻️ 🅿️ – Menu 30 € (déjeuner), 43/80 € – Carte 60/85 €

635 Grande-Rue – 𝒞 03 84 44 60 91 – www.hostelleriesaintgermain.com – Fermé lundi, mardi midi, dimanche soir

ST-HIPPOLYTE

✉ 25190 – Doubs – Carte régionale n° **6**-C2 – Carte Michelin 321-K3

🍴○ **LE BELLEVUE**

TRADITIONNELLE · **VINTAGE** Truite blanche, pieds de porc... Une agréable cuisine traditionnelle concoctée à quatre mains par un père et son fils. On la déguste dans un cadre rustique et cossu, ou sur la terrasse ombragée aux beaux jours.

🛋️ 🌿 🅿️ 🍷 – Menu 29/44 € – Carte 35/60 €

28 Grande-Rue – 𝒞 03 81 96 51 53 – www.le-bellevue-hotel.com – Fermé 25-31 janvier, lundi midi, vendredi soir, dimanche soir

SAMPANS

✉ 39100 – Jura – Carte régionale n° **6**-B2 – Carte Michelin 321-C4

❀ **CHÂTEAU DU MONT JOLY**

Chef: Romuald Fassenet

MODERNE · **ÉLÉGANT** Qu'elle est bien nommée, cette maison de maître du 18ᵉ s. qui domine la vallée de la Saône, avec sa façade rose et ses colonnes à l'italienne ! Avec son épouse, sommelière et fille de vignerons, Romuald Fassenet a transformé cette bâtisse classique en écrin design et épuré où quelques chambres permettent de faire une étape de charme à proximité de Dole. Sa cuisine, franche et gourmande, révèle une passion authentique pour le terroir jurassien (il fut d'ailleurs le second du chef Jean-Paul Jeunet), et repose sur une grande maîtrise technique. Il réalise de superbes sauces au vin jaune du Jura ; le suprême de volaille de Bresse au vin jaune en vessie aux morilles, et la tourte de canard "MOF", font partie de ses classiques.

Spécialités : Escargots et absinthe. Poularde de Bresse au vin de Château-Chalon. Soufflé chaud de saison.

❀ 🛋️ ♿ 🅰️ ♻️ 🅿️ – Menu 42 € (déjeuner), 76/115 € – Carte 90/115 €

6 rue du Mont-Joly – 𝒞 03 84 82 43 43 – www.chateaumontjoly.com – Fermé 1ᵉʳ janvier-15 mars, mardi, mercredi

SAULES

✉ 25580 – Doubs – Carte régionale n° **6**-C2 – Carte Michelin 321-H4

 LA GRIOTTE

TRADITIONNELLE · **AUBERGE** ⊠ Un clocher et des champs alentour, une véranda plongeant sur un jardin verdoyant... cette ferme revêt de forts jolis atours ! Tradition, saveurs de saison et spécialités régionales : voilà bien une belle Griotte, tendre et goûteuse. Cerise sur le gâteau : l'accueil souriant et l'addition sans acidité.

Spécialités : Poêlée d'escargots à l'ail des ours. Paleron de veau aux morilles. Soupe de griottes et mousse glacée au kirsch.

🍴 🏠 ⅙ ✢ 🅿 – Menu 28/42 € – Carte 33/50 €

3 rue des Cerisiers – ℰ 03 81 57 17 71 – www.lagriotte.fr – Fermé 1ᵉʳ février-10 mars, 1ᵉʳ-15 juin, 1ᵉʳ-15 septembre, lundi, mardi, mercredi soir, dimanche soir

SEVENANS

✉ 90400 – Territoire de Belfort – Carte régionale n° **6**-C1 – Carte Michelin 315-F11

⅃○ **LA TOUR PENCHÉE**

MODERNE · **ÉLÉGANT** ⊠⊠ Des produits frais de qualité, des préparations et dressages soignés : on sent dans cette maison la patte d'un cuisinier solide, qui a fréquenté plusieurs tables étoilées. Salade de tourteau des côtes bretonnes ou filet de turbot rôti aux herbes s'accompagnent d'une carte des vins bien fournie.

🕸 🎴 🅿 – Menu 29 € (déjeuner), 49/89 € – Carte 26/39 €

2 rue de Delle – ℰ 03 84 56 06 52 – www.latourpenchee.com – Fermé lundi, mardi, dimanche soir

SUR-LE-MONT-DES-VERRIÈRES

✉ 25300 – Doubs – Carte régionale n° **6**-C2

⅃○ **LA TABLE DU TILLAU** ⑩

MODERNE · **MONTAGNARD** ⊠⊠ Quel grand calme ici ! Posée à quelques mètres de la frontière suisse, cette ferme franc-comtoise cossue, qui marie pierre de bourgogne et bois ancien, respire la sérénité. Le chef Sébastien Madina concocte une cuisine du marché moderne, composée de bons produits frais. Une dizaine de chambres élégantes décorées à la manière d'un chalet de montagne.

⇦ 🏠 🏠 ⅙ 🅿 – Menu 47/67 €

ℰ 03 81 69 46 72 – www.letillau.com – Fermé lundi, mardi midi, mercredi midi, jeudi midi, vendredi midi, dimanche soir

VILLE-DU-PONT

✉ 25650 – Doubs – Carte régionale n° **6**-C2 – Carte Michelin 321-I4

⅃○ **L'ENTRE-ROCHES**

MODERNE · **ÉLÉGANT** ⊠⊠ Au cœur du Saugeais (cette amusante "République" autoproclamée à la frontière suisse), une maison que ses propriétaires soignent autant côté décor – contemporain et soigné – qu'en cuisine, où le chef s'autorise de beaux détours créatifs. Agréable terrasse sur l'arrière.

🏠 ⅙ ✢ 🅿 – Menu 25 € (déjeuner), 45/85 € – Carte 45/90 €

1 rue Principale – ℰ 03 81 38 10 92 – www.restaurant-entre-roches.fr – Fermé lundi, mardi, dimanche soir

VILLERS-LE-LAC

✉ 25130 – Doubs – Carte régionale n° **6**-C2 – Carte Michelin 321-K4

LE FRANCE

Chef: Hugues Droz

MODERNE · ÉLÉGANT XX Entre Morteau et la Chaux-de-Fonds, à quelques encablures de la frontière franco-suisse, ce restaurant accueille les voyageurs au cœur des montagnes du Haut-Doubs. Le chef Hugues Droz y pratique l'hospitalité franc-comtoise héritée de son père, qui lui-même la tenait de ses parents. Adepte des saisons, il célèbre les épousailles du terroir et de l'invention. Il aime aussi les repas thématiques, à l'image de ce menu dédié à la morille : ce champignon accompagne le mangeur jusqu'au dessert, avec une banane morille et glace spéculoos. On y goûte aussi de savantes variations autour du homard, de la saucisse de Morteau, de la volaille de Bresse, de l'omble chevalier et du foie gras. Le proverbe allemand ne dit-il pas "heureux comme Dieu en France" ?

Spécialités: Légumes grillés, fromage de chèvre bio, tofu fumé et esquimau au serpolet. Filet de canette jaune, petits pois, graines de sarrasin et sapin. Melon à l'absinthe, sorbet estragon et tuile coco.

🕸 🍴 ⅃ ⇔ – Menu 24 € (déjeuner), 45/88 € – Carte 52/108 €

8 place Maxime-Cupillard – ℰ 03 81 68 00 06 – www.hotel-restaurant-lefrance.com – Fermé 25 octobre-4 novembre, 21 décembre-20 janvier, lundi, dimanche soir

BRETAGNE

BRETAGNE

La Bretagne, ce sont d'abord des paysages côtiers sortis tout droit d'un rêve : grandes marées escaladant les citadelles, éperons rocheux balisant les estuaires, ports scintillant dans le soleil couchant... Dans cette nature splendide, la gastronomie bat au rythme d'une myriade de produits marins (langoustines du Guilvinec, huîtres de la Trinité ou de Cancale, Saint-Jacques...) et terriens. On y redécouvre chaque jour l'intérêt du beurre : ce produit iconique et historique, si banal en apparence, est sans cesse réinventé par des producteurs passionnés. On pense par exemple à Linda Seyve et Jean-Marie Bourgès, de la ferme de Kerbastard, qui produisent de superbes beurres artisanaux avec leur propre cheptel de vaches de races bretonnes. À utiliser en cuisine ou à déguster tel quel, avec un bout de pain en début de repas – une certaine idée de la félicité...

Qui dit Bretagne dit aussi crêpes : elles ont toujours leurs temples dédiés (la Saint-Georges à Rennes, Breizh Café à Cancale, Grain Noir à St-Malo, L'Hermine à Morlaix). Enfin, pour la grande rasade de bonheur, on ira se régaler au Coquillage des Roellinger père et fils, à Cancale : une partition limpide, entre terroir breton et épices maison, et un ravissement pour les yeux, qui vont se perdre dans le scintillement de la baie du Mont-St-Michel...

• Carte régionale n° 7

LA SÉLECTION
DU GUIDE MICHELIN

LES TABLES ÉTOILÉES

Une cuisine d'exception. Vaut le détour !

L'Auberge des Glazicks (Plomodiern)... 336
Le Coquillage (Cancale) ❀... 317

❀

Une cuisine d'une grande finesse. Vaut l'étape !

Aigue Marine (Tréguier)... 359
Allium (Quimper)... 341
L'Amphitryon (Lorient)... 330
L'Anthocyane (Lannion).. 328
Auberge Grand'Maison (Mûr-de-Bretagne) 332
Auberge du Pont d'Acigné (Noyal-sur-Vilaine) 333
Aux Pesked (Saint-Brieuc).. 349
Avel Vor (Port-Louis).. 340
Le Brittany (Roscoff).. 348
Le Château de Sable (Porspoder) 340
Côté Cuisine (Carnac).. 319
La Gouesnière (La Gouesnière)... 325
La Gourmandière - La Table d'Olivier (Vannes)................................ 361
Holen (Rennes) ❀.. 343
Hostellerie de la Pointe St-Mathieu (Plougonvelin) 337
Ima (Rennes) ❀... 344
Le M (Brest) 315
Maison Tiegezh (Guer) ❀.. 326
Manoir de Lan-Kerellec (Trébeurden)... 358
Moulin de Rosmadec (Pont-Aven) **N**.. 339
Nicolas Carro (Carantec) 319
Le Petit Hôtel du Grand Large (St-Pierre-Quiberon) ❀ 356
La Pomme d'Api (Saint-Pol-de-Léon).. 357
Le Pourquoi Pas (Dinard)... 322
Le Pressoir (Saint-Avé)... 349
Racines (Rennes) 343
Roscanvec (Vannes) 362
Le St-Placide (Saint-Servan-sur-Mer)... 351
La Table Breizh Café (Cancale).. 317
La Table de La Butte (Plouider) 338
Terre-Mer au Domaine de Kerdrain (Auray) 312
Les Trois Rochers (Combrit) 320
La Vieille Tour (Plérin)... 335
La Ville Blanche (Lannion)... 328

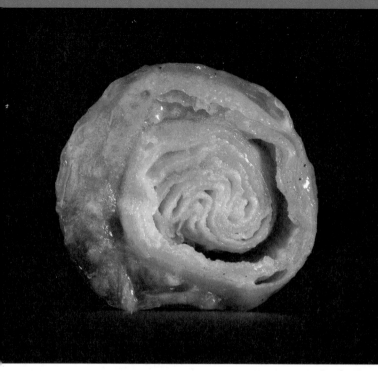

AurelienJ/iStock

LES BIB GOURMAND 😋

Nos meilleurs rapports qualité-prix

Ar Maen Hir (Locronan) 329
L'Atelier Bistrot (Langoëlan) 328
Auberge de Ti-Coz (Quimper) 341
Auberge des Deux Magots
  (La Roche-Bernard) 347
Au Bouchon Breton (Dinard)........ 322
Le Brélévenez (Lannion)........... 329
Le Brézoune (Ploufragan) 337
Chai l'amère Kolette (Kervignac).... 327
La Chaumine (Quiberon) 341
Le Clos de la Fontaine (Guingamp).. 327
Le Comptoir Breizh Café
  (Saint-Malo) 351
Le Comptoir de La Butte (Plouider) .. 338
Comptoir des Voyageurs (Locronan).. 329
Côté Mer (Cancale)................ 318
L'Eau d'Oust (Rohan) 348
Essentiel (Rennes) 344

Le Flaveur (Concarneau) 321
Le Gavrinis (Baden).............. 313
La Maison de Kerdiès (Plougasnou) .. 337
La Maison de Marie (Perros-Guirec)... 334
Le Manoir du Sphinx (Perros-Guirec) . 334
L'Ormeau (Cancale)............... 318
Ô Saveurs (Saint-Brieuc) 349
Le P'tit Goustan (Auray)........... 312
Le Paris-Brest (Rennes) N 344
La Petite Ourse (Rennes) 346
La Pointe du Cap Coz (Fouesnant) .. 324
Le Poisson d'Avril (Guilvinec) 326
Restaurant de la Gare (Ploubalay)... 336
Sur le Pont ... (Pont-Aven) 339
Le Tire Bouchon (Lorient) 330
Le Vert d'O (Saint-Gildas-de-Rhuys).. 350
Le Vioben (Landéda).............. 328
Zest (Cesson-Sévigné) 320

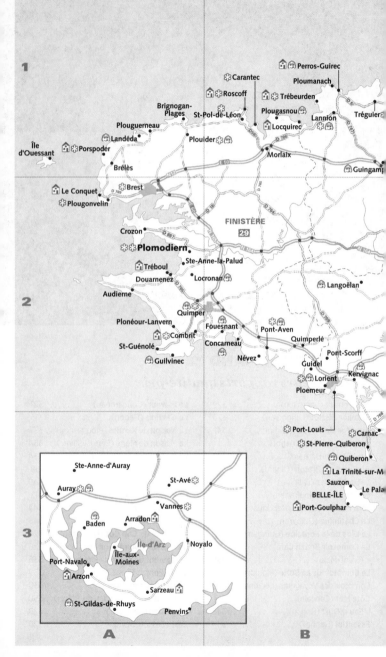

7 BRETAGNE

A   B

1

Île d'Ouessant

Perros-Guirec
Ploumanach
Carantec
Roscoff
Trébeurden
Brignogan-Plages
St-Pol-de-Léon
Plougasnou
Plouguerneau
Plougasnou
Lannion
Tréguier
Landéda
Locquirec
Porspoder
Plouider
Brélès
Morlaix
Guingamp
Le Conquet
Brest
Plougonvelin

FINISTÈRE
29

Crozon
Plomodiern
Ste-Anne-la-Palud
Tréboul
Locronan
Langoëlan
Douarnenez
Audierne
Quimper
Plonéour-Lanvern
Fouesnant
Pont-Aven
Combrit
Quimperlé
Concarneau
Pont-Scorff
St-Guénolé
Névez
Guidel
Kervignac
Guilvinec
Lorient
Ploemeur

2

Port-Louis
Carnac
St-Pierre-Quiberon
Quiberon
La Trinité-sur-M
Sauzon
BELLE-ÎLE
Le Pala
Port-Goulphar

Ste-Anne-d'Auray
St-Avé
Auray
Vannes
Baden
Arradon
Île-d'Arz
Noyalo
Port-Navalo
Île-aux-Moines
Arzon
Sarzeau
St-Gildas-de-Rhuys
Penvins

3

A   B

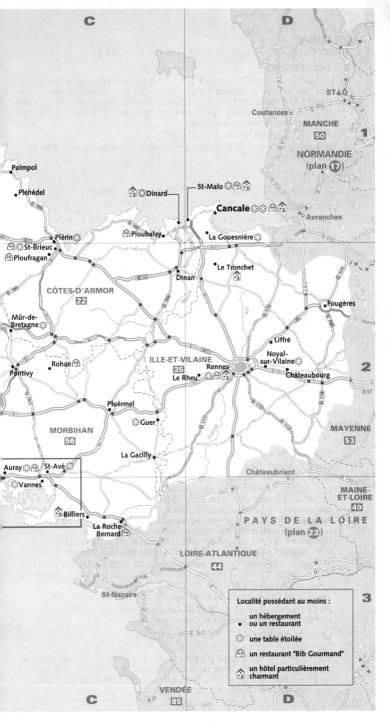

ARRADON

✉ 56610 – Morbihan – Carte régionale n° **7**-A3 – Carte Michelin 308-O9

🕸 **LES VÉNÈTES**

TRADITIONNELLE · CLASSIQUE ✕✕ Pour manger les pieds dans l'eau ! On s'installe dans la salle, superbement située au bord de la *mor bihan* ("petite mer" en breton). Une vue qui met en valeur de beaux produits iodés : huîtres et palourdes du golfe, poissons du jour... avec même un menu autour du homard. Quelques chambres pour prolonger le moment.

⇌ ≤ 🕸 ᕯ – Menu 46/86 € – Carte 57/115 €

À la pointe – ℰ 02 97 44 85 85 – www.lesvenetes.com – Fermé 17 janvier-9 février, lundi, dimanche soir

ARZON

✉ 56640 – Morbihan – Carte régionale n° **7**-A3 – Carte Michelin 308-N9

🏯 **MIRAMAR LA CIGALE**

LUXE · ÉLÉGANT Arrimé à la pointe de la presqu'île de Rhuys, cet hôtel profilé comme un paquebot a été rénové dans un style design et épuré, du meilleur effet ! Centre de thalassothérapie et spa.

🏊 ⌘ ≤ 🖥 🎦 ᕯ 🖲 ᕯ 🎛 🕸 🅿 🚗 – 100 chambres – 13 suites

Route du Petit-Mont, au Port du Crouesty – ℰ 02 97 53 49 13 – www.miramar-lacigale.com

AUDIERNE

✉ 29770 – Finistère – Carte régionale n° **7**-A2 – Carte Michelin 308-D6

🕸 **LE GOYEN**

MODERNE · ÉLÉGANT ✕✕✕ Le restaurant est décoré dans un style actuel et lumineux, tout à fait en harmonie avec le travail du chef : ce dernier réalise une cuisine au goût du jour, qui met à l'honneur les artisans locaux et les produits de la mer achetés à la criée.

≤ 🕸 🖲 – Menu 39/76 € – Carte 40/60 €

Hôtel Le Goyen, place Jean-Simon – ℰ 02 98 70 08 88 – www.le-goyen.fr – Fermé 11 novembre-20 décembre

AURAY

✉ 56400 – Morbihan – Carte régionale n° **7**-A3 – Carte Michelin 308-N9

❀ **TERRE-MER AU DOMAINE DE KERDRAIN**

Chef: Anthony Jéhanno

MODERNE · CHIC ✕✕✕ Bel écrin que cette imposante maison de maître du 15e s. pour Anthony Jehanno, jeune chef voyageur aux racines bretonnes, passé par la Côte d'Azur, Boston et Londres, dans l'écurie d'Alain Ducasse. En s'appuyant sur des produits régionaux (légumes anciens des maraîchers, coquillages des mareyeurs de la Trinité-sur-Mer, poissons des petits bateaux de pêche, etc.), il propose une cuisine voyageuse, avec un travail tout particulier sur les sauces : thon mariné et curry noir ; rouget avec sa bouillabaisse ; ris de veau avec tempura d'artichauts et anchois... À chaque instant, la terre épouse la mer, pour le meilleur.

Spécialités : Langoustine, ris de veau, houmous de cocos de Paimpol et pamplemousse. Lotte, tortellini à la moelle de bœuf, blette et bouillon au curry. Rhubarbe, pêche, verveine et sorbet cranberry-basilic.

🍴 🕸 ᕯ 🎛 ⇄ 🅿 – Menu 34 € (déjeuner), 55/90 € – Carte 80/95 €

20 rue Louis-Billet – ℰ 02 97 56 63 60 – www.restaurant-terre-mer.fr – Fermé 23 décembre-3 janvier, lundi, dimanche soir

🕸 **LE P'TIT GOUSTAN**

MODERNE · COSY ✕ Aux fourneaux de ce P'tit Goustan, le chef aime cuisiner local, depuis les poissons de la pêche jusqu'aux viandes (cochon de Kervignac, agneau bio). Le marché lui inspire des recettes originales et maîtrisées, à déguster dans l'une des deux salles contemporaines et cosy. Une adresse charmante, avec terrasse et vue sur le petit port.

Spécialités: Tartare de dorade à l'huile de sésame, pastèque grillée, crémeux au yaourt grec. Lieu jaune rôti, chorizo, moules, cueillette potagère. Tartelette aux abricots, crémeux au romarin, sorbet.

🏠 ✿ – Menu 24/34 € – Carte 52/60 €

9 place Saint-Sauveur – ℰ 02 97 56 37 30 – www.restaurantleptitgoustan.com – Fermé 11 janvier-1ᵉʳ février, 16-30 novembre, lundi, mercredi soir, dimanche soir

🍴○ **LE CHAUDRON**

TRADITIONNELLE · **BISTRO** ✕ Un jeune chef a rénové cette maison et y cuisine au fil de son humeur, avec un penchant certain pour les produits de la mer – par exemple, un menu est dédié au homard. C'est frais et plutôt bien tourné, sans prétention particulière : on se laisse embarquer.

🏠 ᕼ – Menu 20/53 €

3 route du Bono – ℰ 02 97 14 65 38 – Fermé lundi, mercredi midi, dimanche soir

🍴○ **LA CHEBAUDIÈRE**

MODERNE · **CONTEMPORAIN** ✕ Décor coloré dans ce néobistrot de quartier, dont la cuisine marie produits de saison, clins d'œil au terroir et touches inventives – comme ce suprême de pigeonneau, potimarron au saté, betteraves amaréna et panisse de blé noir. Salon privatif à l'étage.

✿ – Menu 22 € (déjeuner), 33/45 €

6 rue Abbé-Joseph-Martin – ℰ 02 97 24 09 84 – www.restaurant-la-chebaudiere.com – Fermé 29 juin-12 juillet, lundi, dimanche

🍴○ **KABUKI**

JAPONAISE · **SIMPLE** ✕ Voilà une adresse comme on en voit rarement ! Le jeune chef, un Français passionné de cuisine japonaise, prépare sushis, makis et sashimis en utilisant les meilleurs poissons de la pêche bretonne... et sert le tout dans une salle de poche moderne et conviviale, au comptoir ou à table. Dans les deux cas, un régal !

Menu 19 € (déjeuner), 22/65 € – Carte 19/65 €

32 rue Barré – ℰ 02 97 59 39 92 – www.kabuki-le-resto-du-sushi.fr – Fermé lundi, samedi midi, dimanche

BADEN

✉ 56870 – Morbihan – Carte régionale n° **7**-A3 – Carte Michelin 308-N9

😊 **LE GAVRINIS**

MODERNE · **CONTEMPORAIN** ✕✕ L'enseigne rend hommage à l'île de Gavrinis toute proche. Il faut dire qu'ici on cultive l'âme bretonne et la fierté d'un terroir riche et vivant : pavé de merlu, jus vert de laitue et graines de tournesol en risotto... À savourer dans un décor soigné où dominent le bois flotté et les teintes douces.

Spécialités: Coquillages, bavaroise au basilic, crème d'ail, gaspacho de tomate. Pavé de merlu, jus de blettes, épinards, sauce iodée au Noilly Prat. Poire pochée aux épices, bavaroise légère, caramel au sel, sorbet au cidre.

🍴 🏠 ᕼ 🅿 – Menu 24 € (déjeuner), 34/45 € – Carte 39/54 €

1 rue de l'Ile-Gavrinis (à Toulbroch) – ℰ 02 97 57 00 82 – www.gavrinis.com – Fermé 15 janvier-2 février, lundi, samedi midi, dimanche soir

🍴○ **LA CHAUMIÈRE DE POMPER**

CRÊPE · **CONTEMPORAIN** ✕ Réputée dans la région, cette crêperie propose des galettes avec une farine de blé noir bio mélangée avec 10% de farine de froment, ainsi qu'une finesse de pâte et une cuisson les rendant davantage croustillantes que la moyenne... en breton, cela se nomme *kraz* ! Un conseil : optez pour les classiques, ce sont les meilleures... Belle carte de cidres.

🍴 🏠 ᕼ 🅿 – Carte 15/25 €

14 lieu-dit Kerhervé (Moulin de Pomper) – ℰ 02 97 58 59 66 – www.lachaumieredepomper.fr – Fermé 1ᵉʳ-7 janvier, 15 février-16 mars, 28 juin-4 juillet, 20-30 septembre, lundi, dimanche

BELLE-ÎLE-EN-MER

⊠ 56360 – Morbihan – Carte régionale n° **7**-B3 – Carte Michelin 308-L10

Le Palais - Carte régionale n° **7**-B3

ⅼ○ L'ANNEXE

CRÊPE · BISTRO 🌣 Dans cet ancien café de marins, datant des années 1950, le décor est resté retro ! On vient ici pour l'atmosphère conviviale et la qualité des crêpes, à l'instar de cette Palatine aux filets de sardines fraîches rôties, et concassé de tomate. Les habitués s'y pressent : c'est toujours bon signe.

🛱 – Carte 25/35€

3 quai de l'Yser – ℰ *02 97 31 81 53 –*
Fermé 3 janvier-31 mars, mercredi

ⅼ○ LE GOÉLAND

TRADITIONNELLE · CONVIVIAL 🌣 Ce bistrot rétro propose une cuisine canaille et gourmande, autour des poissons (grillés, en croûte de sel, etc.) et des légumes bio, issus d'un producteur de l'île et du potager du patron (plus de 30 variétés de tomates !). Parmi les spécialités : sardines marinées, fricassée de palourdes, charcuterie de la mer.

🛱 – Menu 31€ – Carte 50/70€

3 quai Vauban – ℰ *02 97 31 81 26 –*
Fermé 4 janvier-12 février, lundi

Port-Goulphar - Carte régionale n° **7**-B3

ⅼ○ LE 180°

CRÉATIVE · ÉLÉGANT 🌣🌣🌣 À la barre de ce bateau, avec vue imprenable sur l'anse de Goulphar, le chef concocte des recettes créatives, avec les meilleurs produits de l'île, comme ce beau menu homard. Une traversée vivifiante, pleine d'embruns, de talent et de fraîcheur.

🕸 ⩽ 🍴 🛱 & 🖃 ⇦ 🅿 – Menu 59/120€ – Carte 68/89€

Castel Clara Thalasso & Spa – ℰ *02 97 31 84 21 – www.castel-clara.com –*
Fermé le midi

🏨 CASTEL CLARA THALASSO & SPA

LUXE · PERSONNALISÉ Emplacement idyllique sur la côte sauvage, centre "thalasso", chambres et suites raffinées, beau panorama : le luxe discret... au bout du monde. Ou comment respirer l'air du large en gardant les pieds sur terre ! Restaurant gastronomique ; buffets de fruits de mer et de crustacés au Café Clara.

🏖 ⅀ ⩽ 🍴 ⌇ 🖃 🌐 🛗 🖃 & 🏊 🅿 – 58 chambres – 5 suites

ℰ *02 97 31 84 21 – www.castel-clara.com*

ⅼ○ **Le 180°** - Voir la sélection des restaurants

Sauzon - Carte régionale n° **7**-B3

ⅼ○ CAFÉ DE LA CALE

POISSONS ET FRUITS DE MER · BISTRO 🌣 Face au port, ce bistrot marin, précédé d'une terrasse, propose de déguster poissons frétillants et coquillages, issus pour partie de la pêche locale. Une seule viande à la carte, en général de l'agneau de Belle-Île-en-Mer. Une adresse conviviale et chaleureuse, où domine l'âme bretonne.

🛱 – Menu 25€ (déjeuner) – Carte 34/79€

Quai Guerveur – ℰ *02 97 31 65 74 –*
Fermé 4 janvier-6 février, 22 février-1er avril, 30 septembre-17 octobre,
2 novembre-26 décembre

BILLIERS

✉ 56190 – Morbihan – Carte régionale n° **7**-C3 – Carte Michelin 308-Q9

🟡 **DOMAINE DE ROCHEVILAINE**

MODERNE · ÉLÉGANT XXX Envie de saveurs iodées, de fruits de mer savoureux, de poisson encore nimbé de l'écume de la marée ? Cette table est tout indiquée, qui fait un sacerdoce de respecter le produit, au-dessus de tout. Et n'oublions pas la cave extraordinaire, aux 650 références et 25 000 bouteilles...Vue sur les flots.

🕭 ≼ 👘 🛱 🖸 ⇆ 🅿 – Menu 45 € (déjeuner), 80/120 € – Carte 83/127 €

à la Pointe de Pen-Lan –
𝒞 02 97 41 61 61 – www.domainerochevilaine.com

🏨 **DOMAINE DE ROCHEVILAINE**

SPA ET BIEN-ÊTRE · ÉLÉGANT Sur une pointe rocheuse fendant l'océan : l'âme du granit... alliée au luxe ! Le domaine consiste en un hameau (avec quelques bâtisses très anciennes), mêlant identité bretonne et décors ethniques – notamment au centre de balnéothérapie.

🏠 ⅍ ≼ 👘 🔨 🔲 🌐 🛁 🖸 ⅙ 🕭 ⅏ 🅿 – 33 chambres – 4 suites

À la Pointe de Pen-Lan –
𝒞 02 97 41 61 61 – www.domainerochevilaine.com

🟡 **Domaine de Rochevilaine** – Voir la sélection des restaurants

BRÉLÈS

✉ 29810 – Finistère – Carte régionale n° **7**-A1 – Carte Michelin 308-C4

🟡 **AUBERGE DE BEL AIR**

TRADITIONNELLE · AUBERGE X Une charmante ferme en granit, posée au bord de l'aber Ildut, avec un grand jardin et un étang. Dans l'assiette, une cuisine de la mer typique de la Bretagne, à l'image de ce filet de lieu jaune à la crème de homard. Quant au cadre, rustique, il prête à la tranquillité...

⇆ 👘 🛱 🅿 – Menu 30/55 €

Route de Lanildut – 𝒞 02 98 04 36 01 – www.restaubergedebelair.com –
Fermé 1ᵉʳ-31 janvier, 17 octobre-6 novembre, lundi, mardi, dimanche soir

BREST

✉ 29200 – Finistère – Carte régionale n° **7**-A2 – Carte Michelin 308-E4

⚜ **LE M**

Chef: Philippe Le Bigot

MODERNE · ÉLÉGANT XXX Tout habillée de granit, cette demeure typiquement bretonne défie les éléments au milieu de son jardin luxuriant, digne de celui d'un armateur au long cours. Natif du Morbihan, le chef Philippe Le Bigot peut se vanter d'un parcours atypique, hors des sentiers battus, qui l'a emmené jusqu'aux îles lointaines. Sa cuisine associe les produits locaux, et notamment ceux de la mer, à des saveurs et des parfums exotiques tirés des fruits de la passion, du gingembre ou du citron kalamensi. De la nage de coquillages et huîtres à l'ormeau sauvage aux saveurs marines, du filet de saint-pierre, jus au cidre, espuma passion au ris de veau, on aime le M pour ses saveurs harmonieuses et sa belle maîtrise dans la conception des plats.

Spécialités: Ormeaux sauvages aux saveurs marines, cerfeuil tubéreux et saucisse aux algues. Bar de ligne, confit de gingembre, jus de betterave et vin rouge aux épices. Fraises, rhubarbe, sorbet fruits rouges et basilic.

🕭 👘 🛱 ⅙ ⇆ 🅿 – Menu 47 € (déjeuner), 60/115 €

Hors plan *– 22 rue du Commandant-Drogou –*
𝒞 02 98 47 90 00 – www.le-m.fr –
Fermé 22 août-6 septembre, 26 décembre-11 janvier, lundi, dimanche

ℿ◌ L'EMBRUN

MODERNE · CONTEMPORAIN ✕✕ Les embruns médiatiques passés, retour aux racines ! Guillaume Pape, ancien finaliste de Top Chef, s'est installé sur ses terres natales, dans un lieu moderne, pour proposer une cuisine de saison et de terroir, bien réalisée, soucieuse de la qualité de ses produits, à l'instar de ces langoustines rôties et asperges blanches de la Torche.

🛇 – Menu 30 € (déjeuner), 45/79 € – Carte 64/70 €

Plan : A1-f – *48 rue de Lyon – ℰ 02 98 43 08 52 – www.lembrunrestaurant.fr – Fermé 1ᵉʳ-20 janvier, lundi, dimanche*

ℿ◌ L'IMAGINAIRE

CRÉATIVE · TENDANCE ✕✕ Cette table est une aubaine ! Le chef, inspiré, signe des assiettes franches et incisives, délestées du superflu. Il ne travaille qu'avec des produits de premier choix et des fournisseurs sélectionnés par ses soins pour livrer une partition sans fausse note, de l'incipit à la conclusion. En salle, madame maîtrise son sujet en sommellerie. Une cuisine de marché et "d'humeur" fine et délicate, à des prix imbattables. Menu fixe, plus ambitieux le soir. En bref : un coup de cœur.

Menu 23 € (déjeuner), 40/65 €

Plan : A1-e – *23 rue de Fautras – ℰ 02 98 43 30 13 – www.restaurant-imaginaire.fr – Fermé 1ᵉʳ-16 janvier, 5-28 août, lundi, mercredi soir, dimanche*

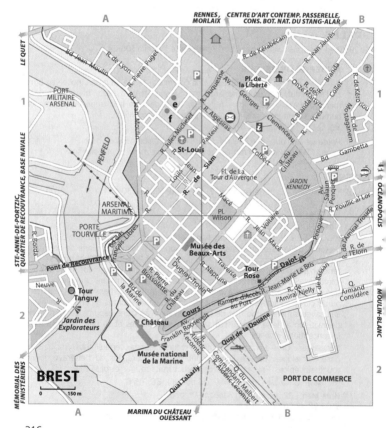

BRIGNOGAN-PLAGES

✉ 29890 – Finistère – Carte régionale n° **7**–A1 – Carte Michelin 308-F3

🏨 HÔTEL DE LA MER

SPA ET BIEN-ÊTRE · ÉCO-RESPONSABLE Ah, les merveilleux littoraux du Finistère-Nord. Cet Hôtel de la Mer, surplombant les récifs et la plage de la Côte des Légendes, s'est mué en un lieu délicieux : chambres spacieuses avec vue sur la mer, espace bien-être avec sauna, hammam et jacuzzi... Ici, on cuisine éco-responsable, à base de produits du terroir, et zéro déchet.

🏠 🦮 ⟨ 🛎 🛋 ♨ ⊡ ⅙ 🛗 – 26 chambres

Côtes des Légendes-Promenade des Chardons Bleus (plage des Chardons Bleus) –
☎ 02 98 43 18 47 – www.hoteldelamer.bzh

CANCALE

✉ 35260 – Ille-et-Vilaine – Carte régionale n° **7**–D1 – Carte Michelin 309-K2

❀❀ LE COQUILLAGE

Chef : Hugo Roellinger

CRÉATIVE · ÉLÉGANT ✕✕ Hugo Roellinger avait commencé une carrière d'officier dans la marine marchande... avant de revenir au pays et à la cuisine, dont la passion le poursuit depuis l'enfance. Sous l'œil bienveillant de son père Olivier, il s'est formé auprès de la crème des chefs (Gagnaire, Troisgros, Guérard), et a peaufiné son art patiemment. Il tient aujourd'hui la barre du vaisseau familial avec une conviction épatante, et une humilité chevillée au corps. Dans l'assiette, les poissons (et coquillages) de la baie du Mont-Saint-Michel rencontrent de nombreuses épices ramenées d'ailleurs, dans la plus grande tradition malouine. L'émotion monte crescendo tout au long du repas, grâce à des jeux de saveurs envoûtants et une créativité parfaitement maîtrisée... Subtil, limpide, gourmand : l'évidence même.

Spécialités : Acidité végétale. Cotriades des lointains. Fraises à la mer.

❀ *L'engagement du chef : "Notre cuisine est une ode durable et responsable aux ressources marines : nous ne préparons que des poissons et des crustacés de petites pêches dont les stocks ne sont pas menacés et nous employons de nombreuses algues que nous ramassons nous-mêmes. Nous fabriquons notre propre pain et cultivons nos herbes aromatiques."*

🕸 ⟨ 🛎 🚗 🅿 – Menu 85/150 €

Les Maisons de Bricourt - Château Richeux, Lieu-dit Le Buot, (à St-Méloir-des-Ondes) – ☎ 02 99 89 64 76 – www.roellinger-bricourt.com –
Fermé 24 janvier-10 février

❀ LA TABLE BREIZH CAFÉ

CRÉATIVE · ÉPURÉ ✕ Au premier étage d'une crêperie, un restaurant gastronomique franco-japonais : bienvenue dans l'univers de Bertrand Larcher ! Passionné par le sarrasin et la culture bretonne, l'homme a commencé par créer des crêperies au Japon... puis en France avec le même bonheur. Ici, dans cette salle qui contemple la baie du Mont-St-Michel, le chef Fumio Kudaka marie les produits bretons avec les techniques et les condiments japonais. Le homard est accompagné d'algues, la cuisse de poulet est marinée et frite façon karaage, la brioche est garnie à la crème de yuzu-miso et accompagnée d'une glace aux pétales de cerisier japonais. Produits au top, cuissons millimétrées, précisions des assaisonnements, légèreté des mets : les noces sont réussies. Menu plus simple au déjeuner en semaine.

Spécialités : Salade de quinoa et boulgour, homard, langoustine et poulet jaune, gaspacho à la prune séchée. Suprême de pintade de Challans rôti, farce aux épinards et aux girolles, takikomigohan de cuisse. Fraises marinées, crème au mascarpone et rhubarbe, glace au sucre wasanbon.

⟨ 🅰🅲 ✛ – Menu 48 € (déjeuner), 85/109 €

7 quai Thomas (1er étage) – ☎ 02 99 89 56 46 – www.breizhcafe.com – Fermé mardi, mercredi

CÔTÉ MER

TRADITIONNELLE · CHIC XX Un charmant petit port, des maisons de pêcheurs, l'air iodé du large... À Cancale, impossible de ne pas regarder Côté Mer ! Dans ce restaurant, face à la baie, les poissons, coquillages et crustacés ont le vent en poupe à travers une cuisine goûteuse et soignée. Un bon rapport qualité-prix.

Spécialités : Chair de crabe, émulsion de soupe de poisson et crème d'huîtres. Aile de raie, vinaigre de framboises et mousseline de céleri. Baba au rhum, crème fouettée à la vanille.

⊰ 🖼 🔤 – Menu 32/60 € – Carte 60/80 €

4 rue Ernest Lamort – ℰ 02 99 89 66 08 – www.restaurant-cotemer.fr –
Fermé 8 novembre-4 décembre, lundi, mardi, dimanche soir

L'ORMEAU

POISSONS ET FRUITS DE MER · TRADITIONNEL XX Ce restaurant au cadre élégant (une salle récemment rénovée, avec vue sur la flottille de pêche) comblera les amateurs de poisson et de fruits de mer. En effet, comment refuser un plateau d'huîtres de Cancale, un filet de saint-pierre ou... des ormeaux ?

Spécialités : Moules marinières au muscadet. Dos de cabillaud rôti, pommes écrasées et légumes. Crêpe farcie aux pommes.

🖼 � 🔲 – Menu 31/58 € – Carte 45/87 €

Le Continental, 4 quai Thomas – ℰ 02 99 89 60 16 – www.hotel-cancale.com –
Fermé 15 novembre-1ᵉʳ mars, mardi, mercredi

ⅥO LE BOUT DU QUAI

POISSONS ET FRUITS DE MER · CONTEMPORAIN XX Au bout du quai (en effet !), la belle façade vitrée de ce restaurant ouvre sur le large et ses embruns... Tandis que la cheffe, en bonne professionnelle, élabore une cuisine de la mer appliquée et gourmande.

🖼 – Menu 23 € (déjeuner), 30/50 € – Carte 40/60 €

Route de la Corniche – ℰ 02 23 15 13 62 – www.leboutduquai.fr –
Fermé 4 janvier-2 février, lundi, dimanche soir

ⅥO BREIZH CAFÉ

BRETONNE · CONVIVIAL X Sur le port de Cancale, ce Breizh Café n'a qu'une devise : "La crêpe autrement." Et pour cause : il est né... au Japon ! Son patron, Bertrand Larcher, a le premier exporté la galette bretonne à Tokyo, et après plusieurs enseignes nippones, a récidivé au sein de la mère patrie. La qualité est au rendez-vous.

🔤 – Carte 25/42 €

7 quai Thomas (rez-de-chaussée) – ℰ 02 99 89 61 76 – www.breizhcafe.com

LA FERME DU VENT

MAISON DE CAMPAGNE · PERSONNALISÉ Au-dessus d'une anse avec vue splendide sur la baie du Mont-Saint-Michel, ces maisons en pierre locale abritent cinq chambres, dont les matériaux (bois brut, granit) réalisent la synthèse parfaite entre âme bretonne et design campagnard chic. Bel espace de relaxation.

⊱ ⊰ 🏠 🔵 🅿 – 6 chambres

Lieu-dit Le Buot, (à St-Méloir-des-Ondes) – ℰ 02 99 89 64 76 –
www.roellinger-bricourt.com

LES MAISONS DE BRICOURT - CHÂTEAU RICHEUX

DEMEURE HISTORIQUE · PERSONNALISÉ Au calme d'un vaste parc, accueillant potager, plantes aromatiques et animaux, dominant la baie du Mont-St-Michel, cette superbe villa de 1920 a été aménagée avec un sens aigu du raffinement. Léon Blum y séjourna. Un lieu pétri d'histoire et de charme...

✿ ⊱ ⊰ 🏠 🔲 ♿ – 11 chambres – 2 suites

Lieu-dit Le Buot, (à St-Méloir-des-Ondes) – ℰ 02 99 89 64 76 –
www.roellinger-bricourt.com

🏵🏵 **Le Coquillage** – Voir la sélection des restaurants

CARANTEC

✉ 29660 – Finistère – Carte régionale n° **7**–B1 – Carte Michelin 308-H2

✿ NICOLAS CARRO

Chef: Nicolas Carro

MODERNE · ÉLÉGANT XX Après une expérience réussie à La Table d'Olivier Nasti, à Kaysersberg, le jeune Nicolas Carro est de retour dans sa région natale – il est originaire de Loudéac. Le voilà aux fourneaux de cette maison iconique du Finistère, rendue fameuse par le chef Patrick Jeffroy, et qui offre une vue magnifique sur la baie de Morlaix. Comme son illustre prédécesseur, il célèbre les produits marins d'ici (araignées, huîtres, ormeaux sauvages, homard). Finesse et délicatesse, jeux de textures bien pensés, cuissons et assaisonnements parfaits, technique au service exclusif du goût... Sa cuisine emporte la mise sans difficulté. À Carantec, l'histoire continue de plus belle. Chambres agréables pour l'étape.

Spécialités: Fleur de courgette aux poissons de roche, beurre acidulé au lait ribot. Homard bleu rôti aux algues, risotto de petit épeautre et jus de carcasse au corail. Framboises, sabayon onctueux vanillé.

🕸 ⟿ ⟨ 🖨 🔢 🅿 – Menu 33€ (déjeuner), 56/105€ – Carte 100/120€

L'Hôtel de Carantec, 20 rue du Kelenn – ✆ 02 98 67 00 47 – www.hotel-carantec.fr – Fermé lundi, mardi

CARNAC

✉ 56340 – Morbihan – Carte régionale n° **7**-B3 – Carte Michelin 308-M9

✿ CÔTÉ CUISINE

Chefs: Laëtitia et Stéphane Cosnier

MODERNE · CONTEMPORAIN XX Entre bourg et plage, cet hôtel restaurant avait perdu de sa superbe avant qu'un couple de professionnels passionnés, Laëtitia et Stéphane Cosnier, ne lui redonne un coup de fouet visuel et gastronomique. Côté déco, la grande salle contemporaine joue l'épure avec son sol en béton ciré, ses cuisines à moitié ouvertes et ses étagères remplies de livres de cuisine. Formés notamment au Bristol et chez Taillevent, nos deux complices réalisent une partition parfumée et bien goûteuse, qui met en valeur les produits régionaux de la plus belle des manières. On s'en régale au coin de la cheminée, en hiver, ou sur l'agréable terrasse aux beaux jours.

Spécialités: Maquereau côtier cuit à la flamme, chou-fleur et caviar. Homard et ris de veau rôtis au beurre salé, légumes du moment et bisque au kari-gosse. Croustillant chocolat grand cru et praliné.

⟿ 🏠 🕭 ⟺ – Menu 28€ (déjeuner), 35/70€

36 avenue Zacharie-Le-Rouzic – ✆ 02 97 57 50 35 – www.lannroz.fr – Fermé 2 janvier-6 février, 22-30 juin, mardi, mercredi

ⅼⵔ L'ESKELL

MODERNE · CONTEMPORAIN XX Tous deux bretons d'origine, Alexandre (chef) et Vincent (chef pâtissier) célèbrent la Bretagne et les alliances terre-mer. Une cuisine actuelle et assez créative, renouvelée très régulièrement, à déguster en profitant de la vue sur la mer. L'hôtel Diana propose aussi de jolies chambres et un spa.

🕸 ⟿ ⟨ 🏠 🕭 🔢 🅿 – Menu 36/95€ – Carte 56/84€

Le Diana, 21 boulevard de la Plage – ✆ 02 97 52 05 38 – www.lediana.com – Fermé 4 janvier-5 février, lundi midi, mardi midi, mercredi midi, jeudi midi, vendredi midi, samedi midi

ⅼⵔ LA CALYPSO

POISSONS ET FRUITS DE MER · CONVIVIAL X Les habitués ne s'y trompent pas : dans ce charmant bistrot marin, poissons, coquillages et crustacés sont d'une grande fraîcheur. Dans l'une des salles, dont le décor est à l'unisson, on fait même griller les mets dans la cheminée. Face au parc à huîtres, une adresse authentique à souhait !

Carte 85/200€

158 rue du Pô (zone ostréicole du Pô) – ✆ 02 97 52 06 14 – www.calypso-carnac.com – Fermé 15 novembre-3 février, lundi, dimanche soir

CESSON-SÉVIGNÉ

✉ 35510 – Ille-et-Vilaine – Carte régionale n° **7**-D2 – Carte Michelin 309-M6

ZEST

MODERNE · **CONVIVIAL** ⅹ La terrasse arborée, au bord de la Vilaine, est souvent prise d'assaut... et pour cause, on s'y sent bien ! Mais le succès de ce Zest tient surtout au travail d'un chef appliqué, qui régale les papilles à grands coups de recettes pétillantes et savoureuses. Service souriant et prévenant.

Spécialités : Céviche de daurade royale et poulpe grillé, leche de tigre, jus de mandarine, cacahuètes wasabi. Saumon laqué au miso, jus de yuzu, bouillon dashi au galanga, shiitaké. Pavlova meringuée pomme granny smith, sauce citron et huile d'olive.

🛋 – Menu 22 € (déjeuner), 33/60 €

32 cours de la Vilaine – ℰ 02 99 83 82 06 – www.restaurant-zest.fr –
Fermé 20 décembre-4 janvier, lundi, mardi soir, mercredi soir, jeudi soir, dimanche

CHÂTEAUBOURG

✉ 35220 – Ille-et-Vilaine – Carte régionale n° **7**-D2 – Carte Michelin 309-N6

ⅼ◎ LE RESTAURANT PANORAMIQUE - AR MILIN'

TRADITIONNELLE · **CONTEMPORAIN** ⅹ Dans cet ancien moulin, on profite d'une vue panoramique sur la Vilaine et l'immense parc. Vous passerez devant la cuisine ouverte avant de rejoindre une salle au cadre moderne et coloré, cohabitant avec de vieilles poutres. Le menu change tous les mois.

⇦ 🚗 & 🅿 – Menu 18 € (déjeuner), 32/44 € – Carte 33/50 €

Ar Milin', 30 rue de Paris – ℰ 02 99 00 30 91 – www.armilin.com –
Fermé 25 décembre-4 janvier

COMBRIT

✉ 29120 – Finistère – Carte régionale n° **7**-A2 – Carte Michelin 308-G7

❀ LES TROIS ROCHERS

MODERNE · **TENDANCE** ⅹⅹ Dans l'estuaire de l'Odet, face au port de Bénodet, on a les flots d'un côté et un parc de pins et de chênes de l'autre... Vous avouerez qu'il y a pire ! Le chef, diplômé à Quimper, a roulé sa bosse en Bretagne et en Suisse, et c'est avant tout les artisans et producteurs bretons (bio, pour la plupart) qu'il met en avant dans sa cuisine. Il marie les trésors de la région avec des épices venues d'ailleurs et des herbes fraîches, dans l'objectif d'en sublimer le goût. À titre d'exemple, ses ravioles de langoustines et bouillon de crustacés sont un vrai délice... Attention, ouverture le soir uniquement.

Spécialités : Raviole de langoustine, bouillon de crustacés. Agneau du Pouldon et légumes de saison. Gros lait fermier, crème glacée au miel.

⇐ 🚗 🛋 & 🖸 🅿 – Menu 55/115 €

Villa Tri Men, 16 rue du Phare, à Ste-Marine – ℰ 02 98 51 94 94 – www.trimen.fr –
Fermé 3 janvier-18 mars, 1ᵉʳ novembre-26 décembre, lundi, dimanche et le midi

🏠 VILLA TRI MEN

HÔTEL PARTICULIER · **ÉLÉGANT** Le jardin de cette belle villa de 1913 descend en pente douce jusqu'à la mer, et l'on peut, en toute quiétude, y lire ou prendre un verre. L'intérieur, feutré et cossu, donne à l'ensemble un charme indéniable ; les chambres sont spacieuses et élégantes dans leur parti pris minimaliste.

🌤 ⇐ 🚗 🖸 & 🎠 🅿 – 19 chambres

16 rue du Phare, à Ste-Marine – ℰ 02 98 51 94 94 – www.trimen.fr

❀ **Les Trois Rochers** – Voir la sélection des restaurants

CONCARNEAU

✉ 29900 – Finistère – Carte régionale n° **7**-B2 – Carte Michelin 308-H7

⊛ LE FLAVEUR

MODERNE · INTIME XX Ce restaurant se niche dans une petite rue en retrait du port de plaisance et de la ville close. Sensation d'harmonie que l'on retrouve en cuisine, où un couple réalise à quatre mains de véritables bouquets de fraîcheur. Pressé de pigeon, foie gras et aubergine ; barbue, carotte, anis, orange et coques : ils se régalent, ils nous régalent...

Spécialités : Pressé de pigeon, foie gras et aubergine. Poissons selon la pêche et coquillages du littoral. Le BZH.

& – Menu 22 € (déjeuner), 31/73 € – Carte 45/58 €

4 rue Duquesne – ℰ 02 98 60 43 47 –
Fermé 22 février-8 mars, lundi, dimanche soir

○ L'AMIRAL

POISSONS ET FRUITS DE MER · CONVIVIAL XX Un restaurant vraiment engageant, tout en boiseries sombres et allusions marines élégantes. Bien situé, face à la ville close, il propose tous les grands classiques d'une cuisine de la mer. Avec une spécialité : la grande cocotte de l'Amiral, une version chaude de l'incontournable plateau de fruits de mer !

& ⓜ ⇔ – Menu 22 € (déjeuner), 32/54 € – Carte 40/55 €

1 avenue Pierre-Gueguin –
ℰ 02 98 60 55 23 – www.restaurant-amiral.com –
Fermé lundi, dimanche soir

LE CONQUET

✉ 29217 – Finistère – Carte régionale n° **7**-A2 – Carte Michelin 308-C4

○ SAINTE-BARBE

MODERNE · CONTEMPORAIN X Le restaurant de l'hôtel ne donne pas côté mer, mais offre néanmoins une jolie vue sur le port du Conquet. L'équipe est sérieuse et la carte alléchante, mettant en avant de beaux poissons et fruits de mer : maquereau en escabèche, tartine d'oignon rose ; carpaccio de poulpe ; ou encore saint-pierre, noisette et asperges grillées...

⇐ & ⓜ ⓟ – Menu 26 € (déjeuner), 34/49 € – Carte 42/85 €

Pointe Sainte-Barbe – ℰ 02 98 48 46 13 – www.hotelsaintebarbe.com

🏠 SAINTE-BARBE

URBAIN · BORD DE MER La situation de l'hôtel, au-dessus des récifs et de l'océan, est tout bonnement incomparable. L'intérieur n'est pas en reste, mélange harmonieux de matières brutes et industrielles, de contemporain et de vintage. N'oublions pas l'agréable petit spa, et le *rooftop* avec sa vue à 360°... Un bonheur.

⅌ ⇐ ⊛ ⊡ & ⓜ ⚒ ⓟ – 32 chambres – 2 suites

Pointe Sainte-Barbe – ℰ 02 98 48 46 13 – www.hotelsaintebarbe.com

○ **Sainte-Barbe** – Voir la sélection des restaurants

CROZON

✉ 29160 – Finistère – Carte régionale n° **7**-A2 – Carte Michelin 308-E5

○ HOSTELLERIE DE LA MER

MODERNE · TENDANCE XX Le chef propose une cuisine bien en phase avec l'époque, mariant à merveille le poisson de la pêche locale et le terroir breton, à l'image de cette royale de fenouil du Léon aux langoustines... Les cuissons sont précises et magnifient des produits bien choisis !

⇔ ⇐ & – Menu 29/78 € – Carte 34/76 €

11 quai du Fret – ℰ 02 98 27 61 90 – www.hostelleriedelamer.com –
Fermé 1ᵉʳ janvier-3 février, 3-7 octobre, lundi, samedi midi, dimanche soir

LE MUTIN GOURMAND

MODERNE · **AUBERGE** ✕✕ Pas de mutinerie en vue parmi la clientèle de ce restaurant, qui occupe les locaux de l'ancienne poste de Crozon. On cuisine de bons produits frais de saison, avec quelques touches exotiques : tartare de thon rouge, citron confit et coriandre ; porc fermier de Landévennec... Avec un beau choix de vins !

&& ⅛ 🅰 ⇆ – Menu 22 € (déjeuner), 32/70 € – Carte 52/63 €

Hôtel de la Presqu'île, 1 rue Graveran – 𝒞 02 98 27 06 51 –
www.lemutingourmand.fr – Fermé lundi, mardi midi, dimanche soir

DINAN

✉ 22100 – Côtes-d'Armor – Carte régionale n° **7**–C2 – Carte Michelin 309-J4

LA FLEUR DE SEL

MODERNE · **COSY** ✕ Dans une des vieilles rues du centre historique, une Fleur comme on les aime. On y goûte une cuisine goûteuse et créative juste ce qu'il faut : savoureux *tzukune* de crabe, aile de raie pochée accompagnée d'un beurre citronné, salade composée... le tout servi avec le sourire dans un décor contemporain et coloré.

Menu 21 € (déjeuner), 34/45 €

7 rue Sainte-Claire – 𝒞 02 96 85 15 14 – www.restaurantlafleurdesel.com –
Fermé 11-31 janvier, lundi, mardi

DINARD

✉ 35800 – Ille-et-Vilaine – Carte régionale n° **7**–C1 – Carte Michelin 309-J3

⽞ LE POURQUOI PAS

MODERNE · **ÉLÉGANT** ✕✕ Le restaurant de l'hôtel Castelbrac porte le nom du bateau du commandant Charcot, célèbre explorateur des zones polaires. Né à Dinan, le chef Julien Hennote a lui aussi exploré d'autres horizons (culinaires), comme ceux de la Côte d'Azur et même de la Polynésie. En cuisine, il privilégie les produits du terroir local et de la pêche côtière (coquilles Saint-Jacques et ormeaux de plongée, homard, algues). Respectueux de la ressource, il privilégie aussi la pêche durable. Il agrémente ces ingrédients de manière ambitieuse dans des assiettes nettes, savoureuses et soignées. La salle s'ouvre désormais sur une terrasse panoramique avec, en ligne de mire, la cité corsaire.

Spécialités : Saucisse de homard bleu et cochon, sarrasin mousseux et oignon rose. Saint-pierre cuit aux algues, cocos de Paimpol et coques, pesto de dulse. Chocolat onctueux, marmelade de mûres au poivre timut.

 ⋜ 🏠 ⅛ 🅰 🅿 – Menu 39 € (déjeuner), 65/105 € – Carte 72/88 €

Castelbrac, 17 avenue George-V – 𝒞 02 99 80 30 00 – www.castelbrac.com –
Fermé 3 janvier-11 février, lundi, mardi, dimanche midi

AU BOUCHON BRETON

TRADITIONNELLE · **BISTRO** ✕ Charline et Jérôme ont métamorphosé cette ancienne crêperie du centre-ville de Dinard, et le résultat est ce Bouchon Breton où ils célèbrent la tradition bistrotière de belle manière. C'est savoureux, mitonné avec soin, et ils nous offrent même, il faut le noter, d'excellents desserts... Un vrai bon plan.

Spécialités : Cuisine du marché.

Carte 25/39 €

20 rue du Maréchal-Leclerc – 𝒞 02 99 46 85 95 – www.au-bouchon-breton.com –
Fermé lundi, mardi soir, mercredi soir, dimanche

DIDIER MÉRIL

MODERNE · **CONTEMPORAIN** ✕✕ Si vous aimez les beaux paysages, installez-vous dans la salle panoramique de ce restaurant : la vue sur la baie du Prieuré est superbe ! Les yeux rivés sur le large, les gourmands apprécient la cuisine plutôt créative du chef, à l'écoute des saisons. Chambres cosy à l'étage.

&& ⇆ ⋜ 🏠 🅰 ⇆ – Menu 37/100 €

1 place du Général-de-Gaulle – 𝒞 02 99 46 95 74 – www.restaurant-didier-meril.com

🍽️○ **LE CAFÉ ROUGE**

POISSONS ET FRUITS DE MER · BRASSERIE ✗✗ Toute la famille Leroux – père et mère, fils et belle-fille – s'active avec professionnalisme pour le plaisir des clients. L'esprit de la carte est clair comme de l'eau de roche : cap sur des fruits de mer et poissons d'une belle fraîcheur ! La qualité est au rendez-vous, on passe un agréable moment.

🍸 – Menu 21€ (déjeuner), 28/58€ – Carte 40/100€

3 boulevard Féart – ℰ *02 99 46 70 52 – Fermé lundi, dimanche soir*

🍽️○ **LA VALLÉE**

MODERNE · CONTEMPORAIN ✗✗ Si la salle est agréable avec ses grandes baies vitrées, on ne résiste pas à la terrasse, orientée plein sud juste au-dessus de la pittoresque cale du Bec de la Vallée. Idéal pour déguster de beaux produits de la mer, cuisinés avec tout le respect qui leur est dû.

🔄 ⛱ 🍸 ♿ – Carte 44/57€

6 avenue Georges-V – ℰ *02 99 46 94 00 – www.hoteldelavallee.com – Fermé lundi, mardi, dimanche soir*

🏨 **GRAND HÔTEL DINARD**

TRADITIONNEL · BORD DE MER Ce "grand hôtel" du 19e s., qui domine la promenade maritime du Clair-de-Lune, accueille les stars de cinéma lors du Festival du film britannique. Les chambres sont aménagées avec sobriété et classicisme.

🎾 🐕 ⛱ 📺 🛗 🍴 ♿ 🏋️ 🅿️ – 88 chambres – 1 suite

46 avenue George-V – ℰ *02 99 88 26 27 –*
www.hotelsbarriere.com/fr/dinard/le-grand-hotel

🏨 **CASTELBRAC**

BOUTIQUE HÔTEL · ÉLÉGANT Cette demeure du 19e s., qui accueillait autrefois un muséum d'histoire naturelle, est installée juste au-dessus des flots : une situation exceptionnelle ! Les chambres, modernes et chaleureuses, offrent toutes une vue splendide sur la baie du Prieuré et St-Malo.

🐕 ⛱ 🛁 ♿ 📶 🏋️ 🅿️ – 24 chambres – 1 suite

17 avenue George-V – ℰ *02 99 80 30 00 – www.castelbrac.com*

🍴 **Le Pourquoi Pas** – Voir la sélection des restaurants

🏨 **ROYAL EMERAUDE**

DEMEURE HISTORIQUE · ÉLÉGANT Agatha Christie aurait aimé ce bel hôtel en pierre et brique rouge de 1876, dont l'intérieur est vêtu de boiseries sombres, et de fauteuils clubs. Quatre thèmes décorent les chambres : paquebot, aviation, Orient Express et Indes britanniques.

🛗 🍴 ♿ 📶 🏋️ 🚗 – 47 chambres

1 boulevard Albert-1er – ℰ *02 99 46 19 19 – www.royalemeraudedinard.com*

🏨 **NOVOTEL THALASSA**

HÔTEL DE CHAÎNE · FONCTIONNEL Sur la pointe de St-Énogat, cet hôtel dispose d'un beau centre de thalassothérapie. Reposez-vous dans des chambres contemporaines. Cuisine diététique au restaurant.

🎾 🐕 ⛱ 📺 🛗 🍴 ♿ 🏋️ 🅿️ 🚗 – 106 chambres

1 avenue du Château-Hébert – ℰ *02 99 16 78 10 – www.all.accor.com*

Repérez les hôtels accompagnés de ce logo : il signale les membres du **Club Tablet Plus**, qui offre plein de privilèges. Plus de confort, plus d'attentions... pour vivre une expérience sous le signe de l'excellence !

DOUARNENEZ

✉ 29100 – Finistère – Carte régionale n° **7**–A2 – Carte Michelin 308-F6

⫩○ **L'INSOLITE**

MODERNE · **TENDANCE** ✗✗ Cette maison est dirigée par un chef au beau parcours, Gaël Ruscart, dont la cuisine inventive fait une belle place aux produits marins. Ravioles de dorade, langoustine et mangue aux herbes fraîches ; homard bleu de nos côtes à la nage crémeuse de corail et épices douces... Une valeur sûre de la ville.

↩ 🛱 – Menu 22 € (déjeuner), 39/69 € – Carte 62/102 €

Hôtel de France, 4 rue Jean-Jaurès – ℰ 02 98 92 00 02 – www.lafrance-dz.com – Fermé 22 février-7 mars, lundi, dimanche

FOUESNANT

✉ 29170 – Finistère – Carte régionale n° **7**–B2 – Carte Michelin 308-G7

⊛ **LA POINTE DU CAP COZ**

MODERNE · **CLASSIQUE** ✗✗ Une petite maison blanche qui semble posée sur l'océan... C'est là, presque au bout du monde, qu'on apprécie la cuisine du chef, à la fois ambitieuse et bien maîtrisée. Elle valorise les produits de la pêche et du terroir, avec des présentations soignées et des cuissons précises. En un mot : délicieux !

Spécialités : Crème d'artichaut, foie gras fondu, langoustines rôties. Filet de rouget, confit de légumes, beurre de thym citronné. Parfait glacé verveine-citron, fruits rouges au naturel.

↩ ≼ ⅙ – Menu 34/78 €

153 avenue de la Pointe, au Cap Coz – ℰ 02 98 56 01 63 – www.hotel-capcoz.com – Fermé 1ᵉʳ janvier-5 février, lundi, mardi midi, dimanche soir

⫩○ **BELLE-VUE**

POISSONS ET FRUITS DE MER · **ÉLÉGANT** ✗✗ De la salle du restaurant, on peut apercevoir la plage, les eaux cristallines et les arbres courbés par le vent... Féérique ! Au menu : une cuisine au goût du jour, orientée poissons et fruits de mer, que le chef travaille avec précision, en n'oubliant jamais d'y mettre une touche personnelle.

↩ ≼ 🛏 🛱 ⅙ **P** – Menu 32/48 € – Carte 35/60 €

30 Descente Belle-Vue, au Cap Coz – ℰ 02 98 56 00 33 – www.hotel-belle-vue.com – Fermé 31 octobre-1ᵉʳ mars, lundi, mardi

⫩○ **BISTROT CHEZ HUBERT**

TRADITIONNELLE · **RUSTIQUE** ✗✗ Un bistrot de famille : c'est l'arrière-grand-mère du chef qui le fonda en 1903. La cuisine bourgeoise y a toujours cours : poisson, gibier en saison et, en spécialité, pied de porc désossé farci au foie gras. La tradition est respectée ! En prime, une formule tapas est proposée au bar, pour les amateurs.

🛱 ⅙ ✿ – Menu 20 € (déjeuner) – Carte 45 €

16 rue des Glénan, à Beg-Meil – ℰ 02 98 94 98 04 – www.bistrotchezhubert.fr – Fermé 14 mars-1ᵉʳ avril, 13 juin-1ᵉʳ juillet, lundi, mardi

FOUGÈRES

✉ 35300 – Ille-et-Vilaine – Carte régionale n° **7**–D2 – Carte Michelin 309-O4

⫩○ **GALON AR BREIZH**

CLASSIQUE · **ÉLÉGANT** ✗✗ Classique et généreuse, la cuisine du chef, mais pas seulement : elle est surtout très bien réalisée ! Produits frais locaux bien mis en valeur, gourmandise partout dans les assiettes... on passe un super moment.

✿ – Menu 34/63 €

10 place Gambetta – ℰ 02 99 99 14 17 – www.restaurant-fougeres.fr – Fermé 15-31 janvier, lundi midi, mardi midi, mercredi midi, jeudi midi, vendredi, samedi midi

🍴 HAUTE SÈVE

MODERNE · CONTEMPORAIN 🕳 Derrière une façade à colombages, une salle à l'ambiance intime et feutrée. Le chef sait cuisiner les bons produits du terroir et propose, au fil des saisons, des accords terre et mer bien au diapason de la nature bretonne.

Menu 23 € (déjeuner), 37/47 € – Carte 40/50 €

37 boulevard Jean-Jaurès –
𝄐 02 99 94 23 39 – www.lehauteseve.fr –
Fermé 20 juillet-20 août, lundi, dimanche

LA GACILLY

✉ 56200 – Morbihan – Carte régionale n° **7**-C2 – Carte Michelin 308-S8

🍴 LES JARDINS SAUVAGES

MODERNE · CONTEMPORAIN 🕳 La Grée des Landes, hôtel écolo made by Yves Rocher, se devait d'avoir un restaurant en accord avec ses principes. C'est chose faite avec ces Jardins Sauvages, où traçabilité et produits locavores (potager bio) dominent.

🌿 *L'engagement du chef: "Nous sommes certifiés bio à 100% depuis 8 ans. Notre politique d'achats est locavore et garantie 100% des approvisionnements à 50 km maximum autour du restaurant. Nous produisons de l'électricité et gérons un potager bio. L'ensemble de nos déchets est traité et recyclé."*

⪡ 🍴 ⅋ ♻ 🅿 – Menu 32 € (déjeuner), 44/60 € – Carte 50/61 €

La Grée des Landes, Les Tablettes –
𝄐 02 99 08 50 50 – www.lagreedeslandes.com –
Fermé 3-8 janvier

🏨 LA GRÉE DES LANDES

SPA ET BIEN-ÊTRE · NATURE Un vrai concept que cet "éco-hôtel spa" Yves Rocher : architecture bioclimatique et matériaux bruts (lin, coton, chêne). Soins esthétiques et repos total face à la vallée de l'Aff.

🧖 ⪡ 🔲 🧖 🖥 ⅋ 🏋 🅿 – 33 chambres

Les Tablettes – 𝄐 02 99 08 50 50 – www.lagreedeslandes.com

🍴 **Les Jardins Sauvages** – Voir la sélection des restaurants

LA GOUESNIÈRE

✉ 35350 – Ille-et-Vilaine – Carte régionale n° **7**–D1 – Carte Michelin 309-K3

⁂ LA GOUESNIÈRE

MODERNE · ÉLÉGANT 🕳🕳 Entre Saint-Malo et Cancale, cette institution de l'hôtellerie-restauration a ouvert ses portes en 1936 sous la forme, à l'origine, d'un bistrot situé face à la gare. On retrouve derrière les fourneaux le chef Jonathan Bigaré qui a travaillé par le passé à l'Arnsbourg à Baerenthal, en Moselle et chez Thierry Marx quand il officiait à Pauillac. À côté des classiques – coquillages, crustacés, poissons meunière – comme cette belle sole présentée en plateau avant sa découpe au guéridon, on sert aussi des recettes plus créatives, et tout est concocté avec soin. Une cuisine généreuse, qui flatte aussi bien l'œil que le palais : un vrai plaisir.

Spécialités: Nage de homard au bouillon clair iodé, minute de coques et huîtres. Ris de veau en deux façons. Soufflé au tartare d'algue, sorbet yuzu-gingembre.

🛎 🍴 ⅋ 🅺 🖥 ♻ 🅿 – Menu 55/104 € – Carte 67/119 €

Maison Tirel-Guérin, Lieu-dit Le Limonay (à la gare) –
𝄐 02 99 89 10 46 – www.tirelguerin.com –
Fermé 3 janvier-28 février, lundi midi, mardi midi, mercredi, jeudi midi, vendredi midi

GUER

✉ 56380 – Morbihan – Carte régionale n° **7**–C2 – Carte Michelin 308-N7

❀ **MAISON TIEGEZH**

Chef: Baptiste Denieul

MODERNE · **ÉLÉGANT** ✕✕ Tiegezh, c'est "famille" en breton, tout est dit ! Ses grands-parents ont fondé la première fabrique de galettes fraîches de Bretagne : Baptiste Denieul, jeune chef talentueux (passé notamment par le Bristol d'Eric Frechon) vous accueille dans un intérieur élégant et raffiné, en totale adéquation avec sa cuisine. Il travaille poissons, légumes du potager et produits fermiers avec maîtrise et délicatesse. En salle, son épouse Marion s'occupe de mettre en musique la symphonie. La Maison Tiegezh intègre le restaurant gastronomique, le bistrot-crêperie et désormais un bel hôtel avec six chambres contemporaines et cosy qui permettent de prolonger l'expérience en douceur. Une halte bénéfique en terre de Brocéliande...

Spécialités : Cuisine du marché.

❀ *L'engagement du chef:* "Nous avons mis en place un potager en permaculture qui approvisionne à 60% nos deux restaurants, le gastronomique et la crêperie, en fruits et légumes. Pour le reste, le chef a recentré sa collaboration avec ses producteurs, tous situés à 100 km autour du restaurant, exception faite des vins et des épices."

⇔ ♿ 🅰🅲 ⇔ 🅿 – Menu 30 € (déjeuner), 59/89 €

7 place de la Gare – 𝄐 02 97 22 00 26 – https://maisontiegezh.fr – Fermé 1ᵉʳ-15 janvier, lundi, mardi

🍴○ **Crêperie Tiegezh** – Voir la sélection des restaurants

🍴○ **CRÊPERIE TIEGEZH**

CRÊPE · **BISTRO** ✕ Accolé à la Maison Tiegezh, sa maison-mère, c'est un retour aux sources pour cette crêperie qui propose galettes de blé noir, crêpes de froment et bons produits locaux servis avec le sourire dans un cadre convivial.

🍴 ♿ 🅰🅲 – Menu 16 € (déjeuner) – Carte 16/25 €

Maison Tiegezh, 7 place de la Gare – 𝄐 02 97 22 00 26 – https://maisontiegezh.fr – Fermé 1ᵉʳ-10 janvier, samedi, dimanche

GUIDEL

✉ 56520 – Morbihan – Carte régionale n° **7**–B2 – Carte Michelin 308-K8

🍴○ **LA TABLE D'EUX - LAURENT LE BERRIGAUD**

MODERNE · **CONVIVIAL** ✕✕ Ce bistrot du front de mer, à l'esprit contemporain, est tenu par un jeune couple passionné – et cela se sent ! Le chef propose une cuisine du marché dans un esprit locavore. On se régale par exemple d'une cocotte de Saint-Jacques et crème de cèpes. Enfin, l'accueil est chaleureux : décidément, une excellente adresse !

⇐ 🍴 ♿ – Menu 30 € – Carte 45/68 €

Route côtière D152 – 𝄐 02 97 32 42 07

GUILVINEC

✉ 29730 – Finistère – Carte régionale n° **7**–A2 – Carte Michelin 308-F8

☺ **LE POISSON D'AVRIL**

MODERNE · **CONVIVIAL** ✕ Dans le port de pêche, à quelques mètres de la criée, ce restaurant est tenu par un jeune couple sympathique : ambiance conviviale garantie ! Le terroir local et le poisson de la pêche sont les deux piliers d'une cuisine goûteuse et soignée, dans laquelle tout est fait maison. En prime, quelques chambres avec terrasse.

Spécialités : Soupe d'artichaut et fenouil, queue de langoustine en kadaïf. Pluma de cochon, moules de bouchot, courgette et écume curry. Mi-cuit au chocolat, coulant piquillos et pannacotta glacée au poivron vert.

⇔ 🍴 – Menu 20 € (déjeuner), 31/57 € – Carte 38/59 €

19 rue de Men-Meur – 𝄐 02 98 58 23 83 – www.lepoissondavril.fr – Fermé 4 janvier-2 février, 13-21 juin, 5-16 octobre, lundi, mardi

GUINGAMP

✉ 22200 – Côtes-d'Armor – Carte régionale n° **7**-B1 – Carte Michelin 309-D3

ⓐ LE CLOS DE LA FONTAINE

TRADITIONNELLE · **CLASSIQUE** ✗✗ Le patron est passionné par le poisson et ne transige pas : dans votre assiette, toute la fraîcheur de la pêche côtière, cuisinée sans chichis et mise en valeur par des sauces délicates et des cuissons précises. Quelques plats rendent aussi hommage au terroir breton, comme le kouign patatez, le traou mad, etc.

Spécialités : Bar mariné aux graines de fruits de la passion et coriandre. Rôti de lotte, fond d'artichaut, vinaigrette d'aromates. Gâteau breton au cassis.

🍴 ⇔ – Menu 20 € (déjeuner), 32/45 € – Carte 40/50 €

9 rue du Général-de-Gaulle – ☎ *02 96 21 33 63 –*
Fermé 18 janvier-2 février, 5-27 juillet, lundi, mardi soir, dimanche soir

ÎLE AUX MOINES

✉ 56780 – Morbihan – Carte régionale n° **7**-A3 – Carte Michelin 308-N9

ⓘⓞ LES EMBRUNS

TRADITIONNELLE · **RUSTIQUE** ✗ Par mer agitée, il n'est pas rare que ce restaurant soit balayé par les embruns ! Quoi de plus normal sur cette jolie île... où le plaisir des yeux s'allie au plaisir des papilles. Ici, pas de chichi, on savoure tourteaux, poissons frais, huîtres et fruits de mer dans une ambiance conviviale... esprit insulaire oblige !

🍴 – Menu 22/32 € – Carte 27/43 €

Rue du Commerce – ☎ *02 97 26 30 86 – www.restaurantlesembruns.com –*
Fermé 1ᵉʳ décembre-1ᵉʳ avril, mercredi, dimanche soir

ÎLE D'OUESSANT

✉ 29242 – Finistère – Carte régionale n° **7**-A1 – Carte Michelin 308-A4

ⓘⓞ TY KORN

POISSONS ET FRUITS DE MER · **BISTRO** ✗ À Ouessant, tout le monde connaît cette adresse voisine de l'église de Lampaul. Des fruits de mer, des poissons fraîchement pêchés ; c'est convivial et généreux. Un restaurant devenu un rendez-vous incontournable sur l'île pour les amateurs de qualité !

Menu 30/40 € – Carte 32/41 €

Au bourg de Lampaul – ☎ *02 98 48 87 33 –*
Fermé 10-31 janvier, lundi, dimanche

KERVIGNAC

✉ 56700 – Morbihan – Carte régionale n° **7**-B2 – Carte Michelin 308-L8

ⓐ CHAI L'AMÈRE KOLETTE

MODERNE · **CONTEMPORAIN** ✗✗ Entre Hennebont et Port-Louis, cette maison mérite que l'on s'y attarde. Dans sa cuisine visible depuis la salle, le chef propose des recettes élaborées au gré du marché, avec le souhait de ne pas surcharger les préparations pour une meilleure lisibilité, mais avec des touches très personnelles. Une sympathique pause gourmande.

Spécialités : Confit de cochon, bouillon au citron vert, soja et chou pak-choï. Pêche du jour marinée à l'huile d'herbes, crème de crustacés. Biscuit au chocolat, cœur ivoire estragon, sorbet pêche de vigne.

🍴 ⅄ – Menu 20 € (déjeuner), 34/56 € – Carte 49/61 €

Parc d'activités de Kernours –
☎ *02 97 36 28 74 – www.chai-lamere-kolette.fr –*
Fermé mercredi, dimanche

LANDÉDA

✉ 29870 – Finistère – Carte régionale n° **7**–A1 – Carte Michelin 308-D3

🏵 LE VIOBEN

POISSONS ET FRUITS DE MER · **CONVIVIAL** ⅹ Poissons de la pêche artisanale, homards et autres fruits de mer, et plus généralement cuisine gourmande basée sur les bons produits de la région... Cette adresse a la cote localement, et l'on comprend aisément pourquoi.

Spécialités : Maquereau fumé, pommes de terre, sauce ravigote. Trilogie de poissons, risotto de blé vert fumé, vierge de légumes. Œuf au plat exotique en trompe l'œil.

🏠 ⅙ – Menu 23 € (déjeuner), 32/85 € – Carte 29/90 €

30 Ar Palud (port de l'Aber Wrac'h) – ℰ 02 98 04 96 77 – www.vioben.com

LANGOËLAN

✉ 56160 – Morbihan – Carte régionale n° **7**–B2 – Carte Michelin 308-L6

🏵 L'ATELIER BISTROT

MODERNE · **CONVIVIAL** ⅹ A 5 mn de Guémené, dans un paisible village breton, cette jolie maison en pierre abrite un charmant bistrot-auberge. Aux commandes, un jeune couple bourlingueur et passionné, de retour au pays. Les spécialités ne trompent pas : ballottine de foie gras à l'andouille de Guémené, salade d'oreilles de cochon et œuf poché, etc. On se régale !

Spécialités : Cuisine du marché.

🏠 ⅙ – Carte 33/40 €

24 rue Duchelas – ℰ 02 97 51 37 81 – Fermé lundi, mardi, mercredi

LANNION

✉ 22300 – Côtes-d'Armor – Carte régionale n° **7**–B1 – Carte Michelin 309-B2

✿ LA VILLE BLANCHE

Chef : Yvann Guglielmetti

MODERNE · **ÉLÉGANT** ⅩⅩⅩ Cet ancien bar-épicerie, installé sur la route de Lannion, est devenu au fil des décennies une étape gastronomique des Côtes-d'Armor. L'endroit fait régulièrement salle comble, grâce au travail d'un chef d'origine italienne : il valorise habilement les produits de la région, jouant avec des notes fumées, avec une juste dose d'amertume et d'acidité, le tout basé sur les herbes du jardin et les fruits du verger : un vrai régal ! En salle, son épouse assure un service impeccable, avec une équipe bien rodée. Ah, et n'oublions pas l'excellent pain.

Spécialités : Cuisine du marché.

🏵 ⅙ 🅰 ⇔ 🅿 – Menu 54/91 € – Carte 87/116 €

Lieu-dit Ville-Blanche – ℰ 02 96 37 04 28 – www.la-ville-blanche.com – Fermé 1ᵉʳ-26 janvier, 21 juin-6 juillet, lundi, mardi, dimanche soir

✿ L'ANTHOCYANE

Chef : Marc Briand

MODERNE · **TENDANCE** ⅩⅩ Chez le chef Marc Briand, c'est l'expérience qui prime. Au cœur de Lannion, il régale ses convives avec une cuisine qui lui ressemble : carrée, précise, sans détours inutiles... mais avec ce qu'il faut de justesse et de finesse. Ici, l'araignée de mer est délicatement travaillée avec crème d'avocat et émulsion d'agrumes ; là le filet de barbue est cuit à la perfection, avec fines asperges blanches croquantes et goûteuses... Imagination, précision technique, respect des saveurs : trois règles d'or pour un repas qui ne laisse pas indifférent.

Spécialités : Araignée de mer, concombre acidulé et sorbet melon. Barbue, mousseline d'artichaut, fenouil et agrumes. Chocolat guanaja, framboises, sorbet poivron et framboise.

⅙ ⇔ – Menu 30 € (déjeuner), 56/76 €

25 avenue Ernest-Renan – ℰ 02 96 38 30 49 – www.lanthocyane.com – Fermé 8-24 mars, 4-27 octobre, lundi, mardi, dimanche soir

LE BRÉLÉVENEZ

MODERNE · CONTEMPORAIN ✗ Cette jolie maison en pierre de Brélévenez (un quartier de Lannion) est tenue par le couple Le Marrec. Les affaires marchent fort, et ce n'est pas un hasard : la cuisine, bien pensée et savoureuse, respecte le terroir et les saisons. Enfin, côté décor, on est attablé dans une salle moderne et épurée où l'on se sent bien.

Spécialités : Araignée, fraîcheur concombre, mousse pomme verte. Filet de veau en croûte d'ail des ours, pressé de pommes de terre, légumes nouveaux. Cerises confites, craquant beurre salé, mousse pistache, glace à la fleur de sureau.

& 🅰 🅿 – Menu 29/49 €

1 rue Stang-Ar-Béo – ℰ 02 56 14 07 91 – www.restaurant-lebrelevenez.fr –
Fermé 1ᵉʳ-31 janvier, mardi, mercredi, samedi midi

LIFFRE

✉ 35340 – Ille-et-Vilaine – Carte régionale n° **7**–D2 – Carte Michelin 309-M5

L'ESCU DE RUNFAO

MODERNE · ÉLÉGANT ✗✗ Turbot aux cocos de Paimpol ; soufflé au Grand Marnier... On vient ici pour déguster une bonne cuisine de saison, ponctuée de touches créatives et fondée sur des produits de qualité. Belle salle à manger moderne, tournée vers la terrasse et le parc.

🛏 🖐 🈁 🈂 🅿 – Menu 28 € (déjeuner), 36/65 € – Carte 65/85 €

Hôtel La Reposée, La Quinte – ℰ 02 99 68 31 51 – www.hotel-la-reposee.com –
Fermé 28 décembre-4 janvier, 2-20 août, samedi midi, dimanche soir

LOCQUIREC

✉ 29241 – Finistère – Carte régionale n° **7**–B1 – Carte Michelin 308-J2

LE GRAND HÔTEL DES BAINS

SPA ET BIEN-ÊTRE · ÉLÉGANT Nostalgie, nostalgie, c'est ici que Michel Lang tourna *L'Hôtel de la Plage*. Aucun vestige des années 1970 néanmoins, plutôt un style élégant très Nouvelle-Angleterre : parquets cirés, beaux matériaux, tonalités miel, gris perle, bleu rétro... Face à la baie, spa et restaurant sont tout aussi chic.

🏊 🈂 🈁 🖐 🛎 🈂 & 🈁 🅿 – 36 chambres

15 bis rue de l'Église – ℰ 02 98 67 41 02 – www.grand-hotel-des-bains.com

LOCRONAN

✉ 29180 – Finistère – Carte régionale n° **7**–A2 – Carte Michelin 308-F6

AR MAEN HIR

MODERNE · CONVIVIAL ✗ Pour installer sa première affaire, le jeune chef Thibaud Érard (Top Chef 2018) a choisi le joli village médiéval de Locronan, près de Quimper. Il semble s'épanouir en ces lieux, où il propose une cuisine fraîche et enlevée, sans sophistication inutile. Service sympathique.

Spécialités : Cromesquis de canard au cidre breton. Canette, châtaignes et gnocchis. Rocher croustillant, chocolat et praliné.

🈁 & 🈂 – Menu 19 € (déjeuner), 33/49 € – Carte 38/44 €

15 bis rue du Prieuré – ℰ 02 56 10 18 37 – Fermé lundi, samedi midi, dimanche soir

COMPTOIR DES VOYAGEURS

MODERNE · CONVIVIAL ✗ En face de l'église, ce restaurant est emmené par un jeune couple au genre globe-trotter : Suisse, Finlande, Canada... Le chef compose une cuisine goûteuse et généreuse avec les produits d'ici : légumes et cochon des fermes environnantes, belles pièces de poisson de la criée... Aussi goûteux que sympathique.

Spécialités : Carpaccio de lotte fumée, coquillages et bouillon aux algues. Retour de pêche, légumes, sauce hollandaise légère aux herbes. Macaron à la rhubarbe, crème basilic et sorbet fraise.

🈁 & – Menu 30/58 € – Carte 36/59 €

Place de l'Église – ℰ 02 98 91 70 74 – www.comptoir-des-voyageurs.fr –
Fermé 4 janvier-25 février, lundi, mardi

LORIENT

✉ 56100 – Morbihan – Carte régionale n° **7**–B2 – Carte Michelin 308-K8

⚜ L'AMPHITRYON

Chef: Olivier Beurné

CRÉATIVE · DESIGN ✕✕ C'est un duo qui préside aux destinées de cette Amphitryon bien inspiré : celui formé par le sommelier Anthony Rault et le chef Olivier Beurné. On se régale ici dans un décor design et épuré, contemporain et graphique, blanc et gris, du sol aux murs en passant par les tables. La cuisine inventive du chef se fonde aussi bien sur une belle technicité que sur le respect des saisons et le choix de produits de qualité – de la langoustine au caviar. Des exemples ? Rouget brûlé, citron caviar, betterave et kari-gosse ; langoustine et carotte ; pigeonneau et topinambour.

Spécialités : Cuisine du marché.

🕸 🝗 – Menu 35/180 €

Hors plan – *127 rue du Colonel-Müller –* ☏ *02 97 83 34 04 –*
www.amphitryon-lorient.com – Fermé lundi, mardi midi, dimanche

☺ LE TIRE BOUCHON

TRADITIONNELLE · COSY ✕✕ Dans ce Tire Bouchon, proche de l'arsenal, on ne fait pas que déboucher des bouteilles ! Les gourmands viennent surtout ici pour se régaler d'une goûteuse cuisine de saison. Un bon moment à savourer dans une salle coquette à souhait : grande cheminée, poutres... Accueil souriant.

Spécialités : Marinière de coquillages au jus safrané. Poisson du port aux légumes de saison. Mi-cuit, mi-fondant au chocolat.

Menu 20 € (déjeuner), 32/67 € – Carte 42/72 €

Plan : B2-k – *45 rue Jules-le-Grand –* ☏ *02 97 84 71 92 –*
www.restaurantalorient.com – Fermé 18 janvier-2 février, lundi, mardi, samedi midi

ⅈⅇ LOUISE

MODERNE · BRANCHÉ ✕✕ Louise, c'était l'arrière-grand-mère du chef Julien Corderoch, qui lui a donné le goût de la cuisine : la naissance d'une vocation ! Dans un cadre contemporain, avec ses luminaires design et ses murs bleus tendance, on déguste un menu surprise (3 plats le midi, 5 ou 8 le soir) où surnage ce beau lieu jaune, légumes verts et marinière de coquillages...

Menu 25 € (déjeuner), 55/85 €

Plan : B2-d – *4 rue Léo-le-Bourgo –* ☏ *02 97 84 72 12 - www.restaurantlouise.fr –*
Fermé 25 janvier-1ᵉʳ février, 28 juin-12 juillet, lundi, mardi, dimanche

ⅈⅇ SOURCES ⓝ

MODERNE · CONTEMPORAIN ✕✕ Deux frères originaires de Lorient, Nicolas en cuisine (ancien de Ledoyen, Lasserre) et Mathieu en salle, ont repris cette ancienne brasserie bien située sur le Quai des Indes. Dans l'assiette, c'est moderne et local : poulpe cuit au feu de bois avec crème d'ail ; volaille de Gestel rôtie avec radis glaçons et arlettes de pomme de terre... Le menu déjeuner est un très bon plan.

ᚴ – Menu 26 € (déjeuner), 38/82 €

Plan : B2-a – *1 cours de la Bôve –* ☏ *02 97 78 76 25 - www.restaurant-sources.com –*
Fermé lundi, samedi midi, dimanche

ⅈⅇ LE 26-28 ⓝ

MODERNE · CONTEMPORAIN ✕✕ Un cadre contemporain, des cuisines ouvertes, un chef – Arthur Friess (au beau parcours étoilé) – et en salle, Charlotte, sa compagne : voilà les ingrédients de la réussite de cette table qui propose une belle cuisine actuelle, réalisée à partir de produits irréprochables – tel ce pigeon, épeautre gratiné et racines. La carte est renouvelée tous les mois.

ᚴ 🝗 ⇔ – Menu 20 € (déjeuner), 36/65 € – Carte 45/54 €

Plan : B2-b – *26-28 rue Poissonnière –* ☏ *02 97 50 29 13 - www.le2628.com –*
Fermé lundi, dimanche

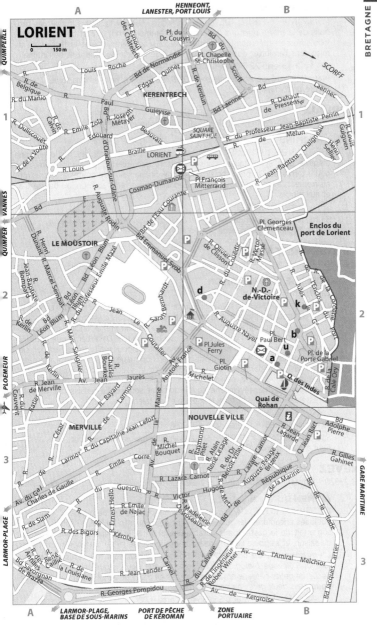

LE YACHTMAN

POISSONS ET FRUITS DE MER · CONTEMPORAIN XX Sans surprise, les produits de la mer – poissons de la criée, notamment – ont la part belle dans cette jolie adresse située non loin du port de plaisance. Simplicité et justesse sont de mise dans l'assiette ; quant à la salle, elle joue la carte de l'épure et de l'intime.

⅌ & ✿ – Menu 22 € (déjeuner), 33/45 €

Plan : B2-u – *14 rue Poissonnière –* ℰ *02 97 21 31 91 – www.leyachtmanlorient.fr – Fermé lundi, dimanche*

MORLAIX

✉ 29600 – Finistère – Carte régionale n° **7**–B1 – Carte Michelin 308-H3

L'HERMINE

BRETONNE · RUSTIQUE X Poutres, tables en bois ciré, objets rustiques : une crêperie bien sympathique dans un pittoresque quartier piétonnier, avec une petite terrasse... On peut choisir parmi une cinquantaine de crêpes au sarrasin et au froment, avec une spécialité : la Godaille, une galette au thon, au beurre d'ail et aux algues.

🛱 – Carte 10/25 €

35 rue Ange-de-Guernisac – ℰ *02 98 88 10 91 – www.restaurantmorlaix.com – Fermé 4-10 janvier, dimanche*

MÛR-DE-BRETAGNE

✉ 22530 – Côtes-d'Armor – Carte régionale n° **7**–C2 – Carte Michelin 309-E5

⁜ AUBERGE GRAND'MAISON

Chef: Christophe Le Fur

MODERNE · DESIGN XxX Quel plaisir de découvrir une cuisine comme celle-ci en cœur de Bretagne ! Ici prime la grande tradition, à la fois classique, gourmande et toujours soignée. Christophe Le Fur, originaire du Cap Fréhel, ancien chef du recteur de l'académie de Paris, a cuisiné aussi bien pour le Dalaï-Lama que pour Hillary Clinton, avant de revenir sur ses terres natales pour réaliser une partition sincère et généreuse. Ainsi le "menu vintage" hommage à Paul Bocuse n'a pas à rougir de la comparaison : poularde en vessie et sauces onctueuses, saveurs et générosité. Ajoutons à cela un travail en salle de première qualité (découpes, flambage etc.), qui révèle une équipe forte et soudée. La renaissance de cette adresse est une belle histoire d'homme et de talent.

Spécialités : Cuisine du marché.

⇦ ✿ – Menu 31 € (déjeuner), 61/92 €

Rue Léon-le-Cerf – ℰ *02 96 28 51 10 – www.auberge-grand-maison.com – Fermé lundi, mardi, dimanche soir*

NÉVEZ

✉ 29920 – Finistère – Carte régionale n° **7**–B2 – Carte Michelin 308-I8

AR MEN DU

MODERNE · COSY XX À vos pieds, la lande sauvage est battue par l'océan, et à quelques encablures, les rochers de l'îlot de Raguenès brillent au soleil... La maison a fait de la gastronomie durable une priorité : la cuisine est rigoureusement de saison, et s'appuie largement sur le potager et le jardin d'herbes aromatiques.

⁜ *L'engagement du chef:* "Nos fournisseurs locaux sont tous issus de l'agriculture ou l'élevage biologique. Les poissons que nous cuisinons sont issus de la pêche de petits bateaux et nous avons mis en place un verger et un jardin aromatique, tous deux gérés en permaculture."

⅌ ⇦ ⭠ 🛏 & 🅿 – Menu 55/95 € – Carte 97 €

Rue des Îles, à Raguenès-Plage – ℰ *02 98 06 84 22 – www.men-du.com – Fermé 4 janvier-4 février, 8 novembre-16 décembre, mardi midi, mercredi midi*

NOYALO

✉ 56450 – Morbihan – Carte régionale n° **7**–A3 – Carte Michelin 308-O9

🍽️ L'HORTENSIA

TRADITIONNELLE · MAISON DE CAMPAGNE ✗✗ Cette ancienne ferme en pierre a, comme sa voisine l'église du village, un certain cachet. La cuisine, qui fait la part belle aux produits de la mer et au terroir breton, se révèle savoureuse et bien maîtrisée. Pour l'étape, on trouve des chambres coquettes décorées sur le thème de l'hortensia.

🐕 ⇆ ♿ 🅿 – Menu 25 € (déjeuner), 40/65 € – Carte 32/77 €

18 rue Sainte-Brigitte – ℰ 02 97 43 02 00 – www.restaurantlhortensia.com – Fermé lundi, dimanche soir

NOYAL-SUR-VILAINE

✉ 35530 – Ille-et-Vilaine – Carte régionale n° **7**-D2 – Carte Michelin 309-M6

❀ AUBERGE DU PONT D'ACIGNÉ

Chef: Sylvain Guillemot

MODERNE · ÉLÉGANT ✗✗✗ Aux portes de Rennes, le long de la Vilaine, cette maison en granit mérite toute notre attention. Les propriétaires, Sylvain Guillemot et son épouse Marie-Pierre, se sont rencontrés chez Alain Passard. Sylvain revendique une "cuisine d'instant et d'instinct", travaille le terroir avec inventivité et une maîtrise de tous les instants. Il bichonne particulièrement ses relations avec ses amis producteurs – d'algues, de piment, de gingembre, de volaille et, bien sûr, de beurre. Le cadre, élégant et lumineux, la terrasse en bord de la Vilaine, comme le service, très agréable, ajoutent au plaisir de cette parenthèse gastronomique. Très beau choix de vins.

Spécialités: Ventrèche de thon breton snacké, jus de gingembre. Veau à la harissa, petits légumes. Rhubarbe, abricot, verveine mentholée et huile d'olive.

🐕 🌿 ♿ ⇄ 🅿 – Menu 28 € (déjeuner), 65/115 €

Lieu-dit Pont-d'Acigné – ℰ 02 99 62 52 55 – www.auberge-du-pont-dacigne.com – Fermé lundi, mardi, dimanche soir

🍽️ LES FORGES

TRADITIONNELLE · FAMILIAL ✗✗ Cette auberge, située au bord de la route, est installée dans les anciennes forges de la ville. On se restaure dans des salles sobres et blanches. Côté cuisine, on est en plein dans la tradition : tout est fait maison et le chef travaille comme un véritable artisan.

🌿 🆒 🅿 – Menu 17 € (déjeuner), 26/38 € – Carte 30/46 €

22 avenue du Général-de-Gaulle – ℰ 02 99 00 51 08 – Fermé 3-27 août, vendredi soir, samedi, dimanche soir

PAIMPOL

✉ 22500 – Côtes-d'Armor – Carte régionale n° **7**-C1 – Carte Michelin 309-D2

🍽️ RESTAURANT DE LA MARNE

MODERNE · TENDANCE ✗✗ En bordure du centre touristique de Paimpol, on trouve cette auberge en pierre datant du 19e s., dont le chef élabore des recettes inventives et pleines d'allant, où la recherche visuelle occupe une place importante.

🐕 ⇆ ♿ 🆒 ⇄ 🅿 – Menu 29/75 € – Carte 50/90 €

30 rue de la Marne – ℰ 02 96 16 33 41 – www.hoteldelamarne-paimpol.fr – Fermé 4-25 janvier, lundi, dimanche soir

🍽️ LA SERRE

MODERNE · COSY ✗✗ Revenu d'Asie, où il a passé plusieurs années, le chef a créé avec deux autres associés ce restaurant chic et cosy, installé dans une rue tranquille de Paimpol. Sa cuisine moderne met en avant les produits de la région, avec de légers clins d'œil à l'Asie, et des dressages soignés.

🍴 🌿 ♿ 🅿 – Menu 58/85 €

4 rue de Poulgoïc – ℰ 09 52 49 36 17 – laserrepaimpol.fr – Fermé 2-15 janvier, lundi, mardi midi, samedi midi

LE PALAIS – Morbihan (56) ➜ Voir Belle-Ile-en-Mer

PENVINS

✉ 56370 – Morbihan – Carte régionale n° **7**–A3 – Carte Michelin 308-O9

🍴○ **LA PERGOLA**

MODERNE · **ROMANTIQUE** 💥 Sise dans le charmant petit bourg de Penvins, cette coquette maison, devancée d'une jolie terrasse avec pergola, abrite une table de qualité. Les assiettes y sont savoureuses et parfumées, à l'instar de ces makis de sardines au blé noir et chèvre frais au haddock. Du cachet, du goût, un charme fou !

🌤 ⅄ – Menu 37/46 € – Carte 60/70 €

21 rue Ker-an-Poul – ℰ 02 97 67 40 80 – www.lapergola.penvins.com – Fermé lundi, mardi, dimanche soir

PERROS-GUIREC

✉ 22700 – Côtes-d'Armor – Carte régionale n° **7**–B1 – Carte Michelin 309-B2

😊 **LE MANOIR DU SPHINX**

MODERNE · **ÉLÉGANT** 💥 De la salle à manger de cette belle maison, élégante et feutrée, on surplombe le jardin et la côte rocheuse. Une vue panoramique à couper le souffle, qui ne donne que plus de relief à des plats privilégiant les produits locaux ; la cuisine unit terre et mer dans une jolie symphonie gustative.

Spécialités : Saumon confit aux herbes, condiment concombre. Lieu jaune, quinoa aux agrumes. Chocotonka.

◁ 🖾 ⅄ 🅿 – Menu 26 € (déjeuner), 34/56 €

67 chemin de la Messe (plage de Trestignel) – ℰ 02 96 23 25 42 – www.lemanoirdusphinx.bzh – Fermé 20 janvier-1ᵉʳ mars, 14 novembre-15 décembre, lundi

😊 **LA MAISON DE MARIE**

MODERNE · **ÉLÉGANT** 💥 Cette élégante maison en granit rose semble vibrer à l'unisson de la côte... Le chef, Daniel Jaguin, a pour boussole les beaux produits de la région (Saint-Jacques des Côtes-d'Armor, huîtres de Lanmodez, etc.), qu'il agrémente avec une pointe d'originalité – notes exotiques, épices lointaines. Clair comme de l'eau de roche !

Spécialités : Terrine de poulet, pickles de légumes. Lieu jaune de ligne, artichaut, fenouil et beurre blanc. Baba au rhum, coulis de mangue, sorbet piña colada.

⅄ 🖾 🅿 – Menu 34/46 €

24 rue Gabriel-Vicaire (à La Clarté) – ℰ 02 96 49 05 96 – www.lamaisondemarie-laclarte.bzh – Fermé lundi, dimanche et le soir sauf le samedi

🍴○ **LE BÉLOUGA** 🆕

MODERNE · **CONTEMPORAIN** 💥💥 Cette table offre un panorama saisissant sur la côte et les sept îles. La cuisine est subtile et soignée, construite autour de produits de qualité ; les recettes se teintent parfois d'une pointe d'exotisme – le chef est originaire de la Réunion –, comme avec ce lieu jaune de petit bateau cuit juste nacré, patate douce texturée et bouillon au curry.

◁ 🖾 ⅄ 🅵 🅿 – Menu 24 € (déjeuner), 49/78 € – Carte 60/110 €

L'Agapa, 12 rue des Bons-Enfants – ℰ 02 96 49 01 10 – www.lagapa.com – Fermé 17-24 janvier, lundi, mardi

🏨 **L'AGAPA**

LUXE · **DESIGN** Une impression de luxe zen se dégage de cet hôtel tout de verre, granit et acier. Offrant pour la plupart une magnifique vue sur la mer, les chambres, modernes, au design épuré, invitent à la détente ; un confort que l'on retrouve au spa.

☽ ◁ 🖾 🖵 🕮 ⅄ 🅵 🅰 🅿 – 44 chambres – 1 suite

12 rue des Bons-Enfants – ℰ 02 96 49 01 10 – www.lagapa.com

🍴○ **Le Bélouga** – Voir la sélection des restaurants

PLÉHÉDEL

✉ 22290 – Côtes-d'Armor – Carte régionale n° **7**–C1 – Carte Michelin 309-D2

ⅠⅠ○ MATHIEU KERGOURLAY

MODERNE · ÉLÉGANT XX Après cinq années passées au Manoir de Lan Kerellec, le chef Mathieu Kergourlay a investi – et modernisé – ce petit château non loin de la mer. Dans l'assiette, produits de qualité, dressages soignés, et jolies surprises, comme ces filets de caille laqués d'une délicieuse réduction de canard aux épices.

⌂ 斤 & **P** – Menu 26 € (déjeuner), 38/78 € – Carte 60/96 €

Château de Boisgelin, Domaine de Boisgelin – ℰ 02 96 22 37 67 –
www.mathieu-kergourlay.com – Fermé 22 décembre-15 janvier, 8-18 juin,
19-29 octobre, mardi, mercredi

🏠 CHÂTEAU DE BOISGELIN

DEMEURE HISTORIQUE · COSY On vous dresse le tableau : un château du 15e s. avec sa tour d'angle, entouré d'un domaine de 400 hectares (avec un golf), des touches anciennes dans la déco des chambres (robinetterie rétro, meubles de style Directoire, scènes de chasse au mur)... Bref, du cachet !

⌂ 🛁 **P** – 14 chambres

Domaine de Boisgelin – ℰ 02 96 22 37 67 – www.mathieu-kergourlay.com
ⅠⅠ○ **Mathieu Kergourlay** – Voir la sélection des restaurants

PLÉRIN

✉ 22190 – Côtes-d'Armor – Carte régionale n° **7**–C1 – Carte Michelin 309-F3

❀ LA VIEILLE TOUR

Chef: Nicolas Adam

MODERNE · TENDANCE XX Le cadre, très contemporain, jouant sur la lumière et les matières (verre, wengé...), est en totale adéquation avec les saveurs fines et iodées de cette maison de pays, située face au chenal. Le cadre intime (notamment ces petites alcôve en forme d'anémone) se prête à la dégustation de produits de belle qualité, aux cuissons toujours justes. Le chef Nicolas Adam ne se contente pas de titiller les saveurs : il est aussi le créateur épanoui d'une boulangerie, et du festival Rock'n Toques, qui propose, une fois l'an et en musique, de la street food de qualité. Ou quand la gastronomie se veut ludique. Jolie cave vitrée, riche de 350 références.

Spécialités : Raviole ouverte de homard breton, huître, pomélo et bisque de crustacés. Turbot sauvage, pomme de terre fumée et tempura d'asperge. Sablé, ganache chocolat blanc, fraises et sorbet fraise-basilic.

❀ 🅰 ✣ – Menu 34 € (déjeuner), 50/85 €

75 rue de la Tour – ℰ 02 96 33 10 30 – www.la-vieille-tour.com – Fermé 1er-14 janvier,
1er-14 juin, 31 août-13 septembre, lundi, samedi midi, dimanche

PLOEMEUR

✉ 56270 – Morbihan – Carte Michelin 308-K8

ⅠⅠ○ LE VIVIER

TRADITIONNELLE · CLASSIQUE XX Dans cet établissement posé face au large, la cuisine est évidemment vouée à Neptune : les pieds presque dans l'eau, on fait le plein d'iode avec de très beaux produits de la pêche (entre autres). Le menu enfant ravit les petits gourmands.

❀ ⇆ ⟨ & ✣ **P** 🚗 – Menu 34/75 € – Carte 58/80 €

9 rue de Beg-Er-Vir, Lomener – ℰ 02 97 82 99 60 – www.levivier-lomener.com –
Fermé 24 décembre-3 janvier, dimanche soir

PLOËRMEL

✉ 56800 – Morbihan – Carte régionale n° **7**–C2 – Carte Michelin 308-Q7

🍴○ **LE ROI ARTHUR**

CLASSIQUE · ÉLÉGANT XxX Les chevaliers non pas de la Table ronde mais des Temps modernes se sentiront comme des rois dans ce restaurant baigné de lumière. Par les baies vitrées, on peut même contempler les flots. Au menu, cuisine classique et service sans fausse note. Une bonne adresse.

⇦ ⪕ 🛏 🍴 🛗 🔲 **P** – Menu 27 € (déjeuner), 38/44 € – Carte 45/70 €

Lac au Duc – 𝒞 02 97 73 64 64 – www.hotelroiarthur.com – Fermé 20 février-7 mars

PLOMODIERN

✉ 29550 – Finistère – Carte régionale n° **7**–A2 – Carte Michelin 308-F5

✿✿ **L'AUBERGE DES GLAZICKS**

Chef: Olivier Bellin

CRÉATIVE · TENDANCE XxX Douarnenez, la pointe du Raz, Locronan et sa cité médiévale, Pont-Aven et la cité des peintres : tels sont les paysages qui s'offrent depuis l'Auberge des Glazicks. Cette ancienne maréchalerie attirait autrefois ouvriers et habitants du coin, autour de menus simples et revigorants – soupe, bouchée à reine, gigot d'agneau... C'est sous l'impulsion d'Olivier Bellin, de retour au pays en 1998, que l'Auberge familiale accomplit sa mue : inventif et touche-à-tout, le chef y cultive chaque jour avec passion le meilleur de la pêche locale et du terroir breton. Non loin plane encore la légende de la fontaine de l'Ermitage de Saint-Corentin, avec son poisson extraordinaire qui, après avoir été mangé, se reconstituait le lendemain. Avis aux chefs intéressés : il s'agit d'un mythe. Quoique...

Spécialités : Langoustine, sang de boudin noir, croustillant de pied de cochon. Homard, brioche, condiment pomme et pamplemousse. Dessert autour du sarrasin et de la fraise.

❀ ⇦ 🛏 ⅄ ✿ – Menu 65 € (déjeuner), 100/235 € – Carte 55/95 €

7 rue de la Plage – 𝒞 02 98 81 52 32 – www.aubergedesglazick.com – Fermé 14 mars-1ᵉʳ avril, 14 novembre-3 décembre, lundi, mardi

PLONÉOUR-LANVERN

✉ 29720 – Finistère – Carte régionale n° **7**–A2 – Carte Michelin 308-F7

🍴○ **MANOIR DE KERHUEL**

MODERNE · SIMPLE XX Dans ce cadre charmant, une table qui ne l'est pas moins ! On y déguste une jolie cuisine actuelle, réalisée à base de bons produits régionaux, et servie dans une salle avec vue sur la terrasse et le jardin.

🛏 ⅄ ✿ **P** – Menu 29/65 € – Carte 44/74 €

Route de Quimper – 𝒞 02 98 82 60 57 – www.manoirdekerhuel.fr – Fermé 24-30 décembre, lundi midi, mardi midi, mercredi midi, jeudi midi, vendredi midi, samedi, dimanche

PLOUBALAY

✉ 22650 – Côtes-d'Armor – Carte régionale n° **7**–C1 – Carte Michelin 309-J3

✿ **RESTAURANT DE LA GARE**

MODERNE · TENDANCE XX Si vous parcourez les stations de la Côte d'Émeraude, faites donc un arrêt dans cette Gare gourmande ! À travers une cuisine personnelle et savoureuse, Thomas Mureau joue sans excès avec la tradition régionale, la mer et la terre bretonnes. Évidemment, les menus s'adaptent aux opportunités du marché... qualité oblige.

Spécialités : Fine gelée de pintade et foie gras au cidre, salade de haricots verts aux noisettes. Cabillaud, grenailles et sauce homardine. Sablé breton, crème pistache, rhubarbe et fraise.

🛏 ⅄ – Menu 22 € (déjeuner), 31/65 € – Carte 40/70 €

4 rue des Ormelets, à Beaussais-sur-Mer – 𝒞 02 96 27 25 16 – www.restaurant-la-gare-ploubalay.com – Fermé 21 février-12 mars, lundi soir, mardi soir, mercredi

PLOUFRAGAN

✉ 22440 – Côtes-d'Armor – Carte régionale n° **7**–C2 – Carte Michelin 309-F4

🕙 LE BRÉZOUNE

MODERNE · CONVIVIAL ✗ Un jeune couple formé à bonne école a repris cette adresse traditionnelle : si les pierres et poutres demeurent, la déco a pris un virage contemporain, comme la carte, où les produits du terroir breton se marient à des notes d'Asie. Originalité, fraîcheur et accueil charmant au menu !

Spécialités : Raviole de moules, émulsion marinière au chorizo. Poitrine de cochon confite, jus aux épices et harissa douce. "Le Brezoune" : sablé breton, pommes confites, caramel au beurre salé et mousse mascarpone.

🎇 ᵴ **P** – Menu 19 € (déjeuner), 31/61 €

15 rue de la Poste – ℰ 02 96 01 59 37 – www.lebrezoune.fr – Fermé 1ᵉʳ-20 janvier, lundi, mercredi soir, samedi midi, dimanche soir

PLOUGASNOU

✉ 29630 – Finistère – Carte régionale n° **7**–B1 – Carte Michelin 308-I2

🕙 LA MAISON DE KERDIÈS

TRADITIONNELLE · CONVIVIAL ✗✗ Cette maison de la pointe du Trégor fut à l'origine un sémaphore, avant d'être transformée en colonie de vacances, puis en restaurant. De la salle, on profite d'une vue panoramique sur Roscoff et l'île de Batz... Mais on se recentre vite sur l'assiette, et sur cette généreuse cuisine de tradition remise au goût du jour, servie avec le sourire !

Spécialités : Noix de Saint-Jacques, bouillon de potimarron à l'orange. Lieu jaune de ligne, mousseline au citron. Mousse fraise-basilic, craquant au grué de cacao.

< 🏡 ᵴ 🖝 **P** – Menu 21 € (déjeuner), 24/34 €

5 route de Perherel, lieu-dit Saint-Samson – ℰ 02 98 72 40 66 – www.maisonkerdies.com – Fermé 2 janvier-5 février, lundi, dimanche soir

PLOUGONVELIN

✉ 29217 – Finistère

🕸 HOSTELLERIE DE LA POINTE ST-MATHIEU

Cheffe : Nolwenn Corre

MODERNE · CONTEMPORAIN ✗✗ Attention, belle surprise à l'Ouest ! À Plougon-velin, Nolwenn Corre a repris les fourneaux de cette Hostellerie ouverte en 1954 par ses grands-parents, et reprise en 1988 par ses parents. Une affaire de famille, donc, qui a évolué tout en gardant son esprit originel : vieilles pierres, cheminée monumentale d'une part, mobilier franchement contemporain de l'au-tre. La jeune cheffe se montre tout à fait à son aise en cuisine, et surtout très déterminée. Ses assiettes doivent autant à son tour de main qu'aux bons produits 100% locaux qu'elle utilise : langoustines du Guilvinec, Saint-Jacques de la rade de Brest, poissons du Conquet, légumes d'un agriculteur voisin...

Spécialités : Langoustine en jeux de cuissons, amandes fraîches et chou-fleur. Cochon breton servi dans un rocher de sel aux huîtres. Crémeux de chocolat gua-naja, sarrasin torréfié et en crème glacée.

ᵴ 🖃 – Menu 49/120 € – Carte 70/115 €

7 place Saint-Tanguy, à la Pointe St-Mathieu – ℰ 02 98 89 00 19 – www.pointe-saint-mathieu.com – Fermé 4-24 janvier, lundi, mardi

🏠 HOSTELLERIE DE LA POINTE ST-MATHIEU

FAMILIAL · PERSONNALISÉ Phare, sémaphores, vestiges d'abbaye... Pas de doute, c'est bien la pointe ouest de la Bretagne, et ses paysages de tempête. Heureusement, cette maison de pays élégante et contemporaine, tout en teintes douces, est un refuge de choix !

🕸 🌊 < 🖥 🕸 🖃 ᵴ 🛁 **P** 🚗 – 33 chambres

7 place Saint-Tanguy, à la Pointe St-Mathieu – ℰ 02 98 89 00 19 – www.pointe-saint-mathieu.com

🕸 **Hostellerie de la Pointe St-Mathieu** – Voir la sélection des restaurants

PLOUGUERNEAU

✉ 29880 – Finistère – Carte régionale n° **7**-A1 – Carte Michelin 308-D3

ⅠⓄ À LA MAISON

MODERNE · SIMPLE ✗ Ici, on réalise une cuisine bistrotière de bel aloi, mettant en avant les produits de la région. Le chef affectionne travailler les plats en déclinaison, comme le cochon ou l'agneau. Parmi les spécialités maison : le boudin noir, l'œuf parfait, et l'andouille de Guéméné. Le petit restaurant ne paie pas de mine mais dispose d'une agréable terrasse sur l'arrière. Une adresse attachante.

☂ ⅙ – Menu 25 € (déjeuner) – Carte 46/82 €

21 place de l'Europe – ℰ 02 98 01 76 21 – Fermé lundi, mardi, mercredi, samedi midi, dimanche soir

PLOUIDER

✉ 29260 – Finistère – Carte régionale n° **7**-A1 – Carte Michelin 308-F3

✿ LA TABLE DE LA BUTTE

Chef : Nicolas Conraux

MODERNE · TENDANCE ✗✗ Nicolas et Solenne Conraux sont la troisième génération de cet hôtel-restaurant. En cuisine, Nicolas garde un œil sur la mer et la baie de Goulven, qu'on aperçoit en contrebas, et l'autre sur la campagne bretonne. Huîtres, homard, cochon, ormeaux mais aussi algues, légumes et même le patrimoine fromager armoricain dessinent la carte de son Finistère gourmand. Chaque plat, ou presque, navigue entre mer et campagne, à l'image de ces asperges vertes cuisinées à l'eau de mer, nappées d'une crème d'ail des ours et lovées dans des feuilles de salades croquantes. Le pain est un délice, comme les différents beurres made in Bretagne (aux algues, cristaux de sel...). La Butte, un petit sommet de gourmandise qui culmine avec le soufflé de far et glace caramel beurre salé, aéré et parfumé, signé de la talentueuse cheffe pâtissière Virginie Apparé.

Spécialités : Huîtres, cappuccino de sarrasin acidulée et cappuccino de lait ribot. Homard, jus de tête pressée et légumes. Soufflé de far breton, crème glacée à la prune.

≼ ⊕ ☂ ⅙ ▣ ▣ – Menu 45 € (déjeuner), 68/145 € – Carte 90/110 €

La Butte, 12 rue de la Mer – ℰ 02 98 25 40 54 – www.labutte.fr – Fermé 22 février-18 mars, lundi, mardi, mercredi

⊛ LE COMPTOIR DE LA BUTTE

TRADITIONNELLE · TENDANCE ✗ L'annexe de la table gastronomique vaut aussi son pesant de gourmandise. Le cadre moderne, avec cuisine ouverte et boutique, met en appétit ; confirmation ensuite dans l'assiette avec une cuisine de tradition généreuse, déclinée dans une formule efficace.

Spécialités : La complète kraz. Poitrine de cochon de Kervilavel. Crème de gros lait fermier, kouign amann.

⊕ ⅙ ▣ – Menu 29 €

La Butte, 12 rue de la Mer – ℰ 02 98 25 40 54 – www.lecomptoir.labutte.fr

⌂⌂⌂ LA BUTTE

TRADITIONNEL · CONTEMPORAIN Une saga familiale débutée en 1952... et qui n'est pas prête de se terminer ! Les chambres, contemporaines et épurées, donnent toutes sur la mer, un spa est à disposition, et le petit-déjeuner se révèle excellent. Une maison idéale pour se ressourcer au grand air...

≼ ⊕ ▣ ⊕ ▣ ⅙ ▲ ▣ – 33 chambres

12 rue de la Mer – ℰ 02 98 25 40 54 – www.labutte.fr

✿ **La Table de La Butte** · ⊛ **Le Comptoir de La Butte** – Voir la sélection des restaurants

PLOUMANACH

✉ 22700 – Côtes-d'Armor – Carte régionale n° **7**-B1 – Carte Michelin 309-B2

🍴 LA TABLE DE MON PÈRE

MODERNE · TENDANCE XX Profiter, sur la plage de St-Guirec, des dernières lueurs du couchant, bien au chaud dans une salle design, en dégustant un menu dédié à un produit de saison (Saint-Jacques, homard, etc.)... Une cuisine au goût du jour, présentée avec soin, où l'on sent du sérieux et de l'application.

⋸ ఉ. 🅿 – Menu 49/89€ – Carte 53/73€

Castel Beau Site, Plage de Saint-Guirec – ℰ 02 96 91 40 87 –
www.castelbeausite.com – Fermé le midi

PONT-AVEN

✉ 29930 – Finistère – Carte régionale n° **7**–B2 – Carte Michelin 308-I7

🏵 MOULIN DE ROSMADEC

MODERNE · ÉLÉGANT XXX Premier restaurant à décrocher une étoile dans le Finistère (en... 1933 !), étape emblématique de la gastronomie bretonne, le Moulin de Rosmadec jouit d'un cadre enchanteur, avec sa terrasse fleurie au bord de l'Aven. Supervisée par le chef Christian Le Squer, la cuisine est tout à la gloire du terroir breton (sarrasin, lait ribot, fraises de Plougastel) et de la pêche locale (araignée de mer, langoustines, homard)... Assiettes fines et soignées, avec de jolies sauces et réductions, saveurs délicates : une partition de haute volée. Belle carte des vins, pour couronner le tout.

Spécialités : Langoustine du Guilvinec, mayonnaise tiède. Noix de ris de veau au lait ribot, jus herbacé. Barre chocolatée, Carambar d'antan au caramel.

⅏ ⋸ ൴ ఉ. ⇄ – Menu 36€ (déjeuner), 56/101€ – Carte 65/90€

Venelle de Rosmadec (près du pont) – ℰ 02 98 06 00 22 – www.rosmadec.com –
Fermé 4-27 janvier, 9-24 novembre, lundi, mardi

🍃 SUR LE PONT ...

MODERNE · BISTRO X Cette maison ancienne s'appuie en partie sur le vieux pont qui enjambe l'Aven... Un lieu plein de charme, au service d'une cuisine dans l'air du temps et concentrée sur le poisson : le chef l'accommode à toutes les sauces, avec ce qu'il faut d'originalité, sans jamais dénaturer le produit.

Spécialités : Raviolis de langoustines. Lotte en lasagne. "Trop bon" à la mangue.

൴ ఉ. – Menu 34€ – Carte 30/45€

11 place Paul-Gauguin – ℰ 02 98 06 16 16 – www.surlepont-pontaven.fr – Fermé lundi,
mardi

PONTIVY

✉ 56300 – Morbihan – Carte régionale n° **7**–C2 – Carte Michelin 308-N6

🍴 HYACINTHE & ROBERT ⓝ

MODERNE · CONTEMPORAIN XX Damien Le Quillec, le chef, a baptisé sa table en hommage à ses deux grands-pères, Hyacinthe et Robert. Cadre atypique (un ancien garage réinventé en loft contemporain, une réussite), assiettes terre-mer assez ambitieuses et bien dans l'air du temps... On passe un bon moment. Menu déjeuner à prix très doux.

ఉ. ⇄ – Menu 18€ (déjeuner), 30/70€

100 rue Nationale – ℰ 06 43 68 26 45 – hyacinthe-et-robert.fr – Fermé lundi, mardi
midi, dimanche soir

🍴 AL DENTE

ITALIENNE · CONVIVIAL X Dans une rue calme proche du centre, ce bistrot propose une cuisine italienne de bonne facture, parsemée de touches françaises. Pâtes maison et risotto feront le plaisir des amateurs, d'autant que les assiettes sont présentées avec soin. Petite terrasse pour les beaux jours.

൴ – Menu 16€ (déjeuner), 27/33€

22 rue de Lourmel – ℰ 02 97 25 85 24 – Fermé 26 septembre-26 octobre, lundi,
dimanche

PONT-SCORFF

✉ 56620 – Morbihan – Carte régionale n° **7**–B2 – Carte Michelin 308-K8

ⅈ○ L'ART GOURMAND

TRADITIONNELLE · SIMPLE Ⅹ Derrière l'église, sur une charmante place, le couple de propriétaires célèbre les plaisirs de la gastronomie traditionnelle. En cuisine, le chef s'exprime à travers les bons produits, en particulier le poisson du jour à l'ardoise. Beaucoup de simplicité, presque de la modestie, mais également un certain sens du détail (pain et glaces maison).

க் 䀝 – Menu 15 € (déjeuner), 24/32 € – Carte 42/50 €

14 place de la Maison-des-Princes – ℰ 02 97 32 65 08 – www.lartgourmand.com – Fermé 15-25 février, 5-15 juillet, 18-25 octobre, mardi soir, mercredi, dimanche soir

PORSPODER

✉ 29840 – Finistère – Carte régionale n° **7**–A1 – Carte Michelin 308-C3

✿ LE CHÂTEAU DE SABLE

MODERNE · ÉLÉGANT ⅩⅩ Après deux ans au service de la superstar Gordon Ramsay, et une année bistronomique à Lausanne, le chef Anthony Hardy s'est vu confier les clés de ce Château de Sable nord-finistérien. Avec une brigade acquise à sa cause, il a confirmé le virage du locavorisme (priorité à la Bretagne !) et régale sans couper les cheveux en quatre : couteaux de plongée, crémeux à l'ail, salicorne et caviar Sturia ; homard de nos côtes bretonnes, navet glacé, blette, chorizo et sauce homard... Les produits sont de premier ordre, les créations percutantes et subtiles, et la qualité se maintient d'un bout à l'autre du repas. Un bonheur.

Spécialités : Couteaux de plongée, crémeux à l'ail, salicornes et caviar. Homard breton, gnocchis de petits pois, jus de homard rafraîchi au céleri. Soufflé aux fraises.

⪪ 䖺 㐬 க் ✿ 🅿 – Menu 25 € (déjeuner), 52/97 € – Carte 85/160 €

38 rue de l'Europe – ℰ 02 29 00 31 32 – www.lechateaudesablehotel.fr – Fermé lundi, mardi

⌂ LE CHÂTEAU DE SABLE

BOUTIQUE HÔTEL · CONTEMPORAIN Face à la presqu'île St-Laurent – un lieu hors du temps –, un établissement à la pointe de la réglementation environnementale (bois, verre, etc.). Les chambres sont lumineuses, aux teintes douces et tournées en grande partie vers la côte sauvage et l'océan... Idéal pour se reposer entre deux châteaux de sable !

⌖ ⑂ ⪪ 䖺 㐬 🖵 க் 🖳 🅿 – 24 chambres – 3 suites

38 rue de l'Europe – ℰ 02 29 00 31 32 – www.lechateaudesablehotel.fr

✿ Le Château de Sable – Voir la sélection des restaurants

PORT-GOULPHAR – Morbihan (56) ➜ Voir Belle-Ile-en-Mer

PORT-LOUIS

✉ 56290 – Morbihan – Carte régionale n° **7**–B2 – Carte Michelin 308-K8

✿ AVEL VOR

Chef : Patrice Gahinet

MODERNE · CHIC ⅩⅩⅩ Un Avel Vor ("vent de mer" en breton) souffle sur cette brasserie chic installée sur les quais : le chef Patrice Gahinet reçoit ses poissons directement sur le seuil de sa porte, livrés par des artisans marins pêcheurs. Cet air iodé sied visiblement à cette cuisine pleine de finesse et sublimant, entre autres, les poissons, tels ces langoustines rôties avec caviar et gelée de pomme, ou ces filets de sole accompagnés de leur "risotto" crémeux au céleri avec truffe noire du Périgord. Sans oublier de belles viandes à l'image de ce filet d'agneau, panisse et légumes d'hiver. En salle, Catherine, la sœur du chef, souffle une douce brise sur un cadre contemporain et raffiné. Belle carte des vins. Trois agréables chambres pour l'étape.

Spécialités: Langoustine, gelée de pomme, pickles de légumes et caviar. Au gré de la mer, céleri en risotto. Streusel chocolat, crème d'orange, écume au grué et glace chocolat.

🕸 ⇦ ≼ ዸ Ⓜ ⇩ – Menu 31/97 €

25 rue de Locmalo – ℰ 02 97 82 47 59 – www.restaurant-avel-vor.com – Fermé lundi, mardi, dimanche soir

PORT-NAVALO

✉ 56640 – Morbihan – Carte régionale n° **7**–A3 – Carte Michelin 308-N9

🕪 GRAND LARGUE

POISSONS ET FRUITS DE MER · CLASSIQUE ✕✕ À l'étage de cette villa, on savoure aussi bien la vue panoramique sur le golfe du Morbihan qu'une cuisine basée sur les beaux produits de la mer (homard, bar de ligne, coquillages). Au rez-de-chaussée, un vent marin souffle sur le bistrot Le P'tit Zeph.

≼ 🏠 ዸ – Menu 39 € (déjeuner), 65/75 €

1 rue du Phare (à l'embarcadère) – ℰ 02 97 53 71 58 – www.grandlargue.fr – Fermé 5 janvier-13 février, 11 novembre-23 décembre, lundi, mardi, dimanche soir

QUIBERON

✉ 56170 – Morbihan – Carte régionale n° **7**–B3 – Carte Michelin 308-M10

😊 LA CHAUMINE

TRADITIONNELLE · CONVIVIAL ✕✕ Sur la route du port, c'est dans leur ancienne maison de famille qu'officient le chef et sa sœur – qui assure l'accueil. Une demeure lumineuse qui a l'esprit du large (mouettes en bois, coque de bateau, etc.), comme la cuisine, très iodée et gourmande... Un refuge idéal après une balade sur la Côte Sauvage !

Spécialités: Taquez de tourteau au coulis de crustacés. Aile de raie pochée, beurre noisette. Gratin de fruits à la crème d'amande.

🏠 ዸ Ⓜ – Menu 31/49 € – Carte 37/67 €

79 rue de Port-Haliguen – ℰ 02 97 50 17 67 – www.restaurant-lachaumine.com – Fermé 1ᵉʳ novembre-30 mars, lundi, mardi midi, dimanche soir

QUIMPER

✉ 29000 – Finistère – Carte régionale n° **7**–B2 – Carte Michelin 308-G7

🕸 ALLIUM

Chef: Lionel Hénaff

CRÉATIVE · BRANCHÉ ✕✕ Avec l'aide des internautes (sous la forme d'un financement participatif), Frédérique et Lionel Hénaff ont créé ici le restaurant de leurs rêves - et ça se sent. La cuisine inventive du chef, au look rock'n roll, joue une partition privilégiant les produits de première saveur (asperges blanches de la Torche etc.) et volontiers portée sur les agrumes. Les poissons, de première fraîcheur, s'accompagnent d'une belle sélection de vins de petits propriétaires, sélectionnés par madame. On se régale dans une atmosphère sobre et élégante. L'osmose entre cuisine et salle est évidente, et ajoute au plaisir de l'expérience une délicate touche d'émotion.

Spécialités: Langoustine "XXL crispy" et mayonnaise tiède. Pêche de petit bateau. Fruits de saison et chocolat grand cru.

🏠 ዸ ⇩ 🅿 – Menu 32 € (déjeuner), 57/110 €

88 boulevard de Creach-Gwen (ZA de Créac'h-Gwen) – ℰ 02 98 10 11 48 – www.restaurant-allium.com – Fermé 20 février-8 mars, lundi, dimanche

😊 AUBERGE DE TI-COZ

MODERNE · AUBERGE ✕✕ Comme un rêve de Bretagne : une charmante auberge en pierre, à la fois rustique, moderne et élégante. Le chef y prépare une savoureuse cuisine, qui fait la part belle aux meilleurs produits du terroir breton. En ancien sommelier passionné, il accompagne ses recettes d'une belle carte des vins (500 références).

Spécialités : Confit de lapereau, œuf parfait, crème de parmesan. Poisson de pêche côtière de Loctudy, sarrasin, pommes et céleri. Entremets chocolat , framboise et sablé aux amandes.

🕸 🍴 ⅏ 🆒 ⇔ 🅿 – Menu 27 € (déjeuner), 34/60 € – Carte 63/74 €

4 Hent-Koz – ℰ 02 98 94 50 02 – www.restaurantticoz.com – Fermé lundi, mardi, dimanche soir

🍴○ LA FERME DE L'ODET

MODERNE · COSY XX Situation privilégiée pour cette ferme bordant l'Odet ; la terrasse, en particulier, ouvre sur les berges et les bois voisins. Un cadre champêtre qui se prête à la dégustation d'une cuisine bien tournée, allant à l'essentiel avec des produits de qualité. Intéressante formule au déjeuner et recettes plus pointues le soir.

🍴 🍴 ⅏ 🆒 🅿 – Menu 30 € (déjeuner) – Carte 39/64 €

74 chemin de la Baie-de-Kerogan – ℰ 02 98 95 63 13 – www.lafermedelodet.fr – Fermé lundi soir, mardi soir, mercredi, dimanche soir

🏠 GINKGO

HÔTEL PARTICULIER · CONTEMPORAIN Un établissement plein de charme, installé dans les pierres de l'ancien prieuré de Locmaria, au bord de l'Odet. Cadre historique préservé, vastes chambres décorées avec goût, espace détente et parking... Une étape de choix.

🍴 📶 ⊟ ⅏ 🆒 🅿 – 18 chambres – 2 suites

1 rue du Chanoine-Moreau – ℰ 02 30 99 75 35 – www.hotel-ginkgo.com

QUIMPERLÉ

✉ 29300 – Finistère – Carte régionale n° **7**–B2 – Carte Michelin 308-J7

🍴○ LA CIGALE ÉGARÉE

CRÉATIVE · CONVIVIAL X Une cigale égarée en Bretagne, qui n'en finit pas de chanter dans son décor néoprovençal atypique : original ! À la carte : Breizh Egg Mayo, Saint-Jacques Roméo et Juliette, etc. On l'aura compris, l'insecte est créatif.

🍴 🍴 🅿 – Menu 29 € (déjeuner), 47/70 €

Villeneuve-Braouic – ℰ 02 98 39 15 53 – www.cigaleegaree.com – Fermé 24 décembre-3 janvier, lundi, dimanche

Hussenot/SoFood/Photononstop

✉ 35000 – Ille-et-Vilaine
Carte régionale n° **7**-D2
Carte Michelin 309-L6

RENNES

La capitale de la région Bretagne n'a pas encore l'image gastronomique d'une ville comme Bordeaux ou Toulouse. Pourtant, entre mer et campagne, la ville des Transmusicales est en train de devenir un rendez-vous de "foodies" ! Elle le doit beaucoup à l'emblématique marché des Lices dont les premières traces remontent à 1622. Chaque samedi, quelque 300 producteurs et marchands accueillent 10 000 visiteurs dans deux halles historiques. La proximité de la mer est une bénédiction pour les amateurs d'huîtres, qui trouveront de nombreux ostréiculteurs de Cancale et du Morbihan, ainsi que des coquilles Saint-Jacques en direct de la baie de St-Brieuc. Volailles, légumes, fruits ou encore cidres méritent aussi le détour. Évidemment, on ne quitte pas le marché sans avoir croqué dans une galette-saucisse, une tradition du pays.

Restaurants

✿ RACINES

Cheffe : Virginie Giboire

MODERNE · ÉLÉGANT ✗✗ Quand une jeune cheffe rennaise pleine de talent, Virginie Giboire, flatte ses "Racines", cela donne une plaisante cuisine dans l'air du temps aux assiettes élégantes. Forte d'un CV en or massif (dont on retiendra seulement ses postes aux côtés de Guy Martin et de Thierry Marx qui, dit-elle "lui a tout appris"), elle compose une cuisine intelligente et limpide, qui tombe toujours juste, organisée autour d'une carte courte. Jeux de textures intéressants, subtilité des associations de saveurs, et toujours ces beaux produits, venus des nombreux petits producteurs bretons. Le tout dans un joli cadre moderne et lumineux.

Spécialités : Cuisine du marché.

& 🅰🅒 – Menu 32 € (déjeuner), 55/70 €

Plan : A3-p – *4 passage Antoinette Caillot* – 𝒞 *02 99 65 64 21* – *www.racines-restaurant.fr* – *Fermé 1ᵉʳ-23 août, lundi, samedi midi, dimanche*

✿ HOLEN

Chef : Tugdual Debéthune

CUISINE DU MARCHÉ · TENDANCE ✗ "La saisonnalité dans l'assiette" : tel est le credo de ce chef talentueux, au parcours étincelant (Auberge de l'Ill, Michel Bras, Emile Jung). Ses recettes, aux influences bretonnes, confirment son attachement aux meilleurs produits : légumes de petits producteurs locaux élevés en permaculture, poissons issus de petits chaluts côtiers et non de pêche intensive (ce qui lui vaut d'être labélisé Greenfood). Holen possède également son potager et compost. Dans l'assiette, une cuisine éthique et goûteuse, finement réalisée d'un très bon rapport qualité prix, comme ces coquillages, mayonnaise au gingembre et navets croquants. À déguster dans un bistrot relooké et décontracté aux matières naturelles. Un petit bonheur.

Spécialités: Cuisine du marché.

🐾 *L'engagement du chef: "Notre cuisine créative est inspirée par les produits de saison. Nous n'avons pas de stock pour éviter la péremption des denrées, nous faisons le marché trois fois par semaine. Maraîcher bio, pêche de petits bateaux, herbes aromatiques de mon jardin, compostage des déchets."*

🛋 ᠻ ⇄ – Menu 30 € (déjeuner), 45/80 €

Plan: B3-p – *2 rue des Carmes – 𝒞 02 99 79 28 95 – https://restaurant-holen.fr – Fermé 22 août-8 septembre, 24-30 décembre, lundi, dimanche*

☼ IMA

Chef: Julien Lemarié

CRÉATIVE · **CONTEMPORAIN** ✗ "La cuisine a toujours été pour moi un moyen de voyager", explique le chef Julien Lemarié, qui a promené ses couteaux de Londres à Tokyo en passant par Singapour. Le nom de son restaurant, IMA, signifie "maintenant" en Japonais. Le menu dégustation navigue entre terroir rennais et influences subtilement asiatiques. Technicien sorcier, le chef transcende chacun des plats à coup de bouillons, d'infusions, d'épices aromatiques et d'algues. Plat signature évolutif, son œuf à la cuisson parfaite, jaune coulant et blanc crémeux, entouré d'une émulsion au foin. Ceux qui veulent vivre l'expérience à la japonaise s'installeront au comptoir.

Spécialités: Ventrèche de thon rouge, melon brûlé, miso et combava. Canette au barbecue, aubergine fumée et rayu. Poivron, framboise et persil.

🐾 *L'engagement du chef: "Nos produits - œufs, beurre, crème, poissons, viande, légumes, herbes sauvages, algues pêchées à pied, tofu, miso - sont issus des circuits courts. Nous faisons également des commandes groupées avec plusieurs restaurants rennais, notamment pour les agrumes, certains poissons et bêtes sur pied. Nous réduisons le volume des déchets d'origine animale et végétale avec un déshydrateur-compacteur. Le substrat qui en est issu est donné à un producteur de légumes."*

Menu 30 € (déjeuner), 75/95 €

Plan: A3-n – *20 boulevard de la Tour-d'Auvergne – 𝒞 02 23 47 82 74 – www.ima.restaurant – Fermé 1ᵉʳ août-8 septembre, 27 décembre-17 janvier, lundi, mardi, dimanche*

☺ ESSENTIEL

MODERNE · **CONTEMPORAIN** ✗✗ Sur le pittoresque canal d'Ille-et-Rance, un bâtiment original, tout de verre vêtu, prolongé d'une agréable terrasse face au canal. Bois, briques, structure métallique : le lieu évoque un loft urbain. Bien installée aux commandes, la cheffe Blandine Lucas y propose d'alléchantes assiettes dans l'air du temps.

Spécialités: Tatin de boudin noir aux pommes. Lieu jaune « Bzh », carottes de couleur, émulsion à l'orange. Paris-brest, praliné à l'ancienne.

⪻ 🛋 ᠻ 🅿 – Menu 23 € (déjeuner), 34/53 €

Plan: A1-b – *11 rue Armand-Rébillon – 𝒞 02 99 14 25 14 – www.restaurantessentiel.com – Fermé 8-23 août, lundi, dimanche*

☺ LE PARIS-BREST

MODERNE · **CONTEMPORAIN** ✗ La désormais ultra-moderne gare de Rennes s'est choisie un cuisinier breton emblématique pour réinventer son "buffet de gare" : Christian Le Squer, chef du restaurant 3 étoiles du George V à Paris. Il revisite avec gourmandise la cuisine traditionnelle de ses origines - ainsi le kouign amann salé en soupe de lait ribot, la poitrine de cochon confite et caramélisée, ou le Paris-Brest. Alliance de la technologie (TGV Paris-Rennes en 1h25), du design (Jouin-Manku) et de la gastronomie (avec une carte des vins élaborée par Eric Beaumard) : une réussite. On se régale.

Spécialités: Kouign amann salé. Poitrine de cochon confite, étuvée de chou. Paris-brest.

ᠻ 🄰🄲 ⇄ – Menu 33/56 € – Carte 30/47 €

Plan: B3-s – *Gare de Rennes (Niveau 1, hall départs) – 𝒞 02 99 53 59 89 – www.parisbrest.bzh*

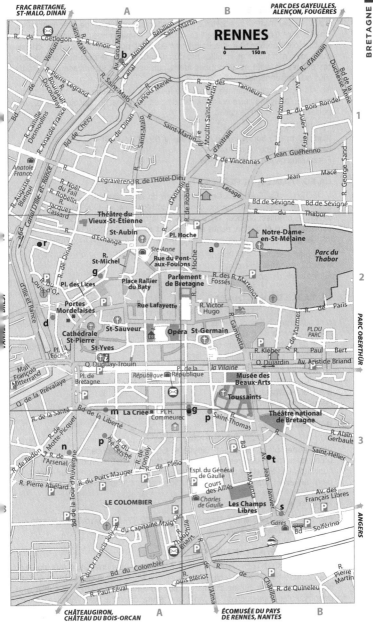

FRAC BRETAGNE,
ST-MALO, DINAN

PARC DES GAYEULLES,
ALENÇON, FOUGÈRES

RENNES

0   150 m

A

B

PARC OBERTHÜR

1

2

3

CHÂTEAUGIRON,
CHÂTEAU DU BOIS-ORCAN

ÉCOMUSÉE DU PAYS
DE RENNES, NANTES

ANGERS

R. de Coëtlogon
Saint-Malo
R. Lenoir
Av. Gros Malhon
Armand Rébillon
Saint-Martin
R. d'Antrain
Bd de la Duchesse Anne
Verdun
R. Pierre Legrand
R. Bourgault
Ducoudray
R. Saint-Malo
Canal
François Mênêt
R. du des Tanneurs
Brizeux
R. du Bois Rondel
R. Jules Ferry
R. Camille Desmoulins
R. Anatole France
Bd de Chézy
de Dinan
Saint-Martin
Saint-Martin
Moulin Saint-Martin
R. d'Antrain
Av. G. George Sand
R. R. de Vincennes
R. Jean Guéhenno
Anatole France
R. Noël du Fail
R. Robelin
Jacques Cassard
Legraverend R. de l'Hôtel-Dieu
d'Antrain
R. de Robien
Lesage
Jean
Macé
Bd de Sévigné
Bd de Sévigné
Bd Canal d'Ille-Et-Rance
R. Auguste Blanqui
Théâtre du Vieux-St-Étienne
St-Aubin
Pl. Hoche
du
Thabor
d'Échange
Ste-Anne
Rue du Pont-aux-Foulons
Hoche
Notre-Dame-en-St-Mélaine
Parc du Thabor
R. St-Michel
a
R. de Dinan
g
Place Rallier du Baty
Parlement de Bretagne
R. des R. Martenot
Fossés
Pl. des Lices
Rue Lafayette
R. Victor Hugo
Louis d'O.
Portes Mordelaises
Cathédrale St-Pierre
St-Sauveur
Opéra
St-Germain
R. Gambetta
de Paris
Pl DU PARC
d'Ille et Rance
St-Yves
Pl. Foch
Q. Duguay-Trouin
R. des Carmes
R. Kléber
R. Paul Bert
Mall François Mitterrand
Pl. de Bretagne
République
Pl. de la République
la Vilaine
Q. Dujardin
Av. Aristide Briand
Q. de la Prévalaye
Bd de la Liberté
La Criée
Pl. H. Commeurec
Saint-Thomas
Musée des Beaux-Arts
Toussaints
Théâtre national de Bretagne
R. de la Santé
R. de la Motte-Picquet
R. de Bedon
R. de l'Arsenal
R. du Mal Pershe
R. du Tronjoly
R. de Plélo
R. de l'Avergne
Pierre Abélard
R. du Puits Mauger
Espl. du Général de Gaulle
Cours des Alliés
Av. Jean Janvier
Saint-Hélier
R. Alain Gerbault
Magenta
LE COLOMBIER
Charles de Gaulle
Les Champs Libres
Av. des Français Libres
R. du Capitaine Maignan
Théophile Briant
Gares
Bd Solférino
R. du Dr Francis Joly
R. Paul Féval
Bd du Colombier
R. de l'Alma
R. Louis Blériot
R. de Châtillon
R. de Quineleu
R. Pierre Martin

b

r

d

z

m

n

p

p

g

p

t

s

345

🏵 LA PETITE OURSE

CUISINE DU MARCHÉ · SIMPLE ✗ De retour sur les lieux de leur rencontre, Charlotte et Germain ont ouvert ce restaurant à leur image : convivial et respirant la joie de vivre ! Le succès fut immédiat, et pour cause : produits choisis avec soin (maraîcher et volailles bio du coin, idem pour le pain paysan), assiettes pleines de goût et de bonnes idées, cuisine simple et efficace à des tarifs plus que raisonnables...

Spécialités : Sardine marinée, aubergine fumée, amande. Raie du Guilvinec, farcie salicorne, sabayon beurre noisette, carottes, citron. Ganache chocolat noir, praliné noisette, crêpe dentelle cacao.

Menu 19 €

Plan : B3-m – *48 boulevard de la Liberté* – ☎ *09 52 84 33 61* – *www.restaurantlapetiteourse.com* – *Fermé samedi, dimanche et le soir*

⅋○ LA FONTAINE AUX PERLES

MODERNE · ÉLÉGANT ✗✗✗ Ce petit manoir du 19ᵉ s., assoupi à l'ombre d'un jardin arboré, propose une cuisine d'inspiration régionale, au plus près des saisons, avec une prédilection pour les produits de la mer. On s'installe dans les salons contemporains et design, riches en œuvres d'art, ou sur la jolie terrasse, en été.

🕸 ⌂ 🕭 ⅋ ⌂ 🅿 – Menu 34 € (déjeuner), 49/89 € – Carte 62/92 €

Hors plan – *96 rue de la Poterie (quartier de la Poterie)* – ☎ *02 99 53 90 90* – *www.lafontaineauxperles.com* – *Fermé lundi, dimanche*

⅋○ LA TABLE DU BALTHAZAR

MODERNE · CONTEMPORAIN ✗✗ Au sein du meilleur hôtel de la ville, un restaurant au cadre chic et contemporain. La cuisine, bien dans son époque, est déclinée sous forme de carte au fil des saisons. Fraîcheur de tomates cerise et melon, gelée de citron ; médaillons de lotte basse température, écume curry, courgettes et oignons nouveaux... Jolie cour-jardin.

🕭 ⅋ 🆊 ⊡ – Menu 35/49 € – Carte 50/65 €

Plan : B2-g – *Balthazar Hôtel & Spa, 28 rue Vasselot* – ☎ *02 99 32 76 14* – *www.hotel-balthazar.com* – *Fermé dimanche et le midi*

⅋○ BERCAIL

CUISINE DU MARCHÉ · CONVIVIAL ✗ Dans un coin animé du vieux centre, deux jeunes pleins de talent, Sibylle et Grégoire, composent à quatre mains un menu surprise de premier ordre, à la gloire des petits producteurs et de la cueillette. Les assiettes pétillent de saveurs, on les accompagne d'un excellent pain au levain maison et de vins judicieusement choisis. Une adresse attachante.

Menu 55 €

Plan : B2-a – *33 rue Saint-Melaine* – ☎ *02 99 87 50 25* – *www.bercail-penates.com* – *Fermé lundi, dimanche et le midi*

⅋○ PIERRE - RESTAURANT DE COPAINS

MODERNE · CONTEMPORAIN ✗ Pierre Eon, jeune chef médiatisé lors de Top Chef 2016, a ouvert cette table dans sa ville natale. Dans un cadre actuel, il propose une goûteuse cuisine du marché aux influences bistrotières agréablement dépoussiérées - maquereau au vin blanc, sauté de veau, mais aussi, au dîner, une "bouillabreizh" (saint-pierre, langoustines, dorade). C'est soigné, franc, et parfumé. Bien joué.

⅋ 🆊 – Menu 19 € (déjeuner) – Carte 35/50 €

Plan : A2-d – *33 rue Nantaise* – ☎ *02 99 65 51 30* – *Fermé 23 août-13 septembre, 20 décembre-3 janvier, samedi, dimanche*

Hôtels

 BALTHAZAR HÔTEL & SPA

BOUTIQUE HÔTEL · ÉLÉGANT Inauguré mi-2014, l'établissement s'impose d'emblée comme le meilleur de la ville : derrière une belle façade classique, peinte de gris perle, les aménagements allient lignes élégantes et larges volumes, matières naturelles et ambiance feutrée, services de qualité et agréable spa... Un ensemble contemporain qui fera date.

🕸 ♨ 🖙 🖳 & 🗚 🏋 – 56 chambres

Plan : B2-g – *19 rue du Maréchal-Joffre* – 𝒞 *02 99 32 32 32* – *www.hotel-balthazar.com*

🍽️ **La Table du Balthazar** – Voir la sélection des restaurants

 LE SAINT-ANTOINE

URBAIN · CONTEMPORAIN Une grande façade de verre sur une avenue passante entre gare et centre-ville, pour cet hôtel ouvert en janvier 2016. Le décor des chambres joue la sobriété et la modernité. Au sous-sol, le joli spa propose hammam et bassin de nage à contre-courant.

🗔 ♨ 🖙 🖳 & 🗚 🏋 🚗 – 60 chambres – 1 suite

Plan : B3-t – *27 avenue Jean-Janvier* – 𝒞 *02 23 44 33 33* – *www.saint-antoine-hotel.fr*

 MAGIC HALL

BOUTIQUE HÔTEL · PERSONNALISÉ Cet ancien bâtiment de l'armée, un temps transformé en cinéma, s'est réinventé en hôtel. Les chambres jouent sur l'originalité, autour de quatre thèmes : théâtre, cinéma, musique et danse. Il y a même un studio de répétition ! Le copieux petit-déjeuner achèvera de vous convaincre de la magie des lieux. Résolument atypique.

🕮 🖳 & – 19 chambres

Plan : A2-r – *17 rue de la Quintaine* – 𝒞 *02 99 66 21 83* – *www.lemagichall.com*

LE RHEU

✉ 35650 – Ille-et-Vilaine – Carte régionale n° **7**–D2 – Carte Michelin 309-L6

🍽️ **LES TOURELLES**

MODERNE · ROMANTIQUE 𝕏𝕩𝕏 Bienvenue au château ! Installez-vous sous les plafonds en ogive et les boiseries pour découvrir une cuisine d'aujourd'hui, créative, valorisant les produits locaux. À déguster en terrasse, l'été, face au vaste parc. Offrez-vous le plaisir d'une nuit sur place, soit dans l'ancienne dépendance (8 chambres), soit dans le château lui-même...

🖙 🖴 & ♻ 🅿 – Menu 37/70 €

Château d'Apigné, Route de Chavagne – 𝒞 *02 99 14 80 66* – *www.chateau-apigne.fr* – *Fermé 22 février-7 mars, lundi, mardi midi, mercredi midi, jeudi midi, vendredi midi, samedi midi, dimanche soir*

LA ROCHE-BERNARD

✉ 56130 – Morbihan – Carte régionale n° **7**–C3 – Carte Michelin 308-R9

😊 **AUBERGE DES DEUX MAGOTS**

MODERNE · CONVIVIAL 𝕏𝕩 Deux anciens du domaine de la Bretesche (à Missillac) ont repris cette ancienne auberge. Ils y proposent une cuisine soignée, parfumée et sagement créative, à des prix défiant toute concurrence. Et, par-dessus le marché, le chef fait le pain lui-même... Fraîcheur, saveurs : une renaissance appétissante !

Spécialités: Langoustines en tempura au kari-gosse, pulpe de chou-fleur glacée. Pigeonneau de Mesquer, aubergine fumée au bois de hêtre, jus au romarin. Tapioca à la verveine et fraises de Marzan.

🍽 ⛄ ♻ – Menu 24 € (déjeuner), 32/53 €

1 place du Bouffay – ℰ 02 99 90 60 75 – www.aubergedesdeuxmagots.fr – Fermé 28 juin-3 juillet, 26 octobre-2 novembre, 21 décembre-4 janvier, lundi, dimanche soir

🍽 L'AUBERGE BRETONNE

MODERNE · CLASSIQUE 🕱🕱🕱 Ne vous fiez pas aux apparences... Cette maison de granit n'a pas un cœur de pierre ! À l'image de la cuisine du chef, dans l'air du temps et respectant les saisons, qui console bien des gourmands. À cela s'ajoute le joli décor de la salle, donnant sur un petit jardin où poussent des herbes aromatiques. Attrayant !

🍴 – Menu 42/69 €

1 place Duguesclin – ℰ 02 99 90 60 28 – www.auberge-bretonne.com – Fermé lundi, mardi midi, mercredi midi, jeudi midi, dimanche

ROHAN

✉ 56580 – Morbihan – Carte régionale n° **7**–C2 – Carte Michelin 308-06

🐌 L'EAU D'OUST

MODERNE · MAISON DE CAMPAGNE 🕱🕱 Une ancienne ferme, située à la sortie du village, près du plan d'eau : le cadre n'est pas désagréable. Dans un intérieur contemporain et convivial, les propriétaires déclinent une cuisine franchement gourmande, avec quelques touches de créativité. Les produits sont frais et de qualité, le service est souriant : on passe un très bon moment.

Spécialités: Maquereau grillé, bavarois de petits pois. Poisson, asperges, sauce vin jaune. Palet breton, framboises et pannacotta verveine.

Menu 19 € (déjeuner), 30/72 € – Carte 39/72 €

6 rue du Lac – ℰ 02 97 38 91 86 – www.leaudoust.fr – Fermé 2-6 janvier, 20 février-7 mars, mardi soir, mercredi, dimanche soir

ROSCOFF

✉ 29680 – Finistère – Carte régionale n° **7**–B1 – Carte Michelin 308-H2

❀ LE BRITTANY

MODERNE · ÉLÉGANT 🕱🕱🕱 Ce Brittany est bien élégant avec sa grande cheminée en pierre et ses fenêtres voûtées s'ouvrant sur le spectacle splendide de la baie. Au menu : une belle gastronomie marine, portée par l'extrême qualité et la fraîcheur océane des produits de la région. Les assiettes de Loïc Le Bail louchent aussi vers le pays de Mishima et Miyazaki (dashi, koji), et ça ne doit rien au hasard : sa femme et son sous-chef sont Japonais tous les deux. Le cadre magnifique, en bord de mer, invite à la méditation.

Spécialités: Langoustine grillée, fleur de courgette et jus émulsionné. Saint-pierre, artichaut, limequat et gros lait. Sablé breton, fraises et bouillie d'avoine glacée.

🕸 ≤ ⬅ ⛄ 🎛 🅿 – Menu 75/169 € – Carte 85/150 €

22 boulevard Sainte-Barbe – ℰ 02 98 69 70 78 – www.hotel-brittany.com – Fermé 8 novembre-11 février, lundi, mardi midi, mercredi midi, jeudi midi, vendredi midi, samedi midi, dimanche midi

🏨 LE BRITTANY

LUXE · PERSONNALISÉ Ce beau manoir fut démonté puis reconstruit à l'identique sur le port de la petite cité corsaire ! Chambres au charme discret au manoir, spacieuses et modernes dans l'aile contemporaine, spa avec piscine, sens de l'accueil : tout est mis en œuvre pour que l'on se sente bien.

🛁 ≤ ⬅ 🖥 🛜 🎛 ⛄ 🅿 – 32 chambres – 2 suites

22 boulevard Sainte-Barbe – ℰ 02 98 69 70 78 – www.hotel-brittany.com

❀ **Le Brittany** – Voir la sélection des restaurants

ST-AVÉ

✉ 56890 – Morbihan – Carte régionale n° **7**-A3 – Carte Michelin 308-O8

⁂ **LE PRESSOIR**

Chef: Vincent David

CRÉATIVE · ROMANTIQUE ✕✕ Le chef Vincent David, natif de Saint-Brieuc, a fréquenté cette institution vannetaise en culotte courte avec ses grands-parents. C'est d'ailleurs là qu'il a pris goût à la cuisine des restaurants étoilés. Quelques décennies plus tard, après avoir convaincu de son talent des chefs comme Dominique Bouchet ou Marc Meneau, il a repris cette maison emblématique au cadre rustico-chic et chaleureux, à l'image du mobilier en rotin. Passionné par les mariages terre-mer, il signe une vraie cuisine d'auteur, inspirée et soignée, où des produits de belle qualité sont conjugués avec équilibre. Son oursinade de homard gratiné au parfum d'estragon, poutargue en galette et boudin noir, nous a laissé un souvenir mémorable de gourmandise et de finesse.

Spécialités: Langoustine, céleri, agrume, safran, curry et coriandre. Homard tandoori, endive, boudin basque et estragon. Chocolat noir, passion, cacahouète et nuage de lait.

፠ 🖾 ⇔ 🅿 – Menu 36 € (déjeuner), 55/110 €

7 rue de l'Hôpital – ℰ 02 97 60 87 63 – www.le-pressoir.fr –
Fermé lundi, mardi, dimanche soir

ST-BRIEUC

✉ 22000 – Côtes-d'Armor – Carte régionale n° **7**-C2 – Carte Michelin 309-F3

⁂ **AUX PESKED**

Chef: Mathieu Aumont

POISSONS ET FRUITS DE MER · TENDANCE ✕✕ En ville... et déjà à la campagne : décorée dans un style résolument contemporain, cette maison offre une vue plongeante sur les rives verdoyantes du Gouët. Logiquement, les *pesked* ("poissons" en breton) sont à l'honneur, très frais et cuisinés avec soin et tendresse par le chef Mathieu Aumont : ainsi les ormeaux sauvages sont-ils massés trois jours durant pour les rendre onctueux et d'une texture irréprochable. On profite aussi des conseils judicieux de madame pour les accords mets et vins. Une cuisine iodée, d'une justesse parfaite.

Spécialités: Ormeaux sauvages. Homard breton en deux services. Le citron en variation.

፠ ⭠ 🛱 ♿ 🖾 ⇔ 🅿 – Menu 32 € (déjeuner), 54/95 €

59 rue du Légué – ℰ 02 96 33 34 65 – www.auxpesked.com –
Fermé 2-7 janvier, 26 février-8 mars, 26 juillet-12 août, lundi, samedi midi,
dimanche soir

⊛ **Ô SAVEURS**

MODERNE · INTIME ✕✕ Difficile d'indiquer les spécialités du chef, car la carte, courte et de saison, change très souvent. Ce jour-là, truite de mer marinée gravelax de citrons verts, fenouil mariné et champignons râpés ; filet de pigeon rôti sur coffre à l'ail noir et citron ; cuisse confite et jus réduit ; Paris-Brest aux pralines roses... Une valeur sûre de la ville.

Spécialités: Truite de mer, gravlax de citron vert et fenouil. Lieu jaune, pesto d'ortie, spaghetti encre de seiche et légumes rôties. « Melba Ô Saveurs».

♿ – Menu 34/59 € – Carte 47/54 €

10 rue Jules-Ferry – ℰ 02 96 94 05 34 – www.osaveurs-restaurant.com –
Fermé 20 février-1ᵉʳ mars, 15 août-5 septembre, lundi, mardi soir, mercredi soir,
dimanche

🍴○ **LA CROIX BLANCHE**

MODERNE · **ÉLÉGANT** ✗✗ Deux frères : l'un en cuisine, l'autre en salle... On travaille en famille dans ce plaisant restaurant ouvert sur un joli jardin. La cuisine est gourmande et raffinée, à l'image de cette excellente pannacotta Dubarry à l'émietté de tourteau et émulsion de crustacés. Un rapport plaisir-prix à marquer d'une croix blanche.

🍽 & ⇔ – Menu 24 € (déjeuner), 35/81 €

61 rue de Genève, Cesson – 𝒞 02 96 33 16 97 – www.restaurant-lacroixblanche.fr – Fermé lundi, dimanche soir

🍴○ **L'AIR DU TEMPS**

MODERNE · **BISTRO** ✗ Dans une petite rue en plein centre-ville, près des Halles, un bistrot dont le cachet mêle l'actuel et l'ancien. On y prépare une cuisine traditionnelle revisitée, mitonnée en cocotte : rognons de veau, Saint-Jacques... accompagnés d'une jolie sélection de vins.

Menu 16 € (déjeuner)/19 € – Carte 32/55 €

4 rue de Gouët – 𝒞 02 96 68 58 40 – www.airdutemps.fr – Fermé 3-17 avril, 3-17 juillet, lundi, dimanche

ST-GILDAS-DE-RHUYS

✉ 56730 – Morbihan – Carte régionale n° **7**–A3 – Carte Michelin 308-N9

🌱 **LE VERT D'O**

MODERNE · **CONVIVIAL** ✗✗ Installez-vous sur la belle terrasse avec vue sur la mer de cette coquette maison... et profitez d'une cuisine délicate et parfumée, mettant en valeur les produits locaux : riz au lait de tourteau et citron vert, crème à la seiche, cotriade de poissons et crustacés au safran de Bretagne. Coloré et goûteux.

Spécialités : Carpaccio de cabillaud frotté au sel, vinaigrette d'agrumes. Médaillons de lotte marinés au basilic, pignons de pin. Tarte citron vert, meringue légère.

≼ 🍸 – Menu 30/53 €

94 rue de Guernevé – 𝒞 02 97 45 25 25 – www.levertdo.fr – Fermé lundi, mardi, mercredi midi

🍴○ **MOR BRAZ**

POISSONS ET FRUITS DE MER · **CONVIVIAL** ✗ Situé dans un coin sauvage de la presqu'île, ce petit restaurant convivial propose des produits de la mer de première fraîcheur. Une cuisine généreuse et iodée à déguster en terrasse, aux beaux jours, la narine chatouillée par les embruns.

🍸 & 🅿 – Menu 20 € (déjeuner), 26/36 € – Carte 30/70 €

100 route du Rohu – 𝒞 02 97 45 21 47 – Fermé 30 septembre-31 mars, lundi, dimanche soir

ST-GUÉNOLÉ

✉ 29760 – Finistère – Carte régionale n° **7**–A2 – Carte Michelin 308-E8

🍴○ **STERENN**

POISSONS ET FRUITS DE MER · **TRADITIONNEL** ✗✗ Dans ce sympathique restaurant de la pointe de Penmarch, les poissons issus de la pêche côtière locale (port de Saint-Guénolé, pour être précis) sont préparés avec attention et joliment présentés dans l'assiette. Excellent rapport qualité-prix. Pour l'étape, quelques chambres avec vue sur la mer.

⇔ ≼ 🍸 & 🎦 🅿 – Menu 29/49 € – Carte 40/90 €

422 rue de la Joie – 𝒞 02 98 58 60 36 – www.hotel-sterenn.com – Fermé lundi, samedi midi, dimanche soir

E. Ereza/age fotostock

✉ 35400 – Ille-et-Vilaine
Carte régionale n° **7**-D1
Carte Michelin 309-J3

ST-MALO

Ses toits d'ardoises jaillissent par-delà les remparts granitiques sur lesquels trône son chemin de ronde. Ouvrez grand vos sens : dans la Cité corsaire, tout se hume, se vit et se goûte. Visitez le comptoir des épices Roellinger, reflet de l'esprit voyageur du cuisinier cancalais. Goûtez les beurres d'un artisan réputé, Jean-Yves Bordier, familier de bien des tables étoilées. Un peu plus loin, découvrez le sarrasin, une petite graine bretonne qui a la

cote, dans une boutique imaginée par le créateur des Breizh Café, Bertrand Larcher. Miels, biscuits, tuiles, bonbons... la diversité des produits est surprenante. Enfin, pour déguster les délices de la mer, poissons et surtout crustacés et coquillages (huîtres, coquilles Saint-Jacques, araignée de mer, praires, tourteaux et homards), rendez-vous sur les nombreux marchés !

Restaurants

🏵 LE ST-PLACIDE

Chef: Luc Mobihan

CRÉATIVE · CHIC ХхХ En retrait de l'agitation touristique, dans ce quartier apprécié des Malouins, un bel écrin contemporain (courbes organiques, un peu de Fornasetti, suspensions Tom Dixon...). Il abrite le chef Luc Mobihan, grand spécialiste des produits iodés et des légumes du terroir, passé au Château de la Chenevière à Port-en-Bessin et à l'Amphitryon de Lorient, où il fut le second de Jean-Paul Abadie. Il concocte une jolie cuisine en prise avec son époque, à l'image de ce petit rouget avec chair d'araignée, choux de Bruxelles et safran de Bretagne. Quant à son épouse, Isabelle, elle donne libre cours à son goût pour les arts – ceux de la table – et à sa passion pour les bons vins (Champagne, Loire, Bourgogne...). Accueil prévenant.

Spécialités: Tourteau, gelée de pamplemousse et estragon. Pigeonneau rôti, chou-fleur. La force chocolat noir et orange.

🕸 ㅏ ᴀᴄ – Menu 35 € (déjeuner), 52/115 €

Plan: B3-a – *6 place du Poncel, St-Servan-sur-Mer* – ℰ *02 99 81 70 73* – *www.st-placide.com* – *Fermé lundi, mardi, dimanche soir*

🙂 LE COMPTOIR BREIZH CAFÉ

BRETONNE · CONVIVIAL Х Le Breizh Café est né d'une intuition géniale : celle de mixer la tradition bretonne avec une mise en scène japonaise. Produits locaux (blé noir, huîtres, beurre, cidre), quelques touches exotiques (des galettes en "rolls" façon maki pour l'apéritif, des pickles de légumes, un choix de sakés..) et des tabourets au comptoir face à l'action... À vous de jouer.

BRETAGNE

Spécialités : Breizh roll. Classique, jambon artisanal de Bretagne, œuf bio, comté. Crêpe beurre-sucre roux.

Carte 19/40 €

Plan : F2-z – *6 rue de l'Orme (intra-muros)* – *℘ 02 99 56 96 08* – *www.breizhcafe.com* – *Fermé lundi, mardi*

🕯○ **AR INIZ**

MODERNE · CONTEMPORAIN XX Le chef de cette table malouine se fend d'assiettes appliquées, pétillantes, à base de produits de première fraîcheur ; menu unique à midi, offre plus élaborée le soir, le tout à déguster dans une salle agréable avec vue sur la mer... ou sur la terrasse face à la plage.

⇐ 🏠 点 – Menu 25 € (déjeuner), 45/85 €

Plan : C1-b – *8 boulevard Hébert* – *℘ 02 99 56 01 19* – *www.ariniz.com* – *Fermé 2-31 janvier, lundi soir, mardi, mercredi*

🕯○ **LE COUDE À COUDE**

CUISINE DU MARCHÉ · CONTEMPORAIN XX Autodidacte mais issu d'une famille de restaurateurs du Mont-Saint-Michel, le chef tient ici une table chaleureuse, pleine de charme avec sa grande salle lumineuse. Sa cuisine n'est pas en reste, aussi raffinée qu'inventive, à découvrir au gré d'une formule au bon rapport qualité-prix à midi, et d'une carte plus étoffée le soir.

🏠 – Menu 29 € (déjeuner)/45 € – Carte 53/60 €

Plan : C1-a – *79 boulevard de Rochebonne* – *℘ 02 99 20 85 52* – *www.coudeacoude.fr* – *Fermé 4-26 janvier, lundi, mardi*

🕯○ **L'ANCRAGE**

POISSONS ET FRUITS DE MER · CONVIVIAL X Jetez l'ancre dans ce restaurant digne d'une cabine de bateau (boiseries sombres, lampes en laiton) ou dans sa salle voûtée ! Le chef prépare des recettes résolument tournées vers la mer. Une bonne adresse pour faire le plein d'iode sur les remparts.

✿ – Menu 26/38 € – Carte 40/50 €

Plan : F1-r – *7 rue Jacques-Cartier (intra-Muros)* – *℘ 02 99 40 15 97* – *Fermé 4 janvier-6 février, mardi, mercredi*

🕯○ **BISTRO AUTOUR DU BEURRE**

MODERNE · CONTEMPORAIN X Le restaurant attenant à la célèbre maison Bordier, dont le beurre se retrouve sur les plus grandes tables. A la carte, on trouve une cuisine de saison faisant la part belle aux produits régionaux et aux divers beurres aromatisés : sarrasin, framboise, yuzu, algues...

Menu 23 € (déjeuner) – Carte 49/70 €

Plan : F2-n – *7 rue de l'Orme (intra-muros)* – *℘ 02 23 18 25 81* – *www.lebeurrebordier.com* – *Fermé 4 janvier-1er février, lundi, mardi soir, mercredi soir, dimanche*

🕯○ **LE BISTROT DE SOLIDOR**

CUISINE DU MARCHÉ · BISTRO X Une ardoise alléchante qui privilégie les produits de saison, une jolie véranda permettant de profiter d'une vue sur la tour Solidor toute proche, une ambiance conviviale assurée par le truculent patron, le tout tenu avec soin... Cette table présente de solides atouts.

⇐ – Menu 19 € (déjeuner)/32 € – Carte 36/57 €

Plan : A3-t – *1 place St-Pierre, St-Servan-sur-Mer* – *℘ 02 99 21 04 87* – *www.lebistrotdesolidor.com* – *Fermé lundi, samedi midi, dimanche*

🕯○ **LE BISTROT DU ROCHER**

CUISINE DU MARCHÉ · BISTRO X Un peu en retrait de l'animation malouine, une adresse simple et conviviale, emmenée par un jeune chef passionné. Sa cuisine fait la part belle au marché (rillettes de sardines ; daurade sauvage, poireaux et chou-fleur) avec pain maison et vins nature. Menu imbattable à midi en semaine, ardoise plus étoffée le soir et le week-end.

Menu 18 € (déjeuner), 35/50 €

Plan : E2-u – *19 rue de Toulouse (intra-muros)* – *℘ 02 99 40 82 05* – *Fermé lundi soir, mardi soir, mercredi, dimanche soir*

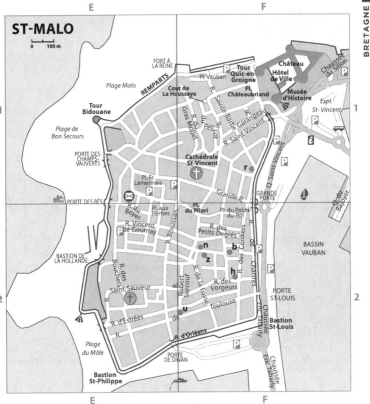

ST-MALO

0 — 100 m

(BRETAGNE)

🍴 BISTROT LE PONCEL

TRADITIONNELLE · CONVIVIAL 🕆 Ce restaurant bien connu des Malouins affiche souvent complet ! Que ce soit à midi (menu unique) ou le soir, fraîcheur des produits, simplicité et saveurs sont au rendez-vous. Le tout à savourer dans un décor résolument bistrot. Un bon moment en perspective...

🍴 – Menu 27 € (déjeuner)/37 € – Carte 49/55 €

Plan : B3-v – *3 place du Poncel, St-Servan-sur-Mer* – ℰ *02 99 19 57 26* – *www.restaurant-bistrot-le-poncel.fr* – *Fermé 21 juin-4 juillet, 18-31 octobre, 23 décembre-2 janvier, lundi soir, mardi soir, dimanche*

🍴 LE CAMBUSIER

MODERNE · CONTEMPORAIN 🕆 Au cœur de la cité historique, bienvenue dans ce bar à vins lumineux. La patronne, sommelière, se dit "Bretonne 100% pur beurre", mais déniche de bons petits vins des quatre coins de la France ! En cuisine, son mari célèbre les produits de la côte : maquereaux marinés aux poireaux et gingembre, dos de cabillaud et jus d'huîtres...

Menu 22 € (déjeuner), 32/43 € – Carte 42/59 €

Plan : F2-h – *6 rue des Cordiers (intra-muros)* – ℰ *02 99 20 18 42* – *www.cambusier.fr* – *Fermé lundi, dimanche*

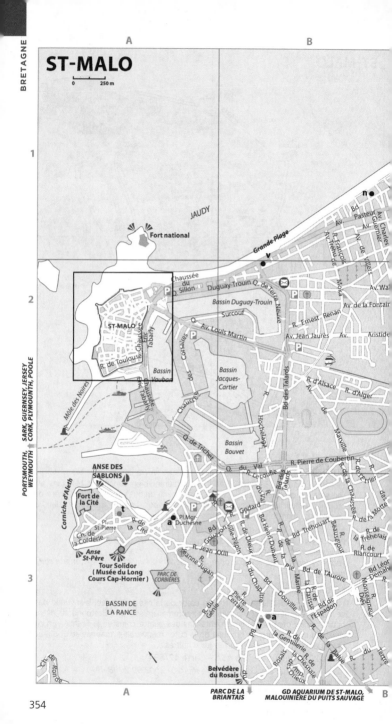

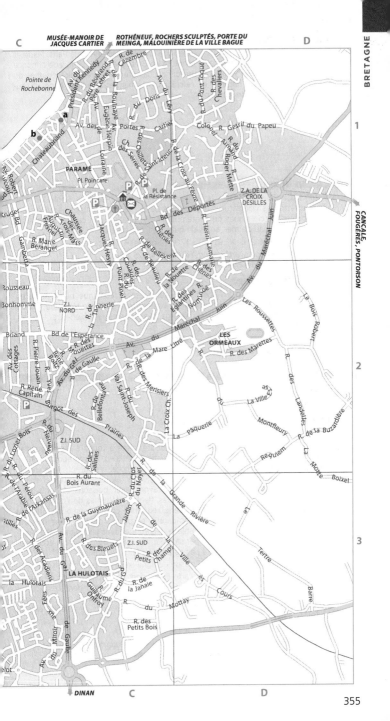

Pointe de
Rochebonne

R. du Président Kennedy

R. du Révérend Père Lebret

R. de la Bouhaye

R. de Cézembre

Av. du Ley

R. du Pont Roque

R. des Chevaliers

a

b

Av. des

Eugène Herpin

Av. Eugène Herpin

Ch. des Portes Rouges

Cartier

R. Colonel Arnaud

Gesril du Papeu

Chateaubriand

Lorraine

Ch. des Sellers

Saint-Ideuc

R. de la Croix du Fevre

Roger Merie

Z.A. DE LA
CROIX
DESILLES

1

PARAMÉ

Pl. Poincaré

R. Robert Surcouf

Kruger Bd

Gambetta

Chaussée des Trois-Mats

R. Marie Béranger

R. Jacques Hesry

R. Eugène Fresnel

P

P

P

Pl. de
la Résistance

Bd des Déportés

R. des
Chênes

R. de Bellevent

R. Henri Lanate

Rousseau

Bonhomme

Z.I.
NORD

R. de la Tannerie

R. de
Pont Pinel

R. de Beaulieu

R. de
la Nouette

R. des
Chênes

R. des
Eglantines

R. Nompoë

Les Roussettes

Le Bois Robert

2

Briand

Av. des Cottages

R. Pierre Jouan

R. Yves Bouly

R. René Fénélon

Bd de l'Espérance

R. des Ouettes

Av. du Gal de Gaulle

R. de la Mare

Vitré

LES
ORMEAUX

R. des Marettes

R. des Landelles

R. René Capitain

P

R. du Loziou Bois

Birgot des

Prairies

R. de Bellefontaine

R. du Val Saint-Joseph

R. des Merisiers

La Croix Ch.

La Pâquerie

La Ville Es

Montfleury

R. de la Buzardière

La Motte

Boixel

R. Hevenu

Z.I. SUD

R. des Salines

R. du
Bois Aurant

R. du Clos Poulet

R. de la Grande Rivière

R. de Pelou

R. de l'Arabie

de l'Arkansas

R. de la Guymauvière

Jardin Morin

R. de

Ville

Terre

Barre

3

R. des Antilles

R. des Acadiens

Av. du Gal

R. des Bleuets

Z.I. SUD

R. des Petits Champs

er

Cours

la Hulotais

Fg aux

LA HULOTAIS

R. Guillaume Onfroy

R. de la Janaie

R. du Mottay

R. des Petits Bois

Av. de Gaulle

Av. du Miroir

elot

🏵 ## CRÊPERIE GRAIN NOIR

BRETONNE · DÉCONTRACTÉ ✗ Après une première expérience à Paris, Marie et Romain se sont lancés dans cette aventure en Bretagne Nord. La façade annonce clairement la couleur ("farine bio bretonne, charcuterie fermière bio, légumes du marché, cidres et vins nature") et les crêpes, gourmandes à souhait, tiennent toutes leurs promesses. Un super plan.

Carte 15/25 €

Plan : F2-b – *16 rue de la Herse (intra muros)* – ☎ 02 23 17 56 79 – *Fermé lundi, dimanche*

Hôtels

🏨 ## GRAND HÔTEL DES THERMES

THERMAL · CONTEMPORAIN Sur le front de mer, le palace de Saint-Malo a le charme rétro des villégiatures bourgeoises du 19ᵉ s. Ses chambres et suites sont très douillettes (classiques ou contemporaines) ; quant à son centre de thalasso (six piscines à l'eau de mer, soins de qualité), il est superbe !

🍴 🛁 🥂 📺 🛜 ᵴ₆ 🔽 🔽 占 Ⅲ 🔅 🛋 – 170 chambres – 7 suites

Plan : B1-n – *100 boulevard Hebert* – ☎ 02 99 40 75 75 – *www.le-grand-hotel-des-thermes.fr*

🏨 ## LE NOUVEAU MONDE

LUXE · ÉLÉGANT Face à l'Océan, cet établissement conjugue beaux espaces, confort et élégance contemporaine. Pour tenter d'apercevoir le Nouveau Monde, préférez une chambre avec vue sur le large ! Agréable espace bien-être.

🍴 📺 🔽 占 Ⅲ 🔅 🛋 – 83 chambres

Plan : B2-v – *66 chaussée du Sillon* – ☎ 02 99 40 40 00 – *www.hotel-le-nouveau-monde.fr*

ST-PIERRE-QUIBERON

✉ 56510 – Morbihan – Carte Michelin 308-M10

❀ ## LE PETIT HÔTEL DU GRAND LARGE

Chef : Hervé Bourdon

CRÉATIVE · BISTRO ✗ Décidément, la publicité mène à tout… à condition d'en sortir ! Hervé Bourdon, ancien directeur artistique parisien, et son épouse Catherine, ont tout plaqué pour reprendre ce modeste hôtel-restaurant. À moins de vingt mètres de la mer, l'emplacement est idyllique : air iodé, embruns et soleils rougeoyants… L'assiette est résolument locavore, avec poissons et coquillages de la petite pêche locale, mais aussi herbes, fleurs et légumes de l'un des potagers bio du restaurant. Le chef travaille le lieu jaune comme personne, grillé au teppanyaki, et on découvre en sa compagnie les plaisirs d'une grappe de pouces-pieds, d'une fraîcheur incomparable, à décortiquer avec les doigts… une bouffée d'iode ! Tout cela est sublimé par sa créativité, et les bons vins qui accompagnent l'assiette. Et on ne raconte pas ça pour lui faire de la pub.

Spécialités : Assiette du potager. Poisson de ligne ikejime. Fruits de saison.

❀ ***L'engagement du chef :*** *"Notre carte fait la part belle aux produits de saison, issus de nos potagers ou de producteurs locaux. Les poissons dont l'espèce est menacée ou en voie de disparition sont retirés de nos menus et pour ceux que nous cuisinons, soucieux du respect animal, nous favorisons l'abattage selon la méthode ikejime."*

↩ ᕦ 占 – Menu 50 € (déjeuner)/100 €

11 quai Saint-Ivy, à Portivy – ☎ 02 97 30 91 61 – *www.lepetithoteldugrandlarge.fr* – *Fermé 4 janvier-5 février, mardi, mercredi, dimanche soir*

ST-POL-DE-LÉON

✉ 29250 – Finistère – Carte régionale n° **7**-B1 – Carte Michelin 308-H2

⑬ LA POMME D'API

Chef: Jérémie Le Calvez

CRÉATIVE · RUSTIQUE XxX Le restaurant de Jérémie Le Calvez a pris ses quartiers d'excellence au Clos Saint Yves, jolie maison en pierre datant du 17e s. La cuisine du chef joue résolument la carte des recettes d'aujourd'hui et de la fraîcheur. Les assiettes, fines et inventives, mettent en valeur les meilleurs produits du terroir breton, le tout au rythme des saisons. On se régale des Saint-Jacques, risotto, épinards, truffe, jus de bardes, ou des langoustines, agrumes, kabu dans la belle salle à manger aux pierres apparentes, qui donne sur un petit jardin. En salle, Jessica donne le tempo. Les charmantes chambres d'hôtes invitent à prolonger le séjour et partir à la découverte de la région. Un jeune couple enthousiaste, pour une partition de haute volée.

Spécialités : Cuisine du marché.

⇔ ⌂ & – Menu 28 € (déjeuner), 55/115 € – Carte 100/113 €

5 rue Saint-Yves – ☏ 02 98 69 04 36 – www.lapommedapi.com – Fermé lundi, dimanche soir

STE-ANNE-D'AURAY

✉ 56400 – Morbihan – Carte régionale n° **7**–A3 – Carte Michelin 308-N8

⑩ L'AUBERGE

MODERNE · CLASSIQUE XxX Ste-Anne-d'Auray est une ville pieuse et Jean-Paul II se serait arrêté au restaurant de l'Auberge en 1996. On aurait tort de croire la maison tournée vers le passé : la jeune génération propose des assiettes savoureuses, avec une priorité aux produits de la mer de qualité, comme ce saint-pierre, pesto pistache et pamplemousse.

⑧ ⇔ ⌂ & Ⓜ ⊡ ℙ – Menu 32/95 € – Carte 40/95 €

*56 rue de Vannes – ☏ 02 97 57 61 55 – www.auberge-sainte-anne.com –
Fermé 19 février-11 mars, 17 octobre-4 novembre, lundi, mardi midi, mercredi midi*

STE-ANNE-LA-PALUD (CHAPELLE DE)

✉ 29550 – Finistère – Carte régionale n° **7**–A2 – Carte Michelin 308-F6

⑩ LA PLAGE

MODERNE · ÉLÉGANT XxX Depuis 1924, cette table domine la plage et le va-et-vient des marées. Le cadre est idyllique et la cuisine met à l'honneur de beaux produits, en particulier de la mer : exemple, ce tronçon de barbue, déclinaison de carottes d'antan, menthe, cromesquis de couteaux et beurre d'agrumes...

≤ ⌂ Ⓜ ⊡ ℙ – Menu 49/126 € – Carte 58/145 €

☏ 02 98 92 50 12 – www.plage.com – Fermé 1er novembre-9 avril, lundi midi, mardi midi, mercredi midi, vendredi midi

⌂ LA PLAGE

TRADITIONNEL · PERSONNALISÉ Un emplacement superbe, directement sur la plage, au pied de la chapelle ! Les chambres, cossues comme toute la demeure, donnent sur la baie ou sur le jardin fleuri. Mobilier de famille, antiquités, esprit contemporain... Comment mieux profiter de la plage ?

⑤ ≤ ⌂ ⤳ ⊡ ℙ – 19 chambres

☏ 02 98 92 50 12 – www.plage.com

⑩ **La Plage** – Voir la sélection des restaurants

SARZEAU

✉ 56370 – Morbihan – Carte régionale n° **7**–A3 – Carte Michelin 308-O9

⑩ LE KERSTÉPHANIE

MODERNE · MAISON DE CAMPAGNE XX Cette ancienne ferme en pierre, recouverte de vigne vierge et entourée d'un parc arboré, propose une cuisine actuelle, joliment inventive. Turbot cuit à la vapeur, gomashio, pâtisson et pak choi ; agneau de Belle-Île-en-Mer, cocos de Paimpol façon curry à la bretonne... que l'on déguste, aux beaux jours, sur la terrasse ombragée.

⌂ 🏠 & Ⓜ ℙ – Menu 25 € (déjeuner), 39/65 €

Route de Roaliguen – ☏ 02 97 41 72 41 – www.lekerstephanie.fr – Fermé mardi, mercredi

‖○ **LE MANOIR DE KERBOT**

MODERNE · TRADITIONNEL XX Ce manoir du 16ᵉ s. (et ancien orphelinat) s'est réinventé en repaire de gastronomes : on y déguste une cuisine au goût du jour – huîtres du golfe pochées, pressé de homard et moules de bouchot, grenadin de veau à la tapenade d'olive verte... Le service est fort attentionné, et la terrasse très agréable, tout comme les belles chambres aménagées dans les dépendances du manoir.

⇐ 🍴 ☂ ㋡ ♿ **P** – Menu 36/65€

Lieu-dit Kerbot – ℰ 02 97 26 40 38 – www.kerbot.com – Fermé 4-26 janvier, lundi

🏠 **LE MANOIR DE KERBOT**

BOUTIQUE HÔTEL · CONTEMPORAIN Neuf grandes chambres contemporaines ont été aménagées dans les dépendances du Manoir : mobilier design, pierre apparente, vue sur le plan d'eau... Un ensemble qui ne manque pas de cachet.

㋡ ♿ **AC** **P** – 9 chambres

Lieu-dit Kerbot – ℰ 02 97 26 40 38 – www.hotelrestaurantkerbot.com

‖○ **Le Manoir de Kerbot** – Voir la sélection des restaurants

SAUZON – Morbihan (56) ➜ Voir Belle-Île-en-Mer

TRÉBEURDEN

✉ 22560 – Côtes-d'Armor – Carte régionale n° **7**-B1 – Carte Michelin 309-A2

☸ **MANOIR DE LAN-KERELLEC**

POISSONS ET FRUITS DE MER · CLASSIQUE XXX Un cadre magique : la salle est couverte d'une splendide charpente en forme de carène de bateau renversée, et la vue porte sur la Manche et les îles. C'est désormais le jeune chef d'origine normande Anthony Avoine, ex-second ici même, qui est à la barre de la table gastronomique de ce beau manoir. Les produits bretons sont joliment mis en valeur au sein d'une partition volontiers créative, jouant des associations terre et mer, à l'image du saint-pierre, galette au sarrasin et pied de porc, ou encore de cette barbue côtière, tortellini aux câpres, jeunes pousses d'épinards, coriandre et sauce charcutière. Produits locaux, fraîcheur garantie.

Spécialités : Langoustine, sardine à la fleur de sel et au kari-gosse, émulsion au blé noir et coquillages. Homard breton, spirale de pomme de terre, oignon de Roscoff et jus au cidre fermier. Fraîcheur citronnée aux notes iodées, glace au lait ribot.

⇐ 🍴 ㋡ **P** – Menu 30€ (déjeuner), 63/98€ – Carte 85/118€

Allée centrale de Lan-Kerellec – ℰ 02 96 15 00 00 – www.lankerellec.com –
Fermé 1ᵉʳ novembre-12 mars, lundi, mardi

‖○ **TI AL LANNEC**

CLASSIQUE · ÉLÉGANT XXX Un restaurant bourré de charme avec ses beaux salons bourgeois. Dans la salle à manger panoramique, le spectacle vaut le coup d'œil et les produits de la mer valent... le coup de fourchette. Et n'oubliez pas l'hôtel, avec son atmosphère luxueuse et feutrée.

🏊 ⇐ ⇐ 🍴 ☂ ㋡ 🛗 **P** – Menu 49/81€ – Carte 39/94€

14 allée de Mezo-Guen – ℰ 02 96 15 01 01 – www.tiallannec.com –
Fermé 1ᵉʳ novembre-26 mars

🏠 **MANOIR DE LAN-KERELLEC**

LUXE · PERSONNALISÉ Dominant les îles de la Côte de Granit rose, ce noble manoir breton du début du 20ᵉ s. est plein de charme : vastes chambres avec balcon ou terrasse, jardin luxuriant et atmosphère familiale. Un lieu de plénitude, propice à l'écriture et aux rêveries des promeneurs solitaires.

🏊 ⇐ 🍴 ㋡ **P** – 18 chambres

Allée centrale de Lan-Kerellec – ℰ 02 96 15 00 00 – www.lankerellec.com

☸ **Manoir de Lan-Kerellec** – Voir la sélection des restaurants

TRÉBOUL

✉ 29100 – Finistère – Carte régionale n° **7**-A2 – Carte Michelin 308-E6

🍴 **TY MAD**

MODERNE · CONVIVIAL 𝕏 Sur les hauteurs de Tréboul, au calme dans un quartier paisible de villas, on se délecte d'une cuisine fraîche, où la loi du marché n'est pas un vain mot, ni l'amour du bio ! Et pour la sieste, profitez de la petite plage, en léger contrebas, accessible par le chemin côtier. Menu végan.

≼ 🛜 🅿 – Menu 26 € (déjeuner)/42 € – Carte 49/66 €

3 rue Saint-Jean (près de la chapelle St-Jean) – ℰ 02 98 74 00 53 – www.hoteltymad.com – Fermé 14 novembre-31 mars, mardi

🏠 **TY MAD**

FAMILIAL · PERSONNALISÉ Ty mad : bonne maison en breton. Il faut dire que l'hôtel a du charme avec ses matériaux naturels (pierre et bois) et sa décoration franchement zen ; même la cour a des allures de jardin japonais. Une adresse où l'on se sent bien, tout simplement.

👒 ≼ 🛜 🖼 🎋 🏄 🅿 – 15 chambres

3 rue Saint-Jean (près de la chapelle Saint-Jean) – ℰ 02 98 74 00 53 – www.hoteltymad.com

🍴 **Ty Mad** – Voir la sélection des restaurants

TRÉGUIER

✉ 22220 – Côtes-d'Armor – Carte régionale n° **7**-B1 – Carte Michelin 309-C2

🌸 **AIGUE MARINE**

CRÉATIVE · CONTEMPORAIN 𝕏𝕏 Allons-y franco - cet hôtel de bord de route ne paie vraiment pas de mine, et c'est précisément cela que l'on reconnaîtra les vrais gastronomes : ils accepteront de se laisser surprendre par cette cuisine pleine de peps, oscillant entre terre et mer, que prodigue le jeune chef, originaire de la Manche. Il a toujours voulu être cuisinier et ça se sent : sa signature culinaire s'exprime d'emblée au gré d'assiettes colorées et herbacées, dont les associations étonnantes (comme ses desserts à base de légumes) témoignent d'un indéniable talent.

Spécialités : Cuisine du marché.

🍽 🛜 ⅙ 🆒 🅿 – Menu 22 € (déjeuner), 49/95 € – Carte 80/95 €

5 rue Marcelin-Berthelot (sur le port) – ℰ 02 96 92 97 00 – www.aiguemarine-hotel.com – Fermé 3 janvier-15 mars, 14-30 novembre, lundi, dimanche

LA TRINITÉ-SUR-MER

✉ 56470 – Morbihan – Carte régionale n° **7**-B3 – Carte Michelin 308-M9

🍴 **L'AZIMUT**

MODERNE · COSY 𝕏𝕏𝕏 Ambiance maritime tous azimuts dans la salle à manger et agréable terrasse offrant une échappée sur le port... À la carte, poissons de petit bateau et fruits de mer, mais aussi viandes cuites à la braise. Joli choix de vins. Une valeur sûre.

🕸 🛜 ⇄ – Menu 38/48 € – Carte 53/70 €

1 rue du Men-Du – ℰ 02 97 55 71 88 – www.lazimut-latrinite.com – Fermé mardi, mercredi

🏠 **LE LODGE KERISPER**

HOLIDAY HOTEL · COSY Dans un quartier assez calme à deux minutes du port, une ancienne ferme du 19e s. rénovée avec beaucoup de goût : meubles chinés, touches design, tissus chaleureux... Ambiance cocooning dans les chambres, croissants et yaourts artisanaux au petit-déjeuner : un coup de cœur.

👒 🛜 🏊 ⅙ 🏄 🅿 – 17 chambres – 3 suites

4 rue du Latz – ℰ 02 97 52 88 56 – www.lodgekerisper.com

LE TRONCHET

✉ 35540 – Ille-et-Vilaine – Carte régionale n° **7**–D2 – Carte Michelin 309-K4

‖○ LE JARDIN DE L'ABBAYE

ACTUELLE · COSY ✕ Aux fourneaux de cette table au sein de l'Abbaye, un jeune chef met la bistronomie à l'honneur de belle manière : filet de saint-pierre à la plancha, sauce vierge et petits légumes ; carré d'agneau en croûte d'herbes... Le tout dans un décor plaisant : sol en chêne clair, plafond noir, chaises en rotin, cave vitrée.

🛱 🄰🄲 🅿 – Menu 42/52 €

L'Abbaye, L'Abbatiale – ℰ 02 99 16 94 41 – www.hotel-de-labbaye.fr/le-restaurant/ – Fermé 1ᵉʳ janvier-15 avril, 31 octobre-31 décembre, lundi, mardi et le midi

‖○ L'ABBAYE

DEMEURE HISTORIQUE · CONTEMPORAIN En pleine campagne, au bord d'un étang, cette ravissante abbaye du 12ᵉ s. a été rénovée avec beaucoup de goût. Belle cour encadrée de bâtisses en pierre, chambres confortables et résolument modernes, qui ne manquent pas d'élégance, et dont certaines disposent d'une terrasse privative... Tout simplement charmant !

🐾 🛥 ‹ 🛏 ⌿ 🎱 ᵫ 🄰🄲 🛁 🅿 – 44 chambres – 1 suite

L'Abbatiale – ℰ 02 99 16 94 41 – www.hotel-de-labbaye.fr

‖○ **Le Jardin de l'Abbaye** – Voir la sélection des restaurants

SUBLIMEZ l'INSTANT

★

S.PELLEGRINO

Délicieusement Italienne

dianefotofoto/iStock

✉ 56000 – Morbihan
Carte régionale n° **7**–A3
Carte Michelin 308-O9

VANNES

Vannes est la quintessence de la ville bretonne où il fait bon vivre, ou tout simplement flâner pour nous autres gourmets de passage. Des ruelles médiévales bordées de superbes maisons à colombages, jusqu'aux remparts fleuris en passant par la place des Lices et la cathédrale Saint-Pierre, l'appétit s'aiguise au fil de la promenade. Située en plein cœur de la ville, la halle aux poissons, datant de 1880, est un must dont l'animation culmine les mercredis, vendredis et samedis.

Les femmes des pêcheurs viennent y vendre le meilleur de la marée : étrilles, crevettes, maquereaux, merlans, seiches, rougets resplendissants. Complément indispensable, la halle des Lices accueille une trentaine de commerçants ainsi qu'une quinzaine de producteurs. Enfin, deux fois par semaine (mercredi et samedi), les places des Lices et du Poids-Public accueillent l'un des plus beaux marchés de France.

Restaurants

🌼 **LA GOURMANDIÈRE - LA TABLE D'OLIVIER**

Chef: Olivier Samson

MODERNE · **CONTEMPORAIN** XxX Comme tout Breton qui se respecte, Olivier Samson fut un grand voyageur, de La Réserve Beaulieu au Parc des Eaux Vives à Genève, en passant par Anne-Sophie Pic... Mais il arrive un jour où le marin et son épouse rentrent au port, en l'occurrence un corps de ferme du 19ᵉ s. tout en pierre, à une vague de Vannes. Et le retour à la mer, Olivier, ça lui réussit : sa cuisine iodée fait preuve d'une créativité de tous les instants. La fraîcheur des produits de la mer lui inspire de belles recettes, toujours pertinentes, accompagnées des meilleurs fruits et légumes de saison : langoustines snackées et déclinaison de chou-fleur ; délicieux chevreuil, gigue au sautoir, épaule en bonbon... et un dessert qui marie la poire, le cassis et le céleri branche.
Spécialités: Cuisine du marché.

🏵 🆔 🅿 – Menu 62/92 €

Hors plan – *Rue de Poignant* –
℘ 02 97 47 16 13 – www.la-gourmandiere.fr – *Fermé 30 avril-9 mai,
15 août-3 septembre, lundi midi, mardi, mercredi, jeudi midi, vendredi midi,
dimanche soir*

🍽 **La Gourmandière - Le Bistr'Aurélia** – Voir la sélection des restaurants

361

✿ ROSCANVEC

Chef: Thierry Seychelles

CRÉATIVE · CONTEMPORAIN XX D'une maison à colombages du 17ᵉ s. dans le cœur historique de Vannes près de la cathédrale, à l'hôtel particulier juste à côté, Roscanvec ne devrait pas partir bien loin... Le déménagement est prévu en 2021, et la même équipe enthousiaste devrait répondre présent : les sœurs Sarah et Karine Kaczorowski en salle, et le chef Thierry Seychelles (qui a travaillé avec Alain Passard et Pierre Gagnaire) aux fourneaux, cultivant une fine cuisine bien dans le goût de notre époque, avec un beau respect des saveurs.

Spécialités: Tarte au concombre. Homard cuit au beurre breton, turban de pomme de terre croustillante et sabayon à l'ail noir. Vacherin revisité aux fruits de saison.

Menu 35 € (déjeuner), 59/98 €

Plan : A2-s – *17 rue des Halles (déménagement au 19 rue des Halles prévu au printemps) –*
☎ 02 97 47 15 96 – www.roscanvec.com –
Fermé 17 janvier-3 février, 8-25 novembre, lundi, dimanche

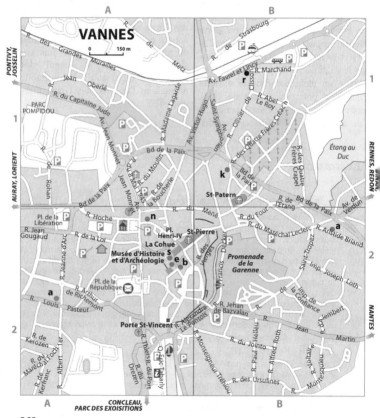

ⅈ○ **IODÉ** ⓜ

MODERNE · **CONTEMPORAIN** XX Sophie Reigner, cheffe bretonne autodidacte, a retrouvé sa région d'origine après un passage remarqué par les cuisines d'Alan Geaam, à Paris. Elle séduit avec des assiettes d'une grande finesse, dressées avec soin : foie gras, anguille fumée, blé noir et saké ; pigeon en deux façons et artichauts poivrade... Service attentionné.

& – Menu 27 € (déjeuner), 42/79 €

Plan : B2-a – 9 rue Aristide-Briand – ☏ 02 97 47 76 14 –
www.restaurant-iode-vannes.com –
Fermé lundi, mardi

ⅈ○ **LA TÊTE EN L'AIR**

MODERNE · **CONTEMPORAIN** XX Un jeune couple dynamique et accueillant, qui a bel et bien la tête... sur les épaules. Dans une ambiance décontractée, Clément Raby le parisien et Estelle Mercier la gardoise nous préparent des assiettes modernes en diable, soignées et pleines de saveurs (comme cette langoustine, mangue, piment et tom yam), au bon rapport plaisir-prix...

Ⓜ – Menu 30 € (déjeuner), 50/70 €

Plan : B1-k – 43 rue de la Fontaine – ☏ 02 97 67 31 13 –
www.lateteenlair-vannes.com –
Fermé 21 février-10 mars, lundi, mardi, mercredi

ⅈ○ **EMPREINTE** ⓝ

CUISINE DU MARCHÉ · **COSY** X Arrêtez-vous dans cette maison d'une petite place du centre-ville. À l'intérieur, une déco chaleureuse avec son parquet brut, ses tissus, sa porcelaine vintage... Baptiste et Marine Fournier travaillent avec le cœur pour servir une cuisine particulièrement léchée, réalisée grâce aux poissons des halles et aux légumes de producteurs. Menu-carte au déjeuner, menus surprise le soir. Vins naturels.

🍃 *L'engagement du chef :* "Nous mettons en œuvre tout ce qui est utile, raisonnable et responsable pour valoriser notre territoire, ses producteurs et notre travail. Approvisionnements hyper locaux auprès de maraîchers engagés, avec une saisonnalité absolue sur les légumes et les fruits, majoritairement bio ; cueillette sauvage ; petite pêche côtière et responsable en direct ; tri sélectif ; valorisation des déchets organiques en compost ; épicerie achetée en vrac, sans emballage ; eau micro-filtrée."

Menu 30 € (déjeuner), 40/50 €

Plan : A2-b – 15 place Valencia –
☏ 02 97 46 06 42 – www.empreinte-restaurant.fr –
Fermé 15 août-7 septembre, 19 décembre-3 janvier, lundi, mardi soir, mercredi soir,
jeudi soir, samedi midi, dimanche

ⅈ○ **L'AMARRÉ**

MODERNE · **ÉLÉGANT** X Un lieu atypique tant par le cadre, l'accueil, le service (décontracté), la carte ultra courte, que par les recettes marines originales du chef musicien Nicolas Sfintescu (ex-chanteur du duo électro Nôze) reconverti dans la cuisine par passion. Sa compagne Cécile Helleu, écrivaine et ancienne publicitaire, passionnée de déco et de vins, l'accompagne dans son aventure (pour la petite histoire, son arrière-grand-père, né à Vannes en 1859, peintre reconnu internationalement a réalisé le plafond de la Grand Central, à New York). Une adresse chaleureuse, où l'on prend le temps de vivre.

🍴 🏠 Ⓜ ⇔ – Carte 50/80 €

Plan : A2-a – 6 rue Pasteur – ☏ 02 97 66 59 89 –
www.lamarre-restaurant-vannes.com –
Fermé 22 février-8 mars, lundi, mardi, mercredi, jeudi midi, vendredi midi, samedi
midi

ⅱ◯ L'ANNEXE

MODERNE · CONTEMPORAIN ⅹ Élise et David, deux jeunes professionnels pleins d'allant, tiennent les rênes de cette maison conviviale. La cuisine met l'accent sur la fraîcheur des produits, majoritairement issus de producteurs locaux, dont le nom est même affiché fièrement à la carte. Beaux accords mets et vins.

✿ – Menu 28 € (déjeuner), 40/62 € – Carte 36/65 €

Plan : A2-n – *18 rue Émile-Burgault* – *𝒞 02 97 42 58 85* –
https://restaurantlannexe.eatbu.com – *Fermé 24 janvier-8 février, 27 juin-12 juillet, lundi, dimanche*

ⅱ◯ LA GOURMANDIÈRE - LE BISTR'AURÉLIA

MODERNE · CONVIVIAL ⅹ Bienvenue dans la partie bistrot de la Gourmandière. Ouverte uniquement le midi, elle permet de profiter du savoir-faire d'Olivier Samson dans des menus simples et gourmands, dont un "retour du marché" qui porte bien son nom... le tout à prix raisonnables.

🏠 🅰🅲 🄿 – Menu 27/43 € – 43/84 €

Hors plan – *La Gourmandière - La Table d'Olivier, Rue de Poignant* –
𝒞 02 97 47 16 13 – *www.la-gourmandiere.fr* – *Fermé 30 avril-9 mai, 15 août-3 septembre, lundi soir, mardi soir, mercredi, jeudi soir, vendredi soir, samedi, dimanche*

ⅱ◯ LE TANDEM

MODERNE · BISTRO ⅹ Un couple voyageur (ils ont notamment passé deux ans à Montréal) est au guidon de ce Tandem, dans le vieux Vannes. Recettes dans l'air du temps aux influences bretonnes, produits frais (poissons sauvages et légumes et herbes des environs), desserts gourmands comme le "beurre-sucre", un kouign-amann revisité... le tout à prix juste.

🏠 – Menu 20 € (déjeuner), 32/39 €

Plan : A2-e – *13 rue des Halles* – *𝒞 02 97 63 53 37* – *www.letandem.bzh* –
Fermé mardi, mercredi

Bulgac/iStock

CENTRE-
VAL DE LOIRE

CENTRE-VAL DE LOIRE

Ici règne la Loire, dernier grand fleuve sauvage d'Europe. Sandre, brochet mais aussi anguille, alose, silure : ses poissons font le bonheur des chefs de la région. On pense par exemple à Christophe Hay (La Maison d'à Côté), dont la carpe à la Chambord – recette historique – met tout le monde d'accord, mais aussi à Anthony Maubert (Assa) qui sert du barbeau fumé en amuse-bouche. La Sologne, avec ses chevreuils, sangliers, cerfs, lièvres et autres faisans, est aussi un royaume historique du gibier. De nombreux cuisiniers le célèbrent en saison, comme au Grand Hôtel du Lion-d'Or (Romorantin-Lanthenay) ou au Rendez-vous des Gourmets (Bracieux).

Pour ce qui est de la volaille, essayez de goûter aux races locales comme la géline de Touraine ou la poulette de Racan. Côté fromages et vins, la région se révèle d'une grande richesse : comment résister à ces délicieux fromages de chèvre que sont le valençay ou le Sainte-maure-de-touraine ?

Diversité des terroirs et des cépages font du vignoble du Centre Val de Loire l'un des plus divers, comme en témoignent les bourgueil, vouvray et autre sancerre, vins tranquilles et pétillants, rouges et blancs, capables d'accompagner aussi bien un lièvre à la royale qu'un sandre au beurre blanc.

• Carte régionale n° 8

LA SÉLECTION DU GUIDE MICHELIN

LES TABLES ÉTOILÉES

 ✿✿

Une cuisine d'exception. Vaut le détour !

Les Hauts de Loire (Onzain) 395
La Maison d'à Côté (Montlivault) ✿ 393

✿

Une cuisine d'une grande finesse. Vaut l'étape !

L'Ardoise du Marché (Boulleret) **N** 379
Assa (Blois) ✿ 378
Au 14 Février (Saint-Valentin) 404
Auberge des Templiers (Boismorand) 377
Auberge Pom'Poire (Azay-le-Rideau) **N** 377
Château de Pray (Amboise) 374
Côté Jardin (Gien) 389
L'Évidence (Montbazon) 392
Le Georges (Chartres) 383
Grand Hôtel du Lion d'Or (Romorantin-Lanthenay) 402
Les Hautes Roches (Rochecorbon) 401
Le Lièvre Gourmand (Orléans) 397
L'Opidom (Fondettes) **N** 389
Pertica (Vendôme) ✿ 413
La Promenade (Le Petit-Pressigny) 401
La Table d'à Côté (Ardon) 375
La Vieille Tour (Cellettes) **N** 382

MykolaSenyuk/iStock

portostock/iStock

LES BIB GOURMAND 🙂
Nos meilleurs rapports qualité-prix

L'Aigle d'Or (Azay-le-Rideau) **N** 377
L'Arche de Meslay (Parçay-Meslay) 400
Les Arpents (Amboise) **N** 374
L'Auberge (Cheverny) **N** 386
Auberge de l'Île (L'Île-Bouchard) 390
Auberge de la Brenne (Neuillé-le-Lierre) 394
Auberge de Port Vallières (Fondettes) 389
Auberge du XIIème Siècle (Saché) **N** 402
Auberge St-Fiacre (Veuil) 414
Au Coin des Halles (Langeais) 390
Aux Marais (Plaimpied-Givaudins) **N** 401
Aux Trois Pastoureaux (Châteaudun) 384
Le Beauvoir (Bourges) 380
Bistrot des Hauts de Loire (Onzain) 395
La Botte d'Asperges (Contres) 388
La Chaumière (Aubigny-sur-Nère) 376
Le Clos aux Roses (Chédigny) 386
Côté Bistro (Montlivault) 393
La Croix Blanche (Veuves) **N** 415
La Dariole (Orléans) 397
Fleur de Sel (Saint-Georges-sur-Cher) **N** 403
La Forêt (Senonches) 406
Le Grand Saint-Benoît (Saint-Benoît-sur-Loire) 403
L'Hibiscus (Orléans) 397
Jeux 2 Goûts (Châteauroux) 385
Le Malu (Vendôme) **N** 414
Ô en Couleur (Oucques) 400
La Pomme d'Or (Sancerre) 405
Le Rendez-vous des Gourmets (Bracieux) 381
Le Saint-Honoré (Tours) 409
Le Vallon de Chérisy (Cherisy) 386

371

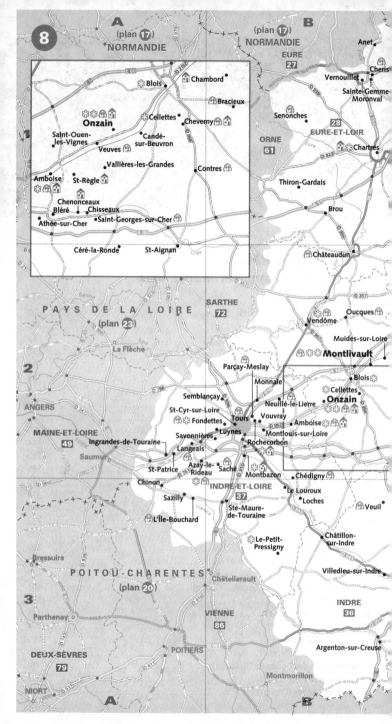

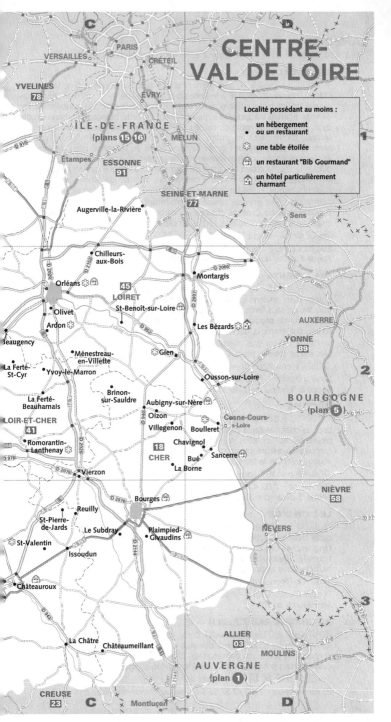

AMBOISE

✉ 37400 – Indre-et-Loire – Carte régionale n° **8**–A1 – Carte Michelin 317-O4

❃ CHÂTEAU DE PRAY

MODERNE · **ÉLÉGANT** XXX En amont d'Amboise, sur la rive sud de la Loire, ce château médiéval remanié à la Renaissance attire l'œil avec ses deux tours massives. L'édifice trône paisiblement au milieu d'un vaste parc à la française, où l'art de vivre ligérien perdure. On aime l'élégance de cette orangerie en partie troglodyte, taillée dans la roche du coteau, et l'on apprécie aux beaux jours la plaisante terrasse tournée vers les jardins. La cuisine du chef, Arnaud Philippon, flirte joliment avec notre époque : merlu de ligne confit au saindoux, baies de genévrier et saucisse grillée ; cochon fermier rôti lentement, charcutière d'ail des ours, sans oublier le soufflé chaud au cassis de Touraine accompagné de son sorbet au cassis. Finesse d'exécution, équilibre des saveurs, approvisionnement auprès de producteurs locaux : la vie de château a du bon.

Spécialités : Foie gras de canard cuit en terrine, fleur et nectar de cazette. Pintade fermière de Challans cuisinée au citron, courgette et huile d'olive. Soufflé chaud au cassis de Touraine, sorbet au cassis frais.

⇔ 🍴 ❖ 🅿 – Menu 59/140 € – Carte 85/100 €

Rue du Cèdre, à Chargé – ℰ 02 47 57 23 67 – www.chateaudepray.fr –
Fermé 4 janvier-4 février, 28 février-10 mars, 21 novembre-1ᵉʳ décembre, lundi

❀ LES ARPENTS ⓝ

MODERNE · **CONTEMPORAIN** X Dans le cadre chaleureux d'un bistrot contemporain, deux anciens copains de l'école hôtelière de Tours signent une partition gourmande sans faute, au rapport qualité/prix impeccable. Les plats sont concoctés à partir de produits locaux comme les asperges et les fraises en saison. On se régale, par exemple, d'une belle pièce de cochon et de son choux braisé.

Spécialités : Foie gras mi-cuit, salsifis rôti, poire en textures. Pièce de veau braisée, salade rôtie et jus aux câpres. Tarte au citron à notre façon.

🍴 🆎 – Menu 22 € (déjeuner), 34/49 € – Carte 47/52 €

5 rue d'Orange – ℰ 02 36 20 92 44 – www.restaurant-lesarpents.fr –
Fermé 15 février-2 mars, 15-30 septembre, 15-30 décembre, lundi, dimanche

�𝇈 L'ÉCLUSE ⓝ

MODERNE · **CONVIVIAL** X Tout près du château royal d'Amboise et du Clos Lucé, la cheffe Mélanie Popineau propose une cuisine bistronomique réjouissante, pleine de saveurs, sous la forme de courts menus de saisons. De son côté, son compagnon assure un accueil simple mais charmant. Aux beaux jours, courez vous régaler sur la terrasse, à l'ombre des saules...

🍴 ⅏ – Menu 19 € (déjeuner), 33/50 €

Rue Racine – ℰ 02 47 79 94 91 – www.ecluse-amboise.fr –
Fermé 15 décembre-31 janvier, lundi, dimanche

�𝇈 LE LION D'OR

MODERNE · **TRADITIONNEL** X Au pied du célébrissime château d'Amboise, cette table est nichée dans une grande maison datant de 1880. Stéphane Delétang, le chef, propose une partition moderne, basée sur de sérieuses bases traditionnelles. Deux ambiances au choix : partie brasserie contemporaine d'un côté, plus classique et bourgeoise de l'autre.

⅏ 🆎 ❖ – Menu 24 € (déjeuner), 33/55 € – Carte 40/61 €

17 quai Charles-Guinot – ℰ 02 47 57 00 23 – www.leliondor-amboise.com –
Fermé lundi, mardi

🏠 AU CHARME RABELAISIEN

BOUTIQUE HÔTEL · **ÉLÉGANT** Cette demeure bourgeoise qui abrita banque, école et étude notariale, est devenue un hôtel de charme. Les chambres sont confortables (celles du dernier étage disposent d'une vue sur le château), et l'accueil familial ; petit jardin avec piscine. Agréable espace bien-être.

⇔ ⚲ ⅏ 🔲 ⅏ 🆎 🅿 – 10 chambres

25 rue Rabelais – ℰ 02 47 57 53 84 – www.au-charme-rabelaisien.com

CHÂTEAU DE PRAY

DEMEURE HISTORIQUE · ÉLÉGANT Sur la rive sud de la Loire, il était une fois... un château aux fondations médiévales, largement remanié à la Renaissance. Sous ses imposantes tours rondes, un grand parc arboré avec son jardin à la française et ses terrasses. Dans les chambres, quelques lits à baldaquin... À la croisée des époques, caractère et agrément !

🏊 🐾 ≤ 📶 ⼤ ⺧ 🅰 🅿 – 19 chambres

Rue du Cèdre, à Chargé – ☎ 02 47 57 23 67 – www.chateaudepray.fr

✿ **Château de Pray** – Voir la sélection des restaurants

ANET

✉ 28260 – Eure-et-Loir – Carte régionale n° **8**–B1 – Carte Michelin 311-E2

⫯◯ LE MANOIR D'ANET

TRADITIONNELLE · ÉLÉGANT ✕✕ Un restaurant traditionnel idéalement situé face au château de Diane de Poitiers ! Dans la salle rustique et colorée, on se régale de grands classiques du genre, réalisés avec de bons produits de saison. Une offre snacking est également proposée.

🏡 – Menu 20/53 €

3 place du Château – ☎ 02 37 41 91 05 – www.lemanoirdanet.com – Fermé mardi, mercredi

ARDON

✉ 45160 – Loiret – Carte régionale n° **8**–C2

✿ LA TABLE D'À CÔTÉ

MODERNE · CONTEMPORAIN ✕✕✕ Face au golf de Limère, Christophe Hay (La Maison d'à Côté, à Montlivault) a monté cette adresse aux petits oignons, avec sa salle contemporaine, évoquant la nature et les forêts – les sources majeures d'inspiration du chef avec... les légumes de son jardin. Il en a confié les fourneaux à la jeune cheffe Marie Gricourt, qui a notamment fréquenté les cuisines du Pré Catelan. Dans les assiettes, on trouve une cuisine fine, travaillée, bien de saison, qui privilégie les circuits courts et les poissons de l'Atlantique (même si le sandre en vapeur de sous-bois est un must !), mais aussi le gibier.

Spécialités : Pithiviers de colvert. Sandre cuit en feuille de vigne. Cerises de Saint-Hilaire-Saint-Mesmin pochées au sureau.

🏡 ⺧ ⼤ ✿ – Menu 60/103 €

200 allée des Quatre-Vents (au golf de Limère) – ☎ 02 38 61 48 07 – www.latabledacote.fr – Fermé 2-25 janvier, lundi, dimanche

ARGENTON-SUR-CREUSE

✉ 36200 – Indre – Carte régionale n° **8**–B3 – Carte Michelin 323-F7

⫯◯ LE CHEVAL NOIR

TRADITIONNELLE · BISTRO ✕✕ Une soudaine envie de tradition ? Ce décor de bistrot contemporain devrait vous réjouir, avec sa carte inspirée des produits du marché. On passe devant la cuisine ouverte avant de rejoindre la salle à manger. En guise de spécialités, le croustillant de pied de porc, les œufs en couilles d'âne et les rognons de veau sauce vigneronne.

🔄 🏡 ⼤ 🅿 – Menu 19 € (déjeuner)/31 € – Carte 29/39 €

27 rue Auclert-Descottes – ☎ 02 54 24 00 06 – www.le-chevalnoir.fr – Fermé dimanche soir

ATHÉE-SUR-CHER

✉ 37270 – Indre-et-Loire – Carte régionale n° **8**–A1

⍟◯ **LA BOULAYE**

MODERNE · **CHAMPÊTRE** XX Il faut se perdre un peu dans la campagne pour trouver cette grange du 17ᵉ s., qui se révèle romantique et chaleureuse... C'est la maîtresse des lieux qui cuisine et ses plats sont très personnels ; on la sent inspirée par le terroir. Ses créations sont généreuses, aromatiques et colorées.

� 🄿 – Menu 24/40 € – Carte 37/43 €

Lieu-dit La Boulaye – ℰ 02 47 50 29 21 – www.laboulaye.fr –
Fermé 15 novembre-15 février, lundi, mardi

AUBIGNY-SUR-NÈRE

✉ 18700 – Cher – Carte régionale n° **8**–C2 – Carte Michelin 323-K2

🕸 **LA CHAUMIÈRE**

TRADITIONNELLE · **FAMILIAL** XX Ne vous fiez pas à la sobriété extérieure de cet ancien relais de poste. Sitôt le pas-de-porte franchi, murs en brique et colombages composent un décor des plus chaleureux. Aux fourneaux, le chef concocte une cuisine fort agréable, qui met en valeur les saisons et les produits du marché.

Spécialités : Nem solognot de petits-gris et de girolles de nos sous-bois. Lièvre à la royale. Cigare croustillant aux fraises et coulis de basilic.

↩ � 🄰 ⟷ 🄿 – Menu 23 € (déjeuner), 34/71 € – Carte 45/60 €

2 rue Paul-Lasnier – ℰ 02 48 58 04 01 – www.hotel-restaurant-la-chaumiere.com –
Fermé 14 février-14 mars, lundi, dimanche soir

AUGERVILLE-LA-RIVIÈRE

✉ 45330 – Loiret – Carte régionale n° **8**–C1 – Carte Michelin 318-L2

⍟◯ **JACQUES CŒUR**

MODERNE · **ÉLÉGANT** XXX Si le château a déjà très fière allure, son restaurant n'est pas en reste : marqueteries aux murs, plafonds à la française, cheminée d'époque... Superbe ! Un écrin idéal pour la cuisine du chef : formé dans de belles maisons étoilées, il maîtrise parfaitement les fondamentaux et nous gratifie d'une cuisine fine et savoureuse.

🚗 � 🄰 ⟷ 🄿 – Menu 75/99 € – Carte 75/121 €

Château Golf & Spa d'Augerville, Place du Château –
ℰ 02 38 32 12 07 – www.chateau-augerville.com –
Fermé 18 décembre-9 janvier et le midi

🏯 **CHÂTEAU GOLF & SPA D'AUGERVILLE**

DEMEURE HISTORIQUE · **ÉLÉGANT** Superbe château Renaissance bâti entre le quinzième et le dix-septième siècle, au cœur d'un vaste domaine arboré de 100 hectares, avec parcours de golf 18 trous, spa etc. Les chambres élégantes et au grand calme sont réparties entre le château (tournées vers le golf) et les dépendances. Cuisine gastronomique au Jacques Cœur au dîner, bistrot traditionnel à L'Atelier, le midi.

🎾 ⚘ 🚗 ⊕ ♨ ⊡ 🄰 🄰 🄿 – 37 chambres – 3 suites

Place du Château –
ℰ 02 38 32 12 07 – www.chateau-augerville.com
⍟◯ **Jacques Cœur** – Voir la sélection des restaurants

AZAY-LE-RIDEAU

✉ 37190 – Indre-et-Loire – Carte régionale n° **8**–A2 – Carte Michelin 317-L5

✿ AUBERGE POM'POIRE

Chef: Bastien Gillet

MODERNE · **COSY** XX Au beau milieu des poiriers et des pommiers se cache parfois une bonne adresse... Tel est le cas de cette Auberge Pom'Poire, fondée par un couple d'anciens arboriculteurs et tenue aujourd'hui par leur fils chef et sa compagne. Un joli fruit coloré et acidulé : voilà exactement ce qui pourrait symboliser la cuisine de Bastien Gillet. Du peps, de la justesse, de la subtilité (sur les arômes comme sur les textures) : ses assiettes, composées avec de beaux produits fermiers de la région, débordent de saveurs ! Bref, c'est malin autant que gourmand : nul doute, Pom'Poire est une adresse à croquer.

Spécialités : Cuisine du marché.

🔄 ⇦ 🎠 ᴪ ᴀᴄ ⇔ 🅿 – Menu 36 € (déjeuner), 52/74 €

21 route de Vallères (à 4 km au Nord-Ouest) – ℰ 02 47 45 83 00 –
www.aubergepompoire.fr – Fermé 4-28 janvier, 15 février-18 mars, lundi midi, mardi midi, jeudi midi

😊 L'AIGLE D'OR ⓝ

MODERNE · **TRADITIONNEL** XX À quelques centaines de mètres du château, voilà une adresse en or ! Dans cette maison de pays, on s'installe au coin de la cheminée ou sur la terrasse ombragée pour déguster une belle cuisine qui revisite la tradition. Au piano, le chef joue une savoureuse mélodie ! Le tout à petits prix.

Spécialités : Œuf mariné au cidre, foie gras et châtaigne. Filet mignon de cochon roi rose de Touraine, pommes de terre soufflées et crémeux d'oignon doux. Parfait citron glacé, dacquoise et tuile aux noisettes, crème pralinée.

🎠 ᴪ ᴀᴄ ⇔ – Menu 33/62 €

10 avenue Adélaïde-Riche – ℰ 02 47 45 24 58 – www.laigle-dor.com –
Fermé 15 février-7 mars, 21-25 décembre, lundi, mardi, dimanche soir

BEAUGENCY

✉ 45190 – Loiret – Carte régionale n° **8**-C2 – Carte Michelin 318-G5

❙○ LE P'TIT BATEAU

MODERNE · **INTIME** XX C'est au cœur de la cité médiévale que ce P'tit Bateau a mis le cap sur la gourmandise, et les produits frais, avec du poisson en arrivage direct des criées de Bretagne, mais aussi du gibier de Sologne en saison. Tout est généreux, précis, présenté avec soin et savoureux. À noter : le sympathique patio pour un repas à l'air libre. Une maison qui respire l'envie de bien faire !

🎠 – Menu 36/78 €

54 rue du Pont – ℰ 02 38 44 56 38 – www.restaurant-lepetitbateau.fr – Fermé lundi, mardi

LES BÉZARDS

✉ 45290 – Loiret – Carte régionale n° **8**-D2 – Carte Michelin 318-N5

✿ AUBERGE DES TEMPLIERS

MODERNE · **ÉLÉGANT** XXX Certaines beautés ne se démodent jamais... Les plus vieilles pierres de cet ancien relais de poste remontent au 17ᵉ s. C'est la demeure solognote dans toute sa splendeur, avec sa façade à colombages et ses briques roses. Dans ce décor immuable, de poutres et de cristal, la salle ouvre sur un magnifique parc aux essences centenaires. Un jeune chef d'origine belge, qui a fait ses classes auprès de Jean-Pierre Jacob à Courchevel puis au Bourget-du-Lac, régale ses convives avec une cuisine moderne et épurée, aux jeux de textures maîtrisés : anguille fumée et laquée aux épices, coulis de foie gras de canard ; ris de veau doré, tatin d'endives et jus de bière ; citron onctueux, zestes confits à la Chartreuse et tagète minuta glacée.

Spécialités : Crémeux de céleri à la vanille fondant et croustillant, sorbet au foin. Truite légèrement fumée, variation de chou-fleur et lait de noisette. Sablé croustillant au cacao, crémeux et sorbet au chocolat, bonbon au cassis.

🍸 ⇦ 🎠 ᴪ ᴀᴄ ⇔ 🅿 – Menu 70/145 € – Carte 110/130 €

20 route Départementale 2007 (à Boismorand) – ℰ 02 38 31 80 01 –
www.lestempliers.com – Fermé 4-24 janvier, 16-22 novembre, lundi, mardi midi

🏯 AUBERGE DES TEMPLIERS

LUXE · ÉLÉGANT Une superbe architecture tout en colombages (17e s.), du mobilier d'époque, un cottage aux toits de chaume niché au milieu d'un parc, un accueil et des prestations dans la grande tradition française, sans oublier la superbe piscine : tels sont les trésors de ces Templiers.

🏯 🌄 🛏 🍴 ⅗ 🅼 🎱 🅿 🚗 – 15 chambres – 6 suites

20 Route Départementale 2007 (à Boismorand) – 📞 02 38 31 80 01 – www.lestempliers.com

🍽 **Auberge des Templiers** – Voir la sélection des restaurants

BLÉRÉ

✉ 37150 – Indre-et-Loire – Carte régionale n° **8**-A1 – Carte Michelin 317-O5

🍽 LE CHEVAL BLANC

MODERNE · COSY ✕✕ Au sein de cette auberge historique au cœur du Bléré, le chef réalise une cuisine actuelle et ambitieuse. Le cadre est cosy et confortable, et on profite d'un délicieux patio-terrasse aux beaux jours. Quelques jolies chambres pour l'étape.

⇦ 🛏 🍴 ⅗ 🅼 🅿 – Menu 23 € (déjeuner), 32/85 €

5 place Charles-Bidault – 📞 02 47 30 30 14 – www.lechevalblancblere.fr – Fermé 2-15 janvier, lundi, mardi

BLOIS

✉ 41000 – Loir-et-Cher – Carte régionale n° **8**-A1 – Carte Michelin 318-E6

✿ ASSA

Chefs : Fumiko et Anthony Maubert

CRÉATIVE · ÉPURÉ ✕✕ À la sortie de Blois, cette bâtisse des années 1930 domine la Loire, qui projette ses reflets jusque dans la salle. Anthony et Fumiko Maubert, lui Français, elle Japonaise, ont choisi ce décor pour exercer leur métier. Anthony a longtemps travaillé aux côtés d'Arnaud Donckele (La Vague d'Or), tandis que Fumiko cumule les talents de nutritionniste et de pâtissière – de fait, ses créations frappent par leur légèreté et leur faible teneur en sucre ajouté. Chaque matin (traduction du japonais "asa"), ils réécrivent à quatre mains le menu du jour en s'appuyant sur des produits impeccables et sur de nombreux condiments et ingrédients japonais. Baies de Sanshō, yuzu sauvage, bouillon aux algues nori, thé matcha et pâte de haricot rouge azuki se marient harmonieusement au travail des petits producteurs ligériens.

Spécialités : Inévitable voyage. Au gré des flots. Inattendue cérémonie.

✿ *L'engagement du chef :* "Nos producteurs, tous situés dans un rayon de 20 mn autour du restaurant, partagent le même respect de leur terre et de leurs animaux. Nous mettons en valeur tous les morceaux de nos bêtes, achetées entières, et nous faisons comprendre à nos clients que nous ne sacrifions pas un animal seulement pour les meilleurs morceaux. Chaque cagette est redonnée à nos producteurs : nous ne jetons aucun emballage. Les rares déchets alimentaires du restaurant sont consommés par nos poules."

🌄 ⇦ ⅗ 🅼 – Menu 62/114 € – Carte 93/111 €

189 quai Ulysse-Besnard – 📞 02 54 78 09 01 – www.assarestaurant.com – Fermé 3-16 janvier, 15-28 novembre, lundi, mardi, dimanche soir

🍽 L'ORANGERIE DU CHÂTEAU

MODERNE · ÉLÉGANT ✕✕✕ Cette jolie demeure du quinzième siècle située face à l'aile François 1er du château royal de Blois offre une vue superbe, particulièrement quand l'été darde ses rayons charmants. Cadre classique élégant et bourgeois, mais cuisine bien dans l'air du temps, actuelle, fine et gourmande, rythmée par les saisons. Une excellente adresse.

⇦ 🍴 ⅗ ✿ 🅿 – Menu 41/85 € – Carte 80/98 €

1 avenue du Docteur Jean-Laigret – 📞 02 54 78 05 36 – www.orangerie-du-chateau.fr – Fermé 21 février-4 mars, lundi, dimanche

🍴 **LE MÉDICIS**

MODERNE · **TRADITIONNEL** XX Le décor est bien en phase avec les créations dans l'air du temps que l'on retrouve dans l'assiette. La cuisine suit le marché et les saisons, et le chef parsème sa cuisine de quelques touches asiatiques bienvenues : on passe un bon moment. Service chaleureux.

⇔ 🅐🅒 ⇧ – Menu 29 € (déjeuner), 54/72 € – Carte 55/80 €

2 allée François-1er – 𝒞 02 54 43 94 04 – www.le-medicis.com – Fermé 19-26 juillet, 18-25 octobre, lundi, dimanche soir

🍴 **AU RENDEZ-VOUS DES PÊCHEURS**

MODERNE · **COSY** X Dans une petite ruelle proche des quais de Loire, un ancien repaire de pêcheurs cultive un bel esprit bistrotier chic et cosy. Poissons de Loire (comme le sandre), légumes bio de maraîchers de la région, fromages de chèvre et de vache locaux : les assiettes soignées de Christophe Cosme mettent à l'honneur de bons produits du terroir ligérien.

🅐🅒 ⇧ – Menu 28 € (déjeuner), 39/59 €

27 rue du Foix – 𝒞 02 54 74 67 48 – www.rendezvousdespecheurs.com – Fermé lundi, dimanche

🍴 **LE BISTROT DU CUISINIER** ◍

MODERNE · **BISTRO** X Après avoir peaufiné son art à Paris, le chef Thibaud Renard est de retour sur ses terres d'origine : il tient ce bistrot sympathique, installé sur la rive gauche de la Loire, face à la ville de Blois. Cuisine de pleine saison, soignée et goûteuse, préparations sans superflu et bien maîtrisées... on est conquis.

🅖 🅐🅒 ⇧ – Menu 24 € (déjeuner), 36/39 €

20 quai Villebois-Mareuil – 𝒞 02 54 78 06 70 – www.lebistrotducuisinier.fr

LA BORNE

✉ 18250 – Cher – Carte régionale n° **8**-C2 – Carte Michelin 323-L3

🍴 **L'ÉPICERIE** ◍

MODERNE · **COSY** X Un restaurant qui fait épicerie ? Une épicerie qui fait restaurant ? Peu importe, on passe ici un super moment, et c'est tout ce qui compte. Cuisine de saison déclinée par Mathieu (salé) et Clémentine (desserts), produits locaux de rigueur : cette petite adresse a la cote localement, et on comprend pourquoi... Attention, vingt couverts seulement : réservez.

🅖 – Menu 27/38 €

Chemin des Usages – 𝒞 02 48 59 57 50 – Fermé 24 février-10 mars, 22 septembre-13 octobre, lundi, mardi, mercredi soir, dimanche soir

BOULLERET

✉ 18240 – Cher – Carte régionale n° **8**-D2

✿ **L'ARDOISE DU MARCHÉ**

Chef: Julien Médard

MODERNE · **COSY** XX Une ardoise à graver dans le marbre ! Saveurs franches, jus, émulsions et sauces qui fusent en bouche à l'image de ce silure en quenelle, asperge blanche et crème de langoustine ou de ce filet mignon de porc et artichaut, jus de veau corsé. La version revisitée du crottin de Chavignol, travaillée sous forme de mousse siphonnée onctueuse et légère, et entourée d'une eau de tomate acidulée, emporte également l'adhésion. Une réussite que cette cuisine actuelle, astucieuse, fine et délicate, qui s'empare des produits locaux pour offrir des assiettes subtiles et colorées ! Le chef Julien Médard et son épouse Delphine (en salle) accueillent les chanceux – pardon, les clients – dans une salle cosy et feutrée qui unit avec goût rustique et contemporain.

Spécialités : Œuf mimosa version moderne. Ris de veau rôti, salsifis glacés, lentilles sancerroises bio et jus au lard fumé. La rhubarbe en deux services.

🕸 🍴 🅖 – Menu 25 € (déjeuner), 45/73 €

19 place des Tilleuls – 𝒞 02 48 72 39 62 – www.ardoise-du-marche.com – Fermé 5-22 avril, 16 août-10 septembre, lundi, mardi, dimanche soir

BOURGES

✉ 18000 – Cher – Carte régionale n° **8**–C3 – Carte Michelin 323-K4

LE BEAUVOIR

MODERNE • **CONTEMPORAIN** XxX Une table élégante et accueillante, avec une terrasse sur la cour à l'arrière. À la suite de son beau-père, le chef concocte une appétissante cuisine actuelle, où les produits frais ont la part belle. Une valeur sûre.

Spécialités: Maquereau mariné cuit au four, carottes, haricots verts, bouillon dashi, citron. Pavé de merlu, céleri, fenouil, huile vanillée. Soufflé au chocolat, crème anglaise au café de Colombie.

🕸 🛱 🕭 🗚 – Menu 19/60 €

Plan : B1-e – *1 avenue Marx-Dormoy –* ☎ *02 48 65 42 44 –* *www.restaurant-lebeauvoir.com –* *Fermé 1er-31 août, dimanche soir*

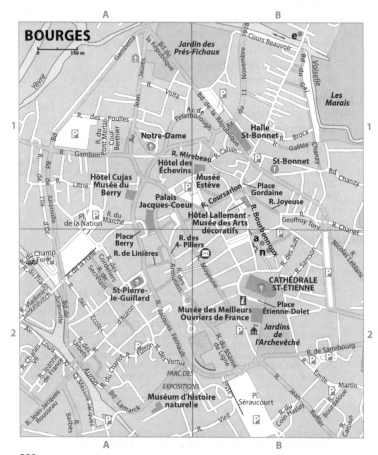

ⅰ◯ LE BOURBONNOUX

TRADITIONNELLE · CLASSIQUE ✗✗ Dans ce restaurant du quartier historique, les gourmands se régalent depuis plus de 30 ans de l'appétissante cuisine traditionnelle mijotée par le chef Jean-Marie Huard : foie gras de canard au torchon et confiture d'oignons, pièce de bœuf charolais à la plancha et pommes dauphine, gâteau au chocolat guanaja et crème à la vanille Bourbon, sans oublier le gibier en saison. À savourer au beau milieu d'une collection de canards en porcelaine... pour un repas sans couacs.

Ⓐ – Menu 20 € (déjeuner), 29/38 € – Carte 37/48 €

Plan : B2-a – 44 rue Bourbonnoux –
☎ 02 48 24 14 76 – www.bourbonnoux.com –
Fermé vendredi, samedi midi, dimanche soir

ⅰ◯ LA SUITE

MODERNE · TENDANCE ✗ Ce bistrot contemporain a du style, avec son intérieur moderne et convivial, mais ce n'est pas son seul atout. La carte renouvelée régulièrement au fils des saisons met l'eau à la bouche... d'autant que les saveurs sont au rendez-vous ! N'oublions pas la jolie terrasse sur le patio, et la carte des vins qui ne doit rien au hasard – et pour cause, le patron est sommelier de formation pendant que son frère est aux fourneaux.

🕸 🛋 Ⓐ – Menu 25 € (déjeuner) – Carte 45/55 €

Plan : B2-n – 50 rue Bourbonnoux –
☎ 02 48 65 96 26 – www.lasuite-bourges.com –
Fermé 22-28 février, 12-31 juillet, lundi, dimanche

BRACIEUX

✉ 41250 – Loir-et-Cher – Carte régionale n° **8**-B1 – Carte Michelin 318-G6

🙂 LE RENDEZ-VOUS DES GOURMETS

TRADITIONNELLE · AUBERGE ✗✗ Cette auberge familiale est le repaire du chef Didier Doreau, qui travaille de beaux produits en respectant la tradition (terrine de brochet à la Chambord, petit pâté de gibier servi chaud et jus réduit, tête de veau à l'ancienne, gratin d'agrumes parfumé au Grand-Marnier, etc.), et s'est taillé une solide réputation régionale pour ses préparations autour du gibier – sanglier, chevreuil, lièvre, entre autres... Avis aux amateurs !

Spécialités : Petit pâté de gibier servi tiède, salade et condiments. Ris de veau croustillant, réduction de porto. Gratin de fruits de saison.

🛋 ⅖ ♻ 🅿 – Menu 23 € (déjeuner), 33/75 € – Carte 43/75 €

20 rue Roger-Brun – ☎ 02 54 46 03 87 –
Fermé 25 décembre-17 janvier, 18 avril-28 mai, 25 octobre-3 novembre, mercredi, samedi midi, dimanche soir

BRINON-SUR-SAULDRE

✉ 18410 – Cher – Carte régionale n° **8**-C2 – Carte Michelin 323-J1

ⅰ◯ LA SOLOGNOTE

TRADITIONNELLE · AUBERGE ✗✗ Dans la longue rue menant à l'église, cette auberge typiquement solognote a été reprise il y a une dizaine d'années par un couple motivé. Il a su conserver le cachet rustique des lieux tout en dépoussiérant l'assiette, avec des préparations simples et bien tournées : foie gras de canard et sa compotée d'oignons ; filet de bœuf, sauce au porto et gratin de pommes de terre ; tarte Tatin et sa crème glacée au yaourt.

🔚 🛋 Ⓐ 🅿 – Menu 29 €

34 Grande-Rue – ☎ 02 48 58 50 29 – www.hotel-brinonsursauldre.fr –
Fermé 24 décembre-3 janvier, lundi midi, mardi midi, mercredi midi, dimanche

BROU

✉ 28160 – Eure-et-Loir – Carte régionale n° **8**-B1 – Carte Michelin 311-C6

🍴○ **L'ASCALIER**

TRADITIONNELLE · **CONVIVIAL** ✗ À deux pas de la place du marché, un chef expérimenté compose une bonne cuisine de tradition avec les produits d'ici... le tout à prix doux. Et pour ceux qui se posent la question, il y a bel et bien un "ascalier" dans ce restaurant : très joli, il date du 16ᵉ s. et conduit à la salle à manger de l'étage.

🍽 – Menu 24/43 €

9 place du Dauphin – ☎ 02 37 96 05 52 – Fermé lundi soir, mardi, dimanche soir

BUÉ

✉ 18300 – Cher – Carte régionale n° **8**-D2 – Carte Michelin 323-M3

🍴○ **MOMENTO** ⑩

MODERNE · **CONTEMPORAIN** ✗✗ La garantie d'un "momento" délicieux, avec vue sur les vignes... À la manœuvre, on trouve un couple de trentenaires très pro : Thomas Jacquet, un enfant du pays (service, sommellerie), et son épouse Mariana Mateos, cheffe mexicaine, qui assure aux fourneaux une partition saisonnière tout en finesse et en générosité. Un vrai régal.

🏃 ⬅ 🍽 – Menu 25 € (déjeuner) – Carte 45/65 €

5 rue de la Cure – ☎ 02 48 78 07 99 – www.momentosancerre.com –
Fermé 15-31 mars, 2-17 novembre, 23-29 décembre, lundi, mardi, mercredi, jeudi midi

CANDÉ-SUR-BEUVRON

✉ 41120 – Loir-et-Cher – Carte régionale n° **8**-A1 – Carte Michelin 318-E7

🍴○ **AUBERGE DE LA CAILLÈRE**

MODERNE · **COSY** ✗✗ Aux environs de Blois, cette ancienne ferme (1788) accueille aujourd'hui un restaurant tout à fait remarquable ! On y fait la part belle à une cuisine actuelle fine et soignée, qui privilégie le terroir régional (asperges, pigeon de Racan, porc Roi Rose de Touraine...). On arrose le tout avec de bons crus du Val de Loire. Chambres calmes et coquettes pour prolonger l'étape.

⬅ 🈂 🍽 ⅙ ⟳ 🅿 – Menu 49/90 €

36 route des Montils – ☎ 02 54 44 03 08 – www.auberge-de-la-caillere.com –
Fermé 29 novembre-12 février, mercredi

CELLETTES

✉ 41120 – Loir-et-Cher – Carte régionale n° **8**-A1 – Carte Michelin 318-F6

✿ **LA VIEILLE TOUR**

Chef: Alexis Letellier

MODERNE · **INTIME** ✗ La vieille tour de cette maison du quinzième siècle, visible de loin, vous guidera vers cette halte gourmande. Ici, on ne triche pas. Le jeune chef Alexis Letellier régale ses convives d'une cuisine actuelle bien troussée, réalisée avec de bons produits, teintée de notes asiatiques, et régulièrement réinventée au fil des saisons. Ce jour-là, une savoureuse "Criée", coquillages, haricots verts et émulsion iodée au lard, ou ce foie gras tourteau et sorbet coriandre, tout en fraîcheur. Accueil dynamique et tout sourire de la compagne du chef Alice, de bon conseil pour le choix du vin. Finesse gustative, personnalité, dressages soignés : une adresse comme on les aime.

Spécialités : Huître, vanille de Madagascar et chou-fleur. Bœuf de l'Aubrac, betterave fumée et myrtilles. Vacherin à la framboise et au poivre timut.

Menu 37/57 €

7 rue Nationale – ☎ 02 54 74 67 15 – www.restaurant-la-vieille-tour-blois.com –
Fermé lundi soir, mercredi, dimanche soir

CÉRÉ-LA-RONDE

✉ 37460 – Indre-et-Loire – Carte régionale n° **8**-B1

ᵗⁱO AUBERGE DE MONTPOUPON ⓝ

MODERNE · AUBERGE ✗ Une bien sympathique auberge, installée au pied du château de Montpoupon. L'intérieur marie joliment le rustique (pierre apparente, poutres) et le plus contemporain, tandis que la cuisine nous emmène faire un tour du Val de Loire, dans un genre gourmand et goûteux. Prix sages, terrasse avec vue sur le château.

🛱 � ⇔ 🅿 – Menu 22 €

Le Moulin Bailly (4 km au Sud-Ouest, près du château de Montpoupon) –
𝒞 09 70 37 22 55 – www.auberge-montpoupon.fr –
Fermé 20 décembre-31 janvier, lundi, mardi, mercredi soir, jeudi soir, dimanche soir

CHAMBORD

✉ 41250 – Loir-et-Cher – Carte régionale n° **8**–B1 – Carte Michelin 318-G6

ᵗⁱO LE GRAND SAINT-MICHEL

MODERNE · ÉLÉGANT ✗✗ Réhabilitée en même temps que l'hôtel qui l'abrite, la table gastronomique au cadre chic et élégant offre un environnement idéal pour déguster les assiettes soignées du chef (gibier en saison, bien entendu), un véritable passionné. Et n'oublions pas, bien sûr, la vue sur le mythique château de François 1er, depuis la terrasse : inoubliable !

🖙 🛱 Ⅻ 🅿 – Menu 85 € – Carte 64/80 €

Relais de Chambord, Place Saint-Louis – 𝒞 02 54 81 01 01 –
www.relaisdechambord.com –
Fermé le midi

🏠 RELAIS DE CHAMBORD

HÔTEL PARTICULIER · ÉLÉGANT Au cœur du domaine de Chambord (dont le château a soufflé 500 bougies en 2019), cet hôtel a été rénové avec le concours du cabinet d'architecte de Jean-Michel Wilmotte. Relais de campagne chic, chambres élégantes (pas forcément très spacieuses) avec de nombreux clins d'œil au château, petit espace bien-être, table gastronomique et restauration plus légère au bar, sans oublier l'accès au domaine, encore plus exclusif le soir après le départ des touristes... Un séjour de choix.

🍽 ⅏ ⪕ 🖙 ⌨ 🗑 ⅻ Ⅻ 🎿 🅿 – 56 chambres

Place Saint-Louis – 𝒞 02 54 81 01 01 – www.relaisdechambord.com
ᵗⁱO **Le Grand Saint-Michel** – Voir la sélection des restaurants

CHARTRES

✉ 28000 – Eure-et-Loir – Carte régionale n° **8**–B1 – Carte Michelin 311-E5

✿ LE GEORGES

MODERNE · COSY ✗✗✗ Le Grand Monarque, qui abrite le Georges, traverse les siècles avec constance – l'hôtel était déjà cité dans le Guide Michelin 1900. Cette maison au décor élégant occupe une place idéale entre Paris et la Loire, au carrefour des régions de l'Ouest. Formé à Narbonne mais aussi chez Joël Robuchon et Éric Frechon, le jeune chef Thomas Parnaud insuffle un nouvel élan à cette table vénérable. Grand lecteur d'Escoffier, il s'emploie notamment à revisiter les préparations "à la Chartres" où l'estragon est roi, comme dans sa recette d'œuf fermier cuit mollet et glacé d'un jus de veau. On ne manquera pas non plus son soufflé au Grand Marnier, classique d'entre les classiques parfaitement exécuté : de l'entrée au dessert, il fait toujours bon relâcher sa monture chez Georges...

Spécialités : Silure du bassin de la Loire, persil et spiruline de Beauce. La barbue "à la Chartres". Soufflé chaud au Grand Marnier.

🥂 ⪕ Ⅻ – Menu 59 € (déjeuner), 82/103 € – Carte 78/150 €

Le Grand Monarque, 22 place des Épars – 𝒞 02 37 18 15 15 – www.monarque.fr –
Fermé 1ᵉʳ-12 janvier, 15-23 février, lundi, dimanche

ⅈ○ LA COUR DU MONARQUE

TRADITIONNELLE · BRASSERIE ⅹ Il faut traverser le hall de l'hôtel du Grand Monarque pour entrer dans sa "Cour", une brasserie cosy très courue des Chartrains... On vient dans cette jolie salle sous verrière pour savourer une bonne cuisine de tradition, basée sur de beaux produits.

   ⅋ ⒶⒸ ⟳ – Menu 34 € (déjeuner) – Carte 30/45 €

Le Grand Monarque, 22 place des Épars – ℰ *02 37 18 15 07 – www.monarque.fr*

ⅈ○ ESPRIT GOURMAND

TRADITIONNELLE · BISTRO ⅹ Dans une petite rue proche de la cathédrale, ce bistrot est emmené par un chef-patron aux idées claires : le programme dans l'assiette, c'est produits de saison et recettes traditionnelles. Quelques tables dans la petite cour intérieure.

   ⌂ – Menu 25 € – Carte 33/50 €

6 rue du Cheval-Blanc – ℰ *02 37 36 97 84 – Fermé lundi, mardi, dimanche soir*

ⅈ○ TERRA

ITALIENNE · CONVIVIAL ⅹ À deux pas du centre-ville, dans les faubourgs de Chartres, une cuisine comme une invitation au voyage : le chef est Italien et son épouse Sud-Africaine ! La cuisine se révèle excellente, tout droit venue d'Italie, et se déguste dans une ambiance conviviale, façon bistrot. On se régale.

   ⌂ 🅿 – Carte 35/55 €

65 avenue du Maréchal-Maunoury – ℰ *02 37 84 81 47 – www.terrachartres.com –
Fermé 4-24 janvier, 16 août-5 septembre, lundi, dimanche soir*

🏠 LE GRAND MONARQUE

SPA ET BIEN-ÊTRE · ÉLÉGANT L'hôtel de tradition par excellence, déjà recommandé par le guide Michelin 1900 ! On s'y repose dans des chambres spacieuses et élégantes. Un tour au magnifique spa s'impose avant d'aller dîner au Georges.

   🍸 ⊛ ℔ 🖃 ⅋ ⒶⒸ 🆂 🚗 – 52 chambres – 6 suites

22 place des Épars – ℰ *02 37 18 15 15 – www.monarque.fr*

   ❀ **Le Georges** · ⅈ○ **La Cour du Monarque** – Voir la sélection des restaurants

CHÂTEAUDUN

✉ 28200 – Eure-et-Loir – Carte régionale n° **8**-B2 – Carte Michelin 311-D7

🏵 AUX TROIS PASTOUREAUX

TRADITIONNELLE · CLASSIQUE ⅹⅹ Si Jean-François Lucchese est un ancien pâtissier, il se définit surtout comme un "artisan du goût", soucieux des associations d'ingrédients, des cuissons et des assaisonnements. Ses recettes pétillent de saveurs ! Le "menu médiéval" plonge droit dans la tradition...

Spécialités : Dariole de cochon, vinaigrette orange et coriandre. Caille rôtie "recette médiévale". Millefeuille.

   ⌂ – Menu 34/58 € – Carte 46/65 €

31 rue André-Gillet – ℰ *02 37 45 74 40 – www.aux-trois-pastoureaux.fr –
Fermé 12-21 mars, lundi, mardi midi, dimanche*

CHÂTEAUMEILLANT

✉ 18370 – Cher – Carte régionale n° **8**-C3 – Carte Michelin 323-J7

ⅈ○ LA GOUTTE NOIRE

MODERNE · TRADITIONNEL ⅹⅹ Du nom du ruisseau qui coule dans le village, cette table ne manque pas d'attraits : une grande véranda très lumineuse, une cuisine qui explore le terroir avec goût et générosité (bons vins et fromages régionaux) et un accueil délicat.

   ⇦ ⌂ ⅋ ⒶⒸ 🅿 – Menu 15 € (déjeuner), 26/48 € – Carte 49/78 €

21 rue du Château – ℰ *02 48 96 98 87 – www.la-goutte-noire.fr – Fermé 11-25 janvier, lundi, dimanche soir*

CHÂTEAUROUX

✉ 36000 – Indre – Carte régionale n° **8**-C3 – Carte Michelin 323-G6

☺ **JEUX 2 GOÛTS**

MODERNE · **ÉLÉGANT** XX Bien implanté dans sa région natale après plusieurs années passées dans de belles maisons parisiennes, Christophe Marchais chatouille les papilles de Châteauroux. Il prépare des assiettes goûteuses et créatives, stimulé par un lieu chargé d'histoire. La meilleure table de la ville.

Spécialités: Tartelette au chèvre frais et noisette, sorbet persil plat et tomate. Ventrèche de cochon basque cuite dix heures. Baba chocolat, marmelade et sorbet abricot.

ὧ M ⇩ – Menu 19 € (déjeuner), 30/60 €

40 rue Grande – ☏ 02 54 27 66 28 – www.jeux2gouts.fr – Fermé 16 février-2 mars, 27 juillet-17 août, lundi, dimanche

⏸ **LE P'TIT BOUCHON**

TRADITIONNELLE · **BISTRO** X On s'installe dans deux petites salles de bistrot décorées de centaines de bibelots (une véritable brocante), où règne une ambiance bon enfant. Place à la cuisine, traditionnelle et régionale : œufs pochés en "couilles d'âne" (version berrichonne des œufs en meurette), andouillette de Reuilly ou encore rognons de veau...

ὧ – Menu 19 € (déjeuner), 29/32 € – Carte 25/35 €

64 rue Grande – ☏ 02 54 61 50 40 – www.leptitbouchon.fr – Fermé 1er-21 août, lundi, dimanche

CHÂTILLON-SUR-INDRE

✉ 36700 – Indre – Carte régionale n° **8**-B3 – Carte Michelin 323-D5

⏸ **AUBERGE DE LA TOUR**

TRADITIONNELLE · **AUBERGE** X Ici, un chef artisan réalise une cuisine traditionnelle, revue au goût du jour. Parmi les incontournables : foie gras, souris d'agneau, paris-brest, le tout, agrémenté de gentillesse ! À déguster dans l'une des deux salles rustiques ou sur la belle terrasse, à l'été.

ὧ ὧ ⇩ – Menu 17 € (déjeuner), 27/40 € – Carte 32/50 €

2 route du Blanc – ☏ 02 54 38 44 20 – www.auberge-de-la-tour36.fr – Fermé 4-19 janvier, 15-30 septembre, lundi, mardi, dimanche soir

LA CHÂTRE

✉ 36400 – Indre – Carte régionale n° **8**-C3 – Carte Michelin 323-H7

⏸ **À L'ESCARGOT**

TRADITIONNELLE · **RUSTIQUE** XX Pour la petite histoire, les parents de George Sand se seraient connus dans cet ancien relais de poste des 15e-16e s. Auraient-ils cédé aux avances de la sympathique cuisine traditionnelle qu'on y sert aujourd'hui ? Deux spécialités font la renommée de la maison : la cassolette de Lumas (escargots) à la crème d'ail et le ris de veau braisé au beurre, au sel de Guérande, sauce aux morilles.

⇩ – Menu 18 € (déjeuner), 26/30 € – Carte 28/42 €

21 rue de Beaufort – ☏ 02 54 48 03 85 – www.auberge-escargot.fr – Fermé 22 février-9 mars, 23 août-14 septembre, lundi, dimanche soir

CHAVIGNOL

✉ 18300 – Cher – Carte régionale n° **8**-D2 – Carte Michelin 323-M2

⏸ **LA CÔTE DES MONTS DAMNÉS**

TRADITIONNELLE · **FAMILIAL** XX Toujours en synergie avec les vins du domaine, l'offre bistronomique du chef Jean-Marc Bourgeois se complète des grands classiques de la maison : tagliatelles au crottin de Chavignol, soufflé chaud... Gourmand à se damner. Chambres confortables pour prolonger l'étape.

⏸ ⇦ ὧ ὧ M – Menu 32 € – Carte 50 €

Place de l'Orme – ☏ 02 48 54 01 72 – www.montsdamnes.com – Fermé 22 novembre-10 janvier, mardi

CHÉDIGNY

✉ 37310 – Indre-et-Loire – Carte régionale n° **8**–B2 – Carte Michelin 317-O5

LE CLOS AUX ROSES

MODERNE · **AUBERGE** ✗ Il y a quelque chose d'apaisant à passer quelques heures dans cette jolie maison en pierre. La raison à cela ? La cuisine de la cheffe, Armelle Krause, basée sur de bons produits – laitages et volailles de producteurs locaux, par exemple – mais aussi l'emplacement du restaurant : en plein cœur d'un village fleuri qui n'a rien à envier à Giverny...

Spécialités : Variation autour de la tomate. Poulette de Racan au basilic du jardin, maïs et légumes de saison. Gourmandise de figues.

⇆ ﾎ ⴆ ✿ – Menu 20 € (déjeuner), 32/44 € – Carte 50/58 €

2 rue du Lavoir – ✆ 02 47 92 20 29 – www.leclosauxroses.com –
Fermé 17 octobre-2 novembre, 15 décembre-5 janvier, lundi soir, mardi midi,
mercredi midi, dimanche soir

CHENONCEAUX

✉ 37150 – Indre-et-Loire – Carte régionale n° **8**–A1 – Carte Michelin 317-P5

AUBERGE DU BON LABOUREUR

MODERNE · **ÉLÉGANT** ✗✗✗ Cette table creuse un sillon fertile : celui du produit et des saisons. Le chef Antoine Jeudi connaît ses gammes sur le bout des doigts, et ses savoureuses créations s'accompagnent d'un joli choix de vins. Un repas agréable, dans un cadre qui l'est tout autant.

⅍ ⌸ ﾎ ⴆ ㎞ ✿ ℙ – Menu 32 € (déjeuner), 60/115 € – Carte 68/145 €

6 rue du Docteur-Bretonneau – ✆ 02 47 23 90 02 – www.bonlaboureur.com –
Fermé 3 janvier-13 février, 11 novembre-17 décembre, mardi midi

AUBERGE DU BON LABOUREUR

AUBERGE · **ÉLÉGANT** Près du "château des Dames", un véritable hameau de jolies maisonnettes couvertes de vigne vierge : chaque chambre y distille un charme particulier, comme si tout un pittoresque village se faisait demeure de famille... avec, pour couronner le tout, une belle piscine chauffée et un espace bien-être. Un établissement qui conjugue le charme et l'authenticité d'autrefois au confort contemporain.

⌖ ⌸ ⌁ ⍟ ⴆ ㎞ ⛊ ℙ – 22 chambres – 6 suites

6 rue du Docteur-Bretonneau – ✆ 02 47 23 90 02 – www.bonlaboureur.com
⌾ **Auberge du Bon Laboureur** – Voir la sélection des restaurants

CHERISY

✉ 28500 – Eure-et-Loir – Carte régionale n° **8**–B1 – Carte Michelin 311-E3

LE VALLON DE CHÉRISY

TRADITIONNELLE · **AUBERGE** ✗✗ L'enseigne ? Un clin d'œil à une ode de Victor Hugo composée dans cette même auberge en 1821. Ici, la cuisine, copieuse et volontiers rustique, s'inspire des saisons et met en avant les produits locaux, en particulier les légumes et les herbes aromatiques... Gourmand et bon !

Spécialités : Cuisine du marché.

ﾎ ℙ – Menu 31/45 € – Carte 36/55 €

12 route de Paris – ✆ 02 37 43 70 08 – www.le-vallon-de-cherisy.fr –
Fermé 20 février-3 mars, 14 juillet-4 août, mardi soir, mercredi, dimanche soir

CHEVERNY

✉ 41700 – Loir-et-Cher – Carte régionale n° **8**–A1 – Carte Michelin 318-F7

L'AUBERGE ⓝ

TRADITIONNELLE · **BISTRO** ✗ Le bistrot chic de l'hôtel Les Sources de Cheverny, au cœur d'un vaste domaine boisé au grand calme. Ce qui vous y attend, c'est une cuisine de saison fine et soignée, véritable tour d'horizon du Val de Loire, en même temps qu'ode aux circuits courts : légumes d'un maraîcher de Mont-Près-Chambord, porc roi rose de Touraine, fraises de Sologne...

Spécialités: Galantine de volaille au foie gras, cœur de romaine et pickles. Saucisse grillée d'agneau, lingots et flageolets. Poire tapée, riz au lait à la vanille.

🛋 🍽 ⅃ 🅰🅲 🅿 – Menu 34 €

Les Sources de Cheverny, 23 route de Fougère – ℰ 02 54 44 20 20 –
www.sources-cheverny.com – Fermé 4 janvier-10 février

LES SOURCES DE CHEVERNY

SPA ET BIEN-ÊTRE · ÉLÉGANT Un vaste domaine boisé, véritable îlot de tranquillité et de repos entre Chenonceaux et Chambord. Les chambres sont élégantes et raffinées, réparties entre le château et de petits cabanons avec terrasse privée donnant sur un petit lac. Une parenthèse hors du temps, en pleine nature.

☂ ⊗ 🛋 ⅃ 🗔 📶 🗗 ⊡ ⅃ 🅰🅲 🚗 🅿 – 33 chambres – 16 suites

23 route de Fougère – ℰ 02 54 44 20 20 – www.sources-cheverny.com

⊛ **L'Auberge** – Voir la sélection des restaurants

CHILLEURS-AUX-BOIS

✉ 45170 – Loiret – Carte régionale n° **8**-C2 – Carte Michelin 318-J3

LE LANCELOT

MODERNE · COSY ✕✕ Au centre du village, cette accueillante maison fleurie avec jardin et terrasse est un véritable havre de tranquillité ! Cadre cosy et cuisine naviguant entre tradition et modernité (notamment le Pithiviers fondant, crème brûlée au rhum, glace pistache), sans oublier le gibier de Sologne en saison.

🛋 🍽 ⅃ 🅰🅲 ⇔ – Menu 19 € (déjeuner), 34/78 € – Carte 34/70 €

12 rue des Déportés – ℰ 02 38 32 91 15 – www.restaurantlelancelot.com –
Fermé 22 février-8 mars, 2-26 août, lundi, mardi, mercredi soir, dimanche soir

CHINON

✉ 37500 – Indre-et-Loire – Carte régionale n° **8**-A3 – Carte Michelin 317-K6

LES ANNÉES 30

MODERNE · ROMANTIQUE ✕✕ Ne vous fiez pas au nom de cet établissement ! Ici, point d'esprit années 1930 mais un décor chaleureux : tuffeau, poutres et même une cheminée... Les gourmands y apprécient une appétissante cuisine centrée sur les produits frais. Terrasse pour les beaux jours.

🍽 – Menu 29/50 € – Carte 40/50 €

78 rue Haute-St-Maurice – ℰ 02 47 93 37 18 – www.lesannees30.com –
Fermé 18 juin-9 juillet, 12-28 novembre, mardi, mercredi

AU CHAPEAU ROUGE

TRADITIONNELLE · CLASSIQUE ✕✕ Chapeau Rouge, comme celui que portaient les cochers des messageries royales. Le château de Chinon est, en effet, tout proche de ce restaurant devant lequel murmure une fontaine. On y déguste une belle cuisine fidèle aux saisons, avec des produits du terroir triés sur le volet. Menu truffe en hiver.

🍽 ⅃ 🅰🅲 – Menu 29/46 €

49 place du Général-de-Gaulle – ℰ 02 47 98 08 08 – www.auchapeaurouge.fr –
Fermé lundi, mardi midi, dimanche soir

L'OCÉANIC

POISSONS ET FRUITS DE MER · CONTEMPORAIN ✕✕ Le vent de l'Océan souffle jusqu'à Chinon ! Comme l'enseigne l'indique, les produits de la mer sont ici à l'honneur. En cuisine, le chef prépare des poissons très frais, y ajoutant un zeste d'originalité. En saison, les menus homard, et Saint-Jacques, sont les spécialités maison.

🍽 ⅃ 🅰🅲 – Menu 29/55 € – Carte 40/68 €

13 rue Rabelais – ℰ 02 47 93 44 55 – www.loceanic-chinon.com – Fermé 15-28 mars,
30 août-5 septembre, 1ᵉʳ-10 janvier, lundi, dimanche

CHISSEAUX

✉ 37150 – Indre-et-Loire – Carte régionale n° **8**-A1 – Carte Michelin 317-P5

○ AUBERGE DU CHEVAL ROUGE

TRADITIONNELLE · **CLASSIQUE** XX Noble nom que celui de cette auberge située sur la route des châteaux de la Loire. La cuisine est occupée par un chef au beau parcours, qui signe des recettes appétissantes : terrine de pied de porc au foie gras, bouillon crémeux de homard et langoustines... sans oublier des desserts très soignés – cela n'a rien d'un hasard, il est pâtissier de formation !

🏠 ✿ – Menu 40/54€ – Carte 47/63€

30 rue Nationale – ✆ 02 47 23 86 67 – www.auberge-duchevalrouge.com –
Fermé 22 février-7 mars, lundi, mardi, mercredi, jeudi midi

CONTRES

✉ 41700 – Loir-et-Cher – Carte régionale n° **8**-A1 – Carte Michelin 318-F7

⊛ LA BOTTE D'ASPERGES

MODERNE · **CONTEMPORAIN** X Avec son joli nom à vous donner des envies de printemps, ce restaurant joue la carte d'une cuisine savoureuse. Derrière cette bonne nouvelle pour nos papilles, un couple du métier et un chef au parcours solide. Côté cadre, c'est confortable, dans un esprit bistrot contemporain. Une adresse agréable.

Spécialités : Magret de canard en mille et une feuilles, gelée de porto. Râble de lapin, cresson des fontaines et haricots azuki. Pressé de pomme granny smith, sacristain et ganache fudge.

🅰🅲 – Menu 34/68€

52 rue Pierre-Henri-Mauger – ✆ 02 54 79 50 49 – www.labottedasperges.com –
Fermé lundi

LA FERTÉ-BEAUHARNAIS

✉ 41210 – Loir-et-Cher – Carte régionale n° **8**-C2 – Carte Michelin 318-I6

○ AUBERGE LE BEAUHARNAIS

TRADITIONNELLE · **AUBERGE** X Dans un petit bourg de Sologne, cette auberge est tenue en famille : père et fils composent une cuisine fidèle à ses racines, mais tournée vers la modernité. Côté produits, ils privilégient les livraisons de petits fournisseurs (légumes, poissons de la Loire) et le gibier en saison (faisan, colvert, lièvre) : avis aux amateurs !

♿ 🅰🅲 – Menu 30/54€ – Carte 38/52€

18 rue Napoléon-III – ✆ 02 54 83 64 36 – www.aubergelebeauharnais-restaurant-41.fr –
Fermé mardi, mercredi

LA FERTÉ-ST-CYR

✉ 41220 – Loir-et-Cher – Carte régionale n° **8**-C2 – Carte Michelin 318-H6

○ LA DILIGENCE

MODERNE · **AUBERGE** XX Cet ancien relais de poste joliment restauré propose de goûteuses préparations, mettant en valeur le terroir local, et dispose de chambres confortables et d'une piscine d'été appréciée. L'accueil est particulièrement charmant. Une adresse aussi sympathique que coquette.

🛏 🏠 ♿ – Menu 24€ (déjeuner), 47/55€

13 rue du Bourg – ✆ 02 54 87 90 14 – www.hotel-la-diligence.com –
Fermé 20 décembre-4 janvier, 15 février-7 mars, lundi, mercredi midi, dimanche soir

FONDETTES

✉ 37230 – Indre-et-Loire – Carte régionale n° **8**-B2

⟨⟩ L'OPIDOM ⓝ

Chef: Jérôme Roy

CRÉATIVE · CONTEMPORAIN ✗✗ De l'ambition, le chef Jérôme Roy n'en a jamais manqué comme l'atteste son beau parcours (Gagnaire et Troisgros notamment et une étoile gagnée au Couvent des Minimes à Mane-en-Provence par le passé). Né à Loches, il est de retour sur ses terres d'origine, épaulé en salle par son épouse. Dans un cadre contemporain, on découvre avec plaisir sa cuisine actuelle et créative, rythmée par les saisons, et qui s'appuie sur une sélection rigoureuse de très beaux produits : lamelles de foie gras, silure fumé et dentelles de pain mendiant ; longe de veau, jus de rôti et condiment marin ; biscuit léger au chocolat, crème glacée à la menthe et nage de cerises au thé earl grey.

Spécialités : Lamelles de foie gras, silure fumé, concombre saumuré et dentelles de pain mendiant. Pêche du jour, beurre aux épices douces, pomme de terre et voile de persil. Nage de fraises, meringue et pâte d'amande à l'estragon.

& ᴀᴄ ⟷ 🅿 – Menu 34/67 €

4 quai de la Guignière – ☎ 02 47 35 81 63 – www.lopidom.fr – Fermé 1ᵉʳ-7 janvier, 15 août-5 septembre, lundi, dimanche

⟨⟩ AUBERGE DE PORT VALLIÈRES

TRADITIONNELLE · CONTEMPORAIN ✗✗ À la sortie de Tours, voici une halte toute trouvée ! Une savoureuse cuisine d'inspiration tourangelle vous attend dans ce restaurant élégant et chaleureux, dont le chef affectionne les beaux produits : civet de homard, ris de veau braisé, tarte fine aux pommes... Service attentionné et belle carte des vins.

Spécialités : Fraîcheur de tourteau aux petits pois. Râble de lapereau farci et artichaut. Pavlova aux fraises et aux figues.

⟨⟩ � ᴀᴄ ⟷ – Menu 24 € (déjeuner), 34/72 € – Carte 40/75 €

195 quai des Bateliers – ☎ 02 47 42 24 04 – www.auberge-de-port-vallieres.fr – Fermé 22-28 février, 23 août-7 septembre, lundi, dimanche soir

GIEN

✉ 45500 – Loiret – Carte régionale n° **8**-C2 – Carte Michelin 318-M5

⟨⟩ CÔTÉ JARDIN

Chef: Arnaud Billard

CRÉATIVE · CONTEMPORAIN ✗✗ Sur la rive gauche de la Loire et sur la route de Bourges, la brise vient autant du grand fleuve que des bons produits sélectionnés avec soin ! La carte est orientée poisson – le chef Arnaud Billard s'approvisionne deux fois par semaine chez un mareyeur de Normandie : saint-pierre, merlu, crevettes sauvages, et tant d'autres. Côté... jardin, le fournisseur est un maraîcher local qui cultive plus de 300 variétés. Aux fourneaux, ce natif de Maubeuge signe une savoureuse cuisine du marché, tout en subtiles associations d'ingrédients, à l'image de ce turbot sauvage aux épinards, petit épeautre et jus herbacé. Une partition d'une grande finesse, tant d'un point de vue visuel que gustatif.

Spécialités : Cuisine du marché.

ᴀᴄ – Menu 48/85 €

14 route de Bourges – ☎ 02 38 38 24 67 – Fermé lundi, mardi, mercredi midi, dimanche soir

ⓘ◯ LE P'TIT BOUCHON

TRADITIONNELLE · CONVIVIAL ✗ Un vrai repaire bistronomique que cette petite adresse située entre le cœur de ville et la faïencerie de Gien ! La tradition est quelque peu revisitée autour d'un court menu rythmé par les saisons, mais le croustillant de canard confit avec sa sauce au coteaux-du-layon et le moelleux au chocolat font partie des incontournables. On ne boude pas son plaisir.

Menu 28/33 €

66 rue Bernard-Palissy – ☎ 02 38 67 84 40 – www.ptitbouchon.fr – Fermé 22 février-2 mars, 3-11 mai, 16 août-7 septembre, lundi, dimanche

L'ÎLE BOUCHARD

✉ 37220 – Indre-et-Loire – Carte régionale n° **8**–A3 – Carte Michelin 317-L6

AUBERGE DE L'ÎLE

MODERNE · COSY XX Dans ce restaurant cossu, le chef Pierre Koniecko signe une cuisine soignée, juste et précise. Les produits de qualité, joliment mis en valeur, se dégustent dans un cadre contemporain, ou à l'été, sur la terrasse en teck.

Spécialités: Fricassée de ris d'agneau, foie de veau et rognons de lapin. Suprême de pigeonneau, patates douces aux dattes et aux noix. Vacherin aux agrumes, kumquats confits et sorbet pamplemousse.

🛋 ⚙ 🔄 **P** – Menu 34/56€

3 place Bouchard – ℰ 02 47 58 51 07 – www.aubergedelile.fr –
Fermé 14-22 septembre, 16-24 novembre, 4 janvier-10 février, mardi, mercredi

INGRANDES-DE-TOURAINE

✉ 37140 – Indre-et-Loire – Carte régionale n° **8**–A2 – Carte Michelin 317-K5

VINCENT CUISINIER DE CAMPAGNE

TRADITIONNELLE · **MAISON DE CAMPAGNE** X Cette jolie maison de vigneron est rythmée par un attachant couple belge : Vincent, le chef, et son épouse Olivia, qui assure un accueil charmant. La cuisine est simple et sincère, 100% locavore (volailles et canards élevés par Gabriel, le fils, légumes du potager maison, fruits de maraîchers locaux, miel d'apiculteurs du coin...). Il n'y a que 16 places : pensez à réserver.

L'engagement du chef: "« Menu zéro kilomètres » : nous sommes producteurs de volailles et maraîchers, et les vignerons du village nous fournissent le vin. Les animaux élevés chez nous sont valorisés au maximum et nous limitons nos déchets au strict minimum. Nous avons à cœur de mettre en avant l'agriculture locale."

🏵 🍴 🛋 **P** – Menu 20€ (déjeuner), 29/48€

19 rue de la Galottière – ℰ 02 47 96 17 21 –
www.vincentcuisinierdecampagne.blogspot.com – Fermé 6-13 janvier, dimanche soir

ISSOUDUN

✉ 36100 – Indre – Carte régionale n° **8**–C3 – Carte Michelin 323-H5

LA COGNETTE

CLASSIQUE · **BOURGEOIS** XX Dans cette maison familiale à la gloire de Balzac (l'auteur l'évoque avec enthousiasme dans le roman *La Rabouilleuse*), la carte oscille entre tradition et modernité, avec aussi un menu régional. Quelques chambres confortables pour l'étape.

🏵 🔙 🛋 ⚙ 🅰️ 🔄 – Menu 25/75€

Boulevard Stalingrad – ℰ 02 54 03 59 59 – www.la-cognette.com –
Fermé 4-23 janvier, lundi, mardi midi, dimanche soir

LANGEAIS

✉ 37130 – Indre-et-Loire – Carte régionale n° **8**–A2 – Carte Michelin 317-L5

AU COIN DES HALLES

MODERNE · COSY X Dans la rue qui mène au château de Langeais, arrêtez-vous dans cette jolie maison en tuffeau. Le décor est agréable et la cuisine, inventive et boostée par les produits du terroir, fait mouche ! Aux beaux jours, on profite de l'agréable terrasse. Accueil charmant en prime.

Spécialités: Risotto crémeux au cresson et escargots en persillade. Lotte bretonne, ratatouille et crème de homard. Biscuit moelleux au chocolat, thé matcha et cassis.

🛋 – Menu 34/70€

9 rue Gambetta – ℰ 02 47 96 37 25 – www.aucoindeshalles.com –
Fermé 17 janvier-19 février, mercredi, jeudi, dimanche soir

LOCHES

✉ 37600 – Indre-et-Loire – Carte régionale n° **8**–B3 – Carte Michelin 317-O6

⍩○ **ARBORE & SENS** ⓝ

MODERNE · COSY XX Cette auberge a été reprise par un jeune chef originaire de la région, Clément Dumont. Il signe une cuisine réjouissante autour du terroir local (une partie des légumes sont produits sur le potager de son grand-père, tout comme le miel), tandis qu'Océane, sa compagne, assure un accueil charmant. Agréable terrasse à l'ombre de la glycine.

🛖 ⇄ – Menu 25€ (déjeuner), 43/57€ – Carte 50/60€

*22 rue Balzac – ☏ 09 67 15 00 50 – www.restaurant-arbore-et-sens.fr –
Fermé lundi, mardi midi, dimanche soir*

LE LOUROUX

✉ 37240 – Indre-et-Loire – Carte régionale n° **8**–B3 – Carte Michelin 317-N6

⍩○ **LA TABLE DU PRIEURÉ** ⓝ

MODERNE · CONVIVIAL X Un jeune chef sarthois, Pierre Drouineau, a repris cette table installée à l'entrée d'un beau prieuré fortifié. Le cadre est charmant et la cuisine aussi, des plats de saison à tarifs sages, plus ambitieux le soir et le week-end, privilégiant les produits du terroir : lentilles de Touraine, épeautre de Manthelan, fraises de Chouzé-sur-Loire...

🛖 ♿ 🅿 – Menu 17€ (déjeuner), 27/47€

*2 rue du Château – ☏ 02 47 19 26 75 – www.latableduprieure.fr –
Fermé lundi, mardi soir, mercredi soir, dimanche soir*

LUYNES

✉ 37230 – Indre-et-Loire – Carte régionale n° **8**–B2 – Carte Michelin 317-M4

⍩○ **LE LOUIS 13**

MODERNE · CLASSIQUE XXX Que ce soit dans la salle élégante et raffinée (plafonds hauts, marbre blanc au sol, cheminée d'époque), ou sur la terrasse surplombant le parc, on se régale des créations goûteuses du chef, Régis Guilpain. Avis aux amateurs : dégustations œnologiques dans la cave creusée dans le tuffeau, superbement rénovée.

🛏 🛖 ⇄ 🅿 – Menu 35€ (déjeuner), 55/82€ – Carte 61/77€

*Château de Beauvois, Route de Beauvois – ☏ 02 47 55 50 11 – www.beauvois.com –
Fermé lundi, mardi*

⍩○ **LE XII DE LUYNES**

MODERNE · CONTEMPORAIN X Outre sa terrasse à flanc de coteau, cet ancien relais de poste mêle le cachet rustique des lieux à une décoration plus contemporaine, sans parler de la petite salle troglodytique. Quant à la cuisine, elle se révèle originale et joliment ficelée. Quelques chambres coquettes pour prolonger l'étape.

🛏 🛖 🅺 ⇄ – Menu 34/49€ – Carte 56/59€

*12 rue de la République – ☏ 02 47 26 07 41 – www.le-douze.com –
Fermé lundi, mardi midi, dimanche soir*

🏰 **CHÂTEAU DE BEAUVOIS**

DEMEURE HISTORIQUE · CLASSIQUE Un château du 15e s., installé au cœur d'un parc arboré avec un étang. Les chambres et leurs belles tentures murales confirment une impression d'élégant classicisme, tout comme le restaurant.

🏞 🐾 ⇆ 🛏 ⚒ 🅟 🅿 🍴 – 35 chambres

Route de Beauvois – ☏ 02 47 55 50 11 – www.beauvois.com
⍩○ **Le Louis 13** – Voir la sélection des restaurants

MÉNESTREAU-EN-VILLETTE

✉ 45240 – Loiret – Carte régionale n° **8**–C2 – Carte Michelin 318-J5

ⅰ○ LE RELAIS DE SOLOGNE

MODERNE · CONTEMPORAIN ✕✕ Au cœur d'un charmant petit village solognot, cette auberge du 19e s. mélange avec bonheur des notes contemporaines à une âme rustique d'antan. La cuisine du Chef Didier Hurtebize navigue elle aussi entre des recettes traditionnelles et des préparations plus actuelles, sans oublier le gibier pendant la saison de chasse - Sologne oblige !

🍽 🅰🅲 – Menu 41/58 €

63 place du 8-Mai-1945 – ☏ 02 38 76 97 40 – www.le-relais-de-sologne.com – Fermé 1er-31 août, lundi, mardi soir, mercredi, dimanche soir

MONNAIE

✉ 37380 – Indre-et-Loire – Carte régionale n° **8**–B2 – Carte Michelin 317-N4

ⅰ○ L'ÉPICURIEN

MODERNE · CONVIVIAL ✕✕ Ce restaurant a la cote dans la région, et c'est amplement justifié : accès pratique, bon rapport qualité-prix, mais surtout cuisine solide, élaborée par un chef aussi sympathique qu'expérimenté.

🅰🅲 ✧ – Menu 21 € (déjeuner), 28/43 € – Carte 44/57 €

53 rue Nationale – ☏ 02 47 56 10 34 – www.restaurant-lepicurien.com – Fermé lundi, jeudi soir, dimanche soir

MONTARGIS

✉ 45200 – Loiret – Carte régionale n° **8**–D2 – Carte Michelin 318-N4

ⅰ○ LA GLOIRE

MODERNE · ÉLÉGANT ✕✕✕ Une vénérable institution de Montargis, postée au bord de la N7. Depuis plusieurs générations, on revisite la tradition gastronomique avec une générosité certaine ; ne manquez pas l'imposant chariot de desserts. Quelques chambres pour l'étape.

🏖 ⇦ ♿ 🅰🅲 – Menu 28 € (déjeuner), 47/78 € – Carte 61/105 €

74 avenue du Général-de-Gaulle – ☏ 02 38 85 04 69 – www.lagloire-montargis.com – Fermé 15 février-15 mars, 16-31 août, mardi, mercredi

MONTBAZON

✉ 37250 – Indre-et-Loire – Carte régionale n° **8**–B2 – Carte Michelin 317-N5

⁑ L'ÉVIDENCE

Chef: Gaëtan Evrard

CRÉATIVE · CONTEMPORAIN ✕✕ Quitter la ville de Tours pour s'installer à la "campagne" dans cette maison ancienne en bordure d'une petite place ? Une "évidence" pour Gaétan Évrard, tellement attaché à son terroir tourangeau. Légumes et viandes de la région, poissons en direct de Bretagne : le produit est ici à la fête, sublimé par la cuisine du marché d'un chef qui ne manque pas d'audace - à l'image de ce beau pavé de cabillaud du Guilvinec nappé d'une succulente sauce au safran de Sainte-Maure-de-Touraine, ou de ce nougat de Tours réinterprété avec brio. En accompagnement, on pioche dans une belle carte de vins de la Loire, et le tout se déguste dans un décor épuré, en parfaite harmonie avec les créations du chef.

Spécialités : Cuisine du marché.

🏖 🅰🅲 ✧ – Menu 39 € (déjeuner), 59/108 €

1 place des Marronniers – ☏ 02 47 26 00 67 – www.restaurant-levidence.com – Fermé lundi, mercredi soir, dimanche

🍽️ **DOMAINE DE LA TORTINIÈRE**

MODERNE · ÉLÉGANT ✕✕ Dans l'ancienne orangerie du château, dont la terrasse donne sur la vallée de l'Indre et le parc aux arbres centenaires, on profite d'une cuisine actuelle et soignée rythmée par les saisons. De la justesse dans l'assiette, un cadre enchanteur : que demander de mieux ?

🍸 🏡 🅰️ ⇔ 🅿️ – Menu 39/71€ – Carte 59/71€

10 route de Ballan – ℰ 02 47 34 35 00 – www.tortiniere.com –
Fermé 20 décembre-5 février

🏠 **DOMAINE DE LA TORTINIÈRE**

DEMEURE HISTORIQUE · ÉLÉGANT Ce château du Second Empire se dresse au cœur d'un parc dominant l'Indre. Les chambres ont beaucoup de charme, certaines dans un style contemporain, et offrent une magnifique vue sur la vallée. Et aux beaux jours vous attend une agréable piscine.

🏛️ 🏊 ⬅ 🍸 🍹 ⚑ 🅰️ 🅰️ 🅿️ – 27 chambres – 5 suites

10 route de Ballan – ℰ 02 47 34 35 00 – www.tortiniere.com

🍽️ **Domaine de la Tortinière** – Voir la sélection des restaurants

MONTLIVAULT

✉️ 41350 – Loir-et-Cher – Carte régionale n° **8**–B2 – Carte Michelin 318-F6

❀❀ **LA MAISON D'À CÔTÉ**

Chef: Christophe Hay

MODERNE · CONTEMPORAIN ✕✕ Dans la vallée de la Loire, entre Blois et Chambord, cette Maison d'à Côté ne manque ni de charme, ni de goût. Le chef Christophe Hay a créé les conditions d'une expérience unique. Tout y séduit : l'accueil chaleureux – l'équipe de cuisine n'hésite pas à venir en salle présenter les plats –, mais aussi et surtout ces assiettes nettes et précises, au plus près du terroir : produits du potager du chef, poissons de la Loire, cerfs et sangliers du domaine de Chambord… On y déguste du bœuf wagyu (élevage du chef en Loire-Atlantique), du caviar de Sologne et de la truffe noire de Mont-près-Chambord… Produits dans l'excellence de leur maturité, jusqu'à la touche sucrée, qui ne vient pas rompre l'équilibre harmonieux du repas ; ainsi ce soufflé à la liqueur de Chambord, framboise et poivre Timut. Une indéniable réussite.

Spécialités : Caviar de Sologne, carotte, noisette et cerfeuil. Carpe "à la Chambord", truffe, écrevisse et sauce au vin de Cheverny. Soufflé chaud de saison.

❀ *L'engagement du chef:* *"Le respect de l'environnement, mais aussi celui de nos convives et de nos équipes est au cœur de notre approche. Qu'il s'agisse d'une pêche dans le plus grand respect des espèces sur la Loire, de la culture de nos propres légumes en permaculture ou encore de la gestion des déchets et de l'énergie du restaurant, c'est un travail à 360° qui s'inscrit dans le développement d'une économie locale que nous nous attachons à mener quotidiennement."*

🅰️ ⇔ ⚑ 🅰️ – Menu 88/178€

17 rue de Chambord – ℰ 02 54 20 62 30 – www.lamaisondacote.fr –
Fermé 23 février-17 mars, mardi, mercredi

🍴 **Côté Bistro** – Voir la sélection des restaurants

🍴 **CÔTÉ BISTRO**

TRADITIONNELLE · BISTRO ✕ La carte de ce bistrot, composée par Christophe Hay – dont la table gastronomique se situe quelques numéros plus loin –, est mise en application par son ancien second. Cette complicité se ressent dans la cuisine, qui met en valeur les bons producteurs du terroir ligérien et fait la part belle à la tradition, réinterprétée sans chichis ni superflu.

Spécialités : Jambon de porc gascon, œuf cocotte, haricots verts et persil. Mousse de poisson de Loire, carotte, brocoli et graines de lin. Crème brûlée à la tagète, sacristain au sucre muscovado.

⚑ 🅰️ – Menu 34/44€

La Maison d'à Côté, 25 rue de Chambord – ℰ 02 54 33 53 06 –
www.lamaisondacote.fr/cote-bistro – Fermé 2-25 janvier, 23-29 mars, lundi, dimanche soir

MONTLOUIS-SUR-LOIRE

✉ 37270 – Indre-et-Loire – Carte régionale n° **8**–B2 – Carte Michelin 317-N4

🍽️○ **LE BERLOT** ⑩

MODERNE · **BISTRO** 🍴 Quel plaisir de retrouver ce couple d'épicuriens ! Hervé et Patricia Chardonneau ont quitté leur Casse-Cailloux de Tours pour s'installer sur les hauteurs de ce village vigneron. Hervé propose une cuisine bistronomique qui puise son inspiration dans les saisons et les arrivages. Jolie carte des vins orientée bio et nature. Bar à vins indépendant.

🍷 🌿 ♿ 🈷 – Menu 32 €

2 place François Mitterrand – ℰ 02 47 56 30 21 –
Fermé 28 décembre-4 janvier, lundi, mardi

🍽️○ **LA CAVE**

MODERNE · **RUSTIQUE** 🍴 À la recherche d'un lieu atypique ? Ce restaurant tro-glodytique, sur les rives de la Loire, est tout indiqué ! En cuisine, le chef signe une cuisine dans l'air du temps qui valorise joliment le terroir. Ses plats sont généreux et goûteux à souhait. Vins du domaine ; ambiance chaleureuse.

🌿 ♻️ 🅿️ – Menu 33/47 € – Carte 44/60 €

69 quai Albert-Baillet – ℰ 02 47 45 05 05 – www.restaurant-la-cave.com –
Fermé mardi, mercredi, dimanche soir

MUIDES-SUR-LOIRE

✉ 41500 – Loir-et-Cher – Carte régionale n° **8**–B2 – Carte Michelin 318-G5

🍽️○ **AUBERGE DU BON TERROIR**

TRADITIONNELLE · **RUSTIQUE** 🍴 Dans cette auberge de village, la patronne – une véritable passionnée de gastronomie ! – concocte une agréable cuisine traditionnelle, où les herbes du potager tiennent une bonne place. Son mari, maître-sommelier de son état, vous accueille tout sourire. Charmante terrasse à l'ombre des tilleuls.

🌿 🅿️ – Menu 36/49 €

20 rue du 8 Mai 1945 – ℰ 02 54 87 59 24 – www.auberge-bon-terroir.fr –
Fermé 12 novembre-8 décembre, 5-25 janvier, lundi, mardi, mercredi midi, jeudi
midi, dimanche soir

NEUILLÉ-LE-LIERRE

✉ 37380 – Indre-et-Loire – Carte régionale n° **8**–B2 – Carte Michelin 317-O3

🏡 **AUBERGE DE LA BRENNE**

TRADITIONNELLE · **CLASSIQUE** 🍴🍴 Lingot de foie gras de canard, magret fumé et compote de pommes, filet de bœuf poêlé, sauce au vin de Chinon, pâtisseries soignées (dont l'île flottante maison, un must) : la tradition et les bons produits ont trouvé leur repaire tourangeau. Accueil familial charmant. À 50 m du restau-rant, maison des années 1900 disposant de chambres confortables.

Spécialités : Sablé au romarin, œuf poché et gaspacho de courgette. Lièvre à la royale. Île flottante aux pralines.

🛏️ 🌿 ♿ 🅿️ – Menu 33/80 € – Carte 49/80 €

19 rue de la République – ℰ 02 47 52 95 05 – www.auberge-brenne.com –
Fermé mardi, mercredi, dimanche soir

OIZON

✉ 18700 – Cher – Carte régionale n° **8**–C2 – Carte Michelin 323-L2

🍽️○ **LES RIVES DE L'OIZENOTTE**

TRADITIONNELLE · **CONVIVIAL** 🍴🍴 Sur la terrasse avec vue sur l'étang, ou dans la salle joliment décorée sur le thème de la pêche, on déguste une bonne cuisine traditionnelle, qui met en valeur les produits de la région. De quoi laisser sa gour-mandise partir à la dérive...

🌿 ♿ 🅿️ – Menu 34/47 €

Étang de Nohant – ℰ 02 48 58 06 20 – www.lesrivesdeloizenotte.fr –
Fermé 28 juin-6 juillet, 30 août-8 septembre, 20 décembre-20 janvier, lundi, mardi,
mercredi, jeudi, dimanche soir

OLIVET

✉ 45160 – Loiret – Carte régionale n° **8**-C2 – Carte Michelin 318-I4

ⅡO **LE PAVILLON BLEU**

MODERNE · **ROMANTIQUE** XX Esprit guinguette pour cette bâtisse de 1903 des bords du Loiret, où il fait bon s'installer sur la terrasse aux beaux jours, à l'ombre de vieux platanes, quasiment "les pieds dans l'eau". Pour l'anecdote, la salle est aménagée dans un ancien hangar à bateaux. Côté assiettes, les techniques sont maîtrisées, les assaisonnements équilibrés : c'est savoureux.

⇦ 🛋 🅿 – Menu 29/39 € – Carte 72/116 €

315 rue de la Reine-Blanche –
☏ 02 38 66 14 30 – www.lepavillonbleu-restaurant.com –
Fermé lundi, dimanche soir

ONZAIN

✉ 41150 – Loir-et-Cher – Carte régionale n° **8**-A1 – Carte Michelin 318-E6

✿✿ **LES HAUTS DE LOIRE**

CLASSIQUE · **ÉLÉGANT** XxxX Dominique Pépin, second de Rémy Giraud pendant plus de trente ans et fidèle parmi les fidèles, est désormais le chef de ce pavillon de chasse du 19e s., installé entre Amboise et Blois. En artisan soigneux, il déploie une maîtrise technique de tous les instants, et s'appuie sur des produits de grande qualité – truffe de Touraine, caviar de Sologne, poissons de Loire – qu'il travaille avec application. Dans la droite ligne de son prédécesseur, il cuisine volontiers le gibier régional et les fruits et légumes du potager maison... avec, comme liant, des sauces remarquables. Les Hauts de Loire sont entre de bonnes mains.

Spécialités : Caviar de Sologne, blanc-manger de langoustine et plancton marin. Lieu jaune ikejime confit au beurre noisette, chou-rave et jus de poulet au verjus. Framboises farcies au cassis, sorbet citron au basilic.

⇦ 🛋 🅈 🅿 – Menu 85/165 € – Carte 120/165 €

79 rue Gilbert-Navard –
☏ 02 54 20 72 57 – www.hautsdeloire.com –
Fermé 19-28 décembre, lundi, mardi, mercredi, jeudi midi

⌘ **BISTROT DES HAUTS DE LOIRE**

TRADITIONNELLE · **BISTRO** X Dans les dépendances du domaine, une jolie bâtisse solognote avec sa charpente apparente et son parquet de chêne... Le décor est planté ! Sur la terrasse face au jardin potager, on se régale de petits plats bistrotiers (viande maturée, cuissons à la broche) et de créations plus imaginatives. Un régal.

Spécialités : Escargots, beurre d'aromates et noisettes grillées. Saucisse de carpe aux écrevisses et échalotes rôties. Médicis au sucre d'antan.

⇦ 🛋 ♿ 🅿 – Menu 33/38 € – Carte 42/57 €

Les Hauts de Loire, 79 rue Gilbert-Navard –
☏ 02 54 20 72 57 – www.hautsdeloire.com –
Fermé 19-28 décembre, jeudi soir

🏚 **LES HAUTS DE LOIRE**

LUXE · **ÉLÉGANT** Dans son parc forestier à mi-chemin entre Chenonceaux, Amboise et Blois, ce castel plus que centenaire (1860) exprime l'âme noble de la région. Objets anciens, imprimés chatoyants, beaux volumes, charpente apparente dans certaines chambres : le savoir-vivre à la ligérienne.

🌳 🏊 ⇦ ⌁ 🎮 🛁 ♿ 🅈 🛎 🅿 – 20 chambres – 11 suites

79 rue Gilbert-Navard –
☏ 02 54 20 72 57 – www.hautsdeloire.com

✿✿ **Les Hauts de Loire** · ⌘ **Bistrot des Hauts de Loire** – Voir la sélection des restaurants

ORLÉANS

0 — 1000 m

PARIS

CHARTRES, ÉTAMPES

PARIS, D 2020

ÉTAMPES, NEUVILLÉ-AUX-BOIS

A   B

Rte. d'Ormes

R. du Bourg

R. de Magnajan

MONTARAN

SARAN

Nationale 20

FLEURY-LES-AUBRAIS

SEMOY

Av. Louis Gallouédec

LES PORTES DU LOIRET

LES VALLEES

LES TOITS

LE GRAND ORME

R. du Bignon

R. Charles Beauhaire

Tangentielle

R. du 11 Octobre

R. du Fg Bannier

Av. des Droits de l'Homme

D 2060 / E 60

ORLÉANS LA FONTAINE

ST-JEAN DE BRAYE

ST-JEAN-DE-LA-RUELLE

R. Charles Beauhaire

R. Eugène Vignat

R. des Murlins

Av. de Paris

Av. Jean Zay

Bd. Marie Stuart

Av. d'Ambert

Av. du Capitaine Jean

Av. de la Paix

Av. Charles Péguy

01

R. du Fg Madeleine

R. Jean Jaurès

Cathédrale Ste-Croix

BASE DE LOISIRS DE L'ÎLE CHARLEMAGNE

LA-CHAPELLE-ST-MESMIN

Rte. d'Orléans

LOIRE

R. Gaston Deffie

ST MARCEAU

ST-JEAN- LE-BLANC

R. de la Cossonnière

R. Demay

R. de Saint-Denis

R. de Melleray

BLOIS, BEAUGENCY

ST-PRYVÉ-ST-MESMIN

A 71 / E 9

LOIRET

LA FONTAINE

R. du G al

Rte. d'Olivet

de Gaulle

Av. du Loiret

Rte. d'Olivet

Av. Roger Secrétain

PARC DES EXPOSITIONS

R. de la Cornaillère

R. Jean Moulin

R. de Verdun

CHAMBORD CLÉRY-ST-ANDRÉ

de la Vallée

R. de la Source

LES MONTÉES

OLIVET

R. Marcel Belot

Av. de la Source

Paullin Labarre

R. d'Ardon

Parc Floral

Av. du Parc Floral

R. Basse

d'Orléans

R. de l'Hôtel-Dieu

02

Rte.

Rte. Nationale Maison

Pl. d'Alembert

LA SOURCE

Av. Charles Guillemin

A 71 / E 9

Av. Buffon

R. de la Gare

Av. de Concyr

Rte. de Concyr

R. de la Planche

BOURGES, CLERMONT-FD

A   B

SALBRIS, ROMORANTIN, VIERZON

E   F

R. Charles d'Orléans
Bd Guy-Marie
R. de Riobé
Bel-Air
Bd
Marie
Stuart
R. du Poirier-Rond
R. Émile Zola
R. de la Claye
R. Eugène Vignat
de
Venelle
Château-Gaillard
R. du Fg Saint-Vincent
Venelle
Doublet
Av. Jean Zay
Pressoir Neuf
R. Émile Zola
R. Albert Laville
R. Pierre Chevallon
R. de la
Bleue
Av. Camille Claudel

Muséum

Marcel Proust
R. Pierre 1er de Serble
R. Ferdinand Buisson
du Champ Rond
R. de Gien
Venelle
R. de Bellebat
de
la
Vole
R. du Pressoir Neuf

PARC LOUIS PASTEUR

R. Eugène Vignat
R. Jules Lemaître
R. du Fg Saint-Vincent
Venelle de la Fosse Vilgrin
R. de la Java
R. de Bellebat
Venelle du Champ Saint-Marc
Pl. du Champ St-Marc

Alexandre
Alexandre Martin
Martin
Bd Pierre Segelle
R. de la Manufacture
R. du Brésil
Av. Jean Zay
Saint-Marc
R. Henri Lavedan

Huguenots
d'Alsace-Lorraine
Théophile Chollet
R. Fernand Rabier
R. des Bons Enfants
R. des Bouteilles
Bd Aristide Briand
Louise Weiss
R.
de
Cordiers
R.

Campo Santo

Commerie
Escures
R. Saint-Euverte
R. de Bourdon
Bd Aristide Briand
R. de l'Etelon
Bd de Bellebat
R. de

Hôtel Groslot
Musée des Beaux-Arts
R. Aignan-Thomas Desfriches
Pl. Ste-Croix
Cathédrale Ste-Croix
R. des Pensées
R. des Saint-Victor
R. du Dévidet
Sq. Ch. Péguy
R. de l'Abreuvoir
R. des Arènes

R. Saint-Eloi
Blanc
des Ormes
R. de la Coquille
R. Croix Péchée

v
de Bourgogne
h
R. des Quatre Fils Aymon
du Roi

du Poirier
Préfecture
R. des Africains
R. de Coligny
Cloître St-Aignan
Bd Saint-Euverte
Alleaume
Q. du

St-Pierre-le-Puellier
St-Aignan
du Fort

Pl. de la Loire
Châtelet
q
R. des Bouchers
R. des Tanneurs
Q.
du
Pont René Thinat

Q. des Augustins
Levée des Augustins
Levée
des
Capucins
R. du Coq Saint-Marceau
Place St-Charles

ORLÉANS

0   100 m

Av. Gaston Galloux

E   F

1

2

3

🍽️ **LA PARENTHÈSE**

MODERNE · CONVIVIAL X Porté par l'enthousiasme d'une équipe dynamique et accueillante, David Sterne, le chef, fait dans le classique et le fait bien : , déclinaison de foie gras de canard, paleron de veau braisé, sauce au vin jaune et morilles, paris-brest... C'est copieux et gourmand, et ça se déguste dans un décor joliment rénové.

🏡 ✧ – Menu 20 € (déjeuner)/33 €

Plan : D3-a – 26 place du Châtelet – ☎ 02 38 62 07 50 –
www.restaurant-la-parenthese.com – Fermé 24 juillet-16 août, samedi, dimanche

OUCQUES

✉ 41290 – Loir-et-Cher – Carte régionale n° **8**-B2 – Carte Michelin 318-E5

😊 **Ô EN COULEUR**

MODERNE · CONTEMPORAIN XX Elles enchantent, ces couleurs ! Le chef concocte des recettes bien ficelées avec de beaux produits, pour un résultat flatteur au palais et doux pour le porte-monnaie... Jolie salle au décor contemporain. Chambres confortables et colorées pour prolonger l'étape.

Spécialités : Œuf mollet aux légumes d'été, mouillette à l'anchois. Bœuf, pommes boulangères à la vanille. Petits pots de crème et leur madeleine.

↩ 🏡 ₺ 🅰🅺 🅿 – Menu 28/71 € – Carte 67/77 €

9 rue de Beaugency – ☎ 02 54 23 20 41 – www.o-en-couleur-oucques.com –
Fermé lundi, dimanche soir

OUSSON-SUR-LOIRE

✉ 45250 – Loiret – Carte régionale n° **8**-D2 – Carte Michelin 318-N6

🍽️ **LE CLOS DU VIGNERON**

TRADITIONNELLE · CLASSIQUE XX Les vignes des coteaux du Giennois jouxtent le Clos du vigneron. On apprécie ici une cuisine sincère, de saison et de fraîcheur, faisant la part belle au poisson : le chef travaille comme un véritable artisan, amoureux de son métier. Chambres pratiques pour l'étape.

↩ 🏡 ✧ 🅿 – Menu 23 € (déjeuner), 36/45 € – Carte 30/55 €

18 route Nationale 7 – ☎ 02 38 31 43 11 – www.hotel-clos-du-vigneron.com –
Fermé 7-17 mars, 29 août-9 septembre, lundi, mardi, dimanche soir

PARÇAY-MESLAY

✉ 37210 – Indre-et-Loire – Carte régionale n° **8**-B2

😊 **L'ARCHE DE MESLAY**

MODERNE · CONTEMPORAIN XX On oublie très vite le quartier (une zone d'activités) pour se concentrer sur la cuisine fine et fraîche, véritablement pleine de saveurs... À l'image de la spécialité du chef breton : la bouillabaisse à la tourangelle – rouget, rascasse, rillons et andouillette !

Spécialités : Langoustines en croustillant de cheveux d'ange. Bouillabaisse à la tourangelle. Craquant de tuiles aux amandes et au beurre salé.

🏡 ₺ 🅰🅺 🅿 – Menu 25 € (déjeuner), 33/65 € – Carte 50/70 €

14 rue des Ailes – ☎ 02 47 29 00 07 – www.larchedemeslay.fr –
Fermé lundi, dimanche

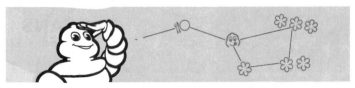

LE PETIT-PRESSIGNY

✉ 37350 – Indre-et-Loire – Carte régionale n° **8**–B3 – Carte Michelin 317-O7

✿ LA PROMENADE

Chefs : Fabrice et Jacky Dallais

MODERNE · ÉLÉGANT XxX C'est une "promenade", certes, mais aussi une véritable aubaine que cette auberge de famille en pleine campagne ! Derrière les fourneaux, Jacky le père et Fabrice le fils jouent, à quatre mains, une partition aux notes actuelles, à la fois savoureuse et festive, fortement enracinée dans le terroir local. Poulette et pigeon de Racan, géline de Touraine, gibier en saison, légumes de maraîchers bio, brochet et produits nobles de l'Océan : que du bon, y compris les nombreux abats qu'on n'hésite pas ici à mettre régulièrement à la carte ! À déguster dans un cadre contemporain de belle facture. Une des meilleures tables de la région et l'une des meilleures cartes de vins en France, tant dans son choix que dans la douceur des tarifs.

Spécialités : Tourteau, crème de petits pois, pince au beurre de thym, crémeux de corail et sa gelée. Lièvre à la royale du sénateur Couteaux, conchiglioni au foie gras. Profiterole en négatif au cacao amer.

舘 & 🎟 – Menu 53/102 €

11 rue du Savoureulx – ✆ 02 47 94 93 52 – www.restaurantdallaislapromenade.com – Fermé 3 janvier-5 février, 20 septembre-8 octobre, lundi, mardi, dimanche soir

PLAIMPIED-GIVAUDINS

✉ 18340 – Cher – Carte régionale n° **8**–C3 – Carte Michelin 323-K5

☺ AUX MARAIS

MODERNE · AUBERGE X Une cuisine réalisée à quatre mains... à Plaimpied ! Formés dans de belles maisons, Amandine et Stéphane Pasquier signent une carte fraîche et plutôt audacieuse, renouvelée au rythme des saisons : saumon fumé maison, crème à l'ail noir et blinis à la farine de lentilles du Berry ; poitrine de porc laquée cuite basse température, haricots coco au chorizo et graines de lin... À déguster au coin du feu en hiver, et sur la terrasse fleurie pendant les beaux jours.

Spécialités : Cuisine du marché.

🎴 & ✿ 🅿 – Menu 31 €

12 rue des Marais – ✆ 02 48 25 54 45 – www.restaurantauxmarais.fr – Fermé lundi, mercredi, dimanche soir

REUILLY

✉ 36260 – Indre – Carte régionale n° **8**–C3 – Carte Michelin 323-I4

⫶◯ LES 3 CÉPAGES

MODERNE · CONTEMPORAIN XX En plein cœur du Berry, au centre du célèbre village viticole de Reuilly, cet ancien hôtel à la façade blanche a trouvé un second souffle sous la houlette d'un couple japonais passionné de cuisine française. On réalise ici une cuisine fine, savoureuse et bien maîtrisée, à partir de produits de belle qualité.

舘 ⇦ 🎴 & 🅿 – Menu 48/88 €

17 rue de la Gare – ✆ 02 54 03 23 13 – www.les-3-cepages.com – Fermé lundi, mardi, dimanche soir

ROCHECORBON

✉ 37210 – Indre-et-Loire – Carte régionale n° **8**–B2 – Carte Michelin 317-N4

✿ LES HAUTES ROCHES

CLASSIQUE · ÉLÉGANT XxX Dominant la Loire, ce beau manoir du 18e s. fait corps avec la falaise de tuffeau, creusée de belles chambres troglodytiques. On y trouve le chef Didier Edon, Breton d'origine et Tourangeau de cœur. Un métier solide, de l'expérience : voilà les armes de notre maître-queux pour signer une belle cuisine de tradition. La carte, dominée par les produits de la mer, comporte des incontournables comme le turbot sauce béarnaise, les langoustines rôties, asperges blanches et morilles, ou encore le soufflé à la liqueur d'orange de Grand Marnier. Autre incontournable, la terrasse au-dessus du fleuve...

CENTRE - VAL-DE-LOIRE

Spécialités : Fricassée d'encornets farcis au lard fumé et au Sainte-Maure-de-Touraine, sorbet et chutney de betterave. Turbot cuit sur le gril, sauce béarnaise retour des Indes. Tarte fine aux pommes caramélisées au fer, glace à la vanille.

⊕ ⇐ ⇔ 🕁 ⊡ **P** – Menu 68/130 € – Carte 85/100 €

86 quai de la Loire – ℰ 02 47 52 88 88 – www.leshautesroches.com –
Fermé 15 février-27 mars, lundi, dimanche

🏚 LES HAUTES ROCHES

DEMEURE HISTORIQUE · ÉLÉGANT Installé dans un ancien monastère en partie troglodyte, face à la Loire, cet hôtel creusé dans le tuffeau a du caractère ! Seules les fenêtres percées dans la falaise indiquent la présence de chambres. Une adresse insolite pour une expérience inédite.

↝ ⇐ ⇔ 🕁 ⊡ ♨ **P** – 14 chambres

86 quai de la Loire – ℰ 02 47 52 88 88 – www.leshautesroches.com
🌢 **Les Hautes Roches** – Voir la sélection des restaurants

ROMORANTIN-LANTHENAY

✉ 41200 – Loir-et-Cher – Carte régionale n° **8**-C2 – Carte Michelin 318-H7

🌢 GRAND HÔTEL DU LION D'OR

Chef : Didier Clément

MODERNE · ÉLÉGANT 🕱🕱🕱 Maison emblématique de la gastronomie en Sologne, le Grand Hôtel du Lion d'Or doit sa réputation à un couple de professionnels passionnés, Marie-Christine et Didier Clément. Véritable théoricien de son terroir, le chef a passé sa carrière à en révéler les épices et herbes oubliées : graine de paradis, rocambole, angélique et thym de bergère, mais aussi légumes comme le panais ou la pomme de terre vitelotte. Chez lui, expérience et curiosité vont de pair ; il régale dans une veine classique, sans afféterie, avec en particulier de succulents jus et sauces. Un régal, d'un bout à l'autre du repas.

Spécialités : Caviar de Sologne en gelée de bouillon dashi. Pigeon farci façon babylonienne. Brioche caramélisée à l'angélique.

⊕ ⇔ ⊡ **P** – Menu 64 € (déjeuner), 110/150 € – Carte 130/170 €

69 rue Clemenceau – ℰ 02 54 94 15 15 – www.hotel-liondor.fr –
Fermé 15 février-26 mars, mardi, mercredi

🏚 GRAND HÔTEL DU LION D'OR

HISTORIQUE · CLASSIQUE Cette belle demeure Renaissance (avec des encadrements de pierre caractéristiques en façade) est un hôtel depuis 1774, et la récente rénovation a confirmé l'élégance du lieu : confort exquis, cour intérieure, espace...

↝ ⊡ ♿ Ⅲ **P** – 14 chambres – 2 suites

69 rue Clemenceau – ℰ 02 54 94 15 15 – www.hotel-liondor.fr
🌢 **Grand Hôtel du Lion d'Or** – Voir la sélection des restaurants

SACHÉ

✉ 37190 – Indre-et-Loire – Carte régionale n° **8**-B2

😊 AUBERGE DU XIIÈME SIÈCLE

MODERNE · AUBERGE 🕱🕱 Dans ce village où aimait venir Balzac, cette Auberge fait figure d'incontournable. C'est Kévin Gardien, chef trentenaire, qui en tient les rênes, épaulé par sa compagne Stéphanie Marques en salle. Les produits du terroir ligérien sont à l'honneur, travaillés dans des assiettes modernes et gourmandes, à des tarifs raisonnables : on aurait tort de se priver.

Spécialités : Langoustine, raviole de fenouil et bouillon au safran de Touraine. Brochet, courgette, mûres et sauge. Mini baba, abricot rôti au romarin et glace au lait d'amande.

⇔ – Menu 33/67 €

1 rue du Château – ℰ 02 47 26 88 77 – www.auberge12emesiecle.eatbu.com –
Fermé 2-19 janvier, 12-20 avril, lundi, mardi midi, dimanche soir

ST-AIGNAN

✉ 41110 – Loir-et-Cher – Carte régionale n° **8**-A2 – Carte Michelin 318-F8

○ LE MANGE-GRENOUILLE

TRADITIONNELLE · AUBERGE ✗ Un ancien relais de poste installé dans une ruelle à quelques encablures des rives du Cher, une agréable petite terrasse dans la cour, des salles à manger délicieusement rustiques – pierres apparentes, tomettes... mais surtout une cuisine ambitieuse appuyée sur de solides bases traditionnelles. Ne manquez pas les cuisses de grenouilles sautées en persillade !

🖾 & – Menu 19 € (déjeuner), 36/55 €

10 rue Paul-Boncour – ℰ 02 54 71 74 91 – www.lemangegrenouille.fr –
Fermé 27 juin-11 juillet, 27 septembre-17 octobre, lundi, samedi midi, dimanche soir

ST-BENOÎT-SUR-LOIRE

✉ 45730 – Loiret – Carte régionale n° **8**-C2 – Carte Michelin 318-K5

⊛ LE GRAND SAINT-BENOÎT

MODERNE · CLASSIQUE ✗✗ Une maison chaleureuse, avec une jolie terrasse, au cœur de ce village où repose le poète Max Jacob. Au menu, de délicieux petits plats joliment cuisinés, avec de subtils mariages de saveurs. De quoi trouver l'inspiration !

Spécialités : Œuf poché, girolles et noisettes. Dos de cabillaud, vinaigrette au pistou. Soufflé au Grand Marnier, sorbet orange.

🖾 & 🎬 ⇔ – Menu 35 € – Carte 46/50 €

7 place Saint-André – ℰ 02 38 35 11 92 – www.restaurant-grand-saint-benoit.com –
Fermé 16-31 août, 20-30 décembre, lundi, dimanche soir

ST-CYR-SUR-LOIRE

✉ 37540 – Indre-et-Loire – Carte régionale n° **8**-B2

Voir plan de Tours

○ L'ATELIER D'OLIVIER ARLOT

MODERNE · CONVIVIAL ✗ Installé par Olivier Arlot sur les quais de la Loire, ce bistrot joue la modernité sur les deux tableaux : dans le décor et dans l'assiette. L'exemple même d'une bistronomie futée, vivante, avec un renouvellement très régulier de la carte.

🖾 & 🎬 ⇔ – Menu 36/42 €

Plan : Tours A2-a *– 55 quai des Maisons-Blanches – ℰ 02 47 73 18 63 –*
Fermé 3-24 août, 24 décembre-2 janvier, lundi, dimanche

ST-GEORGES-SUR-CHER

✉ 41400 – Loir-et-Cher – Carte régionale n° **8**-A1 – Carte Michelin 318-D8

⊛ FLEUR DE SEL ⓝ

MODERNE · CONVIVIAL ✗ Au cœur d'un joli village de la vallée du Cher, tout près du château de Chenonceau, un bistrot contemporain et convivial régale ses convives. Dans l'assiette ? Une cuisine de saison et de fraîcheur, ciselée par un chef de talent, Mickaël Renard, formé dans les belles maisons. 2 menus-carte qui changent tous les 2 mois, et un menu du jour le midi en semaine.

Spécialités : Œuf parfait parmesan-cumin. Dos de cabillaud demi-sel à la crème de sarriette. Crème brûlée aux épices douces.

🖾 & – Menu 17 € (déjeuner), 24/33 €

15 place Pierre-Fidèle-Bretonneau – ℰ 02 54 93 32 26 – www.fleurdesel41.com –
Fermé lundi, mardi midi, dimanche soir

ST-OUEN-LES-VIGNES

✉ 37530 – Indre-et-Loire – Carte régionale n° **8**–A1

🍴○ L'AUBINIÈRE

MODERNE · CONTEMPORAIN XxX Une jolie salle à manger contemporaine et lumineuse s'ouvrant sur le parc arboré, une cuisine de saison qui ne triche pas sur la qualité des produits et une cave riche en vins régionaux : le restaurant de L'Aubinière a tout pour plaire. Et pour profiter pleinement des lieux, quelques chambres élégantes complétées d'un espace bien-être.

⅏ ⇦ ⬗ ⅋ 𝕂 ⇧ **P** – Menu 29 € (déjeuner), 39/65 € – Carte 45/70 €

29 rue Jules-Gautier – 𝒞 02 47 30 15 29 – www.aubiniere.com –
Fermé 3 janvier-12 février, lundi, mardi midi, mercredi midi, dimanche soir

ST-PATRICE

✉ 37130 – Indre-et-Loire – Carte régionale n° **8**–A2

🍴○ CHÂTEAU DE ROCHECOTTE

MODERNE · HISTORIQUE XxX Dans cet élégant château datant des Lumières, proche des vignobles de Bourgueil, la cuisine se décline dans un esprit gastronomique. De l'enfilade des magnifiques salons aux chambres intimes et raffinées, en passant par le superbe parc, le plaisir est total.

⇦ ⬗ ⅋ ⅋ **P** – Menu 28 € (déjeuner)/52 € – Carte 52/70 €

43 rue Dorothée-de-Dino – 𝒞 02 47 96 16 16 – www.chateau-de-rochecotte.fr –
Fermé 4-17 janvier, 22-28 février

ST-PIERRE-DE-JARDS

✉ 36260 – Indre – Carte régionale n° **8**–C3 – Carte Michelin 323-H4

🍴○ LES SAISONS GOURMANDES

TRADITIONNELLE · RUSTIQUE XX Avec ses poutres peintes en "bleu berrichon", l'endroit est éminemment sympathique et la gourmandise y est au rendez-vous, sous l'égide du chef qui puise son inspiration dans la tradition et les beaux produits... ainsi ce foie gras poché au Reuilly ou ce pigeon cuit au foin. Aux beaux jours, réservez une table en terrasse.

⅋ ⬗ 𝕂 – Menu 25 € (déjeuner), 30/50 € – Carte 28/57 €

Place des Tilleuls – 𝒞 02 54 49 37 67 – www.lessaisonsgourmandes.fr –
Fermé 4-14 janvier, 19-28 octobre, lundi, mardi soir, mercredi soir, dimanche soir

ST-RÈGLE

✉ 37530 – Indre-et-Loire – Carte régionale n° **8**–A1

🏠 CHÂTEAU DES ARPENTIS

DEMEURE HISTORIQUE · GRAND LUXE Un château entouré de douves, dans un parc de 30 ha, au grand calme. Les chambres sont raffinées et tendues de superbes tissus. Détail notable, une imposante piscine de 22 mètres de long... parfait pour les nageurs !

⅏ ⇦ ⬗ ⅋ ⬗ 𝕂 **P** – 13 chambres

Château des Arpentis – 𝒞 02 47 23 00 00 – www.chateaudesarpentis.com

ST-VALENTIN

✉ 36100 – Indre – Carte régionale n° **8**–C3

🏵 AU 14 FÉVRIER

MODERNE · ÉLÉGANT XX Au Japon, deux musées célèbrent le talent de l'illustrateur Raymond Peynet, le créateur du fameux couple d'amoureux, immortalisé par un timbre. Certains de ses admirateurs japonais ont donc choisi le petit village de Saint-Valentin pour célébrer en cuisine la fête des amoureux. On s'attable dans un décor contemporain et raffiné, soit face au bar, soit le long de la véranda entre des murs blancs, parfois capitonnés de cuir rouge. Quelques affiches et lithographies de Peynet, ici et là... Une brigade 100% japonaise livre une réinterprétation tout en finesse de la cuisine française contemporaine, en l'agrémentant de subtiles touches nipponnes. Quant au sommelier, il joue son rôle à merveille.

Spécialités: Caviar de Sologne. Rôti de homard breton. Dôme de chocolat blanc.
🏧 – Menu 75/98€

2 rue du Portail – ℰ 02 54 03 04 96 – www.sv-au14fevrier.com –
Fermé 2-13 janvier, lundi, mardi, mercredi, jeudi midi, dimanche soir

STE-GEMME-MORONVAL

✉ 28500 – Eure-et-Loir – Carte régionale n° **8**-B1

ⅇ○ L'ESCAPADE

CLASSIQUE · COSY ✕✕✕ Faites une escapade dans cette auberge champêtre
vraiment accueillante : la carte met l'accent sur la fraîcheur et la tradition, et la
terrasse est si plaisible...
🏤 ✿ – Menu 38€ – Carte 62/94€

Place du Docteur-Charles-Jouve –
ℰ 02 37 43 72 05 – www.aubergelescapade.fr –
Fermé 15-31 janvier, lundi soir, mardi, dimanche soir

STE-MAURE-DE-TOURAINE

✉ 37800 – Indre-et-Loire – Carte régionale n° **8**-B3 – Carte Michelin 317-M6

ⅇ○ LA CIBOULETTE

TRADITIONNELLE · CONTEMPORAIN ✕✕ À proximité de l'autoroute, de bonnes
recettes sont servies dans un intérieur élégant ou sur la terrasse bordée d'un jardinet où vous trouverez peut-être... de la ciboulette. Les gourmands de passage
ont aussi un faible pour l'île flottante de la maison.
🏤 ⅆ 🅿 – Menu 33/42€ – Carte 40/75€

78 route de Chinon (face à l'échangeur A 10, sortie n°25) –
ℰ 02 47 65 84 64 – www.laciboulette.fr –
Fermé mardi soir

SANCERRE

✉ 18300 – Cher – Carte régionale n° **8**-D2 – Carte Michelin 323-M3

⊛ LA POMME D'OR

TRADITIONNELLE · AUBERGE ✕ N'hésitez pas à croquer dans cette pomme !
Ici, le chef joue la carte de la tradition pour le plus grand bonheur des gourmands. Dans l'assiette, c'est parfumé et coloré. Le tout accompagné, cela va
de soi, d'un verre de sancerre blanc, rosé ou rouge... selon votre envie.
Spécialités: Chavignol en feuille de brick, tagliatelles de courgette. Dos de sandre
cuit sur la peau. Tartelette aux fruits, crème mousseline et sorbet.
ⅆ – Menu 25€ (déjeuner), 34/55€

1 rue de la Panneterie –
ℰ 02 48 54 13 30 – www.lapommedor-sancerre.fr –
Fermé 1ᵉʳ-7 juillet, 23 décembre-5 janvier, lundi, mardi, dimanche soir

ⅇ○ LA TOUR

MODERNE · COSY ✕✕ Dans cette maison nichée au pied d'une tour du 14ᵉ s., au
cœur du Sancerrois historique, le chef concocte une cuisine de caractère, basée
sur de bons produits. Le tout se déguste dans une salle élégante et contemporaine, avec quelques touches d'époque : poutres, plafond, moulures...
⅋ 🏧 ✿ – Menu 33€ (déjeuner), 58/70€ – Carte 50/60€

31 Nouvelle-Place –
ℰ 02 48 54 00 81 – www.latoursancerre.fr –
Fermé 4-18 janvier, lundi, dimanche

SAVONNIÈRES

✉ 37510 – Indre-et-Loire – Carte régionale n° **8**–B2 – Carte Michelin 317-M4

🍴○ **LA MAISON TOURANGELLE**

MODERNE · **CONTEMPORAIN** XX Le rustique marié au moderne, une délicieuse terrasse sur le Cher et une belle cuisine de produits, gourmande et précise : voilà les atouts – et non des moindres – qui font de cette maison tourangelle l'une des tables les plus courues du département.

🏡 ⌲ 🄰🄺 ⇔ – Menu 46/110 €

9 route des Grottes-Pétrifiantes – ☎ 02 47 50 30 05 –
www.lamaisontourangelle.com – Fermé 15 février-10 mars, 31 juillet-18 août, lundi,
mardi, dimanche soir

SAZILLY

✉ 37220 – Indre-et-Loire – Carte régionale n° **8**-A3 – Carte Michelin 317-L6

🍴○ **AUBERGE DU VAL DE VIENNE**

MODERNE · **COSY** XX Sur la route de Chinon, faites une halte gourmande dans cet ancien relais de poste (1870) au cœur du vignoble ! On y apprécie une cuisine mêlant judicieusement recettes traditionnelles (croustillant de rillons de Touraine, navarin d'agneau...) et préparations plus actuelles (queues de langoustines et bavaroise au lait d'amande ; rôti de lotte à la coppa et jus de bouillabaisse). Belle carte des vins.

🕸 ⌲ 🄰🄺 🅿 – Carte 29/55 €

30 route de Chinon – ☎ 02 47 95 26 49 – www.aubergeduvaldevienne.com –
Fermé lundi, jeudi soir, dimanche soir

SEMBLANÇAY

✉ 37360 – Indre-et-Loire – Carte régionale n° **8**-B2 – Carte Michelin 317-M4

🍴○ **LA MÈRE HAMARD**

MODERNE · **COSY** XX Une véritable institution que cette belle bâtisse en pierre née en 1903 ! Chaleureuse, elle se pare d'une coquette salle à manger, et d'une charmante terrasse sous les glycines. On y déguste des plats gourmands et délicats, teintés par endroits de notes exotiques. Accueil attentionné, quelques chambres pour prolonger l'expérience.

⇐ 🏡 ⌲ ⇔ 🅿 – Menu 55/79 € – Carte 64/84 €

2 rue du Petit-Bercy – ☎ 02 47 56 62 04 – www.lamerehamard.com –
Fermé 16-31 octobre, lundi midi, mardi midi, mercredi midi, jeudi midi

SENONCHES

✉ 28250 – Eure-et-Loir – Carte régionale n° **8**-B1 – Carte Michelin 311-C4

🌿 **LA FORÊT**

MODERNE · **COSY** XX Inspirée : voilà l'adjectif qui caractérise le mieux la cuisine de Nicolas Lahouati. Le jeune chef entremêle à merveille son itinéraire professionnel (Thaïlande, Mexique) et des produits locaux de qualité – viandes de la Charentonne, tome et féta du Perche... Ses assiettes sont aussi savoureuses que soignées : on se régale.

Spécialités: L'œuf aux saveurs printanières. Blanquette de veau sauce Albufera. La pomme verte et le céleri.

⇐ 🏡 – Menu 18 € (déjeuner), 34/56 € – Carte 46/70 €

22 rue de Verdun – ☎ 02 37 37 78 50 – www.hoteldelaforet-senonches.com –
Fermé 14-29 août, 23 décembre-4 janvier, mardi soir, dimanche soir

LE SUBDRAY

✉ 18570 – Cher – Carte régionale n° **8**-C3 – Carte Michelin 323-J4

‖○ **LA FORGE** Ⓝ

MODERNE · CONVIVIAL Ⅹ Dans ce petit village à une quinzaine de kilomètres de Bourges, un jeune couple tient cette table très recommandable : tout est fait maison, la plupart des légumes proviennent du potager familial, la fraîcheur est au rendez-vous dans l'assiette. Menu simple à midi en semaine, propositions plus élaborées le soir et le week-end.

🛱 & 🅰🅒 🅿 – Menu 15 € (déjeuner), 39/70 €

*1 rue de la Brosse – 𝒞 02 48 59 64 31 – https://laforge.business.site –
Fermé 25 avril-9 mai, 15-30 septembre, 24-31 décembre, lundi, mardi, mercredi
soir, samedi midi, dimanche soir*

THIRON-GARDAIS

✉ 28480 – Eure-et-Loir – Carte régionale n° **8**-B1 – Carte Michelin 311-C6

‖○ **AUBERGE DE L'ABBAYE**

MODERNE · AUBERGE Ⅹ Un doux moment à la campagne... Deux frères sont installés dans cette jolie maison en pierre, qui jouxte l'abbaye et le collège royal de Thiron-Gardais. Dans l'assiette, plats de saison et recettes revisitées sans esbroufe, avec une bonne maîtrise des cuissons. Sympathique.

⇦ 🏠 & 🅿 – Menu 17 € (déjeuner), 31/34 € – Carte 35/51 €

*15 rue du Commerce – 𝒞 02 37 37 04 04 – www.aubergedelabbaye.fr –
Fermé dimanche soir*

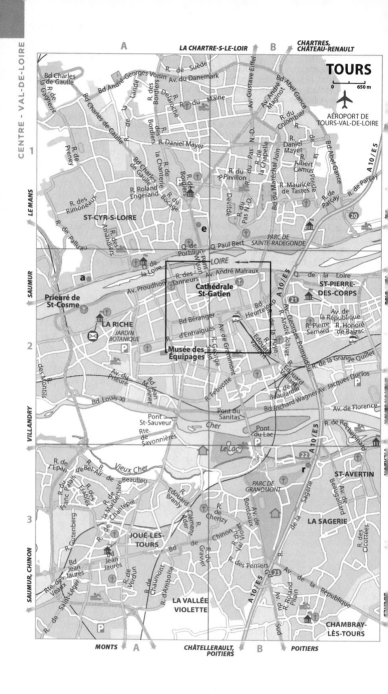

Jacques Palut/Fotolia.com

✉ 37000 – Indre-et-Loire
Carte régionale n° **8**–B2
Carte Michelin 317-N4

TOURS

La rue du Grand-Marché, avec ses nombreuses façades à colombages garnies de brique ou d'ardoise, est l'une des plus intéressantes du vieux Tours. Elle mène aux halles qui s'animent les mercredis, samedis et dimanches matin. Dans la capitale tourangelle, patrimoine et gastronomie sont étroitement liés ! La patrie de Rabelais est d'ailleurs à l'origine de l'inscription, par l'Unesco, du repas gastronomique à la française. Les halles, en témoignent à leur manière : on y trouve le meilleur de tout. Des préparations charcutières comme les rillettes de porc (Vouvray et Tours s'en disputent la paternité), les rillons (des cubes de poitrine de porc rissolés et confits dans leur graisse) ou l'andouillette. La Touraine est aussi une terre de fromages de chèvre comme le sainte-maure-de-touraine, cette bûche cendrée traversée par une paille. Enfin, la ville de Balzac est entourée de très beaux vignobles dont vous trouverez les crus chez les cavistes de la ville.

Restaurants

😊 LE SAINT-HONORÉ

TRADITIONNELLE · RUSTIQUE ✗ Installé dans une ancienne boulangerie de 1625 qui a conservé son four et, au sous-sol, une belle cave voûtée, ce restaurant a tout pour plaire aux amateurs d'authenticité. Le chef fait pousser ses légumes dans son potager et signe une cuisine délicate, gourmande, pleine de saveurs... servie avec le sourire. Pensez à réserver : l'adresse a du succès !

Spécialités : Pâté de Tours au foie gras et à la poire tapée. Duo de caille et gambas aux girolles, jus à l'estragon. Gratin de framboises au basilic, sabayon au vin de Vouvray.

🛋 & ⇔ – Menu 33/56 €

Plan : F1-a – *7 place des Petites-Boucheries –* ☎ *02 47 61 93 82 –* *www.lesainthonoretours.fr. – Fermé 1ᵉʳ-17 août, 24 décembre-3 janvier, samedi, dimanche*

⅃○ CHARLES BARRIER

MODERNE · ÉLÉGANT ✗✗✗ Cette institution, dont Charles Barrier a fait le renom dans les années 1970, demeure l'illustration du grand restaurant avec ses lustres en cristal, ses boiseries et sa belle terrasse... Côté cuisine, si la carte reste ancrée dans la tradition, l'équipe n'hésite pas à en bousculer les codes.

🛋 🅐🅚 ⇔ 🅿 – Menu 37 € (déjeuner), 50/115 €

Plan : A1-e – *101 avenue de la Tranchée –* ☎ *02 47 54 20 39 – www.charles-barrier.fr –* *Fermé lundi, dimanche*

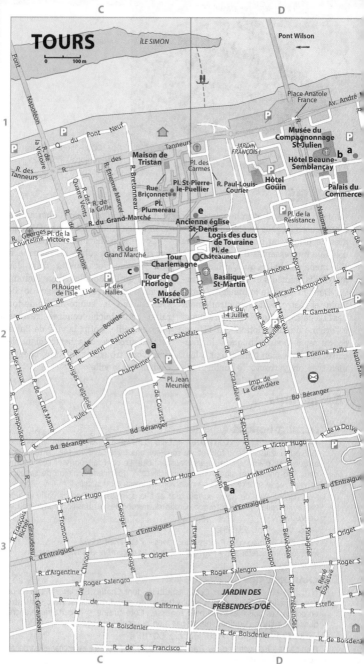

TOURS

ÎLE SIMON

0 ——— 100 m

Pont Wilson

Place Anatole France

Av. André

Musée du Compagnonnage St-Julien

Hôtel Beaune-Semblançay

Palais du Commerce

Maison de Tristan

Pl. des Carmes

Rue Briçonnet

Pl. St-Pierre-le-Puellier

Pl. Plumereau

R. Paul-Louis-Courier

Hôtel Goüin

JARDIN FRANÇOIS I

Ancienne église St-Denis

Pl. de la Résistance

Logis des ducs de Touraine

Pl. de Châteauneuf

Pl. de la Victoire

Pl. du Grand-Marché

Tour Charlemagne

Pl. du Grand Marché

Basilique St-Martin

Tour de l'Horloge

Musée St-Martin

Pl.Rouget de l'Isle

Pl. des Halles

Pl. du 14 Juillet

R. Richelieu

R. Gambetta

R. des Déportés

R. Etienne Pallu

Pl. Jean Meunier

Imp. de La Grandière

Bd Béranger

Bd Béranger

R. Victor Hugo

R. d'Entraigue

R. Victor Hugo

d'Inkermann

R. d'Entraigues

R. Origet

R. d'Entraigues

R. Origet

R. Roger S

R. d'Argentine

R. Roger Salengro

R. Roger Salengro

JARDIN DES PRÉBENDES-D'OÉ

Californie

R. de Boisdenier

R. de Boisdenier

R. de S. Francisco

C

D

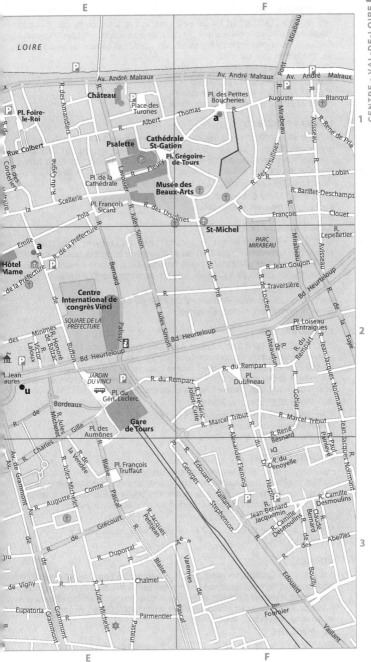

LOIRE

Av. André Malraux · Av. André Malraux · Av. André Malraux

Château

Place des Turones

Pl. des Petites Boucheries

Pl. Foire-le-Roi

Thomas · Albert

Auguste · Blanqui

R. des Amandiers

Rue Colbert

R. René de Prie

R. Avisseau

Psalette

Cathédrale St-Gatien

R. du Cygne

Scellerie

Pl. de la Cathédrale

Lavoisier · Fleury

Pl. Grégoire-de-Tours

R. des Ursulines

Lobin

R. Barillet-Deschamps

Musée des Beaux-Arts

Pl. François Sicard

Zola

R. des Ursulines

François · Clouet

St-Michel

R. Lepelletier

Emile

Hôtel Mame

R. de la Préfecture

PARC MIRABEAU

R. de la Préfecture

Bernard

Centre International de congrès Vinci

R. Jean Goujon

R. du P. Pré

R. de Traversière

R. de Loches

Bd Heurteloup

SQUARE DE LA PRÉFECTURE

R. Jules Simon

Minimes · Victor Laloux

R. Honoré de Balzac

Buffon

Palissy

R. Jules Simon

Bd Heurteloup

JARDIN DU VINCI

Pl. Loiseau d'Entraigues

de Châteaudun

R. du Rempart

Jean-Jacques Noirmant

de la Fuye

u

R. Jean Jaures

Bd Heurteloup

Pl. du Gén. Leclerc

R. du Rempart

R. du Rempart

Pl. Dublineau

Gohier

Bordeaux

R. Frédéric Joliot-Curie

R. Marcel Tribut

R. Marcel Tribut

R. Paul Painlevé

de

R. Jules Michelet

Gille

Pl. des Aumônes

Gare de Tours

R. Alexander Fleming

R. René Besnard

R. Charles

R. de la Vendée

Blaise

Pl. François Truffaut

Édouard Vaillant

Georges · Stephenson

R. du Denoyelle

Jean-Bernard Jacquemin

R. Camille Desmoulins

Av. de Grammont

Av. Auguste Michelet

Comte

Pascal

R. Jacques Petitjean

Grécourt

Claude Bernard

R. Camille Desmoulins

Abeilles

Uro

R. Duportal

Blaise

Aée

de Varennes

des

Édouard

Bouilly

de Vigny

R. J.

Chalmel

Eupatoria

Grammont

R. Jules Michelet

Parmentier

Pasteur

Pascal

Pée Fournier

Vaillant

ⅈ○ LA ROCHE LE ROY

MODERNE · **ÉLÉGANT** XᵪX Un joli petit manoir à la sortie de la ville, au cadre élégant et raffiné, complété d'une plaisante terrasse aux beaux jours. Maximilien Bridier, le jeune chef, travaille le produit avec passion et se fend de belles assiettes, précises et sans superflu.

🛱 ⇔ 🅿 – Menu 35 € (déjeuner), 60/90 € – Carte 70/100 €

Plan : B3-r – *55 route de Saint-Avertin* –
𝒞 02 47 27 22 00 – *www.larocheleroy.com* –
Fermé 22-28 février, 26 juillet-9 août, lundi, dimanche

ⅈ○ LES BARTAVELLES

MODERNE · **COSY** XX Les Bartavelles : un hommage rendu à Marcel Pagnol par une fratrie de jeunes passionnés – Ghislain en cuisine, Véronique en salle. Dans l'assiette, on trouve une cuisine fraîche et colorée, des produits locaux à foison, de belles inspirations, le tout servi avec le sourire… que demander de plus ?

🅰🅲 – Menu 31 € (déjeuner), 44/74 €

Plan : D1-a – *33 rue Colbert* – *𝒞 02 47 61 14 07* – *www.bartavelles.fr* –
Fermé lundi, mercredi soir, dimanche

ⅈ○ CASSE-CAILLOUX ⓝ

MODERNE · **BISTRO** X Bistrot gourmand prisé (et souvent pris d'assaut ; réservation fortement conseillée !) dans ce quartier résidentiel proche du jardin des Prébendes, complété d'une petite terrasse d'été. Cuisine de saison sincère et gourmande proposée à l'ardoise, que l'on accompagne d'un joli vin de Loire.

🛱 🅰🅲 – Menu 33/39 €

Plan : D3-a – *26 rue Jehan-Fouquet* – *𝒞 02 47 61 60 64* –
Fermé mercredi midi, samedi, dimanche

ⅈ○ LA DEUVALIÈRE

MODERNE · **CONVIVIAL** X Julien et Alexandra mettent toute l'énergie de leur jeunesse pour séduire les gourmands de passage… et ils y parviennent sans problème ! Leur cuisine, réglée sur les saisons, réserve de jolies surprises. Le cadre, qui mêle le cachet rustique d'une maison ancienne (poutres, tomettes et cheminée) à des notes plus actuelles, ne fait qu'ajouter à notre plaisir.

🅰🅲 – Menu 22 € (déjeuner)/35 €

Plan : D1-e – *18 rue de la Monnaie* – *𝒞 02 47 64 01 57* –
www.restaurant-ladeuvaliere.com –
Fermé 16-24 janvier, samedi, dimanche

ⅈ○ MAISON COLBERT ⓝ

MODERNE · **BISTRO** X Bienvenue dans ce bistrot convivial en plein cœur de ville, où l'on se régale d'une cuisine du marché goûteuse et parfumée : lors de notre passage, merlu de ligne cuit à la perfection, bouillon aux saveurs asiatiques débordant de parfums… la patte d'un chef qui connaît ses gammes.

🛱 – Menu 17 € (déjeuner)/32 €

Plan : D1-b – *26 rue Colbert* – *𝒞 02 47 05 99 81* – *www.maisoncolbert.fr* –
Fermé lundi, dimanche

ⅈ○ NOBUKI

JAPONAISE · **ÉPURÉ** X Un cadre zen et épuré, tout de bois clair, et une cuisine japonaise traditionnelle de saison, qui marque par sa fraîcheur et son originalité : assortiment d'entrées froides et de tempuras du moment, chirashi (plat traditionnel de poissons crus), plat chaud du jour et soupe miso… Ouvert seulement à midi en semaine. Réservation impérative.

🅰🅲 – Menu 38 €

Plan : E2-a – *3 rue Buffon* – *𝒞 02 47 05 79 79* – *www.nobuki.fr* –
Fermé 24 avril-9 mai, 1ᵉʳ-22 août, et le soir

🍴○ **O & A**

MODERNE · BISTRO ⅹ Sympathique bistrot gourmand du vingt-et-unième siècle face aux Halles, où Olivier Arlot et ses équipes vous régalent dans une atmosphère conviviale d'une belle partition bistronomique, avec un menu-carte renouvelé au fil des saisons.

🅰🅲 – Menu 38 €

Plan : C2-a – 29 place Gaston-Paillhou – 𝒞 02 47 55 87 73 – Fermé 10-18 août, 24 décembre-3 janvier, samedi, dimanche

🍴○ **LA RISSOLE**

MODERNE · CONTEMPORAIN ⅹ Le nom de ce bistrot rend hommage à un grand cuisinier du siècle passé et célèbre les joies de la cuisson. La courte carte met en valeur les produits de la région et la saisonnalité. La cuisine est simple et goûteuse, à l'image de cette volaille au vin jaune avec girolles et carottes, accompagnée de pommes dauphine. Allons rissoler sans tarder !

&. 🅰🅲 – Menu 18 € (déjeuner), 34/40 €

Plan : C2-c – 51 place du Grand-Marché – 𝒞 02 47 49 20 04 – www.larissole.fr – Fermé 1er-14 janvier, 5-11 avril, 1er-13 septembre, lundi, dimanche

Hôtels

🏨 **OCÉANIA L'UNIVERS**

HISTORIQUE · ÉLÉGANT Accueil en grande pompe, dans le hall, avec une fresque représentant les plus célèbres clients de l'hôtel : Fernandel, Gainsbourg, Piaf... Depuis 1846, le meilleur établissement de Tours reçoit dans un esprit "petit palace". Le must : profiter de l'espace bien-être avant d'aller siroter un cocktail au bar !

🀆 🖽 ⋔ ⅃ẞ 🖃 &. 🅰🅲 🕯 🛋 – 87 chambres – 4 suites

Plan : E2-u – 5 boulevard Heurteloup – 𝒞 02 47 05 37 12 – www.oceaniahotels.com

VALLIÈRES-LES-GRANDES

✉ 41400 – Loir-et-Cher – Carte régionale n° **8**-A1 – Carte Michelin 318-D7

🍴○ **LES CLOSEAUX**

MODERNE · TRADITIONNEL ⅹⅹ Sous l'Ancien Régime, ces Closeaux – avec leur domaine de 10 hectares – faisaient office de relais de chasse pour les rois de France. Aujourd'hui, le chef de ces lieux privilégie les producteurs locaux et les circuits courts, et réalise une goûteuse cuisine du marché.

🍽 🎍 &. ✿ 🅿 – Menu 16 € (déjeuner), 25/34 € – Carte 30/50 €

Lieu-dit les Closeaux – 𝒞 02 47 57 32 73 – www.lescloseaux.com – *Fermé 13 décembre-5 février, 15-26 novembre, mardi, mercredi*

VENDÔME

✉ 41100 – Loir-et-Cher – Carte régionale n° **8**-B2 – Carte Michelin 318-D5

🕸 **PERTICA**

Chef : Guillaume Foucault

CRÉATIVE · ÉPURÉ ⅹ Pertica, c'est le Perche en latin. Le chef, Guillaume Foucault, est à ce point attaché à sa région natale qu'il en a fait l'alpha et l'oméga de son restaurant. Mission accomplie : ici, le Perche est partout. Dans l'enduit ocre des murs, dans le grès des assiettes et le bois des couteaux (poirier, épine noire), mais aussi et surtout dans l'assiette : Guillaume Foucault a réuni autour de lui une pléiade de petits producteurs qui partagent sa vision. Jamais passéiste, le chef travaille par exemple le lapin fermier à la manière d'un lièvre à la royale, cuit pendant 36 heures. Accompagné d'une farce vanillée et d'une sauce au vinaigre de poire maison, ce plat tout en arômes suaves fond littéralement dans la bouche – comme une douceur venue de l'enfance.

Spécialités : Cuisine du marché.

🌿 *L'engagement du chef :* *"Nous réalisons un travail de sensibilisation du monde agricole à grande échelle, afin de conjuguer culture locale et impératifs environnementaux : qu'il s'agisse d'un travail de fond avec des éleveurs pour relancer la vache percheronne ou avec des vignerons pour valoriser le poiré, notre but est d'utiliser la richesse et l'histoire de nos terroirs pour fédérer tous les acteurs locaux autour de projets communs."*

🆎 – Menu 48/90 €

15 place de la République – 📞 *02 54 23 72 02 – www.restaurantpertica.com –*
Fermé 21-31 décembre, lundi, mercredi midi, dimanche

😊 **LE MALU** 🔟

MODERNE · CONTEMPORAIN ✕✕ Cette ancienne caserne militaire sous Napoléon III a été reconvertie en lieu de bouche, et désormais, c'est le jeune chef Ludovic Brethenoux qui fait parler la poudre. Ce jeune trentenaire originaire du Périgord, formé notamment à La Villa Madie, à Cassis, se plaît dans le Vendômois et sa cuisine actuelle, précise et soignée, en témoigne. Une excellente alternative à la table étoilée Pertica, située au centre-ville. On se régale.

Spécialités : Escargots, raviole au lierre terrestre et crème de laitue. Agneau en deux cuissons, déclinaison de choux. Vacherin fraise et poivron.

🌿 🅿 – Menu 22 € (déjeuner), 33/45 €

Route de Tours – 📞 *02 54 80 40 12 – www.lemalu2.wixsite.com/restaurantlemalu –*
Fermé 22 février-10 mars, 11 août-8 septembre, lundi, mardi, dimanche soir

🍴 **MORIS** 🔟

MODERNE · CONTEMPORAIN ✕ Au bord du Loir, ce bistrot jouxte le pont qui mène à la vieille ville. Le chef ne jure que par les circuits courts et met les saisons à l'honneur dans sa cuisine, qu'on accompagnera de vins nature judicieusement choisis. À déguster, aux beaux jours, sur deux terrasses, dont une au premier étage, en surplomb de la rivière... Délicieux.

🌿 ⅙ – Menu 18 € (déjeuner)/31 €

77 rue du Change – 📞 *09 83 48 30 13 – www.morislerestaurant.fr –*
Fermé 24 décembre-2 janvier, lundi, mardi soir, dimanche

VERNOUILLET

✉ 28500 – Eure-et-Loir – Carte régionale n° **8**-B1

🍴 **AUBERGE DE LA VALLÉE VERTE**

TRADITIONNELLE · RUSTIQUE ✕✕ Dans la famille depuis les années 1930, ce restaurant propose une cuisine de saison savoureuse, réalisée à partir de produits locaux ; côté décor, poutres apparentes, cheminée et jolis tableaux créent une atmosphère apaisante. On profite aussi de chambres simples et bien tenues (plus grandes dans l'annexe) et d'un jardin pour se ressourcer.

🔄 ⅗ 🅿 🍵 – Menu 38 € (déjeuner) – Carte 50/80 €

6 rue Lucien-Dupuis (près de l'église) – 📞 *02 37 46 04 04 –*
www.aubergevalleeverte.com – Fermé 2-23 août, 20 décembre-3 janvier, lundi, dimanche

VEUIL

✉ 36600 – Indre – Carte régionale n° **8**-B3

😊 **AUBERGE ST-FIACRE**

MODERNE · RUSTIQUE ✕✕ Le couple à la tête de cette auberge d'un petit village proche de Valençay réalise un travail admirable : en vrai "artisan" passionné, le chef privilégie les produits régionaux pour concocter des préparations fines et goûteuses, que l'on déguste dans un cadre rustique charmant ou sur la délicieuse terrasse fleurie, aux beaux jours. En raison du succès (et de l'excellent rapport qualité/prix), les réservations sont indispensables.

Spécialités: Chèvre frais aux herbes, courgette marinée et huile de cameline. Volaille fermière, carotte et jus aux olives. Bulle de chocolat, crème glacée vanille et sarriette.

🍴 ⇔ – Menu 24/55€ – Carte 36/51€

5 rue de la Fontaine – ℰ 02 54 40 32 78 – www.aubergesaintfiacre.com – Fermé 2 janvier-6 février, 30 août-26 septembre, lundi, mardi, dimanche soir

VEUVES
✉ 41150 – Loir-et-Cher – Carte régionale n° **8**-A1 – Carte Michelin 318-D7

😊 LA CROIX BLANCHE

MODERNE · AUBERGE XX On ne porte pas sa croix dans cet ancien relais de poste! On y profite de la cuisine actuelle du chef Jean-François Beauduin, formé dans les tables étoilées. La saison et les produits locaux sont de rigueur. À noter, quelques préparations plus traditionnelles comme la beuchelle tourangelle. Service charmant assuré par l'épouse du chef dans un cadre rustique et coquet. Terrasse agréable à l'ombre des mûriers.

Spécialités: Ballotine de lapin au foie gras, chutney d'oignon. Traditionnelle beuchelle tourangelle. Chocolat Guayaquil, douceur café et citron confit.

🚗 🍴 & 🅿 – Menu 27€ (déjeuner), 32/42€ – Carte 38/50€

2 avenue de la Loire – ℰ 02 54 70 23 80 – www.lacroixblanche41.com – Fermé 2-18 janvier, 22-28 février, lundi, mercredi midi, dimanche soir

VIERZON
✉ 18100 – Cher – Carte régionale n° **8**-C2 – Carte Michelin 323-I3

🍽 LES PETITS PLATS DE CÉLESTIN

TRADITIONNELLE · BRASSERIE X "Des petits plats réconfortants, qu'on aime retrouver": voilà ce que défend ce Célestin. La terrine et le saumon fumé comptent parmi les incontournables de la maison, et l'on peut aussi se régaler d'un croustillant de pied de cochon ou d'un tajine d'agneau... à déguster dans une jolie rotonde vitrée, avec vue sur le jardin public.

🍴 & 🅰 ⇔ – Menu 29/31€ – Carte 29/48€

20 avenue Pierre-Semard (face à la gare) – ℰ 02 48 83 01 63 – www.lespetitsplatsdecelestin.com – Fermé 18 avril-5 mai, 15 août-1er septembre, lundi, dimanche

VILLEDIEU-SUR-INDRE
✉ 36320 – Indre – Carte régionale n° **8**-B3 – Carte Michelin 323-F5

🍽 LA GOURMANDINE

TRADITIONNELLE · RUSTIQUE XX Une salle à manger rustique et plutôt coquette (cheminée, pierres, poutres), une cuisine traditionnelle de bonne facture, avec un menu déjeuner très prisé des habitués: voici ce qui vous attend dans cette maison. On passe un moment agréable, d'autant que l'accueil est charmant.

⇐ 🍴 – Menu 18€ (déjeuner), 33/46€ – Carte 39/55€

1 avenue de la Gare – ℰ 02 54 29 87 91 – www.lagourmandine36.fr – Fermé 2-23 août, lundi, mercredi soir, dimanche soir

VILLEGENON
✉ 18260 – Cher – Carte régionale n° **8**-C2 – Carte Michelin 323-L2

🍽 LA RÉCRÉATION GOURMANDE

TRADITIONNELLE · CONVIVIAL X Dans cette ancienne école du début du 20e s., où trône un vieux poêle surmonté d'un bonnet d'âne, les mauvais élèves ne sont pas mis au pain sec et à l'eau! Quel que soit le niveau de la classe, tout le monde se régale d'une cuisine de produits généreuse et goûteuse. Une agréable Récréation Gourmande...

🍴 & 🅰 🅿 – Menu 14€ (déjeuner), 26/35€

3 rue de l'Ancienne-École – ℰ 02 48 73 45 36 – www.la-recreation-gourmande.com – Fermé 8-20 juillet, lundi soir, mardi soir, mercredi, jeudi soir, dimanche soir

VOUVRAY

✉ 37210 – Indre-et-Loire – Carte régionale n° **8**–B2 – Carte Michelin 317-N4

⭕ **LES GUEULES NOIRES**

TRADITIONNELLE • RUSTIQUE ☓ La salle à manger troglodytique, la cheminée crépitante en hiver, la terrasse sous la glycine aux beaux jours : on succombe tout de suite au charme discret de cette adresse. Au menu : une cuisine franche et goûteuse, basée sur les produits du terroir tourangeau et accompagnée de bons vins de Loire. Réservation conseillée.

🕸 ☗ ઇ **P** – Carte 45/55€

66 rue de la Vallée-Coquette – ℰ 02 47 52 62 18 –
www.gueulenoirevouvray.wixsite.com/les-gueules-noires- –
Fermé 24 décembre-10 janvier, lundi, mardi, dimanche soir

YVOY-LE-MARRON

✉ 41600 – Loir-et-Cher – Carte régionale n° **8**–C2 – Carte Michelin 318-I6

⭕ **AUBERGE DU CHEVAL BLANC**

TRADITIONNELLE • AUBERGE ☓☓ Après une balade en forêt, installez-vous à la table de cette coquette auberge solognote. Professionnel passionné, Joël Danthu livre une belle partition culinaire qui ne saurait renier de solides bases classiques. Sauces réduites et parfumées, gibiers en saison, caviar de Sologne... la tradition a du bon ! Quelques chambres sonnent comme une invitation à prolonger le séjour.

⬅ ☗ ઇ Ⓜ **P** – Menu 33/55€ – Carte 45/95€

1 place du Cheval-Blanc – ℰ 02 54 94 00 00 – www.aubergeduchevalblanc.com –
Fermé 28 février-25 mars, 19 décembre-6 janvier, lundi, mardi midi, mercredi midi

G. Lansard/hemis.fr

CORSE

CORSE

Parcs naturels, parcours de randonnées mythiques, villes côtières chics, forêts chevelues et montagnes escarpées, telle demeure la Corse éternelle, cette île de beauté jamais mieux chantée qu'à la tombée du jour par les cigales elles-mêmes. Au-delà de ces images iconiques sur fond bleu translucide, pénétrons l'intimité de la terre natale de Napoléon et de Colomba, l'héroïne tragique de Prosper Mérimée.

Et quel meilleur guide que le petit cochon noir semi-sauvage, rôti, grillé, fumé, salé, consommé à toutes les sauces, celui-là même qu'Obélix confondait avec un chef de clan corse. "Quand tu croques dans un morceau de jambon, tu sais que tu es en Corse", témoigne un inspecteur. Et particulièrement chez A Pignata, à Lévie, au-dessus de Porto Vecchio, parenthèse enchantée, loin du tumulte des bords de mer. Ou à U Lucettu, à Mezzavia, où l'on goûte une viande affinée 24 mois, qui tient la corde avec un Noir de Bigorre. Ces deux adresses proposent une ode au repas corse traditionnel, familial, généreux. Les propriétaires sont éleveurs de cochons, les cuissons douces, au feu de bois, impériales.

Alors un conseil : éloignez-vous des villes et des restaurants attrape-touristes et plongez à l'intérieur des terres où l'on trouve encore des tables sincères au menu gargantuesque et où la vieille patronne veille à ce que les assiettes soient finies. En d'autres mots : prenez le maquis !

• Carte régionale n° 9

LA SÉLECTION
DU GUIDE MICHELIN

LES TABLES ÉTOILÉES

❀ ❀

Une cuisine d'exception. Vaut le détour !

Casadelmar (Porto-Vecchio) 434

❀

Une cuisine d'une grande finesse. Vaut l'étape !

A Casa di Ma (Lumio) 431
La Signoria (Calvi) 428
La Table de la Ferme (Murtoli) 432
U Santa Marina (Porto-Vecchio) 435

LES BIB GOURMAND 😋
Nos meilleurs rapports qualité-prix

A Mandria di Pigna (Pigna) 433
La Corniche (San-Martino-di-Lota) 438
U Licettu (Cuttoli) **N** 429

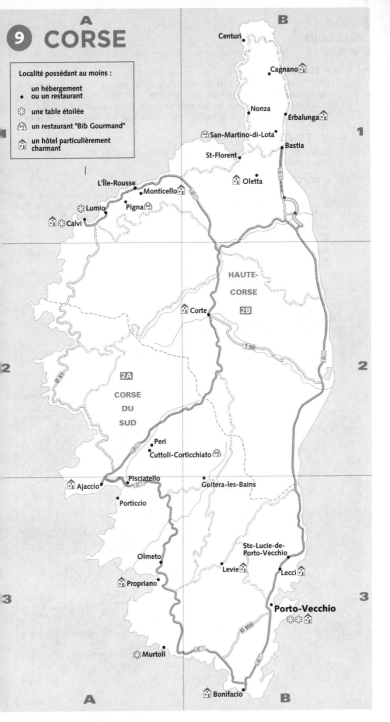

AJACCIO

✉ 20000 – Corse-du-Sud – Carte régionale n° **9**–A3 – Carte Michelin 345-B8

⏸️ **A TERRAZZA**

MODERNE · **MÉDITERRANÉEN** XX Lovée sous un grand pin parasol et des palmiers, cette charmante terrasse face à la mer, décorée d'un joli mobilier blanc, offre une vue somptueuse sur le golfe d'Ajaccio. Dans l'assiette, la cuisine dans l'air du temps s'inspire de la Méditerranée. Carte légère le midi, plus travaillée le soir.

🕸 ≼ 🛱 **P** – Menu 75/115 € – Carte 73/112 €

Hors plan – *Les Mouettes, 9 cours Lucien-Bonaparte* – ☎ *04 95 50 40 30* – *www.hotellesmouettes.fr* – *Fermé 2 novembre-31 mars*

⏸️ **A NEPITA**

CUISINE DU MARCHÉ · **CONVIVIAL** X Dans ce petit établissement où il est désormais chez lui à deux pas du palais de justice, Simon Andrews, un chef anglais d'expérience (ancien étoilé) concocte chaque jour au gré du marché et de ses envies une excellente cuisine toute de fraîcheur et de saveur.

🛱 Ⓜ – Carte 40/50 €

Hors plan – *4 rue San-Lazaro* – ☎ *04 95 26 75 68* – *www.anepita.fr* – *Fermé lundi, mardi soir, samedi midi, dimanche*

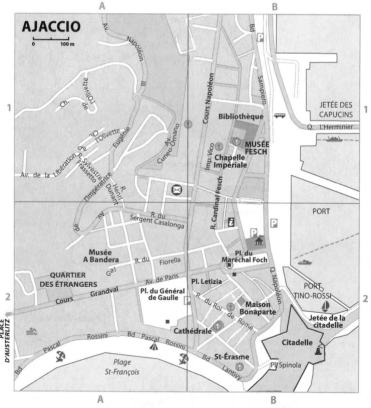

🍽️ ECRIN

MODERNE · CONVIVIAL X Ce sympathique petit restaurant, auparavant installé dans la vieille ville, propose une cuisine de saison, fraîche et bien troussée, à l'image de l'espadon de ligne, préparé en tataki et assaisonné de gingembre. A l'été, on s'installe sur la petite terrasse. Accueil charmant.

🍴 – Menu 36 € (déjeuner)/59 €

Hors plan – *38 cours du Général Leclerc* – ☎ *06 10 95 94 61* – *Fermé lundi, dimanche*

🏨 LES MOUETTES
Tablet. PLUS

HÔTEL PARTICULIER · PERSONNALISÉ Cette grande demeure rose de 1880 offre une vue superbe sur la piscine et la plage privée. Chambres sobres et spacieuses, la plupart avec loggia, pour rêver en regardant les mouettes. Et le soir venu, les pieds dans la mer, les yeux plantés dans les étoiles.

🐾 ⬩ ⛲ ⬩ 🎿 🅿 – 27 chambres

Hors plan – *9 cours Lucien-Bonaparte* – ☎ *04 95 50 40 40* – *www.hotellesmouettes.fr*

🍽️ **A Terrazza** – Voir la sélection des restaurants

BASTIA

✉ 20200 – Haute-Corse – Carte régionale n° **9**-B1 – Carte Michelin 345-F3

🍽️ COL TEMPO

MODERNE · BISTRO X Sur le quai de l'ancien port de Bastia, ce restaurant est le repaire "bistronomique" d'un jeune chef formé à bonne école, Clément Calendini. Il compose une cuisine savoureuse, avec de jolis accents méditerranéens, et basée sur de bons produits... Une belle surprise !

🍴 – Menu 35 € (déjeuner) – Carte 33/50 €

Plan :: A3-b – *4 rue Saint-Jean (au vieux Port)* – ☎ *04 95 58 14 22* – *Fermé 4-25 janvier, 22-29 mars, 2-8 novembre, lundi, dimanche*

BONIFACIO

✉ 20169 – Corse-du-Sud – Carte régionale n° **9**-B3 – Carte Michelin 345-D11

🍽️ L'A CHEDA

MODERNE · MÉDITERRANÉEN XX Dans un décor romantique à souhait, on s'installe sur la charmante terrasse face à la piscine. Le chef privilégie les circuits courts et choisit ses fournisseurs avec grand soin : on se régale de poissons sauvages, viande bio corse, légumes frais du potager en permaculture... Service prévenant et carte des vins riches en jolies surprises.

🛎️ 🍴 🅿 – Menu 59/139 € – Carte 60/80 €

A Cheda, Route de Porto-Vecchio, Cavallo-Morto – ☎ *04 95 73 03 82* – *www.restaurant-bonifacio.com* – *Fermé 4 janvier-5 février, 2 novembre-18 décembre, mardi et le midi*

🍽️ L'AN FAIM

MODERNE · CONVIVIAL XX Installé au bout de la marina, au pied des escaliers grimpant à la citadelle, ce petit restaurant prolongé d'une terrasse est un repaire d'habitués : au programme, une cuisine du marché haute en couleurs et en saveurs, qui pétille au gré d'assiettes épurées. Autant d'hommages à la production locale, comme ce succulent dos de pagre.

🍴 📺 – Menu 30 € (déjeuner) – Carte 50/60 €

7 montée Rastello – ☎ *04 95 73 09 10* – *Fermé 1er-12 janvier, mercredi*

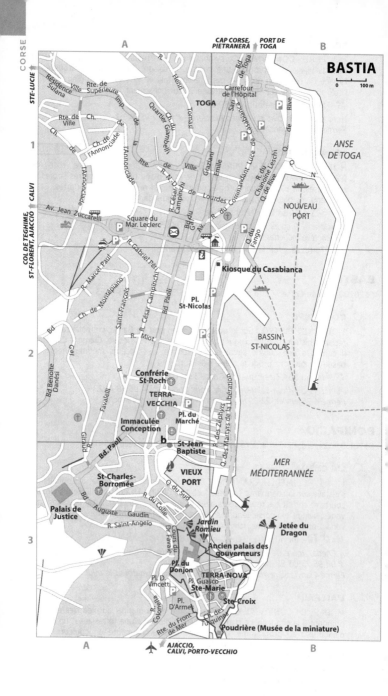

BASTIA

CAP CORSE, PIETRANERA   PORT DE TOGA

STE-LUCIE

CORSE

A · B

0   100 m

ANSE
DE TOGA

Carrefour
de l'Hôpital

TOGA

Résidence
Suiana

Ville
Rte. de
Supérieure
Imp.

Rte. de
Ville

Ch.
Quartier Giambelli

Ch. du
de
de
l'Annonciade

R. N. D. de Lourdes

R. du Commandant Luce de Casabianca

O. de Rive

P

1

NOUVEAU
PORT

CALVI

COL DE TEGHIME,
ST-FLORENT, AJACCIO

Av. Jean Zuccarelli

Square du
Mar. Leclerc

P

R. Gabriel Péri

R. Marcel Paul

Ch. de Montépiano

Saint-François

R. César Campinchi

Bd. Paoli

Pl.
St-Nicolas

☒

Kiosque du Casabianca

P

Bd. du G. G.

R. du Q. de Rive

O. du
Fango

R. Miot

BASSIN
ST-NICOLAS

MER
MÉDITERRANNÉE

2

Bd.

Bd. Benoîte
Danési

Gal.

Favalelli

R.

Confrérie
St-Roch

TERRA-
VECCHIA

P

R. des Zéphyrs

Q. des Martyrs de la Libération

Immaculée
Conception

Pl. du
Marché

b   St-Jean-
Baptiste

St-Charles-
Borromée

VIEUX
PORT

Q. du Sud

Bd. Paoli

Giraud

Bd.

Auguste

R. du Colle

Gaudin

Jetée du
Dragon

Palais de
Justice

R. Saint-Angelo

Cours du Dr. Favale

Jardin
Romieu

Ancien palais des
gouverneurs

3

Pl. du
Ponjon

TERRA-NOVA

Pl. D.
Vincetti

Pl. Guasco
Ste-Marie

Colonna

R.

Pl.
D'Armet

Ste-Croix

Rte. du Front
de Mer

Ch. de
Turquines

Poudrière (Musée de la miniature)

A   B

AJACCIO,
CALVI, PORTO-VECCHIO

426

ⓘ⃝ LE VOILIER

POISSONS ET FRUITS DE MER · ÉLÉGANT XX Voguez sans crainte (mais avec un portefeuille dodu) vers cette étape gourmande ! Décor élégant et terrasse sur la marina, cuisine iodée d'une grande fraîcheur, embellie de légumes et d'herbes aromatiques.

🌤 – Carte 45/100 €

81 quai Comparetti – ℰ 04 95 73 07 06 – www.levoilier-bonifacio.com –
Fermé 10 novembre-31 mars, dimanche midi

ⓘ⃝ DA PASSANO

CORSE · DESIGN X Face au port, ce restaurant et bar à vins revisite la tradition corse et ses produits (veau, noisettes de Cervione) dans un cadre moderne et design. On se régale au chant des guitares les soirs d'été, sur la terrasse ombragée... Les plats en petites portions invitent naturellement au partage.

🌤 Ⓜ – Menu 30 € (déjeuner) – Carte 40/60 €

53 quai Comparetti – ℰ 04 95 28 10 90 – www.da-passano.com –
Fermé 30 octobre-2 mars, lundi

🏘 U CAPU BIANCU

LUXE · PERSONNALISÉ Dans un splendide parc méditerranéen, au-dessus des eaux turquoise du golfe de Santa Manza, des suites luxueuses et des chambres ouvrant sur la mer ou le maquis, une piscine à débordement, un agréable espace détente... Nul doute : voilà un endroit idyllique !

☆ ⅋ ⇐ 🛏 ⌱ ⌱⌱ ₺ Ⓜ ⌱₳ 🅿 – 41 chambres

Domaine de Pozzoniello – ℰ 04 95 73 05 58 – www.ucapubiancu.com

🏘 VERSION MAQUIS CITADELLE

BOUTIQUE HÔTEL · DESIGN Sept bungalows fondus dans la nature, pour cet hôtel perdu sur les hauteurs de Bonifacio. La superbe piscine à débordement offre une vue dantesque sur la citadelle. Chambres d'exception, contemporaines et design, toutes avec terrasses, matériaux haut de gamme, et le maquis, partout autour. Un lieu d'exception qui invite à la contemplation.

☆ ⅋ ⇐ 🛏 ⌱ ⌱⌱ ₺ Ⓜ ⌱₳ 🅿 – 14 chambres

Quartier Brancuccio - Lieu-dit Padurella – ℰ 04 20 40 70 40 –
www.hotelversionmaquis.com

🏠 GENOVESE

BOUTIQUE HÔTEL · PERSONNALISÉ Dans les remparts du fort, un établissement au minimalisme chic et moderne, propice à la détente. Les chambres sont réparties autour de la piscine, orientées côté marina ou citadelle. Trois superbes suites sont aussi disponibles sur le port, où un chauffeur pourra vous conduire !

☆ ⇐ ⌱ Ⓜ ⌱₳ 🅿 – 15 chambres – 3 suites

Quartier de la Citadelle (ville haute) – ℰ 04 95 73 12 34 – www.hotel-genovese.com

🏠 VERSION MAQUIS SANTA MANZA

BOUTIQUE HÔTEL · MÉDITERRANÉEN Dans le calme du maquis corse, loin de la foule, des chambres épurées et une belle piscine à débordement. Le matin, on emprunte à pied le chemin menant à la mer, à une demi-heure de là... Dépaysement garanti !

⅋ ⇐ 🛏 ⌱ ₺ Ⓜ 🅿 – 11 chambres

Lieu-dit Canetto-Pertuso – ℰ 04 95 71 05 30 – www.versionmaquis.com

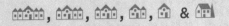

CAGNANO

✉ 20228 – Haute-Corse – Carte régionale n° **9**–B1 – Carte Michelin 345-F2

🍴 **TRA DI NOÏ**

MODERNE · ÉLÉGANT XX Le chef de Tra Di Noï ("entre nous", en corse) met à l'honneur les produits de l'île de façon originale, dans un esprit bistronomique revendiqué. Tout a du goût (de nombreux produits viennent du potager en permaculture), la technique et la créativité sont au rendez-vous, y compris au dessert : on passe un bon moment.

≤ 🍴 🛋 🕭 **P** – Menu 55€ (déjeuner), 75/85€ – Carte 67/78€

Misincu, lieu-dit Misincu (en bord de mer) – ℰ 04 95 35 21 21 –
www.hotel-misincu.fr – Fermé 15 octobre-22 avril

🏨 **MISINCU**

SPA ET BIEN-ÊTRE · BORD DE MER Dans cette partie de la Corse encore sauvage et préservée, un superbe hôtel d'une blancheur éclatante, tout en arcades et en patios... La Méditerranée, en somme ! Matériaux de qualité, chambres spacieuses et épurées, belle piscine : un véritable coup de cœur.

≤ 🍴 🏊 🌐 🎞 🕭 🕭 🖼 🖼 **P** – 24 chambres – 6 suites

Lieu-dit Misincu (en bord de mer) – ℰ 04 95 35 21 21 – www.hotel-misincu.fr

🍴 **Tra Di Noï** – Voir la sélection des restaurants

CALVI

✉ 20260 – Haute-Corse – Carte régionale n° **9**–A1 – Carte Michelin 345-B4

✿ **LA SIGNORIA**

MODERNE · MÉDITERRANÉEN XxX À quelques minutes de Calvi, on découvre avec ravissement cet ancien domaine seigneurial génois, niché dans une pinède, entouré de vignobles et, au loin, de cimes enneigées... On dîne sur la terrasse donnant sur le jardin méridional planté d'essences qui fleurent bon, du rosier à l'eucalyptus. Voilà un cadre parfaitement approprié à cette cuisine qui fait chanter les produits corses, de la langoustine au veau en passant par le poisson des côtes méditerranéennes. Surprise ! C'est un chef bourguignon, Alexandre Fabris, au parcours irréprochable (de Marc Meneau à la Maison Lameloise...) qui fait preuve de tant de finesse, notamment sur ce soufflé au brocciu, réalisé dans les règles de l'art.

Spécialités : Langoustines du cap Corse, condiments du maquis au bouillon népita. Ris de veau corse croustillant à la châtaigne, émulsion lonzu. Soufflé au brocciu.

🕸 ≤ 🍴 🛋 🖼 ✿ **P** – Menu 55€ (déjeuner), 95/140€

Route de la Forêt-de-Bonifato – ℰ 04 95 65 93 00 – www.hotel-la-signoria.com –
Fermé 31 octobre-10 avril

🍴 **EMILE'S**

MODERNE · CLASSIQUE XX Au pied de la Citadelle, sur un quai planté de palmiers, cette maison typique domine le port de Calvi. Mobilier de la Belle Époque et tables dressées avec soin : il y a du raffinement ! Côté cuisine, le chef se révèle un bon technicien et compose des assiettes savoureuses et soignées.

≤ 🛋 🖼 – Menu 35/85€ – Carte 70/100€

Quai Landry – ℰ 04 95 65 09 60 – www.restaurant-emiles.com – Fermé 1er
novembre-31 mars, lundi midi, mardi midi

🍴 **U FANALE**

CORSE · FAMILIAL X Sur la route de Porto, un endroit idéal si l'on cherche une authentique cuisine corse : jolis produits issus des circuits courts et poissons locaux (à la plancha) sont joliment cuisinés, notamment à la rôtissoire. Le tout à des prix raisonnables... La salle, simplement décorée, réserve une belle vue sur la baie et le phare de la Revelatta.

🛋 **P** – Carte 28/52€

Route de Porto – ℰ 04 95 65 18 82 – Fermé 15 octobre-1er mai

🏠 LA VILLA · Tablet. PLUS

GRAND LUXE · CONTEMPORAIN La vieille ville et toute la baie semblent envier cette Villa juchée sur les hauteurs ! Ce complexe hôtelier à l'élégance épurée, digne d'un couvent, distille l'essence de l'Île de Beauté... Joli spa, centre de soins, salon de coiffure, fitness, trois piscines extérieures, une intérieure : un ensemble haut de gamme, pour un séjour reposant.

⟡ ⟨ 🛁 🔲 ⊕ 🛗 🔢 ⑆ ⛱ 🛗 🗚 **P** – 25 chambres – 23 suites

Chemin Notre-Dame-de-la-Serra – ℰ 04 95 65 10 10 – www.hotel-lavilla.com

🏠 LA SIGNORIA

MAISON DE MAÎTRE · MÉDITERRANÉEN Nichée dans une pinède, cette demeure du 18e s. incarne à elle seule la Méditerranée : de l'ocre, du bleu, un mobilier corse d'époque, un beau jardin paysager et... des senteurs infinies, dans la plus grande quiétude ! Joli spa. Plusieurs villas et suites, idéales pour les familles.

⟡ ⟨ 🛁 🔲 ⊕ 🍴 ⛱ 🛗 **P** – 22 chambres – 8 suites

Route de la Forêt-de-Bonifato – ℰ 04 95 65 93 00 – www.hotel-la-signoria.com

❁ **La Signoria** – Voir la sélection des restaurants

CENTURI

✉ 20238 – Haute-Corse – Carte régionale n° **9**-B1 – Carte Michelin 345-F2

🍴 LE VIEUX MOULIN

POISSONS ET FRUITS DE MER · AUBERGE XX Ce restaurant familial, fondé en 1961, surplombe le pittoresque petit port de Centuri. On y vient pour manger de la langouste grillée (avril-sept) ou aux pâtes, une bouillabaisse ou la pêche du jour. C'est frais et bon : les habitués ne s'y trompent pas.

⇦ ⟨ 🛗 – Carte 50/150 €

Au port – ℰ 04 95 35 60 15 – www.le-vieux-moulin.net – Fermé 1er octobre-1er mars, mercredi

CORTE

✉ 20250 – Haute-Corse – Carte régionale n° **9**-B2 – Carte Michelin 345-D6

🏠 DOMINIQUE COLONNA

BOUTIQUE HÔTEL · NATURE À l'entrée des gorges, dans l'arrière-pays de Corte, cet hôtel paisible, entre rochers et pins, ravira les amoureux de la nature. Confort idéal, jolies chambres et splendide terrasse qui surplombe les flots tumultueux de la rivière, où les moins frileux iront piquer une tête !

⟡ ⟨ 🛁 ⛱ 🛗 **P** – 28 chambres – 2 suites

Lieu-dit Restonica (dans les Gorges de la Restonica) – ℰ 04 95 45 25 65 – www.dominique-colonna.com

CUTTOLI

✉ 20167 – Corse-du-Sud – Carte régionale n° **9**-A2

😊 U LICETTU

TRADITIONNELLE · RUSTIQUE XX Une villa dominant le golfe et noyée sous les fleurs, quelques chambres face au jardin, un accueil charmant, une authentique cuisine corse copieuse et savoureuse (charcuteries maison, viandes rôties dans la cheminée, brocciu frais du matin même...) : autant de bonnes raisons de ne pas prendre le maquis ! Boisson comprise dans le menu.

Spécialités : Jambon corse. Porcelet cuit au feu de bois. Parfait glacé à la châtaigne.

⇦ ⟨ 🛗 **P** – Menu 44 €

Plaine de Cuttoli – ℰ 04 95 25 61 57 – www.u-licettu.com – Fermé 1er janvier-1er mars, lundi, dimanche soir

ERBALUNGA

✉ 20222 – Haute-Corse – Carte régionale n° **9**-B1 – Carte Michelin 345-F3

🍴◯ **LE PIRATE**

POISSONS ET FRUITS DE MER · **MÉDITERRANÉEN** XX Ce restaurant est sans conteste l'une des meilleures adresses des environs. Travail dans l'assiette, originalité des associations de saveurs : le chef signe une partition solide, en se fournissant au maximum chez des producteurs locaux. Et n'oublions pas le cadre enchanteur, sur le petit port pittoresque d'Erbalunga...

🕸 ≼ 🛋 🅼 – Menu 45 € (déjeuner), 75/195 € – Carte 80/95 €

Au port – 𝒞 04 95 33 24 20 – www.restaurantlepirate.com –
Fermé 31 octobre-30 mars, lundi, mardi

🏠 **CASTEL BRANDO**   Tablet. PLUS

MAISON DE MAÎTRE · **ÉLÉGANT** Dans cette maison de maître édifiée par un médecin des armées napoléoniennes, tout est ravissant : le jardin luxuriant et ses jolis palmiers, les chambres raffinées (certaines dans des villas annexes), les piscines, l'espace forme et massage, la véranda... Préférez les chambres côté jardin, plus calmes et plus amples. Charmant.

🏡 📶 ⓘ 𝕝♨ & 🅼 🅿 – 40 chambres – 6 suites

Route du Cap – 𝒞 04 95 30 10 30 – www.castelbrando.com

GUITERA-LES-BAINS

✉ 20153 – Corse-du-Sud – Carte régionale n° **9**-B3 – Carte Michelin 345-D8

🍴◯ **ZELLA**

CORSE · **MAISON DE CAMPAGNE** X Une piste chaotique mène à cette auberge de montage, cernée par un environnement sauvage et naturel. C'est là que Jean-Marie Casamarta prépare des plats de terroir, issus des petites productions agricoles alentour (et notamment de celles de son frère). A titre d'exemple : une excellente charcuterie, des lasagnes au brocciu, ou le fondant à la châtaigne. C'est savoureux et rassasiant. Quatre jolies chambres d'hôtes permettent de prolonger l'étape.

🔄 🅿 – Menu 27/33 €

D 28 – 𝒞 06 80 92 84 46 – Fermé 5 janvier-20 mars, lundi midi, mardi midi

L'ÎLE-ROUSSE

✉ 20220 – Haute-Corse – Carte régionale n° **9**-A1 – Carte Michelin 345-C4

🍴◯ **I SALTI**

MODERNE · **COSY** X Dans la vallée du Reginu, à côté du golf, un ancien moulin converti en jolie petite maison, avec son cadre bucolique et son jardin d'esprit guinguette. L'ardoise annonce des beaux produits de Balagne - pêche locale, légumes bio. Accueil chaleureux.

🏮 🍽 – Carte 55/60 €

Au golf du Reginu - Moulin de Salti (12 km au Sud par route de Bastia) –
𝒞 04 95 34 35 59 – Fermé 1er novembre-15 avril, lundi, mardi midi, mercredi midi,
jeudi midi

LECCI

✉ 20137 – Corse-du-Sud – Carte régionale n° **9**-B3

🍴◯ **LA PLAGE CASADELMAR**

POISSONS ET FRUITS DE MER · **DESIGN** XX La salle et la terrasse sont posées juste au-dessus d'une plage discrète du golfe de Porto-Vecchio. Comment se lasser de la vue sur la côte et la mer ? Au sein de ce bel hôtel contemporain, la cuisine, confiée à un chef italien, se veut résolument transalpine. Une réussite.

≼ 📶 🏮 🅼 🅿 – Carte 70/95 €

Presqu'île du Benedettu – 𝒞 04 95 71 02 30 – www.laplagecasadelmar.fr –
Fermé 15 octobre-1er mai

🍽️ EMPORIUM

MODERNE · TENDANCE 𝕏 On doit cette belle surprise à un chef originaire de Grenoble, né de parents italiens, et passé par des tables de renom : Guy Savoy, George V... En lien direct avec le terroir (pêche locale, maraîcher de Bonifacio, veau corse), il compose une cuisine contemporaine de très bonne facture, à prix sages.

🛋 & – Carte 50/70 €

32 boulevard Napoléon, à San-Ciprianu – ℰ 04 95 73 55 86 – Fermé 1er décembre-31 mars, lundi, mercredi midi

🏠 LA PLAGE CASADELMAR

LUXE · DESIGN Fermez les yeux et imaginez une superbe plage de sable fin en accès direct... Tel est l'un des atouts de ce bel établissement niché sur un petit cap du golfe de Porto-Vecchio. Un lieu à part, dont le design contemporain cultive un minimalisme chic et apaisant...

🏊 ≤ 🛏 🗲 🖭 🕭 🅿 – 16 chambres – 3 suites

Presqu'île du Benedettu – ℰ 04 95 71 02 30 – www.laplagecasadelmar.fr

🍽️ **La Plage Casadelmar** – Voir la sélection des restaurants

LEVIE

✉ 20170 – Corse-du-Sud – Carte régionale n° **9**–B3 – Carte Michelin 345-D9

🍽️ A PIGNATA

CORSE · RUSTIQUE 𝕏𝕏 Dans cette ferme-auberge au charme bucolique, la cuisine familiale a le bon goût de la tradition... et de la simplicité, avec ce menu unique renouvelé tous les jours. Les produits sont d'une qualité exceptionnelle ; d'ailleurs, la charcuterie remarquable (coppa, lonzu et autres) est fabriquée à partir des cochons de l'exploitation familiale !

🛏 ≤ 🛋 🛋 & 🅿 – Menu 53 €

Route de Pianu – ℰ 04 95 78 41 90 – www.apignata.com – Fermé 1er janvier-31 mars

LUMIO

✉ 20260 – Haute-Corse – Carte régionale n° **9**–A1 – Carte Michelin 345-B4

🌼 A CASA DI MA

CRÉATIVE · CONTEMPORAIN 𝕏𝕏𝕏 Lumio, village de Haute-Corse baigné de lumière et de saveurs... Le chef réalise ici une partition fine et gourmande, relevée d'une petite note créative, et toujours respectueuse du beau produit – dont l'île n'est pas avare. On se délecte par exemple d'un thon confit à la nepita (une herbe aromatique du maquis) et tartare de wakamé ou d'un rouget juste saisi, avec sa sauce comme un aziminu (bouillabaisse locale) et jeunes poireaux. Le tout dans une salle au décor contemporain, ouverte sur une jolie terrasse : cadre idéal pour découvrir cette cuisine épurée, qui respire la Méditerranée et le terroir corse. Service affable et attentif. Un bel endroit.

Spécialités : Dorade royale en gravlax de myrte, pomelo confit au miel du maquis. Loup confit à l'huile d'olive, étuvée de rapini, jus d'arêtes boucané, caviar osciètre. Croquant de chocolat tulakalum, confit citron-gingembre.

🕭 ≤ 🛋 🖭 ⇧ – Menu 135/165 € – Carte 80/120 €

Route de Calvi – ℰ 04 95 60 61 71 – www.acasadima.com – Fermé 2 novembre-8 avril, lundi, mardi midi

🏠 A CASA DI MA

FAMILIAL · CONTEMPORAIN Agréable escapade en cet hôtel au décor contemporain et design, ouvrant sur le golfe de Calvi et la montagne (chambres avec balcon, piscine à débordement), non loin de la route. Préférez les chambres avec vue mer.

≤ 🗲 🖭 🕭 – 29 chambres

Route de Calvi – ℰ 04 95 60 61 71 – www.acasadima.com

🌼 **A Casa di Ma** – Voir la sélection des restaurants

MONTICELLO

A PIATTATELLA

BOUTIQUE HÔTEL · PERSONNALISÉ Piattatella, ou "cachette" en langue corse. Un nom tout trouvé pour ce bel hôtel au décor contemporain, niché sur les hauteurs du village. Un parcours de remise en forme, un espace bien-être, deux belles piscines, les paysages de Balagne et ce parfait sentiment d'exclusivité : tout est là !

✿ ॐ ⊫ ⏋ ☆ ⛬ & ⚏ **P** – 17 chambres

Chemin de Saint-François – ☎ 04 95 60 07 00 – www.apiattatella.com

MINERA

BOUTIQUE HÔTEL · ORIGINAL Détente et bien-être sont au programme de ce boutique-hôtel, qui surplombe la route du littoral et offre une vue extra sur la mer. Chambres séduisantes, beau jardin paysager, piscine et terrasse pour prendre le petit-déjeuner : on y passerait bien ses vacances...

✿ ⋞ ⊫ ⏋ & ⚏ **P** – 8 chambres

Lieu-dit Minera – ☎ 04 95 60 00 45 – www.hotel-minera.com

MURTOLI

� LA TABLE DE LA FERME

CORSE · CHAMPÊTRE ✗✗ Murtoli échappe à toutes les définitions habituelles du tourisme. Un domaine gigantesque entre mer et colline, où l'on dort dans des bergeries ou villas avec piscine privative : le luxe campagnard dans tout sa splendeur. Supervisée par Mathieu Pacaud, la table gastronomique de Murtoli met en valeur les meilleurs produits corses : poissons pêchés face au domaine, safran de la voisine, légumes du potager, herbes du maquis... sans oublier l'impressionnante carte des vins (plus de 600 références). On se régale sur la terrasse, à l'abri de la tonnelle et des oliviers.

Spécialités : Arlequin du jardin. Homard bleu en soupe corse, émulsion montée à la népita. Melba de fraises du jardin, émulsion au lait de brebis.

⅋ ⋞ ⊫ �🛱 **P** – Menu 210 €

Vallée de l'Ortolo, domaine de Murtoli – ☎ 04 95 71 69 24 – www.murtoli.com – Fermé 15 septembre-15 mai, lundi, mardi et le midi

� LA GROTTE

CORSE · CHAMPÊTRE ✗✗ Au-dessus du golf du domaine de Murtoli, en plein maquis, ce restaurant offre un cadre unique que son nom laisse présager. On dîne d'un menu corse en 5 plats, à la bougie, sur les bancs de bois, installés au cœur de la roche, ou sur l'une des superbes petites terrasses à la vue splendide. Difficile de rêver plus romantique. Réservation indispensable.

⋞ ⊫ 🛱 **P** – Menu 60 €

vallée de l'Ortolo – ☎ 04 95 71 69 24 – www.murtoli.com – Fermé 5 janvier-1ᵉʳ avril, mardi et le midi

�' LA TABLE DE LA PLAGE

MÉDITERRANÉENNE · ROMANTIQUE ✗✗ Au bord de la plus jolie plage du domaine de Murtoli, ce restaurant au cadre exceptionnel se mérite. Poissons de pêche locale, langouste grillée, veau, bœuf ou agneau élevés sur le domaine : on se régale. Réservation indispensable pour pouvoir accéder à cette propriété très exclusive. Les prix ne sont pas tendres, mais le charme laisse sans voix.

⋞ 🛱 **P** – Carte 90/180 €

Vallée de l'Ortolo – ☎ 04 95 71 69 24 – www.murtoli.com – Fermé 1ᵉʳ novembre-1ᵉʳ mai, jeudi soir

NONZA

LA SASSA

MÉDITERRANÉENNE · ROMANTIQUE Ce restaurant atypique, sans salle intérieure, se niche au pied de la tour paoline (18ᵉ s.), véritable nid d'aigle, perché à 160 m de hauteur, offrant une vue exceptionnelle sur la côte du Cap Corse et le golfe de Saint-Florent. Cuisine basée sur les bons produits du potager maison (2000 m²!) et agréables terrasses aux multiples recoins...

🍴 – Carte 40/80€

À la tour de Nonza – ☎ 04 95 38 55 26 – www.lasassa.com – Fermé 15 octobre-15 mai

OLETTA

✉ 20232 – Haute-Corse – Carte régionale n° **9**–B1 – Carte Michelin 345-F4

LA DIMORA

MAISON DE CAMPAGNE · PERSONNALISÉ Matériaux nobles, authenticité et luxe contemporain discret... Dans l'arrière-pays, cette villa du 18ᵉ s. vous reçoit en ami; la piscine, l'espace bien-être et le jardin invitent délicatement au farniente.

🛁 – 15 chambres – 2 suites

Route de Saint-Florent – ☎ 04 95 35 22 51 – www.ladimora.fr

U PALAZZU SERENU

LUXE · DESIGN Embrassant le golfe de St-Florent et les paysages du Nebbio, ce palais florentin (17ᵉ s.) est un joyau! Œuvres d'art contemporain, grand style, et chambres au décor très moderne. Le chef propose une cuisine méditerranéenne fraîche et épurée (sur réservation), à déguster sur la splendide terrasse... Très belle piscine chauffée.

🛁 – 6 chambres – 2 suites

U Palazzu Serenu – ☎ 04 95 38 39 39 – www.upalazzuserenu.com

OLMETO

✉ 20113 – Corse-du-Sud – Carte régionale n° **9**–A3 – Carte Michelin 345-C9

LA VERRIÈRE

MODERNE · ÉLÉGANT Il y a des trésors que l'on aimerait garder pour soi; cette Verrière en fait partie! Derrière les fourneaux, le chef s'inspire de sa Bretagne natale pour travailler de jolis produits de la mer, comme cet encornet, caviar d'aubergine, chutney de tomates et artichaut. Cadre élégant et jolie vue en terrasse.

🍴 – Menu 65/170€ – Carte 88/130€

Marinca, Lieu-dit Vitricella – ☎ 04 95 70 09 00 – www.hotel-marinca.com – Fermé 4 octobre-6 avril, lundi et le midi

PERI

✉ 20167 – Corse-du-Sud – Carte régionale n° **9**–A2 – Carte Michelin 345-C7

CHEZ SÉRAPHIN

TRADITIONNELLE · FAMILIAL Une maison corse typique dans un charmant village à flanc de montagne. La patronne y travaille de bons produits du terroir avec simplicité; elle les agrémente des fruits, légumes et herbes du jardin. Inusable Séraphin!

🍴 – Menu 55€

Au village – ☎ 04 95 25 68 94 – Fermé 30 septembre-6 avril, lundi, mardi midi, mercredi midi, jeudi midi

PIGNA

✉ 20220 – Haute-Corse – Carte régionale n° **9**–A1

A MANDRIA DI PIGNA

CORSE · AUBERGE Cette bergerie contemporaine est à l'image du village qui l'accueille: attachante! Courgettes, tomates et herbes aromatiques du potager, agneau et cochon de lait, en grillades ou à la broche... le terroir corse est à l'honneur. Et la générosité, de mise!

Spécialités : Aubergine "A Mandria". Brebis à l'antica. Gâteau à la châtaigne.

🛜 🅿 – Menu 34 € – Carte 25/65 €

Village – ☎ 04 95 32 71 24 – www.amandria.com – Fermé 15 septembre-1er avril, lundi

PISCIATELLO

✉ 20117 – Corse-du-Sud – Carte régionale n° **9**-A3

🍽 **AUBERGE DU PRUNELLI**

CUISINE DU TERROIR · AUBERGE X Ambiance conviviale et authentique dans cette auberge née en 1870, perdue dans les environs d'Ajaccio. Charcuterie, fromages et miel de la vallée, légumes du potager, petits plats mijotés des heures sur le coin du fourneau, tartes concoctées avec les fruits du verger, belle sélection de vins corses... Intemporel !

⅏ 🛜 – Menu 34 € – Carte 30/60 €

Pont de Pisciatello – ☎ 04 95 20 02 75 – www.auberge-du-prunelli.fr – Fermé mardi

PORTICCIO

✉ 20166 – Corse-du-Sud – Carte régionale n° **9**-A3 – Carte Michelin 345-B8

🍽 **L'ARBOUSIER**

CLASSIQUE · CLASSIQUE XXX Savourer des langoustines, du homard et des poissons de petits pêcheurs locaux en regardant la mer... quel délice ! Une institution locale.

⬅ ⪡ 🍴 🛜 🖪 🅿 – Menu 85 € – Carte 80/110 €

Le Maquis, D55 - Boulevard Marie-Jeanne Bozzi – ☎ 04 95 25 05 55 – www.lemaquis.com – Fermé 3 janvier-14 février

🏨 **SOFITEL THALASSA**

HÔTEL DE CHAÎNE · FONCTIONNEL Thalassa, déesse grecque de la mer, est bien la figure tutélaire de ce complexe hôtelier : situation isolée à la pointe du cap de Porticcio, institut de thalassothérapie, piscine à débordement, sports nautiques, chambres tournées vers la Méditerranée, et produits de la mer au restaurant lui aussi face aux flots...

🏊 🐾 ⪡ ⪡ 🍵 🕾 🖳 ♨ ⅃⽕ 🖪 ⅃ 🎦 ⅃⽖ 🅿 – 96 chambres – 2 suites

Domaine de la Pointe – ☎ 04 95 29 40 40 – www.sofitel.com/hotel/ajaccio

PORTO-VECCHIO

✉ 20137 – Corse-du-Sud – Carte régionale n° **9**-B3 – Carte Michelin 345-E10

✿✿ **CASADELMAR**

MODERNE · LUXE XXX Ici, la mer est au centre de toutes choses. Bienvenue à Porto-Vecchio ! L'ancienne cité génoise a résisté à toutes les invasions barbares. Détruite, reconstruite, la citadelle de la ville porte haut la fierté corse. Autre motif de fierté, le restaurant Casadelmar : une table au (grand) cœur iodé. Ne vous laissez pas distraire par la vue ensorcelante sur la baie, ni le cadre de ce superbe hôtel, le plus étonnant se passe dans l'assiette ! Le chef Fabio Bragagnolo navigue entre Corse et Italie. Parmi ses plats fétiches, les "cannelloni de denti au tourteau, caviar, fraîcheur de légumes et cédrats de San Giuliano". Le poisson cru, découpé en fines lamelles, est fourré d'une chair de tourteau émietté, et surmonté d'une petite ligne de caviar iodé. Le tout offre une fraîcheur insensée aux papilles en apnée. Un travail d'orfèvre.

Spécialités : Poissons et crustacés marinés à la moutarde de Cremone, fraîcheur de légumes. Effiloché de jarret de veau façon osso-buco, foie gras et cerises. Noisettes de Cervione, chocolat de Haïti, sorbet noisette-cacao.

⅏ ⪡ ⬅ 🛜 ⅃ 🎦 🅿 – Menu 170/255 € – Carte 175/220 €

7 km par route de la plage de Palombaggia – ☎ 04 95 72 34 34 – www.casadelmar.fr – Fermé 5 octobre-13 avril, lundi, dimanche

❀ U SANTA MARINA

MODERNE · **ROMANTIQUE** XX La vue sur le golfe de Santa Giulia est superbe, et le soir venu, on pourrait croquer le soleil couchant confortablement installé en bord de plage... Dans l'assiette, le chef Nikolaz Le Cheviller, Breton exilé en Corse, imagine une cuisine goûteuse et personnelle. Mariant le terroir corse et ses racines celtes, il n'hésite pas à recourir à des ingrédients comme le varech, le sarrasin, le jus de pomme, le chouchen, l'oignon de Roscoff et même le beurre demi-sel. Beaux produits (comme ce bar sauvage), cuissons maîtrisées et goûteuses, jeux de textures intéressants, plats soigneusement structurés et dressages originaux (comme cette délicieuse bouillabaisse dans son assiette en forme de barque) : un savoureux moment.

Spécialités : Œuf bio cuit moelleux. Bouillabaisse à notre façon. Autour de l'agrume corse.

≼ 🖰 🏠 – Menu 75/145 € – Carte 25/48 €

Marina di Santa-Giulia (plage) – 𝒞 04 95 70 45 00 – www.usantamarina.com – Fermé 1er novembre-1er avril, le midi

❚❍ LE BELVÉDÈRE

MODERNE · **ROMANTIQUE** XXX La mer vient flirter avec les tables, les monts se découpent sur le ciel lointain... la terrasse est idyllique ! Au cœur du golfe de Porto-Vecchio, cette enclave discrète joue la carte des beaux produits et de la gastronomie d'aujourd'hui.

❀ ≼ 🖰 🏠 & ✿ 🅿 – Menu 39 € (déjeuner), 75/120 € – Carte 45/90 €

5 km par route de la plage de Palombaggia – 𝒞 04 95 70 54 13 – www.hbcorsica.com – Fermé 30 novembre-23 avril

❚❍ DON CESAR

MODERNE · **ÉLÉGANT** XXX Avec son décor luxueux et raffiné, et ses larges baies vitrées ouvertes sur la terrasse, le restaurant de l'hôtel Don Cesar ne manque pas de charme ! On y sert une cuisine entre France et Italie, soignée et pleine de saveurs, qui fait la part belle aux produits de la mer (déclinaison de calamars, bouillabaisse...).

≼ 🖰 🏠 & 🎹 ✿ 🅿 – Carte 80/130 €

Rue du Commandant-Quilici (au rond-point du centre commercial Leclerc prendre la direction de la clinique) –
𝒞 04 95 76 09 09 – www.hoteldoncesar.com –
Fermé 30 septembre-15 mai

❚❍ LA PINÈDE

MODERNE · **MÉDITERRANÉEN** XXX Ah, dîner sous la tonnelle, dans un cadre intimiste et romantique... La cuisine fait la fête aux produits locaux (notamment herbes et légumes du potager) servis avec décontraction. Cave d'affinage pour les fromages et belle carte de vins.

❀ ≼ 🖰 🏠 & 🎹 – Carte 55/75 €

Grand Hôtel de Cala Rossa, A Cala-Rossa –
𝒞 04 95 71 61 51 – www.cala-rossa.com –
Fermé 3 novembre-18 avril

❚❍ LES HAUTS DE SANTA GIULIA

FUSION · **DESIGN** XX La chef réalise ici une bonne cuisine à base de produits sélectionnés avec soin, et parsème ses assiettes d'influences diverses (Asie et Méditerranée, principalement), toujours équilibrées. Le menu carte blanche est renouvelé tous les jours et le chariot de desserts, ici parfaitement réalisé, mérite les éloges ; le mobilier vintage et la jolie terrasse ajoutent au charme des lieux.

🏠 🅿 – Menu 77 €

Résidence les Hauts de Santa Giulia, route de Bonifacio – 𝒞 04 95 70 40 84 – Fermé 30 septembre-1er juin, le midi

CORSE

⦿ **LA TABLE DE MINA**

MODERNE · MÉDITERRANÉEN 🅧 Installé confortablement au bord de la piscine, sous un toit de tuiles, on profite de la jolie vue sur la mer... et on se délecte des préparations à base de produits corses, avec quelques touches exotiques, d'un chef qui a fait une bonne partie de sa carrière à la Réunion.

� ⅙ – Carte 85/125 €

Les Bergeries de Palombaggia, Route de Palombaggia – ☎ *04 95 70 03 23 –* *www.hotel-palombaggia.com – Fermé 31 octobre-18 avril, lundi soir*

CASADELMAR Tablet. PLUS

GRAND LUXE · CONTEMPORAIN Un long parallélépipède de bois, dans un parc planté de figuiers, de grenadiers et d'oliviers. Des lignes géométriques étudiées, des espaces design... et partout – notamment de la piscine à débordement –, une vue magique sur la baie de Porto-Vecchio : la Corse à l'heure contemporaine *"and so chic"* !

🏠 ⌇ ← 🍽 ⌇ 🆒 ⌇ ⌇ 🅿 – 20 suites – 14 chambres

7 km par route de la plage de Palombaggia – ☎ *04 95 72 34 34 –* *www.casadelmar.fr*

❀❀ **Casadelmar** – Voir la sélection des restaurants

DON CESAR

LUXE · ÉLÉGANT Dans cet hôtel créé en 2012 dans l'esprit méditerranéen, le luxe a donné rendez-vous au raffinement. Les chambres sont superbes et spacieuses (50 m² au minimum) et leurs balcons se tournent vers le golfe de Porto-Vecchio... pour rêver éveillé. Piscine, spa, jardin paysager, etc., ajoutent à la beauté des lieux.

🏠 ⌇ ← 🍽 ⌇ 🆒 ⌇ ⌇ 🅿 🛎 – 39 chambres – 2 suites

Rue du Commandant-Quilici (au rond-point du centre commercial Leclerc prendre la direction de la clinique) – ☎ *04 95 76 09 09 – www.hoteldoncesar.com*

⦿ **Don Cesar** – Voir la sélection des restaurants

GRAND HÔTEL DE CALA ROSSA

GRAND LUXE · ÉLÉGANT À demeure d'exception, écrin splendide : un jardin luxuriant, un ponton privé sur la plage et un spa de grand standing où l'on utilise des produits à base de plantes du maquis corse... Cuisine actuelle à la Pinède (légumes du potager).

🏠 ⌇ ← 🍽 ⌇ 🆒 ⌇ 🆒 – 31 chambres – 9 suites

A Cala-Rossa – ☎ *04 95 71 61 51 – www.hotel-calarossa.com*

⦿ **La Pinède** – Voir la sélection des restaurants

LES BERGERIES DE PALOMBAGGIA

LUXE · PERSONNALISÉ Parmi les oliviers et les cyprès, plusieurs maisonnettes construites dans l'esprit des anciennes bergeries, mais très confortables... luxueuses même ! Matériaux bruts, vue sur la mer (en étage), etc. : pour une belle et discrète villégiature à deux pas de la célèbre plage de Palombaggia.

← 🍽 ⌇ ⅙ 🆒 🅿 – 16 chambres – 5 suites

Route de Palombaggia – ☎ *04 95 70 03 23 – www.hotel-palombaggia.com*

⦿ **La Table de Mina** – Voir la sélection des restaurants

PROPRIANO

✉ 20110 – Corse-du-Sud – Carte régionale n° **9**–A3 – Carte Michelin 345-C9

⦿ **CHEZ PARENTI**

POISSONS ET FRUITS DE MER · CLASSIQUE 🅇🅇 Envie de poisson frais ou de homard ? Ce restaurant, tenu depuis 1935 par la famille Parenti, est exactement ce qu'il vous faut. Raviole d'araignée de mer, langouste grillée aux épices des îles, quelques viandes aussi, souvent corses (veau tigre...) : de bons produits pleins de fraîcheur, à déguster confortablement installé sur la terrasse, face au port de plaisance.

← � – Menu 56/75 €

10 avenue Napoléon-III – ☎ *04 95 76 12 14 – www.chezparenti.fr –* *Fermé 4 novembre-31 mars, lundi midi*

ⅼ○ TEMPI FÀ

CUISINE DU TERROIR · BISTRO X Tempi fà ou « au temps d'avant » en corse... C'est exactement là où ramène cette épicerie-bistrot ! On entre par la boutique, dont le décor original reproduit une place de village, avec un vrai marché local (charcuteries, fromages, vin de myrte, etc.). Et tous ces beaux produits sont proposés à la dégustation... sans oublier la belle carte de vins de l'île.

⅋ 🛱 🗚 – Menu 24 € – Carte 25/50 €

7 avenue Napoléon-III – ℰ 04 95 76 06 52 – www.tempi-fa.com –
Fermé 30 novembre-1er avril

ⅼ○ TERRA COTTA

POISSONS ET FRUITS DE MER · COSY X Ce charmant petit restaurant offre aussi une magnifique terrasse qui prend ses aises le long des quais du port. Le chef Thomas Duval travaille chaque jour les poissons de son frère pêcheur, qu'il associe avec brio aux nourritures terrestres à travers une belle cuisine aux saveurs contrastées.

🛱 🗚 – Menu 24 € (déjeuner)/65 € – Carte 50/65 €

29 avenue Napoléon-III – ℰ 04 95 74 23 80 – Fermé 15 octobre-15 avril, dimanche

ⅼ○ MIRAMAR BOUTIQUE HÔTEL

LUXE · COSY Au cœur d'un parc luxuriant, cette villa aux murs chaulés offre une vue plongeante sur le golfe de Valinco. Beaucoup de charme : objets chinés, espace et raffinement... Carte simple et légère le midi ; poisson à la plancha, terroir corse et langouste grillée le soir.

🛠 ≤ 🛏 ⅃ 🗟 🗚 🛁 🅿 – 21 chambres – 4 suites

Route de la Corniche – ℰ 04 95 76 06 13 – www.miramarboutiquehotel.com

ST-FLORENT

✉ 20217 – Haute-Corse – Carte régionale n° **9**-B1 – Carte Michelin 345-E3

ⅼ○ LA ROYA

MODERNE · ÉLÉGANT XXX Atmosphère contemporaine et raffinée, terrasse dans le joli jardin, face à la plage : un cadre idyllique au service d'une cuisine bien en prise avec le terroir corse. Personnel souriant et attentionné, pour ne rien gâcher !

≤ 🛏 🛱 ⅋ 🗚 🅿 – Carte 55/90 €

La Plage – ℰ 04 95 37 00 40 – www.hoteldelaroya.com – Fermé 15 octobre-15 avril

ⅼ○ L'AUBERGE DU PÊCHEUR

POISSONS ET FRUITS DE MER · MÉDITERRANÉEN XX Damien Muller, marin pêcheur et propriétaire de la poissonnerie Saint-Christophe, tient dans la cour jardin de la maison de son enfance un restaurant... en plein air. Un jeune chef toulousain y agrémente la pêche du jour (poisson grillé, langoustes) avec talent, tandis qu'un autre décline des sushis pleins de fraîcheur.

🛱 – Carte 50/75 €

Route de Bastia – ℰ 06 24 36 30 42 – www.aubergedupecheur.net –
Fermé 30 septembre-30 avril, dimanche et le midi en semaine

ⅼ○ LA GAFFE

MODERNE · CONTEMPORAIN XX Le chef Yann Le Scavarec, natif du Morbihan, est aux commandes de ce restaurant idéalement situé sur les quais de Saint-Florent. Sa cuisine, actuelle et soignée, met en valeur la production des environs : agneau et veau d'Oletta, poissons en direct d'un pêcheur local, langouste au barbecue...

🛱 🗚 – Menu 55 € – Carte 50/80 €

Promenade des Quais (quai des Pêcheurs) – ℰ 04 95 37 00 12 –
www.restaurant-saint-florent.com – Fermé 1er novembre-15 mars, mercredi midi

🍽️ MATHY'S

MODERNE · BISTRO 🗙 Façade rouge pour ce restaurant de Saint-Florent, devancé par une jolie terrasse ombragée par un mûrier-platane. Dans un esprit « restaurant de village», on sert ici une cuisine bourgeoise, méditerranéenne et corse, plus travaillée le soir. Convivialité, service souriant et jolie carte des vins complètent l'agréable tableau.

🍴 – Menu 19 € (déjeuner)/32 € – Carte 36/55 €

Place Furnellu – ☎ 04 95 37 20 73 – Fermé 15 janvier-8 février, lundi soir, mardi soir, mercredi soir, dimanche

🏨 LA ROYA

TRADITIONNEL · COSY Sur la plage de sable fin de la Roya (accès direct) et dans un jardin ravissant embaumant les senteurs méditerranéennes, cet hôtel récent est un havre de paix. Les lits sont si douillets qu'on pourrait ne plus quitter la chambre, mais la Corse est si belle... D'ailleurs, ici, on prête des vélos.

🌊 ⇐ 🖴 ⵗ 🖵 ⧖ 🅰 🅿 – 15 suites – 11 chambres

☎ 04 95 37 00 40 – www.hoteldelaroya.com

🍽️ **La Roya** – Voir la sélection des restaurants

STE-LUCIE-DE-PORTO-VECCHIO

✉ 20144 – Corse-du-Sud – Carte régionale n° **9**–B3 – Carte Michelin 345-F9

🏨 LE PINARELLO

LUXE · ÉLÉGANT Bel ensemble au luxe discret dans un cadre de rêve. Chambres et suites contemporaines, magnifique vue sur le golfe, centre de soins... et belle piscine sur le toit ! Au déjeuner, carte estivale, salades et charcuteries corses servies sur la terrasse face à la plage.

🍸 🌊 ⇐ ⵗ 🖵 ⧖ 🅰 🅿 – 28 chambres – 5 suites

Plage de Pinarello – ☎ 04 95 71 44 39 – www.lepinarello.com

SAN-MARTINO-DI-LOTA

✉ 20200 – Haute-Corse – Carte régionale n° **9**–B1

🍽️ LA CORNICHE

CORSE · AUBERGE 🗙🗙 Une maison chaleureuse accrochée à la montagne et donnant sur la mer, une belle terrasse sous les platanes... et une cuisine corse qui régale nos papilles, tels ces beignets de fromage corse ou cette côte d'agneau grillée aux légumes et aux herbes du maquis. Le tout accompagné de vieux millésimes de l'île. Réjouissant !

Spécialités: Ravioli au brocciu, jus de daube. Déclinaison autour du veau. Fiadone.

🐎 ⇆ ⇐ 🍴 🅿 – Menu 34/70 € – Carte 40/80 €

Hameau de Castagneto – ☎ 04 95 31 40 98 – www.hotel-lacorniche.com – Fermé 1er janvier-12 février, lundi midi, mardi midi

ALSACE **452**

CHAMPAGNE-ARDENNE **510**

LORRAINE **530**

GRAND-EST

LA SÉLECTION
DU GUIDE MICHELIN

LES TABLES ÉTOILÉES

❀❀❀

Une cuisine unique. Vaut le voyage !

Assiette Champenoise (Reims) 520

❀❀

Une cuisine d'exception. Vaut le détour !

Auberge de l'Ill (Illhaeusern).. 468
Auberge du Cheval Blanc (Lembach)... 473
La Fourchette des Ducs (Obernai)... 480
JY'S (Colmar).. 457
La Merise (Laubach) N 472
Le Parc Les Crayères (Reims) 521
Racine (Reims) 521
La Table d'Olivier Nasti (Kaysersberg).. 469
Villa René Lalique (Wingen-sur-Moder).. 506

from_my_point_of_view/iStock

Une cuisine d'une grande finesse. Vaut l'étape !

L'Alchémille (Kaysersberg) ✿ 469
L'Arnsbourg (Baerenthal) 532
L'Atelier du Peintre (Colmar) 460
Auberge au Bœuf (Sessenheim) 489
Auberge Frankenbourg (La Vancelle) ✿ 503
Auberge St-Laurent (Sierentz) 490
Auberge St-Walfrid (Sarreguemines) 547
Au Crocodile (Strasbourg) **N** 492
Au Gourmet (Drusenheim) **N** 463
Au Vieux Couvent (Rhinau) ✿ 484
Les Berceaux (Épernay) 515
La Bonne Auberge (Stiring-Wendel) 548
Buerehiesel (Strasbourg) 492
Le Cerf (Marlenheim) 474
Château d'Adoménil (Lunéville) 538
Chez Michèle (Languimberg) 538
Les Ducs de Lorraine (Épinal) 535
Le Foch (Reims) 521
Les Funambules (Strasbourg) 493
Girardin - Gastronomique (Colmar) 460
Le Grand Cerf (Montchenot) 518
Hostellerie la Montagne (Colombey-les-Deux-Églises) 514
Il Cortile (Mulhouse) 476
Le Jardin Secret (La Wantzenau) **N** 503
Jérôme Feck (Châlons-en-Champagne) 512
Julien Binz (Ammerschwihr) 454
Kasbür (Monswiller) 475
Maison Kieny (Riedisheim) 485
Maximilien (Zellenberg) 507
Le Millénaire (Reims) 522
1741 (Strasbourg) 491
La Nouvelle Auberge (Wihr-au-Val) 505
L'Orchidée (Altkirch) 454
Les Plaisirs Gourmands (Schiltigheim) **N** 488
Quai des Saveurs (Hagondange) 538
Le Royal (Champillon) 513
Le 7ème Continent (Rixheim) 486
La Table du Gourmet (Riquewihr) 485
Thierry Schwartz - Le Restaurant (Obernai) ✿ 481
Toya (Faulquemont) 536
Transparence - La Table de Patrick Fréchin (Nancy) 543
Umami (Strasbourg) 492

LES BIB GOURMAND 😊
Nos meilleurs rapports qualité-prix

L'Altévic (Hattstatt) 467
L'AO - L'Aigle d'Or (Rimbach-près-Guebwiller) 485
L'Arbre Vert (Berrwiller) 455
L'Auberge du Laminak (Montcy-Notre-Dame) 518
Auberge du Pont de la Zorn (Weyersheim) 505
Auberge Metzger (Natzwiller) 479
Au Bon Pichet (Sélestat) 489
Au Lion d'Or - Chez Théo (Rosenau) 487
Au Pont du Corbeau (Strasbourg) 493
Au Raisin d'Or (Zimmerbach) 508
Au Relais des Ménétriers (Ribeauvillé) 484
Le Bistrot d'Antoine (Strasbourg) N 493
Bistrot DuPont (Pont-Sainte-Marie) 519
Le Bon Accueil (Richardménil) 547
Au Cheval Blanc (Niedersteinbach) 480
Cheval Blanc (Feldbach) 464
Cook'in (Épernay) 516
Le Cygne (Gundershoffen) 466
Les Épices Curiens (Écouviez) 535
Les Grands Arbres - Verte Vallée (Munster) 479
La Grillade Gourmande (Épernay) 515
Hostellerie du Prieuré (Saint-Quirin) 547
In Extremis (Épinal) 535
Le Jardin (Haguenau) 466
Le Jardin Les Crayères (Reims) 523
Julien (Fouday) 464
Madame (Nancy) 544
Perle des Vosges (Muhlbach-sur-Munster) 476
Le Pressoir de Bacchus (Blienschwiller) 456
Les Quatre Saisons (Le Frenz) 471
Restaurant Dimofski (Wœlfling-lès-Sarreguemines) 549
Restaurant du Musée (Fréland) 465
La Rochette (Labaroche) 472
La Table d'Angèle (La Bresse) 534
La Table d'Arthur (Charleville-Mézières) 514
La Taverne Alsacienne (Ingersheim) 468
Le Théâtre (Épernay) 515
La Toq' (Nancy) 543
La Vieille Forge (Kaysersberg) 470
Winstub À Côté (Sierentz) 490
Winstub Arnold (Itterswiller) 469
Winstub du Chambard (Kaysersberg) 470

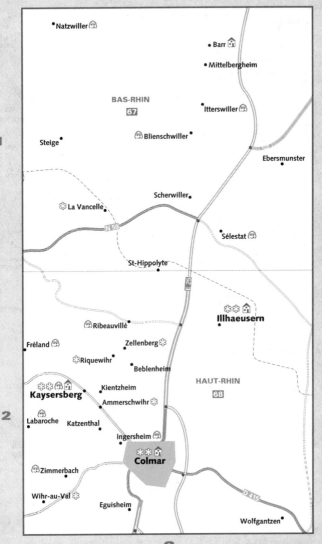

GRAND EST

ALSACE

C

Natzwiller

Barr

Mittelbergheim

BAS-RHIN
67

Itterswiller

Blienschwiller

1

Steige

Ebersmunster

La Vancelle

Scherwiller

N 59

Sélestat

St-Hippolyte

E 25

Illhaeusern

Ribeauvillé

Fréland

Zellenberg

Riquewihr

Beblenheim

HAUT-RHIN
68

Kientzheim

Kaysersberg

Ammerschwihr

Labaroche

Katzenthal

2

Ingersheim

Colmar

Zimmerbach

Wihr-au-Val

D 415

Eguisheim

Wolfgantzen

C

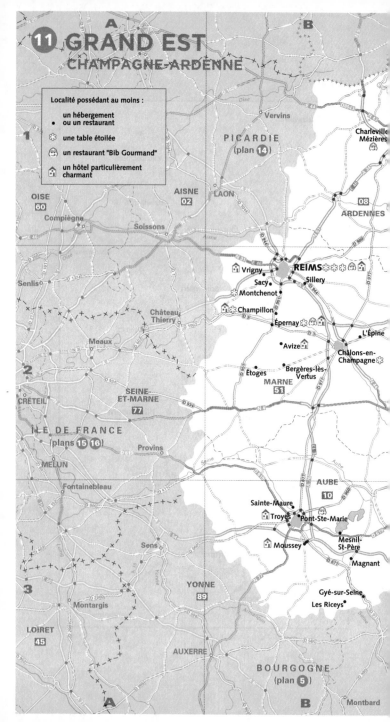

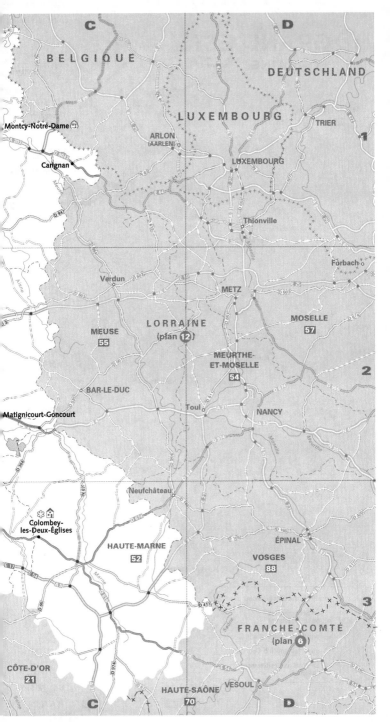

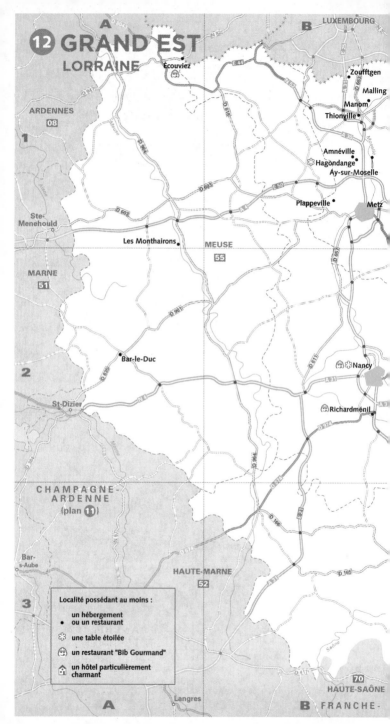

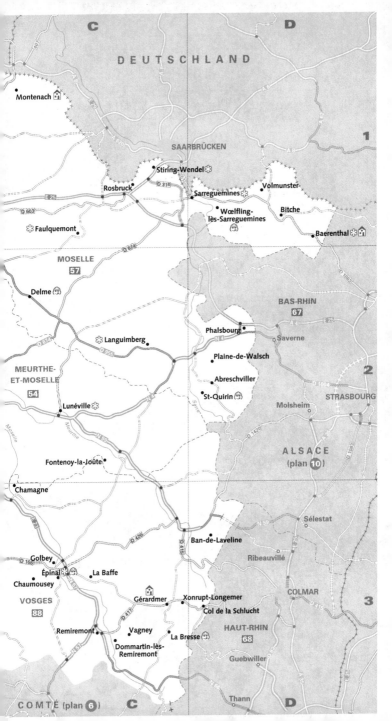

ALSACE

L'Alsace, on ne vous l'apprend pas, est dotée d'une forte identité. Conjuguant la tradition paysanne, les influences germaniques et juives, sa gastronomie demeure riche et généreuse, et elle est loin de se résumer à la flammekueche, au baeckeofe et à la choucroute.

La charcuterie – de la saucisse de Strasbourg au presskopf, un fromage de tête de porc – et le foie gras sont l'objet d'un véritable culte, tout comme les poissons de rivière (de la truite à la carpe) et le gibier – qui a d'ailleurs trouvé un ambassadeur remarquable en la personne du chef Olivier Nasti. Les desserts jouissent en Alsace d'un savoir-faire incomparable. La tradition du chariot de desserts, souvent en perte de vitesse ailleurs, a conservé ici ses lettres de noblesse, comme en témoigne celui du jeune pâtissier Jessy Rhinn-Auvray (La Fourchette des Ducs).

Enfin, que serait l'Alsace sans sa route des vins ? Les contreforts des Vosges en font une magnifique région viticole, aujourd'hui pionnière dans les vins naturels et la biodynamie. Parmi ses cépages, le riesling compte comme l'un des plus fameux raisins blancs du monde.

• Carte régionale n° 10

ALTKIRCH

✉ 68130 – Haut-Rhin – Carte régionale n° **10**–A3 – Carte Michelin 315-H11

✿ L'ORCHIDÉE

Chef: Chatchai Klanklong

THAÏLANDAISE · **CONTEMPORAIN** X Ouvert depuis octobre 2017, ce restaurant rencontre déjà un franc succès... Ce n'est que justice : cette cuisine thaïlandaise moderne s'avère soignée, élégante et parfumée, à l'instar de cette poire de bœuf vintage cuit au chalumeau, avocat, sauce nuoc mân et coriandre. On se régale du début à la fin. Une réussite.

Spécialités : Tom yam de homard breton. Caille des Vosges farcie, brocoli fumé, citron confit et curry jaune. Fruits de saison, riz gluant et noix de coco.

🆎 – Menu 28€ (déjeuner), 55/90€ – Carte 75/95€

33 rue Gilardoni – ℰ 03 89 88 50 39 – www.orchidee-altkirch.com – Fermé lundi, dimanche

⊪○ AUBERGE SUNDGOVIENNE

MODERNE · **ÉLÉGANT** XX Ce restaurant d'hôtel est très sympathique : tout y est avenant, contemporain et cosy, et l'on y apprécie une bonne cuisine d'aujourd'hui, concoctée par un chef soucieux de bien faire. Chambres bien tenues pour l'étape.

🕭 ⇦ 🖵 🛱 �& 🆎 ⇦ 🅿 – Menu 18/65€ – Carte 34/73€

1 route de Belfort, à Carspach – ℰ 03 89 40 97 18 – www.auberge-sundgovienne.fr – Fermé 22 décembre-21 janvier, 18-28 juillet, lundi, mardi midi, dimanche soir

ALTWILLER

✉ 67260 – Bas-Rhin – Carte régionale n° **10**–A1 – Carte Michelin 315-F3

⊪○ L'ÉCLUSE 16

MODERNE · **CONTEMPORAIN** XX Cet ancien relais de chevaux de halage, bordant le canal des houillères de la Sarre, est installé à quelques pas... d'une écluse. Le chef, originaire du Morbihan, régale sa clientèle avec une jolie cuisine de saison, et utilise à l'occasion les produits du terroir local, qu'il agrémente de condiments, ou d'huiles aromatisées maison.

🖵 🆎 ⇦ 🅿 – Menu 22€ (déjeuner), 35/52€ – Carte 39/53€

Route de Bonnefontaine – ℰ 03 88 00 90 42 – www.ecluse16.com – Fermé 27 décembre-6 janvier, lundi soir, mardi, mercredi

AMMERSCHWIHR

✉ 68770 – Haut-Rhin – Carte régionale n° **10**–C2 – Carte Michelin 315-H8

✿ JULIEN BINZ

Chef: Julien Binz

MODERNE · **COSY** XXX Sur la route des vins, au sud de Colmar, le charmant village viticole d'Ammerschwihr est niché dans la vallée du Kaysersberg, surnommée la vallée aux étoiles... Michelin, bien sûr ! Rompu aux ficelles du métier, ancien de la brigade de l'Auberge de l'Ill, Julien Binz maîtrise toutes les cordes de l'arc culinaire. Il compose une cuisine classique et saisonnière : noix de Saint-Jacques rôties, mousseline de pousses d'épinards et coulis oignon-truffe, bar sauvage en écailles soufflées et carottes en textures, ou encore homard et pickles de betterave administrent une tranquille leçon de gourmandise. Quant au sommelier de la maison, François Lhermitte, il assure une partition sans fausse note.

Spécialités : Langoustines rôties, en tartare et en crème chaude, condiment mangue-fenouil. Médaillons de homard, pickles de betterave, gel litchi et jus de homard corsé. Sphère chocolat, glace à la cacahouète et chocolat chaud.

🕭 🛱 �& 🆎 – Menu 68/98€ – Carte 74/100€

7 rue des Cigognes – ℰ 03 89 22 98 23 – www.restaurantjulienbinz.com – Fermé lundi, mardi

BARR

✉ 67140 – Bas-Rhin – Carte régionale n° **10**–C1 – Carte Michelin 315-I6

5 TERRES HÔTEL & SPA

LUXE · ÉLÉGANT Ce bâtiment du 17ᵉ s. situé face à l'hôtel de ville a été transformé en hôtel de luxe en 2016. Les "5 Terres" font référence aux terroirs du vignoble, comme aux cinq grands crus du Bas-Rhin. Les chambres, plutôt spacieuses, conservent l'esprit "nature", grâce à la présence de matériaux bruts (bois, cuir, verre et pierre). Certaines disposent de terrasses. Agréable table bistronomique.

✿ ⌨ 🆂🅿🅰 ⛵ 🛗 ⛓ 🅰🅲 ⚒ – 26 chambres – 1 suite

11 place de l'Hôtel-de-Ville – ℰ 03 88 08 28 44 – www.5terres-hotel.fr

BARTENHEIM-LA-CHAUSSÉE

✉ 68870 – Haut-Rhin – Carte régionale n° **10**–B3 – Carte Michelin 315-I11

🍴 LE COLOMBIER

MODERNE · CONVIVIAL ⛳ Avec sa cuisine actuelle saupoudrée de Méditerranée, pleine de couleurs et de saveurs, ainsi que ses excellents desserts, le chef de ce Colombier sait parler à nos papilles ! Quant au patron, il a le chic pour proposer le vin idéal qui accompagne nos plats. Versant sucré, souvenirs émus du cœur coulant chocolat, par le chef pâtissier Pascal Basso, quatre fois finaliste du championnat de desserts... cela se voit et se déguste !

🕸 🍽 ⛓ 🅰🅲 🅿 – Menu 19 € (déjeuner), 42/52 € – Carte 50/66 €

2 rue de la Libération – ℰ 03 89 68 30 66 – www.restaurant-lecolombier.fr – Fermé 1ᵉʳ-9 mai, 10-27 août, 24 décembre-2 janvier, lundi, samedi midi, dimanche soir

BEBLENHEIM

✉ 68980 – Haut-Rhin – Carte régionale n° **10**–C2 – Carte Michelin 315-H8

🍴 AUBERGE LE BOUC BLEU

MODERNE · FAMILIAL ⛳⛳ Le bouc a fait peau neuve ! Deux amis passés par de grandes tables en France et à l'étranger, le cuisinier Romain Hertrich et le sommelier Romain Lambert, œuvrent désormais dans cette auberge entièrement rénovée. Au programme : produits frais de saison et accords mets et vins.

🕸 🍽 – Menu 30 € (déjeuner), 37/56 € – Carte 49/59 €

2 rue du 5-Décembre – ℰ 03 89 47 88 21 – www.aubergeleboucbleu.com – Fermé 11-27 mars, mercredi, jeudi, vendredi midi

BERGHOLTZ

✉ 68500 – Haut-Rhin – Carte régionale n° **10**–A3 – Carte Michelin 315-H9

🍴 LA PETITE AUBERGE

MODERNE · AUBERGE ⛳⛳ Des préparations goûteuses, 100 % maison, réalisées à base de bons produits : voilà le chef vous réserve ! Il s'en tient à une philosophie toute simple : "Faire ce qu'on m'a appris depuis que j'ai commencé ce métier." Pari tenu et franc succès.

🍽 ⛓ 🅰🅲 – Menu 27 € (déjeuner), 49/96 € – Carte 66/75 €

4 rue de l'Église – ℰ 03 89 28 52 90 – www.lapetiteauberge.fr – Fermé mardi, mercredi

BERRWILLER

✉ 68500 – Haut-Rhin – Carte régionale n° **10**–A3 – Carte Michelin 315-H9

🐸 L'ARBRE VERT

MODERNE · ÉLÉGANT ⛳⛳ Cinquième génération et toujours très Vert ! Cet Arbre pourrait bien être généalogique, tant son histoire se confond avec celle de la famille Koenig... Au menu : toute la fraîcheur du terroir alsacien, avec de beaux vins du cru.

Spécialités : Maki de saumon cuit au sel, anguille fumée, choucroute au caviar de truite. Pigeonneau rôti, cannelloni, blette, foie gras, jus à la truffe. Tartelette fondante au chocolat grand cru, framboises, glace au lait d'amande.

🏮 ⚐ Ⓜ ⇔ 🅿 – Menu 28/60 € – Carte 58/82 €

96 rue Principale – ℰ 03 89 76 73 19 – www.restaurant-koenig.com –
Fermé 8-23 mars, 5-20 juillet, lundi, mardi, dimanche soir

BIRKENWALD
✉ 67440 – Bas-Rhin – Carte régionale n° **10**–A1 – Carte Michelin 315-I5

🍴O AU CHASSEUR

TRADITIONNELLE • COSY ✗✗ Installez-vous dans d'élégantes salles à manger boisées, ou dans la winstub relookée dans un style plus contemporain. Ici, on se délecte d'une bonne cuisine traditionnelle, teintée de touches actuelles. Gibier en saison.

⇦ ⪡ 🍴 🏠 ⚐ Ⓜ 🈺 🅿 – Menu 33/39 € – Carte 37/55 €

7 rue de l'Église – ℰ 03 88 70 61 32 – www.chasseurbirkenwald.com –
Fermé 20 décembre-19 janvier, 27 juin-8 juillet, lundi, dimanche et le midi

BLIENSCHWILLER
✉ 67650 – Bas-Rhin – Carte régionale n° **10**–C1 – Carte Michelin 315-I6

🏵 LE PRESSOIR DE BACCHUS

MODERNE • COSY ✗✗ On se presse dans cette jolie maison de la route des vins : telle est la renommée de la cuisine des Grucker, mère et fils, qui accommodent la tradition régionale avec originalité et goût : presskopf maison ; ravioles de carpe, sauce fumée et crémée ; vacherin glacé. La carte des vins met à l'honneur les nombreux vignerons de la commune...

Spécialités : Presskopf maison, vinaigrette à la moutarde. Ravioles de carpe, sauce fumée et crémée. Coque meringuée glacée.

🏮 ⚐ Ⓜ – Menu 34/58 € – Carte 49/70 €

50 route des Vins – ℰ 03 88 92 43 01 – Fermé lundi soir, mardi, mercredi midi

CERNAY
✉ 68700 – Haut-Rhin – Carte régionale n° **10**–A3 – Carte Michelin 315-H10

🍴O HOSTELLERIE D'ALSACE

TRADITIONNELLE • CONVIVIAL ✗✗ Dans cette grande maison à colombages, le chef interprète avec savoir-faire les classiques de la maison : foie gras de canard, carré d'agneau rôti en croûte d'herbes, filet de bœuf aux morilles.

Ⓜ 🅿 – Menu 24/72 € – Carte 43/81 €

61 rue Poincaré – ℰ 03 89 75 59 81 – www.hostellerie-alsace.fr – Fermé 1er-9 mai,
17 juillet-8 août, samedi, dimanche

FoodCollection/Photononstop

✉ 68000 – Haut-Rhin
Carte régionale n° **10**-C2
Carte Michelin 315-I8

COLMAR

Tout ici dit l'appartenance à l'Alsace : les canaux de la "petite Venise", les fontaines, les maisons à colombages, les géraniums aux balcons, mais aussi la gastronomie ! Les spécialités alsaciennes brillent à chaque coin de rue : choucroute, baeckeoffe, presskopf et autres spaetzle. On retrouve ces produits au marché couvert, une ancienne halle marchande rénovée qui abrite une vingtaine de commerçants et quelques tables où l'on s'arrête volontiers prendre un kougelhopf ou un jus bio. Côté douceur, la Maison alsacienne de biscuiterie propose quarante variétés de bredele, le berawecka à base de fruits, les bretzels et autres pains d'épices. Colmar est aussi l'une des rares villes à posséder des vignobles intramuros, comme le domaine Karcher, qui occupe une ancienne ferme (1602).

Restaurants

✿✿ **JY'S**

Chef: Jean-Yves Schillinger

CRÉATIVE • COSY XX Schillinger : en Alsace, ce nom résonne avec une force particulière. On connaissait bien Jean, le père, disparu en 1995. On connaît aussi Jean-Yves, son fils qui, après s'être exilé du côté de New York (Destinée, Olica), est revenu en 2002 dans sa ville natale. On le retrouve maintenant au rez-de-chaussée d'un nouvel hôtel de luxe situé au centre. Toujours bouillonnant d'idées, il bondit d'une tradition à l'autre, saluant tour à tour l'Alsace, les États-Unis, la Bretagne et le Japon avec une facilité déconcertante. Confiant en ses forces, il régale tous azimuts. En témoignent ces ormeaux cuits à la plancha, accompagnés d'une soupe froide de laitue parfumée à l'ail des ours, ou encore ce faux-filet de bœuf Wagyu poêlé et servi avec des champignons shimejis, des feuilles de chou pak-choï et du riz frit aux cébettes : un dépaysement total... et des goûts d'exception.

Spécialités: Thon rouge mariné au wasabi, gingembre et huile de sésame. Homard breton cuit en cafetière et pâtes au basilic au beurre de crustacés. Crème de céleri-rave cuit en croûte de sel, vanille séchée, gelée d'agrumes et bigarade confite.

❀ ⌂ Ⓐⓚ – Menu 65€ (déjeuner), 134/185€ – Carte 106/164€

Plan : B2-g – *3 allée du Champ de Mars* –
☎ 03 89 21 53 60 – www.jean-yves-schillinger.com –
Fermé 14 février-8 mars, 22 août-6 septembre, lundi, jeudi midi, dimanche

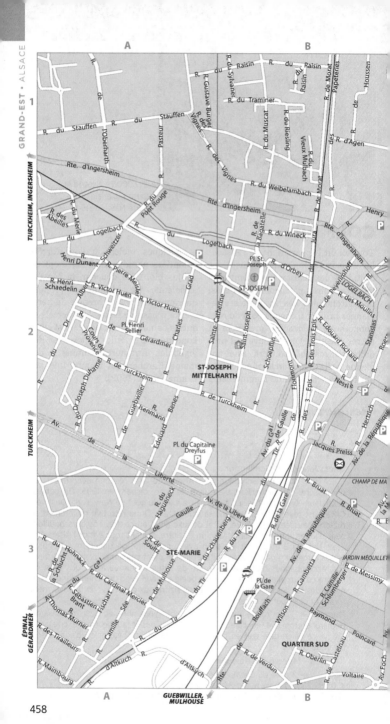

COLMAR

0   100 m

C   D

NANCY,
ST-DIÉ-DES-VOSGES

STRASBOURG,
SÉLESTAT

R. de Hollande

R. d'Ostheim

R. d'Illhaeusern

R. de Guémar

R. de l'Orme

R. de la Soie

R. des Carolingiens

Rte de Strasbourg

Rte de Sélestat

R.
Jean Jaurès

R. de la Fecht

R. de la 1ère Armée Française

R. d'Agen

du Galtz

Fleischhauer

R. de la Houblonnière

R. de Holtzwihr

R. de Riedwihr

Frédéric

R. du Platâne

R. du Frêne

R. du Cèdre

R. Lacarre

Vilhelm

Pollus

ST-LÉON

des

R. de la Cavalerie

Cavalerie

R. de Sélestat

ST-ANTOINE
LADHOF

R. des Bonnes Gens

1

R. des Ancêtres

Golbéry

R. du Clocher

Rapp

R. Mathias Grunewald

R. du Nord

Rte de Neuf-Brisach

R. Saint-Éloi

Vauban

ST-ANTOINE
LADHOF

Rte

Neuf-Brisach

de

R. de la Lauch

R. du Rhin

R. de la Solidarité

Billing

2

MUSÉE
D'UNTERLINDEN

Pl. du
18-Novembre

R. des
Têtes

Église des
Dominicains

y

R. des
Serruriers

St-Martin

Pl. Jeanne d'Arc

St-Matthieu

Musée animé du Jouet
et des Petits Trains

R. d'Alspach

Clefs

Grillenbreit

Thann

Ancien corps
de garde

Musée
Bartholdi

Maison
des Arcades

Maison
Pfister

v

Pl. du
2 Février

Ancien
Hôpital

Fontaine
Schwendi

Av. Saint-Guidon

R. Saint-Josse

R. des Fleurs

R. du Hirzensteg

Ch. du
Hirzensteg

3

Ancien conseil
souverain d'Alsace

Ancienne
Douane

QUARTIER
DES TANNEURS

R. Lauch

R. de Schimberg

Av. d'Alsace

Jardins

Pl. de
Lapp

R. du Champ

Fontaine
Roesselmann

R. Pfeffel

R. Chaufour

Bd

Grand'Rue

R. Saint-Jean

b

Marché
couvert

t

c

a

v

x

u

Musée d'Histoire naturelle
et d'Ethnographie

R. des Fleurs

Fleurs

Landwasser

b

La Petite
Venise

QUARTIER DE
LA KRUTENAU

Bd Saint-Pierre

Saint-Pierre

R. de Rueil

R. des Fleurs

du

R. Stockmeyer

R. Bartholdi

R. Franklin Roosevelt

Bd Saint-Pierre

Americains

Bartholdi

Lauch

R. de Bâle

R. de la

Av. d'Alsace

R. du Landwasser

Kleiner Semm-Pfad

Vorderer Semm-Weg

Mittlerer Semm-Weg

Georges

Clémenceau

Av. de Fribourg

MARAICHERS

R. de la Semm

C   MULHOUSE, BASEL   D   MULHOUSE, BASEL

NEUF-BRISACH

NEUF-BRISACH,
FREIBURG-IM-BREISGAU

⃰ GIRARDIN - GASTRONOMIQUE

Chef: Éric Girardin

MODERNE · ÉPURÉ XxX La maison des Têtes, demeure Renaissance en pierre, richement décorée de visages grimaçants, est à l'image de Colmar : superbe. Classée, elle abrite un restaurant. Aidé par deux architectes, Éric Girardin et son épouse ont joué à fond la carte du minimalisme, du blanc et de l'épure. Le moyen idéal d'annoncer la cuisine très actuelle du chef qui travaille avec délicatesse les beaux produits de saison. On note quelques clins d'œil discrets au terroir, avec une sauce au riesling par-ci, un maki de choucroute par-là. En conclusion, dans l'assiette, rien que du beau, du bon et des parfums d'une belle finesse : pigeon, ris de veau, chevreuil côté terre, et coquilles Saint-Jacques, cabillaud et langoustines côté mer.

Spécialités : Escargots en persillade, gratin de céleri. Pigeon rôti sur coffre, carotte en textures et jus corsé. Raisin en fraîcheur, pannacotta au chocolat blanc caramélisé et sorbet pinot noir.

⃰⃰ & 🅐🅒 – Menu 120/150 €

Plan : C2-y – *La Maison des Têtes, 19 rue des Têtes* – ℰ *03 89 24 43 43* – *www.maisondestetes.com – Fermé 15 février-8 mars, 15 septembre-1ᵉʳ octobre, lundi midi, mardi midi, mercredi, jeudi*

⃰ L'ATELIER DU PEINTRE

Chef: Loïc Lefebvre

CRÉATIVE · COSY XX Martin Schongauer, l'un des plus grands graveurs et peintres rhénans de la fin du 15ᵉ s., est né juste en face de cet "Atelier" dont les murs eux-mêmes datent de la Renaissance. À l'intérieur, quelle rupture de ton ! Chic et cosy, le cadre est délibérément contemporain. Dans l'assiette, Loïc Lefebvre fait preuve d'une évidente personnalité culinaire. Ce Lorrain, formé au plus près des étoiles, signe une cuisine créative et haute en couleurs, qui évolue évidemment au gré des saisons. Fraîcheur et subtilité, précision et finesse marquent ses coquilles Saint-Jacques marinées et leur crème glacée amande et citron, son dos de bar sauvage, carbonara de pâtes alsaciennes, ou encore sa poire croquante au vinaigre balsamique.

Spécialités : Symphonie de tomate et de fraise, maquereau cuit à la flamme. Omble chevalier rôti, courgette, framboise, estragon et tagète. Soufflé au chocolat, confit de mûre et glace balsamique.

🍴 🅐🅒 – Menu 38 € (déjeuner), 55/100 € – Carte 91/100 €

Plan : C2-v – *1 rue Schongauer* – ℰ *03 89 29 51 57* – *www.atelier-peintre.fr* – *Fermé 21 février-8 mars, 8-30 août, lundi, mardi midi, dimanche*

⃰ BORD'EAU 🆕

MODERNE · CONTEMPORAIN XX L'ancienne table gastronomique étoilée de Jean-Yves Schillinger (dorénavant installée à deux pas, près du Champ-de-Mars, au centre de Colmar) est devenue bistronomique. Dans l'assiette, une cuisine du marché dans l'air du temps, à déguster dans un cadre contemporain.

🍴 🅐🅒 – Menu 33 € (déjeuner), 39/49 €

Plan : C3-x – *17 rue de la Poissonnerie* – ℰ *03 89 21 53 65* – *Fermé 21 février-15 mars, 22 août-6 septembre, lundi, mercredi midi, dimanche*

⃰ AUX TROIS POISSONS

POISSONS ET FRUITS DE MER · CLASSIQUE XX Cette belle maison à colombages (16ᵉ s.) de la "Petite Venise" est toujours fidèle au poste : une bonne nouvelle, car l'on ne voudrait pas se priver de son ambiance chaleureuse et de sa cuisine gourmande aux airs de... pêche miraculeuse ! Huîtres de Marennes-Oléron, sole, dorade, quenelles de brochet, etc.

& 🅐🅒 – Menu 29 € (déjeuner), 41/62 € – Carte 39/70 €

Plan : C3-t – *15 quai de la Poissonnerie* – ℰ *03 89 41 25 21* – *www.restaurant-aux-trois-poissons.fr – Fermé 31 mars-5 avril, 11-26 juillet, lundi, dimanche*

LA MAISON DES TÊTES - BRASSERIE

MODERNE • **RÉGIONAL** XX Dans le cœur historique de la ville, cette sublime façade Renaissance dissimule une authentique adresse de bouche ! L'adresse, aux mains d'Éric Girardin, marie cuisine au goût du jour et plats du terroir. Charme et caractère.

🛏 ऊ 🅰️🅲️ – Menu 25 € (déjeuner), 45/80 € – Carte 42/75 €

Plan : C2-y – *La Maison des Têtes, 19 rue des Têtes –*
✆ 03 89 24 43 43 – www.maisondestetes.com –
Fermé 15 février-8 mars, 29 août-14 septembre, lundi, dimanche

LE QUAI 21

MODERNE • **CONTEMPORAIN** XX Embarquez sur les quais de la petite Venise pour une balade ponctuée de gourmandise, grâce à cette cuisine soignée, fleurant l'air de l'époque. Chaleureuse salle à l'étage, complétée d'un agréable patio terrasse. Esprit bistrot chic au rez-de-chaussée.

🛏 ऊ – Menu 21 € (déjeuner)/48 € – Carte 56/64 €

Plan : C3-c – *21 quai de la Poissonnerie –*
✆ 03 89 58 58 58 – www.restaurant-quai21.fr –
Fermé 21 février-9 mars, 18 juillet-10 août, 24 octobre-2 novembre, lundi, dimanche

L'ÉPICURIEN

MODERNE • **CONVIVIAL** X Ce bistrot à vin convivial – on mange au coude à coude – est tout proche de la Petite Venise. Un cadre aussi sympathique que la cuisine du chef et ses produits de qualité. La sélection de vins impressionne, avec près de 400 références. Une adresse idéale pour changer un peu des winstubs !

🍷 – Menu 18 € (déjeuner)/35 € – Carte 45/59 €

Plan : C3-a – *11 rue Wickram – ✆ 03 89 41 14 50 – www.epicurien-colmar.com –*
Fermé 2-21 juillet, 23 décembre-5 janvier, lundi, dimanche

LA MAISON ROUGE

MODERNE • **TRADITIONNEL** X Retour en Alsace gagnant pour le jeune chef Jean Kuentz (dit Petit Jean), formé dans de belles adresses parisiennes, et qui a repris cette maison historique du vieux Colmar, à quelques encablures de la Petite Venise et du marché couvert. Dans un cadre alsacien rustique inchangé, il propose une cuisine gourmande fine et soignée, naviguant entre préparations régionales et assiettes plus actuelles.

🍷 🛏 – Menu 20 € (déjeuner)/44 € – Carte 41/79 €

Plan : C3-b – *9 rue des Écoles –*
✆ 03 89 23 53 22 – www.restaurant-maisonrouge.com

LA PETITE VENISE

TRADITIONNELLE • **RUSTIQUE** X Dans la Petite Venise, cette maison du 17ᵉ s. du même nom invite à goûter des recettes alsaciennes transmises de génération en génération, préparées au gré des saisons. Une adresse nostalgique et attachante, entre bistrot et winstub.

Carte 30/50 €

Plan : C3-v – *4 rue de la Poissonnerie – ✆ 03 89 41 72 59 –*
www.restaurantpetitevenise.com –
Fermé 28 juin-9 juillet, mercredi, jeudi midi, dimanche midi

WISTUB BRENNER

ALSACIENNE • **CONVIVIAL** X Dans cette authentique winstub, la cuisine est forcément régionale : presskopf (hure de porc en gelée), salade au munster pané, choucroute. Production locale, ambiance conviviale, et sympathique terrasse.

🛏 – Menu 35 €

Plan : C3-u – *1 rue de Turenne – ✆ 03 89 41 42 33 – www.wistub-brenner.fr –*
Fermé 14-25 novembre

Hôtels

 LA MAISON DES TÊTES

HISTORIQUE • ÉLÉGANT Le couple Girardin a rénové avec goût cette superbe demeure, bâtie au 17ᵉ s. sur les vestiges du mur d'enceinte de Colmar. On apprécie l'élégance intemporelle des chambres, mêlant subtilement touches historiques des lieux à des notes plus actuelles. Un cocon charmant, à cheval sur les siècles.

🏠 🕸 🖃 ♿ 🅰🅲 ♨ 🅿 – 21 chambres

Plan : C2-y – *19 rue des Têtes* – ☎ *03 89 24 43 43* – *www.maisondestetes.com*

❀ **Girardin - Gastronomique** • ⦾ **La Maison des Têtes - Brasserie** – Voir la sélection des restaurants

 LE COLOMBIER

HISTORIQUE • COSY Idéalement situé à l'entrée de la Petite Venise, cet hôtel offre des chambres de caractère réparties dans plusieurs maisons du 16 ème siècle. On a su préserver l'âme et le cachet historique des lieux, tout en adoptant un esprit contemporain pour une atmosphère cosy et feutrée.

🛎 🆚 🖃 ♿ 🅰🅲 – 58 chambres – 7 suites

Plan : C3-u – *7 rue de Turenne* – ☎ *03 89 23 96 00* – *www.hotel-le-colombier.fr*

 HOSTELLERIE LE MARÉCHAL

TRADITIONNEL • CLASSIQUE Les chambres de ces maisons de la Petite Venise sont garnies de meubles de style (Louis XV, Louis XVI) et répondent aux noms évocateurs de Lully, Mozart, Bizet... Quant au petit-déjeuner, copieux à souhait, il ne joue pas les arlésiennes. Et le personnel se montre très à l'écoute des clients !

🏠 🖃 🅰🅲 ♨ – 30 chambres

Plan : C3-b – *4 place des Six-Montagnes-Noires* – ☎ *03 89 41 60 32* – *www.le-marechal.com*

COLROY-LA-ROCHE

✉ 67420 – Bas-Rhin – Carte régionale n° **10**-A2 – Carte Michelin 315-H6

⦾ **HOSTELLERIE LA CHENEAUDIÈRE**

MODERNE • ÉLÉGANT XX Dans cet établissement élégant, les salles à manger affichent un esprit nature, et montagnard chic. La carte, courte et raffinée, fait d'alléchantes propositions : variations autour du foie gras, fricassée de homard, pigeon de ferme rôti et farci...

🕸 ≼ �'t ♿ 🅰🅲 🅿 – Menu 75/105 €

3 rue Vieux-Moulin – ☎ *03 88 97 61 64* – *www.cheneaudiere.com* – *Fermé 8 mars-15 avril, et le midi sauf dimanche*

 HOSTELLERIE LA CHENEAUDIÈRE

SPA ET BIEN-ÊTRE • ÉLÉGANT À flanc de colline, cette imposante demeure d'esprit traditionnel se révèle chic et accueillante. Que ce soit dans les chambres spacieuses aux teintes apaisantes ou dans le superbe spa (2500 m2) sur le thème de la nature, on ressent comme un sentiment d'exclusivité...

🏠 🕸 ≼ 🚋 🗖 ♨♨ 🛎 🖃 ♿ ♨ 🅿 – 32 chambres – 6 suites

3 rue Vieux-Moulin – ☎ *03 88 97 61 64* – *www.cheneaudiere.com*

⦾ **Hostellerie La Cheneaudière** – Voir la sélection des restaurants

DRUSENHEIM

✉ 67410 – Bas-Rhin – Carte régionale n° **10**-B1 – Carte Michelin 315-L4

❀ AU GOURMET

Chef: Ludovic Kientz

MODERNE • CONTEMPORAIN ✕✕ Ludovic Kientz est le nouveau chef/patron de cette adresse savoureuse. On l'a connu au Crocodile, à Strasbourg, sous le règne d'Émile Jung. Avec sa compagne Sandy Ling, sommelière (formée notamment chez Michel Bras), ils insufflent une énergie nouvelle à cette auberge de campagne, entourée d'un grand jardin. Il prend un plaisir évident à travailler les produits de la mer et les sauces, sans oublier les légumes de son propre potager, autour d'une cuisine bourgeoise, empreinte de modernité. Ce jour-là : golden foie gras de canard, chutney de mirabelle ; filet de truite des sources du Heimbach, sauce curry-coco ; vacherin glacé. Réservé aux gourmets.

Spécialités : Terrine de foie gras de canard, chutney de fruit et brioche toastée. Filet de truite des sources du Heimbach, polenta crémeuse et sauce curry-coco. Vacherin glacé.

🡆 🍴 ✿ 🅿 – Menu 24 € (déjeuner), 49/69 € – Carte 69/76 €

4 route de Herrlisheim – ☎ 03 88 53 30 60 – www.au-gourmet.fr –
Fermé 1er-20 janvier, 15-31 août, lundi, mardi, mercredi midi

EBERSMUNSTER

✉ 67600 – Bas-Rhin – Carte régionale n° **10**-C1 – Carte Michelin 315-J7

❄○ RESTAURANT DES DEUX CLEFS

TRADITIONNELLE • AUBERGE ✕✕ Ici, les poissons d'eau douce sont à l'honneur ; la grande spécialité de la maison est la matelote, que l'on déguste dans un restaurant au sobre décor alsacien, agrémenté d'une salle winstub. Versant sucré, ne manquez pas le Mont aux Amandes, cette fine pâte sablée recouverte d'une meringue aux amandes.

🚼 – Menu 41 € – Carte 42/53 €

72 rue du Général-Leclerc – ☎ 03 88 85 71 55 – www.restaurantauxdeuxclefs.fr –
Fermé 24 décembre-14 janvier, lundi, mercredi

EGUISHEIM

✉ 68420 – Haut-Rhin – Carte régionale n° **10**-C2 – Carte Michelin 315-H8

❄○ AU VIEUX PORCHE

TRADITIONNELLE • AUBERGE ✕✕ Cette demeure typique (1707) est installée sur le domaine viticole de la famille de la gérante. Son mari concocte de bons plats classiques et régionaux, mais il est également vigneron... Autant dire qu'on se délecte de bons vins locaux.

🍴 🚼 ✿ – Menu 32/60 €

16 rue des Trois-Châteaux – ☎ 03 89 24 01 90 – www.auvieuxporche.fr –
Fermé 15 février-10 mars, mardi, mercredi

❄○ LE PAVILLON GOURMAND

MODERNE • CONTEMPORAIN ✕✕ Cette maison de village (1683) offre un cadre lumineux mariant avec goût le cachet historique de la bâtisse à des notes plus contemporaines. On se régale d'une cuisine voguant entre recettes alsaciennes (tarte à l'oignon, choucroute, sandre soufflé au Riesling) et préparations plus actuelles. Les vins blancs du vignoble d'Eguisheim sont bien représentés, et la petite terrasse, fort appréciée l'été.

🍴 🚼 🆎 – Menu 20 € (déjeuner), 25/48 € – Carte 30/60 €

101 rue du Rempart-Sud – ☎ 03 89 24 36 88 – www.pavillon-gourmand.fr –
Fermé 18 janvier-25 février, mardi, mercredi

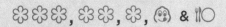

ENSISHEIM

✉ 68190 – Haut-Rhin – Carte régionale n° **10**–A3 – Carte Michelin 315-I9

⫶○ LA VILLA DU MEUNIER

TRADITIONNELLE · ÉLÉGANT ✕✕ Imaginez une ancienne maison de meunier, authentique à souhait, dont l'une des salles abrite une très jolie cheminée... parfaite pour les repas d'hiver. Côté assiette, on savoure les bonnes recettes traditionnelles du chef, qui évoluent au rythme des saisons. Et l'été, on s'installe en terrasse !

🛬 🎐 ♿ 🅰 🗐 ⇆ 🅿 🍵 – Menu 24/70 € – Carte 45/69 €

Le Domaine du Moulin, 44 rue de la Première-Armée – ℰ 03 89 81 15 10 –
www.hotel-domainedumoulin-alsace.com – Fermé samedi midi

⫿⫿⫿ LE DOMAINE DU MOULIN

SPA ET BIEN-ÊTRE · ÉLÉGANT Le jardin, l'étang, la piscine et... cette grande maison récente et confortable, d'esprit alsacien, installée au cœur du village. Les chambres, spacieuses et confortables, se parent d'agréables touches contemporaines.

♒ 🛬 ⌥ 🖫 🌐 🈲 🛁 🗐 ♿ 🅰 🅢 🅿 🍵 – 64 chambres

44 rue de la Première-Armée – ℰ 03 89 83 42 39 –
www.hotel-domainedumoulin-alsace.com

⫶○ **La Villa du Meunier** – Voir la sélection des restaurants

FELDBACH

✉ 68640 – Haut-Rhin – Carte régionale n° **10**–A3 – Carte Michelin 315-H11

⊛ CHEVAL BLANC

TRADITIONNELLE · ÉLÉGANT ✕✕ Dans cette maison typique du Sundgau, la cuisine est une passion qui se transmet de génération en génération. À la suite de son père, le jeune chef est désormais seul aux fourneaux. Il y réalise de belles recettes traditionnelles teintées de modernité, avec un penchant particulier pour le gibier... Très beau choix de vins.

Spécialités : Feuilleté d'escargots aux chanterelles. Rognons de veau au porto. Meringue, sorbets et glaces.

⅋ 🎐 ♿ 🅰 ⇆ 🅿 – Menu 23/56 € – Carte 30/55 €

1 rue de Bisel – ℰ 03 89 25 81 86 – www.cheval-blanc-feldbach.fr –
Fermé 22 février-11 mars, 5-16 juin, 9-25 août, 18-27 octobre, lundi soir, mardi,
mercredi

FOUDAY

✉ 67130 – Bas-Rhin – Carte régionale n° **10**–A2 – Carte Michelin 315-H6

⊛ JULIEN

TRADITIONNELLE · ÉLÉGANT ✕✕ Personnel en costume traditionnel, décor typique des Vosges (tout en bois) : on célèbre ici le folklore local dans ce qu'il a de meilleur. Dans une ambiance animée mais raffinée, on dévore de goûteuses – et copieuses – préparations régionales : choucroute, rognons et ris de veau, bouchées à la reine... Réjouissant, tout comme les chambres, le parc et le beau spa de l'hôtel.

Spécialités : Nems de gambas, sweet sauce chili. Millefeuille de bœuf et foie gras poêlé, sauce bordelaise. Vacherin glacé Julien.

⇆ 🛬 🎐 ♿ 🅰 🗐 🅿 – Menu 27/60 € – Carte 45/65 €

Route de Strasbourg – ℰ 03 88 97 30 09 – www.hoteljulien.com – Fermé lundi midi,
mardi, mercredi

FRÉLAND

✉ 68240 – Haut-Rhin – Carte régionale n° **10**–C2 – Carte Michelin 315-H7

RESTAURANT DU MUSÉE

MODERNE • CONTEMPORAIN %% Il n'a pas fallu longtemps à Alain Schmitt, le chef, pour prendre ses marques dans cet ancien moulin posé au bord de l'Ure, et qui incarne à merveille l'âme alsacienne... Ses recettes, au goût du jour, mettent en avant le terroir et revisitent habilement la tradition. C'est simple et gourmand, et c'est surtout maîtrisé de bout en bout.

Spécialités: Cuisine du marché.

🏠 ⅏ – Menu 22 € (déjeuner), 32/46 € – Carte 39/60 €

2 rue de la Rochette – ℰ 03 89 47 24 18 – www.restaurantmusee.fr – Fermé lundi, mercredi soir, dimanche soir

GAMBSHEIM

✉ 67760 – Bas-Rhin – Carte régionale n° **10**–B1 – Carte Michelin 315-L4

FLEUR DE SUREAU

MODERNE • CONTEMPORAIN %% Cette Fleur de Sureau a poussé face à la gare ! À ceci près que son jardinier est un chef qui a fait ses classes auprès de Jean-Georges Klein, à l'Arnsbourg, et qu'il y réalise une cuisine actuelle à base de beaux produits de saison. Le soir, carte plus sophistiquée.

🏠 ⅏ ⇔ – Menu 25 € (déjeuner), 55/65 € – Carte 51/70 €

*22 rue du Chemin-de-Fer – ℰ 03 88 21 85 22 – www.fleurdesureau.fr –
Fermé 15-22 février, 18 octobre-3 novembre, mardi, mercredi, samedi midi*

GRAUFTHAL

✉ 67320 – Bas-Rhin – Carte régionale n° **10**–A1 – Carte Michelin 315-H4

AU CHEVAL BLANC

TRADITIONNELLE • AUBERGE %% Une sympathique auberge, chaleureuse, à l'ambiance familiale, nichée au cœur du tranquille village troglodytique de Graufthal. Derrière les fourneaux, le chef, Gilles Stutzmann, concocte à sa façon une cuisine traditionnelle, soignée et savoureuse. En prime : un décor rustique à souhait.

🏠 ⇔ 🅿 – Menu 15 € (déjeuner), 31/38 € – Carte 35/55 €

19 rue Principale – ℰ 03 88 70 17 11 – www.auchevalblanc.net – Fermé 1ᵉʳ-14 janvier, lundi, mardi, mercredi, jeudi soir

AU VIEUX MOULIN

MODERNE • ÉLÉGANT %% Installez-vous dans cette maison familiale, nichée au fond de la vallée de Graufthal, pour déguster la cuisine pleine de peps de Guillaume Kassel. Œuf de poule de la ferme du Moulin et escargots du Steiberg, poitrine de canette, girolles sautées et cerises, etc. Et une carte des vins de plus de 200 références. Chambres avec vue sur l'étang.

🐾 ⇆ 🛏 🏠 ⅏ ⇔ 🅿 – Menu 20 € (déjeuner), 32/72 € – Carte 38/70 €

*7 rue du Vieux-Moulin – ℰ 03 88 70 17 28 – www.auvieuxmoulin.eu –
Fermé 15 février-4 mars, 14 juin-1ᵉʳ juillet, 15-26 novembre, lundi, mardi, dimanche soir*

GRIESHEIM-PRÈS-MOLSHEIM

✉ 67870 – Bas-Rhin – Carte régionale n° **10**–A2 – Carte Michelin 315-J6

AUBERGE DE LA CHÈVRERIE

MODERNE • ÉLÉGANT %% Tout est fait maison (jusqu'à l'excellent pain, aux glaces et aux sorbets) par un chef appliqué, qui s'approvisionne en fromage auprès de la chèvrerie voisine tenue par son frère... Une auberge bien sympathique, perchée dans un village en pleine nature.

🏠 ⅏ 🆎 🅿 – Menu 20 € (déjeuner), 45/64 € – Carte 60/68 €

1 rue des Puits – ℰ 03 88 38 83 59 – www.chevrerie.com – Fermé lundi, mardi, dimanche soir

GUEWENHEIM

✉ 68116 – Haut-Rhin – Carte régionale n° **10**–A3 – Carte Michelin 315-G10

🍴○ **LA GARE**

TRADITIONNELLE · **CONVIVIAL** XX Une très contemporaine institution locale (depuis 1874) ! Ou comment mixer élégance, peps et convivialité ; mêler brasserie sur le pouce et joli repas traditionnel sur la belle terrasse verdoyante... Ou comment présenter l'une des plus belles cartes des vins de France – rien que ça – tout en restant simple.

🕸 ⟨🐟 🎍 🗚 🅿 – Menu 35/50 € – Carte 45/60 €

2 rue Soppe – ℰ 03 89 82 51 29 – Fermé mardi, mercredi

GUNDERSHOFFEN

✉ 67110 – Bas-Rhin – Carte régionale n° **10**–B1 – Carte Michelin 315-J3

😊 **LE CYGNE**

MODERNE · **CONVIVIAL** XX Cette noble demeure alsacienne a su évoluer avec son temps : on y découvre aujourd'hui une carte de bistrot modernisée, privilégiant la cuisine de saison, réalisée par un chef expérimenté. Bon rapport qualité-prix.

Spécialités : Duo de gambas aux agrumes, guacamole d'avocat au piment d'Espelette. Dos de maigre, tagliatelles de courgettes aux olives et tomates confites. Barre chocolatée au caramel et biscuit cacahouète, sorbet framboise.

♿ 🗚 ⇆ – Menu 34/58 €

35 Grande-Rue – ℰ 03 88 72 96 43 – www.aucygne.fr – Fermé lundi, jeudi, dimanche soir

🍴○ **LES JARDINS DU MOULIN**

MODERNE · **COSY** XX Ce restaurant s'intègre idéalement dans l'environnement du Moulin : à travers les baies vitrées de l'élégante salle à manger, on admire le jardin et la magnifique terrasse... On se régale de créations actuelles, bien tournées et rythmées par les saisons.

🎍 ♿ 🗚 🅿 – Menu 35 € (déjeuner), 59/78 €

Le Moulin, 7 rue du Moulin – ℰ 03 88 07 52 70 – www.jardinsdumoulin.fr –
Fermé 1ᵉʳ-6 janvier, 15 février-3 mars, 15 août-1ᵉʳ septembre,
24 octobre-3 novembre, mardi soir, mercredi

🏠 **LE MOULIN**

MAISON DE CAMPAGNE · **COSY** Au bout d'un petit chemin, quelques maisons alsaciennes superbement restaurées ; un ancien moulin entouré d'un parc, avec une rivière où folâtrent quelques cygnes... On se prélasse dans de belles chambres spacieuses et très calmes, décorées avec goût, que l'on ne quitte qu'à regret. Absolument charmant !

🍵 🐦 ⟨🐟 ♿ 🗚 🏋 🅿 – 12 chambres – 2 suites

7 rue du Moulin – ℰ 03 88 07 33 30 – www.hotellemoulin.com

🍴○ **Les Jardins du Moulin** – Voir la sélection des restaurants

HAGUENAU

✉ 67500 – Bas-Rhin – Carte régionale n° **10**–B1 – Carte Michelin 315-K4

😊 **LE JARDIN**

MODERNE · **ÉLÉGANT** XXX À l'unisson, père et fils ont composé une carte sagement actuelle, sans jamais oublier les classiques de la maison : soupe de poisson, carpaccio de thon, chateaubriand avec sauce béarnaise... Quant au décor, totalement modernisé, il se pare toujours d'un superbe plafond Renaissance.

Spécialités : Soupe de poissons de roche. Poisson au gré de la marée, risotto, bisque de homard. Soufflé glacé à la fraise, minestrone de fruits rouges.

🎍 ♿ 🗚 🅿 – Menu 21 € (déjeuner), 34/66 € – Carte 50/60 €

16 rue de la Redoute – ℰ 03 88 93 29 39 – www.lejardinhaguenau.fr – Fermé mardi, mercredi

⦿ **GRAINS DE SEL**

MODERNE • COSY XX Bien installé dans son restaurant près de la halle aux Hou-blons, Gilles Schnoering régale ses convives avec une courte carte de saison ; ses créations, fraîches et bien réalisées, doivent beaucoup à la qualité des produits utilisés. Judicieux accords mets et vins.

🕭 🔣 – Menu 31€ (déjeuner)/50€ – Carte 31/58€

113 Grand-Rue – ℰ 03 88 90 83 82 – www.restaurant-grainsdesel.fr –
Fermé 24 décembre-12 janvier, 26 juin-20 juillet, lundi, dimanche

HATTSTATT

✉ 68420 – Haut-Rhin – Carte régionale n° **10**–A2 – Carte Michelin 315-H8

⊛ **L'ALTÉVIC**

MODERNE • CONTEMPORAIN X Avec tout le talent et toute l'expérience qu'on lui connaît, Jean-Christophe Perrin propose une cuisine dans l'air du temps, inspi-rée par le marché, dans laquelle un beau produit de saison suffit souvent à faire recette, avec menu vegan pour les amateurs... Réjouissant.

Spécialités : Fleur de courgette farcie d'une mousseline de truite à l'ail des ours. Sanglier confit, airelles, jus au pinot noir. Soufflé à la rhubarbe, infusion de fraise et basilic du jardin.

� 🕭 🔣 **P** – Menu 27/74€ – Carte 46/85€

4 rue du Wiggensbach – ℰ 03 89 78 83 56 – www.restaurant-laltevic.fr – Fermé lundi,
mardi, dimanche soir

HÉSINGUE

✉ 68220 – Haut-Rhin – Carte régionale n° **10**–B3 – Carte Michelin 315-J11

⦿ **AU BŒUF NOIR**

CLASSIQUE • CONVIVIAL XX Les produits frais de qualité rythment la vie de cette maison, de même que la fraîcheur et le goût dans les assiettes : risotto de homard façon paëlla, lièvre à la royale pendant la saison de la chasse... Jolie petite terrasse sur l'arrière, idéale aux beaux jours.

� 🔣 **P** – Menu 29€ (déjeuner), 40/70€ – Carte 45/75€

2 rue Folgensbourg – ℰ 03 89 69 76 40 – www.auboeufnoir.fr – Fermé lundi, samedi
midi, dimanche soir

HOCHSTATT

✉ 68720 – Haut-Rhin – Carte régionale n° **10**–A3 – Carte Michelin 315-H10

⦿ **AU CHEVAL BLANC**

MODERNE • FAMILIAL XX Dans ce petit village aux portes du Sundgau, on se délecte de plats soignés et gourmands, réalisés par le chef au fil de son inspira-tion et du marché. Une adresse pour le moins appétissante...

🐝 � 🕭 ⇔ – Menu 29€ (déjeuner), 40/65€ – Carte 54/80€

55 Grande-Rue – ℰ 03 89 06 27 77 – www.au-cheval-blanc-hochstatt.com –
Fermé 24 décembre-2 janvier, lundi soir, mardi soir, mercredi, dimanche soir

HUNINGUE

✉ 68330 – Haut-Rhin – Carte régionale n° **10**–B3 – Carte Michelin 315-J11

⦿ **AUTOUR DE LA TABLE**

CLASSIQUE • TRADITIONNEL XX L'adresse revendique un côté "école hôtelière" avec sa carte classique (paupiette de sole, filet de bœuf, crêpe soufflée à l'eau-de-vie de quetsche), son service sérieux et appliqué – on y pratique encore l'art oublié de découpe et la préparation en salle. Quand la tradition et le classicisme ont du bon, autour et surtout sur la table...

� 🕭 🔣 ⇔ – Menu 54/82€ – Carte 50/70€

17A rue de Village-Neuf – ℰ 09 81 11 40 17 – www.restaurant-autourdelatable.fr –
Fermé lundi, mardi

ILLHAEUSERN

✉ 68970 – Haut-Rhin – Carte régionale n° **10**–C2 – Carte Michelin 315-I7

✿✿ AUBERGE DE L'ILL

Chef: Marc Haeberlin

CLASSIQUE · **LUXE** XXXX L'Auberge de l'Ill est bien davantage qu'un simple restaurant : c'est l'auberge alsacienne dans toute sa splendeur. Un lieu convivial et chaleureux, hors du temps, où chaque client est accueilli comme un membre de la famille. Un symbole dans la région, mais aussi en France et dans le monde ! Dès sa création en 1882, entre Sélestat et Riquewihr, l'adresse se fait un nom avec sa matelote au riesling et ses préparations de gibiers alsaciens. Marc Haeberlin, petit-fils des fondateurs, fait aujourd'hui l'alliance entre ces créations historiques (timbale de homard, mousseline de grenouille, foie gras aux épices) et des plats plus personnels, plus modernes. Le mythe est toujours vivace.

Spécialités : La boîte de sardines au caviar. Saumon soufflé "Auberge de l'Ill". La pêche "Haeberlin".

⅏ ⟨ ⌂ 🅰 ⟷ 🅿 – Menu 110€ (déjeuner)/195€ – Carte 120/260€

Hôtel des Berges, 2 rue de Collonges-au-Mont-d'Or – ✆ 03 89 71 89 00 –
www.auberge-de-l-ill.com – Fermé 1ᵉʳ-8 janvier, 8 février-10 mars, lundi, mardi

🏨 HÔTEL DES BERGES

LUXE · PERSONNALISÉ Ce délicieux refuge est niché au bord de l'eau, dans le parc de l'Auberge de l'Ill. Dans ces deux bâtiments rappelant les anciens séchoirs à tabac de la région, les chambres ont un cachet fou – meubles chinés, boiseries, tableaux, sculptures... Un magnifique ensemble, désormais doté d'un spa nature (800 m²).

⚘ ⛵ ⟨ ⌂ ⌁ 🕙 🅿 ⅙ 🅰 ⅍ 🚘 – 15 chambres – 4 suites

4 rue de Collonges-au-Mont-d'Or – ✆ 03 89 71 87 87 – www.hoteldesberges.com

✿✿ **Auberge de l'Ill** – Voir la sélection des restaurants

ILLZACH

✉ 68110 – Haut-Rhin – Carte régionale n° **10**–A3 – Carte Michelin 315-I10

Voir plan de Mulhouse

🍽 LA CLOSERIE

MODERNE · **ÉLÉGANT** XX Dans cette maison centenaire baignée de verdure, à l'élégance toute naturelle, la belle carte des vins accompagne une cuisine sincère. On se restaure, au choix, dans les salons cossus et intimes d'un côté, ou la salle lumineuse et contemporaine en hautes verrières de l'autre. Carte bistronomique le soir.

⅏ 🍴 ⅙ 🅰 ⟷ 🅿 – Menu 35€ (déjeuner), 52/72€

Plan : Mulhouse C1-a – *6 rue Henry-de-Crousaz – ✆ 03 89 61 88 00 –*
www.closerie.fr – Fermé 23 décembre-4 janvier, lundi soir, samedi midi, dimanche

INGERSHEIM

✉ 68040 – Haut-Rhin – Carte régionale n° **10**–C2 – Carte Michelin 315-I8

🕸 LA TAVERNE ALSACIENNE

TRADITIONNELLE · **AUBERGE** XX Dirigée par la famille Guggenbuhl depuis 1964, cette taverne à la façade saumon mérite amplement sa réputation. Même ceux qui ne connaissent rien à la cuisine alsacienne seront conquis par sa divine choucroute traditionnelle (entre autres délices) ; le tout accompagné de beaux vins d'Alsace !

Spécialités : Terrine de canard au foie gras, salade de saison. Filet de sandre, choucroute nouvelle, sauce au riesling. Vacherin minute.

⅏ 🅰 – Menu 20€ (déjeuner), 31/42€ – Carte 46/64€

99 rue de la République – ✆ 03 89 27 08 41 – www.tavernealsacienne-guggenbuhl.fr –
Fermé 27 décembre-11 janvier, lundi, jeudi soir, dimanche soir

ITTERSWILLER

✉ 67140 – Bas-Rhin – Carte régionale n° **10**–C1 – Carte Michelin 315-I6

WINSTUB ARNOLD

ALSACIENNE · WINSTUB XX Cette winstub met à l'honneur les "elsässische spezialitäten" : kougelhopf, choucroute et tant de plats régionaux ! Soulevez donc le couvercle en fonte qui protège le baeckeofe servi en cocotte...

Spécialités: Tarte flambée. Choucroute. Kougelhopf glacé au kirsch.

⇔ 🌦 & 🄿 – Menu 24 € (déjeuner)/31 € – Carte 26/64 €

Hôtel Arnold, 98 route des Vins – ℰ 03 88 85 50 58 – www.hotel-arnold.com –
Fermé lundi, dimanche soir

KATZENTHAL

✉ 68230 – Haut-Rhin – Carte régionale n° **10**–C2 – Carte Michelin 315-H8

À L'AGNEAU

TRADITIONNELLE · RÉGIONAL XX Cette jolie maison au décor typiquement alsacien est douce... comme un agneau. On y savoure une cuisine du marché et des spécialités régionales réalisées par un chef, Thierry Hohly, passé par de belles maisons. Le tout accompagné des vins du cru. Pour l'étape, des chambres actuelles joliment rénovées.

⇔ 🌦 🄿 – Menu 27 € (déjeuner), 39/58 € – Carte 35/60 €

16 Grand'Rue – ℰ 03 89 80 90 25 – www.agneau-katzenthal.com –
Fermé 4-27 janvier, mardi, mercredi

KAYSERSBERG

✉ 68240 – Haut-Rhin – Carte régionale n° **10**–C2 – Carte Michelin 315-H8

LA TABLE D'OLIVIER NASTI

Chef: Olivier Nasti

CRÉATIVE · RAFFINÉ XxX Ah, Kaysersberg ! Sur la route des vins d'Alsace, le petit village se dévoile entre deux vallons... Impossible de rater la façade rouge du mythique hôtel Chambard, qui accueille la Table d'Olivier Nasti, Meilleur Ouvrier de France 2007. Magnifier le terroir, réinjecter la tradition dans des assiettes créatives, visuelles, voire ludiques : tel est l'objectif poursuivi par le chef. Pour cela, tous les ingrédients sont bons ! Gibier, morilles des Vosges, foie gras, anguille du Rhin, truffe ou encore omble chevalier des montagnes... Il signe une carte personnelle, soucieuse des saisons, en portant une attention toute particulière aux sauces et décoctions. Enfin, côté vins, on profite de la présence de Jean-Baptiste Klein, sommelier aussi talentueux que passionné.

Spécialités: Anguille du Rhin au vert légèrement fumée et laquée aux agrumes. Gibier d'été, griottes fermentées, kasknepfle comme nos grands-mères. Quetsche d'Alsace rôtie au four, brioche et crème glacée à la brioche.

🕸 & 🄺 – Menu 90 € (déjeuner), 158/220 € – Carte 164/250 €

Hôtel Chambard, 9-13 rue du Général-de-Gaulle – ℰ 03 89 47 10 17 –
www.lechambard.fr – Fermé 10 janvier-11 février, lundi, mardi, mercredi midi

L'ALCHÉMILLE

Chef: Jérôme Jaegle

MODERNE · CONTEMPORAIN XX C'est l'histoire d'un enfant du village, véritable bête à concours gastronomiques, qui a transformé ce bar PMU en "lieu de vie". Fils et petit-fils de boucher-charcutier, Jérôme Jaegle est tout autant maraîcher et fou de permaculture que chef – formé par des pointures comme Jean-Yves Schillinger et Christian Tétedoie. Quasi scandinave dans l'allure, son restaurant, tout de bois clair et de matières naturelles, porte le nom de la plante favorite des alchimistes. Sa cuisine, créative et personnelle, est évidemment axée sur les herbes et les légumes de son potager, ainsi que sur les produits locaux. Menus sans choix de 5, 7, 9 ou 11 plats.

Spécialités: Cuisine du marché.

🌱 *L'engagement du chef: "A L' Alchémille, nos cuisiniers sont également jardiniers. Ainsi, chaque journée commence par la cueillette des fruits, légumes et herbes aromatiques dans nos jardins maraîchers. Reconnecter la nature à l'assiette, travailler avec les meilleurs artisans locaux, tout cela nous permet de servir à nos clients l'expression la plus juste et la plus responsable de notre terroir."*

⅋ ⅋ 🅐🅒 – Menu 63/98 €

53 route de Lapoutroie – ☎ 03 89 27 66 41 – www.lalchemille.fr –
Fermé 10 janvier-3 février, lundi, mardi midi, mercredi midi, dimanche

😊 LA VIEILLE FORGE

MODERNE · CONTEMPORAIN ✕✕ La façade rustique cette charmante maison du 16ᵉ s. dissimule de bien jolies surprises : les assiettes de la chef Laurine Gutleben font la part belle aux produits frais et à la créativité, à l'instar du paleron de bœuf confit, jus de viande et pomme de terre dauphine. Belle Carte des vins en Alsace, mais pas seulement.

Spécialités: Œuf parfait. Entrecôte de veau cuite à basse température. Parfait glacé au cassis.

⅋ ⅋ 🅐🅒 – Menu 33/69 € – Carte 50/75 €

1 rue des Écoles – ☎ 03 89 47 17 51 – www.vieilleforge-kb.com – Fermé lundi, mardi

😊 WINSTUB DU CHAMBARD

ALSACIENNE · WINSTUB ✕ La seconde table du Chambard, version winstub. Ici, Olivier Nasti revisite tout ce que le terroir alsacien peut offrir : baeckeoffe et choucroute, tarte à l'oignon, presskopf... Sans oublier cette délicieuse tête de veau et ses pommes de terre écrasées à la muscade : goûteux et généreux, une ode à la gourmandise ! Avec gibier, été comme hiver.

Spécialités: Terrine de foie gras d'oie aux fruits du berawecka. Choucroute royale. Kougelhopf glacé au marc de gewurztraminer.

⅋ 🅐🅒 – Menu 34 € – Carte 46/88 €

Hôtel Chambard, 9-13 rue du Général-de-Gaulle – ☎ 03 89 47 10 17 –
www.lechambard.fr

🏨 CHAMBARD

LUXE · PERSONNALISÉ Véritable institution dans la cité, le Chambard a fière allure : derrière sa belle façade traditionnelle (18ᵉ s.) se cache un décor ultracontemporain, chic et tendance. Quant aux gourmands, ils ont le choix entre un restaurant de haute gastronomie ou une charmante winstub... et partout un très grand confort.

🌿 🍴 🛁 🏊 ⬆ ♿ 🅐🅒 🧖 🅿 – 33 chambres – 6 suites

9-13 rue du Général-de-Gaulle – ☎ 03 89 47 10 17 – www.lechambard.fr

✿✿ La Table d'Olivier Nasti · 😊 Winstub du Chambard – Voir la sélection des restaurants

KEMBS-LOÉCHLÉ

✉ 68680 – Haut-Rhin – Carte régionale n° **10**–B3 – Carte Michelin 315-J11

🍴○ LE PETIT KEMBS

MODERNE · COSY ✕ Cette jolie maison de village à colombages abrite un intérieur cosy et chaleureux, à l'image des propriétaires des lieux. Dans l'assiette, une trilogie de foie gras, un filet de mignon de veau aux pétales de munster et lard grillé, ou encore un truffon pailleté et chocolat amer... Tout est fait maison : on se régale !

🍴 ♿ – Menu 34/60 € – Carte 50/80 €

49 rue Maréchal-Foch – ☎ 03 89 48 17 94 – www.lepetitkembs.fr –
Fermé 20 février-1ᵉʳ mars, 16 août-1ᵉʳ septembre, lundi, mercredi, samedi midi

KIENTZHEIM

✉ 68240 – Haut-Rhin – Carte régionale n° **10**–C2 – Carte Michelin 315-H8

⫶○ CÔTÉ VIGNE

MODERNE • COSY XX Maison à colombage du 16ᵉ s., située face à une belle fontaine, mobilier contemporain, vins bio du domaine familial et cuisine alsacienne du marché, le tout tenu par un jeune couple charmant. Et même une petite terrasse pour les beaux jours.

🍴 ⅋ – Menu 19 € (déjeuner), 35/46 € – Carte 42/72 €

30 Grand-Rue – ℰ 03 89 22 14 13 – www.cote-vigne.fr – Fermé lundi, samedi midi, dimanche soir

⫶○ HOSTELLERIE SCHWENDI

TRADITIONNELLE • RUSTIQUE XX Envie d'un cadre original ? Rendez-vous dans ce restaurant où l'on dîne dans l'ancienne cave à vin de l'auberge. Croquettes de munster et chutney d'échalote, truite soufflée et braisée au vin d'Alsace, sans oublier la généreuse choucroute : ici, le chef privilégie le meilleur de la gastronomie régionale. En été, on se régale sur la place. Pittoresque à souhait.

🔁 🍴 🆔 🅿 – Menu 30/60 € – Carte 35/63 €

2 place Schwendi – ℰ 03 89 47 30 50 – www.schwendi.fr – Fermé 5 janvier-12 mars, mardi midi, mercredi, jeudi midi

KILSTETT

✉ 67840 – Bas-Rhin – Carte régionale n° **10**-B1 – Carte Michelin 315-L4

⫶○ AU CHEVAL NOIR

TRADITIONNELLE • AUBERGE XX C'est au galop qu'on se rend au Cheval Noir ! Derrière la façade de cette maison à colombages (18ᵉ s.), deux frères travaillent les beaux produits en tandem. Une cuisine traditionnelle à déguster dans de jolies salles... si tant est qu'on descende de sa monture.

🔁 🍴 🆔 ✢ 🅿 – Menu 18 € (déjeuner), 32/52 € – Carte 47/53 €

1 rue du Sous-Lieutenant-Maussire – ℰ 03 88 96 22 01 – www.restaurant-cheval-noir.fr – Fermé 11-27 janvier, 19 juillet-11 août, lundi, mardi, dimanche soir

KLINGENTHAL

✉ 67530 – Bas-Rhin – Carte régionale n° **10**-A2 – Carte Michelin 315-I6

⫶○ À L'ÉTOILE

TRADITIONNELLE • CONVIVIAL XX Nichée dans un petit village alsacien, sur la route du Mont Sainte-Odile, cette auberge traditionnelle datant de 1920 est aujourd'hui tenue par la 4ème génération. On y déguste une cuisine traditionnelle du marché, proposée à l'ardoise. Quatre chambres douillettes pour l'étape, et terrasse en été.

🔁 🍴 ✢ – Menu 19 € (déjeuner)/48 € – Carte 11/32 €

7 place de l'Étoile – ℰ 03 88 95 82 90 – www.restaurantaletoile.fr – Fermé lundi, mardi soir, mercredi soir, jeudi soir, dimanche soir

KRUTH

✉ 68820 – Haut-Rhin – Carte régionale n° **10**-A3 – Carte Michelin 315-F9

⊛ LES QUATRE SAISONS

MODERNE • COSY X Christelle aux fourneaux ; Frédéric choisissant avec soin de jolis crus... Ce couple à la ville forme ici un duo gourmand et gagnant. Dans ce chalet douillet, on se régale d'une délicieuse cuisine de saison, sans fausse note !
Spécialités : Fleischnaka de saumon au citron confit. Baeckeofe de canard aux patates douces. Crumble aux mirabelles et fromage blanc façon cheesecake.

🌭 ≤ 🔁 🅿 – Menu 30/36 € – Carte 33/41 €

3 route du Frenz (5 km à l'Ouest par D13 bis) – ℰ 03 89 82 28 61 – www.hotel4saisons.com – Fermé 27 juin-9 juillet, 14-26 novembre, mardi, mercredi

LABAROCHE

✉ 68910 – Haut-Rhin – Carte régionale n° **10**–C2 – Carte Michelin 315-H8

❸ **LA ROCHETTE**

MODERNE · COSY XX Une belle découverte que ce restaurant contemporain ! Ici, on régale en famille : aux fourneaux, père et fils réalisent des plats savoureux et fins, telle une réconfortante matelote au riesling... et un deuxième fils œuvre en salle en tant que sommelier. Une histoire de famille.

Spécialités : Foie gras de canard, confit de quetsches au poivre de Penja. Matelote de poissons à l'alsacienne. Brie au kirsch.

🍴 🛏 🍽 �&ዹ 🅿 – Menu 18 € (déjeuner), 34/65 € – Carte 45/70 €

*500 lieu-dit La Rochette – ℰ 03 89 49 80 40 – www.larochette-hotel.fr –
Fermé 21 février-18 mars, 1ᵉʳ-15 novembre, lundi, mardi*

LANDSER

✉ 68440 – Haut-Rhin – Carte régionale n° **10**–A3 – Carte Michelin 315-I10

🍴○ **L'AMBROISE**

MODERNE · COSY XX Dans ce village alsacien, un jeune chef motivé signe une cuisine du marché personnelle et épurée, dans le respect absolu des saisons et du marché (et ce n'est pas uniquement pour la rime!). Agréable terrasse au calme pour les beaux jours d'été.

🍽 &ዹ 🆊 ⇔ – Carte 28/55 €

*3 place de la Paix – ℰ 03 89 81 43 99 – www.lambroise.com –
Fermé 24 décembre-10 janvier, lundi, dimanche et le midi*

LAPOUTROIE

✉ 68650 – Haut-Rhin – Carte régionale n° **10**–A2 – Carte Michelin 315-H8

🍴○ **LES ALISIERS**

MODERNE · COSY XX Dans une salle panoramique au décor épuré, on savoure une cuisine qui valorise les produits locaux et les légumes bio du jardin, avec de beaux mariages d'influences et de saveurs. De quoi vous donner envie de revenir !

🍴 ⇆ 🛏 & 🅿 – Menu 32/39 € – Carte 44/54 €

*Lieu-dit Faudé – ℰ 03 89 47 52 82 – www.alisiers.com – Fermé 11-19 janvier,
22 février-9 mars, lundi, mardi*

LAUBACH

✉ 67580 – Bas-Rhin – Carte régionale n° **10**–B1 – Carte Michelin 315-K3

❀❀ **LA MERISE**

Chef: Cédric Deckert

MODERNE · ÉLÉGANT XXX Au nord d'Haguenau, cette maison alsacienne, étonnante construction neuve réalisée à partir de matériaux anciens, épouse à merveille son cadre champêtre avec vue sur la campagne, entre collines et vergers. En cuisine, le chef Cédric Deckert et en salle Christelle, sa femme : on sent chez ces deux-là une réjouissante envie d'aller de l'avant. À partir de produits de belle qualité, il concocte des recettes d'un beau classicisme, jamais ennuyeuses, rehaussées par un art subtil des jus et des sauces – ô ce jus champêtre infusé au foin sur la canette, un régal ! En salle, une brigade féminine joue un ballet très professionnel, tandis que le remarquable sommelier Joël Brendel, qui a entièrement rénové la carte des vins, prodigue d'excellents conseils.

Spécialités : Langoustines, crème au vinaigre de framboise et crème de caviar osciètre. Aile de raie bretonne au wasabi et gingembre confit. Esquimau basilic, coulis de fraise des bois et huile d'olive à la vanille de Tahiti.

🍸 & 🆊 🅿 – Menu 55/135 € – Carte 80/125 €

*7 rue d'Eschbach – ℰ 03 88 90 02 61 – www.lamerise.alsace –
Fermé 19 octobre-2 novembre, lundi soir, mardi, mercredi*

LEMBACH

✉ 67510 – Bas-Rhin – Carte régionale n° **10**–B1 – Carte Michelin 315-K2

✿✿ AUBERGE DU CHEVAL BLANC

Chef: Pascal Bastian

CRÉATIVE · ÉLÉGANT XxxX Sa mère était couturière, son père quincaillier : aucun restaurateur à l'horizon. Et voilà pourtant le tout jeune Pascal Bastian devenu commis à l'Auberge du Cheval Blanc, du chef Fernand Mischler. Puis, passage obligé par des tables prestigieuses (dont les Crayères, à Reims, avec Gérard Boyer), avant un retour au Cheval Blanc. Aujourd'hui, c'est le couple, Carole et Pascal, qui veille à l'avenir de ce noble relais de poste (18e s.), alliance du charme alsacien et du raffinement contemporain. Les tables sont espacées pour garantir l'intimité des conversations… et de l'expérience gastronomique. On se régale d'un épais dos de sandre rôti, de belle fraîcheur, accompagné de pointes d'anguille fumée et de têtes d'asperges vertes croquantes… Et pour les amoureux de la région, sachez que des chambres vous attendent.

Spécialités : Chair de tourteau, caviar osciètre, mousse au concombre et gel de pomme verte. Noix de ris de veau, déclinaison de carotte et jus aux bourgeons de sapin. Chou croustillant et crème légère au praliné, noisettes du Piémont caramélisées.

🕸 ⇘ ⅙ 🅰🅲 ✿ 🅿 – Menu 82/135€ – Carte 110/129€

4 rue de Wissembourg – ✆ 03 88 94 41 86 – www.au-cheval-blanc.fr –
Fermé 4-12 janvier, 22 février-9 mars, 28 juin-13 juillet, 1er-4 novembre, lundi, mardi,
mercredi midi

🏠 AUBERGE DU CHEVAL BLANC

AUBERGE · PERSONNALISÉ De nouvelles chambres spacieuses et contemporaines, un salon cossu et confortable, un beau spa avec sa piscine couverte et son sauna : on se sent toujours aussi bien dans cette auberge alsacienne – un ancien relais de poste du 18e s. – située au cœur du village.

⇘ 🆂🅿🅿 🖪 ⅙ 🅰🅲 🆂🅰 🅿 – 21 chambres

4 rue de Wissembourg – ✆ 03 88 94 41 86 – www.au-cheval-blanc.fr

✿✿ **Auberge du Cheval Blanc** – Voir la sélection des restaurants

LEUTENHEIM

✉ 67480 – Bas-Rhin – Carte régionale n° **10**–B1 – Carte Michelin 315-M3

🍴 AUBERGE AU VIEUX COUVENT

TRADITIONNELLE · AUBERGE X Au fin fond de la forêt, une maison à colombages (fin du 17e s.) simple et rustique… Le chef, Damien Hirschel, y relève le pari d'une cuisine traditionnelle pleine d'à-propos, dans laquelle les spécialités régionales et les produits du potager sont mis à l'honneur. On fait volontiers halte dans cette auberge !

🍴 🅿 – Menu 34/50€

7 rue du Vieux-Moulin, Lieu-dit Koenigsbruck – ✆ 03 88 86 39 86 –
www.auberge-au-vieux-couvent.fr – Fermé 26 décembre-3 janvier, lundi, mardi,
mercredi, jeudi, dimanche soir

LINGOLSHEIM

✉ 67380 – Bas-Rhin – Carte régionale n° **10**–B1 – Carte Michelin 315-K5

Voir plan de Strasbourg

🍴 L'ID

MODERNE · CONTEMPORAIN XX Une belle maison de maître, décorée avec goût – tons gris et noisette, magnifique escalier en bois datant du 18e s. À l'ardoise, une bonne cuisine du marché rythmée par les saisons, avec une place importante accordée au poisson… À déguster sur l'agréable terrasse aux beaux jours.

🍴 ⅙ 🅰🅲 ✿ – Menu 33€ (déjeuner) – Carte 40/60€

Plan : Strasbourg C2-d – *11 rue du Château – ✆ 03 88 78 40 48 –*
www.restaurant-id.fr – Fermé lundi, dimanche

MARLENHEIM

✉ 67520 – Bas-Rhin – Carte régionale n° **10**–A1 – Carte Michelin 315-I5

✿ **LE CERF**

Chef: Joël Philipps

MODERNE • COSY 𝕏𝕏𝕏 Faon ou daguet, allons bramer de plaisir et frotter nos cornes aux portes de cet ancien relais de poste, devenu une hostellerie gourmande ! Cet ensemble de jolies bâtisses, accessible par une cour intérieure pavée et un pimpant jardinet, nous donne des fourmis dans les sabots... pardon, les pinces ! Cette institution a longtemps brillé grâce au talent du chef Michel Husser qui a passé les rênes à Joël Philipps. Fort d'une belle maîtrise, le chef fait preuve de finesse et d'éclectisme gourmand à travers une carte courte et deux menus : tartare de langoustines ; poulpe grillé et chorizo ibérique ; opéra aux myrtilles sauvages et lavande...

Spécialités: Carpaccio de Saint-Jacques, légumes croquants au yuzu et gingembre, gel de kumquat. Bouchée à la reine de l'arrière-grand-père Paul Wagner. Crêpe Suzette, caramel parfumé au Grand Marnier et sorbet à l'orange sanguine.

⇦ 🏠 𝕄 ⇕ – Menu 48 € (déjeuner), 74/119 € – Carte 85/104 €

30 rue du Général-de-Gaulle – ℰ 03 88 87 73 73 – www.lecerf.com –
Fermé 2-6 janvier, mardi, mercredi

MERKWILLER-PECHELBRONN

✉ 67250 – Bas-Rhin – Carte régionale n° **10**–B1 – Carte Michelin 315-K3

🍴 **AUBERGE BAECHEL-BRUNN**

MODERNE • COSY 𝕏𝕏 Thomas aux fourneaux, Esther en salle : chez les Limmacher, la cuisine est une histoire familiale ! Côté assiette, la finesse est au rendez-vous, entre grands classiques et recettes nouvelles. Côté cadre, la grange d'antan a laissé place à l'épure contemporaine. Et une carte qui change souvent, pour satisfaire les (nombreux) clients habitués.

⇦ 𝕄 – Menu 49/79 € – Carte 64/72 €

3 route de Soultz – ℰ 03 88 80 78 61 – www.baechel-brunn.com – Fermé 4-21 janvier,
30 août-11 septembre, lundi, mardi, mercredi, jeudi

METZERAL

✉ 68380 – Haut-Rhin – Carte régionale n° **10**–A2 – Carte Michelin 315-G8

🍴 **LES CLARINES D'ARGENT**

TRADITIONNELLE • AUBERGE 𝕏 Dans ce restaurant installé près d'un étang, le chef concocte une bonne cuisine traditionnelle – avec un penchant particulier pour la truite –, à apprécier dans un cadre agréable. Accueil aimable, et chambres pour l'étape.

⇦ 🅿 – Menu 15 € (déjeuner), 35/58 € – Carte 36/76 €

12 rue Altenhof – ℰ 03 89 77 61 48 – www.aux-deux-clefs.com – Fermé lundi,
dimanche soir

MITTELBERGHEIM

✉ 67140 – Bas-Rhin – Carte régionale n° **10**–C1 – Carte Michelin 315-I6

🍴 **AM LINDEPLATZEL**

TRADITIONNELLE • CONVIVIAL 𝕏𝕏 Au cœur d'un charmant village alsacien, cette ancienne maison de vigneron propose une goûteuse cuisine traditionnelle, relevée d'une pointe d'exotisme par instants. Les produits du terroir alsacien et les vins sont à la fête... Si les 19 vignerons du village sont représentés, la carte met aussi à l'honneur les autres régions viticoles, avec une prédilection pour les vins nature. Terrasse intime avec vue dégagée. Une bien jolie adresse.

🐾 🏠 & 𝕄 – Menu 16 € (déjeuner), 36/56 €

71 rue Principale – ℰ 03 88 08 10 69 – www.am-lindeplatzel.fr – Fermé 20-31 janvier,
9-27 juin, 8-24 août, 31 octobre-21 novembre, mercredi, jeudi

MOLLKIRCH

✉ 67190 – Bas-Rhin – Carte régionale n° **10**–A2 – Carte Michelin 315-I5

🍴 FISCHHUTTE

RÉGIONALE · **AUBERGE** XX Une auberge au cadre chaleureux, une cuisine traditionnelle bien réalisée et goûteuse, une équipe dynamique : un vent nouveau souffle sur cette sympathique adresse, appréciée des habitués.

⇔ ≤ 👍 🅿 – Menu 36/57€ – Carte 45/60€

30 route de la Fischhutte – ℰ 03 88 97 42 03 – www.fischhutte.com –
Fermé 4-18 janvier, 6-20 avril, 20 juillet-3 août, lundi, mardi, dimanche soir

MONSWILLER

✉ 67700 – Bas-Rhin – Carte régionale n° **10**–A1 – Carte Michelin 315-I4

⭐ KASBÜR

Chef : Yves Kieffer

MODERNE · **ÉLÉGANT** XXX Né en 1932, le Kasbür est lié à la famille Kieffer depuis trois générations. Cette adresse des abords de Saverne doit son nom à l'arrière-grand père, un paysan qui faisait ici-même ses fromages. Son arrière-petit-fils, Yves Kieffer, a fait entrer cette belle bâtisse dans la modernité avec sa salle à manger semi-circulaire ouvrant sur l'opulente campagne alsacienne. Après avoir connu les cuisines de la Tour d'Argent et celles de Marc Meneau à Vézelay, le chef est revenu, animé par la force de l'héritage et... une exigence jamais démentie. Il propose des produits de qualité qu'il aime travailler à parfaite maturité, de la morille à la canette des Dombes en passant par les asperges du Kochersberg.

Spécialités : Foie gras de canard vendéen au cassis, purée de brioche au beurre noisette. Langoustine en deux services, les pinces en tartare et le coffre saisi au beurre demi-sel. Tomate grappe en tarte Tatin et en gaspacho, glace à l'huile d'olive.

≤ 👍 🍴 ⅙ 🖼 🅿 – Menu 27€ (déjeuner), 57/99€ – Carte 79/94€

8 route de Dettwiller – ℰ 03 88 02 14 20 – www.restaurant-kasbur.fr –
Fermé lundi, mardi, dimanche soir

MOOSCH

✉ 68690 – Haut-Rhin – Carte régionale n° **10**–A3 – Carte Michelin 315-G9

🍴 AUX TROIS ROIS

TRADITIONNELLE · **CLASSIQUE** XX Pâté en croûte, tête de veau... Ici, les éternels bistrotiers sont rois, mais ils partagent volontiers leur couronne avec les produits de la mer. À l'ardoise, des propositions sans cesse renouvelées et des vins qui sont de vraies petites trouvailles : un royaume du goût, de la qualité et de la convivialité !

🍴 ⅙ ♻ – Menu 17€ (déjeuner)/39€

35 rue du Général-de-Gaulle – ℰ 03 89 82 34 66 – www.aux-trois-rois.com –
Fermé 21 décembre-4 janvier, 23 juin-8 juillet, lundi, mardi, dimanche soir

MORSBRONN-LES-BAINS

✉ 67360 – Bas-Rhin – Carte régionale n° **10**–B1 – Carte Michelin 315-K3

🍴 LA SOURCE DES SENS

MODERNE · **CONTEMPORAIN** XXX Le cadre est résolument contemporain – mobilier design et vue sur les fourneaux via un écran plasma – et la cuisine se fait volontiers créative, grâce à l'implication du chef Pierre Weller, inventif et attentif. Des recettes qui ont du sens !

👍 🍴 ⅙ 🖼 🅿 – Menu 19€ (déjeuner), 55/80€ – Carte 58/75€

19 route d'Haguenau – ℰ 03 88 09 30 53 – www.lasourcedessens.fr –
Fermé 17-31 janvier, 18 juillet-2 août, lundi, mardi midi, dimanche soir

⌂ LA SOURCE DES SENS

SPA ET BIEN-ÊTRE · CONTEMPORAIN Un hôtel-restaurant très agréable dans cette station thermale du nord de l'Alsace. Chambres tendance au design sobre – plus calmes sur l'arrière du bâtiment –, espace bien-être complet avec un magnifique spa de 2 000 m^2 : tous les sens sont flattés.

♤ ⌂ ⌥ ▦ ⏺ ⏨ ⟐ ⟐ 🄰🄲 ⟐ 🅿 – 32 chambres

19 route d'Haguenau – ℰ 03 88 09 30 53 – www.lasourcedessens.fr

🍽 **La Source des Sens** – Voir la sélection des restaurants

MUHLBACH-SUR-MUNSTER

✉ 68380 – Haut-Rhin – Carte régionale n° **10**–A2 – Carte Michelin 315-G8

☺ PERLE DES VOSGES

MODERNE · ÉLÉGANT ✗✗ On aborde le repas avec un pâté en croûte forestière, airelles et pickles de concombre, une franche réussite, avant d'enchaîner avec un filet de truite blanche et trois savoureuses quenelles de brochet. Puis, après avoir profité du munster, on conclut avec une forêt-noire revisitée et hyper-gourmande. Tout est dit !

Spécialités : Œuf coulant dans sa coque croustillante, émulsion de livèche. Filet de sole, homard en tempura et sauce choron. Miel de nos ruches, pannacotta de fromage blanc, thym et crème glacée au foin.

⟐ ⟐ ⟐ 🄰🄲 ⟐ ⟐ 🅿 – Menu 27/69 €

22 route Gaschney – ℰ 03 89 77 61 34 – www.perledesvosges.net – Fermé 2 janvier-2 février, 15-21 mars, 1er-7 juillet, lundi midi

MULHOUSE

✉ 68100 – Haut-Rhin – Carte régionale n° **10**–A3 – Carte Michelin 315-I10

✿ IL CORTILE

Chef: Jean-Michel Feger

MÉDITERRANÉENNE · ÉLÉGANT ✗✗✗ Dans une rue piétonne du vieux Mulhouse, bienvenue dans cette maison du 16e s. bien connue des alsaciens. Présent ici depuis 2001, le chef Jean-Michel Feger ne s'impose plus les touches italiennes qui ont longtemps prévalu dans ces murs : c'est désormais la Méditerranée tout entière qui le guide ! Bien dans sa peau, il assure des préparations modernes, techniquement bien abouties : filet de bœuf Simmenthal, lard de colonnata, cocos tarbais et jus au romarin ; en dessert, clémentine de Corse dans l'esprit d'un Saint-Honoré... Le service est détendu, et on profite même d'une belle terrasse, installée dans la petite cour intérieure.

Spécialités : Vitello tonnato. Fritto de calamaretti, crème de pois chiche et lard de Colonnata. Chocolat noir, framboise et poivron confit, réduction de vinaigre balsamique.

⟐ ⟐ ⟐ 🄰🄲 – Menu 36 € (déjeuner), 59/109 € – Carte 70/82 €

Plan : D1-a *– 11 rue des Franciscains – ℰ 03 89 66 39 79 – www.ilcortile-mulhouse.fr – Fermé 22 décembre-4 janvier, 27 avril-3 mai, lundi, dimanche*

🍽 L'ESTÉREL

MODERNE · CONVIVIAL ✗✗ Et oui, Mulhouse aussi possède son Estérel... Dans ce restaurant posté sur la route qui monte au zoo, on savoure une agréable cuisine du marché 100 % maison, 100% saisons. L'été, on profite de la terrasse ombragée. Le reste de l'année, l'agréable véranda en rotonde offre une alternative lumineuse.

⟐ ⟐ 🅿 – Menu 17 € (déjeuner), 30/60 € – Carte 55/70 €

Plan : B2-t *– 83 avenue de la 1ère-Division-Blindée – ℰ 03 89 44 23 24 – www.esterel-weber.fr – Fermé 3-9 mai, 23 août-5 septembre, 1er-7 novembre, lundi, mardi, dimanche soir*

MULHOUSE

MULHOUSE

0   150 m

⁙○ **LA TABLE DE MICHÈLE**

MODERNE · COSY ✗✗ Michèle Brouet est une figure de la gastronomie locale. Sa table est à son image, généreuse et enjouée, tout comme l'atmosphère de la maison, très chaleureuse avec son décor d'objets hétéroclites et de bouquets de fleurs. Gourmandise et plaisir sont au rendez-vous !

🅰🅲 – Menu 27 € (déjeuner) – Carte 35/50 €

Plan : E1-t – *16 rue de Metz* –
☎ 03 89 45 37 82 – www.latabledemichele.fr –
Fermé lundi, samedi midi, dimanche

⁙○ **LE 4**

MODERNE · CONVIVIAL ✗ Le 4, comme le croisement des initiales de Lionel et Tatiana, le jeune couple à la tête de ce petit restaurant du cœur de Mulhouse. Leurs plats sont colorés et inventifs, et font de réguliers clins d'œil aux produits et épices découverts lors de leurs nombreux voyages à l'autre bout du monde. Jolie carte des vins.

🍽 – Menu 20 € (déjeuner) – Carte 45/50 €

Plan : D1-b – *5 rue Bonbonnière* –
☎ 03 89 44 94 11 – www.restaurantle4.com –
Fermé lundi, dimanche

MUNSTER

✉ 68140 – Haut-Rhin – Carte régionale n° **10**–A2 – Carte Michelin 315-G8

🟢 LES GRANDS ARBRES - VERTE VALLÉE

MODERNE · **ÉLÉGANT** XX Dans un décor réinventé, sobre et chic, on se régale grâce au chef Thony Billon, qui revisite avec élégance la production régionale. Il compose une partition moderne et soignée, accompagnée d'une jolie carte de vins d'Alsace : réjouissant, tout simplement.

Spécialités : Foie gras de canard, gelée de poivre fumé. Truite en ballotine, coulis de myrtille et coques à la marinière. Écorce des grands arbres et chocolat grand cru.

🕸 ⇦ 🍽 🏡 🕭 🅰🅒 🕭 🅿 – Menu 22 € (déjeuner), 32/56 €

Hôtel Verte Vallée, 10 rue Alfred-Hartmann (parc de la Fecht) –
☏ 03 89 77 15 15 – www.vertevallee.com –
Fermé 4-27 janvier

MURBACH

✉ 68530 – Haut-Rhin – Carte régionale n° **10**–A3 – Carte Michelin 315-H9

🍴 LE JARDIN DES SAVEURS

MODERNE · **ÉLÉGANT** XX Un coin de nature vosgienne... et de gourmandise ! Sous l'œil du propriétaire – cuisinier de formation –, le chef travaille de beaux produits et concocte des plats réjouissants, qui font la part belle aux saisons et au bio. Le tout à petits prix. Voilà un Jardin rafraîchissant où l'on aimerait prendre racine...

⇦ 🍽 🏡 🅿 – Menu 23 € (déjeuner), 35/78 € – Carte 42/53 €

Le St-Barnabé, 51 rue de Murbach – ☏ 03 89 62 14 14 – www.le-stbarnabe.com –
Fermé 10-22 janvier, 7-26 mars, mercredi, jeudi midi, dimanche soir

NATZWILLER

✉ 67130 – Bas-Rhin – Carte régionale n° **10**–C1 – Carte Michelin 315-H6

🟢 AUBERGE METZGER

TRADITIONNELLE · **ÉLÉGANT** XX Cuissons précises, produits de qualité, accompagnements soignés : Yves Metzger mitonne une cuisine régionale tout simplement délicieuse... et bon marché ! Une raison de plus pour faire étape dans cette auberge accueillante de la vallée de la Bruche. Chambres spacieuses et confortables.

Spécialités : Œuf poché sur saumon fumé. Médaillon de veau aux morilles. Crêpe soufflée et flambée au kirsch.

⇦ 🍽 🏡 🕭 🅲 🅿 – Menu 27/69 € – Carte 38/69 €

55 rue Principale – ☏ 03 88 97 02 42 – www.hotel-aubergemetzger.com –
Fermé 2-30 janvier, 5-12 juillet, 20-25 décembre, lundi, dimanche soir

NIEDERBRONN-LES-BAINS

✉ 67110 – Bas-Rhin – Carte régionale n° **10**–B1 – Carte Michelin 315-J3

🍴 ZUEM BUERESTUEBEL

ALSACIENNE · **WINSTUB** X Le couple Meder a réalisé un vieux rêve en s'installant ici : leur joie est manifeste, et communicative ! Au menu, on trouve une bonne cuisine alsacienne réalisée avec des produits tout à fait honnêtes, et quelques propositions qui sortent un peu du cadre (lotte, lieu jaune...). À tous les niveaux, simplicité et sérieux : une adresse attachante.

Carte 25/40 €

9 rue de la République – ☏ 03 88 80 84 26 – www.winstub-zuem-buerestuebel.com –
Fermé lundi, mardi, mercredi soir

NIEDERSCHAEFFOLSHEIM

✉ 67500 – Bas-Rhin – Carte régionale n° **10**–B1 – Carte Michelin 315-K4

🍴 **AU BŒUF ROUGE**

MODERNE · **ÉLÉGANT** ✕✕ Aucun doute que ce restaurant, géré par la même famille depuis 1880, est une institution locale. On y déguste une cuisine au goût du jour et rythmée par les saisons, à l'image de cette selle de veau de lait et ris de veau croustillant, girolles et cosses truffées... Accueil chaleureux.

🐌 ⇔ ♿ 🅰️🅲 ⇔ 🅿️ – Menu 49/92 € – Carte 54/75 €

39 rue du Général-de-Gaulle – 𝒞 03 88 73 81 00 – www.boeufrouge.com –
Fermé 22 février-15 mars, 12 juillet-5 août, lundi, mardi midi, dimanche soir

NIEDERSTEINBACH

✉ 67510 – Bas-Rhin – Carte régionale n° **10**–B1 – Carte Michelin 315-K2

⊛ **AU CHEVAL BLANC**

TRADITIONNELLE · **RUSTIQUE** ✕✕ L'âme d'une winstub... et le goût du pays porté avec amour : truite au bleu, pavé de biche sauce grand-veneur... mousse au kirsch, etc. Même esprit côté décor, tout en boiseries et composé de deux "stuben", ces salles rustiques typiquement régionales. Enfin, mention spéciale pour l'accueil, tout à fait exemplaire !

Spécialités : Filet de truite fumée. Suprême de poulet jaune. Mousse glacée au kirsch.

🐌 ⇔ 🍽️ 🌳 🅰️🅲 🅿️ – Menu 34/62 € – Carte 33/64 €

11 rue Principale – 𝒞 03 88 09 55 31 – www.hotel-cheval-blanc.fr –
Fermé 25 janvier-4 mars, 24 juin-8 juillet, mercredi, jeudi

OBERNAI

✉ 67210 – Bas-Rhin – Carte régionale n° **10**–A2 – Carte Michelin 315-I6

✿✿ **LA FOURCHETTE DES DUCS**

Chef : Nicolas Stamm

CRÉATIVE · **ÉLÉGANT** ✕✕✕ D'année en année, le chef Nicolas Stamm a trouvé aux fourneaux l'équilibre parfait entre la célébration des classiques et la pointe d'inventivité qui fait mouche. En toutes saisons, il nous gratifie d'assiettes de belle tenue, dans lesquelles les bons produits sont à la fête. En hiver, les suprêmes de pigeonneau, bien rosés comme promis, s'accompagnent d'un petit jardin d'herbes et de légumes hivernaux glacés : fenouil, céleri-rave, carotte, betterave... tandis que toute l'alchimie, la tarte au chocolat décline une affriolante palette cacaotée : le jeune pâtissier Jessy Rhinn-Auvray montre que la valeur n'attends pas le nombre des années. Cerise sur le gâteau, l'état d'esprit général de l'équipe est excellent, du service aux cuisines : un bien-être communicatif.

Spécialités : Omble chevalier des Vosges, grenouilles et girolles, sabayon au raifort. Agneau de lait à la royale, condiment à l'ail noir et jus d'agneau à la menthe. Comme une forêt-noire, griottines au kirsch d'Alsace et crème glacée à la vanille Bourbon.

🐌 ♿ 🅰️🅲 ⇔ – Menu 145/180 € – Carte 140/210 €

6 rue de la Gare – 𝒞 03 88 48 33 38 – www.lafourchettedesducs.com –
Fermé 1ᵉʳ-10 janvier, 1ᵉʳ-10 mars, 16-29 août, lundi, mardi midi, mercredi midi, jeudi midi, vendredi midi, samedi midi, dimanche soir

THIERRY SCHWARTZ - LE RESTAURANT

Chef: Thierry Schwartz

CRÉATIVE • RUSTIQUE XX Pour Thierry Schwartz, "Alsacien de cœur et d'origine", la nature ne s'envisage qu'en plein cœur de l'assiette : son engagement en faveur des producteurs locaux en est la preuve, et lui a valu les insignes de chevalier du Mérite agricole. Posons le décor : naturel et boisé, avec exposition de légumes du moment, tables en bois et cheminée qui crépite... Là-dedans, l'ancien collaborateur de Joël Robuchon concocte deux menus remarquables, en 5 ou 9 plats, où le produit (alsacien et en permaculture) se suffit à lui-même : pur épeautre, omble chevalier, oseille sauvage, œufs bio fermiers... tout cela s'arrose d'un bon cru, nature de préférence : vous aurez le choix, il y a près de 1200 références de la carte.

Spécialités : Cuisine du marché.

L'engagement du chef: "Depuis l'ouverture du restaurant il y a 18 ans, les circuits courts sont notre priorité. 95% des nos produits viennent de moins de 50 km. Nous contactons nos maraîchers et éleveurs tous les jours et nous prenons leurs produits à maturité. Notre carte change deux fois par semaine. Une grande majorité de nos producteurs travaillent en biodynamie et nous encourageons la réintroduction de variétés anciennes de fruits et de légumes. Nous transformons les déchets dans un objectif « zéro déchet »."

🕸 🍴 ♻ – Menu 59€ (déjeuner), 109/139€

*35 rue de Sélestat – ℰ 03 88 49 90 41 – www.thierry-schwartz.fr –
Fermé 1ᵉʳ-12 janvier, 29 août-6 septembre, lundi, dimanche*

LE PARC

MODERNE • ÉLÉGANT XXX Voilà, dans les faubourgs de la ville, une imposante maison alsacienne où les générations se succèdent depuis la création de l'établissement en 1954. Dans l'élégante salle à manger – boiseries couleur miel, plafond à caissons, lustre en cristal –, on se régale d'une bonne cuisine actuelle, fine et bien réalisée.

🗇 🍴 🎦 ♻ 🅿 – Menu 58/76€ – Carte 65/70€

*169 route d'Ottrott – ℰ 03 88 95 50 08 – www.hotel-du-parc.com –
Fermé 4-17 janvier, le midi sauf dimanche*

LA STUB

ALSACIENNE • WINSTUB X Le bois qui décore les murs de cette Stub a été récupéré dans d'anciennes fermes ; un cadre chaleureux avec ses alcôves et son poêle en faïence, pour déguster tartare de hareng "grand-mère", pied de porc farci, quenelles de brochet...

🗇 🍴 ♿ 🎦 🅿 – Carte 45/54€

*Le Parc, 169 route d'Ottrott – ℰ 03 88 95 50 08 – www.hotel-du-parc.com –
Fermé 28 juin-19 juillet, 20 décembre-3 janvier, lundi, dimanche et le soir*

À L'AGNEAU D'OR

ALSACIENNE • WINSTUB X Presskopf sauce vinaigrette, filet de sandre sur choucroute sauce riesling, tarte maison qui change tous les jours... Voici les douceurs que vous réserve cette maison typiquement alsacienne, tant d'apparence que de philosophie. Le décor est éminemment chaleureux et l'assiette cultive le goût des bonnes recettes régionales.

♿ – Menu 30/42€ – Carte 30/50€

*99 rue Général-Gouraud – ℰ 03 88 95 28 22 – http://alagneaudor.e-monsite.com/ –
Fermé lundi, samedi midi, dimanche soir*

LE PARC

SPA ET BIEN-ÊTRE • COSY Des travaux pharaoniques ont été nécessaires pour l'ouverture d'un des plus vastes spa de France sur le thème "bains et jardins" : 2500 m² avec 3 saunas, 2 hammams, aquafitness, bassin de nage, boxing studio, soins et massages. À noter aussi un restaurant réinventé, et toujours des chambres confortables, entre tradition alsacienne et modernité.

🏋 🦢 🗇 🎣 🖵 🔟 ♨ 🖃 ♿ 🎦 🏋 🅿 – 55 chambres – 7 suites

169 route d'Ottrott – ℰ 03 88 95 50 08 – www.hotel-du-parc.com

🍴 **Le Parc** • 🍴 **La Stub** – Voir la sélection des restaurants

OBERSTEINBACH

✉ 67510 – Bas-Rhin – Carte régionale n° **10**–B1 - Carte Michelin 315-K2

⅋○ **ANTHON**

MODERNE • COSY XxX Georges Flaig représente la quatrième génération aux fourneaux de cette ravissante maison à colombages, datant de 1860. Nulle nostalgie chez lui : sa cuisine est moderne et savoureuse, et met volontiers en avant les producteurs des environs : bœuf de Highland du Windstein, truite de Wingen...

🕸 ⇦ ⇱ 🍴 ⅋ 🅿 – Menu 26/56 € – Carte 55/80 €

40 rue Principale – ℰ 03 88 09 55 01 – www.restaurant-anthon.fr –
Fermé 1ᵉʳ-31 janvier, lundi, mardi, mercredi midi

OSTHOUSE

✉ 67150 – Bas-Rhin – Carte régionale n° **10**–B2 - Carte Michelin 315-J6

⅋○ **À L'AIGLE D'OR**

CLASSIQUE • AUBERGE XxX Accroché à un coin de cette jolie maison de village, l'aigle en fer forgé semble annoncer : "Vous êtes arrivé !" À l'intérieur, on se régale de grands classiques alsaciens (foie gras d'oie maison et gelée au porto, saumon soufflé à la façon de Paul Haeberlin) dans un cadre traditionnel et chaleureux. Ambiance plus familiale côté winstub.

⅋ 🔠 🅿 – Menu 34/64 € – Carte 42/92 €

14 rue de Gerstheim – ℰ 03 88 98 06 82 – www.hotelalaferme.com –
Fermé 2-20 août, lundi, mardi

OTTROTT

✉ 67530 – Bas-Rhin – Carte régionale n° **10**–A2

⅋○ **À L'AMI FRITZ**

ALSACIENNE • TRADITIONNEL XxX M. Fritz, c'est le chef-patron, mais l'enseigne fait aussi référence au roman d'Erckmann et Chatrian (1854), dont le héros sacrifie tout à la bonne chère. Un sacré patronage pour une cuisine alsacienne bien exécutée, dans un décor qui porte également haut le charme de la région.

⇦ ⇱ 🍴 ⅋ 🔲 ⇔ 🅿 – Menu 36 € (déjeuner), 38/75 € – Carte 45/75 €

8 rue des Châteaux – ℰ 03 88 95 80 81 – www.amifritz.com – Fermé 18-31 janvier,
mercredi

⅋○ **LE CLOS DES DÉLICES**

MODERNE • CONTEMPORAIN XxX Un restaurant qui ouvre sur les bois... En terrasse ou dans la jolie salle contemporaine, on savoure une cuisine non dénuée de créativité, et réglée sur les saisons. Idéal pour se restaurer au vert !

⇦ ⇱ 🔠 🔲 🅿 – Menu 62/95 € – Carte 70/80 €

17 route de Klingenthal – ℰ 03 88 95 81 00 – www.leclosdesdelices.com – Fermé lundi
midi, mardi midi, mercredi midi, jeudi midi

⅋○ **HOSTELLERIE DES CHÂTEAUX**

CLASSIQUE • ÉLÉGANT XxX Un cadre feutré et intime, pour une cuisine classique avec quelques touches plus actuelles : foie gras d'oie maison et confit de renouée du Japon, canette rôtie aux épices douces, orecchiette à l'ail des ours... Chambres confortables qui marient le contemporain au style alsacien.

⇦ ⇱ 🍴 ⅋ 🔠 🔲 🅿 – Menu 69/95 € – Carte 60/99 €

11 rue des Châteaux (Ottrott-le-Haut) – ℰ 03 88 48 14 14 –
www.hostellerie-chateaux.fr – Fermé 4 janvier-4 février

LA PETITE-PIERRE

✉ 67290 – Bas-Rhin – Carte régionale n° **10**–A1 - Carte Michelin 315-H3

ⅈ○ AU GRÈS DU MARCHÉ

TRADITIONNELLE • AUBERGE 🕽 L'excellent accueil est la première bonne impression, confirmée par le fumet venu des cuisines... Viandes de bœuf, de veau et de cochon sont d'une fraîcheur remarquable, accompagnées de gratin de pomme de terre et autre spaetzle. Formule réduite au déjeuner. La simplicité même !

🍴 – Menu 20 € (déjeuner), 39/44 €

19 rue du Château – 𝒞 03 88 70 78 95 – www.augresdumarche.fr – Fermé lundi, mardi, mercredi

PFAFFENHOFFEN

✉ 67350 – Bas-Rhin – Carte régionale n° **10**–B1 – Carte Michelin 315-J3

ⅈ○ À L'AGNEAU

TRADITIONNELLE • AUBERGE 🕽🕽 Dans cette auberge alsacienne (1769), la restauration est une affaire de famille. Deux sœurs (7ᵉ génération!) sont à la tête de l'établissement, où l'on sert une cuisine traditionnelle parsemée de touches de modernité, attentive aux saisons, dans une salle rajeunie.

🖙 📯 🍴 🅼 – Menu 29 € (déjeuner), 45/69 € – Carte 45/75 €

3 rue de Saverne – 𝒞 03 88 07 72 38 – www.hotel-restaurant-delagneau.com – Fermé 10-17 mars, 23-29 juin, 8-25 septembre, lundi, mardi, mercredi soir, samedi midi, dimanche soir

PFULGRIESHEIM

✉ 67370 – Bas-Rhin – Carte régionale n° **10**–B1 – Carte Michelin 315-K5

Voir plan de Strasbourg

ⅈ○ BÜRESTUBEL

ALSACIENNE • AUBERGE 🕽 Cette ferme à colombages respire l'Alsace ! Joli décor régional et spécialités (très) locales : flammekueche, lewerknepfle, sirops et sorbets réalisés avec les fruits du verger... Ici, on aime la simplicité et le travail bien fait. Une adresse sûre.

🍴 ⅇ ✿ 🅿 – Menu 20 € (déjeuner), 31/35 € – Carte 28/45 €

Plan : Strasbourg C1-a – *8 rue de Lampertheim – 𝒞 03 88 20 01 92 – www.burestubel.fr – Fermé lundi, jeudi soir, dimanche*

REXINGEN

✉ 67320 – Bas-Rhin – Carte régionale n° **10**–A1 – Carte Michelin 315-H3

ⅈ○ LA CHARRUE

TRADITIONNELLE • AUBERGE 🕽 Cet établissement familial (père et fille en cuisine, la mère en salle) propose une cuisine traditionnelle inspirée de jolis produits (foie gras de canard "origine Alsace" au Gewurztraminer, abricot et jus de clair de fraise ; homard de petite pêche aux girolles fraîches, mousseline de pomme de terre). Menu unique et plus simple le midi. Réservation fortement conseillée.

Menu 15 € (déjeuner), 45/56 € – Carte 25/45 €

13 rue Principale – 𝒞 03 88 01 77 36 – Fermé 22 décembre-3 janvier, 22 juin-10 juillet, lundi, mardi, dimanche soir

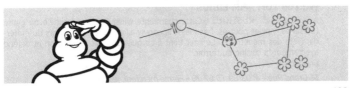

RHINAU

✉ 67860 – Bas-Rhin – Carte régionale n° **10**–B2 – Carte Michelin 315-K7

✿ AU VIEUX COUVENT

Chef: Alexis Albrecht

CRÉATIVE • **CONTEMPORAIN** 🏶🏶 On repère de loin cette engageante maison couleur terre, ornée de quelques colombages emblématiques du Bas-Rhin, et située près des berges fleuries du Brunnwasser : une ancienne dépendance de l'abbaye cistercienne de Koenigsbruck. Dans l'assiette, on profite du travail d'Alexis Albrecht, passé dans les grandes tables (au Crocodile, chez les frères Pourcel et chez Jacques Maximin). Sa cuisine généreuse et respectueuse des saisons ne badine pas avec le terroir et les produits locaux. Ainsi, les poissons du Rhin et le gibier du Ried sont ici chez eux... sans oublier les nombreux légumes et autres herbes aromatiques du potager familial qu'il cultive avec son père.

Spécialités : Tapas d'anguille du Rhin, rouelle au Melfor, anguille fumée, aspic et rillettes. Chevreuil chassé dans le Ried en différentes assiettes. Le festival de desserts d'Alexis.

✿ *L'engagement du chef:* "*Nous avons 60 ares de potager depuis la création du restaurant. Notre production nous rend autonome à 80%. Nous travaillons avec des pêcheurs professionnels sur le Rhin, des chasseurs locaux pour le gibier et des fermes locales pour le veau, les volailles, le cochon, les escargots, le lait... Bio-déchets et compost.*"

♿ 🅰 ⇄ – Menu 39/110 € – Carte 75/127 €

*6 rue des Chanoines – ℰ 03 88 74 61 15 – www.vieuxcouvent.fr –
Fermé 15 février-5 mars, 5-23 juillet, lundi soir, mardi, mercredi*

RIBEAUVILLÉ

✉ 68150 – Haut-Rhin – Carte régionale n° **10**-C2 – Carte Michelin 315-H7

☺ AU RELAIS DES MÉNÉTRIERS

MODERNE • **COSY** 🏶🏶 Le temps est loin où les ménétriers, ces violonistes itinérants, allaient d'auberge en auberge... mais l'hospitalité est toujours la règle en ce relais, comme les bons plats ! Le chef concocte une bonne cuisine dans l'air du temps, qui met en valeur le terroir alsacien. Le résultat est là : générosité et goût.

Spécialités : Poêlée de girolles, knepfle et noisettes torréfiées. Tournedos de paleron de veau braisé, griespflutta croustillant. Meringue au citron, palet glacé à la myrtille et crème légère à la vanille.

Menu 18 € (déjeuner), 34/48 € – Carte 50/65 €

*10 avenue du Général-de-Gaulle – ℰ 03 89 73 64 52 –
www.restaurant-menetriers.com – Fermé 22 février-8 mars, 12-26 juillet, lundi, jeudi,
dimanche soir*

⅄○ AUBERGE DU PARC CAROLA

MODERNE • **CONTEMPORAIN** 🏶🏶 La jeune chef allemande, Michaela Peters, continue de régaler les gourmands à quelques pas de la source Carola. Avec son compagnon pâtissier, elle signe une cuisine sincère et inspirée, en utilisant de beaux produits de saison : champignons et gibier, truffe, asperges... Jolie terrasse sous les arbres.

🍴 🌰 ♿ 🅿 – Menu 29 € (déjeuner), 39/72 € – Carte 59/76 €

*48 route de Bergheim – ℰ 03 89 86 05 75 – www.auberge-parc-carola.com –
Fermé lundi soir, mardi, mercredi*

⅄○ WISTUB ZUM PFIFFERHÜS

ALSACIENNE • **RUSTIQUE** 🏶 Cette charmante winstub est un modèle du genre (boiseries, vieilles poutres, fresques) ; la convivialité règne, surtout lors du Pfifferdaj (fête des ménétriers). Le chef tient à ce que tout soit fait maison et défend avec amour la cuisine du terroir.

Menu 26 €

14 Grand'Rue – ℰ 03 89 73 62 28 – Fermé mercredi, jeudi

RIEDISHEIM

✉ 68400 – Haut-Rhin – Carte régionale n° **10**–A3 – Carte Michelin 315-I10

Voir plan de Mulhouse

✿ **MAISON KIENY**

MODERNE · ÉLÉGANT 🟄🟄🟄 Non loin de Mulhouse, ce chaleureux relais de poste (1850) occupe une imposante maison alsacienne au cœur du village. Les secrets de la bonne cuisine alsacienne se transmettent ici depuis six générations ! Mariella Kieny écrit l'histoire de la maison au présent, aidée par une équipe soudée et... les pâtisseries de son beau-frère. On aime toujours autant cette grande salle cossue émaillée de plusieurs éléments d'époque, pierres et poutres apparentes, boiseries et porte en vitrail. On s'attable toujours avec plaisir pour déguster une cuisine contemporaine qui revisite l'Alsace et les classiques avec finesse.

Spécialités: Tapas du terroir alsacien. Ris de veau braisé, tarte feuilletée aux petits légumes. Baba au kirsch dans l'esprit d'une forêt-noire.

🕉 🎌 ⇧ – Menu 35 € (déjeuner), 55/109 € – Carte 80/95 €

Plan : Mulhouse B2-d – *7 rue du Général-de-Gaulle* –
℘ 03 89 44 07 71 – www.restaurant-kieny.com –
Fermé 22 février-3 mars, 1ᵉʳ-11 mai, 2-17 août, lundi, mardi, dimanche soir

RIMBACH-PRÈS-GUEBWILLER

✉ 68500 – Haut-Rhin – Carte régionale n° **10**–A3 – Carte Michelin 315-H9

🏡 **L'AO - L'AIGLE D'OR**

MODERNE · RUSTIQUE 🟄 Cette maison célèbre toujours le terroir et la tradition, mais la jeune génération entend la faire entrer dans la modernité : quelques plats et dressages plus contemporains sont désormais à la carte. Chambres sobres pour prolonger l'étape.

Spécialités: Œuf mollet, panais, cèpe et émulsion d'oignon grillé. Canette, légumes-racines, spaetzle et jus de betterave. Figues, crème citron-menthe, glace au miel.

⇦ 🍴🏮 ⇧ 🅿 🚗 – Menu 22/40 € – Carte 28/50 €

5 rue Principale – ℘ 03 89 76 89 90 – www.hotelaigledor.com – *Fermé lundi*

RIQUEWIHR

✉ 68340 – Haut-Rhin – Carte régionale n° **10**–C2 – Carte Michelin 315-H8

✿ **LA TABLE DU GOURMET**

Chef: Jean-Luc Brendel

CRÉATIVE · CONTEMPORAIN 🟄🟄🟄 À Riquewihr, Jean-Luc Brendel a construit tout un écosystème : en plus de son restaurant gastronomique, il possède un winstub moderne, ainsi que des chambres d'hôtes haut de gamme pour faire étape. À la Table du Gourmet, en plein cœur de la cité, le chef cuisine de supers produits de saison, avec du soin et ce qu'il faut de créativité pour sortir des sentiers battus. Son menu "Du jardin à l'assiette" met en valeur les produits de son potager bio, comme ce délicieux chou kale venu accompagner du gibier... alsacien, forcément. L'Alsace domine aussi la carte des vins, avec toutefois quelques touches de Bourgogne, et le tout se déguste dans un décor entre cachet ancien (la maison date du 16ᵉ s.) et notes plus contemporaines au niveau du mobilier et de l'éclairage. Une valeur sûre.

Spécialités: Omble chevalier, oxalis et lait d'écorce de sapin. Chevreuil cuisiné sur la braise, moutarde de figue et jus intense. Soufflé de carotte, sorbet lime et romarin.

🕉 🎌 – Menu 90/130 €

5 rue de la 1ère-Armée – ℘ 03 89 49 09 09 – www.jlbrendel.com –
Fermé 5 janvier-13 février, mardi, mercredi, jeudi midi

⑩ AOR LA TABLE, LE GOÛT ET NOUS ⓝ

MODERNE · DÉCONTRACTÉ XX Un ovni dans le monde de la gastronomie alsacienne... Cuisinier voyageur, Serge Burckel est aussi un chef poète et rocker – il y a des vinyles en guise de sous-assiette ! Il travaille en famille dans un cadre bohème et une ambiance cool. Les assiettes ont du punch et du relief comme cette papaye farcie, pulpe de papaye au citron vert et cinq parfums.

ৈ **P** – Menu 32 € (déjeuner), 38/85 € – Carte 68/78 €

2 rue de la Piscine – ℰ 03 69 34 14 59 – www.table-aor.fr –
Fermé 12 janvier-10 février, lundi midi, mardi, mercredi

⑩ LA GRAPPE D'OR

TRADITIONNELLE · RUSTIQUE X Cette maison de 1554, joliment fleurie, vous invite à pousser sa porte. À l'intérieur, la décoration typique a tout le charme d'autrefois. Viennent ensuite les délices du terroir : choucroute, baeckeofe, jambonneau, paupiettes de truite... auxquelles viennent s'ajouter quelques préparations plus actuelles.

AC – Menu 26/39 € – Carte 32/55 €

1 rue des Écuries-Seigneuriales – ℰ 03 89 47 89 52 –
www.restaurant-grappedor.com – Fermé 20 février-8 mars, 17-30 juin, mercredi midi, jeudi, vendredi midi

⑩ AU TROTTHUS

MODERNE · CONVIVIAL X Le chef a vécu plus de 20 ans à Kyoto, où il tenait un restaurant français. De là l'originalité de sa cuisine, qui mêle bons produits locaux et esprit japonisant. Terrine de foie gras cuit au torchon, maquereau au wakamé, tarte fine aux pommes sont les spécialités incontournables du chef. Service attentionné.

கி – Menu 65/110 €

9 rue des Juifs – ℰ 03 89 47 96 47 – www.trotthus.com – Fermé mercredi, le midi sauf dimanche

⑩ D'BRENDELSTUB

ALSACIENNE · CONTEMPORAIN X Dans la rue principale de cette jolie cité, on reconnaît cette maison vigneronne (14ᵉ s.) à sa façade lie-de-vin. Cette winstub moderne, au décor tendance, propose cuisine alsacienne et spécialités cuites au feu de bois ou à la rôtissoire.

AC – Menu 22/46 € – Carte 25/60 €

48 rue du Général-de-Gaulle – ℰ 03 89 86 54 54 – www.jlbrendel.com –
Fermé 4 janvier-11 février, mardi, mercredi

RIXHEIM

✉ 68170 – Haut-Rhin – Carte régionale n° **10**-A3 – Carte Michelin 310-I10
Voir plan de Mulhouse

✿ LE 7ÈME CONTINENT

Chef : Laurent Haller

MODERNE · ÉLÉGANT XX Un véritable continent gastronomique, à l'image de la décoration du restaurant (extérieur et intérieur) signée du peintre et décorateur François Zenner, naturaliste amateur passionné par le végétal. Autre passionné, marqué par son passage chez Bernard Loiseau, le chef Laurent Haller ne manque jamais d'idées pour partager son amour de la bonne chère. Il dispense notamment des cours de cuisine et multiplie les menus à thème. Il aime revisiter les grands classiques de la cuisine française et pratique les mariages terre-mer... Sa carte, une véritable ode au marché et aux produits, est renouvelée tous les mois.

Spécialités : Escalope de foie gras poêlée, ragoût de cocos de Paimpol et encornet farci. Compression de pluma ibérique et de chorizo, riz travaillé comme une paella. Cube de mousse à la pêche de vigne, cœur coulant à la menthe.

கி ৈ **AC P** – Menu 38 € (déjeuner), 78/105 € – Carte 84/90 €

Plan : Mulhouse C2-t – *35 avenue du Général-de-Gaulle – ℰ 03 89 64 24 85 –*
www.le7emecontinent.com – Fermé lundi, samedi midi, dimanche soir

ROPPENHEIM

✉ 67480 – Bas-Rhin – Carte régionale n° **10**–B1 – Carte Michelin 315-M3

🍴○ **AUBERGE À L'AGNEAU**

TRADITIONNELLE • TAVERNE 🏡 Généreuse table que celle de cette maison alsacienne du 18ᵉ s. En cuisine, les petits plats mijotent sous l'œil attentif du chef, amoureux de sa région. Dans l'assiette, on apprécie les spécialités du pays et de viandes. Simple et authentique !

� & 🅼 🅿 – Carte 24/71€

11 rue Principale – ℰ 03 88 86 40 08 – www.auberge-agneau.com –
Fermé 20 décembre-6 janvier, lundi, dimanche et le midi

ROSENAU

✉ 68128 – Haut-Rhin – Carte régionale n° **10**–B3 – Carte Michelin 315-J11

😊 **AU LION D'OR - CHEZ THÉO**

MODERNE • ÉLÉGANT 🏡🏡 Une auberge sympathique et élégante, tenue par la même famille depuis 1928, et c'est la cinquième génération qui prend la main ! Un monument historique ? Nullement, car le chef mêle avec brio saveurs d'aujourd'hui et richesses du terroir. La jolie salle, sobre et cosy, a tout pour séduire ; toutefois, aux beaux jours, on lui préfère la terrasse qui donne sur le jardin fleuri..

Spécialités : Pâté en croûte Richelieu, sauce cumberland. Magret de canard, patate douce et cerises au guignolet. Pêche pochée à la verveine, feuilletage croustillant.

🕸 🏡 � & 🅼 ↔ 🅿 – Menu 34/64€ – Carte 50/75€

5 rue Village-Neuf – ℰ 03 89 68 21 97 – www.auliondor-rosenau.com – Fermé lundi, mardi

ROSHEIM

✉ 67560 – Bas-Rhin – Carte régionale n° **10**–A2 – Carte Michelin 315-I6

🍴○ **HOSTELLERIE DU ROSENMEER**

MODERNE • CONTEMPORAIN 🏡🏡🏡 La cuisine d'Hubert Maetz ? Une valeur sûre de la région. La carte fait la part belle aux produits de la terre d'Alsace, et aux poissons de Loctudy.

🕸 ⟵ 🏡 � & 🅼 🔁 🅿 – Menu 37€ (déjeuner), 47/134€ – Carte 71/85€

45 avenue de la Gare – ℰ 03 88 50 43 29 – www.le-rosenmeer.com – Fermé 15 février-3 mars, 26 juillet-8 août, lundi, mercredi, dimanche soir

ROUFFACH

✉ 68250 – Haut-Rhin – Carte régionale n° **10**–A3 – Carte Michelin 315-H9

🍴○ **RESTAURANT BOHRER**

MODERNE • ÉLÉGANT 🏡🏡🏡 Une belle demeure régionale à l'élégance bourgeoise et champêtre, pour une cuisine gastronomique associée à un judicieux choix de vins, notamment régionaux. Ambiance conviviale à la Brasserie Chez Julien, aménagée dans un ancien cinéma.

🕸 � 🅼 ↔ 🅿 – Menu 25/99€ – Carte 58/86€

Rue Raymond-Poincaré – ℰ 03 89 49 62 49 – www.domainederouffach.com – Fermé lundi, mercredi midi, dimanche

ST-HIPPOLYTE

✉ 68590 – Haut-Rhin – Carte régionale n° **10**–C1 – Carte Michelin 315-I7

🍴○ **JOSÉPHINE**

MODERNE • ÉLÉGANT 🏡🏡🏡 Cœur de ris de veau aux écrevisses, sauce nantua ; suprême de pigeonneau contisé à la truffe ; Granny smith virtuelle et écume de manzana : raffinée, moderne sans extravagance, cette élégante Joséphine saura vous séduire. Et pour une partition plus classique, direction la winstub Rabseppi-Stebel.

🕸 � & 🅼 🔁 🅿 – Menu 55/75€

Le Parc, 6 rue du Parc – ℰ 03 89 73 00 06 – www.le-parc.com – Fermé lundi, mardi, dimanche soir

🏠 LE PARC

FAMILIAL · CONTEMPORAIN Un hôtel cosy où les chambres sont à la fois tendance et raffinées. Pour décompresser, on profite de l'espace détente et de la piscine avant de se régaler au restaurant ou à la winstub. Un programme des plus plaisants !

🏮 🌊 📺 ❸ 🕸 🛗 🖃 ⅃ 🗿 🅿 – 32 chambres

6 rue du Parc – ℰ 03 89 73 00 06 – www.le-parc.com

🍴 **Joséphine** – Voir la sélection des restaurants

ST-LOUIS

✉ 68300 – Haut-Rhin – Carte régionale n° **10**–B3 – Carte Michelin 315-J11

🍴 LE TRIANON

MODERNE · ÉLÉGANT ✕✕ Il ne manque pas d'élégance, cet intérieur décoré dans une veine contemporaine ; quant à la cuisine du chef, qui mêle terroir et saveurs d'aujourd'hui, elle se révèle goûteuse et soignée.

🍴 🅰🅒 ✧ – Menu 24 € (déjeuner), 33/75 € – Carte 42/62 €

46 rue de Mulhouse – ℰ 03 89 67 03 03 – Fermé lundi, mercredi soir, dimanche soir

SAVERNE

✉ 67700 – Bas-Rhin – Carte régionale n° **10**–A1 – Carte Michelin 315-I4

🍴 STAEFFELE

MODERNE · CONTEMPORAIN ✕✕ Une cuisine dans l'air du temps, attentive aux saisons et aux inspirations du chef, est proposée dans un cadre contemporain. Louis XV, Louis XVI ou encore Goethe – hôtes du château tout proche – auraient sans doute apprécié !

🅰🅒 – Menu 28 € (déjeuner), 50/64 €

*1 rue Poincaré – ℰ 03 88 91 63 94 – www.staeffele.com –
Fermé 21 décembre-5 janvier, 9-31 août, lundi, mardi, dimanche soir*

SCHERWILLER

✉ 67750 – Bas-Rhin – Carte régionale n° **10**–C1 – Carte Michelin 315-I7

🍴 AUBERGE RAMSTEIN

TRADITIONNELLE · AUBERGE ✕✕ Priorité à la tradition dans cette maison où l'on travaille en famille ! Les clients se régalent au gré de trois menus composés selon la saison, et le week-end, de menus thématiques (accords mets-vins ; truffe etc.), avec toujours l'ambition de réinterpréter le terroir alsacien.

↩ 🍴 ⅃ 🅿 – Menu 49/75 €

*1 rue du Riesling – ℰ 03 88 82 17 00 – www.hotelramstein.fr – Fermé 2-15 mars,
25 décembre-5 janvier, lundi, mardi midi, mercredi midi, jeudi midi, vendredi midi,
samedi midi, dimanche soir*

SCHILTIGHEIM

✉ 67300 – Bas-Rhin – Carte régionale n° **10**–B1 – Carte Michelin 315-K5

Voir plan de Strasbourg

🍀 LES PLAISIRS GOURMANDS

Chef: Guillaume Scheer

MODERNE · CONTEMPORAIN ✕✕ Faites comme les locaux qui lui font fête, poussez la porte de ce restaurant discret, un peu perdu dans ce quartier résidentiel, au cadre simple mais fraîchement rénové. Vous ferez connaissance avec un couple remarquable, Guillaume Scheer et sa compagne Charlotte Gate, lui en cuisine, elle en salle, l'efficacité souriante en personne. Ce cuisinier, qui a travaillé au Pavillon Ledoyen à Paris et au 1741 à Strasbourg, s'y connaît effectivement en plaisir de bouche. Sauces et jus, maîtrise de la cuisson des poissons, fraîcheur des produits : tout est réuni ! Tourteau, gel de yuzu, jus de crustacé ; turbot, tian de légumes d'été, jus au piquillos...

Spécialités: Foie gras, croustillant à l'érable et compotée de figues. Filet de bœuf charolais, pomme soufflée et jus à la ciboulette. La pomme comme une tarte Tatin, glace à la fève tonka.

🏠 𝕂 – Menu 32 € (déjeuner), 62/68 € - Carte 67/75 €

Plan : Strasbourg E1-d – *35 route du Général-de-Gaulle – 𝒞 03 88 83 55 55 – www.les-plaisirs-gourmands.com – Fermé 1er-10 janvier, 22 février-8 mars, 5-19 juillet, lundi, mardi midi, dimanche*

🍴○ **CÔTÉ LAC**

MODERNE • CONTEMPORAIN ✗✗ Dans une zone d'activité du nord de la ville, on est surpris de découvrir ce parallélépipède de béton brut et de verre, posé au bord d'un petit lac. L'intérieur a tout du loft moderne, avec ses éclairages modernes et ses tableaux contemporains ; on y déguste une cuisine actuelle, soignée, qui évolue régulièrement.

🏠 ċ 𝕂 ⊡ ⇔ 🅿 – Menu 32/78 € - Carte 57/67 €

Plan : Strasbourg C2-t – *2 place de Paris (Espace Européen de l'Entreprise) – 𝒞 03 88 83 82 81 - www.cote-lac.com – Fermé lundi soir, samedi midi, dimanche soir*

🍴○ **LA FABRIQUE**

MODERNE • ÉLÉGANT ✗ Chef au solide parcours, Xavier Jarry régale désormais ses convives avec une cuisine du marché et de saison, bistronomique et moderne. Il met en avant les productions locales à travers une carte délibérément courte et des recettes simples et justes. Sa tarte au chocolat, caramel au beurre salé, cacahuètes et glace café mérite un accessit !

🏠 – Carte 40/50 €

Plan : Strasbourg C2-a – *32 rue de la Gare – 𝒞 03 88 83 93 83 – www.lafabrique-restaurant.com – Fermé lundi, dimanche*

SÉLESTAT

✉ 67600 – Bas-Rhin – Carte régionale n° **10**-C1 – Carte Michelin 315-I7

😊 **AU BON PICHET**

TRADITIONNELLE • CONVIVIAL ✗ Il fait bon se restaurer dans cette maison tenue par la même famille depuis quatre générations ! Comme hier, le chef concocte de bonnes recettes traditionnelles : jarret de porc fumé en choucroute de pommes de terre, quenelles de sandre et sauce matelote... L'accueil convivial et le décor de winstub confirment que les règles du bien vivre sont indémodables !

Spécialités: Terrine de foie gras d'oie, chutney aux fruits secs, brioche toastée. Filet de canette, croûte de marron, chou rouge confit. Torche aux marrons.

🏠 – Menu 25 € (déjeuner)/34 € - Carte 42/60 €

10 place du Marché-aux-Choux – 𝒞 03 88 82 96 65 - www.aubonpichet.fr – Fermé 5-15 juillet, 24 décembre-5 janvier, lundi, dimanche

SESSENHEIM

✉ 67770 – Bas-Rhin – Carte régionale n° **10**-B1 – Carte Michelin 315-L4

🌸 **AUBERGE AU BŒUF**

Chef: Yannick Germain

MODERNE • COSY ✗✗✗ On est forcément séduit par cette auberge alsacienne, avec ses bancs d'église, ses murs revêtus de boiseries, son mobilier régional et son petit musée dédié à Goethe... Ce village offrit l'hospitalité aux amours de l'écrivain et de la fille du pasteur local. Quant au chef, incarnant la quatrième génération de la famille, il propose une délicate cuisine de saison, tout en finesse et en maîtrise, en se basant sur des produits choisis avec soin. Il a notamment mis sur pied une petite filière en direct qui lui permet d'avoir de magnifiques poissons de Plouguerneau, à l'image de cette barbue top fraîcheur accompagnée d'une variation sur l'asperge blanche. Cette année, ouverture d'une Stammtisch, table d'hôtes où l'on sert des plats du terroir, et de 4 chambres-suites haut de gamme.

Spécialités : Histoire d'un œuf et d'une truite fario en Alsace du Nord. Jeune chevreuil de région, épine-vinette et racines de persil. Tarte moelleuse déstructurée au potimarron, mandarine et châtaigne.

&8 ⇦🛋🎍 ♿ 🅐🅚 ♻ 🅟 – Menu 36 € (déjeuner), 72/98 € – Carte 87/100 €

1 rue de l'Église – ℰ 03 88 86 97 14 – www.auberge-au-boeuf.fr – Fermé 2-17 janvier, lundi, mardi

SIERENTZ

✉ 68510 – Haut-Rhin – Carte régionale n° **10**–A3 – Carte Michelin 315-I11

🕸 **AUBERGE ST-LAURENT**

Chef : Laurent Arbeit

MODERNE • AUBERGE XxX Ce relais de poste du 18e s., à la longue façade fleurie et avenante, est une institution familiale locale, authentique et élégante, plébiscitée aussi bien par les fidèles que par les nombreux voyageurs étrangers qui traversent l'Europe. Tous célèbrent à l'envi le sens de l'accueil et du service, les chambres mignonnes et douillettes, et bien sûr la bonne chère qu'on y sert. Aux fourneaux, on trouve le chef Laurent Arbeit, qui a étrenné ses couteaux chez Haeberlin et Ducasse. En véritable aubergiste des temps modernes, il compose une cuisine harmonieuse et fine, aux saveurs bien équilibrées. Une franche réussite.

Spécialités : Risotto gourmand de knepfle, râpée de truffe fraîche. Pigeonneau d'Alsace rôti, croque-monsieur d'abattis, mûres et feuille de figuier au vinaigre de sureau. Soufflé chaud au whisky, glace au café et crème fouettée au cacao.

&8 ⇦🛋🎍 🅐🅚 ♻ 🅟 – Menu 33 € (déjeuner), 47/86 € – Carte 70/85 €

*1 rue de la Fontaine – ℰ 03 89 81 52 81 – www.auberge-saintlaurent.fr –
Fermé 11-24 janvier, lundi, mardi*

🕸 **WINSTUB À CÔTÉ**

RÉGIONALE • CONVIVIAL X Dans le prolongement de l'Auberge St-Laurent, cette winstub joue la carte alsacienne – tarte flambée au saumon d'Écosse mariné, spaetzle maison façon "grand-mère" – dans un décor franchement contemporain (mobilier et luminaires design, comptoir en cuivre). Attention : c'est souvent complet.

Spécialités : Tarte flambée "mais autrement" selon la saison. Spaetzle de grandmère mijotés, girolles et butternut. Cappuccino de chocolat.

♿ 🅐🅚 ♻ 🅟 – Menu 20 € (déjeuner)/29 € – Carte 34/48 €

*2 rue Rogg-Haas – ℰ 09 83 37 16 80 – www.auberge-saintlaurent.fr –
Fermé 11-24 janvier, mardi, mercredi*

STEIGE

✉ 67220 – Bas-Rhin – Carte régionale n° **10**–C1 – Carte Michelin 315-H6

🕸 **AUBERGE CHEZ GUTH**

CRÉATIVE • COSY XX Dans la vallée de Villé, sur les hauteurs du village de Steige, cette ancienne ferme auberge est la toile sur laquelle le jeune chef Yannick Guth déroule ses créations gastronomiques – ainsi l'œuf de poule crousticoulant et son velouté fumé, ou la volaille marbrée noire et émulsion coco. Parfois surprenant, toujours audacieux.

⇦♿ 🅟 – Menu 42/72 €

*5A rue des Bas-des-Monts – ℰ 03 88 58 12 05 – www.auberge-chez-guth.fr –
Fermé 10 janvier-2 février, 30 juin-13 juillet, 27 septembre-10 octobre, lundi, mardi, dimanche soir*

GMVozd/iStock

✉ 67000 – Bas-Rhin
Carte régionale n° **10**–B1
Carte Michelin 315-K5

STRASBOURG

Du salé au sucré, en passant par les grands vins, l'Alsace sait tout faire, et Strasbourg en est la preuve. Partez à la découverte de ses incontournables charcuteries comme la saucisse de Strasbourg, les jambons et bien sûr le délicieux presskopf, un fromage de tête de porc. La variété des plats donne le vertige : coq au riesling, truite des Vosges au bleu, carpe frite du Sundgau, matelote d'anguille, civet de marcassin ou de cerf à la confiture d'airelles – et, bien sûr, le foie gras, grand seigneur de la gastronomie alsacienne. Mais n'oublions pas non plus la choucroute, le baeckeofe et la tarte flambée ! Côté sucré, les becs fins ne seront pas déçus : le fameux kougelhopf (une brioche aux raisins secs et aux amandes) côtoie les pains d'épices et autres douceurs. Enfin, les vins d'Alsace comptent de nombreux grands crus répartis sur des terroirs d'exception.

Restaurants

❀ **1741**

MODERNE · COSY XXX Face au palais Rohan, chef-d'œuvre du classicisme achevé en 1741, cette table cultive un esprit boudoir aussi intime qu'élégant, à travers une décoration façon baroque chic, à l'éclairage tamisé. Ce cadre séduisant est né de la collaboration fructueuse entre le chef Olivier Nasti et le restaurateur et entrepreneur Cédric Moulot, propriétaire notamment du fameux Crocodile. À peine assis, les couverts argentés et ouvragés nous font de l'œil. Formé entre autres par Yannick Alléno et Alexandre Gauthier, le chef Fabien Raux a beaucoup voyagé, du Maghreb à la Chine. Il signe une cuisine tout en finesse, savoureuse et parfumée, accompagnée d'une belle sélection de vins d'Alsace (grands crus, bio, etc.).

Spécialités : Gâteau croustillant d'anguille fumée et d'écrevisse, sauce Nantua infusée à la mélisse. Chevreuil d'été des chasses d'Alsace, déclinaison de carottes et pamplemousse. Alchimie chocolat et cacahouète, sorbet aux fruits exotiques.

🕸 ₺ 🆔 ⇄ – Menu 42 € (déjeuner), 105/135 €

Plan : 6-L3-p – *22 quai des Bateliers* – ☎ *03 88 35 50 50* – *www.1741.fr* – *Fermé 19 janvier-3 février, 3-18 août, mardi, mercredi*

AU CROCODILE ⓝ

CLASSIQUE · ÉLÉGANT ✗✗ Trônant dans une vitrine, le Crocodile, rapporté par un grognard de retour d'Égypte, rappelle la dimension historique de cette fameuse maison strasbourgeoise, que le chef Émile Jung avait jadis couronnée de trois étoiles. Il brille aujourd'hui de mille feux, au terme d'une modernisation complète qui a su préserver l'état d'esprit des lieux. En cuisine, le chef Romain Brillat, ancien second de Gilles Goujon et lointain cousin du gastronome Brillat-Savarin, a d'ores et déjà pris ses marques : sa cuisine tient le juste milieu entre classicisme et sophistication, et s'appuie sur des produits de grande qualité.

Spécialités : Fleur de courgette de l'îlot de la Meinau comme un gâteau de brochet, œuf et anguille fumée. Homard bleu rôti et sot-l'y-laisse, pomme de terre nouvelle et émulsion de carapace. Soufflé alsacien, sablé à la cannelle et sorbet aux quetsches.

⸚ & ⓀⒸ ✧ – Menu 74/138 € – Carte 80/93 €

Plan : 5-K2-b – 10 rue de l'Outre –
℘ 03 88 32 13 02 – www.au-crocodile.com –
Fermé 3-18 janvier, lundi, mardi midi, dimanche

BUEREHIESEL

Chef : Eric Westermann

MODERNE · ÉLÉGANT ✗✗ Cette belle ferme à colombages du 17ᵉ s. a été remontée pierre à pierre dans le parc de l'Orangerie, à côté du Conseil de l'Europe. La salle en verrière et la terrasse offrent une vue toute bucolique sur ce havre de verdure. Éric, fils d'Antoine Westermann, poursuit avec vaillance l'œuvre paternelle. Les fidèles lui savent gré d'avoir gardé quelques classiques de la maison, comme les cuisses de grenouille poêlées au cerfeuil, accompagnées de leurs "schniederspaetle" (des ravioles inventées ici-même), ou encore la fameuse brioche, glace à la bière et poire rôtie, un dessert gourmand que l'on mange sans retenue. Le chef cultive sa propre patte à travers une cuisine actuelle qui caresse la tradition locale – mais sans s'y attarder.

Spécialités : Cuisses de grenouilles poêlées au cerfeuil et schniederspaetzle. Poulette fermière d'Alsace cuite entière comme un baeckeofe. Brioche caramélisée à la bière, glace à la bière et poire rôtie.

⸚ ⬳ 🍴 & Ⓚ Ⓟ – Menu 46 € (déjeuner), 84/114 € – Carte 75/110 €

Plan : 4-H1-a – 4 parc de l'Orangerie –
℘ 03 88 45 56 65 – www.buerehiesel.fr –
Fermé 28 février-10 mars, 1ᵉʳ-23 août, 24 décembre-3 janvier, lundi, dimanche

UMAMI

Chef : René Fieger

CRÉATIVE · COSY ✗✗ Au cœur de la Petite France avec ses belles maisons à pans de bois, voici une adresse qui mêle l'ici et l'ailleurs comme son nom le suggère : l'umami est la cinquième saveur dans la gastronomie japonaise, aux côtés du sucré, du salé, de l'acide et de l'amer. Le chef René Fieger a beaucoup bourlingué avant de signer cette cuisine sous influences, solidement adossée à des bases classiques. Cette expérience gustative est d'autant plus remarquable que le chef est seul en cuisine pour régaler ses 16 convives. Un exemple ? Ses tranches de bœuf Black Angus, accompagnées d'une galette de pommes de terre, d'un shiitaké relevé d'ail, de magnifiques carottes des sables glacées et d'une sauce miso, onctueuse et puissante, dont l'arôme évoque presque le café. Unanime pour l'Umami !

Spécialités : Cuisine du marché.

Ⓚ – Menu 63/70 €

Plan : 5-K3-b – 8 rue des Dentelles – ℘ 03 88 32 80 53 –
www.restaurant-umami.com –
Fermé 1ᵉʳ-11 mai, 14 août-6 septembre, 26 décembre-4 janvier, samedi, dimanche et le midi

❀ LES FUNAMBULES

Chef: Guillaume Besson

MODERNE · CONTEMPORAIN XX C'est un duo de saltimbanques qui se sont rencontrés sur les bancs du lycée hôtelier. Guillaume Besson a appris à jongler avec les assiettes et le sommelier Jean-Baptiste Becker avec des... quilles, évidemment ! En guise de piste aux étoiles, une salle sobre de style contemporain aux murs blancs décorés de tableaux et de photos, parquet au sol et objets en bois dont un magnifique pied de table en teck noueux. Leur "menu sur le fil" est une démonstration de dressages simples et nets, appuyé sur des produits impeccablement cuits. Un numéro bien dans l'air du temps, qui vaut pour sa limpidité et ses quelques audaces. Ces Funambules ont le sens de l'équilibre...

Spécialités : Cuisine du marché.

🅐🅚 – Menu 29€ (déjeuner), 56/67€

Plan : 4-G2-a – 17 rue Geiler – ✆ 03 88 61 65 41 – www.restaurantlesfunambules.com – Fermé 15 février-4 mars, 10 août-1er septembre, mercredi soir, samedi, dimanche

✿ AU PONT DU CORBEAU

ALSACIENNE · WINSTUB X À côté du Musée alsacien dédié à l'art populaire, une savoureuse manière de passer à la pratique ! Tout séduit dans cette authentique winstub tenue en famille : le décor traditionnel (éléments Renaissance, affiches), le choix de vins et, bien sûr, la cuisine alsacienne, appuyée sur un réseau de producteurs locaux... Coup de cœur !

Spécialités : Presskopf à l'ancienne. Jambonneau grillé sur choucroute. Tarte aux myrtilles.

🍸 🛋 🅚 – Menu 33€ – Carte 34/45€

Plan : 6-L3-b – 21 quai Saint-Nicolas – ✆ 03 88 35 60 68 – Fermé samedi, dimanche midi

✿ LE BISTROT D'ANTOINE

TRADITIONNELLE · BISTRO X Près de la place Saint-Étienne et de la rue des Frères, un super bistrot qui réunit tous les ingrédients de la réussite : goûteux produits de saison et locaux de préférence, assiettes généreuses puisées dans la cuisine traditionnelle (kâseknepfle, schniederspaetle...), ambiance conviviale, carte de vins nature et en biodynamie... sans oublier le bon rapport qualité-prix.

Spécialités : Pâté en croûte au foie gras de canard et ris de veau. Paleron de bœuf et foie gras de canard poché, consommé de pot-au-feu. Baba au vieux rhum, crème à la vanille de Madagascar.

Menu 34€

Plan : 6-M2-a – 3 rue de la Courtine – ✆ 03 90 24 93 25 – www.lebistrotdantoine.com – Fermé lundi, dimanche

ⅼⓄ MAISON DES TANNEURS DITE GERWERSTUB

ALSACIENNE · ÉLÉGANT XxX Au bord de l'Ill, dans la Petite France, cette maison alsacienne pleine de caractère (1572) est une institution de la choucroute, parmi d'autres célèbres spécialités régionales. Accueil et service charmants.

🛋 ✿ – Menu 20€ (déjeuner), 42/75€ – Carte 45/80€

Plan : 5-K2-t – 42 rue du Bain-aux-Plantes – ✆ 03 88 32 79 70 – www.maison-des-tanneurs.com – Fermé 10 janvier-7 février, lundi, dimanche

ⅼⓄ LA CASSEROLE

MODERNE · COSY XX Le jeune propriétaire, ancien responsable de salle au Crocodile, semble savourer chaque instant passé dans sa "propre" maison... qu'il se rassure : sa clientèle en profite autant que lui ! Le cadre, cosy et sobrement contemporain, met en valeur une cuisine dans l'air du temps, fraîche et bien réalisée.

🍸 🅚 – Menu 39€ (déjeuner), 55/112€ – Carte 79/100€

Plan : 6-L2-b – 24 rue des Juifs – ✆ 03 88 36 49 68 – www.restaurantlacasserole.fr – Fermé 31 décembre-5 janvier, lundi, dimanche

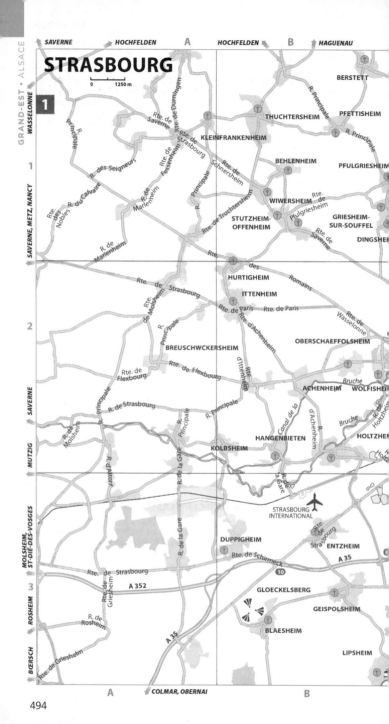

2

BRUMATH C METZ, HAGUENAU D BISCHWILLER ACHERN, LAUTERBOURG

A 35

49

ECKWERSHEIM

KILSTETT

50

RHEINAU

VENDENHEIM

LA WANTZENAU

1

LAMPERTHEIM

Rte. de Hoerdt

Canal de la Marne au Rhin

Rte. de l'Hoerdt

Rte. de Strasbourg

ILL

RASTATT

MUNDOLSHEIM

R. de l'Industrie

R. du Dépôt

REICHSTETT

SOUFFELWEYERSHEIM

HŒNHEIM

FUCHS-AM-BUCKEL

LEUTESHEIM

NIEDERHAUSBERGEN

49

BISCHEIM

FORÊT DE LA ROBERTSAU

R. du Palais

Wantzenau

AUENHEIM

MITTELHAUSBERGEN

ESPACE EUROPÉEN DE L'ENTREPRISE

50

SCHILTIGHEIM

PARC DE POURTALÈS

LA ROBERTSAU

Rte. de l'Ill

Freiburger Str.

2

OBER-AUSBERGEN

e. de erne

PARC DES SPORTS

CRONENBOURG

t

a

Palais des Droits de l'Homme

z

Pont J. Millot

RHEINAU

PARC DES POTERIES

A 351

A 35 / E 25

r

51

1

Parlement Européen

Palais de l'Europe

Port Autonome Nord

Cruchtor

Graudenzer Str.

NEUMÜHL

2

3

CATHÉDRALE NOTRE-DAME

KOENIGSHOFFEN

Rte. des Romains

N 4

KRUTÉNAU

Strasburger Str.

Friedhof. Elsasser Str.

ECKBOLSHEIM

Rte. de Schirmeck

ILL

4

Pont de l'Europe

Ringstraße

Hauptstr.

KARLSRUHE, BÂLE FREIBURG IM BREISGAU

ROETHIG

Av. Jean Jaurès

Jardin des Deux Rives

KEHL

d

LINGOLSHEIM

Gerig

PLAINE DES BOUCHERS

NEUDORF

R. du Havre

SUNDHEIM

OSTWALD

A 35 / E 25

5

Av. de Strasbourg

AÉRODROME DU POLYGONE

P

Port Autonome Sud

DEUTSCHLAND

R. de La Rochelle

NEUHOF

ECKARTSWEIER

Canal au Rhin

Rhin

STOCKFELD

ILLKIRCH-

R. de Lyon

GRAFFENSTADEN

PARC D'INNOVATION

FORÊT DE NEUHOF

Eckartsweier Str.

MARLEN

Kehler Str.

R. du Fort Uhrich

Rhin Tortu

ÎLE DU ROHRSCHOLLEN

GOLDSCHEUEB

Römer Str.

3

R. de Verdun

Geispolsheim-Gare

Rte. du Fort Uhrich

R. de La Rochelle

KITTERSBURG

OFFENBOURG

FEGERSHEIM

R. de Lyon

ESCHAU

Canal

COLMAR, SÉLESTAT C MARCKOLSHEIM D FREIBURG IM BREISGAU

STRASBOURG

3

0 ___ 200 m

R. Claire

R. des Maltenes

R. de Bischwiller

R. de la Roseraie

R. Louis Pasteur

STE-HÉLÈNE

d

Rte de Brumath

R. Léon Ungemach

R. des Chasseurs

R. de la Partie

R. du Haegelberg

R. du Kochersberg

R. d'Ottrott

R. de Rosenwiller

R. de Dettwiller

Hochfelden

R. de Hochfelden

Haut

Ch.

R. du Marché Gare

Rte de Brumath

R. de l'Église Rouge

Canal de dérivation

Fritz

R. des Champs

R. de la Rotonde

CENTRAL

Rte de Mittelhausbergen

Rte d'Oberhausbergen

R. du Marché Gare

Pl. de Haguenau

Jacques

R. de Phalsbourg

R. de Bischl

Clemenceau

R. Pierre Nuss

CIMETIÈRE MILITAIRE

R. du Rempart

Tunnel Woelli Wilson

R. de Wissembourg

R. du Travail

Bd de Haguenau

Sellénick

Jean Frèc

Av. des Vosges

A 35 / E 25

Fossé des Remparts

Bd du Président-Wilson

R. du Fg de Saverne

R. du Fg de Pierre

Finkmatt

R. du Maréchal Foch

Théâtre National Strasbo

R. Kléber

Finkmatt

Schoepflin

Q. Schoepflin

R. de la Fonderie

Lezay-

2

R. de Koenigshoffen

R. du Rempart

Bd de Metz

R. Déserte

Thiergarten

Saint-Jean

Q. Kléber

Q. Desaix

Q. de Veydoux

Q. de Pars

R. Thomann

Kellermann

R. des Grandes Arcades

R. des Grandes Arcades

Grand Rue

Brûlée

CATHÉDRALE NOTRE-DAME

Mercière

R. du Vieil H.

R. de Wasselonne

R. de Molsheim

PETITE-FRANCE

CITÉ ANCIENNE

R. de l'Ail

des

R. de l'Abbé

Bd de Lyon

R. de La Broque

R. du Hohwald

R. de Molsheim

Barrage Vauban

Humann

R. des Glacières

R. Vischléger

R. de la Tere Armée

Rte de Schirmeck

R. de Fouday

R. de Saâles

3

R. des Foulons

A 35 / E 25

Imprimeurs

R. de la Montagne Verte

N 4

Q. Louis Pasteur

Q. Louis Pasteur

PORT HEYRITZ

Ch. du SECTEUR EN TRAVAUX

Heyritz

Corderie

Kaltau

PARC DE L'ÉTOILE

R. René Fontaine

R. de la Thu

R. de l'Oberelsau

R. de la Montagne Verte

R. de Belfort

l'Hôpital

R. de Saint-Dié

R. Matthias Grunewald

R. de l'Unterelsau

R. du Doubs

R. de l'Ain

de la

Av. de Colmar

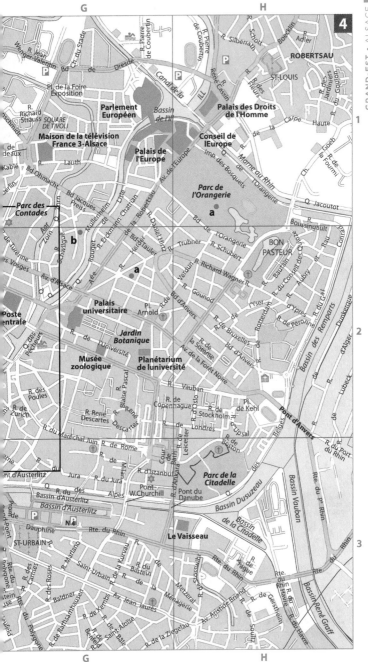

4

G H

1

2

3

ROBERTSAU
ST-LOUIS

R. Jean Wenger-Valentin
Bd de Dresde
Ch. du Stade
R. Pierre de Coubertin
R. Pierre de Coubertin
R. Silbermann
R. Rocklin
R. Adler
R. Schott
Canal de la Marne au Rhin
René Cassin
P
P
P
R. de Fleury
R. des Jardiniers
R. de la Goeb
R. de Fourmi

Pl. de la Foire Exposition
Bd de Dresde
R. Richard Strauss
SQUARE DE TIVOLI
Bassin de l'Ill

Parlement Européen
Palais des Droits de l'Homme
Carpe Haute
de la

Maison de la télévision France 3-Alsace
R. Lauth
Palais de l'Europe
Conseil de l'Europe
imp. des Bosquets
Av. de l'Europe
R. de l'Orangerie
Bd Ohmacht
Bd Jacques Preiss
Parc des Contades
Mullenheim
de la Robertsau
R. Daniel Hirtz

Parc de l'Orangerie
a
Q. Jacoutot
Q. Boussingault

BON PASTEUR
R. Trubner
R. Schubert
R. du Conseil des
R. Bauhin
R. Aubry
R. du Conseil des Quinze
Dunkerque
d'Alger

b
Ludwigite
Av. d'Alsace
R. Eickmann-Chatrian
R. Tauler
R. Verdun
R. Richard Wagner
R. d'Ypres
R. du Gal
R. de Péronne

a
Av. des Vosges
R. de Turenne
R. Zorn
R. Rouget
R. Herder
R. Gounod
de l'Yser
Poste centrale
Q. des Pêcheurs

Palais universitaire
Pl. Arnold
R. de
Bd d'Anvers
R. de Bruxelles
R. de la Somme
Bd d'Anvers
Bassin des Remparts
Lübeck

Jardin Botanique
R. de l'université
de Rome

Musée zoologique
Planétarium de l'université
R. Vauban
Pont d'Anvers
R. du Port du Rhin

R. des Poules
Q. de Zurich
R. Blaise Pascal
R. Barend
R. de Copenhague
R. de Stockholm
R. de Upsal
R. de Londres
Pl. de Kehl
Bassin Vauban
Rte. du pr. Rhin

R. René Descartes
R. Descartes
R. de Rome
R. de Boston
Cour de Bâle

nt d'Austerlitz
R. du Maréchal Juin
R. de Jura
R. du Jura
R. d'Istanbul
Parc de la Citadelle
Bassin Dusuzeau

Pont d'Austerlitz
R. des Alpes
Pont W. Churchill
Pont du Danube
Bassin de la Citadelle
Bassin René Graff

Bassin d'Austerlitz
Dauphine
N4
Rte. du Rhin
Le Vaisseau
Rte. du Rhin

ST-URBAIN
R. des Carmes
R. des Roses
R. Saint-Urbain
R. Mariano
R. du Bilstein
R. de Kembs
R. de Prague
Rte. du Rhin
Rte. du Havre

Rte. du Polygone
R. Baldner
R. de Barbatzenhausen
R. Saint-Aloïse
Av. Jean Jaurès
Menagerie
R. de la Ziegelau
Av. Aristide Briand
R. de Geispolsheim
Bassin René Graff

G H

5

R. Claude Chappe

R. du Rempart

R. Adèle Riton

R. de Bouxwiller

R. des Magasins

Tunnel Wodli Sébastopol

Georges

Petite R. des Magasins

Tunnel Wodli Sébastopol

Bd du Président Poincaré

R. du Travail

Friese

R. de Bouxwiller

R. d'Ingwiller

Av. des Vosges

Clemenceau

R. Finkmatt

Bd de Haguenau

R. des Gens

R. du Chevreuil

R. des Cigognes

Graumar

Wodli

R.

R. Moll

R. Kageneck

Fg de Kageneck

Thiergarten

Saverne

Kuhn

Pl. de la Gare

R. du Maire Kuss

Petite R. de la Course

R. de la Course

R. du Fg National

Fg National

Saint-Michel

Martin Bucer

Déserte

Saint-Jean

Q. Desaix

Q. de Turckheim

Charles Altorffer

Pont Russ

Pont de Veygoux

Pl. des Halles

Pl. Clément

R. de Sébastopol

Faux-Rempart

Kellermann

Kléber

Fossé

Quai

du

R. du Noyer

Pl. du Vieux-Marché-aux-Vins

R. du Jeu des Enfants

Pont de Saverne

Fossé

Kléber

R. du Marché

R. du Marbach

R. Thomann

St-Pierre-le-Jeune (protestant)

Pl. St-Pie-le-Jeun

Q. Fie

Q.

R. des Mineurs

Pierre

Q. de la Toussaint

Pl. de l'Homme de Fer

Pl. Kléber

R. du Coin Brûlé

R. des Drapiers

22 Novembre

R. du Savon

Grand'Rue

R. des Francs-Bourgeois

R. Sainte-Barbe

R. du Saumon

R. du Vieux Seigl

Grandes

b

a

St-Pierre le Vieux

R. du Bain-aux-Plantes

Pl. B. Zix

e

t

j

CITÉ ANCIENNE

R. Gutr

Molsheim

Pl. Hans Jean Arp

Musée d'Art moderne et contemporain

Barrage Vauban

ILL

R. Koeberlé

R. Humann

CITÉ ANCIENNE

Ponts Couverts

Place H. Dunant

Pl. des Moulins

R. des Moulins

b

n

Pont St-Martin

R. des Cordonniers

R. de la Div

R. des

St-Thomas

Pont St-Thomas

Q. Saint-Th

Q. Charles Frey

R. Finkwiller

Q. Finkwiller

Saint-Marc

R. des Greniers

R. du Dragon

k

Glacières

Kirschléger

Sainte-Élisabeth

Hospices

STRASBOURG

0   100 m

J

K

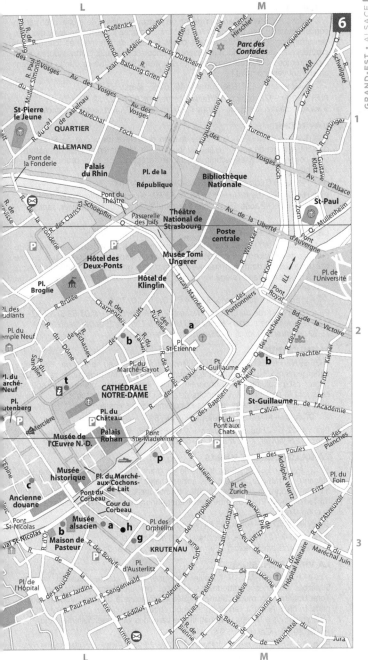

🍴○ COLBERT

MODERNE • COSY ✕✕ Dans un décor de bistrot moderne, le jeune chef-patron concocte une cuisine bien dans l'air du temps, soignée et parfumée, avec des présentations originales et élégantes : citons ce pâté de chevreuil et foie gras en croûte, ce ris de veau sauce meunière ou encore ce savarin, crème montée, sirop aux agrumes... C'est tout simplement bon : rien d'étonnant à ce que le restaurant affiche souvent complet !

🍴 ⇔ 🅿 – Menu 25 € (déjeuner), 40/53 € – Carte 55/72 €

Plan : 2-C2-r – *127 route de Mittelhausbergen* – ℰ *03 88 22 52 16* – *www.restaurant-colbert.com* – *Fermé 1ᵉʳ-10 janvier, 11-19 juillet, lundi, dimanche midi*

🍴○ GAVROCHE

MODERNE • INTIME ✕✕ Dans cette maison du centre historique de Strasbourg, on sent le souci de satisfaire les clients, en salle comme en cuisine. Les assiettes sont honnêtes, précises techniquement, et basées sur de bons produits. Accueil aimable.

🆎 – Menu 35 € (déjeuner), 65/85 € – Carte 84/111 €

Plan : 6-L3-g – *4 rue Klein* – ℰ *03 88 36 82 89* – *www.restaurantgavroche.com* – *Fermé 27 juillet-12 août, 28 octobre-3 novembre, 25 décembre-3 janvier, samedi, dimanche*

🍴○ LE VIOLON D'INGRES

CLASSIQUE • INTIME ✕✕ Cette maison alsacienne est l'une des plus anciennes du quartier de la Robertsau, par-delà le Parlement européen. À la carte, une cuisine classique teintée de modernité, avec homard, foie gras, poisson, gibier en saison, etc. À déguster dans l'élégante salle à manger ou en terrasse, à l'ombre d'un imposant marronnier...

🍴 – Menu 25 € (déjeuner), 58/64 € – Carte 60/70 €

Plan : 2-D2-z – *1 rue du Chevalier-Robert (à La Robertsau)* – ℰ *03 88 31 39 50* – *www.le-violon-dingres.com* – *Fermé 5-13 janvier, 5-13 mars, 15 août-2 septembre, 12-20 décembre, lundi, samedi midi, dimanche soir*

🍴○ ZUEM YSEHUET

MODERNE • CONTEMPORAIN ✕✕ Dans un quartier au bord de l'Ill, cette auberge recouverte de vigne vierge jouit également d'une terrasse au calme. L'intérieur est résolument contemporain ; quant aux recettes, goûteuses à souhait, elles font la part belle aux produits de saison (légumes du potager cultivé par le père du chef). Belle carte des vins et notamment de vins au verre.

🎋 🍴 ♿ ⇔ – Menu 32 € (déjeuner), 44/59 €

Plan : 4-G2-b – *21 quai Mullenheim* – ℰ *03 88 35 68 62* – *www.zuem-ysehuet.com* – *Fermé 11-19 janvier, 1ᵉʳ-12 mai, 14-31 août, lundi midi, samedi midi, dimanche*

🍴○ LA BRASSERIE DES HARAS

MODERNE • DESIGN ✕ Sous la tutelle du grand chef Marc Haeberlin, une table élégante et raffinée, au sein des anciens haras nationaux construits sous Louis XV. On y apprécie de belles recettes traditionnelles, sans oublier quelques plats du terroir local. Et le superbe décor contemporain, avec cuisines ouvertes, vaut le coup d'œil !

🍴 ♿ 🆎 🔲 ⇔ 🍽 – Menu 33 € (déjeuner)/38 € – Carte 40/70 €

Plan : 5-K3-k – *23 rue des Glacières* – ℰ *03 88 24 00 00* – *www.les-haras-brasserie.com* – *Fermé 1ᵉʳ-10 janvier, 1ᵉʳ-17 août*

🍴○ LA VIEILLE ENSEIGNE ⓝ

ALSACIENNE • WINSTUB ✕ Vieille Enseigne mais... toute nouvelle winstub ! Superbes boiseries traditionnelles réalisées par un ébéniste, lithographies de Tomi Ungerer aux murs, cuisine soignée et copieuse à base de produits locaux, plats traditionnels du terroir (presskopf, choucroute, gibier...) : l'Alsace est à la fête, y compris à travers une magnifique carte des vins essentiellement bio.

🎋 🍴 🆎 ⇔ – Carte 27/59 €

Plan : 6-L3-c – *9 rue des Tonneliers* – ℰ *03 88 75 95 11* – *www.lavieilleenseigne.com* – *Fermé lundi*

❄️○ LE BANQUET DES SOPHISTES

MODERNE • TENDANCE ✗ Difficile d'obtenir une table dans cette adresse qui ne désemplit pas, située dans le nouveau quartier "qui bouge" de la Krutenau. Succès mérité pour ce bistrot de bel aloi, qui propose un menu imbattable au déjeuner et une carte plus élaborée le soir. Préparations travaillées, fraîches et parfumées, dans un esprit éclectique discrètement inventif, aux frontières de la cuisine fusion. Stimulant pour les papilles, et convivial. Qui dit mieux ?

🍽️ 🅰️ – Menu 20 € (déjeuner)/54 € – Carte 47/53 €

Plan : 6-L3-a – *5 rue d'Austerlitz –* ☎ *03 88 68 59 67 – www.le-banquet.com –*
Fermé 24 août-15 septembre, 24 décembre-3 janvier, lundi, dimanche

❄️○ IN VINO VERITAS

ITALIENNE • BISTRO ✗ Situation superbe pour ce restaurant italien, situé au pied de la majestueuse cathédrale. Carte courte pour préparations gourmandes et généreuses, au service de sa majesté le produit : vitello tonnato, antipasti, gnocchi, tiramisu se bousculent sur l'ardoise... La terrasse est très prisée aux beaux jours. Très belle carte des vins.

🎗️ 🍽️ 🅰️ ↔️ – Carte 47/76 €

Plan : 6-L2-t – *25 place de la Cathédrale –* ☎ *03 88 32 75 85 –*
www.restaurant-invinoveritas.fr – Fermé dimanche

❄️○ MADEMOISELLE 10

MODERNE • CONVIVIAL ✗ Père et fille travaillent de concert dans ce sympathique bistrot, qui célèbre la tradition et régale ses convives à prix très raisonnables (surtout à midi). Terrine de volaille ; filet de merlu rôti, riz noir, cèpes et girolles ; millefeuille aux pommes et noix de pécan... aussi simple que gourmand.

🅰️ – Menu 18 € (déjeuner), 36/42 € – Carte 30/55 €

Plan : 6-M2-b – *10 quai des Pêcheurs –* ☎ *03 88 35 10 60 – www.mlle10.fr –*
Fermé lundi, dimanche

❄️○ UTOPIE 🆕

CRÉATIVE • CONVIVIAL ✗ Nichée au cœur d'une rue discrète, non loin de la Maison des Tanneurs, cette petite table ressemble à une utopie bien concrète : elle associe les talents du chef Tristan Weinling, moitié alsacien, moitié réunionnais, à l'accueil tout sourire de la franco-suisse Camille Besson. Dans l'assiette, une cuisine créative et voyageuse qui tire le meilleur parti des produits locaux.

Menu 44 €

Plan : 5-K2-j – *10 Petite Rue des Dentelles –* ☎ *03 88 52 02 91 – Fermé lundi, mardi, mercredi midi*

❄️○ LA VIEILLE TOUR

TRADITIONNELLE • DE QUARTIER ✗ Une vraie auberge comme on les aime, tenue avec sérieux par un couple de professionnels. Cette table souvent généreuse, toute proche de la Petite France, cultive le goût de la tradition (délicieuse poitrine de volaille au jus), au gré du marché (ardoise). Décor simple, relevé d'affiches humoristiques sur l'Alsace signées par l'illustre Tomi Ungerer.

🅰️ – Menu 29 € (déjeuner)/40 € – Carte 45/65 €

Plan : 5-J2-e – *1 rue Adolphe-Seyboth –* ☎ *03 88 32 54 30 – Fermé lundi, dimanche*

Hôtels

🏨 LE BOUCLIER D'OR

HISTORIQUE • PERSONNALISÉ Cet établissement prend ses aises dans un ancien hôtel particulier dont la partie la plus ancienne remonte au 16e s. Chambres spacieuses de charme, avec plusieurs ambiances – alsacienne, bourgeoise, etc.

🎐 🆕 🆒 🅰️ 🅰️ ♨️ – 22 chambres – 4 suites

Plan : 5-K3-n – *1 rue du Bouclier –* ☎ *03 88 13 73 55 – www.lebouclierdor.com*

COUR DU CORBEAU

HISTORIQUE · ÉLÉGANT Près du pont du Corbeau, cet hôtel s'épanouit dans plusieurs superbes maisons anciennes. Mais ce qui le distingue surtout, c'est sa cour intérieure Renaissance, avec ses coursives en bois héritées du temps jadis...

🛎 🖭 🕭 🗺 – 63 chambres

Plan : 6-L3-h – *6 rue des Couples* –
𝒫 *03 90 00 26 26 – www.cour-corbeau.com*

HANNONG

BOUTIQUE HÔTEL · PERSONNALISÉ Un hôtel familial sur le site de la faïencerie Hannong (18ᵉ s.). Façade néoclassique, salon sous verrière, décoration sur le thème des années 1930 : l'ensemble est accueillant et parfaitement tenu. Agréable espace terrasse et élégant bar à vin.

🖭 🗺 🕭 – 72 chambres

Plan : 5-K2-a – *15 rue du 22-Novembre* –
𝒫 *03 88 32 16 22 – www.hotel-hannong.com*

LES HARAS

HISTORIQUE · CONTEMPORAIN Au cœur de Strasbourg, l'établissement, imaginé dans les anciens haras nationaux du 18ᵉ s., bénéficie d'un cadre exceptionnel, où le moindre détail est réfléchi. Les chambres, au décor épuré, sont spacieuses (17 à 35 m²). Un lieu rare.

⚘ 🖭 🕭 🗺 🕭 🅿 – 55 chambres

Plan : 5-K3-k – *23 rue des Glacières* –
𝒫 *03 90 20 50 00 – www.les-haras-hotel.com*

TRAENHEIM

✉ 67310 – Bas-Rhin – Carte régionale n° **10**–A1 – Carte Michelin 315-I5

🍴 ZUM LOEJELGUCKER

TRADITIONNELLE · RUSTIQUE ✕✕ Dans un village viticole au pied des Vosges, cette ferme alsacienne du 18ᵉ s. ne manque pas de charme : bons plats régionaux avec quelques suggestions plus actuelles, boiseries sombres, fresques et cour fleurie l'été. Une maison sérieuse.

🍴 🕭 🗺 ⇄ – Menu 30/45 € – Carte 30/50 €

17 rue Principale –
𝒫 *03 88 50 38 19 – www.loejelgucker-auberge-traenheim.com* –
Fermé 12-18 juillet, 25 décembre-3 janvier, lundi soir, mardi soir

URMATT

✉ 67280 – Bas-Rhin – Carte régionale n° **10**–A2 – Carte Michelin 315-H5

🍴 LA POSTE

TRADITIONNELLE · AUBERGE ✕✕ Les amateurs de tradition seront heureux de découvrir cette auberge familiale installée en face de l'ancienne mairie. Gibier en saison, truite au bleu, tournedos de bœuf Rossini, foie gras d'oie et autres terrines de campagne... La cuisine est généreuse et l'ambiance sympathique.

⇔ 🛏 🗺 🅿 – Carte 30/60 €

74 rue du Général-de-Gaulle –
𝒫 *03 88 97 40 55 – www.hotel-rest-laposte.fr* –
Fermé 22 février-9 mars, 19 juillet-3 août, 23 décembre-4 janvier, lundi, dimanche soir

LA VANCELLE

✉ 67730 – Bas-Rhin – Carte régionale n° **10**–C1

🌿 AUBERGE FRANKENBOURG

Chef: Sébastien Buecher

MODERNE • AUBERGE ✕✕ Dans ce petit village perché sur les contreforts des Vosges, cet hôtel-restaurant retient les voyageurs depuis le début du siècle dernier. Les frères Buecher, qui ont repris les rênes de cette maison familiale des mains de leurs parents, y officient avec un allant réjouissant. La cuisine de produits goûteuse et élégante de l'aîné, Sébastien, parvient à exprimer le meilleur de son terroir à travers une carte toujours en mouvement, et à dépasser la tradition grâce à créativité : courgettes du jardin, mousse pistache salée, eau miel-thym citron ; seiche, crème réduite, jambon de Bigorre, jaune d'œuf fumé et croûtons... La plupart des fruits et légumes sont issus du jardin. En salle, le cadet, Guillaume, mène le jeu dans un décor mêlant boiseries et esprit zen. Quelques chambres pour prolonger l'étape.

Spécialités : Œuf en cuisson douce, blette au miel de truffe, artichaut et émulsion de volaille. Pigeon d'Alsace, variation de betteraves et croque-monsieur de cuisse de pigeon. Tarte Melba.

🌿 *L'engagement du chef :* "Cela fait maintenant plus de 20 ans que nous avons une démarche éco-responsable. Mais, auparavant, il n'y avait pas de nom pour la nommer ! Nous travaillons avec des producteurs locaux ou du moins français, en fonction du produit. Si l'agneau vient du Quercy, le cochon vient de la vallée voisine, les cailles des Vosges, les pigeons d'Alsace, tout comme nos fruits et légumes qui sont exclusivement alsaciens, provenant soit de notre jardin, soit de notre maraîcher."

⇔ 🛏 🖭 ⅋ 🅰 – Menu 44 € (déjeuner), 72/98 € – Carte 60/90 €

13 rue du Général-de-Gaulle – ℰ 03 88 57 93 90 – www.frankenbourg.com –
Fermé 17 février-4 mars, 30 juin-16 juillet, mercredi, jeudi

LA WANTZENAU

✉ 67610 – Bas-Rhin – Carte régionale n° **10**–B1

🌿 LE JARDIN SECRET

Chef: Gilles Leininger

MODERNE • COSY ✕✕ Face à la petite gare, un secret à partager ! Dans cet accueillant restaurant où s'active une jeune équipe, le chef Gilles Leininger, finaliste des sélections au Bocuse d'or, témoigne de beaucoup d'ambition, d'expérience et de savoir-faire, à travers une cuisine du marché bien d'aujourd'hui : belle tranche de pâté en croûte et pickles de légumes ; quasi de veau rosé et bien doré, polenta crémeuse aux olives de Kalamata ; suave tartelette aux myrtilles sauvages des Vosges. L'autre secret de cette maison au cadre contemporain ? Son jardin-terrasse sur l'arrière de la maison !

Spécialités : Raviole de cèpe et de foie gras, bouillon mousseux aux cèpes. Quasi de veau cuit à basse température, cannelloni de céleri aux blettes du Ried et jus de veau. Tartelette à la myrtille sauvage des Vosges.

🖭 ⅋ – Menu 32 € (déjeuner), 55/65 € – Carte 56/68 €

32 rue de la Gare – ℰ 03 88 96 63 44 – www.restaurant-jardinsecret.fr –
Fermé 26 décembre-3 janvier, 10-23 août, lundi, mardi midi, samedi midi,
dimanche soir

🍽 RELAIS DE LA POSTE

MODERNE • ÉLÉGANT ✕✕ Cette vénérable institution (depuis 1789) propose une partition classique aux légères touches alsaciennes. Le décor, avec boiseries et véranda face à la terrasse, se révèle plutôt agréable, et l'accueil est de qualité.

⇔ 🖭 ⅋ 🅰 ⚏ ⅋ 🅿 – Menu 35 € (déjeuner), 52/86 € – Carte 64/92 €

21 rue du Général-de-Gaulle – ℰ 03 88 59 24 80 – www.relais-poste.com –
Fermé 1ᵉʳ-17 janvier, 1ᵉʳ-15 août, lundi, samedi midi, dimanche soir

🍽 AU MOULIN

CLASSIQUE • COSY ✕✕ Un cadre élégant et lumineux, dans les dépendances d'un ancien moulin posté au bord de l'Ill. La terrasse profite du calme de la campagne environnante. Cuisine classique.

🏵 ⇔ 🛏 🖭 ⅋ 🅰 ⅋ 🅿 – Menu 24/110 € – Carte 50/100 €

2 impasse du Moulin – ℰ 03 88 96 20 01 – www.restaurant-moulin-wantzenau.fr –
Fermé 27 décembre-3 janvier, 1ᵉʳ-14 mars, lundi, mardi, dimanche soir

⚫ AU PONT DE L'ILL

POISSONS ET FRUITS DE MER • BRASSERIE ⅩⅩ Fruits de mer et poissons jouent les vedettes sur la carte de cette brasserie très fréquentée, abritant pas moins de cinq salles (au choix : style marin, Art nouveau, etc.). À deux pas de Strasbourg, vous voilà au bord de la mer !

⚙ 🍴 ♿ 🅼 – Menu 25 € (déjeuner), 35/46 € – Carte 30/60 €

2 rue du Général-Leclerc – ✆ 03 88 96 29 44 – www.aupontdelill.com –
Fermé samedi midi

⚫ LES SEMAILLES

MODERNE • COSY ⅩⅩ Jolie petite graine que cette maison alsacienne cha-toyante, dressée dans une petite rue calme. Au menu : des produits de qualité, de justes cuissons, et une association pertinente de saveurs. L'été venu, profitez de la terrasse ombragée sous une glycine centenaire...

🍴 ♿ 🅼 🅿 – Menu 34 € (déjeuner), 38/104 € – Carte 18/41 €

10 rue du Petit-Magmod – ✆ 03 88 96 38 38 – www.semailles.fr – Fermé 2-20 août,
mercredi, jeudi, dimanche soir

⚫ ZIMMER

TRADITIONNELLE • CLASSIQUE ⅩⅩ Indifférente aux modes, cette maison au glorieux passé continue de décliner une belle cuisine de tradition, teintée de notes plus actuelles : blanquette de poussin aux petits oignons et champignons, gratin de macaronis au parmesan ; matelote de poissons au riesling, fricassée de pâtes... Terrasse aux beaux jours.

🍴 – Menu 28/58 €

23 rue des Héros – ✆ 03 88 96 62 08 – www.restaurant-zimmer.fr –
Fermé 15 février-20 mars, 16 août-3 septembre, lundi, mercredi soir, dimanche soir

WESTHALTEN

✉ 68250 – Haut-Rhin – Carte régionale n° **10**-A3 – Carte Michelin 315-H9

⚫ AUBERGE DU CHEVAL BLANC

MODERNE • ÉLÉGANT ⅩⅩ Une maison cossue, tenue par la même famille depuis 1785. Dans la jolie salle contemporaine, le repas s'accompagne de charmants vins d'Alsace, dont une intéressante sélection au verre. Le style culinaire s'affine, les produits sont beaux, les dressages élégants. La volonté de bien faire est commu-nicative : on en sort ragaillardis. Chambres pour l'étape.

⚙ ⇔ ♿ 🅼 🆒 🅿 – Menu 29 € (déjeuner), 47/72 € – Carte 49/82 €

20 rue de Rouffach – ✆ 03 89 47 01 16 – www.restaurant-koehler.com –
Fermé 22 février-2 mars, lundi, mardi

⚫ AUBERGE AU VIEUX PRESSOIR

TRADITIONNELLE • RUSTIQUE ⅩⅩ Au cœur du vignoble, cette maison de vigne-ron a bénéficié d'une modernisation bienvenue ; sa salle à manger garde toutefois son atmosphère d'autrefois, attachante et pleine de cachet. Cuisine du terroir et dégustations de vins de la propriété.

⚙ 🍴 ✿ 🅿 – Menu 27 € (déjeuner), 40/89 € – Carte 43/108 €

Domaine de Bollenberg – ✆ 03 89 49 60 04 – www.bollenberg.com –
Fermé 12-28 janvier, mardi, mercredi

WETTOLSHEIM

✉ 68920 – Haut-Rhin – Carte régionale n° **10**-A2 – Carte Michelin 315-I8

⚫ LA PALETTE

MODERNE • CONTEMPORAIN ⅩⅩ Le chef a beau être savoyard, on déguste ici une belle cuisine traditionnelle alsacienne qui ne dédaigne pas les clins d'œil à la modernité. La carte des vins est très complète et met à l'honneur les vignerons du village. Chambres claires et fraîches pour l'étape. Une bonne adresse.

⚙ ⇔ ♿ 🍴 ♿ 🅼 ✿ 🅿 – Menu 21 € (déjeuner), 41/75 € – Carte 50/68 €

9 rue Herzog – ✆ 03 89 80 79 14 – www.lapalette.fr – Fermé 1ᵉʳ-4 janvier,
15 février-1ᵉʳ mars, 26 juillet-2 août, 18-25 octobre, lundi, mardi midi, dimanche soir

WEYERSHEIM

✉ 67720 – Bas-Rhin – Carte régionale n° **10**–B1 – Carte Michelin 315-K4

🐸 AUBERGE DU PONT DE LA ZORN

ALSACIENNE • AUBERGE ℵ Marqueteries d'art de l'Atelier Spindler, objets anciens, poutres éclaircies et tables en bois brut : la salle s'éclaire de couleurs alsaciennes ! Dans l'assiette, de savoureuses spécialités régionales (à l'image de ce bœuf gros sel) et tartes flambées servies le soir. Bucolique terrasse en bord de Zorn. Une adresse au succès mérité.

Spécialités : Foie gras de canard. Paleron en cuisson douce, pommes sautées. Kougelhopf glacé au kirsch.

🛏 🛱 🅿 – Menu 32 € – Carte 33/50 €

2 rue de la République –
☎ 03 88 51 36 87 – www.pontdelazorn.fr –
Fermé 16 août-2 septembre, mercredi et le midi sauf dimanche

WIHR-AU-VAL

✉ 68230 – Haut-Rhin – Carte régionale n° **10**–C2 – Carte Michelin 315-G8

❀ LA NOUVELLE AUBERGE

Chef: Bernard Leray

MODERNE • AUBERGE ℵℵ À l'entrée de la vallée de Munster, cette "nouvelle auberge" est un ancien relais de poste retapé à neuf. Au rez-de-chaussée, un bistrot alsacien régale le midi en semaine. À l'étage, on trouve un restaurant gastronomique dans une belle salle à manger coiffée de poutres. Un Breton de Rennes, Bernard Leray, y officie avec brio. Son exil en Alsace ressemble à une idylle. Formé tout jeune chez Bernard Loiseau, le chef revisite avec finesse le terroir local. Chacune de ses assiettes montre beaucoup de travail et de technique, comme cette soupe d'escargots dans son coulis de persil et d'ail, accompagnée de sa tartine et d'un excellent consommé de bœuf servi bien chaud.

Spécialités : Soupe d'escargots, jus de persil aillé et consommé de bœuf. Pigeonneau et escalope de foie gras chaud, fleischnaka de pigeon comme un chou farci. Meringue, mousse et crémeux aux chocolats, craquant de pralin et glace à la chicorée.

🐷 🛏 ♿ 🅿 – Menu 45/80 € – Carte 65/110 €

9 route Nationale –
☎ 03 89 71 07 70 – www.nauberge.com –
Fermé 13-23 mars, 5-21 juillet, lundi, mardi, dimanche soir

WILLGOTTHEIM

✉ 67370 – Bas-Rhin – Carte régionale n° **10**–A1 – Carte Michelin 315-J4

🍴 LA COUR DE LISE

CLASSIQUE • ROMANTIQUE ℵℵ Une auberge devenue ferme, puis retournée à ses premières amours. Dans une salle coquette, on savoure une cuisine classique et goûteuse. La carte change deux fois par mois. Pour l'étape, des chambres en pierre apparente et mobilier chiné, romantiques et accueillantes.

🛏 🛏 🛱 ♿ 🅰🅲 – Menu 22 € (déjeuner), 57/67 € – Carte 53 €

26 rue Principale –
☎ 03 88 64 93 36 – www.lacourdelise.fr –
Fermé lundi, mardi, dimanche soir

WINGEN-SUR-MODER

✉ 67290 – Bas-Rhin – Carte régionale n° **10**–A1 – Carte Michelin 315-I3

✿✿ **VILLA RENÉ LALIQUE**

CRÉATIVE • LUXE XxxX Peu connu du grand public, René Lalique fut le joaillier le plus en vue du tournant du siècle et du mouvement Art nouveau. Son héritage perdure à Wingen-sur-Moder avec un musée, un hôtel de grand standing... et cette Villa, qui a fêté en 2020 ses cent ans, une table emmenée par Jean-Georges Klein et Paul Stradner, qui conduisent à quatre mains une partition culinaire de très haut niveau. Remarquables amuse-bouches entre France, Espagne et Japon ; émulsion de pommes de terre et lamelles de truffes (un grand classique de JGK) ; pomme de ris de veau, douceur de maïs au parmesan et citronnelle, etc. Des créations remarquables de finesse et d'intelligence, une créativité savamment dosée, des saveurs savamment distillées qui montent en puissance au fil du repas... jusqu'aux desserts signés Nicolas Multon : ce pâtissier, qui voulait faire les beaux-arts, réalise aujourd'hui de petits chefs-d'oeuvre sucrés !

Spécialités: Émulsion de pomme de terre et truffe. Saint-pierre en croûte de sel, risotto aux herbes et sauce vierge. Opéra revisité façon Lalique, glace à l'orge torréfié.

🐾 ⇐ 👜 ᚛ 🅰 🖫 ✦ 🅿 – Menu 80 € (déjeuner), 118/205 € – Carte 110/230 €

18 rue Bellevue – ☏ 03 88 71 98 98 – www.villarenelalique.com –
Fermé 30 décembre-23 janvier, mardi, mercredi, samedi midi

Ⅱ○ **CHÂTEAU HOCHBERG**

MODERNE • CHIC XX On profite ici de produits frais travaillés au fil des saisons, dans le respect des saveurs. Arnaud Barberis interprète une goûteuse cuisine de saison, sans négliger ses classiques : saumon d'Isigny fumé maison, rognon de veau poêlé, oignons doux des Cévennes et jus au Madère, bouchée à la Reine royale. Simple et sans chichis. Jolie terrasse pour les soirées estivales.

🐾 👜 ᚛ 🅰 🅿 – Menu 22 € (déjeuner)/40 €

2 rue de Château-Teutsch – ☏ 03 88 00 67 67 – www.chateauhochberg.com –
Fermé 1ᵉʳ-29 janvier, lundi, mardi

🏠 **CHÂTEAU HOCHBERG**

DEMEURE HISTORIQUE • DESIGN Situé en face du musée Lalique, cette splendide demeure du 19ᵉ s. entièrement rénovée offre le confort de chambres raffinées, dont les plus personnalisées se déclinent en harmonies de couleurs, Ombelle, Venise et Dahlia. Un endroit à part.

🏡 👜 🖫 ᚛ 🅰 🅿 – 15 chambres

2 rue de Château-Teutsch –
☏ 03 88 00 67 67 – www.chateauhochberg.com
Ⅱ○ **Château Hochberg** – Voir la sélection des restaurants

WISSEMBOURG

✉ 67160 – Bas-Rhin – Carte régionale n° **10**–B1 – Carte Michelin 315-L2

Ⅱ○ **AU PONT M**

MODERNE • CONTEMPORAIN XX Au cœur du quartier de la "Petite Venise", l'ancienne boucherie du coin est devenue un point de rendez-vous pour profiter des trouvailles du chef, un véritable amoureux du produit. Le nec plus ultra ? Prendre son repas sur la terrasse au bord de la Lauter, ou dans la salle avec vue sur l'église St-Pierre-et-St-Paul...

🌳 ᚛ 🅰 – Menu 35/40 € – Carte 41/56 €

3 rue de la République – ☏ 03 88 63 56 68 – www.aupontm.com –
Fermé 20 février-2 mars, 26 juillet-11 août, lundi, mardi, dimanche soir

HOSTELLERIE DU CYGNE

TRADITIONNELLE • **CLASSIQUE** XX Une salle classique largement boisée d'un côté, une salle de style alsacien Renaissance de l'autre, et dans les deux cas, une savoureuse cuisine traditionnelle. Une chose est sûre, le chant du cygne n'est pas près de se faire entendre... et ce ne sont pas les gourmands qui s'en plaindront ! Quelques chambres confortables pour l'étape.

AC - Menu 35 € (déjeuner)/75 € - Carte 42/100 €

3 rue du Sel -
03 88 94 00 16 - www.hostellerie-cygne.com -
Fermé 17 février-4 mars, 30 juin-15 juillet, 3-18 novembre, mercredi, jeudi midi, dimanche soir

RÔTISSERIE BELLE VUE

TRADITIONNELLE • **CLASSIQUE** XX Dans cette grande maison familiale, on est reçu chaleureusement et on savoure une cuisine traditionnelle dans une atmosphère cossue.

AC P - Menu 35/50 € - Carte 30/68 €

1 rue Principale, Altenstadt -
03 88 94 02 30 - www.bellevue-wiss.fr -
Fermé 15 février-4 mars, 2-26 août, lundi, mardi, dimanche soir

WOLFGANTZEN

68600 - Haut-Rhin - Carte régionale n° **10**-C2 - Carte Michelin 315-i8

KASTENWALD

TRADITIONNELLE • **CONTEMPORAIN** XX Une cuisine classique sans fioritures, réalisée dans les règles de l'art, où les produits du marché sont bien mis en valeur : voilà ce qui vous attend dans cet ancien relais de poste installé en face de l'église. Les habitués s'y pressent... et on les comprend.

- Menu 13 € (déjeuner) - Carte 29/65 €

39 rue Principale - 03 89 27 39 99 - www.restaurant-kastenwald.com -
Fermé lundi, mardi

ZELLENBERG

68340 - Haut-Rhin - Carte régionale n° **10**-C2 - Carte Michelin 315-H8

MAXIMILIEN

Chef: Jean-Michel Eblin

MODERNE • **ÉLÉGANT** XXX Jean-Michel Eblin, le chef-patron de cet établissement du joli village de Zellenberg, est clair là-dessus : jamais il ne vendra ! On comprend son attachement quasi viscéral à cette maison, qui est construite sur une parcelle de vignoble (du pinot noir) ayant appartenu à sa famille. Avec la régularité d'un métronome, il réalise une cuisine aux solides bases classiques, avec quelques notes plus modernes. Dans l'assiette, turbot, asperges vertes et morilles, ou encore effiloché de noix de Saint-Jacques, truffe et sucrine... Les produits sont frais et d'excellente qualité, l'ensemble est rehaussé d'une belle carte des vins : tous les ingrédients sont réunis pour passer un bon moment.

Spécialités : Tartare d'omble chevalier, raifort, espuma d'artichaut et caviar. Sandre rôti sur la peau, cuisses de grenouilles en raviole ouverte et jus de persil. Abricot caramélisé, tuile et crème Philadelphia, gel de citron.

AC P - Menu 36 € (déjeuner), 57/104 € - Carte 90/112 €

19A route d'Ostheim -
03 89 47 99 69 - www.le-maximilien.com -
Fermé 23 août-9 septembre, 20 décembre-20 janvier, lundi, mardi, dimanche soir

🍴○ **AUBERGE DU FROEHN**

TRADITIONNELLE • AUBERGE 🍴 Ancien de la Vieille Forge, à Kaysersberg, le jeune chef revisite ici la tradition à sa sauce (filet de bœuf Rossini, gratin dauphinois), en toute simplicité. Les prix sont convenables, l'accueil charmant : on passe un bon moment.

🆎 – Menu 25/47€

5 route d'Ostheim – 𝒞 03 89 47 81 57 – www.auberge-du-froehn-zellenberg.com – Fermé lundi, mardi, dimanche soir

ZIMMERBACH

✉ 68230 – Haut-Rhin – Carte régionale n° **10**–C2 – Carte Michelin 315-H8

😊 **AU RAISIN D'OR**

TRADITIONNELLE • CONVIVIAL 🍴 Cette auberge à la bonne franquette a profité d'un petit relooking, mais n'a rien changé à ses habitudes. Les habitués sont toujours là et se régalent des propositions du jour et des classiques du chef (tête de veau, quenelles de foie, bœuf gros sel, etc.).

Spécialités : Presskopf vinaigrette. Bœuf gros sel, crudités et pommes de terre sautées. Kougelhopf glacé.

🍴 ♿ 🅿 – Menu 17€ (déjeuner), 29/44€ – Carte 32/53€

1 rue de l'Église – 𝒞 03 89 71 05 69 – www.raisindor.fr – Fermé mardi

CHAMPAGNE-ARDENNE

Forte en goût, du sanglier mariné au fameux maroilles, la cuisine ardennaise reste simple, robuste et plutôt hivernale : recettes à base de pommes de terre, de lard, d'ail et d'oignons comme la cacasse et la bayenne, qui accompagnent volontiers les ragoûts de sanglier et de biche. Le jambon des Ardennes, le boudin blanc de Rethel et la dinde rouge, une race qui a failli disparaître, complètent ce tableau.

Le champagne – ce vin mousseux et pétillant, d'une pureté et d'un éclat parfait, aux arômes subtils et équilibrés – symbolise la réussite des riches terroirs viticoles de la région. Ce vin des papes et des rois, des stars et des amoureux, séduit les grands chefs depuis toujours. Arnaud Lallement (L'Assiette champenoise) et Philippe Mille (Les Crayères) l'intègrent dans leurs sauces profondes pendant que de suaves magnums mûrissent dans leurs caves.

Autre carte des vins digne d'éloges, celle du restaurant Les Avisés, vitrine gastronomique du domaine du vigneron Anselme Selosse. Les champagnes les plus vineux sont capables d'accompagner tout un repas. Comment choisir ? Demandez au sommelier ! Goûtant tout, il est le seul à savoir ce qu'il faut boire et, parfois, il s'agit d'un "petit" champagne de vigneron indépendant, plutôt que celui d'une maison de prestige...

filmfoto/iStock

• Carte régionale n° 11

AVIZE

✉ 51190 – Marne – Carte régionale n° **11**–B2 – Carte Michelin 306-G9

 LES AVISÉS

MODERNE · INTIME ✗ Les avisés marqueront un arrêt au domaine Selosse. Stéphane Rossillon en cuisine, et sa femme au service, deux anciens de chez Anne-Sophie Pic, composent un menu unique, à base de produits sélectionnés, servis dans une charmante atmosphère "maison d'hôtes". Aux beaux jours, on profite de la grande terrasse... Carte des vins superbe.

⅋ 🛖 & 🅿 – Menu 42 € (déjeuner)/65 €

59 rue de Cramant – ℰ 03 26 57 70 06 – www.selosse-lesavises.com –
Fermé 23 février-4 mars, 2-19 août, mardi, mercredi

🏠 **LES AVISÉS**

LUXE · PERSONNALISÉ Au cœur de la côte des Blancs, au sein d'une célèbre maison de champagne, une demeure confortable et élégante. Le must : une chambre avec vue sur le vignoble, et un détour par l'agréable espace bien-être !

⅋ 🛖 & 🧖 🅿 – 10 chambres

59 rue de Cramant – ℰ 03 26 57 70 06 – www.selosse-lesavises.com

🍴 **Les Avisés** – Voir la sélection des restaurants

BERGÈRES-LÈS-VERTUS

✉ 51130 – Marne – Carte régionale n° **11**–B2 – Carte Michelin 306-F9

🍴 **HOSTELLERIE DU MONT-AIMÉ**

TRADITIONNELLE · CLASSIQUE ✗✗✗ Un cadre cossu et bourgeois, pour une cuisine traditionnelle généreuse qui valorise notamment les produits nobles (ainsi ce cœur de ris de veau au jus de truffe). Autre plaisir, la belle carte des vins et ses nombreuses références de champagne.

⅋ ⇆ 🛖 & 🆎 🅿 – Menu 30 € (déjeuner), 45/90 €

4-6 rue de Vertus – ℰ 03 26 52 21 31 – www.hostellerie-mont-aime.com –
Fermé 1er-4 janvier, dimanche soir

CARIGNAN

✉ 08110 – Ardennes – Carte régionale n° **11**–C1 – Carte Michelin 306-N5

🍴 **LA GOURMANDIÈRE**

TRADITIONNELLE · ÉLÉGANT ✗✗✗ Cette maison bourgeoise de 1890 choie ses convives : cuisine gourmande et généreuse, superbe carte des vins, et espace lounge. La cheffe est épaulée par son fils Maxence, qui réalise de savoureuses pâtisseries. Ris de veau et foie gras font les spécialités maison.

⅋ 🛖 🛖 & 🅿 – Menu 38/85 € – Carte 45/110 €

19 avenue de Blagny – ℰ 03 24 22 20 99 – Fermé 18 janvier-2 février,
21 juin-1er juillet, 27 septembre-7 octobre, lundi, mardi midi, dimanche soir

CHÂLONS-EN-CHAMPAGNE

✉ 51000 – Marne – Carte régionale n° **11**–B2 – Carte Michelin 306-I9

🍃 **JÉRÔME FECK**

Chef : Jérôme Feck

MODERNE · ÉLÉGANT ✗✗✗ On vient dans cette ville pour sa cathédrale Saint-Étienne, sa collégiale Notre-Dame-en-Vaux, son charme indéniable et ses nombreux lieux de mémoire, témoins d'un riche passé. Dans son hôtel d'Angleterre, le chef Jérôme Feck œuvre en faveur de la tradition gastronomique champenoise et perpétue l'héritage de cette table emblématique de la ville. Également pâtissier, il a roulé sa bosse de Langres à Reims en passant par Épernay : c'est dire s'il connaît son terroir du Grand-Est. Ses points forts ? Les sauces et les jus qui se révèlent intenses, concentrés et équilibrés – mention spéciale à la lotte sauce orange et épices vadouvan et à la sauce civet qui nappe le pavé de biche Rossini. Les produits sont rehaussés de saveurs étudiées, tantôt jouant sur l'acidité, tantôt sur le fumé... Délicieux.

Spécialités: Cuisine du marché.

⇔ & ⓜ ✢ Ⓟ 🚗 – Menu 68/98 € – Carte 80/135 €

Hôtel d'Angleterre, 19 place Monseigneur-Tissier – ✆ 03 26 68 21 51 –
www.hotel-dangleterre.fr – Fermé 21 février-11 mars, 2-6 mai, 1ᵉʳ-18 août,
23-28 décembre, lundi midi, samedi midi, dimanche

⅄○ AU CARILLON GOURMAND

MODERNE · **ÉLÉGANT** ⅩⅩ Dans cette adresse chic et élégante, volontiers design,
le carillon marque l'heure de la tradition revisitée. Accueil agréable et vaisselle de
belle facture. Le menu-carte présente un très bon rapport qualité-prix.

& ⓜ ✢ – Menu 39/68 €

15 bis place Monseigneur-Tissier –
✆ 03 26 64 45 07 – www.carillongourmand.com –
Fermé lundi, mercredi soir, dimanche soir

⅄○ LES TEMPS CHANGENT

TRADITIONNELLE · **BISTRO** Ⅹ Un bistrot au cadre contemporain et élégant, où
s'apprécie une bonne cuisine du marché, dans une ambiance chaleureuse. Alors
oui, Les Temps Changent, et c'est très bien ainsi!

& ⓜ ⊟ Ⓟ 🚗 – Menu 37 €

Hôtel d'Angleterre, 1 rue Garinet –
✆ 03 26 66 41 09 – www.hotel-dangleterre.fr –
Fermé 21 février-11 mars, 2-6 mai, 1ᵉʳ-18 août, 23-28 décembre, lundi midi, samedi
midi, dimanche

CHAMPILLON

✉ 51160 – Marne – Carte régionale n° **11**-B2 – Carte Michelin 306-F8

⊛ LE ROYAL

MODERNE · **CONTEMPORAIN** ⅩⅩⅩ Parti du Negresco, à Nice, le chef et Meilleur
Ouvrier de France Jean-Denis Rieubland s'est trouvé un défi à sa mesure : il est
désormais installé aux fourneaux de ce grand hôtel flambant neuf, en plein
cœur du vignoble champenois. Préparations fines et délicates, dressages soignés : il ne lui a pas fallu longtemps pour prendre ses marques, rien que de très
normal pour un Agenais amateur de rugby... Durablement marqué par son séjour
dans la baie des Anges, il en a rapporté quelques-uns de ses plats fétiches
comme les langoustines rôties au piment d'Espelette, cromesquis de tête de
veau aux feuilles de roquette, ou encore son tourteau parfumé de kombawa,
caviar, mangue et agrumes.

Spécialités: Crevettes bouquet et caviar oscière, mousseline d'aubergine à l'ail
noir et soupe de moule safranée. Filet de rouget poché au consommé de bouillabaisse, fenouil et pomme de terre ratte. Millefeuille coco et ananas Victoria au
rhum.

⊛ & ⓜ 🚴 Ⓟ – Menu 140/190 € – Carte 133/215 €

Royal Champagne, Hameau de Bellevue, 9 rue de la République –
✆ 03 26 52 87 11 – www.royalchampagne.com – Fermé 3 janvier-10 février, lundi,
mardi midi, mercredi midi, jeudi midi, vendredi midi, samedi midi, dimanche

🏨 ROYAL CHAMPAGNE

LUXE · **CONTEMPORAIN** Flambant neuf! Après quatre ans de travaux, le Royal
Champagne a rouvert ses portes. Chambres sans vis-à-vis avec balcon ou terrasse, décoration contemporaine avec des notes de bois rappelant la nature environnante, spa de 1500 m² et piscines intérieure et extérieure... Du grand standing.

🌄 🐾 ⬅ 🏊 ⛏ 🔲 ⊛ 🕸 ⅂ₛ ⊟ & ⓜ 🏋 Ⓟ – 47 chambres – 3 suites

Hameau de Bellevue, 9 rue de la République – ✆ 03 26 52 87 11 –
www.royalchampagne.com

⊛ **Le Royal** – Voir la sélection des restaurants

CHARLEVILLE-MÉZIÈRES

✉ 08000 – Ardennes – Carte régionale n° **11**–B1 – Carte Michelin 306-K4

🍸 LA TABLE D'ARTHUR R

MODERNE • **CONVIVIAL** ✕ Cette table à la mode propose deux formules. Recettes traditionnelles et beaux flacons dans la cave voûtée ; au rez-de-chaussée, bistrot contemporain et grands classiques (tête de veau, steak tartare, etc.). Soirées dégustations mets et vins (500 références). Décontracté et original !

Spécialités : Vichyssoise de moules de bouchot, île flottante au safran. Poitrine de canard et pastilla de cuisse, tatin de butternut aux figues. Croustillant de banane rôtie à la vergeoise, glace spéculos et sauce caramel.

❀ ₺ 🆔 – Menu 31 € – Carte 36/51 €

9 rue Pierre-Bérégovoy – ℰ 03 24 57 05 64 – www.latabledarthur.fr –
Fermé 25 avril-10 mai, 8-30 août, lundi, mercredi soir, dimanche

🍽 LA PAPILLOTE

MODERNE • **CONTEMPORAIN** ✕✕ Tout près de la place Ducale, en face du théâtre, ce restaurant moderne propose une cuisine actuelle, où le terroir occupe une place de choix. Deux suites confortables pour l'étape.

⇄ ₺ 🆔 ⇄ – Menu 23 € (déjeuner), 35/59 €

6 place du Théâtre – ℰ 03 24 37 41 34 – www.lapapillote08.com –
Fermé 1er-15 janvier, lundi, vendredi midi, dimanche soir

🍽 AMORINI

ITALIENNE • **SIMPLE** ✕ Un petit restaurant italien, sur la place Ducale, avec un menu au diapason : antipasti, charcuterie, bonnes pâtes et vins transalpins. Il y a même une petite épicerie ouverte pendant le service ! Une reproduction des fresques de la Villa des Mystères à Pompéi orne les quatre murs de la salle-à-manger.

Carte 24/33 €

46 place Ducale – ℰ 03 24 37 48 80 –
Fermé 25 avril-10 mai, 1er-24 août, lundi, mardi soir, mercredi soir, jeudi soir, vendredi soir, dimanche

COLOMBEY-LES-DEUX-ÉGLISES

✉ 52330 – Haute-Marne – Carte régionale n° **11**-C3 – Carte Michelin 313-J4

🍃 HOSTELLERIE LA MONTAGNE

Chef: Jean-Baptiste Natali

MODERNE • **ÉLÉGANT** ✕✕✕ Dans ce paisible village de Haute-Marne cher au général de Gaulle, cette belle demeure en pierres du 17e s. est tout entière ceinte par un beau parc qui se prolonge vers la campagne. Mais à l'intérieur, point de nostalgie ! Ni dans le décor contemporain, ni dans l'assiette – ni même dans ce menu intitulé... "Je vous ai compris !". Le chef Jean-Baptiste Natali a beaucoup voyagé, de Marrakech à Londres en passant par New York. Il signe une gastronomie française à l'heure contemporaine en travaillant de beaux produits comme la langoustine, le rouget, le homard, le bœuf Angus, le ris de veau. Ses tomates, caviar et huîtres, ses langoustines royales rôties et jus de groseilles glacé, son filet de rouget snacké et sa mousseline au citron vert attestent d'un métier solide.

Spécialités : Langoustine rôtie, cèpe au lard de Colonnata, sabayon au goût grillé. Canard colvert, guimauve au maïs et tandoori. Accord autour de la rhubarbe et de la fraise.

❀ 🛏 🌿 ₺ ⇄ – Menu 25/90 € – Carte 42/61 €

10 rue Pisseloup –
ℰ 03 25 01 51 69 – www.hostellerielamontagne.com –
Fermé lundi, mardi

🍴 À LA TABLE DU GÉNÉRAL

TRADITIONNELLE · BISTRO ҂ Envie de déguster les plats préférés du général de Gaulle ? Poussez donc la porte de ce petit bistrot qui fait de la résistance pour proposer, intactes, les bonnes recettes de la tradition (blanquette de veau et daube de bœuf étaient les chouchous du grand homme). Un endroit sympathique où les prix le sont tout autant.

🛖 ⅙ – Menu 20/40 € – Carte 20/40 €

54 rue du Général-de-Gaulle – ℰ 03 25 01 51 69 – www.latabledugeneral.fr –
Fermé lundi, mardi, mercredi soir, jeudi soir

HOSTELLERIE LA MONTAGNE

LUXE · COSY Jardin et verger, demeure rénovée avec goût dans une veine contemporaine, chambres cosy et confortables : cette demeure en pierre cultive joliment les charmes de la France éternelle.

🛏 ⅙ 🚗 – 8 chambres – 1 suite

10 rue Pisseloup – ℰ 03 25 01 51 69 – www.hostellerielamontagne.com

🌸 **Hostellerie la Montagne** – Voir la sélection des restaurants

ÉPERNAY

✉ 51200 – Marne – Carte régionale n° **11**–B2 – Carte Michelin 306-F8

⚜ LES BERCEAUX

Chef: Patrick Michelon

CLASSIQUE · ÉLÉGANT ҂҂ Dans la capitale du champagne, cette table plutôt bourgeoise a su fidéliser une clientèle locale mais aussi les nombreux touristes venus visiter les caves des environs. On s'attable dans une salle cossue en deux parties dont le charme légèrement suranné associe sièges rouges, voilages bariolés, murs en fausse pierre et moquette en trompe-l'œil de parquet. Aux fourneaux, on trouve le chef Patrick Michelon. Alsacien d'origine formé notamment à l'Auberge de l'Ill, il cherche à faire ressortir le meilleur de la gastronomie champenoise dans une veine classique. Il choisit ses produits avec soin et régale ses convives avec un canard de Challans en trois façons, ou encore un turbot sauvage rôti, nappé de son excellent beurre au cidre de champagne.

Spécialités : Gros couteaux de plongée sautés au citron confit, câpres et croûtons au beurre. Côte de veau élevé sous la mère en cocotte, croquant de polenta blanche et girolles. Figues pochées, croustillant aux épices et sorbet sangria.

🐝 ⇆ 🏧 🍷 – Menu 51 € (déjeuner), 82/98 €

13 rue des Berceaux – ℰ 03 26 55 28 84 – www.lesberceaux.com –
Fermé 15 février-9 mars, 16-31 août, lundi, mardi

🐝 LA GRILLADE GOURMANDE

GRILLADES · COSY ҂҂ Les spécialités de ce restaurant ? Pigeonneau désossé au foie gras en feuilleté, ris de veau à la bourgeoise, le tout préparé par un sympathique chef, Lyonnais d'origine. Côté décor : la sobriété et l'élégance priment. Aux beaux jours, on profite du jardin d'été.

Spécialités : Ecrasé de dos de cabillaud, lentillons champenois et julienne de chorizo. Suprême de poulet fermier farci aux morilles, sauce au vinaigre de Reims. Fraises au poivre noir, granité au champagne rosé.

🐝 🛖 – Menu 33/59 € – Carte 45/68 €

16 rue de Reims – ℰ 03 26 55 44 22 – www.lagrilladegourmande.com – Fermé lundi,
dimanche

🐝 LE THÉÂTRE

TRADITIONNELLE · BRASSERIE ҂҂ Près du théâtre, le rideau s'ouvre sur l'une des plus anciennes brasseries d'Épernay – début du 20e s. –, tout en moulures et hauts plafonds. Derrière les fourneaux, le chef fait rimer tradition et produits de saisons, comme avec ce rognon de veau à la moutarde de Meaux, classique de la maison. Idéal pour se restaurer en évoquant la dernière pièce !

Spécialités: Terrine de canard aux légumes et morilles. Filet de lieu jaune et sa ratatouille. Moelleux au chocolat et compotée de griottes.

&. 🅰 ✿ – Menu 28 € (déjeuner), 34/54 €

8 place Mendès-France – ℰ 03 26 58 88 19 – www.epernay-rest-letheatre.com –
Fermé 20 février-5 mars, 12 juillet-3 août, 23-27 décembre, mardi soir, mercredi,
dimanche soir

😊 COOK'IN

INFLUENCES ASIATIQUES • **CONVIVIAL** ⅹ Ce restaurant est le lieu de rencontre entre les univers français (lui, en cuisine) et thaïlandais (elle, en salle). Le résultat est une élégante cuisine fusion, réalisée avec de beaux produits – légumes de producteurs, poissons sauvages, viandes de la région –, à des tarifs plutôt imbattables. Goûtez au tournedos de bœuf mariné à la coriandre.

Spécialités: Soupe de fruits de mer à la citronnelle. Mignon de porc farci au poivre frais. Crème brûlée coco et riz gluant, sorbet mangue.

&. – Menu 22 € (déjeuner), 34/38 € – Carte 36/48 €

18 rue Porte-Lucas – ℰ 03 26 54 89 80 –
Fermé 4-10 janvier, 3-9 mai, 16-29 août, lundi, samedi midi, dimanche

🍽○ BISTROT LE 7

TRADITIONNELLE • **BISTRO** ⅩⅩ Aux Berceaux, il y a aussi l'option Bistrot ! Foie gras maison, sole meunière, escargots persillés, picatta de veau… le 7 ou la simplicité dans le raffinement. À noter également la belle sélection de champagnes.

🅰 – Menu 36/42 €

Les Berceaux, 13 rue des Berceaux –
ℰ 03 26 55 28 84 – www.lesberceaux.com

🍽○ LA TABLE KOBUS

MODERNE • **BRASSERIE** ⅩⅩ Un sympathique restaurant décoré dans un esprit de brasserie à l'ancienne – sa façade date tout de même de 1900 –, où l'on déguste une cuisine moderne, épousant le rythme des saisons. Les Sparnaciens s'y précipitent.

🅰 ✿ – Menu 28 € (déjeuner)/40 €

3 rue du Docteur-Rousseau –
ℰ 03 26 51 53 53 – www.latablekobus.com –
Fermé lundi, dimanche soir

🍽○ SYMBIOSE

MODERNE • **CONTEMPORAIN** ⅹ Une cuisine moderne aux équilibres maîtrisés, avec des touches créatives et un goût pour les épices, sans oublier des présentations soignées : voici ce que vous réserve Symbiose ! Le couple aux commandes sait où il va, et le plaisir est là.

🍴 &. – Menu 26 (déjeuner), 44/56 €

5 rue de Reims – ℰ 03 26 54 75 20 – www.symbiose-restaurant.com –
Fermé mardi, mercredi

🏠 LA VILLA EUGÈNE

LUXE • **PERSONNALISÉ** Cette belle demeure bourgeoise appartenait à un certain Eugène… Mercier, de la célèbre maison champenoise ! À méditer au bar à champagne, puis dans les chambres Louis XVI ou plus modernes. On prend son petit-déjeuner sous une jolie verrière, face à la piscine et au jardin.

🛏 ⬈ 🖥 &. 🅰 🅿 – 15 chambres

84 avenue de Champagne – ℰ 03 26 32 44 76 – www.villa-eugene.com

L'ÉPINE

✉ 51460 – Marne – Carte régionale n° **11**-B2

⁑○ **CUVÉE 31**

MODERNE • CONTEMPORAIN XX Cette ancienne institution, située face à la Basilique Notre-Dame de l'Épine, propose une cuisine des plus gourmandes. Décor soigné, jeune équipe hyper-motivée, service aux petits soins : on se sent comme chez soi.

& 🖾 ✿ – Menu 42€ (déjeuner), 55/105€ – Carte 63/85€

Aux Armes de Champagne, 31 avenue du Luxembourg – ℰ 03 26 67 13 03 –
www.armesdechampagne.com –
Fermé 11-31 janvier, lundi, mardi

ÉTOGES

✉ 51270 – Marne – Carte régionale n° **11**-B2 – Carte Michelin 306-F9

⁑○ **LE CHÂTEAU D'ÉTOGES**

MODERNE • ÉLÉGANT XXX Au programme de l'Orangerie du château, une jolie cuisine mettant à l'honneur les produits de la région. Tout ici fait plaisir à voir : l'implication du chef et de son équipe, l'élégante salle, la jolie sélection de vins et champagnes...

෪ ⇦ 🖴 & 🗓 🅿 – Menu 45/80€ – Carte 72/86€

4 rue Richebourg – ℰ 03 26 59 30 08 – www.etoges.com –
Fermé 24 janvier-11 février, lundi midi, mardi midi, mercredi midi, jeudi midi,
vendredi midi

GYÉ-SUR-SEINE

✉ 10250 – Aube – Carte régionale n° **11**-B3

⁑○ **LE GARDE CHAMPÊTRE**

MODERNE • TENDANCE X Cet ancien entrepôt ferroviaire transformé en restaurant-ferme durable avec serres et potager bio par un collectif de quatre associés judicieusement acoquiné à deux vignerons du cru propose une cuisine fraîche et tonique, imaginée autour des produits locaux et du jardin. Une démarche locavore et écologique très plaisante, une adresse sympathique.

🕸 *L'engagement du chef :* "Transformation des produits bruts de notre potager biologique, fabrication de notre pain, techniques de fermentation, de fumage et cuisine autour du feu, nous mettons tout en oeuvre pour tendre vers le plus d'auto-suffisance possible. Notre restaurant est un lieu de vie et de rencontre pour les habitants et notre cuisine est directement inspirée de la nature que nous nous efforçons de protéger au quotidien."

෪ 🍽 & 🅿 – Menu 22€ (déjeuner)/38€

50 route des Riceys – ℰ 03 52 96 00 06 – www.legardechampetre.fr –
Fermé 1ᵉʳ-13 janvier, lundi, mardi, mercredi, dimanche soir

MAGNANT

✉ 10110 – Aube – Carte régionale n° **11**-B3

⁑○ **LE VAL MORET**

MODERNE • CONVIVIAL XX C'est confortablement installé dans une salle lumineuse (tout y est de blanc vêtu) qui s'ouvre sur les coteaux champenois, qu'on s'attable devant des assiettes faisant la part belle aux produits locaux, signées par un jeune chef motivé. Côté hébergement, un sympathique couple d'hôteliers propose des chambres fort bien tenues. Agréable espace bien-être, l'"Aqua Val".

⇦ 🍽 🏠 & 🖾 ✿ 🅿 – Menu 21/70€ – Carte 34/70€

Rue du Maréchal-Leclerc –
ℰ 03 25 29 85 12 – www.le-val-moret.com

MATIGNICOURT-GONCOURT

✉ 51300 – Marne – Carte régionale n° **11**-C2 – Carte Michelin 306-k10

🍽 Ô DÉLICES DES PAPILLES

TRADITIONNELLE • **COSY** ✕✕ À la sortie du village, faites donc une halte Ô Délices des Papilles. Dans un intérieur contemporain et boisé, on célèbre la production locale (asperges, petits pois, rhubarbe, escargots...) au gré de délicieux petits plats de tradition. Et côté vin, faites confiance à l'expérience du sommelier !

⛱ ♿ 🅿 – Menu 28/67 € – Carte 61/83 €

11 rue du Château-d'Eau – ✆ 03 26 72 51 60 – www.odelicesdespapilles.fr – Fermé 26 avril-5 mai, 16 août-2 septembre, lundi, mardi, dimanche soir

MESNIL-ST-PÈRE

✉ 10140 – Aube – Carte régionale n° **11**-B3 – Carte Michelin 313-G4

🍽 AU VIEUX PRESSOIR

TRADITIONNELLE • **ÉLÉGANT** ✕✕✕ Sur la route du lac d'Orient, cette maison à colombages, typique de la Champagne humide, propose des spécialités maison, qui jonglent avec la tradition : salade de homard bleu, pigeonneau pané à la pistache, sphère chocolat fruits rouges... On profite aussi de chambres confortables et d'un agréable espace bien-être. Le bistrot est ouvert au déjeuner quand le restaurant gastronomique est fermé.

❀ 🛏 ⛱ ♿ ❄ 🅿 – Menu 30 € (déjeuner), 52/98 €

Auberge du Lac, 5 rue du 28 août 1944 – ✆ 03 25 41 27 16 – www.auberge-du-lac.fr – Fermé 3-24 janvier, lundi midi, mardi midi

MONTCHENOT

✉ 51500 – Marne – Carte régionale n° **11**-B2 – Carte Michelin 306-G8

✿ LE GRAND CERF

Chefs : Dominique Giraudeau et Pascal Champion

CLASSIQUE • **ÉLÉGANT** ✕✕✕ Au pied de la montagne de Reims et sur la route d'Épernay, cette auberge imposante affiche sans ambages son style cossu... Dans l'élégante salle à manger de bois clair, l'ambiance se fait romantique le soir venu : écrin parfait pour une belle cuisine classique. Elle est signée du chef Dominique Giraudeau, qui a longtemps brillé dans les cuisines de Gérard Boyer aux Crayères. Il y a contracté le goût des produits nobles, du saint-pierre sauvage au veau de lait fermier, en passant par le gibier, le homard et la truffe, à laquelle un menu est dédié en saison. Superbe carte de vins de Champagne.

Spécialités : Homard et poire en vinaigrette aigre-douce aux baies roses. Poisson de ligne aux huîtres, sauce au champagne. Tarte fine aux pommes et glace à la bergamote.

❀ ♣ ⛱ ♿ ⚙ 🅿 – Menu 39 € (déjeuner)/124 € – Carte 100/155 €

50 route Nationale – ✆ 03 26 97 60 07 – www.le-grand-cerf.fr – Fermé 1er-10 mars, 10 août-1er septembre, mardi, mercredi, dimanche soir

MONTCY-NOTRE-DAME

✉ 08090 – Ardennes – Carte régionale n° **11**-C1

☺ L'AUBERGE DU LAMINAK

MODERNE • **AUBERGE** ✕✕ Dans cette charmante auberge en lisière de forêt, le Pays basque – origine du chef – rencontre les beaux produits des Ardennes. Résultat, des recettes savoureuses, maîtrisées, tel ce pigeonneau désossé à l'ancienne, farci au foie gras, spécialité du chef...

Spécialités : Cassole d'escargots, tomates et jambon. Le cochon basque. Frangipane pistache et framboises.

🛏 ⛱ ♿ 🅿 – Menu 20 € (déjeuner), 25/55 €

Route de Nouzonville – ✆ 03 24 33 37 55 – www.auberge-ardennes.com – Fermé 15 février-1er mars, 1er-30 août, lundi soir, mardi soir, mercredi soir, dimanche

PONT-STE-MARIE

✉ 10150 – Aube – Carte régionale n° **11**–B3 – Carte Michelin 313-E4

Voir plan de Troyes

🅐 BISTROT DUPONT

TRADITIONNELLE • **BISTRO** ⅹ Au bord de la Seine, ce sympathique bistrot traditionnel joue la carte des bonnes recettes à l'ancienne : blanquette, coq au vin, suprême de volaille, que l'on dévore dans une ambiance animée... Et ne ratez pas la spécialité de la maison : l'andouillette.

Spécialités : Velouté de moules aux Saint-Jacques. Filets de caille, ratafia de Champagne. Mousse au chocolat à volonté.

� ᕦ 🅰 ⇔ – Menu 19 € (déjeuner), 28/40 € – Carte 33/67 €

Plan : Troyes B1-s – *5 place Charles-de-Gaulle* – ℰ *03 25 80 90 99* – *www.bistrotdupont.com* – *Fermé lundi, jeudi soir, dimanche soir*

🍴 LE BOIS DE BON SÉJOUR

TRADITIONNELLE • **CONVIVIAL** ⅹ Au bord du canal d'Argentolle, cette jolie maison abrite un restaurant, qui propose un menu unique le midi, plus sophistiqué en soirée, mais soucieux des saisons, à toute heure ! Ambiance conviviale et jolie terrasse dans un jardin verdoyant. Idéal pour réceptions ou séminaires.

🏡 � ᕦ ⇔ – Menu 24 € (déjeuner), 47/72 €

Plan : Troyes B1-t – *2 rue Roger-Salengro* – ℰ *03 25 81 04 54* – *www.leboisdubonsejour.com* – *Fermé 9-24 août, lundi soir, mardi soir, mercredi soir, dimanche soir*

⊠ 51100 – Marne
Carte régionale n° **11**–B2
Carte Michelin 306-G7

REIMS

Des pierres et des bulles ! Parmi les trésors de Reims, il y a cette cathédrale, l'une des plus vastes de France, un joyau à contempler en fin d'après-midi, quand le soleil effleure sa grande rosace et ses milliers de sculptures... Il y a aussi les somptueuses caves des maisons de champagne, qui conservent jalousement leurs flacons au cœur des crayères de la colline Saint-Nicaise. Profondes et labyrinthiques, les caves de Reims jouissent d'une réputation mondiale. Mumm, Taittinger, Veuve Clicquot-Ponsardin, Ruinart : la visite de l'une d'entre elles, au moins, s'impose. Autre visite incontournable : les halles du Boulingrin et leur voûte en béton armé des années 1920 – véritable prouesse architecturale. Au sol des étals fixes en faïence se couvrent de produits frais trois jours par semaine. À vous jambon de Reims, charcuteries des Ardennes et fromages comme le chaource ou le langres !

Restaurants

❀❀❀ ASSIETTE CHAMPENOISE

Chef: Arnaud Lallement

CRÉATIVE · **LUXE** XxX Arnaud Lallement a pour ainsi dire grandi à L'Assiette Champenoise, créée à l'origine par ses parents. Aujourd'hui aux manettes, il montre qu'il a été à bonne école (Vergé, Guérard, Chapel) et mitonne une cuisine de haute volée, classique et généreuse, surtout très gourmande, où pointent aussi ses origines bretonnes (du côté de sa mère). Omniprésent en salle, pédagogue et truculent, l'"aubergiste" Lallement régale en toute simplicité. Beaux produits traités avec amour (lors de notre dernier passage, superbe turbot breton simplement saisi à la plancha avec sauce au vin jaune, belle pomme de ris de veau dorée au beurre avec céleri confit et jus de veau), assiettes lisibles et rehaussées de sauces mémorables. Une partition synonyme de plaisir.

Spécialités: Langoustine royale, citron caviar et nage crémée. Homard bleu "hommage à mon papa". Chocolat guanaja, noisette du Piémont.

❀❀ ⇆ 🛏 ⅙ 🅰🅺 ⊡ 🅿 – Menu 125 € (déjeuner), 225/325 €

Plan : A2-e – 40 avenue Paul-Vaillant-Couturier, à Tinqueux –
☏ 03 26 84 64 64 – www.assiettechampenoise.com –
Fermé 8 février-11 mars, 3-18 août, mardi, mercredi

✿✿ LE PARC LES CRAYÈRES

MODERNE · LUXE XXXXX Qu'attendre d'autre, dans cette magnifique demeure nichée au cœur d'un parc, qu'un repas mémorable ? Bingo : le chef manceau Philippe Mille, à l'impressionnant CV (Ritz, Lasserre, Pré Catelan, Drouant), montre qu'il est un admirable artisan... et qu'il continue de progresser. Son style de prédilection : le classique revisité avec élégance. Les produits nobles sont en bonne place sur la carte (homard, langoustine, foie gras, turbot), travaillés tout en délicatesse. Les mariages de saveurs ne doivent rien au hasard, les sauces et les jus se révèlent remarquables, les jeux de textures aussi... Comme nous sommes à Reims, la carte de champagnes à tomber de sa chaise : près de 750 références sélectionnées avec soin, dans une recherche permanente de cohérence avec la cuisine. Au dessert, c'est le champion de France 2019 Yoann Normand qui signe une série de créations sucrées aussi belles que bonnes.

Spécialités : Langoustine du Guilvinec en carpaccio, marinade au verjus et poivre iodé des côtes. Turbot de ligne, pomme délicatesse en coque de sel et sabayon de sous-bois. Cheesecake aux fruits exotiques, jus de ratafia vanillé.

🕸 ⇛ 🅰🄲 🖭 ⇔ 🅿 – Menu 75 € (déjeuner), 155/295 € – Carte 188/250 €

Plan : F3-a – *Hôtel Domaine Les Crayères, 64 boulevard Henry-Vasnier –*
𝒞 03 26 24 90 00 – www.lescrayeres.com –
Fermé 1ᵉʳ-12 janvier, lundi, mardi, mercredi midi

✿✿ RACINE

Chef : Kazuyuki Tanaka

MODERNE · ÉPURÉ XX Au cœur de Reims, il se passe assurément quelque chose dans ce petit restaurant (20 couverts au maximum) dont la façade largement vitrée permet d'observer la cuisine et les cuisiniers à l'œuvre. Sobre et épurée, la salle à manger invite à se concentrer sur l'assiette, et uniquement elle. Le chef japonais Kazuyuki Tanaka cisèle une cuisine complexe, aux saveurs et influences multiples : anguille et navet ; maigre et chou-rave ; rhubarbe, yuzu et sel. On apprécie sa capacité à multiplier les surprises tout au long du repas, son usage malicieux des herbes aromatiques et des plantes, du végétal en général – pas étonnant de la part de l'ancien second de Régis Marcon.

Spécialités : Cuisine du marché.

🕸 ♿ 🄰🄲 – Menu 70 € (déjeuner), 110/195 €

Plan : E2-e – *6 place Godinot – 𝒞 03 26 35 16 95 – www.racine.re –*
Fermé 21 avril-20 mai, 17 août-2 septembre, mardi, mercredi, jeudi midi

✿ LE FOCH

Chef : Jacky Louazé

MODERNE · COSY XX Dans cette maison sérieuse, installée au bord des fameuses Promenades (des cours ombragés), le chef Jacky Louazé attire à lui une clientèle fidèle, pour ne pas dire dévouée. Qu'est-ce qui lui vaut un tel succès ? Sans doute cette manière créative qui n'appartient qu'à lui, mais aussi plus généralement cette carte où les produits de qualité sont rois et notamment les poissons et crustacés : homard bleu, céréales aux épices, agrumes ; déclinaison autour de la mer ; bar entier cuit en croûte d'argile de Vallauris ; turbot au beurre demi-sel, pommes de terre de Noirmoutier...

Spécialités : Homard bleu, céréales aux épices, tomate ananas et glace mozzarella. Bar cuit en terre d'argile de Vallauris. Forêt-noire.

🕸 🄰🄲 – Menu 35 € (déjeuner), 54/100 €

Plan : D1-a – *37 boulevard Foch – 𝒞 03 26 47 48 22 – www.lefoch.com –*
Fermé 1ᵉʳ-11 janvier, 1ᵉʳ-8 mars, 25 juillet-24 août, lundi, samedi midi, dimanche soir

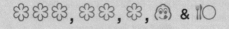

☆ LE MILLÉNAIRE

MODERNE · ÉLÉGANT XxX Non loin de la place Royale, cette table appréciée des Rémois entame une nouvelle page de son histoire. Emmenée par le chef Hervé Raphanel, l'équipe en place préserve les fondamentaux de la maison : technique solide, portions généreuses, produits de grande qualité, saveurs bien présentes... Les habitués ne seront pas désorientés, d'autant que le décor est inchangé : prestance toute contemporaine, associant tons crème, chêne clair et lignes élégantes. Quant au service, il se révèle pro et efficace : une belle prestation. Cette institution reste bien ancrée dans le siècle... et dans le Millénaire.

Spécialités : Œuf cocotte, jambonnettes de grenouilles et crème au cresson. Ris de veau du Limousin braisé dans son jus, mousseline de pomme de terre au beurre de ferme. Salade d'orange aux pistils de safran, sorbet à la mandarine corse.

& AC ↭ – Menu 39 € (déjeuner), 59/124 € – Carte 110/160 €

Plan : E2-s – 4 rue Bertin – ✆ 03 26 08 26 62 – www.lemillenaire.com – Fermé 22 février-7 mars, 26 juillet-8 août, lundi, dimanche

LE JARDIN LES CRAYÈRES

TRADITIONNELLE · TENDANCE X La "petite adresse" du Domaine Les Crayères est située dans une dépendance du parc : une brasserie chic, très contemporaine, avec sa jolie véranda et sa terrasse. On y apprécie une savoureuse cuisine de saison réalisée avec de beaux produits.

Spécialités : "Croq'crustacés" en croustillant de pain, salade d'herbes du jardin. Filet de bar, sauce champagne. Rose du jardin, mousse au marc de champagne et fruits rouges.

🍴 🌿 ⅋ 🅐 🅿 – Menu 33/53 € – Carte 49/74 €

Plan : F3-b – *Hôtel Domaine Les Crayères, 7 avenue du Général-Giraud –*
𝄞 03 26 24 90 90 – www.lescrayeres.com –
Fermé 1ᵉʳ-12 janvier

⅋○ LE PAVILLON CG

MODERNE · TENDANCE XX Cette maison bourgeoise (1850) abritait une banque avant d'être transformée en restaurant. Une valeur sûre pour apprécier une cuisine réalisée avec de beaux produits. Et n'oublions pas le service aimable et l'agréable terrasse au calme.

🌿 ⅋ 🅐 ⇔ 🅿 – Menu 39 € – Carte 45/77 €

Plan : D1-w – *7 rue Noël – 𝄞 03 26 03 15 15 – www.le-pavillon-cg.com –*
Fermé 27 avril-5 mai, 27 juillet-11 août, 21 décembre-5 janvier, mardi, mercredi,
dimanche soir

⅋○ LE CRYPTO

MODERNE · BISTRO X En face du célèbre cryptoportique de Reims (une galerie souterraine datant de l'époque romaine), ce bistrot est tenu par Frédéric Dupont, cuisinier au parcours éloquent. Bons risottos, solide carte des vins, service attentionné : une belle adresse.

⅋ 🅐 – Menu 21 € (déjeuner), 45/65 €

Plan : E2-a – *14 place du Forum – 𝄞 03 26 25 27 81 –*
Fermé lundi, dimanche

Hôtels

🏨 DOMAINE LES CRAYÈRES

HISTORIQUE · GRAND LUXE Dans un grand parc, un décor brillant comme... du champagne. Faut-il préciser que cette superbe demeure est entourée des caves les plus renommées ? Un vrai symbole du luxe à la française que cet établissement, tout en raffinement, tentures épaisses, mobilier bourgeois...

🏊 ← 🍴 🖃 ⅋ 🅐 🅿 – 20 chambres

Plan : F3-a – *64 boulevard Henry-Vasnier – 𝄞 03 26 24 90 00 – www.lescrayeres.com*

✿✿ **Le Parc Les Crayères** · 🌸 **Le Jardin Les Crayères** – Voir la sélection des restaurants

🏨 ASSIETTE CHAMPENOISE

LUXE · DESIGN Une élégante maison de maître de la fin du 19ᵉ s., dans un grand parc clos. Les chambres, très spacieuses, jouent la carte du goût contemporain avec beaucoup de réussite. On les regagne avec plaisir après avoir profité des délices de la table... La satisfaction est complète.

🏊 🍴 🖃 🖃 ⅋ 🅐 ♨ 🅿 – 25 chambres – 8 suites

Plan : A2-e – *40 avenue Paul-Vaillant-Couturier, à Tinqueux – 𝄞 03 26 84 64 64 –*
www.assiettechampenoise.com

✿✿✿ **Assiette Champenoise** – Voir la sélection des restaurants

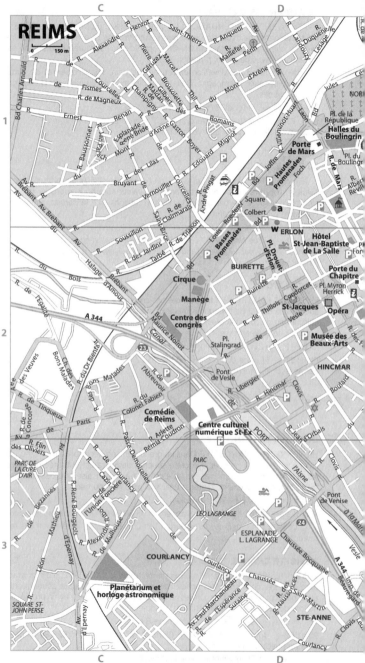

REIMS

0   150 m

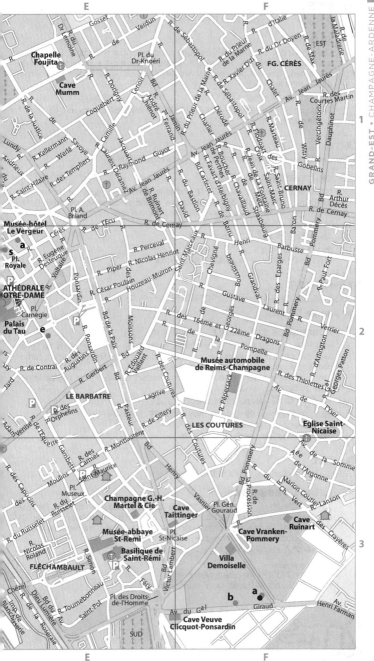

LES RICEYS

✉ 10340 – Aube – Carte régionale n° **11**–B3 – Carte Michelin 313-G6

⭗ **LE MAGNY**

TRADITIONNELLE · **AUBERGE** ✕✕ Une auberge au cadre champêtre, où le chef aime travailler produits du terroir et poissons, clin d'œil à sa Bretagne natale. Sur la carte des vins, les champagnes de l'Aube ont la part belle. Une sympathique adresse.

⇦ 🛋 🏡 & 🅿 – Menu 17 € (déjeuner), 35/55 € – Carte 32/57 €

38 rue du Général-Leclerc – ✆ 03 25 29 38 39 – www.hotel-lemagny.com –
Fermé mardi, mercredi

SACY

✉ 51500 – Marne – Carte régionale n° **11**–B2 – Carte Michelin 306-F7

⌂ **CHÂTEAU DE SACY**

MAISON DE MAÎTRE · **ÉLÉGANT** Nichée au cœur des vignes sur les hauteurs de Reims, cette bâtisse de 1850 abrite des chambres décorées avec goût (entre vintage et Art déco), avec une salle de fitness et des bains norvégiens... Une belle étape.

≫ ≼ 🛋 🖭 & 🅰🅲 🅿 – 12 chambres

Rue des Croisettes –
✆ 03 26 07 60 38 – www.chateaudesacy-reims.fr

STE-MAURE

✉ 10150 – Aube – Carte régionale n° **11**–B3 – Carte Michelin 313-E3

Voir plan de Troyes

⭗ **AUBERGE DE STE-MAURE**

MODERNE · **ÉLÉGANT** ✕✕ Victor Martin, le fils de la famille, a repris les rênes avec des convictions solides. Les assiettes sont bien tournées (œuf parfait, carbonara et pain aux lardons ; suprême de pintade farcie à la noix), avec glaces maison. Ajoutons-y le service souriant, le bon rapport qualité-prix, et l'agréable terrasse au bord de l'eau...

⇦ 🏡 & ⇄ 🅿 – Menu 29 € (déjeuner)/53 € – Carte 57/88 €

Plan : Troyes A1-g – *99 route de Méry – ✆ 03 25 76 90 41 –*
www.auberge-saintemaure.fr –
Fermé 1ᵉʳ-16 janvier, lundi, dimanche soir

SILLERY

✉ 51500 – Marne – Carte régionale n° **11**–B2

⭗ **LE RELAIS DE SILLERY**

TRADITIONNELLE · **TENDANCE** ✕✕ Une auberge élégante dont la terrasse domine la Vesle. Le cadre est bucolique, la gastronomie classique : fricassée de rognon et ris de veau aux champignons, soufflé au Grand Marnier... La cave – aux prix étudiés – impressionne !

🕸 🛋 🏡 & ⇄ – Menu 29/78 € – Carte 36/90 €

3 rue de la Gare –
✆ 03 26 49 10 11 – www.relaisdesillery.fr –
Fermé 1ᵉʳ-9 mars, 9-31 août, lundi, mardi, dimanche soir

TROYES

✉ 10000 – Aube – Carte régionale n° **11**–B3 – Carte Michelin 313-E4

⏸○ **AUX CRIEURS DE VIN**

MODERNE · **BAR À VIN** ✗ Briques nues, mobilier bistrot, concept branché : on choisit sa bouteille dans la cave, avant de l'accompagner d'un bon petit plat centré sur le produit (charcuterie artisanale, viande fermière, fromages de chez Bordier, etc.). Le patron s'adresse à chacun de ses clients, avec la jubilation non feinte du passionné de vins ! Un plaisir.

🍸 🏠 – Carte 29/50 €

Plan : C2-n – *4 place Jean-Jaurès* – ☎ *03 25 40 01 01* – *www.auxcrieursdevin.fr* – *Fermé 1ᵉʳ-10 janvier, lundi, dimanche*

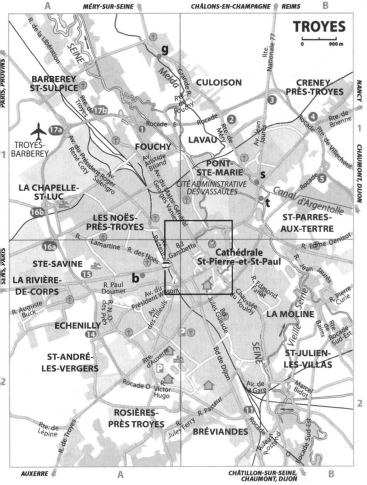

TROYES

🍴 CAFFÈ COSI

ITALIENNE · FAMILIAL 🍽 Cette trattoria à l'italienne a pris ses quartiers dans une ancienne galerie d'art, ouverte sur une cour pavée. Produits d'épicerie à emporter et terrasse appréciable aux beaux jours.

🏠 ⅙ ⇔ – Menu 24 € (déjeuner), 48/52 € – Carte 44/65 €

Plan : C2-z – *5 rue Marie-Pascale-Ragueneau* –
☏ *03 25 76 61 34* –
Fermé 15 février-3 mars, 22 août-7 septembre, lundi, mardi soir, mercredi soir, dimanche

🍴 CLAIRE ET HUGO

CUISINE DU MARCHÉ · TENDANCE 🍽 Un jeune couple autodidacte et passionné, auparavant à la tête d'un food-truck remarqué, s'est lancé avec succès dans l'aventure d'un vrai restaurant. Doté d'un décor sobre en matériaux bruts, le lieu est également une boulangerie-épicerie ouverte sur une plaisante terrasse et un jardin intérieur (dont une serre à agrumes). Les produits, à 95% bios, inspirent des préparations saines, savoureuses et équilibrées. A partir du jeudi soir, menu-carte où l'on peut piocher, selon ses envies. Une adresse bienvenue dans l'agglomération troyenne.

🍽 🏠 ⅙ – Carte 25/40 €

Plan : A2-b – *77 avenue du Général-Galliéni, à Sainte-Savine* – ☏ *09 73 14 18 69* –
www.claireethugo.fr – *Fermé lundi, mardi, mercredi, jeudi soir, vendredi soir, samedi soir, dimanche soir*

LA MAISON DE RHODES

LUXE · HISTORIQUE Ces belles demeures du 17ᵉ s. nichent dans une ruelle pavée du vieux Troyes. Poutres, pierres, torchis, tomettes, mobilier ancien ou contemporain s'y marient avec élégance. Impossible de départager la Maison de Rhodes du Champ des Oiseaux, tant la rénovation est subtile et élégante. A noter : espace balnéo avec massage sur réservation et climatisation dans toutes les chambres. Le soir, on peut profiter de l'intimité du restaurant pour un dîner à base de produits bio.

✿ ⌂ ⌂ ⌂ ⌂ 🅼 🄰 🅿 – 11 chambres – 4 suites

Plan : D1-e – *18 rue Linard-Gonthier* – ☏ *03 25 43 11 11* – *www.maisonderhodes.com*

VINAY

✉ 51530 – Marne – Carte régionale n° **11**–B2

 HOSTELLERIE LA BRIQUETERIE

MODERNE · CLASSIQUE XxX À la sortie d'Épernay, sur la route de Sézanne, arrêtez-vous dans ce restaurant au cœur des vignes. Dans un décor cossu, on apprécie la cuisine gastronomique du chef Thomas Debouzy, réalisée à partir de produits nobles (homard, ris de veau). Belle de carte de champagnes.

⅛ ⌂ ⌂ ⌂ 🅼 🅿 ⌂ – Menu 49€ (déjeuner), 75/130€ – Carte 99/111€

4 route de Sézanne – ☏ *03 26 59 99 99* – *www.labriqueterie.fr* – *Fermé samedi midi*

 HOSTELLERIE LA BRIQUETERIE

LUXE · PERSONNALISÉ Un havre de paix raffiné et cosy au cœur du vignoble ! Au salon, l'ambiance est feutrée, presque "british", parfait pour déguster une coupe de champagne en toute tranquillité. Dans les chambres, teintes douces et belles matières... pour faire de beaux rêves.

⌂ 🄽 ⊛ ⌂ 🅼 🄰 🅿 ⌂ – 40 chambres

4 route de Sézanne – ☏ *03 26 59 99 99* – *www.labriqueterie.fr*

🍴 **Hostellerie La Briqueterie** – Voir la sélection des restaurants

LORRAINE

Avec ses forêts, ses pâturages, ses vallées encaissées et ses plateaux, la Lorraine est un carrefour ouvert à tous les vents gourmands – surtout quand ils viennent de l'est. En effet, l'influence germanique domine généreusement cette table charnelle, comme en attestent les fêtes de Noël et de l'Avent.

De même, comme en Alsace, le terroir lorrain fait la part belle à la cuisine paysanne et aux préparations charcutières : plats traditionnels comme la quiche, potée, soupe au jambon fumé, boudin de Nancy, andouillette d'Épinal, sans oublier le fameux pâté lorrain. Quant aux pâtés de foie gras, ils n'ont rien à envier à leurs voisins alsaciens. La ville de Munster a donné son nom au fromage au lait cru que la douce montagne vosgienne produit depuis plusieurs siècles.

Depuis le règne de Stanislas Leszcynski à Nancy, la pâtisserie et le dessert lorrains se portent bien : tarte à la mirabelle, madeleines de Commercy, nonette de Remiremont, sans oublier la confiture de groseilles épépinées à la plume d'oie de Bar-le-Duc – un véritable caviar végétal. Enfin, s'appuyant sur une tradition horticole toujours vivace, les eaux-de-vie font feu de tout bois, de l'incontournable mirabelle à la quetsche en passant par la framboise.

• Carte régionale n° 12

ABRESCHVILLER

✉ 57560 – Moselle – Carte régionale n° **12**–D2 – Carte Michelin 307-N7

⑪ AUBERGE DE LA FORÊT

MODERNE · **ÉLÉGANT** XxX Cette imposante auberge, nichée au cœur de la vallée d'Abreschviller, propose classicisme et modernité, du décor, cossu, à l'assiette, au goût du jour. Profitez de la belle terrasse couverte, face au jardin verdoyant.

🏠 🌤 ⅖ Ⓜ 🅿 – Menu 20 € (déjeuner), 37/70 €

276 rue des Verriers, à Lettenbach – ℰ 03 87 03 71 78 –
www.aubergedelaforet57.com – Fermé 18-29 octobre, 27 décembre-14 janvier, lundi,
mardi soir, jeudi soir

AMNÉVILLE

✉ 57360 – Moselle – Carte régionale n° **12**–B1 – Carte Michelin 307-H3

⑪ LA FORÊT

TRADITIONNELLE · **CONTEMPORAIN** XX "Penser, c'est chercher des clairières dans une forêt." On pourra méditer cette trouvaille de Jules Renard en s'attablant dans cette maison conviviale, située en plein cœur du bois de Coulange. Les recettes y sont empreintes de classicisme (sandre Vieux Strasbourg, foie gras maison, choucroute de poissons, etc.) et s'accompagnent de jolis crus.

🕸 🌤 ⅖ Ⓜ – Menu 28/48 € – Carte 40/60 €

1 rue de la Source, au parc thermal et de loisirs – ℰ 03 87 70 34 34 –
www.restaurant-laforet.com – Fermé 26 juillet-10 août, 20 décembre-4 janvier, lundi,
mardi, dimanche soir

AY-SUR-MOSELLE

✉ 57300 – Moselle – Carte régionale n° **12**–B1 – Carte Michelin 307-I3

⑪ LE MARTIN PÊCHEUR

CLASSIQUE · **MAISON DE CAMPAGNE** XX Entre le canal Camifémo et la Moselle, une ancienne maison de pêcheurs (1928), où règne un bel esprit d'auberge de campagne, agrémentée d'un adorable jardin estival. Ici, la tradition se mêle aux tendances actuelles, et la cave est bien fournie !

🕸 🏠 🌤 ↔ 🅿 – Menu 45 € (déjeuner)/65 € – Carte 65/85 €

1 route d'Hagondange – ℰ 03 87 71 42 31 – www.restaurant-martin-pecheur.fr –
Fermé 1ᵉʳ-4 janvier, 22 février-1ᵉʳ mars, 26 avril-3 mai, 18 août-2 septembre, lundi,
mardi soir, mercredi soir, jeudi soir, samedi midi, dimanche soir

BAERENTHAL

✉ 57230 – Moselle – Carte régionale n° **12**–D1 – Carte Michelin 307-Q5

❀ L'ARNSBOURG

Chef: Fabien Mengus

MODERNE · **ÉLÉGANT** XxX Un jeune couple, Laure et Fabien Mengus, préside désormais aux destinées de cette maison emblématique, longtemps couronnée par trois étoiles sous le règne de Jean-Georges Klein, aujourd'hui chef de la Villa René Lalique. Auparavant, Fabien avait fait connaître son talent au Cygne, une table voisine. Il se montre parfaitement à l'aise entre les murs de cette institution, multipliant les ponts entre tradition et modernité, aussi bien pour la décoration que pour la cuisine. Que ce soit côté salon ou près des baies vitrées donnant sur la forêt, on déguste une cuisine tout en variations, qui met à l'honneur de beaux produits. Un moment à part.

Spécialités : Foie gras de canard poêlé, purée de butternut. Médaillon de lotte à l'ail noir, salsifis, sauce carvi et moka. Mirabelles de Lorraine rôties au beurre, mousse yaourt citronné et amandes caramélisées.

🕸 🏠 ⅖ Ⓜ 🅿 – Menu 49 € (déjeuner), 79/139 €

Untermuhlthal – ℰ 03 87 06 50 85 – www.arnsbourg.com – Fermé 1ᵉʳ-26 janvier,
31 mai-8 juin, 26 juillet-10 août, 18-26 octobre, lundi, mardi

🏯🏯 L'ARNSBOURG

GRAND LUXE · ÉPURÉ Ses lignes contemporaines et épurées constituent un magnifique contraste dans ce paysage où le bois domine. Les chambres, spacieuses et zen, avec balcon privatif, sont la promesse d'un doux repos. Une communion hi-tech avec la nature environnante...

⅏ ⫷ 🛏 ⊡ ⅙ 🄰🄲 🅿 – 12 chambres – 4 suites

5 Untermuhlthal – 𝒞 03 87 27 05 60 – www.arnsbourg.com

🌸 **L'Arnsbourg** - Voir la sélection des restaurants

LA BAFFE

✉ 88460 – Vosges – Carte régionale n° **12**–C3 – Carte Michelin 314-H4

🍴◯ LA GRANGE OBRIOT

CUISINE DE SAISON · MAISON DE CAMPAGNE 🗙 Cette maison de campagne, tout à la fois table d'hôtes et auberge campagnarde, avec son décor de pierres et de bois, est l'adresse de Claudy Obriot, chef bien connu des Vosgiens. Au menu : cuisine de grand-mère et terroir. Simple, goûteux et sans chichis.

🍴 ⅙ – Menu 37 €

64 rue de la Passée – 𝒞 03 29 30 84 46 – www.lagrangeobriot.com – Fermé 1ᵉʳ-8 mars, 26 juillet-16 août, lundi, mardi soir, mercredi soir, jeudi soir, samedi, dimanche

BAN-DE-LAVELINE

✉ 88520 – Vosges – Carte régionale n° **12**–D3 – Carte Michelin 314-K3

🍴◯ MAISON DE LAVELINE

TRADITIONNELLE · AUBERGE 🗙🗙 Cette auberge du pays vosgien, tenue par un jeune couple, propose une cuisine traditionnelle en prise sur les saisons (escargots au beurre persillé, cuisses de grenouilles rôties à l'ail et au persil, choucroute garnie, ou encore tête de veau et sa langue aux deux sauces). Chambres pour l'étape.

⫸ 🛏 🍴 ⅙ 🅿 – Menu 25/50 € – Carte 38/59 €

5 rue du 8-Mai – 𝒞 03 29 51 78 17 – www.maison-de-laveline.fr – Fermé lundi, mercredi soir, dimanche soir

BAR-LE-DUC

✉ 55000 – Meuse – Carte régionale n° **12**–A2 – Carte Michelin 307-B6

🍴◯ BISTRO ST-JEAN

MODERNE · BISTRO 🗙 Cette ancienne épicerie est devenue un bistrot contemporain plein de saveurs et de couleurs, pile dans la tendance. Le patron, fils de pâtissier, réalise une cuisine du marché soignée, et dans l'air du temps, renouvelée au quotidien. Et toujours : le respect des produits. Service efficace et discret.

🍴 🄰🄲 – Menu 33/39 €

132 boulevard de la Rochelle – 𝒞 03 29 45 40 40 – www.bistrosaintjean.fr – Fermé 1ᵉʳ-11 janvier, 18 juillet-4 août, lundi, jeudi soir, samedi midi, dimanche soir

BITCHE

✉ 57230 – Moselle – Carte régionale n° **12**–D1 – Carte Michelin 307-P4

🍴◯ LE STRASBOURG

MODERNE · ÉLÉGANT 🗙🗙 Une véritable auberge du 21ᵉ s., sobre et épurée, bien en phase avec son époque. L'appétissante cuisine de Lutz Janisch s'inscrit dans le terroir local, dont on savoure gibier (en saison), agneau, légumes et fromages. Chambres sobres et fonctionnelles, certaines rénovées.

🕸 ⫸ – Menu 42/88 € – Carte 62/74 €

24 Rue Teyssier – 𝒞 03 87 96 00 44 – www.le-strasbourg.fr – Fermé 1ᵉʳ-25 janvier, 1ᵉʳ-7 novembre, lundi, mardi midi, dimanche soir

LA BRESSE

✉ 88250 – Vosges – Carte régionale n° **12**–C3 – Carte Michelin 314-J4

LA TABLE D'ANGÈLE

MODERNE · CONTEMPORAIN ✗ Au cœur des Vosges, un couple sympathique explore le terroir avec subtilité : assiettes soignées et savoureuses, produits de grande qualité, utilisation de fumaisons, épices et herbes... On en redemande ! Sans oublier l'accueil toujours impeccable d'Angèle, la patronne.

Spécialités : Truite fumée au bois de hêtre, fenouil, chique des montagnes. Bœuf Angus de Castille, girolles, purée au munster. Coque de chocolat noir flambée à l'alcool de framboise.

&. 🅿 – Menu 24 € (déjeuner), 30/66 € – Carte 46/51 €

30 Grande-Rue – 𝒞 03 29 25 41 97 – www.la-table-dangele.com –
Fermé 21 juin-7 juillet, 15 novembre-8 décembre, lundi, mardi, dimanche soir

CHAMAGNE

✉ 88130 – Vosges – Carte régionale n° **12**–C3 – Carte Michelin 314-F2

LE CHAMAGNON

MODERNE · CONTEMPORAIN ✗ Dans le village de Claude Gellée dit Le Lorrain, ce bistrot chaleureux propose une cuisine privilégiant le terroir – fricassée de rognons de veau, tournedos de magret, menu truffe ou cèpes, etc. – comme la modernité – sashimis de thon, par exemple. Le point commun de tout cela ? La qualité des produits et de jolis vins !

🕸 🅰 – Menu 14 € (déjeuner), 39/48 €

236 rue du Patis – 𝒞 03 29 38 14 74 – www.lechamagnon.fr – Fermé lundi, mardi,
mercredi soir, dimanche soir

CHAUMOUSEY

✉ 88390 – Vosges – Carte régionale n° **12**–C3 – Carte Michelin 314-G3

LE CALMOSIEN

TRADITIONNELLE · ÉLÉGANT ✗✗ A deux pas de l'église de ce village vosgien – la campagne à 10 min d'Épinal –, une jolie maison de maître dont l'intérieur classique est parsemé de touches plus modernes. Quant à la cuisine, elle est de facture traditionnelle : sole meunière, carré d'agneau au thym, tarte fine aux pommes... Service convivial.

🛋 &. ⇦⇨ – Menu 25/65 € – Carte 50/80 €

37 rue d'Épinal – 𝒞 03 29 66 80 77 – www.calmosien.com – Fermé lundi, dimanche soir

COL DE LA SCHLUCHT

✉ 88230 – Vosges – Carte régionale n° **12**–D3 – Carte Michelin 314-K4

LE COLLET

MODERNE · MONTAGNARD ✗✗ Une cuisine du terroir, concoctée par un chef d'expérience, qui a formé de nombreux cuisiniers de la région, le tout servi dans un joli décor montagnard. Les produits des environs sont joliment mis en valeur.

⇦ 🅿 – Menu 38 € – Carte 38 €

Route de Colmar (au Collet) – 𝒞 03 29 60 09 57 – www.chalethotel-lecollet.com –
Fermé lundi midi, mardi midi, mercredi midi, jeudi midi, vendredi midi

DELME

✉ 57590 – Moselle – Carte régionale n° **12**–C2 – Carte Michelin 307-J5

À LA 12

CRÉATIVE · CONTEMPORAIN ✗✗ Voici le petit royaume de la famille François, qui en tient les rênes depuis 1954. Avec Thomas et Laura, la troisième génération, la maison est entre de bonnes mains. La cuisine de Thomas n'est simple qu'en apparence et se révèle vite subtile et délicate, avec un joli penchant pour les herbes et les épices : réjouissant.

🚗 🛋 &. 🅰 ⇦⇨ – Menu 14 € (déjeuner), 37/65 € – Carte 58/73 €

6 place de la République – 𝒞 03 87 01 30 18 – www.ala12.fr – Fermé 2-17 janvier,
2-16 août, lundi, mardi, dimanche soir

DOMMARTIN-LÈS-REMIREMONT

✉ 88200 – Vosges – Carte régionale n° **12**-C3

ⅢО LE KARELIAN

MODERNE · **CONTEMPORAIN** XX Une salle feutrée, épurée, écrin idéal d'une cuisine moderne et créative. Aux fourneaux, le chef n'a de cesse d'affiner son style culinaire. En salle, son épouse évolue avec prestance et professionnalisme. Le séduisant chariot de desserts ravira les amateurs de douceurs.

   ᵫ 🅿 – Menu 32/62 € – Carte 32/64 €

36 rue du Cuchot –
☏ 03 29 62 44 05 – www.lekarelian.com –
Fermé 26 juillet-9 août, lundi, mardi, dimanche soir

ÉCOUVIEZ

✉ 55600 – Meuse – Carte régionale n° **12**-A1 – Carte Michelin 307-D1

⊛ LES ÉPICES CURIENS

MODERNE · **SIMPLE** X En se baladant dans les parages, on passe facilement en Belgique sans s'en rendre compte... mais l'ancienne gare de ce village frontalier, transformée en un sympathique restaurant, saura vous retenir en France. On y déguste une cuisine inspirée et bien tournée, accompagnée de bons petits vins. Beaucoup de goût !

Spécialités : Rillettes de maquereau à l'estragon, chou-rave croquant. Filet de poulet fermier à l'ail fumé, carottes des sables et vitelottes. Soupe de melon à la citronnelle et au miel, financier au thé matcha.

   ⇆ 🛋 ᵫ ⇔ 🅿 – Menu 30 € (déjeuner), 34/56 € – Carte 55/65 €

3b place de la Gare –
☏ 03 29 86 84 58 – www.lesepicescuriens.com –
Fermé 2-13 janvier, 6-16 avril, 6-24 septembre, 2-12 novembre, lundi soir, mardi, mercredi, dimanche soir

ÉPINAL

✉ 88000 – Vosges – Carte régionale n° **12**-C3 – Carte Michelin 314-G3

⻗ LES DUCS DE LORRAINE

Chefs : Stéphane Ringer et Rémi Gornet

MODERNE · **ÉLÉGANT** XXX Au cœur de la capitale des Vosges, Stéphane Ringer et Rémi Gornet en cuisine, Karine Ringer et Antoine Lecomte en salle règnent dans ce beau manoir de style Tudor où hauts plafonds, vitraux, bois nobles et stucs chatoient de concert pour offrir un moment d'exception. Quatre mains exécutent une cuisine fine et créative basée sur de très beaux produits – homard, langoustines, coquilles Saint-Jacques, caviar, ris de veau – et des cuissons impeccables. Final en beauté avec un délicieux chariot de desserts (dont un superbe gâteau au chocolat noir intense et biscuit légèrement imbibé au whisky). Rien de figé en cette table renommée, mais un travail de qualité, repas après repas.

Spécialités : Variation de foie gras de canard. Déclinaison autour du pigeon, jus au vieux porto. Soufflé aux mirabelles, coulis et sorbet.

   🛋 ᵫ – Menu 48/120 € – Carte 110/155 €

5 avenue de Provence –
☏ 03 29 29 56 00 – www.restaurant-ducsdelorraine.com –
Fermé 1er-19 janvier, 26 avril-3 mai, 26 juillet-17 août, lundi, dimanche

⊛ IN EXTREMIS

MODERNE · **ÉPURÉ** X Excellente surprise que ce petit restaurant de poche (18 couverts à peine) déniché *in extremis* sur une petite place au pied de la basilique St-Maurice. Le jeune chef, Nicolas Grandclaude, y compose une carte concise avec des plats tout en finesse et en subtilité, qui magnifient de bons produits de saison.

Spécialités : Conchiglionis aux escargots, ail, persil et épinards. Dos de truite, voile de lard de Colonnata et petits pois. Brimbelles des Hautes-Vosges, biscuit pistache et mascarpone au miel de sapin.

🛱 ♿ 🄰🄲 – Menu 27 € (déjeuner), 34/52 €

7 place de l'Atre – ℰ 03 29 35 46 41 – www.restaurant-inextremis.com – Fermé lundi, mardi midi, dimanche

FAULQUEMONT

✉ 57380 – Moselle – Carte régionale n° **12**–C1 – Carte Michelin 307-K4

🕸 **TOYA**

Chef : Loïc Villemin

CRÉATIVE • ÉPURÉ 🆇🆇 Tōya ? Un célèbre lac volcanique au nord du Japon, au cœur du parc national de Shikotsu-Tōya. Aux yeux du jeune chef globe-trotter Loïc Villemin, cette région est en quelque sorte l'Éden de la gastronomie. Poissons, plantes et herbes sauvages y abondent, tandis qu'on y pratique l'élevage extensif et un maraîchage de qualité. De quoi inspirer cette table zen (ouverte sur la verdure d'un golf) et branchée "nature" ! Notre aspirant moine bouddhiste a fait retraite dans les meilleurs monastères gourmands, ceux de Jean-Georges Klein, Nicolas Le Bec, Bernard Loiseau et Arnaud Lallement. Il aime travailler les beaux produits et marie technique pointue et créativité, à l'image d'un dessert très original : pomme de terre en cube, saupoudrée de crumble de chocolat, crème de lait concentré et crémeux de jaune d'œuf au citron.

Spécialités : Truite du Heimbach laquée, œufs de truite et garum de truite. Pigeon et betterave, jus au foin. Dessert autour du miel de notre production.

🕸 ⇦ ⇐ 🍴🛱 ♿ 🄿 – Menu 52 € (déjeuner), 90/120 €

Hostellerie du Chambellan, Avenue Jean-Monnet (au golf de Faulquemont) – ℰ 03 87 89 34 22 – www.toya-restaurant.fr – Fermé 1ᵉʳ-6 janvier, 14-24 mars, lundi, mardi, dimanche soir

FONTENOY-LA-JOÛTE

✉ 54122 – Meurthe-et-Moselle – Carte régionale n° **12**–C2 – Carte Michelin 307-K8

🕪 **L'IMPRIMERIE**

MODERNE • CONVIVIAL 🆇 Il était une fois un petit village connu pour sa passion du livre... Quoi de plus naturel que l'ancienne imprimerie se transforme en haut lieu de culture des sens ? Ici, on propose une cuisine moderne sous forme de menus surprises ; le chef aime à rôtir dans sa cheminée les pièces entières fournies par les éleveurs voisins...

♿ 🄿 – Menu 20 € (déjeuner), 16/62 €

39 rue de la Division-Leclerc – ℰ 03 83 89 57 15 – www.restaurantlimprimerie.com – Fermé lundi soir, mardi, mercredi

GÉRARDMER

✉ 88400 – Vosges – Carte régionale n° **12**–C3 – Carte Michelin 314-J4

🕪 **LES BAS-RUPTS**

CLASSIQUE • ÉLÉGANT 🆇🆇 La table des Bas-Rupts est le lieu idéal pour apprécier une cuisine classique revisitée. Superbe carte des vins.

🕸 ⇐ 🍴🛱 ♿ 🄰🄲 🄿 – Menu 42 € (déjeuner), 58/105 € – Carte 50/85 €

181 route de la Bresse, les Bas-Rupts – ℰ 03 29 63 09 25 – www.bas-rupts.com – Fermé 15-26 novembre, mardi midi, mercredi midi

🕪 **LE PAVILLON PÉTRUS**

MODERNE • ÉLÉGANT 🆇🆇 À l'unisson de l'ambiance feutrée des parties communes (bar, billard, fumoir), la salle de ce Pavillon n'est pas sans élégance, avec son lustre Murano imposant sous son plafond drapé, ses tables rondes et ses fauteuils en velours. Belle carte des vins, entre classiques français et solide sélection alsacienne.

🕸 🍴 ♿ 🄰🄲 ⊞ 🄿 – Menu 49/92 € – Carte 64/97 €

Le Grand Hotel et Spa, Place du Tilleul – ℰ 03 29 63 06 31 – www.grandhotel-gerardmer.com – Fermé mardi, mercredi, jeudi midi

ⅰ○ **LA P'TITE SOPHIE**

MODERNE • COSY XX L'annexe des Jardins de Sophie, avec son cadre boisé et contemporain, met en valeur une bonne cuisine du marché, saisonnière et généreuse – foie gras mi-cuit, chutney de fraises au poivre Timut ; filet de bar, risotto d'épeautre, réduction d'une bouillabaisse ; financier pistache, griottes en espuma. L'accueil y est particulièrement sympathique.

&ㄴ 🅼 – Menu 19 € (déjeuner), 29/35 € – Carte 36/46 €

40 rue Charles-de-Gaulle – ℰ 03 29 41 76 96 –
www.compagnie-des-hotels-des-lacs.fr – Fermé lundi, jeudi soir, dimanche soir

ⅰ○ **LA TABLE DU ROUAN**

MODERNE • BRASSERIE XX Julien Jeanselme, chef concerné et accueillant, réalise une cuisine franche et fraîche, dont l'ancrage régional n'interdit pas les clins d'œil, notamment à la Provence (il affectionne la soupe de poissons), ou les hommages - ici à l'arrière-grand-père, étoilé... en 1936! - avec la terrine de montagne "Ernest Jeanselme". Une valeur sûre.

⇦ ㄴ – Menu 20 € (déjeuner), 26/35 € – Carte 40/57 €

2 boulevard de la Jamagne – ℰ 03 29 63 36 86 – www.jamagne.com –
Fermé 14 novembre-17 décembre

🏨 **LE GRAND HOTEL ET SPA**

SPA ET BIEN-ÊTRE • PERSONNALISÉ Né au 19ᵉ s., il cultive sans faillir l'âme de la station vosgienne. Des chambres spacieuses classiques ou contemporaines, de superbes suites tout en bois dans un chalet indépandant, un spa magnifique, trois restaurants... Un fleuron en matière d'accueil et de confort.

⌖ ⇦ 🔄 🔲 ⊛ 🜨 ⅃ᶜ ➕ ㄴ ⅍ 🅿 – 65 chambres – 11 suites

Place du Tilleul – ℰ 03 29 63 06 31 – www.grandhotel-gerardmer.com

ⅰ○ **Le Pavillon Pétrus** – Voir la sélection des restaurants

🏨 **LES BAS-RUPTS**

LUXE • COSY Un parfait décor pour un séjour de charme à la montagne : boiseries, cheminées, salons confortables, objets anciens, tableaux, piscine intérieure, etc. – sans compter l'accueil exquis. On ne peut quitter les lieux sans nostalgie...

≼ ⇦ ⅃ 🔲 ➕ 🅿 – 24 chambres – 5 suites

181 route de la Bresse, Les Bas-Rupts – ℰ 03 29 63 09 25 – www.bas-rupts.com

ⅰ○ **Les Bas-Rupts** – Voir la sélection des restaurants

🏨 **LE MANOIR AU LAC**

LUXE • CLASSIQUE Dans son parc escarpé dominant le lac, cet imposant chalet de 1830 fut jadis fréquenté par Maupassant... qui aurait pu écrire un roman sur la beauté du panorama. À l'intérieur, tout n'est que raffinement et confort : mobilier de style, épais édredons sur chaque lit, piscine couverte, etc. Une adresse d'autant plus charmante que le chef-gérant Fabrice Maillot mitonne de bons petits plats, au dîner.

⌖ ⌾ ≼ ⇦ 🔲 🜨 ㄴ ⅍ 🅿 ⌘ – 14 chambres – 4 suites

59 chemin de la Droite-du-Lac – ℰ 03 29 27 10 20 – www.manoir-au-lac.com

GOLBEY

✉ 88190 – Vosges – Carte régionale n° **12**-C3 – Carte Michelin 314-G3

ⅰ○ **LA CANAILLE**

MODERNE • CONVIVIAL X Un vent nouveau souffle à Epinal. Le jeune chef Jimmy Zingraff propose un menu rapide le midi à prix doux et prends son temps le soir, autour d'un menu dégustation aux associations de saveurs inédites à l'image de ce tartare de bœuf lorrain et œufs de hareng. Avec toujours une mise en avant des produits du terroir spinalien. La relève est assurée.

🍴 ㄴ 🅼 🅿 – Menu 21 € (déjeuner), 27/50 €

65 rue du Général-Leclerc – ℰ 03 29 65 32 29 – www.lacanaille-restaurant.fr –
Fermé 1ᵉʳ-18 janvier, 25 juillet-9 août, lundi, dimanche

HAGONDANGE

✉ 57300 – Moselle – Carte régionale n° **12**–B1 – Carte Michelin 307-I3

❀ QUAI DES SAVEURS

Chef: Frédéric Sandrini

MODERNE • **TENDANCE** 🌣🌣 Ceux qui l'aiment prendront le train! Le chef Frédéric Sandrini a posé armes et bagages face à la gare d'Hagondange, toute vêtue de blanc et de grès des Vosges. Vos papilles ne resteront pas insensibles à son travail : épris de patrimoine et de transmission, il prend aussi un malin plaisir à bousculer la tradition gastronomique locale. Sa cuisine imaginative et moderne, en mouvement constant, s'appuie sur des produits de très haut niveau, notamment ses ormeaux de plongée de la baie de Saint-Brieuc, ses poissons du Guilvinec, ses volailles de Bresse ou son plateau de fromages signé Hervé Mons. Le tout dans un joli cadre contemporain plutôt sobre. Trois menus surprise à découvrir.

Spécialités: Caviar osciètre, textures de pomme de terre, crème et saumon. Pièce de bœuf blonde d'Aquitaine. Soufflé à l'eau-de-vie de mirabelle de Lorraine.

 ⅏ & 🅺 ⇕ 🅿 – Menu 45 € (déjeuner), 65/125 € – Carte 80/120 €

69 rue de la Gare – ✆ 03 87 71 24 98 – www.quaidessaveurs.com –
Fermé 1ᵉʳ-8 janvier, 10-17 mars, 9-25 août, lundi, mardi, dimanche soir

LANGUIMBERG

✉ 57810 – Moselle – Carte régionale n° **12**–C2 – Carte Michelin 307-M6

❀ CHEZ MICHÈLE

Chef: Bruno Poiré

MODERNE • **ÉLÉGANT** 🌣🌣 Ancien café de village, puis auberge familiale (entièrement rénovée)... et enfin table gastronomique reconnue au cœur de la région des étangs de Moselle. Voilà une jolie trajectoire pour ce restaurant dorénavant tenu par Bruno Poiré, le fils de Michèle. S'il a fait ses premières gammes dans le restaurant familial dès l'adolescence, ce chef a beaucoup appris sur la route, et notamment chez Georges Blanc à Vonnas et au Buerehiesel d'Antoine Westermann. Il signe une cuisine d'aujourd'hui généreuse et précise, qui n'hésite pas à lorgner du côté du Sud : on se régale dans un cadre vraiment plaisant, en profitant du service sérieux et attentif.

Spécialités: Langoustine royale découpée à cru, condiment mangue et coriandre. Ris de veau laqué à l'estragon, gnocchis aux herbes. Pêche de vigne pochée au thym, lait de coco et curry.

 🍽 – Menu 27 € (déjeuner), 65/115 € – Carte 70/90 €

57 rue Principale – ✆ 03 87 03 92 25 – www.chezmichele.fr – Fermé 2-20 janvier,
1er-9 juillet, 19-29 octobre, mardi, mercredi

LUNÉVILLE

✉ 54300 – Meurthe-et-Moselle – Carte régionale n° **12**–C2 – Carte Michelin 307-J7

❀ CHÂTEAU D'ADOMÉNIL

Chef: Cyril Leclerc

TRADITIONNELLE • **LUXE** 🌣🌣 Au cœur de la campagne de Lunéville, ce charmant petit château classique se prélasse au cœur de son parc boisé. On traverse une enfilade solennelle de salles au cachet historique intact, avec boiseries anciennes, parquets et cheminées... La salle à manger s'ouvre, elle, sur le parc. Quelques subtiles touches baroques et contemporaines viennent égayer ce décor de rêve qui est à l'unisson de la cuisine du chef, une cuisine traditionnelle, rehaussée de touches actuelles. Ancien pâtissier, Cyril Leclerc, lorrain talentueux et discret, aime les beaux produits. Il les traite avec respect comme en témoignent la justesse de ses cuissons et de ses saveurs. Célébrée par son épouse experte qui veille en salle, la carte des vins n'est pas en reste...

Spécialités: Grenouilles et œuf bio poché aux influences thaïes. Poitrine de pigeonneau du terroir lorrain. Soufflé chaud à la mirabelle de Lorraine.

⛵ ➪ 🍴🏧 ✥ 🅿 – Menu 79/160 €

7 route Mathieu-de-la-Haye - Adoménil-Rehainviller (accès par Cités Sainte-Anne) – 📞 *03 83 74 04 81 - www.adomenil.com –*
Fermé lundi, mardi, mercredi midi, jeudi midi, vendredi midi, dimanche soir

MALLING

✉ 57480 – Moselle – Carte régionale n° **12**–B1 – Carte Michelin 307-I2

🍴 OLMI

CLASSIQUE · **CONTEMPORAIN** 💰 Prenez un chef aux origines italiennes, le retour de la fille prodigue en pâtisserie et du fils en sommellerie, et vous obtiendrez la renaissance de cette auberge, sise dans les murs d'un ancien relais routier. Cuisine classique, pasta et terrasse sous les arbres : une affaire familiale comme on les aime !

🍴 – Menu 27 € (déjeuner), 45/65 € – Carte 58/75 €

11 route Nationale, Petite-Hettange – 📞 *03 82 50 10 65 - www.olmi-restaurant.fr –*
Fermé lundi, mardi, jeudi soir, dimanche soir

MANOM

✉ 57100 – Moselle – Carte régionale n° **12**–B1 – Carte Michelin 307-I2

🍴 LES ÉTANGS

MODERNE · **TENDANCE** 💰 À la sortie de Manom, prenez donc la route de Garche, vous tomberez sur cette bâtisse moderne, et sa terrasse au bord de l'eau. La cuisine, soignée et précise, se déguste dans une salle à dîner chic et tendance. De belles viandes maturées font de l'œil aux carnivores, depuis une cave de maturation...

⛵ 🍴 ♿ ✥ 🅿 – Menu 45/55 € – Carte 55/69 €

Route de Garche –
📞 *03 82 53 26 92 - www.restaurantlesetangs.com –*
Fermé lundi, mardi, dimanche soir

METZ

✉ 57000 – Moselle – Carte régionale n° **12**–B1 – Carte Michelin 307-I4

🍴 LE JARDIN DE BELLEVUE

MODERNE · **ÉLÉGANT** 💰💰 Une belle clientèle plébiscite cette maison centenaire de la périphérie messine (à 2 km du centre Pompidou), tenue par Nathalie et Philippe Jung. Lui, en cuisine, travaille des produits frais et propose des plats attractifs, au goût du jour. Elle, comme la jeune équipe qui l'entoure, assure un accueil charmant dans une salle à la sobriété toute actuelle.

🍴 ♿ 🏧 🅿 – Menu 31 € (déjeuner), 51/78 € – Carte 67/85 €

Hors plan *– 58 rue Claude-Bernard (près du Technopole Metz 2000) –*
📞 *03 87 37 10 27 - www.lejardindebellevue.com –*
Fermé 1ᵉʳ-7 janvier, 26 avril-10 mai, 9-23 août, 27-31 décembre, lundi, mardi soir, samedi midi, dimanche soir

Repérez les hôtels accompagnés de ce logo : il signale les membres du **Club Tablet Plus**, qui offre plein de privilèges. Plus de confort, plus d'attentions... pour vivre une expérience sous le signe de l'excellence !

METZ

DERRIÈRE

MODERNE · COSY XX Quelle belle surprise ! Le chef réalise une cuisine soignée et lisible, sans jamais céder aux effets de mode, avec un respect profond pour le produit. La petite salle de derrière (d'où le nom du restaurant) a été joliment aménagée ; le service est pro et détendu. Un régal de bout en bout.

🍴 – Menu 26 € (déjeuner), 55/70 € – Carte 54/64 €

Plan : D1-a – *17 rue de la Chèvre* – ☏ *03 87 66 23 63* – *www.restaurant-derriere.com* – *Fermé lundi midi, dimanche*

EL THEATRIS

TRADITIONNELLE · BRASSERIE XX Dans l'un des plus beaux quartiers de la ville, tout contre l'Opéra-Théâtre, une salle oblongue où se déploient colonnes et miroirs monumentaux... La plus petite des salles à manger est l'ancien bureau du Marquis de Lafayette. Dans l'assiette, on revisite les classiques de brasserie, dont un superbe veau de lait... Belle terrasse.

🍴 🅰🅲 ✿ – Menu 29/47 € – Carte 44/57 €

Plan : C1-r – *2 place de la Comédie* – ☏ *03 87 56 02 02* – *www.eltheatris.fr* – *Fermé dimanche soir*

‖○ **LE PAMPRE**

MODERNE • **ÉLÉGANT** ※※ Une cuisine moderne et inventive, réalisée par un chef adepte des nouvelles techniques de cuisine, et servie dans un cadre contemporain par Madame et sa fille, qui propose un choix de vins astucieux. Bon à savoir : un menu végétarien est proposé à chaque service.

🆔 ⇄ – Menu 49/90 €

Plan : C1-v – *31 place de Chambre* – ℰ *03 87 50 16 20* – *www.lepampre.fr* – *Fermé 1er-20 janvier, 10-19 mai, 23 août-8 septembre, lundi midi, mardi midi, mercredi midi, jeudi midi*

‖○ **À TABLE**

MODERNE • **BISTRO** ※ Dans ce quartier d'Outre-Seille plein de vie et d'authenticité (le plus ancien quartier de Metz), véritable village au cœur du centre-ville, un sympathique duo -Paul Fabuel et son père - ont imaginé un repaire bistronomique, où produits frais et recettes maîtrisées offrent une jolie palette de saveurs. Une adresse comme on les aime.

Menu 33 € (déjeuner), 46/64 €

Plan : D2-f – *20 rue Vigne-Saint-Avold* – ℰ *03 87 66 73 53* – *www.atablemetz.eatbu.com* – *Fermé lundi, mardi midi, mercredi midi, dimanche soir*

‖○ **CHEZ MOI**

TRADITIONNELLE • **BISTRO** ※ Ce bistrot de quartier a été repris par un jeune chef sympathique au bon parcours, qui propose plats canailles et classiques revus à "sa sauce". A la carte, ce jour-là : œuf en meurette, fricassée de sot-l'y-laisse, belle entrecôte, brioche perdue...

🍴 🆔 – Menu 33/47 €

Plan : D2-g – *22 place des Charrons* – ℰ *03 87 74 39 79* – *www.chez-moi.fr* – *Fermé 1er-14 janvier, 28 août-14 septembre, lundi, dimanche*

‖○ **83 RESTAURANT**

ITALIENNE • **CONVIVIAL** ※ À 10mn à pied du Centre Pompidou-Metz, ce restaurant sympathique met à l'honneur la gastronomie italienne, à travers des produits triés sur le volet (charcuteries, burrata, pâtes, poissons sauvages, viandes de race). Et pour accompagner tout cela, une belle sélection de vins transalpins !

🅿 🆔 ⇄ – Carte 47/62 €

Plan : D2-e – *83 rue Mazelle* – ℰ *03 87 75 20 20* – *www.83restaurant.com* – *Fermé 15 août-1er septembre, 20 décembre-4 janvier, lundi soir, samedi midi, dimanche*

‖○ **QUINTESSENCE**

MODERNE • **CONTEMPORAIN** ※ Sur cette petite île du cœur de Metz, Quintessence est la première adresse d'un jeune chef mosellan au beau parcours (Flocons de Sel, notamment). En lien direct avec les producteurs de la région, il signe une bonne cuisine entre tradition et créativité.

♿ 🆔 – Menu 26 € (déjeuner), 49/59 € – Carte 50/65 €

Plan : C1-a – *1 rue de Paris* – ℰ *03 87 31 46 88* – *www.quintessence-restaurant.com* – *Fermé mardi soir, mercredi, dimanche soir*

‖○ **LA RÉSERVE**

RÉGIONALE • **CONTEMPORAIN** ※ Dans l'ancien magasin aux vivres de la citadelle, Aurélien Person, ancien second de Christophe Dufossé, promeut les producteurs locaux et revisite le terroir lorrain : quiche lorraine à la cuillère, entrecôte de Vionville, baba à la mirabelle. Une Réserve à apprécier... sans réserve.

♿ 🆔 – Carte 32/59 €

Plan : C2-y – *La Citadelle, 5 avenue Ney* – ℰ *03 87 17 17 17* – *www.citadelle-metz.com*

⛨⛨⛨ LA CITADELLE

HISTORIQUE · CONTEMPORAIN Ce luxueux hôtel du centre-ville a su marier les contrastes : ses spacieuses chambres prennent leurs aises dans... un bâtiment militaire du 16ᵉ s. ! L'ensemble, aménagé dans un esprit contemporain feutré, est parfait pour un week-end chic à Metz.

🔄 🄰🄲 ⚜ 🅿 – 68 chambres

Plan : C2-y – *5 avenue Ney* – ℰ *03 87 17 17 17* – *www.citadelle-metz.com*

🍽 **La Réserve** – Voir la sélection des restaurants

MONTENACH

✉ 57480 – Moselle – Carte régionale nᵒ **12**–C1 – Carte Michelin 307-J2

🍽 LE K

MODERNE · CONVIVIAL ✕✕ Une belle propriété située à quelques kilomètres seulement de la frontière commune entre l'Allemagne, le Luxembourg et la France. Piliers et voûtes en pierre... On se croirait dans de l'ancien, mais c'est tout neuf ! La cuisine, dans l'air du temps, met en valeur les produits de saison. Le lieu déborde de charme.

🍴 ⚭ ✿ 🅿 – Menu 59/95 €

Le Domaine de la Klauss, 2 impasse du Klaussberg – ℰ *03 82 83 19 75* – *www.domainedelaklauss.com* – *Fermé 1ᵉʳ-22 janvier, lundi midi, mardi midi, mercredi midi, jeudi midi, vendredi midi, samedi midi, dimanche*

⛨⛨⛨ LE DOMAINE DE LA KLAUSS

SPA ET BIEN-ÊTRE · CONTEMPORAIN Maisons en pierre naturelle, chambres chic et spacieuses, joli spa... Un lieu débordant de charme. A l'Auberge, on cuisine et on vend les produits de la ferme familiale (canards, cochons, foie gras, charcuteries etc.). Fraîcheur et dépaysement assurés.

🏊 ⚭ ⌲ 🔄 ⚱ ⚲ ʆ🔄 🄴 ⚭ ⚜ 🅿 – 21 chambres – 7 suites

2 impasse du Klaussberg – ℰ *03 82 83 19 75* – *www.domainedelaklauss.com*

🍽 **Le K** – Voir la sélection des restaurants

LES MONTHAIRONS

✉ 55320 – Meuse – Carte régionale nᵒ **12**–A1 – Carte Michelin 307-D4

🍽 HOSTELLERIE DU CHÂTEAU DES MONTHAIRONS

MODERNE · BOURGEOIS ✕✕✕ Émincé de canette au verjus de mirabelle ; parfait glacé à la dragée de Verdun : cette table châtelaine, tenue en famille, permet d'apprécier une cuisine mêlant joliment bases classiques et touches plus actuelles. Et, comme on l'imagine, le cadre est superbe : moulures, vieux parquet, tentures épaisses...

🗠 ⚭ 🍴 ✿ 🅿 – Menu 30 € (déjeuner), 50/102 € – Carte 60/80 €

26 route de Verdun – ℰ *03 29 87 78 55* – *www.chateaudesmonthairons.fr* – *Fermé 2 janvier-12 février, lundi, mardi midi*

✉ 54000 –
Meurthe-et-Moselle
Carte régionale n° **12**–B2
Carte Michelin 307-I6

NANCY

Qu'évoque Nancy pour vous ? La place Stanislas, toute de dorures sur fond de ciel bleu ? Les bergamotes sagement rangées dans leurs belles boîtes de fer ? Les macarons ? La capitale des ducs de Lorraine ? L'Art nouveau, présent dans les rues et dans les musées ? Nancy, c'est tout cela à la fois, comme on le découvre dans son marché couvert central et dans ses belles boutiques de bouche. On admire les douceurs lorraines de la Maison des Sœurs Macarons et celles de Jean-François Adam – Pâtisserie St-Epvre (fondée en 1882). Quant à la confiserie Lefèvre-Lemoine, une institution depuis 1840, c'est aussi un véritable musée de l'art lorrain, avec ses vaisseliers garnis de pièces anciennes fabriquées à la manufacture de faïences de Lunéville. Évidemment, on ne quitte pas Nancy sans un pot de confiture de groseilles de Bar-le-Duc, un munster (qui voyage bien mieux sous vide) ou une bouteille d'eau-de-vie de quetsche, mirabelle, cerise, framboise ou bien gentiane...

Restaurants

⸙ TRANSPARENCE - LA TABLE DE PATRICK FRÉCHIN

Chef : Patrick Fréchin

MODERNE • CONTEMPORAIN ✕✕ Le chef Patrick Fréchin s'épanouit en toute Transparence, littéralement : depuis la salle, on peut le voir travailler derrière sa verrière d'atelier ! Ses assiettes, impeccablement exécutées, sont toujours lisibles et mettent en valeur la production maraîchère locale. Exemple, ce sandre et chlorophylle de cresson, ou encore cette alliance de la caille, du canard et des petits pois... Finesse et gourmandise sont au rendez-vous, le service se révèle efficace et courtois, si bien que l'on passe un super moment. Que demander de plus ?

Spécialités : Compression de foie gras et de Saint-Jacques à la vinaigrette de truffe. Pigeonneau poché à basse température. Opéra revisité chocolat-pistache.

🍽 ✿ – Menu 37 € (déjeuner), 50/90 €

Plan : A1-d – *28 rue Stanislas* – ℰ *03 83 32 20 22* – *www.restaurant-transparence.fr* – *Fermé 11-17 janvier, 26 juillet-9 août, lundi, dimanche*

⸙ LA TOQ'

MODERNE • ÉLÉGANT ✕✕ Avec ou sans toque, le chef de cet élégant restaurant est un sérieux professionnel, qui signe de savoureuses assiettes en se basant sur de beaux produits. Le tout accompagné d'une carte des vins de plus de 300 références, et toc ! À déguster dans un décor mêlant voûtes en pierre séculaire et aménagement contemporain.

Spécialités: Œuf parfait, girolles, pickles d'oignons rouges. Dos de maigre, aromates, panisse et pistou. Crème caramel à la vanille et madeleine servie tiède.

AC – Menu 24 € (déjeuner), 33/78 € – Carte 55/75 €

Plan: A1-z – *1 rue Monseigneur-Trouillet – ℰ 03 83 30 17 20 – www.latoqueblanche.fr – Fermé lundi, dimanche soir*

MADAME

MODERNE · CONVIVIAL ✗ Voici un bistrot plutôt inclassable, légèrement excentré (à l'échelle de Nancy), où une chef passionnée cuisine du frais selon le marché et ses envies du moment. L'ambiance est sympathique, c'est bon, et on ne s'ennuie jamais. Sans oublier une jolie sélection de vins nature, avec les conseils qui vont avec. Merci Madame!

Spécialités: Cuisine du marché.

Menu 22 € (déjeuner) – Carte 34/55 €

Plan: A1-a – *52 rue Henri-Deglin – ℰ 03 83 22 37 18 – www.madamerestaurant.fr – Fermé samedi, dimanche*

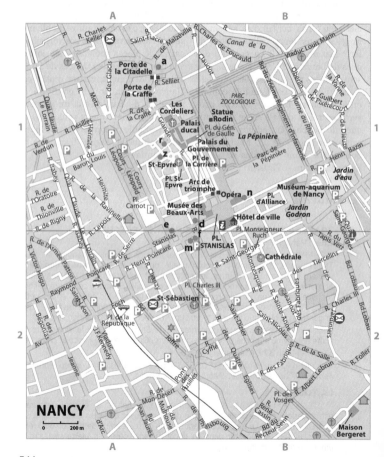

❄️○ LE CAP MARINE

POISSONS ET FRUITS DE MER • **ÉLÉGANT** XxX Cette institution nancéienne, née il y a 60 ans, poursuit sa route sans accrocs, de la salle aux fourneaux. On découvre un décor chic et contemporain, tout en tons chocolat et bois blond, et une belle cuisine de la mer, ainsi la sole de ligne dorée au beurre et les grenouilles sautées aux herbes fraîches... Un régal.

🕸 🅰🅲 ⇔ – Menu 30/72 € – Carte 66/87 €

Plan : A1-e – *60 rue Stanislas –* 📞 *03 83 37 05 03 – www.restaurant-capmarine.fr – Fermé samedi midi, dimanche*

❄️○ LE CAPU

CLASSIQUE • **TENDANCE** XX Une table en vue dans la ville : ici, on apprécie le décor, au chic contemporain affirmé, rehaussé de notes baroques comme la cuisine, inventive et généreuse – ainsi le foie gras de canard confit, au macaron de Nancy.

🅰 🅰🅲 ⇔ – Menu 21 € (déjeuner), 34/45 € – Carte 42/75 €

Plan : A2-m – *31 rue Gambetta –* 📞 *03 83 35 26 98 – www.lecapu.com – Fermé lundi, dimanche*

❄️○ LA MAISON DANS LE PARC

MODERNE • **DESIGN** XX Le long corridor d'entrée, aux pierres savamment éclairées, instaure une ambiance solennelle ; la salle est chic. Fidèle à l'histoire de la maison, le chef cuisine en allant à l'essentiel, tout en simplicité. Et n'oublions pas la belle terrasse face au parc.

🕸 🍴 🅰 🅰🅲 – Menu 45 € (déjeuner), 75/105 €

Plan : B1-n – *3 rue Sainte-Catherine –* 📞 *03 83 19 03 57 – www.lamaisondansleparc.com – Fermé 1er-20 janvier, 28 avril-6 mai, 8-19 août, lundi, mardi, dimanche soir*

❄️○ V FOUR

MODERNE • **INTIME** X Disciple de Gérard Veissière, Bruno Faonio crée une cuisine actuelle et soignée, associant fraîcheur des produits et belles présentations. Inutile de dire qu'on joue souvent à guichets fermés et qu'il vaut mieux réserver.

🍴 🅰🅲 – Menu 22 € (déjeuner), 35/70 €

Plan : A1-r – *10 rue Saint-Michel –* 📞 *03 83 32 49 48 – www.levfour.fr – Fermé 2-14 février, 1er-20 septembre, lundi, dimanche soir*

❄️○ LE 27 GAMBETTA

MODERNE • **CONVIVIAL** X Ris de veau, foie gras : cette cuisine de bistrot privilégie des produits frais. Une valeur sûre, entraînée par une équipe jeune et motivée.

⇔ – Menu 24 € (déjeuner), 32/60 €

Plan : A2-f – *27 rue Gambetta –* 📞 *03 83 35 81 33*

PHALSBOURG

✉️ 57370 – Moselle – Carte régionale n° **12**–D2 – Carte Michelin 307-O6

❄️○ ERCKMANN-CHATRIAN

TRADITIONNELLE • **ÉLÉGANT** XX La table de l'hôtel Erckmann-Chatrian met les recettes traditionnelles à l'honneur. Ici, on privilégie les produits frais et le "fait maison"... Ainsi ces spécialités de la maison : la cassolette de sole aux girolles, et le tournedos Rossini.

⇦ 🍴 🅰🅲 🅱 ⇔ – Menu 24/47 € – Carte 49/129 €

14 place d'Armes –
📞 *03 87 24 31 33 – www.erckmann-chatrian.net –*
Fermé lundi, mardi, dimanche soir

PLAINE-DE-WALSCH

✉ 57870 – Moselle – Carte régionale n° **12**–D2 – Carte Michelin 307-N6

🍽️○ **ÉTABLE GOURMANDE**

MODERNE • **AUBERGE** ✕✕ Élégant et rustique, le cadre surprend d'abord. Puis vient la belle charcuterie de cochon fermier, le gibier en saison, une cuisine aussi généreuse que bien exécutée. Une étable – ou étape – effectivement gourmande ! Chambres agréables, dans un esprit chalet.

⇦ ♿ Ⓜ 🅿 – Menu 27 € (déjeuner), 38/60 €

3 route du Stossberg –
𝒫 03 87 25 66 34 – https://letablegourmande.com –
Fermé 1ᵉʳ-15 janvier, 1ᵉʳ-22 août, lundi midi, mardi midi, mercredi midi, jeudi midi, samedi midi, dimanche

PLAPPEVILLE

✉ 57050 – Moselle – Carte régionale n° **12**–B1

🍽️○ **LA VIGNE D'ADAM**

MODERNE • **CONTEMPORAIN** ✕ Au cœur du village, cette ancienne maison de vigneron a été transformée en un restaurant-caviste contemporain. La cuisine épouse les saisons pour des noces gastronomiques aux invités prestigieux : lièvre à la royale à l'automne, menu truffe en hiver, asperges au printemps et homard en été ! Plus de 900 références de vins.

🦪 🛖 – Menu 31 € (déjeuner), 36/95 € – Carte 50/85 €

50 rue du Général-de-Gaulle –
𝒫 03 87 30 36 68 – www.lavignedadam.com –
Fermé 15-31 août, lundi, dimanche

REMIREMONT

✉ 88200 – Vosges – Carte régionale n° **12**–C3 – Carte Michelin 314-H4

🍽️○ **LE CLOS HEURTEBISE**

MODERNE • **ÉLÉGANT** ✕✕ À l'écart de l'agitation, cette maison bourgeoise, tenue par un couple sympathique, propose une cuisine dans l'air du temps – ainsi ce dos de cabillaud mariné ou ce saumon à l'unilatérale. La terrasse d'été offre une jolie vue sur les ballons des Vosges.

⇦ 🛖 ♻ 🅿 – Menu 32/69 €

13 chemin des Capucins –
𝒫 03 29 62 08 04 – www.leclosheurtebise.com –
Fermé 16 août-2 septembre, lundi, mercredi, dimanche soir

🍽️○ **POULE OU COQ**

MODERNE • **CONVIVIAL** ✕ Poule ou Coq ? Un jeu pratiqué par les enfants dans les villages vosgiens... et ce restaurant emmené par un jeune chef, pâtissier de formation. Il propose une cuisine du terroir gourmande et bien ficelée, réalisée à partir de produits de bonne qualité, à déguster dans un intérieur moderne mêlant bois, acier et béton.

🛖 ♿ – Menu 29/39 € – Carte 40/55 €

56 rue Charles-de-Gaulle –
𝒫 03 29 26 54 76 – www.restaurant-pouleoucoq.com –
Fermé lundi, dimanche soir

🍽️○ **LA QUARTERELLE**

MODERNE • **INTIME** ✕ C'est en couple qu'on préside à la destinée de cette Quarterelle. Monsieur concocte une cuisine mâtinée d'épices et madame vous accueille avec le sourire. Pensez à réserver !

♿ – Menu 36/45 €

3 rue de la Carterelle –
𝒫 03 29 23 98 69 –
Fermé lundi, mardi, mercredi, dimanche soir

RICHARDMENIL

✉ 54630 – Meurthe-et-Moselle – Carte régionale n° **12**–B2 – Carte Michelin 307-I7

😊 LE BON ACCUEIL

MODERNE · FAMILIAL XX Il y a d'abord le charme suranné de cette maison typique des années 1960... il y a ensuite l'association d'un frère (aux fourneaux) et d'une sœur (en salle), qui l'un et l'autre ne cessent de gagner en assurance. Cuisine dans l'air du temps, jolie cave à vins, agréable terrasse pour les beaux jours : bingo.

Spécialités : Cuisine du marché.

🦖 🎴 ✿ – Menu 34/48 €

1 rue de Laval – ☎ 03 83 25 62 10 – www.aubonaccueil-restaurant.com –
Fermé 2-15 août, lundi, mercredi soir, dimanche soir

ROSBRUCK

✉ 57800 – Moselle – Carte régionale n° **12**–C1 – Carte Michelin 307-M4

⃝ AUBERGE ALBERT MARIE

TRADITIONNELLE · AUBERGE XXX Une salle un tantinet bourgeoise, un plafond à caissons, des boiseries sombres... et la nouvelle génération qui toque aux fourneaux. Marbré de foie gras d'oie et de canard, pomme de ris de veau au foin : la tradition – savoureuse – enchante depuis plus de quarante ans, hôtes de passage comme habitués.

🎴 🆔 ✿ 🅿 – Menu 22 € (déjeuner), 45/53 €

1 rue Nationale – ☎ 03 87 04 70 76 – Fermé lundi, samedi midi, dimanche soir

ST-QUIRIN

✉ 57560 – Moselle – Carte régionale n° **12**–D2 – Carte Michelin 307-N7

😊 HOSTELLERIE DU PRIEURÉ

TRADITIONNELLE · FAMILIAL XX Dans cet ancien couvent du 18ᵉ s., le chef s'en donne à cœur joie avec les produits du terroir (mirabelles, perche de Vasperviller, etc.) ; les portions sont généreuses, et les desserts de Maeva, la fille des patrons, savoureux. Spécialité de la maison : le ballotin de pied de porc, farci au foie gras. Quelques chambres bien pratiques.

Spécialités : Velouté de chou-fleur et noix de Saint-Jacques caramélisée. Dodine de pigeon farcie à la mousseline de volaille, chou vert, parmentière et jus réduit. Baba au rhum, crème glacée.

🗨 🎴 ⅙ ✿ 🅿 – Menu 15 € (déjeuner), 34/85 € – Carte 44/64 €

163 rue du Général-de-Gaulle – ☎ 03 87 08 66 52 – www.prieuresaintquirin.com –
Fermé mardi soir, mercredi, samedi midi

SARREGUEMINES

✉ 57200 – Moselle – Carte régionale n° **12**–D1 – Carte Michelin 307-N4

⃠ AUBERGE ST-WALFRID

Chef : Stephan Schneider

TRADITIONNELLE · ÉLÉGANT XXX Sur la route qui mène de Metz à Strasbourg, il était une fois une bien jolie auberge, ancienne dépendance agricole rattachée à l'église de Welferding. Stephan Schneider incarne aujourd'hui la cinquième génération d'une famille qui exerce ici depuis la fin du 19e s. Il a repris les rênes de cette maison que son père avait inscrite sur la carte régionale de la gastronomie. On s'attable dans une grande salle bourgeoise et chaleureuse au parquet ancien, parmi les vitrines où brille la faïence de Sarreguemines. Le chef est un défenseur de la belle tradition ! Il aime travailler avec les maraîchers de la région (il possède lui-même un potager), acheter des bêtes entières, pour les préparer lui-même – y compris les charcuteries. À la force du goût.

Spécialités: Médaillons de homard breton, sauce cocktail et pousses du potager. Côte de bœuf Highland, soubise, pommes de terre du potager sautées et sauce bordelaise. Soufflé au fromage blanc, mirabelles au sirop et sorbet à la mirabelle.

🚗 🛗 & Ⓜ 🔢 🅿 – Menu 45 € (déjeuner), 88/128 € – Carte 65/105 €

58 rue de Grosbliederstroff –
🕾 03 87 98 43 75 – www.stwalfrid.com –
Fermé lundi midi, samedi midi, dimanche soir

🍽○ **LE PETIT THIERRY**

MODERNE · TENDANCE 🗴 Cet ancien moulin, face à la Sarre, arbore le look d'un bistrot contemporain... mais conserve son imposant poêle en faïence ! On y apprécie une cuisine du marché à travers un menu-carte qui change régulièrement. Frais, coloré, et d'agréables fumets viennent titiller vos narines... Entrez donc !

🅿 – Menu 39 €

135 rue de France – 🕾 03 87 98 22 59 –
Fermé 15-31 janvier, mercredi, jeudi

🏠 **AUBERGE ST-WALFRID**

FAMILIAL · CLASSIQUE À la sortie de la ville, une belle maison en pierre où, depuis cinq générations, la même famille cultive l'art de recevoir. Grandes chambres pleines de charme, dont plusieurs sont installées dans une extension contemporaine.

🌿 🏊 🚗 🔢 & 🏋 🅿 – 22 chambres

58 rue de Grosbliederstroff – 🕾 03 87 98 43 75 – www.stwalfrid.com

❀ **Auberge St-Walfrid** – Voir la sélection des restaurants

STIRING-WENDEL

✉ 57350 – Moselle – Carte régionale n° **12**–C1

❀ **LA BONNE AUBERGE**

Cheffe: Lydia Egloff

CRÉATIVE · ÉLÉGANT 🗴🗴🗴 À la sortie de Forbach, aux confins de la Lorraine et du Luxembourg, une adresse incontournable du bassin houiller lorrain, étoilée depuis 1990 ! C'est l'antre d'Isabelle et Lydia Egloff, deux sœurs de talent, originales et un brin fantasques (elles refusent les sortilèges d'Internet). La première supervise un service au grand charme, et la seconde s'affaire aux fourneaux. Entourée de ses cornues dans son atelier de fée, elle signe des recettes imprégnées d'une jolie sensibilité artistique. Une serre en guise de jardin d'hiver, une salle lumineuse et originale, une belle carte des vins : l'enseigne dit la vérité.

Spécialités: Foie gras d'oie truffé de pâte de figue. Homard "thé au lait", tallarines au grué de cacao. Savarin "choco-cœur" à la violette.

🍷 🛗 Ⓜ 🅿 – Menu 52 € (déjeuner), 85/130 € – Carte 93/115 €

15 rue Nationale – 🕾 03 87 87 52 78 –
Fermé lundi, mardi, samedi midi, dimanche soir

THIONVILLE

✉ 57100 – Moselle – Carte régionale n° **12**–B1 – Carte Michelin 307-I2

🍽○ **AUX POULBOTS GOURMETS**

CLASSIQUE · ÉLÉGANT 🗴🗴🗴 On connaissait les poulbots de Montmartre, il faut désormais compter avec ceux de Thionville ! De grandes baies vitrées, des chaises Lloyd Loom et des lustres modernes participent au charme contemporain du lieu, où l'on dîne d'une salade de homard et légumes de saison, ou d'une poêlée de grenouilles...

🍷 🛗 – Menu 52/75 € – Carte 57/82 €

9 place aux Fleurs – 🕾 03 82 88 10 91 – www.poulbotsgourmets.com –
Fermé lundi, mardi, samedi midi, dimanche soir

VAGNEY

✉ 88120 – Vosges – Carte régionale n° **12**–C3 – Carte Michelin 314-I4

⅋○ **LES LILAS**

MODERNE • **COSY** ⅩⅩ Dans cette localité au pied des Vosges, impossible de manquer la grande bâtisse rose saumon sur le bord de la route ! Vous serez chaleureusement accueillis par Armelle, dans la salle aux belles verrières Art déco tandis que Lionel, en cuisine, réalise de bons plats actuels, augmentés parfois de quelques touches créatives. Agréable terrasse.

🏠 ⅙ ♻ **P** – Menu 20 € (déjeuner), 34/54 € – Carte 37/52 €

12 rue du Général-de-Gaulle –
℘ 03 29 23 69 47 – www.restaurantleslilas.fr –
Fermé 26 avril-6 mai, 16 août-3 septembre, 12-28 janvier, lundi soir, mardi soir, mercredi

VOLMUNSTER

✉ 57720 – Moselle – Carte régionale n° **12**–D1 – Carte Michelin 307-P4

⅋○ **L'ARGOUSIER**

MODERNE • **CONTEMPORAIN** ⅩⅩ Dans ce restaurant à la jolie décoration contemporaine, la cuisine du jeune chef valorise les produits de saison. Les cuissons et assaisonnements sont justes, les présentations soignées, la cuisine en mouvement : on ne s'ennuie jamais. Quant au service, il est aux petits oignons ! Très beau choix de vieux rhums.

💮 🏠 – Menu 28 € (déjeuner), 61/78 € – Carte 60 €

1 rue de Sarreguemines –
℘ 03 87 96 28 99 – www.largousier.fr –
Fermé lundi soir, mardi, mercredi

WŒLFLING-LES-SARREGUEMINES

✉ 57200 – Moselle – Carte régionale n° **12**–D1

⊛ **RESTAURANT DIMOFSKI**

ACTUELLE • **VINTAGE** ⅩⅩ Julien Dimofski est un chef motivé, et son enthousiasme se découvre au gré d'assiettes soignées et savoureuses, humant l'air du temps. Décor rustique et lumineux, à une dizaine de kilomètres de Sarreguemines. Spécialités: Escargots en coque de pomme de terre. Omble chevalier de la source du Heimbach, sauce mousseline. Tarte chocolat.

💮 ⊜ 🏠 **P** – Menu 33/90 € – Carte 60/95 €

2 quartier de la Gare – ℘ 03 87 02 38 21 –
Fermé 20 février-8 mars, 9-29 août, lundi, mardi, samedi midi, dimanche soir

XONRUPT-LONGEMER

✉ 88400 – Vosges – Carte régionale n° **12**–C3

⅋○ **LES JARDINS DE SOPHIE**

MODERNE • **ÉLÉGANT** ⅩⅩⅩ À l'occasion d'une escapade dans la forêt vosgienne depuis Gérardmer, vous ne serez pas dépourvu quand l'heure du repas sera venue : on trouve ici une cuisine au goût du jour basée sur de bons produits, que l'on déguste en profitant de la jolie vue sur la montagne et l'étendue des sapins.

↩ ⊜ ⅙ **P** – Menu 35 € (déjeuner), 56/96 € – Carte 69/76 €

Domaine de la Moineaudière, route du Valtin, col du Surceneux –
℘ 03 29 63 37 11 – www.hotel-lesjardinsdesophie.com –
Fermé mardi, mercredi

LES JARDINS DE SOPHIE

SPA ET BIEN-ÊTRE · COSY Sentiment d'exception dans ce chalet luxueux blotti dans une forêt d'épicéas... Ici, l'esprit montagnard n'est que raffinement et douceur, confort et chaleur. Une adresse délicieuse pour profiter pleinement des Vosges !

🐾 ⬢ 🖼 ⬢ 🛗 ⬢ ⬢ 🅿 – 32 chambres

Domaine de la Moineaudière, route du Valtin, col du Surceneux –
☎ *03 29 63 37 11 – www.hotel-lesjardinsdesophie.com*

🍴 **Les Jardins de Sophie** – Voir la sélection des restaurants

ZOUFFTGEN

✉ 57330 – Moselle – Carte régionale n° **12**–B1 – Carte Michelin 307-H2

🍴 **LA LORRAINE**

MODERNE · ÉLÉGANT 🏵🏵 Sous la grande véranda de cette maison bourgeoise, dont le sol vitré laisse apparaître la cave à vin, on apprécie une cuisine au goût du jour, inspirée du terroir lorrain. Petits plats du terroir dans l'annexe, La Stuff, façon winstub.

🐾 ⬢ ⬢ 🖼 🅿 – Menu 55/120 € – Carte 70/150 €

80 rue Principale – ☎ 03 82 83 40 46 – www.la-lorraine.fr –
Fermé lundi, mardi

NORD PAS-DE CALAIS **560**

PICARDIE..**586**

HAUTS-DE-FRANCE

LA SÉLECTION DU GUIDE MICHELIN

LES TABLES ÉTOILÉES

Une cuisine d'exception. Vaut le détour !

La Grenouillère (La Madelaine-sous-Montreuil) 578
Meurin (Busnes) 565

Une cuisine d'une grande finesse. Vaut l'étape !

Auberge à la Bonne Idée (Saint-Jean-aux-Bois) 596
Le Cerisier (Lille) N 575
La Grange de Belle-Église (Belle-Église) 590
Haut Bonheur de la Table (Cassel) 567
La Liégeoise (Wimereux) 584
Le Marcq (Marcq-en-Barœul) 578
Nature (Armentières) 562
L'Orée de la Forêt (Étouy) 593
Le Pavillon (Le Touquet-Paris-Plage) 582
Rozó (Lille) 575
La Table (Lille) 571
La Table du Connétable (Chantilly) 590
Val d'Auge (Bondues) 564
Le Verbois (Chantilly / Saint-Maximin) N 591

Sergey Nazarov/iStock

Mariha-kitchen/iStock

LES BIB GOURMAND 😋
Nos meilleurs rapports qualité-prix

Air Accueil (Brebières) 565
L'Auberge... (Caëstre) 566
Auberge du Coq-en-Pâte (Argoules) 589
Auberge La Grange aux Loups (Apremont) 589
La Baie d'Halong (Beauvais) 589
Balsamique (Wambrechies) 584
Bistrot RG (Armentières) N 562
Le Buffet (Isbergues) 569
Le Carillon (Liessies) 570
La Clé des Champs (Favières) 594
La Cour de Rémi (Bermicourt) 563
La Ferme du Vert (Wierre-Effroy) 584
Gabbro (Lille) 575
Histoire Ancienne (Calais) 566
Le Jardin d'Alice (Busnes) 565
Racines (Étaples) N 568
Rhizome (Compiègne) N 591
Le Soubise (Coudekerque-Branche) 568
La Table de Romain (Renescure) 580
Zorn - La Petite Auberge (Laon) 594
555

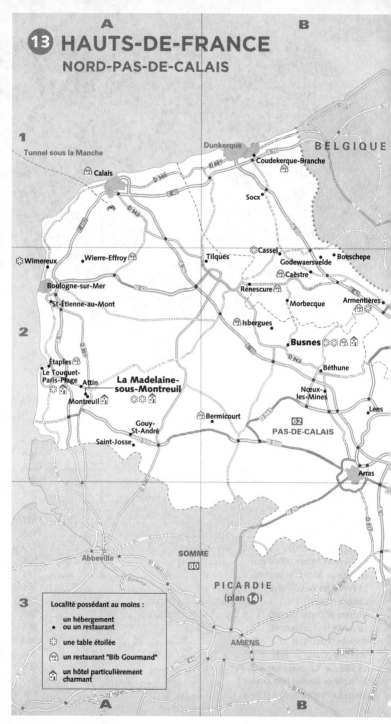

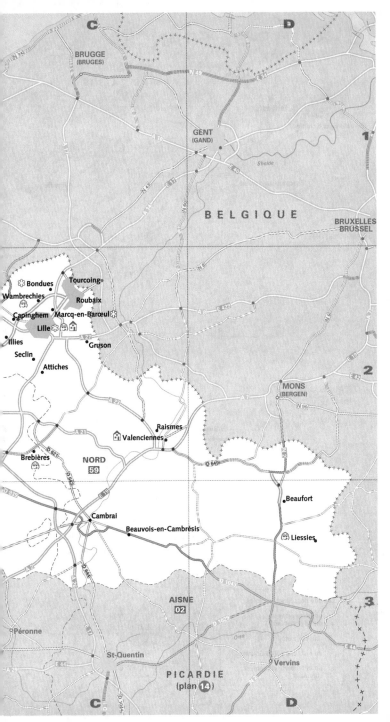

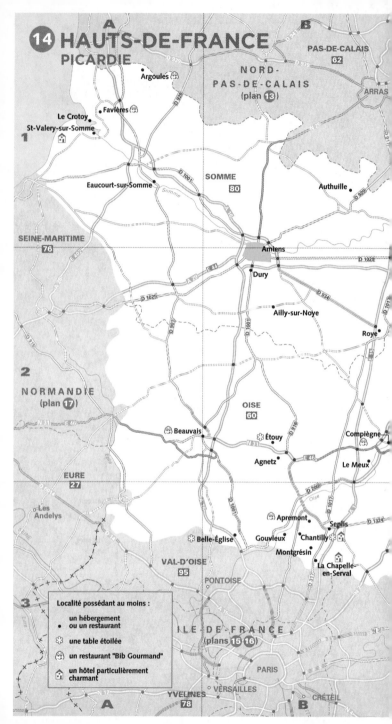

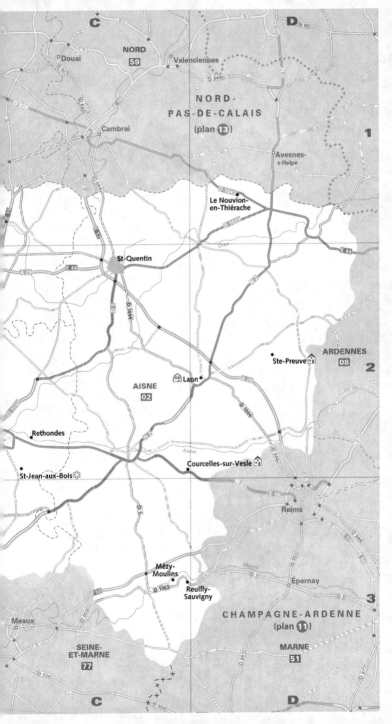

NORD
PAS-DE-CALAIS

On associe plus volontiers le Nord-Pas-de-Calais à sa géographie – la lumière si caractéristique des plages du Nord, les beffrois, la brique rouge – et à ses terrils, vestiges d'un passé industriel encore vivace, qu'à sa gastronomie. Il y a pourtant beaucoup à en dire. Climat oblige, c'est ici le royaume de la pomme de terre, du chou, de la betterave et du chicon. Côté flamand, on se régale de carbonade (un ragoût de bœuf à la bière), de moules frites, de potjevleesch et du welsh "de ch'Nord", une préparation à base de cheddar. Sur la côte d'Opale, le port de Boulogne-sur-Mer est le lieu de prédilection pour acheter des poissons emblématiques (hareng, haddock) et autres crabes et tourteaux, déclinés sous toutes leurs formes dans les restaurants du Pas-de-Calais.

On produit dans ces terres des fromages de caractère, comme le maroilles, la boulette d'Avesnes ou encore le vieux Boulogne, désigné en 2004... "fromage le plus odoriférant du monde" par une équipe de chercheurs britanniques. Ce sont enfin des tables gastronomiques de haut vol, comme celle de l'infatigable Marc Meurin, à Busnes : un délicieux cadre bucolique, et un chariot de mignardises proprement éblouissant, de niveau international, une vraie plongée en enfance...

• Carte régionale n° 13

ARMENTIERES

✉ 59280 – Nord – Carte régionale n° **13**–B2 – Carte Michelin 302-F3

🕸 NATURE

Chef: Nicolas Gautier

MODERNE · **ÉPURÉ** ✗✗ Nicolas Gautier s'épanouit pleinement dans son nouveau fief d'Armentières. Sa cuisine, "nature" et dans l'air du temps, met en avant de jolis produits régionaux – poissons de Boulogne et Dunkerque, entre autres – avec de solides bases classiques. Harmonie des saveurs, authenticité : une très belle maison.

Spécialités : Mulet de ligne, beurre noisette vinaigré. Pigeonneau des Flandres rôti sur le coffre. Rosée de Nieppe, chocolat blanc et yaourt fermier.

🍽 – Menu 28 € (déjeuner), 38/72 €

20 place de Saint-Vaast – ℰ 03 20 87 93 05 – www.restaurant-nature.com –
Fermé 21 décembre-3 janvier, 26 avril-2 mai, 9-22 août, lundi, dimanche

🍴 BISTROT RG ⓝ

TRADITIONNELLE · **CONVIVIAL** ✗ La piété filiale dans l'assiette ! Le chef étoilé Nicolas Gautier (à Nature, juste à côté) et son frère Mathieu rendent hommage à la cuisine de leur père Roger Gautier (RG) à travers une petite carte à prix doux et une cuisine gourmande et sans prise de tête qui ont tout pour plaire : terrine de foie gras au porto ; tête de veau sauce gribiche et poêlé de champignons à l'ail...

Spécialités : Ceviche de dorade grise, radis noir et mûres sauvages. Filet de canette gratiné au maroilles. Tarte au fromage blanc, saladou et glace à la pistache.

♿ – Menu 32 € – Carte 30/45 €

3 place du Général de Gaulle –
ℰ 03 20 68 24 48 – www.bistrot-rg.com –
Fermé lundi, dimanche

ATTICHES

✉ 59551 – Nord – Carte régionale n° **13**–C2 – Carte Michelin 302-G4

🍴 L'ESSENTIEL

MODERNE · **TENDANCE** ✗✗ Une belle bâtisse en brique rouge au croisement de deux rues, dans le hameau du Petit Attiches, tenue par un jeune couple impliqué. Terrasse et joli jardin à l'arrière : l'atmosphère est plaisante. Dans l'assiette, des plats actuels réalisés avec soin, à accompagner d'une jolie sélection de vins de vignerons. Soirées à thème bières et vins.

🕸 ⌂ 🍴 ♿ 🍽 🅿 – Menu 29 € (déjeuner)/82 € – Carte 57/70 €

19 rue de Neuville (à Petit-Attiches) –
ℰ 03 20 90 06 97 – www.essentiel-restaurant.fr –
Fermé 1ᵉʳ-12 janvier, 1ᵉʳ-11 mai, 1ᵉʳ-25 août, lundi, dimanche

ATTIN

✉ 62170 – Pas-de-Calais – Carte régionale n° **13**–A2 – Carte Michelin 301-D5

🍴 AU BON ACCUEIL

TRADITIONNELLE · **BISTRO** ✗ On ne compte plus ces anciennes auberges auxquelles de jeunes associés offrent une seconde jeunesse... Ici encore, le pari est gagnant ! Dans un intérieur de bistrot contemporain, on savoure une bonne cuisine faite maison, qui célèbre les produits du marché, mais pas seulement. Ce jour-là, tarte de langoustine, bouillon thaï ; filet de bar rôti, sauce vierge et poêlée de légumes. Le tout à prix doux : que demander de plus ?

🍴 ♿ – Menu 25/38 €

52 Route Nationale 39 –
ℰ 03 21 06 93 55 – www.au-bon-accueil-attin.fr –
Fermé 22 février-4 mars, 21 juin-1ᵉʳ juillet, 22 novembre-2 décembre, lundi,
dimanche soir

BEAUFORT

✉ 59330 – Nord – Carte régionale n° **13**–D3

🍴 **LE RELAIS DE BEAUFORT**

> TRADITIONNELLE · **AUBERGE** XX Une auberge contemporaine ornée de sculptures et d'œuvres d'art, dont quelques toiles du chef, artiste à ses heures... et surtout une généreuse cuisine traditionnelle : fricassée de Saint-Jacques à la crème d'ail, carré d'agneau rôti au romarin...
>
> 🍽 ⅋ 🅿 – Menu 37/49 € – Carte 37/56 €
>
> *RN 2 (à 8 km au Sud) – ☏ 03 27 63 50 36 – www.relaisdebeaufort.fr –*
> *Fermé 16 août-5 septembre, lundi, mardi soir, mercredi soir*

BEAUVOIS-EN-CAMBRÉSIS

✉ 59157 – Nord – Carte régionale n° **13**–C3 – Carte Michelin 302-I7

🍴 **LE CONTEMPORAIN**

> MODERNE · **TENDANCE** X Un couple expérimenté tient les rênes de cette maison de famille datant du 19ᵉ s., devenue un restaurant en 2008. Lui assure le service et l'accueil, en plus de l'entretien du potager ; elle, aux fourneaux, met en valeur cette production maison dans des assiettes savoureuses. Véranda moderne et lumineuse.
>
> 🍽 ⅋ – Menu 55 € – Carte 40/65 €
>
> *4 rue Jean-Jaurès – ☏ 03 27 76 03 17 – www.restaurant-lecontemporain.fr –*
> *Fermé lundi, mardi, mercredi, samedi midi, dimanche soir*

BERMICOURT

✉ 62130 – Pas-de-Calais – Carte régionale n° **13**–B2 – Carte Michelin 301-G5

🌼 **LA COUR DE RÉMI**

> TRADITIONNELLE · **CONVIVIAL** X Après une première vie professionnelle menée tambour battant à l'étranger, le chef est revenu aux sources pour se consacrer à la cuisine, sa première passion. Cuissons millimétrées, assaisonnements au poil, bon rapport qualité-prix et vins naturels : il nous régale avec un enthousiasme communicatif !
>
> Spécialités : Tripes de porc grillées, ail des ours et poireaux. Dos de cabillaud, purée de carottes au gingembre. Riz au lait grand-mère, confiture de lait.
>
> ⇦ 🛏 🍽 ⅋ 🅿 – Menu 33/36 €
>
> *1 rue Baillet – ☏ 03 21 03 33 33 – www.lacourderemi.com – Fermé lundi, samedi midi,*
> *dimanche soir*

BÉTHUNE

✉ 62400 – Pas-de-Calais – Carte régionale n° **13**–B2 – Carte Michelin 301-I4

🍴 **AU DÉPART**

> MODERNE · **ÉLÉGANT** XXX La bonne table de Béthune, à deux pas de la gare. La salle, élégante et contemporaine est en parfaite adéquation avec la cuisine du chef, gourmande et bien ficelée. L'un de ses plats phares : le dos de bar grillé au barbecue "Green Egg". Belle carte des vins.
>
> 🎐 ⅋ ✿ – Menu 37/52 €
>
> *1 place François-Mitterrand – ☏ 03 21 57 18 04 – www.restaurant-depart.fr –*
> *Fermé 1ᵉʳ-7 mars, 9-30 août, lundi, mardi, samedi midi, dimanche soir*

BOESCHEPE

✉ 59299 – Nord – Carte régionale n° **13**–B2 – Carte Michelin 302-E3

ⅱ○ AUBERGE DU VERT MONT

CRÉATIVE • RUSTIQUE XX Ambiance champêtre et service (très) décontracté dans cette auberge familiale, nichée dans la campagne des Flandres, près de la frontière belge. Porte-étendard d'une cuisine ch'ti engagée, à la fois créative et instinctive, Florent Ladeyn est un authentique chef locavore – une démarche qui inclut évidemment la bière ! Quelques chambres en matériaux bruts pour l'étape.

🐝 *L'engagement du chef:* "La localité est le cœur de notre cuisine, qui est le reflet du terroir des Flandres. Nous ne travaillons qu'avec des produits de saison issus de producteurs locaux dans un cercle économique de proximité et vertueux. Une approche 100% locale dictée par la nature."

⇦ 🏠 & ⇦ 🅿 – Menu 25 € (déjeuner), 40/60 €

1318 rue du Mont-Noir – ☎ 03 28 49 41 26 – www.vertmont.fr – Fermé lundi, dimanche

BONDUES

✉ 59910 – Nord – Carte régionale n° **13**–C2 – Carte Michelin 302-G3

⃝⃝ VAL D'AUGE

Chef: Christophe Hagnerelle

MODERNE • ÉLÉGANT XxX Cette maison est typique du Nord ! Briques rouges avec auvents gris, fenêtres à petits carreaux et encadrements de briques blanches... mais elle cache une ambiance contemporaine et feutrée. Tout jeune, le chef Christophe Hagnerelle a été profondément marqué par son passage aux côtés de Joël Robuchon du temps du Jamin, avant de s'exiler à Beyrouth et dans le Connecticut. Aujourd'hui, ce véritable artisan réalise une cuisine de saison précise, sans esbroufe, avec une pointe d'inventivité. On retrouve à la carte de beaux poissons et coquillages de la mer du Nord, turbot, bar ou saint-pierre en fonction de la pêche et coquilles Saint-Jacques, mais aussi de la grouse et du lièvre royal en saison, des ris de veau et un pigeon... des Flandres, évidemment. Bon rapport qualité-prix au déjeuner.

Spécialités: Cuisine du marché.

🐝 🅼 ⇦ 🅿 – Menu 38 € (déjeuner), 57/110 € – Carte 80/120 €

805 avenue du Général-de-Gaulle – ☎ 03 20 46 26 87 – www.valdauge.com – Fermé 28 février-8 mars, 3-10 mai, 26 juillet-16 août, 22-29 décembre, lundi, samedi midi, dimanche

BOULOGNE-SUR-MER

✉ 62200 – Pas-de-Calais – Carte régionale n° **13**–A2 – Carte Michelin 301-C3

ⅱ○ LA MATELOTE

CLASSIQUE • CONTEMPORAIN XxX Du nom du fameux plat de poisson cuisiné au vin, cette table est tout entière dédiée aux produits de la mer, travaillés dans les règles de l'art et de la tradition. De belles saveurs iodées au menu ! L'été, profitez de la terrasse.

🏠 & 🅼 ⇦ – Menu 36/82 €

80 boulevard Sainte-Beuve – ☎ 03 21 30 17 97 – www.la-matelote.com – Fermé 24 décembre-14 janvier, jeudi midi

ⅱ○ RESTAURANT DE LA PLAGE

POISSONS ET FRUITS DE MER • CONVIVIAL XX Après une petite baignade, rien de mieux qu'un bon repas pour reprendre des forces ! Face à la plage, cette adresse fait honneur aux produits de la mer : brochette de lotte, riz rouge et coulis de poivron, noix de Saint-Jacques en saison... Avec, au dessert, des crêpes Suzette flambées en salle devant le client. Délicieux !

🐝 ⇦ 🏠 ⇦ – Menu 35 € (déjeuner)/52 € – Carte 43/65 €

124 boulevard Sainte-Beuve – ☎ 03 21 99 90 90 – www.restaurantdelaplage.fr – Fermé lundi, mercredi soir, dimanche soir

ⅠⅠ◯ **L'ÎLOT VERT**

MODERNE • CONVIVIAL ✗ Une bonne surprise que ce restaurant aux airs de bistrot chic, où œuvre un jeune chef formé dans de belles maisons : il signe une cuisine bien d'aujourd'hui – avec une pointe de créativité –, joliment tournée et savoureuse, aux prix mesurés. Sympathique terrasse fleurie côté cour.

🛱 & ⇔ – Menu 36/52 €

34-36 rue de Lille – ℰ 03 21 92 01 62 – www.lilotvert.fr – Fermé 16-29 août,
4 janvier-7 février, lundi, dimanche

BREBIÈRES

✉ 62117 – Pas-de-Calais – Carte régionale n° **13**–C2 – Carte Michelin 301-L5

😊 **AIR ACCUEIL**

MODERNE • CONVIVIAL ✗✗ Près de l'aérodrome de Vitry-en-Artois, cette vaste auberge est tout sauf une simple cantine ! C'est le monde de Franck Gilabert, grand passionné de jazz (la décoration et le fond sonore en attestent), qui régale sa clientèle d'une délicieuse cuisine où transparaît toute son expérience. Les saveurs décollent !

Spécialités : Carpaccio de lotte, olive et aubergine. Bavette de bœuf Wagyu de la ferme Blackmore. Sphère chocolat.

⅋ 🛜 🛱 ⇔ 🅿 – Menu 34/65 €

50 rue Nationale – ℰ 03 21 50 01 02 – www.air-accueil-restaurant.com –
Fermé 1er-7 mars, 25 juillet-22 août, lundi, mercredi soir, dimanche soir

BUSNES

✉ 62350 – Pas-de-Calais – Carte régionale n° **13**–B2 – Carte Michelin 301-I4

✿ ✿ **MEURIN**

Chef : Marc Meurin

MODERNE • ÉLÉGANT ✗✗✗✗ Bienvenue au château de Beaulieu, splendide demeure en brique rouge nichée au cœur des Hauts-de-France, non loin de Béthune. Divine surprise, on y trouve (en plus d'une tranquillité à toute épreuve) un chef de grand talent, originaire de la région : Marc Meurin. Avec "un bagage minimum", selon ses propres termes, il compose une cuisine de haute volée, subtile et lisible, qui emprunte à la région ses meilleurs produits (on pense à la pomme de terre laurette) dans une démarche locavore cohérente et affirmée. Nos sens sont en ébullition, nos papilles en redemandent... jusqu'au chariot de mignardises signé Ludovic Soufflet, véritable orfèvre de la note sucrée, qui, à lui tout seul, vaut carrément le détour.

Spécialités : Assiette végétale, variation de tomates de pays, crumble de parmesan. Pomme de ris de veau braisée, croustille de kadaïf, cèpes et jus réglissé. Figue de Solliès confite, financier au chocolat blanc.

⅋ 🛜 & Ⓜ ⇔ 🅿 – Menu 125/210 €

Hôtel Le Château de Beaulieu, 1098 route de Lillers – ℰ 03 21 68 88 88 –
www.lechateaudebeaulieu.fr – Fermé 4-20 janvier, 2-25 août, lundi, mardi, mercredi,
jeudi midi, samedi midi, dimanche soir

😊 **LE JARDIN D'ALICE**

MODERNE • TENDANCE ✗✗ La seconde table du chef Marc Meurin, au sein du Château de Beaulieu, version bistrot coloré et décalé : nul doute que la pétillante héroïne de Lewis Carroll aurait apprécié l'endroit (déco branchée, parc) et plus encore la belle cuisine dans l'air du temps. C'est très souvent complet, pensez à réserver...

Spécialités : Saucisson de caille servi chaud, méli-mélo de champignons, feuilletage croustillant. Parmentier de cabillaud au sirop de tomates. Parfait glacé chicorée au sirop de genièvre.

🛜 🛱 & Ⓜ 🅿 – Menu 33/42 €

Hôtel Le Château de Beaulieu, 1098 route de Lillers – ℰ 03 21 68 88 88 –
www.lejardindalice.fr

⬠⬠⬠⬠ LE CHÂTEAU DE BEAULIEU

DEMEURE HISTORIQUE • ÉLÉGANT Promesse d'un week-end de charme dans cette élégante demeure en brique de 1680, sise dans un grand parc (jardin aromatique, vignes). Élégantes et feutrées, les chambres sont très confortables et d'une quiétude incomparable. Grand espace séminaires.

🐾 🗜 🖥 🕭 M 🛏 **P** – 15 chambres – 4 suites

1098 route de Lillers – 𝒞 03 21 68 88 88 – www.lechateaudebeaulieu.fr

🕸🕸🕸 **Meurin** • 🕭 **Le Jardin d'Alice** – Voir la sélection des restaurants

CAËSTRE

✉ 59190 – Nord – Carte régionale n° **13**–B2 – Carte Michelin 302-D3

🕸 L'AUBERGE...

MODERNE • CONVIVIAL 𝕏 Non loin d'Hazebrouck, un lieu qui fut autrefois une tannerie, puis un estaminet dans la plus pure tradition chti, jusqu'à devenir un restaurant moderne, où l'on met en valeur les produits de la région. Bons classiques du terroir, ambiance rustique, beau choix de bières.

Spécialités : Cuisine du marché.

🕭 **P** – Menu 19/34 €

2590 route de Bailleul – 𝒞 03 28 40 25 25 – www.laubergecaestre.com – Fermé 1er-15 janvier, lundi, samedi midi, dimanche soir

CALAIS

✉ 62100 – Pas-de-Calais – Carte régionale n° **13**–A1 – Carte Michelin 301-E2

🕸 HISTOIRE ANCIENNE

TRADITIONNELLE • BISTRO 𝕏 Au cœur du centre-ville, ce bistrot rétro n'est pas de l'histoire ancienne ! La cuisine traditionnelle et les plats canailles y conservent toute leur fraîcheur : dos de skrei, waterzoï de légumes, cassoulet, etc. C'est goûteux (viandes et poissons sont cuits sur la braise), généreux et pas onéreux.

Spécialités : Marbré de foie gras et pintadeau, petits pois et framboises. Filet de bar, jus de bouillabaisse crémé, tarte fine champignons et tomates. Déclinaison chocolat, noisette, pistache.

M – Menu 25/34 € – Carte 36/50 €

20 rue Royale – 𝒞 03 21 34 11 20 – www.histoire-ancienne.com – Fermé lundi soir, dimanche

🍽 AQUAR'AILE

POISSONS ET FRUITS DE MER • TRADITIONNEL 𝕏𝕏 L'atout de cet agréable restaurant, situé au 4e étage d'un immeuble ? Son panorama unique sur la Manche et les côtes anglaises ! La cuisine met en valeur la pêche locale : cocotte de homard, bar en croûte de sel, sole meunière... À déguster avec un bon vin issu de la carte, composée avec soin par le propriétaire des lieux.

🕸 ≼ 🕭 M 🖥 – Menu 26/50 € – Carte 55/85 €

255 rue Jean-Moulin (4ème étage) – 𝒞 03 21 34 00 00 – www.aquaraile.fr – Fermé lundi soir, mercredi, dimanche soir

🍽 AU CÔTE D'ARGENT

POISSONS ET FRUITS DE MER • ÉLÉGANT 𝕏𝕏 Embarquement immédiat pour un voyage gourmand, riche en saveurs iodées ! Dans un cadre inspiré par la mer, avec une vue imprenable sur le ballet des ferrys, les amateurs de poisson se régalent de la pêche locale : un exemple, ce pavé de thon, légumes du soleil et coulis de poivron. Belle sélection de bordeaux.

≼ 🕭 🖘 – Menu 24/44 € – Carte 37/64 €

1 digue Gaston-Berthe – 𝒞 03 21 34 68 07 – www.cotedargent.com – Fermé 1er-5 janvier, lundi, dimanche soir

ⅡO LE CHANNEL

POISSONS ET FRUITS DE MER • CONTEMPORAIN XX À Calais, ce restaurant est une institution. Décor élégant, cuisine classique empreinte de modernité, produits de la mer issus de la pêche locale, et très belle carte des vins (cave ouverte sur la salle)... Voilà une plaisante escale avant la traversée du "channel" !

🕸 & 🕱 – Menu 19/61€ – Carte 40/105€

3 boulevard de la Résistance – ℰ 03 21 34 42 30 – www.restaurant-lechannel.com –
Fermé mardi, dimanche soir

ⅡO LE GRAND BLEU

MODERNE • CONTEMPORAIN XX Le chef, Matthieu Colin, met à profit son expérience acquise dans des maisons étoilées. Dans un joli intérieur contemporain, il continue de rendre un joli hommage à la pêche locale, mais aussi aux produits du terroir, à travers des recettes créatives qui aiment cultiver la différence : cabillaud aux condiments iodés, pamplemousse, crozets, fenouil aux épices. Service aimable et efficace.

🕱 & 🕱 ♧ – Menu 25/50€ – Carte 35/58€

8 rue Jean-Pierre-Avron – ℰ 03 21 97 97 98 – www.legrandbleu-calais.com –
Fermé 10-21 mars, 15 août-2 septembre, mardi soir, mercredi, dimanche soir

CAMBRAI

✉ 59400 – Nord – Carte régionale n° **13**-C3 – Carte Michelin 302-H6

ⅡO MAISON DEMARCQ

MODERNE • ÉLÉGANT XX Cette demeure bourgeoise a été marquée par l'histoire de la ville : Napoléon y a séjourné – tout près de l'endroit où aurait été signée la fameuse Paix des Dames (1529). Le décor cultive un élégant classicisme, et la cuisine se révèle actuelle et soignée. Une belle adresse dans la capitale des "bêtises".

🕱 & ♧ 🅿 – Menu 36/70€ – Carte 50/70€

2 rue Saint-Pol – ℰ 03 27 37 77 78 – www.maisondemarcq.com –
Fermé lundi, mardi soir, samedi midi, dimanche soir

CAPINGHEM

✉ 59160 – Nord – Carte régionale n° **13**-C2 – Carte Michelin 302-F4

ⅡO LA MARMITE DE PIERROT

TRADITIONNELLE • BISTRO X Les amateurs de produits tripiers et de cochonnailles se sentiront chez eux dans ce bistrot à l'ancienne (bar en bois, tables au coude-à-coude, banquettes en velours). Et si le truculent Pierrot a passé la main, il continue d'honorer chaque jour les lieux de sa présence... Une maison pittoresque et attachante.

🕱 ♧ 🅿 – Menu 24/37€

93 rue Poincaré – ℰ 03 20 92 12 41 – www.marmite-de-pierrot.com –
Fermé 1ᵉʳ-4 janvier, 19-26 avril, lundi, mardi soir, mercredi soir, jeudi soir, dimanche soir

CASSEL

✉ 59670 – Nord – Carte régionale n° **13**-B2 – Carte Michelin 302-C3

⁜ HAUT BONHEUR DE LA TABLE

Chef: Eugène Hobraiche

MODERNE • FAMILIAL XX En plein cœur des Flandres, entre Steenvoorde et Saint-Omer, Cassel est un pimpant petit village de briques juché sur le mont du même nom. À petit village, petit restaurant : le Haut Bonheur de la Table offre une vingtaine de couverts à peine dans une belle demeure du 18ᵉ s. Mais ses propriétaires n'en affichent pas moins une grande passion pour la belle gastronomie. Artisan soigneux, Eugène Hobraiche concocte une cuisine bien dans l'air du temps, en osmose avec les saisons et nourrie des fruits et des légumes locaux ainsi que des poissons de la criée de Dunkerque. Un exemple ? Ses langoustines et gambas rôties batifolent à merveille sur leur crémeux de courgettes vertes, rondelles de courgettes jaunes à la vapeur, bouillon de carapace traité à la citronnelle...

Spécialités: Cuisine du marché.

🛋 – Menu 46/58€

18 Grande-Place – ℰ 03 28 40 51 03 – www.hautbonheurdelatable.com –
Fermé 23 février-10 mars, 17 août-1ᵉʳ septembre, lundi soir, mardi, mercredi,
dimanche soir

🍴⃝ FENÊTRE SUR COUR

MODERNE • COSY ⅩⅩ Pigeonneau de Steenvoorde en deux façons ; lotte, bouillon, jeunes légumes et crevettes grises... Le chef propose une cuisine au goût du
jour, au gré des saisons. La salle en mezzanine sur l'arrière (et sa fenêtre sur
cour) sert de terrasse aux beaux jours.

🛋 ⅙ – Menu 26€ (déjeuner)/52€

5 rue du Maréchal-Foch –
ℰ 03 28 42 03 19 – www.restaurant-fenetresurcour.com –
Fermé lundi soir, mardi soir, mercredi, jeudi soir, dimanche soir

COUDEKERQUE-BRANCHE

✉ 59210 – Nord – Carte régionale n° **13**–B1 – Carte Michelin 302-C1

🐸 LE SOUBISE

CLASSIQUE • AUBERGE ⅩⅩ Une table élégante, où l'on se régale d'une cuisine
pleine d'authenticité et de générosité... à l'image du maître des lieux, Michel
Hazebroucq, véritable figure de Dunkerque, qui a passé plus de soixante ans derrière les fourneaux. Quelle longévité !

Spécialités: Escargots de Radinghem en milieu naturel. Cabillaud de petits
bateaux, sauce hollandaise. Hérisson au chocolat noir.

✿ 🅿 – Menu 28/51€

49 route de Bergues –
ℰ 03 28 64 66 00 – www.restaurant-soubise.com –
Fermé samedi, dimanche

ÉTAPLES

✉ 62630 – Pas-de-Calais – Carte régionale n° **13**–A2 – Carte Michelin 301-C4

🐸 RACINES ⓝ

MODERNE • CONVIVIAL Ⅹ Implanté à proximité immédiate du port d'Etaples, à
seulement cinq kilomètres du Touquet, cette nouvelle table propose une cuisine
gourmande, pleine de saveurs, mitonnée à base de produits locaux. Les recettes
du chef Pierre Chavatte font mouche et la gourmandise ne se dément pas. On se
régale dans un cadre contemporain avec cuisines semi ouvertes, éclairages en
suspensions entourées de racines. Indéniablement, la bonne affaire du coin !

Spécialités: Cuisine du marché.

⅙ 🆎 – Menu 25€ (déjeuner), 28/42€

46 boulevard de l'Impératrice –
ℰ 03 21 94 07 26 – www.restaurant-racines.fr –
Fermé mardi, mercredi

GODEWAERSVELDE

✉ 59270 – Nord – Carte régionale n° **13**–B2 – Carte Michelin 302-D3

🍴⃝ L'ESTAMINET DU CENTRE

CUISINE DU TERROIR • VINTAGE Ⅹ Cette institution locale a changé de mains,
reprise en 2019 par un couple de restaurateurs lillois. Au programme, carte de
classiques flamands à arroser d'une bière faite maison, et décor légèrement
modernisé. Accueil agréable.

🛋 🅿 – Menu 17/30€ – Carte 27/34€

11 route de Steenvoorde – ℰ 03 28 42 21 72 –
Fermé lundi, mardi, mercredi

GOUY-ST-ANDRÉ

✉ 62870 – Pas-de-Calais – Carte régionale n° **13**–A2 – Carte Michelin 301-E5

⊩○ LE CLOS DE LA PRAIRIE

MODERNE • **COSY** XX En pleine campagne, ce charmant restaurant dégage une douceur bucolique. Derrière les fourneaux, le chef concocte, avec maîtrise, des plats au goût du jour qui suivent le rythme des saisons. L'été, profitez de la terrasse qui donne sur... la prairie, au calme. Accessible uniquement sur réservation.

🗘 🛱 & 🄿 – Menu 50 € – Carte 48/55 €

17 rue de Saint-Rémy – 𝒞 03 21 90 39 58 – www.leclosdelaprairie.com –
Fermé lundi midi, mardi midi, mercredi, jeudi midi, vendredi midi, samedi midi

GRUSON

✉ 59152 – Nord – Carte régionale n° **13**–C2 – Carte Michelin 302-H4

⊩○ L'ARBRE

MODERNE • **AUBERGE** XX Cette maison, tout de rouge vêtue, est installée sur un passage mythique de la course Paris-Roubaix. Mais bien loin de "l'Enfer du Nord", on profite ici d'une cuisine goûteuse et dans l'air du temps, réalisée par un jeune chef impliqué.

🗘 🛱 & ⇆ – Menu 35 € (déjeuner), 49/79 €

1 pavé Jean-Marie-Leblanc (croisement chemin de Bourghelles) –
𝒞 03 20 79 55 33 – www.larbre.com –
Fermé 16 août-5 septembre, lundi, mardi

ILLIES

✉ 59480 – Nord – Carte régionale n° **13**–C2

⊩○ L'ÉPICURIEUX 🔟

MODERNE • **CONVIVIAL** X L'ex-Top Chef Christophe Pirotais et sa compagne Julie Dieudonné ont racheté un ancien café à la pimpante façade blanche, face à l'église du village, pour en faire un bistrot, cosy et moderne. Évidemment curieux, le chef travaille des produits locaux, non sans gourmandise : escargots en persillade ; mignon de porc et mousseline de panais...

🛱 – Menu 24 € (déjeuner), 29/42 € – Carte 36/40 €

5 rue Mermoz – 𝒞 03 20 35 36 01 – www.restaurantlepicurieux.com –
Fermé lundi, mercredi, dimanche

ISBERGUES

✉ 62330 – Pas-de-Calais – Carte régionale n° **13**–B2 – Carte Michelin 301-H4

⊛ LE BUFFET

MODERNE • **ÉLÉGANT** XX L'ancien buffet de la gare a aujourd'hui fière allure ! Dans un cadre élégant et cosy, on déguste une savoureuse cuisine créative et maîtrisée, qui suit le rythme des saisons : le chef, Thierry Wident, travaille avec les meilleurs producteurs locaux. Si besoin, de coquettes petites chambres permettent de prolonger l'étape.

Spécialités : Maquereau en escabèche, pommes de terre primeurs. Suprême de volaille de Licques, crème de carottes au gingembre. Pêche pochée, blanc-manger, glace yaourt.

🎇 ⇆ 🗘 & 🄼 ⇆ – Menu 22 € (déjeuner), 33/65 €

22 rue de la Gare – 𝒞 03 21 25 82 40 – www.le-buffet.com –
Fermé 1er-15 janvier, 1er-26 août, lundi, mardi midi, dimanche soir

44444444444444

444

LENS

✉ 62300 – Pas-de-Calais – Carte régionale n° **13**–B2 – Carte Michelin 301-J5

○ L'ATELIER DE MARC MEURIN

MODERNE · TENDANCE ✗✗ Étonnant, le bâtiment dessine un cercle tout en verre : son architecture se marie parfaitement au Louvre-Lens voisin ! Loin d'être un simple restaurant de musée, cet Atelier confié aux bons soins de Marc Meurin, fameux chef étoilé de Busnes, met à l'honneur les produits de la région. Tout indiqué en cas de visite...

🚪 🛏 ☕ 🔲 **P** – Menu 34/42 € – Carte 42/50 €

97 rue Paul-Bert (au Louvre-Lens) – ℰ 03 21 18 24 90 – www.atelierdemarcmeurin.fr – Fermé mardi, dimanche soir

LIESSIES

✉ 59740 – Nord – Carte régionale n° **13**–D3 – Carte Michelin 302-M7

☺ LE CARILLON

TRADITIONNELLE · RUSTIQUE ✗✗ Une terrasse avec tilleuls, des poutres apparentes, une cave à vins pour emporter un peu de l'endroit avec soi : cette maison a des atouts à faire valoir ! On y propose une bonne cuisine traditionnelle et régionale. Visez un peu ce millefeuille de maroilles au beurre de fines herbes, spécialité de la maison depuis 32 ans...

Spécialités : Millefeuille de maroilles au beurre de fines herbes. Suprême de canette caramélisé à la cassonade, céleri en croûte de pain d'épice. Fragilité au chocolat, sabayon café et chicorée.

🛏 – Menu 34/37 €

1 rue Roger-Salengro (face à l'église) – ℰ 03 27 61 80 21 – www.le-carillon.com – Fermé 17 août-1ᵉʳ septembre, 16 novembre-1ᵉʳ décembre, mardi, mercredi et le soir sauf vendredi et samedi

Jacques Palut/Fotolia.com

✉ 59000 – Nord
Carte régionale n° **13**–C2
Carte Michelin 302-G4

LILLE

Qu'il s'agisse du patrimoine ou de l'offre artistique et gastronomique, Lille n'a rien à envier aux grandes villes européennes. Tous les ingrédients sont réunis pour faire de la capitale des Flandres une destination incontournable. Cafés, boutiques et restaurants vous tendent les bras. Le sens de la fête et l'hospitalité des Lillois ne sont plus à prouver. Le terroir, les produits et la cuisine du Nord sont d'une grande diversité, trop méconnue.

Préparations légumières à base de chou rouge, d'endive (le fameux chicon) ou de pomme de terre ; fromages puissants comme le maroilles ou la boulette d'Avesnes ; plats typiques comme la carbonade (un ragoût de bœuf à la bière) ou le potjevleesch, déclinaison infinie du hareng sur tous les modes. Enfin, il y a les bières qu'on ira choisir parmi les quelques 300 proposées par À les choppes, une institution du quartier de Wazemmes.

Restaurants

⁀ **LA TABLE**

MODERNE · DESIGN ✗✗ Au cœur du vieux Lille, cette demeure particulière du 18ᵉ s. abrite le talent d'un jeune chef, Thibaut Gamba. De ses Vosges natales à Paris, en passant par New-York et la Norvège, on peut dire qu'il a roulé sa bosse… Montaigne a raison : les voyages forment la jeunesse ! Thibaut Gamba marie les traditions avec une dextérité surprenante, et un talent particulier pour travailler le poisson : dorade, rouget barbet, seiche… Il n'hésite pas à surprendre, comme avec ce mariage décalé de l'encornet et d'une garniture de melon et de concombre marinés, une réussite. Et que dire de ce cabillaud sauvage rôti au beurre demi-sel, nageant sur son lit de jeunes carottes croquantes, de figues et de tomates rôties, sur une sauce épicée : une explosion de saveurs.

Spécialités : Cuisine du marché.

🖧 🛋 🆎 ✥ – Menu 35 € (déjeuner), 85/105 €

Plan : 2-C2-k – *Clarance, 32 rue de la Barre –*
☎ *03 59 36 35 59 – www.clarancehotel.com –*
Fermé 2-25 août, lundi, samedi midi, dimanche soir

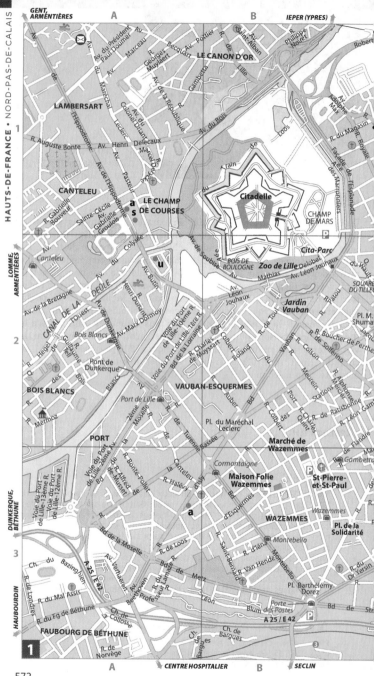

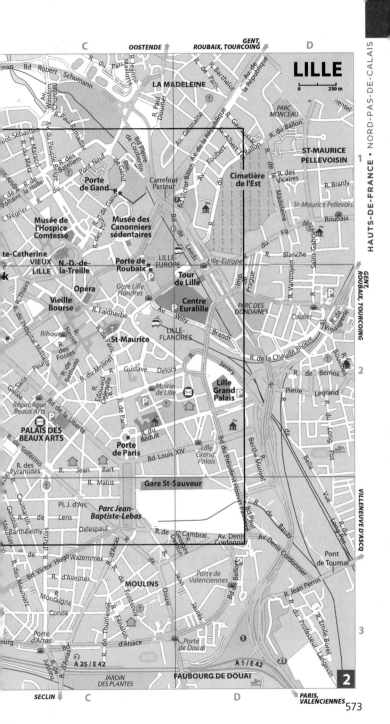

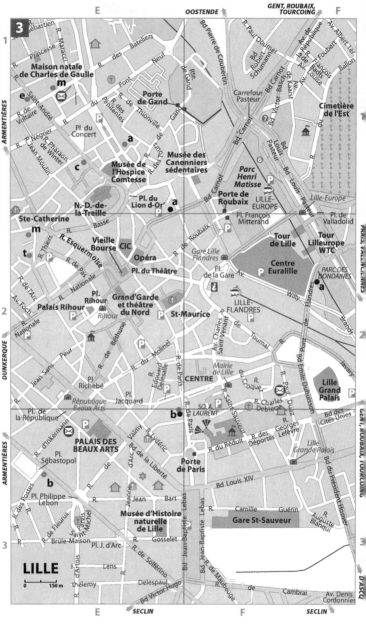

🏵 LE CERISIER

MODERNE • CHIC XX Au premier étage d'un bâtiment ultracontemporain au cœur de Lille, l'ancien chef du Meurin, Mathieu Boutroy, s'active au sein d'une cuisine ouverte superbe. Son menu unique fait la part belle aux arrivages triés sur le volet. Qu'on en juge : cèpes de belle tenue, langoustine au top de sa fraîcheur, anguille charnue et goûteuse. Le chef délivre des plats parfaitement exécutés, et notamment des sauces et des jus finement travaillés (à l'image de cette remarquable sauce champagne qui magnifie le flétan de ligne et ses panais rôtis). De la couleur, de la vie et du parfum : les fruits appétissants de ce cerisier méritent une cueillette...

Spécialités : Cuisine du marché.

↩️ & 🅰️ 🔲 ↔️ – Menu 55 € (déjeuner), 89/109 €

Plan : 3-E1-a – 14 avenue du Peuple-Belge – ✆ 03 74 49 50 51 – www.lecerisier.com – Fermé 2-18 août, lundi, dimanche

🏵 ROZÓ

Chefs : Camille Pailleau et Diego Delbecq

MODERNE • DESIGN XX Dans le vieux Lille, une belle maison – immenses miroirs de part et d'autre de la salle, murs blancs, fauteuils de style 1950... et de belles personnes. Le duo Diego et Camille, c'est l'enthousiasme et la persévérance, le talent et l'humilité. Forts d'un parcours scintillant (Meurice et Plaza Athénée, entre autres), ils se partagent les tâches : à lui le salé, à elle les desserts. Ils régalent avec des plats "toniques et gourmands", selon les propres termes du chef, où l'on peut déjà distinguer une poignée d'incontournables : champignons cuits, crus, en pickles et cresson acidulé ; agneau et coquillages, pommes de terre iodées ; vacherin aux fruits de saison... C'est rudement bien mitonné, d'une fraîcheur à tout casser, en parfaite cohérence avec l'atmosphère des lieux : pour le dire plus vite, on se sent bien et on se régale. Pour les petits budgets, tentez le menu déjeuner, renouvelé toutes les semaines.

Spécialités : Champignons cuits et crus, pickles et cresson acidulé. Selle d'agneau iodée, pomme de terre et algue. Miel de bruyère, granola et glace au pollen.

& 🅰️ – Menu 34 € (déjeuner), 64/78 €

Plan : 3-E1-c – 79 rue de la Monnaie – ✆ 09 83 46 55 00 – www.restaurant-rozo.fr – Fermé 12-27 avril, 1ᵉʳ-31 août, 20 décembre-5 janvier, lundi, mardi midi, dimanche

🐽 GABBRO

TRADITIONNELLE • BISTRO X Une petite salle conviviale, un accueil chaleureux, une envie manifeste de partager... mais surtout, une cuisine fidèle au marché, goûteuse et gourmande, avec une spécialité : la terrine de foie selon la recette du grand-père du chef. Voici les ingrédients du succès de ce Gabbro lillois, qui n'en finit pas de faire parler de lui.

Spécialités : Cuisine du marché.

Carte 34/44 €

Plan : 3-E1-e – 55 rue Saint-André – ✆ 03 20 39 05 51 – Fermé lundi, mardi soir, mercredi soir, jeudi soir, vendredi soir, samedi soir, dimanche

🍴 LE H BY HERMITAGE GANTOIS

MODERNE • ROMANTIQUE XXX Tout près du centre-ville, l'ancien hospice (1460) abrite une table superbe, qui flotte entre des ogives en brique rouge et or, des tableaux anciens et un sol en marbre noir. La modernité est de mise dans l'assiette, avec une originalité notable : de bons accords mets et bières des Flandres, sur les conseils du sommelier de la maison !

& 🅰️ – Menu 58/72 € – Carte 42/63 €

Plan : 3-F3-b – L'Hermitage Gantois, 224 rue Pierre-Mauroy – ✆ 03 20 85 30 30 – www.hotelhermitagegantois.com – Fermé 1ᵉʳ-11 janvier, 15 juillet-15 août, lundi, mardi midi, mercredi midi, jeudi midi, vendredi midi, samedi midi, dimanche

⅋○ LA LAITERIE

MODERNE · ÉLÉGANT ✗✗✗ Dans un quartier légèrement excentré, l'occasion d'une échappée gourmande. Au menu, une cuisine de saison inventive en pleine évolution à base de bons produits et excellents vins (bourgognes et bordeaux) à déguster au calme de la terrasse extérieure, ou dans le cadre sobre et élégant de la bâtisse, au rythme d'un service d'excellence.

৪৪ 🛉 ᶍ ✿ 🄿 – Menu 39 € (déjeuner), 75/138 € – Carte 74/119 €

Plan : 1-A1-s – *138 avenue de l'Hippodrome, à Lambersart* – ℰ 03 20 92 79 73 – *www.lalaiterie.fr* –
Fermé 1er-22 août, lundi, mardi, dimanche soir

⅋○ EMPREINTE

MODERNE · ÉLÉGANT ✗✗ Près de l'ancien hippodrome, bienvenue dans cette maison des années 1950 à l'intérieur coquet et chaleureux, entièrement rénové... jusque sur la terrasse et le salon de jardin. Dans l'assiette, le chef Ismaël Guerre-Genton compose une cuisine créative, selon le marché et son inspiration du jour, avec de beaux jeux de textures et de saveurs – acidité, notamment.

🛉 – Menu 36 € (déjeuner), 59/73 €

Plan : 1-A1-a – *170 avenue de l'Hippodrome* – ℰ 03 20 44 00 21 – *www.empreinterestaurant.com* –
Fermé 26 août-10 septembre, samedi, dimanche

⅋○ ROUGE BARRE

MODERNE · CONVIVIAL ✗✗ Au cœur du vieux Lille, Steven Ramon confirme qu'il faudra désormais compter sur lui. Dans un intérieur intimiste, ce ch'ti pur et dur esquisse des assiettes pétillantes et inspirées, qui magnifient de beaux produits. Terrasse à l'étage.

🛉 ᶍ – Menu 23 € (déjeuner), 45/75 €

Plan : 3-E1-m – *50 rue de la Halle* – ℰ 03 20 67 08 84 – *www.rougebarre.fr* –
Fermé lundi, dimanche

⅋○ LES TOQUÉES BY BENOÎT BERNARD

MODERNE · COSY ✗✗ Benoît Bernard (revenu au pays après six ans passés à l'étranger) prend ses marques dans cette maison bourgeoise des bords de la Deule et affine sa cuisine, à son image : gourmande et truculente. À la – courte – carte, on trouve une cuisine aux solides bases classiques. Une bonne adresse.

↩ 🛉 – Menu 31 € (déjeuner), 60/70 € – Carte 50/87 €

Plan : 1-A2-u – *110 quai Géry-Legrand* – ℰ 03 20 92 03 21 – *www.lestoquees.com* –
Fermé lundi, samedi midi, dimanche

⅋○ L'ARC

MODERNE · COSY ✗ Dans le vieux Lille, cette table sympathique est portée par Sami Sfaxi, ancien de chez Marc Meurin. Éclairage tamisé, joli décor mêlant les époques, accueil très prévenant... et, surtout, cuisine de saison bien tournée, avec de solides bases classiques.

🄰🄲 – Menu 29 € (déjeuner), 39/65 €

Plan : 3-E2-m – *10 rue des Bouchers* – ℰ 03 20 49 73 34 – *www.l-arc.fr* –
Fermé lundi, mardi midi, dimanche

⅋○ BLOEMPOT

MODERNE · CONVIVIAL ✗ Florent Ladeyn, grand défenseur de son terroir régional, anime cette "cantine flamande" revendiquée. Décor atypique (un ancien atelier de menuiserie), bons produits nature et recettes originales : rafraîchissant ! Attention, il n'y a pas de téléphone ici, les réservations se font par le site internet ou sur place.

ᶍ 🄰🄲 – Menu 40/60 €

Plan : 3-E2-t – *22 rue des Bouchers* – *www.bloempot.fr* –
Fermé lundi, mardi soir, dimanche

🍴○ **SÉBASTOPOL**

MODERNE · CONVIVIAL ✕ Le chef aime la tradition, avec jus et sauces de rigueur, mais ce n'est pas tout : il parsème ses assiettes d'associations aussi personnelles que surprenantes, avec une nette prédilection pour le "terre et mer". Le plus beau, c'est que ça fonctionne ! Carte volontairement courte, renouvelée régulièrement.

🅰️🅲️ – Carte 33/48€

Plan : 3-E3-b – *1 place de Sébastopol* – ☏ *03 20 13 13 38* – *www.restaurant-sebastopol.com* – *Fermé dimanche*

🍴○ **SOLANGE**

MODERNE · BISTRO ✕ Toujours de belles associations des produits. La cuisine se veut généreuse et créative autour de produits locaux, avec un changement de menu toutes les semaines. Plats recherchés et goûteux, à l'instar de la betterave et brebis, mignon et feuille de tabac.

♿🅰️🅲️ – Menu 27€ (déjeuner), 35/57€

Plan : 1-A3-a – *59 rue d'Isly* – ☏ *09 86 37 22 50* – *www.solange-restaurant.fr* – *Fermé lundi, dimanche*

🍴○ **LE VAGABOND**

CRÉATIVE · BRANCHÉ ✕ Nicolas Pourcheresse, le chef le plus "hype" des Hauts-de-France, sert ici une version débridée et créative de la cuisine paysanne, avec des produits directement piochés dans son potager. Utilisation judicieuse des légumes et des céréales, variété des techniques de cuisson : son style n'appartient qu'à lui. Plus qu'un repas, une véritable expérience !

Menu 35€ (déjeuner)/85€

Plan : 1-B1-a – *112 rue Saint-André* – ☏ *02 51 58 44 19* – *www.le-vagabond.net* – *Fermé lundi, mardi midi, mercredi midi, jeudi midi, dimanche*

Hôtels

🏨 **L'HERMITAGE GANTOIS**

LUXE · HISTORIQUE Fondé vers 1460, cet ancien hospice est aujourd'hui un bel hôtel. Architectures historiques, nouveau classicisme contemporain, cours et patios intérieurs... de quoi se convertir en ermite ! Le restaurant gastronomique ne manque pas d'élégance, tandis que l'estaminet cultive joliment l'esprit du Nord.

📺 🛜 🔲 ♿ 🅰️🅲️ 🛁 – 85 chambres – 3 suites

Plan : 3-E3-b – *224 rue Pierre-Mauroy* – ☏ *03 20 85 30 30* – *www.hotelhermitagegantois.com*

🍴○ **Le H by Hermitage Gantois** – Voir la sélection des restaurants

🏨 **BARRIÈRE LILLE**

LUXE · CONTEMPORAIN Dans ce grand bâtiment de verre, on peut aller au théâtre, au casino et... regagner en un clin d'œil son hôtel – l'un des derniers-nés du groupe Barrière (2010). Espace, lumière, luxe sans ostentation, restaurant chic et brasserie contemporaine : de très séduisantes prestations.

🛀 🔲 ♿ 🅰️🅲️ 🛁 🅿️ – 125 chambres – 17 suites

Plan : 3-F2-a – *777 bis Pont-de-Flandre* – ☏ *03 28 14 45 00* – *www.hotel-barriere-lille.com*

🏨 **CLARANCE**

LUXE · DESIGN Installé dans un hôtel particulier du 18ᵉ s., cet établissement est pour le moins atypique ! L'Albatros, le Cygne, le Balcon ou le Flacon : les chambres, claires et lumineuses, ont pour thème des poèmes de Baudelaire ; la décoration a été en partie réalisée par des artistes et artisans locaux.

🛎️ 🍴 🔲 🛁 🅿️ – 18 chambres – 1 suite

Plan : 1-C2-k – *32 rue de la Barre* – ☏ *03 59 36 35 59* – *www.clarancehotel.com*

❀ **La Table** – Voir la sélection des restaurants

🏠 L'ARBRE VOYAGEUR

URBAIN · ÉLÉGANT Ce bâtiment des années 1960 (qui abritait autrefois le consulat de Pologne) est devenu un hôtel à la gloire du voyage. Ambiance chaleureuse, chambres charmantes et bien insonorisées... sans oublier le restaurant Jane, pour prolonger l'expérience à table.

♤ 🖸 ᷤ 🅼 🅰 – 45 chambres – 3 suites

Plan : 3-E1-a – *45 boulevard Carnot* – ☏ *03 20 20 62 62* – *www.hotelarbrevoyageur.com*

LA MADELAINE-SOUS-MONTREUIL

✉ 62170 – Pas-de-Calais – Carte régionale n° **13**-A2 – Carte Michelin 301-D5

✿✿ LA GRENOUILLÈRE

Chef: Alexandre Gauthier

MODERNE · DESIGN 𝕏𝕏𝕏 Rares sont les chefs qui démontrent une personnalité culinaire aussi affirmée que le chef de la Madelaine-sous-Montreuil, dans le Pas-de-Calais. L'histoire se déroule sous deux chapiteaux métalliques aux lignes épurées (signés de l'architecte Patrick Bouchain), qui couronnent une salle ouverte sur la nature et les fourneaux. C'est en ce laboratoire qu'Alexandre Gauthier propose une "cuisine contemporaine de racine française, libérée de ses certitudes et de ses a priori". Véritable alchimiste, il asticote les saveurs au gré d'assiettes tranchantes, autant d'instantanés de créativité, où le produit chante les louanges des saisons. Une cuisine d'art et d'essai ébouriffante.

Spécialités: Blinis de lait entier, tourteau. Pigeon au blé vert. Bulle du marais.

✿ *L'engagement du chef:* *"La cuisine de La Grenouillère est une cuisine de territoire, celui de la Côte d'Opale, que nous explorons sous tous ses aspects géographiques, naturels et humains. C'est une cuisine éminemment personnelle, profondément ancrée dans une temporalité. Toujours en mouvement, elle est une capture de l'éphémère, une photographie d'un instant, d'une humeur, d'une émotion."*

⅏ 🖸 ᷤ 🅿 – Menu 115 € (déjeuner)/175 € – Carte 80/105 €

19 rue de la Grenouillère – ☏ *03 21 06 07 22* – *www.lagrenouillere.fr* – *Fermé 4-21 janvier, 21 septembre-1er octobre, 22-26 décembre, lundi midi, mardi, mercredi, jeudi midi*

🏠 LA GRENOUILLÈRE

AUBERGE · DESIGN De l'hôtel-restaurant familial – une ancienne ferme picarde dans les champs –, Alexandre Gauthier a fait... un lieu d'avant-garde. À l'image de sa cuisine tout en recherches, les chambres jouent une carte très contemporaine, notamment les "huttes" créées dans le jardin par l'architecte Patrick Bouchain, au luxe sauvage !

♤ 🐕 ᷤ 🅿 – 12 chambres – 3 suites

19 rue de la Grenouillère – ☏ *03 21 06 07 22* – *www.lagrenouillere.fr*

✿✿ **La Grenouillère** – Voir la sélection des restaurants

MARCQ-EN-BAROEUL

✉ 59700 – Nord – Carte régionale n° **13**-C2

✿ LE MARCQ

Chef: Abdelkader Belfatmi

MODERNE · COSY 𝕏𝕏 Après avoir peaufiné son talent dans de jolies tables nordistes (La Laiterie, Le Val d'Auge, Boury), le chef Abdelkader Belfatmi s'est installé au cœur de la bonne ville de Marcq. Ses assiettes montrent une identité culinaire bien affirmée : produits d'une grande fraîcheur, multitude de petites préparations savoureuses (marinades, crémeux, condiments), associations de saveurs percutantes – piment et acidité, par exemple. Quant aux visuels, très travaillés, ils donnent aux plats des allures de tableaux pointillistes ! En un mot, on se régale, d'autant que le service et le cadre se révèlent aussi agréables. Une maison qui mérite bien des éloges.

Spécialités : Poisson mariné aux épices et condiments. Ris de veau au fil des saisons. Dame blanche.

Menu 34 € (déjeuner)/69 € – Carte 66/76 €

944 avenue de la République – ✆ 03 20 00 80 48 – www.lemarcq.fr –
Fermé 1er-24 janvier, lundi soir, mercredi soir, samedi midi, dimanche

⭐ LA SALLE À MANGER

MODERNE • CONTEMPORAIN ✕✕ Voilà une maison qui a su évoluer avec son temps, comme en témoigne la salle à manger contemporaine et la terrasse verdoyante. Le chef y cuisine en fonction du marché et laisse libre cours à son imagination, en particulier dans le menu dégustation du soir.

🎐 ⅋ 🅿 – Menu 29 € (déjeuner), 46/72 €

287 boulevard Clemenceau – ✆ 03 20 65 21 19 –
www.restaurant-lasalleamanger.com – Fermé 22-28 février, 6-23 août, lundi, mardi soir, samedi midi, dimanche

MONTREUIL

✉ 62170 – Pas-de-Calais – Carte régionale n° **13**–A2 – Carte Michelin 301-D5

⭐ LA TABLE DU CHÂTEAU

CLASSIQUE • ÉLÉGANT ✕✕✕ Deux toques et quatre mains président aux destinées de cette table châtelaine. Le menu dégustation en 3 ou 4 services (et à la carte le week-end) propose une cuisine entre modernité et tradition, avec une prédisposition marquée pour les produits de la côte d'Opale, à l'image de ce pigeon de Licques et sa déclinaison de maïs. À déguster dans une salle à manger confortable, au décor feutré.

🐝 ⇦ 🎐 ⇔ 🅿 – Menu 75/105 €

Château de Montreuil, 4 chaussée des Capucins – ✆ 03 21 81 53 04 –
www.chateaudemontreuil.com – Fermé 25 janvier-7 février, lundi, mardi, mercredi, jeudi, dimanche soir

⭐ ANECDOTE

TRADITIONNELLE • BISTRO ✕ Alexandre Gauthier, chef de la Grenouillère, revient ici aux fondamentaux : goujonnettes, sauce gribiche ; côte à l'os à la braise, crêpes Suzette, tarte Tatin... avec même certains plats en hommage à son père. Bons produits, belles présentations, saveurs et générosité : une table loin d'être anecdotique.

🎐 ⅋ 🅺 – Menu 27 € (déjeuner) – Carte 40/55 €

1 rue des Juifs (place de l'Église) – ✆ 03 21 86 65 80 –
www.anecdote-restaurant.com – Fermé 4-18 janvier, lundi, dimanche

🏚 CHÂTEAU DE MONTREUIL

LUXE • PERSONNALISÉ Dans la partie haute de la ville, une grande et élégante demeure toute blanche (années 1920) dans un jardin clos, à l'abri des remparts... et du monde extérieur. Beaucoup de calme et de raffinement en ces lieux, dont les chambres ont été fraîchement rénovées dans une veine "so British". A noter : le restaurant L'Opus propose une sympathique offre bistrotière - poireau vinaigrette, filet de poulet de Licques, garniture grand-mère etc.

🍸 🐝 🎐 ⚒ 🅿 – 9 chambres – 1 suite

4 chaussée des Capucins – ✆ 03 21 81 53 04 – www.chateaudemontreuil.com
⭐ **La Table du Château** – Voir la sélection des restaurants

MORBECQUE

✉ 59190 – Nord – Carte régionale n° **13**–B2 – Carte Michelin 302-D3

⭐ AU CŒUR D'ARTICHAUT

MODERNE • ÉLÉGANT ✕✕ Ce restaurant contemporain, tenu avec dynamisme par un jeune couple originaire du village, propose une cuisine dans l'air du temps, attentive aux produits et aux saisons. Service attentionné, et belle salle à manger sous véranda.

🎐 ⅋ 🅺 – Menu 19/46 € – Carte 34/46 €

8 avenue des Flandres – ✆ 03 28 48 09 21 – www.aucoeurdartichaut.fr –
Fermé 15-25 février, 9 août-2 septembre, lundi soir, mardi soir, mercredi, dimanche soir

NŒUX-LES-MINES

✉ 62290 – Pas-de-Calais – Carte régionale n° **13**–B2 – Carte Michelin 301-I5

⊫○ **LE CERCLE**

MODERNE • **COSY** XX Des assiettes maîtrisées, une cuisine au goût du jour pas piquée des hannetons : qu'il fait bon s'asseoir autour de ce Cercle ! Les produits sont de qualité comme on le voit avec ses belles coquilles Saint-Jacques sur leur crémeux de chou-fleur ; quant au cadre, à la fois chic et cosy, il se pare d'élégants tableaux contemporains. Service souriant.

⇦ 斎 & 🖭 ✿ 🅿 – Menu 28€ – Carte 45/54€

La Maison Rouge, 374 rue Nationale – ℰ 03 21 61 65 65 –
www.hotel-lamaisonrouge.com

RAISMES

✉ 59590 – Nord – Carte régionale n° **12**–C2 – Carte Michelin 302-I5

⊫○ **LA GRIGNOTIÈRE**

MODERNE • **ÉLÉGANT** XXX Dans cette petite localité près de Valenciennes, on prend place dans une enfilade de salles contemporaines aux tons clairs ; les assiettes, d'une grande simplicité, laissent le produit parler de lui-même. Terrasse pour les beaux jours.

⇦ 斎 🖭 – Menu 29€ (déjeuner), 39/85€ – Carte 52/72€

6 rue Jean-Jaurès – ℰ 03 27 36 91 99 – www.la-grignotiere.com – Fermé 1ᵉʳ-6 janvier,
26 avril-10 mai, 12-26 juillet, lundi, mercredi, dimanche soir

RENESCURE

✉ 59173 – Nord – Carte régionale n° **13**–B2 – Carte Michelin 302-C3

🙂 **LA TABLE DE ROMAIN**

CLASSIQUE • **CONVIVIAL** X Située au cœur du bourg, en face du château de Zuthove, cette maison de village est le quartier-général d'un jeune chef plein d'allant. Il réalise une cuisine goûteuse, bien ancrée dans la région : recettes, produits, fournisseurs... Le tout dans un intérieur chic et convivial.

Spécialités : Croquettes aux crevettes grises. Potjevlesch aux quatre viandes, frites fraîches. Mousse glacée au genièvre de Houlle, sauce chicorée.

斎 ✿ – Menu 20€ (déjeuner)/32€

1 rue Gaston-Robbe – ℰ 09 67 35 23 60 – www.tablederomain.kazeo.com –
Fermé 1ᵉʳ-15 août, lundi, mardi soir, mercredi soir, jeudi soir, samedi midi,
dimanche soir

ROUBAIX

✉ 59100 – Nord – Carte régionale n° **13**–C2 – Carte Michelin 302-H3

⊫○ **LE BÔ JARDIN**

TRADITIONNELLE • **BRASSERIE** X Au cœur du magnifique parc de Barbieux, une grande salle lumineuse et une terrasse donnant toutes les deux sur le plan d'eau – une vue très agréable. Salades et petits plats de saison sont à la carte. Une cuisine simple et bien faite, accompagnée d'une jolie sélection de grands crus bordelais.

⇦ 斎 & – Menu 19€ (déjeuner)/34€ – Carte 32/44€

Avenue Le Nôtre (Parc Barbieux) – ℰ 03 20 20 61 85 – www.lebeaujardin.fr –
Fermé 1ᵉʳ-2 mai, lundi soir, mardi soir, mercredi soir, jeudi soir, vendredi soir,
samedi soir, dimanche soir

ST-ÉTIENNE-AU-MONT

✉ 62360 – Pas-de-Calais – Carte Michelin 301-C3

HOSTELLERIE DE LA RIVIÈRE

MODERNE • COSY XxX Une bonne cuisine actuelle rythmée par les saisons, à déguster dans un intérieur élégant et feutré, ou sur la terrasse arborée aux beaux jours : voilà ce qui vous attend dans cette sympathique maison tenue en famille. Petits pois, asperges, langoustines ; bar au pesto basilic, fricassée de légumes... le midi, une formule "bistrot" permet même de se régaler à moindre coût. Bien vu !

⅋ ⇦ ⇨ 🖬 **P** – Menu 25/49 € – Carte 49/70 €

17 rue de la Gare, Pont-de-Briques – ℰ 03 21 32 22 81 –
www.lhostelleriedelariviere.fr – Fermé 1ᵉʳ-16 janvier, 15 août-3 septembre, lundi, mardi,
mercredi soir, dimanche soir

ST-JOSSE

✉ 62140 – Pas-de-Calais – Carte régionale n° **13**-A2 – Carte Michelin 301-C5

AUBERGE DU MOULINEL

TRADITIONNELLE • AUBERGE XX Un petit air de campagne chic, non loin du Touquet. Turbot rôti sur arête et sauce hollandaise, cœur de ris veau poêlé, grenailles au beurre... Le chef réalise une alléchante cuisine traditionnelle. Tout est fait maison, y compris le pain et les glaces !

⇨ 🖾 **P** – Menu 32/57 €

116 chaussée de l'Avant-Pays, Le Moulinel – ℰ 03 21 94 79 03 –
www.aubergedumoulinel.com – Fermé 24 septembre-2 octobre, 16 janvier-3 février,
lundi, mardi, dimanche soir

SECLIN

✉ 59113 – Nord – Carte régionale n° **13**-C2 – Carte Michelin 302-G4

AUBERGE DU FORGERON

MODERNE • ÉLÉGANT XxX Une auberge familiale pleine de charme. Côté restaurant gastronomique, la carte épouse l'air du temps, et les spécialités du chef – poêlée de Saint-Jacques aux truffes noires, ris de veau au fenouil – font mouche. À l'heure du repos, on profite de chambres confortables et bien tenues.

⅋ ⇦ & – Menu 33/82 € – Carte 42/69 €

17 rue Roger-Bouvry – ℰ 03 20 90 09 52 – www.aubergeduforgeron.com –
Fermé 24-30 décembre, lundi, samedi midi, dimanche

SOCX

✉ 59380 – Nord – Carte régionale n° **13**-B1 – Carte Michelin 302-C2

AU STEGER

TRADITIONNELLE • AUBERGE XX Cette table traditionnelle s'est forgée une belle réputation dans la région, à raison : le chef est passionné par le vin et les terroirs. Parmi les spécialités maison, on se régale d'un potjeveesch, du waterzoï de poissons, ou d'un parfait glacé au spéculos, le tout dans un cadre contemporain et une ambiance conviviale. Une adresse pleine de dynamisme !

🖾 & 🖾 ⇦ **P** – Menu 28 € (déjeuner)/39 € – Carte 23/57 €

27 route de Saint-Omer – ℰ 03 28 68 20 49 – www.restaurant-lesteger.com –
Fermé 8-25 août, lundi soir, mardi soir, mercredi soir, jeudi soir, vendredi soir,
dimanche soir

TILQUES

✉ 62500 – Pas-de-Calais – Carte régionale n° **13**-B2 – Carte Michelin 301-G3

CHÂTEAU TILQUES

MODERNE • ÉLÉGANT XX Les anciennes écuries du château de Tilques vous tendent les bras ! Si l'antique cheminée est toujours à sa place (on y prépare des grillades et autres plats mijotés), le reste du décor a bénéficié d'un beau coup de jeune : murs blanc et bleu, mobilier moderne... Service agréable.

⇦ ⇨ 🖾 & **P** – Menu 25 € (déjeuner), 35/55 €

Rue du Château – ℰ 03 21 88 99 99 – www.tilques.najeti.fr

LE TOUQUET-PARIS-PLAGE

✉ 62520 – Pas-de-Calais – Carte régionale n° **13**-A2 – Carte Michelin 301-C4

✸ LE PAVILLON

CRÉATIVE · **ÉLÉGANT** XxX Nouvelle peau pour le Pavillon du Westminster, ce beau palace des années 1930, fleuron de la Côte d'Opale, entièrement rénové par l'architecte d'intérieur français Bruno Borrione. Ambiance tamisée, tons noir et ocre, coin bibliothèque aux allures de salon de lecture : on s'installe dans la salle à manger tendue de grandes tapisseries animalières pour déguster la cuisine créative de William Elliott. On apprécie les associations terre/mer, les plats équilibrés qui vont à l'essentiel, à l'instar de ce noix de Saint-Jacques, émulsion de girolles. Depuis la terrasse, vue sur le célèbre phare de La Canche.

Spécialités : Cuisine du marché.

ॐ 🛋 ढ़ 🖾 🏗 🤵 **P** – Menu 100/160 € – Carte 95/115 €

Le Westminster - Barrière, Avenue du Verger – ✆ 03 21 05 48 48 –
www.hotelsbarriere.com – Fermé lundi, mardi, mercredi, jeudi midi, vendredi midi,
samedi midi

❍ LE PARIS

MODERNE · **CONVIVIAL** XX À quelques rues du bord de mer, une table en prise sur le marché et les saisons, très appréciée des gourmets de la station ! Les associations y sont heureuses et goûteuses. Une cuisine qui évolue entre recettes traditionnelles et d'autres plus modernes à l'image de ce carpaccio de Saint-Jacques au citron vert et radis noir. Accueil charmant.

🛋 – Menu 26 € (déjeuner)/39 € – Carte 53/67 €

88 rue de Metz – ✆ 03 21 05 79 33 – www.restaurant-leparis.com – Fermé 8-17 mars,
21-30 juin, mardi, mercredi

🏨 LE WESTMINSTER - BARRIÈRE

LUXE · **ART DÉCO** Sur la Côte d'Opale, posté entre la mer et la pinède, ce séduisant palace de style anglo-normand (1924) emblématique du Touquet a été intégralement rénové dans un style Art déco par l'architecte d'intérieur français Bruno Borrione. Un très beau spa et un bar délicieusement rétro complètent ce décor. On peut aussi profiter de la Table du West, le bistrot chic de l'établissement.

🏊 🌐 🔄 ढ़ 🖾 🏋 **P** – 103 chambres – 1 suite

Avenue du Verger – ✆ 03 21 05 48 48 – www.hotelsbarriere.com

✸ **Le Pavillon** – Voir la sélection des restaurants

TOURCOING

✉ 59200 – Nord – Carte régionale n° **13**-C2 – Carte Michelin 302-G3

❍ LA BARATTE

TRADITIONNELLE · **TENDANCE** XX Une petite maison en briques dans un quartier résidentiel de Tourcoing. Surprise à l'intérieur : on découvre une salle résolument contemporaine et élégante, avec une agréable vue sur le jardin et sa terrasse en teck. Côté cuisine, le chef fait montre d'inventivité... pour le bonheur du produit frais !

🛋 ढ़ 🖾 ढ़ – Menu 21 € (déjeuner), 36/66 € – Carte 63/66 €

395 rue du Clinquet – ✆ 03 20 94 45 63 – www.la-baratte.com –
Fermé 29 avril-6 mai, 9-23 août, lundi, samedi midi, dimanche soir

VALENCIENNES

✉ 59300 – Nord – Carte régionale n° **13**-C2 – Carte Michelin 302-J5

❍ LA STORIA

ITALIENNE · **ÉLÉGANT** XxX Au sein de l'ancien hôpital du Hainaut, édifié sous Louis XV, voici un écrin somptueux avec ses piliers majestueux, son plafond aérien, ses lustres suspendus et sa moquette épaisse. Soignez-vous avec cette cuisine transalpine classique – plin d'ossobuco, vitello, risotto – en guise de remède !

ढ़ 🖾 – Menu 43/72 € – Carte 55/80 €

Plan : B1-g – *Royal Hainaut, 6 place de l'Hôpital-Général – ✆ 03 27 35 15 15 –*
www.royalhainaut.com – Fermé 2-19 janvier, 1ᵉʳ-24 août, lundi, mardi, mercredi midi,
jeudi midi, vendredi midi, samedi midi, dimanche soir

LE MUSIGNY

MODERNE · ÉLÉGANT XX Si le chef, passé par de grandes maisons, a choisi ce discret point de chute valenciennois, sa cuisine délicate a rapidement conquis la ville. Produits choisis et recettes joliment inspirées des saisons, le tout à déguster dans un décor entièrement rénové, ou sur la terrasse : la garantie d'un moment délicieux.

🌿 AC – Menu 44 € (déjeuner), 51/92 € – Carte 44/92 €

Plan : B1-t – *90 avenue de Liège –* ℰ *03 27 41 49 30 – www.lemusigny.fr – Fermé 1er-15 août, 21-30 décembre, lundi, samedi midi, dimanche soir*

ROYAL HAINAUT

GRAND LUXE · HISTORIQUE Le Hainaut a son palace ! Édifiée sous Louis XV, l'architecture monumentale de l'ancien hôpital du Hainaut laisse ébahi. Admirez cette cour d'honneur couronnée d'une verrière, cette chapelle superbement restaurée, ce sous-sol majestueux qui abrite piscine et spa. Avec leur hauteur sous plafond et leur standing impeccable, les chambres sont au diapason.

🏋 🔲 🕸 🌿 🛋 🖨 🕭 AC 🏊 🅿 – 42 suites – 37 chambres

Plan : B1-g – *6 place de l'Hôpital-Général –* ℰ *03 27 35 15 15 – www.royalhainaut.com*
🍴 **La Storia** – Voir la sélection des restaurants

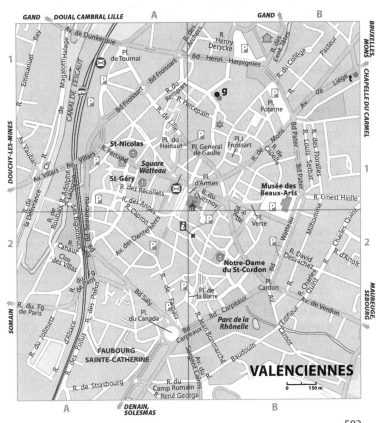

WAMBRECHIES

✉ 59118 – Nord – Carte régionale n° **13**-C2 – Carte Michelin 302-G3

⊛ **BALSAMIQUE**

MODERNE • **CONTEMPORAIN** ᛉ Qu'elle est agréable, la petite terrasse au calme du Balsamique, surtout les soirs d'été ! Le jeune chef a plus d'un tour dans son sac : sa cuisine créative, assez originale, s'appuie sur des produits impeccables (poisson de Boulogne-sur-Mer, par exemple) et se pare de belles influences asiatiques. Service efficace et beau choix de champagnes. L'Encas, bistrot lounge à la déco tendance, permet de profiter toute la journée des même plats, version sur le pouce.

Spécialités : Cuisine du marché.

🛱 & – Menu 34 € – Carte 37/56 €

13 place du Général-de-Gaulle – ☏ 03 20 93 68 55 –
www.balsamique-restaurant.com – Fermé 1ᵉʳ-4 janvier, lundi, dimanche

WIERRE-EFFROY

✉ 62720 – Pas-de-Calais – Carte régionale n° **13**-A2 – Carte Michelin 301-D3

⊛ **LA FERME DU VERT**

MODERNE • **AUBERGE** ᛉ Dans le cadre de cette ancienne ferme du 19ᵉ s., sous l'égide de trois frères, une fromagerie artisanale en activité (vente à emporter) et cet agréable restaurant où l'on déguste des petits plats traditionnels soignés, rehaussés d'une pointe de créativité. Le tout à prix savoureux.

Spécialités : Terrine de volaille, lard fumé et condiments. Agneau de 7 heures, espuma de pomme de terre, girolles. Crème brûlée à la chicorée.

🖨 ✿ 🅿 – Menu 35 € – Carte 38/65 €

Rue du Vert – ☏ 03 21 87 67 00 – www.fermeduvert.com – Fermé lundi midi, samedi
midi, dimanche

WIMEREUX

✉ 62930 – Pas-de-Calais – Carte régionale n° **13**-A2 – Carte Michelin 301-C3

✿ **LA LIÉGEOISE**

Chef : Benjamin Delpierre

MODERNE • **TENDANCE** ᛉᛉᛉ En étage, sur la digue : impossible d'échapper au panorama sur la mer ! Au sein de cet hôtel familial de la plus ancienne station balnéaire de la Côte d'Opale, on est d'emblée séduit par ce décor refait de frais dans un style vintage. Avant de s'ancrer face à la Manche, Benjamin Delpierre a posé ses filets chez Jean-Michel Lorain à la Côte Saint-Jacques puis au Ritz de Michel Roth, avant un cabotage du côté des Caraïbes avec son épouse, aujourd'hui en salle. Ici, les poissons et les fruits règnent sans partage dès l'entrée – rouget, escargots, huîtres, couteaux et moules – mis en valeur par une belle cuisine de la mer.

Spécialités : Cuisine du marché.

🍸 ⇐ & Ⓜ ⊡ 🅿 – Menu 52/97 € – Carte 75/88 €

Atlantic Hôtel, 6 rue Notre-Dame – ☏ 03 21 32 41 01 – www.atlantic-delpierre.com –
Fermé 15 février-9 mars, 28 juin-6 juillet, 19-27 octobre, lundi, mardi, mercredi midi,
jeudi midi, vendredi midi, dimanche soir

🏨 **ATLANTIC HÔTEL**

TRADITIONNEL • **FONCTIONNEL** Sur la digue du front de mer, cet hôtel toise la Manche ! On observe les flots à loisir depuis toutes les chambres, qu'elles soient romantiques, de style balnéaire chic ou très contemporaines.

❄ ⇐ 🕅 ⊡ & 🅿 – 18 chambres

6 rue Notre-Dame – ☏ 03 21 32 41 01 – www.atlantic-delpierre.com

✿ **La Liégeoise** – Voir la sélection des restaurants

PICARDIE

Qu'y a-t-il de commun entre la forêt de Chantilly, les prés-salés de la baie de Somme, et le vignoble de la vallée de la Marne, autour de Château-Thierry ? Tout cela, c'est la Picardie, qui peut se targuer d'une production aussi variée que ses paysages. Les forêts giboyeuses ont offert la matière première à bien des spécialités locales (pâté picard, pâté de canard en croûte d'Amiens). La région de la Thiérache possède la seule AOC de Maroilles, créée en 1976, une vraie fierté locale. Plus au sud, toujours dans l'Aisne, le vignoble de la vallée de la Marne produit les champagnes les plus proches de Paris.

L'activité légumière est présente partout, des vastes plaines aux hortillonnages du marais amiénois : carotte, poireau, pomme de terre, endive, betterave. Et qui dit betterave dit… sucre : que de confiseries inventées en ces terres, des haricots de Soissons aux tuiles du Beauvaisis ! Et il y a dans ces contrées des cuisiniers de talent, qui ne se font pas prier pour mettre en valeur la production locale, à l'image du travail de deux chefs voisins, dans l'Oise : Guillaume Guibet, au Verbois, et Anthony Denon, à l'Auberge du Jeu de Paume, qui célèbrent tous les deux les trésors des environs, gibier en tête…

StockFood/hemis.fr

• Carte régionale n° 14

AGNETZ

✉ 60600 – Oise – Carte régionale n° **14**–B2 – Carte Michelin 305-F4

ⅰ○ AUBERGE DU J'Y COURS

MODERNE · CONVIVIAL ⅈ Une adresse sympathique, bien dans son époque, avec une cuisine au goût du jour de bonne facture. Duo de makis, tomates anciennes, mozzarella et fraises ; gambas et caviar d'aubergines : les assiettes, goûteuses et soignées, sont servies dans une salle de bistrot chic, lumineuse et accueillante. On y court.

🍴 ᚐ ✿ – Menu 24 € (déjeuner)/32 € – Carte 35/50 €

466 avenue Philippe-Courtial – ℰ 03 44 51 15 19 –
www.auberge-du-j-y-cours.webnode.fr – Fermé 27 juillet-15 août, lundi, mercredi soir, dimanche soir

AILLY-SUR-NOYE

✉ 80250 – Somme – Carte régionale n° **14**–B2 – Carte Michelin 301-H9

ⅰ○ LE MOULIN DES ÉCREVISSES

MODERNE · RUSTIQUE ⅈⅈ Une longue allée fleurie, un ancien moulin à grain, et dans l'assiette, une cuisine traditionnelle au goût du jour, à l'image de ce poireau brûlé à la plancha, vinaigrette d'anguille fumé aux écrevisses. A déguster, aux beaux jours, sur la terrasse surplombant le cours d'eau. Bucolique à souhait.

🍴 ᚐ & ✿ 🄿 – Menu 34/60 €

Route de Boves – ℰ 03 22 90 25 69 – www.lemoulindesecrevisses.com –
Fermé 23-30 décembre, lundi, samedi midi, dimanche soir

AMIENS

✉ 80000 – Somme – Carte régionale n° **14**–B2 – Carte Michelin 301-G8

ⅰ○ LES ORFÈVRES

MODERNE · CONTEMPORAIN ⅈⅈ À deux pas de la célèbre cathédrale, un restaurant au décor de type atelier, épuré et moderne. Au menu : une cuisine qui connaît ses classiques, avec quelques touches plus modernes par-ci par-là… et une ambiance conviviale. Le chef aime travailler le poisson à l'image de ce savoureux tourteau, avocat et citron.

Menu 26 € (déjeuner), 37/83 € – Carte 50/60 €

14 rue des Orfèvres – ℰ 03 22 92 36 01 – www.lesorfevres.com – Fermé 1er-14 janvier, 7-16 août, lundi, mercredi midi, dimanche soir

ⅰ○ AIL DES OURS

MODERNE · CONTEMPORAIN ⅈ Belle découverte que cet établissement contemporain et coloré. Le chef, Stéphane Bruyer, y propose une cuisine simple, inspirée de la nature, valorisant les produits de son terroir. La table dont tout le monde parle à Amiens… et l'on comprend pourquoi !

& 🄰🄲 – Menu 26 € (déjeuner)/38 €

11 rue Sire-Firmin-Leroux – ℰ 03 22 48 35 40 – Fermé lundi, mardi midi, dimanche

🏠 MAROTTE

HISTORIQUE · COSY Bel établissement inauguré fin 2012 au cœur de la ville. Il prend ses aises dans une bâtisse de brique rouge du 19ᵉ s. (avec une extension contemporaine), dont il conserve le cachet – boiseries, moulures, etc. – et même l'esprit de demeure privée. Élégance, atmosphère feutrée et accueil charmant…

📶 & 🛎 🄿 – 12 chambres

3 rue Marotte – ℰ 03 60 12 50 00 – www.hotel-marotte.com

APREMONT

✉ 60300 – Oise – Carte régionale n° **14**–B3

😊 AUBERGE LA GRANGE AUX LOUPS

CLASSIQUE • **AUBERGE** XX Cette auberge villageoise doit sa renaissance à un couple passionné, qui a complètement rénové les lieux dans une veine contemporaine. Le chef revisite joyeusement les classiques et y met un soin de tous les instants ; ses savoureuses assiettes se dégustent sur la terrasse d'été, aux beaux jours.

Spécialités : Tartare de bar à la framboise, jeunes pousses de tétragone. Ris de veau croustillant, betteraves confites au jus. Crémeux à la verveine du jardin, fruits rouges.

🍃 🖨 🛏 – Menu 34/99 €

8 rue du 11-Novembre – ℰ 03 44 25 33 79 – www.lagrangeauxloups.com –
Fermé 1er-7 mars, 3-9 mai, 14-31 août, lundi, dimanche

ARGOULES

✉ 80120 – Somme – Carte régionale n° **14**-A1 – Carte Michelin 301-E5

😊 AUBERGE DU COQ-EN-PÂTE

TRADITIONNELLE • **AUBERGE** X Dans les années 1930, cette auberge typiquement régionale fut offerte par le châtelain d'Argoules à sa cuisinière. Plusieurs décennies plus tard, on perpétue l'amour de la bonne chère avec des plats qui magnifient le terroir picard, entre tradition et modernité. Une adresse sympathique.

Spécialités : Ravioles de crabe au champagne. Pigeonneau rôti aux baies de genièvre. Nougat glacé aux pommes, caramel à l'ancienne.

🛏 – Menu 24 € – Carte 26/48 €

37 Grande-Rue – ℰ 03 22 29 92 09 – Fermé 11 janvier-3 février, 1er-15 septembre,
lundi, mardi, mercredi soir, jeudi soir, dimanche soir

AUTHUILLE

✉ 80300 – Somme – Carte régionale n° **14**-B1 – Carte Michelin 301-J7

🍴○ AUBERGE DE LA VALLÉE D'ANCRE

TRADITIONNELLE • **ÉLÉGANT** XX Perdue en pleine campagne, cette sympathique auberge de pays n'en est pas moins prisée ! L'accueil y est charmant ; dans sa cuisine ouverte aux regards, le chef prépare une généreuse cuisine traditionnelle, avec notamment quelques spécialités locales comme la ficelle picarde. Beau plateau de fromages.

🛏 🔠 ♻ – Menu 26/31 € – Carte 30/45 €

6 rue du Moulin – ℰ 03 22 75 15 18 – Fermé lundi, mercredi soir, dimanche soir

BEAUVAIS

✉ 60000 – Oise – Carte régionale n° **14**-B2 – Carte Michelin 305-D4

😊 LA BAIE D'HALONG

VIETNAMIENNE • **EXOTIQUE** X Fermez les yeux, vous êtes en Asie. Dans ce restaurant, le chef prépare une excellente cuisine vietnamienne alliant bons produits frais et savants dosages d'épices. Attention, l'adresse fait souvent salle comble, d'autant que l'accueil, d'une gentillesse exquise, invite à prendre des habitudes.

Spécialités : Banh cuon. Bo lui cuon. Banane caramel gingembre.

🔠 – Menu 29/45 €

49 rue de la Madeleine – ℰ 03 44 45 39 83 – Fermé 1er-15 mai, 12 juillet-20 août,
20 décembre-8 janvier, lundi, samedi midi, dimanche

🍴○ AUTREMENT

MODERNE • **TENDANCE** XX Légèrement à l'écart du centre-ville, une petite adresse tranquille qui permet de voir la vie... autrement. Le chef, originaire de la région, maîtrise parfaitement cuissons et assaisonnements et travaille de bons produits ; sa cuisine, originale et colorée, a le mérite de la clarté - ainsi le thon servi en tataki façon pissaladière, sauce sésame ou l'agneau confit aux épices douces, caviar d'aubergine. Et son dessert signature fait toujours mouche : le paris-brest !

🛏 ♿ 🅿 – Menu 20 € (déjeuner), 44/60 € – Carte 25/60 €

128 rue de Paris (quartier Voisinlieu) – ℰ 03 44 02 61 60 –
www.autrement-restaurant.fr – Fermé 6 août-1er septembre, lundi, samedi midi,
dimanche

🍽️ **LE SENSO**

MODERNE • ÉPURÉ XX Sur la place du marché, ce restaurant joue la carte de la simplicité, avec un décor contemporain de belle facture. Quelques touches créatives à signaler dans les assiettes du chef, qui porte une attention toute particulière aux dressages. Ne manquez pas sa spécialité : le kouign amann.

&. 🅰🅲 – Menu 25 € (déjeuner), 46/65 €

25 rue d'Agincourt –
📞 03 64 19 69 06 – lesensorestaurant.free.fr –
Fermé lundi, dimanche

BELLE-ÉGLISE

✉️ 60540 – Oise – Carte régionale n° **14**–B3 – Carte Michelin 305-E5

🏵️ **LA GRANGE DE BELLE-ÉGLISE**

Chef: Marc Duval

CLASSIQUE • ÉLÉGANT XxX Il y a des noms de restaurant et de village qui font très "France éternelle" : la Grange de Belle-Église relève de cet imaginaire bucolique et gourmand. On s'attend à y déguster de belles recettes traditionnelles réalisées avec amour à partir de bons produits issus des campagnes environnantes. Gagné ! Dans cette ancienne grange à charbon reconvertie en un havre paisible et cossu, la bonne chère revêt ses plus beaux atours. Le chef Marc Duval fait assaut de classicisme, non sans s'autoriser des écarts modernes. Noix de Saint-Jacques, jus au sauternes et fruits d'automne, dos de saumon au verjus, potimarron à la myrte, bar de ligne et moules de bouchot, et autres pigeonneau et ris de veau se dégustent dans une salle à manger feutrée qui s'ouvre aux beaux jours sur un jardin pimpant.

Spécialités : Risotto d'escargots, semoule de boulgour. Croustillantes langoustines en spaghettis, duo de maigre et de veau. Fraises mara des bois, crémeux citron-yuzu et pain aux pralines.

🕸️ 🍽️ &. 🅰🅲 🅿️ – Menu 26 € (déjeuner), 46/85 € – Carte 114/159 €

28 boulevard René-Aimé-Lagabrielle –
📞 03 44 08 49 00 – www.lagrangedebelleeglise.fr –
Fermé 15 février-2 mars, 9-24 août, lundi, mardi midi, dimanche soir

CHANTILLY

✉️ 60500 – Oise – Carte régionale n° **14**–B3 – Carte Michelin 305-F5

🏵️ **LA TABLE DU CONNÉTABLE**

MODERNE • ÉLÉGANT XxXX Le château royal de Chantilly cumule les superlatifs : un superbe parc signé Le Nôtre, un musée renfermant la deuxième collection de peintures anciennes en France, des écuries jamais égalées en splendeur... Une visite inoubliable avant de s'attabler dans cette luxueuse auberge contiguë aux jardins. Dans un cadre somptueux, entre tableaux, lustres et belles tentures, le chef Antony Denon, venu de la galaxie Ducasse (Louis XV, Plaza Athénée, Le Meurice, Rech), signe une cuisine créative, axée principalement sur le végétal, sans oublier les poissons, les viandes et quelques classiques régionaux revisités à l'image de cette tourte à l'anguille. Coup de cœur pour la langouste et sa garniture autour de l'aubergine confite.

Spécialités : Artichaut à cru, étuvé au vin d'Arbois et pralin de noix. Culoiselle, maïs grillé et céréales, crème au foin. Chocolat grand cru aux graines de caroube.

&. 🅰🅲 🍷 🚗 – Menu 54 € (déjeuner), 85/125 €

Auberge du Jeu de Paume, 4 rue du Connétable –
📞 03 44 65 50 00 – www.aubergedujeudepaumechantilly.fr –
Fermé 1ᵉʳ-20 janvier, 1ᵉʳ-23 août, lundi, mardi, mercredi, jeudi midi, dimanche

🏵️🏵️🏵️, 🏵️🏵️, 🏵️, 😊 & 🍽️

❀ LE VERBOIS

MODERNE · CONTEMPORAIN XxX Dans la famille Guibet, je demande le fils ! Dans la droite ligne de son père, Guillaume a repris les fourneaux de l'ancien relais de chasse (1886). Portée par les saisons, sa cuisine est créative et astucieuse, parfois franchement portée sur l'Asie (et pour cause, il a fait ses classes chez Kei, à Paris), toujours convaincante. Les beaux produits, traités avec malice et finesse, se succèdent comme cette dorade royale traitée en ceviche fraîche et relevée à souhait, ou cette belle pomme de ris de veau mise en valeur par une garniture gourmande et un jus intense. Même dynamisme du côté du décor, entre bois, cuir et métal, d'une grande élégance.

Spécialités : Tourteau, gelée de bouillabaisse, rouille et fenouil. Pigeon de Racan, maïs, myrtilles et condiment moutarde. Meringue, basilic pourpre et parfait glacé.

❀ ⛶ 🍴 & 🅰 ⟷ 🅿 – Menu 39 € (déjeuner), 59/85 € – Carte 76/115 €

6 rue la Grande-Folie/St-Maximin – ℰ 03 44 24 06 22 – www.leverbois.fr –
Fermé 4-25 janvier, 2-23 août, lundi, dimanche soir

ⵔ○ LE JARDIN D'HIVER ❶

MODERNE · CLASSIQUE XX Ce bistrot chic à la décoration sobre et classique est l'adresse bis de l'Auberge du jeu de Paume. Aux commandes, le chef Anthony Denon propose une cuisine française moderne dans laquelle le végétal est mis au centre du propos. Ce jour, betterave rôtie, condiment burrata et basilic ; lieu jaune, brocolis étuvés et olives. Agréable terrasse dans le patio.

↩ ⛶ & 🅰 🍽 – Menu 49 €

Auberge du Jeu de Paume, 6 rue du Connétable – ℰ 03 44 65 55 00 –
www.aubergedujeudepaumechantilly.fr

⛨ AUBERGE DU JEU DE PAUME

LUXE · ÉLÉGANT Beaucoup de raffinement dans ce luxueux établissement en bordure du Domaine de Chantilly, entre les Grandes Écuries et le château. Les chambres spacieuses et à l'élégance classique (avec vue sur la ville ou le parc), les deux restaurants, le spa de 600 m²... tout est princier.

✿ 🖽 ⓦ 🛁 🗗 & 🅰 🔱 🚗 – 78 chambres – 14 suites

4 rue du Connétable – ℰ 03 44 65 50 00 – www.aubergedujeudepaumechantilly.fr

❀ **La Table du Connétable** · ⵔ○ **Le Jardin d'Hiver** – Voir la sélection des restaurants

LA CHAPELLE-EN-SERVAL

✉ 60520 – Oise – Carte régionale n° **14**–B3 – Carte Michelin 305-G6

⛨ MONT ROYAL

DEMEURE HISTORIQUE · GRAND LUXE Ce superbe château de 1909 se dresse au milieu d'un grand parc arboré et s'inspire des édifices du 18e s. Dès l'entrée, hauts plafonds, miroirs et mobilier de style donnent le ton : luxe et raffinement ! Au restaurant L'Opéra, cuisine actuelle et de saison.

✿ ⌚ ≤ 🍴 🖽 🛁 🗗 & 🅰 🔱 🅿 – 102 chambres – 6 suites

Allée des Marronniers – ℰ 03 44 54 50 50 –
http://montroyal-chantilly.tiara-hotels.com

COMPIÈGNE

✉ 60200 – Oise – Carte régionale n° **14**–B2 – Carte Michelin 305-H4

❀ RHIZOME ❶

MODERNE X Le rhizome d'une plante s'apparente à sa racine. Choix judicieux pour symboliser le retour aux sources de ce jeune couple de Soissons, revenu en Picardie, après des passages dans de belles maisons. Racine aussi pour une cuisine du marché, vivante et instinctive, orientée locavore. Le bon plan gourmandise de la ville, avec un menu (unique) au déjeuner à un prix imbattable. Une bien jolie adresse.

Spécialités : Butternut rôti, crème de champignons, poudre de magret de canard fumé. Quasi de veau, céleri, laitue de mer. Millefeuille au maïs et crème de bière noire.

Menu 25 € (déjeuner), 35/45 €

6 rue des Pâtissiers – ℰ 09 83 77 42 22 – www.restaurant-rhizome.fr – Fermé lundi, dimanche

COURCELLES-SUR-VESLE

✉ 02220 – Aisne – Carte régionale n° **14**-C2 – Carte Michelin 306-D6

ⓘ○ CHÂTEAU DE COURCELLES

MODERNE · CLASSIQUE ✕✕✕ Noble demeure que ce château hérité du Grand Siècle, fastueux sans être opulent, et recelant un beau jardin d'hiver, d'inspiration Second Empire. Le décor prête à un élégant moment, autour de recettes inspirées par les tendances et accompagnées d'un impressionnant choix de vins. Ce jour-là, gambas en papillon sur son lit d'artichaut au citron noir d'Iran ; barbue rôtie, asperges en deux façons, sabayon orange. Une adresse très agréable.

🏵 ⌂ 🛱 🅿 – Menu 45 € (déjeuner), 70/110 €

8 rue du Château – ℰ 03 23 74 13 53 – www.chateau-de-courcelles.fr

🏛 CHÂTEAU DE COURCELLES   `Tablet.`**`PLUS`**

DEMEURE HISTORIQUE · CLASSIQUE De longues enfilades de fenêtres, des toits à la Mansart, des allées de buis taillé... la parfaite image d'un château français du 17ᵉ s., fréquenté en leurs temps par Crébillon, Rousseau ou encore Cocteau. Grand style dans les chambres et belles prestations.

🏊 ⌂ ⬦ 🛱 ♨ ✦ 🅿 – 15 chambres – 3 suites

8 rue du Château – ℰ 03 23 74 13 53 – www.chateau-de-courcelles.fr

ⓘ○ **Château de Courcelles** – Voir la sélection des restaurants

LE CROTOY

✉ 80550 – Somme – Carte régionale n° **14**-A1 – Carte Michelin 301-C6

ⓘ○ AUBERGE DE LA MARINE

MODERNE · BISTRO ✕ Un jeune couple plein d'allant préside aux destinées de cette petite maison régionale, proche des quais. Dans l'assiette : émietté de crabe de casier et crémeux d'avocat ; filet de bœuf des Hauts-de-France au foie gras, aligot à la pomme Picarde... Une cuisine savoureuse et toujours maîtrisée !

⇆ ✦ – Menu 36 € (déjeuner), 41/46 € – Carte 41/52 €

1 rue Florentin-Lefils – ℰ 03 22 27 92 44 – www.aubergedelamarine.com – Fermé 1ᵉʳ-27 janvier, 21-30 juin, 15-25 novembre, mardi, mercredi

ⓘ○ BELLEVUE

POISSONS ET FRUITS DE MER · SIMPLE ✕ La table ne pouvait pas mieux porter son nom : la vue sur la baie de Somme est tout simplement superbe. En accord avec cette situation, le chef met en avant les beaux poissons et fruits de mer des environs (moules et coques de la baie, crevettes grises, mulet, etc.). Souvenir d'un tartare de cabillaud, pesto basilic et de gambas rôtis, bouillon de crevettes grises. Les amateurs seront ravis.

✦ 🛱 ✦ 🎦 – Carte 35/39 €

526 digue Jules-Noiret – ℰ 03 22 27 86 42 – www.bellevuelecrotoy.fr – Fermé 4-28 janvier, 29 novembre-23 décembre, mercredi, jeudi

DURY

✉ 80480 – Somme – Carte régionale n° **14**-B2 – Carte Michelin 301-L6

ⅠⅠ◯ L'AUBERGADE

MODERNE · CONTEMPORAIN XxX Une cuisine d'inspiration classique, respectueuse des saisons et basée sur le meilleur du marché : voici le credo et la promesse du chef Éric Boutté, fin connaisseur du terroir picard et voyageur à ses heures. Côté décor, une salle élégante, d'une grande sobriété, où l'on se sent bien. Ne partez pas sans goûter à la spécialité de la maison, le chou farci, plus de 20 000 déjà servis !

& ✿ – Menu 45/90 € – Carte 67/80 €

78 route Nationale – ☏ 03 22 89 51 41 – www.aubergade-dury.com –
Fermé 1ᵉʳ-11 janvier, 25 avril-10 mai, 8-23 août, lundi, dimanche

ⅠⅠ◯ LA BONNE AUBERGE

MODERNE · ÉLÉGANT XX Dans cette pimpante auberge, point de carte : on choisit parmi les suggestions du jour, gage de fraîcheur. Le jeune chef se montre assez audacieux dans sa cuisine, osant quelques accords de saveurs originaux (qui ne font pas de mal, dans cette région où la tradition règne en maître...). Service aimable et efficace, bon rapport qualité-prix. A noter, la création d'une boutique mitoyenne au restaurant, avec plats à emporter de l'entrée au dessert, concoctés par le chef.

& – Menu 32/64 €

63 route Nationale – ☏ 03 22 95 03 33 – www.labonneauberge80.com –
Fermé 1ᵉʳ-21 janvier, 15 août-2 septembre, lundi, mardi, dimanche

EAUCOURT-SUR-SOMME

✉ 80580 – Somme – Carte régionale n° **14**-A1 – Carte Michelin 301-E7

ⅠⅠ◯ AUBERGE DU MOULIN - LE SALTIMBANQUE

MODERNE · CONVIVIAL XX Une adresse attachante, désormais tenue par un chef picard amoureux de son terroir. Le menu surprise, en quatre ou cinq plats, met en avant des produits de l'agriculture raisonnée et des poissons de petite pêche. Les assiettes séduisent, on passe un agréable moment.

🌿 *L'engagement du chef:* "Notre cuisine est un reflet authentique du terroir de la Picardie maritime. Les produits que nous travaillons sont ceux d'artisans et de producteurs locaux et vertueux qui rendent respectueusement hommage à notre terre. Au-delà de ces produits qui dictent au quotidien notre carte, nous fabriquons nous mêmes notre pain et beurre et avons fait le choix de proposer des eaux-micro filtrées plutôt qu'en bouteilles. "

⪦ 🍴 & ✿ 🅿 – Menu 35 € (déjeuner), 45/55 €

1500 lieu-dit du Moulin – ☏ 03 22 27 08 94 – www.lesaltimbanque.fr –
Fermé 1ᵉʳ-12 janvier, 23-31 août, lundi, mardi, dimanche soir

ÉTOUY

✉ 60600 – Oise – Carte régionale n° **14**-B2

✿ L'ORÉE DE LA FORÊT

Chef: Nicolas Leclercq

MODERNE · ÉLÉGANT XxX Vous cherchez une bonne table proche de Paris ? En lisière de la forêt de Henez, cette belle demeure de la fin du 19ᵉ s. accueille sereinement les clients dans son parc arboré. L'idéal pour se mettre au vert, l'appétit en bandoulière. L'intérieur, feutré et élégant, séduit grâce aux efforts familiaux du chef Nicolas Leclercq et de son épouse Yolaine. La grand-mère de Nicolas avait ouvert le restaurant en... 1956 et faisait elle-même son beurre grâce au lait de sa vache ! Le grand potager (flânerie obligatoire après le repas) approvisionne la table en légumes frais et herbes aromatiques – cueillette effectuée par le père du chef. Aujourd'hui, le cuisinier, qui fabrique lui-même son pain au levain, propose une cuisine franche, colorée et attentive aux saisons.

Spécialités: Assiette comme dans un jardin, cromesquis d'œuf. Pigeonneau rôti au barbecue et légumes du potager. Millefeuille vanillé.

🍴 🍸 🅿 – Menu 65 € (déjeuner)/125 € – Carte 110/120 €

255 rue de la Forêt – ☏ 03 44 51 65 18 – www.loreedelaforet.fr – Fermé lundi, mardi, dimanche soir

FAVIÈRES

✉ 80120 – Somme – Carte régionale n° **14**–A1 – Carte Michelin 301-C6

🕸 **LA CLÉ DES CHAMPS**

MODERNE • **CONTEMPORAIN** ✗✗ Un jeune couple de professionnels a transformé cette auberge en un restaurant des plus recommandables. On ne ménage pas sa peine pour faire plaisir au client, et le résultat est là, à l'image de ce réjouissant paleron de veau confit, aubergine, jus à la sarriette... une affaire qui roule et nous régale.

Spécialités : Maquereau mariné, betterave, fromage frais et fines herbes. Paleron de veau confit, aubergine, jus à la sarriette. Baba au gin, framboise-yuzu.

&. ❖ – Menu 28 € (déjeuner), 34/54 €

Place des Frères-Caudron – ℰ 03 22 27 88 00 –
www.restaurant-lacledeschamps.com – Fermé 1ᵉʳ-7 mars, 28 juin-4 juillet, mercredi, jeudi

GOUVIEUX

✉ 60270 – Oise – Carte régionale n° **14**–B3

🏰 **CHÂTEAU DE LA TOUR**

DEMEURE HISTORIQUE • **COSY** Pour se mettre au vert pas trop loin de Paris, cette belle demeure du début du 20ᵉ s., cachée dans un joli parc de 8 ha, est tout indiquée. À l'intérieur, un salon très "british", avec fauteuil club, bar en bois et billard, et des chambres classiques et spacieuses.

🍃 🐾 ≤ 🛏 🏊 &. 🎦 🈳 🄿 – 47 chambres

Chemin du Château-de-la-Tour – ℰ 03 44 62 38 38 – www.lechateaudelatour.fr

LAON

✉ 02000 – Aisne – Carte régionale n° **14**–D2 – Carte Michelin 306-D5

🕸 **ZORN - LA PETITE AUBERGE**

MODERNE • **TENDANCE** ✗✗ La cité médiévale de Laon et sa cathédrale n'attirent pas que les amoureux de vieilles pierres : pour preuve, cette belle auberge contemporaine affiche souvent complet. C'est une valeur sûre orchestrée par un chef expérimenté, Willy Marc Zorn, qui concocte une belle cuisine de saison.

Spécialités : Escargots petit gris, coulis de petits pois et émulsion d'ail. Dorade royale, mijoté de chou et beurre au cumin. Macaron, crème de citron et framboise.

🕸 🏡 ❖ 🄿 – Menu 34/61 €

45 boulevard Pierre-Brossolette – ℰ 03 23 23 02 38 –
www.zorn-lapetiteauberge.com – Fermé lundi soir, samedi midi, dimanche

LE MEUX

✉ 60880 – Oise – Carte régionale n° **14**–B2

🍽 **AUBERGE DE LA VIEILLE FERME**

TRADITIONNELLE • **AUBERGE** ✗ Dans ce petit village non loin de Compiègne, l'ancienne ferme est aujourd'hui un hôtel-restaurant très couru. En cuisine, tout est fait maison, et le jeune chef excelle dans la réinterprétation des grands classiques : sole meunière, tête de veau... avec, parfois, quelques influences plus exotiques. Très recommandable.

🛏 🏡 🄿 – Menu 25 € (déjeuner)/40 € – Carte 33/40 €

58 rue de la République – ℰ 03 44 41 58 54 – www.hotel-restaurant-oise.com –
Fermé lundi, samedi midi, dimanche soir

MÉZY-MOULINS

✉ 02650 – Aisne – Carte régionale n° **14**–C3 – Carte Michelin 306-D8

🍴○ LE MOULIN BABET

TRADITIONNELLE • **AUBERGE** 🟫🟫 Cet ancien moulin à eau tout en pierre (19ᵉs.) profite du seul voisinage de la verdure et du Surmelin, affluent de la Marne. L'intérieur donne dans le moderne et l'épure, avec plafond en bois clair et fauteuils de designers ; la cuisine de tradition prend des accents bucoliques. Et dans les chambres, pas un bruit...

⇔ 🏠 & ⇔ 🅿 – Carte 36/75€

8 rue du Moulin-Babet – ☏ 03 23 71 44 72 – www.lemoulinbabet.com –
Fermé 12-31 août, lundi soir, mardi, mercredi

MONTGRÉSIN

✉ 60560 – Oise – Carte régionale n° **14**–B3

🍴○ RELAIS D'AUMALE

MODERNE • **ÉLÉGANT** 🟫🟫 Installez-vous dans l'une des deux salles à manger, selon votre envie du moment - déco historique avec boiseries, lustres et hauts plafonds ou lumineuse véranda au cadre cosy. Vous y dégusterez la cuisine au goût du jour d'un chef qui n'oublie jamais ses bases traditionnelles.

⇔ 🏠 🅿 – Menu 22/37€ – Carte 44/64€

37 place des Fêtes-Henry-Delaunay – ☏ 03 44 54 61 31 – www.relais-aumale.fr –
Fermé 2-23 août, lundi, mardi midi, dimanche soir

LE NOUVION-EN-THIÉRACHE

✉ 02170 – Aisne – Carte régionale n° **14**–D1 – Carte Michelin 306-E2

🍴○ LA PAIX

TRADITIONNELLE • **CLASSIQUE** 🟫 Briques, miroirs et bibelots : un décor agréable, au service d'une appétissante cuisine qui honore la tradition des bons petits plats depuis plus de trente ans. La Spécialité : le pavé de bœuf au maroilles...

⇔ 🏠 🅿 – Menu 28/32€ – Carte 48/68€

37 rue Jean-Vimont-Vicary – ☏ 03 23 97 04 55 – www.hotel-la-paix.fr –
Fermé 15 février-2 mars, 15-31 août, 23-31 décembre, lundi, samedi midi, dimanche

RETHONDES

✉ 60153 – Oise – Carte régionale n° **14**–C2

🍴○ AUBERGE DU PONT DE RETHONDES

MODERNE • **ÉLÉGANT** 🟫🟫 Sa jolie façade traditionnelle exprime le charme de ce village des bords de l'Aisne. Elle cache une salle moderne et épurée, parfaite pour profiter d'un repas porté par l'imagination du chef et les bons produits de la saison. Terrasse côté jardin.

🏠 🏠 & ⇔ – Menu 47/88€ – Carte 60/120€

21 rue du Maréchal-Foch – ☏ 03 44 85 60 24 – www.aubergedupont-rethondes.fr –
Fermé lundi, mardi, dimanche soir

REUILLY-SAUVIGNY

✉ 02850 – Aisne – Carte régionale n° **14**–C3 – Carte Michelin 306-D8

🍴○ AUBERGE LE RELAIS

MODERNE • **COSY** 🟫🟫 Cette auberge élégante, avec sa véranda tournée vers les vignes et la verdure, propose une cuisine honnête, entre tradition et modernité, basée sur des produits de belle qualité - de la langoustine au homard, en passant par le gibier en saison. Pour adoucir l'addition, tournez-vous vers les menus.

🛏 ⇔ ⟨ 🏠 & 🎦 ⇔ 🅿 – Menu 34/95€ – Carte 93/120€

2 rue de Paris – ☏ 03 23 70 35 36 – www.relaisreuilly.com – Fermé 3-14 janvier,
16 août-2 septembre

ROYE

✉ 80700 – Somme – Carte régionale n° **14**–B2 – Carte Michelin 301-J9

🍽○ LA FLAMICHE

MODERNE • COSY 🗙🗙 Rien d'étonnant à ce que ce restaurant, du nom de la fameuse spécialité locale, propose une cuisine à l'accent régional... mais pas seulement, à l'image de cette lotte rôtie aux épices tandoori. Cartes et menus changent tous les mois.

🔠 – Menu 39/65€

20 place de l'Hôtel-de-Ville – ℰ 03 22 87 00 56 – www.laflamiche.fr –
Fermé 9-25 août, lundi, mardi midi, dimanche soir

ST-JEAN-AUX-BOIS

✉ 60350 – Oise – Carte régionale n° **14**–C2

✿ AUBERGE À LA BONNE IDÉE

Chef: Sébastien Tantot

MODERNE • TRADITIONNEL 🗙🗙 Le nouveau chef Sébastien Tantot, qui a passé sept ans aux côtés de Gérald Passédat au Petit Nice, dont il a été chef exécutif, a déjà pris ses marques dans cette jolie auberge (pierres, poutres, cheminée...) située sur la route de Pierrefonds, en pleine forêt de Compiègne, dans un village médiéval. Héritage de son passage à Marseille, le chef aime à travailler les beaux poissons, le végétal, les jus profonds, corsés et l'huile d'olive au gré de deux menus (non mystère) dans lesquels les herbes et plantes aromatiques du potager (mis en place pendant le confinement) sont bien présents.

Spécialités: Vitrail de sandre, hommage à Saint-Jean-aux-Bois. Omble chevalier, extraction de ses chairs et estragon. Souplesse mara des bois, fruits rouges de nos maraîchers.

🕸 ⇦ 🛋 🅿 – Menu 72€ (déjeuner), 105/139€

3 rue des Meuniers – ℰ 03 44 42 84 09 – www.a-la-bonne-idee.fr –
Fermé 4-24 janvier, lundi, mardi midi, dimanche soir

ST-QUENTIN

✉ 02100 – Aisne – Carte régionale n° **14**–C2 – Carte Michelin 306-B3

🍽○ AUBERGE DE L'ERMITAGE

TRADITIONNELLE • COSY 🗙🗙 Un "ermitage" un peu à l'écart du centre-ville, à l'atmosphère contemporaine et feutrée. Le patron fait œuvre de tradition avec sérieux ; le filet de bœuf, le cœur de ris de veau et le foie gras de canard sont ses plats signatures.

🛋 �& ✿ 🅿 – Menu 25€ (déjeuner), 34/80€ – Carte 55/80€

331 route de Paris – ℰ 03 23 62 42 80 – www.aubergedelermitage.fr – Fermé lundi
soir, mardi soir, mercredi, samedi midi, dimanche soir

ST-VALERY-SUR-SOMME

✉ 80230 – Somme – Carte régionale n° **14**–A1 – Carte Michelin 301-C6

🍽○ AU VÉLOCIPÈDE

MODERNE • BRANCHÉ 🗙 Dans la partie haute de la ville, pédalez jusqu'à ce fringant Vélocipède ! Il séduit autant sur la forme – une belle devanture contemporaine et, derrière, un intérieur vintage garni d'objets chinés – que sur le fond, avec une courte carte alléchante mettant en avant les petits producteurs locaux, autour d'une cuisine française aux accents asiatiques. Terrasse pour les beaux jours.

⇦ 🛋 �& – Carte 30/36€

1 rue du Puits-Salé – ℰ 03 22 60 57 42 – www.auvelocipede.fr –
Fermé 3 janvier-12 février, mardi et le soir

⫟○ **BAIE** ⓝ

MODERNE · CONVIVIAL ⅹ Ce restaurant de poche, qui n'accueille que deux tables d'hôtes, mise sur une carte courte ainsi qu'une sélection rigoureuse des fournisseurs dans un rayon de cent kilomètres. Le produit brut est travaillé sans artifice, à l'image de cette lotte rôtie sur l'os. Ajoutez à cela l'accueil souriant et vous obtenez l'une des meilleurs adresses de la ville. Succès oblige, pensez à réserver !

Carte 34/52 €

30 rue de la Ferté – ℰ 03 22 26 65 12 – www.restaurantbaie.fr –
Fermé 21 décembre-3 janvier, lundi midi, mardi midi, mercredi, jeudi midi

🏚 **LES CORDERIES**

SPA ET BIEN-ÊTRE · CONTEMPORAIN Un imposant hôtel blanc comme l'albâtre, sur les hauteurs de St-Valéry. Sobriété, design et confort : quel plaisir de regagner sa chambre après un passage à l'espace bien-être ou une balade sur la plage... surtout si l'on a opté pour la vue sur la baie !

⛺ ৯ ≤ 🖣 🖵 ⑩ 🖸 & 🕸 🅿 – 18 chambres

214 rue des Moulins – ℰ 03 22 61 30 61 – www.lescorderies.com

STE-PREUVE

✉ 02350 – Aisne – Carte régionale n° **14**-D2 – Carte Michelin 306-F5

⫟○ **LES ÉPICURIENS**

MODERNE · ÉLÉGANT ⅹⅹⅹ Voilà bien une table destinée aux épicuriens ! Sérieux professionnel, le chef signe une cuisine raffinée, mêlant inspiration traditionnelle et méridionale : les assiettes ravissent l'œil comme le palais... Quant au cadre, il est élégant et ouvre sur la verdure. Service attentif.

🖇 🖣🖵 & 🅼 🅿 – Menu 42/105 € – Carte 63/105 €

Domaine de Barive, 1 ferme de Barive – ℰ 03 23 22 15 15 –
www.domainedebarive.com

🏚 **DOMAINE DE BARIVE**

DEMEURE HISTORIQUE · PERSONNALISÉ Une superbe bâtisse du 19ᵉ s. dans un immense parc : calme champêtre... Les chambres sont cosy (mansardées au 2ᵉ étage) et décorées avec soin ; on profite aussi de nombreux services (sauna, jacuzzi, tennis, salle de remise en forme) et d'un accueil prévenant.

⛺ ৯ 🖣 🖵 ⑩ 🛁 ⅃✦ & 🅼 🕸 🅿 – 15 chambres – 7 suites

ℰ 03 23 22 15 15 – www.domainedebarive.com

⫟○ **Les Épicuriens** – Voir la sélection des restaurants

SENLIS

✉ 60300 – Oise – Carte régionale n° **14**-B3 – Carte Michelin 305-G5

⫟○ **LE JULIANON**

CRÉATIVE · BISTRO ⅹ Dans cette charmante petite maison du 17e s. au décor contemporain lumineux, le chef propose une cuisine inventive, jouant avec tact sur les textures et les harmonies de saveurs, comme avec ce suprême de pintade, carotte fane et bisque de crevette. Le menu change quotidiennement.

Menu 29 € (déjeuner), 39/59 €

5 place Gérard-de-Nerval – ℰ 03 44 32 12 05 – www.le-julianon.fr – Fermé lundi,
samedi midi, dimanche

⫟○ **LE SCARAMOUCHE**

TRADITIONNELLE · BISTRO ⅹ Comme dans la Commedia dell'arte – dont Scaramouche est issu –, il se joue ici une sympathique pièce ! Tartare de dorade à la tahitienne, carottes et soja ; magret de canard entier accompagné de sa pêche rôtie et pommes grenaille revenues à la graisse de canard... On se régale d'une cuisine bistrotière joliment réalisée, goûteuse et généreuse.

🖵 & 🅼 – Menu 19/25 € – Carte 29/51 €

4 place Notre-Dame – ℰ 03 44 53 01 26 – www.le-scaramouche.fr –
Fermé 15-30 août, lundi, dimanche

ÎLE-DE-FRANCE..**598**

PARIS...**644**

ÎLE-
DE-FRANCE

ÎLE-DE-FRANCE

L'Île-de-France est le grand jardin de Paris, où s'en allaient s'étendre, les dames qui s'ennuyaient, du temps de Flaubert et Maupassant. Un jardin riche d'imposants châteaux, de fermes laitières et de terres agricoles. C'est aussi le berceau de l'impressionnisme. Il suffit d'arpenter les villages où ont vécu les peintres pour prendre la mesure de l'influence de la région et de ses îles sur l'imaginaire des artistes. Songez à Auvers-sur-Oise, Barbizon, Bougival, ou l'île de Chatou, fréquentée par Pissaro, Manet et Renoir. On retrouve cette campagne verdoyante aux Etangs de Corot, étape bucolique et gastronomique, à un jet de caillou des étangs de Ville-d'Avray.

Moins impressionniste mais tout aussi impressionnant, Ochre, à Ruel-Malmaison, où Baptiste Renouard (ça ne s'invente pas !) propose une cuisine joyeuse et enlevée. Même son de gourmandise du côté de Nanterre, à Cabane : le jeune chef Jean-François Bury taquine la bistronomie avec talent – ainsi ce remarquable magret de canard rôti à la sarriette et tatin de tomate.

Comment ne pas évoquer le pigeon rôti et laqué au miel de fleurs sauvages, purée de céleri et châtaigne de Naoëlle d'Hainaut de L'Or Q'idée à Pontoise ? Ou la cuisine créative aux notes japonisantes de Jacky Ribaut, à l'Ours, à Vincennes ? Sans oublier Rungis, premier marché de produits frais d'Europe, nouveau ventre de Paris, et qui alimente la plupart des restaurants de la capitale. Quant à ceux qui rechignent aux longues agapes, ils iront déjeuner sur l'herbe, à l'ombre de Manet.

J.-F. Mallet/hemis.fr

• Carte régionale n° 15

LA SÉLECTION DU GUIDE MICHELIN

LES TABLES ÉTOILÉES

✿✿✿

Une cuisine unique. Vaut le voyage !

Alain Ducasse au Plaza Athénée (Paris) ✿ 693
Alléno Paris au Pavillon Ledoyen (Paris) 694
L'Ambroisie (Paris) 666
Arpège (Paris) ✿ 683
Le Cinq (Paris) 694
Épicure au Bristol (Paris) 694
Guy Savoy (Paris) 674
Kei (Paris) 646
Pierre Gagnaire (Paris) 695
Le Pré Catelan (Paris) 738

✿✿

Une cuisine d'exception. Vaut le détour !

L'Abysse au Pavillon Ledoyen (Paris) 696
Le Clarence (Paris) 695
David Toutain (Paris) ✿ 683
Le Gabriel (Paris) 696
Le Grand Restaurant - Jean-François Piège (Paris) 696
Maison Rostang (Paris) 745
Marsan par Hélène Darroze (Paris) N 675
Le Meurice Alain Ducasse (Paris) 647
La Scène (Paris) 697
Sur Mesure par Thierry Marx (Paris) 647
La Table de l'Espadon (Paris) 647
Le Taillevent (Paris) 695

✿

Une cuisine d'une grande finesse. Vaut l'étape !

Abri (Paris) 717
Accents Table Bourse (Paris) 658
Agapé (Paris) 746
Aida (Paris) 686
Akrame (Paris) 701
Alan Geaam (Paris) 741
Alliance (Paris) 670
Anne (Paris) 663

triocean/iStock

Apicius (Paris)	697
L'Arcane (Paris)	751
L'Archeste (Paris)	741
Armani Ristorante (Paris)	675
L'Arôme (Paris)	699
Aspic (Paris)	713
L'Atelier de Joël Robuchon - Étoile (Paris)	702
L'Atelier de Joël Robuchon - St-Germain (Paris)	687
Auberge de la Brie (Couilly-Pont-aux-Dames)	628
Auberge des Saints Pères (Aulnay-sous-Bois)	758
Auguste (Paris)	684
Automne (Paris)	720
L'Axel (Fontainebleau)	630
Baieta (Paris)	670
Le Baudelaire (Paris)	648
Benoit (Paris)	666
Carré des Feuillants (Paris)	648
114, Faubourg (Paris)	701
Le Chiberta (Paris)	699
Le Chiquito (Méry-sur-Oise)	633
Les Climats (Paris)	684
Comice (Paris)	740
La Condesa (Paris)	713
Copenhague (Paris)	700
Le Corot (Ville-d'Avray)	765
La Dame de Pic (Paris)	648
Divellec (Paris)	684
Dominique Bouchet (Paris)	700

ÎLE-DE-FRANCE

L'Écrin (Paris) 697
ERH (Paris) 657
ES (Paris) 685
L'Escarbille (Meudon) 762
Étude (Paris) 740
Le Faham by Kelly Rangama (Paris) 747
Fleur de Pavé (Paris) 658
Frédéric Simonin (Paris) 746
Frenchie (Paris) 659
Gaya par Pierre Gagnaire (Paris) N 685
Le George (Paris) ❀ 698
Gordon Ramsay au Trianon (Versailles) 639
La Grande Cascade (Paris) 739
Helen (Paris) 700
L'Innocence (Paris) 713
Jacques Faussat (Paris) 746
Jin (Paris) 649
Le Jules Verne (Paris) 683
Ken Kawasaki (Paris) 752
Lasserre (Paris) 698
Loiseau Rive Gauche (Paris) 685
Louis (Paris) 714
Lucas Carton (Paris) 698
Marcore (Paris) 657
Mavrommatis (Paris) 669
MoSuke (Paris) N 731
Nakatani (Paris) 685

Lazar Djokovic/iStock

Neige d'Été (Paris) 734
NESO (Paris) 712
Nomicos (Paris). 740
Numéro 3 (Le Tremblay-sur-Mauldre). 638
Ochre (Rueil-Malmaison) N 764
L'Oiseau Blanc (Paris) 739
Oka (Paris) 670
L'Orangerie (Paris). 701
L'Or Q'idée (Pontoise) ❀ 635
L'Ours (Vincennes). 766
Oxte (Paris) N 746
Pages (Paris) 741
Le Panoramique - Domaine de la Corniche (Rolleboise). 636
Pantagruel (Paris) N 658
Pavyllon (Paris). 701
Pertinence (Paris). 686
Pilgrim (Paris) 735
Pur' - Jean-François Rouquette (Paris) 657
Le Quincangrogne (Dampmart). 629
Quinsou (Paris) 676
Qui Plume la Lune (Paris). 720
Relais Louis XIII (Paris). 675
Restaurant du Palais Royal (Paris). 649
Restaurant H (Paris). 667
Le Rigmarole (Paris) 721
La Scène Thélème (Paris). 745
Septime (Paris) ❀ 721
Le Sergent Recruteur (Paris). 667
Shabour (Paris) N 659
Shang Palace (Paris) 739
Sola (Paris). 671
Solstice (Paris) 669
Sushi B (Paris) 659
Table - Bruno Verjus (Paris) ❀ 727
La Table des Blot - Auberge du Château (Dampierre-en-Yvelines). 629
La Table d'Eugène (Paris) 752
La Table du 11 (Versailles). 639
Tomy & Co (Paris). 687
Tour d'Argent (Paris). 669
Trente-Trois (Paris) N 699
Le Village (Marly-le-Roi). 632
Le Violon d'Ingres (Paris). 686
Virtus (Paris) 726
Yam'Tcha (Paris). 649
Yoshinori (Paris) 676
Ze Kitchen Galerie (Paris) 676

LES BIB GOURMAND 🆕
Nos meilleurs rapports qualité-prix

Abri Soba (Paris) 714
L'Antre Amis (Paris) 735
Auberge Pyrénées Cévennes (Paris) 721
Au Bon Accueil (Paris) 687
Aux Plumes (Paris) 731
Bird (Yerres) 642
Biscotte (Paris) 735
Le Bistrot du 11 (Versailles) 641
Bistrotters (Paris) 732
Brigade du Tigre (Paris) **N** 718
Cabane (Nanterre) 763
Le Caillebotte (Paris) 714
Les Canailles Ménilmontant (Paris) 755
Les Canailles Pigalle (Paris) 714
Le Casse Noix (Paris) 735
Cheval d'Or (Paris) 755
Chez les Anges (Paris) 687
Chez Michel (Paris) 718
52 Faubourg St-Denis (Paris) 718
Clamato (Paris) 722
Comme Chez Maman (Paris) 747
Cucina (Paris) 671
Double Dragon (Paris) **N** 722
Esttia (Paris) 677
Etsi (Paris) 752
Flocon (Paris) **N** 671
Le Grand Bain (Paris) 755
La Grange des Halles (Rungis) **N** 764
L'Hommage (Paris) 729

© O. Decker/Michelin

Impérial Choisy (Paris)	729
Itacoa (Paris)	660
Jouvence (Paris)	727
Kisin (Paris)	702
Kokoro (Paris)	671
Lai'Tcha (Paris)	650
Mamagoto (Paris)	718
Mandoobar (Paris)	702
La Méditerranée (Paris)	677
Mensae (Paris)	755
Mokko (Paris)	752
Mova (Paris) N	747
L'Oseille (Paris)	660
Le Pantruche (Paris)	714
Les Petits Parisiens (Paris) N	732
Les Petits Princes (Suresnes)	765
Pho Tai (Paris)	729
Pottoka (Paris)	688
Le Radis Beurre (Paris)	735
Le Réciproque (Paris)	752
Les Résistants (Paris)	718
Richer (Paris)	715
Le Saint Joseph (La Garenne-Colombes)	761
Sellae (Paris) N	729
Spoon (Paris) N	659
La Table d'Antan (Sainte-Geneviève-des-Bois)	638
Les Tables d'Augustin (Paris) N	747
La Vierge (Paris)	755
20 Eiffel (Paris)	688
Zen (Paris)	650

PARIS & SES ENVIRONS : DES TABLES SELON VOS ENVIES

LES TABLES PAR TYPE DE CUISINE

Actuelle

Le Bel Ordinaire - Rive Gauche
(5e) 672
Chinaski (5e) 673
L'Escargot 1903 par
Yannick Tranchant (Puteaux) . . . 764

Africaine

Mi Kwabo (9e) 716

Argentine

Biondi (11e) 723

Asiatique

Brigade du Tigre (10e) N 718
Cheval d'Or (19e) 755
Double Dragon (11e) N 722
Lai'Tcha (1er) N 650
Lao Siam (19e) 756

Asiatique Contemporaine

Le Rigmarole (11e) 721

Basque

Au Bascou (3e) 664
Pottoka (7e) 688

Bretonne

Breizh Café - Le Marais (3e) 664
Breizh Café - Odéon (6e) 678

Chinoise

Cheval d'Or (19e) 755
Impérial Choisy (13e) 729
Lili (16e) 742
Shang Palace (16e) 739
Taokan - St-Germain (6e) 680

Classique

L'Ambroisie (4e) 666
Anne (3e) 663
L'Assiette (14e) 733
Benoit (4e) 666
Chez les Anges (7e) 687
Disciples (16e) 743

Dominique Bouchet (8e) 700
Le Grand Véfour (1er) 650
Lasserre (8e) 698
Maison Rostang (17e) 745
Relais Louis XIII (6e) 675
Le Relais Plaza (8e) 704
Le Taillevent (8e) 695

Coréenne

JanTchi (1er) 653
Mandoobar (8e) 702
Mee (1er) 653
Soon Grill (3e) 663
Yido (15e) 738

Créative

L'Abysse au Pavillon Ledoyen
(8e) 696
Akrame (8e) 701
Alain Ducasse au
Plaza Athénée (8e) 693
Alan Geaam (16e) 741
Alléno Paris au
Pavillon Ledoyen (8e) 694
Anicia Bistrot Nature (6e) 678
L'Archeste (16e) 741
Arpège (7e) 683
AT (5e) 673
L'Atelier de Joël Robuchon -
Étoile (8e) 702
L'Atelier de Joël Robuchon -
St-Germain (7e) 687
Auberge des Saints Pères
(Aulnay-sous-Bois) 758
Le Bistrot Pierre Lambert
(Courbevoie) 761
Caïus (17e) 748
Le Chiberta (8e) 699
Le Clos Y (15e) 736
La Condesa (9e) 713
Le Corot (Ville-d'Avray) 765
La Dame de Pic (1er) 648
David Toutain (7e) 683
Dersou (12e) 728
Dilia (20e) 756
ES (7e) 685

Fleur de Pavé (2ᵉ) ✿ 658
Garance (7ᵉ) ⋔○ 688
Guy Savoy (6ᵉ) ✿✿✿ 674
L'Inconnu (7ᵉ) ⋔○ 688
L'Innocence (9ᵉ) ✿ 713
Ken Kawasaki (18ᵉ) ✿ 752
Loiseau Rive Gauche (7ᵉ) ✿ 685
Les Magnolias
     (Le Perreux-sur-Marne) ⋔○ 763
Le Meurice Alain Ducasse (1ᵉʳ) ✿✿ . . . 647
NESO (9ᵉ) ✿ 712
Oka (5ᵉ) ✿ 670
L'Ours (Vincennes) ✿ 766
Pages (16ᵉ) ✿ 741
Pierre Gagnaire (8ᵉ) ✿✿✿ 695
Pierre Sang in Oberkampf (11ᵉ) ⋔○ . . . 724
Pierre Sang on Gambey (11ᵉ) ⋔○ 724
Pierre Sang Signature (11ᵉ) ⋔○ 723
Pouliche (10ᵉ) ⋔○ 719
Le Pré Catelan (16ᵉ) ✿✿✿ 738
Pur' - Jean-François Rouquette (2ᵉ) ✿ 657
Quinsou (6ᵉ) ✿ 676
Restaurant du Palais Royal (1ᵉʳ) ✿ . . . 649
Restaurant H (4ᵉ) ✿ 667
Shabour (2ᵉ) ✿ N 659
Solstice (5ᵉ) ✿ 669
Sur Mesure par Thierry Marx (1ᵉʳ) ✿✿ 647
Tomy & Co (7ᵉ) ✿ 687
Toyo (6ᵉ) ⋔○ 680
Yam'Tcha (1ᵉʳ) ✿ 649
Ze Kitchen Galerie (6ᵉ) ✿ 676

Cuisine du Marché

Café Noisette (15ᵉ) ⋔○ 736
Capitaine (4ᵉ) ⋔○ 668
Les Enfants Rouges (3ᵉ) ⋔○ 664
Flocon (5ᵉ) ⌂ N 671
Korus (11ᵉ) ⋔○ 724
Le Maquis (18ᵉ) ⋔○ 754
Le Mazenay (3ᵉ) ⋔○ 665
Le Mermoz (8ᵉ) ⋔○ 707
Mokko (18ᵉ) ⌂ 752
Pianovins (11ᵉ) ⋔○ 724
La Vierge (20ᵉ) ⌂ 755

Cuisine du Sud-Ouest

Jòia par Hélène Darroze (2ᵉ) ⋔○ 661

Cuisine du Terroir

Amarante (12ᵉ) ⋔○ 727

Danoise

Copenhague (8ᵉ) ✿ 700

du monde

Spoon (2ᵉ) ⌂ N 659

Fusion

Signature Montmartre (18ᵉ) ⋔○ 754
TO (10ᵉ) ⋔○ 719

© O. Decker/Michelin

Grecque

Les Délices d'Aphrodite (5ᵉ) ⅃○ 673
Etsi (18ᵉ) ⊕ 752
Mavrommatis (5ᵉ) ✿ 669
Mavrommatis - Le Bistro Passy
  (16ᵉ) ⅃○ 743

Grillades

Clover Grill (1ᵉʳ) ⅃○ 652

Israélienne

Balagan (1ᵉʳ) ⅃○ 652
Tavline (4ᵉ) ⅃○ 668

Italienne

Armani Ristorante (6ᵉ) ✿ 675
L'Assaggio (1ᵉʳ) ⅃○ 651
Baffo (4ᵉ) ⅃○ 667
Caffè Stern (2ᵉ) ⅃○ 660
Le Cherche Midi (6ᵉ) ⅃○ 679
Ciasa Mia (5ᵉ) ⅃○ 673
Conti (16ᵉ) ⅃○ 742
Cucina (5ᵉ) ⊕ 671
Le George (8ᵉ) ✿ ✿ 698
Il Carpaccio (8ᵉ) ⅃○ 704
Il Cuoco Galante (9ᵉ) ⅃○ 716
Il Goto (12ᵉ) ⅃○ 728
Loulou (1ᵉʳ) ⅃○ 651
Mori Venice Bar (2ᵉ) ⅃○ 660
Osteria Ferrara (11ᵉ) ⅃○ 724
Passerini (12ᵉ) ⅃○ 728
Penati al Baretto (8ᵉ) ⅃○ 703
Piero TT (7ᵉ) ⅃○ 691
Racines (2ᵉ) ⅃○ 662

Restaurant des Grands Boulevards
  (2ᵉ) ⅃○ 662
Sormani (17ᵉ) ⅃○ 748
Tosca (8ᵉ) ⅃○ 704

Japonaise

Abri Soba (9ᵉ) ⊕ 714
L'Abysse au Pavillon Ledoyen
  (8ᵉ) ✿ ✿ 696
Aida (7ᵉ) ✿ 686
Bon Kushikatsu (11ᵉ) ⅃○ 722
Jin (1ᵉʳ) ✿ 649
Joël Robuchon-Dassaï (8ᵉ) ⅃○ 705
Kinugawa Matignon (8ᵉ) ⅃○ 705
Kinugawa Vendôme (1ᵉʳ) ⅃○ 651
Kisin (8ᵉ) ⊕ 702
Kodawari Ramen (6ᵉ) ⅃○ 680
Kunitoraya (1ᵉʳ) ⅃○ 653
Nodaïwa (1ᵉʳ) ⅃○ 653
Ogata (3ᵉ) ⅃○ 664
Okuda (8ᵉ) ⅃○ 704
Sagan (6ᵉ) ⅃○ 680
Shu (6ᵉ) ⅃○ 680
Sushi B (2ᵉ) ✿ 659
Le Sushi Okuda (8ᵉ) ⅃○ 707
La Verrière (14ᵉ) ⅃○ 732
Yen (6ᵉ) ⅃○ 681
Zen (1ᵉʳ) ⊕ 650

Libanaise

Liza (2ᵉ) ⅃○ 661

Lyonnaise

Aux Lyonnais (2ᵉ) ⅃○ 661
Brasserie du Louvre - Bocuse (1ᵉʳ) ⅃○ .. 651

StockFood/hemis.fr

Marocaine

Le Sirocco (13e) ⅋O 730
Timgad (17e) ⅋O 748

Mexicaine

Oxte (17e) ✿ N 746

Moderne

Abri (10e) ✿ 717
Accents Table Bourse (2e) ✿ 658
L'Accolade (15e) ⅋O 736
Affinité (5e) ⅋O 672
Les Affranchis (9e) ⅋O 715
Agapé (17e) ✿ 746
L'Agrume (5e) ⅋O 673
Allénothèque (7e) ⅋O 689
Alleudium (9e) ⅋O 715
Alliance (5e) ✿ 670
L'Ami Jean (7e) ⅋O 689
Anona (17e) ⅋O ✿ 748
L'Antre Amis (15e) ⅋ 735
L'Apibo (2e) ⅋O 661
Apicius (8e) ✿ 697
L'Arcane (18e) ✿ 751
Arnaud Nicolas (7e) ⅋O 688
L'Arôme (8e) ✿ 699
Aspic (9e) ✿ 713
L'Atelier de Joël Robuchon -
  St-Germain (7e) ✿ 687
L'Atelier du Parc (15e) ⅋O 736
Au Bon Accueil (7e) ⅋ 687
Auguste (7e) ✿ 684
Automne (11e) ✿ 720
Aux Enfants Gâtés (14e) ⅋O 733
Aux Plumes (14e) ⅋ 731
Aux Prés (6e) ⅋O 678
Baieta (5e) ✿ 670
Baltard au Louvre (1er) ⅋O 651
Le Bar des Prés (6e) ⅋O 678
Le Baudelaire (1er) ✿ 648
Le Bel Ordinaire - Rive Gauche
  (5e) ⅋O 672
Biscotte (15e) ⅋ 735
Bistro Là-Haut (Suresnes) ⅋O 765
Bistrotters (14e) ⅋ 732
Le Bon Saint-Pourçain (6e) ⅋O 678
Le Bordeluche (17e) ⅋O 749
Bouillon 47 (9e) ⅋O 715
La Bourgogne (Maisons-Alfort) ⅋O . . . 762
Boutary (6e) ⅋O 677
Brasserie d'Aumont (8e) ⅋O 703
Brigade du Tigre (10e) ⅋ N 718

Cabane (Nanterre) ⅋ 763
Le Café des Artistes (Ville-d'Avray) ⅋O . 765
Le Caillebotte (9e) ⅋ 714
Camélia (1er) ⅋O 650
Les Canailles Pigalle (9e) ⅋ 714
Carré des Feuillants (1er) ✿ 648
Carte Blanche (16e) ⅋O 742
La Causerie (16e) ⅋O 743
114, Faubourg (8e) ✿ 701
Cézembre (6e) ⅋O 678
Chameleon (10e) ⅋O 719
Chantoiseau (18e) ⅋O 753
Le Chardenoux (11e) ⅋O 723
Le Chateaubriand (11e) ⅋O 723
Chinaski (5e) ⅋O 673
Le Christine (6e) ⅋O 679
Le Cinq (8e) ✿✿✿ 694
52 Faubourg St-Denis (10e) ⅋ 718
Le Clarence (8e) ✿✿ 695
Claude Colliot (4e) ⅋O 668
Les Climats (7e) ✿ 684
Clover Green (7e) ⅋O 690
Comice (16e) ✿ 740
Comme Chez Maman (17e) ⅋ 747
Contraste (8e) ⅋O 703
La Contre Allée (14e) ⅋O 733
Coretta (17e) ⅋O 749
Le Cornichon (14e) ⅋O 733
Le Cotte Rôti (12e) ⅋O 728
David Toutain (7e) ✿✿ ✿ 683
Dessance (3e) ⅋O 664
Disciples (16e) ⅋O 743
Ducasse sur Seine (16e) ⅋O 742
Dupin (6e) ⅋O 679
Eclipses (7e) ⅋O 688
L'Écrin (8e) ✿ 697
Eels (10e) ⅋O 719
Elmer (3e) ⅋O 663
L'Envie du Jour (17e) ⅋O 750
Épicure au Bristol (8e) ✿✿✿ 694
ERH (2e) ✿ 657
ES (7e) ✿ 685
L'Escarbille (Meudon) ✿ 762
L'Esquisse (18e) ⅋O 753
Étude (16e) ✿ 740
Les Fables de La Fontaine (7e) ⅋O 690
Le Faham by Kelly Rangama (17e) ✿ . . 747
Fanfan (17e) ⅋O 749
Fish La Boissonnerie (6e) ⅋O 679
Fleur de Pavé (2e) ✿ 658
La Fourchette du Printemps (17e) ⅋O . . 750
Frédéric Simonin (17e) ✿ 746
Frenchie (2e) ✿ 659

611

Gàbia (15ᵉ) ⫶○ 737
Le Gabriel (8ᵉ) ❀❀ 696
Le Gaigne (8ᵉ) ⫶○ 705
Galanga (8ᵉ) ⫶○ 704
Le Galopin (10ᵉ) ⫶○ 719
Le Garde Temps (9ᵉ) ⫶○ 715
Gare au Gorille (17ᵉ) ⫶○ 750
Gaya par Pierre Gagnaire (7ᵉ) ❀ N . . . 685
Le Gentil (7ᵉ) ⫶○ 691
Le Grand Bain (20ᵉ) ⊛ 755
GrandCœur (4ᵉ) ⫶○ 667
La Grande Cascade (16ᵉ) ❀ 739
La Grande Ourse (14ᵉ) ⫶○ 734
Le Grand Restaurant -
    Jean-François Piège (8ᵉ) ❀❀❀ 696
Le Grand Véfour (1ᵉʳ) ⫶○ 650
La Grange des Halles (Rungis) ⊛ N . . 764
L'Hommage (13ᵉ) ⊛ 729
Ida by Denny Imbroisi (15ᵉ) ⫶○ 737
L'Inconnu (7ᵉ) ⫶○ 688
L'Initial (5ᵉ) ⫶○ 672
L'Innocence (9ᵉ) ❀ 713
Itacoa (2ᵉ) ⊛ 660
Jean Chauvel
    (Boulogne-Billancourt) ⫶○ 759
Joël Robuchon-Dassaï (8ᵉ) ⫶○ 705
Le Jourdain (20ᵉ) ⫶○ 756
Jouvence (12ᵉ) ⊛ 727
Le Jules Verne (7ᵉ) ❀ 683
La Jument Verte
    (Tremblay-en-France) ⫶○ 765
Kei (1ᵉʳ) ❀❀❀ 646
KGB (6ᵉ) ⫶○ 679
Kitchen Ter(re) (5ᵉ) ⫶○ 673
Kokoro (5ᵉ) ⊛ 671
Laurent (8ᵉ) ⫶○ 702
Loiseau Rive Gauche (7ᵉ) ❀ 685
Louis (9ᵉ) ❀ 714
Lucas Carton (8ᵉ) ❀ 698
Macéo (1ᵉʳ) ⫶○ 650
La Machine à Coudes
    (Boulogne-Billancourt) ⫶○ 759
Maison (11ᵉ) ⫶○ 722
Mamagoto (10ᵉ) ⊛ 718
Le Maquis (18ᵉ) ⫶○ 754
Marchon (11ᵉ) ⫶○ 722
Marcore (2ᵉ) ❀ 657
Marloe (8ᵉ) ⫶○ 707
Marsan par Hélène Darroze
    (6ᵉ) ❀❀ N 675
Mensae (19ᵉ) ⊛ 755
Le Meurice Alain Ducasse (1ᵉʳ) ❀❀ . . 647
Mieux (9ᵉ) ⫶○ 716

Mi Kwabo (9ᵉ) ⫶○ 716
Mokko (18ᵉ) ⊛ 752
Monsieur Bleu (16ᵉ) ⫶○ 743
Montcalm (18ᵉ) ⫶○ 754
Montée (14ᵉ) ⫶○ 734
MoSuke (14ᵉ) ❀ N 731
Nakatani (7ᵉ) ❀ 685
Neige d'Été (15ᵉ) ❀ 734
Le 975 (17ᵉ) ⫶○ 750
Néva Cuisine (8ᵉ) ⫶○ 705
Nolinski (1ᵉʳ) ⫶○ 652
Nomicos (16ᵉ) ❀ 740
Ochre (Rueil-Malmaison) ❀ N 764
Odette (1ᵉʳ) ⫶○ 653
L'Oiseau Blanc (16ᵉ) ❀ 739
L'Orangerie (8ᵉ) ❀ 701
Origines (8ᵉ) ⫶○ 706
L'Ours (Vincennes) ❀ 766
Pantagruel (2ᵉ) ❀ N 658
Le Pantruche (9ᵉ) ⊛ 714
Papillon (17ᵉ) ⫶○ 750
La Passerelle (Issy-les-Moulineaux) ⫶○ . 762
Pavyllon (8ᵉ) ❀ 701
Les Pères Siffleurs (15ᵉ) ⫶○ 737
Pertinence (7ᵉ) ❀ 686
Petit Boutary (17ᵉ) ⫶○ 750
Petit Gris (17ᵉ) ⫶○ 751
Les Petits Princes (Suresnes) ⊛ 765
Philippe Excoffier (7ᵉ) ⫶○ 691
Pierre Sang in Oberkampf (11ᵉ) ⫶○ . . . 724
Pierre Sang on Gambey (11ᵉ) ⫶○ 724
Pierre Sang Signature (11ᵉ) ⫶○ 723
Pilgrim (15ᵉ) ❀ 735
Pitanga (1ᵉʳ) ⫶○ 653
La Plantxa (Boulogne-Billancourt) ⫶○ . 759
Pleine Terre (16ᵉ) ⫶○ 743
Plume (7ᵉ) ⫶○ 691
Pottoka (7ᵉ) ⊛ 688
Pouliche (10ᵉ) ⫶○ 719
Le Pré Catelan (16ᵉ) ❀❀❀ 738
Qui Plume la Lune (11ᵉ) ❀ 720
Racines des Prés (7ᵉ) ⫶○ 691
La Régalade du Faubourg (8ᵉ) ⫶○ 704
Les Résistants (10ᵉ) ⊛ 718
Rhapsody (Asnières-sur-Seine) ⫶○ . . . 758
Ribote (Neuilly-sur-Seine) ⫶○ 763
Richer (9ᵉ) ⊛ 715
Le Rigmarole (11ᵉ) ❀ 721
Rooster (17ᵉ) ⫶○ 751
Sadarnac (20ᵉ) ⫶○ 757
Le Saint-Sébastien (11ᵉ) ⫶○ 725
Le Saint Joseph
    (La Garenne-Colombes) ⊛ 761

LUNAMARINA/iStock

Sancerre (7ᵉ) ⏹○ 692
Saperlipopette ! (Puteaux) ⏹○ 763
Savarin la Table (7ᵉ) ⏹○ 692
La Scène (8ᵉ) ❄❄ 697
La Scène Thélème (17ᵉ) ❄ 745
Sellae (13ᵉ) ⏶ N 729
Semilla (6ᵉ) ⏹○ 680
Septime (11ᵉ) ❄ ❄ 721
Le Sergent Recruteur (4ᵉ) ❄ 667
Le Servan (11ᵉ) ⏹○ 725
Shirvan Café Métisse (8ᵉ) ⏹○ 706
Siamsa (11ᵉ) ⏹○ 725
Sola (5ᵉ) ❄ 671
Solstice (5ᵉ) ❄ 669
Sourire Le Restaurant (13ᵉ) ⏹○ 730
Substance (16ᵉ) ⏹○ 744
Table - Bruno Verjus (12ᵉ) ❄ ❄ 727
La Table de Colette (7ᵉ) ⏹○ 672
La Table de Cybèle
(Boulogne-Billancourt) ⏹○ 761
La Table de l'Espadon (1ᵉʳ) ❄❄ 647
La Table d'Eugène (18ᵉ) ❄ 752
La Table du Caviste Bio (17ᵉ) ⏹○ 751
Tadam (13ᵉ) ⏹○ 730
TO (10ᵉ) ⏹○ 719
Tomy & Co (7ᵉ) ❄ 687
Tour d'Argent (5ᵉ) ❄ 669
Trente-Trois (8ᵉ) ❄ N 699
Le 39V (8ᵉ) ⏹○ 706
Le 3B Brasserie
(Boulogne-Billancourt) ⏹○ 759
La Truffière (5ᵉ) ⏹○ 672
Le V (8ᵉ) ⏹○ 703
Vantre (11ᵉ) ⏹○ 725
La Verrière (14ᵉ) ⏹○ 732

La Vierge (20ᵉ) ⏶ 755
20 Eiffel (7ᵉ) ⏶ 688
24 - Le Restaurant (8ᵉ) ⏹○ 707
Virtus (12ᵉ) ❄ 726
Will (12ᵉ) ⏹○ 729
Yoshinori (6ᵉ) ❄ 676
Zébulon (1ᵉʳ) ⏹○ 654

Méditerranéenne

Baieta (5ᵉ) ❄ 670
Brach (16ᵉ) ⏹○ 742
Le Dalí (1ᵉʳ) ⏹○ 650
Esttia (6ᵉ) ⏶ 677
Marso & Co (13ᵉ) ⏹○ 730

Poissons Et Fruits De Mer

Belle Maison (9ᵉ) ⏹○ 715
Brasserie Lutetia (6ᵉ) ⏹○ 677
La Cagouille (14ᵉ) ⏹○ 733
Clamato (11ᵉ) ⏶ 722
Dessirier par Rostang Père
et Filles (17ᵉ) ⏹○ 748
Divellec (7ᵉ) ❄ 684
Le Duc (14ᵉ) ⏹○ 732
L'Écailler du Bistrot (11ᵉ) ⏹○ 724
Gaya par Pierre Gagnaire (7ᵉ) ❄ N . . . 685
Helen (8ᵉ) ❄ 700
Marius et Janette (8ᵉ) ⏹○ 705
La Méditerranée (6ᵉ) ⏶ 677
Petrossian (7ᵉ) ⏹○ 689
Rech (17ᵉ) ⏹○ 748
La Rigadelle (Vincennes) ⏹○ 766

Péruvienne

Manko (8ᵉ) ⫶○ 706

Shangaienne

Imperial Treasure (8ᵉ) ⫶○ 703

Sud-Américaine

Anahi (3ᵉ) ⫶○ 664

Sud-Est Asiatique

Lao Lane Xang 2 (13ᵉ) ⫶○ 730

Teppanyaki

Le Concert de Cuisine (15ᵉ) ⫶○ 737

Thaïlandaise

Thaï Spices (4ᵉ) ⫶○ 668
Thiou (7ᵉ) ⫶○ 689

Traditionnelle

À La Biche au Bois (12ᵉ) ⫶○ 727
Allard (6ᵉ) ⫶○ 677
À l'Épi d'Or (1ᵉʳ) ⫶○ 652
Amarante (12ᵉ) ⫶○ 727
A Noste (2ᵉ) ⫶○ 661
L'Ardoise (1ᵉʳ) ⫶○ 652
Atelier Maître Albert (5ᵉ) ⫶○ 672
Au Bascou (3ᵉ) ⫶○ 664
Auberge Pyrénées Cévennes (11ᵉ) ⏥ . 721
Au Petit Marguery (13ᵉ) ⫶○ 730
Au Pouilly Reuilly
 (Le Pré-Saint-Gervais) ⫶○ 763
Le Baratin (20ᵉ) ⫶○ 756
La Barrière de Clichy (Clichy) ⫶○ 761
Beurre Noisette (15ᵉ) ⫶○ 736
Bistro de Paris (Colombes) ⫶○ 761
Bistrot Augustin (14ᵉ) ⫶○ 733
Bistrot Belhara (7ᵉ) ⫶○ 689
Le Bistrot d'À Côté Flaubert (17ᵉ) ⫶○ . 749
Le Bistrot du Maquis (18ᵉ) ⫶○ 753
Bistrot Paul Bert (11ᵉ) ⫶○ 723
Les Botanistes (7ᵉ) ⫶○ 689
Le Boudoir (8ᵉ) ⫶○ 706
Boulom (18ᵉ) ⫶○ 753
La Bourse et la Vie (2ᵉ) ⫶○ 661
Brasserie Bellanger (10ᵉ) ⫶○ 719
Brasserie du Louvre - Bocuse (1ᵉʳ) ⫶○ . 651
Le Cadoret (19ᵉ) ⫶○ 756
Café Constant (7ᵉ) ⫶○ 690
Café des Ministères (7ᵉ) ⫶○ 690
Les Canailles Ménilmontant (20ᵉ) ⏥ . 755
Les Cartes Postales (1ᵉʳ) ⫶○ 652

Le Casse Noix (15ᵉ) ⏥ 735
Caves Pétrissans (17ᵉ) ⫶○ 749
Les 110 de Taillevent (8ᵉ) ⫶○ 703
Chameleon (10ᵉ) ⫶○ 719
Champeaux (1ᵉʳ) ⫶○ 651
Le Chefson (Bois-Colombes) ⫶○ 759
Chez Michel (10ᵉ) ⏥ 718
Chez Monsieur (8ᵉ) ⫶○ 706
Les Cocottes - Tour Eiffel (7ᵉ) ⫶○ 690
Le Comptoir du Relais (6ᵉ) ⫶○ 679
Le Coq Rico (18ᵉ) ⫶○ 753
Drouant (2ᵉ) ⫶○ 660
L'Empreinte (14ᵉ) ⫶○ 733
L'Entredgeu (17ᵉ) ⫶○ 749
Florimond (7ᵉ) ⫶○ 690
Le Grand Pan (15ᵉ) ⫶○ 737
Jacques Faussat (17ᵉ) ✿ 746
Kigawa (14ᵉ) ⫶○ 732
Lazare (8ᵉ) ⫶○ 707
Le Marché du Lucas (8ᵉ) ⫶○ 705
Mova (17ᵉ) ⏥ N 747
Nous 4 (12ᵉ) ⫶○ 728
N° 41 (16ᵉ) ⫶○ 743
L'Os à Moelle (15ᵉ) ⫶○ 737
L'Oseille (2ᵉ) ⏥ 660
Les Papilles (5ᵉ) ⫶○ 674
Pasco (7ᵉ) ⫶○ 691
Le Pergolèse (16ᵉ) ⫶○ 742
Les Petits Parisiens (14ᵉ) ⏥ N 732
Les Petits Plats (14ᵉ) ⫶○ 734
Polissons (18ᵉ) ⫶○ 754
La Poule au Pot (1ᵉʳ) ⫶○ 654
Quai de Meudon (Meudon) ⫶○ 762
Quedubon (19ᵉ) ⫶○ 756
Quincy (12ᵉ) ⫶○ 728
Le Radis Beurre (15ᵉ) ⏥ 735
Le Réciproque (18ᵉ) ⏥ 752
La Régalade St-Honoré (1ᵉʳ) ⫶○ 654
La Rôtisserie d'Argent (5ᵉ) ⫶○ 674
Les Tables d'Augustin (17ᵉ) ⏥ N 747
Le Troquet (15ᵉ) ⫶○ 737
Le Villaret (11ᵉ) ⫶○ 725
20 Eiffel (7ᵉ) ⏥ 688
Le Violon d'Ingres (7ᵉ) ✿ 686
Le Vitis (15ᵉ) ⫶○ 738
Wadja (6ᵉ) ⫶○ 681

Viandes

Bien Ficelé (11ᵉ) ⫶○ 723

Vietnamienne

Pho Tai (13ᵉ) ⏥ 729

© Lauri Patterson/iStock

RESTAURANTS À MOINS DE 30 €

L'Accolade (15e) 🍴 736
L'Agrume (5e) 🍴 673
À La Biche au Bois (12e) 🍴 727
À l'Épi d'Or (1er) 🍴 652
Amarante (12e) 🍴 727
L'Apibo (2e) 🍴 661
L'Atelier du Parc (15e) 🍴 736
Au Bascou (3e) 🍴 664
Baltard au Louvre (1er) 🍴 651
Le Baratin (20e) 🍴 756
Le Bel Ordinaire - Rive Gauche (5e) 🍴 672
Bien Ficelé (11e) 🍴 723
Biondi (11e) 🍴 723
Bistro de Paris (Colombes) 🍴 761
Le Bistrot du Maquis (18e) 🍴 753
Bistrot Paul Bert (11e) 🍴 723
Bistrotters (14e) ☺ 732
Le Bordeluche (17e) 🍴 749
Bouillon 47 (9e) 🍴 715
Boulom (18e) 🍴 753
Brasserie Lutetia (6e) 🍴 677
Brigade du Tigre (10e) ☺ **N** 718
Le Cadoret (19e) 🍴 756
Café Constant (7e) 🍴 690
Café Noisette (15e) 🍴 736
Les Canailles Ménilmontant (20e) ☺ . 755
Capitaine (4e) 🍴 668
Chameleon (10e) 🍴 719
Chantoiseau (18e) 🍴 753
Chez Michel (10e) ☺ 718
Les Cocottes - Tour Eiffel (7e) 🍴 690
Comme Chez Maman (17e) ☺ 747
Le Concert de Cuisine (15e) 🍴 737
Coretta (17e) 🍴 749
Le Cotte Rôti (12e) 🍴 728
Dessance (3e) 🍴 664
Dilia (20e) 🍴 756
L'Écailler du Bistrot (11e) 🍴 724
L'Empreinte (14e) 🍴 733
L'Esquisse (18e) 🍴 753
Fish La Boissonnerie (6e) 🍴 679
Florimond (7e) 🍴 690
Le Galopin (10e) 🍴 719
Gare au Gorille (17e) 🍴 750
Le Gentil (7e) 🍴 691
La Grande Ourse (14e) 🍴 734
La Grange des Halles (Rungis) ☺ **N** .. 764
L'Hommage (13e) ☺ 729
Ida by Denny Imbroisi (15e) 🍴 737
Il Cuoco Galante (9e) 🍴 716
Il Goto (12e) 🍴 728
Itacoa (2e) ☺ 660
Jòia par Hélène Darroze (2e) 🍴 661
Le Jourdain (20e) 🍴 756

Jouvence (12ᵉ)🍴 727
KGB (6ᵉ) ⅱ○ 679
Kisin (8ᵉ)🍴 702
Kitchen Ter(re) (5ᵉ) ⅱ○ 673
Kokoro (5ᵉ)🍴 671
Korus (11ᵉ) ⅱ○ 724
Liza (2ᵉ) ⅱ○ 661
Macéo (1ᵉʳ) ⅱ○ 650
Mamagoto (10ᵉ)🍴 718
Le Maquis (18ᵉ) ⅱ○ 754
Marchon (11ᵉ) ⅱ○ 722
Le Mazenay (3ᵉ) ⅱ○ 665
Mee (1ᵉʳ) ⅱ○ 653
Mensae (19ᵉ)🍴 755
Le Mermoz (8ᵉ) ⅱ○ 707
Mieux (9ᵉ) ⅱ○ 716
Mi Kwabo (9ᵉ) ⅱ○ 716
Mokko (18ᵉ)🍴 752
Montcalm (18ᵉ) ⅱ○ 754
Mova (17ᵉ)🍴 N 747
Le 975 (17ᵉ) ⅱ○ 750
Nodaïwa (1ᵉʳ) ⅱ○ 653
Nous 4 (12ᵉ) ⅱ○ 728
Odette (1ᵉʳ) ⅱ○ 653
L'Os à Moelle (15ᵉ) ⅱ○ 737
L'Oseille (2ᵉ)🍴 660
Osteria Ferrara (11ᵉ) ⅱ○ 724
Les Papilles (5ᵉ) ⅱ○ 674
Papillon (17ᵉ) ⅱ○ 750
Les Pères Siffleurs (15ᵉ) ⅱ○ 737
Les Petits Parisiens (14ᵉ)🍴 N 732
Les Petits Princes (Suresnes)🍴 765
Pierre Sang in Oberkampf (11ᵉ) ⅱ○ . . . 724

Pierre Sang on Gambey (11ᵉ) ⅱ○ 724
Pitanga (1ᵉʳ) ⅱ○ 653
Plume (7ᵉ) ⅱ○ 691
Polissons (18ᵉ) ⅱ○ 754
Pottoka (7ᵉ)🍴 688
Pouliche (10ᵉ) ⅱ○ 719
Quai de Meudon (Meudon) ⅱ○ 762
Quedubon (19ᵉ) ⅱ○ 756
Le Réciproque (18ᵉ)🍴 752
Les Résistants (10ᵉ)🍴 718
Restaurant des Grands Boulevards
    (2ᵉ) ⅱ○ 662
Rhapsody (Asnières-sur-Seine) ⅱ○ . . . 758
La Rigadelle (Vincennes) ⅱ○ 766
Rooster (17ᵉ) ⅱ○ 751
Sadarnac (20ᵉ) ⅱ○ 757
Sancerre (7ᵉ) ⅱ○ 692
Sellae (13ᵉ)🍴 N 729
Soon Grill (3ᵉ) ⅱ○ 663
La Table d'Eugène (18ᵉ) ✿ 752
Les Tables d'Augustin (17ᵉ)🍴 N 747
Taokan - St-Germain (6ᵉ) ⅱ○ 680
Thiou (7ᵉ) ⅱ○ 689
TO (10ᵉ) ⅱ○ 719
Vantre (11ᵉ) ⅱ○ 725
La Verrière (14ᵉ) ⅱ○ 732
La Vierge (20ᵉ)🍴 755
Le Villaret (11ᵉ) ⅱ○ 725
Le Vitis (15ᵉ) ⅱ○ 738
Wadja (6ᵉ) ⅱ○ 681
Yido (15ᵉ) ⅱ○ 738
Zébulon (1ᵉʳ) ⅱ○ 654
Zen (1ᵉʳ)🍴 650

TABLES EN TERRASSE

Akrame ✿ (8ᵉ) 701
Allénothèque ⅱ○ (7ᵉ) 689
Anne ✿ (3ᵉ) 663
L'Antre Amis🍴 (15ᵉ) 735
L'Apibo ⅱ○ (2ᵉ) 661
Apicius ✿ (8ᵉ) 697
L'Arcane ✿ (18ᵉ) 751
Arnaud Nicolas ⅱ○ (7ᵉ) 688
L'Assaggio ⅱ○ (1ᵉʳ) 651
L'Atelier du Parc ⅱ○ (15ᵉ) 736
Baltard au Louvre ⅱ○ (1ᵉʳ) 651
Le Bel Ordinaire - Rive Gauche ⅱ○ (5ᵉ) 672
Bien Ficelé ⅱ○ (11ᵉ) 723

© Adam Wasilewski/iStock

Bistro Là-Haut ⫶○ (Suresnes)	765
Bistrot Augustin ⫶○ (14e)	733
Le Bistrot d'À Côté Flaubert ⫶○ (17e)	749
Le Bistrot Pierre Lambert ⫶○ (Courbevoie)	761
Le Bon Saint-Pourçain ⫶○ (6e)	678
Brasserie du Louvre - Bocuse ⫶○ (1er)	651
Brasserie Lutetia ⫶○ (6e)	677
Breizh Café - Odéon ⫶○ (6e)	678
Cabane ⊕ (Nanterre)	763
Le Café des Artistes ⫶○ (Ville-d'Avray)	765
La Cagouille ⫶○ (14e)	733
Camélia ⫶○ (1er)	650
Caves Pétrissans ⫶○ (17e)	749
Chameleon ⫶○ (10e)	719
Champeaux ⫶○ (1er)	651
Chantoiseau ⫶○ (18e)	753
Le Cherche Midi ⫶○ (6e)	679
Chinaski ⫶○ (5e)	673
Le Comptoir du Relais ⫶○ (6e)	679
La Contre Allée ⫶○ (14e)	733
Copenhague � (8e)	700
Coretta ⫶○ (17e)	749
Les Délices d'Aphrodite ⫶○ (5e)	673
Dessirier par Rostang Père et Filles ⫶○ (17e)	748
Disciples ⫶○ (16e)	743

617

Drouant ⅱ○ (2ᵉ) 660
Dupin ⅱ○ (6ᵉ) 679
Épicure au Bristol ✿✿✿ (8ᵉ) 694
L'Escarbille ✿ (Meudon) 762
L'Escargot 1903 par Yannick Tranchant ⅱ○ (Puteaux) 764
Etsi ⊕ (18ᵉ) 752
Les Fables de La Fontaine ⅱ○ (7ᵉ) 690
Le Gabriel ✿✿ (8ᵉ) 696
GrandCœur ⅱ○ (4ᵉ) 667
La Grande Cascade ✿ (16ᵉ) 739
La Grange des Halles ⊕ (Rungis) 764
Il Carpaccio ⅱ○ (8ᵉ) 704
La Jument Verte ⅱ○ (Tremblay-en-France) 765
Lai'Tcha ⊕ (1ᵉʳ) 650
Laurent ⅱ○ (8ᵉ) 702
Lazare ⅱ○ (8ᵉ) 707
Loulou ⅱ○ (1ᵉʳ) 651
Marius et Janette ⅱ○ (8ᵉ) 705
Mavrommatis ✿ (5ᵉ) 669
Monsieur Bleu ⅱ○ (16ᵉ) 743
Mori Venice Bar ⅱ○ (2ᵉ) 660
Ochre ✿ (Rueil-Malmaison) 764
Odette ⅱ○ (1ᵉʳ) 653
L'Oiseau Blanc ✿ (16ᵉ) 739
L'Orangerie ✿ (8ᵉ) 701
Osteria Ferrara ⅱ○ (11ᵉ) 724
Pasco ⅱ○ (7ᵉ) 691
La Passerelle ⅱ○ (Issy-les-Moulineaux) 762
Pavyllon ✿ (8ᵉ) 701
Les Petits Princes ⊕ (Suresnes) 765
Quai de Meudon ⅱ○ (Meudon) 762
Rech ⅱ○ (17ᵉ) 748
Restaurant du Palais Royal ✿ (1ᵉʳ) 649
Rhapsody ⅱ○ (Asnières-sur-Seine) 758
Ribote ⅱ○ (Neuilly-sur-Seine) 763
Sadarnac ⅱ○ (20ᵉ) 757
Le Saint Joseph ⊕ (La Garenne-Colombes) 761
Saperlipopette ! ⅱ○ (Puteaux) 763
Sellae ⊕ (13ᵉ) 729
Shirvan Café Métisse ⅱ○ (8ᵉ) 706
Spoon ⊕ (2ᵉ) 659
La Table de Colette ⅱ○ (7ᵉ) 672
La Table de Cybèle ⅱ○ (Boulogne-Billancourt) 761
La Table du Caviste Bio ⅱ○ (17ᵉ) 751
Thiou ⅱ○ (7ᵉ) 689
TO ⅱ○ (10ᵉ) 719
Zen ⊕ (1ᵉʳ) 650

RESTAURANTS AVEC SALONS PARTICULIERS

Aida (7ᵉ) ✿ 686
Alléno Paris au Pavillon Ledoyen (8ᵉ) ✿✿✿ 694
Allénothèque (7ᵉ) ⋔○ 689
Apicius (8ᵉ) ✿ 697
L'Ardoise (1ᵉʳ) ⋔○ 652
L'Arôme (8ᵉ) ✿ 699
Arpège (7ᵉ) ✿✿✿ ✿ 683
AT (5ᵉ) ⋔○ 673
L'Atelier de Joël Robuchon - Étoile (8ᵉ) ✿ 702
L'Atelier de Joël Robuchon - St-Germain (7ᵉ) ✿ 687
Atelier Maître Albert (5ᵉ) ⋔○ 672
Aux Lyonnais (2ᵉ) ⋔○ 661
Baltard au Louvre (1ᵉʳ) ⋔○ 651
La Barrière de Clichy (Clichy) ⋔○ 761
Benoit (4ᵉ) ✿ 666
Biondi (11ᵉ) ⋔○ 723
Bistro de Paris (Colombes) ⋔○ 761
Le Boudoir (8ᵉ) ⋔○ 706
La Bourgogne (Maisons-Alfort) ⋔○ 762
Boutary (6ᵉ) ⋔○ 677
Brasserie Lutetia (6ᵉ) ⋔○ 677
Cabane (Nanterre) ⊕ 763
Caffè Stern (2ᵉ) ⋔○ 660
La Cagouille (14ᵉ) ⋔○ 733
Caïus (17ᵉ) ⋔○ 748
Les Canailles Ménilmontant (20ᵉ) ⊕ 755

© O. Decker/Michelin

Carré des Feuillants (1er) ✿ 648
Carte Blanche (16e) ⑪⃝ 742
Caves Pétrissans (17e) ⑪⃝ 749
Champeaux (1er) ⑪⃝ 651
Chez les Anges (7e) ⊕ 687
Le Chiberta (8e) ✿ 699
Le Cinq (8e) ✿✿✿ 694
Le Clarence (8e) ✿✿ 695
Le Clos Y (15e) ⑪⃝ 736
La Dame de Pic (1er) ✿ 648
David Toutain (7e) ✿✿ ✿ 683
Dessirier par Rostang Père et Filles (17e) ⑪⃝ 748
Divellec (7e) ✿ 684
Dominique Bouchet (8e) ✿ 700
Drouant (2e) ⑪⃝ 660
Ducasse sur Seine (16e) ⑪⃝ 742
Eclipses (7e) ⑪⃝ 688
Elmer (3e) ⑪⃝ 663
L'Empreinte (14e) ⑪⃝ 733
L'Escarbille (Meudon) ✿ 762
Fanfan (17e) ⑪⃝ 749
Fleur de Pavé (2e) ✿ 658
Le Gaigne (8e) ⑪⃝ 705
Garance (7e) ⑪⃝ 688
Gaya par Pierre Gagnaire (7e) ✿ **N** 685
GrandCœur (4e) ⑪⃝ 667
La Grande Cascade (16e) ✿ 739
La Grande Ourse (14e) ⑪⃝ 734
Le Grand Pan (15e) ⑪⃝ 737
Le Grand Véfour (1er) ⑪⃝ 650
Guy Savoy (6e) ✿✿✿ 674
Helen (8e) ✿ 700
Il Carpaccio (8e) ⑪⃝ 704
Imperial Treasure (8e) ⑪⃝ 703
L'Initial (5e) ⑪⃝ 672
Jacques Faussat (17e) ✿ 746
Jean Chauvel (Boulogne-Billancourt) ⑪⃝ 759
Jin (1er) ✿ 649
Jòia par Hélène Darroze (2e) ⑪⃝ 661
Kunitoraya (1er) ⑪⃝ 653
Lai'Tcha (1er) ⊕ **N** 650
Lasserre (8e) ✿ 698
Laurent (8e) ⑪⃝ 702
Lili (16e) ⑪⃝ 742
Loiseau Rive Gauche (7e) ✿ 685
Lucas Carton (8e) ✿ 698
Macéo (1er) ⑪⃝ 650
Maison Rostang (17e) ✿✿ 745

Mamagoto (10ᵉ)⊕ 718
Manko (8ᵉ)⋔○ 706
Marsan par Hélène Darroze (6ᵉ)✿✿ N 675
Mavrommatis (5ᵉ)✿ 669
La Méditerranée (6ᵉ)⊕ 677
Le Meurice Alain Ducasse (1ᵉʳ)✿✿ 647
Mieux (9ᵉ)⋔○ 716
Mokko (18ᵉ)⊕ 752
Monsieur Bleu (16ᵉ)⋔○ 743
Nolinski (1ᵉʳ)⋔○ 652
Okuda (8ᵉ)⋔○ 704
Les Papilles (5ᵉ)⋔○ 674
Pasco (7ᵉ)⋔○ 691
La Passerelle (Issy-les-Moulineaux)⋔○ 762
Les Pères Siffleurs (15ᵉ)⋔○ 737
Le Pergolèse (16ᵉ)⋔○ 742
Les Petits Princes (Suresnes)⊕ 765
Pierre Gagnaire (8ᵉ)✿✿✿ 695
Pierre Sang in Oberkampf (11ᵉ)⋔○ 724
Pierre Sang on Gambey (11ᵉ)⋔○ 724
Pleine Terre (16ᵉ)⋔○ 743
Pottoka (7ᵉ)⊕ 688
Le Pré Catelan (16ᵉ)✿✿✿ 738
Quai de Meudon (Meudon)⋔○ 762
Racines (2ᵉ)⋔○ 662
La Régalade St-Honoré (1ᵉʳ)⋔○ 654
Relais Louis XIII (6ᵉ)✿ 675
Restaurant des Grands Boulevards (2ᵉ)⋔○ 662
Restaurant du Palais Royal (1ᵉʳ)✿ 649
La Rigadelle (Vincennes)⋔○ 766
Saperlipopette ! (Puteaux)⋔○ 763
La Scène Thélème (17ᵉ)✿ 745
Le Sergent Recruteur (4ᵉ)✿ 667
Shang Palace (16ᵉ)✿ 739
Sola (5ᵉ)✿ 671
Sormani (17ᵉ)⋔○ 748
Spoon (2ᵉ)⊕ N 659
Table - Bruno Verjus (12ᵉ)✿ ✿ 727
La Table de l'Espadon (1ᵉʳ)✿✿ 647
Le Taillevent (8ᵉ)✿✿ 695
TO (10ᵉ)⋔○ 719
Tosca (8ᵉ)⋔○ 704
Tour d'Argent (5ᵉ)✿ 669
Toyo (6ᵉ)⋔○ 680
La Truffière (5ᵉ)⋔○ 672
Le V (8ᵉ)⋔○ 703
La Verrière (14ᵉ)⋔○ 732
Le Vitis (15ᵉ)⋔○ 738

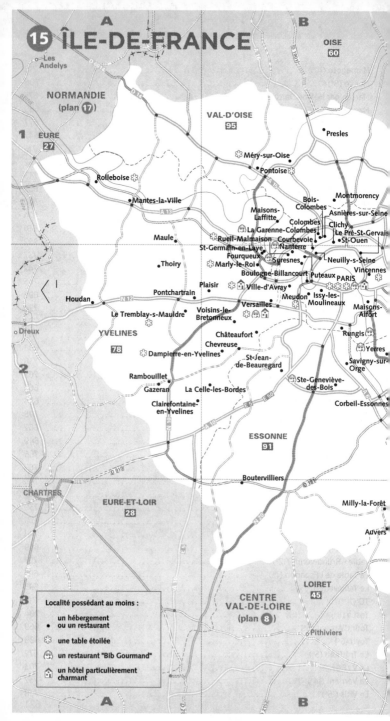

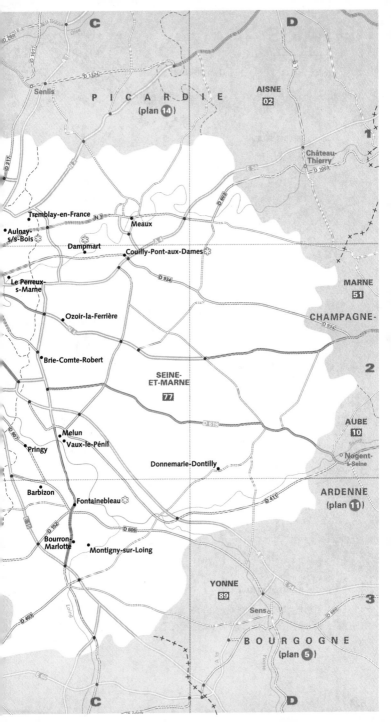

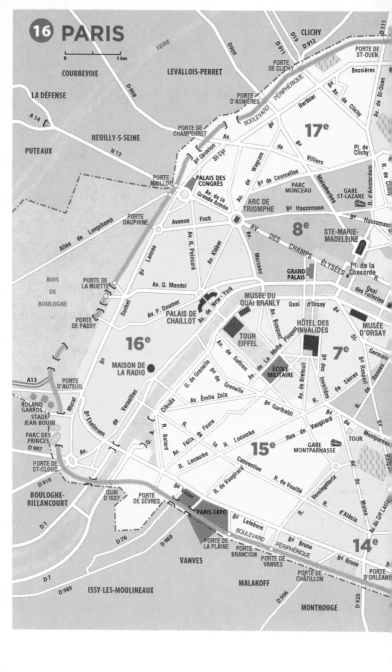

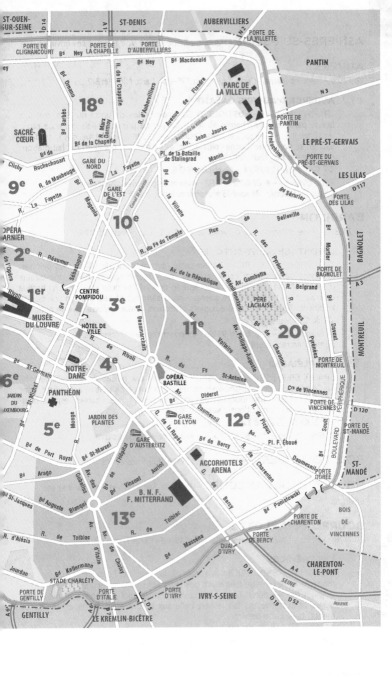

ASNIERES-SUR-SEINE – Hauts-de-Seine (92) ➜ Voir Paris et ses environs

AUVERS
✉ 77123 – Seine-et-Marne – Carte régionale n° **15**–B3 – Carte Michelin 312-D5

🍴○ **AUBERGE D'AUVERS GALANT**
TRADITIONNELLE · **RUSTIQUE** XX Cet ancien relais de poste du 19ᵉ s. doit une bonne partie de son charme au jeune couple de professionnels qui en a repris les rênes il y a quelques années. Leurs assiettes font la part belle à la tradition tout en se parant de touches plus actuelles, et tout (ou presque) est fait maison : on passe un bon moment.

🌿 ✿ – Menu 29/57 € – Carte 50/60 €

7 rue d'Auvers – ☏ 01 64 24 51 02 – www.aubergedauversgalant.com –
Fermé 4-17 janvier, 23 août-13 septembre, lundi, mardi

BARBIZON
✉ 77630 – Seine-et-Marne – Carte régionale n° **15**–C3 – Carte Michelin 312-E5

🍴○ **L'ERMITAGE SAINT-ANTOINE**
TRADITIONNELLE · **BISTRO** X Sur cette ravissante rue du village des peintres, la façade de ce bistrot convivial, tenu par le même couple depuis une dizaine d'année, affiche une bien belle couleur lie-de-vin ! Les deux salles – l'une bardée de bois et l'autre habillée de pierres – ne désemplissent pas, grâce à une cuisine traditionnelle riche en généreux plats bistrotiers. Petite terrasse dans le patio.

🌿 ⅙ ✿ – Menu 30/45 €

51 Grande-Rue – ☏ 01 64 81 96 96 – www.lermitagesaintantoine.com –
Fermé mercredi, jeudi

🏨 **LES PLÉIADES**
SPA ET BIEN-ÊTRE · **CONTEMPORAIN** Après une balade dans ce village aimé de Corot et de Millet, laissez-vous tenter par cet hôtel paisible et accueillant, dans une veine très contemporaine : design minimaliste, lignes épurées, espace bien-être et piscine, expositions diverses... Arty !

🛋 🖥 ⓦ ⅙ 🔁 🆒 🅿 – 22 chambres – 4 suites

21 Grande-Rue – ☏ 01 60 66 40 25 – www.hotel-les-pleiades.com

BOIS-COLOMBES – Hauts-de-Seine (92) ➜ Voir Paris et ses environs

BOULOGNE-BILLANCOURT – Hauts-de-Seine (92) ➜ Voir Paris et ses environs

BOURRON-MARLOTTE
✉ 77780 – Seine-et-Marne – Carte régionale n° **15**–C3 – Carte Michelin 312-F5

🍴○ **LES PRÉMICES**
CRÉATIVE · **TENDANCE** XX À l'orée de la forêt de Fontainebleau, une salle moderne et sa terrasse fleurie ont pris leurs aises dans les écuries du château de Bourron (fin 16e-début 17e s.). L'occasion pour le chef de composer une cuisine légère et inventive qui fait la part belle aux herbes aromatiques et aux condiments ; belle carte de vins.

⅛ 🌿 ⅙ 🅿 – Menu 60/95 €

12bis rue Blaise-de-Montesquiou – ☏ 01 64 78 33 00 –
www.restaurant-les-premices.com – Fermé lundi, mardi, dimanche soir

BOUTERVILLIERS
✉ 91150 – Essonne – Carte régionale n° **15**–B3 – Carte Michelin 312-B5

LA MAISON DES BLÉS - LE BOUCHE À OREILLE

MODERNE · ÉLÉGANT XXX Un lieu contemporain, un intérieur moderne, dont les murs portent de beaux épis de blé en hommage à la campagne beauceronne et deux lieux pour se faire plaisir, la brasserie Louis (souris d'agneau, légumes du moment...) et la table gastronomique, le Bouche à oreille... À chaque fois, du professionnalisme et des assiettes, qui mettent en valeur de beaux produits.

⇦ 龠 유 & 囲 ⇔ 🅿 – Menu 40 € (déjeuner), 58/140 € – Carte 50/80 €

19 rue du Périgord – ℰ 01 64 95 69 50 – www.bao-restaurant.fr – Fermé lundi, mardi, dimanche soir

BRIE-COMTE-ROBERT

✉ 77170 – Seine-et-Marne – Carte régionale n° **15**-C2 – Carte Michelin 312-E3, 101-39

LA FABRIQUE

MODERNE · DESIGN XX Ce loft d'esprit industriel est bien caché au bout d'une petite allée, et il fait bon s'y régaler dans une atmosphère jeune et décontractée... Une adresse d'aujourd'hui, qui décline une cuisine moderne et volontiers créative, avec quelques fulgurances !

& 🅿 – Menu 39 € (déjeuner), 68/78 €

1 bis rue du Coq-Gaulois – ℰ 01 60 02 10 10 – www.restaurantlafabrique.fr – Fermé 6-15 mars, 13-17 mai, 2-30 août, mardi midi, mercredi midi, jeudi, vendredi, samedi soir

LA CELLE-LES-BORDES

✉ 78720 – Yvelines – Carte régionale n° **15**-B2 – Carte Michelin 311-H4

L'AUBERGE DE L'ÉLAN

TRADITIONNELLE · CONVIVIAL X Au cœur de la vallée de Chevreuse, une maison de village où se mêlent déco rustique et objets modernes. Le chef et patron concocte une bonne cuisine du marché : ris de veau aux morilles, tournedos de bœuf Rossini... Voilà pour les plats incontournables ! Petite terrasse toute indiquée pour les beaux jours.

龠 & – Menu 56/88 €

5 rue du Village (Les Bordes) – ℰ 01 34 85 15 55 – www.laubergedelelan.fr – Fermé 24 août-7 septembre, lundi, mardi, mercredi soir, dimanche soir

CHÂTEAUFORT

✉ 78117 – Yvelines – Carte régionale n° **15**-B2 – Carte Michelin 311-I3, 101-22

LA BELLE ÉPOQUE

MODERNE · ÉLÉGANT XXX L'enseigne ne ment pas : derrière une devanture digne d'une auberge d'autrefois, on découvre un décor d'une sobre élégance, au noir et blanc très "début de siècle", assorti d'une jolie terrasse dominant la vallée de Chevreuse. Mais le chef signe une cuisine dans le goût de... notre époque.

龠 ⇔ – Menu 45 € (déjeuner)/80 € – Carte 72/83 €

10 place de la Mairie – ℰ 01 39 56 95 48 – www.labelleepoque78.fr – Fermé lundi, dimanche

CHEVREUSE

✉ 78460 – Yvelines – Carte régionale n° **15**-B2 – Carte Michelin 311-I3, 101-B7

LE CLOS DE CHEVREUSE

MODERNE · TRADITIONNEL XX Le chef, dont le parcours est évocateur (il a passé sept ans au Bristol, entre autres), compose ici des préparations équilibrées et soignées, autant d'un point de vue des saveurs que sur le plan esthétique. L'été, on court s'installer sur la coquette terrasse fleurie, au calme de la cour.

龠 – Menu 30 € (déjeuner)/51 €

33 rue de Rambouillet – ℰ 01 30 52 17 41 – www.leclosdechevreuse.fr – Fermé 4-12 janvier, 15-23 février, 9-31 août, lundi, mardi, dimanche soir

CLAIREFONTAINE-EN-YVELINES

✉ 78120 – Yvelines – Carte régionale n° **15**–A2 – Carte Michelin 311-H4

⑪○ LES TERRASSES DE CLAIREFONTAINE

MODERNE · **CONTEMPORAIN** XxX Situé au cœur de la Vallée de Chevreuse et de la forêt de Rambouillet, ce restaurant en bordure de l'étang de Clairefontaine propose une chaleureuse cuisine au goût du jour, avec une prédisposition (en saison) pour les truffes et les gibiers, et une jolie vue sur l'étang (en toutes saisons...).

🛖 ⅙ ⅏ ⇆ – Menu 58/90 €

1 rue de Rambouillet – ✆ 01 30 59 19 19 – www.lesterrassesdeclairefontaine.com – Fermé lundi, mardi, dimanche soir

CLICHY – Hauts-de-Seine (92) ➜ Voir Paris et ses environs

COLOMBES – Hauts-de-Seine (92) ➜ Voir Paris et ses environs

CORBEIL-ESSONNES

✉ 91100 – Essonne – Carte régionale n° **15**–B2 – Carte Michelin 312-D4, 101-37

⑪○ AUX ARMES DE FRANCE

MODERNE · **COSY** XX Rien ne trouble cet ancien relais de poste, aujourd'hui tenu par un chef passé par plusieurs maisons étoilées. Au menu : des recettes généreuses en saveurs, à l'image de ce turbot saisi et morilles à la crème, ou de ce millefeuille et sa sauce au caramel. Enfin, pour parachever le tableau : ambiance feutrée, accueil charmant.

⅙ ⇆ 🅿 – Menu 38 € (déjeuner), 54/74 €

1 boulevard Jean-Jaurès – ✆ 01 60 89 27 10 – www.aux-armes-de-france.fr – Fermé lundi, dimanche

COUILLY-PONT-AUX-DAMES

✉ 77860 – Seine-et-Marne – Carte régionale n° **15**–C2 – Carte Michelin 312-G2

✤ AUBERGE DE LA BRIE

Chef: Alain Pavard

MODERNE · **ÉLÉGANT** XX Cette institution locale fêtera ses trente années d'étoile en 2021. Plébiscitée par ses nombreux fidèles, cette coquette maison a effectivement plus d'une corde à son arc : son cadre classique et lumineux (la salle donne sur le jardin), sa cuisine actuelle personnalisée et d'une régularité à toute épreuve, et l'accueil tout sourire de Céline, l'épouse du chef Alain Pavard. Ce dernier réalise une cuisine d'inspiration classique, mais bien ancrée dans l'époque. Il séduit avec de beaux produits et des saveurs précises : ravioles de foie gras et velouté de lentilles de la Brie, canette de Challans au miel d'acacia, poire vanille chocolat.

Spécialités : Langoustines tièdes au citron, pousses d'épinards et sauce gingembre. Ris de veau braisé au jus, légumes croquants et champignons de saison. Savarin au rhum, ananas frais et espuma coco.

✤ ⊑ ⅏ 🅿 – Menu 62/92 € – Carte 77/91 €

14 avenue Alphonse-Boulingre – ✆ 01 64 63 51 80 – www.aubergedelabrie.net – Fermé 8 août-1ᵉʳ septembre, 24 décembre-6 janvier, lundi, mardi midi, dimanche

COURBEVOIE – Hauts-de-Seine (92) ➜ Voir Paris et ses environs

DAMPIERRE-EN-YVELINES

✉ 78720 – Yvelines – Carte régionale n° **15**–B2 – Carte Michelin 311-H3, 101-31

❀ LA TABLE DES BLOT - AUBERGE DU CHÂTEAU

Chef: Christophe Blot

MODERNE • AUBERGE XxX Cette belle et élégante auberge du 17ᵉ s. a conservé sa salle opulente, ses poutres rustiques et sa cheminée, et en dépit des touches modernes, on reconnaît ici la douce langueur bourgeoise, synonyme de bien-être des appétits. A l'aise dans cet univers qui donne des gages au temps qui passe, le talent du chef et les saisons rythment la créativité des recettes. Prenons l'excellente tranche de terrine de lapin, travaillée à l'ancienne, ou le beau et épais filet de turbot : nous sommes en présence d'un homme qui aime son métier. Et le dessert, variation en trois préparations autour du chocolat, confirme l'intuition. Le service, très professionnel, valorise cette partition maîtrisée, exécutée par un chef exigeant et passionné. C'est coloré, parfumé, plein de saveurs. L'accueil chaleureux invite à prolonger l'étape - on peut en effet réserver une jolie chambre façon maison de campagne.

Spécialités: Homard décortiqué et fumé à la livèche. Ris de veau doré au sautoir. Cerises confites acidulées, mascarpone et meringue.

  ♿ 🅰 ✤ – Menu 75/80 €

1 Grande-Rue – ☎ 01 30 47 56 56 – www.latabledesblot.com –
Fermé 16-31 août, 20-28 décembre, lundi, mardi midi, dimanche soir

DAMPMART

✉ 77400 – Seine-et-Marne – Carte régionale n° **15**–C2 – Carte Michelin 312-F2

❀ LE QUINCANGROGNE

Chef: Franck Charpentier

MODERNE • CONVIVIAL XX En bord de Marne, cette ancienne maison de retraite a été transformée en un hôtel-restaurant accueillant. En cuisine, on trouve Franck Charpentier, chef au parcours solide – plusieurs tables étoilées au sein d'hôtels de luxe, notamment. En bon amoureux des goûts authentiques, il régale sa clientèle avec une carte simple, axée sur des produits régionaux de grande qualité. Finesse et précision des agencements de saveurs, visuels précis et bien travaillés : on se régale d'un bout à l'autre du repas. En saison, on profite même de la belle terrasse avec sa vue sur la rivière toute proche... Une étape de choix.

Spécialités: Œuf parfait de Dampmart et céleri truffé. Cochon fermier rôti au bois de fenouil. Crème brûlée à la rose de Provins et crème glacée au coquelicot.

  🛋 🛏 🌰 ♿ 🅰 ✤ 🅿 – Menu 40 € (déjeuner), 62/95 €

7 rue de l'Abreuvoir – ☎ 01 64 44 44 80 – www.hotel-restaurant-lequincangrogne.fr –
Fermé 1ᵉʳ-14 janvier, 1ᵉʳ-11 mai, 25 juillet-19 août, lundi, mardi, dimanche soir

DONNEMARIE-DONTILLY

✉ 77520 – Seine-et-Marne – Carte régionale n° **15**–D2 – Carte Michelin 312-H5

🍴◎ LA CROIX BLANCHE

MODERNE • ÉLÉGANT XX Aucun doute, vous allez marquer votre passage dans ce restaurant d'une croix blanche ! Derrière les fourneaux, le chef – originaire du coin – met un point d'honneur à n'utiliser que de beaux produits de saison. Dans l'assiette, le goût est au rendez-vous : une bonne adresse.

  ♿ – Menu 27 € (déjeuner), 43/65 €

2 place du Marché – ☎ 01 64 60 67 86 – www.restaurant-croixblanche.fr –
Fermé 2-7 janvier, 22 février-4 mars, 16-31 août, lundi soir, mardi soir, mercredi, dimanche soir

FONTAINEBLEAU

✉ 77300 – Seine-et-Marne – Carte régionale n° **15**–C3 – Carte Michelin 312-F5

✿ L'AXEL

Chef: Kunihisa Goto

MODERNE · **ÉLÉGANT** XX Au cœur de Fontainebleau se cache ce restaurant sobre et chic où exerce un couple franco-japonais. Madame est en salle tandis que monsieur revisite la gastronomie française au plus près des saisons. Kunihisa Goto voue un culte sincère à la cuisine hexagonale, à ses vins et à ses produits emblématiques, du foie gras aux escargots. Formé à bonne école, il réinvente les classiques français avec un aplomb certain, à grand renfort de produits japonais – daikon, racines de lotus, algue nori, feuilles de shiso, bœuf wagyu... Sa variation sur l'œuf parfait est devenue un classique, accompagné de ravioles au comté, le tout parsemé de truffes. Vous retrouverez dans chaque plat ce souci graphique, cet équilibre et cette gourmandise. Service réactif et courtois.

Spécialités : Œuf translucide, asperge verte et émulsion de parmesan. Ris de veau croustillant, oignon doux et aubergine confite à la pâte de miso. Bulle de sucre soufflé, litchi, émulsion à la fleur d'oranger et crumble de noisette.

❀ 🅰 – Menu 45 € (déjeuner), 60/120 € – Carte 110/160 €

43 rue de France –
☏ 01 64 22 01 57 – www.laxel-restaurant.com –
Fermé 3-18 janvier, 9-17 septembre, lundi, mardi, mercredi midi

ⅡO LA TABLE DU PARC

MODERNE · **CONTEMPORAIN** XX Une cuisine d'aujourd'hui élégante et maîtrisée, une mise en avant de la production locale, une célébration de la tradition et du terroir, une salle contemporaine meublée de tables en chêne massif et de grandes baies embrassant le jardin et la terrasse pour l'été : telles sont les promesses - tenues - de cette table, sans oublier des assiettes justes et maîtrisées.

🖳 🏠 ఱ 🅰 – Menu 32 € (déjeuner), 57/95 € – Carte 50/90 €

La Demeure du Parc, 6 rue d'Avon –
☏ 01 60 70 20 00 – www.lademeureduparc.fr –
Fermé lundi, mardi, dimanche soir

ⅡO FUUMI

JAPONAISE · **CONVIVIAL** X Ce jeune restaurant japonais, situé dans le centre-ville de Fontainebleau n'est autre que l'annexe de l'Axel, le restaurant étoilé du chef patron Kunihisa Goto, et de son épouse Vanessa. En ce lieu convivial se dégustent plats traditionnels japonais, parfumés et généreux, mais aussi gyozas et ramen. Réservation (très) fortement conseillée.

🏠 ఱ 🅰 ⇔ – Menu 23 € (déjeuner), 38/105 € – Carte 35/99 €

39 rue de France –
☏ 01 60 72 10 32 – www.restaurant-fuumi.com –
Fermé 1ᵉʳ-16 août, lundi, dimanche

🏨 LA DEMEURE DU PARC

BOUTIQUE HÔTEL · **DESIGN** En centre-ville, une auberge contemporaine dans un esprit boutique-hôtel. Les chambres, épurées et lumineuses, jouent sur les matières – bois, notamment –, et certaines d'entre elles disposent d'un balcon ou d'un petit jardin privatif.

🖳 🖃 ఱ 🅰 🖒 – 20 chambres – 7 suites

36 Rue Paul Séramy – ☏ 01 60 70 20 00 – www.lademeureduparc.fr
ⅡO **La Table du Parc** – Voir la sélection des restaurants

FOURQUEUX

✉ 78112 – Yvelines – Carte régionale n° **15**–B2

AU FULCOSA

MODERNE · CONVIVIAL ⅔ Fulcosa signifie "fougère" en latin : la plante, en effet, tapissait les forêts alentour... Les propriétaires ont le sens de l'histoire et du... goût ! Dans le décor chaleureux de leur "bistrot culinaire", ils nous régalent d'une bonne cuisine de saison, entre tradition et innovation – à l'image de cette pluma de cochon poêlée, pâtes et châtaignes.

🏠 – Menu 40 € – Carte 40 €

2 rue du Maréchal-Foch – ℰ 01 39 21 17 13 – www.aufulcosa.fr –
Fermé 15-23 février, 1ᵉʳ-4 mai, 17 juillet-19 août, lundi, dimanche

LA GARENNE-COLOMBES – Hauts-de-Seine (92) ➜ Voir Paris et ses

environs

GAZERAN

✉ 78125 – Yvelines – Carte régionale n° **15**–A2 – Carte Michelin 311-G4

VILLA MARINETTE

MODERNE · ÉLÉGANT ⅩⅩ Cette ancienne auberge cache un intérieur moderne, entièrement remanié dans des tons noir et jaune, avec parquet clair et motifs végétaux... et toujours une agréable terrasse dressée dans le joli jardin clos. On y déguste une cuisine au goût du jour rythmée par les saisons, signée par un jeune chef respectueux du produit.

🛋🏠 🕭 🗘 – Menu 38 € (déjeuner)/69 € – Carte 67/73 €

20 avenue du Général-de-Gaulle – ℰ 01 34 83 19 01 – www.villamarinette.fr –
Fermé lundi, mardi, dimanche soir

HOUDAN

✉ 78550 – Yvelines – Carte régionale n° **15**–A2 – Carte Michelin 311-F3

LE DONJON

TRADITIONNELLE · CLASSIQUE ⅩⅩ Du château médiéval ne subsiste que le donjon, voisin de ce restaurant. Manasse Ameho, le chef, réalise une cuisine traditionnelle sobre et rythmée par les saisons, servie dans une salle confortable.

🅰 – Menu 25 € (déjeuner), 32/70 €

14 rue d'Épernon (près de l'église) – ℰ 01 30 59 79 14 – www.restaurant-ledonjon.fr –
Fermé 4-11 janvier, 9-30 août, lundi, dimanche soir

ISSY-LES-MOULINEAUX – Hauts-de-Seine (92) ➜ Voir Paris et ses environs

MAISONS-ALFORT – Val-de-Marne (94) ➜ Voir Paris et ses environs

MAISONS-LAFFITTE

✉ 78600 – Yvelines – Carte régionale n° **15**–B1 – Carte Michelin 311-I2, 101-13

LE TASTEVIN

CLASSIQUE · ÉLÉGANT ⅩⅩ En bordure de parc, cette maison bourgeoise élégamment décorée cultive un certain art de vivre à la française... et chante son amour des beaux produits ! Le chef, d'origine italienne, maîtrise bien son sujet ; il revisite les classiques en y apportant quelques touches méditerranéennes. Jolie carte des vins.

🕭 🏠 🗘 – Menu 35 € (déjeuner)/85 € – Carte 100/110 €

9 avenue Eglé – ℰ 01 39 62 11 67 – www.letastevin-restaurant.fr –
Fermé lundi, dimanche soir

⑪○ **LA PLANCHA**

MODERNE · **COSY** X Ambiance voyageuse dans ce restaurant à deux pas de la gare du RER A. La carte, assez originale, propose des recettes sobres et efficaces, dans un genre "fusion" très agréable. Et n'oublions pas les desserts, l'un des points forts du repas.

🅰️ ⇔ – Menu 39 € – Carte 46/64 €

5 avenue de Saint-Germain – ℰ 01 39 12 03 75 – www.laplanchadekiko.eatbu.com/ – Fermé 15 juillet-15 août, mardi, mercredi, dimanche soir

MANTES-LA-JOLIE

✉ 78200 – Yvelines – Carte régionale n° **15**-A1 – Carte Michelin 311-G2

⑪○ **RIVE GAUCHE**

MODERNE · **COSY** XX Au pied de la collégiale, faites une halte dans ce restaurant cosy et chaleureux ! Son chef-patron y propose une cuisine fine et goûteuse, qui évolue au fil du marché et porte discrètement la marque de ses nombreux voyages – Hong Kong, Californie, Australie... Service attentionné.

⇔ – Menu 44 €

1 rue du Fort – ℰ 01 30 92 30 16 – Fermé lundi, samedi midi, dimanche

MANTES-LA-VILLE

✉ 78711 – Yvelines – Carte régionale n° **15**-A1

⑪○ **LE MOULIN DE LA REILLÈRE**

CLASSIQUE · **ÉLÉGANT** XX Belle auberge aménagée dans un ancien moulin du 18ᵉ s. Un cadre bourgeois, avec sa terrasse et son ravissant jardin fleuri ; une cuisine classique bien réalisée.

🕭 🎋 ⇔ 🅿️ – Menu 26 € (déjeuner)/39 € – Carte 45/65 €

171 route de Houdan – ℰ 01 30 92 22 00 – www.lemoulindelareillere.fr – Fermé 2-8 janvier, 2-24 août, lundi, samedi midi, dimanche soir

MARLY-LE-ROI

✉ 78160 – Yvelines – Carte régionale n° **15**-B2 – Carte Michelin 312-B2, 101-12

⁂ **LE VILLAGE**

Chef: Tomohiro Uido

MODERNE · **INTIME** XX Ces diables de chefs japonais sont partout... et c'est tant mieux ! Prenez cette jolie auberge, sise dans une ruelle pittoresque du vieux Marly. Quoi de plus français que l'avenante façade aux tons bleu canard, puis, passé la porte, la plaisante petite salle intimiste aux tons rouge carmin, décorée de tableaux et de photos de plats ? Pourtant, en cuisine, on parle japonais. Le chef signe des préparations très maîtrisées, riches de jolis accords, de textures et de saveurs ; pareil à Jésus, il se plaît même à multiplier les petits pains – là-dessus, nous vous laissons la surprise. À Marly, la France inspire l'Asie, à moins que ce ne soit le contraire... Laissez votre palais décider.

Spécialités: Goï cuôn de homard breton et foie gras en terrine au vieux calvados. Faux-filet de bœuf de Kobe poêlé, mayonnaise de wasabi. Soufflé chaud au yuzu légèrement poivré, sorbet aux feuilles de shiso.

🅰️ – Menu 58/130 €

3 Grande-Rue – ℰ 01 39 16 28 14 – www.restaurant-levillage.fr – Fermé 25 janvier-1ᵉʳ février, 9-23 août, lundi, samedi midi, dimanche soir

MAULE

✉ 78580 – Yvelines – Carte régionale n° **15**-A1 – Carte Michelin 311-H2

🍴⃝ **LA CASE DE BABETTE**

CRÉOLE · **ROMANTIQUE** XX Babette de Rozières, fameuse chroniqueuse culinaire, a plus d'un tour dans son sac ! Au cœur du joli bourg de Maule, elle rend hommage à sa Guadeloupe natale avec une cuisine ensoleillée, débordante de saveurs. Le service est assuré avec attention et professionnalisme, et l'on mange au son d'une discrète musique des îles...

🖼️🌿⛲🔄 – Menu 32 € (déjeuner) – Carte 50/80 €

2 rue Saint-Vincent – ☎ 01 30 90 38 97 – www.lacasedebabette.com –
Fermé 15 août-15 septembre, lundi, mardi midi, dimanche soir

MEAUX
✉ 77100 – Seine-et-Marne – Carte régionale n° **15**–C1 – Carte Michelin 312-G2

🍴⃝ **LA GRIGNOTIÈRE**

TRADITIONNELLE · **COSY** XX Rénovée dans un style contemporain, cette Grignotière séduit avec son intérieur cosy et sa cheminée en état de marche... Au fil de l'année, on se régale par exemple d'huîtres, de coquillages et de beaux plateaux de fruits de mer, ou, pour les carnivores, de ris de veau aux morilles et de foie gras poêlé. Plaisant !

🅰🔄 – Menu 42 € (déjeuner)/59 € – Carte 76/95 €

36 rue de la Sablonnière – ☎ 01 64 34 21 48 – Fermé 1er-25 août, mardi, mercredi, samedi midi

MELUN
✉ 77000 – Seine-et-Marne – Carte régionale n° **15**–C2 – Carte Michelin 312-E4

🍴⃝ **LA BODEGA**

ESPAGNOLE · **CONVIVIAL** XX On vient ici pour retrouver l'esprit de l'Espagne, en particulier celle des Asturies, d'où est originaire la famille propriétaire. Au menu, des produits de belle qualité, de succulentes recettes ibériques – pluma de cochon ibérique, paella bodega, chipirones à la plancha, délicieux turrones au dessert – et quelques plats plus actuels. On est comblé !

♿ – Menu 21 € (déjeuner) – Carte 21/60 €

18 quai Hippolyte-Rossignol – ☎ 01 64 37 10 57 – www.bodega-melun.fr –
Fermé 15-22 août, lundi, samedi midi, dimanche

MÉRY-SUR-OISE
✉ 95540 – Val-d'Oise – Carte régionale n° **15**–B1 – Carte Michelin 305-E6, 101-4

✿ **LE CHIQUITO**

Chef: Alain Mihura

CLASSIQUE · **ÉLÉGANT** XxX Quelle histoire, ce Chiquito ! Saviez-vous qu'il s'agit d'un ancien bar-tabac et épicerie de village, transformé en restaurant en 1969 ? Difficile de se figurer cette parenthèse passée tant le cadre de cette maison francilienne du 17e s., élégant et plein de cachet, l'enfilade de salles bourgeoises, l'accueil, des plus prévenants, évoquent immédiatement une certaine idée de l'élégance bourgeoise. Et que dire de la cuisine d'Alain Mihura, passé chez de grands chefs étoilés, sinon qu'elle honore le plus beau classicisme, par sa précision et la finesse de ses saveurs ? Ses spécialités font claquer les langues de plaisir : cuisses de grenouilles au jus de persil, ris de veau au beurre mousseux et Paris-brest... Quelque chose d'éternel au pays de la gourmandise. La belle carte des vins, avec plus de 250 références, conforte ce charmant tableau. Une demeure tout en délicatesse, vivement recommandable.

Spécialités: Tête de veau laquée, crevette sauvage au piment d'Espelette et gribiche d'avocat. Cœur de pomme de ris de veau au beurre mousseux. Paris-brest praliné à l'ancienne et crème glacée chicorée.

🕸🖼️♿🅰🔄🅿 – Menu 70/82 € – Carte 73/107 €

3 rue de l'Oise – ☎ 01 30 36 40 23 – www.lechiquito.fr – Fermé lundi, dimanche

MEUDON – Hauts-de-Seine (92) ➜ Voir Paris et ses environs

MILLY-LA-FORÊT

✉ 91490 – Essonne – Carte régionale n° **15**–B3 – Carte Michelin 312-D5

🍴○ **LES COQS**

MODERNE · CONTEMPORAIN ✕✕ Cette maison, installée dans un ancien magasin d'antiquités au cœur du village, a tout pour plaire : un intérieur contemporain
et élégant, un patio-terrasse idéal pour les beaux jours... et, à sa tête, un jeune
couple qui propose une cuisine du marché bien réalisée.

🍽 ⅄ ⇔ – Menu 34 € (déjeuner), 41/57 €

24 place du Marché – ☎ 01 64 98 58 58 – www.lescoqs.fr – Fermé mardi, mercredi

MONTIGNY-SUR-LOING

✉ 77690 – Seine-et-Marne – Carte régionale n° **15**–C3 – Carte Michelin 312-F5

🍴○ **LE DIV'20**

CRÉATIVE · BISTRO ✕ Ce discret bistrot contemporain propose une bonne cuisine inventive, comme le prouve ce suprême de pintade à la crème réglisse et
légumes méditerranéens. On fait le plein de goûts et de saveurs, avec d'autant
plus de plaisir que le service est efficace et chaleureux.

⅄ 🅰🅲 – Menu 22/52 €

*20 rue du Loing – ☎ 01 64 45 76 79 – www.restaurantlediv20.fr – Fermé lundi, mardi,
dimanche soir*

MONTMORENCY

✉ 95160 – Val-d'Oise – Carte régionale n° **15**–B1 – Carte Michelin 305-E7, 101-5

🍴○ **AU CŒUR DE LA FORÊT**

TRADITIONNELLE · AUBERGE ✕✕ À l'issue d'un chemin cahotant, vous voilà
bien au cœur de la forêt... Si le dépaysement est garanti, la cuisine suit sans
détour la voie de la tradition : au menu, rien que des valeurs sûres, au gré du
marché ! Cadre élégant et champêtre, comme il se doit, avec une jolie terrasse
face aux frondaisons.

🔙 🍽 🅿 – Menu 49 €

*Avenue du Repos-de-Diane (accès par chemin forestier) – ☎ 01 39 64 99 19 –
www.aucoeurdelaforet.com – Fermé 15-25 février, 1ᵉʳ-31 août, lundi, jeudi soir,
dimanche soir*

NANTERRE – Hauts-de-Seine (92) ➜ Voir Paris et ses environs

NEUILLY-SUR-SEINE – Hauts-de-Seine (92) ➜ Voir Paris et ses environs

OZOIR-LA-FERRIÈRE

✉ 77330 – Seine-et-Marne – Carte régionale n° **15**–C2 –
Carte Michelin 312-F3, 106-33, 101-30

🍴○ **LA GUEULARDIÈRE**

CLASSIQUE · ÉLÉGANT ✕✕✕ Depuis plus de 30 ans qu'il trace son sillon gourmand, Alain Bureau est un vrai chef à l'ancienne, un authentique artisan, inconditionnel du "fait maison" : vol-au-vent de ris de veau, langoustines, soufflé au
Grand Marnier... Classique par ses racines, actuelle par son inspiration, sa cuisine
séduit ! Cadre élégant et raffiné, superbe terrasse.

🍽 ⅄ ⇔ 🅿 – Menu 27/55 € – Carte 60/130 €

*66 avenue du Général-de-Gaulle – ☎ 01 60 02 94 56 – www.la-gueulardiere.com –
Fermé dimanche soir*

PARIS – Ville-de-Paris (75) ➜ Voir Paris et Environs

LE PERREUX-SUR-MARNE – Val-de-Marne (94) ➜ Voir Paris et ses environs

PLAISIR

✉ 78370 – Yvelines – Carte régionale n° **15**–B2 – Carte Michelin 311-H3

⊩○ LA MAISON DES BOIS

TRADITIONNELLE · AUBERGE 🏶🏶🏶 Dans la même famille depuis 1926, cette auberge typique, couverte de vigne vierge, arbore toujours son toit de chaume, au terme d'une jolie rénovation. Même esprit à la carte, avec des recettes traditionnelles et des suggestions du marché. Terrasse ombragée sous un vieux platane.

🦽🏡 ‌& 🅿 – Menu 47 € – Carte 60/80 €

1467 avenue d'Armorique, Ste-Apolline – ℰ 01 30 54 23 17 – www.lamaisondesbois.fr – Fermé mardi soir, mercredi, dimanche soir

PONTCHARTRAIN

✉ 78760 – Yvelines – Carte régionale n° **15**–A2 – Carte Michelin 311-H3

⊩○ BISTRO GOURMAND

MODERNE · CONVIVIAL 🏶🏶 Le chef de ce Bistro réalise une cuisine de jolie facture, franche et lisible, pleine de peps, à déguster dans un intérieur moderne où le rouge domine… ou en terrasse (au calme) à l'été venu.

🏡 ✿ – Menu 39/44 €

7 route du Pontel – ℰ 01 34 89 25 36 – www.bistrogourmand.fr – Fermé lundi, mercredi soir, dimanche soir

PONTOISE

✉ 95000 – Val-d'Oise – Carte régionale n° **15**–B1 – Carte Michelin 305-D6, 101-C1

⊛ L'OR Q'IDÉE

Cheffe : Naoëlle d'Hainaut

MODERNE · COSY 🏶🏶 La cheffe Naoëlle d'Hainaut a choisi cette petite rue du centre-ville de Pontoise, en contrebas de la jolie église, pour ouvrir son premier restaurant. Résultat : une vraie réussite, de l'élégant décor (style scandinave, couleurs claires, cave sous écrin de verre, cuisine visible) aux assiettes savoureuses et bien dans l'air du temps. Souvenirs attendris de langoustines justes cuites, d'un quasi de veau à la cuisson parfaite, et en dessert, de l'effet cacahuète (un régal). Partout, une même maîtrise technique, de belles harmonies gustatives, une cuisine franche. Service bien rythmé, décontracté et professionnel par une équipe jeune et efficace. Une adresse très recommandable.

Spécialités : Carpaccio de Saint-Jacques, céleri branche, crème de yuzu et vinaigrette au curry madras. Pigeon rôti et laqué au miel de fleurs sauvages, purée de céleri et châtaigne. L'effet cacahouète.

⊛ *L'engagement du chef : "Notre défi est de sublimer les produits de qualité que nos maraîchers, pêcheurs et vignerons passionnés nous fournissent au quotidien. Nous travaillons de plus en plus de produits de la région. Donner des lettres de noblesse à un produit commun par une cuisine subtile et complexe mais surtout goûteuse, afin que notre empreinte soit accessible à tous."*

🐜 🏡 & – Menu 42 € (déjeuner)/79 €

14 rue Marcel-Rousier – ℰ 01 34 35 47 10 – www.lorqidee.fr – Fermé 15-28 février, 2-22 août, lundi, mardi soir, samedi midi, dimanche

LE PRÉ-ST-GERVAIS – Seine-Saint-Denis (93) ➜ Voir Paris et ses environs

PRESLES

✉ 95590 – Val-d'Oise – Carte régionale n° **15**–B1

⊩○ LA PLUME

MODERNE · CONTEMPORAIN 🏶🏶 Au cœur de la vallée de l'Oise, voici la table gastronomique d'un établissement furieusement design, signé de l'architecte star Jean-Michel Wilmotte. Aux fourneaux, on retrouve Pierre Meneau (aperçu dans Top Chef), qui signe une jolie cuisine française contemporaine, délicate et technique.

& 🎦 – Menu 55 € (déjeuner), 85/110 €

Le Domaine des Vanneaux, 1 route du Golf-des-Vanneaux – ℰ 01 34 08 40 79 – www.ledomainedesvanneaux.fr – Fermé lundi, mardi, mercredi midi, jeudi midi, vendredi midi, dimanche soir

🏨 LE DOMAINE DES VANNEAUX

RESORT · CONTEMPORAIN Face au golf de L'Isle-Adam, voici l'interprétation – signée Jean-Michel Wilmotte – d'un corps de ferme traditionnel... soit un luxueux hôtel niché dans un écrin de verdure, avec son golf et son spa. Idéal pour s'offrir une idylle nature aux portes de Paris, le temps d'un week-end.

🏌 🐾 🛏 ⛳ 🈳 🈵 👗 🔄 🅿 🚬 – 67 chambres

1 route du Golf-des-Vanneaux – ☏ 01 34 08 40 64 – www.ledomainedesvanneaux.fr

🍽 **La Plume** – Voir la sélection des restaurants

PRINGY

✉ 77310 – Seine-et-Marne – Carte régionale n° **15**–C2 – Carte Michelin 312-E4

🍽 L'INÉDIT

TRADITIONNELLE · TENDANCE XX C'est le chef Kévin Kowal, ancien de la galaxie Ducasse, qui a repris en 2018 les fourneaux de cette maison installée non loin de Melun et surtout de la forêt de Fontainebleau. Sa cuisine a de forts accents classiques (en témoignent son pâté en croûte de volaille et son soufflé à la noisette du Piémont) avec quelques traits de modernité. Cuissons maîtrisées, saveurs marquées : du bon travail.

🈳 👗 🔄 🅿 – Menu 75€ – Carte 80/100€

20 avenue de Fontainebleau – ☏ 01 60 65 57 75 – www.linedit.fr – Fermé mardi, mercredi, dimanche soir

PUTEAUX – Hauts-de-Seine (92) ➜ Voir Paris et ses environs

RAMBOUILLET

✉ 78120 – Yvelines – Carte régionale n° **15**–A2 – Carte Michelin 311-G4

🍽 L'ORANGERIE DES TROIS ROYS

POISSONS ET FRUITS DE MER · ÉLÉGANT XX Une salle à manger en véranda garnie de sculptures, tableaux, plantes vertes : voici le ravissant cadre de cette Orangerie. Le chef fait la part belle aux poissons et fruits de mer – à l'instar de ces pâtes fraîches au homard et soufflé au Grand Marnier. Les pâtisseries viennent d'un artisan rambolitain, Chez Francis. Terrasse au calme.

🈳 ♿ 🔄 – Carte 50/150€

4 rue Raymond-Poincarré – ☏ 01 30 88 69 95 – www.lorangeriedestroisroys.fr – Fermé 1er-3 janvier, 22-28 février, 2-29 août, samedi, dimanche

ROLLEBOISE

✉ 78270 – Yvelines – Carte régionale n° **15**–A1 – Carte Michelin 311-F1

🌸 LE PANORAMIQUE - DOMAINE DE LA CORNICHE

MODERNE · ÉLÉGANT XxX Nul besoin de résider au Domaine de la Corniche pour apprécier ce restaurant contemporain, son belvédère et sa carte alléchante. Ici, place aux produits de proximité, dans une démarche locavore aboutie : Saint-Jacques de la baie de Seine, agneau fermier des fermes des environs, petits fruits et légumes de producteurs locaux. Il en résulte une cuisine pleine de fraîcheur, où les recettes débordent de goût et de saveurs marquées. Truffes noires, foie gras des Landes (évidemment !), langoustines, turbot sauvage : les produits nobles se succèdent dans l'assiette. Et aux beaux jours, on dîne en terrasse, face aux méandres de la Seine.

Spécialités : Cuisine du marché.

🌅 🛏 🈳 ♿ 🔄 🅿 – Menu 49/98€

Le Domaine de la Corniche, 5 route de la Corniche – ☏ 01 30 93 20 00 – www.domainedelacorniche.com – Fermé 1er-24 novembre, mardi, mercredi

LE DOMAINE DE LA CORNICHE

SPA ET BIEN-ÊTRE · DESIGN Quelle "folie" Léopold II de Belgique ne fit-il pas pour son dernier amour ! Le résultat est cette jolie demeure dominant la Seine. Les amoureux d'aujourd'hui apprécieront son intérieur design, les chambres avec vue, la piscine panoramique et le superbe spa...

🐾 ⇐ 🛏 🛋 🗖 ⑩ 🖂 ㅎ ⅰ ẩ 🅿 – 44 chambres

5 route de la Corniche – 𝒞 01 30 93 20 00 – www.domainedelacorniche.com

❀ **Le Panoramique - Domaine de la Corniche** – Voir la sélection des restaurants

RUEIL-MALMAISON – Hauts-de-Seine (92) ➜ Voir Paris et ses environs

RUNGIS – Val-de-Marne (94) ➜ Voir Paris et ses environs

ST-GERMAIN-EN-LAYE

✉ 78100 – Yvelines – Carte régionale n° **15**–B2 – Carte Michelin 311-I2, 101-13

CAZAUDEHORE

CLASSIQUE · ÉLÉGANT XxX Ambiance chic et cosy, décor dans l'air du temps, délicieuse terrasse sous les acacias, cuisine soignée et belle carte des vins... Une vraie histoire de famille depuis 1928.

❀ ⇐ 🛏 🛋 ㅎ 🖂 ⇵ 🅿 – Menu 60/99€ – Carte 50/90€

La Forestière, 1 avenue du Président-Kennedy – 𝒞 01 30 61 64 64 – www.cazaudehore.fr – Fermé lundi, mardi midi, dimanche soir

PAVILLON HENRI IV

CLASSIQUE · ÉLÉGANT XxX L'un des atouts de ce restaurant est sans conteste son superbe panorama sur la vallée de la Seine. Un cadre exceptionnel où l'on vient savourer une cuisine classique et de beaux produits ; on y inventa les pommes soufflées et la béarnaise !

⇐ ⩽ 🖂 ⇵ 🅿 – Menu 35€ (déjeuner), 53/95€ – Carte 60/90€

19 rue Thiers – 𝒞 01 39 10 15 15 – www.pavillonhenri4.fr – Fermé samedi midi, dimanche soir

LE WAUTHIER BY CAGNA

MODERNE · BISTRO X Risotto du Piémont au homard et beurre blanc, escalopes de ris de veau braisées, mousseline de céleri et sauce Albufera... Une cuisine bien dans l'air du temps, réalisée avec de bons produits du marché : voilà la promesse de cette sympathique maison sangermanoise au joli intérieur de bistrot chic. Service attentionné.

⇵ – Menu 35€ (déjeuner), 48/69€

31 rue Wauthier – ⓜ Saint-Germain-en-Laye – 𝒞 01 39 73 10 84 – www.restaurant-wauthier-by-cagna.fr – Fermé 17-25 janvier, 1er-23 août, lundi, dimanche

ST-JEAN-DE-BEAUREGARD

✉ 91940 – Essonne – Carte régionale n° **15**–B2 – Carte Michelin 312-C3, 101-33

L'ATELIER GOURMAND

TRADITIONNELLE · ÉLÉGANT XX Au cœur du village, dans une ancienne ferme, une table bien nommée : on y apprécie une cuisine de tradition bien tournée et toute fraîche (le chef s'approvisionne auprès du maraîcher voisin). Cadre classique et agréable, face au jardin clos de murs.

🖂 ㅎ ⇵ 🅿 – Menu 39€ – Carte 56/60€

5 Grande-Rue – 𝒞 01 60 12 31 01 – www.lateliergourmand-restaurant.fr – Fermé samedi midi, dimanche

ST-OUEN – Seine-Saint-Denis (93) ➜ Voir Paris et ses environs

STE-GENEVIÈVE-DES-BOIS

✉ 91700 – Essonne – Carte régionale n° **15**–B3 – Carte Michelin 312-C4, 101-35

ⓦ LA TABLE D'ANTAN

CUISINE DU SUD-OUEST • **CLASSIQUE** ✗✗ Vous serez d'abord séduit par un accueil prévenant en ce restaurant d'un quartier résidentiel. On y savoure une cuisine classique et des spécialités du Sud-Ouest de qualité.

Spécialités : Foie gras de canard cuit-cru mariné au sauternes. Confit de canard aux deux pommes. Craquant banane-chocolat, nougatine aux amandes.

🌣 ⅋ 🕭 – Menu 32/52 € – Carte 46/64 €

38 avenue de la Grande-Charmille-du-Parc (près de l'hôtel-de-ville) –
☏ 01 60 15 71 53 – www.latabledantan.fr – Fermé 10-30 août, lundi, mardi soir,
mercredi soir, dimanche soir

SAVIGNY-SUR-ORGE

✉ 91600 – Essonne – Carte régionale n° **15**–B2 – Carte Michelin 312-D3, 101-36

⅋〇 AU MÉNIL

CLASSIQUE • **TRADITIONNEL** ✗✗ Le chef, aussi expérimenté que passionné par son métier, s'est entouré d'une équipe jeune et motivée. Il en résulte une cuisine généreuse et savoureuse, sans esbroufe, réalisée avec de beaux produits directement piochés au marché de Rungis. La maison est en évolution permanente, signe que l'envie et le plaisir sont toujours au rendez-vous !

⅋ 🕭 ⇄ – Menu 18 € (déjeuner), 38/60 € – Carte 42/60 €

24 boulevard Aristide-Briand – ☏ 01 69 05 47 48 – www.aumenil.com –
Fermé 27 juillet-10 août, mercredi

SURESNES – Hauts-de-Seine (92) ➜ Voir Paris et ses environs

THOIRY

✉ 78770 – Yvelines – Carte régionale n° **15**–A2 – Carte Michelin 311-G2

⅋〇 À TABLE ! CHEZ ÉRIC LÉAUTEY

MODERNE • **CONVIVIAL** ✗✗ On se sent bien chez Eric Léautey : le petit porche prépare à la dégustation, on s'aiguise les papilles devant la carte. Les suggestions, volontiers canailles, s'en vont taquiner les saisons et chatouiller le terroir, comme cette côte de veau, tendre et juteuse à souhait. Qu'attendez-vous donc ? À table !

🌣 ⅋ ⇄ – Menu 30 € (déjeuner) – Carte 60/80 €

28 rue Porte-Saint-Martin – ☏ 01 34 83 88 73 – www.ericleautey.com –
Fermé 15 août-6 septembre, mardi, mercredi

TREMBLAY-EN-FRANCE – Seine-Saint-Denis (93) ➜ Voir Paris et ses environs

LE TREMBLAY-SUR-MAULDRE

✉ 78490 – Yvelines – Carte régionale n° **15**–A2 – Carte Michelin 311-H3

✿ NUMÉRO 3

Chef : Laurent Trochain

MODERNE • **DESIGN** ✗✗✗ Voici un village jadis fréquenté par le célèbre marchand de tableaux Ambroise Vollard, mais aussi par Picabia, Picasso et surtout Cendrars qui y est enterré ! Julie et Laurent Trochain y tiennent une bonne table, un ancien relais de chasse qu'ils ont entièrement rénové. Quelle métamorphose ! Oubliées les poutres, la cheminée et même la façade traditionnelle ; place à un cadre éminemment contemporain, géométrique et design. Natif de Maubeuge, formé dans les belles maisons, et notamment chez Pierre Gagnaire, Laurent défend le terroir d'Ile-de-France à travers une cuisine délicate et colorée. Tous les fondamentaux sont au rendez-vous : beaux produits, geste soigné et recettes nouvelles. On peut faire étape dans la maison d'hôtes, les Chambres du n°3.

Spécialités: Déclinaison sur la betterave, œuf bio, oseille et brie noir. Volaille de Houdan en deux cuissons, salsifis confits. Moelleux de quetsche, sorbet reine-claude et émulsion de verjus.

🍴 ᵬ 🎦 ⇔ – Menu 70 €

3 rue du Général-de-Gaulle – ☎ 01 34 87 80 96 – www.restaurant-numero3.fr – Fermé 9-26 août, lundi, mardi, mercredi, jeudi

VAUX-LE-PÉNIL

✉ 77000 – Seine-et-Marne – Carte régionale n° **15**-C2

⑩ LA TABLE SAINT-JUST

TRADITIONNELLE · **ÉLÉGANT** 𝕏𝕏𝕏 Belle atmosphère dans cette ancienne ferme dépendant du château de Vaux-le-Pénil, où dominent les pierres et les poutres apparentes – dont une haute charpente en chêne dans la salle principale. Au menu, une cuisine gastronomique dans l'air du temps.

🕸 🍴 ᵬ 🎦 ⇔ 🅿 – Menu 38 € (déjeuner), 58/100 € – Carte 70/100 €

Rue de la Libération (près du château) – ☎ 01 64 52 09 09 – www.restaurant-latablesaintjust.com – Fermé 22 mai-1ᵉʳ juin, 1ᵉʳ-24 août, 23 décembre-4 janvier, lundi, dimanche

VERSAILLES

✉ 78000 – Yvelines – Carte régionale n° **15**-B2 – Carte Michelin 311-I3, 101-23

⌘ GORDON RAMSAY AU TRIANON

CRÉATIVE · **ÉLÉGANT** 𝕏𝕏𝕏𝕏 Inauguré en 1910 à la lisière du parc du château, l'hôtel Trianon Palace impose sa silhouette néoclassique aux promeneurs qui s'en approchent. Un lieu tout indiqué pour accueillir le travail – et le caractère bien trempé ! – de Gordon Ramsay, déjà triplement étoilé à Londres.

Le chef écossais supervise la mise à jour régulière de la carte – mise en œuvre au quotidien par le chef Frédéric Larquemin –, qui célèbre de beaux produits et joue principalement sur la simplicité et la pertinence des recettes. Une créativité bien maîtrisée, de jolies saveurs... on passe un très agréable moment en ces lieux, d'autant que le cadre n'est pas en reste : une élégante et lumineuse salle à manger baroque, dont les baies vitrées donnent directement sur le parc...

Spécialités: Les bouchées de la reine. Turbot sauvage français, palourdes et lentilles beluga du Perche. Millefeuille croquant aux deux vanilles.

🕸 ⟨ 🍸 🍴 ᵬ 🎦 🅿 🚗 – Menu 118/199 € – Carte 137/190 €

Plan : A2-r – *Trianon Palace, 1 boulevard de la Reine – ☎ 01 30 84 50 18 – www.trianonpalace.fr – Fermé lundi, dimanche et le midi*

⌘ LA TABLE DU 11

Chef: Jean-Baptiste Lavergne-Morazzani

MODERNE · **CONTEMPORAIN** 𝕏𝕏𝕏 Difficile de réprimer son enthousiasme en évoquant le travail de Jean-Baptiste Lavergne-Morazzani, le jeune chef de cette Table du 11. Après l'obtention de l'étoile en 2016, il a redoublé d'efforts, avec le soutien d'une équipe soudée et efficace, pour convertir toujours plus de gourmands dans cette ville où les bonnes tables ne manquent pas. Son credo : le naturel, à tous points de vue. Une carte courte et sans fioritures, un menu unique qui évolue tous les quinze jours, une attention particulière aux saisons... et, dans l'assiette, une sélection de produits vraiment nature : bio en général, issus de la pêche et de l'élevage durables, etc. Et, pour ne rien gâcher, le restaurant a pris ses quartiers dans l'intemporelle Cour des Senteurs, tout près du Château : voilà qui ajoute à l'exclusivité du moment...

Spécialités: Lotte, poireau et sésame. Cabillaud de ligne ikejime, carotte du potager et sauce vierge. Pêche et verveine.

ᵬ 🎦 – Menu 55 € (déjeuner)/100 €

Plan : A2-d – *8 rue de la Chancellerie (dans la Cour des Senteurs) – ☎ 09 83 34 76 00 – www.latabledu11.com – Fermé 25 avril-3 mai, lundi, dimanche*

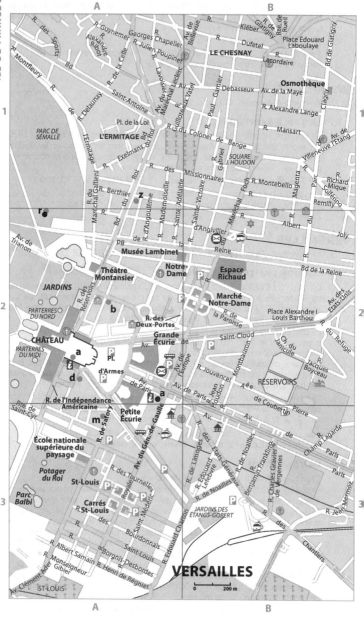

VERSAILLES

0   200 m

LE BISTROT DU 11

MODERNE · CONTEMPORAIN XX Vous l'avez deviné : l'équipe de la Table du 11 se cache derrière ce Bistrot du 11, installé dans une rue touristique piétonne non loin du château. De beaux produits sont déclinés sous la forme d'un menu-carte : œuf, lentilles et persil ; cabillaud, chou pointu et tarama ; tarte au chocolat chaud, vanille... C'est soigné, et les prix sont raisonnables.

Spécialités : Coques, céleri, concombre. Merlu, fenouil, lentille. Île flottante, pêche, verveine.

🍽 & – Menu 38 €

Plan : A3-m – *10 rue de Satory* – ℰ *01 75 45 63 70* – *www.lebistrotdu11.com* – *Fermé 25 avril-3 mai, lundi, dimanche*

ORE

CLASSIQUE · CONTEMPORAIN XX *Ore*, c'est la bouche, en latin. Un nom d'une simplicité désarmante pour cet endroit tout simplement exceptionnel : un pavillon du 17ᵉ s. aménagé au cœur du château de Versailles. Alain Ducasse est le Roi Soleil de ces lieux, y faisant appliquer la loi culinaire qu'on lui connaît : celle de la naturalité, et d'un hommage sans cesse renouvelé au beau produit.

≤ 🍽 & 🕑 🎵 – Menu 45 € (déjeuner) – Carte 50/70 €

Plan : A2-a – *Place d'Armes (Pavillon Dufour-Château de Versailles - 1er étage)* – ℰ *01 30 84 12 96* – *www.ducasse-chateauversailles.com* – *Fermé lundi, mardi soir, mercredi soir, jeudi soir, vendredi soir, samedi soir, dimanche soir*

LE PINCEMIN

MODERNE · CONTEMPORAIN X Le gagnant de top-chef 2016, versaillais et féru d'agrumes, nous régale avec une cuisine de l'instant et du marché, s'amusant des associations terre/mer. Le menu midi change tous les jours, en soirée, la partition est plus ambitieuse. Un coup de cœur.

Menu 40 € (déjeuner)/70 €

Plan : A1-z – *10 boulevard du Roi* – ℰ *09 83 50 29 64* – *www.lepincemin.com* – *Fermé lundi, dimanche*

LA TOUR

VIANDES · BISTRO X Avis aux amateurs de viande ! Ici, on est expert en la matière : choix des morceaux, maturation, etc. Dans la salle, on a même accroché les plaques émaillées remportées par des éleveurs de bovins. Le cadre est celui d'un bistrot pur jus : tables serrées, comptoir... Ambiance conviviale.

🍽 🎵 – Menu 24 € (déjeuner) – Carte 35/60 €

Plan : A2-b – *6 rue Carnot* – ℰ *01 39 50 58 46* – *https://latour-restaurant.fr/* – *Fermé 1ᵉʳ-23 août*

TRIANON PALACE

GRAND LUXE · CONTEMPORAIN Tout le monde, ou presque, a entendu parler de cet hôtel luxueux, à la lisière du parc du château. Avec ses très belles chambres, mariant avec aisance l'élégance du design contemporain et le classicisme du lieu, il n'usurpe pas sa réputation !

🍽 🅈 ≤ 🍽 🖥 🎵 ⅃ 🕑 & 🎵 🕸 🅿 🎵 – 184 chambres – 15 suites

Plan : A2-r – *1 boulevard de la Reine* – ℰ *01 30 84 50 00* – *www.trianonpalace.fr*

✿ **Gordon Ramsay au Trianon** – Voir la sélection des restaurants

LE LOUIS VERSAILLES CHÂTEAU - MGALLERY `Tablet. PLUS`

HÔTEL DE CHAÎNE · DESIGN Protégé par son portail d'époque classé, à deux pas du château, cet hôtel élégant aux beaux volumes permet de découvrir en toute quiétude le domaine du Roi Soleil. Bon petit-déjeuner bio et sans gluten.

🍽 ⅃ 🕑 & 🎵 🕸 🎵 – 152 chambres – 5 suites

Plan : A2-a – *2 avenue de Paris* – ℰ *01 39 07 46 46* – *https://lelouis-versailles-chateau.com/*

VILLE-D'AVRAY – Hauts-de-Seine (92) ➜ Voir Paris et ses environs

VINCENNES – Val-de-Marne (94) ➜ Voir Paris et ses environs

VOISINS-LE-BRETONNEUX

✉ 78960 – Yvelines – Carte régionale n° **15**–B2

🍽️○ **LA FERME DE VOISINS**

MODERNE · **AUBERGE** 🗙🗙 On accède à ce joli corps de ferme du 19ᵉ s. par une cour fleurie, qui fait office de terrasse l'été venu. La carte, plutôt courte, met en valeur les incontournables de la maison – sucettes de gambas, tête de veau "irremplaçable" – et recèle des plats goûteux et créatifs. Une belle adresse à découvrir au plus vite.

🌿 ⇆ – Menu 39 € (déjeuner), 45/69 €

4 rue de Port-Royal – ℰ 01 30 44 18 18 – www.lafermedevoisins.fr – Fermé 8-22 août, dimanche soir

YERRES

✉ 91330 – Essonne – Carte régionale n° **15**–B2 – Carte Michelin 312-D3

😊 **BIRD**

CUISINE DU MARCHÉ · **CONTEMPORAIN** 🗙 Au centre de cette charmante petite ville, sur une place piétonne proche de la mairie, un ancien salon de thé où le fils de famille, passé par de belles maisons, propose une cuisine du marché bien ficelée – betterave rouge, brocciu et bœuf séché... Salle épurée façon scandinave, terrasse face à la fontaine. Prix doux.

Spécialités : Œuf, champignon, café. Roussette, poireau, raisin et noix. Noisette, vanille.

🌿 – Menu 30 €

38 rue Charles-de-Gaulle – ℰ 01 79 93 28 81 – www.bird-restaurant.com – Fermé 2-25 août, 24 décembre-5 janvier, lundi, mardi soir, mercredi soir, jeudi soir, dimanche

PARIS
ET SES ENVIRONS

Disons-le sans ambages : on n'a jamais aussi bien mangé à Paris. Ce n'est pas un hasard si c'est ici même, autour du Palais Royal, qu'a été forgé, à la fin du 18ᵉ s., le concept de restaurant : plus qu'aucune cité au monde, la capitale bat au rythme de sa vie gastronomique. Une preuve parmi d'autres ? Des quartiers populaires de l'Est et du Nord, autrefois délaissés, sont devenus de véritables el dorado pour gourmets. Or, la gastronomie a cette saisissante faculté de gentrifier une rue (voire un arrondissement) plus rapidement que n'importe quelle politique municipale.

A ce titre, la rue de Charonne, dans le onzième, (Septime, Clamato) fait figure d'incubatrice de gourmandise. Cette évolution, on la doit, pêle-mêle, à une bistronomie qui tutoie les étoiles, à l'inlassable travail de « sourcing » de jeunes chefs passionnés d'agriculture raisonnée et de bio, ou encore à l'excellence de chefs étrangers (japonais, argentins, brésiliens etc.) qui subliment la cuisine française en apportant leurs histoires particulières. Sans oublier, le rôle des femmes, plus que jamais présentes, aux fourneaux, mais aussi en pâtisserie ou en sommellerie, deux domaines (parmi d'autres) dans lesquelles elles excellent.

Petite notule, adressée aux puristes du confort « gastronomique » : de nombreux établissements (on pense à Racine, Frenchie ou Abri à Paris) risquent de vous dérouter : absence de nappes, service détendu, dîner à la bonne franquette... Rien de plus logique : l'assiette et la qualité de la cuisine demeurent pour nous les seuls critères de décision. Avec une motivation essentielle : votre satisfaction.

⊠ 75000 – Ville-de-Paris
Carte régionale n° **15**–B2

PARIS

Paris, c'est d'abord un décor, reconnaissable entre tous : la Seine, la tour Eiffel, bien sûr, et la non moins fameuse pyramide du Louvre. Par son urbanisme et ses monuments en grande partie préservés, elle illustre les grandes pages de l'histoire de France et du rayonnement culturel du pays. Mais Paris c'est aussi un ensemble de quartiers, comme autant de villages, où toutes les communautés sont représentées. Et lorsqu'il s'agit des plaisirs de la table, quel bonheur d'être Parisien ! Ce n'est pas un hasard si c'est ici-même qu'a été forgé le concept de restaurant : Paris, plus qu'aucune cité au monde, bat au rythme de sa vie gastronomique. Grandes brasseries centenaires, palaces aux ors inoubliables, tables coréennes, argentines, italiennes, japonaises, maisons historiques ou tout juste apparues, grande tradition française ou créativité : mille surprises vous attendent sur les deux rives de la Seine.

Palais-Royal · Louvre · Tuileries · Les Halles

1er ARRONDISSEMENT

Restaurants

✿✿✿ KEI

Chef: Kei Kobayashi

MODERNE · **ÉLÉGANT** XXX "Kei", c'est Kei Kobayashi, chef né à Nagano, au Japon, et formé à l'école prestigieuse des triples étoilés Gilles Goujon (L'Auberge du Vieux Puits, Fontjoncouse) et Alain Ducasse (Plaza Athénée, Paris 8e). Son père était cuisinier dans un restaurant traditionnel *kaiseki* (gastronomie servie en petits plats, comparable à la grande cuisine occidentale), mais sa vocation naît véritablement en regardant un documentaire sur la cuisine française. Aujourd'hui, son travail tutoie la perfection : virtuose des alliances de saveurs, toujours juste dans la conception de ses assiettes, il laisse l'influence nippone affleurer par petites touches délicates, et magnifie des produits de grande qualité. Un exemple ? Ce jardin de légumes croquants, saumon fumé d'Écosse, mousse de roquette et émulsion au citron : une création tout simplement extraordinaire, preuve éclatante d'un talent arrivé à maturité. Au dessert, le chef pâtissier Toshiya Takatsuka est un autre voyageur du goût dont les créations sucrées atteignent des sommets de raffinement.

Spécialités : Jardin de légumes croquants, saumon fumé, mousse de roquette, émulsion de citron, vinaigrette de tomates et crumble d'olives noires. Bar de ligne rôti sur ses écailles croustillantes. Smoothie aux fruits exotiques et sucre soufflé.

🅐🅒 – Menu 68 € (déjeuner), 130/290 €

5 rue du Coq-Héron – 🐾 *Louvre Rivoli –* ℰ *01 42 33 14 74 – www.restaurant-kei.fr – Fermé 12-20 avril, 2-25 août, 21 décembre-4 janvier, lundi, jeudi midi, dimanche*

❀❀ LE MEURICE ALAIN DUCASSE

MODERNE · LUXE 🟬🟬🟬🟬 Prenez un célèbre palace installé face au jardin des Tuileries, ajoutez-y un chef surdoué, Alain Ducasse, saupoudrez d'un luxe insensé très versaillais (plafond blanc paré de dorures, lustres en cristal), et vous obtenez Le Meurice, dont le décor suscite l'admiration des fortunes étrangères venues chercher ici l'âme parisienne. La griffe Ducasse est mise en œuvre par Amaury Bouhours, un fidèle, au gré d'un menu unique en 4 ou 6 temps, rendant un vibrant hommage à la tradition française. Par exemple, cette poularde de Culoiseau rôtie, à la peau dorée et croustillante, complétée d'un délicieux crostini des abats. Et côté dessert, on profitera des créations du talentueux (et très en vogue !) Cédric Grolet, dont les trompe-l'œil ont fait le tour des réseaux sociaux.

Spécialités : Homard bleu croustillant, fenouil et coing. Poularde de Culoiseau rôtie, carotte, pollen et shiso. Chocolat de notre manufacture et citron noir.

🟬🟬 🅐🅒 ✿ 🍽 – Menu 250/320 €

Le Meurice, 228 rue de Rivoli – 🐾 *Tuileries –* ℰ *01 44 58 10 55 – www.alainducasse-meurice.com/fr – Fermé 15 février-2 mars, 1er-31 août, le midi*

❀❀ LA TABLE DE L'ESPADON

MODERNE · ÉLÉGANT 🟬🟬🟬🟬 Auguste Escoffier, premier chef des cuisines du Ritz et complice de César Ritz – le fondateur du palace en 1898 –, y a érigé la cuisine en symbole de l'art de vivre à la française. Aujourd'hui, aux fourneaux, Nicolas Sale perpétue l'héritage du grand maître vers toujours en ligne de mire l'émotion gustative ; son travail est joliment complété, côté dessert, par celui du pâtissier François Perret, dont l'exigence et le talent ne sont plus à prouver. La salle est éblouissante : dorures, velours, superbes compositions florales, lustres en verre de Murano, ciel en trompe l'œil, etc. Une expérience marquante !

Spécialités : Langoustine à cru, caviar, citron frais et crème évolutive au poivre. Bar de ligne, fenouil en mousseline fondant et à cru, émulsion coquillages aux grains de noyaux d'olives. Miel de châtaignier, poire et amandes craquantes.

🟬🟬 ♿ 🅐🅒 ✿ 🍽 – Menu 195/350 € – Carte 186/396 €

Ritz, 15 place Vendôme – 🐾 *Opéra –* ℰ *01 43 16 33 74 – www.ritzparis.com – Fermé 27 janvier-11 février, 20 juillet-11 août, lundi, mardi, le midi*

❀❀ SUR MESURE PAR THIERRY MARX

CRÉATIVE · DESIGN 🟬🟬🟬 On a tout dit, ou presque, de Thierry Marx : grand voyageur, alchimiste malicieux, adepte du tai-chi, à la tête des cuisines du Mandarin Oriental, palace parisien haute couture qui lui a imaginé un restaurant sur mesure. Ou plutôt à sa démesure ! Passé le sas d'entrée, vous voilà transporté dans un univers inédit, d'un blanc immaculé et cinématographique – on hésite entre Orange Mécanique et Bienvenue à Gattaca. Tout ici porte la signature du chef, et en premier lieu ses menus uniques, successions de plats aux saveurs étonnantes. En orfèvre minutieux, il travaille la matière, joue avec intelligence sur les transparences, les saveurs et les textures. Bœuf charbon, aubergines grillées, sirop d'érable et vinaigre de feuille de cerisier ; risotto de soja aux huîtres, morilles. Une expérience.

Spécialités: Risotto de soja aux huîtres et cèpes. Bœuf Wagyu façon charbon. Sweet bento.

❀ ⅋ 𝕄𝕆 – Menu 85 € (déjeuner)/195 €

Mandarin Oriental, 251 rue Saint-Honoré – Ⓜ *Concorde – 𝒞 01 70 98 73 00 – www.mandarinoriental.fr/paris – Fermé 25 avril-11 mai, 25 juillet-24 août, 1er-12 janvier, lundi, mardi, dimanche*

✿ LE BAUDELAIRE

MODERNE • ÉLÉGANT ⅩⅩⅩ Ici, nulle raison d'être envahi par le spleen baudelairien : on se sent si bien dans ce restaurant raffiné, niché au cœur d'un jeune palace arty et feutré célébrant le nouveau chic parisien... La salle s'ordonne autour de la cour intérieure de l'établissement, un beau jardin d'hiver où il fait bon lire *Les Fleurs du mal* devant un thé. Reflets du dehors sur les tables en laque noire, confort douillet des fauteuils, grandes verrières, murs immaculés : un havre de paix... dédié à la gastronomie.

En 2016, on s'est offert ici le concours d'un chef d'expérience : Guillaume Goupil, qui fut (entre autres) le second de Stéphanie Le Quellec au Prince de Galles. Il compose une cuisine au goût du jour bien maîtrisée : poulpe de roche et pommes de terre fondantes au lard, figues de Solliès, crème glacée au miel et crumble de safran...

Spécialités: Escargots, crème de pomme de terre fumée, févettes et lait mousseux d'oignons brûlés. Ris de veau, chapelure au chorizo et petits pois à la française. Chocolat macaé, meringue cacao, crémeux, feuilles croquantes et glace.

𝕄𝕆 🍷 – Menu 62 € (déjeuner), 110/150 € – Carte 110/130 €

Le Burgundy, 6-8 rue Duphot – Ⓜ *Madeleine – 𝒞 01 71 19 49 11 – www.leburgundy.com – Fermé samedi midi, dimanche*

✿ CARRÉ DES FEUILLANTS

Chef: Alain Dutournier

MODERNE • ÉLÉGANT ⅩⅩⅩ Il est rare qu'un restaurant marie si parfaitement ambiance et style culinaire. Indéniablement, le Carré des Feuillants réussit cette osmose. Point d'exubérance ou d'élans démonstratifs, tout dans la mesure et la maîtrise : c'est la première impression qui se dégage de cet ancien couvent (bâti sous Henri IV). Conçu par l'artiste plasticien Alberto Bali, ami d'Alain Dutournier, le décor n'est que lignes épurées, presque minimalistes, et matériaux naturels, dans une veine contemporaine. Marquée par la générosité et les racines landaises du chef, la cuisine fait preuve de caractère et d'inventivité. Composées à la manière d'un triptyque, les assiettes ont l'art de valoriser l'authenticité du produit tout en sublimant le "futile". Quant à la cave, elle recèle de vrais trésors.

Spécialités: Langoustines marinées, citron caviar, fleurette de légumes coraillée et noisettes grillées. Ris de veau en cocotte, cèpe persillé et dôme de macaronis aux févettes. Russe pistaché, baies rouges en gelée et crème glacée.

❀ 𝕄𝕆 ⇔ 🍷 – Menu 58 € (déjeuner)/180 € – Carte 120/160 €

14 rue de Castiglione – Ⓜ *Tuileries – 𝒞 01 42 86 82 82 – www.carredesfeuillants.fr – Fermé samedi, dimanche*

✿ LA DAME DE PIC

CRÉATIVE • DESIGN ⅩⅩ Un bel atout dans la cartographie des bonnes tables parisiennes : Anne-Sophie Pic a créé à deux pas du Louvre, cette table... capitale. À 550 km de Valence, où son nom a tant marqué l'histoire de la cuisine (ses père et grand-père y conquirent eux aussi trois étoiles Michelin), mais au cœur de sa griffe originale.

Un travail en finesse, en précision, doublé d'une inspiration pleine de vivacité : telle est la signature de cette grande dame de la gastronomie. On retrouve son sens de l'harmonie des saveurs, de la fraîcheur et de l'exactitude, avec toujours ces cuissons et assaisonnements au cordeau : berlingots à la fondue fribourgeoise dans un bouillon mousseux au poivre Sansho ; tourteau de casier sur sa fine gelée de mandarine ; ou encore millefeuille blanc et sa crème légère à la rose de Damas...

Spécialités: Berlingots au coulant de brillat-savarin fumé, champignons des bois à la fève tonka. Côte de veau normande marinée au café et à la livèche. Fraise mara des bois, crémeux léger à l'estragon.

Ġ. 🅰 ⇄ – Menu 90 € (déjeuner), 129/165 €

20 rue du Louvre – ⓞ Louvre Rivoli – 𝒞 01 42 60 40 40 – www.anne-sophie-pic.com – Fermé 9-16 août

✧ RESTAURANT DU PALAIS ROYAL

CRÉATIVE · **ÉLÉGANT** XX C'est dans le cadre idyllique des jardins du Palais Royal, à deux pas du ministère de la Culture, qu'on trouve cet élégant restaurant qui ne cache pas ses ambitions gastronomiques. Aux fourneaux officie le jeune chef grec Philip Chronopoulos, qui fut notamment chef exécutif de l'Atelier de Joël Robuchon-Étoile. Avec de superbes produits, il signe ici une cuisine créative, percutante, se fendant de recettes d'une vivifiante maturité – en témoignent ce bouquet de mer en ravioles, criste marine, caviar Daurenki. On se délecte de ces douceurs dans un cadre contemporain au luxe discret, qui est un régal pour les yeux. L'été, la terrasse sous les arcades offre à vos agapes un décor à la hauteur de l'assiette. Avis aux amateurs: les petits clafoutis maison aux fruits de saison, offerts avant le café, sont un délice... Royal, c'est le mot.

Spécialités: Homard, maïs et verveine citronnelle. Turbot, courgette, basilic et citron. Framboise, rhubarbe, sirop d'hibiscus et yaourt glacé à la vanille.

🍴 Ġ. 🅰 ⇄ 🍽 – Menu 57 € (déjeuner)/162 € – Carte 120/138 €

Galerie de Valois – ⓞ Palais Royal – 𝒞 01 40 20 00 27 – www.restaurantdupalaisroyal.com – Fermé lundi, dimanche

✧ YAM'TCHA

Cheffe: Adeline Grattard

CRÉATIVE · **ÉLÉGANT** XX Adeline Grattard a reçu – et cultivé! – un don rare, celui du sens du produit. Dans son adresse de la rue Saint-Honoré, la jeune cheffe choisit deux ou trois ingrédients, et ils occupent tout l'espace. Ni démonstration technique ni esbroufe, rien que de subtiles associations, rarement vues, et qui paraissent pourtant très naturelles. Formée auprès de Pascal Barbot (L'Astrance) et installée quelques années à Hong Kong, elle marie des produits d'une extrême qualité, principalement de France et d'Asie: on pense notamment à la sauce XO, au riz noir vinaigré ou au jus de crustacé... Le tout se déguste avec une sélection rare de thés asiatiques, autre source d'accords très convaincants (*yam'tcha*, en chinois, c'est "boire le thé"). Ni carte ni menu: de plat en plat, on se laisse surprendre par le marché et l'inspiration du jour.

Spécialités: Cuisine du marché.

Menu 150 €

121 rue Saint-Honoré – ⓞ Louvre Rivoli – 𝒞 01 40 26 08 07 – www.yamtcha.com – Fermé 31 juillet-31 août, 19 décembre-5 janvier, lundi midi, mardi midi, samedi, dimanche

✧ JIN

JAPONAISE · **ÉLÉGANT** X Un écrin pour la gastronomie japonaise en plein cœur de Paris, près de la rue St-Honoré! Jin, c'est d'abord – et surtout – le savoir-faire d'un homme, Takuya Watanabe, chef originaire de Niseko, ayant d'abord travaillé avec succès au Japon... avant de succomber aux charmes de la capitale française. Comment ne pas être saisi par la dextérité avec laquelle il prépare, sous les yeux des clients, sushis et sashimis? En provenance de Bretagne ou d'Espagne, le poisson est maturé pour être servi au meilleur moment. Des ingrédients de premier ordre pour une cuisine de haut vol: telle est la promesse du repas. De l'entrée au final, l'interprétation est superbe... Jin, c'est aussi un décor très agréable, zen et intime (le comptoir en noyer est magnifique), relayé par un service discret et efficace. Superbes sakés. Sous le Soleil-Levant exactement.

Spécialités: Sashimi. Sushi. Gâteau japonais.

🅰 ⇄ – Menu 135 € (déjeuner), 225/285 €

6 rue de la Sourdière – ⓞ Tuileries – 𝒞 01 42 61 60 71 – Fermé 1ᵉʳ-6 janvier, 2-24 août, lundi, dimanche

LAI'TCHA ⓞ

ASIATIQUE · ÉPURÉ ✕ Dans cette annexe de Yam'tcha, située au pied de l'Eglise Saint-Eustache, on se régale d'une cuisine chinoise, simple mais allant droit au but, bien parfumée, à base de beaux produits. La carte courte propose de nombreux dim sum mais également des nouilles fraîches maison, du bœuf sauté à l'Impériale ou encore une excellente salade de bœuf de Galice, mâche et pleurotes.

Spécialités: Bouchons de porc et combava. Salade de bœuf de Galice, pleurotes. Perles de Sago, coco, sésame.

🍽 🛇 Ⓜ ⇔ – Carte 30/41€

7 rue du Jour – Ⓜ *Etienne Marcel –* ☎ *01 40 26 05 05 – www.yamtcha.com – Fermé lundi, dimanche*

ZEN

JAPONAISE · ÉPURÉ ✕ Cette table japonaise séduisante associe un décor traditionnel agréable et une authentique cuisine nippone : la carte, étoffée, est fidèle aux classiques sushis, grillades et autres tempuras, les grandes spécialités de la maison étant les gyozas et le chirashi. Attention : pas de réservation au déjeuner.

Spécialités: Gyoza. Chirashi. Fraisier à la japonaise.

🍽 Ⓜ – Menu 21€ (déjeuner), 35/60€ – Carte 38/60€

8 rue de l'Échelle – Ⓜ *Palais Royal –* ☎ *01 42 61 93 99 – www.restaurantzenparis.fr*

LE DALÍ

MÉDITERRANÉENNE · CHIC ✕✕✕ Le "deuxième" restaurant du Meurice, situé au cœur de la vie du palace, à la fois lieu de rendez-vous et... table soignée, qui propose une agréable cuisine de saison aux doux accents méditerranéens, comme les grands classiques de la cuisine de palace. Le beau décor classique – pilastres et miroirs – rend hommage à Dalí, qui fut un hôte fidèle des lieux.

Ⓜ 🍷 – Carte 71/101€

Le Meurice, 228 rue de Rivoli – Ⓜ *Tuileries –* ☎ *01 44 58 10 44 – www.dorchestercollection.com/fr/paris/le-meurice/*

LE GRAND VÉFOUR

MODERNE · HISTORIQUE ✕✕✕ Le plus vieux restaurant de Paris (1784-1785) est un lieu unique en son genre : deux magnifiques salles Directoire s'ouvrent sur le jardin par des arcades avec leur lot de miroirs, lustres en cristal, dorures, toiles peintes fixées sous verre inspirées de l'Antiquité... Ce mythe s'est réincarné en ouvrant désormais non-stop du petit-déjeuner au dîner. Le chef Guy Martin y propose une gastronomie décomplexée dans une ambiance chic et branchée..

🕸 Ⓜ ⇔ 🍽 – Carte 80/200€

17 rue de Beaujolais – Ⓜ *Palais Royal –* ☎ *01 42 96 56 27 – www.grand-vefour.com – Fermé samedi, dimanche*

MACÉO

MODERNE · CLASSIQUE ✕✕✕ Macéo, c'est d'abord un hommage à Maceo Parker, grand saxophoniste américain et ancien acolyte de James Brown... C'est aussi un cadre Second Empire et une cuisine de saison, inventive et moderne. Carte de vins du monde.

🕸 Ⓜ ⇔ – Menu 29€ (déjeuner)/38€ – Carte 52/62€

15 rue des Petits-Champs – Ⓜ *Bourse –* ☎ *01 42 97 53 85 – www.maceorestaurant.com – Fermé 1er-24 août, 1er-3 janvier, samedi midi, dimanche*

CAMÉLIA

MODERNE · ÉLÉGANT ✕✕ Faire simple, se concentrer sur la saveur de très beaux produits, s'inspirer des classiques de la gastronomie française et les rehausser d'une touche d'Asie : tel est le credo de Thierry Marx pour ce Camélia, un lieu élégant, apaisant, zen... Une réussite indéniable.

🍽 🛇 Ⓜ – Menu 63€ (déjeuner)/98€ – Carte 68/115€

Mandarin Oriental, 251 rue Saint-Honoré – Ⓜ *Concorde –* ☎ *01 70 98 74 00 – www.mandarinoriental.fr/paris*

ÎLE-DE-FRANCE • PARIS

⬭ L'ASSAGGIO

ITALIENNE · COSY XX *L'assaggio*, c'est le goût ! Le chef Ugo Alciati (du Guido Ristorante, dans le Piémont) a conçu la carte de cette élégante table installée dans l'hôtel Castille. Comme prévu, l'Italie du Nord est à l'honneur dans l'assiette – *agnolotti* préparés maison, risotto minute – et se déguste dans le ravissant patio intérieur, avec fontaine et fresques.

🍽 🅰🅲 – Menu 50 € (déjeuner), 60/100 € – Carte 65/100 €

Castille Paris, 35 rue Cambon – ⓜ *Madeleine –* ☏ *01 44 58 44 58 – www.castille.com – Fermé samedi midi, dimanche*

⬭ BRASSERIE DU LOUVRE - BOCUSE

TRADITIONNELLE · BRASSERIE XX On s'installe dans une salle vaste et élégante, entourée de grandes baies vitrées pour admirer une vue follement parisienne - Comédie-Française, Conseil d'Etat, Louvre - mais pas seulement : la carte, alléchante, navigue avec habileté entre grands classiques lyonnais (saucisson chaud pistaché en brioche, quenelle de brochet sauce nantua, etc.) et indémodables de brasserie (salade au foie gras, sole meunière, etc.). Très belle terrasse sous les arcades de ce bâtiment, typiquement haussmannien.

🍽 ♿ 🅰🅲 – Menu 34/39 € – Carte 40/100 €

Hôtel du Louvre, Place André-Malraux – ⓜ *Palais Royal - Musée du Louvre –* ☏ *01 44 58 37 21 – www.hoteldulouvre.com*

⬭ CHAMPEAUX

TRADITIONNELLE · BRASSERIE XX Le restaurant Champeaux, immortalisé par Zola, était situé place de la Bourse, non loin des Halles. Devenue brasserie contemporaine sous la canopée, il appartient à la galaxie Ducasse. Pâté en croûte, œufs mimosa, soufflés salés et sucrés, canard de Challans à l'orange pour deux, sans oublier les savoureux desserts au chocolat de la maison... Service toute la journée, avec carte réduite l'après-midi.

🍽 ♿ 🅰🅲 ⇄ – Menu 34 € (déjeuner) – Carte 36/57 €

La Canopée (Forum des Halles-Porte Rambuteau) – ⓜ *Les Halles –* ☏ *01 53 45 84 50 – www.restaurant-champeaux.com*

⬭ KINUGAWA VENDÔME

JAPONAISE · DESIGN XX Cette table japonaise bien connue s'est métamorphosée sous l'égide du tandem Gilles & Boissier, qui en a repensé le décor, mêlant esprit contemporain et esthétique nippone : une élégante réussite. Au menu : de belles spécialités, tout en fraîcheur et maîtrise. Comptoir à sushis à l'étage.

🅰🅲 🍴 – Menu 45 € (déjeuner)/65 € – Carte 43/90 €

9 rue Mont-Thabor – ⓜ *Tuileries –* ☏ *01 42 60 65 07 – www.kinugawa.fr – Fermé 1er janvier, 16-29 août*

⬭ LOULOU

ITALIENNE · TENDANCE XX Le restaurant italien du musée des Arts décoratifs enchante les jardins du Louvre. C'est chic, cosy, et savoureux – risotto du jour, carpaccio de poisson, cochon de lait croustillant, etc. Le service, stylé et professionnel, comme l'élégante terrasse, ajoutent à l'exquise expérience.

🍽 🅰🅲 🍴 – Carte 40/90 €

107 rue Rivoli (musée des Arts Décoratifs) – ⓜ *Palais Royal –* ☏ *01 42 60 41 96 – http://loulou-paris.com*

⬭ BALTARD AU LOUVRE

MODERNE · CONTEMPORAIN X Installée dans l'ancien pavillon Baltard, avec une vue imprenable sur l'église St-Eustache, voici la dernière adresse de l'équipe de Zébulon et de Pirouette (dans le 1er également). Jeux de textures, beaux produits, élégance des assiettes : une partition de qualité, dans un esprit brasserie haut-de-gamme qui ne manque pas d'aficionados...

≤ 🍽 ♿ ⇄ – Menu 30 € (déjeuner), 39/45 €

9 rue Coquillère – ⓜ *Les Halles –* ☏ *09 83 32 01 29 – www.baltard.com – Fermé 1er-15 août, dimanche soir*

NOLINSKI ⓝ

MODERNE • TENDANCE ✗ Déco Art déco et Philip Chronopoulos, le chef grec (étoilé au restaurant du Palais Royal) donnent le la gourmand dans ce restaurant d'hôtel du cœur de Paris. Entre dorures et banquettes en cuir, la table met à l'honneur une cuisine aux accents méditerranéens et l'art du service, quand on flambe avec brio un filet de bœuf au cognac devant vous...

&. 🅰🅲 ⇆ 🍽 – Carte 51/91€

16 avenue de l'Opéra – Ⓜ *Pyramides – 𝒞 01 42 86 10 10 – www.nolinskiparis.com – Fermé dimanche*

À L'ÉPI D'OR ⓝ

TRADITIONNELLE • BISTRO ✗ Ce bistrot parigot des anciennes halles de Baltard est la dernière acquisition d'Elodie et de Jean-François Piège. Dans un décor rétro pur jus (vieux carrelage, miroirs anciens, murs jaunis par les ans), il propose une cuisine traditionnelle autour d'un semainier complété par une petite carte (pâté en croûte, croque madame, terrine de foie gras, steak tartare frites etc).

Menu 27/36€ – Carte 25/45€

25 rue Jean-Jacques Rousseau – Ⓜ *Palais Royal – 𝒞 01 42 36 38 12 – https://alepidorparis.com*

L'ARDOISE

TRADITIONNELLE • CONVIVIAL ✗ Avec ses murs recouverts d'ardoise, ce restaurant porte bien son nom. Voilà un sympathique hommage rendu à l'esprit bistrotier, hommage qui prévaut aussi dans l'assiette - filet de bœuf sauce bordelaise et pommes anna ; galettes croustillantes d'escargot, poitrine fumée et champignons ; tarte au citron vert meringuée ; mousse au chocolat... Tout est généreux, frais et savoureux !

🅰🅲 ⇆ – Menu 39€

28 rue du Mont-Thabor – Ⓜ *Concorde – 𝒞 01 42 96 28 18 – www.lardoise-paris.com – Fermé dimanche midi*

BALAGAN

ISRAÉLIENNE • TENDANCE ✗ Balagan signifie "joyeux bazar" en hébreu, et ce nom préfigure l'ambiance de jubilation gourmande qui règne ici. Dans l'assiette, un florilège de saveurs méditerranéennes savamment agencées : une cuisine généreuse et parfumée, avec une belle maîtrise des épices, piments et herbes... Intéressante carte des vins, mettant en valeur les vignobles méridionaux (Israël, Liban, Italie, Espagne...).

&. 🅰🅲 – Carte 42/65€

9 rue d'Alger – Ⓜ *Tuileries – 𝒞 01 40 20 72 14 – www.balagan-paris.com – Fermé dimanche midi*

LES CARTES POSTALES

TRADITIONNELLE • ÉPURÉ ✗ Joue de bœuf braisé, croustillant de langoustine et son coulis : voici la savoureuse cuisine française relevée de notes nippones que signe Yoshimasa Watanabe, chef arrivé du Japon il y a une trentaine d'années. Intéressante formule et demi-portions à la carte.

🅰🅲 – Menu 50€ – Carte 42/80€

7 rue Gomboust – Ⓜ *Pyramides – 𝒞 01 42 61 02 93 – Fermé 2 août-17 septembre, lundi soir, samedi midi, dimanche*

CLOVER GRILL

GRILLADES • TENDANCE ✗ D'appétissantes viandes maturées – noire de la Baltique, bœuf de Bavière, blonde d'Aquitaine, Black Angus – trônent en vitrine comme autant de pierres précieuses, à dévorer d'abord du regard... avant de les engloutir pour de bon ! De l'entrée au dessert, tout est cuit à la braise ou à la broche, ce qui donne à ce moment une saveur particulière. Une réussite.

&. 🅰🅲 – Menu 74€

6 rue Bailleul – Ⓜ *Louvre-Rivoli – 𝒞 01 40 41 59 59 – www.jeanfrancoispiege.com*

JANTCHI

CORÉENNE · SIMPLE Jantchi signifie "fête" en coréen. Prenez place dans la (petite) file d'attente sur le trottoir de la rue Thérèse. Ici, pas de réservation mais de grands classiques de la cuisine coréenne : kounmandou (raviolis frits au porc et légumes), bibimbap et barbecue coréen. Simple, convivial, authentique : une fête, vous dit-on !

– Carte 26/35 €

6 rue Thérèse – Ⓜ *Pyramides –* ✆ *01 40 15 91 07 – www.jantchi.com –*
Fermé dimanche midi

KUNITORAYA

JAPONAISE · VINTAGE Vieux zinc, miroirs et faïence métro : le Paris des soupers 1900... pour une cuisine nippone soignée à base d'udon, pâtes maison réalisées avec une farine de blé importée du Japon !

☖ – Menu 70 € – Carte 50/100 €

5 rue Villedo – Ⓜ *Pyramides –* ✆ *01 47 03 07 74 – www.kunitoraya.com –*
Fermé 5-19 avril, 2-18 août, 25 décembre-3 janvier, lundi, dimanche

MEE

CORÉENNE · ÉPURÉ Le jeune patron a ouvert ce bistrot avec une idée en tête : proposer une cuisine coréenne de qualité à prix serrés. Pari tenu ! Au coude-à-coude sur des tables communes, on se régale de bouchées (ravioles, beignets), de soupes et de bons plats – basse-côte de bœuf, échine de porc, seiche – préparés avec soin. C'est goûteux et relevé : on se régale. Réservation fortement conseillée.

Menu 18 € (déjeuner) – Carte 23/30 €

5 rue d'Argenteuil – Ⓜ *Palais Royal –* ✆ *01 42 86 11 85*

NODAÏWA

JAPONAISE · ÉPURÉ Cette petite adresse, dont la maison-mère est située à Tokyo, est spécialisée dans un produit atypique... l'anguille ! Elle est travaillée méticuleusement et assaisonnée avec du soja ou du sancho, un poivre asiatique. La grande majorité de la clientèle est japonaise, ce qui en dit long sur la qualité de la cuisine.

– Menu 23/95 € – Carte 30/65 €

272 rue Saint-Honoré – Ⓜ *Palais Royal –* ✆ *01 42 86 03 42 – www.nodaiwa.com –*
Fermé 25 janvier-10 février, 1er-21 août, dimanche

ODETTE

MODERNE · COSY Non loin des Halles, au sein du luxueux hôtel Albar, la famille Rostang montre avec cette "auberge urbaine" qu'elle n'a pas perdu la main. Odette nous régale à grands coups de belles pièces à partager, bar en croûte feuilleté – succès garanti –, côte de veau, pintade rôtie, et d'assiettes efficaces, le tout sous la responsabilité d'un chef au style bien marqué.

☖ – Menu 24 € (déjeuner), 35/55 €

Maison Albar Hotels Le Pont-Neuf, 25 rue du Pont-Neuf – Ⓜ *Châtelet –*
✆ *01 44 88 92 78 – www.restaurant-odette.com*

PITANGA Ⓝ

MODERNE · BISTRO La Pitanga, ce fruit originaire du Brésil à la saveur aigre-douce, est aussi une invitation à la gourmandise voyageuse. Dans son nouveau restaurant, le chef d'origine brésilienne Alexandre Furtado (anciennement au Bistro Paradis) propose une cuisine "franco-latino-américaine" (dont d'agréables tapas, comme ce ceviche de daurade) à base de jolis produits, au gré d'une carte courte et appétissante. Souvenirs d'un excellent crémeux de maïs, poulet pané et chorizo ibérique.

– Menu 24 € (déjeuner) – Carte 29/36 €

11 rue Jean-Jacques-Rousseau – Ⓜ *Louvre Rivoli –* ✆ *01 40 28 12 69 –*
www.pitanga-paris.com –
Fermé lundi midi, dimanche

⫶○ LA POULE AU POT

TRADITIONNELLE • VINTAGE ⅹ Les grands classiques du répertoire culinaire français sont ici réhabilités par Jean-François Piège. Service sur plateau d'argent, décor suranné de bistrot, comptoir en zinc : il ne manque rien. On se croirait chez Audiard... jusque dans l'assiette : gratinée à l'oignon, quenelle d'omble chevalier, hachis parmentier de paleron de bœuf, merlan frit Colbert et sa sauce tartare.

⅋ 𝕄 – Menu 44/82 € – Carte 58/116 €

9 rue Vauvilliers – Ⓜ Châtelet-Les-Halles – 𝒞 01 42 36 32 96 – www.jeanfrancoispiege.com

⫶○ LA RÉGALADE ST-HONORÉ

TRADITIONNELLE • VINTAGE ⅹ Bruno Doucet régale toujours les épicuriens du quartier des Halles avec des recettes à la gloire du terroir et du marché. Après avoir patienté avec la délicieuse terrine du chef, régalez-vous de girolles poêlées au jus de viande et œuf poché, ou d'un paleron de boeuf, garniture d'un bourguignon... sans oublier l'emblématique riz au lait et soufflé chaud.

& 𝕄 ⇔ – Menu 41€

106 rue Saint-Honoré – Ⓜ Louvre Rivoli – 𝒞 01 42 21 92 40 – www.laregalade.paris – Fermé lundi, dimanche

⫶○ ZÉBULON

MODERNE • CONVIVIAL ⅹ Le chef Guillaume Dunos (passé notamment par le Fouquet's et le Prince de Galles) propose ici une cuisine moderne parfois créative à base de jolis produits de saison, à l'image de ces morilles des pins, soubise d'oignon et brioche, ou en dessert la déclinaison de mirabelles, simple et bien réalisée.

Menu 25€ (déjeuner), 49/69€ – Carte 55/70€

10 rue de Richelieu – Ⓜ Palais Royal – 𝒞 01 42 36 49 44 – www.zebulon-palaisroyal.com – Fermé 9-31 août, dimanche

Hôtels

🏨 MANDARIN ORIENTAL

PALACE • PERSONNALISÉ Le vaisseau amiral du groupe hongkongais à Paris. Fidèle à ses principes, celui-ci a signé un établissement d'un extrême raffinement, à la croisée de l'élégance française et de la délicatesse... orientale. Jeux de lignes, d'espace, de quiétude, etc. Au cœur de la capitale, un palace capital !

⌂ ⬚ 🛎 ↆ ⊡ & 𝕄 ⅙ – 98 chambres – 40 suites

251 rue Saint-Honoré – Ⓜ Concorde – 𝒞 01 70 98 78 88 – www.mandarinoriental.fr/paris

✿✿ **Sur Mesure par Thierry Marx** • ⫶○ **Camélia** – Voir la sélection des restaurants

🏨 LE MEURICE

PALACE • GRAND LUXE L'un des premiers hôtels de luxe parisiens, né en 1835. Face aux frondaisons du jardin des Tuileries, les lieux sont fastueux, dans un esprit très classique auquel le designer Philippe Starck a su apporter une touche contemporaine. Un spa superbe, un bar très intime, etc. Le Meurice ou l'art du raffinement.

⌂ 🛎 ↆ ⊡ & 𝕄 ⅙ – 160 chambres – 24 suites

228 rue de Rivoli – Ⓜ Tuileries – 𝒞 01 44 58 10 10 – www.dorchestercollection.com/fr/paris/le-meurice/

✿✿ **Le Meurice Alain Ducasse** • ⫶○ **Le Dalí** – Voir la sélection des restaurants

RITZ

GRAND LUXE · HISTORIQUE Cet hôtel mythique laisse encore et toujours rêveur. En 1898, César Ritz inaugura, dans l'écrin de la place Vendôme, "l'hôtel parfait" : Proust, Hemingway, Coco Chanel en furent les hôtes, séduits par son raffinement incomparable. Tout y est splendide, du Bar Hemingway au spa de 1500 m^2 ou à la suite Mansard, avec sa grande terrasse... La légende continue.

🏨 🛏 ⛆ 🛎 ♨ 🔲 ♿ 🅰🅲 ⚑ – 71 chambres – 71 suites

15 place Vendôme – Ⓜ *Opéra –*
☎ *01 43 16 33 74 – www.ritzparis.com*

❀❀ **La Table de l'Espadon** – Voir la sélection des restaurants

LE BURGUNDY Tablet.PLUS

LUXE · PERSONNALISÉ Luxueux, feutré et arty... Dans cet hôtel de standing, le chic parisien se décline de manière artistique : meubles design et œuvres d'art contemporain – spécialement créées – émaillent les lieux. Une réussite...

🏨 🔲 🛎 ♨ ♨ 🔲 ♿ 🅰🅲 – 51 chambres – 8 suites

6-8 rue Duphot – Ⓜ *Madeleine –*
☎ *01 42 60 34 12 – www.leburgundy.com*

❀ **Le Baudelaire** – Voir la sélection des restaurants

THE WESTIN PARIS

LUXE · ÉLÉGANT Entre Tuileries et place Vendôme, cet hôtel haussmannien édifié en 1878 mêle charme historique (fastueux salons Napoléon III) et touches contemporaines... Et pour ne rien gâter, certaines chambres ont vue sur les Tuileries ! Agréable spa.

🛎 ♨ 🔲 ♿ 🅰🅲 ⚑ – 348 chambres – 80 suites

3 rue de Castiglione – Ⓜ *Tuileries –*
☎ *01 44 77 11 11 – www.thewestinparis.fr*

HÔTEL DU LOUVRE Tablet.PLUS

DEMEURE HISTORIQUE · ÉLÉGANT Ce bâtiment de 1875, idéalement situé face au musée du Louvre et de la Comédie-Française, redessiné par le cabinet George Wong, offre l'exemple d'une renaissance réussie - tons clairs, lumineux, accentués par une magnifique verrière du début vingtième. Les chambres, au décor sobre, offrent tout le confort disponible. Pour se restaurer, un bar, L'Officine, et la brasserie. L'emplacement et la qualité des services ont évidemment un prix.

🏨 ♨ 🔲 ♿ 🅰🅲 ⚑ – 145 chambres – 19 suites

Place André-Malraux – Ⓜ *Palais Royal - Musée du Louvre –* ☎ *01 73 11 12 34 –*
www.hoteldulouvre.com

🍽 **Brasserie du Louvre - Bocuse** – Voir la sélection des restaurants

NOLINSKI Tablet.PLUS

LUXE · CONTEMPORAIN Entre l'Opéra et la Comédie Française, un hôtel très chic, lieu d'art et de vie à la française, dont l'élégance haussmannienne illumine l'avenue. Marbre de carrare, mobilier chic, chambres lumineuses : rien n'a été laissé au hasard, jusqu'au splendide spa (hammam, massages, etc.) et la grande piscine couverte. Pour se sustenter, filez à la Brasserie Réjane.

🏨 🔲 🛎 ♿ 🅰🅲 – 36 chambres – 9 suites

16 avenue de l'Opéra – Ⓜ *Pyramides –*
☎ *01 42 86 10 10 – www.nolinskiparis.com*

🍽 **Nolinski** – Voir la sélection des restaurants

LE ROCH

`Tablet.` PLUS

BOUTIQUE HÔTEL · PERSONNALISÉ "Un hôtel pensé comme une maison", tel est la philosophie des lieux ! Ici, tout repose sur une atmosphère chaleureuse, ainsi que sur un sens de l'accueil chic et décontracté. Déco signée Sarah Lavoine, chambres tout confort : impeccable à tout point de vue.

⬚ 🕸 ⅃ 🔲 ⅌ 🅰 – 31 chambres – 6 suites

28 rue St-Roch – 🚇 *Tuileries –*
☏ *01 70 83 00 00 – www.leroch-hotel.com*

LA CLEF LOUVRE

`Tablet.` PLUS

BOUTIQUE HÔTEL · ÉLÉGANT Face à la Comédie-Française, à un jet de pierre du Palais-Royal et du Musée du Louvre, des Tuileries et de la rue du Faubourg Saint-Honoré, voici un boutique-hôtel exclusif. On y cultive la discrétion. Il offre 51 suites spacieuses, qui disposent même d'une kitchenette. Le confort et l'intimité des suites luxueuses donnent envie de garder la chambre.

⅃ 🔲 ⅌ 🅰 – 39 chambres – 12 suites

8 rue de Richelieu – 🚇 *Palais Royal - Musée du Louvre –* ☏ *01 55 35 28 00 –*
www.the-ascott.com

GRAND HÔTEL DU PALAIS ROYAL

`Tablet.` PLUS

LUXE · ÉLÉGANT Voisin du Palais-Royal, du ministère de la Culture et du Conseil d'État, cet immeuble du début du 18e s. est impeccablement situé ! À l'intérieur, de l'élégance mais point de faste : les chambres jouent la sobriété, et l'on profite, des étages supérieurs, d'une vue splendide sur le Paris historique. Hammam, fitness et salon de coiffure.

🍴 🕸 ⅃ 🔲 ⅌ 🅰 – 68 chambres – 4 suites

4 rue de Valois – 🚇 *Palais Royal –* ☏ *01 42 96 15 35 –*
www.grandhoteldupalaisroyal.com

MAISON ALBAR HOTELS LE PONT-NEUF

BOUTIQUE HÔTEL · PERSONNALISÉ Tout près des Halles, un hôtel contemporain tout en sobriété. Chambres agréables (la "1923", avec sa vue panoramique sur Paris, sort du lot), état d'esprit chic et plutôt décontracté, spa avec bassin de nage et fitness... Une adresse de qualité.

🍴 ⬚ 🕸 ⅃ 🔲 ⅌ 🅰 – 58 chambres – 2 suites

25 rue du Pont-Neuf – 🚇 *Châtelet –* ☏ *01 44 88 92 60 –*
www.maison-albar-hotels-le-pont-neuf.com

🍽 **Odette** – Voir la sélection des restaurants

THÉRÈSE

`Tablet.` PLUS

URBAIN · ÉLÉGANT Une adresse charmante située dans une petite rue calme, nichée entre le Palais-Royal et l'avenue de l'Opéra. Son décor se révèle très cosy et chic, avec par exemple des pièces de mobilier inspirées des années 1950 et des références néo-industrielles... Les chambres sont douillettes et bien agencées : une réussite !

🕸 🔲 ⅌ 🅰 – 40 chambres

5 rue Thérèse – 🚇 *Pyramides –* ☏ *01 42 96 10 01 – www.hoteltherese.com*

LA TAMISE

`Tablet.` PLUS

URBAIN · CONTEMPORAIN Le Maréchal Mac Mahon aurait habité dans cet hôtel particulier construit en 1840-1850, par la famille de Noailles. Baptisé La Tamise en 1878 et transformé en hôtel, il abrite aujourd'hui des chambres confortables et un décor moderne, ponctué de touches authentiques (parquet et vitraux d'origine). Un pied à terre bienvenu pour découvrir le quartier du Louvre et Saint-Honoré.

🔲 ⅌ 🅰 – 19 chambres

4 rue d'Alger – 🚇 *Tuileries –*
☏ *01 40 41 14 14 – www.paris-hotel-la-tamise.com*

 , , , &

Bourse · Sentier

2e ARRONDISSEMENT

Restaurants

PUR' - JEAN-FRANÇOIS ROUQUETTE

CRÉATIVE · ÉLÉGANT XXX Deux restaurants contemporains au Park Hyatt : SENS à l'heure du déjeuner et Pur', plus feutré, pour un bien agréable dîner. Ce dernier est évidemment à l'image de l'hôtel de la rue de la Paix, où luxe signifie raffinement, modernité et discrétion. Confiée à l'imagination d'Ed Tuttle, la décoration crée une atmosphère à la fois confortable et confidentielle, avec seulement 35 couverts. Tout est pensé dans les moindres détails : les harmonies de couleurs, l'éclairage jusqu'à l'espace lui-même - vaste rotonde surmontée d'une coupole et cerclée d'une colonnade. Jean-François Rouquette (Taillevent, le Crillon, la Cantine des Gourmets, les Muses) trouve ici un lieu à sa mesure pour exprimer la grande maîtrise de son talent. Sa cuisine, créative et inspirée, accorde avec finesse d'excellents produits. Un "pur" plaisir !

Spécialités : Ormeaux dorés au beurre d'algue, artichaut poivrade, vadouvan et tobiko. Turbot doucement étuvé, jus beurré de moules et huile de fleurs. Fine feuille de chocolat "crunchy", parfait glacé au riz et sauce cacao au vinaigre de sakura.

 ♿ 🅰🅒 🍽 – Menu 135/205 € – Carte 165/235 €

Park Hyatt Paris-Vendôme, 5 rue de la Paix – ⓜ Opéra – ℰ 01 58 71 10 60 – www.paris-restaurant-pur.fr – Fermé 3-30 août, lundi, mardi, mercredi, jeudi midi, vendredi midi, samedi midi, dimanche midi

ERH

MODERNE · ÉLÉGANT XX E, R et H comme Eau, Riz, Hommes : intitulé aussi mystérieux que poétique pour cette table atypique, qui compagnonne avec une boutique de sakés et un bar à whisky. Le chef japonais Keita Kitamura (ancien de chez Pierre Gagnaire, entre autres) concocte une cuisine française du marché ciselée et savoureuse avec une prédilection pour les légumes et les poissons. Il ne se prive pas de décocher quelques impressionnantes flèches gourmandes, pour un prix tout doux au déjeuner (menus 3 ou 5 plats), et des menus dégustation au dîner, composés au gré de la saison. Possibilité d'opter pour les accords mets et sakés. Le client découvre une étonnante salle à manger contemporaine sous une grande verrière, assorti d'un long comptoir devant la cuisine ouverte, où, comme au Japon, officie le chef nippon. C'est l'adresse à essayer entre le quartier des Halles et celui de Montorgueil. Quel talent, quel caractère !

Spécialités : Cuisine du marché.

 🅰🅒 – Menu 65 € (déjeuner), 90/140 €

11 rue Tiquetonne – ⓜ Étienne Marcel – ℰ 01 45 08 49 37 – www.restaurant-erh.com – Fermé lundi, mardi midi, mercredi midi, jeudi midi, vendredi midi, dimanche

MARCORE

Chef : Marc Favier

MODERNE · CHIC XX Après avoir régalé Pigalle avec leur Bouillon, Marc Favier et Aurélie Alary récidivent avec Marcore, l'association de leurs deux prénoms... et de leurs (nombreux) talents. De l'ancien Versance, à l'angle de la rue des Panoramas, ils ont fait une table à plusieurs visages : bar bistronomique au rez-de-chaussée, table "gastro" à l'étage, et même traiteur à emporter de l'autre côté de la rue. Le chef Favier revendique une cuisine plaisir, technique sans être démonstrative, où des produits de super qualité (saint-pierre, thon rouge, bœuf wagyu français) s'épanouissent en toute simplicité. C'est lisible, franc et gourmand : un super moment.

Spécialités : Cuisine du marché.

 🅰🅒 – Menu 55 € (déjeuner), 75/95 €

1 rue des Panoramas – ⓜ Bourse – ℰ 01 45 08 00 08 – www.marcore-paris.com – Fermé samedi midi, dimanche

ACCENTS TABLE BOURSE

Cheffe : Ayumi Sugiyama

MODERNE • DESIGN XX "L'accent nous indique l'origine de la personne ; il nous renseigne sur son pays, sa région et son histoire. C'est cette idée d'ouverture et de découverte que je veux défendre, une cuisine faite de rencontres et d'échanges" : ainsi s'exprime Ayumi Sugiyama, patronne japonaise et cheffe pâtissière de ce lieu contemporain d'esprit scandinave. Les assiettes marient recettes classiques (savoureux lièvre à la royale en saison), créations plus audacieuses et travail subtil autour des arômes torréfiés et des saveurs fumées. De bout en bout, équilibre et précision… à l'image également des conseils pertinents du sommelier. Service tonique et chaleureux.

Spécialités : Cuisine du marché.

ᴴ ᴬᶜ – Menu 39 € (déjeuner), 70/75 € – Carte 45/50 €

24 rue Feydeau – 🔘 *Bourse – ☎ 01 40 39 92 88 – www.accents-restaurant.com –*
Fermé lundi, dimanche

PANTAGRUEL 🔘

Chef : Jason Gouzy

MODERNE • COSY XX À l'instar du personnage éternel créé par Rabelais, le chef Jason Gouzy, un rémois trentenaire, est généreux – une générosité qu'il teinte d'une belle finesse, celle qu'il a apprise à l'école Ferrandi puis qui s'est exprimée progressivement à l'Assiette champenoise, au Bristol et au Baudelaire (hôtel Burgundy). Seul en selle désormais, il s'est concocté avec l'aide d'une créatrice de mode un sobre cocon gourmand, à la fois bourgeois et romantique, au cœur du Sentier. Derrière la large baie vitrée de sa cuisine, ce chef montre déjà tout l'éventail de son savoir-faire – du jeu sur les textures aux associations terre-mer en passant par le fumé et les condiments, à l'image de cette betterave fumée et sardine, ou de ce homard bleu en 3 déclinaisons.

Spécialités : Cuisine du marché.

ᴴ ᴬᶜ – Menu 35 € (déjeuner)/73 €

24 rue du Sentier – 🔘 *Sentier – ☎ 01 73 74 77 28 – www.restaurant-pantagruel.com –*
Fermé lundi, samedi midi, dimanche

FLEUR DE PAVÉ

Chef : Sylvain Sendra

CRÉATIVE • TENDANCE X Vous avez aimé Itinéraires ? Vous adorerez Fleur de Pavé, un resto bien d'aujourd'hui où le chef Sylvain Sendra continue son exploration culinaire, avec la même fougue et le même panache que dans sa précédente adresse. Il trousse des assiettes modernes et voyageuses, faussement brutes dans le dressage, avec des produits de superbe qualité – et en particulier les légumes très exclusifs de chez Asafumi Yamashita. Voici un chef qui n'essaie pas d'étourdir par sa technique, mais plutôt à mettre l'accent sur les saveurs et à se montrer fidèle à l'énoncé de ses plats – qu'il en soit remercié.

Spécialités : Kabocha façon carbonara, vieille mimolette et curry de Madras. Pigeon rôti sur coffre, carotte et cardamome noire, jus corsé. Jardin de chocolat madong, sorbet persil et jeunes pousses.

ᵇᵇ ᴬᶜ ⇄ – Menu 45 € (déjeuner), 68/110 € – Carte 72/110 €

5 rue Paul-Lelong – 🔘 *Sentier – ☎ 01 40 26 38 87 – www.fleurdepave.com –*
Fermé 10-17 août, samedi midi, dimanche

SHABOUR

CRÉATIVE · TENDANCE Ⅹ Derrière Shabour, on trouve Assaf Granit, chef israélien médiatique : déjà aux commandes de Balagan, à Paris, propriétaire d'une dizaine de restaurants à Jérusalem et à Londres, il anime également la version locale de Cauchemar en cuisine. Il a jeté son dévolu sur un immeuble du 17e s dans un quartier animé, entre les rues Saint-Denis et Montorgueil. On retrouve ici ses marques de fabrique : ambiance débridée, déco brute émaillée notamment de gaines techniques métalliques au plafond, lumières tamisées... et surtout cette cuisine créative aux influences méditerranéennes, généreuse et surprenante, qui emporte tout par sa fraîcheur à l'image de ces carottes, œuf mollet, écume de tahimi, œufs de saumon et tzimes, de cette joue et queue de bœuf, champignons et polenta ou encore de cette mousse au chocolat, huile d'olive et sel de Maldon.

Spécialités : Œuf haminados, oignons, carottes et mélasse de grenade. Risotto à l'encre de seiche et pinces de homard. Mousse au cacao et fève tonka, huile d'olive vierge de Sicile et sel de la mer morte.

🅰🅒 – Menu 59 € (déjeuner)/96 €

19 rue Saint-Sauveur – Ⓜ *Réaumur-Sébastopol – www.restaurantshabour.com – Fermé dimanche*

SUSHI B

JAPONAISE · ÉPURÉ Ⅹ Aux abords du très agréable square Louvois, ce restaurant de poche (8 places seulement) mérite que l'on s'y attarde. Son cadre, tout d'abord, est zen et dépouillé – fauteuils en tissus, comptoir élégant, verreries fines, serviettes en coton blanc, baguettes d'une belle finesse... Le marbre est omniprésent jusque dans les toilettes – japonaises, évidemment !

Mais on vient surtout ici pour constater par soi-même le grand talent du chef : en excellent artisan, il ne travaille que des produits de qualité et de première fraîcheur, avec une précision chirurgicale. Il faut voir, par exemple, la qualité d'exécution de ses sushis et makis, dont les saveurs cavalent en bouche, sans jamais d'excès de soja ou de wasabi : le sens de la mesure personnifié. Les autres plats sont équilibrés, les textures complémentaires. Une adresse fort agréable.

Spécialités : Cuisine du marché.

🅰🅒 – Menu 68 € (déjeuner), 180/225 €

5 rue Rameau – Ⓜ *Bourse –* ℰ *01 40 26 52 87 – Fermé 1ᵉʳ-7 janvier, 27 avril-8 mai, 1ᵉʳ-18 août, lundi, mardi*

FRENCHIE

Chef: Grégory Marchand

MODERNE · CONVIVIAL Ⅹ Drôlement *Frenchy*, le chef Grégory Marchand, qui a fait ses classes dans plusieurs grandes tables anglo-saxonnes (Gramercy Tavern à New York, Fifteen – par Jamie Oliver – à Londres, Mandarin Oriental à Hong Kong...). Il a aujourd'hui pris ses quartiers rue du Nil, dans ce restaurant de poche, au cœur du Sentier : la petite salle (briques, poutres, pierres apparentes, vue sur les fourneaux) ne désemplit pas, les stars s'y pressent, le murmure des gourmandises ouvre l'appétit. La "faute" à sa cuisine, qui partage tout du goût international contemporain, avec des associations de saveurs originales, centrées sur le produit, et des accords mets et vins judicieux. Très bonne ambiance entre cuisine et salle, personnel jeune, impliqué, preuve que l'on peut faire de la gastronomie "fun" et décontractée à prix aimable et rester très professionnel. Un succès largement mérité.

Spécialités : Cuisine du marché.

🅰🅒 – Menu 57 € (déjeuner)/95 €

5 rue du Nil – Ⓜ *Sentier –* ℰ *01 40 39 96 19 – www.frenchie-restaurant.com – Fermé 1ᵉʳ-16 août, lundi midi, mardi midi, mercredi midi, samedi, dimanche*

SPOON

DU MONDE · DESIGN Ⅹ À l'entresol du Palais Brongniart, on spécule avec gourmandise sur les épices – tamarin, gingembre, coriandre, safran... Les plats du chef tracent leur route aromatique du Maghreb à l'Inde, en passant par le Moyen-Orient : pois chiche Doha au citron caviar ; sériole, feuilles de curry et lait de coco ; pastilla Fès aux fruits sec, cannelle et badiane.

Spécialités: Cake de crevettes aux épices. Boulettes d'agneau, citron vert et épinard. Cacao et cardamome verte.

🍴 AC ⇔ 🎱 – Carte 36/54 €

25 place de la Bourse – Ⓜ *Bourse – 𝒸 01 83 92 20 30 – www.spoon-restaurant.com – Fermé 1ᵉʳ-2 janvier, 2-24 août, lundi, dimanche*

🏵 ITACOA

MODERNE · **CONVIVIAL** 🍴 Itacoa, c'est le nom d'une plage brésilienne, sauvage et somptueuse, non loin de laquelle a grandi Rafael Gomes. Le jeune chef, vainqueur du Master chef brésilien, compose ici une cuisine du marché décomplexée, avec de nombreux hommages à ses origines sud-américaines ; le tout dans le respect des saisons, en partenariat avec des petits producteurs triés sur le volet.

Spécialités: Cuisine du marché.

Menu 25 € (déjeuner) – Carte 35/44 €

185 rue Saint-Denis – Ⓜ *Réaumur-Sébastopol – 𝒸 09 50 48 35 78 – www.itacoa.paris – Fermé 1ᵉʳ-2 janvier, 2-24 août, lundi, mardi midi, dimanche soir*

🏵 L'OSEILLE

TRADITIONNELLE · **BISTRO** 🍴 Pour l'allure, c'est le bistrot chic dans toute sa splendeur, avec comptoir, cave vitrée, chaises en bois et banquettes de rigueur. Dans l'assiette, le chef fait défiler les saisons sous la forme d'une carte courte, avec petites entrées à partager, et de généreux plats et desserts. Gourmandise et simplicité sont les maîtres-mots de cette adresse.

Spécialités: Terrine de foies de volaille. Blanquette de veau. Gaufre et crème chantilly.

& AC – Menu 29 € (déjeuner)/37 € – Carte 34/48 €

3 rue Saint-Augustin – Ⓜ *Bourse – 𝒸 01 45 08 13 76 – www.loseille-bourse.com – Fermé 8-30 août, dimanche*

🍴 MORI VENICE BAR

ITALIENNE · **ÉLÉGANT** 🍴🍴 Installez-vous face à la Bourse ou au comptoir pour savourer les grandes spécialités de la cuisine vénitienne, et du nord-est de l'Italie. Le décor, signé Starck, évoque le raffinement vénitien. Massimo Mori, patron du restaurant étoilé Armani, choisit les produits, avec une attention portée au terroir : araignée de mer, délicieux risotto à la cuisson impeccable, foie de veau et jusqu'aux délicieuses glaces à agrémenter de noisettes du Piémont !

🕸 🍴 & AC – Menu 44 € (déjeuner), 70/90 € – Carte 60/130 €

27 rue Vivienne – Ⓜ *Bourse – 𝒸 01 44 55 51 55 – www.mori-venicebar.com – Fermé samedi midi, dimanche*

🍴 DROUANT

TRADITIONNELLE · **ÉLÉGANT** 🍴🍴 Un lieu mythique et bien vivant que cette adresse intemporelle où l'on décerne le prix Goncourt depuis 1914 et le Renaudot depuis 1926 ! Soigneusement réhabilité, le décor de cette brasserie chic a fait peau neuve. Aux côtés des classiques (pâté en croûte, vol-au-vent), les plats de tradition se parent de modernité, tout comme la carte des vins, amendée par un sommelier MOF.

🕸 🍴 AC ⇔ 🎱 – Menu 46 € (déjeuner)/75 € – Carte 52/86 €

16 place Gaillon – Ⓜ *Quatre Septembre – 𝒸 01 42 65 15 16 – www.drouant.com*

🍴 CAFFÈ STERN Ⓝ

ITALIENNE · **ÉLÉGANT** 🍴 Dans le passage des Panoramas, l'ancien atelier de gravure Stern a été reconverti en trattoria chic, sans rien perdre de son cachet de l'époque. À la carte, on trouve une cuisine italienne bien troussée et volontiers originale : risotto de saison ; pintade rôtie au marsala ; involtini de langoustines ; glace à la pistache "Stern"...

AC ⇔ – Menu 36 € (déjeuner) – Carte 45/90 €

47 passage des Panoramas – Ⓜ *Grands Boulevards – 𝒸 01 75 43 63 10 – www.caffestern.fr – Fermé lundi, dimanche*

❌ **A NOSTE**

TRADITIONNELLE · CONVIVIAL ✕ Julien Duboué rend hommage à son Sud-Ouest natal avec cet A Noste ("Chez nous" en patois gascon) : il revisite les tapas façon landaise, dans une ambiance animée. Les habitués se pressent pour déguster cette cuisine à la fois "urbaine et campagnarde".

🅰🅲 – Carte 32/50 €

6 bis rue du Quatre-Septembre – ⓜ *Bourse –* ☎ *01 47 03 91 91 – www.a-noste.com*

❌ **L'APIBO**

MODERNE · BISTRO ✕ Dans son petit bistrot du quartier Montorgueil (esprit feutré, parquet en chêne, pierre apparente), le chef Antony Boucher, au solide CV, signe une belle cuisine de produits, originale et délicate. Il est réputé pour ses deux classiques que sont le filet de bar, riz noir et sauce paprika et le cochon confit huit heures et sa mousseline de patate douce. Le service gentiment impertinent (et très pro) évoque l'esprit canaille qui flottait naguère sur les Halles...

🍴 🅰🅲 – Menu 30 € (déjeuner), 41/55 €

31 rue Tiquetonne – ⓜ *Etienne Marcel –* ☎ *01 55 34 94 50 – www.restaurant-lapibo.fr – Fermé 15 août-3 septembre, lundi midi, samedi midi, dimanche*

❌ **AUX LYONNAIS**

LYONNAISE · BISTRO ✕ Dans ce bistrot fondé en 1890, au cadre délicieusement rétro, on se régale d'une savoureuse cuisine qui explore la gastronomie lyonnaise. Ainsi le tablier de sapeur, la quenelle de brochet sauce Nantua, le foie de veau en persillade, ou l'île flottante aux pralines roses.

🅰🅲 ⇵ – Menu 35 € – Carte 44/56 €

32 rue Saint-Marc – ⓜ *Richelieu Drouot –* ☎ *01 42 96 65 04 – www.auxlyonnais.com – Fermé 1ᵉʳ-29 août, 21 décembre-2 janvier, lundi, samedi midi, dimanche*

❌ **LA BOURSE ET LA VIE**

TRADITIONNELLE · BISTRO ✕ Ce bistrot tenu par un chef américain connaît un franc succès. Sa recette ? Des plats biens français, sagement revisités par le maître des lieux, des produits de qualité et des saveurs ô combien plaisantes...

Menu 34 € (déjeuner) – Carte 65/85 €

12 rue Vivienne – ⓜ *Bourse –* ☎ *01 42 60 08 83 – www.labourselavie.com – Fermé 3-24 août, samedi, dimanche*

❌ **JÒIA PAR HÉLÈNE DARROZE**

CUISINE DU SUD-OUEST · CONTEMPORAIN ✕ La table d'Hélène Darroze joue ici la convivialité autour de plats puisés dans la mémoire de son Sud-Ouest natal, avec de jolis clins d'œil aux Landes, au Pays Basque et au Béarn. Saveurs marquées, produits de qualité : un sympathique hommage à la cuisine familiale de la maison Darroze, que concoctait son père à Villeneuve de Marsan. De nombreux plats à partager, et des desserts qui éveillent la gourmandise.

⇵ – Menu 29 € (déjeuner) – Carte 48/75 €

39 rue des Jeûneurs – ⓜ *Grands Boulevards –* ☎ *01 40 20 06 06 – www.joiahelenedarroze.com*

❌ **LIZA**

LIBANAISE · TENDANCE ✕ Originaire de Beyrouth, Liza Asseily met ici la cuisine de son pays à l'honneur. Dans un décor contemporain parsemé de touches orientales, on opte pour un chich taouk, ou pour un kafta méchouiyé (agneau, houmous et tomates confites)... Le soir, les menus dégustation sont servis à la libanaise, c'est à dire avec une générosité proverbiale : un régal !

🅰🅲 – Menu 25 € (déjeuner), 38/48 € – Carte 42/50 €

14 rue de la Banque – ⓜ *Bourse –* ☎ *01 55 35 00 66 – www.restaurant-liza.com – Fermé 9-21 août, lundi soir, dimanche soir*

🔵 RACINES

ITALIENNE · BISTRO ✗ Simone Tondo, jeune chef d'origine sarde, pilote ce bistrot-cave de charme qu'il a judicieusement transformé en "osteria" à l'ancienne. Cuisine bien ancrée dans le terroir transalpin. L'ardoise du jour présente un choix de recettes italiennes sans chichi et aux saveurs franches, confectionnées avec soin à partir de produits bien choisis : buratta des pouilles, tête de veau alla milanaise, polpette al sugo...

✥ – Carte 40/60 €

8 passage des Panoramas – Ⓜ *Grands Boulevards – ☎ 01 40 13 06 41 – www.racinesparis.com*

🔵 RESTAURANT DES GRANDS BOULEVARDS

ITALIENNE · CONTEMPORAIN ✗ Sous la verrière centrale de l'hôtel, une déco moderne et tendance, très "été sur la Riviera"... et des saveurs italiennes, sous la direction du chef Giovanni Passerini. À peine francisée, la carte courte d'inspiration italienne est une leçon de simplicité et de gourmandise. Service efficace et chaleureux. Belle carte des vins, étoffée et pointue, française et au-delà.

🐾 ♿ 🅰 ✥ – Menu 27 € (déjeuner) – Carte 45/60 €

Hôtel des Grands Boulevards, 17 boulevard Poissonnière – Ⓜ *Grands Boulevards – ☎ 01 85 73 33 32 – www.grandsboulevardshotel.com*

Hôtels

🏨 PARK HYATT PARIS-VENDÔME   `Tablet.PLUS`

LUXE · CONTEMPORAIN Ed Tuttle a conçu un hôtel conforme à ses rêves, sur la célèbre rue de la Paix : collection d'art contemporain et classicisme à la française, mobilier superbe (dont une belle collection années 1930), spa et équipements high-tech, restaurants pour toutes les envies... Le grand luxe !

🍴 ♨ 🦶 🔲 ♿ 🅰 ♨ – 110 chambres – 43 suites

5 rue de la Paix – Ⓜ *Opéra – ☎ 01 58 71 12 34 – www.parisvendome.park.hyatt.com*

❀ **Pur' - Jean-François Rouquette** – Voir la sélection des restaurants

🏨 THE HOXTON

BOUTIQUE HÔTEL · DESIGN Près des Grands Boulevards, cet ancien hôtel particulier abrite un hôtel tendance, fort prisé des bobos, startupers, et fashionistas. Les chambres, décorées dans l'esprit des années 1950, proposent confort et élégance. Restaurant trendy. A l'étage, un bar cosy ouvert en soirée.

🍴 🔲 🅰 ♨ – 172 chambres

30 rue du Sentier – Ⓜ *Bonne Nouvelle – ☎ 01 85 65 75 00 – www.thehoxton.com*

🏨 ST-MARC

BOUTIQUE HÔTEL · ART DÉCO Lové dans un ancien bâtiment du 18ᵉᵐᵉ siècle, cet hôtel du cœur de Paris regarde l'Opéra Comique, droit dans les yeux. C'est discret, coquet, cosy, et le petit-déjeuner se prend face à un agréable patio. Ajoutez à cela des chambres élégantes et spacieuses, et un espace spa au sous-sol (petite piscine). Charmant.

🔲 🔲 ♿ 🅰 – 26 chambres – 1 suite

36 rue Saint-Marc – Ⓜ *Richelieu Drouot – ☎ 01 42 86 72 72 – www.hotelsaintmarc.com*

🏨 BACHAUMONT

URBAIN · COSY Idéalement situé entre la rue Montmartre et la rue Montorgueil, cet hôtel typiquement parisien du début du 20ᵉ s., un temps transformé en clinique, renaît avec élégance (porche en verre et fer forgé, couloir en marbre etc.). Les chambres, contemporaines, sont confortables. Cuisine dans l'air du temps, au restaurant. Petit fitness au sous-sol.

🍴 🦶 🔲 ♿ 🅰 ♨ – 45 chambres – 4 suites

18 rue Bachaumont – Ⓜ *Sentier – ☎ 01 81 66 47 00 – www.hotelbachaumont.com*

SQUARE LOUVOIS

BOUTIQUE HÔTEL · COSY Dans une rue calme, à deux pas de la bibliothèque nationale et voisin du sympathique square Louvois, cet hôtel aux jolies lignes Art Deco et aux bibliothèques chargées de livres, propose des chambres chaleureuses, un spa sous cave voûtée, et une salle de petit-déjeuner feutrée, avec goûter offert tous les jours !

🔲 ⅃ℑ 🔄 ♿ Ⓐℂ ♨ – 50 chambres

12 rue de Louvois – Ⓜ *Bourse –* ☎ *01 86 95 02 02 – www.hotel-louvois-paris.com*

 HÔTEL DES GRANDS BOULEVARDS `Tablet.`PLUS

BOUTIQUE HÔTEL · DESIGN Dans ce quartier animé, l'hôtel est installé dans un immeuble dont l'histoire remonte au 18ᵉ s. On retrouve cette identité dans les chambres, coquettes et originales, qui donnent sur la cour intérieure ou le boulevard.

✿ 🔄 ♿ – 50 chambres

17 boulevard Poissonnière – Ⓜ *Grands Boulevards –* ☎ *01 85 73 33 33 –*
www.grandsboulevardshotel.com

🍴 **Restaurant des Grands Boulevards** – Voir la sélection des restaurants

Le Haut Marais · Temple

3ᵉ ARRONDISSEMENT

Restaurants

 ANNE

CLASSIQUE · LUXE ✕✕ Le Pavillon de la Reine, magnifique demeure de la place des Vosges, rend hommage à Anne d'Autriche, reine de France et épouse de Louis XIII, qui a vécu dans ces murs. Au restaurant, supervisé par Mathieu Pacaud, le chef revisite les classiques avec intelligence et un talent certain. Les saveurs sont au rendez-vous, les produits sont irréprochables : citons juste ce rouget, chipirons, gambas, soupe de poisson safranée, pois chiches... On passe un excellent moment, que ce soit dans le cadre intimiste et romantique du salon bibliothèque ou sur la superbe cour-jardin verdoyante, aux beaux jours. En prime, très beau choix de vins.

Spécialités : Foie gras de canard poché, consommé d'une bigarade, cerises burlat farcies et pickles d'amandes fraîches. Turbot sauvage rôti meunière, sabayon au vin jaune, pastèque et melon grillés. Soufflé au chocolat.

🍃 🏠 ♿ Ⓐℂ 🍷 – Menu 55 € (déjeuner), 105/150 € – Carte 108/138 €

Pavillon de la Reine, 28 place des Vosges – Ⓜ *Bastille –* ☎ *01 40 29 19 19 –*
www.pavillon-de-la-reine.com – Fermé lundi, mardi, dimanche soir

🍴 **SOON GRILL**

CORÉENNE · CONVIVIAL ✕✕ Ce restaurant célèbre la gastronomie coréenne de bien belle manière. Les incontournables sont au rendez-vous – bibimbap servi dans un bol de pierre brûlant, raviolis grillés, bœuf mariné sauce soja –, mais on trouve aussi à la carte quelques préparations plus méconnues. C'est fin et parfumé : un régal !

♿ Ⓐℂ – Menu 24 € (déjeuner), 49/69 € – Carte 40/80 €

78 rue des Tournelles – Ⓜ *Chemin Vert –* ☎ *01 42 77 13 56 – www.soon-grill.com*

🍴 **ELMER**

MODERNE · BRANCHÉ ✕ Tout près de République, on aime cette table chic où officie Simon Horwitz, jeune chef au riche parcours (Oustau de Baumanière, Pierre Gagnaire, voyages en Asie et en Amérique latine). Il compose une partition savoureuse et pleine de mordant, avec notamment de belles viandes cuites à la braise ou en rôtissoire.

♿ Ⓐℂ ♻ – Menu 32 € (déjeuner) – Carte 60/100 €

30 rue Notre-Dame-de-Nazareth – Ⓜ *Temple –* ☎ *01 43 56 22 95 –*
elmer-restaurant.fr – Fermé 1ᵉʳ-31 août, lundi, samedi midi, dimanche

OGATA ⓝ

JAPONAISE • DESIGN ✗ Ogata, c'est un peu la seconde ambassade du Japon à Paris : un temple dédié à l'art de vivre nippon, installé dans un hôtel particulier du Marais, signé du designer Shinichiro Ogata. On y déguste une cuisine japonaise raffinée et de saison, à base de beaux produits comme cette barbue sautée, sauce beurre et soja. Les meilleures places se trouvent au comptoir. Un authentique voyage à poursuivre à travers la boutique ou la galerie d'art…

க் – Menu 55 € (déjeuner), 95/140 € – Carte 83/106 €

16 rue Debelleyme – ⓜ Filles du Calvaire – ℰ 01 80 97 76 80 – ogata.com – Fermé lundi, mardi

ANAHI

SUD-AMÉRICAINE • BRANCHÉ ✗ Ce restaurant de poche au cadre délicieux (le lieu était une boucherie-charcuterie dans les années 1920, comme en témoignent l'élégant plafond en verre peint et les faïences d'époque) propose des préparations typiques d'Amérique du sud (tacos, empanadas, guacamole) et la spécialité, du bœuf venu des quatre coins du globe, cuit au charbon de bois. Musique latino et tables au coude à coude pour l'ambiance.

Carte 50/200 €

49 rue Volta – ⓜ Temple – ℰ 01 83 81 38 00 – www.anahi-paris.com – Fermé 27 juillet-16 août, le midi du lundi au samedi

AU BASCOU

BASQUE • BISTRO ✗ Renaud Marcille (ancien du Lucas Carton) œuvre aujourd'hui à la tête de ce bistrot, véritable institution parisienne. Ici, la cuisine chante avec les chauds accents de la terre basque, mais pas seulement. Si de nombreux produits viennent du "pays" (piperades, chipirons, fricassée d'escargots), on ne s'interdit pas des assiettes plus actuelles, ni du gibier en saison, dont le fameux oreiller de la belle Aurore. On se régale.

AC – Menu 25 € (déjeuner) – Carte 32/65 €

38 rue Réaumur – ⓜ Arts et Métiers – ℰ 01 42 72 69 25 – www.au-bascou.fr – Fermé 18-25 avril, 1ᵉʳ-23 août, samedi, dimanche

BREIZH CAFÉ - LE MARAIS

CRÊPE • CONVIVIAL ✗ Après avoir conquis le Japon avec ses crêperies nouvelle mode (farines bio, bons produits), Bertrand Larcher a ramené en France des crêpiers nippons ! Ils défendent joliment le slogan maison : "La crêpe autrement." Un exemple ? La basquaise : asperges, tomate, chorizo, basilic et fromage fondu. Voilà qui ne tombe pas à plat !

Carte 25/38 €

109 rue Vieille-du-Temple – ⓜ St-Sébastien Froissart – ℰ 01 42 72 13 77 – www.breizhcafe.com

DESSANCE

MODERNE • CONTEMPORAIN ✗ Angelo Vagiotis est aux fourneaux de cette adresse tendance nature, autant dans le décor (chêne omniprésent, plantes vertes) que dans les assiettes. Elles sont déclinées dans des menus bien troussés, "irrésistible végétarien" ou "hédoniste terre & mer", et, à midi, dans des formules à prix doux.

Menu 26 € (déjeuner), 56/69 €

74 rue des Archives – ⓜ Arts et Métiers – ℰ 01 42 77 23 62 – www.dessance.fr – Fermé lundi, mardi

LES ENFANTS ROUGES

CUISINE DU MARCHÉ • BISTRO ✗ A l'origine, un chef d'origine japonaise, ayant fait son apprentissage chez Yves Camdeborde et Stéphane Jégo. A l'arrivée, un beau bistrot parisien, proposant une savoureuse cuisine du marché à la française. Terrine d'agneau des Pyrénées, ravioli de citrouille à la noisette, cheesecake façon San Sébastien, etc… Et cerise sur le gâteau, c'est ouvert le week-end ! N'attendez plus.

Menu 40 € (déjeuner), 60/85 €

9 rue de Beauce – ⓜ Filles du Calvaire – ℰ 01 48 87 80 61 – www.les-enfants-rouges.fr – Fermé 2-29 août, mardi, mercredi

ÎLE-DE-FRANCE • PARIS

⭐🔘 LE MAZENAY

CUISINE DU MARCHÉ · BISTRO ✗ Ici, l'accent est mis sur la belle cuisson, le bon jus et le beau produit. Pas de tintamarre inutile quand on se régale d'escargots sauvages aux herbes ou d'une poulette fermière pochée. Mais le chef n'a qu'une hâte : que commence la saison du gibier ! Grouse d'Écosse rôtie, lièvre à la royale... Une adresse pour bons vivants.

&. 🅺 – Menu 25 € (déjeuner) – Carte 35/70 €

46 rue de Montmorency – 🅜 *Rambuteau –* ☎ *06 42 83 79 52 – www.lemazenay.com – Fermé lundi, samedi midi, dimanche*

Hôtels

🏨 PAVILLON DE LA REINE   `Tablet. PLUS`

LUXE · PERSONNALISÉ L'élégance du Paris historique, tout en noble discrétion. Passé les voûtes de la place des Vosges, première illumination à la vision de la belle cour verdoyante. Et le ravissement continue avec les chambres, feutrées et raffinées. Le luxe sans ostentation !

🏝 🐾 🛎 🖵 🖵 🅺 ⸮ ⸮ – 56 chambres – 23 suites

28 place des Vosges – 🅜 *Bastille –* ☎ *01 40 29 19 19 – www.pavillon-de-la-reine.com*

❄ **Anne** – Voir la sélection des restaurants

🏨 LES BAINS   `Tablet. PLUS`

URBAIN · PERSONNALISÉ Tel le phénix, les Bains renaissent toujours. Ils prennent aujourd'hui la forme d'un hôtel de caractère, mêlant habilement les styles (contemporain, design, Art déco) jusque dans les chambres, confortables et bien insonorisées. On profite aussi d'un bar à cocktails, de salons privés et... d'un club avec piscine !

🏝 🖵 &. 🅺 ⸮ – 37 chambres – 2 suites

7 rue du Bourg-L'Abbé – 🅜 *Réaumur-Sébastopol –* ☎ *01 42 77 07 07 – www.lesbains-paris.com*

🏨 SINNER   `Tablet. PLUS`

URBAIN · DESIGN On entre dans cet hôtel de luxe comme en religion : son nom signifie en effet « pêcheur ». Ambiance gothique, concept-store dans une crypte, business-corner dans un confessional, bénitier dans les chambres : un concept détonnant en plein cœur du Marais. Changement radical d'ambiance avec le restaurant, festif et coloré.

🏝 📺 🖵 &. 🅺 – 42 chambres – 1 suite

116 rue du Temple – 🅜 *Rambuteau –* ☎ *01 42 72 20 00 – www.sinnerparis.com*

🏠 JULES ET JIM

URBAIN · DESIGN Ne cherchez pas de lien avec le film de François Truffaut... sinon un affichage branché, voire hipster ! Cette ancienne usine du Marais, transformée en hôtel, est l'un des derniers repaires urbains à la mode. Atypiques et confortables, les chambres sont une belle démonstration du goût contemporain, version jeune et épicurienne...

🖵 &. 🅺 – 23 chambres

11 rue des Gravilliers – 🅜 *Arts et Métiers –* ☎ *01 44 54 13 13 – www.hoteljulesetjim.com*

🏠 LE PETIT MOULIN   `Tablet. PLUS`

LUXE · PERSONNALISÉ Christian Lacroix a imaginé le décor "couleur du temps" de cet hôtel du Marais. C'est inédit, raffiné... entre tradition et modernité. Baignoires à pieds, tons flashy : chaque chambre est un bijou !

🖵 🅺 – 17 chambres

29-31 rue du Poitou – 🅜 *St-Sébastien Froissart –* ☎ *01 42 74 10 10 – www.hoteldupetitmoulin.com*

🏨 HÔTEL GEORGETTE

URBAIN · DESIGN Au cœur de Beaubourg, l'un des quartiers les plus trendy de Paris, cet hôtel arty offre ses 16 chambres et 3 suites, toutes uniques. Un petit boutique-hôtel où l'on passe d'une atmosphère land art à une autre pop ou op...

🔲 🅰🅒 – 19 chambres

36 rue du Grenier-Saint-Lazare – 🚇 Etienne Marcel – 𝒞 01 44 61 10 10 – www.hotelgeorgette.com

Île de la Cité · Île St-Louis · Le Marais · Beaubourg

4ᵉ ARRONDISSEMENT

Restaurants

✿✿✿ L'AMBROISIE

Chef : Bernard Pacaud

CLASSIQUE · LUXE 𝕏𝕏𝕏 Comment raconter les créations de Bernard Pacaud, dont la qualité n'a d'égale que sa modestie ? L'homme est un taiseux : ça tombe bien, sa cuisine parle pour lui. Dans sa demeure quasi florentine de la place des Vosges – miroirs anciens, immense tapisserie, sol en marbre blanc et noir –, il continue de nous bluffer par sa régularité, et par le supplément d'âme qu'il insuffle en permanence à son travail. Dans ses assiettes, simples en apparence, chaque élément est posé avec certitude, à la façon d'une toile de maître. Il suffit de se laisser emporter : l'émotion affleure partout. Exceptionnelle fricassée de homard sauce civet et mousseline saint-germain, inoubliables Saint-Jacques aux poireaux, pomme de terre et truffe ; côté dessert, tarte fine sablée au cacao amer et glace vanille... Grandiose.

Spécialités : Feuillantines de langoustines aux graines de sésame, sauce curry. Escalopines de bar à l'émincé d'artichaut, caviar golden. Tarte fine sablée au cacao amer, crème glacée à la vanille Bourbon.

🅰🅒 🍽 – Carte 235/390 €

9 place des Vosges – 🚇 St-Paul – 𝒞 01 42 78 51 45 – www.ambroisie-paris.com – Fermé 25 décembre-4 janvier, 25 avril-3 mai, 8-30 août, lundi, dimanche

✿ BENOIT

CLASSIQUE · BISTRO 𝕏𝕏 Pour retrouver l'atmosphère d'un vrai bistrot parisien, poussez donc la porte du 20, rue St-Martin. C'est ici, en plein cœur de Paris, que l'enseigne vit le jour dès 1912, du temps des Halles populaires. À l'origine bouchon lyonnais, le bistrot est resté dans la famille Petit pendant trois générations, lesquelles ont façonné et entretenu son charme si désuet. Belle Époque, plus exactement : boiseries, cuivres, miroirs, banquettes en velours, tables serrées les unes contre les autres... Chaque élément, jusqu'aux assiettes siglées d'un "B", participe au cachet de la maison. Rien à voir avec les ersatz de bistrots à la mode ! Et si l'affaire a été cédée au groupe Ducasse (2005), elle a préservé son âme.

Traditionnelle à souhait, les recettes allient produits du terroir, justesse des cuissons et générosité. Les habitués le savent bien : "Chez toi, Benoît, on boit, festoie en rois." Surtout si l'on pense aux plats canailles que tout le monde connaît, mais que l'on ne mange quasiment jamais... sauf ici.

Spécialités : Langue de bœuf Lucullus, cœur de romaine à la crème moutardée. Sauté gourmand de ris de veau, crêtes et rognons de coq, foie gras et jus truffé. Profiteroles Benoit, sauce chocolat chaud.

🥢 🅰🅒 ↔ – Menu 39 € (déjeuner) – Carte 56/114 €

20 rue Saint-Martin – 🚇 Châtelet-Les Halles – 𝒞 01 42 72 25 76 – www.benoit-paris.com – Fermé 26 juillet-22 août

LE SERGENT RECRUTEUR

Chef: Alain Pégouret

MODERNE · CONTEMPORAIN XX Le chef Alain Pégouret a emprunté à Joël Robuchon l'amour du geste précis et la rigueur du travail. Il suffit, pour s'en assurer, de pousser la porte du Sergent Recruteur, taverne historique de l'île Saint-Louis, reconvertie en table gastronomique. L'ancien chef du Laurent fait montre d'une impressionnante maîtrise. Ses assiettes fines, aux saveurs ciselées – et qui dévoilent, en filigrane, de solides bases classiques –, laissent le souvenir d'une belle cohérence gustative, avec un travail subtil sur les jus et les sauces ainsi qu'une attention aux belles cuissons. La maison distille une ambiance élégante et feutrée, associant habilement design contemporain et murs anciens. Une renaissance réussie.

Spécialités: Tourteau de Roscoff en gelée de homard persillé, fouetté de fenouil et de corail. Cabillaud étuvé à l'huile d'avocat et à la mélisse, jus de crevette grise épicé. Chocolat et café.

🅰️ ⇄ – Menu 49 € (déjeuner)/97 € – Carte 93/151 €

41 rue Saint-Louis-en-l'Île – ⓂPont Marie –
𝓒 01 43 54 75 42 – www.lesergentrecruteur.fr –
Fermé 15-26 février, 8 août-1er septembre, 24-28 décembre, lundi, dimanche

RESTAURANT H

Chef: Hubert Duchenne

CRÉATIVE · INTIME X "H", comme Hubert Duchenne, chef normand passé chez Akrame Benallal, et Jean-François Piège, au Thoumieux... Derrière une devanture élégante et discrète, vingt couverts à peine, pour cette salle à manger intime, au cadre aussi chic que cosy. On se régale d'un menu unique sans choix et bien ficelé, dans lequel les recettes, bien maîtrisées, vont toujours à l'essentiel. Vous réclamez des preuves? Voici une belle tranche de volaille des Landes à la peau dorée, accompagnée d'un poireau snacké et d'une mousseline de céleri, voici encore ces coques de Dieppe, nappées d'un beurre blanc, chiffonnade de salicornes et sucrine. C'est inventif et très maîtrisé : on se régale, d'autant que les produits utilisés sont d'excellente qualité.

Spécialités: Couteaux, beurre persillé, salicornes et écume persil. Bœuf Wagyu, purée d'herbes et jus tranché. Déclinaison de maïs, crème glacée au lait fumé.

♿ 🅰️ – Menu 35 € (déjeuner), 70/90 €

13 rue Jean-Beausire – ⓂBastille –
𝓒 01 43 48 80 96 – www.restauranth.com –
Fermé 1er-23 août, 23 décembre-3 janvier, lundi, dimanche

GRANDCŒUR

MODERNE · VINTAGE XX Les poutres et la pierre, les grands miroirs, les tables en marbre et les banquettes en velours, sans oublier l'incontournable terrasse : cette maison installée dans une jolie cour pavée impose son style d'entrée. La cuisine, imaginée par Mauro Colagreco (également associé), agrémente la tradition française d'un peu d'international. Un plaisir !

🍴 ♿ ⇄ – Carte 48/70 €

41 rue du Temple – ⓂRambuteau – 𝓒 01 58 28 18 90 – www.grandcoeur.paris

BAFFO

ITALIENNE · TRATTORIA X Originaire de la Maremme (au sud de la Toscane) et passionné de cuisine, Fabien Zannier a décidé de changer de vie pour rendre hommage aux saveurs de son enfance. De là cette petite table italienne forte en goût, où priment les produits frais et bio. L'occasion d'un "pranzo con i baffi", un repas à s'en lécher les moustaches !

🅰️ – Menu 64/74 € – Carte 53/81 €

12 rue Pecquay – ⓂRambuteau –
𝓒 07 61 88 73 04 – www.baffo.fr –
Fermé 1er-7 janvier, 25 juillet-27 août, lundi, mardi midi, mercredi midi, dimanche

ÎLE-DE-FRANCE · PARIS

🍽️○ **CAPITAINE**

CUISINE DU MARCHÉ · BISTRO ✗ L'arrière-grand-père du chef, d'origine bretonne, était capitaine au long cours... Le capitaine, désormais, c'est lui : Baptiste Day, qui après avoir fréquenté les cuisines de grands restaurants (L'Ambroisie, L'Arpège, et l'Astrance) a décidé de prendre le large à bord d'un sympathique bistrot, et nous régale d'une très jolie cuisine du marché, ancrée dans son époque. Produits frais et de qualité, préparations goûteuses : une adresse percutante.

Menu 29 € (déjeuner)/60 € – Carte 44/72 €

4 impasse Guéménée – 🚇 *Bastille –* ☎ *01 44 61 11 76 – www.restaurantcapitaine.fr – Fermé lundi, mardi midi, dimanche*

🍽️○ **CLAUDE COLLIOT**

MODERNE · CONTEMPORAIN ✗ Chez Claude Colliot, point d'énoncés pompeux, mais une cuisine de saison qui traite les produits de qualité avec tous les égards. Les légumes proviennent directement du potager du chef, situé dans le Loiret. Léger, sain et savoureux.

  ♿ – Carte 33/45 €

40 rue des Blancs-Manteaux – 🚇 *Rambuteau –* ☎ *01 42 71 55 45 – www.claudecolliot.com – Fermé 8-23 août, lundi, dimanche*

🍽️○ **TAVLINE**

ISRAÉLIENNE · CONVIVIAL ✗ Un petit bout de Tel-Aviv entre Saint-Paul et Hôtel de Ville, un zeste de Maroc, un soupçon de Liban. Telle est la recette de Tavline, où les épices, provenant du "Shuk Ha'Carmel", le plus grand marché de Tel-Aviv, agrémentent une cuisine fine, dont ce mémorable memoulaïm (oignons farcis d'agneau), recette héritée de la mère du chef.

Carte 36/45 €

25 rue du Roi-de-Sicile – 🚇 *St-Paul –* ☎ *09 86 55 65 65 – www.tavline.fr – Fermé 8-23 août, lundi, dimanche*

🍽️○ **THAÏ SPICES**

THAÏLANDAISE · COSY ✗ Entre le quai des Célestins et le village St-Paul officie un chef, Willy Lieu, qui fut le cuisinier personnel de Jacques Chirac ! Chez lui, la cuisine thaïe est à l'honneur, en version authentique : les grands classiques sont au rendez-vous – pad thaï, tom yam –, généreux et pleins de saveurs, relevés comme il se doit. Tarifs plutôt modérés et service agréable.

  🅰️ – Carte 35/50 €

5-7 rue de l'Ave-Maria – 🚇 *Sully Morland –* ☎ *01 42 78 65 49 – www.thaispices.fr – Fermé 1ᵉʳ-31 août, samedi midi, dimanche*

Hôtels

🏨 **COUR DES VOSGES**   `Tablet.`PLUS

BOUTIQUE HÔTEL · ÉLÉGANT Ce ravissant boutique hôtel de luxe ouvre toutes ses fenêtres sur l'une des plus belles places de Paris, la place des Vosges. L'ancien hôtel de Montbrun, du nom du marquis qui l'acquiert en 1654, a subi une restauration exemplaire – entre tradition et modernité – pour offrir douze chambres et suites.

  🔲 ♿ 🅰️ – 12 chambres

19 place des Vosges – 🚇 *Chemin Vert –* ☎ *01 42 50 30 30 - www.courdesvosges.com*

🏨 **HÔTEL DE JOBO**

BOUTIQUE HÔTEL · PERSONNALISÉ L'établissement rend hommage à Joséphine de Beauharnais. Nul doute que l'impératrice aurait appréciée la décoration baroque imaginée par Bambi Sloan, adepte des intérieurs roses et tissus panthère. Cosy et romantique à souhait.

  🔲 ♿ 🅰️ 🧖 – 24 chambres

10 rue d'Ormesson – 🚇 *Saint-Paul –* ☎ *01 48 04 70 48 – www.hoteldejobo.paris*

Quartier Latin · Jardin des Plantes · Mouffetard

5e ARRONDISSEMENT

Restaurants

❀ TOUR D'ARGENT

MODERNE · CLASSIQUE 𝕏𝕏𝕏𝕏 Fondée en 1582, cette élégante auberge de bords de Seine devient un restaurant en 1780. C'est au début du 20e s. qu'André Terrail l'achète, avec une idée de génie : élever l'immeuble d'un étage pour y installer la salle à manger, et jouir ainsi d'un panorama unique, l'une des plus belles vues sur la Seine et Notre-Dame-de-Paris ! Pour le reste, l'âme de la Tour d'Argent évolue avec son temps : véritable palimpseste, la carte, réinterprétée par Yannick Franques, MOF 2004, conserve la mémoire de plusieurs décennies de haute gastronomie française. Ainsi le caneton "Frédéric Delair" maturé, servi dans son ensemble, mis en avant en deux services. Que les puristes se rassurent, le service, parfaitement réglé, assure toujours le spectacle. Quant à l'extraordinaire cave, elle renfermerait... près de 320 000 bouteilles.

Spécialités : Quenelles de brochet André Terrail. Caneton Frédéric Delair. Crêpes "mademoiselle" et sorbet au caillé de lait cru.

🕸 ⪭ 🕭 🔣 🔁 ⇔ 🍴 – Menu 105 € (déjeuner), 290/340 € – Carte 188/328 €
15 quai de la Tournelle – Ⓜ *Maubert Mutualité –* ℰ *01 43 54 23 31 –*
www.tourdargent.com – Fermé 2-31 août, lundi, dimanche

❀ MAVROMMATIS

GRECQUE · ÉLÉGANT 𝕏𝕏 Un vent d'audace et d'Odyssée souffle sur la table du chef chypriote Andréas Mavrommatis. On se régale ici d'une cuisine généreuse et maîtrisée, inspirée de bases classiques françaises, associées aux meilleurs produits grecs ; superbes langoustines ; quasi de veau du Limousin tendre et rosé ; et en dessert, une tarte chocolat-olive et basilic, aux saveurs percutantes. Le voyage en Grèce se poursuit au gré des saisons et inspirations du chef, dans un cadre aussi raffiné que les civilisations issues de la Méditerranée. L'établissement, entièrement réinventé par l'architecte Régis Botta dans un esprit moderne et épuré avec boiserie et murs beiges, arches et niches, offre un écrin feutré à cette somptueuse promenade hellénique gastronomique.

Spécialités : Millefeuille de tomates anciennes, feta bio, feuille de câprier et sorbet green zebra. Rouget barbet grillé, pomme charlotte au safran, anchoïade aux olives de Kalamata et ragoût de cocos de Paimpol. L'inspiration framboise, namelaka au jivara, loukoum à l'eau de rose et sorbet framboise.

🍴 🔣 ⇔ – Menu 45 € (déjeuner), 95/125 € – Carte 74/97 €
42 rue Daubenton – Ⓜ *Censier Daubenton –* ℰ *01 43 31 17 17 –*
www.mavrommatis.com – Fermé lundi, mardi midi, mercredi midi, jeudi midi, dimanche

❀ SOLSTICE

Chef: Eric Trochon

CRÉATIVE · CONTEMPORAIN 𝕏𝕏 S'il existe des "écrivains pour écrivains", il y a des chefs pour chefs. MOF, pilier de l'école Ferrandi, promoteur du design culinaire, restaurateur à Séoul, Éric Trochon est de cette trempe – admiré autant que méconnu. Il est désormais chez lui dans ce restaurant intime et moderne, en compagnie de son épouse coréenne et sommelière. La déco navigue entre mobilier design et murs bruts. La carte joue aussi le minimalisme avec deux propositions percutantes – et pas plus – de l'entrée au dessert. Dans l'assiette, les textures et les contrastes font mouche, comme sur cette nage de coco de Paimpol, fenouil et melon en pickles, granité reine-des-prés ou sur ce ris de veau (vraiment) croustillant et cœur fondant, ricotta et courgettes vertes et jaunes.

Spécialités: Cocos de Paimpol en nage acidulée, pickles de fenouil et granité tagète. Lotte grillée au binchotan, prune en umeboshi et tétragone. Framboise, crémeux citron basilic et citron noir.

ℬ Ⓐ︎Ⓒ︎ – Menu 35 € (déjeuner), 75/95 €

45 rue Claude-Bernard – Ⓜ Censier Daubenton – ℰ 09 88 09 63 52 – www.solsticeparis.com – Fermé 7-31 août, lundi, mardi midi, dimanche

---

✿ ALLIANCE

Chef: Toshitaka Omiya

MODERNE · CONTEMPORAIN ✕✕ Apparu entre les quais de la rive gauche et le boulevard St-Germain, ce restaurant célèbre l'Alliance de Shawn et Toshi, deux anciens de l'Agapé (respectivement maître d'hôtel et cuisinier), désormais complices dans cette nouvelle aventure. Il ne faut pas compter sur Toshitaka Omiya, le chef, pour donner dans l'esbroufe ou l'artificiel : sa cuisine s'appuie sur de beaux produits de saison et va à l'essentiel, tant visuellement que gustativement. Pomme de terre Allians ; tourteau, bergamote et thé Earl Grey ; ou encore foie gras, légumes en pot-au-feu et bouillon de canard, qui s'affirme déjà comme la spécialité de la maison... De vrais éclairs de simplicité, des mélanges subtils et bien exécutés : c'est du (très) sérieux. Un mot enfin sur la salle épurée, aux subtiles touches nipponnes : on s'y sent bien, d'autant qu'elle offre une jolie vue sur les fourneaux.

Spécialités: Ormeaux cuits en coquille, artichaut et coriandre. Poulette patte noire contisée au corail de homard, chou vert à l'estragon et jus de carapace. Poire conférence pochée au galanga, pain de Gênes et lait d'amande.

♿ Ⓐ︎Ⓒ︎ – Menu 55 € (déjeuner), 120/195 €

5 rue de Poissy – Ⓜ Maubert Mutualité – ℰ 01 75 51 57 54 – www.restaurant-alliance.fr – Fermé 7-31 août, samedi, dimanche

---

✿ BAIETA

Cheffe: Julia Sedefdjian

MODERNE · CONTEMPORAIN ✕✕ "Ici, la bouillabaisse tutoie l'aïoli, et la pissaladière jalouse la socca, juste sortie du four à charbon". Julia Sedefdjian (ancienne des Fables de la Fontaine, Paris aussi) est chez elle, heureuse et épanouie. Sa cuisine, colorée et parfumée, s'en ressent. Elle chante la Méditerranée et les bons produits, qu'elle sélectionne avec justesse et travaille avec créativité, sans jamais oublier ses racines niçoises. On se régale d'une poitrine de cochon caramélisée, ou d'un beau tronçon d'aile de raie, dorée au beurre blond... Et en dessert, ce jour-là, des fraises Gariguette parfumées, accompagnées d'un crémeux à la vanille et d'un excellent sorbet thym et framboise. Bienvenue chez Baieta – le bisou en patois niçois !

Spécialités: Jaune d'œuf croustillant, haddock cru et cuit, poireau en vinaigrette d'algue. Bouillabaieta, rouille et croûtons. Sablé fenouil, crème citronnée, mascarpone et sorbet citron-pastis.

♿ – Menu 45 € (déjeuner), 89/149 €

5 rue de Pontoise – Ⓜ Maubert Mutualité – ℰ 01 42 02 59 19 – www.restaurant-baieta-paris.fr – Fermé lundi, dimanche

---

✿ OKA

Chef: Raphaël Régo

CRÉATIVE · COSY ✕✕ Le chef propriétaire brésilien Raphaël Régo au parcours alléchant (école Ferrandi, Atelier de Joël Robuchon, Taillevent) signe chez Oka une partition créative, distillant une incontestable identité culinaire, naviguant entre France (pêche des côtes vendéennes) et Brésil, privilégiant toujours de très beaux produits. On déguste les menus dans un cadre cosy et élégant, avec cuisine ouverte sur l'artiste en chef. Les préparations, aux visuels sophistiqués et épurés, jouent avec talent sur le mariage des saveurs (sucrées, pimentées, acides...) et les textures, sans jamais tomber dans l'excès de la démonstration. Faites confiance à la subtilité du sommelier pour marier mets et vins. Infiniment personnel, soigné, parfumé - en un mot : stylé. Un coup de cœur.

Spécialités: Homard bleu, tucupi, caramel citron et cachaça. Pigeon, piment biquinho et betterave rôtie au barbecue. Millefeuille de pomme et manioc, sorbet jambu et rapadura.

&. 🅰️ 🍽️ – Menu 95 €

1 rue Berthollet – ◎ Censier Daubenton – ✆ 01 45 30 94 56 – www.okaparis.fr – Fermé 1er-31 août, lundi, mardi midi, mercredi midi, jeudi midi, vendredi midi, samedi midi, dimanche

❀ SOLA

MODERNE · **ÉLÉGANT** 🍽️ Tout près des quais donnant sur Notre-Dame et… déjà au Japon ! Voilà Sola et son décor bois et zen avec, au sous-sol, la cave voûtée où les tables figurent un tatami (attention, prière de retirer ses chaussures). Le chef japonais Kosuke Nabeta propose une savoureuse passerelle entre exigence et précision de la gastronomie nippone et richesses du terroir français. Lors d'un de nos passages : thon et betterave rouge ; encornet, risotto, champignons ; foie gras, truffe noire ; lotte, coques, beurre de noisette… Une cuisine en apesanteur, harmonieuse et raffinée, et si personnelle que l'on ne saurait la réduire à ces simples adjectifs, si élogieux soient-ils.

Spécialités: Foie gras, anguille, risotto et truffe. Agneau de lait, légumes de saison. Pamplemousse, gelée de saké, poire, olive et feta.

🅰️ ⇆ – Menu 65 € (déjeuner), 98/120 €

12 rue de l'Hôtel-Colbert – ◎ Maubert Mutualité – ✆ 01 42 02 39 24 – www.restaurant-sola.com – Fermé lundi, mardi midi, mercredi midi, jeudi midi, vendredi midi, dimanche

❀ CUCINA

ITALIENNE · **CONVIVIAL** 🍽️🍽️ Le dernier né des restaurants griffés Alain Ducasse est une réussite. Côté atmosphère, déco de bistrot moderne et serveurs en marinière rouge et blanche. Côté coulisses, le chef Matteo Lorenzini, passé par des maisons étoilées (dont le Louis XV trois ans durant) signe une belle carte italienne de saison : on se régale de bout en bout, des antipasti aux dolce. Authentique et savoureux.

Spécialités: Vitello tonnato. Paccheri, joue de bœuf fondante. Affogato.

&. 🅰️ – Carte 37/60 €

20 rue Saint-Victor – ◎ Maubert-Mutualité – ✆ 01 44 31 54 54 – www.cucina-mutualite.com – Fermé lundi, dimanche

❀ FLOCON ◎

CUISINE DU MARCHÉ · **CONTEMPORAIN** 🍽️ Dans ce quartier animé, voici la première affaire des frères Flocon, Alexis et Josselin, l'un dans la gestion de l'établissement, l'autre en cuisine. Dans un intérieur lumineux, on découvre ces assiettes surprenantes, bien pensées, basées sur des produits sourcés avec soin. Cerise sur le gâteau, les prix sont doux, y compris côté vins.

Spécialités: Courgette en fines tranches, eau de concombre et céleri, pain toasté au beurre à la verveine. Epaule de cochon de lait confite, oignon grillé, pâtisson rôti et riz noir. Tartelette amandine feuilletée, mirabelle et reine claude, glace au lait ribot.

Carte 31/53 €

75 rue Mouffetard – ◎ Place Monge – ✆ 01 47 07 19 29 – www.restaurantflocon.com – Fermé lundi, mardi

❀ KOKORO

MODERNE · **CONVIVIAL** 🍽️ Un jeune couple franco-japonais (tous deux anciens de chez Passard) travaille d'arrache-pied dans cette adresse à deux pas du métro Cardinal-Lemoine. Leur cuisine, réglée sur les saisons, se révèle à la fois fine, intelligente et subtile, et réserve de belles surprises… Kokoro, c'est "cœur" en japonais.

Spécialités: Moules de bouchot, chapelure et noix de cajou. Pigeon au sang en deux cuissons. Chocolat et carotte.

🅰️ – Menu 25 € (déjeuner)/35 €

36 rue des Boulangers – ◎ Cardinal Lemoine – ✆ 01 44 07 13 29 – www.restaurantkokoro.blogspot.fr – Fermé lundi midi, samedi, dimanche

ⅠⅠ○ AFFINITÉ

MODERNE · CONTEMPORAIN ✗✗ Les deux associés du restaurant étoilé Alliance – le cuisinier Toshitaka Omiya et le directeur de salle Shawn Joyeux – ont rénové ce bistrot situé légèrement en retrait du boulevard Saint-Germain. Ils en ont confié les cuisines au talentueux Thibaut Loubersanes, qui se fend de jolies assiettes actuelles, basées sur des produits impeccablement sourcés. Accueil prévenant.

    Ⓓ 🅰Ⓒ – Menu 35 € (déjeuner), 65/90 €

52 boulevard Saint-Germain – Ⓜ Maubert - Mutualité – ☎ 01 42 02 41 71 –
www.restaurant-affinite.fr – Fermé 8-31 août, lundi, dimanche

ⅠⅠ○ ATELIER MAÎTRE ALBERT

TRADITIONNELLE · CONVIVIAL ✗✗ Une cheminée médiévale et des rôtissoires cohabitent avec un bel intérieur design signé J.-M. Wilmotte. Guy Savoy a imaginé la carte, avec des produits d'une qualité indéniable. Imaginez une volaille à la peau croustillante, son jus parfumé…

    🅰Ⓒ ⇄ 🐷 – Menu 37 € (déjeuner)/40 € – Carte 35/45 €

1 rue Maître-Albert – Ⓜ Maubert Mutualité – ☎ 01 56 81 30 01 –
www.ateliermaitrealbert.com – Fermé samedi midi, dimanche midi

ⅠⅠ○ LE BEL ORDINAIRE - RIVE GAUCHE

MODERNE · BISTRO ✗✗ Deuxième opus de ce concept de restaurant/épicerie et cave à vins bio, financé par crowfunding, et dont la maison-mère a d'abord ouvert avec succès dans le Xe arrondissement. Grâce à une grande cuisine ouverte où s'activent plusieurs jeunes chefs, l'accent est délibérément mis sur une savoureuse tambouille d'esprit bistro.

    🌤 Ⓓ 🅰Ⓒ ✄ – Menu 26 € (déjeuner) – Carte 30/45 €

5 rue de Bazeilles – Ⓜ Censier Daubenton – ☎ 09 81 11 72 78 –
www.lebelordinaire.com – Fermé 2-23 août, lundi, dimanche

ⅠⅠ○ L'INITIAL

MODERNE · TRADITIONNEL ✗✗ Le chef japonais, au palmarès étincelant (Robuchon Tokyo, Bernard Loiseau à Saulieu), propose une cuisine française d'une remarquable précision réalisée autour d'un menu sans choix rythmé par les saisons. Bon rapport qualité-prix et service aux petits soins.

    ⇄ – Menu 36 € (déjeuner)/56 €

9 rue de Bièvre – Ⓜ Maubert Mutualité – ☎ 01 42 01 84 22 –
www.restaurant-linitial.fr – Fermé 1ᵉʳ-30 août, lundi, mardi midi, dimanche

ⅠⅠ○ LA TABLE DE COLETTE ⓝ

MODERNE · CONTEMPORAIN ✗✗ Près du Panthéon, une table "éco-responsable" emmenée par Josselin Marie, chef d'origine bretonne. Il célèbre les produits de saison – beaucoup de légumes, peu de viandes, poissons issus de la pêche "passive" – sous forme de menus surprise… avec affichage du bilan carbone associé ! Jeune équipe sympa au service.

    🌤 Ⓓ – Menu 39 € (déjeuner), 59/79 €

17 rue Laplace – Ⓜ Cardinal Lemoine – ☎ 01 46 33 18 59 – www.latabledecolette.fr –
Fermé samedi, dimanche

ⅠⅠ○ LA TRUFFIÈRE

MODERNE · INTIME ✗✗ Au cœur du vieux Paris, à deux pas de la truculente rue Mouffetard, cette maison du 17ᵉ s. a du caractère. Les assiettes, visuellement soignées, sont créatives. Menu truffe toute l'année, et remarquable carte des vins, avec pas moins de… 4600 références, françaises et mondiales. Un bel hommage à "la perle noire".

    🕸 🅰Ⓒ ⇄ – Menu 39 € (déjeuner), 65/155 €

4 rue Blainville – Ⓜ Place Monge – ☎ 01 46 33 29 82 – www.latruffiere.com –
Fermé lundi, dimanche

⑪ CIASA MIA

ITALIENNE · AUBERGE ⅹ Originaires du Nord de l'Italie (des Dolomites, pour être précis), Francesca et Samuel Mocci aiment à mettre en valeur ce patrimoine gustatif aussi savoureux que surprenant. Les assiettes respirent l'authenticité, tout comme le cadre, dans un esprit de petit chalet cosy. Une adresse attachante.

⅙ – Menu 35 € (déjeuner), 69/89 € – Carte 69/89 €

19 rue Laplace – ⓜ Maubert Mutualité – 𝒞 01 43 29 19 77 – www.ciasamia.com – Fermé samedi midi, dimanche

⑪ L'AGRUME

MODERNE · CONVIVIAL ⅹ Ici, on mise sur les saisons, la fraîcheur des produits (le poisson vient de Bretagne et les primeurs des meilleures adresses) et une exécution pleine de finesse. L'assiette pétille de saveurs. Un bon bistrot de chef !

Ⓜ – Menu 26 € (déjeuner)/48 € – Carte 55/75 €

15 rue des Fossés-Saint-Marcel – ⓜ St-Marcel – 𝒞 01 43 31 86 48 – www.restaurant-lagrume.fr – Fermé 2-31 août, 21 décembre-4 janvier, lundi, mardi soir, dimanche

⑪ AT

CRÉATIVE · DESIGN ⅹ A deux pas des quais de Seine et de la Tour d'Argent, ce petit restaurant au décor minimaliste cultive l'âme japonaise : le chef Tanaka, passé chez Pierre Gagnaire, aime la fraîcheur et la précision ; il tient sa clientèle en haleine avec des assiettes créatives et variées. Salle voûtée au sous-sol.

Ⓜ ⇄ – Menu 65 € (déjeuner)/115 €

4bis rue du Cardinal-Lemoine – ⓜ Cardinal Lemoine – 𝒞 01 56 81 94 08 – www.atsushitanaka.com – Fermé 23 août-6 septembre, 24-28 décembre, lundi, dimanche

⑪ CHINASKI

MODERNE · BISTRO ⅹ Sous l'égide de l'alter ego de l'écrivain dionysiaque Charles Bukowski, voici un coffee shop diurne qui se mue en bistrot créatif le soir venu. Dans un cadre chaleureux meublé avec de la récup', un chef convivial en diable envoie une cuisine du marché sans chichis. Grande table du chef devant la cuisine ouverte et vins bio sourcés avec soin.

🍴 – Carte 30/45 €

46 rue Daubenton – ⓜ Censier Daubenton – 𝒞 01 73 74 74 06 – www.chinaskiparis.com – Fermé lundi, mardi, mercredi midi, jeudi midi, vendredi midi, samedi midi

⑪ LES DÉLICES D'APHRODITE

GRECQUE · TAVERNE ⅹ Dans ce sympathique restaurant aux allures de taverne, on se croirait presque en Grèce ! Poulpe mariné, caviar d'aubergines, moussaka, etc. Cette cuisine fraîche et ensoleillée tire le meilleur parti de produits de qualité.

🍴 Ⓜ – Carte 36/57 €

4 rue de Candolle – ⓜ Censier Daubenton – 𝒞 01 43 31 40 39 – www.mavrommatis.fr

⑪ KITCHEN TER(RE)

MODERNE · CONTEMPORAIN ⅹ William Ledeuil façonne un kaléidoscope de l'épure et du goût, où brillent des pâtes de haut-vol (réalisées par l'artisan Roland Feuillas à base d'épeautre, blé dur, engrain ou barbu du Roussillon), mais aussi un bouillon thaï , anguille, pomme de terre, ou encore un cappuccino, pommes au tamarin et glace au caramel... Absolument moderne, absolument gourmand.

Ⓜ – Menu 30 € (déjeuner), 45/48 €

26 boulevard Saint-Germain – ⓜ Maubert Mutualité – 𝒞 01 42 39 47 48 – www.zekitchengalerie.fr – Fermé lundi, dimanche

⅋○ LES PAPILLES

TRADITIONNELLE • BISTRO ⅋ Bistrot, cave et épicerie : une adresse attachante, où l'on fait pitance entre casiers à vins et étagères garnies de conserves. Le soir, on vous propose un menu unique où les suggestions gourmandes affolent les papilles.

⅋ ✿ – Menu 28 € (déjeuner)/38 €

30 rue Gay-Lussac – ⓜ Luxembourg – ℰ 01 43 25 20 79 – www.lespapillesparis.com – Fermé 1ᵉʳ-29 août, 27 décembre-4 janvier, lundi, dimanche

⅋○ LA RÔTISSERIE D'ARGENT

TRADITIONNELLE • BISTRO ⅋ Les propriétaires de la Tour d'Argent ont transformé cet ancien bouchon lyonnais en bistrot parisien de haute volée. La rôtissoire, bien visible, annonce le programme : bonnes viandes à la broche (poulet de Challans, pigeon, canette), grands classiques français, etc. Cuissons justes, portions généreuses, ambiance détendue ; et voilà le travail.

& 𝔸�ℂ ⅋ – Carte 35/65 €

19 quai de la Tournelle – ⓜ Maubert Mutualité – ℰ 01 43 54 17 47 – www.tourdargent.com/la-rotisserie-dargent

Hôtels

🏠 LES DAMES DU PANTHÉON

BOUTIQUE HÔTEL • COSY Le Panthéon, la Sorbonne, le jardin du Luxembourg : pas de doute, nous sommes en plein cœur du Quartier latin ! Face au "temple des grands hommes", le décor des chambres s'inspire… de femmes françaises ayant marqué l'histoire : Duras, Gréco, Sand ou encore Piaf. Un hôtel romanesque et raffiné.

≼ 🖵 & 𝔸�ℂ – 35 chambres

19 place du Panthéon – ⓜ Luxembourg – ℰ 01 43 54 32 95 – www.hoteldupantheon.com

🏠 MONGE   `Tablet.`PLUS

BOUTIQUE HÔTEL • COSY Cet hôtel de charme, situé dans le Quartier Latin, devant les arènes de Lutèce, a conservé le charme des maisons bourgeoises du 19ᵉ s. (salons en enfilade, moulures, parquet…). La décoration des chambres, entre faune et flore, louche du côté du Jardin des Plantes. Toute l'élégance à la parisienne.

𝒻 🖵 & 𝔸�ℂ – 30 chambres

55 rue Monge – ⓜ Place Monge – ℰ 01 43 54 55 55 – www.hotelmonge.com

St-Germain-des-Près · Odéon · Jardin du Luxembourg

6ᵉ ARRONDISSEMENT

Restaurants

❀ ❀ ❀ GUY SAVOY

Chef: Guy Savoy

CRÉATIVE • LUXE ⅋⅋⅋ Dans le cadre exceptionnel de l'hôtel de la Monnaie, Guy Savoy rédige chaque jour un nouveau chapitre de cette histoire entamée quelques décennies plus tôt : lorsque, jeune garçon, il passait la tête au-dessus des casseroles familiales dans la cuisine de la Buvette de l'Esplanade, à Bourgoin-Jallieu… Ici, il a vu les choses en grand : six salles parées de toiles contemporaines et de sculptures – dont un grand nombre prêté par François Pinault –, avec des fenêtres à huisseries anciennes donnant sur la Seine. Autant de faste ne détourne pas le chef de son travail : cette gastronomie vécue comme une fête, hommage renouvelé à la cuisine française. On retrouve notamment la soupe d'artichaut et truffes, plat emblématique de la maison, à déguster avec sa brioche tartinée de beurre de truffes...

Spécialités : Soupe d'artichaut à la truffe noire, brioche feuilletée aux champignons et truffes. Rouget barbet en situation, la mer en garniture. Mille feuilles ouvertes à la vanille de Tahiti.

⊛ ⅃ 🅼 ⇄ 🍽 – Menu 250 € (déjeuner)/490 € – Carte 310/395 €

11 quai de Conti – Ⓜ St-Michel – ☏ 01 43 80 40 61 – www.guysavoy.com – Fermé lundi, samedi midi, dimanche

✿✿ MARSAN PAR HÉLÈNE DARROZE

Cheffe : Hélène Darroze

MODERNE • CONTEMPORAIN 𝕏𝕏 Hélène Darroze a rouvert en 2019 son restaurant de la rue d'Assas. Le lieu est méconnaissable, totalement réinventé dans une veine cosy et élégante qui sied à merveille à cette cuisinière de grand talent. On retrouve bien entendu dans l'assiette ce qui fait la particularité de cette héritière d'une famille de cuisiniers du Sud-Ouest : la capacité à dénicher dans les terroirs de ces contrées (Aquitaine, Landes, Pays basque...) de quoi nourrir ses intentions culinaires, et la capacité à les mettre en valeur dans l'assiette, comme cette splendide lotte de petit bateau. On y retrouve aussi la rigueur, l'insatiable curiosité, et ce mélange de talent et d'intuition qui fait toute la différence. Une réussite incontestable.

Spécialités : Huître "perle blanche" comme une icône, velouté glacé de haricots et caviar osciètre. Homard tandoori, mousseline de carotte aux agrumes. Framboises, oseille et huile d'olive.

🅼 ⇄ – Menu 75 € (déjeuner), 175/225 €

4 rue d'Assas – Ⓜ Sèvres Babylone – ☏ 01 42 22 00 11 – www.helenedarroze.com – Fermé lundi, dimanche

✿ RELAIS LOUIS XIII

Chef : Manuel Martinez

CLASSIQUE • ÉLÉGANT 𝕏𝕏 Une table chargée d'histoire, bâtie sur les caves de l'ancien couvent des Grands-Augustins : c'est ici que, le 14 mai 1610, une heure après l'assassinat de son père Henri IV, Louis XIII apprit qu'il devrait désormais régner sur la France... La salle à manger semble se souvenir de ces grandes heures du passé : colombages, pierres apparentes, boiseries, vitraux et tentures, tout distille un charme d'autrefois, avec çà et là quelques éléments contemporains (cave vitrée, sculptures modernes).

Une atmosphère particulièrement propice à la découverte de la cuisine du chef, Manuel Martinez, tenante d'un noble classicisme culinaire. Après un joli parcours chez Ledoyen, au Crillon, à la Tour d'Argent, ce Meilleur Ouvrier de France a décidé de s'installer en ce Relais pour y perpétuer la tradition. Quoi de plus logique ? L'histoire continue donc et les habitués sont nombreux, plébiscitant notamment la formule déjeuner, d'un excellent rapport qualité-prix !

Spécialités : Quenelle de bar, mousseline de champignon. Canard challandais. Millefeuille, crème légère à la vanille de Tahiti.

⊛ 🅼 ⇄ 🍽 – Menu 65 € (déjeuner), 95/145 € – Carte 95/135 €

8 rue des Grands-Augustins – Ⓜ Odéon – ☏ 01 43 26 75 96 – www.relaislouis13.com – Fermé lundi, dimanche

✿ ARMANI RISTORANTE

ITALIENNE • CONTEMPORAIN 𝕏𝕏 Emplacement original pour ce restaurant, situé au 1er étage de la boutique Armani de St-Germain-des-Prés (non loin de l'église). La salle est épurée et élégante, dans le style du créateur bien sûr : camaïeu de beiges, banquettes, murs laqués, lumière tamisée... N'aurait-on affaire là qu'à un autre type de vitrine ? Au contraire, ce ristorante compte parmi les meilleures tables italiennes de la capitale. Le chef Massimo Tringali, ancien second du Casadelmar, à Porto-Vecchio, accommode des produits de grande qualité dans l'esprit de la cuisine transalpine contemporaine. C'est frais, goûteux et bien maîtrisé : de la belle ouvrage.

Spécialités: Mange-tout d'artichaut violet, petits légumes, fruits croquants et fondants. Spaghettis à l'ail et au piment, langoustine royale et oursin. Cannolo à la ricotta, confiture de figue et crème glacée à la pistache.

ᕓ ᴀ⃞ – Menu 120 € – Carte 94/144 €

7 place du Québec – Ⓜ *St-Germain des Prés –* ℰ *01 45 48 62 15 – www.mori.paris – Fermé 1ᵉʳ-31 août, lundi, mardi, mercredi midi, jeudi midi, vendredi midi*

❀ **YOSHINORI**

Chef: Yoshinori Morié

MODERNE · INTIME ✗✗ Le petit dernier du chef Yoshinori Morié (ex-Petit Verdot, Encore, L'Auberge du 15), loin de balbutier, étincelle! Sis entre les murs d'un ancien restaurant italien entièrement transformé (pierres apparentes, poutres blanchies, boiseries japonisantes, éclairage design, lin blanc et porcelaine) nous régale d'une cuisine raffinée, végétale, esthétique, déclinée sous forme d'un menu de saison. Ainsi le tartare de veau de Corrèze, coques, choux fleur; la lotte, lotus et champignons ou la ballotine de pigeon, cèpes, datte, carotte et combava... autant d'hymnes, non dissimulés, à l'élégance et à la gourmandise. Agréable formule du midi. Un coup de cœur.

Spécialités: Tartare de noix de veau, chou-fleur, coques et noisette du Piémont. Ris de veau rissolé, carotte nouvelle, girolles et cardamome noire. Chocolat noir taïnori, graines de sarrasin et glace à la reine-des-prés.

Menu 45 € (déjeuner), 70/150 €

18 rue Grégoire-de-Tours – Ⓜ *Odéon –* ℰ *09 84 19 76 05 – www.yoshinori-paris.com – Fermé lundi, dimanche*

❀ **QUINSOU**

Chef: Antonin Bonnet

CRÉATIVE · TENDANCE ✗ En face de la fameuse école Ferrandi chante un pinson (Quinsou en occitan), dont les suaves vocalises gastronomiques risquent fort d'influencer les grandes toques de demain. Le chef, ancien du Sergent Recruteur, s'appelle Antonin Bonnet. Dans un cadre moderne et brut (carreaux de ciment, ampoules nues), il propose une cuisine d'artisan épurée, délicate, sensible et sans futilité. Dans l'assiette gazouille le produit, d'excellente qualité. Œuf mollet, chou, vinaigrette au pralin; pigeon, céleri-rave fumé au foin, radicchio et anchoïade... Menu unique pour cette belle table, animée par un chef passionné.

Spécialités: Homard des îles Chausey. Quasi de veau rôti au binchotan. Petits choux aux agrumes, crémeux au thé earl grey et sorbet citron.

❀❀ ᕓ – Menu 38 € (déjeuner)/78 €

33 rue de l'Abbé-Grégoire – Ⓜ *St-Placide –* ℰ *01 42 22 66 09 – www.quinsourestaurant.fr – Fermé 21 février-2 mars, 8-24 août, 20-29 décembre, lundi, mardi midi, dimanche*

❀ **ZE KITCHEN GALERIE**

Chef: William Ledeuil

CRÉATIVE · CONTEMPORAIN ✗ Sous son nom hybride, Ze Kitchen Galerie joue sur les frontières entre art et cuisine. Dans des volumes épurés cohabitent mobilier et vaisselle design, tableaux colorés, autour d'une cuisine vitrée pour suivre en direct le spectacle de la brigade. Aux fourneaux, William Ledeuil donne libre cours à sa passion pour les saveurs de l'Asie du Sud-Est (Thaïlande, Vietnam) où il puise son inspiration. Galanga, ka-chaï, curcuma, wasabi, gingembre... Autant d'herbes, de racines, d'épices et de condiments du bout du monde qui relèvent avec brio les recettes classiques françaises. Sa carte – à base de poissons, bouillons, pâtes, plats à la plancha – décline ainsi une palette d'assiettes inventives, modernes et ciselées, pour un voyage entre saveurs et couleurs.

Spécialités: Cuisine du marché.

ᴀ⃞ 🍴 – Menu 41 € (déjeuner), 85/98 €

4 rue des Grands-Augustins – Ⓜ *St-Michel –* ℰ *01 44 32 00 32 – www.zekitchengalerie.fr – Fermé 4-10 janvier, 3-9 mai, 1ᵉʳ-22 août, samedi, dimanche*

LA MÉDITERRANÉE

POISSONS ET FRUITS DE MER · MÉDITERRANÉEN ✗✗ Dans ce restaurant face au théâtre de l'Odéon, des fresques évoquent la Méditerranée et la cuisine de la mer chante avec l'accent du Sud. Un soin tout particulier est apporté au choix des produits, comme dans ces spécialités maison : bouillabaisse, carpaccio de bar, dorade laquée au miel...

Spécialités : Soupe de poisson. Daurade royale aux amandes et citron confit. Clafoutis aux fruits de saison.

🍴 ⇔ 🐛 – Menu 37 € – Carte 55/80 €

2 place de l'Odéon – Ⓜ Odéon –
☎ 01 43 26 02 30 – www.la-mediterranee.com

ESTTIA

MÉDITERRANÉENNE · CONVIVIAL ✗ Cette coquette table méditerranéenne propose un épatant menu à cinq choix, aux saveurs fraîches et percutantes. En cuisine, Julia Patti et Romain Gervasoni mitonnent avec talent, tandis qu'Antoine Patti, frère de la première, gère la cave maison. Avis aux amateurs : la petite table du chef se trouve au sous-sol, face a la cuisine. Pensez à réserver !

Spécialités : Onctueux de maïs, œuf bio fumé et croquant grué de cacao. Pavé de thon rouge, sésame noir et carottes acidulées. Paris-brest, praliné noisette et romarin.

🍴 – Menu 36 €

11 rue de la Grande-Chaumière – Ⓜ Vavin –
☎ 01 72 60 43 63 – www.esttia.net –
Fermé 7-30 août, 24-30 décembre, lundi, dimanche

BRASSERIE LUTETIA

POISSONS ET FRUITS DE MER · CHIC ✗✗ La célèbre brasserie du Lutetia se renouvelle sous l'impulsion du chef Patrick Charvet. Que les esthètes et les habitués se rassurent : l'atmosphère chic et décontractée perdure, tout comme les beaux plateaux de fruits de mer. Véranda, mezzanine ou patio : choisissez votre table.

🍴 � 🍴 ⇔ – Menu 29 € (déjeuner), 49/79 € – Carte 39/89 €

Lutetia, 45 boulevard Raspail – Ⓜ Sèvres Babylone –
☎ 01 49 54 46 92 – www.hotellutecia.com

BOUTARY

MODERNE · CHIC ✗✗ Voilà le lieu idéal pour s'initier ou parfaire sa connaissance sur le caviar (osciètre, sterlet et béluga). La famille qui a repris ce restaurant élève depuis plusieurs générations ses propres esturgeons en Bulgarie du sud. On y apprécie, dans un esprit chic, le travail du chef Maxime Lesobre au beau parcours, dont la cuisine joue subtilement de notes fumées et acidulées. Avec dégustation du caviar à la royale, sur le dos de la main.

ô 🍴 ⇔ – Menu 36 € (déjeuner), 89/109 €

25 rue Mazarine – Ⓜ Odéon –
☎ 01 43 43 69 10 – www.boutary-restaurant.com –
Fermé lundi, samedi midi, dimanche

ALLARD

TRADITIONNELLE · BISTRO ✗ On pénètre par la cuisine dans cette véritable institution, qui fait désormais partie du groupe Ducasse. Servis dans un décor 1900 pur jus, les plats hésitent entre registre bistrotier et plats canaille : escargots au beurre aux fines herbes, pâté en croûte, sole meunière, profiteroles...

🍴 🐛 – Menu 34 € (déjeuner) – Carte 60/90 €

41 rue Saint-André-des-Arts – Ⓜ St-Michel –
☎ 01 43 26 48 23 – www.restaurant-allard.fr

ÎLE-DE-FRANCE • PARIS

🟡 ANICIA BISTROT NATURE

CRÉATIVE · **CONTEMPORAIN** 🍴 Natif de Haute-Loire, François Gagnaire sélectionne soigneusement les petits producteurs de là-bas, et s'offre une excellente matière première pour sa cuisine : lentille verte du Puy, limousine des Monts-du-Velay, fin gras du Mézenc, fromage de vache aux artisous, bière Vellavia... Ses assiettes sont gourmandes et superbement présentées : on se régale.

🆎 – Menu 37 € (déjeuner), 58/74 € – Carte 46/58 €

97 rue du Cherche-Midi – Ⓜ Vaneau – ℰ 01 43 35 41 50 – www.anicia-paris.com – Fermé 23 février-1er mars, 3-23 août, 24-29 décembre, lundi, dimanche

🟡 AUX PRÉS

MODERNE · **BISTRO** 🍴 Un bistrot germanopratin ouvertement vintage (banquettes en cuir, miroirs fumés, papier peint floral) et une cuisine voyageuse signée Cyril Lignac, dont la créativité garde toujours un pied dans le(s) terroir(s) français.

🆎 – Carte 47/85 €

27 rue du Dragon – Ⓜ St-Germain des Prés – ℰ 01 45 48 29 68 – www.restaurantauxpres.com

🟡 LE BAR DES PRÉS

MODERNE · **DESIGN** 🍴 Aux commandes de ce Bar, voisin de son restaurant Aux Prés, Cyril Lignac a installé un chef japonais aux solides références. Au menu, sushis et sashimis de grande fraîcheur, mais aussi quelques plats bien dans l'air du temps : tartare de dorade, petits pois mentholés ; galette craquante, tourteau au curry Madras... Cocktails réalisés par un mixologiste.

🕭 🆎 – Carte 55/80 €

25 rue du Dragon – Ⓜ St-Germain des Prés – ℰ 01 43 25 87 67 – www.lebardespres.com

🟡 LE BON SAINT-POURÇAIN

MODERNE · **BISTRO** 🍴 Planqué derrière l'église St-Sulpice, en plein cœur de St-Germain-des-Prés, cet ancien restaurant bougnat montre du soin et la passion. La cuisine du chef lorgne vers la tradition bistrotière revisitée : c'est tout simplement délicieux, sans doute grâce à l'utilisation exclusive de bons produits du marché. Réservez !

🍴 – Carte 47/67 €

10 bis rue Servandoni – Ⓜ Mabillon – ℰ 01 42 01 78 24 – Fermé 4-24 août, 22 décembre-3 janvier, lundi, dimanche

🟡 BREIZH CAFÉ - ODÉON

BRETONNE · **CONTEMPORAIN** 🍴 L'emplacement, déjà, est rêvé : un immeuble en pierre de taille à même le carrefour de l'Odéon. Voici la cadette des crêperies de Bertrand Larcher, ce Breton passé par le Japon avant de venir s'installer en France. Dans l'assiette, galettes et crêpes sont à la fête, à grand renfort de farine bio, produits artisanaux... sans oublier de bons cidres et sakés. Service continu de 11 heures à 23 heures.

🍴 🕭 – Carte 26/52 €

1 rue de l'Odéon – Ⓜ Odéon – ℰ 01 42 49 34 73

🟡 CÉZEMBRE

MODERNE · **CONTEMPORAIN** 🍴 Cézembre, c'est une île côtière inhabitée de la baie de Saint-Malo... et le nom choisi par le chef, breton d'origine, pour son restaurant installé à deux pas du boulevard Saint-Germain. La cuisine, déclinée sous forme de menu unique à dominante marine (en 3 et 5 services), est soignée et généreuse (la pêche arrive en direct d'Erquy), les accords mets et vins tombent juste. Rançon du succès (et du bon rapport qualité/prix) : un restaurant qui fait salle comble, le soir.

🆎 – Menu 35 € (déjeuner)/65 €

17 rue Grégoire-de-Tours – Ⓜ Odéon – ℰ 01 42 38 25 08 – www.cezembrerestaurant.com – Fermé lundi, mardi

ÎLE-DE-FRANCE • PARIS

ⅈ○ LE CHERCHE MIDI

ITALIENNE • BISTRO ⅈ Si vous cherchiez le Midi, vous l'avez trouvé ! Dans ce bistrot italien, il règne une joie de vivre contagieuse. Pâtes fraîches fabriquées dans l'atelier à l'étage, superbes charcuteries affinées (ce jambon de Parme !), mortadelle, bresaola, mais aussi vins transalpins et café aussi serré que les tables...

🍴 – Carte 40/52 €

22 rue du Cherche-Midi – Ⓜ *Sèvres Babylone –* ☏ *01 45 48 27 44 –*
www.lecherchemidi.fr

ⅈ○ LE CHRISTINE

MODERNE • CONTEMPORAIN ⅈ C'est dans une ruelle plutôt calme que l'on découvre l'avenante façade de ce restaurant, où convivialité et générosité se donnent d'abord à lire, sur la carte (courte et appétissante), puis à déguster, dans les assiettes, joliment travaillées, avec toujours une option végétarienne. Service dès 18h30, le soir. Merci Christine, et à bientôt.

🅐🅚 – Menu 32 € (déjeuner), 49/59 € – Carte 32/59 €

1 rue Christine – Ⓜ *St-Michel –* ☏ *01 40 51 71 64 – www.restaurantlechristine.com –*
Fermé samedi midi, dimanche midi

ⅈ○ LE COMPTOIR DU RELAIS

TRADITIONNELLE • BISTRO ⅈ Dans ce sympathique bistrot de poche des années 1930, Yves Camdeborde joue sur deux tableaux : les soirs de semaine, il compose un menu unique ambitieux, renouvelé tous les jours (réservation impérative) ; à midi et le week-end, on profite sans réservation de bons plats de brasserie. Terrasse chauffée donnant sur le carrefour de l'Odéon.

🍴 🅚 – Carte 29/65 €

Relais St-Germain, 5 carrefour de l'Odéon – Ⓜ *Odéon –* ☏ *01 44 27 07 50 –*
www.hotel-paris-relais-saint-germain.com

ⅈ○ DUPIN

MODERNE • CONVIVIAL ⅈ L'Épi Dupin est devenu Dupin, François Pasteau a passé la main à Nathan Helo (venu de chez Rostang) mais la démarche écologique et locavore de la maison demeure inchangée : achat de fruits et légumes en Île-de-France, traitement des déchets organiques, eau filtrée sur place, etc. Un respect de la nature et du "bien-vivre" que l'on retrouve dans ses assiettes.

🍴 – Menu 42/66 €

11 rue Dupin – Ⓜ *Sèvres Babylone –* ☏ *01 42 22 64 56 – www.epidupin.com –*
Fermé 2-24 août, lundi, dimanche

ⅈ○ FISH LA BOISSONNERIE

MODERNE • BISTRO ⅈ Ca fait près de vingt ans que ce restaurant honore Bacchus de la plus belle des manières. 300 références de vins (bourgognes, champagnes, côtes-du-rhône) accompagnent une cuisine du marché attrayante et bien dans l'air du temps : soupe de brocolis, burrata et menthe ; côte de cochon, pommes grenaille et oignons rôtis...

🕸 🅚 – Menu 16 € (déjeuner), 35/45 € – Carte 40/60 €

69 rue de Seine – Ⓜ *Odéon –* ☏ *01 43 54 34 69 – www.fishlaboissonnerie.com –*
Fermé 1er-4 janvier, 9-23 août

ⅈ○ KGB

MODERNE • CONTEMPORAIN ⅈ KGB pour Kitchen Galerie Bis. Il y règne le même esprit qu'à la maison mère, à mi-chemin entre galerie d'art et restaurant peu conventionnel. On s'y régale de "zors d'œuvres" – déclinaisons de hors-d'œuvre façon tapas –, de pâtes ou de plats cuisinés mêlant tradition hexagonale et assaisonnements asiatiques.

🅚 🍽 – Menu 29 € (déjeuner), 55/66 € – Carte 29/66 €

25 rue des Grands-Augustins – Ⓜ *St-Michel –* ☏ *01 46 33 00 85 –*
www.zekitchengalerie.fr – Fermé lundi, dimanche

KODAWARI RAMEN

JAPONAISE • SIMPLE X On se croirait dans une ruelle du vieux Tokyo tant l'ambiance est animée et le restaurant étroit. Les *ramen*, fabriqués sur place et servis dans de délicieux bouillons de volaille des Landes, attirent les gourmets de tous bords. Spécialité du lieu : le "kurugoma tan tan men", à base de sauce secrète épicée et de porc haché. Évitez les heures de pointe, tant l'adresse est courue. Un succès mérité.

Carte 21/30€

29 rue Mazarine – M Mabillon – ℰ 09 70 91 12 41 – www.kodawari-ramen.com

SAGAN

JAPONAISE • ÉPURÉ X Près de l'Odéon, ce restaurant de poche (quinze couverts) propose une cuisine japonaise inventive et précise : sashimi de bar, sauce soja aux algues, sômén (nouilles froides japonaises) et soupe de dashi, grill au charbon de bois et... belle carte des vins, notamment de Bourgogne blanc. A déguster dans un décor feutré et intimiste.

🕸 – Carte 45/60€

8 rue Casimir-Delavigne – M Odéon – ℰ 06 69 37 82 19 – Fermé 1er-23 août, 25 décembre-3 janvier, lundi, mardi midi, mercredi midi, jeudi midi, vendredi midi, samedi midi, dimanche

SEMILLA

MODERNE • BRANCHÉ X Une bonne "graine" (*semilla* en espagnol) que ce bistrot né à l'initiative des patrons de Fish La Boissonnerie, juste en face. Ambiance conviviale, déco branchée et, dans la cuisine ouverte sur la salle, une équipe jeune et passionnée, qui travaille avec des fournisseurs triés sur le volet. Gourmand et bien ficelé !

AC – Menu 32€ (déjeuner) – Carte 30/45€

54 rue de Seine – M Odéon – ℰ 01 43 54 34 50 – www.semillaparis.com – Fermé 9-23 août, 22 décembre-4 janvier

SHU

JAPONAISE • ÉPURÉ X Il faut se baisser pour passer par la porte qui mène à cette cave du 17e s. Dans un décor minimaliste, on découvre une cuisine japonaise authentique et bien maîtrisée, où la fraîcheur des produits met en valeur kushiage, sushis et sashimis.

Menu 42/52€

8 rue Suger – M St-Michel – ℰ 01 46 34 25 88 – www.restaurant-shu.com – Fermé 18-26 avril, 25 juillet-16 août, lundi midi, mardi midi, mercredi midi, jeudi midi, vendredi midi, samedi midi, dimanche

TAOKAN - ST-GERMAIN

CHINOISE • BRANCHÉ X Au cœur de St-Germain-des-Prés, on pousse la porte de ce joli restaurant pour célébrer une cuisine cantonaise légère et parfumée, avec quelques détours par l'Asie du Sud-Est : incontournables dim-sum, poisson à la vapeur, bœuf spicy ou loc lac... De belles présentations, de bons produits : une vraie ambassade.

& AC – Menu 24€ (déjeuner)/70€ – Carte 42/70€

8 rue du Sabot – M St-Germain des Prés – ℰ 01 42 84 18 36 – www.taokan.fr – Fermé 1er-16 août, dimanche midi

TOYO

CRÉATIVE • ÉPURÉ X Dans une autre vie, Toyomitsu Nakayama était le chef privé du couturier Kenzo ; aujourd'hui, il excelle dans l'art d'assembler les saveurs et les textures. Carpaccio de veau aux champignons de Paris et kombu ; sandwich aux oursins ; paella de poulet aux algues noires.... Une cuisine fraîche et parfumée, servie par une équipe attentive et discrète. Impeccable.

AC ⇔ – Menu 99/150€

17 rue Jules-Chaplain – M Vavin – ℰ 01 43 54 28 03 – www.restaurant-toyo.com – Fermé lundi, mardi midi, mercredi midi, jeudi midi, vendredi midi, samedi midi, dimanche

⫯○ WADJA

TRADITIONNELLE · BISTRO 𝕏 Tables serrées, vieux zinc, miroirs, lithographies années 1930 : pas de doute, c'est un bistrot. Un seul menu le midi, d'un bon rapport qualité-prix. Ce soir-là, ris de veau cuit au sautoir et sa déclinaison au poivre Kampot et poêlée de Saint-Jacques à l'huile de sésame, algues fraîches et dashi.

Menu 24 € (déjeuner)/36 € – Carte 24/36 €

10 rue de la Grande-Chaumière – Ⓜ *Vavin –* ℰ *01 46 33 02 02 – www.wadja.fr – Fermé 1ᵉʳ-4 janvier, 2-23 août, samedi, dimanche*

⫯○ YEN

JAPONAISE · ÉPURÉ 𝕏 Un restaurant au décor très épuré pour amateurs de minimalisme zen. On s'y régale d'une cuisine japonaise soignée : sushi, tempura, soba, oursins et tofu à la gelée de soja, poulpe cuit aux haricots rouges... Mets authentiques et service rigoureux.

Ⓐ𝔠 – Carte 40/90 €

22 rue Saint-Benoît – Ⓜ *St-Germain-des-Prés –* ℰ *01 45 44 11 18 – www.yen-paris.fr – Fermé 8-23 août, 24-26 décembre, dimanche*

Hôtels

🏨 LUTETIA
`Tablet. PLUS`

LUXE · ART DÉCO Après quatre ans (!) de rénovation, cet hôtel mytique de la rive gauche, bâti en 1910, a enfin rouvert ses portes. Au programme, une leçon d'élégance et de prestations haut-de-gamme : fresques étonnantes, plaisant patio, spa de 700 m2, chambres sobres aux touches Art déco... Le Lutetia est bien de retour.

🏋🖼️🌐♨️ℒ❖👤𝔠🛁 – 165 chambres – 19 suites

45 boulevard Raspail – Ⓜ *Sèvres Babylone –* ℰ *01 49 54 46 00 – www.hotellutetia.com*

⫯○ **Brasserie Lutetia** – Voir la sélection des restaurants

🏨 L'HÔTEL
`Tablet. PLUS`

BOUTIQUE HÔTEL · PERSONNALISÉ C'est à "L'Hôtel" que mourut en 1900 le grand Oscar Wilde. Le décor, signé Jacques Garcia, n'est pas sans rappeler les fastes de l'art pour l'art, avec des allusions aux styles baroque, Empire, oriental... Esthétique et atypique.

♨️❖𝔠 – 20 chambres

13 rue des Beaux-Arts – Ⓜ *St-Germain des Prés –* ℰ *01 44 41 99 00 – www.l-hotel.com*

🏨 HÔTEL D'AUBUSSON

LUXE · COSY Cet hôtel particulier conserve ce raffinement propre au 17ᵉ s. avec son salon, ses beaux parquets, ses tapisseries d'Aubusson... Les chambres sont modernes et chaleureuses. Vous apprécierez la grande piscine et le spa de 400 mètres carrés - rares, rive gauche ! Et selon les jours, on organise des soirées jazz au Café Laurent, où résonnent encore les solos de trompette de Boris Vian.

🖼️🌐♨️ℒ❖👤𝔠 – 50 chambres

33 rue Dauphine – Ⓜ *Odéon –* ℰ *01 43 29 43 43 – www.hoteldaubusson.com*

🏨 RELAIS CHRISTINE
`Tablet. PLUS`

HISTORIQUE · ÉLÉGANT Une demeure historique ! Salons chic (marbre de Carrare, parquet), chambres élégantes aux couleurs toniques ou pastel (dont quatre avec jardin privé), spa Guerlain intimiste... sans oublier la jolie cour fleurie, avec ses balancelles.

🌿🌐ℒ❖👤𝔠🚗 – 42 chambres – 6 suites

3 rue Christine – Ⓜ *St-Michel –* ℰ *01 40 51 60 80 – www.relais-christine.com*

BEL AMI ST-GERMAIN DES PRÉS `Tablet.PLUS`

URBAIN · CONTEMPORAIN Une ancienne imprimerie, d'où sortit le premier exemplaire de Bel Ami, le célèbre roman de Maupassant. Une adresse pour urbains chic, avec un bar tendance et des chambres à la mode 1970 revisitées. Espace fitness et soins, brunch le week-end.

♨ ℔ ✥ 🏃 🔣 🛁 – 108 chambres – 7 suites

7-11 rue Saint-Benoist – Ⓜ St-Germain des Prés – ℰ 01 42 61 53 53 – www.hotel-bel-ami.com

ESPRIT ST-GERMAIN

BOUTIQUE HÔTEL · CONTEMPORAIN Tout près de l'église Saint-Sulpice, l'élégance et le confort ont rendez-vous : tableaux orientalistes et moquette léopard dans le salon-bibliothèque, style feutré jusque dans les chambres, où une réelle attention est portée à votre bien-être.

✥ 🏃 🔣 – 23 chambres – 5 suites

22 rue Saint-Sulpice – Ⓜ Mabillon – ℰ 01 53 10 55 55 – www.espritsaintgermain.com

LA BELLE JULIETTE

BOUTIQUE HÔTEL · ÉLÉGANT Chaque étage de l'hôtel est décoré selon un thème différent : Madame Récamier au 1ᵉʳ (la fameuse Juliette), l'Italie au 2ᵉ, Chateaubriand au 3ᵉ, etc. Un cadre qui marie l'ancien au moderne en restant toujours chaleureux. Un endroit de caractère !

✥ 🏃 🔣 – 45 chambres – 10 suites

92 rue du Cherche-Midi – Ⓜ Vaneau – ℰ 01 42 22 97 40 – www.labellejuliette.com

RÉCAMIER `Tablet.PLUS`

LUXE · COSY Un petit bijou d'hôtel, très Rive Gauche. La décoration évoque le style inspiré et composite des années 1940 : moquette panthère, moulures, matières et papiers peints précieux. Un sens du détail et du confort que l'on retrouve dans les chambres ; certaines donnent sur l'église Saint-Sulpice.

✥ 🔣 – 24 chambres

3 bis place Saint-Sulpice – Ⓜ St-Sulpice – ℰ 01 43 26 04 89 – www.hotelrecamier.com

HÔTEL BAUME

HÔTEL PARTICULIER · ART DÉCO A deux minutes du boulevard Saint-Germain, dans une ruelle au charme parisien, ce boutique hôtel puise son inspiration dans les années trente – soie à motifs, bois exotiques, chromes et miroirs. Jetez donc quelques vers dans votre carnet, le Quartier Latin n'est pas loin. Pour des nuits Art déco et inspirées.

✥ – 35 chambres

7 rue Casimir-Delavigne – Ⓜ Odéon – ℰ 01 53 10 28 50 – www.hotelbaume.com

HÔTEL DES ACADÉMIES ET DES ARTS

URBAIN · COSY Dans cette rue où vécut Modigliani, les corps blancs de Jérôme Mesnager et les sculptures de Sophie de Watrigant se déclinent avec élégance. Les chambres, bien que relativement petites, sont chaleureuses et cosy.

✥ 🏃 🔣 – 20 chambres

15 rue de la Grande-Chaumière – Ⓜ Vavin – ℰ 01 43 26 66 44 – www.hoteldesacademies.com

VILLA MADAME

URBAIN · COSY Madame est très rive gauche ! A la fois élégant et chaleureux, ce petit hôtel de caractère mise sur les détails raffinés, les harmonies de couleurs apaisantes et les installations high-tech. Près de la cheminée, on feuillette un livre d'art...

✥ 🏃 🔣 – 28 chambres

44 rue Madame – Ⓜ St-Sulpice – ℰ 01 45 48 02 81 – www.hotelvillamadame.com

Tour Eiffel · École Militaire · Invalides

7ᵉ ARRONDISSEMENT

Restaurants

✿✿✿ ARPÈGE

Chef: Alain Passard

CRÉATIVE · ÉLÉGANT ✕✕ "Le plus beau livre de cuisine a été écrit par la nature." Ainsi parle Alain Passard. Son nom est associé aux légumes – et, pour les connaisseurs, à une certaine betterave en croûte de sel. Il a su avant tout le monde. Un menu 100% légumes, pensez-vous ! Aujourd'hui, sa philosophie verte s'invite à toutes les tables. Malgré le succès, l'homme qui célèbre le fruit et la fleur ne se sent jamais aussi bien que dans l'un de ses trois potagers de l'Ouest de la France, où se conjuguent les mains du cuisinier et du jardinier. Il va y cueillir ses inspirations et explorer les possibilités culinaires du légume, apportant toute sa noblesse à ce produit d'ordinaire servi en accompagnement.

Spécialités: Tartare pourpre au couteau acidulé à la moutarde des jardiniers. Corps-à-corps poulet et canard. Tarte aux pommes bouquet de roses et caramel lacté.

✿ *L'engagement du chef: "Depuis 2001, la cuisine légumière règne au sein de l'Arpège et les saisons donnent le tempo à notre cuisine. Le plus beau livre de cuisine a été écrit par la Nature. Nous sublimons les légumes, fruits et aromates 100 % naturels de nos trois potagers de Fillé-sur-Sarthe, du Bois-Giroult et de la Baie du Mont-Saint-Michel."*

🅰🅒 ✿ – Menu 175 € (déjeuner), 340/450 € – Carte 280/420 €

84 rue de Varenne – Ⓜ Varenne – ☏ 01 47 05 09 06 – www.alain-passard.com – Fermé samedi, dimanche

✿✿ DAVID TOUTAIN

Chef: David Toutain

CRÉATIVE · CONTEMPORAIN ✕✕ David Toutain, dont le nom est associé à de bien belles tables (Arpège, Agapé Substance...) a métamorphosé une rue discrète du quartier des ministères en carrefour de tendances. Dans un cadre moderne, façon loft, il propose une cartographie saisissante des goûts contemporains à travers une cuisine d'auteur aux ambitions assumées: inclinaisons végétales, légèreté et graphisme épuré. On sent le chef plein de fougue et de sagesse, parvenu à cet âge où l'équilibre intérieur permet d'assumer (et de canaliser !) sa créativité.

Spécialités: Œuf, maïs et cumin. Anguille fumée et sésame noir. Chou-fleur, coco et chocolat blanc.

✿ *L'engagement du chef: "La nature est notre principale source d'inspiration. Nous concevons notre cuisine au rythme des saisons et nous collaborons avec des petits producteurs ou artisans ayant une démarche respectueuse de l'environnement. Nos commandes sont réalisées en fonction des réservations à venir afin de minimiser tout gaspillage et nous avons à cœur de partager avec tous les membres de l'équipe les bonnes pratiques à continuer à mettre en place."*

🅰🅒 ✿ – Menu 90 € (déjeuner), 170/250 € – Carte 150/250 €

29 rue Surcouf – Ⓜ Invalides – ☏ 01 45 50 11 10 – www.davidtoutain.com – Fermé samedi, dimanche

✿ LE JULES VERNE

MODERNE · ÉLÉGANT ✕✕✕ Frédéric Anton préside désormais aux destinées de ce restaurant emblématique, situé au second étage de la Tour Eiffel. Accessible par ascenseur privé, la salle culmine à 125 m du sol. La magie opère instantanément et l'assiette se révèle, elle aussi... à la hauteur. Excellents produits, cuisine fine et maîtrisée, carte des vins ébouriffante : ici, le détail est roi. On se régale par exemple d'un cabillaud cuit au naturel, jus aux épices, ail frit et coriandre fraîche, ou d'un filet d'agneau dans son jus de viande parfumé à la réglisse. Pensez à réserver très à l'avance votre table près des baies vitrées : la vue sur Paris à travers les poutrelles métalliques de la tour est tout simplement spectaculaire.

Spécialités : Langoustine en ravioli, crème fumée et fine gelée. Cabillaud cuit au naturel, marinière, salade de fenouil aux graines torréfiées. Soufflé chaud au chocolat, sorbet au grué de cacao et gavotte croustillante.

❀ ≼ 🍴 🅰🄲 ⊡ 🍽 – Menu 135 € (déjeuner), 190/230 €

Tour Eiffel - avenue Gustave-Eiffel – ⓜ Bir-Hakeim – 𝒞 01 72 76 16 61 –
www.restaurants-toureiffel.com/fr/restaurant-jules-verne.html

☸ LES CLIMATS

MODERNE • **CHIC** XX Le restaurant est installé dans le cadre atypique de l'ancienne Maison des Dames des Postes, Télégraphes et Téléphones, qui hébergea à partir de 1905 les opératrices des PTT. L'intérieur, d'un style Art nouveau assumé, est somptueux. Mosaïque ancienne au sol, plafond dont les arches sont égayées de motifs fleuris, luminaires originaux en laiton, vitraux etc. Côté cuisine, une alliance raffinée et créative de recettes d'inspiration française. Et n'oublions pas les deux grandes caves vitrées, offrant l'une des plus riches sélections de vins de Bourgogne de France.

Spécialités : Cuisses de grenouilles de la Drôme dorées au beurre mousseux. Turbot de Saint-Gilles-Croix-de-Vie marqué à la braise, bouquet d'épinard aux coquillages. Pêche plate et aloe vera, mousse de fromage blanc, meringue et sorbet lavande.

❀ 🅰🄲 🍽 – Menu 49 € (déjeuner)/130 € – Carte 110/130 €

41 rue de Lille – ⓜ Rue du Bac – 𝒞 01 58 62 10 08 – www.lesclimats.fr –
Fermé 1ᵉʳ-4 janvier, 21 février-2 avril, 8-30 août, 24-27 décembre, lundi, dimanche

☸ DIVELLEC

POISSONS ET FRUITS DE MER • **CHIC** XX Le célèbre restaurant de Jacques Le Divellec (de 1983 à 2013) est désormais tenu par Mathieu Pacaud. La thématique culinaire est toujours orientée vers le grand large, carte et menus, composés au gré de la marée, sacralisent de beaux produits iodés, comme avec cette sole meunière de petit bateau, beurre noisette ou le turbotin sauvage de Bretagne. Bien installé sur le pont, on profite de la jolie vue sur l'esplanade des Invalides. On a même récupéré une ancienne librairie pour agrandir le lieu et créer une salle d'inspiration jardin d'hiver : une respiration bienvenue.

Spécialités : Calque de bar, bonbons de pomme verte et baies roses. Bar de ligne en croûte de sel. Soufflé au chocolat grand cru.

❀ 🍴 🅰🄲 ⇧ 🍽 – Menu 75 € (déjeuner), 120/180 € – Carte 100/150 €

18 rue Fabert – ⓜ Invalides – 𝒞 01 45 51 91 96 – www.divellec-paris.fr –
Fermé samedi midi

☸ AUGUSTE

Chef : Gaël Orieux

MODERNE • **CONTEMPORAIN** XX La petite maison de Gaël Orieux – à peine une trentaine de couverts – offre un calme inattendu dans son élégant cadre contemporain, aux lignes faussement simplistes. Un espace chic et "classe" où l'on déguste une cuisine d'une sage modernité : huîtres creuses perles noires, gelée d'eau de mer, mousse de raifort, poire comice ; bar de ligne à la compotée de tomates, écume d'orange fleurée à la cannelle... La carte séduit par sa variété et la qualité des produits. Gaël Orieux s'approvisionne au marché et a fait notamment le choix de ne servir que des poissons dont l'espèce n'est pas menacée (mulet noir, maigre, tacaud). Quant au choix de vins, il invite à d'agréables découvertes à prix étudiés.

Spécialités : Langoustines rôties, ravioles au vieux parmesan, écume de riz et avocat. Caille rôtie, poireau crayon et caviar. Fruits rouges, betterave et mascarpone, gavotte au beurre demi-sel.

🅰🄲 – Menu 39 € (déjeuner)/90 € – Carte 96/120 €

54 rue de Bourgogne – ⓜ Varenne –
𝒞 01 45 51 61 09 – www.restaurantauguste.fr –
Fermé samedi, dimanche

🕸 **ES**

Chef: Takayuki Honjo

MODERNE • ÉPURÉ ✗✗ L'adresse de Takayuki Honjo, chef japonais adepte de cuisine et de culture françaises. Formé dans des maisons prestigieuses (Astrance à Paris, Quintessence à Tokyo, Mugaritz au Pays basque), il a pensé son restaurant dans les moindres détails : une salle blanche et très épurée, presque monacale, où le mobilier moderne ne cherche pas à attirer l'attention. Dans ce contexte, le repas s'apparente à une forme de cérémonie. Foie gras et oursins, ou pigeon et cacao : les associations détonnent, les saveurs se mêlent intimement. L'harmonie des compositions, toujours subtiles, rappellent avec talent les racines nippones du jeune homme.

Spécialités : Cuisine du marché.

🔤 – Menu 80 € (déjeuner)/150 €

91 rue de Grenelle – 🚇 *Solférino –* ☏ *01 45 51 25 74 – www.es-restaurant.fr – Fermé 8-29 août, lundi, dimanche*

🕸 **GAYA PAR PIERRE GAGNAIRE**

MODERNE • CHIC ✗✗ En lieu et place de la Ferme Saint-Simon (une institution datant de 1933), Gaya par Pierre Gagnaire affiche tous les signes distinctifs d'un temple de la gourmandise. Une clientèle triée sur le volet vient y faire relâche dans un cadre de brasserie chic, épuré et confortable. Seule compte ici la liberté de se faire plaisir grâce à une cuisine actuelle qui met l'accent sur la mer (carpaccio de daurade royale, radis rose et gel de pamplemousse ; grosse langoustine, velouté de coco de Paimpol et cébettes), les légumes et désormais les viandes (avec un foie de veau à la vénitienne par exemple).

Spécialités : Carpaccio de daurade royale, mayonnaise au vinaigre de cidre. Pavé de lieu jaune rôti à la peau, grenailles et chou kale. Tarte coquelicot, grenade et guimauve.

🕸 ⚙ 🔤 ⇆ 🥢 – Menu 49 € (déjeuner) – Carte 60/120 €

6 rue de Saint-Simon – 🚇 *Rue du Bac –* ☏ *01 45 44 73 73 – www.pierre-gagnaire.com – Fermé 8-31 août, lundi, dimanche*

🕸 **LOISEAU RIVE GAUCHE**

CRÉATIVE • ÉLÉGANT ✗✗ Cette institution du groupe Bernard Loiseau, installée rue de Bourgogne, à deux pas du Palais Bourbon, offre un décor élégant et cossu où les politiques adorent se retrouver – et ils ne sont pas les seuls ! Le nouveau chef franco-égyptien, ancien second du Shangri-La, révèle déjà une personnalité affirmée, autour d'une cuisine délicate, où les beaux produits se parent de notes végétales et florales, pour un résultat subtil et finement exécuté : citons, à titre d'exemple, l'huître n° 2 pochée carotte gingembre, le cabillaud, courgettes zéphyr et violon, ou la déclinaison autour de l'agneau du pays d'Oc. C'est maîtrisé, jusqu'au dessert bergamote citron, en accord avec la partition gastronomique. On en redemande.

Spécialités : Tomate de Carrières-sur-Seine et sardine de Saint-Gilles-Croix-de-Vie. Cabillaud de Roscoff, courgette zéphyr et pistou de pistache. Dessert autour de la mirabelle.

🕸 🔤 ⇆ – Menu 49 € (déjeuner), 99/128 €

5 rue de Bourgogne – 🚇 *Assemblée Nationale –* ☏ *01 45 51 79 42 – www.bernard-loiseau.com – Fermé lundi, dimanche*

🕸 **NAKATANI**

Chef: Shinsuke Nakatani

MODERNE • INTIME ✗✗ Après dix années passées auprès d'Hélène Darroze, Shinsuke Nakatani préside aux destinées de cette table feutrée et reposante, habillée de douces couleurs et de matières naturelles. Avec un sens aigu de l'assaisonnement, des cuissons et de l'esthétique des plats, ce chef japonais pétri de talent compose une belle cuisine française au gré des saisons ; les saveurs et les textures s'entremêlent avec harmonie et de l'ensemble émane une cohérence certaine. On se régale d'un menu unique (3 ou 4 plats le midi, 6 le soir), servi par un personnel discret et efficace. Étant donné le nombre de places (16 couverts), il faudra penser à réserver à l'avance. Le menu unique change tous les deux mois.

Spécialités: Consommé de légumes. Bœuf Wagyu, pomme de terre de Noirmoutier, purée d'oignon des Cévennes et jus de viande. Pomme infusée au thé, biscuit vapeur, pistache d'Iran et citron rôti.

🗚 – Menu 68 € (déjeuner), 125/220 €

27 rue Pierre-Leroux – Ⓜ *Vaneau – ℰ 01 47 34 94 14 – www.restaurant-nakatani.com – Fermé 1ᵉʳ-16 août, lundi, dimanche*

🕸 PERTINENCE

Chefs: Kwen Liew et Ryunosuke Naito

MODERNE • DESIGN XX C'est au restaurant Antoine, en 2011, que Ryunosuke Naito et Kwen Liew se sont rencontrés : lui, le Japonais formé dans quelques-unes des maisons les plus prestigieuses de la place parisienne (Taillevent, Meurice), elle la Malaisienne. C'est tout près du Champ-de-Mars qu'ils tiennent cette maison au cadre épuré – lattes de bois clair et chaises Knoll –, tout en pudeur, intimiste et chaleureuse, bref : à leur image. Aux fourneaux, ils composent à quatre mains une cuisine du marché aux saveurs intenses, offrant au passage un délicieux lifting à la tradition française. Leur talent ne fait décidément aucun doute.

Spécialités: Cuisine du marché.

Menu 45 € (déjeuner), 105/165 € – Carte 120/180 €

29 rue de l'Exposition – Ⓜ *École Militaire – ℰ 01 45 55 20 96 – www.restaurantpertinence.com – Fermé 1ᵉʳ août-2 septembre, lundi, mardi midi, dimanche*

🕸 LE VIOLON D'INGRES

TRADITIONNELLE • CONTEMPORAIN XX Le changement (et la qualité) dans la continuité : Christian Constant a revendu son Violon d'Ingres à Bertrand Bluy, originaire également du Sud-Ouest (du Lot-et-Garonne), déjà propriétaire des Papilles (Paris 5). Que les aficionados se rassurent, l'esprit des lieux, façon néobrasserie de luxe, et la cuisine demeurent inchangés. En cuisine, c'est un travail à quatre mains, celles d'Alain Solivérès et de Jimmy Tsaramanana, qui célèbrent le Sud-Ouest avec une belle maîtrise technique, et des produits de grande qualité. Un détail : pensez à réserver, c'est souvent complet.

Spécialités: Fine gelée d'araignée de mer, crémeux de tourteau à l'infusion d'herbes. Pigeon en feuilleté sauce salmis. Soufflé chaud au Grand Marnier.

🕸 ⅃ 🗚 – Menu 55 € (déjeuner)/140 € – Carte 90/105 €

135 rue Saint-Dominique – Ⓜ *École Militaire – ℰ 01 45 55 15 05 – www.leviolondingres.paris*

🕸 AIDA

Chef: Koji Aida

JAPONAISE • ÉLÉGANT X La façade blanche de ce petit restaurant niché dans une ruelle se fond si bien dans le paysage qu'on risque de passer devant sans la remarquer. Grave erreur ! Derrière se cache un secret jalousement gardé, celui d'une délicieuse table nippone. L'intérieur se révèle élégant et sans superflu, à l'image des établissements que l'on trouve au Japon. Au choix, attablez-vous au comptoir (seulement neuf places) pour être aux premières loges face aux grandes plaques de cuisson (teppanyaki), ou dans le petit salon privé sobrement aménagé avec son tatami.

Au gré d'un menu dégustation unique, vous découvrirez une cuisine fine et pointue, tissant de beaux liens entre le Japon et la France ; les assaisonnements, les cuissons et les découpes ne font que souligner l'ingrédient principal, servi dans sa plus simple expression. Sashimis, homard de Bretagne, chateaubriand ou ris de veau, cuits au teppanyaki, s'accompagnent de bons vins de Bourgogne, sélectionnés avec passion par le chef. Service très attentif et prévenant.

Spécialités: Sashimi. Teppanyaki. Wagashi.

🕸 🗚 ⟷ – Menu 260 €

1 rue Pierre-Leroux – Ⓜ *Vaneau – ℰ 01 43 06 14 18 – www.aida-paris.net – Fermé 12-22 février, 1ᵉʳ-31 août, lundi et le midi*

⭐ L'ATELIER DE JOËL ROBUCHON - ST-GERMAIN

CRÉATIVE · DESIGN ✗ Plongés dans une semi-pénombre étudiée, deux bars se répondent autour de la cuisine centrale où les plats sont élaborés sous le regard des hôtes, assis au comptoir sur de hauts tabourets. Une idée de "cantine chic", version occidentale du teppanyaki et des bars à sushis nippons, avec au menu une cuisine "personnalisable" sous forme de petites portions et d'assiettes et des ingrédients de choix. Caviar sur un œuf de poule mollet et friand au saumon fumé ; merlan frit Colbert avec un beurre aux herbes : près de 80 plats différents sont proposés à midi et le soir. Sans oublier les incontournables de la maison, ravioles de king crab, côtelettes d'agneau de lait et purée de pommes de terre Joël Robuchon.

Spécialités : Caviar sur un œuf de poule mollet et friand au saumon fumé. Côtelettes d'agneau de lait à la fleur de thym. Ganache onctueuse au chocolat araguani, glace au grué de cacao et biscuit Oreo.

🕼 🅰🅲 ✿ 🍷 – Menu 49 € (déjeuner), 99/175 € – Carte 90/160 €

5 rue de Montalembert - 🅜 *Rue du Bac -* ☎ *01 42 22 56 56 - www.joel-robuchon.com*

⭐ TOMY & CO

Chef: Tomy Gousset

MODERNE · CONVIVIAL ✗ À deux pas de la rue Saint-Dominique, cette adresse porte l'empreinte de Tomy Gousset, jeune chef d'origine cambodgienne, qui trace sa route sans complexes, et avec le sourire. Le garçon, venu sur le tard à la cuisine (à 23 ans), se perfectionne au Meurice, chez Taillevent et Boulud à New York. Il invente aujourd'hui une partition gastro-bistrot ancrée dans son temps, et place son "karma" (selon ses mots) au service du goût et du produit, avec une vraie démarche locavore - il travaille les légumes de son potager, situé à Courances, dans l'Essonne. Son crédo ? "Simplicité et sophistication", ce qui se traduit dans notre jargon par : "On se régale".

Spécialités : Gnocchis frits à la truffe. Lieu jaune et coques, compotée de fenouil. Ossau-Iraty, confiture de cerise noire et piment fumé.

🅰🅲 – Menu 58/80 €

22 rue Surcouf - 🅜 *Invalides -* ☎ *01 45 51 46 93 - www.tomygousset.com –*
Fermé samedi, dimanche

🏵 AU BON ACCUEIL

MODERNE · BISTRO ✗✗ À l'ombre de la tour Eiffel, dans une rue calme, un bistrot au chic discret où l'on sert une appétissante cuisine du marché, sensible au rythme des saisons. Poulpe grillé, pommes de terre écrasées, sauce aïoli ; selle d'agneau rôtie et épaule confite...

Spécialités : Poulpe, écrasé de pomme de terre, aïoli. Carré de porcelet rôti, lentilles vertes, romanesco et sauce moutarde. Tuile, mascarpone et glace au lait.

🅰🅲 – Menu 37/58 € – Carte 65/85 €

14 rue de Monttessuy - 🅜 *Alma Marceau -*
☎ *01 47 05 46 11 - www.aubonaccueilparis.com –*
Fermé samedi, dimanche

🏵 CHEZ LES ANGES

CLASSIQUE · ÉLÉGANT ✗✗ Une salle élégante pour une cuisine goûteuse et sincère, entre tradition et modernité : langoustines, cheveux d'ange et rémoulade de céleri rave, ou encore sole meunière et volaille de Bresse... Et en accompagnement, une belle carte de vins et whiskys.

Spécialités : Gaspacho de tomate, cervelle de canut et framboises. Quasi de veau, purée de chou-fleur et jus de viande. Tarte au chocolat noir, glace à la vanille.

🕼 🅰🅲 ✿ 🍷 – Menu 37/58 € – Carte 60/85 €

54 boulevard de la Tour-Maubourg - 🅜 *La Tour Maubourg -*
☎ *01 47 05 89 86 - www.chezlesanges.com –*
Fermé samedi, dimanche

POTTOKA

BASQUE • CONVIVIAL X Sébastien Gravé, le chef-patron, est originaire du Sud-Ouest et vénère le rugby et les bons produits basques... Merlu et bonite de la criée de St-Jean-de-Luz, porc Ibaiona, sous forme de tapas à partager : c'est gourmand et généreux, avec quelques jolies touches contemporaines pour couronner le tout.

Spécialités : Truite de Banka, gaspacho de tomate ananas et tuile de crevette. Poitrine et joue de cochon ibérique, gratin de macaronis au parmesan. Gâteau basque.

AC ⇔ – Menu 28 € (déjeuner), 38/65 €

4 rue de l'Exposition – Ⓜ *École Militaire – 𝒞 01 45 51 88 38 – www.pottoka.fr*

20 EIFFEL

TRADITIONNELLE • CLASSIQUE X Dans une rue calme à deux pas de la Tour Eiffel, ce restaurant vous accueille dans un cadre sobre mais lumineux. Dans l'assiette, on trouve une cuisine traditionnelle, teintée de quelques recettes plus actuelles. À la carte, ce jour-là : terrine de lapin en croûte et jus de betterave acidulé, cuisse de canard confite sauce au persil, filet de bœuf cuit au feu de bois et pommes dauphine, soufflé aux myrtilles.

Spécialités : Galette de pieds de porc. Suprême de pintade à la verveine, polenta aux herbes. Soufflé Grand Marnier.

AC – Menu 34 € – Carte 50/65 €

20 rue de Monttessuy – Ⓜ *Alma Marceau – 𝒞 01 47 05 14 20 – www.restaurant20eiffel.fr – Fermé 2-12 janvier, 9-17 mai, 22-30 août, lundi, dimanche*

ARNAUD NICOLAS

MODERNE • CONVIVIAL XX Un charcutier sachant cuisiner ne court pas les rues, et surtout pas celles de ce secteur résidentiel du 7ème arrondissement (à deux pas de la Tour Eiffel, tout de même) ! Présent au Boudoir, sa première affaire, le chef patron s'approprie pâté en croûte et terrine, pour imaginer une haute couture charcutière. A déguster dans un cadre sobre et élégant. A l'entrée du restaurant, un coin boutique permet de prolonger l'expérience culinaire.

🍴 ⅋ AC – Menu 35 € (déjeuner) – Carte 45/60 €

46 avenue de la Bourdonnais – Ⓜ *École Militaire – 𝒞 01 45 55 59 59 – www.arnaudnicolas.paris – Fermé lundi midi, dimanche*

ECLIPSES

MODERNE • ÉLÉGANT XX Cette nouvelle adresse, crée par un jeune chef à l'excellent parcours étoilé (Ledoyen, Apicius, Grand Véfour) propose une cuisine dans l'air du temps, attentive aux saisons et aux produits. À déguster dans un écrin néo-classique de qualité au décor soigné. Joli caveau voûté.

⅋ AC ⇔ – Menu 36 € (déjeuner), 72/92 € – Carte 83/132 €

27-29 rue de Beaune – Ⓜ *Rue du Bac – 𝒞 01 40 13 96 42 – www.eclipses.fr – Fermé 1ᵉʳ-31 août, samedi, dimanche*

GARANCE

CRÉATIVE • DESIGN XX Dans cette table proche des Invalides, on découvre des assiettes où le produit est roi : les légumes et le bœuf, par exemple, sont issus de la ferme familiale dans le Limousin, et restitués avec un vrai savoir-faire de cuisinier. Équipe jeune et dynamique, service complice et convivial : la totale.

🕸 AC ⇔ – Menu 65/80 € – Carte 56/66 €

34 rue Saint-Dominique – Ⓜ *Invalides – 𝒞 01 45 55 27 56 – www.garance-saintdominique.fr – Fermé 2-15 août, samedi, dimanche*

L'INCONNU

MODERNE • COSY XX Le chef, longtemps second au Passage 53, compose une cuisine d'inspiration italienne aux touches hexagonales, avec des clins d'œil au Japon, sa terre natale. Il ne travaille que de beaux produits et en tire une cuisine inédite et créative, ainsi ces queues de langoustines bretonnes surmontées d'une émulsion au cidre et citron confit...

Menu 33 € (déjeuner), 63/85 €

4 rue Pierre-Leroux – Ⓜ *Vanneau – 𝒞 01 53 69 06 03 – www.restaurant-linconnu.fr – Fermé lundi, dimanche soir*

PETROSSIAN

POISSONS ET FRUITS DE MER · CHIC XX Un nom mythique pour les amateurs de caviar depuis 1920, quand les frères Petrossian, d'origine arménienne, se lancèrent dans son importation. Le restaurant honore l'histoire de la maison avec de la dégustation "classique" de caviar, mais aussi des plats bien pensés où il apparaît sous d'autres formes (pressé, séché, maturé, liquide).

AC ⅍ – Menu 46 € (déjeuner)/70 € – Carte 40/115 €

13 Boulevard de la Tour-Maubourg – ⓜ Invalides – ☏ 01 44 11 32 32 – www.restaurant.petrossian.fr – Fermé lundi, dimanche

THIOU

THAÏLANDAISE · ÉLÉGANT XX En face du dôme des Invalides, Apiradee Thirakomen ("Thiou" est son surnom) vous emmène dans une virée gourmande : direction la Thaïlande ! La cuisine est goûteuse et préparée avec de bons produits frais : ravioles de crevettes, phad thaï, ou encore le mystérieux – et vorace – "tigre qui pleure"... Un vrai bonheur.

🍽 AC – Menu 29 € (déjeuner)/52 € – Carte 52/91 €

94 boulevard de la Tour-Maubourg – ⓜ La Tour Maubourg – ☏ 01 76 21 78 84 – www.restaurant-thiou.fr – Fermé samedi midi, dimanche soir

ALLÉNOTHÈQUE

MODERNE · CONTEMPORAIN X Concept novateur et ludique pour la nouvelle table de Yannick Alleno : cave au sous-sol riche de plus de 700 références de vins (à consommer ou à emporter), restaurant au rez-de-chaussée, galerie d'art au premier étage... Dans l'assiette, une offre bistronomique soignée, fraîche et créative, sans les saisons et les produits du moment. Très tendance.

🕸 🍽 ঙ AC ⇔ – Menu 41 € (déjeuner) – Carte 48/70 €

6 allée de Beaupassage – ⓜ Rue du Bac – ☏ 01 84 74 21 21 – www.allenotheque.fr – Fermé lundi, dimanche

L'AMI JEAN

MODERNE · BISTRO X Passionné du beau produit de saison, Stéphane Jégo sert une cuisine pleine de générosité et de saveurs. Sans oublier le riz au lait de Maman Philomène ! Vu le succès, c'est toujours bondé, animé et sympathique. Des plats au caractère bien trempé. Réservation indispensable.

Menu 35 € (déjeuner)/80 € – Carte 55/80 €

27 rue Malar – ⓜ La Tour Maubourg – ☏ 01 47 05 86 89 – www.lamijean.fr – Fermé 3-24 août, lundi, dimanche

BISTROT BELHARA

TRADITIONNELLE · BISTRO X Belhara ? Un site célèbre pour ses vagues superbes sur la côte basque. C'est par ce clin d'œil que le chef de ce bistrot rend hommage à son enfance, passée au pays basque. Formé chez les plus grands (Guérard, Loiseau, Ducasse, etc.), puis converti à la mode bistrot, Thierry Dufroux fait des merveilles en surfant sur les classiques. Toujours en haut de la vague.

Menu 34 € (déjeuner), 44/60 € – Carte 42/54 €

23 rue Duvivier – ⓜ École Militaire – ☏ 01 45 51 41 77 – www.bistrotbelhara.com – Fermé 6-24 août, lundi, dimanche

LES BOTANISTES

TRADITIONNELLE · BISTRO X Non loin du Bon Marché, un bistrot sympathique, aux mains d'un chef qui ne triche ni avec les produits, ni avec le goût ! La cuisine bistrotière est ici célébrée dans son environnement naturel, banquettes, tables en bois, etc. Sympathique, gourmand et convivial : les clients sont ravis, et on les comprend.

Carte 32/70 €

11 bis rue Chomel – ⓜ Sèvres-Babylone – ☏ 01 45 49 04 54 – www.lesbotanistes.com – Fermé 1ᵉʳ-31 août, dimanche

CAFÉ CONSTANT

TRADITIONNELLE • BISTRO Ce petit bistrot d'angle sans prétention a converti la simplicité en maître mot. Le décor, brut de décoffrage, ne verse pas dans l'épate. Sur l'ardoise, on trouve de goûteux plats de bistrot, une cuisine canaille élaborée selon le marché : terrine de campagne, volaille fermière, Paris-Brest... Service non-stop dès le petit-déjeuner.

AC – Menu 29 € (déjeuner) – Carte 42/56 €

139 rue Saint-Dominique – Ⓜ *École Militaire –* ☎ *01 47 53 73 34 –*
www.maisonconstant.com

CAFÉ DES MINISTÈRES Ⓝ

TRADITIONNELLE • BISTRO Derrière le palais Bourbon, les amateurs d'authentique cuisine française traditionnelle (et notamment de belles sauces gourmandes) s'échangent volontiers l'adresse de ce bistrot aux allures de café de quartier. Jean Sévégnès, un chef du sud-ouest, n'a pas son pareil pour envoyer de bons petits plats savoureux, à l'image de ce vol-au-vent d'anthologie.

AC – Carte 37/68 €

83 rue de l'Université – Ⓜ *Assemblée Nationale –* ☎ *01 47 05 43 62 –*
www.cafedesministeres.fr – Fermé samedi, dimanche

CLOVER GREEN

MODERNE • CONVIVIAL Une mini-salle sobre et épurée, au fond de laquelle trois cuisiniers s'agitent aux fourneaux : bienvenue dans l'adresse de poche et "100% green" de Jean-François Piège, en plein cœur de St-Germain-des-Prés. Les menus mettent joliment en avant les légumes de saison. Réservation indispensable.

Menu 37 € (déjeuner), 58/68 €

5 rue Perronet – Ⓜ *St-Germain-des-Prés –* ☎ *01 75 50 00 05 –*
www.clover-paris.com – Fermé lundi, dimanche

LES COCOTTES - TOUR EIFFEL

TRADITIONNELLE • CONVIVIAL Le concept ? Des cocottes ! Version Staub, en fonte gris anthracite, servies dans un décor à part : ni resto ni bistrot, le lieu s'organise autour d'un comptoir tout en longueur, avec ses tabourets haut perchés. Daube de joues de bœuf aux carottes fondantes, cocotte de poulet fermier des Landes au vinaigre... Amateurs de plats mijotés, réservez.

Menu 30 € (déjeuner)/37 € – Carte 46/60 €

135 rue Saint-Dominique – Ⓜ *École Militaire –* ☎ *01 45 50 10 28 –*
www.lescocottes.paris

LES FABLES DE LA FONTAINE

MODERNE • BISTRO "Rien ne sert de courir, il faut partir à point". À l'encontre de la morale du *Lièvre et la Tortue*, courez découvrir ces Fables gourmandes. La salle à manger, aussi petite que lumineuse, a des airs de bistrot contemporain ; quant à la cuisine, elle se révèle plutôt moderne, avec un net penchant pour les produits de la mer.

�_ AC – Carte 56/75 €

131 rue Saint-Dominique – Ⓜ *École Militaire –* ☎ *01 44 18 37 55 –*
www.lesfablesdelafontaine.net

FLORIMOND

TRADITIONNELLE • BISTRO Florimond – du nom du jardinier de Monet à Giverny – a l'esprit bistrotier et convivial... Pour faire honneur à ce prénom chantant, le chef agrémente sa cuisine du terroir (nombreux produits de Corrèze, sa région d'origine) de beaux légumes. Et ce fils de charcutier fait lui-même ses saucisses, boudins et conserves !

AC – Menu 27 € (déjeuner)/42 € – Carte 44/51 €

19 avenue de La Motte-Picquet – Ⓜ *École Militaire –* ☎ *01 45 55 40 38 –*
www.leflorimond.com – Fermé 15-28 février, 2-22 août, lundi, samedi, dimanche

LE GENTIL

MODERNE • SIMPLE X Cette table de la gourmande rue Surcouf, ouverte par le chef japonais Fumitoshi Kumagai, épaulé de son épouse japonaise en salle, propose une cuisine française actuelle agrémentée de quelques touches asiatiques ; pieds de porc farcis avec chou pak choi, faux-filet de bœuf à la sauce japonaise...Les produits, de qualité, sont travaillés avec soin et subtilité.

Menu 23 € (déjeuner) – Carte 44/65 €

26 rue Surcouf – ◎ Invalides – ℰ 09 52 27 01 36 – Fermé samedi, dimanche

PASCO ⓝ

TRADITIONNELLE • COSY X La première des "maisons Guy Martin" a ouvert dans le quartier des Invalides. Dans un cadre cosy qui fleure bon la province, on sert une cuisine traditionnelle bien tournée, à des prix abordables.

🏵 🅰🅲 ⇔ – Menu 37 € – Carte 47/64 €

74 boulevard de la Tour-Maubourg – ◎ La Tour Maubourg – ℰ 01 44 18 33 26 – www.restaurantpasco.com – Fermé dimanche

PHILIPPE EXCOFFIER

MODERNE • COSY X Philippe Excoffier, chef d'origine savoyarde, a posé sa toque dans un arrondissement où les ambassades sont partout. Il concocte une cuisine gourmande et canaille, à l'instar de ce ris de veau aux champignons des bois, ou de cette cassolette de homard et tatin d'artichauts...

🅰🅲 – Menu 36 € (déjeuner), 52/80 € – Carte 50/85 €

18 rue de l'Exposition – ◎ École Militaire – ℰ 01 45 51 78 08 – www.philippe-excoffier.fr –
Fermé 1er-22 août, lundi midi, dimanche

PIERO TT

ITALIENNE • TRATTORIA X Bienvenue dans la trattoria italienne griffée Pierre Gagnaire. Fort de son succès aux Airelles (Courchevel) autour de la même formule, le grand chef propose une cuisine italienne, mise en scène par le jeune chef Ivan Ferrara (passé par le triple étoilé de la rue de Balzac, et l'Enoteca Pinchiorri, trois étoiles de Florence). En salle, Michele et Gianluca proposent pasta et produits rigoureusement sélectionnés dans une atmosphère chic et décontractée. Réservation très conseillée.

🅰🅲 – Carte 40/70 €

44 rue du Bac – ◎ Rue du Bac – ℰ 01 43 20 00 40 – www.restaurantpiero.com – Fermé 12 août-7 septembre, lundi, dimanche

PLUME

MODERNE • CONVIVIAL X Né à Tunis, le chef ajoute un peu de diversité et beaucoup de talent à cette petite rue voisine du Bon Marché. On s'installe dans ce bistrot de poche, au coude-à-coude, pour apprécier une cuisine bien troussée, pile dans les saisons : la bistronomie dans ce qu'elle a de meilleur.

Menu 29 € (déjeuner), 49/69 € – Carte 50/65 €

24 rue Pierre-Leroux – ◎ Vanneau – ℰ 01 43 06 79 85 – www.restaurantplume.com – Fermé 1er-16 août, lundi, samedi midi, dimanche

RACINES DES PRÉS

MODERNE • BRANCHÉ X Cette adresse du cœur de Saint-Germain-des-Prés ne désemplit pas, et pour cause, tout y est à sa place : cuisine-comptoir, ambiance vintage décontractée, plats de bistrot bien tournés, à l'image de cet œuf parfait aux champignons de paris et noisettes. Le tout accompagné de vins choisis, issus de petites cuvées de vignerons. Un coup de maître – et de cœur.

Carte 50/74 €

1 rue de Gribeauval – ◎ Rue du Bac – ℰ 01 45 48 14 16 – www.racinesdespres.com – Fermé samedi, dimanche

⭐️○ SANCERRE

MODERNE · CONVIVIAL ⅹ Sancerre, une colline, un vin et même un bon petit resto parisien dans ce quartier huppé tourné vers la Tour Eiffel. Dans une ambiance de bistrot moderne, un jeune couple talentueux et tout sourire donne un coup de fouet à cette adresse historique avec des propositions alléchantes, savoureuses et bien dans l'air du temps. Les locaux ont déjà réservé leur rond de serviette...

Menu 29€ (déjeuner) – Carte 45/65€

22 avenue Rapp – Ⓜ Alma-Marceau – 𝒞 01 43 06 87 98 – Fermé lundi, dimanche

⭐️○ SAVARIN LA TABLE

MODERNE · TENDANCE ⅹ Né à Béziers et d'origine algérienne, Mehdi Kebboul a la passion de la cuisine chevillée au corps. Il se distingue avec des assiettes fines, précises, mais aussi par l'utilisation judicieuse de fruits dans les plats salés, et le travail du gibier. Le talent fait le reste et on passe un excellent moment en sa compagnie, d'autant que les tarifs sont raisonnables.

Menu 42€ (déjeuner)/65€ – Carte 80/110€

34 rue de Bourgogne – Ⓜ Varenne – 𝒞 09 86 59 19 67 – www.savarin-latable.fr – Fermé lundi, samedi, dimanche

Hôtels

🏨 LE CINQ CODET Tablet. PLUS

LUXE · DESIGN A deux pas des Invalides, cet hôtel design a tout pour plaire : un emplacement rêvé, un mobilier chic et confortable, des équipements dernier-cri, plus de 400 œuvres d'art contemporain... sans oublier l'espace bien-être et la belle terrasse patio. Concierge et voiturier.

⚘ 🐾 ⅃₆ 🔲 ♿ 🅰🅲 – 59 chambres – 8 suites

5 rue Louis-Codet – Ⓜ École-Militaire – 𝒞 01 53 85 15 60 – www.le5codet.com

🏨 JULIANA

LUXE · ÉLÉGANT Dans une rue calme non loin de la Tour Eiffel, cet hôtel se distingue par son élégance – lustre monumental, miroirs extravagants, statues ethniques, console en nacre... Les chambres répondent à la double exigence du bon goût et d'un confort optimal. Belle façade aux fenêtres fleuries en été.

🐾 ⅃₆ 🔲 ♿ 🅰🅲 – 40 chambres – 5 suites

10-12 rue Cognacq-Jay – Ⓜ Alma-Marceau – 𝒞 01 44 05 70 00 – www.hoteljuliana.paris

🏨 LE NARCISSE BLANC

LUXE · ÉLÉGANT Jolie reconversion pour cet ancien bâtiment administratif de l'armée, devenu hôtel raffiné, dont la décoration Art nouveau rend hommage à Cléo de Mérode, danseuse et icône de la Belle Époque, surnommée "joli petit narcisse". Elle aura donc inspiré Nadar, Lautrec, Proust... et ce charmant établissement. Agréable spa.

⚘ 🖼 🕉 🐾 🔲 ♿ 🅰🅲 ♨ – 34 chambres – 3 suites

19 boulevard de la Tour-Maubourg – Ⓜ La Tour-Maubourg – 𝒞 01 40 60 44 32 – www.lenarcisseblanc.com

🏨 J.K.PLACE Tablet. PLUS

URBAIN · CONTEMPORAIN Situé à quelques pas de l'Assemblée Nationale et non loin de Saint-Germain-des-Prés, ce boutique hôtel du groupe italien J.K. remplace l'ancienne ambassade de Norvège par le charme transalpin. Cet écrin discret tout en raffinement offre 29 chambres et suites luxueuses dans un style résolument contemporain. Spa et piscine.

⚘ 🕉 🔲 ♿ 🅰🅲 – 29 chambres

82 rue de Lille – Ⓜ Assemblée Nationale – 𝒞 01 40 60 40 20 – www.jkplace.paris

MONTALEMBERT

HISTORIQUE · PERSONNALISÉ Un noble bâtiment Belle Époque (1926) idéalement situé entre la Seine, le musée d'Orsay et St-Germain-des-Prés – la terrasse du restaurant, côté rue, voisine les éditions Gallimard... Décoration chic et chambres confortables, réinventées par le décorateur Pascal Allaman.

⚜ 🖥 🅰🅒 ♨ – 50 chambres – 5 suites

3 rue Montalembert – ⓂRue du Bac – ☏ 01 45 49 68 68 –
www.hotelmontalembert-paris.fr

 LE SAINT   Tablet.PLUS

HÔTEL PARTICULIER · PERSONNALISÉ Au cœur du Carré Rive gauche, quartier célèbre pour ses antiquaires et ses galeries d'art, cet hôtel particulier respire l'élégance et le bien-être : parquet, meubles anciens et tons doux dans les chambres, salle de fitness avec hammam et soins...

⚜ 💆 🖥 ♿ 🅰🅒 ♨ – 54 chambres

5 rue du Pré-aux-Clercs – ⓂRue du Bac – ☏ 01 42 61 01 51 –
www.lesaint-hotelparis.com

 THOUMIEUX

BOUTIQUE HÔTEL · COSY Élégance, tons bruns ou vert amande : la décoratrice, India Mahdavi, a imaginé des chambres décalées, tout en imprimés chatoyants, et des salles de bains en marbre aux formes courbes. Un style unique, à voir et à vivre...

⚜ 🅰🅒 – 15 chambres

79 rue Saint-Dominique – ⓂLa Tour Maubourg – ☏ 01 47 05 79 00 –
www.thoumieux.fr

 VERNEUIL

URBAIN · COSY Un immeuble du 17ᵉ s. idéalement situé au cœur du Carré Rive gauche. Les chambres y sont petites mais cosy, et l'on ne résiste pas à s'installer dans le salon, au coin de la cheminée. Une adresse parfaite pour faire le tour des antiquaires et galeries d'art... à deux pas de la maison où vécut Serge Gainsbourg.

🖥 🅰🅒 – 26 chambres

8 rue de Verneuil – ⓂRue du Bac – ☏ 01 42 60 82 14 –
www.hotel-verneuil-saint-germain.com

Champs-Élysées · Concorde · Madeleine

8ᵉ ARRONDISSEMENT

Restaurants

❀ ❀ ❀ **ALAIN DUCASSE AU PLAZA ATHÉNÉE**

CRÉATIVE · LUXE 𝕏𝕏𝕏𝕏 Sur l'impulsion énergique et créatrice d'Alain Ducasse, le célèbre restaurant du Plaza Athénée est devenu l'épicentre de la "naturalité", concept issu d'une réflexion sur l'état de la planète. La terre possède des ressources rares : il faut la consommer plus éthiquement et équitablement. Cette gastronomie privilégie donc logiquement la trilogie "poissons, légumes, céréales". Ici, tout tombe juste : le cadre classique (moulures, dorures) revu avec légèreté par Jouin-Manku, la cuisine de Romain Meder, à la fois brute et délicate, aux produits irréprochables, le service orchestré par Denis Courtiade... jusqu'aux desserts renversants de Jessica Préalpato, sans crème ni mousse, jouant habilement de l'amertume et de l'acidité. Dans l'ensemble, une expérience unique, qui dépasse le simple univers gastronomique.

Spécialités : Lentilles vertes du Puy, caviar, gelée d'anguille. Cœur de bœuf, homard de Normandie, nectarines à l'aspérule odorante. Lait de la ferme en confiture, caillé et émulsionné.

693

🐝 *L'engagement du chef:* *"Convaincus de la nécessité absolue d'aller vers une alimentation plus en accord avec la nature, meilleure pour la santé et plus respectueuse, nous avons repensé l'approche de la gastronomie que nous proposons. Fondée sur la trilogie légumes, céréales et poissons de pêche durable, cette cuisine de la Naturalité en est la plus pure expression."*

🐝 🎴 🍽 – Menu 210 € (déjeuner)/395 € – Carte 240/340 €

Plaza Athénée, 25 avenue Montaigne – Ⓜ Alma Marceau – 𝒞 01 53 67 65 00 – www.alain-ducasse.com – Fermé 24 juillet-29 août, 18-30 décembre, lundi midi, mardi midi, mercredi midi, samedi, dimanche

❄❄❄ ALLÉNO PARIS AU PAVILLON LEDOYEN

Chef: Yannick Alléno

CRÉATIVE • LUXE 𝕏𝕏𝕏𝕏 Cette prestigieuse institution parisienne, installée dans un élégant pavillon des jardins des Champs-Élysées, incarne l'image même du grand restaurant à la française : le luxe du décor, la culture des arts de la table, le service orchestré avec élégance, tout dessine un écrin unique à la gloire de la gastronomie. De vastes baies vitrées ouvrent sur les Champs-Élysées. Le chef Yannick Alléno réalise un véritable tour de force en imprimant d'emblée sa signature. Sa cuisine est éblouissante et technique, avec une mention spéciale pour les jus et les sauces (ce que le chef appelle "le verbe de la cuisine française"), magnifiés à travers de savantes extractions : ou comment l'avant-garde se met au service de la grande tradition culinaire française. A noter aussi, les desserts harmonieux d'Aurélien Rivoire.

Spécialités: Foie gras poché en bouillon de coquillages, tabac de champignons. Turbot de nos côtes à la moutarde passé au feu de bois, sauce cacio e pepe. Pomme en compote et pectine naturelle, chair et vanille au cognac.

🐝 🎴 ⇔ 🍽 🅿 – Menu 280/395 € – Carte 230/395 €

8 avenue Dutuit (carré Champs-Élysées) – Ⓜ Champs-Élysées Clemenceau – 𝒞 01 53 05 10 00 – www.yannick-alleno.com – Fermé 2-22 août,

❄❄ **L'Abysse au Pavillon Ledoyen** • ❄ **Pavyllon** – Voir la sélection des restaurants

❄❄❄ LE CINQ

MODERNE • LUXE 𝕏𝕏𝕏𝕏 Quel style, quel luxe opulent, entre colonnes altières, moulures, ou hautes gerbes de fleurs, sans oublier la douce lumière provenant du jardin intérieur... Difficile de garder les yeux dans l'assiette. Ce serait dommage : formé dans de prestigieuses maisons parisiennes (Lucas Carton, Taillevent, Le Ritz), Christian Le Squer y fait des merveilles. "Je porte la tradition vers la modernité, explique-t-il souvent. Comme chez Chanel : le tailleur a été créé, et ensuite, il a suivi l'évolution de la mode." De sa Bretagne natale, le chef a conservé avant tout le goût du large – signant de superbes hommages au poisson – mais aussi celui de la terre. Bilan : un superbe carpaccio de langoustines, agrumes et avocat, ou encore une inoubliable lotte rôtie au beurre noisette, aubergine à la flamme, fromage de brebis et tomates confites...Côté sucré, le chef pâtissier Michaël Bartocetti compose une partition de haute volée.

Spécialités: Langoustines bretonnes raidies, mayonnaise tiède et galettes de sarrasin croquantes. Spaghettis en gratin, jambon de Paris et truffe. Rafraîchi de chocolat noir, carambar aux éclats de cacahouètes grillées.

🐝 🎴 ⇔ 🍽 – Menu 150 € (déjeuner)/360 € – Carte 220/355 €

Four Seasons George V, 31 avenue George-V – Ⓜ George V – 𝒞 01 49 52 71 54 – www.restaurant-lecinq.com – Fermé lundi, dimanche

❄❄❄ ÉPICURE

MODERNE • LUXE 𝕏𝕏𝕏𝕏 Le Bristol est un monde de luxe absolu, de suites en spa, du superbe jardin français à la piscine sur les toits, jusqu'à cette salle à manger avec mobilier Louis XVI, miroirs, grandes portes-fenêtres ouvertes sur la verdure... Le palace a choisi le nom d'Épicure pour enseigne : un philosophe grec, chantre du plaisir dans la tempérance. Une devise qui convient parfaitement à Éric Frechon, le chef : "Mon grand-père cultivait des légumes, mon père les vendait, moi, je les cuisine." Produits superbes, technique irréprochable : il fait des merveilles dans un style traditionnel assumé, sans rien laisser au hasard. Côté dessert, on se laisse bluffer par Julien Alvarez, un technicien hors-pair : on ne s'est pas remis, par exemple, d'une assiette qui mariait magnifiquement la truffe et le chocolat...

Spécialités : Macaronis farcis, truffe noire, artichaut et foie gras gratinés au vieux parmesan. Merlan de ligne en croûte de pain de mie aux amandes, tétragone à l'huile de curry. Fèves de cacao, pépites de grué sablées à la fleur de sel, émulsion de lait fumé à la vanille.

- Menu 185 € (déjeuner)/380 € - Carte 277/467 €

Le Bristol, 112 rue du Faubourg-Saint-Honoré - Ⓜ Miromesnil - ✆ 01 53 43 43 40 - www.oetkercollection.com/fr/hotels/le-bristol-paris/

✿✿✿ PIERRE GAGNAIRE

Chef : Pierre Gagnaire

CRÉATIVE • **ÉLÉGANT** XXXX Dans un écrin réinventé, dominé par une œuvre magistrale et animale - un "Lascaux urbain" réalisé au fusain par l'artiste Adel Adbessemed -, Pierre Gagnaire continue d'asticoter la cuisine française. Celui qui a été sacré meilleur chef du monde par ses pairs en 2015 réalise une cuisine d'auteur exploratrice, entière, excessive. Ce grand amateur de jazz et d'art contemporain cherche sans relâche. Son restaurant, trois étoiles depuis 1996, est à l'image de son hôte : moderne et sobre, jouant la note du raffinement discret, ton sur ton avec le service, attentionné et délicat. Les assiettes aussi, poétiques et en réinvention permanente, petites portions "satellites" mises en orbite par le chef, si bien qu'il est impossible de citer un plat emblématique, ou même une qualité principale. Si ce n'est l'excellence.

Spécialités : Parfums de terre. Côte de veau du Limousin à l'absinthe. Le grand dessert.

- Menu 98 € (déjeuner)/325 € - Carte 360/400 €

6 rue Balzac - Ⓜ George V - ✆ 01 58 36 12 50 - www.pierregagnaire.com - Fermé 7-31 août, samedi, dimanche

✿✿ LE TAILLEVENT

CLASSIQUE • **LUXE** XXXXX C'est désormais le chef auvergnat Jocelyn Herland (qui officiait au Meurice depuis 2016) qui préside aux destinées de cet établissement mythique, summum de classicisme à la française, propriété de la famille Gardinier (Les Crayères à Reims). Loin de chercher à révolutionner cette maison vénérable, il s'inscrit intelligemment dans la tradition qui fait de l'ancien hôtel particulier du duc de Morny (19e s.), un lieu feutré et propice aux repas d'affaires. Dans l'assiette, des cèpes aux cèpes, côte et ris de veau, carottes, condiment olive, avec découpe en salle. Enfin, cerise sur le gâteau : les crêpes Suzette flambées du chef pâtissier François Josse, d'abord au Grand Marnier puis au Cognac, un classique. Louons enfin la superbe carte des vins, riche de plus de 3000 références et d'une gamme de prix permettant de satisfaire tous les portefeuilles - de moins de 40€ à 16000€ le flacon. Une table de référence.

Spécialités : Boudins de homard et brochet. Côte et ris de veau, carottes, condiment aux olives. Dame blanche à la vanille de Tahiti, chocolat de Madagascar et marjolaine.

- Menu 90/220 € - Carte 150/250 €

15 rue Lamennais - Ⓜ Charles de Gaulle-Étoile - ✆ 01 44 95 15 01 - www.letaillevent.com - Fermé 31 juillet-30 août, samedi, dimanche

✿✿ LE CLARENCE

MODERNE • **LUXE** XXXX Avec la fougue et le talent qu'on lui connaît, Christophe Pelé a investi ce somptueux hôtel particulier de 1884 situé à proximité des Champs-Élysées, un arrondissement que connaît bien le chef pour avoir officié chez Ledoyen, Lasserre, Pierre Gagnaire, ou au Bristol. Aux fourneaux, ça swingue. Cet artiste de l'association terre et mer propose une cuisine personnelle, aux saveurs franches et marquées, qui répond toujours à la promesse de l'annonce du plat. Le menu surprise avec son concept d'assiettes "satellites" qui s'ajoutent à la préparation principale s'avère judicieux. Quant à la carte des vins, elle donne le vertige (demandez à visiter la belle cave voûtée qui abrite les grands crus). Une expérience mémorable.

Spécialités: Cuisine du marché.

🕸 ♿ ⏰ ▣ ⇄ 🥢 – Menu 90 € (déjeuner), 130/320 €

31 avenue Franklin-D.-Roosevelt – Ⓜ Franklin-D.-Roosevelt – ☏ 01 82 82 10 10 – www.le-clarence.paris – Fermé 2-25 août, lundi, mardi midi, dimanche

🐝🐝 LE GABRIEL

MODERNE · ÉLÉGANT XxX À deux pas des Champs-Élysées, ce restaurant est installé dans le décor élégant et luxueux de la Réserve, un ancien hôtel particulier du 19ᵉ s. Habitué des grandes maisons parisiennes, Jérôme Banctel éblouit avec une cuisine aussi solide techniquement que franche au niveau des saveurs. Il élabore ses assiettes avec de superbes produits, ne s'éloignant jamais de ses solides bases classiques, et sait porter le regard au-delà si cela se justifie – on trouvera, par exemple, ici et là, des touches asiatiques savamment dosées. Un coup de cœur particulier ? Avouons un faible pour le homard bleu poché dans son beurre, coulis d'oseille et gingembre, émulsion à la vanille – un plat succulent, parfaitement maîtrisé... Avec une mention spéciale au chef pâtissier Adrien Salavert, qui signe des desserts splendides, à l'instar de ce calisson glacé, crémeux citron, sorbet miso vanille, meringue au thé Earl Grey.

Spécialités: Artichaut breton rôti, fleur de cerisier et sauce barigoule. Maquereau de Bretagne au vin blanc, pommes de terre en bourride d'oursins. Calisson, crémeux citron vert et croustillant aux amandes caramélisées.

🕸 🍽 ♿ ⏰ 🥢 – Menu 75 € (déjeuner), 145/195 €

La Réserve, 42 avenue Gabriel – Ⓜ Champs-Élysées Clemenceau – ☏ 01 58 36 60 50 – www.lareserve-paris.com – Fermé samedi, dimanche

🐝🐝 L'ABYSSE AU PAVILLON LEDOYEN

JAPONAISE · DESIGN XxX Un maître sushi, des produits d'une remarquable qualité (poissons ikejime de l'Atlantique) et la patte créative de Yannick Alléno... Le programme est alléchant. La salle, épurée, fait la part belle aux artistes contemporains – de l'installation de milliers de baguettes en bois par Tadashi Kawamata, street artist japonais, aux pans de murs de céramiques, imaginés par l'Américain William Coggin. Ajoutons à cela le service tiré à quatre épingles d'une grande maison, un somptueux livre de cave riche de sakés recherchés et douze places au comptoir en bois blond, pour se trouver au cœur de l'action. Détonant !

Spécialités: Extraction de céleri au sirop de shiso et garum d'anchois. Collection de sushis nigiris. Tempura moderne de shiso.

🕸 ⏰ 🥢 – Menu 98 € (déjeuner), 150/280 €

Alléno Paris au Pavillon Ledoyen, 8 avenue Dutuit (carré Champs-Elysées) – Ⓜ Champs-Élysées-Clemenceau – ☏ 01 53 05 10 30 – www.yannick-alleno.com – Fermé 2-22 août, samedi, dimanche

🐝🐝 LE GRAND RESTAURANT - JEAN-FRANÇOIS PIÈGE

Chef: Jean-François Piège

MODERNE · ÉLÉGANT XxX Bienvenue dans le "laboratoire de grande cuisine" de Jean-François Piège : une salle minuscule – 20 couverts maximum – surplombée d'une verrière en angles et en reflets, où le chef exprime toute l'étendue de son expérience et de son savoir-faire. C'est bien connu, il n'est rien de plus compliqué que de faire simple ! Le blanc-manger, dessert phare du chef Piège, en est un exemple éclatant : cette île flottante inversée, d'une grande légèreté, dissimule en son cœur une savoureuse crème anglaise à la vanille. Loin des caméras de télévision, maître dans cet endroit qu'il a rêvé puis conçu, Jean-François Piège montre sa capacité à créer, d'un geste, l'émotion culinaire, sans jamais donner dans la démonstration. Voilà amplement de quoi traverser la Seine pour aller le trouver dans "sa" maison.

Spécialités: Homard cuit sur des os à moelle et carapaces, infusion de moutarde. Canette de Challans cuite sur des noyaux d'olives et pommes sacristains. Mon blanc à manger.

🕸 ♿ ⏰ – Menu 116 € (déjeuner), 256/306 €

7 rue d'Aguesseau – Ⓜ Madeleine – ☏ 01 53 05 00 00 – www.jeanfrancoispiege.com – Fermé samedi, dimanche

✿✿ LA SCÈNE

Cheffe: Stéphanie Le Quellec

MODERNE · ÉLÉGANT XX "Désacraliser la grande cuisine": voici l'objectif avoué de Stéphanie Le Quellec, qui signe un tonitruant retour avenue de Matignon, dans le 8e arrondissement. Enfin chez elle, engagée corps et âme dans ce projet, elle délivre une partition en tout point formidable: assiettes simples en apparence mais pensées dans les moindres détails (caviar, pain perdu, pomme Pompadour), saveurs nettes et franches... On retrouve à la carte certains de ses plats signature, et l'on profite aussi de desserts de haute volée. Le tout est mis en œuvre par une équipe au diapason, des cuisines à la salle, jusqu'au service attentif et convivial. À midi, on pourra opter pour la partie bistrot, où vous attend une carte alléchante et gourmande, avec des produits du moment.

Spécialités: Caviar osciètre, pain mi-perdu mi-soufflé, pomme pompadour. Ris de veau laqué d'une harissa, chou-fleur rôti. Vanille du moment.

&. AK – Menu 75€ (déjeuner)/235€ – Carte 140/190€

32 avenue Matignon – Ⓜ Miromesnil –
☏ 01 42 65 05 61 – www.la-scene.paris –
Fermé 9-30 août, samedi, dimanche

✿ APICIUS

Chef: Mathieu Pacaud

MODERNE · ÉLÉGANT XxxX Installé dans un somptueux hôtel particulier du 18e s. aux airs de petit palais, Apicius – baptisé ainsi en hommage à cet épicurien de l'Antiquité romaine qui aurait écrit le premier livre culinaire – est entré dans une ère de changements... pour le meilleur! Mathieu Pacaud a remplacé Jean-Pierre Vigato, demeuré aux fourneaux depuis plus de quarante ans. Les assiettes perpétuent la belle tradition bourgeoise et réalisent la synthèse entre classicisme et créativité.

Spécialités: Langoustine rôtie, nage montée au piment d'Espelette et feuille de citronnier, chutney de mangue. Pigeon de Bresse rôti aux fleurs de cannelier, cuisses en salmis et tarte fine de pomme clochard. Soufflé au chocolat, glace à la vanille Bourbon et chantilly.

⅏ ╠☆ AK ✜ 彥 – Menu 95€ (déjeuner), 180/280€ – Carte 170/300€

20 rue d'Artois – Ⓜ St-Philippe du Roule –
☏ 01 43 80 19 66 – www.restaurant-apicius.com

✿ L'ÉCRIN

MODERNE · ÉLÉGANT XxxX L'ambassade de la grande cuisine du célèbre Hôtel de Crillon a laissé place à l'Écrin, salle "cachée", intimiste et intemporelle, pensée dans les moindres détails de l'Art de la table... La cuisine de Boris Campanella (ancien du Cheval Blanc à Courchevel) est axée sur la lisibilité, la saisonnalité et la saveur. Sa carte (tendre souvenir d'un veau fermier du Limousin petit pois girolles et vrai jus) se déguste dans un écrin savoureux, donc, qui cristallise toutes les représentations du luxe à la française – le service, à l'ancienne, n'étant pas en reste! L'art d'assumer un héritage, sans souci de révérence mais avec une technique éprouvée. Les chefs passent, l'Écrin demeure.

Spécialités: Plin de légumes à la truffe noire et aux parfums de sauge. Turbot rôti, mijoté d'encornets terre et mer, fromage blanc persillé. Rhubarbe aux saveurs de lait à l'aneth.

⅏ &. AK 彥 – Menu 205/270€ – Carte 185/250€

Crillon, 10 place de la Concorde – Ⓜ Concorde –
☏ 01 44 71 15 30 – www.rosewoodhotels.com/fr/hotel-de-crillon –
Fermé 23 juillet-30 septembre, lundi, mardi midi, mercredi midi, jeudi midi, vendredi midi, samedi midi, dimanche

✿✿✿, ✿✿, ✿, ⊛ & ⅃O

LASSERRE

CLASSIQUE • LUXE XXXX Tout près des Champs-Élysées, cet hôtel particulier de style Directoire marque immanquablement les esprits. René Lasserre (disparu en 2006), monté à Paris pour apprendre le métier alors qu'il était adolescent, a élevé son restaurant au rang de symbole. Située à l'étage, la salle à manger arbore un luxueux décor : colonnes, jardinières d'orchidées et de plantes vertes, vaisselle et bibelots en argent, lustres en cristal, porcelaines de Chine... Autre élément propre à la magie de l'endroit, un étonnant toit ouvrant, devenu célèbre, illumine les tables au gré des saisons.

Spécialités : Macaronis farcis, truffes noires, céleris et foie gras de canard. Canard à l'orange. Crêpes Suzette.

🍽 🎟 🖥 ✿ 🍷 – Menu 145/195 € – Carte 165/275 €

17 avenue Franklin-D.-Roosevelt – ⓜ Franklin-D.-Roosevelt –
📞 01 43 59 02 13 – www.restaurant-lasserre.com –
Fermé 1ᵉʳ-31 août, lundi, mardi midi, mercredi midi, jeudi midi, vendredi midi, samedi midi, dimanche

LE GEORGE

ITALIENNE • ÉLÉGANT XXX Magistral lustre Baccarat, blancheur immaculée du décor et délicates compositions florales... Le décor chic et décontracté, signé Pierre-Yves Rochon, ne laisse aucun doute : on est bien au sein du prestigieux hôtel Four Seasons George V ! Aux fourneaux du George depuis septembre 2016, Simone Zanoni y imprime sa patte culinaire – dont l'empreinte a évidemment la forme de la botte transalpine.

La cuisine garde de jolis accents maritimes, mais c'est plus précisément l'Italie qui remporte la mise ; on est sous le charme de cette cuisine aérienne, qui mise toujours sur la légèreté et les petites portions, avec un respect particulier des saveurs et des méthodes de cuisson propres à la Méditerranée. À déguster à l'intérieur ou sous la haute véranda, pour profiter de la cour par tous les temps.

Spécialités : Tarte tatin de tomates confites, glace cacio e pepe. Raviolis del plin à la volaille, beurre de lavande. Torta di mele caramélisée, glace vanille.

L'engagement du chef : *"Au George nous sommes convaincus que chaque engagement peut avoir un impact environnementalement et socialement positif. Notre cuisine est le fruit d'une démarche locale et responsable grâce à un biosystème vertueux de la table à la table. Les déchets organiques du restaurant sont transformés en compost afin de nourrir le sol de notre potager versaillais, lui-même entretenu par des personnes en réinsertion professionnelle. Les fruits et légumes viennent ensuite garnir nos assiettes."*

🍽 ♿ 🎟 🍷 – Menu 65 € (déjeuner), 110/125 € – Carte 62/140 €

Four Seasons George V, 31 avenue George-V – ⓜ George V – 📞 01 49 52 72 09 – www.legeorge.com

LUCAS CARTON

MODERNE • HISTORIQUE XXX Ce nom évoque une longue histoire : Robert Lucas et sa "Taverne Anglaise" en 1732 ; Francis Carton en 1925 qui accole les deux patronymes et crée cette identité très sonore, "Lucas Carton", où il fera briller trois étoiles dans les années 1930 ; Alain Senderens, enfin, qui choisit en 2005 de lui donner son propre nom pour le repenser librement. Aujourd'hui, l'adresse endosse avec tact les nouveaux codes de la gastronomie contemporaine. Le jeune chef, Julien Dumas, sait rendre le meilleur de beaux produits – mention spéciale pour les légumes de petits producteurs et le travail sur l'acidité et l'amertume – et ses assiettes, bien équilibrées, sont portées par un irrésistible souffle méditerranéen. L'histoire continue pour cette institution.

Spécialités : Étrilles et pamplemousse. Lotte, amandes et courgette. Chocolat et vinaigre de Xérès.

🍽 🎟 ✿ – Menu 142/189 €

9 place de la Madeleine – ⓜ Madeleine – 📞 01 42 65 22 90 – www.lucascarton.com – Fermé 31 juillet-24 août, lundi, dimanche

ÎLE-DE-FRANCE • PARIS

TRENTE-TROIS ⓝ

MODERNE · **BOURGEOIS** XxX Dites "33" pour accéder à ce magnifique salon de style Belle Époque aux murs recouverts de boiserie, caché dans un immeuble discret en bordure du triangle d'or à deux pas des Champs-Élysées. Dans cette ambiance chic et intimiste, le chef étoilé Sébastien Sanjou (Le Relais des Moines dans le Var) a placé toute sa confiance dans son collaborateur Romain Lamothe. Ce dernier ne démérite pas : il sait choisir ses produits, tous excellents, composer une carte, délibérément courte et signer une fine cuisine actuelle de saison où tout tombe juste : les cuissons, les jus et les sauces, l'équilibre des goûts. Un exemple de plat ? Petit épeautre en risotto, artichauts violets glacés, d'autres en chips croustillantes et une touche de coriandre dans un délicieux jus, bien corsé et aromatique.

Spécialités : Lentilles vertes du Puy-en-Velay, artichaut et anguille fumée. Lieu jaune de ligne rôti, fumet de coquillages. Citron jaune de Sicile crémeux, biscuit aux agrumes.

♿ 🅰🅲 🍴 – Menu 68 € (déjeuner), 88/118 €

Villeroy, 33 rue Jean Goujon – Ⓜ *Alma-Marceau –* ☎ *01 45 05 68 00 –*
www.restaurant-trente-trois.com –
Fermé samedi, dimanche

L'ARÔME

MODERNE · **CHIC** XxX Humer un arôme, un parfum, un bouquet : un alléchant programme proposé par cette élégante adresse, proche des Champs-Élysées, décorée par Emma Roux. Fidèle à son nom, le restaurant possède une belle cave, riche de 400 références, judicieusement sélectionnées. Grand amoureux des produits de saison, le chef Thomas Boullault élabore une cuisine raffinée et contemporaine. Les menus changent chaque jour au gré du marché. Vous tomberez sous le charme de la délicatesse et de l'équilibre des saveurs : thon rouge mi-cuit fumé au foin, côte de veau aux morilles... Arômes, senteurs et saveurs : à la bonne heure !

Spécialités : Langoustines aux épices tandoori, gaspacho aux fraises mara des bois, kimchi et avocat. Rouget, sauce genevoise, poireaux aux algues nori, crevettes grises. Fraîcheur acidulée autour de la framboise et parfum de poivron.

🐠 🅰🅲 ⇄ 🍴 – Menu 65 € (déjeuner), 109/169 €

3 rue Saint-Philippe-du-Roule – Ⓜ *St-Philippe-du-Roule –* ☎ *01 42 25 55 98 –*
www.larome.fr –
Fermé 9-22 août, samedi, dimanche

LE CHIBERTA

CRÉATIVE · **ÉPURÉ** XxX Le Chiberta version Guy Savoy s'est choisi le noir comme couleur, le vin comme symbole et l'inventivité comme fil conducteur. En entrant, on est plongé dans un autre univers, tamisé, calme et feutré. Parfait pour les repas d'affaires comme pour les rencontres plus intimes. L'aménagement intérieur, conçu par l'architecte Jean-Michel Wilmotte, surprend par son minimalisme radical, tout en chic discret et design. La grande originalité du lieu reste indéniablement la "cave à vins verticale" : de grands crus habillant les murs à la manière d'une bibliothèque ou d'œuvres d'art. Entre deux alignements de bouteilles, des tableaux modernes et abstraits colorent ponctuellement l'espace. Confortablement installé à table, on apprécie toute l'étendue de la cuisine, supervisée par le "patron", qui revisite joliment la tradition.

Spécialités : Tourteau en rémoulade au pomélo et avocat-concombre-coriandre. Ris de veau laqué aux girolles, amandes fraîches et quasi de veau façon vitello tonnato aux câpres. Paris-brest.

🅰🅲 ⇄ 🍴 – Menu 49 € (déjeuner)/110 € – Carte 95/120 €

3 rue Arsène-Houssaye – Ⓜ *Charles de Gaulle-Étoile –*
☎ *01 53 53 42 00 – www.lechiberta.com –*
Fermé 2-24 août, samedi midi, dimanche

COPENHAGUE

DANOISE • **CONTEMPORAIN** ✕✕ Sur les Champs-Élysées, la Maison du Danemark joue parfaitement son rôle d'ambassade culinaire du Grand Nord, et ce depuis 1955. Au 1er étage, le Copenhague offre un cadre apaisant avec son décor contemporain épuré et ses larges baies vitrées dominant l'avenue. À l'intérieur, ou installé sur l'agréable terrasse (dans une cour au calme, sur l'arrière), vous dégusterez la belle cuisine nordique d'Andréas Moller, valorisant de jolis produits, riche en légumes, herbes et fleurs, où s'épanouissent assaisonnements maîtrisés et notes acidulées. Chaque assiette bénéficie d'un travail précis et l'émotion est à la hauteur de la promesse. Une gastronomie tatouée aux influences scandinaves. "Velbekomme" (bon appétit) !

Spécialités : Cuisine du marché.

⪡ 🏠 & 🅰 🖃 🍽 – Menu 55 € (déjeuner), 75/115 € – Carte 60/80 €

142 avenue des Champs-Élysées – 🚇 *George V –* ✆ *01 44 13 86 26 –*
www.restaurant-copenhague-paris.fr –
Fermé samedi, dimanche

DOMINIQUE BOUCHET

Chef : Dominique Bouchet

CLASSIQUE • **ÉLÉGANT** ✕✕ Du palace au bistrot : Dominique Bouchet a choisi. Lui qui dirigea les brigades du Crillon et de la Tour d'Argent, à Paris et au Japon, aspirait à plus de légèreté, et peut-être plus de liberté. Plus rien à prouver en matière de haute gastronomie, l'envie de laisser la place aux générations montantes pour ouvrir enfin un restaurant à son nom, la volonté aussi de ne plus courir après la perfection absolue ou les récompenses…

Toutes ces raisons l'ont poussé à s'installer "chez lui" et à revenir à l'essentiel : une belle cuisine classique mise au goût du jour et incontestablement maîtrisée. C'est l'avantage de la sagesse que de ne pas s'égarer ! À noter, la belle sélection de vins au verre… mais aussi l'intérieur contemporain et chic, où s'installe confortablement la clientèle très « business » de ce quartier huppé.

Spécialités : Gros macaronis de homard au caviar d'aubergine. Lotte cuite à la vapeur, mousseline de chou-fleur et coquillages. Chou craquelin au chocolat, banane, noisettes caramélisées et glace banane.

♳ – Menu 58 € (déjeuner)/128 € – Carte 105/145 €

11 rue Treilhard – 🚇 *Miromesnil –*
✆ *01 45 61 09 46 – www.dominique-bouchet.com –*
Fermé 2-15 août, samedi, dimanche

HELEN

POISSONS ET FRUITS DE MER • **ÉLÉGANT** ✕✕ Créé en 2012, Helen est aujourd'hui une valeur sûre parmi les restaurants de poisson des beaux quartiers. Au menu : uniquement des pièces sauvages issues de la pêche quotidienne de petits bateaux, travaillées avec grand soin et simplicité. Dans l'assiette, en effet, pas de fioritures, une seule règle compte : mettre en valeur les saveurs naturelles – et iodées – du poisson (cru, grillé, à la plancha, à la vapeur, etc.). Les amateurs sont aux anges ! De plus, la carte varie au gré des arrivages, proposant par exemple un carpaccio de daurade royale au citron caviar, des sardines à l'escabèche, un turbotin rôti à la sauge et pancetta, des rougets barbets meunière… Tout cela est servi avec précision et savoir-faire : certains poissons sont même découpés directement en salle.

Salle qui épouse également ce parti pris de sobriété, en faisant montre d'une épure toute contemporaine et d'une belle élégance… Helen, ou le raffinement dans la simplicité.

Spécialités : Carpaccio de daurade royale au citron caviar. Bar de ligne aux olives taggiasche. Tarte meringuée aux deux citrons.

🅰 ♳ – Menu 48 € (déjeuner)/138 € – Carte 75/170 €

3 rue Berryer – 🚇 *George V –* ✆ *01 40 76 01 40 – www.helenrestaurant.com –*
Fermé 31 juillet-23 août, 23 décembre-4 janvier, lundi, samedi midi, dimanche

114, FAUBOURG

MODERNE · ÉLÉGANT XX Au sein du Bristol, une brasserie unique, assurément ! La salle interpelle au premier coup d'œil : traversée d'imposantes colonnes dorées, elle arbore sur ses murs orangés de grands motifs de dahlias luminescents... En son cœur s'ouvre un grand escalier, qui dessert le niveau inférieur où les tables côtoient les cuisines ouvertes. Chic, chatoyant, à la fois animé et confidentiel, ce lieu est une réussite. Aux fourneaux, on revisite les grands classiques hexagonaux avec ce qu'il faut d'originalité. Les assiettes sont soigneusement dressées et les saveurs s'y marient joliment. Une prestation dans les règles de l'art, aux tarifs certes élevés... mais ne sommes-nous pas dans un palace ?

Spécialités : Œufs king-crab, mayonnaise au gingembre et citron. Sole, pousses d'épinard, huile vierge aux câpres. Millefeuille à la vanille Bourbon, caramel au beurre demi-sel.

&. 🅰 – Menu 130 € – Carte 82/150 €

Le Bristol, 114 rue du Faubourg-Saint-Honoré – ⓂMiromesnil – ℰ 01 53 43 44 44 – www.lebristolparis.com – Fermé samedi midi, dimanche midi

L'ORANGERIE

MODERNE · ÉLÉGANT XX Dans cet espace de poche (18 couverts seulement), aménagé au sein de l'hôtel George V, la carte est supervisée par Christian Le Squer et mise en œuvre par Alan Taudon, un habitué de la maison – il participait précédemment à l'élaboration des plats du Cinq. Tout en conservant l'ADN du lieu (une cuisine française de saison, de jolies notes parfumées), le chef a repensé l'offre gastronomique dans une veine "healthy", allégée en matières grasses, en articulant sa carte autour des légumes, des produits laitiers et de la mer, et en faisant volontairement l'impasse sur les viandes. Les assiettes sont savoureuses et complétées à merveille par des desserts en tout point excellents, et par une carte des vins déclinée de celle, impressionnante, du Cinq.

Spécialités : Langoustine à cru et riz à sushi. Homard bleu à la braise, aïoli d'olives vertes. Fines feuilles et soufflé, chocolat noir et cardamome.

🕸 🍴 🅰 – Menu 75 € (déjeuner), 95/125 € – Carte 105/145 €

Four Seasons George V, 31 avenue George-V – ⓂGeorge V – ℰ 01 49 52 72 24 – www.lorangerieparis.com

PAVYLLON

MODERNE · CONTEMPORAIN XX On n'arrête plus Yannick Alléno ! La dernière adresse du chef francilien fait salle comble, et ce n'est que justice. Trente couverts au comptoir (dans l'esprit d'un Atelier de Joël Robuchon, en plus feutré), une cuisine sans fausses notes, élaborée autour de belles bases classiques, mêlée de saveurs et de touches étrangères (un exemple, ces tempuras qui remplacent la garniture pour les plats principaux). C'est fin, délicat, servi dans une ambiance chic et décontractée : on passe un excellent moment.

Spécialités : Chair de tourteau à la mayonnaise, amertume de livèche. Filet de sole au plat, girolles et vin jaune, herbes et fleurs sauvages. Glace texturée à la gomme arabique, voile croquant au charbon de bois et cardamome.

🕸 🍴 &. 🅰 🚬 🅿 – Menu 68 € (déjeuner), 145/235 € – Carte 68/195 €

Alléno Paris au Pavillon Ledoyen, 8 avenue Dutuit (carré Champs-Élysées) – ⓂChamps-Élysées Clemenceau – ℰ 01 53 05 10 10 – www.yannick-alleno.com

AKRAME

Chef : Akrame Benallal

CRÉATIVE · DESIGN XX À deux pas de la Madeleine, Akrame Benallal a posé ses valises et ses couteaux dans un lieu bien protégé des regards, derrière une immense porte cochère. En bon amateur du travail de Pierre Soulages, il a voulu son intérieur dominé par le noir et résolument contemporain – on y trouve plusieurs photographies, et, au plafond, une étonnante sculpture d'un homme qui tombe... Dans l'assiette, on retrouve une bonne partie de ce qui avait fait le succès de sa précédente adresse, rue Lauriston : l'inventivité, les produits de qualité, le soin apporté aux présentations. Comme on l'imagine, le succès est au rendez-vous.

Spécialités: Cuisine du marché.

🏡 ⴟ – Menu 75€ (déjeuner)/160€

7 rue Tronchet – Ⓜ Madeleine – ☏ 01 40 67 11 16 – www.akrame.com –
Fermé samedi, dimanche

❀ **L'ATELIER DE JOËL ROBUCHON - ÉTOILE**

CRÉATIVE • DESIGN ⅄ Avec deux pieds dans la capitale française, les célèbres Ateliers de Joël Robuchon font, au sens propre, le tour du monde. Beau symbole, cet opus est né à deux pas de l'Arc de Triomphe, au niveau - 1 du Publicis Drugstore des Champs-Élysées. Un décor tout en rouge et noir ; un grand comptoir autour duquel on prend place sur de hauts tabourets, face à la brigade à l'œuvre ; une ambiance feutrée et recueillie. L'enseigne incarne une approche contemporaine de la gastronomie. La carte laisse au client le choix entre petites portions dégustation ou portions normales. Enfin, le petit plus qui plaira aux œnophiles : tous les vins au verre sont servis au magnum.

Spécialités: Langoustine en ravioli truffé à l'étuvée de chou vert. Côtelettes d'agneau de lait à la fleur de thym. Chocolat tendance, crémeux onctueux au chocolat araguani, sorbet cacao et biscuit Oreo.

🆎 ⭤ 🍲 – Menu 49€ (déjeuner), 99/225€ – Carte 100/210€

133 avenue des Champs-Élysées – Ⓜ Charles de Gaulle-Étoile –
☏ 01 47 23 75 75 – www.joel-robuchon.com

☺ **KISIN**

JAPONAISE • SIMPLE ⅄ Quand un chef de Tokyo arrive à Paris, il ouvre un restaurant, sitôt ses valises posées, et nos papilles frémissent d'aise. Ici, on déguste produits japonais, et vrais udon, fabriquées devant le client. Une cuisine naturelle, sans additif, qui nous vient tout droit du pays du Soleil-Levant. Sain et goûteux.

Spécialités: Gyusuji : mijoté de tendron de bœuf au miso. Goma tantan-men : émincé de porc au sésame et épices. Sakura mochi.

🆎 – Menu 30/45€ – Carte 28/40€

9 rue de Ponthieu – Ⓜ Franklin-D.-Roosevelt –
☏ 01 71 26 77 28 – www.udon-kisin.fr –
Fermé dimanche

☺ **MANDOOBAR**

CORÉENNE • SIMPLE ⅄ Dans une petite salle, raviolis et tartares sont travaillés directement sous vos yeux par le chef, Kim Kwang-Loc, qui se révèle aussi agile que précis dans ses préparations. Il réalise une cuisine coréenne fine et parfumée, sans fausse note et joliment relevée... Nul doute, sa table sort du lot !

Spécialités: Yatchee mandoo : ravioles de chou asiatique, tofu, ciboule et pousses d'ail. Tartare de bœuf, sauce soja, sésame et poivre du Cambodge. Glace cococharbon.

Carte 21/35€

7 rue d'Édimbourg – Ⓜ Europe –
☏ 01 55 06 08 53 – www.mandoobar.fr –
Fermé 8-31 août, lundi, dimanche

🅾 **LAURENT**

MODERNE • ÉLÉGANT ⅄⅄⅄ Ancien pavillon de chasse et guinguette sous la Révolution, Laurent conserve son cadre néoclassique et bourgeois, très en vogue à l'époque de sa création. La cuisine cultive les codes de la tradition bleu-blanc-rouge et séduit une clientèle d'affaires, de "people" et à la belle saison, de touristes, grâce à son agréable terrasse.

🕸 🏡 ⭤ 🍲 – Menu 95/169€ – Carte 155/245€

41 avenue Gabriel – Ⓜ Champs-Élysées Clemenceau –
☏ 01 42 25 00 39 – www.le-laurent.com –
Fermé samedi, dimanche

IMPERIAL TREASURE

SHANGAIENNE • **ÉLÉGANT** XxX Situé dans l'élégant hôtel La Clef Ascott, ce restaurant chinois dispose d'un très joli bar au décor moderne, puis de deux agréables salles à manger. C'est donc dans un cadre luxueux et élégant qu'on déguste une cuisine de Shanghai, préparée avec soin et de beaux ingrédients, comme la crevette impériale, carabinero sauté et riz gluant. Dépaysement des papilles assuré.

🕸 ఉ 🅐🅒 ➪ – Menu 48 € (déjeuner), 88/118 € – Carte 70/130 €

44 rue de Bassano – Ⓜ George V – ☏ 01 58 56 29 13 –
www.imperialtreasure.com/france/ – Fermé lundi, mardi midi, dimanche soir

PENATI AL BARETTO

ITALIENNE • **CLASSIQUE** XxX Alberico Penati propose un voyage dépaysant dans la pure tradition transalpine, où s'expriment les différents terroirs de la Botte. Le décor distille une ambiance feutrée et élégante, à deux pas de l'avenue des Champs-Élysées.

🕸 🅐🅒 – Menu 49 € (déjeuner)/55 € – Carte 75/150 €

9 rue Balzac – Ⓜ George V – ☏ 01 42 99 80 00 – www.penatialbaretto.eu –
Fermé samedi midi, dimanche

LE V

MODERNE • **ÉLÉGANT** XxX Au cœur de l'hôtel Vernet, la salle vaut le coup d'œil pour sa superbe verrière ouvragée de la fin du 19ᵉ s., signée Gustave Eiffel, typique du charme Belle Époque... La cuisine s'inspire joliment de l'air du temps, sans oublier les classiques.

🅐🅒 ➪ – Menu 39 € (déjeuner), 65/95 € – Carte 71/101 €

Vernet, 25 rue Vernet – Ⓜ Charles de Gaulle-Etoile – ☏ 01 44 31 98 00 –
www.hotelvernet.com – Fermé 1ᵉʳ-30 août, 24-30 décembre, lundi, samedi midi,
dimanche

BRASSERIE D'AUMONT

MODERNE • **BRASSERIE** XX La Brasserie d'Aumont déploie son atmosphère art déco, dans deux salles en enfilade, complétées d'un comptoir pour la consommation de coquillages et crustacés. Mise en place simple, mais de qualité, et classiques de brasserie remis au goût du jour. Petite carte de vins, belles références au verre. Agréable terrasse. Chic et bon.

ఉ 🅐🅒 🍽 – Carte 65/120 €

Crillon, 10 place de la Concorde – Ⓜ Concorde – ☏ 01 44 71 15 15 –
www.rosewoodhotels.com/fr/hotel-de-crillon – Fermé lundi, mardi

LES 110 DE TAILLEVENT

TRADITIONNELLE • **COSY** XX Sous l'égide de la prestigieuse maison Taillevent, une brasserie très chic, qui joue la carte des associations mets et vins. Une réussite, aussi bien le choix remarquable de 110 vins au verre, que la cuisine, traditionnelle et bien tournée (pâté en croûte, bavette sauce au poivre, etc.). Cadre élégant et chaleureux.

🕸 ఉ 🅐🅒 – Menu 46 € – Carte 47/150 €

195 rue du Faubourg-Saint-Honoré – Ⓜ Charles de Gaulle-Étoile –
☏ 01 40 74 20 20 – www.les-110-taillevent-paris.com – Fermé samedi, dimanche

CONTRASTE

MODERNE • **ÉLÉGANT** XX Pourquoi Contraste ? Trois réponses : un chef breton et un chef pyrénéen, amis d'enfance réunis dans une même cuisine ; une décoration qui allie l'ancien et le design ; et enfin, un clin d'œil à l'une des grandes cuvées de champagne de la famille Selosse. Dans l'assiette, une cuisine moderne et pleine de gourmandise, élaborée à partir de beaux produits. Service aimable.

🕸 🅐🅒 – Menu 39 € (déjeuner)/79 € – Carte 53/79 €

18 rue d'Anjou – Ⓜ Madeleine – ☏ 01 42 65 08 36 – www.contraste.paris –
Fermé 2-22 août, samedi, dimanche

🍴○ **GALANGA** ⑩

MODERNE · **CHIC** XX La table de l'hôtel Monsieur George a de quoi ravir : dans un cadre très chic, le chef Thomas Danigo a imaginé une carte voyageuse, ouverte sur le monde et particulièrement sur l'Asie – le galanga est d'ailleurs une épice d'Asie du Sud-Est. Une partition moderne, relevée, réglée sur les saisons : on passe un bon moment.

&. 🅰️🅲 – Carte 55/90 €

Monsieur George, 17 rue Washington – Ⓜ *George V – ℰ 01 87 89 48 49 – www.monsieurgeorge.com*

🍴○ **IL CARPACCIO**

ITALIENNE · **ÉLÉGANT** XX Arrivé directement des Dolomites, le couple formé par les chefs Alessandra Del Favero et Oliver Piras signe une belle cuisine italienne tout en sobriété. On accède au restaurant, un véritable écrin, par un couloir orné de milliers de coquillages, qui évoque les nymphées du baroque italien… Même ravissement dans la salle, qui a tout d'un élégant jardin d'hiver.

🕸️ 🛖 &. 🅰️🅲 ⇗ 🎋 – Menu 65 € (déjeuner)/125 € – Carte 90/120 €

Le Royal Monceau, 37 avenue Hoche – Ⓜ *Charles de Gaulle-Etoile – ℰ 01 42 99 88 12 - www.leroyalmonceau.com – Fermé samedi midi, dimanche soir*

🍴○ **OKUDA**

JAPONAISE · **ÉLÉGANT** XX Vingt-trois couverts, un décor sobre et élégant, des hôtesses en kimono traditionnel et un silence d'or : c'est dans cet écrin que l'on déguste depuis 2013 les créations "kaiseki" du célèbre chef japonais Toru Okuda.

&. 🅰️🅲 ⇗ 🎋 – Menu 85 € (déjeuner)/198 €

7 rue de la Trémoille – Ⓜ *Alma Marceau – ℰ 01 40 70 19 19 - www.okuda.fr – Fermé mercredi, jeudi*

🍴○ **LA RÉGALADE DU FAUBOURG**

MODERNE · **ÉLÉGANT** XX Bruno Doucet a encore sévi dans le bel écrin d'un hôtel de luxe dont la terrasse, habillée d'un mur en miroir et de jasmin, est un ravissement. Parmi les classiques de la maison : la terrine de bienvenue, le risotto crémeux à l'encre de seiche, le cabillaud demi-sel rôti sur la peau et ses légumes à l'huile d'olive, sans oublier le savoureux riz au lait à la vanille de la grand-mère.

Menu 50 €

Les Jardins du Faubourg, 9 rue d'Aguesseau – Ⓜ *Madeleine – ℰ 01 86 54 15 15 - www.jardinsdufaubourg.com – Fermé dimanche*

🍴○ **LE RELAIS PLAZA**

CLASSIQUE · **ÉLÉGANT** XX Au sein du Plaza Athénée, la cantine chic et feutrée des maisons de couture voisines. Comment résister au charme de cette brasserie au beau décor 1930, inspiré du paquebot Normandie ? Une ambiance unique pour une cuisine qui joue la carte de la belle tradition. Si parisien…

🅰️🅲 – Menu 68 € – Carte 80/135 €

Plaza Athénée, 25 avenue Montaigne – Ⓜ *Alma Marceau – ℰ 01 53 67 64 00 - www.dorchestercollection.com/paris/hotel-plaza-athenee*

🍴○ **TOSCA**

ITALIENNE · **COSY** XX L'Italie semble s'être donnée rendez-vous dans ce restaurant de petite capacité, au mobilier chic. L'assiette chante les louanges de gastronomie transalpine : viandes, huile d'olive, fromage… Plutôt classique le midi, plus soignée le soir, souvent inspirée. L'hôtel, le Splendide Royal (ancienne demeure de Pierre Cardin), offre des suites raffinées et élégantes.

🍽️ &. 🅰️🅲 ⇗ – Menu 50 € (déjeuner)/110 € – Carte 50/120 €

Splendide Royal, 18 rue du Cirque – Ⓜ *Miromesnil – ℰ 01 43 87 10 10 - www.splendideroyal.fr – Fermé 1ᵉʳ-23 août, lundi, dimanche*

🍴⚪ LE GAIGNE

MODERNE • ÉLÉGANT XX Derrière l'église Saint-Augustin, le Gaigne (d'après le surnom donné par Frédéric Anton, chef du Pré Catelan, à Mickaël Gaignon) propose une sympathique cuisine d'inspiration traditionnelle, qui évolue au gré des saisons. De bons produits, une exécution soignée : c'est gagné pour le Gaigne !

AC ⇔ – Carte 42/63 €

2 rue de Vienne – ⓜ *St-Augustin – ℰ 01 45 22 23 62 – www.restaurantlegaigne.fr –*
Fermé 24 décembre-3 janvier, 1ᵉʳ-22 août, samedi, dimanche

🍴⚪ JOËL ROBUCHON-DASSAÏ

JAPONAISE • CHIC XX Pâtisserie, sandwicherie, salon de thé, bar à saké et restaurant... pour une ode au Japon, pays d'élégance et de gastronomie, si cher au regretté Joël Robuchon. Cadre design avec touches seventies, cuisine nippone et française, service aux petits soins. Inspirant.

& AC – Menu 49/89 € – Carte 85/110 €

184 rue du Faubourg-Saint-Honoré – ⓜ *St-Philippe-du-Roule – ℰ 01 76 74 74 70 –*
www.robuchon-dassai-laboutique.com – Fermé 1ᵉʳ-30 août, samedi, dimanche

🍴⚪ KINUGAWA MATIGNON

JAPONAISE • ÉLÉGANT XX La seconde adresse du restaurant Kinugawa Vendôme n'a rien à envier à son aînée : on retrouve ici le même souci de précision, la cuisine d'inspiration japonaise – presque fusion – servie dans un cadre intimiste. Les puristes s'installent au bar à sushi. Très tendance !

AC 🍶 – Menu 45 € (déjeuner)/69 € – Carte 43/80 €

1 bis rue Jean-Mermoz – ⓜ *Franklin D. Roosevelt – ℰ 01 42 25 04 23 –*
www.kinugawa.fr – Fermé 24 décembre-1ᵉʳ janvier, 9-23 août

🍴⚪ LE MARCHÉ DU LUCAS

TRADITIONNELLE • CLASSIQUE XX À l'étage du restaurant Lucas Carton, dans un plaisant décor Art Nouveau, le chef Julien Dumas joue la simplicité et la gourmandise dans le droit de la tradition, autour d'un menu du jour annoncé verbalement. Croquette de pied de veau et champignons, boudin noir maison et purée de pommes de terre, tarte chocolat noisette.... Un repas d'une belle tenue, et un vrai moment de plaisir.

AC – Menu 45/79 €

9 place de la Madeleine – ⓜ *Madeleine – ℰ 01 42 65 56 66 – www.lucascarton.com –*
Fermé 31 juillet-24 août, lundi, dimanche

🍴⚪ MARIUS ET JANETTE

POISSONS ET FRUITS DE MER • MÉDITERRANÉEN XX Dans cet élégant décor façon yacht, la clientèle sélecte s'attable au milieu des cannes à pêche, filets et autres hublots en cuivre. Passé par le restaurant de Depardieu, le chef met évidemment les produits de la mer à l'honneur au gré d'une carte renouvelée chaque jour, au gré de la marée... Hareng matjes marinés ou linguine aux coques (une spécialité de la maison) : on se régale.

🍽 AC 🍶 – Menu 75 € (déjeuner) – Carte 90/140 €

4 avenue George-V – ⓜ *Alma Marceau – ℰ 01 47 23 41 88 – www.mariusjanette.com*

🍴⚪ NÉVA CUISINE

MODERNE • ÉLÉGANT XX La Néva n'est pas seulement un fleuve russe, c'est aussi ce restaurant où officie la cheffe mexicaine Beatriz Gonzalez, passée dans les grandes maisons, notamment Lucas Carton et la Grande Cascade. Dans le cadre convivial d'un bistrot parisien moderne, elle y signe une cuisine au goût du jour et métissée, à l'image de ce ris de veau crousti-fondant au big green egg. Frais et de bonne qualité.

AC – Menu 42 €

2 rue de Berne – ⓜ *Europe – ℰ 01 45 22 18 91 – www.nevacuisineparis.com –*
Fermé samedi, dimanche

⅏○ ORIGINES

MODERNE · ÉLÉGANT XX Enfin chez lui ! Le chef aveyronnais Julien Boscus réalise ici une cuisine dans l'air du temps, à base de bons produits. Ainsi le veau rosé du pays basque rôti, sa fine mousseline de champignons sauvages, oignon et jus. Saveurs, technique sobre et maîtrisée, cadre contemporain : l'adresse a tout pour plaire.

🔾 🗚 – Menu 44 € (déjeuner), 72/85 € – Carte 80/94 €

6 rue de Ponthieu – Ⓜ *Franklin D. Roosevelt – 𝒞 09 86 41 63 04 –
www.origines-restaurant.com –
Fermé 30 juillet-22 août, samedi, dimanche*

⅏○ LE 39V

MODERNE · DESIGN XX La clientèle internationale se presse au sixième étage du 39 de l'avenue George-V... et pour cause ! Sur les toits de Paris, dans un décor épuré, on profite d'une cuisine de bonne facture, avec de solides bases classiques.

🗚 🈳 – Menu 40 € (déjeuner), 95/135 € – Carte 81/149 €

39 avenue George-V – Ⓜ *George V – 𝒞 01 56 62 39 05 – www.le39v.com –
Fermé 3-23 août, samedi, dimanche*

⅏○ MANKO

PÉRUVIENNE · ÉLÉGANT X Le chef star péruvien Gaston Acurio et le chanteur Garou ont eu un enfant : il s'appelle Manko. Ce restaurant, bar lounge et cabaret du sous-sol du Théâtre des Champs-Elysées propose des recettes péruviennes mâtinées de touches asiatiques et africaines. Une cuisine de partage bien ficelée.

🗚 ⇩ – Menu 31 € (déjeuner)/65 € – Carte 40/80 €

15 avenue Montaigne – Ⓜ *Alma Marceau – 𝒞 01 82 28 00 15 – www.manko-paris.com*

⅏○ SHIRVAN CAFÉ MÉTISSE

MODERNE · CONTEMPORAIN X Ce restaurant, proche du pont de l'Alma, porte la signature d'Akrame Benallal. Pas de nappage ici, mais couverts design, timbales en grès, et une cuisine, nourrie aux influences de "la route de la soie", du Maroc à l'Inde, en passant par l'Azerbaïdjan. Une gastronomie métissée riche en épices... Service efficace et quasi continu.

� 🔾 🗚 – Carte 52/111 €

5 place de l'Alma – Ⓜ *Alma Marceau – 𝒞 01 47 23 09 48 – www.shirvancafemetisse.fr*

⅏○ LE BOUDOIR

TRADITIONNELLE · BISTRO X La carte a été conçue par le chef et Meilleur Ouvrier de France Christophe Raoux qui est évidement passé parc de belles maisons. Le jeune chef Matis Jonquet l'interprète avec brio et traite la charcuterie en véritable art : voyez le splendide pâté en croûte de volaille et foie gras, ou encore ce cochon de l'Aveyron, légumes nouveaux et jus de cochon ! Décor sobre et élégant, service parfait.

🗚 ⇩ – Menu 35 € (déjeuner) – Carte 48/70 €

25 rue du Colisée – Ⓜ *Franklin D. Roosevelt – 𝒞 01 43 59 25 29 –
www.boudoirparis.fr –
Fermé samedi, dimanche*

⅏○ CHEZ MONSIEUR

TRADITIONNELLE · BISTRO X Voilà le bistrot parisien dans toute sa splendeur (comptoir en zinc, banquettes en velours, carrelage à motifs), avec l'immuable – et très bonne ! – cuisine qui l'accompagne : escargots de Bourgogne au beurre blanc, blanquette de veau servie en cocotte... sans oublier un large panel de vins de toutes les régions de France.

🐾 🗚 – Carte 48/80 €

11 rue du Chevalier-de-Saint-George – Ⓜ *Madeleine – 𝒞 01 42 60 14 36 –
www.chezmonsieur.fr*

ILE-DE-FRANCE • PARIS

⅟○ LAZARE

TRADITIONNELLE · BRASSERIE X Au cœur de la fameuse gare St-Lazare, on doit à Éric Frechon l'idée de cette élégante brasserie "ferroviaire" qui respecte les canons du genre : œufs mimosa, quenelles de brochet ou maquereaux au vin blanc, la belle tradition française est sur les rails ! Sympathique et très animé.

🛱 ⅙ 🎴 🥢 – Carte 35/90 €

Parvis de la gare Saint-Lazare, rue Intérieure – 🚇 *St-Lazare –* 𝒞 *01 44 90 80 80 –* *www.lazare-paris.fr*

⅟○ MARLOE

MODERNE · BISTRO X Dans ce quartier huppé, à l'angle de deux jolies rues, Marloe, aux allures de bistrot chic et cosy, séduit au-delà de la clientèle du quartier. De fait, la cuisine, élaborée à partir de produits d'excellente qualité, se révèle maîtrisée et sans esbroufe. On aime cette gourmandise, et notamment le menu "truffe noire" en saison.

🎴 🥢 – Carte 35/55 €

12 rue du Commandant-Rivière – 🚇 *St-Philippe-du-Roule –* 𝒞 *01 53 76 44 44 –* *www.marloe.fr – Fermé 6-30 août, samedi, dimanche*

⅟○ LE MERMOZ

CUISINE DU MARCHÉ · BISTRO X C'est désormais le jeune chef californien Thomas Graham (ex-Äponem) qui régale au Mermoz. Il a su imposer ici son propre style, basé sur des produits irréprochables et des associations percutantes. Les tarifs sont raisonnables, à midi surtout ; le soir on se régale de petites assiettes façon tapas dans une ambiance de bar à vin.

Menu 36 € (déjeuner), 30/48 € – Carte 30/48 €

16 rue Jean-Mermoz – 🚇 *Champs-Élysées –* 𝒞 *01 45 63 65 26 –* *Fermé 21 décembre-3 janvier, 2-21 août, samedi, dimanche*

⅟○ LE SUSHI OKUDA

JAPONAISE · ÉPURÉ X Ce bar à sushis, attenant au restaurant Okuda, rappelle les izakayas (les bars) japonais, tant par le cèdre du Japon qui habille les murs que par l'étroitesse du lieu et la fraîcheur des poissons. Menus dépaysants.

🎴 – Menu 95 € (déjeuner)/155 €

18 rue du Boccador – 🚇 *Alma Marceau –* 𝒞 *01 47 20 17 18 – www.sushiokuda.com –* *Fermé mercredi, jeudi*

⅟○ 24 - LE RESTAURANT

MODERNE · TENDANCE X À deux pas du rond-point des Champs-Elysées, cet établissement propose des assiettes bien travaillées, qui n'ont pas besoin d'en mettre plein la vue pour égayer notre gourmandise : en témoigne le filet mignon de veau, cerise à la réglisse, pommes de terre banane. L'accueil est aussi souriant que professionnel, et le rapport qualité prix excellent, surtout le midi.

🎴 – Menu 37 € (déjeuner), 49/62 €

24 rue Jean-Mermoz – 🚇 *Franklin D. Roosevelt –* 𝒞 *01 42 25 24 24 –* *www.24lerestaurant.fr – Fermé 31 juillet-21 août, samedi, dimanche*

Hôtels

⌂⌂⌂⌂⌂ LE BRISTOL   `Tablet. PLUS`

PALACE · GRAND LUXE Ce palace de 1925, agencé autour d'un magnifique jardin, a conservé toute sa superbe. Les luxueuses chambres de style Louis XV ou Louis XVI cohabitent avec des suites (Lune de miel, Impériale, etc.) aux impressionnantes proportions. Non moins exceptionnelle, la piscine dominant Paris...

🏛 🛏 🖥 🌐 ⅙ 🚪 🎴 👙 🚗 – 190 chambres – 100 suites

112 rue du Faubourg-Saint-Honoré – 🚇 *Miromesnil –* 𝒞 *01 53 43 43 00 –* *www.lebristolparis.com*

❀❀❀ **Épicure** · ❀ **114, Faubourg** – Voir la sélection des restaurants

CRILLON

PALACE · GRAND LUXE Saluons la renaissance d'un chef-d'œuvre de l'architecture du 18e s., dont la façade, magnifiant la place de la Concorde, a conservé sa fastueuse ornementation. Chambres luxueuses, appartements à thème (dont l'un d'eux, confié à Karl Lagerfeld). L'art de vivre à la française, dans sa pure et intemporelle splendeur. Un palace mythique.

🐾 🖥 📶 ♨ 🔄 🛗 ♿ AC 🏊 – 124 chambres – 46 suites

10 place de la Concorde – 🚇 *Concorde –* ☎ *01 44 71 15 00 – www.rosewoodhotels.com/fr/hotel-de-crillon*

❀ **L'Écrin** • 🍴 **Brasserie d'Aumont** – Voir la sélection des restaurants

FOUR SEASONS GEORGE V

PALACE · GRAND LUXE Ce palace mythique, né en 1928, s'est paré des splendeurs et raffinements du 18e s. Ses chambres, luxueuses et spacieuses, ses collections d'œuvres d'art, son spa superbe et sa belle cour intérieure – sans parler de son histoire gastronomique – : voilà bien un ensemble d'exception !

🐾 🖥 📶 ♨ 🔄 🛗 ♿ AC 🏊 – 185 chambres – 59 suites

31 avenue George-V – 🚇 *George V –* ☎ *01 49 52 70 00 - www.fourseasons.com/paris*

❀❀❀ **Le Cinq** • ❀ **L'Orangerie** • ❀ **Le George** – Voir la sélection des restaurants

PLAZA ATHÉNÉE

PALACE · CLASSIQUE Palace parisien par excellence, inauguré en 1911, le Plaza Athénée vit merveilleusement le passage des années. Rien n'altère la primauté de l'établissement, véritable sommet de luxe et d'élégance à la française. Des services d'exception, dont le somptueux Spa Christian Dior, une cour-jardin pour prendre un repas léger aux beaux jours : le mythe continue...

🐾 📶 ♨ 🔄 🛗 ♿ AC 🏊 – 154 chambres – 54 suites

25 avenue Montaigne – 🚇 *Alma Marceau –* ☎ *01 53 67 66 65 - www.dorchestercollection.com/paris/hotel-plaza-athenee*

❀❀❀ **Alain Ducasse au Plaza Athénée** • 🍴 **Le Relais Plaza** – Voir la sélection des restaurants

LA RÉSERVE

PALACE · ÉLÉGANT Parquet Versailles, larges canapés, corniches dorées à l'or fin : c'est vers le chic parisien de la Belle Époque que lorgne ce superbe hôtel particulier du 19e s., décoré par Jacques Garcia. Suites avec vue sur les jardins de l'Élysée, le Grand Palais ou la Tour Eiffel. Cuisine internationale "sur la route des épices" proposée à la Pagode de Cos.

🐾 🖥 📶 ♨ 🔄 🛗 ♿ AC – 25 suites – 15 chambres

42 avenue Gabriel – 🚇 *Champs Elysées Clemenceau –* ☎ *01 58 36 60 60 - www.lareserve-paris.com*

❀❀ **Le Gabriel** – Voir la sélection des restaurants

LE ROYAL MONCEAU

PALACE · PERSONNALISÉ Ce palace du 21e s., décoré par Philippe Starck, se joue des codes en vigueur : galerie d'art, librairie, salle de cinéma high-tech, spa superbe... Assurément arty ! En un mot : Royal.

🐾 🖥 📶 ♨ 🔄 🛗 ♿ AC 🏊 – 108 chambres – 41 suites

37 avenue Hoche – 🚇 *Charles de Gaulle-Etoile –* ☎ *01 42 99 88 00 - www.leroyalmonceau.com*

🍴 **Il Carpaccio** – Voir la sélection des restaurants

FOUQUET'S BARRIÈRE

LUXE · ÉLÉGANT Né dans le sillage de la mythique brasserie, ce luxueux hôtel a été décoré par Jacques Garcia : styles Empire et Art déco, foisonnement d'acajou, de soie, de velours, associés à des équipements high-tech et un spa superbe. La carte de la mythique brasserie est signée Pierre Gagnaire. Une authentique expérience parisienne.

🐾 🖥 📶 ♨ 🔄 🛗 ♿ AC 🏊 🚗 – 64 chambres – 37 suites

46 avenue George-V – 🚇 *George V –* ☎ *01 40 69 60 05 - www.lefouquets-paris.com*

PRINCE DE GALLES

GRAND LUXE · ART DÉCO Ce fleuron légendaire de l'Art déco parisien irradie de son élégance l'avenue George-V. Construit en 1928, nimbé d'une nouvelle fraîcheur, le charme des lieux reste intact, des chambres, luxueuses et raffinées, au bar "Les Heures", où le temps suspend son vol, face au patio classé.

⚂ ♨ ⎑ ♿ 🅰🅲 ♨ – 115 chambres – 44 suites

33 avenue George-V – Ⓜ *George V –* ☎ *01 53 23 77 77 – www.marriott.com*

VERNET

Tablet. **PLUS**

HISTORIQUE · PERSONNALISÉ Un immeuble des Années folles dans une petite rue près des Champs-Élysées... qui abrite un hôtel entièrement rénové ! Il se dégage de ces lieux un je-ne-sais-quoi de très parisien, du hall d'entrée lumineux aux chambres, dont on appréciera le décor soigné et feutré.

⚂ ⎑ ♿ 🅰🅲 ♨ – 41 chambres – 9 suites

25 rue Vernet – Ⓜ *Charles de Gaulle-Etoile –* ☎ *01 44 31 98 00 – www.hotelvernet.com*

🍴 **Le V** – Voir la sélection des restaurants

BUDDHA-BAR HOTEL

Tablet. **PLUS**

LUXE · CONTEMPORAIN On connaissait le Buddha-Bar, adresse parisienne très branchée ; voici le Buddha-Bar Hotel, créé dans un hôtel particulier du 18e s. Entre boiseries anciennes et décor néo-asiatique (lanternes rouges, pierre du Népal, dragons omniprésents et couleur jaune impérial dans les couloirs), l'ensemble se révèle très glamour et raffiné ! Inédit et exclusif.

⚂ ♨ ⎑ ♿ 🅰🅲 – 51 chambres – 5 suites

4 rue d'Anjou – Ⓜ *Madeleine –* ☎ *01 83 96 88 88 – www.buddhabarhotelparis.com*

HÔTEL DE BERRI

GRAND LUXE · ART DÉCO À deux pas des Champs-Élysées, cet immeuble des années 1970 abrite un hôtel atypique, élégant et luxueux : sols à damier et statues dans le hall, grand bar, centaines d'œuvres d'art en exposition, chambres spacieuses aux équipements ultra-modernes. Cuisine méditerranéenne au restaurant Schiap.

⚂ 🛎 ♨ ⎑ ♿ 🅰🅲 ♨ – 74 chambres – 1 suite

18-22 rue de Berri – Ⓜ *Saint-Philippe-du-Roule –* ☎ *01 76 52 77 73 – www.marriott.com*

HYATT PARIS MADELEINE

BUSINESS · MODERNE Une belle verrière réalisée par Eiffel, d'agréables chambres contemporaines : un hôtel sobre et chaleureux tout à la fois. Sauna, hammam... Cuisine actuelle au Café M et, le soir, bar à champagne.

⚂ ⎑ – 71 chambres – 14 suites

24 boulevard Malesherbes – Ⓜ *Madeleine –* ☎ *01 55 27 12 34 – www.paris.madeleine.hyatt.com*

LANCASTER

HISTORIQUE · CLASSIQUE Marlène Dietrich appréciait le charme discret de cet hôtel particulier, construit en 1889 à deux pas des Champs-Élysées : parquets d'époque et cheminées, mobilier des 18e et 19e s., œuvres d'art, etc.

♨ ⎑ 🅰🅲 ♨ – 44 chambres – 11 suites

7 rue de Berri – Ⓜ *George V –* ☎ *01 40 76 40 76 – www.hotel-lancaster.com*

SOFITEL LE FAUBOURG

Tablet. **PLUS**

LUXE · PERSONNALISÉ Élégant hôtel dans deux demeures des 18e et 19e s. Les chambres, décorées dans un style moderne et épuré, ne manquent pas d'élégance ; on profite d'un salon sous verrière, ainsi que d'un joli fitness avec hammam et salles de massages.

⚂ ♨ ⎑ ♿ 🅰🅲 ♨ – 119 chambres – 29 suites

15 rue Boissy-d'Anglas – Ⓜ *Concorde –* ☎ *01 44 94 14 14 – www.sofitel-paris-lefaubourg.com*

🏨 LA TRÉMOILLE

TRADITIONNEL · PERSONNALISÉ Les murs de cet hôtel particulier haussmanien, bâti en 1883, ont l'étoffe des lieux historiques. Palace réputé dès les années 1920, l'adresse devient le refuge de nombreux jazzmen américains à partir des années 1960. Sa clientèle fidèle aime aujourd'hui ses chambres sobres d'esprit néo-rétro avec moulures, jolis tissus tendus, marbre noir et blanc dans les salles de bains...

🍽 ♨ 🛗 ♿ 🅰 🎴 – 88 chambres – 5 suites

14 rue de la Trémoille – Ⓜ *Alma Marceau –*
☏ *01 56 52 14 00 – www.hotel-tremoille.com*

🏨 LE DAMANTIN `Tablet.PLUS`

BOUTIQUE HÔTEL · MODERNE Mêlant brique rouge et pierre de taille, ce boutique-hôtel a pris ses quartiers en bord de Seine. L'intérieur joue la carte du luxe sans ostentation : mobilier classique, velours tressés, tissus des maisons Pierre Frey, etc. Piscine, sauna et fitness, massage sur demande.

🍽 ⊠ ♨ ♨ 🛗 ♿ 🅰 🎴 – 42 chambres – 2 suites

1 rue Bayard – Ⓜ *Franklin Roosevelt –*
☏ *01 53 75 62 62 – www.ledamantin.com*

🏨 HÔTEL DE SERS `Tablet.PLUS`

HÔTEL PARTICULIER · PERSONNALISÉ Le marquis de Sers ne reconnaîtrait pas son hôtel particulier de la fin du 19e s. Il faut dire qu'il mélange les styles avec succès : si le hall a conservé son caractère d'origine, les chambres, elles, sont résolument contemporaines et tendance. Un "baby palace" élégant...

🍽 ♨ 🛗 ♿ 🅰 🎴 – 45 chambres – 7 suites

41 avenue Pierre-1er-de-Serbie – Ⓜ *George V –*
☏ *01 53 23 75 75 – www.hoteldesers.com*

🏨 L'HÔTEL FAUCHON `Tablet.PLUS`

BOUTIQUE HÔTEL · CONTEMPORAIN Un bel établissement, idéalement situé. Les chambres, spacieuses, ont du style (dans une veine "hôtel gourmand" chère à la marque), et donnent sur l'église de la Madeleine ou le boulevard. Espace bien-être avec hammam, fitness et cabines de soins.

🍽 ⪬ ♨ 🛗 ♿ 🅰 – 47 chambres – 7 suites

4 boulevard Malesherbes – Ⓜ *Madeleine –*
☏ *01 87 86 28 00 – www.fauchonhotels.com*

🏨 MARIGNAN CHAMPS-ELYSÉES

LUXE · DESIGN Un luxe discret : voilà le parti pris de cet ancien hôtel particulier, voisin des Champs-Élysées. Toutes les chambres révèlent une décoration élégante et épurée, avec parquet en chêne, mobilier chic des années 1950 et 1960, grandes literies... Du style et de la subtilité !

🍽 🛗 ♿ 🅰 🎴 – 45 chambres – 5 suites

12 rue de Marignan – Ⓜ *Franklin D. Roosevelt –*
☏ *01 40 76 34 56 – www.hotelmarignanelyseesparis.com*

🏨 MARQUIS FAUBOURG SAINT-HONORÉ `Tablet.PLUS`

HISTORIQUE · PERSONNALISÉ Ce boutique-hôtel doit son nom au marquis de La Fayette, le "héros des deux mondes", qui vécut dans cet hôtel particulier du 18e s. De vastes chambres, une décoration chic et sobre, de luxueuses salles de bains : l'adresse ne manque ni de charme ni de panache !

♨ 🛗 ♿ 🅰 – 10 suites – 5 chambres

8 rue d'Anjou – Ⓜ *Madeleine –*
☏ *01 44 80 00 00 – www.marquisfaubourgsainthonore.com*

MONSIEUR GEORGE

BOUTIQUE HÔTEL · CONTEMPORAIN À deux pas des "Champs", un hôtel superbement rénové par la designer anglaise Anouska Hempel : riches étoffes, marbres noirs, miroirs du sol au plafond, éclairages tamisés… Une ambiance très dandy, jusqu'aux confortables chambres, dont certaines avec balcon.

🛏 🛁 ♿ 🆒 – 43 chambres – 2 suites

17 rue Washington – Ⓜ *George V – 𝒞 01 87 89 48 48 – www.monsieurgeorge.com*

🍽 **Galanga** – Voir la sélection des restaurants

VILLEROY

HÔTEL PARTICULIER · CONTEMPORAIN Dans l'un des quartiers les plus huppés de la capitale, une rue discrète accueille cet hôtel repris par le groupe The Collection. Ici, c'est le luxe façon maison privée du début du 20e s. – avec majordome pour chaque chambre ! –, superbes salles de bains, fitness haut de gamme…

🛏 🛁 🔲 ♿ 🆒 – 9 chambres – 2 suites

33 rue Jean Goujon – Ⓜ *Alma Marceau – 𝒞 01 45 05 68 00 –*
www.hotelvilleroy.com/fr/

❄ **Trente-Trois** – Voir la sélection des restaurants

HÔTEL BOWMANN
`Tablet. PLUS`

LUXE · ÉLÉGANT Au cœur du triangle d'or, dans un immeuble du 19e s., on trouve cet hôtel ouvert après deux ans de travaux. Chambres spacieuses, entre confort moderne et élégance haussmannienne (dont une grande suite au dernier étage, avec vue sur les toits !), espace bien-être : rien ne manque.

🖼 🛏 🛁 🔲 ♿ 🆒 – 52 chambres – 1 suite

99 boulevard Haussmann – Ⓜ *Saint Augustin – 𝒞 01 40 08 00 10 –*
www.hotelbowmannparis.com

GRAND POWERS
`Tablet. PLUS`

LUXE · TENDANCE Le Grand Powers (ex-Hôtel Powers) a été entièrement rénové en 2018. La décoration classique de cet immeuble haussmannien du triangle d'or (cheminée et moulures ouvragées) s'associe au contemporain chic et discret. Une nouvelle adresse très élégante à deux pas des Champs Elysées. L'établissement propose une restauration simple qui privilégie les préparations saines et légères (dim sum, salades, saumon). Petit espace fitness au sous-sol.

🍴 🛏 🛁 🔲 ♿ 🆒 ♨ – 49 chambres – 1 suite

52 rue François-1er – Ⓜ *George V – 𝒞 01 47 23 91 05 –*
www.hotelgrandpowersparis.com

LES JARDINS DU FAUBOURG

BOUTIQUE HÔTEL · ÉLÉGANT À un jet de pierre de l'ambassade de Grande-Bretagne, un petit bijou associant modernité et classicisme très "parisien", avec une petite cour-terrasse aux jasmins envoûtants… Espace bien-être au sous-sol.

🍴 🖼 🏊 🛏 🛁 🔲 ♿ 🆒 – 32 chambres – 4 suites

9 rue d'Aguesseau – Ⓜ *La Madeleine – 𝒞 01 86 54 15 15 –*
www.jardinsdufaubourg.com

🍽 **La Régalade du Faubourg** – Voir la sélection des restaurants

LE PAVILLON DES LETTRES
`Tablet. PLUS`

URBAIN · PERSONNALISÉ Un hôtel littéraire en plein cœur de Paris ? Vingt-six chambres pour les vingt-six lettres de l'alphabet, chacune portant le nom d'un écrivain et déclinant son œuvre dans leur décoration. Élégant et subtil : parfait pour réviser ses classiques et découvrir la ville autrement.

🔲 ♿ 🆒 – 26 chambres

12 rue des Saussaies – Ⓜ *Miromesnil – 𝒞 01 49 24 26 26 – www.pavillondeslettres.com*

AMASTAN `Tablet. PLUS`

BUSINESS · CONTEMPORAIN Situation pratique et centrale pour ce boutique hôtel à deux rues des Champs-Élysées. Matériaux naturels (bois, cuivre, laiton et tapisseries tissées main sur les murs) et lignes sobres et design en font une halte choisie. 24 chambres. Cour intérieure végétalisée très agréable.

🔄 ⑆ 📷 – 24 chambres

34 rue Jean Mermoz – Ⓜ St-Philippe-du-Roule – ℰ 01 49 52 99 70

 DANIEL `Tablet. PLUS`

URBAIN · PERSONNALISÉ Discrètement niché dans une rue calme à proximité des Champs-Élysées, cet hôtel a le goût du voyage à l'image de ses propriétaires ! Toiles de Jouy, tapis persans, bureau turc en bois incrusté de nacres: bref, des meubles et objets du monde entier campent un décor raffiné et chaleureux... pour globe-trotters parisiens.

🍽 🔄 ⑆ 📷 – 22 chambres – 4 suites

8 rue Frédéric Bastiat – Ⓜ St-Philippe du Roule – ℰ 01 42 56 17 00 – www.hoteldanielparis.com

 LE MARIANNE

URBAIN · CONTEMPORAIN Cette séduisante Marianne se cache dans un immeuble haussmannien, tout près des Champs-Élysées. L'hôtel a des allures de maison particulière ; les chambres, confortables, se parent de matériaux nobles (marbre, laiton) et de beaux dégradés de couleurs.

🔄 ⑆ 📷 – 31 chambres

11 rue Paul-Baudry – Ⓜ St-Philipe-du-Roule – ℰ 01 45 04 30 30 – www.lemarianne.com

 CHAVANEL

URBAIN · CONTEMPORAIN Cet hôtel appartient à la même famille depuis 1984. Depuis les voilages en dentelle française des fenêtres, jusqu'aux luminaires, tout détail est étudié. Quant au buffet du petit-déjeuner, il mérite votre appétit !

🔄 📷 – 27 chambres

22 rue Tronchet – Ⓜ Madeleine – ℰ 01 47 42 26 14 – www.hotelchavanel.com

Opéra · Grands Boulevards

9e ARRONDISSEMENT

Restaurants

 NESO

Chef: Guillaume Sanchez

CRÉATIVE · CONTEMPORAIN ✗✗ L'attachant – et très tatoué – Guillaume Sanchez propose une cuisine tout feu tout flamme dans un lieu sobre et élégant (plafond de 5m30, façade en métal). Extractions de vapeur à froid, fermentation des légumes : le chef, qui ne travaille que poisson et végétal, des produits d'une grande qualité et exclusivement français, a de l'imagination et de la technique à revendre. Variations de saveurs et de textures, dressages originaux et très soignés, on enchaîne les petites bombinettes de saveurs, jusqu'à quelques tentatives qui laissent plus perplexes mais témoignent d'une identité forte et assumée. Le menu en 7 services est uniquement proposé au comptoir : une expérience. Neso 2, face au restaurant, propose petites préparations iodées à déguster.

Spécialités: Cuisine du marché.

⑆ 📷 – Menu 135/180 €

3 rue Papillon – Ⓜ Poissonnière – ℰ 01 48 24 04 13 – www.neso.paris – Fermé 23 décembre-2 janvier, le midi

⚜ ASPIC

Chef: Quentin Giroud

MODERNE · BISTRO Х Après avoir plaqué le monde de la finance pour entrer à l'école Ferrandi, le chef a multiplié les expériences (ministère des Affaires étrangères, L'Épi Dupin entre autres) avant d'ouvrir sa propre table rue de la Tour d'Auvergne. Esprit rétro, cuisine ouverte sur la salle, service attentionné : on se sent immédiatement à l'aise. Impression confirmée par les assiettes aux dressages soignés : le menu surprise, en sept séquences, met en valeur des produits impeccables (viandes et volailles fermières, poissons de ligne et de petit bateau, herbes et épices, le tout issu des circuits courts, autant que possible) dans des préparations subtiles et délicates... avec juste ce qu'il faut de créativité bien maîtrisée. Un bonheur.

Spécialités : Cuisine du marché.

🅰🅲 – Menu 75 €

24 rue de la Tour-d'Auvergne – Ⓜ Cadet – ☏ 09 82 49 30 98 – www.aspic-restaurant.fr – Fermé 1er-30 août, 24 décembre-1er janvier, lundi, dimanche et le midi

⚜ LA CONDESA

Chef: Indra Carrillo

CRÉATIVE · COSY Х La Condesa est un quartier de Mexico : c'est aussi le restaurant d'Indra Carrillo, venu du Mexique pour intégrer l'institut Paul Bocuse, avant de rejoindre de grandes maisons comme le Bristol ou l'Astrance. Formé chez des MOF, notamment en poissonnerie et boulangerie, et après une expérience au Japon, il reprend l'Atelier Rodier, qu'il transforme complètement, côté salle et cuisine. Ses techniques sont françaises, mais ses inspirations font la part belle aux différentes cultures gastronomiques (pas nécessairement mexicaines). Exemple parfait, cet agnoletti de butternut infusé dans un bouillon de volaille et huile de piment mexicain, lard de colonnata. Une excellente adresse, mise en valeur par un service professionnel. Un coup de cœur.

Spécialités : Cuisine du marché.

🅰🅲 – Menu 45 € (déjeuner)/95 €

17 rue Rodier – Ⓜ Notre-Dame de Lorette – ☏ 01 53 20 94 90 – www.lacondesa-paris.com – Fermé 9 août-23 septembre, 19-28 décembre, lundi, dimanche et le midi sauf vendredi

⚜ L'INNOCENCE

Cheffes: Anne Legrand et Clio Modafarri

MODERNE · ÉPURÉ Х Depuis leur cuisine ouverte sur la salle, deux cheffes talentueuses, Anne Legrand (L'Atelier Rodier, Le Clarence, Itinéraires) et Clio Modaffari (The Kitchen Gallery, Itinéraires, Frenchie) célèbrent le marché et les saisons au fil d'un menu mystère en six plats. Ce jour-là, un beau pavé de filet de thon Ikejime, un suprême de pigeonneau d'une insolente tendreté, ou l'excellente poulette de la cour d'Armoise à la peau croustifondante. Produits rigoureusement sélectionnés, saveurs percutantes, jolis jeux de textures : on se régale d'un bout à l'autre des assiettes colorées du duo, qui se plaît à travailler végétal, viandes et poisson. Pensez à réserver.

Spécialités : Rouget grillé, courgette, haricots, vinaigrette de foie de rouget. Volaille de la cour d'Armoise, cèpes des Vosges, jus de rôti. Feuille à feuille de pomme au sucre muscovado, sorbet oseille.

🅰🅲 – Menu 36 € (déjeuner)/72 €

28 rue de la Tour-d'Auvergne – Ⓜ Cadet – ☏ 01 45 23 99 13 – www.linnocence.fr – Fermé lundi, mardi midi, mercredi midi, jeudi midi, dimanche

LOUIS

Chef: Stéphane Pitré

MODERNE • INTIME X Non loin des grands magasins mais dans une rue tranquille, ce petit restaurant accueille dans un intérieur intimiste, avec cuisine ouverte et caveau de dégustation au sous-sol. Aux fourneaux, un chef breton, passé chez Senderens, rend hommage à son père, grand-père et arrière-grand-père, tous prénommés "Louis". Il cisèle des menus originaux, en petites portions : blanc de cabillaud au chou romanesco, noisette du Piémont et savagnin ; ou encore agneau rôti, textures de petits pois et lard de Bigorre. Les bons appétits opteront pour le menu à 6 ou 8 plats. C'est inventif, spontané, et la cuisine est attentive au marché et aux saisons. Une pause gourmande au calme... et pour une expérience plus "bistrot", direction Le Cellier et sa cuisine simple et franche, à deux numéros de là.

Spécialités: Cuisine du marché.

♿ - Menu 42 € (déjeuner), 81/110 €

23 rue de la Victoire - Ⓜ Le Peletier - ✆ 01 55 07 86 52 - www.louis.paris - Fermé 1er-31 août, 21-26 décembre, samedi, dimanche

ABRI SOBA

JAPONAISE • BISTRO X Connaissez vous les *soba*, des pâtes japonaises au sarrasin ? Ce restaurant (la deuxième adresse des associés à l'origine d'Abri) en a fait sa spécialité et les propose, pour ainsi dire, à toutes les sauces : à midi et le soir, froides ou chaudes, avec bouillon et émincé de canard par exemple. C'est simple et savoureux : à vos baguettes.

Spécialités: Pâtes soba froides, sauce soja, tofu émincé et frit. Pâtes soba chaudes, beignets de crevettes et légumes. Crème brûlée au sarrasin.

Carte 25/40 €

10 rue Saulnier - Ⓜ Cadet - ✆ 01 45 23 51 68 - Fermé 1er-24 août, lundi, dimanche

LE CAILLEBOTTE

MODERNE • CONVIVIAL X Franck Baranger, le chef, compose ces assiettes fraîches et résolument modernes dont il a le secret : langoustines servies crues sur des lasagnes de concombre, thon blanc de St-Gilles et coulis de petits pois mentholés... C'est gourmand, coloré, et colle parfaitement à l'ambiance conviviale des lieux.

Spécialités: Ravioles de langoustines, carottes et bouillon de tête. Quasi de veau, caviar d'aubergine, céleri en barigoule. Tarte amandine aux prunes et mirabelles.

Menu 38/49 €

8 rue Hippolyte-Lebas - Ⓜ Notre-Dame de Lorette - ✆ 01 53 20 88 70 - www.lapantruchoise.com - Fermé dimanche

LES CANAILLES PIGALLE

MODERNE • BISTRO X Parfaite pour s'encanailler, cette sympathique adresse a été créée par deux Bretons formés à bonne école. Ici, ils jouent la carte de la bistronomie et des recettes de saison. Spécialités : le carpaccio de langue de bœuf et sauce ravigote, et le baba au rhum avec sa chantilly à la vanille... On se régale !

Spécialités: Carpaccio de langue de bœuf, sauce gribiche. Cœur de rumsteck, pomme dauphine. Baba au rhum.

AC - Menu 37 € - Carte 50/62 €

25 rue La Bruyère - Ⓜ St-Georges - ✆ 01 48 74 10 48 - www.restaurantlescanailles.fr - Fermé 30 juillet-22 août, samedi, dimanche

LE PANTRUCHE

MODERNE • BISTRO X Pantruche, c'est Paris en argot... Un nom tout trouvé pour ce bistrot au décor rétro-chic, qui cultive volontiers l'atmosphère gouailleuse et canaille des années 1940-1950. Côté papilles, le chef et sa petite équipe concoctent de jolis plats de saison, pile dans la tendance bistronomique.

Spécialités: Tête de veau croustillante, coquillages et herbes sauvages. Joue de bœuf au vin rouge. Soufflé au Grand Marnier, caramel au beurre salé.

Menu 38 €

3 rue Victor-Massé - Ⓜ Pigalle - ✆ 01 48 78 55 60 - www.lapantruchoise.com - Fermé 12-31 août, samedi, dimanche

RICHER

MODERNE • BRANCHÉ ፠ Cette maison séduit autant par son esprit de cantine arty que par ses assiettes, qui dévoilent une cuisine du marché fraîche et goûteuse, à l'image de ces gambas et crème de fenouil. Attention cependant, le seul moyen de réserver est de... se présenter sur place.

Spécialités : Tabouté de choux-fleur, yaourt grec, piperade, cacahouètes. Brocolis snacké, purée d'artichaut, sauce vierge aux agrumes. Crème citron, meringue, biscuit croquant et sorbet coco.

&. – Carte 36/50 €

2 rue Richer – Ⓜ Poissonnière – ℰ 09 67 29 18 43 – www.lericher.com – Fermé 8-22 août, 24 décembre-1ᵉʳ janvier

LES AFFRANCHIS

MODERNE • BISTRO ፠ "Affranchi" des maisons où il était salarié, le chef se joue avec bonheur des classiques pour élaborer une cuisine goûteuse, à l'image de cet œuf parfait, façon carbonara ou du lieu jaune en arlequin de chou-fleur, orange et poutargue. Une adresse qui va comme un gant à ce 9ᵉ arrondissement, aussi bourgeois que bohème.

Menu 40 € (déjeuner), 50/55 €

5 rue Henri-Monnier – Ⓜ St-Georges – ℰ 01 45 26 26 30 – www.lesaffranchisrestaurant.com – Fermé lundi

ALLEUDIUM Ⓜ

MODERNE • CONVIVIAL ፠ Un chef japonais aux références solides (notamment passé par le Violon d'Ingres de Christian Constant) tient cette table, au décor de bistrot contemporain. On sent l'envie de bien faire à tous les niveaux et en particulier dans l'assiette, moderne et inspirée, avec quelques touches rappelant les origines du chef. Ambiance conviviale.

Menu 37 € (déjeuner)/49 € – Carte 47/55 €

24 rue Rodier – Ⓜ Anvers – ℰ 01 45 26 86 26 – www.alleudium.com – Fermé dimanche

BELLE MAISON

POISSONS ET FRUITS DE MER • BISTRO ፠ Les trois associés de Pantruche et Caillebotte rythment cette Belle Maison, baptisée ainsi d'après la plage de l'île d'Yeu où ils passaient leurs vacances. Le chef manie l'iode avec une facilité déconcertante – raviole de crabe et gaspacho ; maigre de ligne, petits pois et girolles –, on se régale en sa compagnie. Appel du large reçu cinq sur cinq.

Carte 32/52 €

4 rue de Navarin – Ⓜ Saint-Georges – ℰ 01 42 81 11 00 – www.lapantruchoise.com – Fermé dimanche

BOUILLON 47

MODERNE • CONVIVIAL ፠ Première affaire pour ce chef, qui fut pendant trois ans second de Bruno Doucet à La Régalade St-Honoré – à bonne école, donc ! Il compose ici une cuisine bistronomique bien ficelée, avec de judicieuses associations de produits de saison et de qualité... C'est gourmand, goûteux : on passe un excellent moment.

&. 🏧 – Menu 28 € (déjeuner)/42 € – Carte 28/58 €

47 rue de Rochechouart – Ⓜ Poissonnière – ℰ 09 51 18 66 59 – www.bouillon47.fr – Fermé 1ᵉʳ-22 août, lundi, dimanche

LE GARDE TEMPS

MODERNE • BISTRO ፠ Murs en pierres apparentes, comptoir en carrelage de métro... Bienvenue au Garde Temps, sympathique bistrot ouvert par un ancien d'Yves Camdeborde : c'est frais et bien travaillé, comme cette mousseline de topinambour et maquereau, ou le coquelet jaune des landes aux herbes, et sa sauce suprême. En saison, l'ardoise s'autorise quelques plats ambitieux (truffe, homard).

🏧 – Menu 31/36 € – Carte 45/70 €

19 bis rue Pierre-Fontaine – Ⓜ Blanche – ℰ 09 81 48 50 55 – www.restaurant-legardetemps.fr – Fermé 1ᵉʳ-22 août, samedi midi, dimanche

⅋○ IL CUOCO GALANTE

ITALIENNE · BISTRO ⅀ Dans ce bistrot convivial, la cheffe Ilaria Conti, originaire de Ligurie, décline une cuisine rafraîchissante, entre modernité et beau classicisme. Prenez par exemple ces spaghettis *al pomodoro San Marzano*, une recette vieille comme le monde… qui n'a pas pris une ride.

Menu 20 € (déjeuner)/48 € – Carte 45/60 €

36 rue Condorcet – Ⓜ *Anvers –* ☏ *01 40 37 35 53 – www.ilcuocogalante.com – Fermé lundi midi, dimanche*

⅋○ MIEUX

MODERNE · CONVIVIAL ⅀ Trois associés de longue date ont ouvert cette adresse sympathique dans la rue Saint-Lazare, en plein cœur du 9e arrondissement. La cuisine célèbre le marché et les bons produits – légumes d'Annie Bertin, pêche de petit bateau –, l'ambiance est conviviale et sans prétention. Très bon rapport qualité-prix à midi.

✿ – Menu 21 € (déjeuner) – Carte 36/52 €

21 rue Saint-Lazare – Ⓜ *Notre-Dame-de-Lorette –* ☏ *01 71 32 46 73 – www.mieux-restaurant.com – Fermé dimanche*

⅋○ MI KWABO Ⓝ

AFRICAINE · CONVIVIAL ⅀ « Mi kwabo » : soyez les bienvenus (en dialecte béninois). Le chef Elis Bond et sa compagne Vanessa ont le sens de l'accueil. Dans son petit restaurant (14 couverts), ce cuisinier autodidacte et inspiré propose une délicate cuisine fusion qui marie les produits et les cultures culinaires afro-caribéennes. Un voyage poétique et parfumé.

Menu 30 € (déjeuner)/50 €

42 rue Rodier – Ⓜ *Saint-Georges –* ☏ *07 64 05 69 32 – http://mikwabo-restaurant.com – Fermé lundi, mardi midi, mercredi midi, dimanche*

Hôtels

🏨 INTERCONTINENTAL LE GRAND

HISTORIQUE · GRAND LUXE Voilà bien un Grand Hôtel (né en 1862), exemplaire du 19e s., sur la place même de l'Opéra, au cœur du Paris d'Haussmann ! Son Café de la Paix au sublime décor, sa cour intérieure à l'ambiance proustienne, ses chambres de style Second Empire… Un monument parisien.

🔟 *Ⅰ*🔊 ⊡ ⅍ 🆔 ⅍ 🚗 – 442 chambres – 28 suites

2 rue Scribe – Ⓜ *Opéra –* ☏ *01 40 07 32 32 – www.parislegrand.intercontinental.com*

🏨 HÔTEL DE NELL   `Tablet.PLUS`

LUXE · DESIGN Un fort bel établissement voisin du Conservatoire national supérieur d'Art dramatique. Ferait loin de la comédie qui se plaindrait de ses aménagements, au style affirmé, signés Jean-Michel Wilmotte. Bois brut, tons clairs, lignes épurées… ou tout l'esprit du luxe contemporain.

🍴 ⊡ ⅍ 🆔 ⅍ – 33 chambres – 1 suite

7-9 rue du Conservatoire – Ⓜ *Bonne Nouvelle –* ☏ *01 44 83 83 60 – www.hoteldenell.com*

🏨 PARISTER

URBAIN · COSY Hôtel au charme intemporel, proche des Grands Boulevards. Chambres feutrées et cosy, confortables, espace bien-être en sous-sol, avec couloir de nage. Le restaurant Les Passerelles propose une cuisine française et internationale. Le soir, formule tapas au bar. Une jolie adresse.

🍴 🔲 *Ⅰ*🔊 ⊡ ⅍ 🆔 ⅍ – 45 chambres

19 rue Saulnier – Ⓜ *Cadet –* ☏ *01 80 50 91 91 – www.hotelparister.com*

ÎLE-DE-FRANCE • PARIS

 GRAND PIGALLE `Tablet. PLUS`

BOUTIQUE HÔTEL · MODERNE Au cœur du Pigalle branché, l'art de vivre et la convivialité typiquement frenchie et « parigot » sont au programme de cet hôtel rétro-chic dont le lobby s'orne d'un long bar. Chambres design et confortables habillées de couleurs dans l'air du temps.

⚘ 🅐🅒 – 37 chambres

29 rue Victor-Massé – Ⓜ Pigalle – ℰ 01 85 73 12 00 – https://www.grandpigalle.com/

 LE PIGALLE `Tablet. PLUS`

URBAIN · CONTEMPORAIN Dans une rue discrète du 9e arrondissement, en plein cœur de la Nouvelle-Athènes, cet "hôtel de quartier", comme il se présente, tient ses promesses : c'est un vrai lieu vie, dont le rez-de-chaussée accueille parfois les voisins de passage, pour un verre ou plus. Chambres sobres, aux murs blancs et parquets massifs, décorés de bibelots uniques, de disques et d'affiches.

🆒 🅐🅒 – 40 chambres

9 rue Frochot – ℰ 01 48 78 37 14 – lepigalle.paris

 ADÈLE & JULES `Tablet. PLUS`

BOUTIQUE HÔTEL · PERSONNALISÉ Un hôtel situé au calme, et pourtant à proximité des Grands Boulevards, des Folies Bergères, et du quartier des Antiquaires. Chambres cosy, décor "chic parisien". Une valeur sûre.

🛁 🆒 🅐🅒 🅜 – 60 chambres

2 et 4 bis Cité-Rougemont – Ⓜ Grands Boulevards – ℰ 01 48 24 60 70 – www.hoteladelejules.com

 ATHÉNÉE

LUXE · COSY Non loin du théâtre de l'Athénée, cet hôtel chic assume un style néobaroque très "opéra"... signé Jacques Garcia. Draperies, velours pourpre, boiseries, chambres décorées sur un thème lyrique ("Traviata", "Faust"...), bar et fumoir. Chamarré et précieux !

🆒 🅐🅒 – 20 chambres

19 rue Caumartin – Ⓜ Havre Caumartin – ℰ 01 40 17 99 29 – www.maisonathenee.com

---

Gare de l'Est · Gare du Nord · Canal St-Martin

10ᵉ ARRONDISSEMENT

Restaurants

 ABRI

Chef: Katsuaki Okiyama

MODERNE · SIMPLE ✕ On ne remerciera jamais assez les jeunes Japonais qui viennent s'installer à Paris, apportant dans leurs bagages de belles et bonnes idées et une technique incomparable... Passé notamment par La Table de Joël Robuchon et Taillevent, Katsuaki Okiyama s'est entouré d'une équipe 100 % nippone... mais sa cuisine est grandement française, tout en portant la marque de cette sensibilité propre à l'Asie, qui va si bien aux classiques de l'Hexagone. Si le confort est, disons, modeste (une petite salle de vingt couverts environ), on apprécie la capacité du chef à surprendre avec des plats où l'improvisation joue un grand rôle, au gré de son inspiration et des produits dont il dispose. N'oublions pas, enfin, l'excellent rapport qualité-prix. Menu dégustation le midi et le samedi, carte le soir en semaine.

Spécialités: Cuisine du marché.

Menu 55 € (déjeuner)/65 € – Carte 50/70 €

92 rue du Faubourg-Poissonnière – Ⓜ Poissonnière – ℰ 01 83 97 00 00 – www.abrirestaurant.fr – Fermé 25 juillet-25 août, 25 décembre-7 janvier, lundi, dimanche

BRIGADE DU TIGRE ⑩

ASIATIQUE • CONVIVIAL Ⅹ Tous les deux passés chez William Ledeuil, tous les deux grands amoureux de l'Asie qu'ils ont arpenté, les compères de Eels ont uni leurs baguettes pour célébrer la joyeuse diversité de la cuisine asiatique dans un duplex d'esprit bistrot. Résultat : des petites pépites parfumées à grignoter seul ou à partager, concoctées à partir de produits de qualité...

Spécialités : Ravioli grillé aux champignons. Crabe mou en tempura, vierge de saté. Flan au thé matcha, chocolat blanc.

Ġ – Menu 23 € (déjeuner) – Carte 26/40 €

38 rue du Faubourg-Poissonnière – Ⓜ *Bonne Nouvelle –* ℰ *01 45 81 51 56 – www.brigadedutigre.fr – Fermé samedi, dimanche*

CHEZ MICHEL

TRADITIONNELLE • BISTRO ⅩMasahiro Kawai, le chef japonais de Chez Michel, joue une partition traditionnelle joyeuse et goûteuse, sans rien s'interdire : du kig ha farz (la fameuse potée bretonne) au gibier en saison, en passant par le foie gras rôti, il célèbre les régions – au premier rang desquelles, la Bretagne – avec un soin et une générosité de tous les instants.

Spécialités : Soupe de poissons, chorizo, croûtons et parmesan. Coq au vin de nos grands-mères. Paris-brest.

Menu 26 € (déjeuner)/38 €

10 rue de Belzunce – Ⓜ *Gare du Nord –* ℰ *01 44 53 06 20 – www.restaurantchezmichel.fr – Fermé 1ᵉʳ-30 août, samedi, dimanche*

52 FAUBOURG ST-DENIS

MODERNE • CONVIVIAL ⅩVous aimez les néobistrots ? Vous allez être ravis : béton brut et pierres apparentes, carte courte et efficace, accompagnée de jolis vins et de bière artisanale. Tout est là, tout est bon, jusqu'au café sélectionné et torréfié par le patron. Attention : pas de réservation. La rançon (et les raisons ?) du succès.

Spécialités : Pressé de tomate, crème au Sainte-Maure-de-Touraine, panisse et aubergine. Courgette violon, yaourt au sésame noir, condiment ail et miso. Tiramisu, granité au café.

Ġ – Carte 33/43 €

52 rue du Faubourg-Saint-Denis – Ⓜ *Strasbourg-St-Denis –* ℰ *01 48 00 95 88 – www.faubourgstdenis.com – Fermé 24 décembre-1ᵉʳ janvier, 8-22 août*

MAMAGOTO

MODERNE • CONVIVIAL ⅩMamagoto, c'est dinette en japonais. Koji Tsuchiya, chef nippon aguerri, propose une savoureuse sélection d'assiettes à partager (sur les entrées) et de plats individuels, mêlant influences japonaises et basques – ainsi le bœuf de Galice, pimiento et cébette, à accompagner de vins de petits vignerons. Percutant.

Spécialités : Poulpe, courgette, poutargue et lait de coco. Merlan de ligne frit, haricot vert et piment doux. Figues de Solliès, biscuit spéculos, crème citron vert.

ᴀᴄ ⇄ – Menu 26 € (déjeuner) – Carte 38/52 €

5 rue des Petits-Hôtels – Ⓜ *Gare du Nord –* ℰ *01 44 79 03 98 – Fermé samedi midi, dimanche*

LES RÉSISTANTS

MODERNE • CONVIVIAL ⅩLes Résistants ? Ceux qui placent au centre de leurs préoccupations, goût et traçabilité. Tel le credo des trois associés : "bien se nourrir, tout en respectant les cycles naturels". Ils le mettent en œuvre dans cette sympathique adresse où l'on déguste une cuisine du marché, qui change tous les jours. Carte des vins nature, brunch le samedi.

Spécialités : Tartare de bœuf Galloway, betterave, huile de noix et coriandre. Veau, courge, épinards et poireaux. Coing, mousse au chocolat et crumble aux amandes.

Ġ ᴀᴄ – Menu 19 € (déjeuner) – Carte 35/45 €

16 rue du Château-d'Eau – Ⓜ *République –* ℰ *01 77 32 77 61 – www.lesresistants.fr – Fermé 9-24 août, dimanche*

⅃○ **TO** Ⓝ

MODERNE · **CONTEMPORAIN** XX À deux pas du canal Saint-Martin, franchissez cette TO – porte en japonais – pour découvrir la cuisine fusion franco-japonaise du chef Ryo Miyazaki (passé chez Saturne) à travers une succession de 3 salles modernes aux ambiances bien distinctes (sous oublier un bar à cocktails au sous-sol). Assiettes inspirées aux dressages soignés. Carte courte au déjeuner, plus ambitieuse au dîner.

🏠 🅰🅲 ⇆ – Menu 29 € (déjeuner)/69 € – Carte 37/64 €

34 rue Beaurepaire – ⓜ Jacques Bonsergent – ℰ 01 40 37 39 12 –
www.to-restaurant.com

⅃○ **BRASSERIE BELLANGER**

TRADITIONNELLE · **BRASSERIE** X Ici, on déringardise la brasserie parisienne à grands coups de produits frais et de fait maison. Assiettes simples et bonnes, décoration soignée, prix raisonnables, ouverture sept jours sur sept toute l'année durant : un super plan.

Carte 25/38 €

140 rue du Faubourg-Poissonnière – ⓜ Anvers – ℰ 09 54 00 99 65 –
www.victoretcharly.com

⅃○ **CHAMELEON**

MODERNE · **CONVIVIAL** X Mobilier chiné, luminaires post-industriels, cuisine bistronomique soignée et gourmande et terrasse donnant sur une rue semi-piétonne... Cette adresse s'inscrit tout droit dans la tendance urbaine et contemporaine (qui a dit bobo ?). Les deux associés, Valérie et Arnaud, sont passionnés de restauration et amoureux des bons produits. Et cela se sent !

🏠 – Menu 23 € (déjeuner), 38/48 € – Carte 43/50 €

70 rue René Boulanger – ⓜ Strasbourg-St-Denis – ℰ 01 42 08 99 41 –
www.chameleonrestaurant.fr – Fermé 8-22 août, samedi midi, dimanche

⅃○ **EELS**

MODERNE · **TENDANCE** X Chez Eels, les assiettes flirtent avec la bistronomie, et certaines d'entre elles (comme l'indique le nom du restaurant) valorisent l'anguille. Le jeune chef Adrien Ferrand a déjà du métier (6 ans chez William Ledeuil, d'abord à Ze Kitchen Galerie, puis au KGB). Avec Eels, il est désormais chez lui. Une réussite !

🕸 – Menu 34 € (déjeuner)/64 € – Carte 57/70 €

27 rue d'Hauteville – ⓜ Bonne Nouvelle – ℰ 01 42 28 80 20 –
www.restaurant-eels.com – Fermé 21 décembre-2 janvier, 4-27 août, lundi, dimanche

⅃○ **LE GALOPIN**

MODERNE · **BISTRO** X Passé par quelques jolies maisons parisiennes (Ze Kitchen Galerie, Itinéraires, Porte 12) et bretonnes, Julien Simmonet régale avec une cuisine savoureuse, renouvelée au fil du marché. On y trouve son compte à tout heure, formule bistrotière à midi, plats plus élaborés le soir. Vins bien choisis, accueil charmant : on passe un super moment.

Menu 19 € (déjeuner)/44 €

34 rue Sainte-Marthe – ⓜ Belleville – ℰ 01 42 06 05 03 – www.le-galopin.paris –
Fermé lundi, mardi midi, samedi midi, dimanche

⅃○ **POULICHE**

MODERNE · **CONTEMPORAIN** X Amandine Chaignot tient cette jeune table vivante et conviviale : elle y célèbre le marché, la spontanéité et la créativité, sans jamais trahir le goût des ingrédients, sélectionnés avec soin. Le mercredi, menu exclusivement végétarien. Le dimanche, esprit cuisine bourgeoise familiale. Une Pouliche dont on s'entiche.

Menu 28 € (déjeuner)/55 €

11 rue d'Enghien – ⓜ Strasbourg-St-Denis – ℰ 01 45 89 07 56 –
www.poulicheparis.com – Fermé dimanche soir

Hôtels

 PROVIDENCE `Tablet.PLUS`

LUXE · ÉLÉGANT Dans une rue tranquille derrière les grands boulevards, un immeuble haussmannien joliment restauré accueille cet hôtel cosy et plutôt cossu. La déco sur mesure, le mobilier chiné, les chambres avec petit bar à cocktails : l'ensemble est soigné et très avenant !

♔ ⊡ ⅙ 🄰🄲 – 18 chambres

90 rue René Boulanger – ⓂStrasbourg-St-Denis – ☏ 01 46 34 34 04 – www.hotelprovidenceparis.com

 25 HOURS TERMINUS NORD `Tablet.PLUS`

BUSINESS · FONCTIONNEL Face à la gare du Nord, cet hôtel de 1865 (premier établissement parisien du groupe hôtelier allemand 25 hours) joue désormais la carte cosmopolite d'une culture urbaine, pop et décomplexée, mélangeant graffiti et motifs africains – à l'image de ce quartier multicolore. Cuisine méditerranéenne au restaurant Neni.

⊡ ⅙ 🄰🄲 🄼 – 236 chambres

12 boulevard de Denain – ⓂGare du Nord – ☏ 01 42 80 20 00

Nation · Voltaire · République

11ᵉ ARRONDISSEMENT

Restaurants

ॐ **QUI PLUME LA LUNE**

MODERNE · COSY ✕ Qui plume la Lune, c'est d'abord un joli endroit, chaleureux et romantique qui s'est refait une beauté pour ses 10 ans... Sur l'un des murs de la salle trône une citation de William Faulkner : "Nous sommes entrés en courant dans le clair de lune et sommes allés vers la cuisine." Pierres apparentes et matériaux naturels (bois brut, branchages, etc.) complètent ce tableau non dénué de poésie...C'est aussi un havre de délices, porté par une équipe déterminée à ne sélectionner que de superbes produits – selon une éthique écologique, ainsi de beaux légumes bio – et à régaler ses clients d'assiettes tout en maîtrise et en précision : une véritable démonstration de vitalité, de fraîcheur et de senteurs. Très agréable moment, donc, sous la clarté de cette table aussi lunaire que terrestre...

Spécialités : Saint-Jacques rôties, truffe noire, topinambour, bouillon de céleri. Faux-filet de bœuf charollais maturé aux baies de cassis, jus au bois de genévrier. Glace au miel d'aubépine, jus passion caramélisé, dentelle et sablé châtaigne.

Menu 60 € (déjeuner), 90/120 €

50 rue Amelot – ⓂChemin Vert – ☏ 01 48 07 45 48 – www.quiplumelalune.fr – Fermé 1ᵉʳ-11 janvier, 1ᵉʳ-22 août, lundi, dimanche

ॐ **AUTOMNE**

Chef : Nobuyuki Akishige

MODERNE · BISTRO ✕ Le chef japonais Nobuyuki Akishige, qui peut s'enorgueillir d'un parcours impeccable (l'Atelier du peintre à Colmar, la Vague d'Or à St-Tropez, avec Arnaud Donckele, le K2 à Courchevel, la Pyramide à Vienne) signe une cuisine de saison, subtile et maîtrisée, autour de produits de très belle qualité. En guise d'écrin, le cadre simple d'un bistrot pour une partition lisible, aux saveurs harmonieuses nées de cuissons précises, à l'instar de ce magret de canard rôti, purée de racine de persil, olives kalamata. Le rapport prix/gourmandise est imbattable ! Une adresse comme on aimerait en découvrir plus souvent.

Spécialités: Tartelette de foie gras de canard, moût de raisin et pain d'épice. Ris de veau croustillant, asperge verte et truffe noire. Blanc-manger à l'estragon, coulis de citron jaune et sorbet à l'huile d'olive.

Menu 35€ (déjeuner), 85/125€

11 rue Richard-Lenoir – Ⓜ *Charonne –*
℡ 01 40 09 03 70 – www.automne-akishige.com –
Fermé 1er-5 janvier, 16 août-7 septembre, lundi, mardi

❄ LE RIGMAROLE

Chefs: Jessica Yang et Robert Compagnon

MODERNE • CONTEMPORAIN Ⅹ Le chef Robert Compagnon et la pâtissière californienne Jessica Yang ont uni leurs talents pour créer cette table atypique, déjà hyper-courue à Paris, dont le nom en forme de boutade signifie en anglais « long et compliqué ». C'est pourtant tout le contraire dans leur table de poche où la convivialité et le plaisir règnent sans partage : grillades, pâtes fraîches, touches italiennes, françaises et japonaises, de petites choses à partager entre amis, un verre de vin à la main en discutant. Les produits sont top, l'ensemble est d'une fraîcheur à tomber.

Spécialités: Cuisine du marché.

Ⓐ – Carte 45/75€

10 rue du Grand-Prieuré – Ⓜ *Oberkampf –*
℡ 01 71 24 58 44 – www.lerigmarole.com –
Fermé lundi, mardi et le midi

❄ SEPTIME

Chef: Bertrand Grébaut

MODERNE • BISTRO Ⅹ Des bonnes idées en pagaille, beaucoup de fraîcheur et d'aisance, de la passion et même un peu de malice, mais toujours de la précision et de la justesse : mené par le jeune Bertrand Grébaut, Septime symbolise le meilleur de cette nouvelle génération de tables parisiennes à la fois très branchées et... très épicuriennes. Au milieu de la rue de Charonne, le lieu exploite à fond les codes de la modernité : grande verrière d'atelier, tables en bois brut, poutres en métal... Une vraie inspiration industrielle, plutôt chic dans son aboutissement, d'autant que le service contribue à faire passer un bon moment. Comme on peut l'imaginer, tout cela se mérite : il faudra réserver précisément trois semaines à l'avance pour avoir une chance d'en profiter.

Spécialités: Cuisine du marché.

❄ *L'engagement du chef: "Développement humain et respect de l'environnement sont au cœur de notre engagement. Les denrées maraîchères que nous cuisinons proviennent en majorité d'Île-de-France, les viandes et les poissons sont issus de l'élevage ou de la pêche responsables et durables, nous travaillons les produits entiers pour lutter contre le gaspillage et nos bio-déchets partent en plateforme de lombricompostage pour être recyclés."*

Menu 60€ (déjeuner)/95€

80 rue de Charonne – Ⓜ *Charonne – ℡ 01 43 67 38 29 – www.septime-charonne.fr –*
Fermé 31 juillet-30 août, samedi, dimanche

⊛ AUBERGE PYRÉNÉES CÉVENNES

TRADITIONNELLE • AUBERGE Ⅹ Le chef Pierre Négrevergne s'épanouit à merveille dans cette maison qui a plus de 100 ans. Il régale avec une savoureuse cuisine "de grand-mère" qui met en valeur le patrimoine gastronomique français (terrine maison, blanquette de veau à l'ancienne et riz grillé, mille-feuille), servie en portions généreuses. Cette auberge régale toujours autant.

Spécialités: Pâté en croûte. Cassoulet. Soufflé caramel.

Ⓐ – Menu 36€ – Carte 45/75€

106 rue de la Folie-Méricourt – Ⓜ *République –*
℡ 01 43 57 33 78 – www.auberge-pyrenees-cevennes.fr –
Fermé 31 juillet-23 août, lundi midi, samedi midi, dimanche

ⓢ CLAMATO

POISSONS ET FRUITS DE MER · TENDANCE ⅹ L'annexe de Septime a tout du "hit" bistronomique, avec ce décor tendance et cette carte courte qui met en avant la mer et les légumes. Les produits sont choisis avec grand soin : on se régale dans une atmosphère franchement conviviale. Attention, la réservation est impossible : premier arrivé, premier servi !

Spécialités : Aubergine violette, noix de cajou, œuf de truite. Ceviche de maigre, concombre, amande fraîche. Tartelette au sirop d'érable, chantilly.

🅐🅒 – Carte 30/40 €

80 rue de Charonne – ⓜ *Charonne –* ℰ *01 43 72 74 53 – www.clamato-charonne.fr – Fermé 1ᵉʳ-25 août, lundi, mardi*

ⓢ DOUBLE DRAGON ⓝ

ASIATIQUE ⅹ Dans cette sympathique « cantine asiatique », les sœurs Katia et Tatania Levha proposent des petits plats d'inspiration diverses (Chine, Philippines, Thaïlande, etc.) dans un esprit "streetfood" amélioré. Une cuisine pleine de caractère, aux saveurs marquées, parfois délicieusement épicées. Une table ludique et savoureuse.

Spécialités : Wantan aux crevettes. Ailes de poulet frites, sauce aigre-douce. Mangue et riz croustillant.

Carte 30/40 €

52 rue Saint-Maur – ⓜ *Rue Saint-Maur –* ℰ *01 71 32 41 95 – Fermé lundi, mardi*

ⅈⓄ MARCHON ⓝ

MODERNE · CONTEMPORAIN ⅹⅹ Conversion réussie pour Alexandre Marchon, jeune chef patron autodidacte passionné de cuisine qui a quitté le monde de la publicité et de la communication pour enfiler la veste blanche de chef. Les recettes (plutôt légumières) décoiffent et étonnent par leur réelle personnalité, leur apparente simplicité au service du goût et de l'efficacité. Le midi, séduisant menu à prix doux, le soir, menu surprise unique sans choix en 3, 5 ou 7 temps, dans l'esprit « retour du marché » et le dimanche midi, c'est PDD « poulet du dimanche » ! Tout nouveau, tendance et rudement bon.

🅐🅒 – Menu 25 € (déjeuner), 39/79 €

161 rue Saint-Maur – ⓜ *Goncourt –* ℰ *01 47 00 63 97 – www.marchon-restaurant.fr – Fermé samedi, dimanche soir*

ⅈⓄ BON KUSHIKATSU

JAPONAISE · ÉLÉGANT ⅹ Pour un voyage express à Osaka, à la découverte de la spécialité culinaire de la ville : les kushikatsu (des minibrochettes panées et frites à la minute). Bœuf au sansho, foie gras poivré, champignon shiitaké : les préparations se succèdent et se révèlent de belles saveurs. Et l'accueil délicat finit de transporter au Japon...

🅐🅒 – Menu 59/69 €

24 rue Jean-Pierre-Timbaud – ⓜ *Oberkampf –* ℰ *01 43 38 82 27 – www.kushikatsubon.fr – Fermé 12-26 août, mercredi, dimanche et le midi*

ⅈⓄ MAISON

MODERNE · DESIGN ⅹ Sota Atsumi, talent brut et CV en or massif (le Clown, Saturne, Toyo, Michel Troisgros à Roanne, etc), nous émeut avec sa cuisine française piquée de modernité, autour d'un menu fixe composé des meilleurs produits du marché. La salle à manger prend des allures de loft post-industriel avec son toit en v inversé, son immense table d'hôte centrale, sa cuisine ouverte, prolongée d'un comptoir. Un vrai bonheur.

🅐🅒 – Menu 55 € (déjeuner), 125/180 €

3 rue Saint-Hubert – ⓜ *Rue Saint-Maur –* ℰ *01 43 38 61 95 – www.maison-sota.com – Fermé lundi, mardi*

🍴🔾 PIERRE SANG SIGNATURE

CRÉATIVE • **INTIME** ✗ Pierre Sang, troisième ! Entre Oberkampf et Parmentier, le chef monte en gamme et régale une poignée de veinards (12 couverts seulement, du mercredi au dimanche) avec des plats "signature" créatifs et percutants, où l'on retrouve sa patte. N'oublions pas la belle carte des vins, ainsi que le décor feutré et élégant.

🍽 – Menu 35 € (déjeuner)/69 €

8 rue Gambey – 🚇 *Parmentier –* 📞 *09 67 31 96 80 – www.pierresang.com – Fermé lundi, mardi*

🍴🔾 BIEN FICELÉ

VIANDES • **CONTEMPORAIN** ✗ Tenu par le même propriétaire que le Bien Élevé dans le neuvième arrondissement, ce bistrot propose viandes rôties à la broche ou cuites à la braise, ainsi que des plats oscillant entre tradition et modernité. Jolis souvenirs d'un ceviche de bar, pêches, mangues et épices, et de ribs de cochon confites, jus de viande aux épices et purée. En deux mots : "bien ficelé" !

🏵 🅰🅒 – Menu 20 € (déjeuner), 35/37 € – Carte 35/65 €

51 boulevard Voltaire – 🚇 *St-Ambroise –* 📞 *01 58 30 84 88 – www.bienficele.fr – Fermé 1er-5 janvier, 10-25 août, lundi*

🍴🔾 BIONDI

ARGENTINE • **BISTRO** ✗ Le talentueux chef a baptisé ce restaurant en souvenir de Pepe Biondi, célèbre clown argentin. L'Argentine est au menu : viandes et poissons cuits *a la parrilla,empanadas* et *ceviche* du jour... Des préparations soignées, servies par une équipe efficace. Bons vins et bonne humeur parachèvent le tableau.

♧ – Menu 18 € (déjeuner) – Carte 48/85 €

118 rue Amelot – 🚇 *Oberkampf –* 📞 *01 47 00 90 18 – www.biondiparis.fr – Fermé samedi midi, dimanche*

🍴🔾 BISTROT PAUL BERT

TRADITIONNELLE • **BISTRO** ✗ Sur la façade de ce sympathique bistrot s'affiche "Cuisine familiale". Traduisez : feuilleté de ris de veau aux champignons, cerf rôti aux airelles et purée de céleri... Des assiettes copieuses et goûteuses, préparées sans tralala. Vous en redemanderez, mais attention à bien garder de la place pour le baba au rhum !

🍽 – Menu 24 € (déjeuner)/42 € – Carte 50/60 €

18 rue Paul-Bert – 🚇 *Faidherbe Chaligny –* 📞 *01 43 72 24 01*

🍴🔾 LE CHARDENOUX

MODERNE • **BISTRO** ✗ Cyril Lignac a réinventé ce bistrot parisien historique, tout en conservant le cachet Art nouveau qui le caractérise. La carte est surtout tournée vers les produits de la mer, avec les incontournables signés Lignac (lobster roll, bar en croûte de sel, tartare de thon, avocat, ponzu, wasabi, sans oublier l'excellent millefeuille !). Gourmand et bien exécuté : un plaisir.

Carte 40/80 €

1 rue Jules-Vallès – 🚇 *Charonne –* 📞 *01 43 71 49 52 – www.restaurantlechardenoux.com*

🍴🔾 LE CHATEAUBRIAND

MODERNE • **BISTRO** ✗ Le Chateaubriand, ou le temple de la mouvance bistronomique. Cette institution cultive une formule éprouvée : celle d'un menu unique aux associations de saveurs originales. Branché, forcément.

🍽 – Menu 75 €

129 avenue Parmentier – 🚇 *Goncourt –* 📞 *01 43 57 45 95 – www.lechateaubriand.net – Fermé lundi, dimanche et le midi*

L'ÉCAILLER DU BISTROT

POISSONS ET FRUITS DE MER • BISTRO ⅹ Le point fort de la maison ? Des produits de la mer très frais, et des huîtres en provenance directe de la Bretagne ! Ambiance 100 % marine, ardoise du jour iodée avec saumon fumé maison, sole meunière... menu homard toute l'année ou presque.

AC – Menu 24 € (déjeuner)/80 € – Carte 50/75 €

22 rue Paul-Bert – ⓂFaidherbe Chaligny – ℰ 01 43 72 76 77 – Fermé 1er-31 août, lundi, dimanche

KORUS ⓝ

CUISINE DU MARCHÉ • BISTRO ⅹ Ce petit bistrot contemporain situé entre Bastille et République sert un menu du jour à prix séduisant autour d'une cuisine du marché, concoctée par un chef compétent au parcours "bistronomique". Souvenir d'un filet de lieu jaune, purée de courgette, marjolaine et pignon de pin de belle fraîcheur.

Menu 23 € (déjeuner), 55/65 €

73 rue Amelot – ⓂChemin-Vert – ℰ 01 55 28 53 31 – http://restaurantkorus.com – Fermé lundi, mardi, dimanche midi

OSTERIA FERRARA

ITALIENNE • OSTERIA ⅹ Attention, refuge de gourmets ! L'intérieur est élégant mais c'est dans l'assiette qu'a lieu la magie. Le chef sicilien travaille une carte aux recettes italiennes bien ficelées, goûteuses et centrées sur le produit, ainsi cette longe de veau français à la Milanaise, et sa poêlée d'épinards. Un bistrot qui a une âme et une jolie carte des vins, ce qui ne gâche rien.

⅛ 🛋 ⅖ – Menu 23 € (déjeuner) – Carte 38/50 €

7 rue du Dahomey – ⓂFaidherbe Chaligny – ℰ 01 43 71 67 69 – www.osteriaferrara.com – Fermé 1er-20 août, 20 décembre-4 janvier, samedi, dimanche

PIANOVINS

CUISINE DU MARCHÉ • ÉPURÉ ⅹ Deux anciens de chez Guy Savoy, Michel Roncière et Éric Mancio, unissent ici leurs forces : le premier au "Piano", le second aux "Vins". Les assiettes, sérieuses et appliquées, évoluent chaque jour au fil du marché ; elles se dégustent dans une salle intimiste de 20 couverts environ, avec cuisine ouverte et tables au coude à coude. Jolie carte des vins et patron-sommelier intarissable sur ses flacons.

⅛ AC – Menu 34 € (déjeuner), 49/64 €

46 rue Trousseau – ⓂLedru-Rollin – ℰ 01 48 06 95 85 – www.pianovins.com – Fermé lundi, mardi midi, dimanche

PIERRE SANG IN OBERKAMPF

CRÉATIVE • BRANCHÉ ⅹ Qui est adepte de l'émission Top Chef connaît forcément Pierre Sang, finaliste de l'édition 2011. On retrouve toute la gentillesse du jeune homme, qui délivre, ici chez lui, une cuisine sensible et partageuse – particulièrement bon marché le midi ! Installez-vous au comptoir, face à la cuisine ouverte, et laissez-vous emporter.

AC ⇔ – Menu 25 € (déjeuner)/39 €

55 rue Oberkampf – ⓂParmentier – ℰ 09 67 31 96 80 – www.pierresang.com – Fermé 1er-4 janvier, 9-23 août

PIERRE SANG ON GAMBEY

CRÉATIVE • TENDANCE ⅹ Pierre Sang propose ici un menu unique, simple à midi et plus élaboré en soirée. On retrouve l'attachement du chef aux beaux produits, travaillés avec soin et créativité, à l'instar de cette lotte et chorizo au bœuf wagyu ou du bar de ligne en croûte de sel. Cadre chaleureux de briques rouges.

⇔ – Menu 25 € (déjeuner), 49/88 €

6 rue Gambey – ⓂParmentier – ℰ 09 67 31 96 80 – www.pierresang.com – Fermé 1er-2 janvier, 8-24 août

🍴○ **LE SAINT-SÉBASTIEN**

MODERNE • BISTRO X Programme alléchant dans ce bar de quartier transformé en repaire bistronomique : petite carte respectueuse des saisons, très axée sur le végétal, choix judicieux dans les assaisonnements, jolie maîtrise des herbes et des épices qui apportent du caractère aux assiettes... sans oublier de bons vins nature. C'est tout bon.

    & – Carte 45/55€

42 rue Saint-Sébastien – ◍ St-Ambroise – ℰ 06 49 75 27 90 – www.lesaintsebastien.paris – Fermé 1ᵉʳ-5 janvier, lundi midi, mardi midi, mercredi midi, jeudi midi, vendredi midi, samedi midi, dimanche

🍴○ **LE SERVAN**

MODERNE • BISTRO X À l'angle de la rue St-Maur, le fief de Katia et Tatiana Levha est l'un des bistrots gourmands les plus courus de la place parisienne. L'endroit a fière allure, avec ses fresques d'époque ; Tatiana compose une cuisine fraîche et spontanée, et ne rechigne pas à tenter des associations inattendues. Avec succès !

Carte 42/65€

32 rue Saint-Maur – ◍ Rue Saint-Maur – ℰ 01 55 28 51 82 – www.leservan.com – Fermé 8-16 août

🍴○ **SIAMSA**

MODERNE • BISTRO X Siamsa... A l'oreille, ce nom étrange évoque le royaume de Siam et la cuisine thaïlandaise, mais dans l'assiette, on goûte une cuisine contemporaine bien française, fraîche et équilibrée (ceviche de daurade à la framboise, légumes croquants ; poitrine de porc fumé, abricots, piment, etc.). L'origine de Siamsa, nom gaélique signifiant "divertir" est un clin d'œil aux origines d'un des associés (Simon Cuddy). Un bistrot de quartier et de qualité. Le menu midi est une aubaine.

Carte 28/45€

13 rue de la Pierre-Levée – ◍ République – ℰ 01 43 38 34 72 – www.siamsa.fr – Fermé 10-24 août, 21-27 décembre, lundi, dimanche

🍴○ **VANTRE**

MODERNE • BISTRO X Le "vantre" au moyen-âge signifiait "lieu de réjouissance". C'est aujourd'hui un lieu de réjouissance pour notre ventre. Un ancien sommelier (le Bristol, Taillevent) et son chef japonais proposent une cuisine à base de produits sélectionnés. Plus de deux milles références de vins, accueil sympathique et succès mérité.

    🍷 Ⓐ︎Ⓒ︎ – Menu 21€ (déjeuner) – Carte 42/75€

19 rue de la Fontaine-au-Roi – ◍ Goncourt – ℰ 01 48 06 16 96 – www.vantre.fr – Fermé 7-30 août, samedi, dimanche

🍴○ **LE VILLARET**

TRADITIONNELLE • CONVIVIAL X Les délicieux parfums qui vous accueillent dès la porte d'entrée ne trompent pas : voici une vraie adresse gourmande ! Le Chef-patron Olivier Gaslain, cuisinier passionné, propose une cuisine traditionnelle, rythmée par les saisons (truffe et gibier, en majesté) et la générosité. Superbe carte des vins (plus de 800 références).

    🍷 Ⓐ︎Ⓒ︎ – Menu 30€ (déjeuner)/38€ – Carte 50/75€

13 rue Ternaux – ◍ Parmentier – ℰ 01 43 57 75 56 – www.levillaret-restaurant.fr – Fermé 1ᵉʳ-17 août, lundi, dimanche

Hôtels

🏠 **MAISON BRÉGUET**

URBAIN • COSY A deux pas de la place de la Bastille, cet hôtel de charme propose des chambres confortables et cosy, certaines avec petite terrasse. Espace bien-être avec bassin de nage à contre-courant, et restauration.

    🌀 ▥ ℠ ♨ ⊡ & Ⓐ︎Ⓒ︎ – 53 chambres

8 rue Breguet – ◍ Bréguet Sabin – ℰ 01 58 30 32 31 – www.maisonbreguet.com

FABRIC

Tablet. PLUS

URBAIN · PERSONNALISÉ Dans une ancienne fabrique de textiles, à mi-chemin de République et de Bastille, un bel hôtel qui a gardé un peu de son héritage industriel : poutres et luminaires en fer, mobilier ancien, nuances de gris, belle hauteur sous plafond... Et des chambres design et élégantes, pour les amateurs !

♨ ₤ 🖥 🕭 🔣 – 33 chambres

31 rue de la Folie-Méricourt – Ⓜ *Saint-Ambroise –* ☏ *01 43 57 27 00 –*
www.hotelfabric.com

DUO

URBAIN · DESIGN Un passé préservé (escalier classé, cave voûtée du 16e s.) et une atmosphère résolument contemporaine, douce et design : un beau Duo gagnant tenu par la même famille depuis 1918.

₤ 🖥 🕭 🔣 – 58 chambres – 2 suites

Rue du Faubourg-du-Temple – Ⓜ *Hôtel de Ville –* ☏ *01 42 72 72 22 –*
www.duo-paris.com

LE GÉNÉRAL

BOUTIQUE HÔTEL · ÉPURÉ Nulle rigueur militaire chez ce Général-là ! Cet agréable hôtel, proche de la place de la République, est aménagé astucieusement et son décor joue la carte de l'épure ; il abrite des chambres chaleureuses, aménagées avec soin et goût de la couleur.

♨ ₤ 🖥 🕭 🔣 – 45 chambres – 1 suite

5 rue Rampon – Ⓜ *République –* ☏ *01 47 00 41 57 – www.legeneralhotel.com*

Bastille · Bercy · Gare de Lyon

12e ARRONDISSEMENT

Restaurants

ⒺⒺ VIRTUS

Chefs : Chiho Kanzaki et Marcelo Di Giacomo

MODERNE · DESIGN ✕✕ Bienvenue chez un couple – d'origine japonaise pour elle, argentine pour lui – dont la cuisine, tout en épure et en recherche, a le goût des choses nouvelles. Dans un bel intérieur vintage, aux tables espacées, autorisant l'intimité, ils écrivent à quatre mains une histoire palpitante. Beau travail sur les légumes (leur passage au Mirazur, à Menton, y est peut-être pour quelque chose !), harmonie gustative... Leur cuisine, précise, ravira les palais des gourmets et des curieux, flânant rue de Cotte : thon rouge de ligne, avocat, crème ciboulette ; canard de Challans et purée de petits pois. Ces plats s'accommodent avec excellence des vins - et des sakés - proposés à la carte. La formule de midi (qui change tous les jours) offre un excellent rapport qualité-prix.

Spécialités : Cuisine du marché.

🔣 – Menu 39 € (déjeuner), 85/165 € – Carte 80/100 €

29 rue de Cotte – Ⓜ *Ledru-Rollin –* ☏ *09 80 68 08 08 – www.virtus-paris.com –*
Fermé lundi, mardi midi, dimanche

Repérez les hôtels accompagnés de ce logo : il signale les membres du **Club Tablet Plus**, qui offre plein de privilèges. Plus de confort, plus d'attentions... pour vivre une expérience sous le signe de l'excellence !

❀ TABLE - BRUNO VERJUS

Chef: Bruno Verjus

MODERNE · DESIGN ✗ Choisir les plus beaux produits, les cuisiner avec humilité : tel est le credo de Bruno Verjus, étonnant personnage, entrepreneur, blogueur et critique gastronomique... devenu chef ! Dans sa cuisine ouverte face aux clients, qui n'en manquent pas une miette, il parle de chacun de ses fournisseurs avec une petite lumière dans l'œil, avec l'apparente envie de s'effacer devant l'artisan qui a produit la matière de son travail. La carte, volontairement courte, présente des compositions atypiques, au plus près des ingrédients : ormeau de plongée du Trégor snacké au beurre noisette et assaisonné de fèves de cacao et de poivre du Bénin ; saumon sauvage de l'Adour grillé à l'unilatéral, petits pois au sautoir ; fraises de jardin, huile d'olive infusée de néroli, crème glacée à l'oseille fraîche... Des recettes pleines d'énergie, où l'on devine une passion sincère et communicative !

Spécialités : Homard de casier de l'Île-d'Yeu à croquer sur son rocher. Pigeon de la Guerche-de-Bretagne, comme un canard laqué, infusé d'herbes aromatiques et de foin. Tarte au chocolat grand cru porcelana.

❀ **L'engagement du chef:** *"Notre engagement au service d'une cuisine de l'instant nous engage dans un rapport direct avec nos producteurs locaux. Ils nous fournissent au quotidien ce que la nature est en mesure de leur offrir. Nous ne passons aucune commande de quantité, seule la qualité oblige. L'exemplarité de leur travail, sans pesticide et respectant la nature sauvage des sols, respecte la santé de nos clients et celle de notre terre."*

🕸 ✿ – Menu 70 € (déjeuner)/240 € – Carte 122/200 €

3 rue de Prague – Ⓜ *Ledru Rollin –* 𝄢 *01 43 43 12 26 – www.table.paris –*
Fermé 31 juillet-22 août, 24 décembre-5 janvier, lundi, samedi midi, dimanche

❀ JOUVENCE

MODERNE · VINTAGE ✗ Située non loin de la rue de Cîteaux, cette ancienne pharmacie 1900 ne se repose pas sur ses lauriers décoratifs ; on y sert une cuisine actuelle, riche de produits de qualité. Ainsi le pigeon entièrement désossé, coffre rôti et cuisses confites, pommes croquettes et oignons. Le chef, passé chez Dutournier, ne manque pas de talent.

Spécialités : Moules, brocoletti, espuma iodée et citron vert. Bœuf, aubergine fumée, noisettes et jus réduit. Éclair au chocolat, gavottes au sarrasin.

🅰 – Menu 24 € (déjeuner)/37 €

172 bis rue du Faubourg-Saint-Antoine – Ⓜ *Faidherbe-Chaligny –*
𝄢 *01 56 58 04 73 – www.jouvence.paris –*
Fermé lundi, dimanche

Ⓞ À LA BICHE AU BOIS

TRADITIONNELLE · RUSTIQUE ✗ De nombreux habitués se pressent dans ce discret restaurant, qui n'est pas sans rappeler les bons bistrots d'antan. Dans une ambiance animée, au coude-à-coude, on profite d'un condensé de tradition (terrine maison, coq au vin) et de gibier en saison : sanglier, civet de lièvre et... biche, bien entendu !

Menu 25 € (déjeuner)/38 € – Carte 32/45 €

45 avenue Ledru-Rollin – Ⓜ *Gare de Lyon –* 𝄢 *01 43 43 34 38 –*
Fermé lundi midi, samedi midi, dimanche

Ⓞ AMARANTE

TRADITIONNELLE · BISTRO ✗ La façade vitrée annonce : "Cuisine de France". Tout est dit ! On décline ici une partition sans fioritures, au doux parfum d'antan, qui donne toute leur place à des produits bien choisis. Le décor est aussi simple et *vintage* que la cuisine : carrelage au sol, banquettes en skaï rouge, tables en bois. Pourquoi faire compliqué ?

🅰 – Menu 22 € (déjeuner) – Carte 54/67 €

4 rue Biscornet – Ⓜ *Bastille –* 𝄢 *07 67 33 21 25 – www.amarante.paris –*
Fermé mercredi, jeudi

⫶⃝ LE COTTE RÔTI

MODERNE • CONTEMPORAIN ⅹ Un restaurant à l'image de son chef, convivial et bon vivant, qui revisite avec finesse la tradition bistrotière : au gré du marché et de l'humeur du jour, il compose des plats simples et fins, qui vont droit au cœur ! Et pour accompagner le tout, rien de tel que quelques bons crus de la vallée du Rhône...

🕸 – Menu 26 € (déjeuner)/70 € – Carte 55/70 €

1 rue de Cotte – ⓜ Ledru Rollin – ℰ 01 43 45 06 37 – lecotteroti.fr – Fermé 2-23 août, 20 décembre-3 janvier, lundi midi, samedi, dimanche

⫶⃝ DERSOU

CRÉATIVE • ÉPURÉ ⅹ Dersou propose une expérience inédite : associer mets et cocktails, sur 5, 6 ou 7 plats. Les produits sont de première qualité (légumes d'Annie Bertin, agneau acheté sur pied, etc.) et la mixologie tient ses promesses. Belle déco industrielle et ambiance branchée. Un adresse sympathique dans une agréable ruelle, tout près de Bastille.

🅰🅲 – Menu 85/99 €

21 rue Saint-Nicolas – ⓜ Ledru Rollin – ℰ 09 81 01 12 73 – www.dersouparis.com – Fermé 25 avril-10 mai, 1ᵉʳ-30 août, lundi, mardi midi, mercredi midi, jeudi midi, vendredi midi, dimanche soir

⫶⃝ IL GOTO

ITALIENNE • TRATTORIA ⅹ Sympathique, ce restaurant tenu par Marzia et Simone, un couple d'Italiens passionnés. Burrata, trévise et potiron en aigre-douce ; tagliatelles au confit de chèvre de lait et menthe ; "torta" au mascarpone et vanille... Des créations goûteuses et soignées, que l'on accompagne d'un bon rouge transalpin !

🕭 – Menu 21 € (déjeuner) – Carte 32/45 €

212 bis rue de Charenton – ⓜ Dugommier – ℰ 01 43 46 30 02 – www.ilgoto.fr – Fermé 13-20 août, lundi, dimanche

⫶⃝ NOUS 4

TRADITIONNELLE • BISTRO ⅹ Cochon en crousti-fondant, lentilles, sauce moutarde ; œuf poché, chou, crème au lard : vous l'aurez peut-être compris, ici, on se régale sans chichis, et à un rapport plaisir/prix aussi aimable que le chef, avec qui vous pouvez échanger, grâce à la cuisine ouverte. Une adresse décidément bien sympathique comme on aimerait en voir plus souvent à Paris.

🕭 – Menu 26 € (déjeuner), 45/50 €

3 rue Beccaria – ⓜ Gare de Lyon – ℰ 06 06 70 64 92 – www.nous4restaurant.com – Fermé 17-21 août, lundi, dimanche

⫶⃝ PASSERINI

ITALIENNE • CONTEMPORAIN ⅹ Giovanni Passerini a le regard vif, un talent fou, et l'ambition qui va avec. C'est à l'italienne que l'on se régale dans ce restaurant convivial, comme avec ces tripes "cacio e ova" artichauts et truffe blanche. Ici, primauté aux produits. La "spécialité" de la maison demeure les plats à partager - ainsi ce homard en deux services. Sans oublier la formule du samedi soir, centrée autour de petites assiettes. C'est goûteux, soigné. Un vrai plaisir.

🕭 🅰🅲 – Menu 33 € (déjeuner)/48 € – Carte 50/80 €

65 rue Traversière – ⓜ Ledru Rollin – ℰ 01 43 42 27 56 – www.passerini.paris – Fermé 9-31 août, 24 décembre-4 janvier, lundi, mardi midi, dimanche

⫶⃝ QUINCY

TRADITIONNELLE • BISTRO ⅹ Une ambiance chaleureuse règne dans ce bistrot indémodable, dominé par "Bobosse", son patron truculent et haut en couleurs. Depuis 40 ans (à la louche !), les amateurs de bonne chère s'y régalent des généreuses et savoureuses spécialités du Berry et de l'Ardèche. Une table comme on n'en fait plus.

🅰🅲 🍴 – Carte 60/80 €

28 avenue Ledru-Rollin – ⓜ Gare de Lyon – ℰ 01 46 28 46 76 – www.lequincy.fr – Fermé 3-9 mai, 2-31 août, 24 décembre-3 janvier, lundi, samedi, dimanche

🍴○ **WILL**

MODERNE · **CONTEMPORAIN** ⅹ Le chef japonais Shin Okusa est aux commandes de Will, tout près du trépidant marché d'Aligre. Passionné par la tradition française, véritable disciple d'Escoffier, il reprend les grands classiques (navarin d'agneau, pithiviers de magret de canard) mais aussi les sauces, pâtés chauds et autres tourtes avec un aplomb imparable.

Menu 35 € (déjeuner)/55 €

75 rue Crozatier – Ⓜ *Ledru Rollin –* ☏ *01 53 17 02 44 – www.restaurantwill.fr – Fermé lundi, mardi*

Place d'Italie · Gare d'Austerlitz · Bibliothèque Nationale de France

13ᵉ ARRONDISSEMENT

Restaurants

(😊) **L'HOMMAGE**

MODERNE · **CONTEMPORAIN** ⅹ Dans ce quartier où fleurissent les cantines chinoises, cet établissement se démarque par sa partition bistronomique à la française, mais aussi par sa décoration épurée – très loft nordique. Dans l'assiette c'est un sans-faute : produits de qualité, cuissons et assaisonnements maîtrisés... Excellent rapport qualité-prix.

Spécialités : Cuisine du marché.

ら 𝐀𝐂 – Menu 25 € (déjeuner), 38/54 €

36 avenue de Choisy – Ⓜ *Maison Blanche –* ☏ *01 44 24 38 70 – www.lhommageparis.com – Fermé samedi midi, dimanche*

(😊) **IMPÉRIAL CHOISY**

CHINOISE · **SIMPLE** ⅹ Au cœur du Chinatown parisien, un restaurant chinois apprécié par de nombreux Asiatiques qui en ont fait leur cantine. Dans une salle qui ne désemplit pas (service non-stop, voire un peu expéditif !), on se régale au coude-à-coude de belles spécialités cantonaises. Un vrai goût d'authenticité, sans se ruiner !

Spécialités : Soupe de raviolis aux crevettes. Poulet, gingembre et ciboulette. Tofu au caramel de gingembre.

𝐀𝐂 – Carte 20/50 €

32 avenue de Choisy – Ⓜ *Porte de Choisy –* ☏ *01 45 86 42 40*

(😊) **PHO TAI**

VIETNAMIENNE · **SIMPLE** ⅹ Dans une rue isolée du quartier asiatique, ce petit restaurant vietnamien sort du lot : tout le mérite en revient à son chef, Monsieur Te, arrivé en France en 1968 et fort bel ambassadeur de la cuisine du Vietnam. Raviolis, poulet croustillant au gingembre frais, bo bun et soupes phô : tout est parfumé et plein de saveurs !

Spécialités : Rouleau de printemps au bœuf. Poulet croustillant, gingembre, marmite au jus de coco. Crème de riz.

𝐀𝐂 – Carte 25/35 €

13 rue Philibert-Lucot – Ⓜ *Maison Blanche –* ☏ *01 45 85 97 36 – Fermé lundi*

(😊) **SELLAE**

MODERNE · **BISTRO** ⅹ Après Mensae dans le dix-neuvième arrondissement (table en latin), voilà Sellae (chaise), autre adresse de Thibault Sombardier. Son chef italien propose une cuisine bistrotière revisitée, émaillée de quelques accents du Sud. De beaux produits, un savoir-faire certain.

Spécialités : Ravioles d'escargots, bouillon d'ail doux. Quasi de veau, riz carnaroli al « salto » et cèpes. Mousse au chocolat"tiède", glace vanille et crumble à la fleur de sel.

舘 – Menu 22 € (déjeuner), 38/50 € – Carte 40/60 €

18 rue des Wallons – Ⓜ *Saint-Marcel –* ℰ *01 43 31 36 04 –*
www.sellae-restaurant.com – Fermé 7-27 août, lundi, dimanche

🍴○ AU PETIT MARGUERY

TRADITIONNELLE • BOURGEOIS 🍴 Un décor Belle Époque authentique, plaisant et convivial. La carte est dans la grande tradition : terrines maison, tête de veau ravigote, gibier en saison... Juste à côté, le Comptoir Marguery se la joue canaille, façon bistrot à sensation. Une adresse qui a une âme !

🆑 ♨ – Menu 32 € – Carte 55/70 €

9 boulevard de Port-Royal – Ⓜ *Les Gobelins –* ℰ *01 43 31 58 59 –*
www.petitmarguery.com

🍴○ LAO LANE XANG 2

SUD-EST ASIATIQUE • SIMPLE 🍴 L'histoire parisienne des Siackhasone, originaires du Laos, commence dans les années 1990 avec l'ouverture de deux adresses sur l'avenue d'Ivry. En 2007, Do et Ken – dignes héritiers du savoir-faire familial – ouvrent cette table qui marie spécialités laotiennes, thaïes et vietnamiennes : simplicité et parfums au menu !

ठ 🆑 – Carte 25/35 €

102 avenue d'Ivry – Ⓜ *Tolbiac –* ℰ *01 58 89 00 00 – Fermé mercredi, jeudi midi*

🍴○ MARSO & CO

MÉDITERRANÉENNE • BRANCHÉ 🍴 Tomy Gousset (Tomy & Co, près des Invalides) tient ici une table avant tout voyageuse : l'assiette pioche dans tout le bassin méditerranéen, de la Grèce au Portugal en passant par l'Italie et le Liban. Le résultat est réjouissant, les saveurs font mouche, la fraîcheur est au rendez-vous : on passe un bon moment.

Menu 38 €

16 rue Vulpian – Ⓜ *Glacière –* ℰ *01 45 87 37 00 – Fermé samedi, dimanche*

🍴○ LE SIROCCO ⓝ

MAROCAINE • ORIENTAL 🍴 Le souffle chaud du Sirocco est monté jusqu'aux Gobelins apporter ses effluves de tajines, couscous et hariras dans les anciennes écuries du château de la Reine Blanche, où est installé ce restaurant marocain au décor typique. Le propriétaire importe lui-même l'huile d'argan qui parfume ses préparations traditionnelles. Bien entendu la semoule est maison, très fine comme il se doit.

Carte 28/53 €

8 bis rue des Gobelins – Ⓜ *Gobelins –* ℰ *01 43 31 13 13 – www.restaurantlesirocco.fr –*
Fermé lundi midi

🍴○ SOURIRE LE RESTAURANT

MODERNE • COSY 🍴 Cette façade avenante dans une rue tristounette redonne le sourire. Banquettes en velours bleu, tables bistrot retro, producteurs au cordeau (veau rouge de Galice, agneau de Clavisy) : la recette est efficace et éprouvée, à l'image de ces coquilles Saint-Jacques de la Baie de Morlaix, variation de choux, citron confit.

🆑 – Menu 35 € (déjeuner)/68 € – Carte 55/65 €

15 rue de la Santé – Ⓜ *Gobelins –* ℰ *01 47 07 07 45 – www.sourire-restaurant.com –*
Fermé lundi, samedi midi, dimanche

🍴○ TADAM ⓝ

MODERNE • CONVIVIAL 🍴 Cette petite adresse sympathique propose une courte carte de saison aux intitulés attractifs. Les assiettes vont à l'essentiel, avec de jolis produits travaillés sans chichis ni complication, à l'image de cette savoureuse tarte chaude aux champignons. Ambiance conviviale, brunch le dimanche. Un peu de fraîcheur dans le quartier des Gobelins !

Carte 40/47 €

14 rue du Jura – Ⓜ *Campo-Formio –* ℰ *01 43 31 29 19 – www.tadam-paris.fr –*
Fermé dimanche soir

Hôtels

C.O.Q

BOUTIQUE HÔTEL · COSY Community of Quality : voilà ce que cache le sigle de ce boutique-hôtel chic et décontracté, proche de la place d'Italie. Les chambres sont confortables et bien décorées ; on profite aussi d'un agréable jardin d'hiver avec verrière et canapés...

🅿 ♿ 🆊 – 52 chambres

15 rue Édouard-Manet – Ⓜ *Italie – 𝒞 01 45 86 35 99 – www.coqhotelparis.com*

🏨 OFF PARIS SEINE

BOUTIQUE HÔTEL · CONTEMPORAIN Montez à bord du premier hôtel flottant de France, arrimé au pied de la gare d'Austerlitz ! À bord, difficile de croire qu'on est sur l'eau, tant le confort des chambres est identique à celui d'un hôtel classique. Un lieu atypique et attachant.

⬳ ♿ 🆊 – 54 chambres – 4 suites

86 quai d'Austerlitz – Ⓜ *Gare d'Austerlitz – 𝒞 01 44 06 62 65 – www.offparisseine.com*

🏠 HENRIETTE

BOUTIQUE HÔTEL · PERSONNALISÉ Un boutique-hôtel atypique et détonant, dont les chambres évoquent une foule de styles différents (vintage, scandinave, 70's, 80's, 90's...) et dégagent dans l'ensemble une grande impression de liberté. Le petit plus : ce patio intemporel pour profiter des rayons du soleil...

🅿 🆊 – 32 chambres

9 rue des Gobelins – Ⓜ *Les Gobelins – 𝒞 01 47 07 26 90 – www.hotelhenriette.com*

Montparnasse · Denfert Rochereau · Parc Montsouris

14ᵉ ARRONDISSEMENT

Restaurants

🕸 MOSUKE Ⓝ

Chef : Mory Sacko

MODERNE · TENDANCE ✕✕ L'ex-candidat de Top Chef Mory Sako fait désormais le show chez lui, dans l'ancien Cobéa, où la salle, repeinte en blanc, a gagné en luminosité grâce à son mobilier en bois clair et son parquet. Le nom du restaurant fusionne le prénom du chef et Yasuke, qui est le premier et seul samouraï africain ayant existé au Japon. Tout est dit : la référence à ses racines malienne et sénégalaise, sa fascination pour le pays du Soleil Levant et, bien sûr, sa passion pour la gastronomie française et ses techniques, nourrie auprès de Christophe Moret et Thierry Marx. Et c'est une vraie réussite dans l'assiette, toujours inspirée et originale. Le résultat est singulier, métissé, abouti : sticky rice au tama-miso et champignons ; picanha de bœuf sauce maté au tamarin...

Spécialités : Cuisine du marché.

🆊 – Menu 45 € (déjeuner), 80/100 €

11 rue Raymond-Losserand – Ⓜ *Gaité – 𝒞 01 43 20 21 39 – www.mosuke-restaurant.com – Fermé lundi, dimanche*

😊 AUX PLUMES

MODERNE · CONVIVIAL ✕ Une cuisine inspirée, gourmande et généreuse, réalisée par un jeune chef japonais passé par l'Astrance et le Chamarré Montmartre : voici ce qui vous attend ici. Les produits émanent des meilleurs commerçants du quartier (viandes du voisin Hugo Desnoyer, par exemple), on se régale au coude à coude dans une ambiance conviviale : allez-y les yeux fermés.

Spécialités : Cuisine du marché.

🔳 – Menu 32 € (déjeuner), 38/60 €

45 rue Boulard – Ⓜ *Mouton Duvernet –* ℰ *01 53 90 76 22 – www.auxplumes.com –*
Fermé 1ᵉʳ-31 août, lundi, dimanche

🕸️ **BISTROTTERS**

MODERNE • BISTRO Ⅹ Une bien jolie maison que ce Bistrotters installé dans le
sud du 14ᵉ, près du métro Plaisance. Le chef espagnol soigne son choix de produits – avec une préférence pour les petits producteurs d'Île-de-France – et y ins-
tille des influences variées (Asie, Méditerranée...). Service décontracté.

Spécialités : Déclinaison de légumes du moment. Croustillant de poitrine de
cochon au fenouil et cidre. Pain perdu, caramel au beurre salé, chocolat croquant.

🔳 – Menu 24 € (déjeuner)/38 €

9 rue Decrès – Ⓜ *Plaisance –* ℰ *01 45 45 58 59 – www.bistrotters.com*

🕸️ **LES PETITS PARISIENS** Ⓝ

TRADITIONNELLE • BISTRO Ⅹ En lieu et place de la Régalade, temple de la bistronomie, ces Petits Parisiens (ex-Origins 14) relooké reprennent le collier sous la
houlette du propriétaire des Petits Princes (Suresnes). Le chef Rémy Danthez travaille les fondamentaux à travers une cuisine de bistrot généreuse, qui ne
dédaigne pas les alliances originales.

Spécialités : Velouté de courge butternut, crème de chèvre frais. Pan de veau
confit, concassé de tomate au citron. Riz au lait à la vanille, caramel beurre
salé.

🔳 – Menu 29 € (déjeuner)/39 € – Carte 39/78 €

49 avenue Jean Moulin – Ⓜ *Porte-d'Orléans –* ℰ *01 45 43 72 97 –*
www.petits-parisiens.paris –
Fermé lundi, dimanche

🍴 **LE DUC**

POISSONS ET FRUITS DE MER • VINTAGE ⅩⅩ On se croirait dans une cabine de
yacht, à l'ambiance surannée... Une large clientèle d'habitués de longue date
affectionne l'adresse pour ses produits de la mer cuisinés avec soin et simplicité
– un beurre émulsionné, une huile d'olive bien choisie, etc. – afin d'en révéler
toute la fraîcheur. Un classique.

🔳 🥢 – Menu 40 € (déjeuner)/65 € – Carte 85/170 €

243 boulevard Raspail – Ⓜ *Raspail –* ℰ *01 43 20 96 30 – www.restaurantleduc.com –*
Fermé 1ᵉʳ-4 janvier, 1ᵉʳ-23 août, lundi, dimanche

🍴 **KIGAWA**

TRADITIONNELLE • ÉLÉGANT ⅩⅩ Kigawa comme Michihiro Kigawa, le chef de
cet établissement tout simple. Fort de son expérience dans un restaurant français
à Osaka, le voilà à Paris pour vous régaler de pâté en croûte, pigeon rôti et autres
beaux classiques de l'Hexagone, revisités avec tact. Bon rapport qualité-prix à midi.

🔳 – Menu 45 € (déjeuner), 85/120 € – Carte 65/140 €

186 rue du Château – Ⓜ *Mouton Duvernet –* ℰ *01 43 35 31 61 – www.kigawa.fr –*
Fermé lundi, dimanche

🍴 **LA VERRIÈRE**

MODERNE • CONTEMPORAIN ⅩⅩ Le cadre : une salle à manger contemporaine,
où une chef japonaise au CV bien rempli (Crillon, Peninsula) célèbre la bistronomie avec beaucoup de soin. Il y a de la France, mais aussi du Japon dans l'assiette, avec une juste dose de créativité : une table réjouissante. Niepce, l'hôtel,
offre des chambres charmantes et bien équipées.

🔄 ও 🔳 ⇄ – Menu 26 € (déjeuner)/55 €

Niepce, 4 rue Niepce – Ⓜ *Pernety –* ℰ *01 83 75 69 21 –*
Fermé 2-29 août, samedi midi, dimanche soir

BISTROT AUGUSTIN

TRADITIONNELLE • BISTRO Ⅹ Ce bistrot chic, au cadre intimiste, propose une cuisine du marché (et de saison) aux accents du sud, qui réveille la gourmandise. Un exemple : cette superbe côte de cochon du Périgord... Les produits sont ici à la fête, et nos appétits avec !

🍽 & 🅼 – Menu 39 € – Carte 39/60 €

79 rue Daguerre – ⓜ Gaîté – ℰ 01 43 21 92 29 – www.augustin-bistrot.fr – Fermé dimanche

L'ASSIETTE

CLASSIQUE • BISTRO Ⅹ Une adresse franche et généreuse où l'on peut voir ce qui se trame en cuisine. Cassoulet maison, crevettes bleues obsiblue façon tartare, crème caramel au beurre salé, soufflé au chocolat... La cuisine de tradition prend l'accent bistrot chic.

Menu 36 € (déjeuner) – Carte 55/70 €

181 rue du Château – ⓜ Mouton Duvernet – ℰ 01 43 22 64 86 – www.restaurant-lassiette.com – Fermé 2-24 août, lundi, mardi

AUX ENFANTS GÂTÉS

MODERNE • BISTRO Ⅹ Aux murs, des citations de grands chefs et quelques recettes montrent que le patron est allé à bonne école... Il revisite la tradition de belle manière, avec l'appui des bons produits de la saison. Une jolie petite maison.

🅼 – Menu 39 € – Carte 36/45 €

4 rue Danville – ⓜ Denfert Rochereau – ℰ 01 40 47 56 81 – www.auxenfantsgates.fr – Fermé 1ᵉʳ-31 août, 20-31 décembre, lundi, samedi midi, dimanche

LA CAGOUILLE

POISSONS ET FRUITS DE MER • BISTRO Ⅹ Accord parfait entre le cadre d'inspiration marine et de beaux produits de la mer, préparés avec justesse et servis par une équipe sympathique. Agréable terrasse, sur une petite place paisible. Belle collection de cognacs.

🍽 ⇔ – Carte 36/82 €

10 place Constantin-Brancusi – ⓜ Gaîté – ℰ 01 43 22 09 01 – www.la-cagouille.com

LA CONTRE ALLÉE

MODERNE • TRADITIONNEL Ⅹ Sur une discrète contre-allée, on découvre une vraie cuisine de cuisinier, joliment travaillée et qui fait résonner l'époque avec goût. Décor moderne et ambiance conviviale en prime : à découvrir sans contre-indication.

🍽 – Carte 27/48 €

83 avenue Denfert-Rochereau – ⓜ Denfert Rochereau – ℰ 01 43 54 99 86 – www.contreallee.net – Fermé samedi, dimanche

LE CORNICHON

MODERNE • BISTRO Ⅹ Changement dans la continuité pour ce bistrot bien d'aujourd'hui, où la gourmandise est une affaire sérieuse. Le chef met en valeur de beaux produits, et met le gibier à l'honneur en saison : tourte de Grouse en pithiviers, palombe rôtie, lièvre à la royale...

Menu 35 € (déjeuner)/42 € – Carte 35/62 €

34 rue Gassendi – ⓜ Denfert Rochereau – ℰ 01 43 20 40 19 – www.lecornichon.fr – Fermé 2-23 août, samedi, dimanche

L'EMPREINTE

TRADITIONNELLE • BISTRO Ⅹ Les deux associés de ce restaurant font le pari d'une cuisine bistrotière légèrement modernisée, à déguster dans une salle à manger au charme contemporain – suspensions modernes, mobilier de couleur acajou, mur en pierre, comptoir...

⇔ – Menu 27 € (déjeuner)/37 € – Carte 37/45 €

5 rue Mouton-Duvernet – ⓜ Mouton Duvernet – ℰ 01 45 39 39 61 – www.restaurant-empreinte.paris – Fermé 8-23 août, lundi, mardi midi

⭑◯ LA GRANDE OURSE

MODERNE · BISTRO ⅹ Plutôt séduisant, ce bistrot où le gris le dispute au prune et à l'orange. La carte fait la part belle au poisson, mais pas seulement ; les cuissons sont bien maîtrisées (gambas et morue), les saveurs franches (bouillon de tomate au gingembre), et les produits de toute première qualité. Menu-carte plus étoffé au dîner.

✿ – Menu 23 € (déjeuner)/40 €

9 rue Georges-Saché – Ⓜ Mouton Duvernet – ℰ 01 40 44 67 85 –
www.restaurantlagrandeourse.fr –
Fermé 1ᵉʳ-23 août, lundi, samedi midi, dimanche

⭑◯ MONTÉE

MODERNE · ÉPURÉ ⅹ Quand un chef japonais talentueux décide de partager son amour de la gastronomie française, le résultat est là : assiettes graphiques, technique solide... Le tout dans un décor design et minimaliste.

Menu 55 € (déjeuner)/105 €

9 rue Léopold-Robert – Ⓜ Notre-Dame-des-Champs – ℰ 01 43 25 57 63 –
www.restaurant-montee.fr – Fermé lundi, dimanche

⭑◯ LES PETITS PLATS

TRADITIONNELLE · BISTRO ⅹ Moulures, miroirs, comptoir en bois, grande ardoise présentant les mets du moment : un petit bistrot élégant, dans son jus 1910, pour une cuisine canaille et familiale, où les belles viandes de l'Aubrac sont notamment à l'honneur. Formule originale : la possibilité de choisir des demi-portions. Joli choix de vins.

Carte 45/58 €

39 rue des Plantes – Ⓜ Alésia – ℰ 01 45 42 50 52 –
Fermé 1ᵉʳ-22 août, dimanche

Porte de Versailles · Vaugirard · Beaugrenelle

15ᵉ ARRONDISSEMENT

Restaurants

✿ NEIGE D'ÉTÉ

Chef: Hideki Nishi

MODERNE · ÉPURÉ ⅹⅹ Neige d'Été... Un nom d'une poésie toute japonaise, et pour cause : l'adresse est l'œuvre d'un jeune chef nippon, Hideki Nishi, entouré d'une équipe venue elle aussi du pays du Soleil-Levant. Un nom en figure d'oxymore, surtout, qui annonce des jeux de contraste et une forme d'épure : telle est en effet la marque du cuisinier, formé chez Taillevent et au George V, à Paris. Précision toute japonaise et répertoire technique hautement français s'allient donc à travers des recettes finement ciselées et subtiles, privilégiant les arrivages directs de Bretagne pour les légumes et les poissons, et les cuissons au charbon de bois pour les viandes. Un travail en justesse et en contrepoints, qui brille comme la neige en été...

Spécialités: Beignet et tartare de thon rouge au caviar osciètre. Cochon ibérique grillé au charbon de bois japonais. Baba au rhum, sorbet banane, crème chantilly.

🅰🅲 – Menu 55 € (déjeuner), 100/180 €

12 rue de l'Amiral-Roussin – Ⓜ Avenue Émile Zola – ℰ 01 42 73 66 66 –
www.neigedete.fr –
Fermé 15-31 août, samedi, dimanche

PILGRIM

MODERNE • CONTEMPORAIN ❌❌ On doit à Hideki Nishi (propriétaire de Neige d'Été) cette table à deux rues de la gare Montparnasse. C'est Terumitsu Saito qui en tient les rênes. Dans une cuisine centrale et légèrement surélevée, il esquisse des plats raffinés et délicats, tels de véritables petits tableaux de maître entre France et Japon : au hasard de notre repas, œuf parfait au wasabi, purée de mizuna et gelée au dashi, ou bien tataki de veau cuit au foin, coulis de cresson et daikon mariné... C'est un pur régal, une partition précise et inspirée, mais on aurait tort d'être surpris étant donné le parcours impeccable du chef – Mandarin Oriental et Grand Véfour, pour les plus emblématiques. Plus qu'un simple pèlerin, un futur lieu de pèlerinage ?

Spécialités : Chimaki de homard et ris de veau, jus de homard. Côte de veau rôtie, girolles poêlées, potimarron frit en tempura. Mont-blanc à la patate douce.

🅰️🅲️ – Menu 45 € (déjeuner), 100/143 €

8 rue Nicolas-Charlet – Ⓜ *Pasteur –* ☎ *01 40 29 09 71 – www.pilgrimparis.com – Fermé samedi, dimanche*

L'ANTRE AMIS

MODERNE • CONTEMPORAIN ❌ Entrez dans cet Antre, dont le chef-patron assure la cuisine avec passion. Avec d'excellents produits de Rungis (viandes, poissons, coquillages...), il compose des assiettes soignées, exécutées avec précision, déclinées dans une carte hyper-courte et accompagnées d'une belle carte des vins – environ 150 références.

Spécialités : Pâté en croûte de veau et foie gras. Merlan de ligne, mousseline de patate douce à l'huile de sésame et avocat rôti. Petit choux, crème vanille, praliné noix de pécan, figue rôtie et glace au romarin.

🍴 🅰️🅲️ – Menu 38/54 € – Carte 48/85 €

9 rue Bouchut – Ⓜ *Ségur –* ☎ *01 45 67 15 65 – www.lantreamis.com – Fermé 1ᵉʳ-10 janvier, 1ᵉʳ-31 août, samedi, dimanche*

BISCOTTE

MODERNE • BRANCHÉ ❌ Maximilien (au salé) et Pauline (au sucré), deux habitués de prestigieuses maisons parisiennes (Bristol, Lasserre, Arpège, George V) proposent une cuisine du marché, goûteuse et appliquée, qui évolue au gré des saisons et des approvisionnements. Ils ont toujours à cœur de favoriser les produits locaux ou les producteurs artisanaux.

Spécialités : Thon mariné, tofu maison. Carré de veau, chou grillé, jus aux olives. Crème à la vanille, glace noisette torréfiée.

Menu 38/50 €

22 rue Desnouettes – Ⓜ *Convention –* ☎ *01 45 33 22 22 – www.restaurant-biscotte.com – Fermé 20 décembre-4 janvier, 25 juillet-16 août, lundi, dimanche et le midi*

LE CASSE NOIX

TRADITIONNELLE • BISTRO ❌ Vieilles affiches, pendules et meubles vintage : le décor est planté. Côté petits plats, l'authenticité prime aussi : délicieuse cuisine canaille, dont boudins blancs et pâtés en croûte, inspirés au chef par son papa, Meilleur Ouvrier de France à Orléans... Amusante collection de casse noix chinés par la maman du patron. Ce Casse Noix casse des briques !

Spécialités : Soupe de topinambours, saucisse de Morteau et comté. Merlu à la plancha, légumes à la grecque et tzatziki. Riz au lait.

Menu 36/50 €

56 rue de la Fédération – Ⓜ *Bir-Hakeim –* ☎ *01 45 66 09 01 – www.le-cassenoix.fr – Fermé 31 juillet-22 août, 24 décembre-2 janvier, samedi, dimanche*

LE RADIS BEURRE

TRADITIONNELLE • BISTRO ❌ C'est boulevard Garibaldi, à Paris, que le chef Jérôme Bonnet a trouvé l'endroit dont il rêvait pour monter son propre restaurant. Il propose une cuisine goûteuse et bien ficelée, qui porte la marque de ses origines sudistes. Un exemple ? Ce pied de cochon poêlé au foie gras de canard et jus de viande acidulé, qui mérite toute votre attention...

Spécialités : Pied de cochon poêlé au foie gras de canard, jus acidulé. Poitrine de volaille rôtie moelleuse, bisque de langoustine au malt. Riz au lait de ma grand mère "Rosa".

Menu 38 €

51 boulevard Garibaldi – Ⓜ Sèvres Lecourbe – ☏ 01 40 33 99 26 – www.restaurantleradisbeurre.com – Fermé 1er-22 août, 24 décembre-3 janvier, samedi, dimanche

🟡 L'ATELIER DU PARC

MODERNE · CONTEMPORAIN 🟡🟡 Situé face au parc des expositions, voilà un établissement qui tranche avec les brasseries traditionnelles de la porte de Versailles. On découvre une cuisine aux notes ensoleillées, à l'instar du tourteau en accras, soupe glacée de petits pois au lait de coco et ketchup maison. Une jolie surprise.

🍴 🆎 – Menu 22 € (déjeuner), 33/86 € – Carte 50/73 €

35 boulevard Lefebvre – Ⓜ Porte de Versailles – ☏ 01 42 50 68 85 – www.atelierduparc.fr – Fermé lundi, dimanche

🟡 L'ACCOLADE

MODERNE · BISTRO 🟡 Le jeune chef, qui se destinait d'abord à une carrière de professeur de sport, a changé de cap et appris le métier de cuisinier. Dans une ambiance franchement conviviale, il propose une cuisine goûteuse, renouvelée chaque jour, dans laquelle on croise de nombreux produits du Sud-ouest, mais aussi quelques épices thaïes. Une adresse attachante.

Menu 25 € (déjeuner), 30/50 € – Carte 35/50 €

208 rue de la Croix-Nivert – Ⓜ Boucicaut – ☏ 01 45 57 73 20 – www.laccoladeparis.fr – Fermé 8-18 avril, 2-25 août, 23 décembre-2 janvier, samedi, dimanche

🟡 BEURRE NOISETTE

TRADITIONNELLE · BISTRO 🟡 Un bistrot savoureux, bien connu des habitués ! Thierry Blanqui puise son inspiration au marché : tarte aux cèpes ; canette de Challans rôtie sur l'os, épinards et coing ; Mont-blanc et de belles recettes canailles ! Un pied dans la tradition, l'autre dans la nouveauté : on se délecte... Une valeur sûre.

Menu 34 € (déjeuner), 42/60 € – Carte 38/51 €

68 rue Vasco-de-Gama – Ⓜ Lourmel – ☏ 01 48 56 82 49 – www.restaurantbeurrenoisette.com – Fermé 8-23 août, lundi, dimanche

🟡 CAFÉ NOISETTE

CUISINE DU MARCHÉ · BISTRO 🟡 Cuisine du marché à l'ardoise le midi (tartare de thon, coriandre et guacamole ; épaule d'agneau confite au citron), assiettes façon tapas et plats à partager le soir (mention spéciale pour le pâté en croûte) dans ce bistrot signé Thierry Blanqui (qui a déjà démontré son savoir-faire au Beurre Noisette) avec Noeline Imbert aux manettes. Prix sages.

Menu 30 € (déjeuner)/34 € – Carte 33/37 €

74 rue Olivier-de-Serres – Ⓜ Convention – ☏ 01 45 35 86 21 – lecafenoisette.com – Fermé 8-23 août, lundi soir, samedi midi, dimanche

🟡 LE CLOS Y

CRÉATIVE · DESIGN 🟡 Élégamment disposés les uns à côté des autres, couverts à la française et baguettes à la japonaise symbolisent l'esprit du Clos. Produits de qualité, soin d'exécution, recherche de la subtilité : Yoshitaka Ikeda révèle, s'il le fallait encore, toutes les affinités des gastronomies française et japonaise. Plus simple le midi, menu surprise le soir.

♿ 🆎 🔄 – Menu 38 € (déjeuner)/68 €

27 avenue du Maine – Ⓜ Montparnasse Bienvenüe – ☏ 01 45 49 07 35 – Fermé lundi, dimanche

🍴○ LE CONCERT DE CUISINE

TEPPANYAKI • **CONVIVIAL** ХLa salle de concert ? Très simple, sans chichi ni folklore japonisant. Et le chef d'orchestre ? Sous vos yeux, il réalise une belle cuisine fusion, créant des recettes très personnelles basées sur la technique du teppanyaki. Jolie mélodie !

🅰️🅲️ – Menu 30 € (déjeuner), 52/69 €

14 rue Nélaton – Ⓜ Bir-Hakeim – ℰ 01 40 58 10 15 – Fermé 10-31 août, lundi midi, samedi midi, dimanche

🍴○ GÀBIA

MODERNE • **BISTRO** ХEn face du parc Georges-Brassens cette affaire est emmenée par un jeune couple au parcours intéressant. Leur cuisine change toutes les semaines et raconte leur parcours par touches subtiles : cabillaud rôti, fricassée de lentilles au chorizo ibérique ; mini-pie aux pommes et poires caramélisées, crème fraîche... Une adresse attachante.

Menu 35 € (déjeuner), 37/42 €

77 Rue Brancion – Ⓜ Plaisance – ℰ 01 48 42 25 24 – www.gabia.fr – Fermé lundi, mardi, dimanche soir

🍴○ LE GRAND PAN

TRADITIONNELLE • **BISTRO** ХUn bistrot de quartier qu'aurait pu fréquenter Georges Brassens, qui habita tout près. À l'ardoise, de belles pièces de viande à partager, une cuisine généreuse et calquée sur les saisons, parsemée de produits de qualité : homard, Saint-Jacques, cèpes... sans oublier le gibier en saison.

✿ – Menu 31 € (déjeuner) – Carte 37/55 €

20 rue Rosenwald – Ⓜ Plaisance – ℰ 01 42 50 02 50 – www.legrandpan.fr – Fermé samedi, dimanche

🍴○ IDA BY DENNY IMBROISI

MODERNE • **BISTRO** ХPetite par la taille... mais grande par sa cuisine ! Dans un décor moderne, une cuisine inspirée du marché, qui parle l'italien sans accent : goûts francs, produits choisis, et spaghettoni alla carbonara, jaune d'œuf coulant, de haute volée. Un plaisir fou de bout en bout.

🅰️🅲️ – Menu 30 € (déjeuner), 55/65 € – Carte 42/55 €

117 rue de Vaugirard – Ⓜ Falguière – ℰ 01 56 58 00 02 – www.restaurant-ida.com

🍴○ L'OS À MOELLE

TRADITIONNELLE • **BISTRO** ХThierry Faucher est toujours aux manettes de cet Os à Moelle, où il s'affirma au début des années 2000 comme l'un des précurseurs de la bistronomie. Huîtres poireaux vinaigrette, foie de veau, purée de rutabaga au gingembre, os à moelle, soupe du jour... C'est simple, bon et généreux.

Menu 29 € (déjeuner)/51 € – Carte 38/41 €

3 rue Vasco-de-Gama – Ⓜ Lourmel – ℰ 01 45 57 27 27 – Fermé lundi, samedi midi, dimanche

🍴○ LES PÈRES SIFFLEURS

MODERNE • **BISTRO** ХEn face de l'église Saint-Lambert de Vaugirard, ce bistrot sympathique et néo-vintage comme il se doit (comptoir en zinc, banquettes et fauteuils en skaï rouge) était autrefois un restaurant... chinois ! Menu déjeuner au bon rapport qualité-prix, ardoise le soir, courte carte de vins axée "nature".

✿ – Menu 23 € (déjeuner)/28 € – Carte 40/49 €

15 rue Gerbert – Ⓜ Vaugirard – ℰ 01 48 28 75 63 – www.lesperessiffleurs.com – Fermé 23 décembre-4 janvier, 3-30 août, lundi, dimanche

🍴○ LE TROQUET

TRADITIONNELLE • **BISTRO** ХLe "troquet" dans toute sa splendeur : décor bistrotier authentique, banquettes en moleskine, ardoises, miroirs, petites tables invitant à la convivialité. Quant à l'ardoise, elle varie les plaisirs : terrine de cochon, tartare de Saint-Jacques, tagliatelles fraîches à la truffe noire...

Menu 34 € (déjeuner) – Carte 39/45 €

21 rue François-Bonvin – Ⓜ Cambronne – ℰ 01 45 66 89 00 – www.restaurantletroquet.fr – Fermé lundi, dimanche

🍴○ LE VITIS

TRADITIONNELLE • BISTRO ✗ On avait connu Marc Delacourcelle au Pré Verre, dans le 5ᵉ arrondissement ; il dirige aujourd'hui ce bistrot de poche, et nous régale de recettes bien tournées, franches et parfumées : poêlée de couteaux, cochon de lait fondant aux épices douces...

🏧 ⇔ – Carte 38/48 €

8 rue Falguière – Ⓜ Falguière – ℰ 01 42 73 07 02 – www.levitis.fr –
Fermé 8-22 août, 20-27 décembre, lundi, dimanche

🍴○ YIDO

CORÉENNE • CLASSIQUE ✗ Yido est le roi de Corée se trouvant à l'origine de l'alphabet coréen. Ici s'écrit une page de la gastronomie coréenne à Paris. C'est authentique, familial, et savoureux. Un voyage culinaire au cœur du 15e arrondissement.

🏧 – Menu 15 € (déjeuner), 28/48 €

54 avenue Émile-Zola – Ⓜ Charles Michel – ℰ 01 83 06 17 10 –
Fermé dimanche midi

Hôtels

🏨 EIFFEL BLOMET

HÔTEL PARTICULIER • ART DÉCO Dans une rue discrète, cet hôtel rénové façon Art Déco propose de jolies chambres. Les suites du dernier étage disposent de balcons, avec vue sur les toits de Paris. Petite terrasse d'extérieur, et agréable espace bien-être, avec piscine. A deux pas de la Tour Eiffel.

🛏 🖥 🏊 ⅃ₐ 🛗 & 🏧 – 87 chambres – 9 suites

78 rue Blomet – Ⓜ Vaugirard – ℰ 01 53 68 70 00 – hoteleiffelblomet.com

Trocadéro · Étoile · Passy · Bois de Boulogne

16ᵉ ARRONDISSEMENT

Restaurants

🕸🕸🕸 LE PRÉ CATELAN

CRÉATIVE • LUXE ✗✗✗✗ On doit à Pierre-Yves Rochon d'avoir révolutionné ce pavillon Napoléon III niché en plein cœur du bois de Boulogne, à grand renfort de mobilier design et de tons vert, blanc et argent. Aux commandes de cette illustre maison, on trouve un Meilleur Ouvrier de France à la passion intacte : Frédéric Anton. De ses mentors (dont Joël Robuchon), le chef a hérité la précision et la rigueur, auxquelles s'ajoute un goût certain pour les associations de saveurs inédites. Souvent centrées sur un produit de choix (le rouget, la morille, le pigeonneau, la langoustine), les assiettes allient équilibre, harmonie, générosité : chacune d'entre elles est un petit bijou de travail, jusque dans sa conception graphique. N'oublions pas, bien sûr, la cave irréprochable et l'accueil au diapason.

Spécialités : Langoustine préparée en ravioli au foie gras, fine gelée à la feuille d'or. Saumon fumé au bois de cerisier, crème de wasabi. Pollen, sablé et crème glacée au miel.

🕸 🛏 & 🏧 ⇔ 🥤 🅿 – Menu 140 € (déjeuner), 230/290 €

Route de Suresnes - bois de Boulogne – ℰ 01 44 14 41 14 –
www.precatelanparis.com – Fermé 14 février-1ᵉʳ mars, 1ᵉʳ-23 août,
24 octobre-1ᵉʳ novembre, lundi, dimanche

۞ LA GRANDE CASCADE

MODERNE · CLASSIQUE XxX Transformé en restaurant pour l'Exposition universelle de 1900, le restaurant mêle les styles Empire, Belle Époque et Art nouveau : un charme incomparable se dégage de la rotonde, aménagée sous une grande verrière, et de la magnifique terrasse. La clientèle d'affaires vient y respirer le chic du Paris d'autrefois et l'air de la campagne en plein bois de Boulogne. Georges Menut veille amoureusement sur cette Grande Cascade, prenant soin de cultiver son image de grande dame. Mais l'établissement vit aussi avec son temps : pour preuve, la présence de Frédéric Robert, un chef brillant, passé par Le Grand Véfour, le Vivarois et Lucas-Carton (où il a travaillé aux côtés de Senderens pendant dix ans). Il a carte blanche pour imaginer une cuisine subtile, aux saveurs bien marquées, qui hisse cette maison parmi les belles adresses gourmandes de la capitale.

Spécialités : Macaroni, truffe noire, foie gras, céleri et gratinés au parmesan. Ris de veau croustillant aux herbes à tortue, carottes, gingembre-orange. Cigarettes à l'orange, kumquats confits.

🕸 🍽 ⇄ 🐌 🅿 – Menu 89 € (déjeuner), 115/179 € – Carte 170/210 €

Bois de Boulogne –
☎ 01 45 27 33 51 – *www.restaurantsparisiens.com*

۞ L'OISEAU BLANC

MODERNE · DESIGN XxX Le restaurant de "gastronomie française contemporaine" du Peninsula, ce luxueux hôtel installé à deux pas de l'Arc de Triomphe. Son nom fait référence à l'avion avec lequel Nungesser et Coli tentèrent – sans succès – la première traversée de l'Atlantique nord en 1927 : une reproduction grandeur nature de l'appareil est suspendue au sommet de l'hôtel, comme si elle allait partir à l'assaut des cieux. Un bel hommage rendu aux deux pionniers... mais également au ciel de Paris ! Sous sa verrière posée sur les toits, le restaurant semble en effet voler au-dessus de la capitale, et la terrasse offre une vue magistrale de la tour Eiffel au Sacré-Cœur. Un cadre parfait pour déguster la fine cuisine du chef David Bizet où tout tombe juste : cuissons, jus et sauces, visuels...

Spécialités : Lisette à la flamme, ail noir et salicorne. Ris de veau, réglisse, chanterelle et oseille. Chocolat, croustillant noisette, gingembre, sorbet madong.

🍽 & 🅰🅒 – Menu 95 € (déjeuner)/185 € – Carte 140/170 €

The Peninsula, 19 avenue Kléber – Ⓜ *Kléber –*
☎ 01 58 12 67 30 – *www.peninsula.com*

۞ SHANG PALACE

CHINOISE · EXOTIQUE XxX Shangri-La... Le nom résonne comme un voyage aux confins de l'Asie, vers un paradis luxueux et imaginaire. Le célèbre hôtel parisien, né en 2010, a su donner le même éclat à ses restaurants, dont ce Shang Palace. Situé au niveau inférieur de l'établissement, il transporte ses hôtes dans un Hong Kong merveilleux, entre raffinement extrême-oriental et élégance Art déco. Colonnes incrustées de jade, paravents sculptés et lustres en cristal promettent un dîner aussi feutré qu'étincelant. La cuisine cantonaise est à l'honneur ; on peut partager en toute convivialité un assortiment de plats servis au centre de la table. Les cuissons se révèlent précises, les parfums subtils. Les dim sum sont moelleux à souhait et le goût de la sole cuite à la vapeur s'envole accompagné de champignons noirs et de tofu soyeux. Pour finir, entre autres douceurs, une crème de mangue, garnie de pomélo et de perles de sagou, laisse une belle impression de fraîcheur...

Spécialités : Saumon Lo Hei. Canard laqué façon pékinoise. Crème de mangue, pomélo et perles de sagou.

& 🅰🅒 🎁 ⇄ 🐌 – Menu 78 € (déjeuner), 138/168 € – Carte 60/150 €

Shangri-La, 10 avenue d'Iéna – Ⓜ *Iéna –*
☎ 01 53 67 19 92 – *www.shangri-la.com/fr/paris/shangrila –*
Fermé lundi, mardi, mercredi, jeudi

🕸 ÉTUDE

Chef: Keisuke Yamagishi

MODERNE · **ÉLÉGANT** 🕸🕸 Une signature contemporaine, une ode à la simplicité et à l'épure : ces mots font figure d'évidence lorsque l'on découvre les créations du chef, Keisuke Yamagishi. Il a choisi de nommer son restaurant "Étude", en hommage à la musique de Frédéric Chopin – une passion –, mais aussi parce que c'est ainsi qu'il considère son travail : une recherche inlassable sur cette matière toujours vivante qu'est la gastronomie. Nourri par ses rencontres avec des petits producteurs (tous les produits frais, à l'exception du beurre, viennent d'Île-de-France), par la découverte d'ingrédients venus de loin – poivre de Taiwan aux notes d'agrumes, baies iraniennes –, porté enfin par son double héritage culinaire – France et Japon –, il cuisine ici tel un funambule, au gré de menus "Symphonie", "Ballade", "Prélude"... une jolie leçon d'harmonie ! Superbe.

Spécialités : Cuisine du marché.

🐬 🔠 – Menu 45 € (déjeuner), 86/126 €

14 rue du Bouquet-de-Longchamp – 🅜 *Boissière –*
☎ 01 45 05 11 41 – www.restaurant-etude.fr –
Fermé 15 février-8 mars, 1ᵉʳ-23 août, 24-28 décembre, lundi, samedi midi, dimanche

🕸 NOMICOS

Chef: Jean-Louis Nomicos

MODERNE · **ÉLÉGANT** 🕸🕸 Après avoir dirigé de nombreuses années durant les cuisines du restaurant Lasserre – l'un des temples de la cuisine classique –, Jean-Louis Nomicos est bien installé dans ce restaurant qui porte son nom. Pour ce chantre de la belle tradition, qui est né près de Marseille et a grandi dans le culte de la bouillabaisse, l'art et la technique doivent avant tout rester au service des sens et du plaisir. Telle est la condition pour révéler toutes les potentialités des grandes recettes et des produits de choix – méditerranéens, si possible ! Quant au décor contemporain, il se révèle parfaitement en phase avec le travail du chef.

Spécialités : Macaroni aux truffes noires et foie gras de canard. Homard, miel de châtaignier, romarin, pomme grenaille et artichaut poivrade. Granité à l'absinthe, marmelade de tomate à la vanille et glace fenouil.

🕭 🔠 🍲 – Menu 49 € (déjeuner), 80/145 € – Carte 107/151 €

16 avenue Bugeaud – 🅜 *Victor Hugo –*
☎ 01 56 28 16 16 – www.nomicos.fr –
Fermé lundi, dimanche

🕸 COMICE

Chef: Noam Gedalof

MODERNE · **ÉLÉGANT** 🕸🕸 Un couple de Canadiens, Noam Gedalof de Montréal et Etheliya Hananova de Winnipeg, a eu l'excellente idée d'ouvrir leur premier restaurant à Paris, après de belles expériences internationales : le chef – ancien du French Laundry, en Californie – s'inspire des bases de la cuisine française, qu'il saupoudre de modernité. Son obsession : mettre en valeur des produits de la saison avec le plus grand soin, et renouveler sa carte au gré de ses trouvailles. Cette séduisante partition se déguste dans une jolie salle moderne aux murs bleu profond, agrémentés de tableaux d'artistes contemporains (avec une cuisine ouverte au fond de la salle). L'ensemble est élégant et feutré. Une séduisante cuisine, lisible et pleine de gourmandise.

Spécialités : Foie gras au torchon, salade de fruits à noyau, frisée et brioche toastée. Filet et ris de veau, carottes rôties aux épices et jus de veau. Tartelette au sabayon de citron jaune, glace à l'amande de prune.

🔠 – Menu 88/110 € – Carte 68/98 €

31 avenue de Versailles – 🅜 *Mirabeau –*
☎ 01 42 15 55 70 – www.comice.paris –
Fermé lundi, dimanche et le midi

ALAN GEAAM

Chef: Alan Geaam

CRÉATIVE • **ÉLÉGANT** ✗✗ On parle toujours du rêve américain... Alan Geaam, lui, préfère parler du rêve français ! Enfui de son Liban natal à l'âge de 10 ans, réfugié aux États-Unis avec sa famille, il a débarqué à Paris à 24 ans avec une idée en tête : intégrer le monde de la gastronomie, sa véritable passion. Successivement plongeur, puis commis, il intègre une école de cuisine et gravit un à un les échelons du métier. Avec l'ouverture de ce restaurant dans la rue Lauriston (anciennement Akrame), il éclate au grand jour et réalise la synthèse de ce qu'il a appris tout au long de son parcours. Ses recettes originales marient le patrimoine français et des influences libanaises avec une grande justesse – le terme de "métissage" n'a jamais été aussi approprié –, et chaque assiette respire la passion et le travail. Une bien belle table.

Spécialités: Cuisine du marché.

🅰🅲 – Menu 48 € (déjeuner), 65/100 €

19 rue Lauriston – 🚇 *Charles de Gaulle-Etoile –*
☎ *01 45 01 72 97 – www.alangeaam.fr –*
Fermé lundi, dimanche

L'ARCHESTE

Chef: Yoshiaki Ito

CRÉATIVE • **ÉPURÉ** ✗✗ Devanture engageante et cadre épuré (peinture sombre effet brossé, structure en bois, grande vitre apportant de la luminosité) pour ce restaurant imaginé par un chef passionné de produit qui a officié dix-huit ans chez Hiramatsu, dont dix en tant que chef. Il émerveille son monde avec une cuisine française éclatante de modernité, précise et cohérente, qui fait la part belle à des produits d'excellente qualité tout en épousant les saisons de fort belle manière. Pas de carte ici : les menus (3 ou 6 temps à midi, 7 le soir) évoluent chaque jour au gré des humeurs du chef.

Au fait, pourquoi l'Archeste ? Dans ce nom, il faut voir un double hommage. À Alain Senderens, d'abord et à son restaurant L'Archestrate, mais aussi un savant mélange d'artiste, d'artisanal, d'orchestre et d'art. Au final, l'important, c'est qu'on s'y régale... et figurez-vous que c'est le cas.

Spécialités: Cuisine du marché.

🅰🅲 ♿ 🅰🅲 – Menu 55 € (déjeuner), 115/185 €

79 rue de la Tour – 🚇 *Rue de la Pompe –*
☎ *01 40 71 69 68 – www.archeste.fr –*
Fermé 1ᵉʳ-31 août, lundi, mardi midi, samedi midi, dimanche

PAGES

Chef: Ryuji Teshima

CRÉATIVE • **ÉPURÉ** ✗✗ La passion des chefs japonais pour la gastronomie française s'illustre une nouvelle fois à travers ce restaurant surprenant. Passé par de belles maisons, Ryuji Teshima, dit Teshi, propose une version contemporaine et très personnelle de la cuisine de l'Hexagone. Autour de menus "surprise", il imagine des mélanges de saveurs qui peuvent paraître improbables sur le papier, mais qui fonctionnent dans l'assiette. On profite de son travail dans un décor épuré, et les cuisines visibles depuis la salle permettront aux curieux de le voir s'affairer aux fourneaux... Un ensemble résolument à la page.

Spécialités: Homard bleu breton grillé au barbecue et bisque de homard au vin jaune. Dégustation de viandes de bœuf maturées. Millefeuille à la vanille, infusion de feuilles de chêne.

Menu 65 € (déjeuner), 130/200 €

4 rue Auguste-Vacquerie – 🚇 *Charles de Gaulle-Etoile –*
☎ *01 47 20 74 94 – www.restaurantpages.fr –*
Fermé 2-27 août, samedi, dimanche

DUCASSE SUR SEINE

MODERNE • **DESIGN** XXX Décidément, Alain Ducasse ne manque pas d'idées. La preuve une fois de plus avec Ducasse sur Seine : ce bateau électrique, amarré au quai du port Debilly, dans le très chic 16e, propose une promenade gastronomique écolo et silencieuse. En même temps que les monuments de Paris, on découvre une cuisine au goût du jour rondement menée par une brigade digne des grandes maisons.

≼ 🅰🅲 ⇔ 🥢 – Menu 100 € (déjeuner), 150/190 €

Port Debilly – Ⓜ Trocadéro – ℰ 01 58 00 22 08 – www.ducasse-seine.com

CARTE BLANCHE

MODERNE • **COSY** XxX L'ancienne Table du Baltimore est devenue Carte Blanche, et c'est un nom qui lui va comme un gant ! En effet, en plus d'une carte aux intitulés "classiques", le client peut choisir un produit spécifique, qui sera cuisiné à sa convenance après discussion avec le chef... Le concept est plutôt malin, et le plaisir gustatif est au rendez-vous.

🅰🅲 ⇔ 🥢 – Menu 39 € (déjeuner), 85/135 € – Carte 50/75 €

Baltimore, 1 rue Léo-Delibes – Ⓜ Boissière – ℰ 01 44 34 54 34 – www.carteblancheparis.fr – Fermé samedi, dimanche

LE PERGOLÈSE

TRADITIONNELLE • **ÉLÉGANT** XXX Si le décor du Pergolèse a été entièrement repensé (tableaux contemporains, street art, assiettes de Aurélie Pergay), la cuisine continue de célébrer le classicisme, dans l'esprit d'une "belle maison bourgeoise où l'on reçoit les clients comme chez soi".

🕸 🅰🅲 ⇔ 🥢 – Menu 58 € (déjeuner), 90/140 € – Carte 58/140 €

40 rue Pergolèse – Ⓜ Porte Maillot – ℰ 01 45 00 21 40 – www.lepergolese.com – Fermé 6-29 août, samedi, dimanche

LILI

CHINOISE • **ÉLÉGANT** XX Créé par le groupe hôtelier de luxe hongkongais du même nom, le déjà célèbre hôtel Peninsula abrite comme il se doit une table asiatique. Dans un décor très théâtral, la longue carte, mise en musique par le chef Dicky To, révèle un large éventail de spécialités chinoises (certaines mises au goût européen). Une ambassade gastronomique pour l'Empire du Milieu.

♿ 🅰🅲 ⇔ 🥢 – Menu 45 € (déjeuner), 120/150 € – Carte 70/180 €

The Peninsula, 19 avenue Kleber – Ⓜ Kléber – ℰ 01 58 12 67 50 – www.peninsula.com – Fermé lundi, dimanche

BRACH

MÉDITERRANÉENNE • **CONTEMPORAIN** XX Une jolie surprise dans ce nouveau lieu au cadre luxueux, où l'on a volontairement cassé les codes : on se régale d'une cuisine sans chichis, qui offre une immersion au cœur des différentes traditions gastronomiques du bassin méditerranéen. C'est sain, équilibré, et c'est le MOF Yann Brys, qui signe les desserts. Partage, échange et convivialité, avec une affection particulière pour les entrées. Bien joué.

♿ 🅰🅲 🥢 – Carte 45/75 €

1-7 rue Jean Richepin – Ⓜ La Muette – ℰ 01 44 30 10 00 – brachparis.com

CONTI

ITALIENNE • **INTIME** XX Stendhal aurait sans doute apprécié ce restaurant où l'on célèbre, dans l'assiette, l'Italie qu'il aimait tant et, dans le décor, le rouge et le noir. Les recettes de la Botte sont réinterprétées en associant les influences d'ici et de là-bas : une cuisine de qualité appréciée de nombreux habitués.

🅰🅲 – Menu 47 € – Carte 62/80 €

72 rue Lauriston – Ⓜ Boissière – ℰ 01 47 27 74 67 – www.leconti.fr – Fermé 25 décembre-3 janvier, 1ᵉʳ-22 août, samedi, dimanche

DISCIPLES 🔴

MODERNE • **CONTEMPORAIN** XX Le chef Jean-Pierre Vigato n'a rien perdu de sa passion de la transmission. La preuve, il adoube ici son "disciple" Romain Dubuisson, dans une salle à manger lumineuse et contemporaine à l'unisson de ce quartier chic. Au menu, une carte courte pour une cuisine gourmande et généreuse, des suggestions et de belles pièces de viande à partager (côte de veau, échine de cochon fermier...).

🏡 🍽 – Carte 52/70 €

136 boulevard Murat – Ⓜ Porte de St-Cloud – ℰ 01 45 27 39 60 – Fermé samedi, dimanche

MONSIEUR BLEU

MODERNE • **ÉLÉGANT** XX Comme emplacement dans Paris, on fait difficilement mieux que cette adresse... Nichée dans le palais de Tokyo, elle est superbe avec sa salle Art déco tout en gris, vert et or, et sa terrasse regardant la Seine et la tour Eiffel. L'assiette n'est pas en reste, sophistiquée et savoureuse. Un endroit très en vue !

🏡 ⅖ 🅰🅲 ⅔ – Carte 60/100 €

20 avenue de New-York (Palais de Tokyo) – Ⓜ Iéna – ℰ 01 47 20 90 47 – www.monsieurbleu.com

PLEINE TERRE

MODERNE • **CONTEMPORAIN** XX Derrière une devanture discrète, passé quelques marches vers le sous-sol, on découvre un chef passionné d'agrumes, d'épices et de poivre : il développe une cuisine au plus près des saisons, et met en valeur le travail de petits producteurs triés sur le volet. Une partition inventive, mise en musique par une équipe souriante et enthousiaste : bonne pioche.

🅰🅲 ⅔ – Menu 35 € (déjeuner)/75 € – Carte 65/74 €

15 rue de Bassano – Ⓜ Kléber – ℰ 09 81 76 76 10 – www.restaurant-pleineterre.com – Fermé 1er-27 août, lundi, samedi midi, dimanche

LA CAUSERIE

MODERNE • **ÉLÉGANT** X Deux jeunes associés venus du Royal Monceau président aux destinées de cette fameuse institution de La Muette. Le chef y revisite la tradition avec grande fraîcheur, à travers une carte aussi carrée que gourmande ; quant à la déco, elle possède un agréable côté rétro : grand miroir, fresque en céramique, faïence de Sarreguemines, etc. Service attentionné.

Menu 37/55 €

31 rue Vital – Ⓜ La Muette – ℰ 01 45 20 33 00 – www.lacauserie.fr – Fermé 7-22 août, samedi, dimanche

MAVROMMATIS - LE BISTRO PASSY

GRECQUE • **CONTEMPORAIN** X Le petit dernier d'Andreas Mavrommatis, pape de la gastronomie méditerranéenne à Paris. On s'installe dans une salle, façon bistrot contemporain, pour déguster carpaccio de veau, soupions au fenouil, ou poitrine de veau confite-rôtie. C'est frais et savoureux. Boutique traiteur et cave à vins.

🅰🅲 – Menu 32 € (déjeuner) – Carte 30/50 €

70 avenue Paul-Doumer – Ⓜ La Muette – ℰ 01 40 50 70 40 – www.mavrommatis.com – Fermé 1er-31 août, lundi, dimanche

N° 41

TRADITIONNELLE • **BISTRO** X Dans ce sympathique bistrot de style industriel, on profite d'une cuisine gourmande de qualité, à l'instar de ce tartare de thon citron et gingembre... Une table dans l'air du temps, à classer quelque part entre brasserie et bistrot, qui doit son succès à un couple de restaurateurs passionnés et attachants, secondés par leur fils.

⅖ 🅰🅲 – Carte 25/55 €

41 avenue Mozart – Ⓜ Ranelagh – ℰ 01 45 03 65 16 – www.n41.fr

⅋○ SUBSTANCE

MODERNE · CONTEMPORAIN ⅃ Le chef, au CV ciselé dans de belles maisons (Le Meurice, Portos, Lasserre, Louis XV) propose une carte courte et décomplexée, qui privilégie les circuits courts et les beaux produits (turbot, bonite), évolue au gré des saisons, avec incursions jurassiennes, sa région d'origine. Très belle carte des vins de 1000 références (dont 200 champagnes), en majorité en bio ou natures. Une excellente adresse, en substance.

🍴 – Menu 39 € (déjeuner)/79 € – Carte 50/75 €

18 rue de Chaillot – Ⓜ *Alma-Marceau –* ℰ *01 47 20 08 90 – www.substance.paris –*
Fermé samedi, dimanche

Hôtels

⅁⅁⅁⅁⅁ THE PENINSULA

PALACE · ÉLÉGANT C'est donc avec cet établissement que le groupe hongkongais Peninsula a pris pied à Paris en 2014. Un coup de maître ! À deux pas de l'Arc de Triomphe, dans un superbe bâtiment Belle Époque, l'hôtel a tout des plus grands : décors luxueux, équipements high-tech, prestations de haut vol, etc. Un roc, un pic, un cap… une péninsule !

🍴 🔲 ⓦ ⅃ ⅂ ⅃ ⅃ ⅃ – 166 chambres – 34 suites

19 avenue Kléber – Ⓜ *Kléber –* ℰ *01 58 12 28 88 – www.peninsula.com/fr/*

❀ **L'Oiseau Blanc** • ⅋○ **Lili** – Voir la sélection des restaurants

⅁⅁⅁⅁⅁ SHANGRI-LA

PALACE · GRAND LUXE L'Empire mâtiné d'Asie… La signature de ce palace créé dans l'ancien hôtel du prince Roland Bonaparte (1896). Salons grandioses, vue exceptionnelle sur la tour Eiffel depuis certaines chambres, piscine et spa… sans oublier des tables pour tous les goûts.

🍴 ⅃ 🔲 ⓦ ⅃ ⅃ ⅃ ⅃ ⅃ – 63 chambres – 37 suites

10 avenue d'Iéna – Ⓜ *Iéna –* ℰ *01 53 67 19 98 – www.shangri-la.com*

❀ **Shang Palace** – Voir la sélection des restaurants

⅁⅁⅁⅁ SAINT JAMES PARIS

HISTORIQUE · PERSONNALISÉ Ce superbe hôtel particulier de la fin du 19ᵉ s. bénéficie d'un décor signé Bambi Sloan. De superbes matières, des imprimés chatoyants : le style Napoléon III flirte avec une originalité toute british ! La délicieuse bibliothèque, le majestueux escalier, les volumes harmonieux : l'empreinte d'un lieu unique…

🍴 ⅃ ⅃ ⅃ ⅃ ⅃ ⅃ 🅿 – 37 chambres – 14 suites

43 avenue Bugeaud – Ⓜ *Porte Dauphine –* ℰ *01 44 05 81 81 –*
www.saint-james-paris.com

⅁⅁⅁⅁ BRACH

Tablet.**PLUS**

LUXE · PERSONNALISÉ Un hôtel surprenant et séduisant : chambres aux couleurs chaudes, signées Starck, habillées de matières naturelles – bois, cuir, béton, verre, marbre et métal –, influences africaines et asiatiques dans la déco… sans oublier le jardin urbain sur le toit, avec vue sur Paris !

🔲 ⅃ ⅃ ⅃ ⅃ ⅃ – 55 chambres – 3 suites

1-7 rue Jean-Richepin – Ⓜ *La Muette –* ℰ *01 44 30 10 00 – brachparis.com*

⅋○ **Brach** – Voir la sélection des restaurants

⅁⅁⅁⅁ MOLITOR

LUXE · DESIGN Véritable emblème de l'Ouest parisien depuis les années 1920, la piscine Molitor est réapparue sous la forme de cet hôtel de luxe au charme ravageur. Clins d'œil à l'histoire (façade bleue et jaune autour de la piscine, en particulier), épure ultramoderne dans les chambres : le mythe renaît sous nos yeux.

🍴 ⅃ 🔲 ⓦ ⅃ ⅃ ⅃ ⅃ – 117 chambres – 7 suites

2 avenue de la Porte-Molitor – Ⓜ *Michel-Ange Molitor –* ℰ *01 56 07 08 50 –*
www.mltr.fr

KEPPLER `Tablet.PLUS`

BOUTIQUE HÔTEL · COSY Le décor, tout en luxe et raffinement, est signé Pierre-Yves Rochon. Que ce soit dans les salons, la bibliothèque ou les petites chambres, la magie opère... Hammam, sauna et fitness complètent cet ensemble pour le moins cosy.

⇡ ⒧ ☐ & 🅰 ♨ – 34 chambres – 5 suites

10 rue Keppler – Ⓜ *George V –*
☏ *01 47 20 65 05 – www.keppler.fr*

Palais des Congrès · Wagram · Ternes · Batignolles

17ᵉ ARRONDISSEMENT

Restaurants

✿ ✿ MAISON ROSTANG

CLASSIQUE · ÉLÉGANT XXX Entre Michel Rostang, le natif de Grenoble, "fils, petit-fils et arrière-petit-fils de grands cuisiniers", et Nicolas Beaumann, le passage de témoin s'est déroulé de la meilleure des façons. Il en fallait, du talent, pour succéder à un Rostang dont les plats signatures ont marqué des générations de gourmets. On retrouve chez Nicolas Beaumann le même souci du goût : tourteau au gingembre, crémeux de courgettes en impression de caviar ; noix de ris de veau croustillante, navets farcis et petits pois étuvés, crème d'écrevisses... Quant au décor, luxueux et insolite, il séduit nouveaux venus comme habitués de la maison : salon Art nouveau, salon Lalique, salon ouvert sur le spectacle des fourneaux, collection d'œuvres d'art....

Spécialités: Queue de homard en salade de tomates, pinces en gelée, coudes en ravioles. Sole de petits bateaux, crème de coquillage, cannelloni de spaghetti, royale de moules et gel de citron. Cigare croustillant au havane, mousseline au cognac et glace marsala.

❀ 🅰 ⇔ ♨ – Menu 90 € (déjeuner), 195/255 € – Carte 90/215 €

20 rue Rennequin – Ⓜ *Ternes –*
☏ *01 47 63 40 77 – www.maisonrostang.com –*
Fermé 1ᵉʳ-24 août, lundi midi, samedi midi, dimanche

✿ LA SCÈNE THÉLÈME

MODERNE · CONTEMPORAIN XX Au 18 de la rue Troyon, l'art – et, particulièrement, le théâtre – rejoint la gastronomie. D'ailleurs, le nom du restaurant est un hommage à l'Abbaye de Thélème, une création utopique que l'on doit à Rabelais. On peut donc, certains soirs, assister entre 19h et 20h à une représentation théâtrale (attention, 50 places seulement) avant d'aller ensuite s'attabler pour dîner. Riche idée, qui devrait trouver son public à Paris ! Côté papilles, le chef japonais Yoshitaka Takayanagi signe avec son équipe une cuisine fine et subtile, pleine de personnalité, avec des produits de premier ordre. Un travail au cordeau, que l'on apprécie d'autant plus grâce au bon rapport qualité-prix. En scène !

Spécialités: Homard et ris de veau, guacamole et sabayon à la ciboulette. Rouget cuit en écailles et pommes de terre safranées. Pavlova aux fruits rouges, crémeux à la vanille et meringue croquante.

& 🅰 ⇔ – Menu 48 € (déjeuner), 69/135 €

18 rue Troyon – Ⓜ *Charles de Gaulle - Étoile –*
☏ *01 77 37 60 99 – www.lascenetheleme.fr –*
Fermé lundi, samedi midi, dimanche

🍃 AGAPÉ

MODERNE · ÉLÉGANT 🍴🍴 *Agapè...* En Grèce ancienne, ce mot désignait l'amour inconditionnel de l'autre. Il désigne désormais l'alliance du bon, du brut, et du talent. La carte fait la fête aux produits de saison, travaillés dans une veine contemporaine. Même lorsqu'elle se débride, cette cuisine est toujours maîtrisée, canalisée, concentrée sur l'idée de donner du plaisir. Côté décor, une salle en teintes douces, cosy et intimiste, parée d'œuvres d'artistes contemporains. Et le talent se love aussi dans le mariage réussi entre salle et cuisine, ou dans les conseils avisés sur les accords mets et vins (plus de 600 références). Il ne reste qu'à se laisser bercer...

Spécialités: Tartare de noix de veau aux crevettes gambero rosso et caviar. Homard, cavatelli et basilic citron. Moka d'Éthiopie et fenouil sauvage.

🍷 🅰🅲 🍽 – Menu 54 € (déjeuner), 119/155 € – Carte 140/180 €

51 rue Jouffroy-D'Abbans – 🚇 *Wagram –* 📞 *01 42 27 20 18 – www.agape-paris.fr – Fermé 3-24 août, samedi, dimanche*

🍃 FRÉDÉRIC SIMONIN

Chef: Frédéric Simonin

MODERNE · COSY 🍴🍴 Le moins que l'on puisse dire de Frédéric Simonin, c'est qu'il a fait un beau parcours ! Ledoyen, le Meurice, Taillevent, le Seize au Seize, et enfin la Table de Joël Robuchon, où il a gagné ses derniers galons, avant de devenir Meilleur Ouvrier de France en 2019... Rien que des grands noms, à la suite desquels il vient aujourd'hui écrire le sien, non loin de la place des Ternes (pour les connaisseurs : en lieu et place du restaurant Bath's, qu'il a entièrement transformé). Au terme d'une nouvelle rénovation, il s'est créé un lieu qui sied parfaitement à sa cuisine, fine et pleine de justesse. Ne dédaignant pas les touches inventives et parfois japonisantes, il ose les associations originales qu'on découvre notamment à travers le menu dégustation. Une belle table raffinée.

Spécialités: Langoustine en raviole ouverte, nage foisonnée coco et citronnelle. Veau normand cuit en cocotte, champignons et condiment d'ail noir. Parfait guanaja, concassé de biscuit cacao et caramel chocolaté cassant.

🅰🅲 🅿 – Menu 55 € (déjeuner), 98/148 €

25 rue Bayen – 🚇 *Ternes –* 📞 *01 45 74 74 74 – www.fredericsimonin.com – Fermé 7-24 août, lundi, dimanche*

🍃 JACQUES FAUSSAT

Chefs: Jacques Faussat et Geoffrey Rembert

TRADITIONNELLE · CONTEMPORAIN 🍴🍴 Jacques Faussat, Gersois et fier de l'être, n'aime rien tant que la simplicité inspirée de ses racines et de son enfance. Une simplicité également apprise auprès de Michel Guérard et surtout d'Alain Dutournier - sa rencontre avec cet homme de passion, qui partage les mêmes origines que lui, sera déterminante dans sa carrière, à commencer par dix années passées aux fourneaux du Trou Gascon. En duo avec le chef Geoffrey Rembert, il propose une cuisine pleine de saveurs, misant tout sur de bons produits travaillés pour en faire ressortir le meilleur. Bon rapport qualité-prix.

Spécialités: Compression de pommes de terre, foie gras de canard et jus truffé. Pigeon flambé au capucin. Soufflé aux fruits de saison.

🍷 🅰🅲 ⇔ 🍽 – Menu 42 € (déjeuner)/48 € – Carte 74/114 €

54 rue Cardinet – 🚇 *Malesherbes –* 📞 *01 47 63 40 37 – www.jacquesfaussat.com – Fermé 24 décembre-4 janvier, samedi, dimanche*

🍃 OXTE

Chef: Enrique Casarrubias

MEXICAINE · TENDANCE 🍴 Ce petit restaurant cosy et sympathique du quartier de l'Étoile propose une savoureuse cuisine au goût du jour, aux influences mexicaines. Les produits français sont travaillés avec des condiments, herbes et épices par un chef mexicain, talentueux et passionné, qui participe d'ailleurs au service. A l'image de la lotte et fenouil rôti, crumble de pastilla et nuage au pastis ou du thon blanc comme un ceviche, moules et poivrons, le maître des fourneaux signe des plats réfléchis, maîtrisés, aux justes cuissons et aux assaisonnements toniques. C'est coloré, punchy et bien condimenté. On se régale, on y retourne !

Spécialités : Thon blanc comme un ceviche, moules et poivron. Pigeon, poudre de tortilla et blettes multicolores. Avocat, chocolat blanc et citron vert.

Menu 45/80 €

5 rue Troyon – **Ⓜ** *Ternes –* ℰ *01 45 75 15 15 – www.restaurant-oxte.com – Fermé samedi, dimanche*

✿ LE FAHAM BY KELLY RANGAMA

Chefs : Kelly Rangama et Jérôme Devreese

MODERNE · CHIC ✕ Le faham est une orchidée endémique de l'île de la Réunion, connue pour son subtil arôme d'amande. C'est la fleur choisie par Kelly Rangama (ex-Top Chef 2017) pour symboliser son union civile et culinaire avec le pâtissier Jérôme Devreese, et leur création commune : cette table élégante et épurée, nichée au cœur des Batignolles, où la cheffe peut laisser libre cours à la cuisine qui lui ressemble : pleine de peps et de tonus, épicée mais toujours maîtrisée, avec la pointe d'exotisme qui fait la différence. Un exemple : cette légine (un poisson de la Réunion) aux carottes et gingembre en aigre-doux, avec concentration de tomates et riz croustillant… Un vrai bonheur.

Spécialités : Rouleau de tourteau rafraîchi au combava. Légine, déclinaison d'artichauts, boucané volaille et condiment citron et piment. Gâteau de patate douce.

Ⓐ**Ⓒ** – Menu 33 € (déjeuner), 65/79 €

108 rue Cardinet – **Ⓜ** *Malesherbes –* ℰ *01 53 81 48 18 – www.lefaham.com – Fermé 1ᵉʳ-18 août, 19 décembre-5 janvier, lundi, dimanche*

☺ COMME CHEZ MAMAN

MODERNE · CONVIVIAL ✕ Au cœur des Batignolles, près d'un square, un bistrot contemporain où l'on se sent… comme chez maman ! Le jeune chef belge, Wim Van Gorp, joue la carte des jolies recettes contemporaines assaisonnées de touches créatives, dont certaines rendent de délicieux hommages à ses origines flamandes… A noter : Wim propose aussi une sympathique "gastronomie de bar" dans sa deuxième adresse "Wim à Table", un peu plus loin dans la rue.

Spécialités : Œufs mayonnaise minute, servis tiède. Rognons de veau grillés, condiment miso-gingembre, pomme purée. Gaufre sublime.

Menu 25 € (déjeuner), 37/48 € – Carte 40/65 €

5 rue des Moines – **Ⓜ** *Brochant –* ℰ *01 42 28 89 53 – www.comme-chez-maman.com*

☺ MOVA Ⓝ

TRADITIONNELLE · CONTEMPORAIN ✕ Le chef propose une cuisine qui fait la part belle à la tradition (chou farci, croustillant de pied de cochon, épaule d'agneau confite), mais dans une version plus moderne, propre à séduire toutes les bourses. Une attention particulière est portée aux saisons, aussi bien pour les légumes que pour les poissons.

Spécialités : Œuf parfait, espuma tiède de maïs, condiments câpres et anchois. Carré de cochon rôti entier, duxelles et poêlée de champignons. Crème parfumée à la fève de tonka, crumble cacao-sarrasin.

Ⓐ**Ⓒ** – Menu 25 € (déjeuner), 37/55 €

39 rue des Dames – **Ⓜ** *Place de Clichy –* ℰ *01 45 22 46 07 – www.mova-paris.fr – Fermé lundi, mardi midi, dimanche*

☺ LES TABLES D'AUGUSTIN

TRADITIONNELLE · CONVIVIAL ✕ Le quartier des Épinettes accueille ce délicieux bistrot de poche, où officie un jeune chef à l'excellent parcours (George V, l'Ambroisie…) et à la démarche écolo sincère. Sa cuisine, gourmande et savoureuse, ne manque pas de caractère, avec – au déjeuner notamment – un excellent rapport qualité-prix ; le menu est renouvelé chaque semaine au gré du marché.

Spécialités : Cuisine du marché.

Menu 22 € (déjeuner), 39/49 €

44 rue Guy-Môquet – **Ⓜ** *Guy-Môquet –* ℰ *09 83 43 11 11 – www.lestablesdaugustin.fr – Fermé samedi, dimanche*

DESSIRIER PAR ROSTANG PÈRE ET FILLES

POISSONS ET FRUITS DE MER • CHIC ✗✗ Contemporain, arty et chic : tel est le Dessirier, navire amiral de la famille Rostang. Le restaurant attache une importance capitale à la sélection de poissons : bouillabaisse et sole meunière font partie des incontournables du lieu...

🕸 😝 ᚴ ⻬ ↔ 🍽 – Menu 52 € – Carte 45/90 €

9 place du Maréchal-Juin – ⓜ Pereire – ☏ 01 42 27 82 14 -
www.restaurantdessirier.com

RECH

POISSONS ET FRUITS DE MER • CHIC ✗✗ Cette institution née en 1925, toujours élégante avec son décor repensé dans un esprit épuré (murs blancs, miroirs, sol en mosaïque) fera le bonheur des amateurs de saveurs iodées, à l'instar de cette sole épaisse dorée au beurre demi-sel, pommes de terre de Noirmoutier.

😝 ᚴ 🍽 – Menu 44 € (déjeuner)/80 € – Carte 60/90 €

62 avenue des Ternes – ⓜ Ternes – ☏ 01 45 72 29 47 - www.restaurant-rech.fr -
Fermé lundi, dimanche

SORMANI

ITALIENNE • ROMANTIQUE ✗✗ Tissus tendus, lustres en verre de Murano, moulures et miroirs : toute l'élégance de l'Italie s'exprime dans ce restaurant chic et feutré. La cuisine rend un hommage subtil aux spécialités transalpines, avec une appétence particulière, en saison, pour la truffe.

🕸 ᚴ ↔ 🍽 – Menu 58 € – Carte 64/100 €

4 rue du Général-Lanrezac – ⓜ Charles de Gaulle-Étoile – ☏ 01 43 80 13 91 - www.sormanirestaurant.fr – Fermé samedi, dimanche

TIMGAD

MAROCAINE • ORIENTAL ✗✗ Retrouvez la splendeur passée de la cité de Timgad dans ce cadre mauresque raffiné, tout en mobilier traditionnel et stucs finement sculptés ! La carte est au diapason : riche sélection de couscous (la semoule est d'une rare finesse) et tajines et pastillas appréciés pour leurs mille et un parfums...

ᚴ 🍽 – Carte 40/100 €

21 rue Brunel – ⓜ Argentine – ☏ 01 45 74 23 70 - www.timgad.fr

ANONA

MODERNE • CONTEMPORAIN ✗✗ Une belle cuisine actuelle, et d'évidentes ambitions pour cette nouvelle adresse d'un secteur animé et populaire du dix-septième arrondissement. Le chef, au beau parcours étoilé, flatte avec talent le terroir d'Île de France, dans une démarche de développement durable. Menu attractif et courte carte au déjeuner ; en soirée, menu unique en 5 ou 7 déclinaisons, réalisé au plus près du marché.

🌱 *L'engagement du chef:* "Proposer une cuisine responsable est notre raison d'être : sourcing de produits locaux et saisonniers, réduction des déchets et de la consommation en eau, alimentation en énergie renouvelable, attention portée au bien-être de nos équipes, notre engagement est total. Notre mobilier est également le fruit du travail d'artisans franciliens et notre vaisselle est faite en matériaux naturels."

ᚴ ᚴ – Menu 45 € (déjeuner), 75/95 € – Carte 77/85 €

80 boulevard des Batignolles – ⓜ Rome – ☏ 01 84 79 01 15 - www.anona.fr - Fermé 20-28 décembre, lundi, dimanche

CAÏUS

CRÉATIVE • CONVIVIAL ✗✗ Esprit arty et art déco modernisé pour cette adresse du chef Jean-Marc Notelet, qui exhume épices et produits oubliés, avec cet art de réinventer des recettes ordinaires. Impossible de se lasser, d'autant que l'atmosphère est agréable. Bon rapport qualité-prix.

ᚴ ↔ – Menu 45 €

6 rue d'Armaillé – ⓜ Charles de Gaulle-Étoile – ☏ 01 42 27 19 20 - www.caius-restaurant.fr – Fermé samedi, dimanche

🍴○ CORETTA

MODERNE • DESIGN XX Dans le nouveau quartier Clichy-Batignolles, face au parc Martin-Luther-King (dont l'épouse s'appelait Coretta), cette table se veut éco-responsable. Décor design où domine le chêne, vue sur les cimes à l'étage et belle cuisine de produits signée par une équipe jeune et motivée. Le goût de la nature, oui !

🌿 ⅙ 🎬 – Menu 27 € (déjeuner), 37/48 € – Carte 27/48 €

151 bis rue Cardinet – ⓜ Brochant – ℰ 01 42 26 55 55 – www.restaurantcoretta.com

🍴○ FANFAN

MODERNE • CONTEMPORAIN XX Ce jeune chef réalise une cuisine fusion aux influences asiatiques autour d'un menu (à trois choix) qui obéit à la loi du marché, des produits et des saisons. Le tout servi dans un cadre contemporain avec une salle sous verrière. Les menus déjeuner sont une aubaine, le soir l'offre devient plus gastronomique.

🎬 ⇄ – Menu 35 € (déjeuner)/79 € – Carte 50/77 €

18 rue Bayen – ⓜ Ternes – ℰ 01 53 81 79 77 – www.fanfanlarome.com – Fermé lundi, dimanche

🍴○ LE BISTROT D'À CÔTÉ FLAUBERT

TRADITIONNELLE • BISTRO X Une salle chaleureuse, véritable petite bonbonnière : pas de doute, on est bien dans un bistrot ! Le chef Sukwon Yong, ancien de la Maison Rostang qui possédait auparavant l'adresse, réveille les classiques de la maison – foie gras et quenelle de brochet, notamment – à petites touches de condiments et de notes asiatiques.

🌿 🎬 🥢 – Menu 32 € (déjeuner) – Carte 48/66 €

10 rue Gustave Flaubert – ⓜ Ternes – ℰ 01 42 67 05 81 – www.bistrotflaubert.com – Fermé lundi, samedi midi, dimanche

🍴○ LE BORDELUCHE

MODERNE • CONVIVIAL X Ici, le Bordeluche, terme issu du patois gascon qui signifie "bordelais", c'est le patron, enthousiaste en diable. Son petit bistrot s'intègre parfaitement à ce secteur des Batignolles, nouvel eldorado bobo, où l'on ne jure plus que par les vins natures ou élevés en biodynamie. On travaille "entre potes" une cuisine de saison, attentive au marché. Le cadre sobre est typiquement parisien. La bistronomie a encore de beaux jours devant elle.

⅙ – Menu 27 € (déjeuner)/37 €

103 rue des Dames – ⓜ Villiers – ℰ 09 52 91 95 28 – Fermé 21 décembre-2 janvier, lundi, samedi midi, dimanche

🍴○ CAVES PÉTRISSANS

TRADITIONNELLE • VINTAGE X La famille Allemoz (dont le fils, Jean-Jacques, représente la 5e génération dans cette maison) perpétue la tradition avec entrain : terrine maison, tête de veau sauce ravigote, rognon de veau flambé à l'armagnac, baba au rhum ou île flottante comptent parmi les nombreux classiques bistrotiers présents à la carte. Une maison éminemment sympathique.

🍷 🌿 ⇄ 🥢 – Menu 44 € – Carte 45/110 €

30 bis avenue Niel – ⓜ Pereire – ℰ 01 42 27 52 03 – www.cavespetrissans.fr – Fermé 30 juillet-29 août, samedi, dimanche

🍴○ L'ENTREDGEU

TRADITIONNELLE • BISTRO X Ambiance animée et gourmandise garantie pour ce bistrot de quartier qui fait souvent le plein. Le chef propose une cuisine traditionnelle bien tournée, teintée de modernisme. Et toujours attentive aux saisons et au marché.

Menu 40 € (déjeuner), 50/55 €

83 rue Laugier – ⓜ Porte de Champerret – ℰ 01 40 54 97 24 – www.lentredgeu.fr – Fermé dimanche midi

L'ENVIE DU JOUR

MODERNE · CONVIVIAL 𝕏 Grâce à la cheffe et son associée, convivialité et sens de l'accueil règnent joyeusement dans ce bistrot du quartier des Batignolles. Tout juste sorties des cuisines ouvertes, les assiettes donnent effectivement bien envie ! Le tout est accompagné d'une petite sélection de vins bien choisis.

🅰🅲 – Menu 32 € (déjeuner), 35/46 €

106 rue Nollet – 🚇 *Brochant –* ☎ *01 42 26 01 02 – www.lenviedujour.com – Fermé 15 août-6 septembre, lundi, dimanche*

LA FOURCHETTE DU PRINTEMPS

MODERNE · BISTRO 𝕏 Dans cet élégant petit bistrot de quartier, on trouve un chef passé par de belles maisons. Il cultive le goût du produit de qualité (le menu évolue selon le marché), et prend plaisir à revisiter les classiques. Son lièvre à la royale est une réussite. Une bonne table.

🅰🅲 – Menu 35 € (déjeuner), 60/85 €

30 rue du Printemps – 🚇 *Wagram –* ☎ *01 42 27 26 97 – www.lafourchetteduprintemps.com – Fermé lundi, dimanche*

GARE AU GORILLE

MODERNE · BISTRO 𝕏 Marc Cordonnier a maintenant fait sa place aux Batignolles. Il sait travailler les produits sans jamais les dénaturer et décline une cuisine franche et originale, sans chichi, qui préfère la personnalité à la posture. Quant à son acolyte, Louis Langevin, il conseille avec bienveillance un beau panel de vins nature.

Menu 29 € (déjeuner)/39 € – Carte 45/55 €

68 rue des Dames – 🚇 *Rome –* ☎ *01 42 94 24 02 – www.gareaugorille.fr – Fermé samedi, dimanche*

LE 975

MODERNE · ÉPURÉ 𝕏 En angle de rue, cette façade habillée de bois ne passe pas inaperçue. Cela tombe bien, l'assiette non plus. Un duo enthousiaste, mené par un chef japonais et un passionné de vins, propose une carte courte bien troussée, aux assiettes précises et savoureuses. Les curieux s'installeront au comptoir, face à la cuisine ouverte.

Menu 18 € (déjeuner)/39 € – Carte 37/43 €

25 rue Guy-Môquet – 🚇 *Brochant –* ☎ *09 53 75 67 71 – www.le975.com – Fermé samedi, dimanche*

PAPILLON

MODERNE · BISTRO 𝕏 Tel Papillon, échappé du bagne de Cayenne, Christophe Saintagne a accompli sa mue en s'installant à son compte après avoir dirigé les cuisines du Plaza Athénée, puis du Meurice. Épanoui dans son élégant néo-bistrot, il signe une cuisine racée, qui privilégie toujours le goût et l'équilibre. Un conseil d'ami : réservez !

♿ 🅰🅲 – Menu 28 € (déjeuner)/75 € – Carte 45/65 €

8 rue Meissonier – 🚇 *Wagram –* ☎ *01 56 79 81 88 – www.papillonparis.fr – Fermé 30 juillet-30 août, samedi, dimanche*

PETIT BOUTARY 🆕

MODERNE · BRASSERIE 𝕏 Ce Petit Boutary-là, frère cadet de celui de la rive gauche, ne démérite pas ! Dans ce bistrot raffiné, avec son sol en damier, son comptoir en zinc, ses banquettes en cuir et ses ampoules suspendues, un chef d'origine nippo-coréenne expérimenté, Jay wook Hur, laisse libre cours à son imaginaire culinaire moderne et créatif avec de belles assiettes bien assaisonnées (comme ce délicieux cabillaud, écume de satay, brocoli et artichauts poivrade).

♿ – Menu 32 € (déjeuner), 54/64 €

16 rue Jacquemont – 🚇 *La Fourche –* ☎ *01 46 27 76 23 – www.petitboutary.com – Fermé lundi, dimanche*

⊗ PETIT GRIS ⓝ

MODERNE · CONVIVIAL ✕ Jean-Baptiste Ascione, ex-Top Chef, rêvait d'ouvrir sa propre adresse ! C'est chose faite avec cette salle chaleureuse (parquet en chêne, tables en bois sablées, chaises bistrot...) qui célèbre les joies de la cuisine de partage en puisant dans les beaux produits du terroir et le répertoire culinaire traditionnel.

🅐🅒 – Menu 32 € (déjeuner) – Carte 50/75 €

67 rue Rennequin – Ⓜ *Péreire –*
✆ 06 11 34 69 91 – http://restaurantpetitgris.fr –
Fermé lundi, samedi midi, dimanche

⊗ ROOSTER

MODERNE · BISTRO ✕ Venu de New York, Frédéric Duca a trouvé un havre de paix et de goût entre Batignolles et Wagram, partie animée et populaire du dix-septième arrondissement. En guise d'écrin, un ancien café en angle de rue : le chef marseillais signe une cuisine de produits, sans afféterie et dans l'air du temps. Carte plus ambitieuse le soir.

Menu 28 € (déjeuner)/75 € – Carte 50/80 €

137 rue Cardinet – Ⓜ *Villiers –*
✆ 01 45 79 91 48 – rooster-restaurant.com –
Fermé 1ᵉʳ-22 août, 23-29 décembre, samedi, dimanche

⊗ LA TABLE DU CAVISTE BIO

MODERNE · ÉLÉGANT ✕ À quelques encablures du Parc Monceau, ce restaurant offre l'agrément d'une salle d'esprit moderne, et d'une cuisine en phase avec son époque, fraîche et raffinée, concoctée par la chef japonaise Junko Kawasaki. Le tout au diapason avec les vins, exclusivement bio, eux aussi.

⊗ 🈸 🅐🅒 – Menu 35 € (déjeuner)/45 € – Carte 42/110 €

55 rue de Prony – Ⓜ *Monceau –*
✆ 01 82 10 37 02 – www.latable.bio –
Fermé 1ᵉʳ-9 janvier, 2-29 août, lundi, dimanche

Montmartre · Pigalle

18ᵉ ARRONDISSEMENT

Restaurants

✿ L'ARCANE

Chef: Laurent Magnin

MODERNE · ÉLÉGANT ✕✕ Emmenée par Laurent Magnin, la jeune équipe de l'Arcane a quitté le 39 rue Lamarck pour prendre ses quartiers un peu plus haut, en lieu et place de l'ancien Chamarré Montmartre. Dans l'assiette, le jeune chef montre toutes les qualités qu'on lui connaissait déjà. Technicité et saveurs sont au rendez-vous – exemple parfait, cette belle mousse légère aux petits pois agrémentée de zestes de citron jaune et de poudre de citron noir – et on passe un excellent moment, que ce soit sous la forme d'un menu surprise ou à la carte. Enfin, n'oublions pas la jolie carte des vins, qui n'hésite pas à sortir des sentiers battus.

Spécialités : Cuisine du marché.

⊗ 🈸 🅐🅒 – Menu 55 € (déjeuner), 125/155 €

52 rue Lamarck – Ⓜ *Lamarck Caulaincourt –*
✆ 01 46 06 86 00 – www.restaurantlarcane.com –
Fermé 25 décembre-13 janvier, 20-31 juillet, lundi, mardi midi, mercredi midi, jeudi midi, dimanche

☺ KEN KAWASAKI

CRÉATIVE · ÉPURÉ ✗ Au pied de la butte Montmartre, c'est désormais le fils de Ken Kawasaki qui officie en cuisine. Il propose une cuisine française parsemée d'influences japonaises, sous la forme de petites assiettes éminemment graphiques, savoureuses et originales. C'est le meilleur de la saison qui vous est offert, avec des ingrédients choisis avec soin, et une élégance certaine dans le travail des saveurs. Dans la plus pure tradition japonaise, ces mets sont préparés directement sous vos yeux, derrière un petit comptoir en bois clair. Un mot enfin sur le rapport qualité-prix, qui se révèle excellent, notamment au déjeuner.

Spécialités : Cuisine du marché.

Menu 45 € (déjeuner)/95 €

15 rue Caulaincourt – ⓜ Blanche – ☏ 09 70 95 98 32 – www.restaurantkenkawasaki.fr – Fermé lundi, mardi

☺ LA TABLE D'EUGÈNE

Chef: Geoffroy Maillard

MODERNE · BISTRO ✗ Située non loin de la mairie du 18ᵉ, l'enseigne sonne comme un slogan bobo, mais fait en réalité référence à Eugène Sue, l'auteur des *Mystères de Paris*, et au nom de la rue. Mais l'adresse bourgeoise qu'on connaissait bien vient de se métamorphoser en bistrot, avec boiseries et ardoise de rigueur. Le chef Geoffroy Maillard continue de travailler de très beaux produits avec dextérité. Il se plaît notamment à « booster » ses assiettes avec des jus corsés. Couleurs, finesse, précision et originalité : chaque plat de ce bistrot (très) gourmand porte la patte du chef et son envie de régaler ses convives.

Spécialités : Chipiron, aubergine, curry et piquillos. Suprême de volaille fermière, racines et jus de cuisson. Baba au rhum, agrumes et chantilly.

Menu 23 € (déjeuner)/48 €

18 rue Eugène-Süe – ⓜ Jules Joffrin – ☏ 01 42 55 61 64 – www.latabledeugene.com – Fermé 24 décembre-8 janvier, 21-29 avril, 4-26 août, lundi, dimanche

☺ ETSI

GRECQUE · CONVIVIAL ✗ Mikaela, jeune cheffe d'origine grecque, est revenue à la cuisine de son enfance après un apprentissage dans des maisons reconnues. Ici, elle propose des mezzes percutants de fraîcheur et ponctués d'audaces. Feta, olives, câpres, charcuteries, fromages, huile d'olive proviennent tout droit de Grèce, et se dégustent dans une ambiance hyper-conviviale.

Spécialités : Kolokithokeftedes. Feta saganaki et légumes du moment. Cheveux d'ange, pistache et fleur d'oranger.

🏠 – Menu 35 € – Carte 30/35 €

23 rue Eugène-Carrière – ⓜ Place de Clichy – ☏ 01 71 50 00 80 – www.etsi-paris.fr – Fermé 1ᵉʳ-23 août, 23 décembre-2 janvier, lundi, mardi midi, mercredi midi, jeudi midi, vendredi midi, dimanche soir,

☺ MOKKO

CUISINE DU MARCHÉ · CONTEMPORAIN ✗ Formé sur le tard, Arthur Hantz ne nourrit pas le moindre complexe et tient au pied de la butte Montmartre une table qui va droit au cœur. Dans l'assiette, il applique une méthode diablement efficace : pas plus de trois ou quatre ingrédients par plat. Il fait la différence avec des jeux intéressants sur les textures et les saveurs. C'est coloré, ça pétille : on aime !

Spécialités : Asperges, coulis d'oignons nouveaux, émulsion parmesan et rhubarbe. Poulpe grillé, maïs et combava. Mousse au chocolat à la fève tonka.

✿ – Menu 26 € (déjeuner), 37/52 €

3 rue Francœur – ⓜ Métro Lamarck-Caulaincourt – ☏ 09 80 96 93 60 – https://mokko-restaurant.com – Fermé lundi, mardi midi, mercredi midi, jeudi midi, dimanche

☺ LE RÉCIPROQUE

TRADITIONNELLE · CONTEMPORAIN ✗ Niché dans une petite rue derrière la mairie du 18ᵉ, ce restaurant est l'œuvre de deux jeunes associés au beau parcours professionnel. L'un, en cuisine, se fend de recettes plutôt traditionnelles, savoureuses et maîtrisées ; l'autre assure en salle un service vivant et courtois. Les prix sont mesurés : un vrai bon plan !

Spécialités : Escargots, légumes de saison, coulis d'estragon. Poitrine de cochon, panisse, caviar d'aubergine, sauce barbecue. Crémeux chocolat, streusel cacahouète, glace au pain grillé.

Menu 25 € (déjeuner), 38/47 €

14 rue Ferdinand-Flocon – Ⓜ Jules Joffrin – ℰ 09 86 37 80 77 –
www.lereciproque.com –
Fermé 25 juillet-16 août, lundi, dimanche

LE COQ RICO

TRADITIONNELLE · CONTEMPORAIN XX Cocorico ! La volaille française a trouvé son ambassade à Paris, en cette adresse chic et discrète créée par le fameux chef strasbourgeois, Antoine Westermann. Poulet de Bresse, volaille landaise, canette des Dombes, pigeon de Mesquer, poulet de Challans ponctuent la carte. Les pièces sont rôties avec art et dégagent de succulents parfums. Les amateurs sont comblés, les autres aussi !

🅰🄲 ⌂ – Carte 47/80 €

98 rue Lepic – Ⓜ Lamarck Caulaincourt –
ℰ 01 42 59 82 89 – www.lecoqrico.com

LE BISTROT DU MAQUIS

TRADITIONNELLE · BISTRO X Dans la fameuse rue Caulaincourt, André Le Letty – ancien chef de l'Anacréon – célèbre les classiques du genre bistrotier : brandade de cabillaud à l'oseille, parfait glacé au Calvados… et, bien sûr, sa spécialité : le canard au sang en deux services (sur réservation).

Menu 22 € (déjeuner)/38 €

69 rue Caulaincourt – Ⓜ Lamarck Caulaincourt –
ℰ 01 46 06 06 64 – www.bistrotdumaquis.com –
Fermé 1ᵉʳ-25 août, 24 décembre-5 janvier, mardi, mercredi midi

BOULOM

TRADITIONNELLE · BISTRO X Bien caché derrière une boulangerie (goûtez leur kouign amann !), ce restaurant se présente sous la forme d'un grand buffet : à vous terrines de campagne, houmous de lentilles, poitrine de porc et autres poissons grillés… C'est bon, les produits sont de qualité, l'ambiance est plutôt relax. Succès mérité.

🅰🄲 – Menu 29 € (déjeuner)/39 €

181 rue Ordener – Ⓜ Guy Moquet – ℰ 01 46 06 64 20 – www.boulom.net

CHANTOISEAU Ⓝ

MODERNE · ÉPURÉ X En 1765, Mathurin Roze de Chantoiseau ouvre le premier restaurant moderne (des tables individuelles et des plats à choisir sur un menu) dans le quartier du Louvre. En son hommage, les frères Nicolas et Julien Durand travaillent à 4 mains au bénéfice d'une jolie cuisine actuelle, qui s'inspire aussi des classiques et recourt parfois aux produits nobles à l'image de cette délicieuse tourte de palombe feuilletée.

🍴 ⅏ 🅰🄲 – Menu 28 € (déjeuner) – Carte 50/60 €

63 rue Lepic – Ⓜ Lamarck-Caulaincourt –
ℰ 01 42 51 39 95 – www.chantoiseau-paris.fr –
Fermé lundi, mardi

L'ESQUISSE

MODERNE · BISTRO X Deux jeunes passionnés se sont associés pour créer ici ce bistrot vintage et accueillant : parquet massif, banquettes en bois… On y passe un bon moment autour de recettes volontiers voyageuses et originales. Au déjeuner, menu du jour sans choix et mini carte ; au dîner, choix plus étoffé.

Menu 23 € (déjeuner) – Carte 42/50 €

151 bis rue Marcadet – Ⓜ Lamarck-Caulaincourt – ℰ 01 53 41 63 04 –
Fermé 1ᵉʳ-5 janvier, 1ᵉʳ-24 août, lundi, dimanche

ÎLE-DE-FRANCE • PARIS

⬤ LE MAQUIS

CUISINE DU MARCHÉ • VINTAGE ⌇ Prenez le maquis avec ces résistants-là, Paul Boudier et Albert Touton, deux anciens du Chateaubriand. Dans cet ancien troquet dont ils ont conservé le look rétro (comptoir en zinc et banquettes en simili cuir de rigueur), ils proposent à l'ardoise des produits de qualité et une cuisine qui navigue avec bonheur entre tradition et touches créatives.

Menu 18 € (déjeuner) – Carte 40/50 €

53 rue des Cloys – ⓜ Jules Joffrin –
℘ 01 42 58 87 82 – http://lemaquisrestaurant.fr –
Fermé lundi, samedi, dimanche

⬤ MONTCALM

MODERNE • BISTRO ⌇ Voilà un sympathique bistrot de quartier, où le chef travaille de jolis produits sélectionnés, dans un esprit retour de marché. C'est bien troussé, avec des saveurs franches et travaillées. Menu déjeuner au choix limité, le soir, on choisit à la carte. Frais et bon.

Menu 18 € (déjeuner), 22/50 € – Carte 40/50 €

21 rue Montcalm – ⓜ Lamarck Caulaincourt – ℘ 01 42 58 71 35 –
Fermé 23 décembre-2 janvier, 8-22 août, lundi, dimanche

⬤ POLISSONS

TRADITIONNELLE • BISTRO ⌇ Un peu à l'écart du Montmartre touristique, une table moderne qui célèbre les saveurs franches. La carte est renouvelée souvent, avec quelques incontournables : carpaccio de dorade, aile de raie meunière, pigeon farci... Polissons ? L'adresse idéale pour encanailler votre palais !

Menu 21 € (déjeuner)/65 € – Carte 47/51 €

35 rue Ramey – ⓜ Château Rouge – ℘ 06 46 63 57 50 –
www.polissons-restaurant.fr –
Fermé lundi, dimanche

⬤ SIGNATURE MONTMARTRE

FUSION • SIMPLE ⌇ Dans ce coin très touristique, un restaurant de poche au cadre ultra-sobre, créé par un ancien ingénieur génie civil (!) passionné par la Corée. Avec sa petite équipe (dont Kim Young Rim, une cheffe pâtissière), il décline une cuisine franco-coréenne subtile et contrastée, où la gourmandise est la règle.

Menu 48/61 €

12 rue des Trois-Frères – ⓜ Abbesses –
℘ 01 84 25 30 00 – www.signature-montmartre.fr –
Fermé lundi, mardi et le midi

Hôtels

🏠 L'HÔTEL PARTICULIER MONTMARTRE

HÔTEL PARTICULIER • PERSONNALISÉ Un hôtel très... particulier. À l'issue d'un étroit passage montmartrois, on découvre une demeure Directoire au cœur d'un jardin luxuriant. Salons raffinés, chambres élégantes au décor personnalisé. Charmant bar et délicieuse véranda.

🍷 🛏 ⛨ ⊡ 🅰 – 5 chambres

23 avenue Junot – ⓜ Lamarck Caulaincourt –
℘ 01 53 41 81 40 – www.hotel-particulier-montmartre.com

La Villette · Buttes Chaumont · Gambetta & Père Lachaise

19ᵉ & 20ᵉ ARRONDISSEMENTS

Restaurants

LES CANAILLES MÉNILMONTANT

TRADITIONNELLE · BISTRO Ⅹ En plein cœur de Ménilmuche, juste au-dessus du boulevard, deux associés ont pris place derrière cette façade colorée. Ils proposent de la belle tradition à tous les étages, une cuisine... canaille, bien sûr, travaillée et savoureuse, à l'instar de ce carpaccio de langue de bœuf tiède et sauce gribiche. Bon choix de vin au verre. On se régale.

Spécialités : Carpaccio de langue de bœuf tiède, sauce gribiche. Veau, girolles et grenailles au thym. Soufflé chaud au Grand Marnier.

✿ – Menu 21 € (déjeuner)/36 € – Carte 42/62 €

15 rue des Panoyaux – ⓜ Ménilmontant – ℰ 01 43 58 45 45 – www.restaurantlescanailles.fr – Fermé 31 juillet-24 août, samedi, dimanche

CHEVAL D'OR

CHINOISE · TENDANCE Ⅹ Florent Ciccoli (Jones, Au Passage, Café du Coin) régale avec de petits plats parfumés, inspirés des cuisines cantonaise et hong-kongaise. Parmi les best-sellers, le thon blanc aux poivrons rouges et piment. Brigade jeune, décor post-industriel, service décontracté : ne reste plus qu'à trouver une table.

Spécialités : Omelette aux champignons. DIY bao, ventrèche de porc. Crème caramel.

🏧 – Carte 30/50 €

21 rue de la Villette – ⓜ Pyrénées – ℰ 09 54 12 21 77 – www.chevaldorparis.com – Fermé lundi, mardi, mercredi midi, jeudi midi, vendredi midi

LE GRAND BAIN

MODERNE · BISTRO Ⅹ Dans le cœur fourmillant de Belleville, cet ancien restaurant espagnol transformé en bistrot tendance propose de petits plats créatifs, à l'ardoise, qui sortent des fourneaux de la cheffe Emily Chia (passée par le St. John de Londres notamment). Quand le noctambule hipster croise le foodista pointu, il s'en vont prendre un Grand Bain...

Spécialités : Mulet, dashi, ail noir. Épaule d'agneau. Glace au citron noir, caramel et wakame.

Carte 24/45 €

14 rue Dénoyez – ⓜ Belleville – ℰ 09 83 02 72 02 – www.legrandbainparis.com

MENSAE

MODERNE · BISTRO Ⅹ Une cuisine de l'instant, pleine de fraîcheur, dans laquelle les saveurs tombent juste. Parmi les incontournables, proposés toute l'année, les cuisses de grenouilles, ail et persil ou la mousse au chocolat praliné provoqueraient des émeutes. Le décor a le bon goût de se faire discret. Petite terrasse trottoir bienvenue en été. Le menu déjeuner est une aubaine.

Spécialités : Poêlée d'escargots aux champignons, mousse de persil à l'ail. Thon blanc, pastèque rôtie, girolles et basilic rouge. Mousse chocolat praliné tiède.

🏧 – Menu 27 € (déjeuner), 39/55 €

23 rue Melingue – ⓜ Pyrénées – ℰ 01 53 19 80 98 – www.mensae-restaurant.com – Fermé 9-30 août, lundi, dimanche

LA VIERGE

MODERNE · BISTRO Ⅹ On s'attable avec plaisir dans ce décor rétro avec tables anciennes, chaises en bois, vieux carrelage et cuisine ouverte. Côté fourneaux, Jack Baker envoie des assiettes fraîches, efficaces et pétries de gourmandise : on se régale de bout en bout. Le menu déjeuner est une véritable aubaine.

Spécialités: Carottes, houmous, coriandre. Églefin, fenouil, fromage blanc aux herbes. Tarte au chocolat.

Menu 20 € (déjeuner) – Carte 25/40 €

58 rue de la Réunion – Ⓜ Buzenval – ℰ 01 43 67 51 15 – www.alavierge.com – Fermé dimanche soir

🍴 LE BARATIN

TRADITIONNELLE · BISTRO ✕ La bistronomie doit beaucoup à la chef argentine Raquel Carena et nombre de jeunes chefs reconnaissent son héritage. L'occasion de revenir aux sources de la gourmandise, avec ce bistrot dans son jus. L'ardoise est plaisante à lire, les prix sont sages et les vins séduisants. Réservation fort conseillée.

Menu 20 € (déjeuner) – Carte 38/50 €

3 rue Jouye-Rouve – Ⓜ Pyrénées – ℰ 01 43 49 39 70 – Fermé 10-30 mai, 15 août-5 septembre, lundi, samedi midi, dimanche

🍴 LE CADORET

TRADITIONNELLE · BISTRO ✕ Une sœur et un frère, Léa Fleuriot (aux fourneaux) et Louis-Marie proposent dans ce bistrot de quartier une cuisine dans l'air du temps qui évolue au gré du marché et des saisons. Le midi, l'ardoise du jour ne manque pas de peps grâce à des produits frais et à l'indéniable tour de main de la cheffe. Ambiance décontractée et animée.

Menu 18 € (déjeuner)/21 € – Carte 30/50 €

1 rue Pradier – Ⓜ Belleville – ℰ 01 53 21 92 13 – Fermé lundi, dimanche

🍴 DILIA

CRÉATIVE · SIMPLE ✕ À l'ombre de l'église Notre-Dame-de-la-Croix, œuvre un jeune chef italien aux solides références. Ses assiettes modernes, inspirées du marché, sont parsemées de touches transalpines. Menu imposé à choisir en 4, 6 ou 7 temps, pour une jolie valse gourmande.

Menu 17 € (déjeuner), 49/79 €

1 rue d'Eupatoria – Ⓜ Ménilmontant – ℰ 09 53 56 24 14 – www.dilia.fr – Fermé lundi midi, mardi, mercredi

🍴 LE JOURDAIN

MODERNE · BISTRO ✕ Vieux parquet, mobilier patiné, luminaires d'inspiration fifties : aucun doute, c'est le bistrot contemporain dans toute sa splendeur. À midi, belles saveurs du marché à prix modiques ; le soir, sélection de petites assiettes façon tapas, à dominante marine. On sirote un bon petit vin nature… et l'on se réjouit, en partant, des prix doux.

Menu 16 € (déjeuner)/19 € – Carte 30/50 €

101 rue des Couronnes – Ⓜ Jourdain – ℰ 01 43 66 29 10 – www.lejourdain.fr – Fermé samedi, dimanche

🍴 LAO SIAM

ASIATIQUE · SIMPLE ✕ Lao Siam, une cantine asiatique de Belleville comme une autre ? Que nenni ! Créé par les parents de l'actuel patron, originaires de Thaïlande et du Laos, il met à l'honneur les cuisines de ces deux pays. Tout est fait maison, fin et parfumé. Nous voilà transporté en Asie – enfin presque ! En cas d'affluence, vous pouvez opter pour Ama Siam, la cantine contiguë qui propose une petite carte de suggestions.

Carte 22/38 €

49 rue de Belleville – Ⓜ Pyrénées – ℰ 01 40 40 09 68

🍴 QUEDUBON

TRADITIONNELLE · BISTRO ✕ À deux pas du parc des Buttes Chaumont, ce bistrot de quartier propose une jolie cuisine de produits frais, travaillés avec soin par un jeune cuisinier japonais. Beau choix de vins.

🍸 – Menu 20 € (déjeuner) – Carte 40/55 €

22 rue du Plateau – Ⓜ Buttes-Chaumont – ℰ 01 42 38 18 65 – www.restaurantquedubon.fr – Fermé 7-30 août, samedi, dimanche

SADARNAC

MODERNE · CONTEMPORAIN ✗ Ce restaurant de poche se situe dans une rue semi-piétonne à l'atmosphère de village, en plein cœur du vingtième arrondissement. On s'installe dans une petite salle coquette pour apprécier les menus à l'aveugle composés au gré du marché par la toute jeune Lise Deveix. Une bien jolie adresse.

🍽 – Menu 30 € (déjeuner), 44/69 €

17 rue Saint-Blaise – Ⓜ Maraichers – 𝒞 01 72 60 72 06 – www.restaurantsadarnac.fr – Fermé 14-28 février, 8-29 août, lundi, mardi midi, dimanche

Hôtels

 MAMA SHELTER

URBAIN · ORIGINAL Philippe Starck a signé le décor, à la fois épuré, design et fantaisiste, de ce vaste hôtel moderne. Une ambiance jeune et urbaine, à l'image de ce quartier en plein renouveau. Restaurant ouvert jusqu'à minuit.

🏋 📺 ♿ Ⓐ🄲 🛗 🚗 – 170 chambres – 1 suite

109 rue de Bagnolet – Ⓜ Gambetta – 𝒞 01 43 48 48 48 – www.mamashelter.com

🏠 **SCARLETT**

BOUTIQUE HÔTEL · PERSONNALISÉ Entre le parc de Belleville et les Buttes-Chaumont, cette ancienne pension de famille a été reprise en main et rénovée avec goût. Les chambres, modernes et cosy, sont tout à fait dans l'esprit parisien, et l'accueil est charmant.

📺 ♿ Ⓐ🄲 – 30 chambres

1 rue Jouye-Rouve – Ⓜ Pyrénées – 𝒞 01 77 38 81 81 – www.hotelscarlett.com

AUTOUR DE PARIS

Grand Paris ou petite couronne ? Banlieue ou Île-de-France ? Qu'importe le nom de ce vaste territoire où la gastronomie se conjugue au pluriel. Le bonheur n'est plus dans le pré (quoique l'agriculture urbaine a le vent en poupe) mais il est assurément dans les assiettes de la région. Aux quatre points cardinaux, de Versailles la royale à Montreuil la branchée, de la vallée de Chevreuse au Vexin, de Roissy (eh oui !) à Vincennes, du hameau perdu en bordure de forêt à la Défense, le choix est large. Bistrot identitaire, restaurant étoilé, table de poisson ou de viande, cuisine italienne ou japonaise... Il y en aura pour tous les goûts.

ASNIÈRES-SUR-SEINE

✉ 92600 – Hauts-de-Seine – Carte régionale n° **15**–B1 – Carte Michelin 311-J2, 101-E3

ⅰ○ RHAPSODY

MODERNE · TENDANCE ✗ Au programme, jolis produits, recettes bistronomiques gourmandes et bien ficelées – œuf mollet et velouté de parmentier ; bonite, petit épeautre et épinards... à déguster, si possible, sur la terrasse à l'arrière, avec vue sur les cuisines.

🛉 ♿ 🄰🄲 – Menu 28 € (déjeuner) – Carte 38/45 €

118 rue de Colombes – ✆ 01 47 93 33 94 – www.restaurant-rhapsody.fr –
Fermé 2-21 août, samedi, dimanche

AULNAY-SOUS-BOIS

✉ 93600 – Seine-Saint-Denis – Carte régionale n° **15**–C1 – Carte Michelin 305-F7, 101-18

✿ AUBERGE DES SAINTS PÈRES

Chef: Jean-Claude Cahagnet

CRÉATIVE · ÉLÉGANT ✗✗ Il faut reconnaître au chef de cette Auberge des Saints Pères un incontestable mérite : celui de la régularité ! Il continue, année après année, à proposer une cuisine créative et sophistiquée, aux mariages de saveurs inattendus sans oublier un usage astucieux des herbes et des épices. Ce jour-là, souvenirs du filet de bœuf Simmental rôti, mêlée de haddock et légumes croquants et en dessert, de la "presque tartelette" de fraise, meringue et chocolat blanc. L'originalité de cette cuisine, associée à une maîtrise des fondamentaux (cuissons, assaisonnements) explique sans doute la bonne cote locale de l'établissement dans les environs. L'épouse du chef assure efficacement l'accueil et le service. Cadre épuré et élégant.

Spécialités: Autour d'un daïkon, concassé de gambas marinées, granny smith et coriandre. Bœuf Simmental, haddock et légumes croquants et royale de piment doux. Spirale de carotte, dattes medjoul, citron vert, thym et mascarpone au miel.

AC – Menu 46/85€

212 avenue Nonneville – 𝒞 01 48 66 62 11 – www.auberge-des-saints-peres.fr –
Fermé 21-28 février, 9-30 août, lundi midi, mercredi soir, samedi midi, dimanche

BOIS-COLOMBES

✉ 92270 – Hauts-de-Seine – Carte régionale n° **15**–B1 – Carte Michelin 311-J2, 101-15

🍴○ LE CHEFSON

TRADITIONNELLE · BISTRO 🍴 Le Chefson ? Tout le quartier en parle ! Si vous ne connaissez pas, imaginez une cuisine traditionnelle simple et généreuse, une atmosphère bistrotière (ou plus cossue dans la deuxième salle), sans oublier de jolies suggestions du marché à l'ardoise. Plutôt rare dans une banlieue résidentielle très paisible.

丂 – Menu 32/42€

17 rue Charles-Chefson – 𝒞 01 42 42 12 05 – www.lechefson.com –
Fermé 20 février-1er mars, 2-31 août, lundi soir, samedi, dimanche midi

BOULOGNE-BILLANCOURT

✉ 92100 – Hauts-de-Seine – Carte régionale n° **15**–B2 – Carte Michelin 311-J2, 101-24

🍴○ JEAN CHAUVEL

MODERNE · CONTEMPORAIN 🍴🍴 Jean Chauvel (qui a officié longtemps aux Magnolias, à Perreux) accueille dans une salle intimiste et élégante, aménagée au fond de sa brasserie 3B. Au fil de ses menus surprise, il fait la preuve de sa créativité et de sa technique, avec en particulier un travail poussé sur le végétal.

৪৪ 丂 AC ⇄ – Menu 68€ (déjeuner)/109€

Plan : B2-a – *33 avenue Général-Leclerc –* Ⓜ *Billancourt –*
𝒞 01 55 60 79 95 – jeanchauvel.fr –
Fermé 25 décembre-1er janvier, 1er-3 mai, lundi, samedi midi, dimanche

🍴○ LE 3B BRASSERIE

MODERNE · CONTEMPORAIN 🍴🍴 Salle lumineuse pour cette brasserie signée Jean Chauvel, aménagée par le chef d'origine bretonne en parallèle de son restaurant gastronomique. La carte met en valeur de beaux produits : tarte de tomates aux olives, volaille fermière rôtie au thym...

৪৪ 丂 AC – Menu 36€ (déjeuner) – Carte 46/58€

Plan : B2-a – *33 avenue Général-Leclerc –* Ⓜ *Billancourt – 𝒞 01 55 60 79 95 –*
www.jeanchauvel.fr – Fermé lundi, samedi midi, dimanche

🍴○ LA MACHINE À COUDES

MODERNE · BISTRO 🍴 La jeune et pétillante propriétaire Marlène a imaginé ce petit bistrot attachant, avec son décor de briques apparentes, ses vieilles étagères et ses... machines à coudre en guise de tables !
On y sert un menu du marché en plusieurs déclinaisons, façon bistronomie. Une adresse conviviale.

Menu 35€ (déjeuner), 65/75€

Plan : B2-g – *35 rue Nationale –* Ⓜ *Billancourt – 𝒞 01 47 79 05 06 –*
www.lamachineacoudes.fr – Fermé 14-22 août, samedi midi, dimanche

🍴○ LA PLANTXA

MODERNE · CONVIVIAL 🍴 Avec Juan Arbelaez, recherche, saveurs et originalité règnent en maîtres dans les cuisines de la Plantxa. En toute décontraction, "comme à la maison", on se régale de ses assiettes percutantes et soignées. Vivifiant et bienvenu !

Menu 42/55€ – Carte 40/50€

Plan : B1-t – *58 rue Gallieni –* Ⓜ *Porte de St-Cloud – 𝒞 01 46 20 50 93 –*
www.plantxa.com – Fermé 1er-24 août, 19 décembre-1er janvier, lundi, dimanche

PARIS 1

PARIS

PARIS, PORTE DE SÈVRES

PARIS 2

PARIS

Michel-Ange-Molitor
Villa Molitor
Boileau
R. Boileau
Bd Exelmans
Michel-Ange
Bd
Exelmans
Q. Saint-Exupéry
Av. de Versailles
Mail Félix Antoir
R. de l'Isle
IE 5
PORT D'ISSY-LES-MOULINEAUX
Q. du Président Roosevelt
R. Félange
PARIS
Bd Exelmans
Bd Murat
R. de Varize
Porte de Saint-Cloud
Murat
R. Henri de La Vaulx
Pont d'Issy
ISSY-LES-MOULINEAUX
BOULOGNE-STUDIO
PORT DE
PARC DÉPARTEMENTAL DE L'ÎLE SAINT-GERMAIN

JARDIN DES SERRES D'AUTEUIL
C
Pl. du Gén. Stefanik
Av. Ferdinand Buisson
Galliéni
R. du Fief
Peupliers
R. de Vanves
NOUVEAU CIMETIÈRE DE BOULOGNE-BILLANCOURT
R. de
Seine

PARIS (PORTE D'AUTEUIL)

Musée-Jardin Paul-Landowski
R. Claude Farrère
R. et Sq. de l'Europe
R. de la Tourelle
Darcel
R. de Paris
R. du Point
R. Thiers
R. Émile Landrin
Av. Édouard Vaillant
République
Danjou
R. de

B
Pl. Denfert-Rochereau
Château
de l'Est
R. Louis-Pasteur
Villa Listine
ANCIEN CIMETIÈRE DE BOULOGNE-BILLANCOURT
Georges Sorel
Bd Jean Jaurès
R.
Marcel Sembat
R. des Longs Prés
Jean Jaurès
R. Heinrich
g
R. Vauthier
R. Fessart
Boulogne - Jean Jaurès
Reine
R. d'Aguesseau
Pl. Marcel Sembat
Billancourt
PARC DE BILLANCOURT
Pl. Jules Guesde
a
c

PARIS

R. de Billancourt
R. de la Reine
R. de l'Ancienne Mairie
R. Gallieni Menier
R. Diaz
R. Reinhardt
R. Renand Pelloutier
R. de Silly
Av. Émile Zola
Pl. Bir Hakeim
R. Yves Kermen
Cours de l'Île Seguin

R. Anna
R. Jacquin
Musée départemental Albert-Kahn
Boulogne-Pont de Saint-Cloud
SQ. RHIN ET DANUBE
R. de Silly
R. de Bellevue
R. de Sèvres
R. de Bellevue
R. Galliéni
R. de Sèvres
Cours de l'Île Seguin

A
Pont de St-Cloud
Q. Alphonse le Gallo
R. Béranger
PORT DE BOULOGNE LEGRAND
Pont de Sèvres p 810
Q. de Stalingrad
PORT DE SÈVRES
R. de Saint-Cloud

A13/E5
Dantan
R. Royale
SEINE
Q. du
Parc de Saint-Cloud
Maréchal Juin
BOULOGNE BILLANCOURT
Grande R.
R. Troyon

ROUEN

R. Dailly
R. des Écoles
R. d'Orléans
R. du Palais
Thillet
Allée
Parc de Saint-Cloud

1

2

VERSAILLES

0 200 m

⅋○ **LA TABLE DE CYBÈLE**

MODERNE · **CONTEMPORAIN** X À la tête de ce néobistrot œuvre un couple franco-américain, et c'est Cybèle, née à San Francisco, qui officie en cuisine, signant des recettes originales, axées sur de beaux produits, à l'instar de cette fricassée d'escargots, champignons shiitake et canard fumé maison... La Table de Cybèle est si jolie...

⅋ 🏤 ⅋ – Menu 36 € (déjeuner), 42/51 €

Plan : B2-c – *38 rue de Meudon* – ✆ *01 46 21 75 90* – *www.latabledecybele.com* – *Fermé 7-25 août, 19 décembre-2 janvier, lundi, dimanche*

CLICHY

✉ 92110 – Hauts-de-Seine – Carte régionale n° **15**–B1 – Carte Michelin 311-J2, 101-15

⅋○ **LA BARRIÈRE DE CLICHY**

TRADITIONNELLE · **CLASSIQUE** XX Aux portes de Paris, en face du nouveau Palais de justice, cette table au passé prestigieux (elle a vu passer quelques grands noms, comme Guy Savoy ou Bernard Loiseau) continue de célébrer le beau classicisme : foie gras de canard poêlé sur réduction de vinaigre balsamique, onglet de veau et sa réduction d'échalotes... sans oublier le menu signature incontournable "Tout Homard". Vive la tradition !

🅰 ⅋ – Menu 33 € (déjeuner), 59/73 € – Carte 34/49 €

1 rue de Paris – Ⓜ *Mairie de Clichy* – ✆ *01 47 37 05 18* – *www.labarrieredeclichy.com* – *Fermé 1ᵉʳ-31 août, samedi, dimanche*

COLOMBES

✉ 92700 – Hauts-de-Seine – Carte régionale n° **15**–B1 – Carte Michelin 312-C2

⅋○ **BISTRO DE PARIS**

TRADITIONNELLE · **BRASSERIE** X Sur la rue principale, proche de l'impressionnante église de Jean Hébrard en béton armé, cette ancienne brasserie (1907) avec comptoir en zinc, miroirs, moulures et lustre à boule propose une cuisine traditionnelle sous forme d'un menu-carte et de quelques produits plus nobles, tels que la noix de ris de veau croustillante avec sa garniture de saison ou la bavette black angus de 750 gr pour deux personnes.

⅋ 🅰 ⅋ 🍴 – Menu 30 € – Carte 30/50 €

3 place du Général-Leclerc – ✆ *01 47 84 22 48* – *www.bistrodeparis.fr* – *Fermé lundi, dimanche*

COURBEVOIE

✉ 92400 – Hauts-de-Seine – Carte régionale n° **15**–b2 – Carte Michelin 311-J2, 101-15

⅋○ **LE BISTROT PIERRE LAMBERT**

CRÉATIVE · **ÉPURÉ** X En face du parc de Bécon, cette table au cadre épuré a été reprise par un ancien de la maison, Pierre Lambert. Au programme, on trouve une cuisine créative aux influences asiatiques, présentée sous forme d'un menu surprise renouvelé deux fois par mois.

🏤 🅰 – Menu 38 € (déjeuner), 46/62 €

215 boulevard Saint-Denis (en face du parc de Bécon) – ✆ *01 43 33 25 35* – *www.pierrelambert.fr* – *Fermé lundi, dimanche*

LA GARENNE-COLOMBES

✉ 92250 – Hauts-de-Seine – Carte régionale n° **15**–B1 – Carte Michelin 311-J2

⊛ **LE SAINT JOSEPH**

MODERNE · **BISTRO** X Dans ce bistrot de quartier, mijote une goûteuse cuisine au goût du jour, déclinée sous forme d'un menu-carte, imaginé par le chef Benoît Bordier, passé par les Régalade de Bruno Doucet et étoilé à Jean (Paris 9). On se régale dans une ambiance familiale, jusqu'à la petite carte des vins, mettant en avant des femmes vigneronnes. Un coup de cœur.

Spécialités: Cuisine du marché.

🛋 🅰🅲 – Menu 37 € – Carte 37/60 €

*100 boulevard de la République – ℰ 01 42 42 64 49 –
www.lesaintjoseph-restaurant.fr – Fermé lundi, dimanche*

ISSY-LES-MOULINEAUX

✉ 92130 – Hauts-de-Seine – Carte régionale n° **15**–B2 – Carte Michelin 311-J3, 101-25

🍴○ LA PASSERELLE

MODERNE · CONTEMPORAIN 🟡🟡 Des produits rigoureusement sélectionnés, une cuisine fine et colorée où la Méditerranée fait de fréquentes incursions, le tout réalisé par un jeune chef talentueux et motivé, et servi par une équipe jeune et dévouée... On emprunte joyeusement cette Passerelle pour se rendre sur les terres de la gourmandise et des saveurs.

🛋 ♿ 🅰🅲 ⇔ – Menu 42 € (déjeuner), 60/95 € – Carte 65/90 €

*172 quai de Stalingrad – ℰ 01 46 48 80 81 – www.lapasserelle-issy.com –
Fermé 1ᵉʳ-31 août, 24-30 décembre, samedi, dimanche*

MAISONS-ALFORT

✉ 94700 – Val-de-Marne – Carte régionale n° **15**–B2 – Carte Michelin 312-D3, 101-27

🍴○ LA BOURGOGNE

MODERNE · ÉLÉGANT 🟡🟡 La bonne table de Maisons-Alfort et au-delà. Ses atouts : un cadre moderne, chaleureux et surtout de belles saveurs, à l'image de ce ceviche de daurade, courgette et tartare d'avocat. La cuisine est ici une chose sérieuse, fondée sur les meilleurs produits et savoir-faire... sans craindre la nouveauté !

🅰🅲 ⇔ – Menu 39/56 € – Carte 60/75 €

*164 rue Jean-Jaurès – ℰ 01 43 75 12 75 – www.restaurant-labourgogne.com –
Fermé 6-24 août, mercredi, samedi midi, dimanche*

MEUDON

✉ 92190 – Hauts-de-Seine – Carte régionale n° **15**–B2 – Carte Michelin 311-J3, 101-24

🍽 L'ESCARBILLE

Chef: Régis Douysset

MODERNE · BOURGEOIS 🟡🟡 Contre les voies de chemin de fer, cette maison bourgeoise (ancien buffet de la gare) est devenu un restaurant gourmet, à l'atmosphère chic et contemporaine, décoré de photos et tableaux. On déguste ici les recettes d'un chef expérimenté, secondé par une équipe de confiance. En cuisine, le produit a le beau rôle, préparé et assaisonné avec justesse ; on accompagne ces douceurs de vins de petits producteurs sélectionnés avec minutie (et présentés sur tablette). À noter que l'on peut également prendre son repas sur la terrasse, et profiter d'un service de voiturier. Une attachante Escarbille.

Spécialités: Soupe d'étrille parfumée au gingembre. Turbot, endives caramélisées et émulsion à la citronnelle. Soufflé à la pistache de Sicile, sorbet cacao.

🟡🟡 🛋 ⇔ – Menu 44 € (déjeuner), 63/83 €

*8 rue de Vélizy – ℰ 01 45 34 12 03 – www.lescarbille.fr – Fermé 1ᵉʳ-23 août,
24 décembre-2 janvier, lundi, dimanche*

🍴○ QUAI DE MEUDON

TRADITIONNELLE · CONTEMPORAIN 🟡 Cette ancienne gare, avec ses poutres métalliques et ses rivets, vous rappelle quelque chose ? Normal : elle a été bâtie par les équipes d'Eiffel pour l'exposition universelle de 1889... Le chef maîtrise ses classiques (pot-au-feu de jarret de veau, foie gras poêlé, filet de bœuf à la moelle, lièvre à la Royale). La terrasse, au deuxième étage, dévoile une belle vue sur les îles de la Seine.

🛋 ♿ 🅰🅲 🖬 ⇔ 🎏 – Menu 27 € (déjeuner) – Carte 48 €

*10 route des Gardes – ℰ 01 40 95 24 60 – www.quaidemeudon.com –
Fermé 6-25 août, 23 décembre-2 janvier, lundi, dimanche soir*

NANTERRE

✉ 92000 – Hauts-de-Seine – Carte régionale n° **15**–B2 – Carte Michelin 311-J2, 101-D4

🙂 **CABANE**

MODERNE · **TENDANCE** Ⅹ Pour une première affaire, c'est un coup de maître. Le jeune chef Jean-François Bury au parcours consistant (George V et Shangri-La), ancien de Top Chef 2017, fait souffler sur Nanterre un vent de bistronomie des plus agréables au travers d'un menu-carte aux recettes modernes et aux assiettes généreuses. Ce jour-là, poitrine de cochon, crème d'ail doux et fregola sarda. Tout est maîtrisé, on se régale.

Spécialités : Pâté en croûte aux trois volailles, pickles de légumes. Poulpe crousti-moelleux, taboulé de quinoa. Tarte ananas-citron vert, meringues à la française.

🍽 & ♿ – Menu 39 €

8 rue du Docteur-Foucault – ℰ 01 47 25 22 51 – www.cabanerestaurant.com –
Fermé 1ᵉʳ-23 août, 20 décembre-4 janvier, lundi, dimanche

NEUILLY-SUR-SEINE

✉ 92200 – Hauts-de-Seine – Carte régionale n° **15**–B2 – Carte Michelin 311-J2, 101-15

ⅢO **RIBOTE**

MODERNE · **TENDANCE** Ⅹ Ce fort sympathique néo-bistrot, lové au sein de Neuilly, propose une carte courte aux libellés succincts. Les produits sont de qualité et de saison, les associations de textures pertinentes, les cuissons justes et la générosité est présente. On retrouve ici tous les codes de la bistronomie de l'Est parisien, autour d'une cuisine pleine de peps, comme le démontre joliment ce paleron de veau et butternut. Sans oublier les vins (forcément) natures.

🍽 & 🅰🅲 🥘 – Menu 32 € (déjeuner) – Carte 41/48 €

17 rue Paul-Chatrousse – Ⓜ Pont de Neuilly – ℰ 01 47 47 73 17 – Fermé 2-22 août,
samedi, dimanche

LE PERREUX-SUR-MARNE

✉ 94170 – Val-de-Marne – Carte régionale n° **15**–C2 – Carte Michelin 312-E2, 101-18

ⅢO **LES MAGNOLIAS**

CRÉATIVE · **ÉLÉGANT** ⅩⅩ Ces Magnolias se sont imposés en douceur auprès des gourmets du Perreux-sur-Marne. Le chef met un soin particulier dans la présentation de ses plats, goûteux et volontiers créatifs, à l'image de ce cabillaud mi fumé à la sure de hêtre et artichauts en texture. Autour de lui, en cuisine et dans l'élégante salle, s'affaire une jeune équipe soucieuse de bien faire.

🅰🅲 – Menu 39/89 €

48 avenue de Bry – ℰ 01 48 72 47 43 – www.lesmagnolias.com – Fermé lundi, samedi
midi, dimanche soir

LE PRÉ-ST-GERVAIS

✉ 93310 – Seine-Saint-Denis – Carte régionale n° **15**–B2 – Carte Michelin 305-F7, 101-16

ⅢO **AU POUILLY REUILLY**

TRADITIONNELLE · **BISTRO** Ⅹ Un bistrot dans son jus, pour une cuisine qui ne l'est pas moins : ris de veau aux morilles, rognons émincés sauce moutarde, boudin noir grillé, côte de bœuf... Le respect de la tradition, avec des produits de qualité.

🅰🅲 – Menu 32 € – Carte 40/70 €

68 rue André-Joineau – ℰ 01 48 45 14 59 – Fermé samedi, dimanche

PUTEAUX

✉ 92800 – Hauts-de-Seine – Carte régionale n° **15**–B2 – Carte Michelin 311-J2, 101-14

ⅢO **SAPERLIPOPETTE !**

MODERNE · **BRANCHÉ** ⅩⅩ Cette ancienne brasserie a subi un sacré lifting, devenant un restaurant chaleureux et branché, sous la houlette d'un équipe experte en la matière. La cuisine, façon bistrot chic, est généreuse et bien tournée.

🍽 & 🅰🅲 ♿ 🥘 – Menu 40 € – Carte 51/63 €

9 place du Théâtre – ℰ 01 41 37 00 00 – www.saperlipopette1.fr

ⅈ○ L'ESCARGOT 1903 PAR YANNICK TRANCHANT

ACTUELLE · COSY ⅹ Le chef Yannick Tranchant travaille de bons produits et propose une cuisine franche, goûteuse et gourmande ; pour ne rien gâcher, le rapport qualité-prix se révèle attractif, et le service est rapide et efficace.

🏠 – Menu 45/70 €

18 rue Charles-Lorilleux – ℰ 01 47 75 03 66 – www.lescargot1903.com –
Fermé samedi, dimanche

RUEIL-MALMAISON

✉ 92500 – Hauts-de-Seine – Carte régionale n° **15**–B2 – Carte Michelin 311-J2, 101-14

✿ OCHRE

Chef : Baptiste Renouard

MODERNE · ÉLÉGANT ⅩⅩ Bienvenue dans l'univers de Baptiste Renouard, pas encore trente ans et déjà un parcours de vieux briscard : en cuisine depuis ses 14 ans, passé en formation chez Lasserre, Robuchon, Alléno puis au Laurent et à L'Escargot 1903... voilà qui vous pose un cuistot ! Enfin à son compte, il régale avec une cuisine créative aux intitulés accrocheurs : les Pouilles renaissent de leurs cendres, Tendres aiguilles, le Chant chromatique du veau, Balade avec Nino Ferrer, et on en passe. Une cuisine enlevée, joyeuse, carrée techniquement, où le végétal joue un grand rôle : 70% des herbes et fleurs utilisées proviennent de la cueillette du chef sur l'île des Impressionnistes. Du beau travail.

Spécialités : Chou-fleur poché au lait ribot et pané à la laitue de mer, bavaroise au chouchen. Filet de bœuf, condiment ail noir et pommes soufflées au charbon végétal. Mousse au chocolat chaud et au beurre demi-sel, blé noir torréfié.

🏠 – Menu 39 € (déjeuner), 80/95 €

56 rue du Gué – ℰ 09 81 20 81 69 – www.ochre.fr – Fermé 8-22 août, lundi,
dimanche

RUNGIS

✉ 94150 – Val-de-Marne – Carte régionale n° **15**–B2 – Carte Michelin 312-D3, 101-26

✿ LA GRANGE DES HALLES

MODERNE · CONTEMPORAIN ⅩⅩ Rungis, ce n'est pas seulement le célèbre marché connu de tous les chefs, mais aussi un vieux bourg, où se trouve cette Grange au look atypique. Elle abrite un bistrot joliment décoré, où le chef, passé par Le Taillevent et La Grande Cascade, propose des recettes du marché (forcément!) aux visuels soignés et aux saveurs franches. Très sympathique terrasse ombragée sur l'arrière.

Spécialités : Cuisine du marché.

🏠 🅿 – Menu 30 €

28 rue Notre-Dame – ℰ 01 46 87 08 91 – www.la-grange-des-halles.webnode.fr –
Fermé 1ᵉʳ-29 août, lundi soir, samedi midi, dimanche

ST-OUEN

✉ 93400 – Seine-Saint-Denis – Carte régionale n° **15**–B1 – Carte Michelin 305-F7, 101-16

⌂ MOB HÔTEL PARIS LES PUCES

URBAIN · DESIGN Les bureaux de General Electric ont laissé place à cet établissement, en forme de U dans l'esprit mama shelter, avec terrasse végétalisée et potager sur le toit. Chambres confortables et standardisées. Au restaurant, cuisine bio et végétarienne, pizzas. Cinéma en plein air en été.

🍴 🖥 ⅋ 🎬 🧖 🅿 – 88 chambres – 4 suites

4-6 rue Gambetta – Ⓜ Garibaldi – ℰ 01 47 00 70 70 – www.mobhotel.com

SURESNES

✉ 92150 – Hauts-de-Seine – Carte régionale n° **15**–B2 – Carte Michelin 311-J2, 101-14

🏵️ LES PETITS PRINCES

MODERNE · CONVIVIAL ✕ C'est une jolie petite maison d'angle, non loin du tram. Une vitre, façon atelier, offre un aperçu sur les cuisines. Ici, on concocte une cuisine actuelle et gourmande, jamais ennuyeuse – tartare de maigre aux agrumes, soupe de melon au gingembre frais et piment d'Espelette... À l'arrière, cour-terrasse avec verdure.

Spécialités : Cuisine du marché.

🛋️ 🅴 ✦ – Menu 29 € (déjeuner)/39 €

26 rue du Val-d'Or – ℰ 01 41 47 87 61 – www.petits-princes.fr – Fermé 1er-24 août, 23 décembre-4 janvier, lundi, dimanche

🍽️○ BISTRO LÀ-HAUT

MODERNE · CHIC ✕ Situé sur le mont Valérien, ce "bistrot d'altitude" offre une superbe vue sur Paris depuis sa salle de type loft. A la carte, une partition alléchante aux recettes actuelles ; cannelloni de tourteau, caviar d'aubergine et saumon croustillant, légumes croquants et tourte pigeon et foie gras, jus corsé, salade de mâche...

≼ 🛋️ ⅙ 🅴 🥢 – Menu 50 € (déjeuner)/69 €

70 avenue Franklin-Roosevelt – ℰ 01 45 06 22 66 – bistrolahaut.fr – Fermé samedi, dimanche

TREMBLAY-EN-FRANCE

✉️ 93290 – Seine-Saint-Denis – Carte régionale n° **15**–C1 – Carte Michelin 305-G7, 101-18

🍽️○ LA JUMENT VERTE

MODERNE · TENDANCE ✕ Dans un hameau qui semble tranquille... et pourtant stratégiquement situé, tout près du parc des expositions de Villepinte et de l'aéroport de Roissy, voici une escale gourmande toute trouvée. On y déguste une belle cuisine tout en fraîcheur et saveurs, recherchée juste comme il faut. Décor à la fois simple et avenant.

🛋️ – Menu 33/53 € – Carte 38/58 €

43 route de Roissy, Tremblay-Vieux-Pays – ℰ 01 48 60 69 90 – www.aubergelajumentverte.fr – Fermé samedi, dimanche

VILLE-D'AVRAY

✉️ 92410 – Hauts-de-Seine – Carte régionale n° **15**–B2 – Carte Michelin 311-J3, 101-24

🏵️ LE COROT

CRÉATIVE · ÉLÉGANT ✕✕✕ À la manière du peintre Corot – qui immortalisa les étangs voisins –, le jeune Rémi Chambard s'inspire volontiers de la nature pour élaborer sa cuisine. Excellent technicien, passé par des maisons de renom (Hôtel du Palais à Biarritz, Sources de Caudalie près de Bordeaux), il prend un plaisir particulier à travailler le végétal, et pas n'importe lequel : deux fois par semaine, il va faire sa "cueillette urbaine", comme il le dit lui-même, au potager du Roi à Versailles... Ses assiettes frappent par leur fraîcheur, leur légèreté et leur esthétisme ; il les décline au long d'un menu unique en cinq ou sept services. On passe un délicieux moment dans la rotonde, en compagnie de cette cuisine de grand caractère, raffinée et bien ancrée dans son époque.

Spécialités : Anguille des étangs de Saint-Christ-Briost, foie gras, mûre et betterave. Canard cuit au bois de nos forêts. Poire au vin de Suresnes, serpolet et miel.

⅙ 🅴 🅿️ – Menu 95 € (déjeuner), 115/145 €

Les Étangs de Corot, 55 rue de Versailles – ℰ 01 41 15 37 00 – www.etangs-corot.com – Fermé lundi, mardi, mercredi midi, jeudi midi, vendredi midi, dimanche soir

🍽️○ LE CAFÉ DES ARTISTES

MODERNE · BISTRO ✕ Ici, se déguste une cuisine contemporaine, goûteuse et inspirée, réalisée avec de beaux produits, que l'on ira volontiers déguster en terrasse, en contemplant distraitement le charmant jardin. Idyllique et bucolique.

🛋️ ⅙ 🅴 🅿️ – Menu 38 € (déjeuner) – Carte 53/70 €

Les Étangs de Corot, 53 rue de Versailles – ℰ 01 41 15 37 00 – www.etangs-corot.com

LES ÉTANGS DE COROT

LUXE · PERSONNALISÉ Ce ravissant hameau bâti au bord des étangs de Ville-d'Avray inspira le peintre Camille Corot. Il abrite aujourd'hui un hôtel de charme (élégantes chambres au décor soigné) et ses différents restaurants. Le spa est divin… vinothérapie oblige. Un charme bucolique unique aux portes de la capitale !

🌿 👜 📶 🖥 📺 ⚙ 🅰 ⚒ 🅿 🚗 – 42 chambres – 1 suite

55 rue de Versailles – 𝒫 *01 41 15 37 00 – www.etangs-corot.com*

🏵 **Le Corot ·** ⏀ **Le Café des Artistes –** Voir la sélection des restaurants

VINCENNES

✉ 94300 – Val-de-Marne – Carte régionale n° **15**–B2 – Carte Michelin 312-D2, 101-17

🏵 **L'OURS**

Chef: Jacky Ribault

MODERNE · CONTEMPORAIN ✕✕✕ Jacky Ribault (Qui Plume La Lune, dans le 11ᵉ) n'en fait pas mystère : cet Ours, installé près du château de Vincennes, représente l'aboutissement de sa carrière. Il l'a conçu à son image, jouant sur les espaces et les formes, dans un mariage réussi de bois, métal, pierre et cuir : un écrin formidable, en cohérence avec les créations culinaires dont il a le secret. Car dans l'assiette, on retrouve tout ce qu'on aime chez ce cuisinier d'expérience, volubile et passionné : le coup de patte instinctif, le visuel soigné, les inspirations brutes qui subliment des produits de premier choix. On trouvera par exemple à la carte de subtiles touches japonaises, mais aussi la plus traditionnelle pintade, ou encore cette barbue avec son risotto de riz vénéré à la betterave… Jacky Ribault est en pleine forme, et plus que jamais fidèle à lui-même.

Spécialités: Texture de seiche, fumet de poissons et poudre de charbon de bambou. Pigeonneau rôti au four, cuisse confite 5 épices et jus à la sariette. Nougatine sésame fraîcheur de menthe et passion.

🏵 ⚒ 🅰 – Menu 60 € (déjeuner), 90/120 €

12 rue de l'Église – 𝒫 *01 46 81 50 34 – www.loursrestaurant.com – Fermé 8-30 août, lundi, dimanche*

⏀ **LA RIGADELLE**

POISSONS ET FRUITS DE MER · TRADITIONNEL ✕ Spécialité du lieu : le poisson, d'une grande fraîcheur (arrivages de Bretagne) et préparé en aïoli, en bouillabaisse ou en cotriade par un chef qui connaît parfaitement son métier… et qui fait évoluer ses recettes petit à petit, touche par touche, afin de suivre les saisons. Une adresse pleine de goût… et de mérite !

⚒ 🅰 ⇔ – Menu 29/59 € – Carte 66/72 €

23 rue de Montreuil – Ⓜ *Château de Vincennes –* 𝒫 *01 43 28 04 23 – Fermé lundi, mardi, dimanche soir*

P. Escudero/hemis.fr

NORMANDIE

NORMANDIE

La gastronomie normande, c'est un inventaire à la Prévert : du fromage par-ci (camembert, pont-l'évêque, livarot), du fruit de mer par-là (huîtres d'Isigny, Saint-Jacques de Port-en-Bessin, homards de Chausey), de la pêche miraculeuse (lieu, cabillaud), du bœuf race normande, des pommes et poires en tarte ou en bouteille... et même un domaine viticole, les Arpents du Soleil, mené de main de maître par un hyper-passionné, Gérard Samson. Ce sont des plats locaux, véritables emblèmes, à chaque cité le sien : tripes à la mode de Caen, andouille de Vire, canard à la rouennaise. Dans ce paradis pour palais avertis, les chefs s'en donnent à cœur joie. Il y a les figures locales, toujours au rendez-vous de l'excellence, le havrais Jean-Luc Tartarin, Ivan Vautier, à Caen, qui travaille le saumon d'Isigny comme personne. Il y a les plus jeunes, comme Pierre Caillet (Bec-au-Cauchois, à Valmont), qui célèbre les Saint-Jacques de la baie de Seine et les légumes de son potager ; même ardeur locavore du côté du Manoir du Lys, à Bagnoles-de-l'Orne, dont le menu tous champignons annonce chaque année le retour de l'automne. Il y a enfin les nouveaux venus, Les Fontaines à Honfleur, L'Auberge de la Mère Duval à Val-de-Saâne, qui augurent de lendemains chantants...

• Carte régionale n° 17

LA SÉLECTION DU GUIDE MICHELIN

LES TABLES ÉTOILÉES

Une cuisine d'exception. Vaut le détour !

Jean-Luc Tartarin (Le Havre) 800

Une cuisine d'une grande finesse. Vaut l'étape !

À Contre Sens (Caen) 785
Auberge de la Mine (La Ferrière-aux-Étangs) 798
Auberge du Dun (Le Bourg-Dun) 783
Au Souper Fin (Frichemesnil) 799
Le Bec au Cauchois (Valmont) 🌿 822
Château de Sully (Bayeux) 779
Le Colombier (Offranville) 810
Le Donjon - Domaine Saint-Clair (Étretat) **N** 797
L'Essentiel (Deauville) 793
G.a. au Manoir de Rétival (Caudebec-en-Caux) 🌿 789
Intuition (Saint-Lô) 818
Ivan Vautier (Caen) 785
Le Jardin des Plumes (Giverny) 799
La Licorne Royale (Lyons-la-Forêt) 809
Le Manoir du Lys (Bagnoles-de-l'Orne) 778
La Marine (Barneville-Carteret) 779

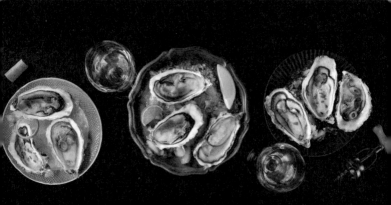

Le Mascaret (Blainville-sur-Mer)... 782

Maximin Hellio (Deauville)... 793

1912 (Trouville-sur-Mer) 820

L'Odas (Rouen).. 813

Le Pavé d'Auge (Beuvron-en-Auge) 782

Le Pily (Cherbourg-en-Cotentin) 790

La Renaissance (Argentan) 777

Rodolphe (Rouen) 813

Les Voiles d'Or (Neuville-lès-Dieppe).. 795

LES BIB GOURMAND 😊

Nos meilleurs rapports qualité-prix

L'Angle Saint-Laurent (Bayeux).. 780

Auberge de l'Abbaye (Hambye)... 800

Auberge de La Mère Duval (Val-de-Saâne).. 822

Auberge des 3 J (Nocé) 810

Auberge du Prieuré Normand (Gasny)... 799

Au Bon Accueil (Juvigny-sous-Andaine).. 809

Au Ptit Bistrot (Bayeux)... 780

Au Petit Vatel (Alençon) N 776

Bistrot du Pollet (Dieppe) 795

Le Bouche à Oreille (Le Havre)... 801

Le Bréard (Honfleur)... 805

La Croix d'Or (Le Pin-la-Garenne).. 812

Le Dauphin (Caen).. 788

L'Éden (Houlgate) 808

L'Espérance - Stéphane Carbone (Hérouville-Saint-Clair).............................. 804

La Ferme de la Haute Crémonville (Saint-Étienne-du-Vauvray).......................... 817

La Fleur de Sel (Honfleur) 805

France et Fuchsias (Saint-Vaast-la-Hougue) 819

La Gazette (Évreux).. 797

Kalamansi (Coutances) N... 791

La Longère (Le Neubourg) 810

Manoir de la Pommeraie (Vire).. 823

Manoir Hastings (Bénouville)... 781

Le Margote (Le Havre).. 801

Le Moulin Fouret (Bernay).. 781

Ô Saveurs (Falaise) 797

SaQuaNa (Honfleur) N 806

La Table d'Hôtes (Ouistreham).. 811

La Tête au Loup (Le Pin-au-Haras).. 811

Le Vauban (Cherbourg-en-Cotentin) 790

17 NORMANDIE

MANCHE

St-Germain-des-Vaux
Urville-Nacqueville
Cherbourg-en-Cotentin
La Pernelle
St-Vaast-la-Hougue

Barneville-Carteret

MANCHE
50

Grandcamp-Maisy
Port-en-Bessin
Bernières-sur-Mer
Courseulles-sur-Mer
Houlgate
Cabourg
Bayeux
Ouistreham
Bénouville
Audrieu
Caen
Hérouville-St-Clair
St-Lô
Fleury-sur-Orne

Blainville-sur-Mer
Agon-Coutainville
Coutances
St-Denis-le-Vêtu
Bricqueville-sur-Mer
Hambye
Granville
Villedieu-les-Poêles
Saint-Pair-sur-Mer
Cuves
Avranches
St-Quentin-sur-le-Homme

N O R M A N D I E
Vire
Clécy
Falaise

CALVADOS
14

La Ferrière-aux-Étangs
Fontenal-sur-Orne

ILLE-ET-VILAINE
35
BRETAGNE
(plan **7**)

Bagnoles-de-l'Orne
Juvigny-sous-Andaine

MAYENNE
53
Mayenne

PAYS DE LA LOIRE
(plan **23**)

Cricquebœuf
Honfleur
Trouville-sur-Mer
Barneville-la-Bertran
Touques
Deauville
Canapville
Beaumont-en-Auge

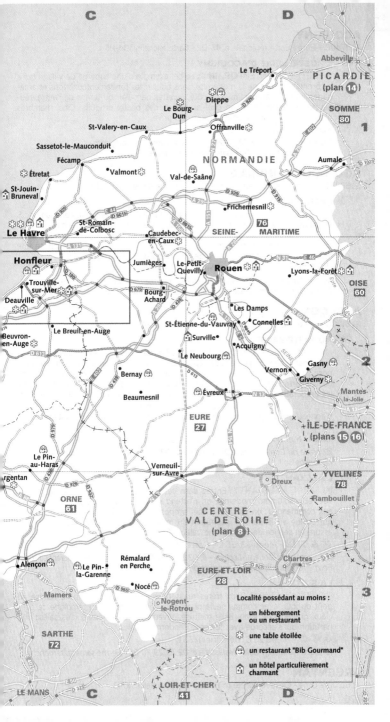

C   **D**

Abbeville

Le Tréport

PICARDIE
(plan **14**)

Dieppe

Le Bourg-
Dun ❄

SOMME
80

St-Valery-en-Caux

Offranville ❄

Sassetot-le-Mauconduit

1

Fécamp

❄ Étretat

Valmont ❄

Val-de-Saâne

N O R M A N D I E

Aumale

St-Jouin-
🏠 Bruneval

Frichemesnil ❄

❄❄❄ 🏠
Le Havre

St-Romain-
de-Colbosc

Caudebec-
en-Caux ❄

SEINE — MARITIME

76

Honfleur
🏠

Jumièges

Le-Petit-
Quevilly

Rouen ❄ 🏠

Lyons-la-Forêt ❄🏠

OISE
60

Trouville-
sur-Mer ❄🏠

Deauville
❄🏠

Le Breuil-en-Auge

Bourg-
Achard

Les Damps

St-Étienne-du-Vauvray

Connelles 🏠

Beuvron-
en-Auge ❄

🏠 Surville

Acquigny

Le Neubourg 🍴

Bernay 🍴

Vernon

Gasny 🍴

Giverny ❄

2

Beaumesnil

Évreux 🍴

EURE
27

Mantes-
la-Jolie

ÎLE-DE-FRANCE
(plans **15 16**)

Le Pin-
au-Haras 🍴

Verneuil-
sur-Avre

Dreux

YVELINES
78

rgentan

ORNE
61

Rambouillet

Rémalard
en Perche

Alençon 🍴

🍴 Le Pin-
la-Garenne

**CENTRE-
VAL DE LOIRE**
(plan **8**)

Chartres

Nocé 🍴

EURE-ET-LOIR
28

3

Mamers

Nogent-
le-Rotrou

Localité possédant au moins :
●   un hébergement ou un restaurant
❄   une table étoilée
🍴   un restaurant "Bib Gourmand"
🏠   un hôtel particulièrement charmant

SARTHE
72

LE MANS

LOIR-ET-CHER
41

C   **D**

ACQUIGNY

✉ 27400 – Eure – Carte régionale n° **17**-D2 – Carte Michelin 304-H6

🟠 **L'HOSTELLERIE D'ACQUIGNY**

MODERNE · **CONTEMPORAIN** XX Le bel exemple d'une auberge de village qui a su prendre le train de la modernité, sans oublier les fondamentaux : tons et aménagements contemporains d'un côté, recettes dans l'air du temps de l'autre, réunis par le savoir-faire d'un chef amoureux des beaux produits. Cinq chambres plaisantes, dont une avec double jacuzzi privé.

🛏 🍽 & 🅰🅲 🅿 – Menu 29/105 € – Carte 42/59 €

1 rue d'Évreux – ℰ 02 32 50 20 05 – www.hostellerie-acquigny.fr –
Fermé 1er-25 janvier, 11-27 juillet, lundi, dimanche

AGON-COUTAINVILLE

✉ 50230 – Manche – Carte régionale n° **17**-A2 – Carte Michelin 303-C5

🟠 **SALICORNE**

TRADITIONNELLE · **TENDANCE** X Voilà donc un jeune chef, qui, après un bac S se proposait de devenir... professeur de golf, avant de "tomber" par hasard sur la cuisine ! Après un solide parcours, il a aménagé un ancien garage automobile, dont il a conservé l'esprit (matériaux bruts, chaises vintage). Il y propose une carte courte et de saison, pleine de gourmandise. Mission accomplie.

& 🅰🅲 ⇄ – Menu 24 € (déjeuner)/33 € – Carte 32/51 €

38 rue Amiral-Tourville – ℰ 09 73 21 29 29 – www.restaurant-salicorne.fr –
Fermé lundi, mardi, dimanche soir

ALENÇON

✉ 61000 – Orne – Carte régionale n° **17**-C3 – Carte Michelin 310-J4

😊 **AU PETIT VATEL**

MODERNE · **CONTEMPORAIN** XX "La" table d'Alençon, véritable institution, est tenue par le chef Julien Perrodin, épaulé par son épouse Barbara, en salle. On propose ici une cuisine actuelle et de saison proposée autour de menus et d'une très courte carte (sans oublier la roulante de desserts). Les produits sont de qualité, les préparations goûteuses, et la générosité digne de cette belle région de l'Orne.
Spécialités : Raviole d'escargots gros-gris, crème d'ail et jus de persil. Côtes d'agneau grillées aux épices grande caravane, haricots blancs. Roulante des desserts.

& ⇄ – Menu 24 € (déjeuner), 33/54 € – Carte 60/70 €

72 place du Commandant-Desmeulles – ℰ 02 33 28 47 67 – Fermé mardi, mercredi, dimanche soir

🟠 **L'ALEZAN**

MODERNE · **ÉLÉGANT** XX Entrez dans cette ancienne écurie entièrement rénovée, et résolument moderne : on n'attend plus que vous ! Un jeune couple est aux commandes : en cuisine, le chef propose une partition soignée et goûteuse, qui évolue au fil de son inspiration du moment, tandis qu'en salle son épouse assure un service de qualité. Une valeur sûre.

🍽 & ⇄ 🅿 – Menu 33/55 € – Carte 55/70 €

183 avenue du Général-Leclerc – ℰ 02 33 28 67 67 - www.lalezan-restaurant.com –
Fermé 16-29 août, lundi, samedi midi, dimanche soir

🟠 **LA SUITE**

MODERNE · **CHIC** XX Deux frères réalisent une cuisine traditionnelle remise au goût du jour, avec comme seule priorité, la gourmandise – en témoigne ce délicieux grenadin de veau. Belle maîtrise, saveurs franches, jeux sucrés/salés : une partition qui s'accorde avec le cadre, moderne et chic.

& 🅰🅲 ⇄ – Menu 23 € (déjeuner)/33 €

19 place Auguste-Poulet-Malassis – ℰ 02 33 29 70 85 – Fermé samedi, dimanche

ARGENTAN

✉ 61200 – Orne – Carte régionale n° **17**-C2 – Carte Michelin 310-I2

❀ LA RENAISSANCE

Chef: Arnaud Viel

MODERNE · ÉLÉGANT ✗✗ Dans la petite bourgade d'Argentan, la façade de La Renaissance tranche par sa modernité – un grand parallélépipède contemporain de couleur tabac. Enfant du pays, Arnaud Viel est ici chez lui, tout comme son voisin, le philosophe Michel Onfray, qui a préfacé les menus de son restaurant. La Normandie est bien là, avec ses produits de la mer au top de leur fraîcheur, du homard de Carteret aux huîtres de Veules-les-Roses, en passant par la lotte de Port-en-Bessin, mais aussi ses carottes des sables de Créances et son foie gras du pays d'Auge. Ne manquez pas l'agréable chariot de mignardises (ça se fait plutôt rare !), et le dessert signature du chef : la sphère en variation de textures...

Spécialités : Œuf de poule cuit à 63°, émulsion haddock et caviar. Ris de veau braisé au cidre et sarrasin, cromesquis de tête de veau. Pomme soufflée, mousse légère caramel au beurre salé et pomme rôtie au calvados.

⊗ ⇦ ⌂🍴 & ✧ 🅿 – Menu 36/98 € – Carte 82/98 €

20 avenue de la 2ème-Division-Blindée – ✆ 02 33 36 14 20 – www.arnaudviel.com – Fermé 2-5 janvier, 21 février-1ᵉʳ mars, 26 juillet-24 août, lundi, dimanche

AUDRIEU

✉ 14250 – Calvados – Carte régionale n° **17**–B2 – Carte Michelin 303-I4

⭘ LE SÉRAN

MODERNE · LUXE ✗✗ Boiseries, parquet et poutres d'époque, mobilier de style : bienvenue en ce château du siècle des Lumières, pour un voyage gastronomique empreint de la noblesse des produits de la région. Créativité et vins de choix sont également au rendez-vous.

⊗ ⌂🍴 & ✧ 🅿 – Menu 49/85 €

Château d'Audrieu – ✆ 02 31 80 21 52 – www.chateaudaudrieu.com – Fermé 11 octobre-14 février

🏠 CHÂTEAU D'AUDRIEU

DEMEURE HISTORIQUE · ÉLÉGANT Superbe ! Un château du 18ᵉ s., classé monument historique, rénové dans l'esprit de l'époque, au sein d'un parc ravissant. Jardin de fleurs blanches, de roses, d'herbes... avec même une chambre-chalet suspendue dans les arbres... Avis aux amateurs.

🎾 🏖 ⇐ ⌂🍴 ⤨ 🛁 🄸 & 🅜 🅿 – 26 chambres – 4 suites

Château d'Audrieu – ✆ 02 31 80 21 52 – www.chateaudaudrieu.com

⭘ **Le Séran** – Voir la sélection des restaurants

AUMALE

✉ 76390 – Seine-Maritime – Carte régionale n° **17**–D1 – Carte Michelin 304-K3

⭘ VILLA DES HOUX

CLASSIQUE · TRADITIONNEL ✗✗ Quel cachet ! L'architecture tout en colombages (19ᵉ s.), l'enceinte de verdure, le calme... Au menu, une cuisine généreuse et savoureuse, amie du terroir : terrine de ris de veau, caille désossée en croûte de sel... Côté décor, on joue la carte du classicisme, que ce soit dans la salle à manger ou en terrasse.

⇦ ⌂🍴 & ⤨ ✧ 🅿 – Menu 18/45 €

6 avenue du Général-de-Gaulle – ✆ 02 35 93 93 30 – www.villa-des-houx.com – Fermé lundi midi

AVRANCHES

✉ 50300 – Manche – Carte régionale n° **17**–A3 – Carte Michelin 303-D7

⑩ **OBIONE**

MODERNE · **CONTEMPORAIN** ⅹ Une sympathique adresse dans le centre-ville d'Avranches. Tous les ingrédients sont réunis pour passer un bon moment : une cuisine fine et délicate, raisonnablement créative, qui met en valeur les produits de la région, et une salle entièrement rénovée.

✿ – Menu 19 € (déjeuner), 28/65 € – Carte 30/40 €

8 rue du Docteur-Gilbert – ℰ 02 33 58 01 66 – www.restaurant-obione.fr –
Fermé 1ᵉʳ-10 janvier, lundi soir, mercredi soir, dimanche

BAGNOLES-DE-L'ORNE

✉ 61140 – Orne – Carte régionale n° **17**–B3 – Carte Michelin 310-G3

❀ **LE MANOIR DU LYS**

Chef: Franck Quinton

MODERNE · **COSY** ⅹⅹⅹ Que serait cette table aux boiseries claires et à l'agréable terrasse sans l'immense forêt d'Andaine qui l'entoure ? Aux confins du Maine, de la Normandie et de la Bretagne, ce poumon vert nourrit la cuisine forestière du chef Franck Quinton. Il prépare les champignons comme personne : cèpes rôtis au thym et au laurier, girolles sautées au romarin, abricots et noisettes, chanterelles à la crème de foie gras et parmesan, ou encore trompettes de la mort, jambon ibérique et cives... et si vous restez pour la nuit, il pourra même vous emmener à la cueillette. Ce cuistot passionné est aussi un locavore qui s'ignore : il achète ses pigeons, ses légumes et sa viande à quelques dizaines de kilomètres du restaurant. Une cuisine fine et goûteuse dans une atmosphère élégante et apaisante : cela suffit à notre bonheur.

Spécialités: Andouille de Vire, langoustine et camembert. Pigeonneau au lard de Colonnata, trompettes-de-la-mort et rhubarbe aux baies roses. Macaron, crème tendre, champignons des bois et sorbet aux trompettes-de-la-mort.

⅏ 🖙 🎢 ⊞ ✿ 🅿 – Menu 50 € (déjeuner), 65/99 €

Route de Juvigny-sous-Andaine – ℰ 02 33 37 80 69 – www.manoir-du-lys.fr –
Fermé 2 janvier-13 février, lundi et le midi en semaine

⑩ **Ô GAYOT**

TRADITIONNELLE · **BISTRO** ⅹ Une jolie maison en pierre et son bistrot, pile dans l'air du temps. Dans l'assiette, on trouve de bonnes recettes... bistrotières, comme il se doit ! Pavé de cabillaud à la plancha, fricassée de cocos ; tartare de bœuf coupé au couteau ; sablé au beurre et sa glace au caramel...

🖙 🎢 ⅋ – Menu 26 € – Carte 34/46 €

2 avenue de la Ferté-Macé – ℰ 02 33 38 44 01 – www.ogayot.com –
Fermé 4-11 janvier, 29 novembre-6 décembre, lundi midi, jeudi, dimanche soir

🏨 **LE MANOIR DU LYS**

TRADITIONNEL · **PERSONNALISÉ** Au milieu des bois et dans un superbe parc, cette belle demeure normande est empreinte de quiétude... Les chambres du manoir affichent un raffinement classique ou plus contemporain, toujours chaleureux ; dans le pavillon, des suites spacieuses.

⛲ 🐾 🖙 ⌇ 🗔 ⊞ ⅋ 🎿 🅿 – 23 chambres – 7 suites

Route de Juvigny-sous-Andaine –
ℰ 02 33 37 80 69 – www.manoir-du-lys.fr

❀ **Le Manoir du Lys** – Voir la sélection des restaurants

BARNEVILLE-CARTERET

✉ 50270 – Manche – Carte régionale n° **17**–A2 – Carte Michelin 303-B3

⚜ LA MARINE

MODERNE · ÉLÉGANT XxX Avec sa vue panoramique sur les flots et le port, cette institution de la côte ouest de la presqu'île du Cotentin fait face aux îles face anglo-normandes de Jersey et Guernesey. Comme on pouvait s'y attendre, elle régale les amoureux de la cuisine iodée grâce à une carte soigneusement équilibrée - véritable cuisine d'auteur tournée vers la mer - grâce à des poissons et des crustacés d'une fraîcheur exceptionnelle. Jolie carte des vins. Espace boutique-traiteur pour emporter un peu de ces douceurs chez soi.

Spécialités : Crépinette de pied de cochon, huître en petit ragoût et écume iodée. Le homard de Carteret. Riz au lait et pomme confite façon Tatin, glace vanille et espuma de riz.

🕸 ⋖ & 🔃 🅿 – Menu 35 € (déjeuner), 46/94 € – Carte 80/120 €

11 rue de Paris, à Carteret – ℰ 02 33 53 83 31 – www.hotelmarine.com –
Fermé 22 novembre-1ᵉʳ mars, lundi, mardi

🏠 LA MARINE

TRADITIONNEL · ÉLÉGANT Quasiment les pieds dans l'eau ! Dans cette élégante maison immaculée, les chambres sont très contemporaines, dans un esprit bains de mer chic et épuré. Et côté plage, elles ont toutes une jolie terrasse... Du style, indéniablement.

🎿 ॐ ⋖ 🖃 & 🎿 🅿 – 26 chambres

11 rue de Paris, à Carteret – ℰ 02 33 53 83 31 – www.hotelmarine.com

⚜ **La Marine** – Voir la sélection des restaurants

BARNEVILLE-LA-BERTRAN

✉ 14600 – Calvados – Carte régionale n° **17**-A3 – Carte Michelin 303-N3

🏠 AUBERGE DE LA SOURCE

MAISON DE CAMPAGNE · COSY À l'entrée du village, cette jolie maison en brique rouge et sa longère à colombages semblent incarner l'idéal champêtre : un jardin et ses beaux arbres fruitiers ; des bassins où fraient truites et esturgeons ; des chambres d'esprit nature et cosy... et un restaurant aux airs d'auberge chic. Charmant !

🎿 ॐ 🖼 & 🅿 – 17 chambres – 2 suites

Chemin du Moulin – ℰ 02 31 89 25 02 – www.auberge-de-la-source.fr

BAYEUX

✉ 14400 – Calvados – Carte régionale n° **17**-B2 – Carte Michelin 303-H4

⚜ CHÂTEAU DE SULLY

MODERNE · ÉLÉGANT XxX Après avoir arpenté les plages du Débarquement et admiré la Tapisserie de Bayeux, franchissez les grilles de ce château du 18ᵉ s. Il étire sa longue façade classique au milieu d'un parc à l'anglaise, peuplé de cèdres bleus du Liban, de tilleuls et de séquoias. Vous voilà installés ? Tout est normand dans les assiettes de Nicolas Fages, ou presque : petits légumes, fromage de chèvre et de vache, foie gras de canard... Teintée de souvenirs d'enfance et de voyages, sa cuisine subtile et délicate ondoie en finesse, entre homard du Cotentin, lotte rôtie au cochon de Bayeux ou encore pigeonneau de Suisse... normande, bien-entendu !

Spécialités : Homard du Cotentin à l'huile pimentée, salade d'herbes et de fleurs. Pigeonneau de la Suisse normande aux épices marocaines. Fruits rouges du verger et petit-suisse de la ferme d'Amélie.

🖼 & ✿ 🅿 – Menu 69/119 € – Carte 80/100 €

Route de Port-en-Bessin – ℰ 02 31 22 29 48 – www.chateau-de-sully.com –
Fermé 28 octobre-5 février, lundi et le midi sauf dimanche

🕸 L'ANGLE SAINT-LAURENT

MODERNE · COSY XX Un cadre plein de fraîcheur, à l'angle des rues St-Laurent et des Bouchers : pierres apparentes, poutres peintes, éclairage tamisé. Les produits de la région ont la part belle à la carte (cochon de Bayeux, huîtres normandes, gruyère de Carrouges...), à travers des recettes savoureuses, originales et joliment ficelées. Voilà un Angle au carré !

Spécialités : Croustade de moules, oignon confit, herbes et citron. Raviole ouverte de cochon mi-fumé, bouillon de petits légumes. Pomme rôtie, crème montée au sésame et sorbet pomme.

Menu 25 € (déjeuner), 34/46 € – Carte 42/59 €

2 rue des Bouchers – 𝒞 02 31 92 03 01 – www.langlesaintlaurent.com – Fermé lundi, samedi midi, dimanche

🕸 AU PTIT BISTROT

MODERNE · CONVIVIAL X Juste derrière la cathédrale, c'est l'adresse dont tout Bayeux raffole... Comment résister à ces prix d'amis, à cette cuisine du marché fraîche et bien tournée, à cet intérieur élégant et discrètement vintage – poutres, comptoir à l'ancienne –, à ce service tout sourire ? Pensez à réserver à l'avance : les places sont comptées.

Spécialités : Cuisine du marché.

Menu 18 € (déjeuner), 32/35 € – Carte 36/40 €

31 rue Larcher – 𝒞 02 31 92 30 08 – Fermé lundi, dimanche

ⅢO LE LION D'OR

MODERNE · CONTEMPORAIN XX Le Lion d'Or rugit plus que jamais. Le chef travaille les produits du terroir normand de belle manière, faisant preuve d'une bonne maîtrise des cuissons et des assaisonnements. Une vraie renaissance.

🖙 🏠 & ⇔ 🅿 – Menu 16 € (déjeuner), 24/59 € – Carte 45/81 €

71 rue Saint-Jean – 𝒞 02 31 92 06 90 – www.liondor-bayeux.fr – Fermé 3-30 janvier, lundi, samedi midi, dimanche

ⅢO LA RAPIÈRE

MODERNE · COSY XX Cette maison du quinzième siècle, nichée dans une ruelle pittoresque, propose sous l'égide de son sympathique chef Simon Boudet une cuisine de saison savoureuse, qui ne saurait renier de solides bases traditionnelles. L'ensemble fleure bon le terroir, et s'enrichit même de touches asiatiques. En garde !

& – Menu 16 € (déjeuner), 36/46 € – Carte 20/55 €

53 rue Saint-Jean – 𝒞 02 31 21 05 45 – www.larapiere.net – Fermé lundi, mardi midi, mercredi midi, dimanche

🏰 CHÂTEAU DE SULLY

DEMEURE HISTORIQUE · CLASSIQUE De lourdes grilles, une grande allée ; une très belle entrée en matière pour ce château du 18ᵉ s. plein de charme. Les chambres cultivent un luxe discret et l'on aime à flâner sous les frondaisons du parc. Piscine, jacuzzi... Histoire et détente !

🕅 🏊 🖨 🔲 🌀 & ♨ 🅿 – 23 chambres – 2 suites

Route de Port-en-Bessin – 𝒞 02 31 22 29 48 – www.chateau-de-sully.com

🕸 **Château de Sully** – Voir la sélection des restaurants

BEAUMESNIL

✉ 27410 – Eure – Carte régionale n° **17**-C2 – Carte Michelin 304-E7

ⅢO L'ÉTAPE LOUIS 13

TRADITIONNELLE · CLASSIQUE XX Près du château de Beaumesnil, au superbe style Louis XIII, ce presbytère du 17ᵉ s. distille une ambiance intemporelle... Sous l'égide de ses propriétaires, il est idéal pour se mettre au parfum de la tradition normande : huîtres chaudes au camembert, soufflé léger au calvados, etc. Fraîcheur et saveurs sont au rendez-vous.

🏠 ⇔ 🅿 – Menu 34 €

2 route de la Barre-en-Ouche – 𝒞 02 32 45 17 27 – www.etapelouis13.fr – Fermé lundi, mardi

BEAUMONT-EN-AUGE

✉ 14950 – Calvados – Carte régionale n° **17**–A3 – Carte Michelin 303-M4

⫟○ AUBERGE DE L'ABBAYE

TRADITIONNELLE · AUBERGE ⅄ Cette auberge tient toutes ses promesses. Des produits du terroir bien travaillés, des dressages soignés, de la générosité et un goût pour les herbes fraîches, le tout évoluant au fil des saisons... sans oublier l'intérieur rustique, qui ne manque pas de cachet. Un vrai plaisir.

Menu 28/42 € – Carte 38/59 €

2 rue de la Libération – ☎ 02 31 64 82 31 – www.auberge-abbaye-beaumont.com – Fermé 12-27 janvier, mercredi

BÉNOUVILLE

✉ 14970 – Calvados – Carte régionale n° **17**–B2 – Carte Michelin 303-K4

🏵 MANOIR HASTINGS

MODERNE · COSY ⅄⅄ Bien à l'abri de cette belle bâtisse en pierre, datant du 17ᵉ s., le chef travaille de savoureux produits frais qu'il agrémente dans des plats généreux et goûteux ; l'intérieur est chaleureux, mariant l'ancien et la modernité. Pour l'étape, quatre chambres au décor romantique.

Spécialités : Saumon d'Isigny, pomme à l'huile et oignon nouveau. Joue de cochon confite au cidre, écrasé aux deux pommes. Clafoutis tiède aux poires-pommes-calvados.

↩ 🛋 ⅃ ⇆ 🅿 – Menu 26 € (déjeuner), 33/50 € – Carte 56/70 €

18 avenue de la Côte-de-Nacre – ☎ 02 31 44 62 43 – www.manoirdhastings.fr – Fermé lundi, mardi

BERNAY

✉ 27300 – Eure – Carte régionale n° **17**–C2 – Carte Michelin 304-D7

🏵 LE MOULIN FOURET

MODERNE · COSY ⅄⅄ Du moulin subsistent les rouages... mais on découvre avant tout une belle et grande maison couverte de vigne vierge, avec sa terrasse au calme d'un cours d'eau. Reprise en 2018 par le Chef Cédric Auger, cette auberge offre désormais un cadre plus cosy et une cuisine actuelle rythmée par les saisons.

Spécialités : Saumon cuit à basse température, sorbet pamplemousse, œuf de caille. Pintade cuite lentement, cuisse farcie, carottes confites, amandes grillées. Baba au calvados.

↩ ⌖ 🛋 🅿 – Menu 26 € (déjeuner), 32/62 € – Carte 41/60 €

2 route du Moulin-Fouret, à St-Aubin-le-Vertueux – ☎ 02 32 43 19 95 – www.lemoulinfouret.fr

BERNIÈRES-SUR-MER

✉ 14990 – Calvados – Carte régionale n° **17**–B2 – Carte Michelin 303-J4

⫟○ L'AS DE TRÈFLE

MODERNE · COSY ⅄⅄ Légèrement en retrait des plages du Débarquement, nous voilà dans le repaire d'Anthony Vallette, un chef normand plein d'entrain. Au fil des saisons, il pioche dans le terroir local – poissons de la Manche, andouille de Vire, cochon de Bayeux – et compose des plats bien maîtrisés, avec juste ce qu'il faut d'audace !

🛋 ⅃ ⇆ 🅿 – Menu 26 € (déjeuner), 39/69 €

420 rue Léopold-Hettier – ☎ 02 31 97 22 60 – www.restaurantasdetrefle.com – Fermé lundi, mardi soir

BEUVRON-EN-AUGE

✉ 14430 – Calvados – Carte régionale n° **17**–C2 – Carte Michelin 303-L4

🕸 **LE PAVÉ D'AUGE**

Chef: Jérôme Bansard

CLASSIQUE · **ÉLÉGANT** 🔾🔾 Au cœur du Pays d'Auge, entre Caen et Lisieux, Beuvron-en-Auge ressemble à une Normandie de carte postale, avec ses maisons à colombages des 17e et 18e s., ses manoirs et ses jardinières débordant de fleurs à la belle saison. Étoilé depuis plus d'un quart de siècle, le chef Jérôme Bansard a investi les anciennes halles du village, en conservant le meilleur des matériaux d'origine. C'est même lui qui vient prendre les commandes en salle ! Au fil des saisons, on croise les huîtres de Saint-Vaast, le homard de Carteret, du saint-pierre, de la barbue, des escalopes de foie gras, des ris de veau, des tripes aux pommes, de l'andouille. Chambres d'hôtes pour prolonger l'étape.

Spécialités: Foie gras poêlé. Lièvre à la royale. Soufflé au Grand Marnier.

🐚🔀 🍴 🔾 – Menu 44/84 €

Le bourg – 🕻 02 31 79 26 71 – www.pavedauge.com – Fermé 22 février-2 mars, lundi, mardi

BLAINVILLE-SUR-MER

✉ 50560 – Manche – Carte régionale n° **17**–A2 – Carte Michelin 303-C5

🕸 **LE MASCARET**

Chef: Philippe Hardy

CRÉATIVE · **ÉLÉGANT** 🔾🔾 Amoureux de sa Manche natale, l'aventureux Philippe Hardy a officié dans de grandes maisons étoilées, et aux fourneaux de l'ambassadeur de France à Sofia. C'est là qu'il a rencontré sa femme, Nadia, ex-danseuse étoile. Grâce à leurs efforts, cette ancienne pension de jeunes filles a été métamorphosée en petit hôtel-restaurant chic et doux. Tout autour s'épanouissent le jardin et le potager, qui fournissent légumes et herbes aromatiques à partir de semences paysannes. L'autre grande affaire du Mascaret, c'est la mer : le chef ne rate pas une occasion d'apprêter le poisson sauvage et les crustacés. Un régal.

Spécialités: Homard, corail foisonné, poire au charbon végétal. Bar, légumes en transparence et glacis de dulse corsé. Nuage de fruits, madeleine et sorbet.

🔀 🍴 🔾 🔾 **P** – Menu 24 € (déjeuner), 43/106 €

1 rue de Bas – 🕻 02 33 45 86 09 – www.lemascaret.fr – Fermé 2-22 janvier, 23-30 novembre, lundi, dimanche soir

BOURG-ACHARD

✉ 27310 – Eure – Carte régionale n° **17**–C2 – Carte Michelin 304-E5

🍽️ **L'AMANDIER**

MODERNE · **ÉLÉGANT** 🔾🔾 De bien jolis fruits naissent de cet Amandier, dont le chef cuisine avec justesse et savoir-faire des produits de qualité – poissons et crustacés en tête. Les assiettes se dégustent avec plaisir et l'on passe un agréable moment... À l'heure de l'apéritif et du café, n'hésitez pas à profiter du jardin !

🔀 🔾 – Menu 29/56 € – Carte 54/70 €

581 route de Rouen –
🕻 02 32 57 11 49 – www.lamandier-bourgachard.fr – Fermé 30 août-9 septembre, lundi, mardi, mercredi

LE BOURG-DUN

✉ 76740 – Seine-Maritime – Carte régionale n° **17**–C1 – Carte Michelin 304-F2

⠿ **AUBERGE DU DUN**

Chef: Pierre Chrétien

CLASSIQUE · ÉLÉGANT XxX Pierre Chrétien, c'est l'expérience incarnée : présent depuis 1981, il est l'âme de cette institution locale. Deux salles classiques et coquettes vous accueillent, avec leurs boiseries et tentures ; l'une d'entre elles offre une vue sur les cuisines. Côté assiette, justement, la partition est elle aussi classique, dans le sens noble du terme : cœur de ris de veau, galette de pied de cochon croustillante... Des grands standards joués sans fausse note. Côté service aussi, le chef et son épouse mettent toute leur passion au service de leurs hôtes, si bien que l'on passe chez eux un moment très agréable.

Spécialités: Parfait de tourteau, chapelure de chorizo et confit de tomate à la badiane. Coquilles Saint-Jacques de Dieppe. Soufflé "Alexandre Le Grand", confit d'orange et glace spéculos.

🅿 – Menu 37/60 € – Carte 90 €

3 route de Dieppe (face à l'église) – ☏ 02 35 83 05 84 – www.auberge-du-dun.fr – Fermé lundi, mercredi, dimanche soir

LE BREUIL-EN-AUGE

✉ 14130 – Calvados – Carte régionale n° **17**–C2 – Carte Michelin 303-N4

⃝ **LE DAUPHIN**

MODERNE · CLASSIQUE XX Avec ses colombages et sa charmante atmosphère, cet ancien relais de poste incarne la Normandie rêvée... Le jeune chef travaille de beaux produits avec passion (homards et ormeaux de la côte, par exemple) et maîtrise bien son sujet. On passe un moment agréable.

Menu 22 € (déjeuner), 29/69 € – Carte 50/75 €

2 rue de L'Église – ☏ 02 31 65 08 11 – www.ledauphin-restaurant.com – Fermé lundi, mercredi soir, dimanche soir

BRICQUEVILLE-SUR-MER

✉ 50290 – Manche – Carte régionale n° **17**–A2 – Carte Michelin 303-C6

⃝ **LA PASSERELLE**

MODERNE · CONTEMPORAIN XX Le chef, venu d'Orléans, a eu un véritable coup de foudre pour ce restaurant, situé en bordure du Havre de la Vanlée, qui offre un paysage propice aux promenades parmi les moutons de pré salé. Désormais bien installé, il propose une cuisine du moment et du marché, fraîche et goûteuse, à l'image de cette la lotte, chorizo et poireau. Une jolie adresse.

& 🅿 – Menu 35 € (déjeuner), 40/80 €

113 route du Havre-de-la-Vanlée – ☏ 02 33 61 65 51 – www.restaurant-la-passerelle.fr – Fermé lundi, dimanche soir

CABOURG

✉ 14390 – Calvados – Carte régionale n° **17**–B2 – Carte Michelin 303-L4

⃝ **LE BALBEC**

MODERNE · ÉLÉGANT XxX La galerie, sur le front de mer, vous attend ; y retrouverez-vous le temps perdu ? Le restaurant du Grand Hôtel de Cabourg met toujours un point d'honneur à proposer des assiettes précises et raffinées, qui regorgent de belles saveurs.

⇐ & ✿ ☕ – Menu 76/115 € – Carte 76/94 €

Grand Hôtel de Cabourg, Promenade Marcel-Proust – ☏ 02 31 91 01 79 – www.grand-hotel-cabourg.com – Fermé lundi, mardi, mercredi midi, jeudi midi, vendredi midi

🍴○ AU PIED DES MARAIS

TRADITIONNELLE · CONVIVIAL XX À la sortie de Cabourg, un établissement où l'on s'installe dans une ambiance chaleureuse, près de la cheminée ou dans la véranda. On y apprécie des plats traditionnels, des spécialités (dont de fameux pieds de cochon) et des grillades au feu de bois. Une table où l'on passe un vrai bon moment !

   & – Menu 39/59 € – Carte 50/93 €

26 avenue du Président-Coty, Le Hôme – ℰ 02 31 91 27 55 –
www.aupieddesmarais.com – Fermé 25 janvier-10 février, 21-30 juin, 13-26 décembre,
mardi, mercredi

🍴○ LE BALIGAN

POISSONS ET FRUITS DE MER · BISTRO X Cannes à pêche, lithographies, fresques, etc. Dans ce bistrot au décor marin, on vous propose les produits de la criée locale : fraîcheur garantie ! Les spécialités du chef : symphonie de la mer (homard et spaghettis maison à l'encre de seiche), bouillabaisse cabourgeaise... À déguster en terrasse aux beaux jours.

   🍽 & 🅰🅒 – Menu 22 € (déjeuner), 28/75 € – Carte 45/100 €

8 avenue Alfred-Piat – ℰ 02 31 24 10 92 – www.lebaligan.fr – Fermé mercredi

🏚🏚 GRAND HÔTEL DE CABOURG

HISTORIQUE · ÉLÉGANT Ce palace du front de mer, hanté par le souvenir de Proust, ressemble à l'auteur d'*À la recherche du temps perdu* : élégant et feutré. De mai à septembre, le restaurant de la plage propose salades et poissons, dont on se régale, les pieds dans l'eau. Petit espace bien-être.

   🍴 🏊 ⇐ 📺 & 🅰🅒 🛁 – 68 chambres – 3 suites

Promenade Marcel-Proust – ℰ 02 31 91 01 79 – www.grand-hotel-cabourg.com

   🍴○ **Le Balbec** – Voir la sélection des restaurants

G. Gerault/hemis.fr

✉ 14000 – Calvados
Carte régionale n° **17**–B2
Carte Michelin 303-J4

CAEN

Belle vitrine d'une région réputée pour sa gastronomie, Caen en est la vitrine gourmande. Le meilleur de la Normandie s'est donné rendez-vous dans ses murs : fromages (du célébrissime camembert au livarot, en passant par le pont-l'évêque), pommes, calvados, cidre et pommeau, crème fraîche, mais aussi douceurs marines comme les huîtres et les Saint-Jacques. Caen possède même une recette à son nom, les tripes à la mode de Caen, dont raffolaient Guillaume le Conquérant et son épouse Mathilde ! Autre motif de délectation : le patrimoine architectural et culturel de la ville, pourtant largement éprouvée par les bombardements de la seconde guerre mondiale. Le Mémorial, l'Abbaye-aux-Hommes, le musée des Beaux-Arts, sans compter la vue depuis les remparts... Aucun doute, Caen vaut le coup.

Restaurants

❀ **IVAN VAUTIER**

Chef : Ivan Vautier

MODERNE · CONTEMPORAIN ✕✕ Ivan Vautier, normand pur beurre et ancien second de Michel Bruneau à La Bourride, qui s'est aussi illustré aux Crayères à Reims et chez Le Divellec, temple parisien de la cuisine iodée, est installé depuis 1994 dans cette maison excentrée du cœur de ville, qu'il a largement remaniée au fil des années, pour en faire un lieu sobrement contemporain. Fier de son terroir, le cuisinier n'hésite pas à donner une petite touche locale à ses recettes : saumon de la baie des Veys poché à 38°C, crème d'Isigny-Sainte-Mère ; homard côtier et croustillant d'andouille de Vire ; pigeonneau normand en 3 façons... Les chambres permettent de prolonger l'étape, tout en profitant de l'espace bien-être.

Spécialités : Saumon de la baie des Veys poché à 38°, ketchup de framboise et poivre timut. Poitrine de pigeonneau rôtie, rillettes de cuisse et d'aile et farce d'abattis. Fleur de pomme façon Tatin, sorbet crème fraîche.

❀ ⬌ 🍴 ♿ Ⓜ 🖥 ♻ 🅿 – Menu 39 € (déjeuner), 70/110 € – Carte 78/106 €

Hors plan – *3 avenue Henry-Chéron –*
📞 02 31 73 32 71 – www.ivanvautier.com –
Fermé lundi, dimanche soir

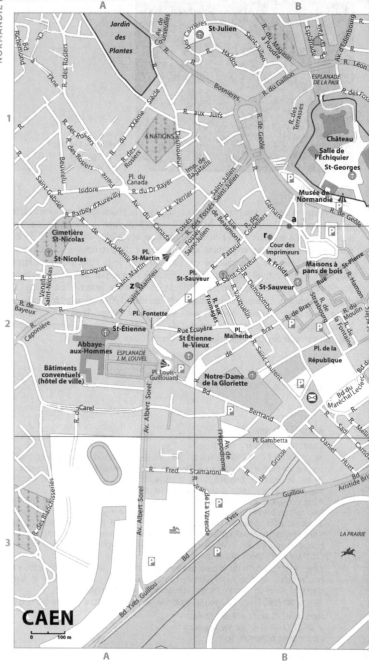

CAEN

0   100 m

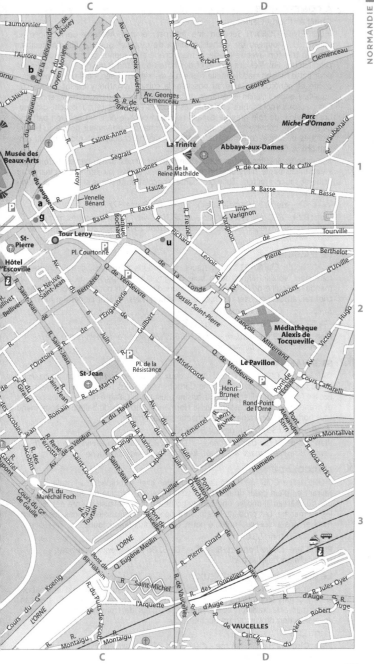

⭐ À CONTRE SENS

Chef: Anthony Caillot

MODERNE · COSY XX Sur son site Internet, le chef Anthony Caillot pose au milieu d'un troupeau de vaches, manière de rappeler pour ce fils d'agriculteur son lien très fort avec l'élevage, le maraîchage et le monde courageux des petits producteurs. Familier des étoilés et des hôtels de grand standing, le chef a craqué pour cette maison traditionnelle d'une rue discrète de Caen, où il reçoit avec simplicité et générosité. Saine au possible, la cuisine d'Anthony Caillot trouve son équilibre entre lisibilité et audace. Les produits normands sont transcendés par des cuissons impeccables et de petites touches exotiques (yuzu, kimchi, gingembre) : raviole de foie gras de canard normand pochée dans un bouillon parfumé de livèche et cébette ; poisson des côtes normandes en vapeur douce au beurre d'algues et râpée cornichon-bergamote ; ganache chocolat et moelleux au gingembre. À Contre-sens suit la bonne route.

Spécialités : Bouillon parfumé aux champignons fumés, fines ravioles de foie gras. Pigeonneau poêlé dans une crème aux épices, endive au jambon, topinambour acide et sauce Albufera. Tuile croquante, chocolat en textures et glace aux champignons.

&. 🅰 ⇵ – Menu 27 € (déjeuner), 58/68 € – Carte 67/70 €

Plan : B2-r – *8-10 rue des Croisiers –* 𝓔 *02 31 97 44 48 – www.acontresens.fr – Fermé 1er-19 janvier, 27 février-9 mars, 1er-11 mai, 25 juillet-24 août, lundi, mardi midi, dimanche*

🙂 LE DAUPHIN

MODERNE · ÉLÉGANT XXX Amateurs de produits normands, cette adresse est faite pour vous ! Huîtres de la baie d'Isigny-sur-Mer, pigeon de la Suisse normande, andouille de Vire, etc. Les saveurs de la région ont la part belle, mais le chef sait aussi composer des recettes plus originales... Décor élégant et lumineux.

Spécialités : Cuisine du marché.

⇆ ⇵ – Menu 26/62 € – Carte 50/65 €

Plan : B2-a – *29 rue Gémare –* 𝓔 *02 31 86 22 26 – www.le-dauphin-normandie.fr – Fermé samedi midi, dimanche*

🍽️ STÉPHANE CARBONE

CRÉATIVE · CONTEMPORAIN XXX À deux pas du port de plaisance, au cœur de la vie caennaise, le chef Stéphane Carbone explore les terroirs, du Lyonnais à la Bresse (où il a grandi et appris la cuisine), jusqu'à la Calabre natale de ses parents et grands-parents, en passant par la Normandie. Produits de belle fraîcheur, menu tout homard et cours de cuisine chaque samedi matin.

&. 🅰 – Menu 33 € (déjeuner), 53/100 €

Plan : C2-u – *14 rue de Courtonne –* 𝓔 *02 31 28 36 60 – www.stephanecarbone.fr – Fermé 15 février-2 mars, 8-23 août, lundi, samedi midi, dimanche*

🍽️ L'ACCOLADE

MODERNE · COSY XX Pierre Lefebvre, jeune chef autodidacte, a installé son restaurant en plein cœur du quartier historique et pittoresque du Vaugueux, à deux pas du château. Il décline une cuisine goûteuse et ingénieuse, au gré des trouvailles du marché. Les produits locaux sont rigoureusement sélectionnés, les accords mets et vins judicieux. Agréable patio, terrasse aux beaux jours.

🍽️ &. ⇵ – Menu 55 €

Plan : C1-a – *18 rue Porte-au-Berger –* 𝓔 *02 31 80 30 44 – www.laccolade.fr – Fermé dimanche et le midi*

🍽️ LE BOUCHON DU VAUGUEUX

MODERNE · BISTRO X Sous des dehors simples, ce bistrot a l'âme d'un vrai bouchon lyonnais (comptoir, repas au coude-à-coude) ; toutefois, le chef ne se cantonne pas à la tradition et agrémente ses plats de trouvailles plus modernes. Jolie sélection de vins de producteurs.

Menu 29 €

Plan : C1-g – *12 rue Graindorge –* 𝓔 *02 31 44 26 26 – www.bouchonduvaugueux.com – Fermé 1er-13 septembre, lundi, dimanche*

ⅠO **FRAGMENTS**

MODERNE · CONVIVIAL X Un jeune chef normand et passionné propose une cuisine actuelle et créative, décomplexée, pleine de peps et de fraîcheur - le tout dans une démarche 100% locavore, où tous les produits (bio en majorité) sont sourcés localement (bœuf normand, poisson des criées de la côte, légumes et fruits de petits producteurs...). Une adresse qui ne laisse pas indifférent.

 ᶑ – Menu 26 € (déjeuner), 42/46 €

Plan : C1-b – *2 rue Léon-Lecornu* – *ℰ 07 71 69 29 76* – *Fermé lundi, mardi, mercredi midi, dimanche*

ⅠO **INITIAL**

CRÉATIVE · ÉPURÉ X Installé dans une ancienne boutique proche de l'Abbaye-aux-Hommes, ce restaurant s'appuie sur un crédo limpide : une cuisine créative et variée, déclinée au dîner en 4 ou 6 plats, plus simple à midi, où la passion et l'émotion se répondent dans l'assiette. Le tout accompagné de vins bien choisis, dont certains naturels.

 ❀ ᶑ – Menu 35 € (déjeuner), 56/70 €

Plan : A2-z – *24 rue Saint-Manvieu* – *ℰ 02 50 53 69 86* – *www.initial-restaurant.com* – *Fermé 1ᵉʳ-11 janvier, lundi, mardi midi, mercredi midi, samedi midi, dimanche*

CANAPVILLE

✉ 14800 – Calvados – Carte régionale n° **17**–A3 – Carte Michelin 303-M4

ⅠO **AUBERGE DU VIEUX TOUR**

TRADITIONNELLE · AUBERGE XX Une chaumière rustique près de la départementale, mais au calme et très accueillante ! Les patrons – de vrais passionnés – font surtout appel aux producteurs locaux et vous concoctent une sympathique cuisine de tradition : asperges à la polonaise, sole meunière avec une purée maison, tarte aux pommes, etc. Quatre chambres coquettes permettent de prolonger l'étape.

 ⇦ 🛏 🎍 🅿 – Menu 34/61 € – Carte 47/90 €

36 route départementale 677 –
ℰ 02 31 65 21 80 – www.levieuxtour.com –
Fermé 4 janvier-3 février, mardi, mercredi

CAUDEBEC-EN-CAUX

✉ 76490 – Seine-Maritime – Carte régionale n° **17**–C1 – Carte Michelin 304-E4

❀ **G.A. AU MANOIR DE RÉTIVAL**

Chef : David Goerne

MODERNE · COSY XX Dans ce manoir perché au-dessus de la Seine, officie David Goerne, un chef allemand fou de gastronomie française. Adepte de la simplicité, il reçoit à la "table d'hôte" dans sa cuisine vintage. Aux murs, les cuivres rutilent. Aux beaux jours, on pourra aussi s'attabler dehors sur la terrasse panoramique, surplombant la Seine et dominant le pont de Brotonne. Le chef aime improviser devant ses convives : subtil et créatif, notamment dans l'usage des herbes, des poivres et autres assaisonnements, il va droit à l'essentiel. Rehaussée par une brassée d'herbes et de fleurs et d'une émulsion au citron, sa divine poêlée de légumes frais du jardin sur un jaune d'œuf mariné à la sauce soja fleure bon le miracle printanier. S'il est fou de végétal, David Goerne n'est pas moins à l'aise avec le homard, le foie gras ou encore le pigeonneau, au gré d'une inspiration sans cesse renouvelée.

Spécialités : Salade de légumes de notre potager. Homard, jus des têtes et ciboulette. Tarte Tatin, sorbet granny smith.

L'engagement du chef: "Nous sommes convaincus que chacun à son rôle à jouer dans la préservation de la nature et de ses ressources et que chaque action compte. Nous avons ainsi banni le plastique de notre cuisine, compostons nos déchets et les menus que nous élaborons au quotidien mettent en saveurs les produits des champs situés à proximité du restaurant."

⇔ ≼ 🏠🏡 ⇔ 🅿 – Menu 98/199€

2 rue Saint-Clair – 𝒞 06 50 23 43 63 – www.restaurant-ga.fr – Fermé 1ᵉʳ-31 janvier, lundi, mardi, mercredi, jeudi midi, dimanche soir

CHERBOURG-EN-COTENTIN
✉ 50100 – Manche – Carte régionale n° **17**–A1 – Carte Michelin 303-C2

🕸 LE PILY

Chef: Pierre Marion

CRÉATIVE • **TENDANCE** XX "Pily" ou Pierre en cuisine et Lydie en salle... Une histoire d'initiales, mais surtout une grande complicité : ce jeune couple a créé une jolie table contemporaine, entièrement dévouée au goût. Ne vous fiez pas à la devanture, qui ne paye pas de mine, c'est à l'intérieur – et dans l'assiette ! – que ça se passe. La carte est conçue au plus près des saisons ; elle doit beaucoup à des fournisseurs locaux triés sur le volet, et considérés comme de véritables partenaires par le chef. Les produits (légumes, poissons de petits bateaux, crustacés, pigeonneaux, fromage fermier) sont joliment mis en valeur : on tient là, sans doute, la meilleure table de Cherbourg...

Spécialités: Cuisine du marché.

Menu 56/72€

39 Grande-Rue – 𝒞 02 33 10 19 29 – www.le-pily.com – Fermé lundi, dimanche

🕸 LE VAUBAN

MODERNE • **TENDANCE** XX Géré par un couple accueillant et dynamique, le Vauban propose des recettes bien dans l'air du temps, pleines de saveurs : légumes du maraîcher, viandes locales et produits de la mer sont cuisinés avec soin par le chef ; son épouse, en salle, assure le service avec gentillesse.

Spécialités: Œuf bio parfait, mousseline de légumes, sot-l'y-laisse, jus court. Ris de veau sauté meunière, pépites de foie gras poêlé, légumes de saison. Tartelette chocolat-macadamia, poire pochée, mousse caramel beurre salé.

🆔 – Menu 25€ (déjeuner)/34€ – Carte 44/57€

*22 quai Caligny – 𝒞 02 33 43 10 11 – www.levauban-cherbourg.fr –
Fermé 20 février-4 mars, lundi, samedi midi, dimanche soir*

🍽 LE PATIO

CUISINE DU MARCHÉ • **BISTRO** X En plein cœur de la ville, on découvre le travail d'un jeune chef amoureux du bon produit. Il nous régale de jolies recettes traditionnelles réalisées dans les règles de l'art, avec un choix à l'ardoise renouvelé régulièrement. Ajoutez à cela un bon rapport qualité-prix, vous obtenez une table tout à fait recommandable. Par beau temps, on s'installe dans le petit patio.

🏡 – Carte 36/47€

*5 rue Christine – 𝒞 02 33 52 49 10 – www.restaurant-lepatio-cherbourg.fr –
Fermé 24 décembre-4 janvier, 1ᵉʳ-23 août, lundi, mardi midi, mercredi midi, jeudi midi, dimanche*

CLÉCY
✉ 14570 – Calvados – Carte régionale n° **17**–B2 – Carte Michelin 303-J6

🍽 AU SITE NORMAND

MODERNE • **COSY** XX Le chef, sympathique et professionnel, revisite ici la tradition avec maîtrise, au rythme des saisons et du marché. Ses menus surprise se dégustent dans une salle à manger cosy qui ne manque pas de cachet : poutres peintes, cheminée... Chambres confortables et petit espace bien-être permettent de prolonger l'étape. Service charmant.

⇔ 🏡 ⅙ 🅱 🅿 – Menu 19€ (déjeuner), 36/67€

2 rue des Châtelets – 𝒞 02 31 69 71 05 – www.hotel-clecy.com – Fermé 1ᵉʳ-26 janvier, lundi, dimanche

CONNELLES

✉ 27430 – Eure – Carte régionale n° **17**-D2 – Carte Michelin 304-H6

ⅈ○ LE MOULIN DE CONNELLES

CLASSIQUE · ROMANTIQUE XxX Dans cet ancien et superbe moulin surplombant un petit bras de la Seine, on se croirait presque à Chenonceau. Ici, le décor comme l'assiette ne sont qu'élégance, classicisme de bon aloi et douceur feutrée... Un joli songe à faire tout éveillé !

⤷ ╒╤ 🗔 ⟷ 🅿 – Menu 46/75 € – Carte 55/60 €

40 route d'Amfreville-sous-les-Monts – ℰ 02 32 59 53 33 –
www.moulin-de-connelles.fr – Fermé 2 novembre-14 mars, lundi, mardi midi,
mercredi midi, jeudi midi

⌂⌂⌂ LE MOULIN DE CONNELLES

LUXE · ROMANTIQUE Sur un bras de la Seine, cet authentique manoir anglo-normand est un vrai joyau romantique ! Ses tourelles et colombages se reflètent dans le fleuve, le parc arboré est ravissant, l'accueil charmant, et les chambres d'un goût exquis. La délicatesse incarnée...

✲ ⤷ ⤷ ╒╤ ⌇ 🛁 🅿 – 9 chambres – 3 suites

40 route d'Amfreville-sous-les-Monts – ℰ 02 32 59 53 33 –
www.moulin-de-connelles.fr

ⅈ○ **Le Moulin de Connelles** – Voir la sélection des restaurants

COURSEULLES-SUR-MER

✉ 14470 – Calvados – Carte régionale n° **17**-B2 – Carte Michelin 303-J4

ⅈ○ DÉGUSTATION DE L'ÎLE

POISSONS ET FRUITS DE MER · CONTEMPORAIN X On doit à une famille d'ostréiculteurs l'ouverture de ce restaurant contemporain et bien pensé, qui met à l'honneur pêche côtière, fruits de mer, et bien entendu les huîtres affinées juste à côté, sans oublier d'autres bons produits normands. Le chef attache un soin particulier au dressage des assiettes, qui se révèlent aussi jolies que savoureuses.

🗔 ⅆ 🅿 – Menu 20/30 €

Route de Ver-sur-Mer – ℰ 02 31 77 35 16 – www.restaurant-degustationdelile.fr –
Fermé 15 novembre-10 février, lundi, mardi

COUTANCES

✉ 50200 – Manche – Carte régionale n° **17**-A2 – Carte Michelin 303-D5

⊛ KALAMANSI ⓝ

MODERNE · CONTEMPORAIN X De retour d'Alsace, le chef Frédéric Michel a ouvert avec son épouse Manuella cette table réjouissante dans sa ville d'origine. Il décline des assiettes fraîches et franches, aux cuissons précises et aux saveurs bien marquées, en s'appuyant au maximum sur les circuits courts (pêche et maraîchage locaux, bœuf normand).

Spécialités : Rouelle de maquereau mi-cuit et chair de crabe, fine raviole de céleri. Agneau grillé, carotte de Lingreville. Glace vanille, caramel au beurre salé.

ⅆ – Menu 21 € (déjeuner), 34/51 €

10 place du Général-de-Gaulle – ℰ 02 33 17 41 45 – www.kalamansi.fr – Fermé mardi,
mercredi

CRICQUEBOEUF

✉ 14113 – Calvados – Carte régionale n° **17**-A3 – Carte Michelin 303-M3

⌂⌂⌂ MANOIR DE LA POTERIE & SPA

SPA ET BIEN-ÊTRE · PERSONNALISÉ Ces belles bâtisses d'inspiration normande conjuguent les styles baroque, Directoire, bord de mer (bois flotté et patiné) ou contemporain. Côté vue, vous avez le choix entre l'estran ou la campagne. Enfin, indéniable point fort : le spa, avec notamment une piscine intérieure lumineuse, prolongée d'une terrasse tournée vers la Manche.

✲ ⤷ ⤷ ╒╤ 🗔 ♨ ᔭ ʰ⁵ ⊡ ⅆ 🛁 🅿 – 23 chambres – 1 suite

Chemin Paul-Ruel – ℰ 02 31 88 10 40 – www.manoirdelapoterie.fr

CUVES

✉ 50670 – Manche – Carte régionale n° **17**–A2 – Carte Michelin 303-F7

🍴○ **LE MOULIN DE JEAN**

MODERNE · COSY XX Situé dans un site bucolique, cet ancien moulin donne dans le rustique chic, avec ses pierres et poutres apparentes, sa petite cheminée et sa mise en place soignée... sans oublier la belle cave à vins, derrière une vitre. Ne passez pas à côté de la spécialité de la maison : le pied de porc farci au boudin noir !

🖐 🏠 & ♿ 🅿 – Menu 47/65€ – Carte 26/51€

La Lande – ℰ 02 33 48 39 29 – www.lemoulindejean.com – Fermé 4-20 janvier, lundi, mardi, dimanche soir

LES DAMPS

✉ 27340 – Eure – Carte régionale n° **17**–D3 – Carte Michelin 304-H6

🍴○ **L'AUBERGE DE LA POMME**

MODERNE · CONTEMPORAIN XX Un nom hautement normand, une façade à colombages typique de la région... mais l'image d'Épinal s'arrête là ! La maison cache un décor très contemporain, et des assiettes qui mettent bien en valeur les producteurs locaux.

🖐 🏠 ♿ 🅿 – Menu 32€ (déjeuner)/58€ – Carte 85/95€

44 route de l'Eure – ℰ 02 35 23 00 46 – www.laubergedelapomme.com – Fermé lundi, dimanche

Riou/SoFood/Photononstop

✉ 14800 – Calvados
Carte régionale n° **17**–A3
Carte Michelin 303-M3

DEAUVILLE

Toujours entre deux séances de cinéma, une partie de golf ou de tennis, une course de polo ou une régate, Deauville soigne sa réputation de raffinement. Ses plages et ses somptueuses villas 1900, dont les plus belles s'alignent sur le boulevard longeant le front de mer, lui valent une réputation méritée. Quant à son air marin, il aiguise les appétits les plus blasés ! Direction le marché, établi sous de jolies halles à colombages près de la place Morny. Il est animé par des producteurs venus du pays d'Auge et de toute la Normandie. Vous trouverez votre bonheur entre les poissons et les coquillages, notamment les coques de Cabourg, les nombreux fromages (livarot et camembert au lait cru si possible), les pommes et autre gelée de cidre...

Restaurants

❀ **L'ESSENTIEL**

Chefs : Mi-Ra et Charles Thuillant

MODERNE • **CONTEMPORAIN** XX Ce bistrot contemporain est le repaire du Français Charles Thuillant et la Coréenne Mi-Ra : ces deux oiseaux migrateurs, qui se sont rencontrés à Ze Kitchen Gallery, temple de la cuisine franco-asiatique, ont aussi été aperçus chez Robuchon, à l'Épi Dupin ou encore au Chateaubriand. Mais c'est à Deauville, où Charles enfant passait ses vacances, qu'ils ont ouvert cette adresse ensemble. À quatre mains, ils signent une cuisine vive et enjouée, en mouvement, où les produits du terroir normand sont associés à des influences asiatiques bien dosées : croquettes de cabillaud au haddock, condiment piquillos, velouté de potiron, foie gras poêlé et sésame, œuf frit, mousse de tarama blanc et œufs de poissons volants, ravioli de bœuf mariné et bouillon de champignons...

Spécialités : Cuisine du marché.

🎋 ⅙ 🅰🅲 – Menu 34 € (déjeuner), 66/75 €

Plan : B2-f – *29 rue Mirabeau* – ℰ *02 31 87 22 11* – *www.lessentiel-deauville.com* – *Fermé 4-26 janvier, 21 juin-2 juillet, mardi, mercredi*

❀ **MAXIMIN HELLIO**

Chef : Maximin Hellio

MODERNE • **CONTEMPORAIN** X Situé en plein cœur de la station deauvillaise, ce restaurant à la devanture sobre et moderne a eu la bonne idée de laisser une partie vitrée en façade, qui permet d'observer les cuisiniers à l'œuvre depuis la rue. A l'intérieur, sous la toque, Maximin Hellio, chef de métier, passé chez Frédéric Anton, puis étoilé dans la maison familiale de la Voile d'Or à Sables-D'or-les-Pins en Bretagne. Désormais chez lui, il met à l'honneur les produits de la mer et normands, autour de préparations soignées et créatives aux saveurs franches et précises. Intéressants accords mets et vins proposés sur tablette. Un établissement très prisé par la clientèle locale.

Spécialités: Saint-pierre de petit bateau, artichaut camus. Homard bleu "de mon papa". Le plein de douceurs.

🕮 ⅄ ⒦ ⇄ – Menu 39/129€ – Carte 90/145€

Plan : B2-a – *64 rue Gambetta –*
☎ 02 31 49 19 89 – www.maximinhellio.fr –
Fermé 4-22 janvier, lundi, mardi

🕯 **LA FLAMBÉE**

MODERNE · COSY ⅩⅩ Pourquoi "La Flambée" ? Sans doute à cause de la grande cheminée où l'on prépare de belles grillades sous vos yeux. Châteaubriand, côtes de bœuf, entrecôte, mais aussi une belle sole ou un épais pavé de bar. Sans oublier le homard du vivier flambé au whisky, et les crêpes au Grand-Marnier en dessert. Véranda lumineuse et terrasse d'été prisées dès les beaux jours.

🍽 ⒦ – Menu 32/45€ – Carte 52/90€

Plan : A2-t – *81 rue du Général-Leclerc – ☎ 02 31 88 28 46 –*
www.laflambee-deauville.com

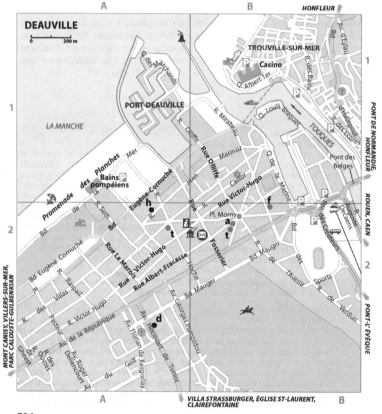

⫶○ **L'ÉTOILE DES MERS**

POISSONS ET FRUITS DE MER · **CONVIVIAL** ⅜ Sole, saint-pierre, turbot et dorade... Avis de pêche miraculeuse sur ce bistrot attachant, installé au fond d'une poissonnerie. Les produits de la mer, de première fraîcheur, sont cuits à la plancha et agrémentés de légumes de saison cuisinés sans esbroufe. Les amateurs seront conquis.

& – Carte 40/55 €

Plan : B2-t – *74 rue Gambetta* – ✆ *02 14 63 10 18* – *Fermé mardi, mercredi*

Hôtels

▥ **NORMANDY BARRIÈRE**

GRAND LUXE · **ÉLÉGANT** Ce fier manoir anglo-normand, édifié en 1912, est devenu l'emblème de la station. L'établissement a été entièrement rénové mais l'esprit des chambres, cosy et raffinées, demeure : toile de Jouy, boiseries... Pour se détendre, on peut profiter du magnifique Spa. Un hôtel mythique. Brasserie chic, La Belle Epoque.

⌘ ⇆ 🖥 ⊛ ⌂ ⅙ ⊡ & ▥ ⅍ 🚗 – 257 chambres – 14 suites

Plan : A2-h – *38 rue Jean-Mermoz* – ✆ *02 31 98 66 23* – *www.hotelsbarriere.com/fr/deauville/le-normandy*

▥ **LES MANOIRS DE TOURGÉVILLE**

LUXE · **PERSONNALISÉ** En plein bocage du pays d'Auge, ce manoir est vraiment séduisant : chambres raffinées, apaisantes et spacieuses (nombreux duplex et triplex). Pour se détendre, il y a l'embarras du choix : piscine, vélo, massage, tennis, cinéma. Se lasser d'un tel endroit ? Impossible !

⌘ ⅗ ⇱ 🖥 ⅙ & ⅍ 🅿 – 35 suites – 22 chambres

Hors plan – *668 chemin de l'Orgueil, Tourgéville* – ✆ *02 31 14 48 68* – *www.lesmanoirstourgeville.com*

DIEPPE

✉ 76200 – Seine-Maritime – Carte régionale n° **17**–D1 – Carte Michelin 304-G2

❀ **LES VOILES D'OR**

Chef: Tristan Arhan

MODERNE · **CONTEMPORAIN** ⅹⅹ Fort de son expérience, Tristan Arhan tient sur la falaise du Pollet (en surplomb de Dieppe) une table sans malentendu : ici, c'est la pêche du jour qui fait la loi. Exemple avec cette remarquable entrée, encornets braisés, velouté et queues de langoustines saisies à cru, betterave chioggia et courge muscade... La fraîcheur est au rendez-vous, le produit est mis en avant avec sobriété et délicatesse : on passe un excellent moment. Quant au décor, sobre et épuré, il est en phase avec le travail du chef. Service courtois.

Spécialités: Cuisine du marché.

& – Menu 35 € (déjeuner)/59 € – Carte 70/85 €

Plan : B1-c – *2 chemin de la Falaise* – ✆ *02 35 84 16 84* – *www.lesvoilesdor.fr* – *Fermé 20 décembre-20 janvier, lundi, mardi, dimanche soir*

❀ **BISTROT DU POLLET**

POISSONS ET FRUITS DE MER · **BISTRO** ⅹ Qu'on se le dise : dans ce bistrot, c'est la mer qui décide, et les plats dépendent directement des arrivages de la pêche locale. La qualité et la fraîcheur sont au rendez-vous, et quelle générosité dans les préparations !

Spécialités: Foie de lotte mariné. Sole au beurre citronné. Baba au rhum.

Menu 30 € – Carte 40/45 €

Plan : B2-e – *23 rue Tête-de-Bœuf* – ✆ *02 35 84 68 57* – *www.le-bistrot-du-pollet.zenchef.com* – *Fermé 1er-15 septembre, lundi, dimanche*

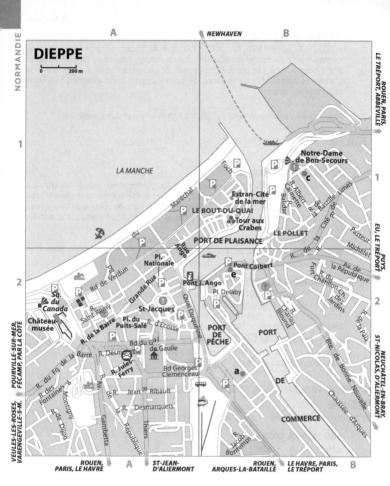

Ⅰ○ COMPTOIR À HUÎTRES

POISSONS ET FRUITS DE MER · BRASSERIE ✕ Loin de l'agitation du front de mer, le long des quais, ce comptoir a des allures de brasserie parisienne bien dans son jus. Après que l'on vous a présenté la pêche du jour, sans chichi, vient l'heure du choix. Quel poisson ? Entier, coupé ? À la plancha ? À moins que vous ne préfériez la carte des huîtres... Que de fraîcheur !

Menu 22 € – Carte 40 €

Plan : B2-a - *12 cours de Dakar* - ℰ 02 35 84 19 37 - *Fermé lundi, dimanche*

ÉTRETAT

✉ 76790 – Seine-Maritime – Carte régionale n° **17**-C1 – Carte Michelin 304-B3

🍴 LE DONJON - DOMAINE SAINT-CLAIR

MODERNE · ÉLÉGANT XxX Une partition réjouissante, rythmée par l'iode et les embruns : voilà ce qui vous attend dans cet élégant manoir normand, emmené par un chef à l'implication sans faille : Gabin Bouguet. C'est à la criée de Fécamp que ce chef imagine la carte, entre coques, homard, oursins et Saint-Jacques. Il en tire des assiettes techniques et pleines de saveurs, avec jus et sauces percutants, et même une pointe de malice qui n'est pas pour nous déplaire : on se souviendra de ce magnifique rouget grondin mi-cuit à la flamme, sur une fine polenta crémeuse à l'ail, une composition intense et addictive comme on aimerait en croiser plus souvent. On s'en délecte dans une salle à manger un brin déjantée, décorée d'une fresque par Jean-Charles de Castelbajac, avec Étretat et ses falaises en point d'horizon : comme cadre, on fait pire...

Spécialités : Huître et bulot de Normandie, cocos de Paimpol et crème d'ail. Retour de la criée, basilic, embeurrée de tomate cerise et jeunes légumes. Soufflé à la Bénédictine.

⌘ ⬸ 🏡 ⬡ ✿ 🅿 – Menu 35 € (déjeuner), 60/90 € – Carte 55/105 €

Chemin de Saint-Clair – ☎ *02 35 27 08 23 – www.hoteletretat.com –*
Fermé 4 janvier-2 février, lundi, mardi, mercredi midi, jeudi midi, vendredi midi

🏠 LE DONJON - DOMAINE SAINT-CLAIR

DEMEURE HISTORIQUE · PERSONNALISÉ Sur les hauteurs, à l'issue d'un chemin tortueux, un lieu à part, où l'on renoue avec les plaisirs de la Belle Époque... Le domaine réunit un castel et une villa : autant d'espaces intimes et charmants, décorés dans un esprit baroque, canaille ou moderne ! Les échappées sur la côte invitent, elles, à la contemplation...

✿ 🐾 ⬸ 🏡 ⌁ 🛁 🅿 – 25 chambres

Chemin de Saint-Clair – ☎ *02 35 27 08 23 – www.hoteletretat.com*

🍴 **Le Donjon - Domaine Saint-Clair** – Voir la sélection des restaurants

ÉVREUX

✉ 27000 – Eure – Carte régionale n° **17**–D2 – Carte Michelin 304-G7

🙂 LA GAZETTE

MODERNE · CONTEMPORAIN XX Une valeur sûre que ce restaurant dont le décor mêle harmonieusement le contemporain et l'ancien, entre teintes claires et poutres centenaires... Aux fourneaux, Xavier Buzieux s'attache à mettre en valeur les petits producteurs locaux et à suivre les saisons. De quoi faire parler les gazettes !

Spécialités : Tartelette aux champignons, œuf poché. Charlotte de volaille aux aubergines. "Profruiteroles".

& 🅰🅒 – Menu 26/41 €

7 rue Saint-Sauveur – ☎ *02 32 33 43 40 – www.restaurant-lagazette.fr –*
Fermé 27 juillet-16 août, lundi, samedi midi, dimanche

FALAISE

✉ 14700 – Calvados – Carte régionale n° **17**–B2 – Carte Michelin 303-K6

🙂 Ô SAVEURS

MODERNE · CLASSIQUE XX Cette adresse entièrement rénovée fait le bonheur des habitués, et pour cause : le jeune chef-patron signe une cuisine délicate et colorée, respectant le produit et utilisant au maximum les herbes de la région... Pour un résultat goûteux et maîtrisé ! Quelques chambres sobres et bien tenues pour l'étape.

Spécialités : Foie gras de canard poêlé, pêche et croustille de sésame. Dos de cabillaud, noisettes torréfiées et condiment de courgette. Tarte citron, yuzu et kalamensi en sphère cassante.

⬸ 🏡 – Menu 28/59 € – Carte 40/65 €

38 rue Georges-Clemenceau – ☎ *02 31 90 13 14 – www.hotelrestaurantosaveurs.com –*
Fermé lundi, samedi midi, dimanche soir

FÉCAMP

✉ 76400 – Seine-Maritime – Carte régionale n° **17**-C1 – Carte Michelin 304-C3

⅃○ LE VICOMTÉ

TRADITIONNELLE · **BISTRO** ✕ Non loin des riches façades du palais Bénédictine, une petite maison qui cultive la bonhomie et la simplicité : affiches humoristiques, vieilles photos... sans oublier le patron en salle avec son grand tablier. Beaucoup de cœur dans l'accueil comme dans la cuisine de la patronne, inspirée du marché !

Menu 23 €

4 rue du Président-René-Coty – ℰ 02 35 28 47 63 – Fermé 1ᵉʳ-16 mai, 11-14 juillet, 15 août-5 septembre, 20 décembre-6 janvier, mercredi, dimanche

LA FERRIÈRE-AUX-ÉTANGS

✉ 61450 – Orne – Carte régionale n° **17**–B3 – Carte Michelin 310-F3

⚘ AUBERGE DE LA MINE

Chef: Hubert Nobis

MODERNE · **ÉLÉGANT** ✕✕ Autrefois cantine de la mine de fer locale (fermée en avril 1970), cette auberge accueille le même chef depuis plus de trente ans. Formé à l'ancienne école, son maître-mot est la simplicité. Pas de chichis ou d'excès : franchise et sincérité sont au programme. Ce qui n'empêche pas une technique solide et de belles inspirations : on pense notamment à cette barbue, petits pois et beurre citronné, un vrai moment de plaisir ! Une jolie partition de saison, à déguster dans deux petites salles à manger ultra-chic et élégantes, pas guindées pour un sou. On n'aura jamais eu autant de plaisir à aller à la Mine...

Spécialités: Foie gras de canard au pommeau. Ris de veau piqué à l'andouille de Vire et braisé au foin. Dessert autour de la poire de fisée.

⇳ 🅿 – Menu 42/75 € – Carte 72/77 €

le Gué-Plat – ℰ 02 33 66 91 10 – www.aubergedelamine.com – Fermé 4-28 janvier, 5-28 juillet, lundi, mardi, dimanche soir

FLEURY-SUR-ORNE

✉ 14123 – Calvados – Carte régionale n° **17**-B2 – Carte Michelin 303-J4

⅃○ AUBERGE DE L'ÎLE ENCHANTÉE

MODERNE · **COSY** ✕✕ L'ancien Chef de La Glycine (Bénouville) s'est installé dans cet ancien bar de pêcheurs situé en bordure de l'Orne. Fidèle à l'esprit de la maison, il propose une cuisine traditionnelle revisitée, qu'il fait évoluer au gré des saisons. Du sérieux.

≼ ⅗ ⇳ – Menu 19/38 €

1 rue Saint-André (au bord de l'Orne) – ℰ 02 31 52 15 52 – www.ileenchantee.fr – Fermé lundi, mardi, dimanche soir

FONTENAI-SUR-ORNE

✉ 61200 – Orne – Carte régionale n° **17**–B3 – Carte Michelin 310-I2

⅃○ LA TABLE DE CATHERINE

TRADITIONNELLE · **AUBERGE** ✕✕ Surprise derrière la façade traditionnelle : des couleurs vives et de grandes fleurs sur les murs... Un décor à l'unisson de la cuisine de la chef, Catherine, ambassadrice des produits de la région. Sa spécialité : la tarte fine à l'andouille de Vire et au camembert !

⇐ ⅗ 🍴 ⇳ 🅿 – Menu 19 € (déjeuner), 28/45 € – Carte 28/50 €

Le Faisan Doré, D 424 – ℰ 02 33 67 18 11 – www.lefaisandore.com – Fermé 1ᵉʳ-15 août, lundi, samedi midi, dimanche soir

FRICHEMESNIL

✉ 76690 – Seine-Maritime – Carte régionale n° **17**–D1 – Carte Michelin 304-G4

AU SOUPER FIN

Chef: Eric Buisset

MODERNE · COSY ✗✗ Depuis trois décennies, le chef et propriétaire Éric Buissert et son épouse Véronique régalent avec une probité sans pareille ! Les fidèles en témoignent : voici une enseigne qui ne ment pas. Au Frichemesnil, un bourg normand, on vous sert un fin frichti de saveurs réfléchies, concocté à base de beaux produits très frais : foie gras de canard d'un éleveur local, saint-pierre de pêche côtière dieppoise, pommes de vergers normands, coquilles Saint-Jacques d'exception... Natif du Nord, Normand par amour, le chef ne triche pas avec le bon goût des choses. Sans oublier de jolies petites chambres, pour ceux qui souhaitent prolonger le plaisir un jour de plus.

Spécialités : Cuisine du marché.

🕸 ⇔ 🗘🎝 – Menu 52/60 €

1 route de Clères – ☎ 02 35 33 33 88 – www.souperfin.fr – Fermé 29 mars-6 avril, 16 août-7 septembre, lundi, mardi, mercredi midi, dimanche soir

GASNY

✉ 27620 – Eure – Carte régionale n° **17**-D2 – Carte Michelin 304-J7

AUBERGE DU PRIEURÉ NORMAND

TRADITIONNELLE · AUBERGE ✗✗ Depuis La Roche-Guyon, en suivant les boves crayeuses, votre route vous mènera à Gasny, où cette auberge familiale anime joliment la place centrale. Produits de qualité, sauces sapides, saveurs franches : la cuisine du chef – un sérieux professionnel – est généreuse et soignée !

Spécialités : Marbré de foie gras aux pommes. Tournedos de saumon à l'oseille. Vacherin à la fraise.

🎝 ⇔ – Menu 27 € (déjeuner), 34/52 € – Carte 43/57 €

1 place de la République – ☎ 02 32 52 10 01 – www.aubergeduprieurenormand.com – Fermé mardi, mercredi

GIVERNY

✉ 27620 – Eure – Carte régionale n° **17**-D2 – Carte Michelin 304-I6

LE JARDIN DES PLUMES

Chef: David Gallienne

CRÉATIVE · ÉLÉGANT ✗✗✗ À quelques minutes à pied de la maison de Claude Monet, cette belle demeure anglo-normande à colombages de 1912 invite à la détente et à la gourmandise. Splendide nid douillet néo-Art Déco (carrelage d'origine blanc cassé mâtiné de bleu, murs bleu paon, fauteuils d'esprit 1960 en cuir blanc et tables en verre et palissandre...) et plaisante terrasse entourée d'un ravissant jardin arboré. Le chef normand David Gallienne formé au Manoir du Lys a conservé certains de ses anciens producteurs de l'Orne, ses pêcheurs dieppois et en a trouvé de nouveaux. Les plats inventifs (sa tartelette de tartare de gambas est un must) jouent avec les mariages de saveurs insolites et les textures. Conseils bachiques avisés et accueil au top.

Spécialités : Raviole d'araignée de mer, bisque au combava et tagliatelles d'encornet. Sandre, topinambour et caramel au clou de girofle. Pomme au beurre vanillé, caramel et crème glacée vanille.

⇔ 🗘🎝 🕭 🄿 – Menu 55/115 € – Carte 90/105 €

1 rue du Milieu – ☎ 02 32 54 26 35 – www.jardindesplumes.fr – Fermé 2-16 janvier, 15-29 novembre, lundi, mardi

LA MUSARDIÈRE

MODERNE · BISTRO ✗ Situé au cœur de bourg de Giverny, proche de la maison de Claude Monet et du musée des Impressionnistes, cette table sert une cuisine actuelle de bon aloi dans un cadre de bistrot contemporain et convivial, complété d'une plaisante terrasse ensoleillée aux beaux jours.

⇔ 🎝 🕭 🄿 – Menu 26 € (déjeuner), 32/40 € – Carte 29/45 €

123 rue Claude-Monet – ☎ 02 32 21 03 18 – www.lamusardiere.fr – Fermé 3 janvier-10 février, mardi, mercredi

GRANDCAMP-MAISY

✉ 14450 – Calvados – Carte régionale n° **17**–B2 – Carte Michelin 303-F3

⫩○ LA TRINQUETTE

POISSONS ET FRUITS DE MER • **CONTEMPORAIN** XX Le chef passionné de cette table familiale à l'atmosphère contemporaine et chaleureuse, vous propose de déguster une cuisine d'une incomparable fraîcheur, avec l'impression de goûter moules, Saint-Jacques, sole ou turbot, au sortir de la barque du pêcheur ! Agréable véranda-salon d'un côté de la maison, et terrasse de l'autre.

🌤 & – Menu 30/48 € – Carte 33/58 €

7 rue du Joncal – ℰ 02 31 22 64 90 – www.restaurant-la-trinquette.com – Fermé lundi, mardi

GRANVILLE

✉ 50400 – Manche – Carte régionale n° **17**–A2 – Carte Michelin 303-C6

⫩○ L'EDULIS

MODERNE • **DESIGN** XX Le décor tout en sobriété du restaurant profite à l'assiette, imaginée par un chef enthousiaste et talentueux, petit-fils de boulanger. Cuisine soignée, beaux produits régionaux, gourmandise : tout simplement, la meilleure table de Granville.

& – Menu 20 € (déjeuner), 35/75 €

8 rue de l'Abreuvoir – ℰ 02 14 13 45 88 – www.restaurantledulis.com – Fermé lundi, mardi, dimanche soir

⫩○ LE BISTRO'NOMIK

MODERNE • **CONVIVIAL** X Voilà une adresse qui se démarque de la trilogie moules-frites-coquillages, que l'on trouve à Granville. Face au port, l'agréable terrasse est déjà un argument de poids, mais la cuisine n'est pas en reste : ce croustillant de lieu noir, purée de topinambour et jus de langoustines corsé en est la preuve...

🌤 – Menu 26/32 € – Carte 43/58 €

12 rue du Port – ℰ 02 33 59 60 37 – Fermé mercredi soir, jeudi, dimanche soir

HAMBYE

✉ 50450 – Manche – Carte régionale n° **17**–A2 – Carte Michelin 303-E6

⊛ AUBERGE DE L'ABBAYE

MODERNE • **ÉLÉGANT** XX À deux pas des ruines romantiques de l'abbaye de Hambye, cet hôtel-restaurant plutôt classique a été repris par un jeune couple. Le chef y avait commencé son apprentissage (poursuivi dans de bonnes maisons) ; il signe une cuisine savoureuse et sans superflu, aux solides bases traditionnelles. De nouvelles litanies gourmandes !

Spécialités : Risotto au pont-l'évêque, andouille, tuiles croquantes. Cuisse de canard confite au cidre, mousseline de céleri. Baba au calvados, pomme confite et crème crue.

🗪 🌤 & – Menu 29/78 € – Carte 42/61 €

5 route de l'Abbaye – ℰ 02 33 61 42 19 – www.aubergedelabbayehambye.com – Fermé 22 février-15 mars, 24 octobre-8 novembre, lundi, dimanche soir

LE HAVRE

✉ 76600 – Seine-Maritime – Carte régionale n° **17**–C2 – Carte Michelin 304-A5

✿✿ JEAN-LUC TARTARIN

Chef: Jean-Luc Tartarin

MODERNE • **CONTEMPORAIN** XXX Le Havre, son port, ses architectes (avec surtout Auguste Perret et Oscar Niemeyer, symboles de l'urbanisme du 20e s.), sa joie de vivre retrouvée... et Jean-Luc Tartarin, natif de Caen (et non de Tarascon). Formé notamment aux Crayères à Reims, chez Gill à Rouen, il signe chez lui une cuisine passionnée et de formidables bouillons et sauces, autour d'une carte iodée. Un plat emblématique ? La langoustine fumée, cuite à la broche et délicatement fumée minute sur un petit barbecue individuel. Époustouflant. Le chef cale ses inspirations sur l'entrée au port d'une pêche de ligne et de petits bateaux. Fraîcheur garantie, saveurs harmonieuses, originalité et inspiration. Quand le modernisme du Havre rencontre l'âme du terroir normand. Un alliage séduisant à déguster dans un immeuble moderne du quartier, signé Auguste Perret, et classé au patrimoine mondial par l'Unesco. Qui dit mieux ?

Spécialités : Langoustines fumées à la braise de romarin, cappuccino de jus des têtes à l'encre de seiche. Ris de veau croustillant aux morilles et crème fermière. Millefeuille à la vanille.

😊 ♿ 📺 ⇔ – Menu 45€ (déjeuner), 78/118€ – Carte 130/150€

Plan : B2-t – 73 avenue Foch – ☎ 02 35 45 46 20 – www.jeanluc-tartarin.com – Fermé 20 juillet-4 août, 3-18 janvier, lundi, dimanche

LE MARGOTE

MODERNE · CONTEMPORAIN XX L'ex Fleur de Sel, devenue le Margote, s'offre une seconde jeunesse bienvenue. Le chef Gauthier Teissere, épaulé en salle par son épouse Marguerite, propose une partition actuelle, volontiers créative, rehaussée de quelques touches asiatiques. Le cadre, élégant et cosy, est en phase avec une cuisine joliment rythmée par les saisons. Chaque assiette séduit.

Spécialités : Foie gras de canard, pain d'épice et gelée aux fruits de saison. Filet de bar, cocos de Paimpol, mousse de marjolaine et pickles de fenouil. Entremet aux trois chocolats.

🍽 – Menu 34/45€

Plan : C3-t – 50 quai Michel-Féré – ☎ 02 35 43 68 10 – www.lemargote.fr – Fermé 1er-21 septembre, lundi, dimanche

LE BOUCHE À OREILLE

MODERNE · DE QUARTIER X Sous des faux airs de banal restaurant de quartier, on découvre une table de grande valeur. Le chef mitonne des plats généreux, francs et goûteux, dans un style volontairement traditionnel, mais pas dénué de personnalité ; en salle, son épouse se montre sympathique et efficace, prodiguant de judicieux conseils pour le choix des vins.

Spécialités : Risotto de langoustines, pleurotes et ciboulette. Noisette de mignon de cochon et jus aux aromates. Figue et vanille.

Menu 27/43€

Plan : B2-k – 19 rue Paul-Doumer – ☎ 02 35 45 44 60 – Fermé 14 août-4 septembre, lundi, dimanche

LA TABLÉE

MODERNE · CONTEMPORAIN XX A deux pas de la plage du Havre, cet ancien karaoké s'est mué en 2019 en un restaurant sobre et élégant, sous l'impulsion d'un jeune professionnel. Le menu-carte de saison évolue régulièrement, autour de préparations fines et soignées dont les saveurs bien marquées ne laissent pas les papilles indifférentes.

Menu 37/77€

Plan : A2-s – 69 rue Guillemard – ☎ 02 76 25 86 66 – www.la-tablee.fr – Fermé 22 décembre-6 janvier, 27 juillet-2 septembre, mardi, mercredi et le midi sauf dimanche

VENT D'OUEST

BOUTIQUE HÔTEL · COSY Tout près de l'église Saint-Joseph, signée Perret, un hôtel plein de cachet aux chambres cosy et feutrées à l'esprit « so british » : meubles cirés, tableaux de marine, fauteuils en cuir patiné... Agréable espace bien-être, avec hammam et salles de massages.

🛏 📄 🛁 – 35 chambres

Plan : B2-a – 4 rue Caligny – ☎ 02 35 42 50 69 – www.ventdouest.fr

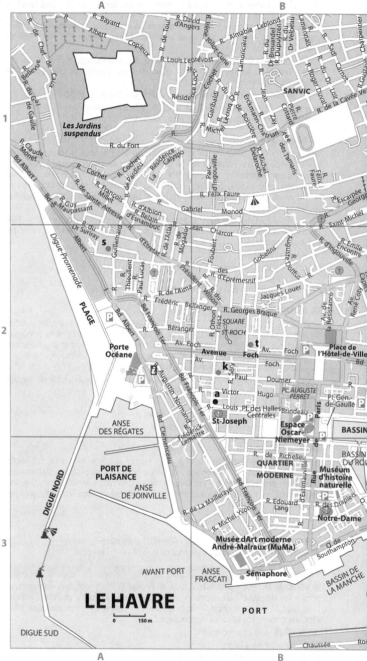

A   B

R. de Chef de Caux
Bellevue
R. du Gal de Gaulle
R. Bayard
R. Albert
Copieux
R. de Toul
R. David d'Angers
R. Irène Joliot-Curie
R. Aimable Leblond
Lamoricière
R. Dr Brouardel
R. Dupuytren
Lamennais
R. Sadi Carnot
R. du Dr Loir
R. du Gutave Charpentier

R. Louis Lebtevost
Résidence Loc H
R. du Cochet
Garibaldi
R. du Lecroq
R. du Dr de Boissière
Erckmann-Chatrian
Jean Zay
Pierre Cortand
R. Roger Duval
R. de la Cavée Ve

SANVIC

R. des Hamans
R. Félix Faure

Les Jardins suspendus

R. Claude Monet
R. du Fort
R. du Cochet
Résidence La Galypso
Parc d'Ingouville
R. Michel Delaroche
R. Escarpée
George

1

Bd Albert I
R. Cocher
R. François Millet
R. de Pardieu
R. d'Albion
R. Belain d'Esnambuc
Gabriel
R. Félix Faure
Monod
Saint-Michel

R. Guy de Maupassant
R. de Sainte-Adresse
R. du Dr Suriray
R. Guillemard
R. d'Erretat
R. de Mogador
Jean Charcot
R. d'Ingouville
R. Emile Encontre

Digue-Promenade
Albert
R. Thieullent
R. Paul Lucas
R. de l'Alma
R. du Président Wilson
Foubert
R. d'Eprémesnil
des
Gobelins
R. Auguste Dolfus
Av. René-Coty

PLAGE
Frédéric Bellanger
R. Othon Friesz
R. Jacques Louer

2
Bd Albert I
R. Béranger
R. Georges Braque
SQUARE ST-ROCH
Av. de la Résistance

Porte Océane
Av. Foch
Avenue Foch **t**
Av. Foch
Place de l'Hôtel-de-Ville
Bd

Bd Albert I
Bd Augustin Normand
R. Saury
R. Paul
k
Doumer
PL AUGUSTE PERRET
Pl. Gén. de Gaulle

P
a Victor Hugo
Louis Pl. des Halles Centrales
Brindeau
Pl. Gén. de Gaulle

St-Joseph
Espace Oscar Niemeyer
Paris
BASSIN

ANSE DES RÉGATES
Bd Clemenceau
R. Frédérick Lemaître
R. de Richelieu
QUARTIER MODERNE
BASSIN DU ROI

PORT DE PLAISANCE
ANSE DE JOINVILLE
R. de La Maillerave
R. François Ier
Musée d'histoire naturelle

DIGUE NORD
R. Michel Yvon
R. Edouard Lang
R. des Drapiers
P
Notre-Dame

3
Musée d'Art moderne André-Malraux (MuMa)
AVANT PORT
ANSE FRASCATI
Sémaphore
Q. de Southampton
BASSIN DE LA MANCHE

LE HAVRE
0   150 m

DIGUE SUD
PORT
Chaussée

A   B

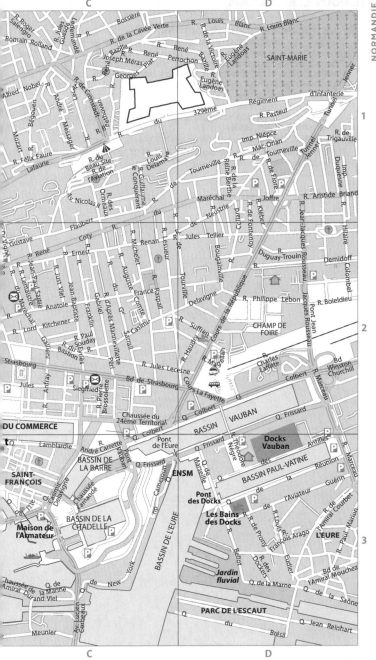

HÉROUVILLE-ST-CLAIR

⊠ 14200 – Calvados – Carte régionale n° **17**–B2 – Carte Michelin 303-J4

L'ESPÉRANCE - STÉPHANE CARBONE

MODERNE · **CONTEMPORAIN** 🕱🕱 Installée sur le chemin de halage du canal reliant Caen et la mer, cette maison couleur rouille est tenue par Stéphane Carbone, chef bien connu des Caennais : il y cultive un esprit qui lui est personnel, entre tradition et air du temps. Les préparations se révèlent goûteuses et soignées, réalisées à base de produits frais de grande qualité ; on trouve toujours, au chapitre des classiques, la tête de veau sauce gribiche.

Spécialités : Foie gras de canard, compotée de pomme-fraise et brioche toastée au sésame noir. Tête de veau, sauce gribiche et jeunes pousses d'épinards. Soufflé à la fraise, sorbet basilic.

≼ 🏠 ⅙ 🝇 ✧ 🄿 – Menu 22€ (déjeuner), 33/46€ – Carte 41/54€

512 rue Abbé-Alix (au bord du canal) – ℰ 02 31 44 97 10 –
www.esperance-stephanecarbone.fr – Fermé 1ᵉʳ-15 mars, 4-18 octobre, lundi, mardi
soir, dimanche soir

JHPO/Shutterstock.com

NORMANDIE

✉ 14600 – Calvados
Carte régionale n° **17**–A3
Carte Michelin 303-N3

HONFLEUR

Qui n'aime pas Honfleur ? Lieu béni des muses, ce petit port de la Côte fleurie a séduit les écrivains et les peintres, de Baudelaire à Musset, de Boudin à Seurat. Son Vieux-Bassin, ses façades anciennes et cette lumière sont proprement irrésistibles... De quoi mettre en appétit les esthètes ! Ancien port de pêche à la morue comme Le Havre, Honfleur possède toujours une flotte de petits bateaux. Du jeudi au dimanche matin, ils vendent en direct sur la jetée du transit – notamment des coques, des coquilles Saint-Jacques et des crevettes grises réputées. Le samedi matin, la place Saint-Catherine sert de cadre au déballage chatoyant des produits du terroir, comme des rillettes de lapin, du confit de porc et les dérivés du cidre. Une sélection judicieuse de calvados, mais aussi de cidres et de pommeaux vous attend à la Compagnie des Calvados, à la Cave normande ou chez Gribouille, dont le décor d'ancienne brocante charme l'œil.

Restaurants

😊 LE BRÉARD

MODERNE · CONTEMPORAIN XX Cadre contemporain et cuisine subtile au menu de ce restaurant, situé dans une ruelle pavée proche de l'église Ste-Catherine. Le chef associe de belles saveurs avec créativité et générosité !

Spécialités: Foie gras de canard du pays d'Auge, maquereau de la baie de Seine. Bar, risotto aux artichauts, pancetta croustillante. Soufflé chaud aux fruits de la passion, glace vanille.

🍴 – Menu 34/65€ – Carte 55/72€

Plan : A1-e – *7 rue du Puits* – ℰ *02 31 89 53 40* – *www.restaurant-lebreard.com* – *Fermé 4-21 janvier, lundi midi, mercredi, jeudi*

😊 LA FLEUR DE SEL

MODERNE · COSY XX Dans une rue du quartier historique, Vincent Guyon réalise un travail admirable : cuissons maîtrisées, belles inspirations dans la construction visuelle des plats. Tartare de bœuf aux huîtres et mayonnaise vaporeuse aux câpres, cabillaud et noisettes torréfiées, et crème de moutarde épicée : l'ensemble dégage une vraie assurance, celle d'un chef qui sait où il va.

Spécialités: Tartare de boeuf aux huîtres. Ris de veau aux cèpes. Effeuillé chocolat et fève tonka.

Menu 34/78€

Plan : A1-v – *17 rue Haute* – ℰ *02 31 89 01 92* – *www.lafleurdesel-honfleur.com* – *Fermé 28 juin-6 juillet, 4 janvier-3 février, lundi, mardi*

805

HONFLEUR

0   150 m

Naturospace

Bd Charles

JARDIN DES
PERSONNALITÉS
Pl. J.-
de-Vienne

R. Alphonse Allais

Bd Charles V

Rte Adolphe Marais

R. Charrière de Grâce

R. de l'Homme de Bois

Haute

Maisons Satie

JARDIN
RETROUVÉ

Bd Charles V

Musée
Eugène-Boudin

R. Jean Doublet

Bucaille

f

v

Pl. Hamelin

AVANT-PORT

Ste-Catherine
a   t
u

BASSIN DE
RETENUE

d   e

Quai
Ste-Catherine

Lieutenance

PORT
DE PÊCHE

Q. de la Cale

Musée
de la Marine

V

Pl. A.-
Boudin

BASSIN
DE
L'EST

Charrière du Puits

Eugène
Boudin

R. de la Bavole

des Prés

Quai
St-Étienne

Q. de la Tour

l'Enclos

Q. Lepaulmier

Tostain

La Croix Rouge

R. de la République

R. Cachin

e

St-Léonard

R. Saint-Léonard

Cours Jean de Vienne

R. Jean Revel

R. Saint-Léonard

Carnot

Le G² Bouloir

Bouloir
Pl. A. Sorel

R. des Buttes

Bourdet

R. Charrière Saint-Léonard

Côte Vassal

R. Alexandre Dubourg

Saint-Nicol

Le t

R. Henri de Régnier

aux   Chats

Ch.   des   Longchamps

R. Saint-Nicol

Cours Albert Manuel

Ch. des Varots

Ch. des Monts

PONT-L'ÉVÊQUE,
TROUVILLE, DEAUVILLE

MONT JOLI

SAQUANA

CRÉATIVE • CONTEMPORAIN ⅹ Alexandre Bourdas est-il en train de redéfinir les codes de la gastronomie ? Il a fait de son SaQuaNa un vrai lieu de vie, ouvert du matin au soir, avec l'idée de rendre la bonne cuisine accessible au plus grand nombre. Le talent est toujours là, certains incontournables aussi (lotte, brioche roquefort) : une partition de qualité, décomplexée, inspirante.

Spécialités : Pascade originale. Boudin noir, crème de céleri au persil et poire. Tiramisu framboise et chocolat.

Menu 22 € (déjeuner)/36 € – Carte 34/55 €

Plan : A1-u – 22 place Hamelin – ℰ 02 31 89 40 80 – www.alexandre-bourdas.com – Fermé lundi, mardi, mercredi

LES IMPRESSIONNISTES

MODERNE • ÉLÉGANT ⅩⅩⅩ L'intérieur de style normand, élégant et luxueux, le parc arboré avec sa roseraie, la terrasse offrant une superbe vue sur l'estuaire de la Seine : c'est enchanteur, bien sûr, mais pas de quoi nous détourner de l'assiette ! Le chef signe en effet une belle cuisine contemporaine, précise et finement exécutée, autour de beaux produits du terroir normand.

👪 ≼ 🏠 🛏 🕭 🖭 🔄 🅿 – Menu 80/140 € – Carte 152/169 €

Hors plan – La Ferme Saint-Siméon, 20 rue Adolphe-Marais – ℰ 02 31 81 78 00 – www.fermesaintsimeon.fr – Fermé lundi midi, mardi midi, mercredi midi, jeudi midi

ⅱ○ LE MANOIR DES IMPRESSIONNISTES

MODERNE · ÉLÉGANT ☆☆ Installez-vous dans la lumineuse salle à manger ou sur la terrasse aux beaux jours pour profiter d'un joli panorama sur l'estuaire, et d'une cuisine actuelle, centrée autour d'une carte de saison courte et appétissante, privilégiant les produits du terroir normand et de la pêche locale.

🕸 ⇦ ⇐ 🏧 🖼 🍴 P – Menu 70 € – Carte 56/82 €

Hors plan – *23 route de Trouville* – *ℰ 02 31 81 63 00* –
www.manoirdesimpressionnistes.com – *Fermé 4-31 janvier, 15 novembre-25 décembre, le midi en semaine*

ⅱ○ ENTRE TERRE ET MER

MODERNE · COSY ☆☆ Sur une charmante petite place touristique près du Vieux-Bassin, ce restaurant au cadre élégant et cosy navigue entre terre et mer dans l'assiette, pour une cuisine rythmée par les saisons et marquée du sceau de l'authenticité normande.

🕸 🏧 🍴 – Menu 34/65 € – Carte 62/90 €

Plan : A1-t – *12 place Hamelin* – *ℰ 02 31 89 70 60* –
www.entreterreetmer-honfleur.com – *Fermé 2 janvier-10 février, 19-25 décembre*

ⅱ○ LES FONTAINES ⓝ

MODERNE · CONTEMPORAIN ☆☆ Cet ancien restaurant de moules frites a retrouvé du répondant grâce à Lauriane et Julien Lefebvre, couple originaire de la région. Ils emportent la mise avec une cuisine du marché simple et bonne, qui met en avant les producteurs locaux. Le tout se déguste dans une petite salle un peu à l'ancienne, avec, aux murs, affiches vintage et grands miroirs de brasserie.

🏧 – Menu 22 € (déjeuner), 29/49 €

Plan : B2-a – *25 cours des Fossés* – *ℰ 02 31 88 30 82* – *Fermé lundi soir, mardi soir, mercredi*

ⅱ○ TOURBILLON

MODERNE · COSY ☆☆ Le restaurant chic et cosy des Maisons de Léa, complété d'une terrasse au pied de la jolie église Sainte-Catherine, propose une cuisine parfumée et colorée, à base de bons produits : on passe un agréable moment de gourmandise.

🏧 🍴 – Carte 46/75 €

Plan : A1-a – *Les Maisons de Léa, Place Sainte-Catherine* – *ℰ 02 31 14 49 40* –
www.restaurant-honfleur-tourbillon.fr – *Fermé le midi sauf dimanche*

ⅱ○ L'ENDROIT

MODERNE · BRANCHÉ ☆ Bistronomique et novateur : tel est cet Endroit, niché en léger retrait de l'agitation touristique d'Honfleur. En amoureux des beaux produits, le chef nous gratifie de beaux poissons frais, de légumes et volailles de fournisseurs locaux, qu'il travaille dans les règles de l'art. Soirées jazz les premiers vendredis du mois.

🍴 – Menu 35 € – Carte 45/72 €

Plan : A2-e – *3 rue Charles-et-Paul-Bréard* – *ℰ 02 31 88 08 43* –
www.restaurantlendroithonfleur.com – *Fermé lundi, mardi*

ⅱ○ HUÎTRE BRÛLÉE

MODERNE · CONVIVIAL ☆ Ici, pas d'Huître Brûlée... mais une cuisine actuelle aux produits de qualité, privilégiant les achats en circuits courts (légumes bio, poisson de petit bateau), imaginée autour d'une carte de saison resserrée. Une table sympathique et conviviale ouverte par un couple de passionnés, Paul Lacheray, originaire d'Honfleur en cuisine, et sa compagne Chloé Woestelandt en salle, qui réalise ainsi son rêve d'enfance...

Carte 33/48 €

Plan : A1-d – *8 rue Brûlée* – *ℰ 09 82 57 90 18* – *Fermé mercredi, jeudi*

Hôtels

LA FERME SAINT-SIMÉON

`Tablet.` PLUS

LUXE · ÉLÉGANT Haut lieu de l'histoire de la peinture, l'auberge que fréquentaient les impressionnistes est devenue un hôtel magnifique. Le parc domine l'estuaire – et ses lumières changeantes –, les chambres, au calme, réinventent le style rustique, version luxe. Cuisine gastronomique aux Impressionnistes et bistrotière chic à La Boucane. Intemporel comme un tableau ou une chanson de Jacques Brel.

⤊ 🐾 ⪡ 🛏 🖥 🌐 ⅏ 🛁 ⊡ ఈ 🛎 **P** – 31 chambres – 3 suites

Hors plan – *20 rue Adolphe-Marais* – 𝒞 *02 31 81 78 00* – *www.fermesaintsimeon.fr*

⑩ **Les Impressionnistes** – Voir la sélection des restaurants

LES MAISONS DE LÉA

LUXE · COSY En plein cœur de la ville, juste devant l'église Ste-Catherine, cette bâtisse est composée de plusieurs maisons élégantes, joliment décorées par thèmes (Campagne, Romance, Baltimore, Capitaine). Le confort est total, l'accueil est charmant : incontournable, tout simplement !

⤊ ఈ 🛎 – 42 chambres – 5 suites

Plan : A1-a – *Place Sainte-Catherine* – 𝒞 *02 31 14 49 49* – *www.lesmaisonsdelea.com*

⑩ **Tourbillon** – Voir la sélection des restaurants

LA CHAUMIÈRE

MAISON DE CAMPAGNE · COSY Cette jolie ferme normande se dresse face à l'estuaire de la Seine, dans un parc qui tombe dans la mer. Chambres "campagne-chic" au grand calme, coquettes et cosy, avec pour certaines une jolie vue sur les flots. Location de vélos, de kayaks, ou d'une petite voiture électrique idéale pour sillonner Honfleur.

⤊ 🐾 ⪡ 🛏 🖥 **P** – 9 chambres – 1 suite

Hors plan – *Route de Trouville, à Vasouy* – 𝒞 *02 31 81 63 20* – *www.hotel-chaumiere.fr*

LA MAISON DE LUCIE

MAISON DE MAÎTRE · COSY L'âme de la poétesse et romancière Lucie Delarue-Mardrus flotte sur ces lieux, dont elle fut propriétaire. Boiseries, canapés en cuir, bibliothèque : la maison ne manque pas de style, et propose toute une gamme de chambres décorées avec le meilleur goût... Un doux séjour.

🐾 ఈ 🛋 – 10 chambres – 2 suites

Plan : A1-f – *44 rue des Capucins* – 𝒞 *02 31 14 40 40* – *www.lamaisondelucie.com*

HOULGATE

✉ 14510 – Calvados – Carte régionale n° **17**-B2 – Carte Michelin 303-L4

🉐 L'ÉDEN

MODERNE · COSY XX Cette maison, tenue par un couple de sympathiques normands, Nicolas Tougard en cuisine et son épouse Virginie en salle, propose une cuisine au goût du jour évoluant au gré des saisons, avec des clins d'œil adressés à la Normandie (les producteurs locaux sont privilégiés) et à la tradition réinterprétée (sole meunière au beurre d'Isigny-sur-Mer, homard bleu braisé au pommeau...).

Spécialités : Carpaccio de veau mi-cuit et pesto. Saint-pierre, cocos de Paimpol, girolles, crème de homard. Paris-brest au praliné.

ఈ ⇔ – Menu 28/46 € – Carte 60/85 €

7 rue Henri-Fouchard – 𝒞 *02 31 24 84 37* – *www.eden-houlgate.com* – *Fermé 4 janvier-2 février, 4-11 octobre, lundi, mardi*

JUMIÈGES

✉ 76480 – Seine-Maritime – Carte régionale n° **17**-C2 – Carte Michelin 304-E5

ⅠⅠ○ AUBERGE DES RUINES

MODERNE · COSY XX Cette jolie maison normande à colombages située à deux pas de l'Abbaye de Jumièges propose une cuisine personnalisée rythmée par les saisons et les produits du terroir normand. Lumineuse véranda et salles à manger contemporaines et cosy.

🍽 ⅙ – Menu 45 € (déjeuner), 55/77 € – Carte 38/51 €

17 place de la Mairie - ℰ 02 35 37 24 05 - www.auberge-des-ruines.fr - Fermé 16 novembre-18 avril, mercredi, jeudi, dimanche soir

JUVIGNY-SOUS-ANDAINE

✉ 61140 – Orne – Carte régionale n° **17**-B3 – Carte Michelin 310-F3

⊛ AU BON ACCUEIL

CRÉATIVE · AUBERGE XX L'enseigne ne ment pas : dans ce restaurant tenu par un jeune couple, on vous accueille à bras ouverts. Le chef propose une cuisine réjouissante, qui met en valeur les produits de manière originale et créative. Exemple parmi d'autres : ce veau, carottes et wasabi, un bon moment.

Spécialités : Tartare de dorade, basilic, eau de pastèque. Rumsteck, haricots, ail fumé. Abricot mi-confit, colza et verveine.

⟵ 🏧 – Menu 22/59 € – Carte 50/62 €

23 place Saint-Michel - ℰ 02 33 38 10 04 - www.aubonaccueil-normand.com - Fermé 27 février-4 mars, 26 juin-8 juillet, lundi, mardi soir, dimanche soir

LYONS-LA-FORÊT

✉ 27480 – Eure – Carte régionale n° **17**-D2 – Carte Michelin 304-I5

✿ LA LICORNE ROYALE

MODERNE · ÉLÉGANT XX Présent depuis 2008 dans cette ancienne maison à colombages d'un petit village normand, le chef se révèle un remarquable artisan. Des produits de qualité, une technique soignée, des associations de saveurs équilibrées et subtiles, au service du goût : il nous gratifie d'un repas délicieux. Le menu de saison (avec, par exemple, Saint-Jacques, truffe et turbot, fromages et dessert) est la bonne affaire de la maison ! On en profite dans un cadre chic et empreint de classicisme, avec de nombreux clins d'œil aux batailles napoléoniennes.

Spécialités : Millefeuille de foie gras de canard à l'anguille fumée et pomme granny smith. Blanc de turbot sauvage aux escargots et soupe de mousseron. Tarte fine sablée au café et au chocolat noir intense.

🖤🍽♿ 🅿 – Menu 59/99 € – Carte 98/120 €

La Licorne, 27 place Issac-Benserade - ℰ 02 32 48 24 24 - www.hotel-licorne.com - Fermé mercredi et le midi en semaine

ⅠⅠ○ LE BISTROT DU GRAND CERF

TRADITIONNELLE · BISTRO X Ce néobistrot rustique a vraiment du cachet. Des poutres, de la brique et une jolie terrasse dans la cour pavée, pour une cuisine bistrotière – *of course* – résolument tournée vers le terroir : voici ce qui vous attend ici. Cerf, cerf, ouvre-moi !

🍽 ⅙ 🅿 – Menu 39 € – Carte 55/62 €

Le Grand Cerf, 31-32 place Isaac-Bensarade - ℰ 02 32 49 50 50 - www.grandcerf.fr - Fermé lundi, mardi

🏠 LA LICORNE

HISTORIQUE · COSY Au cœur du joli village de Lyons, non loin de la forêt domaniale, cette authentique Licorne normande dissimule de jolis secrets : ses chambres sont d'un raffinement très contemporain (douches à l'italienne, baignoires sur pieds...) et le spa Nuxe est une petite merveille (ah, la cabine de soins, perchée dans une cabane) !

🀰🖤 🎐 🕳 ⑩ 🜨 ⅙ 🨀 🅿 – 16 chambres – 5 suites

27 place Issac-Benserade - ℰ 02 32 48 24 24 - www.hotel-licorne.com

✿ **La Licorne Royale** – Voir la sélection des restaurants

LE GRAND CERF

AUBERGE · PERSONNALISÉ Sur la pittoresque place du village, célèbre pour sa halle du 18ᵉ s., ce Grand Cerf – arborant de beaux colombages – abrite des chambres au charme champêtre, voire "forestier", avec leur décor de branchages et même de bois de cerf ! Insolite et très cosy... À noter : on peut accéder au délicieux spa de l'hôtel La Licorne.

✿ ⌁ 🛏 ⌂ & ⚱ P – 11 chambres – 4 suites

31-32 place Isaac-Bensarade – 🕿 *02 32 49 50 50 – www.grandcerf.fr*

🍴○ **Le Bistrot du Grand Cerf** – Voir la sélection des restaurants

LE NEUBOURG

✉ 27110 – Eure – Carte régionale n° **17**–C2 – Carte Michelin 304-F7

LA LONGÈRE

MODERNE · CONTEMPORAIN ✗ Cette ancienne longère à colombages abrite l'une des tables les plus dynamiques des environs. Le chef-patron Gérald Seuron, secondé en pâtisserie par sa compagne Alice, propose une cuisine actuelle et créative, rythmée par les saisons, à base de produits sélectionnés au maximum en circuits courts. Aux beaux jours, on dîne en terrasse.

Spécialités : Risotto de crevettes, champignons au curry et coco. Poisson du marché, harissa de fraises. Baba à la passion, ganache cacahouètes, sorbet banane-passion.

🍽 & ⇔ – Menu 25 € (déjeuner), 30/69 € – Carte 49/57 €

1c rue du Docteur-Couderc – 🕿 *02 32 60 29 83 – www.restaurant-la-longere.fr –*
Fermé 22 février-7 mars, lundi, mercredi soir, dimanche soir

NOCÉ

✉ 61340 – Orne – Carte régionale n° **17**–C3 – Carte Michelin 310-M4

AUBERGE DES 3 J

MODERNE · AUBERGE ✗✗ Voilà près de quarante ans que le chef, Stéphan Joly, œuvre aux fourneaux : c'est dire s'il maîtrise son art ! Il signe assurément une belle cuisine, fondée sur la tradition – mais pas seulement – et le terroir local : les saveurs sont au rendez-vous... Et le cadre élégant de l'auberge ajoute au plaisir du repas.

Spécialités : Thon mi-cuit, gingembre, coriandre et condiment citron. Pintade à la cardamome, pomme, céleri et boudin. Vacherin fruits rouges, verveine, sorbet citron.

⇔ – Menu 29/40 € – Carte 36/45 €

1 place du Docteur-Gireaux – 🕿 *02 33 73 41 03 – www.auberge-3j.fr –*
Fermé 4-16 janvier, 20 septembre-6 octobre, lundi, mardi, mercredi, dimanche soir

OFFRANVILLE

✉ 76550 – Seine-Maritime – Carte régionale n° **17**–D1 – Carte Michelin 304-G2

LE COLOMBIER

Chef : Laurent Kleczewski

MODERNE · COSY ✗✗ En matière de cuisine, rien ne vaut la simplicité. Depuis 2002, le chef Laurent Kleczewski en fait la preuve dans cette paisible maison normande : à partir de produits de belle fraîcheur, il compose des plats gourmands et parfumés, sans donner dans la démonstration ou l'esbroufe. Quelques notes exotiques, et plus précisément asiatiques, viennent agrémenter les recettes, mais jamais dans l'excès : un savant dosage qui permet de ne jamais dénaturer le produit de base. Le tout proposé à des tarifs sympathiques, à midi surtout, dans une salle à manger cosy qui marie l'esprit de la bâtisse (cheminée ancienne en brique rouge) à des notes plus actuelles.

Spécialités: Bar séché au poivre timut, yaourt aux herbes, citron confit et concombre. Saint-Jacques dieppoise, bouillon de champignon et condiment de sardine. Tartare de fraise comme une tarte, petit-suisse et lait fermenté.

&. – Menu 39/87€ – Carte 80€

Rue Loucheur (parc du Colombier) – ℰ 02 35 85 48 50 –
www.lecolombieroffranville.fr – Fermé 22 février-12 mars, 28 juin-16 juillet,
25 octobre-5 novembre, mardi, mercredi, dimanche soir

OUISTREHAM

✉ 14150 – Calvados – Carte régionale n° **17**–B2 – Carte Michelin 303-K4

😊 **LA TABLE D'HÔTES**

MODERNE · **COSY** XX Ce restaurant est le repaire d'un couple passé par de belles maisons. Joli symbole, Yoann Lavalley a racheté le fourneau sur lequel il a accompli son apprentissage... Il y conçoit des assiettes délicates et finement travaillées. Poisson du jour, viande locale, fromages normands... Les saveurs éclatent en bouche.

Spécialités: Œuf mollet, ventrèche, roquette et sauce hollandaise. Filet de lieu jaune, courgette, aubergine et crème d'étrille. Pêche, pistache, framboise et vanille.

&. – Menu 33/51€ – Carte 50/60€

10 avenue du Général-Leclerc – ℰ 02 31 97 18 44 – www.latabledhotes-caen.com –
Fermé 8-14 avril, 29 juin-12 juillet, 21-25 octobre, mardi soir, mercredi, dimanche
soir

LA PERNELLE

✉ 50630 – Manche – Carte régionale n° **17**–A1 – Carte Michelin 303-E2

🍴 **LE PANORAMIQUE**

TRADITIONNELLE · **CONVIVIAL** XX À côté de l'église du village, sur une colline surplombant la mer et l'île de Tatihou, un restaurant tenu par la même famille depuis... 1966. À l'origine bar, puis crêperie, c'est désormais un agréable restaurant gastronomique, où la cuisine met joliment en avant le terroir normand, au rythme des saisons !

⋖ 🍃 &. ✿ 🅿 – Menu 33/52€ – Carte 35/60€

1 village de l'Église – ℰ 02 33 54 13 79 – www.le-panoramique.fr –
Fermé 4 janvier-7 février, 15 novembre-5 décembre, lundi

LE PETIT-QUEVILLY

✉ 76140 – Seine-Maritime – Carte régionale n° **17**–D2 – Carte Michelin 304-G5

🍴 **LES CAPUCINES**

MODERNE · **CONTEMPORAIN** XXX Une maison rouennaise dans laquelle la famille Demoget cultive l'art de recevoir depuis trois générations ! Décor élégant et cuisine généreuse, ancrée dans notre époque.

🍃 &. 🅰 ✿ 🅿 – Menu 34/70€

16 rue Jean-Macé – ℰ 02 35 72 62 34 – www.les-capucines.fr –
Fermé 2 janvier-6 février, 1ᵉʳ-24 août, lundi, dimanche

LE PIN-AU-HARAS

✉ 61310 – Orne – Carte régionale n° **17**–C2 – Carte Michelin 310-J2

😊 **LA TÊTE AU LOUP**

TRADITIONNELLE · **AUBERGE** XX La faim chasse le loup du bois... Si l'animal peuplait encore la région, on pourrait le pister – à pas de loup – pour découvrir cette auberge traditionnelle, voisine du célèbre haras du Pin. En vieux loup de mer, le chef concocte de bonnes terrines maison et autres spécialités de poissons... Que du bon !

Spécialités: Terrine de foies de volaille. Lieu jaune grillé, beurre blanc. Crème brûlée au calvados.

🚗 🎍 **P** – Menu 32/49 €

Lieu-Dit la Tête au Loup – ℰ 02 33 35 57 69 – www.lateteauloup.fr –
Fermé 30 novembre-6 janvier, 21-28 juin, lundi, mardi, dimanche soir

LE PIN-LA-GARENNE

✉ 61400 – Orne – Carte régionale n° **17**–C3

😊 LA CROIX D'OR

TRADITIONNELLE · **AUBERGE** XX Une auberge accueillante comme une maison de famille... La demeure appartenait déjà à l'arrière-grand-mère du chef ! Après avoir fait ses classes dans de grands établissements, il est revenu au pays avec son épouse – originaire du Sud-Ouest comme l'indique son accent chantant – ; ensemble, ils ont créé un véritable repaire gourmand. La tradition a du bon !

Spécialités: Boudin noir aux pommes caramélisées. Thon rouge en croûte d'herbes, lait mousseux. Pavlova aux fruits rouges.

🎍 🔄 **P** – Menu 18 € (déjeuner), 30/48 € – Carte 31/44 €

6 rue de la Herse – ℰ 02 33 83 80 33 – lacroixdor.free.fr – Fermé lundi soir, mardi, mercredi

PORT-EN-BESSIN

✉ 14520 – Calvados – Carte régionale n° **17**–B2 – Carte Michelin 303-H3

⭐ LE BOTANISTE

MODERNE · **ÉLÉGANT** XxX Boiseries, superbe parquet, mobilier du 18ᵉ s. : un cadre plein de noblesse et d'élégance. La cuisine est aussi délicate, avec de jolies variations autour du terroir normand et d'agréables mariages de saveurs.

⚜ 🚗 🎍 & 🔄 **P** – Menu 60/85 € – Carte 65/85 €

La Chenevière, à Commes – ℰ 02 31 51 25 25 – www.le-botaniste.com –
Fermé 1ᵉʳ décembre-1ᵉʳ mars, dimanche, lundi et le midi

🏰 LA CHENEVIÈRE

DEMEURE HISTORIQUE · **ÉLÉGANT** Cette demeure normande du 18ᵉ s. et ses dépendances entourées d'un parc allient grâce et grand confort. Entre tissus imprimés et mobilier de style, il règne ici l'esprit d'un manoir anglais. La cuisine bistronomique du Petit Jardin, logé dans l'ancienne orangerie (sous une belle verrière métallique) qui met en avant les produits du potager, se révèle une bonne alternative à la table gastronomique.

🎐 🐾 🚗 ⛳ ⧉ 🛗 & 🅼 ⛵ **P** – 25 chambres – 4 suites

à Commes – ℰ 02 31 51 25 25 – www.lacheneviere.com

⭐ **Le Botaniste** – Voir la sélection des restaurants

RÉMALARD-EN-PERCHE

✉ 61110 – Orne – Carte régionale n° **17**–C3 – Carte Michelin 310-N4

⭐ D'UNE ÎLE

CUISINE DU TERROIR · **MAISON DE CAMPAGNE** X L'annexe campagnarde de Septime. On y réalise une cuisine durable, saisonnière et rustique ancrée dans son environnement, ne se nourrissant que des produits de qualité des marchés environnants (Sarthe ou Normandie) - et dans une moindre mesure, de la récolte du potager de la ferme. Côté salle, un lieu rustique chic, décoré avec goût. Dans le même esprit, quelques chambres invitent à s'attarder sur cette colline boisée du Perche, avec arbres fruitiers, ruches ainsi qu'un sauna donnant sur la nature. Une démarche culinaire et humaine très louable.

🍽 🚗 🎍 – Menu 44 €

Domaine de l'Aunay, lieu-dit l'Aunay – ℰ 02 33 83 01 47 – www.duneile.com –
Fermé 4 janvier-15 mars, lundi soir, mardi, mercredi, jeudi midi

boschettophotography//iStock

✉ 76000 – Seine-Maritime
Carte régionale n° **17**-D2
Carte Michelin 304-G5

ROUEN

Le cœur gourmand de la vieille ville, vous le trouverez entre la place du Vieux-Marché et la cathédrale, et notamment dans la rue du Gros-Horloge, la plus évocatrice du vieux Rouen, avec ses gros pavés et ses maisons à pans de bois. La capitale de la Normandie, ce "pays gras et savoureux" dont parlait déjà un chroniqueur médiéval, aime manger ! Le lait, véritable or blanc, coule à flots : beurre et crème fermières, fromages qu'on ne présente plus (camembert, neufchâtel, livarot et pont-l'évêque). Le poulet "vallée d'Auge" associe même beurre, crème ainsi que le calvados et cidre, les deux boissons emblématiques de ce terroir. L'herbe grasse nourrit des volailles comme le canard de Duclair (à l'origine de la recette du canard au sang) ou le pigeonneau. Côté mer, c'est un véritable raz-de-marée de poissons, de crustacés et de coquillages en provenance des criées de la façade maritime.

Restaurants

🐝 **RODOLPHE**

Chef: Rodolphe Pottier

MODERNE · CONTEMPORAIN XX Depuis son ouverture, la table de Rodolphe Pottier n'en finit pas de faire le buzz, à Rouen mais pas seulement. Difficile en effet de résister aux fulgurances de ce natif d'Évreux, dont le jeune âge cache une sacrée dose de talent et de finesse. Le menu unique est ici la règle (3 plats à midi, 5 et 7 le soir), où se succèdent des recettes créatives plus enthousiasmantes les unes que les autres. Ajoutez à cela une jeune équipe au diapason, avec notamment Jordan, le grand frère, en salle, qui se révèle un sommelier très avisé. Le buzz est largement mérité, et il y a un revers à cette médaille : vu le petit nombre de couverts (une grosse vingtaine), il faudra réserver très à l'avance pour en profiter.

Spécialités : Cuisine du marché.

&. 🛠 – Menu 39 € (déjeuner), 65/110 €

Plan : B1-a – *35 rue Percière* –
☏ 02 35 73 32 58 – *www.restaurant-rodolphe.com* –
Fermé 1ᵉʳ-10 janvier, 30 avril-5 mai, 30 juillet-19 août, lundi, samedi, dimanche

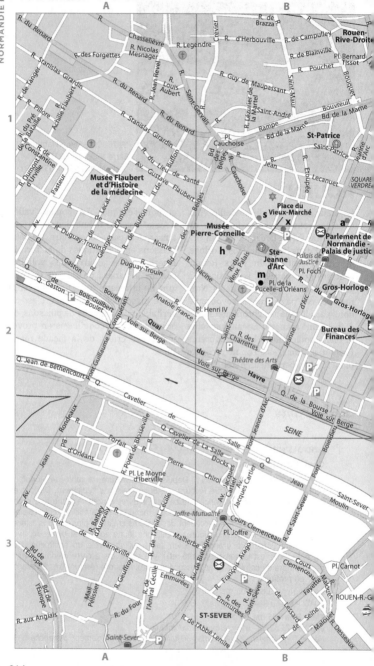

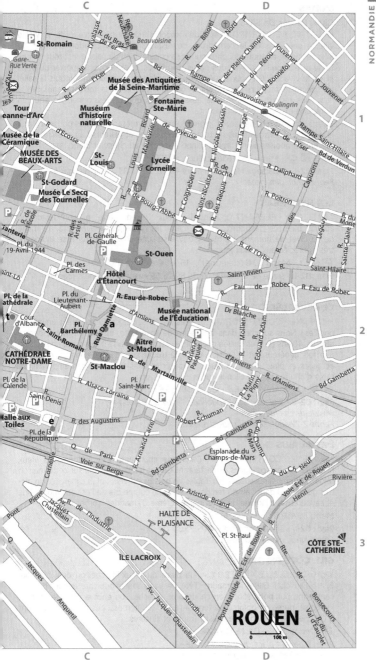

ROUEN

0   100 m

✿ L'ODAS

Chef: Olivier Da Silva

CRÉATIVE · **CONTEMPORAIN** ⅂ Idéalement situé en plein cœur de la vieille ville, à deux pas de la cathédrale, ce restaurant est la création d'Olivier Da Silva. Il régale en toute décontraction : sa cuisine, bien de saison, est tout en justesse et en équilibre, avec des notes d'agrumes ici et là pour apporter du peps et de la vivacité. On pourra même observer le travail en cuisine depuis la salle, un spectacle toujours réjouissant. N'oublions pas enfin la terrasse agréable, à l'abri des regards, et le service aussi détendu que professionnel. De bout en bout, une expérience très plaisante.

Spécialités : Tartare de canard, pignons de pin, parmesan et jeunes pousses. Bar à la plancha, piperade au jus de tomate, coquillages et jus corsé au chorizo. Sablé breton, framboises au naturel et ganache montée au chocolat blanc.

🛱 ♿ 🅰🅲 ⇄ – Menu 36 € (déjeuner), 59/130 €

Plan : C2-t – *4 passage Maurice-Lenfant* – ℰ *02 35 73 83 24* – *www.lodas.fr* – *Fermé lundi, dimanche*

Ⅰ○ LES NYMPHÉAS

CLASSIQUE · **ÉLÉGANT** ⅩⅩⅩ Dans le vieux Rouen, cette maison historique connaît bien ses classiques... et ose même les réinterpréter avec brio, à l'image de ce civet de homard. L'intérieur ouvre sur une charmante terrasse intérieure très appréciée aux beaux jours.

🛱 ♿ ⇄ – Menu 20 € (déjeuner), 45/65 € – Carte 65/100 €

Plan : B2-h – *9 rue de la Pie* – ℰ *02 35 89 26 69* – *www.lesnympheas-rouen.fr* – *Fermé lundi, dimanche soir*

Ⅰ○ LE RÉVERBÈRE

MODERNE · **CONTEMPORAIN** ⅩⅩⅩ Près de la Seine, ce Réverbère illumine les papilles ! Nous sommes dans le repaire de José Rato, installé ici-même depuis plus de 40 ans (le plus ancien chef sur la place rouennaise !) qui signe une cuisine à la fois généreuse et délicate. La cuisine trouve son identité entre préparations actuelles et plats plus classiques, à apprécier dans un cadre contemporain. La table d'affaires par excellence sur la ville de Rouen.

❄ 🅰🅲 ⇄ – Menu 49/68 € – Carte 38/63 €

Plan : C2-e – *5 place de la République* – ℰ *02 35 07 03 14* – *www.le-reverbere-rouen.fr* – *Fermé 2-22 août, samedi midi, dimanche*

Ⅰ○ L'EPICURIUS ⓝ

MODERNE · **CONTEMPORAIN** ⅂ Dans une charmante rue piétonne du vieux Rouen, d'anciens collègues du restaurant Gil ont jeté leur dévolu sur cette maison relookée (luminaires suspendus, tables en bois blond, murs bleu canard...). Un bistrot gourmand dans l'air du temps qui sert une cuisine qui ne l'est pas moins, fine et savoureuse, à l'image de cette pêche, crème d'amandes, sorbet verveine...

Menu 39/69 €

Plan : C2-a – *31 rue Damiette* – ℰ *09 75 30 04 67* – *Fermé lundi, mardi midi, dimanche*

Ⅰ○ GILL CÔTÉ BISTRO

TRADITIONNELLE · **BISTRO** ⅂ Sur la place du Vieux-Marché, on doit ce "Côté Bistro" au chef Gilles Tournadre. Tête de veau sauce gribiche, andouillette de campagne pur porc, saucisson chaud aux pistaches, ou encore côte de cochon, jus corsé, purée de pomme de terre à l'ail et aux herbes... Les produits frais sont à l'honneur. L'assurance de plaisirs francs et sincères !

🛱 – Menu 30 € – Carte 32/42 €

Plan : B2-x – *14 place du Vieux-Marché* – ℰ *02 35 89 88 72* – *www.gill-cote-bistro.fr*

🍴 **LA PLACE**

MODERNE · **BRASSERIE** 🕸 Ce concept signé Gilles Tournadre tient à peu de choses, mais qui comptent beaucoup : une brasserie contemporaine animée et conviviale ; une cuisine naviguant entre recettes traditionnelles et préparations aux influences diverses.

🏡 ઐ ✿ – Menu 28 € – Carte 28/37 €

Plan : B1-s – *26 place du Vieux-Marché* – 𝓒 *02 35 71 97 06* – *www.laplace-restaurant-brasserie.fr* – *Fermé lundi, dimanche*

Hôtels

🏨 **HÔTEL DE BOURGTHEROULDE**

HISTORIQUE · **PERSONNALISÉ** Tourelle gothique, meneaux, galerie Renaissance : ce monument historique (16ᵉ s.) est un joyau... Ses chambres et son spa superbes, son restaurant et son bar, son brunch du dimanche : tout contribue à un séjour d'exception.

🏠 🔲 🕸 🛎 ⅃ઍ 💲 ઐ 🅰 🍴 – 78 chambres

Plan : B2-m – *15 place de la Pucelle* – 𝓒 *02 35 14 50 50* – *www.hotelsparouen.com*

ST-DENIS-LE-VÊTU

✉ 50210 – Manche – Carte régionale n° **17**–A2 – Carte Michelin 303-D6

🍴 **LA BARATTE**

TRADITIONNELLE · **AUBERGE** 🕸🕸 Au cœur de la petite bourgade, cette maison en pierre du pays – ancien bar-épicerie – est devenue une coquette auberge familiale... Le cadre est délicieusement rustique, avec une agréable terrasse pour les beaux jours ; la cuisine, dans l'air du temps, s'ancre sur de solides bases traditionnelles et les producteurs locaux.

🏡 ઐ ✿ – Menu 15 € (déjeuner), 25/42 €

Le Bourg – 𝓒 *02 33 45 45 49* – *www.restaurant-labaratte.fr* – *Fermé 20 février-8 mars, 24 avril-10 mai, lundi soir, mardi soir, mercredi, dimanche soir*

ST-ÉTIENNE-DU-VAUVRAY

✉ 27430 – Eure – Carte régionale n° **17**–D2 – Carte Michelin 304-H6

🐷 **LA FERME DE LA HAUTE CRÉMONVILLE**

TRADITIONNELLE · **RÉGIONAL** 🕸 Cette superbe ferme normande, tout en colombages, semble incarner le rêve d'une vie à la campagne ! Bonjour veaux, vaches, cochons et... recettes traditionnelles : la terrine du chef sent bon le terroir, le suprême de poulet jaune sauce lie de vin embaume, les pièces de bœuf sont cuites au feu de bois. De généreux plats mijotés à la sauce champêtre.

Spécialités : Terrine campagnarde, confiture d'oignon. Dos de cabillaud, risotto crémeux reggiano. Pain perdu de ma grand-mère Henriette.

🏡 ઐ 🅼 🅿 – Menu 31 € – Carte 40/50 €

Route de Crémonville – 𝓒 *02 32 59 14 22* – *www.lafermedelahautecremonville.com* – *Fermé 1ᵉʳ-7 mars, 3-9 mai, 1ᵉʳ-24 août, mercredi soir, samedi midi, dimanche*

ST-GERMAIN-DES-VAUX

✉ 50440 – Manche – Carte régionale n° **17**–A1 – Carte Michelin 303-A1

🍴 **LE MOULIN À VENT**

POISSONS ET FRUITS DE MER · **TENDANCE** 🕸🕸 Sur la route des Caps, on se réfugie avec plaisir dans cette ancienne auberge de pays : au menu, une carte courte, des produits locaux (pigeon, agneau, poisson, ormeaux) pour une cuisine inventive avec une attirance à peine dissimulée pour le Japon. A déguster dans une salle épurée, avec vue sur la mer face à l'Anse Saint-Martin.

≼ 🍴 🅿 – Menu 39/78 € – Carte 55/85 €

10 route de Port-Racine (Hameau Danneville) – 𝓒 *02 33 52 75 20* – *www.le-moulin-a-vent.fr* – *Fermé 19 décembre-3 janvier, 19 février-7 mars, vendredi, samedi midi*

ST-JOUIN-BRUNEVAL

✉ 76280 – Seine-Maritime – Carte régionale n° **17**–C1 – Carte Michelin 304-A4

 LES PINS DE CÉSAR `Tablet.PLUS`

SPA ET BIEN-ÊTRE · COSY Proche d'Etretat et de ses célèbres falaises dont Arsène Lupin fit son refuge, au cœur d'un parc et forêt de pins de 20 hectares, cette maison de famille et ses dépendances ont été transformées en un hôtel de charme. Au choix, les chambres, cosy et feutrées, ou le chalet, idéal pour les familles ; et pour tous, le très beau spa, assorti d'un insolite sauna nordique en pleine nature... Une adresse élégante, idéale pour se ressourcer, loin du bruit et de la pollution.

🏊 ⛱ 🖼 🌐 🛎 ♿ ♨ 🅿 – 13 chambres – 1 suite

1 chemin des Échos – ℰ 02 32 73 69 10 – www.lespinsdecesar.com

ST-LÔ

✉ 50000 – Manche – Carte régionale n° **17**–A2 – Carte Michelin 303-F5

ⓖ **INTUITION**

Chef: Mickaël Marion

CRÉATIVE · **ÉLÉGANT** XX À l'étage de la Brasserie Les Capucines, il faut gravir quelques marches pour mériter cette table intime et feutrée, qui fait face au château. Transfuge de Coutances où il régalait déjà ses fidèles, Mickaël Marion retrouve sa ville natale pour mieux laisser aller sa créativité. Défenseur depuis toujours des produits locaux, il aime herboriser dans la campagne et les marais pour cueillir des plantes et des herbes. De retour aux fourneaux, il en fait son miel à l'image de cette glace à la reine des prés, de ce pesto d'herbes sauvages et de livèche. Puis, dans ses assiettes, il parvient à marier avec subtilité d'excellents produits du terroir normand – Saint-Jacques, poissons de petits bateaux – et saveurs exotiques. Une table qui ne laisse pas indifférent.

Spécialités : Homard du Cotentin, jaune d'œuf fumé et feuilles sauvages. Lieu jaune, pied de cochon, saké et fenouillette. Mirabelle, malt, miel des marais et noisette.

Menu 44/72€

1 rue Alsace-Lorraine (1er étage) – ℰ 02 33 05 14 91 – www.restaurant-intuition.com – Fermé lundi, mardi, mercredi, dimanche

🍴 **Brasserie Les Capucines** – Voir la sélection des restaurants

🍴 **BRASSERIE LES CAPUCINES**

TRADITIONNELLE · **BRASSERIE** X Une salle de brasserie relookée à la mode contemporaine avec son long comptoir, ses mange-debout, ses couleurs actuelles – chocolat, crème et orange... Les plats sont à l'avenant : tartare, huîtres, salades, ou encore le pied de cochon grillé sauce béarnaise ou le paris-brest. Sans prétention, simplement bon !

🍴 ♿ – Menu 15€ (déjeuner), 19/25€ – Carte 25/50€

Intuition, 1 rue Alsace-Lorraine – ℰ 02 33 05 15 36 – www.brasserie-les-capucines.com – Fermé dimanche

ST-PAIR-SUR-MER

✉ 50380 – Manche – Carte régionale n° **17**–A2 – Carte Michelin 303-C6

🍴 **LE PONT BLEU**

POISSONS ET FRUITS DE MER · **CONVIVIAL** XX Dans ce restaurant, situé à cinquante mètres des plages et animé par un couple de passionnés, on affectionne les produits frais et le poisson de la petite pêche locale. La cuisine, résolument iodée, n'en oublie pas les légumes, fournis par les producteurs des parages.

🍴 ♿ 🅿 – Menu 29/40€ – Carte 47/75€

6 rue du Pont-Bleu – ℰ 02 33 51 88 30 – www.lepontbleu.com – Fermé 18 janvier-5 février, 15 novembre-3 décembre, mercredi, jeudi

ST-QUENTIN-SUR-LE-HOMME

✉ 50220 – Manche – Carte régionale n° **17**–A3 – Carte Michelin 303-D7

⅋○ LE GUÉ DU HOLME

TRADITIONNELLE · ÉLÉGANT XX Juste en face de l'église, au centre du bourg, cette maison en pierre du pays est pour le moins engageante. En bon professionnel, le chef met à profit le terroir et la saison : terrine de foie gras au ratafia de Champagne, filet de bœuf sauce périgourdine, moelleux chaud au chocolat...

⇔ 🚪 🏠 ♿ – Menu 24 € (déjeuner), 28/52 € – Carte 41/59 €

14 rue des Estuaires – ℰ 02 33 60 63 76 – www.le-gue-du-holme.com –
Fermé 28 février-8 mars, 1ᵉʳ-22 novembre, lundi, samedi midi, dimanche soir

ST-ROMAIN-DE-COLBOSC

✉ 76430 – Seine-Maritime – Carte régionale n° **17**–C1 – Carte Michelin 304-C4

⅋○ JUSTE À CÔTÉ

TRADITIONNELLE · BISTRO X N'hésitez pas à franchir la porte de cet ancien « routier » transformé en bistrot convivial par le chef Olivier Foulon, épaulé en salle par son épouse Amandine. Sa cuisine bistronomique, rythmée par les saisons et les produits des maraîchers des environs, fait aussi la part belle aux poissons de la criée du Havre. Une adresse sérieuse.

🅿 – Menu 14 € (déjeuner), 25/42 € – Carte 30/50 €

18 avenue du Maréchal-de-Lattre-de-Tassigny – ℰ 02 35 20 15 09 –
Fermé 1ᵉʳ-14 mars, 16-31 août, samedi, dimanche

ST-VAAST-LA-HOUGUE

✉ 50550 – Manche – Carte régionale n° **17**–A1 – Carte Michelin 303-E2

🈁 FRANCE ET FUCHSIAS

MODERNE · RUSTIQUE XX Les beaux produits normands, huîtres en tête, sont mis en valeur dans des assiettes actuelles et gourmandes. Trois possibilités pour en profiter : l'agréable salle à manger ; la véranda sous verrière, ouverte sur un étonnant jardin planté de palmiers, de mimosas et d'eucalyptus ; et la jolie terrasse aux beaux jours.

Spécialités : Cuisine du marché.

⇔ 🚪 🏠 🎆 – Menu 35/52 € – Carte 58/82 €

20 rue du Maréchal-Foch – ℰ 02 33 54 40 41 – www.france-fuchsias.com –
Fermé 4 janvier-11 février, 1ᵉʳ-14 décembre, lundi, mardi midi

ST-VALERY-EN-CAUX

✉ 76460 – Seine-Maritime – Carte régionale n° **17**–C1 – Carte Michelin 304-E2

⅋○ RESTAURANT DU PORT

POISSONS ET FRUITS DE MER · TRADITIONNEL XX Ce restaurant n'a pas volé son nom : il domine le quai, où oscillent les bateaux. La salle est parée de photos en noir et blanc des falaises du pays de Caux ; quant à la cuisine de la mer, elle est réalisée avec de bons produits – cabillaud, sole, turbot – achetés exclusivement auprès des pêcheurs locaux.

≤ 🏠 – Menu 27/49 € – Carte 60/83 €

18 quai d'Amont – ℰ 02 35 97 08 93 – www.restaurant-du-port-76.fr – Fermé lundi,
jeudi soir, dimanche soir

SASSETOT-LE-MAUCONDUIT

✉ 76540 – Seine-Maritime – Carte régionale n° **17**–C1 – Carte Michelin 304-D3

⅋○ LE RELAIS DES DALLES

TRADITIONNELLE · AUBERGE XX Un Relais qui fleure bon la Normandie... La maison est rustique à souhait, mais notre préférence va au jardin, charmant (terrasse). La carte cultive la tradition, avec un beau choix de vins. Quelques jolies chambres dans la maison attenante.

🛏 ⇔ 🚪 🏠 – Menu 36/52 € – Carte 48/75 €

6 rue Elisabeth-d'Autriche (près du château) – ℰ 02 35 27 41 83 –
www.relais-des-dalles.fr – Fermé 10 décembre-20 janvier, lundi, mardi midi, mercredi
midi

SURVILLE

✉ 27400 – Eure – Carte régionale n° **17**–D2 – Carte Michelin 304-G6

MANOIR DE SURVILLE

LUXE · COSY Au cœur de la Normandie, un jeune couple passionné propose "d'être au manoir comme à la maison", et ça fonctionne ! Un ancien corps de ferme du 16ᵉ s., des chambres et suites luxueuses et cosy, un jardin pour flâner, un long bassin de nage, sans oublier l'espace bien-être... Cuisine du marché au restaurant.

🍽 🐾 🚗 ⌧ 🛏 & 🏋 **P** – 9 chambres – 2 suites

82 rue Bernard-Petel – ℰ 02 32 50 99 89 – www.manoirdesurville.com

TOUQUES

✉ 14800 – Calvados – Carte régionale n° **17**–A3 – Carte Michelin 303-M3

⑩ CARPE DIEM

MODERNE · INTIME ✗ Cette auberge discrète, à la façade colombages et ardoise, située dans la traversée du village de Touques, a été reprise par un jeune couple de professionnels, enthousiastes et talentueux. Le chef travaille au maximum en circuits courts (pêcheurs de Trouville, canard et volaille normande, légumes bio etc.) et pratique lui-même la cueillette des herbes aromatiques et plantes. Une cuisine goûteuse, pleine de vivacité.

Ⓜ – Menu 28 € (déjeuner) – Carte 48/58 €

*90 rue Louvel-et-Brière – ℰ 02 31 87 41 08 – www.deauville-restaurants.com –
Fermé 18 juin-2 juillet, mercredi, jeudi*

LE TRÉPORT

✉ 76470 – Seine-Maritime – Carte régionale n° **17**–D1 – Carte Michelin 304-I1

⑩ LE GOÛT DU LARGE

MODERNE · BISTRO ✗ En léger retrait de l'agitation touristique des quais ou du port, cette petite table réserve une jolie surprise : la cuisine goûteuse et actuelle du jeune chef Jonathan Selliez (aidé par sa maman en pâtisserie) bien en phase avec les saisons. Escargots à la purée d'ail et beurre d'ail ; filet de turbot, gnocchis et légumes... on prendra le large plus tard.

Menu 23/30 €

4 place Notre-Dame – ℰ 02 35 84 39 87 – Fermé mardi

TROUVILLE-SUR-MER

✉ 14360 – Calvados – Carte régionale n° **17**–A3 – Carte Michelin 303-M3

❀ 1912

CRÉATIVE · ÉLÉGANT ✗✗✗ Les anciennes cures ont ressuscité sous la forme d'un palace Belle Époque, rénové par l'architecte à qui l'on doit les métamorphoses de la piscine Molitor. Un écrin de choix pour une jolie leçon de table qui fait la part belle aux producteurs, notamment de fruits et légumes, mais aussi aux petits pêcheurs de la côte normande. On respecte ici évidemment la saison au plus près avec de belles assiettes parfumées et subtiles.

Spécialités : Cuisine du marché.

& Ⓜ ⊡ 🐾 **P** – Menu 95/125 €

Plan : A2-r – *Hôtel Les Cures Marines, Boulevard de la Cahotte – ℰ 02 31 14 25 90 –
www.le1912.com – Fermé lundi, mardi et le midi*

LES CURES MARINES

SPA ET BIEN-ÊTRE · GRAND LUXE Cet hôtel, installé dans un imposant bâtiment néoclassique (1912) entre port et plage, en plein cœur de Trouville, signe le retour du balnéaire chic ! Tout y respire l'élégance et le confort, avec ce vaste hall superbement décoré, ces chambres lumineuses, et ce spa marin unique en son genre... Exceptionnel.

🍽 ⪡ 🔲 ⊛ ⧈ ⊡ & Ⓜ 🏋 **P** – 97 chambres – 6 suites

Plan : A2-r – *Boulevard de la Cahotte – ℰ 02 31 14 26 00 – www.lescuresmarines.com*
❀ **1912** – Voir la sélection des restaurants

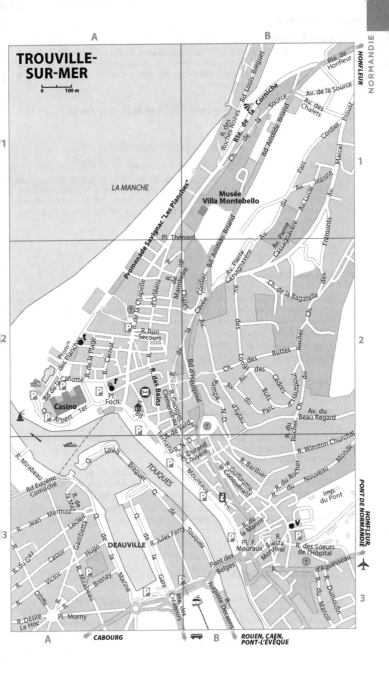

TROUVILLE-SUR-MER

0   100 m

LA MANCHE

Promenade Savignac "Les Planches"

Pl. Thénard

Musée
Villa Montebello

Rte de
Honfleur

HONFLEUR

NORMANDIE

R. des
Roches Noires

Bd Louis Breguet

Rte. de la Corniche

Av. de la Source

Av. des
Chalets

Cordier Proust

Bd Aristide Briand

Ch. de la Source

Av. du Parc

Av. Jeanne

Av. Lucie

Av. Pierre
Cassagnateire

Av. Pierre Cassagnaleire

Av. des Fremonts

Ch. de la Bagatelle

Ch. des

R. de la Chapelle

R. d'Orléans

R. de
Mannheim

R. Gaivée

Bd Coidier

Bd d'Hautpoul

R. Bon
Secours

Prom. des Planches

t

Bd de la Cahotte

R. de la Plage

R. Carnot

Pl. Foch

r

R. Georges
Clemenceau

R. des Bains

R. de Verd

Bd Fernand

R. N.-D.

Rampe N.-D.

R. des Loges

Ch. des
Buttes

Av. des
Buts

Av. du
Parc

Ch. du Rocher

Av. du Rocher

Ch. des
Cèdres

Av.
d'Eylau

Av. du
Beau Regard

R. du Rocher

Casino

Bd Albert 1er

TOUQUES

Bd de Louis Breguet

R. Mirabeau

Bd Eugène
Cornuché

R. de
la Mer

R. Jean Mermoz

R. Leclerc

R. Gambetta

DEAUVILLE

R. Hugo

R. de Jules Ferry Touques

R. du Gal

R. Castor

R. Victor

R. Mirabeau

R. Breney

R. de la Marine

Pl. Morny

R. Ollive

R. Désiré
Le Hoc

R. Durand
Couyère

R. Moureaux

R. Guillaume
le Conquérant

R. Berthier

R. Winston Churchill

R. du Rocher

R. du Nouveau Monde

Imp.
du Pont

R. de
la Marine

Pl. F.
Mouraux

R. Siesta
Morival

v

R. des Sœurs
de l'Hôpital

R. d'Aguesseau

R. du Manoir

R. du Dundutin

Pont des
Belges

R. Auguste Decaens

Rte. des Créateurs

HONFLEUR,
PONT DE NORMANDIE

CABOURG

ROUEN, CAEN,
PONT-L'ÉVÊQUE

821

LE FLAUBERT

VILLA · BORD DE MER Il suffit de poser un pied dehors pour fouler les célèbres "planches" : cette villa à colombages très romantique (1936) est quasiment posée sur la plage ! Les chambres, plutôt classiques, sont coquettes et disposent pour la moitié d'une jolie vue sur la mer...

≤ ⊡ – 31 chambres

Plan : A2-t – *2 rue Gustave-Flaubert* – *℘ 02 31 88 37 23* – *www.flaubert.fr*

URVILLE-NACQUEVILLE

✉ 50460 – Manche – Carte régionale n° **17**-A1 – Carte Michelin 303-B1

⁑〇 **LE LANDEMER**

MODERNE · COSY XX Dans cette belle maison en pierre, au toit en schiste et au charme indéniable, un jeune et sympathique chef hollandais concocte une cuisine moderne, un brin créative, attentive aux produits locaux, notamment poissons, légumes, herbes sauvage et fleurs. Précis et maîtrisé. Ne pas oublier de profiter des belles chambres face à la mer...

⇦ ≤ & 🅿 – Menu 35 € (déjeuner), 47/69 €

2 rue des Douanes – *℘ 02 33 04 05 10* – *www.le-landemer.com* – *Fermé 19 décembre-1er février, lundi, mardi midi, dimanche soir*

 LE LANDEMER

TRADITIONNEL · COSY Au pied de la falaise, cette ravissante maison a vu passer du beau monde (Boris Vian, Françoise Sagan, Édith Piaf et Marcel Cerdan) et ce n'est pas un hasard : ses chambres, cosy et confortables, offrent une vue imprenable sur la Manche. Un établissement plein de charme.

≤ ⊡ & 🅿 – 9 chambres

2 rue des Douanes – *℘ 02 33 04 05 10* – *www.le-landemer.com*

⁑〇 **Le Landemer** – Voir la sélection des restaurants

VAL-DE-SAANE

✉ 76890 – Seine-Maritime – Carte régionale n° **17**-D1 – Carte Michelin 304-F3

😊 **AUBERGE DE LA MÈRE DUVAL**

MODERNE · COSY XX Un jeune couple mène cette jolie petite auberge de pays, fondée en son temps par la mère Duval... Si le chef rend parfois hommage à cet héritage, c'est sans aucune nostalgie ; d'ailleurs, sa cuisine se révèle de plus en plus personnelle avec le temps.

Spécialités : Foie gras, confiture de courgettes. Filet de bœuf, petits pois, oignons grelots et girolles. Ananas confit, crème légère, spéculos et glace au poivre.

🕸 & ⇔ – Menu 25 € (déjeuner), 35/45 € – Carte 35/62 €

Place Daniel-Boucour (Déménagement prévu au printemps) – *℘ 02 35 32 30 13* – *www.lamereduval.fr* – *Fermé lundi soir, mardi, mercredi*

VALMONT

✉ 76540 – Seine-Maritime – Carte régionale n° **17**-C1 – Carte Michelin 304-D3

🕸 **LE BEC AU CAUCHOIS**

Chef : Pierre Caillet

CRÉATIVE · CONTEMPORAIN XX Meilleur Ouvrier de France 2011, Pierre Caillet n'est pas seulement un technicien talentueux : il dévoile aussi une vraie sensibilité, et une énergie communicative. Créations originales (ces fougueuses noix de Saint-Jacques en croûte de passion en sont l'exemple parfait), jeux sur les textures et les saveurs, beaux produits du terroir normand... sans oublier l'utilisation judicieuse des herbes et légumes de l'imposant potager : le compte est bon. Dernier atout, cette auberge du 19es. propose aussi des chambres chaleureuses et cosy, avec terrasses privatives tournées vers l'étang.

Spécialités : Cuisine du marché.

🐝 *L'engagement du chef:* *"80% des aliments végétaux que nous utilisons proviennent de notre potager. Nous compostons les déchets organiques et travaillons main dans la main avec nos fournisseurs pour limiter et recycler les emballages. Les poissons que nous servons sont issus de la pêche durable et suivent les recommandations d'Ethic Ocean et de l'association Bon pour le climat."*

⇦ 🎄 🏠 🕭 🅿 – Menu 36€ (déjeuner), 51/95€

*22 rue André-Fiquet – 𝒸 02 35 29 77 56 – www.lebecaucauchois.com –
Fermé 22 décembre-22 janvier, mardi, mercredi*

VERNEUIL-SUR-AVRE
✉ 27130 – Eure – Carte régionale n° **17**–C3 – Carte Michelin 304-F9

🟡 LE CLOS

MODERNE · **ÉLÉGANT** 🟥🟥 Deux élégantes et intimes salles à manger au cœur de ce luxueux castel: parquets anciens, tapis persans, moulures, trompe-l'œil, tables dressées dans les règles de l'art... Comme auparavant, l'assiette célèbre le terroir normand, avec une poignée de recettes plus audacieuses. L'hôtel propose des chambres agréables pour prolonger le séjour.

🛏 ⇦ 🎄 🏠 🅿 – Menu 62/109€

*98 rue de la Ferté-Vidame – 𝒸 02 32 32 21 81 – www.leclos-normandie.com –
Fermé 1er-28 février, le midi sauf dimanche*

VERNON
✉ 27200 – Eure – Carte régionale n° **17**–D2 – Carte Michelin 304-I7

🟡 LE BISTRO DES FLEURS

TRADITIONNELLE · **BISTRO** 🟥 Voilà un bistrot comme on les aime, avec un beau comptoir où s'accoudent les clients pressés et une incontournable ardoise du jour. Courte, traditionnelle et alléchante, celle-ci atteste le parti pris de la chef: rien que du frais, au gré du marché et de ses inspirations. Dernière fleur: un excellent choix de vins au verre...

🛏 🕀 – Menu 22€ – Carte 26/40€

73 rue Carnot – 𝒸 02 32 21 29 19 – Fermé 22 février-2 mars, 25 juillet-18 août, lundi, dimanche

VILLEDIEU-LES-POÊLES
✉ 50800 – Manche – Carte régionale n° **17**–A2 – Carte Michelin 303-E6

🟡 MANOIR DE L'ACHERIE

TRADITIONNELLE · **RUSTIQUE** 🟥🟥 Au cœur du bocage, on se réfugie avec plaisir dans la chaleur de ce manoir du 17e s., dont le chef met un point d'honneur à travailler les produits des fermes voisines. Les assiettes sont franchement généreuses, comme ces grillades au feu de bois dans la grande cheminée en pierre...

⇦ 🎄 🏠 🅿 – Menu 24/52€ – Carte 30/78€

*37 rue Michel-de-l'Epinay (à Ste-Cécile) – 𝒸 02 33 51 13 87 – www.manoir-acherie.fr –
Fermé 22 février-7 mars, 22 novembre-5 décembre, lundi, dimanche soir*

VIRE
✉ 14500 – Calvados – Carte régionale n° **17**–B2 – Carte Michelin 303-G6

🐵 MANOIR DE LA POMMERAIE

MODERNE · **CONTEMPORAIN** 🟥🟥 Non loin de Vire, une maison du 18e s. rustique en apparence, délicate en réalité, avec sa belle véranda qui ouvre sur le parc... Aux fourneaux œuvre un couple à la scène comme à la ville: Masako, japonaise et pâtissière, et Julien, qui affine d'année en année des créations tout en harmonie et en belles trouvailles. Une bonne table!

Spécialités: Foie gras mi-cuit, betterave, framboise et cacao. Poisson de la criée, fenouil et concassé de tomate. Biscuit moelleux aux amandes, cerises et sorbet fraise.

🎄 🏠 🕭 🅿 – Menu 34/59€ – Carte 39/45€

*L'Auvère – 𝒸 02 31 68 07 71 – www.manoirdelapommeraie.com – Fermé lundi,
mercredi soir, dimanche soir*

AQUITAINE **836**

LIMOUSIN **910**

POITOU-CHARENTES **922**

NOUVELLE-AQUITAINE

LA SÉLECTION DU GUIDE MICHELIN

LES TABLES ÉTOILÉES

Une cuisine unique. Vaut le voyage !

Christopher Coutanceau (La Rochelle) 939
Les Prés d'Eugénie - Michel Guérard (Eugénie-les-Bains) 873

Une cuisine d'exception. Vaut le détour !

La Grand'Vigne (Martillac) 881
Le Pressoir d'Argent - Gordon Ramsay (Bordeaux) 860
Relais de la Poste (Magescq) 880
Le Skiff Club (Pyla-sur-Mer) 844
La Table de Pavie (Saint-Émilion) 896

Une cuisine d'une grande finesse. Vaut l'étape !

L'Aquarelle (Breuillet) 926
L'Atelier Alexandre Bousquet (Biarritz) 849
L'Auberge Basque (Saint-Pée-sur-Nivelle) 903
Auberge Le Prieuré (Moirax) 882
Auberge St-Jean (Saint-Jean-de-Blaignac) 898
Brikéténia (Guéthary) 875
Chapelle Saint-Martin (Saint-Martin-du-Fault) 919
Choko Ona (Espelette) 873
Claude Darroze (Langon) 879
Les Clefs d'Argent (Mont-de-Marsan) 884
Le Dallaison (Saintes) 944
L'Essentiel (Périgueux) 889
Les Foudres (Cognac) **N** 927
Les Fresques (Monestier) 883
Garopapilles (Bordeaux) 861
Le Hittau (Saint-Vincent-de-Tyrosse) 904
L'Hysope (La Jarrie) 934
L'Impertinent (Biarritz) 850
Ithurria (Ainhoa) 839
Le Kaïku (Saint-Jean-de-Luz) 899
Lalique (Bommes) 855
Logis de la Cadène (Saint-Émilion) 896
Mariottat (Agen) 838

MmeEmil/iStock

La Meynardie (Salignac-Eyvigues) 906
Michel Trama (Puymirol)... 894
Moulin d'Alotz (Arcangues)... 839
Le Moulin de l'Abbaye (Brantôme) 868
Le Moulin de la Gorce (La Roche-l'Abeille) 918
Moulin de la Tardoire (Montbron) 936
L'Observatoire du Gabriel (Bordeaux) **N** 861
L'Oiseau Bleu (Bordeaux) 861
ONA (Arès) **N** 843
Le Patio (Arcachon).. 841
Le Pavillon des Boulevards (Bordeaux) 861
Le Prince Noir - Vivien Durand (Lormont) 880
La Ribaudière (Bourg-Charente) 925
Les Rosiers (Biarritz)... 851
Le Saint-James (Bouliac)... 868
Soléna (Bordeaux)... 862
Les Sources de Fontbelle (Angoulême) **N**................................ 924
La Table des Frères Ibarboure (Bidart)..................................... 854
La Table d'Hôtes - Le Quatrième Mur (Bordeaux)...................... 862
La Table d'Olivier (Brive-la-Gaillarde).. 913
Tentazioni (Bordeaux).. 862
La Tour des Vents (Monbazillac)... 883
Un Parfum de Gourmandise (Périgueux)..................................... 892
Le Vieux Logis (Trémolat) 908
Villa de l'Étang Blanc (Seignosse)... 907
827

LES BIB GOURMAND 😊
Nos meilleurs rapports qualité-prix

NOUVELLE AQUITAINE

L'Affranchi (Agen) 838
Ahizpak Le Restaurant des Sœurs (Bidart) 854
L'Aillet (La Teste-de-Buch) **N** 845
Art'zain (Irissarry) 🌿 877
L'Atelier (Périgueux) 892
L'Auberge du Pas de Vent (Pouillon) 893
Auberge Le Centre Poitou (Coulombiers) 928
La Belle Étoile (La Roque-Gageac) 894
Le Bistro d'en Face (Bergerac) 847
Le Bistro des Glycines (Les Eyzies-de-Tayac) 874
Briket' Bistrot (Guéthary) 875
Café Lavinal (Pauillac) 888
La Chênaie (Croutelle) 928
Cokotte (Angoulême) 924
Le Coq d'Or (Chénérailles) 914
Côté Bastide (Sainte-Foy-la-Grande) 905
En Cuisine (Brive-la-Gaillarde) 913
Les Flots (Châtelaillon-Plage) 926
Le Gantxo (Guiche) 876
Hôtellerie St-Jean (Saint-Jean-de-Thouars) 946
L'Interprète (Pau) **N** 885
Lou Esberit (Pau) 885
Le Mail (La Rochelle) 941
Maison Joanto (Briscous) 869

H. Hughes/hemis.fr

828

Manger & Dormir sur la Plage (Marennes) **N** 935
Nougier (Fursac) 915
O'Plaisir des Sens (La Roque-Gageac) 895
Ô Moulin (Carsac-Aillac) **N** 870
Le P'tit Rouquin (Niort) 937
Le Petit Paris (Daglan) 872
La Plage de la Ribaudière (La Tremblade) 942
La Poule d'Or (Puymirol) 894
La Quincaillerie (Montendre) 936
Racines by Daniel Gallacher (Bordeaux) 863
Le Relais des Salines (Le Grand-Village-Plage) 933
La Réserve du Presbytère (Montagne) **N** 884
Saveurs de l'Abbaye (Saintes) 944
Les 7 (Tulle) 920
La Table d'Inomoto (Saint-André-de-Cubzac) 895
La Table de Léo (Saint-Avit-Sénieur) 895
La Table de Catusseau (Pomerol) 893
La Table du Fleuve (Bourg-Charente) 925
La Table du Pouyaud (Champcevinel) 871
Le Tilleul de Sully (Montgibaud) ❀ 918
La Toupine (Brive-la-Gaillarde) 913
Le Turenne (Beaulieu-sur-Dordogne) 912
Le Vanteaux (Limoges) 916

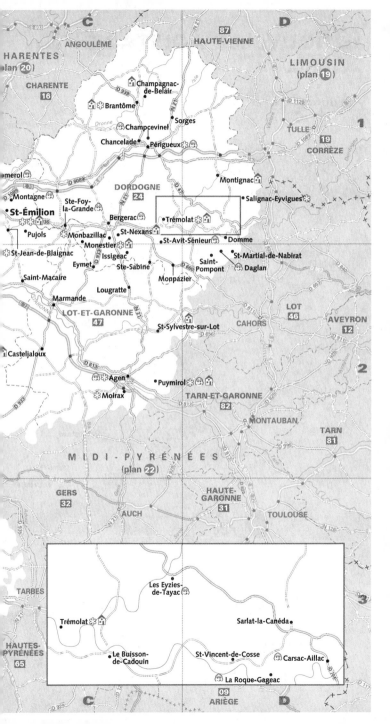

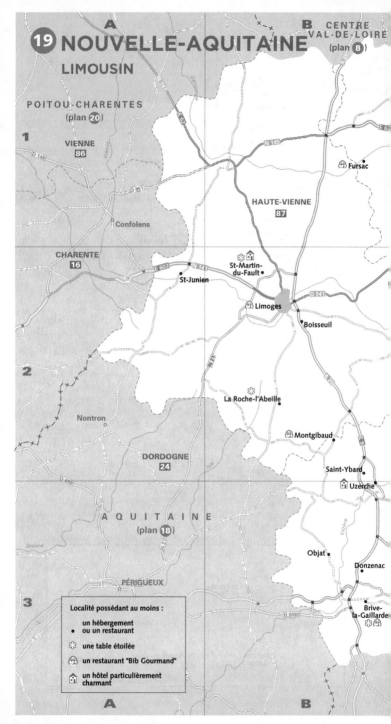

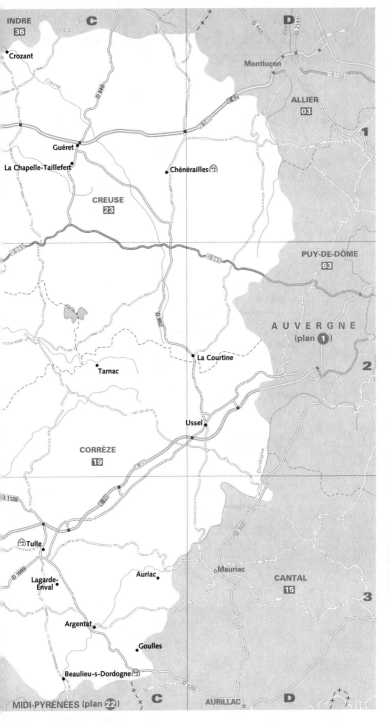

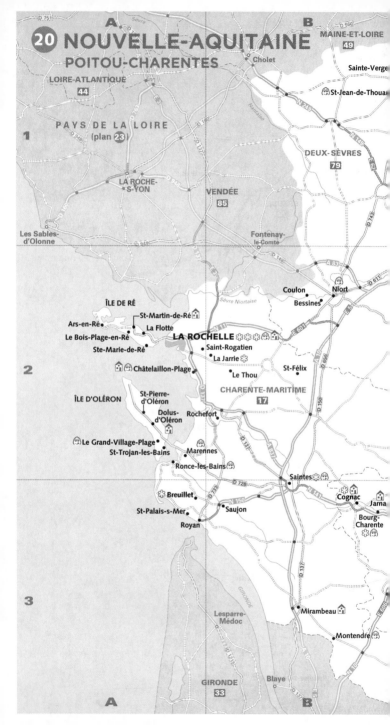

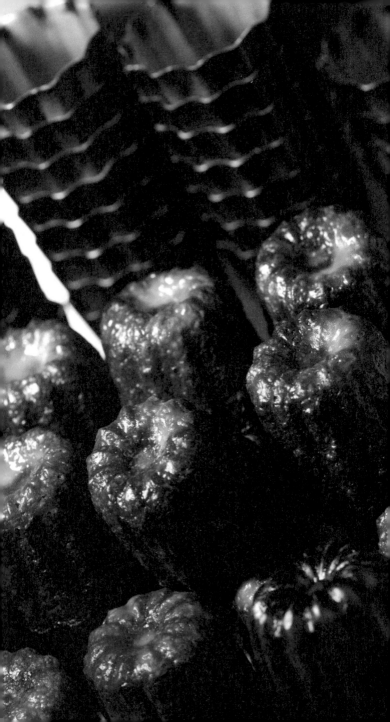

AQUITAINE

D'un côté l'Atlantique, de l'autre l'Espagne. De la Gironde à la Dordogne, des Pyrénées-Atlantiques au Pays Basque : par quelle porte entrer en Aquitaine, elle qui en a tant ? Bien-entendu, on pense d'abord à Bordeaux, la capitale, ville portuaire abreuvée aux eaux tourmentées de la Garonne. Particulièrement vivante, la jeune scène gastronomique est en train de dynamiter les vieux standards de brasserie - magrets, côte de bœuf, grosses frites etc. avec une génération de chefs comme l'Ecossais Daniel Gallacher ou Fabien Beaufour au Cent 33 qui travaillent même leur petit menu du déjeuner. Autour, à perte de vue, à Saint-Émilion, Sauternes, dans le Médoc, les grappes alourdies de soleil attendent de rejoindre la fraîche humidité des caves châtelaines.

Au sud, le Lot-et-Garonne, poumon vert de la région, fournit en fruits et légumes nombre de chefs régionaux. Et puis, bien-entendu, il y a le pays basque. Regardez la carte de nos tables : il semble que l'Euskadi attire la gourmandise comme un aimant. On y trouve une vraie culture du goût et de la bouche, comme en Alsace ou dans la vallée du Rhône. Pas de doute, là-bas, les gens savent manger. Comme à l'Antre, à Bidart et sa gastronomie locavore et décomplexée au coude à coude, ou L'Entre-deux à Biarritz, où Rémy Escale réalise une cuisine bistronomique simple, franche et directe. Ah, les poissons tout juste arrivés de Saint-Jean-de-Luz ou Capbreton et qui achèvent de frétiller dans nos assiettes... L'Aquitaine ? Terriblement vaste, follement basque.

• Carte régionale n° 18

AGEN

✉ 47000 – Lot-et-Garonne – Carte régionale n° **18**-C2 – Carte Michelin 336-F4

❀ **MARIOTTAT**

Chef: Éric Mariottat

MODERNE • **ÉLÉGANT** ✗✗ En plein cœur de la ville, sur le site d'un ancien couvent, cet hôtel particulier du 19e s. campe au milieu d'un parc paisible aux arbres centenaires. Couple passionné par les arts de la table, Éric et Christiane Mariottat y défendent une haute idée de la gastronomie, à travers deux belles salles à manger d'esprit 18e s. avec moulures, fauteuils Louis XV, lustres à pendeloques, tableaux anciens et modernes. En cuisine, le chef met son expérience au service d'un "terroir contemporain" qui n'exclut pas une fascination pour le Japon. Son biscuit au cresson, petits pois frais, cubes de tofu, quenelle de brousse fraîche et purée de pois cassés est un modèle d'originalité et de fraîcheur. Son filet de turbot rôti aux asperges vertes et blanches, truffes blanches et noires, se déguste comme un classique au caractère bien trempé...

Spécialités : Œuf de poule cuit à 65°, truffe et purée légère de ratte. Pied de cochon noir de Gascogne farci au homard. Dessert autour de l'avocat, de la verveine, du cresson et de l'huile d'olive.

❀ 🏠 ♿ 🅐🅒 ⇔ 🅿 – Menu 29 € (déjeuner), 55/90 € – Carte 72/80 €

*25 rue Louis-Vivent – ☎ 05 53 77 99 77 – www.restaurant-mariottat.com –
Fermé 30 avril-15 mai, 31 octobre-16 novembre, 2-25 janvier, lundi, samedi midi,
dimanche soir*

❀ **L'AFFRANCHI**

MODERNE • **CONTEMPORAIN** ✗✗ Tout Agen a entendu parler de cette affaire créée dans un esprit de "gastronomie décomplexée" : l'équipe aux commandes régale grâce à une cuisine fraîche et bonne, au plus près des producteurs et des saisons. Côté décor, c'est tout bon aussi : pierre apparente, joli parquet en chêne...

Spécialités : Œuf parfait, chou-fleur, champignons, boudin noir, piment d'Espelette. Filet de canette rôti, oignon en neuf textures. Citron en trompe l'œil.

🏠 ♿ 🅐🅒 – Menu 12 € (déjeuner), 34/47 €

*33 rue des Cornières – ☎ 05 53 95 67 59 – www.restaurant-laffranchi.fr –
Fermé lundi*

🍴 **LA TABLE DE MICHEL DUSSAU**

MODERNE • **DESIGN** ✗✗ Non loin du stade de rugby, la Table de Michel Dussau valorise saveurs et produits du terroir, avec une prédilection pour l'agriculture biologique. Et aussi : cave à vins vitrée, armoire de maturation des viandes, cours de cuisine, boutique. Le déjeuner est adapté à une clientèle pressée, carte plus étoffée le soir.

♿ 🅐🅒 🅿 – Menu 54/85 € – Carte 25/50 €

*1350 avenue du Midi – ☎ 05 53 96 15 15 – www.la-table-agen.com – Fermé 15-31 août,
lundi, dimanche*

🍴 **L'ATELIER**

MODERNE • **INTIME** ✗ Dans cet atelier-là, c'est Marjorie qui cuisine et Stéphane qui veille sur la salle. Est-ce la touche féminine ? La cuisine est légère, tout en étant généreuse, et de saison. Gourmand !

🏠 🅐🅒 – Menu 18 € (déjeuner), 32/36 €

*14 rue du Jeu-de-Paume – ☎ 05 53 87 89 22 –
Fermé samedi, dimanche*

AINHOA

✉ 64250 – Pyrénées-Atlantiques – Carte régionale n° **18**-A3 – Carte Michelin 342-C5

⍟ **ITHURRIA**

Chef: Xavier Isabal

MODERNE · AUBERGE ✕✕ Place du Fronton à Ainhoa, face au terrain de trinquet : plus basque, tu meurs ! Cette belle maison traditionnelle a conservé ses
tomettes au sol, ses poutres au plafond, ses cuivres rutilants et ses assiettes
anciennes. Dans la famille Isabal, c'est désormais le fils Xavier qui tient les fourneaux (aidé par son frère Stéphane en salle). Le jeune cuisinier se fournit exclusivement auprès des producteurs locaux, tout en agrémentant l'ordinaire avec ses
propres fruits et légumes. Les amoureux du terroir croiseront au fil de sa carte
une piperade au jambon poêlé, des œufs aux truffes, un cochon basque en trilogie (joue confite, boudin, côte rôtie), le saumon de l'Adour, les asperges des Landes, les cèpes... Preuve que la gastronomie basque demeure une éternelle pour-
voyeuse de mets plantureux. Cette adresse est aussi un hôtel familial
délicieusement basque.

Spécialités : Rossini de pied de porc et escalope de foie gras poêlée. Râgout de
queues de langoustines aux pâtes fraîches. Fruits rouges, sorbet au lait de brebis
fumé et émulsion verveine.

🕸 ⇦ 🛋 & 🆔 🔹 🅿 – Menu 48/92 € – Carte 73/90 €

Place du Fronton – ☎ 05 59 29 92 11 – www.ithurria.com –
Fermé 2 novembre-15 avril, mercredi, jeudi midi

⍟ **ARGI EDER**

CLASSIQUE · TRADITIONNEL ✕✕ Œuf piperade revisité ; veau de Mauléon en
déclinaison ; tarte Argi Eder au caramel, vanille et citron jaune... Au menu de ce
restaurant au cadre soigné, une fine cuisine aux accents du terroir basque, signée
par un chef passionné par les produits locaux.

⇦ ≤ 🛋 🏕 & 🆔 🅿 – Menu 32/75 € – Carte 39/63 €

Route de la Chapelle - quartier Boxate – ☎ 05 59 93 72 00 – www.argi-eder.com –
Fermé 1er janvier-31 mars, 2 novembre-31 décembre, lundi midi, mardi midi,
mercredi, vendredi midi

ARCACHON – Gironde (33) ➔ Voir Bassin d'Arcachon

ARCANGUES

✉ 64200 – Pyrénées-Atlantiques – Carte régionale n° **18**–A3 – Carte Michelin 342-C4

⍟ **MOULIN D'ALOTZ**

Chef: Fabrice Idiart

CRÉATIVE · COSY ✕✕ Le chef trentenaire bayonnais Fabrice Idiart, est à la fois
basque, attachant, entier, humble, locavore et ardent défenseur des produits du
terroir local (sans oublier les légumes, herbes et fleurs de son potager cultivé
par son papa) : ça fait beaucoup pour un seul homme. Mais le gaillard a des
épaules et du talent : il propose une cuisine actuelle et créative, mûrement réfléchie, maîtrisée en termes de cuisson et d'assaisonnement, riche de personnalité
au niveau des saveurs et des jeux de texture. Une table pleine de sensibilité et
d'émotion, en adéquation avec l'atmosphère bucolique et romantique de ce moulin basque du 17e s. niché au cœur de la verdure.

Spécialités : Foie gras de canard du pays basque au naturel. Merlu de ligne et
parmentier glacé à l'ail noir. Plantes médicinales sucrées, infusées, meringue acidulée et mousse de lait.

🛋 🏕 🆔 🅿 – Menu 72/88 € – Carte 51/84 €

Chemin Alotz-Errota – ☎ 05 59 43 04 54 – www.moulindalotz.com –
Fermé mardi, mercredi

🍴○ **GAZTELUR**

MODERNE · **MAISON DE CAMPAGNE** ✕✕ Cette magnifique demeure datant de 1401– meubles anciens, délicieux patio entouré de verdure – ne doit pas faire oublier l'essentiel : une cuisine de première fraîcheur, composée au gré du marché par Alexandre Soulier, un chef au solide CV (d'Anne-Sophie Pic à Thierry Marx), attentif aux saisons et aux choix des produits. Avec pour écrin, un lieu sublime.

⇐ 🛏 & ✿ 🅿 – Menu 35 € (déjeuner)/75 € – Carte 48/78 €

Chemin de Gastelhur – ℰ *05 59 23 04 06 – www.gaztelur.com –*
Fermé lundi, dimanche

ARÈS – Gironde (33) → Voir Bassin d'Arcachon

LE BARP

✉ 33114 – Gironde – Carte régionale n° **18**–B2 – Carte Michelin 335-G7

🍴○ **LE RÉSINIER**

TRADITIONNELLE · **AUBERGE** ✕ Cette maison de pays, conviviale et sympathique, avec sa terrasse sous une vigne, a des airs d'auberge d'autrefois ; on y sert une cuisine de tradition, où tous les produits proviennent de la région. Chambres aux styles variés, modernes ou personnalisées.

⇦ 🛱 🅿 – Menu 18 € (déjeuner), 26/69 € – Carte 47/62 €

68 avenue des Pyrénées – ℰ *05 56 88 60 07 – www.leresinier.com –*
Fermé dimanche soir

J.D. Dallet/age fotostock

Gironde
Carte Michelin 335-D7

BASSIN D'ARCACHON

Le bassin d'Arcachon est une échancrure dans la longue Côte d'Argent, une lagune sertie par la forêt, autrefois domaine des résiniers. Devenu le sixième parc naturel marin français, cet univers, en partie protégé, est animé par le vol des oiseaux. Dans ce paysage sauvage, les pinasses colorées, les cabanes sur pilotis et les ducs-d'Albe témoignent de l'activité des hommes. Côté gourmandise, on commence par aller se régaler dans l'une des cabanes des ports ostréicoles (à la Teste-de-Buch, par exemple), en accompagnant ses huîtres d'un petit verre de blanc : si ce n'est pas le bonheur, ça y ressemble ! On ira aussi se régaler de sole ou de seiche dans l'un des nombreux restaurants du bassin, avant de passer au marché d'Arcachon : sa halle Baltard recèle bien des trésors, caviar d'Aquitaine, bars, soles et turbots de la criée, bœuf de Bazas et fromages des Pyrénées...

ARCACHON

✉ 33120 – Gironde – Carte régionale n° **18**–B2 – Carte Michelin 335-D7

✿ LE PATIO

Chef: Thierry Renou

MODERNE · ÉLÉGANT ✗✗ Dans le quartier du port, ce restaurant s'est fait un devoir de mettre en valeur les meilleurs produits aquitains : asperge des Landes, agneau de Pauillac, huîtres du bassin, pigeon, foie gras... Le chef Thierry Renou voue aussi une passion à la Thaïlande où il séjourne régulièrement : il y a des pointes de métissage dans son foie gras poché au lait de coco, dans sa sole agrémentée d'un bouillon thaï, dans ses huîtres et ses sushis parfumés à l'aloe vera, sans parler des statues de Bouddha qui décorent son restaurant. Sa cuisine se veut contemporaine et porte une attention toute particulière à l'esthétisme des assiettes – autre influence asiatique ? Quant au fameux "patio", c'est aussi un régal : une verrière qui permet de déjeuner à l'air libre ou de dîner sous la voûte étoilée...

Spécialités: Tartare de canard fumé, carpaccio de foie gras, truffe d'été et mimolette. Canard croisé, filet rôti au sautoir, cuisse en parmentier aux truffes. Pim's framboise, ganache guanaja, framboises pépins et sorbet à la fée verte.

✿ – Menu 53/115 € – Carte 113/125 €

Plan : B1-t – *10 boulevard de la Plage* –
☎ *05 56 83 02 72* – *www.lepatio-thierryrenou.com* –
Fermé 8-22 mars, 1ᵉʳ-23 novembre, lundi, dimanche

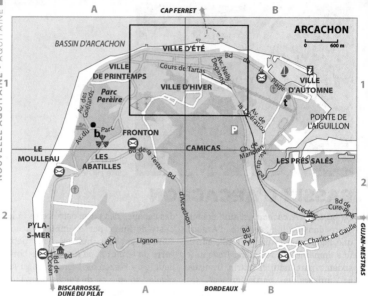

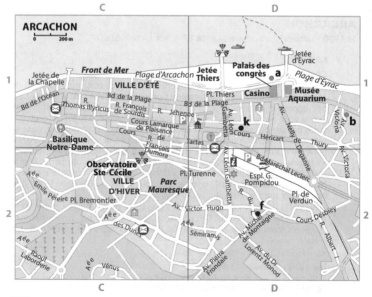

🍴 **CHEZ PIERRE**

POISSONS ET FRUITS DE MER · **BRASSERIE** XX Sur le front de mer, près du palais des congrès, cette brasserie est une institution locale. Cuisine contemporaine dans l'assiette, où le poisson du bassin joue les premiers rôles aux côtés de l'huître, véritable diva, et de belles viandes de la région comme le pigeon et l'agneau.

&& 🏠 🄺 – Menu 35€ – Carte 45/80€

Plan : D1-a – *1 boulevard Veyrier-Montagnères* – 𝒞 *05 56 22 52 94* – *www.cafedelaplage.com*

🍴 **KO-SOMETSUKE 2K**

ASIATIQUE · **SIMPLE** X Originaire du Cambodge, la famille Khong a posé ses valises à Arcachon, et désormais, c'est elle qui invite au voyage : de la Chine au Japon, et au sud-est asiatique, en utilisant des produits régionaux. Ne manquez pas les *dim sum*, les vraies stars de la maison, dont la pâte est d'une finesse rare...

🏠 🄺 – Menu 30/76€ – Carte 40/75€

Plan : D1-b – *156 boulevard de la Plage* – 𝒞 *05 56 83 67 69* – *Fermé lundi, mardi, mercredi midi*

 VILLE D'HIVER

BOUTIQUE HÔTEL · **COSY** Dans un quartier plein de cachet, cet ancien bâtiment de la Compagnie Générale des Eaux est devenu un charmant hôtel, ceinturé d'un beau jardin. À l'image de la station, il cultive un style balnéaire à la fois chic et décontracté. Les chambres sont douillettes, l'espace détente invite au lâcher prise.

🌀 🚪 🛏 🖕 🄺 🄿 – 18 chambres

Plan : D2-f – *20 avenue Victor-Hugo* – 𝒞 *05 56 66 10 36* – *www.hotelvilledhiver.com*

 VILLA LAMARTINE

URBAIN · **PERSONNALISÉ** Cet établissement, situé dans une rue calme du centre-ville, offre tous les agréments d'une demeure bourgeoise familiale : petit salon cosy, plaisante salle des petits-déjeuners, et bien entendu, chambres confortables. Sans oublier un joli petit spa qui vous tend les bras...

🔲 🖕 🄺 🄿 – 24 chambres

Plan : D1-k – *28 avenue Lamartine* – 𝒞 *05 56 83 95 77* – *www.hotelvillalamartine.com*

ARÈS

✉ 33740 – Gironde – Carte régionale n° **18**–B1 – Carte Michelin 335-E6

 ONA

Cheffe : Claire Vallée

VÉGÉTALIENNE · **COSY** X Davantage qu'un restaurant, une philosophie de vie ! Claire Vallée (quel nom prédestiné!), cheffe autodidacte, ancienne archéologue, propose ici une gastronomie bio et 100% vegan – d'où le nom du restaurant, ONA, qui signifie "origine non-animale". Les assiettes, esthétiques, sont finement travaillées, avec de belles déclinaisons sur les fruits et légumes ; ainsi la courgette, panisse, rhubarbe ; le brocoli cuit au feu ou l'île flottante salée. On savoure un voyage dans une gastronomie inattendue, qui s'exprime dans toute sa complexité le soir, autour d'un menu en 7 temps. Cette table originale et créative mérite toute votre attention.

Spécialités : Raviole de courgette jaune, gnocchis à la truffe noire, petits pois et fèves en saumure à l'épine-vinette. Ballotine de blette à la ricotta végétale, condiment au citron confit et tuile dentelle curcuma. Carotte glacée à la passion, crème au yuzu, financier aux amandes et sorbet bergamote.

🌿 *L'engagement du chef :* "Nous travaillons des produits de saison, bio et locaux. Notre terrasse végétalisée, ouverte l'été, comporte 140 variétés de plantes comestibles utilisées dans notre cuisine. Notre énergie est renouvelable, et nous avons un système de compost."

🏠 🖕 🄺 – Menu 24€ (déjeuner)/59€

3 bis rue Sophie-et-Paul-Wallerstein – 𝒞 *05 56 82 04 06* – *www.clairevallee.com* – *Fermé lundi, mardi, dimanche soir*

BASSIN D'ARCACHON

CAP-FERRET

✉ 33970 – Gironde – Carte régionale n° **18**–B2 – Carte Michelin 335-D7

⅏◯ **PINASSE CAFÉ**

POISSONS ET FRUITS DE MER · COSY ꭗ Avec sa terrasse idyllique donnant sur les flots, ce restaurant est une ode au bassin et à la dune du Pilat ! Poissons et crustacés du cru sont à l'honneur (huître en tête) et, pour l'anecdote iodée, la pinasse est le bateau traditionnel du littoral arcachonnais.

≼ 🛋 ᳖ 🎟 ⇆ – Menu 44 € – Carte 45/70 €

2 bis avenue de l'Océan – ℰ *05 56 03 77 87 – www.pinasse-cafe.com*

GUJAN-MESTRAS

✉ 33470 – Gironde – Carte régionale n° **18**–B2 – Carte Michelin 335-E7

⅏◯ **BISTRO' 50**

MODERNE · BRANCHÉ ꭗ À 100 m de la plage et du port de la Hume, le chef propose une cuisine moderne et goûteuse, qui s'appuie sur une technique solide (cuissons, bouillons). Avec, comme on l'imagine, un certain penchant pour les produits marins – même si le pied de cochon ficelé à la pomme de terre demeure un incontournable. Aux beaux jours, on profite de la vaste et agréable terrasse.

🛋 ᳖ – Menu 20 € (déjeuner), 26/49 € – Carte 40/100 €

50 avenue de la Plage, à La Hume – ℰ *05 57 16 35 43 – www.bistro50.fr –*
Fermé 23 novembre-1er décembre, 4 janvier-2 février, mardi, mercredi

LANTON

✉ 33138 – Gironde – Carte régionale n° **18**–B2 – Carte Michelin 335-E6

⌂⌂⌂ **VILLA LA TOSCA**

BOUTIQUE HÔTEL · CONTEMPORAIN Considérée comme l'un des plus fins exemples d'architecture arcachonnaise, la Villa La Tosca marie avec brio la villa à l'italienne avec ce style villégiature typique du Sud-Ouest. Les intérieurs sont contemporains, lumineux, décorés d'antiquités d'Asie et d'objets d'art. Un moment de calme et sérénité sur le bassin d'Arcachon, à distance raisonnable des vignobles du Bordelais.

⇆ ᳘ 🅿 – 8 chambres

10 allée du Bassin – ℰ *05 56 60 29 86 – www.villalatosca.com*

PYLA-SUR-MER

✉ 33115 – Gironde – Carte régionale n° **18**–B2 – Carte Michelin 335-D7

❀❀ **LE SKIFF CLUB**

MODERNE · ÉLÉGANT ꭗꭗ Au sein de cet hôtel basque des années 1930 lové au cœur d'une pinède et relooké par le designer Philippe Starck, le restaurant le Skiff Club est un cocon, installé dans une coquette petite salle à manger décorée façon yacht club. Stéphane Carrade est un capitaine émérite et talentueux : il décline une réjouissante cuisine de "terroir progressif", célébrant l'Aquitaine de superbe manière. Ce chef allie générosité et finesse, comme pour ce homard rôti et travaillé avec de l'avocat grillé et du poivre Cuméo, ou ces noisettes d'agneau des Pyrénées sur leur jus de dattes, accompagnées de lamelles de truffes et de cèpes. Le dessert enfin, signé Alexandre Blay, confirme toutes les promesses de cette table : la framboise et son sablé au basilic crémeux et marmelade au vinaigre sorbet et Zéphir à la betterave est à la fois poétique, aérienne et précise.

Spécialités : Mimosas d'huîtres en tartelette, salicornes, eau gélifiée, purée florentine et bijoux de la mer. Palombe rôtie au gras de jambon, coings confits au porto, cèpes au jus et noix fraîches. Meringue givrée au cognac, crème prise et sauce chocolatée, glace aux arômes de bois de chêne.

❀ *L'engagement du chef: "Fidèle à notre ligne de conduite qui prône le terroir progressif, nous travaillons au maximum avec les petits producteurs de notre région - pêche locale, légumes, herbes, bête entière, tout en privilégiant les plus beaux produits. Beau, bon et le plus naturel possible. Le chef roule en voiture 100% électrique et va chercher lui-même certains produits comme les légumes cultivés à Biscarrosse. Nous avons comme projet de créer un élevage de cochons afin de recycler nos déchets verts."*

ॐ ♿ 🅿 – Menu 140/160€

Ha(a)ïtza, 1 avenue Louis-Gaume – ☎ 05 56 22 06 06 – www.haaitza.com – Fermé lundi midi, mardi midi, mercredi midi, jeudi midi, vendredi midi, dimanche

🍽️ LA CO(O)RNICHE

TRADITIONNELLE · TENDANCE 🗴 On s'attable dans une grande salle décorée par Philippe Starck, entourée de baies vitrées ouvertes sur l'immense terrasse : la vue sur le banc d'Arguin et le Cap Ferret ne laissera personne indifférent ! Quant à l'assiette, elle accueille des poissons et fruits de mer de première fraîcheur, à peine sortis de l'onde...

ॐ ⩹ 🍽️ ♿ – Menu 68€

46 avenue Louis-Gaume – ☎ 05 56 22 72 11 – www.lacoorniche-pyla.com

🏚️ LA CO(O)RNICHE

LUXE · ÉLÉGANT Sur les hauteurs – entre sable et pinède – cette villa néo-basque des années 1930 a été entièrement rénovée par Philippe Starck. Chambres d'une blancheur immaculée, échappées superbes sur le bassin ou les dunes, augmentées de seize autres, nichées dans la partie Village des Cabanes, contre la célèbre dune du Pyla. Un endroit très en vue !

⩹ ⤴ ♿ 🅰 🔧 – 29 chambres

46 avenue Louis-Gaume – ☎ 05 56 22 72 11 – www.lacoorniche-pyla.com

🍽️ **La Co(o)rniche** – Voir la sélection des restaurants

🏚️ HA(A)ÏTZA

LUXE · DESIGN Tout près de la célèbre dune du Pilat et de l'océan, cette villa des années 1930 en impose ! Intérieur design chaleureux et ultramoderne (signé Philippe Starck, excusez du peu), jolies chambres lumineuses décorées avec raffinement, piscine sous verrière et spa... Un lieu d'exception.

⤴ 🔲 🌀 🎴 ⊡ ♿ 🅰 🔧 🅿 – 30 chambres – 8 suites

1 avenue Louis-Gaume – ☎ 05 56 22 06 06 – www.haaitza.com

✿✿ **Le Skiff Club** – Voir la sélection des restaurants

🏚️ LA GUITOUNE

FAMILIAL · VINTAGE Entièrement réhabilité, cet hôtel familial bien connu dans la région joue la carte des couleurs et du glamour : rideaux aux motifs de sirènes, moquette imprimée de homards rouges, mobilier Art déco, etc. Chambres confortables, dont quatre suites à part dans des cabanes, les fameuses "guitounes" !

🏡 ♿ 🅰 🔧 🅿 – 24 chambres

95 boulevard de l'Océan – ☎ 05 56 83 00 00 – www.laguitoune-pyla.com

LA TESTE-DE-BUCH

✉ 33260 - Gironde - Carte régionale n° **18**-B2 - Carte Michelin 335-E7

🌱 L'AILLET 🆕

MODERNE · BISTRO 🗴 Se réclamant d'une approche paysanne, la cuisine du chef s'inscrit pourtant dans l'esprit des bistrots branchés d'aujourd'hui grâce à une esthétique résolument contemporaine. Il est aussi adepte des cuissons traditionnelles et des pièces rôties entières - vive le goût ! Qui s'en plaindra ? Pas nous ! Une adresse bienvenue autour du bassin d'Arcachon.

Spécialités: Onglet de bœuf mariné, yaourt, menthe, condiment aubergine brûlée. Lieu jaune, crème safran, fenouil croquant. Mousse au chocolat noir, noisettes torréfiées.

🍽️ ♿ 🅰 – Menu 19€ (déjeuner), 26/37€

16 place Gambetta – ☎ 05 40 70 23 98 – Fermé lundi, dimanche

BAYONNE

✉ 64100 – Pyrénées-Atlantiques – Carte régionale n° **18**–A3 – Carte Michelin 342-D2

🍽️ **AUBERGE DU CHEVAL BLANC**

CLASSIQUE · **ÉLÉGANT** ✕✕ Ce relais de poste du 18ᵉ s. est tenu par la même famille depuis 1959. La salle arbore les couleurs blanc et rouge du Pays basque... et la cuisine revisite le répertoire régional, avec la complicité de bons produits bayonnais (sel, jambon, chocolat, irouléguy, etc.).

🅰️ ⇔ – Menu 25/45 € – Carte 45/57 €

68 rue Bourgneuf –
📞 05 59 59 01 33 – www.cheval-blanc-bayonne.com – Fermé 28 juin-12 juillet, lundi,
samedi midi, dimanche soir

🍽️ **GOXOKI**

TRADITIONNELLE · **CLASSIQUE** ✕✕ Le *goxoki*, c'est l'endroit chaleureux, en basque. Un nom tout indiqué pour ce restaurant du petit Bayonne où officie un chef au parcours solide – il a notamment passé vingt ans auprès de Jean Cousseau, à Magescq. Sa cuisine, très française, fait la part belle aux beaux produits de saison, locaux bien entendu, avec une belle carte de gibier. Le classicisme dans ce qu'il a de meilleur

♿ 🅰️ – Menu 25/74 €

24 rue Marengo –
📞 05 59 59 49 89 – https://restaurant-goxoki.business.site – Fermé 14-28 mars,
7-21 juillet, lundi midi, mercredi midi, dimanche soir

🍽️ **LA GRANGE**

TRADITIONNELLE · **CONTEMPORAIN** ✕ Dans cette maison en plein cœur de la ville, les vieilles pierres se marient harmonieusement avec une déco plutôt contemporaine. Dans l'assiette, place à une cuisine du marché et quelques spécialités de bistrot à l'accent basque. Et l'été, profitez de la terrasse sous les arcades, au bord de la Nive...

🌿 ♿ – Menu 30/41 € – Carte 45/50 €

26 quai Galuperie –
📞 05 59 46 17 84 – Fermé lundi, dimanche

🍽️ **LA TABLE - SÉBASTIEN GRAVÉ**

CUISINE DU SUD-OUEST · **BRANCHÉ** ✕ Après le succès de son Pottoka parisien (dans le 7ᵉ arrondissement), le chef revient à ses racines bayonnaises. Il compose des plats de bistrot inspirés du meilleur de la production du Sud-Ouest, dont la poitrine de cochon crousti-fondante pourrait devenir l'ambassadrice ! Convivial et chaleureux : indéniablement, la meilleure adresse de Bayonne.

🌿 ♿ 🅰️ – Menu 26 € (déjeuner), 39/50 €

21 quai Amiral-Dubourdieu –
📞 05 59 46 14 94 – www.latable-sebastiengrave.fr – Fermé 16-28 août, lundi,
dimanche

🍽️ **L'INATTENDU** 🆕

CUISINE DU MARCHÉ · **CONTEMPORAIN** ✕ Venez vous blottir dans ce petit établissement à la devanture discrète, situé dans le quartier du petit Bayonne, entre Adour et Nive. Dans leur décor bohème, Manon (en salle) et Mathieu (en cuisine) sauront prendre soin de vous. Le chef mitonne une bonne cuisine bistronomique locavore à coup d'assiettes savoureuses et bien composées. Carte des vins courte mais judicieuse.

♿ 🅰️ – Menu 38/52 €

23 rue des Cordeliers –
📞 05 59 59 83 44 – www.linattendubayonne.com –
Fermé lundi midi, mardi, mercredi midi, jeudi midi, vendredi midi, dimanche

BERGERAC

✉ 24100 – Dordogne – Carte régionale n° **18**–C1 – Carte Michelin 329-D6

🏶 LE BISTRO D'EN FACE

MODERNE · **CONTEMPORAIN** X Le chef-patron Hugo Brégeon, épaulé par son épouse Aurore en salle, s'est installé dans une petite maison, dont la terrasse délivre un panorama imprenable sur la vieille ville, la Dordogne et ses gabarres. L'assiette, goûteuse et travaillée, est à la hauteur de la vue : une cuisine bistronomique pleine de fougue, qui revisite avec brio quelques classiques. Le tout pour un rapport plaisir/prix imbattable, et un joli choix de vins au verre. Un "bib plein pot", comme on dit chez nous.

Spécialités : Mignon de veau en vitello tonnato, bavarois parmesan câprons. Paleron de bœuf braisé, géométrie de légumes, condiment au raifort. Namelaka chocolat noir, nougatine, glace choco-caramel.

≤ 🛋 ᕔ – Menu 28/34 €

1 rue Fénelon – ℰ 05 53 61 34 06 – Fermé 11-27 avril, lundi soir, mardi soir, mercredi soir, jeudi soir, dimanche

ⅠⓄ L'IMPARFAIT

TRADITIONNELLE · **RUSTIQUE** XX Dans cette bâtisse médiévale du vieux Bergerac, on se régale d'une goûteuse cuisine inspirée du terroir périgourdin, à apprécier sur la terrasse en été, ou le reste de l'année, dans la salle à manger rustique près de la cheminée.

🛋 – Menu 30 € (déjeuner), 40/50 € – Carte 46/78 €

8 rue des Fontaines – ℰ 05 53 57 47 92 – www.imparfait.com

ⅠⓄ LA TABLE DU MARCHÉ COUVERT

MODERNE · **COSY** XX Impossible de ne pas remarquer cette maison d'angle à la façade rouge, face aux halles ! Dans ce bistrot chic à l'élégance toute contemporaine – un cadre soigné –, les recettes s'inspirent du marché... évidemment.

🛋 🎟 – Menu 25 € (déjeuner), 40/62 €

21 place Louis-de-la-Bardonnie – ℰ 05 53 22 49 46 – www.table-du-marche.com – Fermé 22 février-8 mars, 28 juin-12 juillet, lundi, dimanche midi

ⅠⓄ LE VIN'QUATRE

MODERNE · **CONVIVIAL** X Dans le cœur historique de Bergerac, avec quelques tables en terrasse, ce petit restaurant est tenu par un jeune couple charmant, Charlie Ray, chef britannique, épaulé de Mélanie en salle. Le menu varie au rythme des saisons, et les préparations soignées et goûteuses font mouche ! Autant dire que la réservation s'impose.

🛋 – Menu 35 €

14 rue Saint-Clar – ℰ 05 53 22 37 26 – www.levinquatre.fr – Fermé 8-21 février, lundi midi, mardi midi, mercredi, jeudi midi, vendredi midi

BIARRITZ-ANGLET-BAYONNE

0   750 m

LAHONCE

A 64 PAU
HASPARREN

DAX,
BORDEAUX

PAU,
ORTHEZ

DAX,
BORDEAUX

DAX,
BORDEAUX

A 63 / E 5

D 1 / E 80

MOUGUERRE

ADOUR

ST-PIERRE
D'IRUBE

MARRACQ

Plaine
d'Ansot

STE-CROIX

CITADELLE

Av. Dr
Camille Delvaille

BOUCAU

LA BARRE

Forêt du Pignada

Allées Marines

Av. Maréchal Soult

Av. Marcel Dassault

Bd du B.A.B.

Av. de Montbrun

CINQ-
CANTONS

Bois Belin

ANGLET

Bd
du B.A.B.

R. des Cinq Cantons

CHIBERTA

CHAMBRE
D'AMOUR

Av. des
Crêtes

Plage de la
Chambre d'Amour

Les plages

Grotte

Pointe
St Martin

OCÉAN
ATLANTIQUE

Plage
Miramar

Église
orthodoxe russe

Asiatica - Musée d'Art oriental

Av. de l'Impératrice

Grande
Plage

Plage de la
Côte des Basques

BIARRITZ

Musée
du Chocolat

BEAU RIVAGE
Plage de Marbella

Plage de
la Milady

Cité de
l'Océan

ILBARRITZ

Plage
d'Ilbarritz

ST-JEAN

Av. de
Bayonne

Av. de Biarritz

Av. de Espagne

Av. du Gén.
de Gaulle

Av. de
Maignon

Av. du B.A.B.

BIARRITZ-
BAYONNE
ANGLET

Rte. de
l'aviation

CHAPELET

LA NÉGRESSE

A 63 / E 5

BASSUSARRY

Rte. de Cambo

Av. du 8 Mai 1945
Av. de Cambo

Lac de
Brindos

Lac de
Mouriscot

Lac de
Bayonne

BEAU
SOLEIL

LARREPUNTE

R. Francis
Jammes

R. Pierre
de Chevigné

R. Alan Seeger

J.-D. Sudres/hemis.fr

x

✉ 64200 –
Pyrénées-Atlantiques
Carte régionale n° **18**–A3
Carte Michelin 342-C4

NOUVELLE AQUITAINE • AQUITAINE

BIARRITZ

Pourquoi ne pas commencer la journée par un café aux halles, le cœur battant de la ville, fréquentées par les épicuriens et les chefs ? Deux édifices, l'un de brique et de métal, l'autre de style basque et orné d'une belle charpente en bois, permettent de faire connaissance avec l'identité culinaire basque et ses délices. Et ils sont nombreux, à l'image de la préparation dite "à la basquaise", qui mêle tomate, poivron, ail et oignon – avec ou sans le fameux jambon de Bayonne. Impossible de passer également à côté de la piperade, manière de ratatouille relevée au piment avec œufs brouillés, jambon, voire poulet ou thon. Au Pays basque, le piment d'Espelette est croqué à toutes les sauces, cru, cuit, en poudre, notamment pour la conservation du jambon. Pour compléter votre panier, ne manquez pas de flâner dans les rayons de la Maison Arostéguy, une épicerie fine historique qui propose de beaux produits locaux salés et sucrés.

Restaurants

❀ **L'ATELIER ALEXANDRE BOUSQUET**

Chef: Alexandre Bousquet

MODERNE • COSY ❌❌ Sur les hauteurs de Biarritz, cette ancienne ferme basque est le fief d'Isabelle Caulier (Aveyronnaise) et d'Alexandre Bousquet, originaire du Tarn, formé chez Michel Guérard et aux Crayères. Ce dernier compose une cuisine pleine de finesse et de subtilité, autour de produits de superbe qualité, locaux en grande majorité. Saveurs et textures se marient en parfaite harmonie, tout au long de menus en quatre ou six séquences (et d'un menu déjeuner). Voyez par exemple ce turbot, épinard et caviar, ou encore ce ris de veau doré au sautoir en déclinaison autour de l'oignon – un pur régal ! Une cuisine bien affirmée, une adresse à découvrir.

Spécialités: Foie gras, huîtres, coco et café. Pigeon, navet et noisettes. Mangue, citron et baies de timut du Népal.

❀ ⟨ 🛋 🍴 � ✛ 🅿 – Menu 38 € (déjeuner), 78/98 €

Plan : A2-y - *52 rue Alan-Seeger –*
☎ *05 59 41 10 11 – www.latelier-alexandrebousquet.com –*
Fermé lundi, dimanche

BIARRITZ

0 — 150 m

Rocher de la Vierge

ATALAYE

Plateau de l'Atalaye

PORT DES PÊCHEURS

ROCHER DU BASTA

Grande Plage

Hôtel du Palais ● k

Chapelle impériale ■

Av. de la Marne

Musée de la Mer- Aquarium de Biarritz

Sainte-Eugénie

Pl. du Port-Vieux

Plage du Port-Vieux

Bd du Maréchal Leclerc

Pl. Bellevue

Pl. Clemenceau ● a

P

Q. de la Grande Plage

Bd du Gal de Gaulle

P

Av. de la Reine

Château Javalquinto ● v

i

Villa Belza

La Perspective

Bd du Prince de Galles

Pl.Ste-Eugénie

Musée historique

Pl. Sobradiel

Les Halles

f ●

R. Duler

Rue de la Porte

Av. du Maréchal Foch

Av. de Verdun

● r

n ●

Pl. de la Libération

R. Charles Floquet

R. de Beausejour

OCÉAN ATLANTIQUE

Plage de la Côte des Basques

Établissement des bains

P

Av. de Londres

R. Jeanne d'Arc

R. Jean

R. Jaurès

Av. du Maréchal Foch

Asiatica - Musée d'Art oriental

R. Lousteau

R. Paul Bert

R. Michelet

FRONTON PARC MAZON

R. Saint-Jean l'Océan

R. des Frères

Imp. Roland

République

Av. du Maréchal Foch

Av. de Ségure

R. d'Espagne

R. des Chalets

Av. Témérand

Av. Belle Fontaine

❀ **L'IMPERTINENT**

Chef: Fabian Feldmann

CRÉATIVE · **CONTEMPORAIN** ✗✗ Impertinent : insolent, effronté et même irré-vérencieux, selon le dictionnaire ! Il y a aussi un côté rock'n'roll chez l'Allemand Fabian Feldmann, un chef créatif qui aime casser les codes. Pourtant, les codes, il les connaît sur le bout de sa fourchette : notre rebelle a suivi le par-cours classique des grandes maisons, comme L'Oasis à La Napoule et Pierre Gagnaire à Paris. Dans son repaire biarrot, il laisse libre cours à une imagina-tion parfois débridée, mais toujours juste. De belles matières premières, notamment les poissons de la criée de Ciboure, sont cuisinées et assaisonnées avec originalité. Tartare de veau, œuf de ferme, champignons et céleri ; homard, concombre, petit épeautre, algues marinées, sauce au whisky ; sorbet concombre, écume à la vodka, granité citron vert... L'impertinence a du bon.

Spécialités : Un clin d'oeil de chez Albert. Thon rouge de ligne, pommes de terre, tomates, yaourt fumé, huile de basilic. Chocolat et vermouth, crémeux chocolat, glace aux noix, date crémeuse, écume vermouth.

🕸 🍽 ♿ 🅰🅲 – Menu 38 € (déjeuner), 85/105 €

Plan : A1-a – *5 rue d'Alsace* –
☎ *05 59 51 03 67* – www.l-impertinent.fr –
Fermé lundi, dimanche

LES ROSIERS

Chefs: Andrée et Stéphane Rosier

MODERNE · **CONVIVIAL** XX Avec un tel patronyme, les Rosier auraient pu exercer le métier de pépiniériste. Au lieu de quoi, la première meilleure ouvrière de France (en 2007), aidée par son époux, concocte une séduisante cuisine-vérité à quatre mains. Si leur adresse a conservé extérieurement ses atours basques, l'intérieur a basculé dans la modernité, avec ses murs dépouillés, son parquet de bois et ses tables rondes design. Notre virtuose ne met jamais sa technique en avant : elle préfère le goût et les saveurs qu'elle extrait de beaux produits locaux, poissons et crevettes sauvages, pigeonneau et volaille fermière, notamment. De la citronnelle et de l'algue nori par ici, du gingembre et du citron confit par-là, Andrée Rosier aime aussi booster ses plats avec quelques touches exotiques. Le Japon, où les Rosier ont ouvert deux tables, s'inviterait-il désormais à Biarritz ?

Spécialités: Bonbon de chipirons à l'encre, champignons, fines herbes et bouillon « Xamango ». Ris de veau doré et espuma de pomme de terre au café. Fraises de Mendionde, sorbet haricots verts et éclats de meringue.

&. AC – Menu 39 € (déjeuner), 89/124 € – Carte 75/92 €

Plan : A2-z – *32 avenue Beau-Soleil – & 05 59 23 13 68 –*
www.restaurant-lesrosiers.fr – Fermé lundi, mardi

LE BISTROT GOURMET

MODERNE · **BRASSERIE** XX Dans un quartier plutôt calme, la façade discrète abrite ce restaurant aux allures de bistrot chic. La cuisine, gourmande et bien maîtrisée, se décline (c'est plutôt rare) en demi-portions ou en plats, selon l'appétit de chacun. Service attentionné et souriant.

斎 AC – Carte 45/60 €

Plan : A1-k – *18 rue de la Bergerie – & 05 59 22 09 37 –*
www.le-bistrot-gourmet.com –
Fermé lundi midi, mardi, mercredi, jeudi midi, vendredi midi

LE CAFÉ BASQUE ⓝ

CRÉATIVE · **BRASSERIE** XX Au cœur de la ville et juste au-dessus de la grande plage, voici la table, entièrement rénovée avec panache, d'un hôtel mythique, le Café de Paris. Le chef étoilé Cédric Béchade (l'Auberge basque) a conçu une partition de brasserie, habilement réinterprétée, inspirée par le terroir local et émaillée de clins d'œil ibériques.

⇦ ⇠ 斎 AC – Carte 49/61 €

Plan : E1-a – *5 place Bellevue –*
& 05 59 24 19 53 – www.hotel-cafedeparis-biarritz.com

LA TABLE D'ARANDA

MODERNE · **RUSTIQUE** XX Bon bouche à oreille pour cette table vouée à la satisfaction de vos papilles... Ambiance rustique et basque (ancienne rôtisserie) ; cuisine actuelle avec quelques touches de créativité.

AC – Menu 20 € (déjeuner) – Carte 30/43 €

Plan : A1-j – *87 avenue de la Marne – & 05 59 22 16 04 – www.tabledaranda.fr –*
Fermé lundi, dimanche

IQORI

MODERNE · **DESIGN** X Dans le cadre intemporel du Regina, cette table met à l'honneur avec brio les produits basques et de l'Atlantique, dans une veine moderne. Et n'oublions pas, dans la continuité du superbe lobby de l'hôtel, la grande terrasse avec vue sur le phare de Biarritz.

⇦ 斎 &. AC ⇔ P – Menu 29 € (déjeuner), 39/61 € – Carte 55/75 €

Plan : A1-r – *Le Regina, 52 avenue de l'Impératrice – & 05 59 41 33 09 –*
hotelregina-biarritz.com

🍴○ **LE SIN**

MODERNE · DESIGN 🛇 Au sein de la Cité de l'Océan, immanquable avec son architecture en forme de vague, le Sin offre une vue magnifique sur la mer et le château d'Ilbarritz. Le chef propose une cuisine bistrotière élaborée, qu'il fait évoluer tous les deux mois. Un exemple : ce pigeon fermier, jus tranché à l'ail et écrasé de pomme de terre.

≼ 🍴 🅰🅲 🅿 – Menu 32 € (déjeuner) – Carte 53/75 €

Plan : A2-w – *1 avenue de la Plage (au 1er étage de la Cité de l'Océan)* – 𝒞 *05 59 47 82 89* – *www.le-sin.com* – *Fermé 6-26 janvier, lundi, mardi soir, dimanche soir*

🍴○ **LE CLOS BASQUE**

MODERNE · RUSTIQUE 🛇 Pierres apparentes et azulejos confèrent un esprit ibérique à la petite salle, où l'on mange au coude-à-coude. Derrière les fourneaux, le chef signe une goûteuse cuisine du marché teintée de notes basques. Pensez à réserver, c'est presque toujours complet – et la terrasse est un rendez-vous pour les Biarrots !

🍴 – Menu 25/35 €

Plan : E1-v – *12 rue Louis-Barthou* – 𝒞 *05 59 24 24 96* – *Fermé 20 février-1er mars, 31 mai-14 juin, lundi, dimanche soir*

🍴○ **L'ENTRE DEUX**

CLASSIQUE · BRANCHÉ 🛇 Le jeune chef Rémy Escale est aux manettes de ce bistrot branché, chaleureux et décoré avec goût. Objectif affiché en cuisine : rester au plus près du produit et du goût ! Il associe les saveurs avec brio et fait preuve d'une maîtrise technique sans faille : on passe un super moment.

🖔 🅰🅲 – Menu 47/77 €

Plan : E2-n – *5 avenue du Maréchal-Foch* – 𝒞 *05 59 22 51 50* – *www.lentredeuxbiarritz.com* – *Fermé 4-11 janvier, 8-14 mars, 20 juin-5 juillet, 26 septembre-4 octobre, lundi, mardi midi, dimanche*

🍴○ **LÉONIE**

MODERNE · BISTRO 🛇 Un jeune couple est au gouvernail de ce bistrot sympathique, situé non loin du rond-point de l'Europe. Originaire de Poitou-Charentes, le chef est tombé amoureux du Pays basque et de ses produits ; il a fait du gibier sa spécialité, en saison. Une bonne adresse.

🅰🅲 – Menu 39 €

Plan : A1-u – *7 avenue de Larochefoucault* – 𝒞 *05 59 41 01 26* – *www.restaurant-biarritz-leonie.com* – *Fermé mardi soir, mercredi*

🍴○ **LE PIM'PI BISTROT**

MODERNE · BISTRO 🛇 Une bonne cuisine de bistrot, moderne et bien pensée, gourmande sans jamais peser sur l'estomac : voilà ce que propose le chef du Pim'Pi, que l'on avait déjà croisé lorsqu'il officiait chez Léonie, à Biarritz également. Si l'on ajoute à cela une ambiance très conviviale, difficile de résister à l'envie de s'attabler ici...

Menu 20 € (déjeuner)/39 €

Plan : E2-r – *14 avenue de Verdun* – 𝒞 *05 59 24 12 62* – *www.lepimpi-bistrot.com* – *Fermé 3-24 janvier, lundi, dimanche*

Hôtels

🏨 **HÔTEL DU PALAIS**

PALACE · PERSONNALISÉ Un véritable palais de bord de mer... Résidence d'été construite par Napoléon III pour son épouse Eugénie, il fut ensuite l'un des hauts lieux de la Belle Époque (il devint hôtel en 1893). Grand escalier magistral, antiquités, confort dans les moindres détails... Au restaurant, arrivée du jeune chef prometteur : Aurélien Largeau... Luxe intemporel !

🍴 🈂 ≼ 🛏 🛋 🔲 🌀 🅵🅵 🔲 🖔 🅰🅲 🛁 🅿 – 139 chambres – 21 suites

Plan : E1-k – *1 avenue de l'Impératrice* – 𝒞 *05 59 41 12 34* – *www.hotel-du-palais.com*

BEAUMANOIR

LUXE · DESIGN Mobilier baroque et design, salle à manger d'esprit orangeraie, bar à champagne et suites ! Un charme luxueux règne dans ces anciennes écuries, à deux pas du centre et des plages.

✿ ⌖ 🛏 ⚒ **P** – 5 chambres – 3 suites

Plan : A2-n – *10 avenue de Tamamès* – ☎ *05 59 24 89 29* – *www.lebeaumanoir.com*

LE REGINA

LUXE · COSY Une élégante façade blanche dominant la baie de Biarritz... La quintessence même du grand hôtel Belle Époque ! Après une complète réfection, l'établissement a retrouvé tout son lustre, mêlant âme Art déco et esprit couture – avec des clins d'œil à Coco Chanel. De la chambre "boudoir" au spa dernier cri, tout est superbe...

✿ ⌖ ⚒ 🛜 ♨ ⊡ ♿ 🅰 🏊 **P** – 57 chambres – 8 suites

Plan : A1-r – *52 avenue de l'Impératrice* – ☎ *05 59 41 33 09* – *www.hotelregina-biarritz.com*

🍽 **Iqori** – Voir la sélection des restaurants

HÔTEL DE SILHOUETTE

MAISON DE MAÎTRE · PERSONNALISÉ Une architecture noble et des décors originaux (notes colorées, papiers peints d'inspiration surréaliste, etc.) : cette demeure du 17ᵉ s. – ancienne propriété de la famille de Silhouette – a accompli sa mue. Déco tendance et détente, surtout dans les chambres avec vue sur la mer...

⌖ ⊡ ♿ 🅰 **P** – 21 chambres

Plan : D2-f – *30 rue Gambetta (quartier des Halles)* – ☎ *05 59 24 93 82* – *www.hotelsilhouette.com*

BIDARRAY

✉ 64780 – Pyrénées-Atlantiques – Carte régionale n° **18**-A3 – Carte Michelin 342-D3

🍽 OSTAPÉ

CLASSIQUE · ÉLÉGANT XxX Au sein d'un superbe domaine bucolique, entre de nobles murs du 17ᵉ s., cette table élégante revisite avec bonheur la gastronomie navarraise. Les recettes sont autant de variations autour des bons produits locaux, à l'unisson de cette grandiose nature basque !

< ⌖ 🍴 ♿ 🅰 **P** 🚗 – Menu 49/79 € – Carte 65/85 €

Domaine de Chahatoenia – ☎ *05 59 37 91 91* – *www.ostape.com* – *Fermé 16 novembre-10 mars, mardi midi, mercredi midi*

OSTAPÉ

LUXE · TRADITIONNEL Plusieurs maisons basques parsemées dans un paysage de collines verdoyantes – un domaine de 45 ha que l'on parcourt avec une golfette prêtée pour le séjour ! Avec des chambres spacieuses et raffinées, de belles prestations, une nature préservée et omniprésente, voilà bien un établissement à part...

✿ ⌖ < 🛏 ⚒ 🏠 🛜 ♿ 🅰 🏊 **P** 🚗 – 22 chambres – 20 suites

Domaine de Chahatoenia – ☎ *05 59 37 91 91* – *www.ostape.com*

🍽 **Ostapé** – Voir la sélection des restaurants

BIDART

✉ 64210 – Pyrénées-Atlantiques – Carte régionale n° **22**–A3 – Carte Michelin 342-C4

✿ LA TABLE DES FRÈRES IBARBOURE

Chefs: Xabi et Patrice Ibarboure

MODERNE · ÉLÉGANT ✕✕✕ La troisième génération d'Ibarboure préside en douceur aux destinées de cette belle maison de famille, abritée au milieu de son parc. En cuisine, on retrouve les deux fils : Xabi, le chef, et Patrice, Meilleur ouvrier de France 2018 en pâtisserie, qui déroule son CV sucré construit entre Paris et New-York. On croisera au fil des saisons des produits basques qui plantent le décor : saumon de l'Adour, porc noir de Kintoa, fruits rouges de Mendionde, pain d'épices d'Ainhoa, piment d'Espelette, agneau des Pyrénées, fromage d'Ossau-Iraty. Mais leur propre potager leur permet aussi de "sortir" des fleurs de courgette farcies aux langoustines, ou bien ces légumes et jardin d'herbes, émulsion de roquette et eau de tomate, une belle recette printanière.

Spécialités: Langoustines et foie gras poêlés, consommé de crustacés zesté d'orange. Poitrine de bœuf Wagyu de Burgos. Cueillette estivale de fruits rouges.

⅏ ⇲ ⌂ ♿ Ⓐⓒ ⟷ 🅿 – Menu 52 € (déjeuner), 86/119 € – Carte 107/127 €

Hostellerie des Frères Ibarboure, Chemin Ttalienea – ✆ 05 59 47 58 30 – www.freresibarboure.com – Fermé 15-24 novembre, mercredi

☺ AHIZPAK LE RESTAURANT DES SŒURS

MODERNE · CONTEMPORAIN ✕ C'est ici le repaire d'*ahizpak* ("sœurs", en basque) absolument charmantes ! Cette fine équipe travaille de superbes produits du terroir basque au bon vouloir des arrivages et des saisons ; ses plats, en plus d'être fins et goûteux, témoignent d'une générosité sans faille. Brunch le dimanche.

Spécialités: Velouté de butternut, coco et curry. Roulés d'aubergine à l'effiloché de canard. Crêpe en soufflé à l'orange.

⌂ ♿ Ⓐⓒ ⟷ 🅿 – Menu 32 €

Avenue de Biarritz (Résidence Océanic) – ✆ 05 59 22 58 81 – www.bistrot-ahizpak.com – Fermé mercredi midi, dimanche soir

⅃○ L'ANTRE

CRÉATIVE · BISTRO ✕ Dans ce bistrot de cœur de village, la démarche locale est une vraie philosophie : avec des produits du marché ou faits maison (y compris charcuterie, poisson séché, vinaigres...), Luke Dolphin fait des merveilles. Maîtrise technique bien présente, assiettes pleines de surprises... et accueil tout sourire.

Menu 60 € – Carte 34/60 €

6 avenue de la Grande-Plage – ✆ 05 59 47 78 92 – Fermé 6-21 février, lundi midi, mardi midi, mercredi, jeudi, vendredi midi, samedi midi, dimanche midi

⅃○ ELEMENTS

MODERNE · TENDANCE ✕ L'ambiance est au rock et au punk (Iggy Pop, Sex Pistols, Eric Clapton) dans cette maison, et l'assiette *groove* tout autant : le jeune chef envoie des plats aussi intuitifs qu'inspirés, rythmés par les bons produits de la côte basque, avec en soutien de joyeux crus nature... et, certains weekends, des soirées vigneronnes prises d'assaut.

♿ Ⓐⓒ – Menu 44 € – Carte 36/51 €

1247 avenue de Bayonne – ✆ 09 86 38 08 51 – www.restaurant-elements.com/ – Fermé lundi, mercredi midi, samedi midi, dimanche

⌂⌂⌂ HOSTELLERIE DES FRÈRES IBARBOURE

FAMILIAL · PERSONNALISÉ Beaucoup de fraîcheur et de calme dans les chambres de cette grande demeure basque, qui est aussi une étape gastronomique reconnue dans la région. Bel atout : l'écrin de verdure du parc. Petit-déjeuner gourmand servi, l'été, au bord de la piscine.

⚘ ⅏ ⇲ ⌁ ⊡ ♿ Ⓐⓒ ⚒ 🅿 – 12 chambres

Chemin Ttalienea – ✆ 05 59 47 58 30 – www.freresibarboure.com

✿ **La Table des Frères Ibarboure** – Voir la sélection des restaurants

BISCARROSSE

✉ 40600 – Landes – Carte régionale n° **18**–B2 – Carte Michelin 335-E8

GRAND HÔTEL DE LA PLAGE

LUXE · DESIGN Telle Aphrodite née de l'écume, cette belle architecture contemporaine semble émaner de l'Océan, dominant les flots de ses lignes originales et surtout de sa blancheur immaculée. Très design, épuré, chic, plein de charme : de la piscine à débordement au restaurant de la mer, l'établissement vaut le coup d'œil... et un séjour !

🏖️ 🛁 ⛲ ⌘ 👜 ⚛️ 🛗 🎿 🅿️ – 33 chambres

2 avenue de la Plage, Biscarrosse-Plage – ℰ *05 58 82 74 00 –*
www.legrandhoteldelaplage.fr

BLANQUEFORT

✉️ 33290 – Gironde – Carte régionale n° **18**–B1 – Carte Michelin 335-H5

🍽️ **LES CRIQUETS**

MODERNE · ÉLÉGANT XX Cet élégant restaurant s'ouvre sur un joli jardin et une ravissante terrasse ; la carte suit savamment les saisons. Une agréable étape gastronomique aux portes de Bordeaux, disposant aussi de chambres confortables et d'un petit spa.

🛏️ 👜 🌳 ✤ 🅿️ – Menu 23 € (déjeuner), 45/80 € – Carte 54/95 €

130 avenue du 11-Novembre – ℰ *05 56 35 09 24 – www.lescriquets.com –*
Fermé lundi, dimanche

BOMMES

✉️ 33210 – Gironde – Carte régionale n° **18**–B2 – Carte Michelin 335-I7

❀ **LALIQUE**

CLASSIQUE · LUXE XXX Dans ce joli château installé au cœur du vignoble Lafaurie-Peyraguey, tous les ingrédients sont réunis pour un repas de haute volée. Jérôme Schilling, chef au parcours immaculé (Guy Lassausaie, Joël Robuchon, Thierry Marx...) a pris le temps de composer une carte intelligente, entre classicisme et spécialités régionales. En bonne place, on trouve par exemple le bœuf de Bazas, l'agneau de Pauillac, les huîtres du bassin d'Arcachon, ou encore les truffes de Barsac, qu'il travaille avec un talent certain. Et toutes ces douceurs s'accompagnent d'une carte des vins pléthorique (2500 références) où le Sauternes est à l'honneur. Quant au cadre intérieur, il est à tomber : une luxueuse salle à manger décorée avec beaucoup de goût, parée d'un lustre en feuille de cristal Lalique (l'évidence même !), et dont la verrière est ouverte sur les vignes... Un lieu hors du temps.

Spécialités : Foie gras de canard poêlé et confit douze heures au vin de Sauternes. Pigeon cuit en feuille de vigne, capellinis au thé noir et betteraves rouges, bouillon à l'épine-vinette. Feuillet au sarrasin, fruits des bois et glace à la vanille de Madagascar fumée.

🐝 🛏️ ⛲ 👜 ⚛️ 🍴 ✤ 🅿️ – Menu 65 € (déjeuner), 95/245 € –
Carte 90/110 €

Château Lafaurie-Peyraguey, Lieu-dit Peyraguey – ℰ *05 24 22 80 11 –*
www.lafauriepeyragueylalique.com – Fermé 1ᵉʳ janvier-3 février, mardi, mercredi

 CHÂTEAU LAFAURIE-PEYRAGUEY `Tablet.PLUS`

DEMEURE HISTORIQUE · ÉLÉGANT Au cœur du vignoble de Sauternes, ce château du 17ᵉ s. a été joliment rénové par son propriétaire. Chambres sobres aux tons apaisants, avec une décoration largement signée Lalique, vue sur les vignes et grand calme : posez vos valises et profitez, tout simplement !

🏖️ 🛁 ⛲ 🔲 👜 ⚛️ 🛗 🎿 🅿️ – 10 chambres – 3 suites

Lieu-dit Peyraguey – ℰ *05 24 22 80 11 – www.lafauriepeyragueylalique.com*
❀ **Lalique** – Voir la sélection des restaurants

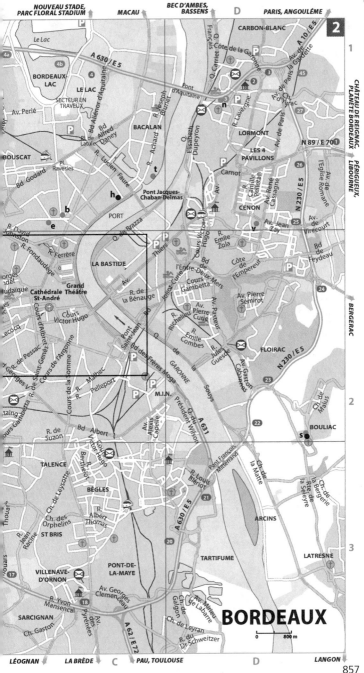

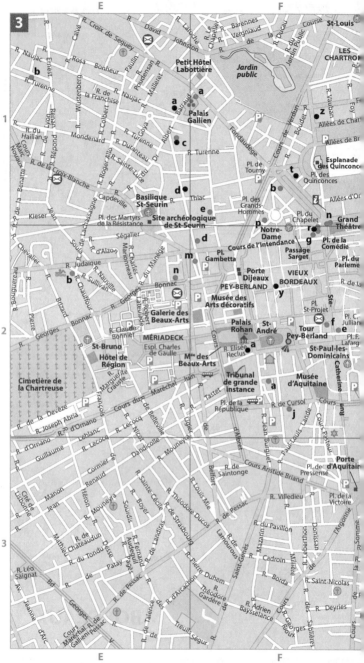

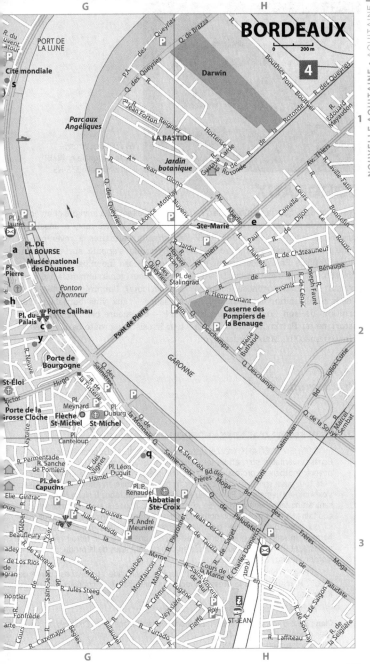

BORDEAUX

0 ————— 200 m

4

PORT DE LA LUNE

Cité mondiale

Darwin

Parc aux Angéliques

LA BASTIDE

Jardin botanique

Ste-Marie

PL. DE LA BOURSE

Musée national des Douanes

Ponton d'honneur

Pl. de Stalingrad

Porte Cailhau

Pl. du Palais

R. Henri Dunant

Caserne des Pompiers de la Benauge

Porte de Bourgogne

GARONNE

Pont de Pierre

St-Éloi

Porte de la Grosse Cloche

Pl. Meynard

Flèche St-Michel   St-Michel

Pl. Duburg

Pl. Canteloup

Pl. des Capucins

Pl. Léon Duguit

Pl. P. Renaudel

Abbatiale Ste-Croix

Pl. André Meunier

ST-JEAN

☒ 33000 – Gironde
Carte régionale n° **18**–B1
Carte Michelin 335-H5

BORDEAUX

C'est peu dire que la capitale de l'Aquitaine a le vent en poupe, et l'inauguration de la Cité du vin et de la LGV (ligne grande vitesse, qui rapproche la ville à 2h05 de Paris) accentuent encore son pouvoir d'attraction. La ville poursuit sa métamorphose entamée avec la réhabilitation des quais et l'inscription de son somptueux centre historique au Patrimoine mondial de l'Unesco en 2007. Mais Bordeaux, qui doit sa prospérité à la vigne et au commerce avec l'outre-mer, a aussi des arguments culinaires à revendre. Sa gastronomie s'appuie sur un terroir d'une richesse incomparable : agneau de Pauillac (généralement servi avec ses haricots), lamproie mijotée dans sa sauce – aux vins bordelais, bien sûr ! –, ou encore cannelés dévoilant leur irrésistible croûte caramélisée...

Restaurants

✿✿ LE PRESSOIR D'ARGENT - GORDON RAMSAY

MODERNE · ÉLÉGANT XxxX Le restaurateur britannique Gordon Ramsay (né en Écosse), véritable star, affole les statistiques sur Instagram. Celui qui aurait pu devenir footballeur professionnel, sans une méchante blessure, a choisi une carrière tout aussi sportive : chef cuisinier. Triplement étoilé en Angleterre, son talent s'exprime également en France, au Pressoir d'Argent, dont il signe la carte, laissant à une jeune équipe motivée le soin de faire honneur au terroir bordelais et aquitain ! La maison doit son nom à la presse à homard Christofle en argent massif qui trône dans la salle : une pièce rarissime destinée à extraire les sucs du homard en salle. Foie gras, truffes, caviar, poissons et vins : le terroir règne ici en majesté, et 95 % des produits utilisés en cuisine sont issus de la production locale. Gordon Ramsay ? *So French!*

Spécialités : Tomates de plein champ, tagète, anchoïade et poivrons "corne de bœuf". Homard bleu à la presse. Brioche à l'huile d'olive et copeaux d'olives de Kalamata.

⅞ 🅰🄲 ⅋ – Menu 150/215 €

Plan : 3-F2-g – *InterContinental - Le Grand Hôtel, 2 place de la Comédie (1er étage)* – ℰ 05 57 30 43 42 – www.bordeaux.intercontinental.com – *Fermé 1ᵉʳ -21 janvier, 15 août-9 septembre, lundi, dimanche et le midi*

✿ LE PAVILLON DES BOULEVARDS

Chef: Thomas Morel

CRÉATIVE • **CONTEMPORAIN** XX Véritable institution de la gastronomie bordelaise depuis plusieurs décennies, cette maison de ville – une échoppe bordelaise traditionnelle – invite à franchir son seuil. Aux commandes, le chef Thomas Morel et son sommelier Thibaut Berton ont laissé libre cours à leur inspiration, aussi bien du côté garde-manger que du côté cave. Les deux compères proposent une cuisine créative, jouant des associations d'arômes et de parfums, et accompagnée de bons vins de la région. Qu'il est bon de flâner sur ce boulevard.

Spécialités: Foie gras "éponge" café rhubarbe, condiment café soja. Ris de veau, pomme de terre et citron confit, jus simple. Pickles de mangue à la vanille, coco, pistache.

🏠 🅺 ⇄ – Menu 35 € (déjeuner), 95/140 €

Plan : 2-C2-a – *120 rue de la Croix-de-Seguey* – ☎ *05 56 81 51 02* – *www.lepavillondesboulevards.fr* – *Fermé 1ᵉʳ-7 janvier, dimanche*

✿ L'OBSERVATOIRE DU GABRIEL ⓝ

MODERNE • **ÉLÉGANT** XX Installé dans le pavillon central de la célèbre place de la Bourse, face au miroir d'eau, cet établissement a fait peau neuve sous la houlette de ses nouveaux propriétaires, ceux du Château Angelus, mais aussi du Logis de la Cadène. Les délicieux salons 18e s. sont désormais réunis en un unique espace au confort cossu – parquet en chêne et moquette épaisse, boiseries et moulures. Venu lui aussi de Saint-Émilion, le chef Alexandre Baumard signe une cuisine contemporaine, tournée vers la mer, sans pour autant renoncer aux beautés du classicisme, au moins dans l'esprit : raie au beurre noisette ; l'anguille légèrement fumée et l'oignon dans tous ses états... Superbe carte des vins (600 références), bien répartie entre bordeaux et bourgogne.

Spécialités: Tourteau en sphère de verveine, jus de carcasse réduit, sorbet pomme-céleri. Rouget cuit en croûte de pain, piperade, soupe de poissons de roche safranée. Noisettine du Médoc en soufflé, glace à la vanille fumée.

🕸 ≼ ♿ 🅺 🖼 ⇄ – Menu 52 € (déjeuner), 75/160 €

Plan : G2-a – *10 place de la Bourse (2ème étage)* – ☎ *05 56 30 00 80* – *www.bordeaux-gabriel.fr* – *Fermé samedi, dimanche*

🍴 **Le Bistrot du Gabriel** – Voir la sélection des restaurants

✿ L'OISEAU BLEU

MODERNE • **DESIGN** XX Cette maison classique en pierre bordelaise est une institution de la rive droite, où les bonnes tables ne courent pas les rues ! Elle accueille aujourd'hui l'ancien – et néanmoins jeune – sous-chef des Sources de Caudalie, à Martillac. Il réalise une cuisine épurée et lisible, à l'opposé de la démonstration technique, porté par deux obsessions très saines : le produit et le goût. Son risotto de crozets, coquillages et crumble au sarrasin est une réussite, tout comme les anciens plats "phares" de la maison qu'il garde à la carte : soufflé chaud, pigeon rôti au foin... Côté décor, une salle lumineuse et colorée, avec joli parquet, et même un patio-jardin charmant pour les beaux jours.

Spécialités: Langoustine, baie de timut, émulsion des pinces coco-citron vert. Filet de bœuf, betterave, gnocchis aux herbes, jus au cassis. Soufflé au chocolat.

🕸 🏠 🅺 ⇄ – Menu 32 € (déjeuner), 49/79 € – Carte 75/80 €

Plan : 4-H1-e – *127 avenue Thiers* – ☎ *05 56 81 09 39* – *www.loiseaubleu.fr* – *Fermé 1ᵉʳ-4 janvier, 16-29 août, lundi, dimanche*

✿ GAROPAPILLES

Chef: Tanguy Laviale

MODERNE • **ÉPURÉ** X Le chef Tanguy Laviale fait toujours recette avec une cuisine sans complexe, créative et pile dans l'air du temps. En revanche, plus de menu unique à l'aveugle, mais des propositions en 3, 4 ou 5 plats ou encore la possibilité de choisir parmi 8 plats signature : huîtres du médoc, coco-menthe et cecina ; homard bleu, pêches confites, girolles, sauce thé noir. On ne s'ennuie jamais à table, on se régale des produits soigneusement sélectionnés, on arrose le tout de l'une des 500 références choisies avec soin : ici, on ne badine pas avec l'accord mets-vin. Vous pouvez également repartir avec la plupart des bouteilles présentes sur la carte et visibles dans la cave à l'entrée du restaurant.

Spécialités: L'huître du Médoc, coco-menthe et cecina. Merlu de ligne, cèpes noirs et sauce Pop-Corn. La rhubarbe, confite et en pickels, yaourt de brebis et oseille.

🕸 🍴 – Menu 40 € (déjeuner), 65/95 €

Plan : 3-F2-d – *62 rue Abbé-de-l'Epée* – 𝒞 *09 72 45 55 36* – *www.garopapilles.com* – *Fermé 1er-5 janvier, 31 juillet-23 août, lundi midi, mardi midi, mercredi midi, jeudi midi, samedi, dimanche*

🌼 LA TABLE D'HÔTES - LE QUATRIÈME MUR

Chef: Philippe Etchebest

CRÉATIVE · CONVIVIAL 🍴 Au Grand Théâtre de Bordeaux, magnifique exemple d'architecture néoclassique, même la gourmandise se donne en spectacle. Les 12 convives de "Chef Etchebest" partagent la même grande table dans une cave voûtée, et sont plongés dans les coulisses d'un restaurant, au milieu des annonces de plats et du va-et-vient des serveurs. Tout, ici, est surprise : du menu aux accords mets et vins, jusqu'aux couverts que l'on choisit soi-même. Même esprit dans les recettes du chef, franchement originales, qui témoignent d'une recherche poussée dans l'harmonie des saveurs. La technique est impeccable (cette sole farcie !), on se régale tout en faisant connaissance avec ses voisins de table. Et même quand Philippe Etchebest est absent, il est un peu là : en visioconférence avec les convives, avant le début du repas ! Une expérience, on vous dit...

Spécialités: Cuisine du marché.

Menu 170 €

Plan : 3-F2-r – *2 place de la Comédie* – 𝒞 *05 56 02 49 70* – *www.quatrieme-mur.com* – *Fermé lundi midi, mardi midi, mercredi midi, jeudi midi*

🍴○ **Le Quatrième Mur** – Voir la sélection des restaurants

🌼 SOLÉNA

Chef: Victor Ostronzec

MODERNE · SIMPLE 🍴 Légèrement à l'écart de l'hyper-centre bordelais, la façade discrète ouvre sur un intérieur confortable. Installé ici depuis 2016, on trouve un jeune chef : Victor Ostronzec, barbe blonde bien en ordre, vraie gentillesse et talent incontestable. Il se distingue par une cuisine technique et créative, avec des dressages souvent inspirés, et trouve toujours le petit plus qui fait la différence dans un plat. Sa volonté de surprendre est manifeste et fait plaisir à voir. Encore une bonne nouvelle, et pas des moindres : son travail est bien mis en valeur par un service aux petits soins.

Spécialités: Aubergine kamo confite dans une huile cuisinée, condiment rouge et bouillon parmesan. Lotte en cocotte lutée, parfum de verveine et beurre blanc à la Chartreuse verte. Baba infusé au limoncello, glace huile d'olive et fraises des bois.

 – Menu 35 € (déjeuner), 59/95 €

Plan : 3-E2-b – *5 rue Chauffour* – 𝒞 *05 57 53 28 06* – *www.solena-restaurant.com* – *Fermé 11-27 avril, 9-24 août, lundi, mardi, mercredi midi, jeudi midi*

🌼 TENTAZIONI

Chef: Giovanni Pireddu

ITALIENNE · BISTRO 🍴 Elle est bretonne, il est italien, ils se sont rencontrés en Corse... et ils tiennent à Bordeaux une table petite par la taille, mais grande par le plaisir. Les assiettes du chef sont bluffantes de précision et d'inspiration, d'autant qu'elles mettent en valeur des produits de haute volée : langoustine, araignée, thon rouge, pigeon... Une cuisine inspirée, très contemporaine, éclatante de saveurs et parcourue (origines du chef obligent !) de fréquents clins d'œil à l'Italie, sans jamais verser dans la nostalgie ou la démonstration "identitaire". Un vrai plaisir du début à la fin, jusqu'à l'excellent rapport qualité-prix.

Spécialités: Cuisine du marché.

Menu 29 € (déjeuner), 59/85 €

Plan : 3-F1-e – *59 rue du Palais-Gallien* – 𝒞 *05 56 52 62 12* – *www.tentazioni-bordeaux.fr* – *Fermé 15-22 mars, 14 août-1er septembre, lundi, mardi midi, mercredi midi, dimanche*

😊 RACINES BY DANIEL GALLACHER

CRÉATIVE • BISTRO X Le nom Racines évoque celles, écossaises, du chef, comme son côté autodidacte. De fait, il signe une cuisine inventive et pétillante, loin des conventions, et fait évoluer chaque semaine son menu au gré du marché... Ces Racines-là sont aussi solides que goûteuses : le restaurant ne désemplit pas.

Spécialités : Tartare de gambas au yuzu et basilic thaï, fines tranches de bœuf mariné. Thon snacké, condiment avocat, citron vert et maïs. Textures de noix et céréales, mousse whisky-tonka, caramel coulant.

🅰🅒 – Menu 25 € (déjeuner), 35/55 €

Plan : 3-E2-n - *59 rue Georges-Bonnac* – 𝒞 *05 56 98 43 08* – *Fermé lundi, dimanche*

🕪 LE CHAPON FIN

MODERNE • CLASSIQUE XxX Une institution locale, qui ravit par son décor de rocaille créé en 1901, autant que par la finesse et le soin de sa cuisine, aujourd'hui assurée par l'ancien second de la maison. La cave est superbe, avec près de 250 références de vins au verre !

🕸 🅰🅒 ↔ – Menu 39 € (déjeuner), 69/99 € – Carte 85/115 €

Plan : 3-F1-p - *5 rue Montesquieu* – 𝒞 *05 56 79 10 10* – *www.chapon-fin.com* – *Fermé lundi, dimanche*

🕪 QUANJUDE

CHINOISE • CLASSIQUE XxX Quanjude, vénérable enseigne pékinoise spécialisée dans le canard laqué, a ouvert son antenne bordelaise avec un objectif clair : célébrer la cuisine chinoise dans une veine gastronomique (ce qui est plutôt rare dans nos contrées) en utilisant au mieux les techniques et produits de l'hexagone. C'est fin et bon, les assiettes sont travaillées avec précision : une réussite.

♿ 🅰🅒 – Menu 38 € (déjeuner), 90/110 € – Carte 55/100 €

Plan : 3-F1-b - *42-44 allées de Tourny* – 𝒞 *05 57 14 91 35* – *https://quanjude-bordeaux.com* – *Fermé lundi, dimanche*

🕪 AKASHI

MODERNE • ÉPURÉ XX Une jolie salle blanche au décor minimaliste : tel est désormais l'écrin où s'épanouit le jeune chef nippon Akashi Kaneko. Dans l'assiette, c'est une partition française tout en sobriété et modernité, avec un vrai sens esthétique. Service aimable et efficace.

♿ 🅰🅒 – Menu 21 € (déjeuner), 49/68 €

Plan : 3-F2-e - *45 rue du Loup* – 𝒞 *05 57 99 95 09* – *www.akashibordeaux.fr* – *Fermé lundi, mardi midi, dimanche*

🕪 LE BORDEAUX

TRADITIONNELLE • BRASSERIE XX Gordon Ramsay a beau être un chef de stature internationale, il n'a pas oublié ses racines britanniques... qu'il a insufflées dans la carte de cette brasserie historique du centre-ville bordelais : bœuf Wellington et autre *fish and chips* sont ici agrémentés avec les produits du terroir local.

🍴 ♿ 🅰🅒 – Carte 47/67 €

Plan : 3-F2-r - *InterContinental - Le Grand Hôtel, 2 place de la Comédie* – 𝒞 *05 57 30 43 42* – *https://bordeaux.intercontinental.com/le-bordeaux*

🕪 LE CLOS D'AUGUSTA

MODERNE • COSY XX Raviolis de langoustines, maïs à la vanille et voile de pistache ; pigeonneau en deux cuissons, pulpe de potimarron et ses coques... Voici un aperçu de la cuisine du chef, créative et maîtrisée. Il fait tout maison, y compris le pain et les glaces !

🚲 🍴 🅰🅒 🅿 – Menu 30 € (déjeuner), 52/74 € – Carte 50/65 €

Plan : 1-B2-a - *339 rue Georges-Bonnac* – 𝒞 *05 56 96 32 51* – *www.leclosdaugusta.fr* – *Fermé 26 juillet-15 août, 24-30 décembre, lundi midi, samedi midi, dimanche*

🍴⃝ LE DAVOLI

MODERNE • **COSY** ✗✗ Le quartier St-Pierre, ses petites rues, ses bars, ses restaurants et... Le Davoli ! Une adresse où les gourmands apprécient des recettes alléchantes, entre classicisme et modernité, réalisées par un chef ayant travaillé dans de belles maisons. Cerise sur le gâteau : l'accueil, aux petits soins.

⅋ – Menu 28 € (déjeuner), 42/56 €

Plan : 4-G2-h – *13 rue des Bahutiers* – ☎ *05 56 48 22 19* – *www.ledavoli.com* – *Fermé lundi, dimanche*

🍴⃝ JULIEN CRUÈGE

MODERNE • **TENDANCE** ✗✗ Dans cette maison de la Croix-Blanche, typiquement bordelaise, le chef Julien Cruège propose une cuisine d'une simplicité réjouissante, entre tradition et modernité. Terrine de canard, légumes en pickles ; dos de lieu jaune et carbonara de céleri... Aux beaux jours, on profite d'une agréable terrasse.

🛋 & ✿ – Menu 25 € (déjeuner)/60 € – Carte 50/80 €

Plan : 3-E1-b – *245 rue Turenne* – ☎ *05 56 81 97 86* – *www.juliencruege.fr* – *Fermé 1ᵉʳ-3 janvier, 6-14 février, 31 juillet-22 août, samedi, dimanche*

🍴⃝ LA TABLE DE MONTAIGNE

MODERNE • **ÉLÉGANT** ✗✗ Le restaurant du Palais Gallien, sis dans un hôtel particulier bâti en 1895, propose une belle cuisine d'inspiration classique, aux touches contemporaines. On en profite dans la salle à manger, fort plaisante, ou à l'été, sur la petite terrasse, située côté cour.

🛋 & 🆔 – Menu 29 € (déjeuner), 49/59 €

Plan : 3-F1-c – *Le Palais Gallien, 144 rue de l'Abbé-de-l'Épée* – ☎ *05 57 08 01 27* – *https://hotel-palais-gallien-bordeaux.com* – *Fermé lundi, mardi midi, dimanche*

🍴⃝ LA TUPINA

TRADITIONNELLE • **RUSTIQUE** ✗✗ Véritable institution, cette auberge champêtre a tout le goût d'autrefois... Sanguette, macaronade, frites à la graisse de canard : le terroir est défendu avec conviction, et l'on se régale de copieux plats du Sud-Ouest, mais aussi de viandes rôties et de légumes de saison – de beaux produits exposés sur le comptoir et qui mettent en appétit. Incontournable !

⅋ 🛋 – Menu 18 € (déjeuner), 39/74 € – Carte 45/120 €

Plan : 4-G3-q – *6 rue Porte-de-la-Monnaie* – ☎ *05 56 91 56 37* – *www.latupina.com* – *Fermé lundi midi*

🍴⃝ LE BISTROT DU GABRIEL ⓝ

CUISINE DU MARCHÉ • **BISTRO** ✗ Au 1er étage du pavillon central de la célèbre place de la Bourse, ce bistrot chic, entièrement relooké (fauteuils rétro, parquet à bâtons rompus, plafonds à la française) offre de belles échappées sur les architectures et le fameux "miroir d'eau" de cette dernière. Au menu : une goûteuse cuisine de bistrot moderne qui musarde entre tradition et modernité.

& 🆔 ⬚ – Menu 27 € (déjeuner)/39 € – Carte 48/60 €

Plan : G2-a – *L'Observatoire du Gabriel, 10 place de la Bourse (1er étage)* – ☎ *05 56 30 00 80* – *www.bordeaux-gabriel.fr* – *Fermé lundi, mardi*

🍴⃝ LE QUATRIÈME MUR

MODERNE • **BRASSERIE** ✗ Au théâtre, le quatrième mur est celui, invisible, qui sépare le public de la scène. Un nom tout choisi pour cette table installée dans les ors du Grand théâtre ! Un produit de qualité, une cuisson précise, une garniture et un jus : Philippe Etchebest va à l'essentiel et nous régale en toute simplicité.

⅋ 🛋 – Menu 35 € (déjeuner)/52 €

Plan : 3-F1-n – *La Table d'Hôtes - Le Quatrième Mur, 2 place de la Comédie* – ☎ *05 56 02 49 70* – *www.quatrieme-mur.com*

LE 7 RESTAURANT PANORAMIQUE

MODERNE • DESIGN ⅺ Comme son nom l'indique, ce restaurant est installé au septième étage de la Cité du Vin : il offre un panorama imprenable sur la Garonne et le centre-ville de Bordeaux. Au menu, une cuisine dans l'air du temps plutôt bien tournée, avec un joli choix de vins au verre.

⅏ ⇐ 🕭 🗓 🔁 – Menu 32 € (déjeuner)/65 € – Carte 63/70 €

Plan : 2-C1-t – 4 esplanade de Pontac (à la Cité du Vin) – ℰ 05 64 31 05 40 – www.le7restaurant.com – Fermé lundi soir, dimanche soir

L'AIR DE FAMILLE

MODERNE • SIMPLE ⅺ Les propriétaires, Florence et Mickael, ont donné un vigoureux coup de jeune à ce bistrot familial, tout en lui offrant quelques aménagements salutaires. Derrière ses fourneaux, visibles depuis la salle, le chef revisite la tradition en y imprimant une once de modernité et son savoir-faire ne fait aucun doute. Simple et bon, sans prétention : allez-y les yeux fermés.

🍴 🕭 – Menu 19 € (déjeuner)/34 €

Plan : 2-C1-e – 15 rue Albert-Pitres – ℰ 05 56 52 13 69 – http://lairdefamillebordeaux.com/ – Fermé 31 juillet-20 août, 18 décembre-4 janvier, lundi, mardi soir, samedi midi, dimanche

ARCADA 🆕

MODERNE • BRANCHÉ ⅺ Une bonne adresse entre la place Camille-Jullian et Saint-Michel. Déco contemporaine dans une salle voûtée pour une cuisine bistronomique axée sur le produit d'ici et le goût, qui revisite les codes à l'image de ce maquereau en escabèche, betterave et oignon rouge. Au dîner, partition plus ambitieuse avec des produits nobles et une carte renouvelée chaque mois.

🕭 🕭 – Menu 23 € (déjeuner)/40 €

Plan : 4-G2-y – 13 rue de la Rousselle – ℰ 05 56 23 08 61 – www.arcada-restaurant.fr – Fermé lundi, dimanche

BO-TANNIQUE

MODERNE • BRANCHÉ ⅺ Trois associés et amis sont installés dans cette jolie adresse, qu'ils ont totalement métamorphosée : déco dans l'air du temps, pierre bordelaise apparente... Leur cuisine, tout en franchise et en contrastes, pioche dans leurs souvenirs de voyage : thon croustillant, émulsion sriracha ; volaille en vinaigrette de kumquat et citronnelle. Une réussite.

🍴 🕭 – Menu 21 € (déjeuner)/39 € – Carte 50/60 €

Plan : 3-F2-f – 2 rue Tustal – ℰ 05 56 81 34 92 – www.bo-tannique.fr – Fermé 2-16 janvier, lundi, dimanche

C'YUSHA

MODERNE • CONVIVIAL ⅺ Cuisine actuelle relevée d'épices, de plantes et d'herbes, signée par un chef qui travaille seul, sous le regard des gourmands. Et cerise sur le gâteau : les légumes sont ceux de son potager. Côté cadre, le minimalisme et l'intimité (peu de couverts) priment. Au cœur du vieux Bordeaux, un lieu résolument contemporain.

🕭 – Menu 20 € (déjeuner), 36/46 €

Plan : 4-G2-c – 12 rue Ausone – ℰ 05 56 69 89 70 – www.cyusha.com – Fermé 1ᵉʳ-24 août, lundi, vendredi midi, samedi midi, dimanche

LE CENT 33

CRÉATIVE • BRANCHÉ ⅺ Fabien Beaufour a peaufiné son concept dans les moindres détails, lorgnant notamment vers New York pour trouver l'inspiration : on compose son repas avec plusieurs plats en petites portions, en fonction de ses envies et de son porte-monnaie. Les saveurs sont intenses, contrastées, les cuissons parfaites et les assaisonnements percutants... C'est tout bon.

🕭 🕭 – Menu 70 € – Carte 49/60 €

Plan : 2-C1-b – 139 rue du Jardin-Public – ℰ 05 56 15 90 40 – www.cent33.com – Fermé 9-28 août, lundi, dimanche

🍴○ LE CHICOULA, BISTROT D'ART

MODERNE · VINTAGE 🍸 Ce bistrot de poche a ouvert sans tambours ni trompettes, et pourtant ! Le chef maîtrise très bien son sujet, comme en témoigne ce menu unique tout en saveurs originales et en dressages harmonieux. La déco n'est pas en reste, qui se pare d'œuvres d'artistes locaux, avec vernissages occasionnels – le chef est lui-même peintre à ses heures...

& – Menu 28 € (déjeuner), 39/58 €

Plan : 3-F2-j – *22 rue de Cursol –* 𝒞 *06 52 40 64 54 – www.lechicoula.fr – Fermé 1er-26 janvier, lundi, mardi midi, mercredi midi, dimanche*

🍴○ HÂ

MODERNE · DESIGN 🍸 À quelques pas de la cathédrale Saint-André et de l'hôtel de ville, ce joli restaurant propose une cuisine du marché pile dans l'air du temps, équilibrée et goûteuse. Des plats marqués par les différentes expériences du chef, qui a grandi dans le Périgord et s'est formé auprès de grands noms (Amat, Piège, Ducasse...).

✧ – Menu 34 € (déjeuner)/75 €

Plan : 3-F2-a – *50 rue du Hâ –* 𝒞 *05 57 83 77 10 – www.ha-restaurant.fr – Fermé 1er-25 août, 24 décembre-5 janvier, samedi, dimanche*

🍴○ INFLUENCES

MODERNE · SIMPLE 🍸 À deux pas de la place Gambetta, cette façade anodine réserve une très jolie surprise. Un sympathique couple franco-américain, Ronnie sous la toque (qui a travaillé en Californie, dans de solides établissements) et Aliénor, entre cuisine et service, propose des assiettes parfumées et savoureuses, aux influences française, américaine et italienne.

🅰🅲 – Menu 45/69 €

Plan : 3-F2-m – *36 rue Saint-Sernin –* 𝒞 *05 56 81 01 05 – www.restaurant-influences.com – Fermé lundi, mardi, mercredi, jeudi midi, vendredi midi*

🍴○ LOCO BY JEM'S

MODERNE · BRANCHÉ 🍸 Une excellente surprise que cette table excentrée, où officie un jeune chef au solide bagage technique. Seul en cuisine, il compose une cuisine aux saveurs marquées et contrastées, créative juste ce qu'il faut. Foie gras, Saint-Jacques, turbot ou encore canard de Chalosse... Un vrai régal.

& 🅰🅲 – Menu 20 € (déjeuner), 41/51 €

Plan : 1-B2-c – *293 rue d'Ornano –* 𝒞 *05 56 55 99 37 – www.locobyjems.com – Fermé 15-21 février, 31 juillet-22 août, mercredi soir, samedi, dimanche*

🍴○ METS MOTS

TRADITIONNELLE · BISTRO 🍸 La recette gagnante de Mets Mots ? Un endroit riche de son histoire (une ancienne imprimerie), un trio de toques ayant travaillé chez Pierre Gagnaire, une cuisine du marché bien troussée. Jour après jour, les habitués s'y pressent, ce qui est toujours bon signe... Saveurs et convivialité : bravo.

🅰🅲 – Menu 25 € (déjeuner), 39/62 €

Plan : 3-F1-a – *98 rue Fondaudège –* 𝒞 *05 57 83 38 24 – www.metsmots.fr – Fermé lundi soir, samedi, dimanche*

🍴○ SYMBIOSE

MODERNE · BISTRO 🍸 Tenue par quatre jeunes associés, cette Symbiose porte bien son nom ! Tout, ici, est marqué du sceau de l'évidence : les assiettes franches et rondement menées, le service convivial et décontracté, la clientèle majoritairement jeune et plutôt branchée, sans oublier la petite salle genre bistrot... et un bar à cocktail façon speakeasy, partie intégrante du concept ! Rapport qualité-prix imbattable à midi.

🍹 – Menu 23 € (déjeuner)/50 € – Carte 30/40 €

Plan : 4-G1-s – *4 quai des Chartrons –* 𝒞 *05 56 23 67 15 – www.symbiose-bordeaux.com – Fermé 1er-2 janvier, lundi soir, jeudi soir, vendredi soir, samedi soir, dimanche*

Hôtels

INTERCONTINENTAL - LE GRAND HÔTEL

LUXE · COSY Sa façade néoclassique (1776), en parfaite harmonie avec celle du Grand Théâtre, est un petit joyau. Dans les chambres règne une atmosphère cossue, chatoyante et feutrée ; quant au spa de 1 000 m², il dispose d'une terrasse sur le toit offrant une vue imprenable sur Bordeaux. Un établissement de prestige, au cœur de la capitale du vin.

🔲 🕸 🖅 🖃 🕭 🔟 🕍 🛳 – 96 chambres – 34 suites

Plan : 3-F2-r – *2-5 place de la Comédie* – 𝒞 *05 57 30 44 44* –
www.bordeaux.intercontinental.com

❀❀ **Le Pressoir d'Argent - Gordon Ramsay** · 🕸⃝ **Le Bordeaux** – Voir la sélection des restaurants

LE PALAIS GALLIEN

MAISON DE MAÎTRE · ÉLÉGANT Près du Palais Gallien – un amphithéâtre romain, l'un des plus anciens vestiges de la ville –, cette maison de maître de la fin du 19ᵉ s. a été réhabilitée avec soin : chambres à l'identité affirmée (parquets anciens, moulures), jolies salles de bains, piscine dans la cour de l'hôtel...

⅏ 🔟 🖃 🕭 🔟 – 22 chambres – 4 suites

Plan : 3-E1-c – *144 rue de l'Abbé-de-l'Épée* – 𝒞 *05 57 08 01 27* –
https://hotel-palais-gallien-bordeaux.com

🕸⃝ **La Table de Montaigne** – Voir la sélection des restaurants

YNDO

HÔTEL PARTICULIER · DESIGN Vu de l'extérieur, c'est un bel hôtel particulier du 18ᵉ s. Fort heureusement, l'intérieur n'est pas en reste : design et délicatement feutré, il est propice au repos... Les chambres sont confortables et ont chacune leur propre personnalité.

🕊 🕭 🔟 🛳 🅿 – 12 chambres

Plan : 3-E1-d – *108 rue de l'Abbé-de-l'Épée* – 𝒞 *05 56 23 88 88* – *www.yndohotel.fr*

SEEKO'O

BUSINESS · CONTEMPORAIN Seeko'o ? Un "iceberg" en inuit. L'intérieur joue cette carte nordique avec une alliance de bleu, blanc et de bois clairs ; les chambres, confortables, ont été rénovées avec beaucoup d'élégance.

🕷 🖅 🖃 🕭 🔟 🛳 🅿 – 43 chambres – 1 suite

Plan : 2-C1-h – *54 quai de Bacalan* – 𝒞 *05 56 39 07 07* – *www.seekoo-hotel.com*

HÔTEL CARDINAL

HÔTEL PARTICULIER · ÉLÉGANT Situé à deux pas de la place Pey-Berland, ce très bel hôtel particulier du dix-huitième siècle a été transformé en hôtel de charme. Matériaux nobles (velours, laiton, marbre), mobilier contemporain et beaux parquets en chêne, dans un style inspiré des années 1930. Atmosphère feutrée et cosy. Idéal pour une villégiature en terre bordelaise.

⅏ 🖃 🕭 🔟 🛳 – 6 suites – 4 chambres

Plan : 3-F2-a – *4 rue Élisée-Reclus* – 𝒞 *05 56 01 62 32* –
http://hotelcardinalbordeaux.com

HÔTEL DES QUINCONCES

DEMEURE HISTORIQUE · PERSONNALISÉ À deux pas de la place du même nom, une demeure édifiée en 1834 dans le plus pur style bordelais. Grande verrière ouverte sur une courette avec jardin, chambres spacieuses – sept modernes et épurées, superbement rénovées, et deux davantage dans l'esprit des lieux... Du caractère.

🖃 🕭 🔟 – 9 chambres

Plan : 3-F1-z – *22 cours du Maréchal-Foch* – 𝒞 *05 56 01 18 88* –
https://hoteldesquinconces.com

MAMA SHELTER

URBAIN · DESIGN Mama Shelter, c'est un véritable concept : après Paris, Lyon et Marseille, il se décline en plein cœur de la métropole bordelaise. On retrouve avec plaisir cette déco très urbaine (béton brut, détails insolites et colorés, etc.) et cette ambiance éclectique (notamment au restaurant) qui font toute la saveur du concept !

🏠 🖃 ♿ 🅜 🖴 🛇 – 97 chambres

Plan : 3-F2-y – *19 rue Poquelin-Molière* – ☎ *05 57 30 45 45* – *www.mamashelter.com*

BOULIAC

✉ 33270 – Gironde – Carte régionale n° **18**-B1 – Carte Michelin 335-H6
Voir plan de Bordeaux

✿ LE SAINT-JAMES

MODERNE · DESIGN XxX Adresse mythique s'il en est, le Saint-James fut longtemps le fief de Jean-Marie Amat. Cet avant-gardiste avait fait appel à l'architecte Jean Nouvel pour rénover son hôtellerie, devenue une référence du design. Dans ce lieu magique dont les fenêtres regardent les vignes, on rend hommage aux producteurs de Nouvelle-Aquitaine, dont on magnifie les produits, du caviar de Gironde au bœuf de Bazas. C'est le chef Mathieu Martin, ancien second ici même, qui tient désormais ces fourneaux fameux. Le charme de cette cuisine toujours aussi fraîche et goûteuse opère avec brio. Le chef affirme un goût évident pour le végétal comme sur ces tomates, nature et au piment, soupe claire. Qu'on se rassure, la légende du Saint-James se perpétue.

Spécialités : Truffe noire du Périgord, betterave, endive et comté. Ris de veau de lait, artichaut, gribiche et noix. Framboise, verveine et gingembre.

🕸 ≼ 🖨 🏛 🅜 🖃 🅿 – Menu 52 € (déjeuner), 120/160 € – Carte 132/152 €

Plan : Bordeaux D2-s – *3 place Camille-Hosteins (près de l'église)* –
☎ *05 57 97 06 00* – *www.saintjames-bouliac.com* – *Fermé 14-23 novembre,
1ᵉʳ-19 janvier, lundi, mardi midi, dimanche*

LE SAINT-JAMES

LUXE · DESIGN Conçue par Jean Nouvel, cette maison surplombant la ville et les vignes – classées premières-côtes-de-bordeaux – s'inspire des séchoirs à tabac typiques de la région. L'épure, la lumière et le design dominent avec élégance et harmonie... Le Bordelais est à vous.

🅢 ≼ 🖨 🏊 🖃 ♿ 🅜 🚠 🅿 – 18 chambres

Plan : Bordeaux D2-s – *3 place Camille-Hosteins (près de l'église)* –
☎ *05 57 97 06 00* – *www.saintjames-bouliac.com*

✿ **Le Saint-James** – Voir la sélection des restaurants

BRANTÔME

✉ 24310 – Dordogne – Carte régionale n° **18**-C1 – Carte Michelin 329-E3

✿ LE MOULIN DE L'ABBAYE

MODERNE · ÉLÉGANT XxX Dans un village pittoresque où l'on voyage de la Préhistoire jusqu'à la Renaissance, ce restaurant occupe un environnement exceptionnel. Adossée à la falaise, cette dépendance de l'abbaye bénédictine de Brantôme déroule une magnifique terrasse au bord de la Dronne, face à un pont coudé du 16ᵉ s. La cuisine du chef mexicain Ramsès Navarro, appuyée sur de bons produits, est fine et pourvue de jolies saveurs. Les cuissons sont justes et les dressages soignés. Il n'oublie pas quelques références à sa patrie, qui apportent des touches épicées intéressantes. Charme contemporain et intemporel pour cette maison vénérable.

Spécialités : Cuisine du marché.

≼ 🖨 🏠 🛇 – Menu 55 € (déjeuner), 70/120 € – Carte 98/119 €

1 route de Bourdeilles – ☎ *05 53 05 80 22* – *www.moulinabbaye.com* –
Fermé 1ᵉʳ janvier-18 avril, lundi, mardi, mercredi midi

LE MOULIN DE L'ABBAYE

LUXE · COSY Un ravissant moulin et sa maison de meunier : voilà un cadre bucolique qui laisse rêveur ! Les chambres, empreintes de douceur romantique, sont bercées par le murmure d'une cascade. Quiétude, quand tu nous tiens...

⇐ 🛁 ⅍ 🅰 🛏 – 20 chambres

1 route de Bourdeilles – ℰ 05 53 05 80 22 – www.moulinabbaye.com

❀ **Le Moulin de l'Abbaye** – Voir la sélection des restaurants

BRASSEMPOUY

✉ 40330 – Landes – Carte régionale n° **18**–B3 – Carte Michelin 335-G13

L'AUBERGE DU LAURIER

TRADITIONNELLE · AUBERGE ⅄ Une jolie cuisine de tradition et de région : voici ce que l'on déguste dans cette auberge chaleureuse et lumineuse, dont la terrasse borde le jardin potager.

🏠 ⅍ 🅿 – Menu 31 € – Carte 31/43 €

1459 route d'Amou – ℰ 05 58 75 08 05 – www.aubergedulaurier.fr –
Fermé 8-28 novembre, mardi

HÔTEL LODGE LA PETITE COURONNE

MAISON DE CAMPAGNE · PERSONNALISÉ Défenseurs de la planète, cette adresse est faite pour vous ! En pleine campagne, l'établissement, tout en bois, joue la carte écolo, et les chambres, confortables et bien tenues, respectent les normes environnementales. Petit-déjeuner copieux, servi face à la piscine.

⅌ 🛁 ⅂ ⅍ 🅰 ⅍ 🅿 – 10 chambres

Route d'Amou – ℰ 05 58 79 38 37 – www.lapetitecouronne.fr

BRISCOUS

✉ 64240 – Pyrénées-Atlantiques – Carte régionale n° **18**–A3 – Carte Michelin 342-D2

MAISON JOANTO

MODERNE · CONTEMPORAIN ⅄ Joanto, c'est "Petit Jean" en basque... et pourtant, voilà bien une demeure qui ne mérite aucun diminutif ! Sa belle architecture traditionnelle, son décor plein de cachet, son ambiance chaleureuse, tout séduit, et plus encore la cuisine de sa cheffe, passée par les belles maisons, où le terroir basque explose de saveurs. Le rapport qualité-prix a tout... d'un grand.

Spécialités : Foie gras mi-cuit, porto et figue. Poitrine de cochon Ibaïama, purée de courgette et tomates confites. Feuille-à-feuille chocolat et cacahuète.

🏠 ⅍ 🅰 – Menu 29/33 €

Chemin du Village – ℰ 05 59 20 27 70 – www.maisonjoanto-restaurant.fr –
Fermé lundi, mardi soir, mercredi soir, dimanche soir

LE BUISSON-DE-CADOUIN

✉ 24480 – Dordogne – Carte régionale n° **18**–C3 – Carte Michelin 329-G6

AUBERGE DE L'ESPÉRANCE

TRADITIONNELLE · AUBERGE ⅄ Âmes désespérées, courez dans cette adresse qui saura vous redonner foi en la vie ! L'accueil de la patronne n'est que sourire et chaleur, et la cuisine est pleine de jolies attentions, alliant fraîcheur et franche gourmandise. Voilà qui rappelle que les plaisirs simples sont parfois les plus marquants...

🏠 ⅍ – Menu 20 € (déjeuner)/39 €

3 avenue des Sycomores – ℰ 05 53 74 23 66 – lesperance.eatbu.com –
Fermé 15 février-3 mars, mardi, mercredi

CAMBO-LES-BAINS

✉ 64250 – Pyrénées-Atlantiques – Carte régionale n° **18**-A3 – Carte Michelin 342-D4

℃⃝ LE BELLEVUE

MODERNE · **TENDANCE** ⅹ La salle est claire, et la carte courte. Deux raisons de s'attarder dans ce restaurant décoré avec goût. La cuisine traditionnelle y est revisitée avec entrain et un sens aigu de la gourmandise, à l'image de cette terrine de pieds de porcs désossés, ou en dessert, ce soufflé chaud à l'eau de vie de poire.

⇦ ≼ 🍴 🖼 ♿ 🅺 🅿 – Menu 16 € (déjeuner), 33/45 € – Carte 33/45 €

Rue des Terrasses – 𝒞 05 59 93 75 75 – www.hotel-bellevue64.fr –
Fermé 6 janvier-10 février, lundi, jeudi soir, dimanche soir

CAPBRETON

✉ 40130 – Landes – Carte régionale n° **18**-A3 – Carte Michelin 335-C13

℃⃝ GOUSTUT ⓝ

MODERNE · **CONTEMPORAIN** ⅩⅩ Goustut et bien fichue que cette petite adresse au look industriel, pop et décontractée, dédiée aux produits de la mer ! La cuisine brute et locavore du chef Patrice Lubet (formé chez Rostand et Trama, entre autres) se nourrit notamment des poissons des pêcheurs de Cap Breton et des légumes de la famille Bastelica.

≼ 🍴 ♿ 🅺 – Menu 22 € (déjeuner)/54 € – Carte 48/56 €

Quai de la Pêcherie – 𝒞 05 58 42 18 38 – https://www.goustut.fr/ – Fermé lundi,
mardi, mercredi midi, dimanche

℃⃝ LA CUISINE

MODERNE · **CONVIVIAL** ⅹ Au centre du bourg, la cuisine est bel et bien à l'honneur : le chef, Johann Dubernet – secondé en salle par sa compagne Isabelle – signe des assiettes colorées, parfumées et visuelles : carpaccio de langoustine, guacamole coriandre, sésame et pousses de bambou ; saint-pierre, pâté de kumquat, sauce pomzo, tagliatelles au beurre d'algues... Subtilité et gourmandise !

Menu 18 € (déjeuner)/48 € – Carte 28/51 €

26 rue du Général-de-Gaulle – 𝒞 05 58 43 66 58 – www.restaurantlacuisine.fr

℃⃝ LA PETITE TABLE

MODERNE · **VINTAGE** ⅹ Des recettes goûteuses et colorées, relevées d'agrumes et d'épices, qui vont à l'essentiel : voici ce que vous réserve le chef, fort d'une longue expérience – avec, en prime, quelques jolis clins d'œil aux traditions culinaires du Moyen-Orient, où il a travaillé dans le passé.

🍴 – Menu 20 € (déjeuner) – Carte 42/51 €

555 quai de la Pêcherie – 𝒞 05 58 72 36 72 – lapetitetablecapbreton.fr –
Fermé 1ᵉʳ-14 janvier, 7-24 février, 14-25 juin, 6 décembre-11 janvier, mardi

CAP-FERRET – Gironde (33) ➜ Voir Bassin d'Arcachon

CARSAC-AILLAC

✉ 24200 – Dordogne – Carte régionale n° **18**-D3 – Carte Michelin 329-I6

🍲 Ô MOULIN ⓝ

MODERNE · **AUBERGE** ⅩⅩ Un jeune couple a transformé ce charmant moulin périgourdin en paisible restaurant campagnard, ouvert toute l'année. Le chef réalise une cuisine fraîche et savoureuse, bien dans son époque. Belle terrasse ombragée et service prévenant. Le premier menu est à prix doux. Une adresse sympathique.

Spécialités : Gambas façon thaï. Pastilla de canard aux champignons. Paris-brest.

🍴 ♿ 🅿 – Menu 34/60 € – Carte 51/71 €

1 place Martin-Dolt – 𝒞 05 53 30 13 55 – www.latabledumoulin.com – Fermé mardi
midi, mercredi

CASTELJALOUX

✉ 47700 – Lot-et-Garonne – Carte régionale n° **18**-C2 – Carte Michelin 336-C4

ⓘ◯ LA VIEILLE AUBERGE

CLASSIQUE · CONTEMPORAIN XX Belle hauteur sous plafond, charpente cathédrale, grandes baies vitrées façon orangeraie : suite à son déménagement, voici le superbe écrin de cette maison bien connue dans les parages. Côté cuisine, recettes classiques dans les règles de l'art, revisitées juste ce qu'il faut, déclinées dans deux menus au bon rapport qualité-prix.

🛱 ⅍ 🔟 🅿 – Menu 25 € (déjeuner), 37/70 € – Carte 50/70 €

Clos Castel, 13 avenue du 8-Mai-1945 – ℰ 05 53 93 01 36 – www.clos-castel.fr – Fermé dimanche soir

CLOS CASTEL

MAISON DE MAÎTRE · ÉLÉGANT Escalier en chêne, poutres apparentes, boiseries dans le salon : cette ancienne maison bourgeoise, entièrement rénovée, a conservé tout son charme ! Les chambres sont élégantes et feutrées, plutôt spacieuses, et l'on profite d'un petit parc arboré et d'un espace bien-être. Une belle adresse.

✿ 🛋 🕸 🖱 ⅍ 🔟 🛋 🅿 – 9 chambres – 1 suite

13 avenue du 8-Mai-1945 – ℰ 05 64 13 76 00 – www.clos-castel.fr

ⓘ◯ **La Vieille Auberge** – Voir la sélection des restaurants

CENON

✉ 33150 – Gironde – Carte régionale n° **18**-B1 – Carte Michelin 335-H5

Voir plan de Bordeaux

ⓘ◯ PARADOXE

MODERNE · CONTEMPORAIN XX Le chef Christophe Girardot propose une cuisine au goût du jour, concoctée à base de produits de qualité. En salle, le sommelier propose de judicieux accords mets et vins. Terrasse d'été prisée aux beaux jours.

❀ 🛱 ⅍ 🔟 – Menu 28 € (déjeuner)/65 € – Carte 61/77 €

Plan : Bordeaux D1-v – *9 allée de la Morlette – ℰ 05 57 80 24 25 – www.restaurant-paradoxe.com – Fermé 17-31 août, 20 décembre-3 janvier, lundi, dimanche*

CHAMPAGNAC-DE-BELAIR

✉ 24530 – Dordogne – Carte régionale n° **18**-C1 – Carte Michelin 329-F3

LE MOULIN DU ROC

LUXE · ÉLÉGANT Le lieu est magique : un luxueux moulin à huile sur la Dronne, entouré de verdure. Les chambres sont superbes, le jardin au bord de l'eau invite à la rêverie. Au Roda, cuisine simple à base de bons produits locaux.

✿ 🛥 ⧀ 🛋 ⤳ 🔟 🅿 – 15 chambres

Avenue Eugène-le-Roy – ℰ 05 53 02 86 00 – www.moulinduroc.com

CHAMPCEVINEL

✉ 24750 – Dordogne – Carte régionale n° **18**-C1 – Carte Michelin 329-F4

🏵 LA TABLE DU POUYAUD

MODERNE · CONTEMPORAIN XX Sur les hauteurs de Périgueux, le chef (et enfant du pays) Gilles Gourvat, vous reçoit dans cette ferme joliment rénovée. La cuisine, actuelle, revisite la tradition périgourdine, et privilégie les produits locaux (truffe en saison). Ainsi ce pied de cochon et fricassée d'escargots persillés, ou la volaille farcie et foie gras poêlé... Goûteux.

Spécialités : Foie gras de canard mi-cuit, chutney de pêches et pistaches. Fricassée de ris d'agneau, épinards et sauce béarnaise. Nage d'abricots à la mélisse, glace verveine.

🛱 ✿ 🅿 – Menu 33/78 € – Carte 54/70 €

57 route de Paris – ℰ 05 53 09 53 32 – www.table-pouyaud.fr – Fermé lundi, dimanche soir

CHANCELADE

✉ 24650 – Dordogne – Carte régionale n° **18**–C1 – Carte Michelin 329-E4

ⅈO CHÂTEAU DES REYNATS

CRÉATIVE · ÉLÉGANT XXX Rénové dans une veine plus contemporaine, l'intérieur du château conserve son charme classique (hauts plafonds moulurés, colonnes, lustres, cheminée en marbre...). Quant à la partition culinaire, elle se révèle efficace et pile dans l'air du temps, s'appuyant notamment sur des produits bien choisis. Au déjeuner, on peut également se tourner vers l'offre bistrotière à la Verrière.

⅏ 🍴♿ 🅿 – Menu 41/79 €

Hôtel Château des Reynats, 15 avenue des Reynats – ℰ 05 53 03 53 59 –
www.chateau-hotel-perigord.com –
Fermé lundi, mardi midi, mercredi midi, jeudi midi, vendredi midi, samedi midi,
dimanche

CIBOURE

✉ 64500 – Pyrénées-Atlantiques – Carte régionale n° **18**–A3 – Carte Michelin 342-C4
Voir plan de St-Jean-de-Luz

ⅈO CHEZ MATTIN

BASQUE · RUSTIQUE X Ambiance très familiale dans cette maison de pays rustique à souhait (poutres, cuivres...). Spécialités basques et suggestions au gré du marché, pour une cuisine spontanée, qui étonne et détonne. Le poisson est à l'honneur et c'est un vrai bonheur !

🅰🅲 – Carte 51/55 €

Plan : Saint-Jean-de-Luz A2-a – *63 rue E.-Baignol* – ℰ 05 59 47 19 52 –
www.chezmattin.fr – *Fermé 28 février-24 mars, 20 juin-7 juillet, lundi, dimanche*

DAGLAN

✉ 24250 – Dordogne – Carte régionale n° **18**–D2 – Carte Michelin 329-I7

🕸 LE PETIT PARIS

MODERNE · RUSTIQUE XX Au cœur d'un charmant village périgourdin, une table sympathique devancée par une grande terrasse. Ici, le chef – un enfant du pays – met un point d'honneur à valoriser les produits de sa région. Carpaccio de foie gras et sa vichyssoise au porto ; quasi de veau aux artichauts... Frais et savoureux.
Spécialités : Nem de confit de canard, poireaux et shiitaké, sauce saké-wasabi. Ris d'agneau, sauce teriyaki, pommes dauphines. Soufflé au Grand Marnier.

🏠 – Menu 34 €

Au bourg – ℰ 05 53 28 41 10 – *www.le-petit-paris.fr –*
Fermé 12 novembre-12 février, lundi

DAX

✉ 40100 – Landes – Carte régionale n° **18**–B3 – Carte Michelin 335-E12

🏨 LE SPLENDID

LUXE · ART DÉCO Le style Art déco est bien préservé, tant dans le hall et le bar que dans les chambres spacieuses au charme désuet. Sans oublier le magnifique spa, construit sur un ancien château fort d'une superficie de 1800 mètres carrés, riche d'un grand bassin, et de quinze cabines de soins....

🏊 🍴📺 🛎 🏋 🗓 ♿ 🅰🅲 ⅏ 🅿 – 143 chambres – 3 suites

2 cours de Verdun – ℰ 05 58 35 20 10 – *www.splendid-hotel-spa.com*

DOMME

✉ 24250 – Dordogne – Carte régionale n° **18**–D1 – Carte Michelin 329-I7

L'ESPLANADE

CLASSIQUE · BOURGEOIS ✕✕ Une belle demeure ancienne, perchée sur les remparts, avec une terrasse sous les tilleuls. La cuisine est sincère, sans artifice, et fait apprécier les saveurs franches de la tradition. Chambres bourgeoises, certaines avec une jolie vue sur la vallée de la Dordogne.

⇔ ⇐ 🛏 🗧 🏧 – Menu 35/85 € – Carte 52/72 €

2 rue Pontcarral – ℰ 05 53 28 31 41 – www.esplanade-perigord.com – Fermé 31 octobre-1ᵉʳ avril, lundi, mardi

DUHORT-BACHEN

✉ 40800 – Landes – Carte régionale n° **18**-B3 – Carte Michelin 335-J12

LES ARCADES

TRADITIONNELLE · RUSTIQUE ✕✕ Dire que cette adresse porte haut les couleurs du terroir est un euphémisme ! Dans une ambiance champêtre ou installés sous les arcades, les gourmands dégustent de bonnes recettes traditionnelles. On propose même quelques plats d'inspiration tahitienne, où le patron a passé une grande partie de sa vie.

🗧 🏧 – Menu 14 € (déjeuner) – Carte 28/47 €

232 place de la Mairie – ℰ 05 58 71 85 59 – www.restaurant-arcades.fr – Fermé lundi, mardi

ESPELETTE

✉ 64250 – Pyrénées-Atlantiques – Carte régionale n° **18**-A3 – Carte Michelin 342-D2

❁ CHOKO ONA

Chef: Clément Guillemot

MODERNE · CONTEMPORAIN ✕✕ Quel bonheur de voir cette hostellerie longtemps fermée s'offrir une nouvelle jeunesse, grâce à l'enthousiasme d'un jeune couple originaire du village ! Clément et Flora se sont connus à l'Hostellerie de Plaisance, à Saint-Émilion, et leur complicité est évidente. Le chef concocte une cuisine contemporaine, fine et subtile, aux produits sourcés au plus près d'Espelette ; ainsi l'excellent pigeonneau rôti, très rosé, à la chair fondante, ou le maigre, cèpes, potimarron, feuille de piment, jusqu'aux framboises infusées à la fleur d'hibiscus. Deux menus sont déclinés en fonction de votre appétit. Une table délicieuse à tous points de vue.

Spécialités : Courgette en carpaccio, crème glacée au basilic et vinaigrette à la framboise. Pintade, crème de pois chiches, pâté en croûte et citron noir d'Iran. Ce "Choko-là", bière du voisin.

❁ *L'engagement du chef: "Produits sourcés au plus près en agriculture bio et raisonnée. Vins bio et biodynamique. Recyclage, compost, jardin potager. Gestion des huiles usagées ; papier recyclé pour tous les usages. Pas d'eau en bouteille et très peu de plastiques à usage unique. Produits d'entretien éco label."*

🗧 & 🏧 🅿 – Menu 25 € (déjeuner), 52/72 €

155 rue Xerrendako-Bidea – ℰ 05 59 15 71 65 – www.choko-ona.fr – Fermé 4-25 janvier, lundi, dimanche

EUGÉNIE-LES-BAINS

✉ 40320 – Landes – Carte régionale n° **18**-B3 – Carte Michelin 335-I12

❁❁❁ LES PRÉS D'EUGÉNIE - MICHEL GUÉRARD

Chef: Michel Guérard

CLASSIQUE · ÉLÉGANT ✕✕✕✕ Certains chefs doivent autant leur réputation à leur travail en cuisine qu'à leurs qualités humaines : Michel Guérard est de ceux-là. Considéré comme l'un des précurseurs de la Nouvelle Cuisine, admiré par ses pairs dans le monde entier, il continue de travailler avec la même passion et le même dévouement. Aux Prés d'Eugénie, l'expérience est totale : cadre enchanteur – une magnifique demeure au cœur d'un parc verdoyant –, service attentif au moindre détail… et surtout, cuisine en tous points exceptionnelle. On retrouve dans l'assiette tout l'héritage du chef Guérard : la veine naturaliste, bien sûr, une légèreté jamais prise en défaut, et cette capacité à marier les saveurs les plus diverses avec justesse, à la façon des instruments de l'orchestre.

Spécialités: Oreiller moelleux de morilles, truffes et girolles sous la mousse. Sole du marin pêcheur, bouillon d'araignée de mer et beurre aux algues sauvages. Feuilleté croquant au chocolat salé-poivré, sabayon d'endive caramélisée.

🕸 🕸 🛏 🍴 Ⓐ 🅿 – Menu 145/265 € – Carte 195/210 €

Les Prés d'Eugénie, Place de l'Impératrice – 𝒞 05 58 05 06 07 –
www.lespresdeugenie.com – Fermé 4 janvier-11 mars, 30 novembre-18 décembre,
lundi, mardi, mercredi midi, jeudi midi, vendredi midi

🍴 **LA FERME AUX GRIVES**

TRADITIONNELLE · **AUBERGE** XX Cette vieille auberge de village a retrouvé ses couleurs d'antan. Jardin potager, vieilles poutres et tomettes... Un cadre idéal pour savourer une cuisine du terroir joliment ressuscitée. Suites exquises, pour des nuits paisibles.

🛏 🛏 🍴 🅿 – Menu 52 €

La Maison Rose, Place de l'Impératrice – 𝒞 05 58 05 05 06 – lespresdeugenie.com –
Fermé 4 janvier-18 février, mercredi, jeudi midi, dimanche soir

🏰 **LES PRÉS D'EUGÉNIE**

GRAND LUXE · **HISTORIQUE** Les Prés du bonheur ! Loin d'être le simple écrin hôtelier de la célèbre table de Michel Guérard, cette demeure du 19ᵉ s., ainsi que ses annexes – le Couvent des Herbes et la "ferme thermale" –, dessinent un havre de charme, mêlant intimement raffinement et goût de la nature, plaisir et forme. Un lieu magique et hors du temps...

🐾 🔆 🛏 🗲 🌐 🛋 🚿 ♿ Ⓐ 🛁 🅿 – 30 chambres – 15 suites

Place de l'Impératrice – 𝒞 05 58 05 06 07 – lespresdeugenie.com

❀❀❀ **Les Prés d'Eugénie - Michel Guérard** – Voir la sélection des restaurants

🏠 **LA MAISON ROSE**

MAISON DE CAMPAGNE · **COSY** À côté des thermes, cette maison à la façade rose a des allures de guesthouse ! Entièrement rénovée, elle arbore une décoration d'inspiration champêtre (cannage, bois blond), et accueille ses hôtes dans des chambres confortables et bien tenues.

🐾 🛏 🗲 ♿ 🅿 – 36 chambres

Place de l'Impératrice – 𝒞 05 58 05 06 07 – lespresdeugenie.com

🍴 **La Ferme aux Grives** – Voir la sélection des restaurants

EYMET

✉ 24500 – Dordogne – Carte régionale n° **18**-C2 – Carte Michelin 329-D8

🍴 **LA COUR D'EYMET**

CLASSIQUE · **BOURGEOIS** XX Sur la rue principale du bourg, une maison de style régional, flanquée d'une petite cour où l'on dresse quelques tables aux beaux jours. Les gourmands s'y régalent d'une cuisine soignée à base d'excellents produits. Enfin, le tout est accompagné de bons petits vins du pays.

🛏 🍴 ♿ – Menu 26 € (déjeuner)/39 €

32 boulevard National – 𝒞 05 53 22 72 83 – Fermé mercredi, dimanche soir

LES EYZIES-DE-TAYAC

✉ 24620 – Dordogne – Carte régionale n° **18**-C3 – Carte Michelin 329-H6

🍴 **LE BISTRO DES GLYCINES**

MODERNE · **CONTEMPORAIN** X L'un des atouts indéniables de cet excellent hôtel : son bistrot ! Dans la jolie salle en véranda, joliment décorée (tables en bois brut, chaises de style "shaker"...), on se régale de plats dans l'air du temps, à bon rapport qualité-prix, comme cette galantine de poulet fermier farcie au foie gras, cèpes et poire. Miam.

Spécialités: Cuisine du marché.

🍴 ♿ Ⓐ 🅿 – Menu 19 € (déjeuner)/33 €

Les Glycines, 4 avenue de Laugerie – 𝒞 05 53 06 97 07 –
www.les-glycines-dordogne.com – Fermé 15 novembre-2 janvier, le soir

○ LE 1862

MODERNE · CONTEMPORAIN XxX Des assiettes colorées et originales, aux cuissons impeccables et aux harmonies de saveurs subtiles, réalisées avec des produits de qualité, dont les légumes du potager : voici l'alléchant programme proposé au 1862, la table principale de l'hôtel Les Glycines... avec une mention spéciale au pigeon fumé au genévrier en deux cuissons et sarrasin. Cadre élégant, service impeccable et judicieux conseils sur les vins.

⚅ ≤ 🍴 🛏 & 🅼 🅿 – Menu 65/109 €

Les Glycines, 4 avenue de Laugerie – ℰ 05 53 06 97 07 –
www.les-glycines-dordogne.com – Fermé 15 novembre-2 janvier, le midi

○ LE CENTENAIRE ⓝ

MODERNE · CLASSIQUE XX Cet établissement historique des Eyzies a retrouvé des couleurs depuis la reprise par un jeune chef qui commence à faire parler de lui, Mathieu Métifet. Cet ancien ostréiculteur réalise une cuisine généreuse et personnelle, à l'instar de son plat signature, "les incontournables couteaux du Centenaire à la crème de morilles et magret fumé maison". Il s'inspire du terroir périgourdin sans dédaigner quelques notes réunionnaises et exotiques (épices, marinades au rhum).

⇦ 🛏 & 🅼 🅿 – Menu 38/98 € – Carte 54/108 €

2 avenue du Cingle – ℰ 05 53 06 68 68 – www.hotelducentenaire.fr – Fermé le midi
du lundi au samedi

🏠 LES GLYCINES

TRADITIONNEL · CONTEMPORAIN Cet ancien relais de poste au bord de la Vézère embaume la nature avec son parc, sa tonnelle de glycine et son potager. Les chambres se révèlent charmantes et confortables, en particulier les junior suites et les "écolodges". Espace bien-être et salle de soins.

🛏 ⤢ 🔲 🕸 ⊡ & 🅼 ♨ 🅿 – 25 chambres

4 avenue de Laugerie – ℰ 05 53 06 97 07 – www.les-glycines-dordogne.com
○ **Le 1862** · ⊛ **Le Bistro des Glycines** – Voir la sélection des restaurants

GUÉTHARY

✉ 64210 – Pyrénées-Atlantiques – Carte régionale n° **18**-A3 – Carte Michelin 342-C4

✿ BRIKÉTÉNIA

Chefs : Martin et David Ibarboure

MODERNE · ÉLÉGANT XxX Le petit village basque de Guétary est le fief d'une partie de la famille Ibarboure, l'autre étant à Bidart aux commandes... des Frères Ibarboure. Dans cette demeure basque des années 1930, un ancien hôtel, Martin le père et David le fils sont en cuisine. Marie-Claude, la mère, accueille ses hôtes avec une hospitalité toute basque tandis que Camille, la sœur, manie l'art bachique comme personne. Esprit de famille, quand tu nous tiens ! Notons tout de même que le fils s'est échappé jusqu'à Hong-Kong chez Pierre Gagnaire. Avec son père, il signe une cuisine de grande qualité : assaisonnements subtils, effets de transparence ou de contraste, produits choisis à leur parfaite maturité... Ces produits, très souvent basques évidemment, sont sublimés au naturel, et mis en valeur par un service charmant.

Spécialités : Œuf de ferme, sauce suprême truffée, jambon bellota et brioche parisienne. Ris de veau doré au beurre, jus à la moutarde ancienne, salsifis, poire et noisette. Profiterole à l'éclat d'or, choux aux amandes et glace à la vanille Bourbon.

⇦ ≤ 🛏 & 🅼 ⇦ 🅿 – Menu 38 € (déjeuner), 59/108 € – Carte 75/102 €

Hôtel Brikéténia, Rue de L'Église – ℰ 05 59 26 51 34 – www.briketenia.com –
Fermé 8-26 novembre, mardi

⊛ BRIKET' BISTROT

MODERNE · TENDANCE X L'hôtel de la famille Ibarboure accueille ce sympathique bistrot, indépendant du restaurant gastronomique. Le chef signe une cuisine soignée, délicate et pleine de goût, dans un cadre épuré. Les produits basques dominent logiquement la carte, mais s'agrémentent parfois de mets exotiques. L'équipe est jeune et avenante, les prix demeurent raisonnables. On se régale.

Spécialités : Œuf de ferme coulant, chorizo et sauce basquaise. Merlu de Saint-Jean-de-Luz, sauce au Noilly Prat. Mojito, gel citron, granité au rhum et sorbet menthe.

⇦ & 🅿 – Carte 33/40 €

Hôtel Brikétenia, Rue de L'Église – 𝒞 05 59 26 51 34 – www.briketenia.com – Fermé 1er janvier-3 avril, lundi, mardi

❚○ **GÉTARIA**

MODERNE · CONVIVIAL ⅹ Le jeune chef de ce bistrot contemporain a été sacré vice-champion du monde de pâté en croûte en 2015... voilà qui en jette ! Le pâté est donc évidemment en bonne place à la carte, aux côtés de produits bien travaillés : persillé de Wagyu et palets de pomme de terre fumée ; pêche plate pochée à la verveine...

🏠 & 🆎 – Menu 24 € (déjeuner) – Carte 43/49 €

360 avenue du Général-de-Gaulle – 𝒞 05 59 51 24 11 – www.getaria.fr – Fermé mardi, mercredi

🏠 **BRIKÉTÉNIA**

FAMILIAL · ÉPURÉ Sur le site d'une ancienne briqueterie (d'où "Brikéténia"), ce relais de poste du 17e s., blanc et rouge, offre une vue dégagée sur les environs. Refaites à neuf, les chambres allient confort et esprit contemporain : idéal si l'on veut profiter du (bon) restaurant.

⇐ 🖳 & 🆎 🖴 🅿 – 14 chambres

Rue de l'Église – 𝒞 05 59 26 51 34 – www.briketenia.com

🍴 **Briket' Bistrot** · ❀ **Brikéténia** – Voir la sélection des restaurants

GUICHE

✉ 64520 – Pyrénées-Atlantiques – Carte régionale n° **18**-B3 – Carte Michelin 342-E1

🙂 **LE GANTXO**

MODERNE · CONTEMPORAIN ⅹ Bienvenue en terre basque. Ce Gantxo – du nom d'une passe de pelote – donne directement sur le "trinquet", l'aire de jeu du célèbre sport local. En cuisine, le chef revisite la cuisine basque de façon très personnelle ; il compose des plats bien au goût du jour, souvent copieux, toujours goûteux. Un vrai coup de cœur !

Spécialités : Tête de veau sauce gribiche. Merlu de ligne poêlé au jambon de Bayonne, cannelloni de piperade. Mousse au chocolat, figues pochées, gel de vin rouge.

🏠 & 🆎 🅿 – Menu 33/47 €

Quartier du Port (au Trinquet) – 𝒞 05 59 56 46 63 – www.restaurant-le-gantxo.fr – Fermé lundi, mardi, dimanche soir

GUJAN-MESTRAS – Gironde (33) ➜ Voir Bassin d'Arcachon

HASPARREN

✉ 64240 – Pyrénées-Atlantiques – Carte régionale n° **18**-A3 – Carte Michelin 342-H2

❚○ **LA MAISON DE PIERRE**

CLASSIQUE · TRADITIONNEL ⅩⅩ Une belle surprise, cette table emmenée par une jeune équipe à l'enthousiasme communicatif dans un cadre flambant neuf et raffiné. Le chef met en avant la production basque de très jolie manière à travers une cuisine moderne et créative ; c'est gourmand et le menu déjeuner à 19 euros est un vrai bon plan. On peut aussi grignoter au bar à vin (18h-22h).

& – Menu 19 € (déjeuner), 45/68 €

Cote Paota, quartier Urcuray – 𝒞 05 59 93 40 49 – www.lamaisondepierre.fr – Fermé 13-29 avril, mardi, mercredi

🏠 BERRIA

HÔTEL PARTICULIER · CONTEMPORAIN "Berria" signifie "nouveau", et ce n'est pas un hasard : cet hôtel presque centenaire a été rénové dans un style moderne, sans renier pour autant son identité basque – notamment avec le soutien d'artisans locaux. Un séjour de choix.

☆ 🛁 🖥 🕭 🅼 🔓 🅿 – 20 chambres

68 rue Francis-Jammes – 𝒞 05 59 29 11 10 – www.hotel-restaurant-berria.fr

HOSSEGOR

✉ 40150 – Landes – Carte régionale n° **18**-A3 – Carte Michelin 335-C13

🍽 JEAN DES SABLES

CRÉATIVE · DESIGN 🍽🍽 Cadre épuré pour ce restaurant de plage : béton ciré, murs clairs, vivier, vue sur l'Océan... La cuisine est moderne, déclinée au fil d'une carte courte et bien ficelée, avec un menu spécial dédié au homard. Accueil et service aux petits soins.

≤ 🏡 🔓 🅿 – Menu 35 € (déjeuner), 50/80 €

*121 boulevard de la Dune – 𝒞 05 58 72 29 82 – www.jeandessables.com –
Fermé 1ᵉʳ janvier-12 février, lundi, mardi*

🍽 LES HORTENSIAS DU LAC

MODERNE · CONVIVIAL 🍽 Superbement rénovée, cette institution locale domine le lac d'Hossegor. Le chef Philippe Moreno y propose une carte mixte, entre "incontournables" régionaux et recettes plus actuelles : dans l'ensemble, une partition de bonne facture. On en profite dans un intérieur de bistrot lumineux, ou sur l'agréable terrasse.

≤ 🏡 🔓 🅿 – Carte 55/90 €

*1578 avenue du Tour-du-Lac – 𝒞 05 58 43 99 00 – www.leshortensiasdulac.com –
Fermé 3 janvier-14 février, 15 novembre-9 décembre, mercredi*

🏠 VILLA SEREN

LUXE · CONTEMPORAIN Cette belle bâtisse, mélange de bois et de béton, s'intègre bien dans son environnement. L'intérieur, superbement décoré, accueille entre autres du mobilier d'artisans de la région ; les chambres, spacieuses et confortables, offrent une vue imprenable sur le lac d'Hossegor.

🕭 ≤ 🛋 📶 🖥 🔓 🅼 🔓 🛶 – 25 chambres – 2 suites

1111 avenue du Touring-Club-de-France – 𝒞 05 58 58 00 55 – www.villaseren.fr

🏠 LES HORTENSIAS DU LAC

BOUTIQUE HÔTEL · BORD DE LAC Trois belles maisons entourées d'une pinède, au bord du lac d'Hossegor : l'ensemble, moderne et épuré, s'efface devant le paysage marin. On profite d'un beau jardin planté de pins des Landes, et du spa de 450 mètres carrés, bien aménagé. Un lieu plein de charme et de vitalité.

🕭 ≤ 🥂 🛋 📶 🛁 🔓 🅼 🔓 🅿 – 25 chambres

1578 avenue du Tour-du-Lac – 𝒞 05 58 43 99 00 – www.leshortensiasdulac.com

🍽 **Les Hortensias du Lac** – Voir la sélection des restaurants

IRISSARRY

✉ 64780 – Pyrénées-Atlantiques – Carte régionale n° **18**-B3 – Carte Michelin 342-E3

😊 ART'ZAIN

CUISINE DU MARCHÉ · CONTEMPORAIN 🍽🍽 Artzain signifie "berger" en basque – hommage du propriétaire à son père. Située au centre du village, cette ancienne grange, entièrement réhabilitée dans un style rustique et design (le mobilier est l'œuvre de l'artisan basque Alki), propose une cuisine de saison volontiers locavore. Une bonne adresse.

Spécialités : Fine tarte aux oignons, piments doux, saumon fumé, glace piquillos. Merlu, flan d'aubergines, ventrèche grillée, bouillon au thym antillais. Moelleux au chocolat.

IRISSARRY

❄ *L'engagement du chef:* *"Nous avons une carte courte qui change toutes les six semaines ou qui évolue en suivant les productions et les cultures de nos producteurs. Nos fournisseurs sont tous installés dans un rayon réduit autour du restaurant afin de limiter notre empreinte carbone. Nous confions nos déchets organiques à nos voisins qui ont des poules..."*

🌤 ⅏ Ⓜ – Menu 33/57 €

Au bourg – ☎ *05 59 37 23 83 – www.restaurant-art-zain.fr – Fermé 8 février-2 mars, 30 juin-6 juillet, lundi, mardi, dimanche soir*

ISSIGEAC

✉ 24560 – Dordogne – Carte régionale n° **18**–C2 – Carte Michelin 329-E7

⅏○ L'ATELIER

MODERNE • **COSY** ✕✕ Aux portes de la cité médiévale, ce restaurant cosy aux notes rustiques est le fief du chef Fabrice Rodot. On apprécie sa cuisine dans l'air du temps, qui privilégie les produits du terroir local et de saison. Sans oublier l'excellent pain maison ! A déguster, l'été venu, sur l'agréable terrasse.

🌤 ⅏ – Menu 20 € (déjeuner), 38/56 €

Tour de Ville – ☎ *05 53 23 49 78 – www.latelierissigeac.fr – Fermé mardi, mercredi*

⅏○ LA BRUCELIÈRE

MODERNE • **AUBERGE** ✕✕ Avec ses murs en moellons et son mobilier en bois, sa vaisselle et sa poterie achetées au village, cette authentique auberge de campagne ne manque pas de charme. Le chef met un point d'honneur à cuisiner des produits frais à travers des recettes simples et bonnes. Jolie terrasse sur le jardin, à l'arrière.

↩ ⬅ 🌤 – Menu 32/36 €

Place de la Capelle – ☎ *05 53 73 89 61 – www.labruceliere.com – Fermé 6-24 février, 4-12 juillet, mardi, mercredi*

ITXASSOU

✉ 64250 – Pyrénées-Atlantiques – Carte régionale n° **18**–A3 – Carte Michelin 342-D5

⅏○ RESTAURANT DU FRONTON

TRADITIONNELLE • **RUSTIQUE** ✕ Comme la pelote semble aimantée par la *chistera* (le gant en paille des joueurs), le jeune chef, Benat Bonnet, a naturellement rejoint l'établissement familial – 3ᵉ génération – après avoir fait ses classes dans plusieurs établissements de renom. Les produits locaux y sont à la fête, comme avec cet agneau rôti, pastilla d'épaule et jus au thym...

↩ ⬅ 🌤 ⅏ Ⓜ ⊡ ℗ – Menu 24/34 €

Hôtel du Fronton, Place du Fronton – ☎ *05 59 29 75 10 – www.hotelrestaurantfronton.com – Fermé 2 janvier-14 février, 15-20 novembre, mercredi*

LABARDE

✉ 33460 – Gironde – Carte régionale n° **18**–B1 – Carte Michelin 335-H4

⅏○ NOMADE

MODERNE • **CONVIVIAL** ✕ Jolie surprise que cette adresse ouverte en plein Médoc par un jeune couple originaire de la région. Le chef propose une cuisine française mâtinée de touches d'ailleurs, en utilisant autant que possible les produits locaux : le goût est au rendez-vous. Décor agréable et accueil tout sourire.

🌤 ⅏ – Menu 35 € (déjeuner)/70 €

3 route des Châteaux – ☎ *05 56 35 92 38 – www.restaurant-nomade.fr – Fermé 3-25 janvier, lundi, dimanche*

LANGON

✉ 33210 – Gironde – Carte régionale n° **18**–B2 – Carte Michelin 335-J7

❀ **CLAUDE DARROZE**

CLASSIQUE · **CONTEMPORAIN** ✕✕✕ Cet établissement familial sait perpétuer les traditions : on se délecte d'une cuisine classique, ponctuée de clins d'œil au Sud-Ouest, accompagnée de bons bordeaux (600 appellations). Les produits sont traités avec beaucoup de soin (à titre d'exemple, le pigeon de M. Duleau, la lamproie cuisinée au sauternes, le saint-pierre de ligne confit à la moelle), il y a du goût et de la générosité dans l'assiette, et les amateurs de gibier profiteront même d'un menu "chasse" en saison. Tout cela se déguste dans un cadre moderne ou sur l'agréable terrasse, protégée par les platanes, à la belle saison. Pour ceux qui souhaiteraient prolonger le séjour, quelques jolies chambres se tiennent à votre disposition.

Spécialités: Œuf parfait à la truffe, écrasé de pomme de terre, jus de volaille et mouillette à la truffe. Ris de veau rôti aux éclats de pistaches, poireau à la flamme et jus de veau au madère. Soufflé léger au Grand Marnier, sorbet à l'orange sanguine.

🕸 ⇦ 🍴 🎔 🅿 – Menu 37 € (déjeuner), 65/120 €

95 cours du Général-Leclerc – ℰ 05 56 63 00 48 – www.darroze.com – Fermé lundi, dimanche

🍴○ **L'ATELIER FLAVIEN VALÈRE**

MODERNE · **SIMPLE** ✕ Formé à bonne école dans le Sud-Ouest, le jeune Flavien Valère vient rythmer l'offre gastronomique de Langon. Il connaît ses gammes, aucun doute là-dessus : cuissons impeccables, assaisonnements au point, bons produits locaux travaillés avec soin… On se régale au gré de cette carte où tout est fait maison. Imparable.

🍴 🎔 – Menu 18 € (déjeuner), 33/45 €

*62 cours des Fossés – ℰ 05 56 76 25 66 – www.restaurant-atelierfv.fr –
Fermé 1er-15 juillet, 20-25 décembre, lundi, mardi soir, mercredi soir, dimanche soir*

LANTON - Gironde (33) →

LARRAU

✉ 64560 – Pyrénées-Atlantiques – Carte régionale n° **18**–B3 – Carte Michelin 342-G6

🍴○ **ETCHEMAÏTÉ**

TRADITIONNELLE · **RUSTIQUE** ✕ Dans ces contrées montagneuses aux confins du Pays basque, une maison traditionnelle tout simplement charmante… d'autant qu'on s'y régale : par exemple, foie gras grillé, panais au pain d'épices, ou encore épaule d'agneau confite et piquillos… C'est simple, goûteux et généreux, et la vue sur les Pyrénées est superbe.

⇦ ≼ 🍴 🎔 🕹 🅿 – Menu 22 € (déjeuner), 28/48 € – Carte 35/48 €

*Le Bourg – ℰ 05 59 28 61 45 – www.hotel-etchemaite.fr –
Fermé 10 janvier-6 février, lundi, mardi midi, dimanche soir*

LESCAR

✉ 64230 – Pyrénées-Atlantiques – Carte régionale n° **18**–B3 – Carte Michelin 342-J5

🍴○ **ARRADITZ**

MODERNE · **CONTEMPORAIN** ✕✕ Cette maison du 19e s., installée dans une petite ville à la périphérie de Pau, est le fief d'un duo bien préparé : elle, pâtissière, a fait ses armes au Plaza Athénée ; lui, aux fourneaux, a aussi travaillé dans plusieurs maisons étoilées. Leur cuisine, fine et bien exécutée, met en valeur les produits de la région. Courez-y !

🕹 🎔 ⇄ 🅿 – Menu 40/70 € – Carte 60/72 €

*2 rue Cachau – ℰ 05 59 32 31 40 – www.arraditz.com –
Fermé lundi, mardi, dimanche soir*

LORMONT

⊠ 33310 - Gironde - Carte régionale n° **18**-B1 - Carte Michelin 335-H5

Voir plan de Bordeaux

✿ LE PRINCE NOIR - VIVIEN DURAND

MODERNE • DESIGN XX Les écuries d'un château, un cube de verre et béton, une vue sur le pont d'Aquitaine : le cadre, déjà, surprend. Mais pas autant que la cuisine de Vivien Durand, qui réinterprète la tradition française dans une veine gastronomique. Un pari osé, lorsqu'on parle d'une blanquette de poisson ou d'un petit salé aux lentilles... Mais il faut admettre que son pari est réussi ! Les saveurs sont souvent éclatantes, les produits (locaux pour l'immense majorité) sont superbement mis en valeur, il y a dans son travail un côté "brut de décoffrage" attachant, qui parle à l'instinct et au cœur. Ajoutons à cela une démarche écolo sincère (plus de caisses en polystyrène pour le poisson, par exemple), on se retrouve avec une table exemplaire.

Spécialités : Saint-Jacques, choux rave mariné et caviar Sturia. Pigeon de Mios et topinambour. Tarte catalane, noisettes et agrumes.

✿ ***L'engagement du chef :*** *"Au-delà de l'exigence que nous avons à l'égard des produits que nous sélectionnons, nous supprimons au maximum les emballages à usage unique, les bouteilles en plastique et les détergents polluants, nous mettons en place un tri sélectif rigoureux et fabriquons notre compost végétal. Il nous reste des solutions à trouver sur la gestion des plastiques souillés."*

- Menu 95/125 € - Carte 84/112 €

Plan : Bordeaux D1-n - *1 rue du Prince-Noir - ✆ 05 56 06 12 52 - www.leprincenoir-restaurant.fr - Fermé 10-19 avril, 14 août-6 septembre, mercredi midi, samedi, dimanche*

LOUGRATTE

⊠ 47290 - Lot-et-Garonne - Carte régionale n° **18**-C2 - Carte Michelin 336-F2

LA TABLE DES SENS

MODERNE • CONTEMPORAIN X Le chef Hervé Sauton et son associé pâtissier ont quitté Villeneuve-sur-Lot pour s'installer dans cette maison sur la route de Bergerac. Esprit de bistrot contemporain, agréable terrasse - demandez, si possible, l'une des tables avec vue sur le lac de Lougratte - et surtout, séduisante cuisine actuelle et de saison.

- Menu 19 € (déjeuner), 35/70 €

63 route de Villeneuve-sur-Lot - ✆ 05 53 36 97 04 - www.latabledessens.com - Fermé lundi, mardi, dimanche soir

MAGESCQ

⊠ 40140 - Landes - Carte régionale n° **18**-B2 - Carte Michelin 335-D12

✿✿ RELAIS DE LA POSTE

Chefs : Clémentine et Jean Coussau

CLASSIQUE • ÉLÉGANT XXX Face à la pinède, on cultive le classicisme... à quatre mains, entre le chef et sa nièce. Bien ancré dans sa région, il se plait à évoquer le "maillage des petits producteurs" - foie gras, volaille, viande de chalosse, poissons de l'Adour et de Capbreton -, cette cuisine de proximité qu'il préfère appeler "cuisine de cœur". Sa saison préférée ? L'automne, pour les champignons et le gibier. Trois plats immuables révèlent ses affections : le foie de canard chaud aux raisins, la sole aux cèpes et le saumon de l'Adour (un poisson capricieux), quand les pêcheurs en attrapent. Ajoutons les superbes soufflés au Grand Marnier, aériens et crémeux, au centre desquels est glissée une petite quenelle de sorbet à l'orange sanguine, qui apporte une irrésistible fraîcheur.

Spécialités : Foie gras de canard chaud aux raisins. Saumon de l'Adour grillé et vraie béarnaise. Citron en trompe l'œil, marmelade de citron meyer à la verveine.

- Menu 60 € (déjeuner), 100/150 € - Carte 120/150 €

24 avenue de Maremne - ✆ 05 58 47 70 25 - www.relaisposte.com - Fermé 11 novembre-17 décembre, lundi, mardi

Côté Quillier - Voir la sélection des restaurants

ⅠⅠ○ CÔTÉ QUILLIER

MODERNE · BISTRO ✗ Un élégant bistrot, entièrement dévolu à une bonne cuisine du marché ! Croustillant de pied de cochon, boudin noir sauce moutarde et purée de pommes de terre agria, tiramisu de fruits rouges, etc. On se régale sur la terrasse, avant de rejoindre le jardin où vous attend un jeu... de quilles. Ambiance conviviale.

� 🍴 🛋 AC 🅿 – Menu 23 € (déjeuner), 27/37 €

Relais de la Poste, 26 avenue de Maremne – ☎ 05 58 47 79 50 – www.relaisposte.com – Fermé 4-14 janvier, 11 novembre-17 décembre

ⅢⅢ RELAIS DE LA POSTE

MAISON DE CAMPAGNE · PERSONNALISÉ Des tapis de fleurs, un verger, des ceps de vignes, de belles allées de pins, une superbe piscine... On ne se lasse pas de ce parc de 8 ha, ni des chambres d'ailleurs, spacieuses et très confortables. Un castel landais plein de caractère.

🛁 🍴 🎣 ⊕ 🛋 🚲 AC 🧖 🅿 🚗 – 14 chambres – 2 suites

24 avenue de Maremne – ☎ 05 58 47 70 25 – www.relaisposte.com

⁂⁂ **Relais de la Poste** – Voir la sélection des restaurants

MARMANDE

✉ 47200 – Lot-et-Garonne – Carte régionale n° **18**-C2 – Carte Michelin 336-C2

ⅠⅠ○ BOAT AUX SAVEURS

MODERNE · ÉLÉGANT ✗✗ Dans cette élégante chartreuse transformée en restaurant, les gourmands se régalent d'une cuisine inventive. La cheffe met un point d'honneur à se fournir chez les producteurs locaux, et presque tous les légumes viennent du potager maison ! Belle terrasse au calme.

🍴 & ⇔ 🅿 – Menu 26 € (déjeuner), 44/64 €

36-38 avenue Jean-Jaurès – ☎ 05 53 64 20 35 – www.restaurantboatauxsaveurs.fr – Fermé lundi, mardi, mercredi soir, jeudi soir, samedi midi, dimanche soir

MARTILLAC

✉ 33650 – Gironde – Carte régionale n° **18**–B2 – Carte Michelin 335-H6

⁂⁂ LA GRAND'VIGNE

MODERNE · ROMANTIQUE ✗✗✗ À quelques kilomètres seulement de Bordeaux, un véritable petit paradis niché au cœur du vignoble. Aux fourneaux de la Grand'-Vigne, la table gastronomique de l'hôtel, on trouve le chef Nicolas Masse, qui rend notre passage en ces lieux encore plus mémorable... Maître dans l'art d'associer saveurs et textures, il régale par exemple d'une belle asperge blanche dorée à la braise, accompagnée d'un émincé de homard bleu et d'un sabayon à l'orange : un plat renversant, où générosité et gourmandise sont au rendez-vous. On trouvera aussi une belle carte des vins (dont ceux du château Smith Haut Lafitte), et les desserts subtils et inventifs du pâtissier Jordane Stiée : sa déclinaison autour de l'abricot du pays nous a laissé un excellent souvenir...

Spécialités : Langoustine et caviar d'ici. Bœuf maturé fumé aux sarments de vignes, céleri et racine herbacée. La figue, brioche cassis au vin des Graves.

🍷 🍴 🕭 & AC 🅿 – Menu 130/170 €

Les Sources de Caudalie, Chemin de Smith-Haut-Lafitte – ☎ 05 57 83 83 83 – www.sources-caudalie.com – Fermé 4-27 janvier, lundi, mardi, mercredi midi, jeudi midi, vendredi midi

ⅠⅠ○ LA TABLE DU LAVOIR

CUISINE DU TERROIR · RUSTIQUE ✗ Un cadre original que cette superbe halle tout en bois (18e s.), sous laquelle on lavait autrefois les vêtements utilisés pour les vendanges ! La cuisine joue la carte de la bonne tradition. Où l'on retrouve l'atmosphère plaisante des auberges d'autrefois.

🍷 🍴 & AC 🅿 – Menu 42 € – Carte 42/65 €

Les Sources de Caudalie, Chemin de Smith-Haut-Lafitte – ☎ 05 57 83 83 83 – www.sources-caudalie.com – Fermé 4-27 janvier

LES SOURCES DE CAUDALIE

GRAND LUXE · ÉLÉGANT Au milieu des vignes, ce domaine superbe dédié au bien-être est le berceau de la vinothérapie. Bois brut, meubles chinés, plaisirs gastronomiques : le luxe sans ostentation, en harmonie avec la nature. Les chambres, réparties dans plusieurs demeures au milieu des vignes, sont autant d'invitation à la détente. Superbe spa.

🐟 🍴 👜 🛋 📺 📶 🛗 🔄 ♿ 🅰🅲 🧖 🅿 – 40 chambres – 21 suites

Chemin de Smith-Haut-Lafitte –
𝒞 05 57 83 83 83 – www.sources-caudalie.com

🌸🌸 **La Grand'Vigne** · 🍴 **La Table du Lavoir** – Voir la sélection des restaurants

CHÂTEAU LE THIL

HISTORIQUE · PERSONNALISÉ Cette superbe demeure, édifiée en 1737, au cœur d'un parc aux arbres centenaires et entourée des vignes du Château Le Thil (une des propriétés viticoles des Pessac Léognan) abrite plaisants salons et chambres charmantes. De ce havre, on goûte aux joies buissonnières, à pied ou à vélo, sur les chemins qui sillonnent entre les vignes. Bienfaisant.

🐟 👜 🅰🅲 🅿 – 11 chambres

Chemin Le Thil –
𝒞 05 57 83 83 83 – www.sources-caudalie.com

MERIGNAC

✉ 33700 – Gironde – Carte régionale n° **18**–B1 – Carte Michelin 335-H5

🍴 BLISSS

CRÉATIVE · CONTEMPORAIN 𝕏 Dans cette petite zone commerciale, une belle surprise : Anthony Aycaguer, chef expérimenté, décline des assiettes modernes, aux visuels épurés, qui évoluent au gré du marché. Menu surprise en cinq plats, renouvelé deux fois par mois. Réservation impérative.

🅰🅲 – Menu 84 €

98 avenue de Magudas – 𝒞 05 56 98 66 72 – www.blisss.fr –
Fermé mardi soir, mercredi soir, jeudi soir, vendredi soir, samedi soir

MOIRAX

✉ 47310 – Lot-et-Garonne – Carte régionale n° **18**–C2 – Carte Michelin 336-F5

✿ AUBERGE LE PRIEURÉ

Chef : Benjamin Toursel

CRÉATIVE · CONVIVIAL 𝕏𝕏 Entre Bordeaux et Toulouse, au cœur d'un petit village pittoresque des environs d'Agen, ce restaurant de campagne entièrement refait à neuf occupe une belle maison en pierre de taille, plusieurs fois centenaire. La terrasse ombragée par de robustes platanes fait face à un prieuré clunisien fondé au 11e s. Ancien compagnon de route de Michel Trama à Puymirol, le chef Benjamin Toursel a su développer son propre style, créatif et audacieux, qui ne laisse jamais indifférent : poisson de roche laqué d'une escabèche et pulpe de pomme de terre montée comme un aïoli ; crevette carabineros de la tête au pied, chorizo et tomate. Un prieuré où l'on fait bonne chère...

Spécialités : Anguille laquée au citron vert, bouillon iodé et sarrasin. Polenta de maïs frais, pois sucré, verveine et pamplemousse. Tomate, mozzarella et basilic.

🐌 🌿 🅰🅲 ↔ – Menu 28 € (déjeuner), 66/88 €

4 Grand'Rue – 𝒞 05 53 47 59 55 – www.aubergeleprieure.fr – Fermé 17-31 octobre, lundi, mardi, dimanche soir

MONBAZILLAC

✉ 24240 – Dordogne – Carte régionale n° **18**–C1 – Carte Michelin 329-D7

✿ LA TOUR DES VENTS

MODERNE · ÉLÉGANT ✕✕ Au sommet du vignoble de Bergerac, à côté d'un moulin à vent ruiné, cette belle maison cossue offre une vue inoubliable. Le chef Damien Fagette cultive le terroir périgourdin en travaillant la blonde d'Aquitaine, le foie gras et le poulet fermier du Périgord. Soignée et maîtrisée, sa cuisine au goût du jour vaut par ses produits de grande qualité, la justesse de ses cuissons et ses saveurs bien marquées. Souvenirs d'un Saint-Pierre grillé, beurre blanc au caviar d'Aquitaine, jaune d'œuf croustillant, chou-fleur, sans oublier le superbe dessert, "Sous la cloche de sucre soufflé, méli-mélo de fruits rouges, financier, espuma vanille, sorbets plein fruit". Un vent d'enthousiasme souffle sur cette bonne table.

Spécialités: Escalope de foie gras de canard poêlée. Ris de veau doré au sautoir. Soufflé au Grand Marnier.

≼ 🕊 🖫 ⅏ 🔣 ⟺ 🅿 – Menu 51/93 € – Carte 84/93 €

Lieu-dit Moulin-de-Malfourat – ℰ 05 53 58 30 10 – www.tourdesvents.com –
Fermé 4-19 janvier, 22 novembre-1er décembre, lundi, mardi, dimanche soir

MONESTIER

✉ 24240 – Dordogne – Carte régionale n° **18**-C1 – Carte Michelin 329-C7

✿ LES FRESQUES

MODERNE · ÉLÉGANT ✕✕ Situé au carrefour de la Dordogne, de la Gironde et du Lot-et-Garonne, le château de Vigiers est une belle demeure périgourdine du 16ᵉ s. entourée d'un parc, d'un vignoble et même d'un golf très réputé. Le temps semble s'y être arrêté. Et entre ces gros murs séculaires, s'épanouit un restaurant aux murs décorés de fresques d'époque Renaissance... Didier Casaguana, peintre du goût, y dévoile une palette riche en goûts et en parfums, directement inspirée du terroir. Ce Toulousain confesse une passion dévorante pour la nature, travaillant les fruits et légumes des petits producteurs, mais aussi les produits nobles de ce Sud-Ouest opulent : ris de veau braisé et escalope de foie gras poêlée ; filet de bœuf Blonde d'Aquitaine ; caviar de la maison Prunier...

Spécialités: Alliance entre l'huître et le caviar, sorbet au yaourt. Pigeon rôti en cocotte, betterave et framboise. Le clin d'œil de Pierre.

🕊 🖫 ⅏ 🔣 ⟺ 🅿 – Menu 47 € (déjeuner), 75/115 € – Carte 95/120 €

Château des Vigiers, Au Vigier (au golf des Vigiers) – ℰ 05 53 61 50 00 –
www.vigiers.com – Fermé lundi midi, mercredi, dimanche soir

🏚 CHÂTEAU DES VIGIERS

LUXE · ÉLÉGANT En bordure du golf et dans un beau parc arboré, ce château du 16ᵉ s. est si paisible... Les chambres affichent un style élégant et classique, tandis que, dans l'annexe – une jolie bâtisse aux airs de séchoir à tabac –, elles sont plus contemporaines... Raffinement et verdure !

☆ ⋟ ≼ 🕊 ⫴ 📶 ♨ ⅏ 🔣 ⚁ 🅿 – 71 chambres (au golf des Vigiers)

ℰ 05 53 61 50 00 – www.vigiers.com

✿ **Les Fresques** – Voir la sélection des restaurants

MONPAZIER

✉ 24540 – Dordogne – Carte régionale n° **18**-C2 – Carte Michelin 329-G7

🍽 ELÉONORE

MODERNE · ÉLÉGANT ✕✕ Une table élégante dans un joli petit château et un menu carte qui change chaque jour, au gré de l'inspiration du chef. Ce dernier travaille de bons produits périgourdins, et cela se sent !

🖫 ⅏ 🔣 🅿 – Menu 33/55 €

Edward 1er, 5 rue Saint-Pierre – ℰ 05 53 22 44 00 – www.restauranteleonore.com –
Fermé 14 novembre-27 mars, le midi

MONTAGNE

✉ 33570 – Gironde – Carte régionale n° **18**-C1 – Carte Michelin 335-K5

 LA RÉSERVE DU PRESBYTÈRE ⓝ

TRADITIONNELLE · CONTEMPORAIN ⅹ Dans un village vigneron, adresse bistronomique face à une église romane. La déco associe tables de bistrot et chaises industrielles sur fond de pierres apparentes. Le chef propose une cuisine traditionnelle goûteuse et pourtant toute en fraîcheur à l'image de cet explosif sorbet à la verveine du jardin qui accompagne le clafoutis aux abricots...

Spécialités : Pistou de tomates, moules et sorbet piquillos. Carré de porc, courgette ronde, cocos et chorizo. Moelleux au chocolat, sorbet vanille-poivre.

🏡 🅿 – Menu 27/46 €

22 Grand-Rue – ℰ 05 57 79 03 43 – www.lareservedupresbytere.fr –
Fermé 21 décembre-19 janvier, lundi, dimanche soir

MONT-DE-MARSAN

✉ 40000 – Landes – Carte régionale n° **18**-B2 – Carte Michelin 335-H11

🍃 **LES CLEFS D'ARGENT**

Chef : Christophe Dupouy

CRÉATIVE · FAMILIAL ⅹⅹ Avec les années, cette table, entièrement rénovée avec goût dans un style contemporain et épuré, est devenue un rendez-vous incontournable à Mont-de-Marsan. On doit ce succès au travail de Christophe Dupouy, solide professionnel formé à bonne école (de Ducasse à Michel Sarran). Orientée nature et locavore, sa cuisine est un exemple de métissage, mariant le terroir du Sud-Ouest (et plus particulièrement des Landes) à des influences béninoises – le pays d'origine de son épouse Eugénie, véritable maîtresse des lieux, qui assure un service aussi prévenant que chaleureux. Ajoutez à cela une ambiance conviviale et bon enfant, vous obtenez une maison hautement recommandable.

Spécialités : Foie gras de la ferme de Brougnon confit, condiment oignon et mangue. Saint-Jacques et céleri de Verlus à la boulangère. Chocolat grand cru de São Tomé et crème au Baileys.

🕸 🏡 ♿ 🅼 ⇄ – Menu 25 € (déjeuner), 66/100 €

333 avenue des Martyrs-de-la-Résistance – ℰ 05 58 06 16 45 –
www.clefs-dargent.com – Fermé 8-30 août, 19-30 décembre, lundi, dimanche

🍽 **VILLA MIRASOL**

MODERNE · COSY ⅹ La Villa Mirasol a confié les destinées de sa table au chef landais Philippe Lagraula, formé notamment dans les maisons Troisgros et Bras. On connaît ses points forts : dressage, originalité, harmonie des saveurs, des qualités illustrées par une cuisine actuelle, moderne et décomplexée, à l'image de ce boudin noir au piment jaune, œuf coulant et "cosa crocante".

🛏 🏡 ♿ 🅼 🅿 – Menu 25 € (déjeuner), 34/65 € – Carte 45/70 €

2 boulevard Ferdinand-de-Candau – ℰ 05 58 44 14 14 – www.villamirasol.fr –
Fermé 18-31 janvier, 19-31 juillet, 2-14 novembre, lundi, mardi, dimanche soir

MONTIGNAC

✉ 24290 – Dordogne – Carte régionale n° **18**-D1 – Carte Michelin 329-H5

 HÔTEL DE BOUILHAC

HISTORIQUE · ÉLÉGANT Un hôtel particulier du 17ᵉ s., inscrit aux monuments historiques, à quelques pas seulement des célébrissimes grottes de Lascaux... L'architecture est typique de la région (hauts plafonds, moulures, parquets massifs) et les chambres ne manquent pas de charme.

🏊 🔆 ♿ 🅼 🧖 🅿 – 10 chambres

Avenue du Professeur-Faurel – ℰ 05 53 51 21 46 –
www.hoteldebouilhac-montignaclascaux.fr

ORTHEVIELLE

✉ 40300 – Landes – Carte régionale n° **18**-B3 – Carte Michelin 335-E13

LA FERME D'ORTHE

TRADITIONNELLE · CONVIVIAL ⅹ Imposante cheminée pour griller la côte de bœuf, solides poutres, gros tonneau en guise de table et murs en pierre : l'atmosphère, actuelle, ne nuit pas à l'âme de ce restaurant de campagne. Les plats servis au déjeuner sont simples et réjouissants (confit maison, parillada, foie gras), plus travaillés le soir. Et les produits, toujours locaux. Une adresse fort sympathique.

🍴 & ⇔ – Menu 13 € (déjeuner)/33 €

9 rue de la Fontaine – ℰ 05 58 73 01 03 – www.lafermedorthe.fr – Fermé 10-26 avril, 23 août-7 septembre, lundi, mardi soir, mercredi soir, dimanche soir

PARENTIS-EN-BORN

✉ 40160 – Landes – Carte régionale n° **18**–B2 – Carte Michelin 335-E8

CHEZ FLO

MODERNE · BISTRO ⅹ Un restaurant convivial, façon bistrot contemporain... Dans l'esprit du lieu, la cuisine est généreuse : sous la houlette d'un jeune chef passionné, tout est fait maison, avec des produits régionaux.

🍴 & – Menu 15 € (déjeuner)/29 €

9 rue Saint-Barthélémy – ℰ 05 58 78 40 21

PAU

✉ 64000 – Pyrénées-Atlantiques – Carte régionale n° **18**–B3 – Carte Michelin 342-J5

L'INTERPRÈTE ⓝ

CRÉATIVE · TENDANCE ⅩⅩ Deux interprètes de talent chantent ici les louanges d'une bistronomie brute et créative et séduisent leur auditoire par leur répertoire gourmand exécuté dans un cadre bohème et chic, particulièrement élégant – dallage sombre, mobilier brut de qualité, table avec plateau en bois de manguier... Accueil de charme et rapport qualité/prix plus qu'épatant.

Spécialités : Tartare de dorade, raifort, sauce miel-soja et coriandre. Veau en croûte de verveine, purée d'artichaut, girolles et jus réduit. Déclinaison de chocolat, crémeux café et glace Baileys.

& 🅼 – Menu 18 € (déjeuner), 34/48 €

Plan : C3-a – *8 rue des Orphelines – ℰ 05 59 04 52 29 – www.rezto.net/restaurants/242-l-interprete – Fermé lundi, dimanche*

LOU ESBERIT

MODERNE · TENDANCE ⅩⅩ En béarnais, Lou Esberit signifie "éveillé" et "joyeux", en phase avec l'accueil souriant et l'enthousiasme du chef, adepte d'une cuisine épurée : bouillon de queue de bœuf à la citronnelle, foie gras poêlé et beignet de châtaigne, ou encore maigre de ligne, asperges blanches et émulsion au vin blanc, coco et ail des ours... Une jolie adresse qui réveille les papilles, face à l'église Saint-Martin.

Spécialités : Guacamole de petits pois, gambas et jus des carcasses. Poulpe de roche, risotto de chou noir à l'encre de seiche. Fraises, olives confites, chocolat blanc et citronnelle.

& – Menu 20 € (déjeuner), 34/48 €

Plan : B3-n – *8 rue Adoue – ℰ 09 83 97 58 58 – www.restaurant-louesberit.com – Fermé lundi, mardi midi, dimanche*

MAYNATS ⓝ

CRÉATIVE · CONTEMPORAIN ⅩⅩ Au pied du château, au cœur du quartier métamorphosé du Hédas, deux garçons - des *maynats* en béarnais - se sont donné rendez-vous dans un décor néo-industriel brut de décoffrage, ambiance à coup de décibels. C'est pour mieux célébrer les joies d'une "gastronomie à la cool", faite de bons produits mis en valeur par un savoir-faire acquis dans les grandes maisons.

🍴 & – Menu 22 € (déjeuner), 42/54 €

Plan : B2-b – *3 rue du Hédas – ℰ 05 59 27 68 65 – www.maynats.fr – Fermé lundi, dimanche*

BORDEAUX,
MT-DE-MARSAN

DOMAINE DE SERS , MUSÉE
NATIONAL DES PARACHUTISTES

A

B

ORTHEZ,
BAYONNE, DAX

Av. de Cazalis

R. Vignau

R. Béziou

Rd-Pt du
Souvenir Français

R. Edouard Herriot

Av. de
l'Eglise Saint-Joseph

R. Louis Magne

R. du Sergent Bernès-Cambo

R. de Bordeu

R. de l'Abbé

R. des Marnières

Bd

Bd Edouard

R. Vignau

R. Vignau

R. des Marnières

R. Ribes

R. de Nolivos

R. Viard

PARC
LAWRENCE

R. du Capitaine Guynemer

R. de l'Abbé

1

Av. Béziou

R. de Champetier

Boyrie

Av. de la Résistance

Rauski

R. Viard

R. Bourbaki

R. de Laussat

R. de Cazalis

R. Jean-Jacques
Rousseau

Phoebus

Av. Gaston

Phoebus

R. Manescau

R. Montpensier

R. de Bargoin

O'Quin

Paste

R. Victor Hugo

R. de l'Amiral Ducasse

R. Victor Hugo

R. Jeanne d'Arc

R. du Crédit
de Nantes

Av. Gaston

Av. Edmond Rostand

Lamartine

Cours Camou

R. Camy

R. de Perpignaa

R. Raymond Planté

R. Tournante

R. Gustave
Schlumberger

R. du Dr Dassieu

Cours Camou

R. Lapouble

R. de

Pl.
Albert I
d'Orléans

Carnot

2

R. Paul Doumer

R. de la Fontaine aux Fées

Aée

R. du Grand-Tour

R. du Maquis

R. Pierre
Bordelongue

Place
de
Verdun

R. du Béarn

R. de

Pl. de la
Libération

R. de Bizanos

R. Mourot

R. Bayard

R. Bayard

R. Liège

**Musée
Bernadotte**

R. Tran

R. des Hédas

R. du Cordeliers

Ch.
Robert Ollivier

R. Mulot

Pl. Gramont

a

b

R. du Maréch

R. d'Etigny

R. d'Etigny

R. Marca

R. d'Etigny

Ch. Pemoulié

**Pl. Reine
Marguerite**

R. Saint-Louis

PARC
NATIONAL

R. des Ponts

R. du Château

**R. J.
d'Albret**

R. Henri
IV

i

R. du Golf

R. du Golf

Château

R. Henri IV

**Pl. de la
Déportation**

R. Adoue

n

**Pl.
Royale**

**R. du
Moulin**

Bd

des

Pyrénées

3

R. Amédée

Roussille

R. Juillet

LE GAVE
DE PAU

Av. Jean Biray

**Conseil
départemental**

Funiculaire

Av. Jean Biray

R. Verte

Vallée

R. Soust

R. du Colonel Gloxin

R. Marcel Barthe

Imp. du
Gave

A

B

OLORON-STE-MARIE,
LA FÉRIE GOURMANDE SARAGOSSE

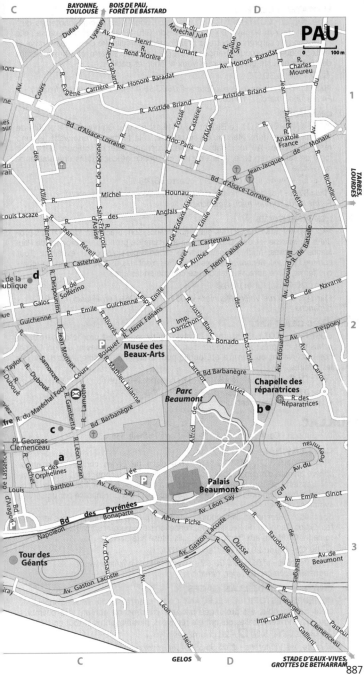

PAU

0   100 m

BAYONNE,
TOULOUSE

BOIS DE PAU,
FORÊT DE BÁSTARD

R. du
Maréchal Juin

R.
Pauline
Siro

R.
Charles
Moureu

Dufau

Lyautey

Av. R. Ernest Gabard

Henri

R.

René Morère

Dunant

Av. Honoré Baradat

R. Eugène Carrière

Av. Honoré Baradat

R. Aristide Briand

R. Aristide Briand

Jean

Jaurès

Anatole
France

de

Monaix

Av.

Richelieu

Cours

Av.

des

Bd d'Alsace-Lorraine

R. de Craonne

Hoo-Paris

Castelar

d'Alsace

R.

Bd d'Alsace-Lorraine

R. Jean-Jacques

Devéria

1

TARBES,
LOURDES

Louis Lacaze

R. René Cassin

Allées

R.

Michel

Jean

Saint-François
d'Assise

des

Réveil

Hounau

Anglais

R. de l'Enfant Jésus

Emile

Garet

Garet

R. Castetnau

R. Arribes

R. Henri Faisans

R.

des

Av. Édouard VII

R. de Batsalle

R. de Navarre

de la
ublique

d

R. Castetnau

R. Desportins

R. de
Solférino

Av.

Galos

R.

Emile

Guichenné

Léon Emile

R. Henri Faisans

R. Rivarès

R. Justin Blanc

Imp.
Darrichon

R. Bonado

États-Unis

Av. Édouard VII

Av. Trespoey

Av. S. Carlos

2

Taylor

R.

R. Jean Monnet

Samonzet

R.

Duboué

R.

Duboué

R. du Maréchal Foch

Cours

R. Gambetta

Bosquet

R. Mathieu Lalanne

P

R. Lamotte

Musée des
Beaux-Arts

Bd Barbanègre

Carrerot

Parc
Beaumont

Musset

Chapelle des
réparatrices

b

R. des
Réparatrices

c

Bd Barbanègre

rfre

R. Léon Daran

Pl. Georges
Clemenceau

a

R. des
Orphelines

R. Gachet

de Lasserre

Louis

Barthou

Av. Léon Say

P

Aée

Palais
Beaumont

Av. du

Pénitan

Bd d'Aragon

Bd des Pyrénées

Bonaparte

R. Albert Piche

Av. Léon Say

Gal

Av. Emile Ginot

Napoléon

P

Av. d'Ossau

R.

Gaston Lacoste

Baudon

Av. de
Beaumont

Tour des
Géants

iray

Av. Gaston Lacoste

Av.

Léon

Héid

Av. Gaston Lacoste

R. de Bizanos

Ousse

R.

Barège

R.

Georges

Clemenceau

Imp. Gallieni

R. Gallieni

Pasteur

3

GELOS

STADE D'EAUX-VIVES,
GROTTES DE BETHARRAM

⅋○ L'AMATEUR DE THÉS

JAPONAISE · CONTEMPORAIN ⅄ Les Palois apprécient depuis longtemps déjà le travail de Yuri Nagaya, chef originaire de Gifu au Japon, et pour cause : elle réalise un mix surprenant entre la grande tradition culinaire de son pays natal et les techniques et produits français – foie gras, porc de Bigorre, et autres poissons de l'Atlantique. Un plaisir pour les yeux et pour les papilles.

⅄ ✿ – Menu 30/70 €

Plan : C2-d – *1 rue de la République – ℰ 06 73 36 47 97 – www.lamateurdethes.fr – Fermé lundi, mardi, dimanche*

⅋○ OMNIVORE

MODERNE · BISTRO ⅄ Le Bistrot d'à Côté est devenu Omnivore et a profité de travaux d'envergure. Mais qu'on se rassure, si la forme se renouvelle, le fond reste le même ! Au fourneaux, le chef Stéphane célèbre toujours le produit local de saison ; en salle, Anaïs assure un service efficace, dans une ambiance conviviale.

⅄ ⅄ 🅿 – Menu 18 € (déjeuner) – Carte 36/48 €

Plan : B2-a – *1 place Gramont – ℰ 05 59 27 98 08 – www.omnivorepau.fr – Fermé lundi, samedi midi, dimanche*

⅋○ LES PIPELETTES

MODERNE · BISTRO ⅄ Ici, les plats, gourmands, sont établis en fonction des produits du marché, et des récoltes d'une trentaine de producteurs proches de Pau. Menus imposés, midi et soir, mais le rapport plaisir/prix est excellent. Tout comme l'accueil, décontracté. Les pipelettes n'ont pas usurpé leur nom, ça tchatche ferme... Une adresse chaleureuse comme on les aime.

Menu 20 € (déjeuner)/38 €

Plan : C2-c – *3 rue Valéry-Meunier – ℰ 05 59 98 88 06 – Fermé lundi, mardi, dimanche*

🏛 PARC BEAUMONT

BUSINESS · COSY Ce bâtiment de style contemporain est proche du parc et du palais des congrès ; ses chambres sont confortables, élégantes et design. Un bel hôtel polyvalent où rien n'a été oublié pour la détente (piscine, jacuzzi, spa) et les affaires.

⅄ ⅄ 🅿 – 67 chambres – 8 suites

Plan : D2-b – *1 avenue Edouard-VII – ℰ 05 59 11 84 00 – www.hotel-parc-beaumont.com*

PAUILLAC

✉ 33250 – Gironde – Carte régionale n° **18**-B1 – Carte Michelin 335-G3

⊛ CAFÉ LAVINAL

TRADITIONNELLE · BISTRO ⅄ La petite place de Bages conserve son atmosphère animée d'antan avec la boutique de vins, la boulangerie et... le Café Lavinal. L'assiette célèbre le terroir local dans un esprit de franche bistronomie : bons produits frais bien préparés, recettes goûteuses... Le tout rehaussé par un service sympa et efficace.

Spécialités : Hareng en filet, pommes de terre, pickles d'oignons rouges et carottes. Gigot d'agneau de Pauillac rôti, cannellonis d'aubergines à la ricotta et jus au romarin. Charlotte aux framboises, coulis infusé à la badiane.

⅄ ⅄ ✿ – Menu 29/39 € – Carte 43/57 €

Place Desquet – ℰ 05 57 75 00 09 – www.jmcazes.com/fr/cafe-lavinal – Fermé 19 décembre-6 février, dimanche

🏛 CHÂTEAU CORDEILLAN-BAGES

DEMEURE HISTORIQUE · ÉLÉGANT Cette chartreuse du 17ᵉ s., alanguie au cœur du vignoble, est prolongée par une construction abritant des chambres agréables. Préférez celles qui ont été rénovées, plus élégantes et tout en sobriété.

⅄ ⅄ 🅿 – 28 chambres

61 route des Vignerons – ℰ 05 56 59 24 24 – www.cordeillanbages.com

sugar0607/iStock

✉ 24000 - Dordogne
Carte régionale n° **18**-C1
Carte Michelin 329-F4

PÉRIGUEUX

Quelle ville délicieuse ! Dans la préfecture du Périgord, le marché et la gourmandise sont élevés au rang de beaux-arts. Pas étonnant : la région compte une vingtaine d'appellations, ainsi qu'une kyrielle de labels rouges et autres IGP. Des marchés, il y en a donc un sur chaque place ou presque ! Le marché aux gras consacre le palmipède dans tous ses états : magrets, canards entiers, foie gras de canard ou d'oie, confits, carcasses, graisse, magrets fourrés au foie gras. En saison, il se double d'un marché aux truffes, aussi odorant que pittoresque. Ne négligez pas pour autant les délicieux petits fromages de chèvre comme le cabécou et le rocamadour, ainsi que la noix et la fraise du Périgord, la prune reine-claude ou le melon du Quercy.

Restaurants

✿ L'ESSENTIEL

Chef: Eric Vidal

MODERNE • COSY XX Inutile de se perdre en conjectures, mieux vaut aller à L'Essentiel. Dans ce restaurant familial voisin de la cathédrale, le produit est roi… et Éric Vidal, le chef, son brillant (et humble) serviteur. Pour une trentaine de convives, il organise une véritable explosion de saveurs, en se concentrant sur la justesse des préparations. Noix de ris de veau dorée, chou farci de foie gras et patate douce en fine purée ; tartare de mangue et ananas en fine gelée de passion et financier cuit minute… Une émoustillante partition, rehaussée par une sélection de vins qui l'est tout autant. Et un service attentionné, par-dessus le marché !

Spécialités : Huîtres en fine gelée de légumes, crémeux de tourteau et tartare de langoustine. Pigeon en deux cuissons, pastilla des abattis, légumes de saisons et jus aux épices douces. Vacherin aux fraises du Périgord, sorbet fraise et basilic.

- Menu 49/110 €

Plan : C2-n - *8 rue de la Clarté -*
✆ 05 53 35 15 15 - www.restaurant-perigueux.com -
Fermé 2-22 mars, 29 juin-12 juillet, lundi, dimanche

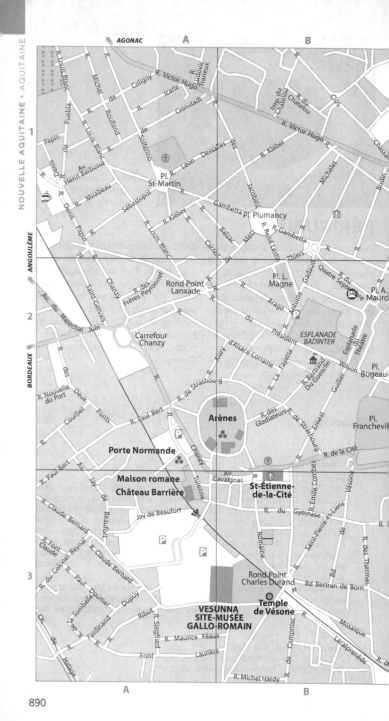

PÉRIGUEUX

0   100 m

LIMOGES

R. de La Boétie
Imp. des Dames
Mondésir
Gaston Faure
R. de la Boétie
Chillaud
Combe
Belèyme
R. de La Boétie Georges
R. Saint-Simon
Lamartine
PARC GAMENSON
R. Victor Hugo
Mia
Fournier-Lacharmie
Claveille
Paul-Louis Courier
Bd
l'Arsault
Bd Georges Saumande
Pompidou
Alfred
de
Musset
Bacharétie

Pl. du Général-
Leclerc
Allées   de
Tourny
de
Albert

Bd Michel de Montaigne
Cours Michel de Montaigne
Musée d'Art et
d'Archéologie
ESPLANADE DU
SOUVENIR
Rue des Prés

R. Malauille
ambetta
Pl.
St-Louis
a
d
Pl. Emile
Goudeau
Pl. du Marché-
au-Bois
N.-D.
R. Barbecane
R. Aubarède
R. Jean Macé

R. Limogeanne
Eguillerie
Temple maçonnique
R. de la Constitution
R. Port-de-Graule
de
R. de l'Alma Rivière
R. Bertin

Pl. St-
Silain
Hôtel la
Joubertie
Pl. de
l'Hôtel-de-Ville
b
Pl. du
Coderc
n   r
k
Maison de
Daumesnil
la
R. Aubarède
Stalingrad

Hôtel de
Lagrange -Chancel
Musée militaire
du Périgord
Cathédrale
St-Front
Pont des
Barris
Pl.
Faidherbe
Bd
de
R. des Teinturiers

R. des
Farges
Pl. de
la Clautre
Pl. du
Thouin
Vieux
Moulin
Pierre
Lacombe
Tour
Mataguerre
R. St-
Roch
Pl.
Mauvard
Quais
L'Isle
Voie-Verte
Bonhétie
Sergent
Béranger
Magne

R. Aubergerie
Rue du Calvaire
Pl.
Hoche
R. des Tanneries
Lacombe

R. Waldeck-Rousseau
Littré
Charles
R. Eugène
Le Roy
R.   du   Bac
des
Tanneries
Pl. St-
Georges

PARC
ARISTIDE
BRIAND
Pont St-
Georges
Nouvelle
du
Lakanal
Cours Saint-Georges
R. Léon Bloy
R. Emile Chaumont
R. Lacombe
du

R. Littré
Mangold
a
Pl. du
8 Mai 1945
Bd Bertran de Born
Moulin de
Sainte-Claire
Bd Lakanal
du
Pont des Malades
R. Fontaine
Japhet
de
Bergerac
R. Beylot
Cours
Saint-Georges
R. des Écoles
Pl. St-
Georges

ermes
BERGERAC
D

BRIVE

❀ UN PARFUM DE GOURMANDISE

Chef: Sébastien Riou

CRÉATIVE • INTIME XX Plus qu'un simple parfum de gourmandise, c'est un véritable déluge d'arômes et de saveurs ! Catell et Sébastien Riou, elle en salle, lui aux fourneaux, ont su valoriser leur savoir-faire, forgé dans de belles maisons – le chef a fréquenté les cuisines de Patrick Jeffroy et d'Anne-Sophie Pic. Marqué par un grand-père qui l'emmenait pêcher, ramasser des herbes et cueillir des champignons, il s'inspire volontiers de la nature et des produits que lui propose ses producteurs. Fin connaisseur du terroir périgourdin, il le célèbre dans des assiettes pleines de fraîcheur, au gré d'un menu imposé.

Spécialités: Fenouil rôti au beurre noisette, œufs de truite et marinière à la verveine. Pigeon, poire et polypode. Dans la prairie : mûre, miel et foin.

AC – Menu 35 € (déjeuner), 56/80 €

Hors plan – *67 cours Saint-Georges –* ☎ *05 53 53 46 33 –*
www.unparfumdegourmandise.com – Fermé lundi, mardi, dimanche soir

⊛ L'ATELIER

MODERNE • CONVIVIAL X Cuisinier au parcours éloquent, Cyril Haberland a ouvert avec son épouse cet Atelier dans le centre de Périgueux. Déco chaleureuse et ambiance conviviale : l'écrin parfait pour profiter des assiettes du chef, modernes et bien tournées, qui mettent à l'honneur les nombreux trésors du Sud-Ouest, mais aussi les agrumes Bachès ou les fromages affinés par Dominique Bouchait. À vous de bien profiter de ces attentions gourmandes.

Spécialités: Œufs de la ferme et jus petits bruns. Esturgeon, bouillon de quinoa au curry. Nage de fraises, sorbet persil plat.

⊛ 🛋 ⅋ AC – Menu 34/65 € – Carte 52/72 €

Plan : C2-a – *2 rue Voltaire –* ☎ *05 53 04 56 71 –*
www.restaurant-perigueux-atelier.com – Fermé 28 juin-4 juillet, 30 août-5 septembre, 31 décembre-7 janvier, lundi, dimanche

❙❙○ CAFÉ LOUISE

ITALIENNE • COSY XX Ce restaurant propose une cuisine d'inspiration italienne (antipastis, mozzarella di bufala, tiramisu… mais aussi pâtes, raviolis), agrémentée ici et là de produits du terroir périgourdin (foie gras, truffe, magret de canard). Terrasse dressée dès les beaux jours sur la jolie place pavée.

🛋 ⅋ AC – Menu 24 € (déjeuner) – Carte 40/49 €

Plan : C2-b – *10 place de l'Ancien-Hôtel-de-Ville –* ☎ *05 53 08 93 85 –*
Fermé 21-30 mars, 20-29 juin, 14-30 novembre, lundi, mardi, dimanche

❙❙○ CUISINE & PASSION

MODERNE • CONTEMPORAIN XX En léger retrait du cœur de ville et non loin des bords de l'Isle, donnant sur une petite place, ce restaurant propose une cuisine actuelle de bon aloi, déclinée autour de 2 menus-carte qui changent très régulièrement. La petite terrasse est dressée aux beaux jours.

🛋 ⅋ AC – Menu 23 € (déjeuner), 34/60 € – Carte 44/66 €

Plan : C3-a – *7 place du 8 Mai-1945 –* ☎ *05 53 13 45 02 – www.cuisine-et-passion.fr –*
Fermé lundi, mardi, dimanche soir

❙❙○ HERCULE POIREAU

MODERNE • TRADITIONNEL XX Sur les traces d'Hercule Poireau, on mène l'enquête à deux pas de la cathédrale. Dans la belle salle voûtée du 16ᵉ s., les suspects sont attablés. Dans l'assiette, l'objet du crime est une cuisine dans l'air du temps aux accents du terroir… car s'il est un péché commis ici, c'est bien celui de la gourmandise !

AC – Menu 21 € (déjeuner), 29/44 € – Carte 41/60 €

Plan : C2-r – *2 rue de la Nation –* ☎ *05 53 08 90 76 –*
www.restaurant-perigueux-hercule-poireau.fr – Fermé mardi, mercredi

⅋○ **LA TAULA**

RÉGIONALE • TRADITIONNEL XX À la Taula (prononcez "taola"), table en patois, les gourmands se régalent d'une bonne cuisine familiale. Parmi les spécialités : pâtés, terrines et cous farcis maison... Voilà une adresse authentique où l'on ne badine pas avec les traditions !

🅰🅺 – Menu 35/40 € – Carte 42/52 €

Plan : C2-k – *3 rue Denfert-Rochereau* – ✆ *05 53 35 40 02* –
www.restaurantlataula.com – *Fermé lundi midi, mercredi*

⅋○ **L'ÉPICURIEN**

MODERNE • HISTORIQUE X Tout le charme d'une vieille maison croquignolette, au cœur de Périgueux, pour une cuisine épicurienne, signée Gilles Labbé. Du travail dans les assiettes, une jolie inspiration légumière, assortie de cuissons précises... ou comment allier finesse et gourmandise.

🏠 ♿ 🅰🅺 ⇦⇨ – Menu 38 € – Carte 50/79 €

Plan : C2-d – *1 rue du Conseil* – ✆ *05 53 09 88 04* – *www.lepicurien-restaurant.fr* –
Fermé mardi soir, mercredi, dimanche soir

POMEROL

✉ 33500 – Gironde – Carte régionale n° **18**–C1 – Carte Michelin 335-J5

🐝 **LA TABLE DE CATUSSEAU**

MODERNE • CONVIVIAL X A la tête de ce restaurant, Kendji Wongsodikromo, chef-patron né en Nouvelle Calédonie, tombé amoureux du Sud-Ouest... et de Nadège, son épouse, en salle. Le jeune couple, motivé, a du métier et cela se sent : en témoigne la belle cuisine du marché, mitonnée avec soin, goûteuse et régionale. Un jolie adresse.

Spécialités : Thon mi-cuit, dukkha d'avocats et tomates, pain frit. Tende de tranche de bœuf, légumes de saison, sauce satay. Figues du pays pochées au thé, glace yaourt.

🏠 🅰🅺 ⇦⇨ – Menu 22 € (déjeuner), 34/59 € – Carte 46/60 €

86 rue de Catusseau – ✆ *05 57 84 40 40* – *Fermé 8-22 février, lundi, dimanche*

POUILLON

✉ 40350 – Landes – Carte régionale n° **18**–B3 – Carte Michelin 335-F13

🐝 **L'AUBERGE DU PAS DE VENT**

TRADITIONNELLE • RUSTIQUE XX Il faut l'avouer, c'est presque réconfortant de découvrir cette cuisine à l'ancienne, insensible aux sirènes de la mode et aux gimmicks. Le jeune chef célèbre la tradition et le produit local (bœuf de Chalosse, alose, truite saumonée, breuil landais...) dans des assiettes franches et généreuses, qui vont droit au cœur. Bravo !

Spécialités : Pain au lait, bonbons de pieds de cochon et lard des Pyrénées. Pavé de merlu rôti au chorizo, caviar d'aubergine épicé et beurre blanc. Sablé grand-mère, ganache chocolat praliné et fruits secs caramélisés.

🏠 ⇦⇨ 🅿 – Menu 13 € (déjeuner)/28 € – Carte 50/55 €

281 avenue Pas-de-Vent – ✆ *05 58 98 34 65* – *www.auberge-dupasdevent.com* –
Fermé lundi soir, mardi soir, mercredi, dimanche soir

PUJOLS

✉ 47300 – Lot-et-Garonne – Carte régionale n° **18**–C2 – Carte Michelin 336-G3

⅋○ **LA TOQUE BLANCHE**

TRADITIONNELLE • CLASSIQUE XX Une auberge au décor classique et feutré, et une cuisine qui va droit au but : recettes dans les règles de l'art, produits de qualité (légumes, volaille ou encore cochon issus des circuits courts), goût au rendez-vous. Et n'oublions pas la jolie terrasse panoramique donnant sur les vallons environnants...

🐝 ≼ 🏠 🅰🅺 ⇦⇨ 🅿 – Menu 39/85 €

Lieu-dit Bel-Air – ✆ *05 53 49 00 30* – *www.la-toque-blanche.com* – *Fermé lundi,
dimanche*

PUYMIROL

✉ 47270 – Lot-et-Garonne – Carte régionale n° **18**–C2 – Carte Michelin 336-G4

✿ MICHEL TRAMA

Chef: Michel Trama

CRÉATIVE · ÉLÉGANT XXX Michel Trama et Puymirol, c'est une longue histoire. Cet ex-champion de plongée et étudiant en Arts décoratifs à Montparnasse doit sa vocation à l'amour... de sa femme Maryse. C'est elle qui l'initie à la gastronomie. Celui qui multipliait les petits boulots se fixe et ouvre un bistrot rue Mouffetard, à Paris, avec la "Cuisine gourmande" de Michel Guérard en guise de référence. Puis en 1979 c'est l'installation dans cette maison du 13e s. à Puymirol, dans le Lot-et-Garonne, un lieu splendide : on s'y installe sous les voûtes médiévales ou sur la plaisante terrasse, dans l'ancien cloître... Place aux agapes, entre tradition et invention, au gré d'une carte immuable qui multiplie les clins d'œil aux grandes heures de la maison.

Spécialités: Papillote de pomme de terre à la truffe. Pigeonneau rôti aux épices, carotte fondante à l'orange. Cristalline de pomme verte.

❀ 🅰🅲 ⇵ 🕭 – Menu 75/150 € – Carte 122/210 €

52 rue Royale – ℰ 05 53 95 31 46 – www.aubergade.com – Fermé 10-31 janvier, lundi, mardi midi, dimanche soir

☺ LA POULE D'OR

TRADITIONNELLE · BISTRO X Au sein de sa maison mère – le célèbre restaurant de Michel Trama –, cette Poule d'Or a tout d'une auberge chic. Au menu, du grand classique de bistrot -parmentier de queue de bœuf, tête de veau sauce poulette, gros chou à la crème au caramel... Tout est maîtrisé, savoureux et gourmand. Une adresse en or !

Spécialités: Saumon mariné au gingembre, pommes à l'huile, crème de ciboulette. Tête de veau, sauce poulette à l'estragon. Gros choux à la crème et au caramel.

Menu 33/42 €

*Michel Trama, 52 rue Royale – ℰ 05 53 95 31 46 – www.aubergade.com –
Fermé 10-31 janvier, lundi, mardi midi, dimanche soir*

🏨 MICHEL TRAMA

HISTORIQUE · PERSONNALISÉ Drapés de soie, baldaquins, mobilier 19e s., tons cramoisi et pourpre, etc. Au cœur d'un village de la campagne agenaise, ce décor opulent et théâtral est signé Jacques Garcia. Étape luxueuse et onirique entre ces murs superbes des 13e-17e s.!

❀ 🎿 🅰🅲 🛁 🕭 – 8 chambres – 1 suite

52 rue Royale – ℰ 05 53 95 31 46 – www.aubergade.com

✿ **Michel Trama** · ☺ **La Poule d'Or** – Voir la sélection des restaurants

PYLA-SUR-MER – Gironde (33) ➜ Voir Bassin d'Arcachon

LA ROQUE-GAGEAC

✉ 24250 – Dordogne – Carte régionale n° **18**–D3 – Carte Michelin 329-I7

☺ LA BELLE ÉTOILE

TRADITIONNELLE · CLASSIQUE XX Manger à La Belle Étoile en plein jour, c'est possible ! Rendez-vous donc dans cette demeure tournée vers la Dordogne... La cuisine réserve de belles surprises : savoureuse et gourmande, elle sait mettre le terroir en valeur et régale ! Et de petites chambres permettent de prolonger son séjour dans ce joli village.

Spécialités: Foie gras de canard poché au vin rouge épicé, confit de figues du pays. Ris de veau doré en cocotte, lait d'oignons, gratin de macaroni au vieux cantal. Croustillant cacahouète chocolat, sorbet mangue-passion.

⇦ ⇐ 🍴 🅰🅲 – Menu 34/55 €

Le Bourg – ℰ 05 53 29 51 44 – www.belleetoile.fr – Fermé 5 novembre-1er avril, lundi, mercredi midi

⊛ O'PLAISIR DES SENS

MODERNE · COSY XX Bruno, chef passionné au beau parcours, imagine ici une cuisine actuelle très soignée, qui fait ressortir le meilleur du terroir : viande achetée sur carcasse, fruits et légumes de maraîchers locaux... On passe un excellent moment.

Spécialités: Râpé de foie gras de canard, compote de fruits de saison. Tournedos d'oie, sauce Périgueux. Pastilla au chocolat grand cru.

🏡 & 🅰 ⇔ 🅿 – Menu 34/85 €

Sous la Grande-Vigne (à 3 km au Sud-Est par D703) –
𝒞 05 53 29 58 53 – www.o-plaisirdessens.com –
Fermé lundi, dimanche

ST-ANDRÉ-DE-CUBZAC

✉ 33240 – Gironde – Carte régionale n° **18**–B1 – Carte Michelin 335-I5

⊛ LA TABLE D'INOMOTO

FUSION · BISTRO X Ancien du Pavillon des Boulevards, Seiji Inomoto tient désormais ce bistrot très attachant. Au programme, une cuisine franco-japonaise bien maîtrisée, où la "modestie" des produits est compensée par des cuissons parfaites et des assaisonnements bien sentis. C'est bon, souvent original, et le rapport qualité-prix laisse bouche bée. Courez-y.

Spécialités: Crème d'aubergine et thon mi-cuit. Maigre rôti, miso-noisette. Pain perdu, pêche caramélisée, sorbet yuzu.

& – Menu 18 € (déjeuner), 31/41 €

85 rue Nationale –
𝒞 09 74 56 17 63 – www.latabledinomoto.fr –
Fermé 22 décembre-2 janvier, 9-28 août, lundi, mardi soir, samedi midi, dimanche

ST-AUBIN-DE-MÉDOC

✉ 33160 – Gironde – Carte régionale n° **18**–B1 – Carte Michelin 335-G5

⭐○ THIERRY ARBEAU

TRADITIONNELLE · ÉPURÉ XX Duo de foie gras aux fruits de saison, pigeonneau aux épices douces, côte de veau aux champignons... Une cuisine traditionnelle de bonne facture, pour un vrai moment de gourmandise.

⇔ 🏡 & 🅰 🅿 – Menu 29/62 €

Pavillon de St-Aubin, Route de Picot –
𝒞 05 56 95 98 68 - www.pavillonsaintaubin.com –
Fermé 2-13 janvier, 30 août-12 septembre, lundi, samedi midi, dimanche soir

ST-AVIT-SÉNIEUR

✉ 24440 – Dordogne – Carte régionale n° **18**–C1 – Carte Michelin 329-F7

⊛ LA TABLE DE LÉO

MODERNE · BISTRO X Une maison en pierre au cœur du village, avec une belle terrasse au-dessus de la place de l'église... L'ensemble cache une vraie bonne petite adresse, dont le chef ose sortir des sentiers battus des recettes régionales, et démontre une vraie attention aux produits, aux dressages et aux cuissons. De la légèreté, du goût...

Spécialités: Tomates anciennes et maquereau fumé. Queue de lotte bretonne, choux-fleur et riz vénéré. Tiraminoix.

🏡 & ⇔ – Menu 34/55 €

Le Bourg - 𝒞 05 53 57 89 15 - www.latabledeleo.fr –
Fermé 28 juin-5 juillet, 17-30 septembre, 13-19 décembre, lundi, mardi

ST-ÉMILION

✉ 33330 – Gironde – Carte régionale n° **18**-C1 – Carte Michelin 335-K5

❀❀ LA TABLE DE PAVIE

MODERNE · ÉLÉGANT XxxX Ronan Kervarrec parti pour d'autres cieux (bretons), c'est Yannick Alléno qui supervise désormais cette institution, ancien couvent où des nonnes offraient protection aux pèlerins et aux voyageurs. Le nom de l'établissement a changé sous l'impulsion des propriétaires (désormais Hôtel et Table de Pavie), l'exigence et l'authenticité demeurent. Le chef francilien a mis en place aux fourneaux une équipe de confiance et réoriente progressivement la partition culinaire vers le terroir du Sud-Ouest, avec toujours ces sauces et réductions qui sont sa marque de fabrique et sa signature. Bien évidemment, les plats s'accompagnent des superbes vins de St-Émilion, pour une expérience mémorable.

Spécialités: Langoustine au naturel poudrée de curry et de citron noir, mayonnaise à la livèche. Pigeon au sang, laitue celtuce et huile de tagète. Crème brûlée au chocolat, croustillant de sarrasin et mousse à la bière brune.

❀ ♿ 🆎 🅿 – Menu 58 € (déjeuner), 155/205 € – Carte 150/195 €

Hôtel de Pavie, 5 place du Clocher – ✆ 05 57 55 07 55 –
www.hostelleriedeplaisance.com –
Fermé 18 décembre-11 février, lundi, dimanche

❀ LOGIS DE LA CADÈNE

MODERNE · ÉLÉGANT XX C'est en plein cœur de St-Émilion, dans une petite cour piétonne, qu'on déniche le Logis de la Cadène. L'accueil charmant et sans fausse note, en tailleur et costume, met tout de suite dans l'ambiance. On s'installe dans un confortable fauteuil, au milieu d'une salle à manger à l'élégant cachet classique (pierre apparente, vieux parquet) : la fête peut commencer ! Cette cuisine met à profit le meilleur du terroir dans les assiettes fines et inventives. Ici, la truffe noire de Guillaume Gé est travaillée en risotto à la cuisson parfaite, là le pigeonneau se présente sous toutes ses formes : cuisses confites, suprême rôti, abats en nem, accompagné d'une déclinaison autour de la betterave... Ces douceurs s'arrosent de crus bien choisis : plus de 900 références à la carte.

Spécialités: Tomate locale comme une tartelette, ricotta crémeuse et sorbet au pesto. Saint-pierre rôti au beurre noisette, fleur de courgette farcie et extraction de tomate. Fraise confite, fraîche et glacée, tube croustillant, crémeux et émulsion verveine citron.

❀ 🍴 ✿ – Menu 39/95 €

3 place du Marché-au-Bois – ✆ 05 57 24 71 40 - www.logisdelacadene.fr –
Fermé 1er novembre-31 janvier

⏹ CHÂTEAU GRAND BARRAIL

MODERNE · HISTORIQUE XX Dans ce charmant domaine, une table non moins séduisante ! Les assiettes sont bien réalisées, avec une mention spéciale pour les excellents desserts. Grande terrasse tournée vers le jardin et les vignes.

❀ ≼ 🍴 🆎 ⊡ ✿ 🅿 – Menu 34 € (déjeuner)/60 € – Carte 65/75 €

Route de Libourne – ✆ 05 57 55 37 00 - www.grand-barrail.com –
Fermé 1er novembre-31 janvier, lundi, dimanche

⏹ L'HUITRIER PIE

MODERNE · COSY XX Sélection rigoureuse des produits, dressages élégants, saveurs marquées, finesse, générosité : l'enthousiasme et le talent des jeunes propriétaires Camille et Soufiane nous emportent au gré d'assiettes mordantes et contrastées, aux touches percutantes (épices, acidité maîtrisée, accords originaux). Aux beaux jours, on s'attable dans l'aimable courette arborée du célèbre village de vignerons.

🍴 ♿ – Menu 36 € (déjeuner), 52/118 € – Carte 54/72 €

11 rue de la Porte-Bouqueyre – ✆ 05 57 24 69 71 - www.lhuitrier-pie.com –
Fermé 21 décembre-13 février, mardi, mercredi

🍽 **L'ENVERS DU DÉCOR** ⓝ

TRADITIONNELLE · BISTRO ✗ En plein cœur du village mythique, à quelques pas du clocher, cette jolie façade rouge de bistrot attire l'œil. À l'intérieur, un décor rétro raffiné (du comptoir en zinc aux banquettes en cuir). Et à la carte, on retrouve avec plaisir tous les classiques, du foie de veau au baba. Belle carte des vins à des tarifs raisonnables.

🕸 🍴 – Menu 32€ (déjeuner) – Carte 39/66€

11 rue du Clocher – ☏ 05 57 74 48 31 – www.envers-dudecor.com –
Fermé 15 décembre-15 février

🍽 **LA TERRASSE ROUGE**

TRADITIONNELLE · BISTRO ✗ Adossée à l'ancienne maison de maître, habillée de lames en inox rouge, cette cathédrale écarlate est signée Jean Nouvel. On déjeune dans une vaste salle panoramique, aux baies vitrées tournées vers les vignobles de Saint-Emilion et de Pomerol. Bon rapport qualité-prix. Une expérience inédite.

🕸 ⪜ 🍴 🅼 🅿 – Menu 28€ (déjeuner)/39€ – Carte 43/65€

Château La Dominique – ☏ 05 57 24 47 05 – www.laterrasserouge.com – Fermé lundi soir, mardi, mercredi soir, dimanche soir

🏨 **HÔTEL DE PAVIE**

DEMEURE HISTORIQUE · ÉLÉGANT Ces trois demeures (deux situées au cœur de la cité, la troisième nichée dans les vignes) offrent luxe, calme et douceur de vivre. Les chambres, à l'élégance feutrée, offrent pour la plupart une vue inoubliable sur les toits de St-Émilion et les vignes alentour...

🏠 🛎 ⪜ 🕸 🅼 🏋 🅿 – 18 chambres – 3 suites

5 place du Clocher – ☏ 05 57 55 07 55 – www.hostelleriedeplaisance.com

✿✿ **La Table de Pavie** – Voir la sélection des restaurants

🏨 **CHÂTEAU GRAND BARRAIL**

DEMEURE HISTORIQUE · PERSONNALISÉ Au milieu du vignoble, ce château édifié en 1902, d'allure si romantique. Le parc verdoyant ; le spa et la piscine pour se prélasser ; les chambres – douillettes, raffinées et pleines de caractère dans la bâtisse principale ; le restaurant gastronomique... tout ici a du cachet !

🏠 🛎 ⪜ 🍴 🌐 🛁 🕸 🅼 🏋 🅿 – 43 chambres – 3 suites

Route de Libourne – ☏ 05 57 55 37 00 – www.grand-barrail.com

🍽 **Château Grand Barrail** – Voir la sélection des restaurants

🏨 **LOGIS DE LA CADÈNE**

DEMEURE HISTORIQUE · ÉLÉGANT Sur une place du centre du village, impossible de ne pas succomber au charme de ces deux maisons anciennes (le logis, et la maison), typiques de Saint-Émilion. Les chambres y ont du caractère (mobilier chiné, vieux plancher) et l'on profite d'un restaurant (partie logis) et d'un espace "remise en forme" avec sauna et hammam (partie maison).

🏠 🅼 – 5 chambres – 4 suites

3 place du Marché-au-Bois – ☏ 05 57 24 71 40 – www.logisdelacadene.fr

✿ **Logis de la Cadène** – Voir la sélection des restaurants

ST-ESTÈPHE

✉ 33180 – Gironde – Carte régionale n° **18**-B1 – Carte Michelin 335-G3

🍽 **LA MAISON D'ESTOURNEL**

TRADITIONNELLE · COSY ✗ Cèpes fraîchement ramassés, agneau de St-Émilion, huîtres et crevettes du Médoc, produits de la chasse en saison... Ce sont d'abord les produits qui parlent ici, choisis et bichonnés par un chef qui possède même son propre potager. Et s'il fait beau, profitez de la terrasse avec vue sur le superbe parc et les vignes !

🍴 🅼 🅿 – Menu 29€ (déjeuner) – Carte 50/65€

Lieu-dit Leyssac, route de Poumeys – ☏ 05 56 59 30 25 – www.lamaison-estournel.com – Fermé 16 novembre-4 mars

LA MAISON D'ESTOURNEL

MAISON DE MAÎTRE · CLASSIQUE Au sein d'un joli parc entouré par les vignes, l'ex-Château Pomys (qui fut aussi l'habitation de Louis Gaspard d'Estournel) est devenu un hôtel charmant. L'élégance et le classicisme dominent dans les chambres : la garantie d'un séjour délicieux.

🏠 🐾 🍴 ⬆ & ⓜ ℗ – 14 chambres

Lieu-dit Ieyssac, route de Poumeys – 𝒞 05 56 59 30 25 –
www.lamaison-estournel.com

🍴 **La Maison D'Estournel** – Voir la sélection des restaurants

ST-ÉTIENNE-DE-BAÏGORRY

✉ 64430 – Pyrénées-Atlantiques – Carte régionale n° **18**-A3 – Carte Michelin 342-D5

🍴 **RESTAURANT ARCÉ**

TRADITIONNELLE · ÉLÉGANT XX Faites donc une halte gourmande au pied du col d'Ispéguy ! Dans ce restaurant – un ancien trinquet (salle de pelote basque) –, on savoure une cuisine bien tournée : tête de veau, pied de cochon, truite du vivier, religieuse au chocolat... L'été, on s'installe sur l'agréable terrasse bordée de platanes.

≼ 🍴 🛋 ℗ – Menu 36 € – Carte 45/60 €

Hôtel Arcé, Route du Col-d'Ispéguy – 𝒞 05 59 37 40 14 – www.hotel-arce.com –
Fermé 1ᵉʳ janvier-1ᵉʳ avril, lundi midi, mercredi

 HÔTEL ARCÉ

MAISON DE CAMPAGNE · COSY Une authentique maison basque au pied du col d'Ispéguy et de la Nive. Atouts charme : la passerelle métallique au-dessus de la rivière, permettant d'accéder à la piscine, et les bons produits basques au petit-déjeuner...

🏠 🐾 ≼ 🍴 ⛲ & ℗ – 16 chambres – 4 suites

Route du Col-d'Ispéguy – 𝒞 05 59 37 40 14 – www.hotel-arce.com

🍴 **Restaurant Arcé** – Voir la sélection des restaurants

ST-JEAN-DE-BLAIGNAC

✉ 33420 – Gironde – Carte régionale n° **18**-C1 – Carte Michelin 335-K6

❀ **AUBERGE ST-JEAN**

Chef: Thomas L'Hérisson

CRÉATIVE · ÉLÉGANT XX En bord de Dordogne, avec de grandes baies vitrées donnant directement sur la rivière, voici la maison familiale par excellence. L'anti-thèse d'une grosse machine : on travaille ici en artisan et en petit effectif, en se donnant au maximum ! Le chef exécute une partition précise et généreuse, avec quelques morceaux de bravoure : on pense à cette déclinaison de chevreau (carré, filet, épaule), un mets plutôt rare dans les assiettes, ici parfaitement cuit et accompagné d'une brunoise de citrons confits et des légumes d'un maraîcher voisin. Fraîcheur, peps : un plat convaincant. Décidément, une maison très attachante.

Spécialités : Raviole de langoustine à l'encre de seiche, bisque de langoustine et radis rouge façon thaï. Ris de veau cuit meunière, frégola sarda en risotto et nuage de cassis moutardé. Mousse glacée chocolat aux noix de cajou caramélisées, sorbet chocolat noir.

& ⓜ – Menu 60/88 € – Carte 75/80 €

8 rue du Pont – 𝒞 05 57 74 95 50 – www.aubergesaintjean.com – Fermé mardi soir,
mercredi, dimanche soir

Getty Images

✉ 64500 –
Pyrénées-Atlantiques
Carte régionale n° **18**-A3
Carte Michelin 342-C4

ST-JEAN-DE-LUZ

Face à l'océan, dotée d'une baie superbe, cette petite cité dégage une exquise douceur de vivre. On la savoure en farniente sur la Grande Plage ou en balades dans le petit port de pêche. Autour de la place Louis-XIV s'étalent de nombreuses terrasses. Lieu de rendez-vous des Luziens, cette place vit en été au rythme des manifestations et concerts. On y trouve la Maison Adam, dont les macarons, gâteaux basques, tourons et chocolats, mettent l'eau à la bouche ! On continue avec la Maison Thurin, qui déniche de part et d'autre de la frontière franco-espagnole des produits d'exception : jambon de Bayonne, fromages de brebis, piments d'Espelette, foie gras, et tant d'autres. Enfin, les superbes Halles, inaugurées en 1884, valent le coup d'œil ; elles accueillent des producteurs "indépendants" de la région, et notamment les poissons de la petite flotte luzienne.

Restaurants

✿ LE KAÏKU

Chef: Nicolas Borombo

MODERNE · COSY XX Au cœur de la station qui vit les épousailles de Louis XIV et de l'infante d'Espagne Marie-Thérèse d'Autriche, on se réfugie avec plaisir dans la maison qui serait la plus ancienne de la cité corsaire (16e s.). Derrière ces hauts murs et ces fenêtres à meneaux se cache un restaurant cosy et élégant et rien de vieux cependant à la carte. Un basque de Bayonne, fils et petit-fils de rugbymen, Nicolas Borombo, s'y est installé après une solide expérience parisienne, à l'Hôtel Crillon avec Dominique Bouchet et Jean-François Piège, et au George V avec Philippe Legendre. Amoureux de son terroir, il signe une belle cuisine, originale et raffinée, qui valorise les produits régionaux.

Spécialités : Bœuf du pays Basque en cannellonis aux algues marines. Langoustines de casier rôties, émulsion coco et citron vert. L'instant yuzu et thé matcha.
Menu 40 € (déjeuner)/78 € – Carte 86/90 €

Plan : A2-x – *17 rue de la République – ℰ 05 59 26 13 20 – www.kaiku.fr – Fermé mardi, mercredi*

⊺⃝ LES LIERRES

MODERNE · BOURGEOIS XXX La table de l'hôtel Parc Victoria est à l'image de l'établissement : raffinée et élégante. Dans la salle Art déco ou au bord de la piscine, on savoure une cuisine bien en prise avec son époque. Carte plus simple le midi (grillades, salades).

🛬 🖼 & 🅰🅒 – Menu 59/69 € – Carte 65/95 €

Hors plan – *Parc Victoria, 5 rue Cépé – ℰ 05 59 26 78 78 – www.parcvictoria.com – Fermé 14 novembre-18 mars, lundi midi, mardi midi, mercredi midi, jeudi midi, vendredi midi*

🍽 AHO FINA

MODERNE · ÉLÉGANT XX Sur la plage, face à l'océan Atlantique, ce Grand Hôtel de style empire en impose ! Le restaurant Aho Fina est emmené par le chef Julien Richard qui régale ses hôtes et ses clients avec une cuisine sage, mariage de bistronomie et de plats diététiques, le tout sous influence locavore.

🕸 ⩽ 🛋 ⌖ 🅰🅲 ⊡ ⟳ 🚗 – Menu 65/85 € – Carte 50/75 €

Plan : B1-d – *Grand Hôtel Thalasso & Spa, 43 boulevard Thiers – ℰ 05 59 26 35 36 – www.luzgrandhotel.fr – Fermé 21 novembre-5 décembre*

🍽 ILURA

MODERNE · CONTEMPORAIN XX Au sein de l'hôtel La Réserve situé sur les hauteurs de St-Jean-de-Luz, avec une superbe terrasse en surplomb de l'Océan, cette table élégante promet un joli moment de gastronomie. On se délecte de beaux produits de la mer, d'une fraîcheur irréprochable, en provenance du port de Saint-Jean-de-Luz.

⩽ 🛋 ⌖ 🅰🅲 ⟳ 🅿 – Menu 45 € (déjeuner)/75 € – Carte 55/70 €

Hors plan – *La Réserve, Rond-Point Sainte-Barbe – ℰ 05 59 51 32 00 – www.hotel-lareserve.com – Fermé 1ᵉʳ janvier-1ᵉʳ mars, lundi, dimanche soir*

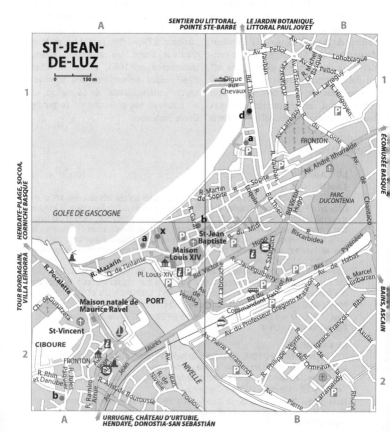

🍴 **ZOKO MOKO**

MODERNE · CONVIVIAL XX Dans l'ancien quartier de pêcheurs de la ville, cette table est bien connue des Luziens. On y propose une jolie cuisine actuelle dans un décor élégant et convivial, ou sur la petite terrasse.

🍽 – Menu 27 € (déjeuner), 46/58 €

Plan : A2-a – 6 rue Mazarin – ☎ 05 59 08 01 23 – www.zoko-moko.com – Fermé 9-19 mars, 24 novembre-2 décembre, lundi

🍴 **L'ESSENTIEL** 🆕

FRANÇAISE · CONTEMPORAIN X En retrait de l'agitation touristique, le chef Morgan Ortéga est allé à... l'essentiel : esprit loft industriel, avec cuisine ouverte, verrière, cave en transparence et banquettes en cuir. Et dans l'assiette : des produits du terroir métamorphosés grâce à une cuisine du marché où tous les fondamentaux répondent présents pour notre plus grand plaisir.

🍽 ⚹ 🅰 – Menu 60 € – Carte 42/46 €

Plan : B1-a – 3 Rue Vincent Barjonnet – ☎ 05 47 02 41 47 – lessentiel-saint-jean-de-luz.fr – Fermé lundi soir, jeudi, samedi midi

🍴 **INSTINCTS**

MODERNE · TENDANCE X Belle surprise que cette jeune adresse, tenue par un couple dynamique qui s'en va revisiter la bonne gastronomie de bistrot, dans un lieu contemporain -briquette, bois, et cuisine ouverte. Tartare de thon, groseilles, fenouil ; bœuf maturé, courgette, olive noire : on se régale ! Un coup de cœur.

Menu 40/55 € – Carte 40/55 €

Plan : A2-b – 20 rue Joseph-Garat – ☎ 05 59 24 66 98 – https://restaurant-instincts.com/ – Fermé 3-26 janvier, 27 juin-6 juillet, lundi, mardi

Hôtels

🏨 **GRAND HÔTEL THALASSO & SPA**

LUXE · ÉLÉGANT Élevé en 1909 face à l'océan, cet hôtel balnéaire de la Belle Époque séduit par ses chambres très confortables, dans un esprit contemporain élégant, les plus prisées offrant un superbe panorama sur la baie de St-Jean-de-Luz. Au sous-sol, bel espace de thalassothérapie et spa de 1000 mètres carrés, zen et cosy.

⟨ 🔲 🆎 ⚹ 🅰 🈴 🚗 – 44 chambres – 8 suites

Plan : B1-d – 43 boulevard Thiers – ☎ 05 59 26 35 36 – www.luzgrandhotel.fr

🍴 **Le Badia** – Voir la sélection des restaurants

🏨 **LA RÉSERVE**

TRADITIONNEL · CONTEMPORAIN Au faîte des falaises de la pointe Ste-Barbe, à l'écart de la station, cette Réserve domine superbement l'Océan, que l'on observe à loisir en se promenant dans le grand jardin ou de la piscine à débordement... Vue sur les flots également de la majorité des chambres, confortables et cossues. L'Atlantique est à vous !

🈴 ⟨ 🔲 🈴 ⚹ 🅰 🅿 🚗 – 37 chambres – 4 suites

Hors plan – Rond-Point Sainte-Barbe – ☎ 05 59 51 32 00 – www.hotel-lareserve.com

🍴 **Ilura** – Voir la sélection des restaurants

ST-JEAN-PIED-DE-PORT

⊠ 64220 – Pyrénées-Atlantiques – Carte régionale n° **18**-B3 – Carte Michelin 342-E6

🍽️○ **LES PYRÉNÉES**

CLASSIQUE · FAMILIAL ✗✗✗ Une institution à St-Jean-Pied-de-Port. Dans le décor comme dans l'assiette, ces Pyrénées cultivent le goût du Pays basque avec délicatesse et finesse. Renouvelées sur le fondement de produits de grande qualité, les assiettes sont pleines d'allure.

⬅️ 🅰️ 🔄 🚗 – Menu 42/115 € – Carte 78/115 €

19 place Charles-de-Gaulle – ℰ 05 59 37 01 01 – www.hotel-les-pyrenees.com – Fermé 3 janvier-5 février, 14 novembre-3 décembre, mardi

ST-MACAIRE

⊠ 33490 – Gironde – Carte régionale n° **18**-C2 – Carte Michelin 335-J7

🍽️○ **ABRICOTIER**

TRADITIONNELLE · FAMILIAL ✗✗ À deux pas de la cité médiévale, cette maison régionale ravit par son atmosphère décontractée, sa terrasse ombragée par des mûriers centenaires pour un repas au calme. Chambres simples mais spacieuses.

⬅️ 🏡 🔄 🅿️ – Menu 23/36 € – Carte 40/60 €

2 rue François-Bergoeing (D 1113) – ℰ 05 56 76 83 63 – www.restaurant-labricotier.com – Fermé 17-23 mars, lundi, mardi

ST-MARTIAL-DE-NABIRAT

⊠ 24250 – Dordogne – Carte régionale n° **18**-D2 – Carte Michelin 329-I7

🍽️○ **LE ST-MARTIAL**

MODERNE · COSY ✗✗ Cette belle maison périgourdine fait la démonstration qu'un zeste de modernité peut magnifier l'authenticité des vieilles pierres ! Derrière les fourneaux, le chef réalise une cuisine en prise avec son époque : foie gras mi-cuit à la poutargue, salade de chou croquant aux noisettes ; cœur de ris de veau, barigoule d'artichauts poivrade et gnocchis aux épinards...

🕸️ 🏡 🅰️ – Menu 54/120 € – Carte 70/120 €

Le Bourg – ℰ 05 53 29 18 34 – www.lesaintmartial.com – Fermé lundi, mardi, dimanche soir

ST-NEXANS

⊠ 24520 – Dordogne – Carte régionale n° **18**-C1 – Carte Michelin 329-E7

🍽️○ **LA CHARTREUSE DU BIGNAC**

MODERNE · ÉLÉGANT ✗✗ L'ancienne grange du domaine abrite une salle à manger intime et cosy, augmentée d'une cuisine vitrée permettant d'observer le chef, en maître des fourneaux, concocter une partition actuelle, rythmée par les saisons et présentée avec soin. L'été, la terrasse offre un somptueux panorama.

🔄 🏡 🅰️ 🔄 🅿️ – Menu 50/90 €

Le Bignac – ℰ 05 53 22 12 80 – www.abignac.com – Fermé 1ᵉʳ janvier-11 février, lundi midi, mardi, mercredi midi, jeudi midi, vendredi midi, samedi midi

🏠 **LA CHARTREUSE DU BIGNAC**

LUXE · ÉLÉGANT Une belle chartreuse du 18ᵉ s., posée sur un coteau dominant vignobles, vergers et bois... Quel site ! Il fait bon se prélasser dans le parc de 12 ha ou au bord de la piscine. Beaucoup de raffinement dans les chambres, dont certaines logées dans l'ancien moulin et la boulangerie, tous deux entièrement restaurés.

🔄 🔄 🏡 ⬛ 🅰️ 🔄 🅿️ – 12 chambres – 1 suite

Le Bignac – ℰ 05 53 22 12 80 – www.abignac.com

🍽️○ **La Chartreuse du Bignac** – Voir la sélection des restaurants

ST-PAUL-LÈS-DAX

⊠ 40990 – Landes – Carte régionale n° **18**-B2 – Carte Michelin 335-E12

ⵏⵓ LE MOULIN DE POUSTAGNACQ

MODERNE · **CONVIVIAL** XXX Envie de manger au bord de l'eau ? Dans ce cas, faites un tour dans cet ancien moulin ! Le chef travaille les produits frais et livre une cuisine traditionnelle teintée d'un joli accent régional. Aux beaux jours, installez-vous sur la terrasse face au lac. Ambiance bucolique garantie.

�────🕭 & **P** – Menu 35 € (déjeuner), 55/95 € – Carte 90/95 €

Chemin de Poustagnacq – ℰ 05 58 91 31 03 – www.moulindepoustagnacq.com – Fermé lundi, mardi, dimanche soir

ⵏⵓ LE RELAIS DES PLAGES

MODERNE · **TRADITIONNEL** XX Ce couple, auparavant à Cannes, a investi ce Relais des Plages avec enthousiasme, et l'assiette en témoigne : cuisine goûteuse et moderne, aux préparations délicates, à l'instar de ce carpaccio de champignon, crème d'avocat et petit pois. Une jolie surprise.

⇦ 🕭 🔣 **P** – Menu 21 € (déjeuner), 38/53 €

158 avenue de l'Océan – ℰ 05 58 91 78 86 – www.restaurant-relais-des-plages.com – Fermé lundi, dimanche soir

ST-PÉE-SUR-NIVELLE

✉ 64310 – Pyrénées-Atlantiques – Carte régionale n° **18**–A3 – Carte Michelin 342-C4

✿ L'AUBERGE BASQUE

Chef: Cédric Béchade

CRÉATIVE · **ÉLÉGANT** XX Tout près de Saint-Jean-de-Luz et de la côte, cette ancienne ferme basque abrite une aile contemporaine, ouverte sur la Rhune et la campagne. C'est ici, en plein cœur du Pays basque, que Cédric Béchade et son épouse Marion ont posé leurs valises. Lui est loin d'être un inconnu dans le monde des gastronomes : ancien second de Jean-François Piège au Plaza Athénée, formé à Biarritz à l'Hôtel du Palais sous la férule de Jean-Marie Gauthier, il a fréquenté les cuisines de l'Hostellerie de Plaisance après le départ d'un certain... Philippe Etchebest. En cuisine, ce créatif met en avant des produits basques de belle qualité, travaillés avec tout le soin qu'ils méritent ! Sans oublier, bien sûr, l'incontournable brunch du dimanche.

Spécialités : Fleur de piperade, piment doux, œuf fermier et chapelure de jambon ibaïama. Chevreau aux myrtilles, chèvre et roquette sauvage. Fraise de Tarnos à l'hypocras et noisette de Saint-Étienne-de-Baïgorry.

🕸 ⇦ 🖘 🕭 & 🔣 ⟺ **P** – Menu 48 € (déjeuner), 88/118 €

745 Vieille-Route-de-Saint-Pée – quartier Helbarron – ℰ 05 59 51 70 00 – www.aubergebasque.com – Fermé lundi, mardi

🏛 L'AUBERGE BASQUE

BOUTIQUE HÔTEL · **CONTEMPORAIN** Non contente de réjouir nos papilles, L'Auberge Basque nous assure aussi des nuits douillettes : ses chambres se révèlent élégantes et décorées avec soin – lignées épurées, parquet ancien, etc. Petit-déjeuner locavore : brioche de St-Pée, gâteau basque maison...

🎋 🖘 🔣 **P** – 12 chambres – 2 suites

6477 Vieille-Route-de-Saint-Pée – ℰ 05 59 51 70 00 – www.aubergebasque.com

✿ **L'Auberge Basque** – Voir la sélection des restaurants

ST-POMPONT

✉ 24170 – Dordogne – Carte régionale n° **18**–D2 – Carte Michelin 329-H7

ⵏⵓ L'ENVIE DES METS ⓝ

MODERNE · **AUBERGE** X Un village pittoresque du Périgord, une bâtisse en pierre et sa terrasse ombragée au bord d'un ruisseau : il n'en fallait guère plus à ce couple pour s'installer ici. Leur menu unique, sans fioritures, change tous les jours au gré de l'inspiration. Aujourd'hui, c'était soupe de légumes et bonite, suivi d'un cochon mariné au paprika puis d'un crumble. Une auberge moderne comme on les aime.

🕭 & – Menu 45 €

Le Bourg – ℰ 05 53 28 26 53 – Fermé 15 novembre-31 janvier, lundi, mardi midi, mercredi midi, jeudi midi, vendredi midi, samedi midi, dimanche soir

ST-SYLVESTRE-SUR-LOT

✉ 47140 – Lot-et-Garonne – Carte régionale n° **18**-C2 – Carte Michelin 336-G3

⚫ **LE JASMIN**

MODERNE • **ÉLÉGANT** ✗✗ Dans un cadre opulent de miroirs et nappages frou-froutants, entre baroque et rococo, on sert une cuisine dans l'air du temps. Et au dessert, on se régale de quelques perles gourmandes, fines et équilibrées, où le gras et le sucre font profil bas pour plus de légèreté...

⚫ 🎬 – Menu 35 € (déjeuner), 55/95 € – Carte 75/80 €

Le Stelsia, Lieu-dit Lalande – ✆ 05 53 01 14 86 – *www.lestelsia.com* –
Fermé 6 janvier-5 février, lundi, mardi, mercredi, jeudi midi, dimanche soir

⚫ **LE BISTROT DU STELSIA**

TRADITIONNELLE • **DESIGN** ✗ Ce joli bistrot contemporain au cadre détonant (murs noirs, tables en bois clair, petits fauteuils colorés) propose une goûteuse cuisine aux accents du Sud-Ouest : os à moelle grillé, fricassée de petits pois ; pluma de cochon ibérique, oignon braisé, sauce chorizo... Très agréable terrasse ombragée, tournée vers le parc.

🎬 ⚫ 🎬 ⟷ 🅿 – Menu 20 € (déjeuner)/28 €

Le Stelsia, Lieu-dit Lalande – ✆ 05 53 01 14 86 – *www.lestelsia.com*

🏨 **LE STELSIA**

DEMEURE HISTORIQUE • **PERSONNALISÉ** Les origines du château remontent au Moyen Âge ; une fois les grilles franchies, l'histoire laisse place à la féérie (façades chatoyantes, œuvres d'art, etc.). À l'intérieur, l'univers très rococo accueille des chambres dignes de contes de fées. Et aussi : le plus grand mini-golf d'Europe (5000m² et 18 trous), dans un parc de 27 hectares.

✿ 🐾 🍴 🏊 🌀 🏠 🛗 🖥 ⚫ 🎬 🏋 🅿 – 29 chambres – 2 suites

Lieu-dit Lalande – ✆ 05 53 01 14 86 – *www.lestelsia.com*

⚫ **Le Bistrot du Stelsia** • ⚫ **Le Jasmin** – Voir la sélection des restaurants

ST-VINCENT-DE-COSSE

✉ 24220 – Dordogne – Carte régionale n° **18**-D3 – Carte Michelin 329-H6

⚫ **LA TABLE DE MONRECOUR**

MODERNE • **CONTEMPORAIN** ✗✗ Au sein de ce domaine dominant la campagne périgourdine, avec une véranda qui donne sur le château, une table cultivant l'air du temps à travers des recettes de bonne facture et savoureuses. Une formule plus simple est proposée à midi, les jours de semaine. À l'été, on s'installe sur l'une des plaisantes terrasses. Belles chambres dans le château.

🐾 🍴 🎬 ⚫ 🎬 🅿 – Menu 21 € (déjeuner), 33/75 €

Château de Monrecour – ✆ 05 53 28 33 59 – *www.monrecour.com* – *Fermé lundi midi*

ST-VINCENT-DE-TYROSSE

✉ 40230 – Landes – Carte régionale n° **18**-B3 – Carte Michelin 335-D13

🌳 **LE HITTAU**

Chef: Yannick Duc

MODERNE • **RUSTIQUE** ✗✗ Sur la route des plages, on remarque à peine cette ancienne bergerie lovée dans son écrin de verdure, avec sa charpente apparente. Elle cache pourtant bien son jeu... Le chef Yannick Duc y régale ses convives d'une cuisine spontanée, pleine de vie, résolument moderne, qui privilégie les bons produits de saison et notamment les poissons de la criée de Capbreton. Ce chef aime aussi manier les aromates, les épices et surtout le moulin à poivre, fouettant son pigeon aux betteraves et potimarron d'un trait de poivre long rouge Kampot ou son ris de veau aux gambas d'un nuage de poivre vert de Mala-bar. À déguster en terrasse, aux beaux jours.

Spécialités : Homard, raviole de curry vert, émulsion de presse des carapaces et lait de coco. Pigeon, girolles, olives noires, topinambour et cendres de tomate. Framboises, fromage blanc, tuile à la menthe, rhubarbe et sorbet griotte.

🕸 🛋 🎍 ఉ ✿ **P** – Menu 32 € (déjeuner), 66/88 € – Carte 73/80 €

1 rue du Nouaou (avenue du Hittau) – ℰ 05 58 77 11 85 – www.lehittau.fr – Fermé 8-25 février, 28 juin-8 juillet, lundi, dimanche

STE-FOY-LA-GRANDE

✉ 33220 – Gironde – Carte régionale n° **18**–C1 – Carte Michelin 335-M5

🕸 CÔTÉ BASTIDE

MODERNE · **CONVIVIAL** ХХ Légèrement en retrait du centre-ville, voici le fief de Laurence et Cédric : elle, en cuisine, réalise des plats gourmands réglés sur les saisons ; lui, sommelier de formation, choisit les meilleurs vins – notamment de Bordeaux – pour accompagner les plats concoctés par sa compagne. Un duo qui fonctionne à merveille !

Spécialités : Terrine de confit de canard, asperges, noisettes et vinaigrette balsamique. Ventrèche de thon, crème de chorizo doux, riz noir aux piquillos. Tarte façon Tatin à l'ananas.

🕸 🎍 🅰 ✿ – Menu 30/37 €

4 rue de l'Abattoir – ℰ 05 57 46 14 02 – www.cote-bastide.org – Fermé 1ᵉʳ janvier, 28 août-12 septembre, lundi, dimanche

STE-SABINE

✉ 24440 – Dordogne – Carte régionale n° **18**–C2 – Carte Michelin 329-F7

🍽 ÉTINCELLES - LA GENTILHOMMIÈRE

CRÉATIVE · **RUSTIQUE** ХХ Une chaleureuse maison périgourdine, dans un jardin aux arbres majestueux. Le concept : on réserve au plus tard la veille, car le chef ne travaille que des produits frais. Avec cette délicieuse impression de se sentir immédiatement chez soi.

↩ 🛋 🎍 – Menu 63 € (déjeuner), 75/138 €

Le Bourg – ℰ 05 53 74 08 79 – www.gentilhommiere-etincelles.com – Fermé lundi midi, mardi, mercredi, jeudi midi, vendredi midi, samedi midi, dimanche soir

SALIES-DE-BÉARN

✉ 64270 – Pyrénées-Atlantiques – Carte régionale n° **18**–B3 – Carte Michelin 342-G4

🍽 RESTAURANT DES VOISINS

MODERNE · **TENDANCE** ХХ Esprit design, œuvres contemporaines, cuisines ouvertes, etc. : voilà le décor, chic et éclectique, de cette maison qui serait la plus ancienne du village. Un jeune couple y propose une cuisine bien ficelée, gourmande et originale, accompagnée d'une belle carte des vins (du Sud-Ouest, surtout). Une adresse où l'on aimerait toujours pouvoir venir en voisin...

🎍 ఉ 🅰 – Menu 18 € (déjeuner), 34/48 €

12 rue des Voisins – ℰ 05 59 38 01 79 – www.restaurant-des-voisins.fr – Fermé lundi, mardi

SALIGNAC-EYVIGUES

 24590 – Dordogne – Carte régionale n° **18**–D1 – Carte Michelin 329-I6

☸ LA MEYNARDIE

Chef: Adrien Soro

MODERNE · **MAISON DE CAMPAGNE** ✗✗ Niché dans un charmant coin de Dordogne, ce restaurant n'est pas si facile d'accès... mais le jeu en vaut la chandelle, aucun doute là-dessus ! Le jeune couple aux commandes propose une cuisine savoureuse, fine et millimétrée, avec de belles cuissons (saisi, rôti...) et des dressages appétissants. En témoignent les spécialités maison : truite des eaux de l'Inval infusée au café, fenouil rôti et bouillon de truite rafraîchi ; le pigeon, purée de pomme de terre truffée et pomme surprise, sauce Périgueux ou la fraise en crémeux, salade de fraise fraîche, crème glacée au safran périgourdin. D'un bout à l'autre du repas la magie opère, grâce aussi au décor d'une grande authenticité (poutres, pierres, terrasse sous la treille), et à un service aussi aimable que dynamique. Une adresse particulièrement attachante.

Spécialités: Les légumes du joyeux potager. Homard confit aux bourgeons de sapin. Crème légère vanille et truffe noire.

☸ *L'engagement du chef:* "L'immense majorité des produits est achetée à de petits producteurs à moins de 30 km. Nous avons un potager, récoltons les fruits du verger, cueillons les herbes sauvages et transformons en compost nos déchets. Nous gérons en permanence notre consommation d'énergie... et surtout nous travaillons de façon raisonnée, responsable et impliquée. Cette démarche logique et naturelle fait simplement partie de mon métier, de mon idée d'être homme, qui prend soin des gens et des choses qui l'entourent."

🛏 🍴 **P** – Menu 25 € (déjeuner), 44/83 €

Lieu-dit La Meynardie – ℰ 05 53 28 85 98 – www.domainedelameynardie.com – Fermé 3 janvier-12 février, lundi, mardi, samedi midi

SARE

✉ 64310 – Pyrénées-Atlantiques – Carte régionale n° **18**–A3 – Carte Michelin 342-C5

⦿ OLHABIDEA

TRADITIONNELLE · **FAMILIAL** ✗✗ Une ferme basque du 16ᵉ s. où l'on propose une cuisine goûteuse, élaborée avec finesse et passion, qui s'appuie largement sur les fruits et légumes du potager du chef. Autour, on flâne dans un parc de quatre hectares planté d'érables, de conifères et de camélias... Quel charme !

⟲ 🛏 🍴 ♿ **P** – Menu 45 €

Quartier Sainte-Catherine (chemin d'Olha) – ℰ 05 59 54 21 85 – www.olhabidea.fr – Fermé 1ᵉʳ janvier-14 février, 1ᵉʳ décembre-14 février, mercredi soir, jeudi, vendredi, samedi, dimanche midi

SARLAT-LA-CANÉDA

✉ 24200 – Dordogne – Carte régionale n° **18**–D3 – Carte Michelin 329-I6

⦿ LE GRAND BLEU

CRÉATIVE · **COSY** ✗✗ De son passage dans de grandes maisons, Maxime Lebrun a retenu l'amour du travail bien fait et un vrai sens de la générosité. Il signe une cuisine sincère en phase avec les saisons. Le menu du jour, proposé au déjeuner, est dédié à son grand-père charcutier.

🅰🅲 – Menu 26 € (déjeuner), 58/130 €

43 avenue de la Gare – ℰ 05 53 31 08 48 – www.legrandbleu.eu – Fermé 15 novembre-15 avril, lundi, mardi midi, mercredi midi, dimanche soir

SAUBION

✉ 40230 – Landes – Carte régionale n° **18**–A3

LES ÉCHASSES

LUXE · NATURE Ces Échasses consistent en plusieurs "lodges" installée autour d'un étang : des maisonnettes en bois, confortables et design, avec poêle à bois et grandes baies vitrées donnant sur une terrasse au-dessus de l'eau... Une expérience insolite et tout à fait délicieuse.

🐾 🛏 ⚒ 🕭 ⒨ 🅿 – 8 chambres

701 route des Bruyères –
☎ 06 51 96 55 54 – www.ecolodge-lesechasses.com

SAUTERNES

✉ 33210 – Gironde – Carte régionale n° **18**–B2 – Carte Michelin 335-I7

🍴○ LA CHAPELLE AU CHÂTEAU GUIRAUD

TRADITIONNELLE · RÉGIONAL ⅹ Le cadre de ce restaurant, situé sur une propriété viticole, laisse sans voix. On s'installe sous de grosses poutres, pour goûter à une cuisine française de tradition, basée sur les beaux produits du Sud-Ouest : agneau de Pauillac, bœuf de race bazadaise... La terrasse, fort plaisante, est au grand calme.

🕭 ⪕ 🏯 ⒨ ⇔ 🅿 – Menu 25 € (déjeuner)/39 € – Carte 50/60 €

5 Château Guiraud –
☎ 05 40 24 85 45 – www.lachapelledeguiraud.com –
Fermé lundi, mardi, mercredi, jeudi soir, dimanche soir

SEIGNOSSE

✉ 40510 – Landes – Carte régionale n° **18**–A3 – Carte Michelin 335-C12

❀ VILLA DE L'ÉTANG BLANC

Chef: David Sulpice

MODERNE · ROMANTIQUE ⅩⅩ L'étang Blanc est un délicieux petit plan d'eau protégé, peuplé d'oiseaux que l'on a tout loisir d'observer depuis la jolie terrasse ou la salle grande ouverte. Ou comment conjuguer les joies de la nature et de la gastronomie ! En cuisine, c'est David Sulpice, dont le parcours l'a mené de Sydney à Manchester, en passant par l'île de Wight. Goûteuses et équilibrées, sans rien de trop pour souligner les saveurs, ses assiettes donnent la priorité aux produits du terroir landais et au bio. Tout entière dévouée au bien-être de ses clients, son épouse Magali, qui était du périple australien également, s'occupe avec brio de l'hôtellerie, de la salle et du vin.

Spécialités: Carotte des sables et sarriette du potager. Pigeonneau, patate douce, agrume et cacahouète de Soustons. Le maïs dans tous ses états.

⇦ ⪕ 🛏 🏯 ⒨ 🅿 – Menu 35 € (déjeuner), 75/85 €

2265 route de l'Étang-Blanc –
☎ 05 58 72 80 15 – www.villaetangblanc.fr –
Fermé 15 février-3 mars, 28 juin-5 juillet, lundi soir, mardi, mercredi

SORGES

✉ 24420 – Dordogne – Carte régionale n° **18**–C1 – Carte Michelin 329-G4

🍴○ AUBERGE DE LA TRUFFE

RÉGIONALE · FAMILIAL ⅩⅩ Le "diamant noir" est roi en Périgord blanc, et plus encore en cette auberge classique, où il est la star d'un menu spécial, incontournable pour les amateurs ! Plus largement, le terroir et les belles recettes classiques sont à l'honneur, à l'image de ce lièvre à la royale cuisiné dans les règles de l'art...

⇦ 🛏 🏯 ⒨ ⇔ 🅿 – Menu 20 € (déjeuner), 36/115 € – Carte 39/85 €

14 rue Jean-Chateaureynaud –
☎ 05 53 05 02 05 – www.auberge-de-la-truffe.com –
Fermé 1ᵉʳ-15 avril, lundi midi, mercredi midi

SOUSTONS

✉ 40140 – Landes – Carte régionale n° **18**–B2 – Carte Michelin 335-D12

🍴 **AUBERGE BATBY**

TRADITIONNELLE · **CONVIVIAL** ✗✗ Un restaurant situé juste au bord du lac, où l'on favorise le terroir : ravioles de langoustine, poularde farcie au foie gras, pibales (alevins d'anguilles)... C'est goûteux, généreux, et les prix sont très doux. Quelques chambres agréables permettent de prolonger l'étape.

⇐ 🛏 ⅙ 🄰🄲 – Menu 18 € (déjeuner)/44 €

63 Avenue de Galleben – ℰ 05 58 41 18 80 – www.aubergebatby.fr – Fermé lundi, mardi soir, dimanche soir

LA TESTE-DE-BUCH – Gironde (33) → Voir Bassin-d'Arcachon

TRÉMOLAT

✉ 24510 – Dordogne – Carte régionale n° **18**–C3 – Carte Michelin 329-F6

❀ **LE VIEUX LOGIS**

Chef: Vincent Arnould

MODERNE · **ÉLÉGANT** ✗✗✗ Une valeur sûre que cette table de tradition, dont le cadre – un ancien séchoir à tabac, tout en pierre et bois peint – est tout à fait charmant. Comme le reste de ces bâtisses en pierre de pays, une ancienne propriété agricole, où l'on devine les vestiges d'un ancien prieuré. En gardien éclairé de la tradition, voici le chef Vincent Arnould, Meilleur Ouvrier de France. Vosgien tombé amoureux du Périgord, il sait choisir ses produits afin de proposer une belle carte actuelle, assise sur de solides bases classiques. À midi, la maison propose un menu dans un esprit tapas périgourdin, à un prix intéressant. De la gastronomie en mouvement.

Spécialités: Vichyssoise de légumes glacés à la truffe blanche, jambon et parmesan. Sandre de Dordogne, jus de tomate truffé et fleur de courgette farcie. Vacherin aux fraises, sorbet fraise, citron et basilic.

⇐ 🛏 ✿ 🄿 – Menu 55 € (déjeuner), 80/140 € – Carte 110/140 €

Le Bourg – ℰ 05 53 22 80 06 – www.vieux-logis.com – Fermé mercredi, jeudi

🍴 **BISTROT DE LA PLACE**

TRADITIONNELLE · **BISTRO** ✗ Une adresse pour se restaurer dans le village où Claude Chabrol tourna le film Le Boucher (1970). Vieilles pierres, poutres et réjouissante cuisine régionale, avec notamment un menu-carte bien tourné où le canard a toute sa place (foie gras, confit grillé), ce qui ravira les amateurs du célèbre palmipède... Un moment très sympathique.

🛏 – Menu 20 € (déjeuner), 29/39 €

Le Bourg – ℰ 05 53 22 80 69 – www.vieux-logis.com – Fermé lundi, mardi

🏠 **LE VIEUX LOGIS**

HISTORIQUE · **ÉLÉGANT** Cet ancien prieuré est le vivant récit de l'histoire de la famille des propriétaires, vieille de presque cinq siècles ! Les chambres sont meublées avec goût et le jardin est superbe. Un Logis extrêmement chaleureux.

🕭 ⇐ 🔟 🄰🄲 🔩 🄿 – 25 chambres

Le Bourg – ℰ 05 53 22 80 06 – www.vieux-logis.com

❀ **Le Vieux Logis** – Voir la sélection des restaurants

URRUGNE

✉ 64122 – Pyrénées-Atlantiques – Carte régionale n° **18**–A3 – Carte Michelin 342-B2

🍴 **FERME LIZARRAGA**

MODERNE · **CONTEMPORAIN** ✗ Dans un bel environnement naturel – *lizarraga* signifie "forêt de frênes" en basque –, une auberge du 17ᵉ s. au caractère préservé, à la fois chic et champêtre. Le chef offre une version revisitée de la cuisine du marché : on en profite en terrasse, à l'ombre d'un noyer centenaire... Délicieux, tout simplement.

⇐ 🛏 ⅙ 🄿 – Menu 25 € (déjeuner), 42/55 €

Chemin de Lizarraga – ℰ 05 59 47 03 76 – www.lizarraga.fr – Fermé lundi, mardi

VAYRES

✉ 33870 – Gironde – Carte régionale n° **18**–B1

🍽 **LUNE** ⓝ

MODERNE · **TENDANCE** 🗙 Ce restaurant ouvert dans la petite cité vigneronne de Vayres par Pierre Rigothier, chef au bon parcours parisien, propose une cuisine de saison simple, fraîche et plaisante, qui se décline dans des menus différents, à midi et en soirée. Le lieu est dans la tendance, cosy et convivial.

🛋 ⚹ 🅐🅒 – Menu 19 € (déjeuner), 55/70 €

56 avenue de Libourne – ℰ 05 47 84 90 98 – https://restaurantlune.com –
Fermé lundi, mardi soir, samedi midi, dimanche

LIMOUSIN

Si on vous dit "Limousin", à quoi pensez-vous ? Il y a fort à parier que derrière vos paupières mi-closes apparaisse la silhouette d'une belle rousse, rustique et plantureuse... La "Limousine" est sans doute la plus belle race bovine (ses origines remontent au dix-septième siècle), aux côtés de celles de l'Aubrac et du Salers. Un bœuf persillé, destiné à mûrir... et à alimenter les cartes des restaurants de la région. Le Limousin, région agricole peu peuplée, s'étendant sur les départements de la Corrèze, de la Creuse, de la Haute-Vienne et une partie du Massif Central doit beaucoup à son plus célèbre ambassadeur. On le cuisine souvent à la braise, on le décline aussi à la façon espagnole, en jambon de bœuf, la fameuse cecina. Bref, aux côtés du porc Cul Noir et de l'agneau, autres spécialités de la région, le bœuf Limousin se prête de bonne grâce à toutes les préparations, comme à l'Aparté, à Limoges, où un jeune chef tonique magnifie les belles viandes fournies par son beau-père. Personne encore ne propose de voyages en limousine... ça ne saurait tarder.

• Carte régionale n° 19

ARGENTAT

✉ 19400 – Corrèze – Carte régionale n° **19**–C3 – Carte Michelin 329-M5

⊪◯ SAINT-JACQUES

MODERNE • **ÉLÉGANT** ✗✗ En bon professionnel, le chef construit ses recettes autour des meilleurs produits de la région ; on profite même – les amateurs apprécieront – de gibier en saison. Tout cela se savoure dans une salle à la décoration élégante, ou sur la terrasse plus contemporaine.

🍴 ⅙ – Menu 20 € (déjeuner), 36/69 €

39 avenue Foch – ☎ 05 55 28 89 87 – www.lesaintjacques-argentat.com –
Fermé lundi, dimanche soir

AURIAC

✉ 19220 – Corrèze – Carte régionale n° **18**–C3 – Carte Michelin 329-N4

⊪◯ LES JARDINS SOTHYS

MODERNE • **RUSTIQUE** ✗ Carrés d'herbes aromatiques, clos japonais, roseraie, etc. Ces jardins (entrée payante), dus à la célèbre marque de cosmétiques, mêlent poésie et culte des vertus de la nature. Au restaurant, le chef magnifie le terroir corrézien à grand renfort d'épices – il a longtemps travaillé en Asie et aux Antilles –, pour un résultat parfumé et maîtrisé.

≼ 🍴 ⅙ 🅿 – Menu 28/55 € – Carte 45/65 €

Route de Darazac – ☎ 05 55 91 96 89 – www.lesjardinssothys.com –
Fermé 1ᵉʳ-24 mars, 15 novembre-31 décembre, lundi, mardi, dimanche soir

BEAULIEU-SUR-DORDOGNE

✉ 19120 – Corrèze – Carte régionale n° **19**–C3 – Carte Michelin 329-M6

⊛ LE TURENNE

MODERNE • **CONTEMPORAIN** ✗ Décoration minimaliste pour ce restaurant. Le beau parcours du chef se lit dans les assiettes, goûteuses et maîtrisées ; mention spéciale au gaspacho de tomate et aux langoustines rôties. La terrasse, aux beaux jours, offre un prolongement rêvé à la gourmandise.

Spécialités : Gaspacho de tomates, langoustines rôties. Noix de veau, mousseline de carottes, condiment pain d'épice. Jardin chocolaté, citron et basilic.

🍴 ⅙ 🄰🄲 – Menu 16 € (déjeuner), 28/38 € – Carte 38/57 €

Boulevard Saint-Rodolphe-de-Turenne – ☎ 05 55 28 63 60 – Fermé 1ᵉʳ-6 janvier,
lundi, mardi

⊪◯ LES FLOTS BLEUS

MODERNE • **TENDANCE** ✗✗ Un bon repas en perspective dans cet hôtel-restaurant installé en bordure de Dordogne : on y propose une cuisine dans l'air du temps, basée sur les bons produits de la région. Aux beaux jours, on profitera même de la terrasse donnant sur l'église du village.

🍴 ⅙ – Menu 16 € (déjeuner), 27/37 € – Carte 33/99 €

Place du Monturu – ☎ 05 55 91 06 21 – www.hotel-flotsbleus.com –
Fermé 1ᵉʳ janvier-6 mars, lundi

BOISSEUIL

✉ 87220 – Haute-Vienne – Carte régionale n° **19**–B2

⊪◯ LE LANAUD

CUISINE DU TERROIR • **SIMPLE** ✗ Cette vaste construction de bois et de verre surplombant la campagne, s'ouvre sur une impressionnante terrasse en bois avec vue panoramique. Attablons-nous. Tout ici tourne autour de la vache, des banquettes... à l'assiette, authentique et généreuse : cœur d'entrecôte, noix de bœuf fumée, côte cuite sur pierre de sel... Un coup de cœur.

≼ 🍴 ⅙ – Menu 18 € (déjeuner)/30 € – Carte 35/55 €

Pôle de Lanaud – ☎ 05 55 06 46 08 – www.lelanaud.com – Fermé lundi soir, mardi
soir, mercredi soir, dimanche soir

BRIVE-LA-GAILLARDE

✉ 19100 – Corrèze – Carte régionale n° **19**-B3 – Carte Michelin 329-K5

✿ LA TABLE D'OLIVIER

Chef: Pierre Neveu

MODERNE • COSY ✕✕ À la Table d'Olivier, Pierre est en cuisine tandis que sa compagne Fanny, ex-pâtissière, caracole en salle. Lui, Normand d'origine, œuvre avec passion dans sa Corrèze d'adoption. Au cœur de la ville, il a bichonné cette maison toute de poutres et de pierre apparente, au mobilier contemporain et aux luminaires design. Pour un rapport qualité-prix tout simplement renversant, sa cuisine au goût du jour se révèle très gourmande, aussi fine que colorée : homard bleu, bar breton, caviar d'aquitaine ; lotte de Bretagne, ravioli de homard, carotte et yuzu ; bœuf français, carotte-piment, poivre sarawak de Bornéo ; noix de coco, mangue, passion Yuzu. À table !

Spécialités : Fleur de courgette farcie de langoustine et petit pois menthe. Ris de veau, truffe et oignons des Cévennes. Macaron, yuzu, fruits rouges et shiso.

& 🅰🅲 – Menu 34€ (déjeuner), 50/75€ – Carte 50/75€

3 rue Saint-Ambroise – ℰ 05 55 18 95 95 – Fermé 11-31 janvier, lundi, mardi, mercredi midi

⊛ EN CUISINE

MODERNE • BISTRO ✕✕ Prenez un jeune chef passionné, travailleur, entouré d'une équipe à son image. Ajoutez une cuisine raffinée, où les saveurs sont franches et où la présentation des plats met d'emblée l'eau à la bouche. Vous y êtes presque... Saupoudrez le tout d'un service avec le sourire. Vous pouvez savourer !

Spécialités : Bœuf du limousin, condiment de tartare et crémeux de jaune d'œuf. Pigeon fumé au foin et légumes de saison. Pomme en coque de meringue glacé au beurre épicé.

🏠 & 🅰🅲 – Menu 35/47€

39 avenue Édouard-Herriot – ℰ 05 55 74 97 53 – www.encuisine.net – Fermé lundi, dimanche

⊛ LA TOUPINE

MODERNE • TENDANCE ✕✕ Dans une maison typiquement locale, ce restaurant affirme son look minimaliste chic (inox, pierre et bois exotique). Au menu : galette de pieds de cochon panés et escalope de foie gras ; pavé de veau en croûte de noix et gratin de cèpes, etc. Une savoureuse cuisine du marché, entre tradition et modernité.

Spécialités : Terrine de foie gras de canard et compotée de poires. Pavé de noix de veau grillé, grenailles et poireaux rôtis. Tarte fine aux pommes et sauce caramel.

🏠 🅰🅲 ⇄ – Menu 24€ (déjeuner), 32/37€ – Carte 40/47€

27 avenue Pasteur – ℰ 05 55 23 71 58 – www.latoupine.fr – Fermé 16-24 mai, 22 août-6 septembre, lundi, dimanche

ⅰ○ BISTROT C. FORGET

MODERNE • BISTRO ✕ Sur une avenue menant au marché de Brive, le propriétaire de ce restaurant l'a transformé de fond en comble pour en faire un bistrot contemporain bien dans son époque ! Pari gagné dans le décor... et dans l'assiette, où l'on trouve une cuisine gourmande et bien réalisée, qui fait la part belle aux viandes du Limousin.

🏠 ⇄ – Menu 24€ (déjeuner)/30€ – Carte 30/37€

53 avenue de Paris – ℰ 05 55 74 32 47 – Fermé lundi, dimanche

ⅰ○ BISTROT CHAMBON

TRADITIONNELLE • BISTRO ✕ L'ambiance est conviviale dans ce bistrot contemporain haut en couleurs. Le chef se met en quatre pour faire apprécier les spécialités du genre : sole meunière, tête de veau, pied de porc, etc. De bons produits frais, cuisinés avec soin et servis au pas de charge, affluence oblige !

🏠 & 🅰🅲 ⇄ – Menu 20€ (déjeuner)/34€ – Carte 27/58€

8 rue des Échevins – ℰ 05 55 22 36 83 – www.bistrot-chambon.fr – Fermé 1er-11 janvier, 11-26 juillet, lundi, dimanche

🍴○ **CHEZ FRANCIS**

TRADITIONNELLE · BISTRO X Publicités rétro, objets en tout genre et dédicaces laissées par les clients : la parfaite ambiance d'un bistrot familial. On est tout à son aise pour déguster de bons produits et jolies recettes, avec en particulières de belles viandes limousines longuement maturées – un luxe !

🍴 ▥ – Carte 45/65 €

61 avenue de Paris – ℰ 05 55 74 41 72 – www.chezfrancis.fr –
Fermé 31 janvier-5 février, 1er-11 juin, 5-10 septembre, lundi, dimanche

LA CHAPELLE-TAILLEFERT

✉ 23000 – Creuse – Carte régionale n° **19**–C1 – Carte Michelin 325-I4

🍴○ **INFLUENCE**

MODERNE · ÉPURÉ X Le patron de cette petite maison de village a la passion des beaux produits, volaille fermière, distillerie Philippe Marais, bœuf limousin de Courtille ; fort de sa longue expérience, il les met en valeur dans des assiettes gourmandes et bien maîtrisées.

🍸 – Menu 13 € (déjeuner), 24/42 € – Carte 37/45 €

1 rue des Remparts – ℰ 05 55 81 98 32 – www.restaurant-influence.com –
Fermé 23 décembre-5 janvier, lundi, dimanche soir

CHÉNÉRAILLES

✉ 23130 – Creuse – Carte régionale n° **19**–C1 – Carte Michelin 325-K4

🟢 **LE COQ D'OR**

MODERNE · FAMILIAL XX Une déco très... coquette, et pour cause : on trouve ici moults coqs rapportés des quatre coins du monde par les clients. Dans l'assiette ? Une cuisine fine et maîtrisée, alliant saveurs du terroir et créativité.

Spécialités : Tataki de bœuf aux épices cajun, légumes croquants. Filet de canard cuit à basse température, jus au sésame, navets confits au miel. Éclair pistache-framboise.

♿ ♻ – Menu 26/57 € – Carte 40/60 €

7 place du Champ-de-Foire – ℰ 05 55 62 30 83 – www.restaurant-coqdor-23.com –
Fermé 1er-17 janvier, 21 juin-4 juillet, 19 septembre-3 octobre, lundi, mardi, dimanche soir

LA COURTINE

✉ 23100 – Creuse – Carte régionale n° **19**–D2 – Carte Michelin 325-K6

🍴○ **AU PETIT BREUIL**

CUISINE DU TERROIR · AUBERGE XX Tenue par la même famille depuis sept générations, cette maison à l'entrée du village dévoile un intérieur moderne et lumineux, qui ouvre sur la verdure. Ris de veau, foie gras chaud et cèpes de la région : dans l'assiette, le terroir est à la fête. Chambres rénovées pour l'étape.

🛏 🍷 ♿ ♻ 🅿 🍴 – Menu 14 € (déjeuner), 16/32 € – Carte 22 €

Route de Felletin – ℰ 05 55 66 76 67 – Fermé 21 décembre-4 janvier, vendredi soir, dimanche

CROZANT

✉ 23160 – Creuse – Carte régionale n° **19**–C1 – Carte Michelin 325-G2

🍴○ **AUBERGE DE LA VALLÉE**

TRADITIONNELLE · CONVIVIAL XX Viandes d'éleveurs locaux (agneau, veau, bœuf), fromages de la région (chèvre, surtout !) et légumes de son grand potager... Le chef aime les produits du terroir, et cela se sent : il en tire une cuisine délicieuse, à apprécier dans un joli décor rustique. Une sympathique auberge de campagne.

▥ – Menu 26 € (déjeuner), 29/58 € – Carte 40/55 €

14 rue Guillaumin – ℰ 05 55 89 80 03 – www.laubergedelavallee.fr –
Fermé 16 octobre-2 novembre, lundi, dimanche soir

DONZENAC

✉ 19270 – Corrèze – Carte régionale n° **19**–B3 – Carte Michelin 329-K4

ⅈ○ **LE PÉRIGORD**

TRADITIONNELLE · **RUSTIQUE** ⅩⅩ À l'entrée du bourg, venez vous asseoir dans cet intérieur paré de bois massif, près de l'imposante cheminée. On vous fera goûter la spécialité de la maison : la tête de veau sauce gribiche, indémodable et toujours aussi bonne ! Du rustique comme on l'aime.

♿ – Carte 23/45 €

9 avenue de Paris –
✆ 05 55 85 72 34 –
Fermé lundi soir, mardi soir, mercredi, dimanche soir

FURSAC

✉ 23290 – Creuse – Carte régionale n° **19**–B1 – Carte Michelin 325-G4

☺ **NOUGIER**

MODERNE · **ÉLÉGANT** ⅩⅩ Depuis trois générations, cette réjouissante auberge cultive l'art du bon accueil et du bien manger. Le chef, très attaché aux herbes et aux agrumes, concocte des plats soignés, comme autant d'hommages aux saisons. Alors, attablez-vous et commandez en confiance.

Spécialités : Terrine de lapin, abricots, pruneaux et fruits secs. Merlu de ligne, polenta au citron et piquillos. Île flottante aux pralines roses.

↩ 🍴 🏠 ♻ **P** – Menu 29/59 € – Carte 53/65 €

2 place de l'Église –
✆ 05 55 63 60 56 – www.hotelnougier.fr –
Fermé 1ᵉʳ décembre-15 mars, lundi, mardi midi, dimanche soir

GOULLES

✉ 19430 – Corrèze – Carte régionale n° **19**–C3 – Carte Michelin 329-N5

ⅈ○ **RELAIS DU TEULET**

CUISINE DU TERROIR · **MAISON DE CAMPAGNE** Ⅹ Agréable surprise que cet ancien relais de diligence, tenu par la même famille depuis... cinq générations ! Le chef propose une cuisine actuelle simple et lisible, déclinée au gré d'une courte carte qui valorise les bons produits de la région – viandes de Corrèze, fruits et légumes d'Aurillac...

↩ ♿ ♻ **P** – Menu 15 € (déjeuner), 27/35 € – Carte 30/45 €

Lieu-dit Le Teulet –
✆ 05 55 28 71 09 – www.relais-du-teulet.fr –
Fermé 1ᵉʳ-10 janvier, dimanche soir

GUÉRET

✉ 23000 – Creuse – Carte régionale n° **19**–C1 – Carte Michelin 325-I3

ⅈ○ **LE COQ EN PÂTE**

CLASSIQUE · **ÉLÉGANT** ⅩⅩ Dans cette maison bourgeoise et cossue (19ᵉ s.), on sert une belle cuisine classique qui varie selon les saisons. Mais rassurez-vous : le homard du vivier et le filet de bœuf sont aussi des résidents permanents ! On les accompagne d'un des nombreux bordeaux présents sur la carte... Un agréable moment gastronomique.

🐿 🍴 🏠 ♿ ♻ **P** – Menu 19/65 € – Carte 46/75 €

2 rue de Pommeil –
✆ 05 55 41 43 43 – www.restaurant-lecoqenpate.com –
Fermé lundi soir, dimanche soir

LAGARDE-ENVAL

⊠ 19150 – Corrèze – Carte régionale n° **19**–C3 – Carte Michelin 329-L4

🟆○ **AUBERGE DU PAYS**

TRADITIONNELLE • RUSTIQUE 🗶 Très sympathique, ce restaurant familial qui fait aussi bar-tabac. La cuisine du terroir tulliste est à l'honneur : millassou, mique, tête de veau le mercredi et farcidure le jeudi... C'est généreux et goûteux, une véritable adresse à l'ancienne ! Huit chambres à disposition pour l'étape.

🏠 – Menu 18/34 € – Carte 28/38 €

*Route de l'Étang – ℰ 05 55 27 16 12 – www.aubergedupays.fr –
Fermé 1er-30 septembre, lundi, dimanche*

LIMOGES

⊠ 87000 – Haute-Vienne – Carte régionale n° **19**–B2 – Carte Michelin 325-E6

🏵 **LE VANTEAUX**

MODERNE • ÉLÉGANT 🗶🗶 Son chef se définit comme un "agitateur de gourmandises" ! On apprécie sa cuisine qui revisite les classiques régionaux (porc "cul noir", ris de veau)... À noter : les desserts qui évoluent au gré des saisons, et la jolie sélection de vins au verre. L'été, on s'installe sur le toit, à l'ombre des canisses.

Spécialités : Variation autour de la langoustine. Ris de veau rôti au sautoir, pulpe de légumes oubliés et jus de veau. Déclinaison sur le chocolat du Bélize.

🏵 🏠 ⅙ 🅰 ⇄ 🄿 – Menu 29 € (déjeuner), 34/71 € – Carte 55/70 €

Hors plan – *162 boulevard de Vanteaux – ℰ 05 55 49 01 26 – www.levanteaux.fr –
Fermé 1er-5 janvier, 12-27 avril, 2-17 août, lundi, mardi, dimanche soir*

🟆○ **AMPHITRYON**

MODERNE • COSY 🗶🗶 Cette jolie maison à pans de bois, au cœur du pittoresque "village" des Bouchers, est le fief du chef Olivier Polla. Il propose à ses clients une cuisine moderne tournée vers le produit, mijotée au gré de ses inspirations. Un plaisir pour les papilles.

🏠 ⇄ – Menu 30/86 € – Carte 64/78 €

Plan : A2-d – *26 rue de la Boucherie – ℰ 05 55 33 36 39 –
www.amphitryon-limoges.fr – Fermé lundi, dimanche*

🟆○ **L'APARTÉ**

CRÉATIVE • CHIC 🗶🗶 Originaire de la Drôme, le jeune chef articule son travail autour des légumes de la saison et des belles viandes (veau et bœuf limousin) fournies par son beau-père. Il y a de la fraîcheur et de la maîtrise dans cette cuisine, qui se déguste dans un décor plaisant – fauteuils confortables, parquet patiné... Une vraie bonne adresse.

Menu 23 € (déjeuner), 55/70 € – Carte 39/55 €

Plan : A1-a – *39 boulevard Carnot – ℰ 05 87 08 25 20 – laparte-restaurant.fr –
Fermé 1er-11 janvier, 1er-10 mai, 3-23 août, lundi, dimanche*

🟆○ **PHILIPPE REDON**

MODERNE • ÉLÉGANT 🗶🗶 Vous aimez la cuisine vivante ? Vous allez être servi. Ici, on réalise des recettes qui oscillent entre bistronomie, air du temps et esprit gastronomique à l'ancienne... avec une prédilection pour les produits sur-mesure (volailles, huîtres, etc.). Et en prime, des conseils avisés sur le vin.

🏵 🏠 ⅙ 🅰 – Menu 22 € (déjeuner), 58/78 € – Carte 58/78 €

Plan : A2-f – *14 rue Adrien-Dubouché – ℰ 05 55 79 37 50 –
www.restaurant-philipperedon.fr – Fermé lundi, dimanche*

🟆○ **LA CUISINE DU CLOÎTRE**

MODERNE • ÉPURÉ 🗶 Au pied de la cathédrale, cet ancien cloître du 17e s. a du cachet ! Au gré de son envie et des saisons, le chef compose une bonne cuisine du marché. Les cuissons sont maîtrisées, les produits de qualité : une expérience sympathique.

🏠 ⅙ ⇄ – Menu 22 € (déjeuner), 38/58 €

Plan : B2-r – *6 rue des Allois – ℰ 05 55 10 28 29 – www.la-cuisine-du-cloitre.fr –
Fermé 4-19 janvier, lundi, mardi midi, dimanche soir*

⅋○ LA TABLE DU COUVENT

VIANDES • HISTORIQUE ⅋ L'ancien réfectoire du couvent des Carmélites a retrouvé sa vocation première ! Côte de bœuf, bavette ou entrecôte limousine (maturées sur place) sont grillées dans l'âtre, où mijotent aussi de jolies cocottes... Le chef officie dans la sacristie, où l'on peut aussi se sustenter. Un véritable atelier gourmand !

🛱 ✤ – Menu 17 € (déjeuner)/25 € – Carte 25/55 €

Plan : A2-s – *15 rue Neuve-des-Carmes* – ℰ *05 55 32 30 66* –
www.latableducouvent.com – *Fermé lundi, mardi midi, dimanche soir*

⅋○ CHEZ ALPHONSE

TRADITIONNELLE • BISTRO ⅋ Pourquoi Alphonse ? Parce que chaque jour, comme ses prédécesseurs avant lui, le chef de ce charmant bistrot "fonce aux halles" pour faire son marché... La belle tradition est donc à l'honneur : terrines diverses, crépinette de pied de porc, généreuses pièces de bœuf et pot-au-feu se dégustent sur des nappes à carreaux. Gargantuesque !

𝔸�ℂ – Menu 21 € (déjeuner) – Carte 23/47 €

Plan : A2-e – *5 place de la Motte* – ℰ *05 55 34 34 14* – *www.chezalphonse.fr* –
Fermé 4-17 janvier, dimanche soir

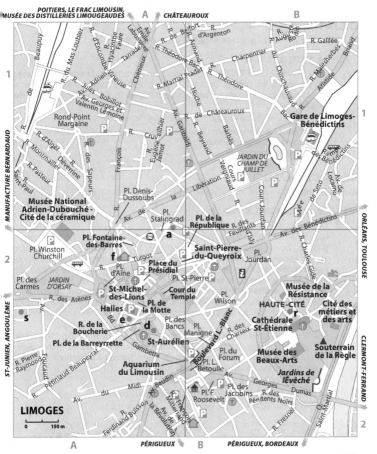

MONTGIBAUD

✉ 19210 – Corrèze – Carte régionale n° **19**–B2 – Carte Michelin 329-J2

😊 LE TILLEUL DE SULLY

MODERNE · CONVIVIAL ⅹ C'est là, à l'ombre du vieux tilleul, que se trouve cette auberge de campagne. Fleurs de courgette, choux pommelés, groseilles, etc., abondent dans le potager et le chef sait les préparer ! Une savoureuse cuisine du terroir corrézien, gourmande et généreuse, à déguster devant la cheminée ou dehors, face aux arbres fruitiers.

Spécialités: Terrine de foie gras maison parfumé au muscat. Médaillon de faux-filet. Soufflé glacé à la menthe, sorbet chocolat.

🌱 *L'engagement du chef:* *"Les produits de notre jardin potager et ceux que nous fournissent les artisans locaux et engagés avec lesquels nous travaillons sont au cœur de notre cuisine saisonnière. Nous récupérons également les eaux de lavage des légumes et nous compostons tous les déchets organiques pour nourrir nos cultures."*

🏡 ⅼ – Menu 33/44 €

Le Bourg – ℰ 05 55 98 01 96 –

Fermé 28 juin-4 juillet, 6-12 septembre, lundi, mardi, dimanche soir

OBJAT

✉ 19130 – Corrèze – Carte régionale n° **19**–B3 – Carte Michelin 329-J4

ⅼⅼ◯ LA TÊTE DE L'ART

TRADITIONNELLE · BISTRO ⅹ Dans leur nouvelle adresse du nord d'Objat, avec vue sur le lac, les Duvalet déclinent les recettes traditionnelles dont ils ont le secret, toujours rehaussées d'une pointe d'originalité. Une enseigne appréciée dans la région.

⪡ 🏡 ⅼ 🅿 – Menu 18 € (déjeuner), 25/35 € – Carte 18/35 €

155 avenue Jules-Ferry (espace loisir Jacques-Lagrave) – ℰ 05 55 25 50 42 –
www.restaurantlatetedelart.eatbu.com –
Fermé lundi, dimanche soir

LA ROCHE-L'ABEILLE

✉ 87800 – Haute-Vienne – Carte régionale n° **19**–B2 – Carte Michelin 325-E7

✿ LE MOULIN DE LA GORCE

Chef: Pierre Bertranet

CLASSIQUE · ÉLÉGANT ⅹⅹⅹ Dans les années 1970, le chef Jean Bertranet, pâtissier limougeaud de renom, transforme en hôtel-restaurant un superbe moulin Renaissance, avec son étang et son parc romantique. Ce pâtissier, qui avait travaillé pour Vincent Auriol (toute une époque !), a fait de ce lieu une véritable institution dans le département. Aujourd'hui, son fils Pierre, avec un amour sincère des belles traditions gastronomiques, réalise une cuisine classique revisitée, d'une belle finesse et respectueuse des produits. Et dans cette belle bâtisse qui ne manque pas de cachet, il y a même des chambres cosy à souhait...

Spécialités: Pied de cochon désossé, farce fine de volaille et vinaigrette à l'huile de truffe. Ris de veau poché et poêlé, pomme de terre aux girolles, jeunes pousses d'épinard et jus crémeux au vin jaune. Puits d'amour aux framboises, crème légère à la vanille Bourbon et coulis de fraise.

🏡 ⪡ ⪡ 🏡 🏡 ⇧ 🅿 – Menu 89/109 €

La Gorce – ℰ 05 55 00 70 66 – www.moulindelagorce.com –
Fermé 14 décembre-12 février, lundi, mardi

⭑○ LA TABLE DU MOULIN

TRADITIONNELLE · BISTRO ⅹ Le bistrot de l'hôtel-restaurant le Moulin de la Gorce est désormais entre les mêmes murs que la table gastronomique, tout en disposant de ses propres salle et terrasse. Qu'on se rassure, le chef du Moulin de la Gorce y régale toujours ses commensaux de petits plats traditionnels et canailles qui fleurent bon le terroir. Pas de doute, la gourmandise est au rendez-vous !

& 🅐🅒 ⇄ – Menu 39/55 €

La Gorce – ℰ 05 55 00 22 03 – www.moulindelagorce.com –
Fermé 14 décembre-12 février, lundi, mardi

ST-JUNIEN

✉ 87200 – Haute-Vienne – Carte régionale n° **19**–A2 – Carte Michelin 325-C5

⭑○ LAURYVAN

MODERNE · COSY ⅹⅹ Dans le cadre verdoyant d'un petit bois tout proche de la Vienne, on profite d'une cuisine moderne et inventive, réglée sur les saisons. L'été, on pourra même s'installer sur la jolie terrasse pour profiter de la vue sur l'étang... Un régal.

🕸 ⌂ 🏠 & ⇄ 🅿 – Menu 42/55 €

200 allée du Bois-au-Bœuf –
ℰ 05 55 02 26 04 – www.lauryvan.fr –
Fermé 2-17 janvier, 3-10 mai, lundi, dimanche

ST-MARTIN-DU-FAULT

✉ 87510 – Haute-Vienne – Carte régionale n° **19**–B2

✿ CHAPELLE SAINT-MARTIN

Chef : Gilles Dudognon

MODERNE · CLASSIQUE ⅹⅹⅹ Aux portes de Limoges, ce petit castel est une ancienne maison de porcelainier, décorée avec de nombreux meubles et tableaux chinés. Le chef Gilles Dudognon et sa brigade sélectionnent avec rigueur de beaux produits régionaux. Ils en tirent une cuisine classique de caractère, qu'ils n'hésitent pas à parsemer de touches inventives. Entre deux coups d'œil admiratifs au joli parc, on se régale d'œuf parfait fermier à l'oseille avec ses langoustines, de coquilles Saint-Jacques, mousseline aux herbes, endives braisées et lard fumé ou encore d'un lait de céleri et foie gras...

Spécialités : Royale de foie gras, lait de pomme de terre truffé et croustille de foie gras. Veau fermier, panure limousine et mousseline de petit pois mentholée. Ruche "Saint-Martin", crème citron et miel.

⌂ 🏠 & 🅿 – Menu 39 € (déjeuner), 68/98 € – Carte 80/160 €

ℰ 05 55 75 80 17 – www.chapellesaintmartin.com –
Fermé 3 janvier-9 février, lundi, mardi

🏚 CHAPELLE SAINT-MARTIN

LUXE · HISTORIQUE Nichée dans un grand parc, tout près d'un bois, cette gentilhommière en constante évolution cultive son élégance bourgeoise : chambres parées d'étoffes colorées, beau mobilier, tentures fleuries et luxueuses suites contemporaines... Sculptures, photos signées : le propriétaire, esthète averti, aime l'art. Tout s'explique !

🕸 ⪕ ⌂ 🏊 & 🅰 🅿 – 10 chambres – 4 suites

ℰ 05 55 75 80 17 – www.chapellesaintmartin.com

✿ **Chapelle Saint-Martin** – Voir la sélection des restaurants

ST-YBARD

✉ 19140 – Corrèze – Carte régionale n° **19**–B3 – Carte Michelin 329-K3

⫶○ AUBERGE SAINT-ROCH

TRADITIONNELLE · CONVIVIAL 🏵🏵 Dans le village, une maison en pierre très engageante, avec sa terrasse abritée par une superbe glycine… Le chef réalise une cuisine fraîche et bien ficelée, où l'on trouve aussi bien des bons plats de tradition – tête de veau, sandre au beurre blanc – que des recettes plus actuelles.

⇚ 🛋 🕭 🕮 – Menu 29/39 €

2 rue du Château – ☏ 05 55 73 00 05 – www.aubergesaintroch.com –
Fermé 15 décembre-15 janvier, lundi, mardi, dimanche soir

TARNAC

✉ 19170 – Corrèze – Carte régionale n° **19**–C2 – Carte Michelin 329-M1

⫶○ HÔTEL DES VOYAGEURS

TRADITIONNELLE · CLASSIQUE 🏵 Au bord du plateau de Millevaches, un chef autodidacte met la tradition dans tous ses états ! Dans l'assiette, c'est bon, généreux, résolument gourmand, notamment grâce aux fleurs et légumes du potager maison. L'accueil est du même tonneau, simple et agréable, et quelques chambres sont disponibles : les voyageurs seront ravis.

⇚ 🕮 – Carte 34/43 €

18 avenue de la Mairie – ☏ 05 55 95 53 12 – www.hotelcorreze.com –
Fermé 1ᵉʳ janvier-7 mars, lundi, dimanche soir

TULLE

✉ 19000 – Corrèze – Carte régionale n° **19**–C3 – Carte Michelin 329-L4

⊛ LES 7

MODERNE · TENDANCE 🏵 Cette adresse de poche (25 couverts au maximum) est le fief d'un jeune couple plein d'allant. Les assiettes sont dressées avec beaucoup de soin, les saveurs et textures sont complémentaires. N'oublions pas de dire aussi un mot sur le service, absolument charmant.

Spécialités : Œuf parfait, artichaut barigoule, courgette violon, jus d'un rôti. Noisette de veau, condiment pignon de pin, estragon et oignon nouveau. Poire williams confite, meringue et sorbet poire-verveine.

🕭 – Menu 21 € (déjeuner)/34 €

32 quai Baluze – ☏ 05 44 40 94 89 – www.restaurant-les7.fr –
Fermé lundi, dimanche

⫶○ LE BOUCHE À OREILLE

TRADITIONNELLE · CONVIVIAL 🏵🏵 On découvre ici le travail d'un chef aimable et discret, aussi modeste que bon cuisinier. Ses préparations font la part belle aux saisons (soupe de châtaignes de Corrèze et flan au foie gras) ainsi qu'aux beaux produits (magret de canard du sud-ouest, rôti rosé, façon bigarade). C'est goûteux et bien ficelé : on se régale, on y retourne.

🛋 🕭 – Menu 24 € (déjeuner)/34 €

39 avenue Charles-de-Gaulle –
☏ 05 44 40 40 30 – www.leboucheaoreille-tulle.com –
Fermé 22 août-2 septembre, lundi, dimanche

USSEL

✉ 19200 – Corrèze – Carte régionale n° **19**–D2 – Carte Michelin 329-O2

⅋○ **AUBERGE DE L'EMPEREUR**

TRADITIONNELLE • VINTAGE Au milieu de la verdure, cette ancienne grange est devenue une auberge coquette et chaleureuse. Cheminée, charpente en coque de bateau renversée : l'endroit a beaucoup de cachet ! Dans l'assiette, de jolis produits travaillés avec soin et générosité : morilles de l'empereur, carré d'agneau au foin...

⌂ – Menu 26 € (déjeuner), 36/60 € – Carte 45/70 €

La Goudouneche (parc d'activité de l'Empereur) –
℘ 05 55 46 04 30 – www.aubergedelempereur.com –
Fermé lundi, dimanche soir

UZERCHE

✉ 19140 – Corrèze – Carte régionale n° **19**-B3 – Carte Michelin 329-K3

🏠 **JOYET DE MAUBEC**

HISTORIQUE • COSY Cet ancien hôtel particulier, redécoré avec beaucoup de goût et de très beaux matériaux, n'a rien perdu de son caractère d'antan. Le charme y est niché dans tous les coins, depuis le parterre pavé de l'accueil jusqu'aux chambres spacieuses et délicieusement rétro.

⌂ 🛏 ⅃ 🄴 ᘒ 🏄 – 11 chambres

Place des Vignerons –
℘ 05 55 97 20 60 – www.hotel-joyet-maubec.com

POITOU-CHARENTES

Rien peut-être n'est aussi beau que le geste du paludier, récoltant le sel, cet or marin. Sauf peut-être la douceur précise du vigneron soupesant ses grappes de raisin, cet or terrestre. En Poitou-Charentes, vous n'aurez pas à trancher. La mer, en Charente-Maritime. Les claques d'iodes, les huîtres d'Oléron, l'Abbaye des Châteliers sur l'île de Ré, l'île d'Aix, petite perle de l'estuaire de la Charente – et partout, sa majesté le sel, dont la fleur est devenue si tendance sur les tables. Quittons le large pour nous enivrer à l'ombre d'un vignoble connu dans le monde entier, le Cognac. Ses chais historiques, les collections ahurissantes du précieux élixir, les bords du fleuve... tout ici, invite à la langueur romantique. Et à la gourmandise.

Si vous êtes féru de découvertes à Cognac, vous apprécierez la cuisine personnelle de chez Poulpette, si vous préférez la tradition, ce sera à La Maison, chez Pierre Dumas (ô le divin jarret de veau !), à l'Auberge le Centre Poitou, à Coulombiers, au Sud de Poitiers – autant de maisons familiales qui perpétuent cette noble idée de la belle restauration familiale. Et puis, il y a l'emblématique Ribaudière à Bourg-Charente, tenue par Thierry et Julien Verrat (père et fils) et son jardin qui descend en pente douce vers le fleuve. Le Poitou-Charentes, ce sont aussi les produits laitiers, le beurre, les fromages de chèvres maturés. Une terre qui donne envie de prendre le large... une bouteille de Cognac et une bourriche d'huîtres sous le bras.

• Carte régionale n° 20

ANGOULÊME

✉ 16000 – Charente – Carte régionale n° **20**-C3 – Carte Michelin 324-K6

✿ LES SOURCES DE FONTBELLE ⓝ

CRÉATIVE • **DESIGN** XXX À 5 minutes du centre-ville, préparez-vous à un choc visuel, celui d'un bâtiment design tout en métal, béton et verre face… à la forêt ! Aux manettes de ce vaisseau, le chef Guillaume Veyssière signe une cuisine créative à la technique impeccable. Cette architecture qui lui sert d'atelier d'artiste lui va comme un gant : ce cuisinier est doté d'un sens indéniable de la mise en scène qui s'impose dès les amuse-bouches. Il s'impose aussi de louables contraintes locavores qui dopent sa réussite, à l'image de cette côte de cochon noir gascon, racine de persil rôti. Malicieux, il adresse aussi des clin-d'œil savoureux à la tradition et au terroir avec ses moules marinières revisitées et son casse-croûte charentais.

Spécialités: Cuisine du marché.

🐜 ⬉ ⛓ 🅰 🅿 – Menu 32 € (déjeuner), 48/68 €

1 bis rue des Meules-à-Grain – ☏ 05 45 23 51 75 – http://sourcesdefontbelle.com – Fermé lundi, mardi, dimanche soir

✿ COKOTTE

TRADITIONNELLE • **TENDANCE** XX Bon moment assuré dans cette Cokotte créée par Guillaume Veyssière en lieu et place de La Ruelle. Place donc à une cuisine "brute de goût", selon les mots du chef : déclinés en cocottes, les plats se révèlent parfumés et généreux. À déguster dans trois salles en enfilade, décorées de fresques façon BD (Angoulême oblige) sur le thème des volatiles.

Spécialités: Œuf mollet, shiitakés, crème de truffe. Lotte rôtie, légumes du moment. Chou yuzu meringues.

🍽 – Menu 33 € – Carte 35/53 €

6 rue Trois-Notre-Dame – ☏ 05 45 95 15 19 – www.restaurant-cokotte.fr – Fermé lundi, samedi midi, dimanche

ⅱ○ LE TERMINUS

POISSONS ET FRUITS DE MER • **CONTEMPORAIN** XX Terminus, tout le monde descend ! Devant la gare, une halte s'impose dans cette brasserie contemporaine qui affectionne le terroir, et plus encore les produits de la mer, venus tout droit de l'Atlantique, au gré des arrivages ; c'est pourquoi la carte est renouvelée tous les jours.

🍴 ⛓ 🅰 – Menu 28/35 € – Carte 50/80 €

3 place de la Gare – ☏ 05 45 95 27 13 – www.le-terminus.com – Fermé 3-10 janvier, dimanche

🏠 LE ST-GELAIS

HISTORIQUE • **CONTEMPORAIN** Cet ancien prieuré réhabilité est l'un des plus agréables hôtels d'Angoulême. Les chambres, entre design et vintage, sont spacieuses et confortables : la garantie d'un séjour agréable.

🛏 ⛓ 🅰 ♨ 🅿 – 12 chambres – 5 suites

12 rue du Père-Deval – ☏ 05 45 90 02 64 – www.hotel-saint-gelais-angouleme.com

AVAILLES-LIMOUZINE

✉ 86460 – Vienne – Carte régionale n° **20**-C2 – Carte Michelin 322-J8

ⅱ○ LA CHATELLENIE

TRADITIONNELLE • **CONTEMPORAIN** X Emilie et Thomas Fournier, jeune couple de patrons, ont investi de leur enthousiasme et de leur talent cette auberge, nichée dans un village perdu du fin fond de la Vienne. Les produits régionaux et de saison ont la cote ici : on en profite dans une jolie petite salle à manger aux tons clairs, avec tomettes et cheminée, ou sur la terrasse, en contrebas, aux beaux jours. Chambres pour l'étape.

🛏 🍴 ⛓ – Menu 20/34 € – Carte 43/49 €

1 rue du Commerce – ☏ 05 49 84 31 31 – www.lachatellenie.fr – Fermé lundi, dimanche

BASSAC

✉ 16120 – Charente – Carte régionale n° **20**–C3 – Carte Michelin 324-I6

⫶○ L'ESSILLE

TRADITIONNELLE · **CONTEMPORAIN** ✗✗ A deux pas d'une abbaye bénédictine, se concocte une cuisine dans l'air du temps. On accède au restaurant par un beau salon agrémenté de bouteilles de cognac – près de 200 références, l'une des plus belles collections de la région ! Chambres pour l'étape.

ॐ ⇐ 🏠 🏠 ₺ 🅰 – Menu 20 € (déjeuner), 37/61 € – Carte 50/71 €

43 route de Condé – ☎ 05 45 81 94 13 – www.hotel-restaurant-essille.com –
Fermé 27 décembre-3 janvier, samedi midi, dimanche soir

BESSINES

✉ 79000 – Deux-Sèvres – Carte régionale n° **20**–B2

⫶○ L'ADRESS...

MODERNE · **CONTEMPORAIN** ✗✗ Un parallélépipède de verre prolongé par une terrasse face à la verdure : voilà pour le cadre, moderne et élégant ! Quant à la cuisine du chef, elle ne souffre d'aucun reproche : recettes qui font mouche, présentations soignées. Jolie sélection de vins et fromages parfaitement affinés.

🏠 🏠 ₺ 🅰 ⭇ 🅿 – Menu 21 € (déjeuner), 37/72 € – Carte 59/65 €

1 rue des Iris – ☎ 05 49 79 41 06 – www.restaurant-ladress.fr – Fermé lundi, dimanche

BOIS-PLAGE-EN-RÉ – Charente-Maritime (17) → Voir Île de Ré

BOURG-CHARENTE

✉ 16200 – Charente – Carte régionale n° **20**–B3 – Carte Michelin 324-I5

❀ LA RIBAUDIÈRE

Chefs: Thierry et Julien Verrat

CRÉATIVE · **CONTEMPORAIN** ✗✗ Une grande villa, un jardin qui descend en pente douce vers la Charente coulant paisiblement en contrebas... De l'autre côté du fleuve, la silhouette altière du château de Bourg-Charente domine les vignes. Dans la salle aux murs gris ardoise, les grandes baies vitrées offrent une vue sur la délicieuse terrasse et sur les berges du fleuve. Dans la même ton, les chefs Thierry et Julien Verrat, père et fils, signent une belle cuisine, où l'invention cultive le naturel. Propriétaire d'une vigne et d'une truffière, l'homme voue une passion au terroir charentais, un véritable pays de cocagne. Du cognac au pineau, en passant par le poisson de la côte et les escargots sauvages, le chef exprime le meilleur de produits de haute qualité : chacun de ses plats met le goût en avant avec une force tranquille.

Spécialités : Escargots petits-gris, jus de cuisson et huile de persil. Truite fario de Gensac-La-Pallue fumée à chaud au bois de barrique et safran charentais. Cognac du terroir à la barrique.

ॐ ⭇ 🏠 ₺ 🅰 ⭇ 🅿 – Menu 54/116 € – Carte 85/115 €

2 place du Port – ☎ 05 45 81 30 54 – www.laribaudiere.com –
Fermé 15 février-10 mars, 18 octobre-2 novembre, lundi, mardi midi, dimanche soir

🅰 **La Table du Fleuve** – Voir la sélection des restaurants

☺ LA TABLE DU FLEUVE

CUISINE DU MARCHÉ · **DESIGN** ✗ Signée Thierry et Julien Verrat, voilà une cuisine charentaise à la sauce bistronomique du plus bel aloi. Ici, le menu évolue au gré du marché. Ce jour-là, foie gras de canard mi-cuit aux truffes ; tartare de truite aux aromates et son caviar ou encore tarte aux myrtilles et son gel au pineau des Charentes. Aux beaux jours, on sert aussi sur quelques tables en terrasse. Un petit cocon chaleureux et plaisant, où la gourmandise se sent chez elle.

Spécialités : Feuilleté d'asperges blanches du Blayais, sabayon au safran charentais. Sandre rôti à la graisse de canard, échalions confits. Mousse soufflée au chocolat grand cru.

🏠 ₺ 🅰 🅿 – Menu 33 €

La Ribaudière, 2 place du Port – ☎ 05 45 81 30 54 – www.laribaudiere.com –
Fermé 15 février-10 mars, 18 octobre-2 novembre, lundi, mardi midi, dimanche soir

BREUILLET

✉ 17920 – Charente-Maritime – Carte régionale n° **20**-A3 – Carte Michelin 324-D5

⁂ L'AQUARELLE

Chef: Xavier Taffart

CRÉATIVE · **CONTEMPORAIN** ✕✕ Ce grand pavillon cubique contemporain offre une étape gourmande au cœur de la campagne royannaise. Le chef de l'Aquarelle, Xavier Taffart, est fils d'ostréiculteur : autant dire qu'il en connaît un rayon sur les huîtres charentaises. Dans l'assiette, il se montre créatif et inspiré, ne travaillant que les beaux produits locaux. Adepte des associations terre-mer, il ne rechigne pas à l'exotisme : ormeau rôti, courge et châtaigne, truffe ; escargots de mer, consommé de porc et couenne, topinambours... Côté décor, le design prévaut dans la grande salle panoramique, y compris sur la table, où trônent la porcelaine contemporaine d'un artisan poitevin et les couteaux siglés d'un coutelier rochelais. Un sens du détail qui cadre parfaitement avec les assiettes esthétiques et graphiques du chef.

Spécialités: Tartare de gambas, lard de Colonnata, crème de volaille et œufs de brochet. Maigre, artichaut, vanille, citron et lait de coco. Tiramisu.

✵ ⇆ ≼ ♿ ⇩ 🅿 – Menu 54/120 € – Carte 82/92 €

71 A route du Montil – ℰ 05 46 22 11 38 – www.laquarelle.net – Fermé lundi, mardi midi, dimanche soir

CHABANAIS

✉ 16150 – Charente – Carte régionale n° **20**-C2 – Carte Michelin 324-O4

⍤O LE VIEUX MOULIN

CUISINE DU MARCHÉ · **TRADITIONNEL** ✕✕ Ce restaurant, aménagé dans un vieux moulin, nous accueille dans une salle lumineuse, avec sa belle cheminée pour les flambées hivernales. L'été, la terrasse bordant la rivière voisine permet de profiter de la jolie cuisine du marché, autour de recettes originales et maîtrisées, privilégiant les circuits courts.

🏠 ♿ 🅿 – Menu 19 € (déjeuner), 38/60 €

Étang du Moulin – ℰ 05 45 84 24 97 – www.levieuxmoulin-chabanais.com – Fermé 4-27 janvier, 26 avril-12 mai, 18-28 octobre, lundi soir, mardi, mercredi

CHÂTELAILLON-PLAGE

✉ 17340 – Charente-Maritime – Carte régionale n° **20**-A2 – Carte Michelin 324-D3

⊛ LES FLOTS

MODERNE · **CONTEMPORAIN** ✕ Au bord du boulevard qui longe l'immense plage, voici une adresse qui devrait ravir les amateurs de sensations iodées. On s'installe dans une salle contemporaine qui offre une belle vue sur les flots pour déguster poissons et crustacés du jour, vedettes de goûteuses préparations cent pour cent maison. Partez à l'abordage de cette jolie maison bleu et blanc (1890) face à la plage.

Spécialités: Mousseline de poisson blanc, vinaigrette aux coques et speck, émulsion coquillages. Dos de cabillaud, petit épeautre façon risotto, crème de panais. Baba au rhum, crème légère vanillée.

⇆ ≼ 🏠 ♿ ♿ ⇩ – Menu 33/45 € – Carte 40/60 €

52 boulevard de la Mer – ℰ 05 46 56 23 42 – www.les-flots.fr – Fermé mercredi

⍤O GAYA - CUISINE DE BORDS DE MER

POISSONS ET FRUITS DE MER · **ÉLÉGANT** ✕✕ Au sein de l'hôtel La Grande Terrasse, non loin des Boucholeurs, ce restaurant met l'iode à l'honneur. La carte est longue et les plats sont généreux, servis dans un cadre cosy qui ouvre sur la terrasse et la mer.

≼ 🏠 ♿ ♿ ⇩ 🅿 – Carte 55/85 €

La Grande Terrasse Mgallery, Avenue de la Falaise – ℰ 05 46 56 54 30 – www.la-grande-terrasse.com

LA GRANDE TERRASSE MGALLERY

SPA ET BIEN-ÊTRE · COSY Un bel établissement qui surplombe la mer et laisse, au loin, deviner l'île de Ré. Les chambres revisitent l'esprit des années 1950 dans une veine contemporaine ; on profite aussi de la vaste piscine intérieure et du joli spa.

✿ ⌂ ⪡ ⛉ ▤ 💯 ❋ ♨ ▣ ⅙ ℻ ⚐ **P** – 54 chambres – 18 suites

Avenue de la Falaise – ℰ 05 46 56 14 14 – www.la-grande-terrasse.com

🍽 **Gaya - Cuisine de Bords de Mer** – Voir la sélection des restaurants

COGNAC

✉ 16100 – Charente – Carte régionale n° **20**–B3 – Carte Michelin 324-I5

✿ LES FOUDRES

MODERNE · ÉLÉGANT XxX Le restaurant des Chais Monnet s'ouvre dans l'ancienne salle des foudres, ces vastes barriques centenaires utilisées pour le vieillissement du cognac ! Dans la salle à manger attenante, aucun détail n'a été négligé, de la superbe argenterie contemporaine à la verrerie fine. Un nouveau chef au solide parcours, Marc-Antoine Lepage, signe une cuisine finement technique qui met en avant les produits du territoire. De belles assiettes aux dressages soignés se succèdent – tomate de plein champ confite au thym et romarin, tartare de sardines et tomate cœur de bœuf, vinaigrette au Baume de Bouteville ; noix de ris de veau braisée, purée de carottes au cumin, jeunes carottes en vinaigrette au miel, jus de veau aux épices et citron confit.

Spécialités : Œuf fermier cuit à basse température, crème de pecorino truffée et jambon pata negra. Homard à l'huile de crustacés, aïoli au corail et jeunes légumes. Biscuit chocolat à la fleur de sel, croustillant de cacahouète et crémeux au caramel.

⅙ ℻ ⇗ **P** – Menu 120 € – Carte 85/105 €

Chais Monnet, 50 avenue Paul-Firino-Martell – ℰ 05 17 22 32 23 – www.chaismonnethotel.com – Fermé lundi, mardi, mercredi midi, jeudi midi, vendredi midi, samedi midi, dimanche midi

🍽 LA MAISON

MODERNE · CONTEMPORAIN XX Une jolie maison en cœur de ville, avec son élégante cave à vin et sa "cognathèque" au rez-de-chaussée, ses salles à manger à l'étage, sa terrasse et son patio... Au programme, tapas version chic (croquettes de morue, de seiche, planche de pata negra, tarama d'œufs de cabillaud fumés et truffe) et plats soignés.

🛋 ⅙ ℻ ⇗ – Menu 26 € – Carte 45/65 €

1 rue du 14 Juillet – ℰ 05 45 35 21 77 – www.restaurant-lamaison-cognac.fr – Fermé lundi, samedi midi, dimanche soir

🍽 POULPETTE

MODERNE · CONTEMPORAIN X Voilà une table qui a tout compris. Le menu, volontairement restreint, propose une savoureuse cuisine du marché, à l'âme voyageuse, concoctée à base de beaux produits mitonnés avec soin et originalité. Amandine, ancienne professeur de danse, désormais responsable de salle et associée, et Antoine, ancien de Sciences Po mais passionné de cuisine, passé par Lucas Carton et Jadis ont uni leurs talents pour nous proposer une très agréable valse de saveurs.

⅙ ℻ – Menu 27 € (déjeuner) – Carte 39/49 €

46 avenue du Maréchal-de-Lattre-de-Tassigny – ℰ 05 45 82 22 08 – www.poulpette.com – Fermé 16 août-1ᵉʳ septembre, lundi soir, mardi soir, samedi midi, dimanche

CHAIS MONNET `Tablet.PLUS`

LUXE · ÉLÉGANT La plus ancienne maison de négoce de Cognac (1838) a été entièrement transformée : on y trouve deux restaurants (La Distillerie et les Foudres), des appartements, un spa avec piscine intérieure et extérieure, un salon de thé... sans oublier le superbe bar à Cognac, riche de plus de 350 références. Un lieu rêvé, entre vignobles et détente.

✿ ⌂ ⛉ ▤ 💯 ❋ ♨ ▣ ⅙ ℻ ⚐ **P** – 82 chambres – 10 suites

50 avenue Paul-Firino-Martell – ℰ 05 17 22 32 23 – www.chaismonnethotel.com

✿ **Les Foudres** – Voir la sélection des restaurants

COTINIÈRE - Charente-Maritime (17) → Voir Île d'Oléron

COULOMBIERS

✉ 86600 – Vienne – Carte régionale n° **20**–C2 – Carte Michelin 322-H6

🏵 AUBERGE LE CENTRE POITOU

TRADITIONNELLE · **RUSTIQUE** ✗✗ Depuis 1870, la même famille tient cet auberge qui fut autrefois un relais de poste et y cultive le sens de l'accueil. Dans l'assiette, on se régale d'une cuisine savoureuse, concoctée avec des produits soigneusement choisis, par Mathias, le fils, nouveau maître des fourneaux.

Spécialités: Farci poitevin. Poisson du marché et pomme de terre de l'île de Ré. Fraises au vin et à la menthe, sorbet du miget du Poitou.

🖙 ⤶ 🏠 ⅙ 🎛 – Menu 34/89€ – Carte 50/78€

39 rue Nationale – ℰ 05 49 60 90 15 – www.centre-poitou.com –
Fermé 22 février-10 mars, 27 septembre-13 octobre, lundi, mardi midi, dimanche soir

COULON

✉ 79510 – Deux-Sèvres – Carte régionale n° **20**–B2 – Carte Michelin 322-C7

🍴 LE CENTRAL

MODERNE · **AUBERGE** ✗✗ Pour une escapade champêtre au cœur de la Venise verte. La cuisine navigue entre tradition et tendances, autour de quelques produits fétiches : anguilles, escargots, fromage de chèvre, etc. Une valeur sûre, petite boussole dans la géographie gourmande poitevine.

🖙 🏠 ⅙ 🎴 ⇆ 🅿 – Menu 22/47€ – Carte 43/59€

4 rue d'Autremont – ℰ 05 49 35 90 20 – www.hotel-lecentral-coulon.com –
Fermé 15 février-10 mars, 4-19 octobre, lundi, dimanche soir

CROUTELLE

✉ 86240 – Vienne – Carte régionale n° **20**–C1 – Carte Michelin 322-H5

🏵 LA CHÊNAIE

TRADITIONNELLE · **ÉLÉGANT** ✗✗ Le restaurant est installé dans un parc planté de... chênes, bien sûr. On admire leurs ramures centenaires à travers les grandes baies vitrées de la salle à manger, en appréciant une cuisine plaisante, plutôt traditionnelle, aussi soignée que parfumée.

Spécialités: Pot-au-feu de foie gras et petits légumes. Rognon de veau, sauce aigre-douce. Palet chocolat et sorbet chocolat-fève tonka.

⤶ 🏠 🎴 🅿 – Menu 21/51€ – Carte 50/75€

Rue du Lejat - lieu-dit La Berlanderie – ℰ 05 49 57 11 52 – www.la-chenaie.com –
Fermé lundi, mercredi soir, dimanche soir

DIRAC

✉ 16410 – Charente – Carte régionale n° **20**–C3 – Carte Michelin 324-L6

🍴 DOMAINE DU CHÂTELARD

MODERNE · **MAISON DE CAMPAGNE** ✗✗ Dans cette belle "maison de campagne", le chef choisit bien ses produits et réalise une cuisine dans l'air du temps, fraîche et fine, que l'on déguste l'hiver dans la plaisante salle à manger dotée d'une cheminée et l'été, sur le ravissante terrasse offrant une vue sur le lac.

🖙 ⤶ 🏠 🅿 – Menu 26€ (déjeuner), 48/80€

1079 route du Châtelard – ℰ 05 45 70 76 76 – www.domaineduchatelard.com –
Fermé 1ᵉʳ-25 janvier, 17 octobre-2 novembre, lundi, dimanche soir

DISSAY

✉ 86130 – Vienne – Carte régionale n° **20**–C1 – Carte Michelin 322-I4

○ Ô DISSAY

MODERNE · BOURGEOIS ✕✕✕ Au Château de Dissay, le chef propose une cuisine moderne à déguster dans une demeure du 15ᵉ s. au cadre élégant et bourgeois. Agréable terrasse dans la cours du château.

✦ 🛋 ⅃ ✿ 🅿 – Menu 30 € (déjeuner), 55/160 € – Carte 82/112 €

Château de Dissay, 111 place Pierre-d'Amboise – ℰ 05 49 11 11 11 –
www.chateaudedissay.com – Fermé lundi, mardi

CHÂTEAU DE DISSAY

HISTORIQUE · PERSONNALISÉ Il a fière allure, ce château bâti au 15ᵉ s. par l'évêque de Poitiers ! Le cachet historique du lieu a été conservé, avec tout le confort moderne dont on peut rêver : chambres vastes et bien équipées, spa avec sauna, hammam et piscine intérieure... Un lieu à part.

🌊 ✦ ⅃ 🌐 🏠 🆎 🅿 – 10 chambres

111 place Pierre-d'Amboise – ℰ 05 49 11 11 11 – www.chateaudedissay.com

○ **Ô Dissay** – Voir la sélection des restaurants

DOLUS-D'OLÉRON – Charente-Maritime (17) ➜ Voir Île d'Oléron

LA FLOTTE – Charente-Maritime (17) ➜ Voir Ile de Ré

LE GRAND-VILLAGE-PLAGE – Charente-Maritime (17) ➜ Voir Île d'Oléron

☒ 17580 – Charente-Maritime
Carte régionale n° **20**–A2
Carte Michelin 324-B2

ÎLE DE RÉ

Véritable plat pays, l'île de Ré déroule ses villages chaulés et immaculés avec une discrétion exemplaire, pour la plus grande satisfaction des "people" qui fréquentent assidûment cette villégiature de Charente-Maritime. Mais, entre son littoral, ses bois et ses forêts, ses vignes et ses parcs à huîtres, se cache un véritable art de vivre, fait de peu mais ô combien savoureux. Les marais salants de Loix et d'Ars perpétuent la tradition de l'or blanc, et de son fleuron, la fleur de sel. On y affine également des huîtres mais aussi des palourdes et d'autres fruits de mer, à déguster dans les cabines ostréicoles qui fleurissent le long des pistes cyclables. On les accompagne de l'un des crus élevés sur l'île ou, pour les plus audacieux, de la bière locale, face au soleil couchant sur la côte sauvage. Ré la blanche produit également une délicieuse petite pomme de terre primeur.

ARS-EN-RÉ

☒ 17590 – Charente-Maritime – Carte régionale n° **20**–A2 – Carte Michelin 324-A2

🍴◯ LE MARTRAY

MODERNE · CONTEMPORAIN ⅹ Dans cette maison blanche, on déguste des recettes traditionnelles, mâtinées de touches modernes. Les produits sont frais, les assiettes parfumées et généreuses. La petite pergola lumineuse, tournée vers la terrasse, est très agréable. Quelques chambres confortables complètent l'offre. Au programme : promenades sur la grande plage du Martray ou le long des marais salants, à pied ou à vélo. Tout le charme de l'île de Ré.

⇐ 🏠 & 🔠 **P** – Menu 34 € – Carte 40/50 €

8 route d'Ars (plage du Martray) – 𝒞 05 46 29 40 04 – www.hotel-le-martray.com – Fermé 1ᵉʳ novembre-31 mars, lundi, dimanche soir

🍴◯ Ô DE MER

TRADITIONNELLE · COSY ⅹ Les propriétaires ? Thierry et Coco, ayant trouvé leur coin de paradis à Ars. La philosophie de la maison ? Accueillir et partager autour d'une cuisine familiale. Le péché mignon du chef ? Sa Majesté la truffe, comme dans la salade de truffes, cochon noir en jambon fumé, vinaigrette aux fruits rouges ou les pappardelle en sauce légèrement crémée aux truffes. Jolie carte des vins.

🥢 🏠 – Menu 25 € (déjeuner) – Carte 50/70 €

5 rue Thiers – 𝒞 05 46 29 23 33 – www.odemerbistrotgourmand.fr – Fermé 15 janvier-12 février, 15 novembre-15 décembre, lundi

LE BOIS-PLAGE-EN-RÉ

✉ 17580 – Charente-Maritime – Carte régionale n° **20**-A2 – Carte Michelin 324-B2

LES BOIS FLOTTAIS

TRADITIONNEL · PERSONNALISÉ Un petit hôtel à l'écart de l'agitation du village. Tomettes, lambris, bibelots marins... Ici, les chambres ont un décor très insulaire ; une partie d'entre elles donne sur l'une des piscines. Bons produits "maison" – confitures, gâteaux... – au petit-déjeuner.

⽴ 占 🔟 🅿 – 19 chambres

Chemin des Mouettes – ℰ *05 46 09 27 00* – *www.lesboisflottais.com*

L'OCÉAN

TRADITIONNEL · COSY Cet ensemble de plusieurs maisons de pays, au cœur du village, fut jadis la première pension de famille de l'île. On y retrouve le charme intemporel des habitations rétaises. Chambres coquettes, piscine, et bar façon yacht-club.

⽳ ⽩ ⽴ 占 🅿 – 29 chambres

172 rue Saint-Martin – ℰ *05 46 09 23 07* – *www.re-hotel-ocean.com*

LA FLOTTE

✉ 17630 – Charente-Maritime – Carte régionale n° **20**-A2 – Carte Michelin 324-C2

ⅈ◯ CHAI NOUS COMME CHAI VOUS

TRADITIONNELLE · BISTRO Ⅹ On se sent un peu comme chez soi dans ce restaurant de poche coquet et convivial. Au menu, une jolie cuisine de la mer, des vins bien choisis, une touche d'inventivité et de sympathiques petites attentions... Réservez !

占 – Menu 55€

1 rue de la Garde – ℰ *05 46 09 49 85* – *www.chainouscommechaivous.fr* –
Fermé 13 novembre-23 décembre, lundi midi, mardi midi, mercredi midi, jeudi midi, vendredi midi, samedi midi, dimanche midi

ST-MARTIN-DE-RÉ

✉ 17410 – Charente-Maritime – Carte régionale n° **20**-A2 – Carte Michelin 324-B2

ⅈ◯ LA TABLE D'OLIVIA ⓝ

MODERNE · BOURGEOIS ⅩⅩ Au cœur de cette maison d'armateur du 17e s. le chef Thibaut Peyroche d'Arnaud, un ancien étoilé, signe une belle cuisine classique, sagement créative, qui met à l'honneur les légumes et la pêche locale. Côté décor, on s'attable dans une bonbonnière chic et cosy, avec tissus tendus et lustres. Petit nombre de couverts : réservation conseillée !

Carte 79/90€

Hôtel de Toiras et Villa Clarisse, 1 quai Job Foran –
ℰ *05 46 35 40 32* – *https://hotel-de-toiras.com/fr/restaurant.html* –
Fermé 1ᵉʳ novembre-4 mars, lundi, mardi midi, mercredi midi, jeudi midi, vendredi midi, samedi midi, dimanche

ⅈ◯ L'AVANT PORT

POISSONS ET FRUITS DE MER · BISTRO Ⅹ Cette jolie maison du 17e s. située à l'entrée du port s'est muée en bistrot chic et marin, dont on profite de la lumineuse verrière et d'une – ô combien – plaisante terrasse en été. Quant à la cuisine, au goût du jour, elle célèbre le produit avant tout : poisson extra-frais, légumes de l'île...

🍽 🔟 – Menu 34€ (déjeuner)/49€ – Carte 59/86€

8 quai Daniel-Rivaille –
ℰ *05 46 68 06 68* – *www.lavantport.com*

LES EMBRUNS

TRADITIONNELLE · BISTRO 🍴 Lolotte, la patronne de ce pittoresque restaurant, est une femme de caractère, aussi passionnée que sincère, et sa cuisine lui ressemble. L'ardoise fait la part belle au retour de la pêche et au marché, avec des assiettes généreuses que l'on déguste dans un décor de carte postale – bateau, rames, épuisette... Une adresse qui ne triche pas !

🍽 – Menu 29€ (déjeuner)/32€

*6 rue Chay-Morin – 𝒞 05 46 66 46 31 – www.lesembruns-iledere.com –
Fermé 25 janvier-11 février, lundi, mardi*

 HÔTEL DE TOIRAS ET VILLA CLARISSE

BOUTIQUE HÔTEL · PERSONNALISÉ Une maison d'armateur au charme douillet et bourgeois : décoration soignée, à la fois luxueuse et cosy, accueil particulièrement attentionné... et, côté Villa Clarisse, des chambres plus épurées et modernes, mais tout aussi agréables. Une adresse pleine de charme.

🛏 🗋 ⊡ & 📶 **P** – 14 chambres – 7 suites

1 quai Job-Foran – 𝒞 05 46 35 40 32 – www.hotel-de-toiras.com

🍴 **La Table d'Olivia** – Voir la sélection des restaurants

 LA BARONNIE HÔTEL & SPA

HÔTEL PARTICULIER · PERSONNALISÉ Au cœur d'un beau jardin, ces deux hôtels particuliers du 18e s., restaurés avec goût dans un esprit bourgeois, permettent de se reposer au grand calme. Douceur de vivre, service aux petits soins : un véritable havre de paix et de sérénité.

🛁 🛏 📶 ⊡ & 🧖 **P** – 23 chambres

17 rue Baron-de-Chantal – 𝒞 05 46 09 21 29 – www.hotel-labaronnie.com

 LE CLOS ST-MARTIN

BOUTIQUE HÔTEL · COSY Un groupe de maisons typiquement rhétaises, nichées dans un beau jardin verdoyant à l'abri des regards. Spa haut de gamme, piscines extérieures chauffées, chambres d'une élégance sobre et très nature, location de vélos... et brunch le dimanche.

🛁 🛏 🗋 📶 🛗 ⊡ & 📶 🧖 **P** – 32 chambres

87 cours Pasteur – 𝒞 05 46 01 10 62 – https://www.le-clos-saint-martin.com/fr/

STE-MARIE-DE-RÉ

✉ 17740 – Charente-Maritime – Carte régionale n° **20**–A2 – Carte Michelin 324-C3

🍴 **LE CHAI**

TRADITIONNELLE · BISTRO 🍴 Deux associés ont repris ce bistrot avec un bonheur. Le chef Benjamin Léonard, au beau parcours (en Corse, au Canada et sur l'île de Ré) fait montre d'un bel esprit culinaire dans la tendance bistronomie, mâtiné de quelques influences plus contemporaines, avec une prédilection pour les légumes locaux de petits maraîchers et majoritairement bio. C'est frais, bien fait et d'un agréable rapport qualité/prix.

🍽 📶 – Carte 33/50€

*5 place d'Antioche – 𝒞 05 46 30 03 55 –
Fermé lundi, dimanche soir*

 ATALANTE

SPA ET BIEN-ÊTRE · CONTEMPORAIN La mer d'un côté, les vignes de l'autre, le grand calme : on passe un bon moment dans cet hôtel, dont la vocation est principalement axée sur la thalassothérapie et la détente. En prime, deux piscines, dont une couverte.

🏊 🛁 ≤ 🛏 🗋 🎨 📶 🛗 ⊡ & 🧖 **P** – 94 chambres – 3 suites

Rue Port-Notre-Dame – 𝒞 05 46 30 22 44 – https://relaisthalasso.com

L'ILE SOUS LE VENT

FAMILIAL · PERSONNALISÉ Une belle et grande maison de plain-pied, au grand calme, bien dans l'esprit de l'île. Les chambres, entre esprit contemporain et inspirations insulaires, sont des îlots de sérénité ; cinq d'entre elles disposent même d'une mini-terrasse privative.

≫ ⊕ ⊥ & 🅿 – 10 chambres

17 bis rue du Petit-Labas – ☎ 05 46 09 60 53 – www.ilesouslevent.com

ÎLE D'OLÉRON

✉ 17480 – Charente-Maritime – Carte régionale n° **20**-A2 – Carte Michelin 324-C4

Dolus-d'Oléron – Carte régionale n° **20**-A2

 LE GRAND LARGE

LUXE · CONTEMPORAIN Ce fleuron de l'hôtellerie oléronaise a tout pour plaire : un emplacement en bordure des dunes, à deux pas de la plage, des chambres modernes et épurées, une très belle piscine couverte... Design, nature et trendy : délicieux.

≫ ≼ ⊕ 🔲 ℔ 🖃 & 🎦 🏊 🅿 – 28 chambres

2 avenue de l'Océan, plage de la Rémigeasse – ☎ 05 46 75 77 77 – www.le-grand-large.fr

Le Grand-Village-Plage – Carte régionale n° **20**-A2

🕸 **LE RELAIS DES SALINES**

POISSONS ET FRUITS DE MER · BISTRO 𝕏 Au menu de ce bistrot marin, saveurs iodées et produits top fraîcheur. La carte se partage entre indémodables (huîtres, gâteau de langoustines, riz au lait "façon Mariette", tarte au citron du patron) et inspirations du moment. La petite salle tire parti au mieux de cette ancienne cabane ostréicole. La partie terrasse est ouverte sur les marais. Une belle surprise.

Spécialités : Cappuccino de moules. Poulpe confit. Tarte au citron.

🏠 – Menu 32/38 €

Port-des-Salines – ☎ 05 46 75 82 42 – Fermé 2 novembre-2 février, lundi, dimanche soir

La Ménounière

🍴 **Ô SAVEURS DES ÎLES**

MODERNE · EXOTIQUE 𝕏𝕏 Atypique, ce restaurant ethnique avec sa terrasse zen et apaisante ! Les plats créatifs de Patrick Daudu se teintent de petites touches asiatiques et mettent en avant la pêche de la Cotinière et les maraîchers bio des parages, tandis que Cécile, son épouse, vous accueille avec le sourire.

⊕ 🏠 & 🅿 – Menu 30 € (déjeuner), 42/62 €

18 rue de la Plage – ☎ 05 46 75 86 68 – www.saveursdesiles.fr – Fermé 1er novembre -1er mai, lundi, mardi

St-Pierre-d'Oléron – Carte régionale n° **20**-A2

🍴 **DE L'ÎLE AUX PAPILLES**

MODERNE · RUSTIQUE 𝕏 Cette maison de village un peu cachée dans une ruelle derrière une grande place de Saint-Pierre-d'Oléron est fidèle au concept annoncé : « une cuisine 100% maison et de saison à partir de produits d'Oléron et des environs ». On en profite dans une salle rustique, dont la mezzanine accueille quelques tables. Simple et bon.

Menu 37/42 €

Place Camille-Mémain (angle rue du Marché) – ☎ 05 46 36 87 45 – www.ile-aux-papilles.fr – Fermé lundi, mardi

St-Trojan-les-Bains – Carte régionale n° **20**–A2

❤️○ L'ÉCUME

MODERNE • CONTEMPORAIN Ⅹ L'une des meilleures tables d'Oléron. Tout le mérite en revient à la cuisine de Romaric Villeneuve, moderne et assez créative, avec des emprunts à l'Asie et l'utilisation judicieuse d'épices. Avec, par-dessus le marché, des desserts très réussis ! Succès oblige, la réservation est impérative.

🍽 ♿ 🅰️🅲 – Menu 23 € – Carte 37/50 €

2 rue de la République – ☎ 05 46 75 34 66 – www.restaurant-lecume-oleron.fr – Fermé lundi, samedi midi, dimanche soir

JARNAC

✉ 16200 – Charente – Carte régionale n° **20**–B3 – Carte Michelin 324-I5

❤️○ RESTAURANT DU CHÂTEAU

TRADITIONNELLE • BRASSERIE ⅩⅩ Comme un air de brasserie contemporaine au cœur de Jarnac, ville natale de François Mitterrand. On apprécie une cuisine du moment, fine et savoureuse, réalisée avec de beaux produits par un chef plein d'allant.

🅰️🅲 ⇔ – Menu 26 € (déjeuner) – Carte 50/62 €

15 place du Château – ☎ 05 45 81 07 17 – www.restaurant-du-chateau.com – Fermé lundi, mercredi soir, dimanche soir

❤️○ LE VERRE Y TABLE

MODERNE • CONTEMPORAIN Ⅹ La cuisine du jeune chef est fraîche, parfumée, dans l'air du temps, à l'image du décor, moderne et coloré, imaginé dans un esprit bistrot. Ce jour-là, thon mi-cuit et gambas rôties, salade estivale ; côte de cochon, jus au romarin, pommes grenailles, courgettes et purée soubise. Service souriant et efficace. Menu déjeuner à prix léger.

🍽 🅿 – Menu 20 € (déjeuner), 33/45 € – Carte 50/60 €

42 avenue Carnot, à Mainxe – ☎ 05 45 35 07 28 – www.restaurant-leverreytable.com – Fermé lundi, samedi midi, dimanche

🏨 LIGARO

BOUTIQUE HÔTEL • ÉLÉGANT Juste en face de l'église St-Pierre, cette maison bourgeoise du 17ᵉ s. – l'une des plus vieilles de Jarnac – mêle ancien et contemporain, ambiance feutrée et confort. Chambres personnalisées et cosy, petit-déjeuner façon table d'hôtes.

🦢 🛏 📶 ♿ 🅰️🅲 🚗 – 11 chambres

74 Grand-Rue – ☎ 05 45 32 71 38 – www.hotel-ligaro.com

LA JARRIE

✉ 17220 – Charente-Maritime – Carte régionale n° **20**–B2 – Carte Michelin 324-D3

❀ L'HYSOPE

Chef: Nicolas Durif

CRÉATIVE • CONTEMPORAIN ⅩⅩ Créatif, ce Nicolas Durif ! Il a pris pied au fond d'une ruelle, accessible à pied uniquement, dans un charmant petit village à une quinzaine de kilomètres de la Rochelle. Dans un ancien logement transformé en cabinet de curiosités, il s'adonne à sa passion de la collection, notamment de vaisselle. Exilé en Vendée pour suivre son épouse, cet Alsacien a donné un nom de plante à son restaurant : il en utilise jusqu'à 60 en été, de France comme du monde entier. Sa patrie d'origine s'exprime par touches discrètes, de la moutarde par ici, du raifort ou de la cannelle par là. Il met à l'honneur la production locale (légumes et poissons), même si son plat signature demeure un filet de taureau accompagné de coquillages, viande qu'il a apprivoisée aux côtés du Nîmois Michel Kayser.

Spécialités: Foie poêlé, persillade, émulsion au lait iodé et huître. Filet de taureau, céleri, câpres, cornichon, anchois et sauce soja. Sphère de fromage blanc au verjus et sorbet kalamensi.

🏠 ᴄ 🍷 – Menu 46 € (déjeuner), 67/125 €

25 rue de l'Aurore (accès piétonnier par la ruelle des Deux-Places) –
℘ 05 46 68 52 21 – www.lhysope.fr – Fermé 8-23 février, 21 juin-6 juillet,
17 octobre-2 novembre, lundi, mercredi soir, dimanche soir

LUSSAC-LES-CHÂTEAUX

✉ 86320 – Vienne – Carte régionale n° **20**-D2 – Carte Michelin 322-K6

⍩○ **LES ORANGERIES**

MODERNE • RUSTIQUE ✗✗ Dans cette bâtisse au charme rustique chic, le terme "éco-responsable" prend tout son sens : on y cuisine 80% de produits bio, en provenance des producteurs fermiers de la région. La carte des vins a été élaborée dans le même esprit. Un respect des saisons et du marché qui se retrouve dans l'assiette. Ici, même les chambres sont "durables", c'est dire.

🛏 🍃 🏠 ᴄ ⊕ 🅿 – Menu 25 € (déjeuner), 34/50 €

12 avenue du Docteur-Dupont – ℘ 05 49 84 07 07 – www.lesorangeries.fr –
Fermé lundi midi

MARENNES

✉ 17320 – Charente-Maritime – Carte régionale n° **20**-A2 – Carte Michelin 324-D5

🐝 **MANGER & DORMIR SUR LA PLAGE**

POISSONS ET FRUITS DE MER • CONVIVIAL ✗ On dirait le titre d'une chanson des années 1980. Cette table jeune et décontractée située en face de la mer propose une cuisine d'inspiration marine, avec un choix alléchant de crustacés, de poissons, et bien évidemment d'huîtres : l'établissement appartient en effet à la famille Gillardeau, les célèbres ostréiculteurs. La grande terrasse offre une vue adorable, avec l'île d'Oléron à l'horizon. Côté hébergement, "Dormir sur la Plage" dispose de quatre grandes junior suites, très bien aménagées.

Spécialités: Huîtres Gillardeau. Poulpe snacké au cognac. Fraîcheur citron.

🛏 ᴄ 🏠 ᴄ 🍷 – Menu 32 € – Carte 35/45 €

61 avenue William-Bertrand – ℘ 05 46 38 41 93 – www.dormirsurlaplage.fr –
Fermé 1ᵉʳ novembre-31 janvier, lundi, mardi

MASSIGNAC

✉ 16310 – Charente – Carte régionale n° **20**-C3 – Carte Michelin 324-N5

⍩○ **DYADES AU DOMAINE DES ÉTANGS**

MODERNE • MAISON DE CAMPAGNE ✗✗ Cette élégante table propose une cuisine fine et goûteuse, qui met en avant les herbes, fleurs, fruits et légumes du potager ; le tout est servi dans le cadre raffiné et luxueux des anciennes écuries du château.

🐝 ᴄ 🛏 🏠 ᴄ 🍷 ⊕ 🅿 – Menu 59/115 €

Domaine des Étangs, Domaine des Étangs (1 km route de Montembœuf) –
℘ 05 45 61 85 00 – https://domainedesetangs.com – Fermé 6 janvier-5 mars, lundi,
mardi

⌂⌂⌂ **DOMAINE DES ÉTANGS** `Tablet.PLUS`

DEMEURE HISTORIQUE • PERSONNALISÉ Le cadre, un parc de 1000 ha entre verdure et étangs, est exceptionnel. On y trouve de belles chambres composites, cinq suites dans le superbe château du 12ᵉ s., remanié en 1800, mais aussi (et surtout?) six métairies, disséminées dans le domaine. Chacune d'elle dispose de son étang avec barques, vélos, voitures électriques, etc. Nouveau spa dans le moulin et galerie d'art. Élégance et faste n'ont jamais fait si bon ménage.

🍽 🐝 ᴄ 🛏 ⚒ 🖥 🌐 🛁 ᴄ 🍷 🕊 🅿 – 14 suites – 3 chambres

Le Domaine des Étangs (1 km route de Montembœuf) – ℘ 05 45 61 85 00 –
www.domainedesetangs.com

⍩○ **Dyades au Domaine des Étangs** – Voir la sélection des restaurants

LA MÉNOUNIÈRE – Charente-Maritime (17) → Voir Île d'Oléron

MIRAMBEAU

✉ 17150 – Charente-Maritime – Carte régionale n° **20**–B3 – Carte Michelin 324-G7

🍴 **LES DEUX LÉVRIERS AU CHÂTEAU DE MIRAMBEAU**

CRÉATIVE • **HISTORIQUE** XXX Au sein de ce château néogothique du 19ᵉ s., cette table gastronomique propose une cuisine créative et personnelle, qui marie avec finesse produits de la région et saveurs plus exotiques, dans une atmosphère feutrée et romantique. Irrésistible.

🕸 ⌂ ♿ 🅰 ✿ 🅿 – Menu 70/110 €

Château de Mirambeau, 1 avenue des Comtes-Duchatel – ✆ 05 46 04 91 20 – www.chateaumirambeau.com – Fermé 19 octobre-31 mars

🏰 **CHÂTEAU DE MIRAMBEAU** `Tablet. PLUS`

LUXE • **HISTORIQUE** Deux bâtisses se disputent le beau parc de 8 hectares et les faveurs des visiteurs. Tout d'abord, le château néo-gothique bâti en 1820, qui abrite de superbes chambres et suites, de fastueux salons, une cognathèque ainsi que le restaurant. L'Orangerie, toute récente, propose de son côté d'élégantes chambres feutrées et le joli spa. Dans les deux cas, on célèbre une atmosphère romantique, presque irrésistible, que vient couronner la piscine couverte. Un havre de plénitude.

🏊 ⌂ ♨ 🔲 🌐 ♿ ⌂ ♿ 🅰 🧖 🅿 – 37 chambres – 3 suites

1 avenue des Comtes-Duchatel – ✆ 05 46 04 91 20 – www.chateaumirambeau.com

🍴 **Les Deux Lévriers au Château de Mirambeau** – Voir la sélection des restaurants

MONTBRON

✉ 16220 – Charente – Carte régionale n° **20**-C3 – Carte Michelin 324-N5

🐝 **MOULIN DE LA TARDOIRE**

Chef: Matthieu Brudo

MODERNE • **MAISON DE CAMPAGNE** XX Quelle histoire ! L'ancienne forge du 16ᵉ s. a été transformée en moulin à farine en 1854, avant de devenir un moulin à huile... C'est aujourd'hui un restaurant bucolique et charmant, installé entre rivière et verdure. Le chef, Matthieu Brudo, y propose une cuisine de saison faisant la part belle au terroir local : escargots charentais, truite de Magnac, pigeonneau et magrets de canard de Nontron... sans oublier de superbes viandes achetées entières à des petits producteurs des environs. Justesse et finesse, soin dans la présentation : on aime.

Spécialités : Esturgeon de Gensac fumé à chaud, pomme de terre à la crème d'ail et vinaigrette aux échalotes. Pigeon en feuille de chou, maïs en galette et en purée, jus au verjus. Baba au rhum, crème fouettée à la vanille de Madagascar.

⌂ 🍴 ♿ 🅰 ✿ 🅿 – Menu 24 € (déjeuner), 33/69 €

Lieu-dit La Forge – ✆ 05 45 66 41 46 – www.moulindelatardoire.fr – Fermé 4-28 janvier, lundi, mardi soir, dimanche soir

MONTENDRE

✉ 17130 – Charente-Maritime – Carte régionale n° **20**-B3 – Carte Michelin 324-H8

😊 **LA QUINCAILLERIE**

MODERNE • **BISTRO** X Un bel escalier et une galerie de style Eiffel, du parquet... Isabelle et Frédéric Milan ont eu un coup de cœur pour cette ancienne quincaillerie au cœur de Montendre. La carte est courte, car ce chef-artisan revendiqué travaille uniquement des produits frais et fait son marché chaque matin. Saveurs et générosité !

Spécialités : Tartare de maigre, citron confit et crème acidulée. Ballottine de porcelet confit, cromesquis de boudin, aubergine et ricotta. Soufflé au chocolat, sorbet yaourt.

&. 🄼 – Menu 24 € (déjeuner), 35/85 €

30 rue de l'Hôtel-de-Ville – ☎ 05 46 70 42 41 –
www.montendre-restaurant-laquincaillerie.fr – Fermé 15-23 février, 1ᵉʳ-10 juillet,
30 août-5 septembre, lundi, mardi soir, dimanche soir

MONTMORILLON

✉ 86500 – Vienne – Carte régionale n° **20**–D2 – Carte Michelin 322-L6

🍽️○ LE LUCULLUS

MODERNE • **CONTEMPORAIN** 🟆🟆 On s'installe dans un cadre moderne pour profiter d'une cuisine qui mise sur les produits locaux. Et aux beaux jours, c'est installé sur la terrasse au calme dans le patio que l'on songe à Lucullus, ce général romain du 1ᵉʳ s. av. J.-C., passé à la postérité en raison du faste de sa table. Chambres pour l'étape.

🛌 🍽️ &. 🄼 🔄 – Menu 34/50 €

4 boulevard de Strasbourg – ☎ 05 49 84 09 09 – www.hoteldefrance-lelucullus.fr –
Fermé lundi, mardi, dimanche soir

🍽️○ **Bistro de Lucullus** – Voir la sélection des restaurants

🍽️○ BISTRO DE LUCULLUS

TRADITIONNELLE • **SIMPLE** 🟆 Ce bistrot, installé au sein de l'Hôtel de France, est fréquenté par une clientèle d'habitués (ce qui est toujours bon signe), qui apprécie le menu du jour, la cuisine bien tournée et l'atmosphère conviviale.

&. 🄼 – Menu 14 € – Carte 35/45 €

Le Lucullus, 4 boulevard de Strasbourg – ☎ 05 49 84 09 09 –
www.hoteldefrance-lelucullus.fr – Fermé vendredi soir, samedi, dimanche midi

NIEUIL

✉ 16270 – Charente – Carte régionale n° **20**–C2 – Carte Michelin 324-N4

🍽️○ LA GRANGE AUX OIES

MODERNE • **ÉLÉGANT** 🟆🟆 Dans les écuries du Château de Nieuil, ce restaurant associe déco tendance et vieilles pierres. La cuisine met en avant herbes aromatiques, légumes du potager et produits locavores - bœuf du Limousin, agneau de Confolens, canard charentais et même une vodka et des eaux de vie d'une distillerie voisine ! On déguste, on se prélasse sur la jolie terrasse, qui offre une vue romantique sur le parc et le château. Les habitués, nombreux, ne s'y trompent pas. Un plaisir.

🟆🟆 🛌 🍽️ &. ♿ 🄿 – Menu 26 € (déjeuner)/60 € – Carte 50/70 €

Château de Nieuil (dans le parc du château) – ☎ 05 45 71 81 24 –
www.grange-aux-oies.com – Fermé 4-15 janvier, 6-16 avril, 2-26 novembre, lundi,
mardi, dimanche soir

NIORT

✉ 79000 – Deux-Sèvres – Carte régionale n° **20**–B2 – Carte Michelin 322-D7

🍽️ LE P'TIT ROUQUIN

TRADITIONNELLE • **BISTRO** 🟆 Grégory Olivette, jeune chef passé chez Meneau et Lameloise, propose une cuisine du marché soignée, à des prix raisonnables, agrémenté de vins souvent natures. On se régale d'une tourte de canard et foie gras, du boudin basque de Christian Parra, et sa déclinaison de carottes, ou d'une gâche vendéenne façon pain perdu, mousse à la fève tonka et caramel. Gourmand.

Spécialités : Œuf, crème de champignons, pleurotes et noisettes. Boudin basque, panais et cacahouètes. Moelleux au chocolat, croquant praliné et crème citron.

🍽️ 🄼 – Menu 18 € (déjeuner)/29 € – Carte 30/45 €

92 rue de la Gare – ☎ 05 49 24 05 34 – www.leptitrouquin.com – Fermé 1ᵉʳ-5 janvier,
vendredi soir, samedi, dimanche

⫧○ **AUBERGE DE LA ROUSSILLE**

MODERNE • **AUBERGE** XX On tombe forcément sous le charme de cette belle maison d'éclusier, installée dans le cadre bucolique des bords de Sèvre... un environnement enchanteur qui ne saurait masquer l'essentiel : la cuisine du chef, soignée et bien calibrée, dans laquelle les produits sont au top et agrémentés sans superflu. Un vrai bonheur.

🏤 ⅊ 🕮 – Menu 29 € (déjeuner)/45 € – Carte 42/63 €

30 impasse de la Roussille, St-Liguaire – ℰ 05 49 06 98 38 – www.laroussille.com – Fermé lundi, mardi soir, dimanche soir

LA PEYRATTE

✉ 79200 – Deux-Sèvres – Carte régionale n° **20**–C1 – Carte Michelin 322-F4

⫧○ **LA FORGE À FER**

CUISINE DU MARCHÉ • **MAISON DE CAMPAGNE** X Cette ancienne forge à fer du 17ème siècle, située au bord du Thouet, accueille la cuisine à quatre mains d'un couple franco-japonais ; monsieur, enfant du pays, madame, pâtissière, originaire de Tokyo. On se régale d'un croustillant de cuisse de canard confit, d'une pièce de bœuf rôtie, ou d'une tarte aux mirabelles dans un décor de pierres et tomettes. Jolie terrasse. L'ardoise change toutes les semaines.

🕼 🏤 ⅊ 🅿 – Menu 39/51 €

15 La Forge-à-Fer – ℰ 05 49 64 30 53 – www.laforgeafer.fr – Fermé 19 octobre-6 novembre, lundi soir, mardi, mercredi, dimanche soir

POITIERS

✉ 86000 – Vienne – Carte régionale n° **20**–C1 – Carte Michelin 322-H5

⫧○ **LES ARCHIVES**

TRADITIONNELLE • **ÉLÉGANT** XX Au cœur du vieux Poitiers, cette chapelle du 19ᵉ s., tout en colonnes et arcs, a été transfigurée par un aménagement contemporain... une réussite. On pourra même être témoin de la préparation des assiettes, car les cuisines sont ouvertes sur la salle.

🔄 ⅊ – Menu 19 € (déjeuner), 30/55 € – Carte 44/54 €

Mercure Centre, 14 rue Édouard-Grimaux – ℰ 05 49 30 53 00 – www.lesarchives.fr

⫧○ **L'ESSENTIEL SELON PIERRIC CASADEBAIG**

MODERNE • **BISTRO** X Sise dans un ancien hôtel particulier, cette jeune enseigne du centre-ville de Poitiers propose des recettes dans l'air du temps, à l'instar de ce velouté de courge, magret fumé, et noisettes. A l'arrière, petit patio-terrasse, l'été.

🏤 – Menu 20 € (déjeuner), 28/46 € – Carte 42/47 €

188 Grand-Rue – ℰ 05 49 46 79 71 – www.lessentiel-poitiers.fr – Fermé dimanche

ROCHEFORT

✉ 17300 – Charente-Maritime – Carte régionale n° **20**–B2 – Carte Michelin 324-E4

🏨 **MERCURE LA CORDERIE ROYALE**

HISTORIQUE • **COSY** Sur les berges de Charente, la fameuse Corderie Royale de Rochefort accueille cet hôtel superbe, rénové avec soin : vaste réception décorée de fresques coloniales, chambres cosy et élégantes, au grand calme, sans oublier le restaurant et sa verrière Eiffel... Une délicieuse plongée dans l'histoire.

🏋 🛁 🔄 🕼 🍽 🈁 ⅊ 🕮 🛎 🅿 – 51 chambres – 1 suite

8 quai Joseph-Bellot – ℰ 05 46 99 35 35 – www.accorhotels.com

stsvirkun/iStock

✉ 17000 – Charente-Maritime
Carte régionale n° **20**–A2
Carte Michelin 324-D3

LA ROCHELLE

L'appel du large reste très fort dans ce port qui a vu partir tant d'explorateurs. Mais si la cité phare du nautisme continue de se tourner vers la mer, sa vieille ville déborde de charme et... de goût(s). Ses rues piétonnes, bordées d'arcades et d'hôtels aristocratiques, concentrent de nombreux commerces de bouche. L'animation bat également son plein sous la magnifique charpente du Marché central, qui vaut à elle seule le déplacement. On y trouve pommes de terre de l'île de Ré, beurre fermier et produits laitiers de la région ; mer oblige, les mareyeurs rivalisent de propositions, huîtres Marennes-Oléron, moules (dont on fait l'éclade et la mouclade) et bien sûr poissons d'une fraîcheur exceptionnelle – dont le chef étoilé Christopher Coutanceau est l'ambassadeur incontesté. Pour le dessert, tentez le tourteau fromager, reconnaissable à son dôme noir. La Rochelle est aussi le lieu idéal pour s'initier aux splendeurs du cognac.

Restaurants

✿✿✿ CHRISTOPHER COUTANCEAU

Chef: Christopher Coutanceau

POISSONS ET FRUITS DE MER · **ÉLÉGANT** XxxX Sur la plage de la Concurrence, la devanture du restaurant annonce la couleur : "Christopher Coutanceau, cuisinier et pêcheur". Tout est dit ! La pêche, voici une passion qui court dans la famille depuis longtemps – le grand-père, puis Richard, le père, étaient déjà des fondus de produits marins. Christopher va plus loin : en plus d'être un pêcheur émérite, il milite en faveur de la pêche durable et contre le gaspillage. Sa cuisine, admirable, est le prolongement de cet engagement, un vrai bouquet de senteurs marines, une ode à l'océan vivante et percutante. Les plus beaux produits de la mer (bar de ligne, turbot, sole, oursins, lotte et langoustines, huîtres, tourteaux et tant d'autres) sont magnifiés avec tendresse et beaucoup d'imagination : de l'entrée au dessert, c'est un enchantement.

Spécialités : Tout le homard. Sardine de la tête à la queue. Variation de l'estran.

✿ *L'engagement du chef:* "Convaincus que le cuisinier est avant tout citoyen, notre démarche s'inscrit au-delà du restaurant, auprès de différentes associations de préservation des ressources marines dont Bloom, avec qui nous menons un combat contre la pêche électrique. Seuls les poissons issus d'une pêche artisanale, durable et locale figurent sur notre carte. Nous travaillons main dans la main avec notre producteur de légumes à La Rochelle et pour éviter le gaspillage, nous utilisons les produits dans leur intégralité."

⇔ ⬸ ♿ 🅰🅲 ⇔ 🅿 – Menu 90 € (déjeuner), 170/210 € – Carte 180/245 €

Plan : A3-r – *Plage de la Concurrence* – ✆ *05 46 41 48 19* –
www.coutanceaularochelle.com – Fermé 5-18 janvier, 16-29 mars, lundi, dimanche

LA ROCHELLE

0 —— 150 m

R. des Brandes
R. du Canada
R. Vauban
R. Léonce Mailho
Champ de Mars
R. de la Somme
R. de Piquelude
R. Marius Lacroix
R. de la Maréchale
Bd de Cognehors

LA TROMPETTE

R. Henri de Condé
R. du Dr Jamot
JÉRICHO
R. de Jéricho
R. Richelieu
R. Jean Mermoz
Fg du Parc
Ch. des Remparts

R. Marcel Paul
R. du Rempart des Voiliers
R. des Voiliers
R. des Cordeliers

R. du Bastion de l'Évangile
Av. Masse
R. Claude Jourdan
Metz
Av. du Gal Leclerc

Ch. du Rempart
R. des Saintes-Claires
R. de Rambaud
Delayant
R. du Collège
R. des Sts-Claires
R. du Minage
R. Alcide d'Orbigny
R. Albert Ier
R. Amos Barbot
R. des

Muséum d'histoire naturelle

Fne du Pilori
t u

R. du Brave Rondeau
Villeneuve
R. St-Louis
Fonderies
Gambetta
R. des Cordeliers
Thiers

R. de Suède
R. du Norvège
R. Paul Garreau
Av. Jean
R. Paul Garreau

Cathédrale St-Louis
Orbigny-Bernon Museum
R. Chaudrier
Mée des **Beaux-Arts**

Musée du Nouveau Monde

r

Grand-Rue des Merciers

Palais de justice
Hôtel de la Bourse
R. de l'Escale
R. du Palais
Bleterie
St-Sauveur
Canal Maubec
R. St-Claude
Av. Jean Moulin

BASSIN DE RETENUE

Parc Charruyer
Guiton
Pte de la Grosse-Horloge
Q. Duperré
R. St-Nicolas
Bd Joffre

b **Cours des Dames**

z a
s
r

Tour St-Nicolas
g
BASSIN À FLOT
R. du Gabut
Q. du Gabut
R. de la Fabrique

Tour de la Lanterne
Tour de la Chaîne

Q. de Marans
Q. de Mulhouse

AVANT PORT

Av. Michel Crépeau
R. Sénac de Meilhan
Aquarium

BASSIN DES CHALUTIERS

Av. de Colmar

Musée des Modèles réduits

Av. du Cardinal
Vespucci
Amérique
R. Louis Aragon
Cerf-Volant

Musée des Automates

R. du
Améée
Q. Louis Prunier
Bd Joffre
Conti

Musée maritime

R. des Tamaris
Aée
R. de la Désirée
Av. de la Scène
R. Fleming
R. Sénac de Meilhan
Q. Louis
Q. Louis Prunier
Anita
Émile
Normandin
R. Jean-Pierre Bouché
R. Pierre Harel

⊛ LE MAIL

MODERNE · **CONTEMPORAIN** X Cadre charmant (mobilier dans l'esprit brasserie, luminaires métalliques, baies vitrées), cuisine simple et fraîche mettant en avant les poissons de la région (La Rochelle, La Cotinière, Royan) et les légumes de Charente-Maritime... Tout est réuni pour passer un super moment, d'autant que l'accueil est courtois et chaleureux. La classe.

Spécialités: Ceviche de maigre, maïs, citron, coriandre. Pintade fermière au farci charentais, pommes de terre grenailles. Tiramisu au thé matcha et framboises.

🛱 ♿ 🅰🅲 – Menu 26/33 € – Carte 34/59 €

Hors plan – *16 allée du Mail – ℰ 05 46 34 12 52 – www.restaurant-le-mail.com – Fermé dimanche soir*

ⓘ LES FLOTS

POISSONS ET FRUITS DE MER · **COSY** XX Turbot en kadaïf crousti-moelleux, ris de veau et langoustine, sole à la plancha : dans cette adresse du vieux port, la mer a des reflets d'argent ! Élégance dans l'assiette mais aussi dans le décor, sobrement contemporain. Terrasse agréable.

🕸 ≼ 🛱 🅰🅲 – Menu 33 € (déjeuner), 54/79 € – Carte 61/99 €

Plan : A2-g – *1 rue de la Chaîne – ℰ 05 46 41 32 51 – www.les-flots.com*

ⓘ LES QUATRE SERGENTS

TRADITIONNELLE · **ÉLÉGANT** XX Un authentique jardin d'hiver, avec une élégante structure métallique, à deux pas du port : voilà qui est charmant... Le chef y cultive des plaisirs très naturels : produits locaux et bio, vins de petits viticulteurs indépendants (sans omettre les grands crus). L'espace Le Mess, situé au sommet de la verrière, est privatisable et doté d'un fourneau où le chef peut cuisiner un menu surprise devant quelques clients privilégiés.

🕸 ♿ 🅰🅲 ⇦ – Menu 39 € – Carte 40/80 €

Plan : A2-a – *49 rue Saint-Jean-du-Pérot – ℰ 05 46 41 35 80 – www.les4sergents.com – Fermé lundi, dimanche soir*

ⓘ LA YOLE DE CHRIS

POISSONS ET FRUITS DE MER · **ÉLÉGANT** X Cette pétillante adresse de Christopher Coutanceau offre deux plaisirs incomparables, celui des yeux et celui des papilles. Un long comptoir en forme de yole (embarcation légère, longue et étroite), abrite la cuisine ouverte où s'active la brigade. Ici, la carte fait la part belle aux produits de la mer (huîtres, coquillages et crustacés) et à la pêche du jour... à déguster sur la terrasse face à la mer, aux beaux jours. Réservation recommandée pour embarquer !

≼ ♿ 🅿 – Carte 47/70 €

Plan : A3-s – *Plage de la Concurrence – ℰ 05 46 41 41 88 – www.layoledechris.com*

ⓘ LE BISTROT DES BONNES FEMMES

MODERNE · **BISTRO** X Bistronomie pour tout le monde dans cette adresse branchée et conviviale ! Les produits sont au top (poissons de la criée, légumes des Halles voisines) et les préparations nettes et précises, sans superflu ni artifice. Et, aux beaux jours, on profite d'un repas dans l'agréable patio...

🛱 ♿ – Menu 24 € (déjeuner)/33 € – Carte 35/50 €

Plan : B2-t – *5 rue des Bonnes-Femmes – ℰ 05 46 52 19 91 – www.lebistrotdesbonnesfemmes.com – Fermé dimanche*

ⓘ LE BOUILLON

MODERNE · **ÉLÉGANT** X Jemmy Brouet, passé par le Jules Verne (Alain Ducasse), a ouvert ce bistrot chic aux briques rouges et couleurs ensoleillées, écrin d'un menu du marché goûteux, avec options végétariennes. Le soir, le chef propose des menus surprise dont le nombre de plats varie en selon l'appétit et le budget des convives. Un peu excentré, mais facile d'accès. Terrasse au calme.

🛱 ♿ – Menu 26 € (déjeuner), 39/89 €

Hors plan – *15 rue du Docteur-Bigois – ℰ 05 46 42 05 29 – www.le-bouillon-larochelle.fr – Fermé 23 août-6 septembre, 23-30 décembre, lundi soir, mardi soir, mercredi soir, samedi midi, dimanche*

Hôtels

VILLA GRAND VOILE

HÔTEL PARTICULIER · ÉLÉGANT Au cœur de la vieille ville, et à quelques encâblures du port, une ancienne demeure d'armateur datant de 1715 abrite désormais un boutique hôtel de luxe, avec son patio, sa piscine intérieure et ses 11 chambres et suites à la déco océanique. On profite également d'un petit-déjeuner iodé conçu par le chef triplement étoilé Christopher Coutanceau l'un des propriétaires de cette adresse.

🏊 & 🅰 – 11 chambres

Plan : A2-b – *12 rue de la Cloche* – 𝒞 *05 46 44 81 14* – *www.villagrandvoile.com*

LES BRISES

TRADITIONNEL · BORD DE MER Construit à la fin des années 1960, entièrement rénové, le bâtiment bénéficie d'un superbe emplacement au bord de l'eau, entre la mer et l'entrée du vieux port de La Rochelle. Les chambres sont contemporaines et agrémentées de petites touches marines : demandez celles avec balcon, qui ouvrent sur la mer.

🦞 ⟨ 🖭 & 🅿 🚗 – 48 chambres

Hors plan – *Rue Philippe-Vincent (chemin de la digue-de-Richelieu)* – 𝒞 *05 46 43 89 37* – *www.hotel-les-brises.com*

LA MONNAIE

HISTORIQUE · CONTEMPORAIN Près de la tour de la Lanterne, un hôtel particulier du 17e s., où l'on frappait jadis la monnaie, d'où son nom. Il arbore aujourd'hui un décor contemporain : beaucoup de noir et blanc, des douches à l'italienne, un espace bien-être, une cour intérieure où l'on prend le petit-déjeuner l'été...

🛁 🖭 & 🅰 🧖 🅿 🚗 – 38 chambres – 3 suites

Plan : A2-z – *3 rue de la Monnaie* – 𝒞 *05 46 50 65 65* – *www.hotelmonnaie.com*

FRANÇOIS 1ER

URBAIN · PERSONNALISÉ Difficile dans les parages de trouver plus décalé que cet hôtel urbain, titillé par l'âme artistique et l'esprit rock. Photographies, peintures, street art, expo de guitares : les chambres portent toutes la marque de cette originalité. On y organise aussi des résidences artistiques.

& 🅿 – 36 chambres

Plan : B2-r – *13-15 rue Bazoges* – 𝒞 *05 46 41 28 46* – *www.hotelfrancois1er.fr*

RONCE-LES-BAINS

✉ 17390 – Charente-Maritime – Carte régionale n° **20**-A2 – Carte Michelin 324-D5

LA PLAGE DE LA RIBAUDIÈRE

CUISINE DU MARCHÉ · CONVIVIAL 🍴 Spécialités charentaises, retour de pêche, viandes et poulpes cuits au barbecue, salades savoureuses : en lisière de la plage, on se régale dans cette ancienne école de voile devenue un charmant bistrot. Une ambiance "pêcheur" que l'on retrouve jusqu'au dessert, avec ce paris-brest reconverti en... paris-plage !

Spécialités : Sardines de Royan marinées, fumées, tomates confites à l'eau de mer et algues fraîches. Dos de merlu, pommes de terre de l'île, beurre d'algues aux coquillages. Jonchée, cassonade et cognac.

🌳 🖭 🅿 – Menu 28€ – Carte 34/71€

52 avenue de la Cèpe – 𝒞 *05 46 36 60 01* –
Fermé 7 novembre-12 avril, mardi, mercredi

ROYAN

✉ 17200 – Charente-Maritime – Carte régionale n° **20**-A3 – Carte Michelin 324-D6

🍴○ LES FILETS BLEUS

TRADITIONNELLE · COLORÉ XX En léger retrait du front de mer, ce restaurant offre un sympathique décor marin : plancher en bois d'acajou, hublots, ancres marines, lampes-tempête... Dans l'assiette, l'esprit est le même, le chef s'appuyant largement sur les produits de l'Atlantique pour composer sa carte.

AC – Menu 19 € (déjeuner), 35/65 €

14 rue Notre-Dame – ☎ 05 46 05 74 00 – Fermé lundi, dimanche

🍴○ BOULEVARD 45

MODERNE · CONTEMPORAIN X Près du front de mer, vous êtes chez Cassandra et Loïc, un couple sympa et accueillant, qui mise tout sur le marché et la fraîcheur. Fort d'un parcours impressionnant, Loïc nous régale dans le respect du goût et des saisons. Le menu est renouvelé chaque semaine, ce qui devrait vous inciter à revenir... On parie ?

Menu 39 € (déjeuner), 28/39 €

45 boulevard de la République – ☎ 05 16 65 85 43 –
https://boulevard45.business.site –
Fermé lundi, mardi soir, dimanche

ST-FÉLIX

✉ 17330 – Charente-Maritime – Carte régionale n° **20**-C3 – Carte Michelin 324-K7

🍴○ AU CLOS GOURMAND

TRADITIONNELLE · CONTEMPORAIN X Il était une fois, à l'orée du marais poitevin, un petit village. Et dans ce village, un jeune couple sympathique a transformé une maison régionale en joli endroit, agrémenté d'une terrasse sur jardin fleuri. On se régale des préparations du chef, qui met au maximum en avant le bio, des produits frais utilisés en cuisine jusqu'au vin.

🛖 🎪 க் 🅿 – Menu 22/35 € – Carte 43/64 €

51 rue du Marais-Poitevin – ☎ 05 46 26 52 06 – www.restaurantauclosgourmand.fr/ –
Fermé lundi, mardi

ST-MARTIN-DE-RÉ – Charente-Maritime (17) ➜ Voir Île de Ré

ST-PALAIS-SUR-MER

✉ 17420 – Charente-Maritime – Carte régionale n° **20**-A3 – Carte Michelin 324-D6

🍴○ L'ARROSOIR

MODERNE · CONTEMPORAIN XX La situation magnifique, avec la belle terrasse donnant sur la plage de Nauzan, fait déjà de cette maison un lieu à part... mais on vient aussi pour découvrir le travail d'un chef passionné, qui célèbre la région dans des préparations soignées.

🎪 – Menu 19 € (déjeuner)/42 €

73 avenue de Pontaillac (plage de Nauzan) –
☎ 05 46 02 12 41 – www.restaurant-l-arrosoir.net –
Fermé 15 novembre-12 février, lundi, mardi midi, dimanche soir

🍴○ RESTAURANT DE LA PLAGE

MODERNE · CONTEMPORAIN XX Situé face à la plage du Bureau à Saint-Palais-sur-Mer, ce restaurant offre un décor lumineux et contemporain. Beaux produits frais issus des circuits courts, cuisine authentique, finesse et envie de bien faire qui se dévoilent dans chaque assiette : tout est réuni pour passer un agréable moment ! Quelques chambres simples pour l'étape.

🔁 – Menu 33 €

1 place de l'Océan – ☎ 05 46 23 10 32 – www.hoteldelaplage-stpalais.fr –
Fermé 2-31 janvier, lundi

ST-PIERRE-D'OLÉRON – Charente-Maritime (17) ➜ Voir Île d'Oléron

ST-ROGATIEN

✉ 17220 – Charente-Maritime – Carte régionale n° **20**-A2 – Carte Michelin 324-D3

ⓘ◯ LA PIERREVUE

MODERNE • **MAISON DE CAMPAGNE** XX "Il y a six saisons dans l'année" : forte de cet adage, la chef Cécile Richard adapte ses recettes au gré des temps, avec une volonté créative qui se lit dans sa cuisine fraîche, nette et précise. Poisson de la pêche locale, fruits et légumes des maraîchers bio, herbes aromatiques et fleurs du jardin se dégustent dans cette ancienne ferme rénovée dans un style rustique plaisant. Jolie cave vitrée de 120 références. La carte change tous les deux mois.

🏠 & 🅰️ ⇔ – Menu 29€ (déjeuner), 45/65€ – Carte 59/70€

2 place de la Mairie – ☏ 05 46 31 67 08 – www.lapierrevue.fr – Fermé 9-23 août, lundi, mardi soir, mercredi soir, dimanche

ST-TROJAN-LES-BAINS – Charente-Maritime (17) ➜ Voir Île d'Oléron

STE-MARIE-DE-RÉ – Charente-Maritime (17) ➜ Voir Île de Ré

SAINTES

✉ 17100 – Charente-Maritime – Carte régionale n° **20**-B3 – Carte Michelin 324-G5

❀ LE DALLAISON

Chef: Jérôme Dallet

MODERNE • **CONTEMPORAIN** XX C'est un authentique bonheur de découvrir la cuisine de Jérôme Dallet, jeune chef aux solides références (Emmanuel Renaut à Megève, Anne-Sophie Pic à Valence). Il compose un excellent menu autour de produits très frais, dont les légumes du marché et des herbes issues de sa propre cueillette : les parfums sont au rendez-vous, et l'émotion aussi. Éclade de moules en mouclade ; œuf fermier, déclinaison de légumes de saison et brunoise de viande des Grisons ; filet de canette de Challans rôti et navets... Une expérience réjouissante, à vivre dans une longue salle à manger moderne avec élégant mobilier contemporain, joli parquet en chêne blond et luminaires originaux. Un grand coup de cœur.

Spécialités : Cuisine du marché.

🅰️ – Menu 21€ (déjeuner), 33/69€

89 avenue Gambetta – ☏ 05 46 92 08 18 – www.ledallaison.com – Fermé lundi, mardi midi, dimanche

⊛ SAVEURS DE L'ABBAYE

CUISINE DU MARCHÉ • **TENDANCE** XX À deux pas de l'abbaye aux Dames, devenue "cité musicale", ce restaurant au décor épuré propose une cuisine légère, fraîche et spontanée, privilégiant les beaux produits locaux du marché, arpenté tous les jours, panier en main, par le chef Vincent Coiquaud. Pour la nuit, des chambres sobres et agréables.

Spécialités : Tartare de dorade aux huîtres, consommé de crevettes grises. Poisson du moment, lait de coco, combava et friture d'artichaut. Vacherin contemporain.

⇦ 🏠 & – Menu 19€ (déjeuner), 34/52€ – Carte 35/55€

1 place Saint-Pallais – ☏ 05 46 94 17 91 – www.saveurs-abbaye.com – Fermé lundi, dimanche

ⓘ◯ LE PARVIS

MODERNE • **TENDANCE** XXX Dans cette jolie maison en bord de Charente, tout près du centre-ville, Pascal Yenk concocte une cuisine attentive à l'air du temps, comme ce maki de langoustines aux oursins, bouillon gingembre et citronnelle ou le pigeon cuit au foin, Aux beaux jours, on profite de la terrasse jardin fort plaisante, au calme.

🏠 & ⇔ – Menu 21€ (déjeuner), 30/65€ – Carte 37/51€

12 quai de l'Yser (Petite-Rue-du-Bois-d'Amour) – ☏ 05 46 97 78 12 – www.restaurant-le-parvis.fr – Fermé lundi, dimanche

🍴 LA TABLE DU RELAIS DU BOIS ST-GEORGES

MODERNE · COSY XXX Les produits d'excellence (dont certains issus du potager situé dans le parc) clament sans ambages la qualité de ce restaurant installé dans une ancienne ferme à l'extérieur de Saintes, et plébiscité par les gourmets du secteur. La carte, oscillant entre bistronomie et gastronomie, se met au diapason des saisons. Côté décor, on profitera des baies vitrées ouvertes sur la terrasse, la fontaine et le petit étang.

⟨ 🕀 🛱 ﾖ 🅿 – Menu 26 € (déjeuner)/39 €

Le Relais du Bois St-Georges, 132 cours Genet (Le Pinier-Parc Atlantique) –
☎ 05 46 93 50 99 - www.relaisdubois.com

🍴 29 🔴

MODERNE · BRASSERIE X Il est anglais, tatoué, fan de rugby et... chef ! Passé dans les belles maisons là-bas et ici, Michael Durkin trousse une cuisine de bistrot moderne qui navigue entre tradition et touches créatives : ravioles de crabe, salicornes et coques, crème anglaise d'oursin et légumes grillés ; bar de ligne, légumes au curry, mousse légère au chou-fleur...Good job !

🛱 – Menu 22 € (déjeuner), 31/65 €

9 place Blair –
☎ 05 46 96 71 72 - www.restaurant29.fr –
Fermé mardi, mercredi

🏠 LE RELAIS DU BOIS ST-GEORGES

TRADITIONNEL · CLASSIQUE Banquise, Tombouctou, Monte-Cristo, Cerisaie, Clé des Champs, Saint-Georges et le dragon... Les chambres, décorées par thèmes, se révèlent spacieuses et bien équipées. Si vous avez le temps, prenez le temps de vous promener dans le parc de 6 hectares, le long des étangs.

🏕 ⟨ 🕀 🗔 🔥 🅿 – 30 chambres

132 cours Genet (Le Pinier-Parc Atlantique) –
☎ 05 46 93 50 99 - www.relaisdubois.com

🍴 **La Table du Relais du Bois St-Georges** – Voir la sélection des restaurants

STE-VERGE

✉ 79100 – Deux-Sèvres – Carte régionale n° **20**–B1 – Carte Michelin 322-E2

🍴 LE LOGIS DE POMPOIS

TRADITIONNELLE · CLASSIQUE XXX Prenant ses aises dans l'ancien chai d'un élégant domaine viticole des 18e-19e s., le restaurant est associé à un centre d'aide par le travail. On joint donc l'utile à l'agréable en dégustant une cuisine d'aujourd'hui, accompagnée d'un beau choix de vins du Val de Loire.

🛱 ﾖ ⟡ 🅿 – Menu 25/50 € – Carte 36/50 €

13 rue de la Gosselinière –
☎ 05 49 96 27 84 - www.logis-de-pompois.com –
Fermé 1er-6 janvier, lundi, mardi

SAUJON

✉ 17600 – Charente-Maritime – Carte régionale n° **20**–B3 – Carte Michelin 324-E5

🍴 LE MÉNESTREL

MODERNE · TRADITIONNEL XX Sans verser dans la chanson de gestes, David Ménestrel laisse aller son imagination pour créer des plats actuels, qui rendent hommage aux produits de la région. Agréable terrasse sous les arbres, aux beaux jours.

⟨ 🛱 🄰🄲 – Menu 19 € (déjeuner), 49/99 €

Place Richelieu –
☎ 05 46 06 92 35 - www.restaurant-lemenestrel.com –
Fermé 18-31 janvier, 21-27 juin, mardi, mercredi

SAVIGNY-SOUS-FAYE

✉ 86140 – Vienne – Carte régionale n° **20**–C1 – Carte Michelin 322-H3

⅋○ **LE SAVIGNOIS**

MODERNE · **SIMPLE** ⅄ Cette auberge propose une cuisine de saison fraîche et goûteuse, dans laquelle se lisent certaines influences méridionales. En salle, le service est souriant et attentionné. Une adresse sympathique.

☆ – Menu 19 € (déjeuner), 37/41 € – Carte 52 €

2 rue du Lavoir –
☎ 09 82 57 71 84 –
Fermé 15 février-5 mars, 22 août-3 septembre, 18 octobre-5 novembre, lundi, mardi,
mercredi

SOYAUX

✉ 16800 – Charente – Carte régionale n° **20**–C3 – Carte Michelin 324-L6

⅋○ **LA CIGOGNE**

TRADITIONNELLE · **CONTEMPORAIN** ⅄⅄ Non loin d'Angoulême, cette Cigogne est installée au pied d'anciennes carrières de pierre... un emplacement plutôt insolite ! Cadre contemporain élégant, terrasse verdoyante, et une cuisine fraîche concoctée avec de bons produits locaux.

⪡ ☆ ♧ 🅿 – Menu 26 € (déjeuner), 36/48 € – Carte 75/91 €

5 impasse Cabane-Bambou –
☎ 05 45 95 89 23 – www.la-cigogne-angouleme.com –
Fermé lundi, mercredi soir, dimanche soir

ST-JEAN-DE-THOUARS

✉ 79100 – Deux-Sèvres – Carte régionale n° **20**–B1 – Carte Michelin 322-E3

⊛ **HÔTELLERIE ST-JEAN**

CLASSIQUE · **CONVIVIAL** ⅄⅄ Cette bâtisse des années 1970 cache une table très gourmande : le mérite en revient au chef, homme passionné, soucieux de dénicher les meilleurs produits et de les cuisiner avec soin. Son père cultive un grand potager dans les environs et lui fournit fruits et légumes. Excellent rapport tradition-prix ! Une adresse comme on les aime.

Spécialités : Foie gras, compotée de figues. Filet de lieu jaune, jus de moules au curry. Croustillant praliné, ganache chocolat noir et glace moka.

⇦ ☆ & 🄰🄲 🅿 – Menu 21/45 €

25 route de Parthenay –
☎ 05 49 96 12 60 – www.hotellerie-st-jean.com –
Fermé 15-28 février, 10-16 mai, 16-29 août, lundi, dimanche soir

LE THOU

✉ 17290 – Charente-Maritime – Carte régionale n° **20**–B2 – Carte Michelin 324-E3

⅋○ **L'INSTANT Z**

MODERNE · **CONVIVIAL** ⅄ L'Instant Z, comme... Zanchetta, le patronyme du chef. Avec le meilleur du marché et des petits producteurs bio du coin, il mitonne des assiettes aux influences métissées, avec ce qu'il faut de raffinement dans la présentation. Le décor est chaleureux et convivial, le service sympathique : un vrai plaisir.

☆ & 🄰🄲 🅿 – Menu 24 € (déjeuner), 36/66 € – Carte 47/54 €

1 bis rue du Château-de-Cigogne – ☎ 05 46 68 58 87 –
www.restaurant-linstantz.com –
Fermé 23 août-15 septembre, mardi, mercredi, dimanche soir

LANGUEDOC-ROUSSILLON...................**958**

MIDI-PYRÉNÉES...**1012**

OCCITANIE

LA SÉLECTION DU GUIDE MICHELIN

LES TABLES ÉTOILÉES

🌼🌼🌼

Une cuisine unique. Vaut le voyage !

Auberge du Vieux Puits (Fontjoncouse) 975

🌼🌼

Une cuisine d'exception. Vaut le détour !

Alexandre (Garons) 976
Bras (Laguiole) 1031
Michel Sarran (Toulouse) 1047
Le Parc Franck Putelat (Carcassonne) 967
Le Puits St-Jacques (Pujaudran) 1038
Py-r (Toulouse) 1050
La Table Lionel Giraud (Narbonne) 990

🌼

Une cuisine d'une grande finesse. Vaut l'étape !

L'Allée des Vignes (Cajarc) 🌼 1023
L'Almandin (Saint-Cyprien) 1004
L'Aparté (Montrabé) 1035
Äponem - Auberge du Presbytère (Vailhan) 🌼 1009
Auberge du Cellier (Montner) 982
Au Déjeuner de Sousceyrac (Sousceyrac) 1045
La Balette (Collioure) 972
La Barbacane (Carcassonne) 968
Le Belvédère (Bozouls) 1022
Le Cénacle (Toulouse) 1052
Château de la Treyne (Lacave) 1030
Cyril Attrazic (Aumont-Aubrac) 🌼 963
Domaine d'Auriac (Carcassonne) 969
Duende (Nîmes) N 992
Le Duèze (Mercuès) 1033
En Marge (Aureville) 1019
En Pleine Nature (Quint-Fonsegrives) 1039
Entre Vigne et Garrigue (Pujaut) 1002
Le Fanal (Banyuls-sur-Mer) 964
La Galinette (Perpignan) 997
Le Gindreau (Saint-Médard) 1044
Le Grand Cap (Leucate) 978

geckophotos/iStock

Hedone (Toulouse)... 1052
Hervé Busset (Conques)... 1026
Jérôme Nutile (Nîmes).. 993
Leclere (Montpellier) 984
The Marcel (Sète).. 1006
Ô Saveurs (Rouffiac-Tolosan)..................................... 1040
Pastis (Montpellier) 984
Pont de l'Ouysse (Lacave).. 1030
Le Prieuré (Villeneuve-lès-Avignon).............................. 1010
La Promenade (Verfeil)... 1057
Le Puits du Trésor (Lastours).................................... 978
Reflet d'Obione (Montpellier) 984
La Réserve Rimbaud (Montpellier)................................. 983
Restaurant De Lauzun (Pézenas)................................... 1000
Le Sénéchal (Sauveterre-de-Rouergue)............................. 1045
SEPT (Toulouse).. 1052
Skab (Nîmes)... 993
Stéphane Tournié - Les Jardins de l'Opéra (Toulouse)............. 1052
La Table de Castigno (Assignan).................................. 962
La Table des Merville (Castanet-Tolosan)......................... 1024
La Table d'Uzès (Uzès)... 1008
Les Trois Soleils de Montal (Saint-Céré)......................... 1041
Vieux Pont (Belcastel)... 1021
                                                                        951

LES BIB GOURMAND
Nos meilleurs rapports qualité-prix

L'Air de Famille (Toulouse) 1053
À la Route d'Argent (Bozouls) 1022
L'Alicanta (Le Rozier) 1003
Arbequina (Thuir) 1007
L'Artichaut (Montpellier) 988
L'ArtYsan (Quissac) 1003
Auberge de Bardigues (Bardigues) 1021
Auberge de Combes (Combes) 973
Auberge des Aryelets (Aulon) **N** 1018
Auberge La Baquère (Préneron) 1037
La Bartavelle (Argelès-sur-Mer) 961
Le Bastion (Lagrasse) 977
Bellavista (Prats-de-Mollo-la-Preste) 1002
Le Bellevue (Lacroix-Falgarde) 1030
La Bergerie (Aragon) 961
Bistrot Constant (Montech) 1034
Bistrot Saveurs (Castres) **N** 1025
Le Bistro Urbain (Montpellier) 988
C'la Vie (Orsan) **N** 996
Café Bras (Rodez) **N** 1040
Le Carré de l'Ange (Saint-Lizier) 1043
Cartouches (Toulouse) **N** 1053

Le Chalet (Ax-les-Thermes) 1019
La Chaumière (Font-Romeu) 975
Chez John (Ambres) 1016
Le Clos Monteils (Monteils) 1035
Le Colvert (Saint-Lieux-lès-Lavaur) 1043
Côté Saisons (Laroque-des-Albères) 977
Côté Saveurs (Villefranche-de-Rouergue) 1058
Domaine de Baulieu (Auch) ✿ 1017
Épices et Tout (Alès) 960
L'Épicurien (Albi) 1014
L'Équilibre (Balma) 1020
La Falène Bleue (Lannepax) N 1031
Le Garriane (Perpignan) 997
Hito (Toulouse) N 1053
L'Instant... (Montrabé) 1035
Les Jardins de l'Acropolis (Rodez) 1040
Jeu de Quilles (Cajarc) 1024
Le Lisita (Nîmes) 993
Les Loges du Jardin d'Aymeric (Clara) 972
Le Médiéval (Puy-l'Évêque) 1039
Les Mets d'Adélaïde (Castres) 1044
Nino (Toulouse) 1053
O2c (Bagnères-de-Bigorre) N 1020
L'Ô à la Bouche (Cahors) 1022
Paris Méditerranée (Sète) 1006
La Part des Anges (Castres) 1025
Le Patio by Lou Caléou (Sommières) 1007
Pica Pica (Béziers) 965
La Pie qui Couette (Nîmes) 993
Le Pré St-Jean (Pézenas) 1000
Quai 17 (Sète) 1006
La Safranière (Mende) 980
Le St-Georges (Palavas-les-Flots) 996
La Table 2 Julien (Montaren-et-Saint-Médiers) N 982
La Table d'Aimé (Rivesaltes) 1003
La Table d'Auzeville (Auzeville-Tolosane) 1019
La Table de Haute-Serre (Cieurac) 1026
La Table du Sommelier (Albi) 1014
Les Templiers (Dunes) 1027
Le Terminus (Cruzy) 974
La Tulipe Noire (Fleury) N 974
Une Table à Deux (Toulouse) 1053
Le Viscos (Saint-Savin) 1044

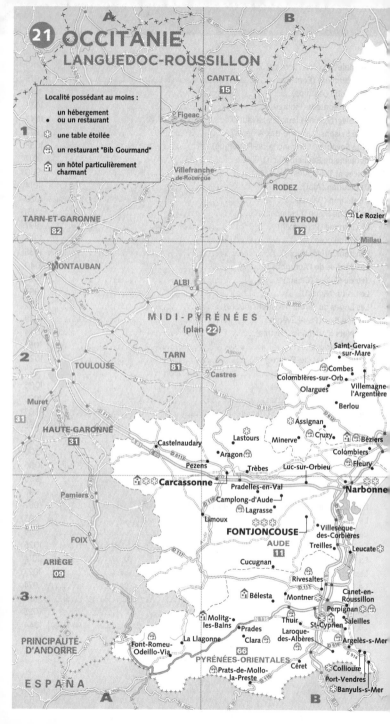

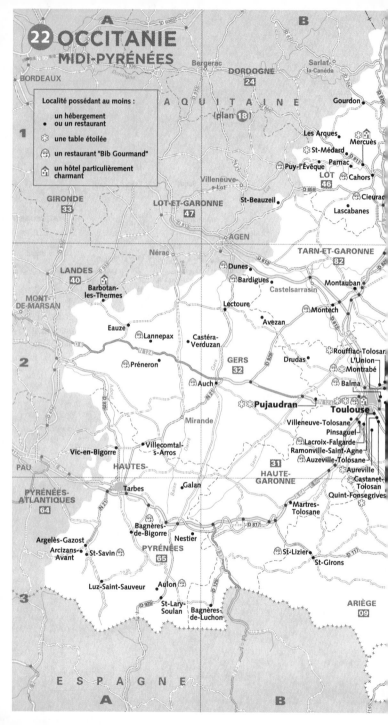

LANGUEDOC-ROUSSILLON

Un littoral et un arrière-pays de plaines et de montagnes : née du terroir et de la mer, la gastronomie du Languedoc-Roussillon, teintée du soleil de la Méditerranée, rend hommage à la variété de ces paysages. Sur le littoral, on se régale des produits de la mer : poissons (dorades, mérous, loups et congres), anchois de Collioure, coquillages de l'étang de Thau et de Leucate...

L'arrière-pays montagnard, des Pyrénées aux Cévennes en passant par les Causses, est une terre d'élevage : agneau des Cévennes, viande de l'Aubrac et, en plaine, veau du Lauragais et taureau de Camargue. Quant aux amateurs de fromage, ils devront choisir (ou pas) entre les fromages au lait de vache comme le bleu des Causses et le laguiole de l'Aubrac, au lait de chèvre comme le pélardon ou au lait de brebis comme le roquefort. Ici, la viticulture est ancestrale et le vin chez lui sur l'un des plus anciens vignobles du monde. Là aussi, ce qui frappe, c'est l'incroyable diversité des crus – un pays de cocagne qui a attiré de nombreux jeunes vignerons. Les cartes et les tables de Montpellier, dont le dynamisme gastronomique s'affirme chaque jour, leur font la part belle.

C. Moirenc/hemis.fr

• Carte régionale n° 21

AGDE

✉ 34300 – Hérault – Carte régionale n° **21**–C2 – Carte Michelin 339-F9

ⅼ○ LE BISTRO D'HERVÉ

MODERNE · BISTRO ⅩⅩ Voilà un sympathique bistrot ! Dans un décor contemporain, on déguste une appétissante cuisine d'aujourd'hui : salade de haricots verts croquants aux écrevisses et huile de truffe ; épaule d'agneau de Sisteron cuite 7h, aubergines confites et tomates séchées... Le bar à tapas se prête aux grignotages. Aux beaux jours, profitez de la terrasse ombragée.

🈸 ♿ 🅰🅲 – Menu 18 € (déjeuner) – Carte 36/45 €

47 rue Brescou – ℰ 04 67 62 30 69 – Fermé lundi, dimanche

AIGUES-MORTES

✉ 30220 – Gard – Carte régionale n° **21**–C2 – Carte Michelin 339-K7

ⅼ○ L'ATELIER DE NICOLAS

MODERNE · TENDANCE Ⅹ Dans ce restaurant au style de loft industriel, avec porte vitrée en fer forgé, le chef Nicolas concocte une cuisine au goût du jour, qu'il agrémente de quelques touches asiatiques, glanées lors de ses séjours en Thaïlande. Le chef travaille volontiers les produits bio de la région ainsi qu'une petite sélection de vins nature.

♿ 🅰🅲 – Menu 38 €

28 rue Alsace-Lorraine – ℰ 04 34 28 04 84 – www.restaurant-latelierdenicolas.fr – Fermé mercredi, jeudi, dimanche soir

ⅼ○ LE PATIO' NÉ

MODERNE · CONVIVIAL Ⅹ Poutres apparentes et décoration contemporaine dans cet agréable restaurant. Dans sa cuisine ouverte sur la salle, le chef exécute une honnête cuisine méditerranéenne, rehaussée de saveurs du monde. Agréable patio sur l'arrière et bar d'été.

🈸 ♿ 🅰🅲 – Menu 45/83 € – Carte 45/55 €

16 rue Sadi-Carnot – ℰ 09 82 31 51 73 – Fermé 31 mai-20 juin,
15 novembre-12 décembre, lundi midi, mardi midi, mercredi midi, jeudi midi,
vendredi midi, samedi midi

🏨 LES REMPARTS

BOUTIQUE HÔTEL · COSY Nichée entre la porte de la Gardette et la tour de Constance, cette ancienne caserne militaire du dix-huitième siècle bénéficie d'un magnifique emplacement dans la cité de Aigues-Mortes. A l'intérieur, le vaste lobby ouvre sur un salon très joliment décoré qui met en avant les pierres anciennes associées à des éléments contemporains. Chambres élégantes et matériaux haut-de-gamme. Petit espace détente. Charmant.

🖼 𝔑 ♿ 🅰🅲 – 14 chambres

10 place Anatole-France – ℰ 04 66 53 82 77 – www.hoteldesremparts.net

🏨 VILLA MAZARIN

LUXE · PERSONNALISÉ Au cœur d'Aigues, une demeure du 15ᵉ s. tout en pierre blonde. Escalier à balustres, mobilier ancien, piscine intérieure, jardinet... on apprécie l'élégance et la discrétion des lieux.

🍴 🖼 𝔑 🛁 ♿ 🅰🅲 🕍 🚗 – 23 chambres

35 boulevard Gambetta – ℰ 04 66 73 90 48 – www.villamazarin.com

ALÈS

✉ 30100 – Gard – Carte régionale n° **21**–C1 – Carte Michelin 339-J4

😊 ÉPICES ET TOUT

MODERNE · CONVIVIAL Ⅹ Ce petit restaurant à la devanture discrète secoue les papilles. Cuisine soignée, produits frais, et des épices utilisées avec justesse. De jolis plats comme cet œuf basse température, champignons et crémeux, cette pintade, légumes de saison, sauce aigre-douce ou bien ce macaron aux agrumes. Un menu appétissant à déguster en été sur la petite terrasse.

Spécialités: Effeuillé de brandade de morue, tuile de parmesan, jus à la truffe. Filet de dorade en croûte de maïs, wok de légumes, huile d'herbes. Poire pochée au vin rouge, mousse au miel des Cévennes.

& $\boxed{\text{AC}}$ – Menu 21€ (déjeuner), 31/40€

15 avenue Carnot – & 04 66 52 43 79 – www.epicesettout.fr –
Fermé 27 décembre-3 janvier, 7-21 février, 18 août-3 septembre, mercredi soir, samedi midi, dimanche

¡O **LE RICHE** ⓝ

MODERNE • CONTEMPORAIN XX Un vent nouveau souffle entre les murs de cette institution alésienne, un bel immeuble du début du 20e s. marqué par l'Art nouveau. Dans un décor modernisé, le chef Sébastien Rath concocte une cuisine moderne et créative en puisant dans les produits cévenols, de l'oignon aux cèpes, des herbes de la garrigue au cochon fermier du Gard.

🌱 *L'engagement du chef:* "Nous proposons des menus à l'aveugle, qui nous permettent de travailler à 99% avec des producteurs locaux, installés à 50 km maximum d'Alès, en respectant la saisonnalité. Poisson de la pêche du Grau du Roi, truite de Fumades, porc fermier des Cévennes, veau et agneau de Lozère, pigeons des Costières, escargots et miel de lavande de Laval-Pradel, herbes sauvages du parc des Cévennes issues de la « cueillette cultivée » de Grégory Philip, tomates d'Alès en prairie, olives du Mont Bouquet..."

🏡 $\boxed{\text{AC}}$ ✿ – Menu 37/78€

42 place Sémard – & 04 66 52 30 87 – www.leriche.fr – Fermé lundi, mardi, dimanche soir

ANIANE

✉ 34150 – Hérault – Carte régionale n° **21**-C2 – Carte Michelin 339-G6

¡O **SOUKA** ⓝ

MODERNE • CONTEMPORAIN X Dans ce petit village au cœur du vignoble des Terrasses du Larzac, Souka (la souche, en occitan) met en valeur le marché et les producteurs du coin. Que ce soit le soir, avec un menu ambitieux, ou à midi, avec des plats plus simples, on reconnaît la patte d'un chef qui sait faire.

🏡 & – Menu 20€ (déjeuner), 35/46€ – Carte 32/40€

36 boulevard Saint-Jean – & 04 67 57 44 83 – www.soukarestaurant.com –
Fermé mardi, mercredi

ARAGON

✉ 11600 – Aude – Carte régionale n° **21**-B2 – Carte Michelin 344-E3

🌸 **LA BERGERIE**

MODERNE • COSY XX Dans les premiers contreforts de la Montagne Noire, cette Bergerie joue la qualité et la générosité, autour d'une cuisine au goût du jour. Le menu unique (disponible en ligne) se déguste dans un intérieur sobre et élégant. Atmosphère conviviale, presque familiale.

Spécialités: Crumble de crevettes. Matelote de lotte. Dôme chocolat praliné.

⇦ ≤ 🏡 & $\boxed{\text{AC}}$ ✿ 🅿 – Menu 34€

Allée Pech-Marie – & 04 68 26 10 65 – www.labergeriearagon.com – Fermé lundi, dimanche et le midi

ARGELÈS-SUR-MER

✉ 66700 – Pyrénées-Orientales – Carte régionale n° **21**-B3 – Carte Michelin 344-J7

🌸 **LA BARTAVELLE**

CRÉATIVE • COSY X C'est une adresse que les amoureux de la bonne chère s'échangent avec gourmandise – et pour cause: le chef, Thibaut Lesage, et son épouse Stéphanie, pâtissière, ravissent les papilles et revisitent les classiques avec une inspiration constante. Un régal ! Attention: réservation indispensable.

Spécialités: T.O.C. (Tomate Obsessionnelle Compulsive). On s'en fish!. On a fait la peau à l'abricot!.

〔AC〕 – Menu 34/46€

24 rue de la République – ☎ 06 19 25 70 13 – www.restaurant-labartavelle.fr –
Fermé 20 avril-6 mai, 12-22 novembre, lundi, mardi midi, jeudi midi, vendredi midi,
dimanche

⭘ AUBERGE DU ROUA

MODERNE • COSY XX Dans un cadre vraiment intime (pierres, poutres, voûtes...), on déguste une cuisine au goût du jour, personnalisée de petites touches régionales, et réalisée avec de bons produits... Des saveurs franches et fraîches!

🏷 ⇆ 🏠 ♿ 〔AC〕 ⊞ 🅿 – Menu 55€

46 chemin du Roua (à 1,5 km) – ☎ 04 68 95 85 85 – www.aubergeduroua.com –
Fermé 15 novembre-27 décembre, 5 janvier-6 février, lundi et le midi sauf
dimanche

⭘ LE BISTROT À LA MER

MODERNE • DESIGN X Dans ce restaurant, situé à l'intérieur d'un hôtel dominant la route de la Corniche en allant vers Collioure, on se régale de bons produits locaux et de saison, au fil d'un menu d'inspiration méditerranéenne, imaginé par le nouveau chef. Le cadre, une jolie salle lumineuse, est à la hauteur de la cuisine.

⇇ 🏠 🏠 〔AC〕 ⇔ 🅿 – Menu 33/58€

Grand Hôtel du Golfe, Route de Collioure (La Corniche, à 4 km) –
☎ 04 68 81 14 73 – www.grandhoteldugolfe.com – Fermé 1er janvier-20 mars, le midi

ARGILLIERS

✉ 30210 – Gard – Carte régionale n° **21**-D2

⭘ LE TRACTEUR

MODERNE • CONVIVIAL X Restaurant, cave à vin, mais aussi épicerie et centre d'exposition: ce lieu tendance ne se laisse pas distraire par son originalité. Le chef y réalise une cuisine d'instinct, où le marché, comme souvent, dicte sa loi. Grande terrasse, à l'ombre de voiles tendues... Et jus de fruits artisanaux vendus sur place.

🏠 ♿ 🅿 – Carte 25/32€

Quartier Bord-Nègre – ☎ 04 66 62 17 33 – Fermé samedi, dimanche

ASSIGNAN

✉ 34360 – Hérault – Carte régionale n° **21**-B2 – Carte Michelin 339-C8

✤ LA TABLE DE CASTIGNO

MODERNE • TENDANCE XX Une table à ne pas manquer dans ce village idyllique d'Occitanie. Au cœur du vignoble de Saint-Chinian, Assignan est devenu une halte zen et épicurienne à grand renfort de chambres d'hôtes de luxe, de galeries et d'adresses gourmandes comme cette table gastronomique, tenue par le couple de chefs Stéphan Paroche et Justine Viano. Une cuisine à quatre mains (vertes), méditerranéenne et colorée, accompagnée (cela va de soi) d'une jolie sélection de vins de la région – mais pas que. Des saveurs, de vieilles pierres, de beaux produits, du charme... Que vous faut-il de plus?

Spécialités: Cuisine du marché.

🏠 🏠 🅿 – Menu 47€ (déjeuner), 75/98€

Village Castigno, Carriera de la Teuliera – ☎ 04 67 24 34 95 – villagecastigno.com –
Fermé 18 janvier-18 mars, mardi, mercredi

AUMONT-AUBRAC

✉ 48130 – Lozère – Carte régionale n° **21**-C1 – Carte Michelin 330-H6

ঌ CYRIL ATTRAZIC

Chef: Cyril Attrazic

MODERNE • TENDANCE ⅩⅩⅩ Cyril Attrazic nous l'a confié : "Avant même la passion de la cuisine, j'ai eu celle de la Maison". Explication de texte : la Maison, c'est l'hôtel-restaurant familial, fondé par sa grand-mère au cœur de l'Aubrac, ce haut-plateau d'altitude aux faux airs de steppe mongole. Tradition paysanne et rude climat obligent, le restaurant ne badine pas avec l'hospitalité... version contemporaine. En cuisine, le chef applique le précieux conseil du maître Michel Bras : il faut "cuisiner son territoire, utiliser des produits identitaires". Il s'y emploie donc, en extirpant par exemple un cèpe géant cueilli dans un sous-bois voisin, ou en magnifiant la célèbre viande Aubrac, produit aux mille saveurs florales, qu'il sert légèrement fumée avec du foin du pays. Difficile de mieux goûter et humer la Lozère.

Spécialités : Nouille de céleri rave, jus de pomme verte, livèche et truffe. Bœuf d'Aubrac au barbecue, confit de bœuf aux herbes potagères et beurre de pomme de terre muscade. Feuille à feuille de chocolat noir, myrtilles et thé d'Aubrac.

ঌ *L'engagement du chef :* "Derrière chaque produit qui entre dans notre cuisine ou dans notre cave, il y a le visage d'un homme ou d'une femme passionné, respectueux de sa terre, de son terroir et de notre environnement. Notre restaurant est le prolongement de ce travail engagé."

❀ & Ⅿ 🅿 – Menu 48 € (déjeuner), 68/118 € – Carte 73/88 €

10 route du Languedoc – ✆ *04 66 42 86 14 – www.camillou.com –*
Fermé 1ᵉʳ janvier-1ᵉʳ avril, lundi, mardi, mercredi

🏮 **Le Gabale** – Voir la sélection des restaurants

🏮 LE GABALE

TRADITIONNELLE • BRASSERIE Ⅹ Cyril Attrazic tient avec cette brasserie le complément idéal à sa table gastronomique. Le décor moderne, paré de photos panoramiques des paysages d'Aubrac, est un bel écrin pour déguster des assiettes franches et bien réalisées ; on se régale le plus simplement du monde, à l'intérieur ou sur la jolie terrasse.

🏮 Ⅿ 🅿 – Menu 19 € (déjeuner)/30 € – Carte 37/47 €

Cyril Attrazic, 10 route du Languedoc – ✆ *04 66 42 86 14 – www.camillou.com*

🏠 CHEZ CAMILLOU

AUBERGE • CONTEMPORAIN En léger retrait de la nationale, un hôtel récent avec des chambres agréables, d'esprit contemporain et frais. Les plus qui font la différence : un petit-déjeuner copieux (charcuteries et fromages locaux), et un accueil à la fois gentil et pro !

Ⅼ 🕾 ⊡ & ⁂ 🅿 – 34 chambres – 3 suites

10 route du Languedoc – ✆ *04 66 42 80 22 – www.camillou.com*

BAGNOLS-SUR-CEZE

✉ 30200 – Gard – Carte régionale n° **21**-D1 – Carte Michelin 339-M4

🏮 LE CÈDRE DE MONTCAUD

MODERNE • ÉLÉGANT ⅩⅩⅩ La table gastronomique du Château de Montcaud est placée sous l'égide du talentueux Matthieu Hervé. On y déguste une cuisine régionale "terre et mer" dans une démarche locavore. Les préparations sont élégantes, minutieuses et travaillées. Le chef, normand d'origine, n'oublie pas les clins d'œil à sa région malgré son goût pour les produits de la Méditerranée (pommes, cidre, etc.). Un excellent moment, un repas foisonnant.

🍴 🏮 & Ⅿ 🅿 – Menu 80/95 € – Carte 75/118 €

Château de Montcaud, Hameau de Combe – ✆ *04 66 89 18 00 –*
www.chateaudemontcaud.com/restaurant/restaurant-de-montcaud –
Fermé 31 octobre-12 avril, lundi, mardi midi, mercredi midi, jeudi midi, vendredi midi, samedi midi, dimanche

BISTRO DE MONTCAUD

TRADITIONNELLE · BISTRO ※ Le bistrot chic du château de Montcaud propose une cuisine traditionnelle méridionale, où la priorité est donnée aux produits. La terrasse face au parc est agréable, l'accueil comme le service sont sympathiques.

🖨 🛋 ᕓ 🎐 ⇄ 🅿 – Menu 26 € (déjeuner), 36/46 € – Carte 50/60 €

Château de Montcaud, Hameau de Combe – ℰ 04 66 33 20 15 – www.chateaudemontcaud.com

CHÂTEAU DE MONTCAUD

LUXE · CONTEMPORAIN Cette noble demeure du 19ᵉ s., au cœur d'un parc arboré, est un havre de paix. Meubles de style et tons chauds rehaussent l'élégance des chambres. À l'heure des repas, on se régale d'une cuisine traditionnelle méridionale. Avis aux amateurs de la note bleue : le brunch dominical s'accompagne de concerts de jazz en été.

🌳 🐾 🖨 🛋 🎐 ᕓ 🎐 ᘎ 🅿 – 27 chambres – 2 suites

Hameau de Combe – ℰ 04 66 33 20 15 – www.chateaudemontcaud.com

🔘 **Bistro de Montcaud** · 🔘 **Le Cèdre de Montcaud** – Voir la sélection des restaurants

BANYULS-SUR-MER

✉ 66650 – Pyrénées-Orientales – Carte régionale n° **21**–B3 – Carte Michelin 344-J8

❀ **LE FANAL**

Chef : Pascal Borrell

MODERNE · COSY ※※ Juste devant le port de Banyuls, laissez-vous guider par les lumières de ce Fanal et de son emplacement rêvé, face à la mer. Pascal Borrell, Catalan pur souche, a choisi d'y jeter ses filets après avoir navigué jusqu'aux grandes maisons parisiennes, de Ledoyen à Alain Passard. La grande affaire du Fanal, c'est évidemment le poisson qui est livré quasi-vif en cuisine : merlu de palangre, braisé minute et tagliatelles de calamar, turbot sauvage rôti au beurre de safran, mais aussi homard bleu en civet au banyuls, tartare de poissons aux aromates à l'huile d'olive d'Argoudeil (une variété endémique rarissime), bouillabaisse de pêche locale... Des recettes créatives et épurées, pleines de relief et gorgées de soleil.

Spécialités : Cromesquis d'œuf de ferme, truffe noire, duxelles de champignons, jus truffé et soufflé truffe. Ris de veau caramélisé au sautoir, gambas de Palamos en terre et mer, jus de veau à la fève tonka. Millefeuille au brut de baratte, vanille Bourbon et crème diplomate.

🕸 ᐸ 🛋 🎐 – Menu 38/98 € – Carte 90/110 €

18 avenue Pierre-Fabre – ℰ 04 68 98 65 88 – www.pascal-borrell.com – Fermé 15-21 février

BARJAC

✉ 30430 – Gard – Carte régionale n° **21**–D1 – Carte Michelin 339-L3

🔘 **LE CARRÉ DES SAVEURS**

TRADITIONNELLE · TENDANCE ※ Un intérieur résolument contemporain, une agréable terrasse dans une jolie cour intérieure : cadre charmant que celui de cette ancienne magnanerie cernée par les vignes. La cuisine cultive l'esprit du terroir et de la tradition, tout à l'honneur des produits locaux : le plaisir est complet.

🖨 🛋 ⇄ 🅿 – Menu 33/50 € – Carte 51/58 €

Le Mas du Terme, 1770 chemin du Mas-du-Terme – ℰ 04 66 24 56 31 – www.le-carre-des-saveurs.com – Fermé 15 décembre-15 mars

BARON

✉ 30700 – Gard – Carte régionale n° **21**–C2 – Carte Michelin 339-K4

LA MAISON D'ULYSSE

MAISON DE CAMPAGNE · DESIGN Cette ancienne magnanerie du 16e s. a délaissé l'élevage des vers à soie pour un lieu, dont l'élégance champêtre invite à se sentir du côté de chez soi. Jardin provençal, belle piscine, élégants volumes des chambres, mobilier design ou art déco : tout ici évoque le luxe tranquille, et sans afféterie. La table propose une cuisine au goût des jours et des saisons. Mais aussi : terrain de boule, hammam...

🏡 🐾 🏊 ⌇ 🅰🄲 🅿 – 6 suites – 3 chambres

20 place Ulysse-Dumas – ℰ 04 66 81 38 41 – www.lamaisondulysse.com

BÉLESTA

✉ 66720 – Pyrénées-Orientales – Carte régionale n° **21**-B3 – Carte Michelin 344-G6

🍽 **DOMAINE RIBERACH-LA COOPÉRATIVE**

CRÉATIVE · DESIGN 𝕏𝕏 Cet ancien chai a conservé sa charpente métallique : l'endroit, très spacieux et confortable, a un charme fou ! Côté assiette, on profite de plats faisant la part belle aux produits de saison... sans oublier de les accompagner de bons vins du village et de la région.

🐝 ⪕ 🍴 ᴄ 🅿 – Menu 39/89 €

Domaine Riberach, 2 route de Caladroy – ℰ 04 68 50 30 10 – www.riberach.com – Fermé 1er janvier-31 mars, 1er novembre-25 décembre, lundi, mardi

🏨 **DOMAINE RIBERACH**

LUXE · DESIGN Au pied du château médiéval, l'ancienne coopérative viticole s'est muée en hôtel de charme. Matériaux bruts, terrasses privatives : les chambres sont zen, design... avec vue sur les vignes. La piscine, filtrée naturellement, est ravissante.

🐾 ⪕ ⌇ 𝕊 ᴄ 🅰🄲 🏋 🅿 🚗 – 18 chambres – 6 suites

2 route de Caladroy – ℰ 04 68 50 30 10 – www.riberach.com

🍽 **Domaine Riberach-La Coopérative** – Voir la sélection des restaurants

BERLOU

✉ 34360 – Hérault – Carte régionale n° **21**-B2 – Carte Michelin 339-C8

🍽 **LE FAITOUT**

MODERNE · COSY 𝕏 Qu'espérer du faitout d'un chef touche-à-tout ? Un maximum de gourmandise ! Frédéric Révilla, porté par sa passion pour la région, fait feu de tout bois : saveurs du jardin, veau catalan, chevreau du pays, navet de Pardailhan, vin de St-Chinian (le village est voisin). Le chef et son épouse ont volontairement quitté Béziers pour s'immerger au cœur de ce terroir qu'ils chérissent - leurs assiettes généreuses le prouvent.

🍴 – Menu 34/57 € – Carte 43/64 €

1 place du Pont – ℰ 04 67 24 16 99 – www.lefaitout.net – Fermé lundi, dimanche soir

BÉZIERS

✉ 34500 – Hérault – Carte régionale n° **21**-B2 – Carte Michelin 339-E8

🍽 **PICA PICA**

MÉDITERRANÉENNE · CONTEMPORAIN 𝕏 Ancien chef étoilé à l'Octopus et MOF 2004, Fabien Lefebvre a ouvert cette brasserie où se joue une partition gourmande et conviviale. On y sert une cuisine méditerranéenne décomplexée et joliment métissée, entre sélection de tapas, brochettes, plats soignés et desserts goûteux. Un concept sans chichi, imaginé dans un esprit de partage. Le menu déjeuner est une aubaine. Une réussite.

Spécialités : Sélection de tapas. Bocadillo au homard et au tourteau. Millefeuille à la tropézienne.

🍴 ᴄ 🅰🄲 – Menu 23 € (déjeuner) – Carte 30/60 €

20 boulevard Jean-Jaurès – ℰ 04 48 11 03 40 – ww.pica-pica.fr

L'AMBASSADE

MODERNE · ÉLÉGANT XXX Fraîcheur des produits, équilibre des assiettes : Patrick Olry, chef bien connu dans la région, fait ici la démonstration de son savoir-faire et de sa constance. Surtout, ne manquez pas les menus-dégustation sur la truffe, la Saint-Jacques ou le homard, qui ne sont pas pour rien dans la réputation de la maison.

఍ 🕮 ✢ – Menu 35/145 € – Carte 70/95 €

22 boulevard de Verdun (face à la gare) – ℰ 04 67 76 06 24 – www.restaurant-lambassade.com – Fermé lundi, dimanche

LA MAISON DE PETIT PIERRE

MODERNE · AUBERGE X Dans son restaurant non loin des arènes, Pierre Augé remporte un succès mérité. En véritable aubergiste, il compose une cuisine goûteuse et soignée, où les produits du marché sont en bonne place. L'ambiance et la convivialité font le reste : au final, une adresse vraiment sympathique.

🏠 ⅋ 🕮 ✢ – Menu 25 € (déjeuner), 45/75 €

22 avenue Pierre-Verdier –
ℰ 04 67 30 91 85 – www.lamaisondepetitpierre.fr –
Fermé lundi soir, mardi soir, mercredi soir, dimanche

L'HÔTEL PARTICULIER

HÔTEL PARTICULIER · DESIGN Cette belle maison bourgeoise de 1892 a su préserver le charme de l'ancien (parquet, mosaïques de marbre) sans renoncer à la modernité (moulures retroéclairées, baignoires balnéo, bluetooth). Possibilité de massages en chambre. Petit-déjeuner jusqu'à midi. Une réussite !

⅀ 🕮 🅿 – 9 chambres

65b avenue du 22-Août-1944 – ℰ 04 67 49 04 47 – www.hotelparticulierbeziers.com

BOUZIGUES

✉ 34140 – Hérault – Carte régionale n° **21**-C2 – Carte Michelin 339-G8

LA CÔTE BLEUE

POISSONS ET FRUITS DE MER · CLASSIQUE XX C'est un plaisir de s'installer dans la grande véranda pour déguster une bonne cuisine de la mer, dont les fameuses huîtres de Bouzigues. D'ailleurs, les baies vitrées offrent un joli panorama sur l'étang de Thau et ses... parcs à huîtres ! Cette Côte Bleue porte décidément bien son nom.

⇚ 🏠 🅿 – Menu 20/47 € – Carte 40/65 €

Avenue Louis-Tudesq – ℰ 04 67 78 30 87 – www.la-cote-bleue.fr –
Fermé mercredi

CAMPLONG-D'AUDE

✉ 11200 – Aude – Carte régionale n° **21**-B3 – Carte Michelin 344-G4

LE CLOS DE MAUZAC

MODERNE · CONTEMPORAIN X En haut du village, une bâtisse d'inspiration traditionnelle, flanquée d'une petite tour à l'entrée. Le chef, passionné et locavore, réalise une cuisine actuelle, aux touches créatives. Les produits, d'une grande fraîcheur, se dégustent, aux beaux jours, sur la terrasse.

🏠 ✢ 🅿 – Menu 19 € (déjeuner), 32/39 €

Chemin de Garrigue-Plane – ℰ 04 68 43 50 60 – www.restaurant-camplong.fr –
Fermé 1er-28 février, lundi, dimanche soir

CANET-EN-ROUSSILLON

✉ 66140 – Pyrénées-Orientales – Carte régionale n° **21**-B3 – Carte Michelin 344-J6

L'HORIZON

MÉDITERRANÉENNE · ÉLÉGANT XXX Envie d'admirer l'horizon ? Rendez-vous dans ce restaurant en bord de mer, d'où la vue est superbe ! En toute logique, les plats sont résolument méditerranéens.

⇚ ⅁ 🏠 ⅋ 🕮 🅿 – Menu 33 € (déjeuner), 46/65 €

Les Flamants Roses, 1 voie des Flamants-Roses, Canet-Plage – ℰ 04 68 51 60 60 –
www.hotel-flamants-roses.com

Stuart Jenner/iStock

✉ 11000 – Aude
Carte régionale n° **21**–B2
Carte Michelin 344-F3

CARCASSONNE

Avec sa double enceinte fortifiée surplombant la plaine viticole et, plus loin, les contreforts des Corbières, la cité de Carcassonne suscite un émerveillement sans égal. Tous ceux qui ont arpenté ses ruelles s'en souviennent encore. Tant pis pour les détracteurs de Viollet-le-Duc, qui pensent qu'il n'a pas été fidèle à l'histoire lorsqu'il en a supervisé la restauration ! Autour d'elle prospère un pays de Cocagne à cheval des mondes : sous un soleil généreux, les fruits et légumes de l'Aude profonde côtoient les poissons de la Méditerranée, les fromages et les gibiers de la Montagne Noire s'encanaillent avec ceux des Pyrénées... Quant aux œnophiles, en herbe ou aguerris, ils trouvent ici leur bonheur grâce aux vignobles des Corbières, du Minervois ou de Limoux.

Restaurants

✿ ✿ LA TABLE DE FRANCK PUTELAT

MODERNE · DESIGN XXX La Cité médiévale fait partie du patrimoine immémorial de Carcassonne et sa région... et l'on pourrait presque en dire autant de Franck Putelat. Installé au pied des remparts de ladite cité, ce natif du Jura, Audois d'adoption, cuisine – brillamment – selon le concept de classique-fiction qu'il a lui-même théorisé.

Traduction dans l'assiette : un détournement astucieux des anciens tubes gastronomiques (le classique), que le chef emmène ailleurs au gré de son inspiration du jour (la fiction). Trois exemples, devenus des incontournables : tartare d'huîtres Tarbouriech, filet de bœuf clouté de truffe noire et lard de Colonnata, ou encore bouillabaisse au foie gras de canard.

Des visuels appétissants, du goût et de la finesse : on se délecte dans une ambiance animée – musique de rigueur, avis aux amateurs – parmi une clientèle très diverse... et l'on profite d'un service professionnel et compétent.

Spécialités : Bouillabaisse légère aux coquillages, cranquette, foie gras de canard et pistil de safran. Pigeonneau du Lauragais comme un cassoulet, jus brûlant. Pavlova-MOF 2019.

🕷 ⇆ 🏠 ♿ 🆎 🅿 – Menu 60 € (déjeuner), 110/160 €

Hors plan – *80 chemin des Anglais, au Sud de la Cité –* ☏ 04 68 71 80 80 – www.franck-putelat.com – *Fermé lundi, dimanche*

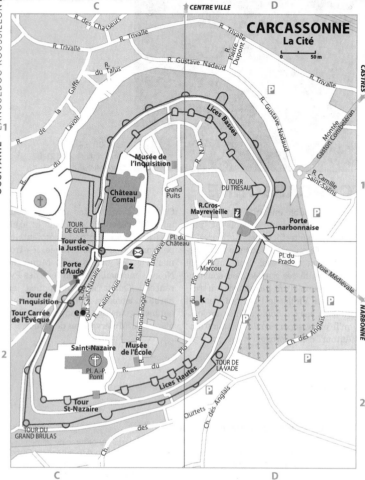

CARCASSONNE
La Cité

✿ LA BARBACANE

CLASSIQUE · ÉLÉGANT XxX Au sein de la Cité de Carcassonne, l'Hôtel de la Cité est un superbe exemple d'édifice néogothique, bâti en 1909 sur le site de l'ancien palais épiscopal, avec de merveilleux jardins qui regardent les remparts. À l'intérieur, les vitraux, les armoiries et autres boiseries délivrent une ambiance digne de Viollet-le-Duc ! Originaire de la Bresse, ancien second de Franck Putelat ici-même, Jérôme Ryon est un chef solide dont on aime la manière classique. Basées sur des produits de qualité, notamment les poissons et crustacés de la Méditerranée toute proche, ainsi que les gibiers et les champignons automnaux, ses savoureuses préparations chantent le terroir régional : légumes d'été en fricassée, pavé de loup braisé, filet de bœuf charolais au foie gras... Belle cave riche en capiteux flacons du Sud.

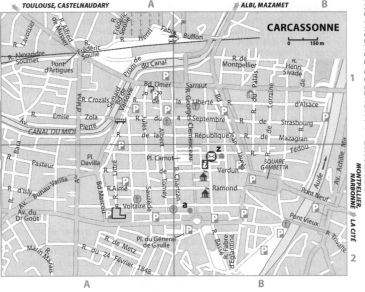

Spécialités: Fricassée de légumes Audois en barigoule et truffe d'été du Minervois. Loup de Méditerranée grillé, pommes de terres confites au safran. Les noisettes de Bram, crème brûlée et financier chocolat.

🛒 🏧 🅿 – Menu 41€ (déjeuner), 68/130€

Plan : C2-e – *Hôtel de La Cité, Place Auguste-Pierre-Pont (dans la Cité)* – ℰ *04 68 71 98 71 – www.hoteldelacite.com*

🏵 DOMAINE D'AURIAC

CLASSIQUE • **ROMANTIQUE** XXX Sur les hauteurs de Carcassonne, cet hôtel-restaurant est un conservatoire de la cuisine classique, réalisée dans les règles de l'art. Logique, dans cette maison bourgeoise du 19e s. pétrie d'histoire ! Songez que ce domaine est bâti sur les caves d'une abbaye carolingienne, édifiée elle-même sur les restes d'un oppidum romain... Le chef Philippe Deschamps est ici comme chez lui. Il excelle dans l'interprétation sans fioriture des grands classiques. Avec des produits du terroir incomparables, et notamment des gibiers, il délivre des dressages savants, des sauces profondes et des jus sapides. La grande tradition classique est entre de bonnes mains. L'hôtel, fort confortable, propose des chambres personnalisées dans une demeure de maître du dix-neuvième siècle.

Spécialités: Anchois de Collioure en habits de saison. Pied de cochon en crépinettes truffées. Soufflé au Grand Marnier.

🐾 🔄 🛒 🏡 🏧 🔲 ⇄ 🅿 – Menu 50€ (déjeuner), 90/135€ – Carte 110/125€

Hors plan – *2535 route de Saint-Hilaire* – ℰ *04 68 25 72 22 – www.domaine-d-auriac.com – Fermé 3 janvier-3 février, 7-24 novembre, lundi*

🍽 COMTE ROGER

TRADITIONNELLE • **TENDANCE** XX Un décor tout en épure contemporaine, avec derrière un joli patio empreint de fraîcheur... ce Comte Roger sait recevoir ! On cuisine ici l'époque avec une certaine noblesse, entre cassoulet (la spécialité maison) et un menu végétarien qui a fière allure. La bonne petite adresse du cœur touristique.

🏡 – Menu 33€ (déjeuner)/45€ – Carte 40/60€

Plan : C2-z – *14 rue Saint-Louis (dans la Cité)* – ℰ *04 68 11 93 40 – www.comteroger.com – Fermé 10 février-10 mars, lundi, dimanche*

ⅱ○ BRASSERIE À 4 TEMPS

TRADITIONNELLE · CONTEMPORAIN ⅹ Dans la salle à manger entièrement rénovée, ou sur la terrasse ombragée, on profite de classiques revisités par l'ancien second de Franck Putelat. Œuf poché carbonara aux coquillettes et truffe noire, ou encore saint-pierre au céleri et coquillages. Pensez à réserver, c'est souvent complet.

🖼 ᬓ 🆔 – Menu 19 € (déjeuner)/32 € – Carte 32/55 €

Plan : B2-a – *2 boulevard Barbès* – ℰ *04 68 11 44 44* – *www.brasseriea4temps.com*

ⅱ○ ROBERT RODRIGUEZ

CLASSIQUE · VINTAGE ⅹ Ce bistrot authentique, convivial et joliment rétro (objets chinés, vieux comptoir...), est incontournable à Carcassonne et pour cause : son chef fut un pionnier dans l'utilisation des produits bio et issus des circuits courts. Escargots de nos garrigues, pigeonneau élevé à l'ancienne et rôti sur une poêle de fonte... C'est toujours un régal : à découvrir absolument !

🕸 🆔 ⇧ – Menu 85/135 € – Carte 69/132 €

Plan : B2-z – *39 rue Coste-Reboulh* – ℰ *04 68 47 37 80* –
www.restaurantrobertrodriguez.com – *Fermé lundi, dimanche*

ⅱ○ LA TABLE D'ALAÏS

MODERNE · CONTEMPORAIN ⅹ Au cœur de la cité, votre meilleur allié contre les pièges à touristes. On découvre deux salles décorées dans une veine contemporaine ; au bout, une cour-terrasse où l'on s'attable aux beaux jours. Tradition et modernité se côtoient à la carte, avec en prime un menu végétarien bien ficelé, à la gloire des légumes et céréales de la région.

🖼 – Menu 23 € (déjeuner), 30/50 € – Carte 47/58 €

Plan : D2-k – *32 rue du Plô (dans la Cité)* – ℰ *04 68 71 60 63* – *www.latabledalais.fr* –
Fermé 3 janvier-3 février, mercredi, jeudi

Hôtels

🏨 HÔTEL DE LA CITÉ

GRAND LUXE · PERSONNALISÉ Luxe, douceur et quiétude au cœur de la cité. Les chambres dégagent une atmosphère chaleureuse – certaines dans un style médiéval – et, côté remparts, on profite du jardin et de la piscine, sans oublier le plaisant spa avec massages. Une belle manière de vivre Carcassonne...

🏠 🌂 ⩽ 🛏 ⌁ 📶 📧 ᬓ 🆔 🆒 🅿 – 52 chambres – 7 suites

Plan : C2-e – *Place Auguste-Pierre-Pont (dans la Cité)* – ℰ *04 68 71 98 71* –
www.hoteldelacite.com

❀ **La Barbacane** – Voir la sélection des restaurants

CASTELNAUDARY

✉ 11400 – Aude – Carte régionale n° **21**-A2 – Carte Michelin 344-C3

ⅱ○ LE TIROU

RÉGIONALE · AUBERGE ⅹⅹ Une jolie ménagerie dans le jardin, des mets du terroir 100 % maison – le cassoulet, notamment, est délicieux –, des produits et des vins du cru : cette auberge champêtre et familiale a tout pour plaire... et l'on peut aussi acheter les conserves du chef. Difficile de faire plus authentique !

🖼 ᬓ 🆔 ⇧ 🅿 – Menu 36 € (déjeuner)/47 € – Carte 45/70 €

90 avenue Monseigneur-de-Langle – ℰ *04 68 94 15 95* – *www.tirou.fr* –
Fermé 20-27 juin, 20 décembre-20 janvier, lundi et le soir

CASTELNAU-LE-LEZ

✉ 34170 – Hérault – Carte régionale n° **21**-C2 – Carte Michelin 339-I7

🍴 DOMAINE DE VERCHANT

MODERNE · ÉLÉGANT XX Un lieu contemporain pour une cuisine dans l'air du temps, où les produits locaux sont à la fête – un exemple, ce rouget aux tomates concassées, aromates du jardin et panisse... On sert les vins du domaine, à déguster près de la verrière. Accueil aimable.

�̲ 🍴 ⅄ ⅃ 🄜 🅿 – Menu 70/115 € – Carte 75/90 €

1 boulevard Philippe-Lamour – ℰ 04 67 07 26 00 – www.domainedeverchant.com – Fermé 26 janvier-10 février, lundi soir, jeudi soir, vendredi soir, samedi soir, dimanche midi

🏨 DOMAINE DE VERCHANT

LUXE · CONTEMPORAIN Une allée de platanes mène à cette belle propriété viticole du 16ᵉ s. cernée par les vignes... Les chambres sont superbes (design italien, équipements high-tech, charpente et vieilles pierres), le spa exquis, et la piscine à débordement ne connaît d'autre horizon que la mer de vignes.

🏞 🕸 🚗 🏊 🎚 🌐 🏠 🛁 🄜 🅪 🅿 – 26 chambres – 5 suites

1 boulevard Philippe-Lamour – ℰ 04 67 07 26 00 – www.domainedeverchant.com

🍴 **Domaine de Verchant** – Voir la sélection des restaurants

CASTILLON-DU-GARD

✉ 30210 – Gard – Carte régionale n° **21**-D2 – Carte Michelin 339-M5

🍴 LE VIEUX CASTILLON

MODERNE · CLASSIQUE XX Tout autour ce ne sont que ruelles médiévales et champs de lavande... Dans ce coin de Provence inondé de lumière, cette table élégante – aux couleurs du Sud – vit au rythme des saisons et des produits gorgés de soleil.

🚗 🍴 🄜 🍽 🅿 – Menu 55/70 € – Carte 60/80 €

Rue Turion-Sabatier – ℰ 04 66 37 61 61 – www.vieuxcastillon.fr – Fermé lundi midi, mardi midi, mercredi midi, jeudi midi, vendredi midi, samedi midi

🍴 L'AMPHITRYON

MODERNE · COSY XX Voûtes, pierre brute et touches modernes composent le cadre de cette demeure ancienne. Joli patio pour l'été. Cuisine régionale actualisée, ambiance à la fois chic et conviviale.

🅪 🍴 – Menu 59/78 €

Place du 8-Mai-1945 – ℰ 04 66 37 05 04 – www.restaurant-lamphitryon.ovh – Fermé mardi, mercredi

🏨 LE VIEUX CASTILLON

LUXE · PERSONNALISÉ Au cœur de ce beau village médiéval, surplombant la région, un havre au luxe discret : vieilles pierres, patios, terrasses, décor provençal, grand confort... Le charme intemporel du Sud, à quelques encablures du pont du Gard.

🕸 🚗 🏊 🌐 🏠 🎚 🄜 🛁 🅿 – 34 chambres – 3 suites

Rue Turion-Sabatier – ℰ 04 66 37 61 61 – www.vieuxcastillon.fr

🍴 **Le Vieux Castillon** – Voir la sélection des restaurants

CASTRIES

✉ 34160 – Hérault – Carte régionale n° **21**-C2 – Carte Michelin 339-I6

🍴 DISINI

MODERNE · CONVIVIAL XX Au sein d'un imposant hôtel niché au milieu des chênes, cette table fait forte impression. Dans une grande salle à manger lumineuse, ou sur la terrasse à l'abri des frondaisons, on déguste la cuisine d'une jeune chef talentueuse : des assiettes colorées, "architecturées" avec précision, mais surtout pleines de saveurs et de parfums... Accueil aimable et professionnel.

🚗 🚗 🍴 🄜 🅿 – Menu 26 € (déjeuner), 31/69 € – Carte 36/56 €

1 rue des Carrières – ℰ 04 67 41 97 86 – www.disini-hotel.com

CÉRET

✉ 66400 – Pyrénées-Orientales – Carte régionale n° **21**–B3 – Carte Michelin 344-H8

⅋○ L'ATELIER DE FRED

MÉDITERRANÉENNE • **BISTRO** ⅹ C'est une adresse où les habitués se pressent. Le sens de l'accueil de Fred, la cuisine méditerranéenne goûteuse et gorgée de soleil de David, son associé, et ce je-ne-sais-quoi qui fait la différence. La majorité des légumes et herbes aromatiques servis au restaurant sont issus du potager de mille mètres carrés du chef. Le menu du déjeuner est d'un excellent rapport qualité/prix, la cuisine très soignée. On se régale.

⍾ 🛱 ⏅ – Menu 28 € (déjeuner), 45/58 € – Carte 40/60 €

12 rue Saint-Férreol – ℰ 04 68 95 47 41 – Fermé lundi, dimanche

CLARA

✉ 66500 – Pyrénées-Orientales – Carte régionale n° **21**–B3 – Carte Michelin 344-F7

🏡 LES LOGES DU JARDIN D'AYMERIC

TRADITIONNELLE • **AUBERGE** ⅹⅹ Une adresse campagnarde comme on les aime, où l'on travaille avec une passion intacte ! Mordu de bons produits, le chef travaille les légumes de son potager, les agrumes des environs, et réalise lui-même son pain à base de farines anciennes. Pour le reste, service simple et familial, tarifs raisonnables : on passe un super moment.

Spécialités : Foie gras mi-cuit et sorbet betterave. Risotto de seiche, émulsion citron-tomate. Millefeuille déstructuré, framboises du jardin et sorbet framboise.

⇔ ⍾ 🄿 – Menu 32/46 €

7 rue du Canigou – ℰ 04 68 96 08 72 – www.logesaymeric.com – Fermé 1er-31 janvier, lundi midi, dimanche soir

COCURÈS

✉ 48400 – Lozère – Carte régionale n° **21**–C1 – Carte Michelin 330-J8

⅋○ LA LOZERETTE

MODERNE • **ÉLÉGANT** ⅹⅹ Au cœur des Cévennes, une auberge charmante, dont le chef propose des assiettes bien ficelées en utilisant la production régionale. Côté vins, même satisfaction : Pierrette, sommelière émérite, vous aide à choisir parmi les 300 références de la carte. N'oublions pas, enfin, le superbe plateau de fromages...

❀ ⇔ ⍾ 🄿 – Menu 31/57 € – Carte 40/57 €

La Lozerette – ℰ 04 66 45 06 04 – www.lalozerette.com –
Fermé 12 novembre-1er avril, lundi midi, mardi midi, mercredi midi

COLLIOURE

✉ 66190 – Pyrénées-Orientales – Carte régionale n° **21**–B3 – Carte Michelin 344-J7

✿ LA BALETTE

MODERNE • **COSY** ⅹⅹⅹ Sur la route de Port-Vendres, tous les parfums de la région se donnent rendez-vous dans ce restaurant baigné de soleil, qui regarde la rade et la belle Collioure les pieds dans l'eau... Une vue imprenable au service d'assiettes de la mer mettant en valeur les poissons de première fraîcheur, issus de la pêche locale, et plus généralement les produits catalans. Et en plus de toutes ces qualités, la cuisine bénéficie du compagnonnage d'une belle carte des vins.

Spécialités : Oignon de Toulouges en déclinaison gourmande. Rouget cuisiné comme un ranxo de Villanova, boudin de poulpe. "Rave party", céleri, orange et Grand Marnier.

❀ ⇔ ≼ 🛱 ⏅ 🄿 – Menu 54/129 €

Relais des Trois Mas, Route de Port-Vendres – ℰ 04 68 82 05 07 –
www.relaisdestroismas.com – Fermé 21 novembre-5 février, lundi, mardi

origine
#France

METRO S'ENGAGE

À VALORISER DES PRODUITS FRANÇAIS
COMME LES HUÎTRES DE STÉPHANE TYPHAIGNE,
OSTRÉICULTEUR À ASNELLES
(CALVADOS)

f ▶ ⓟ ⓘ
METRO.fr

METRO

origine
#France

METRO S'ENGAGE

À VALORISER DES PRODUITS FRANÇAIS
COMME LES FROMAGES D'EXCEPTION DE
LA FAMILLE HUSZAK, PRODUCTEURS À RÉTY
(PAS-DE-CALAIS)

METRO.fr

METRO

🍴 LE 5ÈME PÉCHÉ

MODERNE · ÉPURÉ 🛱 Un chef tokyoïte passionné de mets français et de vins... et sa petite table du vieux Collioure : quand le Japon rencontre la Catalogne ! Alors bien sûr, on déguste ici une cuisine fusion, où le poisson ultrafrais est roi.

🔠 – Menu 30 € (déjeuner), 41/62 €

18 rue de la Fraternité – 𝒞 04 68 98 09 76 – www.le5peche.com –
Fermé 14 février-2 mars, lundi, dimanche

🍴 EL CAPILLO

MODERNE · BISTRO 🛱 Ce petit bistrot du centre piétonnier de Collioure ne paye pas de mine et tant mieux : on évite ainsi les grappes de touristes. Le menu du midi se révèle d'un remarquable rapport qualité/prix, les poissons sont de première fraîcheur, les préparations aussi soignées que goûteuses. Une cuisine bourré de peps, qu'on accompagne d'une jolie petite sélection de vins du cru. Une adresse qui donne le sourire, emmenée par un nouveau chef de cuisine enthousiaste.

Menu 25 € (déjeuner)/30 € – Carte 40/50 €

2 rue Pasteur – 𝒞 04 68 82 48 23 – Fermé 1ᵉʳ janvier-28 février, lundi, mardi

COLOMBIÈRES-SUR-ORB

✉ 34390 – Hérault – Carte régionale n° 21–B2 – Carte Michelin 339-D7

🍴 LA MÉCANIQUE DES FRÈRES BONANO

MODERNE · AUBERGE 🛱🛱 Au sein de la "Mécanique des Frères Bonano", un décor tout de granit et de bois. Dans l'assiette, des produits de saison fins et bien travaillés, à l'image de ce turbot, petit pois, framboises et jus de viande, une franche réussite. Jolie sélection de vins de la région, et formule tapas au bistrot. Service professionnel et souriant.

� ⇐ 🏠 🏡 ⚹ 🔠 🅿 – Menu 45/115 €

Lieu-dit La Mécanique – 𝒞 04 67 97 30 52 – www.lamecaniquedesfreresbonano.fr –
Fermé 1ᵉʳ-15 janvier, 24 avril-2 mai, 1ᵉʳ-5 septembre, lundi soir, mardi, mercredi

COLOMBIERS

✉ 34440 – Hérault – Carte régionale n° 21–B2 – Carte Michelin 339-D9

🍴 AU LAVOIR

MÉDITERRANÉENNE · ÉLÉGANT 🛱🛱 Voisine du canal du Midi, cette belle maison jaune semble rayonner, particulièrement quand le soleil baigne son jardin verdoyant (avec terrasse). Pleinement inspirée par la Méditerranée, la cuisine fait la part belle au produit et embaume les parfums du Sud. N'hésitez pas à réserver l'une des élégantes chambres de l'étage.

⇐ 🏡 🔠 🅿 – Menu 25 € (déjeuner), 32/59 € – Carte 45/60 €

Rue du Lavoir – 𝒞 04 67 26 16 15 – www.au-lavoir.com

COMBES

✉ 34240 – Hérault – Carte régionale n° 21–B2

😊 AUBERGE DE COMBES

MODERNE · AUBERGE 🛱 Dans cette auberge perchée sur les hauteurs de la vallée de l'Orb, on tire le meilleur du terroir et des produits de saison. Dans l'assiette comme dans le paysage, la suavité brute domine... Excellent rapport qualité-prix.

Spécialités : Foie gras cuit aux sarments. Escargots petit-gris au pata negra. Millefeuille au caramel.

⇐ 🏡 🔠 – Menu 25 € (déjeuner), 33/61 € – Carte 50/65 €

Le bourg – 𝒞 04 67 95 66 55 – www.aubergedecombes.com –
Fermé 2 janvier-7 février, lundi, mardi, dimanche soir

CRUZY

✉ 34310 – Hérault – Carte régionale n° **21**–B2 – Carte Michelin 339-C8

🕲 **LE TERMINUS**

TRADITIONNELLE · BISTRO ✗ Terminus ! Tous les gourmands sont invités à descendre dans cette gare reconvertie en un petit bistrot convivial. Il est des arrêts indispensables, celui-ci en est un avec sa généreuse cuisine traditionnelle : croustillant de pied de cochon, purée maison, baba au rhum... Bon rapport saveurs-prix !

Spécialités : Vol au vent de volaille, champignons et sauce foie gras. Épaule d'agneau confite au citron. Baba chantilly à la fine du Languedoc.

🖝 🛱 🎞 🅿 – Menu 21 € (déjeuner), 34/50 € – Carte 40/68 €

Avenue de la Gare – ℰ 04 67 89 71 26 – www.leterminus-cote-gare.fr –
Fermé 17 février-10 mars, 19 octobre-3 novembre, lundi, dimanche soir

CUCUGNAN

✉ 11350 – Aude – Carte régionale n° **21**–B3 – Carte Michelin 344-G5

🍴○ **AUBERGE DU VIGNERON**

TRADITIONNELLE · AUBERGE ✗✗ Terroir et tradition sont les deux piliers de cette agréable auberge : dans la salle, trois énormes tonneaux rappellent la vocation viticole des lieux. En terrasse, avec vue sur le vignoble, on déguste un dos de morue au jus de persil, ou un pintadeau en croûte, sauce aux morilles... En prime : quelques chambres joliment arrangées.

🖝 🛱 – Menu 26/38 € – Carte 35/60 €

2 rue Achille-Mir – ℰ 04 68 45 03 00 – www.auberge-vigneron.com –
Fermé 11 novembre-1er mars, lundi

FLEURY

✉ 11560 – Aude – Carte régionale n° **21**–B2

🕲 **LA TULIPE NOIRE** ℕ

MODERNE · AUBERGE ✗ Dans ce chai transformé avec goût, le chef et sa femme suivent les saisons au plus près, notamment grâce à leur propre potager qui fournit l'essentiel des légumes que vous dégusterez ici. Derrière les intitulés de plats volontairement simples se cache une cuisine finement technique qui revisite volontiers les classiques (pistou, soupe à l'oignon, tarte tatin).

Spécialités : Comme une soupe à l'oignon, gratinée au cantal jeune. Volaille fermière en deux cuissons, gratin de macaronis au jus de viande. Tarte Tatin.

🛱 – Menu 20 € (déjeuner), 35/60 € – Carte 50/70 €

1 rue du Ramonétage – ℰ 04 68 46 59 80 – www.restaurant-tulipenoire.fr –
Fermé 19 octobre-3 novembre, lundi soir, mardi, mercredi

FLORAC

✉ 48400 – Lozère – Carte régionale n° **21**–C1 – Carte Michelin 330-J9

🍴○ **L'ADONIS**

MODERNE · CONVIVIAL ✗✗ La carte et les menus de cette auberge familiale rendent hommage au pays cévenol et s'aventurent aussi à travers les régions voisines ; on y profite aussi d'un service attentionné et d'une jolie sélection de vins de tout le Languedoc-Roussillon.

🕭 🅿 – Menu 29/55 € – Carte 50/56 €

Gorges du Tarn, 48 rue Pêcher – ℰ 04 66 45 00 63 – www.hotel-gorgesdutarn.com –
Fermé 1er janvier-3 avril, 2 novembre-31 décembre, mercredi midi

FONT-ROMEU-ODEILLO-VIA

✉ 66120 – Pyrénées-Orientales – Carte régionale n° **21**–A3 – Carte Michelin 344-D7

LA CHAUMIÈRE

CATALANE • AUBERGE XX Rangez les skis ! À l'entrée de la station, on ne résiste pas à cette sympathique chaumière où le bois domine. Au menu : une belle sélection de mets catalans et de vins régionaux. Le patron est un amoureux des bonnes choses (viandes de choix, légumes locaux) et a même créé... une cave à jambons !

Spécialités : Gaspacho de betterave, buratina et sablé au piment d'Espelette. Pressa de cochon ibérique, jus corsé au beurre noisette. Baba au rhum et crème fouettée.

🌤 ⇔ – Menu 24 € (déjeuner), 30/65 € – Carte 47/65 €

96 avenue Emmanuel-Brousse – ℰ 04 68 30 04 40 – www.restaurantlachaumiere.fr – Fermé 25 avril-27 juin, 27 septembre-28 novembre, lundi

FONTJONCOUSE

✉ 11360 – Aude – Carte régionale n° **21**-B3 – Carte Michelin 344-H4

❀❀❀ AUBERGE DU VIEUX PUITS

Chef : Gilles Goujon

CRÉATIVE • DESIGN XXX L'aubergiste des Corbières : ainsi surnomme-t-on parfois Gilles Goujon, à qui l'on doit d'avoir placé le minuscule village de Fontjoncouse, dans l'Aude, sur la carte de la haute gastronomie française. Ses marques de fabrique ? La sincérité et le savoir-faire. Les habitués le savent, chacune de ses assiettes est faite avec le cœur. Goujon n'a pas son pareil pour s'effacer derrière le produit et le laisser s'exprimer dans toute sa simplicité : la marque des grands. On se contentera de citer son incontournable œuf "pourri" de truffes melanosporum avec purée de champignons, émulsion mousseuse à la truffe, briochine tiède et velouté : le plat superstar de la maison, à juste titre ! Le reste du repas est du même tonneau, précis et affirmé, soigné et généreux, jamais dans l'esbroufe : l'excellence, tout simplement.

Spécialités : Œuf de poule pourri de truffes, briochine tiède et cappuccino à boire. Rouget barbet, pomme bonne bouche fourrée d'une brandade en "bullinada". Citron de Menton cassant, sorbet citrus bergamote et kumquat, crème thym citron.

❀ ⇆ ᗱ 🅰🅲 ⇔ 🅿 – Menu 135 € (déjeuner), 195/225 € – Carte 177/197 €

5 avenue Saint-Victor – ℰ 04 68 44 07 37 – www.aubergeduvieuxpuits.fr – Fermé 28 novembre-26 mars, lundi, mardi, dimanche soir

LA GARDE

✉ 48200 – Lozère – Carte régionale n° **24**-C3 – Carte Michelin 330-H5

⊫○ CHÂTEAU D'ORFEUILLETTE

MODERNE • ROMANTIQUE XX Atmosphère châtelaine, feutrée et romantique pour une table associant élégance des vieilles pierres et esprit très contemporain. Avec de bons produits locaux, le chef concocte une cuisine d'aujourd'hui, fine et plaisante. Côté chambre, ce hôtel du 19e s. au milieu de son parc, joue résolument la carte du contemporain et du glamour... entre Aubrac et Margeride.

❀ ⇆ ᗱ 🖵 🅿 – Menu 49/72 €

ℰ 04 66 42 65 65 – www.chateauorfeuillette.com – Fermé 1er novembre-1er avril, lundi, mardi midi, mercredi midi, jeudi midi, vendredi midi, samedi midi

⊫○ LE ROCHER BLANC

MODERNE • TENDANCE X Une auberge campagnarde et... branchée ! Le chef, fan de déco, aime bousculer les habitudes, dans le décor – aux styles mêlés – comme dans l'assiette. À la carte : goût du terroir et zeste d'audace (escargots de Massiac sautés avec une touche d'anis et de parmesan, pavés de lotte rôtis au vinaigre de Xérès...). Une réussite !

❀ ⇆ ᗱ 🌤 🅰🅲 🅿 – Menu 25/42 € – Carte 30/60 €

Route du Gévaudan – ℰ 04 66 31 90 09 – www.lerocherblanc.com

GARONS

✉ 30128 – Gard – Carte régionale n° **21**-D2 – Carte Michelin 339-L6

⁂ ⁂ **ALEXANDRE**

Chef: Michel Kayser

MODERNE • ÉLÉGANT XxxX Son site Internet annonce la couleur : "les mets peuvent évoluer selon l'arrivage de produits frais et l'inspiration du chef". Tout est dit ! Entre Nîmes et Arles, au sein d'un parc peuplé de cèdres centenaires, Michel Kayser fait ce qu'il sait faire de mieux : cuisiner avec le cœur, magnifier les produits, utiliser sa palette technique à bon escient pour susciter l'émotion des voyageurs de passage...

C'est bien simple : dans le département, aucun chef ne célèbre le Sud avec autant de précision, avec autant d'aplomb. Huîtres Tarbouriech et coquillages en gelée de cardamome, ou encore tielle de Sète aux coudes de homards et crabes, encornets de Méditerranée et gambero rosso... Un cortège de produits méditerranéens, terre et mer confondues, et un authentique régal pour nos papilles ouvertes aux quatre vents. Avec la patte d'un chef pareil, cet Alexandre est assurément grand.

Spécialités: Tartare de taureau de Camargue, sorbet de salicorne et spiruline. Rouget de Méditerranée, raviole à la tapenade de picholine et jus d'arêtes torréfiées. Écrin de gourmandises «Kayser».

🐌 ⇪ 🏠 ᴋ 🅰 ✿ 🅿 – Menu 64 € (déjeuner), 165/215 € – Carte 110/170 €

2 rue Xavier-Tronc – ✆ 04 66 70 08 99 – www.michelkayser.com –
Fermé 15 février-9 mars, 23 août-7 septembre, lundi, mardi, dimanche soir

GAUJAC

✉ 30330 – Gard – Carte régionale n° **21**-D2 – Carte Michelin 339-M4

⊚ **LA MAISON**

MODERNE • BISTRO X On se sent bien, un peu comme à La Maison, dans cette ancienne demeure de vignerons ! Dans les salles, magnifiques écrins de pierre, on savoure une goûteuse cuisine du marché, réalisée par madame. Monsieur, lui, s'occupe de la belle sélection de vins qui comprend notamment des crus du village. Le tout à petits prix.

🐌 🏠 ᴋ – Menu 25 € (déjeuner), 38/45 € – Carte 40 €

Rue du Presbytère – ✆ 04 66 39 33 08 – www.lamaison.gaujac.com – Fermé mercredi soir, samedi, dimanche

GÉNÉRAC

✉ 30510 – Gard – Carte régionale n° **21**-D2 – Carte Michelin 339-L6

⊚ **L'INSTANT DU SUD**

MODERNE • COSY X Une jolie maison en pierre au cœur de ce village proche du Parc naturel régional de Camargue. Une terrasse sous les canisses, une petite salle à l'atmosphère intime : l'endroit est accueillant et les assiettes du chef achèvent de nous séduire. Bien tournées et actuelles, elles révèlent un excellent rapport qualité-prix !

🏠 ᴋ 🅰 – Menu 27 € (déjeuner), 34/38 €

39 Grand-Rue – ✆ 04 66 02 03 93 – www.instantdusud.fr – Fermé lundi, dimanche et le soir sauf vendredi et samedi

LE GRAU-DU-ROI

✉ 30240 – Gard – Carte régionale n° **21**-C2 – Carte Michelin 339-J7

⊚ **L'AMARETTE**

POISSONS ET FRUITS DE MER • ÉLÉGANT XX Près de la plage, ce restaurant dispose d'une terrasse en étage qui offre une belle vue sur la baie d'Aigues-Mortes. Agréable cuisine de la mer.

⇜ 🏠 ᴋ 🅰 – Menu 28 € (déjeuner), 45/56 €

Centre Commercial Camargue 2000, Port-Camargue – ✆ 04 66 51 47 63 – www.l-amarette.com – Fermé 1ᵉʳ-29 janvier, mardi, mercredi

ⅠⅠ◯ SPINAKER

MÉDITERRANÉENNE • CONTEMPORAIN 𝕏𝕏 Une cuisine méditerranéenne dans l'air du temps (ceviche de dorade et pickles d'oignons rouges, par exemple), à savourer dans une salle moderne ou sur la jolie terrasse ouverte sur la marina et ses bateaux de plaisance. Chambres plaisantes dans une ambiance vacances.

⇦ 🛧 🖨 🅰🅲 🅿 – Menu 53 €

Voie de la Pointe-du-Môle, Port-Camargue – ℰ 04 66 53 36 37 –
www.spinaker.com – Fermé 1ᵉʳ janvier-5 mars, mardi

ⅠⅠ◯ LE COMPTOIR DES VOILES

MODERNE • CONVIVIAL 𝕏 Que l'on aime cette petite adresse tout en simplicité ! Service et ambiance décontractés, salle au coude-à-coude, cuisine du marché basée sur les produits de la mer, avec entrées sous forme de tapas : par exemple, poulpe en persillade, huîtres de Bouzigues, encornets frits... Le tout face au port de plaisance, pour ne rien gâcher.

⇦ 🛧 – Menu 20 € (déjeuner) – Carte 30/80 €

3 quai Bougainville, Port-Camargue (à la Capitainerie) – ℰ 04 66 51 66 67 –
Fermé 1ᵉʳ-7 janvier

LAGRASSE

✉ 11220 – Aude – Carte régionale n° **21**-B3 – Carte Michelin 344-G4

⊛ LE BASTION

MODERNE • RUSTIQUE 𝕏 Cet ancien bastion médiéval du huitième siècle se situe dans un village au cœur du massif des Corbières, réputé pour son abbaye bénédictine médiévale. On s'installe dans l'une des deux jolies salles rustiques pour déguster une « cuisine avant-garde rurale », inspirée d'Auguste Escoffier mais modernisée, avec de nettes influences régionales - ainsi la bisque de crabe vert, ses foies blonds de volaille et son aïoli. Petite carte de tapas et grande terrasse. Une sympathique adresse.

Spécialités : Bisque de crabe vert de Méditerranée, foie blond de volaille. Notre version d'un aïgo boulido au merlu. Vacherin au citron, huile d'olive-basilic, sorbet citron.

🛧 – Menu 21 € (déjeuner), 33/60 € – Carte 34/48 €

50 boulevard de la Promenade – ℰ 04 68 12 02 51 –
www.restaurant-bastion-lagrasse.fr – Fermé lundi, mardi, dimanche soir

ⅠⅠ◯ HOSTELLERIE DES CORBIÈRES

RÉGIONALE • SIMPLE 𝕏 Dans cette maison de caractère, le savoir-faire du chef fait honneur au terroir et aux beaux produits locaux, agrémentés dans une veine moderne et créative. L'été, profitez de la terrasse. Quelques chambres pour la nuit.

⇦ 🛧 – Menu 24/35 € – Carte 24/35 €

9 Boulevard de la Promenade – ℰ 04 68 43 15 22 –
www.hostellerie-des-corbieres.com – Fermé 20 décembre-2 janvier, jeudi

LAROQUE-DES-ALBÈRES

✉ 66740 – Pyrénées-Orientales – Carte régionale n° **21**-B3 – Carte Michelin 344-I7

⊛ CÔTÉ SAISONS

MODERNE • BISTRO 𝕏 C'est au Ritz, à Paris, que le couple s'est rencontré. Elle était en salle, lui en cuisine, comme aujourd'hui dans leur restaurant. Une bâtisse du 19ᵉ s. avec un jardin fleuri et une jolie terrasse pour être toujours... Côté Saisons, à l'instar des recettes, savoureuses et bien ficelées ! De plus, le service est tout sourire.

Spécialités : Tête de veau tiède à la moutarde de Charroux. Cochon confit, miel et gingembre. Inspiration du vacherin, fèves de tonka, chocolat noir et crémeux caramel.

⇦ 🛧 ♿ ✿ – Menu 34/44 €

10 avenue de la Côte-Vermeille – ℰ 04 34 12 36 51 – www.cotesaisons.com –
Fermé 2 janvier-3 février, 15 novembre-1ᵉʳ décembre, lundi, mardi, mercredi

LASTOURS

✉ 11600 – Aude – Carte régionale n° **21**–B2 – Carte Michelin 344-F3

 LE PUITS DU TRÉSOR

Chef: Jean-Marc Boyer

MODERNE • COSY ✕✕ Jean-Marc Boyer est un véritable artisan, et sa passion ne fait aucun doute : lors de balades en solitaire dans les collines environnantes, il déniche l'inspiration pour sa cuisine. Herbes aromatiques, asperges sauvages ou ail des ours viennent ainsi agrémenter des plats colorés, de facture assez simple, aux saveurs nettes et bien maîtrisées. À titre d'exemple : merlu à la truffe d'Alba, ou encore agneau, cèpes et fine raviole d'échalotes fondues... Le tout est proposé dans un menu unique où l'on va de surprise en surprise. Épurée, presque japoni-sante, la nouvelle décoration signée Régis Dho est désormais à l'unisson de cette cuisine qui vise l'épure. Petite note à l'attention des mangeurs pressés : le repas peut s'étirer en longueur, armez-vous de patience !

Spécialités: Cuisine du marché.

😤 ♿ 🔟 – Menu 55/110 €

21 route des Quatre-Châteaux – ✆ 04 68 77 50 24 – www.lepuitsdutresor.com – Fermé lundi, mardi

LAVÉRUNE

✉ 34880 – Hérault – Carte régionale n° **21**–C2

 DOMAINE DE BIAR   `Tablet. PLUS`

MAISON DE MAÎTRE • PERSONNALISÉ Cette très belle bâtisse de maître datant de la fin du dix-huitième siècle a été entièrement rénovée dans une optique éco-responsable : recyclage des eaux usées pour l'arrosage du potager en permaculture, chauffage et refroidissement par pompe à chaleur, eau filtrée et réduction des emballages plastiques, etc. Ici, on se reconnecte avec la nature, notamment au travers de la "médiation équine". Chambres confortables, maté-riaux de qualité, joli parc et superbe piscine extérieure. La pleine campagne, non loin de Montpellier.

☆ 🛏 ⊐ ♿ 🅿 – 11 chambres

Chemin de Biar – ✆ 04 67 65 70 06 – www.domainedebiar.com

LEUCATE

✉ 11370 – Aude – Carte régionale n° **21**–B3 – Carte Michelin 344-J5

 LE GRAND CAP

Chef: Erwan Houssin

MODERNE • DESIGN ✕✕ Erwan Houssin et Pamela, son épouse pâtissière, ont décidé de jeter l'ancre sur le plateau de Leucate. Comme on les comprend : la vue embrasse l'ensemble du littoral de Sète jusqu'au massif des Albères. Devant eux, la mer et ses richesses, derrière eux, la garrigue avec ses herbes, ses vignes et ses oliviers. Breton d'origine mais élevé dans les montagnes de l'Hérault, Erwan Houssin navigue entre viande et poisson, entre Atlantique et Méditerranée. Le bœuf de l'Aubrac surfe sur les anchois catalans et les lentilles de Corbières. Le homard bleu breton vogue avec le lard de Bigorre. La langoustine du Guilvinec voyage avec du caviar des Pyrénées. Il récolte lui-même sur la falaise le fenouil, le thym, le romarin et la sarriette sauvage dont il tire de remarquables infusions, jus et sauces... Embarquement immédiat.

Spécialités: Foie gras de canard poché au rivesaltes grenat, melon et pois gour-mand. Loup de pêche locale, variation d'artichaut du Roussillon. Framboise du Roussillon et réglisse fraîche du jardin au chocolat.

🍃 ♿ 🔟 🅿 – Menu 42 € (déjeuner), 59/95 €

Chemin du Phare – ✆ 09 67 78 13 73 – www.restaurant-grand-cap.fr – Fermé 8-30 janvier, 26-30 octobre, mardi, mercredi, dimanche soir

🏠 19-21

BOUTIQUE HÔTEL · TENDANCE Depuis la rue, rien ne distingue cette ancienne maison vigneronne devenue hôtel... et pour cause, tout se joue à l'intérieur, avec un décor qui mêle l'ancien (meubles chinés, vieux carrelage, table en bois brut) et le moderne (luminaires design, vitrail signé). Les chambres sont charmantes, certaines avec terrasse ou loggia.

🏊 🐾 🗓 ఈ 🆎 🅿 – 20 chambres

19 avenue Francis-Vals – ℰ 04 68 27 68 44 – www.hotel19-21.com

LIMOUX

✉ 11300 – Aude – Carte régionale n° **21**-B3 – Carte Michelin 344-E4

ⅠⓄ TANTINE ET TONTON

MODERNE · CLASSIQUE ✕✕ Tantine et Tonton sont installés sous les hauts plafonds à moulures du Grand Hôtel Moderne et Pigeon. Dans ce décor délicieusement rétro – vieux parquets, lustres et grands miroirs – ou sur la terrasse ombragée, ils proposent une bonne cuisine dans l'air du temps. Chambres pour l'étape.

⇦ 🛋 ⇔ – Menu 36/42 €

Grand Hôtel Moderne et Pigeon, 1 place du Général-Leclerc (près de la poste) – ℰ 04 68 31 21 95 – www.tantinetonton.fr – Fermé lundi soir, dimanche

LA LLAGONNE

✉ 66210 – Pyrénées-Orientales – Carte régionale n° **21**-A3 – Carte Michelin 344-D7

ⅠⓄ LA TABLE DU CAPIL

TRADITIONNELLE · FAMILIAL ✕ Aux commandes de cette auberge, Fabrice Dubos, ancien chef de Dutournier, qui a ouvert et tenu pour lui le Pinxo, puis le Mangetout. Il réalise une partition d'aubergiste, sorte de cuisine familiale réinterprétée, à base de produits locaux. Ici, tout est garanti "maison". Chambres agréables pour l'étape.

⇦ 🛋 ఈ 🅿 – Menu 19 € (déjeuner), 29/32 €

Corrieu, Carrer de la Quillane – ℰ 04 68 04 94 48 – www.hotel-corrieu.fr – Fermé 29 mars-30 avril, lundi midi

LUC-SUR-ORBIEU

✉ 11200 – Aude – Carte régionale n° **21**-B3 – Carte Michelin 344-H3

ⅠⓄ LA LUCIOLE

TRADITIONNELLE · BISTRO ✕ Le chef a réalisé un rêve d'enfant en rachetant ce café sur la petite place du village. Autodidacte passionné, il concocte avec sa fille une cuisine simple et goûteuse, faisant la part belle aux produits locaux ; galettes croustillantes aux pieds de cochon, morue gratinée à l'aïoli, baba au rhum et sorbet mojito. À déguster en terrasse, à l'ombre d'un platane centenaire.

🛋 – Menu 24/46 € – Carte 33/56 €

3 place de la République – ℰ 04 68 40 87 74 – www.restaurantlaluciole.fr – Fermé mercredi, samedi midi, dimanche soir

LUNEL

✉ 34400 – Hérault – Carte régionale n° **21**-C2 – Carte Michelin 339-J6

ⅠⓄ LE BISTROT DE CARO

MODERNE · BISTRO ✕ Dans ce petit bistrot de centre-ville, ambiance décontractée et recettes du marché vont main dans la main. La chef, autodidacte, régale avec les produits de la saison, qu'elle travaille avec attention et générosité. Elle réalise même de la charcuterie, grâce aux leçons reçues de son père boucher-charcutier...

🛋 ఈ 🆎 – Menu 35/45 €

129 cours Gabriel-Péri – ℰ 04 67 15 14 55 – Fermé lundi soir, mardi, mercredi, dimanche soir

LA MALÈNE

✉ 48210 – Lozère – Carte régionale n° **21**–C1 – Carte Michelin 330-H9

🍽○ **CHÂTEAU DE LA CAZE**

MODERNE · **ROMANTIQUE** XX On s'attable dans l'élégante salle à manger du château – parquets, cheminée, fauteuils à hauts dossiers – pour déguster un filet de bœuf d'Aubrac, un foie gras poêlé et framboise, crème de cèpes, un carré d'agneau, figues et Panais ... La carte est appétissante et les saveurs bien présentes.

🐾 ⇦ ⇐ 🛏 🛎 ⇔ **P** – Menu 25 € (déjeuner), 35/60 € – Carte 37/63 €

Route des Gorges-du-Tarn – 𝒞 04 66 48 51 01 – www.chateaudelacaze.com – Fermé 15 octobre-10 avril

MARSEILLAN

✉ 34340 – Hérault – Carte régionale n° **21**–C2 – Carte Michelin 339-G8

🍽○ **LA TABLE D'EMILIE** ●

MODERNE · **ÉLÉGANT** XX La maison natale du poète Achille Maffre de Baugé accueille un restaurant très couru : cuisine gourmande et appliquée, bien adossée à la tradition (excellent pâté en croûte !), produits frais, bon rapport qualité-prix... Le tout à déguster sous les voûtes de la salle à manger, ou dans un agréable patio.

🛎 & 🅼 – Menu 25 € (déjeuner), 39/65 € – Carte 55/70 €

8 place Couverte – 𝒞 04 67 77 63 59 – Fermé lundi, mardi

🏨 **LE DOMAINE TARBOURIECH**

SPA ET BIEN-ÊTRE · **PERSONNALISÉ** Cette ancienne maison bourgeoise de vigneron, perdue dans les vignes de Picpoul, à deux pas de l'étang de Thau, pratique l'ostréathérapie, un traitement cosmétique à base de nacre de coquilles d'huîtres. Ici, les chambres se nomment Casanova, Japon, Nacre ou Jefferson. Superbe spa, détente assurée.

⛺ 🌺 ⇦ 🏋 🌐 🍸 ⊡ & 🅼 ⚙ **P** – 15 chambres

Chemin de Villemarin – 𝒞 04 48 14 00 30 – www.domaine-tarbouriech.fr

LES MATELLES

✉ 34270 – Hérault – Carte régionale n° **21**–C2 – Carte Michelin 339-H6

🍽○ **LE PIC SAINT-LOUP**

MODERNE · **AUBERGE** X Cet ancien chai transformé en restaurant est installé dans un joli village du Moyen-Âge au pied du Pic Saint-Loup, sommet emblématique du nord de Montpellier. En semaine, la table explore une tradition gastronomique étrangère tandis que le week-end le chef propose un menu dégustation unique, inspiré par le marché et son humeur. Produits d'une grande fraîcheur, recettes bien menées, excellent choix de petits vins locaux.

🛎 **P** – Menu 45 € – Carte 26/50 €

176 route de Montpellier – 𝒞 04 67 84 35 18 – www.lepicsaintloup.fr – Fermé lundi, mardi, dimanche soir

MENDE

✉ 48000 – Lozère – Carte régionale n° **21**–C1 – Carte Michelin 330-J7

🍲 **LA SAFRANIÈRE**

MODERNE · **FAMILIAL** XX Une étape gourmande sur les premières marches du Gévaudan, sur le site d'une ancienne exploitation de safran. Dans un décor frais et coloré, on apprécie une jolie cuisine de saison ; les vins et fromages de la région sont à l'honneur.

Spécialités : Truite légèrement fumée, crème ciboulette, chou chinois. Gigot d'agneau rôti à l'ail, jus à la niora, haricots tarbais. Tarte fine aux abricots et romarin, glace au miel de châtaignier.

& ⇔ – Menu 32/42 €

52 rue du Lavoir, hameau de Chabrits – 𝒞 04 66 49 31 54 – www.restaurant-la-safraniere.fr – Fermé 15 février-14 mars, lundi, mardi, mercredi, dimanche soir

🍴 **RESTAURANT DE FRANCE**

MODERNE · **ROMANTIQUE** XX Tourte au ris de veau, côtes d'agneau d'Auxillac, financier aux prunes... Le chef concocte une bonne cuisine du marché qui fait la part belle aux produits du terroir, et l'équipe compétente et motivée rend ce moment agréable. Un lieu sympathique !

↢ 🛵 ᕭ 🕏 **P** 🚗 – Menu 37/63€

Hôtel de France, 9 boulevard Lucien-Arnault – ℰ 04 66 65 00 04 –
www.hoteldefrance-mende.com – Fermé 19 décembre-4 janvier, lundi midi, samedi midi

MÈZE

✉ 34140 – Hérault – Carte régionale n° **21**–C2 – Carte Michelin 339-G8

🍴 **LES PALMIERS**

MODERNE · **ÉLÉGANT** X On monte quelques marches pour accéder à la terrasse de ce restaurant. Tout, dans cette maison du 18e s., respire l'élégance (mobilier en rotin, pierre de pays au sol), et le restaurant ne fait pas exception : on s'y régale des créations fines et pétillantes, basées sur de bons produits frais.

↢ 🛵 🄰 **P** – Menu 19€ (déjeuner), 34/42€

31 bis avenue de Montpellier – ℰ 04 34 53 55 65 – www.villa-lespalmiers.fr –
Fermé lundi, dimanche

MINERVE

✉ 34210 – Hérault – Carte régionale n° **21**–B2 – Carte Michelin 339-B8

🍴 **RELAIS CHANTOVENT**

TRADITIONNELLE · **AUBERGE** X Une charmante petite auberge en pays cathare... Ici, point de voiture ; les gourmands, tels des pèlerins, viennent à pied pour déguster la spécialité de la maison, le médaillon de veau farci à la sauge et cuit 26 heures à basse température... une recette de la grand-mère de la patronne ! Les autres plats, délicieux, sont réalisés avec les produits des marchés locaux. Le must : la terrasse et sa vue plongeante sur la vallée du Briant.

↢ ≼ 🛵 – Menu 29/62€ – Carte 35/55€

17 Grand-Rue – ℰ 04 68 91 14 18 – www.relaischantovent-minerve.fr –
Fermé 20 décembre-6 février, mardi, mercredi, dimanche soir

MOLITG-LES-BAINS

✉ 66500 – Pyrénées-Orientales – Carte régionale n° **21**–B3 – Carte Michelin 344-F7

🍴 **CHÂTEAU DE RIELL**

MODERNE · **ÉLÉGANT** XxX En plein cœur des Pyrénées catalanes, ce restaurant raffiné puise dans les produits du riche terroir local pour offrir une cuisine vive et pleine de goût ; on déguste en terrasse, en contemplant la cime enneigée du mont Canigou, au loin...

⅛⅛ 🛏 🛵 **P** 🚗 – Menu 39€ (déjeuner), 49/69€

Château de Riell – ℰ 04 68 05 04 40 – www.chateauderiell.com –
Fermé 1er janvier-2 avril, le mardi et le midi sauf dimanche

🍴 **CAFÉ CASALS**

TRADITIONNELLE · **ÉLÉGANT** XX Dans ce restaurant aux couleurs du Sud et de la Catalogne, où trône le portrait de Pablo Casals (qui était habitué des lieux), curistes et gourmands peuvent ripailler ensemble. Deux types de cuisine sont proposés, signés Michel Guérard : "Santé Nature" – réservé aux résidents –, ou "d'Appétit", pour les gourmands.

↢ 🛏 🛵 🕏 **P** 🚗 – Menu 35€

Le Grand Hôtel, Le Grand Hôtel – ℰ 04 68 05 00 50 – www.grandhotelmolitg.com –
Fermé 5 décembre-27 mars, dimanche

OCCITANIE · LANGUEDOC-ROUSSILLON

🏯 CHÂTEAU DE RIELL

DEMEURE HISTORIQUE · PERSONNALISÉ Malgré ses faux airs de nid d'aigle, ce château se révèle baroque et chaleureux. Les chambres sont décorées avec goût et originalité, la luxuriance du parc est un vrai bonheur, et l'on prend son petit-déjeuner dans une datcha... sans parler de la vue sur le Canigou !

♨ ⇐ 🏊 🖃 📻 ♨ 🅿 🚗 – 17 chambres

Château de Riell – ℰ 04 68 05 04 40 – www.chateauderiell.com

🍴 **Château de Riell** – Voir la sélection des restaurants

MONTAGNAC

✉ 34530 – Hérault – Carte régionale n° **21**-C2

🍴 CÔTÉ MAS

MODERNE · ÉLÉGANT 🕇 Au milieu des vignes, un restaurant chaleureux et joliment décoré : objets d'art contemporain, mobilier en bois exotique... et de jolies touches de l'océan Indien – épices, notamment – dans l'assiette. Belle carte de vins au verre (coin bistrot dans la boutique).

🕸 🏠 ⅙ 📻 ⇔ 🅿 – Menu 35/59 €

Route de Villeveyrac – ℰ 04 67 24 36 10 – www.cote-mas.fr –
Fermé 15-31 octobre, lundi, mardi, dimanche

MONTAREN-ET-ST-MÉDIERS

✉ 30700 – Gard – Carte régionale n° **21**-D2

😊 LA TABLE 2 JULIEN

MODERNE · BISTRO 🕇 Loin de jouer l'esbroufe technique, le chef fait dans le spontané et le créatif, puisant son inspiration au marché d'Uzès et auprès de nombreux producteurs locaux – pour la plupart en bio ou en agriculture raisonnée. Il agrémente même ses plats de touches créoles ou japonaises, souvenirs de ses différents voyages... Agréable patio sur l'arrière.

Spécialités : Cuisine du marché.

🏠 ⅙ – Carte 32/45 €

12 route d'Uzès – ℰ 04 66 03 75 38 –
Fermé lundi, mardi midi, mercredi midi, dimanche

MONTNER

✉ 66720 – Pyrénées-Orientales – Carte régionale n° **21**-B3 – Carte Michelin 344-H6

🌸 AUBERGE DU CELLIER

Chef : Pierre-Louis Marin

MODERNE · AUBERGE 🕇🕇 Il était une fois un petit village du Roussillon, paisible et reculé... Dans cette charmante maison locale, Pierre-Louis Marin – un enfant du pays revenu aux sources – s'approvisionne surtout chez les petits producteurs locaux et concocte une cuisine délicate, sincère et riche en saveurs, à l'instar du poisson sauvage du moment, chakchouka au safran, romesco, citron confit au sel. On s'installe dans la salle, ou, au beaux jours, sur la terrasse ombragée abritée du vent, avec vue sur la campagne. Quant aux chambres, elles sont simples mais agréables. Menu truffes en été. On passe un agréable moment.

Spécialités : Cuisine du marché.

🕸 ⇔ 🏠 ⅙ 📻 – Menu 21 € (déjeuner), 48/85 € – Carte 70 €

1 rue de Sainte-Eugénie – ℰ 04 68 29 09 78 – www.aubergeducellier.com –
Fermé 29 mars-7 avril, 28 juin-7 juillet, 18 octobre-10 novembre, lundi, mardi,
dimanche soir

B. Rieger/hemis.fr

✉ 34000 – Hérault
Carte régionale n° **21**–C2
Carte Michelin 339-I7

MONTPELLIER

Effervescente, plurielle, audacieuse : ainsi se présente Montpellier à ses visiteurs toujours plus nombreux ! La ville joue à fond la carte de la culture pluridisciplinaire et des festivals à foison. Sa gastronomie lui ressemble, à la fois ancrée dans la tradition languedocienne et ouverte aux influences. Elle bichonne ses marchés, traditionnel, bio ou paysan, et ses quatre halles. Quand vient la saison, c'est par cageots entiers que vous pouvez acheter abricots rouges et pêches, ou des pommes reinettes du Vigan ! Pour l'apéro, privilégiez la Lucques, l'une des meilleures olives de table. On trouve aussi sur les étals des fromages comme le pélardon des Cévennes, le roquefort aveyronnais ou encore la fourme d'Aubrac. Enfin, le niveau des meilleurs vignerons de la région tutoie désormais l'excellence. Plurielle, on vous le disait !

Restaurants

❀ **LA RÉSERVE RIMBAUD**

Chef : Charles Fontes

MODERNE • ÉLÉGANT ✗✗✗ "Montpellier la surdouée", comme elle s'est elle-même baptisée, a caché ce restaurant sur les bords du Lez. Un peu à l'écart certes, mais bénéficiant d'une superbe terrasse ombragée de platanes au-dessus de la rivière… Ô fraîcheur ! Moderne et raffinée, cette réserve-là, une vieille maison de famille, recèle aussi des trésors de gourmandises, puisées dans le répertoire méconnu du Languedoc-Roussillon. Ancien second d'Alain Dutournier au Carré des Feuillants, Charles Fontès signe des compositions judicieuses, centrées sur le produit. De subtils jeux de textures et de saveurs au service d'une authentique simplicité : rare et délectable ! Dorade, poulpe et rouget de roche, anguille de Camargue et olives lucques en amuse-bouche : c'est toute l'Occitanie qui s'invite.

Spécialités : Cuisine du marché.

⟨ 🍽 ❀ 🅿 – Menu 40 € (déjeuner), 95/110 €

Plan : C1-w – *820 avenue de Saint-Maur* – ☏ *04 67 72 52 53* – *www.reserve-rimbaud.com* – *Fermé lundi, samedi midi, dimanche soir*

PASTIS

Chef: Daniel Lutrand

MODERNE • INTIME XX On se faufile dans l'étroite rue Terral pour découvrir ce restaurant confortable et joliment décoré. C'est l'une des tables qui montent à Montpellier, et l'on comprend rapidement pourquoi : impossible de résister à la cuisine de Daniel Lutrand, inspirée et inspirante, aussi fine que délicate, et qui met en avant les meilleurs producteurs des environs : on peut citer par exemple ce veau du Ségala, tomates, olive et ail noir... Vous allez être conquis par son menu "surprise", qui évolue au gré de ses inspirations du moment. Service rapide et convivial, belle carte des vins : c'est tout bon.

Spécialités: Cuisine du marché.

🍴 ᴴ 🅼 – Menu 38 € (déjeuner)/56 €

Plan : E2-p – *3 rue Terral* – ☎ *04 67 66 37 26* – *www.pastis-restaurant.com* – *Fermé 15 août-6 septembre, lundi, dimanche*

REFLET D'OBIONE

Chef: Laurent Cherchi

MODERNE • COSY XX Est-il possible de concilier gastronomie et cuisine sans gluten, plaisir et santé, notamment en réduisant les graisses et le sucre ? Formé dans les restaurants suisses et français étoilés (mais aussi en Australie), Laurent Cherchi, un jeune chef trentenaire, sensible à l'environnement, le prouve à quelques mètres de la jolie place de la Canourgue ! Il choisit avec soin ses produits, locaux, souvent bio et d'une fraîcheur irréprochable, des Cévennes à la Méditerranée (bœuf de l'Aubrac, agneau pré-salé de Camargue, tomme du Larzac). Dans ses assiettes mûrement réfléchies, technique et précision sont de rigueur comme sur ce merlu à la chair parfaitement nacrée, carotte, panais, confit de bergamote. Une mise en vedette du légume qui enchante les papilles. Quant au décor, il joue la carte de l'épure à travers trois salles dont la première est face à la cuisine.

Spécialités: Saint-Jacques juste saisie, endive braisée et sabayon aux sucs d'agrumes. Veau des Pyrénées, coing, chou braisé et jus de veau au xérès. Reinette du Vigan, sarrasin et cidre acidulé.

🌱 *L'engagement du chef:* "Nous nous fournissons principalement chez les producteurs locaux - légumes de Villeneuve-lès-Maguelone, fleurs et plantes sauvages de Lattes, fruits du Gard et de la Vallée du Rhône, viande d'élevage en plein air des Pyrénées et de l'Aubrac, poissons de ligne, produits secs et farines bio... Notre carte des vins est exclusivement composée de vins certifiés biologiques et biodynamiques."

Menu 31 € (déjeuner), 55/82 € – Carte 50/60 €

Plan : E2-o – *29 rue Jean-Jacques Rousseau* – ☎ *04 99 61 09 17* – *www.reflet-obione.com* – *Fermé 16-22 février, 20 juillet-10 août, lundi, mardi midi, samedi midi, dimanche*

LECLERE

Chef: Guillaume Leclere

MODERNE • INTIME X "Une cuisine d'arrivage" : c'est en ces termes que le jeune chef talentueux Guillaume Leclere (passé notamment chez Marc Veyrat, mais aussi à Sète chez Anne Majourel du temps de la Coquerie ou encore au Pastis de son ami Lionel Seux) qualifie sa créativité culinaire qui remporte un succès mérité. Issus des circuits courts (poissons méditerranéens, agneau du Cantal), ses produits, qui témoignent d'une fraîcheur impeccable, l'autorisent à aller droit à l'essentiel : la nature, les saisons, le goût. Dans son bistrot moderne caché dans une rue discrète du Vieux Montpellier, la réservation est obligatoire (au moins deux mois à l'avance), succès oblige.

Spécialités: Cuisine du marché.

🍴 🅼 – Menu 35 € (déjeuner)/45 €

Plan : E2-e – *41 rue de la Valfère* – ☎ *04 67 56 90 23* – *www.restaurantleclere.com* – *Fermé lundi, mardi midi, mercredi midi, dimanche*

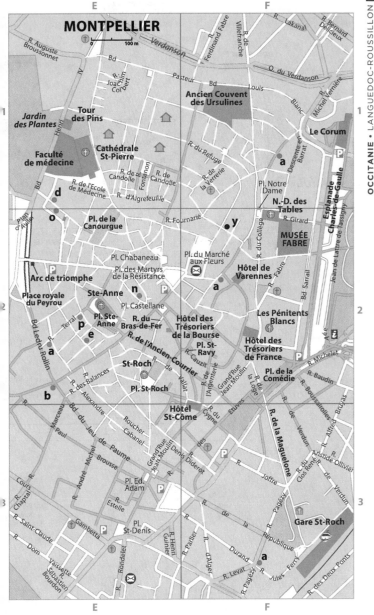

GANGES

AGROPOLIS MUSEUM,
PARC ZOOLOGIQUE DE MONTPELLIER

LODÈVE, MILLAU,
LA PAILLADE, PIERRESVIVES

GANGES

MILLAU

BÉZIERS

R. Marie Caizergues

R. Moquin-Tandon

BOUTONNET

Atelier Musée
Fernand Mich

Av. du Père Soulas

R. de Las Sorbes

Av. Saint-Charles

Av. Louis Roumieux

R. Portalière des Masques

R. d'assas

LES ARCEAUX

R. Marcel de Serres

Aqueduc St-Clément

Bd des Arceaux

R. Gustave

R. Delmas

Av. de Lodève

FIGUEROLLES

Haque

Av. de la Liberté

R. Tour Cayrau du Fg

Anterrieu

R. de Clare

R. Étouard

Av. de la Croix du Capitaine

La Paille

R. Léon Marès

Pge

R. de l'Imprimerie

Chasseurs

R. de Félix Sabul

Toulouse

R. Henri Sellier

Av. de

R. Guillaume Janvier

Av. Chancel

R. des Carmelites

R. Nozeau

R. Lakanal

R. Turgot

R. Francis Garnier

R. d'Aubeterre

R. Pierre Bonnard

Broussonet

Jardin des Plantes

Cathédrale St-Pierre

Le Corum

Bd Pasteur

Bd Louis Blanc

Henri IV

Q. des Tanneurs

Place royale du Peyrou

Arc de triomphe

MUSÉE FABRE

R. de Vauguelle

Pl. des Arceaux

R. Henri Pitot

R. Clapies

Pl. des Castries

Av. de Lodève

R. Émile Zola

R. de l'École de Droit

Cours Gambetta

R. Daru

R. de la Palissade

R. Adam de Craponne

R. de la Merci

Saint-Guilhem

R. de Vallat

Pl. de la Comédie

R. des Soldats

Alexandre Cabanel

Jules Latreille

R. André Michel

R. de Castillon

R. Joffre

R. de Verdun

Gare St-Roch

R. de la République

Toiras

R. Saint-Claude

R. Dom Vaissette

Chaptal

Henri Guinier

R. Durand

R. Levat

Bd Renouvier

Bd Desmazes

PARC CLEMENCEAU

Belfort

R. Pont de Sère

R. Joseph Vidal

R. de l'Enclos Fermaud

R. Aigual

R. Georges

R. Bourrely

R. Michel Meyrueis

Av. de la Liberté

R. Raoux

R. des Orchidées

R. Ernest

A.ée des Saphoras

R. Berthelot

Av. de Maurin

Saint-Cléopas

Av. de Toulouse

R. Azéma

R. Granier

R. François Mireur

Résidence d'Angoulème

Av. de la Liberté Bertrand Garipuy

R. John Locke

Av. Villeneuve d'Angoulème

Av. de Maurin

R. Lavoisier

Joseph Cugnot

Carrefour de la Laïcité

Av. Albert Dube

SÈTE, BÉZIERS

PALAVAS-LES-FLOTS

NÎMES, ALÈS, CASTELNAU-LE-LEZ

C **D**

LES BEAUX ARTS

École supérieure des Beaux Arts

R. Françoise

Bd des Sports

R. du Val Marie
R. des Paradisiers
Bd Ernest Renan
R. du Beau Soleil

R. de l'Estragon

Av. Saint-André de Novigens

Imp. d'Arcole

Av. de la Pompignane
R. Alphonse Juin
Pierre Semard
R. d'Astier de la Vigerie
R. de Pinville

Av. Luis Barragán
Claude Brousson

LES AUBES

Av. de Nîmes

Av. Bd Ernest

R. de Saint-Maur

W

R. de l'Eguere

Pépinière

Verdanson

LA POMPIGNANE

R. des Ibis

R. de Saint-Maur

Av. de Saint-Maur

R. des Roitelets

R. de la Pauvette
R. du Professeur
R. Léon Vallois
Av. Jean Mermoz

R. des Pradiers

R. de la Croix-du-Sud

R. des Courlis

R. du Jeu de Boules

P

d'Argencourt

Av. du Moulin de Sémalen

R. d'Epidaure

a

R. de la Vieille Poste

LA CITADELLE

d'Antigone

Aée

Henri II de Montmorency

Jean II de Créta

Mermoz du Pirée

Av. du Pirée

R. Henri Péquet

Le Polygone

Place du Nombre-d'Or

P

Pl. du Millénaire

R. d'Athènes

L'Acropole

R. Chauliac
R. du Capitaine Pierre Pontal

Pont

LEZ

R. des Salanganes

R. Fra Angelico

Antigone

P

P

Jacques Cartier

Esplanade de l'Europe

Rue Cythère

Hôtel de région

Le Triangle

R. Cavelier de La Salle

Léon Blum

R. de l'Epire

Pont Juvénal

R. Pierre Bon

R. Lamartine

R. de Tarragone

Av. Albert Dubout

Pl. Faulquier

Av. du Pont Juvénal

e

Rd-Pt Ch. Colomb

R. de Barcelone

R. des Gabares

Av. de la Mer Raymond Dugrand

R. du Pont de Lattes

P

d'Orient

R. du Comte de Melguel

Bd des Consuls de Mer

Av. du Pirée

Vendémiaire

iguerelles

Av. de Palavas

Bd

Rabelais
Bazille

Av. de la Cité Saint-Roch

Av. Albert Dubout

Moularès

R. de Brumaire

R. de Messidor

Rd-Pt E. Granier

LA GRANDE-MOTTE

des
emones

Porto

Av. du Pont Trinquat

R. de l'Origan

Pont J. Zuccarelli

PORT MARIANNE

ric Fabrèges

Av. Albert Dubout

R. des Muscats

Av. du Pont Trinquat

Nouvel Hôtel de ville

R. du Chéla

Pl. Georges Frêche

cleur

R. des Chasseurs

Marcel Pagnol

Av. de Palavas

R. de l'Amethyste

R. des Tourmalines

Imp. Nadar

Moularès

R. Théroigne de Méricourt

CARNON-PLAGE

MONTPELLIER

0   150 m

C **D**

NÎMES, ALÈS, SÈTE, BÉZIERS

NÎMES, ALÈS

CHÂTEAU DE LA MOGÈRE, CHÂTEAU DE FLAUGERGUES, ODYSSEUM

1

2

3

L'ARTICHAUT

MODERNE · CONVIVIAL Emmené par un chef à la passion communicative, voici le temple de la cuisine de saison. Les recettes du marché s'y déclinent sous forme d'un menu-carte renouvelé régulièrement. Produits frais, préparations maison, vins régionaux : un restaurant qui fera fondre les cœurs... d'Artichaut.

Spécialités : Tarama, poutargue et pomelo au poivre des montagnes. Poulpe de roche snacké, aubergine braisée et crémeux petit pois. Gratin moderne de framboise et glace yaourt-citron confit.

Menu 23€ (déjeuner), 34/38€

Plan : E2-n - *15 bis rue Saint-Firmin* - 𝒞 *04 67 67 91 86* - *www.artichaut-restaurant.com* - *Fermé 14 août-4 septembre, lundi, dimanche*

LE BISTRO URBAIN

MODERNE · BISTRO À la barre de ce bistrot du cœur de Montpellier, on trouve Cédric Sangenito, chef au parcours sans accroc – Lasserre à Paris, Cala Rossa à Porto Vecchio, ou encore le Chapeau Rouge à Dijon... Sa cuisine, moderne et un brin inventive, met en valeur de bons produits frais ; la carte est renouvelée toutes les semaines. Pour le reste, prix d'ami et accueil bienveillant : un sans-faute.

Spécialités : Raviole de cochon, pois germés, citronnelle et sésame noir. Dorade, coques et écume de câpres. Figues, crumble, meringue et yaourt au romarin.

Menu 24€ (déjeuner), 34/47€

Plan : F2-a - *15 boulevard Ledru-Rollin* - 𝒞 *09 83 22 42 61* - *www.bistrourbain.com* - *Fermé lundi, mardi midi, dimanche*

L'ARBRE ⓝ

TRADITIONNELLE · BRASSERIE Au rez-de-chaussée d'un immeuble au design foisonnant, signé de l'architecte Sou Fujimoto, cette table joue la carte d'une cuisine gourmande aux accents bourgeois : ce très bon foie de veau, sauce madère et purée de pomme de terre, en témoigne ! Déco moderne où le blanc domine, dans un esprit de brasserie 2.0.

🍽 ⅋ 🆎 – Carte 40/60€

Plan : D2-e - *10 parvis Oscar-Niemeyer* - 𝒞 *04 34 76 96 96* - *www.larbre-restaurant.fr* - *Fermé lundi, dimanche*

LA DILIGENCE

MODERNE · HISTORIQUE Dans le centre historique, cette table occupe une ancienne teinturerie, qui a conservé son enchaînement de quatre salles voûtées datant du 14ᵉ s. Et si le cadre vaut le coup d'œil, la cuisine n'est pas en reste : elle est moderne et un brin créative, comme avec cette lotte, chou rouge, betterave, graine de moutarde et poivre du Vietnam.

🍽 – Menu 38€ (déjeuner), 55/80€

Plan : E2-b - *2 place Pétrarque* - 𝒞 *04 67 66 12 21* - *www.la-diligence.com* - *Fermé lundi, samedi midi, dimanche*

LE PETIT JARDIN

MODERNE · CLASSIQUE Qu'il est doux de venir s'attabler dans ce restaurant prisé des Montpelliérains ! On y profite de petits plats joliment tournés, qui évoluent au fil des saisons. Maquereau mariné cuit à basse température, cubes de pomme de terre, pickles d'oignons rouges ; magret de canard, jus de canard à l'orange, purée d'artichaut au beurre noisette...

🍽 – Menu 41/57€ – Carte 48/84€

Plan : E1-d - *20 rue Jean-Jacques-Rousseau* - 𝒞 *04 67 60 78 78* - *www.petit-jardin.com* - *Fermé lundi, dimanche*

🍴 CHEZ DELAGARE ⓝ

MODERNE • TENDANCE ✕ Une agréable surprise, juste en face de la gare Saint-Roch, au sein du complexe Belaroïa. Dans sa cuisine ouverte sur la salle, le chef Thierry Alix décline une carte courte et efficace, entre bistronomie et street food. C'est soigné, plein de couleurs et de parfums : une belle adresse.

& 🅺 – Menu 45 € – Carte 35/50 €

Plan : F3-a – *21 rue Jules Ferry* – ☏ *04 34 09 13 33* – *www.belaroia.fr/chezdelagare* – *Fermé lundi, dimanche*

🍴 TERMINAL #1

MODERNE • BRANCHÉ ✕ Les frères Pourcel ont réhabilité cet ancien chai, dont la vaste salle à manger mêle joliment pierre, acier et bois, dans un esprit d'atelier chic. La carte met en avant les produits locaux et s'autorise quelques touches exotiques : ravioles de confit de lapin au foie gras, homard bleu au barbecue et sauce vierge marinée...

🌿 & 🅺 ⇄ – Menu 39 € (déjeuner)/55 € – Carte 81/112 €

Hors plan – *1408 avenue de la Mer* – ☏ *04 99 58 38 38* – *www.terminalpourcel.com* – *Fermé lundi, dimanche*

🍴 ABACUS ⓝ

MODERNE • CONVIVIAL ✕ Elle est de Rouen, lui de Paris, ils avaient envie de Sud : les voici au cœur de l'Écusson montpelliérain, dans un restaurant de poche à l'atmosphère intimiste et chaleureuse. Préparations soignées, jeux de textures, assiettes en évolution au gré des saisons, service souriant et choix de vins avisés : que demander de plus ?

Menu 36/40 €

Plan : E2-a – *26 rue Terral* – ☏ *04 34 35 32 86* – *www.abacus-restaurant.fr* – *Fermé lundi, mardi midi, mercredi midi, jeudi midi, dimanche*

🍴 ÉBULLITION ⓝ

MODERNE • CONTEMPORAIN ✕ Ils se sont rencontrés chez Jean Sulpice, à Val Thorens, et ont repris cette ancienne cantine asiatique pour en faire un repaire de gourmandise, chaleureux et contemporain. Cuisine d'inspiration méditerranéenne, produits issus du marché bio de Montpellier, vins de la région en biodynamie : vous êtes entre de bonne mains...

🅺 – Menu 38/57 € – Carte 55/60 €

Plan : F1-a – *10 rue du Pila-Saint-Gély* – ☏ *09 86 10 84 84* – *restaurant-ebullition.fr* – *Fermé lundi, dimanche*

🍴 MAHÉ ⓝ

MODERNE • CONTEMPORAIN ✕ L'aventure continue pour Richard Juste et Sabrina Delcros, qui tenaient auparavant "l'Idée Saveurs". Les voici aux commandes de ce Mahé chaleureux et spacieux, avec une terrasse paisible à l'abri des regards. Le chef Juste réalise des assiettes "franches et sans chichis", selon ses propres termes, avec de la précision dans les cuissons et les assemblages. Petite carte de vins locaux.

🌿 & 🅺 ⇄ – Menu 30 € (déjeuner), 40/50 €

Plan : D2-a – *581 avenue de la Pompignane* – ☏ *04 67 20 25 26* – *www.mahe-restaurant.fr* – *Fermé lundi soir, mardi soir, mercredi soir, jeudi soir, dimanche*

🍴 SOULENQ ⓝ

MODERNE • SIMPLE ✕ Un restaurant et une cave, aménagés dans une ancienne pépinière par cinq jeunes associés pleins d'avenir. L'assiette est simple et gourmande, avec de belles fulgurances (savoureuse entrée joue de bœuf-poireau-moutarde, mémorable dessert pomme-menthe), les produits sont du marché et de saison : on se régale.

🌿 & 🅿 – Menu 25 € (déjeuner) – Carte 35/45 €

Hors plan – *469 rue de la Thériaque* – ☏ *04 67 41 38 74* – *Fermé lundi soir, mardi soir, mercredi soir, samedi soir, dimanche*

Hôtels

 BAUDON DE MAUNY

HISTORIQUE · PERSONNALISÉ Beautés d'hier et d'aujourd'hui... Dallage ancien, portes sculptées, hauts plafonds, mais aussi mobilier design et aménagement très contemporain : au cœur de la ville, cet hôtel particulier du 18ᵉ s. arbore une mine superbe.

🔁 ⅢⓀ – 9 chambres

Plan : F2-y – *1 rue de la Carbonnerie –* ☎ *04 67 02 21 77 –* www.baudondemauny.com

NARBONNE

✉ 11100 – Aude – Carte régionale n° **21**-B3 – Carte Michelin 344-J3

✿ ✿ **LA TABLE LIONEL GIRAUD**

Chef: Lionel Giraud

CRÉATIVE · ÉLÉGANT ⅩⅩ Au Moyen Âge, l'abbé Saint-Crescent offrait l'asile aux pèlerins en route vers Saint-Jacques-de-Compostelle. Si les arcades et les pierres nues rappellent ce passé lointain, le cadre est aujourd'hui ultra-moderne : noir et blanc de belle facture, sol de béton ciré, sièges moulés d'une seule pièce comme de vrais sculptures... Fils de restaurateur, Lionel Giraud prêche la bonne parole du "locavorisme". Inventif, il célèbre aussi bien le produit le plus noble (thon rouge de Méditerranée) que le plus simple (haricot vert) en passant par une authentique mozzarella de bufflonne des Corbières. Il prône aussi l'ikejime, cette méthode japonaise de mise à mort respectueuse du poisson qui préserve l'intégrité de sa chair.

Spécialités: Cuisine du marché.

⅍ ⅌ Ⓚ ⇆ Ⓟ – Menu 65 € (déjeuner), 90/130 €

Rond-point de la Liberté - 68 avenue du Général-Leclerc (au Palais du Vin) –
☎ *04 68 41 37 37 –* https://maison.saintcrescent.com –
Fermé 20 décembre-5 janvier, lundi, mardi, dimanche soir

ⅠⓄ **La Cave à Manger** – Voir la sélection des restaurants

ⅠⓄ **L'ART DE VIVRE**

MODERNE · AUBERGE ⅩⅩ Dans ce domaine viticole niché en plein massif de La Clape, le chef Laurent Chabert tire une partie de ses produits de son propre jardin potager, et notamment les herbes aromatiques ; sinon il recourt à de beaux produits locaux (bio, majoritairement). Il cisèle des plats colorés et parfumés... Des accords mets et vins sont proposés avec les crus de la propriété.

⇐ 🏠 ⅌ Ⓚ ⇆ Ⓟ – Menu 29 € (déjeuner), 49/99 €

Château l'Hospitalet, Route de Narbonne-Plage, l'Hospitalet – ☎ *04 68 45 28 50 –*
www.chateau-hospitalet.com –
Fermé 1ᵉʳ-11 janvier, lundi, samedi midi, dimanche

ⅠⓄ **LA CAVE À MANGER** ⓝ

TRADITIONNELLE · CONVIVIAL Ⅹ "La Cave à Manger" de Lionel Giraud propose une cuisine de bistrot à base d'excellents produits d'Occitanie. Une partition brute, savoureuse et précise – mention spéciale à la poitrine de canard rôtie et fricassée de champignons de Paris et girolles... À la "Cave à vin", située sous le même toit, 2500 références et droit de bouchon si consommation sur place. Un coup de cœur.

⅍ ⅌ Ⓚ ⇆ Ⓟ – Menu 25 € (déjeuner) – Carte 37/62 €

La Table Lionel Giraud, Rond-point de la Liberté - 68 avenue du Général-Leclerc –
☎ *04 68 42 74 40 –* https://maison.saintcrescent.com –
Fermé 20 décembre-5 janvier

GAÏA

MODERNE · BRANCHÉ ⅹ L'ancienne partie restauration du Botafogo est aujourd'hui un restaurant à part entière : déco moderne (carreaux de ciment, tabourets industriels, tables en bois blond, cuisine ouverte) et cuisine actuelle à base de bons produits.

🍴 ⅖ 🅰 – Menu 24 € – Carte 31/42 €

8 avenue des Pyrénées – ℰ 04 68 48 36 86 – www.gaia-narbonne.fr – Fermé lundi, samedi midi, dimanche

LE PETIT COMPTOIR

TRADITIONNELLE · VINTAGE ⅹ Un bistrot au cachet 1930 où l'on célèbre les bons produits (charcuterie et poissons notamment) et la cuisine... bistrotière. La riche cave – 350 références, essentiellement régionales – et le bar à vins feront le bonheur des amateurs de nectars !

🐝 🅰 ✧ – Menu 22 € (déjeuner), 32/45 € – Carte 37/50 €

4 boulevard du Maréchal-Joffre – ℰ 04 68 42 30 35 – www.petitcomptoir.com – Fermé 2-11 janvier, 1er juillet-31 août

LA TABLE DES CUISINIERS CAVISTES

TRADITIONNELLE · BISTRO ⅹ Dans une ambiance conviviale, cette table privilégie le marché et les produits locaux labellisés, sans oublier les légumes du potager en permaculture et la pêche locale... L'assiette et le verre vont main dans la main, les saveurs sont mises en valeur avec simplicité : on passe un bon moment.

🐝 🍴 ⅖ 🅰 – Menu 20 € (déjeuner)/33 € – Carte 42/46 €

4 place Lamourguier – ℰ 04 68 32 96 45 – www.table-cuisiniercaviste.com – Fermé lundi, dimanche

CHÂTEAU L'HOSPITALET

TRADITIONNEL · COSY En pleine garrigue et au cœur d'un domaine viticole, ce complexe hôtelier cultive l'art de l'hospitalité. Les chambres arborent un agréable style contemporain et tout invite à la détente : expos d'art, boutiques d'artisanat, restaurant valorisant les vins du domaine... Un lieu qui bouge !

🌿 🛎 🛋 ⅖ 🅰 🏊 🅿 – 38 chambres

Route de Narbonne-Plage, L'Hospitalet – ℰ 04 68 45 28 50 – www.chateau-hospitalet.com

🍴 **L'Art de Vivre** – Voir la sélection des restaurants

✉ 30000 – Gard
Carte régionale n° **21**–D2
Carte Michelin 339-L5

NÎMES

Célèbre pour ses arènes, sa Maison Carrée et, désormais, son musée de la Romanité, la ville romaine est née au milieu de la garrigue, des oliveraies, des vignes et des châtaigniers. Tiraillée entre Cévennes et Camargue, elle fleure aussi délicieusement la Provence. Flânez au cœur de son Écusson, ce lacis de ruelles du quartier médiéval. Vous trouverez forcément une boutique où faire le plein de brandade de Nîmes, et une autre pour goûter à la gardiane de taureau. Pour l'apéritif, mettez sur la table des olives de Nîmes (qui bénéficient d'une AOC), une tapenade et une anchoïade. En saison, les Cévennes fournissent leur lot de pélardons, d'oignons doux et de pommes Reinette. Enfin, aux portes de la ville s'étend la plus méridionale des appellations de la vallée du Rhône : les Costières de Nîmes. Surtout dédié aux rouges, ce vignoble donne aussi des rosés et des blancs très méritants...

Restaurants

🕸 **DUENDE**

MODERNE · ÉLÉGANT 🕉🕉🕉 Duende ! Ou quand l'art du torero et de la danseuse de flamenco enflamment l'imaginaire de Pierre Gagnaire. L'adresse gastronomique de l'Hôtel Imperator bénéficie d'une entrée indépendante. Et d'indépendance, le maître n'en manque sûrement pas : produits de qualité, maîtrise technique avérée, spontanéité et originalité. Au piano, Nicolas Fontaine, fidèle depuis quatorze ans, et qui semble connaître sur le bout des doigts l'esprit frondeur de son mentor. C'est parti, accrochez-vous : gambas de méditerranée à l'amontillado – pamplemousse thaï, riz rouge de Camargue, mangue jaune ; noisette de biche au genièvre – chou vert gratiné, marmelade de chou rouge au cassis, pâte de coing à l'eau-de-vie de houx, et en dessert, infusion d'agrumes, pannacotta crème citron, clémentine ; aloé-vera gavotte, marmelade de poires Williams et pamplemousses roses. Superbe carte des vins, riche de plus de 600 références, avec une préférence régionale marquée. Pierre Gagnaire frappe fort, juste et (très) bon.

Spécialités : Cuisine du marché.

🕸 ⅄ 🅰🅲 🍽 – Menu 160/205 €

Hors plan – *Maison Albar L'Imperator, Quai de la Fontaine –*
☎ *04 66 21 94 34 – www.maison-albar-hotels-l-imperator.com –*
Fermé 4-17 janvier, 15-28 février, lundi, mardi, mercredi midi, jeudi midi, dimanche

❀ JÉRÔME NUTILE

Chef: Jérôme Nutile

MODERNE • **ÉLÉGANT** XXX Jérôme Nutile n'est pas le premier venu : Meilleur Ouvrier de France 2011, il a notamment fait les beaux jours de l'Hostellerie Le Castellas, à Collias. Dans son repaire nîmois, une ancienne ferme agricole réaménagée, il célèbre les saisons de très jolie manière : tendres poireaux cuits sur la fleur de sel de Camargue, fondant de saumon sauvage confit ; traditionnel lièvre à la royale façon Antonin Carême et à la mode du sénateur Couteaux, un grand classique en deux façons, soigné et savoureux. Ajoutons à cela un service aimable et compétent, une belle carte des vins de la région, et le compte est bon !

Spécialités: Homard étuvé, jus de tête aux zestes de citron vert. Poitrine de pigeon rôtie, crème d'olive taggiasche acidulée. Aubergine confite aux 4 épices, cacahouètes et notes chocolatées.

🕸 ⇦ 🍴 🎏 & 🜨 🔳 ⇄ 🅿 – Menu 45€ (déjeuner), 105/180€ – Carte 120/165€

Hors plan – 351 chemin Bas-du-Mas-de-Boudan (au Parc Georges-Besse) – ☎ 04 66 40 65 65 – www.jerome-nutile.com – Fermé 15-28 février, 23-29 août, mardi, mercredi

❀ SKAB

Chef: Damien Sanchez

MODERNE • **CONTEMPORAIN** XXX Aux commandes de ce repaire de gourmandise situé derrière les arènes, juste en face du musée de la Romanité, on trouve le chef Damien Sanchez, un Nîmois qui a travaillé à la Cabro d'Or, à la Réserve de Beaulieu, chez Christopher Coutanceau à la Rochelle et, enfin, dans sa ville natale aux côtés de Jérôme Nutile. Il convainc aisément avec une cuisine pleine de fraîcheur et de vivacité qui met en valeur le terroir gardois : bar en deux façons à la vapeur et en tartare ; tournedos de lotte cuit, artichaut poivrade farci. Dès les premiers rayons de soleil, on s'installe dans le patio à l'ombre des érables.

Spécialités: Huîtres chaudes en lasagne, purée de chou-fleur, sauce iodée et caviar. Saint-pierre, écrasé d'aubergine à la polenta et crémeux de brocolis au gingembre. Le citron en soufflé, croustillant garni de madeleine et en glace.

🕸 🎏 & 🜨 ⇄ – Menu 45€ (déjeuner), 78/135€ – Carte 107/130€

Plan: B2-b – 7 rue de la République – ☎ 04 66 21 94 30 – www.restaurant-skab.fr – Fermé lundi, dimanche

❀ LE LISITA

MODERNE • **CLASSIQUE** XX Manger en terrasse face aux arènes de Nîmes et, la nuit venue, voir le monument s'illuminer... C'est tous les sens en éveil que l'on s'attable ici. Au menu, une cuisine régionale gorgée de soleil, soignée et généreuse, accompagnée d'un joli choix de vins. Plaisir des pupilles et des papilles !

Spécialités: Effeuillé de brandade de morue, jeunes pousses, vinaigrette miel et curry. Pavé de taureau rôti, purée de carottes des sables, jus au costières de Nîmes. Ananas confit au miel, mousse passion et sorbet mangue.

🎏 & 🜨 ⇄ – Menu 34€

Plan: A2-h – 2 boulevard des Arènes – ☎ 04 66 67 29 15 – www.lelisita.com – Fermé 1er janvier-30 avril, lundi et dimanche

❀ LA PIE QUI COUETTE

MÉDITERRANÉENNE • **BAR À TAPAS** X Ce bar à tapas, tenu par un chef expérimenté, enchante les papilles en toute simplicité. La cuisine du marché est concoctée à partir des produits des étals voisins. Au nombre des spécialités de la maison : viandes maturées, brandade de morue, tartare de bœuf au couteau, tataki de bœuf, ou île flottante. Les portions sont généreuses, le choix des vins judicieux. Attention pas de réservation possible. Coup de cœur.

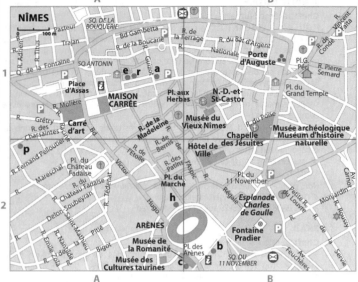

Spécialités : Brandade de morue , condiment citron confit. Rognon de veau rôti entier, crème de chorizo ibérique et polenta crémeuse. Île flottante meringuée, crème anglaise à la vanille Bourbon.

🅰🅲 – Carte 30/60 €

Plan : A1-a – *1 rue Guizot (halles centrales de Nîmes)* – ✆ *04 66 23 59 04* – *Fermé lundi, mardi, mercredi soir, jeudi soir, vendredi soir, samedi soir, dimanche soir*

🍴 VINCENT CROIZARD

CRÉATIVE · **ÉLÉGANT** 🟤🟤 Dans une rue étroite près du Carré d'Art, il faut d'abord sonner à la porte de cette discrète maison de ville. Le chef, autodidacte, y compose une jolie cuisine créative, osant des mariages souvent surprenants. Et c'est à son épouse qu'on doit la superbe sélection de vins, qui fait la part belle au Languedoc-Roussillon.

🕸 ⇔ 🛋 🅰🅲 – Menu 32 € (déjeuner), 60/75 € – Carte 90/105 €

Plan : A2-p – *17 rue des Chassaintes* – ✆ *04 66 67 04 99* – *www.restaurantcroizard.com* – *Fermé 21 décembre-6 janvier, lundi, mardi, mercredi midi, jeudi midi*

🍴 AUX PLAISIRS DES HALLES

TRADITIONNELLE · **CONVIVIAL** 🟤🟤 Pour l'hiver, une salle moderne habillée de bois ; pour l'été, un joli patio ; toute l'année, une cuisine du marché simple et bien tournée. Attention les yeux : à chaque service, le chef réalise un plat surprise sur un billot au milieu de la salle, devant les clients... un show qui vaut le coup d'œil !

🕸 🛋 🅰🅲 ⇔ – Menu 27/55 € – Carte 49/75 €

Plan : A1-r – *4 rue Littré* – ✆ *04 66 36 01 02* – *www.auxplaisirsdeshalles.com* – *Fermé lundi, dimanche*

⅋○ LE BISTR'AU - LE MAS DE BOUDAN

MODERNE · BISTRO ⅋ Jérôme Nutile propose dans l'annexe de son adresse étoilée une ardoise composée au gré du marché ; ses préparations gourmandes revisitent les classiques et fleurent bon la bistronomie. Des exemples ? Tartine de pieds et oreilles de cochon à l'huile de truffe, poisson du jour en provenance du Grau-du-Roi, île flottante aux pralines roses, cheveux d'ange.

🛱 ⅙ 🅰 🄿 – Menu 20 € (déjeuner), 26/36 € – Carte 31/62 €

Hors plan – *351 chemin Bas-du-Mas-de-Boudan (au Parc Georges-Besse)* –
𝒞 04 66 40 60 75 – www.jerome-nutile.com –
Fermé 15-28 février, 23-29 août, 25-31 octobre, dimanche

⅋○ LE PATIO LITTRÉ

MODERNE · SIMPLE ⅋ Le jeune chef, ancien second d'Alain Passard (L'Arpège, Paris), est venu s'installer dans la région d'origine de son épouse. Bien lui en a pris ! Imprégnées par le souci du produit, ses recettes sont tout simplement épatantes. Quant au patio annoncé par l'enseigne, il est parfait pour les beaux jours... Tout cela à petit prix !

🛱 🄰 – Menu 19/27 € – Carte 19/27 €

Plan : A1-e – *10 rue Littré* – *𝒞 04 66 67 22 50* –
www.restaurant-patio-littre-nimes.com –
Fermé lundi, mardi

⅋○ LA TABLE DU 2

TRADITIONNELLE · BRASSERIE ⅋ Au deuxième étage du Musée de la Romanité, cette brasserie contemporaine offre une vue imprenable sur les arènes de Nîmes... et régale avec des assiettes fraîches et bien réalisées : tartare de bœuf, entrecôte grillée sauce béarnaise, œufs mimosa, carré d'agneau rôti, etc...

≼ 🛱 ⅙ 🄰 🄳 ⇆ – Menu 20 € (déjeuner), 32/45 €

Plan : B2-c – *2 rue de la République (au 2ème étage du Musée de la Romanité)* –
𝒞 04 48 27 22 22 – www.latabledu2.com

Hôtels

🏨 MAISON ALBAR L'IMPERATOR

LUXE · HISTORIQUE Superbement restauré, cet hôtel en cœur de ville a retrouvé tout son charme Art déco, depuis les chambres (bois, marbre, rappels minéraux, bleu et vert façon 1930) jusqu'au joli patio-terrasse. Spa, fitness, piscine : un séjour délicieux. Les gourmets se plairont à la brasserie L'Impé, avec une carte signée Pierre Gagnaire, à déguster dans un décor design ou sur la charmante terrasse ombragée. Cheminez dans les pas d'Ava Gardner, d'Ernest Hemingway ou de Pablo Picasso, hôtes prestigieux de ces lieux.

🕭 🖼 🕭 🗔 🕭 ⅙ 🄰 🕭 🕭 – 53 chambres – 7 suites

Hors plan – *Quai de la Fontaine* – *𝒞 04 66 21 90 30* –
www.maison-albar-hotels-l-imperator.com

✸ **Duende** – Voir la sélection des restaurants

🏨 JARDINS SECRETS

LUXE · ÉLÉGANT Exquis et confidentiel... Au cœur de la ville, cet hôtel est une parenthèse : au sein d'un jardin semé de mille essences, le décor, imaginé par une propriétaire pleine de talents, puise dans tous les raffinements du 18e s. Le spa est très beau.

🕭 🕭 🗔 🕭 ⅙ 🄰 🕭 🕭 – 10 chambres – 4 suites

Hors plan – *3 rue Gaston-Maruejols* –
𝒞 04 66 84 82 64 – www.jardinssecrets.net

OLARGUES

✉ 34390 – Hérault – Carte régionale n° **21**-B2 – Carte Michelin 339-C7

🍴 **FLEURS D'OLARGUES**

MODERNE · **AUBERGE** ☒ Légumes du potager, pain maison et subtiles touches nordiques (saumon mariné au jus de betterave, pommes de terre *hasselback*) : voici le programme culinaire de cette jolie adresse familiale. La terrasse bucolique donne sur le pont du Diable (12ᵉ s.) et le village, classé parmi les plus beaux de France.

≼ 🛋 – Menu 21 € (déjeuner), 37/45 €

au Pont-du-Diable – ℰ 04 67 97 27 04 – www.fleursdeolargues.com – Fermé 16 novembre-10 mars, lundi

ORSAN

✉ 30200 – Gard – Carte régionale n° **21**-D1 – Carte Michelin 339-M4

🍽 **C'LA VIE** ⓞ

MODERNE · **ÉPURÉ** ☒ Le chef Richard Durand a fait de C'la Vie un vrai rendez-vous gourmand. Ici, il fait bon vivre et il fait bon manger : le menu du jour met en avant de super produits (locaux pour la plupart), les saveurs sont marquées, la gourmandise est à l'honneur. Jolie sélection de vins, qui célèbre comme il se doit la vallée du Rhône et le Languedoc.

Spécialités : Cuisine du marché.

🛋 ♿ 🎴 – Menu 22 € (déjeuner), 34/42 €

12 avenue du Jasset – ℰ 04 66 39 29 15 – Fermé 15-31 août, 23 décembre-2 janvier, lundi soir, mardi soir, mercredi soir, samedi midi, dimanche

PALAVAS-LES-FLOTS

✉ 34250 – Hérault – Carte régionale n° **21**-C2 – Carte Michelin 339-I7

🍽 **LE ST-GEORGES**

MODERNE · **CONVIVIAL** ☒☒ Dans son restaurant, situé à deux pas du casino, Paul Courtaux ne joue pas à la roulette avec nos papilles. Il réalise une cuisine pétillante et savoureuse, à l'instar de ce pavé de veau Label Aveyron-Ségala, citron, basilic, aubergine, tomate, parmesan... Mention spéciale à la jolie carte des vins de la région et à l'accueil charmant.

Spécialités : Tarte fine de boudin, crème à l'huile de truffe. Dos de merlu, poulpe, courgette et aïoli. Baba au rhum servi tiède, crème mascarpone vanillée.

🕸 🛋 🎴 – Menu 33/65 € – Carte 47/53 €

4 boulevard Maréchal-Foch (à côté du casino, rive droite) – ℰ 04 67 68 31 38 – www.restaurant-st-georges.fr – Fermé lundi, mardi

🍴 **PLAGE PALACE**

MÉDITERRANÉENNE · **TENDANCE** ☒☒ Niché dans le nouvel hôtel des frères Costes, ce restaurant dispose d'un superbe emplacement face à la plage privée et la mer. Côté carte, une cuisine parfumée aux belles influences méditerranéennes. Quand le soleil se couche, tendre est la nuit - les prix, un peu moins.

≼ 🛋 ♿ 🎴 🅿 – Carte 42/90 €

336 avenue Saint-Maurice – ℰ 04 34 08 63 00 – www.plagepalace.com

🏨 **PLAGE PALACE**

RESORT · **DESIGN** Emplacement idyllique, face à la plage, pour cet hôtel haut de gamme qui porte la signature des frères Costes et dont la couleur discrète se fond dans le paysage. Toutes les chambres, épurées et élégantes, bénéficient d'un balcon ; préférez celles qui donnent sur la mer (à noter, les amusantes salles de bains nichées dans de fausses cabines de plage). Une très belle piscine de nage devance l'immense plage privée, réservée aux clients.

🍴 🏖 ≼ 🛋 ⛱ 🎱 🛁 ⏏ ♿ 🎴 🏋 🅿 – 70 chambres – 2 suites

336 avenue Saint-Maurice – ℰ 04 34 08 63 00 – www.plagepalace.com

🍴 **Plage Palace** – Voir la sélection des restaurants

PERPIGNAN

✉ 66000 – Pyrénées-Orientales – Carte régionale n° **21**-B3 – Carte Michelin 344-I6

OCCITANIE • LANGUEDOC-ROUSSILLON

☆ LA GALINETTE

Chef: Christophe Comes

CRÉATIVE • DESIGN XX Une telle régularité fait toujours plaisir à voir – et à goûter. Étoilée depuis 2004, cette belle maison est le repaire de Christophe Comes, chef aux talents multiples. Locavore de la première heure, il élève dans son potager personnel (six hectares, qui dit mieux ?) les légumes et les fruits (agrumes et tomates, notamment) qui viendront rythmer sa cuisine. Mais il ne rechigne pas non plus à célébrer les poissons de la pêche locale ! Ajoutez à cela un excellent rapport qualité-prix, 25€ le menu complet à midi, vous obtenez une adresse qu'il ne faut manquer sous aucun prétexte...

Spécialités : Dégustation de tomates anciennes. Poissons de Méditerranée de petite pêche. Dessert autour des agrumes de nos serres.

⅋ ⅋ ⅋ – Menu 25 € (déjeuner)/54 €

Plan : C1-e – 23 rue Jean-Payra – ✆ 04 68 35 00 90 – www.restaurant-galinette.com – Fermé 1er-31 juillet, 22 décembre-5 janvier, lundi, dimanche

⊛ LE GARRIANE

MODERNE • SIMPLE X "Garriane" pour Garry et Ariane... L'originalité est ici de mise ! Aux fourneaux, Garry, venu d'Australie, concocte une cuisine de saison ouverte sur le monde, dans laquelle le produit est roi. Midi et soir, dégustation autour d'un menu unique. Surtout, n'oubliez pas de réserver : la salle est toute petite...

Spécialités : Cuisine du marché.

⅋ – Menu 25 € (déjeuner), 33/55 €

Plan : A2-a – 15 rue Valette – ✆ 04 68 67 07 44 – le-garriane-restaurant.eatbu.com – Fermé 1er-31 août, lundi soir, mardi soir, mercredi, samedi midi, dimanche

⅋○ LA PASSERELLE

MODERNE • ÉLÉGANT XX Décor marin et mobilier moderne : ainsi va cette maison installée en bord de canal. À la criée, le chef déniche les bons poissons de la Méditerranée qu'il agrémente dans ses assiettes, tandis que la patronne assure un service attentionné. Bon choix de vins de la région.

⅋ ⅋ ⅋ – Menu 26 € (déjeuner), 45/75 €

Plan : C1-z – 1 cours François-Palmarole – ✆ 04 68 51 30 65 – Fermé 1er-4 janvier, lundi, dimanche

⅋○ LE DIVIL

VIANDES • CONVIVIAL X Entre le Castillet et la préfecture, un spécialiste des belles viandes maturées : le client choisit sa pièce au détail (côte de bœuf, entrecôte, faux-filet), qui est en ensuite pesée, grillée et accompagnée de bonnes frites maison. 300 références de vins pour arroser le tout.

⅋ ⅋ ⅋ – Menu 18 € (déjeuner)/48 € – Carte 42/75 €

Plan : C2-r – 9 rue Fabriques-d'en-Nabot – ✆ 04 68 34 57 73 – www.restaurant-le-divil-66.com – Fermé dimanche

⅋○ LE 17

CRÉATIVE • CONVIVIAL X Accolé à la cathédrale Saint-Jean-Baptiste, ce restaurant jouit d'une superbe cour pavée et ombragée, lovée contre l'église. Membre du collège culinaire de France, le chef, très à cheval sur les saisons, montre un goût certain pour la cuisine fusion et les saveurs exotiques. Il privilégie les poissons, et les produits locaux. Une adresse sympathique.

⅋ – Menu 25 € (déjeuner) – Carte 50/60 €

Plan : C2-t – 1 rue Cité-Bartissol (à côté de la cathédrale) – ✆ 04 68 38 56 82 – www.restaurant-le17-perpignan.fr – Fermé 14 février-1er mars, lundi soir, mardi soir, mercredi soir, dimanche

PERPIGNAN

FOIX, NARBONNE
RIVESALTES

PRADES, BARCELONA

Musée Joseph-Puig

N.-D. des Anges

Place Salvador Dalí

LA PÉPINIÈRE

Pl. de Catalogne

Pl. Bardou Job

BARCELONA, THUIR

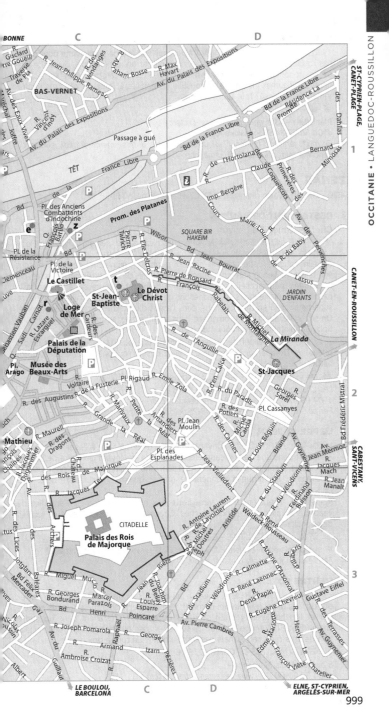

⁍○ VIA DEL VI

TRADITIONNELLE · BAR À VIN ⅹ Acier rouillé et façade engageante pour palais pas rouillés ! Ce sympathique bar à vins, tenu par un jeune couple, dynamite l'offre gastronomique de la ville (ainsi ces croquettes de carottes rappelant les beignets de légumes indiens), et émoustille les papilles à l'aide de jolis crus nature. Vintage et métissé : tout bon.

⅋ 🅰 – Carte 35/50 €

Plan : B2-r – *43 avenue du Général-Leclerc –*
🖉 04 68 67 84 96 – www.viadelvi.com –
Fermé 1ᵉʳ janvier-3 février, 1ᵉʳ-31 juillet, lundi, mardi midi, mercredi midi, jeudi midi, vendredi midi, samedi midi, dimanche

PÉZENAS

✉ 34120 – Hérault – Carte régionale n° **21**-C2 – Carte Michelin 339-F8

✿ RESTAURANT DE LAUZUN

Chef: Matthieu De Lauzun

MODERNE · CONTEMPORAIN ⅹⅹ Pézenas n'est pas seulement la ville de Boby Lapointe : c'est désormais aussi celle de Matthieu De Lauzun. Installée au sein du domaine viticole, cette nouvelle adresse permet au jeune chef de déployer tout son talent. Le beau cadre contemporain, de pierre, de bois et de cuivre, se révèle l'écrin idéal pour accueillir sa cuisine du sud, fine et savoureuse, à l'instar de la pastilla de volaille dans un cannelloni de betterave (sa spécialité), ou de ce superbe agneau en trois cuissons, dans l'esprit d'un tajine. Carte de vins étoffée. On se régale, avant une promenade dans le joli village, et une visite de l'A-Musée Boby Lapointe, dédié à l'enfant du pays.

Spécialités: Cannelloni de betterave comme une pastilla de volaille aux épices orientales. Dorade sur l'idée d'une tielle à la sétoise. Sphère framboise et rhubarbe.

⅋ 🕭 🏠 ⅙ 🅰 ✿ 🅿 – Menu 36 € (déjeuner), 65/110 €

Les Chambres du Prieuré, Route de Nizas –
🖉 04 99 47 63 91 – www.restaurant-delauzun.com –
Fermé 8-15 février, 31 mai-7 juin, 18-25 octobre, lundi, dimanche

⊛ LE PRÉ ST-JEAN

MODERNE · BISTRO ⅹⅹ La devanture en Corten – un acier à l'aspect de rouille – s'inscrit dans une belle façade en pierre, sur le boulevard circulaire de la ville. En cuisine, beau-père et gendre réalisent une cuisine inspirée, goûteuse et gourmande, sur laquelle viennent se greffer quelques plats bistrotiers. Une réussite !

Spécialités: Bœuf en tataki, vinaigrette aux huîtres, salicornes. Faux-filet de veau, jus à l'ail confit et pois chiches. Chocolat noir, glace au café et feuilles de spéculos.

⅋ 🕭 🅰 – Menu 34/70 € – Carte 50/80 €

18 avenue Maréchal-Leclerc – 🖉 04 67 98 15 31 – www.restaurant-leprestjean.fr –
Fermé lundi, jeudi soir, dimanche soir

⁍○ L'ENTRE POTS

MODERNE · TENDANCE ⅹⅹ Voilà un jeu de mots justifié pour cet ancien entrepôt de vins dédié aux plaisirs du palais ! En cuisine, le chef mêle saveurs du terroir et touches créatives. En salle, les gourmands s'installent dans un cadre chaleureux à la lumière tamisée ou sur la terrasse aux beaux jours. Belle sélection de crus régionaux (mais pas uniquement). Le tout à prix doux.

⅋ 🕭 🅰 – Menu 35 € – Carte 42/58 €

8 avenue Louis-Montagne –
🖉 04 67 90 00 00 – www.restaurantentrepots.com –
Fermé lundi, dimanche

🏠 LES CHAMBRES DU PRIEURÉ

HISTORIQUE · CONTEMPORAIN Au cœur du vignoble de Saint Jean de Bébian, haut lieu de la viticulture languedocienne, on trouve cet hôtel avec dix chambres superbement rénovées, mettant en avant matières brutes, vielles pierres et mobilier contemporain. Piscine extérieure, parking. Un parfait point de départ pour visiter la région.

🛏 🛎 ᴊ ⅃ 🄰🄲 **P** – 10 chambres

Route de Nizas – ℰ 04 99 47 05 39 – www.restaurant-delauzun.com/hotel

⚙ **Restaurant De Lauzun** – Voir la sélection des restaurants

PEZENS

✉ 11170 – Aude – Carte régionale n° **21**-B2 – Carte Michelin 343-E3

🍽 L'AMBROSIA

MODERNE · ÉLÉGANT ✗✗ Sur la route de Toulouse, faites une étape dans cette maison moderne : la cuisine du chef se révèle soignée, cohérente et bien dans l'air du temps, d'autant qu'il s'appuie sur des produits de qualité. Ses pêchers mignons ? Foie gras, thon et soufflé au Grand Marnier. Original : réservez une table pour quatre personnes dans la cave réfrigérée située dans la salle à manger.

🏠 �& 🄰🄲 **P** – Menu 25 € (déjeuner), 41/52 € – Carte 50/60 €

Carrefour la Madeleine, sur D 6113 – ℰ 04 68 24 92 53 – www.ambrosia-pezens.com – Fermé lundi, mercredi soir, dimanche soir

PORT-VENDRES

✉ 66660 – Pyrénées-Orientales – Carte régionale n° **21**-B3 – Carte Michelin 344-J7

🍽 LE CÈDRE

MODERNE · COSY ✗✗ Ici, la cuisine met en valeur l'incontestable richesse catalan, et varie librement au fil des saisons : impossible de se lasser ! Quant au cadre, il appelle à la rêverie : la baie vitrée donne sur la belle terrasse et, au-delà, le port et la mer... Ce Cèdre ne manque décidément pas d'attraits.

⇦ ≼ 🏠 🄰🄲 **P** – Menu 25 € (déjeuner), 36/65 € – Carte 55/70 €

Les Jardins du Cèdre, 29 route de Banyuls – ℰ 04 68 82 62 20 – www.restaurant-lecedre.com – Fermé 22 février-7 mars, 2-8 novembre, 20-26 décembre, lundi, mardi midi, mercredi midi

🍽 CÔTE VERMEILLE

POISSONS ET FRUITS DE MER · CONVIVIAL ✗✗ Sous l'égide de deux frères, une belle table marine ancrée sur le port ! On revendique ici une cuisine simple et fraîche, dans le respect absolu du produit : poissons de la pêche locale, en direct de petits bateaux de Port la Nouvelle.

≼ & 🄰🄲 ⇱ – Menu 34/46 € – Carte 58/70 €

Quai du Fanal (en direction de la criée) – ℰ 04 68 82 05 71 – www.restaurantlacotevermeille.com – Fermé 11-16 janvier, lundi, dimanche soir

🍽 LES CLOS DE PAULILLES

RÉGIONALE · CONVIVIAL ✗ Prisonnier entre vignes et mer, à deux pas de la plage, le site laisse rêveur ; la maison Cazes – de grands vignerons de la région – a pris les rênes de ce domaine de 90 ha, pour le ravissement de nos sens. Les recettes, régionales, n'utilisent que des produits locaux. Ne manquez pas la superbe terrasse face aux vignes...

≼ 🏠 **P** – Menu 39/49 € – Carte 36/45 €

Baie de Paulilles – ℰ 04 68 81 49 79 – www.lesclosdepaulilles.com – Fermé 1er décembre-31 mars

PRADELLES-EN-VAL

✉ 11220 – Aude – Carte régionale n° **21**–B3 – Carte Michelin 344-G4

🍴○ LA BOURDASSO

ITALIENNE · VINTAGE ✗ Cette belle bâtisse traditionnelle perdue dans les Corbières, a été investie de la fougue d'une famille italienne, tombée amoureuse de la région. On y déguste une cuisine italienne authentique, dont une mozzarella artisanale divine, issue de leur exploitation de bufflonnes, importées d'Italie ! La large terrasse laisse apprécier la nature environnante. Très sympathique.

🌳 ♿ 🅿 – Carte 35/55 €

La Bourdasse – ℰ 04 68 78 08 31 – www.bourdasso.com – Fermé lundi midi, mardi, mercredi midi, jeudi midi, vendredi midi

PRADES

✉ 66500 – Pyrénées-Orientales – Carte régionale n° **21**–B3 – Carte Michelin 344-F7

🍴○ LE GALIE

MODERNE · CONTEMPORAIN ✗ Ici, inutile de s'attarder au rez-de-chaussée : direction l'étage pour découvrir une salle moderne et confortable, où un jeune couple sympathique nous régale d'une cuisine du marché bien dans l'air du temps. La spécialité du chef ? La fricassée de homard en homardine et son vermicelle de riz...

♿ 🅰️🅲 – Menu 24 € (déjeuner), 31/73 € – Carte 40/84 €

3 avenue du Général-de-Gaulle – ℰ 04 68 05 53 76 – www.restaurantlegalie.com – Fermé 23 février-1er mars, 22 juin-5 juillet, 17-26 octobre, 21-30 décembre, lundi, mardi soir, mercredi soir, dimanche

PRATS-DE-MOLLO-LA-PRESTE

✉ 66230 – Pyrénées-Orientales – Carte régionale n° **21**–B3 – Carte Michelin 344-F8

🏵️ BELLAVISTA

MODERNE · ÉLÉGANT ✗✗ Au pied des remparts, un plaisir sans cesse renouvelé... La carte fleure bon le terroir régional, et pour cause : le chef met en valeur les petits producteurs locaux, qui viennent dans la cité uniquement pour le livrer. Agneau catalan, fromage des Pyrénées : plus qu'une simple carte, c'est une ode à nos régions. Chambres pour l'étape.

Spécialités : Mousseline de morue et gambas, chantilly de gambas. Épaule d'agneau cuite à basse température et sofregit catalan au romarin. Liégeois de mon enfance....mais pas tout à fait.

⇔ 🌳 🅰️🅲 🅿 – Menu 34/49 € – Carte 49/60 €

Bellevue, Place du Foiral – ℰ 04 68 39 72 48 – www.hotel-le-bellevue.fr – Fermé 1er janvier-10 février, mercredi

PUJAUT

✉ 30131 – Gard – Carte régionale n° **21**–D2 – Carte Michelin 339-N4

🌿 ENTRE VIGNE ET GARRIGUE

Chefs : Serge et Maxime Chenet

MODERNE · CLASSIQUE ✗✗✗ Tout près d'Avignon, cette ferme provençale isolée, entre falaise et vignoble, ne transige pas sur l'authenticité. La garrigue est là, avec ses effluves qui embaument une salle habilement rénovée, mélange harmonieux de l'ancien et du contemporain. En cuisine, Serge Chenet, Meilleur Ouvrier de France et Breton exilé, est aidé par Maxime, son fils. Tous deux partagent le même amour du naturel et du beau produit de saison que la région leur sert sur un plateau gorgé de soleil. Ils concoctent à quatre mains une savoureuse cuisine du marché d'inspiration provençale : aubergine à la provençale, thon de Méditerranée mi-cuit au sésame, soja, gingembre et coulis d'olive verte ; dos de cabillaud en barigoule de fenouil...

Spécialités: Nage de homard à la réglisse. Quasi de veau et lasagne d'artichaut violet. Soufflé chaud au citron vert et son sorbet.

🕸 🗢 ⇔ 🛏 🔥 🅰️ 🅿️ – Menu 68/135€

600 route de Saint-Bruno – 𝒞 04 90 95 20 29 – www.vigne-et-garrigue.com – Fermé 10 janvier-3 février, 22 février-3 mars, 25 octobre-3 novembre, lundi, mardi

QUISSAC

✉ 30260 – Gard – Carte régionale n° **21**-C2 – Carte Michelin 339-J5

🕸 L'ARTYSAN

MODERNE · CONTEMPORAIN ✕ Yohann Boucard a transformé la gare de Quissac en un restaurant très agréable : lignes épurées, ferronneries d'artisans locaux... Dans l'assiette, la prestation se révèle tout aussi emballante, grâce à des produits bien choisis et des associations de saveurs toniques et originales. Service pro et efficace.

Spécialités: Pannacotta d'oignons doux, mouillettes boudin, chips de mimolette. Merlu de ligne, fondue de poireaux et couteaux, écume d'étrilles. Saint-honoré amandes, tartare et sorbet pêche de vigne.

🛏 🅰️ 🅿️ – Menu 24€ (déjeuner), 33/45€ – Carte 40/52€

35 plan de la Gare – 𝒞 04 66 77 02 45 – www.lartysan.com – Fermé 23 décembre-24 janvier, mercredi, jeudi

RIVESALTES

✉ 66600 – Pyrénées-Orientales – Carte régionale n° **21**-B3 – Carte Michelin 344-I6

🕸 LA TABLE D'AIMÉ

MODERNE · ÉLÉGANT ✕ Le chef de cette adresse bucolique, installée dans les locaux d'une maison viticole, concocte une cuisine du marché inspirée, privilégiant les produits bios. Aux beaux jours, la terrasse ouverte sur les chais invite à prolonger l'instant de gourmandise. Sympathique carte des vins.

Spécialités: Escalivade de légumes. Filet de bœuf, réduction de vin rouge, sucrine snackée et grenailles. Parfait au muscat de Rivesaltes.

🛏 🅰️ ⇔ 🅿️ – Menu 32/37€

4 rue Francisco-Ferrer – 𝒞 04 68 34 35 77 – www.latabledaime.com – Fermé lundi, dimanche

LE ROZIER

✉ 48150 – Lozère – Carte régionale n° **21**-B1 – Carte Michelin 330-H9

🕸 L'ALICANTA

MODERNE · FAMILIAL ✕ On connaît depuis longtemps cette Alicanta, nichée au bord de la rivière Jonte, dans le cadre exceptionnel des gorges du Tarn... Son chef y exécute une partition solide, où tout est fait maison ; la carte est renouvelée à chaque saison, à l'exception notable du rognon et des ris de veau poêlés, les incontournables de la maison... Miam, miam et re-miam !

Spécialités: Escargots de l'Aubrac, senteurs du sous-bois, œuf poché. Filet d'agneau rôti, épaule confite, céleri fondant, jus aux épices cajun. Ananas confit, crème vanillée, sorbet noix de coco.

🗢 ⇔ 🅿️ – Menu 29/39€

Route de Meyrueis – 𝒞 05 65 62 60 25 – www.hotel-doussiere.com – Fermé 1ᵉʳ janvier-19 mars, lundi midi

ST-ALBAN-SUR-LIMAGNOLE

✉ 48120 – Lozère – Carte régionale n° **21**–C1 – Carte Michelin 330-I6

⅃◯ **LA PETITE MAISON**

TRADITIONNELLE • RUSTIQUE ✗ Une table régionale où règne une atmosphère chaleureuse et rustique. Les spécialités de la maison ? La viande de bison d'Amérique (depuis 1992 !), la friture de truitelle, le whisky (400 références) et les vins du Languedoc-Roussillon. A quelques mètres, chambres d'antan dans une gentilhommière du 19ᵉs.

⅋ ⇦ ⌸ 🅺 🅿 – Menu 29/74 € – Carte 48/88 €

Avenue de Mende – ☏ 04 66 31 56 00 – www.la-petite-maison.fr –
Fermé 1ᵉʳ octobre-30 avril, lundi midi, mardi midi, mercredi midi, jeudi midi,
vendredi midi

ST-CYPRIEN

✉ 66750 – Pyrénées-Orientales – Carte régionale n° **21**–B3 – Carte Michelin 344-J7

⅋ **L'ALMANDIN**

CRÉATIVE • ÉLÉGANT ✗✗ Un site pour le moins étonnant que cette île artificielle – un complexe hôtelier avec piscine et spa – séparé de la Méditerranée par un cordon littoral. Le cadre contemporain de cette table, et notamment la terrasse au bord de l'eau, a de quoi séduire ! On est séduit en tout cas par le talent du chef Christophe Schmitt, finaliste MOF 2014. Cet Alsacien a commencé sa carrière avec Émile Jung au Crocodile et l'a poursuivie notamment chez Jacques Lameloise, avant d'obtenir une étoile à Paris. Ici, il travaille exclusivement en local sur les viandes et légumes et les poissons proviennent de Palamos. Sa cuisine savoureuse et maîtrisée fait le reste.

Spécialités : Thon rouge de Méditerranée, olives noires confites, câpres et betterave rouge. Rouget barbet de roche, fenouil, jus de carotte et salicornes, sabayon au safran. Abricot rouge du Roussillon et amande.

⅋ ⇐ 🕮 & 🅺 🔲 🅿 🚗 – Menu 45 € (déjeuner), 64/115 € – Carte 90/112 €

L'Île de la Lagune, Boulevard de l'Almandin, St-Cyprien Sud (par avenue Armand-
Lanoux) – ☏ 04 68 21 01 02 – www.almandin.fr

🏨 **L'ÎLE DE LA LAGUNE**

SPA ET BIEN-ÊTRE • ÉLÉGANT Au bout d'une petite route, sur une marina artificielle et... au grand calme ! Le bâtiment, entièrement rénové en 2012, se dresse sur les rives. Au programme : thalasso, piscine sur le toit et plage... L'été, un bateau y conduit même les clients.

🏊 🦢 ⇐ 🛢 ⊕ 🎧 ⊡ & 🅺 🕴 🅿 🚗 – 24 chambres – 6 suites

Boulevard de l'Almandin, Saint-Cyprien-Sud (par avenue Armand-Lanoux) –
☏ 04 68 21 01 02 – www.hotel-ile-lagune.com

⅋ **L'Almandin** – Voir la sélection des restaurants

ST-GÉLY-DU-FESC

✉ 34980 – Hérault – Carte régionale n° **21**–C2

⅃◯ **LE CLOS DES OLIVIERS**

MODERNE • CLASSIQUE ✗✗ Du goût, de la simplicité, des produits de qualité bien travaillés : on apprécie ici une bonne cuisine, sans complications inutiles, et on se fait plaisir ! À noter : la carte des vins est réalisée avec le caviste voisin. L'été, on profite de la terrasse à l'ombre des canisses.

⅋ ⌸ 🏠 & 🅺 ⇔ 🅿 – Menu 20 € (déjeuner), 39/69 € – Carte 44/60 €

53 rue de l'Aven – ☏ 04 67 84 36 36 – www.clos-des-oliviers.com – Fermé lundi,
dimanche soir

ST-GERVAIS-SUR-MARE

✉ 34610 – Hérault – Carte régionale n° **21**–B2 – Carte Michelin 339-D7

ⓘ◯ **L'ORTENSIA** ⓝ

MODERNE · **ÉLÉGANT** XX Lui manque-t-il un "h"? Non: c'est ainsi que l'on orthographie cette plante en occitan. Le restaurant renaît une nouvelle fois grâce à un duo sœur-frère, Lise et Mathieu, dont la démarche est limpide: respect du client, vérité du produit (local), petite carte des vins bien composée, partage d'un plaisir simple. Le tour est joué.

⇦ ⪡ 🏠 & 𝕄 ⇦ 🅿 – Carte 35/38 €

*Domaine de la Pièce – ℰ 04 67 97 69 88 – www.restaurant-ortensia.com –
Fermé lundi, mardi, dimanche soir*

ST-MARTIN-DE-LONDRES

✉ 34380 – Hérault – Carte régionale n° **21**-C2 – Carte Michelin 339-H6

ⓘ◯ **L'ACCENT DU SOLEIL**

CLASSIQUE · **ÉLÉGANT** XX Ancien chef du Château de Mercuès, dans le Lot, Philippe Combet sert ici une bonne cuisine de saison, qui met en valeur les produits de la région. Menu truffe ou asperges, agneau du Quercy... le tout servi en salle par son épouse avec gentillesse et professionnalisme.

🏠 & 𝕄 – Menu 45/75 €

*19 route des Cévennes – ℰ 04 67 55 23 10 – www.laccentdusoleil.fr – Fermé lundi,
mardi, dimanche soir*

SALEILLES

✉ 66280 – Pyrénées-Orientales – Carte régionale n° **21**-B3 – Carte Michelin 344-I7

ⓘ◯ **L'ABSIX**

MODERNE · **ÉLÉGANT** XX Ne vous fiez pas à l'allure coloniale de la maison et faites confiance au talent du chef, passé par de belles maisons, pour vous surprendre: on réalise ici une cuisine moderne, qui se révèle particulièrement précise quand elle revisite des plats classiques – ainsi le saumon d'écosse mariné comme un hareng et sa crème de céleri fumé, ou cet excellent soufflé au chocolat, dont longtemps nos papilles s'émouvront. Gibier en saison.

& 𝕄 🅿 – Menu 42 €

*2 rue de la Cerdagne (ZA Sud Roussillon) –
ℰ 04 68 54 79 02 – www.restaurant-labsix.fr –
Fermé 23 décembre-2 janvier, 18 avril-3 mai, 2-23 août, lundi, dimanche*

SÉRIGNAN

✉ 34410 – Hérault – Carte régionale n° **21**-C2 – Carte Michelin 339-E9

ⓘ◯ **L'HARMONIE**

MODERNE · **TENDANCE** XX Une maison ocre (1800) avec une terrasse au bord de l'Orb, à deux pas de la salle de spectacle La Cigalière. C'est dire qu'ici, on chante toute l'année, avec ou sans bise, mais toujours le plaisir de savoureuses assiettes aux notes méridionales. Et le rapport qualité-prix sait aussi contenter... les fourmis.

⇦ 🏠 & 𝕄 ⇦ 🅿 – Menu 25 € (déjeuner), 37/72 €

*Chemin de la Barque, parking de la Cigalière – ℰ 04 67 32 39 30 –
www.lharmonie.fr – Fermé lundi, mardi soir, dimanche soir*

SERVIERS-ET-LABAUME

✉ 30700 – Gard – Carte régionale n° **21**-D2

ⓘ◯ **VOLVER.** ⓝ

MODERNE · **CONTEMPORAIN** X Ancien sapeur-pompier arrivé à la cuisine sur le tard, le chef Krishna Léger régale avec une cuisine bistronomique et locavore, dans une démarche soucieuse de l'environnement – il est notamment signataire de la charte Ethic Oceans. Produits ultra-frais, carte courte, assiettes gourmandes: une jolie découverte.

🏠 🅿 – Menu 38 €

*1 bis chemin de la Carcarie (Rond point de Servies) – ℰ 04 66 20 48 99 –
Fermé lundi, mardi, mercredi midi*

SÈTE

✉ 34200 – Hérault – Carte régionale n° **21**-C2 – Carte Michelin 339-H8

⭐ THE MARCEL

MÉDITERRANÉENNE • **TENDANCE** ✕✕ Cette institution proustienne, ancien bistrot populaire, connaît une seconde vie sous la houlette de ses propriétaires. D'un côté, le Comptoir, lieu culturel qui régale de tapas et de concerts ; de l'autre, un restaurant gastronomique doté d'une grande salle à manger aux beaux volumes avec cuisine ouverte, comptoir et banquettes en skaï rétro, poutres et pierres apparentes, œuvres d'art aux murs. Le chef ? Il s'agit de Fabien Fage, transfuge du Prieuré (Villeneuve-lès-Avignon). Cet Arlésien se plaît à magnifier les trésors méditerranéens avec délicatesse, comme ces deux rougets de roche et leur pain moelleux à l'encre de seiche, légumes croquants, coquillages et jus d'arête, ou encore ce poulpe aux tomates confites et olives, d'une finesse toute canaille...

Spécialités : Poulpe de Frontignan moelleux et croustillant, vierge de tomate confite aux condiments. Rouget de roche, pain à l'encre de seiche et coquillages. Mousseline de chocolat araguani, crémeux guanaja et sorbet passion.

⭐ 🏠 & 🅰🅲 – Menu 38 € (déjeuner), 82/95 € – Carte 80/100 €

5 rue Lazare-Carnot – ℰ 04 67 74 20 89 – www.the-marcel.fr –
Fermé lundi, dimanche soir

😊 QUAI 17

MODERNE • **CLASSIQUE** ✕✕ On s'installe dans une salle bourgeoise, sous des lustres à pampilles, pour déguster une cuisine de saison méditerranéenne qui fait la part belle au poisson. On peut citer par exemple ces goujonnettes de lotte, ou ce risotto de homard à la sétoise. Quand la magie de Sète s'invite dans l'assiette.

Spécialités : Sauté de seiche, farce à l'encre, jus et croustillant d'oignon. Risotto à la sétoise, tuile parmesan. Tarte fine aux pommes, glace vanille et sauce caramel.

🅰🅲 ✿ – Menu 33/50 € – Carte 46/63 €

Le Grand Hôtel, 17 quai Maréchal-de-Lattre-de-Tassigny – ℰ 04 67 74 71 91 –
www.legrandhotelsete.com –
Fermé 20 décembre-4 janvier, samedi midi, dimanche midi

😊 PARIS MÉDITERRANÉE

MODERNE • **BISTRO** ✕ L'enseigne rend hommage à Brassens, né à Sète, mais aussi au chef, originaire de Paris, ainsi qu'à son épouse sétoise. Ici, on réinvente les recettes locales selon l'humeur du chef et la pêche du jour. À deux pas, le bar à tapas Le Barbu, tenu par le même propriétaire, est très recommandable.

Spécialités : Pavé de thon mi-cuit, épices et salade marocaine. Poêlée d'encornets à la soubressade, risotto à l'encre et bouillon à la poutargue. Moelleux au chocolat et crème au Zan.

🏠 🅰🅲 – Menu 34/50 €

47 rue Pierre-Semard – ℰ 04 67 74 97 73 –
Fermé lundi, samedi midi, dimanche

⭑○ LA COQUERIE

MODERNE • **CONTEMPORAIN** ✕ Une petite maison chic et contemporaine, avec la Méditerranée pour horizon. Cette table propose une cuisine de première fraîcheur, composée au gré du marché (dont un menu unique en 6 temps, en soirée). Ses recettes jonglent entre inspirations méditerranéennes (les "plats de réconfort") et préparations plus inventives. Aux beaux jours, on sert exclusivement en terrasse, d'où on profite d'une belle vue mer.

‹ 🏠 & 🅰🅲 – Menu 65 €

1 chemin du Cimetière-Marin – ℰ 06 47 06 71 38 – www.restaurantlacoquerie.com –
Fermé 1ᵉʳ-30 janvier, lundi soir, mardi soir, mercredi soir, jeudi soir, vendredi soir,
samedi soir

○ L'ARRIVAGE ⬤

CUISINE DU MARCHÉ • CONTEMPORAIN X "Créer du plaisir en se faisant plaisir" : tel est le credo de Jordan Yuste, jeune chef autodidacte passé par la case Top Chef en 2020. Il régale avec un menu à l'aveugle plein de bonnes idées, créatif sans excès, basé sur de bons produits bio et locaux. Jolie carte des vins et super rapport qualité-prix, à midi surtout.

⅋ ᰔ ◰ – Menu 31€ (déjeuner)/59€

13-15 rue André-Portes – www.restaurant-larrivage.com – Fermé lundi, mardi, dimanche

○ LA SENNE

POISSONS ET FRUITS DE MER • CONVIVIAL X Cette affaire, tenue par une famille de thoniers depuis les années 1950, propose un superbe étal de poissons, qui évolue au gré des arrivages. Ici, la spécialité, c'est le thon rouge, en sashimi, tartare, ventrèche, etc. mais aussi les fruits de mer et crustacés. Service avenant et fraîcheur incomparable : un régal.

🛋 ᰔ – Carte 30/80€

40 quai Maximin-Liciardi – ℰ 04 67 53 01 91 – Fermé lundi, mardi, dimanche soir

SOMMIÈRES

✉ 30250 – Gard – Carte régionale n° **21**-C2 – Carte Michelin 339-J6

☺ LE PATIO BY LOU CALÉOU

MODERNE • CONVIVIAL X Ils ont travaillé ensemble dans des maisons de renom, et ont décidé d'ouvrir à Sommières ce restaurant au cadre minéral, avec un charmant patio pour l'été. Résultat : coup de cœur assuré ! Pavé de merlu de ligne en bourride, pommes de terre confites au safran, aïoli et bouillon de crustacé, vacherin destructuré aux fruits exotiques.... Un vrai délice.

Spécialités : Œuf parfait façon meurette. Cabillaud, olive noire et purée de persil racine. Entremets fruits rouges et pistache.

🛋 ᰔ ◰ – Menu 25€ (déjeuner), 34/68€

23 place de la Libération – ℰ 04 66 77 50 98 – www.le-patio-by-lou-caleou.com – Fermé lundi, dimanche

TAVEL

✉ 30126 – Gard – Carte régionale n° **21**–D2 – Carte Michelin 339-N4

○ LA COURTILLE

TRADITIONNELLE • SIMPLE X Cette ancienne magnanerie en pierre blanche propose une bonne cuisine régionale et méditerranéenne. Langue de veau sauce gribiche, rillettes de maquereau citron et aneth, rognons de veau... se dégustent avec bon appétit. En été, on prend place sur la jolie terrasse abritée sous un cèdre ancien. Prix imbattables à midi.

🛋 ◰ 🅿 – Menu 18€ (déjeuner) – Carte 38/45€

208 chemin de Cravailleux (au Clos de la Genestière) – ℰ 04 66 82 37 19 – www.restaurant-la-courtille.business.site – Fermé 1ᵉʳ janvier-1ᵉʳ avril, lundi, dimanche

THUIR

✉ 66300 – Pyrénées-Orientales – Carte régionale n° **21**-B3 – Carte Michelin 344-H7

☺ ARBEQUINA

MODERNE • RUSTIQUE X La cuisine du chef, méditerranéenne, parfumée et savoureuse, démontre son talent pour mettre en valeur le produit. Au hasard de la carte, on opte pour un pavé de morue fraîche, céleri et pommes de terre façon risotto... à déguster dans un décor de bistrot chic et convivial.

Spécialités : Minestrone glacé au pistou, croquettes de cochonnailles. Filet de canette, panisse et jus réduit. Bombe glacée façon crème catalane et abricot.

🛋 ᰔ ◰ – Menu 19€ (déjeuner)/34€ – Carte 40/46€

21 rue de la République – ℰ 04 68 34 46 64 – www.arbequina-restaurant.com – Fermé 14-29 juin, lundi, mardi

TRÈBES

✉ 11800 – Aude – Carte régionale n° **21**–B2 – Carte Michelin 344-F3

○ **LE MOULIN DE TRÈBES**

MODERNE · MAISON DE CAMPAGNE ⅈ Quel charme, cet ancien moulin ! Sa terrasse donne directement sur le canal du Midi, et son intérieur a bénéficié d'une rénovation complète. Quant à la cuisine, elle se révèle simple et moderne, avec comme spécialité le ris de veau caramélisé au sésame et compote d'endives... Un vrai plaisir.

≼ 😚 **P** – Menu 25 € (déjeuner) – Carte 40/60 €

1 rue du Moulin-de-Trèbes – 𝒞 04 68 78 97 57 –
Fermé 2-30 janvier, lundi, dimanche soir

TREILLES

✉ 11510 – Aude – Carte régionale n° **21**–B3 – Carte Michelin 344-I5

○ **L'ATELIER ACTE 2**

MODERNE · CONVIVIAL ⅈ Ah, cette terrasse bordée de pins sur les hauteurs de Leucate, en plein cœur du vignoble de Fitou... Le chef vous y sert des plats régionaux savoureux, dont sa spécialité : l'épaule d'agneau en croûte d'aïoli. Il y a des accents catalans dans cette cuisine d'artisan, simple mais soignée, qui n'a d'autre prétention que celle de vous régaler.

😚 ₰ 🄰🄲 **P** – Menu 19 € (déjeuner), 29/34 €

6 route des Corbières –
𝒞 04 68 33 08 59 – www.atelier-acte2.com –
Fermé lundi, mardi, dimanche soir

UZÈS

✉ 30700 – Gard – Carte régionale n° **21**–D2 – Carte Michelin 339-L4

❀ **LA TABLE D'UZÈS**

Chef: Christophe Ducros

MODERNE · COSY ⅈⅈ C'est LA table gastronomique des environs, aucun doute là-dessus : deux salles à manger cossues et élégantes, avec deux patios qui le sont tout autant, des tables dressées avec soin, mais surtout un chef épanoui et plein d'allant, Christophe Ducros. Sa cuisine est résolument méridionale, assemblage de saveurs franches et équilibrées. Des exemples ? Pigeon des Costières en suprême rôti sur coffre, cuisse confite, chou farci en embeurrée ; parfait chocolat, pomme Granny Smith marinée, sponge cake et sorbet... La cohérence de l'ensemble est indéniable. On pourra même profiter de ces douceurs sur la terrasse, autour du tilleul : décidément, un vrai plaisir de gastronome.

Spécialités: Cuisine du marché.

😚 – Menu 34 € (déjeuner), 62/120 €

La Maison d'Uzès, 18 rue du Docteur-Blanchard –
𝒞 04 66 20 07 00 – www.lamaisonduzes.fr –
Fermé 15 février-1ᵉʳ mars, 22 octobre-7 novembre, lundi, mardi

○ **LE COMPTOIR DU 7**

MODERNE · CONTEMPORAIN ⅈ À l'entrée de la ville, dans un ancien tunnel où circulaient les fiacres, ce bistrot contemporain sert une cuisine décomplexée, à base de produits frais : cannellonis farcis de ratatouille, herbes fraîches ; joues de bœuf confites, purée de carotte au cumin, aubergines moelleuses et suprêmes d'orange... Une bonne adresse.

😚 ₰ 🄰🄲 – Menu 18 € (déjeuner)/23 € – Carte 39/57 €

7 boulevard Charles-Gide – 𝒞 04 66 22 11 54 – www.maisonsaintgeorges.com –
Fermé 26 janvier-1ᵉʳ février, 1ᵉʳ-30 novembre, lundi, dimanche

🏠 **LA MAISON D'UZÈS**

HISTORIQUE · PERSONNALISÉ Dans la vieille ville, cet hôtel particulier du 17ᵉ s. accueille les voyageurs dans une atmosphère cosy et feutrée ; les chambres, aux noms poétiques – L'Écrin, Les Trois Lucarnes, La Dérobée, etc. –, sont confortables. Une charmante étape !

🅿 🕊 ⬆ 🆎 – 9 chambres – 3 suites

18 rue du Docteur-Blanchard - ℰ 04 66 20 07 00 - www.lamaisonduzes.fr

✧ **La Table d'Uzès** – Voir la sélection des restaurants

VAILHAN

✉ 34320 – Hérault – Carte régionale n° **21**-C2 – Carte Michelin 339-E7

✿ **ÄPONEM - AUBERGE DU PRESBYTÈRE**

Cheffe: Amélie Darvas

MODERNE · ÉLÉGANT ✕✕ Äponem signifie "bonheur" en langue Pataxo. Amélie Darvas et Gaby Benicio, les deux associées, ont trouvé le leur dans cette auberge d'un ancien presbytère du 17e s., repérée presque par hasard pendant des vacances dans la région. "Se rapprocher de l'essentiel, revenir à nous-mêmes et aux produits sans intermédiaires", voici la volonté de la cheffe Darvas, originaire de Paris, qui travaille les produits du marché et du potager (sept potagers en permaculture !) avec une flamme sans pareil. Ses assiettes limpides et audacieuses sont complétées à merveille par le travail de Gaby, sommelière de formation, qui assure avec talent le service de beaux vins de la région. À déguster dans un cadre pimpant avec vue sur la campagne environnante ou sur la charmante terrasse, à l'ombre d'une glycine. Äponem : plus qu'un restaurant, un projet de vie.

Spécialités: Cuisine du marché.

✿ *L'engagement du chef : "Cultiver la terre, cuisiner les légumes de notre jardin-potager en permaculture, proposer des vins biodynamiques, c'est le défi que nous relevons au quotidien pour tendre vers une gastronomie durable et responsable, en adéquation avec la nature qui nous entoure."*

❀ ⬸ 🏡 ᕦ 🆎 – Menu 89 €

4 rue de l'Église - ℰ 04 67 24 76 49 - www.aponem-aubergedupresbytere.fr -
Fermé 22 décembre-8 janvier, mardi, mercredi, jeudi, vendredi midi

VERS-PONT-DU-GARD

✉ 30210 – Gard – Carte régionale n° **21**-D2

🏠 **LA BÉGUDE SAINT-PIERRE**

MAISON DE CAMPAGNE · ÉLÉGANT À proximité du pont du Gard, autour d'une cour fermée, un charmant corps de bâtiment du 17ᵉ s. tout en vieilles pierres et toits de tuiles. L'ensemble a été rénové avec grand soin et joue avec réussite la sobriété contemporaine, entre design zen et luxe sage. Comment ne pas avoir le béguin pour cette Bégude ?

✿ ⬡ 📶 ⬆ ♨ 🅿 – 25 chambres

295 chemin des Bégudes (rive gauche du Gardon) - ℰ 04 66 02 63 60 -
www.hotel-begude-saint-pierre.com

VILLEMAGNE-L'ARGENTIÈRE

✉ 34600 – Hérault – Carte régionale n° **21**-B2

🍴 **AUBERGE DE L'ABBAYE**

MODERNE · RUSTIQUE ✕ Un petit village médiéval. Dans un recoin, une tour du 12ᵉ s. qui jette son ombre sur un mur en pierres. Et derrière le mur, cette délicieuse auberge qui gagne à être connue. On y sert une bonne cuisine au goût du jour, qui privilégie les circuits courts. À déguster dans une atmosphère monastique.

🏡 ᕦ – Menu 18 € (déjeuner), 34/59 €

4 place de l'Abbaye - ℰ 04 67 95 34 84 - www.aubergeabbaye.com -
Fermé 24 décembre-18 janvier, lundi, mardi soir, mercredi, samedi midi, dimanche soir

VILLENEUVE-LÈS-AVIGNON

✉ 30400 – Gard – Carte régionale n° **21**-D2 – Carte Michelin 339-N5

✿ LE PRIEURÉ

MODERNE · ÉLÉGANT XxX De l'autre côté du Rhône, en face du Palais des Papes, la petite cité de Villeneuve-lès-Avignon collectionne elle aussi les monuments... et le Prieuré est l'un d'entre eux. Cet ancien cloître a du charme à revendre. Il a d'ailleurs séduit Jean-André Charial, le chef et propriétaire du mythique Oustau de Baumanière, qui l'a ajouté à sa collection de belles adresses. Le jeune chef Marc Fontanne a choisi, lui, d'y continuer une carrière prometteuse commencée à l'auberge des Templiers puis poursuivie à la Réserve de Beaulieu. Franchement méridionale, basée sur de très beaux produits, sa cuisine est fine et goûteuse à souhait : par exemple, cette seiche parfaitement cuite à la plancha, accompagnée de dés de citron confit, asperges, lard de Colonnata et huile d'olive fruitée... Un bonheur.

Spécialités : Tartare de tomate noire de Crimée parfumé aux olives, au citron et au basilic, glace à la tomate. Saint-pierre, achards de citron au curcuma, artichaut cru et cuit, sabayon à l'huile d'olive. Figue à l'huile d'olive et au jus de pamplemousse, parfait glacé aux zestes d'agrumes et glace à la feuille de figuier.

✿ 🍴🌿♿🖥️🔁🅿️ – Menu 52 € (déjeuner)/98 € – Carte 100/117 €

7 place du Chapitre –
☎ 04 90 15 90 15 – www.leprieure.com –
Fermé 31 octobre-26 mars

LE PRIEURÉ

LUXE · PERSONNALISÉ Le palais des Papes n'est pas si loin... Au cœur de la cité médiévale de Villeneuve, ce prieuré du 14ᵉ s. distille un je-ne-sais-quoi d'exclusivité. Vieilles pierres, dernier chic contemporain, superbe jardin... à l'écart du monde.

🏊☀️🍴🏊🔁♿🖥️💆🅿️ – 26 chambres – 13 suites

7 place du Chapitre –
☎ 04 90 15 90 15 – www.leprieure.com

✿ **Le Prieuré** – Voir la sélection des restaurants

LA SUITE

BOUTIQUE HÔTEL · CONTEMPORAIN Au cœur de la ville, ce petit hôtel de charme se niche dans une ancienne biscuiterie du 17ᵉ s. Les chambres et les suites ont chacune leur univers : ethnique, années pop, urbain... Bel espace détente et joli jardin. Une adresse à croquer !

🍴🏊♿🖥️🅿️ – 6 chambres – 3 suites

65 rue de la République –
☎ 04 90 21 51 07 – www.hotellasuite.fr

VILLESÈQUE-DES-CORBIÈRES

✉ 11360 – Aude – Carte régionale n° **21**-B3 – Carte Michelin 344-I4

⅋○ PLACE DES MARCHÉS

MODERNE · RUSTIQUE X Dans ce village perdu des Corbières, une maison jaune abrite le bistrot d'Éric Delalande, passionné de fraîcheur, de produits locaux... et de vins des Corbières ! L'assiette se laisse porter par les humeurs du chef et du marché. Une cuisine vérité, généreuse et sans chichi particulièrement appréciée par les vignerons du coin.

🌿♿🖥️ – Carte 30/40 €

8 avenue de la Mairie –
☎ 04 68 70 09 13 – www.placedesmarches-restaurant.com –
Fermé 1ᵉʳ-30 novembre, lundi, mardi

VILLEVIEILLE

✉ 30250 – Gard – Carte régionale n° **21**-C2

ⅼ◯ LA CANOPÉE

MODERNE · HISTORIQUE ✗✗ Dans cette ancienne salle d'armes voûtée de style Renaissance (5m de haut, tout de même !), on découvre une cuisine à la gloire des terroirs cévenol et camarguais. Elle s'accompagne d'une jolie sélection de petits vins de la région.

🖧 🛏 ⇔ 🅿 – Menu 31€ (déjeuner)/65€

Château de Pondres, 2 allée du Pigeonnier –
𝄢 04 66 35 97 20 – www.chateaudepondres.fr –
Fermé lundi

🏚 CHÂTEAU DE PONDRES

HISTORIQUE · HISTORIQUE Tout proche du village médiéval de Sommières, un château d'aspect Renaissance entouré d'un joli parc de 15 ha et d'une rivière. Décoration "nature" et brute au restaurant (tommettes, luminaires en métal, bois), chambres dans l'esprit du lieu, avec vue sur le hameau ou les vignes et le pic Saint-Loup... un cachet indéniable.

🏌 🦢 ⇐ 🖧 ⚒ 🛎 🖃 👥 🎿 🅿 – 21 chambres – 2 suites

2 allée du Pigeonnier –
𝄢 04 66 35 97 20 – www.chateaudepondres.com

ⅼ◯ **La Canopée** – Voir la sélection des restaurants

MIDI-PYRÉNÉES

Saucisse, jambon noir de Bigorre, oies, canards du Gers, pigeon du Lauragais, asperges du Tarn... : Midi-Pyrénées demeure une terre de produits plus que de gastronomie. Dans les Pyrénées orientales, c'est l'Espagne qui pousse sa corne, avec la Catalogne en toile de fond, sa charcuterie, l'utilisation de l'ail et des viandes grillées à la braise qu'on trouve peu en France. Ailleurs est prisé le repas traditionnel - cassoulet, plats en sauce, très ancrés dans le terroir. Mais on aurait tort de réduire la région à cette roborative image d'Epinal.

Prenez la capitale, Toulouse. Longtemps endormie sur ses lauriers gastronomiques, la ville rose retrouve des couleurs avec le sacre en 2020 de Py-r (Pierre Lambinon, deux étoiles), la surprise Hedone (Balthazar Gonzalez, une étoile) et une flopée de bonnes petites tables passionnantes. Notre menu rêvé ? Une tête de veau ravigote à l'Air de Famille, une tourte de pomme de terre au reblochon chez Nino (le petit frère de Py-r), un cabillaud et coulis de betterave à Une table à Deux. Audace, jeunesse, pertinence : tels sont les maîtres mots de cette nouvelle génération qui donne enfin raison au groupe Gold, qui chantait déjà "Un peu plus près des étoiles" en 1985...

• Carte régionale n° 22

ALBI

✉ 81000 – Tarn – Carte régionale n° **22**–C2 – Carte Michelin 338-E7

😊 L'ÉPICURIEN

MODERNE · **BRANCHÉ** ✕✕ C'est l'adresse branchée d'Albi, et à raison ! La déco, au design épuré, témoigne d'un bel esprit nordique ; d'ailleurs le chef est d'origine suédoise, et il concocte de jolies assiettes dans l'air du temps, gourmandes, copieuses et bien ficelées. Ajoutons à cela une carte des vins judicieuse et un service efficace.

Spécialités : Tartare de veau, carpaccio de champignons, sauce crémeuse, poudre de câpres. Bar grillé, salicornes, moules de bouchot, artichauts. Pavlova fruits rouges, mousse mascarpone.

🕸 🏠 & 🅰🅲 ❖ – Menu 22 € (déjeuner), 33/47 € – Carte 38/55 €

Plan : D2-p – *42 place Jean-Jaurès* – ✆ *05 63 53 10 70* – *www.restaurantlepicurien.com* – *Fermé lundi, dimanche*

😊 LA TABLE DU SOMMELIER

MODERNE · **BISTRO** ✕ Père et fils, sommeliers de formation, travaillent en duo dans ce sympathique bistrot contemporain. Le résultat ? Une cuisine savoureuse, qui revisite habilement le terroir, un imposant choix de vins (500 références), et, l'été, deux terrasses au choix : sous la pergola ou à ciel ouvert... Une adresse hautement recommandable.

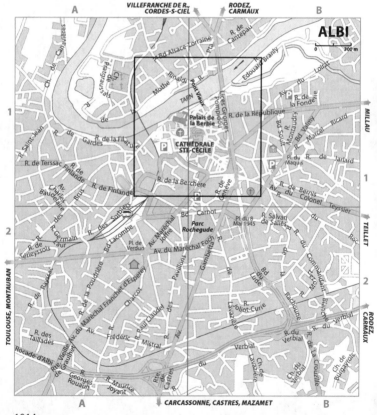

Spécialités: Foie gras mi-cuit, brioche à la truffe. Magret de canard, purée de pomme de terre, jus à la figue. Dôme et glace passion-coco, biscuit congolais.

🏡 🛋 & 🅰🅲 ✥ – Menu 18€ (déjeuner), 32/42€ – Carte 39/53€

Plan: D1-m – *20 rue Porta* –
𝒞 05 63 46 20 10 – www.latabledusommelier.com –
Fermé lundi, mardi midi, dimanche

🍴 **ALCHIMY**

TRADITIONNELLE • ÉLÉGANT XX Au cœur de la vieille ville, cette belle bâtisse Art déco abrite une brasserie de style contemporain, sous une jolie verrière : impossible de manquer l'imposant lustre Murano ! Dans l'assiette, de bons plats traditionnels réalisés avec de beaux produits locaux.

🛋 & 🅰🅲 ✥ – Menu 20€ (déjeuner), 27/33€ – Carte 36/62€

Plan: D2-f – *12 place du Palais* –
𝒞 05 63 76 18 18 – www.alchimyalbi.fr

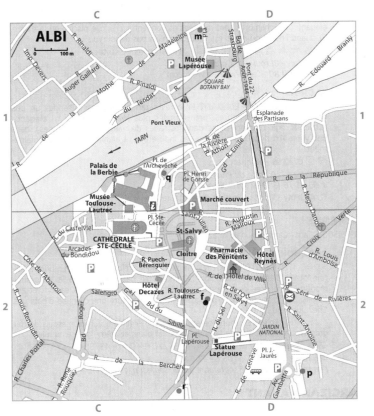

🍽️○ **LA PART DES ANGES**

MODERNE • DESIGN XX Au-dessus du Grand Théâtre, au dernier étage, cet établissement propose une cuisine au goût du jour maîtrisée, en deux styles distincts : bistrot (au hasard, paleron de bœuf braisé et mousseline de panais) ou plus moderne (foie gras confit au jus de coing et jus au café). À déguster aux beaux jours sur la vaste terrasse dominant la ville. Un ange passe...

�️ & 🅰️ 🍴 – Menu 20 € (déjeuner), 24/65 € – Carte 35/100 €

Plan : C2-r – *Rue des Cordeliers* – ℰ *05 63 49 77 81* – *www.lapartdesangesalbi.fr* –
Fermé dimanche soir

🍽️○ **BRUIT EN CUISINE**

TRADITIONNELLE • BISTRO X Comme son nom ne l'indique pas, cette jolie maison du cœur de la vieille ville ne fait pas de bruit... mais elle gagne à être connue ! Le chef y propose une cuisine du marché, au meilleur de la tradition, à l'instar de cette savoureuse épaule d'agneau confite 7 heures, avec jus de viande au romarin et carottes braisées. La jolie terrasse offre une vue superbe sur la cathédrale Sainte-Cécile...

�️ & – Menu 16 € (déjeuner)/26 €

Plan : C1-q – *22 rue de la Souque* – ℰ *05 63 36 70 31* –
Fermé lundi, dimanche

🏨 **LA RÉSERVE**

LUXE • PERSONNALISÉ Dans un grand parc verdoyant au bord du Tarn, une villa pleine de charme ! Meubles chinés et contemporains, tissus et papiers peints élégants : les chambres sont raffinées et donnent sur la jolie piscine ou la rivière. Et quand l'heure du repas est venue, on n'est pas dépourvu...

🏖️ ⛱️ ≤ 🛏️ 🛋️ 🍴 🍽️ & 🅰️ 🐕 🅿️ – 18 chambres – 2 suites

Hors plan – *81 route de Cordes* –
ℰ *05 63 60 80 80* – *www.lareservealbi.com*

🏨 **ALCHIMY**

BOUTIQUE HÔTEL • ÉLÉGANT Si le restaurant vous a plu, attendez un peu de découvrir les chambres, peut-être les plus jolies de la ville ! L'élégance est ici la règle (marbre blanc dans les salles de bains, meubles signés), dans une veine Art déco qui ne laisse pas indifférent... L'alchimie fonctionne pleinement.

🏖️ 🍴 & 🅰️ 🐕 – 10 chambres

Plan : D2-f – *10 place du Palais* –
ℰ *05 63 76 18 18* – *www.alchimyalbi.fr*
🍽️○ **Alchimy** – Voir la sélection des restaurants

AMBRES

✉️ 81500 – Tarn – Carte régionale n° **22**-C2

🌱 **CHEZ JOHN**

MODERNE • CONTEMPORAIN X Un chef anglais réinterprétant avec brio le terroir local ? Bienvenue Chez John. On s'installe dans une salle à la décoration moderne et épurée pour se délecter d'une cuisine attentive aux saisons et aux détails. Son rapport qualité/prix assez imbattable attire une clientèle d'habitués. Chez John, ou l'anti-Brexit.

Spécialités : Foie gras, rhubarbe et framboises. Filet de bœuf, cromesquis de foie gras. Nectarine fumée à la lavande, chocolat blanc et crème glacée au miel.

�️ & 🅰️ 🅿️ – Menu 18 € (déjeuner), 32/70 € – Carte 45/55 €

465 route de Gaillac – ℰ *05 63 57 64 85* –
Fermé 2-13 janvier, 2-16 septembre, lundi, samedi midi, dimanche soir

ARCIZANS-AVANT

✉️ 65400 – Hautes-Pyrénées – Carte régionale n° **22**-A3 – Carte Michelin 342-L7

🍴 **AUBERGE LE CABALIROS**

TRADITIONNELLE · AUBERGE ꭕ Cette sympathique auberge villageoise, à mi-chemin entre les célèbres cols d'Aubisque et du Tourmalet, tutoie les sommets pyrénéens. Dans l'assiette, de bonnes recettes de tradition – pavé de porc noir de Bigorre, ris de veau braisé –, goûteuses et joliment présentées. Et de petites chambres coquettes pour l'étape !

⇦ ≤ 🛏 🏠 **P** – Menu 30 € – Carte 44/53 €

16 rue de l'Église – ℰ 05 62 97 04 31 – www.auberge-cabaliros.com –
Fermé 1ᵉʳ janvier-6 février, mardi, mercredi

ARGELÈS-GAZOST

✉ 65400 – Hautes-Pyrénées – Carte régionale n° **22**-A3 – Carte Michelin 342-L6

🍴 **DES PETITS POIS SONT ROUGES**

MODERNE · CONVIVIAL ꭕꭕ Pas besoin d'être résident de l'hôtel Miramont pour apprécier la cuisine de son chef. Ce dernier rend hommage au terroir pyrénéen, bien sûr, mais propose également de nombreux poissons à la carte. Côté déco, on baigne dans une ambiance résolument contemporaine : table centrale rehaussée, mobilier design...

⇦ 🛏 🏠 ♿ 🅰🅲 **P** – Menu 24/29 € – Carte 40/50 €

Le Miramont, 44 avenue des Pyrénées – ℰ 05 62 97 01 26 –
www.des-petits-pois-sont-rouges.com – Fermé 1ᵉʳ-30 novembre, mercredi

LES ARQUES

✉ 46250 – Lot – Carte régionale n° **22**-B1 – Carte Michelin 337-D4

🍴 **LA RÉCRÉATION**

MODERNE · CONTEMPORAIN ꭕ L'école est finie ! Dans cette sympathique maison, l'ancienne salle de classe est devenue celle du restaurant, et le préau, une jolie terrasse. Mais ici point de nostalgie : le décor tout comme la cuisine sont bien dans l'air du temps.

🏠 – Menu 28 € (déjeuner), 39/49 €

Le Bourg – ℰ 05 65 22 88 08 – www.la-recreation-restaurant.com –
Fermé 1ᵉʳ novembre-5 mars, mercredi, jeudi

ASSIER

✉ 46320 – Lot – Carte régionale n° **22**-C1 – Carte Michelin 337-H3

🍴 **L'ASSIEROIS**

MODERNE · CONTEMPORAIN ꭕ Au centre du village, face à l'église et dotée d'une agréable terrasse ombragée, cette ancienne auberge offre désormais un cadre contemporain épuré. Le chef propose une cuisine rythmée par les saisons, assez simple le midi en semaine, beaucoup plus ambitieuse au dîner et le week-end, mais privilégiant toujours les produits locaux.

🏠 – Menu 24 € (déjeuner), 36/48 €

Place de l'Église – ℰ 05 65 40 56 27 – www.lassierois.com – Fermé lundi, mercredi
soir, dimanche soir

AUCH

✉ 32000 – Gers – Carte régionale n° **22**-B2 – Carte Michelin 336-F8

🌱 **DOMAINE DE BAULIEU**

MODERNE · CONTEMPORAIN ꭕꭕ Dans une salle élégante et moderne, avec ses grandes baies vitrées donnant sur la terrasse et la nature, on profite de la cuisine à quatre mains des talentueux Maxime Deschamps et Stéphane Mazières. Les assiettes sont bien ficelées et tirent le meilleur de la production locale. On passe un super moment.

Spécialités : Langoustines en spaghettis croustillants, nougatine d'ail et orange. Pigeonneau, croûte de millas, bouillon à la betterave et menthe. Fines arlettes en millefeuille, crème à la fleur d'oranger, caramel au beurre salé.

🕸️ *L'engagement du chef :* *"Nous utilisons essentiellement des produits locaux et de saison. Nos déchets verts sont donnés aux ânes, ou compostés pour notre potager, qui nous approvisionne en plantes comestibles et aromates. Nous récupérons les eaux de pluie. Nous proposons aussi à nos clients notre eau filtrée pour éviter le transport de bouteilles."*

🡠 🖥 🛏 ⅏ 🅿 – Menu 22 € (déjeuner), 34/59 € – Carte 62/70 €

822 chemin de Lussan – ℰ 05 62 59 97 38 – www.ledomainedebaulieu.com – Fermé lundi midi, samedi, dimanche

🍽️ **LA GRANDE SALLE**

MODERNE · CLASSIQUE 🟫🟫 Entièrement rénovée, cette institution du centre-ville continue sa belle histoire sous l'égide d'une jeune équipe familiale – trois frères, l'un en salle (Meilleur Ouvrier de France), l'autre en cuisine et le dernier en pâtisserie ! La cuisine joue une partition contemporaine soignée qui met en valeur le patrimoine gastronomique gersois. Cuisine du marché plus simple à la brasserie le 9ᵉ.

🕸 🡠 ⅏ ⇕ – Menu 30 € (déjeuner), 45/70 € – Carte 30/70 €

Place de la Libération – ℰ 05 62 61 71 71 – www.hoteldefrance-auch.com – Fermé 2-18 janvier, 5-14 juillet, lundi, mardi, dimanche soir

🍽️ **JEFF ENVOIE DU BOIS !!!** 🅝

CUISINE DU MARCHÉ · ÉLÉGANT 🟫🟫 Bons produits frais du marché où le chef Thomas Lloret se rend deux fois par semaine, grande terrasse sur la place de la Libération, devanture sombre et élégante, intérieur design noir et blanc et surtout une bonne cuisine du marché actuelle. Pas de doute, ce bistrot cantine, justement plébiscité, envoie du bois...qu'on arrose avec des crus locaux bien choisis.

🛏 ⅏ 🅰️🅲 – Menu 20 € (déjeuner), 39/49 € – Carte 20/75 €

12 place de la Libération – ℰ 05 62 61 24 00 – https://www.facebook.com/jeffenvoieduboisauch/ – Fermé 17-25 janvier, lundi, mardi soir, mercredi soir, dimanche

🍽️ **LE DAROLES**

MODERNE · BRASSERIE 🟫 Dans cette brasserie emblématique de la ville, datant du début du 20ᵉ s., le terroir gersois est célébré par le chef Guillaume Manchado, fils d'agriculteurs et passionné de produits. Assiettes fraîches et gourmandes, rapport qualité-prix imbattable : une bonne adresse.

🛏 ⅏ ⇕ – Menu 29 € – Carte 22/43 €

4 place de la Libération – ℰ 05 62 05 00 51 – www.ledaroles.com – Fermé 1ᵉʳ-8 novembre

AULON

✉ 65240 – Hautes-Pyrénées – Carte régionale n° **22**–A3 – Carte Michelin 342-N7

😊 **AUBERGE DES ARYELETS**

TRADITIONNELLE · AUBERGE 🟫 Il faudra grimper un peu pour rejoindre ce village haut perché des Pyrénées. Sur la place centrale, un jeune couple a repris cette maison avec allant, mettant à l'honneur la tradition et les produits de la région : cochon de lait basse température et jus corsé ; agneau confit de mon enfance, jus d'ail noir...

Spécialités : Pâté en croûte comme le fait mon père. Cochon de lait cuit à basse température. Vacherin betterave, smoothie hibiscus et fruits rouges.

🛏 – Menu 35/45 €

Place du Village – ℰ 05 62 39 95 59 – Fermé 15-30 avril, 15 novembre-7 décembre, lundi, mardi

AUREVILLE

✉ 31320 – Haute-Garonne – Carte régionale n° **22**–B2 – Carte Michelin 343-G4

❀ **EN MARGE**

Chef: Frank Renimel

CRÉATIVE · ÉLÉGANT XxX Frank Renimel et son épouse ont décidé de se mettre "en marge" de la ville de Toulouse : ils accueillent en plein cœur des coteaux du Lauragais – un terroir connu comme un véritable pays de Cocagne. D'un ancien corps de ferme, ils ont imaginé un loft gourmand de bois et de pierre, dont les larges baies vitrées embrassent les vallonnements d'une campagne bucolique. Calé sur les saisons, le chef change sa carte tous les mois, et marie les produits rustiques et terriens à des perles nobles comme le caviar, la truffe ou le cèpe. On est souvent bluffé par le travail dans l'assiette, où les émotions gustatives sont légion - ainsi son cassoulet revisité, un classique de la carte. Pour prolonger la douceur du séjour, cinq très belles chambres décorées avec goût par Madame Renimel et flanquées d'une petite piscine sont idéales pour l'étape gastronomique. En Marge est au cœur du goût.

Spécialités: Cappuccino de champignons et foie gras. Cassoulet "En Marge". Yaourt à la violette.

❀ ⇌ 🏠 ⅙ 🅰 ⇧ 🅿 – Menu 39 € (déjeuner), 72/149 €

1204 route de la Croix-Falrgarde (lieu-dit Birol) – ℰ 05 61 53 07 24 – www.restaurantenmarge.com – Fermé 20 décembre-2 janvier, dimanche soir

AUZEVILLE-TOLOSANE

✉ 31320 – Haute-Garonne – Carte régionale n° **22**–B2 – Carte Michelin 343-G3

❀ **LA TABLE D'AUZEVILLE**

CLASSIQUE · CONVIVIAL XX Au cœur d'un village de la banlieue de Toulouse, cette maison blanche est désormais le fief de Grégory Truilhé, qui était déjà présent ici en tant que second. Que les habitués se rassurent : il se montre fidèle à la réputation de la maison, et compose une cuisine tout à la gloire des grands classiques. C'est gourmand et bien réalisé : un plaisir.

Spécialités: Pâté croûte au canard et pépites de foie gras. Filet de canette tradition Auzeville, jus au porto. Fondant au chocolat, sorbet de saison.

🏠 🅰 ⇧ – Menu 21 € (déjeuner) /34 € – Carte 40/80 €

35 chemin de l'Église – ℰ 05 61 13 42 30 – www.la-table-dauzeville.fr – Fermé 21 décembre-5 janvier, lundi, mardi, dimanche soir

AVEZAN

✉ 32380 – Gers – Carte régionale n° **22**–B2 – Carte Michelin 336-G6

🍽 **LA TABLE DE NAZÈRE** ⓝ

CUISINE DU MARCHÉ · MAISON DE CAMPAGNE XX Au cœur de la Lomagne, cette ancienne ferme rénovée avec cachet abrite chambres d'hôtes, gîtes et une jolie table chic et champêtre baignée de lumière. Le chef Christophe Roussat signe une cuisine de saison et de terroir (foie gras et armagnac au programme), fine et gourmande, relevée par les herbes du potager.

❀ *L'engagement du chef:* "Nous entretenons une relation privilégiée avec les producteurs et artisans locaux. Nous avons un potager en permaculture au sein du domaine, avec aménagement de réserves d'eau grâce à des mares alimentées par des sources et des citernes qui stockent les eaux pluviales. Les déchets végétaux sont recyclés en compost ou pour les animaux de basse-cour. Les produits d'entretien sont écologiques."

⇐ 🍴 🏠 ⅙ 🅰 ⇧ 🅿 – Menu 38/52 €

Lieu-dit Nazère – ℰ 05 62 64 39 01 - www.nazere.fr – Fermé 15 février-18 mars, lundi

AX-LES-THERMES

✉ 09110 – Ariège – Carte régionale n° **22**–C3 – Carte Michelin 343-J8

❀ **LE CHALET**

MODERNE · CONVIVIAL XX Tartiflette ariégeoise au bethmale ; ris de veau laqué, ratatouille et jus d'olives Taggiasche... Dans ce Chalet contemporain, Frédéric Debèves revisite le terroir avec talent, jouant sur les saveurs et les textures, signant des assiettes fortes en goût. L'été, direction la terrasse, au-dessus de la rivière. Chambres pour l'étape.

Spécialités : Tiramisu à la tomate et au chèvre frais d'Orgeix. Ris de veau laqué, fine ratatouille, jus corsé. GâtO d'Ax.

⟵ 🏠 ⅃ ♿ – Menu 33/60€

4 avenue Durandeau – ℰ 05 61 64 24 31 – www.le-chalet.fr – Fermé 16 avril-10 mai, 9 novembre-5 décembre, lundi, mardi midi, dimanche midi

BAGNÈRES-DE-BIGORRE

✉ 65200 – Hautes-Pyrénées – Carte régionale n° **22**–A3 – Carte Michelin 342-M4

⁜ **O2C**

CUISINE DU MARCHÉ · COSY ⅹ Le ciel mène à tout : ancien pilote d'hélicoptère et grand passionné de cuisine, Christophe Belegaud tient les fourneaux de ce restaurant aux tons crème et chocolat, à la déco sagement moderne. Basée sur les produits locaux et 100% maison, cette cuisine du marché bien de son temps va droit au but. Quant à Chantal, le second "c" de ce charmant o2c, elle assure un service attentionné.

Spécialités : Cuisine du marché.

🏠 – Menu 20€ (déjeuner), 31/45€

20 place de Strasbourg – ℰ 09 52 71 92 58 – Fermé 20 décembre-5 janvier, lundi, mardi midi, dimanche

ⅠⓄ **LE JARDIN DES BROUCHES**

MODERNE · CONTEMPORAIN ⅹⅹ La jolie maison blanche est installée juste en face de l'imposant casino de Bagnères-de-Bigorre. L'intérieur, lumineux, se pare de couleurs contemporaines ; dans l'assiette, on trouve de bons produits frais et pleins de saveurs, préparés avec amour par un chef épris d'herbes et d'épices. Séduisant.

🏠 ⅃ Ⓜ – Menu 21€ (déjeuner), 33/65€

1 boulevard de l'Hypéron – ℰ 05 62 91 07 95 – www.lejardindesbrouches.fr – Fermé lundi, mercredi soir, dimanche soir

BAGNÈRES-DE-LUCHON

✉ 31110 – Haute-Garonne – Carte régionale n° **22**–B3 – Carte Michelin 343-B8

ⅠⓄ **L'HEPTAMERON DES GOURMETS**

CLASSIQUE · ÉLÉGANT ⅹⅹ Original : le chef et sa femme vous reçoivent... chez eux, au rez-de-chaussée de leur maison, dans une atmosphère très raffinée. Monsieur concocte un menu unique du marché (en sept services) et vous propose de choisir votre vin à la cave.

⟵ ⅃ ⊟ – Menu 70€

3 boulevard Charles-de-Gaulle – ℰ 07 62 14 50 64 – www.heptamerondesgourmets.com – Fermé 1er janvier-12 février, 28 février-16 mars, 2 mai-5 juillet, 29 août-31 décembre, lundi, mardi, mercredi, jeudi, vendredi midi, samedi midi, dimanche

BALMA

✉ 31130 – Haute-Garonne – Carte régionale n° **22**–B2 – Carte Michelin 343-G3

⁜ **L'ÉQUILIBRE**

MODERNE · CONTEMPORAIN ⅹ Formidable succès pour ce restaurant tenu par un couple trentenaire, qui fait dans le bon et le simple. Le chef agrémente les produits frais du marché avec bonheur, comme en témoigne cet œuf coulant parfaitement cuit, avec crème de poireau au gingembre, haddock et pickles de carottes... Rapport qualité-prix exceptionnel. Un sans-faute.

Spécialités : Œuf, magret séché, pommes de terre fumées. Cœur de cabillaud confit, courges et beurre blanc. Carpaccio d'ananas aux épices douces.

🏠 ⅃ Ⓜ – Menu 27€ (déjeuner), 35/55€

10 place de la Libération – ℰ 05 61 45 70 43 – www.restaurant-lequilibre.fr – Fermé 29 août-14 septembre, 21 décembre-4 janvier, lundi, samedi, dimanche

BARBOTAN-LES-THERMES

✉ 32150 – Gers – Carte régionale n° **22**-A2 – Carte Michelin 336-B6

⭐○ **LA BASTIDE**

MODERNE • **ÉLÉGANT** XXX Un lieu élégant, qui a une âme, et deux concepts culinaires : d'une part une cuisine santé destinée aux curistes (carte renouvelée tous les jours) ; de l'autre des mets "d'appétit" mêlant avec raffinement terroir et air du temps.

🛬 🛋 & 🅐🅒 🅿 – Menu 37/78 € – Carte 50/71 €

La Bastide en Gascogne, Avenue des Thermes – ℰ 05 62 08 31 00 –
www.bastide-gasconne.com – Fermé 1ᵉʳ janvier-5 mars, lundi

🏠 **LA BASTIDE EN GASCOGNE**

LUXE • **ÉLÉGANT** Omniprésence de l'eau (avec de superbes fontaines dans les jardins à l'andalouse, une galerie menant aux thermes et au centre de balnéo) ; décor raffiné mêlant brique, bois, marbre et pierre ; chambres douillettes : cette bastide a un charme fou !

🕭 🛬 ⅃ 📶 🖭 & 🅐🅒 🕸 🅿 – 18 chambres – 7 suites

Avenue des Thermes – ℰ 05 62 08 31 00 – www.bastide-gasconne.com

⭐○ **La Bastide** – Voir la sélection des restaurants

BARDIGUES

✉ 82340 – Tarn-et-Garonne – Carte régionale n° **22**-B2 – Carte Michelin 337-B7

🕲 **AUBERGE DE BARDIGUES**

MODERNE • **BRANCHÉ** X Au cœur du village, cette bâtisse contemporaine est une sympathique halte bistronomique. En cuisine, Ciril (fou de légumes, fruits et poissons) concocte de bons petits plats, avec une attention portée au locavorisme. A l'été, on s'installe sur la grande terrasse ouverte sur la campagne.

Spécialités : Cuisine du marché.

🛋 & 🅐🅒 – Menu 25/35 €

Le Bourg – ℰ 05 63 39 05 58 – www.aubergedebardigues.com – Fermé 2-10 mars,
7-22 juin, lundi, mardi, dimanche soir

BELCASTEL

✉ 12390 – Aveyron – Carte régionale n° **22**-C1 – Carte Michelin 338-G4

🕸 **VIEUX PONT**

Chefs : Nicole Fagegaltier et Bruno Rouquier

MODERNE • **CONVIVIAL** XX Niché dans la verdure et dominé par son château, le paisible bourg de Belcastel grimpe en étages sur la rive droite de l'Aveyron. Rien de mieux, pour s'ouvrir l'appétit, que ses rues couvertes de pavés ou de galets ainsi que ses calades escarpées ! Régaler les hôtes de passage, c'est une tradition dans cette maison familiale ouverte par les grands-parents des deux sœurs Nicole et Michèle Fagegaltier, désormais aux commandes. La carte, alléchante comme il se doit, met en avant l'agneau et le veau de l'Aveyron et du Ségala, le bœuf d'Aubrac, le porc noir de Bigorre, l'oignon doux des Cévennes mais aussi des poissons et des fromages fermiers. Foie de canard poêlé, crumble aux noix et potimarron, ou encore ris d'agneau poêlé à l'huile de sarriette et carottes : qu'il est bon ce Vieux Pont !

Spécialités : Ris d'agneau rissolés, sauce acidulée au safran et chips au curcuma. Poitrine de pigeon, beurre de noix, riz sauvage, jus de viande et huile de sarriette. Biscuit chocolat, crème glacée au poivre du Sichuan, caramel et gelée de pamplemousse.

🕸 🔄 ⪉ 🅐🅒 🅿 – Menu 52 € (déjeuner), 62/97 €

Le Bourg – ℰ 05 65 64 52 29 – www.hotelbelcastel.com – Fermé 2 janvier-20 mars,
lundi, mardi, dimanche soir

BIOULE

✉ 82800 – Tarn-et-Garonne – Carte régionale n° **22**–C2 – Carte Michelin 337-F7

↑○ LES BOISSIÈRES

MODERNE · CONVIVIAL ॐ Des plats bien ficelés et maîtrisés, qui respectent les fondamentaux et mettent en avant de jolies saveurs : voici ce que vous propose le chef ! Vous aurez même droit à quelques touches asiatiques – un clin d'œil aux origines de sa compagne. Le tout se découvre, aux beaux jours, sur l'agréable terrasse avec ses colonnes en pierre...

⇆ 🏠 🏡 🕭 💠 🅿 – Menu 23 € (déjeuner) – Carte 40/55 €

708 route de Caussade – 𝒞 05 63 24 50 02 – www.lesboissieres.com – Fermé lundi, samedi midi, dimanche soir

BOZOULS

✉ 12340 – Aveyron – Carte régionale n° **22**–D1 – Carte Michelin 338-I4

🕄 LE BELVÉDÈRE

Chef: Guillaume Viala

MODERNE · COSY ॐ Guillaume Viala, qui se destinait à une carrière scientifique, a troqué éprouvettes et cornues contre couteau et planche à découper. Cet Aveyronnais a bifurqué vers la cuisine, passant notamment trois ans chez Michel Bras. Puis, avec son épouse sommelière, il a jeté son dévolu sur cette auberge rustique et chic, qui offre une vue imprenable sur le fameux "trou" de Bozouls, un cirque naturel creusé dans le causse. Tous deux nourrissent une passion contagieuse pour l'agriculture paysanne traditionnelle et les vins d'auteurs. Leur poulpe du golfe du Lion cuit en cocotte, jus épicé, charlotte fumée et pois chiche, pissenlit et roquette, est un exemple à suivre : simplicité enfantine, produits communs bien mis en valeur, exécution parfaite. Une réussite.

Spécialités : Bouillon de culture. Volailles fermières de Cruéjouls. Gourg d'enfer.

🕃 ⇆ 💠 – Menu 45/112 €

11 route du Maquis-Jean-Pierre – 𝒞 05 65 44 92 66 – www.belvedere-bozouls.com – Fermé 8 mars-1ᵉʳ avril, 8 novembre-2 décembre, lundi, mardi midi, mercredi midi, dimanche soir

😊 À LA ROUTE D'ARGENT

TRADITIONNELLE · ÉLÉGANT ॐॐ Au rez-de-chaussée de l'hôtel, un restaurant à la décoration moderne et lumineux, repris avec énergie par l'ancien second et sa compagne. On y déguste des plats traditionnels généreux et gourmands. Feuilleté aux asperges, foie gras, ris d'agneau, ris... : la carte varie au gré du marché et les cuissons sont toujours justes... Médaille d'argent !

Spécialités : Ris d'agneau persillés, pascade aux herbes. Poitrine de pigeon braisée et légumes du moment. Baba au rhum et fruits de saison.

⇆ 🕭 🅰 💠 🅿 – Menu 21/49 €

1 route de Gabriac – 𝒞 05 65 44 92 27 – www.laroutedargent.com – Fermé 2 janvier-12 février, 19-27 juillet, lundi, mardi midi, dimanche soir

CAHORS

✉ 46000 – Lot – Carte régionale n° **22**–B1 – Carte Michelin 337-E5

😊 L'Ô À LA BOUCHE

MODERNE · CONTEMPORAIN ॐॐ À la tête de cette attachante adresse, un couple de passionnés qui a sillonné les contrées lointaines avant de jeter l'ancre à Cahors. Plats savoureux, service accueillant et au fond du verre, une judicieuse sélection de vins nature et bio. Nous sommes conquis.

Spécialités : Escalope de foie gras de canard poêlée, figues et pain d'épice. Médaillon et ris de veau, haricots verts, purée de pois chiches, sauce vierge. Douceur à la poire, crème à la fève tonka, sorbet yaourt.

🏡 🕭 🅰 – Menu 28/45 €

56 allées Fénelon – 𝒞 05 65 35 65 69 – www.loalabouche-restaurant.com – Fermé lundi, dimanche

⫣○ **LE BALANDRE - LE BISTRO 1911**

MODERNE · BOURGEOIS XxX Vitraux, belle hauteur sous plafond, moulures... Le cadre de ce restaurant, propriété familiale depuis plus de 100 ans, vaut le détour. Aux fourneaux, Alexandre, le fils de la famille, n'oublie pas certains « grands classiques » de la maison, tout en proposant une cuisine en phase avec son époque, en formule bistrot en semaine, plus ambitieuse le week-end.

🕸 🈘 🅰🅒 – Menu 24/65€

5 avenue Charles-de-Freycinet – ℰ 05 65 53 32 00 – www.balandre.com –
Fermé 3-11 janvier, 14-22 mars, 4-12 juillet, lundi, dimanche

⫣○ **AU FIL DES DOUCEURS**

TRADITIONNELLE · CONVIVIAL XX Après 23 années passées dans son bateau-restaurant sur le Lot, le chef du Fil des Douceurs a posé pied à terre et pris ses quartiers dans cette petite maison colorée, au cadre contemporain, face au superbe pont de Valentré (14ᵉ s.). Sa bonne cuisine traditionnelle, à prix doux, nous fait toujours voyager !

🈘 🕭 🅰🅒 – Menu 28/39€ – Carte 40/60€

32 avenue André-Breton – ℰ 05 65 22 13 04 – Fermé lundi, dimanche

CAHUZAC-SUR-VÈRE

✉ 81140 – Tarn – Carte régionale n° **22**-C2 – Carte Michelin 338-D7

⫣○ **CHÂTEAU DE SALETTES**

MODERNE · ÉLÉGANT XxX Ce restaurant est installé dans un château des 13ᵉ et 15ᵉs., en plein cœur d'un domaine viticole du gaillacois... Un emplacement de choix ! La cuisine, bien dans l'air du temps, est basée sur de beaux produits ; la jolie carte des vins propose les crus du Château de Salettes. Aux beaux jours, la terrasse ne manque pas de charme - tout comme les chambres et les suites installées dans les tours et le mur d'enceinte.

🕸 ⇐ ⪡ 🕬 🈘 🕭 🅰🅒 ⇧ 🅿 – Menu 31€ (déjeuner), 46/62€ –
Carte 60/90€

Château de Salettes – ℰ 05 63 33 60 60 – www.chateaudesalettes.com –
Fermé 18 octobre-4 avril, lundi, mardi midi, mercredi midi

🏢 **CHÂTEAU DE SALETTES**

DEMEURE HISTORIQUE · CONTEMPORAIN Pénétrez dans la cour pour découvrir ce beau château du 13ᵉ s. au milieu des vignes, remanié au fil du temps. À l'intérieur, une déco contemporaine et design, des chambres spacieuses avec murs en pierres apparentes... Charme et personnalité, en toute quiétude ! Agréable spa, tout nouveau.

⛄ 🐾 ⪡ 🕬 🍹 ⑩ 🐟 🕭 🅰🅒 🅰 🅿 – 16 chambres – 2 suites

Château de Salettes (lieu-dit Salettes) – ℰ 05 63 33 60 60 –
www.chateaudesalettes.com

⫣○ **Château de Salettes** – Voir la sélection des restaurants

CAJARC

✉ 46160 – Lot – Carte régionale n° **22**-C1 – Carte Michelin 337-H5

❀ **L'ALLÉE DES VIGNES**

Chef: Claude-Emmanuel Robin

CRÉATIVE · CONTEMPORAIN XX Village natal de Françoise Sagan, villégiature du président de la République Georges Pompidou, Cajarc est un petit bijou de village du Quercy. Claude-Emmanuel Robin, un franco-mexicain, et son épouse russe Evgenia, ont eu un coup de cœur pour l'ancien presbytère. Ils en ont fait un lieu élégant et charmant, apprécié également aux beaux jours, grâce à la jolie terrasse. Claude-Emmanuel se révèle un chef passionné et plein de fougue, auteur d'une cuisine créative et savoureuse. A noter aussi : le safran du Quercy a trouvé en lui son plus fidèle ambassadeur. Service jeune et charmant. La table du Lot qui sort du lot.

Spécialités: Foie gras poêlé à la poudre de petit épeautre, jaune d'œuf fermier confit. Porc noir de Cajarc rôti au miel du Causse, jus "pibil". Millefeuille au safran du Quercy, fraîcheur de citron vert.

🍃 *L'engagement du chef:* "Nous avons une démarche culinaire engagée qui respecte la saison et notre carte courte évolue selon la disponibilité des produits. Nous travaillons en étroite collaboration avec des producteurs locaux situés dans une zone de 60 km autour de notre restaurant, excepté pour les poissons, issus de la pêche durable et certains produits spécifiques, comme l'ail noir de Billom. Nous réceptionnons des bêtes entières dans une perspective de gastronomie durable, et nous sensibilisons les équipes."

🏠 ᴳ 🅰 – Menu 59/89€

32 boulevard du Tour-de-Ville – ℰ 05 65 11 61 87 – www.alleedesvignes.com – Fermé 2 janvier-31 mars, lundi, mardi, mercredi midi, jeudi midi, dimanche soir

🏠 JEU DE QUILLES

MODERNE • BISTRO 🍴 Porc noir gascon, volaille du Gers, agneau et veau aveyronnais... Bien à l'inverse d'un chien dans un Jeu de Quilles, on se lèche les babines devant les délicieux produits dénichés par le chef! Il les utilise à merveille dans des plats simples et nets, accompagnés de bons légumes bio... et de bons vins naturels.

Spécialités: Salade de haricots verts, artichauts, foie gras et truffes. Epaule d'agneau confite aux épices douces, caponata d'aubergines et pois chiches. Soupe de pastèque et fruits rouges, sirop d'hibiscus, sorbet menthe poivrée.

🏠 ᴳ – Menu 22€ (déjeuner)/34€

7 boulevard du Tour-de-Ville – ℰ 05 65 33 71 40 – Fermé 6-27 février, 10-25 octobre, lundi, dimanche

CASTANET-TOLOSAN

✉ 31320 – Haute-Garonne – Carte régionale n° **22**–B2 – Carte Michelin 343-H3

🏵 LA TABLE DES MERVILLE

Chef: Thierry Merville

MODERNE • ÉLÉGANT 🟏🟏 Une extension tout en verre sur une jolie place arborée avec terrasse, des cuisines ouvertes sur la salle donnant l'impression que le chef Thierry Merville travaille parmi les clients : ce Nordiste formé à Arras s'épanouit sur les terres opulentes de la Haute-Garonne, celles de son épouse Claudie. À deux, ils ont su créer un lieu original... et une cuisine qui séduit les fidèles venus de Toulouse. Pressé de joue et queue de bœuf au foie gras, gelée au vin chaud, bouillon de grosses crevettes, effilochée de légumes et crème de maïs, fricassée de lotte, coquilles Saint-Jacques et coquillages aux parfums de tagète, lièvre désossé farci à la royale, purée à la truffe (des truffes issues de leur propre truffière) : leurs assiettes, aussi joliment contemporaines que soignées, dégagent un doux parfum de... "Mervilleux".

Spécialités: Raviole ouverte de langoustine au safran bio de Pompertuzat. Pigeon du Lauragais farci au foie gras, jus de carcasse aux truffes. Millefeuille croustillant à la gousse de vanille.

🏠 ᴳ 🅰 ✧ – Menu 35€ (déjeuner), 60/110€ – Carte 75/106€

3 place Pierre-Richard – ℰ 05 62 71 24 25 – www.table-des-merville.fr – Fermé lundi, dimanche

CASTELNAU-DE-LÉVIS

✉ 81150 – Tarn – Carte régionale n° **22**–C2

🍴 LA TAVERNE BESSON

TRADITIONNELLE • BRANCHÉ 🟏🟏 Amis gourmets, ne vous attendez pas à trouver ici une taverne comme dans les contes de Grimm mais plutôt une généreuse cuisine de tradition bien tournée (et un sympathique chariot de desserts), servie dans un cadre lumineux, ou sur la terrasse ouverte sur la campagne. On peut également réserver l'une des chambres.

🛏 🏠 ᴳ 🅰 ▣ – Menu 24€ (déjeuner), 40/72€ – Carte 35/65€

Rue Aubijoux – ℰ 05 63 60 90 16 – www.tavernebesson.com – Fermé lundi, mardi midi, dimanche soir

CASTELNAU-DE-MONTMIRAL

✉ 81140 - Tarn - Carte régionale n° **22**-C2 - Carte Michelin 338-C7

⅋ **LE MÉNAGIER**

CLASSIQUE • AUBERGE ✕✕ On a retrouvé monsieur Garrigues, étoilé à Toulouse (le Pastel) et chef du Carré des Feuillants à son ouverture, avec Alain Dutournier et il est en forme olympique ! Ici, priment les beaux produits. De la truffe entière en chou farci et ris de veau au mille-feuilles minute au fruit de la passion, ce n'est qu'un défilé de gourmandise, qui laisse baba.

🍴 ⅋ – Menu 48/70€

Place des Arcades - ⏾ 05 63 42 08 35 - www.lemenagier.com -
Fermé 21 décembre-13 janvier, lundi, mardi, mercredi

CASTÉRA-VERDUZAN

✉ 32410 - Gers - Carte régionale n° **22**-A2 - Carte Michelin 336-E7

⅋ **LE FLORIDA**

TRADITIONNELLE • SIMPLE ✕✕ Cette maison traditionnelle, située à la sortie de la station thermale, rend un vibrant hommage au patrimoine. On s'y régale de spécialités locales, près d'un bon feu de cheminée, l'hiver, ou sur la terrasse ombragée et fleurie, l'été. Deux chambres spacieuses, joliment décorées, en font une étape appréciée.

🛏 🍴 – Menu 22€ (déjeuner), 50/70€ – Carte 59/73€

2 rue du Lac - ⏾ 05 62 68 13 22 - www.lefloridagascony.fr - Fermé lundi, mardi,
dimanche soir

CASTRES

✉ 81100 - Tarn - Carte régionale n° **22**-C2 - Carte Michelin 338-F9

⅋ **BISTROT SAVEURS**

MODERNE • COSY ✕ Messieurs les Anglais... cuisinez les premiers ! Voilà ce qu'on pourrait s'exclamer en découvrant les assiettes de Simon Scott, dont l'expérience l'a mené de Londres à la Provence, avant de s'installer dans le Tarn. Il travaille des produits de belle qualité, et les prix sont vraiment raisonnables.

Spécialités: Cuisine du marché.

⅋ 🎬 – Menu 25€ (déjeuner), 35/80€

5 rue Sainte-Foy - ⏾ 05 63 50 11 45 - www.bistrot-saveurs-81.fr - Fermé samedi,
dimanche

⅋ **LA PART DES ANGES**

MODERNE • BRANCHÉ ✕ Une cuisine du marché en plein dans les saisons, généreuse et créative juste ce qu'il faut, voilà ce que mitonne le chef de cette adresse installée non loin de l'Agout. Les petits producteurs des environs sont mis à l'honneur et les saveurs au rendez-vous. Service attentionné.

Spécialités: Raviole de foie gras. Veau du Ségala. Vacherin de saison.

🎬 ⇔ – Menu 19€ (déjeuner), 31/51€ – Carte 32/52€

7 rue d'Empare - ⏾ 05 63 51 65 25 - Fermé 15-30 août, lundi, dimanche

CESTAYROLS

✉ 81150 - Tarn - Carte régionale n° **22**-C2 - Carte Michelin 338-D7

⅋ **LOU CANTOUN**

TRADITIONNELLE • RUSTIQUE ✕✕ L'intérieur de cette maison de village, rustique aux touches actuelles, n'est pas dénué de charme, et la terrasse est très plaisante. Le potager du chef abonde les marmites en légumes frais. Une cuisine traditionnelle actualisée, goûteuse et colorée !

🍴 ⅋ – Menu 20€ (déjeuner), 30/45€

Le Bourg (Le village) - ⏾ 05 63 53 28 39 - www.loucantoun.fr - Fermé lundi

CIEURAC

 46230 – Lot – Carte régionale n° **22**-B1 – Carte Michelin 337-F5

LA TABLE DE HAUTE-SERRE

MODERNE · **CONTEMPORAIN** ✗ Dans l'ancien chai d'un château au cœur des vignes, ce restaurant dégage le parfum très particulier des lieux authentiques. Rack à charcuterie, billot, machine à jambon et caisses de vins annoncent un beau moment de gourmandise, auquel on associe les vins du domaine. Soirée rôtissoire chaque vendredi. On se régale.

Spécialités : Cuisine du marché.

🖨 🞋 ♿ 🅰🅺 🅿 – Menu 34/70 €

Château de Haute-Serre – ℰ 05 65 20 80 20 – www.hauteserre.fr – Fermé 3-25 mars, 21 novembre-14 janvier, mercredi, jeudi, dimanche soir

CONQUES

🖂 12320 – Aveyron – Carte régionale n° **22**-C1 – Carte Michelin 338-G3

❀ HERVÉ BUSSET

Chef : Hervé Busset

CRÉATIVE · **ÉLÉGANT** ✗✗✗ Sur le chemin de Saint-Jacques-de-Compostelle, non loin de l'abbatiale Sainte-Foy décorée par Pierre Soulages, cet ancien moulin aux toits de lauze se mire dans les eaux du Dourdou. Dans cet écrin de verdure, Hervé Busset, un chef autodidacte, a fait son nid. Formé, non par de grands chefs, mais par l'ethnobotaniste François Couplan, il ramasse chaque matin herbes et plantes sauvages pour concocter une cuisine nature et très "santé", sans lactose ni gluten. Sureau, plantain, lierre terrestre, fenouil sauvage, bergamote, pimprenelle et fleur de bourrache escortent de beaux produits locaux. Chambres confortables pour ceux qui désirent prolonger l'escapade.

Spécialités : Oseille sauvage et shabu-shabu de foie gras de canard. Pigeon, concentré de patate douce et jus de berce. Sureau en crème glacée et fraises en duo.

🛏 🖨 🅰🅺 🞋 🅿 – Menu 40 € (déjeuner), 65/110 €

Domaine de Cambelong – ℰ 05 65 72 84 77 – www.moulindecambelong.com – Fermé 1ᵉʳ novembre-1ᵉʳ avril, lundi, mardi midi, mercredi midi

COUTENS

🖂 09500 – Ariège – Carte régionale n° **22**-C3 – Carte Michelin 343-I6

⭐○ CLOS SAINT-MARTIN

MODERNE · **AUBERGE** ✗ Un déménagement et un nouveau départ pour ce restaurant ariégeois, où la jeune cheffe réalise une cuisine au goût du jour et de saison, faisant la part belle aux produits locaux.

🖨 🞋 – Menu 18 € (déjeuner), 31/35 € – Carte 37/52 €

Chemin du Cazal – ℰ 05 61 60 45 70 – www.leclossaintmartin.restaurantmirepoix.fr – Fermé 15 février-15 mars, 22 juin-2 juillet, 26 octobre-5 novembre, lundi soir, mardi soir, mercredi, jeudi, dimanche soir

CUQ-TOULZA

🖂 81470 – Tarn – Carte régionale n° **22**-C2 – Carte Michelin 338-D9

⭐○ CUQ EN TERRASSES

MODERNE · **COSY** ✗ Sur les hauteurs du village, cette charmante maison du 18ᵉ s. est un havre de paix : insolite jardin en terrasses, accueil familial... Le chef, originaire des Cyclades, y met en valeur les produits du potager et la cuisine méditerranéenne. La véranda et la terrasse dévoilent une vue imprenable sur la plaine du Lauragais et la chaîne des Pyrénées, par beau temps. Cerise (musicale) sur le gâteau : le chef joue un morceau de piano mécanique à la fin du repas.

🛏 ≼ 🖨 🖨 – Menu 39/48 €

8 chemin du Château – ℰ 05 63 82 54 00 – www.cuqenterrasses.com – Fermé 1ᵉʳ janvier-30 avril, 17 octobre-31 décembre, fermé mercredi et le midi

DOURGNE

✉ 81110 – Tarn – Carte régionale n° **22**–C2 – Carte Michelin 338-E10

⅓○ HOSTELLERIE DE LA MONTAGNE NOIRE

TRADITIONNELLE · SIMPLE ✗ Les deux fils du propriétaire forment un efficace duo en cuisine, dans ce restaurant situé au centre du village. Ils nous régalent de bonnes créations traditionnelles : terrine de foie gras, tête de veau sauce ravigote, tarte tatin... Et l'été, ça se passe sur la terrasse, à l'ombre des platanes.

⇆ 🎍 🄰🄲 ✧ – Menu 17/27 € – Carte 35/48 €

15 place des Promenades – ℰ 05 63 50 31 12 – www.hoteldourgne.fr – Fermé lundi, dimanche soir

DRUDAS

✉ 31480 – Haute-Garonne – Carte régionale n° **22**–B2 – Carte Michelin 343-E2

⅓○ LE VERDURIER

MODERNE · BOURGEOIS ✗✗ Superbement rénové, le château de Drudas se distingue d'abord par son atmosphère chargée d'histoire, mais sa table n'est pas en reste. Avec un maximum de produits locaux, issus souvent des circuits courts, le chef réalise une cuisine de saison fraîche et bien tournée. Agréable terrasse.

🎍 ᴑ ✧ 🄿 – Menu 35/88 € – Carte 54/93 €

Château de Drudas, Au village – ℰ 05 34 57 88 88 – www.chateaudedrudas.com – Fermé 4-27 janvier, lundi, mardi

🏯 CHÂTEAU DE DRUDAS

DEMEURE HISTORIQUE · ÉLÉGANT Dans un joli coin de campagne au nord-ouest de Toulouse, ce château du 18ᵉ s. découvre un intérieur d'une grande élégance, et des chambres de caractère. Petit espace de remise en forme avec jacuzzi et sauna.

🕭 ⌲ 🝰 🕱 ᴑ 🄰🄲 🛎 🄿 – 23 chambres

Au village – ℰ 05 34 57 88 88 – www.chateaudedrudas.com

⅓○ **Le Verdurier** – Voir la sélection des restaurants

DUNES

✉ 82340 – Tarn-et-Garonne – Carte régionale n° **22**–B2 – Carte Michelin 337-A7

🈁 LES TEMPLIERS

MODERNE · FAMILIAL ✗✗ Au centre de cette jolie bourgade, dans une maison du 16ᵉ s. au charme préservé. Les grands principes du chef : "la tradition, qui garantit la qualité" et "l'innovation, qui préserve de la routine". Un gage d'authenticité et de surprise... L'été, on se régale en profitant de la terrasse sous les arcades.

Spécialités : Médaillon de caille au foie gras, gelée au chasselas. Canette en deux façons. Timbale chocolat-pruneaux, sorbet prunes à l'armagnac.

🎍 🄰🄲 ✧ – Menu 22 € (déjeuner), 33/44 € – Carte 49/55 €

3 place des Martyrs – ℰ 05 63 39 86 21 – Fermé 8-15 mars, 20 octobre-10 novembre, lundi, mardi, dimanche soir

EAUZE

✉ 32800 – Gers – Carte régionale n° **22**–A2 – Carte Michelin 336-C6

⅓○ LA VIE EN ROSE

TRADITIONNELLE · AUBERGE ✗ L'intérieur de ce restaurant a du charme et invite à apprécier, en toute sérénité, une cuisine mettant à l'honneur le terroir. Vins de Gascogne et accueil convivial.

🎍 🄰🄲 – Menu 15/46 € – Carte 35/50 €

26 rue Saint-July – ℰ 05 62 09 83 29 – www.restaurant-la-vie-en-rose.com – Fermé 18-28 juin, mardi soir, mercredi

ENTRAYGUES-SUR-TRUYÈRE

✉ 12140 – Aveyron – Carte régionale n° **22**-C1 – Carte Michelin 338-H3

⁣⚇ **LE CHOU ROUGE - LE PETIT CHOU**

MODERNE · BISTRO ✗ Sur la place centrale de la ville, au rez-de-chaussée d'une bâtisse traditionnelle, ce petit bistrot "à la parisienne" – déco personnalisée, mobilier et objets chinés – propose une belle cuisine du marché, volontiers locavore. Tout, ou presque, est fait maison ! En prime, quatre jolies chambres pour l'étape.

⇔ 🛏 – Menu 28/43 €

3-4 place de la République – ☎ 05 65 48 58 03 – www.lepetitchou.fr – Fermé lundi, mardi midi, mercredi midi, jeudi midi, vendredi midi, samedi midi, dimanche soir

ESPALION

✉ 12500 – Aveyron – Carte régionale n° **22**-D1 – Carte Michelin 338-I3

⁣⚇ **MAISON BURGARELLA**

CRÉATIVE · ÉLÉGANT ✗✗ Au rez-de-chaussée, les plats de bistrot sont à l'honneur à la brasserie de Romane, entièrement tandis que la table gastronomique, qui a pris désormais le nom du chef, se trouve à l'étage - mon tout étant réuni sous une même enseigne. Fan de beaux produits (saumon, pigeon), ce cuisinier sérieux y réalise réalise une cuisine volontiers créative, dans laquelle les saveurs sont au rendez-vous. Le tout dans un cadre élégant, propice à la gourmandise...

🅐🅒 – Menu 42/62 €

3 place Saint-Georges – ☎ 05 65 44 03 30 – www.restaurant-la-tour.fr – Fermé 15 février-22 mars, lundi, mardi, dimanche soir

⁣⚇ **LE MÉJANE** ⓝ

MODERNE · CONVIVIAL ✗✗ Le Méjane, c'est d'abord une institution, et ensuite un endroit agréable, d'une sobre élégance contemporaine. Deux pros qui se sont connus chez Michel Bras viennent de reprendre ce lieu. Leur cuisine soignée et savoureuse puise dans le terroir aveyronnais, riche en saveurs – filet de truite, ris de veau, sans oublier les délicieux fromages locaux comme le roquefort.

🅐🅒 – Menu 32/67 €

8 rue Méjane – ☎ 05 65 48 22 37 – www.restaurant-mejane.fr – Fermé lundi, mercredi, dimanche soir

FIGEAC

✉ 46100 – Lot – Carte régionale n° **22**-C1 – Carte Michelin 337-I4

⁣⚇ **LA CUISINE DU MARCHÉ**

TRADITIONNELLE · AUBERGE ✗✗ La vieille ville est un bel écrin pour ce restaurant agréable, dont le nom est déjà un manifeste ! On utilise de bons produits du marché pour réaliser une cuisine simple et goûteuse, mâtinée de quelques touches espagnoles – origines du chef obligent.

🅐🅒 – Menu 32 € – Carte 42/59 €

15 rue de Clermont – ☎ 05 65 50 18 55 – www.lacuisinedumarchefigeac.com – Fermé 4 janvier-10 février, lundi midi, dimanche

⁣⚇ **LA RACINE ET LA MOELLE** ⓝ

MODERNE · BAR À VIN ✗ La cheffe Julie et son compagnon irlandais ont déjà conquis les Figeacois avec des assiettes modernes et savoureuses. Dressages sans chichis et cuissons impeccables se dégustent dans une ambiance conviviale et aussi nature que la jolie sélection de vins (le lieu fait aussi caviste). Carton plein !

🛏 – Carte 33/39 €

6 rue du Consulat – ☎ 09 83 53 81 58 – Fermé lundi, dimanche soir

GAGNAC-SUR-CÈRE

✉ 46130 – Lot – Carte régionale n° **22**-C1

ⓉⓄ **AUBERGE DU VIEUX PORT**

RÉGIONALE • **AUBERGE** ℵℵ Transmise de père en fils depuis trois générations, cette table de l'Auberge du Vieux Port est à l'image de l'établissement : conviviale et attrayante. On y savoure une bonne cuisine de terroir – mention spéciale pour les ris d'agneau et la flambée quercynoise. Jolie salle avec cheminée, bien agréable l'hiver venu.

⇦ 𝗥 ৬ – Menu 17 € (déjeuner), 29/40 €

Port-de-Gagnac – ℰ 05 65 38 50 05 – www.auberge-vieuxport-lot.com –
Fermé 19 décembre-11 janvier, lundi, samedi midi, dimanche soir

GAILLAC

✉ 81600 – Tarn – Carte régionale n° **22**–C2 – Carte Michelin 338-D7

ⓉⓄ **VIGNE EN FOULE**

MODERNE • **CONVIVIAL** ℵ Un sympathique bar-restaurant dans lequel la vigne règne en maître : près de 200 références s'offrent à votre choix. Menu du jour au déjeuner, choix plus étoffé le soir. Belle cuisine de bistrot revisitée, à déguster sur l'agréable terrasse, dès le printemps...

⊛ 𝗥 ৬ 𝗠 ↔ – Menu 19 € (déjeuner), 32/68 € – Carte 30/70 €

80 place de la Libération –
ℰ 05 63 41 79 08 – www.vigneenfoule.fr –
Fermé lundi, dimanche

GALAN

✉ 65330 – Hautes-Pyrénées – Carte régionale n° **22**–A3 – Carte Michelin 342-O3

ⓉⓄ **SANDIKALA** ⓝ

MODERNE • **MAISON DE CAMPAGNE** ℵℵ L'australien Luke MacLeod et son épouse tarbaise ont jeté leur dévolu sur cette ancienne ferme qu'ils ont rénové avec goût dans une veine champêtre et raffinée. En cuisine, aidé par son fidèle second japonais Sadayuki Yamanaka, le chef concocte une délicieuse cuisine de saison qui marie les produits du terroir aux saveurs d'ailleurs.

❀ *L'engagement du chef:* "*Produits issus des circuits courts, locaux et de saison. Nous changeons notre menu toutes les semaines et l'élaborons en fonction des produits disponibles de nos maraîchers et de nos producteurs de viande. Jardin d'herbes aromatiques. Service sur réservation donc pas de grand stock, ni ne gaspillage de nourriture. Chaque produit est utilisé dans son ensemble : le poisson, par exemple, est livré entier et frais et les filets sont levés puis les arêtes servent à faire des fumets...*"

⊛ 𝗥 ৬ ↔ 𝗣 – Menu 48/54 €

9 rue de la Barsogue – ℰ 05 62 49 27 25 – www.sandikala.com –
Fermé lundi, mardi, mercredi, jeudi midi

GOURDON

✉ 46300 – Lot – Carte régionale n° **22**–B1 – Carte Michelin 337-E3

ⓉⓄ **HOSTELLERIE DE LA BOURIANE**

TRADITIONNELLE • **CLASSIQUE** ℵℵ Cette belle maison de famille quercynoise, tenue par la même famille depuis 1898, a l'élégance et le charme des demeures anciennes. La cuisine, traditionnelle, tire le meilleur des produits de la région (agneau de Quercy, cailles, fromage de Rocamadour), avec une grande spécialité : le tournedos Rossini. Très belle carte des vins.

⊛ ⇦ 𝗥 𝗠 ⊞ 𝗣 – Menu 35/60 € – Carte 45/80 €

Place du Foirail – ℰ 05 65 41 16 37 – www.hotellabouriane.fr –
Fermé 22 janvier-23 mars, 15-25 octobre, lundi, mardi midi, mercredi midi, jeudi midi, vendredi midi, samedi midi, dimanche soir

LACAVE

✉ 46200 – Lot – Carte régionale n° **22**–C1 – Carte Michelin 337-F2

✿ CHÂTEAU DE LA TREYNE

CLASSIQUE · HISTORIQUE ❊❊❊ Quel lieu splendide ! La Dordogne serpente au pied de ce superbe château, tout environné de verdure, avec son allée manucurée et son joli parc à la française. La vue de la terrasse embrasse un panorama qui laisse le voyageur rêveur... Qu'il est doux de prolonger l'étape dans l'une des belles chambres ! La salle à manger est telle qu'on l'attend, sol de marbre, tentures murales, plafond à caissons et cheminée en bois sculptée. On apprécie d'autant plus le repas, dans une veine classique, élégante et soignée. Il est signé par Stéphane Andrieux qui prit ici son premier poste de chef. On se régale de sa selle d'agneau du Quercy et ses petits farcis ou de ses coquilles Saint-Jacques poêlées, marmelade de tomate au chorizo et beurre de haricots blancs tarbais.

Spécialités : Risotto de céleri, velouté aux deux truffes et baluchon d'œuf poché à la truffe. Côte et noisette d'agneau du Quercy en croûte de sarriette, pomme boulangère et jus d'oignon. Sablé aux fraises, sorbet aux baies de Tasmanie.

❊ ❊❊ ❊ ❊ ❊ ❊ ❊ ❊ – Menu 50 € (déjeuner), 98/140 € – Carte 125/148 €

✆ 05 65 27 60 60 – www.chateaudelatreyne.com – *Fermé 3 janvier-1ᵉʳ avril, 11 novembre-23 décembre, mardi midi, mercredi, jeudi midi, vendredi midi*

✿ PONT DE L'OUYSSE

Chef : Daniel et Stéphane Chambon

MODERNE · ROMANTIQUE ❊❊ Au bord de l'Ouysse, un magnifique affluent de la Dordogne, cette maison est située en contrebas d'une falaise. Elle demeure dans la même famille – les Chambon – depuis cinq générations. Elle fut construite à l'origine pour restaurer les travailleurs qui construisaient l'ancien pont emporté par une crue en 1966, et dont subsiste une arche. Deux frères veillent aujourd'hui sur l'établissement, l'un en salle et l'autre en cuisine. Ils magnifient avec simplicité et goût de superbes produits, à l'instar de cette selle d'agneau du Quercy, de ces œufs de caille fermiers, de ces légumes printaniers éclatants de fraîcheur, de ces truffes récoltées en famille... La terrasse ombragée apporte une touche de charme irrésistible. Étape possible à l'hôtel.

Spécialités : Carpaccio de canard à l'huile de noix, sauce du grand-père Maury. Pomme ris de veau, épinards, sauce crème aux girolles. Tarte kalamensi, feuillantine au praliné, fraîcheur limoncello et basilic.

❊ ❊ ❊❊ ❊ ❊ ❊ – Menu 40 € (déjeuner), 65/95 € – Carte 68/191 €

✆ 05 65 37 87 04 – www.lepontdelouysse.com – *Fermé 2 novembre-2 avril, lundi, mardi midi, mercredi midi*

🏠 CHÂTEAU DE LA TREYNE

DEMEURE HISTORIQUE · ÉLÉGANT Une situation idyllique, en surplomb de la Dordogne qui lui prête ses reflets... Vivre est un art en ce château des 14ᵉ-17ᵉ s. ! Le parc abrite un jardin à la française et une chapelle romane (expositions, concerts), les chambres sont somptueuses.

❊ ❊ ❊❊ ❊ ❊ ❊ ❊ – 14 chambres – 4 suites

✆ 05 65 27 60 60 – www.chateaudelatreyne.com

✿ **Château de la Treyne** – Voir la sélection des restaurants

LACROIX-FALGARDE

✉ 31120 – Haute-Garonne – Carte régionale n° **22**–B2 – Carte Michelin 343-G3

🙂 LE BELLEVUE

CLASSIQUE · COSY ❊❊ Quand on s'promène au bord de l'eau... Le Gabin de la "Belle Équipe" n'aurait pas renié cette charmante adresse, pas guindée pour un sou. Le sympathique chef mitonne une cuisine classique mais ouverte au changement ; aux beaux jours, la terrasse, perchée au bord de l'Ariège et ombragée, est un régal.

Spécialités: Carpaccio de poulpe, yuzu. Filet de dorade, risotto de langues d'oiseau et chorizo. Soufflé au Grand Marnier.

≼ 🛋 🅿 – Menu 21€ (déjeuner)/34€

1 avenue des Pyrénées – 𝒞 05 61 76 94 97 – www.restaurant-lebellevue.com – Fermé mardi, mercredi

LAGUIOLE

✉ 12210 – Aveyron – Carte régionale n° **22**–D1 – Carte Michelin 338-J2

🌼🌼 BRAS

Chef: Sébastien Bras

CRÉATIVE • DESIGN XxxX "Ma famille, l'amitié, l'Aubrac et la cuisine" : voici, énoncés par lui-même, les quatre éléments essentiels dans la vie de Sébastien Bras. Fidèle à l'héritage de son père, mais armé d'une sensibilité qui lui est propre, le chef puise dans la nature environnante et dans ses jardins les produits (fleurs, herbes, légumes) qu'il révèle ensuite dans l'assiette. Les saveurs se bousculent, l'émotion affleure bien souvent par surprise, et l'on croirait presque entendre la terre chanter au détour de certains plats. Envie de faire une étape ? De belles chambres vous accueillent, avec leurs baies vitrées ouvertes sur la campagne aveyronnaise. D'une génération à l'autre, le Suquet continue de tracer sa route singulière et attachante...

Spécialités: Gargouillou de jeunes légumes, herbes et graines germées. Pièce de bœuf de race Aubrac rôtie à la braise. Interprétation du coulant originel de 1981.

🏦 ⇆ ≼ 🛋 🅼 🅿 – Menu 147/240€ – Carte 145/180€

Route de l'Aubrac – 𝒞 05 65 51 18 20 – www.bras.fr – Fermé 11 novembre-4 avril, lundi, mardi

🍽 GILLES MOREAU

MODERNE • ÉLÉGANT XX Le chef Gilles Moreau réalise une cuisine moderne bien ficelée. Sa patte ? Partir de recettes traditionnelles et les réactualiser au maximum. Et ça fonctionne ! Les desserts ne sont pas en reste. Terrasse sur l'arrière.

🏦 – Carte 37/47€

2 allée de l'Amicale – 𝒞 05 65 44 31 11 – www.gilles-moreau.fr –
Fermé 1er janvier-1er février, 1er mars-1er avril, 1er novembre-15 décembre, lundi midi, mardi, mercredi, jeudi midi, vendredi midi, samedi midi

LANNEPAX

✉ 32190 – Gers – Carte régionale n° **22**–A2 – Carte Michelin 336-D7

😊 LA FALÈNE BLEUE

FRANÇAISE • CONTEMPORAIN XX Ils sont jeunes, mais ont déjà de belles années d'expérience : tels sont Fabien et Hélène, qui ont uni leurs deux prénoms pour créer cette Falène Bleue. Tout ici est simple et délicieux, des assiettes (basées sur des produits de circuits courts exclusivement) au décor, avec ses tableaux et objets chinés.

Spécialités: Bœuf mariné, lentilles beluga, moutarde à l'ancienne, épices cubaines. Joue de porc comme une carbonnade, pain d'épice, sauce à la bière. Poire pochée, crème double, glace parfumée à la réglisse.

🏦 – Menu 18€ (déjeuner), 34/45€

Place de la Mairie – 𝒞 05 62 65 76 92 – www.lafalenebleue.fr –
Fermé 29 mars-13 avril, lundi, mardi, dimanche soir

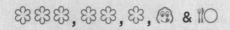

🌼🌼🌼, 🌼🌼, 🌼, 😊 & 🍽

LASCABANES

✉ 46800 – Lot – Carte régionale n° **22**–B1 – Carte Michelin 337-D5

ⅠⓄ **LE DOMAINE DE SAINT-GÉRY**

TRADITIONNELLE · **ROMANTIQUE** ✗✗ Autoproclamé "cuisinier-paysan", Patrick Duler ne plaisante pas avec l'origine de ses produits : une grande partie de ce qui est dans l'assiette – jambon de porc noir, truffe, foie gras – vient directement de ses propres champs ! Ses préparations, simples et soignées, révèlent l'âme d'un chef véritablement passionné. Une qualité qui a son prix.

🛏 🛋 ♻ 🅿 – Menu 57/227 €

Le Domaine de Saint-Géry – ℰ 05 65 31 82 51 – www.saint-gery.com – Fermé 28 février-2 avril, le midi

LAVAUR

✉ 81500 – Tarn – Carte régionale n° **22**–C2 – Carte Michelin 338-C8

ⅠⓄ **L'ŒUF DE COQ**

MODERNE · **CONTEMPORAIN** ✗ Ancien étudiant des beaux-arts, le chef Mathieu Lacaze soigne la présentation de ses assiettes. Sa sensibilité artistique s'exprime au travers d'une cuisine du marché résolument moderne et attentive aux saisons. On en profite dans un cadre contemporain avec murs en pierres et tuiles apparentes, ou, aux beaux jours, sur la petite terrasse patio. Très belle sélection de vins.

ॐ 🛋 ఉ – Menu 20 € (déjeuner), 50/80 €

1 place Pasteur – ℰ 05 63 34 66 58 – www.loeufdecoq.com – Fermé lundi, mardi, dimanche soir

LECTOURE

✉ 32700 – Gers – Carte régionale n° **22**–B2 – Carte Michelin 336-F6

ⅠⓄ **L'AUBERGE DES BOUVIERS**

TRADITIONNELLE · **RUSTIQUE** ✗ Au cœur de cette localité gersoise, l'établissement préserve si bien l'esprit "auberge" qu'il faudrait en classer la recette : des murs chaleureux (poutres et pierres), un accueil convivial, et surtout une cuisine généreuse et savoureuse, concoctée par un chef très engagé ! L'avenir appartient encore aux auberges de France...

♻ – Menu 45 €

8 rue Montebello – ℰ 05 62 68 95 13 – www.aubergedesbouviers.eatbu.com – Fermé 28 juin-5 juillet, 30 août-6 septembre, lundi, mardi midi, mercredi midi, jeudi midi, vendredi midi, dimanche

ⅠⓄ **RACINE** ⓝ

CRÉATIVE · **SIMPLE** ✗ Elle est canadienne, il est belge, ils ont posé leurs casseroles à Lectoure après un parcours atypique... Dans leur petit restaurant (un ancien atelier), ils régalent d'une cuisine créative, saine et sans prétention, qui met en avant les bons produits du terroir local. Une jolie trouvaille, d'autant que les prix sont raisonnables.

🛋 ఉ 🔤 – Menu 25 € (déjeuner), 30/45 €

123 rue Nationale – ℰ 05 62 28 07 41 – www.racinerestaurant.fr – Fermé lundi, samedi, dimanche

LUZ-ST-SAUVEUR

✉ 65120 – Hautes-Pyrénées – Carte régionale n° **22**–A3 – Carte Michelin 342-L7

ⅠⓄ **L'ATELIER**

MODERNE · **CONVIVIAL** ✗ Étonnant parcours que celui du chef, qui fut moniteur de ski et installateur de remontées mécaniques dans une autre vie ! Après s'être formé auprès de quelques bons chefs, il a installé sa table dans l'atelier de couture familial : il y décline des plats bien maîtrisés, à l'image de ce filet de bœuf, pommes grenaille et une excellente béarnaise maison...

🛋 ఉ – Carte 42/55 €

12 Avenue de Saint-Sauveur – ℰ 05 62 92 85 22 – www.latelier-luz.com – Fermé 1er-22 juin, lundi midi, mardi, mercredi midi, jeudi midi, vendredi midi

MARTEL

✉ 46600 – Lot – Carte régionale n° **22**-C1 – Carte Michelin 337-F2

⅓○ **SAVEURS DES HALLES**

RÉGIONALE • **TRADITIONNEL** ⅹ Ravioles de Saint-Jacques aux petits légumes ; tourte de confit de canard aux cèpes ; moelleux au chocolat, coulis à l'orange... Une cuisine simple et bonne qui va à l'essentiel : voilà ce que l'on trouve dans cette petite adresse pleine de charme, tenue par un couple de trentenaires originaires d'Agen et du Pays basque.

🎋 – Menu 32 € (déjeuner), 40/78 €

Rue Sans-Lys – 𝒞 05 65 37 35 66 –
Fermé 1ᵉʳ novembre-31 janvier, mercredi, jeudi

MARTRES-TOLOSANE

✉ 31220 – Haute-Garonne – Carte régionale n° **22**-B3 – Carte Michelin 343-E5

⅓○ **MAISON CASTET**

MODERNE • **ÉLÉGANT** ⅩⅩ Qui pourrait croire que ce lieu contemporain, situé en retrait du centre-ville, fut jadis le café de la gare ? Le chef mise sur de beaux produits et une technique solide. L'une de ses spécialités : le carré de porcelet, tartelette feuilletée, boudin noir et pommes, jus au cidre... On en sort régalé. Précipitez-vous !

🐝 🎋 ✿ – Menu 19 € (déjeuner), 45/85 € – Carte 60/78 €

44 avenue de la Gare – 𝒞 05 61 98 80 20 – www.maisoncastet.com – Fermé lundi,
dimanche soir

MERCUÈS

✉ 46090 – Lot – Carte régionale n° **22**-B1 – Carte Michelin 337-E5

✿ **LE DUÈZE**

MODERNE • **ÉLÉGANT** ⅩⅹⅩ Accroché au sommet d'une colline qui surplombe la vallée du Lot, ce superbe château médiéval, remanié d'innombrables fois, a traversé les siècles avec panache. Il n'abrite plus le siège du pouvoir épiscopal mais des chambres luxueuses et une table gastronomique, objet des soins du chef Julien Poisot, passé notamment chez Bernard Loiseau. Loin de pratiquer une cuisine historique entre ces murs séculaires, ce maître queux talentueux pratique une cuisine bien actuelle. Ses assiettes chantent le terroir lotois à travers des préparations goûteuses qui réactualisent la tradition de fort belle manière. On peut les accompagner par l'un des bons vins de la propriété, et aux beaux jours, s'attabler en terrasse dans la cour d'honneur.

Spécialités : Foie gras de canard de la ferme du Bouyssou poêlé, jus à la verveine. Cœur d'artichaut farci de joue de bœuf confite au malbec, truffe noire. Soufflé au fruit de la passion, sorbet aux fruits exotiques.

🛏 🎋 🅰 ⊟ ✿ 🅿 – Menu 98/140 € – Carte 104/118 €

Château de Mercuès, Route du Château –
𝒞 05 65 20 00 01 – www.chateaudemercues.com –
Fermé 1ᵉʳ novembre-28 janvier, 24 février-26 mars, lundi, dimanche et le midi

🏚 **CHÂTEAU DE MERCUÈS**

DEMEURE HISTORIQUE • **ROMANTIQUE** Ses imposantes tours rondes se dressent au-dessus de la vallée du Lot... La majesté de l'Histoire en ce château du 13ᵉ s., aux chambres élégantes et inspirées. Une appétissante formule au bistrot du Château le midi vient compléter celle, plus gastronomique, du Duèze.

🏹 🐾 ⪻ 🛏 ⌁ ⊟ 🛠 🅿 – 24 chambres – 6 suites

Route du Château – 𝒞 05 65 20 00 01 – www.chateaudemercues.com
✿ **Le Duèze** – Voir la sélection des restaurants

MEYRONNE

✉ 46200 – Lot – Carte régionale n° **22**–C1 – Carte Michelin 337-F2

⁑○ LA TERRASSE

MODERNE · **HISTORIQUE** ✕✕ La terrasse, qui domine la Dordogne, est parfaite pour un dîner romantique, et l'hiver on peut se réfugier sous les voûtes médiévales de cette ancienne place forte du 11ᵉ s. Au menu : une cuisine aux parfums bien marqués, avec une prédilection pour les épices. Charmant !

⇦ ⇇ 🍴 🈂 – Menu 32 € (déjeuner), 42/58 €

Place de l'Église – ℰ 05 65 32 21 60 – www.hotel-la-terrasse.com –
Fermé 1ᵉʳ novembre-20 mars, mardi

MONTAUBAN

✉ 82000 – Tarn-et-Garonne – Carte régionale n° **22**–B2 – Carte Michelin 337-E7

⁑○ AU FIL DE L'EAU

MODERNE · **TENDANCE** ✕✕ En léger retrait du Tarn, cette maison régionale cache un restaurant coloré. Outre la carte de saison, le chef propose des menus du marché, renouvelés plusieurs fois par semaine au fil de ses trouvailles. Généreux et savoureux !

♿ 🅰🅲 ⇔ – Menu 20 € (déjeuner)/24 € – Carte 45/65 €

14 quai Docteur-Lafforgue – ℰ 05 63 66 11 85 – www.aufildeleau82.com –
Fermé lundi, dimanche

⁑○ DU BRUIT EN CUISINE

MODERNE · **BRANCHÉ** ✕ Voici un vrai repaire gourmand, où œuvre un chef formé dans plusieurs maisons de la galaxie Ducasse. Il signe une cuisine contemporaine axée sur le produit et un joli travail sur les jus, sauces et condiments, saveurs bien marquées comme sur ce brodetto de poisson, nage de langoustines et courgettes... Du bruit, de la vie et un coup de cœur.

🈂 ♿ 🅰🅲 – Menu 30 € (déjeuner), 55/62 € – Carte 42/60 €

12 allée Mortarieu – ℰ 05 63 91 19 25 – www.dubruitencuisine.fr – Fermé lundi,
dimanche

⁑○ LA CAVE O DÉLICES

MODERNE · **SIMPLE** ✕ Ne vous fiez pas à la façade du restaurant : plus que jamais, c'est à l'intérieur que ça se passe ! Fier de ses origines italiennes, le chef dévoile une cuisine moderne, aux touches méridionales, qui se déguste avec plaisir. Agréable salle voûtée en sous-sol.

🈂 🅰🅲 – Menu 18 € (déjeuner)/38 € – Carte 43/60 €

10 place Franklin-Roosevelt – ℰ 05 63 63 69 69 – www.cave-o-delices.fr –
Fermé lundi, dimanche

⁑○ NOUS

ACTUELLE · **SIMPLE** ✕ Avec une économie de moyens exemplaire, le couple Campas parvient à régaler la clientèle montalbanaise : ils sélectionnent leurs produits avec soin, au plus près des saisons, et le chef les agrémente dans des assiettes bien maîtrisées. Service attentionné et chaleureux.

🈂 🅰🅲 – Menu 25 € (déjeuner), 28/45 €

7 rue Bessières – ℰ 05 63 91 97 03 – www.restaurant-nous.fr – Fermé 1ᵉʳ-4 janvier,
lundi soir, mardi soir, mercredi soir, samedi, dimanche

MONTECH

✉ 82700 – Tarn-et-Garonne – Carte régionale n° **22**–B2 – Carte Michelin 337-D8

🅰 BISTROT CONSTANT

TRADITIONNELLE · **TENDANCE** ✕ La pimpante maison éclusière, installée au bord du canal latéral à la Garonne, abrite aujourd'hui un bistrot de chef de très bonne tenue. Côte de cochon fermier confite, gratin de macaronis ; tête de veau, langue et cervelle pochée : du grand classique effectué dans les règles de l'art, comme on l'aime !

Spécialités: Tartare de maigre, huître et saumon, relevé au gingembre. Tête de veau, langue et cervelle pochées, sauce ravigote. Profiteroles maison, sauce chocolat chaud.

🛪 🕭 🎟 ⇧ 🅿 – Menu 23€ (déjeuner), 33/39€

25 rue de l'Usine – ℰ *05 63 24 63 02 – www.bistrotconstant.com –*
Fermé lundi, mardi

MONTEILS

✉ 82300 – Tarn-et-Garonne – Carte régionale n° **22**-C2 – Carte Michelin 337-F6

⊛ LE CLOS MONTEILS

TRADITIONNELLE · RUSTIQUE ⅹ Françoise et Bernard Bordaries ont fait de ce presbytère de 1771 un lieu convivial et intime, telle une maison de famille. Elle vous accueille avec gentillesse, tandis que lui s'active aux fourneaux. Son credo : cuisiner sur des bases simples et mettre en avant le produit avec des recettes vraiment bien ficelées. On se régale !

Spécialités: Œuf basse température, siphon de pomme de terre truffé. Noisette de cochon, chapelure de chorizo, piquillos et lingots. Choco'pralin, anglaise whisky tourbé.

🛪 🕭 🅿 – Menu 21€ (déjeuner), 34/55€

7 chemin du Moulin – ℰ *05 63 93 03 51 – www.leclosmonteils.fr –*
Fermé 15 janvier-28 février, 1ᵉʳ-15 novembre, lundi, mardi, mercredi midi, samedi midi, dimanche soir

MONTRABÉ

✉ 31850 – Haute-Garonne – Carte régionale n° **22**-B2 – Carte Michelin 343-H3

Voir plan de Toulouse

⊛ L'APARTÉ

Chef: Jérémy Morin

MODERNE · CONVIVIAL ⅩⅩ En proche périphérie de Toulouse, dans un quartier moderne tout près de l'autoroute d'Albi, cette ancienne toulousaine accueille un chef de talent. Ses créations, très bien exécutées, naviguent entre classique et moderne. Ne manquez pas sa cocotte de légumes à la truffe, ni le gibier qu'il travaille en saison. Son lièvre à la royale, en particulier, mérite toute votre attention ! Le tout à déguster dans une ambiance sympathique, à l'intérieur ou sur l'agréable patio-terrasse, à l'ombre d'un beau tilleul. Service attentionné.

Spécialités: Sardine fumée, carpaccio et pulpe de courgette, glace au chèvre frais. Ris de veau poêlé, anguille fumée et laquée. Texture de chocolat abinao et sablé cacao à la fleur de sel, glace et croustillant praliné.

🛪 🕭 🎟 ⇧ 🅿 – Menu 32€ (déjeuner), 50/95€ – Carte 81/90€

Plan : Toulouse D1-d – *21 rue de l'Europe (Parc d'activités du Terlon) –*
ℰ *05 34 26 43 44 – www.restaurant-laparte.fr – Fermé 1ᵉʳ-11 janvier, 1ᵉʳ-10 mai,*
25 juillet-17 août, lundi, dimanche

⊛ L'INSTANT...

MODERNE · BRANCHÉ ⅹ L'Instant... d'une parenthèse gourmande non loin de Toulouse ! On s'installe dans un intérieur simple et moderne. Derrière les fourneaux, le chef régale avec les produits de la région, et s'autorise même quelques touches asiatiques. Ne manquez pas le menu "L'instant gourmet".

Spécialités: Saumon en tataki, boulgour, coriandre, crème mousseuse aux étrilles. Cabillaud, crémeux de carotte aux épices, perle du Japon. Abricot et pêche, biscuit verveine, crémeux à la pêche.

🛪 🎟 – Menu 19€ (déjeuner), 27/47€ – Carte 40/54€

Plan : Toulouse D1-f – *13/14 chemin du Logis-Vieux –*
ℰ *05 61 48 25 24 – www.restaurant-linstant.fr –*
Fermé lundi, mardi soir, dimanche

MONTRICOUX

✉ 82800 – Tarn-et-Garonne – Carte régionale n° **22**-C2 – Carte Michelin 337-F7

🍴 **LES GORGES DE L'AVEYRON**

MODERNE · CONVIVIAL 🏶🏶 Au cœur d'un parc verdoyant baigné par l'Aveyron, cette villa cossue est une véritable invitation à savourer une cuisine de saison agréable et bien ficelée. La grande terrasse se révèle incontournable aux beaux jours.

⟵ 🦽 🛱 🅰 ↔ 🅿 – Menu 38/165 €

169 route des Gorges-de-l'Aveyron – ℰ 05 63 24 50 50 –
www.lesgorgesaveyron.com – Fermé 4 janvier-26 mars

🍴 **LE DÉLICE DES PAPILLES**

TRADITIONNELLE · CONTEMPORAIN 🏶 Ici, on se délecte d'une bonne cuisine traditionnelle, à l'instar de ce ballotin de pigeon, farci au foie gras et truffe d'été, ou du carpaccio de langoustines. Six chambres à l'étage, et grande terrasse. Pour l'anecdote, on tourna ici quelques scènes du Vieux Fusil, avec Romy Schneider.

⟵ 🛱 ⅄ 🅰 🅿 – Menu 17 € (déjeuner), 33/60 € – Carte 35/60 €

442 route des Gorges-de-l'Aveyron – ℰ 05 63 20 30 26 –
www.ledelicedespapilles.fr – Fermé 15 février-2 mars, 2-20 novembre, lundi, mardi,
dimanche soir

MOSTUÉ JOULS

✉ 12720 – Aveyron

🏨 **HÔTEL DE LA MUSE ET DU ROZIER**

TRADITIONNEL · CONTEMPORAIN Dans le jardin de ce grand hôtel centenaire, une plage privée au bord du Tarn ! L'esprit des lieux ? Contemporain, sobre et zen, en harmonie avec les sublimes paysages environnants. Une certaine idée de l'élégance...

🏖 ⅀ ⟵ 🦽 ⅄ 🛗 🏋 🅿 – 27 chambres – 1 suite

La Muse – ℰ 05 65 62 60 01 – www.hotel-delamuse.fr

MURET-LE-CHÂTEAU

✉ 12330 – Aveyron – Carte régionale n° **22**-C1 – Carte Michelin 338-H4

🍴 **L'AUBERGE DU CHÂTEAU**

MODERNE · FAMILIAL 🏶🏶 Dans ce village de l'Aveyron, face à la mairie, l'adresse est bien connue des gourmands, qui s'y régalent d'une cuisine qui donne la priorité aux herbes, à la fraîcheur et aux produits bio, sur lesquels le chef ne transige pas ! Dans l'assiette, couleurs et saveurs sont au rendez-vous. Terrasse joliment fleurie.

⟵ 🦽 🛱 – Menu 50/75 €

Le Bourg – ℰ 05 65 47 71 57 – www.laubergeduchateau.com – Fermé dimanche soir

NALZEN

✉ 09300 – Ariège – Carte régionale n° **22**-C3 – Carte Michelin 343-I7

🍴 **LES SAPINS**

TRADITIONNELLE · RUSTIQUE 🏶 Au bord d'une forêt de sapins, cette maison familiale aux airs de chalet abrite un restaurant chaleureux, décoré dans des tons gris et rouge. La cheffe célèbre la tradition et séduit avec des assiettes copieuses et généreuses : gravlax de truite bio en salade, tripes de veau façon grand-mère, paris-brest... Miam !

🛱 🅿 – Menu 18 € (déjeuner), 28/36 € – Carte 40/60 €

Conte – ℰ 05 61 03 03 85 – www.restaurant-lessapins.com – Fermé lundi, mardi,
dimanche soir

NESTIER

✉ 65150 – Hautes-Pyrénées – Carte régionale n° **22**-A3 – Carte Michelin 342-O6

ⅈ◯ **RELAIS DU CASTÉRA**

TRADITIONNELLE • **FAMILIAL** ✕✕ Une auberge de tradition, tenue par le même couple de professionnels depuis de longues années. Les recettes, qui mettent à l'honneur le terroir et les produits de qualité, sont alléchantes. Quelques chambres, confortables et simplement arrangées, pour l'étape.

⇦ 🛱 – Menu 22€ (déjeuner), 32/44€

Place du Calvaire – ℰ 05 62 39 77 37 – www.hotel-castera.com –
Fermé 2 janvier-2 février, lundi, mardi, dimanche soir

PARNAC

✉ 46140 – Lot – Carte régionale n° **22**–B1

ⅈ◯ **LES JARDINS** ◍

CRÉATIVE • **MAISON DE CAMPAGNE** ✕✕ Ce restaurant de campagne fait les délices d'un paisible village vigneron situé dans une boucle du Lot. Dans les chais d'un ancien domaine viticole, le jeune chef Marius Halter réalise une jolie cuisine actuelle avec les bons produits des environs, non sans omettre des touches créatives bien maîtrisées et équilibrées (épices, sucré-salé). C'est juste et bon. Petite carte de vins bio, service plein de gentillesse et agréable terrasse-jardin.

🍴 🛱 ⅃ – Menu 29/61€

1533 route du Port-de-l'Angle – ℰ 05 65 23 58 24 – www.restaurant-lesjardins.fr –
Fermé 19 décembre-30 janvier, lundi, samedi midi, dimanche

PINSAGUEL

✉ 31120 – Haute-Garonne – Carte régionale n° **22**–B2 – Carte Michelin 343-G3

ⅈ◯ **LE GENTIANE**

TRADITIONNELLE • **SIMPLE** ✕✕ Entre autres vertus, la gentiane est connue pour stimuler l'appétit... Comme cet endroit ! Nicolas Bachon, le fils de la famille, prend progressivement ses marques : à quatre mains avec son père, il décline de jolis plats de tradition – lamproie à la bordelaise, lièvre à la royale...

🛱 ⅃ 🈚 ⇦ 🅿 – Menu 18€ (déjeuner), 34/50€

7 rue du Cagire – ℰ 05 62 20 55 00 – www.legentiane.fr –
Fermé 9-17 août, lundi, mardi, dimanche soir

PRÉNERON

✉ 32190 – Gers – Carte régionale n° **22**–A2 – Carte Michelin 336-D7

☺ **AUBERGE LA BAQUÈRE**

TRADITIONNELLE • **SIMPLE** ✕ Cette ferme-auberge a beau être isolée en pleine campagne, les clients sont nombreux. Et pour cause : canard, ramier, truite et anguille y sont cuisinés avec style. Une bonne maison.

Spécialités : Pâté en croûte, pickles d'oignons rouges. Poulet du Gers, sauce safran et écrevisses. Gâteau mi-cuit à la pâte à tartiner, lait d'ânesse.

🛱 ⅃ 🅿 – Menu 26€ (déjeuner), 34/49€

Lieu-dit la Baquère – ℰ 05 62 06 42 75 – www.aubergelabaquere.com –
Fermé 21-30 décembre, mardi, mercredi, jeudi

PUJAUDRAN

✉ 32600 – Gers – Carte régionale n° **22**-B2 – Carte Michelin 336-I8

✿✿ LE PUITS ST-JACQUES

Chef: Bernard Bach et William Candelon

CRÉATIVE · ÉLÉGANT XxX Nul doute que Cyrano, croqué avec génie par Edmond Rostand, aurait apprécié cette maison gersoise, jadis relais sur la route de Compostelle, dans lequel ricochent les accents chantants du Sud-Ouest éternel ! Bernard Bach, chef historique de la maison et véritable Cyrano local, a transmis toute sa passion et sa science des produits régionaux au nouveau chef, William Candelon. Ce dernier relève le défi avec brio : tout en respectant l'ADN de la maison (le terroir sudiste est toujours à l'honneur), il ose des associations inattendues et percutantes, et son sens du dosage lui permet de nous entraîner sans difficulté dans son univers. Beaux dressages, beaux produits, maîtrise technique indéniable : le pari est remporté haut la main.

Spécialités: Foie gras de canard confit à l'ancienne, gelée de thé fumé, pain de mie à l'abricot et amandes. Pied de cochon farçi de poulpe, carabineros à la plancha, jus de crustacés au piment d'Espelette. Véritable chocolat liégeois.

⅏ 🏡 ⅙ 🅰🅺 ⇆ – Menu 35 € (déjeuner), 80/130 € – Carte 117/143 €

Avenue Victor-Capoul – ℰ 05 62 07 41 11 – www.lepuitssaintjacques.fr –
Fermé 2-15 janvier, 22 août-10 septembre, lundi, mardi, dimanche soir

PUYLAROQUE

✉ 82240 – Tarn-et-Garonne – Carte régionale n° **22**-C1 – Carte Michelin 337-F6

ⅇ◯ LES SENS

CRÉATIVE · AUBERGE X Situé sur la place du bourg, cette maison de village abrite un restaurant, dont la cuisine créative et les beaux produits ne sauraient laisser indifférent. Le chef se plaît à travailler légumes, fleurs et herbes du potager, situé en contre-bas de la terrasse ; sa source d'inspiration ! Menu truffe en saison.

🏡 ⅙ 🅰🅺 – Menu 28 € (déjeuner), 49/91 €

2 place de la Libération – ℰ 05 63 02 82 25 – www.restaurantlessens.com –
Fermé lundi, mardi, dimanche midi

PUYLAURENS

✉ 81700 – Tarn – Carte régionale n° **22**-C2 – Carte Michelin 338-E9

ⅇ◯ CAP DE CASTEL

MODERNE · COSY X Sur l'agréable terrasse, toisant les Pyrénées lointaines et la Montagne noire toute proche, on déguste les créations de Lydia et Thomas, couple au parcours solide (Côte St-Jacques, Michel Sarran). Leur cuisine, moderne, met bien en valeur le terroir : de quoi passer un agréable moment.

🏡 ⅙ – Menu 40/55 € – Carte 40/65 €

36 rue Cap-de-Castel – ℰ 05 63 70 21 76 – www.capdecastel.com – Fermé dimanche
et le midi

⌂ CAP DE CASTEL

MAISON DE CAMPAGNE · PERSONNALISÉ Ici, tout est beau dans sa simplicité : l'accueil souriant, le charme d'une maison du pays, les chambres pleines de caractère réparties dans deux demeures historiques (16ᵉ et 18ᵉ s.)... Sans oublier la petite piscine et sa vue sur la campagne !

⅏ ⅙ 🗻 ⅙ – 11 chambres

36 rue Cap-de-Castel – ℰ 05 63 70 21 76 – www.capdecastel.com
ⅇ◯ **Cap de Castel** – Voir la sélection des restaurants

PUY-L'ÉVÊQUE

✉ 46700 – Lot – Carte régionale n° **22**-B1 – Carte Michelin 337-C4

😊 LE MÉDIÉVAL

MODERNE • COSY X Le chef bourguignon Pierre Creuzet (ancien second de Jacques Lameloise), s'est installé dans cette petite adresse de la vieille ville, où il compose une attachante cuisine de qualité, entre recettes traditionnelles et préparations plus actuelles. En salle, son épouse Loren, sommelière de métier, l'épaule avec complicité. Rapport plaisir/prix imbattable !

Spécialités : Œuf poché façon meurette, sauce au malbec. Carré de cochon rôti, oignon glacé et pomme de terre fondante. Ganache au chocolat, croustillant noisette, sorbet griotte.

🏠 – Menu 16 € (déjeuner), 28/36 €

24 Grand'Rue – ℰ 09 86 31 80 88 – www.lemedieval-puyleveque.fr – Fermé lundi, dimanche

QUINT-FONSEGRIVES

✉ 31130 – Haute-Garonne – Carte régionale n° **22**–B2 – Carte Michelin 343-H3

🌿 EN PLEINE NATURE

Chef: Sylvain Joffre

MODERNE • CONTEMPORAIN XX Le chef-patron Sylvain Joffre vous accueille dans cette jolie maison en bordure de rond-point. Voici un chef appliqué, sérieux, qui n'a pas la folie des grandeurs. Son objectif est simple : proposer une cuisine haut de gamme tout en contenant les tarifs. Pari réussi ! En s'appuyant sur une liste de producteurs locaux longue comme le bras, il compose une cuisine généreuse et bien maîtrisée, avec des recettes renouvelées en permanence pour coller aux saisons. Côté décor, un intérieur sobre, ou une agréable terrasse à l'ombre des parasols : de quoi profiter du beau temps sans être accablé par le redoutable soleil toulousain...

Spécialités : Cuisine du marché.

🥢 🏠 ♿ 📶 – Menu 31 € (déjeuner), 55/80 €

6 place de la Mairie – ℰ 05 61 45 42 12 – www.en-pleine-nature.com – Fermé 1er-8 mai, 1er-31 août, lundi, samedi, dimanche

RAMONVILLE-SAINT-AGNE

✉ 31520 – Haute-Garonne – Carte régionale n° **22**–B2

🍽 LA TABLE DE LAURENT 🆕

MODERNE • CONVIVIAL X Laurent Prat, ancien chef de l'Hippi'curien à Toulouse, travaille de jolis produits (langoustine, lotte, etc.) dans des menus à prix serrés, entre recettes classiques et d'autres plus modernes, toujours bien ficelées. La lotte, courgette niçoise et fleur de courgette farcie est une jolie réussite.

🏠 ♿ 📶 – Menu 19 € (déjeuner), 33/46 €

28 rue Jacques-Prévert – ℰ 05 61 73 61 62 – www.latabledelaurent.com – Fermé lundi, mercredi soir, dimanche

ROCAMADOUR

✉ 46500 – Lot – Carte régionale n° **22**–C1 – Carte Michelin 337-F3

🍽 JEHAN DE VALON

TRADITIONNELLE • CONTEMPORAIN XX Au cœur de la célèbre cité de pèlerinage, on déguste une plaisante cuisine traditionnelle et régionale, comme le gigot d'agneau du Quercy, découpé en salle au guéridon. Le tout accompagné (évidemment) de vins du Sud-Ouest ! En outre, les lieux offrent une jolie vue sur la vallée de l'Alzou.

🛏 ≤ 🏠 ♿ 📶 – Menu 25 € (déjeuner), 34/45 € – Carte 42/84 €

Beau Site, Rue Roland-le-Preux (Cité médiévale) – ℰ 05 65 33 63 08 – www.beausite-rocamadour.com – Fermé 4 octobre-13 février

RODEZ

✉ 12000 – Aveyron – Carte régionale n° **22**-C1 – Carte Michelin 338-H4

🐸 CAFÉ BRAS

AVEYRONNAISE · **DESIGN** XX Que ce soit Côté Comptoir (pour déjeuner sur le pouce) ou au restaurant, ce café installé au cœur du musée Soulages rend hommage aux bons produits aveyronnais.

Spécialités : Cuisine du marché.

& 🅰️ – Menu 35 €

Jardin du Foirail (au musée Soulages) –
☎ 05 65 68 06 70 – www.cafebras.fr –
Fermé lundi, mardi, mercredi soir, jeudi soir, vendredi soir, dimanche soir

🐸 LES JARDINS DE L'ACROPOLIS

MODERNE · **CONVIVIAL** XX Les gourmands se donnent régulièrement rendez-vous dans ce restaurant contemporain, dont le chef concocte une cuisine du marché savoureuse, moderne et bien ficelée. Jarret de veau de lait confit, guimauve maison grillée au thé d'Aubrac... Des produits de qualité, des assaisonnements bien marqués : c'est frais et bon !

Spécialités : Asperges de pays à l'œuf de poulette « parfait ». Lotte, épinards, artichaut et dashi. Tarte croquante au cacao, crumble sarrasin et glace café.

& 🅰️ ✿ – Menu 33/60 €

Rue d'Athènes, à Bourran –
☎ 05 65 68 40 07 – www.restaurant-acropolis.com –
Fermé 25-31 mars, dimanche

🍴 ET

MODERNE · **CONVIVIAL** X Attention, voici un jeune couple plein d'avenir ! Formés auprès des meilleurs – Pierre Gagnaire et Michel Bras pour lui, Alain Ducasse pour elle –, ils se relaient aux fourneaux de cette maison en plein cœur de Rodez. Dans l'assiette c'est inventif, malin, les cuissons sont parfaites et les saveurs bien présentes, le tout réalisé avec les produits de la région.

🍴 🅰️ ✿ – Menu 28 € (déjeuner), 44/76 €

24 place du Bourg – ☎ 05 65 68 95 00 – www.restaurant-et.fr –
Fermé lundi, mercredi midi, dimanche

ROUFFIAC-TOLOSAN

✉ 31180 – Haute-Garonne – Carte régionale n° **22**-B2 – Carte Michelin 343-H3

⭐ Ô SAVEURS

Chef : David Biasibetti

MODERNE · **COSY** XXX Cèpe, trompette de la mort et velouté de cèpe ; saint-jacques, topinambour, sauce des bardes au gingembre et citronnelle : dans un joli petit hameau pittoresque, situé à quinze minutes du centre de Toulouse, David Biasibetti, pâtissier de formation, propose des menus du marché en phase avec les saisons, qui mettent joliment en valeur la production locale. Le chef avoue une passion pour le chocolat... que l'on retrouve dans ses desserts. Une adresse agréable.

Spécialités : Cuisine du marché.

🕸 🍴 🅰️ ✿ – Menu 30 € (déjeuner), 50/98 € – Carte 87/120 €

8 place des Ormeaux (au village) – ☎ 05 34 27 10 11 – www.o-saveurs.com –
Fermé 22-28 février, 25 avril-2 mai, 16 août-5 septembre, lundi, samedi midi, dimanche soir

ST-AFFRIQUE

✉ 12400 – Aveyron – Carte régionale n° **22**-D2 – Carte Michelin 338-J7

🍽️○ **LA TABLE DE JEAN**

MODERNE · TENDANCE ⅹ Les anciens propriétaires de l'hôtel Les Raspes (St-Rome-de-Tarn) ont ouvert ce restaurant dans le centre de St-Affrique. Un retour aux sources pour lui, cuisinier de formation ; il revisite la tradition avec finesse et montre de beaux accents méditerranéens.

🍴 🅺 – Menu 19 € (déjeuner), 30/45 € – Carte 25/70 €

7 boulevard Émile-Trémoulet – ℰ 05 65 49 50 05 – Fermé lundi, dimanche soir

ST-ANDRÉ-DE-NAJAC

✉ 12270 – Aveyron – Carte régionale n° **22**–C2 – Carte Michelin 338-E5

🍽️○ **RELAIS MONT LE VIAUR**

TRADITIONNELLE · RUSTIQUE ⅹ Le chef de cette jolie ferme régionale, chaleureuse et conviviale, a été auparavant sommelier dans plusieurs tables étoilées. Une chose le guide : la passion ! Il réalise ici une savoureuse cuisine du terroir : terrine de jarret de porc, foie gras maison, veau du Ségala... Pour l'étape, des chambres agréables.

🕸️ 🔄 🍴 ♿ 🅺 🅿 – Menu 15 € (déjeuner), 25/35 € – Carte 35/65 €

La Croix-Grande – ℰ 05 65 65 08 68 – www.montleviaur.fr – Fermé 1ᵉʳ-6 janvier, lundi, mardi, dimanche soir

ST-ANTONIN-NOBLE-VAL

✉ 82140 – Tarn-et-Garonne – Carte régionale n° **22**–C2 – Carte Michelin 337-G7

🍽️○ **LE CARRÉ DES GOURMETS**

MODERNE · INTIME ⅹⅹ Sur les bords de l'Aveyron, un restaurant au cadre contemporain, tout en nuances de gris. Derrière les fourneaux, le chef concocte une cuisine dans l'air du temps riche de produits du terroir, comme ce veau du Ségala, noix snackée et épaule confite. Terrasse face à la rivière.

🔄 🍴 ♿ – Menu 24 € (déjeuner), 30/40 € – Carte 40/50 €

13 boulevard des Thermes – ℰ 05 63 30 65 49 – www.carredesgourmets.fr – Fermé 1ᵉʳ-31 janvier, mardi soir, mercredi, dimanche soir

ST-BEAUZEIL

✉ 82150 – Tarn-et-Garonne – Carte régionale n° **22**–B1 – Carte Michelin 337-B5

🏠 **CHÂTEAU DE L'HOSTE**

DEMEURE HISTORIQUE · PERSONNALISÉ Au cœur de la campagne quercynoise, dans un superbe jardin, une gentilhommière du 17ᵉ s. pleine de caractère et de confort. Que dire de la bibliothèque, du bar ou encore de la piscine ? Le temps d'un week-end ou d'un séjour plus long, on se rêve lady et gentleman-farmer...

🎾 🏊 🛋️ 🎾 ♿ 🅰 🅿 – 20 chambres

Route d'Agen – ℰ 05 63 95 25 61 – www.chateaudelhoste.com

ST-CÉRÉ

✉ 46400 – Lot – Carte régionale n° **22**–C1 – Carte Michelin 337-H2

 LES TROIS SOLEILS DE MONTAL

Chef: Frédérik Bizat

MODERNE · CLASSIQUE ⅹⅹⅹ Le soleil brille sur ce domaine situé sur le causse de Gramat, tout près de Saint-Céré : un hôtel avec ses restaurants, un parc au calme, une piscine, un golf pas très loin... Le restaurant gastronomique séduit avec sa salle à manger élégante et bourgeoise, ouverte sur la terrasse d'été et le parc. Les toiles pré-impressionnistes sur les murs évoquent l'une des passions du chef, antiquaire dans une vie antérieure. Aujourd'hui, ce dernier ne se consacre qu'à la cuisine en régalant ses hôtes avec des produits de qualité et beaucoup de finesse d'exécution. Le tout pour un excellent rapport qualité-plaisir, sans oublier l'accueil attentionné de Madame Bizat.

Spécialités: Carpaccio de bar de ligne, condiment aux agrumes et herbes fraîches. Pigeonneau de grain rôti, ail doux et champignons du moment. Gavotte déstructurée aux fruits rouges.

🖐 🏠 ♿ 🅼 ♻ 🅿 – Menu 38€ (déjeuner), 58/92€

Les Prés-de-Montal, Saint-Jean-Lespinasse – ☎ 05 65 10 16 16 – www.3soleils.fr – Fermé 2-15 janvier, 1ᵉʳ-13 mars, 8 novembre-23 décembre, lundi, mardi midi, mercredi midi

🍽️ L'INFORMEL

TRADITIONNELLE · CONVIVIAL X L'annexe gourmande du restaurant étoilé "Les Trois Soleils de Montal". Le chef propose une cuisine traditionnelle généreuse et goûteuse, concoctée à base de produits frais et de saison. On pense notamment au gigotin d'agneau grillé au thym, d'une belle qualité. Convivial et informel.

🖐 🏠 ♿ 🅼 🅿 – Menu 21€ (déjeuner)/34€

Les Trois Soleils de Montal, Les Prés-de-Montal, Saint-Jean-Lespinasse – ☎ 05 36 48 00 30 – www.3soleils.fr – Fermé 1ᵉʳ novembre-15 mars, mardi soir, mercredi soir, jeudi soir, samedi midi

🏨 LES TROIS SOLEILS DE MONTAL

FAMILIAL · À LA CAMPAGNE Dans cette campagne lotoise si bucolique, qui plus est dans un parc charmant, à deux pas du château de Montal : l'adresse est idéale pour voir la vie en vert ! Chambres spacieuses et confortables, dans une veine plutôt moderne.

🏞️ 🛋️ ⟨ 🖐 ⟩ 🔆 ♿ 🅼 🛁 🅿 – 25 chambres – 4 suites

Les Prés-de-Montal, Saint-Jean-Lespinasse – ☎ 05 65 10 16 16 – www.3soleils.fr

🍽️ **L'Informel** · 🌸 **Les Trois Soleils de Montal** – Voir la sélection des restaurants

ST-CIRQ-LAPOPIE

✉ 46330 – Lot – Carte régionale n° **22**-C1 – Carte Michelin 337-G5

🍽️ AUBERGE DU SOMBRAL - LES BONNES CHOSES

CUISINE DU TERROIR · AUBERGE X Dans cette maison, au pied du château des Lapopie, on sait ce que sont Les Bonnes Choses ! La preuve : on y savoure une sympathique cuisine du terroir où les produits locaux ont la part belle (agneau, foie gras, fromages...). Quelques jolies chambres pour prolonger la visite de ce village dominant le Lot.

⟨ 🏠 – Menu 21€ (déjeuner)/32€

Place du Sombral – ☎ 05 65 31 26 08 – www.lesombral.com – Fermé 11 novembre -1ᵉʳ avril, lundi soir, mardi soir, mercredi, jeudi soir, vendredi soir, samedi soir, dimanche soir

ST-FÉLIX-LAURAGAIS

✉ 31540 – Haute-Garonne – Carte régionale n° **22**-C2 – Carte Michelin 343-J4

🍽️ AUBERGE DU POIDS PUBLIC

TRADITIONNELLE · CLASSIQUE XXX À la suite de ses parents, Céline Taffarello continue de mettre en avant les bons produits du terroir, avec en bonus un appétissant menu végétarien. Et on profite toujours de la terrasse panoramique, avec sa jolie vue sur la plaine du Lauragais. Chambres confortables.

⟨ ⟨ 🏠 🅼 ♻ – Menu 27€ (déjeuner), 47/82€ – Carte 60/100€

Route de Toulouse – ☎ 05 62 18 85 00 – www.auberge-du-poids-public.fr – Fermé 2-18 janvier, lundi, dimanche soir

ST-GIRONS

✉ 09200 – Ariège – Carte régionale n° **22**-B3 – Carte Michelin 343-E7

ⅠⓄ AUBERGE D'ANTAN

TRADITIONNELLE · RUSTIQUE ⅩⅩ Dans l'ancienne grange du château, cette salle en impose par sa hauteur sous charpente ; jambons suspendus, pierres et poutres dégagent une belle atmosphère campagnarde. On retrousse ses manches au moment de s'attabler face à l'immense cheminée, où sont préparés grillades, plats traditionnels et cochons de lait...

↩ 🍴 🏠 ⅆ 🔠 🅿 – Menu 16 € (déjeuner), 32/42 € – Carte 35/40 €

Château de Beauregard, Avenue de la Résistance – ℰ 05 61 64 11 02 – www.chateaubeauregard.net – Fermé 1ᵉʳ-15 janvier, lundi, dimanche soir

ST-JEAN-DU-BRUEL

✉ 12230 – Aveyron – Carte régionale n° **22**-D2 – Carte Michelin 338-M6

ⅠⓄ MIDI-PAPILLON

TRADITIONNELLE · CLASSIQUE ⅩⅩ Au bord de la Dourbie, une maison romantique où la famille Papillon choie ses hôtes depuis 1850... On produit presque tout sur place : légumes, fruits, lapins, volailles – sans oublier les cochons de la ferme voisine (délicieuses charcuteries) et les cèpes des bois alentour. Conclusion : une savoureuse cuisine du terroir !

↩ 🍴 🅿 – Menu 16 € (déjeuner), 25/42 € – Carte 20/50 €

Place du Manège – ℰ 05 65 62 26 04 – www.hoteldumidipapillon.fr – Fermé 1ᵉʳ janvier-1ᵉʳ avril, mercredi midi, vendredi midi

ST-LARY-SOULAN

✉ 65170 – Hautes-Pyrénées – Carte régionale n° **22**-A3 – Carte Michelin 342-N8

ⅠⓄ LA GRANGE

TRADITIONNELLE · RUSTIQUE ⅩⅩ Sur la route d'Autun, cette ancienne grange est aujourd'hui un restaurant chic et chaleureux, où règne une ambiance montagnarde. Dans l'assiette, une cuisine goûteuse et soignée, réalisée avec de beaux produits régionaux : tapas du terroir, côte de porc noir de Bigorre aux morilles... Une belle adresse.

🏠 ⅆ 🅿 – Menu 19 € (déjeuner), 27/46 € – Carte 43/55 €

13 route d'Autun – ℰ 05 62 40 07 14 – www.restaurant-saint-lary.com – Fermé mardi, mercredi

ST-LIEUX-LÈS-LAVAUR

✉ 81500 – Tarn – Carte régionale n° **22**-C2 – Carte Michelin 338-C8

🐸 LE COLVERT

MODERNE · RUSTIQUE ⅩⅩ Longtemps, cette charmante maison de 1860, baignée de verdure, a été une boulangerie-épicerie ; aujourd'hui, c'est un repaire gourmand ! Le chef concocte une cuisine du marché au gré des saisons – canard colvert, suprême de pintade farci de brousse et trompettes de la mort –, et réserve de beaux crus pour accompagner ses plats.

Spécialités : Lotte fumée, caviar d'aubergine, citron confit. Mignon de porc rôti, croûte de chorizo, jus à la bière fumée. Blanc-manger citron vert, coulis de brugnon vanillé.

🍴 🏠 ⅆ ✿ 🅿 – Menu 16 € (déjeuner), 27/55 € – Carte 29/38 €

8 rue d'en Boyer – ℰ 05 63 41 32 47 – www.restaurantlecolvert.com – Fermé lundi, samedi midi, dimanche soir

ST-LIZIER

✉ 09190 – Ariège – Carte régionale n° **22**-B3 – Carte Michelin 343-E7

🐸 LE CARRÉ DE L'ANGE

MODERNE · ÉLÉGANT ⅩⅩ On doit laisser sa voiture pour accéder aux caves voûtées du palais épiscopal. Un cadre exceptionnel pour une cuisine tournée vers de beaux produits, souvent régionaux, à l'instar du foie gras du Plantaurel poêlé ou de l'agneau du pays cuit 7 h. La belle terrasse surplombe le village.

Spécialités : Œuf parfait aux cèpes. Filet de canette, farce des mendiants, sauce quatre-épices. Tarte citron déstructurée.

⅋ ⪕ 🏠 ⅋ ✢ **P** – Menu 23 € (déjeuner), 34/59 €

Palais des Évêques – ℰ 05 61 65 65 65 – www.lecarredelange.com –
Fermé 2 novembre-30 mars, lundi, mardi, dimanche soir

ST-MÉDARD

✉ 46150 – Lot – Carte régionale n° **22**-B1 – Carte Michelin 337-D4

✿ LE GINDREAU

Chef : Pascal Bardet

CRÉATIVE · ÉLÉGANT ✕✕✕ C'est un petit village surplombant les coteaux. Une ancienne école de village s'est réinventée en restaurant. Bienvenue au Gindreau, à Saint-Médard. Le chef Pascal Bardet, natif du Lot et ancien d'Alain Ducasse pendant 18 ans – notamment au Louis XV –, s'épanouit derrière les pianos. "En cuisine, rien n'est figé", glisse ce timide plein d'assurance. De fait, il met bien en valeur les produits du terroir – comme la truffe, en saison, dont il est un spécialiste. Installez-vous en terrasse sous les marronniers, et profitez du coucher de soleil sur le Quercy.

Spécialités : Truffe noire et endive caramélisée, jaune d'œuf confit et jus gras. Écrevisses pattes rouges, macédoine de primeurs et fanes, girolles du pays. Caillé de brebis, noix caramélisées, parfait et glace au lait de Saint-Médard.

⅋ ⪕ 🏠 🅀 – Menu 45 € (déjeuner), 75/159 €

Le Bourg – ℰ 05 65 36 22 27 – www.legindreau.com – Fermé 19 avril-4 mai,
25 octobre-16 novembre, lundi, mardi, dimanche soir

ST-SAVIN

✉ 65400 – Hautes-Pyrénées – Carte régionale n° **22**-A3

⊛ LE VISCOS

MODERNE · ÉLÉGANT ✕✕✕ Aux fourneaux, Alexis (la septième génération de la maison !) régale avec des plats à la gloire du terroir, parsemés de touches plus modernes. C'est fin, juste et toujours travaillé dans le respect du produit ; les desserts, en particulier, se révèlent très bons.

Spécialités : Pâté en croûte de poule noire d'Astarac, vinaigrette de légumes. Ballottine de saumon, parfum de béarnaise. Baba au rhum.

⇦ 🏠 & 🅀 **P** – Menu 32/75 €

1 rue Lamarque – ℰ 05 62 97 02 28 – www.hotel-leviscos.com –
Fermé 10 janvier-2 février, 14 novembre-29 décembre, lundi, dimanche soir

LES SALVAGES

✉ 81100 – Tarn – Carte régionale n° **22**-C2 – Carte Michelin 338-F9

⊛ LES METS D'ADÉLAÏDE

MODERNE · ÉLÉGANT ✕✕ Nulle envie de retourner à l'école ? Parions que vous allez changer d'avis ! Ces Mets d'Adélaïde prennent leurs aises dans l'ancienne école du village. Mais point de nostalgie : le décor est épuré et le chef délivre une jolie leçon de gastronomie d'aujourd'hui. L'accueil mérite aussi une bonne appréciation !

Spécialités : Sablé maïs-coriandre, gambas, chèvre frais, pamplemousse. Suprême de volaille, crumble de beaufort, coquilles aux champignons. Cigare de riz crémeux aux abricots secs, fruits de la passion.

🏠 & 🅀 – Carte 31/39 €

28 avenue Georges-Alquier – ℰ 05 63 35 78 42 – Fermé lundi, mardi, dimanche
soir

SAUVETERRE-DE-ROUERGUE

✉ 12800 – Aveyron – Carte régionale n° **22**-C1 – Carte Michelin 338-F5

⊗ LE SÉNÉCHAL

Chef: Michel Truchon

MODERNE • **ÉLÉGANT** XxX Un poisson rouge en bocal sur chaque table, des œuvres d'art : le cadre sert à merveille la cuisine fine et délicate du chef, Michel Truchon. Il joue judicieusement sur les textures, proposant de beaux visuels, le tout avec des produits soigneusement choisis, à l'image de ce maquereau de St-Jean-de-Luz ou des légumes du marché qu'il utilise toujours à bon escient. Les saveurs sont nettes, franches, aussi directes que complémentaires : le chef ne s'embarrasse pas du superflu, et cela fonctionne ! Quelques chambres pour l'étape.

Spécialités: Cuisine du marché.

⇦ 🏠 🏠 🕭 ⃝ – Menu 44/135€

Le Bourg – ☏ 05 65 71 29 00 – www.hotel-senechal.fr –
Fermé 2 novembre-20 mars, lundi, mardi midi, jeudi midi

SOUSCEYRAC

✉ 46190 – Lot – Carte régionale n° **22**-C1 – Carte Michelin 337-I2

⊗ AU DÉJEUNER DE SOUSCEYRAC

Chef: Patrick Lagnès

CLASSIQUE • **TRADITIONNEL** XX La maison sérieuse par excellence ! Patrick Lagnès, le chef, mène sa barque avec le plus grand professionnalisme... et un caractère bien trempé. Sa cuisine se révèle appliquée, avec de solides bases classiques, et se base sur des produits de grande qualité. Il ose même, au fil de son inspiration, quelques recettes plus actuelles ; quant aux desserts, ils sont assurés en cuisine par sa fille. Le tout se déguste dans un décor intimiste, petite salle à manger bourgeoise avec boiseries murales et mobilier classique. Bon rapport qualité-prix.

Spécialités: Escargots en persillade crémeuse à l'ail des ours. Brochette de cœur de ris de veau fermier au vinaigre de framboise. Sabayon glacé à la châtaigne et myrtilles sauvages.

⇦ – Menu 30/100€

Rue Pierre-Benoit – ☏ 05 65 33 00 56 – www.au-dejeuner-de-sousceyrac.com –
Fermé 10 novembre-1ᵉʳ mars, lundi, dimanche soir

TARASCON-SUR-ARIÈGE

✉ 09400 – Ariège – Carte régionale n° **22**-C3 – Carte Michelin 343-H7

⊘ SAVEURS DU MANOIR

MODERNE • **BISTRO** XX Sur la route qui va de Toulouse à l'Espagne, ce Manoir était jadis le restaurant attitré des cadres de l'usine Péchiney locale. On y revisite aujourd'hui la cuisine ariégeoise, avec du gibier en saison ; le pigeon en deux cuissons et la gratinée aux framboises sont les deux spécialités de la maison.

🏠 🕭 🅿 – Menu 22€ (déjeuner), 31/55€ – Carte 39/64€

Le Manoir d'Agnès, 2 avenue Saint-Roch –
☏ 05 61 64 76 93 – www.manoiragnes.com –
Fermé 15-28 novembre, lundi, dimanche soir

TARBES

✉ 65000 – Hautes-Pyrénées – Carte régionale n° **22**-A3 – Carte Michelin 342-M5

⊘ L'ARPÈGE

CRÉATIVE • **CONTEMPORAIN** XX Ce couple de chefs japonais signe une jolie cuisine créative aux touches nippones, dans laquelle bouillons, algues et assaisonnements mettent en valeur des produits de bonne qualité. Le cadre est à l'image de l'assiette : élégant et contemporain.

🏠 🕭 🕭 – Menu 28€ (déjeuner), 45/70€

22 place de Verdun – ☏ 05 62 51 15 76 – www.arpege65.fr –
Fermé 18 janvier-1ᵉʳ février, 3-10 mai, 1ᵉʳ-8 novembre, lundi, mardi midi, dimanche soir

L'EMPREINTE

MODERNE • CONTEMPORAIN ⅹ Ce petit restaurant cosy, avec sa cuisine ouverte sur la salle, est désormais le repaire d'un chef-patron à la technique irréprochable, et dont la cuisine actuelle et de saison est bien plaisante – en témoigne ces joues de bœuf braisées, conchiglionis farcis, betteraves crémeuses, légumes verts, crème légère à l'estragon. Formule plus simple au déjeuner, plus ambitieuse au dîner.

& 🅼 ⇄ – Menu 17 € (déjeuner), 35/56 €

2 rue Gaston-Manent – ℰ 05 62 44 97 48 – www.restaurant-empreinte.com – Fermé lundi, mardi, dimanche soir

LE FIL À LA PATTE

TRADITIONNELLE • BISTRO ⅹ L'atmosphère est conviviale et sans chichis dans ce restaurant où l'on s'attable coude à coude autour de plats du marché et de saveurs qui fleurent bon le terroir. Le chef puise son inspiration dans les produits de qualité.

🅼 – Menu 20 € – Carte 20/32 €

30 rue Georges-Lassalle – ℰ 05 62 93 39 23 – Fermé lundi, mardi soir, mercredi soir, dimanche

LE PETIT GOURMAND

MODERNE • BISTRO ⅹ Sur une avenue proche du centre-ville de Tarbes, ce restaurant porte bien son nom. Derrière les fourneaux, le chef réalise une savoureuse cuisine du marché avec de beaux produits du terroir. On se régale du début à la fin !

🐝 🏠 🅼 – Menu 23 € – Carte 40/55 €

62 avenue B.-Barère – ℰ 05 62 34 26 86 – lepetitgourmand.eatbu.com – Fermé lundi, samedi midi, dimanche soir

Semmick Photo/Shutterstock.com

✉ 31000 – Haute-Garonne
Carte régionale n° **22**-B2
Carte Michelin 343-G3

TOULOUSE

Marché des Carmes ou marché Saint-Cyprien ? Marché bio de la place du Capitole ou marché Victor-Hugo ? Ô Toulouse ! Ta générosité, comme ta cuisine, sont sans limite. La place Victor-Hugo est en quelque sorte le ventre de Toulouse : tout autour de la halle et de sa centaine de commerces, vous ne trouverez que des artisans de bouche ou presque. Ici, à côté du roi cassoulet, la saucisse fraîche s'impose par son excellence. On trouve aussi un succulent jambon noir de Bigorre, fabriqué sur les terres pyrénéennes. L'oie et le canard se savourent en foie gras et en confit, le pigeon du Lauragais est très recherché, tout comme les asperges du Tarn. Enfin, dans cette ville festive, on ne compte plus les cavistes de bon conseil qui sauront vous guider vers les meilleurs crus locaux.

Restaurants

✿✿ MICHEL SARRAN

Chef: Michel Sarran

CRÉATIVE · **ÉLÉGANT** XxX Est-ce l'esprit du Sud ? La poésie de la ville rose ? La personnalité du chef, peut-être ? Quoi qu'il en soit, Sarran, c'est une maison plus qu'un restaurant. L'ambiance, bien que feutrée, ne ressemble pas à ces restaurants sentencieux où l'on propose une cuisine sur la pointe des pieds. Non, chez Sarran, on mange certes, mais on vit surtout ! Il ne faut pas oublier que Michel Sarran est un homme du Sud, de la trempe des Gascons. D'origine gersoise, il partage son parcours entre Sud-Ouest et Méditerranée avant de s'installer à Toulouse en 1995, dont il devient l'un des ambassadeurs culinaires : "Je me plais à puiser dans les tiroirs de ma mémoire, à jouer avec la lavande et la violette, le foie gras et le parmesan, les rougets et le potiron...". Le restaurant est complet 3 mois à l'avance – notoriété médiatique du chef oblige.

Spécialités: Blanquette de cuisses de grenouilles au basilic, galette feuilletée aux champignons et chorizo. Agneau allaiton de l'Aveyron mariné au bouillon de couscous et rôti, purée de pois chiches aux amandes. Pêche en coque soufflée, pochée au mauzac pétillant et gelée à l'estragon.

கி 🏠 🅰🅚 ✿ – Menu 60 € (déjeuner), 120/230 € – Carte 131/179 €

Plan : 3-E1-m – *21 boulevard Armand-Duportal* – ✆ *05 61 12 32 32* –
www.michel-sarran.com – *Fermé 31 juillet-29 août, mercredi midi, samedi, dimanche*

TOULOUSE

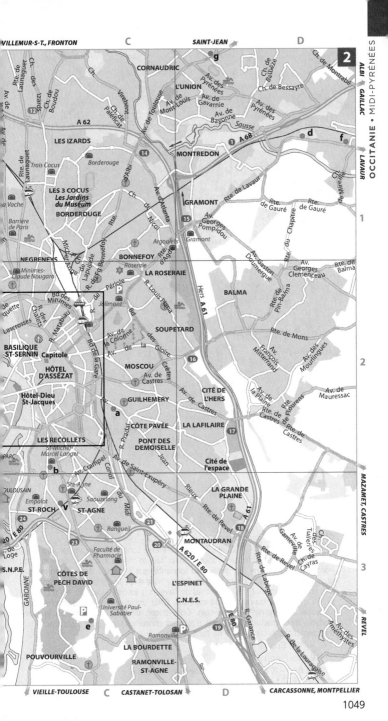

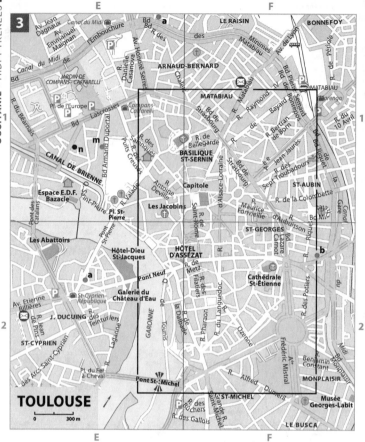

TOULOUSE

0   300 m

✿✿ **PY-R**

Chef: Pierre Lambinon

MODERNE · DESIGN ✕✕ Quelle fougue, ce Pierre Lambinon ! De son propre aveu, il serait bien incapable de proposer deux fois le même menu. À deux pas du Pont-Neuf, sa cuisine est aussi bouillonnante que les eaux de la Garonne par gros temps. Jamais à court d'idées, il improvise avec une maîtrise remarquable, des amuse-bouches (un vrai festival de saveurs !) jusqu'au dessert, en mettant à profit le meilleur du marché du moment. C'est original, mais ça fonctionne toujours : le signe d'un talent certain. Côté décor, une superbe salle où le blanc domine, avec quelques tableaux d'artistes contemporains pour accrocher l'œil. Décidément, une table qui a de l'allure.

Spécialités: Cuisine du marché.

🕸 AC ✿ – Menu 68/88 €

Plan : 4-G2-f – *19 descente de la Halle-aux-Poissons –*
☎ *05 61 25 51 52 – www.py-r.com –*
Fermé lundi midi, jeudi midi, samedi, dimanche

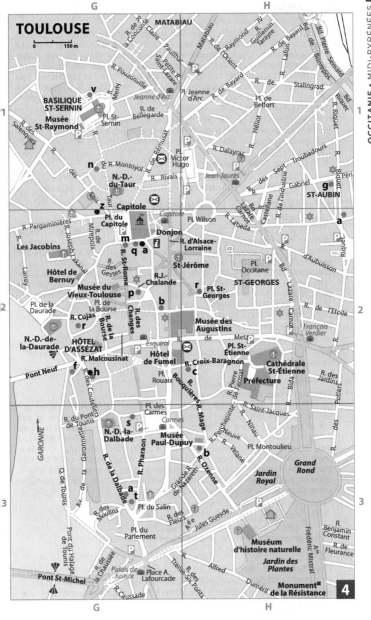

TOULOUSE

0 ————— 150 m

BASILIQUE ST-SERNIN
v

Musée St-Raymond

Pl. St-Sernin

BASILIQUE ST-SERNIN

Jeanne d'Arc

MATABIAU

R. de la Concorde
Claire
Pauilhac
Petite R. Saint-Lazare
R. Pouzonville
R. Merly
R. de Bellegarde

Pl. Jeanne d'Arc

R. de l'Orient
R. de Raymond IV
Guillemin-Tarayre
H. de Bayard
Bd de Bonrepos
Bd Pierre Semard

R. de
Stalingrad

Pl. de Belfort

R. Lafon
Riquet
Bd Riquet

N.-D.-du-Taur
n
R. Montoyol
R. de Rémusat

Pl. Victor Hugo

R. Rivals

R. Dalayrac

Héliot

R. des Sept Troubadours
Gabriel
g
ST-AUBIN
Bd Péri

Capitole
z

Pl. du Capitole
m
q a

Capitole

Jean-Jaurès

R. des
Bd
Castellane
R. de l'Industrie
Riquet

a

Les Jacobins

Hôtel de Bernuy

Musée du Vieux-Toulouse
p

R. Pargaminières
R. Joseph Lakanal
R. de Mirepoix
R. des Gestes
R. St-Rome
q a

Donjon
R. d'Alsace-Lorraine

St-Jérôme

R.J.-Chalande
r
b

Pl. Wilson

R. Lapeda
R. Carnot

Pl. Occitane

ST-GEORGES
Pl. St-Georges

d'Aubuisson

Bd Lazare Carnot

Pl. de la Daurade

R. Cujas
r

N.-D.-de-la-Daurade

HÔTEL D'ASSÉZAT

R. de la Bourse
R. des Changes
Pl. de la Bourse

Musée des Augustins

R. de l'Étoile

François Verdier

Pont Neuf

R. Malcousinat
f
h

Esquirol

Hôtel de Fumel

Pl. Rouaix

R. Croix-Baragnon
c

Pl. St-Étienne

Cathédrale St-Étienne

Préfecture

R. des Jardins

R. de
Metz

R. Pierre de Fermat
R. Saint-Jacques

GARONNE

R. du Pont de Tounis
R. des Couteliers

Pl. des Carmes

Carmes

N.-D.-la-Dalbade
s

Musée Paul-Dupuy

R. Pharaon
R. Ozenne
b

R. Perchepinte
R. Neuve
R. Velane
Pl. Montoulieu

Nihau

Grand Rond

Pl. du Salin
a
t

R. des Moulins

Grande R. de Nazareth

Pl. des Fleurs

A.
Jules Guesde

Jardin Royal

Jardin des Plantes

Pl. du Parlement

R. de la Chaussée

Pont du Hâlage de Tounis

Palais de Justice

Place A. Lafourcade

R. Caussade

Trente-Six Ponts
R. des

Alfred

Muséum d'histoire naturelle

Duméril

Frédéric Mistral

Monument de la Résistance

R. Benjamin Constant
R. de Fleurance

Pont St-Michel

4

G   H

LE CÉNACLE

Chef: Thomas Vonderscher

MODERNE · ÉLÉGANT XxX L'atmosphère feutrée – superbe cheminée, reproduction d'une toile du Caravage – invite à s'attarder dans ce Cénacle, et la cuisine n'est pas en reste. Savoir-faire indéniable, équilibre entre terroir régional et touches contemporaines, le tout basé sur des produits de première fraîcheur : le chef, Thomas Vonderscher, met un point d'honneur à nouer des partenariats solides avec ses producteurs (maraîcher bio du Gers, éleveurs). Voilà un cuisinier qui sait où il va, et qu'on accompagne avec plaisir. Enfin, pour les petits budgets, le menu déjeuner tombe à point nommé !

Spécialités: Ravioles de foie gras du Gers et girolles, jus gingembre-citronnelle. Pithiviers de pigeon et foie gras, mesclun à la vinaigrette truffée, jus de pigeon. Tube glacé au chocolat abinao, praliné cacahouète et sablé à la fleur de sel de Gruissan.

&. 🅼 🅿 – Menu 39 € (déjeuner), 60/110 € – Carte 91/103 €

Plan : 4-G2-h – *La Cour des Consuls Hôtel & Spa, 46 rue des Couteliers –* 𝒞 *05 67 16 19 99 – www.lacourdesconsuls.com – Fermé samedi midi, dimanche*

STÉPHANE TOURNIÉ - LES JARDINS DE L'OPÉRA

Chef: Stéphane Tournié

MODERNE · ÉLÉGANT XxX Salle à manger en rotonde, cour intérieure fleurie sommée d'une verrière : ce cadre enchanteur, si calme, si serein, surprend en pleine place du Capitole. Cette scène gourmande, ouverte il y a plus de 30 ans, est occupée par un ténor de talent, Stéphane Tournié. Natif de la ville rose, ce cuisinier est passé chez Lucien Vanel à Toulouse, André Daguin à Auch, au Taillevent période Philippe Legendre et au Crillon époque Christian Constant. On aime sa façon d'aller à l'essentiel grâce à de beaux produits frais (bio et locaux de préférence), des recettes éprouvées et des cuissons maîtrisées – comme cet œuf de poule mollet à la truffe, ou ce pressé de ris de veau et langoustine rôtie.

Spécialités: Cuisine du marché.

🎐 🅼 ⇔ – Menu 32 € (déjeuner), 70/109 € – Carte 100 €

Plan : 4-G2-q – *1 place du Capitole –* 𝒞 *05 61 23 07 76 – www.lesjardinsdelopera.fr – Fermé 1ᵉʳ-22 janvier, lundi, dimanche*

HEDONE

Chef: Balthazar Gonzalez

CRÉATIVE · ÉPURÉ XX Ne vous fiez pas au jeune âge de Balthazar Gonzalez, ni à son air tranquille : Hedone est la preuve qu'il n'a pas de temps à perdre, et qu'il sait où il va. Il développe un concept efficace : cinq tables seulement et un menu unique, à midi et le soir, qui lui permet de laisser libre cours à sa créativité. Il faut avoir le temps (on peut passer jusqu'à 3 h à table) mais l'expérience en vaut la peine ! Fraîcheur des produits excellente, voire exceptionnelle (ventrèche de thon rouge), saveurs explosives avec quelques vraies fulgurances (foie gras et œufs de truite, entre autres)... D'une bonne surprise à l'autre, on ne peut que saluer l'audace et la pertinence : on sort de là ravi.

Spécialités: Cuisine du marché.

&. 🅼 – Menu 48 € (déjeuner)/104 €

Plan : 2-C2-a – *2 impasse Saint-Félix –* 𝒞 *05 82 74 60 55 – www.hedone-restaurant.fr – Fermé lundi, mardi midi, dimanche*

SEPT

Chef: Guillaume Momboisse

MODERNE · COSY XX Jeunesse et dynamisme : voilà ce qui nous vient à l'esprit en découvrant le chef Guillaume Momboisse et son équipe aux fourneaux. La partition culinaire évolue au gré des saisons et des inspirations du chef, et se révèle sans frontières : son menu unique en appelle autant au vieux occitan qu'aux produits asiatiques, très présents dans ses créations – il avoue d'ailleurs avoir été marqué par son passage à Hong Kong. Tout cela se déguste dans une belle maison toulousaine, colorée et chaleureuse, dont la terrasse donne directement sur la basilique Saint-Sernin, chère à Nougaro. Une adresse enthousiasmante.

Spécialités: Langoustines rôties au kari-gosse, nori et sauce barbecue. Pigeon cuit à basse température puis rôti, glace au côte-rôtie et figue. Pâte sucrée au cacao, crème d'avocat et piment d'Espelette.

AC ⇔ – Menu 78 € (déjeuner)/108 €

Plan : 4-G1-v – *7 place Saint-Sernin – ℰ 05 62 30 05 30 – www.restaurant-sept.fr – Fermé 1ᵉʳ-7 janvier, 4-25 avril, dimanche, lundi et le midi sauf samedi*

😊 L'AIR DE FAMILLE

TRADITIONNELLE · SIMPLE X L'Air de Famille est un lieu délicieux, avec sa déco d'époque (affiches publicitaires, vieux comptoir) et son atmosphère sans prétention. La tradition et les saisons y font la loi, avec une attention particulière portée aux mariages de saveurs. Sans oublier une carte des vins bien achalandée ! Un authentique coup de cœur.

Spécialités: Tête de veau, sauce ravigote. Risotto à l'encre de seiche, poêlée d'encornets, jambon serrano. Millefeuille, crème légère à la vanille de Tahiti.

� ᗧ AC – Menu 22 € (déjeuner)/34 € – Carte 40/55 €

Plan : 4-G2-p – *6 rue Jules-Chalande – ℰ 05 67 06 54 08 – lairdefamilletoulouse.wordpress.com – Fermé 15 août-1ᵉʳ septembre, lundi, mardi soir, mercredi soir, dimanche*

😊 CARTOUCHES 🆕

CUISINE DU MARCHÉ · TENDANCE X On ne compte plus les cartouches dans la gibecière de ce bistrot. Entre la carte des vins orientée nature, les cochonnailles à picorer, la pièce de viande à partager et surtout cette cuisine du marché, simple et goûteuse, c'est simple : on ne s'ennuie jamais en compagnie de Nicolas Brousse et de son épouse qui bichonnent leurs clients comme de vrais amis.

Spécialités: Tartare de veau aux huîtres, mayonnaise pamplemousse. Lieu jaune, salade sauvage et ravigote. Le potiron dans tous ses états.

AC ⇔ – Menu 22 € (déjeuner), 34/45 € – Carte 45/55 €

Plan : 4-H2-a – *38 rue Pierre-Paul Riquet – ℰ 05 61 25 07 07 – www.cartouches-restaurant.fr – Fermé samedi, dimanche*

😊 HITO 🆕

CRÉATIVE · SIMPLE X Le premier restaurant d'Hitoshi Araki (ancien de Yannick Delpech, à l'Amphitryon) est proche de la place des Salins. Seul aux fourneaux, le chef propose une cuisine française créative, bercée de clins d'œil au Japon. Précision d'exécution incontestable, cuissons remarquables et saveurs marquées ; que du (très) bon. Le menu déjeuner est une aubaine.

Spécialités: Cuisine du marché.

AC – Menu 18 € (déjeuner), 35/45 €

Plan : 4-G3-a – *26 rue de la Fonderie – ℰ 05 61 22 42 92 – Fermé samedi, dimanche*

😊 NINO

MODERNE · BISTRO X Tout de blanc vêtu, ce bistrot moderne est installé non loin de son grand frère, le restaurant Py-r du chef Pierre Lambinon. Même attention au détail chez Nino, au fil d'une carte courte et de saison. Saumon gravlax et son coulis de betterave, pavlova aux fruits exotiques... Tout est soigné, tout a du caractère, et les prix sont canons.

Spécialités: Cuisine du marché.

AC ⇔ – Carte 25/33 €

Plan : 4-G2-r – *28 rue Peyrolières – ℰ 05 61 38 50 79 – www.nino-restaurant.com – Fermé lundi, mardi, dimanche soir*

😊 UNE TABLE À DEUX

MODERNE · SIMPLE X Dans le quartier des Carmes, juste en face du Musée Paul Dupuy, voici la première affaire d'un jeune couple ayant fréquenté les étoilés de la région... et les saveurs d'autres rivages (Malaisie, Corée). Le résultat, c'est une cuisine du terroir moderne, qui met en valeur les produits de saison. Menu midi à prix canon.

Spécialités: Cuisine du marché.

🅐🅚 – Menu 22 € (déjeuner), 36/56 €

Plan: 4-H3-b – 10 rue de la Pleau – 𝒞 05 61 25 03 51 – www.unetableadeux.fr – Fermé mercredi midi, samedi, dimanche

AU POIS GOURMAND

MODERNE · ÉLÉGANT ✕✕ Cette élégante villa toulousaine de 1869 se mire dans la Garonne... Les expériences asiatiques du chef se retrouvent dans l'assiette (comme avec ce sashimi de homard), mais que les puristes se rassurent : il mitonne aussi le gibier en saison ! Agréable terrasse au bord de l'eau.

🏡 ♿ 🅐🅚 ⇄ 🅿 – Menu 29 € (déjeuner), 39/79 €

Plan: 1-B2-p – 3 rue Émile-Heybrard – 𝒞 05 34 36 42 00 – www.pois-gourmand.fr – Fermé 20 décembre-4 janvier, samedi midi, dimanche

LE CANTOU

MODERNE · CONVIVIAL ✕✕ On se croirait à la campagne et l'on est pourtant à deux pas de la ville ! Découvrez cette ancienne ferme, sa jolie terrasse sous la glycine, ainsi que la brique et le bois qui habillent son intérieur. Au menu : une cuisine calée sur le marché, un incontournable cassoulet toulousain, et une sélection de vins de près de 1400 références.

🕃 🛏 🏡 ⇄ 🅿 – Menu 37/68 € – Carte 50/80 €

Plan: A2-h – 98 rue de Velasquez, St-Martin-du-Touch – 𝒞 05 61 49 20 21 – www.cantou.fr – Fermé 23 décembre-3 janvier, 7-22 août, samedi, dimanche

GENTY MAGRE

CLASSIQUE · COSY ✕✕ Ce restaurant lorgne vers l'esprit bistrot, et mêle le neuf (déco moderne) à l'ancien (les poutres apparentes, les murs en brique...). Côté cuisine, on revisite joyeusement le terroir, avec un incontournable de la maison : le cassoulet avec confit et saucisses, à déguster dans des assiettes en céramique. Un vrai plaisir.

⇄ – Menu 24 € (déjeuner)/36 €

Plan: 4-G2-b – 3 rue Genty-Magre – 𝒞 05 61 21 38 60 – www.legentymagre.com – Fermé 30 décembre-6 janvier, 4 juillet-31 août, lundi, mardi, dimanche

LE BIBENT

TRADITIONNELLE · BRASSERIE ✕ Un emplacement privilégié, au cœur de la Ville rose, et un superbe décor Belle Époque : le chef Christian Constant (originaire de Montauban) a rendu à l'établissement tout son lustre de brasserie historique. On s'y presse pour ses grands classiques : terrine de campagne, cassoulet montalbanais, tarte au chocolat...

🏡 🅐🅚 ⇄ – Menu 27 € (déjeuner) – Carte 40/55 €

Plan: 4-G2-m – 5 place du Capitole – 𝒞 06 48 71 73 65 – www.maisonconstant.com

LES P'TITS FAYOTS

MODERNE · BRANCHÉ ✕ Ce restaurant cosy et élégant, disposé sur deux niveaux, propose une cuisine moderne et créative, au centre de laquelle trônent les bons produits du Gers. Le jeune chef-patron anime cette adresse de sa fougue, affairé dans sa cuisine bien en vue des clients : vous n'en manquerez pas une miette...

🅐🅚 – Menu 28 € (déjeuner)/65 €

Plan: 4-G1-n – 8 rue de l'Esquile – 𝒞 05 61 23 20 71 – www.lesptitsfayots.com – Fermé 1er-15 janvier, 2-23 août, samedi, dimanche

ANTIPODES

MODERNE · BISTRO ✕ Un bon petit restaurant monté par deux associés, anciens de l'école hôtelière de Toulouse. Au déjeuner, ils proposent un menu à prix honnête, composé au gré du marché ; le soir, des recettes sensiblement plus voyageuses. C'est simple, c'est frais : ça nous plaît.

🅐🅚 – Menu 18 € (déjeuner) – Carte 35/45 €

Plan: 3-E2-a – 9 rue du Pont-Saint-Pierre – 𝒞 05 32 02 24 92 – www.antipodes-restaurant.com – Fermé lundi, dimanche

COLETTE

TRADITIONNELLE · CONTEMPORAIN X "Je veux que mes clients ressortent de mon restaurant avec le sourire" : tel est l'objectif de cet ancien de chez Christian Constant (brasserie Bibent, à Toulouse). "Colette" rend hommage à sa grand-mère, qui cuisinait avec amour les recettes traditionnelles. Dans l'assiette, des produits régionaux (poissons de Saint-Jean-de-Luz, légumes essentiellement bio.), et une évidente générosité, à déguster dans un cadre contemporain : Colette serait fière.

AC – Menu 25 € (déjeuner)/36 €

Plan : 4-H2-c – 17 rue Croix-Baragnon – 𝄢 05 61 53 34 24 –
www.restaurant-colette.fr – Fermé samedi, dimanche

LES COMPLICES

MODERNE · CONVIVIAL X Les atouts de ce bistrot créé par trois complices ? Son ambiance décontractée, mais surtout sa cuisine de saison sans fioritures, où les saveurs annoncées au menu se retrouvent effectivement dans l'assiette. Ne manquez pas le menu en cinq temps, qui remporte tous les suffrages... et la tarte au citron, le tube de la maison !

AC – Menu 17 € (déjeuner)/35 € – Carte 25/35 €

Plan : 3-F2-b – 13 place Dominique-Martin-Dupuy – 𝄢 05 31 48 69 91 –
www.restaurant-lescomplices.com –
Fermé 20 décembre-4 janvier, samedi midi, dimanche

ÉMILE

CUISINE DU TERROIR · BISTRO X Belle carte des vins, solide cuisine traditionnelle 100 % maison – produits frais et producteurs locaux sont à l'honneur – et, cerise sur le gâteau, jolie terrasse sur une agréable place. Quant à la vedette des lieux, c'est le cassoulet, évidemment !

🕸 🍴 AC – Menu 22 € (déjeuner), 42/55 € – Carte 49/63 €

Plan : 4-H2-r – 13 place Saint-Georges – 𝄢 05 61 21 05 56 –
www.restaurant-emile.com – Fermé 28 décembre-4 janvier, mardi, mercredi, jeudi, vendredi, samedi

L' HIPPI'CURIEN 🆕

MODERNE · SIMPLE X Dans une ancienne maison en galets et briques, ce petit restaurant décline une offre en deux temps : excellent rapport qualité-prix à midi, cuisine plus élaborée le soir autour d'un menu unique. Le chef, qui travaille les recettes classiques avec une touche de modernité, flatte le terroir du Sud-Ouest.. Avec toujours de très beaux produits à l'image de ce thon rouge de ligne de Sète. Service attentionné.

🍴 ⚅ ⇄ 🅿 – Menu 24 € (déjeuner)/49 €

Plan : 1-B2-a – 62 chemin des Courses – 𝄢 05 61 31 88 43 – www.lhippicurien.com –
Fermé lundi soir, samedi, dimanche

MAS DE DARDAGNA

TRADITIONNELLE · RUSTIQUE X Voilà une cuisine respectueuse des produits (le chef se fournit au maximum en circuits courts), simple et bien faite... Aucun doute, cette ferme typiquement toulousaine est un joli repaire gourmand. Et aux beaux jours, on profite même d'une terrasse sous la glycine.

🍴 AC 🅿 – Menu 25 € (déjeuner), 32/55 €

Plan : C3-e – 1 chemin de Dardagna, Rangueil (près de l'hôpital Rangueil) –
𝄢 05 61 14 09 80 – www.masdedardagna.com – Fermé 1ᵉʳ-2 janvier,
6 août-2 septembre, samedi, dimanche

LE PIC SAINT LOUP

MODERNE · SIMPLE X Le cadre est volontairement dépouillé, car ici c'est l'assiette qui est reine : filet de Saint-Pierre au citron confit et noix, purée de chou-rave ; millefeuille au caramel et chocolat au lait, sorbet poire. Sympathique terrasse au calme dans la cour à l'arrière.

🍴 – Menu 20 € (déjeuner), 30/55 € – Carte 29/55 €

Plan : 2-C2-b – 7 rue Saint-Léon – 𝄢 05 61 53 81 51 –
www.restaurantlepicsaintloup.com – Fermé 9 août-2 septembre, lundi, mardi, dimanche

LES PLANEURS

CUISINE DU MARCHÉ · BISTRO Un chef japonais et son associé ont ouvert ce lieu atypique dans un décor volontiers bohème et décalé. On y déguste une cuisine française précise, bien pensée, originale, équilibrée et parfumée, à l'instar de ces asperges blanches, tataki de bonite, sauce pesto. Bon rapport qualité-prix. Une belle adresse.

Menu 22 € (déjeuner)/48 €

Plan : 3-E1-a – *56 boulevard des Minimes* – ℰ *09 86 51 56 95* – *www.lesplaneurs.com* – *Fermé mercredi midi, samedi, dimanche*

LES SALES GOSSES

MODERNE · BISTRO Ces Sales Gosses déclinent sur de grandes ardoises des plats bistrotiers de bon aloi. On les doit au chef Bruno, qui a troqué le bonnet d'âne pour une toque de premier de la classe ! Et si l'adresse affiche complet, place au plan B : le Bistrot, non loin de là, rue de l'Industrie.

AC – Menu 20 € (déjeuner), 31/43 €

Plan : 4-H1-g – *81 rue Riquet* – ℰ *09 67 15 31 64* – *www.lessalesgosses.fr* – *Fermé 21 décembre-3 janvier, 10-16 mai, 16 août-5 septembre, samedi, dimanche*

SOLIDES

MODERNE · BISTRO En lieu et place de la Rôtisserie des Carmes (une institution toulousaine), face au marché du même nom, cette adresse se distingue d'abord par la bonne cuisine de bistrot de son chef, mais aussi par son excellente (et pertinente) carte de vins "nature". Service et ambiance très décontractés.

AC – Menu 25 € (déjeuner), 45/70 € – Carte 25/100 €

Plan : 4-G3-s – *38 rue des Polinaires* – ℰ *05 61 53 34 88* – *www.solides.fr* – *Fermé lundi, mardi midi, dimanche*

LA TABLE DE WILLIAM

MODERNE · DESIGN À l'abri cette maison toulousaine typique, on régale d'une "cuisine de convivialité", bistronomique et de saison, parsemée de touches méditerranéennes ou asiatiques. Les habitués ne manquent pas : c'est en général bon signe...

☆ ✿ – Menu 20 € (déjeuner), 28/35 €

Plan : 2-C3-v – *90 rue Saint-Roch* – ℰ *05 67 33 34 99* – *www.latabledewilliam.com* – *Fermé lundi soir, samedi, dimanche*

LES TÊTES D'AIL

MODERNE · BRANCHÉ La bistronomie tendance Sud-Ouest, c'est ici que ça se passe ! Cuisine du marché soignée et goûteuse, réglée sur les saisons, produits locaux bien choisis, super rapport qualité-prix (à midi surtout)... le tout dans une rue commerçante et animée, près de la place des Carmes. L'adresse ne désemplit pas, et ce n'est pas un hasard.

** & AC** – Menu 20 € (déjeuner), 32/48 €

Plan : 4-G3-t – *6 rue de la Fonderie* – ℰ *05 61 13 40 41* – *Fermé 20 décembre-4 janvier, 1er-8 mai, 1er août-1er septembre, lundi, dimanche*

Hôtels

LA COUR DES CONSULS HÔTEL & SPA

LUXE · CONTEMPORAIN Dans un ancien hôtel particulier du 16e s. du quartier des Carmes, un beau mariage de styles ! Les éléments d'époque (parquets, cheminées) frayent avec une déco franchement contemporaine ; les chambres, spacieuses, témoignent d'un luxe sans faute de goût.

⌂ 介 ☷ & AC ☆ P – 32 chambres – 6 suites

Plan : 4-G2-h – *46 rue des Couteliers* – ℰ *05 67 16 19 99* – *www.lacourdesconsuls.com* ❀ **Le Cénacle** – Voir la sélection des restaurants

HÔTEL DE BRIENNE

URBAIN · DESIGN À deux pas du canal du même nom, en bordure d'une avenue boisée, cet établissement contemporain offre un confort optimal. L'accueil est charmant. Bref, on s'y sent bien !

🛗 ♿ 🅰🅲 🅿 🐾 – 77 chambres

Plan : 3-E1-n – *20 boulevard Maréchal-Leclerc* – ℰ *05 61 23 60 60* – *www.hoteldebrienne.com*

LE GRAND BALCON

HISTORIQUE · DESIGN Il accueillit les plus grandes légendes de l'Aéropostale. La déco – design et créative – leur rend hommage, et la chambre n° 32 reproduit fidèlement celle qu'occupait Saint-Exupéry dans les années 1930. Une adresse mythique !

🛗 ♿ 🅰🅲 – 47 chambres

Plan : G2-z – *10 rue Romiguières* – ℰ *05 34 25 44 09* – *www.grandbalconhotel.com*

TOUR-DE-FAURE

✉ 46330 – Lot – Carte régionale n° **22**-C1 – Carte Michelin 337-G5

LE SAINT-CIRQ

SPA ET BIEN-ÊTRE · COSY Face au cirque de Lapopie, cet hôtel récent s'inspire d'un hameau quercynois : pierre, bois, tommettes au sol, parc planté d'arbres fruitiers, etc. Les chambres, confortables, donnent envie de s'attarder... tout comme la piscine et le beau spa avec hammam et sauna.

🐾 ≼ 🛁 🗵 🗔 🌐 ♿ 🅰🅲 🅿 – 25 chambres

Lieu-dit le Mas (face à Saint-Cirq-Lapopie) – ℰ *05 65 30 30 30* – *www.hotel-lesaintcirq.com*

L'UNION

✉ 31240 – Haute-Garonne – Carte régionale n° **22**-B2 – Carte Michelin 343-G3

Voir plan de Toulouse

🍴 LA BONNE AUBERGE

TRADITIONNELLE · RUSTIQUE XX Dans une ancienne ferme rénovée, toute proche de la départementale, on découvre cette auberge au cadre rustique et chaleureux : l'endroit rêvé pour déguster une généreuse cuisine du terroir. Au menu : saumon gravlax, cassoulet toulousain et parillade de poissons grillés, entre autres.

🌣 ♿ 🅰🅲 ⇄ 🅿 – Menu 18 € (déjeuner), 34/65 € – Carte 50/80 €

Plan : Toulouse D1-g – *2bis rue Autan-Blanc* – ℰ *05 61 09 32 26* – *www.bonneauberge31.fr* – *Fermé 20 décembre-4 janvier, 8-29 août, lundi, mardi soir, dimanche*

VERFEIL

✉ 31590 – Haute-Garonne – Carte régionale n° **22**-C2 – Carte Michelin 343-H3

🕸 LA PROMENADE

Chef : Nicolas Thomas

CRÉATIVE · CONTEMPORAIN XX Autant le dire : on se régale lors cette promenade gastronomique, entraîné par un chef passionné, ancien violoncelliste professionnel, ayant quitté le monde de la musique pour... un piano de cuisson ! Cela explique peut-être en partie l'approche 'improvisée' de sa cuisine, qui change en permanence au fil des saisons et de ses inspirations. Son menu unique, sans choix, nous emmène d'une surprise à une autre... Bref, cette belle bâtisse toulousaine abrite un petit miracle créatif, tout en finesse et en fraîcheur ! Décidément, une adresse à découvrir à tout prix.

Spécialités : Cuisine du marché.

🛏 🍴 ♿ 🎦 ⇄ 🅿 – Menu 30 € (déjeuner), 70/100 €

Chemin Le Conté, En Sigaudès – ☏ *05 34 27 85 42 –*
www.restaurant-la-promenade.fr – Fermé lundi, mardi, mercredi midi

VIC-EN-BIGORRE

✉ 65500 – Hautes-Pyrénées – Carte régionale n° **22**–A2 – Carte Michelin 342-M4

🍴○ **LE RÉVERBÈRE**

TRADITIONNELLE • **CONVIVIAL** X Venez vous régaler à la lumière de ce plaisant Réverbère, dont l'intérieur –entièrement relooké – se révèle moderne et lumineux. On vient y profiter des créations du chef, au plus près du terroir : il travaille avec de nombreux producteurs locaux pour un résultat généreux et goûteux, plein de saveurs.

⇦ 🍴 ♿ 🎦 – Menu 17 € (déjeuner), 26/39 €

Rue d'Alsace – ☏ *05 62 96 78 16 – www.hotellereverbere.com – Fermé samedi,*
dimanche soir

VILLECOMTAL-SUR-ARROS

✉ 32730 – Gers – Carte régionale n° **22**–A2 – Carte Michelin 336-D9

🍴○ **LE RIVE DROITE**

MODERNE • **CLASSIQUE** XX George Sand séjourna dans cette élégante chartreuse (18ᵉ s.) située au bord de la rivière. L'ancien et le contemporain s'y mêlent avec brio, et la cuisine honore la tradition autant qu'elle ose une audacieuse créativité. Une adresse de grande qualité.

🍴 ♿ ⇄ – Menu 25/60 €

1 chemin Saint-Jacques – ☏ *05 62 64 83 08 – www.lerivedroite.com – Fermé lundi,*
mardi, mercredi midi

VILLEFRANCHE-DE-ROUERGUE

✉ 12200 – Aveyron – Carte régionale n° **22**–C1 – Carte Michelin 338-E4

😊 **CÔTÉ SAVEURS**

MODERNE • **COSY** XX L'ancienne caserne des pompiers a été revisitée à la mode contemporaine, et le résultat est à la hauteur ! Quant à la cuisine, elle met en valeur le terroir aveyronnais de fort belle manière : pavé de veau de l'Aveyron, salsifis et moelleux de patate douce, tarte au citron revisitée à la crème citron vert...
Spécialités : Déclinaison autour de la tomate, mousse légère au chèvre. Porcelet, champignon, pomme grenaille. Clafoutis aux abricots, crème verveine.

🥂 🍴 ♿ 🎦 ⇄ – Menu 23 € (déjeuner), 34/65 € – Carte 53/64 €

Place Louis-Fontanges (La Caserne, 1er étage) – ☏ *05 65 65 83 64 –*
www.cote-saveurs.fr – Fermé lundi, dimanche midi

🍴○ **RELAIS DE FARROU**

MODERNE • **ÉLÉGANT** XX Cette maison est chargée d'histoire : c'était autrefois un relais de poste, c'est désormais un relais gourmand ! Demi-pigeon de la Coulonnière et jus corsé aux airelles, veau de l'Aveyron à l'aligot et caviar d'aubergine : on se régale de jolis petits plats accompagnés de vins bien choisis.

🥂 ⇦ 🛏 🍴 ♿ 🎦 ⇄ 🅿 – Menu 18 € (déjeuner), 25/60 €

34 Farrou – ☏ *05 65 45 18 11 – www.relaisdefarrou.com – Fermé lundi, samedi midi,*
dimanche soir

VILLEMUR-SUR-TARN

✉ 31340 – Haute-Garonne – Carte régionale n° **22**–C2 – Carte Michelin 343-H1

🍴○ **L'ALTO**

MODERNE · **RÉGIONAL** ✗✗ Dans ce joli château de brique rose niché en pleine campagne, on travaille de bons produits avec rigueur et une certaine inventivité. Le terroir est à l'honneur dans les assiettes (foie gras, boudin, pigeon) : on passe un bon moment.

⇦ 🛏 & 🅰 📧 🅿 – Menu 25€ (déjeuner), 48/135€ – Carte 62/75€

740 chemin de Pellausy – ℰ 05 62 22 35 50 – www.restaurant-alto.com – Fermé lundi soir, mardi soir, mercredi soir, jeudi soir, dimanche

VILLENEUVE

✉ 12260 – Aveyron – Carte régionale n° **22**-C1 – Carte Michelin 338-E4

🍴○ **LE JARDIN DES CAUSSES**

MODERNE · **TENDANCE** ✗✗ La jeune cheffe de ce Jardin en a repensé le décor (murs blancs, ambiance épurée) et travaille en direct avec les producteurs locaux. Les recettes sont bien ficelées, et s'accompagnent d'une courte carte de vins bien choisis. Une bonne adresse.

🛋 🅰 – Menu 21€ (déjeuner), 32/51€

Place Cardalhac – ℰ 05 65 65 84 95 – Fermé lundi, mardi midi, dimanche

VILLENEUVE-TOLOSANE

✉ 31270 – Haute-Garonne – Carte régionale n° **22**-B2 – Carte Michelin 343-G3

🍴○ **D'CADEI**

MODERNE · **TENDANCE** ✗✗ Avec son nouveau décor élégant et moderne – tapisseries claires, baies vitrées, mobilier contemporain –, la table de Damien Cadei est méconnaissable ! On s'y régale toujours de bonnes assiettes réglées sur les saisons : Saint-Jacques en croûte de noisette, texture de betterave ; bœuf charolais, jus de veau truffé ; sphère au chocolat grand cru, sorbet cacao...

🛋 & 🅰 ⇔ 🅿 – Menu 20€ (déjeuner), 28/58€

8 place de l'Hôtel-de-Ville – ℰ 05 61 92 72 68 – www.dcadei.fr – Fermé lundi, mercredi soir, dimanche

PAYS DE
LA LOIRE

PAYS DE LA LOIRE

La Loire, ses vins, ses châteaux, ses champignonnières... ses anguilles. Si la richesse d'un territoire révèle celle de sa gastronomie, les Pays de Loire peuvent s'enorgueillir d'une rare diversité de climats et de paysages.

Sur les tables, on retrouve autant les influences du fleuve (poissons d'eau douce et anguilles, un met rare ailleurs, en abondance ici !) que le souffle iodé de ses frontières atlantiques (bars et turbots) qui prennent des airs de Bretagne à Guérande ou au Croisic. L'Auberge du Nézil, à Saint-Lyphard, en propose un exemple remarquable : façade blanche percée de petites fenêtres et toit de chaume, voilà une auberge typique de la Brière ! Au menu, anguilles grillées et langouilles (andouille de langue de porc) grillées, crémeux d'épinards et jus au piment d'Espelette... un joli plat qui réinvente la tradition avec finesse.

Coup de cœur aussi pour Angers, cité de charme et d'histoire, entre les parcs, le superbe château en pierres noires de schiste et blanche de tuffeau, les quartiers de la Doutre (datant des 12e et 15e siècles) et la splendide Tenture de l'Apocalypse (la plus grande tapisserie médiévale connue à ce jour). Versant gourmandise, Lait Thym Sel fait danser des produits de proximité immédiate que le chef bouscule en regardant en direction de l'orient (épices, coriandre, fleur d'oranger), avec la Loire et l'Anjou comme fils conducteurs.

• Carte régionale n° 23

LA SÉLECTION DU GUIDE MICHELIN

LES TABLES ÉTOILÉES

Une cuisine d'exception. Vaut le détour !

Anne de Bretagne (La Plaine-sur-Mer).. 1101
La Marine (L'Herbaudière) ⌘ 1084

Une cuisine d'une grande finesse. Vaut l'étape !

L'Atlantide 1874 - Maison Guého (Nantes)..................................... 1092
L'Auberge de Bagatelle (Le Mans).. 1088
Castel Marie-Louise (La Baule) **N**.. 1074
L'Éveil des Sens (Mayenne)... 1090
Le Favre d'Anne (Angers)... 1069
Fontevraud Le Restaurant (Fontevraud-l'Abbaye) ⌘ 1082
Les Genêts (Brem-sur-Mer).. 1076
Jean-Marc Pérochon (Brétignolles-sur-Mer)................................... 1076
Lait Thym Sel (Angers) ⌘ 1072
LuluRouget (Nantes)... 1093
Manoir de la Boulaie (Haute-Goulaine) 1084
Manoir de la Régate (Nantes) **N** ⌘ 1077
La Mare aux Oiseaux (Saint-Joachim) 1105
Le Pousse-Pied (La Tranche-sur-Mer)... 1109
La Robe (Montaigu).. 1090
Roza (Nantes) **N** 1093
La Table de la Bergerie (Le Champ-sur-Layon) 1078
La Table du Boisniard (Chambretaud) 1078

ClarkandCompany/iStock

LES BIB GOURMAND
Nos meilleurs rapports qualité-prix

L'Artimon (La Bernerie-en-Retz) 1075
L'Assiette au Jardin (Noirmoutier-en-l'Île). 1085
Auberge de la Rivière (Velluire). 1110
Auberge de la Roche (Saint-Jean-de-Linières) 1104
Auberge La Gaillotière (Château-Thébaud) 1079
Auberge le Nézil (Saint-Lyphard) 1105
Les Bouteilles (Nantes) N. 1093
Café des Arts (Beaulieu-sous-la-Roche) 1075
La Chaize Gourmande (La Chaize-Giraud) 1077
La Closerie des Roses (Varades) 1110
L'Envers du Décor (Les Herbiers) 1084
L'Estacade (Le Croisic) 1080
La Ferme de Villeneuve (Château-d'Olonne) 1079
L'Océanide (Nantes) 1093
Le 11 Bistrot Gourmand (Pontchâteau) 1101
L'Ourdissoir (Cholet) 1079
Le Pélican (Geneston) 1083
Le Petit St-Thomas (La Garnache) 1083
Les Reflets (La Roche-sur-Yon) 1102
Restaurant du Dauphin (La Ferté-Bernard) 1081
Le Saint-Jacques (Thorigné-sur-Dué) 1109
La Table d'Élise (L'Herbaudière) 1085
La Toile à Beurre (Ancenis) 1068

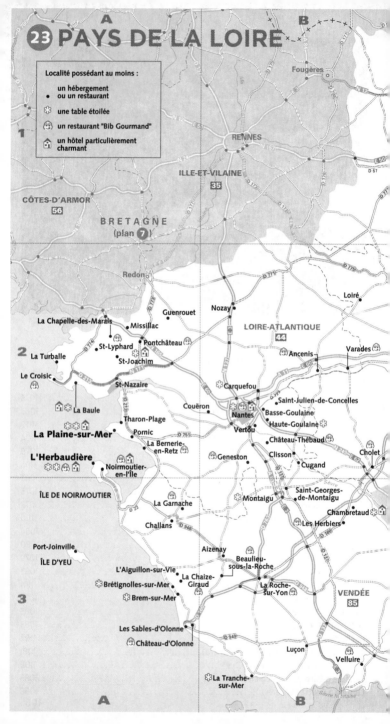

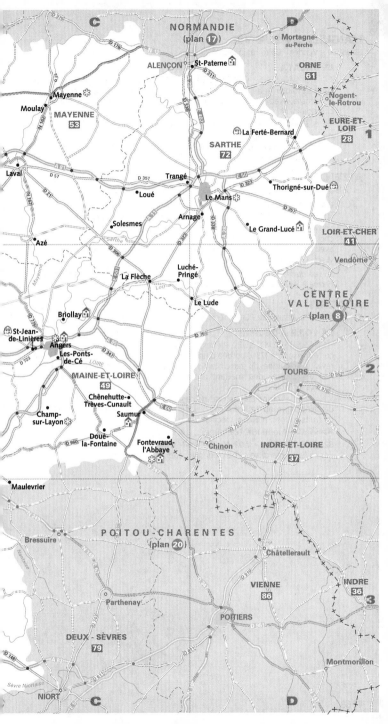

L'AIGUILLON-SUR-VIE

✉ 85220 – Vendée – Carte régionale n° **23**–A3

🍴○ **LE BALATA**

TRADITIONNELLE · CONTEMPORAIN ✗ En bordure du golf des Fontenelles, on vient s'attabler entre amis dans une salle feutrée et sobrement décorée... ou sur la terrasse, avec une jolie vue sur les greens ! Dans l'assiette, tradition et simplicité dominent.

🌣 & 🅰🅲 🅿 – Menu 19 € (déjeuner), 29/34 € – Carte 36/50 €

Au golf des Fontenelles – ☎ 02 28 10 63 96 – www.lebalata.com –
Fermé 23 décembre-23 janvier, lundi soir, mardi soir, mercredi, jeudi soir, samedi midi, dimanche soir

AIZENAY

✉ 85190 – Vendée – Carte régionale n° **23**–B3 – Carte Michelin 316-G7

🍴○ **LA SITTELLE**

MODERNE · ÉLÉGANT ✗✗ Cette jolie villa de la fin des années 1940 connaît une nouvelle jeunesse grâce à deux associés, anciens du château de Locguénolé. Le chef met en avant les produits de la région dans des recettes plutôt originales, avec de nombreux accords terre-mer. Accueil agréable et attentionné.

& ♻ 🅿 – Menu 34/86 € – Carte 62/85 €

33 rue du Maréchal-Leclerc – ☎ 02 51 34 79 90 – https://restaurantlasittelle.com –
Fermé 2-26 août, mardi, mercredi

ANCENIS

✉ 44150 – Loire-Atlantique – Carte régionale n° **23**–B2 – Carte Michelin 316-I3

🍴 **LA TOILE À BEURRE**

MODERNE · RUSTIQUE ✗ Pierres, poutres et tomettes font le cachet rustique de cette maison de 1750, bordée d'une jolie terrasse. Le chef, Pierre-Yves Ladoire, y revisite la cuisine du terroir en y mêlant sa patte personnelle. Résultat : des recettes gourmandes, mettant notamment à l'honneur les poissons sauvages. Service aimable.

Spécialités : Terrine de foie gras de canard, confit de fraises au poivre rouge. Filet de saint-pierre au beurre blanc, jeunes légumes. Tarte sablée aux fraises, coulis de fruits rouges, mousse chocolat blanc.

↩ 🌣 ♻ – Menu 18 € (déjeuner), 34/60 €

82 rue Saint-Pierre – ☎ 02 40 98 89 64 – www.latoileabeurre.com –
Fermé lundi, mardi soir, mercredi soir, jeudi soir, dimanche soir

Foodcollection/Getty Images

✉ 49000 – Maine-et-Loire
Carte régionale n° **23**-C2
Carte Michelin 317-F4

ANGERS

La capitale de l'Anjou se distingue autant par la richesse de son patrimoine que par celle de sa gastronomie. Cité florissante de la Renaissance, elle abrite les murailles de la forteresse médiévale du roi René et la tenture de l'Apocalypse. Elle est aussi la ville de naissance du "prince des gastronomes", l'écrivain et journaliste Curnonsky, qui mit son appétit d'Angevin au service de la défense du terroir. Et ce ne sont pas les spécialités qui manquent ici : sandre au beurre blanc, pâté aux prunes... En ville, c'est la Maison Jouis qui incarne depuis 1954 la référence en matière de rillettes ou de rillauds – ces morceaux de poitrine de porc maigre cuits dans la graisse où ils sont confits. Quant au quernon, un chocolat bleu, croquant et fondant, il évoque le bloc de schiste brut fendu par l'ardoisier angevin. Enfin, les vins de Loire et d'Anjou offrent une diversité fascinante.

Restaurants

✿ LE FAVRE D'ANNE

Chef : Pascal Favre d'Anne

CRÉATIVE · **ÉLÉGANT** ⅩⅩ Pendant un an, le chef Pascal Favre d'Anne et son épouse Mathilde ont parcouru l'Asie. De Madras à Tokyo, de Bangkok à Manille, de la Mongolie à l'Indonésie, le couple a fréquenté les marchés aux épices et aux poissons, découvert de nouveaux produits et de nouvelles techniques. De retour en Anjou, ils ont conçu ce lieu qui leur ressemble : cuisine ouverte, mobilier sur mesure, assiettes conçues par Pascal lui-même, arts de la table design... Il recourt aux produits du terroir angevin pour nourrir sa cuisine inspirée et métissée : les Saint-Jacques de Granville flirtent avec un trio carotte-mangue-coriandre, la truite bretonne folâtre avec le combawa, la compote de pomme se parfume au yuzu... Finesse et technicité vont main dans la main : on en sort ravi.

Spécialités : Foie gras de Nueil-sur-Layon, gaspacho de concombre et salicornes. Pigeonneau de Champigné, carottes aux agrumes et chanterelles. Le bleuet de Loire, sorbet de saison.

🕸 🍴 ⅁ 🅰🅲 ⊡ ⇔ – Menu 49 € (déjeuner), 70/140 €

Plan : C3-g – *21 Foch, 21 boulevard du Maréchal-Foch (1er étage)* –
℘ 02 41 36 12 12 – *www.lefavredanne.fr* –
Fermé 1er-7 janvier, lundi, mardi, dimanche

A   B

R. Saint-Lazare

R. Bichat

R. Gauvin

Bd

Daviers

Bd Mirault

R. Larrey

Dacier

Pl. du
Docteur Bichon

Monfroux

R. des
Greniers Saint-Jean

Centre régional
d'Art textile

Pont de la
Haute Chaîne

Pl. de
la Paix

R. Henri Legludic

Gay-Lussac

Musée J.
Lurçat

Bd Arago

Daviers

R. Larrey

Cour des
Petites Maisons

R. de

Vauvert

Pl. du Tertre-
St-Laurent

R. Auguste Michel

Q. Gambetta

R. de l'Hommeau

Malsou
Censerie

de la

R. du
Tambourin

Guitet

Lionnaise

Descazeaux

R. de la Harpe

de la

Bd Georges Clemenceau

Pénitentes

Dindron

Hôtel des
Pénitentes

Pl. de
la Laiterie

Abbaye du
Ronceray

La Trinité

a

Bd du
Ronceray

Bd Arago

1

Place
Monprofit

R. des
Tonneliers

Pl. G.
Bordillon

R. Beaurepaire

LA DOUTRE

R.
Drouard

R. des Terras

des

Carmes

Q. Robert Favre

Pont de
Verdun

Q. René Bazin

Pl. Molière

R. Mai

R. Thiers

Pl. de la
Poissonnerie

Plantagenet

Quai-Forum
des arts vivants

Gaston Dumesnil

Cale de la Savatte

Q.

Espl. du
Port Ligny

a

2

Bd Foulques

Pasteur

Nerra

Pont de la
Base Chaîne

MAINE

Ligny

de

Q.

Hôtel du
Croissant

Cathédrale
St-Maurice

Maison
d'Adam

PARC BALZAC

Bd
du
Bon

FORTERESSE

Portail de l'anc.
abbaye Toussaint

Galerie David
d'Angers

b

Musée des
Beaux-Arts

Berges

des

Roi

du

de

Pologne

R. du Gal
de Gaulle

Bd

du

3

PARC DU LAC
DE MAINE

Voie

l'Atlantique

de

Av.

Couffon

Q.

R. Faldherbe

la

R. de l'Esvière

R. Jacques Granneau

Kellermann

Blancheraie

R. du Temple

Marceau

Pl. de
l'Académie

R. Delaage

Hoche

R. Delaage

R. Talot

R. Roi

René

des

RENNES,
NANTES

Av.

R. Ollivier

de

Bd

Léon

de

Faldherbe

R.

R. Pavot

Maurice

Blanchard

Maurice

d'Iéna

Pl. de
la Visitation

R. René Bremont

k

R. de la Préfecture

Av. Denis Papin

Bd Marc
Leclerc

Bd de
Homo

Rond Point
de la Baumette

Sq.

Blanchard

R. Auguste Gautier

Pl. P. Sémard

Av. Denis Papin

ANGERS -
SAINT-LAUD

R. Denis Papin

Pl. Marengo

R. de
Bel-Air

A   B

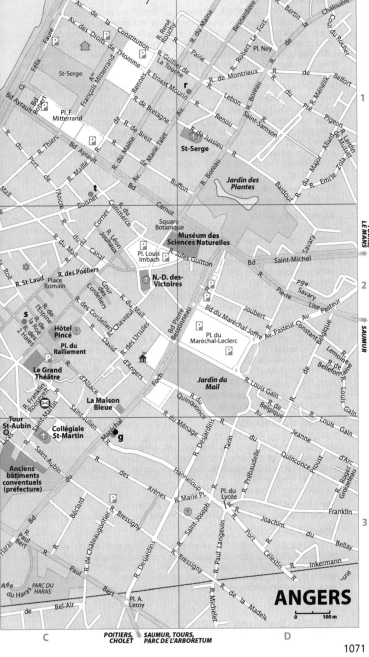

1

TOURS, LE MANS

2

SAUMUR

3

ANGERS

0   100 m

POITIERS, CHOLET

SAUMUR, TOURS, PARC DE L'ARBORETUM

1071

❀ **LAIT THYM SEL**

Chef: Gaëtan Morvan

CRÉATIVE · **CONTEMPORAIN** ✗ Parmi les belles maisons à colombages du quartier de la Doutre, on vous recommande chaudement cette petite pépite tenue par un couple plein de talent. Lui, en cuisine, décline un menu dégustation en sept plats basé sur les produits de la région. C'est délicieux, inventif, d'une lisibilité totale, et cela n'a rien d'une surprise étant donné son parcours impeccable : Prés d'Eugénie, Louis XV, ou encore SaQuaNa... On se régale de bout en bout, en profitant aussi de vins bien choisis et de tarifs qui n'ont rien d'extravagant. Attention, 16 couverts seulement à chaque service : ne laissez pas passer votre chance !

Spécialités : Cuisine du marché.

❀ *L'engagement du chef:* "*Notre maraîcher est installé à 50 km du restaurant. Nous travaillons les poissons de Loire en saison, les poissons de mer de Loire-Atlantique, de Bretagne ou de Normandie, la viande des Pays de la Loire. Pain de notre artisan et possibilité d'emporter le pain non consommé pour lutter contre le gaspillage alimentaire. Carte des vins orientée nature et bio. Nous sommes en train d'éliminer les caisses en polystyrène.*"

Menu 70 €

Plan : A1-a – *65 rue Beaurepaire* – ℰ *02 41 72 08 64* – *www.laitthymsel.fr* – *Fermé 1ᵉʳ-6 janvier, 1ᵉʳ-17 août, lundi, dimanche et le midi*

⫟○ **AUTOUR D'UN CEP**

TRADITIONNELLE · **BISTRO** ✗ Changement de chef et de ton dans cette petite maison dont le millésime se perd entre le 15ᵉ et le 16ᵉ s., à mi-chemin entre la cathédrale et la Maine. Le chef Thony Pohu signe désormais une cuisine plus ancrée dans l'air du temps et la saison, privilégiant uniquement le végétal en entrée. Et toujours une jolie sélection de vins au verre de propriétaires locaux.

❀ – Menu 39/43 €

Plan : B2-a – *9 rue Baudrière* – ℰ *02 41 42 61 00* – *Fermé samedi, dimanche et le midi*

⫟○ **CHEZ RÉMI**

TRADITIONNELLE · **BISTRO** ✗ Ici, on vient se régaler de bons petits plats de saison, proposés à l'ardoise (réécrite tous les jours) dans un agréable décor de bistrot (trophées de chasse, expo de tableau, vinyles). Tout est fait maison (produits frais et bio), et le succès est au rendez-vous. Tapas jeudi et vendredi soir.

Menu 19 € (déjeuner)/34 €

Plan : C2-s – *5 rue des Deux-Haies* – ℰ *02 41 24 95 44* – *Fermé lundi, samedi, dimanche*

⫟○ **LE POIS GOURMAND**

TRADITIONNELLE · **BISTRO** ✗ Ancien caviste, le chef a mis une attention toute particulière dans le choix des vins (de Loire, principalement) qui accompagnent les assiettes. Ces dernières sont réalisées par un chef amoureux de beaux produits – maraîchers bio, viande et poissons du marché, etc. Une cuisine bistrotière fraîche et réjouissante.

❀ – Menu 22 € (déjeuner)/30 €

Plan : D1-r – *42 avenue Besnardière* – ℰ *02 41 24 09 25* – *Fermé 1ᵉʳ-15 août, lundi soir, mardi soir, mercredi soir, jeudi soir, samedi, dimanche*

⫟○ **RONIN** ⓞ

VÉGÉTALIENNE · **ÉPURÉ** ✗ Cette adresse à la décoration épurée invite à une véritable expérience gastronomique vegan. Mise en scène par un chef qui eut la révélation du végétal chez Jean-Luc Rabanel, cette cuisine toujours gourmande surprend jusqu'au dessert, avec cette noisette géante, véritable tour de force. Attention, cette performance exige du temps à table, notamment pour le menu en 8 moments.

Menu 75 €

Plan : B2-b – *19 rue Toussaint* – ℰ *09 81 05 63 21* – *www.ronin-restaurant.fr* – *Fermé lundi, mardi, mercredi et le midi*

🍴○ **SENS**

MODERNE · **ÉPURÉ** 🍴 Le jeune chef-patron, passé (notamment) chez Christopher Hache, le Bristol avec Éric Frechon ou David Toutain, propose une cuisine actuelle et créative, très personnelle, autour de menus aux courts intitulés, changés régulièrement au fil des saisons et des marchés. A découvrir dans une petite salle à manger contemporaine sobre et dépouillée.

Menu 20 € (déjeuner), 45/53 €

Plan : C1-t – *8 rue Boisnet* – ℰ *02 41 05 12 28* – *www.restaurant-sens.com* – *Fermé 1ᵉʳ-4 janvier, 2-8 mars, 31 août-13 septembre, lundi, mardi soir, mercredi soir, samedi midi, dimanche*

Hôtels

🏠 **21 FOCH**

URBAIN · **CONTEMPORAIN** Situé face au passage du tramway, cet ancien hôtel particulier (1850) est le pied-à-terre idéal pour visiter le château et le centre-ville. Contemporain, sympathique et décoré avec goût.

🖼 & 🅰 – 12 chambres

Plan : C3-g – *21 boulevard du Maréchal-Foch* – ℰ *02 30 31 41 00* – *www.21foch.fr*

🌼 **Le Favre d'Anne** – Voir la sélection des restaurants

ARNAGE

✉ 72230 – Sarthe – Carte régionale n° **23**-D1 – Carte Michelin 310-K7

🍴○ **AUBERGE DES MATFEUX**

MODERNE · **ÉLÉGANT** 🍴🍴 Des motifs abstraits aux murs, une vaisselle signée par un artiste local : l'élégance du restaurant annonce celle de l'assiette. Avec une solide maîtrise technique, le chef compose de savoureux plats dans l'air du temps, qui gardent toujours un œil sur la tradition. Ne manquez pas les ravioles de langoustines cuites dans leur jus.

🕸 🖼 & ✧ 🅿 – Menu 36 € (déjeuner), 57/80 € – Carte 54/79 €

289 avenue Nationale – ℰ *02 43 21 10 71* – *www.aubergedesmatfeux.fr* – *Fermé 26 juillet-19 août, lundi, dimanche*

AZÉ

✉ 53200 – Mayenne – Carte régionale n° **23**-C1

🍴○ **LE PRIEURÉ**

MODERNE · **CONTEMPORAIN** 🍴🍴 C'est au centre d'un sympathique village, en périphérie de Château Gontier, que le gourmet dégourdi découvre cet ancien prieuré du onzième siècle, au cadre bucolique. La belle terrasse donne sur un jardin. En toile de fond la Mayenne, et dans l'assiette, une cuisine fraîche et soignée finit d'emporter l'enthousiasme.

🍴 🖼 🅰 ✧ – Menu 18 € (déjeuner), 32/56 €

1 rue du Prieuré – ℰ *02 43 12 83 43* – *www.restaurantleprieure.fr* – *Fermé lundi, mardi soir, mercredi soir*

BASSE-GOULAINE

✉ 44115 – Loire-Atlantique – Carte régionale n° **23**–B2 – Carte Michelin 316-H4
Voir plan de Nantes

⫧○ VILLA MON RÊVE

TRADITIONNELLE · COSY XX Dans un grand jardin protégé par une levée de la
Loire, une jolie maison bourgeoise de la fin du 19ᵉs., au cadre élégant et feutré. La
carte perpétue la tradition de la cuisine des bords de Loire : cuisses de grenouille
au beurre persillé ou gros plant et sa sauce aux herbes ; poissons de la région
(brochet, sandre et bar) au beurre blanc. Terrasse plaisante aux beaux jours.

🖨 🛋 ⇔ **P** – Menu 30 € (déjeuner), 35/63 € – Carte 50/80 €

Plan : Nantes D2-e – *2 levée de la Divate – ℰ 02 40 03 55 50 –*
www.villa-mon-reve.com – Fermé lundi, mardi, dimanche soir

LA BAULE

✉ 44500 – Loire-Atlantique – Carte régionale n° **23**–A2 – Carte Michelin 316-B4

⛬ CASTEL MARIE-LOUISE

MODERNE · CLASSIQUE XxX Dans ce manoir début de siècle très feutré, on dîne
près des grandes baies ou en terrasse, sous les pins : l'image vivante d'une Belle
Époque revisitée... par le décorateur Jacques Garcia qui a essaimé le décor de
bronzes opulents et de rideaux chatoyants. Inspirée par les produits du moment
(poissons et coquillages issus de la pêche à pied autour de l'île de Batz, algues du
Croisic...), la cuisine moderne du chef Éric Mignard navigue en douceur entre classicisme (comme ce délicieux biscuit de langoustines) et créativité maîtrisée (à
l'image de cette association harmonieuse entre le concombre et le kiwi, toute en
fraîcheur).

Spécialités : Œuf parfait végétal, haddock et blé noir. Lieu jaune de ligne cuit à
l'eau de mer, algue et purée d'artichaut. Biscuit noisette, praliné à la vanille de
Madagascar.

⛬ ≤ 🖨 🛋 ⊡ **P** – Menu 68/120 €

1 avenue Andrieu – ℰ 02 40 11 48 38 – www.castel-marie-louise.com –
Fermé 3 janvier-12 février, le midi sauf dimanche

⫧○ FOUQUET'S

CLASSIQUE · LUXE XxX Une Rotonde chic qui satisfait tous les palais ! Le chef et
sa brigade concoctent une cuisine diététique, ainsi que de bons mets traditionnels : curistes et gourmets sont ravis.

🖨 🄪 ⊡ **P** – Menu 36 € (déjeuner), 49/55 € – Carte 50/80 €

Le Royal La Baule, 6 avenue Pierre-Loti – ℰ 02 40 11 48 48 – www.lucienbarriere.com

⫧○ CARPE DIEM

MODERNE · CONTEMPORAIN XX Sur la route du golf, faites étape dans ce restaurant ! Ici, le mobilier contemporain cohabite avec la cheminée et les poutres
apparentes. La carte laisse le choix entre des plats traditionnels ou plus créatifs :
bœuf de Brière saumuré au sel de Guérande, algues, tomates et poivrons ; lieu
jaune en croustillant au sarrasin, asperges, moules et condiment.

& ⇔ **P** – Menu 23 € (déjeuner), 46/56 €

29 avenue Jean-Boutroux – ℰ 02 40 24 13 14 – www.le-carpediem.fr –
Fermé 8 février-3 mars, mardi soir, mercredi, dimanche soir

⫧○ SAINT-CHRISTOPHE

MODERNE · BOURGEOIS XX Confortablement installé à l'abri d'une jolie villa
d'architecture balnéaire, ce restaurant à l'atmosphère feutrée, colorée et dandy
(banquettes en velours, moquette tigrée, portraits et tableaux) a subi une cure
de rajeunissement. Il propose toujours une séduisante cuisine terre-mer, ponctuée
de touches exotiques, comme autant de souvenirs de voyages du chef.

🖝 🖨 🛋 **P** – Menu 21 € (déjeuner)/39 €

Le Saint-Christophe, Place Notre-Dame – ℰ 02 40 62 40 00 –
www.st-christophe.com – Fermé 1ᵉʳ janvier-15 mai

🍴 14 AVENUE

POISSONS ET FRUITS DE MER · CONVIVIAL ✕ Voilà une adresse dont les amateurs de poisson vont faire leur cantine ! D'emblée, on vous présente la pêche du jour, d'une fraîcheur sans faille : langoustes de gros calibre, soles, sardines de la Turballe... On se régale de ces beaux produits cuisinés dans le respect des saveurs.

🍴 – Menu 41 € – Carte 43/78 €

14 avenue Pavie – ☎ 02 40 60 09 21 – www.14avenue-labaule.com –
Fermé lundi, mardi, dimanche soir

🏨 L'HERMITAGE BARRIÈRE

PALACE · GRAND LUXE Malgré les modes et l'usure du temps, le charme reste intact dans ce palace des années 1920, dont la façade anglo-normande se dresse face à la plage, au milieu des pins. Des vastes chambres pleines de charme à la piscine chauffée et au hammam, tout ici conspire à votre bonheur...

🏊 🛋 ⟨ 🛏 🎐 🖥 🌐 🛗 🍽 ⛷ 🖼 ♨ 🅿 – 192 chambres – 8 suites

5 esplanade Lucien-Barrière –
☎ 02 40 11 46 46 – www.hermitage-barriere.com

🏨 LE ROYAL LA BAULE

SPA ET BIEN-ÊTRE · CLASSIQUE Bien-être et confort dans cet hôtel monumental né en 1896 face à la plage. Chambres contemporaines, lumineuses et imposante suite royale. Sans oublier le bar feutré et le centre de thalasso : hérité de la Belle Époque, le mythe Royal n'est pas prêt de s'éteindre !

🏊 🛋 ⟨ 🛏 🎐 🖥 🌐 🛗 🍽 ⛷ 🖼 ♨ 🅿 – 73 chambres – 14 suites

6 avenue Pierre-Loti – ☎ 02 40 11 48 48 – www.lucienbarriere.com
🍴 **Fouquet's** – Voir la sélection des restaurants

BEAULIEU-SOUS-LA-ROCHE

✉ 85190 – Vendée – Carte régionale n° **23**-B3

😊 CAFÉ DES ARTS

TRADITIONNELLE · SIMPLE ✕ Dans cette bourgade paisible, on rencontre Virginie et Antoine Préteux, jeune couple au solide parcours. Antoine mijote une cuisine traditionnelle savoureuse, parsemée de touches modernes : tourte de canard, aile de raie, sauce citronnelle et petits légumes, ou encore baba au rhum revisité... On se régale.

Spécialités : Sardines de St-Gilles-Croix-de-Vie, déclinaison de fenouil. Retour de pêche, asperges et pélargonium. Pomme, cidre et miel.

♿ – Menu 24 € (déjeuner), 34/42 € – Carte 54/66 €

2 rue de la Poste – ☎ 02 51 98 24 80 – www.lecafedesarts-beaulieu.com –
Fermé lundi, mercredi, dimanche soir

LA BERNERIE-EN-RETZ

✉ 44760 – Loire-Atlantique – Carte régionale n° **23**-A2 – Carte Michelin 316-D5

😊 L'ARTIMON

TRADITIONNELLE · FAMILIAL ✕ Cet Artimon porte haut les valeurs de la bonne cuisine, attirant de loin les amateurs : il faut dire que le chef travaille en vrai artisan de beaux produits locaux. La petite salle – toute simple et d'esprit marin – ne désemplit pas !

Spécialités : Saint-Jacques poêlées, hélianthe confit. Darne de bar, chou kale, risotto au crabe. Fine nougatine aux framboises, glace piment de Jamaïque.

🅰🅒 – Menu 25 € (déjeuner), 33/48 €

17 rue Jean-du-Plessis – ☎ 02 51 74 61 60 –
Fermé lundi, mardi, mercredi, dimanche soir

BREM-SUR-MER

✉ 85470 – Vendée – Carte régionale n° **23**–A3 – Carte Michelin 316-F8

❀ **LES GENÊTS**

Chef: Nicolas Coutand

MODERNE · DESIGN XX À quelques kilomètres des Sables-d'Olonne, une maison de maître, rénovée avec originalité, accueille le couple talentueux formé par Nicolas et Amélie Coutand. Le chef a notamment travaillé chez les Troisgros à Roanne et à L'Amphitryon à Lorient. Adepte de la fraîcheur et la saisonnalité, il propose une cuisine créative, enlevée et savoureuse, et met un point d'honneur à cuisiner des produits de la région ou réputés moins nobles - comme la sardine, le maquereau et le merlu. Un grand potager de 1400 mètres carrés apporte une touche végétale à des assiettes légères, d'une grande finesse, et proposées à des prix raisonnables.

Spécialités : Cuisine du marché.

🍴 🏠 ⚹ ✿ – Menu 28 € (déjeuner), 53/72 €

21 bis rue de l'Océan – ℰ 02 51 96 81 59 – www.restaurant-les-genets.fr –
Fermé 4-28 janvier, 21 juin-2 juillet, 15 novembre-1er décembre, lundi, mardi,
dimanche soir

BRÉTIGNOLLES-SUR-MER

✉ 85470 – Vendée – Carte régionale n° **23**–A3 – Carte Michelin 316-E8

❀ **JEAN-MARC PÉROCHON**

Chef: Jean-Marc Pérochon

MODERNE · ÉLÉGANT XXX Attablé derrière les grandes baies vitrées du restaurant, on admire les reflets du soleil sur l'Atlantique... Un sacré loup de mer y a posé l'ancre : Jean-Marc Pérochon a pris la mer à l'âge de 17 ans, quand il a traversé la Manche direction l'Écosse, avant de parcourir l'Europe et le monde jusqu'aux Antilles. Mais c'est dans son hôtel-restaurant vendéen que sa cuisine a atteint l'épure : tout en saveurs exotiques, en extractions, en jus et émulsions, elle se révèle très percutante. Il faut dire aussi qu'elle s'appuie sur des produits impeccables : notamment les poissons et les crustacés de la criée de Saint-Gilles-Croix-de-Vie (qui dominent la carte), mais aussi la volaille de Challans et les légumes des maraîchers locaux.

Spécialités : Cuisine du marché.

🍸 ⇦ ⇠ ⚹ 🅼 🅿 – Menu 28 € (déjeuner), 66/112 € – Carte 85/105 €

Hôtellerie des Brisants, 63 avenue de la Grande-Roche – ℰ 02 51 33 65 53 –
www.lesbrisants.com – Fermé 15 février-18 mars, lundi, dimanche soir

BRIOLLAY

✉ 49125 – Maine-et-Loire – Carte régionale n° **23**–C2 – Carte Michelin 317-F3

🍽 **CHÂTEAU DE NOIRIEUX**

MODERNE · ÉLÉGANT XXXX Une cuisine au goût du jour, qui n'a pas oublié ses classiques et met en valeur les produits du terroir angevin, accompagnée d'un bon vin de Loire ; une agréable terrasse dominant la vallée, pour un moment hors du temps... Délices intemporels.

🍸 ⇠ 🍴 🏠 🅿 – Menu 50/85 € – Carte 90/110 €

26 route du Moulin – ℰ 02 41 42 50 05 – www.chateaudenoirieux.com –
Fermé 2 novembre-6 mars, lundi, mardi

🏯 **CHÂTEAU DE NOIRIEUX**

DEMEURE HISTORIQUE · GRAND LUXE La douceur angevine n'est pas un mythe... Sous les frondaisons du parc, avec au loin le Loir qui apparaît entre des rideaux d'arbres, tout n'est que quiétude. Et dans les chambres – superbes dans le château du 17ᵉ s. comme dans le manoir du 15ᵉ s. –, l'on voudrait réciter : "Mignonne, allons voir si la rose..."

🏡 ⚘ ⇠ 🍴 🏊 🅼 ♨ 🅿 – 19 chambres

26 route du Moulin – ℰ 02 41 42 50 05 – www.chateaudenoirieux.com
🍽 **Château de Noirieux** – Voir la sélection des restaurants

CARQUEFOU

✉ 44470 – Loire-Atlantique – Carte régionale n° **23**–B2

❀ **MANOIR DE LA RÉGATE**

MODERNE · CONTEMPORAIN XX Aux portes de Nantes, dans une demeure immaculée, couverte de vigne vierge, nous attendent une déco chic et tendance (joli parquet blond, mur végétalisé au fond de la salle, fauteuils épurés) et une partition culinaire synonyme de plaisir. Mathieu Pérou, le chef, fait œuvre de fraîcheur et de légèreté, avec beaucoup de travail (esthétique et gustatif) dans les assiettes. Ce canard colvert en deux services, avec son extraction d'hibiscus et sa fine mousseline de betterave, est l'exemple parfait ! Le service est très pro, le rapport qualité-prix est bon : on sort de là ravi.

Spécialités : Raviole d'escargot, ortie et truffe de Vendée. Sandre de l'Erdre ikejime en croûte d'argile. Poire du verger des coteaux de Carquefou, graines de fenouil.

❀ *L'engagement du chef: "Le chef Mathieu Pérou travaille uniquement avec des producteurs locaux. Nous avons réalisé une nouvelle cuisine avec des matériaux moins polluants. Nous n'utilisons plus de nappes, mais une table en chêne massif pour recevoir nos clients."*

↩ 🏡 ₺ ✿ **P** – Menu 28 € (déjeuner), 46/80 € – Carte 62/68 €

*155 route de Gachet, au bord de l'Erdre – ☎ 02 40 18 02 97 –
www.manoir-regate.com – Fermé dimanche*

⬤ **AUBERGE DU VIEUX GACHET**

MODERNE · CONVIVIAL XX Cette ancienne ferme évoque la campagne d'antan, à deux pas de la ville : au bord de l'Erdre, face aux flots, la vue se révèle très nature. De la belle cuisine, visible à l'entrée, s'échappent les fumets harmonieux d'une cuisine traditionnelle et généreuse. La carte des vins flirte avec 350 références, l'atout charme !

❀ ≼ 🏡 ₺ 🅰 ✿ **P** – Menu 23 € (déjeuner), 36/69 € – Carte 58/81 €

*Route de la Chantrerie, au bord de l'Erdre – ☎ 02 40 25 10 92 –
www.aubergeduvieuxgachet.com – Fermé lundi, dimanche soir*

LA CHAIZE-GIRAUD

✉ 85220 – Vendée – Carte régionale n° **23**–A3 – Carte Michelin 316-F8

❀ **LA CHAIZE GOURMANDE**

CUISINE DU MARCHÉ · BISTRO X Sa cuisine se veut "sagement voyageuse". Ou comment de discrètes touches d'originalité viennent taquiner des ingrédients (principalement) régionaux. Cédric Merlaud, au CV sérieux, propose des recettes soignées, parfumées et plaisantes, à l'instar de ce joli filet de merlan poêlé et sa crème de civette au curry. Le chef privilégie les légumes de la région, comme la pêche des ports vendéens. Frais et goûteux.

Spécialités : Sardines marinées à la grecque. Poulpe confit, émulsion de palourdes au citron confit. Dacquoise au noix, gelée de cassis et figues rôties.

🏡 ₺ 🅰 ✿ – Menu 19 € (déjeuner), 34/38 €

*2 place du Marché – ☎ 02 51 22 75 33 – www.lachaizegourmande.com –
Fermé 1ᵉʳ-17 juin, 26 octobre-11 novembre, mardi, mercredi, dimanche soir*

CHALLANS

✉ 85300 – Vendée – Carte régionale n° **23**–A3 – Carte Michelin 316-E6

⬤ **L'APART**

MODERNE · CONTEMPORAIN X Il est des destins tout tracés, comme celui de ce restaurant installé dans un ancien magasin de cuisines... Xavier Yvernogeau, le chef, y compose des assiettes bien d'aujourd'hui, pleines de fraîcheur et d'allant, en agençant de beaux produits ; son menu homard est l'un des "must" de la maison !

🏡 ₺ 🅰 ✿ – Menu 34 € (déjeuner), 51/65 €

*38 route de Soullans – ☎ 02 51 68 00 66 – www.apart-restaurant-challans.fr –
Fermé 28 décembre-10 janvier, lundi, mercredi soir, dimanche*

CHAMBRETAUD

✉ 85500 – Vendée – Carte régionale n° **23**–B3 – Carte Michelin 316-K6

⭐ LA TABLE DU BOISNIARD

Chef: Valentin Morice

MODERNE • ROMANTIQUE XXX Le chef Valentin Morice, pâtissier de formation, a converti La Table du Boisniard en archipel du goût. Il propose une cuisine créative et harmonieuse, élaborée à partir de produits d'excellence, avec de vrais moments de grâce – par exemple quand il travaille les jus et bouillons. On se souvient notamment des langoustines bretonnes, raviole de céleri, curry noir et eau de coco, ou encore du turbot sauvage confit aux herbes fraîches, pâtissons, rove de garrigue et jus d'arêtes aux pistaches torréfiées... La partition, attentive aux saisons, se savoure dans une élégante salle à manger ou en terrasse, aux beaux jours. Une adresse hautement recommandable.

Spécialités: Langoustine bretonne en trois services. Saint-pierre au naturel, échalotes maraichères, riz noir vénéré et jus d'arêtes fumé. Butternut pressé, crémeux à la bière brune, praliné et crème glacée à la cazette.

🖰 🛋 ⚹ 🅰🅲 ⇔ 🅿 – Menu 48/81€ – Carte 65/85€

Château du Boisniard, Route de la Verrie – ℰ 02 51 67 50 01 – www.chateau-boisniard.com – Fermé 1ᵉʳ-14 janvier, 15 février-2 mars, lundi, mardi, dimanche soir

🏰 CHÂTEAU DU BOISNIARD

DEMEURE HISTORIQUE • PERSONNALISÉ Tout près du Puy du Fou, un château du 15ᵉ s. avec son parc de 13 hectares, ses chambres au charme bourgeois et ses "maisons des bois", véritables petits chalets au décor original... Pour les amoureux d'échappées vertes !

🐂 🦌 🖰 🏊 🔞 🛁 ⚹ 🅰🅲 🛝 🅿 – 27 chambres

Route de la Verrie – ℰ 02 51 67 50 01 – www.chateau-boisniard.com

⭐ **La Table du Boisniard** – Voir la sélection des restaurants

CHAMP-SUR-LAYON

✉ 49380 – Maine-et-Loire – Carte régionale n° **23**–C2 – Carte Michelin 317-F5

⭐ LA TABLE DE LA BERGERIE

Chef: David Guitton

MODERNE • TENDANCE X Près d'Angers, en plein vignoble des coteaux-du-Layon, ce restaurant mérite toute votre attention. Il abrite le jeune et talentueux David Guitton, originaire de Loire-Atlantique, formé auprès des plus grands aux quatre coins du monde : États-Unis, Londres, Monaco... Pas de carte ici, mais un menu assez court, branché sur les saisons. Le chef se fournit chez les producteurs locaux (viande, poisson, fruits et légumes) et compose des recettes fines et délicates, d'une simplicité désarmante, qu'on n'oubliera pas de sitôt. Quelques vins au verre pour découvrir la production (bio) du domaine.

Spécialités: Cuisine du marché.

⚹ 🅰🅲 ⇔ 🅿 – Menu 29€ (déjeuner), 45/70€

La Bergerie – ℰ 02 41 78 30 62 – www.latable-bergerie.fr – Fermé 1ᵉʳ-11 janvier, 8-22 mars, 8-23 août, lundi, dimanche

LA CHAPELLE-DES-MARAIS

✉ 44410 – Loire-Atlantique – Carte régionale n° **23**–A2 – Carte Michelin 316-C3

🍴 LE PENLYS

TRADITIONNELLE • AUBERGE X De cet ancien "routier" au cœur d'un village de Brière, ses actuels propriétaires ont su faire un petit restaurant sans prétention, mais tout à fait sérieux : on y apprécie des recettes traditionnelles cuisinées sans chichis, dans une ambiance familiale qui va bien au décor, tout simple. Prix raisonnables.

Carte 20/37€

41 rue de Penlys – ℰ 02 40 53 91 44 – www.restaurantlepenlys.com – Fermé 1ᵉʳ-9 janvier, 23-28 août, lundi et le soir

CHÂTEAU-D'OLONNE

✉ 85180 – Vendée – Carte régionale n° **23**–A3 – Carte Michelin 316-F8

LA FERME DE VILLENEUVE

MODERNE • COLORÉ XX Dans une zone pavillonnaire, il faut faire quelques kilomètres pour dénicher cette "Ferme" chaleureuse... On ne vient pas ici par hasard ! Chaque plat démontre la maîtrise du chef, originaire des Sables-d'Olonne, qui nous gratifie de recettes dans l'air du temps et n'utilise que des produits soigneusement sélectionnés.

Spécialités: Saumon façon gravlax, sablé parmesan, caponata de tomates. Maigre, artichauts poivrade, aubergine confite et purée de fenouil. La balade chocolatée.

🏡 ⅙ Ⓜ – Menu 24/49 €

28 rue du Pré-Étienne – ☏ 02 51 33 41 83 – Fermé 12 janvier-1er mars, 10-18 octobre, lundi, mardi

CHÂTEAU-THÉBAUD

✉ 44690 – Loire-Atlantique – Carte régionale n° **23**–B2 – Carte Michelin 316-H5

AUBERGE LA GAILLOTIÈRE

TRADITIONNELLE • RUSTIQUE XX Pour un tête-à-tête avec le vignoble nantais... Les alignements de ceps viennent presque caresser les murs de cet ancien chai qui a rafraîchi son décor et jeté aux orties le menu classique au profit de petites portions surprises (froides, chaudes et sucrées) servies sur plateau. Les crus ligériens sont toujours à l'honneur pour accompagner cette cuisine du terroir, généreuse et soignée.

Spécialités: Cuisine du marché.

🕸 🏡 ⅙ 🅿 – Menu 16 € (déjeuner), 23/27 €

Lieu-dit La Gaillotière – ☏ 02 28 21 31 16 – www.auberge-la-gaillotiere.fr – Fermé 1er-22 mars, 1er-23 août, lundi, dimanche

CHÊNEHUTTE-TREVES

✉ 49350 – Maine-et-Loire – Carte régionale n° **23**–C2 – Carte Michelin 317-I5

LE CASTELLANE - CHÂTEAU LE PRIEURÉ

MODERNE • ÉLÉGANT XXX Le Castellane, restaurant du Château du Prieuré, propose une cuisine actuelle, qui fait la part belle aux produits de saison, au maximum locaux. On en profite dans une salle à manger au décor Empire ou sur la terrasse, qui offrent un beau panorama sur la Loire. Tout comme les chambres à la décoration unique et qui fleurent bon la vallée des rois...

⇔ ⋜ 🏡 ⅙ Ⓜ ⇆ 🅿 – Menu 35/65 € – Carte 61/84 €

Château Le Prieuré, Route du Comte-de-Castellane – ☏ 02 41 67 90 14 – www.prieure.com – Fermé lundi, mardi

CHOLET

✉ 49300 – Maine-et-Loire – Carte régionale n° **23**–B2 – Carte Michelin 317-D6

L'OURDISSOIR

MODERNE • INTIME X De beaux murs en pierre, témoins du travail des tisserands de la ville du mouchoir. Le chef propose un menu découverte selon son inspiration et les propositions du marché.

Spécialités: Maquereau, carottes, kumquats. Canard, mûres, betteraves, céréales. Fruits rouges, yaourt, rhubarbe, estragon.

Ⓜ ⇆ – Menu 20 € (déjeuner), 34/52 €

40 rue Saint-Bonaventure – ☏ 02 41 58 55 18 – www.lourdissoir.com – Fermé 1er-19 août, lundi, dimanche

LA GRANGE

MODERNE · AUBERGE XX Côté pile, l'image d'Épinal, les poutres apparentes qui rappellent l'ancienne ferme du pays. Côté face, des touches de couleur, de l'épure et du design, bref : la modernité ! À cheval sur tout cela, bien en équilibre : la savoureuse cuisine du chef, inspirée et respectueuse des saisons.

🛏 🛋 ᵭ 🅰 ⇆ 🅿 – Menu 23 € (déjeuner), 28/69 € – Carte 42/86 €

64 rue de St-Antoine – ℰ 02 41 62 09 83 – www.lagrangecholet.fr – Fermé lundi, dimanche soir

CLISSON

✉ 44190 – Loire-Atlantique – Carte régionale n° **23**-B2 – Carte Michelin 316-I5

VILLA SAINT-ANTOINE

MODERNE · BRASSERIE XX Le point fort de l'ancienne filature des bords de Sèvre nantaise ? La belle terrasse au bord de l'eau, qui dévoile une vue superbe sur le château de Clisson. La partition du chef, goûteuse et particulièrement soignée, se révèle en parfaite harmonie avec la géographie des lieux.

≼ 🛋 ᵭ 🅰 🅿 – Menu 20 € (déjeuner), 27/45 € – Carte 40/50 €

8 rue Saint-Antoine – ℰ 02 40 85 46 46 – www.hotel-villa-saint-antoine.com

COUËRON

✉ 44220 – Loire-Atlantique – Carte régionale n° **23**-B2 – Carte Michelin 316-F4

LE FRANÇOIS II

TRADITIONNELLE · CONVIVIAL XX L'enseigne, au décor moderne, rend hommage au duc de Bretagne, père d'Anne, mort à Couëron. Ici, la tradition est reine, et le couple de propriétaires – d'origine bretonne – sait la faire vivre ! Le chef aime s'approvisionner dans la région et travaille en véritable artisan. Une adresse attachante.

🛋 ᵭ ⇆ – Menu 18 € (déjeuner), 33/58 € – Carte 43/60 €

5 place Aristide-Briand – ℰ 02 40 38 32 32 – www.francois2.com –
Fermé 1ᵉʳ-8 janvier, 22-28 février, 26 avril-3 mai, 19 juillet-12 août, lundi, mardi, mercredi soir, jeudi soir, dimanche soir

LE CROISIC

✉ 44490 – Loire-Atlantique – Carte régionale n° **23**-A2 – Carte Michelin 316-A4

L'ESTACADE

MODERNE · CONTEMPORAIN XX Sur les quais, en face de la criée, cette adresse agréable, gérée par deux jeunes gens, passés par de belles maisons, propose une cuisine généreuse et soignée qui fait la part belles aux produits de la région (poissons, coquillages et algues bien sûr, mais aussi viandes). En salle, madame rayonne. Accueil tout sourire et service attentionné.

Spécialités : Algoli de lieu jaune. Merlan en croûte de sarrasin, sabayon au beurre noisette. Galet de Saint-Goustan, coque chocolat blanc, bavaroise chocolat blanc-citron vert.

ᵭ – Menu 23 € (déjeuner), 34/65 € – Carte 40/85 €

4 quai du Lénigo – ℰ 02 40 23 03 77 – www.lestacade.fr – Fermé 27 juin-4 juillet, 20 décembre-10 février, mercredi, jeudi

L'OCÉAN

POISSONS ET FRUITS DE MER · CONTEMPORAIN XXX Quelle vue ! La verrière – de 30 m de long – face au large offre un panorama à couper le souffle. Ici, on savoure les produits de la mer "tout frais pêchés". Mention spéciale pour le bar en croûte de sel et la sole meunière. Et le soir, on dîne tout en regardant le soleil se coucher sur les flots...

🐾 ≼ ᵭ 🅰 – Carte 45/170 €

Port-Lin – ℰ 02 40 62 90 03 – www.restaurantlocean.com – Fermé 3 janvier-5 février

🍴 LE LÉNIGO

POISSONS ET FRUITS DE MER · CONVIVIAL XX Face à la criée, embarquez dans ce restaurant tenu par toute une famille très sympathique. Atmosphère marine (bois vernis, hublots) et cuisine de la mer fraîche et soignée.

🍴 – Menu 34/46 € – Carte 50/70 €

11 quai du Lénigo – ℰ 02 40 23 00 31 – www.lelenigo.com –
Fermé 2 novembre-14 février, lundi, mardi

🏠 L'OCÉAN

LUXE · CONTEMPORAIN Une situation unique pour cet hôtel (affaire familiale depuis trois générations), à même les rochers de la côte sauvage, magnifiquement illuminés le soir venu. Il abrite des chambres spacieuses, élégantes et confortables ; toutes disposent d'un grand balcon donnant sur les flots. Produits artisanaux au petit-déjeuner. Une séduisante adresse.

🌾 🏊 ⇆ 🅿 ⛵ – 10 chambres

Port-Lin – ℰ 02 40 62 90 03 – www.restaurantlocean.com

🍴 **L'Océan** – Voir la sélection des restaurants

CUGAND

✉ 85610 – Vendée – Carte régionale n° **23**-B2 – Carte Michelin 316-I5

🍴 L'ARÔME

MODERNE · CONTEMPORAIN X Juste en face de l'église, une maison traditionnelle joliment restaurée : le décor est planté ! Dany Bachelier, le chef, compose une cuisine très personnelle, riche en arômes et originale sans excès. Paisible terrasse sur l'arrière, dans une cour arborée.

🍴 ⚓ ♿ – Menu 17 € (déjeuner), 30/35 €

8 place de l'Église – ℰ 02 51 07 08 99 – www.larome-cugand.fr –
Fermé 21 février-7 mars, 2-29 août, 27 décembre-2 janvier, lundi, mercredi soir,
dimanche

DOUÉ-LA-FONTAINE

✉ 49700 – Maine-et-Loire – Carte régionale n° **23**-C2 – Carte Michelin 317-H5

🍴 AUBERGE BIENVENUE

TRADITIONNELLE · ÉLÉGANT XX Cette maison a fêté ses 30 ans d'existence, mais ne montre aucun signe de lassitude. Confortablement installé sous les poutres et les arcades de la grande salle, on constate que la tradition a toujours du bon, surtout en cuisine.

⇆ 🛏 🍴 ♿ Ⓜ ⚓ 🅿 – Menu 19 € (déjeuner), 35/50 € – Carte 50/80 €

104 route de Cholet (face au zoo) – ℰ 02 41 59 22 44 –
www.aubergebienvenue.com – Fermé 1ᵉʳ-15 janvier, 20-29 septembre,
24-31 décembre, lundi, dimanche soir

LA FERTÉ-BERNARD

✉ 72400 – Sarthe – Carte régionale n° **23**-D1 – Carte Michelin 310-M5

🌿 RESTAURANT DU DAUPHIN

MODERNE · TENDANCE XX Cette jolie demeure du 16ᵉ s. au pied de la porte St-Julien propose une cuisine maison et dans l'air du temps, avec quelques touches exotiques – ce ceviche de thon au lait de coco-gingembre en est un bon exemple –, à déguster dans une salle aux tons gris et framboise. Belle sélection de vins au verre.

Spécialités : Œuf de poule de la ferme, crème de petits pois et saumon fumé. Pavé de veau, gremolata, gnocchi et abricots rôtis. Roedgroed, espuma tonka, crumble et sorbet rhubarbe.

🍴 ♿ – Menu 23 € (déjeuner), 34/85 € – Carte 45/58 €

3 rue d'Huisne (accès piétonnier) – ℰ 02 43 93 00 39 –
www.restaurant-du-dauphin.com – Fermé 24 avril-3 mai, 31 juillet-23 août, lundi,
dimanche

ⅠⅠ◯ **AU BISTRONOME**

TRADITIONNELLE · BISTRO Ⅹ L'intérieur, lumineux et haut de plafond, est décoré à la façon d'un bistrot contemporain. Même philosophie dans l'assiette, qui met en avant la tradition avec notamment de bonnes grillades au charbon de bois – côte de bœuf, entrecôte, andouillette, thon, sole... – préparées directement dans la salle. Simple et généreux !

க் – Menu 23 € – Carte 45/64 €

11 rue Bourgneuf – ℰ 02 43 93 21 58 – Fermé lundi, mardi soir, mercredi soir, dimanche

LA FLÈCHE

✉ 72200 – Sarthe – Carte régionale n° **23**-C2 – Carte Michelin 310-I8

ⅠⅠ◯ **LE MOULIN DES QUATRE SAISONS**

MODERNE · CONTEMPORAIN ⅩⅩ Au centre de la ville, Cupidon semble veiller sur ce beau moulin du 17ᵉ s. posé sur les eaux du Loir ! Un cadre enchanteur... pour une cuisine actuelle, rythmée par les saisons et accompagnée de beaux vins, certains d'Autriche – pays d'origine de la propriétaire.

♨ ╰═ ⇪ 🅐🅒 ⇪ 🅿 – Menu 25 € (déjeuner), 49/66 € – Carte 60/120 €

Rue Gallieni – ℰ 02 43 45 12 12 – www.camilleconstantin.com – Fermé lundi, dimanche soir

FONTEVRAUD-L'ABBAYE

✉ 49590 – Maine-et-Loire – Carte régionale n° **23**-C2 – Carte Michelin 317-J5

⁂ **FONTEVRAUD LE RESTAURANT**

CRÉATIVE · DESIGN ⅩⅩ Au cœur de l'abbaye de Fontevraud, l'une des plus grandes cités monastiques d'Europe, se trouve le prieuré Saint-Lazare. Dans son cloître, devenu restaurant, le designer Patrick Jouin et l'architecte Sanjit Manku ont organisé la rencontre de l'épure monacale et des matériaux bruts, pour mieux laisser vibrer les plats du chef Thibaut Ruggeri. Ce dernier, Haut-Savoyard originaire de Megève, vainqueur du Bocuse d'Or 2013, a forgé sa foi chez les grands, de Michel Guérard à Georges Blanc. Apôtre du "beau et du bon" et de la biodynamie, il mise sur les produits du terroir local (volaille de Racan, pigeon d'Anjou...) et synchronise sa production potagère sur le calendrier lunaire. Délicieux programme !

Spécialités : Champignons de Paris à Fontevraud. Foie gras de canard à la ronce. Figues cuites à l'étouffée.

⁂ *L'engagement du chef : "Inscrit au cœur du projet Fontevraud - cité durable, le restaurant met tout en œuvre pour relever les défis du développement durable. Les produits que nous travaillons sont tous issus du terroir local ou du potager et des ruches de l'Abbaye Royale. Notre menu change à chaque lune, tous les 29 jours et demi, pour respecter au mieux le rythme des produits."*

╰═ 🍴 க் 🅿 – Menu 70/101 €

Fontevraud L'Hôtel, 38 rue Saint-Jean-de-l'Habit – ℰ 02 46 46 10 10 – www.fontevraud.fr – Fermé lundi, mardi, mercredi midi, jeudi midi, vendredi midi

🏨 **FONTEVRAUD L'HÔTEL**

HISTORIQUE · CONTEMPORAIN Cet hôtel, installé au sein même de la célèbre abbaye de Fontevraud, accueille les voyageurs dans un cadre unique, habilement mis en valeur à travers un style contemporain affirmé, dont la sobriété respecte parfaitement l'esprit monacal des lieux. Élégant et apaisant.

🌿 ╰═ 🖥 க் 🛎 🅿 – 54 chambres

38 rue Saint-Jean-de-l'Habit – ℰ 02 46 46 10 10 – www.fontevraud.fr

⁂ **Fontevraud Le Restaurant** – Voir la sélection des restaurants

LA GARNACHE

✉ 85710 – Vendée – Carte régionale n° **23**-A3

ⓐ LE PETIT ST-THOMAS

MODERNE · TRADITIONNEL XX Ce restaurant, affaire familiale depuis vingt ans, est fréquenté par une clientèle d'habitués - ce qui est toujours un gage de qualité. Côté papilles, de belles recettes traditionnelles, parfois revisitées, à l'image de ce cochon de lait farci porcetta, involtini de pied et tête de cochon et pil pil ail citron.

Spécialités: Velouté de betterave, effiloché de bœuf au foie gras. Ballottine de volaille, pleurotes, céréales et jus corsé. Bousât maraîchin (fondant au chocolat), glace vanille.

🌱 ё 🅰 – Menu 30/59€ – Carte 49/69€

25 rue de Lattre-de-Tassigny –
𝒞 02 51 49 05 99 – www.restaurant-petit-st-thomas.com –
Fermé 21 juin-10 juillet, lundi, mercredi soir, dimanche soir

GENESTON

✉ 44140 – Loire-Atlantique – Carte régionale n° **23**–B2 – Carte Michelin 316-G5

ⓐ LE PÉLICAN

MODERNE · CONVIVIAL XX Comme le Pélican, ouvrez grand le bec et profitez d'une savoureuse cuisine, mêlant tradition et modernité. L'exemple parfait : un magret de canard cuit à basse température, avec écrasé de pomme de terre fumée... Délicieux et à petit prix : ce Pélican a tout compris !

Spécialités: Tartare de cabillaud gravlax, avocat et agrumes. Magret de canard en basse température, millefeuille de pommes de terre, caramel à l'abricot. Calisson revisité.

ё 🅰 – Menu 31/53€

13 place Georges-Gaudet –
𝒞 02 40 04 77 88 – www.restaurantlepelican.fr –
Fermé lundi, mardi, dimanche soir

LE GRAND-LUCÉ

✉ 72150 – Sarthe – Carte régionale n° **23**–D1

🏰 CHÂTEAU DU GRAND LUCÉ   Tablet. PLUS

GRAND LUXE · HISTORIQUE Diderot, Voltaire et Rousseau, mais aussi Mozart et Grimm ont séjourné dans ce splendide château néoclassique situé dans la Sarthe à quelques lieues des rives de la Loire. Il a d'abord été entièrement rénové par un architecte d'intérieur américain à grand renfort de meubles authentiques avant de devenir cet hôtel de luxe. Parterres et jardins à la française.

🎇 🛏 ё – 12 chambres

7 place du Château – 𝒞 02 55 48 40 40

GUENROUËT

✉ 44530 – Loire-Atlantique – Carte régionale n° **23**–A2 – Carte Michelin 316-E2

🍴 LE RELAIS ST-CLAIR

MODERNE · ROMANTIQUE XxX Dans cette bâtisse fleurie qui surplombe le canal de Nantes à Brest, on privilégie les menus et les produits locaux (poissons, coquillages). Belle carte des vins. À l'étage inférieur, sous les glycines, formule brasserie (grillades et buffets) au Jardin de l'Isac.

ё 🅰 – Menu 30€ (déjeuner), 41/74€

31 rue de L'Isac –
𝒞 02 40 87 66 11 – www.relais-saint-clair.com –
Fermé 22 mars-8 avril, lundi, mardi, mercredi soir, dimanche soir

HAUTE-GOULAINE

✉ 44115 – Loire-Atlantique – Carte régionale n° **23**–B2 – Carte Michelin 316-H4

🕸 MANOIR DE LA BOULAIE

Chef: Laurent Saudeau

CRÉATIVE · ÉLÉGANT 🕸🕸🕸 Voici presque vingt ans que Laurent Saudeau pro-mène son âme voyageuse dans ce bel écrin de verdure, niché au cœur du vignoble, à quelques kilomètres seulement de Nantes. Puisant dans des souvenirs de séjours dans l'océan Indien (Île Maurice, La Réunion) mais aussi aux Antilles, il élabore des recettes dans une veine contemporaine, associant de nombreux ingrédients, locaux et exotiques – au hasard, poivre de Tasmanie, algue nori, fève tonka, thé noir – ainsi que des épices. Optez pour les propositions du menu, qui reprennent les plats de la carte à moindre coût. Le tout se déguste dans un décor surprenant, mêlant classicisme et couleurs vives.

Spécialités: Tomate bio au vinaigre floral, crémeux burrata et gelée de tomate verte. Lapin cuit sur la braise, ravioli de courgette violon à la truffe d'été, bouillon de girolle. Fenouil, cassis et olive taggiasche.

🕸 ⌂ & ✿ 🅿 – Menu 69 € (déjeuner), 115/165 € – Carte 126/134 €

33 rue Chapelle-Saint-Martin – ℰ 02 40 06 15 91 – www.manoir-de-la-boulaie.fr –
Fermé 1ᵉʳ-26 août, 19 décembre-6 janvier, lundi, mardi, mercredi, dimanche soir

L'HERBAUDIÈRE – Vendée (85) → Voir Île de Noirmoutier

LES HERBIERS

✉ 85500 – Vendée – Carte régionale n° **23**-B3 – Carte Michelin 316-J6

🕸 L'ENVERS DU DÉCOR

MODERNE · CONTEMPORAIN 🕸🕸 Au centre de la localité, cette ancienne boulangerie a été transformée en restaurant contemporain, élégant et épuré. Dans l'assiette, une cuisine de saison et de produits, concoctée par un chef au parcours étoilé, passé notamment par l'Hostellerie de Plaisance à Saint-Emilion, époque Etchebest. Le chef porte une attention toute particulière à la réalisation des sauces, servies à part. Un bonheur.

Spécialités: Tomates de couleurs en fine tartelette, glace à la sardine grillée. Ris de veau rôti, céleri fumé, jus réduit au porto. Citron en différentes textures au parfum d'estragon.

& 🅰 – Menu 34/60 €

23 rue de la Bienfaisance – ℰ 09 86 19 30 21 – www.envers-du-decor.fr –
Fermé 20 septembre-13 octobre, lundi, dimanche

🍴 AROMA

MODERNE · COLORÉ 🕸 Ce restaurant du centre-ville, moderne et coloré, est tenu par un jeune couple plein d'allant, auteur d'une carte évolutive, ne dérogeant jamais à la sacro-sainte trilogie : fraîcheur, gourmandise et... produits vendéens !

& 🅰 – Menu 28/42 € – Carte 32/37 €

7 rue du Brandon – ℰ 02 51 91 05 48 – www.restaurant-aroma.com – Fermé lundi,
samedi midi, dimanche soir

ÎLE DE NOIRMOUTIER

✉ 85680 – Vendée – Carte régionale n° **23**-A2 – Carte Michelin 316-C6

L'Herbaudière – Carte régionale n° **23**-A2

🕸 🕸 LA MARINE

Chef: Alexandre Couillon

CRÉATIVE · ÉLÉGANT 🕸🕸 Voilà plus de vingt ans qu'Alexandre Couillon se lève à l'aube pour se rendre à la criée de Noirmoutier, point de ralliement des meilleurs poissons de l'Atlantique – maquereau, merlan, rouget, sole – avant de poursuivre vers son potager de 4000 m2, situé à quelques minutes du restaurant. C'est en fonction de la pêche du matin et de sa cueillette que le chef élabore sa carte du jour : ici, nul congélateur, tout est frais. Pour le reste, c'est sa sensibilité qui s'exprime dans l'assiette. Ainsi la célèbre huître "Erika", qui évoque avec force la marée noire de 1999, ou le "Bois de la Chaize", dessert qui flatte en chacun de nous la nostalgie de l'enfance. En termes de saveurs et d'exigence, Alexandre et Céline Couillon demeurent les capitaines incontestés de cette petite île battue par les vents. Le nouveau décor offre un écrin contemplatif à la dégustation.

Spécialités: Huître noire "Erika". Retour de pêche, homard, rascasse, saint-pierre et bouillon de poissons de roche. Carotte des champs, sorbet melon, abricot et huile de laurier.

✿ *L'engagement du chef:* "Nous vivons au rythme de la Nature, qui seule nous dicte, jour après jour, ce qui figurera à la carte de notre restaurant. Nous travaillons avec de petits pêcheurs locaux et essayons au maximum de n'utiliser que des produits de notre jardin. Tous les déchets organiques sont quant à eux valorisés en compost, avant de retourner à la Terre."

🕸 ♿ Ⓜ ✿ – Menu 130/190€

*3 rue Marie-Lemonnier (sur le port) – ℰ 02 51 39 23 09 –
www.alexandrecouillon.com – Fermé 29 juin-7 juillet, 1er décembre-31 janvier, lundi, mardi, dimanche*

🍴 **La Table d'Élise** – Voir la sélection des restaurants

😊 LA TABLE D'ÉLISE

POISSONS ET FRUITS DE MER • **BISTRO** 🍴 Cette table marine – l'annexe du restaurant gastronomique La Marine – honore les beaux produits iodés. On reconnaît le sens des saveurs et la précision d'exécution du chef, version bistrot et sans façon... Un vrai bon moment en perspective !

Spécialités: Mulet à la tomate et à la framboise. Lieu jaune de ligne, fenouil grillé et beurre de citron confit. Crémeux et sablé chocolat, crème glacée au kamok, meringue.

🍽 ♿ – Menu 22€ (déjeuner)/35€

*La Marine, 5 rue Marie-Lemonnier (sur le port) – ℰ 02 28 10 68 35 –
www.alexandrecouillon.com – Fermé 29 juin-7 juillet, 1er décembre-31 janvier, lundi, mardi, dimanche soir*

🍴 LA MAISON DES TOQUÉS

MODERNE • **ÉLÉGANT** 🍴 Installé ici depuis l'été 2016, ce couple de professionnel a créé un petit restaurant au look contemporain (tables en bois verni et jolies chaises jaunes design) où l'on se régale de recettes dans l'air du temps, originales, imaginées au gré du marché, avec des produits de la région ; ainsi ces noix de Saint-Jacques, asperges, morilles et sauce au vin jaune. Menu sans choix à composer en 3, 4 ou 6 temps, selon l'appétit.

Menu 50/75€

32 rue du Port – ℰ 02 28 10 15 12 – lamaisondestoques.fr – Fermé 4 janvier-5 février, 15-26 novembre, mercredi

---

🏠 LA MAISON MOIZEAU

BOUTIQUE HÔTEL • **DESIGN** Ce petit hôtel de charme, situé sur le port, non loin du restaurant La Marine d'Alexandre Couillon, possède tous les attributs de la halte douillette : chambres confortables, accueil souriant, et un excellent petit déjeuner, avec produits maison et artisanaux (dont une superbe brioche aux pralines roses). L'adresse rêvée après un repas gastronomique chez Monsieur et Madame Couillon, propriétaires des lieux.

🛏 🅿 – 5 chambres

7 rue Marie-Lemonnier (sur le port) – ℰ 02 51 39 23 09 – www.alexandrecouillon.com

---

Noirmoutier-en-l'Île – Carte régionale n° **23**-A2

😊 L'ASSIETTE AU JARDIN

MODERNE • **BISTRO** 🍴 On s'installe à l'intérieur d'une petite salle de bistrot aux étagères garnies de produits d'épicerie fine ou sur la coquette véranda pour déguster une partition pleine de gourmandise, où la tradition s'accommode joliment d'une âme voyageuse. Le menu, qui change toutes les deux semaines, met en avant les produits locaux ou régionaux. Une charmante adresse.

Spécialités: Déclinaison d'huîtres - naturel, tartare, bouillon dashi, chantilly au wasabi. Maigre vapeur, caponata, crème de mozzarella, pignons de pin. Paris-brest et sa touche de pruneau.

🍽 ⅃ 🕮 – Menu 33/40 €

9 rue du Robinet – ℰ 02 51 54 93 95 – www.lassietteaujardin.fr –
Fermé 15 novembre-15 décembre, 8 janvier-8 février, lundi, mardi

🍴○ **L'ÉTIER**

POISSONS ET FRUITS DE MER • **TRADITIONNEL** XX Entre route et étier – un chenal d'eau de mer sur lequel donne la véranda –, cette maison basse typique de l'île propose de beaux produits de la pêche locale : homard grillé, turbot sauvage cuit sur l'arête, sole meunière, anguille du marais au jus d'herbes fines... sans oublier, les immanquables soufflé au Grand Marnier et paris-brest. Une cuisine de bon artisan, fraîche et savoureuse à souhait.

🅿 – Menu 30/60 € – Carte 43/60 €

Route de l'Épine – ℰ 02 51 39 10 28 – www.restaurant-letier.fr –
Fermé 1ᵉʳ décembre-31 janvier, lundi, mardi

🍴○ **FLEUR DE SEL**

POISSONS ET FRUITS DE MER • **CONTEMPORAIN** XX Cette maison a le pied marin, mais pas uniquement ; à la carte, pêche locale (huîtres, pêche du jour) ou produits du terroir - volaille de Challans. Côté vue, on a l'embarras du choix : alors, vous êtes plutôt jardin et piscine, ou église et château ?

⇔ 🛏 🍽 ⅃ ✿ 🅿 – Menu 25 € (déjeuner), 33/48 € – Carte 41/69 €

10 rue des Saulniers – ℰ 02 51 39 09 07 – www.fleurdesel.fr –
Fermé 15 novembre-12 février, 8 mars-2 avril, 15 novembre-13 février, lundi

🍴○ **LE GRAND FOUR**

TRADITIONNELLE • **BOURGEOIS** X Après une visite du château de Noirmoutier-en-l'Île, arrêtez-vous dans cette belle maison bourgeoise du 18ᵉ s. au cadre feutré et cossu. Dans ce Grand Four mijote une savoureuse cuisine du moment qui fait la part belle aux produits de l'Atlantique : huîtres de Noirmoutier, sole de l'Herbaudière, etc. De jolis arômes !

🍽 ✿ – Menu 34/54 € – Carte 63/84 €

1 rue de la Cure (derrière le château) – ℰ 02 51 39 61 97 – www.legrandfour.com –
Fermé 2-17 février, lundi, dimanche

🍴○ **LE PETIT BANC**

TRADITIONNELLE • **BISTRO** X Originaires de la région lyonnaise, Véronique et Gilles ont investi cette jolie maison de pays située au pied du château. On s'installe dans un décor charmant avec banquettes rouges en skaï, mobilier de bistrot, miroirs, vieux plancher etc. pour déguster charcuteries de Lyon et produits vendéens. Ambiance à la bonne franquette.

⅃ – Menu 26 €

7 rue des Douves – ℰ 02 28 10 93 21 – Fermé 31 janvier-10 février, 2-12 mai,
8-24 août, 28 novembre-8 décembre, lundi midi, mardi midi, mercredi midi, jeudi midi, vendredi midi, samedi midi, dimanche

🏠🏠 **GÉNÉRAL D'ELBÉE**

DEMEURE HISTORIQUE • **PERSONNALISÉ** Cette demeure historique du 18ᵉ s. a été métamorphosée en un hôtel contemporain du dernier chic. Déco de grande qualité, chambres cosy et confortables, ravissant salon-bibliothèque, sans oublier le spa et la piscine extérieure avec vue sur le château éclairé, la nuit... Une véritable renaissance !

🌊 📶 ⅃ 🕮 ᏚᏗ – 20 chambres – 5 suites

2 place d'Armes – ℰ 02 51 39 10 29 – www.generaldelbee.fr

ÎLE D'YEU

✉ 85350 – Vendée – Carte régionale n° **23**–A3 – Carte Michelin 316-BC7

Port-Joinville – Carte régionale n° **23**-A3

ⅈ◯ **LES BAFOUETTES**

MODERNE · **TRADITIONNEL** ⅹ Ce restaurant, situé dans une petite rue près du port, et tenu par le même chef (belge) depuis 25 ans, propose une cuisine équilibrée entre produits de la mer, viandes et épices, souvenirs de ses différents voyages à l'étranger. La carte est appétissante : langoustines en deux façons ; croustillant de chair d'araignée, rémoulade de céleri et pommes vertes, etc. Et même un menu homard ! Sans doute la meilleure table de l'île.

🛱 – Menu 31 € (déjeuner)/38 € – Carte 55/70 €

8 rue Gabriel-Guist'hau – ℰ 02 51 59 38 38 – www.lesbafouettes.com –
Fermé 4-31 janvier, 3-17 octobre, lundi, dimanche soir

LAVAL

✉ 53000 – Mayenne – Carte régionale n° **23**-C1 – Carte Michelin 310-E6

ⅈ◯ **L'ANTIQUAIRE**

MODERNE · **ÉLÉGANT** ⅹⅹ Amis chineurs, ici, vous ne trouverez ni livres anciens, ni toiles du 19ᵉ s., ni objets des années 1930... mais vous n'y perdrez pas au change ! Cet Antiquaire-là est tout à fait plaisant et accueillant, et dans l'assiette, on apprécie une cuisine généreuse et teintée de créativité.

🛱 ঠ – Menu 22 € (déjeuner)/55 € – Carte 38/50 €

64 rue de Vaufleury – ℰ 02 43 53 66 76 – www.restaurant-lantiquaire.fr –
Fermé 11-17 janvier, 26 avril-9 mai, 12 juillet-1ᵉʳ août, lundi, samedi midi, dimanche soir

LOIRÉ

✉ 49440 – Maine-et-Loire – Carte régionale n° **23**-B2 – Carte Michelin 317-D3

ⅈ◯ **AUBERGE DE LA DILIGENCE**

MODERNE · **RUSTIQUE** ⅹⅹⅹ Vieilles pierres et terrasse : un charmant écrin pour la cuisine du chef, féru d'herbes du potager et de condiments ramenés de ses voyages en Asie. Jolie carte des vins.

⅏ 🛱 ঠ ⇔ – Menu 29 € (déjeuner), 48/92 €

4 rue de la Libération – ℰ 02 41 94 10 04 – www.diligence.fr –
Fermé 4-10 janvier, lundi, mardi, dimanche soir

LOUÉ

✉ 72540 – Sarthe – Carte régionale n° **23**-C1 – Carte Michelin 310-I7

ⅈ◯ **RICORDEAU**

MODERNE · **ÉLÉGANT** ⅹⅹⅹ Installez-vous sur l'agréable terrasse dressée dans le parc, au bord de la Vègre, et laissez-vous tenter par la bonne cuisine gastronomique du chef. Des plats au goût du jour, sérieux et appliqués, réalisés avec de très bons produits, dont la célèbre volaille de Loué !

🖙 🛱 ঠ 🖃 ⇔ 🅿 – Menu 37 € (déjeuner), 47/80 € – Carte 65/75 €

13 rue de la Libération – ℰ 02 43 88 40 03 – www.hotel-ricordeau.fr –
Fermé lundi, mardi, dimanche soir

LUCHÉ-PRINGÉ

✉ 72800 – Sarthe – Carte régionale n° **23**-C2 – Carte Michelin 310-J8

ⅈ◯ **AUBERGE DU PORT DES ROCHES**

TRADITIONNELLE · **CLASSIQUE** ⅹⅹ Une terrasse et un jardin au fil de l'eau, une salle champêtre et une cuisine traditionnelle pétrie d'authenticité : faites fi de toute morosité dans cette sympathique auberge des bords du Loir ! Pour l'étape, des chambres fraîches et colorées.

🖙 🖙 🛱 🅿 – Menu 34/52 € – Carte 48 €

Port des Roches – ℰ 02 43 45 44 48 –
Fermé 4-12 janvier, 23-31 août, lundi, mardi midi, dimanche soir

LUÇON

✉ 85400 – Vendée – Carte régionale n° **23**-B3 – Carte Michelin 316-I9

⭑○ AU FIL DES SAISONS

TRADITIONNELLE · CONTEMPORAIN ⅄ Dans cette sympathique auberge de bord de route, on se sustente avec plaisir et simplicité d'une cuisine fraîche, d'inspiration traditionnelle et régionale (terrine de joue de bœuf, retour de la pêche du jour, etc). Le petit potager fournit quelques légumes et herbes aromatiques. Installez-vous dans la véranda ou le jardin... selon les saisons.

🍃 ⌂ ⛱ & ✿ **P** – Menu 29/37 €

55 route de la Roche-sur-Yon – ℰ 02 51 56 11 32 – www.aufildessaisons-vendee.com – Fermé 2-18 janvier, 22 août-6 septembre, lundi, vendredi soir, dimanche

LE LUDE

✉ 72800 – Sarthe – Carte régionale n° **23**-D2 – Carte Michelin 310-J9

⭑○ LA RENAISSANCE

MODERNE · AUBERGE ⅄⅄ Des produits sarthois et angevins, mais aussi le serpolet, la cardamome, le pavot, la mangue... Ce restaurant traditionnel est à la page, avec sa cuisine qui explore de nouveaux mariages de saveurs. Accueil sympathique.

🍃 ⛱ & 𝐀𝐂 ✿ **P** – Menu 14 € (déjeuner), 20/43 € – Carte 48/77 €

2 avenue de la Libération – ℰ 02 43 94 63 10 – www.renaissancelelude.com – Fermé 18-31 mars, 16-23 août, lundi, mardi midi, dimanche soir

LE MANS

✉ 72000 – Sarthe – Carte régionale n° **23**-D1 – Carte Michelin 310-K6

⁂ L'AUBERGE DE BAGATELLE

Chef: Jean-Sébastien Monné

MODERNE · DESIGN ⅄⅄ Un jeune couple franco-belge chaleureux offre une nouvelle vie gastronomique à cette ancienne auberge au charme bucolique : sachez-le, ici se déguste désormais une cuisine soignée, pleine de saveurs et de gourmandise. Dix personnes en cuisine, des produits d'une qualité irréprochable (la féra d'Eric Jacquier, les volailles de la Cour d'Armoirie, vergers Saint-Eustache etc.). Dans l'assiette, araignée sauvage ; Saint-Pierre grillé... On passe un excellent moment.

Spécialités: Cuisine du marché.

⛱ & 𝐀𝐂 ✿ **P** – Menu 45 € (déjeuner), 68/98 € – Carte 85/100 €

Hors plan *– 489 avenue Bollée – ℰ 02 43 85 25 73 – www.aubergedebagatelle.fr – Fermé 1ᵉʳ-19 janvier, 16 août-7 septembre, lundi, mardi*

⭑○ LE BEAULIEU

MODERNE · ÉLÉGANT ⅄⅄⅄ Des produits de bonne qualité, des jus savamment réduits, un nombre limité d'ingrédients... que le chef décline au gré de vos envies, en deux, trois, ou quatre plats. Le tout dans un intérieur élégant et feutré.

⅍ & 𝐀𝐂 ⊡ ✿ – Menu 26 € (déjeuner)/39 €

Plan : B2-r *– 34 bis place de la République (1er étage) – ℰ 02 43 87 78 37 – www.lebeaulieulemans.com – Fermé lundi, dimanche*

⭑○ LE GRENIER À SEL

MODERNE · CONTEMPORAIN ⅄⅄ À l'entrée de la cité Plantagenêt, cet ancien grenier à sel est rythmé par deux associés, avec un mot d'ordre : se faire plaisir et faire plaisir aux clients ! Dans un cadre contemporain, beaux produits – homard, turbot, foie gras... – et saveurs appuyées... le tout accompagné de jolis vins du Rhône, de Loire et de Bordeaux.

⅍ 𝐀𝐂 – Menu 24 € (déjeuner), 47/57 € – Carte 55/78 €

Plan : A2-t *- 26 place de l'Éperon – ℰ 02 43 23 26 30 – Fermé 23 juillet-15 août, mercredi soir, samedi midi, dimanche*

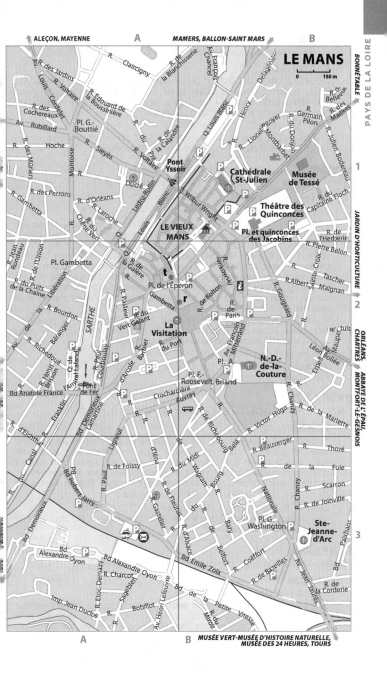

MAULÉVRIER

✉ 49360 – Maine-et-Loire – Carte régionale n° **23**–C2

ⅠⅠ○ **LE STOFFLET**

MODERNE · **ROMANTIQUE** ⅩⅩⅩ Quelle allure ! Au sein de ce beau château classique, les hauts plafonds et les lustres en cristal Grand Siècle rehaussent encore l'expérience gastronomique. Le chef signe une cuisine actuelle bien maîtrisée, inspirée par le terroir et les légumes du potager...

🍴 ⇄ 🅿 – Menu 37/95 € – Carte 60/64 €

Château Colbert, Place du Château – 𝒞 02 41 55 51 33 – www.chateaucolbert.com – Fermé 22 février-8 mars, 20 décembre-3 janvier, dimanche soir

MAYENNE

✉ 53100 – Mayenne – Carte régionale n° **23**–C1 – Carte Michelin 310-F5

✿ **L'ÉVEIL DES SENS**

Chef : Nicolas Nobis

MODERNE · **CONTEMPORAIN** ⅩⅩ À la sortie de la ville, impossible de manquer ce restaurant dont la façade façon résille en métal oxydé accroche l'œil. C'est le fief du chef Nicolas Nobis et de son épouse Isabelle, qui se sont rencontrés à Alençon et ont appris leur métier chez Bernard Loiseau et Georges Blanc. La décoration sobre et épurée de leur restaurant fait la part belle au bois. Même parti-pris de simplicité et de naturel dans la cuisine du chef qui aime travailler les plantes (hysope, verveine...) et les légumes des producteurs mayennais. Ses cuissons et ses assaisonnements précis achèvent de (r)éveiller les papilles et les sens des convives.

Spécialités : Pressé de foie gras et queue de bœuf, vinaigrette de pot-au-feu. Saint-pierre, étuvée de chou-rave et légèreté de coques aux herbes. Tartelette au chocolat, mousse pralinée, balsamique et crème glacée.

🅰🅲 – Menu 26 € (déjeuner), 46/76 €

429 boulevard Paul-Lintier – 𝒞 02 43 30 42 17 – www.restaurant-leveildessens.fr – Fermé lundi, mardi midi, dimanche soir

MISSILLAC

✉ 44780 – Loire-Atlantique – Carte régionale n° **23**–A2 – Carte Michelin 316-D3

ⅠⅠ○ **LE MONTAIGU**

MODERNE · **ÉLÉGANT** ⅩⅩⅩ Au sein du domaine de la Bretesche, une grande et belle salle à manger bourgeoise – poutres, vieux chandeliers – dont les fenêtres ouvrent sur le parc et le plan d'eau. Le chef Frédéric Murati puise dans le terroir pour réaliser des assiettes techniquement impeccables à l'image de ce Saint-Pierre, lard de Colonnata, girolles, sauce au vin jaune et pommes de terre de Noirmoutier.

🐾 ⇆ 🍴 ♿ 🍽 🅿 – Menu 85/120 € – Carte 80/114 €

Domaine de La Bretesche, Route de la Baule – 𝒞 02 51 76 86 96 – www.bretesche.com – Fermé 15 février-12 mars, lundi midi, mardi, mercredi, jeudi midi, vendredi midi, samedi midi

MONTAIGU

✉ 85600 – Vendée – Carte régionale n° **23**–B3 – Carte Michelin 316-I6

✿ **LA ROBE**

Chef : Xavier Giraudet

MODERNE · **COSY** ⅩⅩ La Robe, en œnologie, c'est la couleur, l'aspect extérieur d'un vin. Nom tout indiqué pour cette jolie maison ancienne nichée dans le vieux centre de Montaigu, qui met un point d'honneur à proposer aux clients des accords mets et vins bien soignés. Pour le reste, la cuisine de Xavier Giraudet se montre enthousiasmante : produits locaux et de saison, cuissons bien maîtrisées, gourmandise au rendez-vous, le tout dans une veine moderne de bon aloi. On gardera le souvenir d'un délicieux suprême de volaille, avec ses petites girolles cuites au jus... Quant au décor cosy, il marie harmonieusement les poutres anciennes de la demeure à du mobilier plus contemporain.

Spécialités: Saumon label rouge cuit à 50°, yaourt, citron et lamelles de concombre. Canard rôti aux épices, navet et betterave. Chocolat de Vendée en tube croustillant et en crémeux, glace à la fève tonka.

Menu 24 € (déjeuner), 43/75 € – Carte 55/75 €

3 place Reveillère-Lepeaux – & 02 51 47 79 27 – www.restaurant-la-robe.com –
Fermé 3-11 janvier, 9-17 mai, 1ᵉʳ-23 août, lundi, samedi midi, dimanche soir

MOULAY

✉ 53100 – Mayenne – Carte régionale n° **23**–C1

⅋○ LA MARJOLAINE

TRADITIONNELLE · CLASSIQUE 𝕏𝕏 Au sein de ce domaine verdoyant, dans un cadre élégant – dont une agréable terrasse –, une cuisine qui honore la tradition à travers des recettes telles que ces escargots de Cornille, bouillon de foie gras ou encore cette langue de bœuf braisée et jus de truffe.

🛦 🏠 ఉ 🄿 – Menu 21/49 € – Carte 47/57 €

Le Bas-Mont – & 02 43 00 48 42 – www.lamarjolaine.fr –
Fermé 20-26 décembre

✉ 44000 – Loire-Atlantique
Carte régionale n° **23**–B2
Carte Michelin 316-G4

NANTES

Élégante, bourgeoise et dynamique, Nantes a le vent en poupe. Équilibre remarquable entre son riche passé et son modernisme, la cité des Ducs de Bretagne remporte régulièrement la palme de la ville française où il fait bon vivre et travailler. Et manger ! Située sur l'estuaire de la Loire, elle bénéficie du meilleur du fleuve, mais aussi de la campagne et de la mer. Une diversité dont on profite à chaque repas. Saveur incomparable du beurre blanc, pureté du sel de Guérande, gourmandise des douceurs nantaises ! La campagne est riche en races bovines locales, tandis que les criées de Pornic et de la Turballe approvisionnent la ville en poissons d'une fraîcheur exceptionnelle. A ses portes, le vignoble de Muscadet, une appellation dont les progrès considérables incitent à redécouvrir ce joli vin adapté à la cuisine régionale.

Restaurants

✿ L'ATLANTIDE 1874 - MAISON GUÉHO

Chef: Jean-Yves Guého

MODERNE • DESIGN 𝕏𝕏 À deux pas du petit musée Jules Verne, cette belle maison de 1874 surplombe la Loire, face à l'embouchure du fleuve et de l'île de Nantes. Par les grandes baies vitrées panoramiques de la salle du restaurant, on contemple le ballet des bateaux, le hangar à bananes et la grande grue grise, emblème de la cité portuaire de Nantes. Breton de Vannes, formé en Alsace à l'Auberge de l'Ill, cuisinier à la Nouvelle-Orléans et à Hong-Kong, Jean-Yves Guého extrait de beaux trésors de cette Atlantide. Le chef signe une cuisine très exacte et d'une belle finesse, qui fait la part belle au poisson. Intéressante carte de vins de Loire, quelques chambres avec vue pour l'étape.

Spécialités: Anguille de Loire laquée au soja et sarrasin, dim sum d'anguille, bouillon dashi. Homard du Croisic aux morilles et au jus de presse au vin jaune. Soufflé flambé à la Chartreuse.

🐟 ⬅ ≤ & 🆎 ⬆ ↔ – Menu 45 € (déjeuner), 75/110 € – Carte 90/130 €

Plan : 1-B2-a – *5 rue de l'Hermitage* –
☏ *02 40 73 23 23 – www.restaurant-atlantide.net* –
Fermé 1ᵉʳ-11 janvier, lundi, dimanche

✿ ROZA

Chef: Jean-François Pantaleon

MODERNE · **ÉLÉGANT** ⅄ Pressé de céleri et seiche, citron vert, satay et crème de cacahuètes ; ris de veau croustillant, tortellinis d'aubergines fumées et pickles de girolles... Voici quelques exemples de ce qui vous attend à Roza, en plein centre-ville de Nantes. Jean-François Pantaleon, chef originaire des Pays de la Loire, en a décidément sous la toque ! Grand passionné de son terroir, il magnifie les produits locaux dans des assiettes pleines de caractère, précises techniquement, et débordantes de saveurs. L'ambiance, à la fois chaleureuse et décontractée, et l'intérieur spacieux ajoutent au plaisir du repas. Une adresse qui sort du lot.

Spécialités : Foie gras en gelée de vin rouge et condiment de datte. Ris de veau croustillant, tortellini d'aubergine fumée et pickles de girolles. Millefeuille à la vanille de Madagascar et caramel beurre salé.

✿ – Menu 25 € (déjeuner)/60 € – Carte 52/68 €

Plan : 3-F2-a – *3 place de la Monnaie* – ✆ *02 40 54 01 87* – *www.restaurantroza.com* – *Fermé samedi, dimanche*

✿ LULUROUGET

Chef: Ludovic Pouzelgues

MODERNE · **CONTEMPORAIN** ⅄ Formé chez Michel Troisgros, Ludovic Pouzelgues incarne (avec d'autres !) le renouveau gastronomique de la ville. À deux pas des célèbres Machines de l'île, il tient cette table au cadre plaisant, contemporain et très confortable. Ici trônent en majesté les beaux produits (les criées de la Turballe et du Croisic sont proches), travaillés avec inventivité et précision. Dans chaque plat, fidèle à son mentor roannais, le chef apporte une touche d'acidité qui relève le goût : râpée d'agrumes, câpres, cornichons, vinaigre, pâte d'ail, grenade... Une cuisine moderne, pleine de personnalité, un service agréable : on sort de là ravi.

Spécialités : Lames de maquereaux taillées à cru, ail, gingembre et ciboulette. Turbot de petite pêche, origami d'écrevisses du lac et beurre acidulé. Anneaux feuilletés et croustillants, framboises fraiches et tagète glacée.

※ 🛋 ⅂ ⅄ – Menu 35 € (déjeuner), 65/95 €

Plan : 4-G2-d – *4 place Albert-Camus* – ✆ *02 40 47 47 98* – *www.lulurouget.fr* – *Fermé 1ᵉʳ-16 mai, 7-31 août, lundi, dimanche*

🌼 L'OCÉANIDE

POISSONS ET FRUITS DE MER · **VINTAGE** ⅄⅄ Noix de Saint-Jacques rôties, jus de carottes acidulées, filet de carrelet rôti au beurre de thym, jus de crustacés... Cette Océanide-là est bien nymphe de la mer. C'est en voisin que le chef David Garrec va choisir ses produits au célèbre marché de Talensac, et la fraîcheur du poisson, parfaitement travaillé, ne trompe pas ! Cadre authentiquement vintage des années 1950, au charme désuet.

Spécialités : Saint-Jacques rôties, jus de carotte acidulée. Filet de carrelet rôti au beurre de thym, jus de crustacés. Pêche, crémeux olive et sorbet.

※ ✿ – Menu 23 € (déjeuner), 32/99 € – Carte 35/65 €

Plan : 4-G1-n – *2 rue Paul-Bellamy* – ✆ *02 40 20 32 28* – *www.restaurant-oceanide.fr* – *Fermé 24 juillet-18 août, lundi, dimanche*

🌼 LES BOUTEILLES

TRADITIONNELLE · **BISTRO** ⅄ À côté du marché de Talensac, un bistrot à vins épatant : décor sympathique honorant Bacchus, belle cuisine de produits (charcuteries italiennes, plats canailles, poisson de la marée...) sans oublier – enseigne oblige – une mémorable carte des vins (700 références !) faisant notamment honneur à la Bourgogne.

Spécialités : Tartare de bar de ligne, vinaigre Katsuobushi, sésame et wasabi. Cochon noir de Bigorre cuit à basse température, fumé au bois de romarin. Crousti-fondant au chocolat Chuao.

※ – Menu 25 € (déjeuner), 35/50 €

Plan : 4-G1-a – *11 rue de Bel-Air* – ✆ *02 40 08 27 65* – *Fermé lundi, samedi midi, dimanche*

NANTES 1

REDON · A · RENNES, NOZAY · B

0 — 800 m

Ch. de la Retardière
Ch. du Plessis-Buron
R. de Rennes
Rte. d'Orvault
Rte. de La Noue-Verrières

Ch. Vicinal de la Grée
Ch. du Doucet
ORVAULT
La Chapelle-sur-Erdre
LES BASSES-LANDRES

R. de la Vallée
R. du Plessis
LE BOIS-RAGUENET
N 137
A 844 / E 60

A 844 / E 3
PORTE DE GESÇ

LA BUGALLIÈRE
Av. de la Pentecôte
PORTE D'ORVAULT
PORTE DE BENNES
Bd Mendès France
Bd Albert Eins

SAUTRON
N 165 / E 60
LE CROISY
LA MORLIÈRE
LA BOISSIÈRE

Chézine
Rte. de la Sbyonnière
PARC DE LA GOURNERIE
PORTE DE SAUTRON
Bd Robert Schuman
LE PONT DU CENS

BRIMBERNE
Rte. de la Brimberne
Ch. de la Chatterie
Av. de Chevreul
LA GAUDINIÈRE

L'ANGEVINIÈRE
Rte. de Vannes

Ch. de la Vannerie
Bd Marcel Paul
N 844 / E 3
PORTE DE CHÉZINE
PARC DE LA BEGRAISIÈRE
Av. du Parnasse
Rte. de Vannes

LAËNNEC
R. Jan Palach
TILLAY
Bd des Anglais

ZENITH
PARC TECHNOLOGIQUE
PARC D'ARMOR
LES DERVALLIÈRES
R. des Dervallières

ATLANTIS
R. de la Rivaudière
R. François Dollo
PORTE D'ATLANTIS
Bd de la Solidarité
R. la Ba

Ch. de la Porchellerie
Bd Charles de Gaulle
PORTE DE ST-HERBLAIN
Bd des Renardières
Q. de la F

Ch. de la Mortière
R. Jean Monnet
BELLEVUE
Bd Emile Romanet
Bd Jean Moulin
Bd Léon Jouhaux
Bd de l'Egalité
Bd Saint-Aignan

ST-HERBLAIN
L'ORVASSERIE
Bd Liberté
Sq. M. Schwob
Musée Jules Verne

LA BASSE-INDRE SAINT-HERBLAIN
LA JANVRAIE
PORTE DE L'ESTUAIRE
CHANTENAY
Bd du Maréchal Alphonse Juin
Bd G
de l'Estu

HAUTE-INDRE
R. Joseph Tahet
Q. Emile Cormerais
LOIRE
R. des Usines
CHANTENAY
TRENTEMOULT

LE PORT LAVIGNE
CHEVIRÉ
Rte. de Pornic
LES COUËTS

R. des Coteaux
R. de Beau Soleil
R. Pasteur

LE PELLERIN
BOUGUENAIS
Rte. de Paimbœuf
Rte. de Pornic
N 844 / E 3
PORTE DE BOUGUENAIS
PORTE DE GRAND LIEU

Rte. de Pornic
R. du Planty
La R. de Muse
PORTE DE RETZ
R. de la Pierre
R. des Drouards
R. Galheur

IX DE
Rte. de Paimbœuf
R. du Désert
AÉROPORT NANTES-ATLANTIQUE

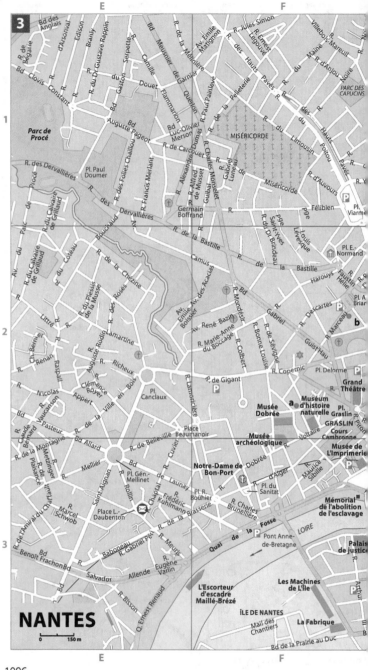

NANTES

0   150 m

G

R. de Châteaulin
Versailles
R. Saint-Antoine
R. de la Carterie
Pl. Waldeck-Rousseau
R. des Écachoirs
Desaix
Quai de la Palaudière
R. de Coulmiers
R. Paul Bellamy
Maison de l'Erdre
Île de Versailles
R. de Bouillé
Jean Émile Laboureur
R. Henri Lasne François Farineau
Dufour
R. de Molac
Jardin japonais
R. de la Distillerie
Av. Montoulon
Gal.
R. Saint-Charles
Turpin
Russell
Bel-Air
R. Paul Bellamy
Henri
Pl. R. de Châteaubriand
Pont St-Mihiel
R. Henri Cochard
R. du Préfet Bonnefoy Chanzy
Gaston
1
avenay
odiguel
R. de Talensac
Barbusse
Gambetta
R juste zeux
a
Erdre
R. de Versailles
R. Guibourg de Luzinais
BOUTEILLERIE
Sarrazin
R. Jeanne d'Arc
n
de. Erdre
Q. Céineray
Jardin des Plantes
Frédéric Cailliaud
Jaurès
R. Léopold Cassegrain
Pl. du Pt Morand
Pl.R. Salengro
Pl. Maréchal-Foch
Musée d'arts de Nantes
R. Stanislas Baudry
u
i
Porte St-Pierre
Chapelle de l'Oratoire
Pl. de Bretagne
f
Garde-Dieu
Cathédrale St-Pierre-et-St-Paul
R. de Richebourg
Kennedy
John
R. de Budapest Parc
g
R. Bossuet
Pl. St-Perre
La Psallette
Malherbe
NANTES
R. du Calvaire
d **b**
u
R. des Carmélites
R. Prémion
cours John
e
R. du Pilori
Château des ducs de Bretagne
P. de Malakoff
2
Basilique St-Nicolas
Pl. de l'écluse
Cours des Cinquante Otages
R. de la Juiverie
SQUARE ELISA MERCŒUR
Q. de Malakoff
Pl. Royale
Moulin
Ste-Croix
R. de la Bâclerie
Miroir d'eau
Le lieu unique
Crébillon
R. de Gorges
i
ANCIENNE ÎLE FEYDEAU
Cours John Kennedy
Baco
Crucy
R. Émile Masson
a
R. de Fleurus
Pont de Tbilissi
a
Pass. Pommeraye
R. Félix Éboué
Bd Jean Philippot
SQUARE CHASSAGNAC
R. Montell
R. Fouré
Av. Carnot
Av. Jean-Claude Bonduelle
Cité des Congrès
jacques eau
Ancienne Île Gloriette
Bd Jean Philippot
Bd Jean Moulin
Chaussée de la Madeleine
b **y**
R. des Olivettes
R. Baron
R. Fouré
v
R. Blas
Q. Magellan
Pont A.-Briand
ton Michel
Q. Moncousu
Q. André Morice
Magellan
Pont Haudaudine
Pont Gén. Audibert
Bd Gaston Doumergue
c
LOIRE
3
École d'architecture
Q. André Rhuys
Hoche
Grande Biesse
Bd Vincent Gache
Bd Vincent Gache
La Tour d'Auvergne
Pl. François II
Jardin Exotique des Fonderies
R. Pierre Landais
Pl. de la République
Bd
Babin
Chevaye
R. Louis Joxe
de la Prairie au Duc
R. Paul Nizan
Bd Victor Hugo
P
Bd de l'Estuaire

G

H

🟡 L'ABÉLIA

MODERNE · **BOURGEOIS** XX Légèrement excentrée du centre-ville, cette demeure bourgeoise du début du 20e s., restaurée avec goût jouit d'une clientèle fidèle. On s'installe sous la jolie verrière ou dans les petites salles bourgeoises pour déguster une carte régionale, entre légumes du marché et poisson de la côte. Le menu change tous les jours. Plaisante terrasse aux beaux jours.

🏡 ⇄ 🅿 – Menu 38/40 €

Plan : 2-C2-t – *125 boulevard des Poilus* – ℰ *02 40 35 40 00* –
www.restaurantlabelia.com –
Fermé 1ᵉʳ-16 mai, 1ᵉʳ-16 novembre, lundi, dimanche

🟡 FÉLIX

TRADITIONNELLE · **CONTEMPORAIN** XX Tout près de la cité des congrès, le type même de la grande brasserie contemporaine qui n'a pas oublié ses classiques : produits frais, tartares, huîtres, service 7j/7, ambiance... En prime, une jolie vue sur le canal St-Félix.

🏡 ⅊ 🄰 – Menu 28 € – Carte 34/47 €

Plan : 4-H2-a – *1 rue Lefèvre-Utile* –
ℰ *02 40 34 15 93* – *www.brasseriefelix.com*

🟡 LE 1

MODERNE · **BRASSERIE** XX Le nouveau quartier de l'île de Nantes aura-t-il inspiré cette cuisine voyageuse (tapas façon finger food ; dos de cabillaud en croûte de chorizo ; wok de poulet), qui revisite aussi sans ciller quelques grands classiques français (quenelle de brochet ; anguille de Loire en persillade) ? L'été on sert sur une étonnante terrasse « cabane canadienne » posée sur les bords de la Loire.

🏡 ⅊ 🄰 ⇄ – Menu 28/31 € – Carte 37/57 €

Plan : 4-G3-c – *1 rue Olympe-de-Gouges (à l'angle du quai F.-Mitterrand)* –
ℰ *02 40 08 28 00* – *www.leun.fr*

🟡 L'U.NI

CRÉATIVE · **COSY** XX Nicolas Guiet a de la suite dans les idées, et l'enthousiasme des passionnés : chez lui, les menus n'obéissent qu'à la loi du marché, et laissent la part belle aux petits producteurs régionaux, souvent bio. Impossible de se lasser d'une cuisine qui ne se répète jamais. Bien joué.

Menu 23 € (déjeuner), 44/64 € – Carte 62/66 €

Plan : 4-H3-y – *36 rue Fouré* – ℰ *02 40 75 53 05* –
Fermé 1ᵉʳ-17 janvier, 1ᵉʳ-16 mai, 2-22 août, mercredi midi, samedi, dimanche

🟡 ARISTIDE

MODERNE · **CHIC** X Voici la brasserie moderne par excellence, conçue par le propriétaire de L'Atlantide 1874 et de Félix, à Nantes également. Dans l'assiette, cuisine de brasserie revisitée, qui puise son inspiration un peu partout en France, avec saveurs marquées et jus corsés : imparable. La déco est à l'avenant, pile dans l'air du temps.

🏡 ⅊ ⇄ – Menu 28 € – Carte 36/55 €

Plan : 3-F2-b – *1 place Aristide-Briand* – ℰ *02 49 62 25 06* – *www.aristidenantes.com*

🟡 LE BOUCHON

MODERNE · **BISTRO** X Sa bonne cuisine dans l'air du temps, réinventée jour après jour ; son intérieur joliment décoré (tomettes au sol, poutres anciennes, miroirs) ; sa terrasse incontournable, véritable havre de verdure en plein cœur de la ville... On comprend mieux pourquoi cette adresse est aussi prisée des Nantais !

🏡 ⇄ – Menu 18 € (déjeuner), 31/35 € – Carte 32/45 €

Plan : 4-G2-u – *7 rue Bossuet* – ℰ *02 40 20 08 44* – *www.le-bouchon-nantes.com* –
Fermé lundi, samedi midi, dimanche

🍴○ LES CHANTS D'AVRIL

TRADITIONNELLE · BISTRO ✕ Christophe François est le type même du chef passionné... et passionnant. Il cultive ici l'esprit de bistrot en toute simplicité : vieux parquet, comptoir en formica, bibelots... Côté cuisine, idem : il décline un menu unique au gré de son humeur et du marché du jour, en utilisant de beaux produits de la région. Rafraîchissant !

Menu 22€ (déjeuner), 31/39€

Plan : 4-H2-b – *2 rue Laennec* – ℰ *02 40 89 34 76* – *www.leschantsdavril.fr* – *Fermé 1ᵉʳ-4 janvier, 30 juillet-23 août, lundi soir, mardi soir, mercredi soir, samedi soir, dimanche soir*

🍴○ ICI ⓝ

MODERNE · TENDANCE ✕ À l'image de Nantes, le chef Xavier Rambaud, un vrai globe-trotter, a pas mal navigué avant de jeter l'ancre dans cette salle à manger d'esprit bistrot industriel (parquet, tables en bois, pierres apparentes et tuyaux en fonte). Chaque assiette de cette cuisine moderne et locavore respire l'expérience : plats équilibrés, saveurs et accords justes. Ici, et pas ailleurs !

🌤 – Menu 24€ (déjeuner), 38/55€

Plan : 4-G2-i – *1 rue Léon Blum* – ℰ *02 40 48 62 27* – *www.restaurant-ici.fr* – *Fermé 30 août-12 septembre, lundi, samedi midi, dimanche*

🍴○ L'INSTINCT GOURMAND

TRADITIONNELLE · SIMPLE ✕ Plutôt de bon goût, ce bistrot "sans étiquette" qui trace son sillon loin de tout formalisme : ici, la simplicité et la fraîcheur sont les seuls mots d'ordre. Le menu, présenté à l'ardoise, est réalisé chaque jour au gré du marché et réserve de savoureuses surprises... Pari gagnant.

🅐🅚 – Menu 17€ (déjeuner)/34€

Plan : 4-G2-g – *14 rue Saint-Léonard* – ℰ *02 40 47 41 64* – *www.linstinctgourmand.com* – *Fermé lundi, dimanche*

🍴○ LAMACCOTTE ⓝ

MODERNE · TENDANCE ✕ Non loin du château, un décor original et tendance (couleurs pastel et formes arrondies) pour une cuisine qui ne l'est pas moins : le chef, Maxime Fillaut (passé à la Mare aux Oiseaux et au Clarence à Paris), d'origine britannique, en a sous le pied : il n'a pas son pareil pour mitonner une cuisine faussement simple mais terriblement juste, à partir de très bons produits.

Menu 19€ (déjeuner), 38/48€ – Carte 45/62€

Plan : 4-G2-c – *7 rue St-Denis* – ℰ *02 85 37 42 30* – *www.lamaccotte-restaurant-nantes.com* – *Fermé lundi, dimanche*

🍴○ OMIJA

MODERNE · CONTEMPORAIN ✕ L'omija est une baie coréenne connue pour associer les cinq saveurs en parfaite harmonie (salé, sucré, acide, amer, piquant). C'est aussi ce que Romain Bonnet, jeune chef audacieux au solide CV a décidé de réaliser... c'est dire l'ambition. Dans l'assiette, une partition dans l'air du temps joliment réalisée. Une adresse attachante.

&. ✿ – Menu 19€ (déjeuner), 41/75€

Plan : 4-H3-v – *54 rue Fouré* – ℰ *02 40 74 81 05* – *www.omija.fr* – *Fermé 1ᵉʳ-10 janvier, 10-16 mai, 31 juillet-22 août, samedi, dimanche*

🍴○ PICKLES ⓝ

CRÉATIVE · COSY ✕ Dans ce néo-bistrot à la déco chaleureuse et colorée, le chef britannique donne libre cours à ses passions gourmandes : les voyages en Asie, les races de viandes anciennes et locales (comme le veau nantais et le porc blanc de l'Ouest), les poissons venus en direct des criées et les légumes des maraîchers bio. Résultat : une cuisine créative et décomplexée, légitimement plébiscitée !

&. – Menu 24€ (déjeuner), 45/50€

Plan : G2-e – *2 rue du Marais* – ℰ *02 51 84 11 89* – *www.pickles-restaurant.com* – *Fermé lundi, dimanche*

🟡 SONG, SAVEURS & SENS

ASIATIQUE CONTEMPORAINE · TENDANCE ※ Nhung Phung a changé de vie pour créer son restaurant. Autodidacte, certes, mais vraie cuisinière ! Originaire du Vietnam, elle grandit au Laos, au Cambodge et en Thaïlande. Et c'est à l'aune de ces terres de parfums qu'elle construit sa personnalité culinaire : une cuisine sensible, intelligente, mesurée, entre Asie du Sud-Est et France, épices subtiles et produits de qualité...

🛜 🅰️🅲️ – Menu 20 € (déjeuner) – Carte 36/50 €

Plan : 4-G2-a – *5 rue Santeuil – ℰ 02 40 20 88 07 – www.restaurant-song.fr – Fermé 3-10 mai, 1er-23 août, lundi, dimanche*

🟡 SOURCES 🟢

MODERNE · BRANCHÉ ※ Cochon braisé, courge et lentilles ; pommes farcies, oignons de Roscoff et bleu de Gex : tout est soigneusement sourcé chez Source, par un couple motivé qui s'est rencontré à l'école Ferrandi et a commencé par ouvrir une épicerie locavore. Ils nous régalent avec une cuisine fraîche et franche. Quelques touches marines dans les assiettes, propositions végétariennes pour les amateurs.

🛜 ♿ – Menu 25 € (déjeuner), 50/70 €

Plan : 4-G2-e – *22 rue de Verdun – ℰ 02 40 89 42 42 – www.sources-nantes.fr – Fermé lundi, mardi midi, dimanche*

Hôtels

🏠 SOZO

HISTORIQUE · DESIGN Proche voisin du Jardin des Plantes, cet hôtel a été créé dans une ancienne chapelle du 19ᵉ s. ! Chambres dans les absidioles ou le chœur, vitraux pour fenêtre, clés de voûte en guise de tête de lit et, partout, un aménagement des plus design... Le cachet d'un monument historique associé à l'épure contemporaine : unique !

🛜 🖥️ ♿ 🅰️🅲️ ♨️ 🅿️ – 23 chambres – 1 suite

Plan : 4-H2-u – *16 rue Frédéric-Caillaud – ℰ 02 51 82 40 00 – www.sozohotel.fr*

🏠 LA PÉROUSE

URBAIN · ÉPURÉ Situé sur le fameux Cours des 50-Otages, cet hôtel à l'étonnante architecture contemporaine, enregistré au patrimoine architectural du 20ᵉ s., ravira les amateurs de design, d'art contemporain et de chambres au look épuré, presque radical.

🖥️ 🅰️🅲️ – 46 chambres

Plan : 4-D3-b – *3 allée Duquesne – ℰ 02 40 89 75 00 – www.hotel-laperouse.fr*

NOIRMOUTIER-EN-L'ÎLE – Vendée (85) → Voir Ile de Noirmoutier

NOZAY

✉️ 44170 – Loire-Atlantique – Carte régionale n° **23**–B2 – Carte Michelin 316-G2

🟡 LA PIERRE BLEUE

MODERNE · CONVIVIAL ※※ Vous cherchez Éric Meunier ? Il est dans sa cuisine, évidemment ! Travailleur infatigable, discret autant que passionné, voilà un chef qui aime son métier, et cela se sent dans ses assiettes. Créations de saison, plats mijotés en hiver, fumaisons maison... Cette Pierre Bleue est une pépite.

♿ 🔄 – Menu 17 € (déjeuner), 32/49 € – Carte 44/48 €

22 rue Alexis-Letourneau – ℰ 02 40 79 30 49 – www.restaurantlapierrebleue.com – Fermé 1er-20 janvier, 5-22 juillet, lundi soir, mardi soir, mercredi, dimanche soir

LA PLAINE-SUR-MER

✉️ 44770 – Loire-Atlantique – Carte régionale n° **23**–A2 – Carte Michelin 316-C5

❀❀ ANNE DE BRETAGNE

Chef: Mathieu Guibert

MODERNE · CONTEMPORAIN XXX Sur la rive sud de l'estuaire de la Loire, en plein pays de Retz, cette grande maison aux lignes géométriques a quasiment les pieds dans l'eau. Aux fourneaux, on trouve un chef intelligent et discret, Mathieu Guibert, qui a plusieurs cordes à son arc : une connaissance exhaustive des producteurs de la région et un attachement aux valeurs humaines. Sans surprise, la pêche locale tient ici les premiers rôles : tendres gnocchis de pomme de terre, rouget grondin fumé et eau de tomate émulsionnée ; sole rôtie sur l'arête... sans oublier des desserts inventifs et bien architecturés. Service impeccable dirigé par Claire Bâcle, et judicieux conseils du jeune chef-sommelier Adrien Lavorel.

Spécialités : Langoustine bretonne en carpaccio, risotto cuisiné à l'anguille fumée et émulsion de parmesan. Sole rôtie sur l'arête aux éclats de noisette torréfiée, pomme de terre soufflée et sabayon au vin jaune. Chocolat guanaja infusé à l'armoise, macaron à l'estragon et crème brûlée au Zan.

⊛ ⪅ 🖙 ♿ 🅿 – Menu 41€ (déjeuner), 85/165€ – Carte 97/129€

Port de Gravette – ℰ 02 40 21 54 72 – www.annedebretagne.com –
Fermé 8-16 mars, 1ᵉʳ-17 novembre, 4-20 janvier, lundi, mardi

🏠 ANNE DE BRETAGNE

LUXE · CONTEMPORAIN Une grande bâtisse contemporaine, toute blanche, posée sur une dune. À l'horizon : le petit port de la Gravette et... rien que la mer ! Idéal pour une escale marine rassérénante, d'autant que le décor – au design épuré – repose les sens...

⟡ ⪅ 🖙 ⛱ 🖭 ♿ 🅂 🅿 – 20 chambres

Port de Gravette – ℰ 02 40 21 54 72 – www.annedebretagne.com
❀❀ **Anne de Bretagne** – Voir la sélection des restaurants

PONTCHÂTEAU

✉ 44160 – Loire-Atlantique – Carte régionale n° **23**-A2 – Carte Michelin 316-D3

😊 LE 11 BISTROT GOURMAND

TRADITIONNELLE · SIMPLE X Au cœur de Pontchâteau, ce bistrot minimaliste fait saliver la région. À sa tête, un chef qui a, comme on dit, du métier, et qui fait œuvre de simplicité et de goût, avec des plats ancrés dans une jolie tradition gourmande (gaspacho de tomate et lieu grillé ; gigot d'agneau rôti, haricots verts et pommes grenailles ; tatin d'abricot).

Spécialités : Joue de bœuf, croustillant de sarrasin et foie gras. Sandre, mousse-line de céleri. Clémentine en trois façons.

♿ 🅰🅲 – Menu 27€ (déjeuner)/35€

11 rue de Verdun – ℰ 02 40 42 23 28 – www.restaurant-le11.fr –
Fermé lundi, mercredi soir, dimanche

LES PONTS-DE-CÉ

✉ 49130 – Maine-et-Loire – Carte régionale n° **23**-C2

🍽️ LES 3 LIEUX

CRÉATIVE · TENDANCE XX Sur les bords de Loire, on goûte volontiers cette cuisine créative pleine de fougue, réalisée par un chef qui propose un petit menu carte de 3 à 7 plats, où l'on appréciera par exemple une superbe blanquette de ris de veau revisitée, mais aussi un foie gras, cacao et orange, et un dessert chocolat, noisette et mousse au thym. Soigné et maîtrisé.

⪍ 🍴 🅰🅲 – Menu 37/74€ – Carte 49/63€

10 rue du Port-des-Noues – ℰ 02 14 03 03 53 – www.les3lieux.com –
Fermé 24-30 décembre, lundi, mardi midi, mercredi midi, dimanche soir

PORNIC

✉ 44210 – Loire-Atlantique – Carte régionale n° **23**–A2 – Carte Michelin 316-D5

⏺ **AUBERGE LA FONTAINE AUX BRETONS**

TRADITIONNELLE · RUSTIQUE ХХ Une superbe salle à manger à la mode d'autrefois, pour une cuisine du terroir saine et savoureuse, concoctée avec de bons produits et les légumes bio du jardin. A déguster dans une ancienne ferme (1867), entre mer et campagne, vignes et potager. Sans oublier l'enclos pour les animaux ! Sincère et bucolique.

⇐ ⇔ ⌂ ⅙ ₽ – Menu 28/58€

Chemin des Noëlles – ℰ 02 51 74 08 08 – www.lafontaineauxbretons.fr –
Fermé 2-25 janvier

PORT-JOINVILLE – Vendée (85) → Voir Île d'Yeu

LA ROCHE-SUR-YON

✉ 85000 – Vendée – Carte régionale n° **23**–B3 – Carte Michelin 316-H7

⊛ **LES REFLETS**

MODERNE · COSY Х Rythmé par un jeune couple, ce minuscule restaurant joue souvent à guichets fermés. Ça n'a rien d'un hasard : la cuisine du chef est aussi séduisante qu'efficace, techniquement très maîtrisée, et s'appuie sur les beaux produits de la région. On se régale, d'autant que les prix sont raisonnables.

Spécialités: Œuf bio fumé et caviar râpé. Poulet de Challans en trois façons, écume d'estragon. L'éclosion.

⅙ – Menu 30€ (déjeuner), 34/74€

227 rue Roger-Salengro – ℰ 09 83 25 83 71 – www.restaurantlesreflets.fr –
Fermé 1ᵉʳ-9 mars, 10-18 mai, 2-17 août, lundi, mardi, mercredi midi, samedi midi,
dimanche soir

⏺ **L'ATABLE**

MODERNE · CONTEMPORAIN Х Une cuisine "bistronomique" mettant en avant les produits de la région et les artisans du quartier, une jolie salle contemporaine : cette maison n'a pas usurpé son excellente réputation ! Les menus se réinventent régulièrement. Épicerie fine.

⅙ 🅰🅲 – Menu 36€

20 bis rue Raymond-Poincaré – ℰ 02 51 36 21 35 – www.latable-larochesuryon.net –
Fermé 25 juillet-15 août, lundi, mardi soir, mercredi soir, dimanche

LES SABLES-D'OLONNE

✉ 85100 – Vendée – Carte régionale n° **23**–A3 – Carte Michelin 316-F8

⏺ **CAYOLA**

MODERNE · ROMANTIQUE ХХХ Dans la salle ou sur la terrasse, la vue sur l'Atlantique est superbe et l'on se prend à rêver de croisières au long cours. Mais l'évasion est déjà dans l'assiette : les produits de la mer sont rois en ce royaume...

⇐ ⇔ ⅙ ✿ ₽ – Menu 39€ (déjeuner), 69/98€ – Carte 80/105€

Hors plan *– 76 promenade de Cayola, anse de Cayola – ℰ 02 51 22 01 01 –*
www.le-cayola.com – Fermé 1ᵉʳ-17 janvier, 9-23 novembre, lundi, mardi, dimanche
soir

⏺ **CABESTAN**

TRADITIONNELLE · COSY Х Sur le quai animé du port, ce restaurant au look contemporain et cosy propose une cuisine de la mer, élaborée selon le retour de la criée des Sables, mais aussi des spécialités du terroir vendéen, comme la célèbre volaille de Challans.

Menu 29€ (déjeuner), 43/59€

Plan : C2-b *– 17 quai René-Guiné – ℰ 02 51 95 07 50 – www.cabestan85.com –*
Fermé 15 novembre-7 décembre, lundi, mardi soir, dimanche soir

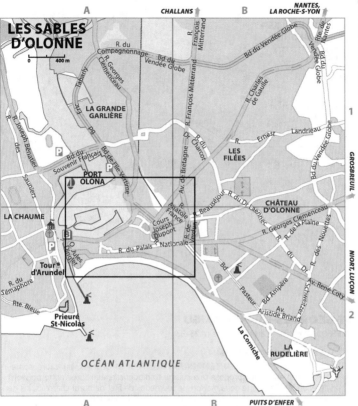

CHALLANS

NANTES,
LA ROCHE-S-YON

LES SABLES D'OLONNE

OCÉAN ATLANTIQUE

PUITS D'ENFER

🍴○ LA CUISINE DE BERTRAND

TRADITIONNELLE · COSY X Face au port de pêche, ce petit restaurant assez discret mérite pourtant que l'on s'y attarde ! Deux courts menus, des produits frais de qualité... le chef va à l'essentiel et le fait bien. Son feuilleté de langoustines et son paris-brest sont les meilleurs témoignages d'une cuisine qui s'épanouit sans artifices.

 & – Menu 36/46 €

Plan : C2-q – *22 quai de Franqueville* –
☎ *02 51 95 37 07* –
Fermé 1ᵉʳ-28 février, 28 juin-11 juillet, mardi, mercredi

🍴○ LA SUITE S'IL VOUS PLAÎT

MODERNE · CONTEMPORAIN X Située derrière le casino et les plages, cette table fait souffler un vent frais sur la restauration sablaise. Dans un décor de bistrot moderne, la jeune chef (ex-Robuchon) fait assaut de créativité : ses recettes, renouvelées très souvent, jouent habilement sur les textures et les saveurs.

 & 🅐🅒 – Menu 17 € (déjeuner), 32/54 € – Carte 44/53 €

Plan : C2-d – *20 boulevard Franklin-Roosevelt* –
☎ *02 51 32 00 92* – *www.lasuitesvp.com* –
Fermé lundi, mardi midi, dimanche soir

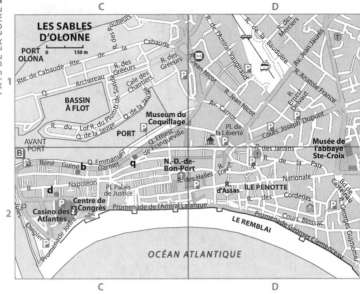

ST-GEORGES-DE-MONTAIGU

✉ 85600 – Vendée – Carte régionale n° **23**–B3

⫶○ LE PETIT ST-GEORGES

TRADITIONNELLE • **CONTEMPORAIN** Ⅹ Le Petit St-Georges, au cadre sobrement contemporain, propose une cuisine traditionnelle, équilibrée entre poissons et viandes. Spécialité de la maison : le tournedos de filet de bœuf charolais, jus de viande et son foie gras poêlé. A déguster aux beaux jours sur la terrasse au calme, égayée de plantations. Service toujours impeccable.

🍴 ⅙ 🄰🄺 – Menu 17 € (déjeuner)/31 € – Carte 35/40 €

5 rue Durivum – ☎ 02 51 42 03 17 – www.lepetitstgeorges.com – Fermé 15-30 mars, 15-30 août, lundi, dimanche

ST-JEAN-DE-LINIÈRES

✉ 49070 – Maine-et-Loire – Carte régionale n° **23**–C2

🐣 AUBERGE DE LA ROCHE

MODERNE • **AUBERGE** ⅩⅩ Pieds et oreilles de cochon façon paquets, vinaigrette au carvi ; pièce de bœuf poêlée et gnocchis de pomme de terre, jus de viande... Une cuisine qui sent bon l'air du temps, dans cette petite auberge de province joliment fleurie. Côté véranda, ardoise plus simple le midi.

Spécialités : Saumon fumé, tartare de betterave, crème fumée. La fameuse tranche de lard caramélisée, légumes de saisons. Coque chocolat, fruits rouges, glace vanille.

⅙ 🄿 – Menu 24 € (déjeuner), 32/42 €

10 route Nationale 23 – ☎ 02 41 39 72 21 – www.auberge-de-la-roche.com – Fermé lundi, mardi soir, mercredi soir, dimanche soir

ST-JOACHIM

✉ 44720 – Loire-Atlantique – Carte régionale n° **23**–A2 – Carte Michelin 316-C3

🕸 **LA MARE AUX OISEAUX**

Chef: Eric Guérin

CRÉATIVE · **ÉLÉGANT** XX Grand voyageur, amoureux des oiseaux (qui s'ébattent en liberté dans son jardin), Éric Guérin s'est créé un univers qui n'appartient qu'à lui. Sur une île ceinturée de canaux circulaires, au cœur du parc naturel régional de Brière, il s'est immergé dans son terroir pour le réinterprèter de superbe façon. Avec des ingrédients de premier choix, il compose une cuisine "nature" qui a de la personnalité, de l'allure, de la délicatesse, de la fraîcheur... et confine même à la poésie par instants. Le charme des lieux, et notamment les chambres "exotiques" pour prolonger le séjour, la gentillesse et l'efficacité de l'accueil d'une jeune équipe enthousiaste font le reste !

Spécialités: Brume briéronne aux herbes fines, anguille fumée, grenouilles à la verveine et faisselle de chèvre. Filet de boeuf bio cuit sur feuille de figue, courge fumée à la tourbe et émulsion végétale. Soufflé à la noisette, myrtilles et écume d'herbes fines du jardin.

🕸 🍴 🛐 ⅙ 🅿 – Menu 55€ (déjeuner), 83/120€

223 rue du Chef-de-l'Île-Fedrun – ℰ 02 40 88 53 01 – www.mareauxoiseaux.fr –
Fermé 4-21 janvier, lundi, mardi

🏡 **LA MARE AUX OISEAUX**

MAISON DE CAMPAGNE · **ÉLÉGANT** C'est un charmant village aux maisons à toit de chaume, sis dans le parc naturel régional de Brière, véritable paradis pour les oiseaux. La demeure se trouve au diapason de ce paysage idyllique. Dispersées en plusieurs endroits de la propriété (chaumière principale, maisons sur pilotis), les chambres sont douillettes et confortables - le mobilier provient des nombreux voyages d'Éric Guérin. Espace bien-être avec jacuzzi et sauna.

🛁 🍴 ⅙ 🧖 🅿 – 15 chambres – 2 suites

223 rue du Chef-de-l'Île-Fedrun – ℰ 02 40 88 53 01 – www.mareauxoiseaux.fr
🕸 **La Mare aux Oiseaux** – Voir la sélection des restaurants

ST-JULIEN-DE-CONCELLES
✉ 44450 – Loire-Atlantique – Carte régionale n° **23**-B2 – Carte Michelin 316-H4

🍴 **CLÉMENCE** ⓝ

MODERNE · **CLASSIQUE** XX C'est en cette auberge ligérienne que Clémence Lefeuvre (1860-1932) créa le fameux beurre blanc ! L'histoire continue grâce à l'arrivée d'un jeune couple de propriétaires décidés à revivifier l'âme de la maison. La cuisine bien ficelée demeure classique. Les saveurs sont au rendez-vous tout comme les produits de la mer et ceux de la Loire. Une bonne étape où l'on se réjouit de trouver de l'anguille poêlée...

⅙ 🎴 ⇄ 🅿 – Menu 20€ (déjeuner), 26/51€

91 Levée-de-la-Divate – ℰ 02 40 36 03 18 – www.restaurantclemence.com –
Fermé lundi, mardi, dimanche soir

ST-LYPHARD
✉ 44410 – Loire-Atlantique – Carte régionale n° **23**-A2 – Carte Michelin 316-C3

🕸 **AUBERGE LE NÉZIL**

MODERNE · **AUBERGE** X Une façade blanche percée de petites fenêtres et coiffée d'un lourd toit de chaume : voilà une auberge typique de la Brière ! Rien de passéiste cependant entre ses murs, dans le décor comme dans l'assiette, laquelle met en valeur des recettes originales et de bons produits (notamment anguilles et grenouilles).

Spécialités: Salade de supions grillés, crème de riz parfumé au coco. Daurade royale, marmelade de carottes, croquette au curcuma. Pavlova framboise, pâte de citron confit et mousse mascarpone.

🍴 🎴 ⇄ 🅿 – Menu 34/42€

Route de Saint-Nazaire (lieu-dit le Nézil) – ℰ 02 40 91 41 41 –
www.aubergelenezil.fr – Fermé lundi, mercredi, dimanche soir

ST-NAZAIRE

✉ 44600 – Loire-Atlantique – Carte régionale n° **23**–A2 – Carte Michelin 316-C4

⊫○ LE SKIPPER

MODERNE · ÉLÉGANT ※ Situé face à une ancienne base sous-marine transformée en centre culturel, ce Skipper, imaginé par un ex-footballeur du FC Nantes, propose une cuisine particulièrement soignée et gourmande. Le chef, ancien du Fort de l'Océan (au Croisic), laisse voguer son inspiration, au gré des saisons. Le tout dans un cadre moderne.

🌤 🆔 – Carte 39/53 €

1 avenue René-Coty – ℰ 02 40 22 20 03 – www.le-skipper.com –
Fermé 23 décembre-3 janvier, samedi midi, dimanche

ST-PATERNE

✉ 72610 – Sarthe – Carte régionale n° **23**–D1

🏠 CHÂTEAU DE SAINT-PATERNE

DEMEURE HISTORIQUE · PERSONNALISÉ Des toits élancés, de hautes cheminées : ce château est né entre Moyen Âge et Renaissance ! Jusqu'à nos jours il devait témoigner d'un certain art de vivre, car son décor plein de style a été porté à la pointe du goût contemporain... Le dîner est servi aux chandelles. Superbement romantique !

🌤 🦢 🖙 ⤵ 🅿 – 11 chambres

4 rue de la Gaieté – ℰ 02 33 27 54 71 – www.chateau-saintpaterne.com

SAUMUR

✉ 49400 – Maine-et-Loire – Carte régionale n° **23**–C2 – Carte Michelin 317-I5

⊫○ LE GAMBETTA

CRÉATIVE · INTIME ※※ Cette table discrète à l'écart du centre-ville abrite un décor intimiste et épuré, d'esprit bourgeois. Le chef y fait preuve d'une inventivité certaine : cèpes, noix et bacon ; cochon d'Allones ; au dessert, citron, yuzu et gingembre... Service attentionné.

🌤 – Menu 35 € (déjeuner), 73/120 €

Plan : A1-w – *12 rue Gambetta – ℰ 02 41 67 66 66 – www.restaurantlegambetta.fr –*
Fermé lundi, dimanche

⊫○ LA TABLE DU CHÂTEAU GRATIEN

MODERNE · CHIC ※※ Dans le parc paysager des caves Gratien et Meyer, ce joli petit château de la fin du 19ème siècle séduit par son cachet - parquet en point de Hongrie, lustres à pampilles et mobilier contemporain. La cuisine met en valeur les beaux produits de la région - champignons, bœuf de race Parthenaise, anguille de Loire - avec soin et sans superflu. Herbes du potager, excellent pain maison, madeleines tièdes servies avec le café... Une bonne adresse.

🖙 ⬡ ✿ 🅿 – Menu 53/73 €

Hors plan – *94 route de Montsoreau (caves Gratien-Meyer) – ℰ 07 87 08 29 05 –*
www.restaurant-saumur-gratien.fr –
Fermé lundi, mardi midi, mercredi midi

⊫○ L'ESSENTIEL ⓝ

MODERNE · COSY ※※ Balzac, l'ogre de la littérature, aurait été content de s'attabler dans cette belle maison en tuffeau blottie au pied du château. L'auteur d'Eugénie Grandet aurait apprécié la prose gourmande d'un chef qui signe une bonne cuisine réalisée à partir de produits locaux, relevée de jus et de sauces aux petits oignons.

🌤 – Menu 23 € (déjeuner), 33/50 € – Carte 40/50 €

Plan : B2-a – *11 rue Raspail – ℰ 02 41 67 71 10 – www.restaurant-lessentiel-saumur.fr –*
Fermé lundi, dimanche

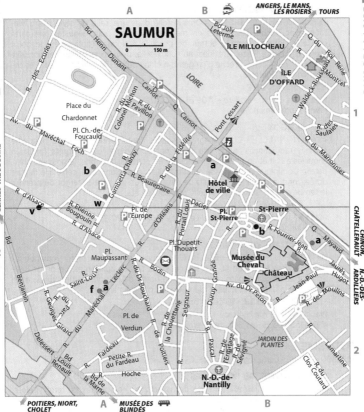

L'ALCHIMISTE

MODERNE · DE QUARTIER Ⅹ Dans ce petit restaurant contemporain, pas de cuisine moléculaire ou alchimiste, mais de bons petits plats cuisinés avec savoir-faire. Le rapport saveurs-prix est bon ! Mieux vaut réserver car l'établissement, bien que discret, est souvent complet...

⌂ – Menu 26/38€ – Carte 33/55€

Plan : A1-b – *6 rue de Lorraine* –
℘ 02 41 67 65 18 – www.lalchimiste-saumur.fr –
Fermé 14-21 février, 17 octobre-2 novembre, lundi, dimanche

L'AROMATE

MODERNE · CONVIVIAL Ⅹ Herbes, épices, condiments... Le chef célèbre les aromates ! On travaille ici en famille, au service d'une jolie cuisine bistronomique qui évolue avec les saisons, et se déguste dans une salle agréable. Sympathique et chaleureux.

⅋ 🅰 ✿ – Menu 20€ (déjeuner)/34€ – Carte 36/39€

Plan : A2-f – *42 rue du Maréchal-Leclerc* –
℘ 02 41 51 31 45 – www.laromate-restaurant.com –
Fermé 15-30 mars, 15-30 juin, 20-30 novembre, lundi, dimanche

LE BOEUF NOISETTE

TRADITIONNELLE · BISTRO ☓ On s'installe dans une salle de style bistro vintage, avec banquettes, tables en marbre et miroirs pour déguster une carte courte et soignée, centrée autour de produits régionaux (notamment le bœuf rouge des prés). Placement idéal au centre-ville, derrière le théâtre, et parallèle aux quais de la Loire, proche d'un grand parking public. Produits de qualité et circuits courts. Goûteux.

✿ – Menu 25/35 €

Plan : B1-a – *29 rue Molière* – *℘ 09 81 73 73 10* – *www.leboeufnoisette.fr* – *Fermé lundi, dimanche*

L'ESCARGOT

TRADITIONNELLE · COSY ☓ Agréable cadre contemporain et épuré pour une cuisine traditionnelle autour de plats phares comme les escargots farcis en coquilles à l'ail et au persil. N'en déplaise au petit gastéropode, le nouveau chef-patron Dominique Dubert aime aussi travailler le poisson - ainsi cette aile de raie dorée, fondue de poireaux, coulis de crustacés. Un joli petit Escargot où prendre le temps de se restaurer sur la jolie terrasse, en été.

😋 ♿ ✿ – Menu 21 € (déjeuner)/32 €

Plan : A2-a – *30 rue du Maréchal-Leclerc* – *℘ 02 41 51 20 88* – *Fermé lundi, dimanche*

CHÂTEAU DE VERRIÈRES

DEMEURE HISTORIQUE · ÉLÉGANT Le lieu idéal pour un séjour romantique : un bel édifice Napoléon III, des boiseries aux teintes apaisantes, un décor Belle Époque et un grand parc... où trônent un noyer d'Amérique et un cyprès, aussi vieux que la demeure ! Espace bien-être et accueil amical.

🏊 🛏 ⚒ 🔲 ♿ 🏋 🅿 – 10 chambres

Plan : A1-v – *53 rue d'Alsace* – *℘ 02 41 38 05 15* – *www.chateau-verrieres.com*

SOLESMES

✉ 72300 – Sarthe – Carte régionale n° **23**–C1

GRAND HÔTEL DE SOLESMES

CLASSIQUE · ÉLÉGANT ☓☓ Tarte de ris de veau et pommes de terre vitelote, crème au raifort, ou encore suprême de volaille sarthoise aux écrevisses... Une délicate cuisine classique qui séduit d'emblée ; on ne triche pas sur la qualité des produits. De plus, l'accueil et le service sont charmants !

🛏 😋 ♿ 🔲 🅿 – Menu 27/68 € – Carte 56/98 €

16 place Dom-Guéranger – *℘ 02 43 95 45 10* – *www.grandhotelsolesmes.com* – *Fermé 1ᵉʳ-10 janvier, dimanche soir*

THARON-PLAGE

✉ 44730 – Loire-Atlantique – Carte régionale n° **23**–A2 – Carte Michelin 316-C5

LE BELEM

MODERNE · CONTEMPORAIN ☓☓ Une maquette du Belem, célèbre trois-mâts français datant de 1896, attire le regard, dans la salle à manger de cet élégant restaurant situé à deux pas de la mer. On profite de saveurs iodées (lotte rôtie, filets de rougets grillés), dans deux salles lumineuses, décorées dans un esprit marin. Il y a même du gibier en saison - le chef est chasseur.

🅰🅲 – Menu 26 € (déjeuner), 37/82 € – Carte 56 €

56 avenue de la Convention – *℘ 02 40 64 90 06* – *www.restaurantlebelem.fr* – *Fermé 3-24 janvier, lundi, mercredi soir, dimanche soir*

THORIGNÉ-SUR-DUÉ

✉ 72160 – Sarthe – Carte régionale n° **23**–D1 – Carte Michelin 310-M6

🏠 LE SAINT-JACQUES

MODERNE · **TRADITIONNEL** ✗✗ Un jeune couple est aux commandes de cette maison où la décoration plutôt traditionnelle est rehaussée de touches actuelles. Le chef est passionné et cela se sent ! Sa cuisine, rythmée par les saisons, privilégie les produits du terroir local.

Spécialités : Pressée d'aile de raie aux agrumes. Suprême de volaille, farce fine de champignons, petits légumes. Baba au vieux rhum, compotée d'ananas à la vanille.

🔀 🛏 🖙 🕭 🅿 – Menu 33/70 € – Carte 52/60 €

Place du Monument – 𝒞 02 43 89 95 50 – www.hotel-sarthe.fr –
Fermé 8-16 août, 17 octobre-1ᵉʳ novembre, lundi, mardi midi, dimanche soir

LA TRANCHE-SUR-MER

✉ 85360 – Vendée – Carte régionale n° **23**–B3 – Carte Michelin 316-H9

🟢 LE POUSSE-PIED

Chef: Anthony Lumet

CUISINE DU MARCHÉ · **CONTEMPORAIN** ✗✗ Quel pied quand un ancien collaborateur d'Alexandre Couillon à Noirmoutier – il était un temps aux fourneaux de la Table d'Élise – part à l'aventure dans sa propre embarcation ! Derrière une façade anonyme coincée entre des échoppes à touristes, Anthony Lumet s'est concocté un chaleureux décor contemporain : murs couleur métal ou en pierre plaquée, jolis fauteuils de type scandinave en velours bleu pétrole, tables en bois brut. Il décline ici une cuisine nette et épurée, sans artifices d'aucune sorte, au fil de la saison et des arrivages, avec une prédilection marquée pour les poissons et les coquillages.

Spécialités : Cuisine du marché.

🖙 🕭 🅰🅲 – Menu 20 € (déjeuner), 37/75 €

84 boulevard des Vendéens – 𝒞 02 51 56 23 95 – www.lepoussepied.fr –
Fermé 15 novembre-30 décembre, lundi soir, mardi, mercredi

TRANGÉ

✉ 72650 – Sarthe – Carte régionale n° **23**–C1 – Carte Michelin 310-J6

🏨 LA GROIRIE

LUXE · **PERSONNALISÉ** Adossé à un château du 17ᵉ s. ayant survécu aux guerres de Vendée, cet hôtel a été créé par des amoureux du patrimoine... et ça se voit ! Belles et vastes chambres, grand parc verdoyant, piscine : si ce n'est pas le paradis, ça y ressemble.

🔀 🍸 🕭 🅰🅲 ⚜ 🅿 – 13 chambres

Château de La Groirie –
𝒞 09 70 37 24 59 – www.lagroirie.com

LA TURBALLE

✉ 44420 – Loire-Atlantique – Carte régionale n° **23**–A2 – Carte Michelin 316-A3

🍽 LE TERMINUS

POISSONS ET FRUITS DE MER · **CONVIVIAL** ✗✗ On y descend pour la vue sur le port de La Turballe, dont on jouit depuis toutes les tables ! La cuisine explore évidemment les produits de la mer.

🕭 🅰🅲 ⇔ – Menu 33 € – Carte 30/75 €

18 quai Saint-Paul – 𝒞 02 40 23 30 29 – www.laturballe.com/restaurant-terminus –
Fermé 1ᵉʳ-19 mars, lundi, mardi, dimanche soir

VARADES

✉ 44370 – Loire-Atlantique – Carte régionale n° **23**–B2 – Carte Michelin 316-J3

🕊 LA CLOSERIE DES ROSES

CLASSIQUE · **TENDANCE** XX Ce restaurant est ancré depuis 1938 en bord de Loire : un site ravissant, presque en symbiose avec le fleuve... Et de la salle panoramique, on admire l'abbatiale illuminée le soir. Ce chef au nom prédestiné aime tous les poissons, et achète celui de Loire aux pêcheurs du coin. Et, pour notre plus grand plaisir, il concocte une délicieuse cuisine régionale.

Spécialités : Velouté de petits pois, lard séché, œuf parfait. Croustillant de cabillaud, embeurrée de choux, beurre blanc. Saveur glacée amandes et miel.

≼ 🅐🅒 – Menu 33/67 € – Carte 51/61 €

455 La Haute-Meilleraie – 𝒞 02 40 98 33 30 – www.lacloseriedesroses.com –
Fermé 22 février-10 mars, 23 août-1er septembre, 18 octobre-3 novembre, lundi soir, mardi soir, mercredi, dimanche soir

VELLUIRE

✉ 85770 – Vendée – Carte régionale n° **23**–B3

🕊 AUBERGE DE LA RIVIÈRE

MODERNE · **AUBERGE** XX Le frémissement de la rivière toute proche, le lierre qui court sur la façade, les oies et les canards qui gambadent : cette auberge vendéenne invite à la rêverie et à la gourmandise. Sur la terrasse, on savoure de beaux produits, accompagnés d'herbes aromatiques et de subtils assaisonnements... Chambres coquettes pour l'étape.

Spécialités : Cuisine du marché.

🕸 ⇦ 🏠 ⅙ ⇩ – Menu 34/45 € – Carte 63/75 €

Rue du Port-de-la-Fouarne – 𝒞 02 51 52 32 15 – www.hotel-riviere-vendee.com –
Fermé 4-20 janvier, 1er-17 mars, 25 octobre-4 novembre, lundi, mardi midi, jeudi midi

VERTOU

✉ 44120 – Loire-Atlantique – Carte régionale n° **23**–B2

Voir plan de Nantes

🕊 LE LAURIER FLEURI

MODERNE · **TRADITIONNEL** XX Un couple de pro cornaque avec brio cet ancien relais de diligence d'aspect très traditionnel ! C'est après un solide parcours dans des maisons de renom que le chef a repris les rênes des fourneaux. On sent dans chaque assiette un réel travail et une vraie envie de surprendre et de faire plaisir...

⇦ ⅙ ⇩ 🅿 – Menu 23/53 €

Plan : Nantes D3-b *– 460 route de Clisson – 𝒞 02 51 79 01 01 – www.laurierfleuri.fr –*
Fermé 1er-23 août, 24 décembre-5 janvier, lundi, dimanche

Jon Arnold Images/hemis.fr

PROVENCE-ALPES-CÔTE D'AZUR

PROVENCE-ALPES-CÔTE D'AZUR

Une terre de contrastes... par son climat, sa végétation et son relief ! Quelle diversité, en effet, entre la tiédeur hivernale de la côte niçoise, les hautes cimes glacées du Mercantour, les chênes-lièges et pins méridionaux, les villages perchés et les plages bondées... Mais partout vous irez à la rencontre de chefs et de producteurs passionnés par la gastronomie de leur « pays ». Le régime méditerranéen n'est-il pas devenu synonyme de (bonne) santé ? C'est que l'on y mange essentiellement des fruits, des légumes, des poissons, généreusement arrosés d'huile d'olive...

Douceur du climat oblige, les cultures maraîchères et fruitières prospèrent dans les champs et sur les étals des marchés. La fleur de courgette se voit même célébrer de l'entrée au dessert. Et quels parfums ! Sur ce terroir ensoleillé, les herbes – thym et romarin notamment – poussent au chant des cigales. Leurs arômes entêtants imprègnent fortement viandes, poissons et fromages, quand ils ne profitent pas d'une généreuse rappée de truffe. Ingrédient incontournable, l'huile d'olive, qui bénéficie de plusieurs AOP, entre dans la composition de plusieurs plats, à l'instar de l'aïoli que le chef Christophe Bacquié a haussé au rang des beaux arts...

• Cartes régionales n° 24 et 25

LA SÉLECTION
DU GUIDE MICHELIN

LES TABLES ÉTOILÉES

ঞ্চ ঞ্চ ঞ্চ

Une cuisine unique. Vaut le voyage !

AM par Alexandre Mazzia (Marseille)	1196
Christophe Bacquié (Le Castellet)	1161
Le Louis XV - Alain Ducasse à l'Hôtel de Paris (Monaco)	1209
Mirazur (Menton) ঞ্চ	1205
L'Oustau de Baumanière (Les Baux-de-Provence) ঞ্চ	1146
Le Petit Nice (Marseille)	1191
La Vague d'Or - Cheval Blanc St-Tropez (Saint-Tropez)	1242

ঞ্চ ঞ্চ

Une cuisine d'exception. Vaut le détour !

La Chèvre d'Or (Èze)	1170
Flaveur (Nice)	1218
Hostellerie Jérôme (La Turbie) ঞ্চ	1258
La Palme d'Or (Cannes)	1155
Villa Archange (Le Cannet)	1159
La Villa Madie (Cassis)	1160
La Voile (Ramatuelle)	1231

ঞ্চ

Une cuisine d'une grande finesse. Vaut l'étape !

Les Agitateurs (Nice) N	1222
Alain Llorca (La Colle-sur-Loup)	1166
Alcyone (Marseille)	1196
L'Arbre au Soleil (Le Lavandou)	1186
L'Aromate (Nice)	1219
Le Art (Aix-en-Provence)	1124
L'Auberge de St-Rémy-de-Provence (Saint-Rémy-de-Provence)	1239
Auberge La Fenière (Cadenet) ঞ্চ	1151
L'Aupiho (Les Baux-de-Provence)	1146
La Bastide de Moustiers (Moustiers-Sainte-Marie)	1216
La Bastide Saint-Antoine (Grasse)	1179
Le Bistronomique (Manosque) N	1190
Le Bistrot de Lagarde (Lagarde-d'Apt)	1185
Le Blue Bay (Monaco)	1210
La Bonne Étape (Château-Arnoux)	1164
Les Bories (Gordes)	1177

À la table des grands chefs.

TORINO. ITALIA. 1895

AleksandarNakic/iStock

Bruno (Lorgues) 1187
Le Candille (Mougins) 1215
Le Cap (Saint-Jean-Cap-Ferrat) 1235
Le Champ des Lunes (Lauris) 1185
Le Chantecler (Nice) 1219
La Chassagnette (Le Sambuc) ✿ 1248
Château de Massillan (Uchaux) **N** 1259
Le Cloître (Mane) 1189
Le Clos de l'Oustalet (Gigondas) ✿ 1176
La Closerie (Ansouis) 1129
Clovis (Tourrettes-sur-Loup) 1258
Colette (Saint-Tropez) **N** 1243
Dan B. - La Table de Ventabren (Ventabren) 1262
Elsa (Roquebrune) 1211
L'Épuisette (Marseille) 1196
Faventia (Tourrettes) 1255
Le Figuier de Saint-Esprit (Antibes) 1131
La Flibuste-Martin's (Villeneuve-Loubet) 1264
Le Grill (Monaco) 1210
Hostellerie de l'Abbaye de la Celle (La Celle) 1163
Hostellerie Les Gorges de Pennafort (Callas) 1153
JAN (Nice) 1219
Le Jardin de Berne (Lorgues) ✿ 1187
Louroc (Antibes) **N** 1130
La Magdeleine - Mathias Dandine (Gémenos) 1175
Maison Hache (Eygalières) 1169
Le Mas Bottero (Saint-Cannat) 1234
La Mère Germaine (Châteauneuf-du-Pape) **N** 1165
Mickaël Féval (Aix-en-Provence) **N** 1125
La Mirande (Avignon) ✿ 1139
Les Oliviers (Bandol) 1145
L'Or Bleu (Théoule-sur-Mer) **N** 1251

La Palmeraie (La Croix-Valmer) 1167
La Passagère (Juan-les-Pins) 1184
Les Pêcheurs (Antibes)... 1131
La Petite Maison de Cucuron (Cucuron)... 1168
Pierre Reboul (Aix-en-Provence).. 1124
Pollen (Avignon) N... 1142
Pure & V (Nice) 1222
Le Relais des Moines (Les Arcs) 1135
René'Sens par Jean-François Bérard (La Cadière-d'Azur) ☘ 1152
Le Restaurant des Rois (Beaulieu-sur-Mer).. 1147
Restaurant de Tourrel (Saint-Rémy-de-Provence) 1240
Le Saint-Estève (Le Tholonet)... 1252
Le Saint-Martin (Vence) 1261
Saisons (Marseille) 1196
La Salle à Manger du Château de Mazan (Mazan) N................................ 1204
Signature (Marseille) N... 1197
La Table d'Antonio Salvatore au Rampoldi (Monaco) N 1211
La Table de Nans (La Ciotat).. 1165
La Table de Patrick Raingeard (Èze-Bord-de-Mer)................................. 1171
La Table de Xavier Mathieu (Joucas)... 1183
Les Tables de Gaspard (Saint-Crépin).. 1235
Les Terraillers (Biot) 1148
La Terrasse (Saint-Raphaël)... 1237
La Vieille Fontaine (Avignon) 1142
Villa Salone (Salon-de-Provence) N 1247
Vistamar (Monaco)... 1210
Le Vivier (L'Isle-sur-la-Sorgue).. 1181
Yoshi (Monaco) 1211

Grafissimo/iStock

LES BIB GOURMAND 🍽️

Nos meilleurs rapports qualité-prix

L'Agape (Avignon) 1142
L'Amandier (Fréjus) 1174
L'Araignée Gourmande
   (Laragne-Montéglin) 1185
L'Arlatan (Arles) N 1136
L'Arôme (Marseille) 1197
Les Arômes (Gémenos) 1176
L'Atelier L'Art des Mets (Taillades) . . . 1251
Auberge La Camarette
   (Pernes-les-Fontaines) N 1229
Au Plaisir Ambré (Briançon) 1150
Beam ! (Toulon) N 1253
La Beaugravière (Mondragon) N 1213
Bello Visto (Gassin) 1175
Bistrot d'Antoine (Nice) 1222
Le Bistrot de Berne (Lorgues) 1188
Bistrot des Anges (Le Cannet) 1159
Bistrot des Roques
   (Saint-Pantaléon) N 1236
Le Bistrot de Villedieu (Villedieu) N . 1263
Bistrot St-Sauveur (Le Cannet) 1160
Le Bon Temps (Sénas) N 1249
Café de la Fontaine (La Turbie) 1259
Carré 2 Vigne (Toulon) 1253
Chez Davia (Nice) N 1222
Le Clos St-Roch
   (Maussane-les-Alpilles) N 1204
La Colombe (Hyères) 1181

Coteaux et Fourchettes
   (Cairanne) 1153
Côté Sud (Uchaux) 1259
La Cour de Ferme (Cadenet) N 1151
Les Dilettants (Vallauris) 1260
L'Espérance (Bandol) 1145
Fine Gueule (Nice) 1223
Italie là-bas (Avignon) 1142
La Loge Bertin (Manosque) N 1190
Lougolin (Grasse) 1179
Maison Alliey
   (Le Monêtier-les-Bains) N 1213
La Maison de Celou
   (Châteauneuf-de-Gadagne) 1164
La Merenda (Nice) 1223
Mimosa (Bormes-les-Mimosa) 1150
Le Nid (Flayosc) 1172
Olive et Artichaut (Nice) 1223
L'Orphéon (Marseille) 1197
L'Oustalet Maïanen (Maillane) 1188
Les Plaisirs (Peillon) 1229
Le Rabelais (Saint-Chamas) 1234
Le 6 à Table (Caromb) 1160
La Table (Tourtour) 1258
La Table de Pablo (Villars) 1263
La Table d'Yves (Fayence) 1171
Vegan Gorilla (Nice) 1223
Yima (Marseille) N 1197

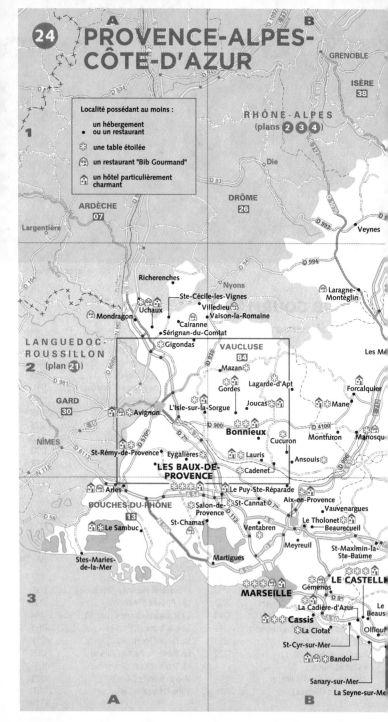

E

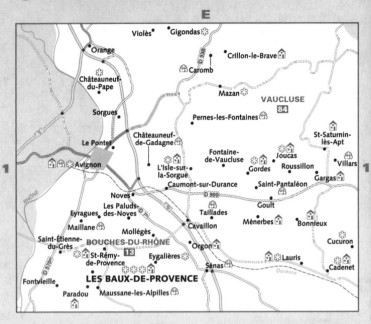

E

AGAY

✉ 83530 – Var – Carte régionale n° **25**–E2 – Carte Michelin 340-Q5

ⅼ○ **LES FLOTS BLEUS**

MODERNE · **MÉDITERRANÉEN** ✗✗ Au-dessus des flots bleus de la calanque d'Anthéor – seulement troublés par le passage des trains sur l'impressionnant viaduc voisin –, cet hôtel-restaurant joue la carte des saveurs régionales ou plus créatives, du farniente en terrasse et des nuits en toute simplicité. Les poissons, rôtis ou en soupe, sont à l'honneur !

⇦ ⇐ 🍴 � & 🅼 🅿 – Carte 33/50 €

83 route de Saint-Barthélemy – 𝄢 04 94 44 80 21 – www.hotel-cote-azur.com – Fermé 15 novembre-6 mars, lundi midi, mercredi

✉ 13290 – Bouches-du-Rhône
Carte régionale n° **24**–B3
Carte Michelin 340-H4

AIX-EN-PROVENCE

Chaque ville possède une figure, un regard, une voix... À Aix, on écoute le murmure des fontaines, le chant des vieilles pierres célébrant les fastes du passé et, bien sûr, la symphonie des marchés. Dans l'assiette et sur les étals, la trilogie tomate, huile d'olive et ail impose sa couleur et ses parfums. Fruits et légumes sont d'une grande variété – la vallée du Rhône et de la Durance sont les plus grands vergers et potagers de France ! Les poissons de la Méditerranée sont ici comme chez eux. En ville, de belles boutiques historiques continuent de défendre le calisson, le fruit confit ou le chocolat. Aux portes de la ville, des vignobles, riches de cinq AOP, produisent blancs, rosés et rouges, tour à tour suaves, sensuels ou puissants.

Restaurants

⽊ LE ART

MODERNE · ÉLÉGANT ✗✗✗ Après quatre ans passés au Domaine de Manville, aux Baux-de-Provence, Matthieu Dupuis-Baumal a pris le chemin d'Aix. Aux fourneaux de cette magnifique bastide du 18ᵉ s., le jeune chef, particulièrement inspiré, propose des assiettes audacieuses, où les notes provençales se parent de quelques influences japonaises. Les saveurs sont franches, toujours contrôlées, et chaque recette porte le sceau d'une personnalité culinaire affirmée. Un lieu magique et une terrasse magnifique, somptueux écrin pour un feu d'artifice de saveurs, associées à une splendide carte des vins (dont ceux du château, évidemment).

Spécialités : Artichaut barigoule, caviar osciètre, sauce champagne-yuzu. Pigeon voyageur dans tous ses états. Chocolat, mousse légère vibrato, crumble et sorbet cacao, praliné maïs.

🐙 ⽊⽊ 🗏 🅐 ⟳ 🅿 – Menu 63 € (déjeuner), 97/185 €

Hors plan – *Château de la Gaude, 3913 route des Pinchinats – ☎ 04 84 93 09 30 – www.chateaudelagaude.com – Fermé 2 janvier-12 février, lundi, mardi*

⽊ PIERRE REBOUL

Chef : Pierre Reboul

CRÉATIVE · ÉLÉGANT ✗✗ Pierre Reboul a roulé sa bosse par monts et par vaux. Apprenti chez Michel Chabran à Pont-de-l'Isère, membre de la brigade de l'immense Jacques Pic (le père d'Anne-Sophie) à Valence, cuisinier à Paris chez Taillevent et Rostang, le chef a ensuite ouvert sous son propre nom à Saint-Rémy-de-Provence, Tain-l'Hermitage puis Aix-en-Provence. Sa cuisine ludique et créative, un brin moléculaire, s'épanouit dans le cadre élégant d'un château du 16ᵉ s. Texture, inventivité, respect des saisons (légumes en permaculture et pêche raisonnée) : les fondamentaux sont respectés.

Spécialités: Flamby de foie gras. Loup au caviar, beurre blanc au champagne. Savon de Marseille.

🐌 ⬅ 🍴 🏠 ♻ 🅿 – Menu 59 € (déjeuner)/139 €

Hors plan – *Château de la Pioline, 260 rue Guillaume-du-Vair –*
𝒞 04 42 52 27 27 - www.chateaudelapioline.com –
Fermé lundi, mardi soir, mercredi soir, samedi midi, dimanche

🕸 ## MICKAËL FÉVAL

Chef: Mickael Féval

MODERNE · ÉLÉGANT 🗙🗙 Ancien collaborateur de plusieurs grands chefs (Antoine Westermann, Bernard Loiseau), le chef Mickaël Feval a posé ses valises dans cette maison du cœur d'Aix. Ses recettes créatives mettent en valeur les saisons, les producteurs locaux et des produits classiques (canette des Dombes, volaille de Challans, foie gras, langoustine). Le chef aime toujours autant travailler le poisson (souvenirs de son passage chez Antoine), comme le démontre ce tartare de bar, quinoa, pamplemousse et avocat, tuile encre de seiche, que l'on déguste dans une longue salle atypique avec petites voûtes et murs blancs. Ne manquez pas non plus le baba au rhum ! Service professionnel et attentionné.

Spécialités: Tartare de bar, quinoa, pêche et gel citron. Turbot, cerfeuil, tetragone, chanterelles, beurre de caviar au champagne. Miel du Jas des Abeilles, parfait glacé citron vert-yaourt grec, espuma miel.

🔠 – Menu 39 € (déjeuner), 75/110 € – Carte 85/105 €

Plan : B2-a – *11 Petite-Rue-Saint-Jean –*
𝒞 04 42 93 29 60 - www.mickaelfeval.com –
Fermé 1er-15 janvier, 8-22 août, lundi, dimanche

🍴○ ## LA TABLE DU PIGONNET

TRADITIONNELLE · ÉLÉGANT 🗙🗙🗙 Une carte traditionnelle, respectueuse des saisons et mâtinée de quelques touches contemporaines, à déguster dans une salle élégante. Le charme se révèle aux beaux jours lorsque la terrasse est dressée et le jardin fleuri. Menu végétarien.

🍴 🏠 🔠 ♻ 🅿 – Carte 52/71 €

Hors plan – *Le Pigonnet, 5 avenue du Pigonnet – 𝒞 04 42 59 61 07 –*
www.hotelpigonnet.com

🍴○ ## CÔTÉ COUR

TRADITIONNELLE · TENDANCE 🗙🗙 Sur le cours Mirabeau, décor épuré aux matières naturelles, toit ouvrant, ambiance glamour et musique lounge : Ronan Kernen, ancien candidat de Top Chef, a su créer ici une atmosphère tout à fait particulière. On vient ici pour voir et être vu... mais surtout pour bien manger : la cuisine du chef ne manque pas de personnalité, et ne manque pas de rendre hommage aux recettes de la tradition et aux plats de sa grand-mère, tel ce risotto crémeux aux champignons.

🏠 🔠 – Menu 30 € (déjeuner), 43/63 € – Carte 58/63 €

Plan : B2-c – *19 cours Mirabeau –*
𝒞 04 42 93 12 51 - www.restaurantcotecour.fr –
Fermé lundi, dimanche

🍴○ ## VILLA GALLICI

TRADITIONNELLE · COSY 🗙🗙 Luxe et tradition, sans ostentation. Au menu : une belle cuisine française gorgée de soleil, à déguster sur les tables basses des superbes salons, ou près des platanes sur la jolie terrasse... On a même aménagé un élégant caveau pour vous faire découvrir quelques grands crus. L'esprit du Sud !

🐌 ⬅ 🏠 🔠 🅿 – Menu 105/135 €

Hors plan – *18 bis avenue de la Violette –*
𝒞 04 42 23 29 23 - www.villagallici.com –
Fermé 2 janvier-4 février, lundi midi, mercredi midi

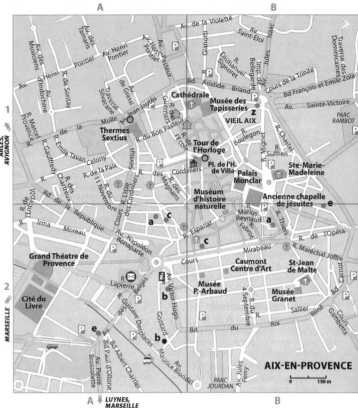

A | B

🍽️ LES INSÉPARABLES 🅝

MODERNE · CONTEMPORAIN XX Les Inséparables, c'est la rencontre de Christophe Bonanno (chef passé par le Crillon, Astrance, Laurent) et de Mathieu Jégo, manager dans l'âme et féru de gastronomie. Dans un intérieur vintage, très années 1970, ils proposent une partition culinaire assez tendance, et qui fait mouche. Grande et belle terrasse sous deux vieux platanes.

�';️ 🅰️🅺 – Menu 32 € (déjeuner)/62 € – Carte 58/76 €

Hors plan – *4 avenue de la Reine-Astrid* –
☎ 04 42 27 90 32 – http://lesinseparables-aix.fr/ –
Fermé lundi, dimanche

🍽️ LA PETITE FERME 🅝

TRADITIONNELLE · COSY XX Cette nouvelle brasserie contemporaine chic tenue par Ronan Kernen, le chef-propriétaire de Côté Cour, propose une belle cuisine traditionnelle totalement assumée dans l'esprit « plats de grand-mères gentiment canailles » avec notamment un large choix de viandes cuites à la braise et des volailles à la broche. Le résultat est plaisant, on se régale.

🌿 🅰️ 🅰️🅺 – Menu 22 € (déjeuner) – Carte 50/85 €

Plan : A2-b – *7 avenue Victor-Hugo* –
☎ 04 42 26 68 84 – www.lapetiteferme-aix.com –
Fermé lundi, dimanche

ⁱ⃝ **LA SOURCE**

INTERNATIONALE · **DESIGN** X Si vous voulez savoir à quoi ressemble la version chic et décontractée d'une brasserie contemporaine dans un château du dix-huitième siècle, égayé d'un décor revival sixties, vous êtes à la bonne adresse ! Dans l'assiette, signée Matthieu Dupuis-Baumal, ça swingue avec des recettes inspirées de ses voyages à travers le monde. Japon, Brésil, Espagne, Pérou, Italie, Thaïlande ou Chine se donnent rendez-vous sur une carte décomplexée et ludique. *So fun !*
🕸 🛱 & 🎟 🅿 – Menu 47 € (déjeuner) – Carte 60/130 €

Hors plan - *Château de la Gaude, 3913 route des Pinchinats -*
☏ 04 84 93 09 30 - www.chateaudelagaude.com

ⁱ⃝ **GAODINA**

MÉDITERRANÉENNE · **MAISON DE CAMPAGNE** X En provençal, "gaodina" signifie se régaler, se réjouir à table, se donner du bon temps. Cela tombe bien, ce nouveau lieu tendance perdu dans la campagne aixoise cultive l'esprit guinguette contemporaine (bar côté jardin et pétanque). La cadre : une belle bastide du dix-huitième siècle ; l'assiette : des recettes méditerranéennes bien tournées. On dîne dans une grande véranda ou en terrasse, avec vue sur la piscine ou sur les champs cultivés. Le service, décontracté, est adapté au lieu. Plusieurs chambres pour ceux qui aiment le chant des cigales.
🛏 🖽 🛱 & ⇔ 🅿 – Carte 34/47 €

Hors plan - *1075 chemin du Mont-Robert -*
☏ 04 42 24 48 50 - www.gaodina.com -
Fermé dimanche soir

ⁱ⃝ **LICANDRO - LE BISTRO**

TRADITIONNELLE · **COLORÉ** X Une petite affaire familiale tenue par Felipe Licandro, chef passé par de belles maisons partout en France, accompagné de son épouse Julie en salle. L'ardoise du midi propose une cuisine du marché bien faite ; le soir, on profite d'un choix plus étoffé, mais l'esprit bistronomie et tradition reste de mise.
🎟 ⇔ – Menu 22 € (déjeuner), 33/43 €

Plan : A2-c - *18 rue de la Couronne - ☏ 06 27 20 03 99 - www.licandrolebistro.com -*
Fermé mardi, mercredi

ⁱ⃝ **MOLÈNE DE MICKAËL FÉVAL**

POISSONS ET FRUITS DE MER · **INTIME** X Hommage à une île bretonne, l'adresse bis de Mickaël Féval séduit par sa cuisine iodée (poisson et fruits de mer d'une fraîcheur irréprochable), ses cuissons précises et ses assiettes épurées. Un vibrant éloge de la mer, simple, bon et lisible.
🎟 – Carte 61/85 €

Plan : B2-e - *31 bis rue Manuel - ☏ 04 42 39 81 88 - restaurantmolene.com -*
Fermé 23 août-8 septembre, lundi, dimanche

ⁱ⃝ **NIRO**

MODERNE · **TENDANCE** X Un lieu décontracté, pensé par Alexandre Mazzia. Un nouveau chef, Philippe Sublet, riche d'un parcours dans de belles maisons étoilées (Londres, Paris, Athènes). Dans l'assiette : des recettes imaginées à quatre mains dans un esprit bistronomie agréablement égayées de touches asiatiques et d'épices saupoudrées ici ou là. A déguster dans la salle aux coloris très chatoyants ou en terrasse, l'été venu. Le menu déjeuner est une aubaine.
🛱 & 🎟 – Menu 28 € (déjeuner)/55 € – Carte 50/56 €

Plan : A2-a - *37 place des Tanneurs - ☏ 04 42 92 71 35 - niro-restaurant.com -*
Fermé lundi, dimanche

LE VINTRÉPIDE

TRADITIONNELLE · ÉLÉGANT On tombe de suite sous le charme de ce décor contemporain et cosy (mobilier design, bois blond et murs de couleur vert-bleu) : une agréable petite adresse tenue par deux associés qui ont le souci de bien faire. L'un, en cuisine, prépare de délicieux plats de saison au gré de son inspiration. L'autre, sommelier, a toujours le bon conseil pour le choix des vins. Un duo gagnant.

⬥ 🅰🅲 – Carte 45/65€

Plan : B1-z – *48 rue du Puits-Neuf* – ☎ *09 83 88 96 59* – *www.vintrepide.com* – *Fermé lundi, dimanche*

YAMATO

JAPONAISE · EXOTIQUE Cette table japonaise propose une cuisine ciselée, réalisée avec des produits frais de qualité, du poisson aux desserts "fusion". Salle à manger d'inspiration asiatique, propriétaire en costume traditionnel, et à l'étage, trois luxueuses chambres façon ryokan participent au voyage...

⬥ ⇦ 🎐 🅰🅲 – Menu 44/98€ – Carte 50/80€

Plan : A2-e – *21 avenue des Belges* – ☎ *04 42 38 00 20* – *www.restaurant-yamato.com* – *Fermé lundi, mardi*

Hôtels

VILLA GALLICI

LUXE · ÉLÉGANT Cyprès, fontaine, jasmin et rosiers : voici quelques-uns des charmes du ravissant jardin provençal de cette discrète villa juchée sur les hauteurs d'Aix. Les chambres, au charme baroque, sont exclusives et raffinées. Un lieu à part !

🌿 ⬥ ⇦ 🎐 🅰🅲 🅿 – 17 chambres – 6 suites

Hors plan – *18 bis avenue de la Violette* – ☎ *04 42 23 29 23* – *www.villagallici.com*

🍽 **Villa Gallici** – Voir la sélection des restaurants

VILLA SAINT-ANGE

HÔTEL PARTICULIER · ÉLÉGANT Séjour aux anges garanti dans cette ancienne bastide du 18e s. réhabilitée en hôtel d'exception qui se mire dans une piscine chauffée toute l'année... Luxueuses chambres ravissantes, décorées dans l'esprit d'une maison bourgeoise avec tableaux et mobilier chinés, beaux papiers peints artisanaux. Espace détente et mille autres petits raffinements divins. Élégant restaurant tourné vers le jardin méditerranéen.

🌿 ⬥ ⇦ 🅰🅲 🐾 – 33 chambres – 1 suite

Hors plan – *7 traverse Saint-Pierre* – ☎ *04 42 95 10 10* – *www.villasaintange.com*

CHÂTEAU DE LA GAUDE   `Tablet.PLUS`

MAISON DE MAÎTRE · CONTEMPORAIN Fermez les yeux et imaginez un domaine de 19 hectares, situé en pleine nature, dont 13 hectares de vignes, 300 oliviers, 50 chênes truffiers,12 ruches et un poulailler. Cette superbe bastide du dix-huitième siècle accueille chambres et suites, dont certaines dominent un jardin à la française. Et pour couronner le tout, une scène du Château de ma Mère (Marcel Pagnol), a été tournée ici. Vous entendez les cigales ?

🌿 ⬥ 🅰🅲 🅿 – 10 chambres – 7 suites

Hors plan – *3913 route des Pinchinats* – ☎ *04 84 93 09 30* – *www.chateaudelagaude.com*

❀ **Le Art** • 🍽 **La Source** – Voir la sélection des restaurants

LE PIGONNET   `Tablet.PLUS`

MAISON DE MAÎTRE · PERSONNALISÉ En périphérie d'Aix, dans un beau parc verdoyant, une imposante bastide dont les chambres cultivent le romantisme et l'élégance ; celles situées dans la partie "Résidence" adoptent un style moderne et chaleureux. Cézanne lui-même s'imprégna ici des parfums et couleurs de la Provence !

🌿 ⬥ ⇦ 🎐 🅰🅲 🅿 – 49 chambres – 5 suites

Hors plan – *5 avenue du Pigonnet* – ☎ *04 42 59 02 90* – *www.hotelpigonnet.com*

🍽 **La Table du Pigonnet** – Voir la sélection des restaurants

CÉZANNE

URBAIN · DESIGN De belles chambres (55) design pour cet hôtel situé entre la gare et le centre-ville, à deux pas du cours Mirabeau. Business center, open bar, garage payant sur réservation, terrasse avec fontaine et petit-déjeuner maison. Accueil et service aux petits soins. Sélection de boissons en self-service.

🛋 🖨 ♿ 🅰🅲 🚗 – 53 chambres – 2 suites

Plan : A2-b – *40 avenue Victor-Hugo* – ℰ *04 42 91 11 11* – *www.hotelaix.com*

ANSOUIS

✉ 84240 – Vaucluse – Carte régionale n° **24**–B2 – Carte Michelin 332-F11

❀ **LA CLOSERIE**

Chef : Olivier Alemany

TRADITIONNELLE · ÉLÉGANT ✕✕ Dans le Luberon, cette Closerie-là est une ancienne poste, où l'on déguste une véritable ode à la Provence dans la salle à manger élégante et moderne, ou sur la petite terrasse panoramique. Après avoir fait la tournée de ses producteurs, le chef marseillais Olivier Alemany (formé notamment par Jacques Chibois) enchante une cuisine traditionnelle magnifiée par les superbes produits de Provence, gorgés de soleil et d'une fraîcheur incomparable. En salle, son épouse Delphine distille un service aux petits soins. Le charmant village d'Ansouis offre enfin aux mangeurs repus l'occasion d'une digestion apaisée, au gré de ses ruelles, jusqu'à l'église et le château.

Spécialités : Salade de homard bleu et haricots verts du jardin. Pigeonneau rôti aux baie de cassis. Pain perdu caramélisé à la vanille Bourbon.

🍽 ♿ 🅰🅲 ⇔ – Menu 36 € (déjeuner), 56/75 €

Boulevard des Platanes – ℰ *04 90 09 90 54* – *www.lacloserieansouis.com* – *Fermé mercredi, jeudi, dimanche soir*

✉ 06600 – Alpes-Maritimes
Carte régionale n° **25**–E2
Carte Michelin 341-D6

ANTIBES

Antibes ? C'est peut-être Picasso qui en parle le mieux avec sa Joie de Vivre, exposée dans son musée : le tableau partage une certaine vision de la Méditerranée éternelle. La ville est construite entre deux anses : St-Roch, où vous déambulerez sur le port de plaisance, et la Salis, où vous lézarderez sur la plage. Après une flânerie dans les ruelles de la vieille ville, vous ne résisterez pas longtemps aux saveurs du Sud. Le marché provençal du cours Masséna est un passage obligé pour qui veut se fournir en produits locaux, notamment en fruits et légumes, mais aussi en spécialités corses, en confitures, épices, olives (cassées, farcies, piquantes ou en tapenade) et fromages de chèvre... Enfin, le Marché des Pêcheurs accueille les derniers petits pêcheurs professionnels de la côte antiboise : fraîcheur garantie.

Restaurants

ॐ **LOUROC**

MODERNE · **ÉLÉGANT** XxXxX La nouvelle table de ce palace a décidé de mettre toutes les chances de son côté. On y conjugue un service attentionné (expert dans la découpe au guéridon), l'art de la table réalisé en grande partie par des artisans provençaux, une vue époustouflante sur la Méditerranée, une carte conçue par Éric Frechon et le talent du chef Sébastien Broda. Dans le garde-manger, uniquement des légumes du potager de l'hôtel et des maraîchers locaux, des poissons de petite pêche et des viandes sur mesure. Cette cuisine méditerranéenne est illustrée par des plats d'une parfaite lisibilité dont l'intitulé laconique – une promesse de bonheur – dit l'essentiel : langoustines, gelée de céleri branche ; artichaut violet de Provence ; selle d'agneau rôti aux herbes de la garrigue...

Spécialités : Artichaut violet de Provence à l'huile d'olive, ail rose, fleur de thym et câpres. Loup de mer cuit en croûte de sel. Soufflé à la liqueur de sureau, fruits noirs sauvages de Barjols.

舘 ⇐ 龠 க் 廽 ⊿ **P** – Menu 195 € – Carte 135/240 €

Plan : B2-z – *Hôtel du Cap-Eden-Roc, Boulevard JF-Kennedy, au Cap d'Antibes –*
☎ *04 93 61 39 01 –*
www.hotel-du-cap-eden-roc.com –
Fermé 18 octobre-17 avril, le midi

🕄 LES PÊCHEURS

MÉDITERRANÉENNE · DESIGN XxX Ces Pêcheurs sont superbement ancrés au bord des flots, en léger surplomb, offrant ainsi une vue somptueuse sur les îles de Lérins et les contreforts de l'Esterel. Formé ici-même, le niçois Nicolas Rondelli a ensuite navigué derrière les fourneaux d'Alain Llorca, de Michel Del Burgo, du Negresco et de Jacques Chibois. Honorant les saveurs du Sud, sa cuisine actuelle, pleinement de saison, met à l'honneur les poissons de la Méditerranée : rouget, saint-pierre, turbot et loup. Côté terre, quelques belles viandes : porcelet, chevreuil, veau fermier. Dans les deux cas, il favorise les producteurs locaux à l'image de son pêcheur Tony du port du Croûton, situé à... 50 mètres du restaurant.

Spécialités : Pêche locale de l'ami Tony du port du Crouton. Rouget cuisiné au naturel. Café Caturra, crème glacée au Pastis.

🕸 ⇇ 🍴 ⌖ 🅼 ⫶ – Menu 125/155 € – Carte 98/154 €

Plan : B2-u – *Cap d'Antibes Beach Hôtel, 10 boulevard du Maréchal-Juin, au Cap d'Antibes –*
✆ 04 92 93 13 30 – www.ca-beachhotel.com –
Fermé 5 octobre-2 avril, lundi et le midi

🕄 LE FIGUIER DE SAINT-ESPRIT

Chef : Christian Morisset

PROVENÇALE · ÉLÉGANT XxX À cheval sur les remparts de la vieille ville, entre musée Picasso et marché provençal, cette maison de pays et de famille embaume la Provence ! Le figuier qui orne le patio ne dira pas le contraire. Voici le fief familial de Christian Morisset, dont la moustache frisée appartient presque au patrimoine antibois. Épaulé par sa femme en salle, entouré en cuisine par ses fils, le patriarche aime la cuisine de beaux et bons produits qu'il choisit chaque semaine sur les marchés. Seule concession à la modernité, un écran retransmet en direct l'activité en cuisine. Ses cannellonis de supions à l'encre de seiche, jus de coquillages aux feuilles de basilic frais et sa selle d'agneau cuite en terre d'argile de Vallauris sont devenus de véritables plats signature.

Spécialités : Cannelloni de supions et palourdes à l'encre de seiche, jus de coquillages. Selle d'agneau des Alpilles cuite en terre d'argile de Vallauris, jus à la fleur de thym. Chocolat Bio en différentes textures, glace chocolat au coeur Guanaja.

🍴 🅼 ⫶ – Menu 44 € (déjeuner), 95/145 € – Carte 110/200 €

Plan : D1-a – *14 rue Saint-Esprit –*
✆ 04 93 34 50 12 – www.christianmorisset.fr –
Fermé 27 octobre-22 novembre, lundi midi, mardi, mercredi midi

🕪 LE PAVILLON

MODERNE · ROMANTIQUE XxX La terrasse sous les arbres est un hymne au romantisme, surtout éclairée à la bougie la nuit venue. Dans ce cadre idyllique, on se régale d'une cuisine méditerranéenne aux accents d'Italie : citons simplement ce cordon bleu de pigeon "Excellence", foie gras réduction de Porto, betterave rouge et maïs...

🤚 🍴 ⌖ 🅼 🅿 – Carte 73/105 €

Plan : B2-r – *Impérial Garoupe, 770 chemin de la Garoupe, au Cap d'Antibes –*
✆ 04 92 93 31 64 – www.imperial-garoupe.com –
Fermé 17 octobre-1ᵉʳ mai, mercredi

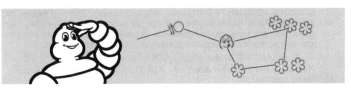

ANTIBES

GRASSE D35 · NICE, BIOT, MARINELAND

MER MÉDITERRANÉE

0 — 500 m

🍽️ **CHEZ JULES LE DON JUAN**

POISSONS ET FRUITS DE MER · MÉDITERRANÉEN ✗✗ L'atout majeur de ce Don Juan : un chef-patron passionné et travailleur, infatigable "sourceur" de produits (légumes issus de sa famille, veau d'une ferme aveyronnaise, etc.). Sa cuisine fleure bon la Provence, pour notre plus grand plaisir ; elle est servie par une équipe jeune et très accueillante.

🍴 🅰🅒 – Menu 39 € – Carte 40/60 €

Plan : D1-b – *17 rue Thuret* – ℰ *04 93 34 58 63* – *www.chezjulesantibes.com* – *Fermé 2-31 janvier, mercredi*

🍽️ **LE 44**

MODERNE · CONTEMPORAIN ✗✗ Au rez-de-chaussée d'un immeuble des années 1920 à la façade classée, non loin de la mer, ce restaurant au cadre épuré, tenu par un jeune chef passé par de belles maisons, propose une carte attentive au marché et, en saison, quelques suggestions appétissantes.

🍴 🅰🅒 – Menu 29 € (déjeuner), 49/82 € – Carte 41/110 €

Plan : D2-g – *44 boulevard Albert-1er* – ℰ *09 73 29 41 85* – *www.le44riviera.com* – *Fermé lundi, mardi*

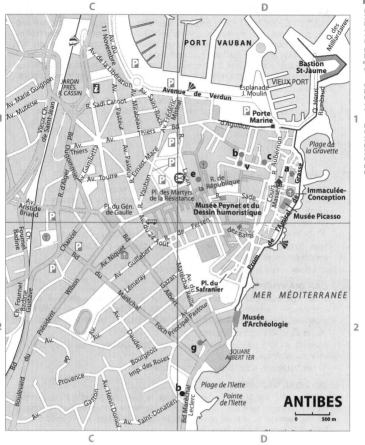

ⓘ◯ LE VAUBAN

MODERNE · ÉLÉGANT XX Dans une rue animée du vieil Antibes, ce Vauban nous sert une bonne cuisine française dans l'air du temps, réalisée avec technique et évoluant au gré des saisons- ballotine de caille, radis noir, bisque de crustacés ; dos de maigre, crème de céleri, topinambours ; soufflé fruits de la passion et banane. Réservation préférable.

&. ⓐⓒ – Menu 25 € (déjeuner), 41/50 € – Carte 48/63 €

Plan : D1-v – *7 bis rue Thuret* – ℰ *04 93 34 33 05* – *www.levauban.fr* – *Fermé lundi, mardi*

ⓘ◯ L'ARAZUR

MODERNE · COSY X À la barre de ce restaurant de poche niché dans une ruelle du vieil Antibes, le jeune chef-patron célèbre les saisons avec une cuisine fraîche et colorée, en toute simplicité. Les légumes y sont particulièrement bichonnés, et le goût est au rendez-vous : la garantie d'un super moment.

ⓗ ⓐⓒ ✿ – Menu 34 € (déjeuner)/60 € – Carte 58/63 €

Plan : D1-c – *6 rue des Palmiers* – ℰ *04 93 34 75 60* – *www.larazur.fr* – *Fermé 4-24 janvier, 1er-9 mars, 7-15 juin, lundi, mardi, mercredi midi*

ⓘ○ LE P'TIT CAGEOT

MODERNE · BISTRO ✕ Cette adresse lovée dans une rue piétonne du vieil Antibes, non loin du port de plaisance, invite à s'installer sur sa petite terrasse-trottoir. Un jeune couple y concocte une goûteuse cuisine du marché, avec des produits locaux, dans un cadre rustique, au mobilier de bistrot. Goûtez au "pain et sauce" ; une sauce à la bordelaise avec échalotes flambée au cognac et agrémentée de moelle, à saucer avec gourmandise avec du pain. Carte courte et menu surprise.

🆚 – Menu 35 € – Carte 40/52 €

Plan : D1-e – *5 rue du Docteur-Rostan* – ☎ *04 89 68 48 66* – *www.restaurantleptitcageot.fr* – *Fermé 1ᵉʳ-19 janvier, 9-31 août, lundi, mardi soir, mercredi soir, dimanche*

Hôtels

🏨 HÔTEL DU CAP-EDEN-ROC

PALACE · GRAND LUXE Dans un parc verdoyant et paisible, face à la mer, cet hôtel majestueux – désormais classé palace – conjugue luxe, espace et grand calme. Tout y a le goût du mythe : la piscine à débordement, idyllique, le délicieux bar Bellini, le club de tennis, les cabanes le long du littoral...

🏕 🍸 ⛵ 🛁 🍵 💯 🐾 🕯 🎹 🆚 ⚒ 🚗 – 108 chambres – 7 suites

Plan : B2-x – *Boulevard JF-Kennedy, au Cap d'Antibes* – ☎ *04 93 61 39 01* – *www.hotel-du-cap-eden-roc.com*

✿ **Louroc** – Voir la sélection des restaurants

🏨 CAP D'ANTIBES BEACH HÔTEL

LUXE · DESIGN Chic balnéaire contemporain, design épuré, jardin noyé sous les essences méditerranéennes, plage privée de sable fin et, depuis les chambres des étages supérieurs, une vue imprenable sur le cap et les îles de Lérins : une certaine idée du luxe...

⛵ 🛁 🍸 🆚 🚗 – 35 chambres

Plan : B2-e – *10 boulevard Maréchal-Juin, au Cap d'Antibes* – ☎ *04 92 93 13 30* – *www.ca-beachhotel.com*

✿ **Les Pêcheurs** – Voir la sélection des restaurants

🏨 IMPÉRIAL GAROUPE

LUXE · PERSONNALISÉ Au bout du cap, la Garoupe et cette belle demeure méditerranéenne au cœur d'une végétation luxuriante (cactus et plantes grasses). Balcon, terrasse ou jardinet privé dans les chambres ; plage privée avec son restaurant et sa vue sur les flots...

🏕 🍸 🛁 🍵 🔒 🆚 🅿 🚗 – 32 chambres – 3 suites

Plan : B2-r – *770 chemin de la Garoupe, au Cap d'Antibes* – ☎ *04 92 93 31 61* – *www.imperial-garoupe.com*

ⓘ○ **Le Pavillon** – Voir la sélection des restaurants

LES ARCS

83460 – Var – Carte régionale n° **24**–C3 – Carte Michelin 340-N5

 LE RELAIS DES MOINES

Chef: Sébastien Sanjou

MODERNE · **AUBERGE** ✕✕✕ Noyée dans la végétation, cette belle bastide du 16 e s. contemple le massif des Maures et le village pittoresque d'Arc-sur-Argens. Fils de restaurateurs du Sud-Ouest, Sébastien Sanjou est venu s'installer dans le Var où il a été soutenu à ses débuts par Jacques Maximin et Alain Ducasse. Ce Tarbais a su s'approprier avec brio le terroir méditerranéen. Il cultive notamment une relation d'exception avec son maraîcher Philippe Auda. De superbes tomates mûres et juteuses à souhait, accompagnées d'un sorbet au basilic, de burrata et assaisonnées à l'huile d'olive et au baume de Bouteville, font une entrée ensoleillée de choix. Toute la cuisine du chef est à l'avenant : colorée et imaginative, avec au cœur de chaque assiette, un beau produit, travaillé avec soin dans le respect du goût.

Spécialités : Collection de tomates ramassées du jour, buratina des Pouilles et basilic. Thon rouge de Méditerranée mi-cuit, ventrêche confite et condiments estivaux. Noisettes bio de Puget-sur-Argens, cacao et praliné.

🕸 ⇦🛏🍴 🕎 **P** – Menu 49 € (déjeuner), 88/118 €

Route de Sainte-Roseline – 𝒸 04 94 47 40 93 – www.lerelaisdesmoines.com – Fermé 15-21 mars, 8 novembre-5 décembre, lundi, mardi

⊠ 13200 – Bouches-du-Rhône
Carte régionale n° **24**–A3
Carte Michelin 340-C3

ARLES

Chaque samedi, le boulevard des Lices offre l'un des plus beaux – et certainement l'un des plus grands – marchés de Provence ! Sous cette lumière magique et ce ciel transparent à force d'être balayé par le mistral, les étals colorés des producteurs rivalisent de couleurs et de senteurs. Ail, oignon, tomate, aubergine et courgette de petits producteurs, fraises et melons de pleine terre : tous les fruits et légumes sont ici bénis par le soleil provençal. Chez les poissonniers, on trouve des tellines, ces petits coquillages que l'on déguste en entrée. Ici, le bœuf cède parfois la place à la viande de taureau qui se mange en gardiane (une daube), en saucisson et même en terrine – avec ou sans le fameux riz de Camargue. Les herbes de la garrigue, thym, romarin, sarriette, donnent aux fromages du caractère comme dans cette tomme de brebis ou encore cette brousse locale de chèvre frais au petit-lait. À l'image de son architecture, Arles est un millefeuille de goûts.

Restaurants

😊 L'ARLATAN

MÉDITERRANÉENNE · DESIGN ⅄ On flashe d'abord sur le décor flamboyant et photogénique réalisés par l'artiste cubain Jorge Pardo. On zoome ensuite sur l'album de recettes saisonnières et méditerranéennes. Des plats bien composés développent des saveurs franches à prix doux – mention spéciale à cette porchetta de lapin et sa délicieuse farce, accompagnée d'une purée maison. Au dessert, un millefeuille, classique dans sa présentation, maîtrisé dans son exécution. Bref, il n'y a pas photo !

Spécialités : Vitello tonnato et légumes du potager. Risotto aux légumes de saison. Tarte au citron.

🆎 – Carte 32/50 €

Plan : A1-a – *20 rue du Sauvage – 𝒞 04 65 88 20 20 – www.arlatan.com*

ⅠⓄ LES MAISONS RABANEL

CRÉATIVE · CONTEMPORAIN ⅩⅩ Le truculent Jean-Luc Rabanel est un trublion gourmand à l'accent chantant qui se réinvente perpétuellement sous le signe du végétal. Les Maisons Rabanel, un seul lieu, mais deux cuisines : d'un côté, le Greeniotage qui lorgne du côté du bistrot, de l'autre, le Greenstronome qui fait dans le gastro. Toujours sur la corde raide, ce chef attachant remet tout en cause à chaque service. Une personnalité à part.

⇦ 🆎 ⇱ – Menu 49/165 €

Plan : A2-k – *7 rue des Carmes – 𝒞 04 90 91 07 69 – www.rabanel.com – Fermé lundi, mardi*

⅋○ **CHARDON**

MODERNE · BISTRO ⅋ Laura Vidal et Harry Cummins, instigateurs du concept nomade "Paris Pop Up", accueillent au Chardon des cuisiniers en résidence temporaire, avec une constante : l'utilisation de produits des environs. C'est frais, c'est bon, et ça se déguste dans un cadre de bistrot très chouette. Dans le mille !

Menu 29 € (déjeuner)/39 €

Plan : A2-b – *37 rue des Arènes* – ℰ *09 72 86 72 04* – *www.hellochardon.com* – *Fermé 31 octobre-3 mars, mardi, mercredi, jeudi midi, vendredi midi*

⅋○ **LE GALOUBET**

CUISINE DU MARCHÉ · VINTAGE ⅋ Au cœur de la vieille ville, les connaisseurs se pressent dans ce joli bistrot à la décoration vintage. Bien sûr, ils ne viennent pas par hasard : cuisine du marché et recettes délicates, agréable terrasse sous la treille... la maison ne manque pas d'atouts.

⌂ 🄺 – Menu 29 € (déjeuner)/35 €

Plan : A2-n – *18 rue du Docteur-Fanton* – ℰ *04 90 93 18 11* – *Fermé lundi, dimanche*

⅋○ **LE GIBOLIN**

CUISINE DU MARCHÉ · BISTRO ⅋ "Est-ce que t'as pris ton Gibolin ?" La boisson-star des Deschiens a servi d'inspiration à ce sympathique bistrot arlésien. La cuisine du chef s'inspire du marché, le menu change tous les jours et il s'accompagne de bons vins régionaux choisis par Brigitte, la sympathique maîtresse de maison. A l'instar des nombreux habitués, on se régale.

⌂ 🄺 – Menu 35 €

Plan : A2-a – *13 rue des Porcelets* – ℰ *04 88 65 43 14* – *Fermé 11 janvier-8 février, lundi, dimanche*

Hôtels

🏠 **L'ARLATAN**

HÔTEL PARTICULIER · DESIGN Tout près de la place du Forum, cet ancien hôtel particulier du 15 e s. s'est métamorphosé en délicieux boutique hôtel grâce à un artiste d'origine cubaine, spécialiste de la mosaïque, technique qui embrasse entièrement l'hôtel. Côté restaurant, carte signée de recettes méditerranéennes appétissantes.

🏊 🛎 ⅏ 🄵 🖥 🄬 🄺 🚗 – 30 chambres – 5 suites

Plan : A1-a – *26 rue du Sauvage* – ℰ *04 65 88 20 20* – *www.arlatan.com*

🍴 **L'Arlatan** – Voir la sélection des restaurants

🏠 **L'HÔTEL PARTICULIER**

LUXE · PERSONNALISÉ Sous le soleil arlésien, on pousse la porte de ce superbe hôtel particulier du quartier de la Roquette, mariant l'ancien et le moderne avec élégance. Les chambres claires et luxueuses, sont tournées vers les jardins ; massages et soins.

🌊 🛎 ⅏ 🄨 🄵 🄺 🄿 – 10 chambres – 5 suites

Plan : A2-d – *4 rue de la Monnaie* – ℰ *04 90 52 51 40* – *www.hotel-particulier.com*

🏠 **LE CLOÎTRE**

URBAIN · DESIGN Montez dans la machine à remonter le temps ! Jouxtant le cloître de l'église St-Trophime, cet hôtel revisite le style des années 1950 : mobilier et coloris sont très séduisants. En prime, la terrasse sur le toit offre une belle vue sur la ville. Très bon rapport charme-prix.

🖥 – 19 chambres

Plan : A2-q – *18 rue du Cloître* – ℰ *04 88 09 10 00* – *www.lecloitre.com*

AUPS

✉ 83630 – Var – Carte régionale n° **24**-C3 – Carte Michelin 340-M4

⫶◯ RESTAURANT DES GOURMETS

TRADITIONNELLE · FAMILIAL ⅹ Agréable petite adresse familiale dans ce village célèbre pour son marché aux truffes. Cadre coloré (fresques évoquant la Provence), goûteuse cuisine traditionnelle où la "perle noire" est à l'honneur en saison.

🅐🅒 – Menu 24/40 €

5 rue Voltaire –
𝒞 04 94 70 14 97 – www.restaurantdesgourmets.fr –
Fermé 21 juin-9 juillet, 1ᵉʳ-17 novembre, lundi, mardi midi, dimanche soir

⫶◯ LE SAINT MARC ⓝ

PROVENÇALE · CONVIVIAL ⅹ Au sud des gorges du Verdon, le petit village de Aups offre une jolie étape bistronomique (5 chambres dans cet ancien moulin à huile). En saison, la truffe d'été est à l'honneur, associée à une cuisine de bistrot sincère et généreuse. En hiver, bouillabaisse et bourride au feu de bois.

⇔ 🛍 – Menu 28/45 € – Carte 38/60 €

7 rue Jean- Pierre Aloisi – 𝒞 04 94 70 06 08 –
Fermé lundi

C. Moirenc/hemis.fr

✉ 84000 – Vaucluse
Carte régionale n° **25**–E1
Carte Michelin 332-B10

AVIGNON

Quand son festival est clos, la Cité des papes se dévoile : palais, jardins, remparts, clochers, hôtels particuliers et toits de tuiles s'offrent au regard du promeneur. De tout temps, la ville fut un foyer de la gastronomie provençale. Les aromates règnent sans partage et parfument des plats gorgés de soleil : thym dans la ratatouille, romarin et sarriette sur les fromages, mais aussi ail, oignon et basilic sur la daube avignonnaise. L'huile d'olive est également incontournable, et l'on est agréablement surpris par le nombre de moulins encore en activité aux alentours d'Avignon, dans les Alpilles et la vallée des Baux, notamment. On trouve sur les marchés et dans les boutiques des tapenades, pistous et autres délices fabriqués tout près, à L'Isle-sur-la-Sorgue. Quant au marché des producteurs, il propose notamment les fruits et légumes cultivés sur l'île de la Barthelasse, la plus grande île fluviale d'Europe...

Restaurants

☘ LA MIRANDE

MODERNE · HISTORIQUE 𝕏𝕏𝕏 L'œuvre du soleil, le chatoiement des couleurs, la générosité : les assiettes, fines et savoureuses de Florent Pietravalle, respirent le Sud, ses produits et ses traditions (langoustine, saint-pierre etc.). Ici, tout est maîtrisé : des saveurs, marquées et marquantes, au service, professionnel, distingué et souriant. A noter, le menu surprise à base de remarquables produits de saison de la région parfaitement sourcés (à la fin du repas, une carte est remise avec les noms et localisations des producteurs). Ses recettes, à la fois techniquement maîtrisées et spontanées, révèlent l'héritage de ses expériences chez Jean-Luc Rabanel et surtout Pierre Gagnaire. Le décor aussi est délicieux : superbe salle 18ᵉ s. ou ravissant jardin, entre les murs historiques de la Mirande, l'hôtel particulier qui touche le Palais des Papes. Le goût et l'élégance, réunis en un seul lieu.

Spécialités : Thon rouge, betterave et carmine pickles. Agneau maturé aux algues et pommes de terre des sables. Poire noire macérée à l'eau de vie et guimauve.

☘ *L'engagement du chef :* "On s'approvisionne chez les producteurs locaux qui intègrent nos besoins dans leurs plans de culture. Utilisation des produits bio ; cave pour la culture des champignons dans le cadre d'un projet agricole urbain pour privilégier les circuits courts, comme pour les herbes cultivées sur le toit de la cuisine. Menu végétarien pour soutenir l'alternative d'une alimentation moins carnée. Tri sélectif pour isoler les déchets compostables, récupérés par une association."

🕸 ⏚ 🍽 🆎 🄳 ✿ – Menu 60 € (déjeuner), 110/160 €

Plan : B2-g – 4 place de l'Amirande – ℰ 04 90 14 20 20 – www.la-mirande.fr – Fermé 4 janvier-3 février, mardi, mercredi

🕊 **Le Mirage** – Voir la sélection des restaurants?

1

Antoine Pinay

Ch.

Barthelasse

la

Aée

Ch. du Golf — Ch.

de

Ch. de

Bagatelle

de

Antoine Pinay

RHÔNE

ÎLE

PIOT

Imp. Milano

Imp. des Pavillons

Ch. des Tennis

Ch. des Belges

Pont Édouard Daladier

Ch. de l'Île Piot

Pont St-Bénezet

St-Nicolas

Bd de la Ligne

ESPACE J. LAURENT Rocher des Domes

Petit Palais Pl. du Palais

Cathédrale N.-D.-des-Doms

PALAIS DES PAPES

ESPLANADE ST-BÉNÉZET

R. du Rempart du Rhône

R. de la Grande Fusterie

R. de la Balance

R. Limas

Hôtel des Monnaies

a

d

g

h

i

R. de Mons

u

R. Molière

R. Racine

Pl. de l'Horloge

St-Pie

2

Ch. de l'Île Piot

a

l'Oulle

Aée

l'Oulle

de

Bd du Rempart

R. Saint-Thomas d'Aquin

R. Joseph Vernet

R. Félix Gras

R. Victor Hugo

Pl. Crillon

St-Agricol

Palais du Roure

Musée Louis-Vouland

Museum Requien

Musée Calvet

R. Horace Vernet

c

R. de la Bouquerie

R. Dorée

Maison J. Vilar

n

R. J. Viala

R. Rappe

R. Rouge

R. Principale

R. Plot

R. du R.

x

St-Didier

Musée Angladon

Musée Lapidaire

Ensen d'Hô

d

R. de la République

R. des Trois Faucons

R. Jean Henri Fabre

Pl. des Corps-Saints

n

Couvent des Célestins

R. Saint-Dominique

Remparts

R. de la Velouterie

Saint-Charles

Joseph- Vernet

R. Violette

R. Neuve Saint-Charles

Bd Raspail

Bd Raspail

R. de l'Observance

Hospice St-Louis

Cours Jean Jaurès

Av.

7ème

3

Ch. de Courtine

pg

Bd

R. du Rempart Saint-Roch

Saint-Roch

Bd Saint-Roch

R. Paul Mérindol

R. de la Petite Vitesse

Av. Eisenhower

du Blanchissage

Av. Monclar

Av. de la Foire

Av. de la Violette

Bd

Champfleury

Imp. Monvoisin-Autan

Imp. de la Gazelle

Av. Verlaine

Av. des Lierres

A

B

AVIGNON

0 — 100 m

C

D

Q. de la Ligne

Bd du

Rempart Saint-Lazare

R. du Rempart
de la Ligne

R. du Rempart Saint-Lazare

Remparts

Rte. Touristique du

Dr Pons

Les Pénitents
Noirs

R. Saint-Joseph

R. du Rempart

R. des

POTERNE
ST-LAZARE

R. Claude Panier

La
Manutention

R. des
Trois-Pilats

Cloître

Infirmières

R. de la Carreterie

Porte
Saint-Lazare

rger
Urbain V

R. Ste-Catherine

R. Ledru-Rollin

a

Pl. des
Carmes

St-
Symphorien

R. du Muguet

R. Reynard

R. de la Tour

Saint-Lazare

R. de la Carreterie

Saint-Bernard

Clocher des
Augustins

R. Louis Pasteur

Remparts

Rte. de Lyon

Carnot

Louis Pasteur

R. du Théâtre

Av. du Cimetière

Pl. St-Jean-
le-Vieux

R. du Pont des

R. Trial

N.-D. des Sept-Douleurs

Bd Limbert

Av. de la Folie

La
Visitation

R. Guillaume Puy

Buffon

Bagnol

R. Thiers

R. Thiers

R. Thiers

R. du
Bon Pasteur

R. Roquette

Capdevila

R. de la
Masse

R. Saint-Christophe

R. du Râteau

Bd Limbert

Saint-Jean

Bec

Les Pénitents
Gris

R. des

Teinturiers

b

Sorgue

Rte. de Montfavet

Ferdinand

R. de l'Algarden Portail Magnanen

Bd Limbert

Paul Chabas

Bd

Liberté

Saint-Michel

Av. Pierre Semard

R. Jacques Tati

de la Trillade

Denis Soulier

Rte. de Montfavet

Av. de la Trillade

Denis
Soulier

Denis
Soulier

R. Ampère

Henri Dunant

Alexandre

Bd Émile Desfons

Imp.
Louis
Pasteur

R. des Magnolias

Triadette

R. du Phénix

Av. Pierre Semard

R. des Camélias

R. Charloun Rieu

Av. de la Trillade

Blanc

❀ LA VIEILLE FONTAINE

MODERNE · CLASSIQUE 🛠🛠 Boiseries, moulures, tableaux de Léo Lellé et cheminée composent l'élégance provençale de cette maison historique. Parfaitement à son aise, le chef Pascal Auger décline aux fourneaux une cuisine délicieusement méridionale, aussi précise que bien ficelée, véritable défilé de couleurs et de saveurs. Un exemple ? Ces beaux filets de rouget au tandoori, concombre et lait caillé, soupe de poisson au pastis Manguin... Un plat tout simplement exquis. Aux beaux jours – ils sont nombreux en Avignon –, on profite de ces douceurs sous le platane centenaire de la jolie terrasse.

Spécialités : Cuisine du marché.

🏵 🍴 Ⓜ ⇧ – Menu 39 € (déjeuner), 52/90 €

Plan : B2-d – *Hôtel d'Europe, 12 place Crillon* – ℰ 04 90 14 76 76 –
www.heurope.com – Fermé 16 février-11 mars, 2-17 août, 2-6 janvier, lundi, dimanche

❀ POLLEN

Chef : Mathieu Desmarest

CRÉATIVE · COSY 🛠 Pollen vous convie au détour de vos butinages dans les ruelles du centre d'Avignon. En apiculteur de haut vol, le chef Mathieu Desmarest propose une cuisine lisible, épurée et parfaitement équilibrée. Il fait son miel de produits d'une qualité irréprochable (poulpe, thon rouge, pigeon...). Les subtiles préparations créatives et les mariages de saveurs francs séduisent au fil d'un menu unique qui change au gré du marché. On agrémente le tout d'une courte et judicieuse sélection de vins (surtout en biodynamie)... et on déguste dans la salle en véranda, rétractable aux beaux jours (ils sont nombreux dans la région). À noter, la belle collection de livres de cuisine, à disposition dans la salle. Restaurant souvent complet, réservation indispensable.

Spécialités : Thon cru, crème de pois chiche au citron et salicorne. Lotte rôtie, petits pois, curcuma et shiso. Chocolat noir, framboise et thé matcha.

🍴 Ⓜ – Menu 30 € (déjeuner)/60 €

Plan : B2-c – *3 bis rue de la Petite-Calade* – ℰ 04 86 34 93 74 –
www.pollen-restaurant.fr – Fermé mercredi soir, samedi, dimanche

❀ L'AGAPE

MODERNE · CONTEMPORAIN 🛠 Après un beau parcours étoilé, Julien Gleize a établi ses quartiers au cœur de la cité des papes. Courgette, rouget, olive, huile d'olive, artichaut, poivron : la Provence est mise à l'honneur dans de jolies compositions, rehaussées de discrètes touches actuelles (sésame, citronnelle, curcuma). A déguster dans un décor de style post-industriel ou sur la terrasse ombragée, au bord de la fontaine.

Spécialités : Ceviche de dorade, haddock fumé, vinaigrette aux agrumes, gelée à la pastèque. Filet de poisson du jour en aïoli, légumes croquants, citron, romarin. Petits choux au chocolat noir, mousse à la cacahuète, poires.

🍴 ♿ Ⓜ – Menu 27 € (déjeuner), 34/70 € – Carte 58/74 €

Plan : B3-n – *21 place des Corps-Saints* – ℰ 04 90 85 04 06 –
*www.restaurant-agape-avignon.com –
Fermé lundi, dimanche*

❀ ITALIE LÀ-BAS

ITALIENNE · COSY 🛠 Ce couple d'Italiens passionnés fait vibrer en nous l'âme italienne : pendant qu'il s'occupe du service en salle, elle concocte de bons plats transalpins, à base de produits frais et propose même un menu végétal. Anchois et courgettes à la scapece, mousse de ricotta ; lasagne aux fruits de mer... ça chante dans l'assiette ! On en sort ravi, avec l'accent italien.

Spécialités : Tomate confite à la framboise, cœur de burrata, crumble au parmigiano reggiano. Risotto carnaroli, coulis de poivron jaune, bonbons de tomate, légumes croquants et basilic citron. Salade de fruits, meringues, herbes aromatiques.

🍴 ⇧ – Menu 34/100 € – Carte 48/64 €

Plan : B2-x – *23 rue de la Bancasse* – ℰ 04 86 81 62 27 –
*Fermé 1ᵉʳ-17 janvier, 1ᵉʳ-18 septembre, lundi, mardi, mercredi midi, jeudi midi,
vendredi midi, samedi midi, dimanche midi*

⅏○ SEVIN

MODERNE · ÉLÉGANT XxX Dans cette demeure médiévale chargée d'histoire, installée en bordure immédiate du Palais des papes, le chef Guilhem Sevin compose une partition moderne autour de trois menus, et profite du soutien d'une équipe jeune et motivée. Si possible, profitez de la terrasse surplombant la place. Belle carte des vins.

⅜ 🏠 🆔 – Menu 40 € (déjeuner), 80/135 €

Plan : B2-h – *10 rue de Mons* – ℰ *04 90 86 16 50* – *www.restaurantsevin.fr* – *Fermé mercredi, jeudi*

⅏○ HIÉLY-LUCULLUS

MODERNE · VINTAGE XxX "Pérouvence" : c'est ainsi que le chef Gérald Azoulay, natif d'Avignon, nomme sa cuisine, étonnante union culinaire entre le Pérou (où est née Patricia, son épouse) et la Provence. Dans l'assiette, quand la pêche du jour rencontre les artichauts poivrade et la sauce parihuela ou que l'agneau de Provence se marie avec la sauce chimichurri, le métissage est savoureux. A déguster dans une salle à manger décorée façon Belle Époque. Jolie carte de vins de la vallée du Rhône.

🆔 – Menu 55/95 €

Plan : B2-n – *5 rue de la République (1er étage)* – ℰ *04 90 86 17 07* – *www.hiely-lucullus.com* – *Fermé mardi, mercredi*

⅏○ AUBERGE LA TREILLE

TRADITIONNELLE · COSY XX Sur l'île Piot, cette jolie maison est installée dans la quiétude et le repos des bords du Rhône. On y sert une cuisine respectueuse des saisons, dans laquelle on devine au premier coup de fourchette la patte d'un chef passionné. En hiver, la cheminée crépite à l'intérieur ; aux beaux jours, on profite de la terrasse exquise, abritée par des platanes centenaires. En semaine, le menu déjeuner est une aubaine absolue.

⬅ 🏠 🆔 ⇔ 🅿 – Menu 26 € (déjeuner), 58/75 € – Carte 48/78 €

Plan : A2-a – *26 chemin de l'île-Piot* – ℰ *04 90 16 46 20* – *www.latreille-avignon.fr* – *Fermé 4 janvier-24 mars, 2-26 novembre, lundi, dimanche*

⅏○ NUMÉRO 75

TRADITIONNELLE · CONVIVIAL XX Une demeure bourgeoise du 19e s. noyée sous la végétation (glycine, vigne vierge et clématite) : joli décor pour un repas sur la plaisante terrasse arborée... Cette adresse connaît un franc succès dans la ville : la faute à son cadre chaleureux et à une cuisine du marché sincère, aux notes provençales. Service convivial et efficace.

🏠 ⇔ – Menu 32 € (déjeuner), 39/45 € – Carte 36/46 €

Plan : C3-b – *75 rue Guillaume-Puy* – ℰ *04 90 27 16 00* – *www.numero-75.com* – *Fermé 1er-10 janvier, 17-30 août, mercredi soir, samedi midi, dimanche*

⅏○ AU JARDIN DES CARMES

PROVENÇALE · SIMPLE X La jeune cheffe compose une cuisine provençale en toute simplicité au gré de suggestions à l'ardoise, pour mieux épouser le marché. Son inspiration ignore les frontières ; à l'instar des tacos et guacamole à notre façon ou en dessert la surprise sucrée à la tomate, fraises, olives noires et polenta au lait d'amandes grillées. Jolie cour-terrasse arborée.

🏠 ё 🆔 – Menu 35 €

Plan : C1-a – *21 place des Carmes* – ℰ *09 54 25 10 67* – *www.aujardindescarmes.com* – *Fermé 2 novembre-28 février, lundi, mardi*

⅏○ AVENIO

MODERNE · CONVIVIAL X Au cœur d'Avignon, ce restaurant contemporain ouvert par un jeune couple passé par de belles maisons connaît un succès mérité : produits choisis et accueil chaleureux autour d'une cuisine qui sait humer l'air du temps.

🆔 – Menu 21 € (déjeuner), 36/48 €

Plan : B2-d – *19 rue des 3-Faucons* – ℰ *04 90 03 14 41* – *www.restaurant-avenio.fr* – *Fermé 20 février-8 mars, 22-29 août, lundi, dimanche*

🍴⭕ LA FOURCHETTE

TRADITIONNELLE · BISTRO Ⅹ Collection de fourchettes et de guides MICHELIN, vieilles photos : un bistrot au décor original et à l'ambiance chaleureuse. Au menu, une cuisine traditionnelle aux savoureux accents du Sud, avec, en dessert, l'une des spécialités de la maison : la meringue glacée au pralin... L'adresse affiche souvent complet !

🏧 – Menu 38 €

Plan : B2-u – *17 rue Racine* –
☏ *04 90 85 20 93* – *www.la-fourchette.net* –
Fermé 1er-8 février, 8-29 août, samedi, dimanche

🍴⭕ LE GOÛT DU JOUR

MODERNE · CONTEMPORAIN Ⅹ De bonnes idées, du savoir-faire... Julien Chazal, jeune chef originaire d'Avignon, fait ici une jolie démonstration ! Sa cuisine, ancrée dans les saisons, se révèle en plus soignée visuellement, avec des dressages qui ne doivent rien au hasard. Et n'oublions pas le service souriant.

🦽 – Menu 25 € (déjeuner), 35/43 €

Plan : B1-a – *20 rue Saint-Étienne* –
☏ *04 32 76 32 16* – *www.legoutdujour84.com* –
Fermé mardi, mercredi

🍴⭕ LE MIRAGE ⓝ

CUISINE DU MARCHÉ · COSY Ⅹ L'entrée par une porte cochère, les arches voûtées, les chandeliers et l'éclairage tamisé évoquent l'atmosphère d'une taverne. Sis dans les anciennes écuries de l'hôtel particulier du dix-septième siècle, la table informelle de la Mirande propose des plats ménagers provençaux annoncés sur la courte ardoise du jour. Et comme au restaurant gastronomique : pas de concession sur la qualité des produits. Au mur, des toiles de l'artiste américain Timothy Hennessy. C'est goûteux, bien tourné... et quel cadre !

🏧 ✤ – Menu 28 € (déjeuner) – Carte 26/38 €

Plan : B2-i – *La Mirande, 5 rue de Taulignan* –
☏ *04 90 14 20 20* – *www.la-mirande.fr* –
Fermé 5 janvier-4 février, lundi, dimanche

Hôtels

🏨 LA MIRANDE

GRAND LUXE · HISTORIQUE Cet hôtel particulier du 17e s. est absolument superbe : pierres ouvragées, déluge d'objets d'art et de tentures dans l'esprit provençal du 18e s. et un délicieux jardin clos, qui s'épanouit à l'ombre du palais des Papes. Raffinement exquis !

🛁 ⋜ 🛋 🖃 🦽 🏧 🏖 🛍 – 25 chambres – 2 suites

Plan : B2-g – *4 place Amirande* –
☏ *04 90 14 20 20* – *www.la-mirande.fr*
✿ **La Mirande** – Voir la sélection des restaurants

🏨 HÔTEL D'EUROPE

HISTORIQUE · GRAND LUXE Près des remparts, cet hôtel particulier du 16e s. s'ouvrit à la clientèle dès 1799. Bonaparte, Hugo ou encore Dalí y séjournèrent. Les chambres se révèlent classiques et soigneusement tenues. Au dernier étage, les suites toisent le palais des Papes...

🖃 🏧 🛍 🏖 – 41 chambres – 3 suites

Plan : B1-d – *12 place Crillon* –
☏ *04 90 14 76 76* – *www.heurope.com*
✿ **La Vieille Fontaine** – Voir la sélection des restaurants

BANDOL

✉ 83150 – Var – Carte régionale n° **24**–B3 – Carte Michelin 340-J7

✿ LES OLIVIERS

MODERNE · **ÉLÉGANT** XxX Dans la baie de Renécros, on découvre avec bonheur cet intérieur lumineux et contemporain, d'une élégance rare, qui offre une vue imprenable sur la Grande Bleue. L'énergique Jérémy Czaplicki, Toulousain d'origine, a longtemps travaillé à Paris aux côtés de Jean-François Rouquette avant d'arriver dans le Var au Château de Berne. Il régale avec une cuisine méditerranéenne et provençale, colorée et parfumée. Les produits de la mer y sont à la fête, comme ces langoustines juste saisies, guacamole marin et caviar osciètre, ces couteaux de plongée servis dans leurs coquilles avec des pois chiches, ou encore cette tapenade de concombre au citron caviar et à l'ail noir bio de la Seyne-sur-Mer.

Spécialités : Couteaux de mer, pois chiches et tapenade de concombre. Pigeon et homard, artichaut et jus de bouillabaisse. Fuseau croustillant au basilic, citron vert givré.

⇐ 🏡 ♿ 🅰🅲 🅿 – Menu 70/130 € – Carte 100/140 €

Île Rousse - Thalazur, 25 boulevard Louis-Lumière – ℰ 04 94 29 33 12 – www.ile-rousse.com – Fermé le midi

☺ L'ESPÉRANCE

MODERNE · **COSY** XX Légèrement en retrait du front de mer et de son agitation touristique, on s'attable dans ce petit restaurant discret, tenu par un couple charmant ; le chef, Gilles Pradines y concocte une cuisine soignée et parfumée : ainsi, en guise d'entrée, ce délicieux thon rouge de Méditerranée préparé comme un tartare aux herbes... Un régal !

Spécialités : Fleurs de courgette farcies à la chair de tourteaux. Saint-pierre et jus de crustacés. Macaron aux framboises et sorbet.

🅰🅲 – Menu 33/59 € – Carte 55/78 €

21 rue du Docteur-Louis-Marçon – ℰ 04 94 05 85 29 – www.lesperance-bandol.com – Fermé lundi, mardi midi

○ L'ATELIER DU GOÛT

MODERNE · **CONTEMPORAIN** X Loin de l'agitation touristique du front de mer, le jeune chef de cet Atelier concocte une cuisine moderne et sincère, au fort accent du Sud, avec un soin tout particulier apporté aux dressages. Accueil très sympathique.

🏡 ♿ 🅰🅲 – Menu 39/55 € – Carte 54/70 €

2 rue Pons – ℰ 04 89 66 61 37 – www.atelier-du-gout-bandol.fr – Fermé 7-29 janvier, mardi, mercredi midi, jeudi midi

🏨 ÎLE ROUSSE - THALAZUR

LUXE · **CONTEMPORAIN** Une situation idéale pour cet hôtel chic, les pieds dans l'eau ! Tout séduit : le décor contemporain, le superbe centre de thalasso, le hall d'accueil ouvert sur la piscine d'eau de mer... sans oublier les deux plages où l'on prend le soleil en toute tranquillité.

🕏 ⇐ 🔄 🔲 �🄵 🗲 ♿ 🅰🅲 🕏 🅿 🛋 – 59 chambres – 8 suites

25 boulevard Louis-Lumière – ℰ 04 94 29 33 00 – www.ile-rousse.com

✿ **Les Oliviers** – Voir la sélection des restaurants

BARCELONNETTE

✉ 04400 – Alpes-de-Haute-Provence – Carte régionale n° **24**–C2 – Carte Michelin 334-H6

🏨 AZTECA

FAMILIAL · **MONTAGNARD** Cette ancienne villa "mexicaine" de 1888 abrite aujourd'hui des chambres confortables, dont chacune est personnalisée dans un style contemporain. Dans les salons de l'hôtel, une galerie d'art accueille le travail de nombreux artistes.

 🅵 ♿ 🅿 – 29 chambres

3 rue François-Arnaud – ℰ 04 92 81 46 36 – www.azteca-hotel.fr

LES BAUX-DE-PROVENCE

✉ 13520 – Bouches-du-Rhône – Carte régionale n° **25**–E1 – Carte Michelin 340-D3

✿✿✿ L'OUSTAU DE BAUMANIÈRE

MODERNE · ÉLÉGANT XXXXX Formidable ambassadeur de l'art de vivre méditerranéen, le domaine provençal de Baumanière offre un mélange unique de repos, de rusticité et d'élégance. Glenn Viel y compose une partition de haute volée, piochant dans la riche production locale (huile d'olive de la vallée des Baux, légumes bio du jardin de Baumanière, mais aussi poules et cochons) pour composer des assiettes d'une simplicité désarmante, entourées de jolies attentions : accords mets et pains, vaisselle réalisée dans la poterie maison... Le chef se montre aussi à son aise pour rajeunir des recettes mythiques – poularde aux morilles, agneau des Alpilles en croûte, etc. Le pâtissier Brandon Dehan inscrit ses créations gourmandes originales dans le même esprit d'authenticité et de goût que celles du chef, auquel le lie une véritable complicité. À déguster aux beaux jours sur la terrasse ombragée, face aux Alpilles.

Spécialités: Rouget onctueux, crème fermière, écailles croustillantes et socca. Pigeonneau cuit en croûte de foin, jus à la lavande. Millefeuille crème légère à la vanille de Madagascar, florentine pistache.

✿ *L'engagement du chef:* *"Les légumes de nos potagers biologiques et les produits des producteurs locaux occupent une place de choix dans notre cuisine afin de valoriser le terroir provençal dans nos menus. Notre engagement s'inscrit dans une réflexion globale qui va de la lutte contre le gaspillage alimentaire à la gestion des déchets et du plastique en passant par un partenariat avec les artisans de la région."*

🐾 ⩽ 🏠 🛏 ᐤ 🆒 ⊡ 🅿 – Menu 150/240 € – Carte 140/205 €

Baumanière, Mas de Baumanière – ☎ 04 90 54 33 07 – www.baumaniere.com – Fermé 3 janvier-4 mars, mercredi, jeudi

✿ L'AUPIHO

MODERNE · ÉLÉGANT XXX Une table soignée, rendant un vibrant hommage à la tradition régionale – comment pourrait-il en être autrement sur ces terres privilégiées, au pied des Alpilles et des Baux ? Paradoxe : cette passion du terroir provençal, on la doit à un jeune chef belge, Lieven Van Aken, qui a commencé sa carrière à Bruxelles puis chez Michel Guérard. Les recettes sont précises, ce qui n'exclut ni l'audace (comme cette association de l'agneau et de l'anguille fumée) ni l'intensité (comme cette soupe de roche qui accompagne une bouillabaisse revisitée) ; la terrasse, sous des platanes centenaires, n'est pas moins délicieuse...

Spécialités: Fleur de courgette farcie, langoustine et nage au curry. Loup à la barigoule, artichaut farci et safran de Provence. Soufflé à la verveine du jardin et pêche blanche.

🏠 ᐤ 🆒 ⊡ ᐤ 🅿 🚗 – Menu 87/150 €

Domaine de Manville, Route de Mausanne (au golf) – ☎ 04 90 54 40 20 – www.domainedemanville.fr – Fermé 3 janvier-10 février, lundi, mardi, mercredi midi, jeudi midi, vendredi midi, samedi midi, dimanche midi

ⅠⓄ LA CABRO D'OR

PROVENÇALE · MÉDITERRANÉEN XXX Un site superbe, avec une terrasse à l'ombre de mûriers-platanes et une jolie vue sur ces éperons rocheux qui ont fait la célébrité de la cité et de ses environs... Une adresse enchanteresse.

⩽ 🏠 🏠 ᐤ 🅿 – Menu 66 € (déjeuner)/87 € – Carte 95/124 €

Baumanière, Mas de Baumanière – ☎ 04 90 54 33 07 – www.baumaniere.com

ⅠⓄ BENVENGUDO ⓝ

PROVENÇALE · ÉLÉGANT XX Premier poste de chef pour Julie Chaix (passée notamment par la Bastide de Moustiers d'Alain Ducasse) qui mitonne des recettes d'inspiration régionale, parsemées de petites touches actuelles. Carte serrée et produits locaux de saison à déguster dans deux élégantes salles à manger de style "rustique chic" aux tons clairs. La terrasse offre une vue fort plaisante sur le grand parc arboré d'essences provençales.

🏠 🅿 – Menu 32 € (déjeuner), 67/90 € – Carte 68/84 €

Vallon de l'Arcoule – ☎ 04 90 54 32 54 – https://benvengudo.com – Fermé 3 janvier-18 mars, 15 novembre-2 décembre

⏸ LE BISTROT DE L'AUPIHO

TRADITIONNELLE · BISTRO ⚫ À l'étage, au-dessus de la réception de l'hôtel, le Bistrot vous accueille dans une ambiance simple et chic. Au programme, classiques provençaux, plats du jour inspirés par le marché... et savoureuses pâtisseries – baba au rhum, paris-brest, millefeuille, etc.

🍴 ⅋ 🅰 🔸 – Menu 34 € (déjeuner)/43 € – Carte 44/55 €

Domaine de Manville, Route de Mausanne (au golf) – ℰ 04 90 54 40 20 – www.domainedemanville.fr – Fermé mercredi soir, dimanche soir

🏨 DOMAINE DE MANVILLE

SPA ET BIEN-ÊTRE · ÉLÉGANT Dans un ravissant vallon situé entre les Baux-de-Provence et Maussane-les-Alpilles, cet ancien domaine agricole a été magnifiquement reconverti : golf 18 trous, vastes chambres luxueuses, piscine, cinéma privé et spa... L'alliance du luxe, des vieilles pierres et de la nature provençale.

🛁 ▥ ⊕ ⋒ 🛋 🅰 🔸 🅿 🍽 – 30 chambres – 9 suites

Route de Mausanne (au golf) – ℰ 04 90 54 40 20 – www.domainedemanville.fr

❀ **L'Aupiho** · ⏸ **Le Bistrot de l'Aupiho** – Voir la sélection des restaurants

🏨 BAUMANIÈRE   `Tablet.PLUS`

LUXE · CLASSIQUE L'Oustau, la Guigou, le Manoir, la Flora et la Carita : cinq demeures provençales composent ce domaine exceptionnel, situé aux pieds des rochers qui conduisent au Val d'enfer. Les chambres y sont confortables et raffinées ; on profite aussi d'un beau jardin avec piscine et spa. Mythique !

🅢 ⪡ 🛋 ▥ ⊕ ⋒ 🛋 🅰 🔸 🅿 – 39 chambres – 15 suites

Mas de Baumanière – ℰ 04 90 54 33 07 – www.baumaniere.com

⏸ **La Cabro d'Or** · ❀❀❀ **L'Oustau de Baumanière** – Voir la sélection des restaurants

🏨 BENVENGUDO

TRADITIONNEL · MÉDITERRANÉEN Dans son beau jardin paysager peuplé de pins, d'oliviers et de lavandes, cette bastide familiale et son annexe "côté jardin" dissimulent des chambres d'inspiration provençale, aussi jolies que confortables. Les fenêtres embrassent de belles vues sur les Alpilles et l'on vient chercher la fraîcheur auprès de la piscine.

🍴 🅢 ⪡ 🛋 ▥ 🔸 🅰 🅿 – 20 chambres – 8 suites

Vallon de l'Arcoule – ℰ 04 90 54 32 54 – www.benvengudo.com

⏸ **Benvengudo** – Voir la sélection des restaurants

BEAULIEU-SUR-MER

✉ 06310 – Alpes-Maritimes – Carte régionale n° **25**-E2 – Carte Michelin 341-F5

❀ LE RESTAURANT DES ROIS

MODERNE · LUXE ⚫⚫⚫ C'est l'un des palaces les plus chics de la Côte d'Azur. Construit en 1880, puis agrandi dans le style de la Renaissance florentine, il accueille à partir des années 1900 têtes couronnées et stars hollywoodiennes, de Rita Hayworth à Sinatra. Les dîners sur la terrasse face aux flots bleus sont magiques. La cuisine est désormais mise en œuvre par le chef Julien Roucheteau, arrivé de Paris (Table du Lancaster, Scène Thélème). Tout en restant fidèle à l'histoire de cette maison, il imprime d'ores et déjà sa patte, du graphisme des assiettes à la finesse de l'exécution, en passant par son goût pour l'acide (comme sur cette langouste royale sauvage et tomates) et le fumé (comme sur la sériole grillée aux chouviolis de fenouil).

Spécialités : Chair de tourteau, cristalline de pomme verte, matignon au lard de Colonnatta. Sériole de Méditerranée, origami de chou-rave, cèpes et sauce aux bourgeons de pin. Soufflé "Réserve" au Grand Marnier, sorbet mandarine berlugane.

⪡ 🍴 ⅋ 🔸 ⟳ 🍷 🍽 – Menu 95/215 € – Carte 150/280 €

La Réserve de Beaulieu & Spa, 5 boulevard du Maréchal-Leclerc – ℰ 04 93 01 00 01 – www.reservebeaulieu.com – Fermé 10 janvier-1er avril, 10 octobre-23 décembre, lundi, dimanche et le midi

LA TABLE DE LA RÉSERVE

MÉDITERRANÉENNE · COLORÉ ✗ Cette Table apporte un plus indéniable à l'offre de restauration de ce superbe établissement. La carte, orientée terroir, fait aussi la part belle à la Méditerranée : cannelloni de légumes, pasta ou encore daurade royale rôtie... À déguster dans une ambiance conviviale et décontractée.

🍽 🏧 – Menu 29 € (déjeuner)/43 € – Carte 42/78 €

La Réserve de Beaulieu & Spa, 5 boulevard du Maréchal Leclerc –
𝄂 04 93 01 00 01 – www.reservebeaulieu.com – Fermé 10 janvier-1er avril,
10 octobre-23 décembre, mercredi, jeudi

LA RÉSERVE DE BEAULIEU & SPA

GRAND LUXE · ÉLÉGANT Entre Nice et Monaco, cette architecture digne d'un palais florentin (1880) se détache magnifiquement sur les falaises tombant dans la Méditerranée... Avec ses décors fastueux (mobilier ancien, tapisseries, boiseries, etc.), sa superbe piscine en balcon sur la Grande Bleue, son ponton privé, etc., voilà bien l'une des plus belles adresses de la Riviera !

🏊 ⬖ 🌊 🆂🅿️ 𝄞 🔼 🏧 🚗 – 34 chambres – 5 suites

5 boulevard du Maréchal-Leclerc – 𝄂 04 93 01 00 01 – www.reservebeaulieu.com

❀ **Le Restaurant des Rois** · ◻ **La Table de la Réserve** – Voir la sélection des restaurants

BEAURECUEIL

✉ 13100 – Bouches-du-Rhône – Carte régionale n° **24**-B3 – Carte Michelin 340-I4

LA TABLE DE BEAURECUEIL

TRADITIONNELLE · COLORÉ ✗✗ Dans une ancienne bergerie au décor résolument contemporain, on apprécie une cuisine traditionnelle aux bons parfums de Provence. Jolie sélection de vin au verre.

🍽 ⬖ 🏧 ⇦ 🅿️ – Menu 35/70 €

66 route de Meyreuil – 𝄂 04 42 66 94 98 – www.latabledebeaurecueil.com –
Fermé lundi, mercredi, dimanche soir

LE BEAUSSET

✉ 83330 – Var – Carte régionale n° **24**-B3 – Carte Michelin 340-J6

AUBERGE LA CAUQUIÈRE

MODERNE · AUBERGE ✗ Le chef-propriétaire de cette ancienne auberge mitonne une cuisine au goût du jour, soignée et parfumée : maquereau en chaud-froid, baba au rhum et crème chantilly à la vanille bourbon... à déguster dans une jolie salle en pierre apparente, ou en terrasse devant le jardin. De quoi repartir du bon pied !

🍴 🍽 – Menu 36/43 € – Carte 40/60 €

7 rue du Chanoine-Bœuf – 𝄂 04 94 74 98 15 – www.lacauquiere.fr –
Fermé 3-31 janvier, lundi, mardi

BIOT

✉ 06410 – Alpes-Maritimes – Carte régionale n° **25**-E2 – Carte Michelin 341-D6

LES TERRAILLERS

Chef: Michaël Fulci

CRÉATIVE · ÉLÉGANT ✗✗✗ Entre Antibes et Cagnes-sur-Mer, ce village doit sa renommée à ses verreries d'art et sa poterie tirée d'un terroir riche en argile. D'ailleurs, les parents du chef Michaël Fulci ont créé leur restaurant dans un ancien atelier de potier, dont même le four a été transformé en petit salon cosy ! Aux beaux jours, la belle terrasse ombragée d'une treille attire les convives comme le pollen les abeilles... Mickaël Fulci a reçu une véritable formation de cuisinier méditerranéen, passant d'Alain Ducasse au légendaire Roger Vergé. On retrouve ainsi à la carte tous les fruits et légumes des marchés locaux, des fleurs de courgette au citron de Menton en passant par la figue. La truffe est également bien présente, qu'elle soit noire et vauclusienne ou bien blanche et d'Alba. Une cuisine aux accents du sud, raffinée et goûteuse.

Spécialités: Carabineros marinée à la provençale et grillée avec ses tomates, cébette et poivrons en salade. Saint-pierre juste saisi, melon grillé, melon fondant au gingembre et coriandre. Tatin de pomme en tourbillon caramélisé, compotée de pomme rafraîchie à la cardamome et sorbet pomme.

🛱 🔢 ↔ 🅿 – Menu 48€ (déjeuner), 79/130€ – Carte 120/170€

11 chemin Neuf (au pied du village) – ℰ 04 93 65 01 59 – www.lesterrailers.com – Fermé 1ᵉʳ-31 janvier, lundi, mardi

LA BASTIDE DE BIOT

TRADITIONNEL · CONTEMPORAIN Cet hôtel, situé en léger surplomb de la route qui mène à Biot, offre une très belle vue sur le village. Chaque chambre, à la décoration contemporaine et aux tons clairs, bénéficie d'un balcon ou d'une terrasse ombragée. La piscine dévoile un panorama superbe. Petite salle de fitness. Très agréable.

≼ ⅃ ♨ ℔ ᵭ 🔢 🅿 – 17 chambres

625 route de la Mer – ℰ 04 93 65 50 50 – www.labastidedebiot.fr

BONNIEUX

✉ 84480 – Vaucluse – Carte régionale n° **25**–E1 – Carte Michelin 332-E11

⅃○ LA BASTIDE DE CAPELONGUE

PROVENÇALE · ÉLÉGANT ✗✗ Avec le départ d'Édouard Loubet, La Bastide de Capelongue tourne une page de son histoire. Cette maison fameuse, emblématique du Luberon, est désormais aux mains d'une équipe talentueuse, à la tête de laquelle on retrouve le chef Noël Berard – notamment passé par les Crayères, à Reims. La région est toujours à l'honneur dans l'assiette ; l'aventure continue.

፠ ≼ ⅊ 🛱 🔢 ↔ 🅿 – Menu 110/150€

Chemin des Cabanes – ℰ 04 90 75 89 78 – www.capelongue.com – Fermé 1ᵉʳ janvier-4 avril

⅃○ LA BERGERIE

TRADITIONNELLE · BISTRO ✗ La Bastide de Capelongue version bistrot ! À l'unisson de la superbe vue dévoilée par la terrasse, la carte chemine au gré des saisons entre recettes provençales et cuisine au feu de bois dans l'immense cheminée de la salle rustique. Et le savoir-faire de l'équipe n'est plus à prouver.

≼ 🛱 🔢 🅿 – Carte 40/60€

La Bastide de Capelongue, Chemin des Cabanes – ℰ 04 90 75 89 78 – www.capelongue.com

⅃○ L'ARÔME

PROVENÇALE · COSY ✗ Au pied du village, cette adresse respire l'intimité avec le terroir. De la salle voûtée du 14ᵉ s. à la terrasse, le décor frais et champêtre est des plus charmants. La cuisine elle-même cultive l'authenticité sans en faire trop : en témoignent ces recettes provençales teintées de notes modernes. Petite terrasse sur la rue de cette charmante bourgade.

🛱 – Menu 49€

2 rue Lucien-Blanc – ℰ 04 90 75 88 62 – www.laromerestaurant.com – Fermé 16 novembre-31 mars, mercredi, jeudi midi

🏠 LA BASTIDE DE CAPELONGUE

LUXE · MÉDITERRANÉEN Au sommet des collines plantées de cèdres, ce petit hameau est un hymne à la Provence. La plupart des chambres, confortables et raffinées, jouissent d'une terrasse ou d'un balcon. Magnifique bassin de nage parmi la lavande. Idéal pour un bol d'air gorgé de soleil et de senteurs !

⌂ ⌘ ≼ ⌸ ⅃ ⊕ 🔢 ⅍ 🅿 – 29 chambres – 10 suites

Chemin des Cabanes – ℰ 04 90 75 89 78 – www.capelongue.com

⅃○ **La Bastide de Capelongue** • ⅃○ **La Bergerie** – Voir la sélection des restaurants

BORMES-LES-MIMOSAS

✉ 83230 – Var – Carte régionale n° **24**–C3 – Carte Michelin 340-N7

MIMOSA

PROVENÇALE · **TENDANCE** X Cet établissement proche du port de plaisance propose une cuisine moderne aux influences provençales. Fagottini de gambas sauvages, émulsion bisque; filet de daurade, citron confit et fenouil braisé, cheesecake aux fruits : les dressages sont soignés, les saveurs percutantes et les cuissons maîtrisées. Bref, on se régale, à toutes les étapes ! Menus truffe selon les saisons, et avenante terrasse pour les jours estivaux.

Spécialités : Œuf mimosa à la truffe. Dos de maigre légumes de saison. Tout chocolat.

🍴 ⌚ 🅰 – Menu 30 € (déjeuner), 34/64 € – Carte 47/59 €

284 boulevard du Front-de-Mer – ℰ 09 87 36 49 46 –
Fermé 1ᵉʳ décembre-15 janvier, mercredi

CAP 120

CLASSIQUE · **CONVIVIAL** XX Quelle vue ! Du haut de son toit-terrasse, ce restaurant permet de profiter d'une vue superbe sur le ballet des bateau au départs des îles, le port de Bormes, avec ses centaines de yachts et de voiliers. Les recettes marient tradition et touches originales : huîtres de Tamaris; filets de rougets snackés et petite ratatouille...

≤ 🍴 🅰 – Menu 23/33 €

Quai d'Honneur - au port – ℰ 04 94 92 73 56 – www.cap120-restaurant.com –
Fermé 2 janvier-13 février, 12 novembre-17 décembre, lundi

LE JARDIN

TRADITIONNELLE · **ROMANTIQUE** X Dans le village, tout près de l'église St-Trophyme, ce petit restaurant séduit d'abord par son cadre rustique et sa délicieuse terrasse, avec fontaine et pergola, noyée sous la verdure et les fleurs ... Aux fourneaux, un couple franco-anglais célèbre la tradition avec de beaux accents méridionaux. Tout est fait maison : on passe un super moment.

🍴 – Menu 39/42 €

1 ruelle du Moulin – ℰ 04 94 71 14 86 – www.lejardinrestaurantbormes.com –
Fermé 1ᵉʳ novembre-1ᵉʳ février, lundi, mardi midi

BRIANÇON

✉ 05100 – Hautes-Alpes – Carte régionale n° **24**–C1 – Carte Michelin 334-H3

AU PLAISIR AMBRÉ

MODERNE · **CONTEMPORAIN** XX Dans la cité Vauban, cette ancienne boucherie reste vouée aux bons produits. Fraîcheur : tel est le maître mot du chef, habile cuisinier qui sait révéler les meilleures saveurs. Un exemple ? Cette poitrine de cochon fermier longuement confite, jus au wasabi et purée de panais ou cette tarte au chocolat noir, sorbet noix de coco... Vous avez dit plaisir ?

Spécialités : Pâté croûte de saison. Omble chevalier, croûte de pain au beurre demi-sel, sauce vierge aux herbes. Soufflé glacé à la Chartreuse verte.

Menu 34/59 € – Carte 34/59 €

26 Grande-Rue – ℰ 04 92 52 63 46 – www.auplaisirambre.com – Fermé lundi midi,
mardi midi, mercredi, jeudi

LE PÊCHÉ GOURMAND

MODERNE · **CONTEMPORAIN** X Un restaurant au bord de la Guisane, tenu par un jeune couple franco-australien amoureux de gastronomie. Sharon concocte une agréable cuisine de saison ainsi que de la pâtisserie, et Jimmy veille sur la salle et... le vin. Service aimable et professionnel.

🅿 – Menu 26 € (déjeuner), 39/75 € – Carte 69/76 €

2 route de Gap – ℰ 04 92 21 33 21 – www.peche-gourmand.com –
Fermé 17 octobre-15 novembre, lundi, dimanche

CABRIS

✉ 06530 – Alpes-Maritimes – Carte régionale n° **25**–E2 – Carte Michelin 341-C6

🕍 AUBERGE DE LA CHÈVRE D'OR

TRADITIONNELLE · AUBERGE 🛠 À l'entrée du village, voici une sympathique auberge où déguster une cuisine traditionnelle généreuse : tranche épaisse de saumon fumé maison, rognons de veau sautés à la graine de moutarde... Sans oublier la jolie terrasse.

🍴 🆑 – Menu 22 € (déjeuner), 32/42 € – Carte 48/54 €

1 place du Puits – ☎ 04 93 60 54 22 – www.lachevredor.fr –
Fermé 3 novembre-4 février, mardi, mercredi

CADENET

✉ 84160 – Vaucluse – Carte régionale n° **25**–E1 – Carte Michelin 332-F11

🌸 AUBERGE LA FENIÈRE

Cheffes : Reine et Nadia Sammut

CRÉATIVE · ÉLÉGANT 🛠🛠 S'engager pour un monde au goût meilleur : tel est le credo passionnant de Nadia Sammut, fille de Reine Sammut, et désormais à la tête des fourneaux de l'Auberge. Ici, gluten, sucre blanc raffiné et lait ont été bannis au profit d'un travail impressionnant sur les farines (de pois chiches, de pois cassés et de riz notamment) et les sucres de fruit. En témoigne aussi un menu dégustation original, impétueux, qui se nourrit de l'histoire de la région et de la famille de Nadia. En salle, son compagnon Ernest, passionné de sommellerie, achète les poissons en méthode ikejime et les fait maturer. Le duo s'appuie aussi sur le potager maison pour nourrir cette gastronomie du Sud, saine et nature, ouverte sur l'avenir et le Grand Luberon.

Spécialités : Crème de salade amère, salicorne de Camargue, pourpier et moules fumée. Aubergine fondante, laquage, café et abricot en saumure. Sablé au sarrasin, figues, jus carotte et crème fouettée amande verveine.

🌸 *L'engagement du chef :* *"Nous nous engageons pour une alimentation bonne, propre et juste. Nous avons à cœur de cuisinier la récolte de notre jardin cultivé en permaculture ainsi que des produits de variétés anciennes, issus de l'agriculture locale et biologique, des élevages respectueux de l'environnement et de la pêche durable. Les farines sans gluten que nous utilisons sont moulues par nos soins et nous nous engageons à réduire au maximum notre production de déchets."*

🛁 ⇦ 🍴 🆑 ⇧ 🅿 – Menu 98/150 €

1680 route de Lourmarin – ☎ 04 90 68 11 79 – www.aubergelafeniere.com –
Fermé 2 janvier-17 mars, lundi, mardi

🍴 **La Cour de Ferme** – Voir la sélection des restaurants

🍴 LA COUR DE FERME

PROVENÇALE · RUSTIQUE 🛠 Cette cuisine provençale concoctée à quatre mains par Reine Sammut et sa fille Nadia propose de savoureuses recettes de saison, sans gluten, au fort ancrage régional (partenariats avec les producteurs du coin, farines maison, légumes du potager, etc). L'incontournable ? Les pieds et paquets marseillais. À l'été, on prélasse ses papilles sur la terrasse, installée sous les canisses. Une adresse tonique et vertueuse.

Spécialités : Œuf de ferme mimosa au miso de pois chiche du Luberon et mesclun du jardin. Lapin confit au thym et bohémienne d'aubergines. Comme un Castel.

🍴 🅿 – Carte 27/36 €

Auberge La Fenière, 1680 route de Lourmarin –
☎ 04 90 68 11 79 – www.aubergelafeniere.com –
Fermé 1er octobre-2 avril, mercredi, jeudi, dimanche soir

LA CADIÈRE-D'AZUR

✉ 83740 – Var – Carte régionale n° **24**–B3 – Carte Michelin 340-J6

⊛ RENÉ'SENS PAR JEAN-FRANÇOIS BÉRARD

Chef: Jean-François Bérard

MODERNE · CLASSIQUE XxX À la suite de son père René qui avait ouvert en 1969, Jean-François Bérard a repris le flambeau de la table familiale. Le fiston a hérité d'un bel outil de travail, dans un village fortifié perché sur une colline face au Castellet. La vue, délicieuse, embrasse un paysage de pins, de palmiers et de vignes. Ce cuisinier est aussi un jardinier passionné, dont la main verte fouraille en permanence dans le potager attenant, comme en attestent des menus baptisés "100% végétal" ou "balade dans le jardin". On l'a compris, le chef ne travaille que les produits de qualité, mis en valeur par des jus corsés, des émulsions subtiles et de nombreuses herbes aromatiques "maison". Du beau travail au service du goût, entre héritage et nouveauté, dans une ambiance chaleureuse et familiale.

Spécialités: Fleur de courgette contisée aux herbes du jardin, confit de tomate et crème d'anchois. Veau en cuisson lente, caviar d'aubergine, câpres et pétales de tomate confite. Voyage au cœur du chocolat.

⊛ *L'engagement du chef:* "*Les fruits, légumes et herbes aromatiques de nos potagers constituent le cœur de nos assiettes. Cette cuisine légumière, que nous étendons encore davantage dans un menu 100% végétal qui complète d'autres plus classiques, nous encourage alors à composer avec les saisons et à respecter notre environnement.*"

⅋ ⟨ 🅺 🅿 🍽 – Menu 37 € (déjeuner), 59/125 € – Carte 68/117 €

Hostellerie Bérard & Spa, 6 rue Gabriel-Péri – ☎ 04 94 90 11 43 –
www.hotel-berard.com – Fermé 4 janvier-11 février, lundi, mardi

⅂○ LE BISTROT DE JEF

PROVENÇALE · CONVIVIAL X Un bistrot convivial et accueillant, où une jeune équipe dynamique assure notre bonheur. La cuisine sent bon la Provence et la Méditerranée, et ces couleurs du Sud prennent d'autant plus de relief dans la véranda, où l'on jouit d'une vue superbe sur la vallée environnante !

⟨ 🏠 🅺 🅿 – Menu 21 € (déjeuner)/34 € – Carte 36/53 €

Hostellerie Bérard & Spa, 6 rue Gabriel-Péri – ☎ 04 94 90 11 43 –
www.hotel-berard.com – Fermé 18 janvier-31 mars, 4 octobre-3 janvier, mercredi, jeudi

🏠 HOSTELLERIE BÉRARD & SPA

FAMILIAL · PERSONNALISÉ Une de ces adresses de tradition de l'hôtellerie française... Elle réunit plusieurs maisons de ce joli village perché : charme des vieilles pierres, de l'esprit provençal et d'un accueil prévenant – sans compter les plaisirs gastronomiques –, sous l'égide de toute une famille animée par le désir de la qualité.

❤ ⟨ 🏠 ⫸ 🎐 🌀 🛁 🅺 🧖 🅿 🍽 – 35 chambres

6 rue Gabriel-Péri – ☎ 04 94 90 11 43 – www.hotel-berard.com

⊛ **René'Sens par Jean-François Bérard** · ⅂○ **Le Bistrot de Jef** – Voir la sélection des restaurants

CAGNES-SUR-MER

✉ 06800 – Alpes-Maritimes – Carte régionale n° **25**–E2 – Carte Michelin 341-D6

⅂○ CHÂTEAU LE CAGNARD

MODERNE · ROMANTIQUE XX La belle terrasse avec vue jusqu'au cap d'Antibes, la cuisine actuelle bien réalisée (tartare de thon rouge, mayonnaise au miso ; filet de canard laqué, carottes persillées et oignons cébettes) : voici les atouts du lieu. Détail qui séduit : l'élégante salle à manger dispose d'un toit coulissant pour laisser entrer la lumière.

⟨ 🥘 🅿 – Menu 45/65 € – Carte 55/66 €

45 rue Sous-Barri, le Haut-de-Cagnes – ☎ 04 93 20 73 22 – www.lecagnard.com –
Fermé 19 octobre-3 mars, lundi midi, mardi midi, mercredi midi, jeudi midi, vendredi midi, samedi midi, dimanche midi

🍴○ **LA TABLE DE KAMIYA** ⑩

MODERNE · CONTEMPORAIN XX Le chef japonais Takayuki Kamiya et Claire, sa femme franco-nippone et cheffe pâtissière, se sont installés sur le front de mer de Cagnes-sur-Mer. Ils proposent une cuisine qui marie leur terre d'adoption (la Provence) à leurs cultures familiales. Les menus déclinent des plats d'inspirations française (bar en croûte d'amande) ou provençale (poisson du jour aux courgettes) assorties de discrètes touches japonaises (wakame, sauce oloshi, yuzu). Mention spéciale pour le délicieux dessert au citron et le baba au rhum, un classique de la maison.

🍴 ᗒ 🅰🅲 – Menu 32 € (déjeuner), 39/62 €

52 promenade de la Plage - ℰ 04 93 89 71 54 - www.la-table-de-kamiya.eatbu.com – Fermé lundi, mardi, dimanche soir

🍴○ **FLEUR DE SEL**

TRADITIONNELLE · BISTRO X Dans ce charmant restaurant d'esprit très Sud, on savoure une cuisine méditerranéenne fraîche, colorée et généreuse. Légumes du jardin en soupe à l'ancienne, langoustines en risotto crémeux... Les créations d'un chef expérimenté, qui ne manque pas d'inspiration.

🅰🅲 – Menu 37/69 € - Carte 49/73 €

85 montée de la Bourgade, le Haut-de-Cagnes - ℰ 04 93 20 33 33 - www.restaurant-fleurdesel.com – Fermé 14-28 juin, 4-11 octobre, 20-25 décembre, mercredi et le midi

🏠 **CHÂTEAU LE CAGNARD** `Tablet.PLUS`

DEMEURE HISTORIQUE · ROMANTIQUE Perchée sur les remparts de ce bourg médiéval, cette belle bâtisse du 13ᵉ s. domine les environs. Chambres et parties communes sont empreintes de caractère et d'élégance, avec des touches provençales. Beauvoir, Saint-Exupéry, Pagnol : ils sont nombreux à s'être laissés séduire...

❄ ⌂ ⬤ 🅰🅲 ᗒ – 26 chambres – 2 suites

54 rue Sous-Barri, Le Haut-de-Cagnes - ℰ 04 93 20 73 22 - www.lecagnard.com

🍴○ **Château Le Cagnard** – Voir la sélection des restaurants

CAIRANNE

✉ 84290 – Vaucluse – Carte régionale n° **24**-A2 – Carte Michelin 332-C8

😊 **COTEAUX ET FOURCHETTES**

MODERNE · CONTEMPORAIN XX À Cairanne, les vignobles s'étendent à perte de vue : c'est là qu'est installé le chef Cyril Glémot. D'un ancien caveau de dégustation, il a imaginé un restaurant au cadre original avec ses murs en douelles de tonneaux. On y déguste des recettes parfumées, inspirées par le terroir. Caveau de dégustation et vente en emporter... à prix de vigneron.

Spécialités : Foie gras de canard cuit au sel, compotée de pêches et abricots secs. Pigeon rôti, cuisse confite, jus corsé. Parfait glacé aux olives noires confites.

🏰 ᗒ ᗒ ⌂ 🅿 – Menu 28 € (déjeuner), 34/82 € – Carte 44/62 €

3340 route de Carpentras (croisement de la Courançonne) - ℰ 04 90 66 35 99 - www.coteauxetfourchettes.com – Fermé lundi soir, jeudi, dimanche soir

CALLAS

✉ 83830 – Var – Carte régionale n° **24**-C3 – Carte Michelin 340-O4

😊 **HOSTELLERIE LES GORGES DE PENNAFORT**

TRADITIONNELLE · CONTEMPORAIN XXX Originaire de Cogolin, Philippe Da Silva a longtemps brillé à Paris du côté de la place de l'Étoile. Amoureux de la Provence et de ses produits, il a fini par revenir au cœur de ce Var verdoyant qu'il chérit tant. Son restaurant occupe les murs d'une ancienne bastide du 19ᵉ s. adossée au calcaire des gorges de Pennafort. Très prisée par forte chaleur, une terrasse sous les tilleuls complète le décor. Le chef fréquente chaque matin ou presque le marché du cours Saleya à Nice – une passion pour les producteurs et leurs produits qui lui a valu les insignes de chevalier du Mérite agricole. Ses assiettes défendent une certaine tradition de la bombance à travers des classiques revisités avec gourmandise. La renommée de ses raviolis de foie gras et parmesan a d'ailleurs dépassé les frontières...

Spécialités : Raviolis de foie gras et parmesan. Selle d'agneau rôtie au thym et légumes de saison. Millefeuille à la vanille et sa glace minute.

🚲 ⇐ 🛏 🏠 ᴗ 🅰🅲 🅿 – Menu 89/170 € – Carte 120/170 €

8660 route départementale 25 – ℰ 04 94 76 66 51 – www.hostellerie-pennafort.com – Fermé 20 décembre-11 février, lundi, mercredi midi, dimanche soir

🏨 HOSTELLERIE LES GORGES DE PENNAFORT

LUXE · CONTEMPORAIN Le calme est envoûtant dans ce site naturel qui ravit l'œil : les gorges de Pennafort, escarpées, rouges et noyées sous la végétation... Un véritable cocon de verdure ! Confort aux couleurs de la Provence ; belle piscine et espace bien-être de l'autre côté de la route.

🍽 ⇐ 🛏 🏊 ᷔ ᴗ 🅰🅲 🕸 🅿 – 13 chambres – 2 suites

8660 Route Départementale 25 – ℰ 04 94 76 66 51 – www.hostellerie-pennafort.com

🕸 **Hostellerie Les Gorges de Pennafort** – Voir la sélection des restaurants

✉ 06400 – Alpes-Maritimes
Carte régionale n° **25**–E2
Carte Michelin 341-D6

CANNES

On adore Cannes, sa Croisette, son Festival mythique né en 1939, ses stars... et dans l'assiette, ses produits et recettes typiquement provençales, qui tiennent le haut de l'affiche ! Huile d'olive, légumes ensoleillés, herbes, pistou, beignets de fleur de courgette, farcis niçois ou encore estouffade sont les blockbusters qui ne quittent jamais les cartes des restaurants, les vitrines des boutiques et les étals des marchés. Dans le Suquet, le plus vieux quartier de Cannes juché sur un rocher, le marché Forville est une aubaine. Accroché au plafond de l'immense halle couverte, le panneau "pêche locale" mène à une dizaine d'étals en faïence bleue qui ne proposent que la pêche des petits bateaux cannois. Outre ces trésors de la mer, de nombreux agriculteurs viennent vendre au marché leurs fruits et légumes.

Restaurants

✿✿ **LA PALME D'OR**

CRÉATIVE · **LUXE** XxxX Il y a des lieux dont on s'éprend au premier regard : la Palme d'Or est de ceux-là. Dans le somptueux cadre Art déco du Martinez, on domine la célébrissime Croisette et la baie de Cannes, tout en savourant le mariage réussi du luxe et du raffinement. Bien sûr, tout cela ne vaudrait rien sans une assiette de haute tenue. Aucune inquiétude de ce côté-là : Christian Sinicropi, chef natif de Cannes, maîtrise son sujet à merveille. Fidèle à sa réputation d'artiste des fourneaux, il joue dans ces lieux divins une partition créative et sophistiquée, gorgée de soleil. Le produit, simplement mis en avant, y rayonne. Enfin, les desserts, remarquables de précision, sont signés Julien Ochando. Le somptueux soufflé au yuzu et fraises de bois restera gravé dans nos mémoires. Voilà qui mérite incontestablement une Palme d'Or.

Spécialités : Gamberoni, sa chair crue et sucrée. Thon rouge de Méditerranée. Framboise en tartare froid, notes de poivron rouge.

⇗ ⇐ 🏡 ♿ 🅰🅲 🈁 🅿 – Menu 185/240 €

Plan : C2-n – *Martinez, 73 boulevard de la Croisette –*
☎ *04 92 98 74 14 –*
https://restaurant-la-palme-d-or-cannes.com/ –
Fermé 1ᵉʳ janvier-10 mars, lundi, dimanche et le midi

L'AFFABLE

TRADITIONNELLE · CHIC XX Dans le centre de Cannes, ce bistrot contemporain a le vent en poupe et dévoile de beaux atouts... au premier rang desquels sa carte, qui change avec le marché : grosses crevettes en tempura, quasi de veau aux petits légumes, sans oublier le soufflé au Grand Marnier, un best-seller de la maison.

&. AC – Menu 26 € (déjeuner)/48 € – Carte 77/97 €

Plan : B1-d – *5 rue La Fontaine* – *C 04 93 68 02 09* – *www.restaurant-laffable.fr* – *Fermé 1er-29 août, samedi midi, dimanche*

DA BOUTTAU - AUBERGE PROVENÇALE

TRADITIONNELLE · COSY XX Sur la petite rue montant vers le Suquet, une auberge fondée par Alexandre Bouttau... en 1860 ! Décor à l'ancienne, grillades au feu de bois, découpe et flambage en salle : on y apprécie la tradition sous toutes ces facettes. Et entre les plats, on regarde des photos de célébrités ayant fréquenté cette table...

🍽 &. AC ⇔ – Menu 36 € – Carte 54/90 €

Plan : A1-d – *10 rue Saint-Antoine* – *C 04 92 99 27 17* – *www.dabouttau.com*

LE PARK 45

MODERNE · CONTEMPORAIN XX Un restaurant au décor élégant et plein de couleurs. Et depuis la terrasse, on apprécie la vue sur le parc. Cuisine au goût du jour, volontiers originale.

≤ 🍽 &. AC 🖂 🅿 – Menu 65/125 € – Carte 71/124 €

Plan : B2-z – *Le Grand Hôtel, 45 boulevard de la Croisette* – *C 04 93 38 15 45* – *www.grand-hotel-cannes.com*

LE RELAIS DES SEMAILLES

TRADITIONNELLE · RUSTIQUE XX Une vieille maison datant de la fin du 17e s., avec poutres apparentes, bibelots, cheminée et meubles anciens. L'atmosphère est cosy, apaisante, et recèle un charme indéfinissable, presque romantique... L'endroit idéal pour déguster de sympathiques plats traditionnels à l'accent provençal !

🍽 AC ⇔ – Menu 35/65 € – Carte 50/82 €

Plan : A1-z – *11 rue Saint-Antoine* – *C 04 93 39 22 32* – *www.lerelaisdessemailles.com* – *Fermé lundi midi, jeudi midi, dimanche*

TABLE 22 PAR NOËL MANTEL

TRADITIONNELLE · CONTEMPORAIN XX Dans ce quartier très touristique, à deux pas du marché Forville, une équipe sérieuse et passionnée met en avant de bons produits et de jolies saveurs provençales - homard en ravioli, poireau fondant ; carré d'agneau rôti, pommes grenaille... Gourmandise au menu, de l'entrée au dessert.

🥢 🍽 AC ⇔ – Menu 40 € – Carte 52/88 €

Plan : A1-c – *22 rue Saint-Antoine* – *C 04 93 39 13 10* – *www.restaurantmantel.com* – *Fermé 1er-28 février, lundi midi, mardi midi, mercredi midi, dimanche*

LA TOQUE D'OR

CRÉATIVE · COSY XX En véritable amateur de saveurs asiatiques – mais pas seulement –, le chef de ce restaurant cannois propose un menu mystère en trois, quatre ou cinq services, en prêtant une attention particulière aux produits sélectionnés. Thon mi-cuit, courgette et carotte ; bœuf d'argentine, patate douce... : une cuisine qui tient la route.

AC – Menu 42/59 €

Plan : A1-b – *11 rue Louis-Blanc* – *C 04 93 39 68 08* – *www.latoquedor-restaurant-cannes.fr* – *Fermé lundi, dimanche*

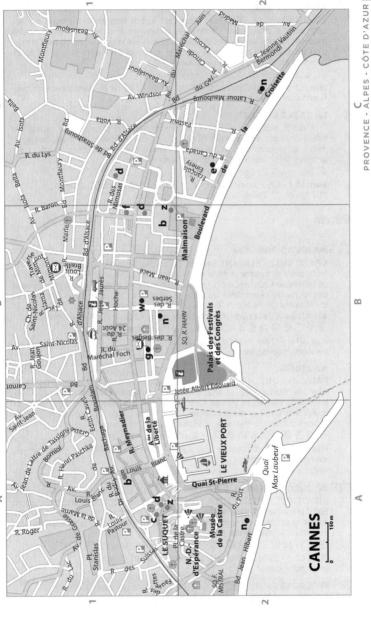

CANNES

0 150 m

LE VIEUX PORT

Palais des Festivals
et des Congrès

LE SUQUET

Musée
de la Castre

N.-D.
d'Espérance

ⅈ◯ AU POT DE VIN

TRADITIONNELLE · BISTRO ⅹ Cette cave-bistrot familiale se distingue par une salle joliment rétro, toute de bois vêtue. Derrière le superbe comptoir, le chef mitonne de bons petits plats de tradition basés sur le marché, qu'on peut arroser d'un vin tiré de la remarquable cave (près de 1 000 références, dont bordeaux, bourgognes, italiens, etc.). Prix raisonnables.

⅋ 🛆 Ⓜ – Carte 38/50 €

Plan : C1-d - *20 rue Commandant-Vidal* - ℰ *04 93 68 66 18* - *www.aupotdevin.com* - *Fermé samedi, dimanche*

ⅈ◯ LA TABLE DU CHEF

TRADITIONNELLE · BISTRO ⅹ Changement d'époque pour ce petit bistrot installé à deux pas de la rue d'Antibes. Dans sa cuisine ouverte, le jeune chef agrémente les produits du coin (marché de Forville, boucher, poissonnier...) dans des assiettes bien réalisées. Menu unique "surprise" le soir.

🚼 Ⓜ – Menu 30 € (déjeuner)/45 €

Plan : B1-f - *5 rue Jean-Daumas* - ℰ *04 93 68 27 40* - *Fermé 1ᵉʳ-2 janvier, 1ᵉʳ-7 février, 1ᵉʳ-8 avril, lundi, mardi midi, dimanche*

Hôtels

🏨 MAJESTIC BARRIÈRE

GRAND LUXE · ÉLÉGANT Face au palais des Festivals, son imposante façade toute blanche évoque le faste des Années folles. Les lieux rivalisent de luxe et de raffinement contemporain, pour un séjour chic et exclusif, bien à l'image de la cité azuréenne ! Pour dîner, au choix, le Fouquet's Cannes by Pierre Gagnaire, ou la Petite Maison de Nicole, si vous préférez pissaladière ou petits farcis niçois. Et au restaurant de la plage, cuisine au feu de bois signée Mauro Colagreco...

⅋ ⇆ ⊿ 🕲 ⅍ 🛁 ⊡ 🛆 Ⓜ 🛋 🍽 – 259 chambres – 90 suites

Plan : B1-n - *10 boulevard de la Croisette* - ℰ *04 92 98 77 00* - *www.lemajestic-cannes.com*

🏨 MARTINEZ

PALACE · CONTEMPORAIN Un véritable monument ! Majestueusement dressée face à la Méditerranée, sa façade Art déco immaculée (1929) porte en elle l'histoire de la villégiature version Côte d'Azur. Des magnifiques chambres et suites azuréennes jusqu'au spa, au dernier étage, confort exquis et prestations haut de gamme cultivent le mythe de la Croisette.

⅋ ⇆ ⊿ 🕲 🛁 ⊡ 🛆 Ⓜ 🛋 🅿 – 382 chambres – 27 suites

Plan : C2-n - *73 boulevard de la Croisette* - ℰ *04 93 90 12 34* - *www.hotel-martinez.com*

❀❀ **La Palme d'Or** – Voir la sélection des restaurants

🏨 INTERCONTINENTAL CARLTON

HISTORIQUE · GRAND LUXE Faut-il encore présenter le Carlton ? Inauguré en 1913, l'établissement s'est hissé parmi les hôtels mythiques de la Riviera. L'histoire imprègne ses murs, où sont passés plusieurs générations d'hôtes illustres. Le classicisme est la marque des lieux !

⅋ ⇆ ⅍ 🛁 ⊡ 🛆 Ⓜ 🛋 🍽 – 304 chambres – 39 suites

Plan : C2-e - *58 boulevard de la Croisette* - ℰ *04 93 06 40 06* - *www.carlton-cannes.com*

🏨 FIVE SEAS

BOUTIQUE HÔTEL · CONTEMPORAIN À deux pas de la Croisette, cet hôtel, imaginé dans l'ancien bâtiment de la poste, cultive un charme indéniable : décor soigné, chambres personnalisées sur le thème du voyage, spa, piscine inox sur le toit... Une très agréable villégiature !

⅋ ⊿ 🕲 🛁 ⊡ 🛆 Ⓜ 🛋 🍽 – 37 chambres – 8 suites

Plan : B1-g - *1 rue Notre-Dame* - ℰ *04 63 36 05 05* - *www.fiveseashotel.com*

LE GRAND HÔTEL

LUXE · DESIGN Un établissement de caractère sur la Croisette, au calme derrière un superbe îlot de verdure... On le sait, les années 1970 sont aujourd'hui à la mode, et les chambres jouent cette carte "revival" avec raffinement et élégance (mobilier design, tons vintage) : une réussite qui convertira même les plus rétifs.

⌂ 🏊 ⇆ 🛎 ⊞ ♿ 🅰 🔅 🅿 – 72 chambres – 3 suites

Plan : B1-b – *45 boulevard de la Croisette* – ☎ *04 93 38 15 45* – *www.grand-hotel-cannes.com*

🍴 **Le Park 45** – Voir la sélection des restaurants

GRAY D'ALBION

BUSINESS · CONTEMPORAIN Entre la Croisette et la rue d'Antibes, cet hôtel est une valeur sûre pour tous ceux – hommes d'affaires ou touristes – qui sont en quête d'un haut niveau de confort et de prestations contemporaines. Beau restaurant de plage en saison.

🛗 ⊞ ♿ 🅰 🔅 🚗 – 176 chambres – 24 suites

Plan : B2-w – *38 rue des Serbes* – ☎ *04 92 99 79 79* – *www.gray-dalbion.com*

RADISSON BLU 1835 HOTEL & THALASSO

HÔTEL DE CHAÎNE · CONTEMPORAIN Véritable figure de proue, l'hôtel domine le vieux port de toute sa hauteur. Les chambres allient grand confort et esprit contemporain ; on profite des thermes marins et du restaurant, le 360°, qui offre une vue panoramique sur la baie de Cannes et le massif de l'Esterel.

⌂ ⇆ 🏊 🧖 ♨ 🈲 🛗 ⊞ ♿ 🅰 🔅 🚗 – 113 chambres – 16 suites

Plan : A2-n – *2 boulevard Jean-Hibert* – ☎ *04 92 99 73 00* – *www.radissonblu.com/hotel-cannes*

LE CANNET

✉ 06110 – Alpes-Maritimes – Carte régionale n° **25**–E2 – Carte Michelin 341-D6

✿✿ VILLA ARCHANGE

Chef : Bruno Oger

MODERNE · ÉLÉGANT 🕽🕽🕽 Installez-vous dans la petite salle à manger cosy, avec vieux parquet et gros fauteuils, pour déguster la cuisine du chef Bruno Oger : ce Breton d'origine, Méditerranéen d'adoption, déploie ses inspirations iodées entre Bretagne et Côte d'Azur... Une grosse langoustine rôtie et sa marinière riviera côtoient un homard breton, avant qu'un kouign amann et sa crème glacée caramel ne ponctuent la symphonie gourmande - superbe prestation du chef pâtissier Sylvain Mathy, compagnon de route de Bruno Oger depuis vingt-cinq ans. À l'intérieur des cuisines, une table d'hôte permet de profiter au plus près de la cérémonie culinaire. Parce qu'il est le chef attitré du Festival de Cannes, Bruno Oger aura vu défiler à sa table les plus grands acteurs : Uma Thurman, Robert De Niro ou Audrey Tautou... De quoi justifier des vocations.

Spécialités : Ormeaux de l'île de Groix poêlés et artichauts de Provence. Turbot, céleri bio, vierge feuille, échalote et noix. Traou mad aux fruits de saison.

🍽 ♿ 🅰 ⇧ 🅿 – Menu 78 € (déjeuner), 165/350 € – Carte 232/292 €

Rue de l'Ouest (par avenue Campon) – ☎ *04 92 18 18 28* – *www.bruno-oger.com* – *Fermé 20 février-8 mars, lundi, mardi midi, mercredi midi, jeudi midi, dimanche*

🕾 **Bistrot des Anges** – Voir la sélection des restaurants

🕾 BISTROT DES ANGES

TRADITIONNELLE · CONTEMPORAIN 🕽 Dans l'échelle séraphique, l'équipe de la Villa Archange pense brasserie : ici, décor moderne et ambiance conviviale, formules ensoleillées et chariot de douceurs... angéliques.

Spécialités : Thon mariné au gingembre, salade de quinoa rouge aux carottes des sables. Dos de saumon à la plancha, riz citronnelle et pignons torréfiés. Chariot des douceurs.

🛋 ⛦ 🅼 ⇔ 🅿 – Menu 34/59 € – Carte 52/94 €

Villa Archange, Rue de l'Ouest (par avenue Campon) – ☏ 04 92 18 18 28 – www.bruno-oger.com – Fermé dimanche soir

😊 BISTROT ST-SAUVEUR

TRADITIONNELLE · CONTEMPORAIN ⅄ Fauteuils noirs, rideaux blancs : bienvenue dans l'univers de Claude Sutter, style épuré et séduisant, jamais tape-à-l'œil. La cuisine bistrotière du chef se déguste avec bonheur, de l'andouillette grillée à la tarte sablée à la banane. Les fonds mijotent, les viandes rassissent, et nos appétits vibrionnent. Le plus difficile est de choisir !

Spécialités : Pâté en croûte. Rognons et ris de veau à la financière. Millefeuille à la vanille, coulis de fruits rouges.

88 🛋 🅼 – Menu 33/38 €

87 rue Saint-Sauveur – ☏ 04 93 94 42 03 – www.bistrotsaintsauveur.fr – Fermé lundi, dimanche soir

🍽 KASHIWA

JAPONAISE · ORIENTAL ⅄ Ce petit restaurant nippon (kashiwa signifie feuille de chêne), installé dans un ancien atelier de tapissier, offre une jolie palette de gastronomie japonaise (sushi, sashimi, soba etc.), mais aussi des plats plus travaillés, à l'image de ce thon rouge mi-cuit fondant. Le chef se fournit au marché Forville et auprès de petits pêcheurs, à Cannes. Petite terrasse, et position privilégiée, proche du musée Pierre Bonnard.

🛋 🅼 ⇔ – Carte 50/150 €

12 boulevard Gambetta – ☏ 07 49 45 58 88 – restaurantkashiwa.wixsite.com/kashiwa – Fermé lundi, mardi, mercredi midi

CAROMB

✉ 84330 – Vaucluse – Carte régionale n° **25**-E1 – Carte Michelin 332-D9

😊 LE 6 À TABLE

MODERNE · CONTEMPORAIN ⅄ Dans ce village paisible, une placette qui coule des jours heureux dans l'ombre de l'église : digne d'une carte postale de jadis ! Le chef travaille un maximum de produits de saison, locaux pour la plupart (figues, fromages, légumes), et fait preuve de soin et de finesse dans la préparation de ses assiettes. Le tout dans un intérieur moderne, d'esprit atelier, ou sur la terrasse.

Spécialités : Gâteau de cèpes, marmelade de tomate au basilic. Maigre de Méditerranée cuit sur peau, caponata sicilienne. Millefeuille aux figues, chantilly au citron vert, sorbet framboise.

🛋 ⛦ 🅼 ⇔ – Carte 35/50 €

6 place Nationale – ☏ 04 90 62 37 91 – www.pascal-poulain.com – Fermé lundi, dimanche

CASSIS

✉ 13260 – Bouches-du-Rhône – Carte régionale n° **24**-B3 – Carte Michelin 340-I6

✿✿ LA VILLA MADIE

Chef : Dimitri Droisneau

MODERNE · ÉLÉGANT ⅄⅄⅄ Un curriculum rutilant fait-il nécessairement un chef talentueux ? Dans le cas de Dimitri Droisneau, on aurait tendance à dire que oui. Ses passages à la Tour d'Argent ou à l'Ambroisie du maître Bernard Pacaud (Paris) ont fait de lui un cuisinier rigoureux et créatif. Avec son épouse Marielle, il s'épanouit dans cette villa posée au pied du cap Canaille. Entre l'Aveyronnaise et le Normand, l'union est personnelle mais aussi professionnelle : le duo propose une expérience gastronomique de haut niveau, mêlant recettes originales et mariages étonnants. Sur la terrasse enchanteresse, devant l'étendue marine et ses reflets, on se délecte des recettes fines et percutantes de Dimitri, qui pioche à grands traits dans les trésors de la Méditerranée... On en redemande.

Spécialités: Primeurs de nos maraîchers, parmesan et truffes noires. Fragrances de nos calanques. Chocolat manjari onctueux et reine-des-prés glacée.

⅍ ⪡ 🍴 🛋 ♿ 🅼 ⇆ 🅿 – Menu 130 € (déjeuner), 180/235 € – Carte 190/240 €

Avenue du Revestel (anse de Corton) – 𝄞 04 96 18 00 00 – www.lavillamadie.com – Fermé 3 janvier-10 février, mardi, mercredi

🍽 **La Brasserie du Corton** – Voir la sélection des restaurants

🍽 LA PRESQU'ÎLE

MODERNE · MÉDITERRANÉEN XX L'endroit, au bout d'une presqu'île entre Cassis et ses célèbres calanques, est tout simplement magique ! La villa, comme posée sur les rochers face au cap Canaille, joue la modernité dans l'assiette, en s'appuyant sur de beaux produits méditerranéens.

⪡ 🍴 ⇆ 🅿 – Menu 39 € (déjeuner), 65/88 €

Avenue Notre-Dame - esplanade Port-Miou – 𝄞 04 42 01 03 77 – www.restaurant-la-presquile.fr – Fermé 16 novembre-9 février, lundi, dimanche soir

🍽 LA BRASSERIE DU CORTON

MODERNE · ÉPURÉ X Intelligemment repensé (cuisine ouverte, réaménagement de la salle), l'espace brasserie de la Villa Madie joue toujours la carte de la simplicité et du marché, avec de séduisantes associations terre et mer. Aux beaux jours, on profite de la terrasse face à la jolie crique.

⅍ ⪡ 🍴 🛋 ♿ 🅼 🅿 – Menu 38 € (déjeuner) – Carte 58/66 €

La Villa Madie, Avenue du Revestel (anse de Corton) – 𝄞 04 96 18 00 00 – www.lavillamadie.com – Fermé 2 janvier-10 février, lundi soir, mardi soir, mercredi soir, jeudi soir, vendredi soir, samedi, dimanche

🏚 LES ROCHES BLANCHES

LUXE · ART DÉCO Cette magnifique bâtisse de 1878 devenue hôtel en 1920 et accrochée aux rochers de Cassis, se mire et s'admire dans la mer. Chambres spacieuses, matériaux nobles : l'âme des années 1930 et l'horizon comme unique infini. Sans doute le plus bel hôtel de front de mer des environs.

🏊 ⪡ 🛎 🖥 ♿ 🅼 🧖 🅿 – 34 chambres – 2 suites

9 avenue des Calanques – 𝄞 04 42 01 09 30 – https://roches-blanches-cassis.com

LE CASTELLET

✉ 83330 – Var – Carte régionale n° **24**-B3 – Carte Michelin 340-J6

🌟🌟🌟 CHRISTOPHE BACQUIÉ

MODERNE · CONTEMPORAIN XxxX Itinéraire sans ratures que celui de Christophe Bacquié, Meilleur Ouvrier de France 2004 et artisan infatigable. Les choses sérieuses ont commencé pour lui à l'Oasis (Mandelieu-La Napoule) aux côtés de Stéphane Raimbault. Puis il multiplie les expériences parisiennes avant de retrouver la Corse, où il a grandi (La Villa à Calvi). Il s'épanouit aujourd'hui à l'Hôtel du Castellet, un endroit splendide, niché au cœur de la Provence, tout proche du circuit automobile Paul-Ricard. Merlu de ligne, saint-pierre, langoustines de casier, poulpe (un summum !), mais aussi légumes des maraîchers locaux : ses assiettes chantent les louanges de la région, cette Méditerranée éternelle et qui, décidément, enfante de bien talentueux créateurs. Le chef pâtissier Loïc Colliau, formé notamment par Yannick Alléno et Joël Robuchon, sert « une pâtisserie de saison cuisinée » comme il aime la décrire. « Je fais mes desserts comme on prépare une entrée en pensant aux assaisonnements » : une réussite !

Spécialités: Fleur de courgette farcie, bouillon de fleurs. Pigeonneau au sang cuit en pâte à sel épicée, jus acidulé au vinaigre de myrte. Soufflé chaud à la cazette, crème glacée aux grains de café torréfiés.

⅍ 🍴 ♿ 🅼 🖥 🍽 🅿 – Menu 250/325 €

Hôtel & Spa du Castellet, 3001 route des Hauts-du-Camp, au Circuit Paul Ricard – 𝄞 04 94 98 29 69 – www.hotelducastellet.com – Fermé 30 novembre-6 mars, 30 août-5 septembre, lundi, dimanche

⅃⃝ **SAN FELICE**

MODERNE · BISTRO ✗ La San Felice n'est pas qu'un roman de Dumas, c'est aussi – au sein de l'hôtel du Castellet – un bistrot chic et inventif ! Asperges au lard de Colonnata, agneau allaiton au jus de viande truffé et aux légumes d'hiver, baba au rhum : la carte est volontairement courte et met en avant de délicieux produits de saison.

≼ ⌂ 😋 ⚄ 🅐🄲 🥘 **P** – Menu 59 €

Hôtel & Spa du Castellet, 3001 route des Hauts-du-Camp, au Circuit Paul Ricard – ℰ 04 94 98 29 58 – www.hotelducastellet.com – Fermé 30 novembre-6 mars

🏨 **HÔTEL & SPA DU CASTELLET**   Tablet.PLUS

SPA ET BIEN-ÊTRE · ÉLÉGANT Douze hectares de pinède dominant l'arrière-pays varois, avec la Méditerranée à l'horizon. Si tous les paradis sont perdus, l'hôtel du Castellet en a conservé le goût : coursives, bassins, parterres de lavande... et un spa de 700 m². Félicité à la provençale !

🏌 🏊 ≼ ⌂ 🛎 🖥 🕘 ⛴ 🖂 & 🄰🄲 🏋 **P** – 33 chambres – 9 suites

3001 route des Hauts-du-Camp, au Circuit Paul Ricard – ℰ 04 94 98 37 77 – www.hotelducastellet.com

    ✿✿✿ **Christophe Bacquié** · ⅃⃝ **San Felice** – Voir la sélection des restaurants

CAUMONT-SUR-DURANCE

✉ 84510 – Vaucluse – Carte régionale n° **25**-E1

⅃⃝ **LE TÔQUÉ**

TRADITIONNELLE · SIMPLE ✗ Cadre modeste mais chef de talent, passé notamment par Anne-Sophie Pic à Valence. On goûte ici des recettes traditionnelles composées selon le marché. C'est frais, goûteux, bien réalisé et sans fioriture, comme ce cabillaud rôti et écrasé de pommes de terre, de belle fraîcheur. A l'été, on s'installe en terrasse, sur la place.

🌱 ✿ – Menu 30 € (déjeuner)/35 €

1 faubourg Saint-Sébastien – ℰ 06 24 25 00 98 – www.restaurantletoque.com – Fermé mardi, mercredi

CAVAILLON

✉ 84300 – Vaucluse – Carte régionale n° **25**-E1 – Carte Michelin 332-D10

⅃⃝ **MAISON PRÉVÔT**

MODERNE · ÉLÉGANT ✗✗✗ Dans cette maison familiale, on célèbre le melon de Cavaillon – un menu entier lui est même dédié en saison. Truffes et légumes du pays occupent aussi une place de choix sur la carte. Le chef n'est pas avare d'anecdotes.

🄰🄲 – Menu 39 € (déjeuner), 60/95 € – Carte 78/92 €

353 avenue de Verdun – ℰ 04 90 71 32 43 – maisonprevot.com – Fermé 20 octobre-2 novembre, lundi, dimanche

⅃⃝ **L'ENVOL**

CUISINE DU MARCHÉ · CONTEMPORAIN ✗ Dans une petite rue du centre-ville, une adresse aussi charmante que discrète. Aux pianos, Laurent Renoult célèbre les légumes de Vert'Tige, à Cabannes, l'agneau de Sisteron ou encore le pigeon des Costières. C'est franc, goûteux, et l'accueil de Sarah Hotten est simple et charmant. Courez-y !

🌱 🄰🄲 – Menu 30 € (déjeuner)/34 € – Carte 45/55 €

35 rue Gustave-Flaubert – ℰ 04 90 78 15 27 – Fermé lundi, samedi midi, dimanche

CAVALIÈRE

✉ 83980 – Var – Carte régionale n° **24**-C3 – Carte Michelin 340-N7

ⅠⅠ◯ LE CLUB DE CAVALIÈRE & SPA

MODERNE · ÉLÉGANT XxX Rougets en filets, pistou d'herbes et fenouil confit ; loup de pleine mer rôti sur la peau ; soufflé chaud aux fruits de la passion... De beaux produits de la mer (et quelques viandes), cuisinés avec finesse. À apprécier face aux flots !

🕸 ⇽ 🛋 ಈ 🦪 🅿 – Carte 75/95 €

30 avenue du Cap-Nègre – ℰ 04 98 04 34 34 – www.clubdecavaliere.com – Fermé 5 octobre-6 mai

ⅠⅠ◯ SMASH CLUB

CLASSIQUE · CONVIVIAL X Insolite, ce restaurant situé au cœur d'un club de tennis... Mais ne vous fiez pas aux apparences : on sert ici une délicieuse cuisine aux accents provençaux, à la fois généreuse et soignée, déjà plébiscitée par la population locale. Le menu change régulièrement mais certains classiques demeurent, dont un réjouissant baba au rhum.

🛋 🅿 – Menu 44 €

Avenue du Golf (au tennis de Cavalière) – ℰ 04 94 05 84 31

LA CELLE

✉ 83170 – Var – Carte régionale n° **24**-C3 – Carte Michelin 340-L5

⁂ HOSTELLERIE DE L'ABBAYE DE LA CELLE

MÉDITERRANÉENNE · HISTORIQUE XxX Non loin de l'abbaye de la Celle, cette thébaïde gourmande occupe les murs d'une belle bâtisse classique du 18ᵉ s. Cette adresse de la galaxie Ducasse offre désormais tous les agréments d'un hôtel de luxe. Le chef Nicolas Pierantoni, né à Brignoles, est un enfant du pays qui a grandi dans le village. Formé au Louis XV à Monaco, il a continué comme second ici même aux côtés de Benoît Witz. On cisèle ici une cuisine méridionale pleine de sagesse et riche en légumes – ce qui n'empêche évidemment ni la gourmandise ni la générosité, à l'image de ces farcis de Provence au pistou d'herbes ou cette canette des Dombes rôtie au romarin. La tradition sans ostentation.

Spécialités : Petits farcis de Provence et pistou d'herbes. Merlu de ligne au fumet de bouillabaisse, fenouil et citron confit. Entremets au chocolat et caramel.

🍴 🖼 ಈ 🅿 – Menu 56 € (déjeuner), 81/110 € – Carte 84/110 €

Place du Général-de-Gaulle – ℰ 04 98 05 14 14 – www.abbaye-celle.com – Fermé 3 janvier-6 février, mardi, mercredi

🏠🏠🏠 HOSTELLERIE DE L'ABBAYE DE LA CELLE

MAISON DE MAÎTRE · ÉLÉGANT Cette ancienne hostellerie d'abbaye distille un bel esprit d'antan avec ses murs du 18ᵉ s. et son décor provençal bourgeois. Le matin, le soleil filtre à travers les grands arbres, et l'on découvre avec bonheur le jardin environnant, avec son potager et son conservatoire des vignes – 88 cépages différents !

🎋 🍴 ⌿ ಈ 🄰🄲 🛁 🅿 – 10 chambres

Place du Général-de-Gaulle – ℰ 04 98 05 14 14 – www.abbaye-celle.com

⁂ **Hostellerie de l'Abbaye de la Celle** – Voir la sélection des restaurants

CHANTEMERLE

✉ 05330 – Hautes-Alpes – Carte régionale n° **24**-C1 – Carte Michelin 334-H3

ⅠⅠ◯ LES PLANCHES

MODERNE · MONTAGNARD XX Situé face à la piste Luc Alphand, ce restaurant en met plein les yeux et les papilles : le chef propose un menu-carte à base de produits régionaux, signé parfois d'une griffe plus exotique. On se régale d'un œuf poché sauce Meurette, air de pommes de terre et croûtons ou d'un croustillant de pied de porc, bouillon de jambon, pickles et tombée de chou vert.

⇽ 🍽 – Menu 29/45 € – Carte 29/45 €

Grand Hôtel, Place du Téléphérique – ℰ 04 92 24 15 16 – www.grandhotel.fr – Fermé 15 avril-20 juin, et le midi

GRAND HÔTEL

TRADITIONNEL · ÉPURÉ Entièrement rénové, le Grand Hôtel mise sur une gamme imposante de services (spa avec jacuzzi, hammam, sauna et douche sensorielle, ski-shop, casiers à ski) et des chambres sobres et épurées, entre modernité et esprit montagnard.

⚐ ⛷ ⌁ 🏊 📺 ♿ 🛁 🅿 🚲 – 66 chambres – 5 suites

Place du Téléphérique – ℰ 04 92 24 15 16 – www.grandhotel.fr

🍴 **Les Planches** – Voir la sélection des restaurants

CHÂTEAU-ARNOUX-ST-AUBAN

✉ 04160 – Alpes-de-Haute-Provence – Carte régionale n° **24**–C2 – Carte Michelin 334-E8

✿ LA BONNE ÉTAPE

Chef: Jany Gleize

PROVENÇALE · ÉLÉGANT XXX Sur la table, du pain, une fougasse, des olives et de l'huile d'olive, des tomates multicolores gorgées de soleil. Dans la salle de ce mas rénové, belle interprétation bourgeoise du répertoire local, il flotte comme des fragrances de thym, de sarriette et de lavande... on dirait bien le Sud ! Depuis près d'un demi-siècle, le chef Jany Gleize incarne la cuisine provençale classique, goûteuse et gourmande. Cèpes en raviolis ou en flan, foie gras de canard et tourte de colvert, lièvre à la royale et agneau de Sisteron : Giono lui-même aurait apprécié ces saveurs bien marquées, ces parfums capiteux d'une cuisine riche. On vient de très loin pour déguster ces pieds et paquets d'anthologie, nappés d'une excellente sauce tomate bien relevée qui donne toute sa mesure à la recette.

Spécialités : Truite de Châteauroux-les-Alpes marinée au fenouil. Agneau de Sisteron rôti à feu d'enfer, jus à la sarriette. Crème glacée au miel de lavande dans sa ruche.

🐝 ⇔ 🍴 🆎 ⇔ 🅿 – Menu 75/115€

Chemin du Lac – ℰ 04 92 64 00 09 – www.bonneetape.com –
Fermé 3 janvier-11 février, 15-28 novembre, lundi, mardi

🍴 AU GOÛT DU JOUR

PROVENÇALE · VINTAGE X Ne cherchez pas des plats particulièrement au goût du jour... Ici, le chef réalise une goûteuse cuisine du terroir. Dans l'assiette, les produits du marché et du jardin défilent au gré des saisons. Cadre tout en simplicité, aux couleurs de la Provence.

🆎 ⇔ – Carte 24/35€

14 avenue du Général-de-Gaulle – ℰ 04 92 64 48 48 –
www.bonneetape.com/bistrot.html – Fermé 4 janvier-11 février, mercredi, jeudi

CHÂTEAUNEUF-DE-GADAGNE

✉ 84470 – Vaucluse – Carte régionale n° **25**–E1 – Carte Michelin 84-C10

😊 LA MAISON DE CELOU

MODERNE · COSY X Cette Maison, perchée sur les remparts du vieux village, incarne à merveille les douceurs provençales. Un jeune chef y compose des assiettes enlevées et volontiers originales comme ce croque Saint-Jacques aux épinards et tomates confites. Mention spéciale pour les desserts gourmands et addictifs comme l'entremet au Dulcey et bananes caramélisées.

Spécialités : Carpaccio de cochon truffé, artichauts poivrades, salade mustarde. Agneau confit, raviole ouverte aux petits légumes. Crêpes Suzette.

⇙ 🍴 ♿ – Menu 21€ (déjeuner), 34/49€

5 rue Saint-Jouin – ℰ 04 90 16 08 61 – www.lamaisondecelou84.com –
Fermé 15 février-2 mars, 17 octobre-2 novembre, lundi, mercredi soir, dimanche soir

CHÂTEAUNEUF-DU-PAPE

✉ 84230 – Vaucluse – Carte régionale n° **25**–E1 – Carte Michelin 332-B9

❀ **LA MÈRE GERMAINE** ⓝ

MODERNE · ÉLÉGANT XX Le tout Paris en partance pour le midi y descendait, de Mistinguett à Gabin ou Fernandel. De cette histoire glorieuse, ce restaurant a conservé le nom de sa fondatrice, Germaine Vion (en 1922) et le goût des choses bien faites. En ce village dont la seule évocation fait trembler les papilles des amateurs de vin, la maison, désormais confiée à un jeune couple de professionnels, séduit par la qualité de ses assiettes. Aux fourneaux, Camille Lacome réalise des recettes lisibles, savoureuses et parfumées tandis que sa compagne Agathe Richou concocte de délicieux desserts. Cette barbue confite, émulsion aux coquillages, purée d'oignons des Cévennes et compotée de rhubarbe mérite de rester dans les annales de la gourmandise. A savourer dans la jolie salle à manger décorée d'immenses fresques murales évoquant le Paris « Belle Époque » façon Toulouse-Lautrec, ou sur la terrasse, à la vue exceptionnelle.

Spécialités : Huître de Camargue, gelée au vin de Rasteau et sabayon noisette. Épaule d'agneau de Sisteron confite, huile de curry et jus d'agneau. Baba au rhum, entre café et caramel.

⇆ ⩽ 🏠 ⏣ – Menu 39 € (déjeuner), 59/78 € – Carte 65/85 €

3 rue du Commandant Lemaître – 𝒞 04 90 22 78 34 – www.lameregermaine-chateauneufdupape.fr – Fermé 8-25 novembre, lundi, dimanche soir

🍴 **LE VERGER DES PAPES**

PROVENÇALE · RUSTIQUE X Belle situation pour ce restaurant adossé aux remparts du château et dont la terrasse réserve une vue à couper le souffle. La cuisine provençale est à l'honneur : biscuit de saumon cru bio mariné à l'huile d'olive, côte de taureau de Camargue grillée, vacherin au citron... Bons produits et vins de la vallée du Rhône.

🐌 ⩽ 🏠 🅰🅲 – Menu 23 € (déjeuner)/35 € – Carte 38/50 €

2 rue du Château – 𝒞 04 90 83 50 40 – www.vergerdespapes.com – Fermé 20 décembre-4 mars, lundi, dimanche soir

LA CIOTAT

✉ 13600 – Bouches-du-Rhône – Carte régionale n° **24**-B3 – Carte Michelin 340-I6

❀ **LA TABLE DE NANS**

Chef : Nans Gaillard

MÉDITERRANÉENNE · ÉPURÉ XX Nans Gaillard, enfant du pays et chef exigeant, avait un rêve de gamin : ouvrir son restaurant à La Ciotat, sa ville natale. Après une enfance bretonne et ses premiers pas en cuisine, de vrais postes à Paris, notamment chez Joël Robuchon, il trouve son bonheur : une auberge datant de l'entre-deux-guerres, construite en corniche face à la grande bleue avec sa terrasse magique et ses grands pins. Dans ce cadre de rêve, Nans rend hommage aux produits régionaux avec une cuisine classique revisitée avec finesse : légumes de Provence "cuits et crus", robiola frais et herbes potagères ; homard, confit de carottes au gingembre et citron vert, chair des pinces en ravioli, sauce onctueuse à la vanille de Madagascar...

Spécialités : Langoustines, mayonnaise et crêpes dentelles. Loup vapeur, pommes fondantes, beurre d'herbes acidulées. Pomme, croustillant caramel et crème vanille.

⩽ 🏠 🅰🅲 🅿 – Menu 59 € (déjeuner), 85/110 € – Carte 82/100 €

126 corniche du Liouquet – 𝒞 04 42 83 11 06 – www.latabledenans.com – Fermé 4 janvier-2 février, lundi, dimanche

🍴 **LA JOÏA** ⓝ

MÉDITERRANÉENNE · TENDANCE X Face au vieux port de La Ciotat, ce restaurant familial tenu par un chef au riche parcours, accompagné de son fils en cuisine, propose une cuisine méditerranéenne et italienne (savoureuses Mafaldine aux girolles), généreuse, dotée d'une vraie attention dans la sélection des ingrédients. Une adresse comme on les aime.

🏠 🅰🅲 – Carte 48/60 €

6 quai Général-de-Gaulle – 𝒞 04 42 08 95 31 – www.lajoiarestaurant.com – Fermé 1er-31 janvier, lundi

ROCHE BELLE

PROVENÇALE · RUSTIQUE 〤 Dans un chaleureux cadre provençal, une maison-nette couverte de vigne vierge et sa terrasse plantée d'oliviers. La cuisine est goûteuse, ensoleillée, et fleure bon le Midi.

🏡 🅰🅲 ⇆ 🅿 – Menu 23 € (déjeuner)/37 € – Carte 40/60 €

455 Corniche du Liouquet – ℰ 04 42 71 47 60 – www.roche-belle.fr –
Fermé 22 février-14 mars, 16-31 octobre, lundi, dimanche

COGOLIN

✉ 83310 – Var – Carte régionale n° **24**-C3 – Carte Michelin 340-O6

LA GRANGE DES AGAPES

MODERNE · ÉLÉGANT 〤〤 Comme tout véritable passionné, Thierry Barot est au four et au moulin. Non content de proposer une cuisine savoureuse et d'appétis-sants menus thématiques (tout légumes, provençal, asperges, truffe...), il donne aussi des cours de cuisine... Quelles agapes !

🏡 🅰🅲 – Menu 23 € (déjeuner), 28/60 €

7 rue du 11-Novembre (place de la mairie) – ℰ 04 94 54 60 97 –
www.grangeagapes.com – Fermé 7-15 mars, 13-21 septembre, lundi, dimanche

GRAIN DE SEL

TRADITIONNELLE · BISTRO 〤 Au cœur de Cogolin, derrière la mairie, ce couple de pros souriants dirige ce bistrot de poche qui ne manque pas de sel, ni de répu-tation. En cuisine, Julien réalise des plats traditionnels, inspirés par une cuisine provençale généreuse ; en salle, Émilie est aussi accueillante qu'efficace. Une agréable adresse avec une terrasse fleurie bienvenue !

🏡 🅰🅲 – Menu 31 € – Carte 45/55 €

6 rue du 11-Novembre (derrière la mairie) – ℰ 04 94 54 46 86 –
www.graindesel-cogolin.fr – Fermé 9 janvier-13 février, 28 novembre-26 décembre,
lundi, dimanche

LA COLLE-SUR-LOUP

✉ 06480 – Alpes-Maritimes – Carte régionale n° **25**-E2 – Carte Michelin 341-D5

�❀ ALAIN LLORCA

Chef: Alain Llorca

PROVENÇALE · AUBERGE 〤〤 Alain Llorca est une figure emblématique de la cuisine de la Côte d'Azur. Il a notamment œuvré au mythique palace Negresco, et a insufflé un temps toute son énergie au Moulin de Mougins, entre autres pro-jets gourmands. Dans sa bastide de la Colle-sur-Loup, dont la terrasse offre une vue imprenable sur Saint-Paul-de-Vence, il laisse libre cours à sa sensibilité médi-terranéenne. Cela prend souvent la forme d'une ode à l'iode, empreinte de finesse et sensibilité : joli pavé de loup dans son jus à l'huile d'olive et aux zestes d'agru-mes, lotte à la niçoise et ses côtes de blettes glacées à la truffe. Mais la cuisine de ce chef inspiré chante aussi le pigeon du Tarn, le foie gras et le filet de bœuf.

Spécialités: Poupeton de fleur de courgette à la truffe noire. Pigeon fermier au grill à bois, tarte gourmande et jus court. Trois chocolats.

🖚 🏡 ♿ 🅰🅲 ⇆ 🐾 🅿 🚗 – Menu 53 € (déjeuner), 80/150 €

350 route de Saint-Paul – ℰ 04 93 32 02 93 – www.alainllorca.com

L'ATELIER DES SAVEURS BY STÉPHANE GARCIA

MODERNE · CONTEMPORAIN 〤 Le jeune chef a travaillé dans le Sud-Ouest (sa région natale), mais aussi à Monaco, avant de reprendre cette affaire. Il régale ici avec les produits du marché, dans une veine à la fois contemporaine et régio-nale. Son plat incontournable ? Le foie gras de canard en terrine, mariné au vin de Xérès...

🏡 🅰🅲 – Menu 28 € (déjeuner), 38/70 € – Carte 51/65 €

51 rue Georges-Clemenceau – ℰ 04 93 59 75 71 –
www.restaurant-latelierdessaveurs-sg.com – Fermé lundi, mardi

ALAIN LLORCA

TRADITIONNEL · ÉLÉGANT Un "hôtel de chef", idéal pour parfaire l'expérience de la cuisine d'Alain Llorca. Pour décor : un jardin à flanc de colline ; pour horizon : la campagne provençale et le village de St-Paul-de-Vence... Beaux volumes et matériaux de qualité font toute l'élégance des chambres.

♜ ℅ ≤ 🛏 ⌇ & 🅰 🅿 – 10 chambres

350 route de Saint-Paul – ℰ 04 93 32 02 93 – www.alainllorca.com

🕸 **Alain Llorca** – Voir la sélection des restaurants

CRILLON-LE-BRAVE

✉ 84410 – Vaucluse – Carte régionale n° **25**-E1 – Carte Michelin 332-D9

🍽️ **LA MADELEINE**

MODERNE · COSY 🕸🕸 Au cœur d'un village tout de pierres vêtu, ce petit restaurant accueille désormais la jeune cheffe Anissa Boulesteix. Les produits de la région sont bien mis en valeur ; les assiettes se dégustent dans un intérieur intimiste, ou sur la terrasse avec vue sur la campagne.

🕸 🍴 🅿 – Carte 110/130 €

Crillon le Brave, Place de l'Église – ℰ 04 90 65 61 61 – www.crillonlebrave.com –
Fermé 28 septembre-15 avril, lundi, mardi midi, mercredi midi, jeudi midi, vendredi
midi, samedi midi, dimanche

 CRILLON LE BRAVE

LUXE · PERSONNALISÉ Un village perché, le mont Ventoux pour horizon et ces belles bastides en pierre... Les chambres sont tout imprégnées de Provence et le jardin à l'italienne descend jusqu'à la piscine... Une élégance rare ! Pour se restaurer, on choisit entre la table gastronomique et le bistrot.

♜ ℅ ≤ 🛏 ⌇ & 🅰 🅿 – 18 suites – 15 chambres

Place de l'Église – ℰ 04 90 65 61 61 – www.crillonlebrave.com

🍽️ **La Madeleine** – Voir la sélection des restaurants

LA CROIX-VALMER

✉ 83420 – Var – Carte régionale n° **24**-C3 – Carte Michelin 340-O6

🕸 **LA PALMERAIE**

MODERNE · MÉDITERRANÉEN 🕸🕸🕸 *(Restaurant fermé temporairement en 2020 en raison de la crise sanitaire)* Entre vignes, mer et verger, cet hôtel-restaurant, superbe bastide familiale du début du 20ᵉ s., se cache au milieu d'un jardin luxuriant, peuplé de palmiers centenaires et de magnolias. Un superbe outil de travail, tout comme ce potager méditerranéen où poussent courgettes, aubergines, tomates, aromates et artichauts. On déguste ici une cuisine méditerranéenne aux dressages soignés à l'image de ce tartare de dorade ou de ce risotto aux langoustines. Elle est servie dans le jardin ou sur la terrasse qu'ombrage une pergola.
Spécialités : Cuisine du marché.

🛏 🍴 & 🖼 🅿 – Menu 90/130 € – Carte 100/150 €

Château de Valmer, 81 boulevard de Gigaro – ℰ 04 94 55 15 17 –
www.chateauvalmer.com – Fermé 4 octobre-30 avril, lundi, mardi midi, mercredi
midi, jeudi midi, vendredi midi, samedi midi, dimanche midi

🍽️ **VISTA**

MÉDITERRANÉENNE · TENDANCE 🕸🕸 Juché sur une colline sauvage face à la mer, l'hôtel est sublime ; le restaurant ultra-chic et bohème ne déçoit pas non plus. Au bord de la piscine, baigné dans un sentiment d'exclusivité rare, on déguste les plats du chef Vincent Maillard, à l'image de ces petits farcis provençaux et de ce fraisier au basilic et glace à l'huile d'olive. Service voiturier.

≤ 🍴 & 🖼 🍽 🅿 – Carte 50/120 €

Lily of The Valley, Colline Saint-Michel, quartier de Gigaro – ℰ 04 22 73 22 09 –
www.lilyofthevalley.com

🟡 **LA PINÈDE-PLAGE**

MÉDITERRANÉENNE · **MÉDITERRANÉEN** XX Plaisir d'un repas en bord de mer, sur une plage privée – avec en prime une belle vue sur les îles d'Or –, autour d'une jolie cuisine méridionale, mêlant poisson, terroir provençal et spécialités italiennes...

≼ 🈑 🛋 🅿 – Carte 57/158 €

382 boulevard de Gigaro – ℰ 04 94 55 16 14 – www.pinedeplage.com – Fermé 4 octobre-1ᵉʳ mai

LILY OF THE VALLEY

LUXE · **ÉLÉGANT** Tout ici, est à couper le souffle : la vue imprenable sur la mer et les îles du Levant, le magnifique spa et son "village bien-être", sans oublier la déco signée Philippe Starck, association de bois et béton en harmonie parfaite avec la nature environnante. Magique et reposant.

🏝 🏖 ≼ 🈑 🍱 🈸 🈯 🕍 🖭 🔟 🔳 🍽 🍵 – 38 chambres – 6 suites

Colline Saint-Michel, quartier de Gigaro – ℰ 04 22 73 22 00 – www.lhw.com

🟡 **Vista** – Voir la sélection des restaurants

🏨 **CHÂTEAU DE VALMER**

LUXE · **ÉCO-RESPONSABLE** Une belle allée de palmiers qui se fraie un chemin entre les vignes : la première image offerte par ce domaine viticole du 19ᵉ s. Tout y confirme l'impression liminaire : raffinement, lumière, esprit azuréen... et pour une nuit très romantique, deux magnifiques cabanes perchées dans les arbres !

🏖 ≼ 🈑 🍱 🔟 🈸 🔟 🔳 🔟 🅑 🅿 – 41 chambres

81 boulevard de Gigaro – ℰ 04 94 55 15 15 – www.chateauvalmer.com

❀ **La Palmeraie** – Voir la sélection des restaurants

🏨 **LA PINÈDE-PLAGE**

LUXE · **ÉCO-RESPONSABLE** Cet hôtel-restaurant porte bien son nom : ombragé de pins parasols et directement sur la plage, face aux îles d'Or ! Un établissement avec beaucoup de charme et de belles chambres ouvertes sur le large... Impression d'être loin de tout : parfait pour les vacances.

🏖 ≼ 🈑 🍱 🔟 🔳 🖭 🅿 – 29 chambres – 3 suites

382 boulevard de Gigaro – ℰ 04 94 55 16 16 – www.pinedeplage.com

🟡 **La Pinède-Plage** – Voir la sélection des restaurants

CUCURON

✉ 84160 – Vaucluse – Carte régionale n° **25**–E1 – Carte Michelin 332-F11

❀ **LA PETITE MAISON DE CUCURON**

Chef: Eric Sapet

CLASSIQUE · **RUSTIQUE** XX Il était une fois une petite maison jaune, véritable bonbonnière bourgeoise provençale bourrée de charme... Un excellent cordon bleu, Éric Sapet, y magnifiait les produits du marché : champignons, dont la truffe à laquelle il dédiait un menu tout l'hiver, petits légumes des maraîchers locaux, fromages de Provence, gibiers comme le lièvre, "royalement" cuisiné. Gourmand, passionné de vins et d'œnologie, ce chef possédait un solide métier longtemps exercé à Paris, à la Tour d'Argent et chez Jacques Cagna notamment. À sa table, on accourait pour se régaler d'une blanquette de noix de Saint-Jacques ou d'une caille farcie au riz à la truffe et au foie gras. Certains clients revenaient même le samedi pour suivre les cours du chef. Gare à ceux qui oubliaient de réserver : l'adresse affichait souvent complet.

Spécialités: Tarte fine aux champignons de Paris, fromage frais et truffe râpée. Lièvre à la royale en deux services. Tarte sablée amandine et meringuée à la rhubarbe, sorbet aux fraises.

 🛋 ✿ – Menu 60/90 €

Place de l'Étang – ℰ 04 90 68 21 99 – www.lapetitemaisondecucuron.com – Fermé lundi, mardi

⬥ **MATCHA**

MODERNE · SIMPLE ✗ Tout est frais et fait maison ici, des légumes des petits producteurs des environs aux viandes et volailles, élevées en plein air, à l'image de cette caille rôtie, farcie aux olives, et aubergine. Une cuisine au goût du jour, appétissante en diable !

🍽 🅺 – Menu 25 € (déjeuner)/39 €

Montée du Château-Vieux – ☎ 04 86 78 55 96 –
Fermé 16-24 mars, mardi, mercredi

DIGNE-LES-BAINS

✉ 04000 – Alpes-de-Haute-Provence – Carte régionale n° **24**-C2 – Carte Michelin 334-F8

⬥ **LE GRAND PARIS**

CLASSIQUE · VINTAGE ✗✗ Une maison pleine de cachet, avec un petit côté "à l'ancienne" tout à fait plaisant. La chef revisite les recettes classiques de son père (jadis aux fourneaux) ; ses plats sont savoureux. Ici, la tradition se perpétue d'une bien jolie façon.

🍽 ⬥ 🚘 – Menu 39/78 € – Carte 65/90 €

19 boulevard Thiers – ☎ 04 92 31 11 15 – www.hotel-grand-paris.com –
Fermé 1ᵉʳ décembre-31 mars, lundi midi, mardi, mercredi midi

EYGALIÈRES

✉ 13810 – Bouches-du-Rhône – Carte régionale n° **25**-E1 – Carte Michelin 340-E3

✿ **MAISON HACHE**

Chef: Christopher Hache

PROVENÇALE · ÉLÉGANT ✗✗ Christopher Hache est enfin chez lui. Sa cuisine n'a rien de celle d'un palace et c'est bien comme ça. Loin du Crillon et des grandes tables parisiennes qu'il connaît sur le bout de la toque, le chef compose un hommage savoureux à la Provence et aux Alpilles. En témoignent, dans le désordre, une sélection rigoureuse de fruits et légumes, l'agneau et les vins du terroir : on privilégie ici la proximité, les produits et producteurs du cru. Quant aux assiettes, elles sont simples dans la forme, brutes, à l'image des saveurs qui s'en dégagent, franches et pures (dont le superbe jus d'agneau), sans détours ni chichis. Ajoutons à ce tableau un cadre chic, une carte des vins inspirée, ainsi que des chambres de grand confort à l'étage. En somme : une excellente adresse.

Spécialités : Huître de Camargue, artichaut en barigoule. Agneau du plateau de la Crau, aubergine fondante. Soufflé au chocolat 70% cacao, glace au marc de Provence.

⬥ ⬥ 🍽 🅺 ⬥ – Menu 36 € (déjeuner), 75/135 € – Carte 55/82 €

30 rue de la République – ☎ 04 90 95 00 04 – www.maisonhache.com –
Fermé 1ᵉʳ-28 février, lundi, mardi midi, dimanche

EYRAGUES

✉ 13630 – Bouches-du-Rhône – Carte régionale n° **25**-E1 – Carte Michelin 340-D2

⬥ **LE PRÉ GOURMAND**

MODERNE · ÉLÉGANT ✗✗ Cette sympathique adresse, située à la sortie du village, propose une cuisine méditerranéenne en harmonie avec les saisons : courgettes, aubergines, huile d'olive et citron accompagnent les poissons de la grande bleue ou l'agneau de La Crau. La belle terrasse située plein sud s'ouvre sur un jardin charmant. Et au bout du pré recouvert de fleurs, quelques jolies chambres vous attendent...

⬥ ⬥ 🍽 ⬥ 🅺 🅿 – Menu 32 € (déjeuner), 55/75 € – Carte 63/74 €

175 avenue Max-Dormoy – ☎ 04 90 94 52 63 – www.restaurant-lepregourmand.com –
Fermé 4-17 janvier, lundi, samedi midi, dimanche soir

ÈZE

✉ 06360 – Alpes-Maritimes – Carte régionale n° **25**–E2 – Carte Michelin 341-F5

✿✿ LA CHÈVRE D'OR

CRÉATIVE · **ÉLÉGANT** XxX Ce qui frappe en arrivant au Château de la Chèvre d'Or, c'est sa situation d'exception : niché sur les hauteurs d'un village médiéval à flanc de rocher, l'établissement offre une vue renversante sur l'arrière-pays azuréen et sur les reflets enchanteurs de la Méditerranée. Une fois remis de cette "claque" visuelle, place à table : là encore, l'enthousiasme est de mise. Avec les trésors dénichés alentour (poissons de la pêche, viandes et légumes, huile d'olive, herbes...) et tout le talent qu'on lui connaît, Arnaud Faye se fend d'assiettes harmonieuses et précises, souvent irrésistibles. Mais n'oublions pas le versant sucré : le pâtissier Julien Dugourd y fait des merveilles, comme avec cette "vision d'un citron de pays" devenu son dessert signature...

Spécialités : Homard fumé à l'hysope, melon et barbajuans des pinces. Lapin, poulpe fumé, aubergine, jus aux girolles et herbes des falaises. Vision d'un citron de pays parfumé au yuzu et combava.

❀ ≤ ⌂ ⚐ ✤ ⚑ 🅿 – Menu 90 € (déjeuner), 220/260 €

Château de la Chèvre d'Or, Rue du Barri (accès piétonnier) – ☎ 04 92 10 66 61 – www.chevredor.com – Fermé 31 octobre-1er avril

⅋○ CHÂTEAU EZA

MODERNE · **ROMANTIQUE** XxX Évidemment, il y a le panorama éblouissant, ces variations du paysage en contrebas, le massif qui plonge ses forêts de pins dans la Méditerranée. Mais il y a aussi une cuisine moderne, à base de produits de la région ou du Sud-Ouest (région où le chef a débuté sa carrière) matinée de saveurs méditerranéennes... et la vue depuis la terrasse, à couper le souffle, mais pas l'appétit !

≤ ⌂ ⚐ ✤ ⚑ 🅿 – Menu 59 € (déjeuner)/125 € – Carte 80/150 €

Rue de la Pise (accès piétonnier) – ☎ 04 93 41 12 24 – www.chateaueza.com

⅋○ LES REMPARTS

PROVENÇALE · **ROMANTIQUE** XX Une cuisine méridionale chic, servie le midi en saison sur une terrasse sublime, posée en bordure de falaise et offrant une vue magique sur la Grande Bleue, St-Jean-Cap-Ferrat, la baie des Anges.

≤ ⌂ ⚐ 🅿 – Carte 80/120 €

Château de la Chèvre d'Or, Rue du Barri (accès piétonnier) – ☎ 04 92 10 66 61 – www.chevredor.com – Fermé 31 octobre-1er avril

🏛 CHÂTEAU DE LA CHÈVRE D'OR

DEMEURE HISTORIQUE · **ÉLÉGANT** Exceptionnel, divin, enchanteur... Un îlot céleste, agrippé aux rochers en surplomb de la Méditerranée. La plupart des chambres, disséminées dans le village, jouissent d'une vue splendide, tout comme les restaurants. Un petit paradis sur terre... au-dessus de la mer !

⛲ ⚏ ≤ ⌂ ⚒ ⚘ ⚐ ⚑ ⚒ 🅿 – 34 chambres – 11 suites

Rue du Barri (accès piétonnier) – ☎ 04 92 10 66 66 – www.chevredor.com

✿✿ **La Chèvre d'Or** · ⅋○ **Les Remparts** – Voir la sélection des restaurants

🏛 CHÂTEAU EZA

DEMEURE HISTORIQUE · **ÉLÉGANT** Dans cette demeure du 14e s. perchée entre ciel et mer, la vue sur la côte est littéralement... époustouflante ! Quant à la décoration des chambres, elle mêle charme des pierres anciennes et raffinement contemporain : c'est élégant et subtil. Et l'on vit le mythe de la Riviera...

⚏ ≤ ⚐ ⚒ 🅿 – 9 chambres – 5 suites

Rue de la Pise (accès piétonnier) – ☎ 04 93 41 12 24 – www.chateaueza.com

⅋○ **Château Eza** – Voir la sélection des restaurants

LES TERRASSES D'EZE

TRADITIONNEL · CONTEMPORAIN Les chambres, dans des tons blanc et bleu, ont toute une terrasse face à la mer : quelle vue époustouflante ! Pour le reste, le confort est total : piscine à débordement, parcours de bien-être avec diverses étapes (hammam, sauna, cascade de glace), courts de tennis et fitness.

🏠 ⅏ ⟨ 🏠 🎴 🔲 ⑲ ♨ ᒣᕃ 🖥 ᕃ Ⓜ 🔱 🅿 – 85 chambres – 2 suites

1138 route de la Turbie – ℰ 04 93 29 80 68 – www.hotel-terrasses-deze.com

ÈZE-BORD-DE-MER

✉ 06360 – Alpes-Maritimes – Carte régionale n° **25**–E2 – Carte Michelin 341-F5

✿ LA TABLE DE PATRICK RAINGEARD

CRÉATIVE · LUXE ✗✗✗ *(Restaurant fermé temporairement en 2020 en raison de la crise sanitaire).*

Dans le cadre luxueux de l'hôtel Cap Estel, on franchit un lobby de marbre avant de descendre quelques marches pour arriver sur une terrasse avec la mer en toile de fond. L'art du chef Patrick Raingeard s'y épanouit au gré d'un bel hommage à la Méditerranée... Formé par Alain Passard et Jacques Maximin notamment, ce cuisinier voue un profond respect à la qualité des produits. Il défend également une pêche durable soucieuse de la préservation des ressources halieutiques. Une pointe d'inventivité rehausse toujours l'ensemble de ses assiettes particulièrement soignées. Tout ici est idyllique et confidentiel à l'image de ce grand portail à l'enseigne discrète qui ouvre sur un chemin dérobé...

Spécialités : Salade de pigeon du Lauragais et jus de persil, sésame et champignon. Lotte de Méditerranée au kumquat et hysope, risotto de courge de Nice au curcuma. Fraise de Carros, géranium, rhubarbe et glace au yaourt.

⟨ 🏠 🍽 ᕃ Ⓜ 🎴 🅿 🚗 – Menu 59 € (déjeuner), 130/170 € – Carte 123/159 €

Cap Estel, 1312 avenue Raymond-Poincaré – ℰ 04 93 76 29 29 – www.capestel.com – Fermé 3 janvier-1er avril, dimanche midi

CAP ESTEL

GRAND LUXE · ÉLÉGANT Sur une presqu'île privée, cette villa enchanteresse, construite par un prince russe à la fin du 19e s, cultive l'art du luxe discret. Ses salons magnifiques, ses chambres et suites somptueuses, son spa, son parc et sa piscine à débordement au-dessus de la mer... tout invite à un séjour de rêve, à l'abri des regards.

⅏ ⟨ 🏠 🔲 🔲 ⑲ ᒣᕃ 🖥 ᕃ Ⓜ 🔱 🅿 🚗 – 18 suites – 10 chambres

1312 avenue Raymond-Poincaré – ℰ 04 93 76 29 29 – www.capestel.com

✿ **La Table de Patrick Raingeard** – Voir la sélection des restaurants

FAYENCE

✉ 83440 – Var – Carte régionale n° **24**–C3 – Carte Michelin 340-P4

LA TABLE D'YVES

MODERNE · ÉLÉGANT ✗ Les vignes et le village de Fayence pour décor ! L'été, on s'installe sur la terrasse de cette jolie maison en laissant le temps filer... Douce quiétude et agréables saveurs : Yves Merville concocte de bonnes recettes aux accents du terroir, avec de jolis produits du marché. On se régale !

Spécialités : Foie gras de canard poêlé aux fruits de saison, sauce aux cinq épices. Quasi de veau rôti aux girolles, jus au romarin. Tarte feuilletée au fenouil confit, crème légère à l'anis étoilé.

🍽 ᕃ Ⓜ 🅿 – Menu 34/49 € – Carte 55/75 €

1357 route de Fréjus – ℰ 04 94 76 08 44 – www.latabledyves.com – Fermé 18 janvier-5 mars, mercredi, jeudi midi

LE CASTELLARAS

PROVENÇALE · CONVIVIAL XX Cette maison, avec son jardin arboré à flanc de colline avec le village pour toile de fond, propose une table aux couleurs de la Provence, inspirée par le marché et les saisons. Quelques chambres pour l'étape.

↩ ≤ ⌂ ⌗ 🅿 – Menu 47 € (déjeuner), 69/99 € – Carte 35/48 €

461 chemin de Peymeyan – ℰ 04 94 76 13 80 – www.restaurant-castellaras.com – Fermé 3 janvier-14 mars, lundi, mardi midi

LE TEMPS DES CERISES

TRADITIONNELLE · CONVIVIAL X Une terrasse sous la tonnelle, des cuisines ouvertes sur la salle et des tableaux peints par le père du chef : l'ambiance est chaleureuse et provençale, même si ce dernier est d'origine hollandaise ! Tarte tatin de foie gras, tartare de bœuf aux huîtres et œuf poché, rognon de veau : on y chante "le temps des cerises" sans nostalgie.

⌗ – Carte 38/49 €

2 place de la République – ℰ 04 94 76 01 19 – www.restaurantletempsdescerises.fr – Fermé 14 décembre-14 février, 14 décembre-14 février, mardi, mercredi

FLAYOSC

✉ 83780 – Var – Carte régionale n° **24**-C3 – Carte Michelin 340-N4

LE NID

MODERNE · CONVIVIAL X Une adresse tenue par des gens charmants : Emilie est aux petits soins avec ses clients, et le chef réalise une cuisine de saison, pleine de fraîcheur et de goût. Il privilégie les circuits courts, et les producteurs locaux. Une adresse qui fait le plein tous les jours. Un nid de gourmandise, à l'excellent rapport qualité/plaisir/prix...

Spécialités : Cuisine du marché.

& 🄰🄲 – Menu 34/55 €

37 boulevard Jean-Moulin – ℰ 04 94 68 09 96 – www.restaurantlenid-flayosc.fr – Fermé lundi, mardi midi, dimanche midi

LE CIGALON

MODERNE · SIMPLE X C'est une maison jaune aux volets verts, située en retrait du village de Flayosc. Elle en salle, lui en cuisine offrent à ce lieu une chaleur qui va au-delà de la gourmandise. Foccacia comme une pissaladière, jambon cru, premières asperges... excepté le pain et les glaces, tout est fait sur place. On dirait le Sud.

⌗ & – Menu 33/56 € – Carte 50/65 €

5 boulevard du Grand-Chemin – ℰ 04 94 68 69 65 – www.lecigalonflayosc.wixsite.com/site – Fermé mercredi, jeudi

L'OUSTAOU

MODERNE · COSY X Un ancien relais de poste de 1732, une atmosphère méridionale, un jeune couple sympathique, et une cuisine de saison généreuse et bien troussée, à l'instar de ce saltimbocca de veau à la sauge, tomate confite et polenta crémeuse : que demander de plus ? Peut-être de penser à prendre son temps sur la terrasse, face à la place du village...

⌗ – Menu 32 € – Carte 45/85 €

5 place Joseph-Bremond (au village) – ℰ 04 94 70 42 69 – https://restaurantloustaou.wixsite.com/flayosc – Fermé 24 février-3 mars, 19-29 octobre, 24-31 décembre, mardi, mercredi

FONTAINE-DE-VAUCLUSE

✉ 84800 – Vaucluse – Carte régionale n° **25**-E1 – Carte Michelin 332-D10

ⅱ○ **PHILIP**

TRADITIONNELLE · SIMPLE ⅹ L'emplacement de ce restaurant est formidable. Au pied de la célèbre fontaine d'où jaillit la Sorgue, cette adresse sait jouer de ses charmes bucoliques. Père et fille (la maison est dans la famille depuis 1926) proposent une cuisine qui joue efficacement la carte de la tradition. Service souriant et efficace. Réservation obligatoire en saison.

≤ 需 – Menu 32/51€ – Carte 48/60€

Chemin de la Fontaine – ℰ 09 75 59 28 63 – Fermé 1ᵉʳ octobre-31 mars

FONTVIEILLE

✉ 13990 – Bouches-du-Rhône – Carte régionale n° **25**–E1 – Carte Michelin 340-D3

ⅱ○ **BELVÉDÈRE** ⑩

MÉDITERRANÉENNE · CONTEMPORAIN ⅹⅹ Une bien jolie cuisine que celle du chef japonais Kohei Ohata, qui parvient à retranscrire avec justesse et saveurs les influences méditerranéennes des marchés environnants. Sa femme assure la partie dessert avec un vrai talent. C'est frais, parfumé et facturé au juste prix. Voilà une excellente adresse, un peu cachée dans l'hôtel Belesso - réservée aux gourmets, donc, et c'est très bien comme ça.

⇔ 需 Ⓜ �ℙ – Menu 34€ – Carte 45/57€

34 avenue des Baux (Hôtel Belesso) – ℰ 04 90 18 31 40 – www.hotelbelesso.fr –
Fermé 4 janvier-1ᵉʳ mars, 1ᵉʳ-18 novembre, lundi midi, mardi midi, mercredi midi,
jeudi midi, vendredi midi, samedi midi, dimanche

ⅱ○ **RELAIS DU CASTELET**

PROVENÇALE · AUBERGE ⅹ Perdu quelque part dans la campagne entre Arles et Fontvieille, cet ancien relais de chasse est un véritable havre de paix. On y cultive l'esprit provençal : agneau de la Crau, légumes du potager maison, soupe au pistou l'été et daube de sanglier l'hiver... Une partition copieuse et soignée, à déguster en terrasse sous le mûrier.

⇔ 需 丂 Ⓜ ℙ – Menu 37€ (déjeuner)/47€

Mas le Castelet, quartier Montmajour (3 km route d'Arles) – ℰ 09 80 40 74 81 –
www.lerelaisducastelet.fr – Fermé 16 février-1ᵉʳ mars, 19 octobre-2 novembre,
24 décembre-27 janvier, lundi, mardi soir, mercredi soir, jeudi soir, dimanche soir

🏠 **VILLA REGALIDO**

LUXE · PERSONNALISÉ Ce vieux moulin à huile, blotti au cœur d'un jardin fleuri, rappelle les photos sépia de notre enfance. La plupart des chambres, sobres et élégantes, sont prolongées par un balcon... et l'on prend son petit-déjeuner sur une belle terrasse verdoyante. Bonne cuisine du marché au restaurant.

⅗ ⇔ 丂 Ⓜ ⌬ ℙ – 18 chambres

118 avenue Frédéric-Mistral – ℰ 04 90 54 60 22 – www.villa-regalido.com

FORCALQUIER

✉ 04300 – Alpes-de-Haute-Provence – Carte régionale n° **24**–B2 – Carte Michelin 334-C9

ⅱ○ **LES TERRASSES DE LA BASTIDE**

PROVENÇALE · CONVIVIAL ⅹ Entendez-vous les cigales chanter ? Installés sur la belle terrasse, face au jardin, les gourmands se régalent d'une bonne cuisine méditerranéenne. La spécialité du chef : les pieds et paquets. Et si d'aventure le temps n'était pas de la partie, réfugiez-vous dans la salle décorée sur le thème de l'olive.

需 丂 Ⓜ ℙ – Menu 36€ – Carte 31/51€

Route de Banon – ℰ 04 92 73 32 35 – www.lesterrassesdelabastide.fr –
Fermé 15 février-3 mars, 17 décembre-6 janvier, lundi midi, mardi midi, dimanche
soir

🏠 LA BASTIDE SAINT GEORGES

SPA ET BIEN-ÊTRE · COSY Beaucoup de charme en ce domaine ! Les chambres sont décorées avec goût – et au naturel : bois, pierre, lin –, la plupart avec terrasse. Piscine, spa et massages. Idéal pour un séjour farniente.

♨ 🛋 🎳 🌐 ⅙ 🎬 🏛 🅿 – 23 chambres – 2 suites

Route de Banon – 𝒞 04 92 75 72 80 – www.bastidesaintgeorges.com

FRÉJUS

✉ 83600 – Var – Carte régionale n° **24**–C3 – Carte Michelin 340-P5

🍸 L'AMANDIER

MODERNE · COSY ✕✕ Tartare d'avocat et crevettes, relevé au xérès ; épaule d'agneau confite, jus tomaté au romarin ; riz au lait à la vanille... Les jolies recettes proposées par ce couple charmant ont l'accent méridional. Une excellente adresse à prix sages !

Spécialités : Taboulé de quinoa au basilic, carpaccio de saumon mariné. Dos de merlu, tarte fine à la tapenade et tomates séchées. Riz au lait moelleux aux abricots.

🎬 – Menu 32/44 € – Carte 38/52 €

19 rue Marc-Antoine-Désaugiers – 𝒞 04 94 53 48 77 –
www.restaurant-lamandier-frejus.com – Fermé 15 novembre-12 décembre, lundi midi, mercredi midi, dimanche

GAP

✉ 05000 – Hautes-Alpes – Carte régionale n° **24**–C1 – Carte Michelin 334-E5

🍴 LE BOUCHON

TRADITIONNELLE · BISTRO ✕ Dans un joli décor de bistro en bois patiné avec ses vieilles barriques, on envoie des assiettes généreuses et bien cuisinées, mettant en valeur des bons produits : le porcelet décliné en filet rôti, gigot confit et épaule braisée, jus aux épices et en saison, le lièvre à la royale, spécialité du chef. Le repas est savoureux et l'ambiance fort sympathique...

🍽 – Carte 27/41 €

4 La Placette – 𝒞 04 92 46 02 43 – www.lebouchon-gap.fr –
Fermé 24 décembre-4 janvier, 22 août-2 septembre, lundi, jeudi, dimanche

GARGAS

✉ 84400 – Vaucluse – Carte régionale n° **25**–E1 – Carte Michelin 332-F10

🍴 RESTAURANT COQUILLADE

MODERNE · LUXE ✕✕✕ On est un peu au royaume de Bacchus dans ce restaurant situé au cœur d'un domaine viticole : les gourmets honorent les vins du cru et... tous les produits de la terre provençale, auxquels la carte fait la part belle. À l'image de l'hôtel, le décor ne manque pas de superbe (colonnes, charpente).

🌿 ≤ 🛋 🍽 ⅙ 🎬 🅿 – Menu 82 € – Carte 48/105 €

Coquillade - Provence Village, Hameau Le Perrotet – 𝒞 04 90 74 71 71 –
www.coquillade.fr – Fermé 1er janvier-11 avril, lundi midi, mardi midi, mercredi midi, jeudi midi, vendredi midi, samedi midi, dimanche

🍴 LES VIGNES ET SON JARDIN

TRADITIONNELLE · ÉLÉGANT ✕ Dans le bistrot chic ou dans le jardin au milieu du vignoble l'été... Un fil très rouge, donc, pour cette adresse gourmande : le travail des saisons et le sens du terroir – au sein d'un hôtel qui vaut le coup d'œil !

≤ 🛋 🍽 ⅙ 🎬 🅿 – Menu 46/95 €

Coquillade - Provence Village, Hameau Le Perrotet – 𝒞 04 90 74 71 71 –
www.coquillade.fr – Fermé 1er janvier-11 avril, lundi midi, mardi, mercredi midi, jeudi midi, vendredi midi, samedi midi, dimanche midi

🏠🏠 COQUILLADE - PROVENCE VILLAGE

GRAND LUXE · PERSONNALISÉ Un hameau provençal dont les origines remontent au 11ᵉ s. : tel est le cadre de ce luxueux domaine hôtelier. Les chambres, réparties au sein de petits mas provençaux, expriment la quintessence des lieux (vieilles pierres, charpentes). On profite même d'un superbe spa, ouvert en 2015... Vendange de plaisirs !

🏡 🐾 ⟨ 🛏 ⬛ 🌐 ⅃♨ ⬛ ⅃ 🅰 🅿 – 42 suites – 21 chambres

Hameau Le Perrotet – 𝒞 04 90 74 71 71 – www.coquillade.fr

🍽️ **Restaurant Coquillade** · 🍽️ **Les Vignes et son Jardin** – Voir la sélection des restaurants

GASSIN

✉ 83580 – Var – Carte régionale n° **24**-C3 – Carte Michelin 340-O6

🏵️ BELLO VISTO

TRADITIONNELLE · AUBERGE XX Un établissement situé au cœur d'un joli village perché, occupé par les Maures jusqu'au 10ᵉ s. Installez-vous sur la superbe terrasse dont la vue plonge sur le golfe de Saint-Tropez et embrasse les sommets alpins pour déguster les spécialités maison du chef Sylvain Humbert : mitonnée de poulpes de roche, épeautre comme un risotto ; bouillabaisse aux moules de bouchot et encornets ; pavlova aux fruits et basilic du potager. Une cuisine savoureuse et gorgée de soleil, exécutée avec finesse. Un vrai plaisir.

Spécialités: Mitonnée de poulpes au piment d'Espelette, citron confit, épeautre aux cébettes. Bouillabaisse aux moules, croustille d'encornet, rouille safranée. Soufflé chaud au Grand Marnier, sorbet mandarine.

🐾 ⟨ 🏡 🅰 – Menu 34/56 € – Carte 58/115 €

Place des Barrys – 𝒞 04 94 56 17 30 – www.bellovisto.eu – Fermé 1ᵉʳ janvier-2 avril

🍽️ LA VERDOYANTE

TRADITIONNELLE · CONTEMPORAIN XX Posée au cœur des vignes, cette ancienne ferme rustique jouit d'un très beau panorama... Mais la Verdoyante ne serait rien sans la passion du couple qui en tient les rênes ! Dans un décor coquet ou sur la charmante terrasse, on se régale d'une délicieuse cuisine provençale aux parfums de garrigue.

⟨ 🏡 ⅃ ♻ 🅿 – Menu 30/65 €

866 chemin vicinal Coste-Brigade – 𝒞 04 94 56 16 23 – www.la-verdoyante.fr – Fermé 1ᵉʳ janvier-1ᵉʳ avril, lundi, mardi midi

GÉMENOS

✉ 13420 – Bouches-du-Rhône – Carte régionale n° **24**-B3 – Carte Michelin 340-I6

✤ LA MAGDELEINE - MATHIAS DANDINE

Chef: Mathias Dandine

MÉDITERRANÉENNE · ÉLÉGANT XxX Mathias Dandine a réalisé son rêve de gamin en devenant le chef de cette superbe maison de maître du 18e s., située au cœur d'un domaine aux arbres centenaires, loin des bruissements urbains. Le chef se révèle en parfaite harmonie avec l'âme des lieux, et célèbre la Provence avec un talent époustouflant. Sa cuisine méditerranéenne épurée, sans chichi ni tralalas, se moque bien d'épater les foodistas. Derrière l'apparente simplicité, ses recettes révèlent une grande maîtrise des cuissons, textures et équilibres des saveurs. Une table exquise en tous points, où les cigales assurent le comité d'accueil. A l'été, profitez de la terrasse ombragée aux essences méditerranéennes.

Spécialités: Bouillabaisse du pauvre, œuf poché, morue demi-sel et rouille. Râble de lapin façon jambinoti, ragoût de blette, câpres, tomate, olives et citron. Cerises en pavlova et sorbet aux petits pois du jardin.

🐾 🏡 🏡 ♻ 🅿 – Menu 60 € (déjeuner), 75/145 €

40 avenue du 2ème-Cuirassier – 𝒞 04 42 32 20 16 – www.relais-magdeleine.com – Fermé lundi

LES ARÔMES

CUISINE DU MARCHÉ · MÉDITERRANÉEN ✗✗ Dans cette maison des années 1930 cernée par les arômes de la Provence officient Françoise Besset, indéfectible hôtesse, et son époux Yannick. Celui-ci creuse avec réussite le même sillon : une âme d'aubergiste, un alliage de fraîcheur et d'inventivité. Une cuisine régionale à déguster dans l'une des charmantes petites salles à manger ou sur la véranda terrasse aux beaux jours, face à un jardin planté d'oliviers. Une table exemplaire.

Spécialités: Cappuccino de champignons et œuf parfait. Encornets de Méditerranée et pieds paquets. Savarin au vieux rhum.

🕽 AC 💠 – Menu 34/56 €

230 avenue du 2ème-Cuirassier –
℘ 09 80 73 06 60 – www.lesaromesgemenos.fr –
Fermé lundi, mardi soir, mercredi soir, dimanche

LA MAGDELEINE - MATHIAS DANDINE

MAISON DE MAÎTRE · MÉDITERRANÉEN Tout enchante, dans cette demeure provençale datant du 18e s. : cheminées anciennes, mobilier de style, tomette vernissée au sol, jusqu'au parc alentour avec ses platanes séculaires... Une plongée dans l'histoire et un séjour délicieux.

🎋 🕸 🛏 🟥 AC 🛠 🄿 – 28 chambres

40 avenue du 2ème-Cuirassier –
℘ 04 42 32 20 16 – www.relais-magdeleine.com

❀ **La Magdeleine - Mathias Dandine** – Voir la sélection des restaurants

GIENS

✉ 83400 – Var – Carte régionale n° **24**–C3 – Carte Michelin 340-L7

🍽 LA RASCASSE

MÉDITERRANÉENNE · ÉLÉGANT ✗✗ Au cœur du petit village de Giens, cet hôtel-restaurant tenu par la même famille depuis 1951 a tout compris : sa table célèbre la petite pêche des ports de la Madrague et du Niel, accompagnés par des légumes des maraîchers du coin, tout ce qu'il y a de plus frais... Quant à la vue sur la Méditerranée et les îles d'Or, elle se passe de commentaires. Petit bistrot attenant pour déguster des plats canaille sur le pouce.

🍽 ⭐ 🕽 💠 – Menu 35 € (déjeuner)/90 € – Carte 45/90 €

113 place Saint-Pierre – ℘ 04 98 04 54 54 – www.provencalhotel.com –
Fermé 18 octobre-3 avril, mardi

GIGONDAS

✉ 84190 – Vaucluse – Carte régionale n° **25**–E1 – Carte Michelin 332-D9

⭐ LE CLOS DE L'OUSTALET

Chef: Laurent Deconinck

MODERNE · ÉLÉGANT ✗✗ Le restaurant étoilé (situé autrefois dans le village) a pris ses quartiers temporaires dans une superbe demeure ancienne. Le chef Laurent Deconinck y propose un menu unique composé de huit séquences. Au programme : produits de superbe fraîcheur, recettes raffinées et goûteuses, associations de saveurs pertinentes – ainsi ce cube de céleri rôti, coiffé d'une belle lamelle de truffe d'été et d'éclats d'amandes, le tout servi dans un délicieux bouillon à l'ail et à l'huile d'olive. On sert d'abord l'apéritif sous les grands arbres face à la jolie demeure aux pierres blondes. La terrasse du restaurant, aménagée dans l'ancienne grange, offre une vue très agréable sur la vallée. A l'intérieur une belle salle moderne aux élégants tons gris, cheminée et lustres à pendeloques. Un talent certain... à suivre au gré de ses résidences futures.

Spécialités: Cuisine du marché.

❀ *L'engagement du chef: "Si les circuits courts auxquels nous faisons appel nous garantissent de travailler les meilleurs produits locaux et saisonniers, notre ambition durable se retrouve dans tous les aspects de notre cuisine. Le recyclage y est poussé au maximum, le conditionnement exclut dorénavant le plastique au profit du verre ou de l'inox, et le peu de déchet alimentaire est donné aux animaux qui peuplent nos jardins."*

🕸 ⇔ ⩻ 🛋 🕍 – Menu 82€ (déjeuner)/120€

chemin de la Limande – ☎ 04 90 65 85 30 – www.loustalet-gigondas.com – Fermé 21-31 mars, 28 octobre-3 novembre, 23 décembre-5 janvier, lundi, mardi, mercredi, dimanche

🍽 **BISTROT DE L'OUSTALET** ⓝ

PROVENÇALE · **ÉLÉGANT** XX Depuis l'été 2020, le restaurant gastronomique (désormais nommé Le Clos de l'Oustalet) s'est déplacé plus bas dans le village. A la place, le chef Laurent Deconinck propose une nouvelle prestation sous le nom du Bistrot de l'Oustalet. A la carte, des plats qui sentent bon le Sud autour d'une carte volontairement courte dans l'esprit d'une cuisine « retour du marché ». Cette jolie maison de village est devancée par une charmante terrasse prise d'assaut dès les premiers beaux jours. Impressionnante carte des vins, Gigondas oblige.

⇔ 🛋 🕍 – Menu 36/42€ – Carte 43/61€

Place Gabrielle Andéol – ☎ 04 90 65 85 30 – www.loustalet-gigondas.com – Fermé 21-31 mars, 28 octobre-3 novembre, 23 décembre-5 janvier, dimanche

GOLFE-JUAN

✉ 06220 – Alpes-Maritimes – Carte régionale n° **25**-E2 – Carte Michelin 341-D6

🍽 **LE BISTROT DU PORT**

POISSONS ET FRUITS DE MER · **CONTEMPORAIN** XX Quelle belle surprise que ce restaurant situé face au vieux port, et que de chemin parcouru par ce chef-patron qui laisse libre cours à sa passion des produits de la mer et à son imagination, comme avec ces anémones soufflées et gnocchi à l'encre de seiche, écume d'oursin et tomates de mer. Produits d'une fraîcheur remarquable, cuissons maîtrisées et prise de risque constante : un restaurant et un chef qui sortent clairement du lot.

⩻ 🛋 ♿ 🕍 – Menu 30€ (déjeuner) – Carte 65/110€

53 avenue des Frères-Roustan – ☎ 04 93 63 70 64 – www.bistrotduport.com – Fermé 1ᵉʳ-7 mars, mardi soir, mercredi

GORDES

✉ 84220 – Vaucluse – Carte régionale n° **25**-E1 – Carte Michelin 332-E10

❀ **LES BORIES**

MODERNE · **ÉLÉGANT** XXX *(Restaurant fermé temporairement en 2020 en raison de la crise sanitaire)* Au cœur du Luberon, cette bastide jouit d'un cadre idyllique, à la fois secret et grand ouvert sur la garrigue avec son parc, ses jardins aromatiques et ses piscines chauffées. Le chef Grégory Mirer revisite avec délicatesse et équilibre le terroir méditerranéen, à l'image de ce blanc de seiche et têtes d'encornets grillés, mousseline de pomme de terre, câpres en tempura, poireaux grillés et herbes sauvages. Au dessert ce soir, une belle démonstration gourmande et technique que cette composition autour de la fraise, garnie de compotée de fraises ou de sorbet, posée sur un délicieux clafoutis à la pistache... Les saveurs provençales prennent ici toute leur dimension.

Spécialités : Huîtres, crème d'algues, granité d'eau de mer et fruits de la passion. Agneau de Provence, aubergines confites et mousseline d'artichaut. Chocolat, fèves de tonka et amandes.

🕸 🛋🍴 🛋 🕍 📅 🅿 – Menu 70/120€ – Carte 96/103€

Les Bories & Spa, Route de l'Abbaye-de-Sénanque – ☎ 04 90 72 00 51 – www.hotellesbories.com – Fermé 1ᵉʳ janvier-31 mars, lundi, mardi midi, mercredi midi, jeudi midi, vendredi midi, samedi midi, dimanche

🍽️ LA CITADELLE

MODERNE · ÉLÉGANT XX Le soir, on s'installe dans la belle salle à manger bourgeoise, très 18ᵉ s., ou sur la terrasse panoramique, devant le soleil qui se couche sur le Luberon. On se régale d'assiettes à la gloire de la Provence, ses produits nobles et ses saveurs (rouget de roche en croûte d'olives noires, jus d'une bouillabaisse) et d'autres plus contemporaines (ravioles de langoustines royales, consommé "Dashi" aux herbes fraîches). De quoi contenter tout le monde ! A midi, l'Orangerie propose une carte similaire.

≼ 🛋 🅰 🐎 🅿 🚗 – Carte 90/130 €

La Bastide de Gordes, Route de la Combe – ℰ 04 90 72 12 12 – gordes.airelles.com – Fermé 31 octobre-29 avril

🍽️ CLOVER GORDES

MÉDITERRANÉENNE · ÉLÉGANT XX Dans le magnifique hôtel de la Bastide de Gordes, Jean-François Piège propose une carte alléchante, valorisant les produits locaux, légumes, fruits et herbes de Provence. Le végétal fait jeu égal avec de belles viandes maturées, cuites à la braise, de superbes poissons de méditerranée et même des homards. L'agneau de la Crau mariné au poivre d'âne est un régal ! Sans oublier les deux spécialités, la pizza soufflée cuite sur la braise et la carbonara de calamars sauvages. A déguster dans une belle salle à la décoration provençale, modernisée et allégée. Un lieu chic et reposant.

⇔ ≼ 🛋 ♿ 🅰 – Carte 65/130 €

La Bastide de Gordes, Route de la Combe – ℰ 04 90 72 12 12 – www.clovergordes.com – Fermé 31 octobre-29 avril

🍽️ LE MAS - ALEXIS OSMONT ⓝ

CUISINE DU MARCHÉ · MAISON DE CAMPAGNE X Une adresse reprise par Alexis Osmont, un jeune chef ayant travaillé ici avant de monter ses propres restaurants. Autant le vieux mas semble hors du temps, autant sa cuisine inspirée par le retour du marché joue la spontanéité ; ainsi ce percutant thon snacké. Laissez-vous emporter "à l'aveugle" dans son univers. Créatif et savoureux.

🚗 🛋 🅿 – Menu 50 € – Carte 52/58 €

Chemin de Saint-Blaise (Les Imberts) – ℰ 04 90 04 03 57 – www.lemasrestaurantgordes.com – Fermé 15 janvier-1ᵉʳ février, mardi, mercredi, jeudi midi

🏨 LA BASTIDE DE GORDES   `Tablet.` PLUS

PALACE · CLASSIQUE Cette bastide, dressée à flanc de rocher face aux Alpilles, a rouvert ses portes après d'importants travaux. Plus qu'une simple rénovation, c'est une métamorphose : intérieur somptueux, évoquant avec goût l'esprit des châteaux de famille du 18ᵉ s. – tableaux, mobilier chiné –, piscines invitant à la détente...

✿ 🕊 ≼ ⌇ 🔟 🌀 ⅃₅ 🖃 ♿ 🅰 🅱 🅿 🚗 – 34 chambres – 6 suites

Route de la Combe – ℰ 04 90 72 12 12 – gordes.airelles.com

🍽️ **La Citadelle** · 🍽️ **Clover Gordes** – Voir la sélection des restaurants

🏨 LES BORIES & SPA

LUXE · CLASSIQUE Les "bories", ce sont ces cabanes en pierres sèches des anciens bergers de Provence... Un modèle pour l'architecture de ce luxueux établissement, qui semble vivre en communion avec la garrigue, entre lavandes et oliviers. Lumière, raffinement...

🌀 ≼ 🕊 ⌇ 🔟 🌀 ⅃₅ 🖃 🅰 🅱 🅿 – 32 chambres – 2 suites

Route de l'Abbaye-de-Sénanque – ℰ 04 90 72 00 51 – www.hotellesbories.com

❀ **Les Bories** – Voir la sélection des restaurants

LE PETIT PALAIS D'AGLAÉ

TRADITIONNEL · PERSONNALISÉ Un hôtel à flanc de falaise ! La plupart des chambres, au style baroque revisité, proposent des vues superbes sur la campagne - tout comme la jolie piscine. Terrasses, jardin potager, sauna, hammam, et même une petite salle de projection.

🏝 🏊 ⬅ 🛎 ⚒ 🦢 ⛳ 🅿 – 16 chambres

Route de Murs – ℰ 04 32 50 21 02 – www.petitpalaisdaglae-gordes.com

GOULT
✉ 84220 – Vaucluse – Carte régionale n° **25**-E1 – Carte Michelin 332-E10

🟡 **LA BARTAVELLE**

PROVENÇALE · **RUSTIQUE** ✗ Une petite mais charmante affaire familiale, située dans un pittoresque village du Luberon tenue par un couple expérimenté. Le chef propose un menu au choix volontairement limité pour assurer une meilleure qualité de cuisine. Et le résultat est probant : recettes soignées et parfumées, inspirées par la Provence et les beaux ingrédients du moment. Une valeur sûre de la région fréquentée par des habitués, ce qui est toujours bon signe. Il est prudent de réserver.

🌂 – Menu 47 €

*29 rue du Cheval-Blanc – ℰ 04 90 72 33 72 – labartavellegoult.com –
Fermé 1ᵉʳ janvier-6 mars, lundi midi, mardi, mercredi, jeudi midi, vendredi midi, samedi midi*

🟡 **LE CARILLON**

MODERNE · **ÉLÉGANT** ✗ Face au carillon de la grande place de Goult, ce restaurant propose une bonne cuisine d'inspiration provençale mâtinée de notes contemporaines. On s'installe dans la petite salle au cadre actuel ou sur la terrasse, aux airs de petit village. L'accueil est charmant, la carte des vins joliment pensée, avec une attention particulière dédiée aux productions bio. Une jolie adresse.

🌂 ♿ – Menu 26 € (déjeuner), 38/50 € – Carte 58/70 €

*10 avenue du Luberon (place de la Libération) – ℰ 04 90 72 15 09 –
www.lecarillon-restaurant.com – Fermé 21 décembre-21 février, mardi, mercredi*

GRASSE
✉ 06130 – Alpes-Maritimes – Carte régionale n° **25**-E2 – Carte Michelin 341-C6

🌼 **LA BASTIDE SAINT-ANTOINE**

Chef: Jacques Chibois

PROVENÇALE · **ÉLÉGANT** ✗✗✗ Jacques Chibois, l'un des chefs de file de la "cuisine du soleil", a investi depuis mai 1996 cette bastide du dix-septième siècle, dont la terrasse donne sur l'arrière-pays, et une majestueuse oliveraie. Dans le jardin, trois grâces observent les gourmets, qui se surprennent à flâner. Pour mettre en saveur cette cuisine du sud, Laurent Barberot, au beau parcours étoilé (Bernard Loiseau, Auberge de l'Ill, Plaza Athénée, Clos des Sens) propose des menus qui célèbrent pêle-mêle agrumes, herbes, huile d'olive, et autres spécialités régionales. Ensoleillé.

Spécialités: Papillon de langoustine et de caviar, émulsion d'orange et de pamplemousse à l'huile d'olive et au basilic. Tomate provençale farcie au ris de veau, chapelure de céleri branche et amandes craquantes. Tarte aux framboises à l'huile d'olive et au citron vert, granité verveine.

🏖 ⬅ 🛎 🌂 ♿ 🅰 🎨 ⇄ ♨ 🅿 – Menu 69 € (déjeuner), 150/190 € – Carte 152/203 €

*48 avenue Henri-Dunant (quartier Saint-Antoine) – ℰ 04 93 70 94 94 –
www.jacques-chibois.com*

🌼 **LOUGOLIN**

MODERNE · **TENDANCE** ✗ Le chef Xavier Malandran prône ici une philosophie imparable : la fraîcheur au meilleur rapport qualité-prix. Ses recettes saisonnières, mâtinées de touches provençales, possèdent toujours la pointe de créativité qui fait la différence. Installez-vous si possible en terrasse, sous les tilleuls, et profitez de la vue sur la plaine et la ville de Grasse...

Spécialités : Variation autour de l'œuf parfait. Nougat d'agneau au miel du Tignet. Cheesecake à la rose, biscuit spéculoos, coulis de fruits rouges.

⟨ 🛖 ᪥ **P** – Menu 29 € (déjeuner)/34 €

381 route de Plascassier – ☏ 04 93 60 14 44 – www.lougolin.com – Fermé lundi, dimanche soir

🍽️○ **AU FIL DU TEMPS** ⓝ

MODERNE · **INTIME** XX Comme le saint patron de Naples, sa ville natale, le chef se prénomme Gennaro ("janvier" en italien). Et de fait, il signor Cummaro signe une cuisine inventive, à dominante marine, et fortement marquée par le Sud de l'Italie et ses produits à l'image de ce poulpe à la Luciana ou de ce baba napolitain. Courte carte et deux menus dégustation surprise.

🛖 – Menu 52/79 € – Carte 60/80 €

83 avenue Auguste-Renoir, Magagnosc – ☏ 04 93 36 20 64 – http://aufildutempsrestaurant.com/ – Fermé lundi, mardi midi, mercredi midi, jeudi midi, vendredi midi, dimanche soir

🏨 **LA BASTIDE SAINT-ANTOINE**

LUXE · **ÉLÉGANT** Cette imposante bastide du 18ᵉ s. trône dans un parc magnifique, doublé d'une immense oliveraie aménagée en restanques. L'image même de la Provence éternelle ! Luxueux mais sans ostentation, l'établissement cultive l'élégance aussi bien que la discrétion : la promesse d'un séjour enchanteur...

⟨ 🛖 ⏃ ▦ ᪥ 🅚 ♨ **P** – 16 chambres – 7 suites

48 avenue Henri-Dunant (quartier Saint-Antoine) – ☏ 04 93 70 94 94 – www.jacques-chibois.com

❀ **La Bastide Saint-Antoine** – Voir la sélection des restaurants

GRIMAUD

✉ 83310 – Var – Carte régionale n° **24**-C3 – Carte Michelin 340-O6

🍽️○ **LES SANTONS**

CLASSIQUE · **COSY** XXX Une belle auberge provençale pleine de caractère, avec ses poutres apparentes, ses compositions florales et sa collection de santons... L'assiette, jamais ennuyeuse, alterne entre cuisine classique et plats actuels joliment travaillés : en témoigne cette crème glacée de petits pois, écrevisses laquées au vinaigre d'hibiscus.

🛖 ▦ – Menu 55 € – Carte 75/135 €

743 route Nationale – ☏ 04 94 43 21 02 – www.restaurant-les-santons.fr – Fermé lundi, mardi midi, mercredi midi, jeudi midi

🍽️○ **APOPINO**

MÉDITERRANÉENNE · **CONVIVIAL** X Une bien belle découverte que ce restaurant de Grimaud, avec aux fourneaux un chef originaire du Piémont. Sa cuisine moderne, aux accents méditerranéens, fait mouche : les préparations sont soignées. Service charmant.

🛖 ᪥ – Menu 34 € – Carte 60/70 €

Place des Pénitents – ☏ 04 94 43 25 26 – www.apopinorestaurant.com – Fermé lundi, dimanche

🍽️○ **FLEUR DE SEL**

MODERNE · **CONVIVIAL** X Sur les hauteurs de ce pittoresque village, au détour d'une ruelle, l'ancienne boulangerie du village s'est muée en une séduisante Fleur de Sel... Un jeune couple dynamique y propose une cuisine gourmande et dans l'air du temps. Agréable terrasse à l'ombre d'un bel olivier.

🛖 – Menu 23 € (déjeuner) – Carte 45/48 €

4 place du Cros – ☏ 04 94 43 21 54 – www.fleur-de-sel-restaurant-grimaud.com – Fermé 4 janvier-5 février, mardi, mercredi

HYÈRES

✉ 83400 – Var – Carte régionale n° **24**-C3 – Carte Michelin 340-L7

🏵 LA COLOMBE

TRADITIONNELLE · ÉLÉGANT XX Filet de rouget grondin, bouillon d'étrilles et croûtons à la rouille... Tel est l'ancrage provençal de la carte ! C'est en sérieux professionnels que Pascal et Nadège Bonamy ont hissé leur restaurant au rang des bonnes tables de la région. Au pied du massif des Maurettes, la finesse des assiettes ne ment pas.

Spécialités : Tartare de tomates anciennes et burrata au pistou. Risotto du moment. Feuilletine chocolat-praliné.

🍽 🎴 ⇄ – Menu 34/69€ – Carte 55/70€

663 route de Toulon (à la Bayorre) – ℰ 04 94 35 35 16 –
www.restaurantlacolombe.com – Fermé lundi, samedi midi, dimanche soir

ÎLE DE PORQUEROLLES

✉ 83400 – Var – Carte régionale n° **24**–C3 – Carte Michelin 340-M7

🍴 L'OLIVIER ⓝ

MÉDITERRANÉENNE · ÉLÉGANT XX Dans le cadre enchanteur et préservé de l'île de Porquerolles, classée réserve naturelle, la table gastronomique du Mas du Langoustiers ne saurait mieux faire corps avec la beauté de la nature environnante. Dans l'assiette, on déguste une cuisine méridionale classique qui met en valeur les poissons – loup, rouget, saint-pierre et autres beaux produits méditerranéens.

≼ 🎴 ᷢ 🎴 – Menu 120€ – Carte 90/140€

Le Mas du Langoustier, chemin du Langoustier (3,5 km à l'Ouest du port) –
ℰ 04 94 58 34 83 – www.langoustier.com –
Fermé 26 septembre-30 avril et le midi

🍴 LA PINÈDE

MODERNE · CLASSIQUE XX Dans cet hôtel coupé du monde, voici le restaurant décontracté du Mas du Langoustier, ouvert uniquement au déjeuner. La carte met en valeur la Méditerranée dans un registre bistronomique : poisson du jour, langouste grillée, etc. À savourer avec pour compagnonnage la flore méditerranéenne et la mer : il n'y a plus qu'à profiter du moment...

≼ 🎴 🍽 ᷢ 🎴 🖃 – Carte 45/80€

Le Mas du Langoustier, chemin du Langoustier (3,5 km à l'Ouest du port) –
ℰ 04 94 58 34 83 – www.langoustier.com – Fermé 26 septembre-30 avri et le soir!

🏚 LE MAS DU LANGOUSTIER

LUXE · MÉDITERRANÉEN Un petit coin de paradis à la pointe de l'île... Cette belle demeure de style provençal abrite des chambres spacieuses et fraîches. Le vrai luxe ? Le calme et la végétation méditerranéenne d'un site unique ! Navettes régulières avec le continent... qui semble si loin.

🏊 ≼ 🎴 ⅃ 🖃 ᷢ 🎴 🏋 – 47 chambres – 2 suites

Chemin du Langoustier (3,5 km à l'Ouest du port) – ℰ 04 94 58 30 09 –
www.langoustier.com

🍴 **La Pinède** · 🍴 **L'Olivier** – Voir la sélection des restaurants

L'ISLE-SUR-LA-SORGUE

✉ 84800 – Vaucluse – Carte régionale n° **25**–E1 – Carte Michelin 332-D10

🏵 LE VIVIER

MODERNE · ÉLÉGANT XX Voilà une belle table, à tous les sens du terme : dans cette capitale des antiquaires et des antiquités, sa terrasse face à la Sorgue et ses rives verdoyantes sont un plaisir pour les yeux. Ce vivier de talents est cornaqué de main de maître par son propriétaire, Patrick Fischnaller, longtemps manager de belles adresses londoniennes. À ses côtés, le jeune chef Romain Gandolphe, passé chez Thierry Marx et Philippe Labbé, propose des assiettes soignées, qui mêlent saveurs et textures non sans délicatesse et subtilité. Décor chaleureux de la salle contemporaine et service aux petits oignons.

Spécialités : Foie gras et anguille fumée au pedro ximenez. Pithiviers de pigeon, cèpes et foie gras. Chocolat et tagète.

🕸 🛋 🅐🅒 – Menu 36 € (déjeuner), 70/120 € – Carte 88/98 €

800 cours Fernande-Peyre –
✆ 04 90 38 52 80 – www.levivier-restaurant.com –
Fermé 2-8 janvier, 15 février-10 mars, lundi, mardi, samedi midi, dimanche soir

⅋○ LE PETIT HENRI

PROVENÇALE · ÉLÉGANT ✕✕ La table du Grand Hôtel Henri est dans le prolongement direct de l'établissement qui l'accueille : décor soigné, avec cheminée centenaire et lustres chatoyants, terrasse ombragée de mûriers-platanes autour d'une fontaine... et jolie cuisine de saison à dominante régionale.

🛋 & 🅐🅒 – Menu 30 € (déjeuner)/44 € – Carte 69/77 €

Grand Hôtel Henri, 1 cours René-Char – ✆ 04 90 38 10 52 –
www.grandhotelhenri.com

⅋○ LA BALADE DES SAVEURS

TRADITIONNELLE · CONTEMPORAIN ✕✕ Un couple sympathique – Benjamin et Sophie Fabre – règne sur ce restaurant plein de fraîcheur, dont la terrasse borde le cours pittoresque de la Sorgue. Les recettes cultivent aussi bien le caractère que la douceur de la Provence. Cette Balade des Saveurs est aussi... une ballade des gens heureux. Agréable terrasse le long du canal de la Sorgue.

🛋 & 🅐🅒 – Menu 20 € (déjeuner), 28/38 € – Carte 40/54 €

3 quai Jean-Jaurès –
✆ 04 90 95 27 85 – www.balade-des-saveurs.com –
Fermé 30 décembre-20 janvier, 3-9 mars, 14-20 avril, lundi, mardi

🏚 GRAND HÔTEL HENRI

BOUTIQUE HÔTEL · ÉLÉGANT Au cœur de la ville des antiquaires, on tombe immédiatement sous le charme de cette vénérable maison rénovée en 2015. Escalier en marbre de Carrare, chambres élégamment décorées de lampes et miroirs anciens, tableaux et fauteuils... Un havre de confort, jusqu'au bar à l'ambiance jazzy.

& 🅐🅒 🅿 – 17 chambres

1 cours René-Char –
✆ 04 90 38 10 52 – www.grandhotelhenri.com

⅋○ **Le Petit Henri** – Voir la sélection des restaurants

JAUSIERS

✉ 04850 – Alpes-de-Haute-Provence – Carte régionale n° **24**-C2 – Carte Michelin 334-I6

⅋○ VILLA MORELIA

TRADITIONNELLE · BOURGEOIS ✕✕ Cette Villa Morelia distille un certain charme bourgeois... Un écrin flatteur pour une cuisine du marché, séduisante et fidèle à la tradition. De la fraîcheur, de belles saveurs : un moment gourmet et gourmand.

🍴 🛋 ⇔ 🅿 – Menu 55/110 €

Avenue des Mexicains –
✆ 04 92 84 67 78 – www.villa-morelia.com –
Fermé 1er janvier-30 avril, et le midi

JOUCAS

✉ 84220 – Vaucluse – Carte régionale n° **25**-E1 – Carte Michelin 332-E10

🕸 **LA TABLE DE XAVIER MATHIEU**

Chef: Xavier Mathieu

CRÉATIVE · ÉLÉGANT XxX Grandi à Marseille, Xavier Mathieu a la Provence chevillée au corps. Le célèbre Roger Vergé, un ami de la famille, lui a ouvert les portes de la haute gastronomie. Il a complété son apprentissage chez Joël Robuchon, à Paris, avant de revenir dans le beau mas familial niché au cœur de la garrigue du Luberon. Ce chef à l'emblématique crinière blanche donne un second souffle à la tradition provençale : chaque plat est une variation sur les origines. Soupe au pistou, haricots, ail et basilic ; gigot d'agneau cuit dans son sable chaud de Garrigue... Des recettes étonnantes, toujours personnelles, influencées par son terroir comme par ses voyages au long court (jambalaya de queue d'écrevisse, maïs et pomme de terre délicatesse). À découvrir dans le cadre privilégié d'une luxueuse bastide, édifiée sur des vestiges datant des Chevaliers de l'Ordre de Malte.

Spécialités: Soupe au pistou. Agneau étouffé au sable chaud d'haricots blancs. Soufflé au miel et hydromel.

⪡ 🦿 🖼 ⬚ 🅿 – Menu 130/160 € – Carte 100/230 €

Hostellerie Le Phébus & Spa, Route de Murs – ☎ 04 90 05 78 83 – www.lephebus.com – Fermé 1ᵉʳ novembre-1ᵉʳ avril, mardi midi, mercredi midi, jeudi midi

🍴 **LA TABLE DU MAS**

MODERNE · ÉLÉGANT XxX L'âme méditerranéenne plane sur les assiettes, comme sur la grande terrasse ouverte sur la campagne. La table propose régulièrement des thèmes autour d'un produit, selon les saisons - tomate, artichaut... Ensoleillé, même par temps gris.

⪡ 🦿 🖼 ⬚ 🅿 – Menu 74/120 € – Carte 70/90 €

Le Mas des Herbes Blanches, Lieu-dit-Toron (route de Murs) – ☎ 04 90 05 79 79 – www.herbesblanches.com – Fermé 18 octobre-22 avril, lundi midi, mardi midi, mercredi midi, jeudi midi, vendredi midi, samedi midi, dimanche midi

🍴 **LE CAFÉ DE LA FONTAINE**

MÉDITERRANÉENNE · RÉGIONAL X La carte de ce Café propose une cuisine de saison aux influences méditerranéennes (fougasse aux truffes, pieds et paquets marseillais, spaghetti arrabiata) combinées à des recettes dans l'esprit vacances (salade niçoise, tartare de saumon aux agrumes, etc.). Simple et efficace pour manger au bord de la fontaine avec vue sur la piscine.

🦿 🖼 🅿 – Menu 49 € – Carte 50/85 €

Hostellerie Le Phébus & Spa, route de Murs – ☎ 04 90 05 78 83 – www.lephebus.com – Fermé 1ᵉʳ janvier-1ᵉʳ avril

🏰 **LE MAS DES HERBES BLANCHES**

LUXE · ÉLÉGANT Une architecture tout en pierres sèches, l'ombre des oliviers sous le soleil du Sud, une superbe piscine... et surtout un panorama grandiose sur la vallée du Luberon. Adossé au plateau de Vaucluse, ce mas est un sommet de Provence !

🦿 ⪡ 🏊 ⬚ 🖼 🅿 🚗 – 33 chambres – 15 suites

Lieu-dit Toron (route de Murs) – ☎ 04 90 05 79 79 – www.herbesblanches.com

🍴 **La Table du Mas** – Voir la sélection des restaurants

🏰 **HOSTELLERIE LE PHÉBUS & SPA**

LUXE · ÉLÉGANT Phébus... l'autre nom d'Apollon – et ce séjour que le dieu de la Beauté n'aurait sans doute pas renié ! Nichée dans la verdure, cette demeure provençale domine le Luberon ; la plupart des chambres jouissent d'un balcon, d'une terrasse voire d'une minipiscine privée. Si loin du monde des hommes...

🦿 ⪡ 🏊 ⬚ 🖼 🅿 – 18 chambres – 12 suites

Route de Murs – ☎ 04 90 05 78 83 – www.lephebus.com

🕸 **La Table de Xavier Mathieu** · 🍴 **Le Café de la Fontaine** – Voir la sélection des restaurants

JUAN-LES-PINS

✉ 06160 – Alpes-Maritimes – Carte régionale n° **25**–E2 – Carte Michelin 341-D6

🌼 LA PASSAGÈRE

CRÉATIVE · **LUXE** XxX (*Restaurant fermé temporairement en 2020 en raison de la crise sanitaire*) L'hôtel accueillit dans les années 1920 les amours tumultueuses de Scott et Zelda Fitzgerald, le cadre invite à se perdre à l'horizon. Pas facile pour une assiette d'exister dans de telles conditions... et c'est pourtant le cas. Le chef signe une cuisine élégante, qui met en valeur les mille et une pépites du terroir méditerranéen, ainsi le rouget brûlé à la flamme préparé comme une "boui-abaisso" ou les ravioles d'araignée de mer. On se délecte de ces créations sur la terrasse, en profitant de l'exceptionnelle vue sur la mer et l'Esterel.

Spécialités: Rouffe impérial de Méditerranée au parfum de « Rose Belles Rives » et main de Bouddha. Rouget brûlé à la flamme comme un "boui-abaisso", consommé à la citronnelle. Citron de Méditerranée en soufflé minute et sorbet kalamansi.

≼ 🏠 ⅚ 🅰 ⅗ – Menu 125/150 € – Carte 115/145 €

Belles Rives, 33 boulevard Édouard-Baudoin –
📞 04 93 61 02 79 – www.bellesrives.com –
Fermé 2 janvier-12 mars, le midi

🏨 BELLES RIVES

LUXE · **ART DÉCO** Un petit joyau Art déco où vécut Francis Scott Fitzgerald. Bar d'époque classé, chambres joliment décorées (mobilier 1930) – préférez celles côté mer –, deux restaurants (dont un gastronomique), ponton et plage privés... Élégance et nostalgie.

🏡 ≼ 🖪 🅰 ⅏ – 38 chambres – 5 suites

33 boulevard Édouard-Baudoin –
📞 04 93 61 02 79 – www.bellesrives.com

🌼 **La Passagère** – Voir la sélection des restaurants

🏨 JUANA

 Tablet.PLUS

LUXE · **ART DÉCO** Luxueux hôtel des années 1930 où l'on sait cultiver l'art de recevoir. Jolies chambres Art déco, équipements haut de gamme, belle piscine et, pour l'anecdote, magnifique ascenseur en bois... Le charme fou de la French Riviera !

⅂ 🖪 🅰 ⅏ 🅿 – 37 chambres – 3 suites

19 avenue G.-Gallice – 📞 04 93 61 08 70 – www.hotel-juana.com

🏨 LA VILLA CAP D'ANTIBES

BOUTIQUE HÔTEL · **CONTEMPORAIN** Le jardin de cette grande villa 1900 est ravissant avec ses palmiers et ses oliviers. Mais il y a aussi la jolie piscine, l'accueil délicieux, ces chambres à la fois sobres et élégantes, le bar et le salon d'esprit balinais où il fait bon musarder... Un bel endroit, au calme.

 ⅃ 🖪 🅰 🅿 – 26 chambres

23 avenue Saramartel –
📞 04 92 93 48 00 – www.hotel-villa-juan.com

🏠 MADEMOISELLE

BOUTIQUE HÔTEL · **PERSONNALISÉ** Gold, Afrique, nuages, relais de chasse, romantique, sous-bois scandinave... tels sont les thèmes des chambres de cet hôtel atypique, situé au cœur de la cité. Rêverie et enchantement sont au programme.

 ⅃ 🅰 – 13 chambres

12 avenue Docteur-Dautheville –
📞 04 93 61 31 34 – www.hotelmademoisellejuan.com

LAGARDE-D'APT

✉ 84400 – Vaucluse – Carte régionale n° **24**–B2 – Carte Michelin 332-F10

LE BISTROT DE LAGARDE

Chef: Lloyd Tropeano

MODERNE · AUBERGE ⅹ Voilà un lieu perdu et insolite comme on les aime : un ancien silo à missiles sur le plateau d'Albion, au cœur des monts du Vaucluse. Symbole de la guerre froide, le lieu a été investi par le jeune chef Lloyd Tropeano. Pari audacieux, pari réussi ! Ce gaillard jovial ne manque pas de sources d'inspiration, entre ses origines italiennes, la cuisine française et son goût pour l'Asie. Son talent a trouvé écho auprès des producteurs locaux, de vrais partenaires gastronomiques, qui chérissent comme lui ces paysages grandioses ! Généreux dans l'assiette, il cuisine notamment le cochon du Ventoux, l'agneau de Sisteron ou de la Crau, l'épeautre, la lavande, la châtaigne et le fromage de chèvre, sans oublier les produits de la Grande Bleue...

Spécialités : Tomates anciennes, consommé en deux façons et pannacotta de fromage de chèvre. Selle d'agneau grillée au charbon bintochan, croustillant de poitrine et jus à la sauge. Framboise, cassis, verveine, gingembre et mousse de graines camarguaises.

🌿 🅿 – Menu 69/109 €

RD 34 – ℰ 04 90 74 57 23 – http://lebistrotdelagarde.free.fr –
Fermé 29 novembre-30 mars, lundi, mardi

LARAGNE-MONTÉGLIN

✉ 05300 – Hautes-Alpes – Carte régionale n° **24**–B2 – Carte Michelin 334-C7

L'ARAIGNÉE GOURMANDE

TRADITIONNELLE · FAMILIAL ⅩⅩ Installez-vous dans cet intérieur moderne et lumineux pour découvrir le talent de Thierry Chouin : si le chef breton affectionne particulièrement les plats à base de poisson, il ne dédaigne pas l'agneau et la pomme (tous deux de la région), qu'il célèbre dans des assiettes bien tournées. De beaux hommages à la tradition.

Spécialités : Œuf bio, blettes, haricots verts. Carré d'agneau des Alpes rôti, risotto d'épeautre. Crumble aux pommes, glace caramel, fleur de sel.

&. 🅰 – Menu 34/45 € – Carte 43/70 €

8 rue de la Paix – ℰ 04 92 65 13 39 – www.laraignee-gourmande.fr –
Fermé 15-28 février, 28 juin-4 juillet, 3-17 novembre, mardi soir, mercredi, dimanche soir

LAURIS

✉ 84360 – Vaucluse – Carte régionale n° **25**–E1 – Carte Michelin 332-E11

LE CHAMP DES LUNES

MODERNE · ÉLÉGANT ⅩⅩ Cette belle bastide aixoise du 18e s. déborde de charme, offrant parc aux essences centenaires, spa, vignoble, potager mené en permaculture et même un espace d'exposition d'art contemporain installé dans d'anciennes caves de vinification – les propriétaires sont galeristes ! Et si le lieu vaut le coup d'œil, la cuisine mérite aussi bien des éloges : elle magnifie des produits de belle qualité, et constitue un véritable hommage aux richesses du Luberon et de la Provence. Élégante salle à manger aux tonalités chaleureuses et agréable terrasse estivale dominant le parc.

Spécialités : Tomates de collection en tartare, pressée en jus et en sorbet. Selle d'agneau rôtie aux herbes, cannelloni de courgette au fromage de chèvre et jus aux olives noires. Fraise en marmelade, mousse légère à la vanille et meringue poivrée.

🛏 🌿 &. 🅰 🅿 – Menu 88/128 € – Carte 85/145 €

Hôtel Domaine de Fontenille, Route de Roquefraîche –
ℰ 04 13 98 00 00 – www.domainedefontenille.com –
Fermé 4 janvier-10 février, 1ᵉʳ novembre-8 décembre, lundi, mardi, mercredi, dimanche soir

ⅱ◯ LA CUISINE D'AMÉLIE

MÉDITERRANÉENNE · BISTRO ✗ Confortablement loti dans cette bastide du dix-huitième siècle, cet établissement propose une agréable cuisine méditerranéenne, au gré d'une carte renouvelée au fil des saisons. La formule bistrot décontracté bénéficie d'une superbe terrasse tournée vers le parc. Goûtez les vins du domaine.

🚗 🛋 🕏 🅰🅲 🅿 – Carte 35/46€

Hôtel Domaine de Fontenille, Route de Roquefraiche – 𝒞 04 13 98 00 00 – www.domainedefontenille.com – Fermé 1er janvier-14 février

🏠 DOMAINE DE FONTENILLE   `Tablet.`PLUS

LUXE · ÉLÉGANT Sur le versant sud du Luberon, dominant la plaine de la Durance, cette belle bastide provençale a su conserver son charme d'antan ! L'art contemporain est ici partout ; les chambres lumineuses marient parfaitement couleurs régionales et modernité. Cet hôtel de charme se situe dans un domaine viticole bio de 35 hectares en culture biologique (visite possible).

🚗 ☐ 🛁 🕏 🅰🅲 🕊 🅿 – 16 chambres – 3 suites

Route de Roquefraiche – 𝒞 04 13 98 00 00 – www.domainedefontenille.com

🌼 **Le Champ des Lunes** · ⅱ◯ **La Cuisine d'Amélie** – Voir la sélection des restaurants

LE LAVANDOU

✉ 83980 – Var – Carte régionale n° **24**-C3 – Carte Michelin 340-N7

🌼 L'ARBRE AU SOLEIL

Chef: Yorann Vandriessche

MODERNE · CONTEMPORAIN ✗✗ Un produit, un homme, un goût : telle est la devise du chef Yorann Vandriessche ! On l'a connu au carrefour de l'Arbre, devant les pavés de Paris-Roubaix, où il connut le succès pendant cinq ans ; le voici désormais installé au soleil, face aux bateaux de plaisance du port du Lavandou... Il a traversé la France sans rien perdre de son aptitude à régaler : il met en valeur des produits de belle qualité, il y a du peps et du goût dans cette cuisine d'abord dédiée aux poissons et aux crustacés. Mais le chef n'hésite pas non plus à servir un délicieux welsch en hommage à ses origines nordistes. Allez-y les yeux fermés.

Spécialités : Grosses langoustines rôties, bouillon de carapaces. Homard cuit au beurre, buratta truffée et vinaigrette aux agrumes. Millefeuille croustillant, crème à la vanille de Tahiti.

🛋 🅰🅲 – Menu 39€ (déjeuner), 49/89€

Nouveau Port – 𝒞 04 94 24 06 04 – www.larbreausoleil.com – Fermé 3-17 janvier, 21 février-7 mars, 25 avril-9 mai, lundi, mardi midi, dimanche

ⅱ◯ L'EMPREINTE BY FABRICIO

MODERNE · ÉLÉGANT ✗✗ Fabricio Delgaudio, chef d'origine brésilienne, avait régalé ses clients au Sanglier Paresseux dans l'arrière pays. Il sert aujourd'hui une cuisine bistronomique (agrémentée de quelques touches sud-américaines), servie dans un écrin contemporain lumineux. Juste à côté, El Barrio, dirigé par le même chef, propose une petite carte de ceviche et tapas, accompagnés de cocktails.

🕏 🅰🅲 – Menu 25€ (déjeuner), 35/40€ – Carte 25/40€

Avenue des Trois-Dauphins, à Aiguebelle – 𝒞 04 94 05 76 98 – www.empreinte-restaurant.com – Fermé 2 janvier-5 février, lundi midi, mardi midi, mercredi, jeudi midi

ⅱ◯ LE MAZET ⓝ

MÉDITERRANÉENNE · CLASSIQUE ✗ Mazette que ce mazet m'agrée ! Pardi : c'est Patrice Hardy, l'ancien étoilé de Neuilly, qui a repris du service avec sa mie, la jolie Corinne. En retrait de la belle plage Saint-Clair, il s'adonne à son hobby favori : le beau produit (et notamment cette truffe qu'il chérit). Et dans l'assiette, une jolie mélodie : marbré de daurade, jus d'herbes et yuzu ; vitello tonnato ; figues de Solliès rôties...

Menu 38/68€ – Carte 50€

8 chemin de la Cascade – 𝒞 04 94 92 88 61 – Fermé mercredi, dimanche soir

⫶○ PLANCHES & GAMELLES

MODERNE · BISTRO ⅄ L'adresse se présente elle-même comme le "premier bouchon provençal" : voilà qui annonce la couleur, tout comme la splendide vinothèque. Face au port de plaisance, cette sympathique maison propose une chouette cuisine du pays, simple et fraîche (comme cette salade de poulpes et encornets aux poivrons confits), accompagnée d'un bon choix de vins locaux. Bon rapport qualité-prix.

🍴 🅰️ – Menu 29/42 € – Carte 37/59 €

46 quai Baptistin-Pins – ℰ 09 86 28 65 28 – www.planchesetgamelles.fr –
Fermé 11-24 janvier

⫶○ LES TAMARIS - CHEZ RAYMOND

POISSONS ET FRUITS DE MER · RUSTIQUE ⅄ Beignets de courgette, seiche de Méditerranée... et surtout la fameuse bouillabaisse cuite au feu de bois, une rareté : sous la houlette de Raymond, son truculent patron, cette véritable institution locale, située sur la plage Saint-Clair, met à l'honneur les poissons de la pêche du jour. Et l'on ne résiste pas à la terrasse face à la mer qu'il faut demander impérativement lors de la réservation (obligatoire).

🍴 🅰️ – Carte 40/90 €

Boulevard de la Baleine – ℰ 04 94 71 07 22 –
Fermé 31 octobre-1ᵉʳ avril, mardi

LORGUES

✉ 83510 – Var – Carte régionale n° **24**-C3 – Carte Michelin 340-N5

⃝ BRUNO

Chef : Benjamin Bruno

CLASSIQUE · AUBERGE ⅂⅂⅂ Une maison doit tant à ses propriétaires... Dans ce mas provençal, l'ancienne maison de l'arrière-grand-mère des années 1920, c'est toute la générosité de la famille Bruno qui s'exhale ! Sous l'égide de Clément Bruno, géant bienveillant et truculente figure paternelle, connue pour son culte de la truffe, les deux frères, Samuel en salle et Benjamin en cuisine, poursuivent la tradition avec juste ce qu'il faut de modernité. Si le menu unique à base de truffe est toujours là (les diamants noirs changeant en fonction des saisons), les légumes sont désormais bien présents. On passe un délicieux moment, notamment grâce à un service aussi joyeux qu'attentionné.

Spécialités : Caviar de truffe, blini, crème fouettée, tomate confite et huile d'olive. Épaule d'agneau de lait des Pyrénées confite au four, jus à l'ail et au thym, truffe tuber brumale. Feuillantine de chocolat et quenelle de glace vanille.

↩ ≤ 🚗 🍴 ♻ 🐖 🅿️ – Menu 78/195 €

2350 route des Arcs – ℰ 04 94 85 93 93 – www.restaurantbruno.com – Fermé lundi,
dimanche soir

⃝ LE JARDIN DE BERNE

MODERNE · ROMANTIQUE ⅂⅂⅂ Un vignoble (500 ha, excusez du peu...), un hôtel cinq étoiles et son spa, un restaurant étoilé et son potager : cette belle demeure à l'atmosphère mi-provençale, mi-toscane héberge désormais le chef Louis Rameau, ancien second ici même. Il célèbre le terroir haut-varois grâce aux légumes, herbes et fleurs du potager, à l'huile d'olive et aux vins du domaine. Les fromages et les autres produits sont bio et locaux : œuf soufflé aux champignons, oreilles de cochon grillées ; pain d'agneau, déclinaison de carottes, sauce au cépage Nebiollo et gavotte noisette, crémeux au citron du chef pâtissier Éric Raynal, bourré de talent. Table ouverte uniquement le soir, menus-surprises (3,5 et 7 services).

Spécialités : Poireau du jardin en deux textures et sabayon au safran. Agneau confit en croûte de pain, tomates oubliées, ail confit et jus à la marjolaine. Chocolat en écorce, croustillant et crémeux, grué caramélisé et glace au whisky.

🌱 *L'engagement du chef:* *"Le potager bio du domaine permet de fournir le restaurant en produits frais et de saison. Nous travaillons uniquement avec des producteurs locaux pour les viandes, les poissons et les légumes supplémentaires. Notre devise : du potager à l'assiette."*

🕸 🛋 ৬ 🎞 ⇄ 🅿 – Menu 105/160 €

Hôtel Château de Berne, Chemin des Imberts, route de Salernes –
☎ 04 94 60 49 79 – www.chateauberne.com – Fermé 4 janvier-2 mars, et le midi

🍃 LE BISTROT DE BERNE

TRADITIONNELLE · CONVIVIAL 🍴 Le chef assure une partition canaille et ensoleillée, à base de bons produits – en particulier les légumes du potager bio maison. Bourride de lotte aux petits légumes, magret de canard sauce chorizo, tiramisu café : c'est frais et décomplexé, et ça s'arrose des bons vins du domaine. Le tout à prix doux !

Spécialités: Cuisine du marché.

🛋 🛋 ৬ 🅿 – Menu 34 € – Carte 42/49 €

Hôtel Château de Berne, Chemin des Imberts, route de Salernes –
☎ 04 94 60 43 51 – www.chateauberne.com

🍴 L'ESTELLAN

CUISINE DU MARCHÉ · FAMILIAL 🍴 Cette maisonnette, installée face aux vignes, est désormais le lieu d'expression d'un jeune couple bien dans son métier ! Ces deux-là ont déjà une solide expérience et savent où ils vont : avec de beaux produits régionaux, ils composent une cuisine moderne et savoureuse, déclinée à l'ardoise. Une étape sympathique.

🛋 ৬ 🎞 🅿 – Menu 30 € – Carte 45/60 €

1000 route de Saint-Antonin – ☎ 09 83 43 99 15 – www.estellanlorgues.com –
Fermé 17 décembre-1er février, 25 février-18 mars, mardi, mercredi, jeudi midi

🍴 VIGNA ⓝ

MÉDITERRANÉENNE · CONTEMPORAIN 🍴 Au bout de belles routes sinueuses, on accède au chai ultra-moderne du château La Martinette dont la Vigna est le restaurant, conseillé par le chef Juan Arbelaez. Sur cette terrasse qui domine les vignes et un panorama d'exception, on pioche dans une carte courte de jolis plats dans l'air du temps.

≼ 🛋 ৬ 🅿 – Menu 35 € – Carte 38/60 €

4005 chemin de la Martinette (Château La Martinette) – ☎ 04 94 73 84 93 –
chateaulamartinette.com – Fermé 4 octobre-14 mai, lundi, mardi midi, dimanche soir

🏠 CHÂTEAU DE BERNE

SPA ET BIEN-ÊTRE · NATURE C'est au terme d'un long chemin serpentant à travers la garrigue, que se découvre la parenthèse bénie d'un domaine viticole de 500 ha. On partage son temps entre les chambres provençales (avec vue sur les vignes), les belles piscines intérieure et extérieure, le spa, les cours de cuisine, les dégustations de vin, les concerts...

🌊 ≼ 🛋 ⬛ 🌀 ☀ 🎭 🖥 ৬ 🎞 🎪 🅿 – 27 chambres – 2 suites

Chemin des Imberts, route de Salernes – ☎ 04 94 60 49 79 –
www.chateauberne.com

🍴 **Le Bistrot de Berne** · 🌱 **Le Jardin de Berne** – Voir la sélection des restaurants

MAILLANE

✉ 13910 – Bouches-du-Rhône – Carte régionale n° **25**–E1 – Carte Michelin 340-D3

🍴 L'OUSTALET MAÏANEN

TRADITIONNELLE · TRADITIONNEL 🍴🍴 Le chef de cette maison, Christian Garino, est un vrai passionné qui prend lui-même les commandes et fait parfois le service... Ici, on ne triche pas ! Sous la tonnelle de vigne vierge ou dans le patio, les Mireille d'aujourd'hui savourent ses créations gorgées de soleil, qui font la part belle aux produits régionaux.

Spécialités: Fricot d'aubergines, céleri, brousse, sirop de tomate. Poissons pochés au bouillon de fenouil, pommes de terre à la rouille. Sablé chocolat-menthe.

🗌 🖾 – Menu 34/60€ – Carte 45/58€

16 avenue Lamartine – ℰ 04 90 95 74 60 –
www.restaurant-saint-remy-de-provence.fr – Fermé 30 novembre-4 mars, lundi, mardi,
dimanche soir

MANDELIEU-LA-NAPOULE

✉ 06210 – Alpes-Maritimes – Carte régionale n° **25**–E2 – Carte Michelin 341-C6

🍴 **L'OASIS**

CLASSIQUE · LUXE 🟬🟬 Ah, le patio verdoyant et ombragé de l'Oasis! Bien des gourmets vous en parleront. Cette institution de la Côte d'Azur n'a pas usurpé son nom: la cour luxuriante, ses vieux platanes, sa délicieuse fontaine, sa lumineuse salle à manger, son service attentionné et sa superbe cave... tout cela n'a rien d'un mirage.

🐝 🗌 ⇄ 🐃 🅿 – Menu 85€ (déjeuner), 110/155€ – Carte 60/95€

6 rue J.H.-Carle – ℰ 04 93 49 95 52 – www.oasisetoile-mandelieu.fr –
Fermé 1ᵉʳ janvier-28 février, lundi, mardi midi, mercredi midi, jeudi midi, dimanche

🍴 **BESSEM**

MODERNE · CONTEMPORAIN 🟬🟬 Savez-vous ce qu'est un Tuniçois? C'est un chef d'origine tunisienne, qui a le cœur à Nice. C'est le cas de Bessem Ben Abdallah, un chef au beau parcours (notamment Gagnaire à Courchevel), qui propose un menu mystère en plusieurs déclinaisons et des produits de qualité - asperges de Pertuis, fraises Mara des bois, selle d'agneau, Saint-Pierre...

🗌 🗌 & 🖾 🅿 – Menu 63/115€

183 avenue de la République – ℰ 04 93 49 71 23 – www.bessem-restaurant.com –
Fermé 15 février-2 mars, 2-16 novembre, lundi, mardi

🍴 **LA ROTONDE**

TRADITIONNELLE · CONTEMPORAIN 🟬🟬 À l'entrée de la station, le restaurant est tenu par un couple sérieux et sympathique. Dans une salle en demi-rotonde, avec vue sur la mer, on se régale de douceurs traditionnelles comme on les aime: salade d'artichauts et pecorino truffé, sole meunière, ou encore pavlova aux fruits rouges...

< & 🖾 – Menu 27€ (déjeuner), 28/39€ – Carte 50/65€

391 avenue du 23-Août – ℰ 04 93 49 82 60 – www.restaurantlarotonde.com –
Fermé lundi soir, mardi soir, mercredi soir, dimanche

🍴 **LE BISTROT DE L'OASIS**

TRADITIONNELLE · CONVIVIAL 🟬 Ce restaurant est installé dans une demeure provençale séduisante, dont la façade ocre domine le port. Sur la terrasse aux allures de guinguette, vous vous laisserez porter par une cuisine de tradition, réalisée à partir des produits de la région. À noter aussi que la carte des vins recèle de jolies surprises.

< 🗌 & 🖾 🅿 – Menu 33/69€ – Carte 35/64€

L'Ermitage de l'Oasis, 26 avenue Henri-Clews – ℰ 04 93 49 95 52 –
www.domainedebarbossi.fr/les-restaurants – Fermé lundi, dimanche soir

MANE

✉ 04300 – Alpes-de-Haute-Provence – Carte régionale n° **24**–B2 – Carte Michelin 334-C9

🟬 **LE CLOÎTRE**

CRÉATIVE · DESIGN 🟬🟬 Ce Cloître, c'est celui d'un ancien couvent des Minimes. L'histoire du lieu est éloquente: Louis Feuillée, botaniste de Louis XIV, y fit ses études, et les sœurs Franciscaines y cultivaient arbres fruitiers et vignes... C'est dire si le bon produit a toujours eu sa place ici! L'équipe en place perpétue l'héritage de la maison avec brio. La cuisine, volontiers créative, s'attache à révéler toutes les facettes d'un produit bien choisi, que ce soit le rouget de roche ou l'agneau de Provence; on passe un excellent moment sur la terrasse ombragée. Difficile de repartir...

Spécialités: Huître crue, nuage léger d'agrumes parfumé au gingembre et caviar de Sologne. Filet d'agneau de Haute-Provence rôti au sautoir et poitrine croustillante. Caillé de chèvre, glace au lait cru, yaourt infusé de lavande et oxalis.

🍴 🌂 ⛄ 🅰🅺 🅿 – Menu 95/170 €

Le Couvent des Minimes & Spa, Chemin des Jeux-de-Maï – ℰ 04 92 74 77 77 – www.couventdesminimes-hotelspa.com –
Fermé lundi, mardi, mercredi midi, jeudi midi, vendredi midi

 LE COUVENT DES MINIMES & SPA

LUXE · TENDANCE Somptueux écrin que cet ancien couvent des Minimes de 1862, niché au cœur de la campagne. Les chambres, au décor sobre ou plus design, y sont ravissantes. Profitez des senteurs provençales du jardin, de l'imposant spa signé L'Occitane, ou du sympathique bistrot "Le Pesquier", ouvert tous les jours. Délicieux.

🍴 🏊 ≼ 🍴 🛎 🌐 ⛩ 🈂 ⛄ 🅰🅺 🐕 🅿 – 38 chambres – 8 suites

Chemin des Jeux-de-Maï – ℰ 04 92 74 77 77 – www.couventdesminimes-hotelspa.com
❀ **Le Cloître** – Voir la sélection des restaurants

MANOSQUE

✉ 04100 – Alpes-de-Haute-Provence – Carte régionale n° **24**–B2 – Carte Michelin 334-C10

❀ **LE BISTRONOMIQUE**

Chef: Pierre Grein

MODERNE · CONTEMPORAIN ✕✕ Aventurez-vous dans cette zone d'affaires pour découvrir cette belle adresse contemporaine : vous ne le regretterez pas ! Sous une véranda/salle à manger lumineuse et confortable, le chef Pierre Grein sert une cuisine provençale de tradition, fine et modernisée, soignée et technique (à l'image des desserts en trompe-l'œil) : velouté de chou-fleur de plein champ, moules de bouchot sauce poulette ; bar rôti sur peau à l'unilatéral, parmentier de girolles et pousses d'épinard ; illusion d'une noisette dorée à l'or fin, caramel au beurre salé, mousse pralinée noisette, crumble chocolat. Tout est fait maison à partir d'excellents produits. Cerise sur le gâteau : le service, aimable et efficace, rythmé notamment par l'accent chantant du sommelier.

Spécialités: Œuf de poule bio à la truffe. Pigeonneau des Alpes-de-Haute-Provence. Pêche de vigne en trompe l'œil.

⛄ 🅰🅺 – Menu 70 € (déjeuner), 60/130 € – Carte 27/130 €

180 avenue Régis-Ryckebush – ℰ 04 92 72 41 86 – www.bistronomiquerestaurant.fr –
Fermé lundi soir, mardi soir, mercredi soir, jeudi soir, dimanche

❀ **LA LOGE BERTIN** ⓞ

MODERNE · CONVIVIAL ✕ Derrière cette pimpante façade verte, une équipe de passionnés nous emmène pour une jolie balade gourmande. Le chef ne travaille que les produits frais à travers une cuisine du marché, particulièrement gourmande et soignée. On s'attable dans une salle de bistrot contemporain (tables carrées en bois couleur chêne, chaises en bois ou molletonnées) où une fenêtre type atelier ouvre sur la cuisine.

Spécialités: Saumon gravlax, crème de radis noir et agrumes. Filet de canette, petits légumes poêlés. Coulant au chocolat.

🅰🅺 – Menu 24 € (déjeuner)/34 €

62 avenue Jean Giono – ℰ 04 86 74 18 46 – www.lalogebertin.fr –
Fermé lundi, dimanche

🍴 **SENS & SAVEURS**

MODERNE · MÉDITERRANÉEN ✕✕ D'abord monastère, puis filature, ensuite entrepôt à grains au 17e s. et enfin théâtre : la grande salle voûtée de ce restaurant traverse gentiment les époques. Le rideau se lève désormais sur un lieu à l'ambiance familiale, où le chef réalise des recettes à l'accent méridional.

Menu 30 € (déjeuner), 40/65 € – Carte 50/69 €

43 boulevard des Tilleuls – ℰ 04 92 75 00 00 – www.sensetsaveurs.com –
Fermé 22 février-9 mars, 6-21 septembre, lundi, jeudi soir, dimanche soir

C. Moirenc/hemis.fr

✉ 13000 - Bouches-du-Rhône
Carte régionale n° **24**-B3
Carte Michelin 340-H6, 114-28

MARSEILLE

Tour à tour grecque puis romaine, millefeuille de peuples et d'influences, Marseille est l'une des capitales du bassin méditerranéen. Elle fait preuve d'un vrai dynamisme culturel autour de son MUCEM et de ses nouveaux espaces aménagés sur la façade maritime. C'est aussi un chaudron culinaire en ébullition permanente. Sur le Vieux-Port, on furète tous les matins devant le marché aux poissons du quai de la Fraternité, que tout le monde appelle encore de son ancien nom, le "quai des Belges". C'est le moment de préparer sa bouillabaisse ou sa bourride, la soupe de poissons de roche. Dans le quartier du Panier, les ruelles fleurent bon la Corse et l'Italie : Marseille est d'ailleurs l'un des épicentres de la pizza. Les marchés de Noailles et Belsunce ont des airs de souks à ciel ouvert : tous les ingrédients des cuisines du Maghreb sont là, des dattes aux tomates séchées, en passant par les piments et les épices.

Restaurants

✿✿✿ LE PETIT NICE

Chef : Gérald Passédat

POISSONS ET FRUITS DE MER · **ÉLÉGANT** XXXX Impossible de dissocier Le Petit Nice de sa ville, Marseille, et de la personnalité de Gérald Passedat. "Dans la Méditerranée, je plonge dans tous les sens du terme, résume le chef. Elle me porte et m'inspire, ainsi que toutes les terres qui l'entourent". C'est peu dire qu'il s'est inspiré du terroir méditerranéen (fruits, légumes, céréales, poissons, épices...) pour créer son identité culinaire. Ce sont par exemple plus de soixante-cinq types de poissons qui défilent aux fourneaux, de la dorade au denti, en passant par le pagre, le merlan, le sarran, et même, parfois, de la murène ! Héritier d'une famille d'artistes, ancien élève d'Alain Chapel, des frères Troisgros et de Michel Guérard, Gérald Passedat a conservé intact son plaisir de cuisiner, de surprendre et d'émouvoir. Comme un goût de calanques...

Spécialités : Poissons du sud en caravane nordique, poutargue, caviar et grattons. Loup de palangre "Lucie Passedat". Nougat évanescent au lait d'amande, pistache et miel.

- Menu 130/390 €

Plan : 1-A3-d - *Anse de Maldormé (hauteur 160 Corniche J.-F.-Kennedy) -*
✆ 04 91 59 25 92 - www.passedat.fr -
Fermé 5-20 janvier, lundi, dimanche

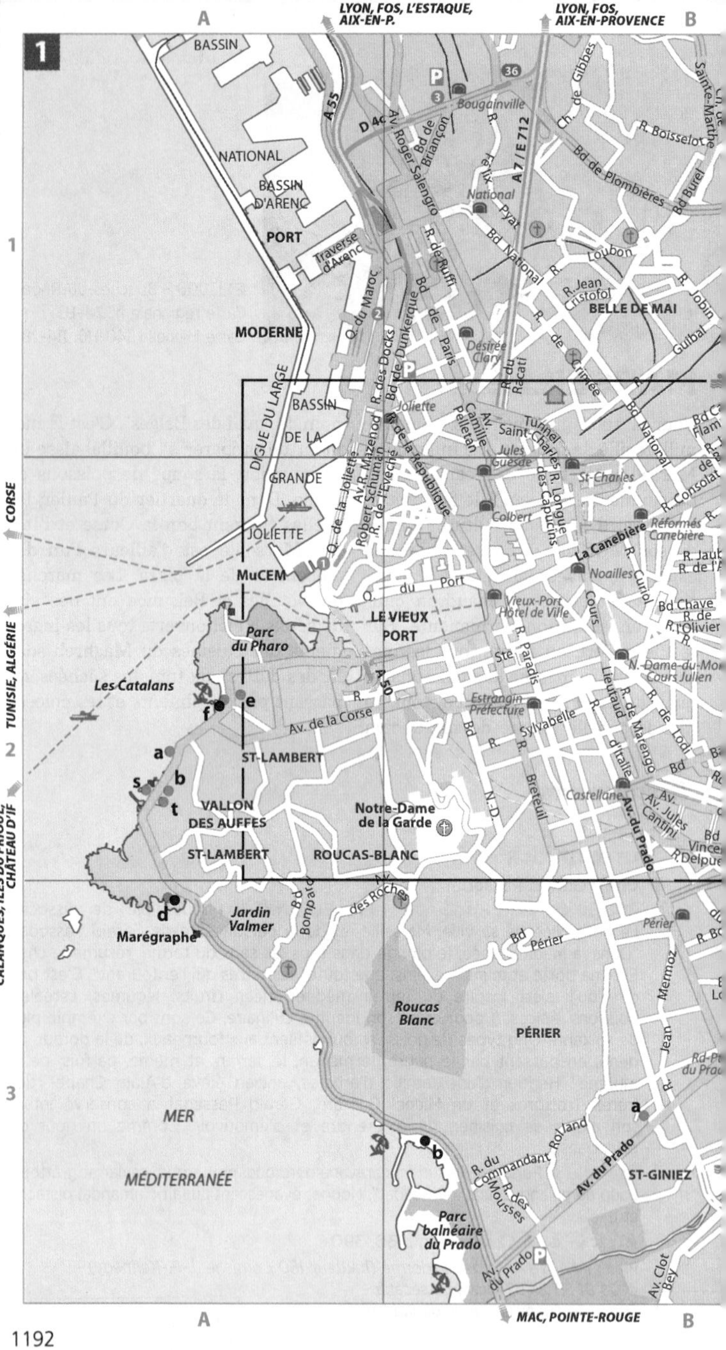
1
A
B
LYON, FOS, L'ESTAQUE, AIX-EN-P.
LYON, FOS, AIX-EN-PROVENCE
MAC, POINTE-ROUGE
CORSE
TUNISIE, ALGÉRIE
CALANQUES, ÎLES DU FRIOUL, CHÂTEAU D'IF
1
2
3
BASSIN
NATIONAL
BASSIN D'ARENC
PORT
MODERNE
BASSIN DE LA GRANDE JOLIETTE
DIGUE DU LARGE
MuCEM
LE VIEUX PORT
Parc du Pharo
Les Catalans
ST-LAMBERT
VALLON DES AUFFES
ST-LAMBERT
ROUCAS-BLANC
Notre-Dame de la Garde
Jardin Valmer
Marégraphe
Roucas Blanc
PÉRIER
ST-GINIEZ
Parc balnéaire du Prado
MER
MÉDITERRANÉE
BELLE DE MAI
A 55
D 4c
A 7 / E 712
A 50
Bougainville
National
Désirée Clary
Joliette
Jules Guesde
St-Charles
Colbert
Réformés Canebière
Noailles
Vieux-Port Hôtel de Ville
N.-Dame-du-Mont Cours Julien
Estrangin Préfecture
Castellane
Périer
La Canebière
Av. Roger Salengro
Bd de Briançon
R. Félix Pyat
Ch. de Gibbes
R. Boisselot
Bd de Plombières
Bd Burel
Bd National
R. Loubon
R. Jean Cristofol
R. Jobin
R. Guibal
R. de Crimée
R. du Racati
Bd de Paris
Bd de Dunkerque
R. de Ruffi
R. des Docks
Q. du Maroc
Traverse d'Arenc
Av. Camille Pelletan
Tunnel Saint-Charles
R. Longue des Capucins
R. Consolat
Q. de la Joliette
Av. R. Mazenod
Robert Schuman
R. de l'Evêché
R. de la République
Q. du Port
R. Curiol
Cours Lieutaud
Bd Chave
R. de l'Olivier
R. de Rome
R. Paradis
R. Sylvabelle
R. Breteuil
Bd N.-D.
R. d'Italie
R. de Marengo
R. de Lodi
Av. du Prado
Av. Jules Cantini
R. Delpuech
Av. de la Corse
Bd Bompard
Av. des Roches
Bd Périer
R. Jean Mermoz
Rd-Pt du Prado
R. du Commandant Rolland
R. des Mousses
Av. du Prado
Av. Clot Bey
a
b
d
e
f
s
t

C

D

2

1

ST-BARNBÉ

Av. Alexander Fleming
Perrin Daudet
Bd R. Alphonse
R. de Roubaix
Sartre
Jean-Paul
Malpassé
Jean Dussert
R. Jean
St-Just
Av.
Av. de Montolivet
Ch. des Jonquilles
Av. Jean Compadieu
Av. des Chutes Lavie
R. des Chutes Lavie
Jeanne Jugan
Av. des Chartreux
Bd Baron R. Albe
Bd Louis Mazaudier
Bd Gavory
Bd Marius Richard
R. Maiguillette
Av. Numa
Bd des Fauvettes
Bd de Beaumont
Bd Pinatel
Chartreux
Av. des Félibres
R. Charles Kaddouz
Bd de Roux
R. Etzéard Rougier
Bd Henri Fabre
Bd Garoutte
R. François Scaramel
Av. de Saint-Julien
R. Charles Kaddouz
Av. du 24 Avril 1915
R. Maurice Derménguen
Av. de la Rosière
Av. de Kallisté
Av. de la Figone
Cinq Avenues Longchamp
R. Fondère
Bd de Haguenau
St-Barnabé
R. Ernest Gasquy
Av. Saint-Jean du Désert
Caillols

**LES CINQ
AVENUES**

e-Cristo
l'Epée
Bd Boisson
Marcal Foch
Sakakini
Bd de la
Chave
Louis Armand
Av. de Garlaban
Bd Gasquy
Av. de Flotte Fourragère
Traverse des Faïenciers
Bouvala d'Arnaud
R. Saint-Jean du Désert

2

La Blancarde
Traverse de la Trévaresse
Ch. de Saint-Jean du Désert
R. Gaston
Av. Pierre Chevalier
Av. William Booth

Saint Pierre
La Timone
R.
Saint-Pierre
Ch. de
R. Saint-Pierre
Bd Pierre Menard
Av. Jean Lombard
Lauze
Av. du Dr Heckel
Av. Eliéon

TIMONE
Désiré Blanco
l'Armée
d'Afrique
Bd Mireille
A 50

TOULON
AUBAGNE

aille
Av. de la Timone
Av. Benjamin Delessert
Lauze
Bd André Bardon
Bd de Saint-Loup
Bd de Saint-Loup
Bd Quietel

n Toulon
Jean Moulin
Bd Fernand Bonnefoy
A 50
Mireille

RC DU 26E
NTENAIRE

de la
Capelette
Bd de Pont de Vivaux
Bd Romain Rolland
R. Pierre Doize
Traverse de Chante Perdrix

LA CAPELETTE
Huveaune
Rolland
R. Verdillon
R. du Professeur Roger Luccioni

3

Bd Rabatau
Bd Schloesing
Romain
François
R. Pierre Doize
Bd Paul Claudel
Mauriac

P
Ste Marguerite Dromel
Bd Paul Claudel
Ch. du Vallon de Toulouse

**Stade
Vélodrome**

STE-MARGUERITE
Traverse Regny
Ancien Ch. de Cassis

**Cité
Radieuse**
t
MaMo

MARSEILLE

0 ——————— 800 m

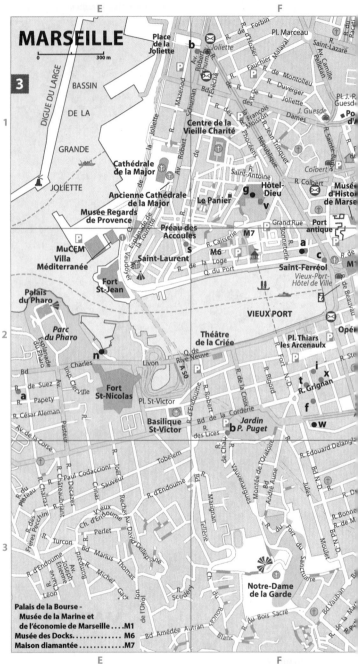

MARSEILLE

3

0   300 m

DIGUE DU LARGE

BASSIN
DE LA
GRANDE

JOLIETTE

1

Place
de la
Joliette   b

Pl. Marceau

Centre de la
Vieille Charité

Cathédrale
de la Major

Ancienne Cathédrale
de la Major   Le Panier

Hôtel-
Dieu   g

Musée Regards
de Provence   v

Préau des
Accoules   Grand'Rue   Port
antique

MuCEM
Villa
Méditerranée   Saint-Laurent   M7

M6   s

Port
Saint-Ferréol

Musée
d'Histoir
de Marse

Fort
St-Jean   R. de la Loge   a

Q. du Port   c

Saint-Ferréol

Vieux-Port-
Hôtel de Ville

Palais
du Pharo

Parc
du Pharo

VIEUX PORT

Opé

2

Théâtre
de la Criée   Pl. Thiars
les Arcenaulx

n

Fort
St-Nicolas

a
Papety

Pl. St-Victor

j
t   x
R. Grignan

Basilique
St-Victor   Jardin
b P. Puget

f

w

3

Notre-Dame
de la Garde

Palais de la Bourse -
Musée de la Marine et
de l'économie de Marseille M1
Musée des Docks. M6
Maison diamantée M7

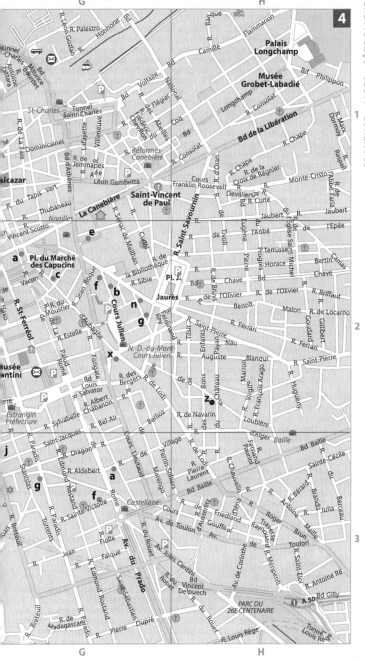

✵✵✵ AM PAR ALEXANDRE MAZZIA

Chef: Alexandre Mazzia

CRÉATIVE • BRANCHÉ ✗✗ On manque de superlatifs pour qualifier le travail d'Alexandre Mazzia à AM, sa table installée dans un plaisant quartier résidentiel non loin du stade Vélodrome. Véritable chef-artiste en mouvement perpétuel, portant la petite portion au rang d'art, il joue avec virtuosité des épices, du torréfié et du fumé, irriguant sa cuisine de ses souvenirs d'enfance au Congo. Entre ses mains, tout déborde du cadre gastronomique tel qu'on le connaît, mais, plus important encore, tout a du sens ! Comme ces œufs de truites et saumon sauvage, lait fumé aux noisettes torréfiées, un plat d'une intensité rare, ou ces langoustines panées aux graines de sésame et bonite, condiment citron-géranium et popcorn d'algues, une pure merveille. Les quelques veinards du jour sont embarqués dans une aventure gustative d'un genre unique, rehaussée par un service parfait.

Spécialités: Langoustine, pop-corn d'algue, mortadelle et beurre blanc au plancton. Sparassis au jus de canard au poivre-verveine et pancetta de noir de Bigorre. Mangue, datte, vieux vinaigre de Modène et fleur de sel.

🅰🅲 – Menu 115 € (déjeuner), 195/265 €

Plan : 1-B3-a – *9 rue François-Rocca* – ✆ *04 91 24 83 63* – *www.alexandremazzia.com* – *Fermé 27 avril-3 mai, 22 décembre-5 janvier, lundi, dimanche*

✵ ALCYONE

MÉDITERRANÉENNE • ÉLÉGANT ✗✗✗ Le chef Lionel Levy, enfant de Marseille formé par Alain Ducasse et Eric Frechon, tient la barre de cet Alcyone (du nom de la fille du dieu Éole) né en 2013 au sein du fameux Hôtel-Dieu. Il y propose une cuisine créative, balayée par les épices et faisant la part belle aux produits méditerranéens, comme les poissons locaux (rouget, rascasse, loup) mais aussi le meilleur de la Provence, de l'agneau aux artichauts, en passant par la châtaigne. Un plat résume bien sa manière : ravioles à l'agneau, sanguins, artichaut, jus d'agneau.Tout cela dans une ambiance chic et sobre, véritable prolongement de l'hôtel : le cap est tenu.

Spécialités: Cuisine du marché.

🧇 ⬅ ♿ 🅰🅲 🍽 – Menu 99/139 €

Plan : 3-F1-v – *Intercontinental - Hôtel Dieu, 1 place Daviel* – ✆ *04 13 42 43 43* – *https://marseille.intercontinental.com/alcyone* – *Fermé 4-17 janvier, 9-23 août, lundi, mardi midi, mercredi midi, jeudi midi, vendredi midi, samedi midi, dimanche*

✵ L'ÉPUISETTE

POISSONS ET FRUITS DE MER • MÉDITERRANÉEN ✗✗✗ Une Épuisette parmi les rochers, quoi de plus évident ? Comme posée sur les récifs du vallon des Auffes – un cadre enchanteur –, cette table vit en intimité avec la mer... Le menu Fanny, signature de la maison, éblouit comme un soleil de juillet. Le chef maîtrise son sujet, les produits sont de première fraîcheur, les recettes précises, les saveurs marquées et la générosité naturelle. Au hasard de notre bonheur : la bouillabaisse - chapon, lotte, galinette, vive et saint-pierre, un plat gourmand et canaille en diable. Une délicieuse escale.

Spécialités: Aïoli de lotte et légumes du moment. Tajine de homard aux artichauts barigoule, pommes de terre farcies, tomates confites et jus aux épices. Gaufrette croustillante chocolat, espuma et glace au café.

🥂 ⬅ 🅰🅲 – Menu 75 € (déjeuner), 105/145 € – Carte 117/141 €

Plan : 1-A2-s – *158 rue du Vallon-des-Auffes* – ✆ *04 91 52 17 82* – *www.l-epuisette.fr* – *Fermé lundi, dimanche*

✵ SAISONS

Chef: Julien Diaz

MODERNE • CONVIVIAL ✗✗ Au cœur de Marseille et à deux pas de la Place Castellane, cet établissement contemporain bénéficie de l'enthousiasme conjugué d'un duo de pros, natifs de la cité phocéenne : le chef Julien Diaz, passé par Londres et la Corse, et son complice le sommelier Guillaume Bonneaud. Trente couverts environ, déco épurée (bois, fer, matériaux bruts), accords mets et vins pointus, et cuisine créative obéissant à un parti pris certain : ne travailler que les beaux produits (foie gras, gibier), parfois méditerranéens. Menu surprise et menu dégustation.

Spécialités : Poisson mariné au sel, transparence citron et poutargue de Marseille. Seiche à l'encre, texture de fenouil et de citron vert. L'immortel.

🎴 ⇗ – Menu 29 € (déjeuner), 59/129 €

Plan : 4-G3-f – *8 rue Sainte-Victoire* – ℰ *09 51 89 18 38 – www.restaurant-saisons.com – Fermé 2-9 janvier, 24 avril-3 mai, 27 juillet-17 août, lundi soir, samedi, dimanche*

❀ **SIGNATURE**

Cheffe : Coline Faulquier

MODERNE · **CONTEMPORAIN** ✕ La pétillante Coline Faulquier, auparavant à La Pergola, est seule aux commandes de cette adresse attachante, imaginée autour d'une notion de partage : la carte propose des demi-portions afin de pouvoir tester plusieurs plats, mais aussi de savoureuses cocottes cuites au feu de bois. Les produits sont sélectionnés avec soin – maraîchers bios, cueilleurs d'herbes sauvages, poissons de la Méditerranée, etc. Coté salle, une agréable décoration contemporaine, prolongée d'un patio couvert avec cour intérieure et terrasse. À tous points de vue, une table très recommandable.

Spécialités : Mosaïque de légumes croquants, cabillaud fondant et sauce aïoli. Retour de pêche locale meunière, condiment acidulé, crème de noisette et vinaigrette au jus de veau. Tube three.

🎴 ⬠ 🎴 – Menu 29 € (déjeuner), 48/75 € – Carte 75/95 €

Plan : 2-C3-v – *180 rue du Rouet, Les Goudes* – ℰ *04 65 85 53 48 – www.signaturemarseille.com – Fermé 23 août-3 septembre, 24-29 décembre, lundi soir, samedi, dimanche*

⊛ **L'ARÔME**

MODERNE · **CONVIVIAL** ✕ Dans une rue colorée typiquement marseillaise, ce petit restaurant ressemble à une vraie salle d'école avec ses vieilles cartes de France, ses chaises de classe et ses menus présentés dans un cahier. On y décline une cuisine méditerranéenne, savoureuse et soignée, à l'instar de ces cromesquis de veau. Atmosphère informelle et accueil souriant comme le soleil de Marseille.

Spécialités : Cromesquis de veau. Lieu noir, fleur de courgette farcie, jus corsé. Entremets chocolat.

🎴 – Menu 30 €

Plan : 4-G2-g – *9 rue des Trois-Rois* – ℰ *04 91 42 88 80 – Fermé lundi midi, mardi midi, mercredi midi, jeudi midi, vendredi midi, samedi midi, dimanche*

⊛ **L'ORPHÉON** ⓝ

CUISINE DU MARCHÉ · **BISTRO** ✕ Les frères Mbenda, Hugues en cuisine et Éric en salle, ont vite installé cette adresse parmi les bons spots de la place marseillaise. Cuisine en toute franchise, entre tradition et bistronomie, produits superfrais, accueil chaleureux et cadre agréable, c'est un carton plein. Logiquement, le succès est au rendez-vous : pensez à réserver.

Spécialités : Gnocchis de banane plantain, sauce tomate aux épices. Poitrine d'agneau aux herbes de Provence, céleri rave. Crème citron, crumble cacao.

🎴 🎴 – Menu 26 € (déjeuner), 35/45 €

Plan : 4-G2-e – *11 rue Guy-Môquet* – ℰ *09 87 72 61 73 – www.orpheon-restaurant.com – Fermé 1ᵉʳ janvier-2 février, lundi, samedi midi, dimanche*

⊛ **YIMA** ⓝ

MÉDITERRANÉENNE · **BISTRO** ✕ Bienvenue chez Ella Aflalo, la jeune cheffe, dont le père est Marocain et la mère Israélienne – Yima vient des mots "yema" et "ima", qui signifient "maman" en arabe et en hébreu. Ses recettes, originales et voyageuses, sont bien en accord avec l'ambiance conviviale des lieux. Attention : pas de réservation, il vaut mieux arriver tôt.

Spécialités : Patate douce rôtie, crème crue, harissa à l'amande, grenade, sumac. Kefta de bœuf épicé, poires, poireaux en aigre-doux, kumquats confits. Douceur chocolat.

Carte 30/40 €

Plan : 4-G2-c – *27 rue d'Aubagne* – ℰ *04 91 55 70 13 – Fermé lundi, mardi, mercredi soir, jeudi soir, vendredi soir, dimanche soir*

LES TROIS FORTS

MODERNE · ÉLÉGANT 🟇🟇 Tout Marseille est là : le Vieux Port et sa myriade de mâts, les quais qui fourmillent au loin, le ciel azuré... Au 7ᵉ étage du Sofitel, le panorama est sublime. L'assiette rend également un bel hommage à la cité phocéenne, entre inspirations provençales et saveurs d'ailleurs. Beau moment !

🖣 ⪕ 🛱 🛯 ⟡ – Menu 79/119 €

Plan : 3-E2-n – *Sofitel Vieux Port, 36 boulevard Charles-Livon* – ✆ *04 91 15 59 56* – *www.sofitel-marseille-vieuxport.com* – *Fermé lundi, mardi midi, mercredi midi, jeudi midi, vendredi midi, samedi midi, dimanche*

UNE TABLE AU SUD

MODERNE · ÉLÉGANT 🟇🟇 Aux commandes de cette table résolument ancrée dans le Sud : Ludovic Turac, tout jeune cuisinier passé notamment par l'émission Top Chef. Ses recettes, inventives et sûres, cultivent avec art l'esprit de la région – légumes provençaux et pêche locale – à l'unisson du panorama sur le Vieux Port et la "Bonne Mère" !

⪕ 🛯 🖅 ⟡ – Menu 42 € (déjeuner), 78/165 €

Plan : 3-F2-c – *2 quai du Port (1er étage)* – ✆ *04 91 90 63 53* – *www.unetableausud.com* – *Fermé 2-11 janvier, 30 août-5 septembre, 24-27 décembre, lundi, dimanche soir*

PÉRON

POISSONS ET FRUITS DE MER · MÉDITERRANÉEN 🟇🟇 Sur la Corniche, cette bâtisse accrochée à la roche offre une vue à couper le souffle sur la baie de Marseille, ses îles, le château d'If... Un vent chargé d'embruns méditerranéens et un... nouveau chef soufflent sur la carte : pêche du jour locale et sauvage, bouillabaisse, farcis, mais aussi magret de canard et filet de bœuf se dégustent sur la belle terrasse.

⪕ 🛱 – Menu 65 € (déjeuner) – Carte 75/100 €

Plan : 1-A2-a – *56 corniche John-Fitzgerald-Kennedy* – ✆ *04 91 52 15 22* – *www.restaurant-peron.com*

TABI - IPPEI UEMURA

JAPONAISE · CONTEMPORAIN 🟇🟇 Tabi, c'est le voyage en japonais : tout est dit ! Originaire de Kyoto, le chef a choisi Marseille comme ville d'adoption. Il met la pêche locale en valeur dans une cuisine japonaise traditionnelle, préparée directement devant le client. Accords mets-sakés pour les amateurs. Dépaysement garanti.

🛱 ⅃ 🛯 – Menu 50 € (déjeuner), 79/125 €

Plan : 1-A2-b – *165 corniche du Président-John-Fitzgerald-Kennedy* – ✆ *04 91 22 09 33* – *www.restauranttabi.com* – *Fermé 4-17 janvier, 1ᵉʳ-14 septembre, lundi, dimanche*

CHEZ FONFON

POISSONS ET FRUITS DE MER · TRADITIONNEL 🟇🟇 Fraîcheur : le maître mot de cette institution familiale fondée en 1952 par Alphonse, dit "Fonfon". Bourride et bouillabaisse sont les immuables de la carte, réalisées avec le poisson sorti tout droit des "pointus" en bois que l'on aperçoit en face dans le petit port. L'adresse niche en effet dans le beau vallon des Auffes...

🖣 ⪕ 🛯 ⟡ – Menu 67/77 € – Carte 50/80 €

Plan : 1-A2-t – *140 vallon-des-Auffes* – ✆ *04 91 52 14 38* – *www.chez-fonfon.com*

L'ESCAPADE MARSEILLAISE

MODERNE · CONVIVIAL 🟇🟇 Teintes douces entre gris et bois clair, jolis luminaires et mobilier tendance : une déco qui invite à faire une pause dans ce restaurant de quartier fréquenté par une clientèle d'habitués ! Dans l'assiette, le chef Yannick Stein déroule des recettes bien dans l'air du temps. Par beau temps, on monte à l'étage et direction la vaste terrasse située à l'arrière de la maison.

🛱 🛯 ⟡ – Menu 23 € (déjeuner), 40/60 € – Carte 48/60 €

Plan : 4-G3-g – *134 rue Paradis* – ✆ *04 91 31 61 69* – *www.lescapademarseillaise.com* – *Fermé lundi soir, mardi soir, mercredi soir, dimanche*

⊕◯ LAURACÉE

TRADITIONNELLE · CONTEMPORAIN XX C'est bien clair, le patron de cette maison en retrait du Vieux-Port ne sert que des produits frais : "je ne sais pas faire autre chose !" Sa cuisine a l'accent du Sud... Quant au cadre, entièrement modernisé – murs taupe, nouveau mobilier –, il se révèle aussi bien agréable.

Menu 26 € (déjeuner) - Carte 48/70 €

Plan : 3-F2-t - *96 rue de Grignan - ℰ 04 91 33 63 36 - www.lelauracee.com - Fermé 1ᵉʳ-31 août, lundi soir, samedi midi, dimanche*

⊕◯ MICHEL - BRASSERIE DES CATALANS

POISSONS ET FRUITS DE MER · VINTAGE XX Ambiance 100 % rétro dans cette institution (1946) de la plage des Catalans. Ici, la bouillabaisse – marseillaise, évidemment – est une religion... autant qu'un délice ! Au menu, donc, la pêche du jour, d'une remarquable fraîcheur : admirez le poisson exposé dans le "pointu" à l'entrée.

🅐🅒 - Carte 80/110 €

Plan : 1-A2-e - *6 rue des Catalans - ℰ 04 91 52 30 63 - www.restaurant-michel-13.fr*

⊕◯ LE RELAIS 50

PROVENÇALE · DESIGN XX Carrelage, appliques, chaises, etc. : ce Relais joue la carte "revival" avec malice et élégance. Au menu, une cuisine créative qui puise dans les traditions de la Méditerranée, et que l'on peut savourer sans se ruiner. Autre attrait : la terrasse sur le Vieux-Port, avec la "Bonne Mère" en ligne de mire !

🛋 & 🅐🅒 - Menu 28 € (déjeuner), 47/70 € - Carte 55/60 €

Plan : 3-F2-a - *Résidence du Vieux Port, 18 quai du Port - ℰ 04 91 52 52 50 - www.relais50.com - Fermé lundi, dimanche*

⊕◯ LES BORDS DE MER

MODERNE · CONTEMPORAIN X Une cuisine délicate avec vue imprenable sur la mer : qui dit mieux ? Une nouvelle cheffe apporte des notes de fraîcheur à des recettes originales et méditerranéennes qui se conjuguent au gré des saisons. Jolie carte des vins avec une place de choix consacrée à la production bio du domaine de Fontenille AOP Luberon, à Lauris, qui possède cet hôtel-restaurant marseillais. Une adresse sérieuse et convaincante.

≤ & 🅐🅒 - Menu 38 € (déjeuner) - Carte 45/55 €

Plan : 1-A2-f - *52 corniche du Président-John-Fitzgerald-Kennedy - ℰ 04 13 94 34 00 - www.lesbordsdemer.com*

⊕◯ LE VENTRE DE L'ARCHITECTE - LE CORBUSIER

MODERNE · DESIGN X Tables et lampes signées Charlotte Perriand, Le Corbusier et Gae Aulenti... Ici, au sein de la Cité radieuse, dans le restaurant conçu et dessiné par l'architecte Le Corbusier lui-même, on ne triche pas avec l'authenticité du design ! Dans l'assiette, le chef signe une cuisine du marché, souvent à base d'accords sucré/salé. Menu unique au dîner.

⇐ 🛋 🅐🅒 🅟 - Menu 32 € (déjeuner)/59 €

Plan : 2-C3-t - *280 boulevard Michelet (cité Radieuse, 3ème étage) - ℰ 04 91 16 78 00 - www.hotellecorbusier.com - Fermé 3-23 août, lundi, dimanche*

⊕◯ BISTRO DU COURS

MODERNE · BISTRO X Sur le cours Julien, on profite d'une cuisine canaille et gourmande déclinée au fil des saisons, le long d'un menu-carte pour le moins appétissant. Présent en salle, le propriétaire vous conseille sur le vin à choisir pour accompagner tout ça de la meilleure façon... Une maison sérieuse et accueillante.

🛋 🅐🅒 - Menu 22 € (déjeuner)/33 €

Plan : 4-G2-b - *13 cours Julien - ℰ 04 86 97 59 11 - www.bistroducours.com - Fermé lundi, dimanche*

ⓣ○ **LA CANTINETTA**

ITALIENNE · **TRATTORIA** ✗ Depuis l'enfance, Pierre-Antoine Denis est un fougueux passionné de la cuisine transalpine. Secondé par Luigi, un vieil Italien qui confectionne les pâtes, il se rend régulièrement dans la péninsule pour dénicher les meilleurs producteurs. Chaleureuse et gourmande, sa Cantinetta est une vraie trattoria !

� 🎸 – Carte 25/45 €

Plan : 4-G2-f – *24 cours Julien* – ⓜ *Noailles* – ☎ *04 91 48 10 48 –*
www.restaurantlacantinetta.fr –
Fermé dimanche

ⓣ○ **CÉDRAT**

MÉDITERRANÉENNE · **CONTEMPORAIN** ✗ Cette table contemporaine, que l'on doit à Eric Maillet, jeune chef passé par chez Gérald Passedat, propose de savoureuses recettes composées avec des produits locaux et mâtinées de plaisantes influences méditerranéennes et de discrètes touches asiatiques, réminiscences de ses voyages en Extrême-Orient. Chaque jour, il compose un menu annoncé sur ardoise au gré du marché et des arrivages ; le soir, menu imposé en 3 ou 5 temps. Une table pleine d'avenir.

� 🎸 – Menu 30/45 €

Plan : 4-G3-j – *81 rue Breteuil* – ☎ *04 91 42 94 41* – *Fermé 1er-3 janvier, lundi midi, mardi, mercredi midi, jeudi, vendredi*

ⓣ○ **LA FEMME DU BOUCHER** ⓝ

VIANDES · **BISTRO** ✗ Installée dans une ancienne boucherie, Laëtitia Visse, patronne dynamique formée à l'école Ferrandi de Paris, avant de rejoindre de belles maisons étoilées et des tables bistrotières (Guy Savoy, Alain Dutournier, Cyril Lignac, Olivier Nasti à Kayserberg) mitonne une cuisine viandarde : terrine maison, couilles d'agneau meunière, boudin grillé, saucisse, pieds et paquets, etc. Pour rester dans la tendance, on présente une petite carte de vins nature ou élevés en biodynamie. Service décontracté et atmosphère des plus informelles. Délicieusement canaille.

🎸 – Menu 23 € (déjeuner) – Carte 37/51 €

Plan : 4-G3-a – *10 rue de Village* – ☎ *04 91 48 79 65 –*
Fermé mardi soir, mercredi soir, samedi, dimanche

ⓣ○ **LE GOÛT DES CHOSES**

TRADITIONNELLE · **COSY** ✗ Le (vrai) goût des choses... Une jolie ambition pour ce sympathique restaurant, tenu par un couple de professionnels installés ici après de nombreuses expériences à travers le monde. Au menu, produits du marché et réminiscences de saveurs lointaines.

� 🎸 – Menu 22 € (déjeuner)/39 €

Plan : 4-G2-x – *4 place Notre-Dame-du-Mont* – ☎ *04 91 48 70 62 –*
www.legoutdeschoses.fr – Fermé lundi, mardi

ⓣ○ **LES JARDINS DU CLOÎTRE** ⓝ

CUISINE DU MARCHÉ · **HISTORIQUE** ✗ Ouvert dans un ancien monastère, ce centre de formation géré par les Apprentis d'Auteuil abrite un restaurant ouvert au public. Encadrée par Lionel Werner, un chef professionnel, la brigade de jeunes cuisiniers en formation assure une prestation culinaire de bel aloi dans un esprit bistronomie et cuisine de saison, avec un approvisionnement régional, de préférence bio. Une belle démarche éthique pour construire l'avenir de la génération qui arrive.

� 🎸 ⟳ 🅿 – Carte 45 €

Hors plan – *20 boulevard Madeleine-Rémusat –*
☎ *04 91 12 29 42 – https://lesjardinsducloitredemars.fr –*
Fermé lundi soir, mardi soir, mercredi soir, jeudi soir, vendredi soir, samedi, dimanche

PROVENCE - ALPES - CÔTE D'AZUR

⅋○ LACAILLE

CUISINE DU MARCHÉ · BISTRO X Un duo très pro propose une cuisine du sud, à prix sage. Esprit de bistrot de quartier, cuisine simple et pleine de gourmandise renouvelée au gré des saisons et du marché - les beaux produits sont là et on s'en réjouit. Mention spéciale pour le service, qui est à l'image de l'assiette : affriolant.

ⒶⓀ – Menu 35€

Plan : 4-G2-n – *42 rue des Trois-Mages* – ℰ *09 86 33 20 33* – *www.lacailleisnotabird.com* – *Fermé lundi, mardi, mercredi midi, jeudi midi, vendredi midi*

⅋○ MADAME JEANNE

MÉDITERRANÉENNE · TENDANCE X Dans un décor moderne, Madame Jeanne propose une cuisine méditerranéenne et plutôt créative, composée au gré du marché. Dans un esprit artisanal qui lui est cher, le chef Xavier Zapata privilégie les circuits courts et cisèle une cuisine goûteuse et bien ficelée. Jolie carte des vins, orientée "nature.

🌤 ⅙ ⒶⓀ – Carte 36/54€

Plan : 3-F2-x – *84 rue de Grignan* – ℰ *04 86 26 54 16* – *www.maisonbuon.com* – *Fermé mardi, dimanche*

⅋○ LA MERCERIE

MODERNE · BRANCHÉ X Une avalanche de produits locaux de qualité, un savoir-faire incontestable, de la gourmandise... Comptez sur la jeune équipe pour soigner votre faim de la meilleure des façons. Côté vins, on découvre une carte composée avec amour et résolument « nature », avec un turn-over de bon augure : tous les ingrédients pour passer un super moment.

🌤 ⅙ ⒶⓀ – Menu 28€ (déjeuner), 51/62€

Plan : 4-G2-a – *9 cours Saint-Louis* – ℰ *04 91 06 18 44* – *www.lamerceriemarseille.com* – *Fermé lundi midi, mardi, mercredi, jeudi midi, vendredi midi*

⅋○ NESTOU ⓝ

MODERNE · BISTRO X Située à deux encablures de la plage des Catalans, l'enseigne rend hommage à Ernest (Nestou), le jeune fils de Jean-Philippe et Jeanne Garbin, respectivement chef et cheffe de cuisine de ce sympathique restaurant. Lui aux plats chauds, elle aux entrées et aux desserts composent une cuisine originale qui surfe entre influences méditerranéennes et inspirations plus voyageuses. Une table très recommandable.

🌤 ⅙ ⒶⓀ – Menu 26€ (déjeuner)/34€

Plan : E2-b – *43 rue de Suez* – ℰ *09 87 08 17 00* – *www.nestou.fr* – *Fermé lundi, dimanche*

⅋○ OUREA

MODERNE · COSY X Descendu de Paris où il travaillait chez Semilla, Matthieu Roche a ouvert avec sa compagne Camille ce bistrot de poche aux couleurs et saveurs de la Provence, situé entre le port et le tribunal. Le chef, attentif aux saisons, se fournit en local (poissons méditerranéens en direct du port, légumes de maraîcher de Mallemort, agrumes du Domaine du Jasson...).

Menu 26€ (déjeuner)/39€

Plan : 3-F2-f – *72 rue de la Paix-Marcel-Paul* – ℰ *04 91 73 21 53* – *www.ourea-restaurant.com* – *Fermé lundi, mardi soir, dimanche*

⅋○ LA POULE NOIRE ⓝ

CUISINE DU MARCHÉ · BISTRO X Désormais aux commandes de cette Poule noire, le chef Damien Delgado et sa compagne Fanny Sauvage épatent avec des recettes dans l'esprit "retour au marché", privilégiant toujours les produits frais, cuisinés avec justesse. Excellent rapport qualité/prix au déjeuner. Une adresse fort recommandable, fréquentée par une clientèle d'habitués.

🌤 ⒶⓀ ⟷ – Menu 23€ (déjeuner), 43/62€ – Carte 45/55€

Plan : 3-F2-i – *61 rue Sainte* – ℰ *04 91 55 68 86* – *www.restaurant-lapoulenoire.com* – *Fermé lundi, mardi soir, samedi midi, dimanche*

‖○ **SCHILLING**

MODERNE · SIMPLE ※ Que fait un jeune Écossais, originaire d'un village de pêcheurs, en arrivant par hasard à Marseille ? Il ouvre un restaurant. Le Schilling, installé entre le Vieux Port et le Panier, célèbre la rencontre entre la Méditerranée et l'Écosse au gré d'une cuisine parfumée... et d'une jolie carte de whiskys.

🛱 – Menu 34/60 €

Plan : 3-E2-s – 37 rue Caisserie – ℰ 04 91 01 81 39 – Fermé 20-30 août, 22-30 décembre, mardi, mercredi

‖○ **SÉPIA**

MODERNE · TENDANCE ※ Sur les flancs de la colline de Puget, en contrebas de la Bonne Mère, c'est le sourire du jeune patron qui vous accueille ! La carte alléchante célèbre le marché et promet de belles agapes : carpaccio de poulpe, murcilla et olives Taggiasche, ou encore pagre rôti autour du brocoli et vinaigrette à l'orange... le tout dans une ambiance chaleureuse.

🛱 ὅ – Menu 41 € – Carte 29/45 €

Plan : 3-F2-b – 2 rue Vauvenargues – ℰ 09 83 82 67 27 – http://restaurant-sepia.fr – Fermé lundi, dimanche

‖○ **UN PETIT CABANON**

CUISINE DU MARCHÉ · BISTRO ※ Dans ce néo-bistrot au cadre minimaliste, le chef Anthony Germani, originaire de Marseille, met tout en œuvre pour régaler ses convives. Produits locaux de rigueur (pêche locale, légumes...), saveurs marquées, avec toujours la pointe de créativité qui fait mouche : on est conquis. Ce Petit Cabanon rend de grands services à la gourmandise...

🛱 ὅ 🅼 – Menu 19 € (déjeuner)/26 € – Carte 40/55 €

Plan : 3-F1-b – 63 avenue Robert-Schuman – Ⓜ Joliette – ℰ 04 91 90 01 53 – www.petit-cabanon-restaurant-marseille.com – Fermé lundi soir, mardi soir, samedi midi, dimanche

Hôtels

🏚🏚🏚 **INTERCONTINENTAL - HÔTEL DIEU**

GRAND LUXE · CONTEMPORAIN A deux pas de la mairie et du Vieux-Port, cet ancien hôpital abrite désormais des chambres confortables. Derrière la monumentale façade (18-19e s.), les lieux rivalisent d'espace, de sobriété et d'élégance – avec tous les services d'un établissement de luxe, à l'instar du vaste spa très bien équipé. Comme dans la chanson, préférez une chambre avec vue.

🎄 ≼ 🖥 🌐 ⋔ 🐚 🗐 ὅ 🅼 🔥 🚗 – 194 chambres – 15 suites

Plan : 3-F1-g – 1 place Daviel – ℰ 04 13 42 42 42 – http://marseille.intercontinental.com

❀ **Alcyone** – Voir la sélection des restaurants

🏚🏚🏚 **SOFITEL VIEUX PORT**   `Tablet.PLUS`

LUXE · DESIGN Sur les hauteurs du Pharo, dominant les forts, la passe... et tout le Vieux Port ! Plus d'une vingtaine de chambres jouissent d'une terrasse ouvrant sur le bassin. Le grand confort au cœur du mythe marseillais.

🎄 ≼ 🦯 🌐 🐚 🗐 ὅ 🅼 🔥 🚗 – 134 chambres – 3 suites

Plan : 3-E2-n – 39 boulevard Charles-Livon – ℰ 04 91 15 59 00 – www.sofitel-marseille-vieuxport.com

‖○ **Les Trois Forts** – Voir la sélection des restaurants

🏚🏚🏚 **C2**

LUXE · ÉLÉGANT Légèrement en retrait du vieux port, cet ancien hôtel particulier (1860) est à la pointe de la branchitude phocéenne ! Il abrite des chambres design et luxueuses ainsi qu'un salon-bar, sans oublier le petit – mais très joli – spa : bassin couvert, hammam, massages...

🗐 ὅ 🅼 🔥 🚗 – 20 chambres

Plan : 3-F2-w – 48 rue Roux-de-Brignoles – ℰ 04 95 05 13 13 – www.c2-hotel.com

LE PETIT NICE `Tablet.PLUS`

LUXE · PERSONNALISÉ Sur la Corniche, ces architectures néoclassiques des années 1910 semblent lancer des œillades à la mer et à ses îles immaculées. Toute la lumière du Sud, toute la magie du site de Marseille, que l'on admire à loisir dans le plus grand confort...

✿ ⅏ ⪜ ⌁ 🅟 🅰🅲 🅿 – 16 chambres

Plan : 1-A3-d – *Anse de Maldormé (hauteur 160 Corniche J.-F.-Kennedy) –* 𝒞 *04 91 59 25 92 –* www.passedat.fr

✿✿✿ **Le Petit Nice** – Voir la sélection des restaurants

NHOW MARSEILLE

HÔTEL DE CHAÎNE · DESIGN Qu'on se le dise : l'ancien Palm Beach, véritable institution locale, est devenu nhow ! L'établissement séduit avec des inspirations street art (reproductions de graffitis) et des chambres lumineuses qui donnent toutes sur la mer. Piscine, bars et spa avec hammam et jacuzzi.

✿ ⪜ ⌁ 🌐 🅛ᵣ 🅱 🅰🅲 🔒 🚗 – 150 chambres

Plan : 1-B3-b – *200 corniche John-Fitzgerald-Kennedy –* 𝒞 *04 91 16 19 00 –* www.nhow-marseille.com

RÉSIDENCE DU VIEUX PORT

URBAIN · DESIGN Une décoration fort inspirée, en hommage aux années 1950. Les amateurs de Prouvé, Perriand ou Lurçat seront aux anges ! Les chambres, qui marient confort et simplicité, offrent une magnifique vue sur le Vieux-Port et Notre-Dame-de-la-Garde.

✿ ⪜ 🅱 🅰🅲 🔒 – 36 chambres – 9 suites

Plan : 3-F2-a – *18 quai du Port –* 𝒞 *04 91 91 91 22 –* www.hotel-residence-marseille.com

⑩ **Le Relais 50** – Voir la sélection des restaurants

LES BORDS DE MER

BOUTIQUE HÔTEL · BORD DE MER À deux pas de la plage des catalans et en face du Frioul, cet ancien hôtel a quasiment les pieds dans l'eau... et a bénéficié d'une belle remise à flots. Chambres entre tons pastels et bois naturel, avec superbe vue sur la mer, mais aussi spa creusé dans la roche et rooftop : un séjour délicieux.

✿ ⪜ 🌐 🅛ᵣ 🅱 🔒 🅰🅲 – 19 chambres

Plan : 1-A2-f – *52 corniche Président-John-Fitzgerald-Kennedy –* 𝒞 *04 13 94 34 00 –* www.lesbordsdemer.com

⑩ **Les Bords de Mer** – Voir la sélection des restaurants

🏠 MAMA SHELTER

URBAIN · DESIGN Vous aimez tout ce qui est branché ? Dans ce cas, cet hôtel ultramoderne, créé dans un quartier populaire de la cité phocéenne, est tout indiqué ! Sous la signature de Philippe Starck, la déco joue une carte design assumée : murs et plafonds en béton brut, aplats de blanc, mobilier minimaliste...

✿ 🅱 🔒 🅰🅲 🔒 🚗 – 125 chambres

Plan : 4-H2-z – *64 rue de la Loubière –* 𝒞 *04 84 35 20 00 –* www.mamashelter.com

MARTIGUES

✉ 13500 – Bouches-du-Rhône – Carte régionale n° **24**-B3 – Carte Michelin 340-F5

⑩ GUSTO CAFFE

ITALIENNE · TRATTORIA ⅹ Devant le port de plaisance du canal Baussengue, une sympathique trattoria où serveurs et clients s'interpellent dans une ambiance joyeuse et très... italienne ! Pâtes maison (spaghettis, gnocchis, etc.), *prosciutto di parma* découpé à la trancheuse, grands classiques transalpins... La terrasse est prise d'assaut dès les beaux jours, tout comme l'ardoise du midi, véritable bon plan.

🍽 🅰🅲 ↻ – Menu 22 € (déjeuner)/31 € – Carte 37/52 €

4 quai Paul-Doumer – 𝒞 *04 42 43 97 85 –* www.restaurantmartigues.com – *Fermé 23 décembre-5 janvier, lundi, dimanche*

MAUSSANE-LES-ALPILLES

✉ 13520 – Bouches-du-Rhône – Carte régionale n° **25**–E1 – Carte Michelin 340-D3

⊛ LE CLOS ST-ROCH

CUISINE DU MARCHÉ · ÉPURÉ ✕✕ Voilà une bien jolie adresse comme on les apprécie ! En artisan passionné, le patron mitonne de savoureuses recettes gorgées de soleil et de parfums de Provence. Tout est soigné et fort bien maîtrisé. L'été, essayez la charmante terrasse aux lauriers roses... et toute l'année, profitez de l'accueil aux petits soins et de l'excellent rapport qualité/prix.

Spécialités : Tatin d'artichaut tiède. Cœur de carré de porc au parmesan et pistaches. Poire pochée aux épices, biscuit aux noix, mousse caramel.

🏠 ⇔ – Menu 32 € – Carte 42/56 €

87 avenue de la Vallée-des-Baux – ☎ 04 90 98 77 15 – www.leclossaintroch.com – Fermé 23 décembre-2 janvier, 17 février-25 mars, mercredi, jeudi

⊩⊙ MAISON DROUOT

MODERNE · COSY ✕ Le chef et son épouse souhaitaient sortir des codes de la restauration classique et accueillir les gens chez eux, façon table d'hôte. Pari remporté haut la main, avec cette adresse coup de cœur. Dans l'assiette, une belle cuisine contemporaine mêle produits du cru et saveurs plus lointaines. Service aux petits soins, discret et convivial. Deux chambres à l'étage joliment décorées, pour ceux qui ne veulent pas reprendre la route immédiatement. On les comprend.

⟵ 🏠 – Menu 65 €

18 impasse Michel-Durand – ☎ 06 61 07 38 54 – www.maisondrouot.com – Fermé 10 janvier-11 février, lundi, mardi midi, mercredi midi, jeudi midi, vendredi midi, samedi midi, dimanche

⊩⊙ AUX ATELIERS

TRADITIONNELLE · BISTRO ✕ Ce bistrot détendu et chaleureux à l'atmosphère rétro ne désemplit pas. Le chef, un Normand amoureux des Alpilles, taquine votre gourmandise au gré d'une cuisine généreuse et sans afféterie : œuf mayo ; terrine de campagne ; cuisse de lapin confite à l'huile d'olive ; filet de canette et sa polenta crémeuse... Clientèle d'habitués et terrain de pétanque à l'extérieur.

⟵ 🏠 ⇔ 🅿 – Menu 30 € (déjeuner) – Carte 38/48 €

115 avenue de la Vallée-des-Baux – ☎ 04 90 49 96 58 – Fermé 11 janvier-10 février, lundi, mardi

MAZAN

✉ 84380 – Vaucluse – Carte régionale n° **25**–E1 – Carte Michelin 332-D9

⊛⊛ LA SALLE À MANGER DU CHÂTEAU DE MAZAN ⊙

MODERNE · ÉLÉGANT ✕✕ Le talent du chef Christophe Schuffenecker est salué de L'île Rousse (Corse) à San Francisco, de la France aux Etats-Unis. Sa venue au Château de Mazan est donc une excellente nouvelle. Il concocte une cuisine délicieusement inspirée par la région avec une vraie personnalité, et sous de faux airs de simplicité, fait démonstration d'une impeccable maîtrise qui valorise des produits irréprochables. Les textures sont plaisantes, les saveurs subtiles, les recettes bien composées. L'écrin lui-même rivalise avec l'assiette. On traverse un superbe couloir décoré tel un cabinet de curiosité avec tableaux et vieilles horloges, avant de gagner la Salle à Manger, cocon d'élégance abritant une petite dizaine de tables sous un haut plafond décoré de moulures et de dorures. Éblouissant.

Spécialités : Artichaut poivrade et condiment d'artichaut, réduction à la barigoule et pain à l'huile d'olive. Pigeon poché puis rôti, carotte des sables parfumée à l'huile de géranium. Chocolat, grué de cacao, glace et mousse de cèpe.

🅰🅲 ⇔ 🅿 – Menu 65/95 €

Château de Mazan, 8 place Napoléon – ☎ 04 90 69 62 61 – www.chateaudemazan.com – Fermé 1er novembre-16 avril, lundi, mardi, mercredi midi, jeudi midi, vendredi midi, samedi, dimanche soir

ⅼ○ **LA COUR DU CHÂTEAU**

PROVENÇALE · ROMANTIQUE ⅹ Ce restaurant occupe la cour de ce château du dix-huitième siècle, demeure en son temps de la famille du fameux marquis de Sade. Christophe Schuffenecker, chef très expérimenté, propose une cuisine qui marie recettes provençales et bases traditionnelles. Le tout à déguster avec un vin du Ventoux dans l'un des salons du château ou à la belle saison sur l'agréable terrasse qui surplombe les jardins.

🚆 🛱 🅿 – Menu 38 €

Château de Mazan, 8 place Napoléon – ℰ 04 90 69 62 61 – www.chateaudemazan.com – Fermé 1er novembre-16 avril, lundi, mardi

LES MÉES

✉ 04190 – Alpes-de-Haute-Provence – Carte régionale n° **24**-B2 – Carte Michelin 334-D8

ⅼ○ **LA MARMITE DU PÊCHEUR**

MODERNE · CONTEMPORAIN ⅹⅹ Au pied des Pénitents, ces célèbres rochers pointus, les gourmands n'ont pas à faire profil bas ! Dans cet ancien moulin, on se régale de spécialités de poisson et de produits de la mer (bouillabaisse sur commande). La nouvelle équipe a donné un coup de jeune bienvenu aux plats. Et la roue à aubes trône toujours dans la salle à manger aux tons sable !

🛱 🄰🄲 – Menu 26 € (déjeuner), 39/62 €

Boulevard des Tilleuls – ℰ 04 92 34 35 56 – www.lamarmitedupecheur.com – Fermé mardi, mercredi, dimanche soir

MÉNERBES

✉ 84560 – Vaucluse – Carte régionale n° **25**-E1 – Carte Michelin 332-E11

ⅼ○ **LES SAVEURS GOURMANDES**

MÉDITERRANÉENNE · INTIME ⅹ Le chef, ancien professeur de cuisine en école hôtelière, s'est installé dans une maison en partie troglodytique, au cœur du village. Il travaille d'excellents produits de la région à grand renfort d'épices et d'herbes, avec un sens aigu du dosage. Nos papilles sont à la fête... d'autant que l'addition est plutôt mesurée.

🄰🄲 – Menu 34/45 €

51 rue Kléber Guendon – ℰ 04 32 50 20 53 – www.restaurantlessaveursgourmandes.com – Fermé 3 janvier-11 février, lundi midi, mardi midi, mercredi midi, jeudi midi, vendredi midi, samedi midi, dimanche

LA BASTIDE DE MARIE

LUXE · PERSONNALISÉ Cette superbe bastide au cœur des vignes incarne l'esprit de la Provence. Pierres apparentes, meubles anciens, tissus nobles, coins et recoins... font le caractère de chaque chambre. Romantique et charmant, idéal pour se retrouver !

✿ 🕸 ≤ 🚆 🛋 🄰🄲 🅿 – 14 chambres – 6 suites

Route de Bonnieux – ℰ 04 90 72 30 20 – www.labastidedemarie.com

MENTON

✉ 06500 – Alpes-Maritimes – Carte régionale n° **25**-E2 – Carte Michelin 341-F5

✿✿✿ **MIRAZUR**

Chef : Mauro Colagreco

CRÉATIVE · CONTEMPORAIN ⅹⅹⅹ Destin exceptionnel que celui de l'Argentin Mauro Colagreco, né à La Plata en 1976, et passé par toutes les écoles de l'excellence avant de voler de ses propres ailes... et de trouver, à Menton, sa véritable place. "Dernière maison avant l'Italie", le Mirazur regarde le ciel et le large les yeux dans les yeux : on ne compte plus les visiteurs hypnotisés par la vue exceptionnelle sur la Méditerranée. Porté par une équipe de talent, convaincu des bienfaits des circuits ultra-courts (son potager en permaculture en est la preuve), Mauro Colagreco est au sommet de son art. Hymne aux plantes aromatiques, aux fleurs, aux légumes et aux agrumes, sa cuisine transcende les saisons et la région. Une expérience inoubliable.

Spécialités: Rose de rhubarbe. Millefeuille d'agneau cuit dans son jus, algues et épinards. Chocolat et romarin.

🌿 *L'engagement du chef:* "*Promouvoir une gastronomie pleine de sens au cœur d'un terroir, c'est le défi que nous essayons de relever quotidiennement. Vous pourrez donc savourer l'essence des produits que nous cultivons dans nos deux hectares de jardins potagers en permaculture, mais aussi les fruits de la cueillette sauvage, de la pêche et des élevages locaux. Nous tendons également à une ambition zéro déchet, qui nous permet de retourner à la terre ce que nous lui avons emprunté.*"

🤚 🛏 & 🅰️🄲 🔄 🅿️ – Menu 320 €

Plan : B1-m – *30 avenue Aristide-Briand* – ℰ *04 92 41 86 86* – *www.mirazur.fr* – *Fermé 11-21 janvier, lundi, mardi midi*

🍴 **LE BISTROT DES JARDINS**

TRADITIONNELLE · **TRADITIONNEL** 🍴 "Ma ville est un jardin, mon restaurant est un jardin", revendique le chef, plus de quarante ans aux fourneaux tout de même… Nul doute, cet homme de métier sait cuisiner les produits – et l'esprit – du terroir méditerranéen ! Le repas est d'autant plus convivial en terrasse, aux airs de… jardin en ville.

🛏 – Menu 34 € (déjeuner), 40/48 € – Carte 48/65 €

Plan : C1-e – *14 avenue Boyer* – ℰ *04 93 28 28 09* – *www.lebistrotdesjardins.com* – *Fermé 14 décembre-19 janvier, lundi, dimanche soir*

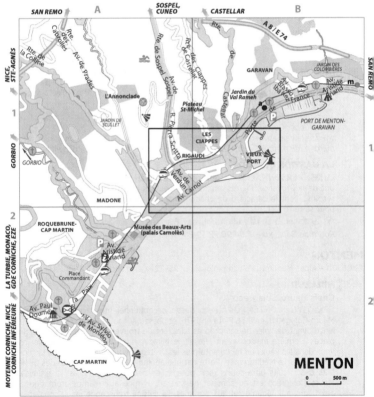

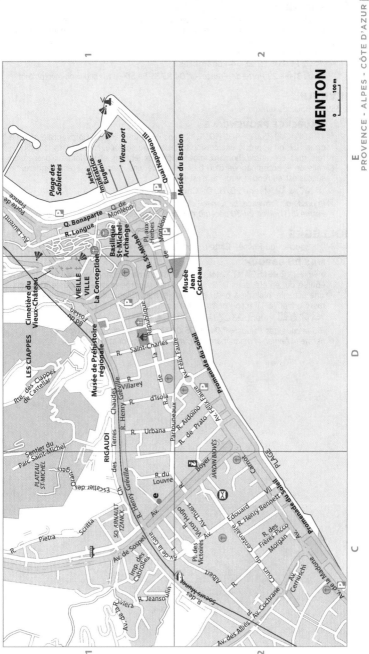

MENTON

PROVENCE - ALPES - CÔTE D'AZUR

0   100 m

Plage des Sablettes

Porte de France

Av. Laurent

Jetée impératrice Eugénie

Vieux port

Quai Napoléon III

Q. Bonaparte

R. Longue

Q. de Monléon

Basilique St-Michel-Archange

R. St-Michel

Pl. aux Herbes

Q. de Monléon

Musée du Bastion

VIEILLE VILLE

La Conception

Cimetière du Vieux-Château

Bd du Fossan

LES CIAPPES

Rte des Ciappes de Castellar

Musée de Préhistoire régionale

Musée Jean Cocteau

R. Saint-Charles

R. de la République

PLATEAU ST-MICHEL

Sentier du Parc Saint-Michel

Escalier des Oliviers

RIGAUDI

Ch. des Terres Chaudes

R. Henry Gréville

R. Villarey

R. d'Isola

R. Urbana

R. Partouneaux

R. de Prato

R. Ardoino

Av. Félix Faure

Promenade du Soleil

Av. Félix Faure

JARDIN BIOVÈS

Boyer

Av. Carnot

PLAGE

R. du Louvre

Sq. ARNAULT TZANCK

Av. de Sospel

Imp. des Cabrioles

R. Henry Gréville

Av. de la Gare

R. Viera

R. Jeanson

Pietra

Scritta

R. Victor Hugo

Av. Thiers

Pl. des Victoires

R. des Soeurs Hosp.

Av. Albert I

Cours du Centenaire

R. Henry Bennett

Edouard

R. des Frères Picco

Morgan

Av. Cochrane

Av. des Alliés

Av. Cenuschi

Av. de la Madone

Promenade du Soleil

1207

🏨 NAPOLÉON

TRADITIONNEL · CONTEMPORAIN Un hôtel très Riviera ! Dans une atmosphère élégante et contemporaine, les chambres rendent de charmants hommages à leurs hôtes illustres (Cocteau, Sutherland) et leur décoration est très soignée. Certaines, avec terrasse, donnent sur la mer : que demander de plus ?

≼ 🛋 🛁 ⊞ 🔥 🖭 🔊 – 44 chambres

Plan : B1-a – *29 Porte-de-France –* 𝒞 *04 93 35 89 50 – www.napoleon-menton.com*

MEYREUIL

✉ 13590 – Bouches-du-Rhône

⬭ L'AUBERGE PROVENÇALE

TRADITIONNELLE · RUSTIQUE ❌❌ Dans cette jolie auberge provençale, proche de la N 7, on apprécie une cuisine traditionnelle soignée, ancrée dans la région – foie gras de canard, homard, pigeon rôti aux lentilles et un fameux dessert au calisson –, accompagnée d'un beau choix de vins issus de la France entière. Le succès est au rendez-vous, et c'est mérité !

🐝 🔥 🖭 🅿 – Menu 29/62 € – Carte 48/62 €

Impasse de Provence, Le Canet – 𝒞 *04 42 58 68 54 – www.auberge-provencale.fr –*
Fermé 15-31 juillet, 24-30 décembre, mardi, mercredi

MOLLÉGÈS

✉ 13940 – Bouches-du-Rhône – Carte régionale n° **25**-E1 – Carte Michelin 340-E3

⬭ MAS DU CAPOUN

MODERNE · ÉLÉGANT ❌❌ Mas raffiné où l'on mange dans une salle lumineuse et épurée ou, en été, sous la charpente d'une superbe grange restaurée. Belle cuisine actuelle, réalisée à partir de produits frais. Chambres confortables avec terrasse privative. Le menu déjeuner est une aubaine : réservez !

🔄 🔥 🔊 🅿 – Menu 23 € (déjeuner)/41 €

166 avenue des Paluds – 𝒞 *04 90 26 07 12 – www.masducapoun.com –*
Fermé 14 février-14 mars, mardi soir, mercredi, samedi midi

H. Hugues/hemis.fr

✉ 98000 – Monaco
Carte régionale n° **25**–E2

MONACO

À mi-chemin entre Nice et la frontière italienne, la principauté de Monaco est l'un des joyaux de la Côte d'Azur. Habité dès la préhistoire, successivement phénicien, phocéen puis romain, ce petit rocher, deuxième plus petit état du monde après le Vatican, se dresse fièrement face à la Méditerranée. D'ailleurs, sa cuisine lui doit tout, délicieux mélange des traditions nissarde, italienne et provençale. Fruits, légumes, poissons et fruits de mer, généreusement arrosés d'huile d'olive, se disputent les cartes : loup de mer, gamberoni, dorade des côtes, agrumes du Mentonnais... Exemple éclatant, le Louis XV d'Alain Ducasse, qui assure depuis des décennies le triomphe de cette cuisine du soleil. Entre les palaces chers à Sacha Guitry et les yachts des milliardaires, Monaco s'adonne à une dolce vita cosmopolite où les beaux et les bons restaurants tiennent une place essentielle.

Restaurants

✿✿✿ LE LOUIS XV - ALAIN DUCASSE À L'HÔTEL DE PARIS

MÉDITERRANÉENNE • **LUXE** ✗✗✗✗ Difficile de présenter le Louis XV, sans évoquer Alain Ducasse. Son existence se conjugue au superlatif. L'enfant d'Orthez, aux amours méditerranéennes, chef et homme d'affaires brillant, devenu citoyen monégasque, se trouve à la tête d'un empire de plus de 20 établissements, et 1 400 employés sur tous les continents du monde. Il n'a que 33 ans lorsqu'il décroche trois étoiles au Louis XV pour un niveau qui ne se démentira jamais. Et ce n'est pas un hasard si les menus autour de la "Naturalité", proposés au Plaza Athénée aujourd'hui, s'inspirent du menu "Jardin de Provence" à Monaco autour des légumes, lancé le 27 mai 1987. La signature Alain Ducasse est ici mise en scène par son fidèle lieutenant, Dominique Lory. On y célèbre la vérité du produit et la déesse Méditerranée, avec maestria, toujours.

Spécialités: Gamberoni de San Remo, délicate gelée de poissons de roche et caviar. Loup de Méditerranée aux agrumes du mentonnais. Baba au rhum de votre choix, crème mi-montée.

🕸 🍴 ♿ 🅰 🍽 🚗 – Menu 180 € (déjeuner), 260/380 € – Carte 240/360 €

Hôtel de Paris, Place du Casino –
📞 98 06 88 64 – www.ducasse-paris.com –
Fermé 15 février-10 mars, 6-29 décembre, lundi midi, mardi, mercredi, jeudi midi, vendredi midi

☺ LE GRILL

CLASSIQUE · CHIC XXX Au huitième étage de l'Hôtel de Paris, sous un toit ouvrant, le Grill demeure plus que jamais un restaurant mythique avec une vue à couper le souffle ! Ici, on connaît la signification du travail précis sur les beaux produits enfantés par une Côte d'Azur, toujours aussi munificente. Dans l'assiette, la cuisson au charbon de bois est de mise, et millimétrée : agnolotti piemontesi al plin, turbot côtier en tronçon, carré d'agneau à la sarriette, poussin fermier au doux parfum de Provence... Ici, la tradition du soufflé est défendue avec panache à l'image de ce soufflé chaud framboise et pistache qui est une pure merveille. Une cuisine qui a du goût, et sur laquelle plane l'ombre talentueuse de Franck Cerutti, fidèle d'Alain Ducasse.

Spécialités : Loup de Méditerranée en ceviche aux agrumes de Menton. Poussin fermier parfumé aux herbes des collines. Soufflé au Grand Marnier.

⬡ ⬡ ⬡ ⬡ ⬡ ⬡ ⬡ ⬡ ⬡ ⬡ – Menu 68 € (déjeuner)/140 € – Carte 110/210 €

Hôtel de Paris, Place du Casino – ☏ 98 06 88 88 – www.hoteldeparismontecarlo.com

☺ VISTAMAR

MODERNE · ÉLÉGANT XXX Le Vistamar n'a pas usurpé son nom. La table de l'hôtel Hermitage de Monte-Carlo est un restaurant mythique, ne serait-ce que pour sa sublime terrasse regardant le port et le littoral monégasque, et qui semble tenir tête à la fois aux cieux et aux flots. Ici, dans ce palace de la Belle Époque, on profite du beau décor moderne tout en teintes douces, écrin rêvé pour une gastronomie raffinée. Le chef et sa brigade composent pour vous une cuisine du sud saine et légère, raffinée et colorée, orientée vers le bien-être. Les beaux produits – légumes, poissons de la pêche durable – se taillent la part du lion. Sans oublier le respect des saisons, la fraîcheur des produits, la rigueur d'exécution. Une table historique.

Spécialités : Homard bleu en fraîcheur. Daurade de nos côtes, fenouil et rouille pimentée. Abricot rôti au miel bio de nos ruches.

⬡ ⬡ ⬡ ⬡ ⬡ – Menu 59 € (déjeuner)/140 € – Carte 90/190 €

Hermitage, Square Beaumarchais – ☏ 98 06 98 98 – www.montecarloresort.com – Fermé 6 janvier-9 février

☺ LE BLUE BAY

CRÉATIVE · DESIGN XXX Posé au bord de la presqu'île du Larvotto, avec une vue imprenable sur la pointe de Roquebrune-Cap-Martin, le Monte Carlo Bay Hotel and Resort impressionne par son faste digne d'un palace de Las Vegas. De la Martinique à Monaco, d'un rocher à l'autre, le talentueux chef Marcel Ravin a bourlingué, de l'Alsace à la Belgique, en passant par les Caraïbes. Au fil de l'eau, il choisit ses mentors parmi les plus grands, de Bernard Loiseau à Joël Robuchon, de Marc Veyrat à Alain Ducasse. Aujourd'hui, sa sensibilité voyageuse marque chacune de ses ingénieuses créations, soigneusement architecturées et débordantes d'émotions. Avec pour superbe horizon, une terrasse ouvrant grand sur la mer...

Spécialités : Œuf de poule au manioc. Pêche locale, confit au bois d'Inde et bouillon moringa. Choco-passion.

⬡ ⬡ ⬡ ⬡ – Menu 120/180 € – Carte 90/140 €

Monte Carlo Bay Hotel and Resort, 40 avenue Princesse-Grace – ☏ 98 06 03 60 – www.montecarlobay.com – Fermé 15 février-16 mars, 1er octobre-23 décembre, lundi, mardi, dimanche et le midi

☺ ELSA

MÉDITERRANÉENNE · DESIGN XX Magnifique palace des années 1930, dont l'architecture a été revue en 2009, le Monte-Carlo Beach surplombe la mer à quelques centaines de mètres de la principauté de Monaco. Cet écrin de rêve a obtenu pour les beaux yeux d'Elsa une certification 100% bio. Aux fourneaux, le chef Benoit Witz, "l'ancien commis de Paul Bocuse et d'Alain Ducasse", comme il aime parfois à se définir, fou de méditerranée, mise pour cela sur des produits et des poissons de première fraîcheur venus des rivieras française et italienne. Imaginé autour de recettes saines et parfumées, sans fioritures, le repas est ici un vrai plaisir simple, à la fois "bon, propre et juste" comme le voulait Carlo Petrini, le fondateur de Slow Food. Après tout ici, l'Italie n'est jamais loin.

Spécialités: Cuisine du marché.

🏡 🅰️ 🅿️ – Menu 78€ (déjeuner), 128/188€ – Carte 100/152€

Monte-Carlo Beach, Avenue Princesse-Grace, Roquebrune-Cap-Martin (France) – 𝒞 04 93 28 66 57 – www.monte-carlo-beach.com – Fermé 29 septembre-1er avril, lundi, mardi, mercredi

ॐ **LA TABLE D'ANTONIO SALVATORE AU RAMPOLDI** ⓝ

Chef: Antonio Salvatore

ITALIENNE • INTIME ℀℀ Venu au monde dans le Basilicate, au sud de Matera, l'italien Antonio Salvatore n'a cessé de voyager grâce à son métier de chef, de l'Espagne à l'Angleterre, en passant par la Russie où il rencontre le nouveau propriétaire du Rampoldi. Dans l'ancien salon à cigares, il s'est taillé un écrin sur mesure (5 tables seulement) où il déroule avec une rigueur sans faille une cuisine italienne contemporaine de haute volée, savoureuse et précise. Comme il se doit, le sourcing est irréprochable, associant les petits producteurs autour de Menton et ceux de San Remo, mais aussi certains produits importés du sud de la botte. Quelques exemples : bottoni di vitello tonnato ; cabri dodici ore ; texture di chocolato...

Spécialités: Soupe de gamberoni et taglioni. Loup de mer, crème d'oursin et jus de moule. Mousse au chocolat blanc, cœur de citron confit et menthe.

🅰️ 🥢 – Menu 110/180€ – Carte 80/130€

Rampoldi, 3 avenue des Spélugues – 𝒞 93 30 70 65 –
Fermé lundi, mardi midi, mercredi midi, jeudi midi, vendredi midi, samedi midi, dimanche

ॐ **YOSHI**

JAPONAISE • DESIGN ℀℀ *(Restaurant fermé temporairement en 2020 en raison de la crise sanitaire)* Monte-Carlo, son casino, son prince, sa terre battue... et sa gastronomie. La seconde table du Métropole rend hommage à la cuisine nippone, avec des produits de premier choix et une technique solide. Bouillons parfumés, sushis et makis y sont traités avec Yoshi ("bonté"). Cette cuisine, plus fusion qu'authentiquement japonaise, a su s'adapter à une clientèle internationale. Elle n'en demeure pas moins précise, raffinée et affirmée, à l'image du ghindara no saiko yaki, un très beau filet de black cod, mariné au saké cuit au pot et enrobé dans une feuille de magnolia japonais, qui donne envie de faire un tour au pays du Soleil-Levant.

Spécialités: Ravioles de homard aux navets marinés. Black cod mariné et cuit. Blanc-manger à la crème de pistache.

🕸️ 🅰️ – Menu 42€ (déjeuner), 149/220€ – Carte 80/240€

Métropole, 4 avenue de la Madone – 𝒞 93 15 13 13 – www.metropole.com –
Fermé 31 janvier-14 février, lundi, mardi

⃝ **MAYA BAY**

THAÏLANDAISE • DESIGN ℀℀ Dans un même lieu, un restaurant japonais et un restaurant thaïlandais et une même ambiance asiatique dans un décor contemporain glamour, nimbé de musique douce. Des produits de qualité, des épices maîtrisées et une même gamme de prix et de qualité ; il ne reste qu'à choisir entre le parfumé et l'épure.

🏡 ♿ 🅰️ ⇔ – Menu 18€ (déjeuner)/25€ – Carte 60/180€

24 avenue Princesse-Grace – 𝒞 97 70 74 67 – www.mayabay.mc – Fermé dimanche

⃝ **ÔMER**

MÉDITERRANÉENNE • CHIC ℀℀ Il souffle comme une brise méditerranéenne dans l'aile rotonde de l'Hôtel de Paris, transportée dans les bagages d'Alain Ducasse. Ici, rien n'a été laissé au hasard : décor de Pierre-Yves Rochon, matériaux nobles (cuir, bois et bronze brossé) et esprit art déco. Le voyage se poursuit dans l'assiette avec une carte alléchante aux saveurs du sud. Belle terrasse pour les beaux jours.

🏡 ♿ 🅰️ 🥢 – Menu 55€ (déjeuner) – Carte 70/100€

Hôtel de Paris, Place du Casino – 𝒞 98 06 39 39 – www.montecarlosbm.com

‖○ BEEFBAR

VIANDES · TENDANCE ✗✗ Sur les quais du port de plaisance de Fontvieille, ce "bar à viandes" branché propose de belles viandes de bœuf (wagyu, black angus, certaines issues du terroir français) mais aussi de la street food, des salades gourmandes et quelques poissons. Cadre tendance, très prisé de la clientèle locale, tout comme les belles vitrines de maturation des viandes !

⇐ 🅰️ – Carte 45/130 €

42 quai Jean-Charles-Rey, port de Fontvieille – 𝒞 *97 77 09 29 –*
www.monaco.beefbar.com

‖○ RAMPOLDI ⓞ

ITALIENNE · TENDANCE ✗✗ L'Italie est ici chez elle dans ce restaurant franco-italien avec juste ce qu'il faut de bling-bling monégasque – marbre de Carrare et lustres Murano. Un jeune chef enthousiaste y signe une cuisine méditerranéenne authentique où tout est fait maison, des raviolis aux glaces. Le soir, on peut s'installer dans un salon au sous-sol devant une carte plus raffinée.

🛋 🅰️ ⇔ 🍽 – Carte 46/140 €

3 avenue des Spélugues – 𝒞 *93 30 70 65 – www.rampoldi.mc*

❀ **La Table d'Antonio Salvatore au Rampoldi** – Voir la sélection des restaurants

‖○ SONG QI

ASIATIQUE · LUXE ✗✗ Face au Grimaldi Forum, ce restaurant chinois, chic et gastronomique, joue la carte des matériaux nobles et de la sérénité. On s'installe pour y déguster une carte alléchante qui offre un vaste panorama de la cuisine chinoise : soupe pékinoise au poulet fumé, crevettes croustillantes du dragon à la moutarde chinoise, classiques *dim sum*. Réservez !

🛋 🅰️ 🍽 – Menu 29 € (déjeuner) – Carte 80/120 €

7 avenue Princesse-Grace – 𝒞 *99 99 33 33 – www.song-qi.mc*

‖○ LA MONTGOLFIÈRE-HENRI GERACI

MODERNE · CONVIVIAL ✗ Dans une ruelle piétonne du rocher, à deux pas du palais princier, ce petit restaurant familial est un parfait contrepied à toutes les adresses branchées et "bling-bling" de Monaco ! En toute simplicité, le chef signe une cuisine soignée et goûteuse, parfois mâtinée d'influences asiatiques. Accueil charmant.

🛋 🅰️ – Menu 49/70 € – Carte 31/70 €

16 rue Basse – 𝒞 *97 98 61 59 – www.lamontgolfiere.mc – Fermé 26 janvier-8 mars,*
mercredi, dimanche

Hôtels

🏨 HERMITAGE

GRAND LUXE · CLASSIQUE Derrière une foisonnante façade 1900, une coupole signée Eiffel, un déluge de mosaïques, moulures, pampilles... Confort extrême, à la pointe de l'élégance contemporaine dans les deux ailes rénovées. Beaux équipements pour séminaires. Petite restauration et salon de thé au Limun Bar.

🏊 ⇐ 📺 🌐 🛁 🔒 🅰️ 🎴 🚗 – 244 chambres – 34 suites

Square Beaumarchais – 𝒞 *98 06 40 00 – www.montecarlosbm.com*

❀ **Vistamar** – Voir la sélection des restaurants

🏨 HÔTEL DE PARIS

GRAND LUXE · ÉLÉGANT Luxe et élégance, chambres superbes, équipements dernier cri : après une rénovation de fond en comble, le plus prestigieux des palaces monégasques continue d'enchanter les voyageurs de passage. Ainsi perdure le mythe de ce fleuron de la Côte d'Azur...

🏊 ⇐ 📺 🌐 🛁 🔒 🅰️ 🎴 🚗 – 152 chambres – 56 suites

Place du Casino –
𝒞 *98 06 30 00 – www.hoteldeparismontecarlo.com*

❀❀❀ **Le Louis XV - Alain Ducasse à l'Hôtel de Paris** · ❀ **Le Grill** · ‖○ **Ômer** –
Voir la sélection des restaurants

🏛🏛🏛 MÉTROPOLE

GRAND LUXE · PERSONNALISÉ Luxe et raffinement à tous les étages de ce palace (1886) situé tout près du casino et relooké par Jacques Garcia. Les beaux salons, le décor cossu et volontiers baroque des chambres, le magnifique spa, le bar feutré, le restaurant en période estivale : les superlatifs manquent !

🛁 ☻ 🛄 🖥 🚬 🔲 🛗 🛋 🚗 – 64 chambres – 62 suites

4 avenue de la Madone –
☏ *93 15 15 15 – www.metropole.com*

❄ **Yoshi** – Voir la sélection des restaurants

🏛🏛🏛 MONTE-CARLO BEACH

LUXE · PERSONNALISÉ Ce luxueux hôtel né dans les années 1930 dresse toujours sa belle façade couleur terracotta au-dessus de la mer... L'atmosphère des chambres, ouvertes sur les flots, évoque l'esprit des croisières (tons bleu et blanc, mobilier marin), et l'on peut profiter de l'impressionnant complexe balnéaire pour la détente.

🍽 🏖 ≼ 🛁 ☻ 🛄 🖥 🚬 🔲 🛋 🅿 – 31 chambres – 9 suites

Avenue Princesse-Grace, Roquebrune-Cap-Martin (France) – ☏ *04 93 28 66 66 – www.monte-carlo-beach.com*

❄ **Elsa** – Voir la sélection des restaurants

🏛🏛🏛 MONTE CARLO BAY HOTEL AND RESORT

LUXE · CONTEMPORAIN Ce palace monégasque s'étend sur quatre hectares gagnés sur la mer... Un univers en soi, avec une extraordinaire "piscine-lagon" (bassin à fond de sable), des jardins méditerranéens, de superbes chambres contemporaines, plusieurs restaurants et un casino !

🍽 ≼ 🛁 🖨 ☻ 🛄 🖥 🚬 🔲 🛋 🚗 – 312 chambres – 22 suites

40 avenue Princesse-Grace – ☏ *98 06 02 00 – www.montecarlobay.com*

❄ **Le Blue Bay** – Voir la sélection des restaurants

MONDRAGON

✉ 84430 – Vaucluse – Carte régionale n° **24**-A2 – Carte Michelin 332-B8

❄ LA BEAUGRAVIÈRE

TRADITIONNELLE · AUBERGE ✗✗ Le temps semble s'être arrêté dans cette auberge familiale – et c'est un compliment ! Le chef Guy Jullien assure une partition franche et goûteuse, qui réjouira les nostalgiques invétérés : terrine de foie gras, joue de bœuf, ris de veau, poularde de Bresse, tarte tatin... sans oublier des menus truffes à vous donner le vertige.

Spécialités : Foie gras de canard en terrine. Pieds et paquets d'agneau à la marseillaise. Vacherin glacé vanille-framboise.

🐾 ⇆ 🏠 🔲 🅿 – Menu 19 € (déjeuner), 34/150 € – Carte 50/80 €

214 avenue du Pont-Neuf (N7) – ☏ *04 90 40 82 54 – www.beaugraviere.com – Fermé 15-30 septembre, lundi, mercredi soir, dimanche soir*

LE MONÊTIER-LES-BAINS

✉ 05220 – Hautes-Alpes – Carte régionale n° **24**-C1 – Carte Michelin 334-H3

❄ MAISON ALLIEY

MODERNE · MONTAGNARD ✗ On découvre un agréable décor de chalet de montagne modernisé, avec ses banquettes et ses coussins moelleux. On y déguste une réjouissante cuisine d'esprit bistrot, qui fait la part belle au terroir, de la truite à l'agneau ; on accompagne le tout de vins judicieusement sélectionnés par le patron et aubergiste. Une halte gourmande Sur la route du col du Lautaret !

Spécialités : Terrine de foie gras au muscat corse. Agneau au foin des Hautes-Alpes. Pralin aux trois chocolats.

🐾 ⇆ 🍴 🏠 – Menu 29/39 €

Alliey, 11 rue de l'École – ☏ *04 92 24 40 02 – www.alliey.com – Fermé 18 avril-12 juin, 11 septembre-11 décembre, et le midi*

LA TABLE DU CHAZAL

MODERNE · MONTAGNARD ⅄ Au sommet d'un charmant hameau, cette ancienne écurie a gardé son aspect rustique (les mangeoires et les crochets pour les fumaisons subsistent), mais accueille dans une salle contemporaine. Un chef au parcours solide travaille les produits régionaux qu'il aime comme l'omble chevalier... Le fromage de brebis et le foie gras de canard proviennent du village.

Menu 38/64 € – Carte 38/64 €

Les Guibertes – ℰ 04 92 24 45 54 – www.restaurant-chazal.fr –
Fermé lundi, mardi midi, mercredi midi, jeudi midi, vendredi midi, samedi midi

MONTAUROUX

✉ 83440 – Var – Carte régionale n° **24**-C3 – Carte Michelin 340-P4

LE CARRÉ D'ANGE

MODERNE · ROMANTIQUE ⅄⅄ Une jolie auberge provençale, lumineuse et modernisée, où la cuisine du sud est savoureuse et mâtinée de soleil... Il n'y a qu'à voir ce homard bleu servi froid, accompagné de sa crème légère de lingots blancs bio. À déguster aux beaux jours sur la jolie terrasse.

🛱 🅿 – Menu 41 € (déjeuner), 63/95 € – Carte 52/81 €

2169 quartier Narbonne – ℰ 04 94 47 71 65 – www.restaurant-carredange.fr –
Fermé 12 janvier-8 février, lundi, mardi midi, dimanche soir

MONTFERRAT

✉ 83131 – Var – Carte régionale n° **24**-C3 – Carte Michelin 340-N4

LE CLOS PIERREPONT

MODERNE · RUSTIQUE ⅄⅄ Beaux produits et dressages soignés pour cette jolie adresse située non loin des gorges de Châteaudouble. Une cuisine généreuse et ensoleillée à déguster dans la bâtisse du 18ème siècle ou sur la terrasse donnant sur parc de plus d'1ha, aux beaux jours.

🖙 🖨 🛱 🅿 – Menu 22 € (déjeuner), 32/76 €

56 route de Draguignan – ℰ 04 94 50 21 30 – www.clospierrepont.fr –
Fermé 6-23 avril, lundi, mardi

MONTFURON

✉ 04110 – Alpes-de-Haute-Provence – Carte régionale n° **24**-B2 – Carte Michelin 334-C9

CHEZ ÉRIC

TRADITIONNELLE · BISTRO ⅄ Sur la place d'un charmant village, cette maison en pierre sèche a tout ce qu'il faut là où il faut, de la terrasse ombragée à la déco de bistrot. Pour couronner le tout, les petits plats provençaux se révèlent goûteux. Soupe de pistou, joues de cochon braisées, baba au rhum crème fouettée : miam, n'est-ce pas ?

🛱 – Menu 35/42 €

Place Daniel-Viguier – ℰ 04 92 77 75 32 – Fermé lundi, dimanche soir

MONTGENEVRE

✉ 05100 – Hautes-Alpes – Carte régionale n° **24**-C1 – Carte Michelin 334-I3

ANOVA

FAMILIAL · TENDANCE Tout près de la frontière italienne, on passe d'agréables moments dans cet imposant chalet contemporain. On y profite notamment d'une flopée de services bien pensés – skishop et casiers à skis, location de VTT, salle de jeux - et de chambres confortables (préférez les chambres plein sud, face aux pistes).

🏋 🕭 🍷 🖥 🕭 🖃 🕭 🏊 🚗 – 40 chambres

Place de l'Obélisque – ℰ 04 92 54 48 04 – www.anova-hotel.com

MOUANS-SARTOUX

✉ 06370 – Alpes-Maritimes – Carte régionale n° **25**-E2 – Carte Michelin 341-C6

🕸 LE RELAIS DE LA PINÈDE

MODERNE · CONTEMPORAIN ✗ Cette étonnante maison en rondins renaît grâce à un jeune chef précis et imaginatif : figue en fine tartelette, chou rouge et chèvre frais ; loup de mer, semoule de chou-fleur et émulsion curcuma... À déguster à l'intérieur ou sur la terrasse sous les pins.

🏠 🌂 🅿 – Menu 23 € (déjeuner), 38/69 €

1300 route de La Roquette-sur-Siagne – 𝒞 04 93 75 28 29 –
www.lerelaisdelapinede.fr – Fermé lundi, dimanche

MOUGINS

✉ 06250 – Alpes-Maritimes – Carte régionale n° **25**-E2 – Carte Michelin 341-C6

✿ LE CANDILLE

MODERNE · ÉLÉGANT ✗✗✗ *(Restaurant fermé temporairement en 2020 en raison de la crise sanitaire)* Dans un beau parc de quatre hectares en contrebas de Mougins, ce mas provençal ne manque pas d'attraits. Il y a, par exemple, cette terrasse ombragée, offrant une vue splendide sur Grasse – et particulièrement la nuit, quand la ville s'illumine ! Il y a aussi, bien sûr, ces assiettes saisonnières aux accents du Sud, réalisées à partir de beaux produits, qui chantent la Provence et l'été qui s'attarde. Service efficace et attentionné.

Spécialités : Cuisine du marché.

🕸 ⇐ 🏠 🌂 🅚 🅿 – Menu 80/110 € – Carte 96/138 €

Le Mas Candille, Boulevard Rebuffel – 𝒞 04 92 28 43 43 – www.lemascandille.com –
Fermé 5 octobre-31 mars, le midi

🕸 **Le Bistrot du Mas** – Voir la sélection des restaurants

🕸 LE BISTROT DU MAS 🆕

MODERNE · ÉLÉGANT ✗✗ Alternative décontractée (au déjeuner seulement) au restaurant gastronomique le Candille, ce bistrot ne sacrifie rien à la qualité, celle des produits (jolis poissons et belles viandes, légumes frais) et celle du service, efficace et souriant. Quant à la terrasse sous les pins face aux collines de Mougins et à la nature, elle est... idyllique.

⇐ 🏠 🌂 🅚 🅿 – Menu 34 € (déjeuner)/55 € – Carte 45/60 €

Le Candille, Boulevard Clément-Rebuffel – 𝒞 04 92 28 43 43 –
Fermé 5 octobre-31 mars, le soir

🕸 LA PLACE DE MOUGINS

CRÉATIVE · ÉLÉGANT ✗✗ Sur la place du village, évidemment ! Dans ce charmant restaurant règne une atmosphère chic et cosy, tandis qu'en cuisine, c'est l'ébullition autour d'un chef créatif et passionné ; chaque mois, il met en valeur un produit de saison, magnifiant la truffe, l'asperge, etc.

🏠 🌂 🅚 ⇄ – Menu 39 € (déjeuner), 55/130 € – Carte 80/115 €

41 place du Commandant-Lamy (au vieux village) – 𝒞 04 93 90 15 78 –
www.laplacedemougins.fr – Fermé 3-12 février, 26 novembre-11 décembre, mardi,
mercredi

🕸 L'AMANDIER DE MOUGINS

PROVENÇALE · MÉDITERRANÉEN ✗✗ Il y a plusieurs décennies, Roger Verger, chef mythique, a cuisiné dans cette maison. Aujourd'hui, on vient pour la superbe terrasse qui embrasse le pays de Grasse et une cuisine provençale traditionnelle. A noter, le semainier - aïoli le mardi, bouillabaisse le vendredi, cuisse de lapin confite le dimanche, etc.

🏠 🌂 ⇄ – Menu 36/58 € – Carte 50/65 €

48 avenue Jean-Charles-Mallet (au vieux village) – 𝒞 04 93 90 00 91 –
www.amandier.fr

⏺ LE CLOS ST-BASILE

MODERNE · MÉDITERRANÉEN XX Un bien agréable cadre provençal que celui de cette maison tenue par un jeune couple, tous deux passés par de belles maisons. Le chef excelle dans la confection d'une cuisine du marché savoureuse et inventive ; la patronne, sommelière, a d'excellents vins à vous conseiller. Enfin, la belle terrasse est idéale pour les beaux jours !

🕸 🛱 – Menu 27 € (déjeuner), 44/65 € – Carte 50/65 €

351 avenue Saint-Basile – ℰ 04 92 92 93 03 – www.clossaintbasile.fr –
Fermé 2-28 janvier, mardi, mercredi

🏛 LE MAS CANDILLE

LUXE · MÉDITERRANÉEN Situés en contrebas du village de Mougins, ce superbe mas du 18ᵉ s. de 4,5 hectares et sa bastide récente ne sont que douceur et quiétude : chambres raffinées, suites mêlant élégamment le contemporain à l'esprit Sud, spa complet et parc immense aux doux effluves méridionaux. La nuit, quand la ville est illuminée, la vue sur Grasse est splendide.

🏞 🐾 ≼ 🛁 🔟 🏠 🗖 🕭 🔢 🔏 ℗ – 39 chambres – 6 suites

Boulevard Rebuffel – ℰ 04 92 28 43 43 – www.lemascandille.com

🔅 **Le Candille** – Voir la sélection des restaurants

MOUSTIERS-STE-MARIE

✉ 04360 – Alpes-de-Haute-Provence – Carte régionale n° **24**–C2 – Carte Michelin 334-F9

⏺ LA BASTIDE DE MOUSTIERS

PROVENÇALE · ROMANTIQUE XXX Dans cette bastide, on déguste une cuisine méditerranéenne qui associe les saveurs du marché à celles du potager, dont deux jardiniers s'occupent à plein temps (ne manquez pas le jardin des simples attenant). Le chef réalise en effet une cuisine du soleil bien exécutée, aux recettes et aux assiettes soignées à l'image de ce lapin, polenta et chips de moutarde ancienne. On profite aussi d'un cadre agréable où les oliviers sont rois et d'une terrasse ombragée de platanes. Un joli résumé de la Provence.

Spécialités : Bouillon de champignon, raviolis de pois chiches du Verdon. Agneau des Hautes-Alpes et courgette de notre potager à la braise. Gâteau moelleux au chocolat et glace au petit épeautre torréfié.

≼ 🛱 ⇄ ℗ – Menu 70/90 € – Carte 78/98 €

Chemin de Quinson – ℰ 04 92 70 47 47 – www.bastide-moustiers.com –
Fermé 2 novembre-10 mars, mardi, mercredi

⏺ LA FERME STE-CÉCILE

MODERNE · ROMANTIQUE XX Poussez la grille et empruntez la belle allée pavée... au bout de laquelle cette ancienne ferme du 18ᵉ s. fait le bonheur des gourmands ! Derrière les fourneaux, le chef concocte avec délicatesse et subtilité une savoureuse cuisine du Sud, accompagnée d'une belle carte des vins. L'une des meilleures tables de Moustiers.

🕸 🛱 🛱 🕭 ℗ – Menu 40 €

Route des Gorges-du-Verdon – ℰ 04 92 74 64 18 – www.ferme-ste-cecile.com –
Fermé 2 novembre-20 mars, lundi, dimanche soir

⏺ LA TREILLE MUSCATE

PROVENÇALE · TENDANCE XX Au pied des falaises, voilà un sympathique bistrot provençal, où l'on se régale d'une cuisine à l'accent du Sud, à l'instar de la spécialité maison, les "pieds et paquets comme les faisait Mémé Antoinette". Aux beaux jours, on profite de la terrasse, à l'ombre d'un platane qui fêtera bientôt ses 200 ans.

🛱 – Menu 29 € (déjeuner)/39 € – Carte 52 €

Place de l'Église – ℰ 04 92 74 64 31 – www.restaurant-latreillemuscate.fr –
Fermé 15 novembre-8 février, mercredi soir, jeudi

LES SANTONS

TRADITIONNELLE · COSY ⅹ Claude Terrier et Sylvie De Backer ont voulu leur fief tout en contrastes : le moderne (chaises bariolées, tableaux contemporains) y côtoie l'ancien (poutres et plafonds boisés) ; la cuisine est traditionnelle, ancrée dans la région, mais ne recule pas devant quelques touches plus actuelles. Goûteux et charmant !

� – Menu 39/69 € – Carte 50/80 €

Place de l'Église – ℰ 04 92 74 66 48 – www.lessantons.com –
Fermé 1er janvier-15 février, lundi

LA BASTIDE DE MOUSTIERS

AUBERGE · PERSONNALISÉ Un petit chemin, une grille en fer forgé, des arbres fruitiers, des vieilles pierres, des faïences régionales, des draps en lin, un grand potager aromatique, un âne, des chevaux, un poney... Plus qu'un inventaire à la Prévert, le charme irrésistible d'une bastide du 17e s. !

🐿 🦢 ⟨ 🛏 ⌣ ⅙ 🆔 🅿 – 11 chambres – 2 suites

Chemin de Quinson – ℰ 04 92 70 47 47 – www.bastide-moustiers.com

❀ **La Bastide de Moustiers** – Voir la sélection des restaurants

PROVENCE - ALPES - CÔTE D'AZUR

✉ 06000 – Alpes-Maritimes
Carte régionale n° **25**-E2
Carte Michelin 341-E5, 115-]26

NICE

Bénie par son climat et sa double identité française et italienne, Nice est un festin. La cuisine "nissarde" s'inspire à la fois des traditions culinaires de la Provence et de la Ligurie. Les ruelles du vieux Nice accueillent tout l'éventail des produits méditerranéens. Croquez dans une socca, une galette de farine de pois chiche. Picorez l'olive noire de Nice ou la caillette, laissée six mois en saumure. Goûtez une pissaladière, tarte aux oignons garnie d'anchois et d'olives noires. Dévorez un pan bagnat, ce pain mouillé d'huile d'olive, de forme ronde, garni d'anchois et de tomates. Ne quittez pas la ville sans parcourir le marché du cours Saleya et, plus pittoresque encore, le marché aux poissons de la place Saint-François : vous y trouverez les plus belles espèces méditerranéennes, du loup à la dorade, en passant par le thon...

Restaurants

✿✿ **FLAVEUR**

Chefs : Gaël et Mickaël Tourteaux

CRÉATIVE · ÉLÉGANT ✕✕ Les frères Tourteaux, Gaël et Mickaël, sont inséparables. Même lycée hôtelier à Nice (avec passage d'examen dans la même salle !), formation commune au Negresco à l'époque d'Alain Llorca... et même envie de travailler le bon, le vrai, le savoureux, en étant son propre patron. Résultat de cette alliance fraternelle : Flaveur, leur bébé, auquel ils ont consacré toute leur énergie au point de décrocher une étoile Michelin en 2011, et une seconde en 2018. Comment résumer la "patte" Tourteaux ? Elle tient à une certaine forme de confiance, d'audace, de prise de risque bien dosée. Par exemple, entre le produit local et les épices lointaines, ils ne choisissent pas : ce sera les deux, mon capitaine ! Au détour d'une assiette, une rascasse de la pêche niçoise rencontre un bouillon de poisson rehaussé au vadouvan, un mélange d'épices indiennes au parfum puissant... c'était risqué, c'est une réussite. Une cuisine de caractère, fine et maîtrisée de bout en bout : bravo !

Spécialités : Gamberoni de San Remo, rougail et coquillages, sucs de roche. Pêche niçoise, bouillon iodé au vadouvan. Agrumes de Menton, piment et concombre Noa.

🍴 AC – Menu 90 € (déjeuner), 120/185 €

Plan : C2-x – *25 rue Gubernatis* – ✆ *04 93 62 53 95* – *www.restaurant-flaveur.com* – *Fermé 15-30 août, lundi, samedi midi, dimanche*

❀ LE CHANTECLER

MODERNE · ÉLÉGANT XXxX Sur la mythique Promenade des Anglais, le Negresco trône superbe face à la mer ; Virginie Basselot (Meilleur Ouvrier de France 2015, anciennement Saint-James, à Paris) pilote les cuisines du Chantecler, sa table gastronomique. Dans ce cadre d'exception, la Normande d'origine s'exprime sans arrière-pensée, avec une idée claire : celle d'offrir une cuisine "directe" à une clientèle qui en a vu d'autres. Son menu signature, bien exécuté, met en avant les bons produits de la région (petite pêche de la baie des Anges, par exemple).

Spécialités : Coquillages, cocos de Paimpol, jus de combava. Saint-pierre grillé, fenouil, bigorneaux, jus aux parfums d'aïoli. Chocolat, caramel, cacahouètes.

🕸 & 🕸 ⇔ 🕸 🅿 – Menu 150/230 € – Carte 125/225 €

Plan : B3-k – *Le Negresco, 37 promenade des Anglais* – ✆ *04 93 16 64 00* – *www.lenegresco.com* – *Fermé lundi, dimanche et le midi*

❀ L'AROMATE

Chef : Mickaël Gracieux

MODERNE · ROMANTIQUE XX C'est au cœur de Nice, à proximité de la place Masséna, que se niche cette belle (et jeune) adresse. Salle contemporaine aux tons noir, blanc et doré, cuisines vitrées donnant sur la salle, matériaux bruts, bois et granit ; tout est en place pour accueillir la prestation gastronomique d'un chef au beau parcours (Oustau de Baumanière, Plaza Athénée, Le Bristol, Louis XV etc.). Il propose une cuisine moderne et créative, à base d'excellents produits, et aux dressages particulièrement soignés. Le chef a du métier et de la suite dans les idées.

Spécialités : Anchois de Méditerranée, vierge à l'abricot, tomate du jardin, pain feuilleté à l'olive. Barracuda en cocotte lutée aux feuilles de citronnier. Figues cuites dans ses feuilles, mûre sauvage, glace au lait de bufflonne, noisette et fleur de sel.

& 🕸 – Menu 85/105 € – Carte 95/105 €

Plan : C3-z – *2 rue Gustave-Deloye* – ✆ *04 93 62 98 24* – *www.laromate.fr* – *Fermé 3-19 janvier, 2-16 novembre, lundi, dimanche et le midi*

❀ JAN

Chef : Jan Hendrick van der Westhuizen

CRÉATIVE · ÉLÉGANT XX Tour à tour chef sur des yachts privés à Monaco et reporter-photographe pour un grand magazine, le jeune Sud-Africain Jan Hendrik van der Westhuizen a déjà eu plusieurs vies... Dans son petit repaire intime et romantique, près du port, il signe une cuisine créative, personnelle, proposée sous forme de menu unique sans choix (à 5 ou 7 plats), dans lequel il joue des associations sucrée-salée, du fumé, du piquant, et de l'acide, proposant ainsi un aperçu de la cuisine sud-africaine. Un établissement qui fait le bonheur des clients de passage sur la Riviera.

Spécialités : Pomme, chorizo et haddock. Canard, pêche, waldorf, jus de cerise et purée de pommes de terre fumée. Pudding de sagou, rose, litchi, framboise et hibiscus.

🕸 & 🕸 ⇔ – Menu 85/149 €

Plan : D3-b – *12 rue Lascaris* – ✆ *04 97 19 32 23* – *www.restaurantjan.com* – *Fermé lundi, dimanche et le midi*

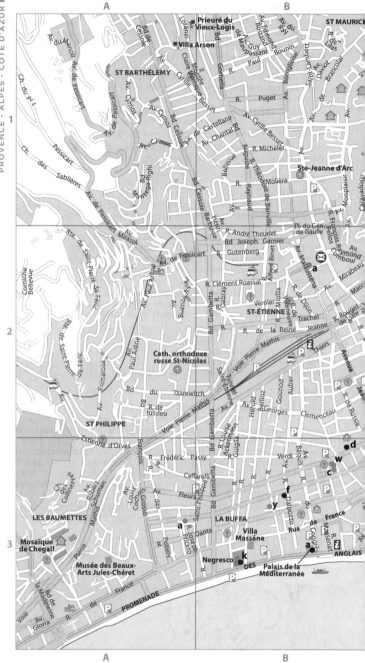

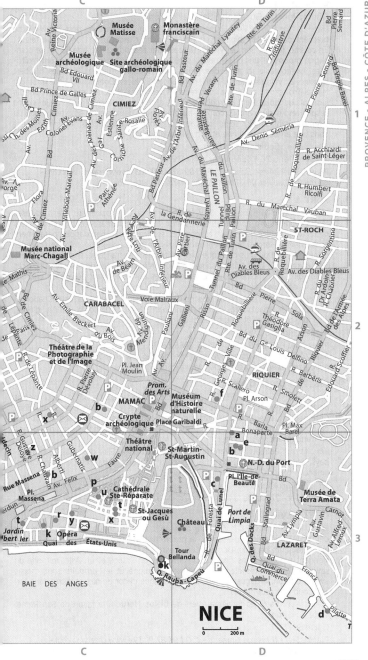

NICE

0   200 m

LES AGITATEURS

Chefs: Juliette Busetto et Samuel Victori

CRÉATIVE · **CONVIVIAL** X Ces agitateurs, situés derrière le port de Nice, ne brassent pas de l'air, bien au contraire : ce trio d'associés est bourré de talent ! En cuisine, le chef Samuel Victori (auparavant second au Passage 53) et sa compagne proposent des plats travaillés où textures, cuissons et saveurs sont maîtrisées. On travaille ici avec des fournisseurs locaux : fruits et légumes d'Albert Luciano à Villefranche-sur-Mer, poissonnerie Thiers Coquillage. Leur mentor : Michel Troisgros. Leur credo : des recettes originales, toniques, sans tabou, parfois ludiques qui bousculent la tradition. On se régale, au déjeuner (menu du jour dans l'esprit retour du marché) comme au dîner, avec deux menus ambitieux en 6 ou 9 temps (sans choix) selon son appétit. On affiche complet quotidiennement dans une ambiance animée et conviviale. Bluffant.

Spécialités : Cuisine du marché.

🏡 🅰🅲 – Menu 26 € (déjeuner), 49/79 €

Plan : D3-a – *24 rue Bonaparte* – ☏ *09 87 33 02 03* – *www.lesagitateurs.com* – *Fermé 1er-2 janvier, 16-31 août, lundi, mardi, samedi midi*

PURE & V

MODERNE · **SIMPLE** X Pure & V, ça fait rêver ! La propriétaire, c'est Vanessa Massé, sommelière au parcours en béton armé, dénicheuse infatigable de bons petits vins nature. Elle s'est associé les services d'un chef danois, notamment passé par le Marchal, à Copenhague. Il régale dans une veine créative (dorade-navet-menthe) ou plus classique (les petits pois à la française, très belle association terre-mer). Une cuisine saine et équilibrée, basée sur des produits sourcés avec soin, avec même des recettes danoises qui valent leur pesant de couronnes... À découvrir de toute urgence.

Spécialités : Tartare de bœuf, fourme d'Ambert, paprika fumé, sarrasin. Chapon et textures d'artichaut, lard, beurre blanc fumé à la cardamome. Crème glacée, lavande, cookie cru et cuit, caramel de miso.

🕸 🅰🅲 – Menu 80/100 €

Plan : A3-a – *15 rue Bottero* – ☏ *06 19 88 68 90* – *https://www.restaurantpureandv.com/* – *Fermé 1er-5 janvier, lundi, mardi, mercredi midi, jeudi midi, vendredi midi, samedi midi*

BISTROT D'ANTOINE

TRADITIONNELLE · **BISTRO** X C'est l'accent du Sud qui chante dans ce bistrot de copains, où règne une ambiance très conviviale. En cuisine, c'est l'ébullition ! Côté papilles, que du bon, à l'instar de cette joue de bœuf confite en pot au feu, ou du chou farci au canard confit. Bondé, vous avez dit bondé ? Antoine connaît un franc (et mérité) succès.

Spécialités : Poireaux vinaigrette, tzatziki au haddock. Filet de truite de l'arrière-pays, beurre de sésame torréfié. Crémeux chocolat noir, crumble miel, cacao, amandes grillées.

🏡 🅰🅲 – Carte 28/54 €

Plan : C3-x – *27 rue de la Préfecture* – ☏ *04 93 85 29 57* – *Fermé lundi, dimanche*

CHEZ DAVIA 🅝

RÉGIONALE · **BISTRO** X Voilà une adresse attachante tenue par la même famille depuis 1953, imaginée par Davia, la grand-mère puis reprise en 1985 par Alda la mère, toujours en salle. Depuis 2016, c'est Pierre Altobelli qui, après un impressionnant parcours dans des maisons étoilées en France et en Asie, mitonne de savoureuses recettes niçoises. Tout ici est soigné et les produits sont choisis avec attention. À déguster dans un sympathique décor de bistrot rétro, dans son jus. Coup de cœur absolu.

Spécialités : Sardines farcies au vert de blette. Morue à la façon de San Remo. Tarte au citron.

Carte 30/53 €

Plan : B3-w – *11 bis rue Grimaldi* – ☏ *04 93 87 91 39* – *www.chezdavia.com* – *Fermé lundi, samedi midi*

FINE GUEULE

TRADITIONNELLE · TENDANCE ⅹ Dans le vieux Nice, face à la mairie, une salle d'esprit loft, avec sa pierre apparente et ses carreaux de ciment, organisée autour d'une cuisine vitrée aux faux airs d'atelier... Quel style ! Mais le plaisir est aussi – et surtout – gustatif, avec des assiettes de tradition déclinées chaque jour à l'ardoise : pissaladière maison, thon "brûlé" et caviar d'aubergines...

Spécialités : Œuf bio mimosa. Cabillaud rôti façon aïoli. Pain perdu caramel fleur de sel et glace vanille.

🛋 🅰️ – Menu 34 € – Carte 32/54 €

Plan : C3-r – *2 rue de l'Hôtel-de-Ville* – ℘ *04 93 80 21 64* – *www.finegueule.fr* – *Fermé lundi, dimanche*

LA MERENDA

PROVENÇALE · BISTRO ⅹ Un petit restaurant "à l'ancienne", d'une charmante simplicité... Dominique Le Stanc confectionne ici de bons petits plats de la région (sardines farcies, tripes à la niçoise, tourte de blettes, etc.) à déguster au coude-à-coude. Attention, pas de téléphone : il faut passer pour réserver.

Spécialités : Sardines farcies. Stockfish. Pissaladière.

🅰️ 🍽 – Carte 35/45 €

Plan : C3-y – *4 rue Raoul-Bosio* – *www.lamerenda.net* – *Fermé 7-21 juin, 16-30 août, 29 novembre-20 décembre, samedi, dimanche*

OLIVE ET ARTICHAUT

RÉGIONALE · BISTRO ⅹ Originaire de Nice, le jeune chef est venu s'installer dans la région avec son épouse, bretonne, après plusieurs expériences à l'étranger. Il met les produits locaux à l'honneur dans une cuisine très gourmande, "entre mer et montagne" : tarte fine façon pissaladière au boudin noir rôti, pavé d'ombrine et beurre monté aux citrons du pays...

Spécialités : Tarte fine façon pissaladière, pancetta grillée, roquette. Filet mignon de cochon rôti, purée d'artichaut au miel. Pannacotta à la vanille, prune, crumble noisette.

🅰️ – Menu 33/65 € – Carte 39/52 €

Plan : C3-t – *6 rue Sainte-Réparate* – ℘ *04 89 14 97 51* – *www.oliveartichaut.com* – *Fermé 20-29 juin, 24 janvier-2 février, lundi, dimanche*

VEGAN GORILLA

VÉGÉTARIENNE · CONTEMPORAIN ⅹ Un chef de cuisine devenu végan propose une petite carte qui change toutes les semaines autour de produits du marché à 98% biologiques. Les recettes, uniquement végétaliennes, 100% sans gluten et réalisées avec soin, offrent un vrai plaisir gustatif et de belles saveurs.

Spécialités : « Tartare » effet bœuf et grenailles. Lasagnes crues de courgettes, ricotta végétale et condiment tomate. "Snickers", caramel, cacahouètes et chocolat.

🦽 🅰️ – Menu 33 €

Plan : C3-w – *7 rue du Lycée* – ℘ *04 93 81 32 98* – *www.restaurant-vegan.fr* – *Fermé lundi midi, mardi midi, mercredi midi, jeudi midi, vendredi midi, samedi midi, dimanche*

LA RÉSERVE DE NICE

MODERNE · CHIC ⅹⅹ À l'écart de la ville, cette belle demeure jouit d'une situation exceptionnelle, en surplomb de la mer, face à la baie des Anges et au ballet des ferries reliant la Corse. Avec ses accents Art déco, la salle a l'allure d'un paquebot... et l'on embarque pour une croisière gastronomique raffinée, ancrée en Méditerranée.

≼ 🛋 🦽 🅰️ 🔄 🍴 – Menu 38 € (déjeuner), 78/95 € – Carte 92/100 €

Plan : D3-d – *60 boulevard Franck-Pilatte* – ℘ *04 97 08 14 80* – *www.lareservedenice.com* – *Fermé 4 janvier-8 février, lundi, dimanche*

⑪◯ LE BISTRO GOURMAND

MODERNE · CONTEMPORAIN XX Une jolie adresse contemporaine, lumineuse avec son décor où le blanc domine... La cuisine n'en a que plus de couleur : pensée au gré du marché, elle mêle sans complexe bons produits et créativité.

🍽 🅰🅲 ⇔ – Menu 23 € (déjeuner), 38/85 € – Carte 45/75 €

Plan : C3-t – *3 rue Desboutin* – *𝒫 04 92 14 55 55* – *www.lebistrogourmand.fr* – *Fermé mercredi, dimanche*

⑪◯ BY PM

MODERNE · CONTEMPORAIN XX Deux jeunes chefs talentueux aux beaux parcours (Robuchon à Monaco, la Chèvre d'Or à Eze) proposent ici sous forme de deux menus une cuisine inspirée de la culture méditerranéenne, avec une attention particulière portée au végétal, comme dans ce "Reflet d'un jardin de légumes", plat signature, décliné au gré des saisons.

🅰🅲 – Menu 60/100 €

Plan : D3-c – *4 bis quai Papacino* – *𝒫 04 93 26 05 80* – *www.bypm.fr* – *Fermé lundi midi, mardi midi, mercredi midi, jeudi midi, vendredi midi, dimanche*

⑪◯ LES DEUX CANAILLES

MODERNE · CONTEMPORAIN XX Ces Deux Canailles niçoises vont tambour battant, sous la houlette d'un chef japonais qui ne manque ni d'expérience ni de passion. La cuisine ? Méridionale et épurée, fraîche et d'une belle finesse, elle se pare de jolies touches nippones. Bilan : un bon moment !

🅰🅲 – Menu 29 € (déjeuner), 45/62 €

Plan : C3-b – *6 rue Chauvain* – *𝒫 09 53 83 91 99* – *www.lesdeuxcanailles.com* – *Fermé lundi, dimanche*

⑪◯ LA ROTONDE ⑪

MÉDITERRANÉENNE · DESIGN X La brasserie – en forme de rotonde – du palace mythique est résolument entrée dans la modernité. Dans cet espace lumineux (qui bénéficie d'une terrasse), on pioche dans une carte (conçue par la cheffe étoilée Virginie Basselot) qui célèbre une cuisine franche et colorée aux accents méditerranéens, avec des clins d'œil à la tradition niçoise...

🍽 🅰🅲 – Menu 49/89 € – Carte 60/70 €

Plan : B3-k – *Le Negresco, 37 promenade des Anglais* – *𝒫 04 93 16 64 11* – *www.hotel-negresco-nice.com*

⑪◯ BAR DES OISEAUX

TRADITIONNELLE · BISTRO X Dans cette petite maison d'angle, le programme d'Armand Crespo ne manquera pas de réjouir les gourmands. La belle tradition (brandade, bourride) côtoie à la carte de bonnes pâtes artisanales : ravioles et volaille farcie, linguine de la mer, etc. Tout cela est proposé à prix doux, dans un décor inspiré par le pop art : on gazouille de plaisir.

🍽 🅰🅲 – Menu 20 € (déjeuner) – Carte 32/43 €

Plan : C3-u – *5 rue Saint-Vincent* – *𝒫 04 93 80 27 33* – *Fermé lundi, dimanche*

⑪◯ LE CANON

MODERNE · BISTRO X Séduisante adresse que ce Canon, proposant une cuisine à la fois simple et exigeante : sashimi de pélamide au citron Meyer, gigot d'agneau de lait rôti... Des fournisseurs locaux triés sur le volet, quelques clins d'œil à la Méditerranée, de jolis vins 100 % nature conseillés par le patron, un séduisant cadre de bistrot vintage : on se régale.

🅰🅲 – Carte 25/60 €

Plan : B3-y – *23 rue Meyerbeer* – *𝒫 04 93 79 09 24* – *www.lecanon.fr* – *Fermé mercredi midi, samedi, dimanche*

CHABROL

MODERNE · BISTRO X "Faire Chabrol" est une antique coutume du sud de la France qui consiste à ajouter un peu de vin dans un fond de soupe pour allonger le bouillon, avant de l'avaler à grandes goulées. Dans le restaurant éponyme, deux amis d'enfance s'attachent à mettre en valeur des produits simples (mais de qualité) au travers de recettes modernes, piquées d'une pointe d'originalité... et ça fonctionne !

🍴 & – Carte 42/50€

Plan : D3-e – *12 rue Bavastro* – 𝄞 *09 83 04 36 73* –
www.le-chabrol-restaurant-nice.com – Fermé 18 décembre-10 janvier, lundi, mardi midi, samedi midi, dimanche

COMPTOIR DU MARCHÉ

TRADITIONNELLE · BISTRO X Le nom de ce joli bistrot rétro dit tout du travail du chef, dont les créations sont pleines des couleurs et des parfums du marché. Gravlax de saumon mariné à la betterave, foie de veau rôti et oignons confits, magret de canard à la plancha... Comme prévu, le restaurant fait souvent salle comble !

🍴 – Carte 33/49€

Plan : C3-p – *8 rue du Marché* – 𝄞 *04 93 13 45 01* – *Fermé 1er-23 août, lundi, dimanche*

EAU DE VIE

MODERNE · SIMPLE X Tous deux originaires de La Rochelle, Antoine (en cuisine) et Quentin (salle-sommellerie) ont fait parcours commun depuis l'école hôtelière, jusqu'à ouvrir ensemble ce bistrot dans le centre-ville. Recettes voyageuses et gourmandes (poulpe au satay, quinoa rouge, pastèques poêlées et coulis de coriandre), cocktails maison et vins de petits producteurs : une table enthousiasmante.

🍴 AC – Menu 24€ (déjeuner) – Carte 39/51€

Plan : C2-b – *11 rue Delille* – 𝄞 *04 93 87 92 32* – *www.restaurant-eaudevie.fr* –
Fermé samedi, dimanche

LE GOUPIL

TRADITIONNELLE · BISTRO X Deux anciens chefs ayant travaillé au Métropole de Joël Robuchon à Monaco proposent une cuisine bien ficelée, soignée et goûteuse à base de produits sélectionnés avec soin. Leur credo ? Revisiter des plats classiques - tête de veau, rognon, tourte de canard... Côté salle, décor de type bistrot, avec étagères à vin et carrelage au sol. C'est convivial, on se régale.

AC – Menu 24€ (déjeuner) – Carte 37/52€

Plan : D2-f – *21 rue Barla* – 𝄞 *06 09 14 06 37* – *Fermé 21 décembre-3 janvier, lundi, samedi midi, dimanche*

LE MESCLUN

MODERNE · BISTRO X Toujours aussi agréable, ce bistrot géré par deux excellents professionnels ! L'un compose une cuisine de saison bien soignée avec de beaux produits, tandis que l'autre nous prodigue, en salle, des conseils avisés pour le choix du vin. Au menu, rémoulade de chair de tourteau à la ciboulette et cumbawa ou ris de veau croustillant-moelleux, pousses d'épinards, girolles... Très chaleureux.

🍴 AC – Menu 34€ (déjeuner), 60/70€ – Carte 67/81€

Hors plan – *215 avenue de la Californie* – 𝄞 *04 93 83 81 21* –
www.le-mesclun-nice.com – Fermé 23 décembre-20 janvier, dimanche

MON PETIT CAFÉ

MODERNE · CHIC X Salle chaleureuse et intérieur bleu vénitien, en clin d'œil aux origines de la patronne. Le marché est ici mis en valeur avec enthousiasme, au gré de plats déclinés sur ardoise : fraîcheur de tourteau, avocat et céleri rémoulade, filet de courbine aux salsifis et beurre aux herbes... Tout cela dans une ambiance chaleureuse.

🍴 & AC – Carte 33/50€

Plan : B3-c – *11 bis rue Grimaldi* – 𝄞 *04 97 20 55 36* – *www.petitcafe-nice.com* –
Fermé mardi, mercredi

🍴 PEIXES

POISSONS ET FRUITS DE MER · MÉDITERRANÉEN ⅀ Près de la mairie et de l'opéra, le dernier-né des restaurants d'Armand Crespo se prénomme Peixes – à prononcer "pêche". Dans une jolie petite salle au carrelage blanc et bleu, très "Méditerranée", se dévoile une carte bourrée d'iode et d'embruns qui décline ceviche, tartare ou bien encore ce loup snacké, sauce Tom Yum. A noter aussi, des desserts d'une rare originalité. On s'en revient avec de bien jolis souvenirs.

🍽 ⅏ 🅰 – Carte 33/44 €

Plan : C3-k - *2 rue de l'Opéra - ℰ 04 93 85 96 15 - Fermé 24 décembre-3 janvier, dimanche*

🍴 RACINES 🔟

VÉGÉTARIENNE · CONVIVIAL ⅀ « On ne veut pas faire fortune ici ! Mais se faire plaisir et régaler nos clients »: telle est la philosophie, toujours généreuse, de Bruno Cirino et de son épouse, qui proposent "une cuisine potagère" (ni viande, ni poisson), travaillée en circuits très courts avec de petits producteurs exigeants, par ce « fou de cuisine» formé chez Jo Rostang, Roger Vergé, Jacques Maximin et Alain Ducasse. Son épouse, sommelière passionnée, propose des accords mets et vins des plus pointus. Des plats authentiques et un lieu à l'image des hôtes qui vous accueillent : chaleureux et convivial.

🐝 🍽 ⅏ – Menu 16 € (déjeuner)/34 € – Carte 20/45 €

Plan : B2-a - *3 rue Clément Roassal - ℰ 04 93 76 86 17 - www.hostellerie.jerome.com - Fermé 12 juillet-7 septembre*

🍴 LE SÉJOUR CAFÉ

MODERNE · COSY ⅀ Des étagères garnies de livres, de bibelots et de plantes vertes, des tableaux et des photos aux murs... On se croirait dans la salle de séjour d'une jolie maison particulière. Et c'est sans mentionner le charme exercé par la cuisine du marché et pleine de gourmandise (mention particulière au ris de veau et asperges !). Accueil et service des plus attentionnés.

🍽 ⅏ 🅰 – Carte 32/50 €

Plan : B3-w - *11 rue Grimaldi - ℰ 04 97 20 55 35 - www.sejourcafe.com - Fermé lundi, dimanche*

Hôtels

🏛 LE NEGRESCO

PALACE · GRAND LUXE Bâti en 1912 par Henri Negresco, cet établissement mythique regorge d'œuvres d'art exceptionnelles et cultive la démesure dans un choc des styles qui n'appartient qu'à lui. De l'emphase, de la majesté... sans oublier une élégante (et très méditerranéenne) Rotonde, où l'on déguste de bonnes spécialités "nissardes".

🏊 🍷 🛗 🔲 ⅏ 🅰 🛄 🚗 – 121 chambres – 7 suites

Plan : B3-k - *37 promenade des Anglais - ℰ 04 93 16 64 00 - www.lenegresco.com*
❀ **Le Chantecler** · 🍴 **La Rotonde** – Voir la sélection des restaurants

🏛 BOSCOLO EXEDRA

LUXE · DESIGN Une façade Belle Époque éclatante pour un vaisseau grandiose et immaculé, tout en luxe et sobriété... Comment résister au spa, à la piscine sur le toit terrasse du 6 ème étage ou à l'inspiration italienne de la cuisine ? Le Boscolo Exedra, ou l'art de vivre la Côte d'Azur à l'heure internationale et urbaine !

🏊 🛝 🔲 📶 🏋 🛗 🔲 ⅏ 🅰 🛄 – 109 chambres – 3 suites

Plan : B3-d - *12 boulevard Victor-Hugo - ℰ 04 97 03 89 89 - https://boscolocollection.com*

HYATT REGENCY PALAIS DE LA MÉDITERRANÉE

HÔTEL DE CHAÎNE · CONTEMPORAIN Un véritable palais dédié à la Méditerranée... Derrière sa grandiose façade Art déco, on découvre un ensemble éminemment contemporain. Les grandes suites, la vue imprenable sur les flots (dans certaines chambres), le piano-bar feutré... Toute l'allure d'une villégiature *made in* promenade des Anglais !

⚘ ⬒ ⤢ ⎙ ♨ ⊡ ⬡ ⬓ ⟲ 🛋 ☷ – 178 chambres – 9 suites

Plan : B3-a – *13 promenade des Anglais* –
☏ *04 93 27 12 34* – *www.nice.regency.hyatt.com*

LA PÉROUSE

LUXE · PERSONNALISÉ Une ligne d'horizon qui suit les courbes de la baie des Anges, des terrasses en surplomb de la Méditerranée, un beau jardin planté de citronniers... On est aux anges dans cette demeure un peu secrète, qui cultive une charmante simplicité, arrimée au rocher du château !

⚘ ⟡ ⤢ ⬛ ⎙ ⊡ ⬡ ⬓ – 56 chambres – 1 suite

Plan : C3-k – *11 quai Rauba-Capeù* –
☏ *04 93 62 34 63* – *www.hotel-la-perouse.com*

🏠 WINDSOR

BOUTIQUE HÔTEL · INSOLITE Un hôtel dédié à l'art contemporain : un grand nombre de ses chambres ont été décorées par des artistes (Ben, Basserole, François Morellet, etc.). Avis aux amateurs ! Mention spéciale pour le jardin planté de bambous et de bougainvillées, où l'on dîne les soirs d'été...

⚘ ⬛ ⎙ ♨ ♨ ⊡ ⬡ – 57 chambres

Plan : B3-f – *11 rue Dalpozzo* –
☏ *04 93 88 59 35* – *www.hotelwindsornice.com*

NOVES

✉ 13550 – Bouches-du-Rhône – Carte régionale n° **25**-E1 – Carte Michelin 340-E2

🍽️ AUBERGE DE NOVES

CLASSIQUE · VINTAGE ✗✗ Cette auberge se révèle tout à fait charmante, et sa terrasse sous les arbres idyllique ! À l'image du lieu, la cuisine donne dans le beau classicisme : le chef vous régalera, par exemple, d'un foie gras, d'un tartare de bœuf au couteau, etc. Belle carte des vins de plus de 350 références.

⚘ ⇆ ⤢ ⬛ ⌂ ⬡ ⊡ **P** – Menu 68/90 € – Carte 55/98 €

Route de Châteaurenard –
☏ *04 90 24 28 28* – *www.aubergedenoves.com* –
Fermé 2 janvier-11 février, samedi midi

OLLIOULES

✉ 83190 – Var – Carte régionale n° **24**-B3 – Carte Michelin 340-K7

🍽️ L'ATELIER DU VIGNERON

CLASSIQUE · ROMANTIQUE ✗✗ Cet Atelier-là est à l'image de son sympathique patron : original et exubérant. Meubles de famille, tableaux anciens, touches rococo... Ce décor foisonnant sert d'écrin à une cuisine de tradition de très bonne facture. Essayez notamment le tournedos Rossini, l'une des spécialités de la maison.

⬡ ⇆ **P** – Menu 35/55 €

348 avenue de la Résistance – ☏ *04 94 62 42 34* – *www.atelier-du-vigneron.fr* –
Fermé 16 février-3 mars, lundi, mercredi, dimanche soir

ORANGE

✉ 84100 – Vaucluse – Carte régionale n° **25**-E1 – Carte Michelin 332-B9

🍴○ **LE MAS DES AIGRAS - TABLE DU VERGER**

PROVENÇALE · **CONTEMPORAIN** XX Un charmant mas en pierre, installé tranquillement au milieu des vignes et des champs. Le chef y prépare une goûteuse cuisine de saison, simple et bonne, avec des produits bien choisis. S'il fait beau, direction l'agréable terrasse. Pour l'étape, quelques chambres décorées dans un esprit contemporain.

🛏 🖨 🛋 **P** – Menu 32/40 € – Carte 53/70 €

Chemin des Aigras (Russamp-Est) – 𝒞 04 90 34 81 01 – www.masdesaigras.com – Fermé lundi, mardi, mercredi

ORGON

✉ 13660 – Bouches-du-Rhône – Carte régionale n° **25**-E1 – Carte Michelin 340-F3

🏠 **LE MAS DE LA ROSE**

MAISON DE CAMPAGNE · **PERSONNALISÉ** Dans un site bucolique, d'anciennes bergeries (17ᵉ s.) joliment réaménagées en adresse de charme. Les chambres, décorées avec soin, ont l'accent de la Provence... Superbe jardin paysager avec piscine.

🍦 ⤴ 🛏 🏊 🖾 🚿 **P** – 11 chambres – 3 suites

Route d'Eygalières – 𝒞 04 90 73 08 91 – www.mas-rose.com

LES-PALUDS-DES-NOVES

✉ 13550 – Bouches-du-Rhône – Carte régionale n° **25**-E1 – Carte Michelin 340-E3

🍴○ **LA MAISON DE BOURNISSAC**

MÉDITERRANÉENNE · **ÉLÉGANT** XX Pour déguster une cuisine du Sud dans le calme de la campagne provençale, loin de tout... Les sens en éveil – sous les figuiers l'été –, on profite de saveurs méridionales : bouillabaisse le vendredi, homard le dimanche...

🛏 ← 🖨 🖥 🖾 **P** – Menu 39 € (déjeuner), 59/82 € – Carte 85/110 €

Montée d'Eyragues, Domaine de Bournissac – 𝒞 04 90 90 25 25 – www.lamaison-a-bournissac.com – Fermé lundi, mardi

LA PALUD-SUR-VERDON

✉ 04120 – Alpes-de-Haute-Provence – Carte régionale n° **24**-C2 – Carte Michelin 334-G10

🏠 **HÔTEL DES GORGES DU VERDON**

FAMILIAL · **CONTEMPORAIN** C'est toujours un plaisir de faire une halte dans cet hôtel de charme, à l'écart du vacarme... On s'y repose dans de belles chambres colorées et design (dont quelques beaux duplex familiaux). Beau spa "Cinq Mondes" avec hammam, fitness, salles de massage, sauna et jacuzzi.

🍦 ⤴ ← 🖨 🖥 🎮 🏊 🌿 🖾 🚿 **P** – 30 chambres – 2 suites

Route de la Maline - 1 km – 𝒞 04 92 77 38 26 – www.hotel-des-gorges-du-verdon.fr

PARADOU

✉ 13520 – Bouches-du-Rhône – Carte régionale n° **25**-E1

🍴○ **NANCY BOURGUIGNON**

TRADITIONNELLE · **CONTEMPORAIN** XX Qu'il est doux le moment que l'on passe à cette table, où vous serez accueillis avec naturel et sympathie par la famille Bourguignon. Dans ce charmant restaurant, la chef passionnée concocte de subtiles recettes parfumées, mâtinées de jolies touches provençales. La terrasse, voisine de la piscine et entourée de végétation méditerranéenne, invite aux rêveries. Une oasis de quiétude et de charme.

🖨 🖥 ⬇ 🖾 ⤴ **P** – Menu 55/85 € – Carte 60/90 €

Du Côté des Olivades, Lieu-dit de Bourgeac, 1 chemin de l'Ancienne-Voie-Ferrée – 𝒞 04 90 54 56 78 – www.ducotedesolivades.com – Fermé lundi, mardi midi

†⃝ **BEC** Ⓝ

MODERNE · COSY XX Installé dans un vieux mas provençal, à l'ombre de la petite église Saint-Martin-de-Castillon et doté d'une jolie courette, ce restaurant, tenu par un couple d'associés (le nom est composé de leurs initiales), propose une cuisine pleine de fraîcheur, à l'instar de cette thonine, artichaut et céleri. On s'en délecte dans une jolie salle rustique ou sur la ravissante terrasse égayée de lauriers et de vigne vierge.

🍴 ⛄ ✦ 🅿 – Menu 32 € (déjeuner)/55 € – Carte 54/65 €

55 avenue de la Vallée-des-Baux – ℰ 04 86 63 57 52 – www.bec-restaurant.com – Fermé 4-25 janvier, lundi

†⃝ **LE BISTROT DU PARADOU**

PROVENÇALE · BISTRO X Cette maison aux volets bleus est une véritable institution locale. Aïoli, volaille de Bresse à la broche, tête de veau sauce ravigote et tartes maison : on y célèbre le répertoire provençal avec des plats généreux et goûteux, à dévorer dans une ambiance joyeuse et bon enfant. Attention, menu unique !

⛄ 🅰🅲 ✦ 🅿 – Menu 55 € (déjeuner)/60 €

57 avenue de la Vallée-des-Baux – ℰ 04 90 54 32 70 – Fermé 19 décembre-4 janvier, lundi, dimanche

🏨 **B DESIGN & SPA**

LUXE · DESIGN La modernité au service du confort et du bien-être résume l'esprit de cet hôtel, à l'entrée de la propriété. Vastes suites dessinées par un designer, terrasses, espace de remise en forme. Pour un beau séjour au calme...

🌊 ⟨ 🍴 ⚒ 🌐 🛁 🛗 ⛄ 🅰🅲 ♨ 🅿 – 15 chambres – 14 suites

Lieu-dit de Bourgeac – ℰ 04 90 54 58 66 – www.hotelbdesign.fr

PEILLON

✉ 06440 – Alpes-Maritimes – Carte régionale n° **25**-E2 – Carte Michelin 341-F5

😊 **LES PLAISIRS**

RÉGIONALE · RUSTIQUE X Voilà tout ce qu'on aime : une bien sympathique petite auberge familiale perdue dans un village perché de l'arrière-pays niçois. Le jeune chef-patron, issu d'une famille de restaurateurs, cuisine des recettes provençales avec passion grâce à des produits régionaux qu'il sélectionne avec amour. Saveurs franches, sans chichi, assiettes goûteuses, à prix sages. Qui dit mieux ?

Spécialités : Cuisine du marché.

Menu 24 € (déjeuner)/34 €

2 rue Puada-dau-Gourguet – ℰ 04 93 87 06 01 – www.lesplaisirs-peillon.com – Fermé mercredi et le soir

†⃝ **AUBERGE DE LA MADONE**

PROVENÇALE · MÉDITERRANÉEN XX Cette auberge de tradition semble vivre en symbiose avec l'arrière-pays de Nice... En terrasse, la vue sur le village perché de Peillon est exquise, et les assiettes cultivent le goût du répertoire niçois et des beaux produits locaux. Le plat "phare" met l'eau à la bouche : agneau rôti au four en deux cuissons...

⟨ 🍴 🍴 🅿 – Menu 40/65 €

3 place Auguste-Arnulf – ℰ 04 93 79 91 17 – www.auberge-madone-peillon.com – Fermé 5 janvier-11 février, 15 novembre-2 décembre, mercredi

PERNES-LES-FONTAINES

✉ 84210 – Vaucluse – Carte régionale n° **25**-E1 – Carte Michelin 332-D10

😊 **AUBERGE LA CAMARETTE**

CUISINE DU MARCHÉ · MAISON DE CAMPAGNE X Dans un domaine viticole (appellation Ventoux) et oléicole en agriculture biologique, cette ferme comtadine du 17ᵉ s. propose un menu du marché, savoureux et ludique, qui ne manque pas d'adeptes ; il faut dire que les vins bio du domaine sont inclus dans le prix (blanc, rosé, rouge). À déguster sur la charmante terrasse. L'adresse est très prisée, réservation conseillée.

Spécialités : Cuisine du marché.

🛐 ᵫ 🄿 – Menu 38 €

*439 chemin des Brunettes – ℰ 04 90 61 60 78 – www.domaine-camarette.com –
Fermé 20 décembre-4 janvier, 1ᵉʳ-8 mars, 17-31 octobre, lundi, mardi midi,
dimanche soir*

🍴○ **AU FIL DU TEMPS**

CUISINE DU MARCHÉ • BISTRO 🕱 Dans un quartier piétonnier, juste en face de
la vieille église – transformée en centre culturel –, cette ancienne épicerie est
devenue un charmant petit restaurant. On y privilégie l'agriculture raisonnée, au
gré de plats bien troussés, inspirés du marché. Charmante terrasse, située au
bord d'une vieille fontaine.

🛐 🄰 – Menu 37 € (déjeuner)/49 €

*51 place Louis-Giraud (face au centre-culturel) – ℰ 04 90 30 09 48 –
Fermé 2-9 août, 17 octobre-2 novembre, lundi, mardi midi, mercredi midi, jeudi
midi, dimanche*

POINT-SUBLIME

✉ 04120 – Alpes-de-Haute-Provence – Carte régionale n° **24**-C2 – Carte Michelin 334-G10

🍴○ **AUBERGE DU POINT SUBLIME**

PROVENÇALE • RUSTIQUE 🕱 Un point de vue... sublime, au cœur des gorges du
Verdon ! Cette sympathique auberge familiale propose une cuisine qui fleure bon
le terroir (soupe au pistou, pieds et paquets à la provençale, nombreuses salades), dans un cadre à l'ancienne. Pratique : les petites chambres pour l'étape.

↤ ᗕ 🛐 🄿 – Menu 22/40 € – Carte 30/49 €

*D 952 – ℰ 04 92 83 60 35 – www.auberge-pointsublime.com –
Fermé 1ᵉʳ novembre-31 décembre*

LE PONTET

✉ 84130 – Vaucluse – Carte régionale n° **25**-E1 – Carte Michelin 340-C10

🍴○ **AUBERGE DE CASSAGNE**

CLASSIQUE • RUSTIQUE 🕱🕱🕱 Poutres, tomettes, cheminée... Dans la tradition de
ces auberges bourgeoises dédiées aux plaisirs de la table, le classicisme est ici de
mise, de même que les produits nobles et certaines recettes plus rustiques. Dans la
cave, 700 références privilégient la vallée du Rhône méridionale.

🐾 ↤ 🛌 🛐 ᵫ 🄰 ✿ 🄿 – Menu 42 € (déjeuner), 65/108 € – Carte 82/111 €

*Auberge de Cassagne & Spa, 450 allée de Cassagne – ℰ 04 90 31 04 18 –
www.aubergedecassagne.com – Fermé 3-29 janvier*

LE PRADET

✉ 83220 – Var – Carte régionale n° **24**-C3 – Carte Michelin 340-L7

🍴○ **LA CHANTERELLE**

PROVENÇALE • ÉLÉGANT 🕱🕱 Une cuisine provençale délicate et pleine d'arômes, que l'on déguste avec plaisir dans une jolie maison en pierre (plafond en
bois sculpté, jardin fleuri). Quelques spécialités de la maison : queues de crevettes
rouges sauce au caramel de framboise et tuile au parmesan ; dos de maigre en
croûte d'herbes ; nougat glacé maison.

↤ 🛌 🛐 – Menu 26 € (déjeuner)/47 € – Carte 49/60 €

*50 rue de la Tartane, port des Oursinières – ℰ 04 94 08 52 60 –
www.restaurantlachanterelle.fr – Fermé 4 janvier-5 mars, 7 novembre-10 décembre,
lundi, mardi*

LE PUY-STE-RÉPARADE

✉ 13610 – Bouches-du-Rhône – Carte régionale n° **24**-B3 – Carte Michelin 340-H4

⫶○ ◉ L'ORANGERIE DU CHÂTEAU DE FONSCOLOMBE

MODERNE · ÉLÉGANT XX Dans une extension moderne du château de Fonscolombe, l'Orangerie dévoile un décor sobre et chic, avec une belle charpente apparente et des baies vitrées donnant sur la terrasse et le parc. La cuisine du chef, élégante et bien tournée, fait de jolis clins d'œil à la Méditerranée.

🍸 ♿ 🅰️ 🅿️ – Menu 45 € (déjeuner), 59/95 € – Carte 80/95 €

Château de Fonscolombe, Route de Saint-Canadet (4 km par D13) –
𝒞 04 42 21 13 13 - www.fonscolombe.fr – Fermé 1er janvier-1er février

⫶○ FRANCIS MALLMANN AU CHÂTEAU LA COSTE

VIANDES · RUSTIQUE X La philosophie du célèbre chef argentin est ici respectée à la lettre : entrecôte fumée lentement au bout de son fil, pomme de terre écrasée et chimichurri ; agneau à la flamme dans notre dôme, aubergine, poivrons au feu… à déguster dans un cadre étonnant, évoquant les haciendas argentines.

🔥 🍸 ♿ 🅰️ 🍸 – Carte 78/130 €

2750 route de la Cride – 𝒞 04 42 61 89 98 - www.chateau-la-coste.com –
Fermé lundi, mardi, mercredi midi, jeudi midi, vendredi midi, dimanche soir

🏨 VILLA LA COSTE & SPA

GRAND LUXE · CONTEMPORAIN Cet hôtel atypique, situé au cœur des vignes de Château La Coste, ne manque pas d'allure : les 28 Villa Suites (certaines avec piscine privative) offrent une vue exceptionnelle sur le Luberon. La terrasse accueille une belle piscine entourée de pins. Spa de 750 mètres carrés, et parcours thermal. Et les services d'un palace…

🏊 ⚜ ⬅ 🔥 ♨️ 🛗 🎛️ ♿ 🅰️ 💆 🅿️ 🚗 – 28 suites

2750 route de La Cride – 𝒞 04 42 50 50 00 - www.villalacoste.com

🏨 CHÂTEAU DE FONSCOLOMBE

DEMEURE HISTORIQUE · ÉLÉGANT Ce château du dix-huitième siècle, ancienne propriété des marquis de Saporta et Fonscolombe, offre désormais tout le confort et le luxe qu'on attend d'une telle ascendance. Les chambres provençales (de très bon confort) sont plus classiques et authentiques dans la partie ancienne, mais climatisées dans la récente. Belle piscine de plein air, balade en vélo, pétanque, fitness et beau hammam. Le parc classé, les arbres séculaires et la jolie chapelle inspirent la sérénité. Amis poètes…

🏊 ⚜ 🔥 🛗 🎛️ ♿ 💆 🅿️ – 50 chambres – 10 suites

Route de Saint-Canadet (4 km par D13) – 𝒞 04 42 21 13 13 - www.fonscolombe.fr

⫶○ **L'Orangerie du Château de Fonscolombe** – Voir la sélection des restaurants

RAMATUELLE

✉ 83350 - Var – Carte régionale n° **24**-C3 – Carte Michelin 340-O6

✿✿ LA VOILE

MODERNE · DESIGN XXX *(Restaurant fermé temporairement en 2020 en raison de la crise sanitaire)* Au sein de cet hôtel exclusif s'il en est, œuvre de l'architecte Jean-Michel Wilmotte qui l'a parfaitement intégré à son environnement naturel, ce restaurant jouit d'une vue sublime sur la mer. Natif de Manosque, le chef Éric Canino a été marqué par sa longue et fructueuse collaboration avec l'inventeur de la cuisine bien-être, Michel Guérard. Il s'inspire du maître pour composer sa propre partition provençale, avec fruits et légumes, poissons et fruits de mer (plus quelques volailles), relevés d'herbes aromatiques et d'huile d'olive – le beurre et la crème n'ont guère droit de cité ici. Du thon frotté aux épices de voyage au saint-pierre aux agrumes, chaque recette aspire à la santé et à la légèreté…

Spécialités : Thon rouge frotté aux épices, niçoise acidulée. Filet de daurade cuit dans une nage de légumes, ravioles de courgette et truffe noire. Soufflé au tokaji.

⬅ 🔥 🍸 ♿ 🅰️ 🅿️ – Menu 140/170 € – Carte 130/165 €

La Réserve Ramatuelle, Chemin de la Quessine – 𝒞 04 94 44 94 44 –
www.lareserve-ramatuelle.com – Fermé 10 octobre-15 avril, et le midi

⫶○ **BYBLOS BEACH** ⓝ

MÉDITERRANÉENNE · **TENDANCE** ✗✗ Sur la plage de Pampelonne, aujourd'hui entièrement réhabilitée dans une perspective durable, ce bibelot brillant tout de bois sablé et de coton n'est pas réservé aux seules bimbos ! Rocco Seminara (également chef le soir de la Cucina) y sert de délicieux poissons, des viandes grillées au feu de bois et des pâtes très prisées – à déguster les pieds dans le sable, face à la mer.

⫷ 斎 ⅊ 🅿 – Carte 60/120 €

Byblos, boulevard du Général-Patch (plage de Pampelonne) – ℰ 04 94 43 15 00 – Fermé 10 octobre-15 avril, lundi soir, mardi soir, mercredi soir, jeudi soir, vendredi soir, samedi soir, dimanche soir

⫶○ **JARDIN TROPEZINA** ⓝ

MÉDITERRANÉENNE · **ÉLÉGANT** ✗✗ Intégré en douceur sur la mythique plage de Pampelonne, ce jardin-terrasse méditerranéen, où domine le bois et les plantes, tient ses promesses. Un cadre irrésistible face à la mer où l'on se régale grâce à une carte gourmande et généreuse qui fait la part belle aux viandes et aux poissons d'exception, ainsi qu'aux produits du soleil...

⫷ 斎 ⅊ 🅿 – Carte 50/140 €

Château de la Messardière, route de Tahiti (plage de Pampelonne) – ℰ 04 94 97 36 78 – www.jardin-tropezina.fr – Fermé 1er janvier-11 février

⫶○ **LA RÉSERVE À LA PLAGE** ⓝ

MÉDITERRANÉENNE · **DÉCONTRACTÉ** ✗✗ Voici la Réserve Ramatuelle, version plage de Pampelonne, sous les atours charmeurs de ce restaurant de plage, chic et décontracté, et signé... Philippe Starck. Aux fourneaux, le chef normand Nicolas Cantrel séduit une clientèle aux anges avec une cuisine d'esprit riviera, de belles viandes, la pêche du jour et toujours des produits de qualité.

⫷ 斎 ⅏ – Carte 55/140 €

La Réserve Ramatuelle, chemin de l'Épi (plage de Pampelonne) – ℰ 07 85 14 72 90 – Fermé 28 septembre-1er mai, et le soir

🏛 **LA RÉSERVE RAMATUELLE**

PALACE · **ÉLÉGANT** Un lieu caché, rare... Dès l'arrivée, le bâtiment éblouit : tout en transparence, comme suspendu au-dessus de la mer, avec la flore méditerranéenne pour écrin. Chaque chambre, au minimalisme racé, est un balcon sur la Grande Bleue ! Un sommet de luxe contemporain, qui capte l'essence de cette côte si azurée...

⌘ ⫷ 🛏 ⚏ 🔲 ⊛ 🛁 🗄 ⅊ 🄰 🅿 – 19 suites – 8 chambres

Chemin de la Quessine – ℰ 04 94 44 94 44 – www.lareserve-ramatuelle.com

❀❀ **La Voile** · ⫶○ **La Réserve à la Plage** – Voir la sélection des restaurants

RAYOL-CANADEL-SUR-MER

✉ 83820 – Var – Carte régionale n° **24**–C3 – Carte Michelin 340-N7

⫶○ **LE RELAIS DES MAURES**

TRADITIONNELLE · **RUSTIQUE** ✗ Cette grande auberge cultive le goût du Sud. Le chef y réalise une cuisine pétrie de tradition, calée sur le marché et bien ficelée, pour un excellent rapport plaisir/prix. Quelques chambres pour prolonger le séjour, avec vue sur la mer au 2e étage. Une adresse sympathique.

⇦ 🛏 斎 ⅊ 🅿 – Menu 39/52 €

1 avenue Charles-Koecklin, Le Canadel – ℰ 04 94 05 61 27 – www.lerelaisdesmaures.fr – Fermé 1er novembre-2 avril, lundi

LE BAILLI DE SUFFREN

LUXE · BORD DE MER Superbe vue sur les îles d'Hyères depuis ce bel hôtel les pieds dans l'eau, entièrement rénové dans une veine contemporaine méditerranéenne jaune (sable, soleil) et bleu (mer et ciel). Plage privée, balcons et terrasses face aux flots, restaurants panoramiques... Ou comment vivre en intimité avec la mer ! Petit espace bien-être, avec salles de soins.

⌂ 🐾 ⟨ 🖕 ⌥ 🔟 🖥 🖕 🔠 🎿 🅿 – 55 chambres

Avenue des Américains – ℰ 04 98 04 47 00 – www.lebaillidesuffren.com

RICHERENCHES

✉ 84600 – Vaucluse – Carte régionale n° **24**-A2 – Carte Michelin 332-C7

🍴 O'RABASSE

MODERNE · FAMILIAL 🗶 Repris par un jeune couple de la région, O'Rabasse continue de célébrer la gourmandise au cœur de la "capitale de la truffe". Tout est fait maison par le chef, avec l'appui de fournisseurs locaux, et dans le respect scrupuleux des saisons. On passe un agréable moment, d'autant que l'accueil est souriant et le service efficace.

🏡 🔠 – Menu 34/130€

5 place de la Pompe – ℰ 09 52 97 34 93 – www.orabasse.com –
Fermé 22 mars-11 avril, 25 octobre-15 novembre, mardi, mercredi, jeudi midi

ROUBION

✉ 06420 – Alpes-Maritimes – Carte régionale n° **24**-D2 – Carte Michelin 341-D3

🍴 AUBERGE QUINTESSENCE

MODERNE · MONTAGNARD 🗶🗶 Au col de la Couillole, en plein Mercantour, on trouve cet ancien refuge, aujourd'hui tenu par un jeune couple. Ces deux-là vous réservent une cuisine actuelle aux inspirations montagnardes (herbes, en particulier)... et proposent de jolies chambres pour l'étape.

⇐ ⟨ 🏡 🖕 🅿 – Menu 39/75€

Route du Col-de-la-Couillole –
ℰ 04 93 02 02 60 – www.auberge-quintessence.com –
Fermé 10 mars-3 avril, 12 novembre-18 décembre, lundi midi, mardi, mercredi, jeudi midi, vendredi midi

LE ROURET

✉ 06650 – Alpes-Maritimes – Carte régionale n° **25**-E2 – Carte Michelin 341-D5

🍴 LE CLOS SAINT-PIERRE

PROVENÇALE · MÉDITERRANÉEN 🗶🗶 Face à l'église de ce village dédié aux parfums, une charmante auberge où l'on propose des menus imposés (sans choix), développés avec les beaux produits du marché. Agréable terrasse, service rapide et efficace.

🏡 🖕 – Menu 42€ (déjeuner), 60/75€

Place de la Mairie (quartier Saint-Pons) –
ℰ 04 93 77 39 18 – www.le-clos-saint-pierre.com –
Fermé 15 février-10 mars, 19-29 décembre, mardi, mercredi

🏠 HÔTEL DU CLOS

FAMILIAL · COSY Dans le haut du village, voilà bien un hôtel de charme... Un grand jardin planté d'oliviers centenaires et d'arbres fruitiers, des murs en pierre, des toits de tuiles, de jolies chambres toutes différentes, etc. : l'ensemble est résolument orienté côté Provence.

🐾 🖕 ⌥ 🖕 🔠 🅿 – 12 chambres

3 chemin des Écoles – ℰ 04 93 40 78 85 – www.hotel-du-clos.com

ROUSSILLON

✉ 84220 – Vaucluse – Carte régionale n° **25**–E1 – Carte Michelin 332-E10

🍴 DAVID - LE CLOS DE LA GLYCINE

MODERNE · **CONTEMPORAIN** ✕✕ Qu'il fait bon, le soir venu, s'installer dans cette belle maison de village ! Quand un chef réunionnais rencontre la Provence, cela donne des recettes qui jouent avec élégance le métissage culturel. Depuis la terrasse panoramique, on se régale aussi de la vue exceptionnelle sur les célèbres falaises ocres de Roussillon.

⟺ ≼ 🏠 🅰🅲 ⊞ ⇔ – Menu 40/56 € – Carte 55/70 €

Le Clos de la Glycine, 38 place de la Poste – ☎ 04 90 05 60 13 –
www.leclosdelaglycine.fr – Fermé 3 janvier-30 avril, mercredi

🍴 LE PIQUEBAURE 🆕

PROVENÇALE · **CONTEMPORAIN** ✕ Située au pied du village de Roussillon, cette jolie maison en pierres sèches propose une bonne cuisine d'inspiration provençale autour d'un menu séduisant, à base de produits frais. L'atout majeur du restaurant est sa seconde terrasse tournée vers la campagne du Luberon.

≼ 🏠 – Menu 34/49 € – Carte 48/56 €

167 avenue Dame Sirmonde – ☎ 04 32 52 94 48 – Fermé 11 novembre-31 mars, lundi
midi, mardi, mercredi midi, jeudi midi, vendredi midi, samedi midi, dimanche midi

ST-CANNAT

✉ 13760 – Bouches-du-Rhône – Carte régionale n° **24**–B3 – Carte Michelin 340-G4

✿ LE MAS BOTTERO

Chef: Nicolas Bottero

MODERNE · **ÉLÉGANT** ✕✕ Installé près d'Aix en Provence, le chef patron Nicolas Bottero (autrefois à Grenoble) propose une cuisine enthousiasmante, savoureuse et parfumée. Enfant, il venait dans la région chez sa grand-mère : il en a conservé la nostalgie des couleurs du sud, et un attachement au terroir. En témoignent le joli maigre de Méditerranée, minestrone aux coquillages, jus de rouille ou le dos d'agneau de Provence farci, asperges et morilles. Les producteurs des environs sont mis à contribution, un petit potager fournit les herbes aromatiques. La terrasse située sur l'arrière de la maison donne sur un petit jardin. Nicolas Bottero ? Discrétion, humilité, passion. Un coup de cœur.

Spécialités : Tartelette de légumes et caillé de fromage de chèvre aux herbes du jardin. Dos d'agneau cuit au foin, pois chiches bio et sarriette. Fraises au poivre de Sichuan, tuile croustillante et sorbet.

🍴 🏠 ♿ 🅰🅲 🅿 – Menu 29 € (déjeuner), 45/90 € – Carte 76/93 €

2340 route d'Aix-en-Provence – ☎ 04 42 67 19 18 – www.lemasbottero.com –
Fermé 1ᵉʳ-9 mars, 3-11 mai, 16-31 août, lundi, dimanche soir

ST-CHAMAS

✉ 13250 – Bouches-du-Rhône – Carte régionale n° **24**–A3 – Carte Michelin 340-F4

🍴 LE RABELAIS

CUISINE DU MARCHÉ · **AUBERGE** ✕✕ Installé dans la jolie salle voûtée du 17ᵉ s. d'un vieux moulin à blé, un restaurant que n'aurait pas renié le héros de Rabelais, l'insatiable Gargantua ! On y sert une goûteuse cuisine, ancrée dans les saisons et préparée avec grand soin (le menu change plusieurs fois par semaine). Pour faire étape, deux jolies chambres à l'étage. Une adresse située à proximité immédiate de la poudrerie de Saint-Chamas fondée en 1690. Histoire, littérature, gourmandise: qui dit mieux ?

Spécialités : Saumon mariné d'herbes, julienne de courgettes et pêches. Panaché de poissons, bisque. Macaron aux mûres, crème citron.

🏠 🅰🅲 ⇔ – Menu 30/50 €

8 rue Auguste-Fabre (centre-ville) – ☎ 04 90 50 84 40 –
www.restaurant-le-rabelais.com – Fermé 23 août-7 septembre, lundi, mardi, mercredi
soir, dimanche soir

ST-CRÉPIN

✉ 05600 – Hautes-Alpes – Carte régionale n° **24**–C1 – Carte Michelin 334-H4

✿ **LES TABLES DE GASPARD**

Chef : Sébastien Corniau

MODERNE • **ROMANTIQUE** ⅝ On passe un excellent moment dans ce restaurant plein de cachet, installé dans une ancienne étable voûtée datant du 16ᵉ s., où le fer et la pierre se marient harmonieusement. Après de nombreuses années passées à Bora Bora, Virginie Blampoix et Sébastien Corniau sont rentrés en métropole pour continuer leur aventure culinaire. Lui, en cuisine, célèbre de beaux produits (Saint-Jacques de plongée, par exemple) avec la manière : cuissons parfaites, saveurs bien équilibrées... C'est généreux, et les tarifs se révèlent plutôt raisonnables. Sans surprise, la formule séduit et le restaurant est souvent complet : pensez à réserver ! Trois chambres bien tenues pour l'étape.

Spécialités : Huitre et lentille verte en salade condimentée de mousse de haddock. Dos de lapin croustillant et pesto, légumes du soleil en caponatta. Le citron.

⇦ ⅊ – Menu 36/74 € – Carte 36/74 €

Rue Principale – ℰ 04 92 24 85 28 – www.lestablesdegaspard.com – Fermé 1ᵉʳ-16 juin, 28 septembre-8 octobre, 16 novembre-16 décembre, mardi, mercredi, jeudi midi

ST-ÉTIENNE-DU-GRÈS

✉ 13103 – Bouches-du-Rhône – Carte régionale n° **25**-E1

ⅠⓄ **EÏDRA ⓝ**

MODERNE • **TENDANCE** ⅝⅝ Une toute nouvelle table située dans un village entre Saint-Rémy-de-Provence et Arles. Un jeune couple franco-australien y propose une cuisine dans l'air du temps avec une orientation nature et locavore.

⇦ ⅊ ⅊ ẞ – Menu 28 € (déjeuner)/58 € – Carte 48/58 €

3 avenue de Saint-Rémy – ℰ 09 75 60 50 92 – www.eidra-restaurant.com – Fermé lundi, mardi, dimanche soir

ST-JEAN-CAP-FERRAT

✉ 06230 – Alpes-Maritimes – Carte régionale n° **25**-E2 – Carte Michelin 341-E5

✿ **LE CAP**

CRÉATIVE • **LUXE** ⅝⅝⅝⅝ Mettez le cap sur ce palace mythique du début du 20ᵉ s. ! Situé tout au bout d'une péninsule magique face à la grande bleue, le Grand-Hôtel du Cap-Ferrat est caché au milieu de jardins luxuriants où les *people* du monde entier aiment à flâner. Pour vous attabler, vous aurez le choix entre la superbe salle à manger ou la terrasse rafraîchie par les immenses pins d'Alep... Aux fourneaux, on trouve le chef Yoric Tièche, natif d'Aix-en-Provence. Il puise son inspiration dans l'histoire de la Provence gourmande et met superbement en valeur les produits méditerranéens : sardines, crème de haddock fumé, pommes de terre et caviar ; homard bleu piqué à la menthe, aubergine, yaourt au ras-el-hanout ; lisettes marinées, crémeux de fenouil et soupe de roche...

Spécialités : Sardines de Méditerranée au caviar osciètre, pomme de terre fumée. Mon concentré de Méditerranée, poissons de roche, pistes, poutargue et légumes. Chocolat signature, croustillant à la noisette du Piémont et sa crème.

ⅇ ⅊ ⅊ ⅊ ⅊ ⅊ ⅊ – Menu 145/165 € – Carte 150/175 €

Grand Hôtel du Cap Ferrat, 71 boulevard du Général-de-Gaulle (au Cap-Ferrat) – ℰ 04 93 76 50 50 – www.fourseasons.com/fr/capferrat – Fermé 3 octobre-15 avril, lundi, dimanche et le midi

ⅠⓄ **LA TABLE DU ROYAL**

MÉDITERRANÉENNE • **ÉLÉGANT** ⅝⅝⅝ Français d'origine italienne, le chef interprète ici une partition aux accents provençaux, matinée parfois d'épices – souvenirs de ses années passées à Bora-Bora. La carte de saison, le service au guéridon, tout est de bon goût. Imaginez-vous assis sur la terrasse, la mer à perte de vue...

⇦ ⅊ ⅊ ⅊ ⅊ – Menu 73/105 € – Carte 85/130 €

Royal Riviera, 3 avenue Jean-Monnet – ℰ 04 93 76 31 00 – www.royal-riviera.com – Fermé 14 novembre-16 janvier, le midi

GRAND HÔTEL DU CAP FERRAT

PALACE · ÉLÉGANT Époustouflant ! Le parc divin et ses superbes pins parasols, la vue sur la côte tout simplement sublime, la somptueuse piscine à débordement, la gourmandise des restaurants, les suites avec leur piscine privée... L'élégance luxueuse d'un grand hôtel mythique, né en 1908. Tout ici est une invitation au farniente !

✿ ⌘ ⬍ ⌂ ⌕ ⊕ ⌦ ⬡ ⌘ ⚙ 🚗 – 49 chambres – 24 suites

71 boulevard du Général-de-Gaulle (au Cap-Ferrat) – ☏ 04 93 76 50 50 – www.fourseasons.com/fr/capferrat

✿ **Le Cap** – Voir la sélection des restaurants

ROYAL RIVIERA

LUXE · PERSONNALISÉ Une bâtisse construite en 1904, avec son beau jardin. La plupart des chambres donnent sur la Grande Bleue et, dans l'Orangerie, elles adoptent un style entre contemporain et provençal chic. Plage privée, belle piscine, cuisine fusion au restaurant.

✿ ⬍ ⌂ ⌕ ⊕ ⌦ ⬡ ⌘ ⚙ 🅿 – 94 chambres – 3 suites

3 avenue Jean-Monnet – ☏ 04 93 76 31 00 – www.royal-riviera.com

⊛ **La Table du Royal** – Voir la sélection des restaurants

ST-MAXIMIN-LA-STE-BAUME

✉ 83470 – Var – Carte régionale n° **24**-B3 – Carte Michelin 340-K5

⊛ LA TABLE DE BRUNO

MODERNE · ÉPURÉ ✕✕ Après avoir fait les beaux jours de maisons provençales de qualité, Bruno Gazagnaire a créé cette table avec son épouse, elle-même pâtissière. Fleurs de courgettes farcies et risotto Arborio aux champignons de saison, etc. : la carte cultive avec délicatesse les codes de la gastronomie d'aujourd'hui.

⬡ ⌦ – Menu 28 € (déjeuner)/50 €

2 avenue Maréchal-Foch – ☏ 04 94 80 50 39 – Fermé lundi, dimanche soir

ST-PANTALÉON

✉ 84220 – Vaucluse – Carte régionale n° **25**-E1 – Carte Michelin 332-E10

⊕ BISTROT DES ROQUES 🔵

CUISINE DU MARCHÉ · SIMPLE ✕ A Saint-Pantaléon, petit village du Luberon, se trouve une modeste auberge. Approchez, poussez la porte, Charlotte et Benoît, jeune couple de professionnels, vous attendent. Vous voilà installé ? Laissez-vous maintenant cueillir par une cuisine du marché parfumée et pleine de fraîcheur. Le menu servi au déjeuner est une telle aubaine qu'on a presque hésité à le mentionner ici. Le soir, le chef propose un menu surprise intitulé « je sais pas » entre quatre temps. Un coup de cœur.

Spécialités : Cuisine du marché.

🌤 ⌦ – Menu 18 € (déjeuner), 32/39 €

225 rue des Roques – ☏ 06 40 89 34 32 – Fermé 25-31 janvier, 26 octobre-28 novembre, lundi, dimanche

ST-PAUL-DE-VENCE

✉ 06570 – Alpes-Maritimes – Carte régionale n° **25**-E2 – Carte Michelin 341-D5

⊛ AU JARDIN DE LA VAGUE

MODERNE · DESIGN ✕✕ Côté jardin, la grande salle lumineuse et contemporaine, encadrée de baies vitrées, accueille la table de l'hôtel. La courte carte alléchante se base sur de bons produits frais, avec quelques touches asiatiques par endroits ; elle s'accompagne d'une jolie carte des vins.

⇆ ⬍ ⌂ 🌤 ⌦ 🅿 – Menu 35 € (déjeuner), 59/75 € – Carte 70/90 €

La Vague de Saint-Paul, Chemin des Salettes – ☏ 04 92 11 20 00 – www.vaguesaintpaul.com – Fermé 15 novembre-15 mars

PROVENCE - ALPES - CÔTE D'AZUR

 LE SAINT-PAUL

LUXE · ÉLÉGANT Belles pierres, fresques champêtres, fontaine, chambres au charme feutré... Voilà le décor élégant de cette demeure provençale du 16e s. perchée dans le village médiéval.

♨ ≤ 🖭 🔢 – 13 chambres – 3 suites

86 rue Grande (au village) –
𝒞 04 93 32 65 25 – www.lesaintpaul.com

 LA COLOMBE D'OR

AUBERGE · VINTAGE Cet hôtel-restaurant est un vrai musée ! Il abrite une superbe collection de peintures et de sculptures d'artistes ayant séjourné ici, tels Braque, Léger, Ben... Cadre "vieille Provence" et chambres au décor rustique, terrasse ombragée, et magnifique piscine en pâte de verre.

⛲ ⊐ ⅄ 🔢 🅿 – 13 chambres – 12 suites

Place Charles-de-Gaulle – 𝒞 04 93 32 80 02 – www.la-colombe-dor.com

LA VAGUE DE SAINT-PAUL

BUSINESS · CONTEMPORAIN Cette construction en forme de vague, conçue par André Minangoy dans les années 1970, laisse d'abord perplexe, puis séduit. À l'intérieur, grand hall lumineux très "seventies" ; belles chambres épurées et rehaussées de couleurs vives. Plaisant !

♨ ⊜ ⅄ 📶 ♨ 🖭 ⅄ 🔢 ♨ 🅿 – 46 chambres – 4 suites

Chemin des Salettes – 𝒞 04 92 11 20 00 – www.vaguesaintpaul.com

🍽○ **Au Jardin de la Vague** – Voir la sélection des restaurants

ST-RAPHAËL

✉ 83700 – Var – Carte régionale n° **24**-C3 – Carte Michelin 340-P5

❀ **LA TERRASSE**

PROVENÇALE · MÉDITERRANÉEN ᛉ *(Restaurant fermé temporairement en 2020 en raison de la crise sanitaire)* Un lieu unique et magique au sein d'un hôtel "les pieds dans l'eau" : un roof-top au-dessus de la grande bleue avec en ligne de mire l'île d'Or. Le chef, Joël Bailly, s'inspire de la "cuisine provençale de tradition populaire" du poète et félibrige René Jouveau, grand défenseur de la langue et de la culture occitane. Pêche et huile d'olive locales, fromage de brebis et légumes des potagers des environs : voilà l'ordinaire de ce cuisinier qui élabore des recettes modernes, parfois inventives, goûteuses et aux dressages précis. Le végétal et l'iode s'y taillent souvent la part du lion : tartare de loup et petits pois, rouget de roche sur medley de légumes en ratatouille, et, en dessert, une variation sur le citron et le fenouil, pleine de caractère...

Spécialités : Cuisine du marché.

≤ 🍴 ⅄ ♨ 🅿 – Menu 98/145€

Les Roches Rouges, 90 boulevard de la 36ème-Division-du-Texas –
𝒞 04 89 81 40 60 – www.hotellesrochesrouges.com –
Fermé 5 octobre-15 mai, lundi, mardi, et midi

🍽○ **LE BOUGAINVILLIER**

MODERNE · ÉLÉGANT ᛉᛉ Quel cadre enchanteur que celui de La Villa Mauresque dont la terrasse, ouverte sur un jardin exotique, regarde la mer dans les yeux. Le lieu rêvé pour déguster une cuisine méditerranéenne, aux influences transalpines, et axée sur les produit frais et locaux. Des préparations franches en saveur qui sont proposées à l'ardoise.

≤ 🍴 ♨ 🅿 – Menu 59/79€

La Villa Mauresque, 1792 route de la Corniche –
𝒞 04 94 83 02 42 – www.villa-mauresque.com –
Fermé 1er octobre-1er avril, lundi, mardi

PROVENCE - ALPES - CÔTE D'AZUR

LE JARDIN DE SÉBASTIEN

PROVENÇALE · ÉLÉGANT XX Près des golfs de Valescure, une villa méditerra-néenne cernée par les pins et les mimosas. Le couple charmant qui préside à ses destinées concocte une cuisine aux parfums de Provence : croustillant d'agneau braisé aux aubergines confites, crêpes chaudes au caramel d'orange... À déguster sur la charmante terrasse.

 – Menu 33/53 € – Carte 43/53 €

595 avenue des Golfs, à Valescure – ℰ 04 94 44 66 56 – www.jardinsebastien.canalblog.com – Fermé 18 octobre-8 novembre, lundi, mercredi midi, dimanche soir

LA VILLA MAURESQUE

LUXE · ÉLÉGANT En bord de mer, cette magnifique villa d'inspiration mau-resque – datant de 1881 – ne manque pas d'atouts. Mobilier chiné, bibelots et tableaux orientaux habillent superbement les chambres, toutes différentes et baptisées d'après de grands artistes (Degas, Wilde, Rimbaud...). Une demeure d'exception !

 – 23 chambres – 5 suites

1792 route de la Corniche – ℰ 04 94 83 02 42 – www.villa-mauresque.com

⫶○ **Le Bougainvillier** – Voir la sélection des restaurants

LES ROCHES ROUGES

LUXE · MÉDITERRANÉEN Face à l'île d'Or, un hôtel les pieds dans l'eau. Les chambres aux intérieurs épurés (béton armé et mobilier scandinave) invitent à la méditation. Plus qu'un hôtel, une philosophie. D'ailleurs, pas de télévision : elle empêcherait d'admirer la mer... Loin des ondes, plus près de l'onde.

 – 45 chambres

90 boulevard de la 36ème-Division-du-Texas – ℰ 04 89 81 40 60 – www.hotellesrochesrouges.com

❀ **La Terrasse** – Voir la sélection des restaurants

LE TOURING

URBAIN · ART DÉCO Une belle renaissance pour cet hôtel à la situation idéale, au centre-ville, et décoré avec goût, dans le style Art Déco. Des tableaux d'art contemporain décorent couloirs et chambres, qui donnent toutes (exceptée la plus petite) sur le port de plaisance. Salle de fitness, hammam, et salle de mas-sage. Une réussite.

⫶ – 10 chambres – 2 suites

1 quai Albert-1er – ℰ 04 94 55 01 50 – www.letouring.fr

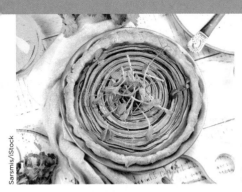

⊠ 13210 – Bouches-du-Rhône
Carte régionale n° **25**–E1
Carte Michelin 340-D3

ST-RÉMY-DE-PROVENCE

Au cœur des Alpilles, boulevards ombragés et ruelles de charme, terrasses caressées par le soleil, places ornées de fontaines, senteurs de thym et de romarin... Tout, dans ce village, invite à profiter du moment présent. Très touristique, le lieu a quand même conservé d'authentiques artisans de bouche. À la confiserie le Petit Duc, on célèbre les recettes anciennes (nougats, calissons, croquants aux amandes). Confiseur familial depuis 1886, Lilamand a conservé ses procédés artisanaux de fabrication de fruits confits. Quant au chocolatier Joël Durand, il demeure l'un des meilleurs de la région, célébré pour son alphabet tout chocolat et ses ganaches mémorables. Le marché reflète à merveille le terroir local : vous y trouverez les fromages de chèvre des Alpilles, fabriqués aux portes de la ville, mais aussi les légumes et les fruits de producteurs locaux, de l'huile d'olive et des miels. La Provence comme on l'aime.

Restaurants

✿ L'AUBERGE DE ST-RÉMY-DE-PROVENCE

Chefs : Fanny Rey & Jonathan Wahid

MODERNE · **ÉLÉGANT** XX La cheffe Fanny Rey est aux fourneaux de cette vénérable Auberge et décline une savoureuse cuisine du marché, mettant joliment en valeur les produits des Alpilles. À ses côtés, Jonathan Wahid, son compagnon (et frère de Sylvestre, brillant chef parisien), pâtissier émérite et ancien champion de France du dessert, sait mettre en valeur les bons produits du Sud gorgés de soleil comme la figue. On s'en délecte dans un décor très design (plafond blanc en forme ondulée, murs en pierre nue) ou sur la terrasse. Chambres confortables et entièrement rénovées.

Spécialités : Finesse de moules, caviar et épis de maïs. Retour du pêcheur, jardin des Alpilles et bouillon de roche "51". Éternel craquant au caramel.

⇜ 🏡 🕭 Ⓜ ⇄ – Menu 75 € (déjeuner), 110/170 € – Carte 130/155 €

Plan : B1-d – *12 boulevard Mirabeau* –
℘ *04 90 92 15 33* –
www.aubergesaintremy.com –
Fermé 3 janvier-6 avril, lundi, mardi midi, mercredi midi, dimanche

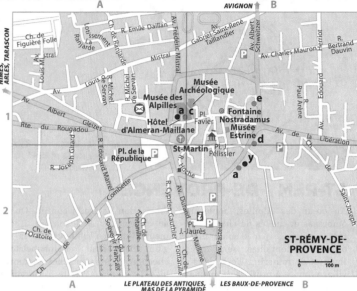

AVIGNON

ST-RÉMY-DE-PROVENCE

LE PLATEAU DES ANTIQUES, LES BAUX-DE-PROVENCE
MAS DE LA PYRAMIDE

✿ RESTAURANT DE TOURREL

MODERNE · ÉLÉGANT XX C'est entre les murs de ce magnifique hôtel particulier que Charles Gounod fit entendre les premières mesures de son opéra Mireille à l'écrivain provençal Frédéric Mistral, auteur du livret... Aujourd'hui, au rez-de-chaussée, on vient goûter la partition méditerranéenne d'un jeune chef marseillais, Jérémy Scalia, ancien protégé de Lionel Lévy, également passé au Bristol. Notre palais chante et s'enchante des mélodies fraîches et savoureuses de ce jeune ténor. Dans une ambiance joliment rétro, avec quelques touches Art déco, il glorifie les produits de la région : tomates de Provence de pleine terre, rouget en bouillabaisse, agneau de la Crau et mêmes sardines au barbecue. Aucun air ne lui fait peur !

Spécialités : Rouget de Méditerranée, fenouil, rouille et soupe de poissons de roche. Agneau de la Crau, oignons caramélisés, cébettes, ail et anchois. Fraises gariguettes, sorbet fraise, yaourt, miel et thym.

🕮 ⅋ 🅰 – Menu 95/120 €

Plan : A1-c – *Hôtel de Tourrel, 5 rue Carnot –*
℘ 04 84 35 07 20 – www.detourrel.com –
Fermé 1ᵉʳ novembre-1ᵉʳ mars, lundi, mardi midi, mercredi midi, jeudi midi, vendredi midi, samedi midi, dimanche

⑩ LE VALLON DE VALRUGUES

MODERNE · ÉLÉGANT XxX Une table d'une certaine élégance (cheminée monumentale, tables rondes) dont le chef, entouré d'une équipe motivée, propose une cuisine d'inspiration provençale, mâtinée de modernité. Esprit bistrot autour d'une carte saisonnière au déjeuner ; le soir, menu du jour un peu plus élaboré. On savoure surtout la très belle terrasse sous les mûriers-platanes dès les premiers beaux jours.

⅋ ⋖ 🖕 🕮 🅰 ♻ 🅿 – Menu 39 € (déjeuner), 75/95 €

Hors plan – *Le Vallon de Valrugues & Spa, 9 chemin Canto-Cigalo –*
℘ 04 90 92 04 40 – www.vallondevalrugues.com

⭐ LES TERRASSES DE L'IMAGE

CUISINE DU MARCHÉ · CONTEMPORAIN 🍴🍴 Antoine Gras, le chef étoilé de la Table de l'Ours à Val d'Isère, a posé ses valises pour l'été dans les Alpilles. Dans cet hôtel, il propose une délicieuse cuisine estivale influencée par la saison et la Provence mâtinée de touches personnelles percutantes. Ses assiettes, rudement bien tournées, précises, parfumées épatent par leur maîtrise technique.

🌿 ⅋ 🎧 – Menu 59/89€

Plan : B2-a – *Hôtel de l'Image, 36 boulevard Victor-Hugo –*
☎ 04 90 92 51 50 – www.hotel-image.fr –
Fermé 1ᵉʳ octobre-15 mai, lundi, mardi midi, mercredi midi, jeudi midi, vendredi midi, samedi midi, dimanche midi

⭐ CHAPEAU DE PAILLE - BISTROT PROVENÇAL

PROVENÇALE · BISTRO 🍴 Du Bourvil et du Piaf en fond sonore, des chapeaux de paille sur les murs, une ambiance brocante, c'est gai ! Dans ce bistrot rustique et provençal situé sur le boulevard circulaire, les produits du marché et de saison donnent le ton de l'assiette : terrine de cochon, escabèche, aïoli, côte de taureau de Camargues, caille flambée au pastis...

🌿 ⅋ – Menu 32€ (déjeuner) – Carte 38/64€

Plan : B1-e – *29 boulevard Mirabeau – ☎ 04 90 92 85 78 –*
www.bistrot-chapeaudepaille.com –
Fermé dimanche

Hôtels

🏠 LE CHÂTEAU DES ALPILLES

DEMEURE HISTORIQUE · PERSONNALISÉ Superbe demeure du 19ᵉ s. décorée avec goût, dans un parc aux platanes centenaires. Chambres classiques au château, contemporaines dans les annexes : mas, lavoir, chapelle... Impossible de ne pas trouver son bonheur !

🏡 ⅋ 🛁 🍳 🛗 ⅋ 🎧 🏋 🅿 – 18 chambres – 2 suites

Hors plan – *Route du Rougadou – ☎ 04 90 92 03 33 – www.chateaudesalpilles.com*

🏠 HÔTEL DE TOURREL

LUXE · DESIGN Ce superbe hôtel particulier du 17ᵉ s., au confort raffiné, possède l'élégance d'un palace. Le luxe discret des chambres dissimule toujours un atout – ici, une charpente apparente, là, une vue sur les toits... Exceptionnel, tout simplement.

🏡 🍳 🍳 ⅋ 🎧 – 9 chambres

Plan : A1-a – *5 rue Carnot – ☎ 04 84 35 07 20 – www.detourrel.com*
❀ **Restaurant de Tourrel** – Voir la sélection des restaurants

🏠 HÔTEL DE L'IMAGE

BOUTIQUE HÔTEL · DESIGN Joli destin que celui de cet ancien cinéma et music-hall métamorphosé en hôtel design ! Les chambres, aux lignes épurées, disposent pour la moitié d'une terrasse. À noter : une originale suite-cabane dans un arbre et un amusant labyrinthe dans le parc.

🏡 ⅋ ≤ 🛁 🍳 🍳 ⅋ 🎧 🏋 🅿 – 25 chambres – 7 suites

Plan : B2-y – *36 boulevard Victor-Hugo – ☎ 04 90 92 51 50 – www.hotel-image.fr*
🍴 **Les Terrasses de l'Image** – Voir la sélection des restaurants

ST-SATURNIN-LÈS-APT

✉ 84490 – Vaucluse – Carte régionale n° **25**-E1 – Carte Michelin 332-F10

DOMAINE DES ANDÉOLS

LUXE · DESIGN Comment résumer un tel endroit ? L'environnement magnifique (un grand parc entouré de champs de lavande et de palmiers), les "junior suites" installées dans de petites maisons et décorées à la mode contemporaine, mais aussi le Platane, un bistrot niché à l'ombre d'un impressionnant platane multicentenaire... Saisissant !

🍴 🐾 ⬅ 🛏 ⏚ 🔲 ♿ 🎰 **P** – 16 suites – 3 chambres

D2 – ✆ *04 90 75 50 63* – *www.andeols.com*

ST-TROPEZ

✉ 83990 – Var – Carte régionale n° **24**-C3 – Carte Michelin 340-O6

✿✿✿ LA VAGUE D'OR - CHEVAL BLANC ST-TROPEZ

CRÉATIVE · LUXE 𝕏𝕏𝕏 Originaire de Normandie, Arnaud Donckele a trouvé à St-Tropez un cadre enchanteur – un hôtel sous les pins, face à la mer. Sa Vague d'Or promet chaque jour à ses clients une expérience exceptionnelle ! L'assiette, en premier lieu, vaut bien des superlatifs. Avec les meilleurs produits (légumes du potager, poissons et crustacés), Donckele rend un magnifique hommage à ces contrées ensoleillées. Accords de saveurs enivrants, jus et sauces parfaits, travail méticuleux sur les textures... Comment rester insensible devant tant d'inspiration et d'exigence ? On peut citer ce désormais classique tourton de légumes de Provence et sa langouste de Méditerranée, l'un des plats favoris du chef, où toute sa philosophie de cuisinier s'exprime librement. Si, avec cela, cette Vague d'Or n'emporte pas tout sur son passage...

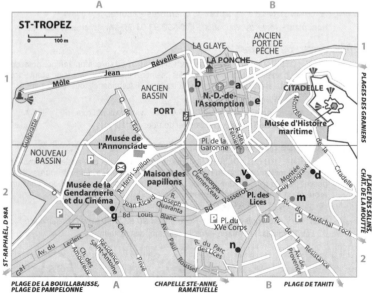

Spécialités : Pâte zitone fourrée de truffe noire et foie gras, artichaut violet en trois textures. Langouste du Cap Lardier cuite dans une pâte de sel, algues et feuilles et écorces de citron vert. Tarte aux cinq limono medica et eau à la vanille de Tahaa.

🕸 ⪕ 🀆🕸 🕭 𝕄 🀰 𝓟 – Menu 310/360 € – Carte 260/320 €

Hors plan – *Cheval Blanc St-Tropez, Plage de la Bouillabaisse* –
℘ 04 94 55 91 00 – www.chevalblanc.com –
Fermé 11 octobre-1ᵉʳ mai, mercredi, jeudi et le midi

❀ **COLETTE** ⓝ

MODERNE · CONTEMPORAIN XX Tombée amoureuse de Saint-Tropez, Colette avait acheté une petite maison qui jouxte l'hôtel de Sezz et son restaurant, baptisé en son honneur. Auteur à la technique sûre, Philippe Colinet y signe une cuisine épurée et végétale qui honore les légumes et les saveurs méditerranéennes : pigeon rôti, jus corsé, pois chiche et huile de sésame ; huître grillée, crème d'échalotes, pulpe de cresson et charbon de pain... Salle lumineuse au décor minimaliste à l'unisson d'un hôtel qui a fêté ses 10 ans en 2020.

Spécialités : Huître grillée, crème d'échalote et pulpe de cresson. Loup de Méditerranée rôti, fenouil confit et jus de coquillages. Chocolat guanaja, meringue de charbon végétal et sorbet au thym.

🕭 𝕲 𝕄 🀰 – Menu 96 € – Carte 70/110 €

Hors plan – *Sezz, 151 route des Salins* –
℘ 04 94 44 53 11 – www.colettesainttropez.com –
Fermé 2 octobre-22 avril

❀○ **LE BELROSE**

MODERNE · LUXE XxX Situation exceptionnelle pour cette table, avec vue imprenable sur le golfe de Saint-Tropez. Dans l'assiette, la Méditerranée est à l'honneur : jardin de légumes ; tartare de gamberi rossi et caviar osciètre ; carpaccio de vicciola ; filet de Saint-Pierre, barigoule d'artichaut... Une cuisine du soleil, mêlée d'influences italiennes.

⪕ 🕭 𝕄 𝕲 𝓟 🕭 – Menu 115/150 € – Carte 110/175 €

Hors plan – *Villa Belrose, Boulevard des Crêtes* –
℘ 04 94 55 97 88 – www.villabelrose.com –
Fermé 10 octobre-1ᵉʳ mai, lundi midi, mardi midi, mercredi midi, jeudi midi, vendredi midi, samedi midi, dimanche midi

❀○ **CUCINA BYBLOS**

ITALIENNE · TENDANCE XX En lieu et place de Rivea, le restaurant du Byblos se réinvente toujours sous la houlette d'Alain Ducasse. Fort de son succès parisien, il adapte Cucina à la mode Saint-Tropez. Un endroit chic et convivial avec grande cuisine vitrée, murs végétaux et terrasse sous les platanes. Dans l'assiette, une cuisine italienne de partage généreuse, à base de produits transalpins de belle qualité.

🕭 𝕄 – Carte 52/110 €

Plan : B2-m – *Byblos, 27 avenue du Maréchal-Foch* –
℘ 04 94 56 68 20 – www.byblos.com –
Fermé 4 octobre-20 avril, lundi midi, mardi midi, mercredi midi, jeudi midi, vendredi midi, samedi midi, dimanche midi

❀○ **L'ISOLETTA**

ITALIENNE · ROMANTIQUE XX Le Sud prend ses aises dans le cadre feutré de l'hôtel La Bastide. De beaux produits rendent hommage à l'Italie. Les saveurs sont équilibrées, les préparations justes : chaque assiette parle de soleil, d'oliviers et de méditerranée.

🀆🕭 🀰 𝓟 – Carte 64/110 €

Hors plan – *La Bastide de St-Tropez, 25 route des Carles* –
℘ 04 94 55 82 55 – www.bastidesaint-tropez.com –
Fermé 1ᵉʳ janvier-12 février, lundi, mardi midi, dimanche soir

LE PATIO

ITALIENNE · ÉLÉGANT XX Au sein de l'hôtel Yaca, refuge de charme des artistes et des célébrités (de Colette à BB) qui aiment ses tomettes et ses meubles anciens, le restaurant le Patio propose une cuisine italienne goûteuse et raffinée, qui doit beaucoup à d'excellents produits importés directement de la Botte. Un moment encore plus agréable lorsqu'on s'installe sur la terrasse ombragée, autour de la piscine...

⇦ 🔐 🅼 🧖 🅿 – Carte 50/105 €

Plan : B1-e – *Le Yaca, 1-3 boulevard d'Aumale* – ℰ *04 94 55 81 00* – *www.hotel-le-yaca.fr* – *Fermé 3 octobre-28 avril*

LA TABLE DU MAS

TRADITIONNELLE · ÉLÉGANT XX À l'abri du tumulte tropézien, cette élégante bastide du 17ᵉ s. célèbre au quotidien les trésors méditerranéens – loup, rouget, saint-pierre, poulpe – mais aussi les savoureux légumes de la région ; la carte va à l'essentiel au rythme des saisons, et se révèle en parfaite harmonie avec l'esprit de la maison, entre luxe et authenticité. Belle terrasse sous la tonnelle.

⇔ 🔐 🅿 – Menu 65/130 € – Carte 87/98 €

Hors plan – *Mas de Chastelas, 2 chemin du Chastelas, quartier Bertaud* – ℰ *04 94 56 71 71* – *www.chastelas.com* – *Fermé 10 octobre-28 avril, lundi midi, mardi midi, mercredi midi, jeudi midi, vendredi midi, samedi midi, dimanche midi*

BEEFBAR ⓝ

VIANDES · TENDANCE XX Voici la version tropézienne, pleine de charme, du concept "beef bar" qui fait florès partout dans le monde. Sur cette terrasse enchanteresse qui domine la piscine de l'hôtel, le carnivore et l'amateur de cuisines exotiques s'attablent face à des viandes d'exception (bœuf wagyu ou black angus) et des plats sous influence sud-américaine et asiatique.

🔐 ♿ 🧖 – Carte 40/130 €

Hors plan – *chemin du Pinet* – ℰ *04 94 97 99 50* – *www.loupinet.com* – *Fermé 15 octobre-1ᵉʳ mai*

LA PETITE PLAGE

MÉDITERRANÉENNE · TENDANCE X Dans ce restaurant du port du village, Eric Frechon signe la carte et la mer fait le reste. On se délecte d'une goûteuse cuisine méditerranéenne revisitée, les pieds dans le sable face aux yachts, objets de tous les commentaires. Le soir, en été, un DJ anime les lieux, Saint-Tropez oblige ! Et au milieu de tant d'agitation, le service attentionné tient le cap.

Carte 60/150 €

Plan : B1-b – *9 quai Jean-Jaurès* – ℰ *04 94 17 01 23* – *www.lapetiteplage-saint-tropez.com* – *Fermé 1ᵉʳ-28 février*

LE BANH HOÏ

ASIATIQUE · ROMANTIQUE X Quel joli décor ! Lumière tamisée, atmosphère romantique, murs et plafonds laqués de noir, bouddhas stylisés servent d'écrin à une sympathique cuisine parfumée, vietnamienne et thaïlandaise. L'adresse a beau multiplier les terrasses tout au long de cette ruelle sinueuse et jusque sur le ravissante place pavée, il est impératif de réserver...

🔐 🅼 ⇔ – Carte 56/74 €

Plan : B1-a – *12 rue Petit-Saint-Jean* – ℰ *04 94 97 36 29* – *www.banh-hoi.com* – *Fermé 10 octobre-1ᵉʳ avril*

TO SHARE ⓝ

MODERNE · TENDANCE X Quand le chanteur américain Pharell Williams et le Top Chef Jean Imbert se mettent derrière leurs platines gourmandes, ça donne "To Share", soit une *street food* aux accents asiatiques et latinos, ludique et percutante, à partager en terrasse dans une ambiance cool au déjeuner et électrique le soir. Happy, non ?

🔐 – Carte 35/70 €

Plan : B2-a – *Place des Lices* – ℰ *04 94 45 50 50* – *Fermé 1ᵉʳ octobre-10 mai*

🏨 BYBLOS

PALACE · PERSONNALISÉ Le palace mythique de St-Tropez, véritable village dans le village – un ensemble de maisons colorées entrelacées de jardins et de patios. Les chambres regorgent d'œuvres d'art, le spa est superbe, la boîte de nuit incontournable... L'alliance du luxe et de la convivialité.

🏔 🌊 ⛆ 🌐 🛗 🔲 🆒 🧖 🅿 🚗 – 50 suites – 41 chambres

Plan : B2-d – *20 avenue Paul-Signac* – *☏ 04 94 56 68 00* – *www.byblos.com*

🍽○ **Cucina Byblos** • 🍽○ **Byblos Beach** – Voir la sélection des restaurants

🏨 CHÂTEAU DE LA MESSARDIÈRE

PALACE · PERSONNALISÉ Niché dans un parc de 10 ha dominant la baie, un château de conte de fées (1890) aux teintes ensoleillées. Tout y est si brillant et impeccable, que l'on voudrait y pénétrer avec des patins de feutre et préserver à jamais ce magnifique ensemble ! Mention spéciale au spa et aux services proposés, bien dignes d'un palace.

🏔 🌊 ⛄ 🛁 ⛆ 🌐 🌐 🛗 🔲 🆒 🧖 🅿 🚗 – 94 chambres – 23 suites

Hors plan – *Route de Tahiti* – *☏ 04 94 56 76 00* – *www.messardiere.com*

🍽○ **Jardin Tropezina** – Voir la sélection des restaurants

🏨 CHEVAL BLANC ST-TROPEZ

RESORT · PERSONNALISÉ Un beau bouquet de pins maritimes, une vue superbe sur le golfe, une plage privée avec son ponton. Et à l'intérieur, chambres d'un confort intense, bois sablé, lumière nacrée, spa Guerlain, cave à parfums... Tout a été refait à neuf, avec Wilmotte en chef d'orchestre, le céramiste Capron en guest star, et le bleu roi comme couleur rayonnante. Tous les délices de la Côte d'Azur, vécus dans la plus douce intimité qui soit. L'élégance absolue.

🏔 🌊 ⛄ ⛆ 🌐 🔲 ⛆ 🆒 🅿 – 27 chambres – 6 suites

Hors plan – *Plage de la Bouillabaisse* – *☏ 04 94 55 91 00* – *www.chevalblanc.com*

❀❀❀ **La Vague d'Or - Cheval Blanc St-Tropez** – Voir la sélection des restaurants

🏨 LA BASTIDE DE ST-TROPEZ

LUXE · ROMANTIQUE Atmosphère chic et feutrée dans cette maison tropézienne et ses quatre mas : mobilier chiné, pointe de baroque et soupçon provençal relevés d'un luxuriant jardin méditerranéen. Un havre de paix et de charme à l'écart du centre-ville.

🏔 🌊 ⛆ ⛆ 🧖 🆒 🔲 🅿 – 21 chambres – 5 suites

Hors plan – *25 route des Carles* – *☏ 04 94 55 82 55* – *www.bastidesaint-tropez.com*

🍽○ **L'Isoletta** – Voir la sélection des restaurants

🏨 HÔTEL DE PARIS SAINT-TROPEZ

LUXE · PERSONNALISÉ Le dernier-né des grands hôtels tropéziens n'a rien à envier à ses aînés. Ici triomphe la "design attitude". Un exemple ? Le patio, surmonté d'une piscine, avec vue sur le port. Les chambres, spacieuses, dévoilent des thématiques différentes : Paris, les arts, St-Tropez... Culte !

🏔 ⛆ 🌐 🛗 🔲 🆒 🆒 🧖 🚗 – 58 chambres – 32 suites

Plan : A2-g – *1 Traverse de la Gendarmerie* – *☏ 04 83 09 60 00* – *www.hoteldeparis-sainttropez.com*

🏨 SEZZ

LUXE · ÉLÉGANT Le Sezz à St-Tropez ? Ultramoderne, design et ouvert au maximum sur l'extérieur pour profiter du climat... Dans chaque chambre : matériaux naturels, terrasse et douche extérieure. Un art de vivre très tendance !

🏔 🌊 ⛆ ⛆ 🌐 🆒 🔲 🅿 – 35 chambres – 2 suites

Hors plan – *151 route des Salins* – *☏ 04 94 55 31 55* – *www.colettesainttropez.com*

❀ **Colette** – Voir la sélection des restaurants

VILLA BELROSE

GRAND LUXE · ÉLÉGANT Cette grande villa contemporaine embrasse la baie de St-Tropez ! Colorée et lumineuse, elle semble tutoyer le soleil... Les prestations sont superbes, soignées jusqu'au moindre détail (marbre italien, mobilier de style, grand confort, etc.).

⌂ ⌂ ⌂ ⌂ ⌂ ⌂ ⌂ ⌂ ⌂ ⌂ ⌂ – 40 chambres – 3 suites

Hors plan – *Boulevard des Crêtes, la Grande Bastide* – ☎ 04 94 55 97 97 – www.villabelrose.com

○ **Le Belrose** – Voir la sélection des restaurants

VILLA MARIE

LUXE · PERSONNALISÉ Raffinement, luxe et charme réunis sous le même toit en cette villa enchanteresse nichée dans une pinède dominant la baie de Pampelonne. Les chambres, soigneusement décorées dans un esprit de demeure bourgeoise provençale, ont un charme fou !

⌂ ⌂ ⌂ ⌂ ⌂ ⌂ ⌂ – 40 chambres – 5 suites

Hors plan – *1100 chemin du Val-Rian* – ☎ 04 94 97 40 22 – www.villamarie.fr

PAN DEÏ PALAIS

MAISON DE MAÎTRE · PERSONNALISÉ Une demeure construite en 1835, présent d'un général napoléonien à son épouse indienne. Ici règne un élégant parfum d'exotisme : tissus chamarrés, bois précieux, hammam, nombreux tableaux et autres bibelots... Un lieu pétri de charme, que l'on quitte à regret !

⌂ ⌂ ⌂ ⌂ ⌂ ⌂ ⌂ – 10 chambres – 1 suite

Plan : B2-v – *52 rue Gambetta* – ☎ 04 94 17 71 71 – www.pandei.com

HÔTEL DES LICES

FAMILIAL · CONTEMPORAIN Près de la place des Lices, cette adresse familiale distille une atmosphère chaleureuse et cossue, pleine de cachet et de vie. Nombreux sont les habitués à en avoir fait un lieu de villégiature privilégié !

⌂ ⌂ ⌂ ⌂ – 41 chambres

Plan : B2-n – *10 avenue Augustin-Grangeon* – ☎ 04 94 97 28 28 – www.hoteldeslices.com

ST-VÉRAN

✉ 05350 – Hautes-Alpes – Carte régionale n° **24**-C1 – Carte Michelin 334-J4

L'ALTA PEYRA HÔTEL & SPA

SPA ET BIEN-ÊTRE · MONTAGNARD Dans le parc naturel du Queyras, la plus haute commune d'Europe (2040 m !) peut s'enorgueillir d'un hôtel luxueux conçu comme un petit hameau. Deux restaurants – dont un gastronomique –, bar à vins, lounge bar, piscine extérieure chauffée, espace spa, jacuzzi, parking, ski shop...

⌂ ⌂ ⌂ ⌂ ⌂ ⌂ ⌂ ⌂ ⌂ ⌂ ⌂ – 55 chambres – 4 suites

Quartier Haut-de-la-Ville – ☎ 04 92 22 24 00 – www.altapeyra.com

STE-CÉCILE-LES-VIGNES

✉ 84290 – Vaucluse – Carte régionale n° **24**-A2 – Carte Michelin 332-C8

CAMPAGNE, VIGNES ET GOURMANDISES

PROVENÇALE · COSY Avec son ambiance entre charme rustique (pierres apparentes, mobilier en bois peint) et modernité (tableaux contemporains), ce restaurant ne manque pas de cachet. Côté cuisine, le chef, Sylvain Fernandes, travaille des produits frais et célèbre avec délicatesse les parfums du Sud. Et le service est d'une grande gentillesse !

⌂ ⌂ ⌂ – Menu 26 € (déjeuner)/34 € – Carte 47/57 €

629 chemin des Terres (route de Suze-la-Rousse) – ☎ 04 90 63 40 11 – www.restaurant-cvg.com – *Fermé 26 décembre-18 janvier, lundi, mardi, dimanche soir*

STE-MAXIME

✉ 83120 – Var – Carte régionale n° **24**-C3 – Carte Michelin 340-O6

ⅠⅠ◯ **LA BADIANE**

MODERNE · ÉLÉGANT XX Voilà un chef végétarien cuisinant les légumes avec talent pour réaliser une cuisine bien-être, tournée vers le végétal (beurre et crème sont bannis). Mais que les amateurs de viande se rassurent : ils sont aussi les bienvenus ! Formule plus simple au déjeuner.

🅰🅲 – Menu 32€ (déjeuner), 52/102€ – Carte 100/250€

6 rue Fernand-Bessy – ℰ 04 94 96 53 93 – www.restaurant-la-badiane.fr –
Fermé lundi midi, mercredi midi, dimanche

ⅠⅠ◯ **LE BISTROT PAUL BERT**

MODERNE · BISTRO X Ne vous trompez pas de porte ! Au milieu des attrape-touristes, dans une rue piétonne de la vieille ville, on trouve ce petit bistrot tenu par un couple du métier. Leurs spécialités : œuf cocotte au foie gras, tranche de thon rouge mi-cuit, ris de veau à la sauce morilles... à déguster en terrasse, aux beaux jours.

🈸 & 🅰🅲 – Menu 33/60€ – Carte 33/60€

54 rue Paul-Bert – ℰ 04 94 56 98 30 – www.lebistrotpaulbert.fr –
Fermé 15 novembre-15 mars, lundi midi, mardi midi, mercredi midi, jeudi midi,
vendredi midi, samedi midi, dimanche midi

STES-MARIES-DE-LA-MER

✉ 13460 – Bouches-du-Rhône – Carte régionale n° **24**-A3 – Carte Michelin 340-B5

🏠 **MAS DE LA FOUQUE**

MAISON DE CAMPAGNE · PERSONNALISÉ Des étangs, des chevaux, des flamants roses... Ce domaine séduisant joue, à l'écart de tout, la carte de la décontraction chic pour une clientèle discrète ; on y trouve même quatre chambres originales dans des roulottes. Une fois installé, il n'y a plus qu'à profiter du calme des lieux !

🏡 🛁 ⪡ 🍴 ⤵ 🏊 & 🅰🅲 🏋 🅿 – 27 chambres

Route du Petit-Rhône – ℰ 04 90 97 81 02 – www.masdelafouque.com

SALON-DE-PROVENCE

✉ 13300 – Bouches-du-Rhône – Carte régionale n° **24**-B3 – Carte Michelin 340-F4

🏵 **VILLA SALONE** 🔵

Chef: Alexandre Lechêne

MODERNE · ÉLÉGANT XXX Redescendu des hauteurs alpestres (il a passé sept ans aux commandes du Roc Alto, à Saint-Véran), Alexandre Lechêne a investi cette jolie maison de maître en plein cœur de Salon-de-Provence. Il y régale avec une cuisine créative, pleine de bonnes surprises, déclinée dans des menus surprise, sans choix : un seul mot d'ordre, se laisser porter ! Les associations d'ingrédients sont parfois osées mais l'ensemble fonctionne très bien : on peut citer comme exemple cette crevette carabinero, jus des têtes, riz venere et cresson, un plat tout en équilibre. Côté décor, l'élégance est de mise : moulures, fresques au plafond, joli sol carrelé rétro...

Spécialités : Cuisine du marché.

🈸 & 🅰🅲 ⇔ – Menu 58/98€

6 rue du Maréchal Joffre – ℰ 04 90 56 28 01 – www.villa-salone.com – Fermé lundi,
mardi, mercredi midi, jeudi midi, vendredi midi, samedi midi, dimanche soir

ⅠⅠ◯ **ATELIER SALONE** 🔵

TRADITIONNELLE · COSY X Versant bistronomique de la Villa Salone, l'Atelier Salone bénéficie de toutes les attentions du chef Alexandre Lechêne, au parcours solide (Aux Lyonnais, Louis XV à Monaco) et ancien étoilé à Saint Véran, dans les Hautes Alpes. A la carte, ce jour-là, on trouve une terrine, un velouté de châtaigne, un boudin noir basque aux pommes. Le style original de la maison du début du vingtième siècle s'agrémente d'une touche contemporaine.

🈸 & 🅰🅲 – Menu 32€ (déjeuner) – Carte 40/54€

6 rue du Maréchal-Joffre – ℰ 04 90 56 28 01 – www.villa-salone.com – Fermé lundi,
mardi soir, mercredi soir, jeudi soir, vendredi soir, samedi soir, dimanche

LE SAMBUC

✉ 13200 – Bouches-du-Rhône – Carte régionale n° **24**–A3 – Carte Michelin 340-D4

🌸 LA CHASSAGNETTE

CRÉATIVE · ÉLÉGANT XX Des taureaux paisibles, des flamants roses ensommeillés, des canaux, des rizières et le delta du Rhône : bienvenue en Camargue, et plus précisément à la Chassagnette, une ancienne bergerie réhabilitée en mas contemporain. Le chef jardinier Armand Arnal y a planté sa fourche(tte) au milieu d'un potager bio et du verger qui l'entoure. Outre les végétaux, le chef ne s'interdit rien, ni la viande de taureau des manades, ni les agneaux du voisin berger, ni les poissons de la criée du Grau-du-Roi... Le chef mitonne des recettes créatives souvent étonnantes, parfois déroutantes, jouant de notes acides en utilisant des vinaigres maison. Trois hectares de jardins, de potagers, de serres, de ruches, de vergers... et une somptueuse terrasse verdoyante. Quelle charme !

Spécialités: Velouté d'herbes amères. Ventrèche de thon à la feuille de figuier. Prunes rouge et jaune, menthe et sorbet aux prunes fermentées.

🌸 *L'engagement du chef :* "*Notre cuisine essentiellement végétale met les fruits et légumes de notre jardin-potager bio au cœur de nos assiettes. Pour les produits que nous ne cultivons pas, ils proviennent de petites exploitations camarguaises situées aux alentours du restaurant et expriment avec caractère l'identité de notre terroir métissé.*"

🐴 🌿 ♿ Ⓜ ⇔ 🅿 – Menu 67 € (déjeuner), 105/145 €

Route du Sambuc – 𝒞 04 90 97 26 96 – www.chassagnette.fr –
Fermé lundi soir, mardi, mercredi, jeudi soir, dimanche soir

🍽 LE MAS DE PEINT

CUISINE DU TERROIR · RÉGIONAL XX Avec de bons produits – légumes du potager, riz de la propriété et taureau de l'élevage –, le chef concocte une belle cuisine du marché. La terrasse sous la glycine est ravissante et ce Mas charmant... Cuisine à la plancha autour de la piscine en été. Une bonne adresse.

🐴 🌿 Ⓜ 🅿 – Menu 39 € (déjeuner), 59/69 €

Le Mas de Peint – 𝒞 04 90 97 20 62 – www.masdepeint.com –
Fermé 11 octobre-25 mars, lundi midi, mardi midi, mercredi, jeudi, vendredi midi

🏘 LE MAS DE PEINT

LUXE · ÉLÉGANT Dans un vaste domaine, ce superbe mas du 17ᵉ s. cultive la tradition camarguaise (promenades à cheval, arènes privées). La décoration est réussie, les chambres raffinées... Beaucoup d'élégance !

🏊 🐴 🐴 ♨ Ⓜ 🅿 – 15 chambres

2,5 km par route de Salins –
𝒞 04 90 97 20 62 – www.masdepeint.com
🍽 **Le Mas de Peint** – Voir la sélection des restaurants

SANARY-SUR-MER

✉ 83110 – Var – Carte régionale n° **24**-B3 – Carte Michelin 340-J7

🍽 LA P'TITE COUR

MODERNE · COSY XX Dans une ruelle derrière le port, la patronne, pâtissière de formation, mitonne une cuisine du marché ensoleillée. Quant à son mari, il assure le service. Il y a toujours un poisson du jour au menu, et des produits de saison travaillés avec application... La p'tite cour se cache à l'arrière de la maison – idéal pour un repas sous le soleil !

🌿 Ⓜ – Menu 34/45 €

6 rue Barthélemy-de-Don – 𝒞 04 94 88 08 05 – www.laptitecour.com –
Fermé 23 décembre-10 janvier, mardi, mercredi

🏨 HOSTELLERIE LA FARANDOLE

LUXE · BORD DE MER Face aux rondeurs de la baie, sur la plage de la Gorguette (entre Sanary et Bandol), un bâtiment géométrique, tout en pierre, bois et verre. Inaugurée en 2011, cette luxueuse hostellerie associe esprit Côte d'Azur et art de vivre contemporain, entre plage et spa.

🏔 🐾 ⛵ ⤢ 🛠 🖥 ᵭ 📶 🛁 🚗 – 25 chambres – 2 suites

140 chemin de la Plage-de-la-Gorguette –
℘ 04 94 90 30 20 – www.hostellerielafarandole.com

SEILLANS

✉ 83440 – Var – Carte régionale n° **24**–C3 – Carte Michelin 340-O4

🍽 HÔTEL DES DEUX ROCS

CUISINE DU MARCHÉ · ROMANTIQUE ᕽ La salle a le charme de la région, la terrasse prend ses aises sur les pavés et… sous les platanes, et la cuisine du marché, imaginée par un chef qui honore la gastronomie provençale par de savoureuses recettes. Ces Deux Rocs cultivent une vraie douceur de vivre, avec une pointe de raffinement.

⤢ 🏮 – Menu 23 € (déjeuner) – Carte 31/52 €

1 place Font-d'Amont – ℘ 04 94 76 87 32 – www.maisonsmalzac.fr –
Fermé 7 novembre-7 mars, lundi, mardi

🍽 CHEZ HUGO

TRADITIONNELLE · AUBERGE ᕽ Cette petite auberge est tenue par deux enfants du pays, aubergistes de mère en fils. Hugo en cuisine, augmenté de Stéphane en salle, revisite le terroir de la Provence avec punch, signant une cuisine ensoleillée qui va à l'essentiel. Le duo, épatant, remporte tous les suffrages ; en témoignent les nombreux habitués, et la terrasse, qui l'été, affiche complet.

🏮 – Menu 25 € (déjeuner), 35/60 €

4 rue de l'Hospice –
℘ 04 94 85 54 70 – www.chezhugo.fr –
Fermé 25 décembre-13 février, lundi, mardi

🍽 LA GLOIRE DE MON PÈRE

PROVENÇALE · BRASSERIE ᕽ L'atout de ce restaurant : sa terrasse dressée sur la place du village, entourant la belle fontaine et le lavoir. Au frais sous les vieux platanes, les plats traditionnels (bourride de poisson de roche, barigoule d'artichauts) n'en ont que plus de saveurs…

🏮 ᵭ – Menu 32/42 € – Carte 40 €

1 place du Thouron –
℘ 04 94 60 18 65 – www.lagloiredemonpere.fr –
Fermé mercredi

SÉNAS

✉ 13560 – Bouches-du-Rhône – Carte régionale n° **25**–E1 – Carte Michelin 340-F3

😊 LE BON TEMPS

CUISINE DU MARCHÉ · SIMPLE ᕽ Au bord de l'ancienne nationale 7, cette petite adresse ne paie pas de mine, et pourtant ! On y mitonne en couple une cuisine du marché, gourmande et généreuse, à l'écoute des producteurs locaux. Fraîcheur des produits (légumes, en particulier), amour du travail bien fait, prix imbattables : il n'y a pas de mal à prendre un peu de Bon Temps…

Spécialités : Cuisine du marché.

🏮 ᵭ 🅿 – Menu 28/55 €

2600 RD7 Est (3 km direction Aix-en-Provence) –
℘ 04 90 73 24 47 –
Fermé 16 août-1ᵉʳ septembre, 20 décembre-3 janvier, lundi, dimanche

SÉRIGNAN-DU-COMTAT

✉ 84830 – Vaucluse – Carte régionale n° **24**-A2 – Carte Michelin 332-C8

ⅈ◯ **LE PRÉ DU MOULIN**

TRADITIONNELLE · **ÉLÉGANT** XX D'abord moulin, puis école communale, cette maison de village en pierre séduit par son atmosphère bucolique... et par sa cuisine déclinée en deux parties : une carte gastronomique d'une part, des plats de bistrot d'autre part. La terrasse ombragée par de vieux platanes fleure bon, elle aussi, la Provence.

⇆ 🚗 🛱 ⅋ 🅰 ⇔ 🅿 – Menu 35/79€ – Carte 65/81€

29 cours Joël-Estève – ℰ 04 90 70 05 58 – www.predumoulin.com – Fermé lundi, dimanche soir

LA SEYNE-SUR-MER

✉ 83500 – Var – Carte régionale n° **24**-B3 – Carte Michelin 340-K7

ⅈ◯ **HORIZON**

MODERNE · **CHIC** XxX Un bel écrin, cette salle en rotonde ouverte sur la mer... Horizon porte bien son nom ! Le chef propose une partition moderne et variée, qui fait de jolis clins d'œil à la région. Menu unique en plusieurs déclinaisons.

⇆ 🛱 ⅋ 🅰 🅿 – Menu 48€ (déjeuner), 78/118€

Grand Hôtel des Sablettes-Plage, 575 avenue Charles-de-Gaulle, plage des Sablettes – ℰ 04 94 98 00 00 – www.ghsplage.fr – Fermé lundi, mardi, mercredi, jeudi, dimanche soir

ⅈ◯ **CHEZ DANIEL ET JULIA - RESTAURANT DU RIVAGE**

POISSONS ET FRUITS DE MER · **VINTAGE** XX Julia est l'âme de cette institution centenaire, nichée dans une charmante crique. En terrasse, à l'ombre des tamaris, on déguste bouillabaisse, pignate (ragoût aux fruits de mer), bourride – sur commande – ou poissons grillés. Cette maison historique a récemment donné naissance à un bouchon provençal, le Fabrègue, qui propose des plats plus simples, sardines grillées, soupe de roche etc.

⇆ 🛱 🅿 – Menu 45/60€ – Carte 38/140€

Route de Fabrégas, plage de Fabrégas – ℰ 04 94 94 85 13 – www.chezdanieletjulia.com – Fermé 1ᵉʳ-30 novembre, lundi, dimanche soir

🏨 **GRAND HÔTEL DES SABLETTES-PLAGE**

BOUTIQUE HÔTEL · **ÉLÉGANT** Une bien jolie renaissance pour cet hôtel du début du 19ᵉ s., tout de blanc immaculé, face à la grande bleue. Les chambres, de grand confort, offrent (pour la plupart) une vue mer. Agréable suite avec jacuzzi particulier en terrasse. Une invitation au voyage de grande élégance.

⛲ ⇆ 🚗 ⌁ 🖥 ⓈⓅ 🛁 🖃 ⅋ 🅰 💆 🅿 – 59 chambres – 15 suites

575 avenue Charles-de-Gaulle, plage des Sablettes – ℰ 04 94 17 00 00 – www.ghsplage.fr

ⅈ◯ **Horizon** – Voir la sélection des restaurants

SORGUES

✉ 84700 – Vaucluse – Carte régionale n° **25**-E1 – Carte Michelin 332-C9

ⅈ◯ **LA TABLE DE SORGUES**

MODERNE · **ÉLÉGANT** XX Au cœur de la localité, cette belle maison de maître (1891) s'est trouvée de nouveaux propriétaires en la personne de Stéphane et Stéphanie Riss, qui officiaient en Alsace avant de déposer toque et bagages en Provence. Le chef concocte des recettes pleines de modernité (ceviche de poisson ; pigeon associé à du thon cru), naviguant entre inspirations provençales (fleurs de courgettes) et classiques (suprême de volaille aux girolles et petits pois). A déguster sur l'agréable terrasse, dans une cour ombragée par deux grands pins.

🐝 🛱 ⅋ ⇔ – Menu 28€ (déjeuner), 35/54€ – Carte 46€

12 rue du 19-Mars-1962 – ℰ 04 90 39 11 02 – www.latabledesorgues.fr – Fermé lundi, dimanche

TAILLADES

✉ 84300 - Vaucluse - Carte régionale n° **25**-E1 - Carte Michelin 332-D10

L'ATELIER L'ART DES METS

TRADITIONNELLE • **CONTEMPORAIN** X Le jeune chef propose une cuisine actuelle et personnelle, dont l'acteur principal est l'herbe sauvage, qu'il a appris à connaître auprès d'une cueilleuse de la région. Chénopode, mélisse sauvage, pourpier, armoise... il y a de la poésie dans ses préparations- et du goût, à l'instar de ce suprême de poulet jaune fermier à l'Armoise, cuit à basse température, et artichauts en barigoule. On en redemande !

Spécialités : Soupe d'orties sauvages aux herbes, foie gras poêlé. Paleron de bœuf cuit à basse température, risotto d'épeautre. Baba au thym revisité, aux parfums de garrigue.

- Menu 19 € (déjeuner), 34/49 €

500 route de Robion - ✆ 04 90 72 37 55 - www.latelierlartdesmets.fr - Fermé dimanche

L'AUBERGE DES CARRIÈRES

MODERNE • **AUBERGE** X Au pied du Luberon, une auberge tenue par un charmant couple belge, installé en Provence depuis dix ans. Le temps de prendre place sur la jolie terrasse, et voilà déjà notre assiette ; la cuisine sent bon la Méditerranée, avec notamment la grande spécialité du chef : le ris de veau poêlé...

- Menu 23 € (déjeuner), 42/49 €

Place de la Mairie - ✆ 04 32 50 19 97 - www.aubergedescarrierres.com - Fermé 28 février-17 mars, lundi, dimanche

THÉOULE-SUR-MER

✉ 06590 - Alpes-Maritimes - Carte régionale n° **25**-E2 - Carte Michelin 341-C6

L'OR BLEU

MODERNE • **ROMANTIQUE** XX Le chef Alain Montigny (MOF 2004), passé par de solides maisons étoilées en Suisse et à Chantilly, cuisine désormais dans ce bel établissement posé au-dessus de la mer face au massif de l'Estérel. Autour de deux menus sans choix, on déguste de savoureuses recettes influencées par la Méditerranée, qui changent (presque) tous les jours au gré des arrivages. Les plats sont équilibrés et parfumés avec subtilité grâce à des ingrédients irréprochables et une grande maîtrise technique - ainsi, le homard, caviar et crème de céleri ou ce remarquable maigre rôti, gnocchi de potimarron et cèpe. La terrasse dévoile une vue somptueuse sur les roches rouges de l'Estérel et la mer. Nos sens sont comblés.

Spécialités : Cuisine du marché.

- Menu 79/139 €

Tiara Yaktsa, 6 boulevard de l'Esquillon - ✆ 04 92 28 60 30 - www.tiara-hotels.com - Fermé 15 octobre-15 avril, dimanche et le midi

LA MARÉA (N)

POISSONS ET FRUITS DE MER • **ÉLÉGANT** XX Situé face à la mer et aux rochers ocres de l'Esterel, au-dessus de la plage et du port de la Figueirette, ce restaurant fondé dans les années 1950 par un pêcheur du coin a été repris avec bonheur par Jérôme Cervera, ancien poissonnier, associé à Jérôme Coustillas, un chef de cuisine au beau parcours étoilé, revenu en France après vingt ans passés à Moscou. A la carte, des produits de la mer de grande fraîcheur et des assiettes soignées, à l'instar de ce crudo de loup, huile de basilic. Au déjeuner et au dîner, l'attractif menu reprend les plats de la carte, à déguster en terrasse ou dans la salle coquette, avec vue sur la grande bleue.

- Menu 39/60 € - Carte 52/90 €

16 avenue du Trayas - ✆ 04 93 75 19 03 - www.lamarea.fr - Fermé 2 novembre-2 février, lundi, mardi

LE COUP DE FOURCHETTE

TRADITIONNELLE · BISTRO Dans une rue commerçante à quelques mètres de la plage, le chef décline une carte traditionnelle aux accents méditerranéens, soignée et goûteuse, avec une prédilection particulière pour le poisson : dorade, morue, maquereau... Une adresse sérieuse.

⛱ 🅰 – Menu 32 € (déjeuner)/35 € – Carte 40/50 €

15 avenue Charles-Dahon –
𝒞 04 93 93 50 05 – www.restaurant-le-coup-de-fourchette.fr –
Fermé 20 octobre-31 mars, 27 juin-8 juillet, 19-26 août, mercredi

 TIARA MIRAMAR BEACH HOTEL & SPA

LUXE · MÉDITERRANÉEN Au cœur du massif de l'Esterel et au creux d'une calanque de roches rouges, les pieds dans l'eau. Depuis les chambres, parées de couleurs chatoyantes et de touches orientales, on distingue la jolie plage privée, en contrebas... La Méditerranée (presque) pour soi seul.

🏊 🐾 ≤ 🛏 🗽 🕸 🏊 🕭 ⊡ 🚿 🅰 🖈 🅿 – 55 chambres – 4 suites

47 avenue de Miramar –
𝒞 04 93 75 05 05 – www.tiara-hotels.com

 TIARA YAKTSA

LUXE · PERSONNALISÉ Accrochée à la falaise, cette demeure abrite des chambres élégantes qui marient l'Orient et la Méditerranée. Un cadre sublime avec, notamment, une piscine à débordement bordée de transats et de lits balinais... d'où l'on profite d'une superbe vue sur le massif de l'Esterel.

🐾 ≤ 🛏 🗽 ⊡ 🚿 🅰 🅿 – 20 chambres – 1 suite

6 boulevard de l'Esquillon –
𝒞 04 92 28 60 30 – www.tiara-hotels.com

🌼 **L'Or Bleu** – Voir la sélection des restaurants

LE THOLONET

✉ 13100 – Bouches-du-Rhône – Carte régionale n° **24**-B3 – Carte Michelin 340-I4

🌼 **LE SAINT-ESTÈVE**

MODERNE · ÉLÉGANT Entre vignes et oliviers, ce domaine luxueux tutoie la montagne Sainte-Victoire. Il accueille désormais le chef Julien Le Goff, arrivé de Porquerolles en 2019, qui déploie une partition dans l'air du temps, aux influences méditerranéennes. Une place particulière est accordée aux produits de la mer : langoustine, bar de ligne, homard. La terre n'est pas en reste qui offre pigeon, filet bœuf et chevreuil. On apprécie fort la terrasse avec une jolie vue sur la campagne.

Spécialités : Esquinade façon bouillabaisse, agrumes et pomme de terre safranée. Homard bleu, royale aux herbes et agnoletti à la brousse. Pavlova noix de coco et citron vert.

🌸 ≤ ⛱ 🕭 🅰 ⊡ ⇄ 🅿 – Menu 80 € (déjeuner), 125/165 €

Les Lodges Sainte-Victoire, 2250 route Cézanne –
𝒞 04 42 27 10 14 – www.leslodgessaintevictoire.com

LES LODGES SAINTE-VICTOIRE

LUXE · COSY Sur la route de la montagne Ste-Victoire chère à Cézanne, ce domaine inauguré en 2013 cultive une quiétude toute provençale... Dans la belle bastide du 18ᵉ s. comme dans les superbes lodges indépendants (avec piscine privée) règne la même alliance de modernité et d'esprit bourgeois : une montagne de confort !

🏊 🐾 ≤ 🛏 🗽 🖾 🕸 🕭 ⊡ 🚿 🅰 🖈 🅿 – 27 chambres – 8 suites

2250 route Cézanne –
𝒞 04 42 24 80 40 – www.leslodgessaintevictoire.com

🌼 **Le Saint-Estève** – Voir la sélection des restaurants

TOULON

✉ 83000 – Var – Carte régionale n° **24**-C3 – Carte Michelin 340-K7

😊 BEAM ! ⓝ

MODERNE · **TENDANCE** ⅹ Beam bam boum ! Ça déménage dans les cuisines du Télégraphe, haut-lieu de la vie culturelle toulonnaise... L'énergique Arnaud Tabarec, bourguignon passé par de prestigieuses maisons et ex-étoilé éphémère au Roof du Five hôtel à Cannes, enthousiasme ses hôtes grâce à sa cuisine légère, à dominante végétale et bien sûr locale, et aux associations bien senties.

Spécialités : Burrata, figue, coriandre et huile d'olive. Courgette en risotto, parmesan craquant, cumin. Riz au lait, quetsche et amande.

🏡 & – Menu 32/36 €

Plan : F2-c – 2 rue Hippolyte Duprat – ℰ 04 94 24 04 04 – www.letelegraphe.org – Fermé lundi, mardi soir, mercredi soir, samedi midi, dimanche

😊 CARRÉ 2 VIGNE

MODERNE · **CONVIVIAL** ⅹ L'adresse passe presque inaperçue dans la vieille ville, mais une fois la porte franchie, on est conquis par son esprit accueillant... Le chef aime cuisiner les tomates de plein champ, et les champignons, qu'il s'en va cueillir à l'automne. Tout est fait sur place, glace et pain compris. Courez-y !

Spécialités : Filet de rouget et chipirons sautés. Pavé de thon mi-cuit pané à l'anis, fenouil et artichaut. Figues de Solliès rôties au miel, crumble et crème à la noisette.

🅐🅒 – Menu 31/51 € – Carte 40/50 €

Plan : F2-x – 14 rue de Pomet – ℰ 04 94 92 98 21 – www.carre2vigne.com – Fermé 2-10 janvier, 11 juillet-16 août, lundi, dimanche

ⅰ◯ AU SOURD

POISSONS ET FRUITS DE MER · **TENDANCE** ⅹⅹ Une véritable institution toulonnaise, créée par un artilleur de Napoléon III, rendu sourd au combat ! Mais pas question de rester sourd aux arguments du chef : sa cuisine attire des bancs entiers d'amateurs de poisson (bouillabaisse et bourride sur commande, fritures de rougets, de girelles ou de cigalons suivant la pêche) dans une atmosphère chic et contemporaine...

🏡 ✿ – Menu 28 € (déjeuner)/38 € – Carte 44/80 €

Plan : F2-w – 10 rue Molière – ℰ 04 94 92 28 52 – www.ausourd.com – Fermé lundi, dimanche

ⅰ◯ LE LOCAL

MODERNE · **BISTRO** ⅹ Ce petit restaurant coloré, située face à la petite plage du Lido, au Mourillon, a des airs de vacances. Aux commandes, un jeune couple : monsieur en cuisine (3m² !) et madame en salle élaborent une partition authentique, autour d'un menu aussi court que savoureux. Pensez à réserver quelques jours à l'avance car le chef limite sa capacité pour mieux vous servir. Un coup de cœur.

🏡 🅐🅒 – Menu 37 €

Plan : B2-b – 455 littoral Frédéric-Mistral – ℰ 04 94 20 61 32 – www.restaurant-lelocal.fr – Fermé lundi, mardi midi, dimanche

ⅰ◯ LE PETIT INSTANT ⓝ

MODERNE · **CONTEMPORAIN** ⅹ Au cœur d'un quartier animé, on est heureux de passer un instant gourmand dans ce restaurant de poche ! Le chef s'attache à travailler avec les petits producteurs du coin, et s'approvisionne aussi au marché du Mourillon, à deux pas. Goût, fraîcheur, simplicité, prix mesurés : une jolie découverte.

🅐🅒 – Menu 34 €

Plan : B2-a – 12 rue du Castillon – ℰ 07 71 56 50 94 – Fermé 1er août-15 septembre, lundi, mardi, dimanche

TOULON

0 600 m

BAOU DE 4 OURES, MONT CAUME

LE REVEST-LES E.

MONT FARON

MUSÉE MÉMORIAL

AIX-EN-PROVENCE
AUBAGNE

MARSEILLE
LA CIOTAT

LA CIOTAT,
MARSEILLE

ST-MANDRIER

FRÉJUS   HYÈRES

GIENS,
LE PRADET

LA VALETTE-DU-VAR

BEAULIEU

TERRE ROUGE

Ch. de Terre Rouge

R. de Nice

Av. Mirasouléou

R. André Blanel

Corniche du Mont Faron

LES DARBOUSSÈDES

BRUNET

SUPER TOULON

TÉLÉPHÉRIQUE

Corniche Marius Escartefigue

SIBLAS

ST-JEAN-DU-VAR

Joseph Gasquet

Eygoutier

AGUILLON

LA BARRE

LA SERINETTE

Jean-Baptiste Abel

Bd des Armaris

Saint-Pierre

Bd de Geneviève

LE CAP BRUN

Av. de la Résistance

Cap Brun

Anse de Méjean

Corniche Varoise

Av. Émile Fabre

Bd du Faron

Av. de Valbourdin

Av. Victor Agostini

Bd de Strasbourg

Voie Express

LA RODE

Av. de la Résistance

Bd Jules Michelet

LE MOURILLON

Plages du Mourillon

RADE

a

b

LA MITRE

ARSENAL DU MOURILLON

Tour Royale

GRANDE RADE

CORSE

CHÂTEAU-VIA

LE JONQUET

Av. des Moulins

Rte de Plaisance
Bd Louis Picon

Ch. du Temple

Arsenal maritime

PETITE RADE

Pointe de l'Aiguillette

R. Jean Aicard

Antoine Groignard

R. David

Av. André Le Chatelier

Ch. de Forgentier

Ch. Mon Paradis

Édouard Herriot

LA BEAUCAIRE

A 50

Rte de Faveyrolles

R. Albert Camus

Rte Nationale 8

LAGOUBRAN

Av. Maréchal Brossel

BRÉGAILLON

LA SEYNE-SUR-MER

Corniche Philippe Giovannini

LES BALAGUIER

LES MOUISSÈQUES

FORT BALAGUIER

Av. Henri Perrin

ⓘ○ **RACINES** ⓝ

TRADITIONNELLE · SIMPLE ✗ Dans une rue pavée du vieux Toulon, on prend volontiers racine dans cette goûteuse cuisine de producteurs comme la désigne son chef. Défenseur du local et du terroir, il mitonne une bonne cuisine de saison, volontiers légumière, arrosée de crus nature et bio : déclinaison de tomates anciennes et poivrons ; demi-colvert, coffre rôti et cuisse confite...

�️ – Menu 32/36 €

Plan : F2-b – *9 rue Corneille –*
📞 04 22 80 27 39 – www.racines-restaurant-toulon.com –
Fermé mercredi, samedi, dimanche

ⓘ○ **TABLES ET COMPTOIR**

TRADITIONNELLE · COSY ✗ Tenu par le même couple de pros depuis une décennie, ce restaurant attire les amoureux au dîner grâce à sa bande son jazzy et sa lumière tamisée. La carte change tous les mois, basée sur une sélection soigneuse de produits saisonniers. Le chef se révèle bon pâtissier – goûtez sa tartelette au citron, parmi d'autres douceurs. Formule douce au déjeuner.

🅰🅲 – Menu 30 € (déjeuner), 44/46 € – Carte 30/46 €

Plan : B2-t – *3 boulevard Eugène-Pelletan, Le Mourillon –*
📞 04 94 10 83 29 –
Fermé 2-8 janvier, lundi, samedi midi, dimanche

TOURRETTES

✉ 83440 – Var – Carte régionale n° **24**-C3 – Carte Michelin 340-P4

✿ **FAVENTIA**

MODERNE · LUXE ✗✗✗ *(Restaurant fermé temporairement en 2020 en raison de la crise sanitaire)* Délicieux moment au sein du luxueux domaine hôtelier de Terre Blanche, qui semble si protégé du monde extérieur ! En terrasse, le panorama est superbe, toute l'équipe est pleine d'attentions pour les clients et la cuisine s'inscrit dans la droite ligne de cet art de vivre dit à la française... Une carte d'inspiration méditerranéenne met à l'honneur les produits issus du pays de Fayence, comme les légumes d'une ferme en permaculture, l'huile d'olive du Moulin de Callas ou encore les fromages de chèvres de la famille Montéiro.

Spécialités : Langoustine royale, lard de Colonnata, écume de jus de barigoule, beignet de petit poivrade. Pagre de méditerranée grillé, floralie de carottes, salicornes et sabayon iodé au safran. Figues rôties au miel de Terre Blanche, crème légère vanillée et sorbet mandarine yuzu.

🌿 🅰 🅲 ✣ 🍽 🅿 – Menu 85/175 €

Terre Blanche, 3100 route de Bagnols-en-Forêt (Domaine de Terre Blanche) –
📞 04 94 39 90 00 – www.terre-blanche.com –
Fermé 2 octobre-20 avril, lundi, mardi midi, mercredi midi, jeudi midi, vendredi midi, samedi midi, dimanche

🏠🏠🏠 **TERRE BLANCHE**

GRAND LUXE · DESIGN Sentiment d'exclusivité sur les hauteurs de l'arrière-pays, entre St-Raphaël et Cannes... Tout semble idyllique dans ce domaine de 301 ha, dédié au repos des sens : luxe sans ostentation (beaux matériaux naturels), espace (vastes suites disséminées dans 45 villas), piscines, deux golfs 18 trous, plusieurs restaurants... Mention spéciale au spa, sommet du genre !

🏊 🌿 ⚐ 🏋 🎳 🕮 ♨ & 🅰🅲 🏌 🅿 🚗 – 115 suites

3100 route de Bagnols-en-Forêt (Domaine de Terre-Blanche) –
📞 04 94 39 90 00 – www.terre-blanche.com

✿ **Faventia** – Voir la sélection des restaurants

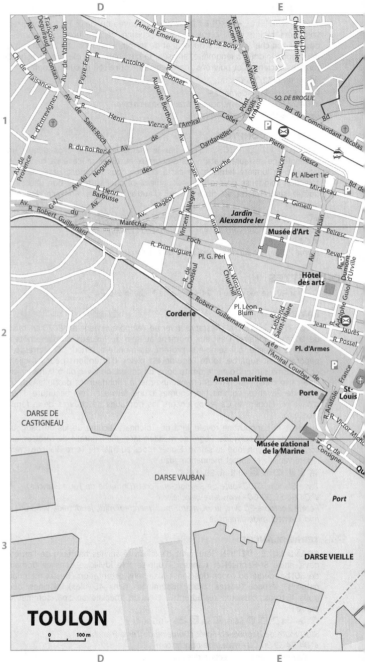

TOULON

0   100 m

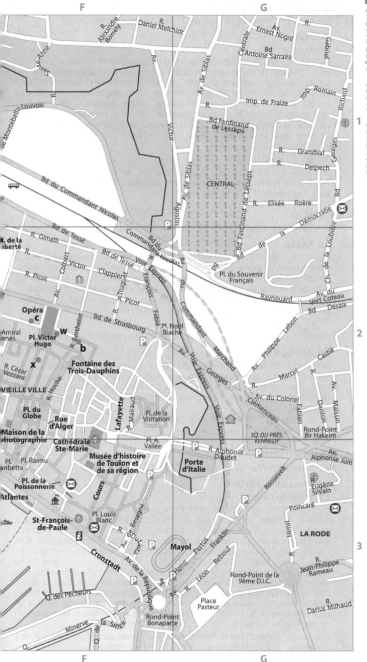

TOURRETTES-SUR-LOUP

✉ 06140 – Alpes-Maritimes – Carte régionale n° **25**–E2 – Carte Michelin 341-D5

 CLOVIS

Chef: Julien Bousseau

MODERNE · **BISTRO** ✗ Tables en chêne brut, banquette et chaises en cuir : voilà pour l'intérieur de cette table de poche (20 couverts) installée dans l'une des ruelles du village médiéval. On peut commencer par boire un apéritif au bar à vins, en l'accompagnant de charcuterie et autres grignotages ; on découvre ensuite le travail d'un chef respectueux du produit (courgette, ombrine, etc.), qu'il décline avec soin et simplicité. Assiettes colorées et parfumées, cuissons justes, relief et caractère, le tout bien mis en valeur par le service chaleureux et efficace : on passe un excellent moment.

Spécialités : Cuisine du marché.

🕸 🅰🅲 – Menu 41/120 €

21 Grande-Rue (accès piéton) – 𝒞 04 93 58 87 04 – www.clovisgourmand.fr – Fermé 20 février-10 mars, 15 octobre-4 novembre, lundi midi, mardi, mercredi, jeudi midi, vendredi midi, samedi midi

TOURTOUR

✉ 83690 – Var – Carte régionale n° **24**–C3 – Carte Michelin 340-M4

 LA TABLE

MODERNE · **INTIME** ✗ Charmant petit restaurant contemporain situé à l'étage d'une maison en pierre. La cuisine, savoureuse, valorise les produits du marché, notamment les légumes (excellent menu végétarien, à prix doux). À déguster sur la terrasse ombragée. L'accueil est aussi chaleureux que le service, dynamique.

Spécialités : Clafoutis petits pois et menthe. Risotto aux girolles, sauce aigre-douce. Moelleux au chocolat noir, glace à l'huile d'olive.

🕸 – Menu 29/47 € – Carte 45/80 €

1 traverse de Jas, Les Ribas – 𝒞 04 94 70 55 95 – www.latable.fr – Fermé mardi

 LA BASTIDE DE TOURTOUR

AUBERGE · **TRADITIONNEL** Quel site ! Cette bastide – aux allures de château – domine le massif des Maures et... toute la région. Une partie des chambres, avec balcon, ouvrent sur ce fabuleux panorama. Cependant, beaux matériaux et grand confort dessinent une dimension... toute humaine. Agréable petit spa, idéal pour la détente.

🕸 🅰🅲 🅿 – 23 chambres

Route de Flayosc (au village) – 𝒞 04 98 10 54 20 – www.bastidedetourtour.com

LA TURBIE

✉ 06320 – Alpes-Maritimes – Carte régionale n° **25**–E2 – Carte Michelin 341-F5

✿✿ **HOSTELLERIE JÉRÔME**

Chef: Bruno Cirino

MÉDITERRANÉENNE · **ÉLÉGANT** ✗✗ Oh, la noble hostellerie ! Oh, le pimpant décor à l'italienne ! Oh, l'incroyable cave de 40 000 bouteilles ! Chez Bruno Cirino, on s'exclame avant même d'avoir pris place. Et ce n'est que le début. Il est vrai que son restaurant, l'ancien réfectoire d'une annexe de l'abbaye de Lérins, a de l'allure : vaste hauteur sous plafond, voûte peinte, fresques fruits et légumes façon Pompéi, beau carrelage et cheminée du 17e s. Une petite terrasse fleurie profite d'une échappée vers la mer. Nous attendons désormais les assiettes, tous sens éveillés. Bruno Cirino symbolise l'homme méridional dans toute sa splendeur : généreux, tenace, plein de caractère et s'exprimant avec autant de gestes que de mots. Sa cuisine, locavore (pêche d'à côté, légumes des paysans), a un pied en France et l'autre en Italie. Le grand terroir méditerranéen est son terrain de jeu. Tout le Sud est là.

Spécialités : Langoustines de Méditerranée à la vapeur, pêches blanches, verveine cristallisée. Chapon de roche rouge feu, terrine d'ail rôti au basilic. Poire coscia rôtie aux bois et fleurs de romarin.

🍃 *L'engagement du chef:* *"Une cuisine suspendue entre terre et mer, célébrant l'arrière-pays niçois et la Ligurie. Autant de trésors qui éclairent tout un territoire, et posent leur poésie au fil d'une partition marquée par l'instant et l'instinct. Un vibrant hommage aux saisons et aux cultures, une représentation de la nature au sens le plus pur."*

🕸 ⟷ ⬦ 🍴 ⚙ – Menu 120/165 € – Carte 98/160 €

20 rue Comte-de-Cessole – ☏ 04 92 41 51 51 – www.hostellerie-jerome.com – Fermé 2 novembre-13 février, lundi, dimanche et le midi

😊 CAFÉ DE LA FONTAINE

TRADITIONNELLE · BISTRO ✗ Repas au coude-à-coude entre des habitués gouailleurs et des gourmands ravis, atmosphère très conviviale : pas de doute, on est dans un authentique café de village. Ode aux terroirs ensoleillés, la cuisine – bistrotière et généreuse à souhait – est réalisée avec les meilleurs produits du marché et cela se sent ! Réservation conseillée.

Spécialités : Brandade de morue aux poivrons doux. Filets de rougets de Méditerranée. Tarte aux figues blanches.

🍴 ⚙ – Carte 30/45 €

4 avenue du Général-de-Gaulle – ☏ 04 93 28 52 79 – www.hostellerie-jerome.com

UCHAUX

✉ 84100 – Vaucluse – Carte régionale n° **24**–A2 – Carte Michelin 332-B8

🌿 CHÂTEAU DE MASSILLAN

MODERNE · ÉLÉGANT ✗✗ Le chef Christophe Chiavola, au solide parcours étoilé, a rejoint ce beau château du seizième siècle, niché dans un parc de dix hectares. Autour de menus surprises en 4 ou 5 temps, il propose une cuisine personnelle et originale. Ses poins forts : de judicieux jeux de textures et des jus très réduits qui stimulent assiettes et papilles. Le chef valorise ainsi de très beaux produits, dont ceux du potager et du verger bio du domaine. Ce jour-là, langoustine, courgette, jus de tête de crustacés ; médaillons de lotte, agrumes, jus réduit de poisson. A déguster accompagné d'un vin des propriétaires du Domaine de la Guicharde (situé tout près), où ils produisent aussi une huile d'olive bio, servie au restaurant. En été, installez-vous dans la magnifique cour du château, autour d'une fontaine, face au jardin.

Spécialités : Cuisine du marché.

🛏 🍴 ♿ ⚙ ⟷ 🅿 – Menu 59/99 €

730 chemin de Massillan – ☏ 04 90 40 64 51 – www.chateaudemassillan.fr – Fermé 4-19 janvier, lundi, mardi midi, mercredi midi, jeudi midi, vendredi midi, samedi midi, dimanche

😊 CÔTÉ SUD

MODERNE · COSY ✗✗ Un jeune couple au beau parcours concocte une cuisine simple, et des recettes bien ficelées, aux inspirations régionales. Vous passerez un moment plaisant dans cette maison en pierre, son jardin et son agréable terrasse. Service charmant.

Spécialités : Œuf parfait, velouté de panais. Lieu jaune, semoule, coriandre, jus de tajine. Parfait glacé à la cerise, crumble aux amandes et glace à l'estragon.

🛏 🍴 ♿ 🅿 – Menu 26/40 € – Carte 51/65 €

3395 route d'Orange – ☏ 04 90 40 66 08 – www.restaurantcotesud.com – Fermé 6-31 janvier, 15 octobre-1er novembre, mardi, mercredi

🍽 LE TEMPS DE VIVRE

PROVENÇALE · TRADITIONNEL ✗✗ Cette maison en pierre du 18e s. – mais au décor contemporain – invite à prendre le temps de vivre, en particulier sur sa terrasse ombragée. Le chef et son épouse connaissent par cœur les lois de l'hospitalité. Au menu : la générosité de la Provence, avec les légumes du beau-père en saison, mais aussi un menu dédié à la truffe en hiver.

🍴 ⚙ 🅿 – Menu 25 € (déjeuner), 34/50 € – Carte 48/61 €

322 route de Bollène (Les Farjons) – ☏ 04 90 40 66 00 – www.letempsdevivre-uchaux.com – Fermé mercredi, jeudi

🏛️ CHÂTEAU DE MASSILLAN

DEMEURE HISTORIQUE · PERSONNALISÉ Diane de Poitiers aurait séjourné dans ce châtelet des 16ᵉ-17ᵉ s. niché dans un magnifique parc entouré de vignes... Pierres et poutres d'époque, tentures et mobilier élégants : l'ensemble est splendide, et pour les esprits zen, annexe dans un esprit bio et naturel.

🌿 🛏️ 🔲 🌐 ♿ 🅰️ 🏊 🅿️ – 32 chambres

730 chemin de Massillan – 𝒞 *04 90 40 64 51 – www.chateaudemassillan.fr*

🌸 **Château de Massillan** – Voir la sélection des restaurants

VAISON-LA-ROMAINE

✉️ 84110 – Vaucluse – Carte régionale n° **24**-B2 – Carte Michelin 332-D8

🍴 BISTRO DU'O

MODERNE · CONVIVIAL ✕✕ "Bistro du'O" car l'adresse se trouve dans la ville haute (et même dans les anciennes écuries du château de Vaison, aux belles voûtes du 12ᵉ s.) et est tenue par... un jeune duo complice. Elle en salle, lui aux fourneaux, cuisinant au plus près des saisons et des producteurs locaux. Nous voilà... en haut de la gourmandise !

🅰️ – Menu 29 € (déjeuner)/69 €

Rue Gaston-Gevaudan – 𝒞 *04 90 41 72 90 – www.bistroduo.fr – Fermé lundi, dimanche*

🍴 LE BATELEUR

MODERNE · CONVIVIAL ✕ À un jet de lances du pont romain, aux pieds de la ville médiévale, le jeune chef propose une cuisine du marché, attentive aux saisons et concentrée sur les produits provençaux... à déguster en terrasse, sous des cieux cléments. Une belle étape pour découvrir la cuisine régionale !

🌳 🅰️ – Menu 20 € (déjeuner), 42/59 €

1 place Théodore Aubanel – 𝒞 *04 90 36 28 04 – www.restaurant-lebateleur.com – Fermé lundi, dimanche*

VALBONNE

✉️ 06560 – Alpes-Maritimes – Carte régionale n° **25**-E2 – Carte Michelin 341-D6

🍴 LA TABLE BY RICHARD MEBKHOUT

MODERNE · BISTRO ✕ Au centre de ce village pittoresque, un restaurant de poche animé par un chef passé par de belles maisons. Ce dernier signe une jolie cuisine du marché, déclinée dans un menu-carte qui change toutes les trois semaines, le tout à des prix raisonnables.

🌳 🅰️ – Menu 30/70 €

6 rue de la Fontaine – 𝒞 *04 92 98 07 10 – Fermé lundi, mardi midi, jeudi midi*

VALLAURIS

✉️ 06220 – Alpes-Maritimes – Carte régionale n° **25**-E2 – Carte Michelin 341-D6

🏵️ LES DILETTANTS

MODERNE · CONVIVIAL ✕ Ancien commercial pour une grande marque de boules de pétanque, Thomas Filiaggi a changé de trajectoire à 30 ans pour assouvir sa passion de la cuisine. Il propose une cuisine personnelle pleine de fraîcheur, largement basée sur les légumes et produits aromatiques de son potager personnel. Une vraie pépite.

Spécialités : Cuisine du marché.

♿ 🅿️ – Menu 35 € – Carte 40/45 €

1193 chemin de Saint-Bernard – 𝒞 *04 93 33 99 59 – Fermé lundi soir, mardi soir, mercredi soir, jeudi soir, dimanche*

VAUVENARGUES

✉️ 13126 – Bouches-du-Rhône – Carte régionale n° **24**-B3 – Carte Michelin 340-I4

ⓘO SAINTE-VICTOIRE ⑩

CRÉATIVE · CONTEMPORAIN ✗✗ Le chef brésilien Mateus Marangoni propose une étonnante cuisine aux notes exotiques, fruit de sa culture sud-américaine et de ses expériences en Espagne. Les assiettes se révèlent équilibrées, pleines de fraîcheur ; aux beaux jours, elles se dégustent sur la terrasse, face à la Sainte-Victoire et au château de Vauvenargues.

↩ ≼ 🛱 ᖑ 🔟 ⊡ – Menu 55/75 € – Carte 58/73 €

33 avenue des Maquisards – ℰ 04 42 54 01 01 – www.hotelsaintevictoire.com

🏠 SAINTE VICTOIRE   `Tablet.`PLUS

· CONTEMPORAIN Le nom de l'hôtel ne ment pas : les chambres, dont certaines ont une terrasse ou un balcon, offrent une vue imprenable sur la montagne Sainte-Victoire. On apprécie la déco design et chaleureuse, mais aussi une gamme de services assez complète : piscine exposée plein sud, espace de séminaire, parking privé fermé...

⅀ ᖑ 🔟 🅿 – 15 chambres

31 avenue des Maquisards – ℰ 04 42 54 01 01 – www.hotelsaintevictoire.com

VENCE

✉ 06140 – Alpes-Maritimes – Carte régionale n° **25**–E2 – Carte Michelin 341-D5

❀ LE SAINT-MARTIN

MODERNE · LUXE ✗✗✗ *(Restaurant fermé temporairement en 2020 en raison de la crise sanitaire)* Tout, ici, est un ravissement. L'élégant cadre, chic et raffiné, la vue à couper le souffle sur les collines de Vence et la Méditerranée... mais, par-dessus tout, une cuisine qui est une fête pour les papilles ! Grand sportif, compétiteur-né, le chef peut se vanter d'un parcours varié, allant des grands palaces à des maisons plus confidentielles. Fort de son expérience, il compose des assiettes fines et délicates, avec de jolies trouvailles dans les associations de produits. Quant aux desserts, assurés par la cheffe pâtissière Ève Moncorger, ils se révèlent un point fort du repas.

Spécialités : Oeuf mollet en coque de brioche, légumes de saison. Bar de ligne en croûte de pistache, polenta aux olives, artichaut poivrade. Chocolat andoa, noisettes, caramel et glace au Baileys.

❀ ≼ 🛱 ᖑ 🔟 ♨ – Menu 50 € (déjeuner), 95/130 € – Carte 87/123 €

Château Saint-Martin & Spa, 2490 avenue des Templiers – ℰ 04 93 58 02 02 – www.chateau-st-martin.com – Fermé 17 octobre-29 avril

ⓘO LES BACCHANALES

CRÉATIVE · BRANCHÉ ✗✗ À l'écart de la ville, dans une zone résidentielle, le chef Christophe Dufau propose une carte ardoise qui revisite les fleurons de la cuisine niçoise et provençale au gré des saisons, de l'inspiration et des produits, soigneusement choisis au sein du terroir local. Le tout pour des prix tout doux. Cadre moderne et terrasse.

🖢 🛱 ✿ 🅿 – Menu 28 € (déjeuner) – Carte 45/65 €

27 avenue de Provence – ℰ 04 93 24 19 19 – www.lesbacchanales.com – Fermé 24 décembre-31 janvier, mardi, mercredi, jeudi midi

ⓘO COMME CHEZ SOI

MODERNE · CONTEMPORAIN ✗✗ Un voyageur du monde : voici comment se définit le chef de cette sympathique table, installée non loin de la fontaine du Peyra. Né au Portugal, formé dans la marine, il réalise une cuisine moderne et soignée, influencée par ses nombreux voyages. Décor contemporain tout en épure.

🛱 🔟 – Menu 29 € – Carte 52/62 €

41 avenue Marcellin-Maurel – ℰ 09 81 19 97 27 – www.commechezsoivence.com – Fermé lundi, mardi midi, dimanche

⊪○ LA FARIGOULE

TRADITIONNELLE · COSY XX La farigoule ? Du côté de Vence, c'est comme cela que l'on appelle le thym. À l'image de l'aromate, le restaurant ne manque ni de fraîcheur ni de parfums : demi-homard en gratin, sauce Thermidor ; pavé de loup de ligne cuit sur sa peau, purée de pommes de terre à l'huile d'olive, sauce vierge. On redécouvre la Provence. Joli patio.

🛱 – Carte 50/62 €

15 avenue Henri-Isnard – ☏ 04 93 58 01 27 – www.lafarigoule-vence.fr – Fermé lundi, mardi

⊪○ LES AGAPES

MODERNE · CONVIVIAL X Le chef propose une cuisine moderne, lisible, attentive aux saisons et sujette aux inspirations du chef, à découvrir à l'ardoise. Tartare de saumon aux légumes croquants et gingembre frais ; sablé breton, mousseline de citron jaune et framboises : on se fait plaisir en toute simplicité dans ce petit restaurant sympathique et contemporain.

🛱 🔣 – Menu 24 € (déjeuner)/35 € – Carte 30/50 €

4 place Clemenceau – ☏ 04 93 58 50 64 – www.les-agapes.net – Fermé 7-28 février, 30 octobre-14 novembre, lundi, dimanche

⊪○ LA CASSOLETTE

PROVENÇALE · TRADITIONNEL X Sur une ravissante place pavée de la vieille ville, face à la mairie, ce restaurant intimiste est tenu par un chef expérimenté. Il compose une cuisine du marché goûteuse, aux accents provençaux, que l'on déguste dans une jolie salle ou en terrasse, sur la place. Le tout à prix doux !

🛱 – Menu 26 € (déjeuner), 32/56 €

9 place Georges-Clemenceau – ☏ 04 93 58 84 15 – www.restaurant-lacassolette-vence.com – Fermé 15 décembre-15 janvier, mardi, mercredi

🏚 CHÂTEAU SAINT-MARTIN & SPA

GRAND LUXE · CLASSIQUE Cadre d'exception pour ce luxueux hôtel provençal dominant Vence et la mer depuis son vaste parc planté d'oliviers. Décor d'un parfait confort ; villas nichées dans la verdure ; chambres et suites mêlant touches contemporaines et provençales ; superbe piscine et spa délicieux. Le luxe sans ostentation : l'élégance, en somme.

🏊 🐾 ⇐ 🛏 ⌘ ⓟ 🖼 🔣 ♨ 🚗 – 39 chambres – 2 suites

2490 avenue des Templiers – ☏ 04 93 58 02 02 – www.chateau-st-martin.com

❀ **Le Saint-Martin** – Voir la sélection des restaurants

VENTABREN

✉ 13122 – Bouches-du-Rhône – Carte régionale n° **24**-B3 – Carte Michelin 340-G4

❀ DAN B. - LA TABLE DE VENTABREN

Chef: Dan Bessoudo

MODERNE · DESIGN XX Assurément l'un des restaurants les plus élégants de la région, au cœur de la charmante bourgade de Ventabren, pittoresque village perché. Le cadre, rénové à grands frais, frappe par sa modernité : mobilier scandinave, jeux de miroirs au plafond, sans oublier la superbe vue panoramique sur l'étang de Berre et la vallée de l'Arc. Dans l'assiette, le plaisir est aussi au rendez-vous, sous la houlette du chef toulonnais Dan Bessoudo : cuisine fraîche et colorée, franchement créative (les menus se nomment "bois" ou "béton"), tout en contrastes, réalisée à base de produits locaux bien choisis. Côté ambiance, la convivialité domine : décidément, un bonheur.

Spécialités : Iceberg froid et velouté chaud de champignon, persil et crème d'ail confit. Bar de ligne rôti, fenouil, courgette à la menthe fraîche et melon chaud. Pavlova aux fruits rouges bio et basilic pourpre.

🍽 ⇐ ✿ – Menu 54 € (déjeuner), 81/117 €

1 rue Frédéric-Mistral – ☏ 04 42 28 79 33 – www.danb.fr – Fermé 1er-31 janvier, lundi

VEYNES

✉ 05400 – Hautes-Alpes – Carte régionale n° **24**–B1 – Carte Michelin 334-C5

ⅰ◯ **LA SÉRAFINE**

MODERNE · **CONVIVIAL** ⅩⅩ Dans un hameau, cette jolie bergerie tout en pierre, datée du 18ᵉ s., conserve le nom de sa propriétaire... La chef, d'origine vietnamienne, réalise une cuisine moderne et instinctive, avec quelques plats de tradition. Intérieur élégant et raffiné.

🏵 ⊕ – Menu 32/56 €

Les Paroirs – ℰ 04 92 58 06 00 – www.restaurantserafine.com –
Fermé 5 janvier-11 février, lundi midi, mardi, mercredi, jeudi midi, vendredi midi

VILLARS

✉ 84400 – Vaucluse – Carte régionale n° **25**–E1 – Carte Michelin 332-F10

⊛ **LA TABLE DE PABLO**

CUISINE DU MARCHÉ · **CONTEMPORAIN** Ⅹ Pour goûter une cuisine délicate et volontiers créative, à base de beaux produits régionaux, ce restaurant entre vignes et cerisiers est tout trouvé : en témoigne ce menu surprise composé au gré du marché et de ses petits producteurs locaux.... Le chef patron, qui travaille seul, assume toutes les fonctions, en salle et cuisine. Mention spéciale pour la paisible terrasse bercée par le chant des cigales.

Spécialités : Dorade marinée, main de bouddha, aneth et huile d'olive. Filet de canard, crumble de noisette, chorizo et oignon. Autour du chocolat.

🏡 ♿ 🅿 – Menu 33/50 €

Hameau Les Petits-Cléments – ℰ 04 90 75 45 18 – www.latabledepablo.com –
Fermé 1ᵉʳ janvier-12 février, mercredi, jeudi midi, samedi midi

VILLEDIEU

✉ 84110 – Vaucluse – Carte régionale n° **24**–A2

⊛ **LE BISTROT DE VILLEDIEU** ◍

PROVENÇALE · **BISTRO** Ⅹ Nouvelle aventure culinaire pour Laurent Azoulay installé dans ce village du Nord du Vaucluse depuis juin 2020. Ce chef patron au joli parcours, actuellement étoilé à L'EKrin à Méribel, mitonne une cuisine provençale dans un esprit de bistrot locavore. Les recettes, parfumées et soignées, ne manquent pas de caractère et certains plats sont cuits au feu de bois dans le four de la cuisine ouverte. Le tout est servi dans une salle façon bistrot contemporain ou aux beaux jours, sur la terrasse ombragée de la place du village.

Spécialités : Fleurs de courgette en beignet. Tian de Provence à ma façon. Pêche en sabayon tiède.

🏡 – Carte 28/48 €

Place de la Libération – ℰ 04 90 28 97 02 –
www.azoulay-gastronomie.com/le-bistrot-de-villedieu –
Fermé 1ᵉʳ novembre-1ᵉʳ mai, mardi

VILLEFRANCHE-SUR-MER

✉ 06230 - Alpes-Maritimes – Carte régionale n° **25**–E2 – Carte Michelin 341-E5

ⅰ◯ **LA MÈRE GERMAINE**

POISSONS ET FRUITS DE MER · **RUSTIQUE** ⅩⅩ Poisson frais et fruits de mer depuis 1938 : la Mère Germaine est une institution locale, où Cocteau avait ses habitudes. En été, la jet-set presse ses yachts à l'abordage du restaurant ; attablé en terrasse face au port, on passe effectivement un agréable moment... si l'on n'est pas trop regardant sur le prix.

≼ 🏡 ♿ 🍷 – Menu 51 € – Carte 68/89 €

9 quai Amiral-Courbet –
ℰ 04 93 01 71 39 – www.meregermaine.com

VILLENEUVE-LA-SALLE

✉ 05240 – Hautes-Alpes – Carte régionale n° **24**–C1 – Carte Michelin 334-H3

🏠 ROCK NOIR & SPA

TRADITIONNEL · CONTEMPORAIN Cet hôtel situé au pied des pistes de "Serre-Che" devrait séduire les skieurs – et même les autres ! – avec sa décoration épurée mêlant bois brut, velours et fourrures, influences montagnardes et touches design... Confortable et original !

≤ 🔲 ⊕ 🖫 ⅄ 🚗 – 32 chambres

1 place de l'Aravet – 𝒞 04 92 25 54 90 – www.rocknoir.fr

VILLENEUVE-LOUBET

✉ 06270 – Alpes-Maritimes – Carte régionale n° **25**–E2 – Carte Michelin 341-D6

✿ LA FLIBUSTE-MARTIN'S

MODERNE · ÉLÉGANT ✕✕ Bienvenue à la Flibuste ! La jeune capitaine de ce navire (situé au pied d'une imposante résidence et face à sa marina), Eugénie Béziat, joue une partition gastronomique et contemporaine. Son parcours détone : alors en fac de lettres, elle connaît une révélation chez Hélène Darroze en dégustant un plat à base d'huîtres en gelée et pommes vertes. Elle quitte aussitôt la fac pour intégrer le lycée hôtelier de Toulouse, obtient un premier poste de commis chez Michel Guérard... Aujourd'hui, elle signe un œuf parfait sauce hollandaise kalamansi et citron ; un filet de bœuf d'Aubrac, purée d'oignons, et jus court à l'ail rose, ou un soufflé au citron de Nice et son sorbet citron menthe. Une flibustière dans le vent.

Spécialités : Huître spéciale Giol de la baie de Tamaris, grillée et en tartare, cresson de para jaune. Rouget de petit bateau, hélicryse et carotte fane de la campagne. Figue noire et blanche de Cagnes-sur-Mer.

🏡 ⅄ 🏧 ♨ – Menu 49 € (déjeuner), 70/130 € – Carte 102/136 €

Avenue Jean-Marchand, Marina Baie des Anges (port Marina Baie-des-Anges, Villeneuve-Loubet-Plage) – 𝒞 04 93 20 59 02 – www.restaurantlaflibuste.fr – Fermé 25 avril-13 mai, 22-30 décembre, lundi, dimanche

VIOLÈS

✉ 84150 – Vaucluse – Carte régionale n° **25**–E1

🍴 LA VILLA SAINT-ANTOINE ⓝ

PROVENÇALE · ÉLÉGANT ✕✕ Ce lieu agréable et contemporain, qui a ouvert ses portes en juin 2018, propose des recettes bien troussées dans un esprit "bistronomie provençale" annoncées sur l'ardoise du jour. Outre le restaurant, vous trouverez un bar et trois chambres d'hôtes.

🥢 🏡 🏡 ⅄ 🏧 ♨ 🅿 – Menu 27 € (déjeuner), 38/52 €

553 route de Cairanne – 𝒞 04 90 64 17 56 – www.villa-saintantoine.com – Fermé 20 décembre-4 janvier, 1er-8 mars, 1er-10 octobre, lundi, mardi, dimanche soir

Index thématiques

Thematical index

Index des cartes régionales 1268
Index of regional maps

Index des localités 1270
Index of towns

Index des restaurants 1286
Index of restaurants

Index des hôtels 1319
Index of hotels

INDEX DES CARTES RÉGIONALES

INDEX OF REGIONAL MAPS

Numéro de carte entre parenthèses (6)

● **AUVERGNE-RHÔNE-ALPES**
Auvergne (1) 56
Rhône-Alpes (2-3-4) 58

● **BOURGOGNE-FRANCHE-COMTÉ**
Bourgogne (5) 244
Franche-Comté (6) 246

● **BRETAGNE** (7) 310

● **CENTRE-VAL DE LOIRE** (8) 372

● **CORSE** (9) 423

● **GRAND EST**
Alsace (10) 446
Champagne-Ardenne (11) 448
Lorraine (12) 450

● **HAUTS-DE-FRANCE**
Nord-Pas-de-Calais (13) 556
Picardie (14) 558

● **ÎLE-DE-FRANCE**
Île-de-France (15) 622
Paris (16) 624

● **NORMANDIE** (17) 774

● **NOUVELLE AQUITAINE**
Aquitaine (18) 830
Limousin (19) 832
Poitou-Charentes (20) 834

● **OCCITANIE**
Languedoc-Roussillon (21) 954
Midi-Pyrénées (22) 956

● **PAYS-DE-LA-LOIRE** (23) 1066

● **PROVENCE-ALPES-CÔTE D'AZUR** (24-25) . 1120

INDEX DES LOCALITÉS

INDEX OF TOWNS

A	Page
L'Abergement-Clémenciat (01)	96
Abreschviller (57)	532
Acquigny (27)	776
Agay (83)	1123
Agde (34)	960
Agen (47)	838
Agnetz (60)	588
Agon-Coutainville (50)	776
Aigues-Mortes (30)	960
L'Aiguillon-sur-Vie (85)	1068
Aillant-sur-Tholon (89)	250
Ailly-sur-Noye (80)	588
Aime (73)	96
Ainay-le-Château (03)	64
Ainhoa (64)	838
Aix-en-Provence (13)	1124
Aix-les-Bains (73)	96
Aizenay (85)	1068
Ajaccio (2A)	424
L'Albenc (38)	96
Albertville (73)	97
Albi (81)	1014
Alençon (61)	776
Alès (30)	960
Alleyras (43)	64
Alluy (58)	250
Aloxe-Corton (21)	250
Alpe-d'Huez (38)	97
Altkirch (68)	454
Altwiller (67)	454
Ambert (63)	64
Ambierle (42)	98
Amboise (37)	374
Ambres (81)	1016
Ambronay (01)	99
Amiens (80)	588
Ammerschwihr (68)	454
Amnéville (57)	532
Ancenis (44)	1068
Anet (28)	375
Angers (49)	1069
Angoulême (16)	924
Aniane (34)	961
Annecy (74)	100
Annemasse (74)	105

Annonay (07)	105
Anse (69)	106
Ansouis (84)	1129
Anthy-sur-Léman (74)	106
Antibes (06)	1130
Aoste (38)	106
Apremont (60)	588
Aragon (11)	961
Arbois (39)	292
Arcachon (33)	841
Arcangues (64)	839
Arcizans-Avant (65)	1016
Les Arcs (73)	106
Les Arcs (83)	1135
Ardon (45)	375
Arès (33)	843
Argelès-Gazost (65)	1017
Argelès-sur-Mer (66)	961
Argentan (61)	776
Argentat (19)	912
Argenton-sur-Creuse (36)	375
Argilliers (30)	962
Argoules (80)	589
Arles (13)	1136
Armentières (59)	562
Arnage (72)	1073
Les Arques (46)	1017
Arradon (56)	312
Ars-en-Ré (17)	930
Arzon (56)	312
Assignan (34)	962
Asnières-sur-Seine (92)	758
Assier (46)	1017
Athée-sur-Cher (37)	376
Attiches (59)	562
Attin (62)	562
Aubenas (07)	107
Aubigny-sur-Nère (18)	376
Auch (32)	1017
Audierne (29)	312
Audrieu (14)	777
Augerolles (63)	64
Augerville-la-Rivière (45)	376
Aulnay-sous-Bois (93)	758
Aulon (65)	1018
Aumale (76)	777

Aumont-Aubrac (48)	**962**
Aups (83)	**1138**
Auray (56)	**312**
Aureville (31)	**1018**
Auriac (19)	**912**
Aurillac (15)	**64**
Authuille (80)	**589**
Autrans (38)	**107**
Autun (71)	**250**
Auvers (77)	**626**
Auxerre (89)	**250**
Auzeville-Tolosane (31)	**1019**
Availles-Limouzine (86)	**924**
Avallon (89)	**251**
Avezan (32)	**1019**
Avignon (84)	**1139**
Avize (51)	**512**
Avoriaz (74)	**108**
Avranches (50)	**778**
Ax-les-Thermes (09)	**1019**
Ay-sur-Moselle (57)	**532**
Azay-le-Rideau (37)	**376**
Azé (53)	**1073**

B	Page
Baden (56)	**313**
Baerenthal (57)	**532**
La Baffe (88)	**533**
Bâgé-le-Châtel (01)	**108**
Bagnères-de-Bigorre (65)	**1020**
Bagnères-de-Luchon (31)	**1020**
Bagnoles-de-l'Orne (61)	**778**
Bagnols (69)	**108**
Bagnols-sur-Cèze (30)	**963**
Balanod (39)	**292**
Balma (31)	**1020**
Ban-de-Laveline (88)	**533**
Bandol (83)	**1145**
Banne (07)	**109**
Banyuls-sur-Mer (66)	**964**
Barbizon (77)	**626**
Barbotan-les-Thermes (32)	**1021**
Barcelonnette (04)	**1145**
Bard (42)	**109**
Bardigues (82)	**1021**
Barjac (30)	**964**
Bar-le-Duc (55)	**533**
Barneville-Carteret (50)	**778**
Barneville-la-Bertran (14)	**779**
Baron (30)	**964**
Le Barp (33)	**840**
Barr (67)	**454**
Barretaine (39)	**292**
Bartenheim-la-Chaussée (68)	**455**

Bassac (16)	**925**
Basse-Goulaine (44)	**1074**
Bastia (2B)	**425**
La Baule (44)	**1074**
Les Baux-de-Provence (13)	**1146**
Bayeux (14)	**779**
Bayonne (64)	**846**
Beaufort (59)	**563**
Beaugency (45)	**377**
Beaulieu-sous-la-Roche (85)	**1075**
Beaulieu-sur-Dordogne (19)	**912**
Beaulieu-sur-Mer (06)	**1147**
Beaumesnil (27)	**780**
Beaumont-en-Auge (14)	**781**
Beaune (21)	**252**
Beaurecueil (13)	**1148**
Le Beausset (83)	**1148**
Beauvais (60)	**589**
Beauvois-en-Cambrésis (59)	**563**
Beauzac (43)	**65**
Beblenheim (68)	**455**
Belcastel (12)	**1021**
Bélesta (66)	**965**
Belfort (90)	**293**
Belle-Église (60)	**590**
Bellerive-sur-Allier (03)	**65**
Belleville (69)	**109**
Belley (01)	**109**
Bénouville (14)	**781**
Bergerac (24)	**847**
Bergères-lès-Vertus (51)	**512**
Bergholtz (68)	**455**
Berlou (34)	**965**
Bermicourt (62)	**563**
Bernay (27)	**781**
La Bernerie-en-Retz (44)	**1075**
Bernières-sur-Mer (14)	**781**
Berrwiller (68)	**455**
Besançon (25)	**293**
Bessas (07)	**110**
Bessines (79)	**925**
Béthune (62)	**563**
Beuvron-en-Auge (14)	**782**
Les Bézards (45)	**377**
Béziers (34)	**965**
Biarritz (64)	**849**
Bidarray (64)	**853**
Bidart (64)	**854**
Billiers (56)	**315**
Billy (03)	**66**
Biot (06)	**1148**
Bioule (82)	**1022**
Birkenwald (67)	**456**
Biscarrosse (40)	**854**

Bitche (57)	**533**
Blainville-sur-Mer (50)	**782**
Blanquefort (33)	**855**
Bléré (37)	**378**
Blesle (43)	**66**
Blienschwiller (67)	**456**
Blois (41)	**378**
Boeschepe (59)	**564**
Bois-Colombes (92)	**759**
Le Bois-Plage-en-Ré (17)	**931**
Boisseuil (87)	**912**
Bommes (33)	**855**
Bondues (59)	**564**
Bonifacio (2A)	**425**
Bonlieu (39)	**294**
Bonnefamille (38)	**110**
Bonnétage (25)	**294**
Bonnieux (84)	**1149**
Bordeaux (33)	**860**
Bormes-les-Mimosas (83)	**1150**
La Borne (18)	**379**
Bort-l'Étang (63)	**66**
Bossey (74)	**110**
Boudes (63)	**66**
Bouliac (33)	**868**
Boulleret (18)	**379**
Boulogne-Billancourt (92)	**759**
Boulogne-sur-Mer (62)	**564**
Bourbon-l'Archambault (03)	**67**
La Bourboule (63)	**67**
Bourdeau (73)	**110**
Bourg-Achard (27)	**782**
Bourg-Charente (16)	**925**
Le Bourg-Dun (76)	**782**
Bourg-en-Bresse (01)	**111**
Bourges (18)	**380**
Le Bourget-du-Lac (73)	**112**
Bourgvilain (71)	**256**
Bourron-Marlotte (77)	**626**
Boutervilliers (91)	**626**
Bouzel (63)	**67**
Bouzigues (34)	**966**
Bozouls (12)	**1022**
Bracieux (41)	**381**
Brantôme (24)	**868**
Brassempouy (40)	**869**
Brebières (62)	**565**
Brélès (29)	**315**
Brem-sur-Mer (85)	**1076**
La Bresse (88)	**534**
Bressieux (38)	**112**
Bresson (38)	**113**
Brest (29)	**315**
Brétignolles-sur-Mer (85)	**1076**
Le Breuil-en-Auge (14)	**783**
Breuillet (17)	**926**
Briançon (05)	**1150**
Briant (71)	**256**
Bricqueville-sur-Mer (50)	**783**
Brie-Comte-Robert (77)	**627**
Brignogan-Plages (29)	**317**
Brinon-sur-Sauldre (18)	**381**
Briollay (49)	**1076**
Briscous (64)	**869**
Brive-la-Gaillarde (19)	**913**
Le Broc (63)	**67**
Brou (28)	**382**
Bué (18)	**382**
Buellas (01)	**113**
Le Buisson-de-Cadouin (24)	**869**
Busnes (62)	**565**
La Bussière-sur-Ouche (21)	**256**
Buxy (71)	**257**

C	Page
Cabourg (14)	**783**
Cabris (06)	**1150**
Cadenet (84)	**1151**
La Cadière-d'Azur (83)	**1152**
Caen (14)	**785**
Caëstre (59)	**566**
Cagnano (2B)	**428**
Cagnes-sur-Mer (06)	**1152**
Cahors (46)	**1022**
Cahuzac-sur-Vère (81)	**1023**
Cairanne (84)	**1153**
Cajarc (46)	**1023**
Calais (62)	**566**
Callas (83)	**1153**
Calvi (2B)	**428**
Cambo-les-Bains (64)	**870**
Cambrai (59)	**567**
Camplong-d'Aude (11)	**966**
Canapville (14)	**789**
Cancale (35)	**317**
Candé-sur-Beuvron (41)	**382**
Canet-en-Roussillon (66)	**966**
Cannes (06)	**1155**
Le Cannet (06)	**1159**
Capbreton (40)	**870**
Cap-Ferret (33)	**844**
Capinghem (59)	**567**
Carantec (29)	**318**
Carcassonne (11)	**967**
Carignan (08)	**512**
Carnac (56)	**319**
Caromb (84)	**1160**
Carquefou (44)	**1077**

Les Carroz-d'Arâches (74)	**113**
Carsac-Aillac (24)	**870**
Cassel (59)	**567**
Cassis (13)	**1160**
Castanet-Tolosan (31)	**1024**
Casteljaloux (47)	**870**
Le Castellet (83)	**1161**
Castelnaudary (11)	**970**
Castelnau-de-Lévis (81)	**1024**
Castelnau-de-Montmiral (81)	**1025**
Castelnau-le-Lez (34)	**970**
Castéra-Verduzan (32)	**1025**
Castillon-du-Gard (30)	**971**
Castres (81)	**1025**
Castries (34)	**971**
Caudebec-en-Caux (76)	**789**
Caumont-sur-Durance (84)	**1162**
Cavaillon (84)	**1162**
Cavalière (83)	**1162**
La Celle (83)	**1163**
La Celle-les-Bordes (78)	**627**
Cellettes (41)	**382**
Cenon (33)	**871**
Centuri (2B)	**429**
Cercié (69)	**114**
Céré-la-Ronde (37)	**382**
Céret (66)	**972**
Cernay (68)	**456**
Cesson-Sévigné (35)	**320**
Cestayrols (81)	**1025**
Cevins (73)	**114**
Chabanais (16)	**926**
Chablis (89)	**257**
Chagny (71)	**258**
Chaintré (71)	**259**
La Chaize-Giraud (85)	**1077**
Challans (85)	**1077**
Châlons-en-Champagne (51)	**512**
Chalon-sur-Saône (71)	**259**
Chamagne (88)	**534**
Chamalières (63)	**68**
Chambéry (73)	**114**
Chambolle-Musigny (21)	**260**
Chambord (41)	**383**
Chambretaud (85)	**1078**
Chamesol (25)	**295**
Chamonix-Mont-Blanc (74)	**117**
Champagnac-de-Belair (24)	**871**
Champcevinel (24)	**871**
Champillon (51)	**513**
Champlive (25)	**295**
Le Champ-sur-Layon (49)	**1078**
Chancelade (24)	**872**
Chantemerle (05)	**1163**
Chantilly (60)	**590**
Chapaize (71)	**260**
La Chapelle-aux-Chasses (03)	**68**
La Chapelle-d'Abondance (74)	**121**
La Chapelle-des-Marais (44)	**1078**
La Chapelle-en-Serval (60)	**591**
La Chapelle-Taillefert (23)	**914**
Charbonnières-les-Bains (69)	**234**
Charleville-Mézières (08)	**514**
Charlieu (42)	**121**
Charmes-sur-Rhône (07)	**122**
Charols (26)	**122**
Charolles (71)	**260**
Charroux (03)	**68**
Chartres (28)	**383**
Chassagne-Montrachet (21)	**261**
Chasselay (69)	**122**
Château-Arnoux-Saint-Auban (04)	**1164**
Châteaubourg (35)	**320**
Château-d'Olonne (85)	**1079**
Châteaudun (28)	**384**
Châteaufort (78)	**627**
Châteaumeillant (18)	**384**
Châteauneuf-de-Gadagne (84)	**1164**
Châteauneuf-du-Pape (84)	**1164**
Châteauroux (36)	**384**
Château-Thébaud (44)	**1079**
Châtel (74)	**123**
Châtelaillon-Plage (17)	**926**
Châtillon-sur-Chalaronne (01)	**123**
Châtillon-sur-Indre (36)	**385**
La Châtre (36)	**385**
Chaudes-Aigues (15)	**68**
Chaumousey (88)	**534**
Chavagnac (15)	**69**
Chavignol (18)	**385**
Chazelles-sur-Lyon (42)	**124**
Chédigny (37)	**386**
Chênehutte-Trèves-Cunault (49)	**1079**
Chénérailles (23)	**914**
Chenonceaux (37)	**386**
Cherbourg-en-Cotentin (50)	**790**
Cherisy (28)	**386**
Chevagnes (03)	**69**
Cheverny (41)	**386**
Chevreuse (78)	**627**
Chilleurs-aux-Bois (45)	**387**
Chinon (37)	**387**
Chisseaux (37)	**388**
Cholet (49)	**1079**
Chonas-l'Amballan (38)	**124**
Chorey-lès-Beaune (21)	**261**

Ciboure (64)	**872**
Cieurac (46)	**1026**
La Ciotat (13)	**1165**
Clairefontaine-en-Yvelines (78)	**628**
Clamecy (58)	**261**
Clara (66)	**972**
Clécy (14)	**790**
Clermont-Ferrand (63)	**70**
Clichy (92)	**761**
Cliousclat (26)	**124**
Clisson (44)	**1080**
Cluny (71)	**261**
La Clusaz (74)	**125**
Cocurès (48)	**972**
Cognac (16)	**927**
Cogolin (83)	**1166**
Coise-Saint-Jean-Pied-Gauthier (73)	**125**
Coligny (01)	**126**
La Colle-sur-Loup (06)	**1166**
Collioure (66)	**972**
Collonges-au-Mont-d'Or (69)	**235**
Colmar (68)	**457**
Colombes (92)	**761**
Colombey-les-Deux-Églises (52)	**514**
Colombières-sur-Orb (34)	**973**
Colombiers (34)	**973**
Colroy-la-Roche (67)	**462**
Combeaufontaine (70)	**295**
Combes (34)	**973**
Combrit (29)	**320**
Compiègne (60)	**591**
Concarneau (29)	**320**
Condorcet (26)	**126**
Connelles (27)	**791**
Conques (12)	**1026**
Le Conquet (29)	**321**
Les Contamines-Montjoie (74)	**126**
Contres (41)	**388**
Corbeil-Essonnes (91)	**628**
Cordon (74)	**126**
Corenc (38)	**126**
Corrençon-en-Vercors (38)	**127**
Corte (2B)	**429**
Cosne-Cours-sur-Loire (58)	**262**
Le Coteau (42)	**127**
La Côte-Saint-André (38)	**127**
Coudekerque-Branche (59)	**568**
Couëron (44)	**1080**
Couilly-Pont-aux-Dames (77)	**628**
Coulanges-la-Vineuse (89)	**262**
Coulombiers (86)	**928**
Coulon (79)	**928**

Courban (21)	**262**
Courbevoie (92)	**761**
Courcelles-sur-Vesle (02)	**592**
Courlans (39)	**296**
Courseulles-sur-Mer (14)	**791**
La Courtine (23)	**914**
Coutances (50)	**791**
Coutens (09)	**1026**
Crémieu (38)	**135**
Le Creusot (71)	**263**
Cricquebœuf (14)	**791**
Crillon-le-Brave (84)	**1167**
Le Croisic (44)	**1080**
La Croix-Valmer (83)	**1167**
Crolles (38)	**135**
Le Crotoy (80)	**592**
Croutelle (86)	**928**
Crozant (23)	**914**
Crozet (01)	**135**
Crozon (29)	**321**
Cruseilles (74)	**136**
Cruzy (34)	**974**
Cucugnan (11)	**974**
Cucuron (84)	**1168**
Cugand (85)	**1081**
Cuiseaux (71)	**263**
Cuq-Toulza (81)	**1026**
Cuttoli-Corticchiato (2A)	**429**
Cuves (50)	**792**

D	Page
Daglan (24)	**872**
Dampierre-en-Yvelines (78)	**628**
Dampmart (77)	**629**
Les Damps (27)	**792**
Danjoutin (90)	**296**
Dardilly (69)	**235**
Dax (40)	**872**
Deauville (14)	**793**
Delme (57)	**534**
Les Deux-Alpes (38)	**136**
Dieppe (76)	**795**
Digne-les-Bains (04)	**1169**
Digoin (71)	**263**
Dijon (21)	**264**
Dinan (22)	**322**
Dinard (35)	**322**
Dirac (16)	**928**
Dissay (86)	**928**
Divonne-les-Bains (01)	**137**
Dole (39)	**296**
Dolus-d'Oléron (17)	**933**
Dommartin-lès-Remiremont (88)	**535**

Domme (24)	**872**
Donnemarie-Dontilly (77)	**629**
Donzenac (19)	**915**
Douarnenez (29)	**324**
Doué-la-Fontaine (49)	**1081**
Dourgne (81)	**1027**
Douvaine (74)	**137**
Dracy-le-Fort (71)	**270**
Drudas (31)	**1027**
Drusenheim (67)	**462**
Duhort-Bachen (40)	**873**
Duingt (74)	**137**
Dunes (82)	**1027**
Dunières (43)	**79**
Dury (80)	**592**

E	Page
Eaucourt-sur-Somme (80)	**593**
Eauze (32)	**1027**
Ebersmunster (67)	**463**
Écouviez (55)	**535**
École-Valentin (25)	**297**
Écully (69)	**235**
Eguisheim (68)	**463**
Ensisheim (68)	**464**
Entraygues-sur-Truyère (12)	**1028**
Épernay (51)	**515**
Épinal (88)	**535**
L'Épine (51)	**516**
Erbalunga (2B)	**430**
Espalion (12)	**1028**
Espaly-Saint-Marcel (43)	**79**
Espelette (64)	**873**
Étaples (62)	**568**
Étoges (51)	**517**
Étouy (60)	**593**
Étretat (76)	**796**
Étupes (25)	**297**
Eugénie-les-Bains (40)	**873**
Évian-les-Bains (74)	**138**
Évreux (27)	**797**
Eybens (38)	**139**
Eygalières (13)	**1169**
Eymet (24)	**874**
Eyragues (13)	**1169**
Les Eyzies-de-Tayac (24)	**874**
Èze (06)	**1170**
Èze-Bord-de-Mer (06)	**1171**

F	Page
Falaise (14)	**797**
Faugères (07)	**139**
Faulquemont (57)	**536**

Favières (80)	**594**
Fayence (83)	**1171**
Fécamp (76)	**798**
Feldbach (68)	**464**
La Ferrière-aux-Étangs (61)	**798**
La Ferté-Beauharnais (41)	**388**
La Ferté-Bernard (72)	**1081**
La Ferté-Saint-Cyr (41)	**388**
Figeac (46)	**1028**
Les Fins (25)	**298**
Flaine (74)	**139**
Flayosc (83)	**1172**
La Flèche (72)	**1082**
Fleurie (69)	**139**
Fleury (11)	**974**
Fleury-sur-Orne (14)	**798**
Florac (48)	**974**
La Flotte (17)	**931**
Flumet (73)	**140**
Fondettes (37)	**388**
Font-Romeu-Odeillo-Via (66)	**974**
Fontainebleau (77)	**630**
Fontaine-de-Vaucluse (84)	**1172**
Fontenai-sur-Orne (61)	**798**
Fontenoy-la-Joûte (54)	**536**
Fontevraud-l'Abbaye (49)	**1082**
Fontjoncouse (11)	**975**
Fontvieille (13)	**1173**
Forcalquier (04)	**1173**
Fouday (67)	**464**
Fouesnant (29)	**324**
Fougères (35)	**324**
Fourqueux (78)	**630**
Fréjus (83)	**1174**
Fréland (68)	**464**
Frichemesnil (76)	**798**
Fuissé (71)	**270**
Fursac (23)	**915**

G	Page
La Gacilly (56)	**325**
Gagnac-sur-Cère (46)	**1028**
Gaillac (81)	**1029**
Galan (65)	**1029**
Gambsheim (67)	**465**
Gap (05)	**1174**
La Garde (48)	**975**
La Garenne-Colombes (92)	**761**
Gargas (84)	**1174**
La Garnache (85)	**1082**
Garons (30)	**976**
Gasny (27)	**799**
Gassin (83)	**1175**
Gaujac (30)	**976**

Gazeran (78)	**631**
Gémenos (13)	**1175**
Générac (30)	**976**
Geneston (44)	**1083**
Gérardmer (88)	**536**
Les Gets (74)	**140**
Gevrey-Chambertin (21)	**270**
Gex (01)	**141**
Gien (45)	**389**
Giens (83)	**1176**
Gigondas (84)	**1176**
Gilly-lès-Cîteaux (21)	**271**
La Gimond (42)	**141**
Giverny (27)	**799**
Glaine-Montaigut (63)	**79**
Godewaersvelde (59)	**568**
Golbey (88)	**537**
Golfe-Juan (06)	**1177**
Gordes (84)	**1177**
La Gouesnière (35)	**325**
Goulles (19)	**915**
Goult (84)	**1179**
Goumois (25)	**298**
Gourdon (46)	**1029**
Gouvieux (60)	**594**
Gouy-Saint-André (62)	**569**
Le Grand-Bornand (74)	**142**
Grandcamp-Maisy (14)	**800**
Le Grand-Lucé (72)	**1083**
Le Grand-Village-Plage (17)	**933**
Granges-les-Beaumont (26)	**142**
Granville (50)	**800**
Grasse (06)	**1179**
Le Grau-du-Roi (30)	**976**
Graufthal (67)	**465**
Grenoble (38)	**142**
Gresse-en-Vercors (38)	**146**
Griesheim-près-Molsheim (67)	**465**
Grignan (26)	**146**
Grilly (01)	**147**
Grimaud (83)	**1180**
Groisy (74)	**147**
Gruson (59)	**569**
Guenrouet (44)	**1083**
Guer (56)	**326**
Guéret (23)	**915**
Guéthary (64)	**875**
Guewenheim (68)	**466**
Guiche (64)	**876**
Guidel (56)	**326**
Guilvinec (29)	**326**
Guingamp (22)	**327**
Guitera-les-Bains (2A)	**430**
Gujan-Mestras (33)	**844**

Gundershoffen (67)	**466**
Gyé-sur-Seine (10)	**517**

H	**Page**
Hagondange (57)	**538**
Haguenau (67)	**466**
Hambye (50)	**800**
Hasparren (64)	**876**
Hattstatt (68)	**467**
Haute-Goulaine (44)	**1084**
Hauteluce (73)	**148**
Le Havre (76)	**800**
L'Herbaudière (85)	**1084**
Les Herbiers (85)	**1084**
Hérouville-Saint-Clair (14)	**804**
Hésingue (68)	**467**
Hochstatt (68)	**467**
Honfleur (14)	**805**
Hossegor (40)	**877**
Les Houches (74)	**148**
Houdan (78)	**631**
Houlgate (14)	**808**
Huningue (68)	**467**
Hyères (83)	**1180**

I	**Page**
Igé (71)	**272**
Iguerande (71)	**272**
L'Île-Bouchard (37)	**390**
L'Île-Rousse (2B)	**430**
Illhaeusern (68)	**468**
Illies (59)	**569**
Illzach (68)	**468**
Ingersheim (68)	**468**
Ingrandes-de-Touraine (37)	**390**
Irissarry (64)	**877**
Isbergues (62)	**569**
L'Isle-d'Abeau (38)	**148**
L'Isle-sur-la-Sorgue (84)	**1181**
L'Isle-sur-Serein (89)	**272**
Issigeac (24)	**878**
Issoire (63)	**79**
Issoudun (36)	**390**
Issy-les-Moulineaux (92)	**762**
Itterswiller (67)	**468**
Itxassou (64)	**878**

J	**Page**
Jarnac (16)	**934**
La Jarrie (17)	**934**
Jassans-Riottier (01)	**148**
Jausiers (04)	**1182**
Joigny (89)	**272**

Jongieux (73)	**149**
Joucas (84)	**1183**
Joux (69)	**149**
Joyeuse (07)	**149**
Juan-les-Pins (06)	**1184**
Jumièges (76)	**808**
Juvigny-sous-Andaine (61)	**809**

K	Page
Katzenthal (68)	**469**
Kaysersberg (68)	**469**
Kembs (68)	**470**
Kervignac (56)	**327**
Kientzheim (68)	**470**
Kilstett (67)	**471**
Klingenthal (67)	**471**
Kruth (68)	**471**

L	Page
Labarde (33)	**878**
Labaroche (68)	**472**
Lacave (46)	**1030**
Lacroix-Falgarde (31)	**1030**
Lagarde-d'Apt (84)	**1184**
Lagarde-Enval (19)	**916**
Lagorce (07)	**150**
Lagrasse (11)	**977**
Laguiole (12)	**1031**
Lanarce (07)	**150**
Landéda (29)	**328**
Landser (68)	**472**
Lannepax (32)	**1031**
Langeais (37)	**390**
Langoëlan (56)	**328**
Langon (33)	**878**
Languimberg (57)	**538**
Lannion (22)	**328**
Lans-en-Vercors (38)	**150**
Lanton (33)	**844**
Laon (02)	**594**
Lapoutroie (68)	**472**
Laragne-Montéglin (05)	**1185**
Laroque-des-Albères (66)	**977**
Larrau (64)	**879**
Lascabanes (46)	**1032**
Lastours (11)	**978**
Laubach (67)	**472**
Lauris (84)	**1185**
Laval (53)	**1087**
Le Lavandou (83)	**1186**
Lavaudieu (43)	**80**
Lavaur (81)	**1032**
Lavérune (34)	**978**

Lecci (2A)	**430**
Lectoure (32)	**1032**
Lembach (67)	**472**
Lempdes (63)	**80**
Lens (62)	**570**
Lent (01)	**150**
Lescar (64)	**879**
Leucate (11)	**978**
Leutenheim (67)	**473**
Levernois (21)	**273**
Levie (2A)	**431**
Lezoux (63)	**80**
Liessies (59)	**570**
Liffré (35)	**329**
Lille (59)	**571**
Limoges (87)	**916**
Limoux (11)	**979**
Lingolsheim (67)	**473**
La Llagonne (66)	**979**
Loches (37)	**391**
Locquirec (29)	**329**
Locronan (29)	**329**
Loiré (49)	**1087**
Loire-sur-Rhône (69)	**150**
Lorgues (83)	**1187**
Lorient (56)	**330**
Lormont (33)	**880**
Loué (72)	**1087**
Lougratte (47)	**880**
Le Louroux (37)	**391**
Luché-Pringé (72)	**1087**
Lucinges (74)	**151**
Luçon (85)	**1088**
Luc-sur-Orbieu (11)	**979**
Le Lude (72)	**1088**
Lumio (2B)	**431**
Lunel (34)	**979**
Lunéville (54)	**538**
Lussac-les-Châteaux (86)	**935**
Luynes (37)	**391**
Luz-Saint-Sauveur (65)	**1032**
Luzy (58)	**274**
Lyon (69)	**214**
Lyons-la-Forêt (27)	**809**

M	Page
Machilly (74)	**151**
Mâcon (71)	**274**
La Madelaine-sous-Montreuil (62)	**578**
Magescq (40)	**880**
Magnant (10)	**517**
Maillane (13)	**1188**
Maisons-Alfort (94)	**762**

Maisons-Laffitte (78)	**631**
Malataverne (26)	**152**
Malbuisson (25)	**298**
La Malène (48)	**980**
Malling (57)	**539**
Mancenans-Lizerne (25)	**298**
Mandelieu-la-Napoule (06)	**1189**
Mane (04)	**1189**
Manigod (74)	**152**
Manom (57)	**539**
Manosque (04)	**1190**
Le Mans (72)	**1088**
Mantes-la-Jolie (78)	**632**
Mantes-la-Ville (78)	**632**
Les Marches (73)	**153**
Marcolès (15)	**80**
Marcq-en-Barœul (59)	**578**
Marennes (17)	**935**
Margencel (74)	**153**
Marigny-Saint-Marcel (74)	**154**
Maringues (63)	**81**
Marlenheim (67)	**474**
Marly-le-Roi (78)	**632**
Marmande (47)	**881**
Marseillan (34)	**980**
Marseille (13)	**1191**
Martel (46)	**1033**
Martigues (13)	**1203**
Martillac (33)	**881**
Martres-Tolosane (31)	**1033**
Massignac (16)	**935**
Les Matelles (34)	**980**
Matignicourt-Goncourt (51)	**518**
Maule (78)	**632**
Maulévrier (49)	**1090**
Maussane-les-Alpilles (13)	**1204**
Maxilly-sur-Léman (74)	**154**
Mayenne (53)	**1090**
Mazan (84)	**1204**
Meaux (77)	**633**
Les Mées (04)	**1205**
Megève (74)	**155**
Melun (77)	**633**
Mende (48)	**980**
Ménerbes (84)	**1205**
Ménestreau-en-Villette (45)	**392**
La Ménounière (17)	**933**
Menthon-Saint-Bernard (74)	**160**
Menton (06)	**1205**
Les Menuires (73)	**160**
Mercuer (07)	**161**
Mercuès (46)	**1033**
Méribel (73)	**161**
Mérignac (33)	**882**
Merkwiller-Pechelbronn (67)	**474**
Méry-sur-Oise (95)	**633**
Mesnil-Saint-Père (10)	**518**
Messigny-et-Vantoux (21)	**275**
Metz (57)	**539**
Metzeral (68)	**474**
Meudon (92)	**762**
Meursault (21)	**275**
Le Meux (60)	**594**
Meyreuil (13)	**1208**
Meyronne (46)	**1034**
Mèze (34)	**981**
Mézériat (01)	**162**
Mézy-Moulins (02)	**594**
Milly-la-Forêt (91)	**634**
Minerve (34)	**981**
Mirambeau (17)	**936**
Mirmande (26)	**163**
Missillac (44)	**1090**
Mittelbergheim (67)	**474**
Moirax (47)	**882**
Molitg-les-Bains (66)	**981**
Mollégès (13)	**1208**
Mollkirch (67)	**474**
Les Molunes (39)	**298**
Monaco (MC)	**1209**
Monbazillac (24)	**882**
Mondragon (84)	**1213**
Monestier (24)	**883**
Le Monêtier-les-Bains (05)	**1213**
Monnaie (37)	**392**
Monpazier (24)	**883**
Monswiller (67)	**475**
Montagnac (34)	**982**
Montagne (33)	**884**
Montaigu (85)	**1090**
Montanges (01)	**163**
Montarcher (42)	**163**
Montaren-et-Saint-Médiers (30)	**982**
Montargis (45)	**392**
Montauban (82)	**1034**
Montauroux (83)	**1214**
Montbazon (37)	**392**
Montbéliard (25)	**299**
Montbellet (71)	**275**
Montbrison (42)	**164**
Montbron (16)	**936**
Montceau-les-Mines (71)	**276**
Montcenis (71)	**276**
Montchenot (51)	**518**
Montcy-Notre-Dame (08)	**518**
Mont-de-Marsan (40)	**884**
Le Mont-Dore (63)	**81**
Montech (82)	**1034**

Monteils (82)	**1035**
Montélimar (26)	**164**
Montenach (57)	**542**
Montendre (17)	**936**
Montferrat (83)	**1214**
Montfuron (04)	**1214**
Montgenèvre (05)	**1214**
Montgibaud (19)	**918**
Montgrésin (60)	**595**
Les Monthairons (55)	**542**
Monticello (2B)	**432**
Montignac (24)	**884**
Montigny-la-Resle (89)	**276**
Montigny-sur-Loing (77)	**634**
Montlivault (41)	**393**
Montlouis-sur-Loire (37)	**394**
Montluçon (03)	**81**
Montmarault (03)	**82**
Montmelard (71)	**276**
Montmerle-sur-Saône (01)	**164**
Montmorency (95)	**634**
Montmorillon (86)	**937**
Montner (66)	**982**
Montpellier (34)	**983**
Montrabé (31)	**1035**
Montreuil (62)	**579**
Montricoux (82)	**1036**
Moosch (68)	**475**
Morbecque (59)	**579**
Morey-Saint-Denis (21)	**276**
Morlaix (29)	**332**
Morsbronn-les-Bains (67)	**475**
Morzine (74)	**164**
Mostuéjouls (12)	**1036**
Mouans-Sartoux (06)	**1214**
Moudeyres (43)	**82**
Mougins (06)	**1215**
Moulay (53)	**1091**
Moulins (03)	**83**
Moustiers-Sainte-Marie (04)	**1216**
Muhlbach-sur-Munster (68)	**476**
Muides-sur-Loire (41)	**394**
Mulhouse (68)	**476**
Munster (68)	**479**
Murat (15)	**83**
Murbach (68)	**479**
Mûr-de-Bretagne (22)	**332**
Muret-le-Château (12)	**1036**
Murtoli (2A)	**432**

N	Page
Nalzen (09)	**1036**
Nancy (54)	**543**
Nanterre (92)	**763**

Nantes (44)	**1092**
Nantua (01)	**165**
Narbonne (11)	**990**
Natzwiller (67)	**479**
Néris-les-Bains (03)	**83**
Nestier (65)	**1036**
Le Neubourg (27)	**810**
Neuillé-le-Lierre (37)	**394**
Neuilly-sur-Seine (92)	**763**
Nevers (58)	**277**
Névez (29)	**332**
Neyrac-les-Bains (07)	**165**
Nice (06)	**1218**
Niederbronn-les-Bains (67)	**479**
Niederschaeffolsheim (67)	**480**
Niedersteinbach (67)	**480**
Nieuil (16)	**937**
Nîmes (30)	**992**
Niort (79)	**937**
Nocé (61)	**810**
Nœux-les-Mines (62)	**580**
Noirmoutier-en-l'Île (85)	**1085**
Nonza (2B)	**432**
Notre-Dame-de-Bellecombe (73)	**165**
Le Nouvion-en-Thiérache (02)	**595**
Noves (13)	**1227**
Noyalo (56)	**332**
Noyal-sur-Vilaine (35)	**333**
Noyers (89)	**277**
Nozay (44)	**1100**
Nuits-Saint-Georges (21)	**277**
Nyons (26)	**166**

O	Page
Obernai (67)	**480**
Obersteinbach (67)	**482**
Objat (19)	**918**
Offranville (76)	**810**
Oizon (18)	**394**
Olargues (34)	**996**
Oletta (2B)	**433**
Olivet (45)	**395**
Ollioules (83)	**1227**
Olmeto (2A)	**433**
Onzain (41)	**395**
Orange (84)	**1228**
Orcines (63)	**84**
Orgon (13)	**1228**
Orléans (45)	**397**
Ornans (25)	**299**
Orsan (30)	**996**
Orthevielle (40)	**884**
Osthouse (67)	**482**

Ottrott (67)	**482**
Ouches (42)	**166**
Oucques (41)	**400**
Ouistreham (14)	**811**
Ousson-sur-Loire (45)	**400**
Ozenay (71)	**278**
Ozoir-la-Ferrière (77)	**634**

P	Page
Pailherols (15)	**84**
Paimpol (22)	**333**
Le Palais (56)	**314**
Palavas-les-Flots (34)	**996**
Les Paluds-des-Noves (13)	**1228**
La Palud-sur-Verdon (04)	**1228**
Paradou (13)	**1228**
Paray-le-Monial (71)	**278**
Parçay-Meslay (37)	**400**
Parcey (39)	**299**
Parentis-en-Born (40)	**885**
Paris (75)	**646**
Parnac (46)	**1037**
Pau (64)	**885**
Pauillac (33)	**888**
Peillon (06)	**1229**
Penvins (56)	**334**
Peri (2A)	**433**
Périgueux (24)	**889**
Pernand-Vergelesses (21)	**278**
La Pernelle (50)	**811**
Pernes-les-Fontaines (84)	**1229**
Perpignan (66)	**997**
Le Perreux-sur-Marne (94)	**763**
Perros-Guirec (22)	**334**
La-Petite-Pierre (67)	**482**
Le Petit-Pressigny (37)	**401**
Le-Petit-Quevilly (76)	**811**
La Peyratte (79)	**938**
Pézenas (34)	**1000**
Pezens (11)	**1001**
Pfaffenhoffen (67)	**483**
Pfulgriesheim (67)	**483**
Phalsbourg (57)	**545**
Pigna (2B)	**433**
Le Pin-au-Haras (61)	**811**
Le Pin-la-Garenne (61)	**812**
Pinsaguel (31)	**1037**
Pisciatello (2A)	**434**
La Plagne (73)	**166**
Plaimpied-Givaudins (18)	**401**
Plaine-de-Walsch (57)	**546**
La Plaine-sur-Mer (44)	**1100**
Plaisians (26)	**167**
Plaisir (78)	**634**

Plappeville (57)	**546**
Pléhédel (22)	**334**
Plérin (22)	**335**
Ploemeur (56)	**335**
Ploërmel (56)	**336**
Plomodiern (29)	**336**
Plonéour-Lanvern (29)	**336**
Ploubalay (22)	**336**
Ploufragan (22)	**337**
Plougasnou (29)	**337**
Plougonvelin (29)	**337**
Plouguerneau (29)	**338**
Plouider (29)	**338**
Ploumanach (22)	**338**
Le Poët-Laval (26)	**167**
Poisson (71)	**278**
Poitiers (86)	**938**
Polliat (01)	**167**
Pomerol (33)	**893**
Pommard (21)	**278**
Pont-Aven (29)	**339**
Pontchartrain (78)	**635**
Pontchâteau (44)	**1101**
Pont-de-l'Isère (26)	**167**
Pont-de-Roide (25)	**299**
Pont-de-Vaux (01)	**168**
Pont-du-Château (63)	**84**
Le Pontet (84)	**1230**
Pontgibaud (63)	**85**
Pontivy (56)	**339**
Pontoise (95)	**635**
Pont-Sainte-Marie (10)	**519**
Pont-Scorff (56)	**340**
Les-Ponts-de-Cé (49)	**1101**
Pornic (44)	**1102**
Porspoder (29)	**340**
Port-en-Bessin (14)	**812**
Port-Goulphar (56)	**314**
Porticcio (2A)	**434**
Port-Joinville (85)	**1087**
Port-Lesney (39)	**300**
Port-Louis (56)	**340**
Port-Navalo (56)	**341**
Porto-Vecchio (2A)	**434**
Port-Vendres (66)	**1001**
Pouillon (40)	**893**
Pradelles-en-Val (11)	**1002**
Prades (66)	**1002**
Le Pradet (83)	**1230**
Prats-de-Mollo-la-Preste (66)	**1002**
Pratz (39)	**300**
Préneron (32)	**1037**
Prenois (21)	**279**
Presles (95)	**635**

Le Pré-Saint-Gervais (93)	**763**
Pringy (74)	**168**
Pringy (77)	**636**
Propriano (2A)	**436**
Pujaudran (32)	**1038**
Pujaut (30)	**1002**
Pujols (47)	**893**
Puligny-Montrachet (21)	**279**
Pupillin (39)	**300**
Puteaux (92)	**763**
Le Puy-en-Velay (43)	**85**
Puylaroque (82)	**1038**
Puylaurens (81)	**1038**
Puy-l'Évêque (46)	**1038**
Puymirol (47)	**894**
Le Puy-Sainte-Réparade (13)	**1230**
Pyla-sur-Mer (33)	**844**

Q	Page
Quarré-les-Tombes (89)	**279**
Quiberon (56)	**341**
Quimper (29)	**341**
Quimperlé (29)	**342**
Quint-Fonsegrives (31)	**1039**
Quissac (30)	**1003**

R	Page
Raismes (59)	**580**
Ramatuelle (83)	**1231**
Rambouillet (78)	**636**
Ramonville-Saint-Agne (31)	**1039**
Rayol-Canadel-sur-Mer (83)	**1232**
Reignier (74)	**168**
Reims (51)	**520**
Rémalard en Perche (61)	**812**
Remiremont (88)	**546**
Renaison (42)	**169**
Renescure (59)	**580**
Rennes (35)	**343**
Replonges (01)	**169**
Rethondes (60)	**595**
Reugny (03)	**86**
Reuilly (36)	**401**
Reuilly-Sauvigny (02)	**595**
Rexingen (67)	**483**
Le Rheu (35)	**347**
Rhinau (67)	**484**
Ribeauvillé (68)	**484**
Les Riceys (10)	**526**
Richardménil (54)	**547**
Richerenches (84)	**1233**
Riedisheim (68)	**485**
Rimbach-près-Guebwiller (68)	**485**

Riom (63)	**86**
Riquewihr (68)	**485**
Rivesaltes (66)	**1003**
Rixheim (68)	**486**
Roanne (42)	**169**
Rocamadour (46)	**1039**
La Roche-Bernard (56)	**347**
Rochecorbon (37)	**401**
Rochefort (17)	**938**
Rochegude (26)	**170**
La Roche-l'Abeille (87)	**918**
La Rochelle (17)	**939**
La Roche-sur-Yon (85)	**1102**
Rochetoirin (38)	**170**
Rodez (12)	**1040**
Rohan (56)	**348**
Rolleboise (78)	**636**
Romanèche-Thorins (71)	**280**
Romans-sur-Isère (26)	**170**
Romorantin-Lanthenay (41)	**402**
Ronce-les-Bains (17)	**942**
Roppenheim (67)	**487**
La Roque-Gageac (24)	**894**
Rosbruck (57)	**547**
Roscoff (29)	**348**
Rosenau (68)	**487**
Rosheim (67)	**487**
La Rosière-1850 (73)	**170**
Roubaix (59)	**580**
Roubion (06)	**1233**
Rouen (76)	**813**
Rouffach (68)	**487**
Rouffiac-Tolosan (31)	**1040**
Le Rouret (06)	**1233**
Roussillon (84)	**1234**
Royan (17)	**942**
Royat (63)	**86**
Roye (70)	**301**
Roye (80)	**596**
Le Rozier (48)	**1003**
Rueil-Malmaison (92)	**764**
Rungis (94)	**764**

S	Page
Les Sables-d'Olonne (85)	**1102**
Saché (37)	**402**
Sacy (51)	**526**
Saint-Affrique (12)	**1040**
Saint-Aignan (41)	**403**
Saint-Alban-de-Roche (38)	**171**
Saint-Alban-les-Eaux (42)	**171**
Saint-Alban-sur-Limagnole (48)	**1004**
Saint-Amour-Bellevue (71)	**280**
Saint-André-de-Cubzac (33)	**895**

Saint-André-de-Najac (12) **1041**
Saint-Antonin-Noble-Val (82) **1041**
Saint-Aubin-de-Médoc (33) **895**
Saint-Avé (56) **349**
Saint-Avit-Sénieur (24) **895**
Saint-Beauzeil (82) **1041**
Saint-Bénigne (01) **171**
Saint-Benoît-sur-Loire (45) **403**
Saint-Bonnet-le-Château (42) **172**
Saint-Bonnet-le-Froid (43) **86**
Saint-Brieuc (22) **349**
Saint-Cannat (13) **1234**
Saint-Céré (46) **1041**
Saint-Chamas (13) **1234**
Saint-Cirq-Lapopie (46) **1042**
Saint-Clément-les-Places (69) **172**
Saint-Crépin (05) **1235**
Saint-Cyprien (66) **1004**
Saint-Cyr-au-Mont-d'Or (69) **236**
Saint-Cyr-sur-Loire (37) **403**
Saint-Denis-lès-Bourg (01) **172**
Saint-Denis-le-Vêtu (50) **817**
Saint-Didier-de-la-Tour (38) **172**
Saint-Donat-sur-l'Herbasse (26) **172**
Saint-Émilion (33) **896**
Saint-Estèphe (33) **897**
Saint-Étienne (42) **173**
Saint-Étienne-au-Mont (62) **580**
Saint-Étienne-de-Baïgorry (64) **898**
Saint-Étienne-du-Grès (13) **1235**
Saint-Étienne-du-Vauvray (27) **817**
Saint-Félix (17) **943**
Saint-Félix-Lauragais (31) **1042**
Saint-Florent (2B) **437**
Saint-Flour (15) **87**
Saint-Forgeux-Lespinasse (42) **173**
Saint-Galmier (42) **173**
Saint-Gély-du-Fesc (34) **1004**
Saint-Georges-de-Montaigu (85) **1104**
Saint-Georges-de-Reneins (69) **176**
Saint-Georges-sur-Cher (41) **403**
Saint-Germain-des-Vaux (50) **817**
Saint-Germain-en-Laye (78) **637**
Saint-Germain-lès-Arlay (39) **301**
Saint-Gervais-les-Bains (74) **176**
Saint-Gervais-sur-Mare (34) **1004**
Saint-Gildas-de-Rhuys (56) **350**
Saint-Girons (09) **1042**
Saint-Guénolé (29) **350**
Saint-Haon-le-Vieux (42) **177**
Saint-Hippolyte (25) **301**
Saint-Hippolyte (68) **487**
Saint-Jean-aux-Bois (60) **596**
Saint-Jean-Cap-Ferrat (06) **1235**

Saint-Jean-de-Beauregard (91) **637**
Saint-Jean-de-Blaignac (33) **898**
Saint-Jean-de-Linières (49) **1104**
Saint-Jean-de-Luz (64) **899**
Saint-Jean-de-Thouars (79) **946**
Saint-Jean-de-Trézy (71) **281**
Saint-Jean-du-Bruel (12) **1043**
Saint-Jean-Pied-de-Port (64) **902**
Saint-Joachim (44) **1104**
Saint-Josse (62) **581**
Saint-Jouin-Bruneval (76) **818**
Saint-Julien-Chapteuil (43) **87**
Saint-Julien-de-Concelles (44) **1105**
Saint-Julien-en-Genevois (74) **178**
Saint-Julien-en-Vercors (26) **178**
Saint-Junien (87) **919**
Saint-Just-Saint-Rambert (42) **178**
Saint-Lary-Soulan (65) **1043**
Saint-Lieux-lès-Lavaur (81) **1043**
Saint-Lizier (09) **1043**
Saint-Lô (50) **818**
Saint-Louis (68) **488**
Saint-Lyphard (44) **1105**
Saint-Macaire (33) **902**
Saint-Malo (35) **351**
Saint-Marcellin (38) **178**
Saint-Martial-de-Nabirat (24) **902**
Saint-Martin-de-Belleville (73) **178**
Saint-Martin-de-Londres (34) **1005**
Saint-Martin-de-Ré (17) **931**
Saint-Martin-sur-la-Chambre (73) **179**
Saint-Martin-du-Fault (87) **919**
Saint-Martin-du-Tertre (89) **281**
Saint-Maurice-de-Satonnay (71) **281**
Saint-Maximin-la-Sainte-Baume
    (83) **1236**
Saint-Médard (46) **1044**
Saint-Nazaire (44) **1106**
Saint-Nexans (24) **902**
Saint-Ouen (93) **764**
Saint-Ouen-les-Vignes (37) **404**
Saint-Pair-sur-Mer (50) **818**
Saint-Palais-sur-Mer (17) **943**
Saint-Pantaléon (84) **1236**
Saint-Paterne (72) **1106**
Saint-Patrice (37) **404**
Saint-Paul-de-Vence (06) **1236**
Saint-Paul-en-Jarez (42) **180**
Saint-Paul-lès-Dax (40) **902**
Saint-Pée-sur-Nivelle (64) **903**
Saint-Péray (07) **180**
Saint-Pierre-de-Jards (36) **404**
Saint-Pierre-d'Oléron (17) **933**
Saint-Pierre-Quiberon (56) **356**

Saint-Pol-de-Léon (29)	**356**		Les Salvages (81)	**1044**
Saint-Pompont (24)	**903**		Le Sambuc (13)	**1248**
Saint-Priest (69)	**236**		Sampans (39)	**301**
Saint-Quentin (02)	**596**		Sanary-sur-Mer (83)	**1248**
Saint-Quentin-sur-le-Homme (50)	**818**		Sancerre (18)	**405**
			San-Martino-di-Lota (2B)	**438**
Saint-Quirin (57)	**547**		Santenay (21)	**283**
Saint-Raphaël (83)	**1237**		Sare (64)	**906**
Saint-Règle (37)	**404**		Sarlat-la-Canéda (24)	**906**
Saint-Rémy (21)	**282**		Sarpoil (63)	**88**
Saint-Rémy (71)	**282**		Sarreguemines (57)	**547**
Saint-Rémy-de-Provence (13)	**1239**		Sarzeau (56)	**357**
Saint-Rogatien (17)	**944**		Sassetot-le-Mauconduit (76)	**819**
Saint-Romain-de-Colbosc (76)	**819**		Saubion (40)	**906**
Saint-Romans (38)	**180**		Saugues (43)	**88**
Saint-Saturnin-lès-Apt (84)	**1242**		Saujon (17)	**945**
Saint-Savin (38)	**180**		Saules (25)	**302**
Saint-Savin (65)	**1044**		Saulieu (21)	**283**
Saint-Sernin-du-Bois (71)	**282**		Saumur (49)	**1106**
Saint-Sylvestre-sur-Lot (47)	**904**		Sauternes (33)	**907**
Saint-Trojan-les-Bains (17)	**934**		Sauveterre-de-Rouergue (12)	**1044**
Saint-Tropez (83)	**1242**		Sauxillanges (63)	**88**
Saint-Vaast-la-Hougue (50)	**819**		Sauzon (56)	**314**
Saint-Valentin (36)	**404**		Saverne (67)	**488**
Saint-Valery-en-Caux (76)	**819**		Savigny-lès-Beaune (21)	**284**
Saint-Valery-sur-Somme (80)	**596**		Savigny-sous-Faye (86)	**946**
Saint-Véran (05)	**1246**		Savigny-sur-Orge (91)	**638**
Saint-Vincent-de-Cosse (24)	**904**		Savonnières (37)	**406**
Saint-Vincent-de-Tyrosse (40)	**904**		Sazilly (37)	**406**
Saint-Ybard (19)	**920**		Scherwiller (67)	**488**
Sainte-Anne-d'Auray (56)	**357**		Schiltigheim (67)	**488**
Sainte-Anne-la-Palud (29)	**357**		Seclin (59)	**581**
Sainte-Cécile (71)	**282**		Seignosse (40)	**907**
Sainte-Cécile-les-Vignes (84)	**1246**		Seillans (83)	**1249**
Sainte-Foy-la-Grande (33)	**905**		Sélestat (67)	**489**
Sainte-Gemme-Moronval (28)	**405**		Semblançay (37)	**406**
Sainte-Geneviève-des-Bois (91)	**638**		Sénas (13)	**1249**
Sainte-Lucie-de-Porto-Vecchio (2A)	**438**		Senlis (60)	**597**
Sainte-Marie-de-Ré (17)	**932**		Senonches (28)	**406**
Sainte-Maure (10)	**526**		Sens (89)	**284**
Sainte-Maure-de-Touraine (37)	**405**		Sérignan (34)	**1005**
Sainte-Maxime (83)	**1247**		Sérignan-du-Comtat (84)	**1250**
Sainte-Preuve (02)	**597**		Serviers-et-Labaume (30)	**1005**
Saintes (17)	**944**		Sessenheim (67)	**489**
Sainte-Sabine (21)	**283**		Sète (34)	**1006**
Sainte-Sabine (24)	**905**		Sevenans (90)	**302**
Saintes-Maries-de-la-Mer (13)	**1247**		Sévrier (74)	**181**
Sainte-Verge (79)	**945**		La Seyne-sur-Mer (83)	**1250**
Les Saisies (73)	**181**		Sierentz (68)	**490**
Saleilles (66)	**1005**		Sillery (51)	**526**
Salers (15)	**88**		Socx (59)	**581**
Salies-de-Béarn (64)	**905**		Solesmes (72)	**1108**
Salignac (24)	**906**		Solignac-sous-Roche (43)	**88**
Salon-de-Provence (13)	**1247**		Solutré-Pouilly (71)	**284**

Sommières (30)	**1007**
Sorges (24)	**907**
Sorgues (84)	**1250**
Sousceyrac (46)	**1045**
Soustons (40)	**908**
Soyaux (16)	**946**
Steige (67)	**490**
Stiring-Wendel (57)	**548**
Strasbourg (67)	**491**
Le Subdray (18)	**406**
Suresnes (92)	**764**
Sur-le-Mont-des-Verrières (25)	**302**
Surville (27)	**820**

T	Page
Taillades (84)	**1251**
Tain-l'Hermitage (26)	**181**
Talloires (74)	**182**
Tarare (69)	**184**
Tarascon-sur-Ariège (09)	**1045**
Tarbes (65)	**1045**
Tarnac (19)	**920**
Tavel (30)	**1007**
Tencin (38)	**184**
La Teste-de-Buch (33)	**845**
Tharon-Plage (44)	**1108**
Théoule-sur-Mer (06)	**1251**
Thiers (63)	**89**
Thionville (57)	**548**
Thiron-Gardais (28)	**407**
Thoiry (01)	**185**
Thoiry (78)	**638**
Le Tholonet (13)	**1252**
Thonon-les-Bains (74)	**185**
Thorigné-sur-Dué (72)	**1109**
Le Thou (17)	**946**
Thuir (66)	**1007**
Tignes (73)	**185**
Tilques (62)	**581**
Toulon (83)	**1253**
Toulouse (31)	**1047**
Touques (14)	**820**
Le Touquet-Paris-Plage (62)	**582**
Tourcoing (59)	**582**
Tour-de-Faure (46)	**1057**
Tournon-sur-Rhône (07)	**187**
Tournus (71)	**285**
Tourrettes (83)	**1255**
Tourrettes-sur-Loup (06)	**1258**
Tours (37)	**409**
Tourtour (83)	**1258**
Traenheim (67)	**502**
La Tranche-sur-Mer (85)	**1109**
Trangé (72)	**1109**

Trèbes (11)	**1008**
Trébeurden (22)	**358**
Tréboul (29)	**358**
Treffort (01)	**187**
Tréguier (22)	**359**
Treilles (11)	**1008**
Tremblay-en-France (93)	**765**
Le Tremblay-sur-Mauldre (78)	**638**
Trémolat (24)	**908**
Le Tréport (76)	**820**
Tresserve (73)	**187**
La Trinité-sur-Mer (56)	**359**
La Tronche (38)	**188**
Le Tronchet (35)	**360**
Trouville-sur-Mer (14)	**820**
Troyes (10)	**527**
Tulle (19)	**920**
La Turballe (44)	**1109**
La Turbie (06)	**1258**

U	Page
Uchaux (84)	**1259**
L'Union (31)	**1057**
Uriage-les-Bains (38)	**188**
Urmatt (67)	**502**
Urrugne (64)	**908**
Urville-Nacqueville (50)	**822**
Urzy (58)	**286**
Usclades-et-Rieutord (07)	**189**
Ussel (19)	**920**
Uzerche (19)	**921**
Uzès (30)	**1008**

V	Page
Vagney (88)	**549**
Vailhan (34)	**1009**
Vailly (74)	**189**
Vaison-la-Romaine (84)	**1260**
Valaurie (26)	**190**
Valbonne (06)	**1260**
Val-de-Saâne (76)	**822**
Val-d'Isère (73)	**190**
Valence (26)	**193**
Valenciennes (59)	**582**
Vallauris (06)	**1260**
Vallières-les-Grandes (41)	**413**
Vallon-en-Sully (03)	**89**
Vallon-Pont-d'Arc (07)	**196**
Valloux (89)	**286**
Valmont (76)	**822**
Valmorel (73)	**197**
Vals-les-Bains (07)	**197**
Val-Thorens (73)	**197**

La Vancelle (67)	502
Vannes (56)	361
Les Vans (07)	199
Varades (44)	1110
Vaudevant (07)	199
Vault-de-Lugny (89)	286
Vauvenargues (13)	1260
Vaux-en-Beaujolais (69)	199
Vaux-le-Pénil (77)	639
Vayres (33)	909
Velluire (85)	1110
Vence (06)	1261
Vendôme (41)	413
Ventabren (13)	1262
Verfeil (31)	1057
Vergongheon (43)	89
Verneuil-sur-Avre (27)	823
Vernon (27)	823
Vernouillet (28)	414
Versailles (78)	639
Vers-Pont-du-Gard (30)	1009
Vertou (44)	1110
Vesc (26)	199
Veuil (36)	414
Veuves (41)	415
Veynes (05)	1263
Veyrier-du-Lac (74)	200
Vézelay (89)	287
Vic-en-Bigorre (65)	1058
Vichy (03)	90
Vic-sur-Cère (15)	92
Vienne (38)	200
Vierzon (18)	415
Vignieu (38)	201
Ville-d'Avray (92)	765
Villard-de-Lans (38)	202
Villars (84)	1263
Villeblevin (89)	287
Villecomtal-sur-Arros (32)	1058
Villedieu (84)	1263
Villedieu-les-Poêles (50)	823
Villedieu-sur-Indre (36)	415
Ville-du-Pont (25)	302
Villefranche-de-Rouergue (12)	1058
Villefranche-sur-Mer (06)	1263
Villefranche-sur-Saône (69)	202
Villegenon (18)	415
Villemagne-l'Argentière (34)	1009
Villemur-sur-Tarn (31)	1058
Villeneuve (12)	1059
Villeneuve-de-Berg (07)	202
Villeneuve-la-Salle (05)	1264
Villeneuve-lès-Avignon (30)	1010
Villeneuve-Loubet (06)	1264

Villeneuve-Tolosane (31)	1059
Villerest (42)	203
Villers-le-Lac (25)	302
Villesèque-des-Corbières (11)	1010
Villevieille (30)	1011
Villié-Morgon (69)	203
Vinay (51)	529
Vincelottes (89)	287
Vincennes (94)	766
Violès (84)	1264
Viré (71)	288
Vire (14)	823
Viuz-en-Sallaz (74)	203
Voiron (38)	204
Voisins-le-Bretonneux (78)	642
Volmunster (57)	549
Volnay (21)	288
Vonnas (01)	204
Vougy (74)	205
Vouvray (37)	416

W	Page
Wambrechies (59)	584
La Wantzenau (67)	503
Westhalten (68)	504
Wettolsheim (68)	504
Weyersheim (67)	505
Wierre-Effroy (62)	584
Wihr-au-Val (68)	505
Willgottheim (67)	505
Wimereux (62)	584
Wingen-sur-Moder (67)	506
Wissembourg (67)	506
Wœlfling-lès-Sarreguemines (57) 549	
Wolfgantzen (68)	507

X	Page
Xonrupt-Longemer (88)	549

Y	Page
Yerres (91)	642
Ygrande (03)	92
Yssingeaux (43)	92
Yvoire (74)	205
Yvoy-le-Marron (41)	416

Z	Page
Zellenberg (68)	507
Zimmerbach (68)	508
Zoufftgen (57)	550

INDEX DES RESTAURANTS

INDEX OF RESTAURANTS

A	Page
Abacus ⅢO	989
L'Abélia ⅢO	1098
Abri ✿	717
Abricotier ⅢO	902
Abri Soba ✿	714
L'AbSix ⅢO	1005
L'Abysse au Pavillon Ledoyen ✿✿	696
A Casa di Ma ✿	431
L'Accent du Soleil ⅢO	1005
Accents Table Bourse ✿	658
L'Accolade ⅢO	736
L'Accolade ⅢO	788
L'A Cheda ⅢO	425
À Contre Sens ✿	785
L'Adonis ⅢO	974
L'Adress... ⅢO	925
L'Affable ⅢO	1156
Affinité ⅢO	672
L'Affranchi ✿	838
Les Affranchis ⅢO	715
Agapé ✿	746
L'Agape ✿	1142
Les Agapes ⅢO	1262
L'Agastache ⅢO	288
Agastache ⅢO	80
N Agastache ✿	228
N Les Agitateurs ✿	1222
L'Agrume ⅢO	673
Ahizpak Le Restaurant des Sœurs ✿	854
Aho Fina ⅢO	900
Aida ✿	686
N L'Aigle d'Or ✿	377
Aigue Marine ✿	359
Ail des Ours ⅢO	588
N L'Aillet ✿	845
Air Accueil ✿	565
L'Air de Famille ✿	1053
L'Air de Famille ⅢO	865
L'Air du Temps ⅢO	350
L'Air du Temps ⅢO	65
Akashi ⅢO	863
Akashon ✿	119
Akrame ✿	701
À l'Agneau ⅢO	483
À l'Agneau ⅢO	469
À l'Agneau d'Or ⅢO	481
À l'Aigle d'Or ⅢO	482
À l'Escargot ⅢO	385
À l'Étoile ⅢO	471
À la 12 ⅢO	534
À La Biche au Bois ⅢO	727
Alain Ducasse au Plaza Athénée ✿✿✿ ✿	693
Alain Llorca ✿	1166
À la Maison ⅢO	338
L'Alambic ✿	91
À l'Ami Fritz ⅢO	482
Alan Geaam ✿	741
À la Route d'Argent ✿	1022
À la Table des Lys ⅢO	173
Albert 1er ✿	117
L'Alchémille ✿ ✿	469
L'Alchimiste ⅢO	1107
Alchimy ⅢO	1015
Alcyone ✿	1196
Al Dente ⅢO	339
Alexandre ✿✿	976
L'Alezan ⅢO	776
Alfred ⅢO	77
L'Alicanta ✿	1003
Les Alisiers ⅢO	472
Allard ⅢO	677
L'Allée des Vignes ✿ ✿	1023
Alléno Paris au Pavillon Ledoyen ✿✿✿	694
Allénothèque ⅢO	689
Alleudium ⅢO	715
Alliance ✿	670
Allium ✿	341
L'Almandin ✿	1004
L'Alouette ⅢO	110
L'Altévic ✿	467

L'Alto ⅠО	**1059**
À l'Épi d'Or ⅠО	**652**
L'Amandier ⊕	**1174**
L'Amandier ⅠО	**782**
L'Amandier de Mougins ⅠО	**1215**
A Mandria di Pigna ⊕	**433**
Amarante ⅠО	**727**
L'Amarette ⅠО	**976**
L'Amarré ⅠО	**363**
L'Amaryllis ⅠО	**105**
L'Amaryllis ❀	**282**
L'Amateur de Thés ⅠО	**888**
L'Ambassade ⅠО	**966**
L'Ambroise ⅠО	**472**
L'Ambroisie ❀❀❀	**666**
Ambroisie ❀	**172**
L'Ambrosia ⅠО	**1001**
L'Amélyss ⅠО	**143**
L'Âme Sœur ⅠО	**230**
L'Améthyste ⅠО	**97**
L'Ami Jean ⅠО	**689**
L'Amiral ⅠО	**321**
Am Lindeplatzel ⅠО	**474**
Amorini ⅠО	**514**
N AM par Alexandre Mazzia ❀❀❀	**1196**
Amphitryon ⅠО	**916**
L'Amphitryon ⅠО	**330**
L'Amphitryon ⅠО	**971**
L'Arnsbourg ❀	**532**
L'Amuse Bouche ⅠО	**67**
Anahi ⅠО	**664**
L'Ancienne Auberge ⅠО	**204**
L'Ancrage ⅠО	**352**
L'Ander ⅠО	**87**
André ⅠО	**196**
Anecdote ⅠО	**579**
A Nepita ⅠО	**424**
L'An Faim ⅠО	**425**
L'Angélus ⅠО	**261**
L'Angle Saint-Laurent ⊕	**780**
Anicia Bistrot Nature ⅠО	**678**
Anne ❀	**663**
Anne de Bretagne ❀❀	**1101**
Les Années 30 ⅠО	**387**
L'Annexe ⅠО	**314**
L'Annexe ⅠО	**364**
Anona ⅠО ❀	**748**
A Noste ⅠО	**661**
Anthon ⅠО	**482**
L'Anthocyane ❀	**328**
Antipodes ⅠО	**1054**
L'Antiquaire ⅠО	**1087**
L'Antre ⅠО	**854**
L'Antre Amis ⊕	**735**
L'AO - L'Aigle d'Or ⊕	**485**
AOR La Table, le Goût et Nous ⅠО	**486**
L'Apart ⅠО	**1077**
L'Aparté ⅠО	**916**
L'Aparté ⅠО	**1035**
L'Apibo ⅠО	**661**
Apicius ❀	**71**
Apicius ⅠО	**164**
Apicius ❀	**697**
A Pignata ⅠО	**431**
Äponem - Auberge du Presbytère ❀ ❀	**1009**
Apopino ⅠО	**1180**
L'Apostrophe ⅠО	**278**
Les Apothicaires ❀	**227**
Aquar'aile ⅠО	**566**
L'Aquarelle ❀	**926**
L'Araignée Gourmande ⊕	**1185**
L'Arazur ⅠО	**1133**
Arbequina ⊕	**1007**
Arbore & Sens ⅠО	**391**
L'Arbousier ⅠО	**434**
L'Arbre ⅠО	**988**
L'Arbre ⅠО	**569**
L'Arbre au Soleil ❀	**1186**
L'Arbre Vert ⊕	**455**
L'Arc ⅠО	**576**
Arcada ⅠО	**865**
Les Arcades ⅠО	**873**
L'Arcane ❀	**751**
L'Arche de Meslay ⊕	**400**
L'Archeste ❀	**741**
Les Archives ⅠО	**938**
L'Ardoise ⅠО	**652**
N L'Ardoise du Marché ❀	**379**
Argi Eder ⅠО	**839**
L'Argot ⅠО	**230**
L'Argousier ⅠО	**549**
Ar Iniz ⅠО	**352**
Aristide ⅠО	**1098**
N Arkadia ⊕	**196**
N L'Arlatan ⊕	**1136**
Ar Maen Hir ⊕	**329**
Armani Ristorante ❀	**675**
Ar Men Du ⅠО ❀	**332**
Arnaud Nicolas ⅠО	**688**
Aroma ⅠО	**1084**
L'Aromate ⅠО	**1107**
L'Aromate ❀	**1219**
Aromatic ⅠО	**222**
Arômatik' ⅠО	**104**

Aromatique ◻		**259**
L'Arôme ⌂		**1197**
L'Arôme ◻		**1081**
L'Arôme ◻		**1149**
L'Arôme ◻		**269**
L'Arôme ✿		**699**
Les Arômes ⌂		**1176**
L'Arpège ✿		**1045**
Arpège ✿✿✿ ✿		**683**
N Les Arpents ⌂		**374**
Arraditz ◻		**879**
L'Arrivage ◻		**1007**
L'Arrosoir ◻		**943**
Le Art ✿		**1124**
Art'zain ⌂ ✿		**877**
L'Art de Vivre ◻		**990**
L'Art Gourmand ◻		**340**
L'Artichaut ◻		**221**
L'Artichaut ⌂		**988**
L'Artimon ⌂		**1075**
L'ArtYsan ⌂		**1003**
Arvine ◻		**222**
L'Ascalier ◻		**382**
L'As des Neiges ⌂		**140**
L'As de Trèfle ◻		**781**
L'Aspérule ✿		**265**
L'Aspérule ◻		**251**
Aspic ✿		**713**
Assa ✿ ✿		**378**
L'Assaggio ◻		**651**
L'Assierois ◻		**1017**
L'Assiette ◻		**733**
L'Assiette au Jardin ⌂		**1085**
Assiette Champenoise ✿✿✿		**520**
L'Assiette Roannaise ◻		**173**
AT ◻		**673**
À Table ◻		**541**
L'Atable ◻		**1102**
À Table ! Chez Éric Léautey ◻		**638**
À La Table du Général ◻		**515**
L'Atelier ◻		**838**
L'Atelier ◻		**878**
L'Atelier ◻		**1032**
L'Atelier ◻		**164**
L'Atelier ⌂		**892**
L'Atelier Acte 2 ◻		**1008**
L'Atelier Alexandre Bousquet ✿		**849**
L'Atelier Bistrot ⌂		**328**
L'Atelier d'Edmond ✿✿		**190**
L'Atelier de Fred ◻		**972**
L'Atelier de Joël Robuchon - Étoile ✿		**702**
L'Atelier de Joël Robuchon - St-Germain ✿		**687**
L'Atelier de Marc Meurin ◻		**570**
L'Atelier de Nicolas ◻		**960**
L'Atelier des Augustins ◻		**222**
L'Atelier des Saveurs by Stéphane Garcia ◻		**1166**
L'Atelier du Goût ◻		**1145**
L'Atelier du Parc ◻		**736**
L'Atelier du Peintre ✿		**460**
L'Atelier du Vigneron ◻		**1227**
L'Atelier Flavien Valère ◻		**879**
L'Atelier Gourmand ◻		**637**
L'Atelier L'Art des Mets ⌂		**1251**
L'Atelier Locavore ◻		**127**
Atelier Maître Albert ◻		**672**
L'Atelier d'Olivier Arlot ◻		**403**
L'Atelier Rongefer ◻		**122**
Atelier Salone ◻		**1247**
L'Atelier Yssoirien ✿		**79**
A Terrazza ◻		**424**
L'Atlantide 1874 - Maison Guého ✿		**1092**
Atmosphère ⌂		**118**
Atmosphères ✿ ✿		**112**
Au 14 Février ✿		**216**
Au 14 Février ✿		**404**
Au Bascou ◻		**664**
L'Aubépine ⌂		**107**
L'Aubergade ◻		**593**
L'Auberge... ⌂		**566**
L'Auberge ◻		**357**
N L'Auberge ◻		**386**
Auberge à l'Agneau ◻		**487**
Auberge à la Bonne Idée ✿		**596**
Auberge Albert Marie ◻		**547**
Auberge au Bœuf ✿		**489**
Auberge Au Vieux Couvent ◻		**473**
Auberge au Vieux Pressoir ◻		**504**
Auberge Baechel-Brunn ◻		**474**
L'Auberge Basque ✿		**903**
Auberge Batby ◻		**908**
Auberge Bienvenue ◻		**1081**
L'Auberge Bressane de Buellas ◻		**113**
L'Auberge Bressane ◻		**111**
L'Auberge Bretonne ◻		**348**
Auberge Chez Guth ◻		**490**
Auberge d'Antan ◻		**1043**
Auberge d'Auvers Galant ◻		**626**
L'Auberge d'Anthy ◻		**106**

L'Auberge de Bagatelle ❀	1088
Auberge de Bardigues ⌂	1021
Auberge de Bel Air ⫶◯	315
Auberge de Briant ⫶◯	256
Auberge de Cassagne ⫶◯	1230
Auberge de Chavannes ⫶◯	296
Auberge de Clochemerle ⫶◯	199
Auberge de Combes ⫶◯	973
Auberge de Crussol ⫶◯	180
Auberge de Grilly ⫶◯	147
Auberge de Groisy ⫶◯	147
Auberge de l'Abbaye ⌂	800
Auberge de l'Abbaye ⫶◯	407
Auberge de l'Abbaye ⫶◯	781
Auberge de l'Âtre ⫶◯	279
Auberge de l'Empereur ⫶◯	921
Auberge de l'Ermitage ⫶◯	596
Auberge de l'Espérance ⫶◯	869
Auberge de l'Île ⌂	390
Auberge de l'Île Barbe ❀	214
Auberge de l'Île Enchantée ⫶◯	798
Auberge de la Baraque ⫶◯	84
Auberge de l'Abbaye ⫶◯	1009
Auberge de l'Abbaye ❀	99
Auberge de la Brenne ⌂	394
Auberge de la Brie ❀	628
Auberge de la Caillère ⫶◯	382
Auberge de la Chapelle aux Chasses ⫶◯	68
Auberge de la Charme ❀	279
Auberge de la Chèvre d'Or ⫶◯	1151
Auberge de la Chèvrerie ⫶◯	465
Auberge de la Clue ⫶◯	167
Auberge de la Diligence ⫶◯	1087
Auberge de la Fontaine du Berger ⫶◯	84
Auberge de la Forêt ⫶◯	532
Auberge de la Forge ⫶◯	79
Auberge de la Grand'Font ⫶◯	109
Auberge de la Madone ⫶◯	1229
Auberge de la Marine ⫶◯	592
Auberge de La Mère Duval ⌂	822
Auberge de la Mine ❀	798
L'Auberge de la Pomme ⫶◯	792
Auberge de la Rivière ⌂	1110
Auberge de la Roche ⌂	1104
Auberge de la Roussille ⫶◯	938
Auberge de la Tour ❀	81
Auberge de la Tour ⫶◯	385
Auberge de la Truffe ⫶◯	907
Auberge de la Vallée ⫶◯	914
Auberge de la Vallée d'Ancre ⫶◯	589
Auberge de la Vallée Verte ⫶◯	414
Auberge de la Vieille Ferme ⫶◯	594
L'Auberge de l'Élan ⫶◯	627
Auberge de l'Ill ❀❀	468
Auberge de Montfleury ❀	202
L'Auberge de Montmin ❀ ❀	183
Auberge de Montpoupon ⫶◯	383
Auberge de Noves ⌂	1227
Auberge de Port Vallières ⌂	389
Auberge des 3 J ⌂	810
N Auberge des Aryelets ⌂	1018
Auberge de Savoie ⫶◯	103
L'Auberge des Bouviers ⫶◯	1032
L'Auberge des Carrières ⫶◯	1251
Auberge des Chenets ⫶◯	286
L'Auberge des Glazicks ❀❀	336
Auberge des Granges ⫶◯	110
Auberge des Grenouillats ⫶◯	281
Auberge des Matfeux ⫶◯	1073
L'Auberge des Montagnes ⌂	84
Auberge des Ris ⫶◯	89
Auberge des Ruines ⫶◯	809
Auberge des Saints Pères ❀	758
L'Auberge de St-Rémy-de-Provence ❀	1239
L'Auberge de Saint-Clément ⫶◯	172
Auberge de Ste-Maure ⫶◯	526
Auberge des Templiers ❀	377
Auberge des Tilleuls ⌂	275
Auberge de Ti-Coz ⌂	341
Auberge de Vigny ⫶◯	263
Auberge du Bois Prin ⫶◯	119
Auberge du Bon Accueil ⫶◯	177
Auberge du Bon Laboureur ⫶◯	386
Auberge du Bon Terroir ⫶◯	394
Auberge du Cellier ❀	982
N Auberge du Cep ❀	139
L'Auberge du Château ⫶◯	1036
Auberge du Château ⫶◯	112
Auberge du Château de Vaite ⫶◯	295
Auberge du Cheval Blanc ⫶◯	846
Auberge du Cheval Blanc ❀❀	473
Auberge du Cheval Blanc ⫶◯	504
Auberge du Cheval Blanc ⫶◯	416
Auberge du Cheval Rouge ⫶◯	388
Auberge du Coq-en-Pâte ⌂	589
Auberge du Dun ❀	783
Auberge du Forgeron ⫶◯	581
Auberge du Froehn ⫶◯	508
Auberge du J'y Cours ⫶◯	588
L'Auberge du Laminak ⌂	518
L'Auberge du Laurier ⫶◯	869
Auberge du Moulin - Le Saltimbanque ⫶◯ ❀	593

Auberge du Moulinel ⏮○	**581**
Auberge du Parc Carola ⏮○	**484**
L'Auberge du Pas de Vent ⏧	**893**
Auberge du Pays ⏮○	**916**
L'Auberge du Pêcheur ⏮○	**437**
Auberge du Poids Public ⏮○	**1042**
Auberge du Point Sublime ⏮○	**1230**
N Auberge du Pont ❀	**84**
Auberge du Pont ⏧	**66**
Auberge du Pont de la Zorn ⏧	**505**
Auberge du Pont de Rethondes ⏮○	**595**
L'Auberge du Pont des Pierres ⏧	**163**
Auberge du Port des Roches ⏮○	**1087**
N Auberge du Pot d'Étain ⏧	**272**
Auberge du Prieuré Normand ⏧	**799**
Auberge du Prunelli ⏮○	**434**
Auberge du Roua ⏮○	**962**
Auberge du Sombral - Les Bonnes Choses ⏮○	**1042**
Auberge du Val de Vienne ⏮○	**406**
L'Auberge du Ver Luisant ⏮○	**67**
Auberge du Vert Mont ⏮○ ❀	**564**
Auberge du Vieux Gachet ⏮○	**1077**
Auberge du Vieux Port ⏮○	**1029**
Auberge du Vieux Puits ❀❀❀	**975**
Auberge du Vieux Tour ⏮○	**789**
Auberge du Vigneron ⏮○	**974**
N Auberge du XIIème Siècle ⏧	**402**
Auberge Frankenbourg ❀ ❀	**503**
Auberge Grand'Maison ❀	**332**
Auberge L'Escale 87 ⏮○	**287**
Auberge La Baquère ⏧	**1037**
N Auberge La Camarette ⏧	**1229**
Auberge La Cauquière ⏮○	**1148**
Auberge La Fenière ❀ ❀	**1151**
Auberge La Fontaine aux Bretons ⏮○	**1102**
Auberge La Gaillotière ⏧	**1079**
Auberge La Grange aux Loups ⏮○	**589**
Auberge Larochette ⏮○	**256**
Auberge La Treille ⏮○	**1143**
Auberge Le Beauharnais ⏮○	**388**
Auberge Le Bouc Bleu ⏮○	**455**
Auberge Le Cabaliros ⏮○	**1017**
Auberge Le Centre Poitou ⏧	**928**
Auberge le Nézil ⏧	**1105**
Auberge Lentaise ⏧	**150**
Auberge Le Prieuré ❀	**882**
Auberge Le Relais ⏮○	**595**
Auberge Les Tilleuls ⏮○	**287**
Auberge Metzger ⏧	**479**
N Auberge Pom'Poire ❀	**377**
Auberge du Pont d'Acigné ❀	**333**
L'Auberge Provençale ⏮○	**1208**
Auberge Pyrénées Cévennes ⏧	**721**
Auberge Quintessence ⏮○	**1233**
Auberge Ramstein ⏮○	**488**
Auberge Saint-Roch ⏮○	**920**
Auberge St-Jean ❀	**898**
Auberge des Deux Magots ⏧	**347**
Auberge St-Fiacre ⏧	**414**
Auberge St-Laurent ❀	**490**
Auberge St-Walfrid ❀	**547**
Auberge Sundgovienne ⏮○	**454**
L'Auberge Sur-les-Bois ⏮○	**103**
L'Aubinière ⏮○	**404**
Au Bistronome ⏮○	**1082**
Au Bistrot d'Anatole ⏮○	**262**
Au Bon Accueil ⏧	**687**
Au Bon Accueil ⏮○	**562**
Au Bon Accueil ⏧	**809**
Au Bon Pichet ⏧	**489**
Au Bouchon Breton ⏧	**322**
Au Bœuf Noir ⏮○	**467**
Au Bœuf Rouge ⏮○	**480**
Au Carillon Gourmand ⏮○	**513**
Au Chamois d'Or ⏮○	**97**
Au Chapeau Rouge ⏮○	**387**
Au Chasseur ⏮○	**456**
Au Cheval Blanc ⏮○	**465**
Au Cheval Blanc ⏮○	**467**
Au Cheval Noir ⏮○	**471**
Au Clos Gourmand ⏮○	**943**
Au Cochon Ventru ⏮○	**263**
Au Cœur de la Forêt ⏮○	**634**
Au Coin des Halles ⏧	**390**
Au Coin du Bois ⏮○	**298**
Au Colombier ⏧	**106**
Au Coq en Velours ⏧	**106**
Au Côte d'Argent ⏮○	**566**
N Au Crocodile ❀	**492**
Au Cœur d'Artichaut ⏮○	**579**
Au Déjeuner de Sousceyrac ❀	**1045**
Au Départ ⏮○	**563**
Au Fil de l'Eau ⏮○	**1034**
Au Fil des Douceurs ⏮○	**1023**
Au Fil des Saisons ⏧	**297**
Au Fil des Saisons ⏮○	**1088**
Au Fil du Temps ⏮○	**1180**
Au Fil du Temps ⏮○	**1230**
Au Fil du Zinc ⏮○	**258**
Au Fulcosa ⏮○	**631**
N Au Gourmet ❀	**463**
Au Goût du Jour ⏮○	**1164**
Au Grès du Marché ⏮○	**483**
Auguste ❀	**684**

Au Jardin d'Eden ⅣO	**138**	
Au Jardin de la Vague ⅣO	**1236**	
Au Jardin des Carmes ⅣO	**1143**	
Au Lavoir ⅣO	**973**	
Au Lion d'Or - Chez Théo ⊕	**487**	
Au Ménil ⅣO	**638**	
Au Moulin ⅣO	**503**	
Au Ptit Bistrot ⊕	**780**	
Au Petit Breuil ⅣO	**914**	
Au Petit Marguery ⅣO	**730**	
Au Petit Relais ⊕	**126**	
N Au Petit Vatel ⊕	**776**	
Au Pied des Marais ⅣO	**784**	
L'Aupiho ✿	**1146**	
Au Plaisir Ambré ⊕	**1150**	
Au Pois Gourmand ⅣO	**1054**	
Au Pont de l'Ill ⅣO	**504**	
Au Pont du Corbeau ⊕	**493**	
Au Pont M ⅣO	**506**	
Au Pot de Vin ⅣO	**1158**	
Au Pouilly Reuilly ⅣO	**763**	
Au Pré d'Chez Vous ⅣO	**135**	
Auprès du Clocher ⅣO	**279**	
Au 14 Février ✿ ✿	**280**	
Au Raisin d'Or ⅣO	**508**	
Au Relais des Ménétriers ⊕	**484**	
Au Rendez-vous des Pêcheurs ⅣO	**379**	
Au Romans du Vercors ⅣO	**180**	
Au Site Normand ⅣO	**790**	
Au Souper Fin ✿	**799**	
Au Sourd ⅣO	**1253**	
Au Steger ⅣO	**581**	
Automne ✿	**720**	
Autour de la Table ⅣO	**467**	
Autour d'un Cep ⅣO	**1072**	
Autrement ⅣO	**589**	
Au Trotthus ⅣO	**486**	
Au Vélocipède ⅣO	**596**	
Au Vieux Couvent ✿ ✿	**484**	
Au Vieux Moulin ⅣO	**465**	
Au Vieux Porche ⅣO	**463**	
Au Vieux Pressoir ⅣO	**518**	
Aux Armes de France ⅣO	**628**	
Aux Ateliers ⅣO	**1204**	
Aux Crieurs de Vin ⅣO	**527**	
Aux Enfants Gâtés ⅣO	**733**	
L'Abbaye de Talloires ⅣO	**183**	
Aux Lyonnais ⅣO	**661**	
N Aux Marais ⊕	**401**	
Aux Pesked ✿	**349**	
Aux Plaisirs des Halles ⅣO	**994**	
Aux Plumes ⊕	**731**	
Aux Poulbots Gourmets ⅣO	**548**	
Aux Prés ⅣO	**678**	
Aux Terrasses ✿ ✿	**285**	
Aux Trois Pastoureaux ⊕	**384**	
Aux Trois Poissons ⅣO	**460**	
Aux Trois Rois ⅣO	**475**	
Aux Vieux Arceaux ⅣO	**161**	
L'Avant Port ⅣO	**931**	
Avel Vor ✿	**340**	
Avenio ⅣO	**1143**	
Les Avisés ⅣO	**512**	
L'Axel ✿	**630**	
L'Azimut ⅣO	**359**	
Azimut ✿	**131**	

B	**Page**
N Le Bac à Traille ⊕	**196**
Les Bacchanales ⅣO	**1261**
La Badiane ⅣO	**1247**
Baffo ⅣO	**667**
Les Bafouettes ⅣO	**1087**
Baie ⅣO	**597**
La Baie d'Halong ⊕	**589**
Baieta ✿	**670**
Le Bailliage ⅣO	**88**
La Balade des Saveurs ⅣO	**1182**
Balagan ⅣO	**652**
Le Balandre - Le Bistro 1911 ⅣO	**1023**
Le Balata ⅣO	**1068**
Le Balbec ⅣO	**783**
Le Balcon ⊕	**295**
La Balette ✿	**972**
Le Baligan ⅣO	**784**
Balsamique ⊕	**584**
Baltard au Louvre ⅣO	**651**
Le BanH Hoï ⅣO	**1244**
Le Banquet des Sophistes ⅣO	**501**
Le Baratin ⅣO	**756**
La Baratte ⅣO	**817**
La Baratte ⅣO	**582**
La Barbacane ✿	**968**
Bar des Oiseaux ⅣO	**1224**
Le Bar des Prés ⅣO	**678**
La Barrière de Clichy ⅣO	**761**
La Bartavelle ⊕	**961**
La Bartavelle ⅣO	**1179**
Les Bartavelles ⅣO	**412**
Les Bas-Rupts ⅣO	**536**
La Bastide ⅣO	**1021**
La Bastide de Capelongue ⅣO	**1149**
La Bastide de Moustiers ✿	**1216**
La Bastide Saint-Antoine ✿	**1179**
Le Bastion ⊕	**977**
Le Bateleur ⅣO	**1260**

Bath's �🍽️	**77**
Le Baudelaire ✿	**648**
Baumanière 1850 ✿	**131**
B2K6 🍴	**80**
N Beam ! 🍴	**1253**
N La Beaugravière 🍴	**1213**
Le Beaujolais 🍴	**109**
Le Beaulieu ⍟	**1088**
Beau Site ⍟	**89**
Le Beauvoir 🍴	**380**
Bec ⍟	**1229**
Le Bec au Cauchois ✿ ✿	**822**
Beefbar ⍟ (Fontvieille)	**1212**
Beefbar ⍟	**1244**
Beef Lodge ⍟	**157**
Le Belem ⍟	**1108**
Bellavista 🍴	**1002**
La Belle Époque ⍟	**627**
La Belle Étoile 🍴	**894**
Belle Maison ⍟	**715**
Belle-Vue ⍟	**324**
Le Bellevue ⍟	**870**
Le Bellevue 🍴	**1030**
Bellevue ⍟	**592**
Le Bellevue ⍟	**301**
Bello Visto ⍟	**1175**
Le Bel Ordinaire - Rive Gauche ⍟	**672**
Le Bélouga ⍟	**334**
Le Belrose ⍟	**1243**
Le Belvédère ✿	**1022**
Le Belvédère ⍟	**435**
Belvédère ⍟	**1173**
Le Bénaton ✿	**252**
Le Bengy ⍟	**277**
Benoit ✿	**666**
Benvengudo ⍟	**1146**
Bercail ⍟	**346**
Les Berceaux ✿	**515**
La Bergerie 🍴	**961**
La Bergerie ⍟	**1149**
La Bergerie de Sarpoil ⍟	**88**
Le Berlot ⍟	**394**
Bernachon Passion ⍟	**230**
Bessem ⍟	**1189**
Beurre Noisette ⍟	**736**
BFire ⍟	**132**
Le Bibent ⍟	**1054**
Bien Ficelé ⍟	**723**
La Bijouterie ⍟	**222**
Binôme ⍟	**230**
Le Binôme ⍟	**104**
Biondi ⍟	**723**
Bird 🍴	**642**
Biscotte 🍴	**735**
Bissoh ⍟	**254**
Le Bistr'Au - Le Mas de Boudan ⍟	**995**
Bistro' 50 ⍟	**844**
Bistro Autour du Beurre ⍟	**352**
Bistro B ⍟	**231**
Le Bistro Chapouton 🍴	**146**
Le Bistro d'en Face 🍴	**847**
Bistro de l'Hôtel ⍟	**253**
Le Bistrot de l'Oasis ⍟	**1189**
Bistro de Lucullus ⍟	**937**
Bistro de Montcaud ⍟	**964**
Bistro de Paris ⍟	**761**
Le Bistro des Fleurs ⍟	**823**
Le Bistro des Glycines 🍴	**874**
Le Bistrot des Moines 🍴	**257**
Bistro du Cours ⍟	**1199**
Bistro du'O ⍟	**1260**
Bistro Gourmand ⍟	**635**
Le Bistro Gourmand ⍟	**1224**
Bistro Là-Haut ⍟	**765**
Le Bistronome ⍟	**292**
Le Bistro'Nomik ⍟	**800**
N Le Bistronomique ✿	**1190**
Bistro St-Jean ⍟	**533**
Le Bistrot 🍴	**294**
N Le Bistrot ⍟	**114**
Le Bistrot de l'Aupiho ⍟	**1147**
Le Bistrot ⍟	**259**
Le Bistrot 270 🍴	**152**
Le Bistrot à la Mer ⍟	**962**
Bistrot Augustin ⍟	**733**
Bistrot Belhara ⍟	**689**
Bistrot C. Forget ⍟	**913**
Bistrot Chambon ⍟	**913**
Bistrot Chez Hubert ⍟	**324**
Bistrot Constant 🍴	**1034**
N Le Bistrot d'Antoine 🍴	**493**
Le Bistrot d'à Côté 🍴	**76**
Le Bistrot d'À Côté Flaubert ⍟	**749**
Bistrot d'Antoine ⍟	**1222**
Le Bistrot de Berne 🍴	**1188**
Le Bistrot de Caro ⍟	**979**
Le Bistrot de Guillaume 🍴	**83**
Le Bistrot de Jef ⍟	**1152**
Bistrot de l'Oustalet ⍟	**1177**
Le Bistrot de Lagarde ✿	**1185**
Bistrot de la Place ⍟	**908**
Bistrot des Anges 🍴	**1159**
Le Bistrot des Bonnes Femmes ⍟	**941**
Bistrot des Hauts de Loire 🍴	**395**
Le Bistrot des Jardins ⍟	**1206**
Le Bistrot de Solidor ⍟	**352**

N Bistrot des Roques ☺ 1236
Le Bistrot des Voraces 🍴 222
N Bistrot de Valentin ☺ 297
N Le Bistrot de Villedieu ☺ 1263
Le Bistrot du Bord de l'Eau 🍴 273
Le Bistrot du Cuisinier 🍴 379
Le Bistrot du Gabriel 🍴 864
Le Bistrot du Grand Cerf 🍴 809
Le Bistrot du Maquis 🍴 753
Le Bistrot du Mas 🍴 1215
Le Bistrot du 11 ☺ 641
Le Bistrot du Paradou 🍴 1229
Bistrot du Pollet ☺ 795
Bistrot DuPont ☺ 519
Le Bistrot du Port 🍴 1177
Le Bistrot du Praz 🍴 133
Le Bistrot du Quai 🍴 260
Le Bistrot du Rocher 🍴 352
Le Bistrot du Stelsia 🍴 904
Bistrot Gourmand ☺ 191
Le Bistrot Gourmand 🍴 263
Le Bistrot Gourmet 🍴 851
Le Bistro d'Hervé 🍴 960
Bistrot la Coulemelle ☺ 87
Bistrot le 7 🍴 516
Bistrot Le Poncel 🍴 353
N Bistrot Louise ☺ 97
Bistrot Lucien ☺ 271
Bistrot Paul Bert 🍴 723
Le Bistrot Paul Bert 🍴 1247
Le Bistrot Pierre Lambert 🍴 761
Le Bistrot Pontarlier ☺ 300
N Bistrot RG ☺ 562
Bistrot Saint-Jean 🍴 82
N Bistrot Saveurs ☺ 1025
Bistrot St-Sauveur ☺ 1160
Bistrotters ☺ 732
Le Bistro Urbain ☺ 988
Black Bass 🍴 181
Blanc 🍴 154
Blisss 🍴 882
Bloempot 🍴 576
Le Blue Bay ✿ 1210
Bo-tannique 🍴 865
Boat aux Saveurs 🍴 881
La Bodega 🍴 633
Le Boeuf Noisette 🍴 1108
Le Bois de Bon Séjour 🍴 519
Le Bois des Mûres ☺ 150
Les Boissières 🍴 1022
Le Bô Jardin 🍴 580
Bol d'Air 🍴 235
Le Bon Accueil ✿ 298
Le Bon Accueil ☺ 547
Le Bonheur dans Le Pré 🍴 151
Bon Kushikatsu 🍴 722
La Bonne Auberge ✿ 548
La Bonne Auberge 🍴 593
La Bonne Auberge 🍴 1057
La Bonne Étape ✿ 1164
Bon Pain Bon Vin 🍴 104
Le Bon Saint-Pourçain 🍴 678
N Le Bon Temps ☺ 1249
Bord'eau 🍴 460
Le Bordeaux 🍴 863
Le Bordeluche 🍴 749
Les Bords de Mer 🍴 1199
Les Bories ✿ 1177
Le Botaniste 🍴 812
Les Botanistes 🍴 689
La Botte d'Asperges ☺ 388
Le Bouche à Oreille 🍴 920
Le Bouche à Oreille ☺ 801
Le Bouchon 🍴 1098
Le Bouchon 🍴 1174
Le Bouchon Bourguignon ☺ 285
Le Bouchon Sully 🍴 231
Le Bouchon du Vaugueux 🍴 788
Le Boudes La Vigne ☺ 66
Le Boudoir 🍴 706
Le Bougainvillier 🍴 1237
La Bougnate 🍴 66
Le Bouillon 🍴 104
Le Bouillon 🍴 941
Bouillon 47 🍴 715
La Boulaye 🍴 376
Boulevard 45 🍴 943
Les Boulistes 🍴 223
Boulom 🍴 753
Le Bourbon ☺ 92
Le Bourbonnoux 🍴 381
La Bourdasso 🍴 1002
La Bourgogne 🍴 762
La Bourse et la Vie 🍴 661
Boutary 🍴 677
Le Bout du Quai 🍴 318
N Les Bouteilles ☺ 1093
Brach 🍴 742
Bras ✿✿ 1031
Brasserie à 4 Temps 🍴 970
Brasserie Bellanger 🍴 719
Brasserie Brunet 🍴 104
Brasserie Chavant 🍴 143
Brasserie Chavant 🍴 204
Brasserie d'Aumont 🍴 703
La Brasserie des Haras 🍴 500

La Brasserie du Corton ⅋○	**1161**
Brasserie du Louvre - Bocuse ⅋○	**651**
Brasserie Irma ⅋○	**103**
Brasserie Les Capucines ⅋○	**818**
Brasserie Lutetia ⅋○	**677**
Le Bréard ⅋	**805**
Breizh Café ⅋○	**318**
Breizh Café - Le Marais ⅋○	**664**
Breizh Café - Odéon ⅋○	**678**
Le Brélévenez ⅋	**329**
Le Brézoune ⅋	**337**
N Brigade du Tigre ⅋	**718**
Briket' Bistrot ⅋	**875**
Brikéténia ❀	**875**
Brioude ⅋○	**165**
Le Brittany ❀	**348**
La Brucelière ⅋○	**878**
Bruit en Cuisine ⅋○	**1016**
Bruno ❀	**1187**
Buerehiesel ❀	**492**
Le Buffet ⅋	**569**
La Bulle d'Air ⅋○	**83**
Bürestubel ⅋○	**483**
Burgundy by Mathieu ⅋○	**220**
Byblos Beach ⅋○	**1232**
By pm ⅋○	**1224**

C	Page
N C'la Vie ⅋	**996**
C'Yusha ⅋○	**865**
Cabane ⅋	**763**
Cabestan ⅋○	**1102**
La Cabotte ⅋○	**277**
La Cabro d'Or ⅋○	**1146**
La Cachette ❀	**195**
Le Cadoret ⅋○	**756**
Café A ⅋	**188**
Le Café Basque ⅋○	**851**
N Café Bras ⅋	**1040**
Café Brochier ⅋○	**178**
Café Brunet ⅋○	**104**
Café Casals ⅋○	**981**
Café Constant ⅋○	**690**
Café de la Cale ⅋○	**314**
Café de la Fontaine ⅋	**1259**
Le Café de la Fontaine ⅋○	**1183**
Le Café des Artistes ⅋○	**765**
Café des Arts ⅋	**1075**
Café des Ministères ⅋○	**690**
Café Lavinal ⅋	**888**
Café Louise ⅋○	**892**
Café Noisette ⅋○	**736**
Le Café Rouge ⅋○	**323**

Café Terroir ⅋○	**223**
Caffè Cosi ⅋○	**528**
Caffè Stern ⅋○	**660**
La Cagouille ⅋○	**733**
Le Caillebotte ⅋	**714**
Caïus ⅋○	**748**
La Calèche ⅋○	**172**
Le Calmosien ⅋○	**534**
La Calypso ⅋○	**319**
Le Cambusier ⅋○	**353**
Camélia ⅋○	**650**
Campagne, Vignes et Gourmandises ⅋○	**1246**
La Canaille ⅋○	**537**
Les Canailles Ménilmontant ⅋	**755**
Les Canailles Pigalle ⅋	**714**
Canaima ⅋○	**223**
Le Candille ❀	**1215**
Le Canon ⅋○	**1224**
La Canopée ⅋○	**1011**
La Cantinetta ⅋○	**1200**
Le Cantou ⅋○	**1054**
Le Canut et les Gones ⅋	**219**
Le Cap ❀	**1235**
Cap 120 ⅋○	**1150**
Cap de Castel ⅋○	**1038**
Le Capella ⅋○	**201**
Capitaine ⅋○	**668**
La Capitelle ⅋	**163**
Le Cap Marine ⅋○	**545**
Le Capu ⅋○	**545**
Les Capucines ⅋○	**811**
Le Capucin Gourmand ⅋	**205**
Le Carillon ⅋	**570**
Le Carillon ⅋○	**1179**
Le Carmin ❀	**253**
Carpe Diem ⅋○	**820**
Carpe Diem ⅋○	**1074**
Carré 2 Vigne ⅋	**1253**
Le Carré d'Ange ⅋○	**1214**
Le Carré d'Alethius ❀	**122**
Le Carré de l'Ange ⅋	**1043**
Carré des Feuillants ❀	**648**
Le Carré des Gourmets ⅋○	**1041**
Le Carré des Saveurs ⅋○	**964**
Le Carré des Sens ⅋○	**115**
Carrousel ⅋○	**81**
Carte Blanche ⅋○	**742**
Les Cartes Postales ⅋○	**652**
N Cartouches ⅋	**1053**
Casadelmar ❀ ❀	**434**
La Case de Babette ⅋○	**633**
Casse-Cailloux ⅋○	**412**

Le Casse Noix ⌂	**735**
La Casserole ⓘ○	**493**
Cassis ⓘ○	**274**
La Cassolette ⓘ○	**1262**
Castel de Très Girard ⓘ○	**277**
Le Castellane - Château Le Prieuré ⓘ○	**1079**
Le Castellaras ⓘ○	**1172**
N Castel Marie-Louise ⸎	**1074**
Les Caudalies ⓘ○	**292**
Les Caudalies ⓘ○	**91**
La Causerie ⓘ○	**743**
La Cave ⓘ○	**394**
La Cave à Manger ⓘ○	**990**
La Cave O Délices ⓘ○	**1034**
Caves Madeleine ⓘ○ ⸎	**254**
Caves Pétrissans ⓘ○	**749**
Cayola ⓘ○	**1102**
Cazaudehore ⓘ○	**637**
Cazenove ⓘ○	**229**
Cédrat ⓘ○	**1200**
Le Cèdre ⓘ○	**1001**
Le Cèdre de Montcaud ⓘ○	**963**
Les Cèdres ⸎ ⸎	**142**
Le Cénacle ⸎	**1052**
Le 180° ⓘ○	**314**
Le Cent 33 ⓘ○	**865**
Les 110 de Taillevent ⓘ○	**703**
Le Centenaire ⓘ○	**875**
114, Faubourg ⸎	**701**
Le Central ⓘ○	**928**
Le Central ⌂	**169**
Les Cépages ⓘ○	**185**
Le Cèpe ⌂	**161**
Le Cercle ⓘ○	**580**
Cercle Rouge ⓘ○	**223**
Le Cerf ⸎	**474**
N Le Cerisier ⸎	**575**
Le Cerisier ⌂	**187**
Cézembre ⓘ○	**678**
Le Chabichou by Stéphane Buron ⸎ ⸎	**131**
Chabrol ⓘ○	**1225**
Le Chai ⓘ○	**932**
Chai l'amère Kolette ⌂	**327**
Chai nous comme Chai vous ⓘ○	**931**
La Chaize Gourmande ⌂	**1077**
Le Chalet ⌂	**1019**
Le Chalet ⓘ○	**146**
Les Chalets de Philippe ⓘ○	**119**
Le Chamagnon ⓘ○	**534**
Chameleon ⓘ○	**719**
Le Champ des Lunes ⸎	**1185**
Champeaux ⓘ○	**651**
Le Channel ⓘ○	**567**
Chante Bise ⓘ○	**80**
Le Chantecler ⸎	**1219**
La Chanterelle ⓘ○	**1230**
Chantoiseau ⓘ○	**753**
Les Chants d'Avril ⓘ○	**1099**
Chapeau de Paille - Bistrot Provençal ⓘ○	**1241**
La Chapelle ⸎	**81**
La Chapelle au château Guiraud ⓘ○	**907**
Chapelle Saint-Martin ⸎	**919**
Le Chapon Fin ⸎	**863**
Le Chardenoux ⓘ○	**723**
Chardon ⓘ○	**1137**
Le Chardonnay ⌂	**76**
Le Charlemagne ⸎	**278**
Charles Barrier ⓘ○	**409**
La Charrette Bleue ⓘ○	**126**
La Charrue ⓘ○	**483**
La Chartreuse du Bignac ⓘ○	**902**
Chartron ⓘ○	**173**
La Chassagnette ⸎ ⸎	**1248**
Le Chat ⓘ○	**262**
Château Blanchard ⸎	**124**
Le Chateaubriand ⓘ○	**723**
Château d'Adoménil ⸎	**538**
Le Château d'Étoges ⓘ○	**517**
Château d'Orfeuillette ⓘ○	**975**
Château de Champlong ⓘ○	**203**
Château de Courban ⸎	**262**
Château de Courcelles ⓘ○	**592**
Château de Germigney ⓘ○	**300**
Château de la Caze ⓘ○	**980**
Château de la Treyne ⸎	**1030**
N Château de Massillan ⸎	**1259**
Château de Noirieux ⓘ○	**1076**
Château de Pray ⸎	**374**
Château de Riell ⓘ○	**981**
Château de Rochecotte ⓘ○	**404**
Château de Rochegude ⓘ○	**170**
Le Château de Sable ⸎	**340**
Château de Salettes ⓘ○	**1023**
Château des Reynats ⓘ○	**872**
Château de Sully ⸎	**779**
Château de Vault de Lugny ⸎	**286**
Château du Bost ⓘ○	**65**
Château du Mont Joly ⸎	**301**
Château Eza ⓘ○	**1170**
Château Grand Barrail ⓘ○	**896**
Château Hochberg ⓘ○	**506**
Château Le Cagnard ⓘ○	**1152**

Château Tilques🍴◐	581
Le Clos des Délices🍴◐	482
La Chatellenie🍴◐	924
Le Chaudron🍴◐	313
La Chaumière✿	296
La Chaumière🍴	376
La Chaumière🍴	975
La Chaumière de Pomper🍴◐	313
La Chaumine🍴	341
Chavant🍴◐	113
La Chebaudière🍴◐	313
Le Chefson🍴◐	759
La Chênaie🍴	928
Les Chênes🍴◐	64
Le Cherche Midi🍴◐	679
Cheval Blanc🍴	464
Au Cheval Blanc🍴	480
Le Cheval Blanc🍴◐	378
Cheval d'Or🍴	755
Le Cheval Noir🍴◐	375
La Chèvre d'Or✿✿	1170
Le Chevreuil🍴◐	275
Chez Alphonse🍴◐	917
Chez Daniel et Julia - Restaurant du Rivage🍴◐	1250
N Chez Davia🍴	1222
Chez Delagare🍴◐	989
Chez Éric🍴◐	1214
Chez Flo🍴◐	885
Chez Fonfon🍴◐	1198
Chez Francis🍴◐	914
Chez Guy🍴	271
Chez Hugo🍴◐	1249
Chez John🍴	1016
Chez Jules Le Don Juan🍴◐	1132
Chez les Anges🍴	687
Chez Mathilde🍴◐	154
Chez Mattin🍴◐	872
Chez Michel🍴	718
Chez Michèle✿	538
Chez Moi🍴◐	541
Chez Mon Jules🍴	199
Chez Monsieur🍴◐	706
Chez Parenti🍴◐	436
Chez Pierre🍴◐	843
Chez Rémi🍴◐	1072
Chez Séraphin🍴◐	433
Le Chiberta✿	699
Le Chicoula, bistrot d'Art🍴◐	866
Chinaski🍴◐	673
Le Chiquito✿	633
Choko Ona✿✿	873
Le Chou Rouge - Le Petit Chou🍴◐	1028
Le Christine🍴◐	679
Christophe Bacquié✿✿✿	1161
Christopher Coutanceau✿✿✿✿	939
Ciasa Mia🍴◐	673
N Cibo🍴	265
La Ciboulette🍴◐	405
La Cigale Égarée🍴◐	342
Le Cigalon🍴◐	1172
La Cigogne🍴◐	946
Le Cinq✿✿✿	694
Le Cinq🍴◐	125
Cinq Mains🍴◐	217
52 Faubourg St-Denis🍴	718
Le 59 Restaurant🍴◐	96
Le 5ème Péché🍴◐	973
La Citadelle🍴◐	1178
Le Clair de la Plume✿✿	146
Claire et Hugo🍴◐	528
Clamato🍴	722
Le Clarence✿✿	695
Les Clarines d'Argent🍴◐	474
Claude Colliot🍴◐	668
Claude Darroze✿	879
La Clé des Champs🍴	594
Les Clefs d'Argent✿	884
Clémence🍴◐	1105
Les Climats✿	684
Le Cloître✿	1189
Le Clocher des Pères✿	179
Le Clos🍴◐	823
Le Clos aux Roses🍴	386
Le Clos Basque🍴◐	852
Le Clos d'Augusta🍴◐	863
Le Clos de Bourgogne🍴◐	83
Le Clos de Chevreuse🍴◐	627
Le Clos de l'Oustalet✿ ✿	1176
Le Clos de la Fontaine🍴	327
Le Clos de la Prairie🍴◐	569
Le Clos de Mauzac🍴◐	966
Les Clos de Paulilles🍴◐	1001
Le Clos des Oliviers🍴◐	1004
Le Clos des Sens✿✿✿ ✿	100
Le Clos du Château🍴◐	168
Le Clos du Lac🍴◐	153
Le Clos du Vigneron🍴◐	400
Les Closeaux🍴◐	413
La Closerie✿	1129
La Closerie🍴◐	468
La Closerie des Roses🍴	1110
Le Clos Heurtebise🍴◐	546
Le Clos Monteils🍴	1035

Le Clos Perché 🏠	163
Le Clos Pierrepont 🍴	1214
Le Clos Prieur 🍴	271
Clos Saint-Martin 🍴	1026
Le Clos Saint-Pierre 🍴	1233
Le Clos St-Basile 🍴	1216
N Le Clos St-Roch 🏠	1204
Le Clos Y 🍴	736
Clover Gordes 🍴	1178
Clover Green 🍴	690
Clover Grill 🍴	652
Clovis ✿	1258
Le Club de Cavalière & Spa 🍴	1163
Le Cochon qui Boit 🍴	223
Les Cocottes Porte de Genève 🍴	178
Les Cocottes - Tour Eiffel 🍴	690
La Cognette 🍴	390
Cokotte 🏠	924
Colbert 🍴	500
Colette 🍴	1055
N Colette ✿	1243
Le Collet 🍴	534
La Colline du Colombier 🍴	272
La Colombe 🏠	1181
Le Colombier 🍴	455
Le Colombier ✿	810
Les Coloquintes 🏠	107
Col Tempo 🍴	425
Le Colvert 🏠	1043
Comice ✿	740
Comme Chez Maman 🏠	747
Comme Chez Soi 🍴	1261
Les Complices 🍴	1055
Comptoir à Huîtres 🍴	796
Le Comptoir Breizh Café 🏠	351
Comptoir Cuisine 🍴	250
Le Comptoir de La Butte 🏠	338
Le Comptoir des Alpes 🍴	120
Le Comptoir des Voiles 🍴	977
Comptoir des Voyageurs 🏠	329
Le Comptoir du 7 🍴	1008
Comptoir du Lac 🍴	137
Comptoir du Marché 🍴	1225
Le Comptoir du Relais 🍴	679
Comte Roger 🍴	969
Le Concert de Cuisine 🍴	737
La Condesa ✿	713
Le Confidentiel 🏠	160
Confins des Sens 🍴	142
Le Contemporain 🍴	563
Conti 🍴	742
Contraste 🍴	703
La Contre Allée 🍴	733
Cook'in 🏠	516
La Co(o)rniche 🍴	845
Copenhague ✿	700
Le Coq d'Or 🏠	914
Le Coq en Pâte 🍴	915
La Coq'hote 🍴	111
Le Coq Rico 🍴	753
Les Coqs 🍴	634
La Coquerie 🍴	1006
Le Coquillage ✿✿ ✿	317
Les Cordois Autrement 🍴	251
Coretta 🍴	749
Les Cornettes 🍴	121
La Corniche 🏠	438
Le Cornichon 🍴	733
Le Corot ✿	765
Coteaux et Fourchettes 🏠	1153
Côté Bastide 🏠	905
Côté Bistro 🏠	393
La Côte Bleue 🍴	966
Côté Cour 🍴	1125
Côté Cuisine ✿	319
La Côte des Monts Damnés 🍴	385
La Côte d'Or ✿✿	283
Côté Jardin ✿	389
Côté Lac 🍴	489
Côté Mas 🍴	982
Côté Mer 🏠	318
Côté Quillier 🍴	881
La Côte Saint-Jacques ✿✿ ✿	272
Côté Saisons 🏠	977
Côté Saveurs 🏠	1058
Côté Sud 🏠	1259
Côté Toqués 🏠	83
Côte Vermeille 🍴	1001
Côté Vigne 🍴	471
Le Cottage 🏠	124
Le Cottage 🍴	183
Le Cotte Rôti 🍴	728
Le Coude à Coude 🍴	352
Le Coup de Fourchette 🍴	1252
La Cour d'Eymet 🍴	874
N La Cour de Ferme 🏠	1151
La Cour de Lise 🍴	505
La Cour de Rémi 🏠	563
La Cour du Château 🍴	1205
La Cour du Monarque 🍴	384
La Coursive des Alpes 🍴	161
La Courtille 🍴	1007
La Courtille de Solutré 🍴	285
Court La Vigne 🍴	80
Cozna 🏠	101
Crêperie Grain Noir 🍴	356

Crêperie Tiegezh ⅰ○	**326**
Les Criquets ⅰ○	**855**
La Croix Blanche ⅰ○	**629**
La Croix Blanche ⅰ○	**350**
N La Croix Blanche ⊕	**415**
La Croix d'Or ⊕	**812**
Le Cromesquis ⅰ○	**65**
Croque Saison ⅰ○	**298**
Le Crypto ⅰ○	**523**
Cucina ⊕	**671**
Cucina Byblos ⅰ○	**1243**
La Cuisine ⅰ○	**870**
Cuisine & Passion ⅰ○	**892**
La Cuisine d'Amélie ⅰ○	**1186**
La Cuisine de Bertrand ⅰ○	**1103**
La Cuisine du Cloître ⅰ○	**916**
La Cuisine du Marché ⅰ○	**1028**
Culina Hortus ⅰ○	**221**
Cuq en Terrasses ⅰ○	**1026**
Cuvée 31 ⅰ○	**517**
Le Cygne ⊕	**466**
Cyril Attrazic ⊛ ⊛	**963**

D	Page
d'Brendelstub ⅰ○	**486**
D'Cadei ⅰ○	**1059**
D'une Île ⅰ○	**812**
Da Bouttau - Auberge Provençale ⅰ○	**1156**
Le Dalí ⅰ○	**650**
Le Dallaison ⊛	**944**
La Dame de Pic ⊛	**648**
La Dame de Pic - Le 1920 ⅰ○	**157**
Dan B. - La Table de Ventabren ⊛	**1262**
Daniel et Denise Créqui ⅰ○	**231**
Daniel et Denise Croix-Rousse ⅰ○	**223**
Daniel et Denise Saint-Jean ⅰ○ **217**	
Danton ⅰ○	**231**
Da Passano ⅰ○	**427**
La Dariole ⊕	**397**
Le Daroles ⅰ○	**1018**
Le Dauphin ⅰ○	**783**
Le Dauphin ⊕	**788**
David - Le Clos de la Glycine ⅰ○	**1234**
David Toutain ⊛ ⊛ ⊛	**683**
Le Davoli ⅰ○	**864**
Dégustation de l'Île ⅰ○	**791**
De l'Île aux Papilles ⅰ○	**933**
Le Délice des Papilles ⅰ○	**1036**
Les Délices d'Aphrodite ⅰ○	**673**
Le Denti ⊕	**102**

Derrière ⅰ○	**540**
Dersou ⅰ○	**728**
De Sel et d'Ardoise ⅰ○	**397**
Des Petits Pois Sont Rouges ⅰ○	**1017**
Dessance ⅰ○	**664**
Dessirier par Rostang Père et Filles ⅰ○	**748**
La Deuvalière ⅰ○	**412**
Les Deux Canailles ⅰ○	**1224**
Les Deux Lévriers au Château de Mirambeau ⅰ○	**936**
Le Diable au Cœur ⅰ○	**136**
Le Diamant Noir ⅰ○	**198**
Didier Méril ⅰ○	**322**
Les Dilettants ⊕	**1260**
Dilia ⅰ○	**756**
La Diligence ⅰ○	**988**
La Diligence ⅰ○	**388**
Disciples ⅰ○	**743**
Disini ⅰ○	**971**
Le DIV'20 ⅰ○	**634**
Divellec ⊛	**684**
Le Divil ⅰ○	**997**
Le Dix'vins ⅰ○	**293**
Le 17 ⅰ○	**997**
La Doline ⅰ○	**202**
Domaine d'Auriac ⊛	**969**
Domaine de Baulieu ⊕ ⊛	**1017**
Domaine de la Tortinière ⅰ○	**393**
Domaine de Rochevilaine ⅰ○	**315**
Domaine de Rymska ⅰ○	**281**
Le Domaine de Saint-Géry ⅰ○	**1032**
Domaine de Verchant ⅰ○	**971**
Domaine du Châtelard ⅰ○	**928**
N Le Domaine du Colombier ⊛	**152**
Domaine Riberach- La Coopérative ⅰ○	**965**
Dominique Bouchet ⊛	**700**
Don Cesar ⅰ○	**435**
Le Donjon ⅰ○	**631**
N Le Donjon - Domaine Saint-Clair ⊛	**797**
Dorangeville ⅰ○	**64**
N Double Dragon ⊕	**722**
Le XII de Luynes ⅰ○	**391**
1217 ⅰ○	**108**
Drouant ⅰ○	**660**
Du Bruit en Cuisine ⅰ○	**1034**
Le Duc ⅰ○	**732**
Ducasse sur Seine ⅰ○	**742**
Les Ducs de Lorraine ⊛	**535**
N Duende ⊛	**992**
Le Duèze ⊛	**1033**

Le Duguesclin �🍴	78
Dupin �🍴	679
Dyades au Domaine des Étangs �🍴	935
DZ'envies ⍟	265

E	Page
L'Eau d'Oust ⍟	348
Eau de Vie ⍴	1225
Ébullition ⍴	989
L'Écailler du Bistrot ⍴	724
Eclipses ⍴	688
Éclosion ⍴	180
L'Écluse ⍴	374
L'Écluse 16 ⍴	454
Ecrin ⍴	425
L'Écrin ⍟	697
L'Écrin de Yohann Chapuis ⍟	285
L'Écume ⍴	231
L'Écume ⍴	934
L'Écume Gourmande ⍴	114
L'Écureuil ⍟	76
L'Écusson ⍴	253
Ed.Em ⍟	261
L'Éden ⍟	808
L'Edulis ⍴	800
Eels ⍴	719
Eïdra ⍴	1235
L'Ekrin by Laurent Azoulay ⍟	161
El Capillo ⍴	973
Elements ⍴	854
Eléonore ⍴	883
Elmer ⍴	663
Elsa ⍟	1210
El Theatris ⍴	540
L'Embarcadère ⍴	165
L'Embarcadère ⍴	149
L'Embellie ⍟	282
L'Embrun ⍴	316
Les Embruns ⍴	932
Les Embruns ⍴	327
Émile ⍴	1055
Emile's ⍴	428
Émile Job ⍴	164
N L'Émotion ⍟	85
Emporium ⍴	431
L'Empreinte ⍴	733
Empreinte ⍴	576
L'Empreinte ⍴	1046
Empreinte ⍴ ⍟	363
L'Empreinte ⍟	257
L'Empreinte by Fabricio ⍴	1186
L'Émulsion ⍟	171
L'En-but ⍴	78
En/Vie ⍴	78
En Cuisine ⍟	913
L'Endroit ⍴	807
Les Enfants Rouges ⍴	664
Les Enfants Terribles ⍴	108
En Marge ⍟	1019
En Pleine Nature ⍟	1039
L'Ensoleillé ⍴	121
L'Entre-Roches ⍴	302
L'Entre Deux ⍴	852
L'Entredgeu ⍴	749
L'Entre Pots ⍴	1000
Entre Terre et Mer ⍴	807
Entre Vigne et Garrigue ⍟	1002
L'Envers du Décor ⍟	1084
L'Envers du Décor ⍴	897
L'Envie des Mets ⍴	903
L'Envie du Jour ⍴	750
L'Envol ⍴	1162
L'Épicerie ⍴	379
Les Épices Curiens ⍟	535
Épices et Tout ⍟	960
Épicure au Bristol ⍟⍟⍟	694
L'Épicurien ⍴	392
L'Épicurien ⍟	1014
L'Épicurien ⍴	893
L'Épicurien ⍴	461
Les Épicuriens ⍴	597
L'Épicurieux ⍴	569
L'Epicurius ⍴	816
Epona ⍴	220
L'Épuisette ⍟	1196
L'Équilibre ⍟	1020
Erckmann-Chatrian ⍴	545
ERH ⍟	657
L'Ermitage ⍴	79
Ermitage de Corton ⍴	261
L'Ermitage Saint-Antoine ⍴	626
ES ⍟	685
L'Escapade ⍴	405
L'Escapade Marseillaise ⍴	1198
L'Escarbille ⍟	762
L'Escargot ⍴	1108
L'Escargot 1903 par Yannick Tranchant ⍴	764
L'Escu de Runfao ⍴	329
L'Eskell ⍴	319
L'Espace PH3 ⍴	201
L'Espérance ⍟	1145
L'Espérance - Stéphane Carbone ⍟	804
L'Espérance ⍴	97
L'Esplanade ⍴	873

Esprit Gourmand⏴○	384
L'Esquisse✦	101
L'Esquisse⏴○	753
L'Essentiel⏴○	1106
L'Essentiel✦	889
L'Essentiel⏴○	901
Essentiel⏀	344
L'Essentiel⏴○	269
L'Essentiel✦	793
L'Essentiel⏴○	562
L'Essentiel selon Pierric Casadebaig⏴○	938
L'Essille⏴○	925
L'Estacade⏀	1080
L'Estaminet du Centre⏴○	568
L'Estancot⏴○	201
L'Estellan⏴○	1188
L'Estérel⏴○	476
L'Estrade⏴○	96
Esttia⏀	677
ET⏴○	1040
Étable Gourmande⏴○	546
L'Établi⏴○	221
L'Étang du Moulin✦ ✦	294
Les Étangs⏴○	539
L'Étape Louis 13⏴○	780
Etchemaïté⏴○	879
L'Eternel⏴○	287
L'Étier⏴○	1086
Étincelles - La Gentilhommière⏴○	905
L'Étoile des Mers⏴○	795
Etsi⏀	752
Étude✦	740
Eugène⏴○	397
L'Évasion⏴○	88
L'Éveil des Sens✦	1090
N L'Évidence⏀	268
L'Évidence✦	392
Les Explorateurs✦	197
L'Expression⏴○	255

F	Page
Les Fables de La Fontaine⏴○	690
La Fabrique⏴○	627
La Fabrique⏴○	489
Le Faham by Kelly Rangama✦	747
Le Faitout⏴○	965
N La Falène Bleue⏀	1031
Le Fanal✦	964
Fanfan⏴○	749
N Le Fantin Latour - Stéphane Froidevaux✦	143
Le Farçon✦	132

La Farigoule⏴○	1262
Faventia✦	1255
Le Favre d'Anne✦	1069
Félix⏴○	1098
La Femme du Boucher⏴○	1200
Fenêtre sur Cour⏴○	568
La Ferme aux Grives⏴○	874
La Ferme d'Orthe⏴○	885
La Ferme de Cupelin⏀	176
La Ferme de l'Hospital✦	110
Ferme de la Besse⏴○	189
La Ferme de la Fruitière⏴○	165
La Ferme de la Haute Crémonville⏀	817
La Ferme de l'Odet⏴○	342
La Ferme de Voisins⏴○	642
La Ferme de Victorine⏀	165
La Ferme de Villeneuve⏀	1079
La Ferme du Bois Barbu⏴○	202
La Ferme du Chozal⏴○	148
La Ferme du Poulet⏀	202
La Ferme du Vert⏴○	584
Ferme Lizarraga⏴○	908
La Ferme Saint-Sébastien⏴○	68
La Ferme Ste-Cécile⏴○	1216
Le Figuier de Saint-Esprit✦	1131
Le Fil à la Patte⏴○	1046
Les Filets Bleus⏴○	943
La Fine Fourchette⏴○	109
Fine Gueule⏀	1223
Fischhutte⏴○	475
Fish La Boissonnerie⏴○	679
Fitz Roy⏴○	198
La Flambée⏴○	794
La Flamiche⏴○	596
Flaveur✦✦	1218
Le Flaveur⏀	321
Flaveurs✦	194
La Flèche d'Argent⏀	86
Fleur de Neige⏴○	123
Fleur de Pavé✦	658
La Fleur de Sel⏀	114
Fleur de Sel⏴○	1086
Fleur de Sel⏴○	1180
La Fleur de Sel⏀	805
N Fleur de Sel⏀	403
Fleur de Sel⏴○	1153
La Fleur de Sel⏴○	322
Fleur de Sureau⏴○	465
Fleurs d'Olargues⏴○	996
La Flibuste-Martin's✦	1264
N Flocon⏀	671
Flocons de Sel✦✦✦	155

Flocons Village ⅠO	157
Le Florida ⅠO	1025
Florimond ⅠO	690
Les Flots ⅠO	941
Les Flots ⊕	926
Les Flots Bleus ⅠO	912
Les Flots Bleus ⅠO	1123
Le Foch ❀	521
La Fontaine ⅠO	125
La Fontaine aux Perles ⅠO	346
La Fontaine Cavalier ⅠO	286
Les Fontaines ⅠO	807
Fontevraud Le Restaurant ❀ ❀	1082
La Forêt ⅠO	532
La Forêt ⊕	406
La Forge ⅠO	407
La Forge à Fer ⅠO	938
Les Forges ⅠO	333
Le Fort du Pré ⅠO	87
N Les Foudres ❀	927
Fouquet's ⅠO	1074
La Fourchette ⅠO	1144
La Fourchette des Ducs ❀ ❀	480
La Fourchette du Printemps ⅠO	750
Fragments ⅠO	789
Le France ❀	303
France et Fuchsias ⊕	819
Francis Mallmann au Château La Coste ⅠO	1231
Le François II ⅠO	1080
Frédéric Carrion Cuisine Hôtel ⅠO	288
Frédéric Doucet ❀	260
Frédéric Molina au Moulin de Léré ❀ ❀	189
Frédéric Simonin ❀	746
Frenchie ❀	659
Les Fresques ❀	883
Les Fresques ❀	138
Les Funambules ❀	493
Fuumi ⅠO	630

G	Page
G.a. au Manoir de Rétival ❀ ❀	789
Le Gabale ⅠO	963
Gabbro ⊕	575
Gàbia ⅠO	737
Le Gabriel ❀ ❀	696
La Gaffe ⅠO	437
Gaïa ⅠO	991
Le Gaigne ⅠO	705
Galanga ⅠO	704
Le Galie ⅠO	1002
La Galinette ❀	997

Galon ar Breizh ⅠO	324
Le Galopin ⅠO	719
Le Galoubet ⅠO	1137
Le Gambetta ⅠO	1106
Le Gantxo ⊕	876
Gaodina ⅠO	1127
Garance ⅠO	688
Le Garde Champêtre ⅠO ❀	517
Le Garde Temps ⅠO	715
La Gare ⅠO	466
Gare & Gamel ⅠO	178
Gare au Gorille ⅠO	750
La Garenne ⅠO	270
Le Garet ⅠO	224
Garopapilles ❀	861
Le Garriane ⊕	997
Le Gavrinis ⊕	313
Gavroche ⅠO	500
Gaya - Cuisine de Bords de Mer ⅠO	926
N Gaya par Pierre Gagnaire ❀	685
La Gazette ⊕	797
Gaztelur ⅠO	840
Les Genêts ❀	1076
Le Gentiane ⅠO	1037
Les Gentianettes ⅠO	121
Le Gentil ⅠO	691
Genty Magre ⅠO	1054
Le George ❀ ❀	698
Le Georges ❀	383
Georges Blanc ❀ ❀ ❀	204
Gétaria ⅠO	876
Le Gibolin ⅠO	1137
Gill Côté Bistro ⅠO	816
Gilles Moreau ⅠO	1031
Gillio ⅠO	146
Le Gindreau ❀	1044
Girardin - Gastronomique ❀	460
La Gloire ⅠO	392
La Gloire de mon Père ⅠO	1249
Le Goéland ⅠO	314
La Golmotte ⅠO	81
Gordon Ramsay au Trianon ❀	639
Les Gorges de l'Aveyron ⅠO	1036
La Gouesnière ❀	325
Le Goupil ⅠO	1225
La Gourmandière ⅠO	512
La Gourmandière - Le Bistr'Aurélia ⅠO	364
La Gourmandière - La Table d'Olivier ❀	361
La Gourmandine ⅠO	415
Les Gourmands Disent ⅠO	259
Le Gourmet de Sèze ❀	226

Goustut ⅈ○	870
Le Goût des Choses ⅈ○	69
Le Goût des Choses ⅈ○	1200
Le Goût du Jour ⅈ○	1144
Le Goût du Large ⅈ○	820
La Goutte Noire ⅈ○	384
Goxoki ⅈ○	846
Le Goyen ⅈ○	312
Un Grain de Saveur ⍩	76
Grain de Sel ⅈ○	1166
Grains de Sel ⅈ○	467
Grain de Sel ⍩	297
La Grand'Vigne ✿✿✿	881
Le Grand Bain ⍩	755
Le Grand Bleu ⅈ○	567
Le Grand Bleu ⅈ○	906
Le Grand Cap ✿	978
Le Grand Cerf ✿	518
GrandCœur ⅈ○	667
La Grande Cascade ✿	739
La Grande Ourse ⅈ○	734
La Grande Salle ⅈ○	1018
Le Grand Four ⅈ○	1086
Grand Hôtel de Solesmes ⅈ○	1108
Grand Hôtel du Lion d'Or ✿	402
Grand Largue ⅈ○	341
Le Grand Pan ⅈ○	737
Le Grand Paris ⅈ○	1169
Le Grand Réfectoire ⅈ○	222
Le Grand Restaurant - Jean-François Piège ✿✿	696
Le Grand Saint-Michel ⅈ○	383
Les Grands Arbres - Verte Vallée ⍩	479
Le Grand Saint-Benoît ⍩	403
Le Grand Véfour ⅈ○	650
La Grange ⅈ○	846
La Grange ⅈ○	1043
La Grange ⅈ○	1080
La Grange aux Oies ⅈ○	937
La Grange de Belle-Église ✿	590
La Grange des Agapes ⅈ○	1166
N La Grange des Halles ⍩	764
La Grangée ⅈ○	250
La Grange Obriot ⅈ○	533
Le Grapiot ⍩	300
Grappe d'Or ⅈ○	486
Le Grenier à Sel ⅈ○	1088
Grenier à Sel ⅈ○	82
La Grenouillère ✿✿ ✿	578
La Grignotière ⅈ○	580
La Grignotière ⅈ○	633
Le Grill ✿	1210
La Grillade Gourmande ⍩	515
La Griotte ⍩	302
La Grotte ⅈ○	432
Le Gué du Holme ⅈ○	819
La Gueulardière ⅈ○	634
Les Gueules Noires ⅈ○	416
Gusto Caffe ⅈ○	1203
Guy Lassausaie ✿	122
Guy Savoy ✿✿✿	674

H — Page

Hâ ⅈ○	866
L'Harmonie ⅈ○	1005
Le Haut-Allier ✿	64
Haut Bonheur de la Table ✿	567
Haute Sève ⅈ○	325
Les Hautes Roches ✿	401
Les Hauts de Loire ✿✿	395
Les Hauts de Santa Giulia ⅈ○	435
Le H by Hermitage Gantois ⅈ○	575
Hedone ✿	1052
Helen ✿	700
L'Héliantis ⅈ○	142
L'Heptameron des Gourmets ⅈ○	1020
Hercule Poireau ⅈ○	892
L'Hermine ⅈ○	332
Hervé Busset ✿	1026
L'Hibiscus ⍩	397
Hiély-Lucullus ⅈ○	1143
L'Hippi'curien ⅈ○	1055
L'Hippocampe ⅈ○	91
Histoire Ancienne ⍩	566
N Hito ⍩	1053
Le Hittau ⅈ○	904
Holen ✿ ✿	343
L'Hommage ⍩	729
Horizon ⅈ○	1250
L'Horizon ⅈ○	966
L'Hortensia ⅈ○	333
Les Hortensias du Lac ⅈ○	877
Les Hospitaliers ⅈ○	167
Hostellerie Cèdre & Spa ⅈ○	253
L'Hostellerie d'Acquigny ⅈ○	776
Hostellerie d'Alsace ⅈ○	456
Hostellerie de l'Abbaye de la Celle ✿	1163
Hostellerie de la Bouriane ⅈ○	1029
Hostellerie de la Mer ⅈ○	321
Hostellerie de la Montagne Noire ⅈ○	1027
Hostellerie de la Pointe St-Mathieu ✿	337
Hostellerie de la Rivière ⅈ○	581

Hostellerie de Levernois ✿ **273**
Hostellerie de Saint-Georges ⅢO **176**
Hostellerie des Châteaux ⅢO **482**
Hostellerie des Corbières ⅢO **977**
Hostellerie d'Héloïse ⊕ **261**
Hostellerie du Château
   des Monthairons ⊕ **542**
Hostellerie du Cygne ⅢO **507**
Hostellerie du Mont-Aimé ⅢO **512**
Hostellerie du Prieuré ⊕ **547**
Hostellerie du Rosenmeer ⅢO **487**
Hostellerie Jérôme ✿✿ ✿ **1258**
Hostellerie La Briqueterie ⅢO **529**
Hostellerie La Cheneaudière ⅢO **462**
Hostellerie la Montagne ✿ **514**
Hostellerie Les Gorges
   de Pennafort ✿ **1153**
Hostellerie Saint-Clément ⊕ **92**
Hostellerie Schwendi ⅢO **471**
Hostellerie St-Germain ⅢO **301**
Hôtel de France ⊕ **82**
Hôtel de France ⅢO **127**
Hôtel des Deux Rocs ⅢO **1249**
Hôtel des Voyageurs ⅢO **920**
Hôtellerie St-Jean ⊕ **946**
La Huchette ✿ **169**
8 Clos ⅢO **255**
Huître Brûlée ⅢO **807**
L'Huitrier Pie ⅢO **896**
Hyacinthe & Robert ⅢO **339**
L'Hysope ✿ **934**

I   Page

ici ⅢO **1099**
L'ID ⅢO **473**
Ida by Denny Imbroisi ⅢO **737**
Iida-Ya ⊕ **297**
Il Carpaccio ⅢO **704**
Il Cortile ✿ **476**
Il Cuoco Galante ⅢO **716**
Il Goto ⅢO **728**
L'Îlot Vert ⅢO **565**
Ilura ⅢO **900**
Il Visconti ⅢO **78**
Ima ✿ ✿ **344**
L'Imaginaire ⅢO **316**
Imouto ⅢO **231**
L'Imparfait ⅢO **847**
Impérial Choisy ⊕ **729**
Imperial Treasure ⅢO **703**
L'Impertinent ✿ **850**
L'Impossible ⅢO **119**
Les Impressionnistes ⅢO **806**

L'Imprimerie ⅢO **536**
L'inaTTendu ⅢO **232**
L'Inattendu ⅢO **846**
L'Incomparable ⅢO **187**
L'Inconnu ⅢO **688**
L'Inédit ⅢO **636**
In Extremis ⊕ **535**
Influence ⅢO **914**
Influences ⅢO **866**
L'Informel ⅢO **1042**
Initial ⅢO **789**
L'Initial ⅢO **672**
L'Innocence ✿ **713**
Insens ⊕ **173**
Les Inséparables ⅢO **1126**
L'Insolite ⅢO **324**
L'Instant... ⊕ **1035**
L'Instant ⅢO **170**
L'Instantané ⅢO **78**
L'Instant du Sud ⅢO **976**
L'Instant Z ⅢO **946**
L'Instinct Gourmand ⅢO **1099**
Instincts ⅢO **901**
L'Institut ⅢO **221**
N L'Interprète ⊕ **885**
L'Intimiste ⅢO **113**
Intuition ✿ **818**
In Vino Veritas ⅢO **501**
Iodé ⅢO **363**
Igori ⅢO **851**
I Salti ⅢO **430**
Itacoa ⅢO **660**
Italie là-bas ⊕ **1142**
Ithurria ✿ **839**
Ivan Vautier ✿ **785**

J   Page

J'MCA ⅢO **262**
Jacques Cœur ⅢO **376**
Jacques Cœur ⅢO **169**
Jacques Faussat ✿ **746**
JAN ✿ **1219**
JanTchi ⅢO **653**
Le Jardin ⊕ **466**
Le Jardin ⅢO **1150**
Le Jardin d'Hiver ⅢO **591**
Imouto ⅢO **565**
Le Jardin d'Alice ⅢO **565**
Le Jardin de Bellevue ⅢO **539**
Le Jardin de Berne ✿ ✿ **1187**
Le Jardin de l'Abbaye ⅢO **360**
Le Jardin des Brouches ⅢO **1020**
Le Jardin des Causses ⅢO **1059**
Le Jardin de Sébastien ⅢO **1238**

Le Jardin des Plumes ✿	799
Le Jardin des Saveurs 🍴	479
Le Jardin Gourmand 🍴	250
Le Jardin Les Crayères ☺	523
Les Jardins 🍴	1037
Les Jardins de l'Acropolis ☺	1040
Les Jardins de Sophie 🍴	549
Les Jardins du Cloître 🍴	1200
Les Jardins du Léman ☺	205
Les Jardins du Moulin 🍴	466
N Le Jardin Secret ✿	503
Les Jardins Fleuris 🍴	299
Les Jardins Sauvages 🍴 ❀	325
Les Jardins Sothys 🍴	912
Jardin Tropezina 🍴	1232
Le Jarrousset 🍴	83
Le Jasmin 🍴	904
Jean-Claude Leclerc ✿	71
Jean-Luc Tartarin ✿✿	800
Jean-Michel Couron 🍴	277
Jean Brouilly 🍴	184
Jean Chauvel 🍴	759
Jean des Sables 🍴	877
Le Jean Moulin ☺	228
Jean Sulpice ✿✿ ❀	182
Jeff envoie du bois !!! 🍴	1018
Jehan de Valon 🍴	1039
Jérémy Galvan ✿	216
Jérôme Brochot 🍴	276
Jérôme Feck ✿	512
Jérôme Nutile ✿	993
Jeu de Quilles ☺	1024
Jeux 2 Goûts ☺	385
Jin ✿	649
Jiva 🍴	135
Jean-Marc Pérochon ✿	1076
Joël Robuchon-Dassaï 🍴	705
La Joïa 🍴	1165
Jòia par Hélène Darroze 🍴	661
Joséphine 🍴	487
Joséphine à Table 🍴	280
Le Jourdain 🍴	756
Jouvence ☺	727
Le Jules Verne ✿	683
Le Julianon 🍴	597
Julien ☺	464
Julien Binz ✿	454
Julien Cruège 🍴	864
La Jument Verte 🍴	765
Juste à Côté 🍴	819
JY'S ✿✿	457

K	**Page**
Le K 🍴	542
Kabuki 🍴	313
Le Kaïku ✿	899
Kaito 🍴	157
N Kalamansi ☺	791
Le Karelian 🍴	535
Kasbür ✿	475
Kashiwa 🍴	1160
Kastenwald 🍴	507
Kei ✿✿✿	646
Ken Kawasaki ✿	752
Le Kerstéphanie 🍴	357
KGB 🍴	679
Kigawa 🍴	732
Le Kintessence ✿✿	129
Kinugawa Matignon 🍴	705
Kinugawa Vendôme 🍴	651
Kisin ☺	702
Kitchen Ter(re) 🍴	673
Le Kitchen Café ☺	228
Ko-sometsuke 2K 🍴	843
Kodawari Ramen 🍴	680
Kokoro ☺	671
Koori 🍴	132
Korus 🍴	724
Le K'ozzie 🍴	153
Kunitoraya 🍴	653

L	**Page**
L & Luy 🍴	92
Lacaille 🍴	1201
N Lai'Tcha ☺	650
La Laiterie 🍴	576
Lait Thym Sel ✿ ❀	1072
Lalique ✿	855
Lamaccotte 🍴	1099
Lamartine ✿	112
Le Lanaud 🍴	912
Le Lancelot 🍴	387
Le Landemer 🍴	822
Lao Lane Xang 2 🍴	730
Lao Siam 🍴	756
Lasserre ✿	698
Le Lassey 🍴	283
Lauracée 🍴	1199
Laurent 🍴	702
Le Laurier Fleuri 🍴	1110
Lauryvan 🍴	919
Lazare 🍴	707
N Leclere ✿	984
Le Lénigo 🍴	1081

Léon de Lyon ⅰ◎	220
Léonie ⅰ◎	852
Lesdiguières ⅰ◎	143
Licandro - Le Bistro ⅰ◎	1127
La Licorne Royale ✿	809
La Liégeoise ✿	584
Les Lierres ⅰ◎	899
Le Lièvre Gourmand ✿	397
Likoké ✿	199
Les Lilas ⅰ◎	549
Lili ⅰ◎	742
Le Lion d'Or ⅰ◎	780
Le Lion d'Or ⅰ◎	374
Le Lisita ⊕	993
Liza ⅰ◎	661
Le Local ⅰ◎	1253
Loco by Jem's ⅰ◎	866
N La Loge Bertin ⊕	1190
Les Loges ✿	215
Les Loges du Jardin d'Aymeric ⊕	972
Logis de la Cadène ✿	896
Le Logis de Pompois ⅰ◎	945
Loiseau des Ducs ✿	265
Loiseau des Sens ⅰ◎	284
Loiseau des Vignes ⅰ◎	253
Loiseau Rive Gauche ✿	685
La Longère ⊕	810
La Lorraine ⅰ◎	550
Lou Cantoun ⅰ◎	1025
Lou Esberit ⊕	885
Lougolin ⊕	1179
Louis ✿	714
Le Louis 13 ⅰ◎	391
Louise ⅰ◎	330
Le Louis XV - Alain Ducasse à l'Hôtel de Paris ✿✿✿	1209
Loulou ⅰ◎	651
Lou Pinatou ⊕	89
N Louroc ✿	1130
Les Louvières ⅰ◎	300
La Lozerette ⅰ◎	972
Lucas Carton ✿	698
La Luciole ⅰ◎	979
Le Lucullus ⅰ◎	937
LuluRouget ✿	1093
Lune ⅰ◎	909

M	Page
Le M ⅰ◎	64
Le M ✿	315
Macéo ⅰ◎	650
La Machine à Coudes ⅰ◎	759
Ma Cuisine ⅰ◎	255

Madame ⊕	544
Madame Jeanne ⅰ◎	1201
La Madeleine ⅰ◎	1167
La Madeleine ✿	284
Mademoiselle 10 ⅰ◎	501
La Magdeleine - Mathias Dandine ✿	1175
Les Magnolias ⅰ◎	763
Le Magny ⅰ◎	526
Mahé ⅰ◎	989
Le Mail ⊕	941
Maison ⅰ◎	722
La Maison ⅰ◎	976
La Maison ⅰ◎	927
N Maison Alliey ⊕	1213
Maison Aribert ✿✿ ✿	188
La Maison Badine ⅰ◎	188
Maison Burgarella ⅰ◎	1028
La Maison Carrier ⊕	117
Maison Castet ⅰ◎	1033
La Maison de Celou ⊕	1164
Maison Clovis ⅰ◎	229
Maison Colbert ⅰ◎	412
La Maison D'Estournel ⅰ◎	897
La Maison d'à Côté ✿✿ ✿	393
La Maison dans le Parc ⅰ◎	545
La Maison de Bournissac ⅰ◎	1228
Maison Decoret ✿	90
La Maison de Kerdiès ⊕	337
Maison de Laveline ⅰ◎	533
Maison Demarcq ⅰ◎	567
La Maison de Marie ⊕	334
La Maison de Nany ⅰ◎	149
La Maison de Petit Pierre ⅰ◎	966
La Maison de Pierre ⅰ◎	876
La Maison des Blés - Le Bouche à Oreille ⅰ◎	627
La Maison des Bois ⅰ◎	635
La Maison des Bois - Marc Veyrat ✿✿	152
La Maison des Cariatides ⅰ◎	268
Maison des Tanneurs dite Gerwerstub ⅰ◎	493
La Maison des Têtes - Brasserie ⅰ◎	461
La Maison des Toqués ⅰ◎	1085
Maison Drouot ⅰ◎	1204
Maison Gambert ⊕	181
Maison Hache ✿	1169
La Maison Haute ⅰ◎	135
Maison Jeunet ✿✿	292
Maison Joanto ⊕	869
Maison Kieny ✿	485

Maison Lameloise ❀❀❀	258
Maison Prévôt ⅏	1162
Maison Rostang ❀❀	745
La Maison Rouge ⅏	461
Maison Tiegezh ❀ ❀	326
La Maison Tourangelle ⅏	406
Les Maisons Rabanel ⅏	1136
N Le Malu ❀	414
Mamagoto ❀	718
Mandoobar ❀	702
Le Manège ⅏	293
Le Mange-Grenouille ⅏	403
N Manger & Dormir sur la Plage ❀	935
Le Mangevins ⅏	182
Manko ⅏	706
Le Manoir d'Anet ⅏	375
Le Manoir de Kerbot ⅏	358
Manoir de Kerhuel ⅏	336
Manoir de la Boulaie ❀	1084
Manoir de l'Acherie ⅏	823
Manoir de Lan-Kerellec ❀	358
Manoir de la Pommeraie ❀	823
N Manoir de la Régate ❀❀ ❀	1077
Le Manoir des Impressionnistes ⅏	807
Le Manoir du Lys ❀	778
Le Manoir du Sphinx ❀	334
Manoir Hastings ❀	781
Le Maquis ⅏	754
La Marande ❀	275
The Marcel ❀	1006
Le Marché du Lucas ⅏	705
Marchon ⅏	722
Marcore ❀	657
Le Marcq ❀	578
La Maréa ⅏	1251
La Mare aux Oiseaux ❀	1105
Le Margote ❀	801
La Marine ❀❀ ❀	1084
La Marine ❀	779
Mariottat ❀	838
Marius et Janette ⅏	705
La Marjolaine ⅏	1091
Marloe ⅏	707
La Marmite de Pierrot ⅏	567
La Marmite du Pêcheur ⅏	1205
N Marsan par Hélène Darroze ❀❀	675
Marso & Co ⅏	730
Le Martin Bel Air ⅏	281
Le Martin Pêcheur ⅏	532
Le Martray ⅏	930
Masami ⅏	269
Le Mas Bottero ❀	1234
Le Mascaret ❀	782
Mas de Dardagna ⅏	1055
Le Mas de Peint ⅏	1248
Le Mas des Aigras - Table du Verger ⅏	1228
Mas du Capoun ⅏	1208
Le Mas - Alexis Osmont ⅏	1178
Ma Table en Ville ⅏	274
Le Matafan ⅏	119
MatCha ⅏	1169
La Matelote ⅏	564
Mathieu Kergourlay ⅏	335
MaThy'S ⅏	438
Le Maufoux ⅏	255
Mavrommatis ❀	669
Mavrommatis - Le Bistro Passy ⅏	743
Maximilien ❀	507
Maximin Hellio ❀	793
Maya Bay ⅏	1211
Maynats ⅏	885
Le Mazenay ⅏	665
Le Mazet ⅏	1186
Le M des Avenières ⅏	136
La Mécanique des Frères Bonano ⅏	973
Le Médicis ⅏	379
Le Médiéval ❀	1039
La Méditerranée ❀	677
Mee ⅏	653
Le Méjane ⅏	1028
Le Ménagier ⅏	1025
Le Ménestrel ⅏	945
Mensae ❀	755
La Merenda ❀	1223
La Mercerie ⅏	1201
Mère Brazier ❀❀	218
La Mère Germaine ⅏	1263
N La Mère Germaine ❀	1165
La Mère Hamard ⅏	406
La Mère Léa ⅏	224
N La Merise ❀❀	472
Le Mermoz ⅏	707
Le Mesclun ⅏	1225
Mets Mots ⅏	866
Les Mets d'Adélaïde ❀	1044
Mets et Vins ❀	111
Le Meurice Alain Ducasse ❀❀❀	647
Meurin ❀❀	565
La Meynardie ❀ ❀	906
Michel - Brasserie des Catalans ⅏	1199
Maison Chabran - Espace Gourmand ❀	168
Maison Chabran - La Grande Table ❀	167
Michel Sarran ❀❀	1047
Michel Trama ❀	894

N	Mickaël Féval ❀	**1125**
	Midi-Papillon ⃝	**1043**
	Mieux ⃝	**716**
	Mi Kwabo ⃝	**716**
	1131 ❀	**256**
	Le 1050 ⃝	**81**
	1850 ❀	**132**
	Le 1862 ⃝	**875**
	Le Millénaire ❀	**522**
	1912 ❀	**820**
	Le 1947 ❀❀❀	**128**
	1903 ⃝	**184**
	1741 ❀	**491**
	Le Millésime ⃝	**260**
	Les Millésimes ⃝	**277**
	Million ⃝	**97**
	Mimosa ⃝	**1150**
	Minami ⃝	**102**
	La Mirabelle ⃝	**282**
N	Miraflores ❀	**227**
	Le Mirage ⃝	**1144**
	La Mirande ❀ ❀	**1139**
	Mirazur ❀❀❀ ❀	**1205**
	Le Moderne ⃝	**164**
	Mokko ⃝	**752**
	Molène de Mickaël Féval ⃝	**1127**
	Momento ⃝	**382**
	Mon Petit Café ⃝	**1225**
	Mon Plaisir ❀	**295**
	Monsieur Bleu ⃝	**743**
	Monsieur P ⃝	**220**
	Le Montaigu ⃝	**1090**
	Mont Blanc Restaurant & Goûter ⃝	**148**
	Montcalm ⃝	**754**
	Le Montcenis ⃝	**276**
	Montée ⃝	**734**
	La Montgolfière-Henri Geraci ⃝	**1212**
	Le Montgomerie ❀❀	**129**
	Le Montrachet ⃝	**279**
	Les Morainières ❀❀	**149**
	Mor Braz ⃝	**350**
	Le Morgon ⃝	**203**
	Moris ⃝	**414**
	Mori Venice Bar ⃝	**660**
	Le Morvan ⃝	**280**
N	MoSuke ❀	**731**
	Le Moulin à Vent ⃝	**817**
	Le Moulin Babet ⃝	**595**
	Moulin d'Alotz ❀	**839**
	Le Moulin de Connelles ⃝	**791**
	Le Moulin de Jean ⃝	**792**
	Le Moulin de l'Abbaye ❀	**868**
	Le Moulin de la Gorce ❀	**918**
	Le Moulin de la Reillère ⃝	**632**
	Moulin de la Tardoire ❀	**936**
	Le Moulin de Poustagnacq ⃝	**903**
N	Moulin de Rosmadec ❀	**339**
	Le Moulin des Écrevisses ⃝	**588**
	Le Moulin des Quatre Saisons ⃝	**1082**
	Le Moulin de Trèbes ⃝	**1008**
	Le Moulin de Valaurie ⃝	**190**
	Le Moulin de Villeroze ⃝	**86**
	Le Moulin Fouret ⃝	**781**
	Mouton-Benoît ⃝	**151**
N	Mova ⃝	**747**
	M Restaurant ⃝	**228**
	Le Muratore ⃝	**138**
	La Musardière ⃝	**799**
	Le Musée ⃝	**224**
	Le Musigny ⃝	**583**
	La Mutinerie ⃝	**232**
	Le Mutin Gourmand ⃝	**322**

N		**Page**
	Nakatani ❀	**685**
	Nancy Bourguignon ⃝	**1228**
	Nature ❀	**562**
	Nature Gourmande ⃝	**170**
	Neige d'Été ❀	**734**
	NESO ❀	**712**
	Nestou ⃝	**1201**
	Le 975 ⃝	**750**
	Le Neuvième Art ❀❀	**226**
	Néva Cuisine ⃝	**705**
	Nicolas Carro ❀	**319**
	Le Nid ⃝	**1172**
	Nino ⃝	**1053**
	Niro ⃝	**1127**
	Nobuki ⃝	**412**
	Nodaïwa ⃝	**653**
	Nolinski ⃝	**652**
	Nomade ⃝	**878**
	Nomicos ❀	**740**
	Notes de Saveurs ⃝	**107**
	Nougier ⃝	**915**
	Nous ⃝	**1034**
	Nous 4 ⃝	**728**
	La Nouvelle Auberge ❀	**505**
	Numéro 3 ❀	**638**
	Numéro 75 ⃝	**1143**
	N° 41 ⃝	**743**
	Les Nymphéas ⃝	**816**

O		**Page**
	O & A ⃝	**413**
	O'Plaisir des Sens ⃝	**895**

O'Rabasse ⬭	1233
N O2c ⬭	1020
L'Ô à la Bouche ⬭	126
L'Ô à la Bouche ⬭	1022
L'Oasis ⬭	1189
Obione ⬭	778
N L'Observatoire du Gabriel ⬭	861
L'Océan ⬭	1080
L'Océanic ⬭	387
L'Océanide ⬭	1093
N Ochre ⬭	764
L'Odas ⬭	813
Ô Délices des Papilles ⬭	518
Ô de Mer ⬭	930
L'O des Vignes ⬭	270
Odette ⬭	653
Ô Dissay ⬭	929
Ô en Couleur ⬭	400
L'Œuf de coq ⬭	1032
Ô Flaveurs ⬭	137
Ogata ⬭	664
Ô Gayot ⬭	778
L'Oiseau Blanc ⬭	739
L'Oiseau Bleu ⬭	861
Oka ⬭	670
Okuda ⬭	704
Olhabidea ⬭	906
Olive et Artichaut ⬭	1223
L'Olivier ⬭	1181
L'Isoletta ⬭	1243
Les Oliviers ⬭	1145
Olmi ⬭	539
Ômer ⬭	1211
Omija ⬭	1099
Omnivore ⬭	888
N Ô Moulin ⬭	870
N ONA ⬭ ⬭	843
Le 11 Bistrot Gourmand ⬭	1101
N L'Opidom ⬭	389
L'Orangerie ⬭	701
L'Orangerie des Trois Roys ⬭	636
L'Orangerie du Château ⬭	378
L'Orangerie du Château de Candie ⬭	114
L'Orangerie du Château de Fonscolombe ⬭	1231
Les Orangeries ⬭	935
N L'Or Bleu ⬭	1251
L'Orchidée ⬭	454
Ore ⬭	641
L'Orée de la Forêt ⬭	593
Les Orfèvres ⬭	588
Origine ⬭	268
Origines ⬭	706
Origines ⬭	67
L'Ormeau ⬭	318
N L'Orphéon ⬭	1197
L'Or Q'idée ⬭ ⬭	635
L'Ortensia ⬭	1005
L'Os à Moelle ⬭	737
Ô Saveurs ⬭	1040
Ô Saveurs ⬭	349
Ô Saveurs ⬭	797
Ô Saveurs des Îles ⬭	933
L'Oseille ⬭	660
L'Ostal ⬭ ⬭	71
Ostapé ⬭	853
Osteria Ferrara ⬭	724
L'Ouillette ⬭	283
L'Ourdissoir ⬭	1079
Ourea ⬭	1201
L'Ours ⬭	766
L'Ours des Roches ⬭	85
L'Ourson ⬭	125
L'Oustalet Maïanen ⬭	1188
L'Oustaou ⬭	1172
L'Oustau de Baumanière ⬭ ⬭ ⬭	1146
N Oxte ⬭	746
L'Oxygène ⬭	197

P	**Page**
Le P'tit Bouchon ⬭	385
Le P'tit Cageot ⬭	1134
La P'tite Sophie ⬭	537
Le P'tit Goustan ⬭	312
Le P'tit Roseau ⬭	80
Le P'tit Rouquin ⬭	937
Les P'tits Fayots ⬭	1054
Pages ⬭	741
La Paix ⬭	595
Palégrié ⬭	127
La Palette ⬭	504
La Palme d'Or ⬭ ⬭	1155
La Palmeraie ⬭	1167
Les Palmiers ⬭	981
Le Pampre ⬭	541
N Le Panoramic ⬭	186
Le Panoramique ⬭	811
Le Panoramique - Domaine de la Corniche ⬭	636
N Pantagruel ⬭	658
Le Pantruche ⬭	714
Les Papilles ⬭	674
Papillon ⬭	750
La Papillote ⬭	514

Paradoxe ⃝	871	
Parapluie ⃝	269	
Le Parc ⃝	481	
Le Parc Franck Putelat ⃝⃝	967	
Le Parc Les Crayères ⃝⃝	521	
Parcours ⃝	259	
La Parenthèse ⃝	400	
Le Paris ⃝	582	
N Le Paris-Brest ⃝	344	
Paris Méditerranée ⃝	1006	
Le Park 45 ⃝	1156	
La Part des Anges ⃝	1016	
La Part des Anges ⃝	1025	
Le Parvis ⃝	944	
Pasco ⃝	691	
La Passagère ⃝	1184	
La Passerelle ⃝	997	
La Passerelle ⃝	762	
La Passerelle ⃝	783	
Passerini ⃝	728	
Le Passe Temps ⃝	227	
N Pastis ⃝	984	
Le Patio ⃝	790	
Le Patio ⃝	841	
Le Patio ⃝	1244	
Le Patio' Né ⃝	960	
Le Patio by Lou Caléou ⃝	1007	
Le Patio Littré ⃝	995	
Paul Bocuse ⃝⃝	235	
Le Pavé d'Auge ⃝	782	
Le Pavillon ⃝	582	
Le Pavillon ⃝	1131	
Le Pavillon Bleu ⃝	395	
Le Pavillon CG ⃝	523	
Le Pavillon des Boulevards ⃝	861	
Le Pavillon Gourmand ⃝	463	
Pavillon Henri IV ⃝	637	
Pavillon Lamartine ⃝	77	
Le Pavillon Pétrus ⃝	536	
Pavyllon ⃝	701	
Le Péché Gourmand ⃝	1150	
Les Pêcheurs ⃝	1131	
Peixes ⃝	1226	
Le Pélican ⃝	1083	
Penati al Baretto ⃝	703	
La Péniche by Edward Cristaudo ⃝	182	
Le Penlys ⃝	1078	
Les Pères Siffleurs ⃝	737	
La Pergola ⃝	334	
Le Pergolèse ⃝	742	
Le Périgord ⃝	915	
Perle des Vosges ⃝	476	
Péron ⃝	1198	
Pertica ⃝ ⃝	413	
Pertinence ⃝	686	
Le Petit Banc ⃝	1086	
Le P'tit Bateau ⃝	377	
Petit Boutary ⃝	750	
Le Petit Comptoir ⃝	991	
La Petite Auberge ⃝	455	
La Petite École ⃝	89	
La Petite Ferme ⃝	1126	
Petite France ⃝	164	
La Petite Maison ⃝	1004	
La Petite Maison de Cucuron ⃝	1168	
La Petite Ourse ⃝	346	
La Petite Plage ⃝	1244	
La Petite Table ⃝	870	
La Petite Venise ⃝	461	
Le Petit Gourmand ⃝	1046	
Petit Gris ⃝	751	
Le Petit Henri ⃝	1182	
Le Petit Hôtel du Grand Large ⃝ ⃝	356	
Le Petit Instant ⃝	1253	
Le Petit Jardin ⃝	988	
Le Petit Kembs ⃝	470	
Le Petit Mézériat ⃝	163	
Le Petit Nice ⃝⃝⃝	1191	
Le Petit Paris ⃝	872	
Le Petit Prince ⃝	171	
Le Petit St-Thomas ⃝	1083	
N Les Petits Parisiens ⃝	732	
Les Petits Plats ⃝	734	
Les Petits Plats de Célestin ⃝	415	
Les Petits Princes ⃝	765	
Le Petit St-Georges ⃝	1104	
Le Petit Thierry ⃝	548	
Petrossian ⃝	689	
Philip ⃝	1173	
Philippe Bouvard ⃝	292	
Philippe Excoffier ⃝	691	
Philippe Redon ⃝	916	
Pho Tai ⃝	729	
Pianovins ⃝	724	
Pic ⃝⃝⃝	193	
Pica Pica ⃝	965	
Pickles ⃝	1099	
Le Pic Saint-Loup ⃝	980	
Le Pic Saint Loup ⃝	1055	
La Pie qui Couette ⃝	993	
Piero TT ⃝	691	
Pierre ⃝	274	
Pierre - Restaurant de Copains ⃝	346	
La Pierre Bleue ⃝	1100	

Pierre & Jean ⊛	258
Pierre Gagnaire ⊛⊛⊛	695
Pierre Orsi ⊪○	229
Pierre Reboul ⊛	1124
Pierre Sang in Oberkampf ⊪○	724
Pierre Sang on Gambey ⊪○	724
Pierre Sang Signature ⊪○	723
La Pierrevue ⊪○	944
Pilgrim ⊛	735
Le Pily ⊛	790
Le Pim'Pi Bistrot ⊪○	852
Pinasse Café ⊪○	844
Le Pincemin ⊪○	641
La Pinède ⊪○	435
La Pinède ⊪○	1181
La Pinède-Plage ⊪○	1168
Pinson ⊪○	115
Les Pipelettes ⊪○	888
Le Piquebaure ⊪○	1234
Le Pirate ⊪○	430
Pitanga ⊪○	653
La Place ⊪○	817
Place Bernard ⊪○	111
La Place de Mougins ⊪○	1215
Place des Marchés ⊪○	1010
La Plage ⊪○	357
La Plage Casadelmar ⊪○	430
La Plage de la Ribaudière ⊛	942
Plage Palace ⊪○	996
Les Plaisirs ⊛	1229
N Les Plaisirs Gourmands ⊛	488
La Plancha ⊪○	632
Les Planches ⊪○	1163
Planches & Gamelles ⊪○	1187
Les Planeurs ⊪○	1056
La Plantxa ⊪○	759
Les Platanes ⊪○	168
Pleine Terre ⊪○	743
La Plume ⊪○	635
Plume ⊪○	691
Le Poêlon d'or ⊪○	224
Le Poème de Grignan ⊪○	147
La Pointe du Cap Coz ⊛	324
Le Pois Gourmand ⊪○	1072
Le Poisson d'Avril ⊛	326
Le Poker d'As ⊪○	293
Polissons ⊪○	754
N Pollen ⊛	1142
Polypode ⊪○	78
La Pomme d'Api ⊛	357
La Pomme d'Or ⊛	405
Le Pont Bleu ⊪○	818
Pont de l'Ouysse ⊛	1030
Poste ⊪○	85
La Poste ⊪○	502
La Poste et Hôtel La Reconce ⊪○	278
Le Pot d'Étain ⊛	296
Pottoka ⊛	688
La Poule au Pot ⊪○	654
La Poule d'Or ⊛	894
La Poule Noire ⊪○	1201
Poule ou Coq ⊪○	546
Pouliche ⊪○	719
Poulpette ⊪○	927
Le Pourquoi Pas ⊛	322
Le Pousse-Pied ⊛	1109
La Poutre ⊛	294
La Poya ⊪○	123
Prairial ⊛ ⊛	219
Le Pré Bossu ⊪○	82
Le Pré Catelan ⊛⊛⊛	738
Le Pré de la Cure ⊪○	205
Le Pré du Moulin ⊪○	1250
Le Pré Fillet ⊛	299
Le Pré Gourmand ⊪○	1169
Les Prémices ⊪○	626
1er Mets ⊛	103
Les Prés d'Eugénie - Michel Guérard ⊛⊛⊛	873
Le Président ⊪○	230
La Presqu'île ⊪○	1161
Le Pressoir ⊛	349
Le Pressoir d'Argent - Gordon Ramsay ⊛⊛	860
Le Pressoir de Bacchus ⊛	456
Le Pré St-Jean ⊛	1000
Le Pré - Xavier Beaudiment ⊛⊛	70
Le Prieuré ⊛	98
Le Prieuré ⊪○	1073
Le Prieuré ⊛	1010
Prima ⊛	157
Le Prince Noir - Vivien Durand ⊛ ⊛	880
La Promenade ⊛	1057
La Promenade ⊛	401
Le Provence ⊪○	150
Le Provence ⊪○	127
Le P'tit Bouchon ⊪○	389
La P'tite Cour ⊪○	1248
Le P'tit Polyte ⊛	136
Le Puits du Trésor ⊛	978
Le Puits St-Jacques ⊛⊛	1038
Pur' - Jean-François Rouquette ⊛	657
Pure & V ⊛	1222
N PY ⊛	228
Py-r ⊛⊛	1050

La Pyramide - Patrick Henriroux ✿✿	**200**
Les Pyrénées ⑪○	**902**

Q	Page
Le Quai ⊛	**182**
Quai 17 ⊛	**1006**
Le Quai 21 ⑪○	**461**
Quai de Meudon ⑪○	**762**
Quai des Saveurs ✿	**538**
Quanjude ⑪○	**863**
Le 44 ⑪○	**1132**
La Quarterelle ⑪○	**546**
14 Avenue ⑪○	**1075**
Le 4 ⑪○	**478**
Le 428 ⑪○	**284**
Quatre Saisons ⊛	**65**
Les Quatre Saisons ⊛	**471**
Les Quatre Sergents ⑪○	**941**
Le 80 ⑪○	**162**
83 Restaurant ⑪○	**541**
Le Quatrième Mur ⑪○	**864**
Quedubon ⑪○	**756**
La Quincaillerie ⊛	**936**
Le Quincangrogne ✿	**629**
Quincy ⑪○	**728**
Quinsou ✿	**676**
Quintessence ⑪○	**541**
Qui Plume la Lune ✿	**720**

R	Page
Le Rabelais ⊛	**1234**
Racine ✿✿	**521**
Racine ⑪○	**1032**
Racine ⊛	**216**
Racines des Prés ⑪○	**691**
La Racine et la Moelle ⑪○	**1028**
Racines ⑪○	**172**
Racines ⑪○	**662**
N Racines ⊛	**568**
Racines ⑪○	**1255**
Racines ⑪○	**1226**
Racines ✿	**343**
Racines by Daniel Gallacher ⊛	**863**
Radicelles ⑪○	**105**
Radio ✿	**68**
Le Radis Beurre ⊛	**735**
Le Raisin ✿	**168**
Rampoldi ⑪○	**1212**
Raphaël Vionnet ⑪○	**185**
La Rapière ⑪○	**780**
La Rascasse ⑪○	**1176**

Rech ⑪○	**748**
Le Réciproque ⊛	**752**
La Récré ⊛	**199**
La Récréation ⑪○	**1017**
La Récréation Gourmande ⑪○	**415**
Le Rectiligne ⑪○	**137**
N Reflet d'Obione ✿✿	**984**
Les Reflets ⊛	**1102**
Le Refuge ⑪○	**158**
Le Refuge des Gourmets ✿	**151**
Le Refuge des Gourmets - Côté Bistro ⑪○	**151**
La Régalade du Faubourg ⑪○	**704**
La Régalade St-Honoré ⑪○	**654**
Regina ⑪○	**85**
Régis et Jacques Marcon ✿✿✿ ✿	**86**
Relais Chantovent ⑪○	**981**
Le Relais 50 ⑪○	**1199**
Relais d'Aumale ⑪○	**595**
Le Relais de Beaufort ⑪○	**563**
Relais de Farrou ⑪○	**1058**
Relais de l'Abbaye ⊛	**121**
Le Relais de la Pinède ⑪○	**1215**
Relais de la Poste ⑪○	**503**
Relais de la Poste ✿✿	**880**
Le Relais de Saulx ⑪○	**255**
Le Relais des Dalles ⑪○	**819**
Le Relais de Sillery ⑪○	**526**
Le Relais des Maures ⑪○	**1232**
Le Relais des Moines ✿	**1135**
Le Relais de Sologne ⑪○	**392**
Le Relais des Plages ⑪○	**903**
Le Relais des Salines ⊛	**933**
Le Relais des Semailles ⑪○	**1156**
Le Relais d'Ozenay ⑪○	**278**
Relais du Castelet ⑪○	**1173**
Relais du Castéra ⑪○	**1037**
Le Relais du Çatey ⑪○	**148**
Relais du Teulet ⑪○	**915**
Relais Louis XIII ✿	**675**
Relais Mont le Viaur ⑪○	**1041**
Le Relais Plaza ⑪○	**704**
Le Relais St-Clair ⑪○	**1083**
Les Remparts ⑪○	**1170**
La Renaissance ✿	**777**
La Renaissance ⑪○	**1088**
Le Rendez-vous des Gourmets ⊛	**381**
René'Sens par Jean-François Bérard ✿✿	**1152**
René et Maxime Meilleur ✿✿✿	**178**
La Réserve ⑪○	**541**
La Réserve ⑪○	**108**
La Réserve à la Plage ⑪○	**1232**

La Réserve de Nice ⑩	**1223**
N La Réserve du Presbytère ⑩	**884**
La Réserve Rimbaud ⑧	**983**
Le Résinier ⑩	**840**
Les Résistants ⑩	**718**
Le Restaurant ⑩	**236**
Restaurant Arcé ⑩	**898**
Restaurant Bohrer ⑩	**487**
Restaurant Coquillade ⑩	**1174**
Restaurant de Chames ⑩	**197**
Restaurant de France ⑩	**981**
Restaurant de la Gare ⑩	**336**
Restaurant de la Marne ⑩	**333**
Restaurant de la Plage ⑩	**943**
Restaurant de la Plage ⑩	**564**
Restaurant De Lauzun ⑧	**1000**
Restaurant des Deux Clefs ⑩	**463**
Restaurant des Gourmets ⑩	**1138**
Restaurant des Grands Boulevards ⑩	**662**
Le Restaurant des Rois ⑧	**1147**
Restaurant des Voisins ⑩	**905**
Restaurant de Tourrel ⑧	**1240**
Restaurant Dimofski ⑩	**549**
Restaurant du Château ⑩	**934**
Le Restaurant du Château ⑩	**282**
Restaurant du Dauphin ⑩	**1081**
Restaurant du Fronton ⑩	**878**
Restaurant du Musée ⑩	**465**
Restaurant du Palais Royal ⑧	**649**
Restaurant du Port ⑩	**819**
Restaurant Fond Rose ⑩	**221**
Restaurant H ⑧	**667**
Le Restaurant Panoramique - Ar Milin' ⑩	**320**
N Restaurant Vincent Favre-Félix ⑧	**101**
Le Réverbère ⑩	**1058**
Le Réverbère ⑩	**816**
Rhapsody ⑩	**758**
N Rhizome ⑩	**591**
La Ribaudière ⑧	**925**
Ribote ⑩	**763**
Le Riche ⑩ ⑧	**961**
Richer ⑩	**715**
Ricordeau ⑩	**1087**
La Rigadelle ⑩	**766**
Le Rigmarole ⑧	**721**
La Rissole ⑩	**413**
Le Rive Droite ⑩	**1058**
Rive Gauche ⑩	**632**
Les Rives de l'Oizenotte ⑩	**394**
La Robe ⑧	**1090**
Robert Rodriguez ⑩	**970**
Roche Belle ⑩	**1166**
La Roche Le Roy ⑩	**412**
Le Rocher Blanc ⑩	**975**
Le Rochetoirin ⑩	**170**
La Rochette ⑩	**472**
Rodolphe ⑧	**813**
Le Roi Arthur ⑩	**336**
La Romanée ⑩	**297**
Rond de Carotte ⑩	**177**
Ronin ⑩	**1072**
Rooster ⑩	**751**
Roscanvec ⑧	**362**
Les Rosiers ⑧	**851**
Rôtisserie Belle Vue ⑩	**507**
La Rôtisserie d'Argent ⑩	**674**
N La Rotonde des Trésoms ⑧	**101**
La Rotonde ⑩	**1189**
La Rotonde ⑩	**1224**
La Rotonde ⑧	**234**
Rouge & Blanc ⑩	**280**
Rouge Barre ⑩	**576**
Le Rousseau ⑩	**143**
La Roya ⑩	**437**
Le Royal ⑧	**513**
N Roza ⑧	**1093**
Rozó ⑧	**575**
La Ruche ⑩	**180**
N Rustique ⑧	**219**

S	**Page**
Sadarnac ⑩	**757**
La Safranière ⑩	**980**
Sagan ⑩	**680**
Saint-Christophe ⑩	**1074**
Saint-Jacques ⑩	**912**
Le Saint-Sébastien ⑩	**725**
Le Saint Cerf ⑩ ⑧	**293**
Le Saint-Cyr ⑩	**276**
Sainte-Barbe ⑩	**321**
Sainte-Victoire ⑩	**1261**
Le Saint-Estève ⑧	**1252**
Le Saint-Eutrope ⑩	**76**
Le St-Georges ⑩	**996**
Le Saint-Honoré ⑩	**409**
Le Saint-Jacques ⑩	**1109**
Le Saint-James ⑧	**868**
Le Saint Joseph ⑩	**761**
Le Saint Marc ⑩	**1138**
Le Saint-Martin ⑧	**1261**
Le Saisonnier ⑩	**301**
Saisons ⑧	**1196**
Saisons ⑧	**235**
Les Saisons Gourmandes ⑩	**404**

Saku Restaurant⊕	229	
Les Sales Gosses⏱◑	1056	
Salicorne⏱◑	776	
La Salle à Manger⏱◑	579	
N La Salle à Manger du Château de Mazan❀	1204	
Sancerre⏱◑	692	
Sandikala⏱◑ ❀	1029	
San Felice⏱◑	1162	
Les Santons⏱◑	1217	
Les Santons⏱◑	1180	
Saperlipopette !⏱◑	763	
Les Sapins⏱◑	1036	
N SaQuaNa⊕	806	
Sarkara❀❀	129	
La Sassa⏱◑	433	
Sauf Imprévu⊕	229	
La Saulire⏱◑	132	
Savarin la Table⏱◑	692	
Saveurs de l'Abbaye⊕	944	
Saveurs des Halles⏱◑	1033	
Saveurs du Manoir⏱◑	1045	
Les Saveurs du Marché⏱◑	201	
Les Saveurs Gourmandes⏱◑	1205	
Le Savignois⏱◑	946	
Savoie Léman⏱◑	185	
Le Scaramouche⏱◑	597	
La Scène❀❀	697	
La Scène Thélème❀	745	
Schilling⏱◑	1202	
Scratch Restaurant⏱◑ ❀	111	
Sébastopol⏱◑	577	
Le Séjour Café⏱◑	1226	
N Sellae⊕	729	
Les Semailles⏱◑	504	
Sémantème⏱◑	232	
Semilla⏱◑	680	
Le Sénéchal❀	1045	
La Senne⏱◑	1007	
Les Sens⏱◑	1038	
Sens⏱◑	1073	
Sens & Saveurs⏱◑	1190	
Le Senso⏱◑	590	
Sépia⏱◑	1202	
Les 7⊕	920	
SEPT❀	1052	
Le 7 Restaurant Panoramique⏱◑	865	
Le 7ème Continent❀	486	
Septime❀ ❀	721	
Le Sérac❀	176	
La Sérafine⏱◑	1263	
Le Séran⏱◑	777	
Le Sergent Recruteur❀	667	
Serge Vieira❀❀ ❀	69	
La Serre⏱◑	333	
Les Servages⏱◑	113	
Le Servan⏱◑	725	
Sevin⏱◑	1143	
N Shabour❀	659	
Shang Palace❀	739	
Shirvan Café Métisse⏱◑	706	
Shu⏱◑	680	
Siamsa⏱◑	725	
N Signature❀	1197	
Signature Montmartre⏱◑	754	
La Signoria	428	
Simple et Meilleur⊕	179	
Le Simple Goût des Choses⏱◑	232	
Le Sin⏱◑	852	
Sinabro⏱◑	232	
Le Sirocco⏱◑	730	
La Sittelle⏱◑	1068	
Le 6 à Table⊕	1160	
Skab❀	993	
Le Skiff Club❀❀ ❀	844	
Le Skipper⏱◑	1106	
Smash Club⏱◑	1163	
Smørrebrød⊕	77	
So⊕	268	
Sodade⊕	69	
N Le 62⊕	77	
La Table d'Olivier Nasti❀❀	469	
Sola❀	671	
SOlange⏱◑	577	
Soléna❀	862	
Solides⏱◑	1056	
La Solognote⏱◑	381	
Solstice❀	669	
La Sommelière❀	216	
Song, Saveurs & Sens⏱◑	1100	
Song Qi⏱◑	1212	
Soon Grill⏱◑	663	
Sormani⏱◑	748	
Le Soubise⊕	568	
Le Soufflot⏱◑	275	
SouKa⏱◑	961	
Soulenq⏱◑	989	
Les Soupers du Crychar⏱◑	140	
La Source❀	173	
La Source⏱◑	1127	
La Source des Sens⏱◑	475	
Sources⏱◑	1100	
Sources⏱◑	330	
N Les Sources de Fontbelle❀	924	
Sourire Le Restaurant⏱◑	730	
Spica⏱◑	269	

Spinaker ⅋O	**977**	
N Spoon ⅋	**659**	
Staeffele ⅋O	**488**	
St-Bénigne ⅋O	**171**	
Stéphane Carbone ⅋O	**788**	
Stéphane Tournié -		
Les Jardins de l'Opéra ⅋	**1052**	
Sterenn ⅋O	**350**	
St-Lazare ⅋O	**96**	
Le St-Martial ⅋O	**902**	
Le St-Martin ⅋O	**299**	
Le St-Nicolas ⅋O	**158**	
Le Stofflet ⅋O	**1090**	
La Storia ⅋O	**582**	
Le St-Pierre ⅋O	**293**	
Le St-Placide ⅋	**351**	
Le Strasbourg ⅋O	**533**	
La Stub ⅋O	**481**	
Substance ⅋O	**744**	
Substrat ⅋	**220**	
Brasserie le Sud ⅋O	**224**	
Sushi B ⅋	**659**	
La Suite ⅋O	**776**	
La Suite ⅋O	**381**	
La Suite S'il Vous Plaît ⅋O	**1103**	
La Superb ⅋O	**255**	
Le Suprême ⅋O	**232**	
Sur le Pont ... ⅋	**339**	
Sur Mesure par Thierry Marx ⅋⅋	**647**	
Le Sushi Okuda ⅋O	**707**	
Symbiose ⅋O	**866**	
Symbiose ⅋O	**516**	

T	Page
Tabi - Ippei Uemura ⅋O	**1198**
La Table ⅋	**571**
La Table ⅋	**1258**
Table 22 par Noël Mantel ⅋O	**1156**
N La Table 2 Julien ⅋	**982**
Une Table au Sud ⅋O	**1198**
La Table Bâgésienne ⅋	**108**
La Table Breizh Café ⅋	**317**
Table - Bruno Verjus ⅋ ⅋	**727**
La Table by	
Richard Mebkhout ⅋O	**1260**
La Table 101 ⅋	**229**
La Table d'à Côté ⅋	**375**
La Table d'Alaïs ⅋	**970**
La Table d'Angèle ⅋O	**169**
N La Table d'Antonio Salvatore	
au Rampoldi ⅋	**1211**
La Table d'Aranda ⅋O	**851**
La Table d'Armante ⅋O	**177**

La Table d'Emilie ⅋O	**203**	
La Table d'Emilie ⅋O	**980**	
La Table d'Hôte ⅋ ⅋	**270**	
La Table d'Igé ⅋O	**272**	
La Table d'Inomoto ⅋	**895**	
La Table d'Olivia ⅋	**931**	
La Table d'Aimé ⅋	**1003**	
La Table d'Angèle ⅋	**534**	
La Table d'Antan ⅋	**638**	
La Table d'Antoine ⅋	**91**	
La Table d'Arthur ⅋	**514**	
La Table d'Auzeville ⅋	**1019**	
La Table de Beaurecueil ⅋O	**1148**	
La Table de Bruno ⅋O	**1236**	
La Table de Castigno ⅋	**962**	
La Table de Catherine ⅋O	**798**	
La Table de Chaintré ⅋	**259**	
La Table de Chapaize ⅋O	**260**	
La Table de Colette ⅋O	**672**	
La Table de Cybèle ⅋O	**761**	
La Table de Gustave ⅋O	**299**	
La Table de Haute-Serre ⅋	**1026**	
La Table de Jean ⅋O	**1041**	
La Table de Jeanne ⅋O	**186**	
La Table de Jérôme ⅋O	**274**	
La Table de Kamiya ⅋O	**1153**	
La Table de la Bergerie ⅋	**1078**	
La Table de La Butte ⅋	**338**	
La Table de la Ferme ⅋	**432**	
La Table de l'Alpaga ⅋⅋	**156**	
N La Table de la Mainaz ⅋	**141**	
La Table de la Plage ⅋O	**432**	
La Table de la Réserve ⅋O	**1148**	
La Table de Laurent ⅋O	**1039**	
La Table de Léa ⅋O	**203**	
La Table de Léo ⅋	**895**	
La Table de l'Espadon ⅋ ⅋	**647**	
La Table d'Élise ⅋	**1085**	
La Table de l'Ours ⅋	**190**	
La Table de Marie-Ange ⅋O	**153**	
La Table de Marlène ⅋O	**91**	
La Table de Michel Dussau ⅋O	**838**	
Table de Michèle ⅋O	**478**	
La Table de Mina ⅋O	**436**	
La Table de mon Père ⅋O	**339**	
La Table de Monrecour ⅋O	**904**	
La Table de Montaigne ⅋O	**864**	
La Table de Nans ⅋	**1165**	
La Table de Nazère ⅋O ⅋	**1019**	
La Table de Pablo ⅋	**1263**	
La Table de Patrick Raingeard ⅋	**1171**	
La Table de Pavie ⅋⅋	**896**	
La Table de Philippe Girardon ⅋	**124**	

La Table - Sébastien Gravé ⓘ⊙ 846
La Table de Reugny ⓘ⊙ 86
La Table de Romain ⓐ 580
La Table des Armaillis ⓐ 181
La Table des Blot -
  Auberge du Château ✿ 629
La Table de Catusseau ⓐ 893
La Table des Cuisiniers Cavistes ⓘ⊙ 991
La Table des Délices ⓘ⊙ 147
La Table des Frères Ibarboure ✿ 854
La Table des Merville ✿ 1024
La Table de Sorgues ⓘ⊙ 1250
La Table des Sens ⓘ⊙ 880
La Table d'Eugène ✿ 752
La Table D'eux -
  Laurent Le Berrigaud ⓘ⊙ 326
La Table de William ⓘ⊙ 1056
La Table de Xavier Mathieu ✿ 1183
La Table d'Hôtes ⓐ 811
La Table d'Hôtes -
  Le Quatrième Mur ✿ 862
La Table d'Olivier ✿ 913
La Table du 2 ⓘ⊙ 995
La Table du Balthazar ⓘ⊙ 346
La Table du Boisniard ✿ 1078
La Table du Capil ⓘ⊙ 979
La Table du Caviste Bio ⓘ⊙ 751
La Table du Château ⓘ⊙ 579
La Table du Château Gratien ⓘ⊙ 1106
La Table du Chazal ⓘ⊙ 1214
Table du Chef ⓘ⊙ 1158
La Table du Clos ⓘ⊙ 89
La Table du Connétable ✿ 590
La Table du Couvent ⓘ⊙ 917
La Table du Fleuve ⓐ 925
La Table du Gourmet ✿ 485
La Table du Lavoir ⓘ⊙ 881
La Table du Marché Couvert ⓘ⊙ 847
La Table du Mas ⓘ⊙ 1244
La Table du Mas ⓘ⊙ 1183
La Table du Moulin ⓘ⊙ 919
La Table du 11 ✿ 639
La Table du Parc ⓘ⊙ 630
La Table du Pigonnet ⓘ⊙ 1125
La Table du Pouyaud ⓐ 871
La Table du Prieuré ⓘ⊙ 391
La Table du Relais
  du Bois St-Georges ⓘ⊙ 945
La Table d'Uriage ⓘ⊙ 189
La Table du Rouan ⓘ⊙ 537
La Table du Royal ⓘ⊙ 1235
La Table du Sommelier ⓐ 1014
La Table du Tillau ⓘ⊙ 302

La Table du 20 ⓘ⊙ 139
La Table d'Uzès ✿ 1008
La Table d'Yves ⓐ 1171
La Tablée ⓘ⊙ 801
La Table Kobus ⓘ⊙ 516
N Les Tables d'Augustin ⓐ 747
Les Tables de Gaspard ✿ 1235
Tables et Comptoir ⓘ⊙ 1255
La Table St-Martin ⓘ⊙ 88
La Table Lionel Giraud ✿✿ 990
La Table Saint-Just ⓘ⊙ 639
Tadam ⓘ⊙ 730
Taillard ⓘ⊙ 298
Le Taillevent ✿✿ 695
Takao Takano ✿✿ 226
Le Talleyrand ⓘ⊙ 67
Les Tamaris - Chez Raymond ⓘ⊙ 1187
Le Tandem ⓘ⊙ 364
La Tannerie ⓘ⊙ 299
Tantine et Tonton ⓘ⊙ 979
Taokan - St-Germain ⓘ⊙ 680
Le Tastevin ⓘ⊙ 631
La Taula ⓘ⊙ 893
La Taverne Alsacienne ⓐ 468
La Taverne Besson ⓘ⊙ 1024
Tavline ⓘ⊙ 668
La Télécabine ⓐ 118
Tempi Fà ⓘ⊙ 437
Les Templiers ⓐ 1027
Les Temps Changent ⓘ⊙ 513
Le Temps des Cerises ⓘ⊙ 1172
Le Temps de Vivre ⓘ⊙ 1259
Tentazioni ✿ 862
Téjérina-Hôtel de la Place ⓐ 167
Terminal #1 ⓘ⊙ 989
Le Terminus ⓐ 974
Le Terminus ⓘ⊙ 1109
Le Terminus ⓘ⊙ 924
Le Terminus ⓘ⊙ 286
Terra ⓘ⊙ 384
Terra Cotta ⓘ⊙ 437
Les Terraillers ✿ 1148
La Terrasse ⓘ⊙ 1034
La Terrasse ✿ 1237
La Terrasse ⓘ⊙ 88
La Terrasse Rouge ⓘ⊙ 897
Les Terrasses de Clairefontaine ⓘ⊙ 628
Les Terrasses de l'Image ⓘ⊙ 1241
Les Terrasses de la Bastide ⓘ⊙ 1173
Les Terrasses de Lyon ✿ 215
Terre-Mer au Domaine
  de Kerdrain ✿ 312
Le Terroir ⓘ⊙ 283

La Tête au Loup ⓐ	811
La Tête de L'Art ⓘ	918
Têtedoie ✿ ✿	215
La Tête en l'air ⓘ	363
Les Têtes d'Ail ⓘ	1056
Thaï Spices ⓘ	668
Le Théâtre ⓐ	515
Thierry Arbeau ⓘ	895
Thierry Schwartz - Le Restaurant ✿ ✿	481
Thiou ⓘ	689
Thomas ⓘ	224
Ti al Lannec ⓘ	358
Le Tilia ⓘ	149
Le Tilleul de Sully ⓐ ✿	918
Les Tilleuls ⓘ	107
les Tilleuls ⓘ	150
Timgad ⓘ	748
Le Tire Bouchon ⓐ	330
N Le Tiroir ⓐ	217
Le Tirou ⓘ	970
TO ⓘ	719
N Le Toi du Monde ⓐ ✿	140
La Toile à Beurre ⓐ	1068
Tomy & Co ✿	687
La Toq' ⓐ	543
Le Tôqué ⓘ	1162
La Toque Blanche ⓘ	893
La Toque d'Or ⓘ	1156
Les Toquées by Benoît Bernard ⓘ	576
Tosca ✿	704
To Share ⓘ	1244
La Toupine ⓐ	913
La Tour ⓘ	123
La Tour ⓘ	641
La Tour ⓘ	405
La Tour ⓘ	79
Tourbillon ⓘ	807
Tour d'Argent ✿	669
La Tour des Sens ⓘ	185
La Tour des Vents ✿	883
Le Tourdion ⓘ	170
La Tour du Château - Château de Codignat ⓘ	66
Les Tourelles ⓘ	347
Tournayre ⓘ	85
La Tour Penchée ⓘ	302
Toya ✿	536
Toyo ⓘ	680
Le Tracteur ⓘ	962
Tra Di Noï ⓘ	428
Transparence - La Table de Patrick Fréchin ✿	543
La Treille Muscate ⓘ	124
La Treille Muscate ⓘ	1216
N Trente-Trois ✿	699
Le 39V ⓘ	706
Les Trente Pas ⓘ	202
33 Cité ⓘ	233
Le Trianon ⓘ	488
La Trinquette ⓘ	800
La Tivollière ⓘ	178
Le 3B Brasserie ⓘ	759
N Les Trois Bourgeons ⓐ	257
Les 3 Cépages ⓘ	401
Les Trois Dômes ✿	218
Les 3 Faisans ⓘ	181
Les Trois Forts ⓘ	1198
Troisgros - Le Bois sans Feuilles ✿✿✿ ✿	166
Les 3 Lieux ⓘ	1101
Les Trois Rochers ✿	320
Les Trois Soleils de Montal ✿	1041
Le Troquet ⓘ	737
La Truffade ⓘ	92
La Truffière ⓘ	672
N La Tulipe Noire ⓐ	974
La Tupina ⓘ	864
Le Turenne ⓐ	912
Ty Korn ⓘ	327
Ty Mad ⓘ	359

U — Page

U Fanale ⓘ	428
N U Licettu ⓐ	429
Umami ✿	492
Le 1 ⓘ	1098
L'Un des Sens ⓘ	268
Une Table à Deux ⓐ	1053
L'U.ni ⓘ	1098
Union ⓘ	96
Un Parfum de Gourmandise ✿	892
Un Petit Cabanon ⓘ	1202
Ursus ✿ ✿	185
U Santa Marina ✿	435
Utopie ⓘ	501

V — Page

Le V ⓘ	703
Le Vagabond ⓘ	577
La Vague d'Or - Cheval Blanc St-Tropez ✿✿✿	1242
Val d'Auge ✿	564

La Vallée ⓘ○	**323**	
Le Vallon de Chérisy ⓐ	**386**	
Le Vallon de Valrugues ⓘ○	**1240**	
Le Vallon du Moulin ⓘ○	**141**	
Le Val Moret ⓘ○	**517**	
Le Vanteaux ⓐ	**916**	
Vantre ⓘ○	**725**	
Le Vauban ⓘ○	**1133**	
Le Vauban ⓐ	**790**	
Vegan Gorilla ⓐ	**1223**	
Les Vénètes ⓘ○	**312**	
Le Ventre de l'Architecte - Le Corbusier ⓘ○	**1199**	
N Le Verbois ✿	**591**	
La Verdoyante ⓘ○	**1175**	
Le Verdurier ⓘ○	**1027**	
Le Verger des Papes ⓘ○	**1165**	
La Verniaz ⓘ○	**138**	
Le Verre à Soie ⓘ○	**166**	
Le Verre y Table ⓘ○	**934**	
La Verrière ⓘ○	**433**	
La Verrière ⓘ○	**732**	
Le Vert d'O ⓐ	**350**	
V Four ⓘ○	**545**	
Via del Vi ⓘ○	**1000**	
Le Vicomté ⓘ○	**798**	
Victoire & Thomas ⓘ○	**225**	
Vidal ⓐ	**87**	
La Vie en Rose ⓘ○	**1027**	
La Vieille Auberge ⓘ○	**871**	
La Vieille Enseigne ⓘ○	**500**	
La Vieille Fontaine ✿	**1142**	
La Vieille Forge ⓐ	**470**	
Vieille Porte ⓘ○	**205**	
N La Vieille Tour ✿	**382**	
La Vieille Tour ✿	**335**	
La Vieille Tour ⓘ○	**501**	
La Vierge ⓐ	**755**	
Le Vieux Castillon ⓘ○	**971**	
Le Vieux Four ⓘ○	**123**	
Le Vieux Logis ✿	**908**	
Le Vieux Moulin ⓘ○	**926**	
Le Vieux Moulin ⓘ○	**429**	
Vieux Pont ✿	**1021**	
Vigna ⓘ○	**1188**	
La Vigne d'Adam ⓘ○	**546**	
Vigne en Foule ⓘ○	**1029**	
Les Vignes et son Jardin ⓘ○	**1174**	
Villa Archange ✿✿	**1159**	
Villa de l'Étang Blanc ✿	**907**	
Villa des Houx ⓘ○	**777**	
La Villa du Meunier ⓘ○	**464**	
Villa Gallici ⓘ○	**1125**	

Le Village ✿	**632**	
La Villa Madie ✿✿	**1160**	
Villa Marinette ⓘ○	**631**	
Villa Mirasol ⓘ○	**884**	
Villa Mon Rêve ⓘ○	**1074**	
Villa Morelia ⓘ○	**1182**	
Villa René Lalique ✿✿	**506**	
Le Villaret ⓘ○	**725**	
La Villa Saint-Antoine ⓘ○	**1264**	
Villa Saint-Antoine ⓘ○	**1080**	
N Villa Salone ✿	**1247**	
La Villa Tartary ⓘ○	**107**	
La Ville Blanche ✿	**328**	
Le Vin'Quatre ⓘ○	**847**	
Vincent Croizard ⓘ○	**994**	
Vincent Cuisinier de Campagne ⓘ○ ✿	**390**	
Vineum ⓘ○	**182**	
20 Eiffel ⓐ	**688**	
29 ⓘ○	**945**	
24 - Le Restaurant ⓘ○	**707**	
Le 27 Gambetta ⓘ○	**545**	
Le 26-28 ⓘ○	**330**	
Le Vintrépide ⓘ○	**1128**	
Le Vioben ⓐ	**328**	
Le Violon d'Ingres ⓘ○	**500**	
Le Violon d'Ingres ✿	**686**	
Virtus ✿	**726**	
Le Viscos ⓐ	**1044**	
Vista ⓘ○	**1167**	
Vistamar ✿ (Monte-Carlo)	**1210**	
Le Vitis ⓘ○	**738**	
Le Viù ⓘ○	**160**	
Le Vivarais ⓘ○	**197**	
Le Vivier ✿	**1181**	
Le Vivier ⓘ○	**335**	
La Voile ⓘ○	**103**	
La Voile ✿✿	**1231**	
Les Voiles d'Or ✿	**795**	
Le Voilier ⓘ○	**427**	
Volver. ⓘ○	**1005**	
Voyages des sens ⓐ	**187**	

W	**Page**
Wadja ⓘ○	**681**
Le Wauthier by Cagna ⓘ○	**637**
Will ⓘ○	**729**
William Frachot ✿✿	**264**
Winstub À Côté ⓐ	**490**
Winstub Arnold ⓐ	**469**
Winstub du Chambard ⓐ	**470**
Wistub Brenner ⓘ○	**461**
Wistub Zum Pfifferhüs ⓘ○	**484**

Y	Page
Le Yachtman ⑩	**332**
Yamato ⑩	**1128**
Yam'Tcha ❀	**649**
Yen ⑩	**681**
Yido ⑩	**738**
N Yima ⑮	**1197**
Yka bar & ceviche ⑩	**233**
Yoann Conte ❀❀ ❀	**200**
La Yole de Chris ⑩	**941**
Yoshi ❀	**1211**
Yoshinori ❀	**676**

Z	Page
Zébulon ⑩	**654**
Ze Kitchen Galerie ❀	**676**
Zella ⑩	**430**
Zen ⑮	**650**
Zest ⑮	**320**
Le Zeste Gourmand ⑩	**230**
Zimmer ⑩	**504**
Zoko Moko ⑩	**901**
Zorn - La Petite Auberge ⑮	**594**
Zuem Buerestuebel ⑩	**479**
Zuem Ysehuet ⑩	**500**
Zum Loejelgucker ⑩	**502**

INDEX DES HOTELS

INDEX OF HOTELS

A	**Page**
L'Abbaye 🏰🏰	360
L'Abbaye 🏰	225
Abbaye de la Bussière 🏰🏰	257
L'Abbaye de Talloires 🏰🏰	184
A Casa di Ma 🏰🏰	431
Adèle & Jules 🏰 Tablet.PLUS	717
L'Agapa 🏰🏰🏰	334
Aiguille Grive Chalets Hôtel 🏰🏰	106
Les Airelles 🏰🏰🏰	133
Alain Llorca 🏰🏰🏰	1167
Alchimy 🏰🏰	1016
Allodis 🏰🏰🏰	162
Alpaga 🏰🏰🏰	159
Alpina 🏰🏰	141
L'Alta Peyra Hôtel & Spa 🏰🏰	1246
Altapura 🏰🏰🏰	198
Aman Le Mélézin 🏰🏰🏰 Tablet.PLUS	134
Amastan 🏰🏰 Tablet.PLUS	712
Annapurna 🏰🏰🏰🏰	134
Anne de Bretagne 🏰🏰🏰	1101
Anova 🏰🏰	1214
A Piattatella 🏰🏰🏰	432
L'Apogée 🏰🏰🏰🏰	133
Araucaria 🏰🏰	167
L'Arbre Voyageur 🏰🏰	578
L'Arlatan 🏰🏰🏰	1137
L'Armancette 🏰🏰🏰 Tablet.PLUS	177
L'Arnsbourg 🏰🏰🏰🏰	533
Assiette Champenoise 🏰🏰🏰	523
Atalante 🏰🏰🏰	932
Athénée 🏰	717
Atlantic Hôtel 🏰🏰🏰	584
L'Auberge Basque 🏰🏰🏰	903
Auberge de Banne 🏰	109
Auberge de la Source 🏰🏰	779
Auberge des Templiers 🏰🏰🏰	378
Auberge du Bon Laboureur 🏰🏰🏰	386
Auberge du Cheval Blanc 🏰🏰🏰	473
Auberge du Jeu de Paume 🏰🏰🏰🏰	591
Auberge du Paradis 🏰🏰	281
Auberge du Père Bise 🏰🏰🏰	184
Auberge St-Walfrid 🏰🏰🏰	548
Au Chamois d'Or 🏰🏰🏰	98
Au Charme Rabelaisien 🏰🏰	374

Au Coin du Feu 🏰🏰 | 159
Au Cœur du Village 🏰🏰🏰 | 125
Aux Terrasses 🏰🏰 | 286
Avenue Lodge 🏰🏰🏰 | 191
Les Avisés 🏰🏰 | 512
Azteca 🏰🏰 | 1145

B	**Page**
Bachaumont 🏰🏰	662
Le Bailli de Suffren 🏰🏰🏰	1233
Les Bains 🏰🏰🏰 Tablet.PLUS	665
Balthazar Hôtel & Spa 🏰🏰🏰	347
Les Barmes de l'Ours 🏰🏰🏰🏰	191
La Baronnie Hôtel & Spa 🏰🏰	932
Barrière Lille 🏰🏰🏰🏰	577
Les Bas-Rupts 🏰🏰🏰	537
La Bastide en Gascogne 🏰🏰🏰	1021
La Bastide de Biot 🏰🏰	1149
La Bastide de Capelongue 🏰🏰🏰	1149
La Bastide de Gordes 🏰🏰🏰🏰 Tablet.PLUS	1178
La Bastide de Marie 🏰🏰🏰	1205
La Bastide de Moustiers 🏰🏰🏰	1217
La Bastide de St-Tropez 🏰🏰🏰	1245
La Bastide de Tourtour 🏰🏰🏰	1258
La Bastide Saint-Antoine 🏰🏰🏰	1180
La Bastide Saint Georges 🏰🏰	1174
Baudon de Mauny 🏰🏰	990
Baumanière 🏰🏰🏰 Tablet.PLUS	1147
B design & Spa 🏰🏰🏰	1229
Beaumanoir 🏰🏰🏰	853
Beau Site 🏰🏰	184
La Bégude Saint-Pierre 🏰🏰	1009
Bel Ami St-Germain des Prés 🏰🏰🏰 Tablet.PLUS	682
La Belle Juliette 🏰🏰	682
Belles Rives 🏰🏰🏰	1184
Benvengudo 🏰🏰	1147
La Bergerie 🏰🏰	165
Les Bergeries de Palombaggia 🏰🏰🏰	436
Berria 🏰🏰	877
Black Bass 🏰🏰🏰	181
Les Bois Flottais 🏰🏰	931
Les Bords de Mer 🏰🏰	1203
Les Bories & Spa 🏰🏰🏰	1178

Boscolo Exedra 🏨🏨 **1226**
Boscolo Exedra
Lyon 🏨🏨 Tablet.PLUS **225**
Le Bouclier d'Or 🏨🏨 **501**
La Bouitte 🏨🏨 **179**
Brach 🏨🏨 Tablet.PLUS **744**
Brikéténia 🏨🏨 **876**
Les Brises 🏨🏨 **942**
Le Bristol 🏨🏨🏨 Tablet.PLUS **707**
Le Brittany 🏨🏨 **348**
Buddha-Bar Hotel 🏨🏨🏨 Tablet.PLUS **709**
Le Burgundy 🏨🏨🏨 Tablet.PLUS **655**
La Butte 🏨🏨 **338**
Byblos 🏨🏨🏨 **1245**

C	**Page**

C.O.Q 🏨🏨 **731**
C2 🏨🏨 **1202**
Cap d'Antibes Beach Hôtel 🏨🏨 **1134**
Cap de Castel 🏠 **1038**
Cap Estel 🏨🏨 **1171**
Carlina 🏨🏨 **166**
Casadelmar 🏨🏨 Tablet.PLUS **436**
Castelbrac 🏨🏨 Tablet.PLUS **323**
Castel Brando 🏨🏨 Tablet.PLUS **430**
Castel Clara Thalasso & Spa 🏨🏨🏨 **314**
Le Cep 🏨🏨 **256**
Le Cerf Amoureux 🏨🏨 **126**
Cézanne 🏨🏨 Tablet.PLUS **1129**
Le Chabichou 🏨🏨🏨 **134**
Chais Monnet 🏨🏨🏨 Tablet.PLUS **927**
Chalet du Mont d'Arbois 🏨🏨 **159**
Chalet Hôtel Kaya 🏨🏨 **160**
Chalet Mounier 🏨🏨 **137**
Le Chalet Zannier 🏨🏨 **159**
Chambard 🏨🏨 **470**
Les Chambres du Prieuré 🏨🏨 **1001**
Chapelle Saint-Martin 🏨🏨 **919**
La Charpinière 🏨🏨🏨 **176**
La Chartreuse du Bignac 🏨🏨 **902**
Château Cordeillan-Bages 🏨🏨 **888**
Château d'Audrieu 🏨🏨 **777**
Château d'Ygrande 🏨🏨 **92**
Château de Bagnols 🏨🏨 **109**
Le Château de Beaulieu 🏨🏨🏨 **566**
Château de Beauvois 🏨🏨🏨 **391**
Château de Berne 🏨🏨 **1188**
Château de Boisgelin 🏨🏨 **335**
Le Château de Bourdeau 🏨🏨 **110**
Château de Champlong 🏨🏨 **203**
Château de Codignat 🏨🏨 **66**
Château de Courban 🏨🏨 **263**

Château
de Courcelles 🏨🏨 Tablet.PLUS **592**
Château de Dissay 🏨🏨 **929**
Château de Drudas 🏨🏨 **1027**
Château de Fonsco-
lombe 🏨🏨 Tablet.PLUS **1231**
Château de Germigney 🏨🏨 **300**
Château de l'Hoste 🏨🏨 **1041**
Château de la Chèvre d'Or 🏨🏨 **1170**
Château
de la Gaude 🏨🏨 Tablet.PLUS **1128**
Château de la Messardière 🏨🏨🏨 **1245**
Château
de la Resle 🏨🏨 Tablet.PLUS **276**
Château de la Tour 🏨🏨 **594**
Château de la Tour du Puits 🏨🏨 **125**
Château de la Treyne 🏨🏨 **1030**
Château de Massillan 🏨🏨 **1260**
Château de Mercuès 🏨🏨 **1033**
Château
de Mirambeau 🏨🏨 Tablet.PLUS **936**
Château de Montcaud 🏨🏨 **964**
Château de Montreuil 🏨🏨 **579**
Château de Noirieux 🏨🏨 **1076**
Château de Pondres 🏨🏨 **1011**
Château de Pray 🏨🏨 **375**
Château de Riell 🏨🏨 **982**
Le Château de Sable 🏨🏨 **340**
Château de Sacy 🏨🏨 **526**
Château de Saint-Paterne 🏨🏨 **1106**
Château de Salettes 🏨🏨 **1023**
Le Château des Alpilles 🏨🏨 **1241**
Château des Arpentis 🏨🏨 **404**
Château de Sully 🏨🏨 **780**
Château des Vigiers 🏨🏨 **883**
Château de Valmer 🏨🏨 **1168**
Château de Vault de Lugny 🏨🏨 **287**
Château de Verrières 🏨🏨 **1108**
Château du Boisniard 🏨🏨 **1078**
Château
du Grand Lucé 🏨🏨 Tablet.PLUS **1083**
Château Eza 🏨🏨 **1170**
Château Golf &
Spa d'Augerville 🏨🏨 **376**
Château Grand Barrail 🏨🏨 **897**
Château Hochberg 🏨🏨 **506**
Château l'Hospitalet 🏨🏨 **991**
Château Lafaurie-
Peyraguey 🏨🏨 Tablet.PLUS **855**
Château Le Cagnard 🏨🏨 Tablet.PLUS **1153**
Château les Oliviers de Salettes 🏨🏨 **122**
Château Le Thil 🏨🏨 **882**
Château Saint-Jean 🏨🏨 **82**
Château Saint-Martin & Spa 🏨🏨🏨 **1262**

La Chaumière 🏠	808
Chavanel 🏠	712
La Chenevière 🏠	812
Cheval Blanc 🏠	133
Cheval Blanc St-Tropez 🏠	1245
Chez Camillou 🏠	963
Les Cimes 🏠	142
Le Cinq Codet 🏠 Tablet.PLUS	692
Les 5 Frères 🏠	192
5 Terres Hôtel & Spa 🏠	455
La Citadelle 🏠	542
Le Clair de la Plume 🏠	147
Clarance 🏠	577
La Clef Louvre 🏠 Tablet.PLUS	656
Le Cloître 🏠	1137
Clos Castel 🏠	871
Clos des Sens 🏠	105
Le Clos du Colombier 🏠	279
Clos Marcel 🏠	137
Clos St-Martin 🏠	932
La Colombe d'Or 🏠	1237
Le Colombier 🏠	462
La Co(o)rniche 🏠	845
Coquillade - Provence Village 🏠	1175
Les Corderies 🏠	597
La Côte Saint-Jacques 🏠	273
Le Cottage 🏠	184
Le Coucou 🏠	162
La Cour des Consuls Hôtel & Spa 🏠	1056
Cour des Loges 🏠	217
Cour des Vosges 🏠 Tablet.PLUS	668
Cour du Corbeau 🏠	502
Le Couvent des Minimes & Spa 🏠	1190
Crillon 🏠 Tablet.PLUS	708
Crillon le Brave 🏠	1167
Crychar 🏠	141
Les Cures Marines 🏠	820
Cœur de Megève 🏠	160

D	Page
Le Damantin 🏠 Tablet.PLUS	710
Les Dames du Panthéon 🏠	674
Daniel 🏠 Tablet.PLUS	712
Daria-I Nor 🏠	98
La Demeure du Parc 🏠	630
La Dimora 🏠	433
19-21 🏠	979
Domaine de Barive 🏠	597
Domaine de Biar 🏠 Tablet.PLUS	978
Domaine de Chalvêches 🏠	139

Domaine de Fontenille 🏠 Tablet.PLUS	1186
Le Domaine de la Corniche 🏠	637
Le Domaine de la Klauss 🏠	542
Domaine de la Tortinière 🏠	393
Domaine de Manville 🏠	1147
Domaine de Rochevilaine 🏠	315
Domaine de Rymska 🏠	281
Domaine des Andéols 🏠	1242
Le Domaine des Étangs 🏠 Tablet.PLUS	935
Le Domaine des Vanneaux 🏠	636
Domaine de Verchant 🏠	971
Le Domaine du Colombier 🏠	152
Le Domaine du Moulin 🏠	464
Domaine du Roncemay 🏠	250
Domaine Les Crayères 🏠	523
Domaine Riberach 🏠	965
Le Domaine Tarbouriech 🏠	980
Dominique Colonna 🏠	429
Don Cesar 🏠	436
Le Donjon - Domaine Saint-Clair 🏠	797
Les Dromonts 🏠	108
Duo 🏠	726

E	Page
Les Échasses 🏠	907
Eiffel Blomet 🏠	738
L'Ermitage 🏠	236
Ermitage 🏠	139
Esprit St-Germain 🏠	682
L'Étang du Moulin 🏠	295
Les Étangs de Corot 🏠	766

F	Page
Fabric 🏠 Tablet.PLUS	726
La Ferme de Cupelin 🏠	177
La Ferme du Chozal 🏠	148
La Ferme du Vent 🏠	318
Les Fermes de Marie 🏠	158
La Ferme Saint-Siméon 🏠 Tablet.PLUS	808
Fitz Roy 🏠	198
Five Seas 🏠	1158
Le Flaubert 🏠	822
Flocons de Sel 🏠	159
Fontevraud L'Hôtel 🏠	1082
Fouquet's Barrière 🏠	708
Four Seasons George V 🏠	708
Four Seasons Megève 🏠	158
François 1er 🏠	942

G	Page
Le Général 🏨	**726**
Général d'Elbée 🏨	**1086**
Genovese 🏨	**427**
Georges Blanc 🏨	**204**
Ginkgo 🏨	**342**
Les Glycines 🏨	**875**
Golden Tulip 🏨	**96**
Le Grand Balcon 🏨	**1057**
Le Grand Cerf 🏨	**810**
Les Grandes Rousses 🏨	**98**
La Grande Terrasse Mgallery 🏨	**927**
Le Grand Hotel et Spa 🏨	**537**
Grand Hôtel 🏨	**1164**
Le Grand Hôtel 🏨	**146**
Le Grand Hôtel 🏨	**1159**
Grand Hôtel & Spa 🏨	**189**
Grand Hôtel de Cabourg 🏨	**784**
Grand Hôtel de Cala Rossa 🏨	**436**
Grand Hôtel de la Plage 🏨	**855**
Grand Hôtel des Alpes 🏨	**120**
Le Grand Hôtel des Bains 🏨	**329**
Grand Hôtel des Sablettes-Plage 🏨	**1250**
Grand Hôtel des Thermes 🏨	**356**
Grand Hôtel Dinard 🏨	**323**
Grand Hôtel du Cap Ferrat 🏨	**1236**
Grand Hôtel du Lion d'Or 🏨	**402**
Grand Hôtel du Palais Royal 🏨 Tablet.PLUS	**656**
Grand Hôtel Henri 🏨	**1182**
Grand Hôtel La Cloche 🏨	**269**
Grand Hôtel Thalasso & Spa 🏨	**901**
Le Grand Large 🏨	**933**
Le Grand Monarque 🏨	**384**
Grand Pigalle 🏨 Tablet.PLUS	**717**
Grand Powers 🏨 Tablet.PLUS	**711**
Gray d'Albion 🏨	**1159**
Grée des Landes 🏨	**325**
La Grenouillère 🏨	**578**
La Groirie 🏨	**1109**
La Guitoune 🏨	**845**

H	Page
Ha(a)ïtza 🏨	**845**
Hameau Albert 1er 🏨	**120**
Hannong 🏨	**502**
Les Haras 🏨	**502**
Les Hautes Roches 🏨	**402**
Les Hauts de Loire 🏨	**395**
L'Héliopic 🏨	**120**
L'Hélios 🏨	**162**

Henriette 🏨	**731**
Hermitage 🏨	**1212**
L'Hermitage Barrière 🏨	**1075**
L'Hermitage Gantois 🏨	**577**
Les Hortensias du Lac 🏨	**877**
Hostellerie Bérard & Spa 🏨	**1152**
Hostellerie de l'Abbaye de la Celle 🏨	**1163**
Hostellerie de la Pointe St-Mathieu 🏨	**337**
Hostellerie de Levernois 🏨	**273**
Hostellerie des Frères Ibarboure 🏨	**854**
Hostellerie du Chapeau Rouge 🏨	**270**
Hostellerie La Briqueterie 🏨	**529**
Hostellerie La Cheneaudière 🏨	**462**
Hostellerie La Farandole 🏨	**1249**
Hostellerie la Montagne 🏨	**515**
Hostellerie Cèdre & Spa 🏨	**256**
Hostellerie Le Maréchal 🏨	**462**
Hostellerie Le Phébus & Spa 🏨	**1183**
Hostellerie Les Gorges de Pennafort 🏨	**1154**
L'Hôtel 🏨 Tablet.PLUS	**681**
Hôtel Arcé 🏨	**898**
Hôtel Baume 🏨	**682**
Hôtel Bowmann 🏨 Tablet.PLUS	**711**
Hôtel Cardinal 🏨	**867**
Hôtel d'Aubusson 🏨	**681**
Hôtel de Berri 🏨	**709**
Hôtel de Bouilhac 🏨	**884**
Hôtel de Bourgtheroulde 🏨	**817**
Hôtel de Brienne 🏨	**1057**
Hôtel de Jobo 🏨	**668**
Hôtel de l'Image 🏨	**1241**
Hôtel de La Cité 🏨	**970**
Hôtel de la Mer 🏨	**317**
Hôtel de la Muse et du Rozier 🏨	**1036**
Hôtel de la Villeon 🏨	**187**
Hôtel de Nell 🏨 Tablet.PLUS	**716**
Hôtel de Paris 🏨	**1212**
Hôtel de Paris Saint-Tropez 🏨	**1245**
Hôtel de Pavie 🏨	**897**
Hôtel des Académies et des Arts 🏨	**682**
Hôtel des Berges 🏨	**468**
Hôtel des Carmes 🏨	**65**
Hôtel de Sers 🏨 Tablet.PLUS	**710**
Hôtel des Gorges du Verdon 🏨	**1228**
Hôtel des Grands Boulevards 🏨 Tablet.PLUS	**663**
Hôtel de Silhouette 🏨	**853**
Hôtel des Lices 🏨	**1246**
Hôtel des Quinconces 🏨	**867**
Hôtel de Toiras et Villa Clarisse 🏨	**932**

Hôtel de Tourrel 🏠🏠	1241
Hôtel d'Europe 🏠🏠🏠	1144
Hôtel du Bois Blanc 🏠🏠	204
Hôtel du Cap-Eden-Roc 🏠🏠🏠🏠	1134
Hôtel & Spa du Castellet 🏠🏠 Tablet. PLUS	1162
Hôtel du Clos 🏠🏠	1233
Hôtel du Golf 🏠🏠	127
Hôtel du Louvre 🏠🏠 Tablet. PLUS	655
Hôtel du Palais 🏠🏠🏠	852
L'Hôtel Fauchon 🏠🏠 Tablet. PLUS	710
Hôtel Georgette 🏠🏠	666
Hôtel Lodge La Petite Couronne 🏠🏠	869
L'Hôtel Particulier 🏠🏠	1137
L'Hôtel Particulier Montmartre 🏠🏠	754
L'Hôtel Particulier 🏠	966
The Hoxton 🏠🏠	662
Hyatt Centric La Rosière 🏠🏠🏠	171
Hyatt Paris Madeleine 🏠🏠🏠	709
Hyatt Regency Palais de la Méditerranée 🏠🏠🏠	1227

I	Page
L'Île de la Lagune 🏠🏠	1004
Île Rousse - Thalazur 🏠🏠🏠	1145
L'Ile sous le Vent 🏠	933
Impérial Garoupe 🏠🏠🏠	1134
L'Impérial Palace 🏠🏠🏠	105
L'Incomparable 🏠🏠	188
Instants d'Absolu 🏠🏠	69
Intercontinental - Hôtel Dieu 🏠🏠🏠	1202
InterContinental - Le Grand Hôtel 🏠🏠🏠	867
InterContinental Carlton 🏠🏠🏠🏠	1158
Intercontinental Le Grand 🏠🏠🏠🏠	716
Intercontinental Lyon-Hôtel Dieu 🏠🏠🏠	225

J	Page
J.K.Place 🏠🏠 Tablet. PLUS	692
Les Jardins de Sophie 🏠🏠	550
Les Jardins du Faubourg 🏠🏠	711
Jardins Secrets 🏠🏠	995
Jiva Hill Resort 🏠🏠	136
Joyet de Maubec 🏠🏠	921
Juana 🏠🏠 Tablet. PLUS	1184
Jules et Jim 🏠🏠	665
Juliana 🏠🏠	692

K	Page
Le K2 Djola 🏠🏠	135
Le Kaïla 🏠🏠🏠	162

Le K2 Palace 🏠🏠🏠	133
Le K2 Altitude 🏠🏠🏠	134
Keppler 🏠🏠 Tablet. PLUS	745
Koh-I Nor 🏠🏠🏠	198

L	Page
Lancaster 🏠🏠🏠	709
Le Landemer 🏠	822
La Licorne 🏠🏠	809
Ligaro 🏠🏠	934
Lily of The Valley 🏠🏠🏠	1168
Le Lodge Kerisper 🏠🏠	359
Lodge Park 🏠🏠🏠	158
Les Lodges Sainte-Victoire 🏠🏠🏠	1252
Logis de la Cadène 🏠🏠	897
Le Louis Versailles Château - MGallery 🏠🏠🏠 Tablet. PLUS	641
Lutetia 🏠🏠🏠 Tablet. PLUS	681

M	Page
Mademoiselle 🏠	1184
Mademoiselle 🏠🏠🏠	191
La Magdeleine - Mathias Dandine 🏠🏠🏠	1176
Magic Hall 🏠	347
La Mainaz 🏠🏠🏠	141
Maison Albar L'Imperator 🏠🏠🏠	995
Maison Albar Hotels Le Pont-Neuf 🏠🏠	656
Maison Bouvier - Les Suites 🏠🏠🏠	186
Maison Bréguet 🏠🏠🏠	725
Maison d'Anthouard 🏠🏠	235
La Maison d'Estournel 🏠🏠 Tablet. PLUS	898
La Maison d'Ulysse 🏠🏠	965
La Maison de Lucie 🏠🏠	808
La Maison de Rhodes 🏠🏠🏠	529
La Maison des Bois - Marc Veyrat 🏠🏠🏠	153
La Maison des Têtes 🏠🏠🏠	462
Maison Doucet 🏠🏠🏠	261
La Maison d'Uzès 🏠🏠	1009
Maison Lameloise 🏠🏠🏠	258
La Maison Moizeau 🏠	1085
La Maison Rose 🏠🏠	874
Les Maisons de Bricourt - Château Richeux 🏠🏠🏠	318
Les Maisons de Léa 🏠🏠🏠	808
Maison Zugno 🏠🏠	292
Majestic Barrière 🏠🏠🏠🏠	1158
Mama Shelter 🏠	757
Mama Shelter 🏠	233
Mama Shelter 🏠	1203
Mama Shelter 🏠	868

	Page
Mandarin Oriental 🏨	**654**
Le Manoir au Lac 🏨	**537**
Le Manoir de Kerbot 🏨	**358**
Manoir de Lan-Kerellec 🏨	**358**
Manoir de la Poterie & Spa 🏨	**791**
Manoir de Surville 🏨	**820**
Le Manoir du Lys 🏨	**778**
Les Manoirs de Tourgéville 🏨	**795**
La Mare aux Oiseaux 🏨	**1105**
Le Marianne 🏨	**712**
Marignan Champs-Elysées 🏨	**710**
La Marine 🏨	**779**
Marotte 🏨	**588**
Marquis Faubourg Saint-Honoré 🏨 Tablet.PLUS	**710**
Martinez 🏨	**1158**
Le Mas Candille 🏨	**1216**
Mas de la Fouque 🏨	**1247**
Le Mas de la Rose 🏨	**1228**
Le Mas de Peint 🏨	**1248**
Le Mas des Herbes Blanches 🏨	**1183**
Le Mas du Langoustier 🏨	**1181**
M de Megève 🏨 Tablet.PLUS	**158**
Mercure La Corderie Royale 🏨	**938**
Métropole 🏨	**1213**
Le Meurice 🏨	**654**
Michel Trama 🏨	**894**
Minera 🏨	**432**
Miramar Boutique Hôtel 🏨	**437**
Miramar la Cigale 🏨	**312**
La Mirande 🏨	**1144**
Misincu 🏨	**428**
MOB Hôtel Paris Les Puces 🏨	**764**
Molitor 🏨	**744**
Monge 🏨 Tablet.PLUS	**674**
La Monnaie 🏨	**942**
Monsieur George 🏨	**711**
Mont-Blanc 🏨	**159**
Mont-Blanc 🏨	**120**
Montalembert 🏨 Tablet.PLUS	**693**
Monte-Carlo Beach 🏨	**1213**
Monte Carlo Bay Hotel and Resort 🏨	**1213**
Mont Royal 🏨	**591**
Le Morgane 🏨	**120**
Les Mouettes 🏨 Tablet.PLUS	**425**
Le Moulin 🏨	**466**
Le Moulin de Connelles 🏨	**791**
Le Moulin de l'Abbaye 🏨	**869**
Le Moulin de Valaurie 🏨	**190**
Le Moulin du Roc 🏨	**871**

N	Page
Napoléon 🏨	**1208**
Le Narcisse Blanc 🏨	**692**
Le Negresco 🏨	**1226**
Les Neiges 🏨	**134**
Nhow Marseille 🏨	**1203**
Nolinski 🏨 Tablet.PLUS	**655**
Normandy Barrière 🏨	**795**
Le Nouveau Monde 🏨	**356**
Novotel Thalassa 🏨	**323**

O	Page
L'Océan 🏨	**931**
L'Océan 🏨	**1081**
Océania L'Univers 🏨	**413**
OFF Paris Seine 🏨	**731**
Ostapé 🏨	**853**

P	Page
Palace de Menthon 🏨	**160**
Le Palais Gallien 🏨	**867**
Pan Deï Palais 🏨	**1246**
Le Parc 🏨	**481**
Le Parc 🏨	**488**
Parc Beaumont 🏨	**888**
Parister 🏨	**716**
Park Hyatt Paris-Vendôme 🏨 Tablet.PLUS	**662**
Pashmina 🏨	**198**
Pavillon de la Reine 🏨 Tablet.PLUS	**665**
Le Pavillon de la Rotonde 🏨	**234**
Le Pavillon des Lettres 🏨 Tablet.PLUS	**711**
The Peninsula 🏨	**744**
La Pérouse 🏨	**1227**
La Pérouse 🏨	**1100**
Petit Hôtel Confidentiel 🏨	**116**
Le Petit Moulin 🏨 Tablet.PLUS	**665**
Le Petit Nice 🏨 Tablet.PLUS	**1203**
Le Petit Palais d'Aglaé 🏨	**1179**
Pic 🏨	**196**
Le Pic Blanc 🏨	**98**
Le Pigalle 🏨 Tablet.PLUS	**717**
Le Pigonnet 🏨 Tablet.PLUS	**1128**
Le Pinarello 🏨	**438**
La Pinède-Plage 🏨	**1168**
Les Pins de César 🏨 Tablet.PLUS	**818**
La Plage 🏨	**357**
La Plage Casadelmar 🏨	**431**
Plage Palace 🏨	**996**
Plaza Athénée 🏨	**708**
Les Pléiades 🏨	**626**

Les Prés d'Eugénie 🏨 874
Le Prieuré 🏨 1010
Prince de Galles 🏨 709
Providence 🏨 Tablet.PLUS 720
La Pyramide -
   Patrick Henriroux 🏨 201

R **Page**

Radio 🏨 68
Radisson Blu 1835 Hotel
   & Thalasso 🏨 1159
Récamier 🏨 Tablet.PLUS 682
Le Refuge de la Traye 🏨 162
Le refuge de Solaise 🏨 191
Refuge du Montenvers 🏨 121
Le Regina 🏨 853
Le Relais Bernard Loiseau 🏨 284
Relais Christine 🏨 Tablet.PLUS 681
Relais de Chambord 🏨 383
Relais de la Poste 🏨 881
Le Relais du Bois St-Georges 🏨 945
Les Remparts 🏨 960
La Réserve 🏨 901
La Réserve 🏨 1016
La Réserve 🏨 Tablet.PLUS 708
La Réserve de Beaulieu
   & Spa 🏨 1148
La Réserve Ramatuelle 🏨 1232
Résidence du Vieux Port 🏨 1203
Ritz 🏨 655
Le Roch 🏨 Tablet.PLUS 656
Les Roches Blanches 🏨 1161
Les Roches Rouges 🏨 1238
Les Roches Sweet Hôtel
   & Spa 🏨 126
Rock Noir & Spa 🏨 1264
Rocky Pop 🏨 148
La Rôtisserie du Chambertin 🏨 271
La Roya 🏨 438
Royal 🏨 138
Royal Champagne 🏨 513
Royal Emeraude 🏨 323
Royal Hainaut 🏨 583
Le Royal La Baule 🏨 1075
Le Royal Monceau 🏨 708
Royal Ours Blanc 🏨 98
Royal Riviera 🏨 1236

S **Page**

Le Saint 🏨 Tablet.PLUS 693
Le Saint-James 🏨 868
Saint James Paris 🏨 744
Saint-Martin 🏨 179

Le Saint-Paul 🏨 1237
Le Saint-Antoine 🏨 347
Le Saint-Cirq 🏨 1057
Sainte-Barbe 🏨 321
Sainte Victoire 🏨 Tablet.PLUS 1261
St-Alban 🏨 125
Le St-Gelais 🏨 924
St-Marc 🏨 662
Le Sauvage 🏨 294
Le Savoie 🏨 191
Scarlett 🏨 757
Seeko'o 🏨 867
Les Servages d'Armelle 🏨 113
Sezz 🏨 1245
Shangri-La 🏨 744
La Signoria 🏨 429
Sinner 🏨 Tablet.PLUS 665
La Sivolière 🏨 135
Sofitel le Faubourg 🏨 Tablet.PLUS 709
Sofitel Lyon Bellecour 🏨 225
Sofitel Thalassa 🏨 434
Sofitel Vieux Port 🏨 Tablet.PLUS 1202
La Source des Sens 🏨 476
Les Sources de Caudalie 🏨 882
Les Sources de Cheverny 🏨 387
Sozo 🏨 1100
Le Splendid 🏨 872
Square Louvois 🏨 663
Le Stelsia 🏨 904
Le Strato 🏨 134
La Suite 🏨 1010
Les Suites du Montana 🏨 186

T **Page**

Taj-I Mah 🏨 106
La Tamise 🏨 Tablet.PLUS 656
Le Taos 🏨 187
Terminal Neige Totem 🏨 139
Les Terrasses d'Eze 🏨 1171
Terre Blanche 🏨 1255
Thérèse 🏨 Tablet.PLUS 656
Thoumieux 🏨 693
Tiara Miramar Beach Hotel
   & Spa 🏨 1252
Tiara Yaktsa 🏨 1252
Le Touring 🏨 1238

La Trémoille 🏨🏨🏨🏨   **710**
Les Trésoms 🏨🏨🏨   **105**
Trianon Palace 🏨🏨🏨🏨   **641**
Troisgros 🏨🏨🏨🏨   **166**
Les Trois Soleils de Montal 🏨🏨🏨   **1042**
Le Tsanteleina 🏨🏨🏨🏨   **192**
Ty Mad 🏛   **359**

U   Page

U Capu Biancu 🏨🏨🏨   **427**
U Palazzu Serenu 🏨🏨🏨   **433**

V   Page

La Vague de Saint-Paul 🏨🏨🏨   **1237**
Le Val Thorens 🏨🏨🏨   **198**
Vent d'Ouest 🏨🏨   **801**
Vernet 🏨🏨🏨🏨 Tablet. PLUS   **709**
Verneuil 🏨🏨   **693**
Version Maquis Citadelle 🏨🏨🏨   **427**
Version Maquis Santa Manza 🏨🏨   **427**
Le Vieux Castillon 🏨🏨🏨   **971**
Le Vieux Logis 🏨🏨🏨   **908**
La Villa 🏨🏨🏨 Tablet. PLUS   **429**
Villa Belrose 🏨🏨🏨 Tablet. PLUS   **1246**
La Villa Cap d'Antibes 🏨🏨   **1184**
La Villa Eugène 🏨🏨🏨   **516**
Villa Florentine 🏨🏨🏨🏨   **218**
Villa Gallici 🏨🏨🏨🏨   **1128**
Villa Grand Voile 🏨🏨🏨   **942**

Villa La Coste
  & Spa 🏨🏨🏨🏨 Tablet. PLUS   **1231**
Villa Lamartine 🏛   **843**
Villa La Tosca 🏨🏨🏨   **844**
Villa Louise 🏨🏨   **250**
Villa Madame 🏨🏨   **682**
Villa Maïa 🏨🏨🏨🏨   **218**
Villa Marie 🏨🏨🏨🏨   **1246**
La Villa Mauresque 🏨🏨🏨   **1238**
Villa Mazarin 🏨🏨🏨   **960**
Villa Regalido 🏨🏨🏨   **1173**
Villa Saint-Ange 🏨🏨🏨🏨   **1128**
Villa Seren 🏨🏨🏨   **877**
Villa Tri Men 🏨🏨🏨   **320**
Ville d'Hiver 🏨🏨   **843**
Villeroy 🏨🏨🏨   **711**
25 Hours Terminus
  Nord 🏨🏨 Tablet. PLUS   **720**
21 Foch 🏛   **1073**

W   Page

The Westin Paris 🏨🏨🏨🏨   **655**
Le Westminster - Barrière 🏨🏨🏨🏨   **582**
Windsor 🏨🏨   **1227**

Y   Page

Yndo 🏨🏨🏨   **867**
Yoann Conte 🏨🏨🏨   **200**
Le Yule 🏨🏨🏨   **192**

Votre avis est essentiel pour améliorer nos produits.

Aidez-nous en répondant à notre questionnaire sur le site :

satisfaction.michelin.com